Indonesien

Sumatra
S. 553

Kalimantan
S. 664

Sulawesi
S. 721

Molukken
S. 456

Papua
S. 504

Java
S. 58

Nusa Tenggara
S. 344

Bali
S. 228

David Eimer, Paul Harding, Ashley Harrell, Trent Holden,
Mark Johanson, MaSovaida Morgan, Jenny Walker, Ray Bartlett,
Loren Bell, Jade Bremner, Stuart Butler, Sofia Levin, Virginia Maxwell

BARONG-TANZ (S. 295), BALI

GUNUNG BROMO (S. 211), JAVA

Inhalt

REISEZIELE IN INDONESIEN

KOCHKURS (S. 844), BALI

Inhalt

INDONESIEN VERSTEHEN

PRAKTISCHE INFORMATIONEN

SONDERSEITEN

Willkommen in Indonesien

Die betörende Nation aus mehr als 17000 Inseln bietet jede Menge Chancen für unvergessliche Abenteuer und Erlebnisse – Indonesiens Vielfalt ist kaum zu übertreffen.

Verschwenderische Vielfalt

Das viertbevölkerungsreichste Land der Erde scheint aus 100 Ländern zu bestehen, die zu einem verschmolzen wurden. Indonesien, das sich über 5000 km entlang des Äquators erstreckt, ist ein Kaleidoskop unzähliger Kulturen, Völker, Bräuche, Köstlichkeiten, Tier- und Pflanzenarten, Sehenswürdigkeiten und Kunstschätze.

Die Menschen hier unterscheiden sich so sehr voneinander wie die Landschaften, in denen sie leben. Jede Insel ist einzigartig. Mit der Zeit entwickelten sich stolze Kulturen, die von den Geheimnissen der spirituellen Balinesen bis hin zum animistischen Glaubenssystem der Asmat in Papua reichen.

Strände & Vulkane

Wer Indonesien bereist, wird dramatische Landschaften sehen, deren Vielfalt einer Weltreise nahekommt. Sulawesis abwechslungsreiche Küste bietet weiße Sandstrände und Tauchgebiete, während Sumatra von fast 100 Vulkanen bestimmt wird, von denen einige jederzeit ausbrechen könnten.

Balis Strände sind legendär, aber auch Nusa Tenggara lockt mit Sandstränden, die noch schöner, vor allem aber weniger erschlossen sind. Auch die Banda-Inseln in Maluku, Derawan in Kalimantan und Pulau Weh vor Sumatra haben prima Strände.

Fantastische Eindrücke

Traveller dürfen sich auf umwerfende Momente freuen: erhabene – ein faulenzender Orang-Utan in einem Baum. Kunstvolle – eine Tänzerin, deren präzise Bewegungen selbst Roboter unbeholfen wirken lassen. Idyllische – ein leerer weißer Strand auf Sumbawa. Erstaunliche: Menschenmassen in einem schillernden Einkaufszentrum in Jakarta. Faszinierende: Die besondere Geschichte der schönen Banda-Inseln. Aufregende: die Drohgebärden eines Komodo-Drachen. Demütige: Eine Frau auf Sumatra, die sich mit dem Brennholz abmüht. Leckere: Ein Restaurant im Süden Balis. Schockierende: Die Trauerzeremonien von Tana Toraja. Feierliche: Borobudurs heitere Pracht.

Grandiose Abenteuer

Dieses berauschende Land bietet einige der letzten großen Abenteuer auf Erden: An der offenen Tür eines Zuges sitzen und durch Java rauschen; der Anblick des Meeres vom Deck eines Schiffs in Richtung Kei-Inseln; auf dem Rücksitz eines Motorrollers Flores erkunden; geheimnisumwobene alte Dörfer in West-Timor besuchen; oder einfach durch eine Wildnis zu wandern, die womöglich noch niemand zuvor betreten hat.

Das Tolle an Indonesien ist, dass die besonderen Dinge immer unerwartet passieren.

Warum ich Indonesien liebe

Von David Eimer, Autor

Die Bandasee bereisen, von einer atemberaubenden Insel zur nächsten, in Yogyakarta Tempel entdecken, Strandwanderungen auf Bali und in Nusa Tenggara, Clubhopping in Jakarta... Und ich wünschte, ich hätte mehr Zeit, den Dschungel von Kalimantan zu erkunden oder die Berge von Sulawesi. Indonesien ist so groß und abwechslungsreich – Langeweile ist fast unmöglich. Es fällt schwer, zu entscheiden, in welche Ecke es als nächstes geht. Und dann wären da auch noch die Menschen, ein erstaunlicher Mix von Kulturen, die einen allesamt mit einem Lächeln begrüßen. Wie sollte man sich nicht in ein derart wunderbares Land verlieben?

Mehr über unsere Autoren gibt's auf S. 910

Oben: Balinesische Legongtänzerin (S. 295)

Indonesien

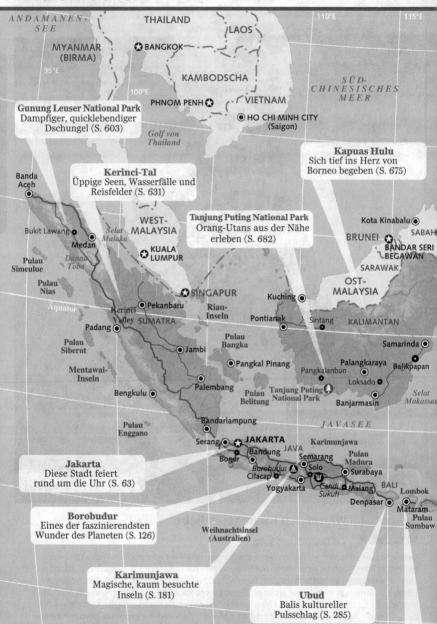

Gunung Leuser National Park
Dampfiger, quicklebendiger
Dschungel (S. 603)

Kerinci-Tal
Üppige Seen, Wasserfälle und
Reisfelder (S. 631)

Kapuas Hulu
Sich tief ins Herz von
Borneo begeben (S. 675)

Tanjung Puting National Park
Orang-Utans aus der Nähe
erleben (S. 682)

Jakarta
Diese Stadt feiert
rund um die Uhr (S. 63)

Borobudur
Eines der faszinierendsten
Wunder des Planeten (S. 126)

Karimunjawa
Magische, kaum besuchte
Inseln (S. 181)

Ubud
Balis kultureller
Pulsschlag (S. 285)

Gili-Inseln
Dreimal Idylle mit
Spaßgarantie (S. 368)

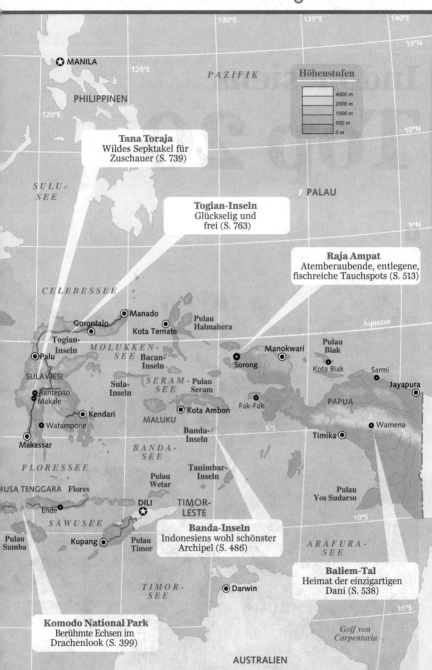

N 0 ———————— 500 km

Höhenstufen

4000 m
2000 m
1000 m
500 m
0 m

⭐ MANILA

PAZIFIK

PHILIPPINEN

120°E
125°E
130°E
135°E
140°E
15°N
10°N
5°N

*SULU-
SEE*

PALAU

Äquator

5°S

10°S

15°S

Tana Toraja
Wildes Sepktakel für
Zuschauer (S. 739)

Togian-Inseln
Glückselig und
frei (S. 763)

Raja Ampat
Atemberaubende, entlegene,
fischreiche Tauchspots (S. 513)

CELEBESSEE

◉ Manado
Gorontalo ◉
Kota Ternate

Pulau
Halmahera

Manokwari ◉
Sorong ◉

Pulau
Biak

Togian-
Inseln
● Palu

*MOLUKKEN-
SEE*
Bacan-
Inseln

Kota Biak ◉

Sarmi ◉

Jayapura ◉

SULAWESI
◉ Rantepao
Makale

SERAM- Pulau
Seram
Sula-
Inseln

*SULA
SEE*

Fak-Fak ◉

PAPUA

◉ Kendari
◉ Kota Ambon

MALUKU

● Watampone

Banda-
Inseln

Timika ◉

◉ Wamena

● Makassar

*BANDA-
SEE*

Tanimbar-
Inseln

FLORESSEE

NUSA TENGGARA Flores

Pulau
Wetar

Ende ●

DILI ⭐

TIMOR-
LESTE

Pulau
Yos Sudarso

Pulau
Sumba

SAWUSEE

Kupang ◉

Pulau
Timor

*ARAFURA-
SEE*

Banda-Inseln
Indonesiens wohl schönster
Archipel (S. 486)

Baliem-Tal
Heimat der einzigartigen
Dani (S. 538)

*TIMOR-
SEE*

◉ Darwin

Komodo National Park
Berühmte Echsen im
Drachenlook (S. 399)

*Golf von
Carpentaria*

AUSTRALIEN

Indonesiens
Top 20

1

Komodo National Park

1 Indonesiens bekanntester Nationalpark (S. 399) umfasst auf 1817 km²
mehrere Inseln sowie einige der reichsten
Gewässer des Landes. Es warten mächtige
Berginseln, mit Savanne bedeckt und von
Pfaden durchzogen, auf denen die größte
Echse der Welt – der Komodowaran – um-
herpatrouilliert. Er ist die größte Attraktion
vor Ort, und er ist sehr leicht zu finden.
Aber auch unter der Wasseroberfläche
tummelt sich großartige Natur, denn viele
bunte Köder ziehen beispielsweise Haie
und Mantas an. Die Insel Flores, in der
Nähe von Labuan Bajo, ist das perfekte
Basislager für Traveller.

Gili-Inseln

2 Eines der größten Vergügen Indonesiens ist es, vom geschäftigen Bali
auf ein schnelles Boot zu steigen, um auf
einer der unwiderstehlichen Gili-Inseln
anzulanden (S. 368). Zuckerweißer Sand,
badewannenwarmes, türkisfarbenes
Wasser und wunderschöne Badeorte und
Bungalows laden förmlich dazu ein, den
Aufenthalt auszudehnen. Ganz zu schweigen von den Korallenriffen, die voller Haie,
Rochen und Schildkröten sind. Man sollte
die Restaurants und das Nachtleben auf
Gili Trawangan auskosten, die perfekte
Balance von Gili Air und den pinkfarbenen
Charme von Gili Meno genießen. Oder sich
einfach nur dem süßen Nichtstun widmen.
Gili Trawangan (S. 371)

MUNDOSEMIFM/SHUTTERSTOCK ©

2

ALEKSANDAR TODOROVIC/SHUTTERSTOCK ©

SONY HERDIANA/SHUTTERSTOCK ©

Balinesischer Tanz

3 Der Besuch einer balinesischen Tanzperformance (S. 235) ist ein Höhepunkt jedes Besuchs auf Indonesiens berühmtester Ferieninsel. Die eindringlichen Klänge, die aufwendigen Kostüme, die sorgfältige Choreographie und die unbeschwerte Routine sorgen für beste Unterhaltung. Das Spektakel demonstriert, dass Bali eine der ausgeprägtesten Kulturen der Welt besitzt. Die Musik, die den Tanz oft begleitet, basiert auf einem Ensemble, das als Gamelan bekannt ist. Die melodische, mal beschwingte und mal eindringliche Perkussion gibt im nächtlichen Ubud, dem Kulturzentrum Balis, den Ton an.

Kapuas Hulu

4 Das Quellgebiet des Sungai Kapuas (S. 675), Indonesiens längstem Fluss, hat alles, was man für ein Dschungelabenteuer braucht. In Kalimantans ältestem Langhaus, das auf knorrigen Eisenholzpfeilern steht, reist man in die Vergangenheit. Weiter geht es in die fotogenen Schlickflächen von Danau Sentarum auf fischreichen Wasserstraßen. Außerdem lockt die Hafenstadt Putussibau. Auf dem Cross-Borneo-Trek passiert man rasante Stromschnellen sowie Wälder voller Blutegel. Oder man begibt sich in die unbekannteste Ecke der Insel, um neue Arten im Betung Kerihun National Park zu entdecken.

Tana Toraja

5 In dieser Region Sulawesis mit Reisterrassen, bootsförmigen Dächern und Büffeln dreht sich das Leben um den Tod. Tana Torajas (S. 742) Totenzeremonien umfassen Gebetstage, Feste und Tänze sowie Büffelkämpfe und Tieropfer, bevor der Verstorbene zu seiner Ruhestätte gebracht wird. Diese kann in eine Felswand gehauen oder eine Höhle oder ein hängendes Grab an den Rändern der Höhle sein. Reisende sollten sich bewusst sein, dass sie mumifizierte Leichen sehen werden, Büffel-Kämpfe schwer zu beobachten und Tieropfer blutig sind. Tau tau (lebensgroße Holzstatue) in Lemo (S. 750)

Tanjung Puting National Park

6 *African Queen* trifft auf Dschungelsafari in diesem beliebten Nationalpark (S. 682) im südlichen Kalimantan, wo man nicht nur Asiens größtem Affen, dem Orang-Utan, begenet, sondern auch mit dem eigenen privaten *klotok* (Kanu mit Wasserpumpenmotor) stilvoll den Dschungel erkunden kann. Die typische dreitägige Tour führt auf eine Rundreise den Sungai Sekonyer hinauf zum Camp Leakey, mit Zwischenstopps an Orang-Utan-Fütterungsstationen und vielen spontanen Beobachtungen von Wildtieren.

Banda-Inseln

7 Die Banda-Inseln (S. 486) bieten einen berauschenden Cocktail aus Geschichte, Kultur und Naturschönheit. Der abgelegene Archipel ist von Dschungel sowie Nelken- und Muskatbäumen geprägt, von weißem Sand gesäumt und von blauem Meer und unberührten Riffen umgeben und hat die europäische Kolonisation in Gang gesetzt. Von Ambon fliegt man in die Hauptstadt Bandaneira, schlendert umher, bewundert spätkoloniale Relikte und chartert ein Boot zu den äußeren Inseln, wo Strände, Drop-offs und Korallen warten. Das Dorfleben hier wirkt schlicht und gut.

6

7

Raja-Ampat-Inseln

8 Die abgelegenen Raja-Ampat-Inseln (S. 513) vor Papuas Nordwestspitze sind ein Traum für Taucher. Sie beherbergen die größte Vielfalt an Meereslebewesen auf dem Planeten, von riesigen Mantarochen und Epaulettenhaien über bunte Seeschnecken, fantastische unberührte Korallen bis hin zu jeder Größe, Form und Farbe von Fischen, die man sich nur vorstellen kann. Schnorcheln ist hier großartig, doch die Landschaft – weiße Strände und dschungelbewachsene Inseln – kann es an Erhabenheit mit der Unterwasserwelt durchaus aufnehmen. Pianynemo (S. 514)

Jakartas Nachtleben

9 Wer die Ausdauer hat, dem bietet Jakarta (S. 63) die Action. Es ist eines der bestgehüteten Partygeheimnisse Südostasiens, von stylishen Lounges mit überdrehtem Publikum über ruhige Bars, in denen Funk der 70er-Jahre erklingt, bis hin zu Rocktreffs und Elektro-Clubs, in denen DJs messiasartigen Status erlangen. Wie lange die Party noch dauert, ist jedoch ungewiss: Indonesien ist eine überwiegend muslimische Nation mit tief verwurzelter Tradition, und Konservative setzen sich für Sperrstunden und strenge Alkoholgesetze ein. Aber fürs Erste feiern die Leute weiter.

Pulau Bunaken

10 Wer kennt nicht jene Gärten, in denen Hunderte von Pflanzenarten in beinahe künstlerischer Ordnung nebeneinander gedeihen? Man stelle sich so etwas aus Korallen vor, mit allen Farben von kräftigem Schwarz und Weiß bis hin zu intensivem Violett. Umspielt wird alles von klarem Wasser, das von irisierenden Fischen erfüllt ist, glitzernd wie das Sonnenlicht. Das Wasser um Pulau Bunaken (S. 775) ist schöner, als man es sich vorstellen kann. Und es gibt obendrein riesige Schildkröten, Riffhaie und sogar Delfine und Dugongs, die durch die Szenerie schwimmen.

Karimunjawa

11 90 km vor der Nordküste Zentral-Javas liegt ein Archipel, der so wenig besucht ist wie andere in Ostindonesien, aber mit Fähre und Flügen von Semarang und Surabaya aus erreichbar ist. Die Karimunjawa-Inseln sind eine Gruppe von 27 korallengesäumten Schönheiten, nur fünf sind bewohnt. Die meisten Inseln sind mit Tagestouren zugänglich, die einen Eindruck vom tropischen Paradies vermitteln: weiße Sandstrände, gesäumt von Kokospalmen. Los geht's auf der gebirgigen, dschungelreichen Hauptinsel Karimunjawa (S. 181), die auch schöne Strände hat. Bezaubernd!

Vulkane

12 Indonesiens unzählige Vulkane sind kaum kleiner als und ebenso perfekt geformt wie der Gunung Api (S. 493), ein Miniatur-Mt.-Fuji, der den Hafen der Banda-Insel beherbergt. Er brach 1988 aus und kann in drei Stunden bestiegen werden. Zu den vielen anderen, die es wert sind, entdeckt zu werden, gehören Balis Agung, Lomboks Rinjani, Javas Bromo und der berüchtigte Krakatau. Die recht häufigen Ausbrüche bedeuten jedoch, dass man den aktuellen Status eines jeden Vulkans überprüfen muss, bevor man ihn erklimmt.

Togian-Inseln

13 Die glückseligen, weltentrückten Togian-Inseln (S. 763) sind eine unverfälschte Vision der Tropen mit blendend weißen Sandstränden, die von Kokospalmen gesäumt sind, einigen Fischerdörfern, Homestays sowie Schnorchel- und Tauchspots an Korallenriffen von Weltklasse. Im Inselinneren gibt es auch viele Wildtiere zu sehen. Alles hier ist so sanftmütig, dass es sogar einen Quallensee gibt, dessen Quallen nicht brennen. Aber: Schlagzeilen und Facebook-Updates bleiben draußen – Internetzugang und Mobilfunkabdeckung gehen gegen Null.

MARCO L/SHUTTERSTOCK ©

DAVID EVISON/SHUTTERSTOCK ©

Ubud

14 Das künstlerische Herz Balis, der Star aus Büchern und Filmen, strahlt einen unwiderstehlichen spirituellen Reiz aus. Die Straßen sind gesäumt von Galerien, in denen Künstler – bescheidene und geniale – arbeiten. Wunderschöne Tanzaufführungen erfüllen abends ein Dutzend Bühnen. Museen ehren jene, die hier im Laufe der Jahre Inspiration fanden, während Menschen in den Reisfeldern nach dem perfekten Ort suchen, um in der Lotusposition sitzend über die endlosen Möglichkeiten des Lebens nachzudenken. Ubud (S. 283) ist auch eine Geisteshaltung und Lebensart.
Reisterrassen in Ubud

Gunung Leuser National Park

15 Der riesige, kaum besuchte dampfende Dschungel (S. 603), der die Berge und Täler des nördlichen Sumatra überzieht, hat ein einzigartiges Ökosystem. Voller piepsendem, quietschendem, knurrendem Tierleben ist es ein Paradies für Naturforscher und Abenteurer. Das Dorf Ketambe liegt an einem schokoladenfarbenen Fluss und ist ein guter Ort, um sich einige Tage auszuruhen. Es ist aber auch ein großartiges Basislager für mehrtägige Wanderungen auf der Suche nach heulenden Gibbons (s. o.), lethargischen Orang-Utans und vielleicht sogar ein oder zwei Tigern.

Baliem-Tal

16 Trekking im Baliem-Tal (S. 538) ist für viele Besucher der Höhepunkt einer Papua-Reise und führt in die Welt der Dani, eines Bergvolks, dessen Kultur trotz Einflussnahme der indonesischen Regierung und christlichen Missionare noch immer stolz ist. Mit ihnen kann man in grasgedeckten Hütten wohnen, Dschungelpfaden folgen, aussichtsreiche Hügellandschaften durchwandern und wilde Flüsse mit wackeligen Hängebrücken überqueren. Das Lächeln der Einheimischen verzaubert. Tipp in puncto Brücken: Nicht auf das Wasser schauen und darauf achten, wo man hintritt! Dani (S. 546)

Kerobokan

17 Das südbalinesische Kerobokan (S. 255) und seine Nachbarn Seminyak und Canggu liegen zwar nördlich von Kuta, aber in vielerlei Hinsicht fühlt sich das Trio wie eine andere Insel an. Sie sind glitzernd, keck und voller Hipster und Expats. Alles wirkt betörend, exklusiv und fast schon zu cool. Der Strand erstreckt sich in beide Richtungen bis zum Horizont. Unzählige Boutiquen, viele davon werden von lokalen Designern geführt, buhlen am Tage um Aufmerksamkeit. Abends genießt man ein fabelhaftes Essen, dann geht's in einen Club. Batubelig Beach, Kerobokan (S. 255)

Indonesisches Essen

18 Wer in Indonesien isst (S. 836), verinnerlicht die Essenz des Landes. Der Reisreichtum spiegelt die fruchtbare Landschaft wider, die Gewürze erinnern an eine Zeit von Handel und Invasion, und die feurige Chili steht für die Leidenschaft der Menschen. Chinesen, Portugiesen, Kolonisten und Händler haben die Aromen geprägt, darunter Koriander, Zitronengras, Kokosnuss und Palmzucker. *Sate* (Fleischspieße), *Nasi Goreng* (gebratener Reis; s. o.) und *Gado Gado* (Gemüse mit Erdnusssauce) sind weltberühmt, und jede Region hat ihre eigene, köstliche Variante.

Kerinci-Tal

19 Ein Abstecher vom geschäftigen Bukittinggi lockt ins Kerinci-Tal (S. 631) West-Sumatras. Eine atemberaubende Bergwildnis, die perfekt für Abenteuer abseits ist. Man wagt sich durch eine fotogene Landschaft mit Seen, Wäldern, Wasserfällen, Reisfeldern und Dörfern. Jene, die eine Herausforderung suchen, hören den Ruf des Kerinci-Vulkans, der über dem Tal thront, und bewältigen den Aufstieg in einer harten Nacht. Tierfans gehen auf die Suche nach Affen, Zibetkatzen, zahllosen Vogelarten und dem scheuen Sumatra-Tiger im Kerinci Seblat National Park.

Borobudur

20 Der atemberaubende Borobudur-Tempelkomplex (S. 126) ist ein faszinierender, berührender Nachruf der buddhistischen Blütezeit Javas im 9. Jh. und ein Highlight jeder Indonesienreise. Der Tempel, eine der wichtigsten buddhistischen Stätten der Welt und einer der schönsten Tempelkomplexe Südostasiens, besteht aus sechs quadratischen Basen, die von drei runden überragt werden. Fast 3000 Reliefplatten veranschaulichen buddhistische Lehren und Geschichten, während 432 Buddha-Bildnisse in Kammern auf den Terrassen sitzen.

Gut zu wissen

Weitere Infos gibt's im Abschnitt „Praktische Informationen" (S. 857).

Währung
Rupiah (Rp)

. . . .

Sprache
Bahasa Indonesia

. . . .

Visa
Traveller aus der BRD, Österreich und der Schweiz können Indonesien visumsfrei bereisen, sofern sie maximal 30 Tage bleiben – was kurz ist für ein so großes Land. Auch ein 60-tägiger Aufenthalt mit Visum ist noch kurz.

. . . .

Geld
Es gibt viele Geldautomaten und Wechselstuben in Großstädten und Tourismuszentren. In abgelegenen Gebieten funktionieren die Automaten oft nicht, und die Wechselkurse sind mies.

. . . .

Handys
Am billigsten telefoniert man mit lokalen SIM-Karten und übers Internet.

. . . .

Zeit
Western Indonesian Time (MEZ +6 Std.); Central Indonesian Time (MEZ +7 Std.); Eastern Indonesian Time (MEZ +8 Std.).

Reisezeit

Medan
ganzjährig

Balikpapan
ganzjährig

Jakarta
April–Nov.

Kota Ambon
Sept.–April

Bali
März–Okt.

Tropisches Klima, ganzjährig Regen
Tropisches Klima, Regen- & Trockenzeiten

Hauptsaison
(Juli & Aug.)

➡ Touristen strömen nach Indonesien, nach Bali, Sulawesi und darüber hinaus.

➡ Zimmer sind bis zu 50 % teurer.

➡ Trockenzeit außer auf den Molukken und in Papua; dort regnet es.

Zwischen-saison
(Mai, Juni & Sept.)

➡ Trockenzeit außer auf den Molukken und in Papua.

➡ Bestes Wetter auf Java, Bali und Lombok (trocken, nicht allzu feucht).

➡ Man kann spontaner reisen.

Nebensaison
(Okt.–April)

➡ Regenzeit auf Java, Bali und Lombok (auf Kalimantan blüht alles).

➡ Trockenzeit (und beste Tauchzeit) auf den Molukken und in Papua.

➡ Schnäppchen und spontane Reisen sind möglich (außer an Weihnachten und Neujahr).

Infos im Internet

Inside Indonesia (www.insideindonesia.org) News und nachdenkliche Features.

Jakarta Globe (https://jakartaglobe.id) Erstklassige nationale Zeitung auf Englisch.

Jakarta Post (www.thejakartapost.com) Indonesiens englischsprachige Tageszeitung.

Tiket.com (www.tiket.com) Hier können Ausländer bequem mit Kreditkarte Flüge buchen. Die App downloaden!

Lonely Planet (www.lonelyplanet.de/reiseziele/indonesien) Infos, Buchungen, Forum und mehr.

Wichtige Telefonnummern

Handys sind mittlerweile weit verbreitet; die Nummern beginnen normalerweise mit 08; eine Vorwahl ist unnötig.

Landesvorwahl Indonesien	☎62
Vorwahl für internationale Gespräche	☎001/017
Internationale Vermittlung	☎102
Auskunft	☎108
Polizei	☎110/112
Feuerwehr	☎113
Krankenwagen	☎118

Wechselkurse

Eurozone	1 €	15 748 Rp
	10 000 Rp	0,63 €
Schweiz	1 SFr	14 197 Rp
	10 000 Rp	0,70 SFr

Aktuelle Wechselkurse gibt's unter www.xe.com.

Tagesbudget

Günstig – weniger als 500 000 Rp

➡ Einfache Zi.: weniger als 200 000 Rp

➡ Günstige Imbisse: weniger als 40 000 Rp

➡ Nahverkehrsmittel, z. B. *bemos*: ab 5000 Rp

Mittelteuer – 500 000– 2 000 000Rp

➡ DZ mit Klimaanlage: 300 000–800 000 Rp

➡ Günstige Flüge: ab 500 000 Rp

➡ Guides und Mahlzeiten in Restaurants: je 250 000– 800 000 Rp

Teuer – mehr als 2 000 000 Rp

➡ Resorts oder Boutiquehotels in abgelegenen Gebieten: mehr als 850 000 Rp

➡ Flüge und Mietwagen mit Fahrer: 500 000–1 000 000 Rp

➡ Spezialtouren, z. B. zum Tauchen; Top-Restaurants auf Bali: mehr als 1 000 000 Rp

Öffnungszeiten

Im Folgenden sind typische Öffnungszeiten in Indonesien genannt.

Banken Mo–Fr 8–15, Sa bis 13 Uhr

Geschäfte 9 oder 10–17 Uhr; größere Läden in touristischen Gegenden oft bis 20 Uhr; viele So geschl.

Post Mo–Fr 8–14 Uhr (in touristischen Gegenden sind die Hauptpostämter oft länger und/oder am Wochenende geöffnet)

Regierungsstellen im Allgemeinen Mo–Do 8–16, Fr bis 12 Uhr

Restaurants 8–22 Uhr

Ankunft am …

Soekarno-Hatta International Airport (Jakarta) Jakarta ist der wichtigste Verkehrsknoten Indonesiens. Die meisten Traveller wechseln hier den Flieger, um an ihr Ziel zu kommen. Wer in Jakarta bleibt, kommt mit dem Taxi (160 000 Rp, 1 Std.), Zug (70 000 Rp, 45 Min.) oder Bus (40 000 Rp, 1–2 Std.) zum Hotel.

Ngurah Rai International Airport (Denpasar) Dieser Flughafen auf Bali ist der einzige mit nennenswerten internationalen Verbindungen außer dem in Jakarta. 24-Sunden-Prepaid-Taxis gibt's überall auf Bali. Die kosten nach Kuta 80 000 Rp, nach Seminyak 130 000 Rp und nach Ubud 300 000 Rp.

Unterwegs vor Ort

Der Nahverkehr in Indonesien funktioniert mit verschiedenen Verkehrsmitteln.

Schiff Langsame und schnelle Boote verbinden viele Inseln. Achtung: Manche Betreiber haben unzureichende Sicherheitsstandards.

Bus Busse in allen Größen verkehren fast überall hin; Fahrten sind günstig, dauern aber lange.

Auto Mietwagen gibt's für 30 US$ pro Tag (Bali), ein Auto mit Fahrer für 60 US$ pro Tag.

Motorrad Für nur 70 000 Rp pro Tag kann man ein Motorrad mieten.

Becak Motorrad mit Beiwagen; Indonesiens Version eines *tuk tuk*.

Ojek Hinten auf einem Motorrad mitzufahren ist billig und überall möglich.

Taxi In Städten günstig, andernorts aber teils teuer.

Mehr zum Thema
Unterwegs vor Ort
s. S. 871

Indonesien für Einsteiger

Weitere Infos gibt's im Kapitel „Praktische Informationen" (S. 857).

Checkliste

➡ Sicherstellen, dass der Reisepass noch mindestens sechs Monate lang gültig ist.

➡ Am einfachsten ist es, ein 60-Tage-Besuchervisum noch daheim zu beantragen.

➡ Für eine Reiseversicherung, eine Tauchversicherung und einen internationalen Führerschein sorgen.

➡ Nur mit ärztlicher Vorabuntersuchung und Freigabe tauchen.

➡ Bank und Kreditkartenunternehmen über die Reisepläne informieren.

Mitnehmen

➡ Sonnencreme und Insektenschutzmittel; beides ist außerhalb von Touristengebieten schwer zu finden.

➡ Ohrstöpsel für den Lärmpegel von Moscheen und Verkehr.

➡ Eine Taschenlampe (mit Blinklicht).

➡ Einen Sarong – als modisches Statement, Decke, Strandmatte, Laken, Matratzenbezug, Handtuch und Sonnenschutz.

Top-Tipps für die Reise

➡ Regionale Wetterverhältnisse beachten, bevor man sich entscheidet, wann man wo hingeht: Indonesien ist so groß, dass die verschiedenen Gebiete ihr ganz eigenes Wetter haben.

➡ Vermeiden Sie einen Besuch während des Ramadans: Allerhand Örtlichkeiten werden geschlossen oder sind ausgebucht, der Großteil der Bevölkerung ist unterwegs.

➡ Flüge sind preiswert und das Fliegen zwischen den Zielen spart nicht nur Zeit, sondern ist auch bequemer und komfortabler.

➡ Steigen Sie in den Nahverkehr ein: Es ist billig und eine gute Möglichkeit, mit Menschen zusammen zu sein.

➡ Wer abseits ausgetretener Pfade unterwegs sind, sollte viel Geld mitnehmen: Geldautomaten funktionieren oft nicht oder man kann nicht wechseln.

Dresscode

Leichte, locker sitzende Kleidung ist bei der Hitze am besten. Wer im Dschungel wandert, Vulkane erkundet und in höhere Lagen kommt, bringt feste Schuhe, Regenkleidung und eine (Fleece-)Jacke mit. Beim Tempel- oder Moscheebesuch werden Schultern, Ellbogen und Knie bedeckt. Etwas Schickes braucht es für ein feines Essen oder Jakartas und Balis Nachtleben.

Schlafen

Die Unterkünfte in Indonesien reichen von einfach bis superluxuriös. Es ist ratsam, in den am meisten besuchten Gebieten rechtzeitig zu reservieren, besonders wenn man in den Spitzenmonaten Juli, August und Dezember unterwegs ist.

Hotels In touristischen Destinationen oftmals ausgezeichnet. Die Standards fallen an anderer Stelle schnell.

Guesthouses Vom Boutiquestil bis hin zu einfachen Familienbetrieben.

Hostels An den meistbesuchten Orten: Jakarta, Bali, Flores, Gili-Inseln.

Gastfamilien Oft die einzige Option in abgelegenen Gebieten.

Camping in Nationalparks und auf mehrtägigen Wanderungen.

Villen High-End-Villen sind eine beliebte Wahl auf Bali.

Sicherheit

Die Sicherheitsvorkehrungen in touristischen Gebieten wurden nach den Bombenanschlägen von 2002 und 2005 auf Bali erhöht, seitdem ist die Lage recht entspannt. Die Chance, in eine solche Tragödie verwickelt zu werden, ist gering. Luxushotels internationaler Ketten bieten oft die beste Sicherheit, sind aber auch die verlockendsten Ziele, wie es sich 2003 und 2009 in Jakarta zeigte. Selbstmordattentäter trafen 2017 einen Busbahnhof in Ost-Jakarta und töteten drei Polizisten. In Surabaya wurden im Mai 2018 Kirchen angegriffen, wobei 28 Menschen umkamen, aber solche Vorfälle sind nach wie vor selten.

DAVIDEANGELINI/SHUTTERSTOCK ©

Hindu-Tempel auf Bali (S. 228)

Feilschen

Bei vielen alltäglichen Einkäufen wird gefeilscht. Auch Unterkunftspreise sind in der Nebensaison meist verhandelbar. Verhandeln kann durchaus nett sein, also immer den Sinn für Humor und die Relationen bewahren. Wenn Preise ausgeschrieben sind, sind sie in der Regel festgelegt; wenn nicht, sind Verhandlungen möglich.

Trinkgeld

Trinkgeld war in weiten Teilen Indonesiens weniger üblich, aber an Reisezielen wie Bali wird nun durchaus welches erwartet.

Restaurants (Bali) 10 % ist inzwischen Standard.

Hotels Viele mittlere sowie die gehobenen Hotels und Restaurants addieren 21 % für Steuer und Service hinzu („plus plus").

Taxis, Massagen & Träger 5000–10 000 Rp.

Etikette

Orte der Anbetung Respektvoll sein! Beim Moscheebesuch Schuhe ausziehen und dezent kleiden; in Balis Tempeln trägt man Schärpe und Sarong.

Körpersprache Immer beide Hände verwenden, wenn man jemandem etwas gibt! In der Öffentlichkeit sollte man Zuneigungsbekundungen unterlassen und nicht mit den Händen auf den Hüften sprechen.

Kleidung Auch wenn viele einheimische Männer Shorts tragen, sollte man es vermeiden, viel Haut zu zeigen. Schon gar nicht oben ohne (auch nicht auf Bali).

Fotografieren Bevor man Fotos von jemandem macht, fragt man – mit Worten oder Gesten – immer nach der Erlaubnis.

Essen

Indonesien hat viele Optionen hinsichtlich Essen. Reservieren muss man in der Regel nur in sehr gefragten Locations in den Großstädten oder an den Touristenorten.

Restaurants In Städten und touristischen Destinationen.

Rumah makan Wörtlich übersetzt „Esshaus" und weniger formal als Restaurants.

Warung Einfache Stände, die sich oft auf ein bestimmtes Gericht spezialisiert haben.

Straßenverkäufer Die Einheimischen entscheiden sich gern für einfache Nudel- und Suppengerichte.

Märkte Fantastisch für frisches Obst.

Was gibt's Neues?

Airport Express, Jakarta

Dank einer neuen Zugverbindung braucht man für die Strecke zwischen dem Flughafen Soekarno-Hatta und dem Zentrum Jakartas nur noch 45 Minuten. (S. 88)

Labuan Bajo, Flores

Mit der Eröffnung eines neuen Hafen- und Einkaufszentrums sowie diverser Luxushotels wird der Boom von Labuan Bajo unübersehbar. Zeit für einen Besuch, bevor dieser Ort das neue Bali wird. (S. 402)

Togian-Inseln, Sulawesi

Die Togian-Inseln sind schon seit 2004 „auf dem Papier" Nationalpark. Inzwischen wurden sie auch offiziell als Gebiet von ökologischer Bedeutung und touristischem Potenzial ausgewiesen, was zum Schutz der erstklassigen Riffe und zur Verbesserung der touristischen Infrastruktur führt. (S. 763)

Selfie-Paradies, Zentraljava

Die Dream Museum Zone (DMZ) in Semarang ist beliebt bei Einheimischen und angeblich der weltgrößte 3D-Selfie-Komplex. Hier kann man vor 3D-Kulissen aus aller Welt für Selfies posieren. Viel Spaß! (S. 174)

Pulau Weh, Sumatra

Dank einer kostenfreien Tauchschule, von Ausländern betriebenen Tauchshops und neuen Cafés, die superauthentische internationale Gerichte auf Sumatra anbieten, ist Pulau Weh nun noch interessanter. (S. 593)

Nachwirkungen des Erdbebens, Sulawesi & Lombok

Erdbeben im Jahr 2018 verursachten schwere Schäden in Zentral-Sulawesi (S. 755), Nord-Lombok (S. 358) und auf den Gili-Inseln (S. 369). Einige Gebiete waren zum Zeitpunkt der Recherche nicht zugänglich, darunter der berühmte Gunung Rinjani-Aufstieg auf Lombok.

Neue Flughäfen, Kalimantan

In Samarinda (S. 703) und Sintang (S. 676) wurden 2018 Flughäfen eröffnet, was das Reisen durch Kalimantan erleichtert.

Pura Lempuyang, Bali

Der ostbalinesische Tempel ist einer der ältesten der Insel und durch die neue Tour dorthin für Traveller erschlossen. (S. 314)

Günstige Tauchsafaris bei den Raja Ampat Inseln, Papua

Dank dieses Tauchsafari-Anbieters sind einige der weltschönsten Tauchplätze erschwinglich. Übernachtung an Bord. (S. 520)

Jiwa Jawa Ijen, Ostjava

Dieses Boutique-Hotel bietet einen bezaubernden Blick über die Landschaft sowie ein hervorragendes Restaurant. (S. 218)

Pulau Kei Kecil, Maluku

Kei Pirate Divers ist der erste Tauchanbieter auf den Kei-Inseln und hat tolle unbekannte Tauchgebiete im Angebot. (S. 502)

Pulau Morotai, Maluku

Die Regierung hat die idyllische Insel im Norden Malukus als Tourismuszentrum ausgewiesen – man sollte die Strände und Riffe also besuchen, bevor es alle anderen tun. An den nördlichsten Küstenabschnitten gibt's tolle Surf-Spots. (S. 473)

Weitere Empfehlungen und Bewertungen gibt's unter lonely planet.com/indonesia (englisch)

Wie wär's mit...

Strände

Die schiere Anzahl an verlockenden Optionen ist in Indonesien so gewaltig, dass die Wahl hier tatsächlich auch zur Qual werden kann.

Strände auf den Gili-Inseln Diese drei naturgeformten Schreine des Hedonismus unweit von Bali und Lombok sind von strahlend weißem Sand umgeben. (S. 368)

Pantai Trikora Bei einer Gastfamilie am Strand in Pantai Trikora zu entspannen ist die rustikalere Alternative zu den gepflegten Resorts von Pulau Bintan. (S. 644)

Rote Neben seiner absolut epischen Brandung steht Rote vor allem für kilometerlange einsame Strände und natürlich jede Menge süßer Stille. (S. 441)

Die Banyak-Inseln Eine Kette aus weitgehend unbewohnten Sandflecken, gesäumt von unberührten Korallenriffen, versehen mit den besten Stränden Sumatras. (S. 600)

Pulau Tabuhan Ein Traum aus weißem Sand, direkt vor der Küste von Banyuwangi. (S. 224)

Pulau Kei Kecil Hier finden sich Postkartenstrände und zugleich Indonesiens längste Sandbank. (S. 500)

Tierwelt

Die Orang-Utans sind die Stars der hiesigen Fauna, die ansonsten u. a. auch mit Elefanten, „Drachen" und allerlei Vogelarten lockt.

Palangka Raya Am Sungai Kahayan leben Orang-Utans, Krokodile und noch viel mehr Getier. (S. 687)

Meru Betiri National Park Der Regenwald ist die Heimat so exotischer Lebewesen wie Nashörner, Nashornvögel, Meeresschildkröten und der längsten Schlange der Welt. (S. 220)

Papua Paradiesvögel – legendär wegen ihrer Farben, des Gefieders und der Paarungstänze – leben versteckt in den papuanischen Wäldern. (S. 508)

Way Kambas National Park Neben Begegnungen mit Elefanten und seltenen Vögeln gibt es hier auch die Möglichkeit etwas über die Anstrengungen zu erfahren, das vom Aussterben bedrohte Sumatra-Nashorn zu retten. (S. 660)

Alas Purwo National Park Auf einer Nachtsafari lässt sich (mit etwas Glück) beobachten, wie Schildkröten nisten und wilde Leoparden diese Dschungelhalbinsel aus Kalkstein durchstreifen. (S. 222)

Komodo National Park Auf den Inseln Komodo und Rinca leben die größten Eidechsen der Welt.

Unter Wasser tummelt sich eine Vielzahl von Meereslebewesen. (S. 399)

Tanjung Puting National Park In Kalimantan warten mehr oder minder wildlebende Orang-Utans, Nasenaffen und eine reiche Vogelwelt. (S. 682)

Tauchen & Schnorcheln

Indonesien bietet einige der weltbesten Tauchplätze. Eine Vielzahl von Anbietern und Tauchschulen, von Bali bis hin zu den abgelegensten Orten, kümmert sich um Unterwasserfans.

Komodo National Park Warme und kalte Strömungen halten die Riffe intakt und ziehen große Gruppen von Haien, Mantas und Delfinen an. (S. 399)

Pulau Weh Vom Clownfisch bis zum Walhai ... hier gibt's allerhand zu sehen. (S. 593)

Pulau Lembeh Der wohl beste Muck-Tauchspot der Welt mit vielen Makro-Exoten. (S. 782)

Derawan Archipel Vor Pulau Maratua erwarten Taucher große pelagische Fische und häufig Barrakudaschulen. (S. 716)

Pulau Bunaken Tropische Idylle zum exzellenten Schnorcheln und Tauchen an unberührten Korallenriffen und an Hotspots für Muck-Taucher. (S. 777)

Tulamben Das Wrack der Liberty bietet Jahr für Jahr bessere Tauchmöglichkeiten, da die Korallen wachsen und mehr und mehr Tiere anziehen. (S. 319)

Raja-Ampat-Inseln Vielleicht muss man für diese Tauchsafari mit Bordübernachtung ein bisschen tiefer in die Tasche greifen – aber dieses abgelegene Tauchparadies im Westen Papuas ist es wert. (S. 513)

Banda-Inseln Wunderschöne Korallen und super Drop-Offs locken Taucher und Schnorchler zu den legendären Inseln. (S. 13)

Inselhüpfen

Bei mehr als 17000 Inseln sind die Möglichkeiten zum Inselhüpfen selbstredend perfekt.

Derawan-Archipel Dieser Archipel bietet verschiedene Versionen tropischer Paradiese – vom Backpacker-Treff bis hin zum nahezu menschenleeren Atoll. (S. 716)

Raja-Ampat-Inseln Dschungelbewachsene Hügel, unberührte Strände und Gewässer mit der weltweit größten Vielfalt an Meereslebewesen. (S. 513)

Karimunjawa-Inseln Diese magischen, von Korallen gesäumten Inseln, bislang oft übersehen, bieten mittlerweile bessere Verkehrsanbindung und Einrichtungen. (S. 181)

Banyak-Inseln Perfektes Inseldasein, selbst wenn man nur je einen Tag auf einer der Inseln verbringt. (S. 600)

Der Riung Seventeen Islands Marine Park besteht aus 23 Inseln, die sich toll zum Faulenzen, Schnorcheln und Schwimmen eignen. (S. 417)

Togian-Inseln Schwer erreichbar, aber traumhaft – an Land, und, dank der fantastischen

Korallenformationen, auch unter Wasser. (S. 763)

Wandern

Der Großteil Indonesiens ist immer noch wild und unberührt. Wanderungen (von einigen Stunden bis über mehrere Wochen hinweg) durch diese Gebiete und Kulturen sind einer der Gründe, warum viele das Land besuchen.

Kerinci Seblat National Park Mächtige Vulkane und abgelegene Dschungelpfade, die zu versteckten Seen und Wasserfällen führen, ziehen Wanderer an. (S. 634)

Gunung Semeru Javas höchster Gipfel ist eine schwierige Herausforderung mit atemberaubenden Vulkanausblicken an einem Horizont, an dem sich Kegel an Kegel reiht. (S. 215)

Gunung Rinjani Indonesiens zweithöchster Vulkan, der den balinesischen Hindus und Sasak-Muslimen heilig ist, eröffnet Gipfelstürmern einen magischen Sonnenaufgangsblick. (S. 357)

Tomohon Zwischen Vulkangipfeln gelegen, bietet die Region Tomohon großartige Aussichten auf Vulkangipfel. (S. 780)

Von Mamasa nach Tana Toraja Entlang terrassierter Reisfelder geht es durch Dschungelgebiete. Übernachtet wird in gastfreundlichen Dörfern. (S. 739)

Surfen

Jahr für Jahr finden Surfer auf der Suche nach der perfekten Welle neue Top-Spots in ganz Indonesien.

Bali Ulu Watu ist weltberühmt, aber rund um die ganze Insel gibt's grandiose Breaks. (S. 266)

Mentawai-Inseln Für Surfer sind diese Inseln mit einigen der bekanntesten und herausfordendsten Breaks des Planeten ein Traumziel. (S. 615)

Alas Purwo National Park Der Barrel der legendären G-Land-Welle an der südöstlichen Ece Javas scheint kein Ende zu nehmen. (S. 222)

Watu Karang Südwestlich von Pacitan, dem neuesten Surf-Hotspot im Osten Javas, gibt's perfekte Barrels. (S. 208)

West-Sumbawa Von den vielen Nusa-Tenggara-Wellen begeistert Surfer vor allem die Supersuck vor Oahus Nordküste. (S. 389)

Pulau Nias Die weitlaufende Righthander bei Lagundri gilt als eine der weltbesten Wellen. (S. 580)

Tempel

Indonesien ist für seine Tempel nicht so bekannt wie seine Nachbarn, dennoch gibt es zwischen Java und Bali einige der ältesten und schönsten der Region.

Borobudur Vor allem im Morgengrauen entfaltet sich die ganze ätherische Schönheit dieses buddhistischen Komplexes. (S. 127)

Prambanan Dieses gewaltige Wunder aus dem 9. Jh. in der Nähe von Yogyakarta ist der größte hinduistische Tempel im alten Java. (S. 157)

Pura Luhur Batukau Einer der wichtigsten Tempel Balis und ein nebliger, abgelegener Ort voller uralter Spiritualität. (S. 324)

Pura Taman Ayun Ein wunderschöner, von Wasser umgebener Tempel mit königlicher Vergangenheit; Teil des UNESCO-Weltkulturerbes der Reisterrassen von Bali. (S. 342)

Monat für Monat

Januar

Die fast perfekten Temperaturen auf Bali ziehen über Weihnachten und Neujahr sonnenhungrige Europäer an.

🎎 Gerebeg

Jedes Jahr finden in Yogyakarta Ende Januar, im April und Anfang November die drei farbenfrohsten Festivals von Java statt. Unzählige Menschen in traditioneller Kleidung ziehen in festlichen Umzügen zu Gamelan-Musik durch die Straßen. (S. 137)

Februar

Im Osten herrscht Trockenzeit. Dank des jetzt besonders klaren Wassers sind die Bedingungen zum Tauchen und Schnorcheln auf den Molukken und in Papua ideal.

🎎 Pasola

Nusa Tenggaras größtes Festival: Faszinierend gekleidete Reiterteams „kämpfen" in West-Sumba gegeneinander – wobei gelegentlich Blut fließen kann. Der Termin fällt oft mit Nyale in Lombok zusammen, einem riesigen Angelfest, das von den Sasaks gefeiert wird.

🎎 Cap Goh Meh

Drachen und Löwen tanzen am chinesischen Neujahrsfest in ethnischen Gemeinschaften in ganz Indonesien. Einige der buntesten Feste finden in Singkawang während der größten chinesischen Neujahrsfeier Kalimantans statt, wo sich scheinbar besessene Chinesen und Dayak-Heilige dem Reigen anschließen. (S. 675)

März

Die Regenzeit in Java, Bali und im westlichen Nusa Tenggara geht zu Ende. Noch ist nur wenig Betrieb, was diesen Monat ideal für einen Besuch macht.

☆ Java Jazz

Das große Festival, ein wichtiges Ereignis im Kulturkalender, findet Anfang März im Jakarta Convention Center statt, und zieht immer mehr renommierte Künstler aus aller Welt an. (S. 75)

🎎 Nyepi

Während Balis größtem hinduistischen Festival wird der Beginn eines neuen Jahres im religiösen Kalender gefeiert. Es ist von Ruhe gekennzeichnet – um die bösen Geister davon zu überzeugen, dass Bali unbewohnt sei. Am Abend davor werden *ogoh-ogoh*, riesige Ungetüme aus Pappmaché, verbrannt. Das Festival findet jedes Jahr im März oder Anfang April statt.

April

Im April beginnt auf Bali die Trockenzeit, auch auf Java hat der Regen weitgehend aufgehört.

Mai

Das Wetter auf Java und Bali ist traumhaft, im Osten des indonesischen Archipels beginnt nun die Regenzeit.

✨ Waisak

Waisak ist ein wichtiges Festival für Indonesiens Buddhisten und erinnert an die Geburt, die Erleuchtung und den Tod Buddhas. Tausende Mönche und Gläubige versammeln sich am ersten Vollmond im Mai im Borobudur-Tempelkomplex auf Java. (S. 129)

Juni

Eine angenehme Zeit ohne Urlaubermassen. Der Juni ist vielerorts sehr heiß, doch die Trockenzeit steht schon vor der Tür.

✨ Danau Sentani

Das Festival bietet spektakuläre Tänze und Gesänge sowie Bootsevents, Musik, Kunsthandwerk und mehr. Es ist ein Höhepunkt im Norden Papuas und findet vor allem am Seeufer von Kalkhote bei Sentani statt. (S. 530)

✨ Danau Toba Festival

Das einwöchige Festival Mitte Juni bietet Kanurennen auf Sumatras berühmtem Kratersee sowie Batak-Kulturveranstaltungen. (S. 576)

Juli

Die Besucherzahlen auf Bali und in anderen bei Touristen beliebten Gebieten ziehen jetzt deutlich an. Der Juli ist oft der kühlste und trockenste Monat des Jahres – abgesehen von den Molukken und Papua, wo nun Regenzeit herrscht.

Oben: Festlich geschmückt zu den Feierlichkeiten zu Galungan & Kuningan.

Unten: Gebete während Idul Fitri.

✨ Totenfeierlichkeiten der Tana Toraja

Ein Highlight Sulawesis und Anlass für einen Besuch: Die Zeremonien finden im Juli und August statt (und sind nichts für Zartbesaitete). Toraja, die im ganzen Land arbeiten, kehren zu Feierlichkeiten und Begräbnisritualen nach Hause zurück. (S. 742)

✨ Erau-Festival

Im August besuchen Tausende Dayak aus ganz Kalimantan das Erau-Festival in Tenggarong, eine riesige interkulturelle Party mit traditionellen Tänzen, Zeremonien und anderen Events, die Volkstanz-Künstler aus aller Welt anzieht. Früh planen! (S. 707)

✨ Idul Fitri

Das Fastenbrechen beschließt den Ramadan, den muslimischen Fastenmonat. Für dieses riesige einwöchige Fest reisen zig Millionen Menschen in ihre Heimatdörfer oder machen Urlaub in Orten wie Bali. Wenn möglich, sollte man jetzt nicht umherreisen, da Busse, Züge und Flüge häufig ausgebucht sind. Der Termin variiert.

August

Am 17. August, dem Unabhängigkeitstag, finden in Jakarta und im ganzen Land Paraden und Feiern statt. In den Wochen davor sieht man häufig Schulkinder, die zu diesem Zweck Marschieren üben. Auf Bali treffen zu dieser Zeit mehr und mehr Australier ein, die dem Winter auf der Südhalbkugel entfliehen.

☆ Bidar Race

An jedem 17. August und 16. Juni (Geburtstag der Stadt) finden auf dem Sungai Musi im Süden Sumatras bei Palembang spektakuläre *bidar*-(Kanu-)Rennen statt. Zudem gibt's im Juli oder August in Padang ein Fest der Drachenboote mit jeweils bis zu 60 Ruderern. (S. 653; S. 609)

✨ Baliem Valley Festival

Ein Fest der indigenen Kultur im Baliem-Tal von Papua mit nachgestellten Kämpfen, traditionellem Ornat, Tanz und Musik. Die Feierlichkeiten finden an zwei Tagen der zweiten Augustwoche statt. (S. 540)

September

Der trockenste Monat auf Kalimantan ist perfekt für die Beobachtung von Orang-Utans (die Tiere mögen keinen Regen und verstecken sich während der Monsunzeit oft).

Oktober

Ein ruhiger, guter Monat mit vielen Angeboten. Auf Java und Bali beginnt die Regenzeit, auf den Molukken und in Papua neigt sie sich dem Ende zu.

🌱 Ubud Writers & Readers Festival

Schriftsteller und Leser aus aller Welt treffen sich in Ubud und feiern alles Geschriebene, besonders, wenn es sich auf Bali bezieht. Seine Reputation wächst von Jahr zu Jahr. (S. 290)

☆ Bullenrennen auf Madura

Bullenrennen sind auf Pulau Madura vor Java die Hauptsportart. Die Teams treten das Jahr über gegeneinander an, um das Finale in Pamekasan zu erreichen. An diesen Wettbewerben nehmen über 100 Tiere und Massen begeisterter Fans teil. Es gilt zu bedenken, dass Feste dieser Art Tierschutzfragen aufwerfen.

November

Im gesamten Westen Indonesiens ist Regenzeit. Dafür ist das Wetter auf den Molukken und in Papua perfekt – und das Tauchen ist dort zu dieser Jahreszeit spektakulär.

Dezember

In den Touristengebieten herrscht ab der Woche vor Weihnachten bis Neujahr Hochbetrieb. Für Taucher sind Gebiete wie die Banda-Inseln der Molukken jetzt Top-Ziele.

✨ Galungan & Kuningan

Galungan ist eine der größten Feierlichkeiten auf Bali – sie findet statt anlässlich des Todes des legendären Tyrannen Mayadenawa und dauert zehn Tage. Während dieser Zeit steigen die Götter vom Himmel herab und nehmen daran teil. Der *barong*– ein Löwenhund – zieht tanzend von Tempel zu Tempel und von Dorf zu Dorf. Die Menschen feiern mit ihren Familien. Der Termin variiert von Jahr zu Jahr.

Reiserouten

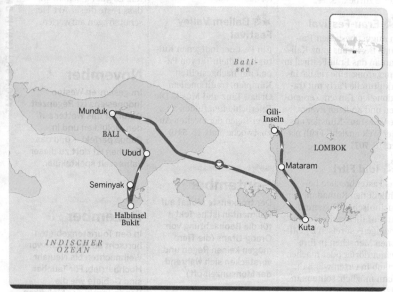

2 WOCHEN

Strände, Kneipen & Glückseligkeit

Eine abwechslungsreiche Tour im Herzen Indonesiens.

Los geht's auf Bali, wo man sich zunächst in den Resorts akklimatisiert, die Clubszene entdeckt und in den Geschäften von **Seminyak** stöbert. Anschließend lohnt sich die Erkundung der perfekten kleinen Strände und Surf-Breaks auf der **Halbinsel Bukit**.

Dann geht's nach Norden, um ins „andere" Bali einzutauchen – die Kultur, die Tempel und die Geschichte von **Ubud**. Wie wär's mit einem Kochkurs? Oder einem Spa-Besuch? Oder einem Spaziergang durch die Reisfelder oder einer traditionellen Tanzaufführung? Und in den Bergen gibt es Wasserfälle mitten in Kaffeeplantagen in und um **Munduk**.

Als nächstes steht Lombok auf dem Programm. Mit der Fähre von Padangbai setzt man über nach Lembar. Anschließend fährt man nach **Kuta**, wo die sanfte Stimmung an den schönen Stränden von Süd-Lombok besonders bezaubernd ist. Die Reisfelder und Hindu-Tempel rund um **Mataram** sind ebenfalls einen Abstecher wert.

Mit einer weiteren Fähre geht's von Bangsal zu den **Gili-Inseln**, wo sich Strand an Strand reiht, das Wasser glasklar ist und traumhafte Riffe zum Schnorcheln einladen. Wer wenig Zeit hat kann die Gilis direkt von Bali aus mit dem Schnellboot ansteuern.

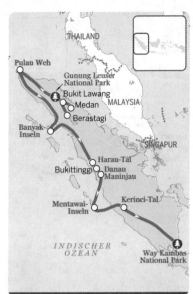

 ## Spritztour durch Java
3 WOCHEN

 ## Sumatra
6 WOCHEN

Indonesiens bevölkerungsreichste Insel verbindet die Zukunft und Vergangenheit des Landes mit natürlicher Schönheit.

Start ist in **Jakarta**. Die Hauptstadt ist mit ihren Gerüchen, Geräuschen, Sehenswürdigkeiten und Menschen ein Fest der Sinne. Man sollte sich Zeit nehmen für ein Bintang-Bier und zum Shoppen. Dann genießt man die Strandstimmung von **Batu Karas**. Die Resorts im nahen **Pangandaran** sind ebenfalls verlockend.

Nachdem man eine Woche lang die Sonne angebetet hat, geht's mit dem Zug nach **Yogyakarta**, der Kulturhauptstadt von Java. Hier kann man schöne Batik erstehen, durch den *kraton* schlendern und sich auf den Märkten von seinem Geld trennen. Ein Tagesausflug zum **Borobudur** ist ein Muss.

Von Yogyakarta geht die Reise nach **Solo**, mit einem Abstecher zum **Prambanan**. Von Solo aus sollte man **Malang** und seine Hindu-Tempel besuchen. Dann geht's hinauf zum **Bromo-Tengger-Semeru National Park**, wo man eine Nacht am Rand des Tengger-Kraters verbringt. Zum Schluss steht noch eine Wanderung zum Schwefelsee von **Kawah Ijen** an.

Sumatra ist riesig und man muss sich schon etwas Mühe geben, die unzähligen natürlichen Reize ganz zu genießen.

Los geht die Tour in **Medan**. Dann folgt **Bukit Lawang**, um die berühmten Bewohner der Insel, die Orang-Utans, zu sehen. Von hier ist es nicht weit nach **Berastagi**, einer Bergstadt inmitten von Vulkanen.

Dann geht es nach Nordwesten, nach Ketambe, wo im **Gunung Leuser National Park** eine naturnahe Begegnung mit Orang-Utans möglich ist. Mit dem Bus geht es nach Banda Aceh, von wo aus es nur eine kurze Bootsfahrt nach **Pulau Weh** ist – ein toller Tauch-Spot. Mit dem Bus geht's nun nach Süden (alternativ fliegt man) und zu den **Banyak-Inseln**. Dann folgt man dem Trans-Sumatran Hwy nach Süden bis **Bukittinggi**, von wo man das **Harau-Tal** und den **Danau Maninjau** erkundet.

Weitere Surf-, Strand- und Unterwasserfreuden gibt's auf den **Mentawai-Inseln**. Nun folgt das vulkanische **Kerinci-Tal** und der Kerinci-Seblat National Park, um Dschungeldörfer zu entdecken. Schließlich geht's in den **Way Kambas National Park**, wo man u. a. Elefanten sehen kann.

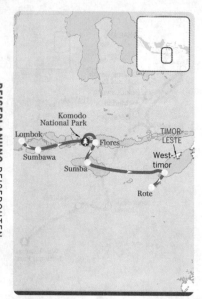

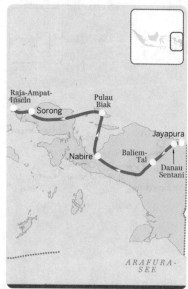

6 WOCHEN Nusa Tenggara

Von Lombok haben schon viele gehört, auch Flores ist beliebt, aber Nusa Tenggara hält noch weitere Überraschungen bereit.

Von **Lombok** aus geht's nach Osten. Es erwarten einen die Küste und **Sumbawas** berühmte Surf-Breaks wie Maluk und Pantai Lakey. Dann geht es mit der Fähre nach **Flores**, wo Labuan Bajo der immer beliebtere Ausgangspunkt für die Erkundung des **Komodo National Parks** mit seinen „Drachen" und den kleinen Stränden ist.

Flores ist eine Vulkaninsel mit blühenden alten Kulturen und dramatischem Terrain – gut erreichbar über den Trans-Flores Highway. Es lohnt sich ein Besuch von Bajawa mit seinen Vulkanen und Dörfern. Von Moni aus lassen sie die Gewässer von Kelimutu erkunden. Bei Paga laden Traumstrände zum Entspannen ein.

Nun geht es per Fähre zur Insel **Sumba**, wo Strände wie Waikabubak und Tambolaka Besucher anziehen. Nachdem man Sonne und Einsamkeit genossen hat, fliegt man nach Kupang in **Westtimor**. Hier warten alte Dörfer wie None, Boti und Temkessi auf die Erkundung, bevor man die schönen Strände von **Rote** besucht.

4 WOCHEN Der Osten

Für diese Route ist Papua der Ausgangspunkt. Bei guter Planung und unter Verwendung des einen oder anderen Fluges lässt sich das in 30 Tagen machen; ansonsten sollte man für das komplette Land- und Seeabenteuer etwas mehr Zeit einplanen.

Start ist **Jayapura**. Hier bleibt man aber nur so lang, um ein Boot zu chartern, um damit den **Danau Sentani** zu erkunden, einen 96,5 km² großen See mit 19 Inseln.

Zurück auf dem Trockenen, geht's mit dem Flieger ins **Baliem-Tal**, das reich an Kultur und Bergen ist, die ebenso zum Wandern einladen, wie das von aus hier erreichbare, jedoch fast unberührte Yali-Gebiet, auch Heimat der Dani, einer Volksgruppe, die die meisten Errungenschaften der Moderne meidet. Von den strohgedeckten Hütten bieten sich tolle Blicke auf die Berge.

Weiter geht's mit dem Flugzeug über Jayapura nach **Nabire** – vor der Küste lassen sich Walhaie beobachten. Dann fliegt man zur **Pulau Biak**. Hier genießt man die Ruhe und lässt die Seele baumeln. Dann geht es nach **Sorong**, einem Startpunkt für Ausflüge zu den **Raja-Ampat-Inseln** – einem Paradies für Taucher und Schnorchler.

8 WOCHEN — Indonesische Inselträume

In diesen wenig besuchten Regionen harren zwei der größten Inselansammlungen Indonesiens der Erkundung.

In **Makassar** sollte man sich die Meeresfrüchte nicht entgehen lassen – ohne es dabei zu übertreiben, schließlich möchte man nach einer neunstündigen Busfahrt von Makassar die Trauerfeiern in **Tana Toraja** lebendig erreichen. Von hier gelangt man in einer weiteren langen Busfahrt nach **Tentena**, von wo sich die Megalithstatuen von **Lore Lindu** besuchen lassen. Nur vier Auto-Stunden sind's bis **Ampana**. Hier setzt man mit der Fähre zu den **Togian-Inseln** über, wo sich viele Tage damit verbingen lassen, die Strände zu besuchen.

Sobald man sich losreißen kann, geht's mit dem Boot nach **Gorontalo**, und mit dem Bus oder dem Flugzeug nach **Manado**. Von dort weiter mit dem Boot zur **Pulau Bunaken**. Von Manado fliegt man zur **Pulau Ternate** – einem Inselparadies. Mit dem Flugzeug erreicht man **Kota Ambon** auf Pulau Ambon. Nach einer kurzen Pause geht's mit der Expressfähre zu den **Banda-Inseln**. Schließlich empfiehlt sich noch ein Bootsausflug zu den **Kei-Inseln** mit ihren perfekten Stränden.

6 WOCHEN — Natur pur

Auf scheinbar unendlichen, mysteriösen Flüssen, die sich durch den Dschungel schlängeln, geht es mitten hinein in die unglaubliche Artenvielfalt Kalimantans, zu der auch Orang-Utans gehören.

Start ist **Pangkalan Bun**, Ausgangspunkt für Ausflüge in den **Tanjung Puting National Park**, einem der besten Orte, um Orang-Utans zu beobachten – einfach vom Oberdeck des *klotoks* (Hausboots) aus nach ihren Körpern im Blätterdach über einem Ausschau halten, während man den Sungai Sekonyer hinabfährt.

Von Pangkalan Bun geht es mit dem Nachtbus oder dem Flieger ins farbenfrohe **Banjarmasin**. Dort sollte man unbedingt die fotogenen schwimmenden Märkte besuchen. Auch ein Abstecher zum Wandern und Rafting in den Hügeln um **Loksado** lohnt sich. Von Banjarmasin geht's über Land nach **Samarinda**, wo eine Expedition entlang des **Sungai Mahakam** wartet. Nach einigen Tage flussaufwärts landen man in den westlichen Flussläufen, umgeben von halb-traditionellen Dayak-Dörfern und alten Wäldern. Nun geht's zurück an die Küste und von dort zur **Pulau Derawan** mit ihren Unterwasserwundern.

Abseits der üblichen Pfade

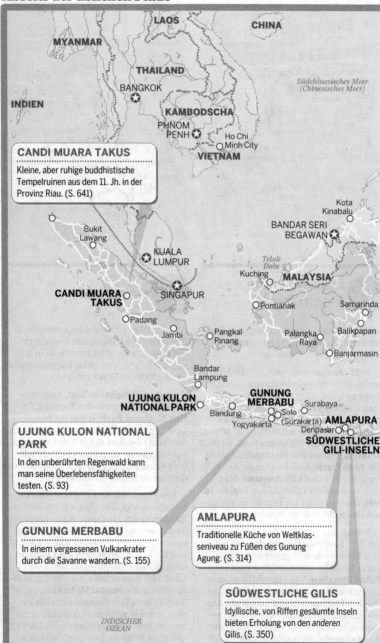

CANDI MUARA TAKUS

Kleine, aber ruhige buddhistische Tempelruinen aus dem 11. Jh. in der Provinz Riau. (S. 641)

UJUNG KULON NATIONAL PARK

In den unberührten Regenwald kann man seine Überlebensfähigkeiten testen. (S. 93)

GUNUNG MERBABU

In einem vergessenen Vulkankrater durch die Savanne wandern. (S. 155)

AMLAPURA

Traditionelle Küche von Weltklasseniveau zu Füßen des Gunung Agung. (S. 314)

SÜDWESTLICHE GILIS

Idyllische, von Riffen gesäumte Inseln bieten Erholung von den *anderen* Gilis. (S. 350)

0 ————————————— 1000 km

BOGANI NANI WARTA-BONE NATIONAL PARK

Der abgelegene Nationalpark bietet seltene Arten sowie alte Grabstätten, die tief in den Wäldern versteckt sind. (S. 771)

PULAU HALMAHERA

Halmahera ist die größte Insel der Molukken und zugleich eine der am wenigsten besuchten. Sie bietet Strände, Vulkane, einsame Tauchspots und einen der abgelegensten Nationalparks Indonesiens. (S. 468)

MANILA

PHILIPPINEN

Sulawesi-see

Kota Ternate **PULAU HALMAHERA**

Gorontalo

BOGANI NANI WARTABONE NATIONAL PARK

Palu

Manokwari

Sorong

Kota Biak

Jayapura

Makale

Fak-fak

Kota Ambon

Timika

Warnena

Makassar

PULAU TANIMBAR KEI

PAPUA-NEU GUINEA

KOROWAI

DILI

Kupang

PULAU TANIMBAR KEI

Die idyllische Insel ganz ohne touristische Infrastrukur hat herrliche weiße Sandstrände, die von einem türkisfarbenen Meer umgeben sind. Am besten wohnt man bei einer Gastfamilie und genießt die ruhigen Tage. (S. 503)

AUSTRALIEN

KOROWAI

Im abgelegenen Papua kann man die besten Baumhauskonstrukteure der Welt besuchen. (S. 551)

Gili Meno (S. 380)

(S. 380)

Reiseplanung
Outdoor-Abenteuer

Indonesiens vulkanische Archipele ermöglichen eine ganze Palette spannender Abenteuer. Die Meere ringsum sorgen für hervorragende Tauch- und Schnorchelmöglichkeiten und einige der berühmtesten Wellen der Welt für Surfer. An Land sind die spektakulären Vulkane, der wilde Dschungel und die rauschenden Flüsse ein Paradies für Abenteurer.

Top-Erlebnisse

Bester Strand

Die Strände von Südlombok (S. 366), insbesondere die um die Buchten um Kuta herum (auf Lombok, nicht auf Bali), sind atemberaubend und eine Reise wert.

Beste Tauchspots

Der Raja-Ampat-Archipel (S. 513) steht auf der Liste vieler Taucher, und das aus gutem Grund: Die Üppigkeit und die Vielfalt der Meeresfauna sind einfach erstaunlich. Vor Pulau Weh (Sumatra) gibt es ebenfalls tolle Stellen.

Beste Surfspots

Harte Konkurrenz – Sumatra wird wegen der Perfektion und Beständigkeit der Wellen wohl Platz eins belegen. Um die Mentawai-Inseln (S. 614) und Nias (S. 580) laufen einige der legendärsten Wellen der Welt auf.

Beste Wander- & Trekking-optionen

Das Baliem-Tal (S. 538) lockt Neugierige an, die hier wandern und einige der ursprünglichsten Kulturen der Welt kennenlernen.

Beste Wildtierbeobachtung

Wer im Tanjung Puting National Park (Kalimantan; S. 682) an einem der legendären Flüsse ankert, kann nur wenige Meter entfernt Orang-Utans beobachten.

Strände

Bei mehr als 17000 Inseln hat Indonesien viele Strände zu bieten – von den beliebten Sandstreifen im südlichen Bali bis hin zu den Hardcore-Party-Stränden auf den Gili-Inseln und buchstäblich Hunderten mehr. Und bei vielen wird man morgens der Erste sein, der seinen Fußabdruck dort hinterlässt.

„Strand" heißt auf Bahasa Indonesia, der hiesigen Sprache, *pantai*.

Achtung: Sonnenschutzmittel können außerhalb der großen Touristengebiete schwer zu finden sein.

Bali

Bali ist berühmt für seine Strände, doch mit denen vieler anderer Inseln Indonesiens können diese nicht mithalten. Was Bali jedoch zu bieten hat, ist eine blühende Strandkultur mit Surfspots und Einkehroptionen von einfach bis luxuriös. Einheimische wie Besucher genießen außerdem die Sonnenuntergänge an nach Westen ausgerichteten Stränden.

Kuta (S. 239) Der Strand ist der Touristenmagnet schlechthin. Ein goldener Sandbogen zieht sich um Canggu herum nach Nordwesten. Die Beach-Breaks sind für Anfänger und Surf-Fexe toll.

Bukit-Halbinsel (S. 262) An Balis Südspitze liegen berühmte Surfspots und Strände wie Bingin und Padang Padang, wo sich zwischen Kalksteinfelsen kleine Fleckchen Sand finden. Im Osten gibt es riffgeschützte Strände wie den bei Nusa Dua.

Ostbali (S. 302) Eine lange Reihe von Stränden zum offenen Meer hin beginnt nördlich des riffgeschützten Sanur. Die Wellen erzeugen den vulkanischen, hellgrauen bis schwarzen Sand.

Java

Strände nahe Städten können am Wochenende voll sein, doch wer sich ein wenig weiter weg wagt, wird tolle Sandstreifen finden.

Batu Karas (S. 119) Das Dorf hat zwei großartige Strände und ein herrlich entspanntes Flair.

Südöstlich von Yogyakarta (S. 151) Die Küste ist wunderschön und weist eine Reihe goldener Sandbuchten auf, unterbrochen von zerklüfteten Landzungen (Parangritis lohnt sich nicht).

Karimunjawa-Inseln (S. 181) Etwa 27 Inseln bilden diesen Meerespark, den nur wenige Traveller besuchen. Hier gibt es einige der schönsten Strände Indonesiens.

Watu Karang (S. 208) Ostjavas feinster weißer Sandstreifen, der von Strandliebhabern und Surfern gleichermaßen verehrt wird.

Molukken

Die schönen Strände hier sind bisher noch kaum entdeckt.

Banda-Inseln (S. 486) Die besten Strände finden sich hier. Wer in Bandaneira ein Boot chartert, kann exquisite Strände auf Pulau Hatta, Pulau Ai und Pulau Run genießen. Tipp: Pulau Neilaka – sie ist eher eine weiße Sandbank als eine Insel.

Kei-Inseln (S. 497) Der feine Pasir Panjang ist perfekt zum Relaxen. Die mit Schnitzereien bedeckten Klippen und die beeindruckende Landschaft des Ohoidertawun sind ebenfalls reizvoll. Mit einem Fahrrad erreicht man den atemberaubenden, herrlichen Strand Pantai Ohoidertutu. Ein Boot bringt einen von Pulau Kei Kecil zur blendend weißen Sandbank des Pantai Ngurtavur.

Nusa Tenggara

Nusa Tenggara ist wahrscheinlich die Region Indonesiens mit den meisten Stränden, die es noch zu entdecken gilt.

Gili-Inseln (S. 368) Die Inseln sind von Bali und Lombok aus leicht zu erreichen. Man kann hier direkt vor dem weißen Sand schnorcheln. Gili Trawangan hat eine lebendige Partyszene.

Lombok (S. 346) Südlich liegt die unberührte weiße Sandinsel Gili Asahan, nördlich Gili Gede. Um Kuta findet sich ein spektakulärer Strand am anderen. Ein Motorrad mieten und hinfahren!

Sumbawa (S. 387) Im Westen Sumbawas liegen die besten Strände südlich von Maluk in Rantung und nördlich bei Jelenga. Im Osten geht ist die Gegend um Lakey empfehlenswert.

Flores (S. 401) Auf den Inseln vor Labuan Bajo werden Strandliebhaber glücklich, besonders auf Pulau Sebayur und Pulau Kanawa. Der Pantai Merah auf Komodo ist bekannt für seine herrlichen rosa Sandstrände. Zum Seventeen Islands Marine Park vor der Küste von Riung gehören ein Dutzend abgelegene Inseln mit einsamen weißen Sandstränden, auf denen man faulenzen kann.

Rote (S. 441) Der Hauptstrand von Nemberala ist schon hübsch, aber die Sandstreifen werden immer breiter und weißer, je weiter man nach Süden fährt. Ba'a ist die schönste. Aber auch die einsamen Puderzuckerstrände auf den nahen Inseln Pulau Do'o und Pulau Ndao sind toll.

Balangan Beach, Bukit-Halbinsel (S. 262)

Papua

Papua mag eher für Tauchspots und Wandermöglichkeiten bekannt sein, doch die Inseln ringsum warten mit weißem Sand auf.

Raja-Ampat-Inseln (S. 513) Die Inseln bieten einige göttliche, leere Strände, aber wegen der hohen Reisekosten sind diese vor allem für Traveller interessant, die zum Tauchen und Schnorcheln ohnehin hierher kommen.

Pulau Biak (S. 533) Die Padaido-Inseln (S. 536) vor Pulau Biak haben einige anständige Strände, die nicht allzu schwer zu erreichen sind.

Sumatra

Die besten Strände befinden sich auf den kleinen Inseln vor der Küste.

Banyak-Inseln (S. 600) Banyak bedeutet „viele", und ja, unter den 99 Inseln dieser abgelegenen und selten besuchten Kette vor Aceh gibt viele schöne Strände.

Mentawai-Inseln (S. 614) Die Inseln sind nicht nur ein legendäres Surfziel, sondern bieten auch fantastische Strände.

Pulau Bintan (S. 644) An den Stränden dieser Insel kann man seinen Tropentraum ausleben.

REISEZEIT

Indonesien besteht aus unzähligen Inseln – entsprechend unterschiedlich ist das Wetter. Im Allgemeinen ist auf Java, Bali, Lombok und Sumatra von Mai bis September Trockenzeit, während auf den Molukken und in Papua von Oktober bis April das beste Wetter herrscht. Ausnahmen sind jedoch die Regel, zumal das Wetter zu allen Jahreszeiten wechseln kann. Wer Wert auf schönes Wetter legt, sollte sich bei jedem Ziel bezüglich der besten Reisezeit schlaumachen.

Radfahren, Gili Meno (S. 380)

Radfahren

Radfahren boomt in Indonesien. In Tieflandstädten wie Yogyakarta und Solo auf Java wimmelt es von Fahrrädern, und auch auf Bali werden Drahtesel immer beliebter. Lombok hat gute Straßen zum Radeln.

Bali

Auf der ganzen Insel werden Radtouren veranstaltet. Einige sind nur Bergabfahrten durch Reisfelder, andere abenteuerlicher.

Java

Yogyakarta ist ganz groß in Sachen Radfahren; zum Prambananan-Tempel (S. 157) kommt man z. B. auch per Drahtesel. In Borobudur lassen sich ebenfalls Räder mieten. In Solo beginnen diverse Radtouren.

Sumatra

In den menschenleeren Straßen um den Danau Toba (S. 575) zu radeln, ist eine großartige Möglichkeit, die Insel zu erkunden. Um den Danau Maninjau (S. 628) kann man herumradeln.

Nusa Tenggara

Auf den Gili-Inseln lassen sich Fahrräder mieten; Trawangan (S. 371) ist für die Erkundung am besten geeignet.

Tauchen

Mit all den Inseln und Korallen hat Indonesien wunderbare Tauchspots und gehört zu den günstigsten Tauchgebieten in Südostasien.

Bali

Indonesiens Touristenzentrum hat jede Menge exzellente Tauchläden, -schulen und -veranstalter.

Nusa Penida (S. 282) Taucher sichten hier u. a. Mantarochen und den 2,5 m großen Mondfisch.

Pulau Menjangan (S. 335) Vor der kleinen Insel liegt eine spektakuläre 30 m hohe Tauchwand – perfekt für Taucher und Schnorchler aller Levels und Altersgruppen.

Tulamben (S. 319) Ein gesunkener Frachter aus dem Zweiten Weltkrieg liegt direkt vor der Küste und ist als Tauchspot sehr beliebt.

TAUCHEN – ABER SICHER!

Wer sich auf eine Tauch- oder Schnorcheltour begibt, sollte die folgenden Punkte beachten, damit das Ganze ein sicheres und schönes Erlebnis wird:

➡ Man braucht einen aktuellen Tauchschein einer anerkannten Tauchlehranstalt.

➡ Wer tauchen will, muss gesund sein und sich unter Wasser wohlfühlen.

➡ Verlässliche Informationen über die physikalischen und die Umweltbedingungen am Tauchspot sind unabdingbar. Der Veranstalter bzw. Tauchguide sollte auch detaillierte Fragen beantworten können.

➡ Man sollte nur an solchen Stellen tauchen, die den eigenen Fertigkeiten entsprechen. Unbedingt auch einen zertifizierten Tauchlehrer engagieren!

➡ Die Ausrüstung vorab gründlich untersuchen! In weiten Teilen Indonesiens ist Tauchausrüstung (sofern überhaupt verfügbar) möglicherweise nicht im Top-Zustand. Auf Bali bekommt man noch am ehesten gute Leihausrüstung.

Java

Obwohl die Insel nicht für Tauchspots bekannt ist, gibt es doch einige gute Stellen.

Karimunjawa-Inseln (S. 181) Rundum gibt es einige Tauchspots, u. a. ein altes norwegisches Wrack.

Kalimantan

Kalimantan hat immer mehr Tauch-Resorts mit Hausriffen und schnellen Booten, mit denen man die Inseln flott erreicht.

Derawan-Archipel (S. 716) Viele unterschiedliche Stellen: Pulau Derawan eignet sich für Makro-Tauchgänge; Pulau Sangalaki ist berühmt für Mantas; um Pulau Maratua gibt's Haie, Rochen und Barrakudas.

Molukken

In Sachen Tauchen ist noch nicht viel los, obwohl es vielversprechende Stellen gibt.

Banda-Inseln (S. 486) In der Saison kann man den Lavastrom vor Pulau Gunung Api oder die Korallenwände vor Pulau Hatta, Pulau Ai und Pulau Run erkunden.

Pulau Ambon (S. 474) Tauchmekka: Es gibt Rifftauchgänge außerhalb der Bucht vor der Küste von Ambon, aber die meisten Taucher kommen zum Schlammtauchen hierher.

Pulau Halmahera (S. 468) Einer von mehreren unerschlossenen Tauchspots auf den Nordmolukken; Tipps hat Firman (S. 472).

Nusa Tenggara

Hier finden sich jede Menge Tauchreviere. An den wichtigsten Reisezielen gibt es Tauchshops an Land. Wer unerschlossene Reviere wie Rote, Sumbawa und Sumba erkunden will, muss die eigene Tarierweste, einen Regler und einen Tauchcomputer mitbringen (Flaschen bekommt man meist).

Gili-Inseln (S. 368) Sie gehören zu den besten Orten weltweit, um den Tauchschein zu machen; Riffe sind in zehn Minuten mit dem Boot erreichbar.

Lombok (S. 346) Mit Glück sieht man Mitte September bei Blongas Schulen von Hammerhaien.

Flores (S. 401) Weltklassereviere im Komodo National Park (S. 399); in der Hauptsaison liegen hier bis zu 50 Tauchsafariboote im Wasser.

Alor-Archipel (S. 426) Das kristallklare Wasser und die wohl ursprünglichsten Riffe Indonesiens hat man oft fast ganz für sich allein.

Pulau Moyo (S. 392) Unberührte, bunte Korallen an steilen Wänden; vielfältige Meeresfauna.

Papua

Mit eigener Ausrüstung holt man das Beste aus der Reise heraus.

Raja-Ampat-Inseln (S. 513) In Sachen Vielfalt und Zahl der Meereslebewesen gehört dieses Revier zu den weltbesten. Es ist abgelegen und daher ziemlich teuer. Die meisten Taucher gehen auf ein- bis zweiwöchige Tauchsafaris oder bleiben in den wenigen Tauch-Resorts.

Nabire (S. 536) Hier kann man mit Walhaien tauchen; in der Nähe befindet sich ein Korallenriff, in dem riesige Muscheln, Seepferdchen und eine Menge Haie leben.

Pulau Biak (S. 533) Ab ins Wasser – hier lässt sich ein berühmtes Wrack aus dem Zweiten Weltkrieg erkunden!

Oben: Tauchen, Raja-Ampat-Inseln (S. 513)

Unten: Koralle, Komodo National Park (S. 399)

FABIO LAMANNA/SHUTTERSTOCK ©

Schnorcheln, Banda-Inseln (S. 486)

Schnorcheln

Für viele besteht Glückseligkeit darin, einfach im herrlich klaren Wasser direkt vor den Stränden zu schnorcheln. Die meisten Tauchtourveranstalter lassen Schnorchler auf Ausflügen mitfahren, anständige Masken und Flossen sollte man außerhalb der beliebtesten Orte aber nicht erwarten. Wer da empfindlich ist, bringt besser eigene Ausrüstung mit. Es gibt auch einige wunderbare Freitauch-Optionen.

Bali

Bali ist von guten Schnorchelspots umgeben, die leicht erreichbar sind.

Pulau Menjangan (S. 335) Eine konstante Strömung führt Schnorchler direkt an den Rand der wunderschönen, 30 m hohen Korallenwand.

Tulamben (S. 319) Der gesunkene Frachter aus dem Zweiten Weltkrieg direkt vor der Küste ist leicht zu erreichen.

Amed (S. 316) An dieser Küste Ostbalis gibt es farbenfrohe Korallen und Fische direkt am Strand.

Java

Java hat einige gesunde Korallenriffe, die gute Schnorchelreviere abgeben.

Karimunjawa-Inseln (S. 183) Die Inseln dieses Archipels säumen bunte Korallen.

Baluran National Park (S. 226) Ein Offshore-Spot mit einem Hang und jeder Menge Fischen und Korallen.

Kalimantan

Derawan-Archipel (S. 716) Hier finden sich einige der besten Schnorcheloptionen des Landes; man muss jedoch zu den äußeren Inseln fahren, da die Riffe um Pulau Derawan beschädigt sind.

Molukken

Rund um die vielen Inseln liegen zahlreiche gut zugängliche Korallengärten.

Banda-Inseln (S. 486) Man kann hier gut schnorcheln, aber wer sich die Unterwasserhänge ansehen will, muss ein bisschen freitauchen. Vor Pulau Hatta lassen sich gelegentlich Schildkröten und Haie blicken.

Lease-Inseln (S. 482) Diese selten besuchten Inseln mit wunderbar klarem Wasser bieten großartige Schnorchelmöglichkeiten, auch vor der unbewohnten Pulau Molana.

Sulawesi

Neue Tauchgebiete werden gerade erschlossen, aber Lieblingsspots wie die Insel Bunaken sind aus gutem Grund berühmt und gut besucht.

Pulau Bunaken (S. 775) Die Insel ist Teil eines großen Meeresparks und von Manado aus leicht erreichbar. Tauchgänge jeder Art sind möglich.

Pantai Bira (S. 731) Vielfältige Meeresfauna, darunter Zackenbarsche, Rochen und gelegentlich Walhaie, sowie farbenfrohe Korallen.

Lembehstraße (S. 783) Schlammtauchen vom Feinsten; eine seltsame und wunderbare Welt mit bizarren Kreaturen wartet zwischen Pulau Lembeh und Bintung darauf, entdeckt zu werden.

Sumatra

Obwohl die Mentawai- und die Banyak-Inseln gute Tauchreviere bieten, bleiben sie doch eher Domänen der Surfer.

Pulau Weh (S. 593) Einer der besten Tauchspots Indonesiens ist diese kleine, von Korallen umsäumte Insel mit 20 Tauchrevieren und einer unglaublichen Vielfalt von Meereslebewesen. Sie erfreut sich immer größerer Beliebtheit und behält gleichzeitig ihren lässigen Charme.

VERANTWORTUNGSBEWUSST TAUCHEN

Tauchens ist ein beliebtes Freizeitvergnügen – und das bekommen die Tauchreviere durchaus zu spüren. Wer beim Tauchen die folgenden Tipps beachtet, hilft, die Ökologie und Schönheit der indonesischen Riffe zu bewahren.

➡ Lebende Meeresorganismen sollten nicht mit dem Körper oder der Ausrüstung berührt werden. Niemals auf Korallen stellen!

➡ Achtung, Flossen: Die Druckwelle durch Flossenschläge in der Nähe des Riffes kann empfindliche Organismen schädigen. Wer in flachen Riffgebieten durchs Wasser läuft, sollte darauf achten, keine Sandwolken aufzuwirbeln. Wenn sich der Sand nämlich wieder absetzt, können empfindliche Rifforganismen ersticken.

➡ Unbedingt den richtigen Auftrieb üben und halten! Zu schnelles Absteigen und Kollisionen mit dem Riff verursachen größere Schäden.

➡ Keine Korallen oder Muscheln sammeln!

➡ Der gesamte anfallende Müll und alle Abfälle, die bereits irgendwo herumliegen, sollten eingesammelt werden. Vor allem Kunststoffe stellen eine ernsthafte Bedrohung für die Meeresfauna dar.

➡ Niemals die Fische füttern!

➡ Die besten Veranstalter verlangen, dass alle Taucher diese Punkte beachten.

Nusa Tenggara

Nusa Tenggara hat die beste Auswahl an Schnorchelstellen im Land. Man kann an allen Tauchspots um Moyo und Alor schnorcheln und mit den Tauchern aufs Boot gehen.

Gili Gede (S. 350) An der Südostküste, um Gili Layar und Gili Rengit herum, kann man zwischen tropischen Fischen und blühenden, bunten Korallen schwimmen.

Komodo (S. 398) Die besten Schnorchelreviere befinden sich rund um Pulau Kanawa, Pulau Sebayur und vor Pantai Merah.

Papua

Taucher sind nicht die einzigen, die hier Spaß haben.

Raja-Ampat-Inseln (S. 516) Viele hervorragende Schnorchelspots sind nur zu Fuß oder mit dem Boot erreichbar. Tauch-Resorts und Gastfamilien bieten Schnorchelausflüge an.

Nabire (S. 536) Schnorcheln mit Walhaien.

Padaido-Inseln (S. 536) Ein großartiges Schnorchelrevier mit vielen bunten Korallen, Höhlen, langen Wänden und vielen großen Fischen und Schildkröten.

Sulawesi

Auch Sulawesi hat eine Menge fantastischer Schnorchelstellen zu bieten.

Pulau Bunaken (S. 777) Super zum Schnorcheln – ebenso wie zum Tauchen eben!

Togean-Inseln (S. 763) Angesichts der Herausforderungen, diese idyllischen, kleinen Edelsteine zu erreichen, ist es prima, dass es gute Unterwasser-Action gibt, wenn man schon einmal hier ist.

Sumatra

Am besten schnorcheln kann man rund um die kleinen Inseln vor der Küste. Einige organisierte Tagesausflüge sind möglich, aber es ist empfehlenswert, die eigene Schnorchelausrüstung mitzubringen.

Pulau Banyak (S. 602) Das atemberaubend kristallklare Wasser rund um die Banyak-Inseln muss man gesehen haben, um zu glauben, dass es existiert. Hier leben viele tropische Fische, Schildkröten und Tiefseekreaturen.

Pulau Weh (S. 593) Diese Insel vor der Nordspitze Sumatras gewährt einfachen Zugang zu einer aquariumartigen Wunderwelt mit bunten Fischen und Meereslebewesen.

Surfen

Indonesien lockt Surfer aus aller Welt an. Viele von ihnen träumen von einsamen, palmengesäumten Stränden, Bambus-Bungalows und perfekten Barrels um Korallenriffe. Die gute Nachricht ist, dass diese Träume wahr werden können, aber wie alle

Surfgebiete ist auch Indonesien von Flauten, Onshore-Winden und Überfüllung (vor allem auf Bali) betroffen. Ein wenig Recherche und Vorbereitung bringen viel.

Boards können normalerweise gemietet werden (gute Qualität ist aber nicht zu erwarten), und es gibt Surfschulen an den wichtigsten Surfspots.

Bali

Trotz des Massenandrangs bleibt Bali ein Surferparadies mit einigen der besten Tubes der Welt. Breaks gibt es südlich der Insel. Die Infrastruktur ist gut, es gibt Surfschulen und Ausrüster.

Kuta Beach (S. 239) Hier hat das Surfen in Asien seinen Anfang genommen. Im Allgemeinen ein guter Ort für Anfänger mit langen, stetigen Breaks.

Bukit-Halbinsel (S. 262) Von Balis größten Spots bei Ulu Watu und Padang Padang bis hin zu Weltklasse-Breaks bei Balangan und Bingin – dies ist eines der besten Surfreviere Indonesiens.

Keramas (S. 307) Schneller, kraftvoller Righthand-Break. Hier findet die World Pro Comp statt, und eine Neuheit gibt's hier auch: Nachtsurfen.

Medewi (S. 343) Berühmter Pointbreak mit einem Ride direkt in eine Flussmündung.

Nusa Lembongan (S. 277) Die Insel ist perfekt für Surfer, die auf die Righthand-Breaks Shipwrecks und Lacerations und den weniger anspruchsvollen Leftie bei Playgrounds aus sind.

SURF-INFOS ONLINE

Bali Waves (www.baliwaves. com) Surfberichte; Webcams an Top-Spots.

Magic Seaweed (www.magicsea weed.com) Beliebt für verlässliche Surfberichte und Prognosen.

SurfAid International (www.surf aidinternational.org) Von Surfern geführte Hilfsorganisation.

Gone to Get Salty (www.goneto getsalty.com) Nützlicher Leitfaden mit einem Haufen Tipps zu den praktischen Aspekten der Reiseplanung und der Unterkunftssuche.

Surf Travel Company (www.surf travel.com.au) Australischer Anbieter mit Camps, Charterjachten, Infos zu Reisezielen, Bewertungen und mehr.

Java

Rund um Java finden Surfer immer noch jedes Jahr neue Breaks. An den beliebtesten Stellen bei G-Land, Cimaja, Batu Karas und Pacitan sind Surfschulen und -läden ansässig.

G-Land (S. 222) Mit einem der weltweit besten Lefthanders ist G-Land der heilige Gral für erfahrene Surfer. Und diesen Hype verdient der Spot – die Wellen sind konstant perfekt und die Rides lang.

Cimaja (S. 100) Ein beliebter Surfspot am Pelabuhan Ratu. Der legendäre Break Ombak Tujuh liegt vor einem Kiesstrand.

Pulau Panaitan (S. 93) Einige der fotogensten, aber gefährlichsten Wellen Indonesiens; nur für Profis.

Batu Karas (S. 119) Einer von mehreren guten Breaks rund um Pangandaran, ein beliebtes Surfspot vor der Südküste von Zentraljava.

Pacitan (S. 208) Diese Stadt an einer schönen, kleinen, hufeisenförmigen Bucht könnte auch Surfern gefallen, die die Wanderung auf sich nehmen.

Nusa Tenggara

Man könnte Jahre damit zubringen, Surfreviere in Nusa Tenggara zu erkunden – und zu entdecken.

Lombok (S. 346) Südlombok ist eine Surf-Utopie. Von Ekas über Gerupuk bis Kuta gibt es zahlreiche Breaks, die alle von Kuta aus erreichbar sind. Tanjung Desert (Desert Point) ist eher ein Surfcamp – legendär!

Sumbawa (S. 387) Jelenga (Scar Reef) und Maluk gehören zu den tollsten und oft wenig beachteten Surfbreaks der Welt. Surfer kommen regelmäßig hierher, um den Supersuck zu surfen, einen der besten Barrels überhaupt.

Rote (S. 441) T-Land ist der legendäre Left, aber es gibt auch Hollows in der Bo'a Bay.

Sumba (S. 443) Westsumba hat die besten Breaks, hat aber keine Infrastruktur für Traveller. Sie müssen ein Auto mieten, in abgelegene Dörfer fahren und nach Sicht und Gefühl rauspaddeln.

Sumatra

Wohl die heißeste Surfregion Indonesiens; neuere Gebiete wie Telo locken Eingeweihte an, und es werden immer mehr Spots entdeckt.

Mentawai-Inseln (S. 516) Surfen ist ein Big Business auf den Mentawais, wo einige der besten Wellen der Welt auflaufen. Es gibt einfache *losmen*

Surfen, Padang Padang (S. 265), Bukit-Halbinsel

(preiswerte Unterkunft) und Luxusresorts, genauso wie sieben- bis zehntägige *All-inclusive*-Touren mit Surfbooten. Zu den besten Breaks gehören Macaronis, Lance's Right und Pitstops.

Pulau Nias (S. 580) Ein weiterer toller Spot für Surfer auf der Suche nach der perfekten Welle. Er ist vor allem für seinen Righthander Keyhole vor Sorake Beach bekannt. Auch an der Westküste finden sich Wahnsinns-Breaks, z. B. an den Telo-Inseln (S. 585) südlich – die sind schwer im Kommen.

Krui (S. 655) Die Wellen vor der Küste von Südsumatra sind zwar bekannt, aber die Meute hat sie noch nicht richtig auf dem Schirm, ähnlich wie andere geheime Stellen um die Banyaks (S. 600) und Simeulue (S. 599).

Wildwasser-Rafting

Einige der Flüsse, die die Vulkanflanken Indonesiens hinunterstürzen, locken abenteuerlustige Traveller an.

Bali

Zwei renommierte Veranstalter sind Bali Adventure Tours (S. 238) und Bio (S. 238);

beide bieten Rafting, River Boarding und Tubing an.

Sungai Ayung Hat 33 Stromschnellen der Klassen II–III – superlustig und für jedes Niveau geeignet.

Sungai Telagawaja Auf diesem malerischen, wilden Flussabschnitt nahe Muncan im Osten Balis kann man Rafting-Touren mitmachen.

Java

Javas Flüsse bieten wahrscheinlich die besten Rafting-Optionen Indonesiens.

Sungai Citarak (S. 99) Hat Stromschnellen der Klassen II–IV.

Green Valley (S. 119) In der Nähe von Pangandaran. Wer mag, lässt das Raft weg und versucht sich mit einer Schwimmweste im Body-Rafting.

Kalimantan

Loksado (S. 697) Das Bambus-Rafting hier ist eher ein relaxtes Paddeln als ein Adrenalinkick.

Sulawesi

Sungai Sa'dan (S. 743) Lockt Abenteuer-Junkies an; mit 20 Stromschnellen (einige der Klasse IV).

Tana Toraja (S. 739) Rafting-Veranstalter in Rantepao organisieren Ausflüge in den Canyon.

Minahasa (S. 781) Hier lässt sich Rafting mit Wildbeobachtung kombinieren.

Sumatra

Bukit Lawang (S. 564) Die Dschungeltour lässt sich hier mit einer angenehm nassen und wilden Flussfahrt beenden.

Wandern & Trekken

In Indonesien die Wanderschuhe zu schnüren, bringt Abenteuer und Möglichkeiten für Erkundungstouren mit sich. Ob auf Vulkangipfeln bei Sonnenaufgang oder auf Touren durch abgelegene Dschungelgebiete – hier kann man die Zivilisation hinter sich lassen.

Bali

Auf Bali ist Wandern einfach. Wo auch immer man sich aufhält, kann man nach Tipps fragen und sich dann auf den Weg zu Entdeckungen und Abenteuern machen.

Gunung Agung (S. 305) Sonnenaufgänge und einsame Tempel auf Balis heiligstem Berg; 2018 war der Berg jedoch wegen Eruptionen nicht zugänglich.

Gunung Batur (S. 328) Die Landschaft um diesen Vulkan lässt einen alle Unannehmlichkeiten vergessen.

Munduk (S. 322) Üppige, würzig duftende Landschaft mit Wasserfällen hoch in den Bergen.

Sidemen Road (S. 304) Reisterrassen und üppige Hügel; komfortable Unterkünfte für Wanderer.

Taman Nasional Bali Barat (S. 339) Wanderungen durch verschiedene Lebensräume von Dschungel über Savannen bis zu Mangroven.

Ubud (S. 285) Wunderschöne Spaziergänge mit einer Länge von einer Stunde bis zu einem Tag durch Reisfelder, Flusstal-Dschungel und vorbei an alten Denkmälern.

Java

Java ermöglicht tolle Spaziergänge. Guides kann man in den Nationalparkbüros oder über Pensionen anheuern. Zelte und Schlafsäcke können am Semeru gemietet werden. Führungen beginnen in Kalibaru (nach Merapi) und Malang (nach Semeru; S. 198).

Gunung Bromo (S. 211) Einer von drei Vulkankegeln (einer davon aktiv) in einer unheimlichen Kaldera – ein Anblick, den man sich nicht entgehen lassen sollte. Allerdings muss man hier mit Menschenmassen rechnen.

Gede Pangrango National Park (S. 101) Wasserfälle und der fast 3000 m hohe Gunung Gede, ein aktiver Vulkan, sind die Highlights.

Gunung Lawu (S. 167) Dieser 3265 m hohe Berg an der Grenze zu Zentral- und Ostjava ist mit alten hinduistischen Tempeln übersät.

Gunung Semeru (S. 215) Ein anstrengender dreitägiger Trek führt auf den Gipfel von Javas höchstem Vulkan (3676 m), der fast immer aktiv ist.

Ijen-Plateau (S. 216) Der von malerischen Kaffeeplantagen und dunstigem Dschungel umgebene Vulkan ist für das „blaue Feuer" bekannt, das seinen schwefeligen Kratersee beleuchtet.

Kalimantan

Der Dschungel Borneos ist in weiten Teilen undurchdringlich – doch das reizt unerschrockene Wanderer erst recht.

Cross-Borneo Trek (S. 669) Diese Kalimantan-Touren werden am besten unter der Regie von De'gigant Tours (S. 703) in Samarinda oder Kompakh (S. 677) in Putussibau durchgeführt. Niemand sollte versuchen, das selbst zu organisieren.

Loksado (S. 696) Ein echter Abenteuerpark mit Dutzenden Seil- und Bambusbrücken über Flüsse inmitten des dichten Dschungels.

Gunung Besar Der höchste Gipfel des Meratusgebirges, der Besar (1901 m), ist nach einer drei- bis viertägigen Wanderung von Loksado aus erreicht.

Molukken

Gunung Api (S. 493) Auf den perfekt geformten Vulkankegel (656 m) kommt man in einer harten, dreistündigen Wanderung auf eigene Faust.

Gunung Api Gamalama (S. 466) Wer diesen aktiven Vulkan (1721 m) erklettert, genießt während des achtstündigen Weges hinauf und hinunter atemberaubende Ausblicke.

Nusa Tenggara

Lombok und Flores sind leicht zugänglich und ermöglichen Top-Wanderungen.

Gunung Tambora (S. 393) Den 2772 m hohen Vulkan, der wegen des Ausbruchs von 1815 bekannt ist, welcher immer noch der mächtigste Ausbruch aller Zeiten ist, kann man besteigen.

Oben: Traveller zu
Füßen des Gunung
Bromo (S. 211)

Unten: Camping mit
Blick auf den Gunung
Rinjani (S. 357)

MUHD FUAD ABD RAHIM/SHUTTERSTOCK ©

Gunung Rinjani (S. 357) Indonesiens zweithöchster Vulkan liegt auf Lombok. Die Standardwanderung dauert drei bis vier Tage, beginnt in der Nähe eines heiligen Wasserfalls, führt an Seen und Thermalquellen vorbei und endet bei Sonnenaufgang auf einem der beiden Gipfel.

Flores (S. 401) Man kommt zu abgelegenen Dörfern, die nur über einen Wanderweg erreichbar sind. Die interessanteste Tour führt nach Wae Rebo in der Region Manggarai. Man kann auch den Gunung Inerie bei Bajawa besteigen oder zum abgelegenen Dorf Pauleni bei Belaragi wandern.

Papua

Trekking ist für viele Traveller überhaupt der Grund, Papua zu besuchen.

Baliem-Tal (S. 538) Weltklasse-Trekking: Hier sind tolle Wanderungen in herrlicher Berglandschaft mit freundlichen, traditionsbewussten Menschen möglich. Man kann die meisten Nächte in Dörfern verbringen; einige einfachere Routen erfordern keine Guides oder Träger.

Korowai-Region (S. 551) Anspruchsvolles Urwaldtrekking in einem Gebiet, in dem einstige Kopfjäger leben, die in Baumhäusern wohnen. Man benötigt gute Organisation, viel Geld und einen Guide.

Carstensz-Pyramide & Gunung Trikora (S. 537) Man muss Bergsteiger sein, um die beiden höchsten Berge Ozeaniens zu erklimmen. Die Höhe ist hier eine Gefahr, und es wird in kaltem Klima gezeltet. Ohne spezialisierte Agenturen geht da nichts.

Yali-Land (S. 545) In Kosarek kann man faszinierende Begegnungen mit Einheimischen machen, die traditionell in Rattanreifen und *kotekas* bzw. Grasröcke gekleidet sind und Accessoires aus Wildschweinzähnen, Kasuarfedern und Orchideenfasern tragen.

Sulawesi

In der Region um Tana Toraja könnte man monatelang trekken.

Tana Toraja (S. 739) Schöne Täler und faszinierende Architektur und Kultur sind die Highlights. Gute Guides sind in Rantepao leicht verfügbar.

Mamasa (S. 754) Dieser 59 km lange Trek westlich von Tana Toraja, der die Tana Toraja und Mamasa verbindet, dauert drei Tage und ist ein Genuss.

Tomohon (S. 780) Wanderung zum Kratersee des Gunung Lokon.

Sumatra

Es überrascht nicht, dass diese riesige Insel eine große Auswahl Wanderabenteuer bereithält.

Mentawai-Inseln (S. 615) Auf diesen Inseln, die wegen der dort lebenden Jäger-und-Sammler-Stämme bekannt sind, gibt es noch immer dich-

---

SICHER WANDERN

Wanderlustige sollten die folgenden Punkte beachten, damit die Tour ein sicheres und schönes Erlebnis wird.

➡ Alle Gebühren bezahlen und alle von nötigen Genehmigungen einholen!

➡ Wanderwillige müssen gesund sein und sich wohlfühlen, und zwar schon geraume Zeit.

➡ Infos zu den Bedingungen auf der geplanten Route einholen!

➡ Lokale Gesetze und Vorschriften bezüglich Wildtieren und der Umwelt müssen unbedingt beachtet werden.

➡ Man sollte nur in Regionen und auf Wegen unterwegs sein, die man aufgrund der eigenen Erfahrung und Fitness auch schaffen kann.

➡ Die Wetterbedingungen und das Gelände können von Region zu Region oder sogar von einer Route zur anderen stark variieren. Saisonale Veränderungen und plötzliche Wetterwechsel können jeden Weg erheblich erschweren. Von diesen äußeren Einflüssen hängt es ab, was man tragen sollte und welche Ausrüstung mitgenommen werden muss.

➡ Bevor man loszieht, sollte man sich nach den spezifischen Besonderheiten der Strecke erkundigen und danach, wie erfahrene Einheimische damit umgehen.

➡ Man sollte erwägen, einen Guide zu engagieren. In Indonesien gibt es viele gute Reiseleiter, die über unschätzbare Ortskenntnisse verfügen.

Orang-Utan, Tanjung Puting National Park (S. 682)

ten, unberührten Dschungel, den man mit einem Langboot auf dem Fluss durchqueren kann. Lokale Guides führen Traveller zu abgelegenen Orten.

Berastagi (S. 569) Ein kühler Rückzugsort vom dämpfigen Medan. Leichte Wanderungen führen u. a. zu Vulkanen.

Bukittinggi (S. 622) Es geht durch kleine Dörfer, auf Vulkane oder in drei Tagen zum Danau Maninjau.

Kerinci Seblat National Park (S. 634) Dichte Regenwälder, hohe Berge und seltene Tiere wie Sumatra-Tiger und Faulaffen sind die Highlights bei Wanderungen durch Sumatras größten Park.

Gunung Leuser National Park (S. 603) Wanderungen um Bukit Lawang und Ketambe mit der Möglichkeit, Orang-Utans zu sehen.

Rund um Bengkulu (S. 639) Die ausgetretenen Pfade verlassen, zu Wasserfällen, Vulkanen und Thermalquellen wandern und in Dörfern übernachten.

Wildtierbeobachtung

Indonesiens Tierwelt ist so vielfältig wie alles andere auf dem Archipel. Menschen-affen, Tiger, Elefanten, weitere Affen – viele Affen – und Eidechsen sind nur einige der bemerkenswerten Lebewesen, denen man hier begegnet.

Bali

Abgesehen von den weit verbreiteten Makaken und dem einen oder anderen Waran trifft man auf Bali nur wenige Tiere (außer bei einer Übernachtung in Kuta).

Bali Barat National Park (S. 339) Toll für Vogelfans. Zudem gibt es hier mehrere Arten von Hirschen, Affen, Wildschweinen und Büffeln.

Java

In den Nationalparks gibt es jede Menge Vierbeiner und Vögel – und in der Regel auch Guides für eine Führung.

Ujung Kulon National Park (S. 93) In dem von der UNESCO geschützten Regenwald leben extrem seltene Java-Nashörner und Leoparden.

Alas Purwo National Park (S. 222) Hier kriegt man verschiedene Hirsche, Pfauen und vielleicht sogar Leoparden vor die Linse.

Baluran National Park (S. 226) Auf einer Jeep-Safari bekommt man wildlebende Ochsen

IN SACHEN TOURGUIDE...

Mit dem Guide steht oder fällt eine Tour. Einige Traveller berichten von enttäuschenden Touren mit Guides, die nicht viel Geld verlangt haben – aber hohe Preise allein garantieren keine Zufriedenheit. Hier einige Tipps zur Wahl des Führers.

➡ Man sollte den Guide kennenlernen, bevor man die Tour bucht. (Wer über ein Reisebüro bucht, besteht besser darauf, den Reiseleiter zu treffen und nicht nur den Leiter des Reisebüros.)

➡ Es empfiehlt sich, den Guide nach der Reiseroute zu fragen, z. B. per E-Mail, WhatsApp oder Telefon – so erfährt man auch, ob man sich verständigen kann. (Achtung: Guides, die E-Mails schreiben, könnten einen Helfer haben, der die Korrespondenz übernimmt.) Am besten hört man sich dessen Ideen an und achtet darauf, ob er auch auf Kundenwünsche eingeht.

➡ Guides bieten in der Regel Paketpreise an und sollten die Reisekosten grob aufschlüsseln können. Es ist wichtig zu wissen, was im Paket enthalten ist, insbesondere in Bezug auf Transport und Lebensmittel.

➡ Einige Guides stellen nur ihren Lohn (250 000–800 000 Rp/Tag) in Rechnung; weitere Ausgaben muss der Kunde dann direkt bezahlen.

➡ Den Reiseleiter unbedingt fragen, was man mitbringen muss – etwa Wasser.

➡ Für anspruchsvolle Trekkingtouren z. B. in Papua braucht man zusätzlich zum Guide möglicherweise Träger, um Nahrungsmittel und Wasser zu transportieren.

und andere große Tiere inmitten natürlicher Graslandschaften zu Gesicht.

Meru Betiri National Park (S. 220) Er ist die Heimat einer Vielzahl von Wildtieren, darunter Leoparden und das faszinierende Riesenhörnchen.

Kalimantan

Auf Kalimantan kann man vor allem Flussreisen durch den Urwald machen, um Wildtiere wie Orang-Utans zu erleben.

Tanjung Puting National Park (S. 682) Hier sieht man fast sicher Orang-Utans und wahrscheinlich auch diverse Vögel und Reptilien.

Gunung Palung National Park (S. 681) Orang-Utans, Gibbons, Malaienbären und viele Vögel leben in diesem Park bei Sukudana.

Molukken

Die Molukken sind ein relativ unerschlossenes Vogelparadies. Es lohnt sich, den Aufwand auf sich zu nehmen, um die Nationalparks Seram und Halmahera zu besuchen – auch wenn das teuer ist.

Aketajawe-Lolobata National Park (S. 473) In diesem östlichen Halmahera-Reservat können Sie Wallaces Paradiesvogel verfolgen.

Nusa Tenggara

Diese Inselgruppe besitzt ein echtes Juwel.

Komodo National Park (S. 399) In erster Linie lockt hier die namensgebenden endemischen Art: der Komodowaran. Aber man sieht auch Flughunde auf den Mangroveninseln im Park schlafen.

Seventeen Islands Marine Park (S. 417) Nahe Riung finden sich Muntjaks, Wasserbüffel und eine artenreiche Vogelwelt.

Papua

Papua ist perfekt zur Vogelbeobachtung; man sieht sogar Paradiesvögel. Andere Wildtiere lassen sich seltener blicken, etwa Baumkängurus, Kuskuse und Gleitbeutler. Erfahrene einheimische Führer können einem beratend zur Seite stehen.

Raja-Ampat-Inseln (S. 516) Paradiesvögel und viele andere Arten locken Vogelbeobachter an, die sich hier für eine Weile niederlassen.

Pegunungan Arfak (S. 524) Dicht bewaldete Berge beherbergen viele Vogelarten.

Wasur National Park (S. 548) Hier sieht man ziemlich wahrscheinlich Wallabys und Hirsche.

Danau Habbema (S. 544) In der Nähe dieses abgelegenen Sees finden sich Kuskus, Paradiesvögel und manchmal auch Baumkängurus.

Sulawesi

Koboldmakis sind bei Wildtierbeobachtern auf Sulawesi die Objekte der Begierde.

Tangkoko-Batuangas Dua Saudara Nature Reserve (S. 783) Am wahrscheinlichsten kriegt man Koboldmakis hier zu Gesicht, sofern man mit einem Guide unterwegs ist.

Der Lore Lindu National Park (S. 758) Koboldmakis, Paradiesvögel, Affen und andere Tiere sind in diesem Schutzgebiet zu finden.

Sumatra

Große Säugetiere wie Elefanten, Orang-Utans und Sumatra-Tiger haben hier in noch unberührten Gebieten der Wildnis ein Zuhause.

Gunung Leuser National Park (S. 603) Bekannt für Orang-Utans, aber auch für andere Affen, Sumatra-Elefanten, Tiger und Nashörner.

Kerinci Seblat National Park (S. 634) Hier gibt es viele Vögel, und in der selten besuchten Region Ladeh Panjang leben neben Tigern auch Bären.

Way Kambas National Park (S. 660) Perfekt zur Elefanten- und Vogelbeobachtung. Außerdem dient der Park dem seltenen Sumatra-Nashorn und Tigern als Lebensraum.

Klettern & Canyoning

Obwohl die Szene hier noch jung ist, gibt es schon namhafte Anbieter, die Klettertouren, Canyoning, Abseilen und Höhlenerkundungen anbieten. Die Ausrüstung wird gestellt, aber wer ernsthaft klettert, wird eher die eigene mitbringen wollen.

Bali

Ubud Adventure & Spirit (S. 238) mit Sitz in Mas, außerhalb von Ubud, bietet sehr beliebte Canyoning-Tagesausflüge ins Zentrum Balis, bei denen Abseilen, Schwimmen, Sprünge, Klettern und Seilrutschen durch malerische Schluchten und Wasserfälle inklusive sind.

Nusa Lembonganisch

Flores (S. 408) Die Cunca Wulang Cascades um Labuan Bajo herum bieten sich für 7-m-Sprünge von Wasserfällen in Wasserlöcher an.

Sumatra

Einer der bekanntesten Orte Indonesiens für Kletterer.

Harau-Tal (S. 630) Das Gebiet ist beliebt bei Kletterern und Wanderern. Führungen können hier ebenfalls arrangiert werden.

Sulawesi

Minahasa (S. 781) Dieses landschaftlich reizvolle Gebiet außerhalb von Tomohon ist bekannt für Abenteueraktivitäten, darunter Abseilen, Canyoning und Besuche des Wasserfalls Tekaan Telu mit 60 m Fallhöhe.

Wassersport

Surfen ist heutzutage nicht mehr die einzige Möglichkeit, in Indonesien Wellen zu reiten; Kitesurfen ist ein beliebter Wassersport, der sich schnell durchsetzt. Wer es etwas ruhiger mag, hüpft in ein Seekajak und paddelt ein wenig herum.

Java

Banyuwangi (S. 224) Wer seine eigene Ausrüstung mitbringt, hat um die Pulau Tabuhan gute Winde zum Kitesurfen. Im August finden hier die Tabuhan Island Pro statt.

Bali

Sanur (S. 270) Der beste Kitesurf-Spot Balis. Rip Curl ist hier ansässig und bietet Kitesurf-Unterricht und Leihausrüstung sowie Windsurf-Equipment und Stehpaddeln an.

Nusa Tenggara

Pantai Lakey & Hu'u (S. 394) Eines der zehn besten Kitesurf-Ziele der Welt; die Saison läuft von Juli bis November.

Kuta (S. 362) Mehrere Betreiber bieten Unterricht und Leihausrüstung an.

Komodo National Park (S. 399) Im Rahmen einer geführten Kajaktour kann man von Labuan Bajo aus durch den Park gleiten.

Sumatra

Aceh Von Mai bis September ist Lampu'uk an der Westküste von Aceh bei Kitesurfern beliebt. Der Seabreeze Kite Club (S. 598) in Lhoknga ist ein guter Ausgangspunkt.

Banyak-Inseln (S. 600) Hier kann man ein Seekajak besteigen und Dutzende tropischer Inseln erkunden.

Papua

Raja-Ampat-Inseln (S. 516) Man mietet einfach ein Kajak (mit oder ohne Guide) und erkundet das Wasser um die Inseln.

Reiseplanung
Mit Kindern reisen

Wie wird eine Indonesien-Reise zu einem ganz besonderen Erlebnis?
Indem man seine Kinder mitnimmt! Viele Eltern erzählen, dass sie
dank ihrer Kinder schnell in den hiesigen Alltag integriert werden.
Kulturelle Barrieren treten in den Hintergrund, da die Einheimischen
dieses kinderliebenden Archipels gern ihre Arme für Kinder öffnen.

Top-Ziele für Kids

Bali

Die Insel im Herzen des indonesischen Tourismus
ist ideal für Kinder. Es gibt wunderschöne Strände,
viele mit sanfter Brandung, sowie großartige Plätze für Schnorchler und Surfer. Auf der Insel findet
man faszinierende Tempel, die den Entdeckergeist
wecken, und es gibt Dutzende kinderfreundlicher
Hotels und Resorts.

Nusa Tenggara

Lombok ist die etwas abenteuerlustigere Version
von Bali, aber für Familien noch immer geeignet,
und hat zudem tolle Strände im Süden. Von den
Gilis kombiniert vor allem die Insel Air eine entspannte Atmosphäre mit Aktivitäten, Hotels und
Restaurants, die sich hervorragend für Kinder
eignen. In Flores bietet der Komodo National Park
eine erstaunliche Tierwelt.

Java

Batu Karas ist ein schöner und sicherer Strand.
Die leichten Wanderrouten rund um das Gunung
Bromo eignen sich hervorragend für Familien. Die
abgelegenen Strände und vorgelagerten Inseln in
Karimunjawa begeistern Familien, während Kinder
die geheimnisvolle Geschichte von Borobudur und
Prambanan ansprechen dürfte.

Indonesien mit Kindern

Reisen außerhalb der Städte erfordern Geduld, etwas Ausdauer und Erfahrung – sowohl von Eltern als auch von Kindern. Die
meisten Indonesier lieben Kinder, vor allem die, die ihr Land besuchen. Manchen
Kids mag die ständige Aufmerksamkeit,
die ihnen hier zuteil wird, gelegentlich zu
viel werden. Den Erfahrungen einiger Traveller nach ist das Reisen in Indonesien
mit Kindern in der Tat angenehmer, da die
Einheimischen in solchen Fällen noch
hilfsbereiter sind als bei Erwachsenen, die
ohne ihren Nachwuchs unterwegs sind.

Hilfreich ist, wenn man Alter und Geschlecht des Kindes in der ofiziellen Landessprache – Bahasa Indonesia – kennt:
bulau (Monat), *tahun* (Jahr), *laki-laki*
(Junge) und *perempuan* (Mädchen). Bei
Gesprächen mit Einheimischen sollte man
sich höflich nach den Kindern der anderen
Person erkundigen – gleichermaßen nach
den an- und abwesenden.

Highlights
Outdoor-Abenteuer

Bali (S. 241) Gute Surf- und Schnorchelmöglichkeiten; zudem gibt's Kurse für Kinder.

Pulau Bunaken, Sulawesi (S. 775) Fantastische Schnorchelplätze, an denen Delfine, fliegende Fische und vieles mehr inmitten der wilden Natur Sulawesis beobachtet werden können.

Bukit Lawang, Sumatra (S. 564) Wildwasser-Tubing und leichte Dschungelwanderungen mit guten Chancen, Orang-Utans zu sehen.

Tierebeobachtungen

Sacred Monkey Forest, Ubud (S. 287) Die Primaten hier sind immer eine Freude.

Camp Leakey, Kalimantan (S. 682) Flussausflug zum besten Platz der Provinz für Familien – ideal auch, um Orang-Utans zu entdecken.

Komodo National Park, Nusa Tenggara (S. 399) In diesem beliebten Park lassen sich die furcht-erregenden „Drachen" leicht (und gefahrlos) bestaunen.

Kultureller Austausch

Temkessi, Westtimor (S. 440) In den alten Dörfern dieser Gegend können sich Kinder mit Gleichaltrigen anfreunden.

Putussibau, Kalimantan (S. 677) Das Zusammenleben in den Langhäusern der Region Kapuas

Hulu ermöglicht Kindern, schnell mit ihren Day-ak-Altersgenossen ins Gespräch zu kommen.

Yogyakarta, Java (S. 131) Klassisches Ausflugsziel indonesischer Schulkinder; auch Mini-Traveller haben an den vielen kulturellen Attraktionen Spaß.

Reiseplanung

Wirklich kinderfreundliche Einrichtungen sind im Allgemeinen auf Bali beschränkt, das sich besonders gut für Familien eignet, die einen klassischen Urlaub im Sinn haben. Im Rest Indonesiens ist es so eine Sache, was das Reisen mit Kindern angeht. Man wird zwar überall freundlich aufgenommen, an kindgerechten Einrichtungen kann es gelegentlich allerdings mangeln.

Was man vor zu Hause mitbringen sollte und was man besser in Indonesien besorgt, hängt weitgehend davon ab, wohin die Reise geht – und was man speziell benötigt. Das meiste, was man für Kinder braucht, lässt sich auf Bali (und zu einem gewissen Grad auch in Lombok, Jakarta und Yogyakarta) besorgen. Je nachdem, um was es sich handelt, wird man abwägen müssen, was man zusätzlich in den Koffer packt,

---

VORSICHT IST BESSER

Einrichtungen, Sicherheitsvorrichtungen und Dienstleistungen, die westliche Eltern zuhause als grundlegend erachten, sind in Indonesien entweder selten oder eventuell gar nicht vorhanden. So fehlt es Orten mit toller Aussicht wahrscheinlich an Absperrungen, die Kinder davon abhalten, in einen Abgrund zu fallen. Am Traumstrand gibt es womöglich gefährliche Strömungen – ohne diesbezügliche Hinweisschilder. Pools sind nie eingezäunt ... Die Gesundheitsstandards in Indonesien sind im Vergleich zu denen in Industrieländern niedrig, aber wer angemessene Vorsicht walten lässt, sollte mit seinen Kindern ungefährdet das Land bereisen können.

➡ Eine große Gefahr für Kinder – und auch für Erwachsene! – sind der Verkehr sowie schlechte Bürgersteige und Gehwege in geschäftigen Gegenden.

➡ Egal, was man unternehmen will, man sollte die Bedingungen sorgfältig in Augenschein nehmen. Nur weil ein Rafting-Anbieter auch Tickets an Familien verkauft, bedeutet es nicht, dass man auch den Sicherheitsbedürfnissen von Kindern gerecht wird (Schwimmwesten, Stromschnellenklassifizierung, u. ä.).

➡ Die gesundheitliche Situation des Zielortes sorgfältig überprüfen, insbesondere im Hinblick auf Malaria und Dengue-Fieber.

➡ Tollwut ist ein großes Problem, besonders auf Bali. Kinder von streunenden Tieren wie Katzen, Hunden und Affen fernhalten.

➡ Wie bei Erwachsenen stellen verunreinigte Lebensmittel und Wasser die größten Risiken dar; Kinder sind sehr stark von Sonnenstichen und Deghydrierung bedroht.

➡ In größeren Städten ist es meist kein Problem, benötigte Medikamente zu besorgen.

Pura Luhur Ulu Watu (S. 266)

und wonach man vor Ort (unter Umständen auch etwas länger) suchen will.

Bei sehr kleinen Kindern besteht das Dilemma darin, zu entscheiden, ob man eine Rucksacktrage oder einen Kinderwagen mitbringt. Sofern möglich, sollte man beides dabeihaben. Das Schieben eines Kinderwagens auf unebenen oder nicht vorhandenen Wegen ist kein Vergnügen, aber in Südbali und in anderen entwickelten Gebieten kann er den Alltag sehr erleichtern.

➡ Kindersitze für Autos sind selten und, wenn sie dann doch verfügbar sind, manchmal von geringer Qualität.

➡ Sonnen- und Mückenschutzmittel sind auf Bali nur schwer und anderswo gar nicht erhältlich.

➡ Feuchttücher für Babys, Einwegwindeln und Babynahrung sind in Städten und Großstädten problemlos zu bekommen – außerhalb nur selten.

➡ Die Auswahl an Baybsittern ist auf Bali ebenso groß, wie abendliche Ausgehmöglichkeiten für ihre Eltern. Andernorts muss man sich selbst um die Kinderbetreuung kümmern.

➡ Gewickelt wird in der Regel auf der nächstgelegenen diskreten, ebenen Fläche.

➡ Stillen in der Öffentlichkeit ist in Gebieten wie Bali, Papua und Sumatra (außerhalb von Aceh) möglich, auf den Molukken, auf Sulawesi und in Kalimantan jedoch praktisch unbekannt. In Teilen von West-Java und den konservativen Inseln von Nusa Tenggara gilt öffentliches Stillen als unangebracht. Am besten folgt man dem Vorbild einheimischer Mütter.

➡ In Hotels und Pensionen gibt es häufig Dreibett- und Familienzimmer. Zustellbetten können auf Anfrage bereitgestellt werden. Babybetten und Hochstühle sind eine Seltenheit.

➡ Die Mitarbeiter des Hotels sind in der Regel sehr hilfsbereit und improvisieren auch, wenn möglich. Man sollte also ruhig fragen, falls man etwas für seine Kinder benötigt.

➡ In größeren Resorts gibt es oft spezielle Programme und Einrichtungen für Kinder, in denen tagsüber und abends Aktivitäten angeboten werden.

➡ Ein Fernglas im Handgepäck erlaubt es jungen Entdeckern Tiere, Reisterrassen, Tempel, tolle Surfer usw. besser sehen zu können.

➡ Dank des weit verbreiteten 4G-Netzes und WLAN ist ein Smartphone oder Tablet praktisch: Kinder können so Freunde und Verwandte zuhause auf dem Laufenden halten, oder sich ablenken, sollte das einmal nötig sein (z. B. auf langen Fahrten).

Indonesien im Überblick

Unter Indonesiens über 17000 Inseln stechen einige große besonders hervor. Sumatra, Java und Sulawesi haben je ihren ganz eigenen Charme und noch viele unberührte Landstriche. Kalimantan und Papua sind Teil noch größerer Inseln und bieten zahllose Optionen für Abenteuer und Erkundungen. Java ist und bleibt historisch, kulturell und wirtschaftlich das Herz des Landes. Nusa Tenggara und Maluku umfassen Hunderte von Inseln, darunter das beliebter werdende Lombok oder die abgeschiedenen Banda-Inseln. Obwohl Bali klein ist, zieht es fast die Hälfte aller Touristen an. Die größte Herausforderung für Traveller ist es, in die Zeit, die einem das Visum lässt, soviel wie möglich von Indionesiens Zauber zu packen.

Java

Kultur
Vulkane
Tempel

Javas Kultur verbindet animistische, buddhistische und hinduistische Einflüsse mit mystischen Traditionen und orthodoxen islamischen Praktiken. Denkmäler, Moscheen und Tempel, die die komplexe Spiritualität widerspiegeln, sind von tropischer Landschaft und Vulkanen umgeben.

S. 58

Bali

Kultur
Nachtleben
Surfen

Die reiche Kultur Balis bietet ihren vielen Fans zahllose Attraktionen: exzellentes Essen und Nachtleben, Hunderte guter Unterkünfte, berühmte Strände, denkwürdige Surfspots, klasse Shoppinggelegenheiten sowie gastfreundliche, herzliche Menschen.

S. 228

Nusa Tenggara

Surfen
Tauchen
Kultur

Ob man nun auf die Wellen hier scharf ist, ob man tief ins Wasser oder in alte Kulturen eintauchen möchte, Nusa Tenggara bietet einzigartige Erlebnisse. Von Lombok über Flores nach Timor reiht sich Versuchung an Versuchung, die einen mit Glücksgefühlen erfüllen.

S. 344

Molukken

Tauchen
Kultur
Strände

Große Imperien wetteiferten einst darum, sich die kostbaren Gewürze dieser facettenreichen, wunderschönen Inseln zu sichern. Wer sich nicht an ihrer heutigen Abgeschiedenheit stört, auf den warten leuchtende Korallengärten, dschungelumrankte Vulkane, alte Kolonialvillen und eine reiche Geschichte.

S. 456

Papua

Tauchen & Schnorcheln
Wandern
Indigene Kultur

Das ferne Papua ist ein Paradies für Abenteurer: Von Hochgebirgstälern über durch Dschungel mäandernde Flüsse bis hin zu glasklaren Küstengewässern voller Leben bietet es großartige Trekking- und Tauchoptionen – und eine indigene Bevölkerung, die stolz ist auf ihre Traditionen.

S. 504

Sumatra

Tiere & Pflanzen
Wandern
Surfen

Sumatra ist ein großes, schwüles Erlebnis inmitten dichter Dschungel, umringt von aktiven Vulkanen. Auf Surfer warten hier weltklasse Breaks, auf Schnorchler unberührte Riffe, und beim Trekking durch Regenwälder kann man nach Orang-Utans Ausschau halten.

S. 553

Kalimantan

Flussreisen
Tauchen
Tiere & Pflanzen

Mit zahllosen Flüssen gesegnet, zieht Borneos legendärer Regenwald Naturfans und hartgesottene Trekker an. Dayak-Langhäuser stehen für die Gemeinschaftskultur vergangener Zeiten, während das Unterwasserparadies des Derawan-Archipels Taucher lockt, die das Besondere suchen.

S. 664

Sulawesi

Kultur
Tauchen
Wandern

Auf dieser eigenartig geformten Insel erwarten einen Begräbniszeremonien, Wanderungen durch Reisfelder, Dschungel, in denen Koboldmakis umherturnen, Küsten mit Korallenriffen, eine vielfältige Unterwasserfauna und Menschen, deren Lebensmittelpunkt das Meer ist.

S. 721

Reiseziele in Indonesien

Java

4,3 MIO. EW.

Gut essen

➡ Nusa (S. 79)

➡ Mediterranea (S. 143)

➡ Patio (S. 130)

➡ Citrus Lee (S. 191)

➡ Paviliun Sunda (S. 107)

Schön übernachten

➡ Hotel Tugu Malang (S. 200)

➡ Breve Azurine (S. 184)

➡ Phoenix Hotel (S. 141)

➡ Dharmawangsa (S. 77)

➡ Hotel Majapahit Surabaya (S. 190)

Auf nach Java!

Java, das Zentrum des Landes, ist eine vielfältige Insel mit einer langen Geschichte, die bis zum Java-Menschen zurückreicht. Die Insel wird vor allem von ihren Menschen bestimmt: Mit 140 Mio. Einwohnern ist Java die bevölkerungsreichste Insel der Erde.

Der menschliche Kunstsinn und Erfindungsgeist hat auf Java Schätze wie die Tempel von Borobudur und Prambanan hinterlassen. Diese Eigenschaften formten eine Kultur, die sich auch im modernen Leben zeigt. Die Kultur prägt die künstlerischen Traditionen von Yogyakarta und Surakarta (Solo) und trägt zur dynamischen Entwicklung der Hauptstadt Jakarta bei. Javas Megastädte sind zwar übervölkert und verstopft, haben aber eine faszinierende Energie.

Die Menschen haben mit städtischen Siedlungen, die sich durch die erbsengrünen Reisfelder ziehen, auch der Naturlandschaft ihren Stempel aufgedrückt. Rauchende Vulkane, Regenwälder und blendend weiße Strände sorgen noch zusätzlich dafür, Java unwiderstehlich zu machen.

Reisezeit

Jakarta

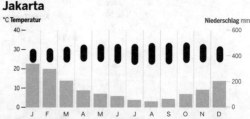

Mai Zu Buddhas Geburtstag gibt's in Borobudur spektakuläre Waisak-Prozessionen.

Juni Der wohl ideale Reisemonat dank klarem Himmel und geringem Besucherandrang.

Aug. Am Unabhängigkeitstag sind die Städte und Dörfer in ein Meer bunter Flaggen getaucht.

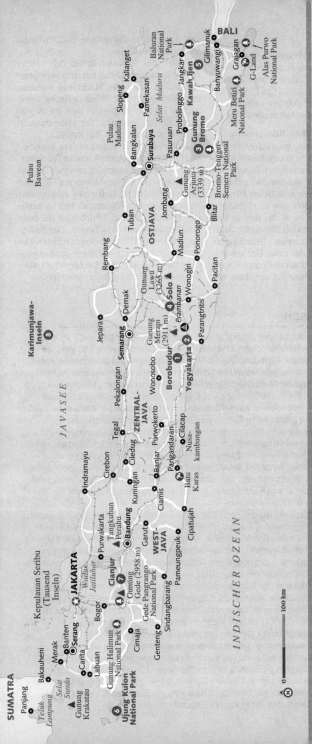

Highlights

1 Borobudur (S. 127) Den Sonnenaufgang über dem uralten Tempel genießen

2 Yogyakarta (S. 131) In der Kulturhauptstadt Javas goldenes Zeitalter entdecken

3 Gunung Bromo (S. 211) Durch die aschebedeckte Mondlandschaft marschieren und die Aussicht genießen

4 Surakarta (S. 159) Den Heimindustrien in dieser Batik-Stadt einen Besuch abstatten

5 Kawah Ijen (S. 216) Zu dem Kratersee mit seinen schwer beladenen Schwefel-Arbeitern wandern

6 Ujung Kulon (S. 93) Den prächtigen Nationalpark erkunden

7 Cianjur (S. 102) Beim Tourismusprojekt der Gemeinde den Einheimischen begegnen

8 Karimunjawa-Inseln (S. 181) In dem Archipel mit seinem türkisgrünen, kobaltblauen und aquamarinfarbenen Meer von Insel zu Insel fahren

Geschichte

Java hat eine Geschichte von epischen Dimensionen: Die Besiedlung durch Menschen reicht 1,7 Mio. Jahre in jene Zeit zurück, als der Java-Mensch an den Flussläufen umherstreifte. Später folgten weitere Einwanderungswellen aus Südostasien.

Die frühen javanischen Königreiche

Die äußerst fruchtbare, mineralreiche Vulkanerde machte Java zu einem Zentrum des Reisanbaus auf Überschwemmungsflächen (*sawah*). Angesichts der landwirtschaftlichen Stabilität bildeten sich kleine Fürstentümer heraus, darunter das hinduistische Königreich Mataram im 8. Jh., dessen Verehrung vor allem dem Gott Shiva galt. Jahrhundertelang koexistierten Hinduismus und Buddhismus auf der Insel. Der gewaltige hinduistische Prambanan-Komplex wurde im gleichen Jahrhundert errichtet wie der Borobudur, das größte buddhistische Monument der Erde.

Später ging Mataram unter, vielleicht in der Auseinandersetzung mit dem Sriwijaya-Königreich, das seine Macht von Sumatra aus ausweitete. Der Wiederaufstieg Javas begann im Jahr 1019 unter dem halblegendären König Airlangga, der erste dynastische Verbindungen mit Bali knüpfte.

Im frühen 13. Jh. gelang es dem legendären Herrscher Ken Angrok, große Teile Zentral- und Ostjavas kurzzeitig zu vereinen, und die javanische Kultur blühte auf. Mit der Entstehung des vielgefeierten Königreichs Majapahit, dessen Hauptstadt sich im heutigen Trowulan befand, bildete sich die erste Händlernation auf Java heraus. Das Königreich trieb mit China und den meisten Gebieten Südostasiens Handel und beanspruchte am Ende die Oberherrschaft über den gesamten indonesischen Archipel.

DER JAVA-MENSCH

Charles Darwins Buch *Über den Ursprung der Arten* (1859) befruchtete im 19. Jh. eine neue Generation von Naturforschern, und seine Theorien führten weltweit zu erregten Debatten. Ernst Haeckels *Anthropogenie* (1874) führte Darwins Evolutionstheorie weiter aus und erklärte, die primitiven Menschen hätten sich aus einem gemeinsamen Vorfahren des Menschen und der Menschenaffen entwickelt, dem berühmten „Missing Link".

Im Jahr 1889 kam der niederländische Arzt Eugène Dubois, ein Anhänger der neuen Theorien, nach Java, nachdem er von der Entdeckung eines Schädels in Wajak nahe Tulung Agung in Ostjava gehört hatte. Dubois arbeitete an der Grabungsstätte und legte weitere Fossilien frei, die nahe mit dem modernen Menschen verwandt waren. Im Jahr 1891 grub Dubois in Trinil im ostjavanischen Ngawi-Distrikt ein älteres Schädeldach, einen Oberschenkelknochen und drei Zähne aus, die er später *Pithecanthropus erectus* zuordnete, einem frühen Vorfahren des Menschen mit niedriger Stirn und vorspringendem Kiefer aus dem Mittelpleistozän. Die Publikation seiner Funde des „Java-Menschen" lösten in Europa derart starke Kontroversen aus, dass Dubois seine Entdeckung 30 Jahre lang nicht weiter verfolgte.

Nach Dubois Entdeckung wurden noch viele ältere Exemplare des *Homo erectus* (der Name, den sein *Pithecanthropus erectus* schließlich erhielt) auf Java freigelegt. Die wichtigsten und umfangreichsten Funde wurden in Sangiran gemacht, wo Ralph von Koenigswald in den 1930er-Jahren Fossilien fand, die rund 1 Mio. Jahre alt waren. 1936 wurde in Perning nahe Mojokerto der wohl noch ältere Schädel eines Kindes entdeckt. Die meisten Fundstellen liegen am Flusslauf des Sungai Bengawan Solo in Zentral- und Ostjava.

Geochronologen datieren die Knochen der ältesten javanischen *Homo-erectus*-Exemplare heute auf 1,7 Mio. Jahre, während die jüngsten nach älteren Forschungen vielleicht weniger als 40 000 Jahre alt sind (die neueste Untersuchungen kommen allerdings zu einem Mindestalter von 75 000 Jahren). Wenn die älteren Theorien stimmen, hätte *Homo erectus* auf Java noch zur gleichen Zeit gelebt, wie *Homo sapiens*, der die Insel vor rund 60 000 Jahren erreichte. Das würde der Debatte um die Frage, ob sich die Menschheit in Afrika entwickelte und von dort ausbreitete oder ob sich der Mensch auf verschiedenen Kontinenten gleichzeitig entwickelte, neuen Zündstoff geben. Wer mehr erfahren will, sollte sich das sehr gut lesbare Buch *Java Man* von Carl Swisher, Garniss Curtis und Roger Lewin besorgen oder das ausgezeichnete Sangiran Museum (S. 161) besuchen, das die Geschichte der Menschheit nachzeichnet.

TOP-FIVE: BÜCHER ÜBER JAVA

➡ *A Shadow Falls: In the Heart of Java* von Andrew Beatty. Diese Kulturstudie, die auf ausgedehnten Recherchen in einem abgelegenen javanischen Dorf beruht, untersucht den Konflikt zwischen den Anhängern mystischer javanischer Traditionen und dem orthodoxen Islam.

➡ *Jakarta Inside Out* von Daniel Ziv. Die Sammlung humorvoller Kurzgeschichten widmet sich dem lebensprühenden Alltag der indonesischen Hauptstadt.

➡ *The Religion of Java* von Clifford Geertz. Das klassische Buch über die javanische Religion, Kultur und die geltenden Werte ist zwar etwas veraltet – es beruht auf Forschungen aus den 1950er-Jahren –, aber immer noch eine faszinierende Lektüre.

➡ *Javanese Culture* von Koentjaraningrat. Eine der umfassendsten Untersuchungen zur javanischen Gesellschaft, Geschichte, Kultur und Glaubensüberzeugungen. Das ausgezeichnete Handbuch behandelt alles von der Toilettenbenutzung bis zum Verwandtschaftssystem auf Java.

➡ *Raffles and the British Invasion of Java* von Tim Hannigan. Eine ausgezeichnete, maßgebliche Darstellung über die kurze Zeit der britischen Kolonialherrschaft im frühen 19. Jh. und die Rolle, die Sir Thomas Stamford Raffles dabei spielte.

Islamische Königreiche

Im 15. und 16. Jh. wuchs der islamische Einfluss auf Java, und militärische Einfälle muslimischer Mächte nach Ostjava zwangen viele Hinduisten und Buddhisten zu einem Rückzug Richtung Osten nach Bali. Als die Niederländer im 17. Jh. nach Java kamen, waren die muslimischen Reiche von Mataram und Banten als einzige Mächte auf der Insel übrig geblieben.

Die niederländische Kolonialzeit

Als die Niederländer sich in Batavia (Jakarta) festsetzten, war Banten noch ein mächtiger Staat, der aber schließlich durch Machtkämpfe innerhalb des Herrscherhauses zusammenbrach.

Auch das Sultanat von Mataram hatte unter internen Auseinandersetzungen zu leiden. Infolge der drei javanischen Erbfolgekriege, deren letzter sich 1746 ereignete, teilten die Niederländer das Sultanat und schufen die Herrscherdynastien von Surakarta (Solo) und Yogyakarta.

Der Widerstand gegen die Niederländer wuchs und führte schließlich zu einem großen Volksaufstand (1825–1830), aber die Kolonialherren setzten sich durch. Die javanischen Herrscherhöfe besaßen fortan wenig mehr als eine repräsentativ-zeremonielle Rolle und wurden von einem niederländischen *resident* (Gouverneur) überwacht.

Java heute

Java bildet auch heute noch den Mittelpunkt des politischen und wirtschaftlichen Lebens in Indonesien. Da Java die bei weitem am besten erschlossene Insel des Landes ist und die meisten ausländischen Investitionen hierher flossen, finden sich hier auch die meisten Industriebetriebe des Landes.

Die Wirtschaftskrise der späten 1990er-Jahre traf Java hart: Viele Arbeiter in den Städten verloren ihre Jobs, und es gab gewalttätige Übergriffe auf die chinesischen Gemeinden. Java erholte sich aber relativ schnell und erlebte zu Beginn des neuen Jahrtausends eine Zeit vergleichsweiser Stabilität und wachsenden Wohlstands. Glitzernde Einkaufszentren und ein Boom der Technologie sind die offensichtlichsten Zeichen von Javas stetiger, wenn auch nicht spektakulärer Modernisierung.

Von Bali abgesehen ist Java die aufgeschlossenste Insel Indonesiens, und ihre gebildete Bevölkerung hat den stärksten Anschluss an die Außenwelt. Einflüsse von außen spielen hier eine große Rolle, sodass Java einerseits die am stärksten verwestlichte Insel des Landes ist, andererseits aber auch am deutlichsten von einer radikalen, panislamischen Ideologie beeinflusst wird. Zwar sind die meisten Javaner moderate Muslime, es gibt aber auch eine immer lautstärker werdende islamisch-konservative Strömung (und eine winzige Minderheit von Fanatikern, die im Namen des Dschihad Tod und Zerstörung verbreiten wollen). Die Attentäter, die den Anschlag auf Bali (2002) verübten, stammten alle aus Java, und Terroristen aus Java griffen 2003 und 2004 ausländische Unternehmen in Jakarta und im Jahr 2009 mehrere internationale Hotels an. Die Bombenanschläge gegen Kirchen in Surabaya vom Mai 2018, die der IS für sich reklamierte, sind nach einem relativ friedlichen Jahrzehnt eine tragische Erinnerung an die Tatsache, dass der Terrorismus auf Java nicht endgültig ausgerottet ist.

Trotz dieses Wiederaufflammens des Terrorismus und trotz Erdbeben, Vulkanausbrüchen und einer Verlangsamung des Wirtschaftswachstums seit 2012 blicken die Javaner optimistisch in die Zukunft. Dank einer Zunahme des ausländischen Tourismus werden die Menschen wohlhabender und kosmopolitischer. Wegen der steigenden Entwicklung werden aber Umweltprobleme (darunter die Umweltverschmutzung und Überflutungen, unter denen Jakarta in den meisten Jahren zu leiden hat) zu einer wachsenden Bedrohung. Die Entwicklung wird zudem durch infrastrukturelle Mängel – unzureichende Autobahnen, Probleme mit der Entsorgung und fehlende Investitionen in das Bahn- und U-Bahnnetz – behindert. Der Kurssturz der Rupiah und die ökonomischen Schwierigkeiten sind daher kein Wunder.

Ein weiteres Hindernis für eine gerechte Entwicklung auf der Insel ist die Korruption. Armut und Arbeitslosigkeit bestehen fort, und es zeigt sich ein wachsendes Ungleichgewicht zwischen der Elite in den Megastädten und den ländlichen Gebieten.Dieses Problem wird die politische Führung des Landes lösen müssen, wenn die Entwicklung Javas den optimistischen Erwartungen seiner Einwohner gerecht werden soll.

Kultur

Die javanische Kultur präsentiert sich als komplexes Zusammenspiel alter animistischer Traditionen mit den religiösen Geboten des Hinduismus und des Islams. Aus diesen unterschiedlichen Einflüssen entstand eine Kultur, die von monotheistischen Glaubensüberzeugungen, aber auch mystischen Strömungen geprägt ist. Letztere zeigen sich im Alltag durch einen fühlbaren Respekt gegenüber gut- und böswilligen Geistern und Zauberei. Manche glauben, dass sich die magische Kraft in Amuletten und Familienerbstücken (vor allem im Kris, dem javanischen Dolch), in Teilen des menschlichen Körpers, z. B. in den Fingernägeln und den Haaren, sowie in heiligen Musikinstrumenten konzentriert. Der *dukun* (traditioneller Heiler oder Kräuterdoktor) wird bei Krankheiten immer noch von vielen Javanern konsultiert, und *jamu* (Kräutertränke) werden von vielen eingenommen, um Beschwerden zu kurieren oder die Libido zu steigern.

Wie in vielen alten Kulturen stehen auch auf Java Höflichkeit und Raffinesse hoch im Kurs, und grobes, vulgäres Auftreten, auffälliges Gehabe und das laute Zurschaustellen von Emotionen gelten als *kasar* (schlechte Manieren). *Halus* (kultiviert) zu sein, ist ein zentraler Wert in der hinduistischen Hoftradition, die im Kernland Zentraljavas bis heute fortlebt. Anders als der Islam hat die hinduistische Hoftradition eine hierarchische Weltsicht, die auf Privilegien beruht und oft von den Göttern oder Naturgeistern bestimmt ist. Diese Tradition trägt zu der auffälligen Indirektheit der Javaner bei, die vor allem bestrebt ist, anderen ein Gefühl von Peinlichkeit oder Unbehagen zu ersparen. Es gilt als unhöflich, Fehler oder Empfindlichkeiten direkt zu benennen oder Autoritäten offen zu kritisieren.

In Java gibt es drei ethnische Hauptgruppen, die alle islamisch sind, aber ihre eigenen Sprachen sprechen: die Javaner in Zentral- und Ostjava (wo *halus* sehr ernst genommen wird), die Sundanesen in Westjava und die ursprünglich von der Insel Madura stammenden Maduresen (die für ihre offene Sprache und zwangloses Benehmen bekannt sind). Es gibt auf Java heute auch noch kleine Gemeinden von Hindus, darunter die Tengger im Gebiet um den Gunung Bromo und die Badui in Westjava, deren Religion sich viele animistische Züge bewahrt hat. Selbst die Metropole Jakarta beruft sich auf ihre polyglotten Traditionen, indem die ursprünglichen Bewohner der Stadt immer noch als Betawi bezeichnet werden.

❶ Anreise & Unterwgs vor Ort

BUS

Java hat ein gut ausgebautes Busnetz, das auch Anschluss zu den Nachbarinseln Sumatra (im Westen) und Bali (im Osten) sowie zu den anschließenden Inseln von Nusa Tenggara bietet. Javas Straßennetz ist wegen schmaler Straßen und des steigenden Verkehrsaufkommens überlastet, sodass Fahrten auf der Insel oft langsam und mühselig sind.

FLUGZEUG

Jakarta verfügt über viele internationale und inländische Flugverbindungen. Weitere nützliche internationale Flughäfen finden sich in den javanischen Städten Surabaya, Surakarta (Solo), Bandung, Yogyakarta und Semarang.

Inlandsflüge sind oft sehr bequem und günstig: Jakarta, Yogyakarta, Bandung und Surabaya sind alle gut mit den Nachbarinseln Bali, Sumatra und Lombok verbunden: Wenn man nicht allzu viel Zeit hat, kann es sich auszahlen, mit ein paar Inlandsflügen längere Straßenfahrten zu vermeiden.

SCHIFF/FÄHRE

Pelni Ferries (⏍021-2188 7000; www.pelni. co.id) verkehrt zwischen der javanischen Hafenstadt Merak und Bakauheni im Süden Sumatras. Von Surabaya fahren wöchentlich Passagierfähren zu Zielen wie Kalimantan und Sulawesi.

ZUG

Java hat ein recht pünktliches und effizientes Bahnnetz mit Verbindungen quer über die Insel. Im Allgemeinen sind Zugfahrten hier komfortabler als Busreisen; online (www.kereta-api. co.id) kann man die Fahrpläne einsehen und Plätze buchen. Die Webseite ist zwar auf Bahasa Indonesia (die indonesische Variante des Malaiischen), aber mithilfe von Google Translate sind die Infos auch für Ausländer entschlüsselbar, die die Landessprache nicht beherrschen. Leider ist die Kapazität der Bahnverbindungen (viele Strecken sind einspurig) begrenzt, und die Nachfrage übersteigt oft das Angebot. In der Ferienzeit sind die Züge stets auf Wochen und Monate im Voraus ausgebucht.

JAKARTA

⏍021 / 10 MIO. EW.

Jakarta, eine der Megacitys der Welt, ist eine dynamische, lebensprühende Stadt voller chaotischem Charme und voller Gegensätze, die in jeder Straße zu entdecken sind.

Jakarta ist eine Welt für sich, eine Stadt, die eine deutliche Metamorphose erlebt. Trotz des schrecklichen Verkehrs herrschen ein rasantes Tempo, eine große Geschäftigkeit und ein überall spürbarer Optimismus. Die hohe Entwicklungsgeschwindigkeit bringt Herausforderungen mit sich. Trotz all der neuen Hochhäuser, des Betondschungels mit verstopften Straßen, vielen Slums und einem erstickenden Smog hat Jakarta auch viele angenehme Überraschungen auf Lager, darunter Restaurants und Cafés von Weltklasse. Die Bürger der Stadt, selbst die ärmsten, sind generell freundlich, und die Verbrechensrate ist verglichen mit der anderer Welthauptstädte niedrig.

Die Altstadt bildet mit den schwülen, überfüllten Straßen von Chinatown und Glodok sowie den Spuren der kolonialen Vergangenheit in Kota den Auftakt zur Ent-wicklung des modernen Jakartas. Am neueren Merdeka-Platz (Unabhängigkeitsplatz) präsentiert sich Indonesien stolz und selbstbewusst der Welt. Weiter südlich stehen luxuriöse Mega-Erschließungen neben bescheidenen Vierteln mit Boheme-Cafés und einer aufstrebenden Kunstszene. Überall in der Stadt kann man in schicken Restaurants und Dachterrassenbars Indonesiens künftigen Entscheidern und Denkern begegnen. Hedonisten finden Clubs und Bars, in denen bis in die Morgenstunden Betrieb herrscht, auch wenn das der gegenwärtigen Stadtverwaltung missfällt.

Geschichte

Niemand hätte diesen Ort für die Errichtung Jakartas ausgewählt, wenn ihm bekannt gewesen wäre, dass sich die Stadt zu einer der bevölkerungsreichsten der Erde entwickeln würde. Denn Jakarta liegt in einer sumpfigen Ebene, in der Flüsse in den Ozean münden. Da sich hier aber ein Hafen befand, der für die niederländischen Kolonialherren lebenswichtig war, wurde die Gegend zu einem Zentrum des Handels und des Wohlstands für den gesamten Archipel. Die Stadt hat jeden dramatischen Augenblick der geschichtlichen Entwicklung hin zum heutigen Indonesien miterlebt und bleibt Herz und Seele des Landes.

Die niederländische Kolonialzeit

Anfang des 17. Jhs. rangen die Niederländer und die Briten um die Stadt, und Ende 1618 belagerte der von den Briten unterstützte Herrscher von Jayakarta die Festung der Niederländischen Ostindien-Kompanie (Vereenigde Oostindische Compagnie; VOC). Die Niederländer konnten die Festung halten, bis im Mai 1619 Verstärkung unter dem Kommando von Jan Pieterszoon Coen kam, zum Gegenangriff überging und die Stadt in Schutt und Asche legten. Anschließend wurde eine stärkere Uferfestung errichtet, die Stadt neu aufgebaut und – nach einem Stamm, der zu römischer Zeit einen Teil der Niederlande bewohnt hatte – in Batavia umbenannt. Batavia wurde bald zur Hauptstadt von Niederländisch-Indien.

In den Mauern Batavias errichteten reiche Niederländer große Häuser und legten im Versuch, ein Amsterdam der Tropen zu schaffen, seuchenträchtige Grachten an. Im frühen 18. Jh. hatte die Bevölkerung der Stadt bereits stark zugenommen, weil angelockt von den wirtschaftlichen Möglichkeiten viele Javaner und Chinesen nach Batavia strömten.

Jakarta

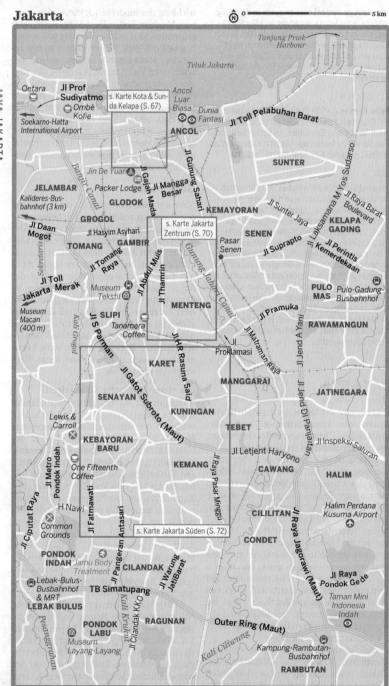

N 0 ━━━━━━━━━━ 5 km

Tanjung Priok Harbour

Teluk Jakarta

Oetara
Jl Prof Sudiyatmo
Ombé Kofie
s. Karte Kota & Sunda Kelapa (S. 67)
Ancol Luar Biasa
Dunia Fantasi
ANCOL
Jl Toll Pelabuhan Barat

Soekarno-Hatta International Airport

SUNTER

Jin De Yuan
Packer Lodge
Jl Gajah Mada
Jl Mangga Besar
Jl Gunung Sahari
KEMAYORAN
Jl Sunter Jaya
KELAPA GADING
Jl Laksamana M Yos Sudarso
Jl Raya Barat Boulevard

JELAMBAR
Kalideres-Busbahnhof (3 km)
GLODOK
GROGOL
s. Karte Jakarta Zentrum (S. 70)
SENEN
Pasar Senen
Jl Suprapto
Jl Perintis Kemerdekaan

Jl Daan Mogot
Jl Hasyim Asyhari
TOMANG
GAMBIR
Jl Tomang Raya
Jl Abdul Muis
Jl Thamrin
Gunung Jahari Canal
Jl Pramuka
PULO MAS
Pulo-Gadung-Busbahnhof

Jl Toll Jakarta Merak
Museum Tekstil
SLIPI
MENTENG
RAWAMANGUN

Museum Macan (400 m)
Jl S Parman
Tanamera Coffee
Jl HR Rasuna Said
Jl Proklamasi
Jl Matraman Raya
Jl Jend A Yani
Jl Jend DI Panjaitan

KARET
Jl Gatot Subroto (Maut)
SENAYAN
KUNINGAN
MANGGARAI
JATINEGARA

Lewis & Carroll
KEBAYORAN BARU
TEBET
Jl Inspeksi Saluran

Jl Metro Pondok Indah
One Fifteenth Coffee
KEMANG
Jl Raya Pasar Minggu
Jl Letjent Haryono
CAWANG
HALIM

H Nawi
Jl Fatmawati
s. Karte Jakarta Süden (S. 72)
CILILITAN
Jl Raya Jagorawi (Maut)
Halim Perdana Kusuma Airport

Jl Ciputat Raya
Common Grounds
CONDET
Jl Raya Pondok Gede

PONDOK INDAH
Jamu Body Treatment
Jl Pangeran Antasari
CILANDAK
Jl Warung JatiBarat
Taman Mini Indonesia Indah

Lebak-Bulus-Busbahnhof & MRT
TB Simatupang
Kali Krukut
Kali Cilandak KKO

LEBAK BULUS
PONDOK LABU
Museum Layang-Layang
RAGUNAN
Outer Ring (Maut)
Kampung-Rambutan-Busbahnhof

Pesanggrahan
Kali Ciliwung
RAMBUTAN

Ethnische Unruhen in den Vierteln der Chinesen erreichten 1740 ein gefährliches Niveau, und am 9. Oktober brach die Gewalt auf den Straßen Batavias aus. Zwischen 5000 und 10000 Chinesen fielen dem Pogrom zum Opfer. Ein Jahr später wurden die chinesischen Einwohner nach Glodok, außerhalb der Stadtmauern, umgesiedelt. Andere Batavier verließen aufgrund schwerer Epidemien zwischen 1735 und 1780 die Stadt, die sich dadurch vom Hafen aus weit nach Süden ausbreitete. 1808 zog die Regierung ebenfalls nach Süden an den heutigen Lapangan Banteng um; die dortigen großen Gebäude werden weiterhin von der indonesischen Regierung genutzt.

Nach der Unabhängigkeit

Im Jahr 1900 flossen große Reichtümer aus dem Kaffee- und Zuckerhandel durch die Stadt, deren Bevölkerung bei 116000 Menschen lag. Die meisten Einwohner lebten aber in tiefer Armut, weil die Niederländer Bildungs- und Aufstiegschancen nur für eine kleine Minderheit anboten. Mit der japanischen Besetzung 1942 kam die niederländische Kolonialherrschaft zum Ende, und die Stadt erhielt wieder den Namen Jakarta. Am 17. August 1945 riefen Sukarno und Mohammad Hatta in Jakarta die indonesische Unabhängigkeit aus. Als die Japaner am Ende des Zweiten Weltkriegs abzogen, versuchten die Niederländer, ihre Kolonialherrschaft wiederherzustellen. Es war aber zu spät: Nach einem blutigen Unabhängigkeitskrieg ebnete ein Friedensvertrag den Weg zur Unabhängigkeit, und über dem Istana Merdeka wurde am 27. Dezember 1949 die indonesische Fahne gehisst.

In den 1950er- und bis in die 1960er-Jahre hinein versuchte Sukarno, Jakarta in sein Ideal einer modernen Stadt zu verwandeln. Die schlimmsten Slums wurden aus dem Stadtzentrum entfernt, und einige wenige wurden durch die Öleinkünfte und weitere Gewinne aus der boomenden Wirtschaft reich. Das alles änderte sich mit dem wirtschaftlichen Zusammenbruch im Jahr 1997. Die Stadt wurde zu einem politischen Schlachtfeld und zum Zentrum der Demonstrationen, die den Rücktritt Suhartos forderten.

Tausende gingen auf die Straßen Jakartas und verwüsteten die Einkaufszentren. Am härtesten wurde die chinesische Bevölkerungsgruppe getroffen, gegen die während der Unruhen Vergewaltigungen und Morde verübt wurden.

Jakarta heute

Zur Überraschung vieler Beobachter überlebte die neu entstandene indonesische Demokratie. Nach einer Zeit des politischen und staatlichen Gerangels wurden 2004 die ersten direkten Präsidentschaftswahlen abgehalten. Susilo Bambang Yudhoyono, ein Politiker der Mitte, siegte und wurde fünf Jahre später mit mehr als 60% der Wählerstimmen wiedergewählt. 2014 trat der beliebte Gouverneur von Jakarta, Joko Widodo, im Rennen um die Präsidentschaft gegen einen Kandidaten der alten Garde an und gewann.

Der nächste Gouverneur von Jakarta trat sein Amt mit bedeutenden Handicaps an. Basuki Tjahaja Purnama (meist Ahok genannt) ist Christ und chinesischer Abstammung – keine naheliegenden Attribute für den Regenten der Hauptstadtregion der größten muslimischen Nation der Welt. Aber Ahok kümmerte sich um die Nöte der Millionen am unteren Ende des Wirtschaftskreislaufs und ging effektiv gegen die Korruption vor.

Die Opposition gegen Ahok lebte auf, als muslimische Hardliner ihn der Blasphemie beschuldigten. Im Ergebnis kam 2017 mit Anies Baswedan ein neuer Gouverneur ins Amt, der diverse Versuche unternahm, Jakarta vor den Asienspielen des Jahres 2018 zu säubern. So ließ er ein riesiges Nylonnetz über verschmutzte, stinkende Wasserläufe legen, um den Gestank zu vermindern. Nachdem die Asienspiele als ein großer Erfolg gewertet wurden, war die Stimmung vor Ort so gut, dass die Behörden gleich eine Bewerbung für die Olympischen Spiele von 2032 einreichten.

Seither geht es in Jakarta weiter wie gehabt: Große Scharen von Indonesiern kommen auf die Suche nach Aufstiegschancen in die Stadt, viel mehr, als die Stadt trotz offizieller Bemühungen aufnehmen kann. Die Gewässer sind trotz aller Säuberungsanstrengungen immer noch verschmutzt, neue riesige Einkaufszentren und Hotels sind im Bau, und die Umweltverschmutzung und die Verkehrssituation sind immer noch im kritischen Bereich.

⊙ Sehenswertes

Trotz vieler Ecken mit Kultur- und Vergnügungsstätten wirkt Jakarta auf Uneingeweihte zuweilen einschüchternd. In Kota lassen sich die Hauptattraktionen leicht finden. Hier entdeckt man die Spuren des alten Batavia, der niederländischen Kolonialstadt des 18. Jhs. Es gibt viele Museen und Orte zum Herumschlendern, da die Stadt nicht nur ihre Zukunft plant, sondern auch Anstrengungen unternimmt, ihr Erbe zu sichern. Gleich südlich davon liegt Glodok, das Zentrum der alten Chinatown, ein geschäftiges, dicht bebautes, lebenssprühendes Gebiet voller Tempel und Märkte.

⊙ Kota & Glodok

Es gibt drei Hauptzonen der Sehenswürdigkeiten, die alle dicht beieinander liegen. Der Taman Fatahillah bildet den Mittelpunkt der kolonialen Sehenswürdigkeiten, die sich vom Platz nach Norden und Westen erstrecken. Am Bahnhof von Kota liegen die Bankmuseen und in der Nähe die Kirche **Gereja Sion** (Karte S. 67; Jl Pangeran Jayakarta) GRATIS. Südlich davon schließt das kompakte Viertel Glodok an, das sich leicht zu Fuß erkunden lässt.

★ Taman Fatahillah   PLATZ

(Karte S. 67; zw. Jl Stasiun & Jl Pintu Besar Utara) Kotas zentraler, kopfsteingepflasterter Platz ist von imposanten Kolonialgebäuden umgeben, darunter dem ehemaligen Rathaus. Hier kann man Fahrräder mieten (S. 74), ein Museum besuchen (S. 66), gut essen oder einfach unter den vielen anderen einheimischen und ausländischen Besuchern herumschlendern. In der niederländischen Zeit war der Platz als Stadhuisplein bekannt und bildete das Zentrum von Batavia. Später wurde er nach dem Befehlshaber benannt, der 1527 Sunda Kelapa für das Sultanat von Demak von den Portugiesen zurückeroberte.

★ Museum Bank Indonesia   MUSEUM

(Karte S. 67; ☑ 021-2600 1588; www.bi.go.id/tentang-bi/museum; Pintu Besar Utara 3; 5000 Rp; ⊙ Di–Do 8–15.30, Fr 8–11.30 & 13–15.30, Sa & So 8–16 Uhr) In einem prächtigen, kundig restaurierten neoklassizistischen Bankgebäude aus dem frühen 20. Jh. präsentiert dieses Museum eine faszinierende Ausstellung zur Geschichte Indonesiens überwiegend aus finanzwirtschaftlicher Perspektive. Alle Exponate (darunter viele audiovisuelle) sind schick aufgemacht und behandeln z.B. den Gewürzhandel und die Finanzkrise von 1997 (mit den anschließenden Unruhen). Ein Saal widmet sich den Währungen und zeigt Banknoten aus allen Ländern der Erde.

★ Jin De Yuan   BUDDHISTISCHER TEMPEL

(Vihara-Dharma-Bhakti-Tempel; Karte S. 64; Jl Kemenangan; ⊙ Sonnenaufgang–Sonnenuntergang) GRATIS Der große, chinesisch-buddhistische Tempelkomplex stammt von 1755 und ist einer der stimmungsvollsten und bedeutendsten der Stadt. Das Hauptgebäude hat ein ungewöhnliches Dach, das mit zwei Drachen bekrönt ist, die Perlen verspeisen. Das Innere ist reich mit buddhistischen Statuen, alten Glocken und Trommeln sowie einigen wundervollen Kalligrafien ausgeschmückt. Dichter Weihrauch und Kerzenrauch wabern durch die Räume.

Museum Sejarah Jakarta   MUSEUM

(Historisches Museum Jakarta; Karte S. 67; ☑ 021-692 9101; Taman Fatahillah; Erw./Kind 5000/2000 Rp; ⊙ Di–So 9–17 Uhr) Das auch als Museum Kesejarahan Jakarta bekannte historische Museum residiert im alten Rathaus von Batavia, einem stattlichen, weißen niederländischen Kolonialgebäude, das einst den Mittelpunkt des Kolonialreichs bildete. Das 1627 errichtete, mit einem Glockenturm bekrönte Bauwerk beherbergte neben der Stadtverwaltung auch die Gerichte der Stadt. Drinnen findet sich eine Sammlung von Artefakten und ein eindrucksvolles, 10 m großes Gemälde, das die erfolglose Belagerung Batavias durch die Truppen des Sultans von Mataram im Jahr 1628 darstellt.

Museum Wayang   MUSEUM

(Puppenmuseum; Karte S. 67; ☑ 021-692 9560; Taman Fatahillah; Erw./Kind 5000/2000 Rp; ⊙ Di–So 8–16.30 Uhr; ♿) Dieses Puppenmuseum besitzt eine der besten Sammlungen von *wayang* (flachen Holzpuppen) in Java, und in den staubigen Räumen kann man viele fein gearbeitete, gruselige oder schöne Figuren aus ganz Indonesien, aber auch aus China, Vietnam, Indien, Kambodscha und Europa bewundern. Das Museumsgebäude wurde 1912 erbaut. Nach den gelegentlich stattfindenden kostenlosen *wayang*-Vorstellungen fragen!

Museum Bank Mandiri   MUSEUM

(Karte S. 67; www.facebook.com/MuseumBankMandiri; Jl Pintu Besar Utara; Erw./Kind 10000/2000 Rp; ⊙ Di–Do, Sa & So 9–15.30, Fr 9–11 & 13–15.30 Uhr) GRATIS Dass es innerhalb eines Blocks gleich zwei Bankmuseen gibt, mag einen verwundern, aber es lohnt sich durchaus hineinzuschauen, um einen Blick hinter die Kulissen der Bank zu werfen und die Innenräume des schönen Art-déco-Gebäudes aus den 1930er-Jahren zu bewundern. Sehenswert sind die Marmorschalter, die alten Rechenmaschinen, Abaki und Geldautomaten sowie die riesigen gusseisernen Tresore.

Kota & Sunda Kelapa

Ⓝ 0 ⬛⬛⬛⬛⬛ 500 m

Kota & Sunda Kelapa

Von der Terrasse aus kann man auf das Gewimmel in Kota hinunterblicken. Anschließend geht's auf der Freitreppe nach oben, wo man Buntglasfenster und den üppigen Vorstandssaal bestaunen kann.

Museum Seni Rupa Dan Keramik MUSEUM
(Museum der Kunst & Keramik; Karte S. 67; ☏ 021-690 7062; Taman Fatahillah; Erw./Kind 5000/2000 Rp; ⊙ Di–So 8–17 Uhr) Der ehemalige, zwischen 1866 und 1870 erbaute Justizpalast

beherbergt heute ein Kunstmuseum mit einer großen Sammlung historischer indonesischer und chinesischer Keramiken, Majapahit-Terrakotten sowie zeitgenössischer und abstrakter Werke führender indonesischer Künstler. Auf dem Gelände kann man unter den Palmen ein wenig ausruhen.

Petak-Sembilan-Markt
MARKT

(Pasar Kemenangan; Karte S. 67; Jl Kemenangan; ☉ Sonnenaufgang–Sonnenuntergang) Ein Spaziergang über den schmalen Kemenangan-Markt/Petak-Sembilan-Markt abseits der Jl Pancoran, der von krummen Häusern mit roten Ziegeldächern flankiert wird, ist ein Erlebnis für alle Sinne. Gehäutete Frösche und lebende Käfer sind hier neben riesigen Stapeln von Obst und Gemüse im Angebot. Die Marktstände ziehen sich auch in die noch schmaleren Nebengassen hin.

Kali Besar
KANAL

(Karte S. 67; Jl Kali Besar Barat) Der Kali Besar ist ein im 18. Jh. längs des Flusses Ciliwung errichteter Kanal, der den Hafen mit dem alten Batavia verbindet. Hier tobte einst der Handel, und Frachtkähne schafften die Güter vom Hafen in die Stadt oder aus der Stadt zum Hafen. Vor fast 300 Jahren war der Kanal gesäumt von den Häusern der Reichen und Prominenten. Heute findet man noch Spuren jener Ära in den Gebäuden, die, mehr oder weniger verfallen oder restauriert, am Kanal stehen.

Sunda Kelapa
HAFEN

(Karte S. 67; Jl Maritim Raya) Im alten Hafen Sunda Kelapa, 1 km nördlich des Taman Fatahillah (S. 66), sieht man noch heute prachtvolle Lastensegler *(pinisi)*. In mancher Hinsicht hat sich das Treiben am Dock seit Jahrhunderten kaum verändert. Noch immer entladen die Träger die Fracht per Hand und per Rollwagen, nur dass heute viel weniger Betrieb herrscht als einst. Rechts des alten Hafens liegt der modernere Haupthafen, in dem schicke Jachten ankern.

Der örtliche Führer Yuda veranstaltet informative Führungen (S. 74) durch das Gebiet (700 000 Rp/3 Std.).

Das ganze Gebiet ist heruntergekommen, und die Gewässer sind unglaublich verschmutzt. Die vielen Geländeaufschüttungen lassen vermuten, dass demnächst vielleicht eine Sanierung anstehen könnte.

Syahbandar Menara
HISTORISCHES GEBÄUDE

(Wachtturm; Karte S. 67; abseits der Jl Pakin; inkl. Museum Bahari Erw./Kind 5000/2000 Rp; ☉ Di–So 9–15 Uhr) Gleich vor dem Eingang zum Schifffahrtsmuseum erhebt sich ein stimmungsvoller Wachtturm der Hafenmeisterei, der 1839 erbaut wurde, um den Schiffen den Weg in den Hafen zu erleichtern. Der Blick fällt zwar auch auf die hässlichen Müllhalden und das verschmutzte Wasser, man kann von oben aber auch einen Teil des alten Batavia und das chaotische Straßenleben betrachten. Der Eintritt schließt das Museum Bahari mit ein.

Museum Bahari
MUSEUM

(Schifffffahrtsmuseum; Karte S. 67; ☏ 021-669 3406; Jl Pakin 1; inkl. Syahbandar Menara Erw./Kind 5000/2000 Rp; ☉ Di–So 8–16 Uhr) Nahe dem Eingang zum Sunda Kelapa befinden sich mehrere alte, 1652 erbaute Lagerhäuser der VOC (Vereenigde Oost-Indische Compagnie; Niederländische Ostindien-Kompanie), die zusammen das Museum Bahari bilden. Hier kann man sich über die Schifffahrtsgeschichte der Stadt informieren. In vielen Sälen werden Ausstellungen zu Seemannslegenden, berühmten Entdeckern und auch zur Geschichte des Archipels im Zweiten Weltkrieg gezeigt. Teile des Museums wurden 2018 bei einem Brand beschädigt und werden derzeit restauriert; die nicht betroffenen Teile sind auch während der Arbeiten geöffnet.

☉ Jakarta Zentrum

Den Mittelpunkt der riesigen Stadt bildet der Merdeka-Platz (Lapangan Merdeka) mit dem Monumen Nasional (Monas). Dieses Geschenk des ersten indonesischen Präsidenten an die Nation steht auf einer großen, grasbewachsenen Freifläche und ist von guten Museen und einigen schönen Gebäuden aus der Kolonialzeit umgeben. In diesem Teil Jakartas gibt's keine stimmungsvollen Straßen oder besondere Sehenswürdigkeiten, aber er ist das politische Zentrum des Landes und der Ort, an dem das Land seinen Rang in der Welt bekundet.

★ Merdeka-Platz
PLATZ

(Lapangan Merdeka; Karte S. 70; Jl Merdeka Selatan) Hierher kommen die Einwohner, wenn sie einmal dem Verkehr entgehen und Luft schnappen wollen. Der Merdeka-Platz (*merdeka* bedeutet Unabhängigkeit) ist der repräsentative Mittelpunkt der Stadt, eine trapezförmige, fast 1 km² große Fläche. Die Niederländer nannten ihn im 19. Jh. Koningsplein, und als solcher wurde er zum Mittelpunkt der Stadt, nachdem die Regierung aus dem alten Batavia (Kota) nach hierher umgezogen war. Seither spielt der Platz eine wichtige Rolle im örtlichen Leben. Der Haupteingang liegt an der Südseite.

★ Museum Nasional MUSEUM

(Nationalmuseum; Karte S. 70; ☑ 021-386 8172; www.museumnasional.or.id; Jl Medan Merdeka Barat 12; 10 000 Rp; ☺ Di–Fr 8–16, Sa & So bis 17 Uhr) Das beste Nationalmuseum Indonesiens ist ein Muss. Der Rundgang durch die riesige Sammlung in dem 1862 errichteten Gebäude mit offenem Hof beginnt mit prächtigen, jahrhundertealten Statuen, darunter einer 4,5 m hohen Kolossalstatue aus Rambahan auf Sumatra, die König Adityavarman als auf menschlichen Schädeln stehenden Bhairawa darstellt. Die volkskundliche Abteilung ist hervorragend: Hier sieht man Puppen der Dayak, bärtige Holzstatuen aus Nias (Bärte gelten dort als Zeichen der Weisheit) sowie einige faszinierende Textilien.

In dem geräumigen modernen Flügel finden sich auf vier Etagen u. a. Ausstellungen zu den Anfängen der menschlichen Besiedlung Indonesiens, darunter ein Modell des kleinwüchsigen *Homo floresiensis*. Es gibt hier auch eine tolle Sammlung von Goldschätzen aus Candi Brahu in Zentraljava mit glitzernden Halsketten, Armreifen und einer Schale mit Szenen aus dem Ramayana. Auf der Rückseite des Hofs befindet sich die Architektursammlung mit Modellen von einigen außergewöhnlichen Gebäuden aus dem gesamten Archipel. Ganz in der Nähe zeigt die Textilsammlung *(koleksi tekstil)* schöne Stoffe, darunter *koffo* aus Sulawesi, ein feines, mit Goldfäden durchwirktes Gewebe.

Die Indonesian Heritage Society (www.heritagejkt.org) veranstaltet kostenlose englischsprachige Führungen (Di–Do & Sa 10 Uhr, Do auch 13.30 Uhr); es gibt auch Führungen auf Französisch, Japanisch und Koreanisch. Die aktuellen Termine stehen auf der Website. Wegen der großen Elefantenskulptur vor dem Gebäude wird das Museum auch als „Ganesh-Museum" bezeichnet.

Ein kleines Café auf dem Gelände bietet heiße Getränke (ab 23 000 Rp) und Snacks.

★ Galeri Nasional GALERIE

(Nationalgalerie; Karte S. 70; ☑ 021-3483 3954; http://galeri-nasional.or.id; Jl Medan Merdeka Timur 14; ☺ Di–So 9–16 Uhr) GRATIS Die 1999 eröffnete Nationalgalerie umfasst mehr als 1700 Kunstwerke indonesischer und ausländischer Künstler. Nur wenige Werke sind ständig ausgestellt, es gibt aber große Flächen für regelmäßig stattfindende, gut kuratierte Sonderausstellungen. Den Mittelpunkt des großen, mit schattenspendenden Palmen versehenen Komplexes bildet ein niederländisches Gebäude von 1817. Das kleine Freiluftcafé bietet willkommene Erholung nach dem Fußmarsch zu den diversen Sehenswürdigkeiten. Die Besucher müssen ihre Taschen an der Garderobe abgeben.

Istana Merdeka PALAST

(Unabhängigkeitspalast; Karte S. 70; Jl Medan Merdeka Utara) Dieser Präsidentenpalast (einer von sechs in Indonesien) erhebt sich nördlich des Merdeka-Platzes. Der Palast wurde 1879 errichtet und war die offizielle Residenz Sukarnos, während Suharto den Palast mied. Am 27. Dezember 1949 wurde hier zum letzten Mal die niederländische Fahne eingeholt und zum ersten Mal die rotweiße Fahne Indonesiens gehisst. Hunderttausende Indonesier wohnten dem Ereignis bei und riefen *merdeka* (Freiheit, Unabhängigkeit).

Masjid Istiqlal MOSCHEE

(Unabhängigkeitsmoschee; Karte S. 70; Jl Veteran I; ☺ 4–23 Uhr) GRATIS Die auffällige, modernistische Masjid Istiqlal ist mit geometrischen Fenstergittern geschmückt. Das 1978 fertiggestellte Gebäude ist die größte Moschee Südostasiens; ihre fünf Stockwerke symbolisieren die fünf Säulen des Islams. Die Kuppel hat einen Durchmesser von 45 m, und die Minarette sind 90 m hoch. Nichtmuslime sind willkommen. Man muss sich aber zunächst anmelden und angemessen kleiden (Männer müssen die Beine, Frauen die Arme und Beine bedecken). Dann wird man auf die Galerie geführt, von der man in die Haupthalle blickt.

Monumen Irian Jaya Pembebasan DENKMAL

(Denkmal der Befreiung von Westneuguinea; Karte S. 70; Lapangan Banteng) Die beiden Türme dieses Denkmals von fragwürdiger Bedeutung erheben sich über dem grasbewachsenen Lapangan Banteng (S. 71) und tragen oben die Skulptur eines Mannes, der seine Ketten sprengt. Das Denkmal aus der Sukarno-Ära ist ein Zeugnis der antiimperialistischen Propaganda, während Indonesien 1963 Irian Jaya (Westneuguinea) und 1975 Osttimor gegen den Willen der dortigen Bevölkerungen okkupierte. Heute bezeichnen einige dieses Denkmal als „Freiheitsmonument".

Monumen Nasional DENKMAL

(Monas; Nationaldenkmal; Karte S. 70; Merdeka Sq; Erw./Student/Kind 15 000/8000/4000 Rp; ☺ Lift

Jakarta Zentrum

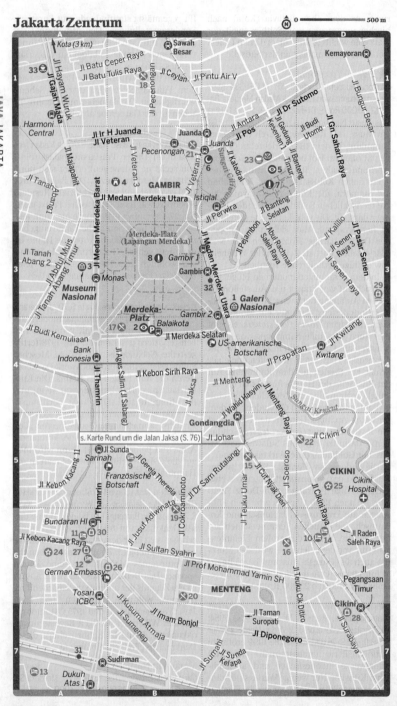

Jakarta Zentrum

8–16 & 19–22 Uhr) Das 132 m hohe Nationaldenkmal, das despektierlich auch als „Sukarnos letzte Erektion" bezeichnet wird, erhebt
sich hoch in den Smog zwischen den Hoch-
haustürmen der Stadt am Merdeka-Platz und
ist das wichtigste Denkmal Jakartas und die
berühmteste architektonische Hinterlassen-
schaft des ehemaligen Präsidenten. Der Bau
des Denkmals begann 1961, 1975 war es fertig
und wurde offiziell vom damaligen Präsidenten Suharto eingeweiht. Es wurde aus italienischem Marmor errichtet und wird von
einer skulpturalen, mit 50 kg Blattgold über-
zogenen Flamme gekrönt.

Der Eingang zum Gebäude erfolgt über
einen Tunnel unterhalb der weiten Terrasse
– einfach den Massen folgen. Am besten legt
man seinen Besuch nicht aufs Wochenende,
weil man dann mehrere Stunden anstehen
muss. Der Aufzug zur Spitze des Denkmals
fährt jede volle Stunde (aber nicht um 17
und 18 Uhr). Oben finden 600 Besucher
Platz. Wer nicht anstehen mag, kann sich
damit begnügen, bis zur ersten Terrasse hin-
aufzugehen und von dort aus den Blick über
den Platz schweifen zu lassen.

In einem Abschnitt des Sockels befindet
sich ein kleines **Geschichtsmuseum** mit
Dioramen, die bemerkenswerte Momente
der indonesischen Geschichte darstellen.

Den Haupteingang und -ausgang zum
Denkmal bildet das Südwesttor des Merde-
ka-Platzes; von dort marschiert man rund 15
Minuten bis zum Denkmal.

Lapangan Banteng   PLATZ
(Banteng Square; Karte S. 70; zw. Jl Banteng Timur
& Jl Katedral) Gleich östlich vom Merdeka-
Platz stehen rund um den Lapangan Banteng einige der schönsten kolonialzeitlichen
Bauten Jakartas. Der Platz wurde im frühen
19. Jh. von den Niederländern angelegt und
hieß damals Waterlooplein. Auf dem Platz
gibt's Basketballanlagen, Fußballplätze und
einen Kinderspielplatz.

◉ Jakarta Süden & Westen

Im Süden Jakartas liegen ausgedehnte *kampung* (traditionelle Dörfer, in denen die meisten Einwohner der Stadt leben) und dazwischen Inseln und Streifen mit Glitzer,
Reichtum und Boheme-Treffs. Die Einkaufszentren sind so schick wie überall sonst auf
der Welt und um sie herum liegen noble Hotels und gewaltige Bürokomplexe. Dazwischen gibt es aber auch Viertel mit eigener
Persönlichkeit, darunter Kemang mit seinen
Restaurants, angesagten Cafés und trendigen
Boutiquen. Nach Einbruch der Dunkelheit
tobt in einigen der legendären Clubs von Ja-

Jakarta Süden

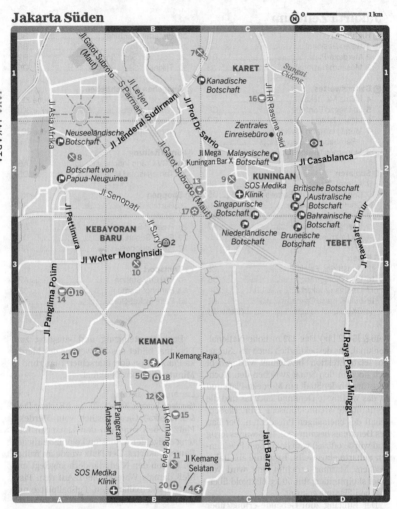

karta das Nachtleben immer noch bis in die Morgenstunden. Im Westen Jakartas findet man ein paar interessante Museen, darunter das neue Museum für zeitgenössische Kunst.

★ **Museum Macan** MUSEUM
(Museum moderner & zeitgenössischer Kunst in Nusantara; 021-2212 1888; www.museummacan.org; Jl Panjang Raya 5, Kebon Jeruk; je nach Ausstellung 50 000–100 000 Rp; Di–So 10–20 Uhr) Das Ende 2017 eröffnete Museum Macan ist das erste Museum moderner und zeitgenössischer Kunst Indonesiens und ein spannender Neuzugang zur Kulturszene der Stadt. Es wurde für die private Kunstsammlung des

Geschäftsmannes Haryanto Adikoesoemo errichtet, der rund 800 Werke indonesischer Künstler zusammengetragen hat. Seit der Eröffnungen wurden hier auch Sonderausstellungen, z. B. über Anish Kapoor, Ai Weiwei, Jeff Koons und Yayoi Kusama gezeigt.

★ **Museum Layang-Layang** MUSEUM
(Indonesisches Drachenmuseum; Karte S. 64; 021-765 8075; Jl H Kamang 38; 15 000 Rp; 9–16 Uhr;) Familien lieben Jakartas Drachenmuseum, das in einer ruhigen Seitenstraße von Pondok Labu im Süden Jakartas zu finden ist. In einem traditionellen indonesischen Haus mit Innenhof werden hier

Jakarta Süden

rund 600 Drachen gezeigt. Ein zehnminütiges Video erklärt die unterschiedlichen Stile der Drachen und den Ursprung der Sitte, Drachen steigen zu lassen (von der hier behauptet wird, sie stamme aus Indonesien). Zu den eindrucksvollsten Exemplaren gehören ein riesiges dreidimensionales Pferd samt Wagen, ein Drache, ein Schiff und ein Rotfeuerfisch sowie flache Exemplare aus Bambus und Bananenblättern.

Mit der Eintrittskarte erhalten die Besucher auch die Möglichkeit, selber einen Drachen anzufertigen, zu verzieren und mit nach Hause zu nehmen.

RUCI Art Space & Cafe GALERIE
(Karte S.72; ☎021-7279 9769; http://ruciart.com; Jl Suryo Blok S 49; ⊙Galerie 11–19 Uhr, Café Mo–Do 10–24, Fr & Sa bis 1 Uhr) Der RUCI Art Space ist zu einer angesagten Institution der blühenden Kunstszene der Stadt geworden. Auf einem Industriegelände im hippen Viertel Senopati zeigt die Galerie Einzel- und Gruppenausstellungen örtlicher zeitgenössischer Künstler, von Gemälden und Fotografien bis zu Installationen. An die Galerie ist ein großes, mit Designermöbeln ausstaffiertes Café angeschlossen, das Getränke (Kaffee ab 30 000 Rp), Hauptgerichte (Nudel- und Reisgerichte ab 55 000 Rp, Tacos ab 35 000 Rp) und Desserts (Milch-Goreng, Pannacotta, Pisang Goreng mit Zimt ab 35 000 Rp) anbietet.

Taman Mini Indonesia Indah VERGNÜGUNGSPARK
(Miniaturpark schönes Indonesien; Karte S.64; ☎021-8779 2078; www.tamanmini.com; Jl Raya Ta-

man Mini; 15 000 Rp; ⊙7–22 Uhr; 🅿) In diesem 100 ha großen Park stehen traditionelle Häuser aus allen Provinzen Indonesiens, jeweils mit Ausstellungen regionalen Kunsthandwerks und regionaler Kostüme, und sogar eine Mini-Modell des Borobudur. Museen, Theater und ein IMAX-Kino verteilen sich über das Gelände, für die jeweils ein besonderer Eintritt (20 000–140 000 Rp) extra bezahlt werden muss. Zu den weiteren Attraktionen gehören ein kleiner Wasserpark, ein Raumfahrtmuseum und ein Atrium mit mehr als 760 Vogelarten aus ganz Indonesien. In einzelnen regionalen Häusern gibt's auch kostenlose kulturelle Darbietungen.

Im Park sollte man ein Auto von Grab (S. 88), ein Motorrad von Go-Jek (S. 87) oder ein Fahrrad (25 000 Rp/Std.) mieten, da die Anlage riesig ist. Hier kann man problemlos stundenlang herumstreifen.

Museum Tekstil MUSEUM
(Textilmuseum; Karte S. 64; www.museumtekstiljakarta.com; Jl Aipda K S Tubun 2-4; Erw./Kind 5000/ 2000 Rp, Batik-Kurs 40 000 Rp; ⊙Di–So 9–16 Uhr) Der Besuch lohnt sich sehr, wenn man sich nur ein wenig für Weberei und Stoffe interessiert. Das Museum beherbergt eine Sammlung von rund 2000 kostbaren Textilien, darunter Hunderte von antiken und zeitgenössischen Batik-Arbeiten, viele Webstühle und einen Garten mit Pflanzen, die natürliche Farbstoffe liefern. Das Museum liegt rund 2 km südwestlich des Merdeka-Platzes und ist mit öffentlichen Verkehrsmitteln nicht leicht zu erreichen. Nach den angebotenen Batik-Kursen fragen!

Soldatenfriedhof Jakarta FRIEDHOF

(Karte S. 72; www.ogs.nl; Jl Menteng Pulo Raya; ⊙8–17 Uhr) GRATIS Während des Zweiten Weltkriegs gerieten in und um Jakarta Tausende Soldaten in Gefangenschaft oder wurden getötet. Bei den frühen Siegen der Japaner kamen viele Soldaten der niederländischen Kolonialarmee und des britischen Commonwealth ums Leben. Nach dem Krieg legten die Niederlande und Großbritannien als Vertreter des Commonwealth gemeinsam diesen Friedhof an, wo die Überreste der Gefallenen aus ganz Indonesien gesammelt wurden. Der Friedhof ist ein schöner und beschaulicher Ort. Das Personal hält die Tore zum Schutz gegen Vandalismus geschlossen, lässt aber gern Besucher herein.

🏃 Aktivitäten

Schwimmen, Yoga, Massagen und Wandertouren sind die Hauptaktivitäten in Jakarta. Auf Abenteuer spezialisierte Veranstalter bieten in Jakarta aber auch Tagestouren an, die weiter ins Umland führen. Wer verzweifelt dem Smog der Stadt entfliehen will, kann bei der Inselgruppe Seribu (Tausend Inseln) vor Jakartas Nordküste tauchen und schnorcheln oder vier Stunden südlich der Hauptstadt raften oder wandern.

Gudang-Gudang Yoga Studio YOGA

(Karte S. 72; ☑021-718 0173; www.gudanggudang yoga.com; Jl Kemang Timur 88; Kurs zum Vorbeikommen 110 000 Rp; ⊙8–16 Uhr) In diesem Yogastudio, einer Oase des Friedens, kann man dem städtischen Gewühl entgehen. Erfahrene Yogis und Anfänger sind in den verschiedenen Kursen zu Vinyasa, Jivamukti und anderen Meditationstechniken willkommen. Die Kurse in der traditionellen javanischen joglo-Hütte sind wegen des beruhigenden Geplätschers des Springbrunnens besonders stimmungsvoll. Gleich nebenan ist ein Café.

Bersih Sehat Menteng MASSAGE

(Karte S. 76; ☑021-390 0204; www.bersihsehat. com; 1. OG, Jl KH Wahid Hasyim 106; 1-stündige Massage 170 000 Rp; ⊙10–21 Uhr) Die hygienischen, eleganten Massage- und Saunaeinrichtungen sowie die professionellen Masseure in diesem Spa sind sehr zu empfehlen. Es befindet sich in dem Komplex hinter dem kleinen Restaurant Warung Ngalam (S. 79).

Jamu Body Treatment SPA

(Karte S. 64; ☑021-765 9691; www.jamutraditio nalspa.com; Jl Cipete VIII/94B, Cipete; Massage & Anwendungen ab 170 000 Rp; ⊙9–19 Uhr) Das elegante Spa im Süden Jakartas verwendet bei seinen Anwendungen *jamu* (indonesische Heilkräuter). Im Angebot sind Abreibungen, Masken, Wickel, Reflexzonen-Therapien, Anwendungen mit warmen Steinen und balinesische Massagen.

Fahrradverleih RADFAHREN

(Karte S. 67; Taman Fatahillah; 20 000 Rp/30 Min.; ⊙9 Uhr–Sonnenuntergang) Mit bunten, dick bereiften Fahrrädern niederländischer Art kann man durch Kota radeln. Die an verschiedenen Ecken des Platzes aufgebauten Stände sind nicht zu übersehen. Im Preis ist ein Leih-Strohhut mit breiter Krempe enthalten.

👉 Geführte Touren

⭐ Jakarta Walking Tour STADTSPAZIERGANG

(http://jakartawalkingtour.com; Touren ab 40 €) Der Veranstalter bietet eine Reihe von thematischen Stadtspaziergängen, u. a. zur Küche, zu den Märkten und zum alten Kota. Im Preis ist die Abholung vom Hotel enthalten. Die Spaziergänge sind nicht lang und beinhalten auch die Transportmittel zwischen weiter verstreuten Zielen (z. B. bei der kulinarischen Tour).

Hidden Jakarta Tours TOUR

(☑0812 803 5297; www.realjakarta.blogspot.com; 50 US$/Pers.) Hidden Jakarta veranstaltet Touren zu den traditionellen *kampung*, den städtischen Dörfern der Armen in der Stadt. Bei diesen Touren erlebt man die ungeschönte Seite der Stadt mit vermüllten Flussläufen und Heimarbeitsfabriken und man trinkt in den Häusern der Einwohner einen Tee. Mindestens zwei Interessenten müssen für eine Tour zusammenkommen.

Other Side of Jakarta STADTSPAZIERGANG

(☑0812 8108 8277; 3-stündige Tour 700 000 Rp/ Pers.) Der freundliche Stadtführer Yuda veranstaltet Führungen durch Glodok, die u. a. Sehenswürdigkeiten wie den alten Hafen von Sunda Kelapa (S. 68), den Platz Taman Fatahillah (S. 66), das Museum Bahari (S. 68) samt Wachtturm und die alte **Jembatan Kota Intan** (Kota-Intan-Brücke; Karte S. 67; Jl Kali Besar) abdecken. Man muss die Führung ein paar Tage im Voraus buchen, sie wird dann aber abhängig von den eigenen Interessen zusammengestellt.

Bus-Stadtrundfahrt TOUR

(Peta Bus Wisata; www.transjakarta.co.id; ⊙Mo–Sa 9–17, So 12–19 Uhr) GRATIS Mit den kostenlosen Doppeldeckerbussen der Stadtverwaltung kann man eine Rundfahrt durch das Zentrum Jakartas unternehmen. In den von Transjakarta betriebenen Bussen gibt's keine Erläuterungen, man ist also auf sich allein gestellt. Dafür sind aber der Preis und die Aussicht unschlagbar. Der Bus hält an vielen Haltestellen, darunter an der Plaza Indonesia (S. 85), am Museum Nasional (S. 69), am Monumen Nasional (S. 69) und an der Museum Bank Indonesia (S. 66).

Die vier Strecken (BW1, BW2, BW3 & BW4) decken die Themen „Geschichte Jakartas", „Modernes Jakarta", „Kunst und Kulinarisches" sowie „Jakartas Wolkenkratzer" ab. Zu Spitzenzeiten sind die Busse manchmal überfüllt, weil auch Einheimische sie für kurze Strecken nutzen.

✸✸ Feste & Events

Unabhängigkeitstag KULTUR
(Hari Kemerdekaan; ☉17. Aug.) In Jakarta finden am indonesischen Unabhängigkeitstag die landesweit größten Umzüge statt.

Djakarta Warehouse Project MUSIK
(www.djakartawarehouse.com; Jakarta International Expo Centre, Kota Tua; Tickets ab 1 600 000 Rp; ☉Dez.) Das größte Festival elektronischer Dance-Music in Asien mit jährlich ca. 90 000 Besuchern findet zwei Tage lang im Jakarta International Expo Centre statt. In den letzten Jahren sind hier u. a. Roger Sanchez, David Guetta, Skrillex und Tiësto aufgetreten. Verschiedene muslimische Gruppen missbilligen das Festival, weil es nach ihrer Meinung unmoralisches Verhalten fördert. Möglicherweise muss der Veranstaltungsort gewechselt werden, bislang geht das Spektakel aber noch weiter.

Indonesian Dance Festival TANZ
(http://indonesiandancefestival.id; ☉Anfang Nov.) Bei dem Festival stehen im Taman Ismail Marzuki (S. 83) zeitgenössische sowie traditionelle Tanzdarbietungen auf dem Programm.

Car Free Day UMZUG
(www.infocarfreeday.net; Jl Sudirman & Jl Thamrin; ☉So 6–11 Uhr) GRATIS Aus der Initiative zur Reduzierung der Luftverschmutzung in Indonesiens Hauptstadt und zur Bekämpfung der Abgase fossiler Energieträger ist ein kommunales Event geworden. An jedem Sonntag werden fünf Stunden lang 5 km von Jakartas Hauptdurchfahrtsstraßen für den privaten Autoverkehr gesperrt. Die Menschen strömen zu Tausenden herbei, um den abgasfreien Abschnitt der Stadt zu Fuß, auf dem Rad oder mit Rollschuhen zu genießen.

Jakarta Fair JAHRMARKT
(www.jakartafair.co.id; Jakarta International Expo Centre, Kota Tua; ☉Juni) Der Jahrmarkt feiert die Gründung der Stadt im Jahr 1527. Überall in der Stadt gibt's Feuerwerk, und dazu Tausende von Ausstellungen und Hunderte von Darbietungen, die Kommerz und Kultur verbinden. Das Ganze findet einen Monat lang im Jakarta International Expo Centre in Kemayoran statt.

Java Jazz Festival MUSIK
(www.javajazzfestival.com; Jakarta International Expo Centre, Kota Tua; ☉Anfang März) Die Veranstaltung im Jakarta International Expo Centre ist das größte Jazzfestival Südostasiens. Zu dem Festival strömen bekannte internationale Jazzgrößen wie Ramsey Lewis, Brad Mehldau, Gilles Peterson und die Earth, Wind & Fire Experience.

🛏 Schlafen

🛏 Rund um die Jalan Jaksa

Das Viertel ist zwar keine Backpackeradresse mehr, es gibt hier aber ein sehr gutes Hostel (s. unten) und eine Reihe sehr guter Hotels der mittleren und gehobenen Preiskategorie. Wie im gesamten Viertel geht's auch in den Unterkünften recht ruhig zu.

Konko Hostel HOSTEL $
(Karte S. 76; ☑021-391 1127; https://konko-hostel.com; Jl Kebon Sirih Raya 03/03; B/EZ/DZ 123 000/280 000/300 000 Rp; ✳@🛜) Mit frisch gestärkter Bettwäsche und frischem Anstrich ist das Konko ein stilvoller Neuzugang. Das Hostel in der Nähe der Hauptsehenswürdigkeiten bietet Schlafsäle für vier, sechs oder zwölf Personen sowie Privatzimmer mit kleinen Schreibtischen und angeschlossenen Bädern. Jedes Bett hat seine Leselampe, außerdem gibt's Gemeinschaftsbereiche, darunter ein gemütliches TV-Zimmer mit Sitzsäcken, einen Fitnessraum und einen Yogaraum.

Hotel Dreamtel HOTEL $$
(Karte S. 76; ☑021-392 8728; www.dreamteljakarta.com; Jl Johar 17-19; DZ/3BZ mit Frühstück ab 525 000/622 500 Rp; ℗✳🛜) Großartige Lage und vernünftige Preise sind nur zwei der Vorzüge dieses Hochhaushotels der Mittelklasse. Die in dunklen Farben gehaltenen 87 Zimmer sind groß und bieten viele Annehmlichkeiten wie Kühlschrank, Safe, Tee- und Kaffeemaschinen sowie Föhn. In den Bade-

Rund um die Jalan Jaksa

zimmern finden sich große, vollständig verglaste Duschen.

⭐ **Artotel Thamrin**   DESIGNHOTEL $$$
(Karte S. 70; ☎ 021-3192 5888; www.artotelindo
nesia.com; Jl Sunda 3; Zi. mit Frühstück ab
805 000 Rp; P ✳ 🛜) Das Gebäude ist wegen
der riesigen Illustration in Rosa, Weiß und
Schwarz gar nicht zu übersehen. Acht indonesischen Künstlern wurde jeweils ein
Stockwerk zur Gestaltung überlassen, und
die Resultate sind beeindruckend und auffällig – von Comic über Graffiti bis hin zu
minimalistischem Schick. Die Zimmer in allen Etagen sind aber luxuriös möbliert und
mit allen Annehmlichkeiten ausgestattet.

⭐ **Kosenda Hotel**   BOUTIQUEHOTEL $$$
(Karte S. 76; ☎ 021-3193 6868; www.kosendaho
tel.com; Jl KH Wahid Hasyim 127; Zi. mit Frühstück
890 000–2 400 000 Rp; P ✳ 🛜) Das Hotel ist
hip, aber nicht übertrieben, minimalistisch
und modern, aber zugleich komfortabel. Die
Zimmer sind nicht übermäßig groß, aber
sehr sauber und geschmackvoll mit eingebauten Schreibtischen, großen Betten und
verglasten Bädern gestaltet. Es gibt eine tolle Lounge mit Lifestyle-Zeitschriften. Das
Frühstücksbüffet ist nett, und es gibt ein

cooles, rund um die Uhr geöffnetes Restaurant (S. 80) in der Lobby, einen Fitnessraum
und eine hervorragende Bar (S. 82).

🛏 Cikini & Menteng

Südlich des Merdeka-Platzes zeigt sich Jakarta in den Vierteln Cikini und Menteng
von seiner vornehmen Seite. Viele Straßen
sind von Bäumen gesäumt, und selbst die
Kanäle wirken vergleichsweise sauber. An
der Jl Cikini Raya, der Hauptstraße von Cikini, liegen gute Cafés und Restaurants. In
Menteng befinden sich Jakartas kommerzielles Rückgrat, die Jl Thamrin, außerdem
Spitzenklassehotels und Einkaufszentren.

⭐ **Capsule Hotel Old Batavia**   HOSTEL $
(Karte S. 70; ☎ 021-390 5123; http://capsulehotel
oldbatavia.jakartahotels.site; Jl Cikini Raya 60Z; B
125 000–135 000 Rp, Zi. 260 000 Rp; ✳ @ 🛜) Das
Hostel in einer ruhigen Gasse neben dem
Hostel Six Degrees (S. 77) hat Schlafsäle mit
kabinenartigen Schlafplätzen, die alle mit
Leselampen und Schließfächern für die persönlichen Wertgegenstände ausgestattet
sind. Die Privatzimmer verfügen über eigene
Bäder. Einige Zimmer haben keine Fenster.
Es herrscht eine familiäre Atmosphäre, und

das freundliche Personal begrüßt die Gäste per Handschlag, erinnert sich an deren Namen und hilft auch mit Infos zur Gegend.

★ Six Degrees
HOSTEL $$
(Karte S. 70; ☑ 021-314 1657; www.jakarta-backpackers-hostel.com; Jl Cikini Raya 60B-C, Cikini; B 130 000–150 000 Rp, DZ mit Gemeinschaftsbad/eigenem Bad 280 000/310 000 Rp jeweils mit Frühstück; ✱ @ 🖙) Das von einem freundlichen und hilfsbereiten Team, das jede Menge Infos zur Gegend parat hat, geführt Hostel ist bei Travellern zu Recht immer noch sehr beliebt. Die Atmosphäre ist entspannt und gesellig; es gibt einen Billardtisch, ein TV-Zimmer, eine Gästeküche und einen Dachgarten mit Bar und Freiluft-Fitnessbereich. Die sauberen Schlafsäle bieten Platz für vier bis zehn Personen. In den Privatzimmern stehen kleine Schreibtische.

★ Hotel Indonesia Kempinski
HOTEL $$$
(Karte S. 70; ☑ 021-2358 3800; www.kempinski.com; Jl Thamrin 1; Zi. 2 500 000–5 000 000 Rp; P ✱ @ 🖙 ☲) Jakartas ältestes Luxushotel, das früher nur Hotel Indonesia hieß, bleibt ein Relikt der Suharto-Ära. Das neu gestaltete, renovierte Hotel ist immer noch so glanzvoll wie früher. Die recht großen Zimmer in neutralen Farbtönen sind mit geschmackvollen Teppichen, großzügigen Bädern, Schreibtischen mit Glasoberfläche, ergonomischen Schreibtischstühlen, Holzmöbeln, hochwertiger Bettwäsche und soliden Betten ausgestattet. Kinder lieben den „Little VIP Playground".

Grand Hyatt Jakarta
HOTEL $$$
(Karte S. 70; ☑ 021-2992 1234; https://jakarta.grand.hyatt.com; Jl Thamrin 28-30; Zi. ab 3 300 000 Rp; ✱ @ 🖙 ☲) Das große, markante Hotel ist ein Wahrzeichen an seinem Standort, dem gehobenen kommerziellen Zentrum der Stadt mit glitzernden Einkaufszentren gleich in der Nähe. Die Zimmer sind mit hellen Stoffen, Holz und Marmor gestaltet. Die Badezimmer haben separate Badewannen und Duschen. Es gibt sechs Restaurants und viele öffentliche Einrichtungen (u. a. einen von Palmen gesäumten Pool und eine 575 m lange Bahn zum Laufen).

🛏 Andere Gebiete

★ Packer Lodge
HOSTEL $
(Karte S. 64; ☑ 021-629 0162; www.thepackerlodge.com; Jl Kermunian IV 20–22; B/EZ/DZ mit Frühstück ab 140 000/200 000/275 000 Rp; ✱ 🖙)

Das nahe bei Kota in Glodok liegende, vom Inhaber geführte Boutiquehostel bietet hippes Ambiente mit Ikea-Schick und viele Einrichtungen. In den Schlafsälen mit vier oder acht Betten sind die Schlafplätze mit Vorhängen separiert und mit Steckdosen, Lampen und USB-Aufladestationen ausgestattet. Es gibt auch sehr preisgünstige, mit anregenden Reisemotiven dekorierte Einzel- und Doppelzimmer mit oder ohne eigenes Bad sowie eine geräumige Gemeinschaftsküche.

★ Wonderloft Hostel
HOSTEL $
(Karte S. 67; ☑ 021-2607 2218; www.wonderloft.id; Jl Bank 6; B/DZ mit Frühstück ab 105 000/275 000 Rp; ✱ @ 🖙) Das muntere Hostel mit freundlichem Personal und geselliger Stimmung liegt in günstiger Nähe zu den Sehenswürdigkeiten des kolonialzeitlichen Kota. Abends geht's in der Lobby gesellig zu, wenn die Backpacker mit einem Bier in der Hand Billard, Darts oder Tischfußball spielen. Es gibt eine gut genutzte Gästeküche. Die Schlafsäle sind mit einer eiskalten Klimaanlage und die Schlafstellen mit Vorhängen, Steckdosen und Lampen ausgestattet.

★ Amaris Hotel La Codefin Kemang
HOTEL $$
(Karte S. 72; ☑ 021-719 1516; http://amarishotel.com; Jl Kemang I 3-5; Zi. mit Frühstück ab 460 000 Rp; P ✱) Das Kettenhotel hat eine knallbunte Fassade in Primärfarben, und diese Gestaltung setzt sich auch drinnen fort. Die rund 100 Zimmer haben kleine Fenster, teilweise mit Blick auf die Stadt, TVs und Holzböden. Das Hotelrestaurant serviert einfache indonesische Gerichte. Es gibt alle notwendigen Einrichtungen, das Beste ist aber die Lage im Zentrum von Kemang.

★ Shangri-La Jakarta
HOTEL $$$
(Karte S. 70; ☑ 021-2922 9999; www.shangri-la.com; Jl Jendral Sudirman; Zi. ab 1 700 000 Rp; P ✱ @ 🖙 ☲) Das riesige, schicke Hotel mit Hunderten von Zimmern hat einen prächtigen Marmorboden im Foyer und ein üppiges Gelände, das wie ein Park mitten in Jakarta wirkt. Es gibt diverse Einrichtungen für Kinder, darunter die „Sunday Kids' Zone" und den „Aqua Playground". Die Zimmer haben ein ruhiges, graues Dekor; einige bieten Badewannen, von denen aus man die weiten Blick auf die Stadt genießen kann.

Dharmawangsa
HOTEL $$$
(Karte S. 72; ☑ 021-725 8181; www.the-dharmawangsa.com; Jl Brawijaya Raya 26; Zi. ab 2 650 000 Rp; ✱ @ 🖙 ☲) Das schicke Fünf-

Sterne-Hotel, eine der angesagten Adressen der Stadt, verströmt Stil und Klasse. Die 100 sehr großen Zimmer (alle mit Balkon) liegen in von Landschaftsgärtnern gestalteten, mit Springbrunnen versehenen Anlagen. Der Service ist hervorragend – jeder Gast kann rund um die Uhr einen Butler-Service in Anspruch nehmen. Hervorragend sind auch die Restaurants und Freizeiteinrichtungen, zu denen zwei Pools, ein nobles Spa sowie Squash- und Tennisplätze gehören.

✖ Essen

✖ Kota & Glodok

★ Historia   INDONESISCH **$**
(Karte S. 67; ☑ 021-690 4188; Jl Pintu Besar Utara 11; Hauptgerichte 40 000–51 000 Rp; ⊙ Mo–Fr 10–21, Sa & So bis 22 Uhr; 🕏) Das Restaurant bietet im Retro-Industrieambiente eines hippen, gefliesten, mit hohen Decken und großen Wandmalereien ausgestatteten Lagerhauses Gerichte aus dem ganzen Archipel. Empfehlenswert sind *bandeng goreng sambal* (gegrillter Milchfisch mit gedämpftem Reis und balinesischem Sambal), *sate ayam* (gegrilltes Hähnchen-Satay mit Reis und Erdnusssauce), *bakmie godog Jawa* (javanische Nudeln in würziger Brühe) und viele schmackhafte gemischte Reisgerichte.

Pantjoran Tea House   CAFÉ **$**
(Karte S. 67; ☑ 021-690 5904; Jl Pintu Besar Selatan 1; Hauptgerichte 30 000–90 000 Rp; ⊙ 9–21 Uhr) Das schöne, tortenförmige Gebäude von 1928 vermittelt gleich einen guten Eindruck von Glodok; es war eines der ersten, das im Rahmen eines staatlichen Programms zur Revitalisierung der Altstadt restauriert wurde. Abgesehen von vielen Teesorten werden hier auch indonesische und chinesische Gerichte (von Nasi Goreng und Teigtaschen bis zu Karpfen mit Süß-Saurer-Sauce) serviert.

Café Batavia   INTERNATIONAL **$$**
(Karte S. 67; ☑ 021-691 5531; www.cafebatavia. com; Jl Pintu Besar Utara 14; Hauptgerichte 65 000–185 000 Rp; ⊙ So–Do 9–24, Fr & Sa bis 1 Uhr; 🕏) Das 200 Jahre alte Gebäude mit Blick auf das alte niederländische Viertel von Kota ist ein Publikumsmagnet. Dank seinem edlen Bistro mit kolonialem Dekor, alten Dielen, Marmortischen und Art-déco-Möbeln wirkt es eindrucksvoll, und Jazz-Untermalung trägt zur Atmosphäre bei. Wer etwas essen will, findet bessere Restaurants rund um den Platz, aber in Sachen Ambiente ist dieses Café unschlagbar.

✖ Jakarta Zentrum

★ Lenggang Jakarta   INDONESISCH **$**
(Karte S. 70; www.lenggangjakarta.com; Merdeka Sq; Hauptgerichte ab 20 000 Rp; ⊙ 10–23 Uhr) Die gut organisierten Imbissstände gehören zu den besten Merkmalen des Merdeka-Platzes. Mehr als 50 freundliche Verkäufer bieten hier günstiges Essen aus dem ganzen Archipel an. Hier bekommt man alles von stark gewürzten Nudelgerichten (mit Hähnchen, Fisch oder vegetarisch) aus Ostjava bis zu indonesischen Omelettes, die im Wok direkt vor den Augen der Gäste zubereitet werden. Man isst an langen Gemeinschaftstischen.

Restoran Sari Minang   INDONESISCH **$**
(Karte S. 70; ☑ 021-3483 4524; Jl Ir H Juanda 4; Hauptgerichte 20 000–50 000 Rp; ⊙ 8–24 Uhr; ✴) Die Kellner bedienen in diesem altbewährten Lokal im Padang-Stil schon seit 1968 die Gäste. Das Lokal erinnert mit seinen verblassten roten Stühlen und der Neonbeleuchtung an eine Cafeteria, ist aber ungeheuer populär. Man ruht sich unter der kühlen Klimaanlage aus und genießt sein würziges Curry.

✖ Jakarta Süden

★ Mie Chino Pasar Santa   INDONESISCH **$**
(Karte S. 72; Pasar Santa, Jl Cipaku I; Hauptgerichte ab 18 000 Rp; ⊙ Di–So 12–21 Uhr) In der Hipster-Anlaufstelle Pasar Santa (S. 84) gibt's einen charmanten kleinen, unabhängigen Markt in der obersten Etage. Hier findet man Stände, die Gerichte anbieten, die den kulinarischen Träumen junger Chefköche entspringen. In diesem schmucklosen Budget-Treff stehen nur drei Dinge auf der Karte: Fleischbällchen, Teigtaschen und sehr leckere Nudelsuppen mit Hähnchen und Pilzen. Die sollte man wirklich probieren!

★ Blue Terrace   GESUNDE KOST **$$**
(Karte S. 72; ☑ 021-251 0888; www.ayana.com/jakarta/ayana-midplaza-jakarta/eat-and-drink/venues/blue-terrace; Ayana Midplaza Hotel, Jl Jenderal Sudirman Kav 10-11; Hauptgerichte ab 65 000 Rp; ⊙ 7–21 Uhr) Angesichts der Umweltgifte, denen man in Jakarta ausgesetzt ist, sind die schön angerichteten Gerichte für Gesundheitsbewusste, die dieses Restaurant anbietet, bestimmt zu empfehlen. Auf der Karte stehen jede Menge bunte Salate und Hauptgerichte, die alle fein komponiert und oft mit essbaren Blumen garniert sind. Der gebratene Gelbflossenthun mit Quinoa, Rote

Beete, Genüsepaprika, gebratenen Cherry-Tomaten, Wachteleiern und Pesto ist wirklich himmlisch.

★Din Tai Fung

CHINESISCH $$

(Karte S. 72; ☑ 021-5790 1288; www.dintaifung.co. id; Plaza Senayan Arcadia, Jl New Delhi 9; 4/6/10 Klöße ab 42 000/58 000/90 000 Rp; ☺Mo–Do 10.30–22, Fr 10.30–23, Sa 10–23, So 10–22 Uhr; ❀🔊) Diese Filiale des Michelin-Stern-gekrönten taiwanesischen Klöße-Restaurants, ist eine von vielen in Jakarta. Sie liegt gut versteckt und bietet ein entspannendes Ambiente. Die Spezialität sind *xiaolongbao* (gedämpfte Klöße), es gibt aber auch andere ausgesprochen gut zubereitete Klöße und Hauptgerichte, z. B. köstliche frittierte *jiaozi*-Klöße, gebratene Ente, knusprig gebratenes Hähnchen mit Chili sowie Rinderlende mit grünen Bohnen, schwarzem Pfeffer und Knoblauch.

★Loewy

FRANZÖSISCH $$

(Karte S. 72; ☑ 021-2554 2378; http://loewyjakar ta.com; Jl Lingkar; Hauptgerichte 85 000–250 000 Rp; ☺Mo–Fr 7.30–1, Sa & So 9–1 Uhr) Dieses zwanglose, an Paris oder New York erinnernde Bistro im Stil der 1940er-Jahre ist sehr beliebt und liegt mitten im umtriebigsten Geschäftsviertel der Hauptstadt. Es serviert typische französische Brasserie-Kost (Zwiebelsuppe und Steak Frites) sowie asiatische Gerichte (indonesische Rippchen und Hainan-Hähnchen). Abends erwacht das Lokal dann richtig zum Leben, weil hier erstklassige Barkeeper Cocktails mixen.

Lara Djonggrang

INDONESISCH $$

(Karte S. 70; ☑ 021-315 3252; www.tuguhotels.com; Jl Teuku Cik Ditiro 4; Hauptgerichte 80 000–130 000 Rp; ☺11–1 Uhr; 🔊) In diesem Restaurant könnte man glauben, auf einen bezaubernden vergessenen Tempel gestoßen zu sein: Der Raum ist gedämpft beleuchtet und Weihrauchduft liegt in der Luft. Die Einrichtung präsentiert sich mit Stühlen aus dunklem Holz, roten Tischdecken und indonesischen Skulpturen sowie Kunstwerken ganz traditionell. Die Gerichte der indonesischen Hofküche sind schmackhaft und schön farbenfroh angerichtet. Die Bar wurde tatsächlich aus Teilen eines 200 Jahre alten Tempels gebaut.

J Sparrow's Bar & Grill

SEAFOOD $$

(Karte S. 72; ☑ 021-5010 1819; www.jsparrows.com; Noble House Bldg, 2 Jl Dr Ide Anak Agung Gde Agung; ☺So–Do 10–1, Fr & Sa 11–2 Uhr) Mit dem nautischen Art-déco-Interieur, maßgeschneiderten Cocktails und ausgezeichneten Meeresfrüchten ist das J Sparrow's eines der stilvollsten Restaurants mit Bar im zentralen Jakarta. Zu den frischen Meeresfrüchten gehören Hummer und Garnelen auf Cajun-Art, zudem gibt's Fleischgerichte wie Lammkotelets oder Nierenzapfensteaks. Zu den altbewährten Cocktails zählen New York Sours und Gin Fizz. Mittwochs spielt eine Liveband.

Queen's Head

BRITISCH $$

(Karte S. 72; ☑ 021-719 6160; www.queensheadja karta.com; Jl Kemang Raya 18C; Hauptgerichte 85 000–235 000 Rp; ☺So–Di 11.30–1, Mi–Sa bis 2 Uhr) In diesem beliebten Lounge-Pub, der balinesischen Stil, ein hippes geometrisches Design und moderne Abwandlungen klassischer britischer Kneipenkost kombiniert, trifft Seminyak auf Islington. Zu den Optionen gehören Fish and Chips, gebratener Schweinebauch, rotes Curry mit Meeresfrüchten und frisch gebackenes Brot. Es gibt einen Sitzbereich im Freien und an der Bar erstklassige Cocktails bis spät in die Nacht.

★Nusa

INDONESISCH $$$

(Karte S. 72; ☑ 021-719 3954; www.nusagastrono my.com; Jl Kemang Raya 81; Mittagsgerichte 75 000–170 000 Rp, 8-Gänge-Abendmenü 850 000 Rp; ☺Di–Sa 11–15 & 18–23 Uhr; 🅿) Das gehobene indonesische Restaurant in einem kolonialzeitlichen Haus aus den 1920er-Jahren zählt zu den besten Jakartas. Die Karte ändert sich jeden Abend, abhängig davon, was der Koch auf den besten örtlichen Märkten und bei seinen Produzenten gefunden hat. Die kreativen Gerichte sind geschmacklich bestens nuanciert. Es handelt sich um ein Halal-Restaurant, daher gibt's keinen Alkohol. Das Ambiente ist elegant; von vielen Tischen blickt man auf den Garten hinterm Haus.

✕ Rund um die Jalan Jaksa

★Warung Ngalam

INDONESISCH $

(Karte S. 76; ☑ 021-391 2483; Jl KH Wahid Hasyim 106; Hauptgerichte 20 000–45 000 Rp; ☺9–22 Uhr) Das schmale, an den Seiten offene Café, ein *warung* (Imbissstand) für ein neues Zeitalter, serviert an Einzeltischen köstliche indonesische Gerichte mit Einflüssen aus vielen Teilen Asiens. Die Stammkunden schwärmen für die knusprige Ente, das gebratene Tofu, die Suppe aus Fischköpfen, die hausgemachten Nudeln und vieles mehr. Das Gemüse ist frisch und abwechslungsreich. Rund um die Mittagszeit muss man wahrscheinlich auf einen Tisch warten.

★**Waha Kitchen**   ASIATISCH **$$**
(Karte S. 76; ✆021-3193 6868; www.wahakitchen.
com; Kosenda Hotel, Jl KH Wahid Hasyim 127; Haupt-
gerichte 78 000–158 000 Rp; ⏰24 Std.) Ein pas-
send modisches Bistro mit rund um die Uhr
geöffneter Bar und modern-asiatischen Ge-
richten findet sich im Foyer des schicken Ko-
senda Hotel (S. 76). Das Essen scheint den
Geschmack der Gäste aus dem Westen zu
berücksichtigen. Es gibt klassische, gut aus-
geführte Gerichte wie würzige Nudeln mit
Meeresfrüchten, Hainan-Hähnchen mit Reis,
Rindfleisch mit schwarzem Pfeffer, gebratene
Ente und Ananas-Curry. Hinzu kommt eine
gute Auswahl an Cocktails und Mocktails.

Shanghai Blue 1920   CHINESISCH, INDONESISCH **$$**
(Karte S. 76; ✆021-391 8690; www.tuguhotels.
com; Jl Kebon Sirih Raya 77-79; Gerichte 58 000–
108 000 Rp; ⏰11–23 Uhr) Bei einem Essen in
dem stimmungsvollen Saal voller Wandbe-
hänge, Holzschnitzereien, roter Laternen
und prächtiger Möbel (die teilweise aus einem alten Teehaus Batavias stammen) fühlt
man sich in das Shanghai der 1920er-Jahre
versetzt. Zu den Markenzeichen auf der Karte gehören mit Krabbenfleisch gefüllte Ly-
chees, gebratene Shanghaier Klöße und mit
zwölf Gewürzen marinierte und mit Hoisin-
Sauce servierte gebratene Ente.

✖ Cikini & Menteng

★**Kunstkring Paleis**   INDONESISCH **$$**
(Karte S. 70; ✆021-390 0899; www.tuguhotels.
com; Jl Teuku Umar 1; Hauptgerichte 68 000–
488 000 Rp; ⏰17–24 Uhr) High Tea oder Cock-
tails? In diesem verlockend nachgestalteten
niederländisch-kolonialen Stadthaus kann
man beides bekommen und dazwischen ein
ausgezeichnetes indonesisches Abendessen
genießen. Einst residierte hier Batavias Zen-
trum der schönen Künste, das 1914 eröffnet
wurde und Werke von van Gogh, Picasso,
Chagall und Gauguin zeigte. Auch heute gibt
es hier noch Ausstellungen.

★**Plataran Menteng**   INDONESISCH **$$**
(Karte S. 70; ✆021-2962 7771; www.plataran.com;
Jl Cokroaminoto 42; ⏰11–22 Uhr) Das ausgezeichnete Restaurant residiert in einem
stimmungsvollen prächtigen, alten Stadthaus mit viel Licht und Luft. Es gibt einen
Klavierspieler, Vogelkäfige und Erinnerungsstücke an die vergangene Ära, doch
wirkt das Ambiente weder muffig noch prä-
tentiös. Die Küche bietet gute asiatische Fusiongerichte mit indonesischer Anmutung.

Zu empfehlen sind Nasi Goreng auf vier Arten, das Pad Thai, die Shrimps-Vermicelli,
die Hähnchenspieße oder die gebratene
Ente mit Mangostan und Currysauce.

★**Tjikini**   INDONESISCH **$$**
(Karte S. 70; ✆ 021-3193 5521; http://tjikini.com; Jl
Cikini Raya 17; Hauptgerichte 55 000–190 000 Rp;
⏰7–23 Uhr; 📶) An einer der besten Caféstra-
ßen in Jakarta zeichnet sich dieses anspre-
chende Café durch seinen charmant-altmo-
dischen Stil mit Bugholzstühlen und
gefliesten Böden aus. Die Kaffeespezialitä-
ten sind hervorragend. Auf der Speisekarte
stehen kreative Abwandlungen indonesi-
scher Gerichte und aromatische Nudeln.

★**OKU**   JAPANISCH **$$$**
(Karte S. 70; ✆021-2358 3896; www.kempinski.
com; Hotel Indonesia Kempinski, Jl Thamrin; Hauptgerichte 140 000–1 350 000 Rp; ⏰12–15 & 18–
22.30 Uhr; 📶) Das OKU im Hotel Indonesia
Kempinski (S. 77) bietet ein hervorragendes
gastronomisches Japan-Erlebnis. Der Zen-
minimalistisch gestaltete Speisesaal lenkt
nicht von dem tollen Essen ab. Chefkoch
Kazumasa Yazawa serviert moderne Versionen japanischer Küche, die aber nichts mit
Fusion zu tun hat. Sehr gut sind das Wagyu-
Rind mit Macadamia-Nüssen und schwarzem Knoblauch-Miso, der japanische Feuer-
topf und das Sashimi. Reservierung
empfohlen!

★**Por Que No**   TAPAS **$$$**
(Karte S. 70; ✆021-390 1950; http://porqueno.co.
id; 5. OG, Jl Cokroaminoto 91; Gerichte 45 000–
260 000 Rp; ⏰Di–Do & So 12–24, Fr & Sa bis 2 Uhr;
📶) Die überaus hippe Dachterrassen-Tapas-
bar versteckt sich im De-Ritz-Gebäude in
Menteng und ist bei Kennern schwer ange-
sagt. Empfehlenswert sind die gegrillte, auf-
geschnittene Rinderlende, der frittierte Pe-
tersfisch, die Mozzarella-Bällchen, die
Calamari in eigener Tinte und die sautierten
Garnelen mit Chili und Knoblauch. Für die
Churros mit Eiscreme zum Dessert sollte
man Platz lassen.

✖ Andere Gebiete

★**Common Grounds**   CAFÉ **$$**
(Karte S. 64; ✆021-7592 0880; www.common
grounds.co.id; 3. OG, Jl Metro Pondok Indah; Hauptgerichte ab 75 000 Rp, Kaffee ab 30 000 Rp;
⏰10–22 Uhr) Das Common Grounds ist ein
Pionier der Melbourner Kaffee-Kultur in Jakarta. Preisgekrönte Baristas brauen feine,

im Haus geröstete Kaffees, und die Küche liefert eine Reihe ausgezeichneter internationaler kleiner Gerichte wie Toast mit Avocadopüree, Huevos Rancheros mit Rendang, Hähnchen und Waffeln, thailändischen Rindfleischsalat und Frühstücks-Burritos.

★ **Lewis & Carroll** CAFÉ $$
(Karte S. 64; ☑ 0812 1381 8465; www.lewisandcarrolltea.com; Jl Bumi 4, Kebayoran Baru, Jakarta Selatan; Gerichte 55 000–125 000 Rp; ☺ 8–22 Uhr) Mehr als 70 Teespezialitäten stehen hier auf der Karte. Die Teelounge serviert Tees aus der Gegend, z. B. Batavia Grey und Java Jewels. Wer nicht weiß, wofür er sich entscheiden soll, kann an den Teeblättern schnuppern, die in Probiergläsern ausliegen.

🍸 Ausgehen & Nachtleben

Wer erwartet, dass es in der Hauptstadt des größten muslimischen Landes der Welt wenig Bars gibt und kaum Alkohol getrunken wird, dürfte überrascht sein, denn Bars finden sich überall in der Stadt. Es gibt Loungebars auf Dachterrassen, Kneipen, die auch ausgezeichnetes Essen servieren, und Clubs, in denen die ganze Nacht Party gemacht wird. In den letzten Jahren hat sich auch die Kaffeehauskultur stark ausgebreitet.

Das Nachtleben konzentriert sich im zentralen Jakarta Richtung Süden bis zur Jl Jaksa und in den großen Hotels an der Jl Thamrin. Die vielen Imbissstände an der Südwestecke des Merdeka-Platzes servieren bis spät am Abend nichtalkoholische Erfrischungen. Alternativ gibt's ein Café im Museum Nasional (S. 69), ein weiteres **Café** (Karte S. 70; ☑ 0812 237 1314; Jl Katedral 1; Kaffee ab 20 000 Rp; ☺ Mo–Fr 7–20, Sa bis 13 Uhr) neben dem Postamt und ein gutes **Cupcake-Café** (Karte S. 70; ☑ 021-384 5777; Jl Batu Tulis Raya 50; Cupcakes ab 35 000 Rp; ☺ 8–20 Uhr).

🍸 Kota & Glodok

★ **Acaraki** KAFFEE
(Karte S. 67; www.acaraki.com; Gedung Kerta Niaga 3, Kota Tua, Jl Pintu Besar Utara 11; Jamu ab 18 000 Rp; ☺ 10–22 Uhr) Das coolste Café der Gegend versteckt sich in einem renovierten Gebäude nahe dem Taman Fatahillah (S. 66). Es hat freiliegende Backsteinwände und einen riesigen Lampenschirm aus Weidengeflecht. Das Lokal serviert Kaffee und den traditionellen indonesischen Kräutertrank *jamu* (aus Wurzeln, Rinde, Blüten, Samen, Blättern und Früchten), dem viele eine heilsame Wirkung zuschreiben. Vielfach kommt Ingwer zur Aromatisierung zum Einsatz.

★ **Colosseum Club** CLUB
(Karte S. 67; ☑ 021-690 9999; http://colosseum.id; Jl Kunir 7; ab 80 000 Rp, unterschiedliche Preise je Event; ☺ Mi–Sa 22–5 Uhr) Der große Club neben dem 1001 Hotel hat eine riesige Tanzfläche, ein 18 m hohes Dach, und eine der eindrucksvollsten Beleuchtungsanlagen der Welt. Trance, House, Retro und Foam sind nur einige der Elemente des Spektakels. Der Club ist gehoben, aber auch leicht anrüchig.

🍸 Jakarta Süden

★ **Dragonfly** CLUB
(Karte S. 72; ☑ 021-520 6789; www.ismaya.com/dragonfly; Jl Jendral Gatot Subroto Kav 23, Graha BIP; Drinks ab 80 000 Rp; ☺ Mi, Fr & Sa 21–4 Uhr) Die erste Anlaufstelle für DJs, die in Jakarta Station machen, findet sich an einer unwahrscheinlichen Stelle, nämlich der Lobby eines Bürogebäudes. Auf den hypnotisierenden, tunnelartigen Innenraum werden Lichter projiziert, im Zentrum des Clubs ist eine Bar, und die DJ-Kanzel liegt am entgegengesetzten Ende des Raums. Das Dragonfly lockt wohlhabende Clubgänger und ein paar zwielichtige Typen an. Strenger Dresscode!

★ **Filosofi Kopi** KAFFEE
(Karte S. 72; ☑ 021-7391 0939; http://filosofikopi.id/store; Jl Melawai 6; Kaffee ab 22 000 Rp; ☺ Mo–Fr 11–23, Sa & So 7–23 Uhr; 🖥) Das geschäftige Café, dem der hier gedrehte indonesische Film *Filosofi Kopi* (eine Hommage an den Kaffee) ein Denkmal setzte, bietet örtliche Kaffees in verschiedenen Zubereitungsarten (mit Syphon, V-60, AeroPress oder als vietnamesischen Filterkaffee). Der coole kleine Raum ist mit freiliegenden Backsteinwänden und aufgehängten Illustrationen gestaltet und ein guter Ort für eine Pause bei einer Shopping-Tour im nahen Blok M (S. 83).

One Fifteenth Coffee KAFFEE
(Karte S. 72; ☑ 021-7179 1733; www.1-15coffee.com; Jl Kemang Raya 37; Kaffee ab 26 000 Rp, Gerichte 37 000–180 000 Rp; ☺ 7–21 Uhr; 🖥) Die kleine Kette, Sieger der indonesischen Barista-Meisterschaft, ist nach dem idealen Wasser-Kaffee-Verhältnis benannt und zeichnet sich durch minimalistischen Stil und großartigen Kaffee aus. Die Filiale an der Kemang Raya ist mit ihrem schlichten grauen Dekor und ihren Holzstühlen keine Ausnahme. Der Kaffee ist aromatisch, und die Gerichte sind gut

zubereitet. Wir empfehlen das Schakschuka mit Merguez-Würstchen, Ziegenkäse, gebratenen Eiern und Fladenbrot.

St. Ali Jakarta
KAFFEE

(Karte S. 72; ☑ 021-5290 6814; www.stali.com.au/ jakarta; Setiabudi Bldg 2, Jl HR Rasuna Said, Lippo Kuningan; Kaffee ab 35 000 Rp, Probengedeck 130 000 Rp; ⊙ 7–20 Uhr; ☎) Der bekannte Melbourner St. Ali ist ein Neuzugang zur aufblühenden Kaffeehausszene im Süden Jakartas. Neben indonesischem gibt's an der Theke auch afrikanische sortenreine Kaffees, die man auch als Gedeck probieren kann. Man genießt seinen Kaffee an Gemeinschaftsbänken oder am Tresen.

Cikini & Menteng

★ Tanamera Coffee
KAFFEE

(Karte S. 64; ☑ 021-2962 5599; www.tanameracoffee.com; Jl Kebon Kacang Raya Blok AA07; Kaffee ab 30 000 Rp; ⊙ 7–18.30 Uhr; ☎) Im Rennen um den besten Kaffee Jakartas hat dieser Röster mit einer Reihe sortenreiner Bohnen aus ganz Indonesien ein gewichtiges Wort mitzureden. Das Kaffeehaus hat inzwischen viele Filialen, aber diese hier ist die erste, und hier werden die Bohnen auch geröstet. Der Kaffee wird mit einer V60-Filterkaffee- oder der Espressomaschine zubereitet, dazu gibt's leckere Frühstücksgerichte.

Bakoel Koffie
CAFÉ

(Karte S. 70; www.bakoelkoffie.com; Jl Cikini Raya 25; Gerichte 30 000–70 000 Rp; ⊙ Mo 9–24, Di–So 8–24 Uhr; ☎) Das elegante Café im Art-déco-Stil mit surrenden Deckenventilatoren, runden Marmortischen und alten Wagen und Uhren ist in einem schönen kolonialen Gebäude von 1878 untergebracht. Es serviert starken Kaffee aus Bohnen, die aus ganz Indonesien bezogen werden, außerdem Kuchen, Frühstück und örtliche Gerichte wie Nasi Goreng oder *bubur ayam* (Hähnchen à la Jakarta mit würziger Erdnusssauce).

Cloud Lounge
LOUNGE

(Karte S. 70; ☑ 021-2992 2450; www.cloudjakarta.com; 49. OG, The Plaza, Jl Thamrin; Hauptgerichte ab 130 000 Rp, variierender Grundpreis; ⊙ Restaurant 18.30–23 Uhr, Lounge So–Do 16–2, Fr & Sa bis 3 Uhr) Gourmethappen in einem dekadenten Speisesaal, feurige Cocktails, eine Lounge mit Freiluftbereich und Blick auf die gesamte Stadt aus der 49. Etage des Plaza-Hochhauses – dieses hippe Lokal ist ein Eckpfeiler von Jakartas gehobenem Nachtleben. Die Gerichte reichen von Pasta- und Reisgerichten bis zu Rib-Eye-Steaks vom Wagyu-Rind. Der Panoramablick wäre schon Anreiz genug, es marschieren aber auch noch wechselnde DJs auf.

Immigrant
CLUB

(Karte S. 70; ☑ 021-2992 4126; www.immigrant-jakarta.com; 6. OG, Plaza Indonesia, Jl Thamrin 28–30; Hauptgerichte ab 80 000 Rp, variierender Grundpreis; ⊙ So–Di 11–1, Mi–Sa bis 4 Uhr) Tagsüber ist dies eine stilvolle Art-déco-Speiselounge hoch über dem trendigen Einkaufszentrum Plaza Indonesia (S. 85). Nachts serviert der angrenzende Club kunstvolle Cocktails, importierte Weine und Top-DJs (die R & B, Hiphop und Bubblegum-Rock auflegen). Das Publikum besteht aus wohlhabenden Einheimischen und Expats. Während der Happy Hour (16–22 Uhr) gibt's auf ausgewählte Drinks 25 % Rabatt.

Andere Gebiete

★ Awan Lounge
BAR

(Karte S. 76; ☑ 021-3193 6868; www.awanlounge.com; Jl KH Wahid Hasyim 127; gemixte Drinks & Cocktails/Bier ab 80 000/45 000 Rp; ⊙ So–Do 17–1, Fr & Sa bis 2 Uhr) Die Dachgartenbar auf dem obersten Stock des Kosenda Hotel (S. 76) ist zugleich zurückgenommen und spektakulär. Es gibt einen hängenden Garten, Bäume, lauschige Ecken im Kerzenschein und ein schwindelerregendes Oberlicht, unter dem es neun Stockwerke in die Tiefe geht.

Oetara
KAFFEE

(Karte S. 64; ☑ 0813 1485 5500; www.facebook.com/oetara.coffee; Jl Pluit Karang Barat 25A; Speisen 45 000–75 000 Rp, Kaffee ab 25 000 Rp; ⊙ Mo–Fr 8–22, Sa & So 9–22 Uhr; ☎) Das coole, entspannte und farbenfrohe Nachbarschafts-Kaffeehaus hat Marmortische, alte Stühle, gefliste Wände, Hartholzböden und eine verchromte Theke. Zum täglichen Speisenangebot gehören Bio-Müsli, ein Hähnchensalat mit Sesam und Yakisoba, Couscous mediterraner Art und Pasta mit Garnelen und Curry. Der Kaffee ist sehr samtig. Es gibt einen hübschen Sitzbereich auf der Terrasse.

Ombé Kofie
KAFFEE

(Karte S. 64; ☑ 0811 175 1269; Jl Pluit Sakti 117; Kaffee ab 30 000 Rp; ⊙ Mo–Sa 8–16.45, So 10–16.45 Uhr; ☎) In einer wohlhabenden Vorstadt im Norden Jakartas bietet das coole kleine Nachbarschaftscafé Filterkaffee aus Bohnen, die aus dem gesamten Archipel bezogen werden. Die Gäste sitzen an der Theke und lauschen begeistert den engagierten Baristas, die alles über den Kaffee wissen.

One Fifteenth Coffee CAFÉ
(Karte S. 64; ☑ 021-722 5678; www.1-15coffee.com; Jl Gandaria I 63; ⊙ 7–21 Uhr) Dieses sehr schicke Café ermöglicht einen Einblick in das Leben der Wohlhabenden in Jakarta. Es war eines der ersten Kaffeehäuser, das sich der neuen Kaffeeszene mit indonesischen und äthiopischen sortenreinen Bohnen anschloss, die hier mit Chemex-, Kalita-, Aeropress-, V60-Maschinen, mit der Presskanne oder als kalter Aufguss serviert werden.

Man kann Probiergedecks bestellen, und auch die den ganzen Tag angebotenen Frühstücksgerichte, darunter Avocado-Toast und Schakschuka, sind sehr beliebt. Weitere Filialen findet man im Süden Jakartas und im Museum Macan (S. 72).

☆ Unterhaltung

Verglichen mit anderen großen Städten ist das Angebot an Livemusik und Kulturveranstaltungen klein. Jazz und klassische Musik gibt's gelegentlich in Spitzenklasserestaurants, Hotellounges oder bei besonderen Events. Immerhin finden sich große Kinos mit mehreren Leinwänden, die Hollywood-Blockbuster auf Englisch (mit indonesischen Untertiteln) zeigen; die Tickets sind günstig.

Taman Ismail Marzuki DARSTELLENDE KUNST
(TIM; Karte S. 70; ☑ 021-3193 7530, 021-230 5146; http://tamanismailmarzuki.jakarta.go.id; Jl Cikini Raya 73) Jakartas bedeutendstes Kulturzentrum bietet eine große Auswahl von Kinos, Theatern und Ausstellungsflächen. Die Darbietungen (z. B. sundanesische Tänze und Gamelan-Musik) sind stets hochkarätig, und es gibt in dem Komplex auch eine Cafeteria. Die kommenden Events werden auf der Website angekündigt.

CGV Grand Indonesia KINO
(Karte S. 70; ☑ 021-2358 0484; www.cgv.id; 8. OG, Grand Indonesia West Mall, Jl Thamrin 1; reguläres Ticket 50 000 Rp, Gold-/Velvet-Klasse ab 100 000/220 000 Rp) Wer noch nie ein VIP-Kinoerlebnis hatte, kann das hier nachholen. In der Gold-Klasse sitzt man in einer Lounge mit Lehnsesseln und Kellner bringen bestellte Getränke und Snacks zum Platz; in der Velvet-Klasse ruht man zu zweit auf richtigen Betten. In dem Komplex gibt's auch Virtual-Reality-Headset-Kabinen und normale Leinwände.

Kinosaurus Jakarta KINO
(Karte S. 72; www.kinosaurusjakarta.com; Jl Kemang Raya 8B; Tickets 50 000 Rp; ⊙ Vorführungen

üblicherweise Fr 19 & 21.30, Sa & So 16.30 & 19 Uhr) Durch den Buchladen Aksara (S. 83) gelangt man zu diesem versteckten Kinos, wo man Seite an Seite mit Jakartas Künstlergemeinde Independent-Kurzfilme und eigenwillige Filme aus Indonesien und der ganzen Welt schauen kann. Die meisten sind englischsprachig oder werden mit englischen Untertiteln gezeigt, doch ist das nicht immer der Fall. Einzelheiten zum Programm stehen auf der Website.

Nautilus LIVEMUSIK
(Karte S. 72; ☑ 021-2277 1888; www.fourseasons.com/jakarta/dining/lounges/nautilus-bar; Four Seasons Hotel, Capital Pl, Jl Jendral Gatot Subroto Kav 18, Kuningan Barat; Cocktails ab 175 000 Rp; ⊙ 12–1 Uhr) Das Nautilus ist eine tolle europäisch-asiatische Barlounge im Hotel Four Seasons. Beim Eintreten fällt der Blick auf das auffällige Wandgemälde hinter der Theke, das den historischen Hafen von Sunda Kelapa (S. 68) zeigt. Dienstags bis samstags gibt's zwischen 18 und 21 Uhr Livemusik (Gesang, Jazz, Soul oder Klaviermusik).

🛍 Shoppen

Neben einigen Einkaufszentren gibt's im Süden Jakartas viele interessante Läden. Gut stöbern kann man auch in den Straßen von Kemang. Schnäppchenjäger stürzen sich auf die Händler in den riesigen Gebäuden des **Blok M** (Karte S. 72; ☑ 021-726 0170; http://malblokm.com; Jl Melawi; ⊙ 10–22 Uhr) und auf die hippen Stände im Pasar Santa (S. 84).

🛍 Jakarta Süden

★ Aksara BÜCHER
(ak.'sa.ra); Karte S. 72; ☑ 021-719 9288; www.facebook.com/AksaraStore; Jl Kemang Raya 8; ⊙ 10–22 Uhr) Die große Auswahl an Büchern (viele in englischer Sprache), feines Briefpapier und Schreibutensilien machen diesen hippen Treff zu einem Muss für alle, die sich für das geschriebene oder gedruckte Wort interessieren. Es gibt ein kleines Café, das Kaffee und Kuchen serviert, und eine Werkstätte mit diversen Kreativ-Workshops (z. B. für Töpferei und Kunst), deren Termine man im Laden erfragen kann.

Hinter dem Laden liegt ein versteckter kleiner Hof mit einem altmodischen Fotoladen und einem Independent-Kino (S. 83).

★ dia.lo.gue artspace KUNST
(Karte S. 72; ☑ 021-719 9671; https://dialogue-artspace.com; Jl Kemang Selatan 99; ⊙ 10–22 Uhr;

JAKARTA MIT KINDERN

An der Bucht von Jakarta liegt **Ancol Luar Biasa** (Traumland; Karte S. 64; ☑ 021-2922 2222; www.ancol.com; Jl Pantai Indah; Eintritt 25 000 Rp; ⊘ 24 Std.; 🚇), das „Traumland" des Volks, ein landschaftlich gestalteter, bei Familien beliebter Freizeitkomplex mit altmodischen Fahrgeschäften, Sport- und Freizeiteinrichtungen, z. B. einer Bowlingbahn. An den Wochenenden ist die Anlage überlaufen. Zu den Hauptattraktionen zählt der **Pasar Seni** (Kunstmarkt) mit seinen Cafés, Kunsthandwerksläden und Kunstausstellungen.

Zu dem Park gehören auch die **Gondola** (Gondel; www.ancol.com/id/destinasi/gondola; Mo–Fr 55 000 Rp, Sa & So 65 000 Rp; ⊘ Mo–Fr 11–18, Sa 10–18, So 9–18 Uhr; 🚇) und der Wasserparkkomplex **Atlantis Water Adventure** (Mo–Fr 120 000 Rp, Sa & So 175 000 Rp; ⊘ Mo–Fr 8–18, Sa & So 7–18 Uhr; 🚇) mit Wellenbad, Rutschen, Tauchbecken und künstlichen Stränden. Ferner gibt's den Wakeboarding-Parcours **Epic Cable Park** (2 Std. inkl. Ausrüstung 300 000 Rp; ⊘ 10–18 Uhr) und die große **Dunia Fantasi** (Phantasiewelt; Karte S. 64; ☑ 021-6471 2000; Mo–Fr 200 000 Rp, Sa & So 295 000 Rp; ⊘ Mo–Fr 10–18, Sa & So 9–20 Uhr; 🚇), einen Vergnügungspark mit Rides von Achterbahnen über Autoscooter bis zu großen Schaukeln. Es gibt auch einen „Ökopark" mit einem Hirschgehege und einer Seilrutsche.

Freunde von Meeressäugern seien gewarnt: Hier befindet sich auch die **Seaworld Ancol** (☑ 021-2922 2222; www.ancol.com; Ancol Luar Biasa, Jl Lodan Timur 7; Mo–Fr 140 000 Rp, Sa & So 160 000 Rp; ⊘ 9–18 Uhr; 🚇), mit ihren umstrittenen Shows. Wissenschaftliche Untersuchungen haben unwiderlegliche Beweise erbracht, dass es Walen schadet, wenn sie zu Unterhaltungszwecken in Gefangenschaft gehalten werden.

Der Park ist riesig. In ihm fahren Taxis; wenn man laufen will, muss man genug Zeit einplanen, um von einer Attraktion zur nächsten zu gelangen. Von und zu den Hauptattraktionen kann man auch einen kostenlosen Shuttlebus nehmen. Wer übernachten will, um sich am nächsten Tag gleich wieder ins Vergnügen zu stürzen, findet ein Hotel der Kette **Mercure** (☑ 021-640 6000; Ancol Luar Biasa; Zi. ab 950 000 Rp; 🅿🛢@🌐🛜) im Park.

🛜) In diesem schicken Laden geben sich Ausstellungen zeitgenössischer Kunst, stilvolle Designer-Waren, Bücher, alte Reiseplakate und guter Kaffee ein Stelldichein. Sichtbeton und Glas bilden die richtige Kulisse für die erstaunliche Vielfalt. Wer sich länger umsehen möchte, kann in dem trendigen Café vor Ort einkehren, das Frühstück, Pasta, asiatische Küche und andere Hauptgerichte (49 000–80 000 Rp) serviert.

★ Pasar Santa MARKT
(Karte S. 72; Jl Cipaku I; ⊘ Di–So unterschiedliche Öffnungszeiten) Im 2. Stock eines heruntergekommenen altmodischen Einkaufszentrum versammeln sich Jakartas hippe Unternehmer. Dutzende Geschäfte verkaufen hier alles von retro-psychedelischen Klamotten und Schallplatten bis zu handgefertigtem Schmuck, Kuchen, Skateboards und Kaffee. Am verrücktesten sind wohl die anzumietende kleine Dunkelkammer und der Stand mit Stickstoff-Eis. Auftanken kann man mit leckeren Nudeln im Mie Chino (S. 78).

Past Future Sense VINTAGE
(Karte S. 72; ☑ 021-718 3658; Jl Kemang Timur 998; ⊘ 12–20 Uhr) Retro-Klamotten in allen prachtvollen Formen von Doc Martens aus zweiter

Hand über Turnschuhe bis zu gemusterten Shirts, Kappen, Aufnähflicken und Jacken sind hier zu finden. Die Stücke liegen in industriellen Metallregalen, und als Zugabe steht ein alter Spielautomat im Laden.

Tulisan GESCHENKE & SOUVENIRS
(Karte S. 72; ☑ 021-7278 0235; www.tulisan.com; EG, City Walk, Darmawangsa Sq, Jl Darmawangsa 9; ⊘ 9–21 Uhr) Tulisan ist ein indonesisches Label für Accessoires, das auf leuchtend bunte, illustrative Drucke spezialisiert ist und vor allem für seine spielerischen Tragetaschen aus Leinen bekannt ist. Der Vorzeigeladen der Marke ist ein toller Ort, um Geschenke zu kaufen. Hier findet man eine große Auswahl an skurrilen Wandbehängen, dekorierten Papierwaren, Haushaltswaren und anderen kuriosen Dingen. Alle Produkte sind handgearbeitet.

🔒 Cikini & Menteng

★ Bartele Gallery LANDKARTEN
(Karte S. 70; ☑ 021-2993 8997; www.bartelegallery.com; Mandarin Oriental Hotel, Jl Thamrin; ⊘ 11–20 Uhr) Der kleine Laden im 1. Stock des Mandarin Oriental Hotel ist eine Fundgrube alter Landkarten. Auch Drucke sind ausge-

stellt, von denen einige 500 Jahre alt sind. Sehenswert sind die Originalkarten, in denen die Schifffahrer ihre Entdeckungen festhielten. Fotos aus dem 19. Jh. und viele Antiquitäten runden das Angebot ab.

Pasar Jl Surabaya
MARKT

(Karte S. 70; Jl Surabaya; ☉ 8–17 Uhr) Jakartas berühmter Straßenmarkt ist in Menteng. Hier gibt es Holzschnitzereien, Möbel, Textilien, Schmuck, alte Schallplatten und viele (zweifelhafte) Antiquitäten – von Schifffahrts-Memorabilien bis zu altem Küchengerät. Heftiges Feilschen ist angesagt!

Plaza Indonesia
EINKAUFSZENTRUM

(Karte S. 70; www.plazaindonesia.com; Jl Thamrin 28-30; ☉ 10–22 Uhr; ☎) Das Einkaufszentrum der Spitzenklasse liegt zentral und bietet eine große Auswahl an Läden, darunter führende indonesische Boutiquen und Shops berühmter Labels wie Cartier und Louis Vuitton. Im Untergeschoss befindet sich ein ausgezeichneter Food-Court mit kleinen Preisen. Das Einkaufszentrum konkurriert mit dem nahen Grand Indonesia (s. unten) um den ersten Rang im Luxussektor.

Grand Indonesia
EINKAUFSZENTRUM

(Karte S. 70; www.grand-indonesia.com; Jl Thamrin; ☉ 10–22 Uhr) In dem luxuriösen Einkaufszentrum, das sich über acht marmorverkleidete Etagen erstreckt, gibt's eine Unmenge Mode-Outlets der Spitzenklasse, Geschäfte von Durchschnittsmode-Favoriten wie Uniqlo und Zara, einige gute Restaurants mit regionaler und internationaler Küche sowie ein Kino mit mehreren Leinwänden (S. 83).

🔒 Andere Gebiete

Pasar Senen Jaya
EINKAUFSZENTRUM

(Karte S. 70; ☎ 021-422 2525; Jl Pasar Senen; ☉ 7–17 Uhr) In dem riesigen Komplex, einem Einkaufszentrum für die breite Masse, gibt's unzählige Läden und Stände, die jeden nur erdenklichen Artikel für den alltäglichen Bedarf anbieten: billige Schuhe, Batik-Kleidung, Haushaltswaren, Spielzeug – die Liste ließe sich endlos fortsetzen. Morgens verkaufen an der südöstlichen Seite viele Bäcker frische süße Backwaren.

ℹ Praktische Informationen

GEFAHREN & ÄRGERNISSE

Einige ausländische Botschaften warnen zwar vor Reisen nach Indonesien und insbesondere nach Jakarta, aber insgesamt ist das Risiko für Traveller gering. Für eine solch große Stadt mit offensichtlichen sozialen Problemen ist es hier erstaunlich sicher.

➡ Größere Vorsicht ist spätabends in Glodok und Kota geboten, wo es einige zwielichtige Bars und Clubs gibt.

➡ Es wurde von Raubüberfällen durch Taxifahrer berichtet; man sollte sich daher an Firmen mit Reputation oder an App-Buchungsdienste wie die stadtweit vertretene Bluebird-Gruppe, Grab oder Go-Jek halten.

➡ Jakartas Busse und Züge können insbesondere im Berufsverkehr überfüllt sein, und dann gehen Taschendiebe bevorzugt auf Tour.

MEDIEN

Jakarta Globe (www.thejakartaglobe.com) Ursprünglich war dies eine ausgezeichnete Tageszeitung, die auf 48 Seiten mit stilvollem Layout gute Reportagen und erhellende Beiträge brachte. Heute gibt's das Blatt nur noch online, aber die Berichterstattung über Jakarta ist immer noch gut.

Jakarta Post (www.thejakartapost.com) Englischsprachige, großformatige Zeitung mit Nachrichten, Kommentaren und Kulturteil.

MEDIZINISCHE VERSORGUNG

Cikini Hospital (Karte S. 70; ☑ Notfall 021-3899 7744, Notaufnahme 021-3899 7777; www.rscikini.com; Jl Raden Saleh Raya 40) Betreut ausländische Patienten und hat Englisch sprechendes Personal.

SOS Medika Klinik (Karte S. 72; ☑ 021-750 5980, Notfall 021-750 6001; www.international sos.com; Jl Puri Sakti 10, Cipete; ☉ Notfallversorgung 24 Std., Klinik 7–22 Uhr) Hat Sprechstunden mit Englisch sprechenden Ärzten und bietet zudem Dienstleistungen in den Bereichen Zahnmedizin, Notfallversorgung und in Spezialdisziplinen. Betreibt auch eine Klinik in **Kuningan** (Karte S. 72; ☑ 021-5794 8600; www. internationalsos.com; 2. OG, Menara-Prima-Gebäude, Jl Dr Ide Anak Agung Gde Agung, Kuningan; ☉ Mo–Fr 8–18, Sa bis 14 Uhr).

POST

Es gibt viele kleinere Postämter. Postsendungen ins Ausland erfolgen halbwegs verlässlich.

Hauptpost (Gedung Pos Ibukota; Karte S. 70; Jl Gedung Kesenian I; ☉ Mo–Fr 7.30–19, Sa bis 13 Uhr)

TOURISTENINFORMATION

Jakarta Visitor Information Office (Karte S. 76; ☑ 021-316 1293, 021-314 2067; www. jakarta-tourism.go.id; Jl KH Wahid Hasyim 9; ☉ 7–18 Uhr) Privates, sehr hilfreiches Reisebüro. Das Personal kann Touren, Flüge und Hotels buchen (nützlich, weil viele Transportunternehmen eine indonesische Bankkarte verlangen).

WEBSITES

What's New Jakarta (www.whatsnewjakarta.com) Gute Website zu Events und Neueröffnungen überall in der Stadt.

Living in Indonesia (www.expat.or.id) Auf länger bleibende Besucher ausgerichtete Website; bietet alles von Restaurantkritiken über Visainformationen bis zu Chatrooms.

Jakarta.go.id (www.jakarta-tourism.go.id) Die offizielle Website des Fremdenverkehramts der Stadt Jakarta listet u. a. Events und Verkehrsverbindungen auf.

JakChat (www.jakchat.com) Englischsprachige Foren, in denen man sich über alles, von Bars bis zu Politik, austauschen kann.

Jakarta 100 Bars (www.jakarta100bars.com) Eine Website ohne Schranken zu Jakartas sich ständig veränderndem Nachtleben.

Lonely Planet (www.lonelyplanet.com/indonesia/jakarta) Reiseinfos, Hotelbuchungen, Traveller-Forum und mehr.

❶ An- & Weiterreise

Jakarta ist das wichtigste internationale Tor nach Indonesien und *das* Drehkreuz des nationalen und internationalen Flugverkehrs und der Zugverbindungen auf Java. Züge sind zwar bei vielen das beliebteste Verkehrsmittel, aber Busse fahren von hier ebenfalls in alle Richtungen, und es gibt sogar einige Schiffsverbindungen.

Flüge, Autos und Touren kann man online unter lonelyplanet.com/bookings buchen.

AUTO & MOTORRAD

Um sich außerhalb der Stadt umzusehen, ist ein Mietwagen von Grab (S. 88) eine gute Option (ca. 700 000 Rp/Tag inkl. Benzin). Mautstraßen führen in alle Richtungen aus Jakarta hinaus; sie sind viel schneller, verursachen aber Extrakosten über den vorab bezahlten Preis hinaus. Eine preiswerte Option, um über die Stadtgrenzen hinauszukommen, sind auch Motorräder von Go-Jek (S. 87). Den Preis verhandelt man mit dem Fahrer.

BUS

Die städtischen Busbahnhöfe liegen alle weit außerhalb des Zentrums. Busse zu Zielen auf Java und darüber hinaus fahren vom Busbahnhof **Kampung Rambutan** (Karte S. 64; Rambutan), der mit der Buslinie 7 von Transjakarta erreichbar ist, Busse u. a. nach Sumatra vom Busbahnhof **Pulogadung** (Jl Raya Bekasi; 🚉), zu erreichen mit den Buslinien 2 oder 4 und Busse nach Yogyakarta und Semarang vom Busbahnhof **Lebak Bulus** (Karte S. 64; Jl Lebak Bulus Raya), der mit der Buslinie 8 zu erreichen ist. Der Busbahnhof **Kalideres** (Jl Daan Mogot) ist für Traveller in der Regel weniger nützlich. Die Transjakarta-Busse nutzen auf der Fahrt zu den Busbahnhöfen Busspuren; bei der Anfahrt mit dem Auto kann man stundenlang im Verkehr steckenbleiben. Tickets für die besseren Busse (bei denen teilweise die Anfahrt zum Busbahnhof enthalten ist) können bei Reiseagenturen (z. B. www.redbus.id/en oder www.easybook.com) gekauft werden. Man sollte beachten, dass Zugfahrten die schnellere, sicherere, bequemere und oft auch preisgünstigere Option sind.

FLUGZEUG

Der **Soekarno-Hatta International Airport** (CGK; http://soekarnohatta-airport.co.id; Tangerang City) liegt 35 km westlich des Zentrums. Alle internationalen und die meisten Inlandsflüge nutzen diesen Flughafen. Wegen des steigenden Passagieraufkommens kann es chaotisch zugehen, man sollte daher viel Zeit für die notwendigen Formalitäten einplanen.

Der Flughafen verfügt über drei Terminals, die alle mit Einrichtungen wie Geldautomaten, Informations- und Wechselschaltern ausgestattet sind. Es ist unbedingt erforderlich zu checken, von welchem Terminal der Flug startet, weil die Terminals weit voneinander entfernt sind. Ein kostenloser Shuttleservice verkehrt zwischen den drei Terminals.

Terminal 1 wird für viele Inlandsflüge genutzt.

Terminal 2 wird für internationale und Inlandsflüge genutzt.

Terminal 3 wird für die meisten internationalen Flüge genutzt.

Der **Halim Perdana Kusuma Airport** (HLP; www.halimperdanakusuma-airport.co.id) liegt 11 km südlich des Stadtteils Cikini und wird für einige Inlandsflüge genutzt.

MINIBUS

Reise-Minibusse mit Tür-zu-Tür-Service sind in Jakarta keine gute Option, weil es im Verkehrsgewühl Stunden dauern kann, die Passagiere aufzunehmen und aussteigen zu lassen. Wer nicht über eine Engelsgeduld verfügt, nimmt besser den Zug, ein Flugzeug oder einen Bus.

Day Trans (Karte S. 76; 📱 021-2967 6767; www.daytrans.co.id; Jl Thamrin; ⊙ 6–20 Uhr) Betreibt stündliche Minibusse nach Bandung (110 000–125 000 Rp); auf Sonderangebote auf der Website achten!

SCHIFF/FÄHRE

Die Schifffahrtslinie Pelni betreibt gelegentliche Fähren zu Häfen im ganzen Archipel. Das **Pelni-Ticket-Büro** (Karte S. 70; 📱 021-162; www.pelni.co.id; Jl Gajah Mada 14; ⊙ Mo–Fr 8–16.30 Uhr) liegt 1,5 km nordwestlich des Monumen Nasional im Zentrum von Jakarta.

Die Schiffe von Pelni fahren alle vom/zum Hafen Pelabuhan Satu (Dock 1) in Tanjung Priok, 13 km nordöstlich des Zentrums. Die *koridor*-Buslinien 10 und 12 (die auf Busspuren fahren) bieten eine direkte Verbindung zum Hafen. Die einfache Fahrt kostet ab 2000 Rp; die Streckenführung und die Ankunftszeiten der Busse verändern sich wegen der Verkehrslage sehr häufig. Ein Taxi von der Jl Jaksa zum Hafen kostet zwischen 70 000 und 120 000 Rp.

ZUG

Jakartas vier Hauptbahnhöfe liegen recht zentral. Züge (Fahrpläne gibt's unter www.keretaapi.co.id) fahren zu den Städten rund um Jakarta und zu Zielen auf ganz Java und sind die bequemste Option, um der Stadt weiterzureisen. Fahrkarten kann man auch über die Buchungsagenturen Tiket (https://en.tiket.com) und Traveloka (www.traveloka.com/en) buchen. Es gibt sogar eine Zug-Fähre-Bus-Verbindung nach Bali. Die Preise sind günstig, sodass es sich lohnen kann, die beste verfügbare Klasse zu buchen.

Gambir (Karte S. 70; Jl Medan Merdeka Timur 1) ist der bequemste und wichtigste Bahnhof in Jakarta. Er befindet sich an der Ostseite des Merdeka-Platzes, 15 Gehminuten von der Jl Jaksa entfernt. Von hier aus fahren Expresszüge nach Bandung, Yogyakarta, Surakarta, Semarang und Surabaya. Der gut geführte, moderne Bahnhof hat alle Dienstleistungen und ist ein guter Ort, um Fahrkarten zu kaufen. Der Bahnhof **Jakarta Kota** (Karte S. 67; Jl Asemka) ist ein Art-déco-Schmuckstück im gleichnamigen Stadtviertel mit weniger Serviceeinrichtungen. Von hier aus fahren Pendlerzüge in den Großraum von Jakarta und nach Bogor. Vom im Osten der Stadt liegenden Bahnhof **Pasar Senen** (Karte S. 64; Jl Bungur Besar) fahren hauptsächlich Züge der Economy-Klasse in Richtung Osten und Süden. Vom Bahnhof **Tanah Abang** (THB; Jl Jati Baru Raya) aus fahren Züge der Economy-Klasse Richtung Westen.

Nach Bandung

Auf einer malerischen Strecke durchs Hügelland fahren häufig Züge vom Bahnhof Gambir nach Bandung; insbesondere für Wochenenden und Feiertage muss man aber seinen Platz unbedingt vorab buchen. Die komfortablen Argo-Parahyangan-Züge fahren täglich (Economy-/Executive-Klasse ab 100 000/140 000 Rp, 3¼ Std.) zwischen 5.05 und 23.20 Uhr.

Nach Bogor

Pendlerzüge starten etwa stündlich vom Bahnhof Jakarta Kota nach Bogor (6000–16 000 Rp, 1 Std.). Im Berufsverkehr sind die Züge schrecklich überfüllt.

Nach Yogyakarta & Surakarta

Vom Bahnhof Gambir fahren zwischen 8 und 21.15 Uhr mehrmals täglich Züge der Exclusive-Klasse (285 000–450 000 Rp, 7½–8 Std.) nach Yogyakarta, einige fahren noch eine Stunde weiter bis nach Surakarta.

Nach Surabaya

Nach Surabaya gibt's täglich drei Züge der Exclusive-Klasse (375 000–500 000 Rp, 9–10½ Std.) vom Bahnhof Gambir und drei Züge der Economy-Klasse (105 000–270 000 Rp, 11¼ Std.) vom Bahnhof Pasar Senen (S. 87).

❶ Unterwegs vor Ort

AUTO & MOTORRAD

➡ Größere internationale Autovermietungen haben Büros am Flughafen und in der Stadt.

➡ Die meisten Leute entscheiden sich für ein Auto mit Fahrer, der mit Jakartas chaotischen, schlecht ausgeschilderten Straßen zurechtkommt. Autos mit Mietwagen besorgt man über sein Hotel (500 000–700 000 Rp/Tag) oder über die Grab-App. Im Preis ist das Benzin enthalten, Maut- und Parkgebühren müssen aber extra bezahlt werden.

➡ Um das Verkehrschaos etwas erträglicher zu machen, ist die Einfahrt in die Stadt im täglichen Wechsel für Autos mit geraden und ungeraden Nummern gesperrt.

➡ Mit viel Mut kann man sich auch auf einem Motorrad ins Verkehrsgewühl von Jakarta wagen, das ist aber nur etwa für erfahrene Fahrer. Eine bessere Option ist eine Fahrt als Beifahrer auf Motorrädern von **Go-Jek** (☏ 021-725 1110; www.go-jek.com) oder Grab (S. 88). Beide Unternehmen betreiben einen App-basierten *ojek-* (Motorrad-) Service und stellen auch Schutzhelme bereit. Eine kurze Fahrt kostet rund 25 000 Rp.

BUS

Transjakarta ist ein Netz aus klimatisierten Bussen, die auf eigenen Busspuren fahren. Diese Busse sind innerhalb der Stadt die schnellste Verbindung.

Eine der für Traveller nützlichsten Routen ist die *koridor* (Buslinie) 1, die über das Monas und auf der Jl Sudirman Richtung Norden nach Kota führt. Den Netzplan gibt's an den Haltestellen und im Internet (www.transjakarta.co.id/peta-rute).

Die meisten Busspuren wurden in der Mitte bestehender Schnellstraßen eingerichtet; die Haltestellen befinden sich in Abständen von rund 1 km. Man erreicht die mit Wartebereichen ausgestatteten Haltestellen über Fußgängerbrücken. Zur Zeit gibt es 15 *koridor*-Linien.

Der Fahrpreis zu einer beliebigen Haltestelle im Netz kostet (gleichgültig wie oft man von einer *koridor*-Linie in eine andere umsteigen muss) zwischen 3500 und 9000 Rp. Man bezahlt mit einer Guthabenkarte (40 000 Rp, darin 20 000 Rp Guthaben), die an den Schaltern der Haltestellen erhältlich ist. Die Karte kann mit anderen Personen geteilt werden; wenn man in einer Gruppe unterwegs ist, reicht also der Kauf einer Karte.

Die meisten Buslinien verkehren zwischen 5 und 22 Uhr und sind oft sehr überfüllt. Während des Berufsverkehr werden manche Fahrzeuge auf die Busspuren umgeleitet, was das Vorankommen erschwert.

Die *koridor*-Linien 1, 9, 3, 2, 5, 8 und 10 fahren rund um die Uhr (theoretisch) alle 30 bis 60 Minuten, wenn die Verkehrslage das zulässt.

Die Fahrpläne variieren stark – für jede Fahrt sollte man zusätzliche Zeit einplanen. Wegen der Verkehrslage sind die Busfahrpläne sehr unzuverlässig.

VON/ZU DEN FLUGHÄFEN

Soekarno-Hatta International Airport (CGK): Eine Mautstraße verbindet den CGK mit der Stadt; die Fahrt dauert je nach Verkehrslage und Ziel zwischen 45 Minuten und zwei Stunden. Ein Taxi ins Zentrum kostet rund 220 000 Rp. Eine neue Bahnverbindung (einfache Strecke 70 000 Rp, 45 Min., 6.20–23.20 Uhr alle 20 Min.) vom Flughafen zur im Zentrum Jakartas gelegenen Stasiun KA Bandara BNI City (**BNI City Station**; Karte S. 70; www. railink.co.id; Jl Stasiun Sudirman Baru) ist jetzt fertiggestellt. Alternativ fahren Damri-Busse zu größeren Bahnhöfen (40 000 Rp).

Halim Perdana Kusuma Airport (HLP) Dieser Flughafen ist nicht gut an öffentliche Verkehrsmittel angeschlossen. Eine Taxifahrt ins Zentrum von Jakarta kostet 120 000 Rp. Zur Zeit der Recherche war aber eine Express-Bahnstrecke zwischen den Flughäfen CGK und HLP in Planung; sie soll bereits Ende 2019 fertiggestellt werden.

TAXI

➡ Taxifahrten sind in Jakarta billig. Alle Taxis sind mit Taxameter ausgestattet. Der Grundpreis beträgt 7500 Rp, nach dem ersten Kilometer zahlt man rund 300 Rp pro folgende 100 m.

➡ Trinkgelder sind höchst willkommen.

➡ Die meisten Taxifahrer sprechen kein Englisch. Am besten schreibt man sich sein Ziel auf Indonesisch auf oder zeigt es dem Fahrer auf einem Stadtplan.

➡ Nicht alle Taxis bieten einen guten Service. Am verlässlichsten sind die von **Bluebird** (☎ 021-794 1234; www.bluebirdgroup.com). Man sieht sie auf der Straße, an Taxiständen und vor vielen Hotels und kann sie auch über die praktische App des Unternehmens bestellen.

➡ Das in Singapur ansässige Unternehmen **Grab** (www.grab.com), das Uber gekauft hat, bietet einen Fahrdienst, der sehr günstig sein kann (ca. 30 US$ für eine 8-stündige Rundfahrt durch die Stadt). Fahrten bestellt man über die Apps. Es gibt allerdings keine Garantie, dass der Fahrer auch nur ein wenig Englisch versteht. Park- und Mautgebühren müssen extra bezahlt werden.

TUK-TUK

Tuk-tuks sind überall im Zentrum Jakartas unterwegs. Sie sind oft etwas schneller als andere Verkehrsmittel, da sie auch kleine Lücken im Stau ausnützen können. Sie können sich aber als unpraktisch erweisen, weil der Fahrpreis ausgehandelt werden muss und Reisende am Ende oft mehr bezahlen als bei der Fahrt mit einem nach Taxameter fahrenden Taxi.

ZUG

Die neue **Jakarta MRT** (☎ 021-390 6454; www. jakartamrt.co.id) sowie die neue Einschienenbahn **Jakarta LRT** (www.adhi.co.id/en) sollen noch 2019 in Betrieb gehen. Die Züge werden auf einer Achse von Kota im Norden über die Jl Thamrin bis zum Blok M im Süden verkehren.

KEPULAUAN SERIBU

☎ 021 / 21 000 EW.

Kepulauan Seribu (Tausend Inseln) ist eine Kette von 130 von Palmen umsäumten Inseln in der Bucht von Jakarta. Hier findet man weiße Sandstrände und ruhige, klare Gewässer (abgesehen von den dem Festland am nächsten liegenden Inseln, an deren Strände der Müll angeschwemmt wird). Die kleinen Inseln können zwar gewiss nicht mit anderen traumhaften Inselzielen in Indonesien mithalten, bieten aber eine willkommene Pause von der Luftverschmutzung in Jakarta. Die meisten Besucher des Archipels sind Einwohner der Hauptstadt und dort ansässige Expats, die dem Betondschungel entfliehen wollen. Daher sind die Tausend Inseln auch nach indonesischen Maßstäben recht teuer.

Mehrere Inseln wurden durch Ferienanlagen mit Bungalows und Wassersportmöglichkeiten erschlossen. Pulau Pramuka ist das Verwaltungszentrum der Inselgruppe, die meisten Einwohner leben aber auf Pulau Kelapa. Der einzige Flugplatz der Inselgruppe befindet sich auf Pulau Panjang.

Im Jachthafen Ancol (S. 89), der sich innerhalb eines großen Freizeit- und Vergnügungsparkkomplexes befindet, oder auch über das Jakarta Visitor Information Office (S. 85) kann man Touren zu den Inseln buchen.

🛏 Schlafen

Es empfiehlt sich, alle Unterkünfte vorab zu buchen, weil es schwierig und kostspielig ist, von einer Insel zur anderen zu fahren, um sich verschiedene Hotels anzusehen.

Tiger Islands Village & Eco Resort RESORT $$$
(☑ 0878 8234 1314, 0812 9753 1395; www.pulauma
can.com; Pulau Macan; Hütte inkl. VP ab
2 229 000 Rp/Pers.) 🍴 Das angenehme, luxuriöse Ökoresort ist ein tropisches Refugium
am Strand. Die Anlage verwendet aufberei-
tetes Regenwasser, Solarenergie und umweltfreundliche Produkte. Die Unterkunft
ist nicht billig, aber das Erlebnis und die
Lage sind schon etwas Besonderes, und es
gibt gute Schnorchelstellen vor der Küste.

Pulau Bidadari Resort RESORT $$$
(☑ 021-6471 3173; www.pulaubidadariecoresort.com;
Pulau Bidadari; EZ/DZ mit VP ab 985 000/
1 605 000 Rp pro Pers.) Dieses Resort liegt Jakarta am nächsten und ist eine gute Ausgangsbasis zum Besuch anderer Inseln in der Nähe,
z. B. von Pulau Kahyangan, Pulau Kelor (wo
sich die Ruinen einer alten niederländischen
Festung befinden) oder Pulau Onrust (wo
man die Überreste einer Schiffswerft aus dem
18. Jh. erkunden kann). Die Strände des Resorts sind aber verschmutzt und die schlichten Hütten heruntergekommen.

Im Jachthafen Ancol kann man diese Unterkunft direkt buchen.

ℹ️ An- & Weiterreise
Für Gäste und Tagesausflügler betreiben die
Resorts täglich Schnellboote ab dem Jachthafen
Ancol (☑ 021-6471 1822; Taman Impian Jaya
Ancol) in Jakarta. Die Boote legen in der Regel
zwischen 8 und 11 Uhr ab und kehren zwischen
14 und 17 Uhr zurück; an den Wochenenden
gibt's zusätzliche Fahrten. Einige Ziele sind nur
30 Minuten entfernt, aber für Fahrten zu den am
weitesten entfernten Inseln braucht man zwei
Stunden oder mehr. Die Preise für einen Tagesbesuch (hin & zurück) zu den Resorts inklusive
Mittagessen betragen z. B. für Pulau Bidadari
400 000 Rp und für Pulau Macan 750 000 Rp.

Einheimische bringen Besucher per Boot von
einer Insel zur nächsten, was aber kostspielig
sein kann. Die meisten Inseln sind so klein, dass
man sie bequem zu Fuß erkunden kann, auf
einigen kann man auch Fahrräder mieten.

WESTJAVA

Viele Reisende erleben die üppigen Vulkan-
landschaften Westjavas (Jawa Barat) nur
durch das schmutzige Fenster eines rum-
pelnden Busses oder Zugs, aber diese spektakuläre, abwechslungsreiche Region hält
viel Verlockendes für neugierige Traveller

parat, die eine Entdeckungstour abseits der
üblichen Java-Rundreise zu schätzen wissen. Historisch ist das Gebiet als Sunda bekannt, und seine Bewohner, die Sundanesen, sprechen eine eigene Sprache.

Westjava erstreckt sich von den abgelegenen Inseln des Nationalparks Ujung Kulon
im Westen (der das letzte Rückzugsgebiet
des Java-Nashorns ist) bis zu den weiten
Stränden von Pangandaran im Osten. In
dem Gebiet dazwischen kann man den berühmten, vor der Küste liegenden Vulkan
Krakatau besuchen, in den entspannten
Küstenresorts Cimaja und Batu Karas surfen, in Cianjur die örtliche Kultur erkunden
und durch Bogors üppigen botanischen Garten streifen. Die Region ist die am dichtesten besiedelte des gesamten Landes, weshalb Fahrten sich hier entsetzlich lang
hinziehen können.

ℹ️ An- & Weiterreise
Jakarta ist selbstverständlich der wichtigste
Zugangspunkt zu den Wundern Westjavas.
Jakarta ist die Drehscheibe des nationalen und
internationalen Luftverkehrs. Bandung ist ein
(etwas) weniger chaotischer Zugangspunkt;
recht viele Inlands- und Auslandsflüge landen
auf dem Flughafen dieser Stadt.

Romantisch ist die Anreise per Schiff nach
Westjava. Zahlreiche Fähren verbinden Java und
Sumatra. Von Jakarta aus fahren Pelni-Schiffe zu
vielen Häfen überall in Indonesien.

Banten
☑ 0254 / 10 000 EW.
Die einst am Rand üppiger Reisfelder gelegene Fischerstadt Banten war ein bedeutender Hafen. Hier landeten die Niederländer
und die Briten zuerst auf Java, um sich den
Handel zu sichern und die ökonomische
Vorherrschaft zu verschaffen. Nachdem
Banten und die umliegenden Orte (darunter
das große Serang) lang ein unscheinbares
Dasein fristeten, entwickeln sie sich heute
zu bedeutenden Häfen und Vorstädten von
Jakarta. Banten ist nun ein Musterbeispiel
einer rapiden, von der Globalisierung getragenen Entwicklung, bei der die Reste dieses
einst immer grünen Brotkorbs im schnellen
Tempo von den Baggern beseitigt werden.

Das wichtigste Wahrzeichen Bantens ist
die **Masjid Agung** (Jl Masjid Agung Banten)
GRATIS aus dem 16. Jh. Diese Moschee war
einst ein gutes Beispiel der frühen islamischen Architektur auf Java; das große weiße,
achteckige Minarett wurde von einem chi-

Westjava

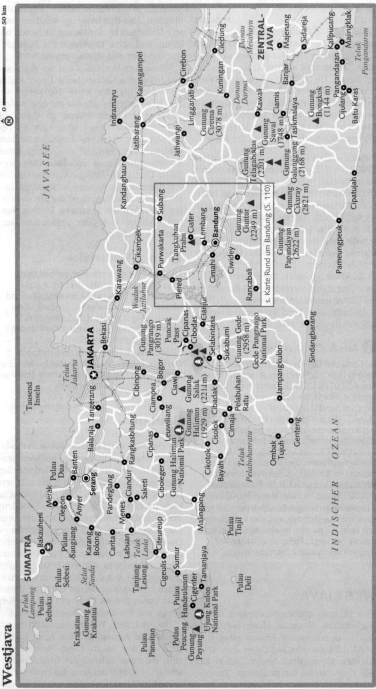

s. Karte Rund um Bandung (S. 110)

nesischen Muslim entworfen. Durch neuere Renovierungen hat das Gebäude aber viel von seinem historischen Wert verloren.

❶ An- & Weiterreise

Vom Busbahnhof Kalideres in Jakarta fahren Busse nach Serang (30 000 Rp, 1½ Std.), 10 km südlich von Banten. Von dort bringt einen ein Minibus (12 000 Rp, 20 Min.) bis in die Nähe der Masjid Agung.

Merak

✒ 0254

Das an der Nordwestspitze Javas gelegene Merak ist eine hässliche Hafenstadt, von dem die Fähren zum südlichen Sumatra ablegen. Jahrzehntelang wurde davon gesprochen, hier eine Brücke zu bauen, die Java und Sumatra verbinden soll. 2007 wurde das

ehrgeizige Projekt schließlich beschlossen, doch 2014 wieder auf Eis gelegt, noch bevor irgendwelche Bauarbeiten begonnen hatten. So bleibt man einstweilen für die Reise zwischen beiden Inseln auf die Fähre angewiesen – eine romantischere Art, nach Java zu kommen oder von dort weiterzureisen. Merak ist 140 km von Jakarta entfernt.

❶ An- & Weiterreise

Der **Busbahnhof** und der **Bahnhof** befinden sich an der **Fähranlegestelle**.

Von dort legen rund um die Uhr alle 30 Minuten Fähren nach Bakauheni (pro Pers./ Auto 15 000/350 000 Rp, ca. 2 Std.) ab. Auch Schnellboote (41 000 Rp, 45 Min.) unternehmen die Überfahrt, verkehren aber nicht bei rauer See. Die einfachste Option sind die Busse, die bis Bandar Lampung weiterfahren.

Von Merak nach Jakarta (100 000–130 000 Rp, 2½ Std.) fahren zahlreiche Busse,

GUNUNG KRAKATAU

Am 22. Dezember 2018 verlor der Anak Krakatau seine Spitze. Die Eruption war so gewaltig, dass die Vulkankegel nahezu völlig verschwand. Nach Auskunft des Indonesischen Zentrums für Vulkanologie hat der einst 338 m hohe Vulkankegel jetzt nur noch eine Höhe von 110 m und ist vom javanischen Festland aus nicht mehr sichtbar. Der Sturz des Kegels ins Meer löste einen gewaltigen Tsunami aus, durch den mehr als 200 Menschen in der Sundastraße (Selat Sunda) zwischen Java und Sumatra getötet wurden. Die Opfer wurden überrascht, weil Tsunami-Warnungen in der Regel wegen eines Erdbebens, aber nicht wegen des Abrutschens einer Landmasse ausgelöst werden.

Das war natürlich nicht der erste Ausbruch des Krakatau. Das Vulkangebiet 50 km vor der westjavanischen Küste und 40 km vor der Küste Sumatras ist in den letzten 200 Jahren sehr aktiv. Für die Seefahrer des 17. und 18. Jhs. war der Berg nur ein Orientierungspunkt in der schmalen Sundastraße, doch am 27. August 1883 ereignete sich ein Ausbruch von einer solchen Gewalt, dass noch auf der 4600 km südwestlich gelegenen Insel Rodrigues ein Polizeioffizier meldete, er habe das Dröhnen schwerer Artillerie gehört. Bei dieser Explosion sandte der Krakatau eine Aschensäule 80 km hoch in den Himmel und warf fast 20 km³ Gestein aus. Asche regnete noch auf das 840 km nördlich gelegene Singapur und auf Schiffe, die bis zu 6000 km entfernt waren; über der Sundastraße lag eine Finsternis, die vom 27. August 10 Uhr bis zum Morgen des folgenden Tages dauerte. Noch zerstörerischer war der Tsunami, den der Krakatau auslöste. Eine mehr als 40 m hohe Welle überschwemmte die nahegelegenen Küsten von Java und Sumatra; sie erreichte sogar Aden (auf der Arabischen Halbinsel). Die Küstengebiete Javas und Sumatras wurden verwüstet: 165 Dörfer wurden zerstört und mehr als 36 000 Menschen getötet. Am folgenden Tag berichtete ein von Batavia (160 km östlich des Krakatau) nach Singapur abgesendetes Telegramm von seltsamen Erscheinungen wie „verwirrten" Fischen, die sich leicht fangen ließen. Drei Jahre lang zogen Aschenwolken um die Erde und sorgten für spektakuläre Sonnenuntergänge.

Im 20. Jh. wuchs der innere Schlot, der Anak Krakatau („Kind des Krakatau") durch Lavaströme um 7 m pro Jahr. Unterdessen wurde die Rückkehr des Lebens auf die verwüsteten Inseln des Archipels eingehend erforscht. Wenige Monate nach dem Ausbruch von 1883 wuchs am Krakatau keine einzige Pflanze mehr, doch ein Jahrhundert später war die Vegetation wieder völlig hergestellt. Man wird sehen, wie viel von der Flora und Fauna den aktuellen Vulkanausbruch überlebt hat, doch ist sicher, dass die Rolle des Krakatau bei der Umgestaltung der Landschaft der Sundastraße noch lange nicht vorbei ist.

von denen die meisten dort den Busbahnhof Kalideres, einige aber auch die Busbahnhöfe Pulo Gadung oder Kampung Rambutan ansteuern. Weitere Busse fahren von Merak zu Zielen in ganz Java, z. B. nach Bogor (150 000 Rp) und Bandung (160 000–200 000 Rp). Um nach Labuan (30 000 Rp) zu gelangen, muss man in Cilegon umsteigen.

Seltener fahren Züge (7000 Rp) nach Jakarta, die nur Wagen der Economy-Klasse führen.

Carita

☑ 0253 / 7000 EW.

Das leicht von Jakarta und anderen großstädtischen Gebieten in Westjava erreichbare und bei Wochenendausflüglern aus Jakarta beliebte Carita ist eine andere Welt mit hohen, palmenbedeckten, jadegrünen Hügeln und grünen Flüssen. Eine kleine (sehr unbeständige) Surfwelle namens **Karang Bolong** brandet gegen den Sandstrand. So beliebt die Gegend als Erholung von der Großstadt ist, kommen die meisten Traveller doch nur hierher, wenn sie auf den Weg zum Krakatau oder zum Nationalpark Ujung Kulon sind.

👉 Geführte Touren

Vort Ort bietet praktisch jeder Touren zum Krakatau an. Reisebüros wie **Java Rhino** (☑ 0812 1275 2333; www.krakatoatour.com; Jl Raya Carita) organisieren Ausflüge. Man sollte zunächst das Tourboot checken, weil rauer Seegang herrschen kann, und sich vergewissern, dass eine Funkanlage und Schwimmwesten an Bord sind. Tagesausflüge zum Krakatau kosten ab 2 500 000 Rp, wenn man gut feilscht. Touren in den Ujung Kulon kosten ab 6 250 000 Rp für eine dreitägige Tour. Noch Anfang 2019 war das Gebiet um den Krakatau nach einer Serie von verheerenden Vulkaneruptionen gesperrt.

🛏 Schlafen & Essen

Die meisten Hotels sind auf einheimische Besucher ausgerichtet, und ihre Qualität ist im Vergleich zu ähnlichen Hotels anderswo auf Java oft gering. Die meisten Hotels nehmen an den Wochenenden rund 20 % mehr.

Sunset View HOTEL $
(☑ 0253-801 075; www.augusta-ind.com; Jl Raya Carita; Zi. mit Ventilator ab 225 000 Rp, mit Klimaanlage 295 000 Rp; ❋ 🛜 🏊) Das zentral gelegene Hotel auf der Landseite der Küstenstraße bietet große, saubere Zimmer. Das Restaurant im Erdgeschoss serviert indonesische Kost. An den Wochenenden steigen die Preise um rund 20 %.

Archipelago HOTEL $$$
(☑ 0253-880 888; www.archipelago-carita.com; Jl Raya Carita Km10; Zi. ab 600 000 Rp, Cottage ab 1 500 000 Rp; ❋ 🛜 🏊) Die Unterkunft ist die hübscheste Option in Carita. Man wohnt in einem kühlen Cottage im Toraja-Stil oder in einem der kleineren modernen „Jakarta-Zimmer" direkt am Strand. Es gibt einen schönen Pool (der sich aber nicht mit dem Meer vor der Tür messen kann) und einen Ausblick auf die Angelstege, aber kein Restaurant. An den Wochenenden steigen die Preise um rund 25 %.

Pondok Makan ABG INDONESISCH $
(☑ 0817 985 2645; Jl Raya Carita km 9; Hauptgerichte 20 000–40 000 Rp; ⊙ 8–21 Uhr) Das Restaurant im traditionellen Stil ist auf *ayam kalasan goreng* (gebratenes Hähnchen mit besonderen Kräutern) spezialisiert. Dazu trinkt man ein kaltes Bintang-Bier oder einen frischen Fruchtsaft (6000 Rp). Das Restaurant liegt gleich hinter dem Hotel Rakata an der Hauptstrandstraße.

ℹ An- & Weiterreise

Um von Jakarta nach Carita zu gelangen, nimmt man einen Bus nach Labuan und von dort ein *angkot* nach Carita (10 000–15 000 Rp). An Wochenenden sollte man für die Fahrt zusätzliche Zeit einplanen.

Labuan

☑ 0253 / 49 200 EW.

Die triste kleine Hafenstadt Labuan ist nur das Sprungbrett nach Carita oder zum Nationalpark Ujung Kulon, aber auch der Sitz des hilfreichen **Labuan PHKA-Büro** (☑ 0253-801731; www.ujungkulon.org; Jl Perintis Kemerdekaan 51; ⊙ Mo–Fr 8–16 Uhr), das 2 km nördlich der Stadt in Richtung Carita liegt (an der Nashorn-Statue zu erkennen).

Tanjung Lesung Bay Villas (☑ 021-572 7345; http://tanjunglesung.com; Cottage ab 800 000 Rp) ist ein einladendes Resort mit Cottages, die alle mit Holzmöbeln und bunten Farbtupfern prunken, sich sonst aber ein wenig unterscheiden. Einige Zimmer verfügen über coole, halb im Freien befindliche Duschen. Schöner als die Zimmer sind der Garten mit Kokospalmen rund um einen Pool und der herrliche Strand vor der Anlage (an dem man auch ordentlich schnorcheln kann).

Das Resort befindet sich nicht in Labuan, sondern im Süden auf der anderen Seite der hufeisenförmigen Bucht, rund 40 Straßenkilometer vom Ort Labuan entfernt. Um von Labuan hierherzukommen, hat man am besten ein eigenes Transportmittel.

Viele Busse fahren vom Busbahnhof Kalideres in Jakarta nach Labuan (50000 Rp, 3½ Std.). Regelmäßig verkehren Busse zwischen Labuan und Bogor (50000 Rp, 4 Std.). Die *angkots* nach Carita (5000 Rp, 30 Min.) starten am Markt, 100 m von Labuans Busbahnhof entfernt.

Ujung Kulon National Park

Der an der äußersten Südwestspitze Javas gelegene, zum UNESCO-Weltnaturerbe zählende **Nationalpark** (www.ujungkulon.org; 150000–225000 Rp) ist eine unberührte Wildnis mit urtümlichem Regenwald, einsamen Stränden und gesunden Korallenriffen. Indonesiens erster Nationalpark ist recht schlecht erreichbar und wird daher nur von wenigen Travellern besucht, dabei ist er aber einer der lohnenswertesten in Java.

Zum Nationalpark gehören auch die nahe Insel Panaitan (an der Captain James Cook 1771 mit der *HMS Endeavour* vor Anker ging) und die kleineren, vor der Küste gelegenen Inseln Peucang und Handeuleum. Die Halbinsel ist großteils von dichtem Tiefland-Regenwald und einer Mischung aus Sträuchern, grasbewachsenen Ebenen, Sümpfen, Schraubenbäumen und langen Sandstränden an der West- und der Südküste geprägt.

Die meisten Menschen besuchen den Nationalpark im Rahmen einer von einem Reiseveranstalter organisierten Tour, man kann aber auch bis Dorf Tamanjaya fahren und den Park von dort aus besuchen oder seine Arrangements direkt über das Parkbüro (S. 92) in Labuan treffen.

☞ Geführte Touren

Touren können direkt in Tamanjaya, über das Parkbüro in Labuan oder über teurere Tourveranstalter in Carita vereinbart werden. Weil es keine Straßen gibt, kommt man nur zu Fuß oder mit dem Boot in den Park und braucht für beides einen Führer.

Zusätzliche Kosten verursachen die Mahlzeiten (ca. 50000 Rp/Tag & Pers.), der Führer (150000 Rp/Tag) und die Miete für ein Zelt (ca. 100000 Rp/Tag). Wanderer müssen leichte Nahrungsmitteln wie abgepackte Nudeln und Trinkwasser mitbringen; an-

sonsten können einem Tourveranstalter oder die Parkaufseher Essen verschaffen. Vorräte erhält man in Tamanjaya, aber die Auswahl ist in Sumur und Labuan wesentlich größer. Bootstouren sind weit teurer: Ein Boot kostet je nach Typ und Fahrtziel ab 3000000 Rp pro Tag.

Wer lieber vorab alles organisieren möchte, bucht über das Parkbüro in Labuan. Eine dreitägige All-Inclusive-Tour mit zwei Übernachtungen kostet ca. 8000000 Rp (für 2 Pers.). Darin enthalten sind die Hin- und Rückfahrt auf der Straße und in einem Holzboot, die Unterkunft im Nationalpark, Schnorcheltrips, Kanutouren, Wanderungen und die Mahlzeiten. Wer ein viel komfortableres und schnelleres Schnellboot haben möchte, zahlt den doppelten Preis.

Es gibt auch Surfing-Pauschaltouren nach Panaitan: der Veranstalter **Surf Panaitan** (☏ 0852 1644 8250; www.surfpanaitan.com) mit Sitz auf Bali berechnet für eine siebentägige Tour ab 900 US$.

🏃 Aktivitäten

In wenigen Ecken Javas gibt's so große Möglichkeiten für Wanderungen durch wirklich wilden, abgelegenen Dschungel und zum Abhängen am Strand. Man muss jedoch gut vorbereitet sein.

Die dreitägige Wanderung hinüber zur Westküste mit Flussübergängen und vorbei an Stränden und weiter zur **Pulau Peucang** ist sehr beliebt, es gibt aber auch gute Alternativen, darunter eine Route, die durch schöne Küstenlandschaften zum Leuchtturm bei Tanjung Layar führt, der Westspitze Javas. Wer Wildtiere beobachten will, kann diverse Tageswanderungen in Tamanjaya unternehmen.

Pulau Peucang, eine nur mit Charterbooten erreichbare Insel, ist dank guter Unterkünfte eines der beliebteren Ziele im Park. Die Insel hat schöne weiße Sandstrände und Korallenriffe vor der geschützten Ostküste (Schnorchelausrüstung wird vermietet).

Die von Mangroven gesäumte **Pulau Handeuleum** wird seltener besucht. Auf der Insel leben einige Mähnenhirsche, sonst hat sie aber weit weniger Attraktionen als Peucang. Für die kurze Fahrt auf einem Dschungelfluss kann man Kanus mieten (50000 Rp).

Die Anreise zur großen **Pulau Panaitan** ist teurer, die Insel hat aber einige schöne Strände und gute Wanderrouten, z. B. die Tageswanderung zwischen den PHKA-Posten

DIE HIGHLIGHTS DES UJUNG KULON

Der Nationalpark Ujung Kulon ist am bekanntesten als Surfspot und als letzter Rückzugsort des einhörnigen Java-Nashorns.

Das Java-Nashorn war einst die am weitesten verbreitete asiatische Nashornart. Sie lebte in großen Teilen Südostasiens, Indiens und Chinas. Durch Jagd, Wilderei und Habitatsverlust gehört die Art heute zu den am stärksten vom Aussterben bedrohten großen Säugetierarten – nur im Ujung Kulon leben noch zwischen 55 und 61 Tieren dieser Art.

Die Bestandszahlen gelten als stabil, und die Nashörner bringen auch Jungtiere zur Welt, sie lassen sich aber nur sehr selten sehen. Viel öfter erblickt man Bantengs, Wildschweine, Otter, Hirsche, Eichhörnchen, Languren, Gibbons und große Warane. Im Wald leben auch Leoparden und Krokodile in den Mündungsgebieten der Flüsse. Grüne Meeresschildkröten nisten in einigen Buchten, und überall trifft man auch eine reiche Vogelwelt.

Nicht alle Besucher kommen wegen der Wildtiere in den Park. Vor der Insel Panaitan gibt's mehrere unglaubliche Surfspots; am bekanntesten ist der berühmt-berüchtigte **One Palm Point**. Auf den ersten Blick erscheint diese faszinierende linkshändige Welle, die Hunderte Meter eine Barrel längs der Insel bildet, absolut ideal zu sein. Und in 99 % der Fälle ist auch kaum ein anderer Surfer in der Gegend, denn diese schöne Welle hat einen gefährlichen Stachel: Selbst bei Flut bricht sie über rasiermesserscharfen, lebenden Korallen, die sich nur wenige Zentimeter unterhalb der Wasseroberfläche befinden. Die Welle ist so lang und schnell, dass man ihr kaum entkommen kann und daher heftig über das Riff geschleudert wird. Dieser Surfspot eignet sich daher nur für absolute Experten. Die meisten, die sich der Welle stellen, tun das mit Neoprenanzug und Schutzhelm. Es gibt hier noch andere Wellen, aber fast alle sind genauso erbarmungslos. Wer kein Surf-Experte ist, sollte nicht im Traum daran denken, hier die Wellen zu reiten.

Legon Butun und Legon Haji oder die Route auf den Gipfel des Gunung Raksa, auf dem eine hinduistische Ganesh-Statue thront. Panaitan ist ein legendärer Surfspot, zu dessen Wellen der berühmte One Palm Point gehört, eine nach links brechende Welle, die über den scharfen Grat eines Riffs führt.

🛏 Schlafen

Wer auf Pulau Peucang oder Handeuleum übernachten will, sollte vor allem an Wochenenden vorab über das PHKA-Büro (S. 92) in Labuan buchen. Im Park kann man zelten oder gegen eine kleine Gebühr in primitiven Hütten unterkommen.

Im Dorf Tamanjaya, dem Hauptzugangspunkt zum Park, gibt's Budgetunterkünfte und Führer.

Sunda Jaya Homestay PENSION $
(☑ 0818 0618 1209; http://sundajaya.blogspot.com; Tamanjaya; Zi. 150 000–200 000 Rp/Pers., Mahlzeiten 30 000–50 000 Rp; ☎) Dieses Gästehaus in Tamanjaya wurde ursprünglich vom World Wildlife Fund erbaut und bietet vier schlichte, saubere Zimmer mit jeweils zwei Einzelbetten, Moskitonetzen und Gemeinschaftsbädern. Es gibt gute Mahlzeiten und kostenlos Tee und Kaffee. Der nette Eigentümer ist ein Nationalpark-Experte und kann Führer und Vorräte beschaffen.

★Niki Peucang Lodge LODGE $$
(☑ 0811 6112 772; Pulau Peucang; DZ mit VP ab 549 000 Rp; ❋) Wer einmal allem entkommen möchte, ist in dieser wunderbaren Unterkunft gerade richtig. Sie ist für einen so entlegenen Ort überraschend schick, bietet ein gutes Restaurant und völlige Ruhe und Frieden. Die hübschen Bungalows haben eine Klimaanlage, Badezimmer mit Warmwasser und komfortable Betten.

In der Nähe gibt's herrliche Strände und Wanderwege durch den wilden Dschungel. Rund um die Lodge streifen Muntjaks, Affen und Wildschweine. Die kleinen Hirsche schwimmen manchmal sogar im Meer!

Pulau Handeuleum Lodge LODGE $$
(www.ujungkulon.org; Pulau Handeuleum; Zi. 250 000 Rp) Die Lodge in einem Kokospalmenhain wurde kürzlich renoviert und bietet sechs schlichte Doppelzimmer mit Ventilatoren. Es gibt eine Küche, aber man muss sein Essen selber mitbringen, weil man auf der Insel keine Verpflegung bekommt. Um hinzukommen, muss man in Tamanjaya ein Boot chartern (3 500 000 Rp, 1 Std.).

❶ Praktische Informationen

Das PHKA-Büro in Labuan (S. 92) ist eine nützliche Anlaufstelle für Informationen. Die Parkgebühr bezahlt man, sobald man den Park betreten hat, entweder im Parkbüro in Tamanjaya oder auf den Inseln. Wanderer sollten versuchen, im Parkbüro ein Exemplar des ausgezeichneten (aber selten vorrätigen) *Visitor's Guidebook to the Trails of Ujung Kulon National Park* (50 000 Rp) zu ergattern.

Die beste Zeit für einen Besuch im Ujung Kulon ist die Trockenzeit (April–Okt.), wenn die See in der Regel ruhig und das Schutzgebiet weniger morastig ist. Aus dem Nationalpark werden Fälle von Malaria berichtet.

❶ An- & Weiterreise

Täglich um 12 Uhr fährt ein Bus direkt von Labuan nach Tamanjaya (50 000 Rp, 3½ Std.). Bis gegen 16 Uhr fahren auch stündlich *angkots* nach Sumur (35 000 Rp, 2 Std.). Von Sumur gelangt man mit einem *ojek* nach Tamanjaya (ca. 30 000 Rp).

Die Straße zwischen Sumur und Tamanjaya ist meist in schlechtem Zustand, vor allem während der Regenzeit.

Man kann auch ein Boot chartern, um von Carita, Labuan oder Sumur aus in den Park zu gelangen. Angesichts der langen Fahrt übers offene Meer, sollte man sich für ein ordentliches entscheiden. Fahrten in Schnellbooten kosten zwar doppelt so viel wie Fahrten in Holzbooten, aber die Ausgabe lohnt sich. Die Anbieter von Surftouren setzen eigene Transportmittel ein.

Bogor

📱 0251 / 1.04 MIO. EW.

„Ein romantisches kleines Dorf" nannte Sir Thomas Stamford Raffles Bogor, als er den Ort in der kurzen britischen Herrschaftszeit zu seinem Wohnsitz erkor. Als eine Oase mit unvorhersehbarem Wetter – pro Jahr gibt es hier 322 Gewitter – war das kühle, ruhige Bogor das bevorzugte Refugium der Kolonialherren, wenn sie der stickigen, überfüllten Hauptstadt entkommen wollten.

Die Dinge haben sich seit damals ziemlich geändert, denn heute reicht der lange Arm Jakartas bis nach Bogor, sodass diese Satellitenstadt heute ebenfalls unter ständigem starkem Verkehr und Luftverschmutzung zu leiden hat. Trotz der unbarmherzig fortschreitenden „Erschließung" würde der mitten im Zentrum der Stadt liegende erstklassige botanische Garten auch heute noch die Kolonialherren verzaubern – er lohnt auf alle Fälle einen Tagesausflug aus Jakarta. Bogor ist zudem eine praktische Ausgangsbasis zum Besuch einer Reihe interessanter Attraktionen im üppig grünen Umland.

Den Regenschirm nicht vergessen!

◉ Sehenswertes

★ **Kebun Raya** GARTEN
(Großer Garten; www.krbogor.lipi.go.id; 25 000 Rp; ⊙ 7.30–17 Uhr) Mitten in Bogor liegt der sagenhafte botanische Garten Kebun Raya, die 87 ha große grüne Lunge der Stadt. Alle lieben das Orchideenhaus mit seinen exotischen, fragilen Blüten, es gibt hier aber mehr als 15 000 Pflanzenarten, darunter allein 400 verschiedene Arten von Palmen (z. B. die eindrucksvolle, 40 m hohe Rundblättrige Livistonie). Weiterhin sieht man hier viele anmutige Schraubenbäume und in der mexikanischen Abteilung einige große Agaven und Kakteen.

Um den in Bogor fast täglich auftretenden Gewittern zu entkommen, sollte man seinen Besuch im Kebun Raya in den frühen Morgenstunden beginnen und dann einen halben Tag im Garten verbringen. Sich mit einem Buch auf einer der großen Rasenflächen zu entspannen, gehört zum Besuch einfach mit dazu. Auf dem Gelände findet man Warane, exotische Vögel und Hirsche. Der einzige Makel des Gartens ist die unzureichende Ausschilderung.

Generalgouverneur Raffles legte hier den ersten Garten an; das weitläufige Gelände um den Istana Bogor (Präsidentenpalast) wurde von dem deutsch-niederländischen Botaniker Reinwardt mithilfe von Experten der Londoner Kew Gardens erweitert und 1817 offiziell eröffnet.

Nahe dem Haupteingang steht ein kleiner Pavillon zum Gedenken an Olivia Marianne Raffles, die erste Frau des Generalgouverneurs, die 1814 gestorben und in Batavia begraben worden war. Nahe dem Palast befindet sich ein Friedhof mit niederländischen Grabsteinen. Hier liegt auch Dominique Jacques de Eerens begraben, der von 1836 bis zu seinem Tod 1840 Generalgouverneur von Niederländisch-Indien war.

An Sonntagen strömen die Massen in den Garten, aber sonst ist es in der Anlage meist ruhig. Das schöne Grand Garden Café (S. 98) ist ideal für ein Mittagessen.

Pasar Baru MARKT
(Ecke Jl Otto Iskandardinata & Jl Suryakencana; ⊙ 6–13 Uhr) Auf der nur Schritte von den Eingangstoren des Gartens entfernten Jl Suryakencana geht's geschäftig zu, wenn die Kauflustigen in Massen in die byzantinisch anmutenden Betonhallen des Pasar Baru strömen. In den heißen, lauten und stickigen Hallen gibt's alle Arten von Obst und

JAVA WESTJAVA

Bogor & Kebun Raya

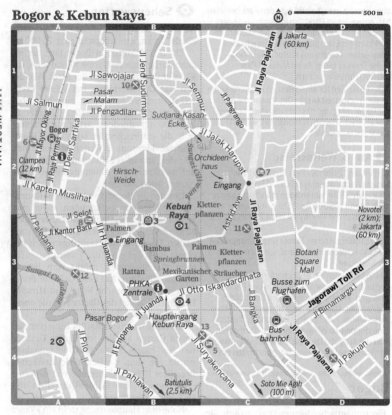

0 —————————— 500 m

Bogor & Kebun Raya

◉ Highlights
1 Kebun Raya B3

◉ Sehenswertes
2 Gong-Werkstatt A4
3 Istana Bogor B3
4 Pasar Baru B3

🛏 Schlafen
5 101 .... C4
6 Abu Pensione A2

7 Savero Golden Flower C2
8 Tom's Homestay A3

⊗ Essen
9 De' Leuit D4
10 Doea Tjangkir B1
11 Grand Garden Café C3
12 Gumati Cafe A3
13 Kentjana C4

Gemüse, Blumen, Fleisch, Fisch, Second-hand-Kleidung und vieles mehr. Sich in das Gewühl zu stürzen, ist ein echtes Erlebnis.

Gong-Werkstatt FABRIK
(☏ 0251-832 4132; Jl Pancasan 17) GRATIS Der seit rund 200 Jahren bestehende Familienbetrieb ist eine der letzten Gong-Schmieden auf Java. Hier kann man zusehen, wie die Gamelan-Instrumente in Handarbeit über

einen Holzkohlenfeuer geschmiedet werden und begreift, wie viel Arbeit erforderlich ist, um die Instrumente für diese faszinierende Musik zu schaffen. Ein paar teure Gongs und *wayang-golek*-Puppen werden zum Verkauf angeboten.

Istana Bogor HISTORISCHES GEBÄUDE
In der Nordwestecke des botanischen Gartens erhebt sich der Sommerpalast des Prä-

sidenten, der zwischen 1870 und 1942 die opulente offizielle Residenz der niederländischen Generalgouverneure war. Heute tummeln sich Hirsche auf dem gepflegten Rasen, und drinnen verbirgt sich Sukarnos riesige Kunstsammlung, die vor allem Frauendarstellungen umfasst. Der Palast kann nur von Gruppen (mind. 10 Pers.) nach vorheriger Vereinbarung besucht werden; Kinder haben keinen Zutritt. Weitere Infos gibt's in der Touristeninformation (S. 98).

Batutulis   SCHREIN

(Jl Batutulis) `GRATIS` Der Batutulis ist eine Steininschrift, die Sri Baduga Maharaja (1482–1521) geweiht ist, einem König des hinduistischen Sunda-Reichs, dem große magische Kräfte zugeschrieben werden. Der Stein befindet sich in einem kleinen Schrein, der von Pilgern besucht wird. Vor dem Eintreten muss man die Schuhe ausziehen und eine kleine Spende geben. Der Schrein liegt 2,5 km südlich des botanischen Gartens fast gegenüber dem früheren Wohnhaus von Sukarno. Er wollte hier begraben werden, aber Suharto ignorierte diesen Wunsch, weil er wollte, dass sich das Grab seines Vorgängers fern der Hauptstadt befinden sollte.

👉 Geführte Touren

Führungen durch Bogor organisiert die Touristeninformation (S. 98) für rund 200 000/ 300 000 Rp pro halber/ganzer Tag. Dabei besucht man eine Arbeiter-*kampung* mit verschiedenen Heimindustrien, darunter die Gong-Werkstatt und Tofu- und *krupuk*-(Krabbenchips)-Küchen. In der Touristeninformation kann man auch nach Wandertouren in den Nationalpark Gunung Halimun fragen. Für Ausflüge zum nahegelegenen Gunung Salak, einem aktiven Vulkan, wendet man sich an **Ridwan Guide Bogor** (🖰 0877 7040 1824; www.ridwanguidebogor.com) oder **Bogor Private Tour Guide** (🖰 0852 2612 6069; www.bogorprivatetourguide.com) .

🛌 Schlafen

Bogor hat eine gute Auswahl von Unterkünften, darunter alle üblichen indonesischen und internationalen Kettenhotels. Es gibt auch einige Budget-Gästehäuser, die stimmungsvoller sind, und Infos zur Stadt sowie Touren bieten.

Cendana Mulia Hostel Bogor   HOSTEL **$**

(🖰 0251-857 1445, 0812 8662 795; Jl Cendana Mulia 9; B/Zi. mit Frühstück 120 000/230 000 Rp; ✳🖰) Das beliebte, lässige Hostel liegt an

einer ruhigen Wohnstraße im Norden der Stadt. Die Anlage ist makellos, das Personal sehr freundlich und der kleine Garten ein schöner Ort, um sich auszuruhen mit anderen Travellern zu plaudern. An den Wochenenden steigen die Preise um 10 000 bis 20 000 Rp.

Tom's Homestay   PENSION **$**

(🖰 0877 7046 7818; www.tomshomestay.com; Jl Selot 32; Zi. mit Frühstück 100 000 Rp; 🖰) Das Wohnen in diesem stimmungsvollen Familienheim, dessen Besitzer hier sein ganzes Leben verbrachte, vermittelt einen tollen Eindruck ins örtliche Leben. Die Zimmer in dem verblichenen kolonialen Gebäude sind schlicht, aber geräumig und haben Gemeinschaftsbäder. Man kann sich auf der hinteren Veranda entspannen und in den dschungelartigen Hinterhof blicken. Die Unterkunft ist 10 Gehminuten vom Bahnhof entfernt.

Abu Pensione   PENSION **$**

(🖰 0251-832 2893; Jl Mayor Oking 15; EZ/DZ mit Ventilator & Gemeinschaftsbad 140 000/175 000 Rp, DZ/3BZ mit Bad & Klimaanlage 200 000/ 400 000 Rp; ❄) Die düstere Fassade täuscht, denn hinter der Lobby öffnet sich dieses Gästehaus zu einem gepflegten Garten und einem Restaurant an einem Fluss. Die Zimmer sind geräumig und recht sauber, aber die zur Straße liegenden Budgetzimmer leiden unter Lärm und sind nicht zu empfehlen. Die Betreiberfamilie ist hilfsbereit.

101   HOTEL **$$**

(🖰 0251-756 7101; www.the101hotels.com; Jl Suryakencana 179-181; Zi. mit Frühstück ab 718 000 Rp; 🅿❄@🖰🏊) Das recht schicke Hotel mit Parkett im Foyer und einem schönen Poolbereich ragt in der Nähe des botanischen Gartens und des Morgenmarkts wie eine Haifischflosse über das Meer der roten Ziegeldächer und die Kuppeln der Moscheen auf. Die Zimmer haben geflieste Böden, Flachbild-TVs, eine farblich hervorgehobene Wand und wirken insgesamt geschmackvoll-modern und minimalistisch. Viele Zimmer haben einen Balkon.

Savero Golden Flower   HOTEL **$$**

(🖰 0251-835 8888; www.golden-flower.co.id; Jl Raya Pajajaran 27; Zi. ab 391 000 Rp; 🅿❄🖰🏊) Das glanzvoll-gehobene Hotel im kolonialen Landhaus-Stil hat eine ideale Lage über dem botanischen Garten. Trotz des luxuriösen Eindrucks sind die in Beige und Weiß gestalteten Zimmer nicht groß, auch wenn sie mit Regenduschen und schicker Bettwäsche gewiss Klasse haben. Der Service ist sehr gut, und die Anlage noch recht neu und sauber.

Essen

Soto Mie Agih
INDONESISCH $

(☎0251-832 8038; Jl Suryakencana 313; Hauptgerichte 25 000–50 000 Rp; ⊗8–20 Uhr) Das auf *soto mie* (eine reichhaltige Nudelsuppe) spezialisierte schlichte Lokal ist so gut im Geschäft, dass man oft für einen Tisch anstehen muss. Es heißt, dass das *soto mie* hier deshalb viel besser schmeckt als anderswo, weil zu vielen Gerichten Schweinefleisch dazu gegeben wird. Manche Indonesier meiden daher aus religiösen Gründen dieses Lokal.

★ De' Leuit
INDONESISCH $$

(☎0251-839 0011; www.deleuit.co.id; Jl Pakuan III; Hauptgerichte 40 000–105 000 Rp; ⊗10–22 Uhr; ☎🍴) Das munterste Restaurant in Bogor bietet Plätze auf drei Etagen und ein hohes, pyramidenförmiges Strohdach. Die besten Tische befinden sich in den beiden unteren Etagen. Es gibt anregende Versionen des üblichen *sate* (Satay), gemischten Reis, gebratenes *gurame* (Fisch) und gebratenes Hähnchen sowie eine Reihe örtlicher vegetarischer Gerichte.

★ Grand Garden Café
INTERNATIONAL $$

(☎0251-857 4070; Kebun Raya; Hauptgerichte 45 000–105 000 Rp; ⊗So–Do 8–23, Fr & Sa bis 24 Uhr) Das Caférestaurant im botanischen Garten ist ein gepflegter Ort für einen Happen oder ein Getränk mit einem weiten Blick hinunter auf die Seerosenteiche. Es ist etwas teuer (zumal man bis 16 Uhr die Eintrittsgebühr von 25 000 Rp entrichten muss), aber wegen der schmackhaften internationalen und indonesischen Küche und der herrlichen Lage unbedingt zu empfehlen.

Hier traf der indonesische Präsident Joko Widodo 2017 mit Barack Obama während dessen Staatsbesuchs zusammen. Die Tische, an denen sie saßen, sind noch heute ein beliebter Ort für Selfies.

Doea Tjangkir
INDONESISCH $$

(☎0251-754 7385; www.doeatjangkir.com; Jl Sawojajar 40; Hauptgerichte 40 000–65 000 Rp; ⊗10–22 Uhr) Für dieses in einem sorgsam restaurierten kolonialen Gebäude untergebrachte elegante Restaurant mit Klasse sollte man sich fein machen. Auf der Karte stehen kundig zubereitete modern-javanische Gerichte, aber auch einige europäische Klassiker wie Steaks mit Pommes. Man kann drinnen unter den verblichenen Porträts der Kolonialherren oder draußen auf der Gartenterrasse speisen.

Kentjana
CHINESISCH $$

(Resto Kencana; ☎0251-833 0698; Jl Suryakencana 143; Gerichte 35 000–120 000 Rp; ⊗12–22 Uhr) Das geschmackvolle China-Lokal bietet wundervolles *mapo tofu* und einer Reihe chinesisch-indonesischer Gerichte. Man speist in einem in Gold- und Rottönen gehaltenen, mit chinesischen Laternen und kunstvoll arrangierten Schwarzweißfotos des alten Bogor dekorierten Raum. Das selbst zubereitete Sambal (Würzsauce) ist hervorragend.

Gumati Cafe
INDONESISCH $$

(☎0251-832 4318; Jl Paledang 26 & 28; Hauptgerichte 20 000–64 000 Rp; ⊗10–22 Uhr; 🕏) Dieses sundanesische Restaurant hat die wohl schönste Aussicht in der Stadt: Der Blick schweift über die roten Ziegeldächer Bogors bis zum Vulkankegel des Gunung Salak. Auf der umfangreichen Karte stehen tapasartige Snacks und traditionelle Gerichte wie *sup ikan bambu* (Suppe mit Fisch und Bambus). Die Aussicht ist wirklich beeindruckend, das Essen aber nur durchschnittlich.

ℹ Praktische Informationen

PHKA-Zentrale (Jl Ir H Juanda 15; ⊗Mo–Do 7–14.30, Fr bis 11 Uhr) Die Hauptverwaltung aller Naturschutzgebiete und Nationalparks Indonesiens hat ihren Sitz neben dem Haupttor des botanischen Gartens.

Touristeninformation (☎0816 195 3838; Jl Dewi Sartika 51; ⊗8–18 Uhr) Das freundliche Personal hilft bei grundlegenden Fragen zur Region, verteilt Stadtpläne und veranstaltet ausgezeichnete, preisgünstige Touren.

BCA Bank (Jl Ir H Juanda 28; ⊗Mo–Sa 8–16 Uhr) Hat einen Geldautomaten, der ausländische Visa-Karten akzeptiert.

ℹ An- & Weiterreise

AUTO

Die Touristeninformation kann Fahrer für die Erkundung der Region um Bogor empfehlen (ab 500 000 Rp/Tag). Man kann sich auch an Bogor Private Tour Guide (S. 97) wenden.

BUS

Etwa alle 15 Minuten fahren Busse vom Busbahnhof Kampung Rambutan in Jakarta (10 000–15 000 Rp, 1 Std.) zum **Busbahnhof** (Jl Raya Pajajaran) im Zentrum von Bogor.

Busse fahren oft nach Bandung (mit Klimaanlage, 65 000 Rp, 3½ Std.), Pelabuhan Ratu (55 000 Rp, 3 Std.) und Labuan (50 000 Rp,

4 Std.). Vom Busbahnhof fahren auch regelmäßig weiße Minibusse (*colt*) nach Cianjur (25 000–30 000 Rp, 2 Std.). *Travel*-Minibusse mit Tür-zu-Tür-Service fahren nach Bandung (100 000 Rp).

Von der **Jl Raya Pajajaran** fahren Damri-Busse direkt zu Jakartas SukarnoHatta International Airport (Standard/Deluxe 55 000/75 000 Rp, 2–3 Std., 2–20.30 Uhr alle 40 Min.).

ZUG

Züge sind das bei weitem angenehmste und schnellste Transportmittel zwischen Bogor und der Hauptstadt. Die Expresszüge von Bogor nach Jakarta (6000–16 000 Rp, 1 Std.) fahren etwa stündlich, am besten nimmt man sie aber nicht im Berufsverkehr. Häufiger fahren Züge der Economy-Klasse, aber sie sind überfüllt – manche Leute klammern sich sogar ans Dach.

ℹ Unterwegs vor Ort

In der Stadt verkehren grüne *angkot*-Minibusse (3000 Rp), sie fahren vor allem zwischen dem Busbahnhof und dem Bahnhof. Der *Angkot* 03 dreht bei seiner Fahrt zur Jl Kapten Muslihat nahe dem Busbahnhof eine Schleife gegen den Uhrzeigersinn um den botanischen Garten. Der *Angkot* 06 fährt vom Bahnhof zum Busbahnhof.

Die Hauptstraße rund um den botanischen Garten ist für Fahrradrikschas (*becak*) gesperrt. Taxis sind in Bogor selten.

Rund um Bogor

Bogors Umland bietet mit vielen natürlichen Attraktionen, üppigen Wäldern, zerklüftetem Hügelland und Stromschnellen eine leicht zugängliche Zuflucht vor dem Gewühl in der Stadt, in die nur wenige ausländische Besucher kommen.

◉ Sehenswertes

**Gunung Halimun
National Park**   NATIONALPARK
(✆Parkbüro 0266-621256; www.halimunsalak.org; Jl Raya Cipanas, Kabandungan; 250 000 Rp) In dem Nationalpark mit gemischter Nutzung gibt's kleine Bestände urtümlichen Regenwalds, aber auch Plantagen wie die Teeplantage Nirmala. Der schönste Teil des Parks ist der Bergwald in den Hochlandgebieten um den Gunung Halimun, dem mit 1929 m höchsten Gipfel im Park. In der hinreißenden Landschaft leben viele Wildtiere (die meist schwer zu erspähen sind), darunter Languren, Gibbons und viele Vögel. Hier kann man mehrere schöne Wandertage verbringen.

Am beliebtesten ist eine halbtägige Wanderung zu drei Wasserfällen.

ArusLiar Adventure (Karte S. 72; ✆021-2270 7917; www.arusliar.co.id; 3. OG, Jl Kemang Raya 31; Raftingtour ab 225 000 Rp/Pers.; ☺Mo–Fr 9–18 Uhr) ist ein empfohlener örtlicher Veranstalter, der Wanderausflüge in den Park und Wildwasser-Raftingtouren in den umliegenden Gebieten anbietet. Alternativ wendet man sich für die Zusammenstellung einer Tour an die Touristeninformation in Bogor (S. 98).

Der übliche Zugang (für den man ein eigenes Transportmittel braucht) führt über Cibadak an der Straße von Bogor nach Pelabuhan Ratu. Man biegt von der Straße nach Cikadang ab und fährt in Richtung der Teeplantage Nirmala. Die Regenmenge im Park beträgt jährlich zwischen 4000 und 6000 mm. Den meisten Regen gibt's zwischen Oktober und Mai, sodass ein Besuch in diesen Monaten nicht ratsam ist. Ein hilfreiches Parkbüro liegt am östlichen Rand des Dorfes Kabandungan.

🛏 Schlafen & Essen

★**Lodges Ekologika
on Portibi Farms**   FERIENHOF **$$**
(✆0812 8211 8850; www.portibi.com; Hütten 10 US$, Bungalows 45–65 US$, Zi. 66 US$; Mahlzeiten 40 US$/Tag) 🍴 Die Bio-Farm mit Gourmetküche an den terrassierten Hängen des Gunung Salak (2211 m) hat sich eine Reputation für einfallsreiche Gerichte erworben, die aus Zutaten bestehen, die auf dem 14 ha großen Hof angebaut werden. Die meisten Gäste wohnen in charmanten Zimmern und Bungalows aus wiederverwendetem Teakholz, Glas und poliertem Beton mit wunderbarer Aussicht; für Backpacker gibt's billige und schlichte Bambushütten.

Die meisten Gäste verbringen ihre freie Zeit in der Pacifist Cannibal Lounge im Erdgeschoss des Haupthauses. Hier mixt der Besitzer, ein früherer US-amerikanischer Universitätslehrer, originelle Drinks hinter der geschwungenen, aus wiederverwertetem Holz gebauten Theke, während klassischer Punk und neoklassischer Hiphop aus der Musikanlage dröhnen.

Die Hauptattraktion sind aber die familiären Mahlzeiten. Bei ihnen gibt's z. B. hausgemachte Ravioli, gedünsteten Barramundi, Tempeh-Tacos in hausgemachten Tortillas bunte Salate, die zu den besten gehören, die wir jemals gegessen haben. Die Anlage ist vor allem für Traveller der Mittelklasse attraktiv, aber Backpacker können werktags das Sonderangebot (All-inclusive 30 US$)

nutzen, bei dem man aber in einer Hütte übernachtet. Reservieren erforderlich!

Cimaja

🔲 0266

Cimaja ist ein hübsches, lässiges Surf-Resort rund 100 km südlich von Bogor mit einer guten Auswahl von Unterkünften und mehreren ordentlichen, recht ruhigen Surfspots (von denen aber keiner an die legendären Spots heranreicht, die man anderswo im Archipel findet). Zugleich hat der Ort etwas Magisches: Wenn man nach dem Genießen des Sonnenuntergangs vom Strand an den Kanälen zurück durch die Reisfelder wandert und durch die Palmen den Gebetsruf hört, fühlt man sich Javas wimmelnden Städten ganz fern. Die geruhsame Lebensart und die Meeresluft sind auch für Nicht-Surfer eine ansprechende Abwechslung.

Um herzukommen, muss man durch die große, unschöne Ferienstadt Pelabuhan Ratu fahren; Cimaja liegt 8 km weiter westlich. Es gibt ein paar Banken mit Geldautomaten in Cimaja und weitere mehr in Pelabuhan Ratu.

◎ Sehenswertes & Aktivitäten

Der Hauptstrand ist steinig, aber ganz schön. Oft treffen hier mächtige Brecher auf die Küste, weshalb beim Schwimmen äußerste Vorsicht geboten ist. Rund 1 km weiter westlich liegt der **Karang Hawu** (Sunset Beach), ein breiter schwarzer Sandstrand.

Rund 3 km nördlich des Pantai Karang Hawu befinden sich die **Thermalquellen von Cipanas**. Hier sprudelt kochendes Wasser in den Fluss; baden kann man stromabwärts, wo sich das heiße und das kalte Wasser mischen. Die Gegend ist sehr malerisch: Stromaufwärts trifft man auf üppigen Wald und einen Wasserfall. An Wochenenden ist das Gebiet überfüllt.

Überwiegend dreht sich in Cimaja aber alles ums Surfen. Die Wellen sind zwar generell nicht so toll wie in bekannteren Surfgebieten Indonesiens, doch jeder Surfer weiß, dass selbst ein durchschnittlicher indonesischer Surfspot noch zehnmal besser ist als ein Surfspot im Heimatland.

Zu den bekannteren Spots zählt der Cimaja Point, mit einer langen, aufgetürmten rechtshändigen Welle mit wenigen geschützten Abschnitten. Diese Welle ist die beständigste und daher von Wellenreitern überfüllte Welle. Der gleich daneben zu findende Indicator Point ist bei Flut gewaltig, aber nur für erfahrene Surfer geeignet. Am Karang Hawu gibt's eine Strandwelle, die gut für Anfänger geeignet ist.

Andere Surfspots, auch einige sehr gute, finden sich an der Küste zu beiden Seiten von Cimaja.

Die Unterkünfte können auch Tauch-, Angel-, Rafting- und Motorradtouren sowie Surf-Unterricht organisieren. Surfkurse kosten ca. 150 000 Rp pro Tag (ohne Brett – wer eines ausleihen will, zahlt 100 000 Rp mehr).

🛏 Schlafen & Essen

Cimaja ist werktags sehr ruhig und füllt sich an den Wochenenden und Feiertagen, wo die Preise in vielen Unterkünften um rund 20 % steigen.

Cimaja Homestay   GASTFAMILIE $
(🔲 0858 4615 9092; http://cimajahomestay.com; Jl Raya Cisolok; EZ/DZ 200 000/250 000 Rp; ✳ 🛜) Die himmelblaue Anlage aus Betonsteinen liegt in den Reisfeldern unweit der Hauptwelle und wird von nettem, Englisch sprechenden Personal betreut. Es gibt vier blitzsaubere, gefliese Zimmer. Man kann hier Surfbretter leihen.

Chill House Cimaja   PENSION $
(🔲 0812 8044 2220; Zi. mit eigenem/mit Gemeinschaftsbad 170 000/150 000 Rp) Die freundliche, schlichte Unterkunft hat eine Surfer-Atmosphäre, Hängematten auf den Terrassen und hilfsbereite Besitzer. Die Anlage ist etwas schwerer zu finden, am besten lässt man sich von Einheimischen den Weg zeigen. Leider sind die Gemeinschaftsbäder nicht besonders sauber. In der Frühe stört der Gebetsruf von der Moschee, aber so ist man dann auch als Erster auf den Wellen!

★ Nurda's   LODGE $$
(🔲 0813 1475 9937; www.cimajapoint.com; Jl Raya Cisolok; Zi. 150 000–400 000 Rp; ✳🛜) Diese Surfer-Lodge befindet sich auf einem grasbewachsenen Gelände gleich vor der wichtigsten Surfwelle und blickt hinaus auf die anderen Wellen. Die gefliesten Zimmer sind modern und geräumig, wenn auch nicht besonders einfallsreich gestaltet. Das Restaurant ist das kreativste vor Ort und serviert Fisch- und Tempeh-Burger, Hähnchenschnitzel sowie gegrillte und gebratene Meeresfrüchte – das Ganze garniert mit vielen Surfer-Gesprächen.

Einige der Zimmer zeigen leider die Spuren von Zigarettenqualm.

Cimaja Square BUNGALOWS $$
(📞0266-644 0800; http://cimajasquare.com; Jl Raya Cisolok; Bungalows 150 000–400 000 Rp; ❄️@🛜) Die hübschen, strohgedeckten Cottages aus Backstein und Holz sind recht groß und liegen an den Reisfeldern, sodass sie eine ruhige und ansprechende Wahl sind. Der wichtigste Surfspot ist fünf Gehminuten entfernt. In den Badezimmern hat man oft unter Moskitos zu leiden.

Das zum Haus gehörende, für alle offene **Restaurant** (Hauptgerichte 40 000–60 000 Rp; 🕖7–21 Uhr) liefert ordentlich zubereitete und angerichtete internationale Gerichte (Pasta, Burger, Pizzas, Meeresfrüchte und einige übliche indonesische Gerichte). Es herrscht eine nette Atmosphäre. Hier treffen sich Surfer und Traveller aus aller Welt, essen, trinken Bintang-Bier und spielen Billard.

ℹ️ An- & Weiterreise

Der Weg nach Cimaja führt über Pelabuhan Ratu. Von Bogor fahren den ganzen Tag über Busse nach Pelabuhan Ratu (mit Klimaanlage/normal 55 000/35 000 Rp, 3–4 Std.). Es gibt keine Direktverbindung von/nach Jakarta; man muss also in jedem Fall in Bogor umsteigen.

Einige Busse fahren von Pelabuhan Ratu weiter nach Cimaja, hinzu kommen regelmäßig rund alle 20 Minuten fahrende *angkot* (5000 Rp, 30 Min., Aufpreis bei Mitnahme von Surfbrettern). Einige *angkot* fahren über Cimaja hinaus über den Sunset Beach bis nach Cisolok.

Motorräder können für 60 000 Rp pro Tag von Einheimischen in Cimaja gemietet werden, auch Träger zur Befestigung von Surfbrettern sind verfügbar.

Cibodas

📞 0263 / 142 500 EW.

In Cibodas liegt der berühmte Kebun Raya Cibodas, ein botanischer Garten, in dem die Scheren der Gärtner nie mit dem Wachstum der Pflanzen mithalten können. Dank seiner kühlen Luft ist die Gegend bei den Städtern als Wochenendziel beliebt, steht aber selten auf der Reiseroute ausländischer Traveller.

Wie die meisten Orte Westjavas platzt auch Cibodas aus allen Nähten. Der früher schlichte, wenn auch recht wohlhabende Ort war von netten Wohnhäusern in den grünen Hügeln geprägt und lebte vom Tee und seiner Bedeutung als Marktstadt. Inzwischen gibt es hier glitzernde Einkaufszentren, Mode-Outlets und teure Ferienwohnungen für die Wochenendausflügler aus den nahen Städten. Die Straße von Jakarta und Bogor steigt im großen Hügel-Resort Puncak bis auf eine Höhe von 1490 m an, ehe sie nach Cibodas hinunterführt. An Wochenenden und Feiertagen steht man auf dieser Straße praktisch ständig im Stau.

Besucher müssen 2000 Rp bezahlen, um das Dorf Cibodas zu betreten.

👁️ Sehenswertes

Kebun Raya Cibodas GARTEN
(📞0263-520 448; www.krcibodas.lipi.go.id; 16 500 Rp/Pers., Auto 16 000 Rp; 🕗8–17 Uhr) Der faszinierende Kebun Raya Cibodas ist eine Außenstelle des botanischen Gartens von Bogor. Der üppige Garten gehört zu den feuchtesten Orten Javas und erstreckt sich über die steilen, unteren Hänge des Gunung Gede und des Gunung Pangrango auf einer Höhe von 1300 bis 1440 m. Die Niederländer versuchten, hier Chinarindenbäume (deren Rinde zur Behandlung von Malaria genutzt wird) zu kultivieren, doch erwies sich das Klima in Ostjava dafür als geeigneter.

🛏️ Schlafen

Bali Ubud Guesthouse PENSION $
(📞0263-512 051; Jl Kebun Raya; Zi. ab 240 000 Rp) Rund 4 km südlich des Eingangs zum Kebun Raya Cibodas bietet diese Anlage mit balinesischen Eigentümern Zimmer mit Balkonen und tollem Ausblick ins Tal. Das Restaurant bietet ebenfalls einen herrlichen Blick und serviert gute westliche und indonesische Gerichte sowie kaltes Bintang. Manche Besucher dürfte aber abschrecken, dass auf dem Gelände Pitbulls gehalten werden.

ℹ️ An- & Weiterreise

Von der Straße von Bogor nach Bandung nimmt man einige Kilometer westlich von Cipanas die Abzweigung nach Cibodas. Busse auf dem Weg zwischen Bogor und Bandung setzen einen an der Abzweigung ab. Der botanische Garten liegt 5 km abseits der Hauptstraße. *Angkots* fahren von der Straße in Cipanas zum botanischen Garten sowie zum Eingang des Gunung Gede Pangrango National Park (5000 Rp, 10 Min.).

Gede Pangrango National Park

Das absolute Highlight in diesem Nationalpark ist die Besteigung des Gipfels des aktiven Stratovulkans Gunung Gede (2958 m). Von der Spitze des Gede kann man an klaren Tagen im Norden Jakarta und, faszinierender, die schöne Südküste Javas sehen.

Da der Berg nahe bei Jakarta liegt, ist er ein beliebtes Ziel. Die Zahl der zugelassenen Wanderer ist beschränkt; in der Haupturlaubssaison kann es eine Warteliste geben. Zu anderen Zeiten kann man aber normalerweise einfach herkommen und am nächsten Tag die Wanderung in Angriff nehmen.

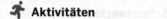 Aktivitäten

Im Park gibt's einige verschiedene Wanderrouten, von denen die meisten ziemlich lang und vor allem für jene Wanderer geeignet sind, denen es nichts ausmacht, durch Schlamm zu waten und sich von Dornen zerkratzen zu lassen. Die **Parkverwaltung** (☑ 0263-512776; www.gedepangrango.org; werktags/Wochenende pro Pers. 22500/27500 Rp) kann Ratschläge zu Wanderrouten geben und Führer besorgen.

Gunung Gede WANDERN
Die dicht von Dschungel bedeckten Hänge des 2958 m hohen Vulkans Gunung Gede stellen eine der aufregendsten und anspruchsvollsten Wanderungen in Westjava dar. Für den 10 km langen Aufstieg direkt zum Gipfel und zurück braucht man mindestens 12 Stunden. Man sollte daher möglichst früh aufbrechen und warme Kleidung (nachts können die Temperaturen bis auf 5 °C fallen), Verpflegung, Trinkwasser und eine Taschenlampe mitnehmen. Die meisten Wanderer starten gegen 2 Uhr, damit sie am frühen Morgen auf dem Gipfel sind, ehe der Nebel einsetzt.

❶ An- & Weiterreise

Von Cibodas aus fahren *angkots* zum Parkeingang (5000 Rp), der sich gleich neben dem Eingang zum Kebun Raya Cibodas (S. 101) befindet. Für die Einfahrt in den Nationalpark wird pro Fahrzeug eine Gebühr von 3000 Rp und von 1000 Rp für jeden Fahrzeuginsassen fällig.

Cianjur

☑ 0263 / 161500 EW.
Das inmitten schimmernd grüner Reisfelder gelegene Cianjur ist eine Marktstadt, die in ganz Java für ihren hochwertigen Reis bekannt ist. Touristisch hat die recht reizlose, ausgedehnte Stadt – eigentlich nur eine Zusammenballung mehrerer Dörfer – wenig zu bieten, sondern dient nur als Ausgangspunkt zur Erkundung der schönen Wanderwege, der Hügeldörfer und der attraktiven Landschaft im Umland.

Die grüne Teeplantage **Sarongge Valley** (☑ 0857 5976 8683; ⊗ Mo–Do & Sa 9–14 Uhr) GRATIS und ihre Fabrik liegen 20 km nördlich von Cianjur. Auf dem Gelände gibt's auch eine Seidenraupenfarm und Blumenzuchtbetriebe. Nahe der Stadt liegt der Freizeitkomplex **Jhon** (☑ 0263-264 444; https://the jhons.com; 30000 Rp, für weitere Aktivitäten zusätzliche Preise; ⊗ Mo–Fr 8–21, Sa & So bis 22 Uhr) mit drei Pools und Aktivitäten wie Paintball und Bootfahren. Der Komplex liegt rund 3 km nordwestlich des Zentrums.

🛏 Schlafen

Chill Out Guest House GASTFAMILIE $
(Joy's Guest House; ☑ 0877 1458 5454, 0813 2172 9004; www.cianjuradventure.com; Zi. mit VP 300000 Rp; 🛜) In dem netten, einladenden Mittelklasse-Familienhaus von Yudhi Suryana wohnen die Gäste in Privat- oder Gemeinschaftszimmern mit durch Vorhänge abgeteilten Betten und Gemeinschaftsbad. Das Haus ist schon etwas älter, und auf dem großen Hof tummeln sich die Familienmitglieder und die Gäste. Im Preis enthalten sind drei schmackhafte Mahlzeiten, starker regionaler Kaffee und die Benutzung der Waschküche. Vor allem aber organisiert Yudhi einige schöne Ausflüge in die Region. Er besorgt auch Bus- und Zugtickets und bucht private Transportmittel.

Das Gästehaus liegt rund 10 km nordöstlich von Cianjur und ist ohne Ortskenntnis nur sehr schwer zu finden. Am besten ruft man vorher an und lässt sich den Weg genau erklären.

🍴 Essen

Die Region um Cianjur ist bekannt für ihre süßen, würzigen Speisen und einige einmalige köstliche Gerichte. Unbedingt probieren sollte man das örtliche *lontong* (Klebereis mit Tofu in einer leckeren süßen Kokos-Sauce); mehrere *warungs* an der Jl Dewisartika sind auf dieses Gericht spezialisiert. In vielen Lokalen vor Ort erhält man auch *marangi,* eines der besten Rindfleisch-*sates* auf Java. Zu weiteren lokalen Spezialitäten gehören köstliches *batagor* (knuspriges Tofu) und *pandan wangi,* ein aromatisch gewürzter Kurzkornreis, der oft mit Zitronengras und Gewürzen zubereitet wird.

Lotek LP INDONESISCH $
(☑ 0263-264 554; Jl Juanda 28; Gerichte 10000–20000 Rp; ⊗ 6.30–22 Uhr) Das sundanesische Speiselokal mit schäbiger Fassade

LEBEN WIE DIE EINHEIMISCHEN

Der Schriftsteller Yudhi Suryana, der viele Jahre in Neuseeland lebte, baut langsam den Tourismus in Cianjur auf. Mit seiner Gastfamilien-Unterkunft, dem Chill Out Guest House (S. 102), und mit seinen einmaligen Wander- und Autotouren will er unabhängigen Travellern die Gelegenheit geben, das authentische sundanesische Leben kennenzulernen.

Es gibt mehrere verschiedene Touren und Aktivitäten, darunter ein Trip nach Cangling, einem **schwimmenden Dorf** (175 000 Rp/Pers.) mit Fischfarmen auf einem nahegelegenen See, und zu einer örtlichen Schule. Die vielen Plastikabfälle rund um das schwimmende Dorf wirken ernüchternd, aber zweifellos erlebt man das javanische Leben hier aus der Nähe mit all seinen schönen und weniger schönen Seiten.

Am beliebtesten ist jedoch die **traditionelle Dorf-Tour** (200 000 Rp/Pers. inkl. Mittagessen), bei der man mit einem örtlichen *angkot* vom Zentrum Cianjurs aus in die Hügel fährt und dort einem Beton-*gang* (Fußweg) bis zu seinem Ende folgt. Die 90-minütige Wanderung vorbei an elegant terrassierten Reisfeldern und Beständen von Nelken-, Kardamom- und Guaven-Bäumen führt zum Kampung Gombong, wo man in einem wundervollen, aus Bambus geflochtenen Wohnhaus zu Mittag isst.

Das ganze Dorf ist voller Häuser, die – zumindest jetzt noch – von keiner asphaltierten Straße erreicht werden. Hier gibt's kleine Läden und winzige Gassen, in die sich nur unerschrockene und ortskundige Motorradfahrer wagen. Das Mittagessen wird über dem offenen Feuer in der Küche zubereitet. Nach dem Mittagessen kann man sich massieren lassen und ein Schläfchen halten, ehe die beschauliche Wanderung zurück ins Gebiet der Asphaltstraßen ansteht. Die Wanderung ist eine perfekte Erholung von dem Großstadt-Blues, der viele in Westjava befällt.

Yudhi arrangiert Transfers vom/zum Flughafen und besorgt Bus- und Zugtickets von/nach Jakarta, Bandung oder Yogyakarta.

JAVA BANDUNG

wird von einem charmanten *ibu,* der eine gute Gado-Gado-Saucenpaste (14 000 Rp) mixt und authentisch süß-klebriges *sate marangi* (5000 Rp/Spieß) serviert.

Ikan Bakar Cianjur   SEAFOOD **$$**
(☑ 0263-263 392; Jl Dr Muwardi 143; Hauptgerichte 35 000–80 000 Rp; ☺9–22 Uhr) Das Restaurant mit hohem Ziegeldach ist eine örtliche Institution mit plätschernden Springbrunnen, einem Koi-Teich und Sitzbereichen drinnen und draußen. Man wählt seinen Fisch, darunter Riesenguramis, aus den Becken. Der Fisch wird aufgeschnitten und gegrillt, in der Pfanne gebraten oder als Suppe mit Kurkuma gekocht.

❶ An- & Weiterreise

Am leichtesten, aber nicht unbedingt schnellsten, erreicht man Cianjur von Jakarta aus mit dem täglichen Minibus (125 000 Rp, 3 Std.) des Chill Out Guest House. Der Minibus holt die Passagiere von jedem Hotel im Gebiet von Jakarta ab, aber genau durch dieses Aufsammeln kann sich die Fahrt um Stunden verlängern.

Alternativ fahren alle 30 Minuten Busse vom Busbahnhof Kampung Rambutan in Jakarta nach Cipanas (40 000 Rp, 2 Std.) und Cianjur (50 000 Rp, 3 Std.). An den Wochenenden (wenn der Verkehr rund um den Puncuk-Pass schreck-

lich ist) werden die Busse über Jonggol umgeleitet, wodurch sich der Fahrpreis um 10 000 Rp erhöht und die Fahrtzeit um eine Stunde verlängert. Halbstündlich fahren auch Busse von/nach Bandung (normal/mit Klimaanlage 20 000/30 000 Rp, 2 Std.).

Busse von Cianjur fahren über den Highway bei Cipanas alle 20 Minuten nach Bogor (werktags/Wochenende 25 000/35 000 Rp, 1½–2 Std.). Der **Busbahnhof** liegt am östlichen Ende der Stadt, aber viele Busse, die einfach nur durchfahren, setzen die Passagiere überall an der Hauptstraße ab und nehmen neue auf.

Bandung
♫ 022 / 2,4 MIO.

Bandung ist eine Stadt, in der Religion und Kaffee ernst genommen werden. Hier gibt's wimmelnde Märkte und gute Einkaufsmöglichkeiten, prima Cafés in alten niederländischen Gebäuden, spürbare Freundlichkeit unter den Menschen und ein unaufhörliches Verkehrsgewühl. Fast alles, was an Indonesien großartig oder schrecklich ist, findet sich auch in dieser Stadt. Rauchende Kinder und die systemische Armut lassen einen erschauern, dann wieder beeindrucken einen die blühende Kunstszene der Stadt und die vielen Geschäfte und Cafés. Bandung hat ab-

JAVA WESTJAVA

Bandung

0 —————————— 500 m

Lembang (17 km);
Tangkuban Prahu (31 km)

Jl Sukajadi

Jl Cipaganti

Jl Cihampelas

Jl Taman Sari

16

Jl Pasteur

Jl Pasirkaliki

11

Jl Rajiman

Jl Cihampelas

7

Jl Pajajaran

Institut Teknologi
Bandung (250 m);
Attic (450 m)

Jl Juanda

CitiTrans
(400 m)

14

17

Jl Juanda

Jl Trunojoyo

2

Jl Sultan
Tirtayasa

3

Paviliun Sunda
(200 m)

Jl Martadinata

Jl Ambon

Jl H
Moch Iskat

Jl Kebon Kawung

Jl Wastukencana

Jl Merdeka

Kebun
Raja

1

10

Bandung

Jl Suniaraja

Jl Kebonjati

12

Jl Gardujati

Jl Dulatip

Jl ABC

Jl Banceuy

Jl Oto Iskandardinata

Jl Jen Sudirman

Jl Cibadak

Jl Astana Anyar

Cikapundung

19

6

13

18

5

20

Jl Braga

Jl Lembong

15

Jl Sumatera

Jl Jawa

4

Jl Veteran

8

Jl Tamblong

Jl Naripan

Jl Asia Afrika

Cicaheum
(8.5 km)

9

Jl Dalem Kaum

Jl Pangarang

Jl Dewi Sartika

Jl Karapitan

Leuwi Panjang
(3 km)

gesehen von Natur wirklich alles zu bieten; nach den grünen Hügeln von Cibodas ist man hier wieder ganz in der großstädtischen Realität angekommen. Aber auch wenn die Berge der Umgebung im Smog liegen, ist die Stadt doch eine gute Ausgangsbasis für Tagesausflüge in die Umgebung,

wo einen hohe Vulkangipfel, Thermalquellen und Teeplantagen erwarten.

⊙ Sehenswertes

An der Jl Jenderal Sudirman und der Jl Asia Afrika kann man einige schöne niederländi-

Bandung

JAVA BANDUNG

sche Art-déco-Gebäude bewundern. Zwei der schönsten sind das Prama Grand Preanger (S. 106) und das Savoy Homann Hotel (S. 107) mit ihren imposanten Fassaden. Im Norden der Stadt liegt die Villa Isola, ein weiteres wundervolles niederländisches Art-déco-Gebäude.

★ **Selasar Sunaryo Art Space**   GALERIE
(☎ 022-250 7939; www.selasarsunaryo.com; Jl Bukit Pakar Timur 100; ⊙ Di–So 10–17 Uhr) GRATIS Diese schnittige zeitgenössische Galerie liegt gleich außerhalb der Stadt im hübschen ländlichen Bezirk Ciburial. Sie zeigt in vier Sälen indonesische und internationale Künstler in einer eindrucksvollen Dauerausstellung und in monatlich wechselnden Sonderausstellungen. Hinzu kommt ein attraktives Café unter einem ausladenden Baum.

In der Galerie erhält man auch die Karte Art Bandung (www.bandungartmap.com), auf der die Galerien überall in der Stadt verzeichnet sind.

Villa Isola   GEBÄUDE
(Bumi Siliwangi; ☎ 0813 2245 3101, 022-201316; Jl Dr Setiabudhi 229; ⊙ Besichtigung der Innenräume nach Vereinbarung) GRATIS Die ca. 7 km nördlich des Zentrums gelegene Villa Isola ist ein Art-déco-Wahrzeichen, eine vierstöckige Villa, die sich ein niederländischer Medienzar in den 1930er-Jahren als Privatresidenz errichten ließ. Heute befinden sich in der Villa die Verwaltungsbüros des Bildungsministeriums. Das architektonische Meisterwerk mit seinen schwungvollen Linien befindet sich in ausgezeichnetem Zustand; von den Balkonen hat man einen schönen Blick auf Bandung. Man kann das Innere besichtigen, wenn man sich vorher telefonisch anmeldet.

Residenz des Gouverneurs   GEBÄUDE
(abseits der Jl Kebon Kawung) Die Residenz ist eines der am schönsten restaurierten alten Gebäude in Bandung, man kann aber nur durch die Gitter einen Blick darauf werfen.

Institut Teknologi Bandung   UNIVERSITÄT
(ITB; www.itb.ac.id/en; Jl Ganeca) Das 1920 gegründete ITB war die erste Hochschule, an der Indonesier studieren konnten. Hier studierte Sukarno, und die Universität gilt auch heute noch als eine Keimzelle politischer Aktivität. Im Vorfeld des Sturzes des Suharto-Regimes demonstrierten hier täglich bis zu 100 000 Studenten. Auf dem großzügigen Gelände stehen einige Gebäude in einem bizarren indisch-europäischen Hybridstil. Die Kunstschule der Universität ist international berühmt, daher lohnt sich ein Besuch der hiesigen Kunstgalerie (Eintritt frei; Besichtigung auf Anfrage).

🏃 **Aktivitäten**

Bersih Sehat   MASSAGEN
(☎ 022-426 0765; Jl Sultan Tirtayasa 31; ⊙ 10–22 Uhr) Dieser Schönheitssalon bietet ausgezeichnete Massagen und Anwendungen zu guten Preisen. Eine einstündige Körpermassage kostet gerade einmal 130 000 Rp, eine 90-minütige Anwendung mit Massage und Abreibung mit *lulur* nur 150 000 Rp.

👉 **Geführte Touren**

Der selbständige, Englisch sprechende **Enoss** (☎ 0852 2106 3788; enoss_travellers@yahoo.com) ist ein freundlicher Guide, der Tagestouren (400 000 Rp/Pers.) zu den Sehenswürdigkeiten nördlich und südlich der Stadt veranstaltet. Bei diesen Führungen sieht man mehr als die üblichen touristischen Orte. Enoss veranstaltet auch Ausflüge nach Pangandaran (800 000 Rp) die über Garut führen.

🛏 Schlafen

Bandung bietet Unterkünfte aller Preisklassen: Es gibt ein paar gute Hostels, schicke, preisgünstige Businesshotels und historische Hotels mit Klasse. Bei den Luxushotels sollte man im Internet nach Sonderangeboten suchen.

★ Buton Backpacker Lodge HOSTEL $
(☎022-423 8958; www.buton-backpacker-lodge-id; Jl Buton 14A; B/EZ/2BZ/DZ 140 000/150 000/250 000/270 000 Rp; ✳🛜) Das brillante, zentral gelegene Hostel hat gut gestaltete Schlafsäle mit acht Kabinenbetten, die mehr Privatsphäre gewähren als das traditionelle Stockbetten-Arrangement (aber ein wenig an Särge erinnern…). Darüber hinaus gibt's farbenfrohe, smarte Einzel- und Doppelzimmer, davon einige mit Gemeinschaftsbad, tolle Gemeinschaftsbereiche und freundliches Personal.

Attic HOSTEL $
(☎0857 7690 5080; Jl Juanda 130; B 120 000 Rp, DZ mit eigenem/mit Gemeinschaftsbad 250 000/200 000 Rp jeweils mit Frühstück; ✳🛜) Das Attic liegt zwar 4 km nördlich der Stadt etwas außerhalb, bleibt aber eine der besten Budgetoptionen in Bandung. Das Haus wird von einem freundlichen Team geführt, das die Gäste mit Infos zu Ausflügen vor Ort versorgt und auch Touren in die Umgebung veranstaltet. Die Schlafsäle und Privatzimmer sind schlicht, aber makellos gepflegt und haben komfortable Betten.

Chez Bon HOSTEL $
(☎0811 2015 333, 022-426 0600; www.chez-bon.com; Jl Braga 45; B mit Frühstück 150 000 Rp; ✳🛜) Das beliebte, aber etwas anstaltsartig wirkende Hostel liegt mitten im Getümmel eine abgewetzte Marmortreppe hinauf an der Jl Braga. Es gibt Schlafsäle mit zwei, sechs und 16 Betten. Alle sind klimatisiert und bieten Schließfächer, WLAN und erfreulicherweise auch Leselampen pro Bett.

Summerbird Boutique Hotel BOUTIQUEHOTEL $$
(☎022-603 0228; www.summerbirdhotel.com; Jl Kesatriaan 11; DZ ab 519 000 Rp; ✳🛜) Wenn die Zimmer Namen tragen wie „Vintage Chocolate Flavor" oder „Scandanavian Milk" (was immer das sein soll), muss das Hotel schon

ziemlich hip sein. Und das ist dieses nett gestylte Haus mit 28 Zimmern zweifellos. Es beschreibt sich tatsächlich als „instagramable"… Die unterschiedlich gestalteten Zimmer sind alle modern, komfortabel und ländlich-charmant.

favehotel Braga HOTEL $$
(☎022-8446 8222; www.favehotels.com/en; Jl Braga 99, Braga City Walk Entertainment Complex; Zi. ab 289 000 Rp; ✳🛜) Das Hotel mit farbenfrohem, kühnen Design in guter, zentraler Lage gehört zu einer verlässlichen indonesischen Kette und bietet stilvolle, klimatisierte Zimmer mit Kabel-TV für unter 40 US$.

101 HOTEL $$
(☎022-426 0966; www.the101hotels.com; Jl Juanda 3; Zi. mit Frühstück ab 780 000 Rp; 🅿✳🛜) Die aus wiederverwerteten Holzpaneelen gestaltete, mit Weinranken überzogene Fassade dieses zu einer kleinen indonesischen Kette gehörenden Hotels ist so cool wie es die sino-portugiesischen Fliesen im Foyer und die stimmungsvollen Lounge-Bereiche sind. Die kecken Zimmer sind nicht allzu groß, aber mit den Möbeln aus hellem Holz und den Fliesenböden mit Schachbrettmuster ebenfalls hübsch. Das Hotel liegt im grünen Norden der Stadt.

Novotel HOTEL $$
(☎022-421 1001; www.novotel.com; Jl Cihampelas 23; Zi. ab 675 000 Rp; ✳@🛜) Die Ausgabe lohnt sich: Die Zimmer sind stilvoll, und der Service ist hervorragend. Der Pool ist zwar winzig, es gibt aber einen tollen Fitnessraum und ein Spa. Online findet man häufig Sonderangebote.

Prama Grand Preanger HISTORISCHES HOTEL $$
(☎022-423 1631; www.pramahotels.com; Jl Asia Afrika 181; Zi./Suite ab 550 000/2 277 000 Rp; ✳🛜) Das 1929 erbaute Hotel prunkt mit einer fotogenen Patisserie mit buntglasverkleideten Oberlichtern im Foyer. Am besten sind die Zimmer der Executive-Klasse im 1. Stock. Sie gehören zum originalen Bestand und haben trotz einer vor ein paar Jahre zurückliegenden Renovierung mit Retro-Möbeln, Marmorböden und -bädern sowie den originalen Lampen ihren Art-déco-Charakter bewahrt.

Yokotel HOTEL $$
(☎022-421 9338; www.yokotel.com; Jl Kebonjati 17-19; Zi. ab 310 000 Rp; ✳🛜) Das hübsche Mittelklassehotel hat eine einladende, etwas enge gefliste Lobby, eine freundliche Fassade und 19 auf drei Etagen verteilte Zimmer.

Die sauberen Zimmer sind nicht groß, bieten aber gute Bettwäsche, Holzböden, schöne Tapeten und Kaffee- und Teemaschinen.

★ **Savoy Homann**
Hotel HISTORISCHES HOTEL $$$
(☎ 022-423 2244; www.savoyhomann-hotel.com; Jl Asia Afrika 112; Zi./Suite ab 750 000/1 000 000 Rp; ✳ @ 🛜 🗷) Das 1921 erbaute, wunderbar aussehende Hotel hat eine herrlich geschwungene Fassade und ein Atrium voller Palmen. Die eindrucksvoll großen, hellen Zimmer und Gemeinschaftsbereiche haben sich mit Lampen der Zeit und jeder Menge stilvoller Details echte Art-déco-Klasse bewahrt. Auf der Website gibt's Sonderangebote.

Tama Boutique Hotel DESIGNHOTEL $$$
(☎ 022-426 4888; www.tama-boutique.com; Jl Rajiman 5; Zi./Suite mit Frühstück ab 950 000/ 1 200 000 Rp; ☕ 🛜) Hinter der ungewöhnlichen Baukastenfassade verbirgt sich ein zeitgenössisches, japanisch beeinflusstes Designhotel mit wandhohen Wandmalereien, Weichholzmöbeln und niedrigen, komfortablen Betten. All diese Details machen das Hotel zu einem ins Auge fallenden Schmuckstück. Zur ostasiatischen Anmutung passt das ordentliche koreanisch Restaurant mit Ausblick auf der Dachterrasse.

✖ Essen

Bandung ist in ganz Java für seine Küche und seine tollen Restaurants bekannt. Für viele Besucher ist es ein Highlight, in Bandung essen zu gehen. Im Zentrum finden sich Cafés und Restaurants an der Jl Braga, aber viele der exklusivsten Lokale konzentrieren sich im Norden. Wer einen preiswerten Happen sucht, sollte sich die abends geöffneten *warungs* an der Jl Cikapundung Barat gegenüber dem *alun-alun* (Hauptplatz) anschauen.

Hangover KNEIPENKOST $
(Jl Braga 47; Gerichte 20 000–50 000 Rp; ☺ Mo-Do 11–2, Fr & Sa bis 3, So bis 1 Uhr) Das geschäftige Pubrestaurant mit klassischem Rock und Blues aus der Stereoanlage bietet eine gute Auswahl moderner westlicher und indonesischer Klassiker, darunter Fleischbällchen mit gebratenem Reis, Ochsenschwanzsuppe, Hähnchen-Burger und köstliches, salziges warmes Tofu. Dazu gibt's kaltes Bier, und die großen TVs zeigen Sport.

Mangokok Manis EISCREME $
(☎ 0813 2069 2006; Jl Cihampelas 101; Eiscreme 25 000–40 000 Rp; ☺ So–Do 10–23, Fr bis 2, Sa bis 24 Uhr) Im der sehr beliebten Dessert- und Eisdiele an der „Jeans St" (deren Name „süße Schale" bedeutet), stellt man sich seine Schale selber zusammen. Zunächst wählt man die Sorte, z. B. Vanille, Schoko, grüner Tee, Erdbeere oder Rum-Rosine. Darauf kommen der Pudding der Wahl (Mango, Ei, Vanille, Kokos oder Schwarzwälder Kirsch) und schließlich obenauf noch frische Früchte.

Kiosk INDONESISCH $
(Jl Braga, Braga City Walk; Gerichte 15 000–50 000 Rp; ☺ 10–22 Uhr; 🛜) Der kleine Food-Court im Erdgeschoss des Braga City Walk ist ideal, um sich unter die Einheimischen zu mischen und ein paar ungewöhnliche Snacks an den Ständen zu kosten, die wie die von *kaki lima* (Straßenverkäufern) aufgemacht sind. Man bestellt z. B. *lotek* (ein sundanesischer Salat) oder ein Nudelgericht. Zu trinken gibt's Säfte – den *sirsak*-(Sauersack-)Saft sollte man probieren–, kaltes Bier und Eiskaffee.

★ **Paviliun Sunda** INDONESISCH $$
(☎ 022-426 7700; Jl Martadinata 97; Hauptgerichte 40 000–80 000 Rp; ☺ 10–23 Uhr) Das Restaurant mit Klasse serviert moderne, schön angerichtete sundanesische Gerichte. Lecker ist der gebratene oder gegrillte Fisch, der mit interessanten Beilagen und Saucen auf Bananenblättern serviert wird. Man sollte so früh wie möglich kommen, weil man sonst vielleicht lange auf seine Bestellung warten muss.

Indischetafel INDONESISCH $$
(☎ 022-4218 802; Jl Sumatera 19; Hauptgerichte 50 000–85 000 Rp; ☺ 8–23 Uhr) Das Restaurant serviert in einer eindrucksvollen, schön renovierten und mit Stilmöbeln ausstaffierten Villa aus der niederländischen Kolonialzeit zu günstigen Preisen klassische, perfekt zubereitete javanische und einige altmodisch-niederländische Gerichte. Selbst die Hintergrundmusik stammt stilecht aus den 1930er-Jahren.

Braga Punya Carita INDONESISCH $$
(Jl Braga; Hauptgerichte 27 000–75 000 Rp; ☺ 11–22 Uhr) Das *warung* neuer Schule serviert gemischte Reisgerichte, Ochsenschwanz- und Fischsuppe sowie einige nicht erwähnenswerte westliche Gerichte. Bei den Reistellern hat man die Wahl zwischen rotem und weißem Reis, dazu wählt man beispielsweise *ayam taliwang* (Taliwang-Grillhähnchen), gegrilltes Tempeh oder eingesalzenen Fisch.

EATBOSS Dago INTERNATIONAL $$
(☏ 022-253 1222; www.eatboss.co.id; Jl Juanda 72; Hauptgerichte 40 000–125 000 Rp; ⊘9–23 Uhr; ☏) Das moderne Kettenrestaurant zeichnet sich durch bunte Farben und tolles Design aus. Zu essen gibt's übliche indonesische Gerichte sowie Pasta und Burger. Die Portionen sind groß, und das Essen ist preisgünstig, wenn auch nicht von höchster Qualität.

🍸 Ausgehen & Nachtleben

Abends tobt das Nachtleben an der Jl Braga, wo es kleine Bars, Billardhallen, Karaoke-Lokale und Livemusiktreffs gibt. Im Norden strömen Gutbetuchte z. B. zu den Lokalen an der Jl Juanda und Studenten zur „Jeans St" alias Jl Cihampelas (obwohl es dort nicht viele Bars gibt).

★Wiki Koffee CAFÉ
(☏ 022-4269 0970; Jl Braga; Kaffee ab 19 000 Rp; ⊘9–24 Uhr; ☏) Der beste Ort für einen Kaffee an der Jl Braga ist dieses verrauchte Café in einem restaurierten alten Ladengeschäft, das geschmackvoll mit alten Möbeln, Kunst und frischen Blumen dekoriert ist. In den intimen Ecken und an den wohnzimmerartig arrangierten Tischen treffen sich die Hippen und Jungen.

Armor Kopi KAFFEE
(☏0812 8072 9721; Jl Pakar Utara 10; Kaffee & Tee 16 000–20 000 Rp; ⊘8–22 Uhr; ☏) Ein guter Grund, die Hügel zu besuchen, ist dieses ländlich anmutende Freiluftcafé inmitten von Kiefernplantagen. Man findet ein großes Sortiment auf vielerlei Art zubereiteter indonesischer Kaffees; uns schmeckte besonders der *tubruk* (ungefilterte Kaffee) aus Aceh. Zu essen gibt's Holzofenpizzas. Das Café liegt 10 km außerhalb der Stadt in Ciburial, einer Künstlerenklave mit Galerien und Cafés.

Cups Coffe & Kitchen CAFÉ
(☏022-426 5092; Jl Trunojoyo 25; Kaffee 15 000–20 000 Rp; Snacks 40 000–50 000 Rp; ⊘So–Do 7–22, Fr & Sa bis 23 Uhr; ☏) Das Café in einem Atrium mit Orchideen an den polierten Betonwänden und Rauch in der Luft serviert vor allem westliche Snacks und Sandwiches, z. B. Fish and Chips, Caesar Salad, Burger und Hotdogs. Aber im Zentrum steht der Kaffee. Seinetwegen verbringen Bandungs Kreative hier ganze Arbeitstage.

Roempoet BAR
(Jl Braga 80; ⊘Mo–Do 12–2, Fr–So bis 3 Uhr) In der intimen Bar mit geselliger Stimmung spielen Livebands (an den meisten Abenden meist Cover-Versionen). Es werden auch brutzelnde *sate* serviert.

☆ Unterhaltung

Bandung ist ein guter Ort, um sundanesische Darbietungen zu erleben, die allerdings zu unterschiedlichen Zeiten stattfinden – am besten fragt man in der Touristeninformation nach dem aktuellen Spielplan.

★ASTI Bandung DARSTELLENDE KUNST
(☏022-731 4982; www.isbi.ac.id; Jl Buah Batu 212, Kampus STSI Bandung) Im Süden der Stadt rund 3 km vom Zentrum entfernt liegt diese Schule für traditionelle sundanesische darstellende Künste: Musik, Tanz und *pencak silat* (Kampfkunst). Es gibt oft gute Vorstellungen, einige davon unter freiem Himmel.

Saung Angklung DARSTELLENDE KUNST
(☏022-727 1714; www.angklung-udjo.co.id; Jl Padasuka 118; Erw./Kind unter 12 Jahren 75 000/50 000 Rp; ⊘10.30–17 Uhr) In einem sundanesischen Kulturzentrum gibt's täglich nette, wenn auch nicht ganz authentische *angklung*-Konzerte (*angklung* sind traditionelle Idiophone aus Bambus) und darüber hinaus auch Tanzdarbietungen und zeremonielle Prozessionen. Das Kulturzentrum liegt rund 10 km nordöstlich des Stadtzentrums.

🛍 Shoppen

Kaufsüchtige lieben Bandung wegen seiner glitzernden Einkaufszentren und Fabrik-Outlets. In der berühmten Jl Cihampelas („Jeans St") gibt's unzählige Läden mit billiger Kleidung und in der Jl Cibaduyut im Südwesten Bandungs zahllose Schuhgeschäfte. Antiquitäten, Kunst und Kurioses findet man an der Jl Braga. Die hippsten, trendigsten Styles und ein entsprechendes Publikum hat die Jl Trunojoyo zu bieten.

Kayu Solid KUNST
(☏022-426 0577; Jl Braga 29; ⊘10–18 Uhr) Der coolste Verkaufsraum der Stadt widmet sich der Kunst der Natur in Form von riesigen Scheiben aus Tropenholz, die minimal bearbeitet sind und wie Kunstwerke ausgestellt werden. Hier kann man die Schönheit des Holzes von Teakbäumen, Jackfruchtbäumen, von Rosenholz und vielen anderen Hölzern bewundern. Die Stücke sind nicht billig, aber immer noch günstiger als in Jakarta.

Bandung Supermal EINKAUFSZENTRUM
(Jl Gatot Subroto 289; ⊘8–23 Uhr; ☏) In dem Einkaufszentrum finden sich mehr als 200

ZÜGE AB BANDUNG

ZIEL	PREIS (RP)	DAUER (STD.)	HÄUFIGKEIT (TGL.)
Jakarta (Gambir)	80 000–250 000	3¼	10
Surabaya	190 000–460 000	11–13½	3
Yogyakarta	165 000–370 000	7¼–8½	6

Läden, darunter Boss und Levi's, ein riesiger Hero-Supermarkt, eine Bowlingbahn und Kinos.

Braga City Walk EINKAUFSZENTRUM
(www.bragacitywalk.net; Jl Braga; ⊙10–22 Uhr; 🛜) In dem kleinen, exklusiven Einkaufszentrum gibt's Boutiquen, einen Food-Court, ein Kino und einen Supermarkt.

Pasar Jatayu MARKT
(Jl Arjuna; ⊙8–18 Uhr) Auf diesem Flohmarkt kann man inmitten all des Plunders nach Sammlerstücken fahnden.

❶ An- & Weiterreise

BUS

Vom **Busbahnhof Leuwi Panjang** (Jl Sukarno Hatta) 5 km südlich des Zentrums fahren Busse Richtung Westen z. B. nach Cianjur (normal/mit Klimaanlage 20 000/30 000 Rp, 2 Std.), Bogor (mit Klimaanlage 80 000 Rp, 3½ Std.) sowie zu Jakartas Busbahnhof Kampung Rambutan (60 000–70 000 Rp, 3 Std.). Die Busse nach Bogor brauchen an den Wochenenden wegen des dichten Verkehrs mindestens eine Stunde länger.

Vom **Busbahnhof Cicaheum** (Jl Nasution) am östlichen Stadtrand fahren Busse nach Cirebon (normal/mit Klimaanlage 40 000/100 000 Rp, 4 Std. stündl.), Garut (normal/mit Klimaanlage 25 000/30 000 Rp, 2 Std., alle 40 Min.), Pangandaran (normal/mit Klimaanlage 65 000/80 000 Rp, 6 Std., stündl.), Wonosobo (90 000 Rp, 9–10 Std.) und Yogyakarta (120 000–250 000 Rp, 10½–12 Std.). Der Verkehr rund um diesen Busbahnhof kann so verstopft sein, dass die Anfahrt genauso lange dauert wie die anschließende Busfahrt!

CitiTrans (☏ 022-251 4090, 0804 1111 000; www.cititrans.co.id; Jl Dipatiukur 53) bietet einen stündlichen Luxus-Shuttlebus-Service zum Flughafen von Jakarta (180 000 Rp, 5 Std.).

FLUGZEUG

Der **Husein Sastranegara Airport** (☏ 150 138; http://huseinsastranegara-airport.co.id) liegt 4 km nordwestlich der Stadt und entwickelt sich schnell zu einer wichtigen Drehscheibe des internationalen und inländischen Flugverkehrs. AirAsia (www.airasia.com) fliegt von hier nach Kuala Lumpur, Singapur und Zielen in Indonesien wie z. B. Denpasar. Lion Air (www.lionair.co.id) fliegt nach Banjarmasin, Batam, Denpasar, Surabaya und Yogyakarta. Garuda (www.garuda-indonesia.com) und Citilink (www.citilink.co.id) fliegen nach Denpasar und Surabaya.

Ein Taxi aus dem Zentrum zum Flughafen kostet rund 50 000 Rp.

ZUG

Der Bahnhof von Bandung hat eine zentrale Lage 1 km nordwestlich des *alun-alun*.

❶ Unterwegs vor Ort

In Bandung ist es unglaublich kompliziert, mit öffentlichen Verkehrsmitteln herumzukommen, und die meisten Traveller lassen sich gar nicht darauf ein, weil Taxifahrten ziemlich günstig sind. Dabei sollte man sich an die stets verlässlichen Bluebird-Taxis, an Grab oder Go-Jek halten. Ein Taxi zum Flughafen kostet rund 50 000 Rp.

Angkots fahren von der Stasiun Hall (Bahnhofshalle) an der Südseite des Bahnhofs nach Dago, Ledeng und zu anderen Zielen; eine Fahrt kostet ab 5000 Rp. Stadtbusse (Damri) fahren von West nach Ost die Jl Asia Afrika hinunter zum Busbahnhof Cicaheum sowie vom Bahnhof zum Busbahnhof Leuwi Panjang.

Diverse Pläne (und Schnapsideen) wurden erwogen, um die schreckliche Verkehrslage in der Stadt zu verbessern. Das bester Mittel – eine Metro – liegt außerhalb der finanziellen Möglichkeiten der Stadtverwaltung. Als Alternativen wurden ein Busspursystem wie bei TransJakarta, und eine Einschienenbahn und sogar eine Seilbahn erwogen. Die Haltestellen für die Busspur wurden gebaut, aber die Busspuren wegen des Widerstands der *angkot*-Fahrer auf Eis gelegt, die Einschienenbahn steht noch in der Diskussionsphase, aber für den Bau der Seilbahn wurde im Juli 2017 grünes Licht gegeben. Der erste Abschnitt sollte im April 2018 fertiggestellt sein, war aber auch zum Zeitpunkt der Recherche noch nicht vollendet. Die Bahn soll mit 55 Gondeln die Jl Pasteur mit der Jl Siliwangi verbinden.

Nördlich von Bandung

In den beruhigenden Resorts nördlich von Bandung sprudeln heiße Quellen aus der Erde und werden mit Röhren in Badebecken geleitet.

JAVA NÖRDLICH VON BANDUNG

Rund um Bandung

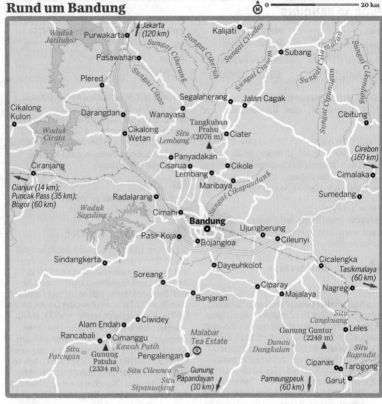

N 0 ▬▬▬▬▬ 20 km

Waduk Jatiluhur · Purwakarta · Jakarta (120 km) · Kalijati · Subang
Sungai Citarum · Sungai Cikeruh · Sungai Cibedas · Sungai Cilamaran · Sungai Cipunagan · Sungai Cikondang
Pasawahan
Plered · Sungai Cikao
Segalaherang · Jalan Cagak
Cikalong Kulon · Darangdan · Wanayasa · Tangkuban Prahu (2076 m) · Ciater · Cibitung
Waduk Cirata · Cikalong Wetan · Situ Lembang · Cirebon (160 km)
Ciranjang · Cisarua · Panyadakan · Cikole
Lembang
Cianjur (14 km); Puncak Pass (35 km); Bogor (60 km) · Radalarang · Maribaya · Sungai Cikapundang · Cimalaka · Sumedang
Waduk Saguling · Cimahi · **Bandung**
Pasir Koja · Bojangloa · Ujungberung · Cileunyi
Sindangkerta · Dayeuhkolot · Cicalengka · Tasikmalaya (60 km)
Soreang · Ciparay · Nagreg
Banjaran · Majalaya
Situ Cangkuang
Alam Endah · Ciwidey · Gunung Guntur (2249 m) · Leles
Rancabali · Cimanggu · Malabar Tea Estate · Danau Dangkalan · Situ Bagendit
Situ Patengan · Kawah Putih · Gunung Patuha (2334 m) · Pengalengan · Cipanas · Tarogong
Situ Cileunca · Gunung Papandayan (10 km) · Pameungpeuk (60 km) · Garut
Situ Sipanuajang

⊙ Sehenswertes & Aktivitäten

Tangkuban Prahu
VULKAN

(Mo–Fr/Sa & So 200 000/300 000 Rp; ⊙ Infozentrum 7–17 Uhr) Der 30 km nördlich von Bandung gelegene Vulkankrater mit einem flachen, langgezogenen Gipfel, der an ein umgedrehtes Boot *(prahu)* erinnert, ist eine riesige Attraktion und zweifellos eine spektakuläre Sehenswürdigkeit, aber auch eine große Touristenfalle. Wer ihn besuchen will, sollte möglichst früh kommen, weil gegen Mittag der Nebel einsetzt. Am Berg versuchen aufdringliche Guides, einem überteuerte Souvenirs anzudrehen. Viele ausländische Besucher finden das Ganze teuer und nicht der Anstrengung wert.

Man kann die Caldera auf weiten Strecken zu Fuß umrunden, da hier aber Guides herumlaufen, die aggressiv ihre Dienste anbieten und Reisende auch schon überfallen wurden, gibt es bessere Orte für eine Hochland-Wanderung.

Gracia Spa
THERMALQUELLEN

(☑ 0260-724 9997; www.graciaspa.com; 35 000 Rp; ⊙ 7–23 Uhr) Das natürliche Thermalbad auf einem prächtigen Gelände an den unteren Hängen des Vulkans liegt 8 km nordöstlich des Tangkuban Prahu im Dorf Ciater. Die Quellen wurden luxuriös erschlossen und werden sauber gehalten. Es gibt drei große Pools, Unterkunft in einer teuren Villa, ein Spa und ein Restaurant. Werktags ist es hier sehr ruhig.

Sari Ater Hot Spring Resort
THERMALQUELLEN

(☑ 0260-471 700; www.sariater-hotel.com; Zugang 20 000–70 000 Rp; ⊙ 24 Std.) Die Pools sind die Hauptattraktion im Dorf Ciater. Die Thermalquellen sind zwar sehr kommerzialisiert, gehören aber zu den besten rund um Bandung. Man findet hier üppige, aber überteuerte Zimmer (ab 900 000 Rp), Villen und luxuriöse, dauerhaft aufgestellte „Safarizelte" (ab 950 000 Rp). Die Becken können an den Wochenenden unglaublich überfüllt sein.

Ciwidey & Umgebung

📍 022 / 26 000 EW.

Die Berge rund um das kleine Bauernstädtchen Ciwidey südlich von Bandung bieten eine hübsche, immergrüne hügelige Landschaft mit ordentlich gestutzten Teebüschen, tropischem Wald und nebelverhangenen Hügeln. Es gibt hier zwar keine großen Attraktionen, aber das Gebiet bietet sich trotzdem für eine geruhsame Erkundung abseits der üblichen Backpacker-Pfade an. Das kühlere Klima ist schon allein attraktiv, und in der Gegend werden Früchte angebaut, die in gemäßigtem Klima gedeihen. Manchmal könnte man glauben, dass um jedes zweite Haus hier ein Erdbeerfeld liegt.

Die Gegend wird selten von ausländischen Travellern besucht, ist aber ein beliebtes Ausflugsziel der Einwohner von Bandung und Jakarta. Selbst werktags kann die Anfahrt durch Bandungs endlose Vorstädte und den dichten Verkehr eine Qual sein. An den Wochenenden ist's wegen der vielen Besucher aus Jakarta noch viel schlimmer.

🔘 Sehenswertes

Ciwidey selbst besitzt kaum Attraktionen, aber doch Minimärkte und Hotels. Um das Gebiet richtig zu erkunden, braucht man ein eigenes Verkehrsmittel. Kawah Putih, Kawah Rengganis und Situ Patengan lassen sich gut zu einem Tagesausflug kombinieren, weil sie dicht beieinander in einem Umkreis von 50 km um Ciwidey liegen. Man kann mit öffentlichen Verkehrsmitteln durch die Gegend zockeln, aber das ist wahrlich kein Vergnügen. Die meisten Traveller begnügen sich mit einer Tour ab Bandung.

Kawah Rengganis THERMALQUELLEN
(30 000 Rp) Der Kawah Rengganis (auch Kawah Cibuni genannt) ist ein hübscher, einsamer Fluss, der von heißen Quellen gespeist wird und von dampfenden Fumarolen umgeben ist. Der Fluss liegt abseits der üblichen Touristenpfade und ist wundervoll zum Baden geeignet. Man parkt an der Straße und marschiert einige Minuten bis zu den Pools; die Dorfbesucher bitten Besucher, die auf ihr Land kommen, um eine Spende von 50 000 Rp. Beim Baden sollte man hier keine allzu aufreizende Badekleidung verwenden.

Kawah Putih SEE
(Indonesier/Ausländer 20 000/50 000 Rp) Schwefelschwaden ziehen um die toten, schwarzen Baumstämme an den Ufern des Kawah Putih (weißen Sees), eines Vulkansees mit säurehaltigem Wasser. Der faszinierende, leicht unheimliche Ort ist bei inländischen Touristen beliebt und lohnt die kurze Anfahrt von Ciwidey. Wer einen genauen Blick auf das hypnotisierende, türkisblaue Wasser werfen will, zahlt für die Benutzung des hölzernen Pontons 10 000 Rp.

Situ Patengan SEE
(20 000 Rp) Der Situ Patengan ist ein hübscher See in den Falten des Gebirges inmitten von Teeplantagen und Resten von Regenwald. Der See ist ein beliebter Zwischenstopp für einheimische Touristen und bietet für die sonntäglichen Besuchermassen Teestuben und Bootsausflüge. Den besten Blick auf den See hat man vom Verdeck des lächerlichen kitschigen, aufs Land gesetzten Bootes aus. Der See befindet sich 18 km südwestlich von Ciwidey und ist am besten mit einem eigenen Verkehrsmittel zu erreichen.

Malabar Tea Estate FARM
Wen Teeplantagen interessieren, hat hier die Gelegenheit, sich das Gelände anzuschauen und in einem knarrenden, kolonialen Gästehaus, dem Malabar Tea Village zu übernachten. Die Plantage liegt rund 35 km südwestlich von Ciwidey und ist am besten mit einem eigenen Verkehrsmittel zu erreichen.

Tahu Sumedang FABRIK
(📞 0813 9468 3458; Jl Raya Soreang 34, Km 25; Tofu-Gericht 20 000–30 000 Rp; ⏱ 7–21 Uhr) In dieser traditionellen Tofu-Fabrik kann man zusehen, wie der Tofu gemacht und in Kokosöl gebraten wird. Anschließend kann man das fertige Produkt im Café genießen. Die Fabrik liegt eine halbe Fahrtstunde nordöstlich von Ciwidey an der Straße nach Bandung.

🛏 Schlafen & Essen

Malabar Tea Village HISTORISCHES HOTEL $$
(📞 0853 2037 1164; Banjarsari, Pangalengan; Zi. Mo–Fr ab 325 000, Sa & So ab 475 000 Rp) Das wundervolle, idyllisch gelegene koloniale Gästehaus liegt in einer Höhe von 1500 m auf einer bewirtschafteten Teeplantage nahe der Ortschaft Pangalengan. Mit seinen schlichten, sauberen Zimmern, die alle über eine Veranda vorne und Möbel aus der niederländischen Ära verfügen, ist es ein prima Ort, um ein paar Tage abzuschalten.

Saung Gawir INDONESISCH **$$**
([☎]0812 2113 3664; Jl Raya Ciwidey; Gerichte 30000–90000 Rp; ⊗9–17 Uhr) Von diesem Restaurant auf einer Erdbeerfarm an der Straße in Alam Endah hat man einen eindrucksvollen Blick ins Tal. Man kümmert sich nicht um die Reisegruppen, wählt einen Tisch und genießt die typische javanische Landschaft und die authentische regionale Küche (sehr zu empfehlen ist der gegrillte Karpfen). Es ist nur höflich, vor Ort auch gleich ein paar Erdbeeren zu kaufen.

Von Bandung nach Pangandaran

Auf dem Weg von Bandung nach Südosten führt die Straße durch eine Landschaft gewellter Hügel und eindrucksvoller Vulkangipfel und umrundet in sicherer Entfernung den Gunung Papandayan (2622 m), einen der aktivsten Vulkane der Welt. Es handelt sich um den Abschnitt der Straße Bandung-Yogyakarta bis Banjar; die Bahnstrecke Bandung-Yogyakarta führt durch Tasikmalaya und Banjar, aber nicht durch Garut. Nach den verstopften Straßen in Jakarta und Bandung sind die hiesigen ruhigeren Nebenstraßen ein Vergnügen. Wer mit einem privaten Fahrzeug unterwegs ist, sollte sich hier ruhig Zeit lassen, in den kleinen Straßendörfern anhalten und sich das Abenteuer gönnen, Abstecher auf dschungelgesäumten Nebenstraßen zu unternehmen.

Garut & Cipanas

[✐] 0262 / 126 000 EW.

Der hübsche Ort Cipanas ist eine beschauliche Ausgangsbasis, um ein, zwei Tage die Vulkanlandschaft zu erkunden und in einem Thermalbad oder Pool Reisestress abzubauen. 6 km südlich liegt Garut, eine einst schöne Bäderstadt, die zu einem gesichtslosen, zersiedelten Ort und einem Lederwarenzentrum geworden ist, durch die man fahren muss, um nach Cipanas zu gelangen.

Die Region ist berühmt für *dodol*, eine Süßspeise aus Kokosmilch, Palmzucker und Klebereis. Am besten ist die Marke Picnic, deren **Fabrik** ([☎] 0811 203 5689; www.dodolpicnicgarut.com; Jl Pasundan 102; ⊗8.30–14 Uhr) man in Garut besichtigen kann.

🛌 Schlafen

In Cipanas gibt's eine gute Auswahl von Unterkünften; alle reihen sich an der Jl Raya Cipanas, der einzigen Straße des Ferienorts. Viele der schickeren Hotels haben von den heißen Quellen gespeiste Swimmingpools. Wenn man in einer preiswerteren Unterkunft übernachtet, kann man diese Pools gegen eine kleine Gebühr (Erw./Kind 10000/5000 Rp) benutzen. An den Wochenenden steigen die Preise.

Kampung Sumber Alam RESORT **$$**
([☎]0262-238000; www.resort-kampungsumberalam.com; Zi. 570000–3750000 Rp; [✳][@][✉]) Wasser bestimmt dieses gehobene Resort mit hübschen Bungalows aus Holz und Stroh, die an und über Seerosenteichen mit quakenden Fröschen stehen. Wer lieber in chlorversetztem Wasser schwimmt, findet hier auch einen großen, eindrucksvollen Poolkomplex. Die Anlage ist vor allem an Wochenenden bei indonesischen Familien beliebt, allerdings kann einen der laute Gebetsruf von der nahegelegenen Moschee aus dem Schlaf reißen.

Tirtagangga Hotel HOTEL **$$**
([☎]0262-232549; http://tirtaganggahotel.com; Jl Raya Cipanas 130; Zi. Mo–Fr ab 680000, Sa & So ab 950000 Rp; [✳][☎][✉]) Das große, etwas steril wirkende, aber gut geführte Hotel bietet gute Zimmer mit holzgetäfelten Wänden, modernem Dekor und großzügigen Badezimmern, von denen viele Wannen haben, die mit heißem Quellwasser gespeist werden. Hohe Palmen stehen um den riesigen Pool, und das Restaurant serviert authentische indonesische Gerichte.

❶ An- & Weiterreise

Garut ist mit Bandung (25000 Rp, 3 Std.) und Pangandaran (55000 Rp, 4–5 Std.) sowie mittels häufig fahrender *angkots* auch mit Cipanas verbunden.

Pangandaran

[✐] 0265 / 52200 EW.

Das auf einer schmalen Landenge, die zu beiden Seiten von breiten Sandstränden und zur Landzunge hin von einem dicht bewaldeten Nationalpark begrenzt wird, gelegene Pangandaran ist das wichtigste Strandresort Westjavas. Der Ort ist ziemlich zugebaut, vor allem im Süden, wo Hochhäuser aus Betonsteinen den Kanal säumen, der den Ort vom Nationalpark trennt. Die meiste Zeit im Jahr ist Pangandaran aber ein ruhiger, beschaulicher Ort, in dem man entspannt am Strand und durch den Wald wandern kann. An den

WANDERUNG AUF DEN GUNUNG PAPANDAYAN

Der zweigipflige Gunung Papandayan 28 km südwestlich von Garut ist einer der aktivsten Vulkane Westjavas. Im Jahr 1772 brach der Papandayan aus; mehr als 3000 Menschen kamen bei dieser Katastrophe ums Leben. Ein erneuter Ausbruch ereignete sich 2002. Tausende mussten vor den pyroklastischen Strömen flüchten, die die Gegend verwüsteten. Da der Papandayan immer wieder für Besucher gesperrt ist, sollte man sich bei Einheimischen erkundigen, ehe man sich auf den Weg macht.

Der eindrucksvoll blubbernde gelbe **Kawah Papandayan** (100 000 Rp) liegt gleich unterhalb des Gipfels und ist an klaren Morgen vom Garut-Tal aus deutlich sichtbar. Vom Parkplatz führt eine leichte, halbstündige Wanderung zum Krater mit blubbernden Schlammteichen, Dampfspalten und abgelagerten Schwefelbrocken. Es ist Vorsicht geboten, beim Aufstieg durch den Krater sollte man sich rechts halten.

Man sollte besser im PHKA-Büro einen Führer (ca. 350 000 Rp/Tag, aber viele lassen sich herunterhandeln) engagieren, weil sich im Bereich des Parkplatzes oft viele Rüpel befinden. Um die Aussicht zu genießen, sollte man morgens aufbrechen, bevor sich Wolken bilden. Der Gipfel des Gunung Papandayan liegt eine zweistündige Wanderung hinter dem Krater; nahe der Spitze finden sich Felder mit Java-Edelweiß.

Krater westlich von Garut, die man besuchen kann, sind der 26 km entfernte Kawah Darajat und der 23 km entfernte Kawah Kamojang, dessen einst spektakuläre Geysire heute in die Rohre eines Erdwärme-Kraftwerks geleitet werden – ach ja, der Fortschritt.

Um hinzukommen, nimmt man einen Minibus nach Cikajang bis zur Abzweigung am Ortsrand von Cisurupan (10 000 Rp) und steigt dort in ein wartendes *ojek* (einfache Strecke 40 000 Rp, 13 km) um.

JAVA PANGANDARAN

Wochenenden und in der Hauptferienzeit füllt sich der Ort jedoch dermaßen, dass man aufgrund der vielen Menschen kaum noch etwas vom Sandstrand sieht.

Leider sind Teile des Strands, vor allem in der touristischen Spitzenzeit, mit Plastik und Treibgut verschmutzt und bedürften dringend einer Säuberung.

Bei der Einfahrt wird an den Toren von Pangandaran eine Gebühr von 6000 Rp erhoben.

⊙ Sehenswertes

Pangandaran National Park   NATIONALPARK
(Taman Nasional Pangandaran; Mo–Fr 215 000, Sa & So 310 000 Rp; ⊙ 7–17 Uhr) Der Nationalpark nimmt das südliche Ende von Pangandaran ein und ist ein wildes, dichtes Waldgebiet, in dem Stachelschweine, *kijang* (Muntjaks), Nashornvögel, Warane und verschiedene Affenarten leben. Im Park gibt's recht hübsche kleine Buchten mit von Bäumen gesäumten Stränden. Er besteht aus zwei Abschnitten: dem Erholungspark und dem Dschungel.

Wegen Umweltschäden ist der Dschungel in der Regel nicht zugänglich, während man den Erholungspark auf gepflegten Wegen erkunden kann. Sie führen vorbei an kleinen Höhlen (darunter der von Gua Jepang, die von den Japanern im Zweiten Weltkrieg benutzt wurde), den Überresten des Hindutempels Batu Kalde und einem schönen Strand an der östlichen Seite. An beiden Eingängen warten Englisch sprechende Führer, die werktags für eine dreistündige Wanderung rund 350 000 Rp (für eine Gruppe von 4 Pers.) und an den Wochenenden 400 000 Rp verlangen. Längere Wanderungen sind ebenfalls möglich.

Pangandarans bester Badestrand, der weiße Sandstrand von Pasir Putih, liegt an der westlichen Seite des Nationalparks. Es handelt sich um einen schmalen Streifen mit weichem Sand vor einem ziemlich vermüllten Riff, in dem sich aber immer noch viele Fische tummeln. Wenn die Brandung nicht zu stark ist, kann man vom südlichen Ende des Hauptstrands im Ort hinüberschwimmen, muss sich aber vor der Rippströmung und den Booten hüten, die ständig Leute hin und her transportieren (hin & zurück 40 000 Rp/Pers.) und keine Rücksicht auf Schwimmer nehmen. Der Strand erstreckt sich bis zu einem Punkt, an dem bei starker Dünung eine ordentliche Welle auftritt (das Gewässer ist sehr seicht und für Surf-Anfänger nicht geeignet). An ruhigen Tagen kann man gefahrlos und ungehindert von Booten bis zu dem Punkt hinausschwimmen.

Bei dem großen, aufgegebenen Schiff handelt es sich um ein Fischereischiff, das vom Schifffahrtsministerium versenkt wur-

Pangandaran

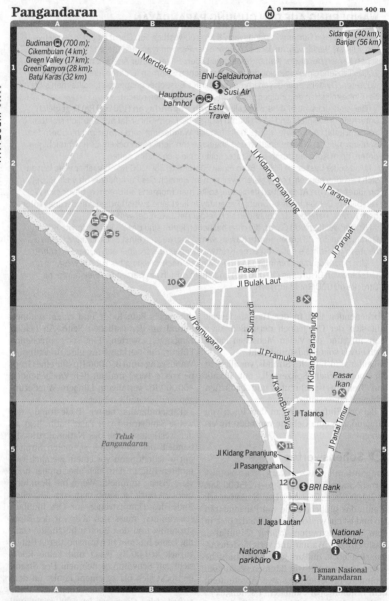

Budiman (700 m);
Cikembulan (4 km);
Green Valley (17 km);
Green Canyon (28 km);
Batu Karas (32 km)

Sidareja (40 km);
Banjar (56 km)

Jl Merdeka

BNI-Geldautomat

Hauptbus-
bahnhof

Susi Air

Estu
Travel

Jl Kidang Pananjung

Jl Parapat

Jl Parapat

Pasar

Jl Bulak Laut

Jl Sumardi

Jl Pamugaran

Jl Pramuka

Jl Kidang Pananjung

Pasar
Ikan

Jl Kalen Buhaya

Jl Talanca

Jl Pantai Timur

Teluk
Pangandaran

Jl Kidang Pananjung

Jl Pasanggrahan

BRI Bank

Jl Jaga Lautan

National-
parkbüro

National-
parkbüro

Taman Nasional
Pangandaran

de, weil es illegal nach Riesen-Antarktisdorschen fischte. Es blieb als ein Denkmal für den Kampf der Regierung gegen die illegale Fischerei zurück, sollte allerdings aufrecht stehen und nicht, wie jetzt, umgekippt.

Viele Touristen lassen sich von Bootsbetreibern in den Park übersetzen, um die Parkgebühr zu sparen. Da der Parkbehörde Geld fehlt, um den Park angemessen zu schützen, sollte man darauf verzichten und seinen Eintritt gesetzestreu bezahlen.

Bei Sonnenuntergang kommen die großen Flughunde aus dem Wald. Sie fliegen am Strand von Pangandaran entlang, müs-

Pangandaran

sen sich aber vor den örtlichen Jungs hüten, die am Strand mit stacheldrahtbesetzten Drachen patrouillieren. Nur wenige Flughunde werden damit gefangen, doch ab und an verfängt sich einer mit seinen Flügeln in den Drachenschnüren, wird unter Geschrei zu Boden gebracht und landet im Kochtopf.

🏃 Aktivitäten

Der Strand ist breit und lang und eignet sich wegen der ständigen starken Brandung mit gefährlichen Rippströmungen (die Warnungen der Rettungsschwimmer beachten!) nicht gut zum Schwimmen. Er ist hingegen prima, um Surfen zu lernen (Surf-Unterricht lässt sich leicht vereinbaren) und auf den Wellen zu reiten.

Mas Rudin   ABENTEUER
(📱 0813 8005 6724; www.pangandaran-guide.com) Mas Rudin ist ein hervorragender örtlicher Führer mit Sitz im MM Books, der eine Reihe von Touren zu fairen Preisen anbietet. Seine Website ist eine sehr gute Infoquelle.

Pangandaran Surf   SURFEN
(📱 0265-639436; Mini Tiga Homestay, abseits der Jl Pamugaran Bulak Laut) Die freundlichen Angestellten von Pangandaran Surf sind alle Rettungsschwimmer, sprechen auch Englisch und kennen die örtlichen Bedingungen genau. Surfbretter gibt's ab 75 000 Rp pro Tag, Surfunterricht für 250 000 Rp pro Tag. Der Veranstalter hat seinen Sitz im Mini Tiga Homestay.

👉 Geführte Touren

Viele Gästehäuser verkaufen Touren zu den Sehenswürdigkeiten und Aktivitäten im Ort und drum herum (Grüne Schlucht, Grünes Tal sowie Besuche bei Heimindustrie-Betrieben). In den Preisen für die Touren (ab 350 000 Rp/Pers.) sind normalerweise der Transport, Eintrittsgebühren und ein schlichtes Mittagessen mit enthalten.

Es gibt auch Touren nach Paradise Island, einer nahegelegenen unbewohnten Insel mit guten Stränden (darunter einem 5 km langen weißen Sandstrand) und Wellen.

🛏 Schlafen

Das Hauptareal für Budget- und unabhängige Traveller ist der Hauptstrand, hinter dem ruhige Gassen voller Pensionen liegen. Die meisten preiswerteren Unterkünfte haben nur Bäder mit Kaltwasser.

In einigen Unterkünften steigen an Wochenenden und Feiertagen die Preise um 15 bis 30 %.

Viele Unterkünfte richten ihre Preise flexibel an der Nachfrage aus, sodass man außerhalb der Hauptferienzeit werktags günstige Angebote findet.

Pangandaran hat eine starke Fahrradrikscha-Gewerkschaft. Alle Hotels müssen dem *becak*-Fahrer, der einen Gast zu ihnen bringt, eine Prämie bezahlen, d.h. wenn man alleine zu seiner Unterkunft läuft, befindet man sich deshalb in einer besseren Verhandlungsposition.

⭐ **Mini Tiga Homestay**   PENSION $
(📱 0265-639436; www.minitigahomestay.weebly. com; abseits der Jl Pamugaran Bulak Laut; EZ/DZ mit Frühstück & Ventilator 120 000/150 000 Rp, mit Klimaanlage ab 150 000/200 000 Rp; @📶) Die lange bestehende Backpacker-Unterkunft mit sehr gutem Preis-Leistungs-Verhältnis bietet 13 saubere, geräumige Zimmer mit netter Deko, darunter Bambuswänden und Batik-Wandbehängen. Alle Zimmer haben angeschlossene Bäder mit westlichen Toiletten. Es gibt viele Ecken, in denen man sich mit einem Buch niederlassen kann, und einen Garten mit Tischen, an denen man mit anderen Travellern ins Gespräch kommen kann.

Bale'Ku HÜTTEN $

(☑ 0813 2270 2692; Jl Sadiproyo, Desa Wonoharjo; DZ mit Frühstück ab 175 000 Rp) In einem Irrgarten von Wegen durch die Reisfelder findet man dieses schlichte, naturverbundene Gästehaus. Das ganz aus Holz und Bambus (aber mit soliden Fußböden) gebaute Hauptgemeinschaftshaus steht auf Stelzen über einem Teich, die jeweils mit angeschlossenem Bad ausgestatteten Zimmer stehen inmitten der Reisfelder.

Rinjani Homestay PENSION $

(☑ 0813 2302 0263, 0265-639757; rinjanipnd@ gmail.com; Jl Pamugaran Bulak; EZ/DZ mit Frühstück & Ventilator 100 000/130 000 Rp, mit Klimaanlage 130 000/160 000 Rp; ▣ ☎) Die einladende, von einer Familie, die sich prächtig aufs Gastgewerbe versteht, geführte Unterkunft bietet zehn schöne, gefliese Zimmer mit Holzmöbeln, privaten Veranden und sauberen Bädern mit Kaltwasser. Das Frühstück ist gut, und die Betreiber haben nützliche Reisetipps auf Lager. In der Ferienzeit steigen die Preise um bis zu 100 000 Rp.

Villa Angela PENSION $

(☑ 0821 180 2400; Jl Pamugaran Bulak; Zi. mit Frühstück ab 150 000 Rp; ▣ ☎) Das attraktive Gästehaus hat fünf geräumige, auf zwei Villen verteilte Zimmer mit TV, Veranda oder Balkon und eigenem Bad mit Kaltwasser. Es gibt auch ein Familienzimmer. Einige Zimmer riechen etwas muffig, aber dem hilft gründliches Lüften ab. Die Anlage wird von einer sehr herzlichen Familie geführt und hat einen schönen Garten.

★ Adam's Homestay HOTEL $$

(☑ 0265-639396; www.adamshomestay.com; abseits der Jl Pamugaran Bulak Laut; Zi. mit Frühstück 350 000–488 000 Rp; ▣ ☎ ▣) Pangandarans kreativstes Gästehaus ist eine sehr entspannte, stilvolle Anlage mit künstlerisch gestalteten Zimmern, von denen viele Balkone, Balkendecken und Freiluft-Bäder haben. Die Zimmer liegen rund um einen luxuriösen Pool in einem landschaftlich gestalteten balinesischen Garten mit exotischen Pflanzen, Seerosenteichen und vielen Vögeln. Es gibt gute internationale und örtliche Gerichte, darunter ein leckeres Frühstück, das die deutsche Inhaberin Kirsten selber zubereitet.

Nyiur Indah Beach Hotel BOUTIQUEHOTEL $$

(☑ 0265-639380; http://nyiurindahbeach.hotel.my pangandaran.com; Jl Pamugaran 46; Zi. ab 675 000 Rp; ▣ ☎ ▣) Das Highlight in diesem niedrigen Boutiquehotel ist ein kunstvoller,

über mehrere Ebenen verteilter Poolkomplex mit wasserspeienden balinesischen Statuen. Die großen Zimmer bieten hochwertige Fliesenböden, gute Bettwäsche, Fensterläden, Holzmöbel, an der Wand montierte Flachbild-TVs, Bettcouches, eingebaute Schreibtische und schöne Badezimmer. Die meisten Gäste sind nicht Ausländer, sondern Javaner der Mittelschicht, was die Bleibe noch interessanter macht.

✗ Essen

Pangandaran ist bekannt für seine ausgezeichneten Meeresfrüchte, die man am besten auf dem *pasar ikan* (Fischmarkt) probiert. Zum Zeitpunkt der Recherche wurde gerade ein neuer Fischmarkt westlich der Stadt gebaut.

★ Green Garden Cafe INDONESISCH $

(Jl Kidang Pananjung 116; Hauptgerichte 20 000–35 000 Rp; ☺ 8–22 Uhr; ☑) Das winzige, bescheidene Café mit nur drei oder vier Tischen (und sehr wenig Garten) hat eine einladende Atmosphäre und tolle regionale Gerichte und ist eines der besten Speiselokale vor Ort. Das beweist das leckere *batagor* (knuspriges Tofu), das in Maniokmehl gebraten und mit würziger Erdnusssauce serviert wird.

Brillo Pizza PIZZA $

(☑ 0812 2280 1742; Desa Cikembulan; Pizzas 50 000–100 000 Rp; ☺ 12–21.30 Uhr) Pangandaran bietet fabelhafte Meeresfrüchte, aber manchmal muss es eben auch etwas weniger Gesundes sein. Derartige Gelüste befriedigt diese witzige Pizzeria ein paar Kilometer westlich der Stadt. Hier gibt's unterschiedlich belegte Holzofenpizzas mit dünnem Boden, die man unter freiem Himmel in einem hübschen Garten verspeist.

Rumah Makan Christi INDONESISCH $

(Jl Pamugaran; Gerichte 25 000–40 000 Rp; ☺ 7–22 Uhr) Das saubere, ordentliche *rumah makan* (Restaurant) mit großem Innenraum und Bänken im Freien ist eine gute Adresse für regionale Kost. Hier gibt's Tofu, Hähnchen und Fisch gebraten, vom Grill oder als Eintopf sowie eine Reihe vegetarischer Gerichte. Alle Gerichte sind authentisch javanisch. Man wählt sein Essen aus und schließt dann am Gemeinschaftstisch schnell Bekanntschaft mit anderen Gästen.

★ Pasar Ikan SEAFOOD $$

(Fish Market; Jl Pantai Timur; Fisch ca. 90 000 Rp; ☺ 11–22 Uhr) Pangandarans hervorragender

Fischmarkt besteht aus mehr als einem Dutzend großer, an den Seiten offener Restaurants gleich vor dem östlichen Strand. Karya Bahari gilt als das beste Lokal und ist deshalb immer voll, aber alle Lokale bieten eigentlich dasselbe. Die frischen Meeresfrüchte sind so gut, dass selbst Neptun hier essen würde.

Chez Mama Cilacap INDONESISCH **$$**
(☑0265-630098; Jl Kidang Pananjung 197; Hauptgerichte 30 000–75 000 Rp; ☺So–Do 8–22.30, Fr & Sa bis 23 Uhr) Das von Franzosen und Indonesiern geführte Restaurant gehört zu den ältesten in Pangandaran und hat einen ausgedehnten luftigen Speisesaal mit Strohdach und Deckenventilatoren. Es bietet eine große Auswahl indonesischer Spezialitäten, ist aber am berühmtesten für seine frischen Meeresfrüchte, die man aus der Kühlbox wählt.

Relax Restaurant INTERNATIONAL, INDONESISCH **$$**
(☑0265-630377; Jl Bulak Laut 74; Hauptgerichte 28 000–72 000 Rp; ☺8–22.30 Uhr) Das verlässliche, etwas formelle Restaurant wird von Schweizer Inhabern vermittelt dank aufmerksamer Bedienung und gestärkter Tischwäsche eine elegante Atmosphäre. Auf der Karte stehen westliche und indonesische Gerichte; die Portionen sind großzügig bemessen. Es gibt hier tolles Frühstück mit Müsli, hausgemachtem Joghurt, Schwarzbrot und sogar Schinken, aber die Einheimischen kommen vor allem wegen der mit Schokoladensaue servierten Eiscreme in vielen Geschmacksrichtungen.

 Ausgehen & Nachtleben

★ **Bamboo Beach Café** BAR
(Jl Pamugaran, Kampung Turis 1; ☺8 Uhr–open end) Die seit langem beliebte Bar ist kürzlich (mit einer Reihe anderer *warungs*) am Strand ein Stück weiter gezogen, bietet aber immer noch Strandflair und einen tollen Blick in den Sonnenuntergang. Hier kann man gut mit einem kalten Bintang die Wellen beobachten. Manchmal greift auch jemand zur Gitarre und spielt etwas.

 Shoppen

MM Books BÜCHER
(☑0813 8005 6724; Jl Pasanggrahan; ☺8.30–20.30 Uhr) In dem Laden an der Straße stapeln sich die gebrauchten Bücher in englischer, niederländischer, französischer, deutscher und spanischer Sprache (die Auf-

zählung ist sicher nicht vollständig) bis zur Decke. Der Inhaber Mas Rudin (S. 115) ist einer der besten und verlässlichsten Führer vor Ort.

ℹ **Praktische Informationen**

GELD

BNI-Geldautomat (Jl Merdeka; ☺Mo–Sa 8–16 Uhr) Es gibt noch eine zweite Filiale an der Jl Bulak Laut.

BRI Bank (Jl Kidang Pananjung; ☺Mo–Sa 8–16 Uhr) Tauscht US-Dollars und löst Reiseschecks der bekannteren Anbieter ein.

TOURISTENINFORMATION

Infos und Tickets für den Nationalpark Pangandaran erhält man in den Büros an der **Jl Pantai Timur** (Jl Pantai Timur; ☺7–17 Uhr) und der **Jl Pangandaran** (Jl Pangandaran; ☺7–17 Uhr).

ℹ **An- & Weiterreise**

Die Anreise nach Pangandaran kann frustrierend langwierig und kompliziert sein. Sidareja, die nächstgelegene Ortschaft mit einem Bahnhof, ist 41 km entfernt. Wegen Zugtickets kann man sich an Mas Rudin (S. 115) wenden. Bei der Einfahrt in die Stadt zahlt man eine Touristenabgabe von 6000 Rp.

AUTO

Reiseveranstalter vermieten Minibusse mit Fahrer für rund 900 000 Rp pro Tag inklusive Fahrer und Benzin. Der beliebteste Trip ist die dreitägige Tour nach Yogyakarta, bei der man in der Regel die erste Nacht in Wonosobo verbringt, den Sonnenaufgang in Dieng erlebt und anschließend zum Borobudur fährt. Yogyakarta erreicht man am letzten Tag über Prambanan.

BUS

Die meisten *patas*- (Express-) Busse nach Jakarta und Bandung fahren vom **Hauptbusbahnhof** 1,5 km nördlich des Strandes und des touristischen Zentrums. Vom **Budiman-Busdepot** (☑0265-339854; www.budimanbus.com) rund 2 km westlich von Pangandaran an der Jl Merdeka fahren ebenfalls regelmäßig Busse, von denen die meisten aber auch am Hauptbusbahnhof halten.

Busse fahren nach Bandung (65 000– 78 000 Rp, 6 Std., etwa stündl.) und zum Busbahnhof Kampung Rambutan in Jakarta (85 000–95 000 Rp, 8–9 Std.). Nach Bandung gibt's täglich auch zwei *travel*-Minibusse mit Tür-zu-Tür-Service (100 000 Rp, 6 Std.) von **Sari Harum** (☑0265-639 513, 0265-607 7065).

Nach Yogyakarta fahren täglich ein Minibus von Budiman (90 000 Rp, 9 Std.) und zwei Minibusse (130 000 Rp, 9 Std., 9 & 20 Uhr) von **Estu Travel** (☑0812 2679 2456; http://

ABSEITS DER ÜBLICHEN PFADE

BOOTSFAHRT ÜBER KANÄLE NACH CILACAP

Wer ein einmaliges Abenteuer erleben will, kann auf dschungelgesäumten kleinen Wasserstraßen mit dem Boot von Pangandaran Richtung Osten über den Hafen von Majingklak nach Cilacap am Fluss Citandui schippern. Es gibt keine regelmäßigen Fahrten, so dass man sein eigenes *compreng* (Holzboot) chartern muss. Bootsleute in Majingklak unternehmen die dreistündige Fahrt für mindestens 600 000 Rp (Preis je nach Bootstyp). Alternativ kann man durch einen Tourveranstalter in Pangandaran im Hafen von Kalipucang anrufen lassen und von dort ein Boot zum gleichen Preis nehmen.

Gleichgültig, von wo man startet, geht es mit dem Motorboot zunächst einen trägen, grünen Fluss hinauf, der zu beiden Seiten von niedrigen, mit Dschungel bedeckten Hügeln gesäumt ist. Man fährt durch schmale Flussarme und rund um dicht mit Gestrüpp bewachsene Inseln, passiert eine Reihe von Dörfern am Fluss und Häfen mit Holzbooten und dringt duch enge Kanäle in die Mangroven ein, wo Truppen von Affen lärmen und einsame Kraniche unter dem blassbauen Himmel meditieren. Gegen Ende der Fahrt kommt man an der Gefängnisinsel Nusa Kambangan vorbei, wo zwei Mitglieder eines australischen Drogenschmugglerrings 2015 von einem Erschießungskommando exekutiert wurden. Die Gefängnisinsel erinnert an die spukhafte Kulisse eines Horrorfilms. Nach der Umrundung fährt man in den großen Industriehafen von Cilacap ein, wo man die feurigen Schornsteine von Indonesiens größter Erdölraffinerie erblickt. Man ist eindeutig wieder in der „Zivilisation" angekommen.

Von Cilacap gibt's eine direkte Busverbindung nach Yogyakarta (60 000 Rp, 5 Std.).

estu-best.com). Die Minibusse beider Unternehmen fahren vom Hauptbusbahnhof.

Vom Hauptbusbahnhof fahren stündlich Busse nach Banjar (30 000 Rp, 2½ Std.) und Sidareja (25 000 Rp, 2 Std.), wo man Anschluss an das Zugnetz hat.

FLUGZEUG

Susi Air (✆0800 122 7874; www.susiair.com; Jl Merdeka 312; ⊙Mo–Fr 8–19 Uhr) fliegt täglich vom Halim Perdana Kusuma Airport in Jakarta zum 20 km westlich von Pangandaran gelegenen Flugplatz (824 000 Rp, 1 Std.). Vor der Abreise sollte man seine Buchung genau checken.

ZUG

Die nächstgelegenen Bahnhöfe befinden sich in Sidareja und Banjar. Da eine Busfahrt nach Yogyakarta fürchterliche acht bis neun Stunden dauert, ist der Zug, der normalerweise schneller und auf alle Fälle bequemer ist, eine lohnende Alternative. Von Sidareja fahren täglich zwei Züge nach Yogyakarta (140 000–320 000 Rp, 3½ Std.). Reiseveranstalter in Pangandaran organisieren Minibusse (ab 2 Pers.) zum Bahnhof in Sidareja inkl. Zugticket (Economy-/Business-/Exclusive-Klasse) für 250 000/375 000/475 000 Rp. Man kann etwas Geld sparen, wenn man mit einem Nahverkehrsbus nach Sidareja (25 000 Rp) fährt und dort in einem anderen Bus zum Bahnhof umsteigt (10 000 Rp; der Bus fährt aber erst, wenn er voll besetzt ist) und dort (ohne Kommission) das Zugticket kauft. Man geht aber das Risiko ein, in Sidareja hängenzubleiben, wenn der Zug ausgebucht ist.

Der Bahnhof im 65 km entfernten Banjar ist die bessere Alternative für Fahrten nach Jakarta (68 000 Rp, 9 Std.) und Bandung (140 000–320 000 Rp, 3–4 Std.).

Reiseveranstalter und Hotels können bei der Planung helfen und Zugtickets für alle Ziele besorgen.

ℹ Unterwegs vor Ort

Eine Fahrt mit Pangandarans bunt angemalten *becak* kostet ab ca. 10 000 Rp. Man muss heftig feilschen. Für eine Fahrt vom Busbahnhof zum Gebiet um den Hauptstrand zahlt man rund 20 000 Rp. Man kann vor Ort Fahrräder (20 000 Rp/Tag) und Motorräder (ca. 70 000 Rp/Tag) mieten.

Rund um Pangandaran

An der malerischen Küste rund um Pangandaran finden sich einige herrliche Surfstrände, Wälder, Lagunen, Fischerdörfer und ein, zwei Erholungsparks. Die Gegend lässt sich prima mit dem Motorrad erkunden. Hotels und Reiseveranstalter können geführte Touren organisieren.

Westlich von Pangandaran

Ciokoto   DORF

(✆0823 1909 8199; Jl Raya, Km 12; ⊙8–16 Uhr) Inmitten anderer kleiner Dörfer und Straßen, die von Palmen gesäumt durch Reisfelder führen, liegt im winzigen Dorf Ciokoto eine große *wayang-golek*-Werkstatt, die hochwertige Puppen (ab 600 000 Rp) verkauft. Faszinierend ist es, den Schnitzern zuzuschauen, wie sie das Holz zum Leben erwecken. Bei der Arbeit erzählen die Kunsthandwerker gern Geschichten zu den einzelnen Puppen.

Karang Tirta   LAGUNE

Karang Tirta ist eine vom Strand abgesetzte Lagune mit *bagang* (Angelstegen). Sie ist 16 km von Pangandaran entfernt und liegt 2 km südlich des Highway.

⚡ Aktivitäten

Cujang Taneuh   BOOTSTOUR, SCHWIMMEN
(Green Canyon, Grüne Schlucht; ab 200 000 Rp/ Boot; ⊙ Mo–Do 7.30–16, Fr 13–16, Sa & So 7–16 Uhr) Die beliebteste Tour ab Pangandaran (oder Batu Karas) führt zur Cujang Taneuh, wo, wie der Name schon verrät, unzählige Grüntöne die Landschaft prägen. Die Boote flitzen von einer kleinen Marina im dschungelgesäumten, smaragdgrünen Fluss hinauf zu einem Wasserfall und einer wunderschönen Schlucht, wo man gut schwimmen kann (auch wenn die Strömung manchmal stark ist). Die Einheimischen pflegen den Fluss, deshalb sieht man hier keinen Plastikabfall. Unterwegs sollte man nach Waranen Ausschau halten.

Die Bootsführer fahren nach einem engen Zeitplan von 45 Minuten, bei dem einem nur etwa 15 Minuten bleiben, um zu schwimmen und den engsten und schönsten Teil der Schlucht kennenzulernen. Wer weiter stromaufwärts fahren oder länger bleiben will, zahlt 100 000 Rp mehr für jede zusätzliche halbe Stunde.

Viele Tourveranstalter in Pangandaran bieten Ausflüge zur Schlucht für ca. 300 000 Rp an, die mit „Ausflügen aufs Land" zu einer ganztägigen Tour kombiniert werden.

Um auf eigene Faust herzukommen, muss man sich am Highway, 1 km vor der Abzweigung nach Batu Karas ein Verkehrsmittel zum Flusshafen von Cujang Taneuh verschaffen. Dort kann man dann ein Boot mieten. Die Zufahrt ist an mehreren Punkten am Highway deutlich ausgeschildert.

Sungai Citumang   SCHWIMMEN
(Green Valley, Grünes Tal; Eintritt 15 000 Rp, Body-Rafting ab 125 000 Rp; ⊙ 8–17 Uhr) Diese Attraktion besteht aus einem leichten Uferweg von einem Damm zu einer kleinen aber schönen,

als Grünes Tal bezeichneten Schlucht. Man kann in der Schlucht schwimmen oder von Klippenstufen hineinspringen, wenn man mutig oder verrückt genug ist). Vom Dorf Cipinda (8 km außerhalb von Pangandaran; nach der Ausschilderung Citumang suchen) führt eine raue Straße hin.

Batu Karas

☑ 0265 / 3000 EW.

Batu Karas, ein idyllisches Fischerdorf und Surfer-Hotspot 32 km westlich von Pangandaran, gehört zu den angenehmsten Orten in Westjava. Die bilderbuchschöne Fischersiedlung hat eine winzige einspurige Straße und zwei, von einer bewaldeten Landzunge getrennte Strände.

Der Hauptsurfstrand ist der kleinere; er liegt an einer niedlichen Bucht zwischen zwei felsigen Landzungen. Der andere ist ein langer, halbmondförmiger Strand mit schwarzem Sand, an dem die Pontonboote der Fischer liegen, die jede Nacht hinausfahren, um in den Gewässern frischen Fisch zu fangen. Es gibt geschützte Abschnitte, die ruhig genug zum Schwimmen sind, aber viele Besucher kommen wegen der Wellen und reden nur übers Surfen.

An Wochenenden kann der Ort von indonesischen Touristen überfüllt sein. Zum Surfen und Relaxen kommt man daher besser unter der Woche.

⚡ Aktivitäten

Batu Karas ist einer der besten Orte in Indonesien, um Surfen zu lernen und ein klassischer Spot zum Longboard-Surfen. The Point (am Ende des Hauptsurfstrandes) ist ideal für Anfänger und Longboard-Surfer. Man kann vom Strand hinauspaddeln zu den langsamen, über den sandigen Grund laufenden Wellen. Wegen der geschützten Lage braucht es schon eine ordentliche Brandung, damit sich die Welle zeigt. Zu den weiteren Wellen gehören The Reef, eine schnellere, beständigere, etwas ausgehöhltere rechtshändige Welle, von The Point 10 Gehminuten den Strand hinauf, und der Bulak Bender, eine anspruchsvollere rechtshändige Welle im offenen Meer, die eine 40-minütige Fahrrad- oder Bootsfahrt entfernt ist.

🛏 Schlafen

In den letzten Jahren wurde Batu Karas immer bekannter und immer mehr Gästehäuser wurden eröffnet, doch hat sich das Dorf seinen lässigen Charme bewahrt. Man kann zwischen rustikalen Unterkünften bei Gastfamilien und eleganteren Ferienhotels wählen.

Bonsai Bungalow
PENSION $

(☏ 0812 2197 8950; Jl Pantai Indah; Zi. mit Ventilator/mit Klimaanlage 200 000/250 000 Rp; ◉) Etwas besser als die anderen Strandbungalows ist diese entspannte Unterkunft jenseits der Strandstraße. Sie bietet spartanische Zimmer mit angeschlossenem Bad und einer Veranda zum Abhängen, teilweise auch mit Klimaanlage. Es gibt hier nichts zu essen, aber Bier lässt sich besorgen.

Pondok Cowet
PENSION $

(☏ 0821 4167 5977; www.pondokcowet.com; Jl Jumleng; Zi. Mo–Fr ab 200 000, Sa & So ab 250 000 Rp, Villa ab 750 000 Rp; ✴☏) Versteckt an einer unbefestigten Piste 50 m vom Hauptstrand mit den Fischerbooten entfernt, liegt diese attraktive Pension in einem Garten voller tropischer Blumen und Obstbäume (an denen sich die Gäste bedienen dürfen). Sie bietet coole Backsteinhütten und recht kreative moderne Zimmer mit deckenhohen Fenstern, unverputzten Backsteinwänden, Badezimmern mit Kieselböden und Decken im Kuhfellmuster.

BK Homestay
GASTFAMILIE $

(☏ 0265-7015 708, 0822 6023 7802; www.batukarashomestay.com; Jl Pantai Indah; Zi. mit Frühstück 200 000 Rp; ℗☏) Die mit Ventilatoren ausgestatteten Zimmer bieten ein tolles Preis-Leistungs-Verhältnis. Sie haben eine deckenhohe Verglasung (teilweise mit Blick auf den Strand und die Wellen) nach einer Seite, außerdem hohe Decken sowie Böden und Möbel aus Hartholz. Unten im Restaurant gibt's WLAN. Warmwasser gibt's nicht, was hier aber nicht weiter wichtig ist. Die Anlage liegt mitten im Zentrum abseits des Hauptparkplatzes am Strand.

Treehouse
PENSION $

(☏ 0821 3087 6531, 0822 2000 9155; Jl Pantai Indah; Zi. 150 000–250 000 Rp) Das doppelstöckige, schachtelartige Haus mit bunt angestrichenen, mediterranen Fensterläden ist zweifellos ungewöhnlich, denn mittendrin wächst ein mächtiger Baum, nach dem das Haus auch benannt ist. Die zwei Stockwerke gehören verschiedenen Eigentümern, sind aber beide rustikal und interessant und bieten komfortable Betten. Im oberen Stock gibt's zusätzlich einen Dachraum und insgesamt Platz für sechs Personen, womit diese Unterkunft gut und günstig ist.

Wooden House
PENSION $

(☏ 0813 6919 4405, 0852 9471 4137; woodenhouse@yahoo.com; Jl Pantai Indah; Zi. ab 150 000 Rp) Die drei rustikalen Zimmer mit hohen Decken und Blockhütten-Anmutung sind gepflegt und teilen sich einen Balkon mit Meerblick. Im Erdgeschoss serviert ein gutes *warung* örtliche Gerichte, getoastete Sandwiches, Salate und Pfannkuchen.

★ Ermaja's Pavilion
BOUTIQUEHOTEL $$

(☏ 0811 235 003; Zi. ab 400 000 Rp; ☞) Dies ist wahrlich keine durchschnittliche Backpacker-Strandhütte, sondern ein eindrucksvoll umgebautes kolonialzeitliches Gebäude in einem Landschaftsgarten. Die Zimmer sind mit feinen indonesischen Kunstwerken und Antiquitäten, freistehenden, zu einer Seite unter freiem Himmel stehenden Badewannen, Betten mit Eisengestellen und Teakholzmöbeln bestückt. Jedes Zimmer hat eine geflieste Terrasse mit bestickten Kissen und elegante Vasen voller Pflanzen. Das Hotel ist einen kurzen Marsch vom Strand entfernt.

★ Villa Monyet
BOUTIQUEHOTEL $$

(☏ 0822 600 00079; www.villamonyetjava.com; Zi. ab 350 000 Rp; ☞) Die sieben fantasievoll gestalteten Zimmer mit Kuppeldächern aus Stroh verteilen sich über das grüne Gelände dieses gut geführten Hotels. Die Zimmer sind mit Holzmöbeln und maritimen Dekor ausgestattet, manche haben auch Terrassen mit praktisch aufgehängten Hängematten. Die freundlichen Inhaber veranstalten häufig Meeresfrüchte-Grillabende, und die Gäste sind immer gut aufgelegt.

Java Cove
BOUTIQUEHOTEL $$

(☏ 0265-708 2020; www.javacovebeachhotel.com; Zi. 561 250–1 798 750 Rp; ✴◉✉) Das modernistische Strandhotel mit wunderbarem Service ist nicht funkelnagelneu, strahlt aber immer noch Ruhe aus und hat die beste Lage am Strand. Die geschmackvollen Zimmer besitzen Böden aus wiederverwertetem Holz, schnittige Kommoden und eigene Terrassen. Sitzsäcke stehen um den hippen, aber lässigen Poolbereich, von dem man aufs Meer blickt. Auf der Hotel-Website kann man die Zimmer deutlich günstiger buchen.

Essen

L-Pari
INTERNATIONAL $

(☏ 0822 6023 7802; BK Homestay; Hauptgerichte 20 000–50 000 Rp; ⊘ 7–22 Uhr; ☞) Das auf

Touristen ausgerichtete Lokal serviert internationale und örtliche beliebte Gerichte zu vernünftigen Preisen. Das Fischcurry ist schmackhaft, Pasta und Fish and Chips sind ordentlich, und in der Saison wird sogar Guacamole zubereitet. Man isst in einem stilvollen, zur Seite offenen Speisesaal mit üppigen Nischen, der mit auf Holz gedruckten Fotos örtlicher junger Surfer dekoriert ist.

Beach Corner INDONESISCH $
(Hauptgerichte 15000–40000 Rp; ⊙6–22 Uhr) Direkt auf dem Sand am Rand des Surfstrands befindet sich dieses passend benannte *warung*, das indonesische und westliche Gerichte, kaltes Bier und starken javanischen Kaffee serviert.

Bayview Seafood SEAFOOD $$
(Hauptgerichte 50000–80000 Rp; ⊙Fr–So 11 Uhr–open end) An der Hauptkreuzung am Dorfeingang serviert dieses nur an den Wochenenden geöffnete *ikan bakar*- (Grillfisch-)Lokal mit indischen und deutschen Besitzern diverse Meeresfrüchtegerichte. Man wählt seinen Proteinspender aus der Kühlbox, der dann gegrillt, sautiert oder gebraten wird. Dazu passt gut der *karedok* (Krautsalat mit würzigem Erdnuss-Dressing).

❶ An- & Weiterreise

Nach Batu Karas fahren keine öffentlichen Verkehrsmittel, man kommt aber von Pangandaran aus hin, indem man einen Bus nach Cijulang (10000 Rp) und dort einen *ojek* (30000–40000 Rp) nimmt. Man kann in Pangandaran auch ein Motorrad mieten (50000 Rp/Tag) und selber herfahren oder eine teure Fahrt mit einem Privatauto buchen (300000 Rp – ein horrender Preis angesichts der geringen Entfernung, aber so ist die Rate in der Hauptsaison; in der Nebensaison kann man niedrigere Preise aushandeln).

ZENTRALJAVA

Als Heimat der Weltklasse-Monumente Borobudur und Prambanan ist dies die Region Javas, die man gesehen haben muss. Jakarta ist zwar die Hauptstadt des Landes, aber die javanische Identität erlebt man am deutlichsten hier im historischen Kernland der Insel. Hier entstand die erste, von Indien inspirierte Hochkultur auf Java, und hier hatten die großen muslimischen Sultanate, deren Mittelpunkt die *kraton* (Stadtpaläste) von Yogyakarta und Surakarta bildeten, ihren Rückhalt. Heute ist Zentraljava (Jawa Tengah) die Provinz, in der die kulturellen Traditionen der Insel am eifrigsten befolgt werden.

Zentraljava gilt zwar als eine Provinz, in der religiöse und politische Stimmungen schnell zu Streitigkeiten führen, aber für Besucher ist die Gegend entspannt und lässig. Yogyakarta (im Zentrum ihrer eigenen autonomen „Sonderregion", die sich von der Südküste bis zum Gunung Merapi erstreckt) und das nur 65 km nordöstlich gelegene Surakarta (Solo) sind die interessantesten Städte Javas. Doch selbst Semarang, die geschäftige, am Meer liegende Hauptstadt der Provinz, hat einen gewissen Reiz.

❶ An- & Weiterreise

Zentraljava ist gut mit öffentlichen Verkehrsmitteln erreichbar. Ein ausgezeichnetes Bahnnetz verbindet die Hauptstädte Semarang und Yogyakarta mit der Landeshauptstadt Jakarta und den Städten im Osten Javas, darunter Surabaya. Luxusbusse und weniger komfortable Minibusse verbinden die meisten kleinen Ortschaften.
Die Südküste ist weniger gut erschlossen, aber Autos samt Fahrer lassen sich leicht anmieten.

Wonosobo

📞 0286 / 700000 EW. / 781 M
Das geschäftige Wonosobo ist das Haupttor zum Dieng-Plateau. Die Stadt liegt auf einer Höhe von 900 m über dem Meeresspiegel in der zentralen Bergkette und hat ein angenehmes, nahezu gemäßigtes Klima, das Besucher aus dem heißeren Tiefland anlockt. Die Stadt bietet zwar keine größeren Sehenswürdigkeiten, ist aber mit einem großen *alun-alun* und einem typisch ländlichen Stadtmarkt durchaus attraktiv. Da es auch eine Reihe komfortabler Unterkünfte gibt, ist Wonosobo zudem eine gute Ausgangsbasis zur Erkundung der Region, insbesondere des Dieng-Plateaus, das gerade mal etwas mehr als eine Stunde entfernt und mit regelmäßigen Bussen erreichbar ist.

🛏 Schlafen

⭐ **Pondok Bamboo** PENSION $$
(📞0818 948 495; sendangsaribamboo@gmail.com; Jl Raya Dieng, Km 7; Zi. mit Frühstück 400000 Rp; 🅿️⊜) ✎ Das angenehme Gästehaus an der Spitze des winzigen Dorfs Kalikuning bietet drei Chalets mit Bambusausstattung auf dem Anwesen der Familie. Die Hauptattraktion sind aber nicht die Zimmer, die schöne

JAVA WONOSOBO

Zentraljava

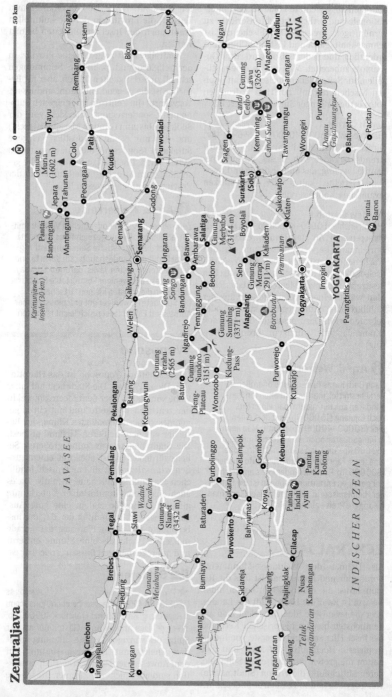

50 km

0

JAVASEE

INDISCHER OZEAN

WEST-JAVA

YOGYAKARTA

OST-JAVA

Karimunjawa-Inseln (30 km)

Kragan
Lasem
Rembang
Blora
Cepu
Ngawi
Madiun
Magetan
Ponorogo
Tayu
Pati
Kudus
Colo
Gunung Muria (1602 m)
Pecangaan
Tahunan
Jepara
Mantingan
Pantai Bandengan
Purwodadi
Godong
Demak
Semarang
Ungaran
Kaliwungu
Weleri
Batang
Pekalongan
Kedungwuni
Pemalang
Tegal
Slawi
Brebes
Ciledung
Cirebon
Linggarjati
Kuningan
Majenang
Bumiayu
Baturaden
Gunung Slamet (3432 m)
Danau Melahayu
Purwokerto
Bahyumas
Sidareja
Kalipucang
Majingklak
Nusa Kambangan
Pangandaran
Cijulang
Teluk Pangandaran
Cilacap
Kroya
Sukaraja
Purbolinggo
Kelampok
Gombong
Kebumen
Pantai Karang Bolong
Pantai Indah Ayah
Purworejo
Kutoarjo
Parangtritis
Imogiri
Yogyakarta
Prambahan
Kalladem
Klaten
Sukoharjo
Pantai Baron
Boyolali
Selo
Gunung Merapi (2911 m)
Magelang
Borobudur
Gunung Sumbing (3371 m)
Kledung-Pass
Wonosobo
Dieng-Plateau
Batur
Gunung Sundoro (3151 m)
Gunung Perahu (2565 m)
Ngadirejo
Temanggung
Bedono
Bandungan
Bawen
Ambarawa
Salatiga
Gunung Merbabu (3144 m)
Gedung Songo
Surakarta (Solo)
Sragen
Kemuning
Candi Cetho
Candi Sukuh
Gunung Lawu (3265 m)
Sarangan
Tawangmangu
Wonogiri
Purwantoro
Danau Gajihmungkur
Baturetno
Pacitan

ländliche Umgebung und das idyllische Dorf, sondern die wirklich familiäre Gastfreundschaft. Man kann Mahlzeiten erhalten (Mittag- oder Abendessen 30 000 Rp), benötigt aber ein eigenes Verkehrsmittel.

Hotel Surya Asia
BUSINESSHOTEL $$

(📞0286-322992; suryaasia@yahoo.com; Jl Jenderal A Yani 137; Zi. mit Frühstück 500 000–975 000 Rp; P✳🐾) Das Businesshotel ist vielleicht nicht das eleganteste, aber eines von mehreren ähnlichen, kompetenten Hotels im Zentrum. Die Zimmer sind groß, komfortabel und gepflegt. Gleich nebenan befindet sich das beliebte Basement Café and Resto.

Duta Homestay
GASTFAMILIE $$

(📞0286-321674, 0813 9337 9954; Jl Rumah Sakit III; DZ mit Frühstück 200 000–300 000 Rp; P✳🐾) Das 3 km vom Busbahnhof entfernte Gästehaus beherbergt Gäste schon seit Jahren. Die attraktiven Zimmer verteilen sich um einen schönen, ummauerten Garten, und die neuen Anbauten haben aufwendige Schnitzfassaden mit traditionellen Holztüren. Das gesamte Haus ist mit interessanten Erinnerungsstücken ausstaffiert, die die Mutter des Besitzers zusammengetragen hat.

Gallery Hotel Kresna
HISTORISCHES HOTEL $$$

(📞0286-324111; www.kresnahotelwonosobo.com; Jl Pasukan Ronggolawe 30; Zi./Deluxe-Zi. mit Frühstück 650 000/825 000 Rp; ✳@🐾🏊) Das 1921 als Refugium für niederländische Pflanzer erbaute Kresna hat mit Buntglasfenstern und polierten Böden einen gewissen kolonialen Charme bewahrt. Leider wird wenig investiert, um den Standard zu halten, und die Zimmer sind altmodisch und schlecht ausgestattet. Das Personal ist aber nett, und es gibt ein großes Restaurant, eine angenehme Bar, einen Billardtisch und einen großen Pool.

 Essen

Basement Café and Resto
INTERNATIONAL $

(📞0286-322992; Jl Jenderal A Yani 137; Hauptgerichte 35 000 Rp, großes Bintang 48 000 Rp; ⏱13–23 Uhr) Livemusik an jedem Samstag (19.30–22 Uhr) trägt dazu bei, die stilvolle Kellerbar mit Restaurant zu einem beliebten Treff für Einheimische und Ausländer zu machen. Das Lokal im Herzen der Stadt serviert regionale und einfache internationale Gerichte, überzeugt aber vor allem mit seinem köstlichen Kaffee, der mit selbst gebackenem Lebkuchen serviert wird.

Dieng
INDONESISCH $

(📞0286-321266; Jl Sindoro 12; Gerichte 15 000–40 000 Rp; ⏱8–19 Uhr; 🍴) Das Restaurant in einem Gebäude der niederländischen Kolonialzeit lebt vor allem zur Mittagszeit auf, wenn Busladungen von Touristen auf dem Weg zum Dieng-Plateau das Mittagsbüfett stürmen. Zu den angebotenen Speisen gehören *mie goreng* (gebratene Nudeln), *rendang* (Rindfleisch-Kokos-Curry), Suppen, Brathähnchen und Shrimps sowie diverse vegetarische und Tofu-Gerichte. Am frühen Abend ist das Essen ein bisschen retro!

Shanti Rahayu
INDONESISCH $

(📞0286-321357; Jl Jenderal A Yani 122; Gerichte 15 000–35 000 Rp; ⏱8–21 Uhr) Die Einheimischen meinen, dass dieses günstige, fluoreszierend beleuchtete Restaurant mit die authentischste zentraljavanische Küche hat. Die Hähnchencurrys sind zu empfehlen, und die Auswahl an Reis-Crackern ist rekordverdächtig.

🍷 Ausgehen & Nachtleben

Das historische Hotel Kresna hat eine Bar mit Billardtisch, in der man abends gut etwas trinken kann; das Basement Café and Resto lockt ein jüngeres Publikum an.

De Koffie
CAFÉ

(Jl Mayor Kaslam 29; ⏱14–22 Uhr) In dem munteren Treff mit freundlich-jugendlicher Atmosphäre treten jeden Samstag um 19 Uhr Livebands auf. Hauptgerichte kosten rund 22 500 Rp.

Café Juminten Restaurant & Gallery
CAFÉ

(Jl Mayor Kaslam 39; ⏱11–22 Uhr) Das attraktive Café an einer ruhigen Parallelstraße zur Hauptstraße durch die Stadt lockt ein junges Publikum an. Gelegentlich gibt's hier Livemusik. Teespezialitäten kosten 10 000 Rp.

🛈 Praktische Informationen

BNI Bank (Bank Negara Indonesia; Jl Jenderal A Yani; ⏱Mo–Sa 8–16 Uhr)

🛈 An- & Weiterreise

Wonosobos **Hauptbusbahnhof Mendolo** (Jl Raya Kertek) liegt 4 km außerhalb der Stadt an der Straße nach Magelang.

Busse, die bis gegen 16 Uhr fahren, verbinden Wonosobo mit Yogyakarta (60 000 Rp, 4 Std.), Jakarta (150 000 Rp, 10–12 Std.), Borobudur (25 000 Rp, 3 Std.) und Magelang (15 000 Rp, 40 Min.). Es fahren auch Busse nach Surabaya

(185 000 Rp, 10 Std.) und Bandung (88 000 Rp, 8½ Std., 18 Uhr).

Stündlich fahren Busse über Ambarawa (35 000 Rp, 2½ Std.) nach Semarang (45 000 Rp, 4 Std.).

Den ganzen Tag über (bis 17 Uhr) fahren häufig Busse nach Dieng (25 000 Rp, 1 Std.) und weiter nach Batur; man kann sie an der Jl Rumah Sakit nehmen, 100 m entfernt vom Duta Homestay (S. 123).

Sumber Alam (✆ 0286-321589; www.sumber alam.co.id) bietet Minibusse mit Tür-zu-Tür-Service über den Borobudur (50 000 Rp, 2½ Std.) nach Yogyakarta (60 000 Rp, 3½ Std.).

Dieng-Plateau

✆ 0286 / WENIGER ALS 3000 EW. / 2085 M

Auf dem hohen Vulkanplateau von Dieng („Wohnsitz der Götter"), einer fruchtbaren Landschaft mit terrassierten Kartoffel- und Tabakfeldern, erheben sich einige der ältesten hinduistischen Baudenkmäler auf Java. Mehr als 400 Tempel, die überwiegend im 8. und 9. Jh. errichtet wurden, bedeckten einst die 2000 m hohe Ebene, dann wurden sie aufgegeben und verlassen und erst 1856 von dem Archäologen van Kinsbergen wiederentdeckt.

Die gedrungenen, schlichten Tempel sind zwar von hoher archäologischer Bedeutung, für Laien aber etwas enttäuschend. Der Hauptgrund für die lange Fahrt in diese Region ist daher eher die faszinierende Landschaft, die während und kurz nach der Regenzeit besonders eindrucksvoll ist.

Ein Wort der Warnung: Die Gegend ist zu einem beliebten Ziel für Bustouren geworden, und leider hat dies zur Verschandelung einiger Sehenswürdigkeiten, insbesondere des Kawah Sikidang beigetragen. Wer schon anderswo aktive Krater seen gesehen hat, kann sich Kawah Sikidang sparen.

◉ Sehenswertes & Aktivitäten

Die Tempel und die natürlichen Hauptsehenswürdigkeiten lassen sich gut an einem Tag zu Fuß besuchen. Ein früher Aufbruch lohnt sich, weil am Nachmittag der Nebel einsetzt und das Wasser des Telaga Warna (Bunten Sees) bei Sonnenschein am eindrucksvollsten ist.

Eine angenehme, drei- bis vierstündige Wanderung beginnt am Arjuna-Komplex nahe dem Dorf Dieng und führt in einer Straßenschleife zum Candi Bima, dem Krater des Kawah Sikidang und dem Telaga Warna. Man kann um den See herumlaufen oder vom

nahgelegenen Hügel einen Blick auf ihn werfen, ehe man ins Dorf zurückkehrt.

Angesichts der Vorliebe der Einheimischen für Selfies wirkt das Plateau heute wie eine einzige Fotokulisse. Viele natürliche Sehenswürdigkeiten sind mit Schaukeln, riesigen Schriftzügen, herzförmigen Selfie-Umrahmungen und anderem Touristenkram verschandelt. Das mag einen gewissen kulturellen Reiz haben, ist aber für jene lästig, die Zwiesprache mit der ungebändigten Natur halten wollen. Ein weiteres Problem sind die überall herumliegenden Abfälle.

★ **Telaga Warna**   SEE
(Farbiger See; Mo-Fr 107 500, Sa & So 157 500 Rp; ⊙ 7–17 Uhr) Der von Hochwald und steilen, mit Gemüse bestellten Terrassen umgebene See ist berühmt für sein exquisites Farbspiel, das zwischen zartem Türkis und tiefem Kobaltblau changiert. Die Färbung stammt von den aus der Tiefe aufsteigenden Schwefelablagerungen. Ein überwiegend betonierter Weg führt um den Telaga Warna und den angrenzenden Telaga Pengilon herum. Am See finden sich viele geschützte Orte für ein Picknick, und man kann auf Pfaden durch die Terrassen wandern.

Ratapan Angin   AUSSICHTSPUNKT
(Dieng Plateau Theatre; 30 000 Rp; ⊙ 5–18 Uhr) Es lohnt sich, den Hügel über dem Telaga Warna (S. 124) zu erklimmen, um den spektakulären Blick auf den See zu genießen. Man kommt mit dem Auto bis auf ca. 500 m an den eingerichteten Aussichtspunkt Ratapan Angin (der als „Dieng Plateau Theatre" ausgeschildert ist) heran, muss aber den letzten halben Kilometer bis zur Spitze einen steilen Pfad erklimmen. Auf der Spitze haben geschäftstüchtige Einheimische diverse Selfie-Stationen aufgebaut, darunter eine Seilbrücke und Schaukeln. Diese Kulissen verstellen zumindest nicht die Aussicht, die vor allem beim Sonnenuntergang spektakulär ist.

Candi Bima   HINDUISTISCHER TEMPEL
GRATIS Der Candi Bima thront stolz über seiner Prozessionstreppe. Der reich dekorierte Tempel, bei dem skulptural gearbeitete Köpfe aus jeder *kudu*-Nische herunter spähen, ist für Java einmalig. Er liegt bei einer Wandertour über das zentrale Plateau auf halber Strecke an der Abzweigung zum Kawah Sikidang.

Gunung Sikunir   AUSSICHTSPUNKT
Die Hauptattraktionen südlich des Dorfs Dieng sind dieser 1 km hinter dem Dorf

Sembungan gelegene Aussichtspunkt, von dem aus man den Sonnenaufgang erleben kann, und der **Telaga Cebong**, ein flacher See. Die Aussicht vom Gunung Sikunir ist spektakulär und reicht an klaren Tagen über das Dieng-Plateau bis zu den Vulkanen Merapi und Merbabu im Osten. Um bei Sonnenaufgang auf dem Hügel zu sein, muss man um 4 Uhr in Dieng aufbrechen. Man marschiert eine Stunde bis nach Sembungan und weitere 30 Minuten bis auf die Hügelspitze. Führer verlangen ca. 150000 Rp pro Person.

Kawah Sileri SEE
Der Kawah Sileri, der 2 km von der Hauptstraße und 6 km vom Dorf Dieng entfernt ist, ist ein rauchender Krater, der mit einem heißen See gefüllt ist, der von dem oberhalb liegenden Hügel einen spektakulären Anblick bietet. Der geschützte Aussichtspunkt ist mit dem Auto erreichbar – wenn man einen Fahrer findet. Der schwefelhaltige Dampf, der aus dem Kessel aufsteigt, und die über den Hügel verteilte Asche belegen, wie stark die vulkanische Aktivität an dieser Stätte ist.

Arjuna-Komplex HINDUISTISCHER TEMPEL
(inkl. Candi Gatutkaca & Kawah Sikidang 30000 Rp; ☉7–18 Uhr) Die fünf, Shiva geweihten Haupttempel, die den Arjuna-Komplex bilden, stehen eng beieinander in der Mitte des Dieng-Plateaus. Wie andere Tempel in der Gegend sind sie nach Figuren des auf Java aus Puppentheatervorstellungen bekannten Epos Mahabharata benannt: Arjuna, Puntadewa, Srikandi, Sembadra und Semar. An den Bauten mit mundförmigen Tür- und glockenförmigen Fensteröffnungen werden auch heute noch Zeremonien durchgeführt, z. B. das Verbrennen von Weihrauch. Erhöht angelegte Pfade verbinden die Tempel, weil das Gebiet während der Regenzeit oft überschwemmt ist.

Museum Kailasa Dieng MUSEUM
(5000 Rp; ☉8–15 Uhr) Das Museum zeigt in zwei Gebäuden eine Reihe hinduistischer Statuen und kulturelle Artefakte. Das Museum ist für viele nur von mäßigem Interesse, enthält aber ein paar Highlights, darunter eine Statue von Shivas Reitbullen Nandi (mit dem Körper eines Mannes und dem Kopf eines Stiers), eine Shiva-Statue ohne Kopf und einen animistischen Wasserspeier in Form eines erigierten Phallus. Die Exponate sind nur auf Bahasa Indonesia ausgeschildert.

Das Museum liegt an der Straße schräg gegenüber dem **Candi Gatutkaca** (inkl. Arjuna-Komplex & Kawah Sikidang 30000 Rp).

Kawah Candradimuka SEE
9 km vom Dorf Dieng entfernt führt ein schöner, 1,5 km langer Weg durch Felder zum Kawah Candradimuka. Eine Abzweigung führt zu zwei Seen, dem Telaga Nila (eine längere, zweistündige Wanderung) und dem Telaga Dringo. Nur ein paar hundert Meter hinter der Abzweigung zum Kawah Candradimuka befindet sich die Quelle Sumur Jalatunda, ein rund 100 m durchmessendes tiefes Loch mit steil abfallenden Wänden und leuchtend grünem Wasser in der Tiefe. Nur die Quelle ist mit dem Auto erreichbar.

Sembungan DORF
Südlich des Geothermie-Kraftwerks führt die asphaltierte Straße nach Sembungan, das auf 2300 m als das höchstgelegene Dorf auf Java gilt. Durch den Anbau von Kartoffeln ist diese große Gemeinde vergleichsweise wohlhabend. Im Rahmen einer Wanderung zum eine halbe Stunde hinter dem Dorf gelegenen Aussichtspunkt Gunung Sikunir ist Sembungan durchaus ein lohnendes Ziel.

Kawah Sikidang SEE
(inkl. Arjuna-Komplex & Candi Gatutkaca 30000 Rp)
Dieser Vulkankrater mit dampfenden Erdspalten und blubbernden Schlammbecken ist eine größere örtliche Touristenattraktion, wie die vielen *warungs* (Imbissstände) und strategisch positionierten Selfie-Stationen belegen. So faszinierend die Blasen bildenden Schlammlöcher und pfeifenden Dampfauslässe auch sind, hier kann man leider keinesfalls Zwiesprache mit der Natur halten, zumal auch noch Quad-Pisten und überall herumliegender Abfall die Stätte verschandeln. Immerhin eignet sie sich aber für eine erste Begegnung mit einer aktiven Vulkanlandschaft.

Gunung Prau WANDERN
Eine beliebte, steil ansteigende geführte Wanderung führt in drei Stunden auf den Gunung Prau (2565 m). Man startet um 3 Uhr im Dorf Dieng, um zum Sonnenaufgang auf dem Berg zu sein. Oben gibt es keine eigentliche Spitze, sondern eine gewellte Savanne mit Blick auf fünf Vulkane und acht Berge. Mehrere Veranstalter bieten diese Wanderung an; Losmen Budjono (S. 126) berechnet dafür 250000 Rp.

🛏 Schlafen & Essen

Die mehr als ein Dutzend Gästehäuser von Dieng sind von notorisch schlechter Qualität. Spartanische, ziemlich schmuddelige Zimmer und kaltes oder lauwarmes Wasser sind die Regel. Das Dorf ist winzig, und die meisten Unterkünfte liegen an der Hauptstraße. Eine Übernachtung in Wonosobo, wo es bessere Einrichtungen gibt, ist eine komfortablere Alternative.

Auch das Essen ist in Dieng nicht besonders, wenn auch Losmen Budjono (S. 126) schmackhafte Gerichte und kaltes Bier zu bieten hat. Im Ort sollte man *purwaceng* probieren, ein Kraut aus der Region. Es wird oft als Tee oder mit Kaffee zubereitet und soll einen bei kaltem Wetter aufwärmen.

Losmen Budjono PENSION $
(📞0286-642046, 0852 2664 5669; www.losmen-budjono.com; Jl Raya Dieng, Km 26; Zi. mit Gemeinschaftsbad/eigenem Bad 100 000/200 000 Rp; 🛜) Das nahe der Abzweigung nach Wonosobo gelegene schlichte und gesellige Gästehaus beherbergt schon seit Jahren Backpacker und hat mit seinen einfachen, sauberen Zimmern einen gewissen maroden Charme. Das freundliche, ordentliche Restaurant im Erdgeschoss (Hauptgerichte 12 000–25 000 Rp) besitzt Tischtücher und Spitzenvorhänge und serviert leckere Eier mit Fritten, die mit Kartoffeln aus der Region gemacht sind.

Homestay Arjuna GASTFAMILIE $
(📞0813 9232 9091; Jl Telaga Warna; Zi. 200 000–250 000 Rp) Die Zimmer in diesem freundlichen Familienhaus sind hübsch und sauber. Sie haben Bettdecken mit Blumenmuster, getünchte Wände und Badezimmer mit Warmwasser. Manche haben auch Zugang zu einer Terrasse an der Straße mit Blick in das grüne Farmland. In der Lobby gibt's einen Koi-Teich, außerdem einfache Gerichte und kostenloses Trinkwasser für mehrfach verwendbare Trinkflaschen. Der Gebetsruf ist hier nicht zu überhören!

Dahlia Homestay GASTFAMILIE $
(📞0852 2722 3433, 0852 2639 0053; Jl Raya Dieng; Zi. 250 000 Rp) Das nette Familienhaus mit gepflegtem Garten bietet anheimelnde schlichte Zimmer mit Holzmöbeln und eigenen Bädern mit Warmwasser. Im Haus gibt's auch Mahlzeiten.

Homestay Flamboyan GASTFAMILIE $$
(📞0813 2760 5040, 0852 2744 3029; www.flamboyandieng.com; Jl Raya Dieng 40; EZ/DZ 200 000/350 000Rp; 🛜) Dieses Homestay, eines von

dreien an dieser Ecke, bietet schlichte, aber ordentliche Zimmer. Alle haben eigene Bäder mit Waschzubern (*mandi*), hohe Decken und eine einfache Einrichtung, die durch bunte Bettdecken aufgeheitert wird.

ℹ Praktische Informationen

Die **BRI Bank** (Jl Raya Dieng) nahe dem Hotel Gunung Mas hat einen Geldautomaten und wechselt US-Dollars ein.

ℹ An- & Weiterreise

Dieng liegt 26 km von Wonosobo entfernt, von wo aus Busse fahren (20 000 Rp, 45–60 Min.). Die meisten Traveller besuchen Dieng im Rahmen einer Tagestour. Reiseveranstalter wie Jogja Trans (S. 137) in Yogyakarta berechnen 650 000 Rp pro Auto (max. 5 Pers.) für die Tour mit einem Zwischenhalt am Borobudur auf der Rückfahrt.

Borobudur

📞 0293 / 113 150 EW. / 270 M

Zusammen mit Angkor Wat in Kambodscha und Bagan in Myanmar ist der Borobudur eine der großen kulturellen Ikonen Südostasiens. Das über flaschengrüne Reisfelder und Reste von tropischem Regenwald aufragende kolossale buddhistische Monument hat Vulkanausbrüche, einen Terrorangriff und zuletzt das Erdbeben von 2006 überstanden, welches zwar beträchtliche Schäden verursachte, aber den wichtigsten Tempeln nichts anhaben konnte.

Der Borobudur liegt inmitten einer Gegend voller attraktiver, vom Reisanbau lebender und von Vulkangipfeln umringten *kampung* (Dörfer). Die Einheimischen nennen das Gebiet den Garten Javas, und wegen der ländlichen Familienunterkünfte und Pensionen, der verstreuten Tempel und der traditionellen Herstellung von Honig und Tofu lohnt sich hier zumindest eine Übernachtung. Für alle, die den bukolischen Charme des Borobudurs als ein heilsames Gegengift zum städtischen Trubel im nahen Yogyakarta empfinden, gibt's viele Gründe, den Aufenthalt zu verlängern, nicht zuletzt die Touren zu Gemeinden, in denen man die örtliche Kultur kennenlernen kann.

Geschichte

Über die frühe Geschichte des Borobudurs ist wenig bekannt. Man weiß, dass die Anlage irgendwann zwischen 750 und 850 n. Chr. unter der Herrschaft der Sailendra-Dynastie

DEN BOROBUDUR RICHTIG AUSKOSTEN

Da die Tempelanlage eine der größten historischen Sehenswürdigkeiten Indonesiens ist, kommen zu jeder Tageszeit sehr viele Touristen. Besonders groß ist der Andrang an den Wochenenden. Viele Touristen sind bereit, den Aufpreis für einen Besuch beim Sonnenaufgang oder Sonnenuntergang zu bezahlen, weil sie vergeblich hoffen, dann etwas Ruhe und Frieden auf dem Gelände zu finden. Wer mit der Erwartung kommt, die Tempelanlage ganz für sich allein zu haben, kann nur enttäuscht werden.

Man sollte erst gar nicht versuchen, den Massen auszuweichen, sondern sich auf die Stätte einlassen, wie sie nun einmal ist: ein Fest des glücklichen Tourismus, wo man sich unter andere Besucher mischt, sich hinter Mauern duckt, damit andere Selfies machen können, die vortäuschen, sie seien gerade allein auf dem Gelände. So kann man den Gruppen von Schulausflüglern, den Familien, einheimischen Touristen und Pilgern Interesse abgewinnen und etwas über das heutige Indonesien erfahren. Das gelingt auch deshalb ganz einfach, weil Ausländer immer wieder von indonesischen Touristen gebeten werden, mit ihnen für ein Foto zu posieren, wodurch sich leicht ein Gespräch anknüpfen lässt.

Wer trotz allem etwas Ruhe auf dem Denkmal finden will, muss kreativ sein, denn selbst bei größtem Besucherandrang kann man wegen der Struktur der Anlage Orte finden, an denen man einen Augenblick der ruhigen Betrachtung widmen kann. Die meisten Besucher streben gleich zur Spitze des Monuments, machen ein paar Fotos und steigen über die entgegengesetzte Treppe wieder hinunter. Nimmt man aber die langsame Route zur Spitze und wandert im Uhrzeigersinn rund um jede der sechs Terrassen, entdeckt man gewiss eine Reihe herrlicher Reliefs, die von den anderen Besuchern übersehen werden, die schnell nach oben gelangen wollen. Diese Route ist auch die bessere Einstimmung auf die oberste Terrasse mit ihrem auffälligen Stupa.

Der Borobudur lässt sich auch gut erleben, wenn man mit einem Pferdewagen rund um den Sockel fährt. Bei der 20-minütigen Fahrt eröffnen sich unzählige Blickpunkte auf den Tempel, der zu verschiedenen Tageszeiten ganz unterschiedlich wirkt. Es gibt einen kleinen Hügel mit etwas Schatten rund 100 m direkt südlich des Tempels, auf dem man der Hitze entkommen und in vergleichsweiser Beschaulichkeit über das Monument nachsinnen kann.

errichtet wurde. Ein gewaltiges Reservoir von Arbeitskräften wurde gebraucht, um die 60 000 m³ an Stein, die für den Bau des Tempels benötigt wurden, abzubauen, zur Baustelle zu schaffen und zu bearbeiten – aber die Einzelheiten dieses Prozesses sind genauso ins Dunkel gehüllt wie der Name der Stätte, der vielleicht von den Sanskrit-Wörtern „Vihara Buddha Uhr" abgeleitet ist, die „buddhistisches Kloster auf dem Hügel" bedeuten.

Der Borobudur wurde bald nach seiner Fertigstellung verlassen, zum Teil wegen des Niedergangs des Buddhismus auf der Insel und zum Teil, weil sich das Zentrum der Macht von Zentral- nach Ostjava verschob. Danach war er jahrhundertelang vergessen. Erst 1815, als Sir Thomas Stamford Raffles als britischer Gouverneur über Java herrschte, wurde die Stätte wiederentdeckt und später von der überwuchernden Vegetation befreit, sodass das ganze Ausmaß der Anlage und die Qualität der Bauwerke wieder sichtbar wurden.

Die Restaurierung des Tempels begann im frühen 20. Jh. unter der Leitung der Niederländer. Im Verlauf der Jahre wurde der Hügel, auf dem der Borobudur erbaut ist, vom Wasser unterhöhlt, und die gesamte Steinmasse begann nachzugeben. Zwischen 1973 und 1983 wurde deshalb ein 25 Mio. US-Dollar teures, von der UNESCO finanziertes Restaurierungsprojekt durchgeführt, um das Monument zu stabilisieren. Dabei wurden große Teile der Anlage Stein für Stein abgebaut, neue Betonfundamente gelegt, PVC und ein Entwässerungssystem mit Bleirohren eingebaut und dann die Bauten wieder zusammengesetzt.

Im Jahr 1991 wurde der Borobudur zu einer UNESCO-Welterbestätte erklärt.

⊙ Sehenswertes

★ **Borobudur**   BUDDHISTISCHER TEMPEL
(www.borobudurpark.com; Erw./Student & Kinder zw. 6 und 10 Jahren 350 000/210 000 Rp, bei Sonnenaufgang & Sonnenuntergang 450 000 Rp, 90-minütige Führung für 1–5 Pers. 150 000 Rp;

6–17.15 Uhr) Der im Verlauf des 8. und 9. Jhs. aus 2 Mio. Steinblöcken erbaute Borobudur ist der größte buddhistische Tempel der Welt und eine der bedeutendsten kulturellen Stätten Indonesiens. Der Tempel hat die Form eines symmetrischen Stupa. Er bedeckt einen Hügel und steht in einem Gelände mit gepflegten Rasenflächen, die von tropischen Hartholzbäumen umgeben sind. Das schöne Monument mit seinen bemerkenswert detaillierten Steinreliefs wirkt bei Sonnenaufgang und Sonnenuntergang besonders eindrucksvoll, sodass sich der höhere Eintrittspreis zu dieser Zeit tatsächlich lohnt.

Der Borobudur wurde als ein Abbild des buddhistischen Universums entworfen. Auf einem quadratischen Sockel erheben sich eine Reihe quadratischer Terrassen und darüber drei runde Plattformen, die durch vier Treppen erschlossen werden, die durch reliefbedeckte Tore zur Spitze führen. Aus der Luft gesehen, erinnert das Bauwerk an ein dreidimensionales tantrisches Mandala, das die buddhistischen Pilger aus der in den Steinreliefs dargestellten Alltagswelt zur Betrachtung des Nirvana in dem Stupa führte, der das Monument bekrönt.

Die 2,5 km langen schmalen Korridore sind mithin ein spiritueller Pfad der Erleuchtung. Sie sind mit einer reichen Abfolge von Steinreliefs geschmückt, die gute Einblicke in die altjavanische Kultur und in die buddhistischen Lehren vermitteln. Der Hauptzugangspunkt ist das östliche Tor. Von dort sieht man auf den unteren Terrassen im Uhrzeigersinn Szenen aus der sinnlichen Welt der Leidenschaften und des Verlangens; einige Friese wurden durch eine zusätzliche Wand überdeckt, aber an der Südseite des Monuments sind sie teilweise sichtbar. Böse Taten werden durch eine niedrigere Reinkarnation bestraft, gute mit einer Reinkarnation in einer höheren Lebensform belohnt.

Fast 1460 erzählende und 1212 dekorative Felder schmücken die sechs Terrassen des Denkmals. Führer können helfen, die Szenen mit ihren Schiffen und Elefanten, Musikanten und tanzenden Mädchen, Kriegern und Königen zu entschlüsseln. Einige Szenenfolgen erstrecken sich über mehrere Felder. Auf der dritten Terrasse sieht man z.B., wie der Königin Maya im Traum weiße Elefanten mit sechs Stoßzähnen erschienen, ein Vorzeichen, dass ihr Sohn zu einem Buddha werden würde, und dann Szenen aus dem Leben Siddharthas von seiner Geburt bis zu seiner Erleuchtung. Viele andere Felder erläutern das Karma, das buddhistische Konzept von Ursache und Wirkung.

Man braucht nur wenig Anleitung, um von den oberen Plattformen mit ihren vielen Buddhabildern beeindruckt zu sein. Insgesamt 432 sitzende Figuren und 72 weitere Statuen (viele heute ohne Kopf) schmücken die durchbrochen gemauerten Stupas auf den drei oberen Terrassen. Die oberste Plattform ist kreisrund und damit ein Symbol der Ewigkeit. Welche Glaubensüberzeugungen man auch hat, der Blick von der Spitze der Tempelanlage ist herrlich – vor allem an feuchten Tagen, wenn von den umliegenden Reisfeldern Nebel aufsteigt. Und er wird noch herrlicher, wenn man langsam über die einzelnen Terrassen zum obersten Punkt hinaufsteigt.

Im Eintritt für den Tempel ist auch der Eintritt zum **Karmawibhangga-Museum** mit 4000 originalen Steinen und Reliefs aus dem Tempel und zum **Borobudur-Museum** mit weiteren Relikten, interessanten Fotos und Gamelan-Darbietungen (9 & 15 Uhr) enthalten. Das Museum Kapal Samurrarska zeigt eine lebensgroße Replik eines Gewürzschiffs aus dem 8. Jh., das getreu nach dem Vorbild eines Handelsschiffs gebaut wurde, das auf einem der Reliefs des Borobudurs dargestellt ist.

Die Tickets für den Tempel, in denen auch ein kostenloser Audioguide enthalten ist, können online auf der Website gekauft werden. Ein kombiniertes Ticket für die Tempelanlagen Borobudur und Prambanan (Erw./ Kind 560 000/350 000 Rp) ist nur zwei Tage gültig und enthält nicht den Aufpreis für den Besuch beim Sonnenaufgang oder Sonnenuntergang.

⭐**Candi Mendut** BUDDHISTISCHER TEMPEL
(Jl Mayor Kusen 92; 3500 Rp, inkl. Eintritt zum Candi Pawon; 6–17.30 Uhr) Der exquisite Tempel rund 3,5 km östlich vom Borobudur mag im Vergleich zu seinem mächtigen Nachbarn unscheinbar wirken, beherbergt aber die bedeutendste Statue, die auf Java noch in ihrer ursprünglichen Aufstellung in einem Tempel zu finden ist. Die prächtige, 3 m hohe Buddha-Figur wird von den Bodhisattvas Avalokiteshvara (zur Linken) und Vajrapani (zur Rechten) flankiert. Die Buddha-Statue ist auch durch ihre Haltung bemerkenswert: Der Buddha sitzt nach westlicher Art, beide Füße berühren den Boden.

Abends ist der Tempel besonders eindrucksvoll, wenn er vor dem Abendhimmel angestrahlt wird und die hohe innere Kammer wie aufgeladen von übernatürlicher Energie wirkt. Die Wächter erlauben Besuchern auch nach Einbruch der Dunkelheit den Eintritt, wenn sie von einem örtlichen Führer begleitet werden (bei Jaker, s. unten, nachfragen).

Neben dem Tempel befindet sich ein grünes, sprödes buddhistisches Kloster mit Palmen und Bambusbäumen. Besucher können an den Gruppenmeditationen teilnehmen, die täglich um 19 Uhr stattfinden. Gäste werden auch für eine Meditations-Klausur (3 Tage mit Übernachtung) aufgenommen.

Candi Pawon BUDDHISTISCHER TEMPEL
(3500 Rp, inkl. Eintritt zum Candi Mendut; ⏲8–16 Uhr) Der kleine, freistehende Tempel liegt neben hübschen Häusern mit Ziegeldächern rund 1,5 km östlich von Borobudur und ähnelt in seiner Gestalt und Verzierung dem Candi Mendut. Wie andere zentraljavanische Tempel hat er einen breiten Sockel und ein Pyramidendach und ist mit fein gearbeiteten Relieffriesen dekoriert. Die dickbäuchigen Zwerge, die Reichtümer über den Eingang dieses Tempels ausschütten, lassen vermuten, dass er Kubera, dem vedischen Gott des Reichtums geweiht war.

Museum Kapal Samurrarska MUSEUM
(Borobudur-Gelände; 25 000 Rp inkl. Film) Das Museum, das der Bedeutung des Ozeans und des Schiffshandels für Indonesien gewidmet ist, beherbergt ein 18 m langes hölzernes Auslegerboot, das der Nachbau eines Bootes ist, das auf einem Steinrelief am Borobudur zu sehen ist. Dieses Boot segelte im Jahr 2003 zuerst nach Madagaskar und dann weiter nach Ghana. Es folgte damit uralten Handelsrouten der Javaner und stellte die einstige Bedeutung des Gewürzhandels mit Afrika heraus.

👉 Geführte Touren

Kaleidoscope of Java (S. 137) ist ein ausgezeichneter Veranstalter in Yogyakarta, der faszinierende Touren in die Region um den Borobudur anbietet. Für kulturell Interessierte sind die Touren des örtlichen Veranstalters Jaker sehr zu empfehlen

⭐ Jaker TOUR
(☎0293-788845; jackpriyana@yahoo.com.sg; Lotus II Homestay, Jl Balaputradewa 54; ⏲3- bis 4-stündige Dorfbesuche 150 000–250 000 Rp) 🏃 Die meisten Mitglieder dieser Gruppe örtlicher Fremdenführer stammen aus der Umgebung, haben große Ortskenntnis und sprechen fließend Englisch. Bei typischen Touren besucht man Selogriyo (mit Reisterrassen und einem kleinen Hindu-Tempel), Tuksongo (wo Glasnudeln hergestellt werden), ferner Dörfer, die sich der Produktion von Tofu und Töpferwaren widmen, eine große Batik-Werkstatt sowie schließlich das einem Hügel liegende Setumbu, von wo man den Sonnenuntergang über dem Borobudur bewundert.

🎉 Feste & Events

Festival of Borobudur KULTUR
Rund um den Juni bringt das bunte Festival of Borobudur Ramayana-Tanztheater, Volkstanzwettbewerbe und Kunsthandwerksausstellungen. Für Besucher gibt's Wildwasserfahrten und andere Aktivitäten im Ort und in der Umgebung.

Waisak RELIGION
Die Geburt des Buddha, seine Erleuchtung und sein Eingehen ins Nirwana werden am Vollmondtag im Mai oder frühen Juni gefeiert. Eine große Prozession von Mönchen in safrangelben Roben zieht vom Candi Mendut zum Candi Pawon und weiter zum Borobudur, wo Kerzen entzündet und Blumen als Opfergaben verstreut werden – gefolgt von Gebeten und Gesängen. Der höchste buddhistische Festtag lockt Tausende Besucher an.

🛏 Schlafen

Rajasa Hotel & Restoran PENSION $
(☎0293-788276; Jl Badrawati II; Zi. mit Frühstück mit Ventilator & Kaltwasser 250 000 Rp, mit Klimaanlage & Warmwasser 400 000 Rp; ❄🍴📶) In den Zimmern des zu Recht beliebten, einladenden Gästehauses rund 1,5 km südlich des Busbahnhofs blickt man durch die vergitterten Fenster in die Reisfelder. Es gibt auch ein Familienzimmer für vier Personen (450 000 Rp). In dem traditionellen Wohnhaus befindet sich ein nettes Restaurant (Hauptgerichte 25 000–35 000 Rp), das javanische Spezialitäten, vegetarische Gerichte und kaltes Bier serviert. WLAN gibt's nur in der Lobby.

Lotus II Homestay PENSION $$
(☎0293-788845; jackpriyana@yahoo.com.sg; Jl Balaputradewa 54; Zi. mit Frühstück 225 000–500 000 Rp; ❄@📶) Das beliebte, freundliche Gästehaus gehört einem der Gründer von Jaker (S. 129), sodass man hier verlässliche Infos zum Ort in fließendem Englisch erhal-

ten kann. Die großen Zimmer sind hübsch eingerichtet; einige bieten einen schönen Blick in die benachbarten Reisfelder. Der Balkon hinten ist ideal fürs Frühstück, den Nachmittagstee oder ein abendliches Bier.

Pawon Luwak B & B   B&B $$
(☑ 0281-827 5797; Jl Balaputradewa 12; Zi. 300 000 Rp; ✳️🛜) Im Garten dieses Kaffeehauses gibt's Unterkunft in einer Reihe schlichter, traditioneller Zimmer. Warmwasser ist vorhanden, und zum Frühstück erhält man leckeren Kopi Luwak, den berühmten „Katzenkaffee".

Rumah Dharma   PENSION $$
(☑ 0813 9225 2557; ragiljumedi@hotmail.com; Zi. mit Frühstück 825 000 Rp; 🅿️✳️@🛜) Das empfehlenswerte Gästehaus besteht aus ordentlichen Cottages mit Teakholzdecken, die eine schöne Lage inmitten der Reisefelder haben. Das hilfsbereite Personal kann bei der Beschaffung von Fahrrädern helfen, aber die Anlage ist so schön, dass kaum Anreiz besteht, die Gegend zu verlassen.

⭐**Rumah Boedi**   BOUTIQUEHOTEL $$$
(☑ 0293-559498; www.rumahboediborobudur. com; Tingal, Wanurego; Zi. ab 990 000 Rp; ✳️🛜) In einem prächtigen Garten voller alter Hartholzbäume, vieler Schlingpflanzen und Orchideen präsentiert sich dieses Boutiquehotel 3 km östlich des Borobudurs als ein zauberhaftes ländliches Refugium mit Spa. Die zeitgenössischen Zimmer mit Wasserspielen liegen in eigenen lauschigen Gärten, und die Lounge befindet sich in einem großen, zu den Seiten offenen Pavillon. Das Restaurant serviert authentische, vom Chefkoch zubereitete regionale Gerichte.

Saraswati Borobudur   HOTEL $$$
(☑ 0293-788843; saraswatiborobudur@yahoo. co.id; Jl Balaputradewa 10; Zi. ab 1 300 000–3 850 000 Rp; 🅿️➖✳️@🛜) Das elegante Hotel in kolonialem Stil mit prächtigen Orchideen in seinem Marmorfoyer ist eine Überlegung wert, weil es eines der wenigen guten Hotels in Gehweite des Borobudurs ist. Zu den vielen angebotenen Dienstleistungen gehören der Transfer vom/zum Flughafen (350 000 Rp für bis zu 4 Pers.), Massagen (300 000 Rp/Std.) und Touren zu den Dörfern (ab 300 000 Rp).

**Plataran Borobudur
Resort & Spa**   RESORT $$$
(☑ 0293-788888; www.plataran.com; Jl Dusun Kretek, Karangrejo; Zi. mit Frühstück, Yoga & Nachmit-

tagstee ab 3 500 000 Rp; 🅿️➖✳️@🛜) Das elegante, historisch aufgemachte Resort umfasst 21 Villen. Im Mittelpunkt befindet sich ein Pavillon aus der Kolonialzeit mit breiter Veranda, in dem das ausgezeichnete Restaurant Patio (S. 130) residiert. In der Lobby können die Gäste den Sonnenaufgang mit einer Tasse Tee und dem Blick über die Reisfelder zum Borobudur genießen und dann vor dem Frühstück noch einmal ins Bett gehen.

🍴 Essen

Die meisten Hotels und Pensionen verfügen über Restaurants. Das Rajasa Hotel ist eine gute Wahl für javanische Spezialitäten zu moderaten Preisen, und im Patio (S. 130) kann man in einem kolonialen Ambiente bei herrlicher Aussicht elegant dinieren.

Günstiges regionales Essen findet man bei mehreren *warungs* vor dem Eingang zur Tempelanlage.

Alea Coffee Shop   CAFÉ $
(☑ 0812 8080 2956; Jl Balaputradewa 58; Hauptgerichte 10 000–25 000 Rp; ⏰ 7–24 Uhr; 🛜) Das ruhige Café mit Kunstgalerie und Plätzen im Freien, von denen aus man in die Reisfelder blickt, ist ein guter Ort für einen javanischen Kaffee oder ein kaltes Bier. Abends kann man unter den Lichterketten indonesische Gerichte genießen. Der geschäftstüchtige Inhaber hat auch Tagesbetten für Gäste aufgestellt, die nach dem Sonnenaufgang noch etwas ruhen wollen. Das Café veranstaltet auch Radtouren zu umliegenden Dörfern (250 000 Rp).

⭐**Patio**   INTERNATIONAL $$$
(☑ 0293-788888; www.plataranborobudur.com; Plataran Borobudur Resort & Spa, Jl Dusun Kretek, Karangrejo; Hauptgerichte 60 000–300 000 Rp; ⏰ 7–23 Uhr) Mit der zauberhaften Lage auf einem Hügel und traditioneller Musik ist dieses historisch aufgemachte Restaurant, das 4 km westlich vom Borobudur liegt, kaum zu übertreffen. Man isst in dem eleganten Speisesaal oder draußen auf der Terrasse mit Blick auf die Tempelanlage. Es gibt örtliche Gerichte mit modernem, internationalen Flair sowie auch eine umfangreiche Weinkarte.

ℹ️ Praktische Informationen

Die **Touristeninformation** (☑ 0293-788266; www.borobudurpark.com; Jl Balaputradewa 1; ⏰ 6–17.30 Uhr) ist eine nützliche Informationsquelle. Aber auch die Hotels und Pensionen

DÖRFER RUND UM DEN BOROBUDUR

Der Borobudur liegt in einem großen schalenförmigen Tal, das von Bergen und Vulkanen umringt ist, die die Einheimischen *mahagelan* – das riesige Armband – nennen. In dieser zerklüfteten Kette findet sich eine typisch javanische Landschaft mit alten Dörfern und fruchtbaren Reisfeldern, die noch nicht von der Zersiedlung der nahegelegenen javanischen Großstädte erfasst wurden.

Die meisten Besucher des Borobudurs kommen im Rahmen eines Tagesausflugs vom nahen Yogyakarta, wer aber etwas länger bleiben kann, wird hier mit den einfachen Freuden des ländlichen Lebens belohnt – mit köstlichem frischem Obst, sauberer Luft und einer Nachtruhe, die nur vom gelegentlichen Quaken eines Froschs gestört wird. Die Einheimischen wissen, wie attraktiv das auf die Städter wirkt, und bieten ländliche Refugien von Unterkunft bei Gastfamilien bis zu Resorts im Wald. Sie organisieren auch Besuche in nahen Dörfern, von denen jedes auf eine besondere Heimindustrie spezialisiert ist.

Zwei Dörfer innerhalb dieser ländlichen Idylle sind für Besucher besonders interessant: Die kleine Gemeinde Karang, 3 km westlich vom Borobudur, ist berühmt für die Herstellung von Tofu. Es gibt mehrere Küchen im Dorf, von denen jede pro Tag rund 50 kg *tahu* auf traditionelle Art mit Kokosöl über einem Holzfeuer produziert. Das nahegelegene Nglipoh ist ein Zentrum der Töpferei, in dem, wie die Einheimischen behaupten, schon seit mehr als 1000 Jahren Tontöpfe gebrannt werden. Alle Dorfbewohner haben auf die eine oder andere Art mit diesem Gewerbe zu tun. Heute werden hauptsächlich *ibu* (Kochtöpfe) produziert, man kann aber auch glasierte Aschenbecher und andere Gefäße kaufen.

informieren ihre Gäste gern über vor Ort verfügbare Spa-Anwendungen, javanische Massagen und Ausflüge zu Dörfern sowie weiteren Attraktionen. In der Nähe des Tempeleingangs gibt's einen Geldautomaten der **BNI Bank** (Jl Medang Kamulan; ☉ Mo–Sa 8–16 Uhr).

❶ An- & Weiterreise

Vom Busbahnhof Jombor in Yogyakarta starten Busse zum Borobudur (25 000 Rp, alle 30 Min., 1¼ Std.); die letzten Busse von/zum Borobudur fahren um 16 Uhr.

Vom Busbahnhof beim Borobudur fahren bis 16 Uhr Busse nach Magelang (10 000 Rp, stündl., 30 Min.).

Tagestouren zum Borobudur lassen sich am leichtesten im nur 42 km südöstlich gelegenen Yogyakarta vereinbaren.

❶ Unterwegs vor Ort

Fahrten mit *becaks* (Fahrradrikschas) kosten am Borobudur zwischen 10 000 und 15 000 Rp. Die meisten Hotels vermieten Fahrräder (30 000 Rp/12 Std.) und Motorräder (75 000–100 000 Rp).

Yogyakarta

☎ 0274 / 400 000 EW. / 110 M

Jakarta ist das finanzielle und industrielle Zentrum Javas, aber Yogyakarta (kurz Yogya, ausgesprochen: „Dschogdschakarta") ist die Seele der Insel und der Mittelpunkt ihres künstlerischen und intellektuellen Erbes. Hier wird die reinste javanische Sprache gesprochen, hier strahlen die Künste am hellsten, und hier sind die Traditionen am sichtbarsten.

Die heutige Stadt legt Wert auf ihre Unabhängigkeiten und ihre Sitten. An ihrer Spitze steht immer noch ein Sultan, dessen *kraton* (ummauerter Stadtpalast) den Mittelpunkt des traditionellen Lebens bildet. Gleichwohl ist das moderne Yogyakarta eine gewaltige Stadt (im Großraum leben mehr als 3,3 Mio. Menschen) mit Einkaufszentren, Fast-Food-Ketten und Verkehrsstaus, gleichzeitig aber auch eine Hochburg von Batik, Gamelan-Musik und Ritualen.

Insgesamt ist Yogyakarta Indonesiens coolste, lebenswerteste und liebenswerteste Stadt, die Straßenkunst, Galerien, Kaffeehäuser und jede Menge kultureller Attraktionen zu bieten hat. Gleichzeitig ist sie das Sprungbrett zum Besuch von Borobudur und Prambanan, den wichtigsten archäologischen Stätten in Indonesien.

Geschichte

Yogyakarta verdankt seine Gründung dem Fürsten Mangkubumi, der nach einem Erbfolgekrieg 1755 den westlichen Teil des Reiches von Mataram erhielt und seinen Kraton in Yogyakarta erbaute. Er nahm den Titel eines Sultans an und bestieg als Hamengku-buwono I. den Thron des mächtigsten javanischen Staates seit dem 17. Jh.

Yogya stand stets für den Widerstand gegen die Kolonialherrschaft: Hier lag das Machtzentrum des Prinzen Pangeran Diponegoro im Javanischen Krieg (1825–1830), und die Stadt war ab 1946 die Hauptstadt der Republik bis zum endgültigen Ende der Kolonialherrschaft im Jahr 1949.

Als die Niederländer während des Unabhängigkeitskrieges 1948 Yogyakarta besetzten, schloss sich der patriotisch gesinnte Sultan Hamengkubuwono IX. in seinem *kraton* ein und erlaubte den Widerstandskämpfern, den Palast als ihr Hauptquartier zu nutzen. Die Niederländer unternahmen nichts gegen den Sultan, weil sie den Zorn von Millionen Javanern fürchteten, die den Sultan fast wie einen Gott verehrten. Für seine Unterstützung der Unabhängigkeitsbewegung wurde der Sultan nach der Gründung Indonesiens Gouverneur der neu geschaffenen Sonderregion Yogyakarta, an deren Spitze auch heute noch der regierende Sultan steht.

⊙ Sehenswertes

Die meisten interessanten Sehenswürdigkeiten Yogyakartas konzentrieren sich im und rund um den *kraton* im Stadtzentrum sowie an der Hauptstraße Jl Malioboro und drum herum.

Neben historischen Wahrzeichen und Museen gibt's auch viele Stätten, wo man die blühende zeitgenössische Kunstszene erkunden kann; ein hilfreicher Wegweiser ist die *Jogya Art Map* des **Kedai Kebun Forum** (Karte S. 134; www.kedaikebun.com; Jl Tirtodipuran 3; ⊙ Mi–Mo 11–23 Uhr).

⊙ Kraton & Umgebung

Im historischen Areal des *kraton* findet man die meisten wichtigen Gebäude und touristischen Attraktionen von Yogyakarta. Das Viertel lässt sich am besten zu Fuß erkunden. Es hat zwar historische Wurzeln, ist aber kein verschlafenes Relikt, sondern ein faszinierendes Viertel, in dem sich vergnüglich herumspazieren lässt.

★ Kraton   PALAST

(Karte S. 134; ☎ 0274-373321; Jl Rotowijayan, Blok 1; Eintritt 15 000 Rp, Kamera 1000 Rp, Führung gegen Spende; ⊙ Sa–Do 8.30–13.30, Fr bis 12.30 Uhr, an Feiertagen geschl.) Gleich südlich des *alun-alun* (Hauptplatzes) bildet Yogyakartas riesiger *kraton* (Palast) das kulturelle und politische Zentrum der faszinierenden Stadt. Praktisch handelt es sich bei diesem Kom-

---

YOGYAKARTA IN …

… zwei Tagen

Der erste Tag beginnt mit einem Besuch des *kraton*, bei dem man traditionelle Gamelan-, *wayang*- oder Tanzdarbietungen genießt und am Nachmittag dann den *kampung* (Viertel) rund um den Sultanspalast und die nahegelegenen Taman Sari (S. 133) erkundet. Abends schlendert man durch die schmalen Straßen des traditionellen Viertels Sosrowijayan mit seinen vielen Restaurants.

Am zweiten Tag stöbert man auf der Jl Malioboro nach Batik-Souvenirs oder wandert durchs den Pasar Beringharjo (S. 135), den Hauptmarkt Yogyakartas. Mit einem *becak* (Fahrradriksha) fährt man auf der Suche nach Silberwaren nach Kota Gede (S. 136) und verbringt einen lässigen Abend auf der Jl Prawirotaman. Alternativ isst man im Mediterranea (S. 143) an der Jl Tirtodipuran zu Abend und gönnt sich in einer der vielen Bars in der Gegend einen Schlummertrunk.

… vier Tagen

Nachdem man zwei Tage lang Yogyakarta erkundet hat, ist es an der Zeit, ins Umland vorzudringen. Man muss früh aufbrechen, um den Sonnenaufgang an dem unvergleichlichen buddhistischen Tempel Borobudur (S. 127) zu erleben. Anschließend widmet man sich dem grünen Land und den faszinierenden Dörfern rund um die Tempelanlage. Übernachten kann man in einer der ländlichen Refugien vor Ort.

Am vierten Tag steht schließlich Prambanan (S. 157), das hinduistische Meisterwerk auf der anderen Seite der Stadt auf dem Programm; es macht Spaß, den ganzen Tag herumzuradeln und die kleineren, am Rand der Anlage liegenden Tempel zu besuchen.

plex aus Pavillons und Residenzen um eine ganze ummauerte Stadt mit ungefähr 25 000 Einwohnern, einem Markt, Läden, Heimindustrien, Schulen und Moscheen. Rund 1000 Einwohner stehen im Dienst des Sultans. Obwohl er praktisch ein Teil des *kraton* ist, gibt es für den Pagelaran-Pavillon (S. 135) am nördlichen *alun-alun* einen separaten Eingang (und ein separates Eintrittsticket).

Der *kraton* besteht aus einer Reihe luxuriöser Hallen, geräumiger Höfe und Pavillons. Die Anlage wurde zwischen 1755 und 1756 erbaut und zeigt europäische Einflüsse, z. B. in den niederländisch gestalteten Buntglasfenstern, die in den 1920er-Jahren hinzugefügt wurden. Ursprünglich gab es separate Eingänge für Männer und Frauen in den *kraton*, die von riesigen männlichen bzw. weiblichen Drachenfiguren bewacht wurden. Diese Trennung wird zwar nicht länger praktiziert, aber die Geschichte wird dennoch hochgeschätzt. Würdige ältere Hofbeamte in traditioneller javanischer Tracht bewachen den Palast. Der innerste Bereich ist für die Öffentlichkeit gesperrt, weil dort der regierende Sultan residiert; Besucher können aber einige der umliegenden Höfe besichtigen. Die Palastschätze sind leider nicht gut präsentiert, aber die gesamte Anlage ist faszinierend.

Im Mittelpunkt des *kraton* befindet sich die Empfangshalle, der **Bangsal Kencana** (Goldene Pavillon). Mit seinem feinen Marmorboden, dem reich verzierten Dach, Buntglasfenstern und beschnitzten Teakholzpfeilern ist die Halle prächtig und repräsentativ, wie sie für den Empfang ausländischer Würdenträger angemessen ist. Die Geschenke einiger berühmter Gäste, z. B. von Angehörigen europäischer Königshäuser, sind in zwei kleinen **Museen** im selben Hofkomplex ausgestellt. Zu den interessanten Ausstellungsstücken gehören auch vergoldete Kopien heiliger *pusaka* (Familienerbstücke der Sultansdynastie) und Gamelan-Instrumente, der Stammbaum der Dynastie, alte Fotos von großen Massenhochzeiten und Porträts der früheren Sultane von Yogyakarta. Ein modernes Erinnerungsgebäude ist dem beliebten Sultan Hamengkubuwono IX gewidmet und zeigt in einigen Seitenräumen Fotos und Dinge aus seinem persönlichen Besitz.

Außerhalb des *kraton* stehen mitten auf dem nördlichen *alun-alun* zwei heilige *waringin* (Banyanbäume). In den Zeiten der Feudalherrschaft, saßen hier weißgekleidete Bittsteller, die ruhig darauf warteten, dass das Auge des Herrschers auf sie fiel. Auf dem *alun-alun kidul* (südlichen Hauptplatz) stehen ebenfalls zwei Banyanbäume, die jenen großes Glück bringen sollen, die mit verbundenen Augen ohne anzustoßen zwischen ihnen hindurchgehen können – an Freitag- und Samstagabenden versuchen Jugendliche, dieses Kunststück zu vollbringen, wobei sie von ihren Freunden angefeuert werden.

Die **Vorstellungen**, die täglich im inneren Pavillon des *kraton* stattfinden, sind im Eintrittspreis enthalten. Derzeit gibt's Gamelan-Musik am Montag und Dienstag (10–12 Uhr), *wayang golek* (Puppentheater) am Mittwoch (9–12 Uhr), klassische Tänze am Donnerstag (10–12 Uhr), Lesungen javanischer Poesie am Freitag (10–11.30 Uhr), Puppentheater mit Lederpuppen am Samstag (9–13 Uhr) und javanische Tänze am Sonntag (11–12 Uhr).

★**Taman Sari**   PALAST
(Karte S. 134; Jl Taman; Eintritt 15 000 Rp, Kamera 3000 Rp; ☺9–15 Uhr) Dieser einst prächtige, zwischen 1758 und 1765 errichtete Lustgarten mit Palästen, Teichen und Wasserspielen war die Spielwiese des Sultans und seines Hofs. Es heißt, der Sultan habe den portugiesischen Architekten seines herrlichen Refugiums hinrichten lassen, um die Geheimnisse der Anlage sicher zu bewahren. Heute ist der Komplex eine Ruine. Die Anlage wurde während Diponegoros Krieg gegen die Niederländer und 1865 durch ein Erdbeben beschädigt, aber so weit restauriert, dass man einen Eindruck von der früheren Pracht gewinnen kann.

Rund um den Taman Sari liegt ein faszinierendes Wohnviertel mit traditionellen javanischen Häusern, die sich alle mit prächtigen Blumen, Ranken und Singvögeln schmücken. In dem Gebiet leben rund 2000 Menschen. Manche haben in den vorderen Zimmern ihrer Häuser Läden eingerichtet und verkaufen dort Kunsthandwerk oder Kaffee und Snacks. Ein geschäftstüchtiger Hausbesitzer verlangt Spenden, wenn jemand seinen Garten mit künstlichen, aus Recyclingmaterial gebastelten Blumen fotografieren will.

In der Mitte dieses Viertels kommt man durch ein Labyrinth schmaler Gassen zu einer einmaligen, **unterirdischen Moschee** mit einem zentralen, zum Himmel offenen Atrium, das über eine Treppenanlage zu er-

JAVA YOGYAKARTA

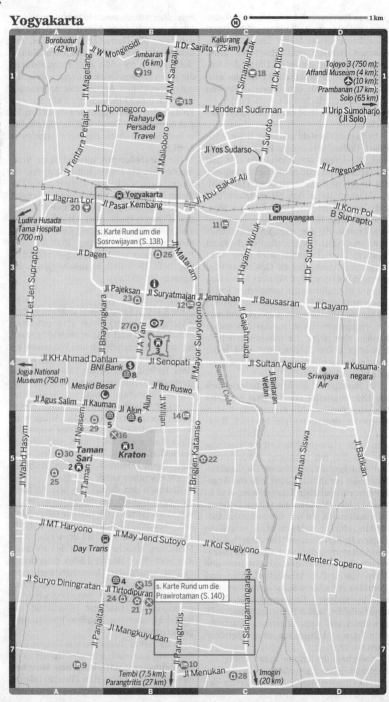

0 — 1 km

Borobudur (42 km)

Jl W. Monginsidi

Jl Magelang

Jimbaran (6 km) 19

Jl Dr Sarjito

Kaliurang (25 km)

Jl AM Sangaji

Jl Simanjuntak

Jl Cik Ditiro

18

Tojoyo 3 (750 m);
Affandi Museum (4 km);
(10 km);
Prambanan (17 km);
Solo (65 km)

13

Jl Diponegoro

Rahayu Persada Travel

Jl Malioboro

Jl Jenderal Sudirman

Jl Suroto

Jl Urip Sumoharjo (Jl Solo)

Jl Tentara Pelajar

Jl Yos Sudarso

Jl Langensari

Jl Jlagran Lor

Yogyakarta

20

Jl Pasar Kembang

Jl Abu Bakar Ali

Lempuyangan

Jl Kom Pol B Suprapto

Ludira Husada Tama Hospital (700 m)

s. Karte Rund um die Sosrowijayan (S. 138)

11

Jl Dagen

Jl Mataram

Jl Hayam Wuruk

Jl Dr Sutomo

26

Jl Pajeksan

23

Jl Suryatmajan

Jl Jeminahan

Jl Bausasran

Jl Gayam

Jl Let Jen Suprapto

12

27

7

Jl A Yani

3

Jl Mayor Suryotomo

Jl Gajahmada

Jl KH Ahmad Dahlan

BNI Bank

8

Jl Senopati

Jl Sultan Agung

Jl Kusuma-negara

Jogja National Museum (750 m)

Mesjid Besar

Jl Ibu Ruswo

Sungai Code

Jl Bintaran Wetan

Sriwijaya Air

Jl Agus Salim

Jl Kauman

Jl Alun

6

Alun

Jl William If

14

Jl Batikan

Jl Wahid Hasym

Jl Ngasem

29

5

16

Jl Brigjen Katamso

Jl Taman Siswa

30

Taman Sari

2

1

Kraton

22

25

Jl Taman

Jl MT Haryono

Jl May Jend Sutoyo

Jl Kol Sugiyono

Day Trans

Jl Menteri Supeno

Jl Suryo Diningratan

4

15

s. Karte Rund um die Prawirotaman (S. 140)

Jl Tirtodipuran

24

21

17

Jl Panjaitan

Jl Mangkuyudan

Jl Parangtritis

Jl Sisingamangaraja

9

10

Tembi (7,5 km);
Parangtritis (27 km)

Jl Menukan

28

Imogiri (20 km)

Yogyakarta

reichen ist, die von Escher entworfen sein könnte. Die Treppe ist zu einem beliebten Ort für Selfies geworden, und die Einheimischen stellen sich an, um hier zu posieren.

Sono-Budoyo-Museum MUSEUM
(Karte S. 134; ☎ 0274-376775; www.sonobudoyo. com; Jl Pangurakan 6; 5000 Rp; ◉ Di–Do, Sa & So 8–15.30, Fr bis 14.30 Uhr) Dieses kleine Museum ist eines der besten in Yogya. Es zeigt eine erstklassige Sammlung javanischer Kunst, darunter *wayang-kulit*-Puppen, *topeng* (Masken), Kris und Batik-Stoffe. Im Hof stehen einige hinduistische Statuen und Artefakte aus fernen Gegenden, darunter herrliche Holzschnitzereien aus Bali. Hier finden auch Wayang-Kulit-Vorstellungen (S. 145) statt.

Benteng Vredeburg FESTUNG
(Museum des Unabhängigkeitskampfes; Karte S. 134; Jl A Yani, Jl Margo Mulyo 6; 10 000 Rp; ◉ Mo–Fr 8–16 Uhr) Die alte niederländische Festung mit eindrucksvollem Wassergraben ist ein beliebtes Ziel für Schulausflüge, weil fesselnde Dioramen in den ehemaligen Barracken entscheidende Momente der jüngeren indonesischen Geschichte festhalten.

Pasar Beringharjo MARKT
(Karte S. 134; Jl A Yani; ◉ 9–17 Uhr) Yogyas Hauptmarkt ist ein lebenssprühender, faszinierender Ort. Hier werden Batiken verkauft, überwiegend billige *batik cap* (be-

druckte Batik) für den Geschmack der Touristen. Die *warungs* (Imbissstände) sowie die Stände für Obst, Gemüse und *rempah rempah* (Gewürze), die sich im hinteren Bereich des Erdgeschosses drängen, beweisen aber, dass der Markt immer noch ein traditioneller Treffpunkt der Händler ist. Am stimmungsvollsten präsentiert sich der Markt am frühen Morgen.

Pagelaran-Pavillon HISTORISCHES GEBÄUDE
(Bangsal Pagelaran; Karte S. 134; Jl Alun-Alun Utara; Eintritt 7000 Rp, Kamera 2000 Rp; ◉ 8.30–15 Uhr) Wegen einer Spaltung in der Herrscherfamilie wurde ein kleiner Teil des *kraton* vor dem nördlichen *alun-alun* durch eine Mauer vom Hauptteil des Palastkomplexes abgetrennt. Man braucht ein separates Ticket für dieses Areal, in dem sich mehrere Hallen befinden, in denen Dioramen, Fotos der Herrscher und Pferdekutschen ausgestellt sind. Die Hauptattraktion ist der **Siti Hinggil**, ein Pavillon, der für die Krönung der Sultane genutzt wurde – im Jahr 1949 fand hier auch die Amtseinführung von Präsident Sukarno statt.

Museum Kareta Kraton MUSEUM
(Karte S. 134; Jl Rotowijayan; Eintritt 5000 Rp, Foto 1000 Rp; ◉ 9–16 Uhr) In dem wundervollen alten Kutschenhaus sind die prächtigen Karossen des Sultans ausgestellt. Die mit Leder gepolsterten, fein bemalten Kutschen sind

mit Kronen, Drachen, Emblemen aus Blattgold und gemalten Landschaften geschmückt.

Jogja-Nationalmuseum GALERIE

(☎ 0274-586105; www.jogjanationalmuseum.com; Jl Amri Yahya 1; ☺ 10–21 Uhr) GRATIS Yogyakartas wichtigste Galerie für zeitgenössische Kunst ist in einem brutalistischen Betonblock untergebracht, der in den 1950er-Jahren als Kunsthochschule erbaut worden war. Heute werden hier im monatlichen Wechsel Ausstellungen zeitgenössischer indonesischer Künstler gezeigt; die Liste der geplanten Ausstellungen findet man auf der nützlichen Website. Regelmäßig spielen hier auch örtliche Band, und es gibt auch einen Schallplattenladen.

⊙ Östliches Yogyakarta

Im Osten der Stadt liegen das Silberdorf Kota Gede und mehrere Museen.

Kota Gede GEBIET

Kota Gede wurde 1582 zur ersten Hauptstadt des Sultanats von Mataram erhoben, dessen Gründer Panembahan Senopati hier auch begraben ist. Heute ist das Gebiet ein wohlhabender Vorort von Yogyakarta und das Zentrum der berühmten Silberindustrie der Stadt. Kota Gede liegt 5 km südöstlich der Jl Malioboro (Sosrowijayan) und ist von dort mit dem Bus 3A zu erreichen. Die Fahrt mit einem *becak* kostet rund 50 000 Rp.

Affandi-Museum MUSEUM

(☎ 0274-562593; www.affandi.org; Jl Laksda Adisucipto 167; Erw./Student/Kind unter 6 Jahren 100 000/50 000 Rp/frei, Kamera 30 000 Rp, Handy mit Kamera 20 000 Rp; ☺ Mo–Sa 9–16 Uhr) Affandi (1907–1990), einer der berühmtesten Künstler Indonesiens, lebte und arbeitete in einem wunderbar skurrilen, von ihm selbst entworfenen Atelier am Fluss rund 6 km östlich des Zentrums. Heute ist das Affandi-Museum ein Muss für alle Kunstfreunde. Es zeigt eine große Sammlung seiner abstrakten Gemälde, deren expressionistischer Stil in der auffälligen Pinselführung an van Gogh erinnert. Sein Auto ist ein echter Traum: ein sonderangefertigter Galant von 1967 in Limettengrün und Gelb mit übergroßem Heckspoiler.

Grabmäler von Mataram-Kotagede GRABMAL

(Jl Masjid Mataram; Eintritt gegen Spende; ☺ Grabmal Di–Fr 10–13 Uhr, während des Ramadan geschl.)

Panembahan Senopati, der im 16. Jh. das Sultanat von Mataram begründete, ist auf dem kleinen Friedhof der Großen Moschee von Kota Gede begraben. Der Friedhof ist auch die letzte Ruhestätte anderer Angehöriger des Herrscherhauses, und die ganze Anlage strahlt Würde und Frieden aus. Die Gebäude erinnern an balinesische Tempel und zeigen eine interessante Mischung verschiedener Architekturstile. Am Eingang zum inneren Gräberkomplex muss man einen Sarong anlegen (Ausgabe gegen Spende).

✦ Aktivitäten

Animal Friends Jogja FREIWILLIGENARBEIT

(AFJ; www.facebook.com/animalfriendsjogja) Freiwillige können für diese gemeinnützige Tierschutzorganisation arbeiten, die sich um gerettete Tiere kümmert. Sie betreibt ein Tierheim und engagiert sich bei Kampagnen für das Verbot des Verzehrs von Hundefleisch oder gegen Delfin-Shows.

⇞ Kurse

Yogyakarta bietet eine Vielfalt von Kursen, von Kochvorführungen bis zu Sprachkursen in Bahasa Indonesia.

HS Silver SCHMUCKHERSTELLUNG

(☎ 0274-375107; www.hssilver.co.id; Jl Mondorakan 1; 2-stündiger Kurs 250 000 Rp; ☺ 8–17.30 Uhr) Hier erhält man eine Einführung in die feine Kunst des Silberschmiedens, die eine traditionelle Heimindustrie in Yogya ist. Die Teilnehmer lernen, wie sie einen Ring aus dem wertvollen Metall schmieden und gestalten können. Den fertigen Ring kann man mitnehmen; er ist in der Kursgebühr enthalten.

Alam Bahasa Indonesia SPRACHKURS

(☎ 0851 0389 5187, 0851 0900 1577; www.alambahasa.com; Jl Sarirejo, Maguwoharjo; 138 700 Rp/Std.) Die professionelle Schule bietet Einzel- und Kleingruppenunterricht in Bahasa Indonesia an, der indonesischen Variante des Malaiischen. Man muss mindestens zwei Stunden buchen. Es gibt auch Lektionen per Skype, und Studenten erhalten Rabatt.

☞ Geführte Touren

Die Reiseveranstalter an der Jl Prawirotaman und im Gebiet von Sosrowijayan bieten eine Reihe von geführten Touren zu ähnlichen Preisen. Zu den typischen Zielen von Tagesausflügen gehören Dieng, Gedung Songo und Ambarawa; Prambanan; Borobudur und Parangtritis sowie Surakarta und der Candi Sukuh.

Auch längere Touren, darunter zum Gunung Bromo und weiter nach Bali oder zum Bromo/Ijen (3 Tage & 2 Nächte ab 900 000 Rp) sind im Angebot. Ob sie stattfinden, hängt von der Zahl der Interessenten ab; bei vielen müssen mindestens zwei oder vier Teilnehmer zusammenkommen.

Die Veranstalter organisieren auch Autos mit Fahrer (ab 500 000 Rp/Tag bis zu 1 000 000 Rp für 24-Std.-Touren, inkl. Auslagen des Fahrers).

★ **Via Via Tours** TOUR
(Karte S. 140; ☑ 0274-386557; www.viaviajogja.com; Jl Prawirotaman I 30) Das berühmte Café-Restaurant (S. 144) bietet viele einfallsreiche Touren in Yogya und in Zentral- und Ostjava an. Es gibt u. a. eine Fahrrad- und Motorradtour auf Nebenstraßen nach Prambanan (135 000 Rp), kulinarische Touren (ab 250 000 Rp), Stadtspaziergänge (120 000–135 000 Rp) und sogar eine Tour mit *jamu* (Kräuteranwendungen) und Massage (235 000–275 000 Rp). Yogakurse (60 000 Rp) gibt's morgens (9 oder 9.30 Uhr) und abends (18.30 Uhr).

Kaleidoscope of Java TOUR
(Karte S. 140; ☑ 0812 2711 7439; www.kaleidoscopeofjavatour.com; Gang Sartono 823, Rumah Eyang) Der Veranstalter hat faszinierende Touren in die Region des Borobudurs im Programm. Der Tagesausflug (350 000 Rp) ab Yogyakarta führt zu den Tempeln Borobudur, Pawon und Mendut, zum dortigen Kloster, zu Heimindustriebetrieben und beinhaltet auch javanische Gamelan-Musik. Im Preis inbegriffen sind die Mahlzeiten, der Führer und der Transport, nicht aber die Eintrittsgebühren. Es gibt auch Touren zum Sonnenaufgang am Borobudur.

Satu Dunia TOUR
(Karte S. 140; ☑ 0274-414431; www.satu-dunia.com; Jl Prawirotaman I 44; ☉ 10–19 Uhr) Der Veranstalter bietet planmäßige und private Touren, die Yogyakarta und Zentraljava abdecken, organisiert Kurse im Silberschmieden und beschafft Motorräder. Auf dem Gelände befindet sich auch ein Laden für gebrauchte Bücher.

Photo Walks Jogja STADTSPAZIERGANG
(☑ 0821 3821 4602; www.photowalksjogja.blogspot.com.au; 415 000 Rp/Pers.) Die beliebten englischsprachigen Stadtspaziergänge, bei denen man fotografiert, sind bestimmten Themen gewidmet, z. B. der Straßenkunst in Yogya, den lebenssprühenden Nebenstraßen und den Herrscherpalästen und historischen Stätten.

Jogja Trans TOUR
(☑ 0816 426 0124, 0274-439 8495; www.jogjatransholiday.com) Der Veranstalter mit gutem Allround-Angebot hat Touren in Zentraljava und darüber hinaus im Programm, darunter zum Dieng-Plateau, zum Bromo und zum Ijen. Jogja Trans bietet eine ganze Flotte von Autos mit Fahrern (500 000 Rp/Tag), beschafft Bus- und Minibustickets und bucht Hotelzimmer.

Great Tours TOUR
(Karte S. 138; ☑ 0274-583221; www.greattoursjogja.com; Jl Sosrowijayan 29; ☉ 8–20 Uhr) Der Veranstalter organisiert Touren in Yogya und ganz Java, darunter zu den Vulkanen (Bromo, Ijen, Dieng, Merapi), und beschafft Charter-Transportmittel zu Zielen in ganz Zentraljava.

🎎 Feste & Events

Jogja Art Weeks KUNST
(www.jogjaartweeks.com; ☉ Mitte Mai–Mitte Juni) Während des einen Monat dauernden Kunstfestivals gibt's Hunderte Events in den Galerien und Kunststätten der Stadt. Die Ausstellungen, Konzerte, Lesungen und Filmvorführungen werden überall in der Stadt angekündigt. Die Termine und Events stehen auf der Website.

Gerebeg KULTUR
Jedes Jahr finden drei Gerebeg-Feste statt, die farbenfrohsten großen Umzüge auf Java. Bei diesen Festen ziehen große, mit Reis beladene Festwagen und die Palastwachen in traditionellen Hofgewändern unter Gebeten und Gamelan-Musik zur **Großen Moschee** (Karte S. 134; abseits der Jl Alun-Alun Utara) westlich des *kraton*.

Die Termine ändern sich jedes Jahr; man erfährt sie in der Touristeninformation (S. 149).

Art Jog KUNST
(www.artjog.co.id; ☉ Mai) Das von der Tourismusbehörde gesponserte jährliche Festival zeitgenössischer Kunst bietet im Mai eine große Palette örtlicher und internationaler Ausstellungen. Das Festival gibt's seit 2007; die meisten Events finden im Jogja-Nationalmuseum statt.

🛏 Schlafen

Yogyakarta besitzt die beste Auswahl von Hostels, Pensionen und Hotels auf Java; vie-

Rund um die Sosrowijayan

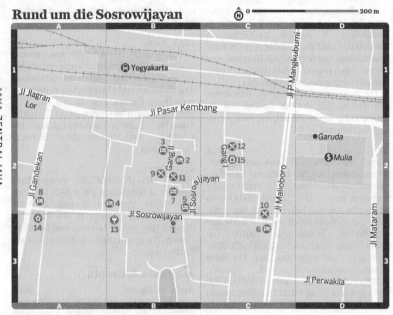

Rund um die Sosrowijayan

le bieten ein ausgezeichnetes Preis-Leistungs-Verhältnis. Für die Hauptsaison – Juli, August, Weihnachten und Neujahr – muss man vorab reservieren.

🛏 Rund um die Sosrowijayan

Das Gebiet ist bei Backpackern sehr beliebt, weil die meisten preiswerten Pensionen in den an einen Souk erinnernden *gang* (Gassen) dieses traditionellen Viertels zu finden sind. Der Hauptvorteil einer Unterkunft in diesem *bule*- (Ausländer-)Ghetto besteht darin, dass die Gassen alle zur Jl Sosrowijayan

führen und nur ein kurzes Stück von der authentischeren Jl Malioboro entfernt sind.

Andrea Hotel   PENSION $

(Karte S. 138; ☎ 0274-563502; www.andreahotel jogja.wordpress.com; Gang II 140, Sosrowijayan; EZ/ DZ mit Ventilator & Gemeinschaftsbad 140 000/ 160 000 Rp, Zi. mit Ventilator & eigenem Bad 175 000 Rp, Zi. mit Klimaanlage ab 230 000 Rp jeweils mit Frühstück; ❄ 🛜) Das Andrea ist eine bezaubernde kleine Pension mit geschmackvollen Zimmern, stilvollen Details und guten Betten. Selbst die Zimmer ohne eigenes Bad haben jeweils ein zugeordnetes separates Badezimmer. Beliebt ist das Andrea für seine „berühmte Terrasse", eine schmale Veranda auf Straßenniveau, von der aus man das Treiben in dem Gebiet gut beobachten kann.

Tiffa
PENSION $

(Karte S. 138; ☑ 0274-512841; tiffaartshop@yahoo.com; Jl Sosrowijayan GT I/122; EZ/DZ/3BZ mit Frühstück/Ventilator 100 000/150 000/175 000 Rp, mit Klimaanlage 150 000/175 000/200 000 Rp; ✺☎) Die ordentliche kleine Pension gehört einer gastfreundlichen Familie und bietet ein paar recht kleine, urige, charmante Zimmer mit eigenem *mandi* (Bad indonesischer Art). Auf dem Gemeinschaftsbalkon frühstückt man und trinkt javanischen Kaffee.

Dewi Homestay
GASTFAMILIE $

(Karte S. 138; ☑ 0274-516014; dewihomestayjogja@gmail.com; Jl Sosrowijayan 115; Zi. mit Frühstück mit Ventilator/mit Klimaanlage 200 000/250 000 Rp; ✺☎) Die hübsche, stimmungsvolle Unterkunft gibt's schon lange. Sie hat einen schattigen Garten, der mit Treibholz und interessanten Erinnerungsstücken des Eigentümers dekoriert ist. Die Zimmer sind charmant und geräumig, viele haben Pfostenbetten mit Moskitonetzen. An der Rezeption findet man einen Büchertausch und kaltes Bintang aus dem Kühlschrank.

Wakeup Homestay
HOSTEL $

(Karte S. 138; ☑ 0274-514762; www.wakeuphomestay.com; Jl Gandekan 44; B in Zi mit 4/10 B mit Frühstück 150 000/135 000 Rp; ✺@☎) Bei dieser irreführend benannten Unterkunft handelt es sich um ein mehrstöckiges, gut geführtes, etwas funktionell wirkendes Hostel. Alle Schlafsäle (manche gemischt, andere nur für Frauen) haben Bettkabinen und Klimaanlagen, für die Schließfächer muss man aber ein eigenes Schloss mitbringen. Das Haus hat eine gute Lage abseits der Jl Sosrowijayan und in der Nachbarschaft der Attraktionen dieses günstigen Viertels. Das Frühstück wird auf der Dachterrasse serviert.

★1001 Malam
HOTEL $$

(Karte S. 138; ☑ 0274-515087; www.1001malamhotel.com; Sosrowijayan Wetan I/57, Gang II; EZ/DZ mit Frühstück ab 500 000/600 000 Rp; ✺☎) Einen kurzen Spaziergang von der Jl Malioboro entfernt befindet sich dieses schöne, marokkanisch gestaltete Hotel mit handgeschnitzten Holztüren und einem netten maurischen Hof mit Siegellackpalmen (mit rotem Stamm) und Weinranken. Die Zimmer sind verglichen mit den eindrucksvollen Gemeinschaftsbereichen eher schlicht, aber mit Wandmalereien dekoriert und recht komfortabel.

★Pyrenees Jogja
DESIGNHOTEL $$

(Karte S. 138; ☑ 0274-543299; www.pyreneesjogja.com; Jl Sosrowijayan 1; Zi. mit Frühstück 620 000–820 000 Rp; ❀✺☎) Dieser stilvolle Neuzugang an der Jl Sosrowijayan markiert den Anfang dieser klassischen Budgettraveller-Meile. Der Entwurf aus Stahl und Glas sorgt für maximales Sonnenlicht in dem hohen, schmalen Gebäude, und die Koi-Karpfen in dem Becken im Foyer bringen Farbtupfer in den monochromen Schick. Die Zimmer sind komfortabel und elegant, und es gibt eine nette Lounge (mit Schanklizenz) auf der Dachterrasse.

Bladok Hotel
PENSION $$

(Karte S. 138; ☑ 0274-523832, 0274-560452; www.bladok.web.id; Jl Sosrowijayan 76; EZ/DZ mit Ventilator ab 170 000/265 000 Rp, mit Klimaanlage 360 000/495 000 Rp, jeweils mit Frühstück; ✺☎✺) Diese gut geführte, attraktive Pension an der Sosrowijayan wirkt ortstypischer als die Unterkünfte, die sich in den Gassen verbergen. Die Zimmer (mit gefliesten Böden und frischer Bettwäsche) befinden sich in einem typisch indonesischen Gebäude mit weiß getünchten Wänden und Ziegeldach und verteilen sich um einen zentralen Hof mit einem Tauchbecken und einem Wasserfall. Das Café-Restaurant serviert europäische Gerichte.

🛏 Rund um die Prawirotaman

In dieser attraktiven Gegend gibt's geschmackvolle Budgetunterkünfte und einige liebenswerte Pensionen der mittleren Preiskategorie, vielfach mit Pools. Man findet hier auch viele Restaurants, aber das Gebiet ist so etwas wie eine Touristenenklave innerhalb einer indonesischen Stadt.

★Rumah Eyang
PENSION $

(Karte S. 140; ☑ 0812 2711 7439; www.kaleidoscopeofjavatour.com; Gang Sartono 823, abseits der Jl Parangtritis; Zi. mit Frühstück ab 220 000 Rp, B 100 000 Rp mit Küchenbenutzung; ✺☎) Die Zimmer in dem stilvollen vorstädtischen Haus sind schlicht und komfortabel, vor allem aber ist der Inhaber Atik – ein javanischer Schriftsteller und Reiseführer – eine Fundgrube von Wissen über die Region, der mit Kaleidoscope of Java (S. 137) wunderbare geführte Touren zum Borobudur veranstaltet. Damit ist dieses Hauses eine erstklassige, authentisch javanische Option.

Rund um die Prawirotaman

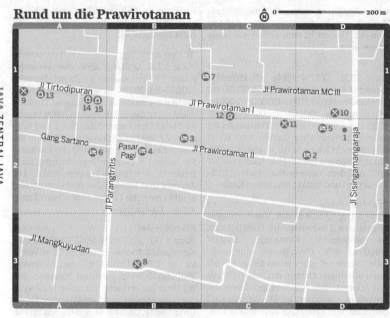

Rund um die Prawirotaman

★ **Abrabracadabra**   HOSTEL **$**
(Karte S. 134; ☑ 0819 1630 8777, 0274-287 2906; Jl
Minggiran Baru 19; B ab 90 000 Rp, Zi. 220 000–
240 000 Rp, DZ im Baumhaus mit Gemeinschaftsbad 250 000 Rp jeweils mit Frühstück; 🛜❄) Das
winzige, künstlerisch angehauchte, originelle Hostel ist einmalig. Der Gemeinschaftsbereich, zu dem auch eine Küche gehört, die
die Gäste benutzen dürfen, grenzt an ein
kleines, von tropischen Weinranken umge-
benes Tauchbecken. Die Zimmer mit Ventilator sind individuell und thematisch
verschieden (Straßenkunst, Dschungel, In-

dustrie etc.) dekoriert. In den Schlafsälen
schaffen individuelle Stromanschlüsse und
Trennvorhänge ein wenig Privatsphäre.

Via Via   PENSION **$**
(Karte S. 140; ☑ 0274-374748; www.viaviajogja.
com; Prawirotaman 3/514A; B/Zi. mit Frühstück ab
110 000/260 000 Rp; ❄🛜❄) Die zum expan-
dierenden Via-Via-Imperium gehörende
Pension hat eine ruhige Lage in einer Seitenstraße unweit des berühmten gleichnamigen Café-Restaurants (S. 144). Sie umfasst
sieben stilvolle Zimmer mit hohen Decken

und halb offenen Bädern sowie zwei klimatisierte Speisesäle. Hinter dem Haus gibt's einen Garten mit Pool und einer Wandmalerei des bekannten örtlichen Straßenkünstlers Anagard.

Kampoeng Djawa Hotel PENSION $

(Karte S. 140; ☑ 0274-378318; Jl Prawirotaman I 40; Zi. mit Ventilator & Gemeinschaftsbad/eigenem Bad ab 125 000/175 000 Rp, mit Klimaanlage & eigenem Bad 200 000 Rp jeweils mit Frühstück; ✳ @ 🛜) Die kleine, stimmungsvolle Pension hat hilfsbereites Personal und befindet sich in einem langen, schmalen Haus. Die javanisch anmutenden Zimmer (in fünf Preiskategorien) warten mit künstlerischen Details wie freiliegenden Backsteinwänden, Fliesenböden in Mosaikmustern und Badezimmern mit Kieselverputz auf. In dem friedlichen Garten hinter dem Haus genießt man kostenlosen Tee oder Kaffee (ganztägig) und nachmittags Snacks.

Delta Homestay PENSION $

(Karte S. 140; ☑ 0274-327051; www.dutagardenhotel.com/en/homestay; Jl Prawirotaman II 597A; EZ/DZ mit Gemeinschaftsbad ab 150 000/175 000 Rp, mit eigenem Bad 225 000/250 000 Rp, mit eigenem Bad & Klimaanlage 275 000/300 000 Rp jeweils mit Frühstück; ✳ 🛜 ⟲) Die sonnige Pension in einer Nebenstraße bietet eine Reihe kleiner, aber schön aus natürlichen Materialien gebauter Zimmer mit Veranden, die sich um einen Pool gruppieren. Die Anlage ist friedlich, das Personal einladend, und es gibt hübsche Details wie hochwertige Batik-Bettdecken.

★ Adhisthana BOUTIQUEHOTEL $$

(Karte S. 140; ☑ 0274-413888; www.adhisthanahotel.com; Jl Prawirotaman II 613; B/Zi. mit Frühstück ab 150 000/450 000 Rp; @ 🛜 ⟲) Die Fassade dieser eleganten Unerkunft, einer faszinierenden Mischung aus kolonialer Architektur und Designerhotel, ist auffällig mit lustigen Fensterläden geschmückt. Zu den netten Details gehören Designersofas und -einrichtungsgegenstände, ein von Palmen gesäumter Pool und ein großes, rund um die Uhr geöffnetes Café.

★ Greenhost BOUTIQUEHOTEL $$$

(Karte S. 140; ☑ 0274-389777; www.greenhosthotel.com; Jl Prawirotaman II 629; Zi. mit Frühstück ab 675 000 Rp; P ✳ @ 🛜 ⟲) Das unverputzte, mit Weinranken bedeckte Gebäude aus echtem Holz und poliertem Beton ist ein herrliches Boutiquehotel. Die Lobby nimmt das Erdgeschoss eines spektakulären Atriums

ein, und die nach Zitronengras duftenden Zimmer haben polierte Betonböden, eine Einrichtung aus unbehandeltem Holz und niedrigen, großen Betten. In der Lobby befindt sich ein Meerwasserpool, und das stilvolle Restaurant serviert saisonale Gerichte mit farmfrischen Zutaten. Ein weiteres Highlight ist die noble Dachterrassenbar Agenda (S. 144).

Dusun Jogja Village Inn HOTEL $$$

(Karte S. 134; ☑ 0274-373031; www.jvidusun.co.id; Jl Menukan 5; Zi. mit Frühstück ab 765 000 Rp; ✳ 🛜 ⟲) Das schöne Hotel mit einer auffälliger Bambusfassade bringt etwas ländlichen Charakter in das Zentrum der Stadt. Die meisten der luxuriösen Zimmer haben große Balkone mit Blick auf den schönen tropischen Garten und den großen nierenförmigen Pool. Das Hotel ist zehn Gehminuten von den Restaurants an der Jl Prawirotaman entfernt, aber das hoteleigene Freiluftrestaurant ist ohnehin kaum zu übertreffen.

🏠 Zentrum

Laura's Backpackers 523 HOSTEL $

(Karte S. 134; ☑ 0812 2525 6319; www.lauras523.weebly.com; Jl Hansip Karnowaluyo 523; B mit HP 95 000 Rp; ✳ 🛜) Das beliebte Hostel erstreckt sich über zwei Gebäude an einer schmalen Straße in einem ansprechenden Viertel. Das Hauptgebäude besitzt einen grünen Hof, der zugleich als ein vegetarisches Café dient. Die klimatisierten Schlafsäle sind nach Geschlechtern getrennt und bieten pro Bett Trennvorhänge, Steckdosen und Lampen. Das Personal ist sehr freundlich, hat ausgezeichnete Infos zur Gegend parat und kann für die Gäste Fahrräder und Touren arrangieren.

★ Phoenix Hotel HISTORISCHES HOTEL $$$

(Karte S. 134; ☑ 0274-566617; www.accorhotels.com; Jl Jenderal Sudirman 9-11; Zi. mit Frühstück ab 1 300 000 Rp; P ⟲ ✳ @ 🛜 ⟲) Das historische Hotel mitten im Zentrum ist das mit Abstand beste in seiner Kategorie und ein Wahrzeichen von Yogyakarta. Das 1918 erbaute Haus wurde sensibel umgebaut, um eine moderne Ausstattung integrieren zu können. Die Zimmer sind prachtvoll, und es lohnt sich, den kleinen Aufpreis für ein Zimmer mit Balkon und Blick auf den Pool zu bezahlen. Es gibt eine ausgezeichnete Bar und ein Restaurant mit indonesisch aufgemachtem Büfett.

★ **Meliä Purosani** LUXUSHOTEL **$$$**
(Karte S.134; ☑ 080 8234 1953; www.melia.com; Jl
Suryotomo 31; Zi. mit Frühstück ab 1200000 Rp;
🅿️➗❄️@🛜) Das zentral gelegene Luxus-
hotel steht in einem tropischen Garten
voller Karpfenteiche, hoher Palmen und
prächtiger Fangipani. Die Zimmer sind
komfortabel und geräumig; die meisten bli-
cken hinaus auf den Garten. Morgens, mit-
tags und abends gibt's hervorragende javani-
sche Spezialiäten vom Büfett oder à la carte.
Gamelan-Konzerte im Foyer und thematisch
zusammengestellte Büfetts machen dieses
Hotel der Spitzenklasse beliebt.

🛏️ Außenbezirke

Omah Jegok Homestay PENSION **$**
(☑ 0821 3374 9524; www.omahjegok.weebly.com;
Jl Plataran, Kashian; Zi. mit Frühstück ab 165000 Rp;
🛜) Diese künstlerisch angehauchte Unter-
kunft ist etwas für Tierfreunde: Es gehört
Animal Friends Jogja (S. 136), die hier auch
ein Tierheim für gerettete Hunde und Kat-
zen betreiben. Es handelt sich um eine
schlichte Pension, die nur mit nur ein paar
Zimmern (alle ohne Klimaanlage) aufwar-
tet. Das Omah Jegok liegt in einem Wohn-
viertel im Wald am Zusammenfluss zweier
kleiner Ströme 5 km außerhalb der Innen-
stadt von Yogyakarta. Die Anfahrt mit einem
Taxi kostet 50000 Rp.

See You Soon! Hostel HOSTEL **$**
(Karte S.134; ☑ 0274-287 2350; www.seeyou
soonhostel.com; Jl Sawojajar 25-29A; B mit Früh-
stück 135000 Rp; ❄️@🛜) Das angenehme
Hostel an einer Seitenstraße in einem an-
sprechenden örtlichen Viertel wird von ei-
nem jungen, freundlichen Team geführt. Es
handelt sich um eine kompakte Anlage mit
einem (nicht nach Geschlechtern getrenn-
ten) Schlafsaal mit sechs Betten, der wie ein
Puppenhaus aufgebaut ist. Er besitzt Stock-
betten und Trennvorhänge. Im Erdgeschoss
befinden sich eine kleine Küche und ein
Computer- und TV-Raum. Fahrräder wer-
den vermietet.

★ d'Omah BOUTIQUEHOTEL **$$$**
(☑ 0274-368050; www.yogyakartaaccommoda
tion.com; Jl Parangtritis, Km 8,5, Tembi; Zi. mit Frühstück & Nachmittagstee ab 1350000 Rp; ❄️@
🛜🏊) Das geschmackvolle Hotel befindet
sich rund 8 km südlich von Yogyakarta inmitten der Reisfelder. Die Anlage besteht
aus traditionellen javanischen Gebäuden;
ein Seerosenteich schmückt den Haupthof.

Die Zimmer sind zu villenartigen Anlagen
gruppiert und haben eigene Pools. Man
kann auf dem schönen Gelände herumspazieren, das mit Kunstwerken geschmückt ist
und einen Ausblick in die ländliche Umgebung gewährt. Besonders schön ist es
abends im Licht der Fackeln.

🍴 Essen

Yogyakarta ist ein prima Ort, um auswärts
zu essen. Hier gibt's Straßenimbisse, und in
den örtlichen Restaurants stehen die für die
Stadt typischen Jackfrüchte und Hähnchengerichte auf der Karte. Ausgezeichnete Restaurants, deren Küchen auf westliche Gaumen abgestimmt sind, findet man in der Jl
Prawirotaman und der benachbarten Jl Tirtodipuran.

🍴 Rund um die Sosrowijayan

Wanderlust Coffee
Division CAFÉ **$**
(Karte S.138; ☑ 0274-292 1902; Gang I 96, Sosrowi-
jayan; Hauptgerichte ab 36000 Rp; ☺ Di–So 10–22
Uhr; ☑) Dieses Niederländern gehörende
Café ist ein cooler kleiner Treff mit wunder-
barem Kaffee, kaltem Bier (Happy Hour
12–19 Uhr) und interessanter vegetarischer
Fusion-Küche. Man hat die Wahl unter origi-
nellen Gerichten wie Tempeh-*rendang*-Cur-
ry; das Markenzeichen ist der Jackfrucht-
Burger mit Süßkartoffel-Fritten und
Chili-Mayonnaise.

Superman II Resto INTERNATIONAL **$**
(Karte S.138; Gang 2; Hauptgerichte 20000–
40000 Rp; ☺8–23 Uhr; 🛜) Wie beim Film ist
die Fortsetzung besser als das Original, denn
das Superman II hat dem ursprünglichen
Lokal die Show gestohlen. Das Freiluftrestaurant serviert schmackhafte beliebte
westliche Gerichte, und es gibt einen kleinen Bananenhain mit ein paar Ziegen und
Hühnern, die die Anlage beleben und nicht
für den Kochtopf bestimmt sind.

Oxen Free KNEIPENKOST **$**
(Karte S.138; www.oxenfree.net; Jl Sosrowijayan 2;
Hauptgerichte 30000–60000 Rp; ☺15–3 Uhr;
🛜) Die beliebte Bar in einem alten kolonialen Gebäude bietet auch Kneipengerichte,
die man draußen im Biergarten oder vorn
an der Theke essen kann. Es gibt ganztägig
westliches Frühstück sowie Brunch, Burger,
indonesische Gerichte, Brathähnchen,
Lammbraten und für Vegetarier ein tolles
Tempeh-Steak.

Bedhot Resto INTERNATIONAL $
(Karte S. 138; 📞 0274-512452; Gang II, Sosrowijayan; Hauptgerichte 25 000–50 000 Rp; ⊙ 8–23 Uhr; 🥢📶) Bedhot bedeutet auf Altjavanisch „kreativ", und dieses Lokal gehört zu den stilvolleren *warungs* in der Sosrowijayan. Es gibt schmackhafte indonesische und internationale Speisen, die etwas besser sind als die übliche Touristenkost, außerdem kaltes Bier, frische Säfte und WLAN-Zugang.

✂ Rund um die Prawirotaman

Bu Ageng INDONESISCH $
(Karte S. 134; 📞 0274-387191; Jl Tirtodipuran 13; Hauptgerichte 13 000–32 000 Rp; ⊙ Di–So 11–23 Uhr) In einem geschmackvollen Innenraum mit Holzpfeilern und einer mit Bambusmatten verkleideten und mit surrenden Ventilatoren versehenen Decke werden hier traditionelle javanische Gerichte, darunter *eyem penggeng* (geschmortes Hähnchen in würziger Kokoscreme) serviert. Zu den beliebtesten Gerichten gehören Rinderzunge, geräucherter Fisch, in Kokosmilch geschmortes Rindfleisch und Durian-Brotpudding. Das wirklich freilaufende *kampung*-Hähnchen ist lecker, zart, bissfest und nicht fett – die Knochen muss man abknabbern!

Tempo del Gelato EISCREME $
(Karte S. 140; 📞 0274-373272; www.facebook.com/tempogelato; Jl Prawirotaman I 43; kleine/mittlere/große Portion 20 000/40 000/60 000 Rp; ⊙ 10–23 Uhr) Das Café aus Stein und Glas ist ein netter Ort für ein italienisches Eis. Zu den wechselnden Sorten gehören neben vertrauteren auch Ingwer, *kemangi* (Limonenbasilikum), Drachenfrucht, „scharf und würzig", Zitronengras und grüner Tee.

Milas VEGETARISCH $
(Karte S. 140; 📞 0851 0142 3399; Jl Prawirotaman IV 127; Gerichte 18 000–45 000 Rp; ⊙ Di–Fr 15–21, Sa & So ab 12 Uhr; 🥢♿) 🌿 Der lauschige Restaurantgarten bietet Erholung vom städtischen Getümmel und ist Teil eines Projektzentrums für Jugendliche, die auf der Straße leben. Es gibt vegetarische Kost, darunter indonesische Gerichte, Burger, Sandwiches, Salate und Desserts, ein großes Sortiment an Säften, Smoothies und Kaffee. Mittwochs und samstags gibt's hier von 10 bis 13 Uhr einen Bio-Bauernmarkt.

★ Mediterranea BISTRO $$
(Karte S. 134; 📞 0274-371052; www.restobykamil.com; Jl Tirtodipuran 24A; Pizzas 60 000 Rp, Hauptgerichte 50 000–250 000 Rp; ⊙ Di–So 8.30–23 Uhr; 📶) Das stilvolle Bistro mit französischen Besitzern ist eine Freude und wird von hier lebenden Ausländern sehr empfohlen. Alles, darunter auch das Brot, ist hausgemacht. Das Personal räuchert den eigenen Lachs, schneidet hauchdünne Rindfleisch-Carpaccios, bereitet ein schmackhaftes Thunfleisch-Tataki zu und grillt Kebabs, Steaks und Koteletts. Hinten gibt's romantische Plätze auf der Terrasse und einen tollen Laden.

Papricano MEXIKANISCH $$
(Karte S. 140; 📞 0819 1630 8777; Jl Tirtodipuran 38; Hauptgerichte ab 30 000 Rp; ⊙ 17–23 Uhr; 📶) Die schmackhaften Burritos, knusprigen Rindfleisch-Tacos und Nachos dieses Lokals, das eher TexMex- als authentisch mexikanische Küche bietet, sind eine willkommene Abwechslung zu den üblichen Reis- und Nudelgerichten. Mit Margaritas, kaltem Bier und lustigen Wandbildern zum Tag der Toten ist

---

NICHT VERSÄUMEN

STRASSENKOST IN YOGYAKARTA

Am Abend säumen Imbissstände das nördliche Ende der Jl Malioboro; hier kann man Yogyas berühmtes *ayam goreng* (frittiertes Hähnchen mit Kokosmilch) und Gerichte wie *sambal welut* (gewürzter Aal) und *nasi langgi* (Kokos-Reis mit Tempeh) probieren. Viele Studenten kommen abends hierher, um *oseng oseng* zu essen, Mini-Portionen von *nasi campur* (Reis mit allerlei), die zwischen 5000 und 10 000 Rp kosten. Das Ganze ist ein lustiges Erlebnis: Man sitzt traditionell auf *lesahan* (Strohmatten), während junge Einheimische bis spät in den Abend Gitarre spielen, die Pferdewagen klappern und die *becaks* durch die Straße scheppern. Auf der Jl Malioboro erhält man so einen Einblick in die indonesische Lebensart.

Tagsüber sollte man nach Yogyas berühmtem *gudeg* Ausschau halten, einem Jackfrucht-Curry mit Hühnchen, Eiern und Reis, das an Ständen überall in der Stadt angeboten wird. Empfehlenswert dafür sind die Lokale an der Jl Wilijan 500 m östlich des *kraton* und das Dachterrassenrestaurant über Hamzah Batik (S. 146).

das Lokal auch ein beliebter Ort für einen Drink.

Via Via INTERNATIONAL $$

(Karte S. 140; ☑ 0274-386557; www.viaviajogja. com; Jl Prawirotaman I 30; Hauptgerichte 27 000– 86 000 Rp; ⊗ 7.30–22 Uhr; ☎) Das Via Via ist stets voller Traveller, die hier Gerichte aus aller Welt genießen, darunter indische und nahöstliche, außerdem hausgemachte Pasta, Burger und Sandwiches mit selbstgebackenem Brot. Es gibt auch ein indonesisches Tagesgericht. Das Restaurant ist aber auch ein Opfer seines Erfolgs: An geschäftigen Abenden sind Wartezeiten von einer Stunde die Regel, und die Bedienung ist dann ziemlich brüsk.

✖ Andere Gebiete

Tojoyo 3 INDONESISCH $

(Jl Urip Sumoharjo 133; Gerichte 4000–12 500 Rp; ⊗ 16–22.30 Uhr) Das hell erleuchtete, ortstypisch aufgemachte Restaurant ist auf gebratenes, mit Kurkuma gewürztes Hähnchen spezialisiert. Die Gerichte sind unglaublich billig und unwahrscheinlich gut, daher sind die Tische und Bänke in der Regel vollbesetzt mit Einheimischen. Das Lokal befindet sich in einer Ladenzeile östlich der Jl Malioboro.

Gadri Resto INDONESISCH $$

(Karte S. 134; ☑ 0274-373520; Jl Rotowijayan 5; Hauptgerichte 34 000–110 000 Rp; ⊗ 9–21 Uhr) Das Restaurant ist fürstlich angehaucht, denn es liegt gleich außerhalb des *kraton* innerhalb der Residenz des Prinzen Gusti Jaryo Haju Joyouksumo, eines Sohnes des regierenden Sultans. Neben anderen Reis- und Hähnchengerichten stehen auch viele seiner Lieblingsspeisen auf der Karte, darunter *nasi campur*. Antiquitäten und andere Dinge aus Familienbesitz bilden eine interessante Kulisse.

Omar Duwur Restaurant INDONESISCH $$$

(☑ 0274-374952; www.omahdhuwur.com; Jl Mondorakan 252; Hauptgerichte 70 000– 240 000 Rp; ⊗ 11–22 Uhr; ☎🚗) Das Restaurant im Viertel Kota Gede gilt bei den Einheimischen als eines der besten in Yogyakarta. Es residiert im üppigen Ambiente eines 150 Jahre alten kolonialen Hauses mit einer Außenterrasse mit Blick in den Garten. Es gibt eine große Auswahl indonesischer Gerichte, darunter Hähnchen-*rendang*-Curry, würzige gebratene Ente, Ochsenschwanzsuppe sowie westliche Hauptgerichte. Der

alkoholfreie Java-Punch (25 000 Rp) übertrifft fast ein kaltes Bintang.

🍷 Ausgehen & Nachtleben

★ Sakapatat Social House BAR

(Karte S. 134; ☑ 081 1290 9886; www.sakapatat. com; Jl Pakuningratan 34; ⊗ 17–1 Uhr; ☎) Der hippe, moderne, von Belgiern geführte Gastropub liegt ein wenig außerhalb in einem Wohnviertel im Norden der Stadt. Es gibt mehrere regionale Biere vom Fass, belgische Biere und eine große Palette an Mocktails. Man sitzt in dem grünen Biergarten oder drinnen in einem stimmungsvollen Raum mit unverputzten Backsteinwänden. Zu essen gibt's hier belgische Fritten, tolle Burger und Philly-Steak-Sandwiches mit selbstgebackenem Brot.

★ Agenda BAR

(Karte S. 140; ☑ 0878 3890 6088; www.green hosthotel.com; Greenhost, Jl Prawirotaman II 629; ⊗ So–Do 11–24, Fr & Sa bis 2 Uhr; ☎) Die stilvolle Dachterrassenbar (mit einem beliebten Restaurant) ist so schön wie das Hotel Greenhost (S. 141), zu dem sie gehört. Das Dekor gibt sich städtisch-schick, und an der noblen Bar mixen die Barkeeper originelle und klassische Cocktails; Happy Hour ist von 11 bis 20 Uhr. Es gibt Bintang vom Fass und eine tolle Weinkarte, an den meisten Abenden legen DJs auf. Richtig munter wird's am späten Abend.

Taphouse PUB

(Karte S. 134; ☑ 0812 2444 2255; www.facebook. com/taphouse.jogja; Jl Jlagran Lor 18; ⊗ 18.30–2 Uhr; ☎) Die stimmungsvolle Bar, ein guter Ort für ein Bier, residiert mit ihren Bänken und Sitzsäcken auf dem Gras in einem verfallenen, stilvoll hergerichteten großen Hof mit Resten von Backsteinmauern. Auf einer Großleinwand werden Filme und Sportereignisse gezeigt; serviert werden Kneipengerichte und eine große Auswahl an Drinks. An den meisten Abenden gibt's ab 22 Uhr Livemusik und DJs.

Ruang Seduh KAFFEE

(Karte S. 140; Jl Tirtodipuran 46; ⊗ 9–21 Uhr; ☎) Das winzige Café, ein Muss für Kaffeefans, erinnert mit seinem weißen Dekor und der High-Tech-Maschinerie mit digitalem Schnickschnack fast schon an ein Labor. Das Ruang Seduh serviert eine Reihe sortenreiner indonesischer Kaffees (35 000 Rp), die sorgfältig zubereitet werden und zu den besten der Stadt gehören.

Awor Gallery & Coffee KAFFEE
(Karte S.134; ☑0274-292 4679; www.awor-galle
ry.com; Jl Simanjuntak 2; ☉9–24 Uhr) Das Café
ist das richtige für Leute, die ihren Kaffee
ernst nehmen. Man schnappt sich einen Hocker am Tresen und schaut den engagierten
Baristas dabei zu, wie sie die indonesischen
Kaffees fast schon wissenschaftlich exakt zubereiten (mit V60, Kalita Wave, Aeropress,
dem Siphon oder traditionell ungefiltert als
tubruk). Das Dekor ist smart, die Wände
sind mit Kunst geschmückt, und es gibt zeitgenössische Café-Gerichte.

Jaba Jero BAR
(Karte S.138; ☑0274-545334; Jl Sosrowijayan 45;
☉8–24 Uhr; 🤚) Die entspannte Bar mit einer
Terrasse mit Blick auf die Straße wird gut
bewertet. Auch das hiesige indonesische Essen ist ordentlich.

☆ Unterhaltung

Yogyakarta ist ein wichtiges Zentrum der
traditionellen darstellenden Künste auf
Java. Tänze, *wayang* (Schattenspiel) oder
Gamelan-Musik gibt's jeden Morgen am
Bahnhof oder im *kraton* (S. 132). Informationen zum aktuellen Programm bekommt
man in der Touristeninformation (S. 149),
die auch über besondere Events wie das Ramayana Ballet (S. 145) in der Stadt, oder,
noch spektakulärer, im Prambanan (S. 159)
Bescheid weiß.

Die Jl Sosrowijayan ist ein Zentrum der
Livemusik mit zwanglosen Treffs, in denen
oft örtliche Bands – meist allerdings Coverbands – aufspielen. Originale lokale Indie-
Bands treten gelegentlich im Jogja-Nationalmuseum (S. 136) auf.

Sono-Budoyo-Museum PUPPENTHEATER
(Karte S.134; ☑0274-385664; Eintritt 20000 Rp,
Kamera 3000 Rp; ☉Mo–Sa 20–22 Uhr) Abends
gibt's hier beliebte zweistündige Vorstellungen: In der ersten halben Stunde wird die
gezeigte Geschichte auf Javanisch vorge-
lesen. Die meisten ausländischen Besucher
sparen sich diese Lesung und kommen erst
später.

Ramayana Ballet Purawisata TANZ
(Karte S.134; ☑0274-375705, 0274-371333; www.
purawisata-jogja.rezgo.com; Jl Brigjen Katamso;
Erw./Kind 5–10 Jahre 300000/150000 Rp; ☉20
Uhr) Jeden Abend gibt's ab 20 Uhr eine traditionelle Tanzvorstellung des Ramayana, die
ungefähr 1½ Stunden dauert. Man kann
hier essen und sich dabei die Vorstellung ansehen (600000 Rp). Wer nur die Vorstellung
sehen will, zahlt 220000 Rp, wenn er die
Karte einen Monat im Voraus bucht.

Asmara Art & Coffee Shop LIVEMUSIK
(Ascos; Karte S.134; ☑0274-422 1017; www.face
book.com/asmaracoffee; Jl Tirtodipuran 22; ☉Mo-
Sa 17–1 Uhr; 🤚) Der schmuddelige Treff mit
Zwischengeschoss bezeichnet sich als

YOGYAKARTAS SZENE

Tagsüber mag Yogyakarta ruhig und konservativ wirken, doch nachts zeigt sich die Stadt
von einer ganz anderen Seite. Angesichts der Eröffnungen von Kunstgalerien, die ganze
Nacht dauernden Dance-Partys am Fluss oder an nahegelegenen Stränden, der DJs,
Livebands, MCs und Ska-Punk kann man sich kaum von der Stadt lösen.

Auf den folgenden Websites von Kunstorganisationen, Galerien oder Bands findet
man die anstehenden Events.

Krack Studio (www.facebook.com/KrackStudio)

IndoArtNow (www.facebook.com/indoartnow)

LifePatch (www.facebook.com/lifepatch)

Kedai Kebun Forum (www.kedaikebun.com)

Yes No Klub (www.facebook.com/yesnoklubyk)

Senyawa (www.facebook.com/senyawamusik)

Zoo (www.facebook.com/zooindonesia)

Jogja Noise Bombing (www.facebook.com/jogjanoisebombingpeople)

Dub Youth (www.facebook.com/DubyouthOfficial)

D.I.G. Project (www.facebook.com/doingrouproject)

EnergyRoom (www.facebook.com/energyroom)

Künstlercafé ist aber eher ein Restaurant mit Bar. Hier spielen ab 21 Uhr oft Livebands, darunter am Donnerstag eine wirklich gute Reggae-Band. Allabendlich trifft sich hier ein munteres gemischtes Publikum. Die Einheimischen nennen den Laden „Ascos".

K Meals
LIVEMUSIK

(Karte S. 140; ☑ 0274-287 1790; Jl Prawirotaman I 20; ⊙ 9–1 Uhr) Der recht durchschnittliche Pub lohnt einen Besuch wegen der Livemusik. Bands spielen ab 20 Uhr; montags stehen akustische Musik, dienstags die Top 40, mittwochs klassischer Rock, donnerstags Blues und freitags sowie samstags Reggae auf dem Programm.

Lucifer
LIVEMUSIK

(Karte S. 138; ☑ 0274-554377; Jl Sosrowijayan; ⊙ 14–2 Uhr) Die intime Bar ist eine wichtige Livemusikstätte, in der ab 21 Uhr an den meisten Abenden Bands auftreten.

🔒 Shoppen

Yogyakarta ist berühmt für sein Kunsthandwerk. Das reicht von billigen, lustigen Souvenirs in der Jl Malioboro und der angrenzenden Jl Sosrowijayan bis zu exquisiten, von Hand gefärbten Batiken und zu aufwändigen Silberarbeiten in Kota Gede (S. 136).

Wie die konkurrierende Stadt Surakarta ist auch Yogyakarta für seine Batik berühmt. Es gibt eine große Vielfalt, von billigen Baumwolldrucken, die industriell für den Touristenmarkt produziert und in Läden an der Jl Malioboro verkauft werden, bis zu feinen, von Hand bedruckten Stücken, deren Muster über Jahrhunderte tradiert und entwickelt wurden.

Die meisten Batik-Werkstätten und mehrere große Verkaufsräume findet man an der Jl Tirtodipuran südlich des *kraton*. Viele Werkstätten, darunter Batik Plentong (S. 147) und Batik Winotosastro (S. 147) veranstalten kostenlose Führungen, bei denen man beim Batiken zusehen kann (9–15 Uhr).

Da manche Werkstätten mit Schleppern, die potenzielle Käufer in den Laden bringen, Provisionen zahlen, kann man in touristischen Gebieten recht aggressiv bedrängt werden.

Es gibt zwar in den Läden und Märkten durchaus einige Antiquitäten, aber noch viel mehr gefälschte, weil Händler viel Zeit darauf verwenden, Puppen, Masken und andere Stücke „auf alt" herzurichten.

An der Jl Tirtodipuran und der Jl Prawirotaman verkaufen Läden Artefakte und Möbel aus ganz Indonesien. Die Preise sind meist weit überzogen, weil Feilschen vorausgesetzt wird.

🔒 Rund um die Jl Malioboro & Jl Sosrowijayan

OXX
DESIGN

(Karte S. 138; www.oxenfree.net; Jl Sosrowijayan 2; ⊙ 14–22 Uhr) Am Eingang zu dem Barrestaurant Oxen Free (S. 142) befindet sich dieser kleine Laden mit einer bunten Auswahl cooler zeitgenössischer Kunst, Kleidung unabhängiger Designer, handgemachtem Schmuck, Accessoires und Hüten.

Lucky Boomerang Bookshop
BÜCHER

(Karte S. 138; ☑ 0878 6169 8307, 0274-895006; Gang I 67, Jl Sosrowijayan 1; ⊙ 8–22 Uhr) Verkauft Secondhand-Reiseführer und -Romane, Landkarten, Bücher über Indonesien in verschiedenen Sprachen, Postkarten und Souvenirs. Es gibt auch einen Büchertausch.

Gramedia
BÜCHER

(Karte S. 134; ☑ 0274-521066, 0274-542055; www.gramedia.com; Jl Malioboro 52-58, Mal Malioboro; ⊙ 9.30–21.30 Uhr) Der Laden einer Buchhandlungskette verkauft im Untergeschoss eines Einkaufszentrums an der Jl Malioboro Belletristik und Sachbücher in englischer Sprache sowie einige Landkarten.

Hamzah Batik
KLEIDUNG

(Karte S. 134; ☑ 0274-588524; Jl A Yani 9; ⊙ 8–21 Uhr) In diesem netten, preiswerten Laden findet man Souvenirs, z. B. Kleidung mit maschinell produzierter Batik, Lederarbeiten, Batik-Umhängetaschen, *topeng* (Holzmasken, die bei Begräbnistänzen getragen werden) und *wayang golek* (dreidimensionale Holzpuppen). Auf dem Dach gibt's ein Restaurant mit guten regionalen Spezialitäten.

Batik Keris
KLEIDUNG

(Karte S. 134; www.batikkeris.co.id; Jl A Yani 71; ⊙ 9–20 Uhr) Der Laden, eine von vielen Batik-Keris-Filialen auf Java, verkauft hochwertige Batik zu Festpreisen. Am besten sind die traditionellen Stücke: Männerhemden mit bedruckter Batik kosten ab ca. 200 000 Rp, handgefärbte Stoffe bis zu 1 700 000 Rp.

🔒 Rund um die Jl Prawirotaman & Jl Tirtodipuran

Voice of Jogya
KLEIDUNG

(Karte S. 134; ☑ 0878 3888 3079; www.voiceofjogja.com; ⊙ 8–17 Uhr) Der coole Bekleidungsladen in den labyrinthischen Gassen innerhalb der Palastmauern des Taman Sari (S. 133) wurde von einem örtlichen Designer gegründet, dessen T-Shirts die Jugendkultur von Yogya mit einem zeitgenössischen Indie-Flair verbinden. Die einzelnen Stücke kosten ab ca. 150 000 Rp.

Batik Winotosastro
KUNSTHANDWERK

(Karte S.140; ☑ 0274-375218; www.winotosastro. com/batik; Jl Tirtodipuran 54; ⊙ 9–17 Uhr) Mit ihren kostenlosen Führungen durch die Batik-Fertigung (bis 15 Uhr) wendet sich dieser Laden vor allem an Reisegruppen, was aber nicht als Kritik gemeint ist. Die Marke ist hochangesehen, weil sie sich der Kunst und Kultur von handwerklich hergestellter Batik verschrieben hat.

Via Via
GESCHENKE & SOUVENIRS

(Karte S.140; www.viaviajogja.com/shop.php; Jl Prawirotaman 30; ⊙ 7.30–23 Uhr) 🍴 Das Via Via ist ein toller Ort für ein Souvenir aus fairem Handel. Man findet eine interessante Palette vor Ort nachhaltig produzierten Kunsthandwerks, Accessoires, Bio-Kaffee, Gewürze, indonesische Bücher und Postkarten.

Batik Plentong
KUNSTHANDWERK

(Karte S.140; ☑ 0274-373777; www.batikplentong.com; Jl Tirtodipuran 48; ⊙ 8–17.30 Uhr) Batik Plentong veranstaltet kostenlose Führung durch die angeschlossene Batik-Werkstatt (8–16 Uhr). Die Preise sind auf Reisegruppen abgestellt, aber die Qualität ist hoch. Der Schwerpunkt liegt auf schöner, von Hand gefärbter Batik.

Gong
KUNSTHANDWERK

(Karte S.140; ☑ 0274-385367; gong56jogja@ yahoo.com; Jl Tirtodipuran 56; ⊙ 8–22 Uhr) Der Laden bietet eine faszinierende Sammlung alter Holzpuppen und Masken aus dem gesamten Archipel, aber überwiegend aus Java. Manche Stücke sind 50 Jahre alt – eine echte Schatztruhe für Kenner und Sammler!

Doggyhouse Records
MUSIK

(Karte S.134; ☑ 0274-378002; www.doggyhouserecords.com; Jl Nogosari 1; ⊙ Di–Sa 10–21 Uhr) Zum Aufnahmestudio des örtlichen Labels Doggyhouse Records gehört ein kleiner Laden, der Schallplatten und CDs hiesiger Bands verkauft, die alles von Heavy Metal bis Dub Reggae spielen. Hier erhält man einen guten Überblick über die örtliche Szene.

Lana Gallery
KUNST

(Karte S.134; ☑ 0877 3929 3119; Jl Menukan 276; ⊙ 9–20 Uhr) Die Galerie verkauft zeitgenössische Kunst neuer und aufstrebender Künstler aus Indonesien. Viele Künstler sind Absolventen der Kunstschule von Yogyakarta.

Mazaraat Artisan Cheese
KÄSE

(Karte S.134; ☑ 0274-422 1148; www.facebook. com/mazaraatcheese; Jl Rotowijayan 24; ⊙ 9–21 Uhr) Der von Jamie und Nieta, einem freundlichen Ehepaar geführte Laden verkauft Käse aus Biomilch vom Gunung Merapi, die nach dem Melken in nur 45 Minuten frisch angeliefert wird. Hier kann man Haloumi (ihr Markenzeichen), Mozzarella, Feta, Brie, Colby und Gouda probieren und kaufen. Au-

---

ZENTRALJAVA FÜR REISENDE MIT BEHINDERUNGEN

In Yogyakarta ist **Difa City Tour** (082 328 016 326; dificitytour.com), das vor Ort als Difa-Jek – eine Kombination der indonesischen Wörter für „behindert" und „Motorradtaxi" – bekannt ist, ein Motorradtaxi-Service, der speziell auf Menschen mit Behinderungen eingestellt ist und nur Fahrer beschäftigt, die ihrerseits körperlich behindert sind. Die speziell entworfenen dreirädrigen Motorräder sind alle mit Beiwagen ausgestattet, die einen Rollstuhl aufnehmen können.

Borobudur (S. 127) und Prambanan (S. 157) sind beide teilweise für Behinderte zugänglich. Zu den Tempeln hinauf führen zwar Stufen, aber mit dem Rollstuhl kann man doch bis zu den Sockeln der Tempel gelangen. Der Sultanspalast (kraton; S. 132) ist weitgehend für Rollstuhlfahrer zugänglich.

SRAT (Solo Raya Accessible Tourism for All) wurde kürzlich von örtlichen Aktivisten gegründet, die sich für einen besseren Zugang behinderter Reisender nach Surakarta und Yogyakarta einsetzt. Traveller können sich unter solorayaaccessibletourism@gmail. com Ratschläge holen.

Das **Hyatt Regency** (☑ 274 869 123; www.hyatt.com/en-US/hotel/indonesia/hyatt-regency-yogyakarta/yogya; Jl Palagan Tentara Pelajar, Yogyakarta) hat drei behindertengerechte Zimmer. Andere Hotels behaupten das zwar auch, es ist aber besser, die Einrichtungen und die Konfiguration der Zimmer zu prüfen, ehe man bucht.

Weitere Informationen findet man auf S. 864.

❶ BATIK-BANDITEN

Batik-Verkäufer verwickeln Touristen in Gespräche, geben sich als Fremdenführer aus und bringen nichtsahnende Besucher zu angeblichen „Ausstellungen von Kunststudenten" oder „staatlichen Läden", während es in Wahrheit keine solchen offiziellen Läden oder Galerien in der Stadt gibt. Einige dieser Schlepper hängen rund um den *kraton* herum, wo sie Besuchern erzählen, der *kraton* sei geschlossen oder es gäbe gerade keine Vorstellungen. Diese Lügen sind in der Regel das Vorspiel zur Einladung in einen „königlichen" Batik-Verkaufsladen.

Die Touristeninformation erhält viele Beschwerden über diese auf Kommissionsbasis arbeitenden Schlepper, die auch einige Wirkung haben. Die Schlepper verhalten sich inzwischen diskreter, und die Verkaufspraxis in den Läden ist mittlerweile so zurückhaltend, dass Kaufinteressenten nahezu gänzlich sich selbst überlassen bleiben, auch wenn sie beraten werden wollen.

ßerdem gibt's auch andere hausgemachte Spezialitäten sowie Kunsthandwerk.

Chocolate Monggo ESSEN
(Karte S. 134; ☑0812 2684 1339; www.chocolate monggo.com; Jl Tirtodipuran 10; ☉8–22 Uhr) Die Chocolaterie wurde 2005 von einem Belgier gegründet, der seine Schokoladenkreationen auf den örtlichen Markt bringen wollte und ist seither zu einer Fabrik mit Cafés in ganz Java gewachsen. Dieses hübsche Café mit Laden mitten an der Jl Tirtodipuran verkauft Trüffel und andere schmackhafte Pralinen – und man kann gut Kaffee trinken. Wer sich für die Pralinenherstellung interessiert, kann an einer Fabrikführung teilnehmen.

🔒 Kota Gede

Die Vorstadt Kota Gede (S. 136) ist auf Silberarbeiten spezialisiert, doch findet man Silberschmuck auch sonst überall in der Stadt. Feine filigrane Arbeiten sind eine Spezialität von Yogyakarta, und die großen Werkstätten produzieren sehr schönen Schmuck, Schachteln, Schalen, Besteck und Miniaturen. Dutzende kleinerer Silberläden gibt es an der Jl Kemesan und der Jl Mondorakan (zwei Hauptstraßen im Viertel); sie bieten ihre Ware zu günstigeren Preisen an.

In den großen Fabriken finden Führungen durch die Fertigungshallen ohne Kaufzwang statt. Die meisten Läden sind sonntags geschlossen.

HS Silver SCHMUCK
(☑0274-375107; www.hssilver.co.id; Jl Mondorakan I; ☉8–17.30 Uhr) Der 1950 gegründete renommierte Silberladen ist immer noch an seinem alten Standort und hat auch seine Werkstatt auf dem Gelände. Bei den Gratis-Führungen erfährt man, wie komplex die filigrane Bearbeitung des Silbers ist. Angehende Silberschmiede können auch selbst ihre Fähigkeiten erproben und bei einem Kurs (S. 136) einen Ring anfertigen. Der Laden verkauft schöne Arbeiten, z.B. Schmuckstücke und Dekorationen, die alle vor Ort hergestellt wurden. Man kann einen Rabatt aushandeln.

Tom's Silver SCHMUCK
(☑0274-372818; Jl Ngeski Gondo 60; ☉10–17 Uhr) Dieser Laden bietet eine große Auswahl handgearbeiteter Silberwaren und einige wunderbare große Stücke. In der Werkstatt lernt man den arbeitsintensiven Prozess der Silberbearbeitung kennen.

MD Moeljodihardjo Silver Works SCHMUCK
(☑0274-375063; Jl Kemasan, Kota Gede; ☉Mo–Sa 8–15 Uhr) Ringe, Armreifen, Ohrringe und andere Silberarbeiten werden in diesem Werkstattladen verkauft. Er befindet sich in einer kleinen Gasse abseits der Hauptstraße.

❶ Praktische Informationen

GEFAHREN & ÄRGERNISSE

➡ Yogyakarta ist eine sichere Stadt, aber aufdringliche Batik-Verkäufer können lästig sein.

➡ Einige *becak*-Fahrer haben sich auf die Masche verlegt, als „Sonderangebot" eine einstündige Fahrt für 1200 Rp mit obligatorischem Besuch in einem Batik-Laden anzubieten.

GELD

Die **BNI Bank** (Karte S. 134; ☑0274-376287; Jl Trikora I; ☉Mo–Sa 8–16 Uhr) liegt gegenüber der Hauptpost. **Mulia** (Karte S. 138; ☑0274-547688; www.muliamoneychanger.co.id; Jl Malioboro 60, Inna Garuda Hotel; ☉Mo–Fr 7–19, Sa & So bis 15 Uhr) hat die besten Wechselkurse der Stadt und tauscht Euro, britische Pfund, australische, kanadische und US-Dollar sowie Schweizer Franken.

MEDIZINISCHE VERSORGUNG

Ludira Husada Tama Hospital (☑0274-530 5300; www.rsludirahusadatama.com; Jl Wiratama 4; ☉24 Std.)

REISEBÜROS

Great Tours (S. 137) veranstaltet Touren zum Sonnenaufgang sowie zum Borobudur, zum Bromo und zum Ijen und verkauft Bus- und Minibustickets. Andere verlässliche Veranstalter sind Angkasa Trans (S. 150) und Jogja Trans (S. 137).

TOURISTENINFORMATION

Yogyakartas **Touristeninformation** (Karte S. 134; ☑ 0274-566000; ticmalioboro@yahoo. com; Jl Malioboro 16; ☺ Mo–Do 7.30–20, Fr & Sa bis 19, So 9–14 Uhr; ☎) ist die bestorganisierte des Landes und bietet freundliches, hilfsbereites Personal, kostenlose Stadtpläne und gute Transportinfos. Es gibt eine Reihe von Publikationen (darunter einen Veranstaltungskalender und einen tollen Stadtplan) und einen Buchungsservice für Verkehrsmittel, örtliche Attraktionen und Veranstaltungen.

Yogyes.com (www.yogyes.com) ist ein ausgezeichnetes Internetportal zur Stadt und zu ganz Zentraljava.

❶ An- & Weiterreise

BUS

Yogyas Hauptbusbahnhof **Giwangan** (Jl PS Giwangan Lor) liegt 5 km südöstlich des Zentrums; der Bus 3B verbindet den Busbahnhof mit dem Bahnhof von Yogyakarta und der Jl Malioboro. Busse fahren vom Busbahnhof Giwangan zu Zielen in ganz Java sowie nach Bali. Bei langen

Strecken lohnt sich der Aufpreis für einen Luxusbus. Zwar sind die Tickets am Busbahnhof billiger, aber es ist viel praktischer, die Tickets über Reiseagenturen an der Jl Mangkubumi, der Jl Sosrowijayan oder der Jl Prawirotaman zu buchen. Diese Agenturen können auch Abholungen von den Hotels arrangieren.

Nach Prambanan (3500 Rp) fährt regelmäßig der Stadtbus 1A von der Jl Malioboro. Die Busse vom/zum Borobudur (25 000 Rp, alle 30 Min., 1¼ Std.) nutzen den **Jombor-Busbahnhof** (Jl Magelang). Um zu diesem Busbahnhof zu gelangen, nimmt man an der Jl Malioboro den Trans Jogja-Bus 3A zur Jl Ahmad Dahlan und steigt dort in den Bus 2B nach Jombor um.

FLUGZEUG

Vom **Yogyakarta Adisucipto International Airport** (www.yogyakartaairport.com; Jl Raya Solo, Km 9) gibt's internationale Flugverbindungen nach Singapur und Kuala Lumpur sowie viele Inlandsflüge.

AirAsia (☑ 0804 133 3333; www.airasia. com) fliegt nach Singapur, Kuala Lumpur, Jakarta, Medan und Bali. **Garuda** (Karte S. 138; ☑ 0274-558474; www.garuda-indonesia.com; Jl Malioboro 60, Hotel Inna Garuda) verbindet Yogyakarta mit Balikpapan, Bali und Jakarta. **Lion Air** (☑ 021-6379 8000; www.lionair.co.id) fliegt nach Bali, Lombok, Jakarta, Bandung, Surabaya, Balikpapan und Banjarmasin. **Sriwijaya Air** (Karte S. 134; ☑ 0274-414777; www. sriwijayaair.co.id; Jl Sultan Agung 54) fliegt nach Balikpapan, Jakarta und Surabaya.

VERKEHRSMITTEL AB YOGYAKARTA

Bus

ZIEL	PREIS (RP)	DAUER (STD.)	HÄUFIGKEIT
Bandung	mit Klimaanlage 140 000	10	3-mal tgl.
Borobudur	normal 25 000–35 000	1½	alle 30 Min.
Denpasar	mit Klimaanlage 325 000	19	2- bis 3-mal tgl.
Jakarta	normal/mit Klimaanlage 210 000/270 000	12	10- bis 12-mal tgl.

Zug

ZIEL	PREIS (RP)	DAUER (STD.)	HÄUFIGKEIT
Bandung	180 000–370 000	7½–8½	6-mal tgl.
Banyuwangi	94 000	14	1-mal tgl.
Sidareja (nach Pangandaran)	88 000–320 000	3½	2-mal tgl.
Jakarta	350 000–430 000	7½–8	12-mal tgl.
Malang	175 000–430 000	7–8	6-mal tgl.
Probolinggo	70 000–325 000	8½–9	1-mal tgl.
Solo (Surakarta)	50 000–350 000	1	häufig
Surabaya	70 000–300 000	4¼–5¼	8-mal tgl.

MIT ÖFFENTLICHEN VERKEHRSMITTELN ZUM GUNUNG BROMO

Alle möglichen Busse fahren zum Gunung Bromo und viele davon auch weiter nach Bali. Die Faustregel besagt, dass die Reise umso strapaziöser ausfällt, je kleiner der Bus ist. Das liegt daran, dass die Fahrt extrem lang dauert: Bis zum Bromo fährt man rund 13 Stunden und bis nach Bali mindestens 20 Stunden.

Wer entschlossen ist, mit dem Minibus zum Bromo (ab 180 000 Rp) zu fahren, muss um ein paar Abzocke-Tricks wissen. Manche Veranstalter beenden die Fahrt (z. B. wegen einer angeblichen „Panne") kurz vor Cemoro Lawang und setzen ihre Passagiere an einem unerwünschten Hostel am Fuß des Anstiegs zum Berg ab. Sein Ticket bei einer verlässlichen Agentur wie Great Tours (S. 137) oder online über Easy Book (www.easy book.com) zu kaufen und nach aktuellen Infos von anderen Travellern im Thorn-Tree-Forum von Lonely Planet (www.lonelyplanet.com/thorntree) zu schauen, kann helfen, solchen Gaunern zu entgehen.

Der Bromo ist auch mit dem Zug über Probolinggo zu erreichen. Mehrmals täglich fahren Züge von Yogyakarta nach Probolinggo (70 000–315 000 Rp, 8½–9 Std.). Von Probolinggo bringt einen ein Bus oder ein Taxi (400 000 Rp) nach Cemoro Lawang, dem Dorf am Fuß des Gunung Bromo.

Internationale und Inlandsflüge gibt's auch vom Adi Sumarmo International Airport (S. 167) in Surakarta aus, der nur rund 60 km von Yogyakarta entfernt ist.

MINIBUS

Minibusse fahren von Yogyakarta aus zu allen größeren Städten. Die Preise sind ähnlich wie bei Fahrten in klimatisierten Bussen. Bei Fahrten von mehr als vier Stunden fühlt man sich beengt – Züge und Busse bieten mehr Komfort. Wegen des starken Verkehrs kommt man per Zug viel schneller nach Surakarta, Surabaya oder Probolinggo.

Tickets für Minibusse gibt's bei den Reiseveranstaltern an der Jl Sosrowijayan und Jl Prawirotaman sowie direkt bei den Unternehmen. Zu diesen gehören **Rahayu Persada** (Karte S. 134; ☑ 0274-544258; Jl Diponegoro 15), **Joglosemar** (☑ 0274-623700; www.joglosemarbus.com; Jl Magelang, Km 7), **DayTrans** (Karte S. 134; ☑ 0274-385990; www.daytrans.co.id; Jl MT Haryono 1) und Sumber Alam (S. 124). Minibusse fahren u. a. nach Semarang (60 000–85 000 Rp, 4 Std.), Surakarta (55 000 Rp), Surabaya (90 000 Rp), Malang (120 000 Rp) und Wonosobo (70 000 Rp, 3½ Std. – zum Dieng-Plateau). **Budiman Bus** (www.budimanbus.com) bietet täglich fünf Minibusse nach Pangandaran (90 000 Rp, 7–9 Std.) und **Estu Trans** (☑ 0812 2679 2456, 0274-668 4567; Jl Wates, Km 4,5) zwei (ab 85 000 Rp, 9 & 20 Uhr).

ZUG

Vom zentral gelegenen **Bahnhof Yogyakarta** (www.kai.id/ticket.com; Jl Pringgokusuman) fahren die meisten Fernzüge. Züge der Economy-Klasse nutzen auch den 1 km östlich gelegenen Bahnhof Lempuyangan. Hier fahren u. a. die Morgenzüge nach Probolinggo und Banyuwangi.

ℹ️ Unterwegs vor Ort

ANKUNFT IN YOGYAKARTA

Yogyakarta Adisucipto International Airport
Der 10 km östlich des Zentrums gelegene Flughafen ist gut durch öffentliche Verkehrsmittel mit der Stadt verbunden. Der Bus 1A (3500 Rp) verbindet den Flughafen mit der Hauptstraße Jl Malioboro. *Pramek*-Züge halten am Flughafen-Bahnhof Maguwo. Der Preis für Taxifahrten vom Flughafen ins Zentrum ist gegenwärtig auf 150 000 Rp festgelegt.

Busbahnhof Giwangan Der Bus 3B verbindet den 5 km südöstlich des Zentrums gelegenen Busbahnhof mit dem Bahnhof Yogyakarta und der Jl Malioboro.

Bahnhof Yogyakarta Der zentral gelegene Hauptbahnhof der Stadt liegt in kurzer Gehentfernung von der Jl Malioboro. Taxifahrten in die meisten anderen Teile der Stadt kosten zwischen 35 000 und 50 000 Rp.

AUTO & MOTORRAD

Reiseveranstalter an der Jl Sosrowijayan und der Jl Prawirotaman vermieten Autos mit Fahrer für Fahrten ins Umland von Yogyakarta für 500 000 bis 600 000 Rp pro Tag inklusive Benzin. Nur wenige Fahrer sprechen Englisch, trotz allem sind Autos mit Fahrer oft eine ausgezeichnete Option zur Erkundung des Gebiets. Verlässliche Unternehmen sind **Angkasa Trans** (☑ 0878 3850 9123, 0812 1594 7241; 500 000 Rp/12 Std. innerhalb Yogyakartas, ab 950 000 Rp/24 Std. innerhalb Zentraljava) und Jogja Trans (S. 137).

Motorräder kosten ca. 50 000 bis 90 000 Rp am Tag; oft muss eine Kaution hinterlegt werden.

BECAK

Yogyakarta hat ein Überangebot von *becaks* (Fahrradrikschas), und die Fahrer konkurrieren recht aggressiv um Kundschaft. Trotz allem ist eine Fahrt eine lustige Art des Vorankommens.

Vorsicht ist vor Fahrern geboten, die behaupten, zu einem billigen Stundensatz zu fahren – mit ihnen wird man eine Runde durch alle Batik-Läden machen, die den Fahrern eine Provision zahlen. Eine kurze Rikschafahrt kostet zwischen ca. 20 000 und 30 000 Rp.

BUS

Die modernen, klimatisierten Busse von Yogyas verlässlicher Busgesellschaft Trans Jogja fahren zwischen 5.30 und 21 Uhr auf elf Routen durch die Stadt und bis nach Prambanan. Start- und Zielpunkt der Busse ist **Condong Catur** (✆ 0813 9277 7937; Jl Anggajaya 1). Die Einzelfahrt kostet 3500 Rp. Trans-Jogja-Busse halten nur an ausgewiesenen Haltestellen. Sehr nützlich ist der Bus 1A von der Jl Malioboro über den Flughafen nach Prambanan. Der Netzplan von Trans Jogja ist in der Touristeninformation erhältlich.

FAHRRAD

In vielen Hotels kann man Fahrräder mieten. Sie kosten zwischen 25 000 und 30 000 Rp für 24 Std. (mit einer Kaution von 10 000 Rp). Überall, auch in ländlichen Vorstädten, sollten Fahrräder durch ein Schloss gesichert werden.

TAXI

Die Online-Fahrdienst-Apps **Go-Jek** (www.go-jek.com) und **Grab** (www.grab.com) sind die billigste, schnellste und sicherste Option, um in der Stadt herumzukommen. Taxis mit Taxameter sind ebenfalls billig; man zahlt 30 000 Rp für eine kürzere Strecke und 60 000 Rp für längere Fahrten, z. B. von der Jl Prawirotaman zum Flughafen. Bestellt man ein Taxi für eine Stadtfahrt bei einem Taxiunternehmen, zahlt man mindestens 30 000 Rp. Als das verlässlichste Unternehmen gilt **Jas Taxi** (✆ 0274-373737).

Südküste

Die Südküste Zentraljavas besteht aus einer Reihe schöner sandiger Buchten mit vulkanischen Vorgebirgen, die von den Wellen des Indischen Ozeans mit voller Wucht getroffen werden. Früher war diese Küste ein abgelegenes Gebiet der Insel mit wenig Einrichtungen, aber seit die Elektrizität auch die Küstenorte erreicht hat, sind sie zu einem beliebten Wochenendziel derjenigen geworden, die dem Gewühl in Städten wie Yogyakarta oder Surakarta (Solo) entfliehen wollen. Unter der Woche ist Javas Südküste aber immer noch ruhig und friedlich.

Die Hauptküstenstraße windet sich durch wellige Hügel, Erdnuss- und Maniokfelder sowie durch Blumenfelder, die einzig als Selfie-Kulissen (2000 Rp pro Pose!) angelegt wurden. Kleine Seitenstraßen führen von der Hauptstraße zu offenen Buchten, wo die See rau und das Baden nur an geschützten Stellen ratsam ist.

Im Hinterland sind die antiken Gräber von Imogiri ein faszinierender Abstecher.

❶ An- & Weiterreise

Yogyakarta ist durch öffentliche Verkehrsmittel mit Parangtritis, dem (nicht sehr attraktiven) Hauptferienort an der Südküste verbunden. Von Yogyakartas Busbahnhof Giwangan fahren den ganzen Tag über Busse über die Jl Parangtritis am Ende der Jl Prawirotaman (9000 Rp, 1 Std.). Der letzte Bus fährt gegen 18 Uhr von Parangtritis zurück.

Zu den Stränden, die sich östlich von diesem Ferienort befinden, fahren hingegen keine öffentlichen Verkehrsmittel. Die Hinfahrt mit einem Taxi ab Yogyakarta kostet zwischen ca. 350 000 und 500 000 Rp, es ist aber nicht immer einfach, eine Rückfahrtgelegenheit zu finden. Besser organisiert man die Abholung vor dem Verlassen der Stadt oder mietet für die Dauer des Besuchs ein Auto mit Fahrer (ca. 1 000 000 Rp/24 Std.).

Imogiri

Imogiri, der Herrscherfriedhof auf einem Hügel 20 km südlich von Yogyakarta, wurde erstmals 1645 von Sultan Agung für den Bau seines Mausoleums genutzt. Seither ist der Ort die bevorzugte Grabstätte der Herrscher. Es gibt drei große Höfe: Der mittlere enthält die Grabmäler von Sultan Agung und der nachfolgenden Herrscher von Mataram, die beiden anderen enthalten die Grabmäler der Sultane von Surakarta (Solo) und Yogyakarta.

Pilger aus ganz Zentraljava reisen zum **Grabmal des Sultans Agung** (10 000 Rp; ⊙ Mo & So 10–13, Fr 13.30–16 Uhr). Um die Grabmäler zu betreten, die traditionell über eine schwierige Treppe mit 500 Stufen erreicht werden, ist javanische Hofkleidung obligatorisch. Man leiht sie am Eingang (2000 Rp) und legt sie an – nachdem sie der letzte schwitzende Besucher vielleicht gerade abgelegt hat. Beim Betreten des Komplexes müssen auch noch die Schuhe ausgezogen werden – eine echte Strafe für all jene, die es nicht gewohnt sind, barfuß auf heißen Steinen zu laufen. Trotz solcher kleineren Herausforderungen lohnt sich aber der Aufstieg zu dem stimmungsvollen Ort, und sei es nur, um die Pilger im inbrünstigen Gebet zu erleben.

❶ An- & Weiterreise

Um nach Imogiri (10 000 Rp, 40 Min.) zu gelangen, kann man ein *angkot* nach Panggang nehmen und darum bitten, an den *makam* (Gräbern) auszusteigen. Die *angkot* und Busse (5000 Rp) aus Yogyakarta halten am Parkplatz, von wo es etwa 500 m bis zum Fuß des Hügels und zum Beginn der Treppenstufen sind. Taxis sind das verlässlichere Verkehrsmittel; eine Fahrt ab Yogyakarta kostet inklusive Wartezeit 300 000 Rp.

Indrayanti & Krakal-Bucht

Das kleine Indrayanti liegt am östlichen Ende einer Reihe spektakulärer von Klippen eingerahmter Buchten an der Stelle, an der sich die Hauptküstenstraße ins Hinterland wendet. Hier warten kilometerlange einsame Strände und Landzungen darauf, erkundet zu werden – die ideale Pause in einem vollgestopften Java-Rundreiseplan. Ein paar Menschen kommen an den Wochenenden hierher, und in der Ferienzeit kann sogar ein gewisser Andrang herrschen. Anders gesagt, ist es also gerade noch belebt genug, dass einsame Traveller nicht völlig ausflippen.

Die benachbarte Krakal-Bucht mit ihrem breiteren Sandstrand lockt Tagesausflügler an, die in den kleinen Restaurants am Rand Meeresfrüchte genießen wollen.

◉ Sehenswertes

Pantai Indrayanti STRAND
(Pulang Syawal; 10 000 Rp; ⊙ Sonnenaufgang–23 Uhr) Gegen diesen Strand, der sich rund 65 km abseits der Stadt befindet, branden die Wellen weniger heftig als an anderen Punkten der Küste südlich von Yogyakarta. Hier gibt's nicht viel mehr zu tun, als in den flachen Gewässern zu paddeln. Weil es aber ein paar Pensionen und ein Meeresfrüchterestaurant gibt, eignet sich der Ort gut dazu, ein, zwei Tage auszuspannen. Riesige Felsbrocken umrahmen das östliche Ende des Strands, in Richtung Westen liegt eine Reihe goldener Sandstrände, von denen man in den Sonnenuntergang blicken kann.

🛏 Schlafen & Essen

Royal Joglo HÜTTEN $$
(☎ 0813 2525 3300; theroyaljoglo@yahoo.com; Krakal Bay; Zi. mit Frühstück Mo–Fr 458 000 Rp, Sa & So 569 000 Rp; ✳ 🛜) Das smarte kleine Gästehaus in Gestalt eines *joglo* hat eine polierte Vorderterrasse und liegt in Gehweite zum Strand von Krakal. Man wohnt in attraktiven Hütten mit kleinen Veranden und java-

nischen Ziegeldächern. Es gibt nur vier Zimmer, aber derzeit werden gerade vier weitere gebaut. Es ist schwierig, sich hier auf Englisch zu verständigen.

Cemara Udang GASTHAUS $$
(☎ 0823 2821 0384; Pantai Indrayanti; Zi. mit Frühstück & Kaltwasserdusche 400 600–500 000 Rp; ℗ ✳) Das schlichte, aber nette freundliche kleine Gästehaus liegt am westlichen Ende des Strands von Indrayanti. Die Stille wird nur vom Geräusch der gegen den Strand brandenden Wellen unterbrochen. Die Zimmer im obersten Stock haben Holzmöbel und bieten einen Blick über die Straße aufs Meer. Werktags gibt's einen Rabatt von 10 %.

Indrayanti Resto SEAFOOD $
(☎ 0878 3962 5215; Pantai Indrayanti; Hauptgerichte 15 000–60 000 Rp) In dem kleinen, aufs Meer blickenden Restaurant am Strand von Indrayanti wird der Fang des Tages serviert. Die Tische stehen auf dem Sand, sodass man hier gut in den Sonnenuntergang blicken kann. Der kleine Laden neben dem Restaurant verkauft überraschend modische (gemessen an den wenigen Einrichtungen vor Ort) Strandbekleidung und Accessoires.

Warung Makan Mampir Dahar INDONESISCH $
(Krakal-Bucht; Gerichte 20 000–40 000 Rp) Auf halber Höhe der Krakal-Bucht gibt's einen Strand der von einer Reihe schlichter, aufs Meer blickender Restaurants gesäumt wird, die alle fast das Gleiche anbieten. Auch dieses hier gehört dazu. Gerichte mit Fisch, Tintenfisch oder Garnelen kosten ca. 25 000 Rp, Hummer oder Krabben 50 000 Rp.

❶ An- & Weiterreise

Um dieses Gebiet zu erreichen, organisiert man am besten vorab den Transport. Zwischen Indrayanti und der Krakal-Bucht gibt's keine öffentlichen Verkehrsmittel, man kann aber die 2,5 km lange Distanz zwischen beiden Orten zu Fuß auf einer ruhigen Landstraße zurücklegen.

Kukup

An diesem kleinen Strand mit dem auffälligen Pavillon direkt am Meer kann man den Seetang noch 500 m weit ins Binnenland riechen. Der Tang ist die Grundlage der örtlichen Wirtschaft: Vor allem Frauen ernten das lebende, grüne Seegras aus den abschüssigen Felsteichen, die sich hier bilden; als nahrhaftes Gemüse wird es für viele örtliche Gerichte verwendet oder zu köstlichen *peyek* (Seegras-Crackern) verarbeitet.

Die Felsen bieten sich zu einer Erkundung an, aber Schwimmen ist hier nicht zu empfehlen. Trotzdem ist der Strand an den Wochenenden gut besucht. Kukup ist sogar eines der beliebtesten Gebiete an diesem Abschnitt der Südküste außerhalb des großen Ferienorts Parangtritis. Da vor allem Einheimische kommen, kann man in Kukup gut die Javaner in ihrer Freizeit beobachten, wenn sie auf dem halben Kilometer langen Streifen mit Ständen nach Souvenirs stöbern. Die Händler verkaufen Muscheln und Baumwollkleidung und bereiten einfache Meeresfrüchtegerichte zu.

Kukup und die Krakal-Bucht sind nur mit privaten Transportmitteln zu erreichen, die man sich am besten in Yogyakarta beschafft.

◉ Sehenswertes

Pantai Kukup STRAND

(10 000 Rp; ☺ Sonnenaufgang–24 Uhr) Dieser weite Küstenabschnitt, der eine Fahrtstunde von Yogyakarta entfernt ist, bildet das Zentrum der wichtigen Heimindustrie des Seetangsammelns. Einheimische, die sich über die Felsteiche beugen, sind ein vertrauter Anblick, und in der Luft hängt der starke, angenehme Geruch von Ozon, den man eher in kühleren Küstenregionen am Atlantik erwartet. Der Seetang (*peyek*) wird in *warungs* auf dem Weg zum Strand frittiert und verkauft. Dass es eine ganze Reihe solcher Stände gibt, lässt erkennen, dass an den Wochenenden viele Besucher kommen.

Ein asphaltierter Küstenweg führt am Klippenrand entlang zu einem verlassenen Betonpavillon am Meer. Von diesem vorgelagerten Punkt aus kann man gut sehen, wie die raue See Krabben aus den Felsteichen reißt und an Land wirft. Beim Schwimmen ist hier große Vorsicht geboten, ebenso am benachbarten Strand von **Drini** (der für die kleine, durch eine Sandbank mit dem Strand verbundene vorgelagerte Insel bekannt ist).

🛏 Schlafen

Penginapan Kukup Indah PENSION $

(📞 0878 3966 5441; Pantai Kukup; Zi. 100 000–300 000 Rp; ❄) Für diese schlichte Pension spricht nicht viel mehr, als dass sie nur fünf Gehminuten vom Strand entfernt ist. Die Unterkunft ist aber sauber und gut geführt; einige Zimmer verfügen über eine Klimaanlage. Es gibt hier nichts zu essen, aber am Weg zum Strand finden sich viele *warungs*, die Reis- und Nudelgerichte mit gebratenem Fisch und Seetang-Crackern anbieten.

Inessya Resort RESORT $$

(📞 0812 8321 6600; Jl Ke Puncak Timur; FZ 1 500 000 Rp; ❄) Das Highlight dieses kleinen Hotels, eines lustigen Refugiums auf einem Hügel, ist der bescheidene Infinity-Pool mit fantastischem Ausblick auf den Indischen Ozean. Schwimmt man in Richtung Poolrand hat man das Gefühl, man könnte in dieser Richtung bis nach Australien schwimmen. Das riesige Familienzimmer bietet in vier Doppelbetten Platz für acht Personen – prima für eine Gruppe von Freunden, die einen gemütlichen Rückzugsort außerhalb von Yogyakarta suchen.

Kaliurang & Kaliadem

📞 0274 / 871 M

Das 25 km nördlich von Yogyakarta gelegene Kaliurang ist der der Stadt am nächsten gelegene Ferienort in den Hügeln und eine wichtige Ausgangsbasis zum Gunung Merapi. Auf einer Höhe von 900 m herrscht hier ein kühles, erfrischendes Klima. Während der Regenzeit ist Kaliurang oft dicht von Wolken eingehüllt, aber an klaren Tagen bietet sich ein herrlicher Blick auf den Merapi.

In der Gegend gibt's zwei Museen, die eine Erkundung lohnen. Mit ein paar ausgezeichneten Unterkünften bietet sich Kaliurang als ein angenehm erfrischendes Ziel an, in dem man dem Getümmel und der Hitze in der Ebene von Yogyakarta entkommen kann.

Auf dem Weg ins Dorf Kaliadem (Eintritt 3000 Rp) bietet sich der etwas makabre Anblick von Wohnhäusern, die beim Ausbruch des Merapi im Jahr 2010, bei dem mehr als 300 Menschen starben, zerstört wurden. Obwohl das Gebiet in der Evakuierungszone liegt und nicht mehr bewohnt werden darf, sind viele Einwohner, die hier ihr ganzes Leben verbracht hatten, zurückgekehrt. Geschäftstüchtige Einheimische nutzen die Gelegenheit, um abseits der Straße Exkursionen zum Lavastrom zu veranstalten.

◉ Sehenswertes

Museum Gunungapi Merapi MUSEUM

(Merapi-Vulkanmuseum; 📞 0274-896498; www. mgm.slemankab.go.id; Jl Kaliurang, Km 25,7, Kaliurang; 10 000 Rp; ☺ Di–Do, Sa & So 8–15.30, Fr bis 14.30 Uhr) Das eindrucksvolle Museum ist in einem auffällig schräg zugespitzten, an einen Vulkan erinnernden Gebäude untergebracht. Zu den Exponaten gehört ein maßstabsgetreues Modell des Merapi, das die Ausbrüche vom 18. Jh. bis zur Gegenwart erläutert und zeigt, wie diese die Gestalt des Berges verändert haben. Zu sehen sind alte Seismometer und ein Motorrad, das aus der Asche ausgegraben wurde. Es gibt einen Erdbeben-Simulator und Infos zu den Vulkanen in Indonesien und weltweit. In einem Kino wird ein Dokumentarfilm zum Vulkanausbruch von 2010 gezeigt (Ticket 10000 Rp).

Gunung Merapi National Park   NATIONALPARK
(Taman Nasional Gunung Merapi; Jl Kaliurang, Km 22,6; Mo–Fr 151000 Rp, Sa & So 226000 Rp inkl. Versicherung; ☺8–16 Uhr) Von Kaliurang führen zwei Eingänge in den Nationalpark an den Hängen des Vulkans Gunung Merapi. Der besser erschlossene Eingang an der Jl Kaliurang ist von einem Dutzend *warungs* umgeben und bietet eine dramatischere Annäherung an den Berg, weil sich Klippen über der schmalen Zufahrtsstraße türmen. Beide Eingänge bieten Zugang zu einem nur wenige Kilometer umfassenden Wegenetz. Die Wege führen zu Höhlen, in denen sich japanische Soldaten während des Zweiten Weltkriegs versteckten, und zu zwei auf Hügeln liegenden Aussichtspunkten auf den Merapi.

Die Karten am Parkeingang zeigen die Gebiete, die von Besuchern erkundet werden dürfen. Man sollte sich unbedingt an diese Grenzen halten, weil bei einem plötzlichen Ausbruch die Lava mit einer Geschwindigkeit von 300 km/h den Berg hinunterfließt. Bei der 15-minütigen Wanderung zum Aussichtspunkt Promojiwo, von dem aus man auf den Merapi blickt, kommt man durch einen Wald, der beim Ausbruch von 2010 eingeäschert wurde. Eine noch bessere Aussicht hat man bei der 3 km langen Wanderung zum Puncak Plawangan.

Ullen Sentalu   MUSEUM
(☏0274-895161; www.ullensentalu.com; Jl Boyong, Km 25, Kaliurang; Erw./Kind 60000/40000 Rp; ☺Di–Fr 8.30–16, Sa & So bis 17 Uhr) Das Museum Ullen Sentalu ist eine Überraschung an den Hängen des Merapi. Das Museum befindet sich innerhalb großer Gartenanlagen in einem zeitgenössischen Gebäude und zeigt eine einmalige Sammlung zur Herrscherfamilie und ihrer Geschichte. Zu den wundervollen Artefakten gehören kostbare Batiken, javanische Ölgemälde und lokale Skulpturen, die in den Räumen ausgestellt sind, die die unterirdischen Kammern verbinden. Ein Besuch ist nur im Rahmen einer Führung möglich; die Führungen dauern eine Stunde und starten alle 30 Minuten.

☞ Geführte Touren

Belantara Adventure   ABENTEUER
(☏0852 2736 6130; Jl Bebeng, Kaliadem; Jeeptour 150000 Rp, ½-stündige Motorradtour 50000/150000 Rp) Einer von mehreren Veranstaltern an der Hauptstraße oberhalb des Orts, die Geländewagentouren (max. 4 Pers.) zu einem Dorf anbieten, das von dem Vulkanausbruch 2010 zerstört wurde. Es gibt auch Touren auf 150 cm³-Motorrädern; Stiefel, Helm und Handschuhe werden gestellt.

☷ Schlafen

★Vogels Hostel   HOSTEL $
(☏0274-895208; www.facebook.com/vogelshostel; Jl Astamulya 76, Kaliurang; B 40000 Rp, DZ mit Gemeinschaftsbad/eigenem Bad 100000/200000 Rp, Bungalow mit Gemeinschaftsbad/eigenem Bad & Warmwasser 150000/250000 Rp; ☎) Das Hostel in einem ältlichen, aber charmaten Art-déco-Gebäude von 1926 ist eine Backpacker-Institution, in dem sich seit der Eröffnung 1978 kaum etwas verändert hat – selbst die Preise sind recht stabil geblieben! Die Zimmer sind retro eingerichtet, sehr stimmungsvoll und für Wanderer zweifellos die beste Adresse. Hinten finden sich gemütliche Bungalows.

Der Inhaber Christian Awuy ist eine Experte für den Merapi, der die verschiedenen Stimmungen des Vulkans genau kennt und Wanderer schon seit Jahrzehnten in den Nationalpark führt. Er ist inzwischen mehr als 70 Jahre alt und will sich zur Ruhe setzen, deshalb trainiert er die nächste Generation der Bergführer, die angesichts der sich ständig verändernden Landschaft keine leichte Aufgabe haben.

Das Vogels bietet zur Information fast eine komplette Bibliothek mit Büchern und Landkarten zur Gegend. Vom Hostel aus werden beliebte Wanderungen auf die Hänge des Merapi veranstaltet. Die beliebteste Wanderung (5 Std., 350000 Rp/Pers. inkl. professionellem, Englisch sprechendem Führer & Verpflegung) startet um 4 Uhr mit einem Briefing und einem Film und dem Aufstieg zu einem guten Aussichtspunkt zur Beobachtung des Sonnenaufgangs. Die fünfstündige Vogelbeobachtungstour beginnt um 5 Uhr; man hat gute Chancen, dabei grüne Sittiche und Eisvögel sowie Makaken und Hirsche zu sehen.

Das Restaurant (Hauptgerichte 15000–30000 Rp) bietet das beste Essen im Ort, z.B. Gerichte aus Sulawesi, westliche Klassiker und eine tolle Auswahl an Kaffeespezialitäten. Auch Bier lässt sich beschaffen.

WANDERN AUF DEM GUNUNG MERAPI & GUNUNG MERBABU

Wenige Vulkane in Südostasien sind so eindrucksvoll und haben eine solche Zerstörungskraft wie der Gunung Merapi (Feuerberg). Der 2911 m hohe Gipfel thront über Yogyakarta, dem Borobudur und Prambanan und ist für Tausende eine erschreckend nahe Bedrohung. Der Merapi ist Indonesiens aktivster Vulkan und im letzten Jahrhundert oft ausgebrochen: Bei dem massiven Ausbruch von 2010 starben 353 Menschen und 360 000 mussten evakuiert werden. Jedes Jahr werden im *kraton* (Palast) von Yogyakarta Opfer dargebracht, um den Berg zu besänftigen. Der benachbarte Gunung Merbabu (3144 m) schläft dagegen seit Jahrhunderten. Die Region hat eine Bevölkerungsdichte von 700 Menschen pro km²; es gibt hier Hunderte faszinierende kleine Gemeinden (z. B. Selo und Kaliurang, zwei Orte, in denen es Unterkünfte gibt und Wandertouren organisiert werden).

Der Merapi wird oft für Besucher gesperrt. Wenn die Bedingungen es zulassen, ist die Besteigung des Kegels aber in der Trockenzeit (April–Sept.) möglich. 2018 war der Gipfel des Merapi nach einer Reihe kleinerer Eruptionen gesperrt, weshalb mehr Besucher auf eine Besteigung des Merbabu auswichen.

Gunung Merapi

In ruhigen Zeiten können Wanderer den Gipfel des Gunung Merapi beim Sonnenaufgang erreichen, wenn sie um 1 Uhr in Neu-Selo (1600 m) aufbrechen. Dies ist ein Vorort des Hauptdorfs hoch auf der Flanke des Bergs und leicht an einer gigantischen Selfie-Station erkennbar, auf der der Name der Gemeinde prangt. Eine Ansammlung von *warungs* und Ständen markiert den Beginn des Wegs, über den man in den Gipfel in rund drei bis vier Stunden erreicht. Diese Wanderung ist zwar anspruchsvoll, aber von allen zu bewältigen, die ausreichend fit sind. Manche Wanderer brechen erst gegen 5 Uhr auf und erleben den Sonnenaufgang unterwegs. Angemessenes Schuhwerk ist Voraussetzung für die Wanderung! Der Weg führt zu einem felsigen, kühlen Campingplatz in 2500 m auf dem dritten Plateau (Pasar Bubrah genannt), den einige Touren als letzte Zwischenstation nutzen.

Wenn die Bedingungen die Begehung des letzten Abschnitts zulassen, folgt ein sehr anstrengender Aufstieg über loses vulkanisches Geröll und Sand, vorbei an Rauchschwaden ausstoßenden Spalten. Für diesen Abschnitt ist ein Führer unerlässlich! An klaren Tagen hat man vom Kraterrand einen herrlichen Blick in den tiefen, 500 m breiten Krater.

Die Gefahren am Kraterrand, wo raue Winde herrschen und das Terrain instabil ist, können gar nicht übertrieben werden. Der Merapi kann jederzeit plötzlich aktiv werden; wenn der Zugang nicht gesperrt ist, lassen sich Wanderungen zur Spitze in Selo (Führer 500 000 Rp/Pers.) organisieren.

Zum Betreten des Nationalparks (S. 154) um den Gunung Merapi muss eine Eintrittsgebühr entrichtet werden. Aktuelle Infos zum Merapi und Berichte zum Wandern findet man unter www.gunungbagging.com.

Gunung Merbabu

Die Besteigung des Gunung Merbabu ist vielleicht nicht so aufregend wie die eines aktiven Vulkans, dafür hat man aber beste Sicht aufs Geschehen, wenn der wilde Merapi sich regt. Selbst an ruhigen Tagen ist der anstrengende (aber technisch nicht schwierige) Aufstieg wegen des Blicks auf den Vulkankegel vom sicheren Merbabu aus lohnend.

Der Gipfel des Merbabu ist keine Spitze, sondern ein welliges Plateau, das von einer Grassavanne bedeckt ist. Die Route führt durch Wald und über der Baumgrenze durch niedrige Vegetation und wird in Gipfelnähe steil und oft sehr windig. Die Besteigung erstreckt sich generell über zwei Tage mit einer Übernachtung in einem einfachen Basislager.

Bei Touren sind in der Regel die Preise für einen Führer (500 000 Rp/Gruppe), Träger (200 000 Rp/Pers. & Tag), ein Zelt und einen Schlafsack (150 000 Rp) enthalten. Essen kann vom Träger besorgt und zubereitet werden, ist aber nicht im Preis enthalten.

Mehrere Dörfer an der Flanke des Merbabu dienen als Basislager für den Aufstieg und sind an der Straße nach Selo ausgeschildert. Alle Dörfer erheben eine kleine Besuchsgebühr (ca. 5000 Rp) für den Unterhalt ihrer winzigen Zufahrtsstraßen.

Fuji Villa　　　　　　　　　　　　HOTEL $$
(☑0274-820 8777; www.fujivilla.com; Jl Pelajar 8, Kaliurang; Zi. mit/ohne Klimaanlage & Frühstück 350 000/500 000 Rp; ❈🛇) Die Anlage besteht aus japanisch inspirierten Chalets in einem kleinen Garten. Sie haben Schiebefenster und Schiebetüren, die an die Reispapierfenster in Japan erinnern. Die größeren Zimmer haben Holzbetten und Liegen, TVs und Armsessel. Das Personal spricht kein Englisch.

★**The Cangkringan**
Jogja Villas & Spa　　　　　　　RESORT $$$
(☑0274-447 8653; www.cangkringan-villa.com; Jl Raya Merapi Golf, Kaliadem; Zi. ab 919 000 Rp, Villa ab 1 200 000 Rp; 🅿🛇❈🛇❈) Der zeitgenössische Spa- und Villenkomplex besitzt eine elegante *joglo*-Lobby, einen schön gestalteten Garten und 19 aufwendige Villen, deren Fußböden Marmorintarsien aufweisen. Einige Zimmer teilen sich kleine Pools – die Flitterwöchner-Suite hat einen eigenen (2 000 000 Rp). Der Straßenlärm bildet eine kleine Belästigung.

Das von blühenden Bougainvilleen und süß duftenden Frangipani umgebene Restaurant steht auch Nichtgästen offen.

❶ An- & Weiterreise

Es gibt keine verlässlichen oder bequemen Direktverbindungen nach Kaliurang oder Kaliadem. Von Yogyakarta aus kommt man im Rahmen einer Tour oder mit dem Taxi (einfache Strecke ab 200 000 Rp).

Touren, die am Sonnenaufgang am Merapi und eine Wanderung beinhalten, kosten bei einem Veranstalter wie **Discover Your Indonesia** (www.discoveryourindonesia.com; Wandertour ab 450 000 Rp/Pers.) ab ca. 450 000 Rp.

Selo

☑0274 / UNTER 3000 EW. / 1640 M

Das authentische kleine Dorf Selo liegt auf und zwischen den Hängen zweier Vulkane inmitten von Tabakfeldern und Gemüsebeeten. Der Ort macht einen hübschen Eindruck – die Ziegeldächer der Häuser ziehen sich wie ein Lavastrom an den steilen Hängen des Gunung Merapi hinunter. Die meisten Besucher kommen nachts, um den Gunung Merapi oder den Gunung Merbabu zu besteigen und den herrlichen Sonnenaufgang zu erleben. Das ist schade, weil die Dörfer selber schon ein reizendes Ausflugsziel sind.

In Selo (rund 50 km westlich von Surakarta) lassen sich leicht Führer (500 000 Rp/Pers.) für den Aufstieg auf den Merapi

(S. 155) finden, am besten reserviert man aber vorab einen über die Selo Guide Association. Wenn der Merapi aus Sicherheitsgründen gesperrt ist, lässt sich immer noch der schlafende Vulkan Merbabu (S. 155) sicher besteigen, von dessen Gipfel man einen prächtigen Blick in die Savanne hat.

🏃 Aktivitäten

Selo Guide Association　　　　　WANDERN
(☑0878 3632 5955) Bei dieser Vereinigung lassen sich leicht Führer für die Besteigung des Gunung Merapi oder Gunung Merbabu (hin & zurück 500 000 Rp) engagieren, besser reserviert man aber im Voraus.

🛌 Schlafen & Ausgehen

Ratri Homestay　　　　　　　　PENSION $
(☑0276-320073; Jl Desa Samiran, Kampung Samiran; DZ/3BZ mit Frühstück & Bad mit Warmwasser 150 000/250 000 Rp; 🛇) Am Fuß der Straße nach Neu-Selo bietet diese Pension mit hilfsbereitem Personal ein paar schlichte, aber durchaus komfortable Zimmer rund um eine Terrasse mit Balkonen. Die Zimmer sind kunterbunt gestrichen, und selbst die Außenwände und ein auf dem Gelände stehendes altes Auto haben noch etwas von der Farbenorgie abbekommen.

Hier werden ein- und zweistündige leichte Wanderungen organisiert. Reisegruppen von Tourveranstaltern aus Yogyakarta machen hier für größere Wanderungen Station.

Homestay Selo　　　　　　　GASTFAMILIE $
(www.homestaymerapi.com; Jl Jarakan, Kampung Damandiri; Zi. mit Frühstück 165 000 Rp) 🍴 Diese Unterkunft ist eine von mehreren Homestays, die sich an der „Homestay Street" versammeln. Dieses freundliche kleine Haus an der Spitze der Straße gehört zu einer Dorf-Kooperative. Die Unterkünfte dieser Kooperative bieten alle den gleichen Service zum selben Preis, und alle haben auch hübsche, traditionell-javanische Details (Ziegeldächer, prächtige Gärten), die es schwer machen, unter ihnen eine Wahl zu treffen.

Warung Damandiri　　　　　　　　KAFFEE
(Jl Jarakan, Kampung Damandiri; Kaffee 10 000 Rp; ⏰8–18 Uhr) Das Freiluftcafé prunkt mit einem unvergleichlichen Blick über das prächtige kleine Dorf Selo hinüber zur drohenden Masse des Gunung Merapi, mit kostenlosem WLAN und einer „I love Merapi"-Selfiestation. Die Inhaberin serviert frittierte Bananen mit lokalem Käse (3500 Rp) und javanischen Kaffee. Man kann hier auch Päckchen

mit vor Ort gewachsenen Arabica-Bohnen kaufen (6500 Rp).

ℹ An- & Weiterreise

Von Surakarta (Solo) aus erreicht man Selo mit dem Bus nach Boyolali, der unterwegs in Selo hält (16 000 Rp, 2 Std.). Von Yogyakarta aus nimmt man einen Bus nach Magelang bis nach Blabak (9000 Rp, 1 Std.) und fährt von dort mit einem *angkot* oder Bus weiter nach Selo (6000 Rp). Bequemer geht's mit **Arya Transport** (☏ 0274-940 0796, 0276-320073; www. aryatransport.com), das täglich zwei Sammeltaxis von/nach Yogyakarta betreibt (200 000 Rp/ Pers., 10 & 13 Uhr). Die Fahrt mit einem Privatauto ab Yogyakarta kostet ca. 450 000 Rp (einfache Strecke).

Prambanan

Die spektakulären Tempel von Prambanan besucht man am besten im Rahmen eines Tagesausflugs von Yogyakarta. Sie liegen in den Ebenen Zentraljavas und sind das schönste Zeugnis der jahrhundertelangen kulturellen Vorherrschaft des Hinduismus auf Java. Zusammen mit dem nahegelegenen Borobudur gehören sie zu den größten Sehenswürdigkeiten Südostasiens.

Alle Tempel von Prambanan wurden zwischen dem 8. und 10. Jh. n. Chr. errichtet, als die buddhistische Sailendra-Dynastie im Süden Javas und die Könige des Mataram-Reichs aus der hinduistischen Sanjaya-Dynastie im Norden der Insel herrschten.

Die beiden Dynastien waren durch die Ehe des hinduistischen Rakai Pikatan und der buddhistischen Sailendra-Prinzessin Pramodhavardhani verbunden. Das mag erklären, warum einige Tempel, darunter die des Prambanan-Komplexes und der kleineren Gruppe von Plaosan architektonische und skulpturale Elemente des Shivaismus und des Buddhismus aufweisen. Prambanan ist aber in erster Linie und ganz eindeutig eine hinduistische Stätte, und die vielen skulpturalen Details an dem großen Shiva-Tempel sind das bedeutendste Beispiel hinduistischer Kunst in Indonesien.

◉ Sehenswertes

★ **Tempel von Prambanan**   HINDUISTISCHER TEMPEL
(☏ 0274-496402; www.borobudurpark.com; Jl Raya Yogya–Solo; Erw./Student & Kind unter 10 Jahren 350 000/210 000 Rp, Kombiticket mit Borobudur 560 000/350 000 Rp; ☺ 6–17 Uhr, Gelände bis

17.15 Uhr) Die zum UNESCO-Welterbe gehörende Anlage von Prambanan umfasst die Überreste von etwa 244 Tempeln, ist die größte hinduistische Stätte Indonesiens und eine der größten Sehenswürdigkeiten Südostasiens. Das Highlight ist der zentrale Bezirk, der acht Haupt- und acht Nebentempel auf einer erhöhten Plattform versammelt: ein architektonisches Crescendo figurengeschmückter Mauern und Treppen, dessen Gipfel der Candi Shiva Mahadeva bildet. Prambanan liegt in einem großen Park mit weiteren, weniger bedeutenden Tempeln; man braucht einen ganzen Tag, um die Stätte einigermaßen kennenzulernen.

Der Bau der Tempelanlage von Prambanan zog sich über zwei Jahrhunderte hin und begann Mitte des 9. Jhs., rund 50 Jahre nach dem Bau des Borobudurs. Über die frühe Geschichte dieses Tempelkomplexes ist sonst wenig bekannt, man glaubt, dass sie von Rakai Pikatan vielleicht errichtet wurde, um der Rückgewinnung der Herrschaft über ganz Java durch eine hinduistische Dynastie zu gedenken. Die ganze Ebene von Prambanan wurde aufgegeben, als die hinduistische Könige über Java ihr Herrschaftszentrum nach Ostjava verlegten und als in der Mitte des 16. Jhs. ein großes Erdbeben viele der Tempel zum Einsturz brachte. Prambanan blieb eine Ruinenstätte, deren Verfall durch Schatzjäger und Einheimische, die sich hier Baumaterial holten, noch beschleunigt wurde. 1885 wurde damit begonnen, die Anlage von der Vegetation zu befreien, aber die Rekonstruktion begann erst im Jahr 1937. Heute sind die meisten Tempel bis zu einem bestimmten Grad restauriert. 1991 wurde Prambanan zusammen mit dem Borobudur zum UNESCO-Welterbe erhoben.

Prambanan erlitt bei dem Erdbeben von 2006 beträchtliche Schäden. Die Haupttempel blieben zwar erhalten, aber Hunderte Steinblöcke stürzten herunter oder bekamen Risse (479 Blöcke allein im Shiva-Tempel). Die Hauptgebäude sind inzwischen restauriert, aber Vieles bleibt noch zu tun, weshalb Teile des Komplexes weiter gesperrt sind.

Der Shiva geweihte **Candi Shiva Mahadeva** im Haupthof ist nicht nur der größte, sondern auch der schönste Tempel der Anlage. Der Hauptturm des üppig verzierten Tempels hat eine Höhe von 47 m. Die Medaillons, die den Sockel schmücken, zeigen ein für Prambanan charakteristisches Motiv: kleine Löwen in Nischen, flankiert von *kalpatura* (Himmelsbäumen) und einer

> ### ❶ PRAMBANAN RICHTIG AUSKOSTEN
>
> Die Hauptattraktionen ballen sich rund um die Tempel von Prambanan (S. 157), die natürlich die größten Besuchermassen anlocken: Der Tempelkomplex auf der erhöhten Plattform über der Ebene ist zu jeder Tages- und Jahreszeit spektakulär.
>
> Doch ist Prambanan keineswegs die einzige Sehenswürdigkeit in dem Gebiet und oft werden die weniger bekannten Tempel wie der **Candi Sojiwan** (Candi Sajiwan; Jl Tulung Tamanmartani; 10 000 Rp; ☺8–17 Uhr), der **Candi Sari** (abseits der Jl Raya Yogya–Solo; 10 000 Rp; ☺8–15 Uhr) und der **Candi Kalasan** (Jl Raya Yogya–Solo; 10 000 Rp; ☺8–17 Uhr) (letzterer einer der ältesten Tempel in der Ebene von Prambanan) einfach übersehen, obwohl sie ihre eigene, delikate und bescheidende Schönheit haben. Um das zerfallene Mauerwerk zu wandern, ohne sich durch Tausende drängen zu müssen, ist ein tolles Erlebnis.
>
> Golfwagen und Pferdekutschen verbinden den Haupttempelkomplex von Prambanan mit den weniger bekannten Bauten auf dem weitläufigen Tempelgelände. Die Tempel außerhalb des Parks erreicht man mit einem Fahrrad oder dem Taxi.

ganzen Menagerie von stilisierten *kinnara* (himmlische, halb menschliche, halb vogelhafte Kreaturen). Die lebendigen Reliefs auf der inneren Wand der Galerie, die den Tempel umrundet, zeigen Szenen aus dem Ramayana. Sie erzählen wie Ramas Frau, Sita entführt und dann von dem Affengott Hanuman und von Sugriwa, dem General der weißen Affen, aufgefunden und befreit wird.

Im Tempel gibt es eine Hauptkammer an der Spitze der östlichen Treppe mit einer Statue des vierarmigen Shiva als Weltenzerstörer. Die Statue ist bemerkenswert, weil der mächtigste aller Hindu-Götter auf einem großen Lotussockel steht, einem buddhistischen Symbol. In der südlichen Zelle findet sich der dickbäuchige, bärtige Agastya, eine Inkarnation Shivas als göttlicher Lehrer, in der westlichen Zelle ein herrliches Abbild des elefantenköpfigen Ganesha, der Shivas Sohn und der Gott des Wissens ist. Ganeshas rechte Hand, die wie üblich seinen Stoßzahn hielt, ist bei dem Erdbeben abgebrochen. In der nördlichen Zelle sieht man Shivas Gemahlin Durga, die den Büffeldämon Mahishasura tötet. Manche glauben, dass das Bild der Durga eigentlich die Prinzessin Rara Jonggrang ist, die in Stein verwandelt wurde, weil sie sich weigerte zu heiraten. Auch heute noch pilgern die Menschen zu ihr, und ihr Name wird oft zur Bezeichnung der ganzen Tempelgruppe verwendet.

Der 33 m hohe **Candi Vishnu** erhebt sich unmittelbar nördlich des Candi Shiva Mahadeva. Die eindrucksvollen Reliefs an diesem Tempel erzählen die Geschichte Krishnas, des Helden des Mahabharata; ein vierarmiges Abbild von Vishnu als Weltenerhalter bekrönt den inneren Sakralraum.

Der **Candi Brahma** ist das Abbild des Candi Vishnu. Dieser Tempel erhebt sich südlich des Candi Shiva Mahadeva; seine Reliefs zeigen die letzten Szenen aus dem Ramayana. Sehenswert sind das als Mund geformte spektakuläre Tor und in der inneren Kammer die Statue des vierköpfigen Schöpfungsgottes Brahma.

Im Park rund um Prambanan stehen noch einige weniger bekannter Tempel, darunter der buddhistische **Candi Sewu**. Die aus der Zeit um 850 n. Chr. stammende Anlage umfasst Dutzende äußere, mit Stupas bekrönte Schreine. Ursprünglich war sie mit vier Ringen aus 240 „Wächtertempeln" umgeben, was ihr den Namen „Tausend Tempel" eintrug. Außerhalb der Anlage standen vier Heiligtümer an den Kardinalpunkten, im Süden der heute bis auf die Grundmauern verschwundene **Candi Bubrah**. Der renovierte Haupttempel zeigt schön gearbeitete Nischen rund um die innere Galerie, in der sich einst Bronzestatuen befanden. Um zum Candi Sewu zu kommen, mietet man ein Fahrrad (20 000 Rp) oder nimmt die Parkbahn oder einen Golfwagen (20 000 Rp), die zwischen dem Ausgang der Haupttempelstätte von Prambanan und dem Candi Sewu pendeln. Alternativ ist's ein netter, 20-minütiger Spaziergang vom Haupttempelkomplex durch das etwas Schatten spendende Parkgelände.

Tickets für Prambanan kann man online auf der Website kaufen. Es gibt auch günstige Kombitickets für Prambanan und den Kraton Ratu Boko sowie für Prambanan und Borobudur – bei letzterem ist aber zu beachten, dass es nur zwei Tage gültig ist und nicht den Aufpreis für einen Besuch bei Sonnenauf- oder Sonnenuntergang abdeckt.

Candi Sambisari
TEMPEL

(Jl Candi Sambisari; 10 000 Rp; ☺7–17 Uhr) Dieser Shiva-Tempel ist womöglich der späteste

Tempel in Prambanan, der von den Königen Matarams errichtet wurde. Der Tempel wurde 1966 von einem Bauern unter alten Schichten aus Vulkanasche und Staub wiederentdeckt und später freigelegt. Er liegt fast 6 m unter dem Niveau der umliegenden Felder und ist sehr gut erhalten. Der innere Sakralraum wird von großen Darstellungen von Lingam und Yoni (stilisierten Darstellungen von Penis und Vagina) beherrscht, die für Shiva-Tempel typisch sind.

Candi Plaosan TEMPEL
(3000 Rp; ◷ 6–17 Uhr) Die Tempel von Plaosan entstanden etwa zur gleichen Zeit wie die größere Tempelanlage von Prambanan und verbinden in ihren aufwändigen Verzierungen hinduistische und buddhistische Symbole. **Plaosan Lor** (Plaosan-Nord) umfasst zwei restaurierte, identische Haupttempel, die von etwa 126 kleineren Schreinen und Stupas umgeben waren, die heute meist nur noch Steinhaufen sind. **Plaosan Kidul** (Plaosan-Süd) umfasst weitere Stupas und die Überreste eines Tempels, aber bislang wurde hier noch wenig restauriert.

Kraton Ratu Boko RUINEN
(www.borobudurpark.com; Jl Piyungan–Prambanan; Erw./Kind unter 10 Jahren 362 500/217 500 Rp, Kombiticket inkl. Prambanan 580 000/362 500 Rp; ◷ 6–17.30 Uhr) Der Kraton Ratu Boko (Palast des Königs Boko) ist eine teilweise in Ruinen liegende hinduistische Palastanlage aus dem 9. Jh. Man glaubt, dass die Anlage auf einem Hügel über Prambanan einst der zentrale Hof der mächtigen Könige von Mataram war. Erhalten sind ein großes Tor, die Plattform des Candi Pembakaran (königlichen Krematoriums) sowie einige Badestellen, die auf verschiedenen Höhenstufen am Weg hinunter zum Dorf liegen. Von der Anlage aus hat man einen prächtigen Blick auf den Sonnenuntergang über der Ebene von Prambanan.

☞ Geführte Touren

Java Heritage Tour RADFAHREN
(☏ 0819 1553 4286; www.javaheritagetour.com; 359 000 Rp/Pers.) Diese 2½-stündige Radtour ab dem Candi Sambisari (S. 158) folgt kleinen Landstraßen und führt unterwegs an interessanten Kulturstädten vorbei; so kann man die Schätze von Prambanan in ihrem ländlichen Kontext erleben. Der Eintritt zu den Tempeln ist nicht im Preis enthalten, es gibt aber einen kostenlosen Shuttle in Prambanan, wenn man zu müde ist, bis nach Yogyakarta zurück zu radeln.

☆ Unterhaltung

★ Ramayana Ballet TANZ
(☏ 024-8646 2345, 0274-496408; www.borobudur park.com; Tickets ab 125 000 Rp; ◷ Di, Do & Sa 19.30–21 Uhr) Das berühmte Ramayana Ballet, Javas spektakulärste Tanztheatertruppe, tritt in einem Freilufttheater westlich des Tempelhauptkomplexes in Prambanan auf. Die Geschichte von Rama und Sita wird jeweils dienstags, donnerstags und samstags gezeigt; zwischen Mai und Oktober (wenn es das Wetter zulässt) auf der Freilichtbühne, in den übrigen Monaten unter einem festen Dach.

Vor der Kulisse des prächtig angestrahlten Candi Shiva Mahadeva nehmen fast 200 Tänzer und Gamelan-Musiker an einem Spektakel statt, bei dem Affenarmeen, Riesen auf Stelzen, wilde Schlachten und akrobatische Leistungen zu bewundern sind.

In Yogyakarta werden Tickets durch die Touristeninformation und die Reiseveranstalter in den touristischen Vierteln verkauft. Zum gleichen Preis erhält man sie auch an der Theaterkasse. Ein Taxi ab Yogyakarta kostet hin und zurück inklusive Wartezeit 450 000 Rp.

❶ An- & Weiterreise

Die Tempel von Prambanan lassen sich gut vom 17 km südwestlich gelegenen Yogyakarta aus besuchen. In Yogyakarta nimmt man den TransJogja-Bus 1A (3600 Rp, 40 Min.) von der Jl Malioboro. Eine Busfahrt ab Surakarta dauert 1½ Stunden und kostet 25 000 Rp. Prambanan lässt sich auch erreichen, indem man einen Zug zum Bahnhof Maguwo (nahe dem Flughafen von Yogyakarta) nimmt und dort in den TransJogja-Bus 1A umsteigt, der in Prambanan hält.

Eine Radtour auf Nebenstraßen veranstaltet Java Heritage Tour (S. 159). Die Tour beginnt am Candi Sambisari und führt auf Landstraßen über den Kraton Ratu Boko nach Prambanan.

Mit einem Motorrad kann man den Besuch in Prambanan mit einem Trip nach Kaliurang verbinden. In Kaliurang fährt man dabei nicht auf der Hauptstraße Yogyakarta–Surakarta (Solo) zurück, sondern nimmt im Dorf Pakem, etwa auf halber Strecke zwischen Yogyakarta und Kaliurang, die als „Solo Alternatif" beschilderte Route. Diese Straße führt durch eine schöne ländliche Gegend, ehe sie fast direkt vor dem Haupteingang von Prambanan auf den Highway trifft.

Surakarta (Solo)

☏ 0271 / 555 300 EW. / 95 M
Surakarta, das man als Zentrum der javanischen Kultur und Traditionen betrachten

kann, ist eine Stadt mit einer starken, von einer langen und glanzvollen Geschichte bestimmten Eigenart. Als Mittelpunkt des großen Reiches von Mataram rivalisiert Surakarta mit Yogyakarta um die Stellung der kulturell einflussreichsten Stadt. Anders als der aufgeschlossenere, kosmopolitischere Nachbar ist das konservative Surakarta, kurz Solo genannt, weniger auf ausländische Besucher ausgerichtet und bietet deshalb ein erfrischend authentisches Stadterlebnis.

Wenige bleiben hier länger als eine Nacht, was angesichts dessen, was man hier erkunden kann, schade ist. Zu den vielen Attraktionen von Solo gehören die Gassen der *kampung* (Viertel), ein eleganter *kraton* (ummauerter Stadtpalast), traditionelle Märkte und glänzende Einkaufszentren. Da Solo mit seinen renommierten Musik- und Tanzakademien viele Studenten und Gelehrte anlockt, kann man in der Stadt auch hervorragende Aufführungen traditioneller Musik- und Theaterstücke erleben.

Surakarta besitzt ein ausgezeichnetes Batik-Museum und ist wahrscheinlich der beste Ort, um Batik-Kleidung zu kaufen, denn Batik hat hier den Rang einer Kunstform.

Geschichte

Nach der Plünderung des Hofs von Mataram, der in Kartosuro residiert hatte (1742), errichtete Sultan Pakubuwono II. 1745 seine neue Residenz nahe dem Fluss Solo. Sein Erbe Pakubuwono III. verlor die Hälfte des Reichs an das Sultanat Yogyakarta, aber unter Pakubuwono X. (1893–1938) erlebte die Stadt einen Aufschwung. Müde der ergebnislosen Kämpfe mit rivalisierenden Herrschern investierte er in die Kultur, weshalb Solo auch heute noch ein Zentrum der Künste ist.

Da Surakarta uneins war, ob und wie es den Befreiungskampf unterstützen sollte, wurde die Stadt nach dem Zweiten Weltkrieg, als Yogyakarta zum Sitz der neuen, unabhängigen Regierung wurde, beiseite gedrängt. So führte Surakarta ein unbeachtetes Dasein, bis die Stadt 1998 in die landesweiten Schlagzeilen geriet, als Aufrührer Einkaufszentren systematisch plünderten und in Brand steckten und Geschäfte angriffen, die Chinesen gehörten. Seither wird Solo immer wieder mit extremistischen Gewalttaten z. B. der Jemaah Islamiyah in Zusammenhang gebracht, doch ist von diesem Extremismus in der Stadt, die sich auf die Moderne einstellt, praktisch nichts zu spüren.

⊙ Sehenswertes

★ **House of Danar Hadi**   MUSEUM
(📋 0271-713140; Jl Slamet Riyadi 261; Erw./Kind 35 000/15 000 Rp; ⏰ 9–16 Uhr, Verkaufsraum bis 21 Uhr) Danar Hadi ist eines der besten Batik-Museen der Welt. Die handverlesenen Stücke aus der Privatsammlung des Eigentümers (1078 Arbeiten aus einer Sammlung von 11 000) sind in elf Sälen des großartigen, alten Kolonialgebäudes auf Holzpalieren prächtig zur Schau gestellt. Die obligatori-

---

TRADITION & KATASTROPHE

Surakarta ist eine abergläubische Stadt, und viele Einwohner halten sich strikt an javanische und islamische Rituale. Als der *kraton* (Palast) am 1. Januar 1985 in Flammen aufging, sahen viele das als Strafe dafür an, dass der regierende Sultan Pakubuwono XII. die Traditionen nicht genug respektiert hätte. Jahrelang hatte er seine zeremoniellen Pflichten vernachlässigt, und seine angeblichen Frauengeschichten waren Stadtgespräch. Der Sultan verkehrte in der High Society von Jakarta statt am Hof in Surakarta zu residieren.

Die Feuerwehrleute, die schnell am Einsatzort anlangten, stellten fest, dass ihre Fahrzeuge nicht durch das Haupttor passten, welches als heilig galt, und weigerten sich zunächst, es einzureißen. Rund 60 % des Palastgeländes wurden schließlich durch den Brand vernichtet.

Um die verletzten Gefühle der Javaner zu besänftigen, wurde eine Reinigungszeremonie durchgeführt. Die Köpfe eines Tigers, einer Schlange, eines Büffels und eines Hirschs wurden begraben und tonnenweise Asche an der Küste geschafft, um den Zorn von Nyai Roro Kidul, der Herrscherin des Südmeers, zu besänftigen, den viele als die Ursache der Ereignisse ansahen. General Benny Murdani, der den Brand untersuchte, trat dem Aberglauben entgegen und erklärte: „Die Brandursache war ein elektrischer Kurzschluss".

Als Pakubuwono XII. im Jahr 2004 starb, hinterließ er 37 Kinder von sechs Frauen und Konkubinen, aber keinen auserwählten Thronerben. Nach Jahren der Auseinandersetzung um die Erbfolge bestieg schließlich Pakubuwono XIII. den Thron.

sche Führung, die erfreulicherweise an die Zeit und Interessen der Besucher angepasst wird, erläutert die Highlights unter den antiken, höfischen Stücken. Zur Führung gehört auch eine Demonstration des Batikens, und es gibt auch einen Shop. Fotografieren verboten!

★ **Sangiran Museum of Ancient Man** MUSEUM
(Kebayanan II, Krikilan; 11500 Rp; ⊙ Di–So 8–16 Uhr) Mit der weltweit größten Sammlung von *Homo erectus*-Fossilien (Knochen von 70 Individuen) ist Sangiran eine bedeutende archäologische Ausgrabungsstätte. Hier fand ein deutsch-niederländischer Paläoanthropologe 1936 die Überreste des „Java-Menschen", eine Entdeckung, die dieses ausgezeichnete Museum, die einzige Attraktion in Krikilan, gebührend feiert. Ausgestellt sind Schädel (einer des *Homo erectus*), Zähne von Schweinen und Flusspferden sowie weitere Fossilien, darunter Knochen und Stoßzähne von Mammuts. Große Dioramen veranschaulichen den prähistorischen Lebensraum der Tiere und Frühmenschen.

Ein Highlight ist das von der berühmten französischen Bildhauerin Élisabeth Daynès kürzlich mithilfe der Techniken der forensischen Rekonstruktion fertiggestellte Modell des *Homo floresiensis*. Ihre Arbeit vermittelt einen lebendigen Eindruck dieser frühen Menschenart.

Führer bieten an, Besucher in die Gegend an den Abhängen eines Hügels zu bringen, wo die Fossilien entdeckt wurden.

Um zum Museum zu gelangen, nimmt man vom Busbahnhof in Surakarta einen Bus Richtung Purwodadi, der einen an der Abzweigung nach Sangiran (5000 Rp), 15 km außerhalb von Surakarta, absetzt. Von dort sind es noch 4 km bis zum Museum; die Fahrt von dort mit einem *ojek* (Motorradtaxi) kostet rund 10000 Rp.

Radya-Pustaka-Museum MUSEUM
(Jl Slamet Riyadi 275; 3000 Rp; ⊙ Di–So 9–14 Uhr) Das kleine Museum in einem prächtigen alten javanischen Gebäude existierte seit 1890 und ist damit das zweitälteste Museum in Indonesien. Es enthält eine wertvolle Sammlung einheimischer und niederländischer Literatur. Für Traveller am Interessantesten sind die Kabinette mit Gamelan-Instrumenten, juwelenbesetzten Kris (den traditionellen javanischen Dolchen), Puppen und *wayang beber* (Rollbilder der *wayang*-Geschichten).

Kraton von Surakarta PALAST
(Kraton Kasunanan; ☎ 0271-656432; Jl Sidikoro; Eintritt 15000 Rp, Foto 3500 Rp, Führer 50000 Rp; ⊙ Mo–Fr 9–14, Sa & So bis 15 Uhr) Der 1745 gegründete Kraton von Surakarta war einst das Zentrum eines Reiches und ist nun das verblasste Symbol einer vergangenen Ära. Die Anlage lohnt den Besuch, auch wenn große Teile 1985 durch einen Brand zerstört wurden. Viele der inneren Gebäude wurden wieder aufgebaut, aber der Reiz des einst majestätischen Palastes hat sich vermindert und die Gebäude stehen leer und ungeliebt herum; Restaurierungen werden die Lage hoffentlich verbessern. Die Hauptsehenswürdigkeit ist das Sasono-Sewoko-Museum.

Palast von Mangkunegaran PALAST
(Istana Mangkunegaran; www.puromangkunegaran.com; Jl Ronggowarsito; 20000 Rp; ⊙ Mo–Mi, Fr & Sa 8–15, Do & So bis 14.30 Uhr) Der 1757 im Zentrum von Surakarta erbaute Palast von Mangkunegaran ist immer noch eine Fürstenresidenz. Einige Räume sind zu einem schönen Palastmuseum mit der Privatsammlung des Fürsten Mangkunegara VII. hergerichtet. Ausgestellt sind goldbesetzte Kostüme für höfische Tänze, herrliche Masken, Schmuck und einige Kuriosa, darunter riesige buddhistische Ringe, ausgestopfte javanische Leoparden und Tiger und goldene Genital-Verhüllungen. Man muss einen Führer engagieren – was sich aber lohnt. Die meisten sprechen auch Englisch (und freuen sich über ein Trinkgeld von 50000 Rp).

 Aktivitäten

Jaladara Steam Train RAIL
(☎ 0856 4200 3322; große/kleine Gruppe 150000/360000 Rp pro Pers.; ⊙ 9–11.30 Uhr) Der nur auf Anfrage fahrende Jaladara-Zug ist vormittags ein lustiger Ausflug im Zentrum der Stadt. Die 1896 in Deutschland gebaute Dampflok führt Wagen mit altmodischer Holzausstattung. Die Tour (mit Englisch sprechendem Führer) startet am Bahnhof Purwosari 3 km westlich des Zentrums, hält unterwegs zu einem Besuch in der Batik-Werkstatt Kampung Batik Kauman (S. 166) und endet am Bahnhof Sangkrah.

Kurse

Batik Mahkotalaweyan KUNST
(☎ 0271-712276; www.batikmahkotalaweyan.com; Jl Sayangan Kulon 9, Kampung Laweyan) Der Veranstalter bietet Batik-Kurse von zweistündigen Einführungen bis zu mehrtägigen

Surakarta (Solo)

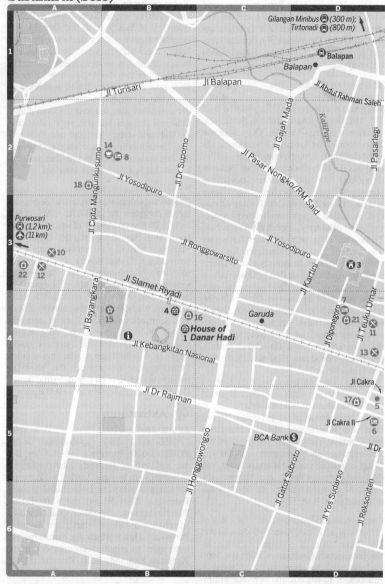

Gilangan Minibus (300 m);
Tirtonadi (800 m)

Balapan
Balapan

Jl Turisari
Jl Balapan
Jl Abdul Rahman Saleh

Jl Gajah Mada
Kalipepe
Jl Pasarlegi

14
8

Jl Dr Supomo
Jl Pasar Nongko / RM Said

18

Jl Yosodipuro

Jl Cipto Mangunkusumo

Purwosari
(1,2 km);
(11 km)

Jl Ronggowarsito

Jl Yosodipuro

3

10

22   12

Jl Slamet Riyadi

Jl Bayangkara

Jl Kartini

Jl Teuku Umar

7

15

4   16

Garuda

21

11

House of
1 Danar Hadi

Jl Diponegoro

13

Jl Kebangkitan Nasional

Jl Cakra

Jl Dr Rajiman

17

5

Jl Cakra II

6

BCA Bank

Jl Dr

Jl Honggowongso

Jl Gatot Subroto

Jl Yos Sudarso

Jl Reksoniten

Intensivkursen. Kursangebot und Preise telefonisch erfragen!

☞ Geführte Touren

Jogja Trans (S. 137) im nahegelegenen Yogyakarta veranstaltet ausgezeichnete Touren nach Surakarta. Stadtführungen, regionale und Fahrradtouren, die gute Einblicke ermöglichen, werden in der Stadt von den Pensionen und selbständigen Führern angeboten. Details hierzu kann man in der Touristeninformation von Surakarta (S. 167) erfahren.

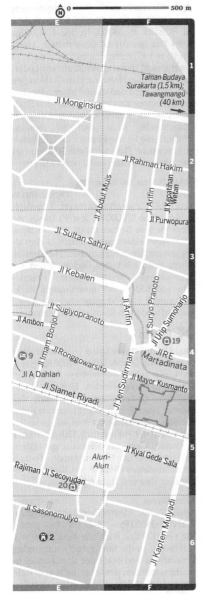

Surakarta (Solo)

◎ Highlights
1 House of Danar Hadi	B4

◎ Sehenswertes
2 Kraton von Surakarta	E6
3 Palast von Mangkunegaran	D3
4 Radya-Pustaka-Museum	B4

◎ Aktivitäten, Kurse & Touren
5 Miki Tours	D5

◎ Schlafen
6 Cakra Homestay	D5
7 Omah Sinten Heritage Hotel	D4
8 Rumah Turi	B2
9 Warung Baru Homestay	E4

◎ Essen
10 Adem Ayem	A3
11 Nasi Liwet Wongso Lemu	D4
Omah Sinten	(siehe 7)
12 Ralana	A3
Soga	(siehe 16)
13 Warung Baru	D4

◎ Ausgehen & Nachtleben
14 Nota Bene	B2

◎ Unterhaltung
15 Sriwedari-Theater	B4

◎ Shoppen
16 Batik Danar Hadi	B4
17 Batik Keris Shop	D5
18 Paragon Mall	A2
19 Pasar Gede	F4
20 Pasar Klewer	E5
21 Pasar Triwindu	D4
22 Solo Grand Mall	A3

🎊 Feste & Events

International Gamelan Festival MUSIK
(www.igfsolo.com; ⊙ Aug.) Das einwöchige Festival führt Gamelan-Musiker aus aller Welt (selbst aus unwahrscheinlichen Orten im Westen) in die Veranstaltungsstätten rund um Surakarta. Die Termine der Konzerte stehen auf der Website und werden in der Stadt reichlich beworben.

Solo Batik Carnival KULTUR
(R Maladi Stadium; ⊙ Juni) Bei dem jährlichen Festival Ende Juni gibt's Umzüge, Modenschauen und Veranstaltungen im Stadion.

Kirab Pusaka KULTUR
(Traditionsumzug) Seit 1633 findet am ersten Tag des javanischen Monats Suro (zw. März und Mai) eine farbenprächtige Prozession statt. Sie startet am frühen Abend am Palast

Miki Tours TOUR
(☏0271-665352; Jl Yos Sudarso 17) Miki bietet Touren in die ländlichen Gebiete rund um Surakarta, z.B. zum Candi Sukuh (S. 168) und zum Candi Cetho (S. 169) und zum **Astana Giribangun** (Jl Astana Giribangun, Dengkeng, Girilayu), für 475 000 Rp (mind. 2 Pers.).

von Mangkunegaran und dauert bis spät in die Nacht.

🛏 Schlafen

★ Cakra Homestay GASTFAMILIE $

(☎ 0271-634743, 0878 3636 3686; www.facebook. com/cakrastay; Jl Cakra II 15; Zi. mit Frühstück & Gemeinschaftsbad ab 148 000 Rp, Zi. mit Klimaanlage & eigenem Bad ab 236 000 Rp; ❄🛜❄) Die Zimmer sind schlicht, aber die stimmungsvolle alte Unterkunft in einem prachtvollen Holzgebäude, das zwischen den beiden Palästen von Surakarta steht, ist für alle, die sich für die javanische Kultur interessieren, sehr zu empfehlen. Es gibt einen Gamelan-Saal mit gelegentlichen kostenlosen Konzerten und einen hübschen, von Palmen beschatteten Pool. Die Gemeinschaftsbäder sind teils westlicher Art, teils *mandis*.

★ Warung Baru Homestay PENSION $

(☎ 0812 268 7443, 0271-656369; abseits der Jl Ahmad Dahlan; Zi. mit Frühstück & Ventilator/Klimaanlage ab 100 000/150 000 Rp; ❄🛜) Diese einmalige Pension in einer kleinen *gang* (Gasse) abseits der Jl Ahmad Dahlan wird von einer netten Inhaberin geführt, die in ihrem aus solidem Holz gezimmerten javanischen Haus Zimmer mit außerordentlich gutem Preis-Leistungs-Verhältnis vermietet. Die teureren Zimmer haben Warmwasser und Badewannen. Frühstück gibt's in dem kleinen Restaurant um die Ecke, das zugleich ein beliebter Traveller-Treff ist.

Zu den beliebten Aktivitäten, die hier angeboten werden, gehört eine Fahrradtour (9–14 Uhr, mit Besuchen in *arak*- und Reisfabriken sowie einer Gamelan-Werkstatt) und ein eintägiger Batik-Kurs (9–16 Uhr); beide Angebote kosten 100 000 Rp. Tagesausflüge mit dem Auto zum Candi Cetho und anderen Attraktionen in der Nähe kosten 450 000 Rp (für bis zu 4 Pers.).

★ Roemahkoe HISTORISCHES HOTEL $$

(☎ 0271-714024; www.roemahkoe.com; Jl Dr Rajiman 501; Standard-/Deluxe-DZ mit Frühstück ab 450 000/970 000 Rp; ❄🛜) Das schöne historische Hotel ist in einer alten Batik-Werkstatt mit reicher Geschichte untergebracht. In einem inneren Pavillon wird Batik zum Kauf angeboten. Die vierzehn stilvoll renovierten Zimmer haben Holztäfelung und Art-déco-Fenster. Die Deluxe-Zimmer prunken mit Marmorbädern, Bettpodesten und Mahagonimöbeln. Das empfehlenswerte Restaurant Laras (S. 165) belegt einen grünen Hof mit Wasserspielen.

★ Rumah Turi BOUTIQUEHOTEL $$

(www.rumahturi.com; Jl Srigading II 12, Turisari; Zi. mit Frühstück ab 360 000 Rp, 3BZ 600 000 Rp; ❄🛜) Das fantasievoll umgestaltete Anwesen ist mit Pflanzen drapiert; kein anderes Hotel gleicht dieser dekonstruierten Lodge, dessen Restaurant von nackten Glühlampen beleuchtet wird und dessen hängender Garten ein echtes Kunstwerk ist. In den Standardzimmern stehen einmalige Designer-Schreibtische, sonst sind sie ziemlich schlicht – die Deluxe-Zimmer sind die bessere Alternative. Das eigentliche Highlight ist aber doch der grüne, einfallsreiche Garten.

Omah Sinten Heritage Hotel BOUTIQUEHOTEL $$

(☎ 0271-641160; www.omahsinten.net; Jl Diponegoro 34-54; Zi. ab 520 000 Rp; P❄🛜) Dieses vor allem für sein Restaurant (S. 165) bekannte Hotel bietet einige nette Zimmer in dem alten javanischen Ziegelgebäude. Die Zimmer führen einen mit hohen Decken, Böden mit Keramikfliesen, geschmackvollen Holzmöbeln und Bädern mit unverputztem Backstein zurück in die Vergangenheit, ohne dass man auf modernen Komfort verzichten muss.

🍴 Essen

Nasi Liwet Wongso Lemu INDONESISCH $

(Jl Teuku Umar; Gerichte 12 000–30 000 Rp; ⏱16–1 Uhr) Dieser nur abends geöffnete Stand bietet Straßenkost vom Feinsten. Eine mit einem traditionellen Batik-Gewand gekleidete *ibu* (Mutter, ältere Frau) serviert hier *nasi liwet*: mit Kokos aromatisierter Reis auf einem Bananenblatt mit Hühnerhack, Hähnchenleber (optional), Eiern, mit Kurkuma gewürztem Tofu und speziellen Würzen. Auf den Tischen steht eingelegtes Gemüse, mit Kurkuma gebratener Tofu und Hühnerfüße.

Adem Ayem INDONESISCH $

(☎ 0271-712891; Jl Slamet Riyadi 342; Hauptgerichte 15 000–35 000 Rp; ⏱6–22 Uhr) Das große, wie eine Kantine wirkende Restaurant mit surrenden, an die Kolonialzeit erinnernden Ventilatoren und Fotos des alten Surakarta macht von außen wenig her, lockt aber viele einheimische Gäste an, die wegen der tollen Hähnchengerichte kommen – als Suppe, gebraten oder als *gudeg* (Jackfrucht-Curry).

Warung Baru INTERNATIONAL $

(☎ 0271-656369; Jl Ahmad Dahlan 23; Hauptgerichte 10 000–18 000 Rp; ⏱7–21 Uhr; 🖊) Der klassische Backpacker-Treff ist auch ein guter Ort, um Spezialitäten der Stadt wie *nasi liwet* (Reis mit Kokosmilch, Hühnchen und Eiern) zu probieren. Daneben gibt's vegetarische Gerichte, selbstgebackenes Reisbrot, indische Currys und die üblichen westlichen Gerichte sowie kaltes Bier.

⭐**Omah Sinten** INDONESISCH $$
(☑0271-641160; www.omahsinten.net; Jl Diponegoro 34-54; Hauptgerichte 25000–75000 Rp; ☺8–22 Uhr; 🕿) Das attraktive Restaurant bietet Spezialitäten aus Surakarta auf heimische Art. Die Karte liest sich interessant, weil sie die Geschichte der Gerichte erklärt. Die Atmosphäre ist sehr formell; Einheimische gehen hier bei live gespielter klassischer javanischer Musik groß essen. Tagsüber ist es ein angenehmes Lokal mit einem Koi-Teich und einer praktischen Lage gegenüber dem Mangkunegaran-Palast.

Soga FUSION $$
(☑0271-727020; www.sogaresto.com; Jl Slamet Riyadi 261; Hauptgerichte 40000–115000 Rp; ☺10–22 Uhr; 🕿) Das stilvolle Restaurant mit indonesischer und Fusionküche gehört zum Danar-Hadi-Komplex (S. 160) und liegt gleich neben dem Batik-Museum und dem Verkaufsraum. Auf der Karte stehen Fleisch- und Pastagerichte, Steaks und Koteletts. An Abenden mit vielen Gästen füllen Gelächter und Gespräche den eleganten, aber hell erleuchteten Speisesaal.

Ralana INDONESISCH $$
(☑0271-765 0333; Jl Slamet Riyadi 301; Hauptgerichte 30000–130000 Rp; ☺So–Fr 10–22, So bis 24 Uhr) Das riesige Restaurant, das vor allem für seinen Sitz in einem restaurierten Gebäudekomplex aus der niederländischen Kolonialzeit (mit ein paar verwirrenden modernen Details wie einer Decke aus Regenschirmen) bemerkenswert ist, umfasst einen Hof, in dem täglich außer donnerstags Livebands auftreten, und private, mit großen Kunstwerken geschmückte Speiseräume. Auf der Karte stehen die üblichen indonesischen und internationalen Gerichte mit ein paar lustigen Abwandlungen.

Laras INDONESISCH $$
(☑0271-714024; www.roemahkoe.com; Roemahkoe Hotel, Jl Dr Rajiman 501; Hauptgerichte ab 45000 Rp; ☺7–22 Uhr; 🕿) Das angenehme Restaurant befindet sich in einer ehemaligen Batik-Fabrik, die jetzt Sitz des historischen Hotels Roemahkoe ist. Das Lokal ist besonders abends im Kerzenschein stimmungsvoll sowie samstags, wenn ein Gamelan-Orchester auf einer Plattform in dem nach den Seiten offenen Pavillon spielt. Zu den Spezialitäten gehört *selat Solo* (ein lokaler Rindfleischsalat mit gekochtem Ei).

Ausgehen & Nachtleben

Nota Bene KAFFEE
(☑0822 2999 2322; www.instagram.com/notabenebistro; Jl Srigading II 16; ☺Mo–Fr 10–22, Sa & So bis 23 Uhr) Das frische, weiß gestrichene Café serviert in dem hippen, klimatisierten Raum im Erdgeschoss eine Reihe javanischer Kaffees. Im Obergeschoss gibt's indonesische und westliche Fusiongerichte in der netten Freiluftlounge. Die „Kaffeespezialitäten", darunter Kopi Pak Bambang, sind vorzüglich.

Unterhaltung

Surakarta ist ein sehr guter Ort, um traditionelle javanische Theaterformen zu erleben. Aufführungen gibt's mittwochs (10–12 Uhr) im Palast von Mangkunegaran (S. 161) und sonntags (13 Uhr) im Kraton von Surakarta (S. 161). In den meisten Hotels erhält man Infos über das Wo und Wann.

⭐**Sriwedari-Theater** THEATER
(R Maladi Stadium, Jl Slamet Riaydi; 10000 Rp; ☺Vorstellungen Di–Sa 20–22 Uhr) Das Theater auf dem leerstehenden Gelände eines ehemaligen, zur Neuerschließung anstehenden Vergnügungsparks ist die unwahrscheinliche Stätte für eine der besten Shows auf Java. Das traditionelle Tanztheater von Surakartas hoch geschätzter, lange bestehender *wayang-orang*- (Maskentanzdrama-)Truppe wartet mit hunderten prachtvoll kostümierten Darstellern und einem ganzen Gamelan-Orchester auf. Mehrmals pro Woche finden Vorstellungen vor einem leider nicht mehr sehr großem Publikum statt.

Taman Budaya Surakarta DARSTELLENDE KUNST
(TBS; ☑0271-635414; Jl Ir Sutami 57) In diesem Kulturzentrum finden Schattenspielvorstellungen (*wayang kulit*) statt, die die ganze Nacht dauern. Es gibt auch privaten Tanzunterricht.

Shoppen

Surakarta ist eines der Hauptzentren der Textilindustrie Indonesiens. Auffällige, schöne Batik wird in der Stadt produziert, und die Werkstätten überall in Surakarta verkaufen Batik-Stoffe und Kleidungsstücke aus diesem arbeitsintensiven Material. Preiswertere Stücke werden im Blockdruckverfahren hergestellt, aber viele Stoffe in den besseren

Werkstätten werden immer noch von Hand gefertigt. Die meisten Verkaufsstellen verkaufen die Stücke zu Festpreisen, aber in kleineren Outlets kann man auch feilschen.

In Surakarta wird auch eine große Menge anderer Baumwoll- und Seidenstoffe produziert. Zu den anderen Dingen, die man hier kaufen kann, zählen traditionelle Kris, die Zeremonialdolche, die hinten in den Hosenbund gesteckt werden. Kris haben unterschiedliche, fein gearbeitete Klingen, manche davon in Schlangenform. Die Holzscheide ist oft mit Silber beschlagen, und die Griffe aus regionalem Hartholz erinnern an riesige polierte Bohnenhülsen. Die Ausfuhr dieser prächtigen Stücke ist kein Problem, aber manche Länder erlauben ihre Einfuhr nicht.

Straßenhändler an der Ostseite des *alun-alun*, nahe dem *kraton*, bieten ein wunderbares Sortiment polierter Halbedelsteine, teilweise in Ringe oder Anhänger gefasst. Feinere Juwelen zieren die Schaufenster der Goldschmiede an der Jl Dr Rajiman (Secoyudan) an der südlichen Ecke des *alun-alun*.

Edelsteine und Antiquitäten werden in einer Markthalle nahe dem Kraton von Surakarta (S. 161) angeboten; für Dinge des täglichen Bedarfs empfehlen sich die beiden großen Einkaufszentren **Solo Grand Mall** (☑ 0271-725111; www.solograndmall.com; Jl Slamet Riyadi; ⊙ 9–21 Uhr) und **Paragon Mall** (☑ 0271-727306; www.solo-paragon.com; Jl Cipto Mangunkusumo; ⊙ 10–22 Uhr; 🛈).

⭐ **Pasar Triwindu**   MARKT
(Windujenar-Markt; Jl Diponegoro; ⊙ 9–16 Uhr) Solos Flohmarkt ist der Ort, um nach Antiquitäten wie *wayang*-Puppen, alter Batik und Keramik sowie nach Uhren, Schallplatten, Münzen und alten Fotoapparaten zu stöbern. Es macht Spaß, sich hier umzuschauen. Ein spezieller Laden nahe dem Haupteingang verkauft neue und antike Kris.

Batik Danar Hadi   KLEIDUNG
(www.danarhadibatik.com; Jl Slamet Riyadi 261; ⊙ 9–19 Uhr) Danar Hadi ist ein wichtiger Batik-Hersteller hier und bietet in dem schönen Verkaufsraum ein großes Sortiment, darunter traditionelle javanische Hemden für Männer, Sarongs und exquisite Schals für Frauen und einige Frauenkleider von westlichem Schnitt aus Batik oder bedruckter Seide.

SCHÖNE BATIK

In Surakarta gibt's besonders exquisite Batik. Die Tradition der Batik-Herstellung reicht hier Jahrhunderte zurück und spiegelt die elegante höfische Kultur wider. Im Museum des House of Danar Hadi (S. 160), das mehr als 1000 unbezahlbare Stücke aus der Sammlung zeigt, die der Besitzer dieser renommierten Batik-Werkstatt zusammengetragen hat, kann man sich leicht von der Schönheit der Entwürfe verführen lassen. Manche Entwürfe sind formal festgelegte Bestandteile der traditionellen Gewänder von Höflingen oder Dienern, andere freie Schöpfungen mit chinesischen, indischen und arabischen Einflüssen. Alle Stücke sind das Produkt arbeitsintensiver Handarbeit. Die *batik tiga negeri* („Drei-Städte-Batik") wird z. B. von Stadt zu Stadt geschickt, um in verschiedenen Gewässern gewaschen zu werden, die die einzelnen Farben besonders gut hervorbringen. Bei anderen Entwürfen werden wiederholte Formen (Punkte, Blumenmotive, komplexe Muster) mühsam „aufgemalt", wobei der freie Raum beachtet werden muss, weil die Batik-Herstellung ein reduktiver, siebenstufiger Prozess ist, bei dem Wachs aufgetragen wird, damit die damit bestrichenen Teile beim Färben die Farbe nicht annehmen. Der Kunsthandwerker muss also die verschiedenen Farbschichten vorab sorgfältig planen.

Bei Batik Danar Hadi (S. 166) und Batik Keris (S. 167) kann man erleben, wie diese schönen Stoffe von Hand hergestellt werden. Einige Stücke werden in den Verkaufsräumen in den traditionellen Maßen von 2,5 x 1 m zum Kauf angeboten.

Aber nicht alle Batik kommt aus großen Fabriken. Viele Stoffe kommen immer noch aus der Heimindustrie, und zwei Vorstädte von Surakarta sind besonders für ihre in Heimarbeit geschaffenen Stoffe berühmt. Gut gehende Familienwerkstätten finden sich u. a. in den Gassen von **Kampung Batik Kauman** südlich der Jl Slamet Riyadi. Die meisten Werkstätten um die Jl Cakra (ein Backpackerzentrum) residieren in übriggebliebenen Gebäuden aus der niederländischen Kolonialzeit und geben tolle Fotomotive ab. Ein weiteres „Batik-Dorf" liegt im **Kampung Batik Laweyan** südlich des Hotels Roemahkoe (S. 164), das früher selbst eine Batik-Werkstatt war. Die Einwohner dieser Gebiete heißen Besucher gern willkommen und freuen sich, das eine oder andere Stück an sie zu verkaufen.

ZÜGE AB SURAKARTA (SOLO)

ZIEL	PREIS (RP)	DAUER (STD.)	HÄUFIGKEIT
Jakarta	ab 380 000	8¼–9	tgl. 4- bis 5-mal
Surabaya	ab 70 000	3¾–4½	tgl. 6- bis 8-mal
Yogyakarta	ab 50 000	1	tgl. 19-mal

Batik Keris Shop KLEIDUNG
(☑ 0271-643292; www.batikkeris.co.id; Jl Yos Sudarso 62; ⊗ 9–20 Uhr) Dies ist eines von mehreren Outlets, die Batik der berühmten Marke Batik Keris verkaufen. Die eiskalte Klimaanlage lädt nicht unbedingt zum entspannten Shoppen ein, es gibt aber eine große Auswahl, darunter Taschen, Röcke und Hemden aus Batik zu Festpreisen.

Pasar Klewer MARKT
(Jl Secoyudan; ⊗ 8–17 Uhr) Der geschäftige Textilmarkt wurde 2015 durch einen Brand zerstört, aber an mehr oder weniger der gleichen Stelle wiederaufgebaut. Im Angebot sind alle möglichen Stoffe und Kleidungsstücke; insbesondere bei Baumwolltextilien findet man Schnäppchen.

Pasar Gede MARKT
(Jl Urip Sumoharjo; ⊗ 8–18 Uhr) Auf dem größten Markt der Stadt findet man diverse Lebensmittel, vor allem Obst und Gemüse.

❶ Praktische Informationen

Stadtpläne, Broschüren und Infos zu Kulturevents gibt's in der **Touristeninformation** (☑ 0271-716501; Jl Slamet Riyadi 275; ⊗ Mo–Sa 8–16 Uhr), die auch einige Touren veranstaltet. Zu den vielen Banken vor Ort mit Geldautomaten gehört die **BCA Bank** (Ecke Jl Dr Rajiman & Jl Gatot Subroto; ⊗ Mo–Fr 8–15 Uhr).

❶ An- & Weiterreise

BUS

Der **Busbahnhof Tirtonadi** (Jl Ahmad Yani) liegt 3 km außerhalb des Zentrums. Busse fahren von hier u. a. nach Prambanan (20 000 Rp, 1½ Std.) und Semarang (70 000 Rp, 3¼ Std.), Surabaya (75 000 Rp, 5 Std.) und Banyuwangi (180 000 Rp, 15 Std.).

Vom benachbarten **Minibusbahnhof Gilingan** (Jl Ahmad Yani) fahren klimatisierte Express-Minibusse nach Semarang und Surabaya.

FLUGZEUG

Von Surakartas **Adi Sumarmo International Airport** (☑ 0271-780715; www.adisumarmo-air port.com/en; Jl Bandara Adi Sumarmo) starten **Garuda** (☑ 021-2351 9999, 24-Std.-Callcenter

0804 180 7807; www.garuda-indonesia.com), **Lion Air** (☑ 027-1780400, 24-Std.-Callcenter 0804 177 8899; www.lionair.co.id), **Sriwijaya Air** (☑ 0271-723777; www.sriwijayaair.co.id) und **Citilink** (www.citilink.co.id/en) regelmäßig nach Jakarta; die Billigfluglinie **AirAsia** (☑ 021-2927 0999; www.airasia.com) fliegt nach Singapur.

ZUG

Surakarta liegt an der Hauptbahnstrecke Jakarta–Yogyakarta–Surabaya. Die meisten Züge halten am Bahnhof **Balapan** (☑ 0271-714039; Jl Monginsidi 112), dem Hauptbahnhof der Stadt.

Yogyakarta lässt sich von Surakarta aus am besten per Zug erreichen. Auch Prambanan ist gut zu erreichen: Man fährt mit dem Zug bis zum Bahnhof Maguwo nahe dem Flughafen von Yogyakarta und nimmt dort den Bus 1A bis zur Tempelanlage.

❶ Unterwegs vor Ort

Die klimatisierten Busse von Batik Solo Trans verbinden den 10 km nordwestlich des Zentrums gelegenen Flughafen Adi Sumarmo mit der Jl Slamet Riyadi (25 000 Rp). Die Taxifahrt kostet rund 100 000 Rp; verlässlich sind die Taxis von **Kosti Solo** (☑ 027-185 6300), aber wie überall sind Grab und Go-Jek billiger.

Ein *becak* vom Bahnhof oder Busbahnhof ins Zentrum kostet ca. 25 000 Rp. Viele Unterkünfte können Fahrräder (ab ca. 15 000 Rp/Tag) oder Motorräder (ca. 75 000 Rp/Tag) organisieren.

Gunung Lawu

Der 3265 m hohe Gunung Lawu an der Grenze zwischen Zentral- und Ostjava ist einer der heiligsten Berge der Insel. An seinen Hängen stehen hinduistische Tempel, und tausende Pilger suchen jedes Jahr durch seine Besteigung spirituelle Erleuchtung.

Historische Quellen zeigen, dass die ganze hinduistische Elite, als das Königreich Majapahit unter die Herrschaft muslimischer Sultane geriet, ostwärts nach Bali floh; javanische Legenden erzählen dagegen, dass Brawijaya V., der letzte König von Majapahit, nach Westen ging. Brawijayas Sohn Raden Patah, der Sultan von Demak, führte den muslimische Eroberungszug gegen Majapahit; statt gegen seinen eigenen Sohn in die

Schlacht zu ziehen, zog sich Brawijaya auf den Lawu zurück, um spirituelle Erleuchtung zu finden. Dort ging er als Sunan Lawu ins Nirwana ein, und noch heute suchen Pilger auf dem Berg seine spirituelle Führung oder wollen magische Kräfte erlangen.

Das Gebiet um den Gunung Lawu ist sehr schön. Sauber terrassierte Reis-, Tee- und Kartoffelfelder bedecken die Hänge des Vulkans.

⊙ Sehenswertes

Die einzigartigen Tempel am Gunung Lawu – die zu den letzten auf Java errichteten hinduistischen Tempeln zählen, ehe die Region islamisch wurde – zeigen eine faszinierende Stilmischung und nehmen Elemente von Fruchtbarkeitskulten auf. Der berühmteste Tempel an den Hängen des Bergs ist der wunderschöne Candi Sukuh.

★ **Candi Sukuh**　　HINDUISTISCHER TEMPEL
(25 000 Rp; ⊙ 7–17 Uhr) In einer herrlichen Lage 900 m über der Ebene von Solo mit schönem Blick auf den Gunung Lawu befindet sich der Candi Sukuh, einer der rätselhaftesten und auffälligsten Tempel auf Java. Die Anlage ist nicht groß, aber eine schön proportionierte abgestumpfte Pyramide aus Haustein. Faszinierende Reliefs und Barong-Statuen schmücken die Fassade. Erkennbar ist, dass hier ein Fruchtbarkeitskult praktiziert wurde: wegen mehrerer eindeutiger Reliefs wird Sukuh auch der erotische Tempel genannt. Die Anlage ist ein ruhiger, abgeschiedener, sehr stimmungsvoller Ort.

Der im 15. Jh. zur Zeit des Niedergangs des Königreichs Majapahit errichtete Candi Sukuh scheint nichts mit den anderen hinduistischen und buddhistischen Tempelanlagen auf Java gemein zu haben. Die Herkunft seiner Erbauer und des seltsamen Skulpturenstils, dessen grobe, gedrungene und verzerrte Figuren an ostjavanische *wayang*-Puppen erinnern, bleiben ein Rätsel. Es scheint, als sei hier der Animismus, der 1500 Jahre früher, vor der Ankunft des Hinduismus geherrscht hatte, wieder zu Tage getreten.

Ein großes Stein-Yoni und -Lingam markieren das Eingangstor. Hier werden häufig noch Blumen verstreut, weil die Einheimischen glauben, dass diese Symbole benutzt wurden, um herauszufinden, ob eine Frau treu oder eine Braut wirklich Jungfrau war. Eine Frau, die im Sarong über den Lingam sprang, musste den Sarong fest umschließen: fiel er herunter, war ihre Untreue bewiesen. Zu den weiteren interessanten Kultobjekten gehört ein Denkmal, das Bima, den Kriegerheld aus dem Mahabharata, mit dem Götterboten Narada in einem stilisierten Mutterleib zeigt. Eine weitere Darstellung zeigt, wie Bima bei seiner Geburt aus dem Mutterleib austritt. Auf dem obersten Hof finden sich drei riesige, platte Schildkröten, die wie Opferaltäre aufgestellt sind. Ein 2 m hoher Lingam bekrönte einst die Pyramide, aber er wurde von Sir Thomas Stamford Raffles im Jahr 1815 entfernt und befindet sich heute im Nationalmuseum in Jakarta.

Zum Betreten der Anlage sind Sarongs vorgeschrieben (am Eingang gegen eine kleine Spende erhältlich).

Praktisch alle Traveller besuchen den Tempel im Rahmen einer Tour ab Surakarta oder Yogyakarta oder kommen mit einem Taxi. Wer unbedingt öffentliche Verkehrsmittel nutzen will, nimmt von Surakarta einen Bus Richtung Tawangmangu bis Karangpandan (18 000 Rp) und von dort einen Minibus nach Kemuning (5000 Rp) bis zur Abzweigung zum Candi Sukuh. Von dort

---

WANDERN AM GUNUNG LAWU

Das Dorf Cemoro Sewu, 10 km östlich von Tawangmangu, ist der Ausgangspunkt für Wanderungen auf den Gipfel des Gunung Lawu. Esoteriker und Studenten, die Ferien haben, steigen das ganze Jahr über in der Nacht auf den Berg, vor allem an Samstagen. Am 1. Suro, dem Beginn des neuen javanischen Jahrs, wandern Tausende Pilger auf den Gipfel, um dort vor Sonnenaufgang zu meditieren.

Um die besten Chancen auf einen klaren Sonnenaufgang zu haben, bricht man spätestens um 22.30 Uhr des Vortags auf. Die Wanderung ist lang (6 Std.), aber zugleich eine der leichtesten Bergbesteigungen auf Java. Der steinige Weg ist zwar deutlich markiert und an einigen Stellen gibt es sogar Geländer, aber man sollte trotzdem eine Taschenlampe mitbringen. Vor dem Beginn des Aufstiegs meldet man sich beim Posten der PHKA (Perlindungan Hutan dan Konservasi Alam; Generalverwaltung für Wald- und Naturschutz) an (Wandergebühr 20 000 Rp).

marschiert man eine halbe Stunde den steilen Hügel bis zum Tempel hinauf (2 km).

Candi Cetho TEMPEL
(25 000 Rp; ☻ 7–17 Uhr) Der Candi Cetho (ausgesprochen „Tscheto") erstreckt sich über Terrassen an der nebelverhangenen Nordwand des Gunung Lawu in einer Höhe von rund 1400 m. Der Candi, der aus der Zeit um 1350 stammen soll, erinnert in seiner Erscheinung stark an balinesische Tempel, obwohl er Elemente des Shivaismus mit solchen des Fruchtbarkeitskults verbindet. Der Eingang wird von Tempelwächtern markiert. Auf der oberen Terrasse findet sich eine auffällige Plattform mit einem Schildkrötenkopf und einem großen Lingam.

Der Tempel, der spektakulär in sechs Reihen mit engen Toren und verbindenden Prozessionstreppen aufsteigt, wird auch heute noch genutzt: Balinesische und javanische Hindus besuchen den Candi Cetho regelmäßig, um zu beten und Opfergaben darzubringen. Die Bewohner des Dorfs gleich unterhalb des Tempels gehören zu den letzten Hindus auf Java. Die meisten Opferspenden in Form von Früchten, Blumen und Weihrauch werden auf der dritten Terrasse dargebracht. Im Tempel sind Sarongs vorgeschrieben, wer in westlicher Kleidung kommt, erhält einen gegen eine kleine Spende.

Im Dorf gibt's mehrere Unterkünfte bei Gastfamilien mit schlichten Zimmern (ca. 120 000 Rp/Nacht). Hier übernachten aber nur wenige Besucher, weil die meisten Traveller den Candi Cetho in einer Tempeltour ab Surakarta oder Yogyakarta besuchen.

🛏 Schlafen

Sekar Tanjung Homestay GASTFAMILIE $
(☎ 0813 2934 6500; Jl Trengguli, Gumeng; Zi. 150 000 Rp; 🅿) Diese neue Unterkunft liegt zu Fuß eine halbe Stunde vom Candi Cetho entfernt. Von außen wirkt der unverputzte Betonblock recht ungeschliffen, aber die Zimmer sind mit Sprungfedermatratzen, Bad, TV, Teemaschine und Warmwasser durchaus komfortabel. Das Highlight ist aber der Blick über die smaragdgrünen Felder hinunter in die Ebene von Solo.

Sukuh Cottage HOTEL $$
(☎ 027-1702 4587; www.sukuh-cottages-and-restauran.business.site; Kemuning; Zi. mit Frühstück 400 000 Rp; 🖥) Gleich vor dem Tempel von Sukuh genießt dieses ländliche Hotel die gleiche herrliche Aussicht. Es bietet attraktive Zimmer und Villen, die aus natürlichen

DAS DORF KEMUNING

Das kleine, vom Teeanbau lebende Dorf Kemuning ist ein schönes Tor zum Candi Sukuh und Candi Cetho. Es gibt hier einige Teehäuser mit guter Küche und ein sehr ansprechendes Gästehaus (S. 169). An Wochenenden ist das ganze Dorf eine einzige Selfie-Kulisse, zu der einige geschäftstüchtige Einheimische mit neuen Einrichtungen beitragen.

Materialien gebaut sind und in einem prächtigen Garten voller Orchideen stehen. Es gibt eine erhöhte Aussichtsplattform und ein Restaurant. Man sollte reservieren, weil das Hotel in der Hauptsaison häufig durch Reisegruppen ausgebucht ist.

🍴 Essen & Ausgehen

Bale Branti TEEHAUS $
(Jalan Kaliondo 1, Kemuning; Hauptgerichte ab 20 000 Rp, Tee ab 15 000 Rp; ☻ 9–19 Uhr) Das hübsche Teehaus ist in einem authentischen *joglo* (traditionellem javanischen Haus) untergebracht. Mehr als ein Dutzend Holztische stehen unter Sonnenschirmen am Rand der Tee-Terrassen. Hier kann man gut den örtlichen Tee probieren oder zu Mittag essen. Das Reisgericht *nasi campur* wird mit großzügigen Beilagen aufgetischt.

Ndoro Donker TEEHAUS
(Jl Afedling Kemuning 18, Kemuning; ☻ 9–18 Uhr) Das nach Javas erstem Teemogul benannte Teehaus befindet sich in dem im 19. Jh. erbauten Haus auf seiner ursprünglichen Plantage und wimmelt am Wochenende von Besuchern, die außerhalb von Surakarta die kühlere Luft genießen. Man kann etwas essen (Hauptgerichte 10 000–60 000 Rp) und den angeschlossenen prächtigen Laden besuchen, der Tee von örtlichen Plantagen, Kekse und europäische Konfitüren verkauft.

ℹ An- & Weiterreise

Es ist schwierig, den Gunung Lawu mit öffentlichen Verkehrsmitteln zu besuchen, daher kommen fast alle Traveller im Rahmen einer Tour ab dem nahegelegenen Surakarta oder mieten ein Auto mit Fahrer (ab 500 000 Rp/12 Std. für bis zu 4 Pers.). Eine Standardtour, wie sie die Reiseveranstalter und Hotels in Surakarta anbieten, führt u. a. zum Candi Sukuh, dem Candi Cetho und dem Astana Giribangun (ca. 500 000 Rp/Pers. für mind. 2 Pers.).

Tawangmangu

📞 0271 / 43 000 EW. / 1194 M

Tawangmangu, ein großes Hügel-Resort an der Westflanke des Gunung Lawu, ist ein beliebtes Wochenendziel reicher Leute aus Surakarta. Der Ort ist angenehm, um der Hitze in der Stadt zu entkommen und ein, zwei Wanderungen in den Hügeln zu machen, am besten begnügt man sich aber mit einem Tagesausflug ab Surakarta oder einem Besuch im Rahmen einer Tour zum Gunung Lawu.

👁 Sehenswertes

Grojogan Sewu   WASSERFALL
(160 000 Rp; ⊗ 8–16 Uhr) Der 100 m hohe Wasserfall ca. 3 km außerhalb der Stadt ist (samt dem Parkplatz) eine beliebte Spielwiese von Affen. Eine lange Stufenfolge führt den Abhang hinunter, aber der kalte, schmuddelige Badeteich ist nicht gerade einladend.

Vom Fuß des Wasserfalls kommt man über einen gut angelegten Weg zum Candi Sukuh (S. 168), ein Fußmarsch von 2½ Stunden. Einige Führer in Surakarta bieten weitere Wanderungen in der Gegend an. Man kann Pferde für einen einstündigen Rundritt durch den Wald mieten (150 000 Rp).

🛏 Schlafen

Hotel Bintang   HOTEL $
(📞 0271-696269; www.hotelasiasolo.co.id; Jl Raya Lawu; Zi. mit Frühstück Mo–Fr 225 000 Rp, Sa & So 250 000 Rp; ❄✿) Das langweilige moderne Hotel an der Hauptstraße bietet auf drei Etagen Zimmer unterschiedlicher Qualität. Die dem Fluss zugewandten neueren, schickeren Zimmer haben dunkle Holzmöbel, LCD-TVs und stilvolle Lampen. Das Personal ist hilfreich, versteht aber kaum Englisch. Es gibt einen Minimarkt, ein Caférestaurant und an den Wochenenden leider auch Karaoke.

ℹ An- & Weiterreise

Busse fahren regelmäßig nach Surakarta (10 000–15 000 Rp). Der Eingang zum Wasserfall-Komplex liegt einen 3 km langen Marsch den Hügel hinauf an der Hauptstraße durch den Ort; am Schild muss man links abbiegen.

Nordküste

Die Nordküste Zentraljavas steht nicht oft auf dem Reiseplan von Travellern, außer als Durchgangsstation zu den Karimunjawa-Inseln, dabei ist dieser schwülheiße Landstrich nicht ohne Reiz. Viele Jahrhunderte lang war die Küste ein wichtiger Handelsposten für Kauffahrer aus Arabien, Indien und China, und der Multikulturalismus prägt auch heute noch die Küche und Architektur dieser Region.

Die Kaufleute brachten nicht nur materiellen Reichtum in die Region, sondern auch den Islam, der Java über die Nordküste im 15. und 16. Jh. erreichte. Das belegen die hier zu findenden Gräber der großen Heiligen des Landes.

Zentraljavas Hauptstadt ist nicht Yogyakarta, wie viele glauben, sondern Semarang, eine schnell wachsende Metropole und wichtiges Zentrum der Schifffahrt. Diese oft übersehene Stadt hat viele interessante Sehenswürdigkeiten und eine Altstadt, die derzeit renoviert wird.

Die Nordküste kann an einen durchgehenden, verstädterten Streifen erinnern, der beiderseits von Feldern begrenzt wird. In diesen erschlossenen Streifen zwischen den Städten gibt es keine absoluten Highlights, aber durchaus faszinierende Sehenswürdigkeiten von eher lokalem Interesse, z. B. das Bahnhofsmuseum (S. 177) in Ambarawa oder Javas älteste Moschee (S. 178) in Demak.

Die Nordküste besitzt eine ausgeprägte kunsthandwerkliche Tradition, und viele kleine Landstädte und Dörfer in der Region leben von der Baumwollindustrie. Pekalongan ist bekannt für seine Batik, Jepara ist ein wichtiges Zentrum der Fertigung von Holzmöbeln.

ℹ An- & Weiterreise

Die Nordküste ist gut durch öffentliche Verkehrsmittel mit anderen Teilen Javas verbunden. Flüge und Fähren verbinden Semarang und Jepara mit den Karimunjawa-Inseln. Die Nordküste ist stolz auf ihre Züge, denn hier wurde die erste Bahnstrecke auf Java gebaut.

Semarang

📞 024 / 1,3 MIO. EW. / 7 M

Das schwül-heiße Semarang mit seinem riesigen Hafen, einem sich schnell entwickelnden Zentrum und florierenden Vorstädten ist die Heimat einer großen chinesischen Gemeinde, deren Einfluss auf das öffentliche Leben sich in der Kultur und Küche der Stadt offenbart. Der innere Stadtkern stammt aus der niederländischen Kolonialzeit; viele schöne alte Gebäude aus dieser Ära werden derzeit renoviert. Wenn die Sanierung abgeschlossen ist, wird die Altstadt für die meisten Traveller zweifellos im Zentrum des Interesses stehen.

Die Dynamik der Stadt verdankt sich aber nicht dem Wiederauflebenlassen vergangenen Glanzes, sondern dem Feier gegenwärtiger Erfolge. Dies zeigt sich in den riesigen neuen Einkaufszentren und den reichen Businesshotels rund um den Simpang-Lima-(Fünf-Wege-)Platz. Semarang ist die Hauptstadt der Provinz Zentraljava und vermittelt – mehr als die von den Touristen bevorzugten Städte Surakarta und Yogyakarta – einen authentischen Eindruck des heutigen Javas.

◉ Sehenswertes

★ Altstadt   GEBIET
(Outstadt; rund um die Jl Jenderal Suprapto) Semarangs stimmungsvolle Altstadt, die oft mit ihrem niederländischen Namen Outstadt bezeichnet wird, lohnt eine Erkundung. Bis vor kurzem waren die meisten kolonialzeitlichen Gebäude hier verlassen, weil sich die Stadtverwaltung auf den Neubau konzentrierte und das Erbe der Vergangenheit vernachlässigte. Heute aber hat das wiederbelebte Interesse für dieses Gebiet mit offenkundigem touristischen Potenzial zu neuen Investitionen geführt. Heute residieren Kaffeehäuser, stilvolle Restaurants und andere Attraktionen in den geschmackvoll renovierten Stadthäusern.

Zwar ist das Stadterneuerungsprojekt noch lang nicht abgeschlossen, aber es gibt bereits lohnende Attraktionen. Kinder lieben die DMZ: Dream Museum Zone (S. 174), das 3D-Museum nahe der **Gereja Blenduk** (Jl Jenderal Suprapto) GRATIS. Diese elegante, 1753 erbaute protestantische Kirche mit ihrer großen Kuppel bildet das Zentrum der Altstadt; um sie herum gibt es einige nette Restaurants. Auf einem Straßenmarkt findet man günstige Antiquitäten und Erinnerungsstücke, während sich die angesehene **Galeri Semarang** (☑024-355 2099; www.galerisemarang.com; Jl Taman Srigunting 5–6; Eintritt 10 000 Rp; ⊙10–16.30 Uhr) der modernen Kunst widmet. Die Altstadt ist von Überschwemmungen betroffen; in der Regenzeit sind einige Nebenstraßen unpassierbar.

Lawang Sewu   HISTORISCHES GEBÄUDE
(Jl Pemuda; Erw./Student & Kind 10 000/5000 Rp; ⊙7–21 Uhr) Semarangs berühmtestes Wahrzeichen, der Lawang Sewu („Tausend Tore"), umfasst zwei kolossale kolonialzeitliche Gebäude, die in der niederländischen Ära die Zentrale der indonesischen Eisenbahn beherbergten. Abgesehen von gelegentlichen Ausstellungsstücken (meist zur Eisenbahn) sind die Gebäude recht leer, doch wecken die verlassenen Korridore, in denen einst die Angestellten und Ingenieure arbeiteten, eine ganz eigene Faszination. Sehenswert sind die Buntglasfenster und die Marmortreppe.

Gedung Batu   TEMPEL
(Sam-Poo-Kong-Tempel; ☑024-760 5277; Jl Simongan 129, Bongsari; Eintritt frei für Gläubige, Aussichts-Komplex 10 000 Rp, Tempel 30 000 Rp; ⊙9–18 Uhr) Der riesige chinesische Tempelkomplex, 5 km südwestlich des Zentrums, umfasst drei Haupttempel und viele kleinere Bauwerke, die bis 1724 zurückreichen, aber auf älteren Fundamenten stehen. Die meisten der eleganten, rot angestrichenen Gebäude zeigen indochinesischen Stil und haben gestufte, pagodenartige Dächer.

Der Gedung Batu ist ungefähr 30 Minuten vom Stadtzentrum entfernt. Von der Jl Pemuda fährt man mit dem Damri-Bus 2 nach Karang Ayu (einer westlichen Vor-

JAVA NORDKÜSTE

JAMU – EINE KRÄUTERMEDIZIN

Semarang ist bekannt für *jamu*, eine Kräutermedizin aus diversen Zutaten wie Honig, Blättern, Samen und Rinde. Die Medizin soll gut für die Leber und die inneren Organe sein, aber auch die Libido stärken. Manche behaupten, dass das Rezept Jahrhunderte alt sei und wollen sogar in einigen Reliefs im Borobudur, auf denen Mörser und Masseurinnen zu sehen sind, eine Beschreibung der Herstellung des Gebräus sehen. Der Anblick von Frauen, die die mit Honig gesüßte Medizin flaschenweise in Körben herumtrugen und verkauften, war einst ganz üblich. Heute wird die Kräutermedizin eher in Pillenform genommen.

Obwohl *jamu* nicht aus Semarang stammt, ist die Stadt für seine Produktion dank zweier großer Hersteller bekannt geworden, die beide kleine Museen haben und Führungen durch ihre Betriebe veranstalten. **Jamu Nyonya Meneer** (☑024-658 2529; Jl Raya Kaligawe, Km 4; ⊙Museum So–Fr 10–15.30 Uhr) GRATIS liegt nahe dem Busbahnhof. **Jamu Jago** (☑024-747 5172; www.jago.co.id; Jl Setia Budi 179, Srondol Kulon; ⊙Mo–Sa 8–15 Uhr) GRATIS 6 km südlich der Stadt an der Straße nach Ambarawa.

Semarang

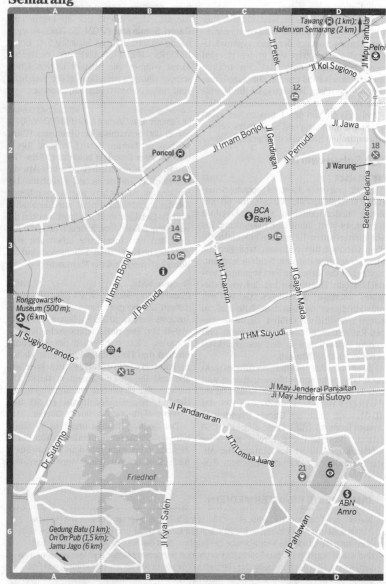

Tawang (1 km);
Hafen von Semarang (2 km)

Jl Mpu Tantular

Pelni

Jl Kol Sugiono

12

Jl Imam Bonjol

Jl Gendingan

Jl Pemuda

Jl Jawa

18

Jl Warung

Beteng Pedama

Poncol

23

BCA Bank

14

9

10

Jl Imam Bonjol

Jl MH Thamrin

Jl Pemuda

Ronggowarsito-Museum (500 m); (6 km)

Jl Sugiyopranoto

Jl Gajah Mada

Jl HM Suyudi

4

15

Jl May Jenderal Panjaitan
Jl May Jenderal Sutoyo

Dr Sutomo

Jl Pandanaran

Jl Tri Lomba Juang

21

6

Friedhof

ABN Amro

Jl Kyai Saleh

Jl Pahlawan

Gedung Batu (1 km);
On On Pub (1,5 km);
Jamu Jago (6 km)

stadt) und nimmt von dort den *angkot* (Minibus) zum Tempel.

Chinatown
GEBIET

(südlich der Jl Jenderal Suprapto) In Semarangs Chinatown lohnt vor allem das Gebiet um die Gang Lombok am Flussufer eine Erkundung. An den Tempeln, Pagoden, Ladenhäusern, Jadehändlern, Apotheken, Wahrsage- und Imbissständen wird die tiefe Verbundenheit der Hafenstadt mit China deutlich. Den Mittelpunkt der Gemeinde bildet der 1746 gegründete **Tay-Kak-Sie-Tempel** (Gang Lombok) mit seinen mächtigen

Semarang

ge Lebensader und Einkaufsstraße ist, bildet der Simpang Lima den geselligen Mittelpunkt der modernen Stadt. Der grasbewachsene Platz ist von Kinokomplexen und Einkaufszentren umgeben. Abends sammeln sich die Massen und wandern an den Läden vorbei, deren Waren für viele unerschwinglich sind, was sie aber nicht hindert, die hellen Lichter der großen Stadt zu bewundern.

Ronggowarsito-Museum   MUSEUM
(☎024-760 2389; Jl Abdulrachman Saleh 1, Kalibanteng Kulon; 10 000 Rp; ☺8–15 Uhr) Das große Provinzmuseum zeigt eine interessante Sammlung von Altertümern, Kunsthandwerk (darunter Batik und *wayang*-Puppen) sowie Fossilien und Kuriositäten aus Zentraljava. Das interessanteste Ausstellungsstück ist ein Steinblock aus der Masjid Mantingan

Trommeln und dem von Weihrauchschwaden durchzogenen Innenraum.

Simpang Lima   PLATZ
Auch wenn die Jl Pemuda, die in der niederländischen Ära der wichtigste Boulevard von Semarang war, nach wie vor eine wichti-

(in der Nähe von Jepara): auf der einen Seite ist er mit islamischen Motiven bedeckt, während die Rückseite die originale hinduistisch-buddhistische Szene zeigt. Das Museum liegt ca. 2 km vor dem Flughafen.

Aktivitäten

DMZ: Dream Museum Zone
VERGNÜGUNGSPARK

(☑ 024-8604 2889; www.dmzsemarang.com; Jl Branjangan 3-9, Kota Lama; Erw./Kind unter 10 Jahren 110 000 Rp/frei; ⊙ 9–21.30 Uhr) Diese riesige Kathedrale der Selbstbeweihräucherung haut einen um. Jede Kammer ist einer todesverachtenden Heldentat oder einem berühmten Ort der Welt gewidmet und lädt die Besucher ein, hier vor einer 3D-Kulisse für Selfies zu posieren – die Perspektive sorgt für beeindruckende Bilder. Die Idee klingt abgeschmackt, tatsächlich ist das Ganze aber recht lustig. Junge Helfer sorgen dafür, dass die Posen stimmen, sodass man die Welt in 80 Klicks gesehen hat. Der Park schlägt eindeutig jeden Passfoto-Automaten.

Schlafen

Sleep & Sleep
HOSTEL $

(☑ 0813 1010 0456; Jl Imam Bonjol 15-17; Schlafkoje 39 000 Rp) Für Traveller mit knappem Budget bietet dieses zentral gelegene Hostel Schlafkojen mit Schließfächern in sauberen Abteilen längs eines betreuten Korridors mit minimaler Privatsphäre. Das Konzept ist in Semarang neu, und es bleibt abzuwarten, ob es der Ankündigung gerecht wird. Für Leute mit Pioniergeist (oder Traveller, die einen Zug der Economy-Klasse vom Bahnhof Poncol nehmen wollen) könnte diese Unterkunft eine Überlegung wert sein.

Roemah Pantes
HOTEL $

(☑ 024-358 0628; Jl Kalikuping 18; DZ/3BZ mit Frühstück 225 000/250 000 Rp; ❋🖨) In einer schwer zu findenden Gasse nahe der am Ufer gelegenen Gang Lombok im Herzen von Chinatown bietet dieses kleine Hotel sieben geräumige, recht saubere, gefliese Zimmer mit Federbetten und Bädern mit Warmwasser. Das Personal spricht kein Englisch und verhält sich nicht besonders einladend.

★ Novotel Semarang
HOTEL $$

(☑ 024-356 3000; www.accorhotels.com; Jl Pemuda 123; Zi. ab 700 000 Rp; ❋@🖨☎) Das smarte Businesshotel zwischen der Altstadt und dem Simpang Lima hat einen Freiluftpool, einen Fitnessraum und ein Spa. Die Zimmer sind zeitgemäß, geräumig und komfortabel;

viele bieten einen Blick auf die Stadt. Es gibt zwei Caférestaurants, und das üppige Frühstücksbüffet bietet Eier- und Nudelgerichte aus vielen Küchen der Welt.

Tjiang Residence
PENSION $$

(☑ 024-354 0330; Jl Gang Pinggir 24; DZ mit Frühstück 315 000 Rp; ❋🖨) Das stimmungsvolle Budgethotel mit roter Fassade und chinesischen Fensterläden liegt im Herzen Chinatowns einen kurzen Spaziergang vom Tay-Kak-Sie-Tempel entfernt. In den Fluren riecht es leider muffig, aber die kleinen Zimmer mit Holzböden, Schreibtischen mit Ikea-Schick und Flachbild-TVs sind frisch und ordentlich.

Whiz Hotel
HOTEL $$

(☑ 024-356 6999; www.intiwhiz.com; Jl Kapten Piere Tendean 9; EZ/DZ mit Frühstück ab 435 000/735 000 Rp; ❋@🖨) Das grün-weiße, schlichte Hotel fordert konkurrenzfähige Preise für seine 148 kleinen, etwas beengten, aber komfortablen Zimmer. Das Frühstück ist so einfach wie der Service.

Gumaya Tower Hotel
HOTEL $$$

(☑ 024-355 1999; www.gumayatowerhotel.com; Jl Gajah Mada 59-61; Zi. mit Frühstück ab 1 550 000 Rp; ❋@🖨☎) Das über die Stadt aufragende Luxushotel bietet zurückhaltend, aber gut gestaltete Zimmer mit einem guten Preis-Leistungs-Verhältnis. Die Zimmer bieten große LCD-TVs, schnelles WLAN und tolle Bäder mit Badewannen. Es gibt einen Infinity Pool, und von der Dachterrassenbar hat man einen Panoramablick auf die Stadt. Das Hotel ist bei Geschäftsreisenden beliebt.

Essen

Die große chinesische Gemeinde von Semarang spiegelt sich in der hiesigen Küche wider. Nachts servieren auf dem Simpang Lima (S. 173) Dutzende *kaki lima* (Imbisskarren) Snacks und Gerichte, bei denen man traditionell auf *lesahan* (Strohmatten) sitzt. In der vierten Etage des Plaza Simpang Lima gibt's einen großen Food-Court. Man sollte die Stadt nicht verlassen, ohne die örtliche Spezialität *wingko* probiert zu haben.

★ Toko Wingko Babad
BÄCKEREI $

(☑ 024-354 2064; Jl Cendrawasih 14; Kuchen 5300 Rp; ⊙ 7–19 Uhr) Die wunderbar anachronistische Bäckerei mit Laden hat sich in einem halben Jahrhundert nicht verändert. Köstliche *wingko* (warm servierte Kokos-Kuchen) sind das Markenzeichen dieser Institution in der Altstadt; sie werden pur oder aromatisiert mit Jackfrucht (besonders lecker!), Schokolade, Banane oder Durianfrucht serviert.

TekoDeko CAFÉ $
(☎024-354 4501; Jl Jenderal Suprapto 44, Kota Lama; Hauptgerichte 25000–50000 Rp; ☺9–22 Uhr) Das lustig geflieste Café in einem alten restaurierten Gebäude serviert Espresso, Tee und Sandwiches sowie Pasta und Nasi Goreng (gebratenen Reis). Es gibt einen kleinen Laden mit selbstgemachten Delikatessen und eine Sonnenterrasse auf dem Dach.

Lumpia Gang Lombok CHINESISCH $
(Gang Lombok II; Lumpia 15 000 Rp; ☺9–17 Uhr) In diesem *warung* am Fluss gleich neben dem Tay-Kak-Sie-Tempel muss man oft eine Stunde auf eine freie Bank warten. Die Leute kommen nicht wegen der Lage, sondern wegen der köstlichen *lumpia* (Frühlingsrollen) mit Garnelen, eingelegten Gurken, Blattsalat und fein gehacktem Gemüse. Man sitzt dicht an dicht, was die Erwartungen auf den Moment, wenn die *lumpia* aus dem Wok auf den Teller wandern, noch steigert.

Semawis-Nachtmarkt CHINESISCH $
(Jl Warung; Gerichte 18000–40000 Rp; ☺Fr–So 17–23 Uhr) Feine chinesische Nudeln und *babi sate* (Schweinefleisch-Satay) sind die Favoriten auf diesem Wochenendmarkt. Entspanntes Karaoke, Wahrsager und flirtende Pärchen erhöhen die gesellige Atmosphäre.

★**Holliday Restaurant** CHINESISCH $$
(☎024-841 3371; Jl Pandanaran 6; Hauptgerichte 27000–110000 Rp; ☺7–23 Uhr; 🍴) Man begreift schnell, warum dieses zweistöckige Restaurant ständig voll ist: das Essen ist einfach außergewöhnlich gut! Da das Lokal die vorbehaltlose Zustimmung der örtlichen chinesischen Bevölkerung findet, kommen selbst werktags große Gruppen. Bei den Gerichten gehören die superfrischen Meeresfrüchte, darunter Quallen und Hummer, sowie das warme Tofu zu den Favoriten.

Spiegel FUSION $$
(Jl Jenderal Suprapto 34; Hauptgerichte ab 60000 Rp; ☺10–24 Uhr; 🍴) Das Restaurant in einem umgebauten alten Gemischtwarenladen (von ca. 1895), dessen Kundschaft einst aus niederländischen Kolonisten bestand, ist zu einem Anker in der Altstadt geworden. Die Inselbar mixt schmackhafte Cocktails, und an den Marmortischen genießt man Fusiongerichte, die örtliche und internationale Aromen verbinden. Die angeschlossene Designer-Boutique verkauft aufwendig bedruckte Seidenkleidung für Frauen.

Ikan Bakar Cianjur INDONESISCH $$
(☎024-356 2333; www.ibcgroup.co.id; Jl Jenderal Suprapto 19; Gerichte 55000–100000 Rp; ☺10–22 Uhr) Das stimmungsvolle Restaurant in einem einfühlsam restaurierten Gebäude mit gelben Dachziegeln (dem früheren Gerichtsgebäude von Semarang) prunkt mit Art-déco-Kandelabern, alten Fliesen und hohen Decken. Es gibt eine umfangreiche Palette von Snacks und Meeresfrüchtegerichten, die meisten Einheimischen kommen aber wegen der Spezialität des Hauses: *gurame* oder *nila* (zwei Fischarten, ab 88000 Rp), die in der Suppe, gebraten oder gegrillt aufgetischt werden.

Sate & Gule 29 INDONESISCH $$
(☎024-354 9692; Jl Jenderal Suprapto 29; Sate-Teller 75000 Rp; ☺9–21 Uhr) Fast direkt gegenüber der Blenduk-Kirche ist dieses abgesenkte Ladenlokal von früh bis Ladenschluss voll mit Einheimischen. Das liegt daran, weil es hier das beste Ziegenfleisch der Stadt gibt. Das gemischte *sate* umfasst sechs Spieße gegrillten Fleischs sowie Leber mit Pfeffer, roten Zwiebeln und Kokossauce. Die Einheimischen schwören auch auf *gule,* eine leckere Suppe mit Ziegenfleisch.

🍶 **Ausgehen & Nachtleben**

★**Hero Coffee** CAFÉ
(☎0856 4153 7333; Jl Kepodang 33, Purwodinatan; ☺8–1 Uhr) Das nette Café ist eines von mehreren, die im Altstadtgebiet eröffnet wurden. Das in einer schön restaurierten kolonialen Häuserzeile mit rosa Vordächern und schmiedeeisernen Details untergebrachte Lokal bietet international beliebte Speisen, darunter getoastete Sandwiches und Fritten sowie hausgemachte Backwaren. Das gemütliche Innere prunkt mit großen Wandmalereien, Holztischen und farbenfrohen Tellern.

Bloem Café CAFÉ
(☎024-8657 0776; Jl Letjen Suprapto 26, Semarang Utara; ☺9–20 Uhr) Das niedliche kleine Café setzt die Illusionen der gegenüber befindlichen 3D-Trickkiste DMZ auch außerhalb jenes Vergnügungszentrums fort. Die kleine Bäckerei ist überreich mit Plastikblumen dekoriert und zwar in der Absicht, als perfekte, blumige Selfie-Kulisse zu dienen. Der Kaffee (20000 Rp) wird kalt, wenn man darauf wartet, dass die Knipserei aufhört, aber niemand schert sich darum.

E Plaza CLUB

(024-845 2293; www.eplaza.co.id; Jl Ruko Gajahmada Lantai II 29, abseits des Simpang Lima, Gajahmada Plaza; 12–3 Uhr) Semarang hat in Sachen Nachtleben nicht viel zu bieten, aber dieser beliebte Komplex direkt am Simpang Lima enthält einen teuren Club, ein Kino und eine Loungebar. Er lockt ein junges dynamisches Publikum an und ist eine gute Adresse für einen Ausgehabend. Die Eintrittsgebühr in den Club beträgt 50 000 Rp.

On On Pub PUB

(024-355 6556; www.ononpub.com; Jl Tanjung 1; Mo–Fr 17–24, Sa bis 1, So 11–24 Uhr) Der Pub, ein klassischer Treff von hier lebenden Ausländern im Zentrum, bietet eiskaltes Bintang vom Fass und ordentliches internationales Essen, darunter Würstchen.

☆ Unterhaltung

TBRS Cultural Centre PUPPENTHEATER

(024-831 1220; Jl Sriwijaya 29, Tegalwareng; 6–24 Uhr) In dem grünen Park (einem ehemaligen Zoo) gibt's jeden Samstag von 19 bis 24 Uhr *wayang-orang-* und an den meisten Donnerstagen *wayang-kulit-* (Schattenspiel-)Vorstellungen. Den aktuellen Spielplan hat die Touristeninformation.

ℹ Praktische Informationen

Die **Touristeninformation von Zentraljava** (024-351 5451; www.indonesia-tourism.com/central-java; Jl Pemuda 147; Mo–Fr 9–16 Uhr) hat nützliche Broschüren und Infos zur Stadt und der ganzen Provinz, darunter auch verlässliche Infos zu Hotels und Verkehrsverbindungen auf den Karimunjawa-Inseln. In der Stadt findet man Dutzende Banken, darunter praktisch gelegene Filialen der **ABN Amro** (Jl Jenderal A Yani 145; Mo–Sa 8–16 Uhr) und der **BCA Bank** (Jl Pemuda 90-92; Mo–Sa 8–16 Uhr).

ℹ An- & Weiterreise

BUS

Semarangs **Busbahnhof Terboyo** (www.bosbis. com; Jl Terminal Terboyo) liegt 4 km östlich der Stadt gleich abseits der Straße nach Kudus. Klimatisierte Minibusse starten hier auch zu Zielen auf der ganzen Insel, z. B. nach Wonosobo (60 000 Rp), Surakarta (50 000 Rp), Yogyakarta (70 000 Rp) und Surabaya (Economy-Klasse ab 55 000 Rp). Tickets für Luxusbusse und klimatisierte Minibusse erhält man u. a. bei **Rahayu** (024-354 3935; Jl Let Jenderal Haryono 9; 7–20 Uhr) und **Nusantara Indah** (024-355 4981; Jl Sudirman 75).

FLUGZEUG

Semarangs Flughafen, der **Ahmad Yani Airport** (www.ahmadyani-airport.com; Jl A Yani 1, Kota Semarang), ist ein Luftkreuz mit zahlreichen internationalen und Inlandsverbindungen. **AirAsia** (24-Std.-Callcenter 021-2927 0999, gebührenfrei 0804 133 3333; www.airasia. com) fliegt nach Kuala Lumpur (Malaysia) und Jakarta. **Garuda** (024-351 7007; www. garuda-indonesia.com; Jl Jenderal A Yani 142) und **Citilink** (www.citilink.co.id) fliegen ebenfalls nach Jakarta. **Lion Air** (Flughafenbüro 024-761 4315; www.lionair.co.id; Jl A Yani 1, Ahmad Yani Airport) verbindet Semarang mit Jakarta, Bandung, Batam und Banjarmasin. **Sriwijaya Air** (024-841 3777; www.sriwijayaair.co.id; Jl Mt. Haryono 719, Ruko Peterongan Plaza A6) fliegt nach Jakarta und Surabaya.

SCHIFF/FÄHRE

Fahrplaninformationen zu den Fähren erhält man vom Büro von **Pelni** (024-354 6722, 024-

VERKEHRSMITTEL AB SEMARANG

Bus

ZIEL	PREIS (RP)	DAUER (STD.)
Jepara	60 000	2½
Kudus	50 000	1¼
Pekalongan	65 000	3
Wonosobo	60 000	2½
Yogyakarta	70 000	4

Zug

ZIEL	PREIS (RP)	DAUER (STD.)	HÄUFIGKEIT
Jakarta	ab 220 000	6	tgl. 10-mal
Pekalongan	ab 40 000	1¼	tgl. 6-mal

354 0381, Callcenter 021-162; www.pelni.co.id;
Ferry Terminal, Jl Mpu Tantular 25; ☺Ticket-
schalter Mo–Do 8–17, Fr & Sa bis 12 Uhr) auch
nach Schließung des Ticketschalters (gegen
17 Uhr). Schiffe der Economy- und der 1. Klasse
fahren alle drei, vier Tage nach Sampit und Pontianak in Kalimantan (Borneo). Die Preise und
Fahrpläne ändern sich oft, daher sollte man sie
bei Pelni kurz vor der geplanten Fahrt checken.

ZUG

Semarang liegt an der Nordküsten-Hauptbahn-
strecke Jakarta–Cirebon–Surabaya. **Tawang**
(☑024-354 4544; www.entiket.com; Jl Taman
Tawang 1) ist Semarangs Hauptbahnhof für alle
Züge der Exclusive- und der Business-Klasse.
Die Züge der Economy-Klasse fahren in Sema-
rang vom Bahnhof **Poncol** (www.entiket.com; Jl
Imam Bonjol, Purwosari).

❶ Unterwegs vor Ort

Bei Stadtbussen gilt ein Festpreis von 3000 Rp;
sie enden am Busbahnhof Terboyo. Die Busse
1, 2 und 3 fahren auf der Jl Pemuda Richtung
Süden nach Candi Baru. Kurze *becak*-Fahrten
kosten rund 8000 Rp, Fahrten von mehr als 3 km
ca. 15 000 Rp. In Semarang gibt's viele Taxis mit
Taxameter, u. a. als **Bluebird** (☑024-670 1234)
und **Kosti Taxis** (☑024-761 3333).

Semarangs Ahmad Yani Airport liegt 6 km
westlich des Zentrums. Ein Taxi in die Stadt
kostet ab 35 000 Rp (es gibt einen offiziellen
Taxischalter im Ankunftsterminal). Die Fahrt
aus der Stadt zum Flughafen mit einem Taxi mit
Taxameter kostet rund 40 000 Rp.

Ambarawa

☑0298 / 58 000 EW. / 481 M

Die 28 km südlich von Semarang gelegene
Marktstadt Ambarawa ist als Sitz des ausgezeichneten Eisenbahnmuseums Ambarawa
für Eisenbahnfans interessant. Im Ort befand sich ein japanisches Internierungsla-
ger, in dem im Zweiten Weltkriegs bis zu
15 000 Europäer gefangen gehalten wurden
– ein Mahnmal und ein Park erinnern an die
Stätte. Heute ist das Städtchen ein netter
Ort, wo rund um den Unabhängigkeitstag
die Baumstämme angepinselt und unzählige Flaggen gehisst werden.

In Ambarawa gibt's Hotels, alternativ verspricht das Mesa Stila Resort auf einer alten
Kaffeeplantage in den nahe Gebirgsausläu-
fern ein denkwürdiges Urlaubserlebnis.

◎ Sehenswertes

Eisenbahnmuseum Ambarawa   MUSEUM
(Museum Kereta Api Ambarawa; ☑0298-591035;
www.internationalsteam.co.uk/ambarawa/muse

um; Jl Stasiun 1; Erw./Kind 3–12 Jahre 10 000/
5000 Rp; ☺8–17 Uhr) Fans alter Eisenbahnen
werden von dem Museum auf dem Gelände
der alten Koning Willem I. Station, ein paar
Kilometer außerhalb der Stadt an der Straße
nach Magelang, begeistert sein. Der Bahnhof wurde 1873 eröffnet und verfügt immer
noch über die gefliese Abfertigungshalle,
alte Uhren, Schaffnerbüros mit alten
Schreibmaschinen und Ticketschalter mit
Telegrafen. Das Highlight des Museums sind
die 22 Dampfloks aus der Zeit um 1900.

🛏 Schlafen

★**Mesa Stila Resort**   HISTORISCHES HOTEL **$$$**
(☑0298-596333;   www.mesahotelsandresorts.
com/mesastila; Jl Losari, Rw 3, Pingit; Villa ab
2 600 000 Rp; [P☻✳@🌐☎🏊]) Das auf einer
22 ha großen Kaffeeplantage liegende Mesa
Stila Resort gehört zu den zauberhaftesten
Hotels in Indonesien. Auf einer Höhe von
900 m lichtet sich der Wald und ermöglicht
einen herrlichen Blick aus den Villen, wäh-
rend ein Vulkankegel über den gepflegten
Rasenflächen und den roten Ziegeldächern
der *joglos* thront. Die Anlage befindet sich
rund 12 km südwestlich von Ambarawa; bei
der Anfahrt mit dem Taxi (60 000 Rp) aus
der Stadt kommt man an schönen Reister-
rassen vorbei.

❶ An- & Weiterreise

Ambarawa ist mit öffentlichen Stadtbussen
(Transjateng) von Semarang (3500 Rp, 1 Std.)
aus erreichbar. Es gibt auch mehrere Busse über
Magelang nach Yogyakarta (50 000 Rp, 3 Std.);
der letzte Bus fährt gegen 18 Uhr.

Demak

☑0291 / 27 500 EW. / 12 M

Das 25 km östlich von Semarang gelegene
Demak gilt als der Ort, von dem aus der Is-
lam auf Java Einzug hielt. Hier befand sich
die Hauptstadt des ersten muslimischen
Sultanats. Dieses eroberte das hinduistische
Königreich Majapahit und bekehrte schließ-
lich den größten Teil der Insel zum Islam.

Die Tage der ökonomischen Bedeutung
der Stadt sind vorbei, und selbst das Meer
hat sich mehrere Kilometer zurückgezogen,
sodass der frühere Hafen verlandet ist. Die
Rolle, die die kleine Stadt einst gespielt hat,
ist aber nicht vergessen, und die hiesige alte
Moschee genießt hohe Verehrung. Wohl auf-
grund seiner bedeutenden Vergangenheit
gilt Demak vor Ort als das schönste und ge-
pflegteste Städtchen auf Java. Tatsächlich

sind die Straßen sauber, und die Baumstämme sind harmonisch in zwei Farben angemalt. Selbst die Pferde der *andong* (Pferdekarren) tragen aufwendigen Kopfschmuck.

Die Busse aus Semarang oder Kudus (jeweils 10 000 Rp) halten direkt vor der Großen Moschee.

◉ Sehenswertes

Masjid Agung MOSCHEE
(Jl Sultan Fattah, Bintoro) `GRATIS` Demaks um 1466 erbaute ehrwürdige Masjid Agung ist bemerkenswert durch ihr dreistufiges Dach. Sie ist die älteste Moschee auf Java und eine der wichtigsten muslimischen Pilgerstätten Indonesiens. Nach einer Legende soll sie von den *wali songo* (neun heiligen Männern) in einer einzigen Nacht aus Holz gezimmert worden sein. Vier Hauptpfeiler in der zentralen Halle sollen von vier muslimischen Heiligen gearbeitet worden sein; der von Sunan Kalijaga geschaffene Pfeiler soll sogar aus Holzspänen bestehen, die magisch zusammengefügt wurden.

Kudus

📲 0291 / 95 000 EW. / 52 M

Kudus heißt nach *al-Quds,* dem arabischen Namen Jerusalems. Der von dem muslimischen Heiligen Sunan Kudus gegründete Ort mit seiner ehrwürdigen Moschee aus dem 16. Jh. ist immer noch eine wichtige Pilgerstätte. Trotz des stark ausgeprägten muslimischen Selbstverständnisses zeigen sich in Kudus, wie in großen Teilen Javas, immer noch Bezüge auf die hinduistische Vergangenheit; so ist das Schlachten von Kühen hier immer noch verboten.

Die Stadt ist einigermaßen hübsch. Sie hat eine lange Hauptstraße, an der eine riesige Tabakfabrik liegt. Hier wurden die ersten *kretek* (Nelkenzigaretten) hergestellt, und

`INSIDERWISSEN`

SUPPE FÜR DIE SEELE

Kudus ist bekannt für das köstliche *soto kudus*, eine reichhaltige Hühnersuppe mit diversen Innereien, Reiskuchen und viel Knoblauch. Je nach der Menge von zugegebenem Kurkuma reicht die Farbe von Hellbraun bis leuchtend Gelb. Eine weitere Spezialität der Stadt ist *Jenang kudus*, eine Süßspeise aus Klebereis, braunem Zucker und Kokosnuss.

Kudus ist heute noch eine Hochburg der *kretek*-Produktion: Im Ort soll es 25 Fabriken geben, und in der Trockenzeit sieht man überall Laster voller Kiepen mit den grünen Tabakblättern. Sukun, ein Hersteller außerhalb der Stadt, produziert immer noch *rokok klobot* (Nelkenzigaretten in Maisblättern).

◉ Sehenswertes

Kudus hat eine hübsche Altstadt (Kauman) mit engen Gassen, in denen Kaufleute in Kiosken religiöse Andenken, Datteln, Gebetsketten und Mützen verkaufen. Freitags marschieren Männer in weißen Roben und Frauen mit *jilbab* (Kopfbedeckungen) in allen Farben zum Gebet in der Masjid Menara.

★ **Grabmal des Sunan Kudus** GRABMAL
(Masjid Menara, Jl Menara 3-5, Kauman; Spende erbeten) Aus den Höfen hinter der *masjid* (Moschee) führt ein von Palmen gesäumter Weg zum Grab des muslimischen Heiligen Sunan Kudus, das sich hinter einem Gittervorhang verbirgt. Das enge, mit schweren golddurchwirkten Vorhängen drapierte Portal führt in die innere Kammer und zum Grab. Besonders eindrucksvoll ist das Grabmal abends, wenn es beleuchtet wird und Pilger inbrünstig beten. Neugierige Nichtmuslime werden freundlich willkommen geheißen.

Masjid Menara MOSCHEE
(Masjid Al Aqsa Manarat Qudus; Jl Menara 3-5, Kauman) Die 1549 von Sunan Kudus erbaute schöne alte Moschee ist berühmt für ihr aus rotem Backstein errichtetes *menara* (Minarett). Ursprünglich mag das Minarett der Wachtturm eines hinduistischen Tempels gewesen sein: Die sonderbar gedrungene Form und die gebauchten Seiten der Moschee haben mehr mit balinesischen Tempeln als mit traditioneller islamischer Architektur gemein. In der Hauptgebetshalle beten die Muslime im Schatten eines Ziegeltors im hinduistischen Stil – ein faszinierendes Zeichen für das vielfältige religiöse Erbe auf Java.

🛏 Schlafen

Wisma Karima Hotel PENSION **$**
(📲 0852 9170 5111; Jl Museum Kretek Jati Kulon 3; Zi. mit Frühstück 65 000–120 000 Rp; ❄) Die Pension gleich abseits der Hauptstraße im Süden der Stadt wird von einer gastfreundlichen Familie geführt und bietet neun Zimmer, von denen einige geräumig und mit Klimaanlage ausgestattet sind. Alle Zimmer wirken etwas altmodisch. Das Personal spricht kein Englisch.

Hotel Kenari Asri HOTEL $$
(☎0291-446200; Jl Kenari II; Zi. mit Frühstück 350 000–500 000 Rp, Suite 700 000 Rp; ✳☎) Das ordentliche zweistöckige Hotel hat einen recht prächtigen Eingang und brauchbare, saubere (allerdings ziemlich kleine) Zimmer mit funktionierenden Klimaanlagen. Einige Zimmer riechen stark nach Tabakqualm. Das Hotel hat zwei große Pluspunkte: das sehr freundliche Personal, das auch Englisch spricht, und seine Küche, die ein ausgezeichnetes Frühstück zubereitet.

✖ Essen & Ausgehen

★ Soto Bujatmi JAVANISCH $
(☎0291-446170; Jl Wahid Hasyim 43; Schale *soto kudus* 14 000 Rp; ⊙7–21.30 Uhr) Dies ist der beste Ort, um die berühmte Hühnersuppe von Kudus zu probieren. Die Köche kochen die Suppe in Kesseln auf einem Holzofen, und die Gäste sitzen um einfache Tische, auf denen Schalen mit Reiscrackern stehen. Zum *soto kudus* gibt's optional Beilagen, z. B. *sate* (Satay) mit Innereien und Rinderhaut. Eine weitere Beilage sind Tofu-Waffeln.

Sari Lembur Kuring INDONESISCH $
(☎0291-439770; Jl Agil Kusumadya 35; Hauptgerichte 18 000–50 000 Rp; ⊙9–22 Uhr) Das große, angenehme Restaurant mit Koi-Teich bietet unter einer schattigen Pagode schmackhafte sundanesische und javanische Gerichte. Örtliche Familien gehen hier gern essen.

Chocobean Kudus CAFÉ
(Jl Sunan Kudus 154; ⊙9–23 Uhr) Das mit großen Cartoons dekorierte, auffällige Café ist ein beliebter Ort, um abends einen Saft oder Kaffee zu trinken. Wer Durian probieren will, ohne befürchten zu müssen, dass der auf viele abstoßend wirkende Geruch an ihm haften bleibt, kann hier Durian-Pfannkuchen bestellen. Der Geschmack ist wunderbar, wenn der Geruch erst einmal an der Nase vorbeigezogen ist.

❶ Praktische Informationen

Die **HSBC Bank** (Jl Ahmed Yani 9; ⊙Mo–Sa 8–16 Uhr) hat einen Geldautomaten, mehrere weitere finden sich auf der Jl Ahmed Yani neben dem Marktkomplex Taman Bojana.

❶ An- & Weiterreise

Kudus liegt an der Hauptstraße zwischen Semarang und Surabaya. Der Busbahnhof befindet sich rund 4 km südlich der Stadt. Hinter dem Busbahnhof starten städtische Minibusse zum Zent-

INSIDERWISSEN

HEIMINDUSTRIEN

In diesem Teil Zentraljavas gibt's eine Reihe wichtiger kunsthandwerklicher Gewerbe. Fein geschnitzte Möbel und Paneele aus *jati* (Teakholz) und Mahagoni findet man in den Läden und Betrieben überall rund um Jepara, das wichtigste Zentrum des Schreinerhandwerks ist aber das Dorf **Tahunan**, das 4 km südlich von Jepara an der Straße nach Kudus liegt.

Bunt gefärbte *ikat*-Stoffe mit traditionellen Motiven im Sumba-Stil werden im Dorf **Troso**, 14 km südlich von Jepara und 2 km abseits der Hauptstraße, gewebt und verkauft. Für Java ist es ungewöhnlich, dass hier überwiegend Männer diesem Gewerbe nachgehen. Im 18 km südlich von Jepara gelegenen **Pecangaan** werden Ringe, Armreifen und anderer Schmuck aus Monel (einer Nickel-Kupfer-Legierung) hergestellt.

rum (5000 Rp), alternativ nimmt man ein *becak*. Busse fahren von Kudus nach Demak (20 000 Rp, 50 Min.) und Semarang (30 000 Rp, 1½ Std.). Die Busse nach Jepara (35 000 Rp, 1¼ Std.) fahren vom Busbahnhof Jetak 4 km westlich der Stadt (Anfahrt per Minibus 5000 Rp).

Jepara

📞 0291 / 20 000 EW. / 9 M

Das als Javas herausragendstes Zentrum der Holzschnitzerei bekannte Jepara weist eine lange Geschichte der Produktion von Holzmöbeln auf, die in großem Ausmaß zum erkennbaren Wohlstand des Ortes beitragen. Das wirtschaftliche Gedeihen des Städtchens ist stark davon abhängig, wie sehr die „braune Ware" der Holzmöbel gerade modisch im Kurs steht; Dutzende von Möbelgeschäften ziehen ihren Gewinn aus diesem Gewerbe. Neben den überall zu findenden, stark beschnitzten Stücken für den heimischen Markt findet man aber auch durchaus Möbel in modernerem Stil.

Angesichts der gesunkenen Nachfrage internationaler Möbelhäuser leben heute weniger ortsansässige Ausländer im Ort, es kommen aber immer noch Käufer aus aller Welt nach Jepara, sodass das Städtchen eines der kosmopolitischsten im ländlichen Java ist.

Mit seinen breiten Alleen und kleinen *gangs* (Gassen), die von Häusern gesäumt sind, die sich hinten zu Kanälen öffnen, ist

Jepara ein ruhiger Ort für eine Erholungspause. Der Ort ist zudem eine wichtige Zwischenstation auf dem Weg zu den Karimunjawa-Inseln.

◎ Sehenswertes

Apung-Markt
KANAL

(Ecke Jl Suprapto & Jl Pesajen) Der stimmungsvolle Fisch- und Lebensmittelmarkt residiert in einigen alten niederländischen *godowns* (Lagerhäusern) auf einer Brücke nahe dem Meer. Die Hauptattraktion sind aber die alten Fischerboote am daneben liegenden Kanal. Kurz vor Sonnenuntergang bilden sie ein besonders prächtiges Farbenmeer.

Museum RA Kartini
MUSEUM

(☏ 0291-591169; Jl Wolter Monginsidi; 3000 Rp; ◎ 8–16 Uhr) Das Museum an der Nordseite des hübschen *alun-alun* von Jepara ist einer der gefeiertsten Frauen Indonesiens gewidmet. Ein Zimmer zeigt Portraits und Erinnerungsstücke dieser Vorkämpferin der Frauenrechte und ihrer Familie. In weiteren Räumen sind diverse archäologische Funde ausgestellt, darunter ein Yoni-Lingam, sowie örtliche Kunstwerke und Artefakte, darun-

> ### KARTINI: EINE VORKÄMPFERIN DER FRAUENRECHTE
>
> Raden Ajeng Kartini, eine Schriftstellerin, Feministin und fortschrittliche Denkerin, wurde 1879 als Tochter des *bupati* (Regenten) von Jepara geboren. Sie wuchs in der Residenz des *bupati* an der Ostseite des *alun-alun* auf, zeichnete sich in der Schule aus und sprach schon mit zwölf Jahren fließend Niederländisch. In der Residenz verbrachte sie auch ihre *pingit* („Einsperrung" auf Javanisch), bei der Mädchen zwischen 12 und 16 Jahren praktisch gefangen gehalten wurden und ihr Heim nicht verlassen durften. Kartini nutzte später ihre Bildung, um sich für die Rechte der Frauen und gegen den Kolonialismus einzusetzen, starb aber schon mit 24 Jahren nach der Geburt ihres ersten Kindes. Der Kartini-Tag am 21. April ist ein landesweiter Feiertag, der ihre Leistungen im Kampf um die Frauenrechte würdigt. Ihrem Leben und ihrer Arbeit ist ein Museum im Zentrum der Stadt gewidmet. Im Geschenkeladen des Museums kann man traditionelle örtliche Webarbeiten aus Troso kaufen (ab 130 000 Rp).

ter feine Holzschnitzereien und Keramiken. Ausgestellt ist auch das 16 m lange Skelett eines Wals. Im Geschenkeladen kann man Troso-Webereien (ab 130 000 Rp) kaufen.

Pantai Bandengan
STRAND

(Tirta Samudra; Jl Raya Tirta Samudra) Jepara hat einige schöne weiße Sandstrände. Zu ihnen gehört der Pantai Bandengan 7 km nordöstlich der Stadt. Er ist einer der besten Strände an der Nordküste: ein halbmondförmiger Strand mit weißem Sand, der bei Sonnenuntergang am schönsten ist. Der öffentliche Hauptabschnitt ist mit Abfall übersät, aber ein kleines Stück weiter findet man sauberen Sand, sauberes Wasser und sichere Bademöglichkeiten. Von der Jl Pattimura in Jepara kann man ein *bemo* (Minibus; 5000 Rp) zum Strand nehmen.

Pantai Kartini
STRAND

(Permandian; Jl AE Suryani; Erw./Kind 10 000/5000 Rp; ◎ 24 Std.) Dieser nahe dem Fährhafen gelegene Strand ist der beliebteste in Jepara, ein guter Ort um sich zusammen mit den Einheimischen zu entspannen. Es gibt hier Fahrgeschäfte, Souvenirstände, angebundene Ziegen, Muschelläden und Moscheen. Man kann Boote (hin & zurück ab ca. 180 000 Rp) zur nahen **Pulau Panjang** mit ihren ausgezeichneten weißen Sandstränden mieten. In Permandian ist auch der **Ozeanpark Kura Kura** (Eintritt 12 500 Rp, 9–16 Uhr) mit einem bescheidenen Aquarium in einem riesigen, schildkrötenförmigen Betongebäude.

⌂ Schlafen

Nusantara
HOTEL $

(☏ 0291-1426 0610; nstrhotel@gmail.com; Jl Kolonel Sugiono 20; Zi. 180 000 Rp; ❀ ⊕) Ein schön geschnitztes Holzboot und eine hübsche Pergola sind die Blickfänge vor diesem ansonsten ganz normalen Hotel. Die Klimaanlage schwächelt, und nachts stechen die Mücken, aber das freundliche Personal stellt sicher, dass die Gäste rechtzeitig zur Fähre am frühen Morgen kommen und helfen ihnen auch mit Transportmöglichkeiten rund um die Stadt weiter. Die Zimmer sind beengt, aber sauber und komfortabel.

Bayfront Villa
GASTHOF $$

(☏ 0821 3634 6151; www.bayfronthotel.blogspot.com; Jl Universitas Diponegoro, Teluk Awur; Zi./Suite ab 550 000/950 000 Rp; ❀ ⊕ ≋) Das attraktive Hotel an einem sauberen, schmalen Strandabschnitt bietet ein paar gemütliche

Zimmer rund um einen angenehmen Pool. Die Zimmer im Obergeschoss öffnen sich zu einer Gemeinschaftsterrasse mit Meerblick. Es gibt auch eine kleine Bar auf dem Strand.

Ocean View Residence HOTEL **$$**
(☏0291-429 9022; www.facebook.com/oceanview jepara; Jl Tegalsambi, Tahunan;. Standard-/Superior-/Deluxe-Zi. mit Frühstück 770 000/875 000/ 900 000 Rp; ❇🛜🌊) An einer schmalen Gasse, die sich durch die Nebenstraßen schlängelt, bietet dieses modernistische Strandresort 23 Zimmer und lockt ein jugendliches Publikum an. Die Deluxe-Zimmer mit komplett ausgestatteten Küchen, Meerblick und einigen interessanten Kunstwerken als Wandschmuck bieten das beste Preis-Leistungs-Verhältnis. Beliebt ist das Barbecue bei Sonnenuntergang (16–20 Uhr; 15 000 Rp), obwohl die laute Musik auch als störend empfunden werden kann.

🍴 Essen

Pondok Rasa INDONESISCH **$**
(☏0291-591025; Jl Pahlawan II; Hauptgerichte 25 000–85 000 Rp; ⊗Sa–Do 9–21 Uhr; 🍴) Das traditionelle javanische Restaurant mit nettem Gartenambiente liegt vom *alun-alun* aus gleich jenseits des Flusses. Das indonesische Essen wird im *lesahan*-Stil serviert. Es gibt auch viele Angebote für Vegetarier.

★ Yam-Yam SEAFOOD **$$**
(☏0291-598755; Jl Pantai Karang Kebagusan, Km 5; Hauptgerichte 25 000–78 000 Rp; ⊗8–23 Uhr) Das stilvolle Strandrestaurant ist zweifellos die beste Adresse in Jepara. Man speist im Garten rund um einen Teich oder an Tischen, die so nah am Meer stehen, dass die Fische fast direkt auf den Teller schwimmen könnten. Abends sorgt Kerzenlicht für eine romantische Stimmung. Aus der Küche im strohgedeckten Backsteingebäude kommen frischer Fisch mit leckerem Zitronen-Dressing, zarte Steaks sowie thailändische und italienische Gerichte.

ℹ Praktische Informationen

Die **Touristeninformation** (☏0291-591169; www.gojepara.com; Jl AR Hakim 51; ⊗Mo–Fr 7.30–14.30, Sa & So 8–14 Uhr) liegt im Westen der Stadt. Sie hat sehr hilfsbereites Personal und betreibt eine äußerst informative Website.

ℹ An- & Weiterreise

Busse fahren oft von Jepara nach Kudus (35 000 Rp, 1¼ Std.) und Semarang (ab 50 000 Rp, 2½ Std.). Ein paar Busse fahren auch

nach Surabaya (105 000 Rp, 6½ Std.), aber in Kudus gibt's mehr Verbindungen.

ℹ Unterwegs vor Ort

Taxis sind häufig und berechnen alle ähnliche Preise. Eine Fahrt im Zentrum kostet rund 12 000 Rp, ebenso die Fahrt zum Hafen Kartini mit den Booten zu den Karimunjawa-Inseln.

Karimunjawa-Inseln

Der wunderbare, der Küste vorgelagerte Karimunjawa-Archipel ist ein Nationalpark. Er umfasst 27 von Korallen umsäumte Inseln, von denen nur fünf bewohnt sind. Die meisten Insulaner sind Javaner, es gibt aber auch einige Bugis und Maduresen, die vom Fischfang, der Ernte von Seetang und zunehmend auch vom Tourismus leben. Die rund 90 km nördlich von Jepara liegenden Inseln sind ein Tropenparadies mit weißen Sandstränden, türkisblauer See und entspannten Refugien.

Die meisten Urlauber kommen aus Indonesien, aber auch immer mehr ausländische Traveller wagen sich auf die raue See (die zu jeder Jahreszeit auftreten kann), um ein paar Tage auf den Inseln zu relaxen. Unabhängige Traveller strömen fast ausschließlich auf die Hauptinsel Pulau Karimunjawa, eine üppig bewachsene, bergige, von Korallenriffen umgebene kleine Landmasse. Auf dieser Insel finden sich die meisten Einrichtungen des Archipels und die einzige nennenswerte Ortschaft, die (verwirrenderweise) ebenfalls Karimunjawa heißt.

◉ Sehenswertes

★ Pantai Annora STRAND
(Ostküste, Pulau Karimunjawa; 5000 Rp) Der öffentliche Strand an der Ostküste von Pulau Karimunjawa bietet den herrlichsten Blick auf den Ozean. Ein rauer Pfad führt um die Landzunge zu ein paar herrlichen Aussichtspunkten, von denen sich das Meer in allen möglichen Farbschattierungen von dunklem Indigo bis zu Aquamarin präsentiert. Die schlichten Schaukeln am Ende der Landzunge sind der beste Aussichtsort, sie werden aber bald verschwinden, weil Erschließer bereits ein Auge auf das Gelände geworfen haben.

Mangrovenweg NATIONALPARK
(Nordküste, Pulau Karimunjawa; 155 000 Rp; ⊗8–17 Uhr) Ein Plankenweg führt durch die Mangrovensümpfe, die eine typische Erscheinung am Rand der Küsten von Pulau

Karimunjawa und der anderen Inseln des Archipels sind. In diesem einmaligen Habitat leben viele Vogelarten, darunter Eisvögel und verschiedene Watvögel. Ein gestufter Aussichtsturm auf halber Strecke des Plankenwegs ist ideal, um die Vögel zu beobachten. Tafeln (auf Englisch) erläutern die verschiedenen Mangrovenarten, aus denen diese faszinierende Landschaft besteht. Achtung: Die roten Kreuze auf dem Plankenweg warnen vor verrotteten Holzplanken!

Pantai Batu Topeng STRAND

(Westküste, Pulau Karimunjawa; Parken 5000 Rp; P) An diesem freundlichen kleinen Strand gibt's in der winzigen Strandbar kaltes Bier zum Mitnehmen und *mie goreng* (gebratene Nudeln) in einem einfachen *warung*. Selbst wenn starke Winde an der Ostküste das Meer aufwühlen, bleibt es an der Westküste ruhig, und langsame, niedrige Wellen rollen auf den weißen Sandstrand.

Bukit Love AUSSICHTSPUNKT

(Liebeshügel; Westküste, Pulau Karimunjawa; 10000 Rp) Dieser Aussichtspunkt auf dem Hügel ist eine beliebte Selfie-Station für Einheimische mit einem riesigen roten Herz als Kulisse. Die Sonne geht schön hinter einer strategisch positionierten Kokospalme unter, und es gibt hier viele ideale Stellen, um das Ende des Tages zu genießen, darunter eine strohgedeckte Hütte und eine Bar auf dem Hügel.

Pantai Tanjung Gelam STRAND

(Sunset Beach; Westküste, Pulau Karimunjawa; Eintritt inkl. Parken 5000 Rp; P) Der schöne Strand ist von Plamen umsäumt, und hinter dem lilafarbenen und smaragdgrünen Wasser türmt sich die weiße Gischt auf einem Korallenriff. Kleine *warungs* servieren einfache Nudelgerichte, und die Menschen kommen herbei, um den Sonnenuntergang zu erleben.

🏃 Aktivitäten

★ Dunia Bintang Tour & Travel TAUCHEN

(World Star; ☑ 0822 2111 4504; www.karimunjawa package.com; Jl Jenderal Sudirman, Stadt Karimunjawa, Pulau Karimunjawa; Tour von Insel zu Insel inkl. 2 Schnorchelstellen, Ausrüstung & Mittagessen 200 000 Rp; ⊗ 8–21 Uhr) Das Unternehmen wird von einem netten karimunjawanisch-britischen Ehepaar geführt. Es organisiert Tauchausflüge (der beliebteste Tauch-Spot bietet ein 100 Jahre altes norwegischen Wrack in 25 m Tiefe), Schnorcheltouren und Touren von Insel zu Insel in Booten mit ma-

ximal 17 Passagieren. Man erhält hier auch Infos zum aktuellen Fahrplan der Fähren.

Salma Dive Shop TAUCHEN

(Karimunjawa Dive Centre; ☑ 0852 2533 3677; www.karimunjawadivecentre.com; Pulau Karimunjawa; 2 Tauchgänge inkl. Ausrüstung 875 000 Rp/Pers.; ⊗ 6–24 Uhr) Dieses Tauchzentrum wird von hier lebenden Ausländern empfohlen. Die Tour mit zwei Tauchgängen findet nur statt, wenn mindestens zwei Interessenten zusammenkommen. Das Unternehmen vermietet auch Ausrüstung, darunter Taucherbrillen und Schwimmflossen, Neoprenanzüge und Unterwasser-Kameras.

🎉 Feste & Events

★ Umzug am Unabhängigkeitstag UMZUG

(Alun-Alun, Stadt Karimunjawa, Pulau Karimunjawa; ⊗ Aug.) Jedes Jahr kommen kostümierte Einwohner aus ganz Palau Karimunjawa im Hauptort zusammen, um den Unabhängigkeitstag zu feiern. Bei dem farbenfrohen Fest mit Musik und Tanz marschieren kleine Knirpse in Polizeiuniformen auf, Schönheitsköniginnen fahren auf Ramayana-Festwagen und junge Männer verkleiden sich als Frauen. Der Umzug zieht ein paar Runden durch das winzige Zentrum und sammelt sich anschließend zur Preisverleihung auf dem *alun-alun*.

🛏 Schlafen

Das Unterkunftsangebot ist begrenzt, daher muss man weit im Voraus buchen, insbesondere wenn man hier sonnabends oder in der Haupturlaubszeit übernachten will. Viele Hotels bieten Pauschalangebote, die den Transport von/nach Jepara oder Semarang mit beinhalten.

Die unten genannten Unterkünfte liegen alle auf Pulau Karimunjawa, darüber hinaus kann man aber auch auf Pulau Menyawakan übernachten. Das **Kura Kura Resort** (☑ in Semarang 024-7663 2510; www.kurakuraresort. com; Pulau Menyawakan; EZ/DZ mit HP 225 US$; ⊗ Mai–Okt.; ❀ 🛜 🏊) auf dieser Insel ist ein Luxusrefugium aus Cottages mit Meerblick und eigenen Pools. Die Insel ist mit dem Resort-eigenen Flugzeug erreichbar.

★ Samsara Homestay GASTFAMILIE $

(☑ 0822 2051 1588; Jl Kapuran, Stadt Karimunjawa, Pulau Karimunjawa; B im 4-B-Schlafsaal mit Ventilator & Frühstück 100 000 Rp, Zi. mit Ventilator & Bad 220 000 Rp; 🛜) Die superfreundliche Budgetunterkunft verzaubert ihre Gäste: Wer für eine Nacht eincheckt, wird am Ende zwei

DIE KARIMUNJAWA-INSELN RICHTIG AUSKOSTEN

Die meisten Besucher der Inseln sind sofort von der entspannten Atmosphäre bezaubert, und ihre Aktivitäten werden sich auf einen Spaziergang zum Meer und zurück beschränken. Wer sich aber einmal vom Strand losreißen will, kann auf der Hauptinsel einige lustige Aktivitäten unternehmen.

Fahrten mit dem Motorroller

Mit einem Motorroller rund um die Hauptinsel Pulau Karimunjawa zu fahren, ist eine beliebte Freizeitbeschäftigung, bei der man unterwegs an verschiedenen schönen Stellen Halt machen kann. Das bergige Gelände ist für Anfänger nicht ganz leicht, aber viele versuchen es trotzdem. Motorroller kann man generell für 75 000 Rp pro Tag mieten.

Fahrten von Insel zu Insel

Die beliebteste Aktivität auf der Hauptinsel Pulau Karimunjawa sind Fahrten von Insel zu Insel. Die Touren bestehen aus halb- oder ganztägigen Bootsfahrten mit Gelegenheiten zum Schwimmen, zum Schnorcheln am Riff und dem Besuch einer oder zweier nahegelegener unbewohnter tropischer Inseln. Die unbewohnten Inseln Menjangan Besar und Menjangan Kecil haben prächtige weiße Sandstrände mit Möglichkeiten zum Schnorcheln vor der Küste. Beide Inseln sind von Pulau Karimunjawa aus leicht erreichbar.

Ein Boot zu chartern, kostet für zwei Personen 1 500 000 Rp für einen halben und 1 700 000 Rp für einen ganzen Tag. Die Hotelbesitzer telefonieren oft herum, um eine Gruppe bilden und so Kosten für ihre Gäste sparen zu können. Für einen Platz im Boot (max. 15 Pers.) zahlt man 175 000 Rp für einen halben und 225 000 Rp für einen ganzen Tag.

Da die Karimunjawa-Inseln ein Nationalpark sind, sind offiziell viele Teile – darunter Pulau Burung und Pulau Geleang – für Besucher gesperrt (was allerdings leider nicht immer strikt durchgesetzt wird). Um die negativen Auswirkungen des gesteigerten Tourismus zu begrenzen, sollten Besucher die Sperrzonen unbedingt respektieren.

Schwimmen & Schnorcheln

Um das kristallklare Wasser rund um Palau Karimunjawa zu genießen, braucht man nicht aufs Meer hinaus zu fahren: Zwei ausgezeichnete Strände mit Schnorchelmöglichkeiten sind nur eine 7 km lange Motorrollerfahrt vom Hauptort der Insel entfernt.

Für das Parken an diesen Sandstränden – Batu Topeng (S. 182) und Pantai Tanjung Gelam (S. 182) – wird eine bescheidene Gebühr erhoben, die für die Säuberung des Strandes von angespültem Abfall bestimmt ist. Traveller sitzen bei Sonnenuntergang unter den Kokospalmen in den wenigen *warungs* und Bars an den Stränden.

Tauchen

In den Riffen um viele der Inseln findet man ordentliche Tauchstellen. Das beliebteste Tauchziel ist ein in 25 m Tiefe liegendes, 100 Jahre altes norwegisches Wrack. Tauchgänge organisieren Dunia Bintang Tour & Travel (S. 182) und das Salma Dive Centre (S. 182).

Wandern & Vogelbeobachtung

Es fällt zwar schwer, den Strand zu verlassen, aber Parkranger helfen einem bei der Organisation einer Wanderung auf den Gunung Gendero, den 600 m hohen Gipfel auf Pulau Karimunjawa, und auch die Pensionen tun dies in aller Regel für ihre Gäste.

An der Nordküste der Insel führt ein Plankenweg-Rundkurs (S. 181) durch die weiten Mangroven, die Pulau Karimunjawa umsäumen – Vorsicht vor verrotteten Planken! In der Morgen- und Abenddämmerung sind die Mangroven ein Tummelplatz für Vögel – von einem mehrstöckigen Turm am Rand kann man die Vögel hervorragend beobachten.

Tage oder noch länger bleiben. Das freundliche, jüngere Publikum sammelt sich um das Holzboot, das abends als eine typische Traveller-Bar dient.

Bodhi Tree Hostel PENSION $
(☑ 0812 3922 2203; Jl Diponegoro, Stadt Karimunjawa, Pulau Karimunjawa; Zi. mit Dusche, Klimaanlage & Frühstück 350 000 Rp, B im gemischten Schlaf-

saal 90 000–100 000 Rp) Mit seinen Schlafsälen für je acht Personen zielt dieses geschmackvoll dekorierte Gästehaus vor allem auf Budget-Traveller ab, es bietet aber auch ein paar hübsche Zimmer mit Klimaanlage. Da die Unterkunft im Herzen der Ortschaft liegt, können die Gäste im Haus essen, aber sich auch an den *warungs* auf dem nahegelegenen *alun-alun* verköstigen.

Coconut House
PENSION $

(☎ 0813 9267 8888, 0297-414431; Jl Sutomo, Stadt Karimunjawa, Pulau Karimunjawa; Zi. mit Frühstück & Ventilator/Klimaanlage 165 000/250 000 Rp; ✳) Die bei Backpackern beliebte Unterkunft besitzt viel Persönlichkeit dank Türen aus wiederverwertetem Holz, einer Ganesha-Wandmalerei im Korridor und gefliesten Zimmern mit Himmelbetten. Es gibt Gemeinschaftsbäder und nette Gemeinschaftsbereiche mit Sitzsäcken und einer Hollywoodschaukel auf der Veranda.

Coco Huts
BUNGALOWS $$

(☎ 0812 3556 3136; www.cocohutskarimunjawa. com; Jl Danang Jaya, Ostküste, Pulau Karimunjawa; Zi. mit Frühstück 300 000–600 000 Rp; ☎) Diese Unterkunft besteht aus einer Reihe von Holz-Cottages mit traditionellen Ziegeldächern auf einem steilen Hügel im Hinterland. Die Anlage gehört einem bekannten, zum Kommentator gewordenen ehemaligen deutschen Fußballer und seinem Bruder, die beide in Indonesien geboren sind. Um ihr Best View Resto (S. 185) zu erreichen, muss man einen steilen Anstieg überwinden, wird dafür aber mit einem weiten Blick über den wilden Ozean an der Ostküste, der sich zur Gischt auftürmt, belohnt.

Hotel Escape
HOTEL $$

(☎ 0813 2574 8481; www.escapekarimun.com; Jl Danang Jaya, Südküste, Pulau Karimunjawa; Zi. mit Frühstück ab 300 000 Rp; ✳☎) Die zweistöckige Lodge aus Backstein liegt fünf Gehminuten vom Fährhafen entfernt direkt am Meer. Es gibt hier keinen eigentlichen Strand, aber das große Gelände, auf dem Kokospalmen Schatten spenden, ist trotzdem schön. Die Zimmer sind schlicht, und im Restaurant gibt's moderne, einfache Gerichte. Unschön ist die Zufahrtsstraße aus Beton. Es gibt Ausflüge und einen Fahrradverleih.

Puri Karimun
HOTEL $$

(☎ 0813 2645 9910; www.purikarimunhotel.com/ en-us; Jl Slamet Ryadi, Km 0, Stadt Karimunjawa, Pulau Karimunjawa; Zi. mit Frühstück 325 000 Rp; ✳☎) Das Hotel mit dem auffälligen knallroten Anstrich bietet rund 30 bunt gestrichene Zimmer mit angeschlossenen Bädern. Mit den Tischen und Stühlen unter den strohgedeckten Vordächern hat der Gartenhof einen gewissen Charme. Es gibt ein Restaurant, und der Nachtmarkt ist nur einen kurzen Spaziergang entfernt.

★ Breve Azurine
RESORT $$$

(☎ 0297-319 1059; www.breveazurine.com; Jl Danang Jaya, RT 4, Ostküste, Pulau Karimunjawa; Zi. mit Frühstück ab 2 280 000 Rp; ✳◉☎✳) Das prächtige Hügelresort mit eigenem Strand ist sehr einladend. Von den rustikalen Cottages mit Freiluftbädern genießt man einen tollen Blick aufs Meer; die Hauptlodge mit ihrer Hartholz-Veranda dient als Gemeinschaftsbereich. Das Restaurant thront über einem tropischen Garten, es lässt sich auch ein Abendessen im Kerzenschein unter den rauschenden Palmen vereinbaren.

Der Transfer von der/zur Anlagestelle ist im Preis inbegriffen, ebenso Kajaks und Schnorchelausrüstung. Der hilfreiche Serviceschalter organisiert Touren von Insel zu Insel, Wanderungen und Tauchausflüge.

Essen

Die meisten Besucher essen entweder in ihrer Unterkunft oder in einem benachbarten Hotel, im Hauptort Karimunjawa gibt es aber auch zusätzliche Möglichkeiten. Dort serviert eine wachsende Zahl von Restaurants und Bars typische indonesische Gerichte und gegrillten Fisch. Man bekommt auch internationale Standardkost wie Pizza, und inzwischen gibt's auch das eine oder andere Café.

Cafe Amore
INTERNATIONAL $

(Jl Sutomo, Stadt Karimunjawa, Pulau Karimunjawa; Hauptgerichte 25 000 Rp; ⏱16–22 Uhr; ☎) An einer hübschen Stelle inmitten wiederaufgebauter Holz-*joglos* am Jachthafen ist dieses stimmungsvolle Restaurant mit einem Palmengarten und Rasenflächen der ideale Ort für einen Drink zum Sonnenuntergang. Nach 19 Uhr wird hier auch Essen serviert.

Nachtmarkt
INDONESISCH $

(Alun-Alun, Jl Diponegoro, Stadt Karimunjawa, Pulau Karimunjawa; Gerichte 50 000 Rp; ⏱18–21 Uhr) Abends essen die Einheimischen besonders gern auf dem Nachtmarkt am *alun-alun* im Zentrum von Karimunjawa. Mehr als ein Dutzend Stände servieren u. a. schmackhaften *ikan bakar* (gegrillten Fisch), gegrillten Mais, gebratene Bananen und frische Säfte.

Man sitzt beim Essen auf *lesahan* (Strohmatten) auf dem Gras.

Eat & Meet INTERNATIONAL $$
(☑0297-319 1103; Jl Sutomo, Stadt Karimunjawa, Pulau Karimunjawa; Burger 70 000 Rp; ⊘16–23 Uhr) Das sehr beliebte Restaurant in der Ortsmitte serviert köstliche Pizza mit dünnem Boden. Zu den interessanten örtlichen Gerichten gehört marinierter Fisch im Bananenblatt (65 000 Rp), aber die meisten Traveller halten sich an die Burger und andere vertraute westliche Gerichte.

Best View Resto INTERNATIONAL $$
(☑0812 3556 3136; Coco Huts, Jl Danang Jaya, Ostküste, Pulau Karimunjawa; Hauptgerichte 30 000–65 000 Rp; ⊘Mo–Sa 17–22 Uhr) Wie auch in mehreren anderen Hotels auf Pulau Karimunjawa sind hier Nichtgäste zum Abendessen willkommen, sodass man nicht unbedingt in der eigenen Unterkunft essen muss. Es lohnt sich, früh zu kommen, weil man hier einen herrlichen Blick aufs Meer hat. Frisch zubereitete Pizza sorgt auf der Karte für etwas Abwechslung.

🛍 Shoppen

Dewandaru GESCHENKE & SOUVENIRS
(☑0856 4010 1008; Jl Diponegoro, Stadt Karimunjawa, Pulau Karimunjawa; ⊘8–23 Uhr) Dieser kleine Laden, einer der überraschend wenigen im Ort für Touristen, verkauft offizielle Artikel des Karimunjawa National Parks, z. B. T-Shirts (190 000–230 000 Rp).

ℹ Praktische Informationen

Der kleine Kiosk der **Touristeninformation** (☑085 325 0673, 0297-312253; Fährhafen, Stadt Karimunjawa, Pulau Karimunjawa) am Hafen ist meist geöffnet, wenn Schiffe anlegen. Mit praktischen Infos hilft einem auch die Touristeninformation (S. 176) in Semarang weiter.

Im Ort gibt's einen Geldautomaten der BRI, der MasterCard akzeptiert. Da ihm aber das Bargeld ausgehen kann, bringt man besser genug mit.

ℹ An- & Weiterreise

Flüge und Fähren verbinden Java mit Pulau Karimunjawa. Unwetter, die zwischen Dezember und Februar auftreten sowie zu jeder Jahreszeit mögliche Stürme können die Verbindungen unterbrechen, doch bei ruhigem Wetter funktionieren sie meist nach Fahrplan. Fährfahrten werden wegen des Wetters häufiger abgesagt als Flüge.

Insbesondere an den Wochenenden und in der Hauptsaison ist es unbedingt erforderlich, weit im Voraus zu buchen.

FLUGZEUG
Mit Nam Air (www.sriwijayaair.co.id) oder **Air Fast** (☑0215-200696; www.airfastindonesia. com) kann man Pulau Karimunjawa per Flugzeug aus Semarang (650 000 Rp, 40 Min., Di, Mi & Do) und Surabaya (600 000 Rp, 1½ Std., Di & Do) erreichen. Die Flugzeuge von Air Fast fassen nur 12 Passagiere, man muss also im Voraus buchen. Der Flug kann abenteuerlich sein, ist aber bei ruhigem Wetter ein zauberhaftes Erlebnis.

SCHIFF/FÄHRE
Die Bootsverbindungen nach Karimunjawa sind recht verlässlich. Schiffe fahren ab Semarang und Jepara. Alle Fahrpläne sollte man in der Touristeninformation von Semarang checken, die auch Tickets bucht und Reservierungen vornimmt.

Zum Zeitpunkt der Recherche fuhr das Boot von Express Bahari (Executive-Klasse 230 000 Rp, 2 Std.) montags, dienstags und freitags um 9 Uhr und samstags um 10 Uhr vom Hafen Kartini in Jepara zur Pulau Karimunjawa und kehrte von dort montags um 12, mittwochs um 11, samstags um 7 und sonntags um 11 Uhr zurück. Das Boot von Siginjai (Economy-Klasse 150 000 Rp) legt montags, mittwochs, freitags und samstags um 7 Uhr in Jepara ab, braucht für die Reise aber vier bis sechs Stunden. Warnung: Economy-Tickets sind billiger, man sitzt aber unter Deck und ist bei der oft rauen See stärker der Seekrankheit ausgeliefert.

ℹ Unterwegs vor Ort

Auf Pulau Karimunjawa kann man Holzboote für halbtägige Trips für 1 500 000 Rp chartern. Wer damit umgehen kann, am Hügel zu starten, für den ist ein Moped (ab 65 000 Rp/Tag) ein gutes Verkehrsmittel, um sich auf der Hauptinsel umzuschauen, die 22 km recht gute Straßen besitzt.

OSTJAVA

Die Provinz Ostjava (Jawa Timur) ist eine wilde, bergige Region mit hohen Gipfeln, rauchenden Vulkanen und herrlichen Landschaftspanoramen. Verstreut in der Landschaft finden sich überwucherte alte Tempel, Nationalparks, in denen das Knurren, Brummen und Quieken der Wildtiere aus dem Unterholz dringt, und eindrucksvolle Strände mit Surfbedingungen von Weltklasse.

Für die meisten Besucher Ostjavas stehen aber die ungebändigte Gewalt der Vulkane und die von diesen launischen feuerspeienden Bergen geschaffenen Landschaften ganz im Zentrum ihres Interesses. Nirgendwo

Ostjava

0 — 50 km

ZENTRAL-JAVA

BALI

JAVASEE

Selat Madura

Selat Bali

INDISCHER OZEAN

Pati · Purwodadi · Bulu · Cepu · Tuban · Rengel · Bojonegoro · Babat · Lamongan · Paciran · Sedayu · Gresik · Ngimbang · Trowulan · Mojokerto · Jombang · Mojoagung · Kertosono · Pare · Kediri · Ngawi · Caruban · Madiun · Ponorogo · Balong · Nganjuk · Purwantoro · Magetan · Tegalombo · Trenggalek · Tulungagung · Durenan · Ngunut · Kalidawir · Blitar · Nglegok · Wlingi · Panataran · Gunung Kelud (1731 m) · Gunung Ijawu (3265 m) · Danau Gujahmungkur Reservoir · Gua Tabuhan · Punung · Wattu Karang · Pacitan

Surabaya · Sidoarjo · Gempol · Bangil · Pasuruan · Pandaan · Lawang · Batu · Pujon · Gunung Arjuna (3339 m) · Tretes · Gunung Penanggungan (1650 m) · Malang · Bululawang · Kepanjen · Turen · Gunung Kawi · Gunung Semeru (3676 m) · Bromo-Tengger-Semeru National Park · Pulau Sempu · Balekambang

Pulau Raas · Pulau Sapudi · Gili Iyang · Pulau Talango · Sumenep · Kalianget · Karduluk · Pakong · Pamekasan · Pulau Genteng · Lebak · Ambunten · Sepulu · Arosbaya · Bangkalan · Air Mata · Kamal Merah · Tanah Merah · Blega · Sampang · Ketapang · Pulau Madura · Tanjung Padelengan

Tanjung Pacinan · Panarukan · Situbondo · Jangkar · Pasir Putih · Paiton · Probolinggo · Gudang · Ngadisari · Sukapura · Cemoro Lawang · Gunung Bromo (2392 m) · Tapen · Wonosari · Bondowoso · Tamanan · Yang Plateau Reserve · Lumajang · Tempeh · Pulau Barung

Baluran National Park · Bekol · Jatikecil · Wonorejo · Kaliklatak · Ketapang · Gilimanuk · Negera · Ijen-Merapi Maelang Reserve · Gunung Ijen (2368 m) · Licin · Banyuwangi · Sukosari · Sempol · Gunung Raung (3332 m) · Kalibaru · Glenmore · Genteng · Jajag · Pesanggaran · Sempolan · Gunung Betiri (1223 m) · Jember · Meru Betiri National Park · Watu Ulo · Papuma · Sukamade · Rajegwesi · Bencaluk · Pasar Anyar · Rowobendo · Plengkung (G-Land) · Pancur · Triangulasi · Grajagan · Teluk Grajagan · Alas Purwo National Park

wird das deutlicher als in der herrlichen Region des Bromo-Tengger-Massivs mit ihren rauchen Vulkanriesen und hinreißenden Sonnenaufgängen. Genauso beeindruckend ist das weiter östlich gelegene Ijen-Plateau mit dem Kratersee und den tapferen Arbeitern, die dort Schwefel abbauen.

Doch auch in Ostjava bleibt nicht alles der Natur überlassen. Die Provinzhauptstadt Surabaya ist eine boomende, rasante, stimulierende Metropole, während das von antiken hinduistischen Tempeln umgebene kleinere Malang entspannter und vornehmer ist.

❶ An- & Weiterreise

Das wichtigste Tor zur Region ist Surabaya. Der stark ausgelastete Flughafen der Stadt bietet Flugverbindungen mit allen Teilen Indonesiens sowie mit den umliegenden südostasiatischen Ländern. Auch Malang verfügt über gute Flugverbindungen mit anderen Städten Indonesiens.

Besonders beliebt ist auch die An- oder Abreise nach/aus Ostjava mittels der Fähren, die häufig zwischen Bali und Banyuwangi verkehren.

Häufig fahrende Züge verbinden Surabaya mit Städten in Zentral- und Westjava. Täglich verkehren auch ein paar Züge zwischen Malang und Yogyakarta. Alle größeren Städte in Ostjava haben gute Busverbindungen mit anderen Städten auf Java.

Surabaya

☑ 031 / 2,84 MIO.

Surabaya ist wie eine Flasche Wein: Die Stadt wird besser, je genauer man sie kennt. Wer sich Zeit lässt, wird entdecken, dass Surabaya viele skurrile, interessante Facetten besitzt. Das historische Arabische Viertel ist ein faszinierendes Gassenlabyrinth, außerdem hat die Stadt eine der größten Chinatowns Indonesiens und einige eindrucksvolle, verfallende niederländische Bauten.

Der erste Eindruck ist allerdings nicht so toll. Surabaya leidet unter Luftverschmutzung, Verkehrsstaus und Geschäftsstress und ist wahrlich keine fußgängerfreundliche Stadt. Allein die achtspurigen Autobahnen im Zentrum zu überwinden, ist eine Herausforderung, und verglichen mit der Ruhe im ländlichen Ostjava erscheint die Stadt wie eine tobende Hölle.

Für die meisten ausländischen Traveller ist Surabaya nur ein Verkehrsknoten. Für die Einheimischen ist die Stadt dagegen eng mit der Geschichte des Landes verbunden, denn hier begann der Kampf für die Unabhängigkeit Indonesiens. Deswegen nennen sie Surabaya die Kota Pahlawan (Stadt der Helden).

◉ Sehenswertes

Es macht viel Spaß, das nördliche Surabaya mit einer kostenlosen Busrundfahrt zu erkunden. Das House of Sampoerna (S. 189) betreibt den Surabaya Heritage Track, einen als Straßenbahn aufgemachten Bus, der dreimal täglich (Di–So) von der Fabrik aus startet und die Sehenswürdigkeiten in Chinatown und dem Arabischen Viertel abklappert und Heimindustrien (u. a. eine Nudelfabrik) besucht. Die Strecke ändert sich von Zeit zu Zeit, die Details stehen auf der Website. Man muss unbedingt im Voraus buchen, vor allem an den Wochenenden.

Im Mai 2018 wurde Surabaya von einer Reihe terroristischer Bombenanschläge getroffen, bei denen 25 Menschen starben, darunter die Selbstmordattentäter, von denen einige Kinder waren. Zum Zeitpunkt der Recherche war die Lage in der Stadt ruhig, und es gab keine spezifischen Reisewarnungen.

◉ Altstadt

Obwohl große Teile von Surabayas historischem Zentrum buchstäblich zerfallen, ist die Altstadt mit großem Abstand das attraktivste Viertel der Stadt. Mit ihren verfallenen niederländischen Gebäuden – darunter der eindrucksvollen alten **Gouverneursresidenz** (Jl Gubernur Suryo 7) –, einem an einen Souk erinnernden Arabischen Viertel und starken chinesischen Einflüssen ist sie das bei weitem stimmungsvollste Stadtgebiet.

Nördlich der Altstadt liegt der Hafen Kalimas, wo die bunten *pinisis* (Schoner der Makassaren oder Bugis) aus Sulawesi und Kalimantan (Borneo) ihre Fracht löschen.

◉ Arabisches Viertel

Das Gewirr der engen Gassen von Surabayas Arabischem Viertel zeigt die Stimmung und das Erscheinungsbild einer nahöstlichen Medina. An Ständen werden Gebetsketten, *peci* (schwarze muslimische Filzhüte) und andere religionsbezogene Gegenstände angeboten. Alle Gassen führen zur **Masjid Ampel** (Jl Ampel Suci) GRATIS, der heiligsten Moschee in Surabaya. Hinter der Moschee rezitieren Pilger Gebete und spenden Rosenblätter als Opfer am Grab von Sunan Ampel (1401–1481), einem der neun Heiligen, denen die Einführung des Islams auf Java zugeschrieben wird.

Surabaya

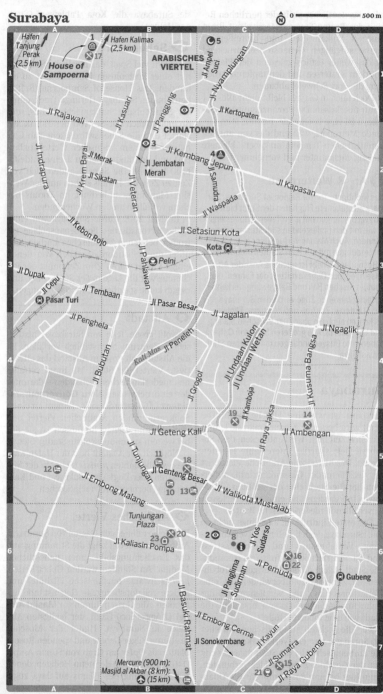

N

0 ————— 500 m

Hafen
Tanjung
Perak
(2,5 km)

**House of
Sampoerna**

1

17

Hafen Kalimas
(2,5 km)

5

**ARABISCHES
VIERTEL**

Jl Ampel Suci

Jl Nyamplungan

Jl Rajawali

Jl Kasuari

Jl Panggung

7

Jl Kertopaten

CHINATOWN

Jl Indrapura

Jl Krem Barai

Jl Merak

Jl Sikatan

Jl Veteran

3

Jl Kembang Jepun

4

Jl Jembatan
Merah

Jl Samudra

Jl Waspada

Jl Kapasan

Jl Kebon Rojo

Jl Setasiun Kota

Kota

Jl Dupak

Jl Cepu

Jl Pahlawan

Pelni

Jl Tembaan

Pasar Turi

Jl Penghela

Jl Pasar Besar

Jl Jagalan

Jl Ngaglik

Jl Bubutan

Kali Mas

Jl Peneleh

Jl Grogol

Jl Undaan Kulon

Jl Undaan Wetan

Jl Kusuma Bangsa

Jl Kamboja

19

Jl Geteng Kali

Jl Raya Jaksa

14

Jl Ambengan

Jl Tunjungan

11

18

12

Jl Genteng Besar

10   13

Jl Embong Malang

Jl Walikota Mustajab

Tunjungan
Plaza

23   20

2   8

Jl Kaliasin Pompa

Jl Yos Sudarso

16

22

Jl Pemuda

6

Gubeng

Jl Pangtima Sudirman

Jl Basuki Rahmat

Jl Embong Cerme

Jl Kayun

Jl Sonokembang

Mercure (900 m);
Masjid al Akbar (8 km);
(15 km)

9

Jl Sumatra

21   15

Jl Raya Gubeng

Surabaya

★ House of Sampoerna   MUSEUM

(📞031-353 9000; www.houseofsampoerna.com; Jl Taman Sampoerna; ☉9–19 Uhr) GRATIS Die zweifellos am besten präsentierte Attraktion der Stadt ist das House of Sampoerna, der Sitz eines der berühmtesten *kretek*-Zigarettenherstellers Indonesiens (der heute dem US-Giganten Altria, ehemals Philip Morris gehört). Was immer man von der Tabakindustrie halten mag, die Fabrik und das Museum sind auf alle Fälle faszinierend. Das wundervolle niederländische Gebäude aus dem 19. Jh. war ursprünglich ein Waisenhaus und wurde später zu einem Kino umgebaut (das sogar Charlie Chaplin einst besuchte).

⦿ Chinatown

Östlich der Jembatan Merah liegt Surabayas Chinatown mit Hunderten kleinen Geschäften und Lagerhäusern. *Becaks* und von Hand gezogene Karren sind immer noch am besten, um Waren durch die überfüllten, engen Gassen zu transportieren. Der **Pasar Pabean** ist ein großer, schummrig beleuchteter Markt, auf dem alles von Hühnern aus Madura bis zu chinesischem Geschirr verkauft wird.

Weiter östlich findet sich in der Nähe des Kanals der äußerst stimmungsvolle **Kong-Co-Kong-Tik-Cun-Ong-Tempel** (Klenteng-Hong-Tiek-Hian-Tempel; Jl Dukuh), ein hauptsächlich buddhistischer Andachtsort, in dem aber auch diverse konfuzianische und taoistische Altäre stehen, die man durch die Weihrauchschwaden kaum erkennen kann.

Jembatan Merah   BRÜCKE

Ursprünglich war die Altstadt in ethnische Gebiete unterteilt: Die Europäer lebten westlich des Flusses Kali Mas, die Chinesen, Araber und Javaner östlich des Flusses. Die Jembatan Merah ist eine berühmte Brücke, die die Stadthälften verband; hier gab es heftige Gefechte während des indonesischen Unabhängigkeitskrieges. Die parallel zum Kanal verlaufende Jl Jembatan Merah wirkt wie eine heruntergekommene Kopie Amsterdams. Immerhin kann man hier einige gute (wenn auch verfallene) Beispiele niederländischer Architektur entdecken.

⦿ Andere Gebiete

Masjid al Akbar   MOSCHEE

(Jl Masjid Agung Timur I.) GRATIS Das ist die vielleicht eindrucksvollste moderne Moschee Indonesiens. Beim Verlassen der Stadt wird man wahrscheinlich die prächtigen zwiebelförmigen, türkisblau gefliesten Kuppeln erblicken. Die Moscheewächter zeigen Besuchern gern das Gelände und bringen einen mit dem Aufzug auf die Spitze des freistehenden Minaretts im osmanischen Stil, von dem man eine spektakuläre Aussicht hat.

Monumen Kapal Selam   WAHRZEICHEN

(📞031-549 0410; Jl Pemuda; 15 000 Rp; ☉8–22 Uhr) Den Mittelpunkt von Surabayas bedeutendstem Abschnitt sanierter Ufergrundstücke bildet der eiserne Rumpf der *Pasopati*, eines mächtigen sowjetischen Unterseeboots, das 1952 an die indonesische Marine geliefert wurde. Man kann sich das fürchterlich enge Innere anschauen, durchs Periskop spähen und sogar in die Torpedoschächte klettern. Das Museumsschiff findet sich in einem kleinen, landschaftlich gestalteten Park neben einigen Cafés, die bei jungen Liebespaaren beliebt sind.

Kurse

Rumah Bahasa
SPRACHE

(☎031-535 8856; http://rumahbahasa.surabaya. go.id; Jl Gubernur Suryo 15; ☉Fr 19 Uhr) Am Freitagabend kann man in dieses Sprachzentrum kommen, um an einer kostenlosen 1½-stündigen Einführung in Bahasa Indonesia teilzunehmen. Der Kurs ist eine Initiative der Stadtverwaltung. Man muss seinen Pass vorlegen.

🛏 Schlafen

Es gibt zwar einige Optionen, aber für eine Stadt dieser Größe mangelt es in Surabaya an ordentlichen Budgetunterkünften. Mittelklasseunterkünfte mit hohem Standard und niedrigen Preisen gibt's dagegen überall und auch einige ausgezeichnete Angebote in Luxushotels mit Zimmern ab 40 US$ in Vier-Sterne-Hotels.

Krowi Inn
HOSTEL $

(☎0853 3035 1800; www.krowiinn.com; Jl Ciliwung 66; B mit Frühstück 134 999 Rp, DZ ab 249 000 Rp; ☉☀@⬤) Dieses Hostel im Süden der Stadt bietet ungewöhnlich bequeme Betten, eine fast klinische Sauberkeit und einen herzlichen Empfang. Es gibt Schlafsäle mit sechs Betten und gemütliche Doppelzimmer. Das Frühstück ist recht einfach. Das Personal organisiert gute, günstige Touren zum Bromo.

The Hostel
HOSTEL $

(☎0812 3517 4233; Jl Simpang Dukuh 38-40; B mit Frühstück 120 000 Rp; ☀⬤) Der schlichte Name scheint Programmzu sein: Statt auf irgendwelchen Schnickschnack konzentriert man sich hier auf das, was Reisende wirklich wollen – Sauberkeit, bequeme Schlafsaalbetten, freundliches Personal und eine praktische Lage. Dementsprechend wird das Hostel allgemein gelobt. Der einzige Nachteil ist, dass wirklich viele Betten in den einzelnen Schlafsälen stehen.

Hotel Paviljoen
HOTEL $

(☎031-534 3449; www.hotelpaviljoen.com/id; Jl Genteng Besar 94-98; Zi. mit Frühstück & Ventilator/ Klimaanlage ab 148 000/198 000 Rp; ☀⬤) Die ca. 1917 erbaute, ehrwürdige Villa aus der niederländischen Kolonialzeit bietet Erholung von den frenetischen Straßen der Stadt und hat sich etwas Charme und Größe bewahrt. Die Zimmer sind schlicht und spartanisch, aber sauber und haben auch ein paar hübsche Details, darunter mediterran anmutende Fensterläden. Die Lage könnte nicht besser sein. Man sollte den höheren Preis für ein größeres Zimmer mit Warmwasser bezahlen. Das Personal kann Touren in die Region arrangieren.

Artotel
HOTEL $$

(☎031-568 9000; www.artotelindonesia.com; Jl Dr Soetomo 79-81; Zi. ab 400 000 Rp; P☀⬤) Bei der Gestaltung dieses ausgeprägt künstlerischen Hotels hat man sich richtig ins Zeug gelegt. Uns gefallen der Foyerbereich mit den an geschmolzenes Wachs erinnernden Säulen, die Graffiti in den öffentlichen Bereichen und die Cartoon-artige Kunst in den Schlafzimmern. Alle Werke stammen von aufstrebenden örtlichen Künstlern. Die Zimmer sind komfortabel und sauber und bieten ein gutes Preis-Leistungs-Verhältnis.

MaxOne Hotel@Tidar
DESIGNHOTEL $$

(☎031-9900 1877; www.maxonehotels.com; Jl Tidar 5; DZ ab 330 000 Rp; ☀⬤) Den Mangel an Budgetunterkünften macht Surabaya durch coole, künstlerisch angehauchte, erschwingliche Kettenhotels wett. Ein Beispiel ist diese verlässliche Budgetkette, deren Häuser mit viel Farbe und Flair punkten. Die Zimmer bieten komfortable Betten, Kabel-TV, schnelles WLAN und eine eiskalte Klimaanlage. Es gibt eine coole Dachterrassenbar (S. 192), smarte Restaurants und Zimmerservice.

Mercure
HOTEL $$

(☎031-562 3000; www.mercure.com; Jl Raya Darmo 68-78; Zi. ab 480 000 Rp; ☀@⬤) Das Haus ist eine ausgezeichnete Wahl für alle, die ein hochwertiges Businesshotel suchen. Das Mercure bietet erstklassige Einrichtungen, u.a. einen idyllischen, von Palmen gesäumten Poolbereich, einen ordentlichen Fitnessraum und ein Spa. Die Zimmer sind modern, geräumig und günstig, die preiswerteren allerdings etwas langweilig. Das Personal ist effizient und hilfsbereit.

★Hotel Majapahit Surabaya
HISTORISCHES HOTEL $$$

(☎031-545 4333; www.hotel-majapahit.com; Jl Tunjungan 65; Zi./Suite ab 1 066 000/1 275 000 Rp; ☀@⬤) Dieses koloniale Wahrzeichen verströmt mit den Kolonnaden um die Höfe, den Springbrunnen, Grünanlagen und dem herrlichen Poolbereich Klasse und historischen Charme, auch wenn es an einer vielbefahrenen Straße liegt, deren Lärm etwas stört. Die Zimmer, einige mit eigenen Terrassen und Blick in den Garten, sind schön mit Gemälden des alten Indonesien und polierten Holzmöbeln eingerichtet.

Bumi Surabaya HOTEL $$$
(☑ 031-531 1234; www.bumisurabaya.com; Jl Basuki Rahmat 106-128; Zi. ab 1 200 000 Rp; 🅿 ✴ 🛜 ⌧) Die Zimmer des ehemaligen Hyatt, das sich jetzt als „City-Resort" anpreist, präsentieren sich konservativ und stattlich elegant, aber der Garten ist eine tropische Pracht mit viel Grün und berauschend bunten Blüten. Der sagenhafte Swimmingpool ist ideal, um sich abends nach der Erkundung der stickigen Straßen von Surabaya zu entspannen.

✖ Essen

In Surabaya bleibt man nicht hungrig, denn es gibt viele Restaurants. Zu den örtlichen Gerichten gehört *rawon*, eine dicke, schwarze Rindfleischsuppe, die viel besser schmeckt, als man erwarten würde.

Wer billig etwas essen will, findet abends gute *warungs* auf dem Pasar Genteng (S. 191). Gute Happen am späten Abend bekommt man auch in der Verlängerung der Jl Pemuda gegenüber dem **Plaza Surabaya** (Jl Pemuda 33-37; ⊘ 10–21.30 Uhr), wo rund um die Uhr **Imbissstände** (abseits der Jl Pemuda; Hauptgerichte 10 000–20 000 Rp; ⊘ 8 Uhr–open end) geöffnet sind.

BU Kris INDONESISCH $
(☑ 031-561 1010; Jl Abdul Wahab Siamin; Hauptgerichte 30 000–60 000 Rp; ⊘ 10.30–22 Uhr) Nicht die schlichten gefliesten Wände, die in Plastik eingeschweißten Speisekarten und die abgewetzten, mit Tellern vollgestapelten Tische locken lautstarke Gruppen von Einheimischen in dieses renommierte, altbewährte Lokal, sondern das Essen. Das BU Kris ist berühmt für sein *iga penyet*, ein traditionelles Gericht mit Rinderrippe und Sambal, das hier so gut ist wie kaum irgendwo sonst.

Soto Ambengan Pak Sadi Asli INDONESISCH $
(☑ 031-532 3998; Jl Ambengan 2; Suppe 24 000 Rp; ⊘ 8–22 Uhr) Das schummrig beleuchtete Lokal voller Einheimischer ist eine Legende: der ursprüngliche Laden einer Kette von *soto ayam-warungs* mit Filialen in ganz Surabaya. Die Suppe enthält viel Hühnerhack, wenig Nudeln, Öl und Kurkuma und mariniert das Fleisch hervorragend. Wer noch

einen Schlag vom guten Sambal hineingibt, wird gesättigt und zufrieden sein.

Ahimsa Vegan Lounge VEGETARISCH $
(☑ 031-535 0466; Jl Kusuma Bangsa 80; Gerichte 10 000–25 000 Rp; ⊘ 8–22 Uhr; ✈) Das elegante, gehobene vegetarische Restaurant gehört einer einladenden indochinesischen Familie und serviert leckere Reisgerichte (empfehlenswert ist *nasi hainan*, ein gemischter Reisteller), Salate und Suppen, darunter vegetarisches *bakso*. Auf MNG wird verzichtet.

Tunjungan Plaza FOOD-COURT $
(Jl Tunjungan; Hauptgerichte 35 000–60 000 Rp; ⊘ 10–22 Uhr) In der Tunjungan Plaza gibt's viele blitzsaubere asiatische und westliche Restaurants und Cafés in klimatisiertem Ambiente; der Food-Court ist im 5. Stock. Das Essen ist gewiss nicht erstklassig, aber hygienisch und verlässlich und wird flott serviert.

Pasar Genteng MARKT $
(Jl Genteng Besar; Hauptgerichte rund 8000 Rp; ⊘ 7–21 Uhr) Wer billig etwas essen will, findet abends einige gute *warungs* auf dem Pasar Genteng.

House of Sampoerna Café INTERNATIONAL, INDONESISCH $$
(☑ 031-353 9000; Jl Taman Sampoerna; Hauptgerichte 30 000–82 000 Rp; ⊘ 10–21 Uhr; ☎) Das Café befindet sich in einem prächtigen kolonialen Gebäude mit Buntglasfenstern, Messingarmaturen und diversen Kunstwerken gleich neben dem Museum und ist ein denkwürdiger Ort für ein Essen. Die Karte ist nach Ost und West unterteilt. Neben klassischem indonesischem Nasi Goreng und *laksa* aus Singapur gibt's auch neuseeländische Steaks sowie Fish and Chips.

★ De Soematra 1910 EUROPÄISCH $$$
(☑ 031-501 0666; www.de-soematra.com; Jl Sumatera 75; Hauptgerichte 65 000–110 000 Rp; ⊘ 11.30–22 Uhr) Für dieses hochangesehene Restaurant sollte man sich fein herausputzen. Es residiert in einem renovierten kolonialen Stadthaus mit 6 m hohen Decken, Kronleuchtern und holzgeschnitzten Theken (natürlich mit Sherry-Karaffen). Die modern-italienischen Gerichte sind so denkwürdig wie das Ambiente. Zu ihnen zählen Genüsse wie Pilze mit Cappuccino und Trüffelöl und in der Pfanne gebratener Hummer.

★ Citrus Lee FUSION $$$
(☑ 031-561 5192; Jl Kutai 12; Hauptgerichte 400 000–600 000 Rp; ⊘ Di–So 18–22 Uhr) Im Ci-

trus Lee sind die Gerichte Kunstwerke, die wie gemalt auf dem Teller liegen. Der Chefkoch und Eigentümer hat in Paris gelernt, und der französische Einfluss zeigt sich in vielen seiner Gerichte. Für viele Gäste sind die Vorspeisen (z. B. Gänsestopfleber mit Shrimps) oder die Steaks die Highlights auf der Karte – letztere sind mit Abstand die besten vor Ort.

⭐ **La Rucola** ITALIENISCH $$$
(☑031-567 8557; www.larucola.asia; Jl Dr Soetomo 51; Hauptgerichte 145000–220000 Rp; ☺10.30–23.30 Uhr) Das angenehme italienische Bistro serviert Einwohnern mit erlesenem Geschmack hausgemachte Pasta, importierte Steaks, Holzofenpizzas, italienische Würstchen, Austernpilze und mehr. Es gibt auch perfekt gegrillte Meeresfrüchte. Die Auswahl offener Weine ist klein, aber das Sortiment an Flaschenweinen ist ordentlich. Das Lokal hat Klasse, ohne steif zu wirken.

🍷 Ausgehen & Nachtleben

Surabaya ist zwar kein Zentrum des Nachtlebens, aber wer sucht, findet durchaus Restaurants, Bars und Clubs, die Alkohol servieren und Livemusik bieten.

Loveshack Skybar DACHBAR
(☑031-9900 1877; http://loveshackskybar.business.site; 7. OG MaxOne Hotel@Tidar, Jl Tidar 5; ☺Mo–Sa 17–1, So bis 24 Uhr; 🛜) Die coole Dachterrassenbar ist in der obersten Etage des Designerhotels MaxOne und der ideale Ort, um mit einem Drink in der Hand einen lauen Abend zu genießen. An den meisten Abenden gibt's Livemusik. Auf der Karte stehen internationale und indonesische Speisen (Hauptgerichte 35000–63000 Rp).

Colors PUB
(☑031-503 0562; Jl Sumatera 81; ☺ab 17 Uhr) Der bei allen beliebte große, gehobene Pub und Nachtclub besteht schon seit Jahren. Jeden Abend gibt's Livemusik und legt ein DJ auf. Es gibt eine richtige Bar, aber die Drinks sind teuer. Erst nach 21 Uhr kommt der Laden richtig in Schwung.

☆ Unterhaltung

Kinokomplexe gibt's überall in der Stadt.

Tunjungan 21 KINO
(www.21cineplex.com; Jl Tunjungan, Tunjungan Plaza) Der große Kinokomplex im Einkaufszentrum Tunjungan Plaza zeigt aktuelle Hollywood-Produktionen in englischer Sprache

und jede Menge asiatischer Filme. Gute Soundanlage.

🔒 Shoppen

Tunjungan Plaza EINKAUFSZENTRUM
(Jl Basuki Rahmat; ☺10–22 Uhr) Das riesige, mehrteilige, auf mehrere Gebäude verteilte Einkaufszentrum ist praktisch eine Stadt in der Stadt und zweifellos eine der größten und besten Malls von Surabaya. Das Gelände umfasst nicht weniger als 16 ha!

❶ Praktische Informationen

Die **Touristeninformation** (☑031-534 0444; Jl Gubernur Suryo 15; ☺Mo–Fr 8–19.30, Sa & So bis 19 Uhr) hat hilfsbereites, Englisch sprechendes Personal und viele Broschüren sowie einen Stadtplan auf Lager. Es gibt eine Akte mit guten Infos zu Backpackerunterkünften und eine Liste der aktuellen Fahrpläne und Preise.

In der Jl Pemuda sowie im Einkaufszentrum Tunjungan Plaza gibt's viele Banken.

❶ An- & Weiterreise

BUS

Surabayas Hauptbusbahnhof, der **Purabaya** (oder Bungurasih) genannt wird, befindet sich 13 km südlich des Zentrums. Er ist recht gut organisiert, und Computerbildschirme zeigen die Abfahrtszeiten. Allerdings muss man sich auf dem Gelände vor Taschendieben hüten. Die überfüllten Damri-Stadtbusse (Bus P1) verkehren zwischen dem Busbahnhof und der Kreuzung Jl Tunjungan/Jl Pemuda im Zentrum. Ein Taxi mit Taxameter kostet ca. 70000 Rp, ein online bestelltes Taxi rund 50000 Rp.

Vom Busbahnhof Purabaya fahren Busse zu Zielen auf ganz Java, Madura und Bali. Die meisten Langstreckenbusse, z. B. nach Surakarta (Solo), Yogyakarta, Bandung und Denpasar sind Nachtbusse, die am späten Nachmittag oder abends starten. Tickets kann man am Busbahnhof Purabaya und bei Reiseagenturen im Zentrum (mit Aufschlag) buchen. Die praktischste Lage haben die Reisebüros an der Jl Basuki Rahmat.

Alle Busse, die von Surabaya gen Süden die Mautstraße benutzen, geraten rund um die Gembol-Kreuzung in dichten Verkehr. Im Berufsverkehr kann sich die Fahrtzeit deshalb um eine Stunde verlängern.

Wegen der langen Staus sind Züge das eindeutig bessere Verkehrsmittel.

FLUGZEUG

Der **Surabaya Juanda International Airport** (www.surabayaairport.com) ist der drittgrößte Flughafen Indonesiens und wird von mehr als 20 Fluglinien angeflogen. Es gibt internationale

Flugverbindungen mit Städten in Asien und zahlreiche Inlandsflüge.

MINIBUS

Mini-Reisebusse mit Tür-zu-Tür-Service sind meist kein gutes Verkehrsmittel zur Weiterreise von Surabaya aus. Die Stadt ist so groß, dass es zwei Stunden dauern kann, die Passagiere von Zuhause und aus den Hotels abzuholen, bevor die eigentliche Fahrt beginnt. Minibusse fahren u. a. nach Malang (100 000 Rp), Surakarta (140 000 Rp), Yogyakarta (150 000 Rp) und Semarang (150 000–160 000 Rp). Tickets bekommt man bei den Agenturen an der Jl Basuki Rahmat.

SCHIFF/FÄHRE

Surabaya ist ein wichtiger Hafen und ein großes Verkehrskreuz für die Schiffe zu anderen Inseln. Die Schiffe legen vom Hafen Tanjung Perak ab; der Bus P1 fährt vom Einkaufszentrum Tunjungan Plaza zum Hafen. Es gibt keinen festen Fahrplan, aber die Schiffe von Pelni fahren ca. zweimal pro Woche nach Makassar auf Sulawesi (Economy-/1. Klasse ab 272 000/846 000 Rp), ca. alle 10 Tage nach Pontianak in Kalimantan(Borneo; Economy-Klasse 326 000 Rp) und einmal pro Woche nach Jakarta (Economy-Klasse 240 000 Rp). Weitere Infos erhält man im **Pelni-Ticketbüro** (☎ 031-329 3197, landesweit 021-162; www.pelni.co.id; Jl Pahlawan 112; ◷ Mo–Sa 8–17 Uhr).

ZUG

Die Züge, die von Jakarta aus auf der schnellen nördlichen Strecke über Semarang fahren, kommen im **Bahnhof Pasar Turi** (☎ 031-534 5014) südwestlich des Bahnhofs Kota an. Die Züge, die die südliche Route über Yogyakarta nehmen, sowie die Züge aus Banyuwangi kommen im **Bahnhof Gubeng** (☎ 031-503 3115) an. Der Bahnhof Gubeng liegt viel zentraler, und hier bekommt man Tickets für alle Züge. Nach Malang fahren nur sehr selten sehr langsame Züge der Economy-Klasse.

❶ Unterwegs vor Ort

ANKUNFT IN SURABAYA

Surabaya Juanda International Airport
Bluebird-Taxis kosten rund 100 000 Rp vom/ zum Zentrum (Inkl. Gebühr der Mautstraßen). Damri-Busse (25 000 Rp) fahren vom Flughafen zum Busbahnhof Purabaya; dort kann man in den Bus P1 zum Zentrum oder den Bus A2 zum Bahnhof Gubeng umsteigen. Die Fahrt kostet jeweils 5000 Rp.

Busbahnhof Purabaya Man erreicht den Busbahnhof mit Damri-Stadtbussen (Bus P1) von der Kreuzung Jl Tunjungan/Jl Pemuda im Zentrum. Die Fahrt mit dem Taxi kostet rund 60 000 Rp.

Bahnhof Gubeng Der Bahnhof liegt zentral, daher geht man zu Fuß zu seiner Unterkunft im Zentrum oder nimmt ein Taxi (ca. 50 000 Rp).

Bahnhof Pasar Turi Man läuft zur Jl Bubutan und nimmt von dort einen Damri-Bus ins Zentrum. Eine Taxifahrt ins Zentrum kostet zwischen ca. 35 000 und 55 000 Rp.

VERKEHRSMITTEL AB SURABAYA

Bus

ZIEL	PREIS (RP; ECONOMY/MIT KLIMAANLAGE)	DAUER (STD.)
Banyuwangi	46 000/95 000	7
Kudus	28 000/85 000	8
Malang	8500/30 000	2–3
Probolinggo	20 000/30 000	2½
Semarang	35 000/90 000	9
Surakarta (Solo)	31 000/75 000	7½
Sumenep	19 000/68 500	4½

Zug

ZIEL	PREIS (RP)	DAUER (STD.)	HAÜFIGKEIT (TGL.)
Banyuwangi	56 000–200 000	6¼–7¼	4
Jakarta	150 000–500 000	9–11¼	6
Probolinggo	29 000–275 000	2	6
Semarang	49 000–360 000	3½–4	8
Surakarta (Solo)	100 000–350 000	3¾–4½	6–8
Yogyakarta	100 000–300 000	4¼–5¼	8

BUS

Surabaya hat ein umfangreiches städtisches Busnetz mit normalen (6000 Rp) und *patas*-Bussen (Expressbussen; 5000 Rp/Fahrt). Die Busse können überfüllt sein; Vorsicht vor Taschendieben ist geboten. Eine der nützlichsten Verbindungen ist der *patas*-Bus P1, der vom Busbahnhof Purabaya auf der Jl Basuki Rahmat ins Zentrum fährt. In der Gegenrichtung kann man ihn an der Jl Tunjungan nehmen.

TAXI

Surabaya hat klimatisierte Taxis mit Taxameter und Online-Fahrdienste wie Grab, Go-Jek und Uber. Der Grundpreis beträgt 7500 Rp; für eine Fahrt von rund 4 km zahlt man etwa 25 000 Rp. Die **Bluebird-Taxis** (☑ 031-372 1234; www.bluebirdgroup.com) sind die verlässlichsten und können auch vorab bestellt werden. Diese Taxis unternehmen auch längere Fahrten bis nach Malang und darüber hinaus.

Trowulan

Trowulan ist eine der größten archäologischen Stätten Ostjavas; über ein gepflegtes Gelände verteilen sich hier eine Reihe hoher roter Backsteintempel aus dem 13. Jh. Die Stätte ist genauso eindrucksvoll wie bekanntere javanische Tempelanlagen, denn hier befand sich vermutlich einst die Hauptstadt des Königreichs Majapahit. Trotz ihrer großen historischen Bedeutung wird die Stätte von ausländischen Besuchern mit engem Zeitplan geradezu sträflich vernachlässigt, dabei lässt sie sich leicht im Rahmen einer Tagestour ab Surabaya oder sogar als Zwischenstation zwischen Surabaya und dem Gebiet um den Gunung Bromo besuchen.

Geschichte

Trowulan war einst die Hauptstadt des größten hinduistischen Reichs im Gebiet des heutigen Indonesiens. Das 1294 von dem Singhasari-Fürsten Wijaya gegründete Reich erreichte den Höhepunkt seiner Macht unter Hayam Wuruk (1350–1389) und seinem tatkräftigen Premierminister Gajah Mada. Zu dieser Zeit erhielt das Königreich Majapahit Tribute aus den meisten Regionen im heutigen Gebiet Indonesiens und sogar von der Malaiischen Halbinsel.

Der Reichtum beruhte auf der Kontrolle über den Gewürzhandel und die fruchtbaren Ebenen Javas, in denen Reis angebaut wurde. In religiöser Hinsicht herrschte eine Mischung aus Hinduismus – in dessen Mittelpunkt die Verehrung der Gottheiten Shiva, Vishnu und Brahma stand – und Buddhismus, aber der Islam wurde toleriert: Koransuren auf Grabsteinen, die in Trowulan gefunden wurden, belegen, dass auch javanische Muslime am Königshof wohnten. Das Königreich endete 1478 in einer Katastrophe, als das an der Nordküste gelegene Sultanat die Stadt eroberte. Die Elite des Majapahit-Reichs floh daraufhin nach Bali, und ganz Java fiel nach und nach unter muslimische Herrschaft.

Sir Thomas Stamford Raffles, der bedeutende britische Entdecker und Generalgouverneur Javas, erblickte 1815 als erster Westeuropäer Trowulan. Er bezeichnete die damals vom Dschungel überwucherten Ruinen als den „Stolz Javas".

◉ Sehenswertes

Die Ruinen verteilen sich über ein großes Gebiet rund um das 12 km von Mojokerto entfernte moderne Dorf Trowulan. Die Majapahit-Tempel wurden hauptsächlich aus roten Lehmziegeln erbaut, die schnell verfielen. Daher wurden viele wiederaufgebaut und sind relativ schlicht, vermitteln aber dennoch eine gute Vorstellung von der einst großen Stadt. Da sich die Tempel über ein sehr großes Gebiet verteilen, mietet man am besten ein *becak* oder kommt mit dem Auto.

Zu den interessantesten Ruinen gehören das Tor **Bajang Ratu** mit seinen auffälligen Kala-Köpfen, der **Candi Tikus** (der rituelle Badeteich der Königin) und das 13,7 m hohe Tor **Wringin Lawang**. Der **Pendopo Agung** ist ein von der indonesischen Armee gebauter Freiluftpavillon. Auf dem 2 km südlich des Pavillons gelegenen Friedhof des Dorfs **Troloyo** befinden sich einige der ältesten muslimischen Grabsteine Javas; der älteste stammt aus dem Jahr 1376.

In Trowulan gibt's erfreulicherweise kaum Straßenhändler, da sich auf dem Gelände aber kaum Informationen finden, wird man vielleicht einen selbstständigen Führer (ca. 100 000 Rp/halber Tag) engagieren wollen (oft wartet der eine oder andere vor dem Museum).

Nahe der archäologischen Stätte von Trowulan befindet sich eine moderne, aber interessante liegende **Buddha-Kolossalstatue** (3000 Rp).

★ **Museum Trowulan**   MUSEUM
(☑ 0321-494313; 50 000 Rp, inkl. Eintritt zu den Ruinen; ☉ Mo–Fr 8–16 Uhr) Das eindrucksvolle Museum, 1 km abseits der Hauptstraße Surabaya–Surakarta, beherbergt hervorragen-

de Beispiele der Bildhauerkunst des König-reichs Majapahit und Töpferwaren aus Ostjava. Das Highlight ist eine aus Belahan stammende herrliche Statue, die Airlangga, den König von Kediri, als Vishnu auf einem riesigen Garuda zeigt. Das Museum ist die erste Anlaufstelle, um mehr über Trowulan und die Geschichte von Majapahit zu erfahren, bietet aber auch Erläuterungen zu anderen antiken Ruinen in Ostjava.

❶ An- & Weiterreise

Trowulan lässt sich im Rahmen eines Tagesausflugs aus dem 60 km nordöstlich gelegenen Surabaya besuchen. Vom Busbahnhof Purabaya in Surabaya nimmt man einen Bus Richtung Jombang (14 000 Rp, 1½ Std.), der einen an der Abzweigung zum Museum absetzen kann; für eine halbtägige *becak*-Tour zu den Stätten zahlt man nach Feilschen rund 50 000 Rp.

Ein Tagesausflug ab Surabaya zu den Stätten mit einem Privatauto samt Fahrer kostet rund 500 000 Rp.

Pulau Madura

☑ 0328 / 3 630 000 EW.

Die flache, sonnenverbrannte und zutiefst traditionelle Insel Madura ist heute zwar über Indonesiens längste Brücke mit Java verbunden, wirkt aber durch die Eigenart der Bevölkerung und durch seine Landschaft deutlich von der Nachbarinsel getrennt.

Hier sind die traditionelle Kultur und der Islam stark verwurzelt, Sarong und *peci* (Songkok) sind die übliche Bekleidung und praktisch alle Kinder besuchen die *pesantren* genannten Religionsschulen. Die Insel ist berühmt für ihre farbenfrohen jährlichen Volksfeste mit Bullenrennen.

Die Südseite Maduras ist von flachen Stränden und landwirtschaftlich genutztem Tiefland geprägt, während an der Nordküste Felsklippen und Strände mit großen, welligen Sanddünen abwechseln, deren schönster sich bei Lombang befinden. Im äußersten Osten liegen eine Gezeitenmarsch und große Salzebenen rund um Kalianget. Im Inseliinneren finden sich Kalksteinhänge und ein wenig Landwirtschaft. Sumenep ist der Hauptort, in den außer zu den Bullenrennen nur wenig Touristen kommen.

◉ Sehenswertes & Aktivitäten

Es gibt viele schöne Villen an der Route zwischen Sumenep und Kalianget. Ungefähr auf halber Strecke zwischen beiden Städten

liegen die Ruinen einer 1785 errichteten niederländischen Festung und ein Friedhof. Das Gebiet um Kalianget ist ein Zentrum der Salzgewinnung; wenn man in der Trockenzeit hier ist, sieht man große Hügel aus Salz, das für den Export bestimmt ist.

Fischerdörfer wie **Ambunten** oder Tanjung Bumi mit bunt angemalten *perahu* (Booten) liegen verstreut an der Nordküste. Die Küste ist von Stränden gesäumt, von denen nur wenige besonders schön sind. Immerhin bildet das türkisblaue flache Wasser einen auffälligen Kontrast zu den windigen und steinigen weißen Stränden. Der Pantai Lombang 30 km nordöstlich von Sumenep ist aber ein herrlicher weißer Sandstrand. Die Einheimischen sammeln Baumschösslinge für den Bonsai-Markt und verkaufen Kokosnüsse an Besucher. Im **Mangrovenpark Labuhan** (Labuhan; ⊙ 7.30–18 Uhr) ［GRATIS］ führt ein erhöhter Plankenweg durch den Wald, von dem aus man einige der ungewöhnlichen Vögel, Insekten und Fische, darunter mit Glück auch Schlammspringer, erblicken kann, die in den Mangroven leben.

Busse verbinden alle Städte und Dörfer an der Nordküste.

❶ An- & Weiterreise

Wings Air (www.lionair.co.id) fliegt täglich zwischen Surabaya und Sumenep; der Flug dauert 35 Minuten.

Busse fahren vom Busbahnhof Purabaya in Surabaya etwa stündlich über Bangkalan und Pamekasan nach Sumenep (normal/*patas* 40 000/60 000 Rp, 4 Std.). Busse fahren auch aus Banyuwangi (über Probolinggo), Malang, Semarang und Jakarta über Surabaya nach Sumenep.

Vom Hafen Jangkar (nahe Asembagus) in Ostjava fährt täglich eine **Fähre** (☑ 0328-663054) nach Kalianget (60 000 Rp, 5–6 Std.) auf Madura. Zum Zeitpunkt der Recherche legte sie in Jangkar um 13 und in Kalianget um 8 Uhr ab. Die Fahrpläne sind wetterabhängig und ändern sich regelmäßig; die Abfahrtzeiten kann man in der Touristeninformation von Sumenep (S. 197) checken. Busse fahren von Situbondo nach Jangkar. Von Sumenep gelangt man mit dem Minibus „O" nach Kalianget (3000 Rp, 20 Min.).

Sumenep

☑ 0328 / 101 000 EW.

Sumenep im äußersten Osten der Insel ist eine schläfrige, elegante Stadt mit mediterranem Flair und ruhigen, gemütlichen Straßen. Am Nachmittag scheint die gesamte Stadt Siesta zu halten. Mit Dutzenden verfal-

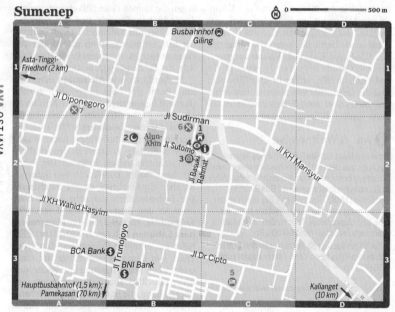

Sumenep

lenden Villen, einem schönen *kraton* (ummauerter Stadtpalast) und einer Moschee ist Sumenep die mit Abstand interessanteste Stadt auf Madura.

⊙ Sehenswertes

Kraton　　　　　　　　　　　　PALAST
(10 000 Rp; ⊙Mo–Sa 7–14 Uhr) Der vom gegenwärtigen *bupati* (Regenten) von Sumenep bewohnte große *kraton* und dessen **Taman Sari** (Lustgarten; 2000 Rp; ⊙7–17 Uhr) gehen bis 1750 zurück. Die Badeteiche, die einst von den Frauen des Herrschers benutzt wurden, sind noch vorhanden, aber heute nicht mehr in Benutzung. Es gibt auch ein kleines Museum mit einer interessanten Sammlung maduresischer Möbel, Steinskulpturen und *binggel* (schweren Silber-Fußringen der maduresischen Frauen). Alle Gegenstände gehörten einst den Herrschers Maduras.

Masjid Agung Sumenep　　　　MOSCHEE
(Alun-Alun; ⊙24 Std.) GRATIS Die aus dem 18. Jh. stammende Masjid Agung wirkt mit ihrem dreistufigen Meru-Dach, den chinesischen Porzellanfliesen und Keramiken eher wie ein extravagantes Stadttor als wie eine Moschee.

Asta Tinggi　　　　　　　　FRIEDHOF
(⊙24 Std.) Die Gräber der Herrscherfamilie befinden sich auf dem Friedhof Asta Tinggi,

der auf einem Hügel 3 km nordwestlich des Zentrums auf die Stadt hinunterblickt. Die Hauptherrschergräber sind mit bunten, mit Reliefs geschmückten Feldern versehen, von denen zwei Drachen zeigen, die an die koloniale Herrschaft über Sumenep erinnern sollen. An den Wochenenden erweisen hier oft Scharen von Einheimischen ihren Respekt.

Königliches Kutschenmuseum　　MUSEUM
(2000 Rp inkl. Eintritt zum Taman Sari; ⊙ 7–17 Uhr) Gegenüber dem *kraton* zeigt das Königliche Kutschenmuseum den Thron der Königin Tirtonegoro, ein angeblich 300 Jahre altes Bett im chinesischen Stil sowie eine Reihe aufwendiger Pferdekutschen.

🛏 Schlafen & Essen

Es gibt viele gute und günstige Lokale. Probieren sollte man die örtliche Spezialität *sate kambing* (Ziegen-Satay), die oft mit rohen Schalotten und Reiskuchen serviert wird. Eine weitere Spezialität ist *soto madura*, eine würzige Suppe mit Nüssen, Zitronengras und Rindfleisch. Zu den guten Lokalen, die diese Gerichte anbieten, gehören **Rumah Makan Kartini** (📞 0328-662431; Jl Diponegoro 83; Hauptgerichte 12 000–20 000 Rp; ⊙8–21 Uhr) und **Rumah Makan 17 Agustus** (📞 0328-662255; Jl Sudirman 34; Hauptgerichte ab 14 000–25 000 Rp; ⊙8–20 Uhr).

Sumenep

Hotel C-1   HOTEL **$**

(☑ 0328-674368; Jl Sultan Abdurrahman; Zi. 125 000–400 000 Rp; ✳ ⌂) Die smarteste Unterkunft der Stadt ist dieses moderne Hotel mit einer guten Auswahl schlichter, mit handgeschnitzten Holzmöbeln dekorierter sauberer Zimmer mit Sprungfedermatratzen und frischer Bettwäsche. Das Hotel liegt rund 2 km südöstlich des Zentrums.

❶ Praktische Informationen

Die von engagiertem Personal geführte **Touristeninformation** (☑ 0328-667148, 0817 933 0648; kurniadi@consultant.com; Jl Sutomo 5; ⊘ Mo–Fr 7–15.30 Uhr) hilft bei den meisten Fragen zu Sumenep und der ganzen Insel weiter.

Die Banken BCA (Jl Trunojoyo; ⊘ Mo–Sa 8–16 Uhr) und **BNI** (Jl Trunojoyo; ⊘ Mo–Sa 8–16 Uhr) an der Jl Trunojoyo wechseln Devisen ein.

❶ An- & Weiterreise

Sumeneps **Hauptbusbahnhof** liegt im Süden der Stadt; die Anfahrt mit dem *becak* (Fahrradriksha) aus dem Zentrum kostet 10 000 Rp. Busse fahren bis 16 Uhr etwa stündlich zum Busbahnhof Purabaya in Surabaya (normal/*patas* 40 000/60 000 Rp, 4 Std.) und zu weiteren Großstädten auf Java, darunter nach Malang. Tickets gibt's bei den Reiseagenten an der Jl Trunojoyo. Der **Busbahnhof Giling** für die *angkots* Richtung Norden liegt direkt neben dem Stadion, einen kurzen Marsch oder eine *becak*-Fahrt vom Zentrum entfernt. Vom Busbahnhof Giling fahren Kleinbusse nach Lombang, Slopeng, Ambunten und anderen Zielen an der Nordküste.

Malang

☑ 0341 / 887 450 EW.

In Malang mit seinen grünen Boulevards aus der Kolonialzeit und seinem luftigen Klima geht das Leben viel gemächlicher zu als in der Provinzhauptstadt Surabaya. In der kultivierten Stadt gibt es mehrere wichtige Universitäten, daher leben hier viele Studenten. Das Zentrum ist nicht allzu groß und lässt sich gut zu Fuß erkunden.

Das von den Niederländern in den letzten Jahrzehnten des 18. Jhs. aufgebaute Malang blühte durch die Kaffeeplantagen auf den umliegenden Hügeln auf. Heute verschwindet die koloniale Pracht der Stadt schnell hinter den gleichförmigen Fassaden von Neubauten, einstweilen gibt es aber noch viel zu bewundern.

Außerhalb der Stadt finden sich einige hinduistische Tempel und Sehenswürdigkeiten, sodass Malang eine ideale Ausgangsbasis zur Erkundung dieser faszinierenden Ecke Ostjavas ist.

◎ Sehenswertes

In der Mitte des geschäftigen *alun-alun* (Hauptplatzes) liegt vor dem Hotel Tugu Malang ein schöner, munterer Park mit einem von prächtigen Bäumen umgebenen Teich, in dem Hunderte von Seerosen schwimmen und in dessen Mitte sich ein Denkmal erhebt.

Auf der der Innenstadt abgewandten Seite der Hauptstraße nach Surabaya thront die nebelverhangene, geheimnisvolle und imposante Silhouette des Gunung Semeru über der breiten Jl Semeru.

Hotel Tugu Malang   MUSEUM

(☑ 0341-363 891; www.tuguhotels.com/hotels/malang; Jl Tugu III; Führung inkl. Snacks 90 000 Rp/Pers.; ⊘ 18 Uhr) Malangs eindrucksvollstes Museum ist gar keines, sondern das schöne Vier-Sterne-Hotel Tugu Malang (S. 200), in dem der Besitzer, Indonesiens vielleicht bedeutendster Sammler asiatischer Kunst und Antiquitäten, seine Schätze zeigt. Zu den Exponaten zählen Keramiken aus dem 10. Jh., Jadeschnitzereien aus dem 13. Jh., Porzellan der Ming- und Holzschnitzereien der Qing-Dynastie sowie die komplette Fassade eines chinesischen Tempels. Um 18 Uhr gibt's eine englischsprachige Führung durch die Sammlung, die für Hotelgäste kostenlos ist.

Jalan Besar Ijen   GEBIET

In Malang kann man einige wundervolle Bauten aus der Kolonialzeit bewundern. Gleich nordwestlich des Zentrums liegt die Jl Besar Ijen, einst Malangs Straße der Millionäre. Elegante, weiß getünchte Stadthäuser aus der niederländischen Ära säumen den

Malang

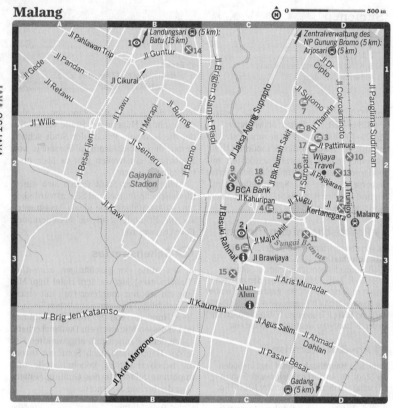

Boulevard. Viele wurden stark umgebaut, aber es gibt immer noch viel zu bewundern. Am Sonntagvormittag wird die Straße für den Verkehr gesperrt und hier ein Markt abgehalten; Ende Mai ist sie Schauplatz des großen Malang-Kembali-Stadtfestes.

Pasar Bunga   MARKT
(◷7–17 Uhr) Der Blumenmarkt Pasar Bunga liegt schön in einem Flusstal und ist der richtige Ort für einen Morgenspaziergang.

⌲ Geführte Touren

Malang ist ein guter Ort für Touren zum Bromo; diese nutzen in der Regel die Route über Tumpang. Die Kosten hängen von der Teilnehmerzahl und dem Verkehrsmittel ab (Sonnenaufgangstour im Geländewagen ca. 850 000/750 000/650 000 Rp/Pers. für 2/3/4 Teilnehmer; Start meist gegen 1.30 Uhr). Beliebt sind auch Touren, die anschließend zum Ijen und dann zum Hafen Ketapang (zur Weiterreise nach Bali) führen.

Es gibt auch Touren zu den südlichen Stränden und den Tempeln rund um Malang. Wer seinen eigenen Reiseplan zusammenstellen will, kann ein Auto (mit Fahrer) ab ca. 600 000 Rp pro Tag mieten.

Wijaya Travel (☑0341-325118; Jl Pajajaran 7) ist eine verlässliche Agentur, die Shuttles nach Surakarta, Yogyakarta und Probolinggo organisieren kann.

A Day to Walk   STADTSPAZIERGANG
(☑0856 4956 3898; www.facebook.com/adayto walkuklamtahes; gegen Spende; ◷Fr–Mo & Mi) Der innovative Veranstalter, bei dem man bezahlt, was man für angemessen hält, bietet tolle halbtägige Stadtführungen, die einen echten Einblick in die nichttouristische Seite von Malang ermöglichen. Die Spaziergänge, für die man reservieren muss, finden täglich außer dienstags und donnerstags statt.

Helios Tours   TOUR
(☑0853 3404 4000, 0341-351801; www.heliostour. net; Jl Pattimura 37; ◷8–21 Uhr) Der gut organi-

Malang

sierte Veranstalter hat eine unglaubliche Zahl an Touren im Angebot, von Standard-Tagestouren zum Bromo bis zu sehr anspruchsvollen Wanderexpeditionen zum Gunung Semeru. Das Personal ist hellwach und bestens auf Traveller eingestellt. Die dreitägigen Touren zu den Schildkrötennistplätzen am Strand von Sukamade (3 449 000 Rp) sind wunderbar, um eine wenig bekannte Ecke Javas zu erkunden.

Jona's Homestay   TOUR
(☎0341-324678; Jl Sutomo 4) Die Inhaber dieser Unterkunft organisieren Touren zum Bromo und rund um Malang; sie vermieten auch Motorroller an ihre Gäste.

✯ Feste & Events

Malang Kembali   KULTUR
Das Ende Mai stattfindende Malang Kembali feiert *ludruk,* eine altmodische Music-Hall-Tradition, die in Java im letzten Jahrhundert sehr populär war. Fünf Tage lang wird die Jl Besar Ijen, an der viele wundervolle alte niederländische Villen stehen, für den Verkehr gesperrt. Bei den Fest gibt's Straßentheater, Livemusik, Vorstellungen, Schauspieler in historischen Kostümen und traditionelles Essen und Trinken.

🛏 Schlafen

★ Kampong Tourist   HOSTEL $
(☎0341-345797; www.kampongtourist.com; Hotel Helios, Jl Pattimura 37; EZ/DZ/3BZ B 65 000/120 000/150 000 Rp; ☎) Die Inhaber dieser hervorragenden Backpacker-Bleibe haben ein ausgezeichnetes Hostel auf dem Dach des Hotel Helios geschaffen. Die Schlafsaalbetten (darunter solche von zwei- und drei-

facher Größe) sind so bequem wie die Zimmer im Stil offener Bambus-Lauben. Es gibt auch einen großartigen Gemeinschafts-Duschenblock und eine Gästeküche.

Huize Jon Hostel   HOSTEL $
(☎0818 386 300; Jl Majapahit; B 70 000 Rp; ☀☎) Das Hostel macht alles Wesentliche richtig. Es gibt einen makellosen, hellen Schlafsaal mit 14 Schlafkabinen, deren Vorhänge etwas Privatsphäre gewähren. Die Gemeinschaftsbäder sind ebenfalls gut, und im Erdgeschoss gibt's einen Gemeinschaftsbereich, in dem man leicht mit anderen Travellern Bekanntschaft schließt. Das Personal organisiert günstige Ausflüge zum Bromo und Ijen, von denen die Teilnehmer begeistert sind.

Jona's Homestay   HOMESTAY $
(☎0341-324678; Jl Sutomo 4; Zi. ab 150 000 Rp; ☀☎) Die lange bestehende Unterkunft in einer riesigen kolonialzeitlichen Villa wird von einer netten Familie geführt. Das Haus hat eine praktische und ruhige Lage in einem wohlhabenden Viertel. Die Zimmer sind betagt, aber manche recht komfortabel. Einige sind entschieden besser als andere, man sollte sich also erst ein paar anschauen.

Same Hotel   HOTEL $$
(☎0341-303 1999; Jl Pattimura 19; Zi. mit Frühstück ab 375 000 Rp; ☀☎) Mit der protzigen säulenbestandenen Fassade im italienischen Stil und der funkelnden Lobby siedelt dieses Hotel mit seltsamem Namen an der Grenze zum Kitsch. Dank recht niedriger Preise und weniger protzig aufgemachter ruhiger, sauberer und komfortabler Zimmer gehört es aber trotzdem zu den besseren Optionen in Malang. Weitere Pluspunkte sind professio-

nelles Personal, schnelles WLAN, Kabel-TV, Zimmerservice und das im Preis enthaltene Frühstücksbüffet.

Hotel Helios
HOTEL **$$**

(☑ 0341-362 741; Jl Pattimura 37; Zi. mit Ventilator/Klimaanlage 200 000/350 000 Rp; ❋ ❋ 🖵) Das Helios hat die Qualität seiner Zimmer in den letzten Jahren verbessert und die Preise angehoben. Hinter der schicken Rezeption finden sich eine Reihe heller, sauberer, komfortabler Zimmer rund um den rückseitigen Garten (mit Café). Die meisten Zimmer verfügen über Flachbild-TVs, hohe Decken und moderne Badezimmer. Die Economy-Zimmer sind winzig und spartanisch. Helios Tours (S. 198) hat hier seinen Sitz.

Hotel Sahid Montana
HOTEL **$$**

(☑ 0341-362751; www.sahidhotels.com; Jl Kahuripan 9; Zi. ab 350 000 Rp) Das geflieste Drei-Sterne-Hotel mit Außenanlagen ist vor allem auf inländische Reisende ausgerichtet. Die Zimmer verteilen sich auf drei Etagen um einen Garten mit sprudelnden Springbrunnen. Das Haus ist eine ordentliche, bei Reisegruppen beliebte Wahl, aber nicht besonders stimmungsvoll.

★ Hotel Tugu Malang
BOUTIQUEHOTEL **$$$**

(☑ 0341-363891; www.tuguhotels.com; Jl Tugu III; Zi./Suite ab 1 200 000/1 735 000 Rp; ❋ @ 🖵 ❋) Das bemerkenswerte Luxushotel setzt mit Lokalkolorit und echter Gastfreundschaft Maßstäbe und gibt einen guten Eindruck von dem, was Java zu bieten hat. Das Hotel ist gleichzeitig lässig und elegant. Es gehört einem der führenden indonesischen Sammler von indonesischen und ostasiatischen Antiquitäten, der das Haus auch als Museum (S. 197) nutzt.

✕ Essen

In der Stadt gibt's eine Reihe ordentlicher *warungs*, die schmackhaftes indonesisches Essen servieren. Preiswerte Happen findet man an der Jl Agus Salim, die nachts zum Leben erwacht. Hier erhält man örtliche Spezialitäten wie *nasi rawon* (Suppe mit Rindfleisch, gebratenen Zwiebeln und Reis) oder *bakso malang* (Suppe mit Fleischbällchen, Nudeln und gegrilltem Fisch).

Mie Tomcat
NUDELN **$**

(☑ 0812 3369 7450; Jl Trunijoyo 31; Gerichte 9000–13 000 Rp; ⊘ 11–22 Uhr) Das coole Designer-*warung* ist bei jungen Einheimischen beliebt. Das Lokal hat eine Bauklötzchen-Fassade und ist drinnen und draußen mit viel Kirschholz eingerichtet. Das Personal spricht nur wenig Englisch, versteht sich aber darauf, schmackhafte Nudelsuppen, Ramen und *mie goreng* (gebratene Nudeln) zuzubereiten. Mit dem hilfreichen Schärfeindex auf der Kreidetafel kann man herausfinden, wie scharf man es haben möchte.

Bebek Gong
INDONESISCH **$**

(☑ 0341-365055; Jl Cokroaminoto 2D; Gerichte 10 000–25 000 Rp; ⊘ 10–22 Uhr) Dieses *warung* ist mit hübschen Rattan-Laternen und Bambustapeten herausgeputzt und serviert Hühnchen- und Entengerichte mit rohem Kohl und langen Bohnen als Beilage. Reis kostet 5000 Rp extra.

Agung Resto
INDONESISCH **$**

(☑ 0341-357061; Jl Basuki Rahmat 80; Hauptgerichte 10 000–18 000 Rp; ⊘ 8–21 Uhr) Der nette Laden mit Plastikstühlen und -tischen bietet schmackhafte, günstige örtliche Kost, darunter *martabak* (eine pfannkuchenartige Pfanne mit Fleisch, Eiern und Gemüse), Reis- und Fischgerichte sowie tolle Säfte.

Toko Oen
INTERNATIONAL **$**

(☑ 0341-364052; Jl Basuki Rahmat 5; Hauptgerichte 28 000–67 000 Rp; ⊘ 8–21.30 Uhr) Das Restaurant mit seiner großartigen Art-déco-Fassade von 1930 führt einen mit Rattanmöbeln, Kellnern in gestärkten weißen Hemden und Sinatra aus der Stereoanlage zurück in die Vergangenheit. Zu essen gibt's mittelmäßige indonesische Gerichte und billige Steaks, aber bei den Indonesiern ist aus irgendeinem Grund hier das Eis besonders beliebt. Man sollte nicht viel erwarten: Hier dreht sich alles um die Atmosphäre.

★ Melati
INDONESISCH, INTERNATIONAL **$$**

(☑ 0341-363891; www.tuguhotels.com; Jl Tugu III; Hauptgerichte 40 000–120 000 Rp; ⊘ 24 Std.; 🖵) Das am Pool gelegene Restaurant des Hotels Tugu bietet ein romantisches Ambiente für ein Essen, bei dem einen die aufmerksamen Kellner bei der Wahl der köstlichen indonesischen und chinesischen Peranakan-Gerichte anleiten. Mehrere gemischte Reisgerichte sind hervorragend, darunter die Malang-Version mit mariniertem Rindfleisch und in Kokosmilch eingelegtem Gemüse sowie die Version mit Hühnchen und eingelegtem Kurkuma in einer Kokos-Kreuzkümmel-Sauce.

★ The Library
INTERNATIONAL **$$**

(☑ 0341-355487; Jl Baluran 2; Hauptgerichte 30 000–50 000 Rp; ⊘ So–Fr 8–23, Sa bis 24 Uhr)

Mit Möbeln im Industriechick, Bücherregalen und Graffitikunst an den Wänden ist dieses bei örtlichen Studenten ungeheuer beliebte Café-Restaurant ein echter Hingucker. Zu essen gibt's kleine westliche Gerichte wie „Treasure Island", ein köstlicher Mix aus Lachs und Mango-Salsa. Der Laden ist bekannt für seinen Kaffee, die Smoothies und Frühstücksgerichte, darunter Spiegelei auf Toast. Es gibt auch ordentliche Burger und Pasta.

Inggil INDONESISCH $$
(☑0341-332110; Jl Gajahmada 4; Hauptgerichte 22 000–43 000 Rp; ⊙10–22 Uhr) Das angenehm exzentrische Inggil ist nicht nur ein Restaurant, sondern eigentlich auch ein Museum oder eine Kunstgalerie. An den Wänden hängen alte Fotos, und Dutzende *wayang-kulit*-Puppen schauen zu, wenn man bei den ausgezeichneten traditionelljavanischen Gerichten zugreift. Wenn man Glück hat, sorgt gerade auch ein Gamelan-Orchester für musikalische Untermalung.

Kertanegara INDONESISCH $$
(☑0341-366203; www.kertanegararesto.com; Jl Kertanegara I; Hauptgerichte 25 000–80 000 Rp; ⊙12–23 Uhr; ☑) Das gehobene Lokal auf einem großen Eckgrundstück verfügt über eine Gartenterrasse voller Lichterketten. Auf der riesigen Karte stehen aromatische europäische, indonesische und chinesische Gerichte, darunter recht viele Angebote für Vegetarier und sehr viele Meeresfrüchte. Gelegentlich gibt's Livemusik mit schmalzigen Sängern.

 Ausgehen & Nachtleben

Legi Pait KAFFEE
(☑0822 3081 5835; Jl Pattimura 24; ⊙7–13 & 16–24 Uhr; ☎) Das bei den Jungen und Coolen der Stadt beliebte Eckcafé mit alten Holzmöbeln und Indie-Musikberieselung serviert ein großes Sortiment örtlicher Kaffees und Tees, Säfte und Gerichte.

Ben House CAFÉ
(☑0813 3433 9039; Jl Suropati 19; ⊙16–22 Uhr; ☎) In dem Backstein-Café, einem Treff junger Hipster, herrscht eine tolle Atmosphäre. Der Innenraum im Erdgeschoss ist mit niedrigen Holztischen und Holzbänken, abgefahrenen alten Fahrrädern und Musikinstrumenten dekoriert. Auf der Kreidetafel stehen kaltes Bier, frische Säfte, Kaffee und Tee, und oben gibt es eine einladende offene Terrasse, auf der man zu Abend essen kann.

☆ **Unterhaltung**

Taman Rekreasi
Senaputra DARSTELLENDE KUNST
(Jl Brawijaya; Erw./Kind bis 13 Jahre 7000/6000 Rp; ⊙8–16 Uhr) Malangs Kultur- und Freizeitpark bietet einen hektischen Pool, einen Kinderspielplatz und einige skurrile Events. Jeden Sonntag um 10 Uhr gibt's *Kuda lumping* (Pferde-Trance-Tänze; 7000 Rp).

Die Tänzer reiten auf Rattan-Pferden, fallen in Trance und wälzen sich mit verdrehten Augen auf dem Boden. Immer noch in Trance, führen sie masochistische Handlungen aus, essen z. B. Glas, ohne sich erkennbar zu schaden. Dieses Spektakel ist gewiss nicht nach jedermanns Geschmack. Angenehmer sind die *wayang-kulit*- (Schattenspiel-)Vorstellungen, die hier regelmäßig (meist am 4. So des Monats) stattfinden; die aktuellen Termine erfährt man in der Touristeninformation.

❶ **Praktische Informationen**

In Malang gibt's viele Banken, die meisten an der Jl Basuki Rahmat, z. B. die **BCA** (Jl Basuki Rahmat; ⊙Mo–Sa 8–16 Uhr).

Die **Zentralverwaltung des Nationalparks Gunung Bromo** (☑0341-491828; tn-bromo@malang.wasantara.net.id; Jl Raden Intan 6; ⊙Mo–Fr 7.30–16 Uhr) befindet sich ein kurzes Stück nördlich des Zentrums und bietet viele Infos über die Routen im Park.

Touristeninformation (☑0341-346231; Jl Basuki Rahmat; ⊙8–16 Uhr) Hilfreiche Touristeninformation.

Touristeninformationskiosk (Alun-Alun; ⊙8–16 Uhr) Studenten stellen das Personal des kleinen Kiosks.

❶ **An- & Weiterreise**

Wegen der gefährlichen Straße durch Gelände mit vulkanischem Sand ist die Abkürzung zum Bromo über die östliche Route ab Malang nur für jene möglich, die sich einer Geländewagentour anschließen. In diesem Rahmen ist die Fahrt dann aber ein spektakuläres Erlebnis. Wer mit einem eigenen Fahrzeug unterwegs ist, muss die längere, viel weniger interessante nördliche Route über Probolinggo nehmen.

Verlässlich sind die Taxis der Firma **Citra** (☑0341-490555).

BUS & ANGKOT

Malang hat drei Busbahnhöfe. Der größte ist der Busbahnhof **Arjosari** (Jl Teluk Mandar), 5 km nordöstlich der Stadt, von dem regelmäßig Busse nach Surabaya, Probolinggo und Banyuwangi fahren. Die Fernbusse nach Surakarta, Yogyakarta,

JAVA MALANG

BUSSE AB MALANG

ZIEL	PREIS (RP)	DAUER (STD.)	HÄUFIGKEIT
Banyuwangi	60 000–70 000	7	11 & 22 Uhr
Denpasar	140 000 ink. Fähre	12	18 Uhr
Jember	23 000–40 000	4½	alle 90 Min.
Probolinggo	40 000	2½	alle 10 Min (5–17 Uhr)
Surakarta (Solo)	110 000	10	8 & 19 Uhr
Surabaya	20 000–25 000	2½–3	stündl.
Yogyakarta	150 000	11	8 & 19 Uhr

Denpasar und Jakarta starten meist am frühen Abend. Minibusse (vor Ort *angkot* oder *mikrolet* genannt) fahren vom Busbahnhof Arjosari zu nahen Dörfern wie Singosari oder Tumpang.

Der Busbahnhof Gadang liegt 5 km südlich des Zentrums. Von ihm fahren Busse auf den südlichen Strecken u. a. nach Blitar (25 000 Rp, 2 Std.).

Vom Busbahnhof **Landungsari** 5 km nordwestlich der Stadt fahren Busse zu Zielen im Westen, z. B. nach Batu (10 000 Rp, 40 Min.).

Viele Unternehmen mit Tür-zu-Tür-Service verkehren ab Malang und können über die Hotels und Reiseveranstalter gebucht werden. Wijaya Travel (S. 198) ist eine verlässliche Agentur und arrangiert Shuttles nach Surakarta, Yogyakarta und Probolinggo.

Abimanyu Travel (☎ 0341-304 1382, 0812 3007 1652; www.abimanyutravel.id) hat Minibusse nach Surabaya (100 000 Rp), die einen an den Hotels in Surabaya oder am Flughafen absetzen (sodass man sich die lange Fahrt von Surabayas Busbahnhof spart).

ZUG

Der **Bahnhof Malang** liegt zentral, ist aber nicht gut an das Hauptnetz angeschlossen. Täglich fahren drei Züge über Surakarta nach Yogyakarta (150 000–430 000 Rp, 8 Std.). Um 16 Uhr fährt ein Zug nach Probolinggo (62 000 Rp, 2¾ Std.). Nach Surabaya (35 000–60 000 Rp, 2 Std.) gibt's nur sehr langsame und überfüllte Economy-Züge. Täglich fährt noch ein Zug nach Banyuwangi (62 000 Rp, 7½ Std.), wo man die Fähren nach Bali nehmen kann.

❶ Unterwegs vor Ort

Mikrolet (kleine Minibusse) fahren überall in der Stadt. Die meisten flitzen zwischen den Busbahnhöfen und dem Zentrum hin und her. Diese sind mit A–G (Arjosari–Gadung und zurück), A–L (Arjosari–Landungsari) oder G–L (Gadang–Landungsari) markiert. Die Fahrten kosten 4000 Rp oder 8000 Rp, wenn man eine große Tasche dabei hat.

Online-Taxis und Motorräder von Go-Jek sind günstige Verkehrsmittel, um in der Stadt herumzukommen.

Rund um Malang

In den Reis- und Getreidefeldern rund um Malang liegen verstreut hinduistische und buddhistische Ruinen, die sich für eine vergnügte halbtägige Straßentour anbieten.

◉ Sehenswertes

Die Singhasari-Tempel liegen in einem Ring um Malang und sind überwiegend Begräbnistempel, die Königen der Singhasari-Dynastie (1222–1292 n. Chr.), geweiht sind, den Vorläufern der Könige von Majapahit.

Candi Singhasari TEMPEL
(Jl Kertanegara 148; Eintritt gegen Spende; ⊙ 7.30–16 Uhr) Direkt im Dorf Singosari, 12 km nördlich von Malang, erhebt sich dieser Tempel 500 m abseits der Hauptstraße Malang–Surabaya. Es handelt sich um eines der letzten Denkmäler der Singhasari-Dynastie. Der Tempel wurde 1304 zu Ehren von König Kertanegara erbaut, dem fünften und letzten Singhasari-Herrscher, der 1292 bei einem Palastaufstand getötet worden war.

Candi Kidal TEMPEL
(Jl Candi Kidal; Eintritt gegen Spende; ⊙ 7–12 & 13–16 Uhr) Der anmutige Tempel im Dorf Kidal westlich von Tumpang steht inmitten von Häusern und wurde um 1260 als Begräbnisschrein für König Anusapati (den zweiten, 1248 verstorbenen Singhasari-Herrscher) errichtet. Der heute noch 12 m hohe Tempel ragte einst 17 m empor und ist ein Beispiel ostjavanischer Architektur. Auf drei Seiten des Gebäudes erblickt man Darstellungen des Garuda (ein mythisches Fabelwesen halb Mensch, halb Vogel), zudem ausdrucksstarke *kala*-Köpfe (Gesichter von Dämonen, die oft über Tempeltoren angebracht wurden).

Candi Sumberawan BUDDHISTISCHER TEMPEL
(Eintritt gegen Spende; ⊙ 7.30–16 Uhr) Der kleine, gedrungene buddhistische Stupa steht in

den terrassierten, landwirtschaftlich genutzten Ausläufern des Gunung Arjuna rund 5 km nordwestlich von Singosari. Der Tempel wurde zur Erinnerung an den Besuch von Hayam Wuruk, dem großen König von Majapahit, im Jahr 1359 errichtet. Auf dem Tempelgelände findet man einen Lingam und die zerfallenen Überreste eines weiteren Stupa sowie die Überreste von kürzlich dargebrachten Opfergaben.

Etwas ganz Besonderes ist der Zugangsweg: Man geht von der Hauptstraße – auf der schachbrettartig verteilt trocknendes Getreide lagert – eine 400 m lange Piste hinunter, die parallel zu einem Kanal verläuft, und dann durch Reisfelder bis zu den Ruinen. Junge Männer nutzen den Kanal als Badestelle, man darf also nicht überrascht sein, den einen oder anderen nackten Körper auf dem Weg zum Stupa zu sehen. In Java gilt es als höflich, die Augen abzuwenden – die Jungen tauchen, wenn man vorbeikommt unter Gelächter ins Wasser. Ge-

genüber dem Tempel befindet sich eine Quelle – der Ursprung des rauschenden Kanals –, in der sich die Einheimischen an schwülheißen Wochenenden abkühlen.

Um hinzukommen, nimmt man vom *pasar* (Markt) an der Hauptstraße von Singosari ein *angkot* (5000 Rp) nach Desa Sumberawan und geht von der Haltestelle 500 m zum Kanal und dem Pfad zum Tempel.

Candi Jago TEMPEL

(Jajaghu; Jl Wisnuwardhana; Eintritt gegen Spende; ⊙ 7.30–16 Uhr) Der Candi Jago liegt an einer kleinen Straße nahe dem Markt von Tumpang, 22 km außerhalb von Malang. Der Tempel wurde zwischen 1268 und 1280 wohl als Gedächtnisstätte für den vierten Singhasari-König Vishnuvardhana erbaut. Der Tempel zeigt einige interessante dekorative Reliefdarstellungen aus dem Jataka und dem Mahabharata in dem für Ostjava typischen dreidimensionalen Stil des *wayang kulit* (Schattenspiels).

JAVA RUND UM MALANG

Rund um Malang

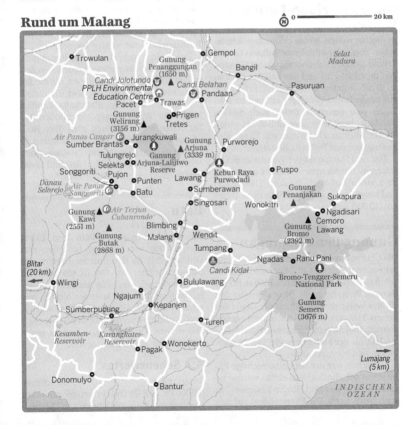

Purwodadi

Ein paar Kilometer nördlich von Lawang findet sich an der Straße nach Surabaya der weitläufige **Kebun Raya Purwodadi** (📞 0343-615 033; Eintritt 25 000 Rp, Führung 15 000 Rp; ⊙ 7.30–16 Uhr), ein botanischer Garten mit Pflanzen trockener Klimazonen. Das 85 ha große Gelände ist landschaftlich schön gestaltet und enthält mehr als 3000 Pflanzenarten, u.a. 80 Palmenarten, eine riesige Sammlung von Farnen, eine mexikanische Abteilung, unzählige Orchideen und viele Spezies von Bambus. Im Parkbüro südlich vom Eingang gibt's einen Lageplan und Broschüren. Der Air Terjun Cobanbaung ist ein hoher Wasserfall nahe dem Garten.

Der botanische Garten ist leicht zu erreichen: Von Malang nimmt man einfach einen Bus nach Surabaya und bittet darum, am Eingang abgesetzt zu werden.

Gunung Arjuno-Lalijiwo Reserve

In diesem wilden, wenig bekannten Schutzgebiet liegen der schlafende Vulkan Gunung Arjuno (3339 m), der wenig aktive Gunung Welirang (3156 m) und das Lalijiwo-Plateau an den Nordhängen des Arjuno. Erfahrene, gut ausgerüstete Wanderer können in zwei Tagen vom Ferienort Tretes nach Selekta wandern, benötigen aber unbedingt einen Führer. Alternativ kann man von Tretes oder Lawang aus den Welirang besteigen.

Um zum Startpunkt der Wanderungen zu gelangen, nimmt man in Malang oder Surabaya einen Bus nach Pandaan (18 000 Rp) und steigt dort in einen Minibus nach Tretes um (10 000 Rp).

Gunung Penanggungan

Die Überreste von nicht weniger als 81 Tempeln aus der Zeit vom 10. bis zum 16. Jh. verteilen sich über die Hänge des 1650 m hohen Gunung Penanggungan. Dieser Berg ist den Hindus heilig, denn er gilt als der Gipfel des Berges Mahameru, der laut einer Legende abbrach und an seiner gegenwärtigen Stätte landete, als der Mahameru von Indien nach Indonesien versetzt wurde.

Historisch war der Berg eine wichtige Pilgerstätte der Hindus, und einige wenige javanische Mystiker und Hindus besuchen ihn auch heute noch. Die Pilger ziehen auf den Gipfel des Bergs und baden unterwegs in den heiligen, mit hinduistischen Statuen geschmückten Quellen. Die beiden Hauptbadeorte sind der **Candi Jolotundo** und der **Candi Belahan**, die besten verbliebenen Beispiele hinduistischer Kunst. Beide sind schwer zu erreichen.

Die Fahrt mit dem Minibus von Pandaan (südlich von Surabaya) nach Trawas, dem Dorf, das als Basislager zur Besteigung des Berges dient, kostet 8000 Rp.

🏃 Aktivitäten

PPLH Environmental Education Centre OUTDOOR

(📞 0321-681 8752; www.pplhselo.or.id; Bungalows ab 485 000 Rp) Diese Anlage in einer hinreißenden Lage an den immergrünen Westhängen des Penanggungan ist ein herrlich entspannender und interessanter Ort. Das vorrangige Ziel der Einrichtung besteht darin, Gruppen die Vorteile des Bio-Landbaus, des Kompostierens und der Müllentsorgung nahezubringen, es gibt hier aber auch acht schlichte, komfortable Cottages (für je 4 Pers.) mit Badezimmern draußen, die von Touristen gemietet werden können.

Zur Anlage gehört ein Bio-Restaurant, dessen Gerichte sehr gelobt werden. Von Zeit zu Zeit kommen Schülergruppen, die die Beschaulichkeit etwas stören, aber die meiste Zeit ist es sehr ruhig. Man kann kundige Führer für Wanderungen (ca. 200 000 Rp/Tag) engagieren, die auch gern über Heilpflanzen informieren. Um zum Zentrum zu kommen, nimmt man von Pandaan einen Minibus nach Trawas (8000 Rp) und steigt dort in einen *ojek* (20 000 Rp) um.

Batu

📞 0341 / 190 000 EW.

Das große Hügelresort Batu liegt 15 km nordwestlich von Malang umgeben von Vulkangipfeln an den unteren Hängen des Gunung Arjuno. Der Ort ist ein beliebtes Wochenendziel bei Einheimischen, aber nur wenige Ausländer kommen hierher, was schade ist, weil die Landschaft prachtvoll und das Klima angenehmer ist als in großen Teilen Javas. Der Ort ist also bestens geeignet, ein paar Tage auszuspannen.

◉ Sehenswertes

Songgoriti THERMALQUELLEN

(20 000 Rp; ⊙ 8–21 Uhr) In Songgoriti, 3 km westlich von Batu, gibt's bekannte Thermal-

WANDERN AM GUNUNG WELIRANG & GUNUNG ARJUNO

Eine anstrengende, fünfstündige Wanderung (17 km) führt zu den primitiven Hütten, die von den Schwefelarbeitern am Gunung Welirang genutzt werden. Wanderer übernachten hier in der Regel, um den Gipfel zu erreichen, ehe am Vormittag die Wolken aufziehen. Man braucht seine eigene Campingausrüstung, Verpflegung und Trinkwasser (oder beschafft sich alles vom PHKA-Posten für rund 200 000 Rp/Tag) und muss auf Eiseskälte gefasst sein. Von den Hütten ist es noch ein 4 km langer Aufstieg zum Gipfel. Für den Aufstieg muss man insgesamt sechs und für den Abstieg 4½ Stunden einplanen.

Der Weg führt über das Lalijiwo-Plateau, eine herrliche Bergwiese, von der ein anderer Weg zum Gunung Arjuno, dem anspruchsvolleren Gipfel, abzweigt. Vom Arjuno führt ein Weg den Südhang hinunter nach Junggo in der Nähe von Selekta und Batu. Der Abstieg vom Arjuno dauert auf dieser Strecke fünf Stunden; man braucht einen Führer.

Infos erhält man vom **PHKA-Posten** (☎ 081 2178 8956; Jl Wilis 523; ◷ Mo–Sa 8–17 Uhr) am Parkeingang. Führer kann man hier für 300 000 bis 400 000 Rp pro Tag engagieren. Für den Aufstieg auf einen Berg braucht man zwei, für den Aufstieg auf beide drei Tage.

quellen und einen kleinen, antiken hinduistischen Tempel auf dem Gelände des Hotel Air Panas Songgoriti. Der Tempel, der bis ins 9. Jh. zurückreicht, war einst imposanter: Heute sieht man nur seine Spitze. Große Teile liegen immer noch im Untergrund.

Auf dem nahen Touristenmarkt, dem Pasar Wisata, werden vor allem Äpfel, Bonsai-Pflanzen und Mörser aus Vulkangestein angeboten – ein ungewöhnliches und überraschend leichtes Souvenir. Der Wasserfall Air Terjun Cubanrondo (s. unten) liegt 5 km südwestlich von Songgoriti.

Sumber Brantas   DORF

Das kleine Dorf Sumber Brantas liegt hoch oberhalb des Resort Selekta in einer prachtvoll nebelverhangenen Berglandschaft an der Quelle des Flusses Sungai Brantas. Eine 2 km lange Wanderung führt zu den Thermalquellen **Air Panas Cangar** (Eintritt 10 500 Rp, Auto 5000 Rp; ◷ 7.30–17 Uhr), die umgeben vom Nebelwald hoch in den Bergen liegen.

Air Terjun Cubanrondo   WASSERFALL

(10 000 Rp; ◷ 7.30–17 Uhr) Der hohe und schmale einstufige Wasserfall stürzt 5 km südwestlich von Songgoriti (S. 204) über die Klippen.

☴ Aktivitäten

Selekta   SCHWIMMEN

(35 000 Rp; ◷ 7.30–17 Uhr) Das kleine Resort Selekta liegt von Batu aus weitere 5 km den Berg hinauf und 1 km abseits der Hauptstraße. Hier findet sich in einem landschaftlich gestalteten Garten der große Schwimmbadkomplex Pemandian Selekta. Zu den weiteren „Highlights" vor Ort gehören einige

furchterregende Plastik-Dinosaurier, ein riesiges Fischbecken, ein sogenanntes „Dad Boat" und ein riesiges Löwenmaul, in das man hineinspazieren kann.

ᗐ Schlafen & Essen

Unterkünfte findet man in Batu, Songgoriti und an der Straße nach Selekta. Songgoriti und Selekta sind kleine, ruhige Ferienorte, Batu hat die besten Einrichtungen, ist aber stärker ausgebaut. An den Wochenenden steigen die Preise um rund 25 %.

Kampung Lumbung   LODGE $$$

(☎ 0851 0444 4142; www.grahabunga.com; Jl Ir Sukarno; Zi. werktags/Wochenende ab 550 000/ 650 000 Rp, Cottage werktags/Wochenende ab 1 000 000/1 200 000 Rp; ❄✆) ✏ Die wundervolle Öko-Anlage 1 km südlich des Zentrums von Batu erinnert an ein traditionelles Dorf. Alle Gebäude wurden aus wiederverwendetem Holz gebaut und verwenden Solarstrom. Im Restaurant gibt's ausgezeichnete regionale Kost. Die Anlage liegt in einer herrlichen natürlichen Umgebung; das Klima ist erfrischend und die Luft rein.

Hotel El Royale Kartika
Wijaya   HISTORISCHES HOTEL $$$

(☎ 0333-338 2999; www.kartikawijaya.com; Jl Panglima Sudirman 127; Zi. mit Frühstück ab 1 100 000 Rp; ❄✆) Die imposante koloniale Villa liegt auf einem weitläufigen Gelände mit Palmen, Rasenflächen und Tennisplätzen. Die Zimmer sind hell, geräumig und mit Möbeln aus Rohrgeflecht eingerichtet. Der Service ist erstklassig. Die (hier genannten) Zimmerpreise sind überteuert, aber bei Online-Buchung kann man die Zimmer häufig sehr viel billiger mieten.

Warung Bethania Batu INDONESISCH $

(📞 0341-591158; Jl Diponegoro 103; Hauptgerichte 24000–65000 Rp; ⊘10.30–21 Uhr) Das Restaurant hat Bambuswände und ist mit Möbeln aus Baumstümpfen und Bildern früherer Kunden an den Wänden eingerichtet. Es ist das bekannteste in Batu, wenn man gebratenen Fisch oder Hähnchen essen möchte. Als Beilagen gibt's zu beidem frische Salate und Sambal.

❶ Praktische Informationen

An der Jl Panglima Sudirman findet man mehrere Banken mit Geldautomaten.

❶ An- & Weiterreise

Vom Busbahnhof Landungsari in Malang nimmt man einen Bus oder *mikrolet* (Kleinbus) Richtung Kediri bis nach Batu (10000 Rp, 40 Min.). *Mikrolet* verbinden Batus **Busbahnhof** (Jl Dewi Sartika) über die Jl Panglima Sudirman mit dem Stadtzentrum.

Vom Busbahnhof fahren *mikrolet* nach Selekta (3000 Rp, 20 Min.) und Sumber Brantas (6000 Rp, 45 Min.). Die *mikrolet* biegen am Dorf Jurangkuwali nach Sumber Brantas ab. Von Jurangkuwali führt ein 2 km langer Marsch direkt zu den Thermalquellen Air Panas Cangar.

Rund um Batu findet man viele *ojeks*, die einen zu allen diesen Zielen bringen.

Strände an der Südküste

An der Küste südlich von Malang liegen einige gute Strände, aber die Einrichtungen sind begrenzt. **Sendang Biru** ist ein malerisches Fischerdorf, das durch einen schmalen Kanal von der **Pulau Sempu** getrennt ist. Auf dieser Insel, einem Naturschutzgebiet, finden sich die beiden von Dschungel umgebenen Seen Telaga Lele und Telaga Sat. Man kann Boote mieten, die einen nach Sempu bringen (hin & zurück ca. 200000 Rp). Eigene Vorräte mitnehmen!

Ein paar Kilometer vor Sendang Biru zweigt links eine raue Piste zum 3 km entfernten **Tambakrejo** ab, einem kleinen Fischerdorf mit einer weiten, sandigen Bucht, die (trotz der Brandung) im Allgemeinen für Schwimmer sicher ist.

Balekambang ist am bekanntesten für den malerischen hinduistischen Tempel auf der kleinen Insel Pulau Ismoyo, die durch eine Fußgängerbrücke mit dem Strand verbunden ist. Der Strand von Balekambang ist sehr beliebt und an den Wochenenden überfüllt. Im Dorf gibt's einfache Pensionen.

Vom Busbahnhof Gadang in Malang fahren Minibusse nach Sendang Biru (25000 Rp, 2 Std.), die auch an der Abzweigung nach Tambakrejo vorbeikommen. Von Malang fahren Busse direkt nach Balekambang (15000 Rp).

Blitar

📞 0342 / 132000 EW.

Die entspannte Provinzstadt Blitar liegt abseits der üblichen Touristenpfade, bietet aber mehrere faszinierende Sehenswürdigkeiten in der Umgebung, ein lohnendes Hotel und eine ruhige, angenehme Atmosphäre. Ein Besuch lohnt sich, zumal die Stadt eine gute Ausgangsbasis zum Besuch des Candi-Panataran-Tempelkomplexes und des spektakulären, aktiven Vulkans Gunung Kelud ist. In Blitar wohnte Indonesiens erster Präsident Sukarno; seine Gedenkstätte lohnt einen Besuch.

◉ Sehenswertes

Makam Bung Karno DENKMAL

(Jl Sukarno 152; 3000 Rp inkl. Museum; ⊘7–23 Uhr) In Sentul 2 km nördlich des Zentrums bezeichnen ein massiver schwarzer Stein und ein aufwändiges Denkmal mit Säulen und Wandmalereien, die seine Leistungen darstellen, das Grab des ehemaligen Präsidenten Sukarno. Sukarno (auch Bung Karno) gilt als der Vater der indonesischen Nation und wurde 1978 zum Nationalhelden erhoben. Gegen die Forderungen seiner Familie, dass er in seinem Haus in Bogor begraben werden sollte, wurde er in einem unbezeichneten Grab neben dem seiner Mutter in Blitar beigesetzt.

🛏 Schlafen & Essen

★ Tugu Sri Lestari HISTORISCHES HOTEL $$

(📞 0342-801766; www.tuguhotels.com; Jl Merdeka 173; Zi. mit Frühstück ab 490000 Rp, Sukarno-Suite mit Frühstück 3700000 Rp; ❇🖥) Das Hotel in einem umgebauten niederländischen Kolonialgebäude aus den 1850er-Jahren umweht ein Hauch von Geschichte. Die Zimmer im Hauptgebäude sind äußerst stimmungsvoll mit ihren hohen Decken und großen Betten aus Teakholz. Die Zimmer im modernen Anbau sind ordentlich und funktional.

Waroeng Tugu Blitar INDONESISCH $

(📞0342-801766; www.tuguhotels.com; Jl Merdeka 173; Hauptgerichte 32000–78000 Rp; ⊘8–22 Uhr; 📞) Das Hotelrestaurant im eleganten koloni-

DEN GUNUNG KELUD BESUCHEN

Mit seinem abschüssigen Krater und dampfenden Spalten ist der fast nie ruhende Gunung Kelud (1731 m) einer der aktivsten und lohnendsten Vulkane auf Java. Bei der Eruption im Jahr 1919 kamen 5000 Menschen ums Leben, bei der Eruption im Jahr 2007 wurde der Rauch 2,5 km hoch in die Atmosphäre geschleudert und es entstand ein 250 m hoher Kegel in der Caldera. Der Vulkan brach erneut im Februar 2014 aus, und seine Asche bedeckte die Gebäude überall in Ost- und Zentraljava.

Wenn der Kelud ruhig ist, kann man einen Aussichtspunkt am Rand besuchen. Man fährt zu dem Parkplatz unter dem Berg und nimmt dort ein Motorrad-Taxi (25 000 Rp), das einen kurz vor dem Gipfel absetzt. Nun hat man noch einen kurzen Weg bis zum Aussichtspunkt vor sich. Zum Zeitpunkt der Recherche wurden die Zufahrtsstraßen gerade instand gesetzt.

Der Zugang zum Gunung Kelud wird durch ein Tor 10 km vor dem Gipfel kontrolliert, weil der Vulkan eben aktiv und wegen seiner launischen Natur nicht immer sicher ist. Die Hotels in Blitar können Auskunft zum aktuellen Status des Vulkans geben.

Der Kelud liegt rund 30 km direkt nördlich von Panataran und ist mit öffentlichen Verkehrsmitteln nicht erreichbar. Am einfachsten ist es, in Blitar ein Auto oder *ojek* anzuheuern. Eine halbtägige Tour über Panataran (hin & zurück) kostet mit einem *ojek* nach Feilschen rund 120 000 Rp.

---

alen Ambiente des Tugu Sri Lestari ist ein schöner Ort, um gut angerichtete, gehobene Versionen örtlicher Spezialitäten wie *udang swarloka* (frittierte Shrimps-Bällchen), *tahu kembang jenar* (knuspriger Tofu, gefüllt mit Pilzen, Bohnen- und Bambussprossen) oder *nasi kare ayam ny oei* (Huhn mit gelbem Curry und Reis) zu probieren.

Bu Mamik INDONESISCH $
(🗷 0342-806 634; Jl Kalimantan 11; Hauptgerichte 7500–32 000 Rp; ⊙ 10–21 Uhr) Schmackhaftes *ayam bakar* (gegrilltes Hühnchen) lockt Scharen von Einheimischen in dieses idyllische, auf Stelzen stehende Restaurant mit geschnitzten Säulen, surrenden Ventilatoren und Plätzen drinnen und draußen.

❶ Praktische Informationen

In der Stadt gibt's mehrere Banken, darunter die **BCA Bank** (Jl Merdeka; ⊙ Mo–Sa 8–16 Uhr).

❶ An- & Weiterreise

Von Blitar fahren regelmäßig Busse nach Malang (25 000 Rp, 2½ Std.), Surabaya (50 000 Rp, 4½–5 Std.) und Surakarta (120 000 Rp, 6 Std.). Der **Busbahnhof** liegt 4 km südlich der Stadt an der Jl Kenari (Anfahrt aus dem Zentrum mit *angkot* 3000 Rp). *Angkudes* fahren vom Westende der Jl Merdeka zum Candi Panataran (6000 Rp) und kommen dicht am Makam Bung Karno vorbei; die letzten rund 300 m muss man laufen.

Blitar bietet einige nützliche Zugverbindungen. Dreimal täglich fahren Züge nach Surakarta (160 000–465 000 Rp, 4½ Std.) und Yogyakarta (160 000–465 000 Rp, 5– 5½ Std.).

Zum Besuch der Sehenswürdigkeiten empfiehlt es sich, ein Auto mit Fahrer zu chartern. Das Hotel Tugu Blitar kann Autos mit Fahrer beschaffen (ab 550 000 Rp/Tag). Ein *ojek* kann man für rund 100 000 Rp mieten.

Panataran

Die hinduistische Tempelanlage des **Candi Panataran** (Eintritt gegen Spende; ⊙ 7–17 Uhr) in Panataran (vor Ort Penataran genannt) umfasst die größten intakten Tempel aus der Majapahit-Ära und die schönsten Beispiele antiker ostjavanischer Architektur und Skulptur. Der Bau des Komplexes begann im Jahr 1197 unter der Singhasari-Dynastie und setzte sich 250 Jahre lang fort. Die meisten wichtigen erhaltenen Gebäude entstanden zur Glanzzeit des Königreichs Majapahit im 14. Jh.

Rund um den Sockel der Plattform des ersten Stocks erzählen die Reliefs die komische Geschichte vom Wettstreit des dicken Fleischessers Bubukshah mit dem dünnen Vegetarier Gagang Aking.

Ein Stück weiter folgt der kleine „Datierte Tempel", der so heißt, weil über dem Eingang die Jahreszahl 1291 (= 1369 n. Chr.) eingemeißelt ist. Auf der nächsten Ebene schlängeln sich kolossale Schlangen endlos um den Naga-Tempel, in dem einst wertvolle Kultgegenstände aufbewahrt wurden.

An der Rückseite erhebt sich der dreistufige Muttertempel, dessen niedrige Relieffelder mit Szenen aus dem Ramayana geschmückt sind. Dahinter liegt ein kleines königliches *mandi* (Bad) mit einem umlaufenden Fries, auf dem Eidechsen, Bullen und Drachen dargestellt sind.

300 m südöstlich der Abzweigung zum Candi Panataran zeigt das **Museum Panataran** (Eintritt gegen Spende; ☉ Di–Do, Sa & So 8–14, Fr bis 11 Uhr) eine eindrucksvolle, aber schlecht ausgeschilderte Sammlung von Statuen aus dem Tempelkomplex.

Der Eintritt erfolgt gegen eine Spende; 10 000 Rp sind angemessen. Die Parkplatzgebühr beträgt 3000 Rp.

Pacitan

☑ 0357 / 54 000 EW.

Die kleine Küstenstadt Pacitan liegt entlegen an einer von Felsklippen umrahmten hufeisenförmigen Bucht an der Südküste. Es handelt sich um ein Strandresort mit begrenzten Unterkünften und einigen wenigen Restaurants, die frische Meeresfrüchte zubereiten. Lange Zeit kamen nur sehr wenige Ausländer hierher. Seit einige legendäre Surfstellen in der Nähe entdeckt wurden, kommen nun immer mehr ausländische Surfer vorbei. Andere Besucher sind immer noch eine Seltenheit, obwohl die hinreißende Küste viel touristisches Potenzial besitzt.

Der helle Sandstrand von Pacitan liegt in einer recht spektakulären, wie ein stielloses Weinglas geformten Bucht. Der natürliche Hafen im Westen liegt vor einer Kulisse hoher, von Dschungel bedeckter Klippen, und eine Reihe ordentlicher Brecher führen Richtung Osten zu einem recht guten Point Break.

Wer werktags in der Nebensaison kommt, hat den Strand nahezu für sich allein.

🏊 Aktivitäten

Pantai Ria Teleng   SURFEN

Am ca. 4 km vom Ort entfernten Pantai Ria Teleng am östlichen Ende der Bucht findet man goldenen Sand und gute Surfbedingungen für Anfänger, weil sich die Wellen auf einem sandigen Meeresgrund brechen. Man kann Surfbretter und Bodyboards mieten. Der Strand wird von Rettungsschwimmern überwacht. Bei ruhiger See kann man auch schwimmen.

🛏 Schlafen

Harry's Ocean House   PENSION $

(☑ 0878 9514 5533; Pancer Beach; B 40 000 Rp, Hütte ohne Bad 50 000 Rp, Zi. mit Ventilator/Klima-

anlage 90 000/110 000 Rp, Cottages 150 000–250 000 Rp; ✳) In dieser freundlichen, munteren Anlage gibt's vier Arten schlichter Unterkünfte: Schlafsäle, eine Bambushütte, Betonbauten und Holz-Cottages auf Stelzen mit gewölbten Dächern. Das Anwesen liegt an einer Nebenstraße abseits vom Strand. Eine weitere Filiale befindet sich im nahegelegenen Watu Karung.

Arya Homestay   PENSION $

(☑ 0812 5201 2388; Jl Teleng Ria 2; Zi. 200 000 Rp; 🖲) Die Unterkunft mit freundlichem Management bietet schlichte gefliese Zimmer mit Ventilator und hohen, abgeschrägten Decken. Sie liegt an der Binnenstraße nur einen kurzen Marsch vom Strand entfernt.

Surfing Bay Cottage   HOTEL $$

(☑ 0821 3229 3888; EZ/DZ ab 311 000/415 000 Rp; 🖲) Das Hotel auf der strandabgewandten Straßenseite ist etwas gehobener als die meisten Homestay-Zimmer in Pacitan. Die Zimmer sind in einzelnen, in einem langen Garten aufgereihten Cottages untergebracht. Sie sind zwar komfortabel, aber mit tristen Vorhängen und Farben auch ziemlich langweilig. Auf der kleinen Terrasse kann man gut sitzen und in aller Ruhe ein Buch lesen.

ℹ Praktische Informationen

An der Jl Jend Sudirman gibt's mehrere Banken mit Geldautomaten.

ℹ An- & Weiterreise

Von Surakarta (60 000 Rp, 4½ Std.) und Ponorogo (22 000 Rp, 2½ Std.) fahren Busse über eine malerische Straße nach Pacitan. Von Ponorogo fahren Busse direkt nach Blitar (35 000 Rp, 3 Std.).

Direkte Reise-Minibusse (70 000 Rp, 3 Std.) verbinden Yogyakarta mit Pacitan; bei **Aneka Jaya** (☑ 0357-883048; Jl Agus Salim) anrufen!

Rund um Pacitan gibt's nur sehr wenige öffentliche Verkehrsmittel. Motorräder mit Trägern für Surfbretter kann man in einigen Pensionen in Pacitan mieten (50 000–80 000 Rp/Tag).

Watu Karang

☑ 0357

Das hinreißende, rund 13 km südwestlich von Pacitan gelegene Fischerdorf Watu Karang besitzt einen halbmondförmigen weißen Sandstrand mit türkisblauem Wasser. Viele Jahre lang war das Dorf Reisenden praktisch unbekannt, aber 2009 berichteten die internationalen Surfer-Medien von zwei herrlichen Surfstellen in der hiesigen Bucht, und seither strömen immer mehr Surfer nach Watu Karang.

Wer kein Surfer ist, befindet sich hier in der Minderheit, aber der prächtige Strand ist einer der schönsten in Ostjava. Da es auch immer mehr gute Unterkünfte gibt, lässt es sich hier prima ein paar Tage entspannen.

In der Gegend wird Achat gefunden, und Straßenhändler verkaufen polierte Steine und Ringe zu vernünftigen Preisen.

Nach Watu Karang fahren keine öffentlichen Verkehrsmittel; man muss in Pacitan ein Auto mieten oder mit seiner Unterkunft eine Transportmöglichkeit arrangieren.

◉ Sehenswertes

Im Dorf Punung an der Straße nach Surakarta 17 km nördlich von Watu Karang liegt die Abzweigung zu einigen prächtigen Kalksteinhöhlen. Die **Gua Putri** befindet sich 2 km abseits der Fernstraße; 8 km weiter folgt die viel eindrucksvollere **Gua Gong**, das größte und spektakulärste Höhlensystem in der Gegend.

Die Abzweigung zur berühmten **Gua Tabuhan** (Musikhöhle) liegt an der Fernstraße 4 km nördlich von Punung; von dort sind es noch weitere 4 km zur Höhle. Die riesige Kalksteinhöhle war vor 50000 Jahren eine Zuflucht prähistorischer Menschen. Wenn man den hiesigen Musikanten etwas Geld gibt, veranstalten sie ein eindrucksvolles „Konzert", indem sie mit Steinen und Hämmern gegen die perfekt ausgewählten Stalaktiten schlagen und so Gamelan-Melodien spielen. Zum Besuch der Höhle braucht man einen Führer und eine Lampe. Mit öffentlichen Verkehrsmitteln sind die Höhlen kaum erreichbar, man muss in Watu Karang ein Auto mit Fahrer mieten.

🏃 Aktivitäten

In Watu Karang gibt's zwei Surfstellen – eine links- und eine rechtshändige Welle. Beide sind kurz, heftig, hohl und sehr anspruchsvoll, also nur für echte Experten geeignet. Besonders gut sind die hiesigen Wellen für Bodyboarder; Watu Karang gilt als einer der besten Bodyboard-Spots weltweit.

🛏 Schlafen

Watukarung Prapto Homestay   HOMESTAY $
(☏ 0853 2675 7012; Zi. ab 200000 Rp; ❋🛜) Hinter dem Familienhaus mit Terrakotta-

dach stehen eine Reihe von Holzhütten. Sie sind zwar spartanisch, aber pieksauber und haben gute Matratzen und angeschlossene Bäder. Die Inhaberfamilie ist sehr gastfreundlich.

Pasir Putih   GASTFAMILIE $
(☏ 0852 8102 3187; EZ/DZ 175000/250000 Rp; ❋🛜) Diese Unterkunft, eines der besten Homestays im Dorf, bietet moderne Zimmer mit eigenen Bädern und Terrassen mit Blick auf den Strand. Man wird freundlich empfangen und mit schmackhafter Hausmannskost versorgt.

Istana Ombak   RESORT $$$
(www.istanaombak.com; Jl Kerapu Milak 151; All-Inclusive-Surf-Pauschalangebote ab 1500000 Rp; 🛜🏊) Das ursprüngliche Surfercamp in Watu Karang beeindruckt mit komfortablen, strohgedeckten Cottages und Villen, WLAN und Satelliten-TV. Wenn man über den Rand des coolen, blauen Infinity Pools blickt, kann man zuschauen, wie sich die Wellen am Riff brechen. Man bekommt solide örtliche Surf-Infos, spektakuläre, familiäre Abendessen und einen direkten Zugang zum Strand.

❶ An- & Weiterreise

Gelegentlich fahren Busse zwischen Pacitan und Watu Karang; die Fahrtzeit beträgt rund eine Stunde. Die meisten Unterkünfte arrangieren Transfers aus Pacitan oder, noch einfacher, direkt aus Yogyakarta (ca. 600000 Rp)

Probolinggo

☏ 0335 / 220800 EW.

Für die meisten Traveller ist Probolinggo nur eine geschäftige, gesichtslose Durchgangsstation in den fruchtbaren Ebenen auf dem Weg zum Gunung Bromo. Man wird sich hier nicht länger aufhalten wollen, wenn einen die einfallsreichen Leute der Touristeninformation nicht vielleicht vom Gegenteil überzeugen.

◉ Sehenswertes

Candi Jabung   HINDUISTISCHER TEMPEL
(Paiton; ◉ 6–18 Uhr) GRATIS Der selten besuchte, aber lohnende, im 14. Jh. aus rotem Backstein errichtete Tempel gilt als Begräbnisstätte von Angehörigen der Könige von Majapahit. Den Sockel des 16 m hohen Tempels schmücken Reliefs mit Tierdarstellungen und Szenen aus dem Alltagsleben, die meisten sind allerdings stark erodiert.

🛏 Schlafen & Essen

★ Clover Homestay
HOTEL $

(☎ 0335-449 3483; Jl Mawar Merah 8; Zi. mit Frühstück ab 150 000 Rp) Die bei weitem beste Unterkunft in Probolinggo ist dieses smarte, farbenfrohe Hotel mit 29 kleinen, makellosen Zimmern mit tiefpurpurnen oder blassblauen Wänden und ordentlichen Bädern mit Warmwasser. Hier kann man gut mit anderen Travellern in Kontakt kommen, die zum Bromo wollen. Uns gefiel der Speiseraum/Gemeinschaftsbereich, der mit rüschenbesetzten orientalischen Sonnenschirmen herausgeputzt ist.

Waserda HQQ
INDONESISCH $

(Jl Bengawan Solo 68; Hauptgerichte 20 000 Rp; ⊙ 5–21 Uhr) Der bescheidene *warung* wird von einem netten Ehepaar geführt, das leckere ostjavanische Gerichte wie *nasi pecel* (Reis mit würziger Erdnusssauce, Spinat und Bohnensprossen), *nasi rawon* (Rindfleischsuppe mit Reis) oder *mie Jawa* (in der Pfanne gebratene Nudeln) sowie köstliches, langsam gegartes *rendang* (Rindfleisch-Kokos-Curry) serviert. Der starke javanische Kaffee bringt einen mächtig in Schwung.

Sumber Hidup
CHINESISCH, INDONESISCH $

(Jl Dr Saleh II; Hauptgerichte 16 000–30 000 Rp; ⊙ 8–22 Uhr) Das große Restaurant an der Hauptstraße serviert gute chinesische Kost und indonesische Gerichte. Das Restaurant dient auch als Eisdiele.

ℹ Praktische Informationen

GEFAHREN & ÄRGERNISSE

Probolinggos Busbahnhof ist bei Travellern berüchtigt. Er ist zwar keineswegs gefährlich, aber die zahlreich vorhandenen Schlepper sind mit ihren Auskünften zu Verkehrsverbindungen nicht immer ehrlich.

Der am stärksten verbreitete Trick besteht darin, höhere Preise für Bustickets zu fordern.

Einige seriös auftretende Tickethändler verlangen das Doppelte oder mehr des üblichen Preises. Abfahrtzeiten und Preise kann man auf dem Monitor im Wartebereich checken, ansonsten wendet man sich an Toto Travel. Außer an Feiertagen (wenn man besser vorab bucht) ist es oft am einfachsten und besten, den Bus zu suchen, den man braucht, und das Ticket an Bord zu bezahlen.

Wenn man nach Probolinggo fährt, sollte man dem Schaffner unbedingt verdeutlichen, dass man am Busbahnhof Bayuangga abgesetzt werden will – wir haben schon E-Mails von Travellern erhalten, die bei irgendwelchen Reiseagenten abgesetzt wurden und dann exorbitante Preise für Bustickets bezahlen sollten.

Diebstähle sind in Bussen in Ostjava keine Seltenheit, vor allem nicht in Bussen ab Probolinggo.

Wer mit dem Zug ankommt, sollte sich vor Reiseagenten hüten, die kostenlose Transporte nach Cemoro Lawang anbieten: Diese schleppen einen in ihr Büro, wo sie versuchen, ihre Tourpakete zu verkaufen.

TOURISTENINFORMATION

Touristeninformation (☎ 0335-432420; Jl Mansyur; ⊙ 8–16 Uhr) Das Personal organisiert Stadtführungen und kann Interessierte mit örtlichen Schulen in Kontakt bringen, die Englisch sprechende Leute für ihren Unterricht suchen; man braucht nur ein, zwei Stunden seiner Zeit zu opfern. Die Touristeninformation liegt am Bahnhof.

ℹ An- & Weiterreise

BUS

Probolinggos Busbahnhof **Bayuangga** liegt rund 5 km außerhalb der Stadt an der Straße zum Gunung Bromo. Die Infos zu den abfahrenden Bussen findet man auf den Bildschirmen. Busse nach Banyuwangi, Bondowoso und Surabaya fahren häufig, die meisten Busse nach Denpasar starten zwischen 19 und 23 Uhr. Wer sein Ticket vorab reservieren will, wendet sich an das hilfreiche Büro **Toto Travel** (☎ 0335-443 8267, 0822

BUSSE AB PROBOLINGGO

ZIEL	PREIS (RP; ECONOMY/MIT KLIMAANLAGE)	DAUER (STD.)
Banyuwangi	40 000/50 000	5
Bondowoso	20 000/35 000	2½
Denpasar	120 000/180 000	11
Jember	20 000/30 000	2½
Malang	20 000/30 000	2½
Surabaya	20 000/30 000	2½–3
Yogyakarta	100 000/150 000	10–11

32244088; www.facebook.com/tototravelpro bolinggo; Busbahnhof Bayuangga), dessen Inhaber fließend Englisch sprechen.

Angkot fahren vom Busbahnhof zur Hauptstraße und zum Bahnhof (5000 Rp).

MINIBUS

Minibusse zum Gunung Bromo starten in Probolinggo von einer Haltestelle gleich vor dem Busbahnhof Bayuangga. Bis gegen 16 Uhr fahren diese Minibusse über Ngadisari nach Cemoro Lawang (35 000 Rp, 2 Std.): sie starten aber erst, wenn 10 bis 15 Passagiere zusammengekommen sind. Auf der Strecke ist es verbreitet, von Reisenden überhöhte Preise zu fordern. Die am späten Nachmittag fahrenden Busse verlangen einen höheren Preis nach Cemoro Lawang (50 000–100 000 Rp), wenn nur wenige Fahrgäste weiter als bis Ngadisari fahren. Beim Einsteigen unbedingt checken, dass der Bus wirklich bis Cemoro Lawang fährt!

TAXI

Taxis und selbständige Autofahrer warten bei ankommenden Zügen am Bahnhof sowie sonst am Busbahnhof auf Kundschaft. Die Fahrt nach Cemoro Lawang kostet, wenn man feilscht, ca. 400 000 bis 500 000 Rp; später am Nachmittag wird die Fahrt teurer.

ZUG

Der Bahnhof liegt rund 2 km nördlich der Stadt und 6 km vom Busbahnhof entfernt. Probolinggo liegt an der Bahnstrecke Surabaya–Banyuwangi. Täglich fahren drei Züge nach Yogyakarta (95 000–315 000 Rp, 8½–9 Std.); vier bis sechs Züge der Exclusive- und Business-Klasse nach Surabaya (29 000–275 000 Rp, 2 Std.) sowie etwa fünf Züge Richtung Osten nach Banyuwangi (27 000–160 000 Rp, 4¼–5 Std.).

Der angkot D (5000 Rp) verbindet den Bahnhof mit dem Busbahnhof.

Gunung Bromo & Bromo-Tengger-Semeru National Park

🚗 CEMORO LAWANG 0335 / CEMORO LAWANG 2217 M

Die vulkanische Region um den Bromo ist eine Mondlandschaft von epischen Dimensionen und surrealer Schönheit und eine der atemberaubendsten Attraktionen Indonesiens.

Aus der uralten Tengger-Caldera erhebt sich der Gunung Bromo (2392 m) als einer von drei Vulkanen aus einem gewaltigen, 10 km breiten Krater. Flankiert von den Gipfeln des Kursi (2581 m) und des Batok (2440 m) steht der rauchende Kegel des Bromo in einem Meer aus Asche und vulkani-

---

ABSTECHER

WALHAITOUREN

Jedes Jahr zwischen Januar und März (der Auftakt der Saison ist besser) sorgt eine jährliche Wanderung in Probolinggo für ziemlichen Wirbel: 20 oder mehr Walhaie, von denen einige bis zu 8 m lang sind, sammeln sich in den flachen Gewässern vor dem Pantai Bentar 8 km östlich der Stadt. Boote veranstalten Touren, um mit Kameras bewaffnete einheimische Touristen zu diesen Meeresgiganten zu bringen, den größten Fischen der Welt, die im Übrigen harmlose Planktonfresser sind. Auf Javanisch nennt man sie *geger lintang* („Sterne auf dem Rücken") wegen der sternartigen Flecken, an denen diese Haie zu erkennen sind. Die Boote verlangen pro Person rund 15 000 Rp, wenn genug Passagiere zusammenkommen. Da das Meer normalerweise trüb ist, lohnt sich das Schnorcheln nur selten. Walhaisichtungen sind keineswegs garantiert, selbst die Bootsbetreiber geben zu, dass nur bei der Hälfte der Fahrten Walhaie zu sehen sind. Wer unbedingt einen vor Java sehen will, erhöht seine Chancen, wenn er oder sie zwei Tage für die Bootstour einplant.

---

schem Sand, umgeben von den hohen Klippen des Kraterrands. Gleich südlich wirft der Gunung Semeru (3676 m), Javas höchster Gipfel und einer der aktivsten Vulkane der Insel, seinen Schatten – und gelegentlich seine Asche – über die ganze Szenerie.

Die meisten unabhängigen Traveller gelangen über die Stadt Probolinggo zum Bromo und übernachten in Cemoro Lawang, wo es gute Einrichtungen gibt. Andere Optionen gibt's in den Dörfern an der Straße von Probolinggo zum Bromo. Man kann auch über Wonokitri und Ngadas zum Berg gelangen.

Gunung Bromo

Der Gunung Bromo ist unvergesslich. Das liegt nicht allein an dem Berg, sondern an der schieren Majestät des gesamten Erlebnisses: der gewaltigen Größe des Tengger-Kraters, der übernatürlichen Schönheit der Landschaft und dem spektakulären Sonnenlicht in dem Hochland, das Besucher, zumindest für eine Zeitlang, mit Ruhe erfüllt.

Praktisch alle Touren zielen darauf ab, dass man den Berg bei Sonnenaufgang erlebt. Dann sind der große Krater und seine Farben am eindrucksvollsten. Aber die Sichtverhältnisse sind in der Trockenzeit (Juni–Sept.) den ganzen Tag in der Regel gut, auch wenn die Hänge unterhalb von Cemoro Lawang vielleicht nebelverhüllt sind. Wer später am Tag kommt, vermeidet den morgendlichen Besucherandrang – der in der Ferienzeit besonders groß ist. In der Regenzeit ist es morgens oft hell und klar, doch ziehen danach schnell Wolken auf.

Von Cemoro Lawang führt eine kurze, angenehme Wanderung zum Bromo. Der 3 km (40 Min.) lange „Weg" führt am Kraterrand hinunter und über die gespenstische Laut Pasir (Sandmeer) zu den Hängen des Bromo. Die weißen Steinmarkierungen sind tagsüber leicht zu erkennen, weniger gut aber in der Dunkelheit. Man muss darauf achten, den richtigen Kegel zu erklimmen: der Bromo ist an einer Steintreppe zu erkennen. Einige Wanderer, die in der Dunkelheit die Orientierung verloren, haben schon versucht, den benachbarten Batok zu erklimmen. Mit Glück trifft man am Kraterrand auf Gruppen hinduistischer Pilger aus Java oder Bali, die hier an einem der drei heiligsten Berge des Hinduismus beten und Opfergaben darbringen, um den Vulkan und die Götter zu besänftigen.

Hat man die 253 Stufen bewältigt, steht man direkt vor den dampfenden, schwefligen Eingeweiden des Vulkans. Der weite Blick zurück geht über die Laut Pasir und den Rand des Kraters und hinüber zum Batok, an dessen Fuß sich ein (nur an glückverheißenden Tagen des Pilgerkalenders geöffneter) hinduistischer Tempel befindet.

Glücklicherweise gibt's (abgesehen von ein paar Souvenirverkäufern) nur wenig von dem abgeschmackten Kommerz, der viele malerische Landschaftsattraktionen in Indonesien verunstaltet, aber sehr viel Plastikmüll am Rand – seinen eigenen Müll und die Trinkflaschen sollte man wieder mitnehmen. Die ortsansässigen Tengger wollen vielleicht versuchen, einen zu Ausritten über das Kraterbett zu bewegen, aber ernsthaft bedrängt wird man nicht. Gleichgültig wie viele Menschen sich am Kraterrand versammeln, wenn man um den Rand des Bromo abseits des Hauptaussichtspunkts wandert, wird sich leicht eine spirituelle Verbindung zu dem heiligen Berg herstellen.

TIPPS ZUM BESUCH DES BROMO

➡ Der Bromo ist so populär, dass die beiden Hauptaussichtspunkte in der Hauptsaison (Juli–Aug., indonesische Feiertage & Weihnachtszeit) sowie an Wochenenden zwischen Sonnenaufgang und frühem Vormittag oft überfüllt sind. Die organisierten Touren halten sich alle an den gleichen Zeitplan, weshalb an Tagen mit starkem Andrang Hunderte Menschen an diesen Aussichtspunkten anstehen können, die alle auf das perfekte Selfie beim Sonnenaufgang bedacht sind. Daher sollte man in Erwägung ziehen, den Gunung Penanjakan und den Krater des Bromo zu einer anderen Tageszeit zu besuchen.

➡ Bei der Fahrt den Hügel hinauf nach Cemoro Lawang und in den Taman Nasional Bromo-Tengger-Semeru passiert man zwei Kontrollstellen. An der ersten zahlt man 10 000 Rp, der eigentliche Eintritt wird am zweiten fällig und beträgt happige, aber lohnende 220 000 Rp (Mo–Fr) oder 350 000 Rp (Sa & So).

➡ Die Wanderung von Cemoro Lawang zum Krater des Bromo dauert nur ca. 40 Minuten bis eine Stunde. Dabei bewundert man die Landschaft und bekommt staubige Schuhe beim Marsch durch den grauen Vulkansand des Laut Pasir (Sandmeers); Gesichtsmasken sind zu empfehlen und bei Verkäufern erhältlich.

➡ Zu jeder Jahreszeit ist es morgens kalt; die Temperaturen können in den einstelligen Bereich und sogar nahe an den Gefrierpunkt fallen. Die Gästehäuser verleihen Jacken für rund 40 000 Rp.

➡ Am Rand des Kraters in Cemoro Lawang (zwischen dem Hotel Cemara Indah und der Lava View Lodge) gibt's viele Aussichtspunkte, an denen man die herrliche Landschaft des Bromo abseits der Massen bewundern kann.

➡ Wenn man das Pech hat, dass Wolken den Blick auf den Bromo verhängen, kann man sich in der Galerie im Hotel Jiwa Jawa ansehen, was man versäumt hat, und dann noch einen Tag bleiben und hoffen, dass sich die Wolken verziehen.

Geschichte

Es ist kein Wunder, dass die unheimliche Landschaft um den Bromo und die benachbarten Vulkane der Ursprung zahlreicher Mythen und Legenden ist. Es heißt, dass die Tengger-Caldera einst von einem Riesen, der sich in eine Prinzessin verliebt hatte, mit einer halben Kokosnussschale ausgebaggert wurde.

Der Bromo ist von besonderer religiöser Bedeutung für das hinduistische Volk der Tengger, das immer noch in dieser Region lebt. Die ersten flohen vor dem Islam hierher, der im 16. Jh. das Königreich Majapahit überrannte. Die Tengger glauben, dass der Bromo einst zum Herrschaftsbereich des kinderlosen Königs Jaka Seger und seiner Frau Roro Anteng gehörte, die den Gott des Vulkans darum baten, ihnen einen Erben zu schenken. Der Gott gab ihnen 25 Kinder, forderte aber, dass das jüngste, ein schöner Knabe namens Dian Kusuma, den Flammen geopfert würde. Als die Königin sich später weigerte, ihre Verpflichtung zu erfüllen, opferte sich der junge Dian selbst, um Unheil von dem Königreich abzuwenden.

Aktivitäten

Die typische Bromo-Tour, die alle Hotels und Führer in Cemoro Lawang (und anderen Dörfern) anboten, bestand darin, dass man gegen 3.30 Uhr abgeholt wurde und mit einem Geländewagen auf den benachbarten Gipfel des Gunung Penanjakan (2770 m) fuhr. Dieser Aussichtspunkt bietet die beste Aussicht (und die beste Stelle zum Fotografieren) auf die gesamte Landschaft des Bromo vor der Kulisse des rauchenden Gunung Semeru am Horizont. Zum Zeitpunkt der Recherche war dieser Aussichtspunkt aber geschlossen, weil das Gelände von Zehntausenden Besuchern buchstäblich niedergetrampelt worden ist und sich erholen muss. Es gab keine Infos darüber, ob und wann dieser Aussichtspunkt wieder geöffnet wird.

Gegenwärtig bringen die Fahrer ihre Kunden zu anderen Aussichtspunkten. Nach Sonnenaufgang fahren die Geländewagen wieder am steilen Rand des Kraters hinunter und dann über die Laut Pasir (Sandmeer) zum Fuß des Bromo. In der Regel ist es leicht, sich für diese Tour mit anderen Travellern zusammenzutun, um Kosten zu sparen. Private Jeeps kosten 600000 Rp, aber gelegentlich kann man einen günstigeren Preis aushandeln. Wenn man nur für einen Platz bezahlt, sinkt der Preis auf angemessene 125000 Rp, aber man ist dicht eingezwängt mit vier oder fünf anderen Passagieren unterwegs.

Alternativ dauert die Wanderung von Cemoro Lawang zum sogenannten zweiten Aussichtspunkt auf dem Gipfel des Gunung Penanjakan zwei Stunden. Aber vom „King-Kong-Hügel", 20 Minuten hinter dem ersten Aussichtspunkt ebenfalls auf dem Penanjakan, und zwar auf einem vom Hauptweg abzweigenden Felsvorsprung, hat man sogar eine noch besseren Blick als vom Gipfel. In Richtung Westen erblickt man den Bromo im morgendlichen Sonnenschein, den Gunung Batok und dahinter den Gunung Semeru. Es kann bis zu einer Stunde dauern, die Stelle zu erreichen, aber der Weg ist einfach hinreißend. Gleich oberhalb des Dorfs werden an den Hängen Frühlingszwiebeln, Kartoffeln und Blumenkohl angebaut. Beim Aufstieg in der Dunkelheit bemerkt man davon nichts, aber beim leichten Abstieg den Hügel hinunter bieten die Pflanzen einen hübschen Anblick. Wanderer können auch eine interessante Wanderung über die Laut Pasir zum unterhalb des Südrands der Tengger-Caldera gelegenen Dorf Ngadas (8 km) unternehmen. Von dort bringen einen Motorräder und Geländewagen hinunter nach Tumpang, von wo aus regelmäßig Busse nach Malang fahren.

Feste & Events

Im September veranstaltet die Lodge Jiwa Jawa (S. 214) ein Jazzfestival, das Gunung Jazz (www.jazzgunung.com), bei dem internationale und einheimische Musiker unter freiem Himmel auf dem Hotelgelände spielen.

Yadnya Kasada   RELIGION

Beim jährlichen Kasada-Fest, wird der Zorn des Bromo besänftigt, indem die hinduistischen Tengger zum Berg ziehen und um Gesundheit und eine gute Ernte beten. Während dieser Zeit steigen örtliche Wagehälse in den Krater hinab und versuchen, mit Netzen Opfergaben (Geld, Essen und sogar lebende Hühner) aufzufangen, die andere von oben in den Krater werfen.

Das Unterfangen ist so riskant und gefährlich, wie es sich anhört: Alle paar Jahre rutscht einer aus, und der Vulkan fordert ein neues Opfer. Das Fest findet am 14. Tag des Monats Kasada des traditionellen hinduistischen Mondkalenders statt. Die Termine ändern sich also jedes Jahr, fallen aber die nächsten Jahre fast immer in den Juni.

🛏 Schlafen & Essen

Die Unterkünfte im Gebiet um den Bromo haben ein notorisch schlechtes Preis-Leistungs-Verhältnis. Angesichts der Nähe zum Bromo ist das Dorf Cemoro Lawang die praktischste Adresse. Hier hat man die Wahl zwischen primitiven Gästehäusern und überteuerten Hotels. Rund 5 km ostwärts in Richtung auf Probolinggo findet sich eine andere Enklave von Gästehäusern, von denen einige ganz ordentlich sind.

CEMORO LAWANG

Bromo Otix Guesthouse   PENSION $
(☑0852 5773 6209; Cemoro Lawang; Zi. mit Gemeinschaftsbad/eigenem Bad 150 000/200 000 Rp) Diese Pension ist etwas besser als die Konkurrenz im Ort und bietet drei Klassen von Zimmern. Die Zimmer im neuen Block vorne sind smart, bunt gestrichen und haben angeschlossene Bäder mit Warmwasser. Jene in den hinteren Blocks sind älter und haben Gemeinschaftsbäder, sind aber immer noch recht gepflegt. Das Personal ist freundlicher als in den meisten benachbarten anderen Gästehäusern.

Tengger Indah   GASTFAMILIE $
(☑0858 5357 4021; Cemoro Lawang; Zi. mit Frühstück 250 000 Rp; 🛜) Das zweistöckige, nach Osten blickende Haus liegt nur einen Steinwurf vom Kraterrand an der Kreuzung. Die Zimmer sind schlicht, gefliest und preiswert, benötigen aber eine Renovierung. Vom Balkon hat man einen herrlichen Ausblick, und die Lage ist ideal für Ausflüge in den Nationalpark.

Lava View Lodge   HOTEL $$
(☑0812 4980 8182, 0335-541009; Cemoro Lawang; Zi./Bungalows ab 700 000/800 000 Rp; 🛜) Das gut geführte Hotel liegt 500 m eine Seitenstraße hinunter im Osten des Dorfs. Da es fast am Rand der Caldera steht, hat man gleich vor der Haustür beste Sicht auf den Bromo. Die holzgezimmerten Zimmer und Bungalows sind recht komfortabel, aber keineswegs so beeindruckend, wie man bei diesem Preis erwarten würde. Das Personal ist freundlich.

Cafe Lava Hostel   HOTEL $$
(☑0812 3584 1111, 0335-541020; www.cafelava.la vaindonesia.com; Cemoro Lawang; Zi. mit Gemeinschaftsbad ab 175 000 Rp, mit Bad & Frühstück ab 450 000 Rp; ✳🛜) Mit der geselligen Stimmung dank des Cafés an der Straße und der attraktiven Verteilung der Zimmer über den

Talhang ist dieses Hotel trotz hoher Preise und ziemlich schlechter Qualität für die meisten Traveller die erste Wahl. Die Economy-Zimmer sind sehr klein und düster, aber ordentlich und haben Zugang zu einer Gemeinschaftsveranda und sauberen Gemeinschaftsbädern (mit Warmwasserduschen).

Hotel Bromo Permai   LODGE $$
(☑0335-541049; Cemoro Lawang; DZ ab 580 000 Rp) Diese Unterkunft hat eine erstklassige Lage mit weitem Blick in die Caldera. Die gefliesten Zimmer sind jedoch allenfalls durchschnittlich und könnten besser gewartet sein, beispielsweise ist warmes Wasser hier Glückssache. Für eine Nacht ist das Hotel aber ausreichend. Das Restaurant ist holzgetäfelt und wird mit klassischer indonesischer Musik beschallt.

Cafe Lava Resto   INDONESISCH $
(☑0335-541020; Cafe Lava Hostel, Cemoro Lawang; Hauptgerichte 23 000–43 000 Rp; ⊙morgens 7–9, mittags 13–16, abends 18–21 Uhr; 🛜) Das an das Cafe Lava Hostel angeschlossene Restaurant ist wohl das beste rund um den Vulkan, was aber noch nicht viel heißen will. Auf der Karte stehen typische indonesische Gerichte, einige saisonale Pilzgerichte, ein paar westliche und chinesische Optionen sowie kaltes Bintang. Morgens gibt's ein Frühstücksbüffet (40 000 Rp).

NGADISARI & WONOTORO

Yoschi's Hotel   PENSION $$
(☑0335-541018, 0813 3129 8881; www.hotelyo schi.com; Wonokerto St 117, Km 2; Zi. mit Frühstück & Gemeinschaftsbad/eigenem Bad 300 000/540 000 Rp, Cottage ab 1 020 000 Rp; @🛜) Die rustikale Unterkunft hat viel Charakter. Die Bungalows und kleinen Zimmer verteilen sich über eine große, grüne Gartenanlage. Die meisten haben aber kein Warmwasser (es gibt eine Gemeinschafts-Warmwasserdusche neben der Herrentoilette), und um die Sauberkeit steht's auch nicht zum Besten. Das große Restaurant serviert teure westliche und indonesische Gerichte (wegen eines deftigen Bedienungsaufschlags von 20 %).

Jiwa Jawa   HOTEL $$$
(☑0335-541193; www.jiwajawa.com; Ngadisari; Zi. mit Frühstück ab 1 800 000 Rp, Suite ab 4 700 000 Rp; 🛜) Diese ausgezeichnete, ultramoderne Berg-Lodge hat stilvolle, aber kompakte Zimmer mit schöner Fotokunst an den Wänden, hochwertigen Matratzen, deckenhohen Fenstern und den besten Badezimmern, die man je an einem feuerspeien-

den Berg gesehen hat. Sehr schön ist auch das erhöhte Café-Restaurant mit weitem Blick über die Dörfer und Gemüsefelder.

❶ Praktische Informationen

Infos über den Zustand der Wege und des Berges erhält man in den PHKA-Büros in **Cemoro Lawang** (☑ 0335-541038; Cemoro Lawang; ☺ Di–So 8–15 Uhr) und am Südrand von **Wonokitri** (☑ 0335-357 1048; Wonokitri; ☺ Di–So 8–15 Uhr). Beide haben bei großem Andrang verlängerte Öffnungszeiten. Das offizielle Parkbüro findet man in Malang.

Nahe dem Kraterrand in Cemoro Lawang befindet sich ein Geldautomat der BNI.

❶ An- & Weiterreise

Probolinggo ist das wichtigste Tor zum Bromo. Von Probolinggo fahren öffentliche Minibusse nach Cemoro Lawang (35 000–40 000 Rp, 2 Std.) am Fuß des Bromo, die aber erst starten, wenn sie voll besetzt sind (15 Pers.). Morgens ist die beste Zeit, einen zu erwischen. Ansonsten gibt's Shuttles von Tourveranstaltern (ca. 60 000–100 000 Rp). Ein angemietetes Privatauto ab Probolinggo kostet hin und zurück mit Übernachtungsaufenthalt ungefähr zwischen 450 000 Rp und 600 000 Rp. Diese Privatfahrzeuge dürfen Besucher nicht hinunter in die Caldera bringen, man muss also in Cemoro Lawang wie alle anderen einen Platz in einem Jeep bezahlen (wenn man sich die Attraktionen am Bromo nicht zu Fuß ansehen will). Bei der Rückfahrt kann man wiederum versuchen, den öffentlichen Minibus zu nehmen (der allerdings keinen festen Fahrplan hat, aber normalerweise zwischen 8 und 10 Uhr fährt). Ansonsten bleibt ein Shuttle (50 000–60 000 Rp), der gegen 9.30 Uhr nach Probolinggo startet, wo man Fernbusse (S. 150) nach Yogyakarta und Denpasar nehmen kann.

Gunung Semeru

Der Gunung Semeru gehört zu dem gewaltigen Tengger-Vulkanmassiv und ist mit 3676 m der höchste Gipfel Javas. Der auch als Mahameru (Großer Berg) bekannte Vulkan gilt den Hindus als der heilige Berg und der Vater des Gunung Agung auf Bali.

Der Semeru ist einer der aktivsten Vulkangipfel Javas und bricht seit 1818 immer immer wieder und sehr häufig aus – der letzte große Ausbruch ereignete sich im März 2009. Zum Zeitpunkt der Recherche war der Berg für Wanderer prinzipiell zugänglich, aber von Zeit zu Zeit muss man wegen der vulkanischen Aktivität mit offiziellen Warnungen rechnen, den Gipfel zu besteigen.

Wandertouren ab Malang brauchen für den Hin- und Rückweg zum Gipfel in der Regel zwei, manchmal drei Tage. Für eine dreitägige Wanderung mit zwei Übernachtungen inklusive Material, Transport, Mahlzeiten und einem Englisch sprechenden Führer zahlt man rund 750 000 Rp pro Person und Tag.

Um auf eigene Faust auf den Gipfel zu wandern, nimmt man vom Busbahnhof Arjosari in Malang ein *angkot* (10 000 Rp, 45 Min.) nach Tumpang und chartert dort einen *ojek*/Geländewagen (ca. 80 000/ 600 000 Rp) zum Dorf Ranu Pani, wo die Wanderung beginnt. In Ranu Pani (2109 m) gibt's mehrere Homestays (200 000– 350 000 Rp/Pers. inkl. Mahlzeiten); zu den guten gehören **Pak Tasrip** und **Pak Tumari**, die beide Mahlzeiten bieten und Führer (150 000 Rp/Tag), Zelte und Schlafsäcke (unverzichtbar) beschaffen können.

Wanderer *müssen* sich beim **PHKA-Posten** registrieren, der sich nahe dem See in Ranu Pani befindet. Dort hat man die aktuellen Infos zur Sicherheitslage: Es kann sein, dass man nicht bis zum Gipfel, sondern nur bis zum Campingplatz Arcopodo wandern kann. Im Posten wird möglicherweise die Vorlage einer Gesundheitsbescheinigung verlangt. Für den Eintritt in den Nationalpark und die Genehmigung zur Besteigung des Berges zahlt man eine kleine Gebühr (werktags/Wochenende 217 500/317 500 Rp).

Ranger zeigen einem den Weg zum Ausgangspunkt der Strecke auf den Semeru. Die Route ist in einigen Abschnitten markiert und führt an drei Unterständen vorbei, so dass man sich kaum verirren kann. Unterwegs kommt man 13 km oder 3½ Stunden hinter Ranu Pani am hübschen Ranu Kumbolo vorbei, einem Kratersee auf 2400 m Höhe. Die Route führt danach durch Savanne und dann hinauf nach Kalimati (3 Std.) am Fuß des Berges. Ein steiler, rund einstündiger Aufstieg bringt einen von Kalimati nach Arcopodo, wo es einen ziemlich ebenen Campingplatz gibt.

Ein kurzer, steiler Aufstieg führt einen von Arcopodo hinauf zum Beginn des vulkanischen Sandes. Von dort geht es über loses Geröll hinauf zum Gipfel – eine anspruchsvolle, drei Stunden dauernde Kletterpartie. Eruptionen des Semeru ereignen sich alle halbe Stunde; die Gase und die ausgeworfene Lava sind lebensgefährlich, daher sollte man von Schloten und Spalten großen Abstand halten. An klaren Tagen hat man ei-

WANDERN AUF DEN GUNUNG SEMERU

➡ Der Semeru ist ein hoch aktiver Vulkan, dessen Status sich schnell ändern kann. Über die aktuelle Lage kann man sich im Nationalparkbüro in Malang, vor Ort im Dorf Ranu Pani und online unter www.gunungbagging.com informieren.

➡ Da schon mehrere Wanderer beim Aufstieg auf den Semeru an Herzanfällen verstorben sind, braucht man offiziell zu seiner Besteigung eine Gesundheitsbescheinigung. Diese besorgt man sich am besten vorab in Malang, sie wird aber durchaus nicht immer verlangt.

➡ Die Nächte auf dem Berg sind bitterkalt (oft nahe dem Gefrierpunkt), und unerfahrene Wanderer sind schon an Unterkühlung gestorben. Daher sollte man unbedingt an angemessene Ausrüstung und Kleidung denken.

➡ Die beste Zeit für die Wanderung sind die Monate zwischen Mai und Oktober, in denen man recht gute Chancen auf einen wolkenlosen Himmel und trockene Witterung hat.

nen atemberaubenden Blick, der bis zur Nord- und Südküste Javas und bis nach Bali reicht. Wer den Sonnenaufgang auf dem Gipfel erleben will, muss gegen 1.30 Uhr aufbrechen.

Bondowoso

📞 0332 / 69 780 EW.

Bondowoso, das zwischen dem Tengger- und dem Ijen-Hochland liegt, ist ein Tor zum Bromo und zum Ijen. Hier findet man mit das beste *tape* auf der Insel, einen schmackhaften, süßsauren Snack aus gekochtem, fermentiertem Maniok. Das Städtchen ist hauptsächlich eine Durchgangsstation, in der sich Touren zum Ijen organisieren lassen.

🛏 Schlafen & Essen

Palm Hotel   HOTEL **$$**
(📞 0332-421 201; www.palm-hotel.net; Jl A Yani 32; Zi. mit Frühstück, Ventilator & Kaltwasserdusche 225 000 Rp, mit Klimaanlage ab 364 000 Rp; ❄ 🛜 🞧) Das ältliche Hotel gleich südlich des großen, grasbewachsenen *alun-alun* (Hauptplatzes) hat einen großen Pool und

ist deshalb prima, um sich ein wenig von der auf Java herrschenden schwülen Hitze zu erholen. Man hat die Wahl zwischen schlichten, etwas schäbigen Zimmern mit Ventilator und Kaltwasser-*mandi* und größeren, klimatisierten Zimmern mit minimalistischem Design.

ℹ An- & Weiterreise

Von Bondowosos **Busbahnhof** (Jl Imam Bonjol) fahren vor 13 Uhr viele (überfüllte) Minibusse nach Sempol (ca. 30 000 Rp, 2½–3½ Std.), einem Dorf, von dem aus sich der Vulkan Ijen gut erreichen lässt. Von Sempol bringt einen ein *ojek* (50 000 Rp) nach Pos Paltuding, dem Ausgangspunkt für Wanderungen auf den Ijen. Alternativ kann das Palm Hotel (s. linke Spalte) Trips organisieren (750 000 Rp).

Von Bondowoso fahren außerdem Busse nach Jember (7000 Rp, 1 Std.), Probolinggo (25 000–35 000 Rp, 2 Std.) und Surabaya (normal/klimatisiert 38 000/70 000 Rp, 5 Std.).

Ijen-Plateau

Das sagenhafte Ijen-Plateau ist eine gewaltige, vulkanische Region, aus der die drei Vulkankegel des Ijen (2368 m), des Merapi (2800 m) und des Raung (3332 m) ragen. Praktisch alle Besucher kommen ausschließlich wegen des Ijen – um zu dem spektakulären Schwefel-Kratersee hinauf zu wandern und das einzigartige Phänomen des „blauen Feuers" zu bestaunen.

Doch auch das übrige Gebiet lohnt die Erkundung. Dank der weiten Aussicht und des gemäßigten Klimas kann man auf dem Plateau gut ein paar Tage bleiben. Die schöne, bewaldete Hochgebirgslandschaft ist von Bächen und blubbernden heißen Quellen durchzogen, man findet hier Kautschuk- und Gewürznelkenhaine, von Wolken verhangene Pässe und stimmungsvolle schattige Kaffeeplantagen. Abgesehen von den Plantagen und ihren *kampung* (Dörfern) gibt's auch einige abgelegene Siedlungen.

⊙ Sehenswertes

★ **Kawah Ijen**   SEE
(Mo–Fr 100 000 Rp, Sa & So 150 000 Rp) Die Hauptsehenswürdigkeit des Ijen-Plateaus ist der prächtige türkisblaue Schwefelsee Kawah Ijen. Bei einer Nachtwanderung zu dem Krater, in dem der See blubbert, erblickt man das blaue Feuer, eine spektakuläre Landschaft und die Männer, die hier Schwefel abbauen – einer der ungewöhn-

lichsten Jobs auf Erden. Die Eintrittsgebühr bezahlt man im PHKA-Posten.

Kebun Balawan PLANTAGE
(☎ 0823 3262 8342) GRATIS Bei einem Besuch dieser Kaffeeplantage wandert man durch die Plantage und besichtigt zwanglos die zugehörige Fabrik. Es gibt hier auch Thermalbecken und einen rauschenden heißen Wasserfall (5000 Rp) inmitten des üppigen Dschungels. Der Besuch lässt sich über das Catimor Homestay (S. 218) im Dorf Kalisat arrangieren.

🎣 Aktivitäten

Der Ausgangspunkt für die Wanderung zum Krater ist der **PHKA-Posten** (werktags/Wochenende 100 000/150 000 Rp; Motorrad/Auto 5000/10 000 Rp; ⏱ 24 Std.) in Pos Paltuding, das von Bondowoso oder Banyuwangi aus zu erreichen ist. Hier bezahlt man die Eintrittsgebühr und registriert sich. Für den steilen, 3 km langen Weg bis zum Beobachtungsposten (an dem es ein Teehaus gibt) braucht man etwas mehr als eine Stunde. Vom Posten marschiert man weitere etwa 30 Minuten zum vom Wind abgeschliffenen Kraterrand, wo sich eine hinreißende Aussicht bietet.

Vom Kraterrand führt ein extrem abschüssiger Kiesweg hinunter zu den Schwefellagerstätten und dem dampfenden See. Die meisten Kletterer brechen mitten in der Nacht auf, um das eindrucksvolle, unheimliche Schauspiel des „blauen Feuers" zu erleben, das sich am Ufer des Kratersees zeigt. Das blaue Feuer ist nur bei Dunkelheit zu sehen (am besten generell vor 4 Uhr – wenn sich auch die meisten Besucher einstellen, um den Sonnenaufgang zu erleben); die glänzende, stahlblaue Lichterscheinung entsteht durch die Verbrennung der Schwefelgase. So etwas kann man nur an wenigen Orten auf der Welt sehen (u. a. auch auf Island). Die Parkbehörde verwehrt es Touristen nicht, in den Krater hinunterzusteigen, aber Schilder warnen davor. Wer sich auf das Wagnis einlassen will, marschiert 30 Minuten hinunter, der Pfad ist streckenweise schlüpfrig, und die Schwefeldämpfe am Grund können einen benebeln und sorgen für brennende Lungen und tränende Augen. Größte Vorsicht ist geboten: Vor einigen Jahren stürzte hier ein französischer Tourist ab und kam zu Tode. Es ist sinnvoll, eine Gasmaske mitzunehmen; man kann sie in Pos Paltuding für 50 000 Rp mieten, sollte sich aber vor dem Aufbruch überzeugen, dass sie funktioniert. Kinder und Menschen mit Atemproblemen sollten auf den Abstieg in den Krater verzichten.

Nahe am Ufer ist man irgendwann ganz von einer Gaswolke eingehüllt. Das kann selbst mit Gasmaske sehr beschwerlich sein. Das Atmen kann schwerfallen, die Augen brennen, und die Sichtweite ist deutlich reduziert. Wichtig ist es, nicht in Panik zu verfallen, sondern schnell, aber nicht überhastet vom Ufer und aus der Reichweite der Wolke zu entfernen. Es ist sehr empfehlenswert, am PHKA-Posten einen Führer (100 000–150 000 Rp) zu engagieren. Noch ein Wort zur Kamera-Ausrüstung. Die

---

DIE SCHWEFELARBEITER VOM KAWAH IJEN

Der Kawah Ijen liegt tief verborgen in einem steilen Krater auf 2148 m Höhe und ist berühmt für seine Schwefelarbeiter, die eigentlich Schwefelsammler sind. Jede Nacht stellen sich diese Männer den schädlichen Gasen und tanzenden blauen Schwefelflammen, um Brocken gelben Schwefels aus dem Gelände um den See auszugraben und sie zu den Verarbeitungszentren unten am Berg zu schaffen. Die meisten der 300 Arbeiter haben nur minimale Sicherheitsausrüstung und binden sich zum Schutz vor den hochgefährlichen Schwefelwolken am See nur ein nasses Tuch vor Mund und Nase. Nach dem Sammeln verbringen die Arbeiter die nächsten rund sechs Stunden damit, die 60 bis 80 kg schweren Lasten auf dem Rücken den Vulkan hinunter zu bringen.

Die anstrengende Arbeit ist sehr schlecht bezahlt (ca. 800 Rp/kg), und doch hält die unglaubliche Anstrengung die Sammler äußerst fit. Nur wenige haben Gesundheitsprobleme, obwohl sie den schädlichen Schwefeldämpfen praktisch jeden Tag ihres Lebens ausgesetzt sind. Der gesammelte Schwefel wird für Kosmetika und Arzneien verwendet und auch Düngemitteln und Insektiziden beigemischt.

Trotz der Entbehrungen in ihrem Job sind die Schwefelarbeiter lustige Leute, die sich auch gern gegen eine kleine Gebühr fotografieren lassen (die meisten von ihnen verdanken heute wahrscheinlich einen großen Teil ihres Einkommens den Reisenden).

Schwefeldämpfe sind stark korrosiv. Ungeschützte Kameras (insbesondere empfindliche Spiegelreflexkameras) können schnell Schaden nehmen, wenn sie den Dämpfen zu lange ausgesetzt sind. Man sollte elektronische Geräte daher, wenn man sie nicht gerade benutzt, in eine luftdichte Plastiktasche packen.

Wieder oben am Rand des Kraters, wo die Luft frisch und rein wirkt, wendet man sich nun nach links und beginnt den Aufstieg zum höchsten Punkt (2368 m), um die prächtige Aussicht bei Sonnenaufgang zu genießen, oder man läuft gegen den Uhrzeigersinn weiter um den Rand, um noch bessere Blickpunkte auf den See zu finden. Auf der anderen Seite des Sees, gegenüber dem Dampfauslass verschwindet der Weg zwischen abbröckelnden Vulkanfelsen und tiefen Schluchten. Man sollte auf keinen Fall versuchen, diese zu überqueren.

Die beste Zeit für die Wanderung zum Kawah Ijen ist die Trockenzeit zwischen April und Oktober. Der Pfad ist zwar steil, aber in der Regel nicht schlüpfrig, sodass man die Wanderung an klaren Tagen durchaus auch während der Regenzeit unternehmen kann.

Der Ijen ist sehr launisch. Zwar liegt der letzte größere Ausbruch länger zurück (1936), dennoch wird der Krater häufig wegen einer Zunahme der vulkanischen Aktivität für Besucher gesperrt. Zur aktuellen Lage kann man sich bei den Hotels in den umliegenden Ortschaften erkundigen.

🛏 Schlafen & Essen

Catimor Homestay LODGE **$**
(📞 0823 3262 8342; catimor_n12@yahoo.com; Blawan; Zi. 200 000–400 000 Rp; ❄ 🏊) Diese Budget-Lodge hat eine ausgezeichnete Lage auf der Kaffeeplantage Kebun Balawan (S. 217); in der Nähe befinden sich Thermalquellen und ein Wasserfall. Zimmer gibt es in dem originalen, holzgezimmerten niederländischen Pflanzerhaus (von etwa 1894), in dem sich ein heruntergekommenes, aber sehr stimmungsvolles Wohnzimmer befindet; hinzu kommen gepflegtere, sauberere Zimmer rund um den funkelnden, kühlen Swimmingpool.

Die Lodge ist oft ausgebucht, kann aber, wenn sie voll ist, Homestays organisieren. Die meisten Reisegruppen kommen abends, so dass man hier tagsüber nett relaxen kann.

Zum Thermalbadkomplex (7–16 Uhr; 5000 Rp) und dem nahen eindrucksvollen Wasserfall braucht man 10 Minuten.

Das Personal tut das Beste, was bei der abgeschiedenen Lage möglich ist. Das Essen (Abendmenü 60 000 Rp) ist recht gut und das Bier nicht überteuert. Ein *ojek* von Sempol kostet rund 50 000 Rp; eine Fahrt zum Ijen ca. 80 000 Rp.

Arabika Homestay LODGE **$**
(📞 0852 5959 5955; arabica.homestay@gmail.com; bei Kawah Ijen, Sempol; Zi. mit Frühstück 200 000–400 000 Rp; 🏊) Diese betagte, kühle Berghütte wird von der nur einen kurzen Marsch entfernten Kaffeeplantage Kebun Kalisat verwaltet. Die Unterkunft könnte sauberer und gepflegter sein, ist aber ganz stimmungsvoll, zumal man von der Restaurantterrasse einen schönen Blick auf den Ijen hat.

⭐ **Jiwa Jawa Ijen** BOUTIQUEHOTEL **$$$**
(📞 0628-1130 3818; www.jiwajawa.com; Zi./Suite mit Frühstück ab 1 960 000/2 660 000 Rp; ❄ 🏊) Ein größerer Kontrast als zwischen der Höllenlandschaft des Kawah Ijen und diesem unter Bananenbäumen und Palmen stehenden Boutiquehotel ist kaum denkbar. Von der Designer-Aussichtsplattform hat man einen stimmungsvollen Blick ins Land; die Zimmer sind smart und gut ausgestattet, und überall erblickt man gute Kunstwerke und javanisches Kunsthandwerk.

Ijen Resort HOTEL **$$$**
(📞 0815 5810 4576, 0819 3764 6004; www.ijendiscovery.com; Dusun Randuagung; Zi./Suite ab 2 133 000/2 646 500 Rp; ❄ ❄ 🏊) Dieses Resort der Spitzenklasse bietet auf einem üppigen Gelände schöne Zimmer mit Stein- oder Holzböden, Freiluftbädern und hübschen Möbeln. Vom Infinity Pool, der die Form einer 8 hat, blickt man über die Reisterrassen zu den in der Ferne dräuenden Vulkanen. Das Resort ist ideal, um ein paar Tage Beschaulichkeit zu genießen, wenn man sich den Aufenthalt leisten kann.

⭐ **Java Banana** FUSION **$$**
(Jiwa Jawa; 📞 0628-1130 3818; www.jiwajawa.com; Hauptgerichte 65 000–195 000 Rp; 🕐 8–22 Uhr) Das Restaurant des gehobenen Hotels Jiwa Jawa abseits der Straße, die von Banyuwangi zum Ijen führt, ist sehr eindrucksvoll: Im Erdgeschoss befindet sich eine riesige Galerie, und draußen gibt's ein Amphitheater mit spektakulärer Sicht auf den Vulkan. Die Karte ist ehrgeizig, auf ihr stehen z. B. Papageienfisch mit italienischer Fleischsauce, Wachtel-Salat und Lammkarree mit Nori-Kruste.

ⓘ An- & Weiterreise

Man kann zwar fast den gesamten Weg zum Kawah Ijen mit öffentlichen Verkehrsmitteln zurücklegen, die meisten Besucher chartern aber doch andere Transportmittel. Beide Zufahrtsstraßen sind schmal, kurvenreich und langsam. Die Straße aus Banyuwangi wurde kürzlich aufgebessert und bietet die schnellste Verbindung zum PHKA-Posten in Pos Paltuding (1¼ Std.).

AUS BONDOWOSO

Aus Wonosari, das 8 km von Bondowoso in Richtung auf Situbondo entfernt ist, führt eine raue, von Schlaglöchern übersäte Straße über Sukosari und Sempol nach Pos Paltuding. Sie ist normalerweise mit allen Fahrzeugen mit hohem Achsabstand passierbar, manchmal braucht man aber doch einen Geländewagen. Unterwegs registriert man sich an den Kontrollpunkten der Kaffeeplantage (ca. 5000 Rp). Die Hotels in Bondowoso können Tagestouren zum Ijen für rund 750 000 Rp arrangieren.

Wer öffentliche Verkehrsmittel nutzen möchte, nimmt einen der mehreren *angkot*, die überwiegend am späten Vormittag von Bondowoso nach Sempol (30 000 Rp, 2½ Std.) fahren; der letzte startet um 13 Uhr. Wenn Fahrgäste weiter nach Pos Paltuding wollen, bringen die Fahrer sie manchmal hin, doch werden Ausländern auf dieser Strecke regelmäßig überzogene Preise abgeknöpft. Alternativ fährt man in Sempol mit einem *ojek* (einfache Strecke ca. 50 000 Rp) weiter. In Pos Paltuding finden sich in der Regel einige Fahrer für die Rückfahrt.

AUS BANYUWANGI

Die Straße Banyuwangi–Ijen war zum Zeitpunkt der Recherche in gutem Zustand, während sie früher völlig ausgefahren war. Nach dem aktuellen Zustand sollte man sich vor dem Aufbruch vor Ort erkundigen. Zwischen Banyuwangi und Pos Paltuding, einer spärlich bevölkerten Region, fahren keine durchgehenden öffentlichen Verkehrsmittel.

Am besten schließt man sich in Banyuwangi einer Tour eines der besseren Hotels an (ab 200 000–300 000 Rp/Pers., der Preis hängt vom Fahrzeug ab und davon, ob Eintrittsgebühren, Führer & Verpflegung im Tour enthalten sind). Alternativ kann die Touristeninformation in Banyuwangi Geländewagen (700 000 Rp/Fahrzeug) beschaffen. Ein *ojek* von Banyuwangi zum Ijen lässt sich für rund 200 000 Rp (inkl. 4 Std. Wartezeit) chartern. *Ojek*-Fahrer findet man am Fährhafen von Ketapang und am Busbahnhof von Banyuwangi, ansonsten fragt man in seiner Unterkunft nach.

Für die Rückfahrt den Berg hinunter kostet die einfache Strecke von Pos Paltuding nach Banyuwangi mit einem *ojek* ungefähr 100 000 Rp.

Kalibaru

☑ 0333 / 5000 EW.

Die malerische Straße von Jember nach Banyuwangi umrundet die Ausläufer des Gunung Raung und führt durch Regenwald zum kleinen Hügelort Kalibaru (428 m).

Das Dorf selbst ist nicht sonderlich sehenswert, hat aber dank der wenigen Meter Höhe ein angenehmeres Klima als die meisten Teile Javas. Der Ort ist ein guter Ausgangspunkt zum Besuch der Plantagen im Osten rund um Glenmore sowie der kleineren, leichter erreichbaren Kaffee- und Gewürznelkenplantagen nördlich des Bahnhofs von Kalibaru.

Im Gebiet gibt's viele Kaffeeplantagen, und man kann Führer (100 000 Rp) für Gruppentouren mieten, bei denen man sieht, wie Kautschuk gezapft und verarbeitet und wie Kakao und Kaffee verarbeitet werden.

☞ Geführte Touren

Das Margo Utomo Resort bietet mehrere Touren, darunter kürzere Ausflüge zu Gewürz- und Kaffeeplantagen und längere Touren in die Nationalparks Meru Betiri und Alas Purwo. Auf der Plantage zeigen einem Englisch sprechende Führer den Bio-Betrieb mit Schmetterlingspark, Pfeffer-, Zimt- Muskat-, Vanille- und Kakaosträuchern. Angeboten werden auch Geländewagentouren in die umliegenden Dörfer zu einem Wasserfall und einer Kakaofabrik. Wer sich einer Tour anschließen will, nimmt vorab zum Hotel Kontakt auf.

◉ Sehenswertes

Glenmore Plantation   PLANTAGE
(☑ 0813 3854 4445; ⊙ nach Vereinbarung) GRATIS
Die Plantage soll im 18. Jh. von einer Gruppe entlaufener Schotten gegründet worden sein (daher ihr Name). Sie liegt einige Kilometer östlich des Ortszentrums und ist die besucherfreundlichste in der Gegend. Die Führungen über die große Plantage, auf der Kaffee, Kautschuk und diverse Gewürze und Früchte angebaut werden, dauern rund eine Stunde.

🛏 Schlafen & Essen

Kendi Villas   BOUTIQUEHOTEL **$$**
(☑ 0878 5523 4338; https://kendi-villas-and-spa -id.book.direct; Jl Putri Gunung 99; Zi. mit Frühstück ab 415 000 Rp; ✳ 🛜 🛏) Die kleine, moderne Ferienanlage mit freundlichem Management hat einzelne Cottages mit Fliesenbö-

den an einem einladenden Pool. Moderne Kunst ziert die Zimmerwände. Im Garten steht neben dem Bach ein Pavillon mit Ausblick in die Berge.

Margo Utomo Eco Resort HOTEL $$
(☎ 0333-897700; www.margoutomo.com; Jl Lapangan 10; Zi. mit Frühstück 550000 Rp; @ ☙) Diese tolle ehemalige Plantage hat einen prächtigen Garten voller Sträucher und Blumen (die alle ordentlich beschildert sind). Die Gartenanlagen sind definitiv viel besser als die Cottages mit Deckenventilatoren, die zwar geschmackvoll und charmant, aber doch ziemlich schlicht und überteuert sind. Am Ende des Wegs liegt hinter dem Gelände ein 20 m großer Pool.

Kalibaru Cottages BUNGALOWS $$
(☎ 0333-897333; www.kalibarucottages.com; Zi. mit Frühstück 390000–620000 Rp; ❈ ☎ ☙) Die große, gut geführte Anlage prunkt mit einem weitläufigen, gepflegten Gelände samt einem von Palmen gesäumten, T-förmigen Pool. Die traditionell aufgemachten Cottages sind geräumig und haben halb offene Duschen. Das Restaurant ist ziemlich teuer. Die Anlage befindet sich 4 km westlich des Dorfs an der Straße nach Jember. Das Personal organisiert gute Touren zu den Plantagen und Heimindustrien in der Gegend.

❶ An- & Weiterreise

Die zwischen Jember (15000 Rp, 1 Std.) und Banyuwangi (25000 Rp, 3 Std.) fahrenden Busse können einen in der Nähe der Hotels absetzen. Der Bahnhof Kalibaru im Dorfzentrum liegt an der Hauptbahnstrecke Banyuwangi–Jember–Probolinggo–Surabaya.

Jember

☎ 0331 / 332000 EW.
Jember ist eine große Stadt und das Dienstleistungszentrum für die umliegenden Kaffee-, Kakao-, Kautschuk-, Baumwoll- und Tabakplantagen. Die Stadt ist relativ sauber und besitzt eine futuristische Moschee, die neben dem *alun-alun* (Hauptplatz) an eine fliegende Untertasse erinnert. Sonst gibt's keinen Grund, hier länger zu verweilen. Wer den Nationalpark Meru Betiri besuchen will, erhält hier im Nationalparkbüro (S. 221) Hintergrundinfos zum Park und den Unterkünften.

🛏 Schlafen & Ausgehen

In Jember findet sich eine ordentliche Menge von Unterkünften aller Preiskategorien.

Im Aston Jember Hotel gibt's jeden Abend Livemusik; wenn einem die nicht gefällt, kann man seinen Kummer immer noch mit einem Bier hinunterspülen.

Aston Jember Hotel BUSINESSHOTEL $$
(☎ 0331-423888; www.astonhotelsinternational.com; Jl Sentot Prawirodirjo 88; Zi. ab 418285 Rp; ❈ ☎ ☙) Das moderne Businesshotel ist das beste vor Ort und punktet mit Holzböden, schrillen Tapeten, deckenhohen Fenstern, dicken Matratzen und einen eindrucksvollen Pool, der fast das halbe Hotel einkreist. Hier kann man sehr komfortabel eine Nacht zubringen. Das Frühstücksbüffet ist o. k.

❶ An- & Weiterreise

Jember besitzt ein Übermaß an Busbahnhöfen. Vom Hauptbusbahnhof **Tawung Alun** (oder Terminal Jember), 6 km westlich der Stadt, fahren Busse nach Banyuwangi (35000 Rp, 4 Std.) und Kalibaru (15000 Rp, 1 Std.) sowie Economy-Busse nach Denpasar, Surakarta und Yogyakarta. *Angkot* bringen einen von hier zum Terminal Arjesa, wo Busse nach Bondowoso (10000 Rp, 45 Min.) fahren.

Es gibt weitere Busbahnhöfe für Verbindungen nach Osten (Banyuwangi) und Süden (Watu Ulo). Jember liegt an der Bahnstrecke Surabaya–Banyuwangi; der Bahnhof befindet sich im Stadtzentrum.

Meru Betiri National Park

Der Nationalpark umfasst ein 580 km² großes Gebiet zwischen den Bezirken Jember und Banyuwangi; mit prächtigem Küstenregenwald und vielen Wildtieren ist er einer schönsten Parks auf Java. Der Park ist berühmt, weil er einer der letzten Rückzugsorte des inzwischen mit großer Sicherheit ausgestorbenen Java-Tigers war. Da der Nationalpark sehr schwer (in der Regenzeit oft gar nicht) zu erreichen ist, kommen kaum Besucher, auch wenn sich die Parkverwaltung bemüht, den Tourismus zu fördern.

Die Zukunft des Parks ist von mehreren Seiten bedroht. Illegale Holzfällerei, Wilderer und illegale Landwirtschaft greifen auf sein Territorium über. Auch Bergbauunternehmen und illegale Goldschürfer haben ein Auge auf ihn geworfen, seit hier beträchtliche Goldlager gefunden wurden.

◉ Sehenswertes & Aktivitäten

Zu den Wildtieren, die vor allem in den Bergwäldern zu finden sind, gehören Leoparden, Wildschweine, Affen, Bantengs,

Schwarze Riesenhörnchen, Zibetkatzen, Netzpythons (die längsten Schlangen der Welt) und Javahaubenadler. In jedem Fall wird man viele Affen, Warane und Nashornvögel sehen – vielleicht sogar Rhinozerosvögel, deren Ruf wie ein Bellen klingt.

Die Wege im Park sind begrenzt, normalerweise braucht man einen Führer (100 000 Rp). Es gibt gute Küstenwege, doch liegt leider am Strand und auch im Hinterland viel Abfall herum. Wer abenteuerlustig ist, kann auch eine dreitägige Tour zu Fuß durch den gesamten Park unternehmen.

Rajegwesi, am Eingang des Parks, liegt an einer großen Bucht mit einem weiten Strand und einem Fischerdorf. Hinter dem Parkeingang steigt die Straße an und ermöglicht einen weiten Blick über die spektakuläre Teluk Hijau (Grüne Bucht) mit ihren Klippen und ihrem weißen Sandstrand. Ein 1 km langer Weg führt von der Straße hinunter zur Teluk Hijau, die auch von Mess Pantai bei einer einstündigen Wanderung Richtung Osten zu erreichen ist.

Permisan-Bucht STRAND

Der schönste Strand im Park liegt an der nahezu wurstförmigen Permisan-Bucht mit ruhigem Wasser und einer kleinen Insel in der Mitte. Sie ist eine halbtägige Wanderung vom Sukamade-Strand entfernt. Man kann hier am Strand campen, muss aber alles Notwendige mitbringen, da es sehr einsam ist.

Sukamade-Schildkrötenstrand WILDSCHUTZGEBIET

Die Hauptattraktion des Parks ist der geschützte Strand von Sukamade, einer der wichtigsten Schildkrötennistplätze Indonesiens, an dem diverse Spezies zwischen Oktober und April ihre Eier ablegen. Man hat gute Chancen, hier Meeresschildkröten zu sehen; am häufigsten finden sich Grüne Meeresschildkröten und Oliv-Bastardschildkröten. Früher sah man zwischen Dezember und Februar auch die riesigen Lederschildkröten, doch sind Sichtungen heute selten geworden.

Mess Pantai veranstaltet nächtliche Schildkrötenbeobachtungsausflüge (150 000 Rp/Pers.). Ranger sammeln die Eier kurz nach der Ablage ein und verbringen sie in eine abgezäunte Zone, um zu verhindern, dass Wildschweine sie ausgraben und fressen.

🛏 Schlafen & Essen

Es gibt Pensionen auf der Sukamade-Plantage und in Rajegwesi, die aber ein Stück vom Strand entfernt sind. In den Dörfern am Parkrand erhält man einfache Gerichte, am besten bringt man aber selber Verpflegung mit.

Mess Pantai BUNGALOWS $

(☑ 033-133 5535; Zi. mit Gemeinschaftsbad/eigenem Bad 150 000/250 000 Rp) Die inmitten von Waldstücken und Äckern zu findende Anlage 700 m hinter dem Pantai Sukamade ist eine schlichte, friedliche Unterkunft im Park. Leider vertreiben der generell heruntergekommene Zustand der Zimmer und der herumliegende Abfall alle aufkommende Romantik. Wer kann, sollte ein Zelt mitbringen und tiefer im Park campen.

ⓘ Praktische Informationen

Im Park ist es die meiste Zeit im Jahr nass, weil das Küstengebirge die Regenwolken aufhält. Man sollte in der Trockenzeit (April–Okt.) kommen, weil die Zufahrtstraße durch eine Furt in einem Fluss führt, der leicht über seine Ufer tritt. Selbst in der Trockenzeit kann es erforderlich sein, den Fluss zu durchwaten und zu Fuß in den Park zu marschieren.

Im **Parkbüro** (☑ 0331-321530; www.merube tiri.id; Jl Sriwijaya 53; ☺ So–Fr 8–15 Uhr) in Jember erhält man viele Infos über den Park, die Eintrittsgebühr in den Park beträgt 150 000 Rp.

ⓘ An- & Weiterreise

Der Meru Betiri National Park kann selbst mit Geländewagen nur schwer zu erreichen sein. Die Straßen sind schlecht und führen an einigen Stellen durch Furten. Der direkteste Weg von Banyuwangi oder Jember zum Strand von Sukamade besteht darin, erst einen Bus nach Jajag und dann einen Minibus nach Pesanggaran (12 000 Rp, 1 Std.) zu nehmen, wo man wahrscheinlich in einen anderen nach Sarongan (10 000 Rp, ca. 1 Std.) umsteigen muss, ein kleiner Ort mit *warungs* und Läden, wo man sich Vorräte beschaffen kann. Fahrer in Sarongan bedrängen einen, ihre Geländewagen zu chartern. Man kann hier *ojeks* nach Sukamade (ca. 120 000 Rp) beschaffen, aber generell nur in der Trockenzeit, weil in der Regenzeit die Flüsse unpassierbar sind. Ansonsten muss man einen Truck (hierzulande Taxi genannt) nehmen, weil die *ojeks* nicht nach einem festen Fahrplan fahren. Die Fahrt mit dem Truck sollte 30 000 Rp kosten, aber Ausländern werden routinemäßig höhere Preise abverlangt. Die Trucks haben außer bei reißender Flut kein Problem mit über die Ufer getretenen Flüssen. Wenn man in Jajag kein Transportmittel findet, das einen näher an den Park heranbringt, kann man auch von dort ein *ojek* nach Sukamade nehmen (ca. 250 000 Rp). Das ist allerdings eine anstrengende, fast 60 km lange Fahrt.

JAVA MERU BETIRI NATIONAL PARK

Alas Purwo National Park

Der Nationalpark auf der abgelegenen Halbinsel Blambangan an der Südostspitze Javas, bietet spektakuläre Strände, gute Gelegenheiten zur Wildtierbeobachtung, Savannen, Mangroven und Tiefland-Regenwald. Abgesehen von Tagesausflüglern und Surfern kommen nur wenig Besucher in den Park.

Alas Purwo bedeutet auf Javanisch „Erster Wald": Laut einer Legende stieg hier zuerst Land aus dem Ozean. Im Monat Suro, dem Beginn des javanischen neuen Jahres, kommen daher viele Pilger in den Park, um in Höhlen zu meditieren und zu Nyi Roro Kidul zu beten. Der im Park gelegene hinduistische Tempel Pura Giri Selokah ist vor allem zu Pagerwesi, dem hinduistischen Neujahr, ebenfalls ein Pilgerziel.

Die mächtige Welle in Plengkung alias G-Land, an der isolierten Südostspitze der Halbinsel ist eine der besten linkshändigen Wellen der Welt mit idealen Barrels. Die Wellen schlagen Hunderte Meter über ein flaches Riff und locken viele Surfer an.

⊙ Sehenswertes & Aktivitäten

Tiefland-Küstenwald bestimmt den Nationalpark, aber es gibt nur wenige Wege, um ihn zu erkunden. Weite Strecken im Osten des Parks sind daher unzugänglich.

Trianggulasi dient als Ausgangspunkt einiger interessanter kurzer Wanderungen. Der hiesige weiße Sandstrand ist schön, das Schwimmen ist hier aber in der Regel gefährlich.

Sadengan   WILDSCHUTZGEBIET

Auf einer Piste, die gleich hinter dem hinduistischen Tempel von der Hauptstraße abzweigt, gelangt man zu den Wiesen von Sadengan, wo die größte Herde wilder Bantengs auf Java grast. Vögel springen auf den Rücken der Rinder herum, um Zecken und andere Insekten zu fangen; oft gleiten auch schöne Reiher durch das Bild. Vom Aussichtsturm erblickt man auch *kijang* (Hirsche) und Pfauen. Die schöne Wiese liegt vor einer Kulisse welliger, bewaldeter Hügel einen 2 km langen Fußmarsch von Trianggulasi enfernt.

Ngagelan   STRAND

Die Schildkröten-Aufzuchtstation von Ngagelan liegt auf einem geschützten, abgezäunten Grundstück hinter dem Strand. Ranger, die die Eier eingesammelt haben, stapeln sie hier, vergraben sie unter dem braunen Sand und schützen sie vor Vögeln und anderen Fressfeinden. Der 18 km lange Strand, an dem vier Schildkrötenarten nisten, darunter Grüne Meeresschildkröten und Lederschildkröten, präsentiert sich weit und majestätisch. Man sieht den hellbraunen Sandbogen auf dem ganzen Weg zum G-Land. Wegen der allzu starken Rückströmung kann man hier aber nicht schwimmen.

Die Schildkröten kommen im Schutz der Nacht aus dem Meer und legen ihre Eier ab. Die Ranger sammeln sie ein und bringen sie auf das Brutgelände, wo sie 50 Tage reifen, ehe die Jungen schlüpfen und der See zustreben. Man erreicht den Strand von Rowobendo aus über eine 6 km lange, raue, durch Küstenwald führende Straße und bei Ebbe über eine 7 km lange Strandwanderung von Trianggulasi aus. Ranger zeigen einem gern das Gelände, sie sprechen aber kaum Englisch.

Gua Istana & Gua Padepokan   HÖHLE

Von Pancur führt ein 2 km langer Weg durch schönen Wald zur Gua Istana, einer kleinen Höhle, und weitere 2 km weiter zur Gua Padepokan. In beiden Höhlen befinden sich hinduistische Schreine.

🏃 Aktivitäten

G-Land   SURFEN

(Plengkung) Plengkung, in Surferkreisen als G-Land oder Grajagan bekannt, ist einer der besten Surfspots der Welt. Hier befinden sich drei saisonale Surfercamps. Bei guten Bedingungen bilden die hiesigen linkshändigen Wellen – die sich in mehrere Abschnitte unterteilen lassen, die alle ihren eigenen Namen und ihr eigenes Verhalten haben – Hunderte Meter lange Barrels über einem flachen, rasiermesserscharfen Riff. Das ist wahrlich ein Surfgelände nur für Experten, es gibt aber auch ein paar für Anfänger geeignete Wellen über dem Untergrund einer Sandbank.

Wenn die Welle auftritt, können bis zu 100 Surfer im Wasser sein. Das klingt nach viel, aber die Leute verteilen sich, um die Wellen zu finden, die ihren jeweiligen Fähigkeiten angemessen sind. Die Surfcamps bieten Transport zu den Wellen von einem kleinen Hafen aus an, der in dem flachen Wasser leicht zu finden ist. Schwimmer können von hier aus östlich des Riffs schwimmen, bei Ebbe weicht das Wasser allerdings so weit zurück, das man sich seinen Weg vielleicht durch das Riff bahnen muss.

Die Surfcamps befinden sich in einem Abstand von rund 500 m zueinander in ver-

ℹ️ STRAND VON GRAJAGAN

Für Surfer, die die teuren Unterkünfte in G-Land (Plengkung) scheuen, ist der Strand von Grajagan eine Alternative außerhalb des Nationalparks. Der Strand liegt ca. 40 km nordwestlich an der Bucht gegenüber von G-Land (oder 52 km südlich von Banyuwangi). Surfer erreichen die Wellen von hier, indem sie ein Fischerboot für einen Tag chartern.

Ropik, ein freundlicher Einheimischer, bietet Bootstouren (S. 223) nach G-Land an, deren Kosten sich vier Personen teilen können; wenn das Boot nicht anlegt, braucht man auch keine Nationalparkgebühr zu entrichten. Beim täglichen Pendeln nach G-Land verliert man allerdings kostbare Zeit zum Surfen. Daher sollte man auch andere, weniger bekannte Surfspots um das Dorf in Erwägung ziehen. Anders als in den Surfresorts von G-Land erlebt man in Grajagan auch ein authentisches Stück Indonesien.

Die beste Unterkunft ist Wana Wisata (S. 223), direkt am schwarzen Sandstrand. Das Café gleich daneben ist nicht immer geöffnet, aber der Manager des Wana Wisata kann Bier und Grillfisch beschaffen.

Um herzukommen, nimmt man von Banyuwangi einen Bus Richtung Jember bis Benculuk (10 000 Rp), von wo einen Minibusse oder *ojek* (Motorradtaxis) nach Grajagan (50 000–75 000 Rp) bringen.

---

schiedenen Buchten. Das Bobby's hat die spektakulärste Lage und bietet Pagoden und Hängematten auf dem Strand, das G-Land Jack's liegt der Landspitze am nächsten, das G-Land Joyo's bietet eine lange Bank auf einem Felsvorsprung und Lounges, die zu den Wellen und zum Sonnenuntergang hin ausgerichtet sind – und, ja, die Sonnenuntergänge sind wirklich zauberhaft!

Man befindet sich hier in rauen, wilden Breiten. Oft kann man Leoparden fotografieren, und ein Ranger will sogar eine Tigerin mit ihrem Jungen gesehen haben. Die ganze dschungelbedeckte Küste wirkt wie eine Kulisse aus *Jurassic Park*. Kein Wunder, dass G-Land unter Surfen legendär ist!

Joyo's Fishing Trips ANGELN
(www.g-land.com; G-Land; halber Tag 60 US$) Der ortsansässige Surfer und Angler Mick Burke bietet im Joyo's Angelausflüge an. Mick, die hier 11 Saisons verbracht hat, bringt die Teilnehmer 2 km vor die Küste zu seinen bevorzugten Fischgründen, wo man diverse Arten von Stachelmakrelen und Einfarben-Thuns angeln kann. Selten kehrt eine Tour zurück, ohne etwas gefangen zu haben.

👉 Geführte Touren

Es gibt drei Surfcamps in Plengkung (G-Land): Bobby's, G-Land Joyo's und G-Land Jack's. In den Pauschalangeboten sind in der Regel der Bootstransfer von Bali, die Unterkunft und die Mahlzeiten enthalten. Man kann zwar durchaus auf eigene Faust herkommen, sollte aber unbedingt vorausbuchen, damit auch wirklich ein Platz frei ist. Weitere Unterkünfte gibt es nicht.

Grajagan Surf Charter SURFEN
(☑ 0853 3092 9851, 0813 5808 0565; kenro fish72@gmail.com; Bootstour für 4 Pers. 120 US$) Dieses Charterboot-Unternehmen außerhalb des Nationalparks hat seinen Sitz am Strand von Grajagan, 45 km nordwestlich vom Nationalpark Alas Purwo und bietet Touren zum G-Land. Der Inhaber Ropik spricht gut Englisch, kann Angelausflüge und Ökotrips in die Mangroven organisieren und hat gute Tipps zu örtlichen Surfstellen.

🛏️ Schlafen & Essen

Die Campingplätze im Nationalpark sind staubig und nicht gegen den Wind und die Straße abgeschirmt. Wir können sie nicht empfehlen.

In den Surfcamps von G-Land (Plengkung) muss man in der Regel drei Nächte buchen, wer aber mit eigenen Transportmitteln kommt, kann vielleicht auch nur eine oder zwei Nächte bleiben. Man sollte vorher Kontakt aufnehmen, um das abzuklären.

Von Trianggulasi aus ist Pancur der nächste Ort mit einem *warung* (Gerichte 10 000 Rp) und einfachen Zimmern (100 000 Rp/Pers.). In den Surfcamps von G-Land sind kalorienreiche Gerichte und ein, zwei Bier im Preis enthalten.

Wana Wisata PENSION $
(☑ 0821 4397 3873; Grajagan Beach; ☺ Zi. mit Ventilator/Klimaanlage ab 200 000/250 000 Rp; ❄) Nicht in G-Land, sondern jenseits der Bucht am Strand von Grajagan (außerhalb des Nationalparks) findet sich diese entspannte Unterkunft an einem schönen schwarzen Sandstrand. Die spartanischen Zimmer mit

Ventilator liegen nach hinten und bieten keine Aussicht, daher lohnen sich die teureren, zum Strand blickenden Bungalows mit zusätzlichen Komfort wie Klimaanlagen. Man spricht nur sehr wenig Englisch.

G-Land Jack's Surf Camp SURFCAMP $$$
(📱Buchung auf Bali 0361-472 9102; http://g-land jacksurfcamp.com; G-Land; 3-Nächte-Pauschale in Cottage mit Ventilator/Klimaanlage 550/725 US$) Mit der erstklassigen Lage vor dem (wahrscheinlich) schönsten Teil des Riffs und einem mehrstöckigen Aussichtsturm, von dem aus man die Wellen beobachten und bei Sonnenuntergang ein Bier trinken kann, ist das Jack's (vormals Raymond's) ein Klassiker. Man wohnt in drei Reihen komfortabler Holzbungalows. In den preiswertesten Zimmern teilt man sich die Unterkunft vielleicht mit einem anderen Gast. Transfer, Mahlzeiten und Bier sind im Preis enthalten.

G-Land Joyo's Surf Camp SURFCAMP $$$
(📱 0812 380 5899, Buchung auf Bali 0817 939 9777; www.g-land.com; 3 Nächte inkl. Verpflegung & Transport ab Bali ab 625 US$; ▣ 📶) Das Joyo's wurde im Verlauf der Jahre ständig aufgebessert. Es gibt strohgedeckte Holzbungalows von guter Qualität mit Ventilator oder Klimaanlage, einen Großbildschirm-TV für Sportübertragungen, Billardtische, Internetzugang und Tischtennis. Hinzu kommen kostenlose Jogasitzungen und Angelausflüge. Das Personal ist toll. Alle Mahlzeiten und drei Bier pro Tag sind im Preis inbegriffen.

Bobby's Surf Camp SURFCAMP $$$
(📱Buchung auf Bali 036-175 5588; www.grajagan. com; G-Land; 3-Nächte-Pauschale 640 US$; ▣ @ 📶) Das direkt den Wellen gegenüber liegende attraktive Camp bietet drei Arten von Bungalows auf einem schattigen Gelände mit Restaurant und Bar. Es gibt hier Strandvolleyball, Tischtennis und Billardtische; Boots- und Angelausflüge lassen sich vereinbaren. Am besten sind die vom Strand zurückgesetzten, auf Stelzen stehenden zweistöckigen Teakholz-Cottages unter den Bäumen des Dschungels.

❶ Praktische Informationen

In der Regel gelangt man auf dem Straßenweg über das Dorf Pasar Anyar, wo sich ein großes **Nationalparkzentrum** (📱 033-341 0857; ☉ Mo–Fr 7.30–16 Uhr) befindet, in den Park. Hier kann man sich über die Unterkünfte und Campingplätze im Park informieren; alternativ wendet man sich deshalb an das Hauptbüro in Banyuwangi. Man kann auch einfach so vorbeikommen, sollte aber unbedingt in einem der Surfcamps reservieren, wenn man über Nacht bleiben will.

Das eigentliche Tor zum Park liegt 10 km weiter südlich in Rowobendo, zu erreichen über eine schlechte Straße. Dort zahlt man die Eintrittsgebühr (10 000 Rp/Auto, 150 000 Rp/Pers.) und erreicht nach 2,5 km Trianggulasi.

❶ An- & Weiterreise

Den Nationalpark Alas Purwo mit öffentlichen Verkehrsmitteln zu erreichen ist mühselig. Am besten mietet man in Banyuwangi ein Motorrad oder Auto; die Zufahrtsstraße ist schlecht, aber in der Regel befahrbar.

Wer öffentliche Verkehrsmittel nehmen will, fährt zunächst zum Busbahnhof Brawijaya in Banyuwangi und besteigt einen Bus nach Kalipahit (15 000 Rp, 1½ Std.). Dort geht's mit einem *ojek* (ca. 80 000 Rp) weiter zum Parkbüro in Pasar Anyar, um wegen Unterkünften nachzufragen, und dann in den Park. Die 12 km lange Straße von Pasar Anyar nach Trianggulasi ist voller Schlaglöcher, aber eben und für Autos befahrbar.

Wer nur zum Surfen kommt, wird von Schnellbooten aus Bali übergesetzt. Der Transfer ist im Preis der Surfcamps generell inbegriffen.

Banyuwangi
📱 0333 / 116 000 EW.

Javas Landende markiert die angenehme, gewachsene Stadt Banyuwangi, in der viele Angehörige der Volksgruppe der Osing leben, deren Wurzeln im südöstlichen Java viele Jahrhunderte zurückreichen. Die meisten Traveller kommen hier nur durch, um mit der Fähre nach Bali überzusetzen, die Stadt ist aber auch ein sinnvoller und komfortabler Ausgangspunkt zur Erkundung des Ijen-Plateaus und anderer Nationalparks an der Ostküste – und in der Nähe gibt's auch ein paar recht ordentliche Strände. Die Stadt legt Wert auf ihr Erscheinungsbild und wurde vielfach zur „saubersten Stadt Indonesiens" gewählt.

Der Fährhafen nach Bali, der Busbahnhof und der Bahnhof der Stadt liegen alle rund 8 km nördlich der Stadt in Ketapang, obwohl alle Transportmittel „Banyuwangi" als Ziel angeben.

◉ Sehenswertes

Pulau Tabuhan INSEL
Die winzige Insel mit cremeweißen Sandstränden und einem mit Sträuchern bewachsenen Inneren liegt vor der Küste Javas

ungefähr auf halber Strecke nach Bali und ist von türkisblauen Untiefen umgeben. Die tiefblaue Ausstiegsstelle befindet sich rund 50 m vom Strand entfernt. Man sieht Ballungen von Köderfischen, Schulen tropischer Fische und einige Korallen. Das Wasser ist ganz klar, und vom Strand aus erblickt man in alle Richtungen die Berge und Vulkane von Java und Bali.

Es gibt zwar kräftige Winde (und daher auch einen jährlichen Wettbewerb im Kitesurfen), aber man kann durchaus campen und hat dann das Gelände wahrscheinlich für sich allein. Leider sind nicht alle Besucher der Insel umweltbewusst, weshalb zuweilen ganz schön viel Abfall herumliegt. Um zur Insel zu gelangen, nimmt man ein Taxi oder *ojek* zum Hafen Rumah Apung nördlich des Fährhafens und chartert dort ein Boot (hin & zurück nach Feilschen 400 000–500 000 Rp).

Blambangan-Museum
MUSEUM

(Jl A Yani; ☺ Mo–Do 8–16, Fr bis 11 Uhr) GRATIS Das im gleichen Gebäude wie die Touristeninformation untergebrachte kleine Museum widmet sich der regionalen Kultur und zeigt Batiken, traditionelle Trachten, Keramiken und Kuriositäten. Die Ausschilderung ist dürftig, aber man kann das eine oder andere interessante staubige Exponat entdecken.

Hoo-Tong-Bio-Tempel
TEMPEL

(Jl Ikan Gurami 54; ☺6–22 Uhr) Der mit Drachen verzierte, 1784 erbaute chinesische Tempel gehört zu den wenigen Sehenswürdigkeiten in Banyuwangi, die einen Blick lohnen.

🎉 Feste & Events

Banyuwangyi Festival
KULTUR

Das Banyuwangyi Festival ist eine zweimonatige Reihe von Musik-, Kunst-, Kultur- und Sport-Events, die von der großartigen Touristeninformation organisiert werden und an Wochenenden im August und September stattfinden. Eines dieser Events ist das Jazz Festival im Jiwa-Jawa-Amphitheater (S. 218) an den Hängen des Ijen.

🛏 Schlafen & Essen

Banyuwangi besitzt ordentliche, preisgünstige Unterkünfte, darunter einige Boutiquehotels. Die Stadt ist ein immer beliebter werdender Ausgangspunkt zum Besuch des Ijen-Plateaus (S. 216).

Preiswert essen kann man in den *warungs* an der Kreuzung der Jl MT Haryono und der Jl Wahid Haysim. Da die Stadt an

der Küste liegt, gibt's auch einige gute Meeresfrüchtelokale.

Green Ijen Homestay
PENSION $

(☎ 0823 3255 5077; greenijen@gmail.com; Jl Opak 7; Zi. mit Frühstück, Gemeinschaftsbad & Ventilator/Klimaanlage 125 000/200 000 Rp; 🛜) Zu den besten Budgetunterkünften vor Ort gehört diese relaxte, limettengrüne Pension an einer Wohnstraße in der Stadt. Die Zimmer sind makellos und komfortabel. Der sehr hilfsbereite Inhaber Johan hat alle touristischen Infos zur Gegend. Hier ist der beste Ort, um preisgünstige Touren zum Ijen (200 000 Rp/Pers. ohne Eintrittsgebühren) und zur „blauen Flamme" zu vereinbaren.

⭐ Bangsring Breeze
BOUTIQUEHOTEL $$$

(☎ 0823 3126 4847; www.bangsringbreeze.com; Jl Raya Situbondo km 17; Zi. ab 1 580 000 Rp; P ❄ 🛜📶) Dies ist schlicht eines der besten Hotels in Ostjava. Alle fünf Zimmer sind individuell geschmackvoll gestaltet und bieten hohe Decken, Holzböden, kleine Teppiche, Möbel aus Treibholz, buddhistische und hinduistische Statuen und andere Kunstwerke. Vom prachtvollen Pool blickt man aufs Meer und die vor Bali liegende Insel Menjangan. Hinter dem Anwesen erhebt sich ein spektakulärer Vulkan.

Hotel Ketapang Indah
HOTEL $$$

(☎ 0333-422 280; www.ketapangindahhotel.com; Jl Gatot Subroto; DZ mit Frühstück ab 720 000 Rp; ❄ @ 🛜📶) Das hübsche Resorthotel ist eine friedliche Unterkunft. Die großen, gepflegten Zimmer und traditionell gestalteten Cottages verteilen sich über einen ausgedehnten tropischen Garten mit schattenspendenden Palmen, der sich bis zum Meer erstreckt. Im 18 m langen Pool kann man Runden schwimmen, und es gibt eine kleine Bar am Pool, wo man Cocktails trinken kann. Das Hotel liegt 2 km südlich des Fährhafens.

Warung Bik Ati
INDONESISCH $

(☎ 0333-423 165; Jl A Yani 83; Hauptgerichte 27 000 Rp; ☺9–21 Uhr) Seit mehr als 70 Jahren serviert das Lokal als Spezialität *nasirawon* (eine schwarze Rindfleischsuppe mit Reis). Das Geschmacksgeheimnis besteht in der Zugabe von Keluak-Samen, die Blausäure enthalten. Sie werden aber so vorbereitet, dass davon keine Spuren bleiben. Wir haben die Mahlzeit jedenfalls genossen und überlebt.

Ikan Bakar Pesona
SEAFOOD $

(Jl Sudarso 147; Gerichte 13 000–45 000 Rp; ☺13–22 Uhr) Ein typisches indonesisches

Fischlokal, wo die Tischtücher in Plastik eingeschweißt sind, damit man sie nach einem heftigen Schmaus auf Makassar-Art schnell sauber wischen kann. Das Lokal ist berühmt für seine Krabben, die auf zehn verschiedene Arten zubereitet werden (zu empfehlen sind sie à la Padang) und für gegrillten Fisch in sechs Zubereitungsarten. Das Essen ist köstlich, die Preise sind angemessen.

ℹ Praktische Informationen

Touristeninformation Banyuwangi (☑ 0333-424172; Jl A Yani 78; ☻ Mo–Do 7–16, Fr bis 11 Uhr) Das hilfsbereite Personal spricht Niederländisch und etwas Englisch und kann Touren organisieren.

Zentrale des Nationalparks Alas Purwo (☑ 0333-428675; Jl Brawijaya; ☻ Mo–Do 7.30–15, Fr bis 11 Uhr) Die Parkzentrale liegt 2 km südlich des Zentrums.

ℹ An- & Weiterreise

BUS

Banyuwangi hat zwei Busbahnhöfe. Der **Busbahnhof Sri Tanjung** befindet sich 3 km nördlich des Fährhafens Ketapang und 11 km nördlich des Stadtzentrums. Busse fahren von hier aus die Nordküstenstraße entlang nach Baluran (12 000 Rp, 1 Std.), Probolinggo (normal/*patas* 36 000/60 000 Rp, 5 Std.) und Surabaya (54 000/90 000 Rp, 7 Std.). Bei den Bussen nach Denpasar (40 000/70 000 Rp, 5 Std.) ist eine Fährüberfahrt inbegriffen.

Vom 4 km südlich der Stadt gelegenen **Busbahnhof Brawijaya** (auch Karang Ente genannt) fahren Busse auf der Südstraße nach Kalibaru (15 000/22 000 Rp, 2 Std.) und Jember (35 000 Rp, 3 Std.).

FLUGZEUG

Banyuwangis winziger Blimbingsari Airport liegt 9 km südlich des Zentrums. Zum Flughafen gibt's keine öffentlichen Verkehrsmittel; die Taxifahrt kostet rund 50 000 Rp.

Garuda (☑ 0333-415888, 0333-410999; www. garuda-indonesia.com) bietet tägliche Direktflüge nach Surabaya.

Wings/Lion Air (☑ 0811 1629 876; www.lionair. co.id) fliegt nach Surabaya und Denpasar.

SCHIFF/FÄHRE

Fähren starten rund um die Uhr nach Gilimanuk auf Bali (alle 45 Min., 1 Std.). Der **Fährhafen** liegt ca. 8 km nördlich der Stadt. Die Überfahrt kostet 6500 Rp für Passagiere, 24 000 Rp für Motorräder und 159 000 Rp für Autos (inkl. 4 Pers.). Bei Busfahrten zwischen Bali und Java ist die Fährfahrt im Preis des Bustickets enthalten. Schiffe von Pelni laufen Banyuwangi nicht mehr an.

ZUG

Der Hauptbahnhof von Banyuwangi liegt nur einige hundert Meter nördlich des Fährhafens. Täglich fahren rund fünf Züge nach Probolinggo (27 000–160 000 Rp, 4¼–5 Std.), vier nach Surabaya (56 000–170 000 Rp, 6¼–7¼ Std.) und einer nach Yogyakarta (94 000 Rp, 13–14 Std., 6.30 Uhr).

Baluran National Park

Dieser Nationalpark beherbergte einst vielfältige Ökosysteme auf seinem 250 km² großen Gebiet im nordöstlichen Java; Erschließungen beeinträchtigen den Park in jüngerer Zeit, er bleibt aber trotzdem ein zauberhaftes Besuchsziel. Noch immer bedecken ausgedehnte Grasflächen Teile des Parks und bieten Weidegründe für wilde Bantengs, diverse Hirscharten und Wasserbüffel. Das savannenartige Gelände erinnert entfernt an Ostafrika.

⊙ Sehenswertes

Im Baluran National Park leben Hunderte von Bantengs und Mähnenhirschen sowie Sambars, Muntjaks, zwei Arten von Affen und Wildschweine. Im Juli und August kann man die Mähnenhirsche bei der Brunft erleben.

Auch die Vogelwelt ist reich vertreten. Ährenträgerpfauen, Bankivahühner, Gabelschwanzhühner, Nashornvögel, Weißbauchspechte und Bienenfresser lassen sich alle leicht erspähen.

Pantai Bama STRAND
Die von Mangroven gesäumte sandige Bucht von Bama liegt 4 km nördlich von Bekol. Der Strand ist ein beliebtes Wochenendziel örtlicher Familien, aber zu anderen Zeiten ruhig. Man kann Kanus (40 000 Rp) und Schnorchelausrüstung (60 000 Rp) mieten.

Vorsicht ist vor den listigen Javaneraffen geboten, die einem gewaltsam alles Essbare entreißen, was man bei sich trägt (wenn sie zu nahe kommen, raten Ranger, einen Stock zu ergreifen, als ob man nach ihnen schlagen wollte – das hält sie auf Abstand).

🏃 Aktivitäten

Bekol WANDERN
Vom PHKA-Büro am Highway führt eine 14 km lange ebene Schotterpiste hinunter nach Bekol. Die freundlichen Ranger kümmern sich hier um ein paar Lodges und dienen als Führer (150 000 Rp/halber Tag).

Man braucht keinen Führer für die Wanderung auf einem gut unterhaltenen Weg zum Pantai Bama (1½ Std.); der Weg folgt einem Flussufer, an dem sich häufig Hirsche sehen lassen.

Auf dem Hügel über den Gästehäusern in Bekol steht ein Aussichtsturm, von dem man einen Panoramablick auf eine 300 ha große Lichtung hat. Hier kann man Bantengs und Hirsche sehen und manchmal, vor allem am frühen Morgen, Rothunde bei der Jagd beobachten.

🛏 Schlafen

Da die meisten Besucher im Rahmen eines Tagesausflugs kommen, sind oft Unterkünfte frei. In der Hauptferienzeit (Juni–Aug.) sollte man aber besser vorab buchen.

Park Bungalow　　　　　BUNGALOWS **$**
(Zi. 100 000–400 000 Rp) Im Park gibt's begrenzte Unterkunft in Bungalows. Pantai Bama ist der bevorzugte Standort, weil er direkt am Strand liegt und die Einrichtungen für Besucher besser sind. Es gibt dort Unterkunft in Betonbungalows und einen *warung* mit preiswertem Essen (Hauptgerichte 9000–22 000 Rp) und Getränken. Die Zimmer sind funktional, aber komfortabel, und die Aussicht auf den von Mangroven gesäumten Strand ist wundervoll.

Rosa's Ecolodge　　　　PENSION **$$**
(☑ 0815 7443 5105; www.rosasecolodge.com; Ds Sidomulyo RT 03/03; Zi. mit Frühstück 450 000 Rp; ✳ ⊚) Die geräumigen Zimmer haben Wände aus Bambusgeflecht, eigene Bäder und schattige Vorderveranden. Die Unterkunft ist auf Gäste ausgerichtet, die an der angebotenen Baluran-Tour (750 000 Rp) teilnehmen, und in Spitzenzeiten wird Reisegruppen der Vorzug gegeben. Die Anlage befindet sich am nördlichen Ende des Parks im Dorf Sumberwaru. Zu essen gibt's javanische Gerichte, die als Büfett aufgetischt werden.

❶ Praktische Informationen

Das **PHKA-Büro** (☑ 0823 3221 3114, 0333-461936; http://balurannationalpark.web.id; Wonorejo; ⊙ 7.30–16 Uhr) liegt an der Küstenautobahn im Dorf Wonorejo zwischen Surabaya und Banyuwangi. Führer kann man für ca. 250 000 Rp pro Tag buchen. Die Eintrittsgebühr beträgt werktags 150 000 Rp und an Wochenenden und Feiertagen 225 000 Rp. Für ein Auto werden 10 000 Rp zusätzlich berechnet.

Der Baluran National Park kann ganzjährig besucht werden, aber die Trockenzeit (Juni–Nov.) ist am besten geeignet, weil sich dann die Tiere nahe den Wasserstellen in Bekol und Bama sammeln.

❶ An- & Weiterreise

Regelmäßig fahren Busse auf dem Weg zwischen Surabaya und Banyuwangi an dem fast versteckten Parkeingang vorbei. Der Park ist eine einstündige Fahrt von Banyuwangi (10 000 Rp) entfernt. Von Westen kommend, liegt der Baluran National Park vier Stunden hinter Probolinggo. PHKA-Ranger können am Parkeingang *ojeks* (ca. 40 000 Rp) für die nächsten 12 km nach Bekol beschaffen; die Straße ist in ziemlich gutem Zustand und für die meisten Autos befahrbar. Ein Geländewagen ist nicht erforderlich.

Bali

4,3 MIO. EW.

Gut essen

➡ Bali Asli (S. 315)

➡ Sardine (S. 256)

➡ Mozaic (S. 294)

➡ Hujon Locale (S. 293)

➡ Warung Goûthé (S. 260)

Schön übernachten

➡ Mandapa (S. 292)

➡ Alila Villas Uluwatu (S. 268)

➡ Munduk Moding Plantation (S. 324)

➡ Hotel Tugu Bali (S. 260)

➡ Katamama (S. 255)

➡ Hotel Komune (S. 307)

Auf nach Bali!

Unglaublich grüne Reisterrassen, lange Strände mit donnernder Brandung, zauberhafte Zermonien in Hindu-Tempeln, faszinierende Tanzvorstellungen und ungemein freundliche Menschen: Es gibt so viele Sinnbilder für Bali wie Blüten auf den dort allgegenwärtigen Tempelbäumen.

Die kleine Insel ist ein Highlight eines jeden Indonesientrips und hat landesweit die beste touristische Infrastruktur: Bei den Unterkünften reicht die Auswahl von Surfer-Hostels bis hin zu luxuriösen Refugien in den grünen Bergen. In puncto Essen gibt's aromatische Regionalküche aus marktfrischen Zutaten genauso wie von Spitzenköchen erdachte kulinarische Weltreisen. Und ob kaltes Bintang-Bier als Sundowner oder heiße Disconächte – Bali bietet für jeden etwas.

Die Landschaft ist ebenso vielfältig: Das turbulente Kuta grenzt an das glamouröse Seminyak. Das künstlerische Ubud bildet einen Gegenpol zum Wandern zwischen nebelverhangenen Vulkanen. Und an der Küste locken ruhige Strandorte wie Bingin, Amed und Permuteran.

Reisezeit
Denpasar

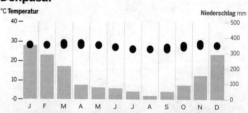

Juli, Aug. & Dez.	Mai, Juni & Sept.	Jan.–April, Okt.
Hauptsaison mit dem meisten Betrieb; Zimmer rechtzeitig reservieren!	Wetter oft am besten (etwas kühler und trockener); weniger Touristen.	& Nov. Nachsaison und prima für Spontantrips; am Nyepi-Tag herrscht Stille.

Geschichte

Auf Bali gibt's nur ganz wenige Spuren aus der Steinzeit. Dennoch gilt es als gesichert, dass die Insel schon sehr früh besiedelt war: Auf dem benachbarten Java wurden versteinerte Knochen des Homo erectus entdeckt und auf ein Alter von 250 000 Jahren datiert. Balis älteste menschliche Artefakte sind Steinwerkzeuge und Tongefäße, die vor schätzungsweise 3000 Jahren bei Cekik im Westen zurückgelassen wurden.

Als der Islam im 12. Jh. nach Java kam, verlegte das hinduistische Königreich Majapahit seinen Sitz nach Bali. Dort gründete der Priester Nirartha diverse Tempel wie den Rambut Siwi, Tanah Lot oder Ulu Watu. Im 19. Jh. verbündeten sich die Holländer mit lokalen Prinzen und eroberten schließlich die ganze Insel. Für deren Kunst interessierte sich der Westen erstmals ab den 1930er-Jahren; in den 1960er-Jahren kamen die ersten Surfer hierher. Doch trotz des boomenden Tourismus hat sich Balis einzigartige Kultur bemerkenswert wenig verändert.

Hinduistischer Einfluss

Während der Herrschaft von König Airlangga (1019–42) wurde Javas Einfluss auf Bali spürbar (eventuell sogar schon früher). Als sein Onkel den Thron verlor, floh Airlangga als 16-Jähriger in die Wälder des westlichen Java. Dann scharte er langsam immer mehr Anhänger um sich, eroberte das frühere Reich seines Onkels zurück und wurde zu einem von Javas größten Königen. Kurz nach Airlanggas Geburt hatte seine Mutter auf Bali neu geheiratet und war dort geblieben. Bei seiner Inthronisation bestand daher eine Verbindung zwischen Java und Bali. Dessen Adel verwendete zu dieser Zeit erstmals die javanische Hofsprache Kawi. Zudem hatten die beiden Inseln im 11. Jh. auch klare Gemeinsamkeiten in puncto Architektur, wie die Königsgräber von Gunung Kawi (bei Tampaksiring) beweisen.

Nach Airlanggas Tod war Bali ca. 200 Jahre lang halb unabhängig, bis es 1284 von Kertanegara erobert wurde. Dieser hatte zuvor auf Java den Königsthron der Singosari-Dynastie bestiegen. Kertanegara hielt sich jedoch nur acht Jahre lang an der Macht – dann wurde er ermordet, und sein Reich zerfiel. Sein Sohn Wijaya begründete jedoch die große Majapahit-Dynastie. Während der Unruhen auf Java nach Kertanegaras Tod erlangte Bali seine Autonomie zurück; die Pejeng-Dynastie wurde daraufhin sehr mächtig.

Tempel und andere Überreste aus dieser Zeit sind bis heute in Pejeng bei Ubud zu sehen.

Niederländische Kolonialzeit

1597 waren holländische Seeleute unter den ersten Europäern, die Bali erreichten. Als Kapitän Cornelius de Houtman sich anschickte, wieder Segel zu setzen, erging es zwei seiner Besatzungsmitglieder wie manchem Besucher heute: Sie hatten sich in die Insel verliebt und wollten bleiben. Zu dieser Zeit befand sich Bali auf seinem wirtschaftlichen und künstlerischen Höhepunkt (zumindest in Adelskreisen). Der König, der sich mit de Houtman angefreundet hatte, war mit 200 Frauen verheiratet. Sein Wagen wurde von zwei weißen Wasserbüffeln gezogen. Zudem hatte er ein Gefolge aus 50 Kleinwüchsigen, deren Körper so gebogen waren, dass sie den Griffen von *kris* (traditionellen Dolchen) ähnelten. Bis zu den frühen 1600er-Jahren hatten die Holländer Handelsverträge mit javanischen Prinzen geschlossen und kontrollierten den Großteil des Gewürzhandels. Sie stellten jedoch Profit über Kultur und ließen Bali fast ganz links liegen.

1710 wurde die Hauptstadt des Königreichs Gelgel ins nahegelegene Klungkung (heute Semarapura) verlegt. Doch die allgemeine Unzufriedenheit im Volk wuchs, während einige kleinere balinesische Nachbarreiche abtrünnig wurden. Dies nutzten die Holländer mittels der alten Strategie „teile und herrsche" für sich aus und verstärkten ihre Präsenz. 1846 erhob Bali Anspruch auf die Bergung einiger Schiffswracks – was den Holländern einen Vorwand gab, Truppen nach Nordbali zu schicken und die Königreiche Buleleng und Jembrana zu erobern. Den Feldzug unterstützten auch mehrere balinesische Prinzen, die Lombok in ihren Machtbereich eingliedern wollten und von den Vorgängen in der Heimat abgelenkt waren. Sie ahnten jedoch nicht, dass die listigen Holländer später Lombok gegen Bali ausspielen würden.

1894 lieferten sich Holländer, Balinesen und die Einwohner von Lombok einige Schlachten, deren Ausgang die Inselgeschichte mehrere Jahrzehnte lang bestimmen sollte.

Zu diesem Zeitpunkt stand Balis Norden schon lange unter holländischer Kontrolle; dann wurde auch Lombok erfolgreich erobert. So konnte sich der Süden nicht mehr lange halten, als ein erneuter Streit um die Bergung von Schiffswracks den Holländern wieder einen Grund zum Einmarsch gab:

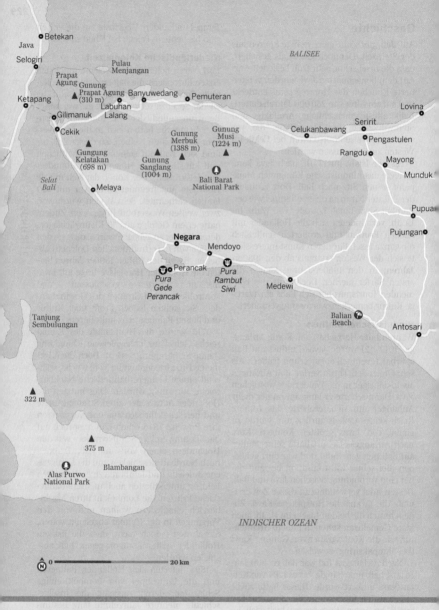

Java
Betekan
Selogiri
BALISEE
Prapat
Agung
Pulau
Menjangan
Gunung
Prapat Agung
(310 m)
Banyuwedang
Pemuteran
Lovina
Ketapang
Labuhan
Lalang
Celukanbawang
Seririt
Pengastulen
Gilimanuk
Cekik
Rangdu
Mayong
Gungung
Kelatakan
(698 m)
Gunung
Merbuk
(1388 m)
Gunung
Musi
(1224 m)
Munduk
*Selat
Bali*
Gunung
Sanglang
(1004 m)
Bali Barat
National Park
Pupua
Melaya
Pujungan
Negara
Mendoyo
Perancak
*Pura
Gede
Perancak*
*Pura
Rambut
Siwi*
Medewi
Tanjung
Sembulungan
Balian
Beach
Antosari
322 m
375 m
Alas Purwo
National Park
Blambangan
INDISCHER OZEAN
0   20 km

Highlights

❶ **Halbinsel Bukit** (S. 262)
Surfer an tollen weißen Sandstränden beobachten

❷ **Erholsame Spas** (S. 291)
Körper, Geist und Seele luxuriös in Ubud stärken

❸ **Nusa Penida** (S. 280)
Sich beim Tauchen mit Mantarochen winzig vorkommen

❹ **Ubud** (S. 285) In Balis
Kulturzentrum Spiritualität
erleben

❺ **Kuta** (S. 239) In den wilden Diskos von Balis berühmtester Party-Szene abtanzen

❻ **Padang Padang** (S. 265)
Legendäre Surf-Breaks
bezwingen

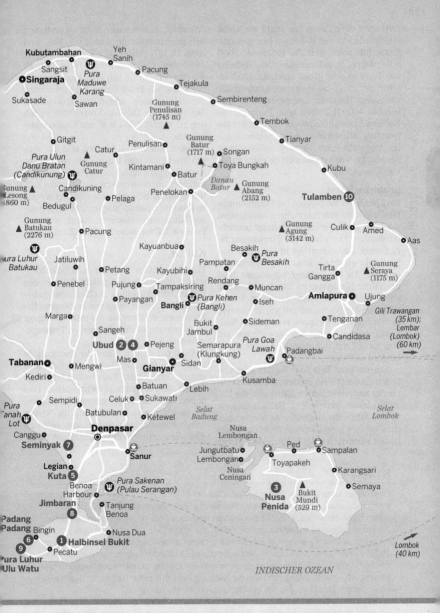

Kubutambahan
Yeh Sanih
Sangsit
Pacung
Singaraja
Pura Maduwe Karang
Tejakula
Sukasade
Sawan
Sembirenteng
Gunung Penulisan (1745 m)
Tembok
Gitgit
Tianyar
Penulisan
Gunung Batur (1717 m)
Songan
Pura Ulun Danu Bratan (Candikunung)
Catur
Kintamani
Toya Bungkah
Kubu
Gunung Catur
Batur
Danau Batur
Gunung Abang (2152 m)
Tulamben ⑩
unung Lesong 860 m)
Candikuning
Penelokan
Pelaga
Bedugul
Gunung Batukau (2276 m)
Pacung
Gunung Agung (3142 m)
Culik
Amed
ra Luhur Batukau
Jatiluwih
Kayuanbua
Besakih
Pura Besakih
Tirta Gangga
Gunung Seraya (1175 m)
Aas
Petang
Kayubihi
Pampatan
Penebel
Pujung
Tampaksiring
Rendang
Muncan
Amlapura
Ujung
Marga
Payangan
Pura Kehen (Bangli) ⑪
Iseh
Bangli
Sangeh
Bukit Jambul
Sideman
Tenganan
Gili Trawangan (35 km); Lembar (Lombok) (60 km)
Ubud ②④
Pejeng
Semarapura (Klungkung)
Pura Goa Lawah
Candidasa
Mas
Sidan
Padangbai
Tabanan
Mengwi
Gianyar
Kusamba
Kediri
Batuan
Lebih
Selat Lombok
Pura anah Lot
Sempidi
Celuk
Sukawati
Selat Badung
Canggu
Batubulan
Ketewel
Nusa Lembongan
Seminyak ⑦
Denpasar
Jungutbatu
Ped
Sampalan
Lembongan
Legian
Kuta ⑤
Sanur
Toyapakeh
Karangsari
Benoa Harbour
Pura Sakenan (Pulau Serangan)
Nusa Ceningan
Semaya
Jimbaran
⑧
Tanjung Benoa
③
Nusa Penida
Bukit Mundi (529 m)
Padang Padang
Bingin
⑥
Nusa Dua
①
Halbinsel Bukit
Lombok (40 km)
⑨
Pecatu
ura Luhur Ulu Watu
INDISCHER OZEAN

1904 sank ein chinesisches Schiff vor Sanur und wurde von den Balinesen leer geräumt. Daraufhin verlangten die Holländer 3000 Silberdollar Schadenersatz vom Radscha von Badung, was dieser ablehnte. 1906 erschienen dann holländische Kriegsschiffe vor Sanur. Nach der Truppenlandung starben fast 4000 Balinesen beim *Puputan* von Badung. Diese einheimische Form des ritualisierten, ehrenhaften Massenselbstmords im Angesicht einer sicheren militärischen Niederlage wiederholte sich 1908 im Palast von Klungkung.

Unabhängigkeit

1942 landeten die Japaner bei Sanur – ungehindert, da sie von den meisten Indonesiern zunächst als antikoloniale Befreier betrachtet wurden. Doch nach der Einrichtung japanischer Hauptquartiere in Denpasar und Singaraja wurde die Besatzung zunehmend brutaler. Als die Japaner im August 1945 nach ihrer Niederlage im Zweiten Weltkrieg abzogen, litt Bali unter extremer Armut. Während der Besatzungszeit waren mehrere paramilitärische Gruppen entstanden: Nationalisten und Antikolonialisten, die nun auf den Kampf mit den zurückkehrenden Holländern warteten.

Nur ein paar Tage nach Japans Kapitulation im August 1945 erklärte Sukarno (Führer der nationalistischen Aktivisten) die Unabhängigkeit Indonesiens. Danach dauerte es vier Jahre, die Holländer zu überzeugen, dass sie ihre große Kolonie nicht zurückerhalten würden. Bei der Schlacht von Marga (Westbali; 20 November 1946) wiederholten sich praktisch die *puputans* von 1906 und 1908, als 1371 balinesische Freiheitskämpfer unter dem charismatischen Gusti Ngurah Rai (Namenspatron von Balis Flughafen) im holländischen Feuer fielen. 1949 erkannten die Niederlande schließlich Indonesiens Autonomie an. Das Land betrachtet jedoch den 17. August 1945 als seinen Unabhängigkeitstag.

Zuerst waren Bali, Lombok und die übrigen Inseln im Osten Indonesiens zur Provinz Nusa Tenggara zusammengefasst. Diese ließ sich aber nur schwer verwalten, was die Zentralregierung 1958 erkannte und drei separate Provinzen daraus machte. Bali erhielt dabei einen eigenständigen Status, während Lombok Teil von Nusa Tenggara Barat wurde.

Kultur

Für die meisten Traveller sind „die Menschen" das absolute Highlight Balis. In den 1920er-Jahren lockten holländische Reiseposter mit Abbildungen von barbusigen Balinesinnen. Seitdem hat die Insel das Image eines geheimnis- und glanzvollen Tropenparadieses.

Doch die Realität hinter der Romantik ist hart: Viele Balinesen leben an der Armutsgrenze – obwohl der Tourismus auf der Insel floriert und die Mittelschicht wächst. Dies äußert sich u. a. in übereifrigen Schleppern, die einem zwar schrecklich auf die Nerven gehen können, aber andererseits mühsam ihren Lebensunterhalt verdienen müssen.

NYEPI

Das balinesische Neujahr namens *Nyepi* (Tag der Stille; März od. April) richtet sich nach dem hinduistischen *Caka*-Mondkalender, der in puncto Jahreslänge dem Gregorianischen Kalender ähnelt. Dies ist Balis größtes religiöses Fest mit läuterndem Charakter: Für einen möglichst reinen Neuanfang sollen alle bösen Geister vertrieben bzw. zum Weiterziehen animiert werden – durch Simulation einer unbewohnten Insel. So ist an Nyepi ab Sonnenaufgang quasi überall der Laden dicht: 24 Stunden lang dürfen dann z. B. weder Luft- noch Landfahrzeuge (ausgenommen Rettungsdienst) betrieben werden. Parallel sind u. a. Arbeiten, Ausgehen und die Nutzung von Lichtquellen untersagt. Für die Balinesen ist das Ganze ein Tag der Meditation und Selbstprüfung.

Touristen haben an *Nyepi* nicht so viele bzw. strenge Regeln zu befolgen. Es wird aber erwartet, dass man in seiner Unterkunft bleibt: Wer sich hinausschleicht, muss damit rechnen, schnellstens von einem ernst dreinschauenden *pecalang* (Kommunalpolizisten) zurückeskortiert zu werden.

Obwohl das alles eventuell abschreckt: *Nyepi* auf Bali ist wirklich super. Denn einerseits steigen am Vorabend überall bunte Feste. Zudem hat es auch was für sich, mal zum Nichtstun gezwungen zu sein. Also z. B. einfach nur schlafen, lesen, Postkarten schreiben, Brettspiele spielen oder in der Sonne baden – Hauptsache, die Dämonen werden nicht angelockt!

Aber im Klischee vom Paradies steckt auch ein Fünkchen Wahrheit. Bali ist welt- und sogar landesweit einzigartig: Als einzige verbliebene Hindu-Insel im größten musli- mischen Land des Planeten ist es ungemein stolz auf seine charakteristische Kultur. So sehr, dass noch im letzten Jahrhundert fast 4000 balinesische Adlige in feinsten Gewän- dern statt Kapitulation und Kolonialisie- rung den Tod durch holländische Schüsse wählten.

Zweifellos haben Entwicklung und Er- schließung das Gesicht Balis verändert – u. a. begleitet von einer endlosen Debatte über das Verschwinden der lokalen Landwirt- schaft zugunsten des Tourismus. Und die noblen Spas, Discos, Boutiquen und Restau- rants in Seminyak oder Kerobokan lassen statt Hinduismus eher Hedonismus als regi- onale Religion vermuten. Doch unter der Oberfläche ist Balis Seele dieselbe geblieben.

Das künstlerische Erbe der Insel zeigt sich überall. Harmonische Frömmigkeit durchdringt Balis ganzes Gesellschaftsleben und sorgt dabei für starken Gemeinschafts- sinn. Tempel bzw. Schreine oder Altäre gibt's hier in allen Häusern, Büros und Dörfern – ebenso auf Bergen, an Stränden, in Reisfel- dern, unter Bäumen, in Höhlen, auf Friedhö- fen, an Seen und an Flüssen. Die religiösen Aktivitäten der Einheimischen beschränken sich jedoch nicht auf sakrale Stätten, son- dern finden überall statt – mitunter sogar mitten im Berufsverkehr.

Religion

Balis Hinduismus ist weitaus animistischer geprägt als sein indisches Pendant und mit diesem kaum vergleichbar. Mit der Trinität Brahma, Shiva und Vishnu verehren Baline- sen drei Inkarnationen der obersten (un- sichtbaren) Gottheit Sanghyang Widi. Paral- lel beten sie zu *dewa* (vedischen Göttern) und den Geistern von Dorfgründern – eben- so zu Erd-, Feuer-, Wasser-, Berg-, Fruchtbar- keits- und Reisgöttern. Obendrein existieren hier Technologie- und Büchergötter sowie Dämonen in einer Welt unter dem Ozean. Zu den wenigen Gemeinsamkeiten mit Indi- en zählt der Glaube an Karma und Reinkar- nation. Doch ansonsten gibt's auf Bali z. B. weder „Unberührbare" noch Kinderhochzei- ten, arrangierte Ehen sind selten.

Der heiligste Ort der Insel ist der Gunung Agung mit dem Pura Besakih, wo Hunderte oder teils sogar Tausende regelmäßig an Ze- remonien teilnehmen. Auch im übrigen Bali finden täglich kleinere Events dieser Art

OPFER FÜR DIE GÖTTER

Auf ganz Bali bringen Frauen täglich reli- giöse Opfer dar – ob privat an Heim- altären oder öffentlich (z. B. in Hotels, Läden). Vielerorts gibt's dabei auch bunte Zeremonien: Oft kleidet sich ein ganzes Dorf in rituelle Tracht und for- miert eine spektakuläre Prozession. Die- se kann Hunderte Meter lang sein und polizeiliche Straßensperrung erfordern. Die teilnehmenden Frauen balancieren herrlich üppige Opfergaben (Obst, Ku- chen) elegant auf ihren Köpfen, während die Männer als mobiles Gamelan- Orchester mitlaufen und Balis bzw. Javas traditionelle Musik spielen.

Solche Spektakel sind nicht gestellt, sondern normaler Alltag auf Bali. Nur in Hotels werden Musik und Tanz extra für Touristen „inszeniert". Doch selbst dann ist dies hier einfach die traditionelle Art, *tamu* (Gäste) zu begrüßen.

statt, um die Götter und Dämonen zu be- schwichtigen – was für die richtige Balance zwischen den Kräften des Guten *(dharma)* und Bösen *(adharma)* sorgen soll.

Muslime sind auf Bali in der Minderheit und meist javanische Einwanderer, Sasak aus Lombok oder Nachfahren seefahrender Ethnien aus Sulawesi.

Wie in vielen anderen Teilen Indonesiens wird auch auf Bali eine gemäßigte Form des Islams praktiziert. Inklusive der Fünf Säu- len – erstens: Das Glaubensbekenntnis „Es gibt keinen Gott außer Allah und Moham- med ist sein Prophet". Zweitens: Fünf Gebete gen Mekka pro Tag. Drittens: Unterstützung von Bedürftigen. Viertens: Fasten während des Ramadan. Und fünftens: nach Möglich- keit mindestens einmal im Leben eine Pil- gerfahrt nach Mekka. Balinesische Musli- minnen müssen sich jedoch nicht von den Männern fernhalten und offiziell kein Kopf- tuch tragen; auch Polygamie ist hier selten. Allerdings zeigt z. B. die wachsende Anzahl verschleierter Frauen, dass auf Bali langsam ein strengerer Islam Einzug hält – ausgehend von Lombok, das wiederum unter dem Ein- fluss des ultrakonservativen Sumbawa steht.

Tempel

Alle balinesischen Dörfer haben mehrere Tempel, während es in jedem Haushalt zu- mindest einen schlichten Schrein bzw. Altar gibt. Das hiesige Wort für Tempel lautet

BALI KULTUR

BALINESISCHE NAMEN

Balinesische Namen sind so komplex wie vielfältig: Bei allen Einheimischen wird der traditionelle Name jeweils um Zusätze ergänzt. Diese stehen oft für Ereignisse im Leben der entsprechenden Person und helfen auch beim Unterscheiden von Gleichnamigen – und das ist auf Bali ein häufiges Problem.

Die traditionellen Namensteile variieren je nach Region und Kaste, sind aber generell recht einfach zu verstehen. Zuerst wird die Geburtsreihenfolge unabhängig vom Geschlecht angegeben:

Erstgeborene(r) Wayan (Gede, Putu)

Zweitgeborene(r) Made (Kadek, Nengah, Ngurah)

Drittgeborene(r) Nyoman (Komang)

Viertgeborene(r) Ketut (oder nur Tut; Aussprache: Tuht)

Dies wird jeweils auch für die Kinder übernommen. Da viele balinesische Familien aber heute nur noch vierköpfig sind, gibt's vor Ort sehr viele Wayans und Mades.

Das zweite wichtige Namenselement neben der Geburtsreihenfolge ist die klare Angabe der Kaste. Dabei ist die balinesische Tradition weitaus weniger kompliziert als ihr indisches Pendant:

Sudra (Bauern) Etwa 90 % der Bevölkerung; Geschlechtsunterscheidung mittels der Zusätze I (männlich) und Ni (weiblich).

Wesya (Bürokraten, Händler) Geschlechtsunterscheidung mittels der Zusätze Gusti Bagus (männlich) und Gusti Ayu (weiblich).

Ksatria (Adlige, Krieger) Zweitoberste Kaste; Geschlechtsunterscheidung mittels der Zusätze I Gusti Ngurah (männlich) und I Gusti Ayu (weiblich), ergänzt um weitere Titel (z. B. Anak Agung oder Dewa).

Brahman (Gelehrte, Priester) Oberste Kaste; Geschlechtsunterscheidung mittels der Zusätze Ida Bagus (männlich) und Ida Ayu (weiblich).

Auf die beiden vorgeschriebenen Komponenten folgt der Vorname, den balinesische Eltern selbst festlegen können. So drückt z. B. I Nyoman Darma Putra die Hoffnung aus, dass der drittgeborene Sohn pflichtbewusst bzw. gut (dharma) sein soll. Andere Namen repräsentieren moderne Einflüsse – z. B. bei I Wayan Radio, der in den 1970er-Jahren geboren wurde. Oder bei Ni Made Atom, derzufolge ihre Eltern einfach den Klang des wissenschaftlichen Begriffs mochten, der auch für die entsprechende Bombe steht.

Parallel zeugen Spitznamen oft vom Erscheinungsbild der jeweiligen Person. So wird z. B. Nyoman Darma häufig Nyoman Kopi (Kaffee) genannt, da er deutlich dunkelhäutiger als seine Geschwister ist. Ein weiteres Exempel wäre I Wayan Rama (benannt nach dem Ramayana-Epos), der alternativ Wayan Gemuk (dick) gerufen wird, um ihn anhand seiner Statur von seinem schlankeren Freund Wayan Kecil (dünn) zu unterscheiden.

pura (Sanskrit für „ummauerte Fläche"): Wie ein traditionelles balinesisches Wohnhaus wird ein Tempel von einer Mauer umgeben. In Reisfeldern, an „magischen Orten" (z. B. unter alten Bäumen) und an vielen Kreuzungen wird spiritueller Schutz daher oft nur von schlichten Schreinen bzw. Thronen ohne Gebäude gewährt.

Alle balinesischen Tempel orientieren sich nicht an einer Nord-Süd-Achse, sondern sind nach den Bergen und dem Meer ausgerichtet. Das Tempelende mit den heiligsten Schreinen (*kaja*) zeigt stets in Richtung der Berge, die Bali von Osten nach Westen durchziehen. Manchmal dient auch ein spezieller Berg als direkter Peilpunkt (z. B. der Gunung Agung für den Pura Besakih in Ostbali). Der Eingang befindet sich immer an der *kelod*-Seite. *Kangin* ist heiliger als *kuah* und gilt daher für viele sekundäre Schreine.

Kunst

Es spricht Bände, dass die balinesische Sprache keine Wörter für „Kunst" oder „Künstler" kennt: Vor dem Tourismus-Boom erfüllte kreativer Ausdruck hier fast nur religiöse bzw. rituelle Zwecke und war fast ausschließlich Männersache. Damals dienten

Malerei und Bildhauerei rein zum Verzieren von Tempeln und Schreinen; Musik, Tanz und Theater unterhielten die Götter, die zu bestimmten Zeremonien nach Bali zurückkehrten. Die Künstler strebten nicht wie viele ihrer westlichen Kollegen danach, sich individuell von der Konkurrenz abzuheben: Statt der eigenen Persönlichkeit reflektierten ihre Werke vielmehr traditionelle Stilrichtungen oder neue Ideen.

Das änderte sich Ende der 1920er-Jahre, als die ersten ausländischen Künstler nach Ubud kamen. Diese lernten einerseits von den Balinesen, gaben aber auch ihr eigenes Know-how weiter und legten den Grundstein für kommerzielle Kunst vor Ort. Daraus ist inzwischen ein umsatzstarker Wirtschaftszweig geworden. Bis heute ist Ubud das führende Kunstzentrum der Insel und lockt Kreative aus aller Welt an – ob japanische Glasbläser, europäische Fotografen oder javanische Maler.

Auf ganz Bali gibt's Galerien und Kunsthandwerksläden voller Malereien, Steinreliefs und Holzschnitzereien. Doch Vorsicht: Vieles davon ist schnell hergestellte Massenware. Darunter sind mitunter komische Vulgaritäten wie 3 m hohe Penisse in Godzilla-Pose. Parallel werden aber auch zahlreiche exquisite Arbeiten angeboten.

Tanz

Balinesischer Tanz kombiniert immer eine strenge Choreografie mit hohen Ansprüchen an die Ausführenden. Die meisten Tänzer(innen) haben ihre Kompetenz durch akribisches Üben unter meisterlicher Anleitung erlangt. Der Genuss dieser landestypischen Kunstform ist Pflicht bei jedem Bali-Besuch. Das Spektrum der Stile (über ein Dutzend) reicht vom formellen Legong bis hin zum Barong mit seinen ergötzlichen Possen. Die Tanztradition ist dabei aber nicht statisch: Die besten Ensembles (z. B. Semara Ratih in Ubud) entwickeln sich ständig weiter.

Tolle balinesische Tänze lassen sich vor Ort bei allen Festen und anderen Feierlichkeiten erleben. Besonders gute Vorführungen gibt's im Bereich von Ubud. Auftritte für Touristen finden meist abends (bis zu 8-mal tgl.) statt und dauern jeweils rund 90 Minuten.

Mit etwas Recherche und gutem Timing kann man alternativ Tänzen im Rahmen von Tempelzeremonien beiwohnen. Dabei offenbart sich die volle Schönheit von Balis Tanz- und Musikerbe im originalen Kontext – das Publikum wird potenziell mehrere Stunden lang mit hypnotischer Musik und faszinierenden Körperbewegungen verzückt. Ubud wartet auch mit Kursen in Musik, Theater und Tanz auf.

Der generell kurzen Aufmerksamkeitsspanne von Touristen begegnen viele balinesische Hotels mit entsprechend kurzen Vorführungen, die mehrere Tanzstile (z. B. etwas Kecak, Barong und Legong) leicht verdaulich kombinieren. Dabei treten teils nur ein paar wenige Tänzer und Musiker auf.

ℹ️ Praktische Informationen

GEFAHREN & ÄRGERNISSE

Straßenhändler & Schlepper

Viele Touristen empfinden Straßenhändler und Schlepper als größtes Ärgernis auf Bali: Hier wird man regelmäßig und oft penetrant genötigt, etwas zu kaufen. Diesbezüglich am schlimmsten sind Kuta (Jl Legian und Kuta Beach), der Umkreis des Gunung Batur, Lovina sowie die Tempel von Besakih und Tanah Lot. Ähnlich nervig ist überall das lautstarke Angebot „Transport?!?". Viele Schlepper sprechen mit australischem Fake-Akzent (Oi! Mate!).

Tipps gegen unerwünschte Aufmerksamkeit:
➡ Schlepper und Straßenhändler stets komplett und wortlos ignorieren: Bereits ein höfliches tidak („nein") wirkt verkaufsmotivierend.
➡ Augenkontakt vermeiden und bei Bedarf deutlich ausdrücken.
➡ Ohne Kaufabsicht nie nach dem Preis fragen oder die Qualität der Artikel kommentieren.

BALI: INFOS IM INTERNET

Bali Advertiser (www.baliadvertiser. biz) Balis Auswanderer-Journal mit Insider-Tipps und guten Kolumnen.

Bali Discovery (www.balidiscovery. com) Tolle wöchentliche Zusammenfassung zu Bali (inkl. News, Events, aktuelle Hotelangebote).

Bali Paradise (www.bali-paradise. com) Kompaktes Verzeichnis mit Infos und Links.

The Beat Bali (http://thebeatbali. com) Event-Verzeichnisse (inkl. Nachtleben, Livemusik).

Coconuts Bali (https://coconuts.co/ bali) News und Veranstaltungstipps.

Lonely Planet (www.lonelyplanet. com/bali) Balispezifische Infos, Hotelbuchungen, Reiseforen u. v. m.

Aber bitte nicht vergessen: Diese Leute wollen bzw. müssen einfach ihren Lebensunterhalt verdienen! Somit ist ausreichend deutliche Ablehnung ohne übertriebene Grobheit angebracht.

Schwimmen

Am Kuta Beach sind Brandung und Strömung sehr stark – ebenso an den Stränden nördlich und südlich davon. Dort nur zwischen den Flaggen schwimmen! Auch anderswo können starke Strömungen selbst im Schutz von Riffen herrschen. Ausgebildete Rettungsschwimmer wachen nur in Kuta, Legian, Seminyak, Nusa Dua und Sanur.

Korallen können sehr scharfkantig sein und Schnitte hervorrufen, die sich leicht entzünden. Darum niemals darauf laufen und stets mit genügend Abstand darüber hinwegschwimmen! Zudem sind Korallenriffe sensible Ökosysteme, die nicht beschädigt werden sollten.

Vor allem nach Regenfällen ist Wasserverschmutzung auf Bali ein häufiges Problem. Aber auch ansonsten meiden Schwimmer hier idealerweise die Meeresmündungen aller Wasserläufe – z. B. am Double oder Seminyak Beach, wo oft fauliger Abwassergestank in der Luft liegt. Das Meer bei Kuta wird regelmäßig von Einspülungen aus stark bebauten Gebieten verseucht.

❶ An- & Weiterreise

BUS

Gleich abseits der Hauptstraße nach Westbali liegt der **Busbahnhof Mengwi** (Jl Mengwi-Mengwitani) rund 12 km nordwestlich von Denpasar. Er wird auch von vielen Fernbussen zum/ab dem Ubung-Busbahnhof (Denpasar; S. 277) angesteuert.

Bei Trips nach/ab Südbali empfiehlt sich Mengwi zwecks Zeitersparnis. Dorthin fahren ab Denpasar auch Taxis mit Gebührenzählern (150 000–200 000 Rp).

Die Tickets vieler Busfirmen beinhalten eine Fährpassage ab Bali (oft z. B. über Nacht nach Java). Kaufen sollte man solche Busfahrkarten spätestens am Vortag bei einem Reisebüro oder an den Busbahnhöfen Denpasar (Ubung) bzw. Mengwi. Ein Flug kostet aber mitunter fast dasselbe.

Alle Fernbusfirmen haben klimatisierte Fahrzeuge, aber verschiedene Preise. Ein eventueller Aufpreis für einen guten Bordplatz lohnt sich immer. Bedient werden z. B. Yogyakarta (350 000 Rp, 20 Std.) und Jakarta (500 000 Rp, 24 Std.). Verbindung besteht auch ab Singaraja in Nordbali.

FLUGZEUG

Der Flughafen der Landeshauptstadt Jakarta ist das internationale Haupttor zu Indonesien. Viele Auslandsflüge bedienen den **Ngurah Rai Inter-**

national Airport (http://bali-airport.com) auf Bali aber auch direkt. Dieser Flughafen ist der einzige auf der Insel und liegt gleich südlich von Kuta. International bzw. auf manchen Online-Buchungsseiten wird er teils auch „Denpasar" oder „Bali" genannt.

Viele internationale Fluglinien mit Verbindung nach/ab Bali bieten zusätzlich zahllose Flüge zu/ab australischen und asiatischen Großstädten an. Die Pisten von Ngurah Rai sind momentan noch zu kurz für Direktmaschinen nach/ab Europa.

Das Angebot an indonesischen Inlandsflügen nach Bali wechselt regelmäßig.

ÜBERS MEER

Pelni (www.pelni.co.id) Große Boote der nationalen Schiffahrtsgesellschaft bedienen unregelmäßig Langstreckenrouten innerhalb von ganz Indonesien (für Fahrpläne und Preise s. Website). Hierbei steuern sie auch Benoa auf Bali an. Das firmeneigene **Ticketbüro** (☏ 0623 6175 5855, 0361-763963; www.pelni.co.id; Jl Raya Kuta 299; ⏰ Mo–Fr 8–12 & 13–16, Sa 8–13 Uhr) in Tuban nimmt Anfragen und Buchungen entgegen.

Weitere Fähren verkehren zwischen Gilimanuk (Westbali) und dem nahegelegenen Ketapang auf Java, wo direkte Busverbindung nach Jakarta besteht.

Langsame Autofähren pendeln zwischen Padangbai und Lembar auf Lombok. Letzteres sowie die Gili-Inseln bedienen auch Schnellboote ab diversen balinesischen Häfen.

❶ Unterwegs vor Ort

Ob per Auto (optional mit Chauffeur gemietet), Motorrad oder Fahrrad: Bali erkundet man am besten mit einem eigenen Vehikel. Dies bietet maximale Flexibilität und die Möglichkeit, auch ansonsten unerreichbare Orte auf der Insel zu besuchen.

AUTO & MOTORRAD

Selbstfahrer genießen auf Bali maximale Flexibilität (z. B. beim Erkunden von Nebenstrecken). Wer hier ein Auto oder Motorrad mietet, zählt aber potenziell die Minuten bis zur Rückgabe: Die Straßenverhältnisse sind häufig grauenvoll, während der Verkehr vor allem im Süden oft heftig ist. Die meisten Bali-Besucher leihen ein Vehikel daher nur für ein paar Tage aus.

Motorräder sind auf der Insel ein beliebtes Transportmittel: Die Einheimischen fahren quasi schon als Babys auf dem Sozius mit. Eine fröhliche, fünfköpfige Familie auf einem einzigen Motorrad wird Bali Minivan genannt.

Der Preis für ein Miet-Motorrad (ca. 60 000 Rp/Tag, wochenweise günstiger) sollte immer eine Haftpflichtversicherung beinhalten. Eine zusätzliche Teilkasko, Vollkasko- oder

ℹ️ EIN AUTO MIT FAHRER MIETEN

Private Mietwagen mit Fahrer sind auf ganz Bali eine super Sache: So muss man den stressigen Verkehr nicht selbst meistern. Zudem können Reisegruppen dabei Geld sparen.

   Vehikel mit Chauffeur lassen sich leicht auftreiben: Auf den Straßen von Touristenhochburgen wird vielerorts Transport angeboten. Ansonsten spricht man einfach selbst einen Fahrer an oder fragt bei seinem Hotel nach (was das Abzocke-Risiko senkt). Die Fahrzeuge sind meist neuere Toyota Kijangs mit bis zu sieben Bordplätzen. Ansonsten ist zu beachten:

➡ Verschiedene Fahrer vorab persönlich vergleichen und Empfehlungen von anderen Travellern einholen.

➡ Einen möglichst sympathischen Fahrer mit ausreichenden Englischkenntnissen wählen.

➡ Route und Preis (Standard: 500 000–800 000 Rp/Tag) vorab aushandeln.

➡ Fahrzeugzustand (inkl. Sauberkeit) vorab überprüfen.

➡ Falls keine Zwischenstopps bei Touristenfallen (Restaurants, Läden) gewünscht sind, dies vorab klar kommunizieren.

➡ Dem Fahrer unterwegs ein Mittagessen aus selbst gewählter Quelle bezahlen (zzgl. ca. 20 000 Rp) sowie Snacks und Getränke anbieten.

➡ Bei Zufriedenheit ein angemessenes Trinkgeld geben: Viele Fahrer bieten tolle Überraschungen für einen schönen Tag.

Unfallversicherung wird von den Verleihern aber praktisch nie angeboten. Manche Miet-Motorräder verfügen über Träger für Surfbretter.

   Immer gut überlegen, ob man auf Bali einen Feuerstuhl ausleihen will: Dies ist definitiv kein Pflaster für Anfänger – jedes Jahr kehren verunglückte Neu-Biker mit dauerhaften Gesundheitsschäden von hier in die Heimat zurück! Auf der ganzen Insel herrscht Helmpflicht.

   In Balis Ballungsräumen gibt's die beliebte Handy-App Go-Jek, über die man so ziemlich alles bestellen kann – auch spontane Fahrten mit Motorradtaxis. Interessenten müssen eine indonesische SIM-Karte besitzen und sollten bedenken: Aufgrund starker Gebietsrivalität bedienen die Fahrer in Touristenhochburgen teils nur ihre „eigenen" Territorien.

BUS

Touristenbusse (meist 8–20 Bordplätze) sind eine komfortable und günstige Option für den Transport vor Ort. Entsprechende Werbeschilder findet man in allen Touristenhochburgen. Solche Vans sind zwar langsamer als Mietwagen mit Fahrer, aber deutlich praktischer als öffentliche Bemos oder Busse.

Kura-Kura Bus (Karte S. 244; ☎ 0361-757070; www.kura2bus.com; Jl Ngurah Rai Bypass, Erdgeschoss, DFS Galleria; Einzelfahrt 20 000–80 000 Rp, Pass für 3/7 Tage ab 150 000/250 000 Rp; 🛜) Die einfallsreiche Touristenbusfirma unter ausländischer Leitung bedient beliebte Ziele im Bereich von Südbali und Ubud. Bis zum frühen Abend verkehren ihre Fahrzeuge mit Bord-WLAN auf insgesamt acht Linien (ca. alle 20 Min.–2 Std.; für Details s. Website oder App). Als Drehscheibe dient dabei das zollfreie Einkaufszentrum DFS Galleria.

Perama (☎ 0361-751170; www.peramatour. com) Balis größter Touristenbus-Betreiber mit Vertretungen in Kuta, Sanur, Ubud, Lovina, Padangbai und Candidasa.

FAHRRAD

Touristen erkunden Bali zunehmend per *sepeda* (Fahrrad), was nun auch eine sehr beliebte Option für Stadttouren oder Tagestrips vor Ort ist.

   Leihfahrräder (ab 30 000 Rp/Tag) gibt's in Touristenhochburgen überall. Aber am besten immer eine Empfehlung der eigenen Unterkunft einholen, da die Drahtesel oft in schlechtem Zustand sind!

SCHIFF/FÄHRE

Viele Schnellboote verbinden Bali mit Nusa Lembongan – ebenso mit Lombok und den Gili-Inseln, die als Touristenziele immer beliebter werden.

TAXI

In Südbali und Denpasar (aber nicht in Ubud) gibt's viele Taxis mit Gebührenzählern. Diese lassen sich in belebten Gebieten meist auf der Straße anhalten und sind für Touristen sehr wichtig: Nutzer sparen sich das nervige Verhandeln mit den „Transport!?!" rufenden Privatfahrern.

BALI: GEFÜHRTE TOUREN

Geführte Standard-Touren sind eine beliebte und praktische Option, um manche Ecken Balis zu erkunden. Diesbezüglich gibt's vor Ort zahllose Anbieter mit ähnlichem Leistungsspektrum. Vergleichsweise viel interessanter sind aber Spezialfirmen, die individualisierbare Trips weitab der üblichen Touristenpfade veranstalten: Dabei lernt man die Insel ganz anders und deutlich denkwürdiger kennen. Auch solche Touren lassen sich problemlos arrangieren.

Aaranya Wildlife Odysseys (☑ in Australien 1300 585 662; www.aaranya.com.au; variierende Preise) Naturexkursionen unter der Leitung von Naturforschern und Biologen.

Adventure & Spirit (☑ 0853 3388 5598; www.adventureandspirit.com; ab 110 US$/Pers.) Populäre Profi-Firma mit ganztägigen Canyoning-Trips (inkl. Abseilen, Schwimmen, Springen, Klettern, Seilrutschen) zwischen malerischen Schluchten und Wasserfällen im Herzen Balis.

Bio (☑ 0361-270949; www.bioadventurer.com; Erw./Kind ab 950 000/850 000 Rp) Individualisiertes River-Surfing und Tubing auf Flüssen in Balis Westen.

Mason Adventures (Bali Adventure Tours; ☑ 0361-721480; www.masonadventures.com; Adventure House, Jl Ngurah Rai Bypass; Rafting ab 695 000 Rp/Pers.) Großer Abenteuer-Anbieter mit Dschungeltreks, Buggy-Fahrten, MTB-Touren, Hubschrauberflügen und Rafting auf dem Sungai Ayung bei Ubud.

JED (Village Ecotourism Network; ☑ 0361-366 9951; www.jed.or.id; 75–150 US$/Pers.) Organisation mit sehr empfehlenswerten Touren zu kleinen Dörfern (teils mit Übernachtung). Braucht oft Freiwillige, um das Leistungsspektrum zu erweitern und mit den Dorfbewohnern zu arbeiten.

Archipelago Adventure (☑ 0851 0208 1769, Handy 0812 3850517; www.archipelago-adventure.com; Erw./Kind ab 55/45 US$) MTB-, Motorrad- und Jeeptouren auf Bali (z. B. rund um Jatiluwih, Danau Buyan, Kintamani) plus Optionen auf anderen Inseln (z. B. Java, Borneo, Sumatra).

Bali Bike-Baik Tours (☑ 0361-978052; www.balibike.com; ab 500 000 Rp/Pers.) Veranstaltet neben MTB-Abfahrten ab Kintamani z. B. auch Kochkurse oder Vulkan-Treks. Der Schwerpunkt liegt auf kulturellen Erlebnissen: Unterwegs werden u. a. kleine Dörfer und Reisfarmen besucht.

Suta Tours (☑ 0361-462666, 0361-466783; www.sutatour.com; variierende Preise) Standard-Touren plus individualisierbare Trips (z. B. zu Einäscherungs-Zeremonien, besonderen Tempelfesten, Märkten).

Bali Eco Cycling (☑ 0361-975557; www.baliecocycling.com; Erw./Kind ab 50/30 US$) Organisiert u. a. MTB-Touren ab Kintamani, die schmalen Dschungelstraßen südwärts nach Ubud folgen. Hinzu kommen weitere Trips mit Schwerpunkt auf Balis ländlicher Kultur.

Sobek (☑ 0361-729016; www.balisobek.com; Rafting ab 52 US$) Renommierte Firma mit Rafting auf dem Sungai Ayung und Telagawaja.

➡ **Blue Bird Taxi** (☑ 0361-701111; www.bluebirdgroup.com) Die definitiv beste Taxifirma der Insel wird von vielen Auswanderern ausschließlich genutzt: Die Chauffeure sprechen ausreichend Englisch und schalten ihre Taxameter immer ein. Zudem hat Blue Bird eine praktische App, die wie Uber funktioniert. Auf den Dächern der blauen Autos befinden sich Leuchtschilder mit Vogelsymbol; Name und Telefonnummer des Unternehmens zieren jeweils die Frontscheibe. Auf diese drei klaren Erkennungszeichen gilt's stets zu achten, da auch zahllose Fakes auf Bali herumfahren.

➡ Lokale Taxi-Trips sind teils ziemlich günstig (z. B. Kuta–Seminyak ca. 80 000 Rp).

➡ Grundsätzlich Finger weg, wenn ein Fahrer sein Taxameter nicht benutzen will! Auch bei Dunkelheit: Es wird fälschlicherweise oft behauptet, dass nachts nur Festpreise gelten würden.

➡ Unter den anderen Abzock-Maschen sind z. B. scheinbarer Mangel an Wechselgeld, angeblich defekte Taxameter oder absichtliche Umwege. Manche Taxifahrer verdingen sich zudem als Schlepper (etwa für geführte Touren, Massagen, Prostituierte).

KUTA & SÜDWESTLICHE STRÄNDE

Viele Bali-Besuche beginnen und enden im Süden: Fast direkt ab dem Flughafen erstreckt sich hier ein herrlicher Strandstreifen gen Norden.

Seminyak und Kerobokan bieten jeweils viele noble Einrichtungen auf Weltklasse-Niveau (z. B. Restaurants, Cafés, Spas, Designer-Boutiquen). Kuta und Legian empfehlen sich für lange Disconächte, billige Souvenirs (z. B. Trikothemden) und fröhliche Familienferien. Gen Norden erstreckt sich rund um Canggu die interessanteste Inselregion mit Traumstränden, tollen Cafés und reizvollem Nachtleben.

Zum Erlebnis im Süden gehören super Shoppen und Essen, grandiose Sonnenuntergänge, ständiger Trubel und bis zum Morgen geöffnete Discos. Angesichts all dessen fragt man sich vielleicht, wo da Balis berühmte Spiritualität und Stille bleiben. Die Antwort gibt dann oft sehr schnell eine religiöse Prozession, die allen Betrieb spontan ruhen lässt.

Kuta & Legian

📞 0361 / 46 660 EW.

Kuta und Legian bilden zusammen das Zentrum des Massentourismus auf Bali – inklusive Lärm, Hektik, Feierwut und dröhrender Musik an jeder Ecke. Ihr berüchtigtes Image verdankt die Region (oft reißerischen) Medienberichten über Touristen mit schlechten Manieren. Sie ist auf der Insel oft das allererste Ziel, aber definitiv nichts für jeden Geschmack:

An Kutas hässlichen Gässchen drängen sich günstige Cafés, Surfshops, Massen von Motorrädern, zahllose T-Shirt-Verkäufer und ebenso viele Schlepper, die lautstark für „Massage!" werben. Das scheint aber genügend Leuten zu gefallen – andernfalls würden hier nicht dauernd neue schicke Einkaufszentren und Kettenhotels entstehen.

Legian ist gleichsam kommerziell geprägt, spricht aber ein etwas älteres Publikum an: Angeblich ziehen viele Einwohner Kutas nach ihrer Heirat hierher. Nahe dem lokalen Strand findet man eine lange Reihe von familienfreundlichen Hotels.

◉ Sehenswertes

Hauptattraktion von Kuta und Legian sind natürlich die Strände. Und an den Straßen bzw. Gassen wartet allerlei faszinierende, zauberhafte und ungewöhnliche Ablenkung vom ständigen Trubel.

★ **Kuta Beach**   STRAND

(Karte S. 244) Die Keimzelle des Tourismus auf Bali – kein Wunder: Hier kann man sich prima auf dem Sand aalen, einen legendären Sonnenuntergang genießen und Proviant (Snacks, Softdrinks, Bier) bei unaufdringlichen (!) Straßenhändlern kaufen. Vor Ort lassen sich auch Surfbretter, Liegestühle und Sonnenschirme ausleihen (10 000–20 000 Rp; verhandelbar).

Legian Beach   STRAND

(Karte S. 244) Grenzt im Norden an den Kuta Beach und ist vergleichsweise ruhiger: Die Besucherzahlen sind niedriger; zudem gibt's hier keine lärmige Strandstraße.

Double Six Beach   STRAND

(Karte S. 244) Nördlich vom Legian Beach ist am Strand immer weniger los – bis man den extrem beliebten Double Six Beach erreicht: Hier gibt's den ganzen Tag über spontane Volley- und Fußballspiele. Zudem ist dies ein Party-Treffpunkt von Einheimischen. Vor allem nach starken Regenfällen ist das örtliche Meer aber oft übel verschmutzt.

Bali Sea Turtle Society SCHILDKRÖTEN-RESERVAT

(Karte S. 244; 📞 0811 388 2683; www.baliseaturtle.org; Kuta Beach; ⊙ Gelände 24 Std., Auswilderungen April–Okt. ab 16.30 Uhr) Die Bali Sea Turtle Society engagiert sich für den Schutz von Oliv-Bastardschildkröten. Ihre Aufzuchtstation zählt zu Balis besseren Einrichtungen dieser Art: Babyschildkröten werden hier direkt am Kuta Beach vorsichtig ins Meer entlassen. Gegen eine kleine Spende bekommt man ein Nachwuchs-Reptil in einem Behältnis (mit Meerwasser gefüllt) ausgehändigt und wildert es dann im identisch verfahrenden Kollektiv aus. Schilder liefern dabei hervorragende Hintergrundinfos.

Am besten eine Stunde vorher vorbeischauen, um festzustellen, ob am jeweiligen Tag eine Auswilderung stattfindet!

Dream Museum Zone   MUSEUM

(Karte S. 244; 📞 0361-849 6220; www.facebook.com/dmzbali/; Jl Nakula 33X; Eintritt 110 000 Rp, Kind unter 3 Jahren frei; ⊙ 9–22 Uhr; 🚻) Spaß für die ganze Familie: Hier lassen sich ca. 120 interaktive, lebensgroße Wandbilder fotografieren und anschließend in 3D „beleben". Die 14 Museumsabteilungen thematisieren z. B. Indonesien, Ägypten oder den Jurassic Park.

Südbali

10 km

Ⓝ

Beraban
Pererenan Beach
Munggu
Seseh
Batu Mejan
Echo Beach
Canggu
Berawa
Petanu
Guwang
Ketewel
Pabean
Gumicik
Tohpati
Batubulan
Kerobokan
Denpasar
Tegalwagni
Pesanggaran
Sanur
Boote nach Nusa Lembongan
Seminyak
Legian
Kuta
Tuban
Legian Beach
Kuta Beach
Suwung
Dukuh
Ponjok
Pulau Serangan
Benoa
Ngurah Rai Airport
Teluk Kuta
Teluk Jimbaran
Benoa Harbour
Teluk Benoa
Jl Ngurah Rai Bypass
Nusa Dua
Jimbaran
Jimbaran Beach
Bualu
Garuda Wisnu Kencana Cultural Park
Bukit Peninsula
Kutuh
Balangan Beach
Jl Ulu Watu
Dreamland
Bingin
Cenggiling
Ungasan
Pecatu
Pecatu Indah
Padang Padang Beach
Ulu Watu
Pura Dalem Penetaran Ped

Selat Lombok
Karangsari
Semaya
Suana
Pejukatan
Tanglad
Sampalan
Jungutbatu
Ped
Klumpu
Batukandik
Pura Dalem Penetaran Ped
Toyapakeh
Sakti
Bukit Mundi (529 m)
Batumadeg
Nusa Lembongan
Lembongan
Nusa Ceningan
Crystal Bay Beach
Nusa Penida

Selat Badung

INDISCHER OZEAN

Aktivitäten

Pro Surf School SURFEN
(Karte S. 244; ☑ 0361-751200; www.prosurf
school.com; Jl Pantai Kuta 32; Surfkurse ab
675 000 Rp/Tag) Die renommierte Surfschule
am Kuta Beach bringt Anfänger seit Jahren
erfolgreich aufs Brett. Der Unterricht für
alle Erfahrungsstufen umfasst auch Kurse in
Kleingruppen. Zudem gibt's hier Leihausrüstung, **Schlafsäle** (B ab 150 000 Rp), einen Pool und ein cooles **Café**.

Waterbom Park BADEPARK
(Karte S. 242; ☑ 0361-755676; www.waterbom-bali.
com; Jl Kartika Plaza; Erw./Kind 535 000/
385 000 Rp; ⊙ 9–18 Uhr) Auf dem tropischen
Gartengelände des spaßigen Badeparks
(3,8 ha) warten einige Dutzend Wasserrutschen (z. B. Climax), diverse Schwimmbecken, eine FlowRider-Wellenmaschine und
ein Tubing-Fluss mit langsamer Strömung
(Lazy River). Hinzu kommen u. a. ein Food-
court, eine Bar und ein Spa.

Jamu Traditional Spa SPA
(Karte S. 244; ☑ 0361-752520, Durchwahl 165;
www.jamutraditionalspa.com; Jl Pantai Kuta, Alam
Kul Kul; Massagen ab 50 000 Rp/Std.; ⊙ 9–19 Uhr)
Im ruhigen Ambiente eines Resorts gibt's

erbauliche Massagen. Die Anwendungen
finden am Rand eines hübschen Hofgartens
statt und sind etwas für Obstfans: Denn dabei werden oft Tropenfrüchte (z. B. Nüsse,
Kokosnüsse, Papayas) verwendet – häufig
als Zusätze für duftende Bäder.

Schlafen

Die zahllosen Hotels der Region warten fast
immer mit Klimaanlage und Pool auf. In Tuban und Legian gibt's hauptsächlich Optionen der Mittel- und Spitzenklasse. Für Budget-Bleiben empfehlen sich Kuta und das
südliche Legian. In der ganzen Gegend entstehen immer mehr gesichtslose Mittelklasse-Kettenhotels, die oft ungünstig liegen.

Von allen Unterkünften westlich der Jl
Legian dauert der Fußmarsch zum Strand
höchstens zehn Minuten.

★Hotel Ayu Lili Garden HOTEL $
(Karte S. 244; ☑ 0361-750557; ayuliligardenhotel
@yahoo.com; abseits der Jl Lebak Bene; Zi. mit Ven-
tilator/Klimaanlage ab 195 000/250 000 Rp; ▣
🛜▣) Dieses altmodische Hotel unter der
Leitung einer Familie liegt strandnah, aber
dennoch relativ ruhig. Die 22 Zimmer im
Bungalow-Stil punkten mit einem hohem
Standard, der sich gegen einen geringen

BALI KUTA & LEGIAN

BALI MIT KINDERN: TOP-TIPPS

Strände
Kuta Beach (S. 239) Surfschulen.
Sanur Beach (S. 270) Spaß in sanfter Brandung.
Batu Bolong Beach (S. 258) Viele coole Gleichaltrige.

Naturgewässer
Pulau Menjangan (nördl. Bali; S. 335) Beste Schnorchelspots der Insel.
Reisfeld-Wandern (Ubud; S. 283) Mal was anderes: Waten in schlammigem Wasser
voller Tiere (u. a. Enten, Frösche).

Aktivitäten
Bali Treetop Adventure Park (Candikuning; S. 321) Herumklettern wie die Affen.
Waterbom Park (Tuban; S. 241) Riesiges Erlebnisbad.

Begegnungen mit Tieren
Ubud Monkey Forest (Ubud; S. 287) Affen und Tempel.
Bali Bird Park (südl. von Ubud; S. 301) Tolle Vögel und Reptilien.
Delfin-Beobachtungen (Lovina, Nordküste; S. 331) Per Boot hinaus zu Flipper.

Historische Stätten
Tirta Empul Ubud (nördl. von Ubud; S. 302) Abenteuer im Park eines uralten Wasserpalasts.

Kuta, Legian & Seminyak

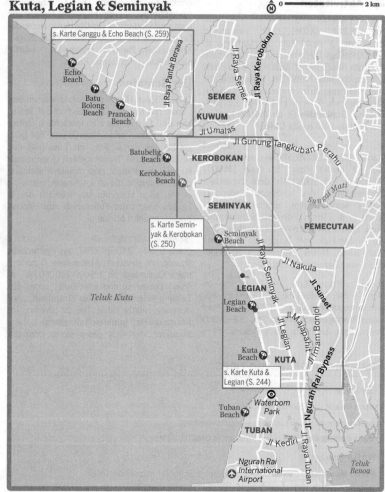

Aufpreis um zusätzliche Annehmlichkeiten (beispielsweise einen Kühlschrank) erweitern lässt.

Sri Beach Inn PENSION $

(Karte S.244; ☎0361-755897; Gang Legian Tewngah; Zi. mit Ventilator/Klimaanlage ab 200 000/350 000 Rp; ☀☎) Wenn man im Herzen des alten Legian das Rascheln von Palmen im Wind hört, ist es nicht mehr weit bis zu dieser Pension in einem Garten. Hier gibt's insgesamt fünf Zimmer mit Extras (Warmwasser, Klimaanlage, Kühlschrank) gegen Aufpreis. Recht günstige Monatstarife.

★**Kuta Bed & Breakfast Plus** PENSION $

(KBB; Karte S.244; ☎0818 568 364, 0821 4538 9646; kutabnb@gmail.com; Jl Pantai Kuta 1E; Zi. ab 100 000 Rp; ☀☎) Direkt gegenüber der Bemo Corner bietet diese hervorragende Pension alles Nötige und mehr: neun komfortable Zimmer, Nähe zum Nachtleben und eine super Dachterrasse mit Blick auf Kutas Skyline. Zudem liegen Strand und Flughafen jeweils nur zehn Geh- bzw. Fahrtminuten entfernt.

★**Puri Damai** APARTMENTS $$

(Karte S.244; ☎0361-730665; www.puridamai. com; Jl Werkudara; Apt. mit 1/2 Schlafzi.

70/140 US$; ❄ 🛜 🍽) Die kleine, aber elegante und exquisite Apartment-Anlage nahe dem Double Six Beach gehört Made (Inhaber der gleichnamigen *warung*-Kette). Die zwölf geräumigen Wohneinheiten auf grünem Gelände sind zwanglos im Tropenstil eingerichtet. Der Standard bietet jeweils Ess- und Wohnbereich, Terrasse oder Balkon und eine komplett ausgestattete Küche.

Jayakarta Hotel
RESORT $$
(Karte S. 244; ☎ 0361-751433; www.jayakartahotelsresorts.com; Jl Pura Bagus Taruna; Zi. inkl. Frühstück 1 100 000–2 400 000 Rp; ❄ @ 🛜 🍽) An einem langen, schattigen Strandabschnitt vermietet das Jayakarta insgesamt 331 geräumige Zimmer in zwei- oder dreistöckigen Gebäudeblocks. Viele Palmen, mehrere Pools und diverse Restaurants machen es bei Reisegruppen und Familien sehr beliebt. Kinder können sich hier Zöpfchen für den perfekten Urlaubs-Look flechten lassen. Hinweis: Die Quartiere sind teils ohne WLAN-Empfang.

★ Un's Hotel
HOTEL $$
(Karte S. 244; ☎ 0361-757409; www.unshotel.com; Jl Benesari; Zi. mit Ventilator/Klimaanlage 380 000/490 000 Rp; ❄ @ 🛜 🍽) Hinter dem versteckten Eingang des zweistöckigen Un's herrscht eine lauschige Atmosphäre: Von Balkonen mit Poolblick hängen Bougainvilleen herab. Die 30 geräumigen Zimmer punkten mit Strandnähe, Antiquitäten und bequemen Rattan-Liegen. Untergebracht sind sie in zwei separaten Gebäudeblocks (der südliche davon ist ruhiger).

Double-Six
RESORT $$$
(Karte S. 244; ☎ 0361-730466; www.double-six.com; Double Six Beach 66; Zi. inkl. Frühstück ab 3 900 000 Rp; ❄ 🛜 🍽) Das gigantische Fünfsterne-Resort bietet Extravaganz à la Vegas: Über einen luxuriösen Pool (120 m) hinweg schaut man von den 146 geräumigen Zimmern jeweils direkt auf den Strand. Gäste freuen sich hier z. B. über einen Butler-Service (24 Std.), TV im Bad und/oder einen Whirlpool auf ihrem Balkon. Die riesige Dachbar (S. 247) wird durch das bekannte Plantation Grill (S. 247) und mehrere andere Restaurants ergänzt.

Bali Mandira Beach Resort
HOTEL $$$
(Karte S. 244; ☎ 0361-751381; www.balimandira.com; Jl Padma 2; Zi. 150–360 US$; ❄ 🛜 🍽) Auf einem Gartengelände voller Paradiesvogelblumen verteilen sich hier 191 Zimmer auf vierstöckige Gebäudeblocks und separate

Hütten. Letztere sind innen renoviert und haben teilweise Freiluftbäder. Das Resort bietet zudem Rundumservice und einen nachgemachten Tempelturm aus Stein, der ein Spa beherbergt und von einem spektakulären Pool gekrönt wird. Dieser wartet wie das örtliche Café mit Meerblick auf.

Stones
RESORT $$$
(Karte S. 244; ☎ 0361-300 5888; www.stoneshotelbali.com; Jl Pantai Kuta; Zi. inkl. Frühstück ab 110 US$; ❄ 🛜 🍽) Das Stones gehört zur Marriott-Gruppe und ist eins der neuen Riesen-Resorts, die nun an der Straße gegenüber vom Kuta Beach entstehen. Die 308 Zimmer in fünfstöckigen Gebäudeblocks haben teils Balkone mit Badewannen. Parallel locken hier viele Hightech-Extras, ein hängender Garten und hippes, modernes Design.

🍴 Essen

Unter Kutas vielen Lokalen sind auch zahlreiche günstige Touristencafés, die Sandwiches, Pizzen und indonesische Standardgerichte in relaxter Atmosphäre auftischen. Solche Läden lassen sich leicht finden, indem man durch die *gang* (Gassen) bummelt und nach Traveller-Scharen schaut.

Für Snacks auf die Schnelle oder Bier um 4 Uhr morgens empfehlen sich die allgegenwärtigen Filialen von Circle K (rund um die Uhr geöffnet).

Die stark beworbenen Großrestaurants an der Jl Sunset besser meiden: Dies sind Touristenfallen, die obendrein unter Straßenlärm zu leiden haben.

★ Pisgor
INDONESISCH $
(Jl Dewi Sartika; Gerichte ab 2000 Rp; 🕙 10–22 Uhr) Die Fritteusen des schmalen Ladenlokals in Flughafennähe blubbern den ganzen Tag über. Heraus kommen allerlei Köstlichkeiten wie *pisang goreng* (Bananen im Teigmantel) oder vergleichsweise Abgehobeneres wie *ote-ote* (Gemüseküchlein). Am besten holt man sich eine Auswahl und dazu noch ein paar rohe Chilis für Extra-Aroma.

Kuta Night Market
INDONESISCH $
(Karte S. 244; Jl Blambangan; Hauptgerichte 15 000–25 000 Rp; 🕙 18–24 Uhr) Auf den Plastikstühlen vor den Ständen tummeln sich Einheimische, die im Tourismussektor arbeiten. Die Gerichte (u. a. aus dem Wok oder vom Grill) werden stets frisch zubereitet.

Warung Nikmat
INDONESISCH $
(Karte S. 244; ☎ 0361-764678; Jl Bakung Sari 6A; Hauptgerichte 15 000–30 000 Rp; 🕙 8–21 Uhr)

Kuta & Legian

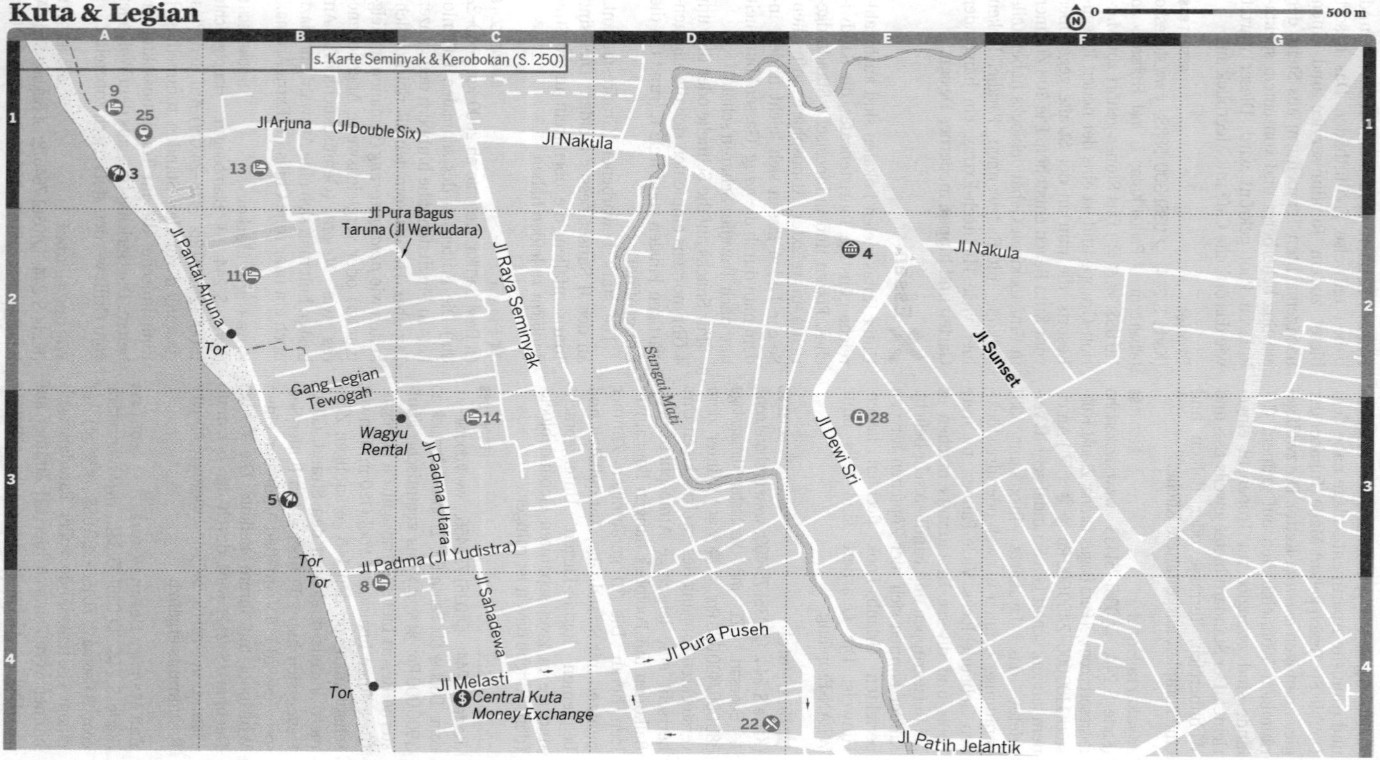

BALI KUTA & SÜDWESTLICHE STRÄNDE

s. Karte Seminyak & Kerobokan (S. 250)

500 m

Jl Sunset

Jl N Nakula

Jl Nakula

Jl Dewi Sri

Jl Patih Jelantik

Sungai Mati

Jl Raya Seminyak

Jl Pura Bagus
Taruna (Jl Werkudara)

Jl Nakula

Jl Pura Puseh

Jl Padma Utara

Jl Sahadewa

Jl Padma (Jl Yudistra)

Jl Melasti

Central Kuta
Money Exchange

Wagyu
Rental

Gang Legian
Tewogah

Jl Arjuna (Jl Double Six)

Jl Pantai Arjuna

Jl Padma

Tor

Tor

Tor

Tor

Tor

Tor

9

25

3

13

11

5

14

8

28

4

22

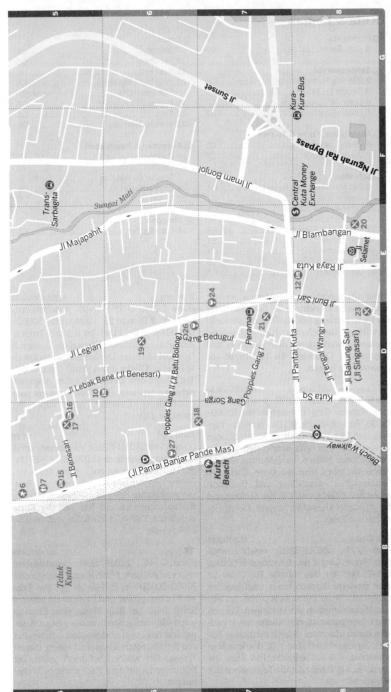

Jl Sunset

Kura-Kura-Bus

Jl Ngurah Rai Bypass

Jl Imam Bonjol

Central Kuta Money Exchange

Trans-Sarbagita

Sungai Mati

Jl Majapahit

Jl Blambangan

20

Jl Selamet

Jl Raya Kuta

12

Jl Buni Sari

24

23

Jl Legian

Gang Bedugul

Perama

21

19

26

Jl Pantai Kuta

Jl Tengal Wangi

Jl Lebak Bene (Jl Benesari)

Poppies Gang II (Jl Batu Bolong)

Gang Sorga

Poppies Gang I

Jl Bakung Sari (Jl Singasari)

Kuta Sq

16

17

18

Jl Benesari

2

27

6

7

15

(Jl Pantai Banjar Pande Mas)

1 Kuta Beach

Beach Walkway

Teluk Kuta

Kuta & Legian

Diese alteingesessene Lokalfavorit serviert authentische Gerichte à la Java. Darunter sind z.B. rendang mit Rindfleisch, *perkedel* (Bratlinge), Garnelenküchlein, *sop buntut* (Ochsenschwanzsuppe), diverse Curries und vegetarische Optionen. Bis 14 Uhr ist die Auswahl am besten.

★**Poppies Restaurant**　　　INDONESISCH **$$**
(Karte S.244; ☑0361-751059; www.poppiesbali.com; Poppies Gang I; Hauptgerichte 50000–135000 Rp; ☺8–23 Uhr; ☏) Das populäre Poppies (eröffnet 1973) zählt zu Kutas ältesten Restaurants und gibt sogar der Poppies Gang I ihren Namen. Im eleganten Garten-Ambiente gibt's hier gehobene Küche im balinesischen, westlichen und thailändischen Stil. Beliebt sind z.B. das Seafood und die *rijstaffel* (Reistafel; diverse kleine Gerichte mit Reis).

Fat Chow　　　　　　　ASIATISCH **$$**
(Karte S.244; ☑0361-753516; www.fatchowbali.com; Poppies Gang II; Hauptgerichte ab 65000 Rp; ☺9–23 Uhr; ☏) Das stilvolle Fat Chow ist eine moderne Version eines traditionellen Cafés mit offener Front. In Separees, an langen Picknicktischen sowie kleinen Tischen gibt's hier panasiatische Küche mit kreativem Touch (darunter viele Gerichte zum Teilen). Zu empfehlen sind z.B. der knackige Asia-Salat, das authentische Pad Thai, die Garnelen à la Tokio oder die Teigtaschen mit Schweinefleisch.

Balcony　　　　　　　INTERNATIONAL **$$**
(Karte S.244; ☑0361-757409; www.thebalcony bali.com; Jl Benesari 16; Hauptgerichte 50000–170000 Rp; ☺6–23 Uhr) Im luftigen Tropen-Ambiente schaut man hier auf die lärmige Jl Benesari hinunter. Die lange Frühstückskarte bereitet Gästen einen prima Start in den Tag. Unter den gleichsam guten Abendgerichten sind Pasta, Grillfleisch und ein paar indonesische Klassiker. Auch super für spontane Dates.

Kopi Pot　　　　　　　　　CAFÉ **$$**
(Karte S.244; ☑0361-752614; www.kopipot.com; Jl Legian; Hauptgerichte ab 43000 Rp; ☺7–23 Uhr; ☏) Das beliebte Kopi Pot liegt ein Stück von der verkehrsreichen Jl Legian entfernt. Bäume verschatten den mehrstöckigen, offenen Restaurantbereich mit Bar. Auf der Karte stehen u.a. Kaffee, Milchshakes und zahllose Süßspeisen.

★**Take**　　　　　　　　　JAPANISCH **$$**
(Karte S.244; ☑0361-759745; www.take.rama restaurantsbali.com; Jl Patih Jelantik; Hauptgerichte 70000–300000 Rp; ☺11–24 Uhr; ☏) Das Take wird immer größer und ist quasi ein relaxtes Stück Tokio auf Bali: Hinter dem Eingang mit traditioneller Stoffmarkise gibt's z.B. super frisches Sushi und Sashimi – zubereitet von kompetenten Köchen an einem langen Tresen. Der Küchenchef kauft jeden Tag frühmorgens auf dem Fischmarkt in Jimbaran ein.

Plantation Grill

MODERN-AUSTRALISCH $$$

(Karte S.244; ☑0361-734300; www.plantation grillbali.com; 4. Stock, Double-Six Hotel, Double Six Beach 66; Hauptgerichte 200000–850000 Rp; ⊕18–24 Uhr) Das kitschige Eingangsschild lässt keinen Zweifel daran, dass dieses schicke Hotelrestaurant zum Imperium des australischen Starkochs Robert Marchetti gehört. Die luxuriöse Inneneinrichtung im Tropenstil erinnert an die 1920er-Jahre. Auf der Karte stehen Seafood, große Steaks und exorbitant teure Tagesgerichte wie Hummer Thermidor (stolze 855000 Rp). Die hauseigene Sling Bar kredenzt einfallsreiche Cocktails in lauschiger Atmosphäre.

 Ausgehen & Nachtleben

Sonnenuntergangsgenuss in einem Café oder Biergarten am Strand ist hier sehr beliebt: Viele Touristen glühen am frühen Abend in Seminyaks Hipster-Treffs vor, um dann gen Süden ins legendäre Nachtleben zu starten und sich vollends die Kante zu geben.

Die stilvollen Discos von Seminyak sind bei Heteros und der LGBT-Szene gleichsam beliebt. Gemischtes Publikum gibt's auch in Kuta und Legian.

★ Velvet

BAR

(Karte S.244; ☑0361-846 4928; Jl Pantai Kuta, Beachwalk Mall, Level 3; ⊕11 Uhr–open end) Die große Café- und Barterrasse am Strandende der Beachwalk Mall punktet mit Traumblick auf den Sonnenuntergang (optional von Liegestühlen für zwei Personen). Ab 22 Uhr wird sie zur Open-Air-Disco (Mi–So).

Bounty

DISCO

(Karte S.244; Jl Legian; ⊕11–3 Uhr) Die große Freiluft-Disco neben einem kleinen Foodcourt hat die Form eines Segelboots. Die ganze Nacht über laufen hier Hip-Hop, Techno, House und Party-Klassiker. Schaumkanonen, Go-Go-Tänzer, Travestieshows und billige Spirituosen heizen die feierwütige Atmosphäre an.

★ Double-Six Rooftop

BAR

(Karte S.244; ☑0361-734300; www.doublesix rooftop.com; Double Six Beach 66; ⊕15–23 Uhr; ☎) Die mondäne Dachbar des Resorts Double-Six könnte als Schurken-Schlupfwinkel in einem Bond-Film dienen: In Top-Lage warten hier teure Drinks, Tiki-Fackeln und Hai-Aquarien in eleganten Lounges. Die herrliche Aussicht auf den Sonnenuntergang genießt man am besten in einem der runden Separees (Reservierung ab 1000000 Rp; mit Essen verrechenbar), die sich perfekt für Gruppen eignen.

Cocoon

DISCO

(Karte S.244; ☑0361-731266; www.cocoon -beach.com; Jl Arjuna; ⊕10–24 Uhr) Ein Riesenpool mit Aussicht auf den Double Six Beach grenzt an diese Nobel-Disco, in der keine T-Shirts mit Logos von Alkoholherstellern getragen werden dürfen. Rund um die Uhr steigen hier u.a. (Themen-)Partys mit DJs. Am Poolrand warten VIP-Lounges, Liegebetten und -stühle.

Engine Room

DISCO

(Karte S.244; ☑0361-755188; www.engineroom bali.com; Jl Legian 89; ⊕18–4 Uhr) Die kitschige, zur Straße hin offene Disco begrüßt Gäste mit Go-Go-Tänzern in Käfigen. Dann steigt hier auf vier Tanzflächen eine wilde Party, bei der leicht bekleidet im Zeichen des Hedonismus geschwoft wird.

 Shoppen

Kuta hat neben schicken Surfshops auch allerhand billige und kitschige Souvenirläden, unter deren Topsellern u.a. penisförmige Flaschenöffner sind. Gen Norden entlang der Jl Legian steigt die Qualität dann allmählich: Vor allem nahe der Jl Arjuna findet man dort einen basarmäßigen Mix aus reizenden Kleinboutiquen und großen Geschäften (Textilien, Bekleidung, Kunsthandwerk). Weiter drüben in Seminyak ist dann Luxus-Shopping vom Feinsten angesagt.

★ Luke Studer

SURFBRETTER

(Karte S.244; ☑0361-894 7425; www.studersurf boards.com; Jl Dewi Sri 7A; ⊕9–20 Uhr) Surfbrett-Bauer Luke Studer ist eine Legende. Direkt in seinem großen, funkelnden Laden stellt er Shortboards, klassische Longboards, Retro-Fish- und Single-Fin-Designs her (optional auch auf Bestellung).

Joger

GESCHENKE & SOUVENIRS

(☑0361-752523; www.jogerjelek.com; Jl Raya Kuta; ⊕10–20 Uhr) Das legendäre Joger ist der beliebteste Laden in Balis Süden: Im beengten Inneren herrscht richtig viel Betrieb. Ganze Heerscharen kaufen hier z.B. Plastik-Hundewelpen mit Glubschaugen. Auf die zahllosen T-Shirts mit ironischen, lustigen oder kryptischen Sprüchen (sie sind fast immer limitiert) weist schon das Eingangsschild mit Aufschrift Pabrik Kata-Kata (Wortfabrik) hin.

❶ Praktische Informationen

GEFAHREN & ÄRGERNISSE

Die Straßen und *gang* (Gassen) sind normalerweise sicher. Allerdings gibt's recht viele Ärgernisse – darunter nervige Schlepper, die lautstark für zweifelhafte Angebote (z. B. Prostituierte, Viagra, Massagen) werben. Am lästigsten ist aber wohl das endlose Verkehrschaos.

Achtung: Immer wieder erleiden Einheimische und Touristen teils tödliche Vergiftungen durch *Arrak* (klarer Schnaps aus Palmensaft), der mit toxischem Methylalkohol gepanscht wurde. Darum ungefragt angebotene Gratis-Drinks (Cocktails und vor allem *Arrak*) grundsätzlich ablehnen!

GELD

Central Kuta Money Exchange (Karte S. 244; ☑ 0361-762970; www.centralkutabali.com; Jl Raya Kuta 168; ☺ 8–18 Uhr) Vertrauenswürdige Wechselstube, die viele ausländische Währungen akzeptiert und zahlreiche Ableger hat – z. B. in **Legian** (Karte S. 244; Jl Melasti; ☺ 8.30–21 Uhr) in manchen Mini-Märkten von Circle K.

POLIZEI

Touristenpolizei (Hauptwache; ☑ 0361-224111; 170 Jl Kartika; ☺ 24 Std.)

Touristenpolizei (Strandposten; Karte S. 244; ☑ 0361-784 5988; Jl Pantai Kuta; ☺ 24 Std.) Liegt direkt gegenüber vom Strand und sieht aus wie eine Art balinesische *Baywatch*-Wache.

POST

Vor Ort gibt's recht viele Postfilialen.
Hauptpost (Karte S. 244; ☑ 0361-754012; Jl Selamet; ☺ Mo–Do 7–14, Fr bis 11, Sa bis 13 Uhr) Kleine, aber effiziente Post an einem Sträßchen östlich der Jl Raya Kuta; hat viel Erfahrung mit großen Paketen.

❶ An- & Weiterreise

Vom Flughafen fahren Minivans nach Tuban (200 000 Rp), Kuta (250 000 Rp) und Legian (260 000 Rp) In Gegenrichtung empfiehlt sich zwecks Ersparnis ein Taxi mit Gebührenzähler. Motorradtaxis sind meist ca. 50 % günstiger als die Auto-Variante.

BUS

Öffentliche Busse bedienen Ziele auf ganz Bali nur zentral ab Denpasar (richtiges Terminal wählen!). An Kutas Seitenstraßen wird jedoch überall für private Touristenbusse mit alternativen Routen geworben.

Perama (Karte S. 244; ☑ 0361-751551; www. peramatour.com; Jl Legian 39; ☺ 7–22 Uhr) Kutas größter Touristenbus-Betreiber bedient z. B. Lovina (125 000 Rp, 4½ Std.), Padangbai (75 000 Rp, 3 Std.) und Ubud (60 000 Rp, 1½ Std.) jeweils mindestens einmal täglich. Gegen Aufpreis sind auch Abholen bzw. Absetzen am Hotel möglich (zzgl. 10 000 Rp; gleich beim Buchen vereinbaren!).

Trans-Sarbagita (Karte S. 244; ☑ 0811 385 0900; Jl Imam Bonjol; 3000 Rp; ☺ 5–21 Uhr) Balis öffentliche Busgesellschaft betreibt vier Linien, deren Drehscheibe ein zentral gelegener Parkplatz gleich südlich der Istana Kuta Galleria ist. Von dort aus geht's z. B. nach Denpasar, Sanur, Jimbaran und Nusa Dua.

Kuta wird auch von den äußerst praktischen Kura-Kura-Touristenbussen (S. 237) angesteuert.

❶ Unterwegs vor Ort

Strandwandern zählt zu den schönsten Methoden für die Erkundung Südbalis. Ansonsten ist der Straßenverkehr hier das Haupthindernis. Vor Ort gibt's neben Taxis auch Leih-Fahrräder und -Motorräder (oft mit Surfbretthaltern; 60 000 Rp/Tag, Langzeitmiete günstiger). Diesbezüglich fragt man einfach bei der eigenen Unterkunft nach oder kontaktiert die seriöse Firma **Wagyu Rental** (Karte S. 244; Jl Padma Utara; Tagesmiete Zweirad ab 60 000 Rp; ☺ 8–18 Uhr) in Kuta.

TAXI

Bei viel Verkehr dauert eine Fahrt nach Seminyak potenziell über 30 Minuten (ab 150 000 Rp). Ein Strandmarsch dorthin geht dann schneller und ist obendrein gratis.

Seminyak

☑ 0361 / 6140 EW.

Das großartige Seminyak beheimatet viele Auswanderer, die hier Boutiquen betreiben, Klamotten entwerfen, surfen oder auch scheinbar gar nichts tun. Es liegt gleich nördlich von Kuta und Legian, wirkt aber in vielerlei Hinsicht ganz anders. Zumindest, was seinen unerklärbaren Sinn für Stil anbelangt.

Die dynamische Stadt verbindet zahlreiche Restaurants und Discos mit ebenso vielen Designershops und Galerien, die allerlei Kreatives anbieten. Weltklasse-Hotels säumen den Traumstrand, der so breit und sandig wie sein Pendant in Kuta ist – aber weniger umtriebig.

Im Norden geht Seminyak nahtlos in Kerobokan über, wobei der genaue Grenzverlauf landestypisch unklar ist. Hier kann man ganz leicht seinen ganzen Bali-Urlaub verbringen.

◉ Sehenswertes

Abgesehen vom Strand und den Tempeln haben fast alle Sehenswürdigkeiten in Seminyak etwas mit Konsum zu tun. Aber auch schlichtes Leutebeobachten an den hiesigen Hauptstraßen kann sehr interessant und unterhaltsam sein.

★ Seminyak Beach   STRAND

(Karte S. 250) Eisgekühltes Bintang-Bier als Sundowner auf einer Strandliege – einfach magisch! Dafür empfiehlt sich der nähere Umkreis des Pura Petitenget: Dort ist meist weniger los als weiter südlich in Kuta.

Pura Petitenget   HINDUISTISCHER TEMPEL

(Karte S. 250; Jl Petitenget) Der bedeutende „Zauberkasten" (grobe Namensübersetzung) mit vielen Zeremonien gehört zu einer Reihe von Küstentempeln, die sich ab dem Pura Luhur Ulu Watu (Halbinsel Bukit) nordwärts zum Pura Tanah Lot (Westbali) erstreckt. Gegründet wurden diese Schreine von dem legendären Priester Nirartha, der Balis Hinduismus im 16. Jh. reformierte und den Pura Petitenget oft besuchte.

Der Komplex liegt gleich rechts vom Pura Masceti und ist für seine alljährlichen Feierlichkeiten im Rahmen des balinesischen Hindu-Kalenders (210 Tage) berühmt.

BIASA ArtSpace   KUNSTGALERIE

(Karte S. 250; 0361-730308; www.biasagroup. com; Jl Raya Seminyak 34; ⊙9–21 Uhr) GRATIS Seit 2005 zeigt diese Galerie die Werke aufstrebender Künstler aus Indonesien und aller Welt. Die wechselnden Ausstellungen widmen sich verschiedenen Kunstformen (z. B. Malerei, Bildhauerei, Fotografie, Installation). Das Obergeschoss beherbergt eine Mini-Bibliothek und eine Restaurationswerkstatt.

✈ Aktivitäten

Eins von Balis besten Pflastern in puncto Wellness: Die Spas von Seminyak und Kerobokan verwöhnen Gäste mit zahllosen Anwendungen bzw. Therapien.

★ Jari Menari   SPA

(Karte S. 250; 0361-736740; www.jarimenari. com; Jl Raya Basangkasa 47; Anwendungen ab 435 000 Rp; ⊙9–21 Uhr) Der Name („tanzende Finger") ist Programm: Das rein männliche Personal versetzt den Körper mit rhythmisch geprägten Massagetechniken in Verzückung. Massagekurse (ab 170 US$) sind hier auch im Angebot.

Prana   SPA

(Karte S. 250; 0361-730840; www.pranaspabali. com; Jl Kunti 118X; Massagen ab 510 000 Rp; ⊙9–22 Uhr) Der Fantasiepalast im maurischen Stil ist potenziell das prachtvollste Spa auf ganz Bali. Von einfachen Massagen (1 Std.) bis hin zu vielerlei Gesichts- und Schönheitsbehandlungen ist hier alles Erdenkliche geboten.

Surf Goddess   SURFEN

(0858 997 0808; www.surfgoddessretreats.com; pro Woche inkl. Privatzi. ab 2495 US$) Surfurlaub exklusiv für Frauen – inklusive Surfunterricht, Yoga, Essen und Unterkunft in einer Nobelpension, die an einer Seitenstraße in Seminyak steht.

Seminyak Yoga Shala   YOGA

(Karte S. 250; 0361-730498; www.seminyak yogashala.com; Jl Basangkasa; Kurse ab 140 000 Rp) Schlichtes Yogastudio mit täglichen Kursen in diversen Disziplinen (u. a. Ashtanga, Mysore, Yin-Yang).

🛏 Schlafen

Seminyaks großes Unterkunftsspektrum reicht von Weltklasse-Strandresorts bis hin zu versteckten Budget-Bleiben an Seitenstraßen. Hier beginnt auch das sogenannte Villenland, das gen Norden bis über Canggu hinausreicht (und dabei zunehmend die Reisfelder verdrängt). Eine örtliche Privatvilla mit eigenem Pool ist ein oft gehegter Urlaubstraum.

Hinweis: Mittelklasse-Kettenhotels in ganz Südbali haben oft „Seminyak" als Namenszusatz – selbst, wenn sie im weit entfernten Denpasar liegen.

Raja Gardens   PENSION $$

(Karte S. 250; 0361-934 8957; www.jdw757. wixsite.com/rajagardens; abseits der Jl Camplung Tanduk; Zi. mit Ventilator/Klimaanlage ab 500 000/700 000 Rp; ❄🛜🏊) Fast direkt am Strand steht diese altmodische Pension (gegr. 1980) auf einem großen, grünen und ruhigen Gelände mit Obstbäumen. Die acht Zimmer sind recht einfach, punkten aber mit Freiluftbädern und vielen Topfpflanzen. In meist entspannter Atmosphäre können Gäste nett am großen Pool relaxen.

Sarinande   HOTEL $$

(Karte S. 250; 0361-730383; www.sarinandeho tels.com; Jl Sarinande 15; Zi. inkl. Frühstück 630 000–680 000 Rp; ❄🛜🏊) Drei Gehminuten vom Strand entfernt gibt's hier 26 Zimmer mit super Preis-Leistungs-Verhältnis.

BALI SEMINYAK

Seminyak & Kerobokan

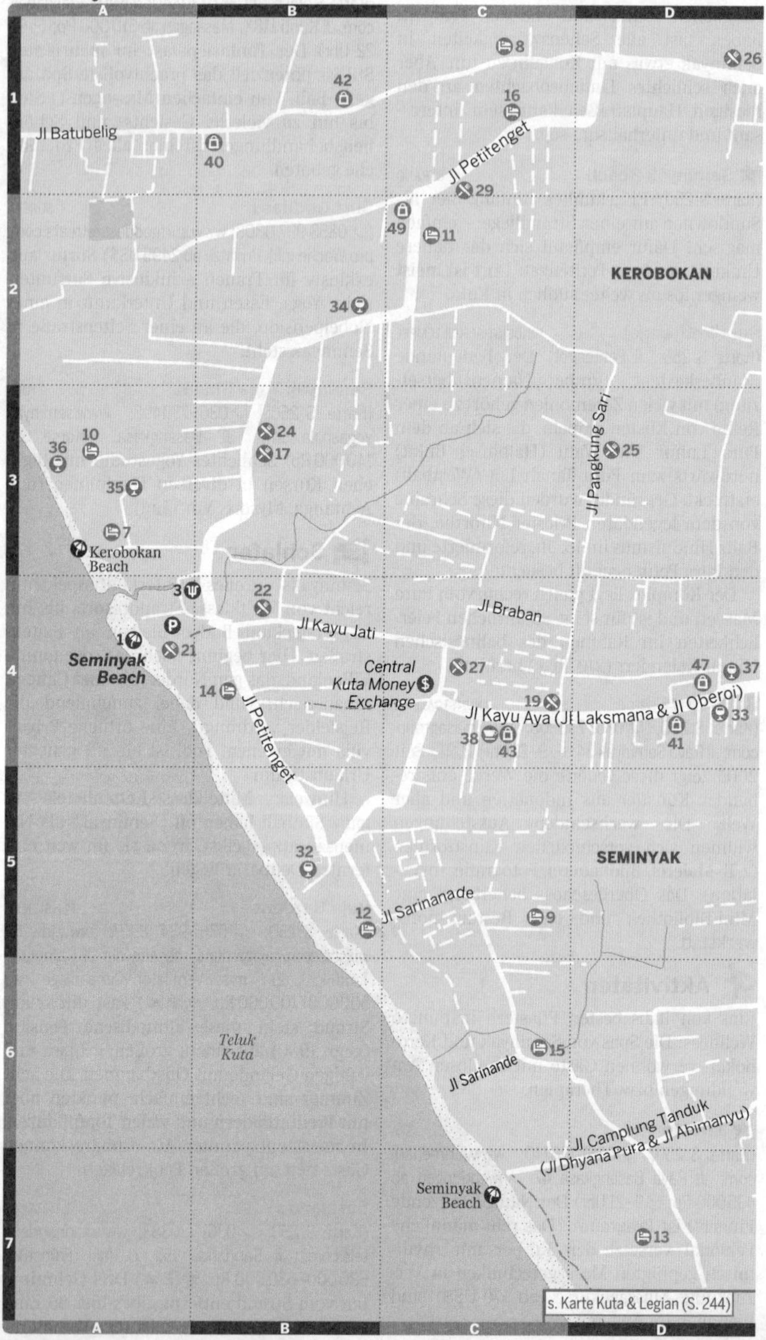

BALI KUTA & SÜDWESTLICHE STRÄNDE

Jl Batubelig

KEROBOKAN

Jl Petitenget

Jl Pangkung Sari

Kerobokan
Beach

Seminyak
Beach

Jl Petitenget

Jl Kayu Jati

Jl Braban

Central
Kuta Money
Exchange

Jl Kayu Aya (Jl Laksmana & Jl Oberoi)

SEMINYAK

Jl Sarinande

Teluk
Kuta

Jl Sarinande

Jl Camplung Tanduk
(Jl Dhyana Pura & Jl Abimanyu)

Seminyak
Beach

s. Karte Kuta & Legian (S. 244)

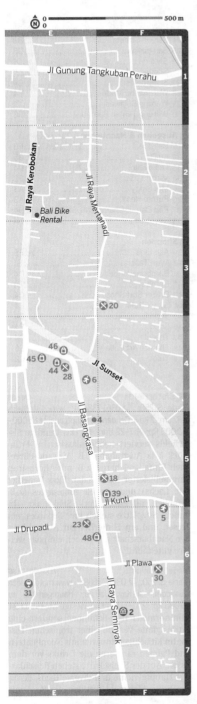

Die Quartiere in zwei älteren, zweistöckigen Gebäudeblocks umgeben einen kleinen Pool. Das Hotel hat ein etwas betagtes Dekor, ist aber ansonsten gut gepflegt. Unter den Extras sind Kühlschränke, Satelliten-TV, DVD-Player und ein Café.

★ Samaya
VILLEN $$$

(Karte S. 250; ☑ 0361-731149; www.thesamayaba li.com; Jl Kayu Aya; Villa ab 725 US$; ✴ 🛜 🛇) Das Samaya punktet mit kultiviertem Understatement. Seine 52 luxuriösen Strandvillen mit Privatpools und moderner Einrichtung zählen zu den besten in Südbali. Einige davon stehen jedoch ein Stück vom Wasser entfernt. Das Essen (inkl. Frühstück) ist vom Feinsten.

★ Oberoi
HOTEL $$$

(Karte S. 250; ☑ 0361-730361; www.oberoihotels. com; Jl Kayu Aya; Zi. inkl. Frühstück ab 4 600 000 Rp; ✴ @ 🛜 🛇) Das wunderbar dezente Luxus-Strandhotel im balinesischen Stil ist seit 1971 im Geschäft und verwöhnt Gäste mit vielen Extras: Gegen Aufpreis bieten die Zimmer bzw. Villen mit eigenen Veranden z. B. Meerblick oder Pools in ummauerten Privatgärten. Vom Hauscafé schaut man auf einen fast menschenleeren Strandabschnitt.

Casa Artista
PENSION $$$

(Karte S. 250; ☑ 0361-736749; www.casaartistab ali.com; Jl Sari Dewi 17; Zi. inkl. Frühstück 175–195 US$; ✴ 🛜 🛇) Gäste der kultivierten Pension können buchstäblich vor Freude tanzen: Die Inhaber sind professionelle Tango-Tänzer und bieten vor Ort auch Kurse an. Das elegante Haus hat zwei Stockwerke und einen zentralen Pool. In den zwölf kompakten Zimmern mit eigenen Namen (z. B. Passion, Inspiration) hängen teils Kristallüster. Das Frühstück wird jeweils auf den Privatveranden der Quartiere serviert.

✕ Essen

Seminyaks meiste Restaurants konzentrieren sich auf die Jl Kayu Aya, die darum auch Eat Street genannt wird. Prima Essen für jeden Geldbeutel gibt's aber praktisch in der ganzen Stadt. Einige örtliche Lokale verwandeln sich später am Abend in Discos, während anders herum auch die Discos und Bars mitunter gute Gerichte servieren. Zudem findet man hier überall Cafés mit super Koffeingetränken.

Warung Ibu Made
INDONESISCH $

(Karte S. 250; Jl Basangkasa; Hauptgerichte ab 15 000 Rp; ☺ 7–19 Uhr) An einer stets betrieb-

Seminyak & Kerobokan

samen Ecke der Jl Raya Seminyak liegt dieser *warung* mit mehreren Garküchen. Diese bereiten fast den ganzen Tag über frisches Essen in Woks zu. Im Schatten eines mächtigen Banyan-Baums kann man sich hier auch mit Kokoswasser erfrischen.

Café Moka   CAFÉ $
(Karte S. 250; ☑ 0361-731424; www.cafemokabali. com; Jl Basangkasa; Gerichte 15 000–35 000 Rp; ⊙7–22 Uhr; ❀) Das beliebte Bäckereicafé verkauft Backwaren (u. a. frische Baguettes) und leckere Snacks à la Frankreich. Viele Gäste erholen sich hier stundenlang von der Hitze. Am Schwarzen Brett hängen Angebote für Ferienvillen.

Warung Taman Bambu   BALINESISCH $
(Karte S. 250; ☑ 0361-888 1567; Jl Plawa 10; Hauptgerichte ab 28 000 Rp; ⊙10–22 Uhr; ❀) Dieser klassische *warung* wirkt äußerlich schlicht, ist aber überdurchschnittlich gut. Für die bequemen Sitzgelegenheiten gilt das genauso wie für die pikanten Gerichte (stets frisch zubereitet). Direkt nebenan gibt's einen kleinen Stand mit *babi guling* (Spanferkel).

★ Sisterfields   CAFÉ $$
(Karte S. 250; ☑ 0361-738454; www.sisterfields bali.com; Jl Kayu Cendana 7; Hauptgerichte 85 000–140 000 Rp; ⊙7–22 Uhr; ❀) Das trendige Sisterfields serviert neben klassischem Frühstück à la Australien (z.B. Avocado-Püree) auch Einfallsreicheres (z.B. mit Ahornsirup karamellisierter Kürbissalat, Eggs Benedict mit Lachs) und aktuell Angesagtes (z.B. Brötchen mit Pulled Pork, Shakshuka). In puncto Sitzplätze stehen hier Separees, ein Tresen und ein Hinterhof zur Auswahl. In der Nachbarschaft gibt's noch ein paar weitere gute Cafés.

Motel Mexicola   MEXIKANISCH $$
(Karte S. 250; ☑ 0361-736688; www.motelmexico labali.com; Jl Kayu Jati 9; Hauptgerichte ab 60 000 Rp; ⊙11–1 Uhr) Das riesige Mexicola ist kein normaler Taco-Schuppen, sondern eine extravagante Version einer tropischen Disco: Im kitschigen Inneren mit Neonlichtern und Palmen rangieren die Drinks vor dem Essen. Auf der Speisekarte stehen fleischlastige Hauptgerichte und diverse Tacos, deren weiche Maismehl-Tortillas z.B. mit

Schweinehack oder Garnelen im Tempura-Teig gefüllt sind. An lauen Abenden locken hier Cocktails in Kupfergefäßen.

★Ginger Moon ASIATISCH $$

(Karte S. 250; ☑0361-734533; www.gingermoon bali.com; Jl Kayu Aya 7; Hauptgerichte 65000–195000 Rp; ☺12–23 Uhr; ☏🍴) Dean Keddell aus Australien ist einer der vielen jungen Küchenchefs, die heute eigene Restaurants auf Bali betreiben. Sein luftiges Lokal ist attraktiv mit Palmen und Holzschnitzereien eingerichtet. Die „Best-of"-Auswahl auf der Karte steht für üppige Klassiker, die zum Teilen und Probieren einladen. Besonders empfehlenswert sind die Blumenkohl-Pizza und das Hühnercurry nach Art des Hauses. Gute Gerichte für Kinder gibt's hier außerdem.

Nalu Bowls MÜSLI $$

(Karte S. 250; ☑0812 3660 9776; www.nalubowls. com; Jl Drupadi; Gerichte 60000–80000 Rp; ☺7.30–18 Uhr) Diese Müslibar-Kette ist von Hawaiis Kultur und Tropenfrucht-Palette inspiriert. Mittlerweile macht sie auch auf Bali kräftig Umsatz. Ihre kleine Hauptfiliale in Seminyak befindet sich unter dem Shelter Cafe; mitunter reicht die Warteschlange bis zur nächsten Ecke. Die sogenannten Acai Bowls enthalten neben den namengebenden Palmfrüchten auch anderes Obst (z. B. Bananen) und selbst gemixte Cerealien.

★Shelter Cafe AUSTRALISCH $$

(Karte S. 250; ☑0813 3770 6471; www.sheltercafe bali.com; Jl Drupadi; Hauptgerichte 55000–95000 Rp; ☺8–18 Uhr; ☏) Seminyaks Junge und Schöne bevölkern täglich dieses Café in einem Obergeschoss. Zu starkem Kaffee gibt's hier allerlei Gesundes – z. B. üppige Acai Bowls von Nalu Bowls (s. S. 253) im Untergeschoss. Der Laden ist nicht nur Seminyaks beliebteste Brunch-Adresse, sondern auch eine Art Kulturzentrum mit verschiedenen Events (z. B. Partys oder Modemärkten am Wochenende).

La Lucciola FUSION $$$

(Karte S. 250; ☑0361-730838; Jl Petitenget; Hauptgerichte 120000–400000 Rp; ☺9–23 Uhr) Von dem schicken Strandrestaurant in einem Obergeschoss schaut man schön auf den gepflegten Rasen, den Sand und die Brandung. Die Hausbar ist sehr beliebt bei Sonnenuntergangsfans, die hier dann meist auch zu Abend essen. Die internationalen Gerichte auf der Karte haben einen kreativen Touch à la Italien.

🍷 Ausgehen & Nachtleben

Wie um 2 Uhr morgens mitunter der eigene Blick verschwimmt in Seminyak die Grenze zwischen Restaurant, Bar und Disco. Riesige Tanztempel mit wildem Betrieb bis zum Morgengrauen gibt's hier nicht. Feierwütige können aber zu früher Stunde südwärts nach Kuta und Legian pilgern.

Zahlreiche Bars säumen die Jl Camplung Tanduk. Die dortigen Anwohner beschweren sich aber mitunter bei zu viel Lärm.

★La Favela BAR

(Karte S. 250; ☑0812 4612 0010; www.lafavela. com; Jl Kayu Aya 177X; ☺17 Uhr–open end; ☏) Eine von Balis coolsten und originellsten Nightlife-Adressen: Hinter dem attraktiven Eingang mit geheimnisvollem Touch wartet ein rundum unkonventionelles Ambiente mit diversen Themenräumen. Darunter sind z. B. schummrige Cocktail-Lounges im Stil der US-Prohibitionszeit, mehrere Essbereiche mit Antiquitäten und Bars mit Wänden voller Graffitis. Die Tische werden um 23 Uhr weggeräumt, um Platz für einen DJ und eine Tanzfläche zu schaffen.

Das dazugehörige und gleichsam populäre **Gartenrestaurant** serviert mediterran angehauchte Küche.

Red Carpet Champagne Bar BAR

(Karte S. 250; ☑0361-737889; www.redcarpet champagnebar.com; Jl Kayu Aya 42; ☺13–4 Uhr) Die maximal glamouröse Bar an Seminyaks Mode-Meile kredenzt über 200 Champagnersorten. Über einen roten Teppich geht's hinein ins Innere (vorne offen), wo man bei Schampus und rohen Austern auf die Träger verspielter Fummel schaut – und vom Obergeschoss auch auf das Treiben auf der Straße.

★Revolver CAFÉ

(Karte S. 250; ☑0851 0088 4968; www.revolver espresso.com; abseits der Jl Kayu Aya; Kaffee 28000–55000 Rp, Hauptgerichte ab 55000 Rp; ☺7–24 Uhr; ☏) Am Ende einer winzigen *gang* gelangt man durch schmale Holztüren in dieses Minicafé mit super Koffeingetränken. Der Innenraum mit wenigen Tischen ist einfallsreich im Stil eines altmodischen Wild-West-Saloon eingerichtet. Neben Frühstück gibt's hier auch leckeres Mittagessen.

Ku De Ta STRANDCLUB

(Karte S. 250; ☑0361-736969; www.kudeta.net; Jl Kayu Aya 9; ☺8 Uhr–open end; ☏) In diesem Hipster-Treff perfektionieren Balis (Möchtegern-)Schöne scharenweise ihren „gelangweilten" Look, während sie den ganzen Tag lang bechern und auf den schönen Strand starren. Zu Sonnenuntergang kommen viele weitere Gäste, die sich dann oft auch etwas von der vielfältigen Speisekarte bestellen. Im Lauf der Nacht wird die Musik immer lauter. Die Sonderveranstaltungen des Ladens sind legendär.

La Plancha BAR
(☑0878 6141 6310; www.laplancha-bali.com; abseits der Jl Camplung Tanduk; ☺9–23 Uhr) Südlich der Jl Camplung Tanduk ist das La Plancha die größte Bar an der Strandpromenade. Auf dem Sand liegen hier zahllose Sitzsäcke unter kunterbunten Sonnenschirmen. Die Speisekarte ist strandtypisch (z. B. Pizza, Nudeln); nach Sonnenuntergang steigen oft Beachpartys mit DJs.

Bali Joe GLBT
(Karte S. 250; ☑0361-300 3499; www.balijoebar.com; Jl Camplung Tanduk; ☺16–3 Uhr; 🎤) Einer von mehreren lebhaften LGBT-Clubs an dieser Straße. Jeden Abend sorgen hier Go-Go-Tänzer und Travestieshows für Stimmung.

🔒 Shoppen

Seminyak bietet das volle Programm: Großhändler, elegante Galerien, schicke Retro-Läden, familiengeführte Kunsthandwerkstätten und Designer-Boutiquen (Bali hat eine florierende Modeindustrie).

Die beste örtliche Einkaufsmeile beginnt am Bintang-Supermarkt an der Jl Raya Seminyak: Ab dort läuft man zunächst entlang der Jl Basangkasa gen Norden, wobei weitere Läden an Seitenstraßen (Jl Kayu Aya und Jati) locken. Dann geht's entlang der Jl Raya Kerobokan nach Kerobokan hinein. Vorsicht: Unterwegs gähnen viele tiefe Löcher im Bürgersteig!

★Ashitaba KUNSTHANDWERK
(Karte S. 250; ☑0361-737054; Jl Raya Seminyak 6; ☺9–21 Uhr) Verkauft wunderschöne, filigran gewebte Rattanwaren (z. B. Boxen, Schüsseln, Geldbörsen; ab 50 000 Rp) aus dem Aga-Dorf Tenganan im Osten Balis.

Thaikila BEKLEIDUNG
(Karte S. 250; ☑0361-731130; www.thaikila.com; Jl Kayu Aya; ☺9–21 Uhr) „Der Traumbikini aller Frauen", lautet das selbstbewusste Motto dieses einheimischen Labels, das seine textilarme Beachwear in Frankreich entwerfen lässt und direkt auf Bali herstellt. Top für stilvolle Strandkluft.

★Drifter Surf Shop MODE & ACCESSOIRES
(Karte S. 250; ☑0361-733274; www.driftersurf.com; Jl Kayu Aya 50; ☺9–23 Uhr) Zwei clevere Surfer betreiben diesen Laden, der mit Individualität und Qualität überzeugt. Neben Highend-Surfausrüstung (Bretter, Bekleidung, Zubehör) gibt's auch coole Bücher und Kopfbedeckungen (z. B. von Obey oder Wegener).

★Souq HAUSHALTSWAREN, BEKLEIDUNG
(Karte S. 250; ☑0822 3780 1817; www.souqstore.co; Jl Basangkasa 10; ☺8–20 Uhr) Der funkelnde Edel-Concept-Store vereint Asien stilmäßig mit dem Nahen Osten. Die angebotenen Haushaltswaren und Bekleidungsstücke stammen ausschließlich von balinesischen Designern. Das kleine **Hauscafé** serviert guten Kaffee und gepresste Säfte zu gesundem Frühstück bzw. Mittagessen.

★Bamboo Blonde BEKLEIDUNG
(Karte S. 250; ☑0361-731864; www.bambooblonde.com; Jl Kayu Aya 61; ☺10–22 Uhr) Die Kette von fröhlichen Designer-Boutiquen betreibt elf Filialen auf Bali. Egal ob verspielt, sportlich, sexy oder formell: Die angebotenen Klamotten werden ausschließlich von Einheimischen entworfen und hergestellt.

★Theatre Art Gallery KUNSTHANDWERK
(Karte S. 250; ☑0361-732782; Jl Raya Seminyak; ☺9–20 Uhr) Hier gibt's traditionelle *Wayang*-Figuren des indonesischen Schattenspiels – sowohl alte Originalstücke als auch Repliken. Schon allein der Anblick der bewegten Gesichter ist höchst erbaulich.

Lucy's Batik TEXTILIEN, BEKLEIDUNG
(Karte S. 250; ☑0361-736098; www.lucysbatikbali.com; Jl Basangkasa 88; ☺9.30–21 Uhr) Lucy's verkauft super Batikwaren für Damen und Herren. Die hochwertigen Artikel (Hemden, Damenkleider, Sarongs, Taschen, Stoffe als Meterware) werden hauptsächlich von Hand gewebt und/oder gefärbt.

Sandio SCHUHE
(Karte S. 250; ☑0361-737693; www.facebook.com/sandio.bali; Jl Basangkasa; ☺10–20 Uhr) Bei Sandio gibt's Schuhe und Sandalen von formell bis lässig. Und das sehr günstig – perfekt, wenn man Ersatz nach Verlusten beim Rollerfahren braucht.

❶ Praktische Informationen

GEFAHREN & ÄRGERNISSE

Seminyak ist generell stressfreier als Kuta und Legian. Dennoch heißt's auch hier alle aktuellen

Warnhinweise beachten – vor allem in puncto Brandung und Wasserverschmutzung.

GELD

An allen Hauptstraßen gibt's Geldautomaten.

Central Kuta Money Exchange (Karte S. 250; www.centralkutabali.com; Jl Kaayu Aya, Seminyak Sq; ☺ 8.30–21.30 Uhr) Verlässliche Wechselstube.

ℹ An- & Weiterreise

Eine Linie des Kura-Kura-Touristenbusses (S. 237) verbindet Seminyak unregelmäßig mit Umalas im Norden und Kuta im Süden.

Vor Ort lassen sich Taxis mit Gebührenzählern leicht auf der Straße anhalten. Ab dem Flughafen fahren Chauffeure des Flughafen-Taxiverbands für 250 000 Rp in die Stadt; ein normales Taxi in die Gegenrichtung kostet ca. 150 000 Rp. Wer den Verkehr umgehen und das Klima schonen will, läuft einfach am Strand entlang – z. B. sind's so nur ca. 15 Gehminuten bis nach Legian.

Kerobokan

📞 0361 / 13 815 EW.

Im Norden geht Seminyak nahtlos ins noble Kerobokan über. Hier warten noch mehr Strände sowie ein paar von Balis besten Restaurants und Einkaufsmöglichkeiten. Hinzu kommen funkelnde neue Resorts und Villenanlagen. Ein lokales Wahrzeichen ist das berüchtigte Kerobokan-Gefängnis.

🛏 Schlafen

Die inselweite Welle gesichtsloser Mittelklasse-Kettenhotels hat nun auch Kerobokan erreicht. Ansonsten gibt's hier aber auch ein paar hervorragende Strandresorts und einige luxuriöse Villenanlagen mit gutem Preis-Leistungs-Verhältnis.

M Boutique Hostel HOSTEL $
(Karte S. 250; 📞 0361-473 4142; www.mboutique hostel.com; Jl Petitenget 8; B ab 125 000 Rp; ❄ @ 🛜 ☷) Das moderne Flashpacker-Hostel vermietet Schlafkabinen mit Klapptischen, Leselampen und Steckdosen. Zwecks Privatsphäre verfügen die „Kapseln" über herunterziehbare Rollos. Ebenso attraktiv wirken der gepflegte Rasen und das kleine Tauchbecken.

Villa Bunga HOTEL $
(Karte S. 250; 📞 0361-473 1666; www.villabunga. com; Jl Petitenget 18X; Zi. 500 000–550 000 Rp, Apt. ab 600 000 Rp; ❄ 🛜 ☷) Das Villa Bunga im Stadtzentrum hat ein prima Preis-Leis-

tungs-Verhältnis. Rund um einen kleinen Pool verteilen sich hier zweistöckige Einzelgebäude. Diese beherbergen 13 kleine, aber moderne Zimmer mit Kühlschränken.

Brown Feather PENSION $$
(Karte S. 250; 📞 0361-473 2165; www.brownfea ther.com; Jl Batu Belig 100; Zi. 500 000–800 000 Rp; ❄ 🛜 ☷) Die kleine Pension grenzt vorne an die Hauptstraße und hinten an Reisfelder. Innen versprüht sie viel Charme im holländisch-javanischen Kolonialstil: Die Zimmer verbinden Schlichtheit mit netten Retro-Elementen wie hölzernen Schreibtischen oder Waschbecken aus alten Singer-Nähmaschinen. Wer auf den Reis schauen will, wählt Nr. 205 oder 206. Pluspunkte sind auch die kostenlosen Leihfahrräder und der kleine, aber schicke Pool.

Grand Balisani Suites HOTEL $$
(📞 0361-473 0550; www.balisanisuites.com; Jl Batubelig; Zi. 85–220 US$; ❄ 🛜 ☷) Der verschachtelte Hotelkomplex überzeugt nicht nur mit Spitzenlage direkt am beliebten Batubelig Beach: Die 96 großen Zimmer warten mit Terrassen, standardmäßigen Teakmöbeln und vielen Holzschnitzereien auf. Teils kommt noch eine super Aussicht hinzu. Das WLAN funktioniert jedoch nur in den Gemeinschaftsbereichen.

★ Katamama BOUTIQUEHOTEL $$$
(Karte S. 250; 📞 0361-302 9999; www.katamama. com; Jl Petitenget 51; Zi. ab 3 500 000 Rp; ❄ 🛜 ☷) Dieses Hotel gehört zum oft kopierten Strandclub Potato Head und wirkt architektonisch ebenso gewagt. Das Innendesign von Andra Martin aus Indonesien ist jedoch elegant und kunstvoll: Die 57 Suiten mixen javanischen Backstein mit balinesischem Stein und anderen heimischen Materialien. Zudem verfügen sie jeweils über Panoramafenster, schicke Sitzbereiche und eigene Terrassen bzw. Balkone.

★ Alila Seminyak RESORT $$$
(Karte S. 250; 📞 0361-302 1888; www.alilahotels. com; Jl Taman Ganesha 9; Zi. ab 5 500 000 Rp; ❄ 🛜 ☷) Das weitläufige Resort erfreut sich einer top Lage: Es liegt genau dort, wo sich das Strand- und Nachtleben von Seminyak und Kerobokan treffen. Die 240 Zimmer in strandsandfarbigem Beige und Hellbraun sind verschiedenartig ausgestattet. Von den günstigsten Varianten schaut man auf einen Garten. Mit steigendem Preis sind dann Strandblick und mehr Geräumigkeit geboten.

✖️ Essen

Von günstig bis teuer: Kerobokan beherbergt ein paar von Balis besten Restaurants.

★ Warung Sulawesi INDONESISCH $
(Karte S. 250; ☑ 0821 4756-2779; Jl Petitenget 57B; Hauptgerichte ab 35 000 Rp; ☺ 7–20 Uhr) Das familiengeführte Lokal mit ruhigem Ambiente serviert klassische, frisch zubereitete *warung*-Küche à la Bali bzw. Indonesien. Zum Reis gibt's hier eine verführerische SB-Auswahl an allerlei Gerichten (mittags am größten). Die Spargelbohnen sind besonders lecker.

Warung Sobat SEAFOOD $
(☑ 0361-731256; Jl Pengubengan Kauh 27; Hauptgerichte 37 000–100 000 Rp; ☺ 11–22.30 Uhr; 🛜) Dieses altmodische Restaurant befindet sich in einem großen Backstein-Bungalow mit offenen Seiten. Leckere Spezialität des Hauses ist balinesisches Seafood mit italienischem Touch (viel Knoblauch!). Die außergewöhnlich günstigen Preise locken jeden Abend auch viele budgetbewusste Auswanderer an.

Gusto Gelato & Coffee EIS $
(Karte S. 250; ☑ 0361-552 2190; www.gusto-gelateria.com; Jl Raya Mertanadi 46; Eiscreme ab 25 000 Rp; ☺ 10–22 Uhr; ❄️🛜) Balis bestes Speiseeis wird hier den ganzen Tag über frisch hergestellt. Darunter sind alle klassischen Sorten, aber auch einzigartig leckere und reichhaltige Überraschungen wie Oreo, Tamarinde oder *Kemangi* (Limonenbasilikum). Starker Nachmittagsbetrieb.

Biku FUSION $
(Karte S. 250; ☑ 0361-857 0888; www.bikubali.com; Jl Petitenget 888; Hauptgerichte 40 000–95 000 Rp; ☺ 8–23 Uhr; 🛜🚪) Das populäre Biku in einem 150 Jahre alten *joglo* (traditionelles Haus im javanischen Stil) hat sich den zeitlosen Vibe seines Vorgängerlokals bewahrt. Indonesische, panasiatische und westliche Einflüsse werden zu „asiatischer Hausmannskost" kombiniert (auch in Form guter Kinderteller). Burger und Desserts ernten begeisterte Kritiken. Rechtzeitig reservieren!

Ebenso beliebt ist der hiesige High Tea (11–17 Uhr, 110 000 Rp/Pers.). Den gibt's traditionell mit Gurken-Sandwichs sowie als Asia-Variante mit Oolong- bzw. Grüntee zu Samosas und Frühlingsrollen.

★ Sangsaka INDONESISCH $$
(Karte S. 250; ☑ 0812 3695 9895; www.sangsakabali.com; Jl Pangkung Sari 100; Hauptgerichte 80 000–180 000 Rp; ☺ Di–So 18–24 Uhr) Das zwanglose Restaurant an einer Seitenstraße serviert fein nuancierte Gerichte aus ganz Indonesien. Je nach Herkunftsregion gart das Essen dabei oft über verschiedenen Holzkohlesorten. Der Speiseraum mit guter Bar hat die übliche Holzeinrichtung im Retro-Stil, wirkt aber einen Ticken schicker als in vielen Konkurrenzlokalen.

★ Saigon Street VIETNAMESISCH $$
(Karte S. 250; ☑ 0361-897 4007; www.saigonstreetbali.com; Jl Petitenget 77; Hauptgerichte 50 000–175 000 Rp; ☺ 11–1 Uhr; 🛜) Das moderne Restaurant mit vietnamesischer Küche ist stets stark besucht und belebt. Im feschen Ambiente mit Neonlampen gibt's hier z. B. Currys, *pho* (Reisnudelsuppe), vielerlei Reispapier-Rollen und Fleisch, das über duftendem Kokospalmen-Holz gegrillt wird. Zur Auswahl steht aber auch Einfallsreicheres wie langsam gegarter Tintenfisch in pfefferig schmeckenden Betel-Blättern. Unter den Cocktails ist der ebenso starke wie leckere Bang-Bang-Martini mit Eiswürfeln. Rechtzeitig reservieren.

★ Sardine SEAFOOD $$
(Karte S. 250; ☑ 0811 397 8111; www.sardinebali.com; Jl Petitenget 21; Hauptgerichte abends ab 200 000 Rp; ☺ 11.30–16 & 18–23 Uhr, Bar bis 1 Uhr; 🛜) Frisches Seafood vom berühmten Fischmarkt in Jimbaran ist das Highlight dieses Restaurants in einem schmucken Pavillon aus Bambus. Von den Freilufttischen aus schaut man auf einen Garten mit Sonnenblumen und zauberhaftem Koi-Teich. Das Ambiente ist lauschig, elegant, lässig und stilvoll. Die Gerichte wechseln mit dem täglichen Marktangebot. Unbedingt auch die originelle Hausbar besuchen – und rechtzeitig reservieren!

🍸 Ausgehen & Nachtleben

Kerobokans hippere Restaurants haben teilweise stilvolle Barbereiche mit langen Öffnungszeiten. Tagsüber wird hier primär im Strandclub Mrs. Sippy gebechert.

★ Potato Head STRANDCLUB
(Karte S. 250; ☑ 0361-473 7979; www.ptthead.com; Jl Petitenget 51; ☺ 10–2 Uhr; 🛜) Balis nobelster Strandclub zählt weltweit zu den besten seiner Art. Zu erreichen ist er entweder per Strandwanderung oder mittels einer langen Fahrt ab der Jl Petitenget. Für umfassendes Amusement sorgen hier u. a. ein verführerischer Pool und mehrere Restaurants – dar-

unter eine Freiluft-Pizzeria, das elegante Kaum und das Ijen, das auf Einweg-Artikel verzichtet. Zudem laden Liegestühle und Rasenflächen die Gäste zum nächtlichen Relaxen unter den Sternen ein.

⭐**Mrs. Sippy** STRANDCLUB
(Karte S. 250; 📞0361-335 1079; www.mrssippy bali.com; Jl Taman Ganesha; Grundpreis 100 000 Rp; ⏱10–21 Uhr) Drinks, internationale DJs und ein Salzwasserpool mit dreistöckigem Sprungturm: Dieser Strandclub mit mediterranem Touch lässt fast keine Wünsche offen. Wegen Lärmbeschwerden von Anwohnern schließt er aktuell schon um 21 Uhr, bietet aber Südbalis beste Tages- und Nachmittagspartys.

Mirror DISCO
(Karte S. 250; 📞0811 399 3010; www.mirror.id; Jl Petitenget 106; ⏱Mi–Sa 23–4 Uhr) Im Mirror tummeln sich zahlreiche Auswanderer, deren Läden man vielleicht erst vor ein paar Stunden besucht hat. Das Innere ähnelt einer Kathedrale im Harry-Potter-Stil – allerdings mit jeder Menge Lichteffekten. Aus den Boxen dröhnt Mainstream-EDM.

Warung Pantai BAR
(Batubelig Beach; ⏱8–21 Uhr) Diverse Bar-Buden säumen den einladenden Strandabschnitt gleich nördlich vom Hotel W Bali. Darunter ist auch das Pantai mit billigen Drinks, zusammengewürfeltem Mobiliar und Traumblick auf den Sonnenuntergang über der Brandung.

🛍 Shoppen

Boutiquen quetschen sich zwischen die hippen Restaurants an der Jl Petitenget. Die interessanten Läden an der Jl Raya Kerobokan (nördl. Verlängerung der Jl Sunset) verkaufen hauptsächlich Dekorationsgegenstände und Haushaltswaren. Letztere gibt's auch an der Jl Raya Mertanadi – bei einem ständig wechselnden Spektrum von Shops, die oft mehr Werkstatt als Showroom sind.

⭐**Victory Art** HAUSHALTSWAREN
(📞0812 3681 67877; Jl Gunung Tangkuban Perahu; ⏱8–17 Uhr) Der spektakuläre Eckladen lockt mit modernen Haushaltswaren in zahllosen Varianten. Die Artikel sind von indigenen Kulturen Indonesiens inspiriert und werden oft von Gesichtern geziert.

Tulola SCHMUCK
(Karte S. 250; 📞0361-473 0261; www.shoptulola. com; Jl Petitenget; ⏱11–19 Uhr) Die balinesisch-amerikanische Promi-Designerin Sri Luce Rusna verkauft ihren Schmuck exklusiv in dieser exquisiten Boutique. Die hochwertigen Stücke werden direkt auf Bali hergestellt.

⭐**Bathe** KOSMETIK, HAUSHALTSWAREN
(Karte S. 250; 📞0812 384 1825; www.facebook. com/bathestore; Jl Batu Belig 88; ⏱10–19 Uhr) Das Bathe versteckt sich zwischen mehreren anderen Edel-Boutiquen. Sein Sortiment (handgezogene Kerzen, Luftverteiler, Öle für Aromatherapien, Badesalze, Haushaltswaren) erzeugt die Atmosphäre einer französischen Apotheke aus dem 19. Jh. – ideal, um den Romantikfaktor seiner Ferienvilla zu verdoppeln.

My Basket Bali HAUSHALTSWAREN
(📞0361-994 3683; https://my-basket-bali.busi ness.site; Jl Gunung Athena 39B; ⏱Mo–Fr 10–17 Uhr) Dieser Shop führt so ziemlich alles, was sich aus Pflanzenfasern flechten lässt. Die hier angebotenen Körbe sind so attraktiv wie praktisch.

Ayun Tailor BEKLEIDUNG
(Karte S. 250; 📞0821 8996 5056; Jl Batubelig; ⏱10–18 Uhr) Ayun ist eine super Schneiderin, die Damen-, Herren- und Kinderbekleidung zu prima Preisen herstellt. Kunden können Meterware aus einem von Balis vielen Textilkaufhäusern mitbringen und sich daraus z. B. eine genaue Kopie ihres Lieblingshemdes anfertigen lassen.

🛈 An- & Weiterreise

In Kerobokan wirkt der Sandstrand verführerisch nah. Von Osten her führen jedoch wenige Straßen und *gang* direkt dorthin. Die Jl Raya Kerobokan leidet oft unter langen Staus und Abgasen.

🛈 Unterwegs vor Ort

Bali Bike Rental (Karte S. 250; 📞0855 7467 9030; www.balibikerental.com; Jl Raya Kerobokan 71; Leihmotorrad ab 10 US$/Tag; ⏱8–19 Uhr) Eine empfehlenswerte Alternative zu Balis vielen privaten Motorradvermietern: Diese Firma ist zwar etwas teurer, verleiht dafür aber einwandfrei gewartete Bikes (auch schnellere Modelle mit mehr PS). Zudem beinhaltet der Preis Extras wie Schutzhelme und Pannenhilfe.

REGION CANGGU
📞0361

Nördlich und westlich von Kerobokan erstreckt sich mit Canggu die entwicklungsstärkste Region Balis. Der Großteil dieser schnellen Entwicklung konzentriert sich auf diese Küste entlang der endlosen Strände. Diese sind trotz der zügellosen Erschließung bislang noch recht menscheenleer. Kerobokan geht landeinwärts in Umalas und gen Westen in Canggu über. Der benachbarte Echo Beach ist eine einzige große Baustelle.

Canggus ummauerte Villenanlagen locken viele Auswanderer an, die auf Motorrädern oder in klimatisierten Autos an den noch verbliebenen Reisfeldern vorbeiflitzen. Als Revanche dafür hat man allerhand Schwierigkeiten mit dem Verkehr: Hier gibt's bis heute nur ein Gewirr von ultraschmalen Sträßchen, deren Ausbauzustand dem der Besiedelung meilenweit hinterherhinkt. Daran locken jedoch einfallsreiche Cafés, trendige Restaurants und reizvolle Läden. Und wer dem Donnern der Brandung folgt, gelangt zu tollen Stränden wie dem von Batu Bolong.

Canggu

☑ 0361 / 7090 EW.

Die Region Canggu erstreckt sich grob zwischen Kerobokan und dem Echo Beach. Neben vielen Villenanlagen wartet hier ein reizvoller Mix aus diversen Einrichtungen (vor allem lässigen Cafés). Drei große Touristenmeilen führen hinunter zu den Stränden: zwei entlang der kurvigen Jl Pantai Berawa und eine entlang der Jl Pantai Batu Bolong.

◉ Sehenswertes

Canggus Strände sind eine Fortsetzung jenes Sandstreifens, der in Kuta beginnt. Ihr Charakter reicht von angesagt bis fast menschenleer – teils nur zehn Gehminuten voneinander entfernt. Sie sind bei Surfern sehr beliebt und ziehen am Wochenende neben Einheimischen auch Auswanderer an.

An den Stränden gibt's Parkplätze (meist 5000 Rp), Cafés und *warungs*. Letztere stillen den Hunger, wenn man nach dem Schwimmen oder Leutebeobachten Energie braucht.

★ Batu Bolong Beach   STRAND
(Parken Motorrad/Auto 2000/5000 Rp) An Canggus beliebtestem Strand tummelt sich fast immer ein Mix aus Balinesen, Auswanderern und Touristen. Die Besucher hängen in den Cafés ab, kaufen Bier bei Straßenhändlern, surfen oder schauen sich die Action an.

Vor Ort kann man auch Liegestühle, Sonnenschirme und Surfbretter (100 000 Rp/ Tag) ausleihen. Kurse im Wellenreiten sind hier ebenfalls im Angebot. Hinter dem Strand liegt der uralte Tempelkomplex des Pura Batumejan.

Berawa Beach   STRAND
(Parken Motorrad/Auto 2000/3000 Rp) Der graue Lavasand des Berawa Beach (auf vielen Schildern heißt er Brawa Beach) fällt steil zur donnernden und schäumenden Brandung hin ab. An seinem Rand liegen ein paar Surfercafés und der riesige Finn's Beach Club, der dem balinesischen Modezaren Paul Ropp gehört.

Prancak Beach   STRAND
Dieser wenig besuchte Strand ist für spontane Volleyball-Matches und den weitläufigen Pura Dalem Prancak bekannt. Ansonsten gibt's hier praktisch nur für einen großen Parkplatz und ein paar Getränkeverkäufer. Bis zum Berawa Beach ist es ein netter Spaziergang auf dem Sand (1 km).

🛏 Schlafen

Canggus vielfältiges Unterkunftsangebot beinhaltet auch allerlei Pensionen, die sich selbst als „Surfcamps" bewerben. Bleiben für längere Aufenthalte lassen sich online und über das Schwarze Brett des **Warung Varuna** (☑ 0818 0551 8790; www.facebook.com/warungvaruna; Jl Pantai Batu Bolong 89A; Hauptgerichte 20 000–40 000 Rp; ⊙ 8–22.30 Uhr) finden.

Serenity Eco Guesthouse   PENSION $
(☑ 0361-846 9257, 0361-846 9251; www.serenity ecoguesthouse.com; Jl Nelayan; B/EZ/DZ inkl. Frühstück 175 000/205 000/495 000 Rp; ✳ 🕸 ⚹) 🖉 Die unkonventionelle Öko-Pension ist eine echte Oase in der sterilen Umgebung aus ummauerten Villen. Ihr Angebot reicht von Einzelzimmern mit Ventilatoren und Gemeinschaftsbädern bis hin zu netten Doppelzimmern mit Klimaanlage und eigenen Bädern. Fünf Gehminuten vom Nelayan Beach gibt's hier auch Yogakurse (ab 110 000 Rp) und Leihausrüstung (Surfbretter, Fahrräder). Das Personal ist jung und unerfahren, aber liebenswert.

Big Brother Surf Inn   PENSION $
(☑ 0812 3838 0385; www.big-brother-surf-inn-can ggu.bali-tophotels.com/en; Jl Pantai Berawa 20; Zi. 40 US$; ✳ 🕸 ⚹) Klare Linienführung und viel minimalistisches Weiß prägen diese schicke Version einer traditionellen balinesischen Pension. Die Privatterrassen der sechs luftigen Zimmer bieten Aussicht auf einen Garten mit Pool und Grill. Das Haus liegt

Canggu & Echo Beach

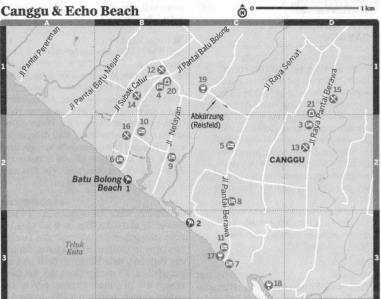

Canggu & Echo Beach

◉ Highlights
1 Batu Bolong Beach B2

◉ Sehenswertes
Berawa Beach.............................. (siehe 7)
2 Prancak Beach C3

⬤ Schlafen
3 Big Brother Surf Inn D2
4 Calmtree Bungalows B1
5 Canggu Surf Hostel..............................C2
6 Hotel Tugu Bali B2
7 Legong Keraton C3
8 Sedasa C2
9 Serenity Eco Guesthouse.................... B2
10 Slow... B2
11 Widi Homestay C3

✖ Essen
Betelnut Cafe .... (siehe 4)
12 Deus Ex Machina B1
13 Green Ginger D2
14 Mocca B1
15 Warung Goûthé.....................................D1
16 Warung Varuna B2

◉ Ausgehen & Nachtleben
17 Finns Beach Club C3
18 La Laguna C3
19 Pretty Poison... C1

⬤ Shoppen
20 Dylan Board Store B1
21 It Was All a Dream D1
Love Anchor ....(siehe 20)

ruhig und abseits der Straße. Trotz des Namens müssen Gäste übrigens nicht befürchten, live im Reality-TV zu erscheinen.

Widi Homestay PRIVATUNTERKUNFT $
(☏ 0819 3626 0860; widihomestay@yahoo.co.id; Jl Pantai Berawa; Zi. ab 250 000 Rp; ✳️ 🛜) In dieser freundlichen, familiengeführten und tadellos sauberen Privatunterkunft herrscht definitiv kein aufgesetzter Hipster-Vibe mit nihilistischen Pseudo-Plattitüden. Von den vier klimatisierten Zimmern mit Warmwasser sind es kaum 100 m bis zum Strand.

Canggu Surf Hostel HOSTEL $
(☏ 0813 5303 1293; www.canggusurfhostels.com; Jl Raya Semat; B 100 000–160 000 Rp, Zi. 400 000 Rp; ✳️🛜🏊) Dieses gut ausgestattete Hostel besteht aus zwei separaten Gebäuden (das andere davon liegt gleich um die Ecke an der Jl Pantai Berawa). Die Schlafsäle mit vier, sechs oder acht Betten werden noch durch die Privatzimmer ergänzt. Hinzu kommen mehrere Gemeinschaftsbereiche, Pools und Gästeküchen sowie ein abschließbarer Raum zu Zwecken der Surfbrett-Lagerung.

NICHT VERSÄUMEN

STRANDWANDERN BEI CANGGU

Bei der tollen Strandwanderung zwischen dem Batubelig und dem Echo Beach (4 km, bei gutem Wetter 1–2 Std.) warten Tempel, winzige Fischer-Camps, donnernde Brandung, viele Surfer, coole Cafés und ein paar Nobel-Resorts. Aber unbedingt alles wasserdicht verpacken: Unterwegs muss man mehrere Flüsse durchwaten. Diese können je nach Niederschlag anschwellen und im Extremfall sogar unpassierbar werden (vor allem gleich nordwestlich vom Batubelig Beach).

Wer dann nicht weiterkommt oder ohnehin nicht zurücklaufen will, findet an den größeren Stränden leicht ein Taxi.

★ **Sedasa** BOUTIQUEHOTEL **$$**
(☑ 0361-844 6655; www.sedasa.com; Jl Pantai Berawa; Zi. inkl. Frühstück 700 000–890 000 Rp; ✱ 🛜 ⛄) Lauschig und stilvoll punktet das Sedasa mit dezenter Eleganz à la Bali. Von den zehn großen Zimmern mit Designermöbeln schaut man auf einen kleinen Pool. Auf dem Dach laden Sitzsäcke zum relaxten Lesen ein. Fünf Gehminuten vom Strand entfernt gibt's hier zudem ein Bio-Café (Untergeschoss), kostenlose Leihfahrräder und Shuttles nach Seminyak.

Calmtree Bungalows PENSION **$$**
(☑ 0851 0074 7009; www.thecalmtreebungalows.com; Jl Pantai Batu Bolong; Zi. ab 640 000 Rp; 🛜 ⛄) Genau in der Mitte des Batu Bolong Beach wartet diese familiengeführte Pension mit großartigem Personal und zehn Wohneinheiten im traditionellen Stil auf. Die strohgedeckten Quartiere haben Freiluftbäder und kombinieren Rustikalität mit etwas Moderne. Statt Klimaanlage gibt's hier nur Ventilatoren und Moskitonetze – was aber durchaus stimmungsvoll ist.

Legong Keraton HOTEL **$$**
(☑ 0361-473 0280; www.legongkeratonhotel.com; Jl Pantai Berawa; Zi. 820 000–1 400 000 Rp; ✱ @ 🛜 ⛄) Dieses gut geführte Hotel mit strandseitigem Pool war lange ohne große Nachbarschaft, wurde aber inzwischen vom lokalen Bau-Boom erreicht: Heute liegt es genau im Zentrum der Action. Auf dem Gelände mit Schatten spendenden Palmen gibt's insgesamt 40 Zimmer. Die besten von ihnen befinden sich in Bungalows mit Blick auf die Brandung.

★ **Hotel Tugu Bali** HOTEL **$$$**
(☑ 0361-473 1701; www.tuguhotels.com; Jl Pantai Batu Bolong; Zi. inkl. Frühstück ab 400 US$; ✱ @ 🛜 ⛄) Das Nobelhotel am Batu Bolong Beach verbindet Unterkunft mit musealem Galerie-Flair: Eine exquisite Antiquitäten- und Kunstsammlung ziert das ganze Haus (inkl. Lobby). Die Zimmer des Walter-Spies- und Le-Mayeur-Pavillons sind thematisch mit originalen Erinnerungsstücken aus dem Leben des jeweiligen Künstlers dekoriert. Zum Gelände gehören auch ein Spa und eine elegante Strandbar namens Ji.

Slow BOUTIQUEHOTEL **$$$**
(☑ 0361-209 9000; http://theslow.id; Jl Pantai Batu 97; Zi. ab 2 400 000 Rp; ✱ 🛜 ⛄) Hier erhöht „tropischer Brutalismus" die Design-Messlatte in Canggu. Klare Linien, natürliche Farbtöne, viele Hängepflanzen und die ausgefallene Kunstsammlung des Inhabers prägen die eleganten Räumlichkeiten. Die großen Zimmer warten mit allen modernen Schikanen auf.

✗ Essen

In Canggu findet man ein paar von Balis einfallsreichsten und günstigsten Restaurants. An den Hauptstraßen scheinen täglich neue Lokale (u. a. Cafés) zu eröffnen.

Betelnut Cafe CAFÉ **$**
(☑ 0821 4680 7233; Jl Pantai Batu Bolong; Hauptgerichte ab 50 000 Rp; ☺ 8–22 Uhr; ✱ 🛜 ☑) Das strohgedeckte Café mit schickem Hippie-Vibe hat ein offenes Obergeschoss, in dem sich ein ruhiger Restaurantbereich befindet. Mit vielen Gemüsegerichten geht die Speisekarte hier in die gesunde Richtung – aber es wird nicht übertrieben: Man kriegt auch Pommes. Ansonsten werden z. B. gute Shakes und Backwaren serviert.

Green Ginger ASIATISCH **$**
(☑ 0878 6211 2729; www.elephantbali.com/green-ginger; Jl Pantai Berawa; Gerichte ab 55 000 Rp; ☺ 8–21 Uhr; 🛜 ☑) Inmitten von Neueröffnungen an einer der Hauptstraßen serviert dieses kleine Juwel frische Köstlichkeiten (u. a. mit Nudeln, vegetarisch) aus ganz Asien.

★ **Warung Goûthé** BISTRO **$$**
(☑ 0878 8947 0638; www.facebook.com/warung gouthe; Jl Pantai Berawa 7A; Hauptgerichte ab 60 000 Rp; ☺ Mo–Sa 9–17 Uhr) Dieses offene Bistro lockt mit leckerer, attraktiv angerich-

teter Küche in zwangloser Atmosphäre. Die extrem kurze Speisekarte wechselt täglich mit dem aktuellen Marktangebot. Die französischen Inhaber machen z. B. aus einem schlichten Hähnchen-Sandwich eine herrliche Köstlichkeit mit Erinnerungswert. Schon die Desserts rechtfertigen einen Besuch.

★Mocca   CAFÉ $$
(📲0361-907 4512; www.facebook.com/themocca; Gg Nyepi; Hauptgerichte 60 000–90 000 Rp; ☺7–22 Uhr) Abseits der geschäftigen Jl Batu Bolong versteckt sich das tolle Mocca als charmanter Mix aus Café und Kunstladen. Die beiden Freilaufterrassen (Garten und Obergeschoss) sind gleichermaßen attraktiv. Hierfür sorgen jeweils zahlreiche Topfpflanzen und Mobiliar aus Recycling-Holz. Der spitzenmäßige Service und die vielen internationalen Gerichte laden ebenfalls zum längeren Verweilen ein.

★Deus Ex Machina   CAFÉ $$
(Temple of Enthusiasm; 📲0811 388 150; www.deuscustoms.com; Jl Batu Mejan 8; Hauptgerichte 60 000–170 000 Rp; ☺7–23 Uhr; 🛜) Ein surrealer Tausendsassa inmitten von Canggus Reisfeldern: Das Deus Ex Machina ist gleichzeitig Restaurant, Café und Bar. Ebenso ein Modelabel, eine moderne Kunstgalerie und eine Live-Bühne (So nachmittags) für einheimische Punkbands. Außerdem ein Friseurladen und eine Motorradwerkstatt, die auch Sonderanfertigungen herstellt.

🍸 **Ausgehen & Nachtleben**

Am Strand gibt's Bier bei Straßenhändlern und Ständen. Ansonsten kann man hier auch in Strandclubs und Restaurants bechern. Allerdings geht die Party dabei nicht bis zu später Stunde: Das ist bislang nur weiter südlich geboten.

★La Laguna   COCKTAILBAR
(📲0812 3638 2272; www.lalagunabali.com; Jl Pantai Kayu Putih; ☺9–24 Uhr; 🛜) Dieser Ableger des La Favela (S. 253) in Seminyak zählt zu Balis reizvollsten Bars: Das vielfältige Innere paart Beatnik-Stil mit maurischen Elementen und funkelnden Minilampen. Unter den Sitzgelegenheiten sind (Bett-)Sofas; draußen im Garten stehen Picknicktische. Drinks und Essen (Hauptgerichte 80 000 Rp) sind gleichsam lecker.

Gäste mit Stilbewusstsein laufen am Strand entlang hierher und nehmen anschließend die Fußgängerbrücke über die Lagune.

Pretty Poison   BAR
(📲0812 4622 9340; www.prettypoisonbar.com; Jl Subak Canggu; ☺16–24 Uhr) Nahe der chaotischen Abkürzung durch die Reisfelder sind hier Surfboard- und Skateboardbesitzer besonders willkommen: Vom Tresen des Pretty Poison schaut man auf eine Oldschool-Skatebowl im Stil der 1980er-Jahre. Langjähriger Inhaber ist der australische Auswanderer und Surfer Maree Suteja. Mit billigem Bier und Livebands ist der Laden super zum Abhängen; ganz lokaltypisch verkauft er auch Klamotten mit seinem Logo.

Finns Beach Club   BAR
(📲0361-844 6327; www.finnsbeachclub.com; Jl Pantai Berawa; ☺9–23 Uhr; 🛜) Mit seinem hohen Hauptgebäude aus Bambus dominiert das gigantische Finns den ganzen Strand. Eine kraftvolle Musikanlage beschallt die Hipster in den Sitzbereichen und die Sonnenanbeter am Riesenpool. Die Tagesmiete für eine Liege ist sehr teuer (ab 500 000 Rp inkl. Handtuch). Fürs leibliche Wohl sorgen eine große Bar, diverse Spezialitäten (z. B. „Nitro-Eis") und internationale Küche (Hauptgerichte ab 135 000 Rp).

🛍 **Shoppen**

★Love Anchor   MARKT
(📲0822 3660 4648; www.loveanchorcanggu.com; Jl Pantai Batu Bolong 56; ☺Mo–Fr 8–24 Uhr, Basar Sa & So 9–17 Uhr) Palmen und Holzgebäude im traditionellen joglo-Stil prägen dieses Marktdorf mit perfektem Rundum-Angebot für Hipster: Hier gibt's Bintang-Bier und Smoothies zu Gerichten aller Art (u. a. Pizza, Burger, vegan) – die richtige Stärkung vor einem Bummel durch die lokalen Antiquitäten- und Surferläden.

It Was All a Dream   MODE & ACCESSOIRES
(📲0811 388 3322; Jl Pantai Berawa 14B; ☺10–19 Uhr) Ein Designer-Ehepaar (französisch-amerikanisch) betreibt diese hippe Boutique mit hochwertigen Originalstücken zu günstigen Preisen. Zur Auswahl stehen hier z. B. Ledertaschen, spaßige Sonnenbrillen, Retro-Jeans, bestickte Kaftane und Wohlfühlklamotten aus Jersey-Stoff.

Dylan Board Store   SURFBRETTER
(📲0819 9982 5654; www.dylansurfboards.com; Jl Pantai Batu Bolong; ☺10–20 Uhr) Dylan Longbottom ist zugleich ein berühmter Extremsurfer und ein talentierter Brett-Bauer mit eigenen Designs. In seinem Shop nimmt er Sonderbestellungen entgegen, verkauft aber

auch bereits fertige Bretter für Anfänger und Profis.

❶ Praktische Informationen

Unter www.cangguguide.com gibt's Infos zu den ständigen Neueröffnungen vor Ort.

GELD

Geldautomaten, Märkte und einfache Läden säumen Canggus Hauptstraße (Jl Pantai Berawa).

❶ An- & Weiterreise

Vom Flughafen fahren die Chauffeure der Flughafen-Taxigesellschaft für 250000 Rp nach Canggu. Ein normales Taxi ab Kuta oder Seminyak kostet mindestens 150000 Rp. Vor Ort sind Taxis zwar nicht allgegenwärtig, aber überall problemlos per Telefon bestellbar.

Von Süden her begeben sich Selbstfahrer zunächst nach Kerobokan und folgen ab dort der Jl Batubelig westwärts bis fast zum Strand. Dann geht's entlang einer kurvigen Straße gen Norden – vorbei an diversen riesigen Villenanlagen und Läden mit ausländischen Inhabern. Eine Anreise über die Jl Raya Kerobokan dauert vergleichsweise viel länger: In diesem Fall muss man einen großen Bogen nach Norden vollführen und dabei auch mit Dauerstau kämpfen.

❶ Unterwegs vor Ort

Auf Canggus schlechten, schmalen und verstopften Straßen steckt man tagsüber oft fest. Eine Strandwanderung ist da potenziell die schnellere Alternative.

Viele der provisorischen Pisten sind kaum breit genug für ein Auto (was Motorräder hier vorteilhafter macht). Ein Paradebeispiel dafür ist die „Abkürzung durch die Reisfelder": Von dieser berüchtigten Strecke rutschen immer wieder Autos beim versuchten Passieren oder Überholen anderer Fahrzeuge hinunter in den Reis – was inzwischen sogar spezielle Websites mit Fotosammlungen dokumentieren! Die nicht vorhandene Verkehrsbauplanung in der Region zeigt sich auch an den unpräzisen Straßennamen. So ist z. B. die „Jl Pantai Berawa" ein ziemliches Gewirr aus mehreren Einzelstraßen.

SÜDBALI & INSELN

Ohne die Erkundung des Südens wäre kein Bali-Trip komplett. Hier liegt auch die Inselhauptstadt Denpasar mit traditionellen Märkten, belebten Einkaufszentren, tollen Restaurants und diversen großartigen Zeugnissen der Geschichte bzw. Kultur Balis. Allerdings wächst Denpasar in alle Himmelsrichtungen so schnell, dass es nun Seminyak, Kuta und Sanur zu verschlucken droht.

Die Halbinsel Bukit an Balis äußerster Südspitze hat mehrere Gesichter: Auf ihrer Ostseite liegt Tanjung Benoa, eine Strandspielwiese mit vielen Resorts für Pauschaltouristen. Nebenan versucht Nusa Dua mit einer isolierten Gruppe von Fünfsterne-Hotels etwas Ordnung ins Chaos zu bringen. Vornehme Resorts säumen die Klippen an der Südküste. Die eigentliche Action steigt aber an den kleinen Buchten und Stränden in Bukits Westen: Dort wartet ein Mix aus unkonventionellen Pensionen, luxuriösen Öko-Resorts, cooler Atmosphäre und super Surfspots.

Gen Osten ragt Nusa Penida am Horizont empor. Und auf Bukits Leeseite bietet Nusa Lembongan die ultimative Möglichkeit für Fluchten auf eine andere Insel.

❶ An- & Weiterreise

Ab dem Inselflughafen ist der Großteil Südbalis recht schnell erreichbar. Die konkrete Fahrtdauer hängt dabei immer vom Verkehr auf den oft verstopften Straßen ab. Allerdings geht's auf der Mautstrecke zwischen Sanur und Nusa Dua recht fix voran. Schnellboote verbinden Südbali mit Nusa Lembongan und den anderen umliegenden Inseln.

Halbinsel Bukit

☑ 0361

Die heiße und trockene Halbinsel Bukit (Hügel auf Indonesisch) ist bei Touristen sehr beliebt. Dies gilt für die luxuriösen Refugien an der Südküste genauso wie für die Fünfsterne-Enklave von Nusa Dua im Osten.

Am stärksten boomt jedoch die Westküste (alias Pecatu) mit ihrer Kette aus kleinen Stränden. Darunter ist z. B. der Balangan Beach, wo man direkt am Rand des Sandes nächtigen kann. Im übrigen Westen (u. a. bei Bingin) kleben überall unkonventionelle Bleiben an den Klippen. Parallel eröffnen hier fast täglich auch neue Unterkünfte - meist mit Blick auf die wilde Brandung, deren weltberühmte Surfspots bis hinunter zum bedeutenden Tempel von Ulu Watu reichen.

Östlich und westlich von Ungasan säumen einige riesige Resorts mit idyllischem Meerblick die Klippen der Südküste. Nusa Dua und Tanjung Benoa an der Ostküste locken dagegen eher Pauschaltouristen, die weniger Wert auf Individualität legen.

❶ An- & Weiterreise

Ob Taxi, Mietwagen oder -motorrad: Das Erkunden von Bukit erfordert ein eigenes Vehikel. Zufahrt zum Strand ist hier meist kostenpflichtig (ab 5000 Rp/Kfz).

Jimbaran

📇 0361 / 44 376 EW.

Blaues Meer und viele *warungs* (Garküchen) mit Seafood säumen den weißen Sand der attraktiven Teluk Jimbaran (Jimbaran-Bucht). Am Südende des halbmondförmigen Buchtbogens liegt das Four Seasons Jimbaran Bay auf einer vegetationsreichen Landspitze.

Trotz seiner steigenden Beliebtheit ist Jimbaran immer noch eine ruhige Alternative zu Kuta und Seminyak im Norden. Zudem liegt die Stadt gleich südlich vom Flughafen und ist somit sehr schnell erreichbar. Ihre Märkte geben faszinierende Einblicke in den lokalen Alltag.

◉ Sehenswertes

⭐ **Jimbaran Beach** STRAND

Der 4 km lange und größtenteils saubere Sandbogen zählt zu Balis besten Stränden. Vor Ort gibt's überall Snacks, Getränke, ausleihbare Liegen und Abendessen mit Seafood. Die Bucht liegt im Schutz eines durchgängigen Korallenriffs. Daher ist die Brandung hier schwächer als im beliebten Kuta weiter nördlich, eignet sich aber immer noch gut zum Bodysurfen.

⭐ **Fischmarkt Jimbaran** MARKT

(Jimbaran Beach; ⊙ 6–17 Uhr) Der belebte, chaotische und geruchsintensive Fischmarkt ist eine beliebte Station bei einem Morgenbummel auf der Halbinsel Bukit. Meeresfrüchte aller Art (u. a. kleine Sardinen, scherenbewerte Kaiserhummer) werden hier in großen Kisten gehandelt. Dabei geht's schnell und ruppig zu – daher möglichst nicht im Weg herumstehen!

Sparfüchse kaufen ihr Seafood selbst auf dem Markt und lassen es dann von einem *warung* zubereiten. Noch günstiger ist der Direktverkauf (6–7 Uhr) auf den bunt bemalten Fischerbooten, die draußen am Ufer vertäut sind.

🍷 Ausgehen & Nachtleben

Jimbarans Nachtleben konzentriert sich komplett auf die örtlichen Seafood-Restaurants. Diese schließen aber meist schon um 22 Uhr. Für funkelnde Lichter zu später Stunde muss man sich daher gen Norden nach Kuta & Co. begeben.

Rock Bar BAR

(📞 0361-702222; www.ayanaresort.com/rockbarbali; Jl Karang Mas Sejahtera, Ayana Resort; ⊙ 16–24, Fr & Sa bis 1 Uhr; ☎) Die Rock Bar klebt 14 m über dem donnernden Indischen Ozean und ist ungemein beliebt: Zu Sonnenuntergang muss man oft mehr als eine Stunde auf den Zugang per Aufzug warten. Der Laden wurde schon von vielen Hochglanz-Magazinen in Artikeln über Bali erwähnt und serviert

BALI HALBINSEL BUKIT

NICHT VERSÄUMEN

SEAFOOD IN JIMBARAN

Jimbarans offene Strandrestaurants locken Touristen aus Balis ganzem Süden an: Jeden Abend (und meist auch Mittag) servieren sie frisches Seafood vom Grill. Auf dem Sand stehen ihre Tische fast direkt am Wasser – perfekt, um bei Sonnenuntergang in frischer Meeresbrise zu speisen und schon vorher ein paar Bierchen zu schlürfen. Da heißt es rechtzeitig erscheinen und einen Platz mit guter Aussicht sichern!

Die meisten örtlichen Lokale kredenzen gemischte Meeresfrüchte-Platten zu Festpreisen (90 000–350 000 Rp). Die Alternative besteht darin, seinen Fisch selbst auszuwählen und nach Gewicht zu bezahlen – zu undurchsichtigen Tarifen, die die Einheimischen allerhöchst amüsant finden. Dann unbedingt immer vorher aushandeln, was genau zu berappen ist! Im Festpreis-Fall kostet Seafood nebst Beilagen und ein paar Bier generell unter 20 US$ pro Person. Hummer ist deutlich teurer (ab 30 US$/Pers.); allerdings wird's günstiger, wenn man sein Krustentier vorher selbst auf Jimbarans Fischmarkt kauft und dann zubereiten lässt.

Die besten Restaurants marinieren ihren Fisch in einem Knoblauch-Limetten-Mix und besprenkeln ihn mit Chili-Öl, während er über Holzkohle mit Kokosschalen-Zusatz gart. Die dicken Rauchwolken der Grills gehören zur Atmosphäre – ebenso mobile Coverbands mit fröhlicher Musik (z. B. *Macarena*). Kreditkarten werden fast immer akzeptiert.

mediterran angehauchte Snacks zu seinen Drinks. Dresscode: Rucksäcke und ärmellose Shirts sind nicht gestattet.

ℹ An- & Weiterreise

Rund um die *warungs* am Strand warten abends viele Taxis auf heimkehrwillige Speisegäste. Bei geringem Verkehrsaufkommen (z. B. sonntags) kostet eine Fahrt nach Seminyak dann ca. 150 000 Rp. Bei Trips zur Stoßzeit (16–20 Uhr) empfiehlt es sich, mit dem Chauffeur einen Pauschalpreis auszuhandeln. Die *warungs* bieten teils auch Gratisshuttles für Gäste an (telefon. Vereinberung erforderl.).

Eine Linie des Kura-Kura-Touristenbusses (S. 237) verbindet Jimbaran mit Kuta (50 000 Rp, alle 2 Std.), das der Firma als Drehscheibe dient.

Bingin

📞 0361

Bingins Touristenszene wird immer größer. Zahllose unkonventionelle, aber stilvolle Bleiben säumen hier den weißen Sand und die dahinter aufragenden Klippen. Die befestigte Jl Pantai Bingin zweigt von der Jl Melasti ab (auf die vielen Unterkunftsschilder achten!) und verwandelt sich nach ca. 1 km in ein Gewirr von einzelnen Sträßchen.

Die Landschaft ist herrlich: Unterhalb der bewaldeten Klippen liegen Surfercafés direkt am azurblauen Meer mit schäumender Brandung. Ziemlich steile Pfade führen in etwa fünf Minuten hinunter zum Strand mit seinen oft wilden Wellen. Deren Donnern ist so faszinierend wie der idyllische Blick auf Sand und Felsbrocken.

🛌 Schlafen

Bingin hat ein paar von Bukits coolsten Bleiben. Ein gutes Stück abseits der Hauptstraße verteilen sich charaktervolle Optionen über die Klippen und deren Umkreis. Unten in Ufernähe gibt's ein paar billige Surfer-Absteigen mit Bambuswänden und Strohdächern.

Bingin Garden PENSION $
(📞 0816 472 2002; tommybarrell76@yahoo.com; abseits der Jl Pantai Bingin; Zi. mit Ventilator/Klimaanlage 320 000/460 000 Rp; ✳🛜❄) Der lokale Profi-Surfer Tommy Barrell und dessen überaus reizende Ehefrau betreiben diese Pension mit dem entspannten Vibe einer Hacienda. Die acht Quartiere im Bungalow-Stil finden sich in einem Trockengarten mit einem großen Pool. Das Gelände liegt ungefähr 300 Meter vor dem Anfang eines We-

ges, der an den Klippen hinunter zum Strand führt.

Mick's Place BOUTIQUEHOTEL $$
(📞 0812 391 3337; www.micksplacebali.com; abseits der Jl Pantai Bingin; Zi./Villa ab 100/300 US$; ✳🛜❄) Dise schicke Hippie-Spielwiese bietet stilvollen Platz für maximal 16 Gäste. Auf dem grünen Gelände gibt's sieben kunstvolle Bungalows und eine Luxus-Villa. Das Wasser im Mini-Infinity-Pool ist so türkisblau wie das Meer in der Tiefe. Der Blickwinkel auf die Brandung beträgt 180°.

Mu PENSION $$
(📞 0361-895 7442; www.mu-bali.com; abseits der Jl Pantai Bingin; Bungalow ab 90 US$; ✳🛜❄) 🌿 Ein Infinitypool auf den Klippen dominiert diese Anlage, die aus 16 sehr individuell gestalteten Bungalows mit Strohdächern besteht. Alle Quartiere verfügen über Freiluftterrassen und klimatisierte Schlafzimmer (teils gleich mehrere davon) – in einigen Fällen ergänzt durch Whirlpools mit Aussicht. Vor Ort gibt's auch ein Yogastudio und ein super Café.

★ Temple Lodge BOUTIQUEHOTEL $$
(📞 0857 3901 1572; www.thetemplelodge.com; abseits der Jl Pantai Bingin; Zi. inkl. Frühstück 90–230 US$; 🛜❄) „Kunstvoll und wunderschön" wäre nur eine unzureichende Beschreibung dieser Ansammlung von kleineren und größeren Hütten aus natürlichen Materialien (u. a. Stroh, Treibholz). Oberhalb der Brandung liegen die insgesamt neun Quartiere auf separaten Plattformen am Klippenrand und punkten dabei teils mit traumhafter Aussicht. Eine solche bietet auch den Horizontpool. Gäste können Essen bestellen und morgens an Yogakursen teilnehmen.

🍴 Essen

Alle Unterkünfte in Bingin haben zumindest einfache Hauscafés. Vor Ort eröffnen ständig neue Lokale.

★ Cashew Tree CAFÉ $
(📞 0813 5321 8157; www.facebook.com/thecashewtreebingin; Jl Pantai Bingin; Gerichte ab 55 000 Rp; 🕐8–22 Uhr; 🛜📶) Das große Gartencafé ist der angesagteste Treff in Bingin. Surfer und Strandgänger laben sich hier an vegetarischen Köstlichkeiten (z. B. Burritos, Salaten, Sandwichs, Smoothies). Der Laden ist auch immer gut für einen Drink und bei den Livekonzerten am Donnerstagabend stets besonders belebt: Das Publikum kommt von der ganzen Küste.

❶ An- & Weiterreise

Per Taxi mit Gebührenzähler kostet die Route Kuta–Bingin ca. 250 000 Rp (je nach Verkehr mind. 1 Std.). Der Weg hinunter zum Strand beginnt an einem Parkplatz. An einer T-Kreuzung in dessen Nähe kassiert ein älterer Einheimischer die Zufahrtsgebühr (Motorrad/Auto 3000/5000 Rp).

Padang Padang

☑ 0361

Der Padang Padang Beach und der Impossibles Beach sind die tropischen Traumstrände aller Surfer. Mit ihrer Kulisse aus Felsklippen wirken sie weitaus abgeschiedener als ihre Pendants in Kuta oder Seminyak. Vor Ort gibt's mittlerweile eine coole Szene mit unkonventionellen Cafés, Unterkünften und Surfshops.

Der Padang Padang Beach liegt nahe der Jl Labuan Sait und ist recht leicht erreichbar. Samstags sowie bei Vollmond steigt dort eine Party mit gegrilltem Seafood und Musik bis zum Morgengrauen.

Im Osten grenzt der Padang Padang Beach an den etwas schwieriger zugänglichen Impossibles Beach. Je nach Gezeitenstand lassen sich die Felsen zwischen den beiden Stränden teils nicht überqueren.

Padang Padang Beach STRAND
(Parken Motorrad/Auto 5000/10 000 Rp) Nahe der Hauptstraße nach Ulu Watu liegt diese kleine, aber feine Sandbucht an der Meeresmündung eines Bachs. Vom örtlichen Parkplatz führt ein kurzer Fußmarsch zum Strand, wo am späten Samstagabend stets eine Party steigt. Die hiesigen Wellentunnel sind bei erfahrenen Surfern sehr beliebt.

Impossibles Beach STRAND
Rund 100 m westlich der Jl Pantai Bingin zweigt von der Jl Melasti eine weitere Straße in Richtung Meer ab. Wer deren befestigtem Verlauf folgt, erblickt nach 700 m eine Mauer mit der aufgekritzelten Aufschrift Impossibles Beach. Dort beginnt der tückische Zugangspfad, der den Namen des Strandes schnell nachvollziehbar macht. Die Belohnung für den anstrengenden Abstieg ist eine menschenleere Bucht mit weichem Sand zwischen Felsbrocken.

🏃 Aktivitäten

Vor Ort finden viele Surfturniere statt; Bretter können hier auch ausgeliehen werden. Allerdings herrscht in der Hauptsaison sehr starker Betrieb.

★ **Padang Padang Beach** SURFEN
Der ultra flache Left-Hand Reef Break am Padang ist sehr beliebt, aber extrem anspruchsvoll. Zudem kann er nur zwischen Gezeitenstillstand und Flut bei mindestens 1,8 m Pegel geritten werden. Daher die aktuellen Bedingungen stets sorgsam checken! Gleich oberhalb vom Strand gibt's ein paar baufällige Billig-Bleiben mit Blick auf die Brandung (Juni–Aug. am besten).

Impossibles Beach SURFEN
Der anspruchsvolle Outside Reef Break gleich nördlich von Padang Padang hat drei wechselnde Scheitelpunkte mit schnellen Wellentunneln (linksdrehend), die sich im Idealfall vereinigen.

🛏 Schlafen

Diverse Pensionen an den Klippen ermöglichen Wohnen in Wellennähe. Der abschüssige Pfad dorthin beginnt am Ende eines kurvigen Sträßchens (200 m), das wiederum gleich westlich des **Om Burger** (☑ 0819 9905 5232; Jl Labuan Sait; Hauptgerichte ab 55 000 Rp, Burger ab 75 000 Rp; ☺ 7–22 Uhr; 🐾) von der Jl Labuan Sait abzweigt.

★ **Rock'n Reef** BOUTIQUEHOTEL $$
(☑ 0813 5336 3507; www.rock-n-reef.com; Impossibles Beach; Zi. inkl. Frühstück 105–125 US$; ❄🐾) An den Klippen über dem Impossibles Beach kleben hier sieben individuell gestaltete Bungalows mit direktem Traumblick aufs Meer. Die rustikalen Quartiere verbinden private Balkone bzw. Sonnenterrassen mit künstlerischem Design aus natürlichen Materialien (z. B. Stuck, Treibholz). Das ganztägig geöffnete Hauscafé serviert schlichte indonesische Gerichte. Während der Hauptsaison fürs Surfen ist ein Aufenthalt hier einfach grandios.

PinkCoco Bali HOTEL $$
(☑ 0361-895 7371; http://pnkhotels.com; Jl Labuan Sait; Zi. 75–135 US$; ❄🐾🏊) Dieses romantische Hotel vermietet 25 Zimmer mit Balkonen bzw. Terrassen und künstlerischem Touch. Das ganze Haus ziert ein attraktives Gestaltungsschema im mexikanischen Stil: weiße Wände plus kräftige Akzente in tropischen Farben. Gemäß dem Hotelnamen ist einer der Pools rosa gefliest. Gäste können Räder ausleihen; für Surfer wird speziell gesorgt.

🍴 Essen

Passend zur hiesigen Strandatmosphäre entstehen in Padang Padang immer mehr unkonventionelle Cafés. Die Anreise für ein Abendessen lohnt sich selbst ab Bingin oder Ulu Watu.

★**Bukit Cafe** AUSTRALISCH **$**
(☑ 0822 3620 8392; www.bukitcafe.com; Jl Labuan Sait; Hauptgerichte 40 000–75 000 Rp; ☺ 7–22 Uhr; ☑) Das Bukit Cafe begeistert mit üppigem Brunch im australischen Stil. Die tollen Gerichte (z. B. vegane Pfannkuchen, Smoothie-Schüsseln, Avocado-Püree) bestehen aus frischen, regionalen Zutaten. Ebenso attraktiv ist der offene Essbereich mit geselliger Atmosphäre.

Mango Tree Cafe CAFÉ **$$**
(☑ 0878 6246-6763; Jl Labuan Sait 17; Hauptgerichte 60 000–120 000 Rp; ☺ 7–23 Uhr) Das zweistöckige Café serviert allerlei frische, interessante und gesunde Gerichte (z. B. Salate, Suppen, Frühstücks-Burritos, Sandwichs und leckere Burger mit super Brötchen). Dazu gibt's gute Säfte und anständige Drinks mit Alkohol. Am besten einen Tisch unter dem namengebenden Baum wählen! Inhaberin Maria ist die Freundlichkeit in Person.

❶ An- & Weiterreise

Je nach Verkehr braucht ein Taxi mit Gebührenzähler mindestens eine Stunde (ca. 200 000 Rp) von Kuta nach Padang Padang.

Ulu Watu

☑ 0361

Ulu Watu ist der Oberbegriff für die südwestliche Spitze der Halbinsel Bukit. Den Namen der Region tragen auch der berühmte lokale Surfspot und der bedeutende örtliche Tempel.

Rund 2 km nördlich von letzterem führen Stufen entlang einer spektakulären Klippe hinunter zum Suluban Beach mit interessanter Szene. An der fast senkrechten Steilwand kleben auch diverse Surfshops und Cafés mit super Aussicht.

◉ Sehenswertes & Aktivitäten

★**Pura Luhur**
Ulu Watu HINDUISTISCHER TEMPEL
(abseits der Jl Ulu Watu; Erw./Kind 30 000/ 20 000 Rp, Parken 2000 Rp; ☺ 7–19 Uhr) An der südwestlichen Spitze der Halbinsel thront dieser bedeutende Tempel am Rand von senkrechten Klippen, die direkt aus der nonstop donnernden Brandung aufragen. Hinein in den Schrein führt ein ungewöhnliches Bogentor, das von Ganesha-Statuen flankiert wird. Komplexe Reliefs mit vielen Figuren aus Balis Mythologie zieren die Innenwände aus Korallenziegeln.

Das kleine innere Heiligtum am äußersten Ende der Landzunge darf nur von gläubigen Hindus betreten werden. Der Blick von den Klippen auf den endlos wogenden Indischen Ozean ist aber fast genauso spirituell. Zu Sonnenuntergang empfiehlt sich der etwas weniger belebte Bereich links bzw. südlich des Tempels.

An Balis Südküste zählt der Ulu Watu zu mehreren bedeutenden Schreinen für die Geister des Meeres. Den ersten Sakralbau an dieser Stelle errichtete im 11. Jh. der Priester Empu Kuturan aus Java. Von dort stammte auch der Priester Nirartha, der die Küstentempel Tanah Lot, Rambut Siwi und Sakenan gründete. Nirartha erweiterte den Ulu Watu und verbrachte hier seine letzten Tage im Zustand der *moksa* (Freiheit von allen irdischen Begierden).

Zu Sonnenuntergang findet auf dem Gelände ein beliebter Kecak-Tanz (S. 268) statt.

★**Ulu Watu** SURFEN
Bei Idealbedingungen türmt sich hier Balis höchste und stärkste Brandungswelle auf – definitiv nichts für Anfänger! Dieser nasse Traum bzw. Alptraum war Anfang der 1970er-Jahre im legendären Surferfilm *Morning of the Earth* zu sehen. Seitdem lockt der Spot mit seinen scheinbar endlosen Left-Hand Breaks (insgesamt sieben) viele Wellenreiter aus aller Welt an.

An der Teluk Ulu Watu (Ulu-Watu-Bucht) gibt's alles Nötige für Surfer. Hier kann man sich auch von Einheimischen Getränke bringen und sein Brett wachsen lassen. Hinunter zur Brandung muss das gute Stück dann über eine Treppe in einer Höhle getragen werden. Vorsicht: Die lokalen Bedingungen ändern sich ständig!

🛏 Schlafen

An den Klippen über den größten Breaks kleben allerlei Unterkünfte mit einer super Aussicht als Hauptattraktion. Diese macht die (teils miese) Innenausstattung meist zweitrangig.

★**Uluwatu Cottages** BUNGALOWS **$$**
(☑ 0857 9268 1715; www.uluwatucottages.com; abseits der Jl Labuan Sait; Zi. ab 79 US$; ❋ 🛜 🛋) Direkt am Rand der Klippen stehen hier 14 komfortable Bungalows mit Privatterrassen und Traumaussicht. Außerdem lädt ein gro-

Balangan Beach & Ulu Watu

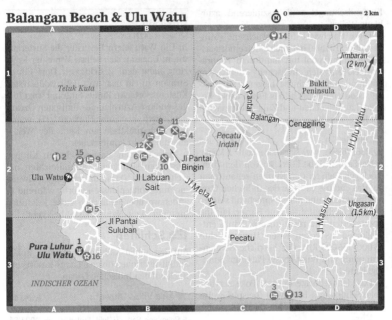

Balangan Beach & Ulu Watu

ßer Pool die Gäste zum Relaxen ein. Das weitläufige Gelände liegt nur 200 m abseits der Jl Labuan Sait und 400 m östlich der Klippen-Cafés am Ulu-Watu-Surfspot.

Gong Accommodation PENSION $$
(☎0361-769976; Jl Pantai Suluban; Zi. 450000–550000 Rp; ☎☒) Eine reizende Familie vermietet hier 20 saubere und luftige Zimmer mit Warmwasser (im 2. Stock teils mit TV, Klimaanlage und weitem Meerblick). Gegenüber der Quartiere steht ein kleiner Gebäudekomplex mit einem netten Pool. Eine kürzliche Renovierung hat die Preise in die Höhe getrieben. Die Pension liegt ca. 1 km

südlich der Klippen-Cafés am Ulu-Watu-Surfspot.

🍷 Ausgehen & Nachtleben

★**Omnia** DISCO
(☎0361-848 2150; https://omniaclubs.com/bali; Jl Belimbing Sari; Grundpreis je nach Tag & Event, für Details s. Website; ◷11–22.30 Uhr) Balis angesagteste neue Tagesdisco liegt am Fuß der Halbinsel Bukit. Hier tummeln sich feierwütige Sonnenanbeter mit Faible für House und Hip-Hop. Herz der Anlage ist der imposante, moderne Bau der Bar Cube. Von deren Terrasse mit Glasgeländern fällt die Aussicht auf schroffe Klippen, dichten

Küstendschungel und faszinierend azurblaue Wellen.

Diese Spielwiese für Erwachsene (Mindestalter 21 Jahre) hat auch einen eindrucksvollen Infinitypool mit nahtlosem Panoramablick auf den Indischen Ozean. Am Poolrand stehen schicke Liegen. Die Cocktails sind einfallsreich; das Essen deckt vielerlei Landesküchen und Zubereitungsarten ab. Reservierung ist ratsam.

★ Single Fin BAR

(📞 0361-769941; www.singlefinbali.com; Jl Mamo; ⏰ Mo–Sa 8–21, So bis 1 Uhr; 📶) Von dem dreistöckigen Café an den Klippen schaut man auf das endlose Gewoge des Indischen Ozeans hinunter – und bei entsprechend starker Dünung auch auf erfahrene Surfer. Für die überteuerten und recht miesen Drinks entschädigen das leckere Essen (Hauptgerichte 65 000–165 000 Rp), der herrliche Sonnenuntergang und Bukits beste Party am Sonntagabend.

Das dazugehörige Coco & Poke serviert Poke-Schüsseln à la Hawaii (beispielsweise mit Tofu; ab 75 000 Rp, Mo–Sa 11–19, So bis 21 Uhr).

☆ Unterhaltung

★ Kecak-Tanz TANZ

(Pura Luhur Ulu Watu abseits der Jl Ulu Watu; Eintritt 100 000 Rp; ⏰ Sonnenuntergang) Die touristische Tanzvorstellung im Pura Luhur Ulu Watu (S. 266) zählt auf Bali zu den stimmungsvolleren ihrer Art: Das kleine Amphitheater liegt in einer grünen Ecke des Tempelgeländes, während der Meerblick so faszinierend wie der eigentliche Tanz ist. In der Hauptsaison herrscht hoher Besucherandrang.

ℹ An- & Weiterreise

Für die Region Ulu Watu empfiehlt sich ein eigenes Vehikel. Hinweis: Nahe Pecatu Indah kontrollieren Polizisten oft gezielt Ausländer auf Motorrädern und verhängen dabei Bußgelder für Vergehen wie einen „lockeren" Kinnriemen am Schutzhelm.

Zu den Klippen-Cafés am Ulu-Watu-Surfspot geht's von Osten her über die Jl Labuan Sait. Von dieser führt eine Zufahrt zum ersten Parkplatz an den Klippen. Ab dort gelangt man über ein Sträßchen und eine Brücke zum zweiten Parkplatz, wo wiederum der schöne Pfad (200 m gen Norden) zu den Klippen-Cafés beginnt.

Ein Taxi-Trip von Kuta nach Ulu Watu kostet mindestens 200 000 Rp und dauert zur Stoßzeit über eine Stunde.

Ungasan

📞 0361 / 14 221 EW.

In Ulu Watu feiern Besucher die Surferkultur, in Ungasan sich selbst: Von einer Kreuzung nahe dem gesichtslosen Dorf führen Straßen zu ein paar von Balis exklusivsten Küstenresorts. An Bukits Südrand wogt hier das endlose Azurblau des Indischen Ozeans hypnotisch bis zum Horizont. Da wähnt man sich praktisch am Ende der Welt – allerdings sehr komfortabel.

Zwischen den ausgewaschenen Klippen verstecken sich kleine Strandbuchten mit weißem Sand. Daran drängen sich teilweise mehrere Spitzenklasse-Resorts, während es anderswo über gefährlich steile Felsstufen hinunter in die Naturbelassenheit geht.

🛏 Schlafen

Auf den hohen Kalksteinklippen an Bukits Südküste thronen diverse Luxus-Resorts mit Blick auf den Indischen Ozean.

★ Alila Villas Uluwatu RESORT $$$

(📞 0361-848 2166; www.alilahotels.com/uluwatu; Jl Belimbing Sari; Zi. inkl. Frühstück ab 800 US$; ❄ @ 📶 🏊) Das kunstvolle Design des imposanten Riesen-Resorts mixt Licht und Luft modern mit dezentem Luxus. Rund um die 85 Wohneinheiten mit kultiviertem Service trifft das Blau des Meeres auf das Grün von Reisfeldern. Das Gelände liegt 2 km abseits der Jl Ulu Watu.

ℹ An- & Weiterreise

Nach Ungasan fahren keine öffentlichen Verkehrsmittel. Taxis ab Seminyak brauchen teils weit über eine Stunde (200 000 Rp) hierher.

Nusa Dua

📞 0361

Nusa Dua bedeutet „Zwei Inseln" – in Wirklichkeit handelt es sich um erhöhte Landzungen mit kleinen Tempeln. Viel bekannter ist die Region jedoch als Balis Hauptstandort von abgeriegelten und bewachten Resortanlagen. Wer den zentralen Kontrollposten passiert hat, lässt den chaotischen Rest der Insel auf gepflegtem und weitläufigem Gelände hinter sich zurück.

In den 1970er-Jahren wurde Nusa Dua als Konkurrent zu anderen berühmten Strandorten der Welt aus dem Boden gestampft. Damit das Ganze weniger künstlich und gewöhnlich wirkt, gibt's hier jeden Abend balinesische „Kultur" in stark komprimierter

Form – dargeboten von ganzen Busladungen voller Darsteller.

Die über 20 riesigen Resorts bringen es zusammen auf Tausende von Zimmern. Bei Vollbelegung wird Nusa Dua seinem Ruf teilweise gerecht. In der Nachsaison herrscht vor Ort jedoch fast kein Betrieb.

⊙ Sehenswertes

★ Pasifika-Museum   MUSEUM

(📞 0361-774935; www.museum-pasifika.com; Einkaufszentrum Bali Collection, Block P; Eintritt 100 000 Rp; ⊙ 10–18 Uhr) Falls nicht gerade Gästegruppen aus lokalen Resorts anwesend sind, hat man das große Museum vielleicht für sich allein. Die große Kunstsammlung mit Werken von Kulturen aus dem ganzen Pazifikraum deckt mehrere Jahrhunderte ab. Zu sehen gibt's hier u. a. 600 Gemälde – darunter tolle Tikis und Kreationen vieler einflussreicher Maler, die es im frühen 20. Jh. von Europa nach Bali zog (z. B. Arie Smit, Adrien-Jean Le Mayeur de Merpres, Theo Meier). Matisse und Gauguin sind ebenfalls vertreten.

🛏 Schlafen

In Nusa Dua sind die meisten Hotelriesen der Welt vertreten. Die Resorts sind allesamt groß (teils gigantisch) und liegen oft direkt am idyllischen Strand.

Internationale Großketten wie **Westin** (📞 0361-771906; www.westin.com/bali; Jl Kw Nusa Dua Resort; Zi. ab 200 US$; ❄ @ 🛜 ⊠) und **Hyatt** (📞 0361-771234; www.hyatt.com/en-US/hotel/indonesia/grand-hyatt-bali/balgh; Zi. ab 200 US$; ❄ @ 🛜 ⊠) haben hier hohe Summen investiert, um Gäste mit neuen Attraktionen (z. B. aufwendigen Polanlagen, Tagescamps für Kinder) zu beglücken. Andere örtliche Hotels haben sich dagegen kaum verändert, seit sie in den 1970er-Jahren auf dem Höhepunkt der Suharto-Ära eröffnet wurden.

★ Sofitel Bali Nusa Dua

Beach Resort   RESORT $$$

(📞 0361-849 2888; www.sofitelbalinusadua.com; Jl Nusa Dua; Zi. ab 200 US$; ❄ @ 🛜 ⊠) Die mächtigen Bettenburgen des Sofitel nehmen einen großen Teil der Resortzone ein. Die Privatterrassen der 415 Zimmer bieten teils Direktzugang zum verschlungenen XXL-Pool. Viele der Quartiere warten wenigstens mit einem Hauch von Meerblick auf. Der üppige Sonntagsbrunch (ab 400 000 Rp/Pers.; 11–15 Uhr) zählt zu den besten auf Bali.

✗ Essen

Die großen Resorts beherbergen zahlreiche Restaurants mit Touristenpreisen und üppigem Sonntagsbrunch. Zu Letzterem sind auch reine Speisegäste willkommen (z. B. im Sofitel).

An der Ecke von Jl Srikandi und Jl Pantai Mengiat gibt's gute *warungs*. Gleich außerhalb des zentralen Resort-Kontrollpostens findet man an der Jl Pantai Mengiat zudem ein paar schlichte Freiluftlokale. Diese sind nicht sonderlich gut, bieten aber meist Gästeshuttles an.

Warung Dobiel   BALINESISCH $

(📞 0361-771633; Jl Srikandi 9; Gerichte ab 40 000 Rp; ⊙ 9–16 Uhr) Als gute Quelle für *babi guling* (Spanferkel) bringt dieser *warung* etwas authentische Küche à la Bali auf Nusas langweilige Straßen. Serviert werden hier auch Suppe mit Schweinefleisch und aromatisch duftende Jackbaumfrüchte. Die Gemeinschaftstische mit beengten Platzverhältnissen werden oft von vielköpfigen Tourgruppen belegt. Zudem ist mit lahmem Service und „Touristenpreisen" zu rechnen.

ℹ An- & Weiterreise

Die Bali Mandara Toll Rd (Maut Motorrad/Auto 4000/11 000 Rp) verkürzt die Reisezeit zwischen Nusa Dua, dem Flughafen und Sanur enorm.

BUS

Zwei Linien des Kura-Kura-Touristenbusses (S. 237) verbinden Nusa Dua mit Kuta (50 000 Rp, alle 2 Std.), das der Firma als Drehscheibe dient.

Öffentliche Busse von Trans-Sarbagita (S. 248) bedienen Nusa Dua auf dem Weg nach Batabulan. Die Route führt dabei entlang des Jl Ngurah Rai Bypass gen Norden und um Sanur herum.

SHUTTLEBUS

Vor einer Taxibestellung sollten Hotelgäste zuerst nach hauseigenen Transportdiensten fragen. Zudem verbinden kostenlose **Shuttlebusse** (📞 0361-771662; www.bali-collection.com/shuttle-bus; ⊙ 9–22 Uhr ca. alle 60 Min.) alle Resorts von Nusa Dua und Tanjung Benoa mit dem Einkaufszentrum Bali Collection. Noch besser ist jedoch ein Fußmarsch entlang der schönen Strandpromenade.

TAXI

Vom Inselflughafen fahren Chauffeure der Flughafen-Taxigesellschaft für 150 000 Rp nach Nusa Dua. In Gegenrichtung und mit Gebührenzähler wird's aber deutlich günstiger. Taxi-Trips sind auch nach/ab Seminyak möglich (ca. 150 000 Rp, je nach Verkehr 45–90 Min.).

Tanjung Benoa

☑ 0361

Die Halbinsel Tanjung Benoa mit dem Dorf Benoa an der Spitze erstreckt sich ab Nusa Dua über rund 4 km gen Norden. Die vielen Resorts auf dem flachen Terrain fallen meist in den Mittelklassebereich. Tagsüber vernimmt man hier den Lärm vieler motorisierter Wassersportgeräte. Parallel reisen zahllose Tagesausflügler per Bus an, um spannenden Spaß im bzw. auf dem kühlen Nass zu erleben (z. B. Fahrten mit Bananenbooten).

Ansonsten ist Tanjung Benoa relativ ruhig. Von hier aus ist das Nachtleben in Kuta und Seminyak aber recht schnell über die Bali Mandara Toll Rd erreichbar.

🎓 Kurse

★ **Bumbu Bali Cooking School** KOCHEN (☑ 0361-774502; www.balifoods.com; Jl Pratama; Kochkurs mit/ohne Marktbesuch 95/85 US$; ⊙ Mo, Mi & Fr 6–15 Uhr) Die renommierte Kochschule des Restaurants Bumbu Bali würdigt die Wurzeln der regionalen Küche. Die Kurse beginnen jeweils um 6 Uhr mit einem Besuch des Fisch- und Morgenmarkts in Jimbaran. Darauf folgt der eigentliche Unterricht, dessen Ergebnisse dann mittags gemeinsam verspeist werden.

❶ An- & Weiterreise

Vom Inselflughafen fahren Chauffeure der Flughafen-Taxigesellschaft für 200 000 Rp nach Tanjung Benoa. Bemos (Minibusse) verkehren gelegentlich entlang der Jl Pratama (5000 Rp, ab 15 Uhr sehr selten).

Kostenlose **Shuttlebusse** (☑ 0361-771662; www.bali-collection.com/shuttle-bus; ⊙9–22 Uhr ca. alle 60 Min.) verbinden alle Resorts von Nusa Dua und Tanjung Benoa mit dem Einkaufszentrum Bali Collection. Die Alternative ist ein schöner Spaziergang entlang der Strandpromenade. Viele örtliche Restaurants holen Gäste regionaler Resorts auf Wunsch ab.

Sanur

☑ 0361 / 38 453 EW.

Vielen gilt Sanur als genau richtig: Westbalis typisches Ärgerniss gibt's hier größtenteils nicht. Und der gute Mix aus Restaurants und Bars basiert nicht rein auf Resorts.

Der schmale Strand wird von Wellenbrechern und einem Riff geschützt; seine Brandung ist somit familienfreundlich schwach. Sanur hat gute Unterkünfte und ist ein leicht erreichbares Tagesziel. Seinen einheimischen Spitznamen Snore (Geschnarche) hat es wirklich nicht verdient!

Über ca. 5 km erstreckt sich die Stadt entlang einer ostwärts ausgerichteten Küstenlinie. Direkt an deren Sandstrand grenzen die üppig grünen Landschaftsgärten von Resorts. Westlich der Strandhotels liegt die belebte Hauptstraße (Jl Danau Tamblingan) mit vielen Hoteleingängen, Touristenläden, Restaurants und Cafés.

Nicht am Westrand der Resortzone absteigen: Dort verläuft der staugeplagte, stinkende Jl Ngurah Rai Bypass (Hauptroute gen Kuta und Flughafen).

◉ Sehenswertes

Die schöne Strandpromenade wartet überall mit Sanurs Hauptattraktionen auf: der Aussicht auf Nusa Penida und dem Lokalkolorit trotz Tourismus.

★ **Museum Le Mayeur** MUSEUM (☑ 0361-286201; Jl Hang Tuah; Erw./Kind 50 000/25 000 Rp; ⊙ Sa–Do 8–15.30, Fr 8.30–12.30 Uhr) Der Maler Adrien-Jean Le Mayeur de Merpres (1880–1958) kam 1932 nach Bali. Drei Jahre später heiratete er hier die attraktive, erst 15-jährige Legong-Tänzerin Ni Polok und wohnte mit ihr zusammen in diesem Haus. Damals war Sanur noch ein ruhiges Fischerdorf. Nach dem Tod ihres Gatten lebte Ni Polok bis zu ihrem eigenen Lebensende (1985) weiter vor Ort. Das Museum hat gewisse Probleme in puncto Bilderhalt und Sicherung (Le-Mayeur-Bilder wurden bereits für 150 000 US$ verkauft). Dennoch zeigt es fast 90 Originalwerke des Künstlers.

Taman Festival Bali VERGNÜGUNGSPARK (Jalan Padang Galak 3) Eine von Balis ungewöhnlicheren Attraktionen: Dieser frühere Vergnügungspark liegt ca. 20 Fahrtminuten nördlich von Sanur. Angeblich wurde das Gelände (8 ha) im Jahr 2000 geschlossen, nachdem ein Blitzeinschlag die 5 Mio. US$ teure Laseranlage zerstört hatte. Wahrscheinlicher ist jedoch ein Bankrott aufgrund der damaligen Wirtschaftkrise in Asien.

Sanur Beach STRAND Der bogenförmige Sanur Beach erstreckt sich über mehr als 5 km gen Südwesten. Fast wie die eigentliche Stadt ist er größtenteils

Sanur

sauber und ruhig. Vorgelagerte Riffe halten die Brandung hier extrem schwach. Bis auf wenige Ausnahmen sind die örtlichen Resorts recht klein und füllen den Sand nicht allzu sehr mit Menschen.

🏃 Aktivitäten

Stetige Brise und ruhiges Wasser im Schutz eines Riffs machen Sanur super für Windbzw. Kitesurfer.

Die lokalen Gezeitenverhältnisse verhindern oft brauchbare Wellen für Surfer.

Die launischen Breaks liegen alle auf der Seeseite des Riffs. Der beste Spot namens **Sanur Reef** ist ein Right-Hand Break vor dem Grand Bali Beach Hotel. Ganz gut ist auch das **Hyatt Reef** vor dem alten Hotel Bali Hyatt.

Boote von **Surya Water Sports** (☎0361-287956; www.balisuryadivecenter.com; Jl Duyung 10; ◷8–20 Uhr) bringen Surfer hinaus zu den Breaks.

★Rip Curl School of Surf   KITESURFEN
(☎0361-287749; www.ripcurlschoolofsurf.com; Beachfront Walk, Sanur Beach Hotel; Kitesurf-Kurse ab 1 100 000 Rp, Leihausrüstung ab 550 000 Rp/Std.; ◷8–17 Uhr) Sanurs Mix aus ruhigem Wasser

Sanur ⊕ 0 ▬▬▬▬ 500 m

BALI SANUR

und stetiger Brise eignet sich gut zum Kite-surfen (Saison Juni–Okt.). Leihausrüstung gibt's bei dieser Firma, die ansonsten auch Kajaks, Windsurf- und Stehpaddelbretter (SUPs) vermietet. SUP-Yoga (450 000 Rp/Std.) ist hier ebenfalls im Angebot.

Balinesische Kochkurse KOCHEN
(☏ 0361-288009; www.santrian.com; Puri Santrian, Strandpromenade; 90-min. Kochkurse ab 70 US$; ☺ Mi & Fr) Stimmungsvoll: Die Küche der ba-linesischen Kochschule liegt direkt am Strand. Gegen geringen Aufpreis beinhaltet der Unterricht auch einen Marktbesuch mit Zutatenkauf.

Crystal Divers TAUCHEN
(☏ 0361-286737; www.crystal-divers.com; Jl Danau Tamblingan 168; Tauchgänge ab 890 000 Rp) Der kompetente Tauchveranstalter mit eigenem Hotel (Santai) und großem Übungsbecken hat ein großes Unterrichtsangebot. Darunter sind z. B. Anfänger- und PADI-Freiwas-serkurse (7 450 000 Rp).

★ **Power of Now Oasis** YOGA
(☏ 0878 6153 4535; www.powerofnowoasis.com; Strandpromenade, Hotel Mercure; Yogakurse ab 120 000 Rp) In einem stimmungsvollen Bam-buspavillon mit Blick auf den Sanur Beach gibt's hier Yogakurse für verschiedene Erfah-rungsstufen. Die Sessions zu Sonnenauf-gang sind sehr beliebt.

🛏 Schlafen

Sanurs beste Unterkünfte liegen größten-teils am Strand. Dort gibt's aber auch ein paar weniger empfehlenswerte Optionen, die schon seit Jahrzehnten existieren. West-lich der Jl Danau Tamblingan findet man neben Budget-Pensionen auch viele Ketten-hotels und Villenanlagen der Mittelklasse.

Agung & Sue Watering Hole I PENSION $
(☏ 0361-288289; www.wateringholesanurbali.com; Jl Hang Tuah 35; Zi. 275 000–400 000 Rp; ✳🕐) Die alteingesessene Pension mit fröhlicher Atmosphäre liegt ideal, wenn man Nusa Lembongan oder die Gili-Inseln frühmor-gens per Schnellboot erreichen will. Fünf Gehminuten vom Sanur Beach entfernt war-ten Standardzimmer und kaltes Bier.

Weiter südlich befindet sich das dazuge-hörige, ebenso nette Agung & Sue Watering Hole II (Zi. ab 250 000 Rp) mit Pool.

Yulia 1 Homestay PENSION $
(☏ 0361-288089; yulia1homestay@gmail.com; Jl Danau Tamblingan 38; Zi. mit Ventilator/Klimaanla-ge 250 000/350 000 Rp, jeweils inkl. Frühstück; ✳🕐✳) Eine freundliche Familie betreibt diese ruhige Pension in einem schönen Gar-ten voller Vögel, Palmen und Blumen. In den verschiedenartigen Zimmern gibt's teils nur Kaltwasser und Ventilatoren, aber stets ei-nen Kühlschrank. Rund um das Tauchbe-cken lässt es sich nett relaxen.

Maison Aurelia Sanur HOTEL $$
(☏ 0361-472 1111; http://preferencehotels.com/maison-aurelia; Jl Danau Tamblingan 140; Zi. 100–160 US$; ✳🕐✳) Am anderen Strandende ragt diese stilvolle Neueröffnung spektaku-lär an Sanurs Hauptstraße auf. Die 42 gro-ßen Zimmer auf vier Stockwerken punkten mit Balkonen, beruhigendem Dekor, vor-nehmen Details und komfortablen Extras (z. B. Kühlschränken).

Gardenia PENSION $$
(☏ 0361-286301; www.gardeniaguesthousebali.com; Jl Mertasari 2; Zi. 650 000–755 000 Rp; ✳🕐✳) Das Gardenia ist so vielfältig wie sein namengebender Blumengarten. Die sie-ben Zimmer mit größtenteils weißer Ein-richtung liegen ein gutes Stück von der Stra-ße entfernt. Von ihren netten Veranden schaut man auf einen hübschen Innenhof mit Tauchbecken. Vorne im Haus befindet sich ein gutes Café.

★ **Tandjung Sari** HOTEL $$$
(☏ 0361-288441; www.tandjungsarihotel.com; Jl Da-nau Tamblingan 41; Bungalow inkl. Frühstück ab 3 200 000 Rp; ✳@🕐✳) Das Tandjung Sari mit seinem super kultivierten Service zählt zu Balis ältesten Boutiquehotels. Es ist seit seiner Eröffnung (1967) gut im Geschäft und wird bis heute für seinen Stil geschätzt. Die 29 Bungalows der traditionellen Art sind wunderschön mit Antiquitäten und Kunst-handwerk eingerichtet. Am Pool üben sich einheimische Kinder in balinesischem Tanz (Fr & So 15 Uhr).

✕ Essen

Die traditionellen Freiluftpavillons und ru-higen Bars am Strandpfad kredenzen Speis und Trank in frischer Meeresbrise. Zwischen den vielen langweiligen Lokalen an der Jl Danau Tamblingan verstecken sich auch ei-nige gute Optionen.

Nasi Bali Men Weti BALINESISCH $
(Jl Segara Ayu; Gerichte ab 25 000 Rp; ☺ 7–13 Uhr) Die einfache Garküche bereitet ihr hervorra-gendes *nasi campur* (klassisches Mittags-mahl à la Bali, bestehend aus mehreren klei-

nen Gerichten) stets frisch zu. Gefuttert wird hier auf kleinen Plastikstühlen. Die Warteschlange ist stets lang.

Sari Bundo INDONESISCH $
(☑0361-281389; Jl Danau Poso; Hauptgerichte ab 20000 Rp; ☺24 Std.) Das blitzsaubere Restaurant im Padang-Stil ist eins von mehreren Lokalen in einer Ladenzeile an Sanurs Südende. Sein frisch zubereitetes Essen ist teils extrem scharf – vor allem das Hühnercurry, das Himmel und Hölle für den Gaumen bedeutet.

★Char Ming ASIATISCH $$
(☑0361-288029; www.charming-bali.com; Jl Danau Tamblingan N97; Hauptgerichte ab 95000 Rp; ☺17–23 Uhr) Das Char Ming serviert asiatische Fusion-Küche mit französischem Touch. Davon empfehlen sich vor allem die regionalen Gerichte (oft modern angehaucht) und das gegrillte Seafood in täglich frischer Auswahl (auf einer Kreidetafel angeschrieben). Das äußerst stilvolle Ambiente prägen viele Pflanzen und historische Holzschnitzereien aus balinesischen bzw. javanischen Häusern.

Byrdhouse Beach Club INTERNATIONAL $$
(☑0361-288407; www.facebook.com/byrdhouse beachclubbali; Segara Village, Sanur Beach; Hauptgerichte ab 60000 Rp; ☺6–24 Uhr; 🐾) Sonnenliegen und Tischtennisplatten plus Pool, Restaurant und Bar: Dieser Strandclub lädt zum ganztägigen Verweilen ein. Per Facebook informiert er über örtliche Events (z. B. Freiluftkino mit Imbissständen).

❶ An- & Weiterreise

BUS

Der Kura-Kura-Touristenbus (S. 237) verbindet u. a. Sanur mit Kuta und Ubud (einfache Strecke 80000 Rp, stündl.).
 Perama (☑0361-751875; www.peramatour. com; Jl Hang Tuah 39, *warung* Porok; ☺7–22 Uhr) Fährt von seinem Büro am nördlichen Stadtrand z. B. nach Ubud (50000 Rp, 1 Std.), Padangbai (75000 Rp, 2 Std.) und Lovina (125000 Rp, 3 Std.).

SCHIFF/FÄHRE

Schnellboote (Fahrtpreise zielabhängig) Starten südlich der Jl Hang Tuah scharenweise gen Nusa Lembongan, Nusa Penida, Lombok und Richtung Gili-Inseln. Passagiere müssen dabei jeweils vom Strand zum Boot hinauswaten. Am Abfahrtspunkt unterhalten die meisten Betreiberfirmen schattige Wartebereiche.

Normale Boote (einfache Strecke 150000 Rp, 40 Min., 3-mal tgl.) Fahren vom Strand am Ende der Jl Hang Tuah nach Nusa Lembongan und Nusa Penida.

Rocky Fast Cruises (☑0821 4404 0928, 0361-283624; www.rockyfastcruise.com; Jl Hang Tuah 41; hin & zurück 500000 Rp; ☺Büro 8–22 Uhr, Boote tgl. 9, 11, 13 & 16.30 Uhr) Betreibt ein lokales Ticketbüro für seine Trips nach Nusa Lembongan.

Scoot (☑0361-285522; www.scootcruise. com; Jl Hang Tuah; hin & zurück Erw./Kind ab 400000/280000 Rp; ☺Büro 8–22 Uhr, Boote nach Lembongan tgl. 9.30, 11.45, 13.30 & 17.15 Uhr) Betreibt ein lokales Ticketbüro für seine Trips nach Nusa Lembongan, Lombok und zu den Gilis.

TAXI

Vom Inselflughafen fahren Chauffeure der Flughafen-Taxigesellschaft zum Festpreis (250000 Rp) nach Sanur.

Denpasar

☑0361 / 962900 EW.
Wachstum und Reichtum auf Bali konzentrieren sich seit 50 Jahren hauptsächlich auf das weitläufige Denpasar. Die hektische, immer größer werdende Inselhauptstadt wirkt potenziell abschreckend und chaotisch. Sie hat aber auch eine vornehmere Seite, wie ein Alleebummel durch das relativ wohlhabende Renon (Regierungs- und Geschäftsviertel) offenbart.
 Denpasar ist zwar kein Tropenparadies, aber ebenso viel „echtes Bali" wie Klippentempel und Reisfelder: Hier gibt's u. a. Einkaufszentren und Parks für fast 1 Mio. Einheimische. Lokale Hauptattraktion sind authentische Restaurants und Cafés, die die aufstrebende Mittelschicht als Zielgruppe haben.

◉ Sehenswertes

Museum Negeri Propinsi Bali MUSEUM
(☑0361-222680; Jl Mayor Wisnu; Erw./Kind 50000/25000 Rp; ☺Sa–Do 7.30–15.30, Fr bis 13 Uhr) Dieses Museum für balinesische Kultur ist so groß und vielfältig wie z. B. das weltberühmte Smithsonian oder British Museum. Aber es ist viel chaotischer: Etwas mehr Kuratierung und einige neue Glühbirnen wären keine schlechte Idee. Allerdings sind die meisten Ausstellungen auf Englisch beschriftet. Der Komplex umfasst mehrere Gebäude und Pavillons (oft Beispiele für balinesische Architektur). Darin befinden sich prähistorische Stücke, traditionelle Artefak-

Denpasar

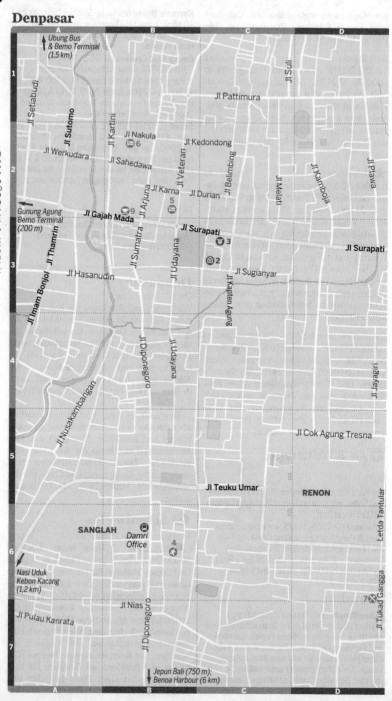

Ubung Bus & Bemo Terminal (1,5 km)

Jl Suli

Jl Pattimura

Jl Setiabudi

Jl Sutomo

Jl Kartini

Jl Nakula

6

Jl Kedondong

Jl Werkudara

Jl Sahedawa

Jl Veteran

Jl Belimbing

Jl Melati

Jl Kamboja

Jl Piawa

Jl Karna

Jl Durian

5

Gunung Agung Bemo Terminal (200 m)

Jl Gajah Mada

Jl Arjuna

9

Jl Sumatra

Jl Udayana

Jl Surapati

3

Jl Surapati

2

Jl Thamrin

Jl Imam Bonjol

Jl Hasanudin

Jl Sugianyar

Jl Kapten Agung

Jl Diponegoro

Jl Udayana

Jl Nusakambangan

Jl Jayagiri

Jl Cok Agung Tresna

Jl Teuku Umar

RENON

SANGLAH

Damri Office

Letda Tantular

4

Nasi Uduk Kebon Kacang (1,2 km)

Jl Nias

7

Jl Tukad Gangga

Jl Pulau Kanrata

Jl Diponegoro

Jepun Bali (750 m); Benoa Harbour (6 km)

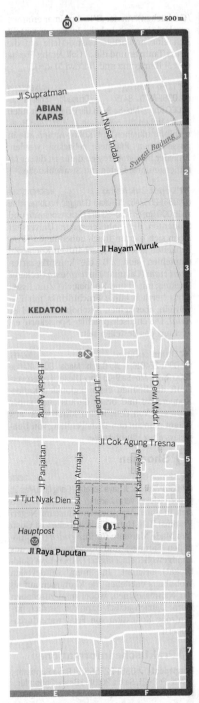

0 ____ 500 m

Jl Supratman

ABIAN KAPAS

Jl Nusa Indah

Sungai Badung

Jl Hayam Wuruk

KEDATON

8 ✕

Jl Badak Agung

Jl Drupadi

Jl Dewi Madri

Jl Cok Agung Tresna

Jl Panjaitan

Jl Dr Kusumah Atmaja

Jl Kartawijaya

Jl Tjut Nyak Dien

Hauptpost

Jl Raya Puputan

❶ 1

te, Barongs (mythologische Löwenhunde), zeremonielle Objekte und zahllose Textilien.

★ Bajra-Sandhi-Monument · DENKMAL

(Denkmal für die Kämpfe der balinesischen Völker; ☑ 0361-264517; Jl Raya Puputan, Renon; Erw./Kind 20 000/10 000 Rp; ◷ 9–18 Uhr) Das gewaltige Denkmal im Zentrum eines belebten Parks ist so groß wie sein Name. Die Architektur des Baus erinnert grob an die Tempelanlage von Borobudur (Java). Eine Wendeltreppe führt hinauf zur Spitze mit Rundumblick. Das Innere beherbergt Dioramen zu Balis Geschichte. Eins davon zeigt die Schlacht gegen die Holländer (1906), wobei der König von Badung einer Zielscheibe gleichkommt.

Pura Jagatnatha · HINDUISTISCHER TEMPEL

(Jl Surapati) GRATIS Der Staatstempel von 1953 ist dem obersten Hindu-Gott Sanghyang Widi geweiht: Obwohl die Balinesen zahlreiche Götter verehren, glauben sie an einen übergeordneten Himmelsherrscher (der aber viele Inkarnationen haben kann). Diese Art Monotheismus verleiht dem Schrein einen Teil seiner Bedeutung: Sie bringt den balinesischen Hinduismus in Einklang mit dem ersten Prinzip („All-Eine Göttliche Herrschaft") der Pancasila (Indonesiens fünf Staatsgrundsätze).

⻊ Aktivitäten

Kube Dharma Bakti · MASSAGE

(☑ 0361-749 9440; Jl Serma Mendara 3; Massagen 100 000 Rp/Std.; ◷ 9–22 Uhr) Viele Balinesen lassen sich ausschließlich von Blinden massieren. Gezielt für diese gibt's daher staatlich geförderte Schulen mit langen Lehrgängen in Anatomie, Reflexzonen- und Shiatsu-Massage etc. Darunter ist z. B. dieser luftige Bau, in dem diverse Behandlungen mit duftenden Einreibemitteln angeboten werden.

★ Feste & Events

★ Bali Arts Festival   DARSTELLENDE KUNST

(www.baliartsfestival.com; Kulturzentrum Taman Wedhi Budaya; ⊙ Mitte Juni–Mitte Juli) Dieses Festival wartet mit vielerlei Tanz, Musik und Handwerkskunst der traditionellen Art auf. Das Ganze beginnt stets mit einer spektakulären Eröffnungszeremonie nebst Straßenparade. Unter den Vorstellungen sind auch eindrucksvolle Auftritte des balinesischen Ramayana- und Mahabharata-Balletts. Für die Tickets gibt's meist einen Vorverkauf. Die Website und die Touristeninformation in Denpasar liefern interessante Details zum Programm.

⌂ Schlafen

In Denpasar gibt's viele neue Mittelklasse-Kettenhotels. Nächtigen vor Ort ist aber praktisch nur etwas für Fans von grellen Großstadtlichtern. Die meisten Besucher sind daher Tagesausflügler aus den Touristenhochburgen des Südens.

Nakula Familiar Inn   PENSION $

(☏ 0361-226446; www.nakulafamiliarinn.com; Jl Nakula 4; Zi. 200 000–300 000 Rp; ❈ 🛜) Die fröhliche Pension im urbanen Stil wird von einer Familie geleitet und ist bei Travellern schon lange beliebt. Die acht sauberen Zimmer haben kleine Balkone. Zum netten zentralen Innenhof gehört ein Café. Auf der Route Tegal–Kereneng verkehren Bemos entlang der Jl Nakula.

Inna Bali   HOTEL $$

(☏ 0361-225681; http://inna-bali-denpasar.denpasararea-hotels.com/en; Jl Veteran 3; Zi. 400 000–1 000 000 Rp; ❈🛜☼) Das einst größte Touristenhotel Balis (eröffnet 1927) erfreut mit einem schlichten Garten, einem mächtigen Banyan-Baum und einem gewissen nostalgischen Charme. Die attraktive Fassade im Kolonialstil wurde bereits renoviert und mit einem anständigen Straßencafé versehen; weitere Sanierungsmaßnahmen laufen. Die Zimmer haben sehr schattige Veranden.

✕ Essen & Ausgehen

Denpasar bietet eine gute Auswahl an balinesischer und indonesischer Küche. Einheimische und Auswanderer haben jeweils eigene Lieblingsrestaurants bzw. -warungs (Garküchen). An der Jl Teuku Umar eröffnen regelmäßig neue Lokale. In Renon verteilt sich eine großartige Gastro-Meile auf die Letda Tantular und die Jl Cok Agung Tresna (zw. Jl Ramayana und Jl Dewi Madri).

★ Men Gabrug   BALINESISCH $

(☏ 0361-7070 8415; Jl Drupadi; Snacks ab 10 000 Rp; ⊙ Mo–Sa 9–18 Uhr) Balinesen allen Alters lieben die Süßigkeit *jaje laklak*: Reismehlpfannkuchen mit Kokos-Aroma, die in gusseisernen Pfannen gebacken werden. Eine der besten Adressen dafür ist dieser familiengeführte Laden mit Straßenküche.

★ Depot Cak Asmo   INDONESISCH $

(☏ 0361-256246; Jl Tukad Gangga; Hauptgerichte ab 15 000 Rp; ⊙ 9.30–23 Uhr) Staatsbeamte und Studenten der nahegelegenen Universität laben sich hier an frisch zubereiteten Köstlichkeiten aus einer geschäftigen Küche. Zu empfehlen sind z. B. die knusprig-zarten *cumi cumi* (Calamari) in *telor asin* (leckerer Backteig mit Ei und Knoblauch). Zum Essen gibt's herrlich kühle Fruchtdrinks mit Eiswürfeln, aber keinen Alkohol: Das Lokal ist *halal*. Die englischsprachige Speisekarte erleichtert das Bestellen sehr.

★ Bhineka Djaja   KAFFEE

(☏ 0361-224016; Jl Gajah Mada 80; Kaffee 7000 Rp; ⊙ Mo–Sa 9–15 Uhr) Dieser Laden verkauft die Bohnen einer regionalen Kaffee-Kooperative und braut daraus auch super Espresso. Von den beiden Minitischen aus schaut man auf den Trubel entlang von Denpasars alter Hauptstraße.

⌂ Shoppen

★ Jepun Bali   TEXTILIEN

(☏ 0361-726526; Jl Raya Sesetan, Gang Ikan Mas 11; ⊙ nach telefon. Vereinbarung) Hier wähnt man sich in einer Art privatem Museum Negeri Propinsi Bali: Unter Einheimischen ist Gusti Ayu Made Mardiani für ihre *endek* (traditionellen Sarongs) und Kleidungsstücke aus handgewobenem *songket* (Silber- bzw. Goldbrokat) bekannt. In ihrem würdevollen Wohnhaus entstehen die Klamotten auf alten Nähmaschinen, wobei man zuschauen kann. Danach heißt's dann die herrlich farbenfrohe Kollektion von Fertigware durchstöbern.

ⓘ Praktische Informationen

Hauptpost (☏ 0361-223565; Jl Raya Puptuan; ⊙ Mo–Fr 8–21, Sa bis 20 Uhr) Beste Option für sperrige und/oder ungewöhnliche Sendungen

(z. B. Surfbretter). Beherbergt auch einen Copy-Shop und mehrere Geldautomaten.

❶ An- & Weiterreise

Denpasar ist Balis Verkehrsknotenpunkt: Von hier aus fahren (Mini-)Busse in alle Ecken der Insel.

BEMO & MINIBUS

Denpasar hat mehrere Busbahnhöfe und Bemo-Terminals: Viele balinesische Bemo-Routen nutzen die Stadt als Drehscheibe. Umsteigen erfolgt dabei oft an einem anderen Terminal; dorthin geht's dann ebenfalls per Bemo (7000 Rp).

Hinweis: Die folgenden Preisangaben sind nur ganz grobe Richtlinien – die Tarifpolitik des lokalen Bemo-Business ist sprunghaft und teils total willkürlich! Beispielsweise versuchen viele Fahrer, Ausländern mindestens 25 % mehr abzuknöpfen.

Ubung

Das **Ubung Bus & Bemo Terminal** (JI HOS Cokroaminoto) liegt weit nördlich der Stadt an der Straße nach Gilimanuk. Hier starten alle Fernbusse zu Zielen in Balis Norden und Westen. Einige dieser Linien stoppen unterwegs auch am Busbahnhof Mengwi (12 km gen Nordwesten).

ZIEL	PREIS (RP)
Gilimanuk (für Fähren gen Java)	45000
Mengwi (Busbahnhof)	15000
Munduk	60000
Singaraja (über Pupuan od. Bedugul)	70000

Batubulan

Dieses Terminal bedient Ziele im östlichen und zentralen Bali. Allerdings liegt es sehr unpraktisch (6 km nordöstlich von Denpasar an einer Straße nach Ubud).

ZIEL	PREIS (RP)
Amlapura	25000
Padangbai (für Fähren gen Lombok)	20000
Sanur	10000
Ubud	20000

Tegal

Das **Tegal Bemo Terminal** (JI Imam Bonjol) in Denpasars Westen bedient Kuta und die Halbinsel Bukit.

ZIEL	PREIS (RP)
Flughafen	15000
Jimbaran	20000
Kuta	15000

Kereneng

Das **Kereneng Bemo Terminal** mit Bemos nach Sanur (10000 Rp) liegt östlich vom Zentrum.

Wangaya

An dem kleinen **Terminal** (JI Kartini) in Zentrumsnähe starten Bemos, die Denpasars Norden samt dem weit draußen liegenden Ubung-Busbahnhof (8000 Rp) bedienen.

Gunung Agung

Ein orangefarbenes Schild kennzeichnet dieses **Terminal** (JI Gunung Agung) im äußersten Nordwesten der Stadt. Hier brechen Bemos nach Kerobokan und Canggu (jeweils 15000 Rp) auf.

BUS

Fernbusse benutzen das Ubung Bus & Bemo Terminal (S. 277) weit nördlich der Stadt und halten meist auch am Busbahnhof Mengwi (S. 236).

Fernbustickets gibt's beim lokalen Büro von **Damri** (☏ 0361-232793; JI Diponegoro).

Nusa Lembongan & Inseln
☏ 0366

Von Balis südöstlicher Küste fällt der Blick übers Meer auf die mächtige Masse von Nusa Penida. Diese dunstige Insel wurde früher fast ganz ignoriert. Heute zieht sie erste Touristen an, lässt einen ihre spektakuläre Aussicht und ihr unverändertes Dorfleben aber noch fast ganz allein erkunden.

Im Schatten von Nusa Penida liegt das deutlich kleinere Nusa Lembongan, das für viele Besucher die eigentliche Hauptattraktion der Region ist. Hierfür sorgen tolle Surf- und Tauchspots, super Strände und jene Art von entspanntem Vibe, die Traveller so sehr schätzen.

Das winzige Nusa Ceningan zwischen den beiden größeren Inseln ist ab Lembongan leicht erreichbar und daher ein beliebtes Tagesziel.

Auf den drei Eilanden herrscht seit langem Armut. Mangel an Mutterboden und Süßwasser verhindern hier den Reisanbau; jedoch gedeihen Mais, Maniok und Bohnen als Grundnahrungsmittel. Der Tourismus löst nun die Seetangernte langsam als lokale Haupteinnahmequelle ab.

Nusa Lembongan
☏ 0366 / 7529 EW.

Einst war Nusa Lembongan eine Surfer-Domäne mit billigen Bruchbuden. Auch heute gibt's hier noch günstige Zimmer mit

Blick auf die Brandung und den grandiosen Sonnenuntergang. Doch gleichzeitig ist die Insel ein beliebtes Touristenziel, das mit Boutiquehotels und super Restaurants aufwartet.

Der neue Wohlstand bringt Veränderungen mit sich: Einheimische Jungen legen ihren 300 m langen Schulweg jetzt per Motorrad zurück. Örtliche Tempel werden für viel Geld renoviert, während Hochhaus-Hotels entstehen und sich das lokale Leben nach der Ankunft von Touristenbooten (für die Lembongan nach wie vor keinen Anleger hat) richtet. Doch trotz ihrer steigenden Beliebtheit hat sich die Insel eine ruhige Atmosphäre bewahrt: Besucher können immer noch Hahnenkrähen vernehmen und Kokosnüsse fallen hören. Allerdings sind die Straßen auch hier verstopft.

⊙ Sehenswertes

Pantai Tanjung Sanghyang   STRAND
(Mushroom Bay) Die wunderschöne Bucht heißt inoffiziell Mushroom Bay (nach den Mushroom Corals bzw. Pilzlederkorallen draußen im offenen Meer). Ihr halbmondförmiger Bogen aus strahlend weißem Sand ist ein echter Traumstrand. Tagsüber wird die örtliche Idylle aber mitunter von Bananen- oder Parasailing-Booten gestört.

Ab Jungutbatu fahren Boote und Motorradtaxis hierher. Der interessanteste Zugang ist jedoch der Küstenpfad (ca. 1 km), der am Südende des Jungutbatu Beach beginnt.

Jungutbatu Beach   STRAND
Von diesem herrlichen Strandbogen mit weißem Sand und klarem, blauem Wasser fällt der Blick auf den Gunung Agung. Die nette **Promenade entlang des Wellenbrechers** eignet sich ideal zum Spazierengehen (vor allem zu Sonnenuntergang). Die lokale Idylle ist fast schon klischeehaft – bis auf die dahindümpelnden Boote. Früher trocknete hier überall Seetang sehr geruchsintensiv auf Gestellen. Letztere weichen aber inzwischen zunehmend örtlichen Tourismusprojekten.

Pura Puseh   HINDUISTISCHER TEMPEL
Nahe der Inselhauptstraße am nördlichen Ortsrand führt eine lange Steintreppe hinauf zum Dorftempel: Auf einer Hügelspitze punktet der Pura Puseh mit toller Aussicht.

🏃 Aktivitäten

Surfen

Die besten Surfbedingungen herrschen in der Trockenzeit (April–Sept.), wenn der Wind von Südosten her bläst. Lembongans Brandung ist jedoch nichts für Anfänger und selbst für erfahrene Wellenreiter mitunter gefährlich!

Von Norden nach Süden türmen sich am Riff drei große Breaks mit passenden Namen auf: **Shipwrecks**, **Lacerations** und **Playgrounds**. Je nach Unterkunftswahl kann man direkt zu einem davon hinauspaddeln. Bei Ebbe ist teils auch Laufen erforderlich, was Surferschuhe sinnvoll macht. Andere lokale Spots sind am besten per Mietboot erreichbar (einfache Strecke ab ca. 70 000 Rp; verhandelbar), wobei man jeweils den späteren Abholzeitpunkt mit dem Skipper vereinbart. Südlich vom Shipwreck entsteht manchmal ein vierter Break namens **Racecourses**.

Selbst bei wenig Betrieb auf der eigentlichen Insel ist Lembongans Brandung potenziell stark bevölkert: Gelegentlich tummeln sich hier große Surfergruppen, die ab Bali einen Tagestrip per Boot unternehmen (ab 1 000 000 Rp).

Thabu Surf Lessons   SURFEN
(☑ 0812 4620 2766; http://thabusurflessons.webs. com; je nach Erfahrung & Gruppengröße Erw./Kind ab 450 000/400 000 Rp) Professionelle Surfschule mit Privat- und Gruppenkursen. Der Preis beinhaltet jeweils Leihbekleidung (Trockenanzug, Surferschuhe) und die Bootsshuttles zum/ab dem jeweiligen Spot.

Tauchen

★ **World Diving**   TAUCHEN
(☑ 0812 390 0686; www.world-diving.com; Pension Pondok Baruna, Jungutbatu Beach; Schnuppertauchen 940 000 Rp, Freiwasserkurs 5 500 000 Rp) Der renommierte Tauchveranstalter ist u. a. für seine erstklassige Leihausrüstung bekannt. Neben allen möglichen Kursen gibt's hier auch Trips zu Spots im ganzen Umkreis von Lembongan und Penida.

Lembongan Dive Center   TAUCHEN
(☑ 0821 4535 2666; www.lembongandivecenter. com; Jungubatu Beach; Einzeltauchgang ab 550 000 Rp, Freiwasserkurs 4 950 000 Rp) Empfehlenswertes Tauchzentrum unter einheimischer Leitung.

Schnorcheln

Prima Schnorchelmöglichkeiten gibt's z. B. vor Tanjung Sanghyang – direkt in Ufernähe sowie weiter draußen am **Bounty Pontoon**. Weitere gute Spots liegen vor der nördlichen Inselküste. Dorthin geht's jeweils per Mietboot (ca. 200 000 Rp/Std.), wobei der Preis

Nusa Lembongan

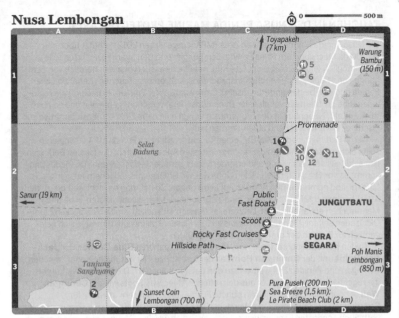

stets von Nachfrage, Distanz und Passagierzahl abhängt.

Gleiches gilt bei Trips zu den anspruchsvollen Spots von Nusa Penida (ab 300 000 Rp/3 Std.) oder zum Mangrovenkanal zwischen Lembongan und Ceningan (ab 300 000 Rp/3 Std.), der gutes Strömungs-Schnorcheln westlich des Ceningan Point ermöglicht.

Schnorchelausrüstung lässt sich vor Ort für ca. 50 000 Rp pro Tag ausleihen.

🛏 Schlafen

Gen Süden bzw. Westen in Richtung Mushroom Bay werden die Unterkünfte an der Küste generell immer nobler.

★ Pondok Baruna PENSION **$**
(☏ 0812 394 0992; www.pondokbaruna.com; Jungutbatu Beach; Zi. ab 400 000 Rp; ❄ 🛜 🏊) In der Pension mit super freundlichem Personal (geleitet von Putu) ist auch der lokale Tauchveranstalter World Diving ansässig. Hier gibt's großartige Zimmer mit direktem Meerblick von Privatterrassen – ergänzt durch sechs vornehmere Quartiere rund um ein Taucher-Übungsbecken hinter dem Strand. Noch weiter hinten liegt zwischen den Palmen das dazugehörige **Pondok Baruna Frangipani** (☏ 0823 3953 6271; www.pondokbarunafrangipani.com; Zi. inkl. Frühstück ab

Nusa Lembongan

◎ Sehenswertes

⊕ Aktivitäten, Kurse & Touren

🛏 Schlafen

⊗ Essen

1 000 000 Rp; ❄ 🛜 🏊) mit acht Zimmern rund um einen großen Pool.

Poh Manis Lembongan PENSION **$**
(☏ 0821 4746 2726; Zi. ab 43 US$; ❄ 🛜 🏊) Nusa Lembongan gilt bereits als Refugium. Wer vor Ort noch mehr Idylle wünscht, begibt sich am besten zu dieser Pension im äußersten Südosten: Auf einer Klippe warten hier

TAUCHEN IN DER NUSA PENIDA MARINE PROTECTED AREA

Die Nusa Penida Marine Protected Area (MPA; ausgewiesen 2012) schützt über 20 000 ha Meer rund um Nusa Penida, Lembongan und Ceningan. Hier warten tolle Tauchmöglichkeiten – ob geschützte Riffe mit Flachwasser (vor allem nördlich von Lembongan und Penida) oder höchst anspruchsvolles Strömungstauchen (Kanal zwischen Penida und den beiden anderen Inseln). Dank wachsamer Einheimischer sind die regionalen Riffe größtenteils vor illegaler Dynamitfischerei verschont geblieben und so noch relativ intakt. Nebenbei ist der Tourismus hier nun eine neue Einkommensalternative zur Fischerei, die entsprechend abgenommen hat.

Wer in Padangbai oder Süd-Bali einen Tauchtrip zur Nusa Penida MPA arrangieren will, sollte sich ausschließlich an die renommiertesten Anbieter halten: Die lokalen Bedingungen sind teils sehr schwierig und erfordern stets genaue Gewässerkenntnis – jedes Jahr kommt es vor Ort zu ziemlich vielen Unterwasser-Unfällen mit tödlichem Ausgang!

Ideal sind namhafte Tauchfirmen auf Lembongan: So hat man es nicht weit bis zu den Attraktionen der MPA. Von diesen sind insbesondere Meeresschildkröten, Haie und Mantarochen erwähnenswert. Letztere lassen sich oft südlich von Penida blicken (Juni–Okt.); auch seltene Mondfische mit bis zu 3 m Flossenspannweite tummeln sich gelegentlich im Bereich der drei Inseln (Mitte Juli–Okt.).

Zu den besten Tauchrevieren rund um Lembogan gehören **Blue Corner**, der **Jackfish Point** und der **Ceningan Point** an der Inselspitze. Der natürliche Kanal zwischen Ceningan und Penida zählt weltweit zu den tiefsten seiner Art. Die Gezeiten versorgen ihn regelmäßig mit Kaltwasser aus dem offenen Meer, was Spots wie die **Ceningan Wall** sehr artenreich (vor allem in puncto Fische) und somit sehr attraktiv für Strömungstaucher macht. Doch Vorsicht: Die Strömungen im Kanal sind sehr wechselhaft; auch ansonsten kann es hier schnell gefährlich werden. Darum unbedingt einen entsprechend kompetenten Tauchveranstalter wählen!

Nahe Penida locken z. B. die **Crystal Bay**, **SD**, **Pura Ped**, der **Manta Point** und **Batu Aba**. Davon eignen sich die ersten drei Spots sowohl für Tauchanfänger als auch für Schnorchler. Das offene Meer rund um Penida ist aber selbst für erfahrene Unterwassersportler eine große Herausforderung.

zehn helle, luftige Zimmer mit attraktiver Holzeinrichtung. Hinzu kommen ein netter Poolbereich und weite Aussicht auf die anderen beiden Nusas.

⭐ **Pemedal Beach** PENSION **$$**
(📞 0822 4477 2888; www.pemedalbeach.com; Jungutbatu Beach; Zi. ab 975000 Rp; ✲🛜🏊) Hier wohnt man schön und erschwinglich in Sandstrandnähe. Die 20 Bungalows stehen ein Stück hinter dem Horizontpool der Anlage.

Sunset Coin Lembongan PENSION **$$**
(📞 0812 364 0799; www.sunsetcoinlembongan.com; Sunset Bay; Zi. inkl. Frühstück ab 1100000 Rp; ✲🛜🏊) Eine großartige Familie betreibt dieses perfekte Insel-Refugium nahe dem reizenden Sandstrand der kleinen Sunset Bay. Die zehn Hütten im Stil einer *lumbung* (strohgedeckte Reisscheuer) verfügen über Terrassen und Kühlschränke.

⭐ **Indiana Kenanga** BOUTIQUEHOTEL **$$$**
(📞 0366-559 6371; www.indiana-kenanga-villas.com; Jungutbatu Beach; Zi. 240–400 US$;

✲🛜🏊) Lembongans nobelste Bleibe vermietet zwei elegante Villen und 18 stilvolle Suiten. Der französische Inhaber ist auch ein Designer und hat das ganze Haus unkonventionell eingerichtet (z. B. mit violetten Sesseln und buddhistischen Statuen). Ein Stück hinter dem Strand umgeben die Quartiere einen Pool mit Crêperie (!) am Rand. Das ganztägig geöffnete Hausrestaurant mit kompetentem Küchenchef serviert Seafood und diverse Überraschungen.

Lembongan Island Beach Villas VILLEN **$$$**
(📞 0813 3856 1208; www.lembonganresort.com; Villa ab 3800000 Rp; ✲🛜🏊) Direkt am Knick des Jungutbatu Beach stehen hier elf Luxusvillen oberhalb einer Lobby. Die Quartiere verfügen über Hängematten, bequeme Korbliegen und große Küchen. Von ihren überdachten Balkonen schaut man schön hinüber nach Bali.

 Essen

Fast alle Unterkünfte der Insel haben Hauscafés, die zuallermeist indonesische und westliche Gerichte (ab ca. 50 000 Rp) servieren. Vor Ort gibt's aber auch viele eigenständige Lokale mit guter Küche.

Die Minimärkte nahe der Bankfiliale haben jeweils nur kleine Sortimente (u. a. Cracker von Ritz, Mineralwasser in Flaschen).

★ **Green Garden Warung** INDONESISCH $
(☑0813 374 1928; Jungutbatu; Hauptgerichte 20 000–50 000 Rp; ☺7–22 Uhr; ☑) An einer Seitenstraße abseits des Jungutbatu Beach gibt's hier leckere Smoothie Bowls und einfallsreiche Gerichte à la Indonesien. Darunter sind viele vegetarische Optionen (z. B. paniertes Tempeh mit Pilz-Sahne-Sauce). Die einheimischen Inhaber spenden einen Teil ihres Gewinns an örtliche Schulen und erweitern das Lokal gerade um fünf Gästezimmer.

Bali Eco Deli CAFÉ $
(☑0812 3704 9234; www.baliecodeli.net; Jungutbatu; Hauptgerichte ab 40 000 Rp; ☺7–22 Uhr) Das großartige Öko-Café gibt etwas an die örtliche Gemeinde zurück. Gleichzeitig punktet es mit seinem Angebot: frisches, einfallsreiches Frühstück, leckere Backwaren, diverse Salate, guter Kaffee und prima Säfte.

Pondok Baruna Warung INDONESISCH $
(Jungutbatu; Hauptgerichte ab 50 000 Rp; ☺8–22 Uhr) Das Hausrestaurant der Pension Pondok Baruna hat eine der besten Speisekarten (u. a. balinesische Köstlichkeiten, tolle Currys, beliebte Schoko-Brownies) auf ganz Lembongan.

★ **Warung Bambu** SEAFOOD $$
(☑0813 3867 5451; Jungutbatu; Hauptgerichte 35 000–90 000 Rp; ☺9–22 Uhr) An der Straße zu den Mangroven liegt hinter dem Leuchtturm dieses familiengeführte Restaurant mit super Seafood (das Angebot variiert je nach Tagesfang). Die Tische stehen auf einer großen überdachten Terrasse mit Sandboden. Mit etwas Glück erkennt man hier tagsüber das Gunung Agung und nachts Balis funkelnde Lichter in der Ferne.

❶ Praktische Informationen

GELD

Am besten genug Bares in Rupien mitbringen: Die vier Geldautomaten auf Lembongan sind mitunter leer oder akzeptieren ausländische Karten nicht.

❶ An- & Weiterreise

Für Trips nach/ab Nusa Lembongan gibt's viele und teils ziemlich rasante Möglichkeiten. Wer ein Schnellboot nehmen will, sollte sich aber vorab und sorgsam über die Sicherheitsstandards des jeweiligen Betreibers informieren (vor allem bei geplanten Nachtfahrten)!

Vor Ort muss stets vom Boot zum Ufer (bzw. umgekehrt) gewatet werden. Somit auf nasse Füße einrichten und leichtes, gut tragbares Gepäck verwenden: Beim Waten, am Strand und auf den unbefestigten Inselpisten sind sperrige Trolleys höchst hinderlich. Alternativ kann man seine Sachen von Einheimischen schultern lassen (20 000 Rp). Diese versuchen meist, einen zwecks Provision zu bestimmten Hotels zu lotsen – was aber keinerlei Grund ist, sie um ihren Lohn fürs Tragen zu betrügen (leider auch schon vorgekommen!). Boote nach Nusa Lembongan:

Öffentliche Schnellboote (Jungutbatu Beach; einfache Strecke 200 000 Rp, 30 Min., 8.30–17.30 10-mal tgl.) Ab dem Nordende des Sanur Beach.

Rocky Fast Cruises (☑0361-283624; www.rockyfastcruise.com; Jungutbatu Beach; einfache Strecke/hin & zurück 300 000/500 000 Rp, 30 Min., mehrmals tgl.) Große Boote.

Scoot (☑0361-285522, 0812 3767 4932; www.scootcruise.com; Jungutbatu Beach; einfache Strecke Erw./Kind 400 000/280 000 Rp, 30 Min., mehrmals tgl.)

❶ Unterwegs vor Ort

Auf dem recht kleinen Lembongan sind die meisten Orte zu Fuß erreichbar. Ansonsten kann man hier überall Autos, kleine Motorräder (60 000 Rp/Tag) und Fahrräder (40 000 Rp/Tag) mieten – und außerdem große Golfmobile, die bei Touristen mit dicken Zigarren offenbar besonders beliebt sind. Parallel verkehren vor Ort auch Motorradtaxis und Pickup-Trucks (einfache Strecke jeweils ab 15 000 Rp).

Nusa Ceningan

☑0361

Von Lembongan aus ist das winzige Ceningan sehr einfach über eine schmale, gelbe, stimmungsvolle **Hängebrücke** erreichbar. Diese überspannt eine Lagune voller Seetang-Farmen. Am Lagunenufer liegen ein Fischerdorf und diverse kleine Felder. Das übrige Ceningan ist ziemlich hügelig. Wer damit klarkommt, kann hier beim Wandern und Radeln manch schönen Ausblick erhaschen. Obwohl inzwischen ein paar befestigte Hauptstraßen das Vorankommen auf der Insel erleichtern, ist diese immer noch sehr ländlich geprägt.

Der exponierte **Left-Hand Break** am Ceningan Point (Südwesten) ist nach diesem benannt.

☞ Geführte Touren

Mit JED (S. 238) erlebt man Ceningan am intensivsten: Die zweitägigen Touren der kulturellen Organisation vermitteln tiefe Einblicke in das lokale Dorf- und Kulturleben. Die Teilnehmer essen und übernachten in Dörfern bei einheimischen Familien. Ansonsten beinhaltet der Preis auch den faszinierenden Besuch einer Seetang-Farm und die Shuttles nach/ab Bali.

🛏 Schlafen

Le Pirate Beach Club   PENSION **$$**
(☎0811 388 3701, Reservierungen 0361-733493; https://lepirate.com/nusa-ceningan/; Zi. inkl. Frühstück ab 700 000 Rp; ✳ 🛜 ❄) Mit fröhlichen Weiß- und Blautönen ist diese Pension ein Sinnbild für schicken Retro-Kitsch im Inselstil. Die kastenartigen Strandhütten mit Klimaanlage beherbergen Doppelzimmer und Schlafsäle mit je zwei Stockbetten. Über den kleinen nierenförmigen Pool hinweg schaut man vom beliebten Hausrestaurant weit über den Kanal. Zwei Mindestübernachtungen.

Secret Point Huts   PENSION **$$**
(☎0819 9937 0826; www.secretpointhuts.com; Zi. ab 80 US$; ✳ 🛜 ❄) Die reizende kleine Pension an der südwestlichen Inselspitze bietet Aussicht auf den Surfbreak am Ceningan Point. Neben einem winzigen Privatstrand gibt's hier auch eine Klippenbar. Die Bungalows im Stil einer *lumbung* (Reisscheuer) beherbergen Zimmer mit offenen Bädern.

✕ Essen

★**Sea Breeze**   INDONESISCH **$**
(☎0812 3956 7407; Jl Nusa Ceningan; Hauptgerichte 35 000–70 000 Rp; ⊙8–22 Uhr) Vom zauberhaften Sea Breeze fällt der Blick auf den Kanal und die Seetang-Farmen. Die schöne Terrasse mit Pflanzen, Sitzsäcken und Sonnenschirmen grenzt an einen Infinitypool mit Swim-up-Bar. Im Angebot sind u. a. super Seafood, leckeres *nasi campur* und kaltes Bintang.

ℹ An- & Weiterreise

Nach Ceningan geht's stets über Lembongan, wo die kurze Verbindungsbrücke überquert werden muss (per pedes oder Motorradtaxi).

Nusa Penida

☎ 0366 / 37581 EW.
Nusa Penida verzeichnet erst jetzt die ersten Besucher und ist noch größtenteils unentdeckt. Die traditionell geprägte Insel beantwortet die Frage nach Balis Charakter vor der Tourismus-Invasion und hat nur wenige kommerzielle Attraktionen: Hier geht's primär ums Erkunden, Relaxen und Anpassen an den gemächlichen Lebensrhythmus.

Die Inselbevölkerung ist größtenteils hinduistisch; allerdings hat Toyapakeh eine muslimische Gemeinde. Auf Penidas raues Terrain verbannte das Königreich Klungkung (heute Semarapura) einst Kriminelle und andere unerwünschte Personen – bis heute hat das Eiland einen etwas finsteren Ruf. Parallel ist es aber auch ein Ort der Wiedergeburt: Der faszinierende Balistar (alias Bali-Mynah) wurde hier erfolgreich wiederangesiedelt, nachdem er in freier Wildbahn fast ausgestorben war. Nahe Ped gibt's eine wachsende Traveller-Szene.

⊙ Sehenswertes

★**Pura Dalem
Penetaran Ped**   HINDUISTISCHER TEMPEL
GRATIS Rund 3,5 km östlich von Toyapakeh liegt dieser bedeutende Tempel strandnah bei Ped. Er beherbergt einen Schrein für den Dämon Jero Gede Macaling, der Schwarzmagiern Kraft gibt. Den weitläufigen Komplex besuchen viele Hindu-Pilger, die Schutz vor Krankheit und Unheil suchen. Zudem bringen Einheimische hier Opfer für eine sichere Seereise ab Nusa Penida dar – was man vielleicht auch selbst tun möchte.

🏃 Aktivitäten

Quicksilver   WASSERSPORT
(☎0361-721521; www.quicksilver-bali.com; Erw./Kind 110/55 US$) Die Tagestrips ab Benoa (Bali) führen u. a. zu einer großen Ponton-Plattform, die vor Toyapakeh mit Wassersport aller Art aufwartet. Dorftouren auf Penida sind ebenfalls im Angebot.

Octopus Dive   TAUCHEN
(☎0878 6268 0888, 0819 77677677; www.octopus diveindonesia.com; Bodong; Zweiflaschen-Tauchgänge ab 1 100 000 Rp) Kleiner, engagierter Tauchveranstalter unter einheimischer Leitung.

☞ Geführte Touren

★**Penida Tours**   THEMEN-TOUREN
(☎0852 0587 1291; www.penidatours.com; Jl Raya Bodong; Touren ab 750 000 Rp; ⊙9–18 Uhr) Tolle einheimische Firma mit diversen Thementouren (z. B. Kultur, schwarze Magie, Tauchen, Camping) auf ganz Penida. Das Büro liegt neben dem Café Gallery.

🛏 Schlafen

Full Moon Bungalows BUNGALOWS **$**
(☑ 0813 3874 5817; www.fullmoon-bungalows.com;
Bodong; B/Zi. ab 125 000/300 000 Rp; ❋ 🛜) Die
15 einfachen, aber dennoch komfortablen
Bungalows haben Wände aus Rohrgeflecht.
Nahe der gepflegten Anlage lockt das kleine,
aber feine Nachtleben von Ped.

Ring Sameton Inn PENSION **$**
(☑ 0813 798 5141; www.ringsameton-nusapenida.
com; Bodong; Zi. inkl. Frühstück 400 000–
500 000 Rp; ❋ 🛜 ❋) Penidas komfortabelste
Bleibe vermietet schicke Zimmer im
Business-Stil. Geboten sind auch ein Pool,
ein stimmungsvolles Restaurant und schneller Strandzugang.

🍴 Essen

★ Penida Colada CAFÉ **$**
(☑ 0821 4676 3627; www.facebook.com/penidacola-
da; Bodong; Hauptgerichte 45 000–70 000 Rp; ⊗ 9
Uhr–open end; 🛜) Ein indonesisch-australi-
sches Paar betreibt Penidas Nightlife-
Zentrum: dieses zauberhafte Café, das Cocktails im Strand-Ambiente kredenzt. Zu den
einfallsreichen Drinks (z. B. Mojitos, Daiqui-
ris) gibt's Sandwichs, gegrillten Fisch und
Pommes mit Knoblauch-Mayo. Abends gart
Seafood auf dem Rost, während die Brandung an den schmalen Strand rauscht.

★ Gallery CAFÉ **$**
(☑ 0819 9988 7205; Bodong; Hauptgerichte ab
30 000 Rp; ⊗ 7.30–21 Uhr) Kunstwerke zieren
das kleine Café mit angeschlossenem Laden.
Inhaber Mike liefert zahllose Lokalinfos. Zu
Frühstück und Sandwichs im westlichen Stil
serviert der sympathische Brite selbstgemachten Hibiskustee und Filterkaffee aus
handgerösteten Bohnen. Beliebt bei Freiwilligen, die auf Penida für Nichtregierungsorganisationen arbeiten.

ℹ Praktische Informationen

GELD

Am besten genug Bares in Rupien mitbringen:
Die beiden Geldautomaten auf Penida sind mitunter leer oder funktionieren nicht.

TOURISTENINFORMATION

Penida Tours (S. 282) liefert Infos zur Insel.

ℹ An- & Weiterreise

Die tiefe Meerenge zwischen Nusa Penida und
Südbali ist rau: Starke Strömungen und die

Gezeiten machen den Seegang hier oft so heftig,
dass selbst große Fähren im Hafen bleiben müssen. Angesichts dessen sollte man aus Sicherheitsgründen unbedingt auf kleine Charterboote
nach/ab Kusamba (Bali) verzichten.

AB SANUR

Schnellboote nach Penida (einfache Strecke
unter 60 Min.) und Lembongan starten hier am
selben Strandabschnitt.

Maruti Express (☑ 0361-465086, 0811 397
901; http://lembonganfastboats.com/maruti
_express.php; einfache Strecke Erw./Kind
ab 362 500/290 000 Rp) Eine von mehreren
Schnellbootfirmen mit Trips nach Penida.

AB NUSA LEMBONGAN

Öffentliche Boote pendeln zwischen Lembongans Lagunenbrücke und Toyapakeh
(50 000 Rp/Pers., ab 6 Uhr alle 20 Min., mind.
6 Passagiere). Die Kähne lassen sich auch
komplett mieten (einfache Strecke 300 000–
400 000 Rp; verhandelbar).

AB PADANGBAI

Ab Padangbai flitzen Schnellboote über die
Meerenge nach Buyuk (110 000 Rp, 45 Min.,
7–12 Uhr 4-mal tgl.), das 1 km westlich von Sampalan auf Penida liegt.

Dorthin schippert zusätzlich eine große
öffentliche Autofähre (Erw./Kind/Motorrad/
Auto 31 00/26 000/52 000/380 000 Rp, tgl. 11
Uhr; Passage je nach Seegang 40 Min.–2 Std.).

ℹ Unterwegs vor Ort

Ab 10 Uhr werden Bemos auf Penida rar. An
lokalen Bootsanlegern offerieren Einheimische
aber oft Fahrten mit privaten Verkehrsmitteln.
Optionen für den Transport vor Ort:
Auto mit Fahrer Ab 350 000 Rp/halber Tag.
Motorrad Überall für 80 000 Rp/Tag ausleihbar.

Ojek (Motorradtaxi) Ungewöhnliche Option für
ca. 50 000 Rp/Std.

REGION UBUD

Die Stadt Ubud spielt zweifellos die regionale Hauptrolle. Ein paar kleinere Attraktionen in ihrem Umland sind aber ebenso lohnend. Darunter sind z. B. Tagestrips zu den
Tempeln von Tampaksiring – inklusive Zwischenstopp mit Foto-Orgie an den berühmten Reisterrassen von Ceking. Gleichsame
Erbaulichkeit bieten südwärtige Abstecher
zu den vielen Kunsthandwerkerdörfern, die
zu Recht für die Qualität ihrer Produkte berühmt sind. Allerlei reizvolle Unterkünfte

BALI

Region Ubud

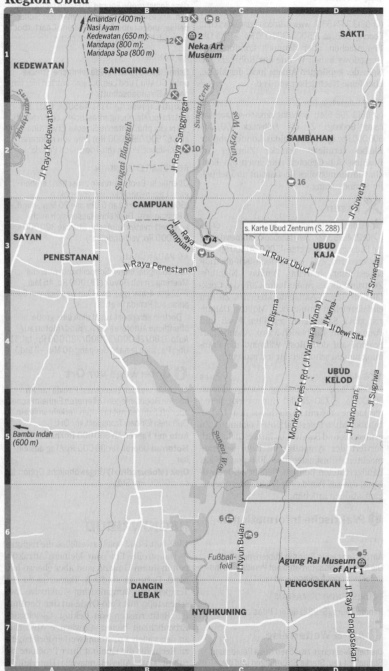

s. Karte Ubud Zentrum (S. 288)

KEDEWATAN

SANGGINGAN

Amandari (400 m);
Nasi Ayam
Kedewatan (650 m);
Mandapa (800 m);
Mandapa Spa (800 m)

13 ⊗
8
12 ⊗
2
Neka Art Museum

SAKTI

Jl Raya Kedewatan

Sungai Ayung

Sungai Blangsuh

Sungai Cerik

Sungai Wos

SAMBAHAN

7

11 ⊗

Jl Raya Sanggingan

10 ⊗

16

Jl Suweta

CAMPUAN

SAYAN

PENESTANAN

Jl Raya Campuan

Jl Raya Penestanan

4
15

Jl Raya Ubud

UBUD KAJA

Jl Sriwedari

Jl Bisma

Monkey Forest Rd (Jl Wanara Wana)

Jl Wanara Wana

Jl Karna

Jl Dewi Sita

UBUD KELOD

Jl Hanoman

Jl Sugriwa

Bambu Indah (600 m)

Sungai Wos

6
9

Jl Nyuh Bulan

Fußball-feld

Agung Rai Museum of Art

5
1

DANGIN LEBAK

NYUHKUNING

PENGOSEKAN

Jl Raya Pengosekan

Region Ubud

BALI UBUD

und Restaurants machen die Stadt Ubud zur optimalen Ausgangsbasis. Zudem lassen sich dort leicht Leihmotorräder oder Mietwagen mit Fahrer auftreiben, um diese Ecke Balis intensiver zu erkunden: Die Region hat nur wenige wichtige Sehenswürdigkeiten, aber dafür viele malerische Nebenstraßen.

Ubud

📞 0361 / 10 870 EW.

Ubud zählt zu jenen Orten, an denen aus ein paar Urlaubstagen leicht ein wochen-, monate- oder sogar jahrelanger Aufenthalt werden kann. Neben der großen lokalen Auswanderergemeinde zeugen davon auch die vielen Romane und Filme, die vor Ort spielen – künstlerische Antworten auf den Lockruf von Balis kultiviertester Stadt. Einheimische Traditionen durchdringen hier den Alltag: Farbenfrohe Opfergaben zieren die Straßen, während hypnotische Gamelan-Musik ständig und überall zu hören ist. Gleichzeitig beglückt Ubud seine Besucher mit einem sehr trendbewussten Weltklasse-Mix aus nachhaltigem Design, Achtsamkeit, kulinarischer Innovation und Wellness. So kann man hier relaxen, sich verjüngen und dabei den eventuell schönsten Urlaub seines Lebens verbringen.

⊙ Sehenswertes

Ubuds Sehenswürdigkeiten sind größtenteils leicht zu Fuß erreichbar – was sich auch empfiehlt: Unterwegs warten viele interessante und angenehme Überraschungen.

★ **Agung Rai Museum of Art** KUNSTGALERIE
(ARMA; Karte S. 284; ☑ 0361-976659; www.arma bali.com/museum; Jl Raya Pengosekan; Erw./Kind unter 10 Jahren 100 000 Rp/frei; ☺ 9–18 Uhr) Wenn die Zeit nur für ein örtliches Museum reicht, sollte man diesen Kulturkomplex (eröffnet 1996) besuchen: Der Gründer Agung Rai wurde in den 1970er-Jahren steinreich, indem er balinesische Kunst an Ausländer verkaufte. Während seiner Zeit als Händler trug er auch eine der größten privaten Kunstsammlungen Indonesiens zusammen hier ausgestellt in zwei eigens errichteten Galeriegebäuden. Unter den Highlights ist dabei das *Portrait eines javanischen Edelmannes mit Ehefrau*, das einst Raden Saleh (1807–80) aus Java malte.

★ **Neka Art Museum** KUNSTGALERIE
(Karte S. 284; ☑ 0361-975074; www.museumne ka.com; Jl Raya Sanggingan; Erw./Kind unter 12 Jahren 75 000 Rp/frei; ☺ 9–17 Uhr) Das eindrucksvolle Museum erlaubt einen super Einstieg in die balinesische Kunst. Seine spitzenmäßige Sammlung verteilt sich auf mehrere Pavillons und Hallen. Darunter ist z. B. die sehenswerte **Balinese Painting Hall** mit mehreren Räumen. Darin gibt's Gemälde im Stil des *wayang* (traditionellen Schattenspiels) zu sehen – ebenso Exempel für die europäisch beeinflussten Ubud- und Batuan-Stile ab den 1920er- bzw. 1930er-Jahren. Bemerkenswert ist auch der **Lempad Pavilion** mit Meisterwerken von I Gusti Nyoman Lempad (1862–1978). Und der **East-West Art Annexe** beeindruckt wiederum mit Stücken von Affandi (1907–90) und Widayat (1919–2002).

Pura Taman Saraswati HINDUISTISCHER TEMPEL
(Karte S. 288; Jl Raya Ubud) GRATIS Reliefs in diesem Tempel ehren Dewi Saraswati (Göttin der Weisheit und Kunst), die Ubud reich gesegnet hat. Vom hinteren Teil der Anlage fließt Wasser in einen vorgelagerten Teich mit hübschen Lotusblüten. Abends finden hier regelmäßig Tanzvorstellungen statt.

Museum Puri Lukisan MUSEUM
(Museum der Schönen Künste; Karte S. 288; ☑ 0361-975136; www.museumpurilukisan.com; abseits der Jl Raya Ubud; Erw./Kind unter 11 Jahren 85 000 Rp/frei; ☺ 9–17 Uhr) Ubud war einst die Keimzelle der modernen balinesischen Kunst: Statt rein religiöser oder höfischer Motive wurden hier erstmals Alltagsszenen dargestellt. Dieses Museum in einem schönen geometrischen Garten besteht aus vier Gebäuden, die Beispiele für alle Kunstperioden und -schulen Balis beherbergen. Der Schwerpunkt liegt dabei auf modernen Meistern wie I Gusti Nyoman Lempad (1862–1978), Ida Bagus Made (1915–99) und I Gusti Made Kwandji (1936–2013). Alle Exponate sind auf Englisch beschriftet.

Ubud Palace PALAST
(Karte S. 288; Ecke Jl Raya Ubud & Jl Suweta; ☺ 9–19 Uhr) GRATIS Zusammen mit dem dazugehörigen Tempel **Puri Saren Agung** (Karte S. 288) bildet dieser Palast einen Komplex im Herzen von Ubud. Seine heutige Architektur entstand hauptsächlich nach dem Erdbeben von 1917. Die lokale Fürstenfamilie lebt immer noch vor Ort. Besucher können trotzdem den Großteil des Areals mit seinen vielen historischen Gebäuden erkunden. Der Hauptpavillon war zum Recherchezeitpunkt zwar gerade wegen Renovierungsarbeiten geschlossen; ansonsten finden darin aber oft Tanzvorstellungen am Abend statt.

Pura Gunung Lebah HINDUISTISCHER TEMPEL
(Karte S. 284; abseits der Jl Raya Campuan) Am Zusammenfluss zweier Nebenarme des Sungai Cerik (*campuan* bedeutet „zwei Flüsse") thront dieser alte Tempel auf einem Felsen. Er wurde kürzlich umfassend renoviert und liegt geradezu magisch: Man hört das Wasser rauschen, während man die eindrucksvolle Stufenpagode *(Meru)* und die vielen komplexen Reliefs bewundert.

Pura Penataran Sasih HINDUISTISCHER TEMPEL
(Jl Raya Tampaksiring, Pejeng; Eintritt 20 000 Rp; ☺ 7–17 Uhr) Diese Anlage in Pejeng (5 km östlich von Ubuds Zentrum) war einst der Staatstempel des gleichnamigen Königreichs. Ihr Innenhof beherbergt einen Pavillon, in dem hoch droben (und schwer sichtbar) eine riesige Trommel aus Bronze hängt: der **Gefallene Mond von Pejeng**, dessen Alter auf 1000 bis 2000 Jahre geschätzt wird. Der einteilige Metallguss (186 cm lang) ist weltweit der größte seiner Art.

🏃 Aktivitäten

Yoga, Meditation und Wellness sind in Ubud sehr beliebt – ebenso Reisfeld-Wanderungen ohne Guide (hier sehr leicht zu bewerkstelli-

NICHT VERSÄUMEN

DER UBUD MONKEY FOREST

Der **Monkey Forest** (Mandala Wisata Wanara Wana; Karte S. 288; ☑ 0361-971304; www.monkeyforestubud.com; Monkey Forest Rd; Erw./Kind 3–12 Jahre 50 000/40 000 Rp; ⊘ 8.30–17.30 Uhr) zählt zu Ubuds berühmtesten bzw. berüchtigtsten Attraktionen: Der kühle, dichte Dschungel des Affenwalds beherbergt neben drei Tempeln (nur für Hindus zugänglich) auch über 600 balinesische Langschwanz-Makaken. Doch Vorsicht: Diese grauhaarigen Tiere haben nichts mit den niedlichen Artgenossen auf Prospektfotos zu tun!

Vielmehr sind sie bissige Gierschlunde, die vorbeilaufende Touristen genau beobachten – in der Hoffnung, Futter erbetteln oder klauen zu können. Vor Ort gibt's Warnungen (u. a. auf Schildern) zum richtigen Verhalten. So heißt es z. B. direkten Augenkontakt vermeiden und seine Zähne verbergen: Die Affen werten selbst Anlächeln potenziell als Zeichen für Aggression. Zudem sollte man sie niemals füttern und keinerlei Nahrungsmittel mit sich führen.

Das größte der drei Zugangsstore liegt am Südende der Monkey Forest Rd. Das dortige Ticketbüro verteilt Info-Broschüren zum Wald, zu den Affen und zu den Tempeln. Erreichbar ist es mit kostenlosen Shuttlebussen (hellgrün), die in Ubuds Zentrum auf einem Rundkurs verkehren (alle 15 Min. über Jl Raya Ubud, Jl Hanoman und Money Forest Rd).

gen). Radfahren ist zwar möglich, aber aufgrund des örtlichen Verkehrs nicht gerade ein Genuss.

🌱 Kurse

Ubud eignet sich ideal, um die eigenen Kenntnisse über Balis Kunst, Kultur, Küche und Sprache zu verbessern: Das lokale Unterrichtsangebot liefert locker Lernstoff für ein ganzes Jahr. Die meisten Kurse erfordern eine rechtzeitige Reservierung.

⭐**Casa Luna Cooking School**　　　KOCHEN
(Karte S. 288; ☑ 0361-973282; www.casalunabali.com/casa-luna-cooking-school; Honeymoon Guesthouse, Jl Bisma; Kurse ab 400 000 Rp) Die renommierte Kochschule des Restaurants **Casa Luna** (Karte S. 288; ☑ 0361-977409; www.casalunabali.com; Jl Raya Ubud; Hauptgerichte 50 000–125 000 Rp; ⊘ 8–23 Uhr; 🅿🛜) variiert ihre Kurse bzw. Gastro-Touren täglich. Im Angebot sind hier beispielsweise halbtägige Kochkurse mit unterschiedlichen Gerichten (teils auch inkl. Marktbesuch), Trips zum berühmten Nachtmarkt in Gianyar (3 Std., Do & Fr) oder Unterricht in Sachen „Heilküche" (Sa).

⭐**ARMA**　　　　　　　　　　　KULTUR
(Karte S. 284; ☑ 0361-976659; www.armabali.com/museum/cultural-workshops; Jl Raya Pengosekan; Kurse ab 25 US$; ⊘ 9–18 Uhr) Ein Kulturzentrum mit Kursen in balinesischer Malerei, Holzschnitzerei, Gamelan-Musik, Tanzkunst, Religion (Hinduismus) und Architektur.

☞ Geführte Touren

In Ubud gibt's u. a. spezielle Themenspaziergänge und Kulturexkursionen. Ein paar Erkundungsstunden mit einem lokalen Experten sind für viele Besucher ein Highlight.

Dhyana Putri Adventures　　　KULTUR
(www.balispirit.com/tours/bali_tour_dhyana.html; halb-/ganztägige Touren 120/185 US$) Rucina Ballinger vereint zwei Kulturen und drei Sprachen in einer Person. Sie ist eine Expertin für balinesischen Tanz und auch als Autorin tätig. Bei ihren Individualtouren liegt der Schwerpunkt auf intensivem Eintauchen in die Welt von Balis darstellenden Künsten.

Touristeninformation Ubud　　　KULTUR
(Fabulous Ubud; Karte S. 288; ☑ 0361-973285; www.fabulousubud.com; Jl Raya Ubud; Touren 185 000–300 000 Rp; ⊘ 8–20 Uhr) Mitglieder von Ubuds Fürstenfamilie betreiben diesen Mix aus Touristeninformation, Reisebüro und Eventagentur. Die interessanten, erschwinglichen Trips (halb- oder ganztägig) besuchen vielerlei Ziele (z. B. Besakih, Kintamani).

Banyan Tree Cycling Tours　　　RADFAHREN
(☑ 0813 3879 8516; www.banyantreebiketours.com; Touren Erw./Kind ab 55/35 US$) Banyan Tree veranstaltet vor allem eintägige Radtouren zu entlegenen Dörfern in den Hügeln nördlich von Ubud. Diese Trips sind sehr beliebt und bieten viel Direktkontakt zu Dorfbewohnern. Parallel sind hier aber auch Wandern und Rafting im Angebot.

BALI REGION UBUD

Ubud Zentrum

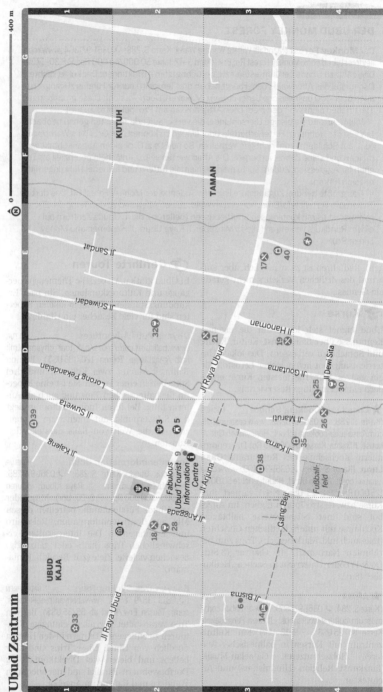

UBUD KAJA

KUTUH

TAMAN

Jl Raya Ubud

Jl Kajeng
Jl Suweta
Lorong Pekandelan
Jl Sriwedari
Jl Sandat

Jl Raya Ubud

Jl Anggada
Jl Arjuna
Jl Karna
Jl Maruti
Jl Goutama
Jl Hanoman
Jl Dewi Sita

Fabulous Ubud Tourist Information Centre

Gang Beji
Jl Bisma

Fußball-feld

400 m
0
N

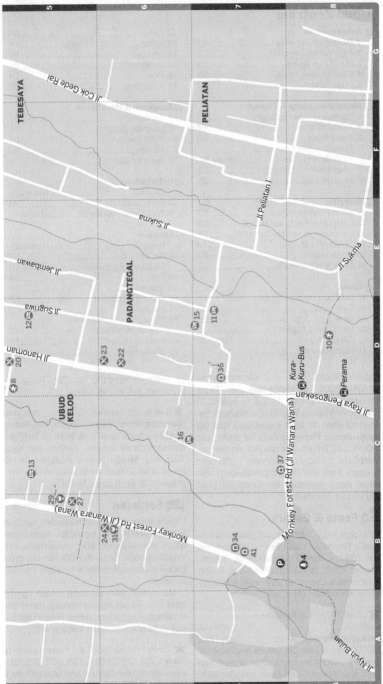

Ubud Zentrum

Bali Bird Walks   VOGELBEOBACHTUNG
(☑ 0361-975009; www.balibirdwalk.com; Touren inkl. Mittagessen 37 US$; ⊙ Di & Fr–So 9–12.30 Uhr) Victor Masons Vogelbeobachtungen finden seit über 30 Jahren statt und sind bei passionierten Piepmatz-Fans bis heute sehr beliebt. Die Teilnehmer absolvieren eine gemächliche Morgenwanderung ab der Beggar's Bush Bar (längst geschlossen) und sehen dabei potenziell bis zu 30 der rund 100 lokalen Vogelarten.

✯✯ Feste & Events

Bali feiert jedes Jahr viele religiöse und kulturelle Festivals – und Ubud ist eins der besten Pflaster zum Erleben solcher Events. Diesbezüglich ist das Fabulous Ubud Tourist Information Centre (S. 297) eine unschlagbar erschöpfende Infoquelle.

★ **Ubud Writers & Readers Festival**   LITERATUR
(www.ubudwritersfestival.com; Tages-Ticket 1 200 000 Rp; ⊙ Ende Okt./Anfang Nov.) Südostasiens größtes Literaturfestival vereint fünf Tage lang Autoren und Leser aus aller Welt.

Im Fokus stehen dabei vor allem Werke, die etwas mit Bali zu tun haben.

★ **Bali Spirit Festival**   TANZ, MUSIK
(www.balispiritfestival.com; ⊙ Ende März/Anfang April) Das Team vom Yoga Barn (S. 291) veranstaltet dieses beliebte Festival mit Yoga, Tanz und Musik. Neben zahllosen Workshops und Konzerten beinhaltet das Programm z. B. auch einen Markt.

🛌 Schlafen

Ubuds tolles Unterkunftsangebot umfasst Boutiquehotels und legendäre Resorts genauso wie schlichte, aber zauberhafte Privatunterkünfte. Generell gibt's hier ein gutes Preis-Leistungs-Verhältnis in allen Preiskategorien.

Die riesige Auswahl kann jedoch verwirrend sein. Vorab empfehlen sich daher Recherchen – vor allem, wenn man Privatunterkünfte übers Internet buchen will.

★ **Three Win Homestay**   PRIVATUNTERKUNFT $
(Karte S. 288; ☑ 0819 9945 3319, 0812 3819 7835; www.threewinhomestay.com; Anila Ln abseits der Jl Hanoman; Zi. 350 000–450 000 Rp; ✳ 🎧) Putu,

ihr Gatte Sampo und ihr Vater Nyoman sind zu Recht stolz auf die fünf Gästezimmer in ihrem Familienwohnhaus: Die Quartiere punkten mit Fliesenböden, bequemen Betten und blitzblanken Bädern. Im Obergeschoss besitzen sie zusätzlich breite Balkone mit Blick über die Dächer.

Bali Asli Lodge
PRIVATUNTERKUNFT $

(Karte S. 284; ☑ 0361-970537; www.baliaslilodge. com; Jl Suweta; Zi. 250 000–300 000 Rp; 🖥) Diese Privatunterkunft mit super Preis-Leistungs-Verhältnis ermöglicht Fluchten vor dem Trubel in Ubuds Zentrum (15 Gehmin. entfernt). Die freundlichen Inhaber namens Made und Ketut servieren auf Wunsch auch Essen. Die fünf sauberen, komfortablen Zimmer befinden sich in traditionellen balinesischen Häusern aus Stein und Backstein. Im grünen Garten laden Terrassen zum Relaxen ein.

Pande House
PRIVATUNTERKUNFT $

(Karte S. 288; ☑ 0361-970421; www.pandehome stayubud.wordpress.com; Jl Sugriwa 59; Zi. mit Ventilator/Klimaanlage ab 250 000/400 000 Rp; 🖥) Altmodisch und spartanisch, aber sehr freundlich: Das Pande ist eine der vielen netten Privatunterkünften an dieser Wohnstraße. Die Quartiere haben eigene Terrassen; das einzige Deluxe-Zimmer ist klimatisiert.

Batik Sekar Bali Guest House
PENSION $

(Karte S. 288; ☑ 0361-975351; Jl Sugriwa 32; Zi. 250 000–310 000 Rp; ❄🖥) Die familiengeführte Pension in Toplage steht für das traditionelle Ubud: Gäste tauchen in den Alltag (inkl. Opferungen) von Made, Putu und deren Angehörigen ein. Die vier Zimmer haben Terrassen und Bäder mit Kaltwasser.

★ Swasti Eco Cottages
PENSION $$

(Karte S. 284; ☑ 0361-974079; www.baliswasti.com; Jl Nyuh Bulan; Zi. mit Ventilator/Klimaanlage ab 770 000/880 000 Rp; ❄@🖥🍴) 🏊 Fünf Gehminuten vom Südeingang des Affenwalds entfernt liegt diese Pension mit Pool, Spa und Yoga- bzw. Meditationskursen in einem eigenen Studio. Auf dem großen Gelände gibt's auch einen Bio-Garten, der das Hauscafé mit Zutaten versorgt. Die Zimmer verteilen sich auf schlichte Betongebäude (zweistöckig) und Häuser im traditionellen Stil.

Alam Indah
HOTEL $$

(Karte S. 284; ☑ 0361-974629; www.alamindahba li.com; Jl Nyuh Bulan; Zi. 1 000 000–1 600 000 Rp; ❄🖥🍴) Gleich südlich vom Affenwald vermietet dieses große und ruhige Hotel insgesamt 16 Zimmer im traditionellen Stil. Die Quartiere sind attraktiv mit Naturmaterialien eingerichtet. Vom terrassierten Poolbereich ist die Aussicht auf das Wos-Tal beson-

BALI UBUD

WELLNESS & YOGA

Ubud hat viele Wellness-Einrichtungen (u. a. Spas, Massagesalons, Yogastudios), die Gäste individuell heilen, verwöhnen und verjüngen – körperlich wie geistig und oft zusätzlich in Form von Kursen. Das lokale Angebot in dieser Hinsicht steht bei vielen Touristen ganz oben auf der Agenda: Es wächst jedes Jahr, wobei überall aktuelle, neue Therapie-Trends praktiziert werden. Alternativ gibt's aber auch *balians* (traditionelle Heiler).

Yoga Barn (Karte S. 288; ☑ 0361-971236; www.theyogabarn.com; abseits der Jl Raya Pengosekan; Kurse ab 130 000 Rp; ⊙ 6–21 Uhr) Die Triebfeder der lokalen Yoga-Revolution liegt nahe einem Flusstal zwischen Bäumen. Der Name des weitläufigen Komplexes ist Programm: Hier gibt's viele Kurse in verschiedenen Yoga-Praktiken. Zusätzliche Lebenskraft spenden das hauseigene Ayurveda-Spa und Gartencafe.

Mandapa Spa (☑ 0361-4792777; www.ritzcarlton.com/en/hotels/indonesia/mandapa/ spa; Mandapa Resort, Kedewatan; Massagen 1 600 000–2 100 000 Rp, Gesichtsbehandlungen 1 700 000–2 500 000 Rp; ⊙ 9–21 Uhr, Fitnesszentrum 24 Std.) Luxuriöser Hedonismus am Flussufer – inklusive Wellness (u. a. Massagen, Schönheitsbehandlungen, Saunieren), Fitness, Yogapavillon, Meditationstempel und Whirlpool.

Radiantly Alive (Karte S. 288; ☑ 0361-978055; www.radiantlyalive.com; Jl Jembawan 3; Einzelkurs/3 Kurse/Woche 130 000/330 000/800 000 Rp; ⊙ 7.30–18 Uhr) Intimes Yogastudio mit Kursen (kurz- oder längerfristig) in diversen Disziplinen.

Taksu Spa (Karte S. 288; ☑ 0361-479 2525; www.taksuspa.com; Jl Goutama; Massagen ab 450 000 Rp; ⊙ 9–22 Uhr) Eins von Ubuds beliebtesten Spas: Das große Spektrum an Schönheitsbehandlungen und Massagen (u. a. in Privaträumen für Paare) ist recht luxuriös. Hinzu kommen ein Schwerpunkt auf Yoga und ein Gartencafé mit gesunder Küche.

ders schön. Für Gäste gibt's auch Gratisshuttles zum Stadtzentrum.

Artotel Haniman Ubud
HOTEL $$

(Karte S. 288; ☎ 0361-9083470; www.artotelindo
nesia.com/haniman-ubud; Jl Jatayu Ubud; Zi. ab 1050000 Rp; P❄🛜🏊) Das neueste Hotel der hippen indonesischen Kette Artotel vermietet 22 geräumige Wohnstudios (20, 30 oder 40 m²) mit diversen Annehmlichkeiten (z.B. Kaffeemaschinen). Unter den übrigen Extras sind ein kleiner Pool, ein Spa und Gratisshuttles zum Stadtzentrum. Das Café Full Circle (S. 293) im Vorderbereich serviert Frühstück und Ubuds besten Kaffee.

Ladera Villa Ubud
HOTEL $$

(Karte S. 288; ☎ 0361-978127; Jl Bisma 25; Zi./Villa ab 950000/1400000 Rp; ❄🛜🏊) Das Ladera schafft den Spagat zwischen Ruhe und akzeptabler Nähe zu Ubuds turbulentem Zentrum. Unter den gut ausgestatteten Quartieren sind auch vergleichsweise luxuriösere Villen mit eigenen Pools und einfachen Küchen. Aufmerksamer Service und super Preis-Leistungs-Verhältnis.

★ Mandapa
RESORT $$$

(☎ 0361-4792777; www.ritzcarlton.com; Jl Kedewatan, Kedewatan; Suite 600–900 US$, Villa 1000–5000 US$; P❄@🛜🏊) Reisfelder umgeben dieses großartige Ritz-Carlton-Resort in einem spektakulären Flusstal. Auf dem Gelände im Format eines kleinen Dorfs warten zahllose Einrichtungen. Das Luxus-Spa (S. 291) und das Restaurant Kubu (S. 294) beeindrucken dabei besonders. Die großartigen Suiten und Villen sind jeweils sehr geräumig. Gäste können jeden Tag gratis an 17 verschiedenen Aktivitäten teilnehmen (u.a. Yoga, Aqua-Aerobic, Optionen für Kinder).

★ Komaneka at Monkey Forest
BOUTIQUEHOTEL $$$

(Karte S. 288; ☎ 361-4792518; www.komaneka.com; Monkey Forest Rd; Suite 2300000–3100000 Rp, Villa 3800000–4200000 Rp; P❄🛜🏊) Das Komaneka bezeichnet sich selbst als Resort, wirkt aber eher wie ein Boutiquehotel. Trotz Lage an der Monkey Forest Rd herrscht hier bemerkenswerte Ruhe: Mit Blick auf ein Reisfeld versteckt sich das üppig grüne Gartengelände hinter der Komaneka Art Gallery. Die eleganten, extrem komfortablen Suiten und Villen bieten alle erdenklichen Extras. Unter den Hoteleinrichtungen sind ein Spa und ein Restaurant (Hauptgerichte 79000–129000 Rp).

Amandari
HOTEL $$$

(☎ 0361-975333; www.amanresorts.com; Jl Raya Kedewatan; Suite 700–2400 US$, Villa 4200–4500 US$; P❄@🛜🏊) Das luxuriöse Amandari versprüht rundum die anmutige Würde einer klassischen balinesischen Tänzerin. Eins seiner vielen Highlights ist der Traumblick auf das grüne Flusstal, in das der grün gefliese Horizontpool (30 m) scheinbar direkt hineinstürzt. Die 30 Privat-Pavillons sind höchst komfortabel und haben teilweise eigene Pools. Die kostenlosen Aktivitäten umfassen z.B. Yogakurse und Nachmittagstee.

★ Como Uma Ubud
BOUTIQUEHOTEL $$$

(Karte S. 284; ☎ 0361-972448; www.comohotels.com; Jl Raya Sanggingan; Zi. 290–320 US$, Villa 580–610 US$; P❄🛜🏊) Dieses Hotel in australischem Besitz ist eine Ode an modernen Stil à la Bali – und eine der wenigen Bleiben in Ubud, die die Bezeichnung „boutique" zu Recht verdienen. Die 46 Zimmer in verschiedenen Größen sind allesamt attraktiv und gut ausgestattet (besonders nett: die Bäder). Unter den Einrichtungen sind ein Spa, ein Yogapavillon, ein Horizontpool mit Barbereich und ein hervorragendes **Restaurant** (Karte S. 284; www.comohotels.com/en/umau bud/dining/uma-cucina; Pizzen 100000–180000 Rp, Hauptgerichte 110000–240000 Rp; ⊗Mo–Sa 12–22.30, So ab 11.30 Uhr; 🛜🅿🍴) mit italienischer Küche.

★ Bambu Indah
RESORT $$$

(☎ 0361-977922; www.bambuindah.com; Jl Banjar Baung; Zi. 95–495 US$, Haus mit 2 Schlafzi. 645–695 US$; P❄🛜🏊) ✿ Nahe dem Sungai Ayung betreibt ein engagiertes Auswandererpaar (John und Cynthia Hardy) dieses liebevoll gestaltete Öko-Resort auf einem Bergrücken. Gäste nächtigen entweder in javanischen Holzhäusern (100 Jahre alt) oder in modernen, recht außergewöhnlichen Bungalows aus Naturmaterialien. Die teils schlichten, teils luxuriösen Quartiere wirken allesamt super stilvoll. Unter den Einrichtungen sind eine naturnahe Poollandschaft, ein Spa mit Massagen und ein Restaurant mit Bio-Küche.

✖ Essen

Ubud beheimatet ein paar von Balis besten Cafés und Restaurants. Einheimische und ausländische Küchenchefs bereiten hier vielerlei Traditionsgerichte à la Bali zu – ebenso Einfallsreiches aus Asien und der übrigen Welt. Gesundheitsbewusste Speisekarten sind vor Ort so zahlreich wie gute Koffeingetränke und blühende Tempelbäume. Fürs Abendessen unbedingt vor 21 Uhr erscheinen (danach wird die Auswahl schnell dünn) und in der Hauptsaison rechtzeitig reservieren!

★**Kafe** CAFÉ $
(Karte S.288; ☑0361-479 2078; www.kafe-bali. com; Jl Hanoman 44; Sandwichs & Wraps 65 000–89 000 Rp, Hauptgerichte 39 000–97 000 Rp; ◷7–23 Uhr; 🛜🍴) ✐ Cafés dieser Art sind ein lokales Highlight: Auch hier lockt ein toller Mix aus attraktivem Dekor, ruhigem Ambiente, freundlichem Personal und gesundem Essen aus Bio-Zutaten. Mit Gerichten à la Bali, Indonesien, Indien und Mexiko bietet die ellenlange Speisekarte etwas für fast jeden Geschmack. Dabei kommen auch Veganer, Vegetarier und Rohkostfreaks nicht zu kurz. Gutes Preis-Leistungs-Verhältnis.

Nasi Ayam Kedewatan BALINESISCH $
(☑0361-974795; Jl Raya Kedewatan, Kedewatan; Hauptgerichte 25 000–35 000 Rp; ◷8–18 Uhr) Beim Aufstieg zum 5 km entfernten Dorf Sayan kehren Einheimische meist in dieser Version einer balinesischen Raststätte ein. Hier gibt's *nasi ayam campur* (25 000 Rp) und *nasi ayam pisah* (35 000 Rp) zu Fixpreisen. Ein Bestandteil des Menüs ist jeweils *sate lilit*, die Spezialität des Hauses: Hähnchen-Hack, das mit Gewürzen (u. a. Zitronengras) gemixt und an Bambusspießchen gegrillt wird.

Liap Liap INDONESISCH $
(Karte S.288; ☑0361-9080800; www.liapliap.com; Monkey Forest Rd; Satay-Gerichte 35 000–65 000 Rp; ◷10–23 Uhr) Der lautmalerische Name des modernen *warungs* reflektiert das Knistern verglühender Holzkohle: Über solcher gart Küchenchef Mandif Warokka seine pikanten Köstlichkeiten à la Indonesien. Gäste können ihn beim Arbeiten im verglasten Vorderbereich beobachten und dabei an einem Klassiker oder hauseigenen Drink von der langen Cocktail-Karte nippen.

★**Hujon Locale** INDONESISCH $$
(Karte S.288; ☑0813 3972 0306; www.hujanloca le.com; Jl Sriwedari 5; Hauptgerichte 120 000–200 000 Rp; ◷12–22 Uhr; 🛜🍴) Küchenchef Will Meyrick ist das kulinarische Genie hinter dem Mama San in Seminyak. Sein Zweitlokal in Ubud wirkt genauso großartig: Der zweistöckige Bungalow beeindruckt mit zwanglosem Chic im Kolonialstil und ist clever aufgeteilt. Die unten befindliche Lounge kredenzt Cocktails und Snacks, während

Mittag- und Abendessen oben auf den Tisch kommen. Die kreativen Gerichte mixen indonesische Tradition mit modernen Elementen, wobei die Ergebnisse stets schmackhaft sind.

★**Dumbo** VEGETARISCH $$
(Karte S.284; ☑0812 3838 9993; www.dumboba li.com; Jl Raya Sanggingan; Pizzen 80 000–95 000 Rp, kleine Gerichte 55 000–80 000 Rp, Hauptgerichte 85 000–180 000 Rp; ◷9–23 Uhr; 🅿🛜) Prima DJ-Sounds, gute Drinks und italienische Küche (inkl. Holzofenpizzen ab 16 Uhr): Was will man mehr. Dank der ausgebildeten Barkeeper und Baristas sind die Cocktails bzw. Koffeingetränke so lecker wie das Essen.

★**Full Circle** CAFÉ $$
(Karte S.288; ☑0361-982638; www.fullcircleby expatroasters.com; Jl Jatayu; Frühstück 35 000–100 000 Rp, Hauptgerichte 65 000–130 000 Rp; ◷7–23 Uhr; ❄🛜🍴) Ubud hat einige beliebte Cafés im australischen Stil. Das neueste davon ist das schicke Full Circle, das etwas ab vom Schuss liegt. Doch der Anmarsch lohnt sich: Hier gibt's Ubuds besten Kaffee aus Bohnen von Expat Roasters. Das Ganztagsfrühstück punktet mit Sauerteigbrot der Bäckerei Starter Lab. Und ansonsten stehen auch Avocado-Mus, Sushi-Schüsseln und Burger auf der Karte. Perfekt.

Clear FUSION $$
(Karte S.288; ☑0878 6219 7585, 0361-889 4437; www.clearcafebali.com; Jl Hanoman 8; Gerichte 4–15 US$; ◷8–22 Uhr; 🛜🍴) Theatralisches Dekor und massentaugliche Küche machen das Clear zu einem der Ubuds beliebtesten Restaurants. Die kulinarischen Einflüsse reichen hier von Japan (Sushi) bis Mexiko (Tacos, Quesadillas). Das rundum gesunde Essen aus regionalen Zutaten (darunter viele vegetarische bzw. vegane Optionen) ist stets attraktiv angerichtet. Seinen fehlenden Alkoholausschank kompensiert das Lokal mit zahlreichen Smoothies, Tonika, Fruchtsäften und Milchshakes. Nur Barzahlung.

★**Watercress** CAFÉ $$
(Karte S.288; ☑0361-976127; www.watercress ubud.com; Monkey Forest Rd; Frühstück 45 000–90 000 Rp, Sandwichs 65 000–75 000 Rp, Hauptgerichte 90 000–290 000 Rp; ◷7.30–23 Uhr; 🛜) Das moderne Café im australischen Stil lockt junge Hipster u. a. mit Ganztagsfrühstück, Burgern, Sauerteig-Sandwichs, selbstgebackenen Kuchen, leckeren Salaten und gutem Kaffee. Abends gibt's hier auch Cock-

tails (Happy Hour tgl. 17–19 Uhr, Fr mit Livemusik).

Kebun

MEDITERRAN $$

(Karte S. 288; ☑ 0361-972490; www.kebunbistro. com; Jl Hanoman 44; Hauptgerichte 65 000–155 000 Rp; ◎ Mo–Fr 11–23, Sa & So ab 9 Uhr; ☎) Das zauberhafte Bistro ist ein netter Mix aus Ubud und Paris. Serviert werden hier Hauptgerichte und Snacks im mediterranen Stil (französisch bzw. italienisch). Dazu gibt's passende Weine und Cocktails in großer Auswahl. Der Innenbereich mit Bar wird durch eine Terrasse mit vielen Pflanzen ergänzt.

★ Pica

SÜDAMERIKANISCH $$$

(Karte S. 288; ☑ 0361-971660; www.facebook. com/PicaSouthAmericanKitchen; Jl Dewi Sita; Hauptgerichte 170 000–330 000 Rp; ◎ Di–So 18–22 Uhr; ☎) Das kleine Lokal mit moderner Kost à la Südamerika wird oft als eins von Ubuds kulinarischen Highlights gefeiert. Aus einer offenen Küche kommt hier Kreatives mit Fleisch oder Fisch (u. a. tolle Tagesgerichte). Das leckere Tres-Leches-Dessert ist Pflicht. Rechtzeitig reservieren.

Kubu

MEDITERRAN $$$

(☑ 0361-4792777; www.ritzcarlton.com/en/hotels/indonesia/mandapa/dining; Mandapa Resort, Jl Kedewatan, Kedewatan; Hauptgerichte 280 000–500 000 Rp, Probiermenüs 750 000–1 150 000 Rp; ◎ 18.30–23 Uhr) Das vornehme Hauptrestaurant des Mandapa Resort ist stilmäßig einer balinesischen Kubu-Bambushütte nachempfunden (daher der Name). Hier locken erinnerungswürdige Mahlzeiten in romantischer Atmosphäre: Der gemeinschaftliche Essbereich wird durch private Pavillons mit Blick auf den Sungai Ayung ergänzt. Die europäisch-mediterranen Kreationen von Küchenchef Maurizio Bombini sind so spitze wie das Ambiente und der Service. Rechtzeitig reservieren.

Mozaic

FUSION $$$

(Karte S. 284; ☑ 0361-975768; www.mozaic-bali. com; Jl Raya Sanggingan; Probiermenü mittags 500 000–700 000 Rp, abends 700 000–1 600 000 Rp; ◎ Mo–Mi 18–21.45, Do–So 12–14 & 18–21.45 Uhr; ☎☑) Das renommierte Nobellokal unter der kulinarischen Leitung von Chris Salans serviert erlesene Fusion-Küche, die französische Elemente mit tropischen Einflüssen aus Asien paart. Die ständig wechselnden Gerichte aus saisonalen Zutaten gibt's ausschließlich in Form von Probiermenüs. Einzige Ausnahme sind die Tapas in der Lounge (ab 17 Uhr). Die Tische verteilen sich auf einen prachtvollen Pavillon und einen eleganten Garten mit funkelnden Lichtern. Hinweis: Mittagessen nur in der Hauptsaison.

★ Room4Dessert

DESSERTS $$$

(R4D; Karte S. 284; ☑ 0821 4429 3452; www.room4dessert.asia; Jl Raya Sanggingan; Probiermenü mit Desserts & Cocktails 1 000 000 Rp; ◎ Di–So 17–23 Uhr) Der US-Starkoch Will Goldfarb (bekannt durch *Chef's Table* auf Netflix) betreibt diese Dessertbar mit Disco-Ambiente. Seine dekadenten, neungängigen Probiermenüs kombinieren Süßes mit passenden Weinen bzw. Cocktails (optional alkoholfrei). Gäste müssen mindestens einen Monat im Voraus reservieren.

🍸 Ausgehen & Nachtleben

Auch wenn sich das vielleicht langsam ändert: Wegen des wilden Nachtlebens kommt bislang niemand gezielt nach Ubud. Die örtlichen Bars schließen meist recht früh (oft schon um 23 Uhr). Die wenigen Ausnahmen sind ab Sonnenuntergang recht gut besucht. Generell geht's dabei aber längst nicht so zügellos und trinkwütig zu wie in den Discos von Kuta oder Seminyak.

Parallel gibt's in Ubud immer mehr Cafés mit gutem Kaffee. Viele davon rösten ihre Bohnen selbst und beschäftigen Profi-Baristas.

Bar Luna

LOUNGE

(Karte S. 288; ☑ 0361-977409; www.facebook. com/barlunaubud; Jl Raya Ubud; ◎ 15–23 Uhr; ☎) Die Kellerbar des Casa Luna wird sonntags zum beliebten Jazzclub (ab 19.30 Uhr; Reservierung ratsam). An anderen Tagen lockt sie mit einer Happy Hour (17 Uhr), bei der auch leckere Tapas serviert werden. Während des Ubud Writers Festival strotzt der Laden vor literarischem Geschnatter.

★ Sweet Orange Warung

CAFÉ

(Karte S. 284; ☑ 0813 3877 8689; www.sweetorangewarung.com; Jl Subak Juwak; 9–20.30 Uhr) Einen kurzen Fußmarsch vom Zentrum entfernt liegt dieses idyllische Café inmitten von Reisfeldern. In wunderbarer Atmosphäre gibt's hier Getränke (u. a. Bier, frischgepresse Säfte, Kaffee aus der Stempelkanne) und einfache Gerichte. Den passenden Soundtrack liefern Vogelgezwitscher, spielende Kinder und das Plätschern der Bewässerungskanäle.

Laughing Buddha

LOUNGE

(Karte S. 288; ☑ 0361-970928; www.facebook. com/laughingbuddhabali; Monkey Forest Rd; ◎ 11–

NICHT VERSÄUMEN

BALINESISCHE TÄNZE

Für Besuchervorführungen werden balinesische Tänze meist etwas modifiziert und verkürzt, um das Erlebnis attraktiver zu machen. Doch selbst dann sind normalerweise begeisterte Einheimische im Publikum oder spähen hinter den Kulissen hervor. Häufig kombiniert eine Aufführung auch Elemente verschiedener traditioneller Tänze.

Das Fabulous Ubud Tourist Information Centre (S. 297) führt Verzeichnisse mit entsprechenden Events. Dort gibt's auch Tickets (ca. 75 000–100 000 Rp) – ebenso zu identischen Preisen bei vielen Hotels und Straßenhändlern sowie direkt an den Veranstaltungsorten. Wenn letztere außerhalb von Ubud liegen, sind Hin- und Rückfahrt häufig im Tarif enthalten.

Kecak

Balis wohl bekanntester Tanz ist der faszinierende und atmosphärische Kecak, der die berühmte Liebesgeschichte um Prinz Rama und Prinzessin Sita aus dem Hindu-Epos Ramayana nachstellt. Einzige Begleitung der Tänzer ist dabei ein konzentrisch angeordneter „Chor" aus Männern und Knaben. Diese verfallen in Trance, während sie per Sprechgesang (etwa tschak-a-tschak-a-tschak) eine Gruppe Affen imitieren – was mitunter auch als „gesungener Gamelan" bezeichnet wird.

Barong & Rangda

Der Barong ist ein gutartiger, schelmisch veranlagter „Löwenhund" mit zottigem Fell, riesigen Augen und spektakulär klappernden Kiefern. Die Figur repräsentiert den guten Schutzgeist eines balinesischen Dorfs und gibt diverse spaßige Possen zum Besten. Unter dem mehrschichtigen Kostüm mit Fellbesatz verausgaben sich mehrere Schauspieler.

Die zutiefst böse Widersacherin des Barong ist die Witwe und Hexe Rangda (Königin der schwarzen Magie). Dieser abscheulichen Figur mit großen Brüsten, wilder Haarmähne, langer Zunge und scharfen Zähnen dringen Flammen aus Ohren und Mund.

Der Tanz gipfelt in einem Zweikampf zwischen Rangda und Barong. Schließlich ziehen die Anhänger des Barong ihre *kris* (traditionellen Dolche) und eilen ihm zu Hilfe. Sie werden jedoch von Rangda verzaubert und stechen sich die Waffen daraufhin selbst in den Leib – was aber zum Glück wirkungslos bleibt, da der Barong die tödliche Kraft der Klingen rechtzeitig per Gegenzauber neutralisiert. Welch ein Spektakel!

Legong

Junge Mädchen mit funkelnden Augen und grazilen Handbewegungen führen Balis anmutigsten Tanz auf. Für ihre hochkomplexe Kunst werden diese klassischen Tänzerinnen landesweit so sehr verehrt, dass sie im Alter den Titel „Große Legong" tragen.

Das berühmte Ensemble Gunung Sari aus dem nahegelegenen Peliatan tritt oft in Ubud auf. Bekannt ist es vor allem für seinen Legong Keraton (Legong des Palastes) – eine stilisierte, symbolhafte Legong-Variante, die von zwei Hauptdarstellerinnen teilweise synchron getanzt wird. Die Tänzerinnen sind stark geschminkt und tragen prachtvolle Kostüme aus Goldbrokat. Die von ihnen inszenierte Erzählung dreht sich um einen König, der eine Prinzessin entführt, einen Krieg auslöst und zum Schluss im Kampf umkommt.

1 Uhr; 🕾) Beliebte Bar mit Livemusik (20–23 Uhr; z. B. Rock, Blues, Latin, akustisch) und asiatischen Häppchen.

★ **Bridges**   LOUNGE
(Karte S. 284; ☑ 0361-970095; www.bridgesbali. com; Jl Raya Campuan, Bridges Bali; ⊗ tgl. 4–23.30 Uhr, Happy Hour Sa–Do 16–18.30 Uhr) Dieser Bar- und Restaurantkomplex punktet mit Panoramablick auf die Flussschlucht. Die namengebenden Brücken beginnen direkt vor der Divine Wine & Cocktail Bar im Untergeschoss. In der Tiefe rauscht hörbar das Wasser, während sich die Gäste an spitzenmäßigen Cocktails, Gemeinschaftstellern mit Gourmet-Häppchen und Lesen von einer langen Weinkarte laben.

No Màs   BAR
(Karte S. 288; ☑ 0361-9080800; www.nomas ubud.com; Monkey Forest Rd; ⊗ 17–1 Uhr) Die kleine Bar an einer von Ubuds Hauptstra-

ßen beschallt ihr Publikum jeden Abend mit DJ-Sounds und Live-Latin. Gelegentlich steigen hier auch Themenpartys. Wenn es einem beim Tanzen zu heiß wird, bietet die Poolbar im Garten willkommene Erholung.

★ **Night Rooster** COCKTAILBAR
(Karte S. 288; ☑ 0361-977733; www.locavore.co.id/ nightrooster; Jl Dewi Sita 10B; ☺ Mo–Sa 16–24 Uhr) Die zweistöckige Cocktailbar gehört zum benachbarten Restaurant **Locavore** (Karte S. 288; www.restaurantlocavore.com; Jl Dewi Sita; 5-gängiges Menü 675000–775000 Rp, 7-gängiges Menü 775000–875000 Rp; ☺ Mo 18.30–21, Di–Sa auch 12–14 Uhr; P✱☎). Ihr talentierter Barmixer verwendet Zutaten wie selbstgemachte Bitters, pikante Gewürzrinde oder Dry Gin mit Jackfrucht-Zusatz. Daraus entstehen einfallsreiche Drinks mit faszinierenden Aroma-Kombinationen. Passend dazu gibt's leckere Vorspeisen-, Käse- und Wurstteller.

Seniman Spirits BAR
(Bar Seniman; Karte S. 288; www.senimancoffee. com; Jl Sriwedari; ☺ 18–24 Uhr) Direkt neben ihrem örtlichen Kaffeestudio haben die Koffein-Experten von Seniman kürzlich diese Bar eröffnet. Der Laden zählt nun zu Ubuds angesagtesten Schänken. Spezialität des Hauses sind natürlich Espresso-Martinis.

☆ Unterhaltung

Das Beobachten balinesischer Tänze ist eines der faszinierendsten Reiseerlebnisse – vor allem in Ubud, das jeden Abend ein vielfältiges Kulturprogramm mit mindestens acht Veranstaltungen bietet. Weitere Events steigen auch in den umliegenden Dörfern.

SHOPPEN IN UBUD

Im Bereich von Ubud können sich Shopping-Freaks tagelang vergnügen – vor allem an der Monkey Forest Rd und an der Jl Dewi Sita: Dort gibt's überdurchschnittlich gute Läden, die u. a. süßlich duftende Naturseife (KOU Bali), Haushaltswaren, Bekleidung, Schmuck und Lebensmittel verkaufen.

In der ganzen Stadt findet man außerdem Kunsthandwerk und Yoga-Bedarf für jeden Qualitätsanspruch bzw. Geldbeutel.

Ubud bietet auch Balis beste Buchauswahl. Besonders groß und vielfältig ist dabei das Spektrum von Titeln zu Kunst und Kultur der Insel.

In Ubud gibt's neben Tänzen (Kecak, Legong, Barong, Mahabharata- und Ramayana-Ballett) auch *wayang kulit* (traditionelles Schattenspiel) zu sehen. Hinzu kommen Konzerte von traditionellen Gamelan-Orchestern im balinesischen bzw. javanischen Stil.

★ **Pura Dalem Ubud** TANZ
(Karte S. 288; Jl Raya Ubud; Erw./Kind unter 10 Jahren 80000/40000 Rp; ☺ Mo–Sa) Die Freiluftbühne in einem Tempelkomplex präsentiert Tanzvorstellungen stimmungsvoll vor einer Hintergrundkulisse aus Fackeln und Steinreliefs. Verschiedene Ensembles geben hier Legong (Di & Sa 19.30 Uhr), Jegog (Mi 19.30 Uhr), Barong (Do 19 Uhr) und den Kecak-Feuertanz (Mo & Fr 19.30 Uhr) zum Besten.

★ **Pura Taman Saraswati** TANZ
(Wasserpalast Ubud; Karte S. 288; Jl Raya Ubud; Eintritt 80000 Rp; ☺ 19.30 Uhr) In einem wunderschönen Tempel sind hier Janger (So & Mo), Ramayana-Ballet (Mi), Legong (Sa) und Kindertänze mit weiblichen Gamelan-Orchestern (Di & Do) geboten. Die grandiose Umgebung könnte einen theoretisch von den Darbietungen ablenken. Bei Nacht sind die tagsüber so attraktiven Seerosen- und Lotusteiche aber nicht zu erkennen.

★ **Paradiso** KINO
(Karte S. 288; ☑ 0361-976546; www.paradiso ubud.com; Jl Gautama Selatan; Ticket inkl. Essen od. Getränke 50000 Rp, Mo 25000 Rp; ☺ Filme ab 17 Uhr) Das überraschend vornehme Kino (150 Sitze) teilt sich ein Gebäude mit dem veganen **Earth Cafe & Market** (Karte S. 288; ☑ 0361-976546; www.earthcafebali.com; Hauptgerichte 79000–98000 Rp; ☺ 7–22 Uhr; ☎☑) ✏. Es zeigt täglich zwei Filme, wobei der Ticketpreis mit Speis oder Trank im Café verrechenbar ist. Hier singt auch ein Gemeindechor (Di & Do). Die Website informiert über das Programm.

🔒 Shoppen

Ubuds zahllose Kunsthandwerksläden, Boutiquen und Galerien haben regionale Sortimente. Nördlich und südlich der Stadt liegen Dörfer mit vielen Handwerksgalerien, Ateliers und Werkstätten.

Die Haupteinkaufsmeile säumt die Jl Peliatan in Tebesaya und Peliatan. Die Geschäfte decken auch den Alltagsbedarf Einheimischer.

★ **Threads of Life Indonesian Textile Arts Center** TEXTILIEN
(Karte S. 288; ☑ 0361-972187; www.threadsoflife. com; Jl Kajeng 24; ☺ 10–19 Uhr) Die Textilgalerie

mit angeschlossenem Laden fördert in ganz Indonesien die manuelle Herstellung von Stoffen (inkl. Färben mit Naturmitteln) für rituelle Zwecke. So bewahrt sie alte Handwerkstechniken in modernen Zeiten vor dem Aussterben. Der Showroom präsentiert fertige Auftragsarbeiten; weitere Ware ist frei im Shop erhältlich. Besucher werden umfassend informiert und können auch an **Kursen in Textilkunde** (Karte S. 288; 2 Std. 200 000–400 000 Rp; ⊙ 10–19 Uhr) teilnehmen.

BaliZen TEXTILIEN
(Karte S. 288; ☑ 0361-976022; www.tokobalizen. com; Monkey Forest Rd; ⊙ 9–20 Uhr) Die stilvolle Boutique verkauft Kissen, Bettwäsche, Heimtextilien, Kimonos und Kinderbekleidung aus heimischer Produktion. Die Stoffdesigns sind von der Natur oder traditionellen balinesischen Motiven inspiriert. Zudem gibt's hier Naturkosmetik und Sonnenschirme à la Bali.

★**Kou** KOSMETIK
(Karte S. 288; ☑ 0821 4556 9663, 0361-971905; www.facebook.com/koubali.naturalsoap; Jl Dewi Sita; ⊙ 9–20 Uhr) Die handgemachten Seifen von Kou basieren auf reinem Kokosöl und bringen wohlriechende Düfte (z. B. Tempelbaum, Tuberose, Jasmin, Orange, Zitronenmyrte) ins Badezimmer. Dank attraktiver Verpackung eignen sie sich auch gut als Geschenke. Der Ableger des Ladens (Kou Cuisine) verkauft Feinkost.

Balitaza GEWÜRZE
(Karte S. 288; ☑ 0811 393 9499; www.balitaza.com; Jl Dewi Sita; ⊙ 9.30–21.30 Uhr) Hier gibt's neben Gewürzen aus ganz Indonesien auch Kokosblütenzucker, Kräutertees und traditionellen balinesischen Kaffee. Die attraktiv verpackten Artikel geben gute Geschenke ab.

Utama Spice KOSMETIK
(Karte S. 288; ☑ 0361-975051; www.utamaspice bali.com; Monkey Forest Rd; ⊙ 9–20.30 Uhr) Die balinesische Naturkosmetik von Utama duftet bis hinaus auf die Straße. Wer dem olfaktorischen Lockreiz erliegt, findet hier teure, aber hochwertige Verschönerungs- und Pflegeprodukte (u. a. ätherische Öle). Das ganze Sortiment enthält keinerlei Parabene, Mineralöle, synthetische Duftstoffe oder künstliche Färbemittel.

Casa Luna Emporium HAUSHALTSWAREN
(Karte S. 288; ☑ 0361-971605; www.casalunabali. com/the-emporium; Jl Raya Ubud 23; ⊙ 8.30–22 Uhr) Ein weiteres Standbein der einheimi-

schen Unternehmerin Janet DeNeefe: Dieser Shop hat einerseits eine Eigenmarke (Kissenbezüge, Bett- und Tischwäsche aus Baumwolle). Zudem verkauft er die Produkte von balinesischen Kunsthandwerkern (z. B. Textilien, Batikwaren, Möbel). Die Zugangstreppe liegt neben dem Restaurant Casa Luna.

Namaste GESCHENKE & SOUVENIRS
(Karte S. 288; ☑ 0361-970528; www.facebook. com/namastethespiritualshop; Jl Hanoman 64; ⊙ 9–19 Uhr) Alles fürs Aura-Ausputzen: Das hochwertige New-Age-Sortiment umfasst u. a. Kristalle, Räucherstäbchen, Yogamatten und CDs mit stimmungsvoller Instrumentalmusik.

Pondok Bamboo Music Shop MUSIKINSTRUMENTE
(Karte S. 288; ☑ 0361-974807; Monkey Forest Rd; ⊙ 9–20 Uhr) In diesem Laden erklingen zahllose Windspiele aus Bambus. Inhaber ist der bekannte Gamelan-Musiker Nyoman Warsa, der auch Kurse in seiner Kunst anbietet (150 000–200 000 Rp/Std.).

Pusaka BEKLEIDUNG
(Karte S. 288; ☑ 0821 4649 8865; Monkey Forest Rd 71; 9–21 Uhr) Dieser Ableger der beliebten Boutique Ethnologi (Denpasar) verkauft stilvolle Klamotten, Spielzeuge, Schmuckstücke, Textilien und Schuhe aus balinesischer Produktion.

Ubud Tea Room TEE
(Karte S. 288; Jl Jembawan; ⊙ 7–21 Uhr) Der winzige Laden teilt sich Räume mit dem **Bali Buda** (☑ 0361-976324; www.balibuda.com; Hauptgerichte 38 000–67 000 Rp, Pizzen 63 000–81 000 Rp; ⊙ 7–22 Uhr; ✿). Die Regale füllen große Gläser mit Tees (u. a. Kräutermischungen) aus balinesischer Produktion.

ℹ Praktische Informationen

Fabulous Ubud Tourist Information Centre
(Karte S. 288; ☑ 0361-973285; www.fabulous ubud.com; Jl Raya Ubud; ⊙ 8–21 Uhr; ✆) Wird von Ubuds Fürstenfamilie betrieben und kommt einer öffentlichen Touristeninformation vor Ort am nächsten. Neben Infos zu Verkehrsmitteln gibt's hier auch aktuelle Details zu Veranstaltungen, Zeremonien und traditionellen Tänzen in der Region. Das Personal verkauft auch Tickets für Tanzvorstellungen, geführte Touren und die Kura-Kura-Touristenbusse.

GELD

Ubud hat zahlreiche Bankfilialen und Geldautomaten. Darunter sind auch Geräte an Kiosken.

Diese sollte man aber wegen Skimming-Gefahr möglichst nicht benutzen – Automaten in Banken sind vergleichsweise sicherer!

ℹ️ An- & Weiterreise

SHUTTLEBUS

Perama (Karte S. 288; ☎ 0361-973316; www.peramatour.com; Jl Raya Pengosekan; ◷ 7–21 Uhr) Der größte lokale Betreiber von Touristenbussen bedient u. a. Sanur (50 000 Rp, 1 Std.), Padangbai (75 000 Rp, 2 Std.), Kuta und den Flughafen (jeweils 60 000 Rp, 2 Std.). Das Terminal liegt südlich vom Zentrum in Padangtegal (Hotelshuttle nach/ab Ubud zzgl. 15 000 Rp).

Kura-Kura-Touristenbus (www.kura2bus.com; einfache Strecke 80 000 Rp) Startet nahe dem Ubud-Palast zum firmeneigenen Hauptterminal in Kuta (80 000 Rp, 2 Std., 5-mal tgl.).

ℹ️ Unterwegs vor Ort

Viele noble Spas, Hotels und Restaurants in dezentraler Lage bieten Gästeshuttles an (beim Buchen nachfragen).

VOM/ZUM FLUGHAFEN

Ein Taxi vom Flughafen nach Ubud kostet 350 000 Rp (24–6 Uhr 400 000 Rp). Für einen privaten Mietwagen mit Fahrer bezahlt man dasselbe und auch in Gegenrichtung einen etwa gleich hohen Betrag.

AUTO & MOTORRAD

Die Region Ubud hat viele Attraktionen und keine öffentlichen Verkehrsmittel. Somit macht es Sinn, hier ein Auto oder ein Motorrad auszuleihen. Die eigene Unterkunft vermittelt potenziell private Mietwagen mit Fahrer.

Ein modernes Mietmotorrad in gutem Zustand kostet rund 50 000 Rp pro Tag; Autos sind teurer.

Unter den meist sehr ehrlichen Fahrern sind auch ein paar schwarze Schafe (oft aus anderen Regionen). Wer einen passenden Chauffeur gefunden hat, sollte sich dessen Telefonnummer geben lassen, um weitere Transporte während des Aufenthalts möglichst stressfrei zu arrangieren. Richtwerte: Von Ubuds Zentrum nach Sangginggan geht's für etwa 40 000 Rp; ein Trip vom Palast zum Ende der Jl Hanoman kostet ca. 20 000 Rp.

Motorradtaxis *(ojek)* sind in Ubud leicht aufzutreiben und hier 50 % günstiger als ihr Auto-Pendant.

TAXI

In Ubud gibt's keine Taxis mit Gebührenzählern: Wenn einen hier ein Chauffeur mit Taxameter anhupt, hat er meist gerade Passagiere aus Südbali abgesetzt und hofft nun auf Fahrgäste in Gegenrichtung. An den örtlichen Straßen drängen sich viele Privatfahrer den Passanten auf; mitunter werden aber auch nur Schilder mit dem Angebot „Transport" still in die Höhe gehalten.

Südlich von Ubud

An den Straßen zwischen Ubud und Südbali gibt's viele kleine Läden, die Kunsthandwerk herstellen und verkaufen. Auf dem Weg zur/ab der Stadt gehen (Bus-)Touristen hier oft auf Shopping-Tour. Es lohnt sich jedoch, die Hauptrouten zu verlassen: Die meisten regionalen Handwerksprodukte entstehen in kleinen Werkstätten und Familienbetrieben an ruhigen Nebenstrecken. Wer diese abklappert, entdeckt potenziell auch Tempel und stimmungsvolle Dörfer.

Bedulu

☎ 0361 / 10 300 EW.

Bedulu war einst die Hauptstadt des mächtigen Königreichs Pejeng unter dem legendären Dalem Bedaulu. Dieser war der letzte balinesische Herrscher, der sich erfolgreich den Angriffen der javanischen Majapahit widersetzte. 1343 musste er sich schließlich Gajah Mada geschlagen geben. Danach wurde Pejengs Hauptstadt mehrfach verlegt – erst nach Gelgel, später dann nach Klungkung (Semarapura). Heute gehört Bedulu zum Großraum Ubud und empfängt Besucher mit sehenswerten Tempeln.

◉ Sehenswertes

Yeh Pulu   HISTORISCHE STÄTTE
(Erw./Kind 15 000/7500 Rp; ◷ 8–17.30 Uhr) Umgeben von Reisterrassen ziert diese 25 m lange Relieftafel eine Felswand am Sungai Petanu. Die Stätte ist vermutlich ein Überrest einer Einsiedelei aus dem 14. Jh. Auch bei geringem Interesse an hinduistischer Steinmetzkunst wirkt ihr Anblick sehr erbaulich – und kann höchstwahrscheinlich allein genossen werden. Abgesehen von Ganesha (elefantenköpfiger Sohn Shivas) zeigen die meisten Darstellungen diverse Alltagsszenen. Vom Eingang führt ein leicht abschüssiger Pfad (300 m) zu den Reliefs.

Durch die Reisfelder führen schmale Pfade von Yeh Pulu aus zur Goa-Gajah-Höhle. Allerdings muss man für diesen Marsch eventuell einen einheimischen Guide bezahlen. Auto- und Radfahrer achten östlich der Höhle auf Wegweiser gen Relief Yeh Pulu oder Villa Yeh Pulu.

TRADITIONELLE HEILER BESUCHEN

Traditionelle Heiler spielen eine wichtige Rolle in Balis Kultur: Die *balian* behandeln körperliche und psychische Probleme, indem sie z. B. Flüche neutralisieren und Ahnengeister befragen. Die insgesamt ca. 8000 Vertreter dieser Zunft genießen in ihren Dörfern maximales Vertrauen: Sie geben stets alles für ihre Patienten und lehnen niemanden ab.

In jüngerer Zeit haben sich Publikationen wie der verfilmte Bestseller-Roman *Eat, Pray, Love* jedoch negativ auf das *balian*-System ausgewirkt: Mancherorts belästigen nun neugierige Touristen die Heiler und halten sie von ihrer Arbeit mit den Kranken ab. Bei echtem (!) Interesse spricht dennoch nichts gegen einen Besuch – sofern man sich respektvoll verhält und Folgendes beachtet:

➡ Immer vorab einen Termin vereinbaren.

➡ Damit rechnen, dass ein *balian* kaum Englisch spricht.

➡ Angemessen kleiden (lange Hosen und Ärmel; noch besser: Sarong und Schärpe).

➡ Für Frauen: *balian* nur außerhalb der Menstruation besuchen.

➡ Niemals mit den Füßen auf einen *balian* zeigen.

➡ Die Behandlungsgebühr (ca. 250000 Rp/Pers.) versteckt in einer Opfergabe übergeben.

➡ Genau wissen, auf was man sich einlässt: Die Behandlungen finden in aller Öffentlichkeit statt und sind oft schmerzvoll. Patienten werden z. B. am Tiefengewebe massiert, mit spitzen Stöckchen akupunktiert oder mit zerkauten Kräutern bespuckt.

Die Suche nach einem *balian* kann etwas mühevoll sein. Das eigene Hotel hilft potenziell bei der Terminvereinbarung und beim Besorgen geeigneter Opfergaben für das Verbergen der Behandlungsgebühr.

Alternativ empfiehlt sich Kontaktaufnahme mit **Made Surya** (www.balihealers.com; Ubud; pro Std./Tag 35/200 US$), der eine Kapazität in puncto *balian* ist und eine höchst informative Website zu diesem Thema betreibt. Made veranstaltet auch intensive *balian*-Workshops (1–2 Tage), die diverse Aspekte (Methoden, Traditionen, Magie, Geschichte) beleuchten und authentische Heiler besuchen. Zudem vermittelt er individuell passende *balian* und begleitet einen bei Terminen als Ansprechpartner bzw. Dolmetscher.

Hinweis: So mancher westliche Schulmediziner bezweifelt, dass *balian* bei schweren Erkrankungen helfen können – Patienten mit ernsthaften Gesundheitsproblemen sollten immer zuerst einen herkömmlichen Arzt konsultieren.

Goa Gajah HÖHLE
(Elefantenhöhle; Jl Raya Goa Gajah; Erw./Kind 15000/7500 Rp, Parken Auto/Motorrad 5000/2000 Rp; ☺7.30–19 Uhr) Hinein in diesen Felsentempel geht's durch das Maul eines Dämons. Das Innere beherbergt bröckelnde Überreste eines Lingams (phallisches Shiva-Symbol), einer Yoni (vaginales Gegenstück) und eines Ganesha (elefantenköpiger Sohn Shivas) aus Stein. Vor dem Eingang befinden sich zwei Badebecken, deren Wasserspeier von sechs Frauenfiguren gestützt werden. Der Tempel liegt 2 km südöstlich von Ubud an der Straße nach Bedulu. Seine gruselige Atmosphäre lockt Scharen von Touristen an.

❶ An- & Weiterreise

Die Straße zwischen Ubud und Bedulu ist flach, was den Besuch per pedes oder Rad ermöglicht.

Mas

🗐 0361 / 13120 EW.

Mas bedeutet „Gold" auf Indonesisch. Das kleine Kunsthandwerkerdorf südlich von Ubud praktiziert aber vor allem Holzschnitzerei. Seine Hauptstraße (Jl Raya Mas) säumen Läden, Galerien und Werkstätten. Letztere findet man auch an den Seitenstraßen.

⊙ Sehenswertes

★ Setia Darma House of
Mask and Puppets MUSEUM
(🗐 0361-898 7493; www.maskandpuppets.com; Jl Tegal Bingin; Eintritt gegen Spende; ☺8–18 Uhr) Eins der besten Museen im Bereich von Ubud: In renovierten historischen Gebäuden gibt's hier über 7000 zeremonielle Masken, Marionetten und Malereien zu sehen.

In Dörfchen auf ganz Bali (u. a. in der Region Ubud zwischen Sebatu und Mas) werben kleine Schilder für Kunst und Kunsthandwerk – oft nahe örtlichen Tempeln. Einheimischen zufolge ist Kunst der größte Schatz balinesischer Dörfer. So werden die dortigen Hersteller schöner Profan- und Sakralgegenstände (z. B. Zeremonialtrachten, Masken, Musikinstrumente, traditionelle Dolche bzw. *kris*) sehr verehrt. Hierbei gibt's stets eine Art Symbiose: Die Künstler verlangen von den Dörfern kein Geld für ihre Arbeit und erhalten im Gegenzug gratis alles Nötige. Oft leben sie gleich gruppenweise vor Ort: Bezug von benötigten Sakralobjekten aus Fremdproduktion wäre maximal beschämend für die Dorfehre.

Die attraktiv präsentierten Stücke stammen aus Bali, dem übrigen Indonesien, anderen asiatischen Ländern und weiteren Nationen. Unter den Highlights sind herrliche Barong-Landung-Marionetten und Gemälde aus Kamasan. Das Museum liegt rund 2 km nordöstlich von Mas' Hauptkreuzung.

Tonyraka Art Lounge KUNSTGALERIE
(☏ 0812 3600 8035; www.tonyrakaartgallery.com; Jl Raya Mas 86; ☺ 10–17 Uhr) Eine der führenden Galerien im Bereich von Ubud: Hier können Stammeskunst und moderne Werke aus Bali bewundert und gekauft werden. Das hauseigene Café (eins der besten der Region) lockt mit Kaffee und Mittagessen.

Museum Rudana KUNSTGALERIE
(Karte S. 284; ☏ 0361-975779; www.museumrudana.com; Jl Raya Mas; Eintritt 50000 Rp; ☺ 9.30–17 Uhr) Der Kunst liebende Lokalpolitiker Nyoman Rudana und dessen Ehefrau Ni Wayan Olasthini sind die Gründer dieses imposanten Museums am Rand von Reisfeldern. Unter den mehr als 400 traditionellen Malereien auf drei Stockwerken sind ein Kalender aus den 1840er-Jahren, einige Zeichnungen von Lempad und modernere Stücke. Nebenan befindet sich die Verkaufsgalerie des Ehepaars.

🥢 Kurse

Ida Bagus Anom KUNSTHANDWERK
(☏ 0812 380 1924, 0898 914 2606; www.balimaskmaking.com; Jl Raya Mas; 4-stündige Kurse

250000 Rp; ☺ wechselnde Öffnungszeiten) Gegenüber vom Fußballplatz arbeiten hier ein paar von Balis besten Maskenschnitzern in einem Familienbetrieb. Gleich drei Generationen weihen Besucher dabei in die Geheimnisse der Maskenherstellung ein. Die Herstellung einer Maske dauert meist zehn Tage.

Essen

An der Jl Raya Mas gibt's viele Lokale (*warungs*, Cafés, Restaurants).

Warung Teges BALINESISCH **$**
(Karte S. 284; ☏ 0361-975251; Jl Cok Rai Pudak; Nasi Campur 25000 Rp; ☺ 8–18 Uhr) Der spartanische *warung* serviert nur *nasi campur* – allerdings eine der besseren Versionen in der Region Ubud: Alle Einzelbestandteile (Schweinswürste, Hähnchen-Satay, *babi guling,* Tempeh) schmecken hier lecker. Gleiches gilt für das frische und würzige Sambal mit perfekter Schärfe.

★ Art Lounge Cafe CAFÉ **$$**
(☏ 0361-908 2435; www.facebook.com/TonyrakaArtLounge; Jl Raya Mas 86; Panini 73000–88000 Rp, Hauptgerichte 45000–135000 Rp; ☺ 8–22 Uhr; 🛜🌱) An einer der Hauptstraßen zwischen Ubud und der Küste wartet das elegante Hauscafé der Tonyraka Art Lounge mit Chic à la Bali auf. Hier gibt's super Kaffee plus leckeres Mittag- und Abendessen. Die Kuchen sind besonders empfehlenswert.

Bebek Semar Warung BALINESISCH **$$**
(☏ 0361-974677; Jl Raya Mas 165; Hauptgerichte 85000–135000 Rp; ☺ 8–21 Uhr) Von der Straße aus wirkt dieser *warung* nicht sonderlich interessant. Sein luftiger Essbereich punktet jedoch mit Aussicht auf grüne Reisfelder vor Palmen. Zudem gibt's hier mit balinesischen Entengerichten eine so ungewöhnliche wie schmackhafte Spezialität des Hauses. Der Laden liegt 1 km südlich der Kreuzung von Jl Raya Mas und Jl Raya Pengosekan.

ℹ An- & Weiterreise

Südlich von Ubud sind die Straßen meist flach und somit radfreundlich. Auf den Hauptstrecken herrscht jedoch oft starker Verkehr. Was aber wiederum recht egal ist: Die Nebenstrecken sind super für Erkundungen per pedes oder Drahtesel. Ansonsten empfiehlt sich hier ein Kfz.

Batubulan

☏ 0361 / 8450 EW.
Batubulan ist für seine Reliefs und Skulpturen aus Stein bekannt. Ab dem Ortseingang

säumen entsprechende Läden die Hauptstraße zwischen Ubud und Südbali. Die eigentlichen Werkstätten konzentrieren sich auf die Straße gen Tegaltamu und weiter nördlich auf den Umkreis von Silakarang. Aus Batubulan stammen auch die großartigen Wächterfiguren, die Tempeltore auf ganz Bali zieren. Diese Statuen bestehen aus grauem, porösem *paras* vulkanischen Ursprungs – einer Art Bimsstein, die weich und überraschend leicht ist. Aber auch sehr schnell verwittert: „Antike" Stücke aus diesem Material können in Wirklichkeit nur wenige Jahre alt sein.

◉ Sehenswertes

Pura Puseh Desa
Batubulan   HINDUISTISCHER TEMPEL
(Jl Raya Batuan; Eintritt gegen Spende; ◷ 8–12 Uhr) Die Tempel rund um Batubulan sind für ihre tollen Reliefs bekannt. Diesbezüglich lockt hier nur 200 m östlich der belebten Hauptstraße eine perfekte Gesamtkomposition. Die Statuen mit Anleihen aus der balinesischen Mythologie und hinduistischen bzw. buddhistischen Ikonografie sind aber größtenteils nicht antik: Die meisten Exemplare sind Kopien auf Basis archäologischer Bücher.

Bali Bird Park   VOGELPARK
(☎ 0361-299352; www.balibirdpark.com; Jl Serma Cok Ngurah Gambir; Erw./Kind 2–12 Jahre 385 000/192 500 Rp; ◷ 9–17.30 Uhr; [P][♿]) Die über 1000 Einzelvögel dieses Parks gehören 250 Arten aus sieben Weltregionen an. Darunter sind z. B. Balistare (in freier Wildbahn fast ausgestorben) und Cendrawasih-Paradiesvögel aus Papua-Neuguinea. Das Gros der Federträger tummelt sich in begehbaren Volieren. Das Personal veranstaltet täglich Flugshows (auch mit Greifen) und öffentliche Fütterungen (Pelikane, Loris). Der Park ist bei Kindern beliebt; für einen Besuch sollte man mindestens zwei Stunden einplanen.

Bali Reptile Park   REPTILIENPARK
(Jl Serma Cok Ngurah Gambir; Erw./Kind 2–12 Jahre 100 000/50 000 Rp; ◷ 9–17 Uhr) Dieser Park beheimatet angeblich die vollständigste Reptiliensammlung Südostasiens. Unter den zahllosen Schlangen- und Echsenarten sind auch riesige, urtümliche Komodo-Warane. Deren Fütterung (tgl. 11 & 14.30 Uhr) ist definitiv ein Highlight.

❶ An- & Weiterreise

Südlich von Ubud sind die Straßen meist flach und somit radlerfreundlich. Auf den Haupt-

strecken herrscht jedoch oft starker Verkehr. Was aber wiederum recht egal ist: Die Nebenstrecken sind super für Erkundungen per pedes oder Drahtesel. Ansonsten empfiehlt sich hier ein eigenes Kfz.

Nördlich von Ubud

Nördlich von Ubud wird Bali kühler und vegetationsreicher. An jeder Ecke locken hier natürliche Schönheit und uralte Stätten. Eine beliebte Route ab Ubud führt nordostwärts gen Gunung Batur. Erste Station sind dabei die fotogenen Reisterrassen von Tegallalang bzw. Ceking. Bei der Weiterfahrt via Tampaksiring passiert man dann drei Tempel (Gunung Kawi Sebatu, Pura Gunung Kawi, Tirta Empul). Die grüne Landschaft unterwegs ist höchst malerisch: Von der Straße fällt der Blick überall auf Schreine, arbeitende Reisbauern und bunte Fahnen, die im Wind flattern.

◉ Sehenswertes

Gunung Kawi Sebatu   HINDUISTISCHER TEMPEL
(Sebatu;   Erw./Kind   15 000/7500 Rp,   Parken 5000 Rp) Dieser Wassertempel in Sebatu ist Vishnu geweiht und wird von Einheimischen für Reinigungsrituale genutzt. In seinem Inneren erstrecken sich quellgespeiste Becken vor üppig grüner Hintergrundkulisse. Viele Besucher begnügen sich jedoch damit, von der Westzufahrt aus herrlich auf den Komplex hinunterzuschauen.

❶ An- & Weiterreise

Das Erkunden dieses Inselteils erfordert ein eigenes Vehikel.

Tampaksiring

[☎] 0361 / 10 480 EW.
Tampaksiring liegt 18 km nördlich von Ubud im Pakerisan-Tal. In Balis vorkolonialen Tagen war es die Hauptstadt eines großen Königreichs. Hier findet man mit dem bedeutenden Pura Tirta Empul einen uralten Wassertempel. Hinzu kommt eine der eindrucksvollsten Stätten des alten Bali: der Gunung Kawi. Gleichsam fotogen ist die Umgebung aus bewässerten Reisterrassen, die bis hinunter zum Fluss reichen.

◉ Sehenswertes

Gunung Kawi   DENKMAL
(Erw./Kind 15 000/7500 Rp, Parken 2000 Rp; ◷ 7–17 Uhr) Der Denkmalkomplex in einem Fluss-

tal zählt zu Balis ältesten und bedeutendsten Bauwerken. Seine zehn großen *candi* (Schreine) sind direkt in den Fels gemeißelt. Vermutlich erinnern sie jeweils an ein anderes Mitglied des regionalen Königshauses im 11. Jh. Der Legende nach schuf der Riese Kebo Iwa die ganze Gruppe in einer einzigen arbeitsamen Nacht mit seinen mächtigen Fingernägeln. Besucher brauchen eine gewisse Fitness: Hinunter zur Stätte führt eine steile Treppe mit 250 Stufen.

Pura Tirta Empul   HINDUISTISCHER TEMPEL
(Tempel der Heiligen Quelle; Tampaksiring; Erw./Kind inkl. Leih-Sarong 15 000/7500 Rp, Parken 5000 Rp; ☻7–18 Uhr) Nahe dem uralten Gunung Kawi liegt dieser Wassertempel, dessen heilige Quellen (entdeckt 962 n. Chr.) angeblich Zauberkräfte haben. Aus dem Boden strömt das kühle Nass zunächst in einen großen Teich. Von dort gelangt es über Wasserspeier in ein separates *petirtaan* (Badebecken) für rituelle Reinigungen. Auf eine solche verzichtet man aber besser: Häufig ist das Wasser gesundheitsgefährdend verschmutzt!

OSTBALI

Der Osten ist eine von Balis reizvollsten Regionen: Hier warten Hänge voller Reisterrassen und wilde Lavastrände mit starker Brandung. Ebenso traditionelle Dörfer, die kaum von der Moderne berührt sind. Und der „Mutterberg" bzw. „Nabel der Welt": der Gunung Agung, der ein aktiver Vulkan ist und die Landschaft mit seinen 3142 m Höhe dominiert.

Tempel, Paläste und verspielte Wassergärten prägen die ganze Gegend. Zwei der hiesigen Schreine – der Pura Besakih und der Pura Lempuyang – zählen zu den bedeutendsten Pilgerstätten der Insel. In Klungkung (Semarapura), Amlapura und Tirta Gangga erinnern stimmungsvolle Monumente an Balis alten Hochadel.

Droben im Nordosten liegen die ruhigen Strandorte Amed und Tulamben – super für Fluchten vor den Touristenscharen an der Südküste: Hier geht's vor allem um Tauchen, Schnorcheln, Yoga und Relaxen am Pool. Wobei etwas für jeden Geldbeutel geboten ist.

❶ An- & Weiterreise

Die meisten Attraktionen Ostbalis liegen an der Küstenstraße. Reizvoll sind aber auch die kurvigen Nebenstrecken durch die Hügel des üppig grünen Hinterlands. Shuttlebusse verbinden die Region mit Südbali, der Hafenstadt Padangbai, der Touristen-Enklave Candidasa und der nordöstlichen Küste (Letzteres nur auf Anfrage).

Bangli

☑0366 / KAWAN 8390 EW. / CEMPAGA 7520 EW.

Wer nach Penelokan hinauffährt, erreicht auf halber Strecke das schlichte Marktstädtchen Bangli – früher eine Königsresidenz und heute für den weitläufigen Pura Kehen bekannt. Dieser Tempel liegt an einer herrlichen Dschungelstraße, die vorbei an Reisterrassen gen Osten nach Sekar führt und dort auf Straßen in Richtung Rendang bzw. Sideman trifft.

⊙ Sehenswertes

★**Pura Kehen**   HINDUISTISCHER TEMPEL
(Jl Sriwijaya, Cempaga; Erw./Kind inkl. Sarong 30 000 Rp/frei, Parken 2000 Rp; ☻9–17 Uhr) Der Staatstempel des früheren Königreichs Bangli ist eine Miniaturversion des Pura Besakih (Balis bedeutendster Tempel). Die terrassierte Anlage in Hanglage hat einen schmucken Eingang, der über Stufen erreichbar ist. Im mächtigen Banyan-Baum des ersten Hofs hängt eine historische *kulkul* (Baumstammtrommel zu Warnzwecken). Der Innenhof beherbergt eine *meru* (Stufenpagode) mit elf Ebenen. In anderen Schreinen thront die Hindu-Dreifaltigkeit (Brahma, Shiva, Vishnu).

❶ An- & Weiterreise

Die meisten Touristen besuchen Bangli auf eigene Faust oder im Rahmen von geführten Touren zum Pura Besakih.

Klungkung (Semarapura)

☑0366 / 22 610 EW.

Die Bezirkshauptstadt Semarapura ist eher unter ihrem traditionellen Namen Klungkung bekannt. Lokales Highlight ist der geschichtsträchtige Puri Agung Semarapura (Klungkung-Palast) – ein Relikt aus den Tagen der Dewa-Agung-Dynastie, die einst von hier aus über Balis bedeutsamstes Raja-Reich herrschte. Gegenüber des zentral gelegenen Komplexes gibt's einen belebten Markt. Vor Ort erinnern auch ein paar Tempel an Klungkungs königliche Ära.

⊙ Sehenswertes

★**Puri Agung Semarapura**   PALAST
(Klungkung-Palast; Jl Untung Surapati; Erw./Kind 12 000/6000 Rp; ☻8–18 Uhr) 1710 erbaute die

Ostbali

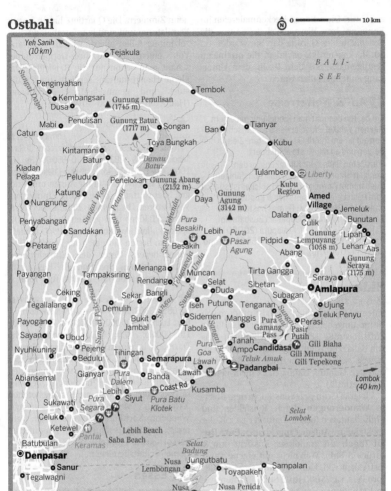

Dewa-Agung-Dynastie diese Residenz mit dem Grundriss eines riesigen Platzes (angeblich in Form eines Mandalas). Die holländischen Angriffe im Jahr 1908 zerstörten den Großteil des Geländes samt Höfen, Gärten, Pavillons, Wassergräben und dem eigentlichen Palast. Übrig blieben nur der Bale Kambang, die Kertha Gosa und das **Pemedal Agung** (Tor auf der südlichen Platzseite).

Das Ticketbüro liegt neben dem **Puputan-Denkmal** auf der anderen Straßenseite.

➡ Bale Kambang

(Schwimmender Pavillon) Gemäldereihen mit diversen Themen zieren die Decke des wun-

derschönen *bale* (offener Wasserpavillon): Ganz oben sind die Abenteuer des Helden Sutasona dargestellt. In der Mitte geht's um die Legende von Pan, Men Brayut und deren 18 Kindern. Die unterste Reihe ist Motiven aus dem astrologischen Kalender gewidmet.

➡ Kertha Gosa

(Gerichtshalle) Der offene Pavillon im Nordosten der Anlage beherbergte früher den obersten Gerichtshof des Königreichs Klungkung. Dieser entschied einst letztinstanzlich in Rechtsfällen, die auf niedrigerer Ebene nicht gelöst werden konnten. Der Bau ist ein Paradebeispiel für die Klungkung-Architektur: Die schönen Deckenmalereien im Kamasan- bzw. Wayang-Stil stellen u.a. die Geschichte des Garuda dar. Sie wurden im 20. Jh. angefertigt, nachdem die originalen Textilgemälde aus dem 19. Jh. dem Untergang anheimgefallen waren.

❶ An- & Weiterreise

Am besten besucht man Klungkung mit einem eigenen Vehikel – idealerweise als Zwischenstation auf einem Rundkurs, der weitere Ziele in den Bergen und an der Küste abklappert.

Im Osten Balis zählt Klungkung zu den wenigen Städten mit einem funktionsfähigen Busbahnhof (terminal bis): Ein solcher ist südlich vom Palast gleich abseits der Jl Puputan zu finden. Mit Bussen bzw. Bemos besteht hier Verbindung nach/ab Denpasar (Busbahnhof Batubulan; 25 000 Rp), Amlapura (20 000 Rp), Padanbai (25 000 Rp), Sideman (15 000 Rp) und Gianyar (20 000 Rp).

Sidemen

📞 0366 / 3780 EW.

Sidemen (sprich: Si-da-men) ist rundum von Natur umgeben. Die wunderbar ländliche Zufahrtsstraße schlängelt sich durch eins von Balis schönsten Flusstälern bergauf. Unterwegs schaut man herrlich auf Reisfelder und den Gunung Agung (falls nicht gerade dunstverhüllt).

Vielerlei Grün prägt das Tal, in dem diverse **Wanderungen** durch Reisfelder und Chili-Plantagen locken. Darunter ist z.B. der spektakuläre Aufstieg zum kleinen **Pura Bukit Tageh** mit grandioser Aussicht (hin & zurück 3 Std.). Wer nicht auf eigene Faust lostrekken will, kann im Tal überall Guides (pro Pers. ca. 75 000 Rp/2 Std.) für intensivere Erkundungen anheuern. Geführte Wanderungen werden auch von regionalen Resorts als Aktivitäten für Gäste angeboten.

🛏 Schlafen

Sidemen bietet eine anständige Auswahl an Resorts, Hotels und Pensionen in verschiedenen Preiskategorien. Die meisten Bleiben liegen an der Jl Raya Tebola. Hinweis: Warme Klamotten mitbringen – die Nächte sind hier oft kühl und neblig!

Khrisna Home Stay   PRIVATUNTERKUNFT $
(📞 0815 5832 1543; pinpinaryadi@yahoo.com; Jl Raya Tebola; EZ 250 000–350 000 Rp, DZ 350 000–700 000 Rp, FZ 900 000–1 000 000 Rp; 🔲🖥) Eine Bio-Obstplantage umgibt das freundliche Krishna mit nettem Poolbereich und

neun Zimmern. Die Quartiere haben jeweils Ventilatoren und sind komfortabel; die Einzelzimmer fallen allerdings sehr klein aus. Von einem der Deluxe-Doppelzimmer schaut man schön auf die Reisfelder. Das kleine Hausrestaurant serviert super Frühstück und gemüselastiges Abendessen (Hauptgerichte 35 000–50 000 Rp).

★ Alamdhari Resort and Spa   BOUTIQUEHOTEL $$
(📞 0812 3700 6290; www.alamdhari.com; Jl Raya Tebola; DZ & 2BZ 680 000–850 000 Rp, FZ 1 000 000–1 250 000 Rp; 🅿🔲🖥) Diese Neueröffnung ist eine Labsal für Augen und Budget: Hier warten 14 helle, luftige Zimmer mit Ventilatoren, bequemen Betten, hervorragenden Bädern und großen Balkonen. Die spektakuläre Aussicht vom Pool genießt man am besten auf einer der komfortablen Sonnenliegen. Unter den Einrichtungen sind ein kleines Spa und ein Restaurant (Hauptgerichte 50 000–120 000 Rp). Top!

★ Darmada Eco Resort   RESORT $$
(📞 0853 3803 2100; www.darmadabali.com; Jl Raya Luah; Zi. 500 000–700 000 Rp, FZ 900 000–1 100 000 Rp; 🔲🖥) Das erschwingliche Darmada in einem üppig grünen Flusstal hat recht schlichte Zimmer. Das macht aber nichts: Die meisten Gäste verbringen den Großteil ihrer Zeit im hübschen Quellwasserpool oder mit den vielen angebotenen Aktivitäten (Meditation, Yoga, Massage, Wandern, Kochkurse; jeweils gegen Aufpreis). Das Hausrestaurant am Flussufer ist hervorragend. Hinweis: WLAN nur in den Gemeinschaftsbereichen.

🍴 Essen

Die meisten örtlichen Unterkünfte haben Hausrestaurants – z.B. das Darmada Eco Resort, wo das **Samanvaya** (📞 0821 4710 3884; www.samanvaya-bali.com; Jl Raya Tebola) und das **Wapa di Ume** (📞 0366-543 7600; www.wapadiumesidemen.com; Jl Raya Tebola) jeweils auch reine Speisegäste akzeptieren. Zudem säumen *warung*s die Jl Raya Tebola.

★ Dapur Kapulaga   BALINESISCH $
(📞 0852 3861 5775; Jl Raya Tebola; Hauptgerichte 32 000–50 000 Rp; 🕙13–22 Uhr; 🖥) 🌿 Der freundliche und saubere *warung* mit markantem Schachbrettboden ist eine prima Wahl: Seine balinesischen und westlichen Standardgerichte bestehen hauptsächlich aus Bio-Zutaten. Das Lokal liegt direkt vor dem Alamdhari Resort & Spa und schenkt keinen

Alkohol aus. Hierfür entschädigt jedoch der leckere Sidemen Cooler nach Art des Hauses.

ℹ️ An- & Weiterreise

Die schöne Strecke nach Sideman lässt sich in jeden Tagestrip ab Südbali oder Ubud integrieren. Im Norden trifft sie gleich westlich von Duda auf die Straße Rendang–Amlapura. Leider ist auf der Route immer viel los: Viele Riesenlaster transportieren hier Steine für Balis Bauboom.

Nordöstlich von Klungkung (Semarapura) führt eine vergleichsweise verkehrsärmere Straße über Sideman und Iseh zu einem weiteren landschaftlichen Leckerli: der Straße Rendang–Amlapura.

Nahe Sidemans Zentrum geht's entlang eines Sträßchens (500 m) gen Westen zu einer Gabelung, an der Schilder den Weg zu diversen Pensionen weisen.

Gunung Agung

Der Gunung Agung (meist mit 3142 m angegeben) ist Balis höchster und heiligster Berg. Vom Großteil Süd- und Ostbalis aus ist der imposante Vulkan an klaren Tagen zu erkennen. Der ovale Kater hat einen Durchmesser von ca. 700 m. Sein höchster Punkt ragt oberhalb des Pura Besakih am Westrand empor.

Als angebliche Heimat von Ahnengeistern bildet der Agung das spirituelle Zentrum Balis. So ist er die wichtigste Orientierungshilfe vieler Einheimischer und dient auch als Peilpunkt beim Bau traditioneller Häuser. Seit November 2017 ist der Vulkan immer wieder sporadisch ausgebrochen. So gilt hier aktuell Warnstufe 3 (Eruption jederzeit möglich), was eine 4 km lange Sperrzone rund um den Krater mit sich bringt.

◉ Sehenswertes

★ **Pura Besakih**   HINDUISTISCHER TEMPEL
(Eintritt/Parken 60 000/5000 Rp) Balis bedeutendster Hindu-Tempel klebt auf fast 1000 m Höhe am Gunung Agung. Die Anlage besteht aus 23 separaten, aber zusammengehörigen Schreinen. Am größten und wichtigsten davon ist der **Pura Penataran Agung**, der sechs Terrassenebenen am Hang in Beschlag nimmt. Sein imposantes *candi bentar* (gespaltenes Eingangstor) ist mitunter für Touristen gesperrt, wenn gerade religiöse Rituale stattfinden. Im ganzen Komplex gibt's regelmäßig Zeremonien. Die Zahl der Besucher (Hindu-Pilger wie Touristen) ist jedoch seit den jüngsten Eruptionen vergleichsweise niedrig.

BALI GUNUNG AGUNG

UNHEILIGE ABSICHTEN

Beim Besuch des Pura Besakih werden Touristen immer wieder abgezockt und/oder von Schleppern belästigt. Für eine möglichst stressfreie Besichtigung des Komplexes sollte man daher Folgendes wissen:

➡ Am Eingang warten auch nicht offizielle Guides. Diese erzählen einem potenziell, dass ein Führer obligatorisch sei. Oder dass bestimmte Tempel zwar „wegen Zeremonien geschlossen" wären, aber dennoch kurz und exklusiv besichtigt werden könnten. Die dann verlangten Extra-Beträge sind jeweils lächerlich hoch und haben keinerlei legale Grundlage: Besucher dürfen gesperrte Schreine auch mit „Guide" niemals betreten und können das übrige Areal frei auf eigene Faust erkunden. Wer trotzdem Begleitung wünscht, sollte sich vom Ticketbüro einen offiziellen Führer empfehlen lassen. Preis und Leistungsspektrum ansonsten unbedingt vorher aushandeln!

➡ Auch „Mitkommen beim Beten in gesperrten Tempeln" ist für Touristen grundsätzlich tabu. Darum alle Angebote (meist ab 100 000 Rp aufwärts) in dieser Hinsicht ignorieren!

➡ Die offiziell erworbene Eintrittskarte nur vorzeigen, aber niemals aushändigen: Entsprechende Forderungen haben nur den Zweck, das Ticket verschwinden zu lassen und einen zum teuren Neukauf zu zwingen.

➡ Opfergaben gegen Geld (meist von einheimischen Frauen angeboten; ca. 10 000 Rp) ebenfalls immer ablehnen: In den zugänglichen Tempeln besteht keine Opferpflicht.

➡ Der Pura Besakih darf nur mit Sarong und Schärpe betreten werden. Beides kann entweder gratis beim Ticketbüro ausgeliehen oder selbst mitgebracht werden (was die meisten Touristen bevorzugen).

➡ Der Eintritt beinhaltet auch eine Motorroller-Fahrt vom Ticketbüro zum Tempel oben auf dem Berg. Trinkgeld (vom Chauffeur meist erbeten) ist dabei freiwillig.

ℹ GUNUNG AGUNG: TIPPS FÜR DEN AUFSTIEG

➡ Nur mit Guide loswandern und alle offiziellen Warnhinweise beachten.

➡ Alle Gebetspausen respektieren, die der Guide unterwegs an Schreinen einlegt: Der Berg ist heilig für Balinesen.

➡ Den Gipfel möglichst vor 8 Uhr erreichen: Andernfalls verhüllen Wolken oft die Aussicht von oben.

➡ Erforderliche Ausrüstung: starke Taschenlampe (inkl. Ersatzbatterien), genügend Trinkwasser (2 l/Pers.), Snacks, wasserdichte und ausreichend warme Bekleidung.

➡ Stabiles Schuhwerk mit Knöchelschutz tragen und die Fußnägel bei Bedarf vorher kürzen: Der extrem steile Pfad belastet die Füße sehr (vor allem beim Abstieg).

➡ Die eigenen Fähigkeiten nicht überschätzen, regelmäßig Pausen einlegen und den Guide gegebenenfalls um langsameres Tempo bitten: Der Trek ist sehr anspruchsvoll und definitiv kein harmloser Spaziergang!

Die Gründung der Stätte kann bislang nicht genau datiert werden, fällt aber höchstwahrscheinlich in prähistorische Zeiten. Einige lokale Schreine (z. B. der Pura Penataran Agung) haben Steinfundamente, die megalithischen Stufenpyramiden ähneln und mindestens 2000 Jahre alt sind. Belegt ist, dass Hindus hier seit 1284 beten: In diesem Jahr siedelten sich die ersten javanischen Eroberer auf Bali an. Im 15. Jh. war der Besakih dann ein Staatstempel der Gelgel-Dynastie.

Bei Anfahrt von Süden her erblickt man zuerst den Hauptparkplatz (Parkir Bawa), den alle Touristen benutzen müssen. Der darauffolgende Zweitparkplatz (Parking Atas) ist Einheimischen vorbehalten. Neben dem Ticketbüro nahe dem Hauptparkplatz können Sarongs und Schärpen ausgeliehen werden (im Eintritt enthalten). Viele Besucher bringen diese obligatorischen Kleidungsstücke aber lieber selbst mit.

🏃 Aktivitäten

Der Aufstieg am Gunung Agung führt durch üppig grüne Wolkenwälder bergan und belohnt Wanderer mit herrlicher Aussicht (zu Sonnenaufgang). Idealerweise absolviert man ihn in den trockenen Monaten (April–Sept.; Juli–Sept. am besten): Zu anderen Zeiten (vor allem Jan. & Feb.) sind die Pfade oft gefährlich rutschig, während Wolken das Panorama verhüllen. Der Aufstieg ist grundsätzlich verboten, wenn wichtige religiöse Feierlichkeiten im Pura Besakih stattfinden (z. B. fast über den ganzen April).

Geführte Wanderungen

Routenunabhängig beinhalten geführte Aufstiege am Gunung Agung meist Essen (inkl. Frühstück) und Unterkunft – optional erweitert um Wanderer-Shuttles. Wichtig: Alle Details immer vorab bestätigen lassen!

Die meisten regionalen Bleiben (z. B. in Selat, in Tirta Gangga und an der Straße nach Sidemen) empfehlen Guides für Agung-Besteigungen.

Die Führer verlangen generell verschiedene Preise für Aufstiege ab dem Pura Besikah (600 000–900 000 Rp/Pers.) und dem Pura Pasar Agung (450 000–600 000 Rp/Pers.).

I Ketut Uriada WANDERN & TREKKEN

(📞 0812 364 6426; ketut.uriada@gmail.com; Muncan) Kompetenter Guide mit Treks durch die ganze Region. Betreibt auch eine kleine Pension (Zi. 125 000–160 000 Rp) und organisiert Verkehrsmittel für die An- bzw. Abreise.

Wayan Tegteg WANDERN & TREKKEN

(📞 0813 3852 5677; www.facebook.com/wayan. tegteg.7; Gunung Agung) Empfehlenswerter Guide mit prima Kundenrezensionen.

ℹ An- & Weiterreise

In der Region gibt's keine öffentlichen Verkehrsmittel. Wanderer-Shuttles zum/ab dem Berg werden meist von den jeweiligen Guides organisiert.

Entlang der Küste nach Kusamba

📞 0361

Zwischen Sanur und Kusamba passiert die Küstenstraße eine Reihe von schwarzen Sandstränden – ebenso zwei von Balis besten Surfspots (Keramas und Ketewel). Aber auch viele Läden, Fabriken und *warungs* (Garküchen) für Lkw-Fahrer. Ein weiteres

Argument gegen ausgedehnte Zwischenstopps: Die Strände sind oft stark verschmutzt und/oder lebensgefährlich für Schwimmer.

◉ Sehenswertes

Pantai Keramas   STRAND
(Keramas) Erstklassige und beständige Brandung. Zahlreiche örtliche Bauprojekte befinden sich in der Realisierung.

🛏 Schlafen

Am Pantai Keramas entstehen langsam immer mehr Hotels. Die meisten davon sind aber wenig reizvoll. Eine bemerkenswerte Ausnahme ist das hervorragende Hotel Komune.

★ Hotel Komune   RESORT $$$
(📞 0361-301 8888; www.komunebali.com; Jl Pantai Keramas, Keramas; Zi./Suite/Villa ab 99/130/250 US$; 🅿🕎🛜🛗) ❤ Dieses waschechte Resort bietet alles für einen aktiven und angenehmen Urlaub: Surfer finden hier eine von Balis besten Brandungen (nichts für Anfänger!). Unter den anderen Aktivitäten sind Yoga, Meditation und Kinoabende für Kinder. Die Zimmer punkten mit Stil und Komfort. Im hauseigenen **Beach Club** (www.komuneresorts.com/keramasbali/beach-club; Sandwichs & Burger 65 000–95 000 Rp, Hauptgerichte 58 000–250 000 Rp; ⊙ 6.30–23 Uhr; 🛜🖉🛗) ❤ ist ganztägig Strandparty angesagt.

Das Resort verleiht Surfausrüstung (Bretter, Nassanzüge) und hat Flutlichttürme für nächtliche Wellenritte. Der Kinderclub wartet mit Schaukeln, einem Trampolin und einem Skatepark auf.

Padangbai

🗺 0363 / 3090 EW.

Padangbai ist Balis Haupthafen für Fähren nach/ab Lombok und Nusa Penida. Zudem starten hier Schnellboote gen Lombok und Gili-Inseln. Wenn der kleine Strandort nicht gerade von durchreisenden Travellern belagert wird, hat er eine recht ruhige Atmosphäre. Die Unterkünfte, Restaurants und Bars zielen hauptsächlich auf Backpacker bzw. Taucher ab. Das Städtchen liegt attraktiv am Strandbogen einer kleinen Bucht. Allerdings ist es auch ziemlich hässlich und schmutzig – definitiv nichts für Luxusfanatiker!

🏃 Aktivitäten

Tauchen und Schnorcheln sind die lokalen Hauptaktivitäten. Gegenüber vom Hauptstrand säumen diverse Tauchzentren und -shops die Jl Silayukti.

Tauchen & Schnorcheln

Die Korallenriffe rund um Padangbai bieten gute Tauchmöglichkeiten. Das Wasser ist hier aber mitunter etwas kalt, während auch die Sichtweite nicht immer optimal ist. Zu den beliebtesten Spots zählen die **Blue Lagoon** und die **Teluk Jepun** (Jepun-Bucht), die beide in der Teluk-Amuk-Bucht gleich östlich von Padangbai locken. Neben allerlei Hart- und Weichkorallen warten dort beispielsweise auch Haie, Schildkröten, Lippfische und eine 23 m hohe Steilkante (Blue Lagoon).

Viele örtliche Firmen organisieren Tauchtrips zu regionalen Zielen (z. B. Gili Tepekong, Gili Biaha, Tulamben, Nusa Penida).

STRÄNDE AN DER KÜSTENSTRASSE AB SANUR

Wer der Küstenstraße ab Sanur gen Osten folgt, passiert allerlei Abzweigungen. Fast immer führen diese südwärts zu grauen Lavaständen mit kräftiger Brandung.

Die ganze herrliche Küstenlinie hat eine große religiöse Bedeutung und wird daher von zahllosen Tempeln gesäumt. An den Stränden werden Sakralgegenstände aus den Schreinen rituell gereinigt. Zudem streuen die Bewohner der vielen kleinen Küstendörfer dort die Asche verstorbener Angehöriger ins Meer.

Gut zu wissen:

➡ Ketewel und Keramas (S. 307) sind super Surfspots.

➡ Die oft sehr starke Brandung ist potenziell lebensgefährlich für Schwimmer.

➡ An den Stränden gibt's oft ein paar Snack- und Getränkeverkäufer, aber meist keinen Schatten.

➡ Die Strände sind teils eintrittspflichtig (ca. 5000 Rp/Pers.) und nur mit einem eigenen Vehikel erreichbar.

➡ Meist ist der Lavasand leider sehr stark vermüllt.

MARIUS DOBILAS/SHUTTERSTOCK ©

1. Barong-Tänzerin (S. 295)
Beim beliebten Barongtanz dreht sich alles um den Barong, den schelmischen, zotteligen Löwenhund.

2. Pura Luhur Ulu Watu (S. 266)
Der Hindutempel Ulu Watu steht am südwestlichen Ende der Bukit-Halbinsel.

3. Surfboards, Kuta (S. 239)
Surfboards kann man direkt am Kuta Beach leihen – und Surfstunden werden ebenfalls angeboten.

4. Potato Head (S. 256), Kerobokan
Der vielleicht bekannteste Beachclub Balis hat eine verlockende Poolbar und mehrere Restaurants.

PHOTOGRAPHER2353/SHUTTERSTOCK ©

Padangbai

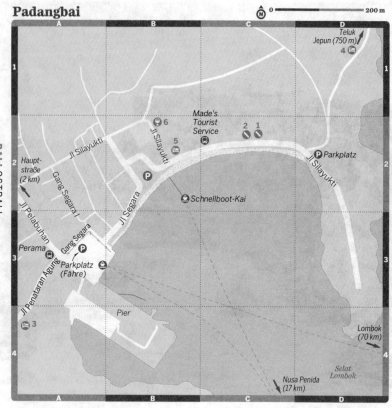

Padangbai

Ein paar lokale Schnorchelspots sind per pedes erreichbar. Zu den schönsten und zugangsfreundlichsten Optionen zählt dabei der Bereich vor dem **Blue Lagoon Beach**. Doch Vorsicht: Bei Ebbe können dort starke Strömungen herrschen! Andere Stellen wie die **Teluk Jepun** erfordern eine Bootsfahrt. Diesbezüglich kann man sich entweder an private Skipper wenden oder bei Tauchfirmen nach Bordplätzen fragen (jeweils ca. 130 000 Rp). Schnorchelausrüstungen sind vor Ort für ca. 50 000 Rp pro Tag ausleihbar.

Padangbais Tauchshops veranstalten auch Schnorcheltouren für Anfänger und Fortgeschrittene (450 000–750 000 Rp/Pers.). Zudem kann man dort ebenfalls Ausrüstung mieten (halb- oder ganztägig).

OK Divers TAUCHEN
(☎ 0811 385 8830; www.okdiversbali.com; Jl Silayukti 6, OK Divers Resort; 2 Tauchgänge 1 080 000 Rp) Offeriert neben regionalen Tauch- und Schnorcheltrips auch PADI-Kurse und Unterwasser-Safaris rund um das übrige Bali. Zur Firma gehört ein gutes Resort.

Water Worxx TAUCHEN
(☎ 0363-41220; www.waterworxbali.com; Jl Silayukti; 2 Tauchgänge 80–125 US$) Renommierter Tauchveranstalter mit regionalen Trips, Kur-

sen (PADI, SSI) und speziellen Angeboten für Kunden mit Handicap.

Geko Dive TAUCHEN
(☑ 0363-41516; www.gekodivebali.com; Jl Silayukti; Tauchgänge ab 650 000 Rp) Alteingesessene Tauchfirma, die gleich gegenüber vom Strand mit Leihausrüstung, Tauchtrips, Schnorcheltouren und einem PADI-Zertifikat aufwartet.

🛏 Schlafen

Anständige Bleiben sind rar in Padangbai: Hier gibt's hauptsächlich düstere, schmutzige und triste Pensionen bzw. Privatunterkünfte. Zum Glück findet man vor Ort aber auch ein paar anständige Hostels und mindestens zwei gute Resorts. Die meisten lokalen Optionen fallen in den Budgetbereich.

Bamboo Paradise HOSTEL $
(☑ 0363-438 1765, 0822 6630 4330; Jl Penataran Agung; B 120 000 Rp, EZ 200 000–350 000 Rp, DZ 250 000–400 000 Rp; ❄ 🛜) In Hafennähe liegt Padangbais beste Budget-Bleibe an einer grünen Straße. Das Hostel punktet u. a. mit entspannter Atmosphäre, einer Bar, einer Lounge und gutem Frühstück. Zum Recherchezeitpunkt gab es hier sechs Privatzimmer sowie einen gemischten Schlafsaal mit sechs Betten, Klimaanlage und eigenem Bad. Parallel wurde das ganze Haus gerade renoviert und erhielt einen neuen Anbau (von einem Architekten entworfen) mit weiteren Quartieren. Diese sollten ab Mai 2019 zur Verfügung stehen.

OK Divers Resort & Spa RESORT $$
(☑ 0811 385 8830; www.okdiversbali.com; Jl Silayukti 6; Zi. ab 990 000 Rp; 🅿 ❄ 🛜 ≋) 🍽 Mit zwei Pools, einem Spa, einem Tauchzentrum und einem Cafépavillon bietet dieses Resort die besten Einrichtungen in ganz Padangbai. Die ebenfalls gut ausgestatteten Zimmer punkten mit Satelliten-TV und Teekochern bzw. Kaffeemaschinen. Eins der Quartiere ist sogar barrierefrei gestaltet. Einziger Minuspunkt: Gästeberichten zufolge ist der WLAN-Empfang oft unzuverlässig.

⭐ Bloo Lagoon Eco Village RESORT $$$
(☑ 0363-41211; www.bloolagoon.com; Jl Silayukti; Bungalow mit 1/2/3 Schlafzi. ab 124/181/202 US$; 🅿 ❄ @ 🛜 ≋) 🍽 Auf einer Klippe am östlichen Ortsrand stehen hier 25 Bungalows mit Aussicht auf den Blue Lagoon Beach. Die teilweise klimatisierten Quartiere haben ein, zwei oder drei Schlafzimmer. Hinzu kommen jeweils Küchen, Freiluftbäder und

große Open-Air-Wohnterrassen. Prima sind auch das günstige Spa (Massagen 210 000–300 000 Rp), der kinderfreundliche Pool mit Wasserrutsche und die kostenlosen Yogakurse (tgl.) auf einer Plattform mit Meerblick.

🍴 Essen

In Padangbai gibt's hauptsächlich Strandessen und Klassiker für Backpacker: frisches Seafood, indonesische Standardgerichte, Pizzen, Burger und Bananenpfannkuchen. Die Lokale an der Jl Segara bzw. Silayukti laden mit Hafenblick und kühler Abendbrise zum mehrstündigen Verweilen ein.

⭐ Colonial Restaurant CAFÉ $$
(☑ 0811 397 8837; www.facebook.com/thecolonial padangbai; Jl Silayukti 6, OK Divers Resort & Spa; Hauptgerichte 50 000–150 000 Rp; ⏰ 7–23 Uhr; 📞 🍽) Der Cafépavillon am Pool des OK Divers Resort ist Padangbais stilvollstes Restaurant. Das Essen (viele Gerichte im westlichen und indonesischen Stil) liegt hier weit über dem örtlichen Standard. Die Getränkeauswahl beinhaltet Milchshakes, frisch gepresste Säfte und Bintang vom Fass. Insgesamt super zum Relaxen – auch mit der Option, in den Resortpool zu hüpfen.

🍸 Ausgehen & Nachtleben

Die meisten örtlichen Bars und Cafés liegen östlich vom Hafen im Stadtzentrum. Die Bars bieten oft Livemusik an mehreren Abenden pro Woche.

⭐ Omang Omang BAR
(☑ 0363-438 1251; www.facebook.com/OmangOmang999; Jl Silayukti 12) Die freundliche Restaurantbar lockt neben ihren treuen Stammgästen (alias Omangsters) auch viel Laufkundschaft an: Hier gibt's Toastschnitten, Tacos, Burger, indonesische Klassiker, eisgekühltes Bintang und anständigen Kaffee. Außerdem eine Hausband, die Live-Blues zum Besten gibt (Mo abends).

ℹ Praktische Informationen

In Padangbai gibt's mehrere Geldautomaten – z. B. in Hafennähe (Jl Pelabuhan) und gegenüber vom Hauptstrand (Jl Segara).

ℹ An- & Weiterreise

SCHIFF/FÄHRE

Für ihre Services zu/ab den Fähren bzw. Schnellbooten erwarten örtliche Gepäckträger stets eine Bezahlung (grundsätzlich vorab aushandeln!). Und Vorsicht vor Abzocke: Manche Träger versuchen, einem noch ein zweites Fähr- bzw. Bootsticket anzudrehen, das man gar nicht braucht. Wer ganz auf Nummer Sicher gehen will, erwirbt Tickets nur bei den offiziellen Verkaufsstellen und schultert sein Gepäck selbst.

Auf die Passagiere aller ein- und auslaufenden Kähne warten stets auch noch andere Schlepper mit diversen Offerten – diese immer ignorieren!

Ab Lombok & den Gili-Inseln

Nach/ab Lombok besteht Verbindung mit Schnellbooten und öffentlichen Fähren. Die Gili-Inseln kann man nur per Schnellboot erreichen und verlassen. Achtung: Unbedingt alle lokalen Warnhinweise beachten und vorab den Sicherheitsstandard der jeweiligen Betreiberfirma ermitteln!

Öffentliche Autofähren Starten abseits der Jl Segara gen Lembar auf Lombok (einfach Strecke Erw./Kind/Motorrad/Auto 46 000/29 000/129 000/917 000 Rp, 4–6 Std.) – offiziell rund um die Uhr und ca. alle 90 Minuten, tatsächlich aber oft verzögert oder gar nicht. Tickets dafür gibt's bei einem Büro am Hafen.

Schnellboote Mehrere Betreiber verbinden Padangbai mit Lombok und den Gili-Inseln (einfache Strecke jeweils ab 250 000 Rp, verhandelbar). Hierbei überschreiten sie oft die angegebene Fahrtzeit (90 Min.). Die Firmenbüros befinden sich am Hafen.

Ab Nusa Penida

Große öffentliche Autofähren (einfache Strecke Erw./Kind/Motorrad/Auto 31 000/26 000/50 000/295 000 Rp, 1 Std.) starten an den meisten Tagen am Hauptkai des Hafens (wo man auch das Ticketbüro findet). Gleichzeitig gibt's kleinere Passagierfähren mit Ticketverkauf direkt an Bord. Diese benutzen hauptsächlich den Anleger links vom Hauptkai.

TAXI

Lokale Taxis bedienen z. B. Ubud, Sanur (jeweils 300 000 Rp), Kuta, Legian, Seminyak, Jimbaran und den Flughafen Denpasar (jeweils 350 000 Rp).

TOURISTENBUSSE

Perama (☎ 0361-751875; www.peramatour. com; Jl Pelabuhan) Bedient ab dem hafennahen Firmenbüro u. a. Kuta, Sanur, Ubud und den Flughafen Denpasar (jeweils 75 000 Rp, 3-mal tgl.) – ebenso Amed und Tulamben (jeweils 100 000 Rp, 1-mal tgl.). Zudem geht's nach Lovina (175 000 Rp, 1-mal tgl.), Candidasa (35 000 Rp, 3-mal tgl.) und Tirta Gangga (75 000 Rp, 1-mal tgl.).

Made's Tourist Service (☎ 0877 0145 0700, 0363-41441; ⏱ Öffnungszeiten variieren) Verkauft ebenfalls Tickets für Shuttlebusse – z. B. nach Ubud, Sanur, Kuta und zum Flughafen Denpasar (jeweils 75 000 Rp). Im Angebot sind zudem Trips nach Tirta Gangga (95 000 Rp, mind. 3 Pers.), Candidasa (65 000 Rp, mind. 2 Pers.), Tulamben (125 000 Rp, mind. 3 Pers.) und Lovina (250 000 Rp, mind. 3 Pers.).

Candidasa

☎ 0363 / 2190 EW.

Candidasa an der Ostküste hat zahllose Hotels. Es heißt offiziell Segkidu Village und trägt seinen griffigeren Zweitnamen aus Werbegründen. Der örtliche Strand litt in den 1970er-Jahren ziemlich stark: Damals wurde das vorgelagerte Riff abgetragen, um Kalkstein für Zement und andere Baumaterialien zu gewinnen. Wer primär auf Schwimmen, Schnorcheln oder Tauchen im Meer aus ist, urlaubt daher besser anderswo. Das Hinterland ist aber nach wie vor attraktiv: Beispielsweise wartet die malerische Süßwasserlagune im Ortskern morgens mit geöffneten Seerosenblüten auf. Zahlreiche lokale Hotels haben herrliche Infinitypools, in denen Gäste tagelang bei Strandblick relaxen können.

◉ Sehenswertes

Gleich südlich von Amlapura liegt an der Ostküste die kleine Jasri-Bucht, die den Spitznamen **Teluk Penyu** (Schildkrötenbucht) trägt. Tatsächlich brüten hier Meeresschildkröten, deren Gelege nur teilweise geschützt werden. Wichtig: Die Tiere niemals berühren und auch zu deren Nestern immer angemessenen Abstand halten!

Östlich von Candidasa schlängelt sich die Straße hinauf zum **Pura-Gamang-Pass.** *Gamang* bedeutet „einen Drehwurm kriegen" – was leicht übertrieben ist. Nichtsdestotrotz schaut man hier schön auf die Küste hinunter. Doch Vorsicht vor den vielen gierigen Affen: Diese sind mittlerweile so zahlreich, dass sie ganze Ernten bis hinauf nach Tenganan vernichten.

Pantai Pasir Putih   STRAND

(Weißer Sandstrand) Balis angesagtester „Geheimstrand" wird seinem Namen gerecht: Weißer Sand bedeckt den langen, halbmondförmigen Buchtbogen mit Kokospalmen am Rand. Der Strand war einst ein Ankerplatz einheimischer Fischer. Heute ist er ein beliebtes Touristenziel, das Besucher in Badekluft mit vielen Sonnenliegen empfängt. Am Ufer drängen sich viele strohgedeckte *warungs* und Cafés; Souvenirstände umgeben den Parkplatz. Im klaren, aquamarinblauen Wasser kann man sicher schwim-

Candidasa

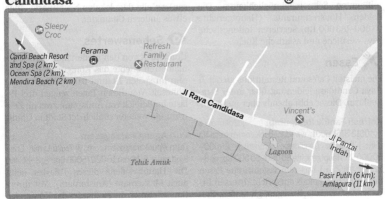

men und schnorcheln (Ausrüstung lokal ausleihbar).

An der Jl Raya Perasi (Hauptstraße) markiert ein großes Schild mit Aufschrift White Sand Beach die asphaltierte Hauptzufahrt (1,2 km) zum großen unbefestigten Parkplatz. Dort kassieren Einheimische die Zugangsgebühr für den Strand (10 000 Rp/ Pers. inkl. Parken). Parallel gibt's noch ein paar kleinere Zufahrten mit Beschilderung Virgin Beach.

Der Parkplatz ist die Endstation für Autos und Motorräder: Die Verbindungspiste zum Strand ist für Kraftfahrzeuge gesperrt.

🏃 Aktivitäten

Candidasa bietet einige Möglichkeiten zum Tauchen und Schnorcheln im offenen Meer. Weiter nordöstlich in Amed machen diese Aktivitäten aber deutlich mehr Spaß. Alternativ empfehlen sich Wanderungen durchs hübsche Hinterland mit traditionellen Dörfern.

Der Küstenpfad zwischen Candidasa und Amlapura führt über die Landzunge. Hierbei bietet sich ein schöner Blick auf die Umgebung und die vorgelagerten Felsinseln im offenen Meer. Jenseits der Landzunge beginnt ein langer, breiter und ungeschützter Strand mit schwarzem Sand.

★ Trekking Candidasa　　WANDERN & TREKKEN
(📞 0878 6145 2001; www.trekkingcandidasa.com; Touren inkl. Shuttles & Getränke 250 000– 350 000 Rp) Der sympathische Somat führt Wanderer durch die grünen Reisfelder und Hügel hinter Candidasa. Dabei gibt's zwei Optionen: eine leichte Reisfeld-Route zum Dorf Tenganan und einen anspruchsvolleren Trek zum nahe gelegenen Wasserfall.

🛏 Schlafen

Viele Unterkünfte säumen die Seeseite von Candidasas belebter Hauptstraße, wobei die meisten Bleiben direkt am Strand liegen. Vergleichsweise mehr Ruhe herrscht östlich vom Zentrum an der Jl Pantai Indah. Gleiches gilt für den Mendira Beach am westlichen Ortseingang. Zu dessen Hotels führt eine Abzweigung, die an der Hauptstraße bei einer Schule mit großem Banyan-Baum beginnt (auf die Hotelschilder achten).

Sleepy Croc　　HOSTEL $
(📞 0363-4381003, 0877 6256 3736; Jl Raya Candidasa; B 100 000 Rp, Frühstück 50 000 Rp; 🅿 ❄ 🛜) Das kleine Backpacker-Hostel vermietet zwei klimatisierte Schlafsäle – eine gemischt, einer nur für Damen. Beide Quartiere grenzen an den Pool und bieten Platz für acht Personen. Ihre Ausstattung umfasst jeweils ein eigenes Bad und Stockbetten mit darunter befindlichen Schließfächern. Die meiste Action konzentriert sich vorne an der Straße auf die hauseigene Restaurantbar (Hauptgerichte 50 000–110 000 Rp), die auch Livemusik bietet (Fr & So abends).

★ Candi Beach Resort and Spa RESORT $$$
(📞 0363-41234; www.candibeachbali.com; Jl Raya Mendira, Mendira Beach; Zi. 100–170 US$, Suite 300–340 US$, Villa 350–405 US$; 🅿 ❄ 🛜 🏊) ✔ Das stilvolle, ökobewusste Resort mit vielen Einrichtungen ist zweifellos die beste Bleibe in Candidasa. Seine eindrucksvollen Zimmer gibt's in sechs verschiedenen Kategorien. Besonders schick sind die luxuriösen Suiten und Villen mit Meerblick. Zum Gelände gehören auch ein nobles **Spa** (Anwendungen 257 000–1 200 000 Rp; ⏰ nach Vereinbarung),

ein Pool unter Palmen und ein Privatstrand mit guten Schnorchelmöglichkeiten. Die beiden Hausrestaurants (Hauptgerichte 63 000–183 000 Rp) servieren indonesische bzw. westliche und asiatische Küche.

✖ Essen

Die meisten Cafés und Restaurants an der Jl Raya Candidasa leiden tagsüber unter Straßenlärm. Dieser ebbt abends aber meist ab.

Refresh Family Restaurant   REFORMKOST **$**
(☑ 0812 3751 6001; www.facebook.com/refresh4fa mily; Jl Raya Candidasa; Frühstück 25 000–50 000 Rp, Hauptgerichte 30 000–50 000 Rp; ◷ 8–22 Uhr; 🛜☑🐾) Das rein vegetarische Essen des einfachen Lokals entspricht diversen Ernährungstrends (z. B. vegan, glutenfrei, Bio-Rohkost), die in den letzten Jahren auch Bali erreicht haben. So stehen auf der langen Karte z. B. Laksa, Falafel, pikante Wraps und Nusscurrys. Morgens gibt's u. a. Rührtofu, Müsli und Smoothie-Schüsseln. Der Spielbereich ist bei kleinen Gästen sehr beliebt.

★Vincent's   INTERNATIONAL **$$**
(☑ 0363-41368; www.vincentsbali.com; Jl Raya Candidasa; Hauptgerichte 75 000–295 000 Rp; ◷ 11–22 Uhr; 🛜☑) Eins der besseren Restaurants in Balis Osten: In verschiedenen Freiluftbereichen (darunter ein großer Hintergarten) gibt's hier Sandwichs, Salate, balinesische Klassiker und einige westliche Gerichte. Das Kokos-Dessert ist zu Recht sehr beliebt. Die behagliche Bar im Vorderbereich bietet auch Livejazz (ab ca. 19 Uhr; Do ganzjährig, Hauptsaison auch Mo).

ℹ An- & Weiterreise

Candidasa liegt an der Hauptroute zwischen Amlapura und Balis Süden, wird aber von Nahverkehrsmitteln nur unregelmäßig bedient.
Perama (☑ 0363-41114/5; Jl Raya Candidasa; ◷ 7–19 Uhr) Vom Firmenbüro an der Hauptstraße fahren die Shuttlebusse u. a. über Ubud (75 000 Rp, 2 Std.) und Sanur (75 000 Rp, 2½ Std.) nach Kuta (75 000 Rp, 3 Std., 3-mal tgl.). Angesteuert werden auch Padangbai (35 000 Rp, 30 Min., 3-mal tgl.), Tirta Gangga (75 000 Rp, 45 Min., 1-mal tgl.) und Amed (100 000 Rp, 75 Min., 1-mal tgl.). Abholen vom Hotel kostet jeweils 15 000 Rp extra.

Amlapura

☑ 0363 / 15 960 EW.
Die Bezirkshauptstadt von Karangasem ist auf Bali die kleinste ihrer Art. Ihre multikul-

turelle Bevölkerung (inkl. Muslime, Chinesen) verleiht dem lokalen Nachtmarkt einen etwas anderen Charakter.

◉ Sehenswertes

Unterstützt von den niederländischen Kolonialherren erlebte das Königreich Karangasem im späten 19. und frühen 20. Jh. seine Blütezeit. Von diesen Tagen zeugen drei Paläste im Bereich von Amlapura: zwei im Zentrum, ein weiterer südlich der Stadt in Ujung.

Puri Agung Karangasem   PALAST
(http://purikarangasem.com; Jl Teuku Umar; Erw./Kind unter 5 Jahren 10 000/5000 Rp; ◷ 8–17 Uhr) Die Hauptresidenz dieses Palastes heißt auch Maskerdam (Amsterdam): Mit ihrem Bau belohnten die Holländer das Königreich Karangasem für dessen Kooperation mit der Kolonialherrschaft. Der Komplex ist seit 1966 (Todesjahr des letzten Rajas) unbewohnt und heute in ziemlich schlechtem Zustand. Zur Anlage gehören auch ein großer Teich mit Wasserpavillon und ein weiterer prachtvoller Pavillon, in dem einst königliche Zahnfüllungs-Zeremonien stattfanden.

ℹ An- & Weiterreise

Amlapuras Busbahnhof wurde kürzlich geschlossen. Seitdem gibt's hier fast keine öffentlichen Verkehrsverbindungen.

Tirta Gangga

☑ 0363 / 7300 EW.
Auf dem Weg zum/ab dem Pura Lempuyang empfiehlt sich Übernachten in Tirta Gangga (Wasser des Ganges): Neben dem *taman* (Lustgarten) des letzten Rajas von Karangasem warten hier auch einige von Ostbalis schönsten Reisterrassen. Deren Grün erstreckt sich rundherum bis hinunter zum fernen Meer – durchzogen von Wasserläufen und Tempeln. Für Wanderungen durch diese Gegend ist die Stadt eine beliebte Ausgangsbasis.

◉ Sehenswertes

★Pura Lempuyang   HINDUISTISCHER TEMPEL
(Gunung Lempuyang; Eintritt gegen Spende, Parken Auto/Motorroller 2000 Rp/frei; ◷ 24 Std.) Der Pura Lempuyang zählt zu Balis heiligsten Tempelanlagen. Nach dem Pura Besakih ist er die bedeutendste Sakralstätte im Osten der Insel. Rund 10 km nordöstlich von Tirta Gangga liegen seine sieben Schreine spektakulär am steilen Gunung Lempuyang.

Vom Parkplatz gelangt man per Jeep (hin & zurück je 20000 Rp/Pers.) über eine steile Straße hinauf zum Sicherheitsposten. Am Tempeleingang ist eine Eintrittsspende (angemessen: 10000 Rp/Pers.) zu entrichten. Zudem gibt's dort Leih-Sarongs (zzgl. 10000 Rp) für Besucher, die dieses obligatorische Kleidungsstück nicht selbst mitgebracht haben.

★**Taman Tirta Gangga** GARTEN
(www.tirtagangga.nl; Jl Abang-Amplapura; Erw./Kind 30000/15000 Rp, Schwimmen 5000 Rp, Parken Auto/Motorroller 5000/1000 Rp; ☉7–19 Uhr) Dieser Wassergarten (1,2 ha) erinnert auf faszinierende Weise an das alte Bali. Er wurde 1946 für den letzten Raja von Karangasem angelegt und 1963 beim Ausbruch des nahegelegenen Gunung Agung fast ganz zerstört. Anschließend erfolgte jedoch eine vollständige Restaurierung. Bewundern kann man hier u. a. einen elfstufigen Nawa-Sanga-Springbrunnen und Lotusteiche voller großer Koi-Karpfen. Im Wasser laden runde Trittsteine zum Hüpfen ein. Quellwasser füllt das riesige Hauptbecken aus Stein, in dem auch gebadet werden darf.

🏃 Aktivitäten
Wandern & Trekken
Wanderungen durch die umliegenden Hügel lassen den Trubel in Südbali in weite Ferne rücken: Im äußersten Osten der Insel schlängeln sich hier zahllose Wasserläufe durch Reisfelder und Tropenwälder. Diese öffnen sich immer wieder unvermittelt mit Aussicht auf Lombok, Nusa Penida und das üppige Grün bis hinunter zum Meer. Die Reisterrassen rund um Tirta Gangga zählen zu den schönsten auf Bali. Dazwischen verstecken sich malerisch viele traditionelle Dörfer, die über Landstraßen und Wanderpfade erreichbar sind.

Toll in puncto Tagestreks ist dabei z. B. die Wanderung zum Dorf Tenganan (hin & zurück 6 Std.). Alternativ warten einige kürzere Routen durch die Hügel mit Tempeln und Traumaussicht in rauen Mengen auf.

Für die anspruchsvolleren Routen empfehlen sich Guides (1–2 Pers. ca. 100000 Rp/Std.): Diese helfen bei der Planung und können einen auch zu Attraktionen führen, die man auf eigene Faust niemals finden würde. Praktisch alle regionalen Unterkünfte vermitteln entsprechende Optionen.

BALI TIRTA GANGGA

DAS BALI ASLI
Das Bauerndorf Gelumpang ist ein ungewöhnlicher Standort für ein Weltklasse-Restaurant mit Kochschule: In den grünen und fruchtbaren Ausläufern des Gunung Agung versteckt sich hier das renommierte **Bali Asli** (☎0822 3690 9215; www.baliasli.com.au; Jl Raya Gelumpang; Nasi Campur 165 000–228 000 Rp; ☉10–15 Uhr; 🛜) unter der Leitung von Penelope Williams. Die weit gereiste Australierin beglückt ihre Gäste mit einzigartigen Köstlichkeiten à la Bali: Asli ist der balinesische Oberbegriff für traditionelle Herstellung und in diesem Lokal rundum Programm. So stammen die frischen Zutaten für das täglich wechselnde Menü vom örtlichen *pasar* (Markt) und aus dem eigenen Garten. Das einheimische Küchenpersonal (darunter viele Frauen) kocht auf holzbefeuerten Herden aus Lehmziegeln. Die Tische im tollen offenen Speiseraum bieten Aussicht auf Reisterrassen und den berühmten Vulkan, der oft von Dunst verhüllt wird. Spezialität des Hauses ist höchst aromatisches Nasi Campur im authentischen Dorfstil – ein balinesisches bzw. indonesisches Traditionsgericht, bei dem man sich sein Mahl selbst aus diversen Kleinportionen zusammenstellt.

Die täglichen Kochkurse beginnen stets mit einer Wanderung durch die Umgebung – entweder zum Dorfmarkt oder zu balinesischen Bauern, die z. B. Reis anbauen oder Palmwein herstellen. Dann geht's zurück zum Restaurant, wo auf den eigentlichen Kochunterricht (2½ Std.) ein gemeinsames Mittagessen folgt.

Das Bali Asli ist nur mit einem eigenen Vehikel erreichbar. Anfahrt ab der Südküste: Zunächst ab der Jl Achmad Yani in Richtung Amlapura folgen und an der ersten Ampel nach rechts halten. Danach an der zweiten Ampel nach links in die Hauptstraße gen Amed und Tirta Gangga abbiegen. Diese passiert nach kurzer Zeit einen Fußballplatz und ein großes Schulgebäude (linke Seite). Von der nächsten Ampel führt dann eine kleinere Straße nach rechts zu einer T-Kreuzung. Dort links abbiegen und den Berg hinauffahren: Nach einer scharfen Rechtskurve kommt schließlich das Restaurant in Sicht.

Komang Gede Sutama   WANDERN & TREKKEN
(Tirta Gangga; ☑ 0813 3877 0893; ⊙ Tour für 2 Pers. 2/4/6 Std.   150 000/350 000/550 000 Rp) Einheimischer Guide, der etwas Englisch spricht. Seine Regionaltouren bis hinauf zum Gunung Agung haben einen guten Ruf.

🛏 Schlafen

Im Bereich des Wasserpalasts gibt's diverse Unterkünfte. Die besten Optionen liegen jedoch oben auf dem Bergkamm in Abadi.

★ Pondok Batur Indah   PRIVATUNTERKUNFT $
(☑ 0363-22342, 0812 398 9060; pondokbaturindah@yahoo.com; Ababi; DZ 350 000–400 000 Rp, 3BZ 500 000 Rp; ☐ ☎) Auf dem Bergkamm oberhalb von Tirta Gangga thront diese Privatunterkunft, deren Terrasse mit echter Traumaussicht auf die Reisterrassen begeistert. Die fünf Zimmer mit Ventilatoren und einfachen Bädern sind schlicht, aber sauber. Das Hausrestaurant kredenzt Hausmannskost (Gerichte 25 000–55 000 Rp). In der Nähe führen steile Treppen hinunter zum Wasserpalast (10–15 Gehmin.).

Pondok Lembah Dukuh   PENSION $
(☑ 0813 3829 5142; dukuhstay@gmail.com; Ababi; Zi. 250 000–270 000 Rp, 4BZ 350 000 Rp; ☐ ☎) Auf dem Bergkamm oberhalb von Tirta Gangga wartet auch hier ein herrlicher Blick auf die Reisfelder. Die vier zauberhaften Bungalows mit eigenen Terrassen beherbergen kleine, einfache Zimmer. Allerdings tauchen Gäste prima ins einheimische Alltagsleben ein. In der Nähe führen steile Treppen hinunter zum Wasserpalast (10–15 Gehmin.).

ⓘ An- & Weiterreise

Tirta Gangga ist nur per Privat-Vehikel erreichbar.

Amed & Äußerste Ostküste

☑ 0363 / 3180 EW.
Der semiaride Küstenabschnitt zwischen Amed Village und Balis äußerster Ostspitze lockt Besucher seit Langem: In relaxter Atmosphäre findet man hier super Möglichkeiten zum Tauchen und Schnorcheln. Allerdings sind die kleinen, grauen Strände zwischen den Felsen teils sehr sandarm.

„Amed" ist eigentlich eine Fehlbezeichnung für die Region: Zwischen Amed Village im Norden und Aas im Südosten säumen in Wirklichkeit diverse *dusun* (kleine Dörfer) das Meer. Amed Village, Jemeluk, Lipah und Selang sind bei Schnorchlern, Geräte- und Apnoetauchern beliebt. An der ganzen Küste gibt's zudem Resorts mit Yogastudios, Infinitypools und Restaurants in Pavillons.

🏃 Aktivitäten

Tauchen & Schnorcheln

Entlang der Küste kann man hervorragend schnorcheln (Leihausrüstung ca. 35 000 Rp/Tag). Im Schutzgebiet Jemeluk lassen sich lebende Korallen und vielerlei Fische in maximal 100 m Entfernung zum Strand bewundern. Weiteres Highlight sind die bunten und artenreichen Korallengärten von Selang.

Gleichermaßen gut sind die regionalen Tauchspots: Vor Jemeluk, Lipah und Selang gibt's Unterwasserhänge bzw. -kanten, an denen sich viele Fischarten zwischen Hart- und Weichkorallen tummeln. Einige dieser Reviere sind vom Strand aus erreichbar, andere nur mit dem Boot. Das Wrack der *Liberty* bei Tulamben liegt nur 20 Autominuten entfernt.

Vor Ort sind mehrere Tauchveranstalter mit großen Angeboten und ähnlichen Preisen (z. B. Zweiflaschen-Tauchgänge ab 70 US$) ansässig. Viele dieser Firmen unterstützen auch lokale Gemeinden, indem sie die Einheimischen über Naturschutz aufklären und Strandreinigungen organisieren.

Ocean Prana   TAUCHEN
(☑ WhatsApp 061 435 441 414; www.oceanprana.com; Jl I Ketut Natih, Jemeluk; Schnuppertauchen 150 US$, Kurse Level 1–3 290–490 US$) Yoram Zekri hält u. a. mehrere französische Landesrekorde im Apnoetauchen und wurde 1996 Vizeweltmeister in dieser Disziplin. Heute leitet er die Kurse seines selbstbetitelten „Apnoe-Tauchderfors". Neben einem hauseigenen Übungsbecken gibt's hier auch ein Bio-Café, **Yogakurse** (100 000 Rp, 1 Std., tgl. 18.30 Uhr) und super Unterkünfte im Hostel-Stil.

Apneista   TAUCHEN
(☑ 0812 3826 7356; www.apneista.com; Green Leaf Cafe, Jl I Ketut Natih, Jemeluk; 2-tägige Kurse 200 US$; ⊙ 8.30–22 Uhr) Diese Firma im relaxten **Green Leaf Cafe** (Jemeluk; www.facebook.com/GreenLeafCafeAmed; Frühstück 36 000–60 000 Rp, Hauptgerichte mittags 43 000–70 000 Rp; ⊙ 8–18 Uhr; ☑) ♥ bietet Seminare, Kurse und Workshops für Apnoetaucher an. Die vermittelten Techniken verwenden Elemente aus Yoga und Meditation.

Wandern & Trekken

Vor den jüngsten Ausbrüchen des Gunung Agung wanderten viele Touristen von der Küste aus landeinwärts, um den benachbar-

NICHT VERSÄUMEN

PURA LEMPUYANG

Die acht Komplexe der Tempelgruppe Pura Kahyangan Padma Bhuwana markieren auf Bali die einzelnen Himmelsrichtungen. Eine dieser Anlagen ist der Pura Lempuyang (S. 314) auf dem Gunung Lempuyang (1058 m), der zusammen mit den Gunung Seraya (1175 m) ein markantes Zwillingspaar bildet. Die beiden Basaltgipfel überragen Amlapura im Süden und Amed im Norden. Die sieben Schreine des Pura Lempuyang liegen an einem Steilhang und zählen zu den wichtigsten religiösen Stätten im Osten der Insel.

Am größten und am leichtesten zugänglich ist der Penataran Tempuyang mit seinem schönen *candi bentar* (gespaltenen Tempeltor). Ein solches besitzt auch der bedeutendste der sieben Schreine: der ganz oben befindliche Pura Lempuyang Luhur. Das Erkunden des Areals dauert mindestens vier Stunden und erfordert einige Kondition, sind insgesamt 2900 Stufen zu meistern sind. Der Penataran Tempuyang liegt aber nur fünf Gehminuten oberhalb des bewachten Haupteingangs, was ihn zum lokalen Hauptziel macht: Touristen stehen stundenlang an, um sich vor dem *candi bentar* fotografieren zu lassen.

Rund 2 km oberhalb des Penataran Tempuyang befindet sich der zweite Schrein der Anlage. Ab diesem wird's dann richtig anstrengend: Bis ganz hinauf zum Pura Lempuyang Luhur müssen noch stolze 1700 Stufen bewältigt werden. Unterwegs fällt der Blick auf den grünen Flickenteppich, der die Landschaft im Osten Balis prägt.

Da der Pura Lempuyang so bedeutend ist, sind hier immer Balinesen beim Beten und Meditieren zu sehen. Einzelne Tempel des Komplexes sind für Besucher gesperrt, wenn Zeremonien stattfinden. Ganz unten warten einheimische Guides (Tour zum 1./2./4./obersten Tempel 150 000/200 000/300 000/400 000 Rp) nahe dem bewachten Haupteingang.

ten **Gunung Seraya** (1175 m) zu erklimmen und Dörfer in dessen Umkreis zu besuchen. Das ist immer noch möglich. Allerdings sollte man unbedingt die aktuelle Sicherheitslage bei der Unterkunft erfragen: Das Personal verfolgt alle Warnungen zur Vulkanaktivität garantiert ganz genau! Falls alles ok ist, kann der Marsch durch die vegetationsarme Gegend beginnen. Die meisten Pfade sind gut ausgebaut, was zumindest bei kürzeren Wanderungen meist einen Guide erübrigt. Ein solcher empfiehlt sich jedoch, wenn man den spektakulären Sonnenaufgang vom Gipfel des Seraya (einfache Strecke 3 Std.) genießen will: Der Aufstieg erfolgt dann im Dunklen. Die eigene Unterkunft vermittelt Führer für diese Route, die auf dem Felskamm östlich der Jemeluk-Bucht beginnt.

🛏 Schlafen

Die Region Amed hat Unterkünfte für fast jeden Geschmack, Geldbeutel und Interessenbereich: Neben Resorts mit Schwerpunkt auf Tauchen, Gesundheit oder Meditation gibt's auch viele Hotels und Pensionen, die Gäste mit Bungalows, Pools und Restaurants empfangen. Lediglich Luxusresorts der Premiumklasse sind vor Ort nicht vorhanden – wer darauf Wert legt, muss sich an die nordöstliche Küste begeben (z. B. nach Tulamben). Die regionale Backpacker-Szene konzentriert sich auf Jemeluk und Amed Village.

★**Ocean Prana Hostel** HOSTEL $
(📞0363-430 1587, WhatsApp 61 435 441 414; www.oceanprana.com/hostel; Jl I Ketut Natih, Jemeluk; B 150 000 Rp, Frühstück 20 000 Rp; 🅿❄🛜🏊) Das große Hostel gehört zur gleichnamigen Schule für Apnoetaucher. Seine zwei neuen Bungalows mit Strohdächern beherbergen jeweils vier Stockbetten (unten) und zwei Einzelbetten (oben). Beide Quartiere haben auch Steckdosen, kleine Schließfächer und Freiluftbäder mit Warmwasser. Das Bio-Hauscafé wartet mit Tischen, Sitzsäcken und Hängematten auf. Der Pool wird oft fürs Apnoe-Tauchtraining genutzt.

Galang Kangin Bungalows PENSION $
(📞0363-23480; Jl Raya Amed, Jemeluk; Zi. ab 400 000 Rp; 🅿❄🛜) Schlichte Budgetoption mit eigenem *warung* und direkter Strandlage als Hauptattraktion.

★**Melasti Beach Bungalows** PRIVATUNTERKUNFT $$
(📞0877 6018 8093; www.melastibeachamed.com; Jl Melasti, Melasti Beach; Zi. ohne Bad 400 000 Rp, Suite 700 000–800 000 Rp, Bungalow 900 000–1 000 000 Rp; jeweils inkl. Frühstück; 🅿❄🛜) Die freundliche US-Amerikanerin Missy betreibt dieses stilvolle und preiswerte B & B, das westlich von Amed Village am Melasti Beach liegt. Die beiden Bungalows und die luxuriöse Suite punkten mit Meerblick vom Balkon.

Die Alternative ist das günstigere Zimmer mit Freiluftbad. Auf Wunsch serviert Missy auch Mittag- und Abendessen (Hauptgerichte 35 000–90 000 Rp).

Meditasi RESORT $$

(☑ 0363-430 1793; www.facebook.com/meditasi bungalows; Aas; Zi. Standard 350 000–500 000 Rp, Deluxe 800 000–1 000 000 Rp; [P][✳][📶][🛜]) Für alle, die mal abschalten wollen: In diesem ruhigen Refugium helfen Yoga-, Meditations- und Gesundheitskurse beim Relaxen. Definitiv am besten sind die klimatisierten Deluxe-Zimmer mit Privatgärten und Meerblick vom Balkon. Die Standard-Quartiere haben dagegen teils nur Ventilatoren und Kaltwasserbäder. Im nahen Ozean kann man gut schwimmen und schnorcheln – zum Glück: Das Resort besitzt keinen Pool.

Anda Amed Resort HOTEL $$$

(☑ 0363-23498; www.andaamedresort.com; Jl Raya Lipah, Banutan; Villa mit 1 od. 2 Schlafzi. ab 1 600 000 Rp; [P][✳][📶][🛜]) Der weiß verputzte Hotelkomplex an einer Hügelflanke hebt sich deutlich von seinem üppig grünen Gelände ab. Oberhalb der Straße gibt's einen hervorragenden Infinitypool mit weitem Meerblick. Diesen bieten auch die gut gepflegten Villen auf einer Hangterrasse.

Santai Hotel HOTEL $$$

(☑ 0363-23487; www.santaibali.com; Banutan Beach; Bungalow 1 300 000–2 800 000 Rp; [P][✳][📶][🏊]) Oben auf den Klippen liegt dieses reizende Hotel, dessen Name „Entspannen" bedeutet – was leicht fällt: Hier warten ein Spa, ein Café, eine Strandbar, viele Sonnenliegen und einen Poolbereich mit Bougainvilleen. Die traditionellen Bungalows mit Strohdächern und Stilelementen aus ganz Indonesien beherbergen insgesamt zehn Zimmer. Diese verfügen jeweils über Himmelbetten, Freiluftbäder und Balkone mit großen Sofas. Gratisshuttles bringen Gäste zum Lipah und Jemeluk Beach.

✖ Essen

Fast alle regionalen Bleiben haben (teils hervorragende) Hauslokale. Die meisten eigenständigen Restaurants bzw. Cafés gibt's in Amed Village und Jemeluk. Das Restaurant Gusto offeriert seinen Gästen Gratisshuttles ab/zu Hotels an der ganzen Küste. Dasselbe bietet das **Smiling Buddha Restaurant** (☑ 0828 372 2738; Meditasi Resort, Aas; Hauptgerichte 40 000–75 000 Rp; ⊙ 8–22 Uhr; ✐) den Teilnehmern seiner Kochkurse an.

★ Warung Amsha BALINESISCH $

(☑ 0819 1650 6063; Amed Beach; Hauptgerichte 25 000–65 000 Rp; ⊙ 11.30–22 Uhr; 📶) Die Tische dieses *warungs* stehen direkt auf dem Strandsand und sind schwer gefragt – daher am besten rechtzeitig einfinden oder gleich reservieren! Die rein regionale Speisekarte bietet Gerichte mit Huhn, fangfrischem Fisch (Tipp: die Variante *pepes ikan* im Bananenblatt) und Gemüse (stammt wie die verwendeten Gewürze aus heimischer Produktion). Dazu gibt's Bier, Lassis und Cocktails.

Blue Earth Village Restaurant INDONESISCH $

(☑ 0821 4554 3699; www.blueearthvillage.com/restaurant; Aussichtspunkt Jemeluk; Tapas 35 000–40 000 Rp, Hauptgerichte 45 000–70 000 Rp; ⊙ 12–22 Uhr) Mit großer Auswahl (u. a. vegetarisch, vegan) und tollem Blick auf die blaue Bucht lockt dieses Restaurant die Leute von Jemeluks Hauptstraße hinauf zum Aussichtspunkt. Serviert werden z. B. Tapas, Pasta, Pizza, thailändische Nudeln und indonesische Hauptgerichte. Auch super für Sundowner.

★ Gusto INTERNATIONAL $$

(☑ 0813 3898 1394; www.facebook.com/Gusto-Amed-553633071346005; Jl Raya Amed, Bunutan; Pizzen 70 000–85 000 Rp, Nudeln 65 000–85 000 Rp, Hauptgerichte 55 000–120 000 Rp; ⊙ 14–22 Uhr) Das Gusto kredenzt einen ungewöhnlichen Mix aus indonesischen, italienischen und ungarischen Gerichte. Davon nicht abschrecken lassen: Das Küchenpersonal ist rundum kompetent. So gibt's hier z. B. Schnitzel, selbstgemachte Pasta, indonesisches Seafood und die besten Pizzen an Balis Ostküste. Der Laden ist klein (rechtzeitig reservieren!) und empfiehlt sich vor allem tagsüber, wenn der Meerblick zusätzlich lockt.

🔒 Shoppen

★ Peduli Alam Bali ÖKO-ACCESSOIRES

(☑ 0877 6156 25 11; www.pedulialam.org; Jl Raya Lipah, Lipah; ⊙ Mo–Fr 9–17, Sa bis 12 Uhr) ✐ Die gemeinnützige Organisation Peduli Alam („Schützt die Natur") fördert Recycling und Ökobewusstsein in der Region, indem sie 50 t Müll pro Monat sammelt. Ein Teil davon wird wiederverwertet und verwandelt sich in die Artikel ihres Shops (u. a. Taschen). Das Projekt schafft Arbeitsplätze für 14 einheimische Frauen und vier Lkw-Fahrer.

ℹ An- & Weiterreise

Die meisten Touristen erreichen Amed über die Hauptstraße ab Amlapura and Culik. Diese spektakuläre Rundroute (Aas–Ujung) führt um die beiden Zwillingsgipfel der Region herum. Mangels öffentlicher Verkehrsmittel muss man hier jedoch selbst fahren oder braucht einen Mietwagen mit Chauffeur (nach/ab Südbali bzw. zum/vom Flughafen ca. 500 000 Rp).

Tulamben

📞 0363 / 8050 EW.

Tulambens Hauptattraktion ist das Wrack der *USAT Liberty* (s. Kasten rechts), das heute zu Balis besten und beliebtesten Tauchspots zählt. Dies hat das frühere Fischernest in ein einziges großes Taucherzentrum verwandelt. Sogar Schnorchler können hier leicht vom Ufer aus starten, um das Wrack und die Korallenriffe entlang der Küste zu erkunden. Zum Schwimmen bevorzugen die meisten Besucher jedoch Hotelpools: Tulambens Strand besteht aus großen ausgewaschenen Steinen – zwar schön anzusehen, aber unbequem zum Laufen und Liegen.

Außerhalb des Wassers empfiehlt sich der **Morgenmarkt** des Dorfs, das 1,5 km nördlich des Wracks liegt.

🏃 Aktivitäten

Tauchen & Schnorcheln

Das Wrack der **USAT Liberty** liegt ca. 50 m vor dem Puri Madha Dive Resort und kann direkt vom Ufer aus angeschwommen werden. So sind hier an der Oberfläche ständig schwarze Schnorchel zu erkennen. Das aus der Tiefe aufragende Heck ist stark mit Korallen bewachsen und wird von zahllosen bunten Fischarten bevölkert – und fast den ganzen Tag über von Gerätetauchern. Das über 100 m lange Schiff ist in mehrere Teile zerbrochen, was Tauchern das Eindringen leicht macht. Der Bug ist in recht gutem Zustand, das Heck fast intakt. Der Mittelteil des Rumpfs weist jedoch starke Schäden auf. Die besten Sektionen des Wracks liegen in 15 bis 30 m Tiefe. Eine richtige Erkundung erfordert mindestens zwei Tauchgänge.

Viele Taucher pendeln ab Amed oder Lovina nach Tulamben. In der Hauptsaison ist die *Liberty* stark besucht (11–16 Uhr teils über 50 Taucher auf einmal). Für einen möglichst frühen Start empfiehlt sich Übernachten vor Ort. Tulambens Hotels haben meist eigene Tauchzentren. Mitunter bieten sie auch preiswerte Pauschalen für Tauchen und Unterkunft an.

Puri Madha Dive Centre TAUCHEN
(📞 0363-22921; www.purimadhadiveresort.com; ⊘ 6–18.30 Uhr) Offeriert u. a. Tauchen im offe-

---

DAS WRACK DER LIBERTY

Im Januar 1942 torpedierte ein japanisches U-Boot nahe Lombok die USAT *Liberty*. Das Schiff sank jedoch nicht: Es wurde nach Tulamben geschleppt und dort auf Grund gesetzt, um die Ladung (Gummi, Eisenbahnteile) zu retten – was die japanische Invasion aber verhinderte. So blieb der Rumpf vor Ort liegen, bis er beim Ausbruch des Gunung Agung (1963) in zwei Teile zerbrach. Seitdem ist dies ein toller Tauchspot in direkter Strandnähe. Übrigens: Die *Liberty* gehörte nicht zur gleichnamigen Frachter-Klasse (gebaut 1941–45), sondern war ein kleiner Versorger der US-Marine.

---

nen Meer (1/2 Tauchgänge 700 000/ 1 200 000 Rp), PADI-Freiwasserkurse (2–3 Tage 5 400 000 Rp) und ausleihbare Schnorchelausrüstung (200 000 Rp). Das dazugehörige **Resort** (Zi./Hütte 550 000/650 000 Rp; ❄ 🛜 🏊) bietet Pauschalpakete mit Tauchen und Unterkunft an.

Apnea Bali TAUCHEN
(📲 WhatsApp 0822 3739 8854 od. 0822 6612 5814; www.apneabali.com; Jl Kubu-Abang; Kurse ab 800 000 Rp) In funkelnden Räumlichkeiten an Tulambens Hauptstraße werden hier Touren (u. a. zur *Liberty*) und Unterricht für Apnoetaucher aller Erfahrungsstufen angeboten. Darunter sind halbtägige Einführungskurse (800 000 Rp) und längere Lehrgänge (2/3 Tage 3 200 000/4 600 000 Rp).

🛏 Schlafen

Das ruhige Tulamben erstreckt sich hauptsächlich rund um das Wrack. Die Hotels haben jeweils ein Hausrestaurant bzw. -café und meist auch ein Taucherzentrum. Die Hotelmeile säumt die Hauptstraße auf 4 km Länge (Landseite günstiger, Seeseite schöner). Bei Flut ist der felsige Strand überspült.

Siddhartha RESORT $$$
(📞 0363-23034; www.siddhartha-bali.com; Kubu; EZ 69–188 €, DZ 146–240 €, Villa 210–370 €; 🅿 ❄ 🏊) Das schicke Resort in deutschem Besitz punktet u. a. mit Pool und Yogapavillon am Meer. Ebenso prima sind die vielen anderen Einrichtungen (Restaurant, Bar, Taucherzentrum, Fitnessraum, Billard, Tischtennis, Fernsehraum, Spa). Die geräumigen Zimmer bzw. Villen auf einem Gartengelände haben bequeme Betten und Frei-

luftbäder. Bei den Villen kommen jeweils noch Tauchbecken hinzu.

ℹ️ An- & Weiterreise

Wer in Lovina übernachtet, sollte unbedingt um ca. 15 Uhr losfahren, damit bei der Ankunft noch etwas Tageslicht herrscht.

Der Parkplatz vor dem Puri Madha Dive Resort ist oft rappelvoll mit Kleinbussen, die Tauchergruppen zur *Liberty* bringen. Falls dort nichts mehr frei sein sollte, empfehlen sich die gebührenpflichtigen Parkmöglichkeiten nahe dem Tauch Terminal Resort.

ZENTRALES HOCHLAND

Bali hat ein heißes Herz: Die Vulkankette entlang der Inselmitte ist nur scheinbar erloschen – direkt darunter herrscht nach wie vor Aktivität, die sich jederzeit zeigen kann bzw. sich auch regelmäßig bemerkbar macht. So stößt z. B. der Gunung Batur (1717 m) ständig Dampf aus. Für die schwierige Anreise entschädigt dieser Feuerberg seine Besucher mit außerirdisch anmutender Schönheit.

Am Danau Bratan (Bratan-See) liegen heilige Hindu-Tempel, in deren Nähe das Dorf Candikuning mit einem tollen botanischen Garten aufwartet.

Vom alten Bergdorf Munduk aus der Kolonialzeit (heute ein Wandererzentrum) schaut man hinunter auf Nordbalis Küste. Die Aussicht ist dabei so schön wie die beiden Seen (Tamblingan, Buyan) und vielen Wasserfälle in der Umgebung. Der Gunung Batukau (2276 m) überschattet einen von Balis geheimnisvollsten Tempel. Und gleich südlich davon lockt eine Welterbestätte: die uralten Reisterrassen rund um Jatiluwih.

Quer durch die Region führen kleine Straßen zu unberührten Dörfern und bieten dabei zahllose Überraschungen – was eine Fahrt ab Antasari gen Norden zeigt.

ℹ️ An- & Weiterreise

Für das intensive Erkunden des zentralen Hochlands empfiehlt sich ein eigenes Vehikel. Ein Mietwagen mit Fahrer hilft gegen Verirren im Gewirr der Landsträßchen. Doch genau das kann wiederum auch sehr reizvoll sein.

Region Danau Bratan

Von Süden nach Norden weichen die Reisterrassen langsam dem kühlen, oft dunstigen Hochland rund um den Danau Bratan (Bratan-See). Die größte Siedlung in dieser Gegend ist das Dorf Candikuning, wo sich der bedeutende Pura Ulun Danu Bratan befindet. Das Munduk rundet das Besuchserlebnis mit schönen Wanderungen ab: Nahe dem Dorf findet man Wasserfälle, Wolkenwälder und den Danau Tamblingan (Tamblingan-See).

ℹ️ An- & Weiterreise

Die Region Danau Bratan liegt an der Hauptstraße zwischen Südbali und Singaraja im Norden. Bemos bedienen diese Route inzwischen nur noch sehr selten und unregelmäßig: Zwischen Denpasar (Ubung-Terminal) und Singaraja (Sangket-Terminal) verkehren pro Woche nur noch ganz wenige Minibusse (einfache Strecke ca. 100 000 Rp), die unterwegs in Bedugul und Candikuning halten. Somit empfiehlt sich dringend ein eigenes Fahrzeug, um die verstreuten Attraktionen der Region abzuklappern.

Candikuning

📱 0368

Das oft neblige Candikuning beherbergt einen attraktiven botanischen Garten und einen von Balis fotogensten Hindu-Tempeln. In der Nähe offenbart der Danau Bratan (Bratan-See) seine schlichte Schönheit inmitten von dicht bewaldeten Berghängen.

👁️ Sehenswertes

Nordwestlich des Danau Bratan erstreckt sich ein breites grünes Tal, das in Wirklichkeit der Krater eines erloschenen Vulkans ist. Mitten drin liegt an der Hauptstraße das untouristische Städtchen Pancasari, dessen belebter Markt alle drei Tage stattfindet.

Pura Ulun Danu Bratan HINDUISTISCHER TEMPEL (abseits der Jl Raya Denpasar-Singaraja; Erw./Kind 50 000/25 000 Rp, Parken 5000 Rp; ⏰ 7–16 Uhr) Als ein Wahrzeichen Balis ziert dieser bedeutende Wassertempel aus dem 17. Jh. auch einen Geldschein (50 000 Rp). Die hinduistisch-buddhistische Anlage ist Dewi Danu (Göttin des Wassers) geweiht und verteilt sich auf mehrere kleine Inseln. Die lokalen Wallfahrten und Zeremonien sollen sicherstellen, dass die Felder von Balis Subak-Landschaften (fünf davon gehören zum Welterbe) stets mit Wasser versorgt werden. Wer sich nicht durch Touristenscharen mit Selfie-Sticks drängen will, besucht den extrem populären Tempel möglichst früh am Morgen.

Bali Botanic Garden GARTEN (📱 0368-203 3211; www.krbali.lipi.go.id; Jl Kebun Raya Eka Karya Bali; Eintritt/Parken 20 000/

Danau Bratan

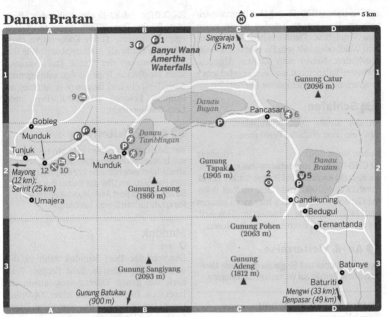

Region Danau Bratan

6000 Rp; ⊙ 7–18 Uhr) Der schmucke botanische Garten an den unteren Hängen des Gunung Pohen wurde 1959 als Ableger des Kebun Raya Bogor (60 km südlich von Jakarta) gegründet. Eins seiner Highlights ist der **Panca-Yadnya-Garten** (Garten der Fünf Opfergaben): Darin wachsen uralte Pflanzenarten, die traditionell für hinduistische Zeremonien verwendet werden. Die Straßen auf dem Gelände (über 154 ha) können auch von Selbstfahrern erkundet werden (zzgl. 12 000 Rp/Auto; keine Motorräder).

🏃 Aktivitäten

Handara Golf & Country Club Resort GOLF
(📞 0362-342 3048; www.handaragolfresort.com; Platzgebühr/Leihausrüstung ab 1 000 000/

450 000 Rp, Zi. ab 100 US$) Südlich von Pancasari erstreckt sich dieser Golfclub in schöner Lage. Sein Platz mit 18 Löchern ist deutlich wasserreicher als Pendants in Südbali. Das dazugehörige Resort mit komfortablen Zimmern versprüht eine sterile Atmosphäre à la 1970er-Jahre (erinnert an die Zentrale von Drax im Bond-Film *Moonraker – Streng geheim*).

Das berühmte Eingangstor des Anwesens lockt inzwischen mehr Touristen als der Golfclub: Instagram-Junkies berappen hier 30 000 Rp für zehn Minuten Selfie-Zeit.

Bali Treetop Adventure Park OUTDOOR-AKTIVITÄTEN
(📞 0361-934 0009; www.balitreetop.com; Jl Kebun Raya Eka Karya Bali, Bali Botanic Garden; Erw./Kind

BALI ZENTRALES HOCHLAND

ab 25/16 US$; ⏰ 9.30–18 Uhr) Der Baumwipfel-park im Bali Botanic Garden macht einen zum Vogel bzw. Eichhörnchen: Hoch über dem Waldboden lädt sein Parcours (u.a. Seile, Seilwinden, Netze) zum aktiven Abseilen, Springen, Balancieren usw. ein. Hierbei gibt's Programme für verschiedene Altersstufen.

🛏 Schlafen

An der Straße zum botanischen Garten gibt's ein paar einfache Pensionen.

Kebun Raya Bali　　　　PENSION $$
(📱 0368-2033211; www.kebunrayabali.com; Jl Kebun Raya Eka Karya Bali, Bali Botanic Garden; Zi. inkl. Frühstück ab 450 000 Rp) Mitten im Bali Botanic Garden (S. 320) gibt's hier vier Cottages und 14 komfortable Zimmer im Hotelstil. Beim Aufwachen riechen Gäste die Rosen.

ℹ An- & Weiterreise

Zwischen Südbali und Singaraja halten alle Minibusse bzw. Bemos auf Wunsch in Candikuning.

Danau Buyan & Danau Tamblingan

Nordwestlich des Danau Bratan locken zwei weniger besuchte Seen mit tollen geführten Wanderungen: der Danau Buyan und Tamblingan. Oberhalb davon wartet die Straße nach Munduk mit weiter Aussicht auf. An den Ufern beider Seen laden diverse winzige Dörfer und uralte Tempel zu schönen Erkundungen ein. In tropischer Natur trekkt man dabei durch einen recht menschenleeren Teil und lässt den inseltypischen Touristentrubel (inkl. der stressigen Begleiterscheinungen) größtenteils weit hinter sich.

🏃 Aktivitäten

⭐**Pramuwisata**
Amerta Jati　　　　WANDERN & TREKKEN
(📱 0857 3715 4849; Munduk Rd; Touren 250 000–750 000 Rp; ⏰ 8–17 Uhr) An der Straße nach Munduk ist diese Kooperative von hervorragenden Wanderführern in einer Hütte ansässig. Die Touren im Bereich der Seen dauern eine Stunde bis einen Tag. Beliebt ist z.B. die Variante, die Wandern mit Tempelbesuchen und einer Kanufahrt auf dem Danau Tamblingan kombiniert (2 Std., 250 000 Rp/Pers.).

⭐**Organisasi Pramuwisata**
Bangkit Bersama　　　　WANDERN & TREKKEN
(Guide-Kooperative „Zusammenhalt"; 📱 0852 3867 8092; Danau Tamblingan, Asan Munduk; Touren ab 200 000 Rp; ⏰ 8.30–16 Uhr) Nahe dem Parkplatz für den Danau Tamblingan nutzt diese empfehlenswerte Guide-Kooperative ebenfalls eine Hütte als Ausgangsbasis. Wie ihre Konkurrenz an der Straße nach Munduk leitet sie diverse Trips zu den umliegenden Seen, Tempeln und Bergen (z.B. Aufstieg am Gunung Lesong; 600 000 Rp/Pers. inkl. Leih-Wanderstöcke).

ℹ An- & Weiterreise

Wer die Umgebung der beiden Seen erkunden will, braucht sein eigenes Vehikel. Von der Hauptstraße führt eine hübsche Abzweigung (1,5 km) zum Parkplatz am Ufer des Danau Buyan. Eine Straße ab dem Dorf Asan Munduk endet am Parkplatz für den Danau Tamblingan.

Munduk
📱 0362
Das schlichte Dorf Munduk zählt zu den schönsten Refugien in Balis Bergen: Praktisch das ganze Vegetationsspektrum der Insel (u.a. Dschungel, Reisfelder, Obstplantagen) taucht die kühlen, dunstigen Hügelflanken der Umgebung in ein üppiges Grün. Zudem warten hier viele Wasserfälle und Wanderrouten. Die attraktive Unterkunftspalette reicht von alten Sommerhäusern aus der holländischen Kolonialzeit bis hin zu Pensionen mit jeder Menge Lokalkolorit. So werden Tagestrips nach Munduk oft zu einwöchigen Aufenthalten.

⊙ Sehenswertes

Zwischen Pancasari und Munduk führt die Hauptstraße steil zum oberen Rand des alten Vulkankraters hinauf. Unterwegs offenbart sich eine herrliche Aussicht auf das Tal und die Seen. Bei Zwischenstopps kann man Affengruppen mit Bananen in Verzückung versetzen. An der T-Kreuzung ganz oben führt eine malerische Straße rechts (ostwärts) hinunter nach Singaraja. Nach links (westwärts) geht's am Bergkamm entlang, wobei der Danau Buyan auf der einen und das Meer auf der anderen Seite liegt.

Bei **Asan Munduk** erreicht man eine weitere T-Kreuzung. Links führt der Weg hinunter zum Danau Tamblingan. Wer nach rechts fährt, erreicht das Hauptdorf Munduk über malerische Serpentinenstraßen. Unterwegs fällt der Blick auf Nordbali und den Ozean.

⭐**Banyu-Wana-Amertha-Fälle**　　WASSERFALL
(📱 0857 3943 9299; www.facebook.com/banyuwanaamertha; Jl Bhuana Sari, Wanagiri; Eintritt/Par-

WASSERFÄLLE BEI MUNDUK

Rund um Munduk gibt's allerlei Wasserfälle. Drei davon lassen sich per pedes (4–6 Std.) auf einmal abklappern. Hierfür geben regionale Unterkünfte zahllose verschiedene Wanderkarten aus. Diese sind aber oft ungenau – Verirren ist da sehr leicht möglich! Obwohl auch das mitunter malerische Ergebnisse zeitigt, ist ein guter Guide potenziell eine sinnvolle Sache: Die Pfade sind vielerorts steil und rutschig. Kompetente Einheimische wie der super freundliche Bayu Sunrise (S. 329) holen Kunden überall auf Bali mit dem Auto ab und geleiten sie dann sicher zu den Fällen hinunter. Deren Gischt macht die ohnehin schon feuchte Luft noch dunstiger: Unterwegs scheint die ganze Vegetation zu tropfen. Am Ziel kann man sich in Mini-Cafés erholen.

Banyu-Wana-Amertha-Fälle Ab der Jl Raya Wanagiri am Nordufer des Danau Buyan führt die Jl Bhuana Sari nordwärts zum beschilderten Parkplatz (1,8 km; linke Straßenseite). Rund 500 m davon entfernt beginnt der Pfad zu den Fällen.

Banyumala-Zwillingsfälle Am Nordufer des Danau Buyan führt die Jl Raya Wanagiri gen Westen zur beschilderten Abzweigung nahe dem Seeende. Dieser Holperpiste zum Parkplatz folgen (2,3 km) und ab dort hinunter zu den versteckten Fällen im Dorf Wanagiri laufen (ca. 20 Min.).

Munduk-Fall Ab dem Westufer des Danau Tamblingan setzt sich die Hauptstraße (Jl Munduk–Wanagiri) bis zum beschilderten Parkplatz fort (4,6 km). Von dort aus geht's dann zu Fuß zum Wasserfall (700 m).

ken 20 000/2000 Rp; ⊙8–17 Uhr) Diese Wasserfälle wurden Anfang 2018 neu als Touristenattraktion erschlossen und zählen zu den schönsten auf ganz Bali. Der gewundene Zugangspfad ab dem Parkplatz (500 m bzw. ca. 20 Gehmin.) ist nur mit Betonplatten und Baumstämmen befestigt. Durch ein Dorf und eine Kaffeeplantage führt er zu einem großen Schild. Dort beginnen wiederum separate Wege zu diesen höchst malerischen Kaskaden mit Brücken, Bambushütten und bunten Sträuchern. Man sollte früh herkommen, um den Besucherscharen zu entgehen!

Banyumala-Zwillingsfälle   WASSERFALL
(☏0819 1648 5556; Wanagiri; Eintritt/Parken 20 000/2000 Rp) Im einsamen, malerischen Hochland nördlich von Munduk führen Natursteintreppen mit Bambusgeländern (15 Gehmin.) hinunter zu diesen kraftvollen, schönen Zwillingswasserfällen (ca. 35 m hoch). Das große Naturbecken am Fuß wird von der Morgensonne auf perfekte Badetemperatur gebracht.

Munduk-Fall   WASSERFALL
(Tanah Braak; Eintritt/Parken 20 000/2000 Rp) Dieser Wasserfall ist am leichtesten ohne Karte oder Guide erreichbar. Jedoch ist er in den letzten Jahren kleiner geworden. Der beschilderte Zugangsweg (offiziell 700 m, real länger) beginnt ca. 2 km östlich von Munduk.

🛏 Schlafen

Im Dorf gibt's schlichte Bleiben in alten Häusern aus der holländischen Kolonialzeit. In der Umgebung wohnt es sich naturnaher. Die meisten örtlichen Unterkünfte haben Hauscafés, die in der Regel gute Regionalküche servieren.

⭐**Puri Lumbung Cottages**   HOTEL $$
(☏0812 387 4042; www.purilumbung.com; Hütte inkl. Frühstück 80–175 US$; @🛜) 🌱 Nyoman Bagiarta gründete das reizende Hotel gezielt, um nachhaltigen Tourismus in Munduk zu fördern. Reisfelder umgeben die 43 strohgedeckten Hütten bzw. Villen in fröhlichen Farben. Bis auf eine Ausnahme haben die Quartiere jeweils ein Obergeschoss mit super Aussicht vom Balkon (in Nr. 32–35 am schönsten). Im Angebot sind hier auch viele Kurse und geführte Wanderungen.

Villa Dua Bintang   PENSION $$
(☏0812 3700 5593, 0812 3709 3463; www.villadua bintang.com; Jl Batu Galih; Zi. inkl. Frühstück 800 000 Rp; 🛜🏊) Eine freundliche Familie betreibt diese Pension mit Café und acht großartigen Zimmern (zwei davon im Familien-Format). Wald und Obstbäume umgeben die schmucken Quartiere. Auf der Veranda riecht es hier nach Nelken und Muskat. Das Gelände liegt am Ende eines Waldsträßchens (500 m), das 1 km östlich von Munduk von der Hauptstraße abzweigt.

★**Munduk Moding Plantation** RESORT $$$
(☏ 0811 381 0123; www.mundukmodingplantation.
com; Jl Raya Asah Gobleg; Suite/Villa ab
189/367 US$; ❈ ❈ ☎) ⏲ Das lauschige Öko-
resort auf einer Kaffeeplantage vermietet
luxuriöse Villen bzw. Suiten mit erholsamem
Ambiente und modernem balinesischem
Design. Hiesiges Highlight in puncto Rela-
xen ist jedoch der preisgekrönte Infinitypool
(18 m) mit grandioser Aussicht – eventuell
die beste auf ganz Bali: Der nahtlose Panora-
mablick auf Himmel, Berge und Meer reicht
an klaren Tagen bis hinüber nach Java.

Das Resort beweist sein Ökobewusstsein
mit Wasserfilterung, Recycling, einem Kü-
chengarten und der Verwendung erneuerba-
rer Energien. Weitere Nachhaltigkeit schafft
die dazugehörige Kaffeeplantage, die die so-
ziale und wirtschaftliche Entwicklung in
Munduk fördert.

✗ Essen

Im Dorf gibt's ein paar nette *warungs* (Gar-
küchen) und einige Läden mit sehr kleinem
Sortiment (u. a. Insektenspray). Die Hausca-
fés von Munduks Unterkünften akzeptieren
teils auch reine Speisegäste. Diesbezüglich
ist das Hotelrestaurant der Puri Lumbung
Cottages (S. 323) die beste Option.

Don Biyu CAFÉ $
(☏ 0812 3709 3949; www.donbiyu.com; Hauptge-
richte 22 000–87 000 Rp; ☺ 7.30–22 Uhr; 🖥) Bei
herrlichem Blick auf die Umgebung kann
man hier entspannt guten Kaffee genießen
und seinen Reiseblog aktualisieren. Das Es-
sen (westliche Gerichte, interessante asiati-
sche Optionen) wird in Freiluftpavillons mit
ruhiger Atmosphäre serviert. Das Café liegt
an der Hauptstraße nach Munduk und ver-
mietet auch fünf **Doppelzimmer** (600 000–
750 000 Rp) mit Aussicht vom Balkon.

❶ An- & Weiterreise

Vom Ubung-Terminal in Denpasar fahren Mini-
busse ein paar Mal pro Tag nach Munduk
(60 000 Rp). Westlich von hier führt die Haupt-
straße durch malerische Dörfer nach Mayong. Ab
dort gelangt man gen Süden nach Westbali oder
bergabwärts nach Seririt an der Nordküste.

Region Gunung Batukau

☏ 0361

Der heilige Gunung Batukau (2276 m) an
Balis Westende ist der zweithöchste der drei
größten Inselberge. Er wird von vielen Tou-

risten ignoriert – angesichts der Überkom-
merzialisierung am Gunung Agung wohl
keine schlechte Sache!

Der Aufstieg an den rutschigen Hängen
beginnt am Pura Luhur Batukau, der zu Ba-
lis heiligsten und am meisten unterschätz-
ten Tempeln zählt. Die Alternative besteht
darin, einfach das Grün der uralten Reister-
rassen rund um Jatiluwih zu bewundern.

◉ Sehenswertes

★**Pura Luhur Batukau** HINDUISTISCHER TEMPEL
(inkl. Leih-Sarong Erw./Kind 20 000/10 000 Rp;
☺ 8–18.30 Uhr) Der einstige Staatstempel des
unabhängigen Königreichs Tabanan hat von
Balis leicht zugänglichen Tempeln den wohl
spirituellsten Charakter: In den kühlen,
dunstigen Wäldern am Gunung Batukau
vernimmt man hier gleichzeitig Priester-
und Vogelgesänge.

Eine der örtlichen *meru* (Stufenpagoden)
hat sieben Dächer und ist Maha Dewa
(Schutzgeist des Berges) geweiht. Die Haupt-
meru des Innenhofs beherbergt Zeremonial-
gegenstände hinter kleinen Türen. Drum
herum ehren weitere Schreine den Bratan-,
Buyan- und Tamblingan-See.

Gegenüber der Anlage führt ein kurzer
Fußmarsch nach links zu einem ungewöhn-
lichen Fruchtbarkeitsschrein, der an einem
Bach mit rauschendem Wildwasser steht.

Der Pura Luhur Batukau ist generell frei
von Touristenscharen, Schleppern und an-
deren Unannehmlichkeiten. Auch hier gilt
es, die Tempel-Traditionen zu respektieren
und sich angemessen zu verhalten. Am Ein-
gang bieten Guides lohnende **Dschungel-
wanderungen** (250 000 Rp, 2 Std.) an.

🏃 Aktivitäten

Gunung Batukau WANDERN & TREKKEN
Der schlammige, anstrengende Aufstieg
vom Pura Luhur Batukau (817 m) zum Gip-
fel (2276 m) dauert mindestens sieben Stun-
den und erfordert einen Guide (ab
1 000 000 Rp). Ein solcher lässt sich beim
Ticketschalter des Tempels engagieren.

Die abenteuerliche Route zum Gipfel ist
weitaus weniger frequentiert als an den Vul-
kanen im Osten Balis. Sie führt durch dichten
Dschungel und belohnt mit grandioser Aus-
sicht (je nach Nebel). Alternativ sind Teilauf-
stiege (2 Std., 300 000 Rp/2 Pers.) möglich.

Theoretisch kann man auch oben auf dem
Berg zelten. Dies muss aber rechtzeitig vorab
arrangiert werden: Die Guides gehen gene-
rell von Auf- und Abstieg am selben Tag aus.

NICHT VERSÄUMEN

DIE REISTERRASSEN VON JATILUWIH

Die Terrassenfelder von **Jatiluwih** (Erw./Kind 40 000/30 000 Rp, Auto 5000 Rp) sind eine Welterbestätte und ein Sinnbild des uralten Reisanbaus auf Bali. Schon allein die Aussicht von der schmalen Serpentinenstraße (18 km) macht die UNESCO-Nominierung leicht begreiflich. Noch großartiger sind aber die örtlichen Reisfeld-Wanderungen, die dem Lauf des Wassers folgen: Durch Kanäle und Bambusrohre wird das kühle Nass von einer Terrasse zur nächsten geleitet. Hier wachsen hauptsächlich traditionelle Reissorten mit schweren Körnern, kurzen Hülsen und roten Schalen. Im übrigen Bali werden dagegen fast nur moderne Hybridsorten kultiviert.

Am besten gönnt man seinem Fahrer eine Pause, läuft ein Stück, sucht sich ein schönes Plätzchen und genießt die Aussicht. Das mag klischeehaft klingen, offenbart aber nach einer Weile immer mehr Details: Was zunächst wie ein gigantisches Gewirr aus Grüntönen wirkt, entpuppt sich bei genauerer Betrachtung als Reis in verschiedenen Wachstumsstufen.

Allerdings ist das Ganze heute eine sehr beliebte Touristenattraktion, was mitunter für starken Verkehr auf der Straße sorgt. Zu allem Übel fräsen sich nun auch noch Quad-Touren mitten durch die Reisfelder. Indonesiens Regierung verkündete kürzlich einen lokalen Erschließungsstopp, nachdem die UNESCO mit dem Entzug des Welterbestatus gedroht hatte. Gerade noch rechtzeitig: Es gab bereits Pläne, einige der Terrassen zwecks Hotelbau zu planieren!

Unter den Cafés an der Straße sind auch ein paar recht kitschige Touristenfallen (etwa auf halbem Weg). Bei Erfrischungsbedarf empfiehlt sich daher zuerst ein Vergleich.

Die Eintritts- und Mautgebühren scheinen nicht in den Streckenerhalt zu fließen: Die Fahrbahn ist nach wie vor holperig. Zusammen mit den engen Serpentinen zwingt dies Kraftfahrzeuge zu langsamem Tempo (wiederum angenehm für Radfahrer!). Dennoch brauchen Autos maximal eine Stunde für die ganze Route.

Von Westen her erfolgt die Anreise über die Straße zwischen Tabanan und Pura Luhur Batukau. Aus Richtung Osten nimmt man die Hauptstraße gen Bedugul (bei Pacung). Balinesische Mietwagen-Chauffeure kennen beide Optionen sehr gut; Selbstfahrer bekommen überall Wegbeschreibungen von Einheimischen.

🛏 Schlafen

Am Gunung Batukau verstecken sich einige Lodges, die über eine extrem schmale, kurvige Straße erreichbar sind. Sie führt weit den Berg hinauf und hat die Form eines langgestreckten, umgedrehten „V". Dessen untere Enden markieren Bajera und Pucuk an der Hauptstraße Tabanan–Gilimanuk (Westbali).

⭐ **Sarinbuana Eco Lodge**   LODGE $$
(📞 0361-743 5198; www.baliecolodge.com; Sarinbuana; Bungalow 900 000–2 000 000 Rp; 🐕) 🌿
Nur zehn Gehminuten von einem geschützten Stück Regenwald entfernt versprüht diese Lodge ihren rustikalen Luxus an einem Hang. Die schmucken, zweistöckigen Bungalows (darunter sogar ein Baumhaus) bieten bemerkenswerte Extras wie Kühlschränke, Marmorbäder und handgemachte Seife. Das hervorragende Bio-Hausrestaurant serviert balinesische Küche (Hauptgerichte 60 000–150 000 Rp). Das Programm für Gäste umfasst Yogakurse, kulturelle Workshops und geführte Wanderungen.

❶ An- & Weiterreise

Das Erkunden der Region Gunung Batukau ist praktisch nur mit einem eigenen Fahrzeug möglich. Für die Anreise gibt's zwei Optionen.

Einfachere Route ab Tabanan: Zunächst der Straße gen Pura Luhur Batukau nordwärts bis zu einer Gabelung folgen (9 km), dort nach links Richtung Tempel abbiegen. Im Dorf Wangayagede (5 km) geht's nahe einer Schule entweder geradeaus weiter zum Schrein oder nach rechts (ostwärts) zu den Reisterrassen von Jatiluwih.

Schwierigere Route von Osten her: Der Hauptstraße Denpasar–Singaraja folgen, südlich vom Hotel Pacung Indah westwärts abbiegen. Ab dort geht's über befestigte Sträßchen zu den Reisterrassen von Jatiluwih. ist Verirren programmiert. Einheimische helfen aber schnell bei der Orientierung und die Landschaft ist wunderschön.

Region Gunung Batur

📞 0366

Die Region Gunung Batur ähnelt einer riesigen Schüssel, deren Boden zur Hälfte mit

Gunung Batur

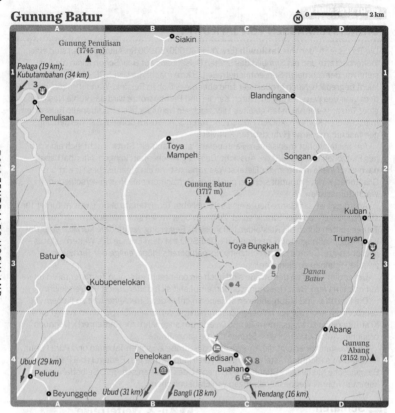

N 0 _____ 2 km

Gunung Penulisan (1745 m)

Siakin

Pelaga (19 km); Kubutambahan (34 km)

Penulisan

Blandingan

Toya Mampeh

Songan

Gunung Batur (1717 m)

Kuban

Trunyan

Toya Bungkah

Danau Batur

5

4

Batur

Kubupenelokan

Abang

Gunung Abang (2152 m)

7

Kedisan

Penelokan

8

Ubud (29 km)

Peludu

Buahan

6

Beyunggede

Ubud (31 km)

Bangli (18 km)

Rendang (16 km)

1

Gunung Batur

türkisblauem Wasser bedeckt ist. Aus diesem ragen Vulkankegel empor – die jüngeren davon mit Spuren alter Lavaströme an den Flanken. An klaren Tagen offenbart sich der spektakuläre Anblick am besten.

◉ Sehenswertes

Seit 2012 gehört die Region als **Batur-Caldera-Geopark** (www.baturglobalgeopark.com) zu einer weltweiten UNESCO-Liste von über 90 geologischen Naturwundern (www.global geopark.org). An örtlichen Straßen erklären interessante Schilder die einzigartige Geologie der Gegend. Umfassende Infos hierzu liefert das **Batur-Geopark-Museum** (☎0366-91537, What'sApp 0818-0551-5504; Penelokan; ⊙Mo 9–16, Di–Fr ab 8, Sa & So 8–14 Uhr) GRATIS.

Die Straße am südwestlichen Kraterrand bietet ein herrliches Panorama. Jedoch bilden die Dörfer rund um die Caldera heute einen durchgängigen und recht hässlichen Siedlungsstreifen. Das Hauptdorf Kintamani dient oft als Namensreferenz für die ganze Region. Von Süden her erreicht man zuerst Penelokan, wo auch stets der Aussichtsgenuss von Tourgruppen beginnt.

Ausreichend warme Kleidung mitbringen: Bei einsetzendem Nebel kann die Temperatur auf 16 °C fallen.

Pura Puncak Penulisan HINDUISTISCHER TEMPEL
(Penulisan) GRATIS Nahe der Straßenkreuzung in
Penilusan führen mehrere steile Treppen-
fluchten hinauf zu Balis höchstgelegenem
Tempel (1745 m). Die *bales* (offene Pavillons
mit steilem Reetdach) der Anlage beherbergen Steinskulpturen, die zumeist Fruchtbar-
keitssymbole sind und teils aus dem 9. Jh.
stammen. Die Aussicht ist großartig: Gen
Norden schaut man auf die Reisterrassen und
an klaren Tagen bis zur Küste bei Singaraja.

❶ Praktische Informationen

Unter den wenigen Einrichtungen der Region
Gunung Batur sind einige Geldautomaten (Jl
Raya Penelokan).

GEFAHREN & ÄRGERNISSE

Wer ab Penelokan zum Danau Batur (Kratersee
des Gunung Batur) hinunterreist, sollte sich vor
extrem hartnäckigen Schleppern auf Motorrädern hüten: Diese wollen einen kompromisslos zu
Hotels oder Touranbietern ihrer Wahl bringen –
was keinerlei echten Gegenwert bietet. Darum
tunlichst ignorieren! Regionale Händler praktizieren teils ähnlich aggressive Verkaufstaktiken.

❶ An- & Weiterreise

Auf der Route Denpasar–Singaraja halten
Busse in Penelokan und Kintamani (jeweils ca.
40 000 Rp). Der Weg führt dabei stets über
Batubulan, wo eventuell Umsteigen erforderlich
ist. Die Alternative ist eine Anreise per Mietwagen. Doch Vorsicht bei eventuell engagierten
Chauffeuren: Diese drängen einen vielleicht
zu Besuchen von Mittagsbuffets in regionalen
Restaurants. Auch das immer ablehnen!

Bei Ankunft per Privatfahrzeug muss man in
Penelokan oder Kubupenelokan eine Zugangs-
genehmigung für die ganze Region Gunung
Batur kaufen (pro Pers./Kfz 5000/40 000 Rp;
Vorsicht vor teurer Abzocke!). Die Quittung
dafür unbedingt sorgfältig aufbewahren und
niemals aus der Hand geben: Andernfalls wird
potenziell zweimal kassiert.

❶ Unterwegs vor Ort

Für die Region Gunung Batur empfiehlt sich ein
eigenes Vehikel, da kaum Bemos verkehren. Die
Straßen sind schmal, kurvig und stark befahren.

Danau Batur

Von den schön gelegenen Dörfchen am Danau Batur (Kratersee des Gunung Batur)
schaut man auf die umliegenden Gipfel. Den
See säumen zahlreiche Fischzuchten sowie
viele winzige Gemüsebauernhöfe, die die
Luft mit strengem Zwiebelduft anreichern.

Unbedingt auch dem Ostufer nach Trunyan
folgen!

◉ Sehenswertes

Pura Pancering Jagat HINDUISTISCHER TEMPEL
(Trunyan) Die Hauptattraktion des Dorfs
Trunyan ist dieser äußerst eindrucksvolle
Tempel mit einer siebenstufigen *meru* (Stufenpagode). Das Innere mit einer 4 m hohen
Statue des lokalen Schutzgeistes ist für Touristen normalerweise tabu. Die Schlepper
bzw. Guides vor dem Komplex unbedingt
ignorieren und höchstens 5000 Rp fürs Parken bezahlen!

☞ Geführte Touren

★ **C.Bali** ABENTEUER-AKTIVITÄTEN
(☑ Info-Hotline 0813 5342 0541; www.c-bali.com;
Hotel Segara, Kedisan; Touren Erw./Kind ab
500 000/400 000 Rp) Ein australisch-nieder-
ländisches Paar leitet diese Firma, die neben
kulturell geprägten Radtouren durch die gesamte Region auch Kanutrips auf dem
Danau Batur anbietet. Kunden werden gratis aus ganz Südbali abgeholt und können
optional Pauschalpakete mit Übernachtung
buchen. Rechtzeitig über die Website reservieren: Die Plätze sind oft schon lange im
Voraus vergeben.

🛏 Schlafen

Unten am See gibt's ein paar Pensionen mit
Aussicht aufs Wasser.

Achtung: Zwischen dem Bergdorf Penelokan und dem Ufer verfolgen einen Motorräder mit Schleppern, die auf Provisionen von
Hotels aus sind (s. S. 327). Viele lokale Bleiben wollen jedoch keine Vermittlungsgebüh-
ren für Gäste bezahlen und bitten daher um
rechtzeitiges Buchen per Telefon: Nachweis-
bare Vorab-Registrierung eliminiert die Ge-
schäftsgrundlage der Schlepper.

Baruna Cottages PENSION $
(☑ 0813 5322 2896; www.barunacottage.com; Buahan; Zi./Bungalow ab 400 000/550 000 Rp) Die
kleine, saubere Pension mit nettem Café
liegt gegenüber vom See an der Straße nach
Trunyan. Größe und Gestaltung der zehn
Zimmer variieren sehr stark. Die mittelteuren Quartiere bieten die beste Aussicht.

Hotel Segara PENSION $
(☑ 0366-51136; www.segara-id.book.direct; Kedisan; Zi. inkl. Frühstück 250 000–600 000 Rp; ☎)
Rund um einen Innenhof mit Café verteilen
sich die 32 Zimmer der beliebten Pension

auf diverse Bungalows. In den günstigeren Quartieren gibt's nur Kaltwasser. Die besten Varianten bieten dagegen Warmwasser und Badewannen – super nach Wanderungen am frühen Morgen.

Essen

Die meisten lokalen Unterkünfte servieren Essen. Zudem gibt's hier einige Cafés mit anständiger Küche.

Kedisan Floating Hotel   BALINESISCH **$**
(☑ 0366-51627, 0813 3775 5411; Kedisan; Gerichte ab 27 000 Rp; ☺ 8–20 Uhr; 🛜) Dieses Uferhotel serviert hervorragende balinesische Gerichte (u. a. Fisch aus dem See) auf Stegen über dem See. Der tägliche Mittagstisch ist extrem beliebt – vor allem am Wochenende: Dann konkurrieren hier Touristen mit Tagesausflüglern aus Denpasar um freie Tische. Die beste Option für Übernachtungswillige sind die hauseigenen Hütten am Ufer (ab 500 000 Rp).

❶ An- & Weiterreise

Abgesehen vom Wandern ist ein eigenes Fahrzeug am besten, um den Umkreis zu erkunden.

Gunung Batur

Der Gunung Batur (1717 m) ist ein kegelförmiger Schichtvulkan, der regelmäßig Aktivität zeigt: An seinem Westhang sind in den letzten zehn Jahren mehrere kleinere Kegel entstanden. Zu großen Ausbrüchen kam es bislang 1917, 1926, 1963 und 1999 (Dauer bis Juni 2000). Drumherum erstrecken sich zwei ältere Calderen in Ovalform. Die äußere Caldera ist ca. 14 km lang, 10 km breit und am Westrand etwa 1500 m hoch. Der kleinere Innenkessel bringt es auf rund 10 km Länge und 7 km Breite. Das spektakuläre Gesamtensemble mit geologisch aktivem Zentrum wirkt wie aus einer anderen Welt.

Ein Blick reicht aus, um Besucher zu verstehen, die hier einen mühevollen, teuren Trek auf sich nehmen. Von Januar bis Juni ist die Aussicht am besten bzw. wird seltener von Wolken verhüllt. Ganzjährig gilt jedoch: Vor einer Wanderung am Gunung Batur immer die aktuellen Bedingungen (Wetter, vulkanische Aktivität) sorgsam checken – vor allem, wenn ein Aufstieg zum Gipfel geplant ist!

🏃 Aktivitäten

Wandern & Trekken

Die lokal Guide-Kooperative **PPPGB** (alias Mt. Batur Tour Guides Association; früher HPPGB) hat das Monopol für geführte Aufstiege am Gunung Batur: Auch bei Buchung über Trekking-Agenturen müssen sich Wanderer von mindestens einem PPPGB-Guide begleiten lassen. Parallel hat die Organisation einen recht schlechten Ruf (u. a. rigorose

---

❶ AUFSTIEG ZUM GUNUNG BATUR

Balis beliebteste Trekking-Option besteht bis heute darin, den Gunung Batur zwecks Sonnenaufgangsgenuss zu erklimmen – was in der Hauptsaison mindestens 100 Leute pro Tag tun. Guides servieren Frühstück auf dem Gipfel (zzgl. 50 000 Rp) und kochen dabei neuerdings oft Eier oder Bananen in vulkanischen Dampflöchern. An den Aufstiegswegen gibt's auch ein paar teure Snackbars.

Die meisten Touristen nutzen einen der beiden Pfade, die nahe Toya Bungkah beginnen. Der kürzere davon (hin & zurück 3–4 Std.) führt nur zum Gipfel; die längere Route (hin & zurück 5–6 Std.) passiert zusätzlich die anderen Krater. Einige Traveller haben uns von einem problemlosen Aufstieg ohne PPPGB-Guide berichtet. Dennoch sollte ein solcher stets engagiert werden – zumindest für Treks in der Dunkelheit: Vor Sonnenaufgang sind am Gunung Batur durch Absturz schon diverse Wanderer tödlich verunglückt! Allerdings kann das Verhandeln mit der PPPGB ziemlich anstrengend sein (s. S. 328).

Die separaten Pfade ab dem Fuß des Vulkans vereinen sich früher oder später. Nach ca. 30 Minuten erreicht man einen recht gut markierten Weg entlang eines Bergrückens. Zum Schluss wird's noch ziemlich steil. Für weitere Schwierigkeiten sorgt das Zurückrutschen auf dem lockeren Lavasand. Der Aufstieg zum Gipfel dauert etwa zwei Stunden.

Wer den Marsch dorthin auf ca. 45 Minuten verkürzen will, kann ab Toya Bungkah selbst zu einem höher gelegenen Startpunkt fahren: Zunächst gen Nordosten halten und kurz vor Songan bei Serongga (ca. 3,5 km) die linke Straßengabelung nehmen. Nun geht's am inneren Kraterring entlang (ca. 1,7 km), bis links eine deutlich beschilderte Abzweigung in Sicht kommt. Diese führt bergauf zu einem Parkplatz (ca. 1 km), wo ein recht leicht zu meisternder Fußpfad zum Gipfel beginnt.

Geschäftspolitk, unklares Leistungsspektrum, Nichteinhaltung von Vereinbarungen, unfreundliche Behandlung von Trekkern).

Nichtsdestotrotz haben viele Touristen offenbar keinerlei Probleme mit ihren PPPGB-Guides und werden von diesen teils sogar mit Ideen für individualisierte Touren beglückt.

Tipps für möglichst wenig Ärger am Gunung Batur:

➡ Auf exakte Definition des Leistungsspektrums (z. B. Route, Preis pro Person oder Gruppe, Frühstück enthalten oder nicht) seitens der PPPGB bestehen.

➡ Vereinbarungen schriftlich festhalten und offiziell gegenzeichnen lassen.

➡ Am besten alles über eine Trekking-Agentur arrangieren: So hat man zwar den obligatorischen Guide mit dabei, muss aber nicht persönlich und potenziell stressig mit der PPPGB verhandeln.

Die PPPGB betreibt neben ihrer Zentrale in **Toya Bungkah** (📱 0366-52362; ⊙ 3–21 Uhr) auch ein kleineres Zweitbüro an der **Zugangsstraße** (⊙ 3–10 Uhr). Dort hängen jeweils die aktuellen Tourpreise und Wanderzeiten aus. Beispiele:

Mt. Batur Sunrise (400 000 Rp/Pers., 4–8 Uhr) Sonnenaufgang auf dem Gipfel; einfacher Auf- und Abstieg.

Mt. Batur Main Crater (500 000 Rp/Pers., 4–9.30 Uhr) Sonnenaufgang auf dem Gipfel plus etwas Zeit am Hauptkrater.

Mt. Batur Exploration (650 000 Rp/Pers., 4–10 Uhr) Sonnenaufgang auf dem Gipfel, Caldera und diverse Vulkankegel.

Wanderer brauchen genügend Trinkwasser, eine Kopfbedeckung, warme Bekleidung und stabile Stiefel. Aufstiege vor Sonnenaufgang erfordern aus Sicherheitsgründen auch eine Taschenlampe (bei Bedarf unbedingt vom Guide aushändigen lassen!).

NORDBALI

Balis abgeschiedener Norden beheimatet ein Sechstel der Inselbevölkerung. Das riesige Gebiet wird vergleichsweise wenig besucht: Viele Touristen beschränken sich auf den Bereich zwischen Ubud und Kuta.

Das boomende Pemuteran an einer bogenförmigen Bucht ist vielleicht Balis schönstes Strandrefugium. Nordwestlich davon liegt rund 8 km vor der Küste die regionale Hauptattraktion: die super Schnorchel- und Tauchspots rund um die Insel Pulau Menjangan. Östlich von Permuteran lockt der verschlafene Strandort Lovina mit günstigen Unterkünften und spottbilligem Bier. An der Nordküste findet man zudem interessante Boutiquehotels. Und landeinwärts führen idyllische Pfade zu Wasserfällen.

Beim Besuch des Nordens erfüllt sich auch ausnahmsweise mal das Klischee, dass der halbe Spaß schon in der Anreise besteht.

ⓘ An- & Weiterreise

Straßen folgen der dünn besiedelten Nordküste gen Osten und Westen. Landeinwärts führen diverse Routen über und durch die dunstigen Berge, in denen Kraterseen und Wandermöglichkeiten warten. Singaraja ist der regionale Hauptknotenpunkt für Buslinien: Hier besteht Verbindung nach/ab Südbali; parallel werden die Hauptstrecken entlang der Nordküste in beide Richtungen bedient. Hinweis: Aufgrund des starken Verkehrs können Fahrten vom Süden in den Norden drei Stunden oder länger dauern.

Lovina

📱 0362 / 20550 EW.

Lovinas Atmosphäre wird meist als „entspannt" beschrieben. Abgesehen von aufdringlichen Schleppern stimmt das auch: Der bescheidene Strandort mit niedrigen Gebäuden und günstigen Preisen ist quasi das Gegenteil von Kuta. Überkommerzialisierung gibt's hier nicht – nur viel Sonne, schattige Palmenhaine und einen schmalen Sandstreifen mit schwacher Brandung.

Das Ganze ist eigentlich eine kleine Stadt, sondern ein ca. 10 km langer Streifen aus sieben zusammengewachsenen Küstendörfern (Kaliasem, Kalibukbuk, Anturan, Tukad Mungga, Temukus, Pemaron, Banyualit). Die dazwischen verlaufende Hauptstraße ist tagsüber recht stark befahren und entsprechend lärmig. Die Hauptsiedlung Kalibukbuk liegt 10,5 km westlich von Singaraja.

Interessant zu beobachten: In einigen Dörfern (z. B. Anturan) bereiten Einheimische nachmittags ihre *prahu* (Ausleger-Kanus) für die nächtliche Fischerei vor. Nach dem Auslaufen im roten Licht des Sonnenuntergangs sind die Bordlampen der Boote als strahlend helle Punkte am Horizont zu erkennen.

🏃 Aktivitäten

⭐ **Bayu Sunrise**　　GEFÜHRTE TOUREN
(📱 0877 6206 6287, WhatsApp 0877 6206 6063; www.bayusunriseunpackbalitour.wordpress.com;

Nordbali

10 km

0

N

BALISEE

Lampu Merah

Ketapang (Java) (4 km)

Gilimanuk

Pulau Menjangan

Gunung Prapat Agung (310 m)

Cekik

Banyuwedang

Labuhan Lalang

Sumber Kelompok

Gunung Banyuwedang (430 m)

Gunung Kelatakan (698 m)

Kelatakan

Belimbingsari

Ambyasari

Palasari

Melaya

Candikesuma

Pemuteran

Banyupoh

Gondoi

Pura Melanting

Gunung Meesehe (1344 m)

Gunung Musi (1224 m)

Sungai Bilukpoh

Bali Barat National Park

Gunung Patas (1412 m)

Mendoyo

Negara

Manggissari

Grokgak

Celukanbawang

Kalisada

Ume Anyar

Seririt

Banjar Tega

Banjar

Rangdu

Mayong

Dencarik

Air Pemas Banjar

Air Terjun Singsing

Kaliasem

Kalibukbuk

Lovina

Anturan

Tukad Mungga

Pantai Penimbangan

Singaraja

Penarukan

Krabokan

Sinengdalem

Bejatan

Panci

Selat

Silangayang

Pedewa

Gobleg

Kayu Putih

Pupuan

Batungsei

Munduk

Gunung Lesong (1860 m)

Pujungan

Gunung Sangiyang

Gunung Batukau (2276 m)

Gunung Adeng

Danau Buyan

Danau Tamblingan

Air Terjun Gitgit

Wasserfall-Touren ab Lovina/Ubud/Südbali pro Auto 700 000/850 000/950 000 Rp) Der einheimische Guide Bayu ist äußerst freundlich, engagiert und kompetent. Das Spektrum seiner Individualtouren reicht von privaten Autotrips hin zu Vulkantreks und anderen Aktiv-Abenteuern auf ganz Bali. Bayu ist die beste Adresse für Ausflüge zu den Wasserfällen des zentralen Hochlands (z. B. Banyu Wana Amertha, S. 322; Banyumala, S. 323; Sekumpul, S. 338). Er führt Kunden auf Wunsch auch zu Kaskaden, die so versteckt liegen, dass sie bislang keine Namen haben.

Delfinbeobachtungen
Delfinbeobachtungen zu Sonnenaufgang sind Lovinas touristische Hauptattraktion. Der Hype um diese Bootstrips ist so gewaltig, dass die Meeressäuger sogar per Denkmal am örtlichen Strand geehrt werden.

Lovinas Bootsbetreiber-Kooperative definiert den Festpreis für die Fahrten (Erw./Kind 150 000/75 000 Rp; Dauer ca. 2 Std., Start jeweils 5.30 Uhr). Seitens Schleppern und des eigenen Hotels ist mit aggressiver Verkaufspolitik zu rechnen.

Die Delfine scheinen sich nicht an der Verfolgung durch viele laute Powerboote zu stören: An den meisten Tagen lassen sich zumindest ein paar Exemplare blicken. Eventuell sind die reichen regionalen Fischbestände ein Grund dafür, dass die Tiere nicht vor dem fragwürdigen Trubel flüchten.

Tauchen & Schnorcheln
Das örtliche Riff leidet stellenweise unter Korallenbleiche und/oder Zerstörung durch Dynamitfischerei. Taucher erkunden es bevorzugt in größeren Tiefen sowie bei Nacht. Viele Unterwassersportler nutzen Lovina jedoch nur als Ausgangsbasis für Trips zur Insel Pulau Menjangan, die weiter westlich vor der Küste liegt (1½ Bootsstd.).

Dank des meist klaren Wassers eignen sich einige der unbeschädigten Riffbereiche auch ganz gut zum Schnorcheln. Der beste Spot lockt ein paar Hundert Meter vor den Billibo Beach Cottages in Lovinas Westen. Ein zweistündiger Bootsausflug dorthin kostet ca. 450 000 Rp pro Person (mit Leihausrüstung).

Spice Dive · TAUCHEN
(☑ 0813 3724 2221; www.balispicedive.com; abseits der Jl Raya Lovina, Kalibukbuk; Zweiflaschen-Tauchgang ab 80 €; ⊙ 8–21 Uhr) Diese große Firma bietet Schnorcheln (55 €) und Nachttauchen (45 €) am Riff an. Hinzu kommen Touren nach Pulau Menjangan (Schnorcheln/Tauchen 70/80 €). Der Hauptsitz im Spice Beach Club (westl. Ende des Strandpfads) wird durch ein Büro an der Jl Bina Ria ergänzt.

Kurse

★ Warung Bambu Pemaron · KOCHEN
(☑ 0362-31455; www.warung-bambu.mahanara. com; Pemaron; Kurse inkl. Shuttles ab 405 000 Rp; ⊙ 8–13 Uhr) Östlich von Lovina umgeben Reisfelder diesen *warung* mit freundlichem Personal und Kochkursen für verschiedene Erfahrungsstufen. Im luftigen Ambiente lernt man hier die Zubereitung von neun balinesischen Traditionsgerichten (optional vegetarisch). Der Unterricht beginnt stets mit dem Besuch eines großen Lebensmittelmarkts in Singaraja und endet mit dem gemeinschaftlichen Vertilgen der Ergebnisse.

🛏 Schlafen
Hotels säumen die Jl Raya Lovina und die Seitenstraßen Richtung Strand. Luxus ist kaum geboten, alles bewegt sich eher im günstigen Preisbereich. Die Unterkünfte an der Hauptstraße leiden unter Verkehrslärm. Ebenso wenig empfehlenswert sind Optionen nahe den lange geöffneten Bars von Kalibukbuk.

In der Nachsaison sind die Zimmerpreise verhandelbar. Vorsicht vor Schleppern, die falsche bzw. überzogene Tarifangaben machen, um kräftig Provision zu kassieren!

★ Funky Place · HOSTEL $
(☑ 0878 6325 3156; Jl Seririt-Singaraja; Zelt/Baumhaus 130 000/170 000 Rp, B 150 000–170 000 Rp, Zi. ab 230 000 Rp) Das gut ausgeschilderte Hostel ist ein Traum für Backpacker: Die Einrichtung umfasst viel Recyclingholz, allerlei verrückte Antiquitäten und Barhocker aus Einrädern. Zudem locken hier ein erschwingliches Baumhaus, kostenlose Fußmassagen, Grillpartys, balinesische Tanzvorstellungen, Bier-Pong-Turniere und Livemusik am Wochenende. Vom Gelände führt ein Pfad direkt zum Strand.

Harris Homestay · PRIVATUNTERKUNFT $
(☑ 0362-41152; Gang Binaria, Kalibukbuk; EZ/DZ inkl. Frühstück ab 130 000/150 000 Rp; 🖸) Das Harris bildet einen attraktiven, sauberen Gegenpol zum Gammellook mancher benachbarter Billig-Bleibe. Der freundliche Eigentümer bewohnt den Hinterbereich des weiß gestrichenen Gebäudes. Die vier hellen, modernen Gästezimmer befinden sich vorne.

★ Villa Taman Ganesha · PENSION $$
(☑ 0812 377 1381; www.taman-ganesha-lovina.com; Jl Kartika 45; Zi. 550 000–700 000 Rp; ✳🖸✳)

Lovina

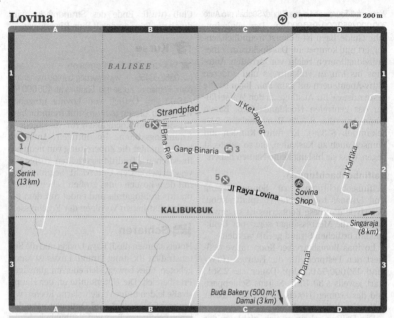

Die reizende Pension liegt am Ende eines ruhigen Sträßchens, das von privaten Wohnhäusern gesäumt wird. Das üppig grüne Gelände duftet nach den Blüten von Tempelbäumen, die der Inhaber (ein deutscher Landschaftsarchitekt) aus aller Welt mitgebracht hat. Die drei Wohneinheiten punkten mit Privatsphäre und Komfort. Am 400 m entfernten Sandstrand kann man in zehn Minuten nach Kalibukbuk laufen.

Lovina   BOUTIQUEHOTEL **$$$**
(☏0362-343 5800; www.thelovinabali.com; Jl Mas Lovina; Suite ab 165 US$; 🅿❄🛜🏊) Modernes Design (klare Linien, helles Mobiliar) prägt dieses luxuriöse Strandresort in Laufentfernung zu Kalibukbuks Zentrum. Die 66 großen Suiten haben Wohnbereiche und Terrassen bzw. Balkone. Gäste können im riesigen Pool relaxen und z.B. Fahrräder oder Kajaks gratis ausleihen.

🍴 Essen

Fast alle örtlichen Hotels haben Hausrestaurants bzw. -cafés. Den Fußpfad zum Strand säumen diverse einfache Lokale mit Standardgerichten, kaltem Bier und Blick auf den Sonnenuntergang.

⭐ **Global Village Kafe**   CAFÉ **$**
(☏0362-41928; Jl Raya Lovina, Kalibukbuk; Hauptgerichte ab 32000 Rp; ⊗8–22 Uhr; 🛜) Die Wandbilder des künstlerisch angehauchten Cafés zeigen u.a. Che Guevara, Michail Gorbatschow und Nelson Mandela. Unter den vielen hervorragenden Speisen bzw. Getränken sind z.B. Backwaren, Fruchtdrinks, Frühstück, Pizzen und indonesische Klassiker. Der Laden verkauft zudem regionales Kunsthandwerk und hat eine kostenlose Tauschbörse (Bücher, DVDs). Seine Gewinne gehen an eine Stiftung zur Förderung des örtlichen Gesundheitswesens.

Sea Breeze Café   INDONESISCH **$$**
(☏0362-41138; abseits der Jl Bina Ria, Kalibukbuk; Hauptgerichte ab 55000 Rp; ⊗8–22 Uhr; 🛜) Unter Lovinas Strandlokalen ist das luftige Café die beste und lauschigste Option – vor allem dank der stilvollen Renovierung vor

kurzer Zeit. Die indonesischen und westlichen Gerichte wirken so appetitlich wie das hervorragende Frühstück. Auf der „königlichen Seafood-Platte" liegt praktisch ein ganzer Fischmarkt. Zu den Drinks gibt's leckere Erdnüsse.

★ **Buda Bakery**   BÄCKEREI, CAFÉ $$
(☑ 0812 469 1779; abseits der Jl Damai; Hauptgerichte 50 000–150 000 Rp; ☺ 8–21 Uhr) Zehn Gehminuten von der Jl Raya Lovina entfernt bietet Nordbalis beste Bäckerei vielerlei leckere Backwaren (u. a. Brot, Kuchen) an – täglich frisch produziert und oft schnell ausverkauft. Hauptgrund für einen Besuch ist aber das Café im Obergeschoss: Dort gibt's schlichte, aber deliziöse Gerichte im indonesischen und westlichen Stil.

★ **Damai**   FUSION $$$
(☑ 0362-41008; www.thedamai.com; Jl Damai; 3-gängige Menüs ab 485 000 Rp; ☺ 7–11, 12–16 & 19–23 Uhr; ☎) Das Boutiquehotel Damai liegt in den Hügeln hinter Lovina. Sein renommiertes Restaurant kredenzt wechselnde, kunstvoll angerichtete Regionalküche aus frischen Zutaten. Diese stammen vom hauseigenen Bio-Bauernhof und von einheimischen Fischern. Der Sonntagsbrunch ist sehr beliebt; die Weinkarte zählt zu den besten auf Bali. Gäste speisen mit Aussicht auf die Nordküste und werden gratis in Lovina abgeholt (hierfür aber rechtzeitig anrufen!).

❶ An- & Weiterreise

BUS & BEMO

Mit öffentlichen Verkehrsmitteln dauert die Anreise ab Südbali fast einen ganzen Tag: Zuerst geht's von Denpasar per Bus nach Singaraja, wo man nach der Ankunft am Sangket-Terminal ein Bemo zum Banyuasri-Terminal nimmt. Dort starten Bemos wiederum regelmäßig gen Lovina bzw. Kalibukbuk (ca. 15 000 Rp). Alternativ lassen sich diese Minibusse auch überall an Singarajas Hauptstraße heranwinken. Je nach Verkehr kann es aber eine Weile dauern, bis einer davon vorbeikommt.

Wer per Fernbus von Westen her anreist, kann sich vom Fahrer überall an Lovinas Hauptstraße absetzen lassen.

TOURISTENBUSSE

Perama (☑ 0362-41161; www.peramatour.com; Jl Raya Lovina, Anturan) Bringt Passagiere über Anturan zu weiteren Zielen an Lovinas Hauptstraße (jeweils 15 000 Rp) und bietet auch Verbindung nach/ab Südbali (inkl. Kuta, Sanur, Ubud; jeweils 125 000 Rp, 1-mal tgl.).

❶ Unterwegs vor Ort

Bemos nach/ab Singaraja (10 000 Rp) ermöglichen Fahrten entlang von Lovinas langer Hauptstraße: Diese Minibusse lassen sich vor Ort überall heranwinken. Je nach Verkehr dauert es aber oft eine Weile, bis einer davon vorbeikommt.

FAHRRAD

Das kleine Lovina lässt sich nett per Drahtesel erkunden. Der **Sovina Shop** (☑ 0362-41402; Jl Mawar; ☺ 10–22 Uhr) verleiht Fahrräder.

Pemuteran
☑ 0362 / 8620 EW.

Das beliebte Pemuteran in Balis äußerstem Nordwesten ist eine Oase mit diversen attraktiven Resorts an einer kleinen Bucht. Diese hat die Form eines Hundeknochens und ungemein ruhiges Wasser – dank Lage in einem erloschenen Vulkankrater, der von intakten Korallenriffen abgeschirmt wird. Der örtliche Strand ist recht schön. Die meisten Besucher kommen aber wegen der tollen Unterwasserwelt, die hier direkt vor der Küste und rund um die nahe Insel Pulau Menjangan wartet.

Die belebte Straße Singaraja–Gilimanuk ist Permuterans Hauptader und wird von immer mehr touristischen Einrichtungen gesäumt. Doch trotz seiner Popularität verfolgt das Städtchen ein Gesamtkonzept für nachhaltige Entwicklung – ein potenzielles Vorbild für das übrige Bali.

◉ Sehenswertes

Pemuteran Beach   STRAND
Permuterans Strand ist recht schmal und hat grau-braunen, ziemlich grobkörnigen Sand. Dafür entschädigt die grandiose Lage: Das Panorama aus blauem Wasser und grünen Hügeln ist herrlich – vor allem, wenn der Sonnenuntergang die Farbpalette noch um Purpurrot und Orange erweitert. Strandspaziergänge sind entsprechend beliebt. Das östliche Ende des „Hundeknochens" ist weitgehend unbebaut. Auch der übrige Uferbereich ist interessant: Direkt am Meer werden hier traditionelle Fischerboote in verschiedenen Varianten gebaut.

Proyek Penyu   SCHILDKRÖTENRESERVAT
(Schildkröten-Projekt; ☑ 0362-93001; www.reef seenbali.com/turtle-hatchery; Reef Seen; Erw./Kind 25 000 Rp/frei; ☺ 8–17 Uhr) ✐ Dieses gemeinnützige Projekt des Reef Seen Divers' Resort kauft Schildkröteneier und -babys von Ein-

BALI PEMUTERAN

heimischen. Anschließend werden die Tiere ausgebrütet bzw. aufgezogen und ausgewildert – was hier seit 1994 bereits tausendfach geschehen ist. Besucher können die kleine Brutstation im Rahmen einer Besichtigung mit Spenden unterstützen und selbst kleine Schildkröten ins Meer entlassen. Nahe der Hauptstraße liegt das Gelände östlich der Taman Selini Beach Bungalows am Strand.

🏃 Aktivitäten

Rund 3 km vor der Küste liegen große Korallenriffe. Weitere Riffe in größerer Ufernähe werden gerade im Rahmen des Projekts Bio Rocks renaturiert. In Permuteran sind **Tauchen** und **Schnorcheln** (Leihausrüstung ab 50 000 Rp) gleichsam beliebt – beides wird hier sowohl von Tauchshops als auch von Hotels angeboten. Die Bucht ist in Küstennähe maximal 15 m tief, was Ufertauchen (vor allem nachts) beliebt macht.

★ Reef Seen Divers' Resort TAUCHEN
(☑ 0362-93001; www.reefseenbali.com; Zweiflaschen-Tauchgänge ab 1 200 000 Rp) Das große Tauchzentrum am Strand hat ein PADI-Zertifikat und bietet das volle Kursprogramm für Unterwassersportler. Kunden können auch Pauschalpakete mit **Unterkunft** (Zi. ab 525 000 Rp) vor Ort buchen. Die Firma veranstaltet zudem Pony-Strandritte für Kinder und engagiert sich im lokalen Naturschutz.

🛌 Schlafen

Pemuteran paart einige von Balis schönsten Strandhotels mit immer mehr Budget-Pensionen. Alle örtlichen Bleiben punkten mit Bodenständigkeit, Ruhe und leichtem Strandzugang – oft noch abgerundet durch ein gewisses Stilbewusstsein.

Einige der Hotels sind direkt von der Hauptstraße aus zugänglich. Andere säumen kleine Nebenstraßen, die zur Bucht oder südwärts in Richtung Berge führen.

Pande Guest House PENSION $
(☑ 0818 822 088; Jl Singaraja-Gilimanuk; Zi. ab 250 000 Rp; ❄ 🛜) Die bei Weitem beste Budgetoption der Stadt ist charmant und gut geführt. Die blitzsauberen, komfortablen Zimmer haben Freiluftbäder mit attraktiven Gartenduschen.

Double You Homestay PENSION $
(☑ 0813 3842 7000; www.doubleyoupemuteran. com; abseits der Jl Singaraja-Gilimanuk; Zi. inkl. Frühstück ab 360 000 Rp; ❄ 🛜) Die stilvolle Pension liegt südlich der Hauptstraße an einem Sträßchen. Ein Blumengarten umgibt die neun tadellosen Wohneinheiten mit Warmwasser und anderen Annehmlichkeiten.

Kubuku Ecolodge PENSION $$
(☑ 0362-343 7302; www.kubukubali.com; Jl Singaraja-Gilimanuk; Zi. inkl. Frühstück ab 765 000 Rp; ❄ 🛜) Das Kubuku bringt etwas modernen Stil nach Permuteran. Die 17 komfortablen Zimmer haben ein gutes Preis-Leistungs-Verhältnis. Zum recht kleinen Poolbereich gehören eine Bar und eine einladende Rasenfläche. Das Hausrestaurant serviert leckeres Essen aus Bio-Zutaten. Auf der Bergseite der Hauptstraße liegt die Pension am Ende eines Sträßchens.

★ Matahari Beach Resort RESORT $$$
(☑ 0362-92312; www.matahari-beach-resort.com; Jl Singaraja-Gilimanuk; Zi. ab 370 US$; ❄ 🛜 🏊) Auf weitläufigem, grünem Gelände liegt dieses reizende Strandresort am ruhigeren Ostende der Bucht. Die kunstvollen Bungalows im tradionellen Stil verteilen sich in weiten Abständen über das Grundstück. Unter den luxuriösen Gemeinschaftseinrichtungen sind z. B. eine Bibliothek und ein elegantes Spa. Zudem gibt's hier eine Strandbar, die nach dem Erkunden der Bucht zum Relaxen einlädt.

🍴 Essen

Cafés und Restaurants säumen die Hauptstraße. Die guten mittelteuren Hauslokale der Strandhotels bzw. -resorts klappert man am besten mittels eines Spaziergangs auf dem Sand ab.

★ Santai Warung INDONESISCH $
(☑ 0852 3737 0220; Jl Hotel Taman Sari; Hauptgerichte ab 35 000 Rp; ⏱ 11–21 Uhr; 🖋) Von der Hauptstraße weisen leuchtende Laternen den Weg zu diesem attraktiven Restaurant: Ein wunderbarer Garten umgibt das traditionelle Haus im javanischen joglo-Stil. Unter den pikanten, authentischen Gerichten à la Indonesien sind viele tolle Optionen für Vegetarier. Auf Vorbestellung (spätestens 24 Std.) gibt's hier zudem Reistafeln (balinesische Bankette) mit Dutzenden von Köstlichkeiten. Das Lokal veranstaltet auch Kochkurse.

Bali Balance Café & Bistro CAFÉ $
(☑ 0853 3745 5454; www.bali-balance.com; Jl Singaraja-Gilimanuk; Hauptgerichte ab 30 000 Rp; ⏱ 7.30–19 Uhr; 🛜) Das blitzsaubere Café mit grünem Hintergarten liegt etwa in der Mitte

NICHT VERSÄUMEN

PULAU MENJANGAN ENTDECKEN

Das unbewohnte Pulau Menjangan ist Balis bekanntestes Tauchrevier: Rund um die kleine Insel verteilt sich über ein Dutzend Top-Spots, die allerlei tolle Attraktionen bei (meist) hervorragender Sichtweite bieten. Dazu gehört neben Meereshöhlen und spektakuläre Steilkanten auch eine kunterbunte Unterwasser-Fauna:

Weichkorallen, filigrane Seefächer und diverse Schwammarten liefern hier Schutz und Nahrung für kultige Tropenfische – u. a. kleine, possierliche Gesellen wie Papageien- oder Clownfische. Am anderen Ende der Größenskala gibt's mitunter Wale, Walhaie und Mantarochen zu sehen.

Die meisten aufgeführten Spots liegen in Ufernähe und eignen sich auch für Tauchanfänger oder Schnorchler. Viele erfahrene Taucher zieht es zudem weiter hinaus: Am Rand der Flachwasserzone fallen insgesamt acht spektakuläre Steilwände in dunkle Tiefen ab.

Menjangan beherbergt auch den angeblich ältesten Tempel Balis: den **Pura Gili Kencana** aus dem 14. Jh., der in ca. 300 m Entfernung zum Anleger liegt. Ein mächtiger Ganesha (hinduistische Gottheit mit Elefantenkopf) ziert den Eingang des Schreins. Das Eiland lässt sich in etwa einer Stunde umrunden; leider sind die Strände oft stark vermüllt.

Die beste Ausgangsbasis für Tauch- oder Schnorcheltouren nach Menjangan ist Permuteran mit seinen super Unterkünften. Nur 7 km westlich davon liegt der Hafen von Banyuwedang. Dies hält die Anfahrt vor dem erholsamen und malerischen Bootstrip nach Menjangan (30 Min.) sehr kurz. Örtliche Tauchshops und Hotels bieten neben Schnorcheltouren (65–85 US$) auch Ausflüge mit Zweiflaschen-Tauchgängen (ab 95 US$) an. Der Preis beinhaltet dabei jeweils die Zugangsgebühr für den umliegenden Bali-Barat-Nationalpark (Mo–Sa 250 000 Rp, So & Feiertag 350 000 Rp).

Manche Tourboote nach Menjangan starten direkt am Strand von Pemuteran – was ideal ist: Andernfalls muss man per Auto nach Banyuwedang fahren und dort an Bord gehen.

---

der Hauptstraße (Bergseite) und ist immer gut für eine Pause: Hier gibt's super Kaffee, leckere Kuchen und Säfte. Auf der kurzen Speisekarte stehen auch Sandwichs und Salate.

La Casa Kita INTERNATIONAL **$$**
(☑ 0852 3889 0253; Jl Gilimanuk-Seririk; Hauptrichte 40 000–75 000 Rp; ⊘ 10–22 Uhr) Gegenüber vom Easy Divers an der Hauptstraße gibt's hier kaltes Bintang-Bier zum klassischen Urlaubsmix aus indonesischem Essen und westlichen Gerichten (u. a. dünnkrustige Holzofenpizzen). Die Freilufttische stehen auf einer Rasenfläche.

ⓘ Praktische Informationen

Mehrere Geldautomaten säumen die Hauptstraße (Jl SingarajaGilimanuk) zwischen dem Matahari Beach Resort (Osten) und der schmalen Zufahrt zum Resort Taman Sari (Westen).

ⓘ An- & Weiterreise

Auf der Route Gilimanuk–Lovina–Singaraja wird Permuteran von Bussen bedient (ab Gilimanuk oder Lovina ca. 20 000 Rp; verhandelbar). Diese muss man zwecks Fahrtantritt stets heranwinken, da es an der ganzen Anreisestrecke keinerlei Haltestellen gibt. Ab Südbali geht's durch die Berge oder entlang der Westküste nach Permuteran (jeweils 4 Fahrtstd.). Vor Ort lassen sich Privatautos mit Fahrer für Trips in den Süden mieten (z. B. nach Ubud oder Seminyak; jeweils ca. 850 000 Rp).

Singaraja

☑ 0362 / 120 000 EW.

Singaraja („König der Löwen") ist Balis zweitgrößte Stadt und Verwaltungssitz des Regierungsbezirks Buleleng, der den Großteil des Nordens einnimmt. An Baumalleen laden hier erhaltene Kolonialgebäude zu paar netten Erkundungsstunden ein. Gleiches gilt für das zauberhaft verschlafene Hafenviertel nördlich der Jl Erlangga. Die meisten Besucher wohnen im benachbarten Lovina.

Als einstiges regionales Machtzentrum der Holländer zählt Singaraja zu den wenigen Orten auf Bali, die noch sichtbare Spuren aus der niederländischen Kolonialzeit aufweisen – vermischt mit chinesischen und islamischen Einflüssen. Bis 1953 wurden die Kleinen Sundainseln (Bereich zwischen Bali und Timor) von hier aus verwaltet. Heute ist die Stadt ein großes Kultur- und Bildungszentrum mit mehreren Universitäten.

HAFIZ ADIT/SHUTTERSTOCK ©

1. Borobudur (S. 127)
Der größte buddhistische Tempel der Welt
beeindruckt mit 432 sitzenden Buddhas.

2. Tauchen, Pulau Weh (S. 593)
Einige der besten Tauch- und Schnorchelspots
im Indischen Ozean finden sich bei Pulau Weh.

3. Tengger, Gunung Bromo (S. 211)
Die Hänge des Vulkans erreicht man mit einer
40-minütigen Wanderung ab Cemoro Lawang.

4. Karimunjawa-Inseln (S. 181)
Lediglich fünf der 27 magischen Karimunjawa-Inseln sind bewohnt.

⊙ Sehenswertes

Der alte Hafenbereich vermittelt einen Eindruck davon, wie Singaraja als Balis Haupthafen vor dem Zweiten Weltkrieg ausgesehen haben muss. Am Nordende der Jl Hasanudin ragt ein moderner **Pier** mit einigen Läden und einfachen Cafés über das Wasser hinaus.

Gegenüber vom Parkplatz liegen alte Kanäle und **Lagerhäuser** aus der holländischen Kolonialzeit. In der Nähe findet man das markante **Yudha-Mandala-Tama-Denkmal** und einen farbenfrohen chinesischen Tempel namens **Ling Gwan Kiong**.

Art-déco-Gebäude aus der späten Kolonialzeit säumen die Jl Imam Bonjol. Nur 2 km westlich vom Zentrum erstreckt sich der beliebte **Pantai Penimbangan**. In den vielen Seafood-Cafés an dem schmalen Sandstrand tummeln sich zahllose Einheimische (vor allem abends am Wochenende).

★ Sekumpul-Fälle
WASSERFALL

(Sekumpul; Eintritt/Parken 20 000/2000 Rp) Rund 18 km südöstlich von Singaraja liegt ein üppig grünes Tal mit dichtem Bambus-Bewuchs. Hier speisen Hochlandbäche insgesamt sechs oder sieben separate Wasserfälle, die über bis zu 80 m hohe Felsen in die Tiefe stürzen. Vom Parkplatz führt ein Fußmarsch (1 km bzw. 45 Min.) bergauf zum winzigen Dorf Sekumpul, wo es durch Plantagen (u. a. Nelken, Kakao, Jackfrüchte) zu den steilen Zugangstreppen geht. Unten im Tal schlängeln sich dann Pfade von einer Kaskade zu nächsten. Den herrlichen Anblick kann man locker einen ganzen Tag lang genießen.

Angesichts der abgeschiedenen Lage empfiehlt sich für Trips nach Sekumpul ein Mietwagen mit Fahrer. Der engagierte Guide Bayu Sunrise (S. 329) holt Kunden auf ganz Bali ab, begleitet sie durch das Dorf und wandert mit ihnen zu den Wasserfällen. Vom Parkplatz geht's zunächst nach links die Straße hinauf zum offiziellen Eingang (10 Min.). Am Schild Sekumpul Waterfall nun nach links abbiegen und der schmalen Backsteinstraße (vorbei an Dorfhäusern und kleinen Läden) zur Hütte mit dem offiziellen Ticketschalter folgen. Dahinter läuft man dann bergab zu einem Hügel, wo die steilen Zugangsstufen beginnen. Diese hinuntersteigen und mit nassen Füßen rechnen: Auf dem letzten kurzen Stück bis zu den Fällen muss noch ein Bach über- bzw. durchquert werden.

Achtung: Im Bereich des Dorfs stehen mitunter illegale Registration Stations – diese Fake-Stände ziehen Touristen den vermeintlichen Eintritt aus der Tasche. Darum nur bei der offiziellen Tickethütte bezahlen!

✖ Essen

Im Bereich von Singaraja gibt's einige gute Optionen für Hungrige.

Cozy Resto
INDONESISCH $

(☑ 0362-28214; Jl Pantai Penimbangan; Hauptgerichte 25 000–90 000 Rp; ⊙ 10–22 Uhr) Das Cozy zählt zu den renommierteren Cafés am Pantai Penimbangan. Auf seiner langen Karte mit indonesischen bzw. balinesischen Gerichten steht u. a. Seafood. In den Freiluftbereichen feiern viele Einheimische. An der nahegelegenen Uferstraße gibt's viele weitere Lokale bzw. Imbissstände mit günstiger Regionalküche und fröhlicher Atmosphäre.

Dapur Ibu
INDONESISCH $

(☑ 0362-24474; Jl Jen Achmed Yani; Hauptgerichte 10 000–20 000 Rp; ⊙ 8–16 Uhr) Das nette Café mit kleinem Garten liegt abseits der Straße. Hier kann man leckeres *nasi goreng* (indonesische Reispfanne) mit frisch gepressten Säften oder Bubble-Tee hinunterspülen.

Istana Cake & Bakery
BÄCKEREI $

(☑ 0362-21983; Jl Jen Achmed Yani; Snacks ab 3000 Rp; ⊙ 8–18 Uhr) Wer in Lovina die große Liebe gefunden hat, kann bei dieser Bäckerei seine Hochzeitstorte bestellen. Ansonsten gibt's hier auch andere leckere Backwaren und eine Kühltruhe voller kalter Köstlichkeiten (u. a. Eistorten).

❶ Praktische Informationen

Touristeninformation Buleleng (Diparda; ☑ 0362-21342; Jl Kartini 6; ⊙ Mo–Fr 8–15.30 Uhr) Rund 550 m südöstlich vom Banyuasri-Busbahnhof gibt's hier akzeptable Stadtpläne und gute Infos zu Kulturveranstaltungen (z. B. Tanzvorstellungen).

Öffentliches Krankenhaus Singaraja (☑ 0362-22046, 0362-22573; Jl Ngurah Rai 30; ⊙ 24 Std.) Größte Klinik im Norden Balis.

❶ An- & Weiterreise

Drei Bemo-Terminals bzw. Busbahnhöfe machen Singaraja zum Hauptverkehrsknotenpunkt an der Nordküste:

Sangket-Busbahnhof Liegt ca. 10 km südlich der Stadt an der Hauptstraße. Bemos fahren hier sporadisch nach Denpasar (Ubung-Terminal; 40 000 Rp; über Bedugul/Pancasari).

Banyuasri-Busbahnhof Am westlichen Stadtrand findet man hier Busse nach Gilimanuk (60 000 Rp, 2 Std.) und Bemos nach Lovina (20 000 Rp). Mit mehreren Firmen besteht zudem Verbindung nach Java, wobei der Ticketpreis die Fährpassage über die Bali-Straße beinhaltet.

Penarukan-Busbahnhof (abseits der Jl Surapati) Rund 2 km östlich der Stadt brechen hier Bemos auf, die über die Küstenstraße nach Yeh Sanih (20 000 Rp) und Amlapura (ca. 30 000 Rp, 3 Std.) fahren. Weitere Bemos starten gen Denpasar (Batubulan-Terminal; 100 000 Rp, 3 Std.; über Kintamani).

Taman Nasional Bali Barat

🖉 0365

An der westlichen Inselspitze fasziniert Balis einziger Nationalpark mit den lieblichen Gesängen zahlloser Vögel, die zwischen rauschenden Bäumen umherflitzen. Zu dem 190 km² großen Gebiet gehören auch fast 70 km² Küstengewässer mit Korallenriffen – insgesamt ein wichtiger Beitrag zum Naturschutz in einer dicht besiedelten Region.

Hier kann man durch Wälder wandern, Küstenmangroven erforschen und Balis beste Tauchsports rund um Pulau Menjangan erkunden.

🏃 Aktivitäten

Der Park kann per pedes, Boot, Schnorcheloder Tauchtrip erkundet werden. Zur Zugangsgebühr (250 000–350 000 Rp; tagesabhängig) kommen jeweils noch die (potenziell hohen) Kosten für die jeweilige Aktivität und der Lohn für den obligatorischen Guide hinzu. Eine Gesamtkalkulation vorab ist schwierig, da fast alle Einzelpreise separat vor Ort ausgehandelt werden müssen. Ein Besuch lässt sich über die Nationalparkbüros in Cekik oder Labuhan Lalang arrangieren. **Iwan Melali** (🖉 0819 3167 5011; iwan.melali@gmail.com) ist ein kompetenter Guide, der Englisch spricht und Wildtiere aufspüren kann.

Wandern & Trekken

Alle Wanderer müssen einen offiziellen Guide mitnehmen. Dies arrangiert man am besten schon am Vortag bei einem der beiden Nationalparkbüros. Der Preis für die Begleitung (ab ca. 350 000 Rp für 2 Pers. und max 2 Std.) hängt von Gruppengröße und Dauer ab. Der Tarif ist stets separat auszuhandeln. Gleiches gilt für die zusätzlichen Shuttlekosten, die bei manchen Touren anfallen.

Idealerweise wandert man frühmorgens (z. B. um 6 Uhr los): Dann ist das Klima vergleichsweise kühler, während die Chancen auf Wildtiersichtungen besser stehen. Bei einem guten Draht zum jeweiligen Guide ist eventuell eine Individualisierung möglich. Die meisten Führer halten sich jedoch an feste Routen. Ein paar Beispiele:

Eine Tour führt von Sumber Kelompok zum Gipfel des **Gunung Kelatakan** (698 m) und dann hinunter zur Hauptstraße nahe dem Dorf Kelatakan (6–7 Std.). Die Route durchquert dichte Wälder mit vielen klaren Bächen. Optional kann unterwegs auch einmal in der Natur übernachtet werden. Dies erfordert eine Genehmigung der Nationalparkverwaltung, aber nicht unbedingt ein Zelt: Bei Bedarf baut der Guide aus Ästen und Blättern eine primitive Schutzhütte – das ist bereits ein Abenteuer für sich!

Eine andere Wanderung erkundet die **Küstensavanne** nordwestlich von Teluk Terima (3–4 Std.; Shuttles im Preis enthalten). Dort lassen sich potenziell Warane, Muntjaks und Languren blicken – und vielleicht sogar einer der Bali-Stare, die im Park ausgewildert wurden.

Westlich von Labuhan Lalang erkundet ein weiterer Trek (3 Std.) zunächst die Mangroven an der **Teluk Terima** (Terima-Bucht). Später folgt man dann einem Abschnitt des Sungai Terima (Terima-Flusses) in die Hügel und läuft schließlich wieder hinunter zur Straße. Mit etwas Glück sind unterwegs Makaken, Languren und Hirsche zu sehen.

ℹ Praktische Informationen

Nationalpark-Verwaltung (🖉 0365-61060; Jl Raya Cekik, Cekik; ⊗ 6–18 Uhr) Kombiniert eine Wandkarte zum Park mit einigen Infos zu dessen Natur.

Info-Büro Labuhan Lalang (Jl Singaraja-Gilimanuk; ⊗ 7–19 Uhr) In einer Hütte nahe dem Parkplatz, an dem Boote gen Pulau Menjangan starten.

Wanderführer und -genehmigungen lassen sich bei beiden Büros organisieren. Doch Vorsicht: Dort bieten meist diverse Personen eine Begleitung an – es ist teils sehr schwierig, die offiziellen Guides darunter zu identifizieren!

Die Hauptstraßen nach Gilimanuk führen durch den Park. Die Zugangsgebühr entfällt bei reiner Durchfahrt, ist aber bei jeglichen Aktivitäten grundsätzlich zu entrichten (s. S. 339).

GEFAHREN & ÄRGERNISSE

Im Bereich der beiden Parkbüros geben sich diverse Personen als Guides aus. Die offiziellen

Führer darunter sind teils nur schwer zu identifizieren. Gleichsam undurchsichtig ist die Preisgestaltung auf den in Plastik eingeschweißten Tarif-Tabellen (oft Eigenkreationen ohne offizielle Grundlage). Letztendlich hilft da nur hartes Verhandeln. Der Startpreis für Wanderungen liegt bei ca. 350 000 Rp (für 2 Pers. und max. 2 Std.). Bootsfahrten durch die Mangroven gibt's ab ca. 700 000 Rp (für 2 Pers. und max. 3 Std.).

❶ An- & Weiterreise

Zwischen Nord- oder Westbali und Gilimanuk halten alle Busse bzw. Bemos auf Wunsch an der Nationalparkverwaltung in Cekik. Bei Anreise von Norden her können sich Passagiere auch am Büro in Labuhan Lalang absetzen lassen.

WESTBALI

Von Südbali aus rückt der Tourismus immer weiter westwärts vor: Ziele wie Canggu sind inzwischen sehr beliebt. Der „echte" Westen jenseits der belebten Hauptstraße Tabanan-Gilimanuk wird aber bislang nur recht selten besucht – zwischen Urwäldern, Reisfeldern und wilden Stränden herrscht dort noch größtenteils Idylle.

An der Westküste reiten Surfer auf den Breaks bei Balian und Medewi. Zudem liegen in der Region ein paar von Balis heiligsten Stätten: der stets überlaufene Pura Tanah Lot, der schöne Pura Taman Ayun mit Seerosenteichen und der herrlich einsame Pura Rambut Siwi.

Das schmucke Städtchen Tabanan bildet das Zentrum von Balis bedeutendster Subak-Landschaft, die zusammen mit vier weiteren Pendants zum Welterbe der UNESCO gehört. Zwischen den umliegenden Reisterrassen fährt man auf schmalen Straßen an rauschenden Bewässerungskanälen und hohen Bambushainen entlang.

❶ An- & Weiterreise

Westbalis Hauptstraße verbindet Gilimanuk (Haupthafen für Fähren nach Java) mit Denpasar. Auf der betriebsamen Route mit Linienbusverkehr müssen sich Selbstfahrer generell stark konzentrieren und kommen oft nur langsam voran. Unterwegs fällt der Blick stellenweise auf Reisfelder und das Meer.

Pura Tanah Lot

Der **Pura Tanah Lot** (Beraban; Erw./Kind 60 000/30 000 Rp, Parken Auto/Motorrad 5000/2000 Rp; ⊙ 7–19 Uhr) ist bei Touristen ungemein beliebt: Kein anderer Tempel auf Bali wird häufiger besucht oder fotografiert. Vor allem um die hiesigen Sonnenuntergänge herrscht ein riesiger Hype. Dementsprechend hat der Schrein unter Menschenmassen, Lärm und Chaos zu leiden. Zugleich ist er größtenteils eine kunstvolle Rekonstruktion: Der Zahn der Zeit hatte der originalen Architektur stark zugesetzt. So wurde über ein Drittel des Felsfundaments künstlich ersetzt.

Angesichts all dessen kann man leicht einmal vergessen, dass die Stätte eine große kulturelle Bedeutung hat – der Pura Tanah Lot ist einer von Balis heiligsten Meerestempeln. Wie der Pura Luhur Ulu Watu (Südspitze der Halbinsel Bukit) und der Pura Rambut Siwi (Westküste) ist er eng mit dem hinduistischen Priester Nirartha verbunden, der im 16. Jh. aus Java nach Bali kam. Angeblich wurden die Meerestempel einst in Sichtweite zueinander angelegt, um eine heilige Kette entlang der südwestlichen Küste zu erzeugen: Gen Süden reicht der Blick vom Pura Tanah Lot meist bis hinunter zum Pura Ulu Watu, der in der Ferne auf den Klippen thront. Die Aussicht in Richtung Westen folgt dem langgezogenen Küstenstreifen bis zum Pura Gede Perancak bei Negara.

Am Tanah Lot selbst schaut man aber zunächst nur von einem Laden zum nächsten: Die Zugangspfade zwischen den riesigen Parkplätzen und dem Schrein unten am Meer passieren eine unfassbar große Anzahl von schäbigen Souvenirshops. Lautsprecher beschallen die Besucher ständig mit schrillen Durchsagen.

Bei Ebbe kann man vom Ufer zum Tempel hinüberlaufen. Touristen dürfen das Innere des Baus jedoch nicht betreten.

Das unübersehbare Resort Pan Pacific Nirwana in der Nähe ist nicht nur wegen des Wasserverbrauchs seines Golfplatzes umstritten: Es überragt den Tanah Lot, was in den Augen vieler Balinesen eine massive Respektlosigkeit darstellt.

Von Südbali aus folgen Selbstfahrer der Küstenstraße ab Kerobokan gen Westen und achten dabei auf die Wegweiser zum Tempel. Wer aus anderen Inselteilen anreist, biegt bei Kediri von der Straße Denpasar-Gilimanuk ab und folgt dann ebenfalls den Schildern. Auf beiden Routen sorgen die Stoßzeiten vor und nach Sonnenuntergang für schrecklich hohes Verkehrsaufkommen mit kilometerlangen Staus.

Westbali

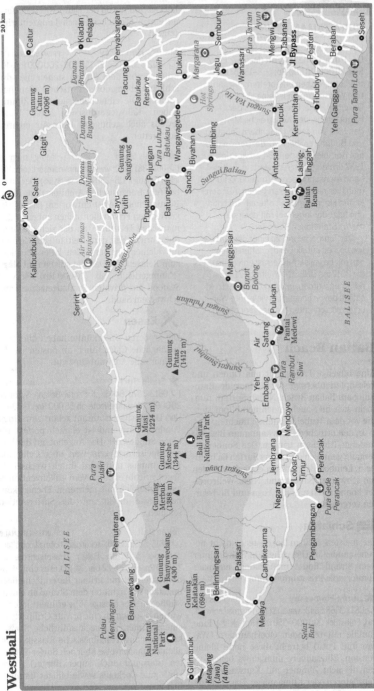

20 km

Catur
Kiadan
Pelaga
Penyabangan
Penyabangan
Seseh
Beraban
Mengwi
Ayun
Pura Taman
Sembung
Pejaten
Gunung Catur (2096 m)
Danau Bratan
Pacung
Dukuh
Jatiluwih
Margarana
Jegu
Wanasari
Tabanan
Jl Bypass
Pura Tanah Lot
Gitgit
Danau Buyan
Batukau Reserve
Pura Luhur Batukau
Hot Springs
Blimbing
Pucuk
Tibubiyu
Yeh Gangga
Gunung Sanggyang
Wangayagede
Biyahan
Kerambitan
Selat
Lovina
Danau Tamblingan
Pujungan
Sanda
Sungai Yeh Ho
Antosari
Kayu Putih
Batungsel
Sungai Balian
Lalang-Linggah
Kalibukbuk
Air Panas Banjur
Pupuan
Kutuh
Balian Beach
Mayong
Sungai Saba
Seririt
Manggissari
Bunut Bolong
Pulukan
BALISEE
Sungai Pulukan
Air Satang
Pantai Medewi
Gunung Patas (1412 m)
Sungai Suribit
Yeh Embang
Pura Rambut Siwi
Gunung Musi (1224 m)
Mendoyo
BALISEE
Gunung Meshe (1344 m)
Bali Barat National Park
Sungai Daya
Jembrana
Pura Pulaki
Gunung Merbuk (1388 m)
Negara
Loloan Timur
Perancak
Pura Gede Perancak
Pemuteran
Pengambengan
Candikesuma
Pulau Menjangan
Gunung Banyuwedang (430 m)
Palasari
Bali Barat National Park
Gunung Kelatakan (698 m)
Belimbingsari
Banyuwedang
Melaya
Selat Bali
Gilimanuk
Ketapang (Java) (4 km)

NICHT VERSÄUMEN

PURA TAMAN AYUN

Einer von Balis schönsten Schreinen: Der **Pura Taman Ayun** (Mengwi; Erw./ Kind 20 000/10 000 Rp; ⊘ 8–18.15 Uhr) mit Lotusteichen und breitem, elegantem Wassergraben ist eine idyllische Oase der Ruhe. Einst war dies der Haupttempel des Königreichs Mengwi, das 1891 von seinen Nachbarn Tabanan und Badung erobert wurde. Der weitläufige Komplex wurde 1634 erbaut und 1937 umfangreich renoviert. In weitgehend menschenleerer Umgebung kann man hier nett spazieren gehen. Auf den ersten Hof mit großer, offener Rasenfläche folgt der Innenhof mit diversen *meru* (Staffeldach-Pagoden).

Der Tempel gehört zu einer der fünf balinesischen *subak*-Landschaften (Regionen mit bewässerten Terrassenfeldern), *die* 2012 ins UNESCO-Welterbe aufgenommen wurden. Im Marktbereich direkt östlich davon findet man viele gute Warungs mit schlichten Mittagsgerichten.

Balian Beach

☏ 0361

Eine hügelige Landschaft aus Dünen und Felsköpfen überragt die donnernde Brandung am Balian Beach. Neben Surfern tummeln sich hier auch zunehmend Touristen, die vor dem Trubel in Südbali flüchten.

In den örtlichen Cafés kann man Bier mit anderen Travellern trinken, den Sonnenuntergang genießen und übers Surfen fachsimpeln. Leihboards gibt's bei einfachen Buden am schwarzen Sandstrand. Nicht-Wellenreiter können sich z. B. mit Yoga und Bodysurfen vergnügen.

🛌 Schlafen

Die meisten Bleiben liegen recht dicht nebeneinander in Ufernähe. Ein Stück hinter dem Strand findet man zudem ein paar komfortable Privatunterkünfte.

★ Surya Homestay   PENSION $

(☏ 0813 3868 5643; wayan.suratni@gmail.com; Zi. inkl. Frühstück 200 000–350 000 Rp; ❈ ☎) Eine Familie mit reizenden Oberhäuptern (Wayan und Putu) betreibt diese nette kleine Pension. Blitzsaubere Bungalows beherbergen die acht Zimmer mit Kaltwasser und Ventilatoren oder Klimaanlage. Das Gelände liegt ca. 200 m von der Hauptstraße entfernt an einem Sträßchen. Nach Langzeittarifen fragen!

Made's Homestay   PRIVATUNTERKUNFT $

(☏ 0812 396 3335; Zi. 150 000–200 000 Rp) Ein Stück hinter dem Strand stehen hier drei schlichte Bungalows zwischen Bananenstauden. Die einfachen, sauberen Zimmer haben Kaltwasserduschen und bieten jeweils auch genügend Platz für mehrere Surfbretter.

★ Gajah Mina   BOUTIQUEHOTEL $$

(☏ 0812 381 1630; www.gajahminaresort.com; Villa inkl. Frühstück 115–250 US$; ❈ ☎ ❈) Der Inhaber (ein französischer Architekt) hat dieses Boutiquehotel selbst entworfen. Die elf eingefriedeten Privatvillen stehen auf einer dramatischen Felszunge, an der sich die Brandung bricht. Auf dem weitläufigen Gelände mit kleinen Spazierpfaden laden Pavillons zum Relaxen ein. Das Hausrestaurant **Naga** (Hauptgerichte ab 70 000 Rp) serviert Seafood am privaten Postkartenstrand mit schwarzem Sand.

🍴 Essen

Die größeren Unterkünfte haben öffentlich zugängliche Cafés. Auch ansonsten ist die kulinarische Auswahl ganz gut.

★ Sushi Surf   JAPANISCH $

(☏ 0812 3870 8446; Jl Pantai Balian; Sushi ab 20 000 Rp, Hauptgerichte ab 55 000 Rp; ⊘ 10–22 Uhr) Das Sushi-Restaurant gehört zum Hotel Pondok Pitaya und ist einfach perfekt für einen Sundowner. Das Angebot auf der langen Speisekarte geht weit über California Rolls hinaus und wird durch wechselnde Tagesgerichte ergänzt. Vom unkonventionellen Sitzbereich mit mehreren Ebenen können Gäste direkt auf die Surfer-Action schauen.

Tékor Bali   INTERNATIONAL $

(☏ 0815 5832 3330; tekorbali@hotmail.com; abseits der Jl Pantai Balian; Hauptgerichte ab 30 000 Rp; ⊘ 7.30–22 Uhr; ☎) Dieses einladende Restaurant mit grüner Rasenfläche liegt ungefähr 100 m hinter dem Strand an einem Sträßchen. Der hiesige Vibe erinnert irgendwie ein bisschen an eine private Grillparty in einem Hinterhof. Die ausführliche Speisekarte kombiniert balinesische Klassiker mit allen normalerweise üblichen Surfer-Favoriten (darunter auch super Burger). Dazu gibt's gute Cocktails sowie billiges Bintang-Bier vom Fass.

ℹ An- & Weiterreise

Westbalis Hauptstraße leidet meist unter Stau. Ab Seminyak oder dem Flughafen dauert die Anfahrt nach Balian Beach (55 km) daher oft zwei Stunden oder länger. Für Tagestrips vom Süden aus verlangen die Chauffeure privater Mietwagen mindestens 900 000 Rp. Alternativ nimmt man ab Denpasar (Ubung-Terminal) einen Bus gen Gilimanuk und lässt sich an der 800 m langen Abzweigung nach Balian Beach absetzen (60 000 Rp).

Die Küste von Jembrana

Die wunderschöne Region Jembrana ist Balis bevölkerungsärmster Bezirk und bislang kaum touristisch erschlossen (Ausnahme: die Surfer-Szene in Medewi). Auf dem Weg nach Negara folgt die Hauptstraße größtenteils der Südküste. Bei Pulukan kann man abbiegen, um durch malerische Einsamkeit nach Nordbali zu fahren.

◉ Sehenswertes

Pura Rambut Siwi   HINDUISTISCHER TEMPEL
Im Schatten von blühenden Tempelbäumen thront der großartige Pura Rambut Siwi oben auf den Klippen. Unterhalb davon erstreckt sich ein langer, breiter Strand mit schwarzem Sand. Der Komplex zählt zu Westbalis bedeutenden Meerestempeln: Wie der Pura Tanah Lot und der Pura Luhur Ulu Watu wurde er im 16. Jh. von dem javanischen Priester Nirartha gegründet. Dieser hatte offenbar ein gutes Gespür in puncto Küsten-Panorama. Im Gegensatz zum Tanah Lot herrscht hier noch Ruhe ohne Touristen-Trubel: An Tagen ohne Zeremonien sind hier nur ein paar einsame Getränkeverkäufer zugange.

Medewi

📞 0365
Der vielgepriesene **Pantai Medewi** ist ein Surfer-Mekka: Der ultra lange Left-Hand Break ermöglicht oft Ritte zwischen 200 und 400 m.

Der Strand selbst überziehen mächtige, glatte Brocken aus grauem Fels. Dazwischen massieren schwarze Rundkiesel gratis die Fußreflexzonen. Am Ufer grasen Rinder und Ziegen, während Zuschauer die Surfer-Action beobachten. Vor Ort gibt's ein paar Pensionen und Surfshops (Leihbretter ab 100 000 Rp/Tag).

Die Ortschaft Medewi ist ein klassisches Marktstädtchen mit regionaltypischem Angebot.

🛏 Schlafen

Anara Surf Camp   PENSION $
(📞 0817 0323 6684; www.the-anara.com; Medewi; Zi. ab 250 000 Rp; 🛜) Dieser Mix aus Surfercamp und moderner Pension liegt direkt am Medewi Beach; dahinter erstrecken sich Reisfelder. Die verschiedenartigen Unterkünfte sind allesamt neu errichtet. Die Einrichtung umfasst jeweils Moskitonetze, bequeme Himmelbetten und attraktives Hartholz. In Ufernähe stehen ein paar Bungalows mit großen Fenstern und Freiluftbädern.

Surfer können hier Boards ausleihen (nur 70 000 Rp/Tag) und auch an Kursen teilnehmen. Doch Vorsicht: Am Strandabschnitt vor dem Camp ist das Meer oft kabbelig!

★ Puri Dajuma Cottages   RESORT $$
(📞 0361-813230, 0811 388 709; www.dajuma.com; Hütte ab 1 600 000 Rp; ❄@🛜♨) Wer von Osten her über die Hauptstraße anreist, kann die einfallsreichen Werbeschilder dieses Küstenresorts kaum übersehen. Die Suiten, Hütten und Villen bestätigen den kreativen Ersteindruck. Die insgesamt 35 Zimmer punkten mit Privatgärten, Hängematten und eingefriedeten Freiluftbädern – meist noch abgerundet durch Meerblick. Der Surfspot am Medewi Beach liegt 2 km weiter westlich.

ℹ An- & Weiterreise

Medewi liegt 75 km vom Flughafen entfernt. Für Tagestrips vom Süden aus verlangen die Chauffeure privater Mietwagen mindestens 850 000 Rp. Alternativ nimmt man ab Denpasar (Ubung-Terminal) einen Bus gen Gilimanuk und lässt sich an der Abzweigung nach Medewi absetzen (45 000 Rp). Den Beginn dieser befestigten Zufahrt (200 m) markiert ein großes Schild an der Hauptstraße.

Nusa Tenggara

9,7 MIO. EW.

Gut essen

➡ Sari Rasa (S. 419)

➡ Pituq Waroeng (S. 377)

➡ El Bazar (S. 364)

➡ Mopi's Place (S. 422)

➡ Depot Bambu Kuning
(S. 434)

➡ Inzana (S. 437)

Schön
übernachten

➡ Manulalu (S. 415)

➡ Ciao Hostel (S. 405)

➡ Scuba Junkie Komodo
Beach Resort (S. 408)

➡ Livingroom Hostel (S. 362)

➡ Heaven on the Planet
(S. 366)

Auf nach Nusa Tenggara!

Wer auf der Suche nach weißem Sand, spektakulären Tauch- und Surfbedingungen, blubbernden heißen Quellen, majestätischen Wasserfällen und versteckten traditionellen Dörfern abseits der Touristenströme à la Bali ist, wähnt sich in Nusa Tenggara im Paradies. Der Archipel erstreckt sich westlich der Wallace-Linie, die Asien von Australien trennt, und ist im Norden von grüner Dschungellandschaft sowie im Süden und Osten von trockeneren Savannen geprägt. Dazwischen locken Surfwellen, Vulkanseen, Strände, Urzeitechsen und dicht besiedelte Unterwasserwelten.

Auch die kulturelle Vielfalt sucht ihresgleichen. Animistische Rituale und Stammestraditionen sind noch immer lebendig, Minarette, Kloster und Kapellen koexistieren nebeneinander und obwohl Bahasa Indonesia die offizielle Verkehrssprache ist, gibt es auf jeder Insel mindestens eine eigene Sprache, die sich oft noch in Dialekte aufteilt. Ob man nun Erholung am Strand oder unvergessliche Momente außerhalb der eigenen Wohlfühlzone sucht, hier ist man richtig!

Reisezeit
Mataram

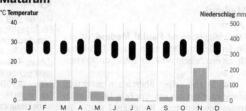

April–Sept. Trockenzeit: beste Sicht für Taucher; viele Reisende besuchen Komodo und ähnliche Ziele.

Mai & Okt. Epische Wellen und wenige Besucher auf Rote und Sumbawa.

Okt.–März Sumbas spektakuläres Pasola-Fest im Februar lohnt auch in der Regenzeit einen Besuch.

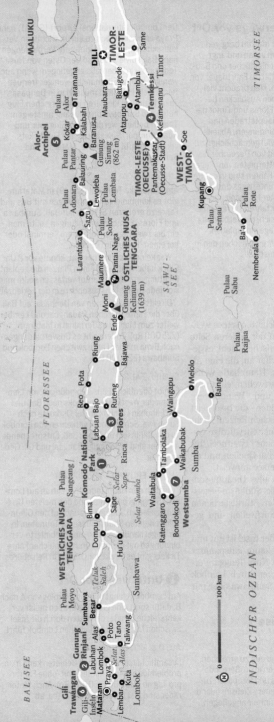

Highlights

1 Komodo National Park (S. 399) Warane bestaunen und mit Unterwasserwesen schnorcheln oder tauchen

2 Gunung Rinjani (S. 357) Die Hänge des heiligen Vulkans, der über dem Norden Lomboks thront, besteigen

3 Flores (S. 401) Alte Kulturen, Vulkane, üppig grünen Regenwald und verlassene Strände entdecken

4 Temkessi (S. 440) Abgeschiedene Dörfer mit bienenkorbförmigen Clan-Häusern besuchen

5 Alor-Archipel (S. 427) Sich beim Tauchen vor der Inselkette fast wie am Ende der Welt fühlen

6 Gili Trawangan (S. 371) Sich tagsüber im Meer vergnügen und sich später ins vielfältige Nachtleben stürzen

7 Westsumba (S. 449) Traumstrände abklappern und dann im antiken Dorf Ratenggaro oder an der atemberaubenden Weekuri-Lagune eine Pause einlegen

❶ Anreise & Unterwegs vor Ort

Auf Überlandreisen kommt man im bergigen Nusa Tenggara nur langsam voran und angesichts der vielen Kurven, Schlaglöcher und Baustellen sollte man die geschätzte Fahrtdauer von Google Maps nicht glauben. Man braucht viel Zeit, wird jedoch mit schönen Ausblicken belohnt. Lombok, Sumbawa, Flores und Timor haben ganz gute befestigte Hauptstraßen und recht komfortable Busverbindungen. Abseits der Schnellstraßen geht's viel gemächlicher zu, das gilt vor allem für die Zeit von Dezember bis März, wenn Kies- und Schotterpisten vom Regen aufgeweicht werden. Auch Fähren sind in der Regenzeit nur eingeschränkt unterwegs und unruhiger Seegang sorgt mitunter für tagelange Ausfälle. Das restliche Jahr fahren sie regelmäßig, dennoch empfiehlt es sich, die Verbindung vorab zu prüfen und Extratage einzuplanen.

Mehrere Fluglinien verkehren zwischen den Inseln; Ausgangspunkt ist meist Bali.

LOMBOK

3,4 MIO. EW.

Lombok stand lang im Schatten seines weltbekannten Nachbarn auf der anderen Seite der Lombokstraße, inzwischen zieht es jedoch immer mehr Besucher an, die eine Alternative zu Bali suchen. Traumhafte weiße Sandstrände, epische Surfwellen, ein üppig grünes Landesinnere und Wanderwege durch Tabak- und Reisfelder – die Insel geizt wahrlich nicht mit tropischen Reizen! Nicht zu übersehen ist zudem der ehrwürdige Gunung Rinjani, Indonesiens zweithöchster Vulkan, dessen Gipfel heiße Quellen und einen faszinierenden Kratersee aufweist.

Und das ist noch nicht alles. Die imposante Landschaft an Lomboks Südküste begeistert mit eindrucksvollen türkisfarbenen Buchten, erstklassigen Surfwellen und gewaltigen Landzungen.

Das Transportsystem der Insel ist gut und die Atmosphäre könnte kaum entspannter sein. Wer den Osten von Nusa Tenggara erkunden möchte, fährt quer durch Lombok und mit der Fähre nach Sumbawa oder mit einem Schiff nach Flores.

❶ An- & Weiterreise

FLUGZEUG

Lombok ist gut mit dem Flugzeug zu erreichen. Es gibt tägliche Verbindungen in größere indonesische Städte wie Jakarta und Denpasar, zudem werden regelmäßig kleinere Ziele im Inland sowie Singapur und Kuala Lumpur angeflogen.

Der Lombok International Airport (S. 361) nahe Praya entwickelt sich zu einem wichtigen Verkehrsknotenpunkt. Es gibt gute Verbindungen nach Bali sowie Java und der Osten von Nusa Tenggara wird ebenfalls angeflogen, wenn auch weniger häufig. Für manche weniger frequentierte Ziele im Inland muss man in Denpasar, Jakarta und an kleineren indonesischen Flughäfen wie Surabaya und Kupang umsteigen. Täglich bedient werden auch Singapur und Kuala Lumpur. Reisebüros, die Flugtickets verkaufen, gibt es in Kuta, Mataram und Senggigi.

LINIENBUS

Am Mandalika Terminal (S. 349) in Mataram gibt es kombinierte Verbindungen mit Bus und Fähre zu größeren Städten auf Bali, Sumbawa und Flores. Fernbusverbindungen sollte man ein bis zwei Tage im Voraus am Terminal oder bei einem Reisebüro buchen.

Wer keine Reservierung hat, könnte vor 8 Uhr Glück haben und noch einen Platz in die geplante Richtung ergattern. Darauf verlassen sollte man sich jedoch nicht, insbesondere in der Ferienzeit.

Direktbusse verkehren von Denpasar auf Bali über die Fähre zwischen Padangbai und Lembar weiter zum Mandalika Terminal in Mataram (225 000 Rp). Zudem gibt es Busverbindungen nach Bima mit der Fähre zwischen Lombok und Sumbawa (225 000 Rp).

SCHIFF/FÄHRE

Es gibt öffentliche Fährverbindungen von Lembar an der Westküste Lomboks nach Bali und von Labuhan Lombok an der Ostküste nach Sumbawa. Schnellboote verkehren von Lombok zu den Gili-Inseln und nach Bali. Entsprechende Anbieter sind in Senggigi, Bangsal und Gili Gede ansässig.

SHUTTLEBUS FÜR TOURISTEN

Zwischen den Haupttouristenzentren auf Lombok (Senggigi und Kuta) und den meisten Urlaubszielen im Süden Balis und auf den Gili-Inseln verkehren Shuttlebusse für Touristen. In der Regel handelt es sich um kombinierte Verbindungen mit Kleinbus und öffentlicher Fähre. Tickets gibt es direkt vor Ort und in Reisebüros.

❶ Unterwegs vor Ort

Auf Lombok gelangt man problemlos von A nach B, dafür sorgt eine gute, wenn auch meist verkehrsreiche Straße, die mitten durch die Insel zwischen Mataram und Labuhan Lombok führt.

AUTO & MOTORRAD

In sämtlichen touristischen Gebieten kann man problemlos ein Auto mieten (mit/ohne Fahrer pro Tag ab 600 000/350 000 Rp). Auch Motorräder sind fast immer verfügbar (ca. ab

Lombok

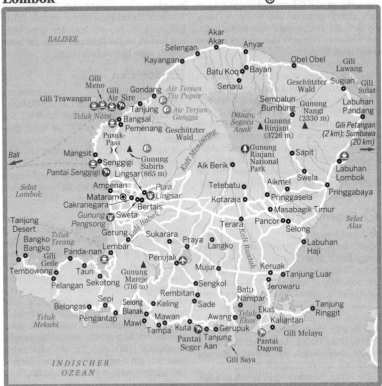

70 000 Rp/Tag). Es ist wichtig, sich die Versicherungskonditionen genau anzusehen. Manche Anbieter bieten überhaupt keinen Versicherungsschutz, andere nur eine Basisvariante. Für auf Bali versicherte Fahrzeuge gilt der Schutz auf Lombok oft nicht.

Es gibt kaum einen Grund, ein Auto oder Motorrad aus Bali mitzubringen. Auf Lombok kann man problemlos beides mieten und spart die Fährgebühren.

BUS & BEMO

Das Mandalika Terminal (S. 349) liegt 3 km östlich der Innenstadt von Mataram. Weitere regionale Terminals gibt es in Praya, Anyar und Pancor (nahe Selong). Eventuell muss man an einem oder mehreren dieser Bahnhöfe umsteigen, um zu verschiedenen Zielen auf Lombok zu gelangen. Alternativ winkt man *bemos* am Straßenrand heran. Es gelten Festpreise, die an den Fahrzeugen ausgewiesen sein sollten; Kurzfahrten gibt es ab 5000 Rp. Ab dem späten Nachmittag ist der öffentliche Nahverkehr eingeschränkt und nach Einbruch der Dunkelheit gibt es meist keine Verbindungen mehr.

SCHIFF/FÄHRE

Regelmäßig steuern öffentliche und private Fähren alle wichtigen Ziele vor der Küste Lomboks an. Sicherheitsstandards sind oft unzureichend und überfüllte Fähren auf hoher See nicht unüblich. Bei zu rauem Seegang wird der Fährverkehr eingestellt; vor allem in der Regenzeit ist dies öfters der Fall.

TAXI

Die verlässlichen, mit Taxameter ausgestatteten Taxis von Blue Bird Lombok Taksi (S. 370) sind im Westen Lomboks unterwegs. Der günstige App-Dienst für Motorradtaxis **Go-Jek** (www.go-jek.com) lohnt sich für kurze Fahrten in Mataram und im Westen von Lombok.

Mataram

📞 0370 / 402843 EW.

Die Hauptstadt Lomboks ist ein weitläufiger Zusammenschluss einst getrennter Städte mit unscharfen Grenzen: Ampenan (der Hafen), Mataram (das Verwaltungszentrum), Cakranegara (das Geschäftszentrum, oft einfach „Cakra" genannt) und Sweta im Osten, wo sich der Busbahnhof Mandalika befindet. Mataram erstreckt sich über 12 km von Osten nach Westen.

Viele Sehenswürdigkeiten gibt es nicht, wobei die breiten, von Bäumen gesäumten Straßen der Stadt mit jeder Menge Verkehr, brummenden Motorrädern sowie betriebsamen klassischen Märkten und Einkaufszentren authentische Einblicke in den indonesischen Alltag bieten. Zu den Sehenswürdigkeiten Matarams gehört die alte Hafenstadt Ampenan. Wer hier kurz inne hält, spürt auf der grünen Hauptstraße und rund um die älteren Häuser bis heute das Flair der niederländischen Kolonialzeit.

◉ Sehenswertes

★ Pura Lingsar TEMPEL
(Abseits der Jl Gora II; Tempelgelände Eintritt frei, Tempel Eintritt gegen Spende; ◷ 8–18 Uhr) Die große Tempelanlage ist die heiligste auf Lombok. Erbaut wurde sie 1714 von König Anak Agung Ngurah vor wunderschöner Kulisse inmitten üppiger Reisfelder. Der Komplex dient mehreren Glaubensrichtungen: Es gibt einen Tempel für balinesische Hindus (Pura Gaduh) und einen für die Anhänger einer lokalen mystischen Auslegung des Islams, der Wetu-Telu-Religion.

Die Anlage liegt nur 6 km östlich von Mataram in dem Dorf Lingsar. Um hierher zu gelangen, fährt man mit dem *bemo* vom Mandalika Terminal nach Narmada, steigt dann in einen weiteren nach Lingsar um und bittet den Fahrer, beim Tempel zu halten.

Islamic Center Nusa
Tenggara Barat MOSCHEE
(☎ 0819 1732 5666; http://islamiccenter.ntbprov.go.id; Ecke Jl Udayana & Jl Pejanggik; 5000 Rp; ◷ Besichtigungen 10–17 Uhr) Die imposante grün-goldene Moschee wurde 2016 eröffnet und bei den Erdbeben 2018 leicht beschädigt. Sie ist das eindrucksvollste Gebäude auf Lombok und bietet vom höchsten Minarett (114 m) großartige Ausblicke. Besucher mit kurzen Hosen werden vor dem Betreten mit angemessener Kleidung versorgt.

Pura Meru HINDU-TEMPEL
(Jl Selaparang; ◷ 8–17 Uhr) GRATIS Der größte und zweitwichtigste Hindu-Tempel auf Lombok wurde 1720 errichtet und ist der hinduistischen Dreifaltigkeit aus Brahma, Vishnu und Shiva geweiht. Der Innenhof beherbergt 33 kleine Schreine und drei strohgedeckte *meru* (mehrstufige Schreine) aus Teakholz. Shivas Haus ist der zentrale elfstufige *meru*, im Norden liegt das *meru* Vishnus und im Süden Brahmas *meru*, die beide jeweils neun Stufen aufweisen.

🛏 Schlafen

Hotel Melati Viktor PENSION $
(☎ 0370-633830; Jl Abimanyu 1; Zi. 120 000 Rp, mit Klimaanlage & Frühstück 200 000 Rp; ❉ 🛜) Mit ihren hohen Decken, den 37 sauberen Zimmern und Innenhöfen im balinesischen Stil mit hinduistischen Statuen bietet die Pension mit das beste Preis-Leistungs-Verhältnis in der Stadt. Sie wächst stetig und nimmt mittlerweile drei Gebäude an beiden Seiten der Jl Abimanyu ein.

Hotel Lombok Raya HOTEL $$
(☎ 0370-632305; www.lombokrayahotel.com; Jl Panca Usaha 11; Zi. inkl. Frühstück 600 000– 750 000 Rp; 🅿 ❉ 🛜 🏊) Das Lombok Raya war stärker als die meisten anderen Hotels in der Stadt von den Beben 2018 betroffen, zum Zeitpunkt der Recherche waren die Renovierungsarbeiten aber in vollem Gang. Eine gute Lage und 134 geräumige komfortable Zimmer mit Balkonen machen es zu einer klassischen Adresse für Geschäftsreisende. Pluspunkte gibt's auch für den glitzernden Pool, den gut ausgestatteten Fitnessbereich und das reichhaltige Frühstücksbüffet.

🍴 Essen & Ausgehen

Die Straßen rund um die in die Jahre gekommene Mataram Mall säumen Fast-Food-Läden westlicher Machart, indonesische Nudelbars und *warungs* (Imbissstände).

Taliwang Irama 3 INDONESISCH $
(☎ 0370-629354; Jl Ade Irma Suryani 10; Hauptgerichte 20 000–50 000 Rp; ◷ 11–22 Uhr) Exzellente würzige indonesische Gerichte locken den ganzen Tag über Kundschaft an, die sich diese im Innenhof mit Schatten spendenden Pflanzen oder drinnen schmecken lässt. Die Händler vor der Tür zeugen von der großen Popularität. Das Hühnchen ist hier zarter und würziger als sonst auf Lombok üblich.

Mirasa BÄCKEREI $
(☎ 0370-633096; Jl AA Gde Ngurah 88; Snacks ab 4000 Rp; ◷ 6–22 Uhr) Die Familien von Cakras Mittelschicht lieben diese moderne Bäckerei. Zum Programm gehören Donuts, Kekse, Kuchen und typische Teigtaschen mit Hühnchenfüllung.

★ **Rollpin** INTERNATIONAL **$$**
(www.rollpin.id; Jl Ahmad Yani; Hauptgerichte
50000–100000 Rp; ☺Di–So 12–22 Uhr; 🕾)
Nordöstlich des Zentrums lockt hier vor grüner Kulisse neben einem Bach gehobene Küche nach Mataram-Art. Neben gegrilltem ganzen Snapper gibt es Lombok-Ente, gedämpfte Goldmakrele und kreative alkoholfreie Cocktails wie Pin Pure (Minze, Ingwer, Limette und Honig). Exzellenter Service und viele Kindergerichte runden das Angebot ab.

Maktal Coffee Bar KAFFEE
(www.facebook.com/maktalcoffeebar; Jl Maktal; ☺9–23 Uhr; 🕾) Das Sortiment der kleinen Kaffeebar mit Hipsterflair reicht von Eisgetränken bis zu Karamell-Latte. Der Kaffee ist stark und aus lokaler Produktion, wobei man auch die Bohnen kaufen kann. Zur Wahl stehen zudem Pfannkuchen, Teigtaschen und indonesische Klassiker (20000–30000 Rp).

🛍 Shoppen

★ **Lombok Handicraft Centre** KUNST & KUNSTHANDWERK
(Jl Kerajinan, abseits der Jl Diponegoro; ☺8–18 Uhr) Das Zentrum in Sayang Sayang, 2 km nördlich von Cakra, beherbergt viele kleine Geschäfte. Über der schmalen Straße prangt ein gewölbtes Schild mit der Aufschrift „Handy Craft". Die Auswahl an Kunsthandwerk umfasst Masken, Textilien und Keramik aus Nusa Tenggara. Toll zum Stöbern.

★ **Pasar Mandalika** MARKT
(Bertais; ☺6–18 Uhr) Der riesige Markt nahe des Busbahnhofs Mandalika in Bertais hat alles außer Touristen: Obst und Gemüse, Fisch (frisch und getrocknet), Körbe voller bunter aromatischer Gewürze und Körner, frisch geschlachtetes Rind, Palmzucker, intensiv riechende Tafeln aus Garnelenpaste und Kunsthandwerk zu günstigeren Preisen als sonst im Westen Lomboks üblich.

Bietet angenehme Abwechslung vom *bule*-Zirkus (Slangwort für Ausländer).

Lombok Epicentrum Mall EINKAUFSZENTRUM
(☎0370-617 2999; www.lombokepicentrum.com; Jl Sriwijaya 333; ☺10–22 Uhr) Das vierstöckige Einkaufszentrum mit Kino, Food-Courts und einem breiten Sortiment an Konsumgütern ist das größte und schickste von Lombok.

❶ Praktische Informationen

In der Nähe der Einkaufszentren gibt es verschiedene Geldautomaten. Die meisten Banken befinden sich an der Jl Pejanggik oder in der direkten Umgebung.

Rumah Sakit Harapan Keluarga (☎0370-617 7009; www.harapankeluarga.co.id; Jl Ahmad Yani 9; ☺24 Std.) Die beste Privatklinik auf Lombok liegt unmittelbar östlich des Zentrums von Mataram. Die Ärzte sprechen Englisch.

Kantor Imigrasi (Einwanderungsbehörde; ☎0370-632520; Jl Udayana 2; ☺Mo–Fr 8–12 & 13–16 Uhr) Die Behörde verlängert Visa in drei bis vier Tagen.

❶ An- & Weiterreise

BUS

Das **Mandalika Terminal** (Jl Pasar Bertais B8), 3 km vom Zentrum entfernt und vom Hauptmarkt der Stadt umgeben, ist Lomboks größter Bahnhof für Busse und *bemos*. Tickets sollte man an offiziellen Schalter kaufen und Avancen inoffizieller Verkäufer ignorieren. Die gelben *bemos* fahren ins Zentrum (5000 Rp).

Täglich um 9 und 15 Uhr fahren Fernbusse nach Sumbawa und Flores. Wer mit dem Morgenbus nach Labuan Bajo auf Flores (375000 Rp, 24 Std.) reist, muss in Bima (225000 Rp, 12 Std.) übernachten. Die Verbindung am Nachmittag hingegen direkt. Damri-Busse nach Maluk und zu den Surforten auf Sumbawa fahren um 9 und 21 Uhr ab (90000 Rp, 6 Std.).

Täglich um 11 Uhr verkehrt ein direkter Shuttlebus nach Kuta (1½ Std., 60000 Rp). Zu den Bussen und *bemos*, die stündlich am Mandalika Terminal abfahren, gehören folgende:

ZIEL	PREIS (RP)	DAUER
Flughafen (Damri Bus)	30000	45 Min.
Kuta (über Praya & Sengkol)	60000	2–3 Std.
Labuhan Lombok	35000	2½ Std.
Lembar	20000	45 Min.
Senggigi (über Ampenan)	15000	1 Std.
Senggigi (direkt mit Damri Bus)	40000	45 Min.

SCHIFF/FÄHRE

Wer von Lombok aus mit der Fähre zu einer weiter entfernten indonesischen Insel fahren möchte, ist beim **Pelni-Büro** (☎0370-637212; www.pelni.co.id; Jl Industri 1; ☺Mo–Do & Sa 8–12 & 13–15.30, Fr 8–11 Uhr), der hiesigen Vertretung der nationalen Schifffahrtsgesellschaft, an der richtigen Adresse. Es informiert über Fahrpläne und verkauft Tickets.

❶ Unterwegs vor Ort

Blue Bird Lombok Taksi (S. 370) hat verlässliche Taxis mit Taxameter. Für Alleinreisende lohnt sich die App **Go-Jek** (www.go-jek.com) für günstige und verlässliche *ojeks* (Motorradtaxis).

Lembar

📞 0370 / 44 426 EW.

Am Hafen von Lembar legen die meisten Fähren aus Bali an. Die Kulisse – azurblaue Meeresarme vor hohen grünen Hügeln – ist eindrucksvoll, ein Großteil der Besucher nutzt den Ort jedoch nur als Fährhafen.

ⓘ An- & Weiterreise

Öffentliche Fähren (Kind/Erw./Motorrad/Auto 29 000/46 000/125 000/917 000 Rp, 5–6 Std.) verbinden Lembars großen Fährhafen mit Padangbai auf Bali. Passagiertickets werden in der Nähe des Piers verkauft. Die Fähren verkehren offiziell rund um die Uhr und legen etwa alle 90 Minuten ab, zuverlässig sind jedoch nicht alle. Manche haben sogar schon Feuer gefangen und sind auf Grund gelaufen.

Es gibt zahlreiche *bemo-* und Busverbindungen. *Bemos* fahren regelmäßig für 25 000 Rp zum Mandalika Terminal (S. 349), es gibt also keinen Grund für einen längeren Aufenthalt. Taxis nach Mataram kosten rund 100 000 Rp, nach Senggigi 200 000 Rp.

Südwestliche Halbinsel

Die eindrucksvolle Küste westlich von Lembar lockt mit Boutique-Unterkünften an verlassenen Stränden und beschaulichen vorgelagerten Inseln. Inmitten der bekannten Surfwellen, salzigen alten Moscheen, freundlichen Einheimischen und fast noch unberührten Inseln lassen sich gut und gerne Wochen verbringen. Das hat sich allerdings herumgesprochen und die wunderschönen Inseln vor der Küste werden als „die nächsten Gilis" beworben.

Negativ fällt lediglich die triste Stadt Sekotong auf, die man auf dem Weg nach Westen passiert. Ansonsten folgt die schmale Küstenstraße den Umrissen der Halbinsel und führt an zahllosen weißen Sandstränden vorbei bis zum Dorf Bangko Bangko und dem legendären Break **Tanjung Desert** (Desert Point/Bangko-Bangko; Eintritt pro Pers./ Fahrzeug 10 000/5000 Rp).

Die bekannte Welle wird oft als die beste der Welt bezeichnet und lockt ambitionierte Surfer aus der ganzen Welt an. Geduld ist wichtig, denn manchmal herrscht für eine längere Zeit kaum Wellengang. Wenn's dann jedoch losgeht, türmen sich lange Hohlwellen auf, die meist in eine Barrel münden.

Vor Ort gibt's einen schmalen weißen Sandstrand und verschiedene improvisierte Bambuscafés, in denen man bei einfachen Gerichten und kaltem Bier den Wellengang bewundern kann. Die Gegend ist in der Hauptsurfsaison (Mai–Okt.) überlaufen und da die rudimentären Unterkünfte keinen verlässlichen Telefonservice haben, muss man bei der Zimmersuche Glück haben. **Desert Point Bungalows** (📞 0878 6585 5310; nurbaya_sari@yahoo.com; Tanjung Desert; Bungalow 200 000 Rp) ist die „gehobenste" Option (es gibt zumindest eine Telefonnummer, bei der man es probieren kann) mit zehn recht einfachen Bungalows. Ein Generator versorgt sie zu bestimmten Zeiten mit Strom und es gibt eine zweistöckige Aussichtsplattform mit Blick auf das Surfgeschehen.

In unregelmäßigen Abständen fahren *bemos* zwischen Lembar und Pelangan (30 000 Rp, 1½ Std.) über Sekotong und Tembowong. Westlich von Pelangan ist der öffentliche Transport sehr eingeschränkt. Die kurvige Straße ist in gutem Zustand, am Ende geht sie jedoch in eine stark zerfurchte Schotterpiste über. Diese kann man mit einem herkömmlichen Auto oder Motorrad befahren, aber nur mit Schrittgeschwindigkeit. An der Weggabelung nach 2 km fährt man rechts zum Fischerdorf Bangko Bangko. Dort geht's links über einen weiteren holprigen Kilometer zum Surfparadies Tanjung Desert. Die Eintrittsgebühr beträgt 10 000 Rp pro Person und 5000 Rp pro Fahrzeug.

Gili Gede & die südwestlichen Gili-Inseln

📞 0370

Gili Gede (Betonung auf dem zweiten e) ist die größte und erschlossenste südwestliche Gili-Insel. Viel mehr als einige Bungalows, ein paar befestigte Motorradwege und nette Fischerdörfer gibt's aber auch hier nicht.

Die Kette aus sandigen Inselchen verspricht die idyllische Ruhe, die einst die anderen Gili-Inseln im Norden auszeichnete. Jedes Eiland lockt mit weichem weißen Sand, türkisfarbenem Meer und schillernden Unterwasserwelten, die auf ihre Entdeckung warten. Eine Tour mit einem Fischerboot zu diesen „geheimen Gilis" ist wie eine entschleunigte Reise in die Vergangenheit.

🛏 Schlafen & Essen

Gili Gede hat die größte Auswahl an Unterkünften und bietet sich somit als Ausgangsbasis für Ausflüge auf die südwestlichen Gi-

SCHNORCHELN VOR DEN SÜDWESTLICHEN GILI-INSELN

Unberührte Korallen und eine facettenreiche Unterwasserwelt mit Rotfeuerfischen, Skorpionfischen, Muränen und Schwärmen von Füsilieren machen einen Schnorchelausflug zu den flachen Riffen der südwestlichen Gilis zu einem Highlight einer Lombok-Reise.

Wer auf Gili Gede übernachtet, findet vor der Nordwestküste die besten Bedingungen vor. Man kann jedoch auch einen Bootsführer anheuern und sich zur Südostküste von **Gili Layar** und **Gili Rengit** schippern lassen. Beide locken mit intakten Korallen und riesigen Fischschwärmen. Im Seegras vor dem winzigen **Gili Goleng** wiederum schwimmen Seepferdchen umher. Die gesamte Bootstour inklusive Ausrüstung sollte etwa 500 000 Rp kosten.

Näher an Lembar liegen die kleineren Inseln der Gita-Nada-Gruppe (**Gili Nanggu**, **Gili Kedis**, **Gili Tangkong** und **Gili Sudak**) mit fantastischen Schnorchelspots. Boote fahren für rund 600 000 Rp von Gili Gede hierher, zudem bieten Scuba Froggy (S. 362) und Mimpi Manis (S. 363) Tagesausflüge von Kuta aus an.

---

li-Inseln an. Erfreulicherweise gibt es kein echtes Touristenghetto, vielmehr verteilen sich kleine Bungalowanlagen auf verschiedene Strände der Insel. Abgeschiedenere Übernachtungsmöglichkeiten gibt es auf Gili Asahan und Gili Layar.

Die meisten Besucher essen in ihrer Unterkunft, auf Gili Gede gibt's jedoch auch ein paar eigenständige Restaurants, die indonesische und europäische Küche servieren.

Via Vacare   BUNGALOW $
(☑0812 3732 4565; www.viavacare.com; Gili Gede; B 300 000 Rp, Bungalow mit EZ/DZ 500 000/ 750 000 Rp; jeweils All inclusive) Das All-inclusive-Resort richtet sich an Backpacker, die das süße Nichtstun zelebrieren möchten. Im Preis enthalten sind drei Mahlzeiten am Tag, Schnorchelausrüstung, Yoga (in der Hochsaison) und der Transport zum/ab dem Haupthafen. Beim „Schlafsaal" handelt es sich um eine Matratze auf einer Plattform im Freien, die Bungalows hingegen sind geräumig und haben Meerblicke. Beim Duschen muss man sich mit kaltem Wasser aus dem Eimer begnügen, da es kein fließendes Wasser gibt.

★**Hula Hoop**   BUNGALOW $$
(www.hulagili.com; Gili Gede; Zi./Bungalow 650 000/950 000 Rp; 🗟) Die idyllische Anlage mit Boheme-Flair versteckt sich an einem ruhigen Hügel der Westküste und beherbergt vier stilvolle Zimmer in *lumbungs* (Reisscheunen) sowie vier größere und besser eingerichtete Bungalows. Alle bieten spektakuläre Blicke aufs Meer und den Sonnenuntergang, zudem geht eine angenehme Brise. Es gibt Hängematten am Wasser und flippige Ruhebereiche mit hängenden Muschelketten.

★**Pearl Beach Resort**   BUNGALOW $$
(☑0819 0724 7696; www.pearlbeach-resort.com; Gili Asahan; Cottage/Bungalow ab 790 000/ 1190 000 Rp; 🗟) Eine der wenigen Übernachtungsmöglichkeiten auf Gili Asahan. Die einfachen Bambushäuschen haben Außenbäder und eine Hängematte auf der Veranda, zudem gibt es zehn schicke Bungalows mit glänzenden Betonböden, hohen Decken, hübschen Außenbädern und grandiosen Liegeschaukeln auf den Holzterrassen. Tolle Tauchbedingungen, Kajakverleih und mehr.

Kokomo Gili Gede   RESORT $$$
(☑0819 0732 5135; http://kokomogiligede.com; Gili Gede; Villa inkl. Frühstück ab 2 750 000 Rp; ✳🗟 ✳) Das schickste Resort der südwestlichen Gili-Inseln hat 15 große Villen in schöner Lage direkt am Meer mit Kühlschränken und anderen Küchengerätschaften. Die Farbgestaltung greift den leuchtend hellen Sand auf – Gäste können sich auf einen Traum in Weiß und Ozeanblau freuen.

Tanjungan Bukit   INDONESISCH $$
(☑0818 0529 0314; https://tanjungan-bukit-id. book.direct; Gili Gede; Hauptgerichte 40 000– 90 000 Rp) Das stilvollste Barrestaurant der Insel. Im Schatten von Bougainvillea werden frische Meeresfrüchte und gehobene sumatrische Küche serviert, zudem kann man sich in den Sitzsäcken auf der Terrasse Cocktails (oder Wein im Glas) schmecken lassen.

Auf dem Hügel hinterm Restaurant gibt es sechs schön gestaltete Bungalows, die einen Pool säumen (500 000–600 000 Rp).

ℹ An- & Weiterreise

Taxiboote (ab 25 000 Rp/Pers.) fahren von Tembowong auf dem Festland nach Gili Gede, Gili

Asahan und Gili Layar. Sie warten in der Nähe der alten Pertamina-Tankstelle. Feste Preise oder Abfahrtszeiten gibt es nicht, tagsüber trifft man jedoch immer Bootsführer an. Hat man sich auf einen Preis geeinigt, bringen sie einen direkt zur Unterkunft.

Gili Getaway (✆ 0813 3707 4147; http://gili getaway.com; Kokomo Gili Gede) schickt täglich Schnellboote von Gili Gede nach Gili T. und Gili Air (450 000 Rp) sowie nach Senggigi (250 000 Rp) und Serangan Harbour auf Bali (710 000 Rp).

ℹ Unterwegs vor Ort

Auf der Insel gibt es weder Autos noch Taxis, ein paar Bewohner haben allerdings Motorräder. Man kann einen Fischer fragen, ob er einen zu einem einsamen Strand mitnimmt, ansonsten ist Laufen (auf den Wegen an der Küste oder im Inselinneren) angesagt.

Senggigi

✆ 0370 / 52 000 EW.

Lomboks klassisches Touristenzentrum liegt hübsch entlang einer Reihe weitläufiger Buchten mit hellen Sandstränden vor der Kulisse von dschungelbedeckten Bergen und Kokospalmen. Abends versinkt die blutrote Sonne neben dem riesigen dreieckigen Vulkankegel von Balis Gunung Agung im Meer.

Senggigi ist nicht mehr so angesagt wie die Gili-Inseln oder Kuta und lockt eher ältere Urlauber an. Es gibt einige Hotels und Restaurants mit exzellentem Preis-Leistungs-Verhältnis, von denen jedoch viele bei den Beben 2018 stark beschädigt wurden. Manche Ecken sind noch immer etwas schäbig, bereits vor dem Beben sowie in der Aufbauphase danach wurden jedoch große Anstrengungen unternommen, das Erscheinungsbild des familienfreundlichen Urlaubsorts zu verbessern und dessen Glanzzeit in den 1990er-Jahren wieder aufleben zu lassen.

Der Großraum von Senggigi erstreckt sich über 10 km entlang der Küstenstraße. Das gehobene Viertel **Mangsit** liegt 3 km nördlich des Zentrums, direkt dahinter locken die malerischen Strände von **Malimbu** und **Nipah**.

◉ Sehenswertes

Pura Batu Bolong   HINDU-TEMPEL
(Abseits der Jl Raya Senggigi; Eintritt gegen Spende; ◷ 7–19 Uhr) Pura Batu Bolong, 2 km südlich des Zentrums von Senggigi, ist zwar nicht der imposanteste Hindu-Tempel Lomboks, dafür jedoch der hübscheste, besonders bei Sonnenuntergang. Wer möchte, kann den herzlichen Mitgliedern der balinesischen Gemeinde Gesellschaft leisten, wenn sie an den 14 Altären und Pagoden, die sich über felsiges Vulkangestein bis zum schaumigen Meer erstrecken, ihre Opfergaben bringen. Der Fels unterhalb des Tempels hat ein natürliches Loch, deswegen der Name (*batu bolong* bedeutet „Fels mit Loch").

🏃 Aktivitäten

Schnorcheln & Tauchen

3 km nördlich von Senggigi kann man ganz gut schnorcheln. Am Strand verleihen verschiedene Anbieter Ausrüstung (50 000 Rp/Tag). Tauchausflüge von Senggigi aus führen in der Regel zu den Gili-Inseln.

Blue Coral   TAUCHEN
(✆ 0370-693441; Jl Raya Senggigi; 2 Tauchgänge 850 000 Rp, Open-Water-Kurs 4 950 000 Rp; ◷ 8–21 Uhr) Der Tauchanbieter unter einheimischer Leitung im Herzen von Senggigi veranstaltet Nullzeittauchgänge zwischen 18 und 22 m Tiefe vor der Westküste Lomboks und den Gili-Inseln. Zudem gibt es PADI-Zertifizierungskurse und Pauschalangebote mit Übernachtung in der sauberen, modernen Pension hinter dem Laden.

Dream Divers   TAUCHEN
(✆ 0812 3754 583; www.dreamdivers.com; Jl Raya Senggigi; Schnupperkurse ab 910 000 Rp) Die Filiale in Senggigi gehört zur Tauchschule auf den Gili-Inseln. Zum Programm gehören Schnorchelausflüge zu den Gili-Inseln für 400 000 Rp und diverse Aktivitäten wie Wanderungen auf den Rinjani und Tauchkurse.

Massagen & Spas

An den Stränden von Senggigi umwerben hiesige Masseure, gerüstet mit Matten, Öl und Geschäftssinn, hartnäckig potentielle Kunden. Wer verhandelt, zahlt für eine Stunde etwa 80 000 Rp. Die meisten Hotels schicken auf Anfrage Masseure aufs Zimmer (ab ca. 100 000 Rp). Vorsicht: Hinter manchen „Salons" an der Straße verstecken sich erotische Dienstleister.

★ Qamboja Spa   SPA
(✆ 0370-693800; www.quncivillas.com; Qunci Villas, Mangsit; Massagen ab 30 US$; ◷ 8–22 Uhr) In dem schönen Hotelspa wählen Gäste ihr Öl nach Wirkung und Stimmung, die sie sich von der Massage erwarten (z. B. Revitalisierung oder Harmonie). Zur Wahl stehen thailändische, balinesische und Shiatsu-Massagen sowie tägliche Yogakurse (8 Uhr).

Senggigi

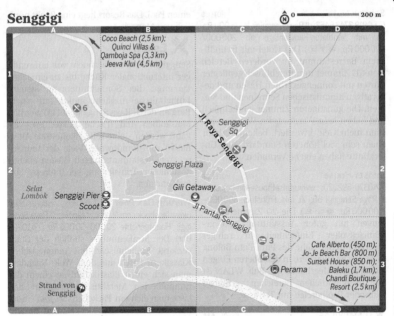

Coco Beach (2,5 km);
Quinci Villas &
Qamboja Spa (3,3 km)
Jeeva Klui (4,5 km)

Senggigi Sq

Jl. Raya Senggigi

Senggigi Plaza

Selat Lombok

Senggigi Pier
Scoot

Gili Getaway

Jl Pantai Senggigi

Cafe Alberto (450 m);
Jo-Je Beach Bar (800 m);
Sunset House (850 m);
Baleku (1,7 km);
Chandi Boutique
Resort (2,5 km)

Perama

Strand von
Senggigi

🛏 Schlafen

Senggigis Unterkünfte verteilen sich auf ein recht großes Gebiet, doch auch wenn man ein paar Kilometer entfernt (z.B. in Mangsit) nächtigt, ist man wegen der günstigen Taxis nicht isoliert. Wer etwas mehr Geld zur Verfügung hat, kann sich über eine exzellente Auswahl freuen, Optionen für Rucksacktouristen sind hingegen überschaubar.

Zum Zeitpunkt der Recherche waren viele Unterkünfte und Restaurants in Senggigi wegen einer Serie heftiger Erdbeben im Juli und August 2018 geschlossen.

Tempatku   PENSION **$**
(☏0812 4612 9504; tempatkulombok@gmail.com; Jl Pantai Senggigi, Senggigi Plaza; Zi. 200000–240000 Rp; ❄️🛜) Sehr saubere Budgetoption in zentraler Lage über einem guten indonesischen Restaurant desselben Namens. Die großen gefliesten Zimmer mit hübschen lokaltypischen Elementen teilen sich zwei Gemeinschaftsbäder mit Warmwasser. Vor Ort organisieren hilfsbereite Mitarbeiter Touren.

BC Inn   PENSION **$**
(☏0370-619 7880, 0876 595 0549; http://bcinn senggigi.com; Jl Raya Senggigi; Zi. ab 200000 Rp; 🛜) Blitzblank, gemütlich und mitten im Herzen von Senggigi. Benannt ist das BC nach dem Tauchgeschäft Blue Coral dahin-

Senggigi

🟢 Aktivitäten, Kurse & Touren
   Blue Coral ....(siehe 2)
 1 Dream Divers C3

🔵 Schlafen
 2 BC Inn C3
 3 Sendok Hotel C3
 4 Tempatku C2

🔴 Essen
 5 Asmara B1
 6 Spice A1
 7 Square C2

ter. Alle Zimmer haben Satelliten-TV, WLAN, anständige Betten, begehbare Duschen und Holzdekor. Zwei Gäste, die ein Pauschalpaket mit Tauchen buchen, bekommen eine Übernachtung geschenkt.

Baleku   PENSION **$**
(☏0818 0360 0009; Jl Raya Senggigi; Zi. 225000–300000 Rp; ❄️🛜🏊) Die Anlage aus Ziegelstein und Bambus 300 m südlich von Pura Batu Bolong ist recht klein, beherbergt aber 15 preisgünstige Zimmer; die teuersten haben Warmwasser und Klimaanlage. Die Lage ist abgeschieden, im Preis inbegriffen ist jedoch der Transport nach Senggigi und zurück. Der Pool nimmt fast den ganzen freien Platz ein.

NUSA TENGGARA LOMBOK

Sendok Hotel HOTEL $

(☏ 0813 3743 5453; Jl Raya Senggigi; B 135000 Rp, Zi. mit Ventilator/Klimaanlage ab 200000/ 400000 Rp; ❄️🛜🏊) Das Hotel mit freundlichem Barrestaurant im vorderen Bereich bietet 17 Zimmer inmitten hübsch gepflegter Gärten mit sonnengegerbten Hasen und dekorativen hinduistischen Schreinen und Statuen. Die günstigeren Zimmer sind einfach und haben kein Warmwasser. Wer ein bisschen mehr Geld investiert, bekommt dafür einen sehr viel höheren Standard. Alle Unterkünfte haben eigene Veranden.

Sunset House HOTEL $$

(☏ 0370-692020; www.sunsethouse-lombok.com; Jl Raya Senggigi 66; Zi. inkl. Frühstück 800000– 1100000 Rp; ❄️🛜🏊) Die 20 Zimmer überzeugen mit guter Ausstattung und geschmackvoller Einfachheit in ruhiger Meerlage in der Nähe des Pura Batu Bolong (S. 352). Die Quartiere in den oberen Etagen bieten weite Meerblicke gen Bali. WLAN ist nur in öffentlichen Bereichen verfügbar. Hübscher Poolbereich mit Terrasse.

★Qunci Villas RESORT $$$

(☏ 0370-693800; www.quncivillas.com; Jl Raya Mangsit, Mangsit; Zi. 150–250 US$; ❄️🛜🏊) Die spektakuläre, schön konzipierte Anlage verspricht Luxus pur. Alles, vom Essen über den Poolbereich bis hin zum Spa und vor allem die Meerblicke (160 m vom Strand entfernt), ist magisch. Sowohl die 78 Zimmer, darunter viele Villen, als auch das Freizeitprogramm machen es einem schwer, wieder abzureisen.

Chandi Boutique Resort RESORT $$$

(☏ 0370-692198; www.the-chandi.com; Jl Raya Senggigi, Batu Layar; Zi. ab 150 US$; ❄️🛜🏊) Stilvolles Boutiquehotel inmitten von Palmen rund 1 km südlich des Pura Batu Bolong (S. 352). Die 15 luxuriösen Bungalows haben Wohnbereiche unter freiem Himmel und hippes, modernes Interieur mit hohen Decken und tollen Außenbädern. Auf der großen Plattform am Meer könnte man den ganzen Tag verweilen.

Jeeva Klui RESORT $$$

(☏ 0370-693035; www.jeevaklui.com; Jl Raya Klui Beach; Zi. ab 200 US$, Villa ab 265 US$; ❄️🛜🏊) Ein palmenbestandener glitzernder Infinity Pool und ein wunderschöner, fast privater Strand, geschützt von einer Felsnase – hier lockt ein echtes Tropenparadies! Die 35 Zimmer und Villen mit atmosphärischen Schilfdächern haben Bambussäulen und eigene Veranden, die luxuriösen Privatvillen jede

einen Pool. Das Resort liegt eine Bucht nördlich von Mangsit.

Essen

Senggigis Gastroszene reicht von aufwendiger internationaler Küche bis zu einfachen *warungs*. Bei Sonnenuntergang steuern Einheimische Aussichtspunkte auf einem Berg an der Jl Raya Senggigi an, wo gegrillte Maiskolben und frische Kokosnüsse verkauft werden – eine tolle alkoholfreie Alternative zum Sundowner. Viele der touristischeren Restaurants bieten Gästen abends kostenlosen Transfer an; bei Interesse einfach anrufen.

Warung Cak Poer INDONESISCH $

(www.facebook.com/warungcakpoer; Jl Raya Senggigi; Hauptgerichte 20000–30000 Rp; ⏰10–23 Uhr) Der Straßenimbiss südlich der Stadt versorgt Einheimische mit indonesischen Klassikern frisch aus dem Wok. Nachdem man sich einen Plastikstuhl an einem der ramponierten Metalltische gesichert hat, lässt man sich ein Päckchen *krupuk* (indonesische Cracker) schmecken und bestellt *nasi goreng* extra scharf *(ekstra pedas)* mit viel Knoblauch *(bawang putih ekstra)*. Ein schweißtreibendes kulinarisches Erlebnis, bei dem zugleich lacht und weint!

★Coco Beach INDONESISCH $$

(☏ 0817 578 0055; abseits der Jl Raya Senggigi, Pantai Kerandangan; Hauptgerichte 55000– 70000 Rp; ⏰11–21 Uhr; 🥗) Das wunderbare Restaurant am Strand 2 km nördlich von Senggigi lockt mit seiner abgeschiedenen Lage abseits der Hauptstraße. An separaten Tischen mit Bambusdächern werden jede Menge vegetarische Gerichte serviert. Das *nasi goreng* und Madras-Curry sind bei Einheimischen beliebt und die Meeresfrüchte die besten der Gegend. An der komplett ausgestatteten Bar gibt's hauseigene authentische *jamu*-Tonics (Kräutermedizin).

★Cafe Alberto ITALIENISCH $$

(☏ 0370-693039; www.cafealberto.com; Jl Raya Senggigi; Hauptgerichte 55000–115000 Rp; ⏰8– 23 Uhr; 🛜) Das alteingesessene italienische Restaurant am Strand serviert verschiedene Nudelgerichte, bekannt ist es jedoch für seine Pizza. Zum Service gehören kostenloser Transport vom/ab dem Hotel sowie großzügige Überraschungen (z. B. Knabbereien oder Digestifs). Das Highlight: Unter dem Mondschein bei einem kühlen Getränk die Zehen in den Sand bohren.

Square

INTERNATIONAL **$$**

(☑0370-693688; www.squarelombok.com; Jl Raya Senggigi; Hauptgerichte 100 000–200 000 Rp; ⊙11–23 Uhr; 🛜) Gehobenes Restaurant mit hübschen Sitzbereichen sowie westlicher und indonesischer Fusionsküche, die ambitionierter ist als vor Ort üblich. Das touristenfreundliche Probiermenü hat bereits viele Gäste in die indonesische Küche eingeführt. Einen Tisch abseits des Straßenlärms wählen!

Spice

INTERNATIONAL **$$**

(☑0370-619 7373; www.spice-lombok.com; Jl Raya Senggigi, Pasar Seni; Hauptgerichte 60 000–120 000 Rp; ⊙12–23 Uhr) Luftiges Ambiente hinter dem Art Market (ein recht euphemistischer Name!) mit Tischen im Sand, die bei Sonnenuntergang zu einem Drink von der langen Getränkekarte einladen. Es gibt auch gehobene Kneipensnacks. Später weht auch im stilvollen Speiseraum oben eine angenehme Brise. Die internationalen Aromen sind von der Insel und vom Strand geprägt.

Asmara

INTERNATIONAL **$$**

(☑0370-693619; www.asmara-group.com; Jl Raya Senggigi; Hauptgerichte 45 000–150 000 Rp; ⊙8–23 Uhr; 🛜👪) Eine ideale Option für Familien. Die internationale Auswahl reicht von Thunfisch-Carpaccio über Burger bis zum inseltypischen *sate pusut* (Spieße mit Hackfleisch oder Fisch), zudem gibt es Kindergerichte. Service und Präsentation sind professionell.

🍸 Ausgehen & Nachtleben

Vor nicht allzu langer Zeit war Senggigis Barszene recht durchschnittlich – die meisten Cafés und Restaurants übernahmen den Job. Ab 2010 entstanden dann am Rand des Zentrums riesige Betonziegelblocks mit Karaokeläden und Massagesalons, wie man sie aus Pattaya kennt. Beliebt für einen Feierabenddrink bei Sonnenuntergang sind die vielen einfachen Strandbars.

Jo-Je Beach Bar

BAR

(☑0878-6388-1436; abseits der Jl Raya Senggigi; ⊙8–23 Uhr) Klassische Strandbar mit farbenfrohen Sitzsäcken und Happy-Hour-Preisen bei Sonnenuntergang. Die Cocktails sind außergewöhnlich stark und es gibt akzeptable indonesische und westliche Gerichte.

ℹ An- & Weiterreise

BEMO

Regelmäßig verkehren *bemos* zwischen Senggigi und dem Kebon-Roek-Terminal in Ampenan

ABSTECHER

TAMAN WISATA ALAM KERANDANGAN

Das schöne, wenig besuchte **Naturschutzgebiet** (Abseits der Jl Wisata Alam; 5000 Rp) eignet sich ideal, um bei einem längeren Spaziergang durch den Regenwald den Touristentrubel von Senggigi zu vergessen. Die Wasserfälle Princess Twin und Swallow Cave liegen an dem ausgewiesenen Weg (die Beschilderung ist teils etwas unklar) und mit etwas Glück sieht man seltene Schmetterlinge sowie Schwarze Brüllaffen und andere Primaten. Um hierher zu gelangen, macht man sich nördlich der Stadt nach Mangsit auf und folgt dann der Jalan Wisata Alam im Landesinneren durch das Kerandangan-Tal.

(5000 Rp, 30 Min.), wo Anschluss nach Mataram (10 000 Rp, 20 Min.) besteht. Sie werden an der Hauptstraße herangewunken. *Bemos* fahren morgens die Küste entlang nordwärts Richtung Bangsal Harbour, später gibt es weniger Verbindungen (20 000 Rp, 1 Std.). Man muss in Pemenang aussteigen, wo ein 1,2 km langer Fußweg zum Hafen führt.

SCHIFF/FÄHRE

Schnellboote nach Bali legen von dem großen **Pier** mitten am Strand ab. Manche Unternehmen verkaufen Tickets in einem Büro direkt vor Ort, andere haben Filialen an der Küste in der Nähe.

Gili Getaway (☑0823 3918 8281; http://giligetaway.com; Jl Pantai Senggigi; ⊙8–16 Uhr) Nützliche Verbindungen nach Gili T. und Gili Air (jeweils 200 000 Rp) sowie Gili Gede (250 000 Rp).

Perama (☑0370-693008; www.peramatour.com; Jl Raya Senggigi; ⊙7–22 Uhr) Ein günstiger Shuttlebus steuert die öffentliche Fähre von Lembar nach Padangbai auf Bali (125 000 Rp, 9 Uhr) an, wo es weitere Shuttlebusverbindungen nach Sanur, Kuta und Ubud (je 175 000 Rp) gibt. Die Fahrtdauer beträgt acht Stunden oder mehr. Zum Angebot gehören zudem kombinierte Fahrten mit Bus und Fähre zu den Gili-Inseln für faire 150 000 Rp (2 Std., 8 Uhr). So erspart man sich das Prozedere am Bangsal Harbour.

Scoot (☑0828 9701 5565; www.scootcruise.com; Senggigi Pier) Täglich um 12.30 Uhr fahren Schnellboote nach Nusa Lembongan (675 000 Rp) und Sanur (750 000 Rp) auf Bali.

Kencana Adventure (☑0812 2206 6066; www.kencanaadventure.com; Jl Raya Senggigi; einfache Fahrt Deck/Gemeinschaftskabine 1 650 000/2 000 000 Rp; ⊙Mo–Sa 9–17 Uhr) Wer den Osten von Nusa Tenggara besser kennenlernen möchte, kann sich im Büro dieses Anbieters über Touren nach Labuan Bajo informieren.

TAXI

Ein Taxi mit Taxameter nach Lembar kostet rund 170 000 Rp, nach Praya etwa 200 000 Rp und nach Bangsal Harbour (öffentliche *bemos* fahren nicht dorthin) ca. 100 000 Rp.

❶ Unterwegs vor Ort

Senggigis Zentrum kann man gut zu Fuß erkunden.

Motorräder werden ab 60 000 Rp pro Tag vermietet. Der Markt für Mietautos ist hart umkämpft und die Preise liegen zwischen 200 000 und 350 000 Rp am Tag. Für Autos mit Fahrer werden ab 500 000 Rp am Tag fällig.

Sire

Die Halbinsel Sire (oder Sira), eine versteckte Enklave für exklusiven Tourismus, zeigt in Richtung der drei Gili-Inseln. Sie lockt mit traumhaften weißen breiten Sandstränden und guten Schnorchelbedingungen vor der Küste. Neben einer Handvoll Fischerdörfer gibt es hier mittlerweile opulente Ferienanlagen. Unweit des Oberoi-Resorts steht ein kleiner **Hindu-Tempel** mit in die Küstenfelsen gehauenen Schreinen und wunderschönen Meerblicken.

Sire liegt eine kurze Fahrt abseits der Hauptstraße direkt nördlich von Bangsal. Die Resorts kümmern sich bei Bedarf um den Transport.

🛏 Schlafen

★ Rinjani Beach
Eco Resort BOUTIQUEHOTEL **$$**
(📲 0819 3677 5960; www.rinjanibeach.com; Karang Atas; Bungalows 350 000–1 350 000 Rp; ❄ ♨ ⊡) 🍴 Ein echtes Schmuckstück mit Bambusbungalows, die nach verschiedenen Themen gestaltet sind, Hängematten auf Privatveranden und Zugang zu einem Pool am schwarzen Sandstrand. Für Budgetreisende bieten sich zwei günstigere kleinere Bungalows mit Kaltwasser an. Zudem gibt es ein Restaurant sowie Kajaks und Mountainbikes. Abwasser wird aufbereitet und zur Wässerung der üppig grünen Anlage genutzt. Von Sire aus einfach der Küste folgen.

Tugu Lombok RESORT **$$$**
(📲 0370-612 0111; www.tuguhotels.com; Bungalow/Villa inkl. Frühstück ab 220/330 US$; ❄ 🛜 ⊡) 🍴 Das eindrucksvolle Hotel an einem schö-

nen weißen Sandstrand verbindet auf imposante Weise Luxusunterkünfte mit kreativem Design und spiritueller indonesischer Tradition. Das fantasievolle Dekor der Zimmer ist vom künstlerischen Erbe Indonesiens geprägt, während das exquisite Spa dem buddhistischen Tempel Borobudur auf Java nachempfunden ist. Auch die clevere grüne Philosophie überzeugt.

Nordwestküste

Marktstädte und flüchtige Blicke auf die Küste erwarten Reisende im Nordwesten Lomboks. Die grünen Hänge des Gunung Rinjani dominieren zunehmend die Landschaft und der Verkehr nimmt immer weiter ab.

Unmittelbar nordöstlich des Dorfes Gondang, das an der Hauptstraße zwischen Bangsal und Bayan liegt, führt ein 6 km langer Weg ins Landesinnere zum **Air Terjun Tiu Pupas** (Eintritt 30 000 Rp), einem 30 m hohen Wasserfall; ein Besuch lohnt sich – wie bei den anderen Wasserfällen hier – nur in der Regenzeit. Von dort führen Wanderpfade zu weiteren Wasserfällen. Der schönste ist der **Air Terjun Gangga**. Ein Guide (ca. 80 000 Rp) hilft bei der Orientierung, die angesichts des verwirrenden Wegenetzes nicht leicht fällt.

Wetu Telu, Lomboks animistische Form des Islam, hat seinen Ursprung in den einfachen schilfgedeckten Moscheen der hiesigen Rinjani-Ausläufer. Das beste Beispiel dafür ist die **Masjid Kuno Bayan Beleq** neben dem Dorf Beleq. Das niedrige Dach, der unbefestigte Boden und die Bambuswände gehen angeblich auf das Jahr 1634 zurück und machen sie zur ältesten Moschee auf Lombok. Im Inneren befindet sich eine riesige alte Trommel, mit der vor dem Einzug moderner Technik zum Gebet gerufen wurde.

❶ An- & Weiterreise

Nördlich von Bangsal verkehren öffentliche Transportmittel nur unregelmäßig. Mehrere *bemos* (Kleinbusse) am Tag fahren vom Mandalika Terminal in Mataram (S. 349) nach Bayan, allerdings muss man Anschlussverbindungen in Pemenang und/oder Anyar finden, was nicht immer ganz einfach ist. Praktischer ist ein eigener fahrbarer Untersatz.

Senaru

Die malerischen Dörfer, die Senaru ausmachen, gehen an einer steilen Straße mit weiten Blicken auf den Vulkan und das Meer ineinander über. Die meisten Besucher haben den Gunung Rinjani zum Ziel, dabei locken vor Ort hübsche Wanderwege und spektakuläre Wasserfälle.

Die Bezeichnung Senaru geht auf den Begriff *sinaru* („Licht") zurück. Wie passend der Name ist, merkt man, wenn man bergaufwärts dem Himmel und den Wolken entgegen läuft.

Senaru wurde von den heftigen Erdbeben, die Lombok im Juli und August 2018 heimsuchten, besonders stark getroffen. Der Wiederaufbau wird wohl mehrere Jahre in Anspruch nehmen. Die Rückkehr des Tourismus spielt dabei eine wichtige Rolle, da Trekkingführer so wieder Arbeit haben und hiesige Häuser mit dem dringend benötigten Geld wieder aufgebaut werden können.

⊙ Sehenswertes

Gunung Rinjani   VULKAN

Der Gunung Rinjani (3726 m), Indonesiens zweithöchster Vulkan, thront über der Nordhälfte Lomboks. Der eindrucksvolle Gipfel gilt bei den Hindus und Sasaks als heilig. Sie pilgern zur Spitze und zum See, um dort Opfergaben an Götter und göttliche Wesen zu bringen. Für die Balinesen ist der Rinjani neben dem Agung auf Bali und dem Bromo auf Java einer der drei heiligen Berge. Sasaks besteigen ihn das ganze Jahr zu Vollmond.

Der Berg ist von großer Bedeutung für das Klima. Sein Gipfel zieht beständig einen Strom von Regenwolken an, während die Vulkanasche die Reis- und Tabakfelder der Insel fruchtbar macht und die verschiedenen Äcker, Felder sowie Cashew- und Magohaine mit Nährstoffen versorgt.

Der Rinjani ist mit seinen magischen Ausblicken ein Ziel vieler Bergsteiger. Wegen seiner großen Beliebtheit befanden sich während des ersten der diversen Beben 2018 über 1000 Trekkingtouristen auf dem Vulkan. Danach wurden die Hänge evakuiert und für mehrere Monate gesperrt.

In der riesigen Caldera des Gunung Rinjani 600 m unter dem Kraterrand erstreckt sich der eindrucksvolle sichelförmige See **Danau Segara Anak** (Kind des Meeres), der 6 km breit ist und türkisfarben leuchtet. Die Balinesen werfen in einer Zeremonie namens *pekelan* Gold und Schmuck in den See, bevor sie sich auf den anstrengenden Aufstieg auf den heiligen Gipfel machen.

Der jüngste Kegel des Vulkans, der kleinere Gipfel Gunung Baru (2351 m), entstand

WETU TELU

Wetu Telu ist eine komplexe Mischform aus hinduistischen, islamischen und animistischen Elementen, gilt jedoch mittlerweile offiziell als muslimische Religionsgemeinschaft. Zentral ist dabei das physische Konzept der Heiligen Dreifaltigkeit. Sonne, Mond und Sterne stehen für Himmel, Erde und Wasser, während Kopf, Körper und Gliedmaßen Kreativität, Einfühlungsvermögen und Kontrolle symbolisieren.

1965 gehörte noch die große Mehrheit der Sasak im Norden Lomboks der Wetu-Telu-Gemeinschaft an, doch unter Suhartos Regime der „Neuen Ordnung" hatten indigene Glaubensrichtungen einen schweren Stand und Gläubige wurden gezwungen, sich den Wektu Lima (Muslime, die fünfmal am Tag beten) anzuschließen. Im Kernland der Wetu Telu rund um Bayan bewahrten sich Einheimische jedoch ihren einzigartigen Glauben, indem sie ihre kulturellen Traditionen (Wetu Telu) von der Religion (Islam) abgrenzten. Die meisten fasten nicht im ganzen Ramadan und besuchen die Moschee nur zu speziellen Anlässen, zudem ist der Konsum von *brem* (alkoholhaltiger Reiswein) weit verbreitet.

erst vor ein paar hundert Jahren. Sein vernarbtes schwelendes Profil thront über dem See und erinnert an die apokalyptische Kraft der Natur. Im letzten Jahrzehnt kam es immer wieder zu kleineren Ausbrüchen, bei denen Rauch und Asche über den gesamten Caldera des Rinjani verteilt wurden. Im Krater gibt es außerdem natürliche heiße Quellen namens Aiq Kalak. Einheimische, die an Hautkrankheiten leiden, reisen mit Heilkräutern im Gepäck hierher, um in dem blubbernden, an Mincralien reichen Wasser zu baden und abzuschrubben.

Die offizielle Website des **Gunung-Rinjani-Nationalparks** (Taman Nasional Gunung Rinjani; ☏ 0370-660 8874; www.rinjaninationalpark. com) hat gute Karten, Infos und eine nützliche Rubrik, die über gemeldete Betrugsmaschen unseriöser Wanderanbieter aufklärt.

Auf eigene Faust darf der Gunung Rinjani nicht erklommen werden.

Air Terjun Sindang Gila   WASSERFALL

(10 000 Rp) Von Senaru aus führt ein 20-minütiger Fußmarsch entlang eines hübschen

DER RINJANI BEBT

Schätzungen zufolge befanden sich 1090 Bergsteiger, Guides und Begleitpersonen am 29. Juli 2019 auf den Hängen des Gunung Rinjani, als ein leichtes Beben der Stärke 6,4 auf der Richterskala das Sembalun-Tal erschütterte und viele Erdrutsche auslöste. Sie waren über Nacht auf dem Vulkan gefangen, die meisten wurden jedoch am nächsten Tag im Rahmen einer Evakuierung, die weltweit Schlagzeilen machte, gerettet. Der Rinjani wurde danach für Bergsteiger gesperrt. Zwei weitere Beben der Stärke 6,9 in den nächsten drei Wochen erschwerten Pläne, den Rinjani wieder für den Trekkingtourismus zu öffnen, da viele Hotels und Reiseagenturen der Gegend dem Erdboden gleichgemacht wurden.

Einige hiesige Imame machte die steigende Zahl der Touristen auf dem heiligen Gipfel für die Erdbeben verantwortlich, deshalb gab es gewisse Widerstände gegen die Wiedereröffnung. Die große wirtschaftliche Bedeutung der Trekkingbranche für den Norden Lomboks sorgte jedoch dafür, dass im Oktober erste Erkundungstouren auf dem Rinjani durchgeführt wurden, um den Zustand der ursprünglichen Routen zu überprüfen. 14 Erdrutsche hatten jeweils die beliebten Wanderrouten Senaru und Sembalun getroffen, zudem waren viele Berghütten, Wachposten, Parkbüros und Wasserquellen stark beschädigt. Zum Zeitpunkt der Recherche war der Beginn der Reparaturarbeiten für Mai 2019 geplant, wobei man hoffte, die Wege Ende 2019 oder Anfang 2020 wieder öffnen zu können. Die neue zweitägige Benang-Stokel-Route von Aik Berik, ca. 30 km östlich von Mataram auf dem Südhang von Rinjan, zum Kraterrand war als einzige bei der Recherche zugänglich, da sie nicht von Erdrutschen betroffen war. Die Besucherzahl war jedoch auf 150 Personen pro Tag begrenzt und der Weg zum Kratersee gesperrt. Bis die Routen zum Rinjani wieder offen sind, bieten Trekkingagenturen in Senaru und im Sembalun-Tal alternative Wandertouren mit Übernachtung zum Gunung Nangi (2330 m) und Bukit Pergasingan (1700 m) sowie Tagesausflüge zu Wasserfällen und Dörfern der Gegend an.

Folgende Touragenturen waren zum Zeitpunkt der Recherche geöffnet. Sie sind die beste Anlaufstelle für aktuelle Informationen zu den Routen und Bedingungen.

Rudy Trekker (☑ 0812 3929 9896, 0822 3531 4474; www.rudytrekker.com)

Rinjani Information Centre (RIC; ☑ 0818 540 673; www.rinjaniinformationcentre.com; Sembalun Lawang; ⊗ 6–18 Uhr)

John's Adventures (☑ 0817 578 8018; www.rinjanimaster.com)

Senaru Trekking (☑ 0818 540 673; www.senarutrekking.com; Jl Pariwisata)

Wald- und Bergwegs zu diesen spektakulären Wasserfällen. Hartgesottene nehmen den Weg über den Bach und lassen sich dann von der schäumenden Kaskade überwältigen, die 40 m darüber aus dem schwarzen Vulkanstein entspringt. Für einen Ausflug zum Air Terjun Sindang Gila ist kein Guide nötig. Der Weg ist gut beschildert.

Air Terjun Tiu Kelep WASSERFALL
Weitere 50 Minuten vom Air Terjun Sindang Gila bergaufwärts liegt dieser Wasserfall mit Badestelle. Für den steilen Weg ist ein Guide ratsam (je 100 000 Rp; auf Verhandlungsbasis). Manchmal sieht man Javaneraffen, von Einheimischen *kera* genannt, und die sehr viel selteneren Silbernen Haubenlanguren.

🏃 Aktivitäten

Die meisten Besucher kommen wegen der Besteigung des Gunung Rinjani nach Senaru. Wer noch etwas Zeit hat oder den Vulkan nicht besteigen möchte, für den gibt es andere lohnenswerte Wanderungen.

Die meisten Pensionen organisieren geführte Wanderungen und gemeindebasierte Aktivitäten. Dazu gehören eine **Reisterrassen-Wasserfall-Tour** (200 000 Rp/Pers.), die zum Air Terjun Sindang Gila, zu Reisfeldern und einer alten Bambusmoschee führt, sowie die **Senaru-Panoramawanderung** (350 000 Rp/Pers.), die ebenfalls den Wasserfall besucht sowie tolle Ausblicke und Einblicke in lokale Traditionen bietet.

🛏 Schlafen

Senarus Unterkünfte liegen an der 6,5 km langen Straße, die in Bayan beginnt und bergauf über Batu Koq vom Hauptbüro des Gunung-Rinjani-Parks führt, das zum Zeitpunkt der Recherche stark beschädigt war. Bei den meisten handelt es sich um einfache

Berghütten. Wegen der kühlen Höhenluft benötigt man keine Klimaanlage.

Viele Hotels wurden bei den Erdbeben im Juli und August 2018 zerstört. Zum Zeitpunkt der Recherche waren alle geschlossen.

Rinjani Lodge
PENSION **$$**

(☑ 0819 0738 4944; www.rinjanilodge.com; Zi. ab 1100 000 Rp; ✳ ❄ ✉) Die Rinjani Lodge wurde bei den Erdbeben 2018 stark beschädigt, plant jedoch die Wiedereröffnung mit fünf Bungalows, vier Familienzimmern, vier Dreibettzimmern und zwei Pools (einen für Hotelgäste, den anderen dürfen Restaurantbesucher mitbenutzen). Die Anlage bietet traumhafte Blicke über den Norden Lomboks und liegt direkt unterhalb des Eingangs zum Air Terjun Sindang Gila.

Rinjani Lighthouse
PENSION **$$**

(☑ 0818 0548 5480; www.rinjanilighthouse.mm.st; Zi. 450 000–900 000 Rp; ☎) Die eindrucksvolle Pension auf einem weiten Plateau nur 200 m vom Parkbüro des Gunung Rinjani entfernt bietet neben Warmwasser Bungalows mit Bambusdächern in verschiedenen Größen (vom Doppel- bis zum Familienzimmer). Zudem gibt es ein restauriertes altes Haus für sechs Personen. Die Besitzer teilen gern ihr breites Wissen über den Rinjani.

ℹ An- & Weiterreise

Vom Mandalika Terminal in Bertais (Mataram) fährt man mit dem Bus nach Anyar (25 000–30 000 Rp, 2½ Std.). Von Anyar nach Senaru fahren keine bemos, deshalb muss man ein *ojek* (je nach Gepäck ab 30 000 Rp/Pers.) nehmen. Die meisten Besucher sparen sich den Aufwand und lassen sich die Anreise von einer Trekkingagentur organisieren.

Sembalun-Tal

☑ 0376

Hoch oben an der Ostseite des Gunung Rinjani erstreckt sich die irdische Version des mythischen Shangri-La, das wunderschöne Sembalun-Tal. Das Hochplateau auf rund 1200 m Höhe wird von Vulkanen und Gipfeln gesäumt. Die goldenen Ausläufer der fruchtbaren Region leuchten in der Regenzeit saftig grün. Lichten sich die hohen Wolken, dominiert der Rinjani die Szenerie.

Im Tal gibt es zwei Hauptorte, Sembalun Lawang und Sembalun Bumbung. Die idyllischen Kornkammern widmen sich in erster Linie dem Anbau von Kohl, Kartoffeln, Erdbeeren und vor allem Knoblauch, wobei auch der Trekkingtourismus eine gewisse wirtschaftliche Bedeutung hat. Beide Dörfer wurden während der heftigen Erdbebenserie 2018 stark beschädigt.

🛏 Schlafen

Im Dorf Sembalun Lawang geht es rustikal zu. Die meisten Pensionen erhitzen *mandi*-(Bade-)Wasser gegen eine Gebühr. Das Rinjani Information Centre (S. 358) (RIC) vermittelt auf Anfrage kleine Privatunterkünfte mit Zimmerpreisen zwischen 150 000 und 500 000 Rp.

Alle Hotels waren zum Zeitpunkt der Recherche wegen der Erdbeben 2018 geschlossen.

Lembah Rinjani
LODGE **$**

(☑ 0852 3954 3279, 0818 0365 2511; www.facebook.com/lembahrinjani; Sembalun Lawang; Zi. 350 000–450 000 Rp) Die Lodge bietet zwölf einfache, saubere, gefliese Zimmer mit Privatveranden und tollem Blick auf die Berge und den Sonnenuntergang. Die günstigeren Zimmer haben Kaltwasserduschen.

ℹ An- & Weiterreise

Am Mandalika Terminal in Mataram fährt man mit dem Bus nach Aikmel (20 000 Rp) und steigt dort in ein *bemo* nach Sembalun Lawang (20 000 Rp) um.

Es gibt keine öffentlichen Verkehrsmittel zwischen Sembalun Lawang und Senaru, deswegen muss man ein *ojek* (Motorradtaxi) nehmen. Die meist ungemütliche Fahrt kostet ca. 200 000 Rp.

> ### KLETTERTOUREN AM GUNUNG RINJANI
>
> Neben Senaru und dem Sembalun-Tal bietet sich Tetebatu als Ausgangsbasis für Wandertouren auf den Gunung Rinjani an, vor allem, wenn man wenig Zeit hat. Bei den Zweitagestouren von dieser Seite des Vulkans mit **Jaya Trekker** (☑ 0853 3792 0005; https://jayatrekker.com; Jl Pariwisata Tetebatu) und anderen Agenturen ist zwar kein Bad in den Seen inbegriffen, dafür bekommt man weniger Müll und Touristen zu sehen. Sie schlagen mit rund 1 750 000 Rp zu Buche, Guide, Gepäckträger, Ausrüstung, Verpflegung und Parkgebühr inklusive.
>
> Diese Route war zum Zeitpunkt der Recherche geschlossen, soll aber Ende 2019 oder Anfang 2020 wieder zugänglich sein.

Tetebatu

☑0376

Von Quellen gespeiste Bäche, die an den Hängen des Rinjani entspringen, und fruchtbare Vulkanerde machen Tetebatu zu einer Kornkammer der Sasak. Das Umland prägen Tabak- und Reisfelder, Obsthaine und Kuhweiden, die in die verbliebenen Wälder mit Affen und rauschenden Wasserfällen übergehen. Tetebatus angenehmes Klima eignet sich ideal für ausgedehnte Naturwanderungen – bei einer Höhe von 650 m scheint die heiße, stickige Küste weit entfernt. Die dunklen Nächte sind vom Klang eines Froschorchesters, begleitet vom Sprudeln unzähliger Bäche, erfüllt. Hier schläft fast jeder wie ein Baby!

⌖ Geführte Touren

Eine typische Wanderung ins Umland von Tetebatu führt zu Reisfeldern, Gewürzläden, zwei **Wasserfällen** (Eintritt gegen Spende) und zum **Taman Wisata Tetebatu** (Affenwald). Kulturell Interessierte können außerdem Kunsthandwerkerdörfer in der Nähe besuchen, darunter **Loyok**, wo Bambuskörbe hergestellt werden, das Töpfereidorf **Masbagik Timur** und **Pringgasela**, das für seine Webarbeiten bekannt ist. Vor Ort gibt es jeweils verschiedene Läden, in denen Besucher den Handwerkern oft bei ihrer Arbeit zu sehen können.

Sandi Tour Guide OUTDOOR-AKTIVITÄTEN
(☑0823 4077 2008; sandiraga83@gmail.com) Der fachkundige Guide spricht Englisch und organisiert Wandertouren zu Reisfeldern, Wasserfällen und zum Affenwald. Zum Programm gehören außerdem geführte Besteigungen des Rinjani, Ausflüge nach Gili Kondo und kulturelle Touren zu Kunsthandwerkerdörfern in der Nähe.

🛏 Schlafen & Essen

In die üppig grüne Landschaft sind verschiedene gute Bungalows und Pensionen eingebettet. Die Unterkünfte servieren auch Mahlzeiten, zudem gibt es ein paar hübsche Restaurants.

★Edriyan Bungalow BUNGALOW $
(☑0853 3908 0120; http://edriyanbungalowtetebatu.blogspot.com; Jl Pariwisata Tetebatu; DZ ab 400000 Rp, Bungalow 4500000 Rp; 🛜❄) Die drei zweistöckigen Bambusbungalows mit aufwendigem Design bieten faszinierende Ausblicke über glitzernde Reisfelder. Zudem gibt es einen einladenden Swimmingpool, Gärten voller Pflanzen und ein Restaurant mit Sasak-Kochkursen (200000 Rp, 2 Std.), in denen man Gerichte wie Jackfrucht-Curry zubereitet.

Pondok Indah Bungalows Tetebatu BUNGALOW $
(☑0877 6172 2576; Jl Pariwisata Tetebatu; Bungalow ab 250000 Rp) Die drei doppelstöckigen Bungalows mit Bambusdächern liegen inmitten schöner Reisfelder. Neben rustikalem Schick erwarten Gäste eigene Bäder, Hartholzböden, Sitzbereiche im Freien mit Traumblicken und vieles mehr. Die Anlage zieren farbenfrohe Pflanzen.

Hakiki Bungalows & Cafe BUNGALOW $
(☑0818 0373 7407; www.hakiki-inn.com; Jl Kembang Kuning; Zi. 175000–450000 Rp; 🛜) Die Anlage mit sieben Bungalows in einem blühenden Garten am Rande der Reisfelder thront über dem Reisacker der Betreiberfamilie, rund 600 m von der Kreuzung entfernt. Es gibt sogar eine Flitterwochensuite. WLAN ist im hauseigenen Café verfügbar, das – teils ordentlich scharfe – indonesische Klassiker serviert.

Tetebatu Mountain Resort BUNGALOW $$
(☑0853 3754 0777; www.mountainresorttetebatu.com; Jl Kembang Kuning; Bungalows ab 500000 Rp; 🛜❄) Die Sasak-Bungalows mit 23 Zimmern gehören zu den besten Unterkünften der Stadt. Vier haben separate Bäder auf zwei Etagen (perfekt für Reisebuddys) und oben einen Balkon mit grandioser Aussicht über die Reisfelder.

Warung Monkey Forest INDONESISCH $
(☑0853 3702 0691; Jl Pariwisata Tetebatu; Hauptgerichte 30000–40000 Rp; ☺8–23 Uhr) Fantastisches kleines Restaurant mit Bambusdach, vielen vegetarischen Gerichten, frischen Obstsäften und hilfsbereiten Besitzern, die Englisch sprechen. Liegt auf dem Weg hinauf in den Affenwald.

❶ An- & Weiterreise

Sämtliche Busse, die inselweit verkehren, passieren Pomotong (35000 Rp ab dem Mandalika Terminal) auf der Hauptschnellstraße von Ost nach West. Hier steigt man aus und nimmt ein *ojek* (ab 25000 Rp) nach Tetebatu.

Die meisten Unterkünfte organisieren die Anfahrt von sämtlichen Standorten auf Lombok aus. Dies ist meist die einfachste Variante und – wenn man mit einer Gruppe reist – genauso günstig.

Praya

📝 0370 / 55 040 EW.

Das weitläufige Praya ist in erster Linie als Standort für Lomboks Flughafen bekannt. Zudem ist es der Hauptort im Süden mit baumbestandenen Straßen und den üblichen baufälligen Überbleibseln aus der niederländischen Kolonialzeit.

ℹ An- & Weiterreise

Inmitten von Reisfeldern, ungefähr 5 km südlich der Stadt, liegt der moderne **Lombok International Airport** (LOP; www.lombok-airport.co.id; Jl Bypass Bil Praya). Riesig ist der Flughafen nicht, dafür ist das Serviceangebot, u. a. mit Geldautomaten, kleinen Supermärkten und Cafés, recht gut.

Dank mehrspuriger Straßen beträgt die Fahrzeit von Mataram und Kuta aus nur eine knappe Dreiviertelstunde. Auch an den Rest der Insel ist der Flughafen gut angebunden.

Regelmäßig verkehren Touristenbusse von Damri, die auf die Flugzeiten abgestimmt sind. Tickets gibt es in der Ankunftshalle. Zu den Zielen gehören das Mandalika Terminal in Mataram (30 000 Rp), Senggigi (40 000 Rp) und Selong im Osten (35 000 Rp).

An den Taxischaltern vor dem Ankunftsbereich gibt es Fahrten zu Festpreisen, u. a. nach Kuta (150 000 Rp, 30 Min.), Mataram (180 000 Rp, 40 Min.), Senggigi (300 000 Rp, 75 Min.) und Bangsal (350 000 Rp, 1¾ Std.), wo Anschluss zu den Gili-Inseln besteht.

Kuta

📝 0370 / 5000 EW.

Kuta ist das perfekte Einfallstor zu den wunderschönen Stränden des südlichen Lombok. Eine sichelförmige Bucht, im seichten Wasser türkis und in tieferen Gewässern dunkelblau gefärbt, säumt ein riesiger weißer Sandstrand mit den Dimensionen eines Football-Feldes, der von Landzungen umgeben ist. Hinzu kommt eine Küste mit rund einem Dutzend solcher Buchten, die sich vor zerklüftet-felsiger, mit grünen Bananen- und Tabakfeldern gespickter Kulisse erstreckt – Kuta geizt wahrlich nicht mit seinen Reizen!

Die eigentliche Attraktion der Stadt sind aber die schier grenzenlosen, erstklassigen Surfwellen, deren Anziehungskraft trotz des touristischen Ausbaus ungebrochen scheint. Kuta selbst ist ein attraktiver Mix aus Pensionen, Cafés, Restaurants und einfachen Bierkneipen.

SURFEN AN DER SÜDKÜSTE

Großartige Links- und Rechtswellen brechen sich an den Riffen vor Kuta Bay (Telek Kuta) und östlich von Tanjung Aan (S. 361). Rund 7 km östlich von Kuta liegt das Fischerdorf Gerupuk (S. 365) mit einer Reihe von Reef Breaks in Küstennähe und weiter draußen, die nur mit dem Boot (verhandelbare 200 000 Rp für 2 Std.) zugänglich sind. Insider lassen Gerupuk hinter sich und folgen der Straße nach Ekas (S. 365), wo sich nur wenige Besucher hin verirren und die zwei Breaks Inside Ekas und Outside Ekas Surfer glücklich machen. Auch für diese ist ein Boot notwendig (ca. 400 000 Rp). Westlich von Kuta findet man Mawan, einen eindrucksvollen Badestrand, **Mawi**, ein beliebtes Surfparadies mit erstklassiger Wellen und starkem Brandungsrückstrom, und den langen weißen Sandstrand von **Selong Blanak** (Parkplatz 10 000 Rp), ein toller Spot für Anfänger.

◉ Sehenswertes

⭐ **Pantai Mawan**   STRAND

(Auto/Motorrad 10 000/5000 Rp) Lust auf ein echtes Strandparadies? Rund 8 km westlich von Kuta und 600 m abseits der Hauptstraße lockt diese sichelförmige Bucht, gesäumt von hoch aufragenden Landzungen mit azurblauem Wasser und einem – bis auf ein Fischerdorf mit einem Dutzend bambusgedeckten Häusern – einsamen Sandstrand. Hier kann man wunderbar baden und es gibt einen befestigten Parkplatz, ein paar einfache Cafés und große, Schatten spendende Bäume. Vor Ort werden luxuriöse Liegestühle gegen eine saftige Gebühr (150 000 Rp/Tag) vermietet.

Tanjung Aan   STRAND

(Auto/Motorrad 20 000/10 000 Rp) Rund 5 km östlich von Kuta bietet Tanjung Aan (alias A'an, Ann) einen spektakulären Anblick: Die riesige hufeisenförmige Bucht grenzt an zwei weitläufige feine Sandbögen, an deren Ende die Wellen an die Felsen schlagen. Man kann gut schwimmen und es gibt Bäume und Unterstände, die Schatten spenden, sowie einen bewachten Parkplatz, für den eine geringe Gebühr erhoben wird. **Warung Turtle** am Ostende des Strandes hat freundlichen Service und günstiges Bier, während sich eine Klettertour auf die westliche Landzunge **Bukit Merese** wegen der spektakulären Sonnenuntergänge lohnt.

Pantai Areguling

STRAND

(Auto/Motorrad 10000/5000 Rp) 6 km westlich von Kuta zweigt eine steile Piste von der Hauptküstenstraße ab. Sie führt über 2 holperige Kilometer zu dieser breiten Bucht mit einem weitläufigen beigefarbenen Sandstrand. Er ist ein wenig verwahrlost, beeindruckt jedoch mit seiner schieren Größe. In Zukunft wird sich hier aber einiges verändern, davon zeugen Bauprojekte auf der Landzunge.

Pantai Seger

STRAND

(Auto/Motorrad 10000/5000 Rp) Pantai Seger, ein hübscher Strand rund 2 km östlich von Kuta bei der ersten Landzunge, hat unwirklich türkisfarbenes Wasser, anständige Bademöglichkeiten (allerdings keinen Schatten) und Surfwellen 200 m vor der Küste. In der Nähe gibt es zwei weitere Strände sowie ein anständiges Café und Stände, die Schnorchelausrüstung verleihen.

🏃 Aktivitäten

Die Jl Pariwisata und die Hauptstraße, die zum Meer führt, säumen zahlreiche Anbieter verschiedener Aktivitäten. Das Angebot ist groß und reicht von Surfausflügen bis hin zu Schnorcheltouren in abgelegenen Gegenden. Verhandeln lohnt sich.

⭐ Mana Retreat Lombok

YOGA

(📞 0853 38628 659; http://manalombok.com; Jl Baturiti; Kurs 100000 Rp; ⊗8–18.30 Uhr) Das Mana Retreat ist ein offener bambusgedeckter Pavillon vor idyllischer Dschungelkulisse mit Vinyasa, Yin/Yang, Surfyoga und mehr. Wer möchte, kann vor Ort auch Zimmer oder Bungalows (B/DZ ab 300000/900000 Rp) mieten.

⭐ Scuba Froggy

TAUCHEN

(📞 0878 6454 1402; www.scubafroggy.com; Jl Raya Kuta; Tauchgang 600000 Rp, Open-Water-Kurs 5 500000 Rp; ⊗9–19 Uhr) Veranstaltet Ausflüge zu verschiedenen Tauchstätten in der Gegend, die größtenteils nicht tiefer als 18 m sind. Von Juni bis November werden zudem Touren zu den spektakulären, anspruchsvollen Felsnadeln in Belongas Bay angeboten, bekannt für Schwärme von Hammerhaien und Mobularochen. Schnorchelausflüge zu den südwestlichen Gili-Inseln kosten 750000 Rp. Vermietet auch Kajaks (80000 Rp/Std.).

Whatsup? Lombok

WASSERSPORT

(📞 0878 6597 8701; http://whatsuplombok.com; Jl Pariwisata; SUP-/Kajak-/Kitesurf-Verleih 200000/150000/400000 Rp pro Std.; ⊗8–20 Uhr) Die südlichen Buchten von Kuta bieten exzellente Bedingungen für Kitesurfen, Stand-Up-Paddling (SUP) und Kajakfahren. Dieser Anbieter verleiht Ausrüstung und veranstaltet Kurse sowie Touren.

Kimen Surf

SURFEN

(📞 0878 6590 0017; www.kuta-lombok.net; Jl Mawan; Surfbrettverleih 60000 Rp/Tag, Kurse ab 400000 Rp/Pers.; ⊗8–21 Uhr) Der renommierte Surfanbieter informiert über aktuelle Bedingungen und gibt gute Tipps. Zum Programm gehören außerdem Kitesurfen, Surfbrettverleih, eine Werkstatt, Kurse, geführte Ausflüge zu Surf-Hotspots wie Gerupuk (700000 Rp) und ein hauseigenes Café mit starken Espressogetränken.

🛌 Schlafen

Kuta bietet eine fantastische Auswahl für jeden Geldbeutel. Die Preise steigen in der Hochsaison im Juli und August deutlich. An der Jl Pariwisata gibt es einige in die Jahre gekommene, verwahrloste Hotels.

⭐ Livingroom Hostel

HOSTEL $

(📞 0823 3942 1868; www.thelivingroomlombok.com; Jl Mawan; B/DZ inkl. Frühstück ab 150000/350000 Rp; ❀🅟🛜❄) Das Livingroom öffnete unglücklicherweise pünktlich zu den Erdbeben 2018, bietet jedoch alles, was man sich von einem Hostel wünscht: eine kreative Bar mit Schaukelsitzen, hausgebackenes Brot zum Frühstück, saubere, gut ausgestattete Zimmer und sogar einen kleinen Pool. Einer der ungarischen Besitzer ist Schreiner und hat hier sein Meisterwerk erschaffen.

⭐ Kuta Cabana Lodge

LODGE $

(www.facebook.com/kutacabanalodge; abseits der Jl Sengkol; Zi. inkl. Frühstück ab 400000 Rp; ❀🛜) Die eklektische bambusgedeckte Lodge liegt an einem Hügel direkt östlich der Stadt mit weiten Blicken über die Bucht von den kunstvoll gestalteten Zimmern. Yogalehrer vom Ashtari (S. 364) veranstalten Kurse im *shala* im oberen Stock, während das französisch inspirierte Restaurant The Other Place zum roten Sonnenuntergang viele Gäste anlockt (Hauptgerichte 50000–80000 Rp).

⭐ Lara Homestay

PENSION $

(📞 0877 6310 0315; http://larahomestay.com; Jl Raya Kuta Pujut Lombok Tengah; Zi. inkl. Frühstück ab 300 000 Rp; ✳☂) Der exzellente Familienbetrieb liegt an einer ruhigen baumbestandenen Nebenstraße in Zentrumsnähe. Der Service könnte kaum herzlicher sein. Die sauberen Zimmer im mehrstöckigen Hauptgebäude haben ein gutes Preis-Leistungs-Verhältnis und das Frühstück ist lecker.

Bombora Bungalows
BUNGALOW $

(☎0370-650 2571; bomborabungalows@yahoo.com; Jl Raya Kuta; Standard-/Superior-Zi. 425 000/575 000 Rp; ✳☂✳) Zu den besten Budgetunterkünften Kutas gehören diese acht Bungalows mit eigenen Bädern und teils mit Ventilatoren, die einen hübschen Poolbereich säumen. Kokospalmen spenden Liegestühlen Schatten, es steht flamingofarbenes Schwimmspielzeug bereit und die gesamte Anlage bietet Erholung von der Hektik der Stadt. Das Personal geht auf die Bedürfnisse seiner Gäste, insbesondere von Surfern, ein.

Mimpi Manis
B&B $

(☎081 836 9950; www.mimpimanis.com; Jl Raya Kuta; B/DZ 100 000/150 000–250 000 Rp; ✳☂) Made und Gemma, ein freundliches balinesisch-britisches Pärchen, leitet dieses einladende B&B mit sehr gepflegten Schlafsälen und Privatzimmern, die teils über Klimaanlage und Dusche verfügen. Wegen der Lage 1 km im Landesinneren geht es hier ruhiger zu als bei der Konkurrenz im Zentrum. Gäste können sich jede Menge gute Bücher ausleihen, zudem gibt es kostenlosen Transport zum Strand sowie einen Fahrrad- und Motorradverleih.

Schnorchelausflüge zu den südwestlichen Gili-Inseln gibt es ab 350 000 Rp pro Person, sechsstündige Angeltouren kosten 600 000 Rp (mind. 2 Pers.). Die Betreiber grillen die gefangenen Fische ohne Aufpreis.

★ Yuli's Homestay
GASTFAMILIE $$

(☎0819 1710 0983; www.yulishomestay.com; Jl Baturiti; Zi. inkl. Frühstück 425 000–700 000 Rp; ✳☂✳) Die 32 Zimmer dieser ständig wachsenden Unterkunft sind makellos sauber, geräumig und hübsch mit großen Betten und Schränken eingerichtet. Zudem gibt es breite Terrassen auf der Vorderseite, Kaltwasserbäder, eine Gästeküche, einen Garten und drei Pools.

Blue Monkey Villas
BUNGALOW $$

(☎0853 3775 6416; bluemonkeyvilllas@gmail.com; Pantai Areguling; Zi. 500 000–1 000 000 Rp; ☂✳) Die traditionellen Bungalows auf einer Anhöhe über Pantai Areguling, 8 km westlich von Kuta, bieten weite Blicke über die Bucht.

BAU-NYALE-FEST

Am 19. Tag des zehnten Monats im Sasak-Kalender (meist Feb. oder März) versammeln sich hunderte Sasak bei Pantai Seger (S. 362), um ein großes Fest mit Stockkämpfen, Livebands und dem wurmähnlichen *nyale* zu feiern.

Mit Einbruch der Nacht flackern Lagerfeuer und Teenager messen sich bei einem Sasak-Poetry-Slam, bei dem Reimpaare namens *pantun* hoch- und runtergebetet werden. Am nächsten Tag bei Sonnenaufgang wird das erste Exemplar von Millionen von *nyale*, die hier alljährlich auftauchen, gefangen, danach stechen Mädchen und Jungs getrennt in dekorierten Booten in See und jagen einander unter viel Geschrei und Gelächter. Die *nyale* werden roh oder gegrillt verspeist und gelten als Aphrodisiakum. Ein guter Fang ist ein Zeichen für eine üppige Reisernte.

Der Strand liegt einen 500 m langen Fußmarsch bergab. Das einfache Café serviert Mahlzeiten zu wunderbarer Aussicht.

Puri Rinjani Bungalows
BUNGALOW $$

(☎0370-615 4849; Jl Pariwisata; Zi. ab 700 000 Rp; ✳☂✳) Die solide Unterkunft am Strand punktet mit Sauberkeit, guter Leitung und einem hübschen Poolbereich. Statuen zieren die Anlage und die 19 hellen, luftigen Zimmer haben gute, bequeme Betten.

✕ Essen

Kutas Gastronomieszene wird täglich kreativer. Es gibt eine große Auswahl an durchweg legeren, preisgünstigen Restaurants.

★ Nugget's Corner
INDONESISCH $

(☎0878 9131 7431; Jl Raya Kuta; Hauptgerichte 35 000–100 000 Rp; ⏱7–22.30 Uhr) Lässig-cooles Restaurant, das aber ambitioniert geführt wird. Ob vegan, vegetarisch oder mit Fleisch – hier wird alles fachmännisch und auf den Punkt zubereitet. Die Aromen sind kreativ, die Präsentation ist ansprechend. Alkoholische Getränke müssen selbst mitgebracht werden, wobei es sehr gute Säfte, Smoothies und Eistees gibt. Gespeist wird in sonnigem Ambiente unter freiem Himmel.

★ Milk Espresso
CAFÉ $$

(www.facebook.com/milkespresso; Jl Raya Kuta; Hauptgerichte 55 000–130 000 Rp; ⏱7–24 Uhr;

ⓕ) In dem trendigen doppelstöckigen Café herrscht den ganzen Tag über Betrieb. Die Auswahl reicht von reichhaltigem Frühstück über Mittagssnacks bis zu ausgewogener Küche und leckeren Cocktails am Abend. Der starke Kaffee sorgt zu jeder Uhrzeit für neue Energie.

★ **El Bazar**   MEDITERRAN **$$**
(ⓘ 0819 9911 3026; www.elbazarlombok.com; Jl Raya Kuta; Hauptgerichte 75 000–185 000 Rp; ⓢ 8–23 Uhr) Kutas angesagtestes und beliebtestes Restaurant wird seinem erstklassigen Ruf gerecht, dafür sorgen authentische Genüsse vom Mittelmeer. Auf Mezze-Vorspeisenteller folgende exzellente Kebabs, Falafel oder marokkanische Tagine. Wegen der tollen Stimmung bleibt man hier gern etwas länger.

Sea Salt   SEAFOOD **$$**
(ⓘ 0813 8198 7104; Jl Pariwisata; Hauptgerichte 60 000–90 000 Rp; ⓢ 11–22 Uhr) Das griechisch inspirierte Fischlokal unter schottischer Leitung gehört zu den besten Restaurants Kutas und steht für die Qualität der hiesigen Gastroszene. Im kleinen gewölbten Speiseraum, der zum Strand hin offen und mit Vogelkäfigen und Garnelenfallen geschmückt ist, servieren überaus enthusiastische Mitarbeiter barfuß den Fang des Tages.

Warung Bule   SEAFOOD **$$**
(ⓘ 0370-615 8625; Jl Pariwisata; Hauptgerichte 60 000–85 000 Rp; ⓢ 10–23 Uhr; ⓕ) Das freundliche, saubere, gefliese *warung* abseits der Hauptverkehrsstraßen an einem ruhigen Abschnitt von Kuta Beach gehört zu den besten der Stadt. Der gegrillte Barrakuda mit Sasak-Gewürzen ist fantastisch, während das Trio aus Hummer, Garnelen und Goldmakrele (385 000 Rp, für hiesige Standards teuer) das volle maritime Geschmackserlebnis bietet.

Ashtari   INTERNATIONAL **$$**
(ⓘ 0812 3608 0862; www.ashtarilombok.com; Jl Mawan; Hauptgerichte 40 000–100 000 Rp; ⓢ 8–21 Uhr) Auf einem Berggipfel 2 km westlich der Stadt an der Straße nach Mawan bietet dieses luftige Lounge-Restaurant mit mediterranen Einflüssen spektakuläre Ausblicke auf unberührte Buchten und felsige Halbinseln. Schicke Adresse für anspruchsvolle Yogis mit verschiedenen veganen Optionen.

An einem idyllischen Ort unterhalb des Restaurants werden von 7 bis 18.30 Uhr verschiedene Yogakurse angeboten (100 000 Rp).

🍸 Ausgehen & Nachtleben

Es gibt eine Reihe lauter Strandbars, die oft gut beworbene Partys veranstalten. Am Strand in direkter Zentrumsnähe finden spontane Bierpartys statt.

★ **The Bus**   BAR
(www.facebook.com/thebuslombok; Jl Raya Kuta; ⓢ 18–24 Uhr) Gute Musik, farbenfrohe Graffitikunst und die besten Pizzas auf Lombok machen die Bar zur abendlichen Pflichtadresse. Mitten im Zentrum auf felsigem Grund macht man es sich hier auf Paletten gemütlich und lässt sich von den Barkeepern im namensgebenden VW-Bus von 1974 einige der preiswertesten und besten Cocktails der Stadt zaubern. Mittwochs und samstags sorgen DJs für Stimmung.

ℹ️ Praktische Informationen

GEFAHREN & ÄRGERNISSE

➡ Wer ein Fahrrad oder Motorrad ausleihen möchte, sollte bei der Wahl des Anbieters aufpassen. Die Konditionen sind formlos und auf Verträge wird meist verzichtet. Es gibt Berichte von Besuchern, denen das Motorrad gestohlen wurde (oft bei Strandpartys am späten Abend) und die dann beträchtliche Entschädigungszahlungen an den Besitzer leisten mussten. Am besten leiht man sich Motorräder bei der jeweiligen Pension, das ist am sichersten.

➡ Bei der Fahrt entlang der Küstenstraße westlich und östlich von Kuta ist Vorsicht angesagt, vor allem nach Einbruch der Dunkelheit. In der Vergangenheit soll es in der Region vereinzelte Überfälle gegeben haben.

➡ Die Scharen von Verkäufern, viele davon Kinder, die Freundschaftsarmbänder verkaufen wollen, sind unerbittlich.

GELD

Mit einem halben Dutzend Geldautomaten ist Kuta gut dazu geeignet, sich vor Reisen ins südliche Lombok mit Bargeld einzudecken.

MEDIZINISCHE VERSORGUNG

Blue Island Medical Clinic (ⓘ 0819 9970 5700; http://blueislandclinic.com; Jl Raya Kuta; ⓢ 24 Std.) Die beste Anlaufstelle im Süden Lomboks für kleinere gesundheitliche Probleme. Ist es ernster, fährt man nach Mataram.

ℹ️ An- & Weiterreise

Täglich um 11 Uhr fährt ein Shuttlebus vom Mandalika Terminal in Mataram nach Kuta (1½ Std., 60 000 Rp; S. 349), ansonsten verkehren kaum öffentliche Verkehrsmittel zwischen den beiden

Städten. Man kann es mit einer *bemo*-Fahrt über Praya und Sengkol probieren, mittlerweile fahren die Kleinbusse jedoch nur noch sehr selten.

Die praktischere Variante sind die täglich nach Mataram, Senggigi und Lembar verkehrenden Sammeltaxis (jeweils 100 000 Rp). Eine Fahrt zum Flughafen kostet 60 000 Rp; bei ungewöhnlicheren Abflugzeiten ist ein normales Taxi eventuell besser (150 000 Rp). Sammeltaxis steuern zudem Bangsal mit Anschluss an die öffentlichen Fähren auf die Gili-Inseln (110 000 Rp), Seminyak auf Bali per öffentliche Fähre (180 000 Rp) und Senaru (250 000 Rp) an. Alle werden in ganz Kuta auf Reklametafeln angepriesen.

❶ Unterwegs vor Ort

Pensionen vermieten Motorräder für rund 70 000 Rp pro Tag. *Ojeks* (Motorradtaxis) verkehren hier weniger häufig als in anderen Teilen Lomboks (die meisten Besucher mieten sich etwas eigenes), können aber oft an der Kreuzung im Zentrum herangewinkt werden. Gut ausgebaute asphaltierte Straßen führen nach Osten zu verschiedenen Stränden. Besonders schön sind sie mit dem Motorrad. Die Strände im Westen lassen sich nur mit eigenem fahrbaren Untersatz entdecken. Radfahrer müssen sich auf Hügel und enge kurvenreiche Straßen einstellen.

Östlich von Kuta

Eine gut ausgebaute Asphaltstraße führt die Küste entlang nach Osten und Ekas. Sie passiert eine schier endlose Zahl schöner, mit Landzungen gespickter Buchten. Eine traumhafte Motorradroute!

Gerupuk

📞 0370

Nur 1,6 km hinter dem Strand von Tanjung Aan liegt Gerupuk, ein faszinierendes kleines Küstendorf mit wackeligen alten Häuschen. Die rund 1000 Einwohner leben vom Fischfang, der Algenernte und dem Hummerexport, manche verdingen sich zudem als Guides und Bootsführer für Surfer, die es auf die fünf eindrucksvollen Breaks in der riesigen Bucht abgesehen haben.

Die riesigen Boulevards, die gerade zwischen Tanjung Aan und Gerupuk entstehen, sowie die umfassenden Erdarbeiten ebnen den Weg für den Bau des gigantischen Resortkomplexes Mandalika. In den nächsten Jahren wird sich die Gegend deshalb stark verändern. Für das Projekt mussten bereits Mangrovenhaine weichen – Bedenken über den Schaden für die Umwelt scheinen also mehr als angebracht zu sein.

🏃 Aktivitäten

Wer in der Bucht surfen möchte, muss sich vom Fischerhafen aus mit dem Boot um die mit Netzen begrenzten Hummerfarmen herum zu den Breaks fahren lassen (200 000 Rp). Die Bootsführer helfen bei der Suche nach der richtigen Welle und warten geduldig. Es gibt vier innere Wellen und eine äußere Linkswelle an der Point Break. Bei entsprechender Brandung türmen sie sich hoch auf.

🛌 Schlafen & Essen

Surf Camp Lombok   RESORT **$$**
(📞 0852 3744 5949; www.surfcampindonesia.com; 1 Woche ab 690 €) Gäste dieses fröhlichen Surfresorts am Ostende des Dorfes Gerupuk nächtigen in einem Langhaus aus Bambus im Borneo-Stil mit vielen technischen Raffinessen vor grün-idyllischer Strandkulisse. Im Preis inbegriffen sind Vollpension, Surfkurse, Yoga und mehr. In den Unterkünften haben fünf Personen Platz, zudem gibt es drei Doppelzimmer. Umweltfreundliche Praktiken wie Recycling werden großgeschrieben.

Inlight Lombok Resort   BOUTIQUEHOTEL **$$$**
(📞 0853 3803 8280; www.inlightlombok.com; Zi. ab 1 400 000 Rp; ❄🏢⚡) Das Hotel an einem abgeschiedenen Strand direkt südlich von Gerupuk beeindruckt mit kurvenreichem Design, das auf den Besitzer, einen russischen Architekten, zurückgeht und sich dem Detoxing verschrieben hat. WLAN ist nur in Gemeinschaftsbereichen verfügbar, Alkohol gibt es nicht und das Restaurant für gesunde Kost serviert eine vitalisierende Auswahl an Fischgerichten. Die vier Zimmer sind nicht ganz so eindrucksvoll wie die Anlage, dafür aber geräumig, komfortabel und mit Traumblicken ausgestattet.

Fin   CAFÉ **$**
(📞 0823 3956 4781; www.facebook.com/fingerupuk; Hauptgerichte 45 000–60 000 Rp; ⏰ 7.30–16.30 Uhr) 🌿 Das luftige Café in Türkis und Weiß mit betagter Holzeinrichtung und zu Lampen umfunktionierten Vogelkäfigen würde man eher auf Gili T. als in Gerupuk vermuten. Mit seinen Espressogetränken, Joghurts, Weizengras-Shots und vegetarischen Sandwiches ist es zweifellos eine Bereicherung.

Ekas

📞 0370

Ekas ist ein wenig touristisches kleines Juwel, dessen Breaks und hoch aufragenden Klippen an Ulu Watu auf Bali erinnern, mit

NUSA TENGGARA LOMBOK

ABSEITS DER ÜBLICHEN PFADE

BUMBANGKU

Sehr viel hübscher als der schmale Strand von Gerupuk ist der pudrige Sand gegenüber der Bucht in **Bumbangku**. Von der Hauptstraße führt ein enger 2,5 km langer Weg zu dem idyllischen, oft menschenleeren Strand. Bei den Konstruktionen in der Bucht handelt es sich um Perlenfarmen. **Bumbangku Beach Cottages** (☏ 0821 4715 3876; www.bum bangkulombok.com; Jl Raya Awang, Bumbangku; Zi. 250 000–750 000 Rp; ❋) verfügt über 25 Zimmer. Die Auswahl reicht dabei von einfachen Bambushütten auf Stelzen mit Außenbädern und kaltem Wasser bis zu sehr viel ansprechenderen Zimmern aus Beton mit Warmwasser und Klimaanlage.

---

dem Unterschied, dass es hier fast menschenleer ist.

Ekas selbst ist ein verschlafenes kleines Nest, weiter südlich auf der Halbinsel warten aber faszinierende Landschaften, die jede Menge perfekte Instagram-Motive liefern.

🛏 Schlafen

In den schönen Buchten südlich von Ekas verstecken sich noble Boutiqueresorts. Entlang der Landstraßen lohnt es sich nach neuen, einfachen Pensionen Ausschau zu halten.

Ekas Breaks PENSION $$
(☏ 0822 3791 6767; www.ekasbreaks.com; Zi. inkl. Frühstück 600 000–900 000 Rp; ❋ 🛜 🏊) Rund 2 km von den Breaks und Stränden in Ekas entfernt, erstreckt sich diese von der Sonne verwöhnte Anlage vor weiter Kulisse. Einige Zimmer sind im traditionellen *lumbung*-Stil mit bambusgedeckten Wänden gehalten, andere sind modern gestaltet mit weißgetünchten Wänden und offenen Bädern (letztere haben uns besser gefallen). Das Café serviert eine gute Mischung aus westlichen und indonesischen Gerichten.

★ Heaven on the Planet BOUTIQUEHOTEL $$$
(☏ 0812 375 1103; www.heavenontheplanet.com; Ekas Bay; All-Inclusive 120–240 US$/Pers.; ❋ 🛜 🏊) Der „Himmel auf Erden" hat seinen Namen verdient: Manche Unterkünfte thronen auf einer Klippe und bieten spektakuläre Meerblicke aus der Vogelperspektive, andere grenzen an den idyllischen Strand. Sie sind in ganz unterschiedlichen Stilen gestaltet.

Das Heaven ist in erster Linie ein nobles, speziell auf Surfer ausgerichtetes Resort, Kitesurfing, Tauchen, Yoga und Schnorcheln gehören jedoch ebenfalls zum Programm. Große kreative Speiseauswahl.

Westlich von Kuta

Westlich von Kuta lockt eine Reihe traumhafter Strände und perfekter Surfbreaks. Das hat sich auch in der Tourismusbranche herumgesprochen und viele Grundstücke wurden aufgekauft. Aktuell besticht die Region aber noch mit fast unberührter, ursprünglicher Schönheit. Angesichts zukünftiger Entwicklungen wurde die Straße erheblich verbessert. Sie schlängelt sich gen Landesinnere an Tabak-, Süßkartoffel- und Reisfeldern vorbei, wobei kurze Abstecher ans Meer tolle Ausblicke auf die Küste bieten.

Selong Blanak
🗺 0370

Gerade wenn man denkt, die schönsten Strände Kutas gesehen zu haben, taucht dieses weite weiße Sandparadies vor einem auf. Das Wasser leuchtet in tausenden Blautönen und ist ideal zum Baden. Vor Ort werden Surfbretter verliehen (50 000 Rp/Tag) und Bootstouren zu den Surfbreaks der Gegend organisiert (ab 100 000 Rp). Der Parkplatz liegt nur 400 m von der Hauptstraße entfernt, die entsprechende Abzweigung befindet sich 18 km westlich von Kuta. Der Strand ist bei Einheimischen beliebt, man kann Liegestühle für 50 000 Rp am Tag mieten und es gibt viele Bambus-*warungs*.

Starke Konkurrenz in Sachen Strandparadies bekommt Selong Blanak vom nahe gelegenen **Pantai Mawi**. Die ruhige Bucht bietet Barrels, die unter ortskundigen Surfern legendär sind. Aber: Vorsicht vor dem starken Brandungsrückstrom! Es gibt Parkplätze und Verkaufsstände; Surfbretter kann man für 50 000 Rp für zwei Stunden leihen. Die Abzweigung zum Strand befindet sich 16 km westlich von Kuta. Von dort aus führt eine 3 km lange holperige Straße hinunter zum Meer.

🛏 Schlafen & Essen

Das Angebot an Unterkünften richtet sich in erster Linie an zahlungskräftige Klientel, ein paar einfache Privatunterkünfte und günstige Bungalows gibt es jedoch auch. Die gastronomische Auswahl bedient jeden Geldbeutel; die meisten Optionen findet man rund um den Strand von Selong Blanak.

Tiki Lodge RESORT $$

(📞 0822 4744 7274; www.tikilombok.com; Jl Selong Belanak; Zi. ab 650 000 Rp; 🛜🏊) Die komfortablen strohgedeckten Villen mit Bambusbetten und luxuriösen Außenbädern dieser grünen Anlage sind um einen smaragdgrünen Pool angeordnet. Frühstück und Nachmittagstee sind im Preis inbegriffen.

Sempiak Villas RESORT $$

(📞 0821 4430 3337; www.sempiakvillas.com; Villen ab 960 000 Rp; 🅿🛜🏊) Das großartige Boutiqueresort versteckt sich auf den Klippen und gehört zu den luxuriösesten Anlagen in der Region Kuta. Sieben Villen mit alten Holzmöbeln thronen auf dem Hang über dem Strand, teils mit überdachten Terrassen samt Traumblicken. Die fünf Villen darunter sind günstiger. Der Strandclub bietet tagsüber Unterhaltungsprogramm und abends Essen direkt im Sand.

Laut Biru Bar & Restaurant SEAFOOD $$

(📞 0821 4430 3339; Hauptgerichte 45 000–90 000 Rp; ⏰ 8–22 Uhr; 🛜) Das Strandcafé beim Sempiak Villas (S. 367) serviert mittags und abends schnörkellose indonesische Klassiker, umso opulenter ist dagegen die Kulisse. Gespeist wird in einem schicken weißgetünchten Gebäude mit hohen Decken, Muschelketten und gemischter Weltmusik, die bis zum sandigen Innenhof hinausdringt.

Belongas

Ein großes „Wow!" sollte man sich für diese geschwungene Doppelbucht aufheben. Der Strand erstreckt sich als weiße Trennungslinie zwischen dem blauen Wasser und den grünen Hügeln. Selbst die Strände im nahen Bali verblassen angesichts dieser Kulisse, die man zudem fast für sich hat, da der Tourismus hier noch in den Kinderschuhen steckt.

Vor Ort gibt es zwei bekannte Tauchstätten: **Magnet** und **Cathedrals**. Mitte September stehen die Chancen am besten, Schwärme von Teufelsrochen zu sehen, zudem lassen sich Hammerhaie von Juni bis November rund um die Felsnadel (ein hoch aus dem Meer aufragender Fels, der das Herz der Tauchspots darstellt) blicken. Die Bedingungen sind nicht einfach und nur für erfahrene Taucher geeignet. Man muss sich auf starke Strömungen einstellen.

Belongas Bay ist ein wichtiges Ausflugsziel des in Senggigi ansässigen Anbieters **Dive Zone** (📞 0819 0785 2073; www.divezone-lombok.com; 2 Bootstauchgänge 1 650 000 Rp). Die Tauchtouren werden von der **Belongas Bay Lodge** (📞 0370-645974; www.thelodge-lombok.com; Bungalows 850 000–950 000 Rp, Gerichte 75 000 Rp) aus mit geräumigen Holzbungalows mit gefliesten Dächern in einem hübschen Kokoshain angeboten. Die Anlage ist recht einfach, was zur idyllischen Lage direkt am Wasser passt. Die unbefestigte schmale stark zerfurchte Zugangsstraße ist eine echte Herausforderung und für unerfahrene Motorradfahrer nicht geeignet. Man muss im Voraus buchen.

Der Osten von Lombok

📞 0376

Die meisten Besucher beschränken sich auf der Ostküste Lomboks auf Labuhan Lombok, den Fährhafen für Verbindungen nach Sumbawa. Dabei ist die Straße an der Nordostküste recht gut ausgebaut und führt zu abgeschiedenen schwarzen Sandstränden, vor allem bei Obel Obel. Die Route sollte sich an, wenn man eine komplette Inselumrundung plant. Von Labuhan Pandan oder Sugian weiter nördlich kann man mit dem Boot nach Gili Sulat oder Gili Pentangan fahren. Beide Inseln haben schöne weiße Strände und hübsche Korallen für Schnorchler, Serviceeinrichtungen gibt's aber keine.

Südlich von Labuhan Lombok liegt Selong, die Hauptstadt des östlichen Verwaltungsdistrikts von Lombok. Hier stehen ein paar staubige Häuser aus der niederländischen Kolonialzeit, während man im Fischerhafen Tanjung Luar Stelzenbauten nach Bugis-Art findet. In Keruak werden Holzboote gefertigt und im traditionellen Sasak-Dorf Sukaraja kann man Holzschnitzarbeiten kaufen. Westlich von Keruak führt eine Straße nach Süden über Jerowaru nach Ekas und zur spektakulären südöstlichen Halbinsel.

Labuhan Lombok

📞 0376 / 38 519 EW.

Labuhan Lombok, auch Labuhan Kayangan oder Tanjung Kayangan genannt, ist der Hafen für Fähr- und Bootsverbindungen nach Sumbawa. Die Innenstadt, 3 km westlich des Fährhafens, ist recht ungepflegt, dafür hat man tolle Ausblicke auf den Gunung Rinjani. Eindrucksvoll sind die riesigen Mahagonibäume rund 4 km nördlich des Hafens, zudem lohnt sich ein Ausflug auf das idyllische Inselchen **Gili Kondo** direkt vor der Küste, das zum Campen und Schnorcheln einlädt.

❶ An- & Weiterreise

BUS & BEMO

Regelmäßig verkehren Busse und bemos zwischen dem Mandalika Terminal in Mataram und Labuhan Lombok. Die Fahrt dauert 2½ Stunden (35 000 Rp). Manche Busse halten nur an der Hafeneinfahrtsstraße, von wo aus bemos zum Fährhafen fahren (5000 Rp, 10 Min.). Zum Laufen ist die Strecke zu weit.

SCHIFF/FÄHRE

Fähren fahren rund um die Uhr fast stündlich zwischen Labuhan Lombok und Poto Tano auf Sumbawa (Passagiere 17 000 Rp, Autos 431 000 Rp, Motorräder 49 500 Rp, 1½ Std.). Bei Direktbussen zu Zielen östlich von Bali und Lombok ist das Fährticket inbegriffen.

Wer einen Tagesausflug nach Gili Kondo machen will, kann sich für ca. 750 000 Rp von kleinen Fischerbooten mitnehmen lassen. Alternativ gibt's viele Touren von Tetebatu oder Senaru aus.

GILI-INSELN

Vom türkisfarbenen Meer umgeben und von weißen Stränden mit Kokospalmen gesäumt, sind die Gilis ein Urlaubsparadies. Die Inseln boomen wie sonst kein Reiseziel Indonesiens – Schnellboote bringen Besucher von Bali direkt hierher und hippe neue Hotels sprießen wie Pilze aus dem Boden.

Die Verlockungen des lukrativen Tourismus ringen mit der traditionell entspannten Inselkultur, dem alternativen Geist, den

westliche Partygänger importiert haben, und einer lebhaften grünen Philosophie. Wer das Rennen gewinnt, bleibt offen, bisher konnten sich die Gilis jedoch ihren verträumten Charme bewahren, auch wegen hiesiger Bestrebungen, Hunde und Motorräder von den Inseln zu verbannen.

Jede Insel hat ihren ganz eigenen Reiz. Gili Trawangan, auch Gili T. genannt, ist der Kosmopolit mit einer wilden Partyszene und vielen gehobenen Restaurants und Unterkünften, Gili Air bietet einen ansprechenden Mix aus Betriebsamkeit und Erholung, während das kleine Eiland Gili Meno für einheimische Kultur steht.

❶ Praktische Informationen

GEFAHREN & ÄRGERNISSE

➡ Es kommt zwar selten vor, dennoch wurden ausländische Frauen während ihres Aufenthalts auf den Gilis vereinzelt Opfer sexueller Belästigung oder sogar von Übergriffen. In den ruhigeren Teilen der Inseln sollte man deswegen abends nicht allein nach Hause laufen.

➡ Obwohl das Meer ruhig erscheint, sind die Strömungen in den Kanälen zwischen den Inseln stark. Nicht von Insel zu Insel schwimmen, das kann tödlich enden!

➡ Auf der Hauptstraße von Gili T. kommt es immer wieder zu Zusammenstößen zwischen Motorrädern und Fußgängern; fast immer handelt es sich bei den Fahrern um Touristen. Fast genauso gefährlich sind cidomos (Pferdekutschen), wobei die Unfallfolgen bei diesen meist schlimmer sind.

Diebstahl

Diebstähle sollte man unverzüglich dem kepala desa (Dorfoberhaupt) der Insel melden, der da-

Gili-Inseln

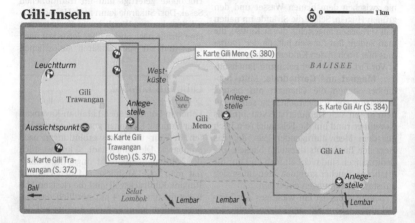

„GILI STRONG": DER WIEDERAUFBAU DES PARADIESES

Als ein Erdbeben der Stärke 6,4 am 29. Juli 2018 Lombok erschütterte, blieb das auf den Gili-Inseln größtenteils unbemerkt. Was man nicht wusste: Es handelte sich um eine Art Vorbeben, auf das am nächsten Sonntag, den 5. August, ein stärkeres Beben der Stärke 6,9 folgen sollte, das Resorts und Restaurants auf dem Archipel zum Einsturz brachte.

Aufgrund einer Tsunamiwarnung verbrachten die meisten Bewohner und Besucher Trawangans die Nacht auf dem einzigen Hügel der Gilis. Auf den flacheren Inseln Air und Meno sammelten sich viele auf den Feldern im Landesinneren. Glücklicherweise blieb der Tsunami aus, die langwierige, chaotische Rettungsaktion am folgenden Tag machte jedoch international Schlagzeilen.

Danach wurden die Gilis von massiven Plünderungen heimgesucht, weshalb sich die Polizei gezwungen sah, auf jeder Insel Posten zu beziehen. Viele Gebäude wurden so stark beschädigt, das sie nicht mehr gerettet werden konnten, vor allem in der südöstlichen Ecke von Meno, im Hauptdorf Trawangan und entlang Trawangans Westküste. Generell blieben Bauten aus Bambus und Holz besser erhalten als die aus Beton.

Bewohner versammelten sich in den Wochen nach dem Beben unter dem Motto „Gili Strong", auch um Besucher wieder zurück auf die Inseln zu locken. Im September bedienten ein paar Schnellboote wieder die Route ab Bali und brachten unerschrockene Reisende auf die gebeutelten Inseln. Die Aufbauarbeiten wurden etwas verzögert, da sich nicht genug Arbeiter fanden (viele waren damit beschäftigt, sich um ihre Familien auf dem Festland von Lombok zu kümmern). Dennoch scheinen die Inseln unverwüstlich und waren zum Zeitpunkt der Recherche auf einem sehr guten Weg.

NUSA TENGGARA

---

für zuständig ist. Die Mitarbeiter in den Tauchschulen wissen, wo man ihn findet.

Die Polizei war früher auf den Gilis nur sporadisch anzutreffen, aufgrund der Plünderungen nach den Erdbeben 2018 ist sie nun jedoch auf allen drei Inseln präsent. Viele gehen davon aus, dass das auch so bleiben wird.

Drogen & Alkohol

Der Drogenhandel bleibt auf Trawangan ein großes Problem. Dort bekommt man alles angeboten, von Crystal Meth über Ecstasy bis hin zu Pilzen, wobei letztere in Cafés auf Meno und Air offen beworben werden. Nicht vergessen: Indonesien hat strenge Antidrogengesetze. Der Besitz und die Einnahme von Drogen können mit Gefängnis oder Schlimmerem geahndet werden!

Wie auf Bali und Lombok müssen sich Reisende auch auf den Gilis vor giftigem gepanschtem *arak* (farbloser destillierter Palmwein) in Acht nehmen. Einfach darauf verzichten. Auch bei zu günstigen Cocktails ist Vorsicht angesagt.

ℹ️ An- & Weiterreise

Die meisten Hotels und viele Pensionen helfen bei der Reservierung auch bei der Organisation der An- und Abfahrt. Wer über eine Website bucht, setzt sich danach einfach mit der Unterkunft in Verbindung. Einige gehobene Resorts transportieren Gäste in Privatbooten.

AB BALI

Expressboote bieten schnelle Verbindungen zwischen Bali und Gili Trawangan (je nach Ziel 45 Min.–2½ Std.). Sie fahren an verschiedenen Punkten in Bali ab, darunter der Hafen Benoa sowie Sanur, Padangbai und Amed. Teils verkehren sie über Nusa Lembongan. Viele legen in Teluk Nare/Teluk Kade auf Lombok nördlich von Senggigi an, bevor sie weiter nach Air und Trawangan schippern. Wer nach Meno möchte, muss in der Regel umsteigen.

Die Website **Gili Bookings** (www.gilibookings.com) listet viele Bootsunternehmen und verschiedene Preise auf. Sie ist dazu geeignet, sich einen Überblick zu verschaffen, informiert jedoch nicht über das ganze Angebot. Zudem zahlt man oft weniger, wenn man direkt beim Anbieter bucht.

Weitere Tipps:

➡ Es gibt keine festen Preise – das gilt vor allem für die Nebensaison, deshalb sind oft Rabatte auf die veröffentlichten Tarife möglich. Die Schnellboote haben allerdings unterschiedliche Standards; wenn man etwas mehr für ein stabiles Boot bezahlt, wird es einem der Magen danken.

➡ Wer keinen Transfer zum/vom Boot benötigt, kann nach einem Rabatt fragen.

➡ Die veröffentlichten Fahrpläne sind illusorisch. Verbindungen können ausfallen, es kommt zu ungeplanten Stopps oder die Boote fahren erst sehr spät. Deswegen sollte man immer genug Zeit einplanen, wenn man danach weiterreist (z. B. mit dem Flugzeug von Lombok oder Bali).

➡ Im Juli und August im Voraus buchen.

➡ Zwischen Bali und Lombok herrscht teils starker Wellengang, vor allem in der Regenzeit,

LOMBOK FOREST TOUR

Die kulinarische **Lombok Forest Tour** (☎ 0823 4277 5358; www.facebook.com/my-forestadventure; Bangsal Harbour; Halbtagestour 400 000 Rp) von Ikbal und seinem Team startet am Bangsal Harbour, ist ein hübscher Abstecher in Lomboks wenig besuchtes Landesinnere im Nordwesten und bietet sich vor oder nach einem Besuch der Gili-Inseln an. Je nach Jahreszeit klettert man eine Palme hinauf, um ihren Nektar anzuzapfen, kostet die Früchte von Kakao- und Kaffeepflanzen oder probiert allerhand Überraschendes.

deshalb wird der Schnellbootverkehr eventuell über mehrere Tage eingestellt.

→ Der Schnellbootmarkt wird nicht reguliert, weshalb es große Unterschiede in den Betriebs- und Sicherheitsstandards gibt. Es kam bereits zu schweren Unfällen, bei denen Boote sanken und Passagiere getötet wurden.

Zu den Anbietern gehören:

Blue Water Express (☎ 0361-895 1111, 0813 3841 8988; www.bluewater-express.com; einfache Fahrt ab 750 000 Rp) Professionell geleitetes Unternehmen mit Verbindungen von Serangan und Padangbai (Bali) nach Teluk Kade, Gili T. und Gili Air.

Gili Getaway (☎ 0813 3707 4147, 0821 4489 9502; www.giligetaway.com; einfache Fahrt von Bali zu den Gili-Inseln Erw./Kind 710 000/560 000 Rp) Sehr professionell; Verbindungen von Serangan auf Bali nach Gili T. und Gili Air sowie von Senggigi nach Gili Gede.

Gili Gili Fast Boat (☎ 0818 0858 8777; www.giligilifastboat.com; einfache Fahrt ab 690 000 Rp) Fährt von Padangbai (Bali) nach Bangsal Harbour (Lombok), Gili T. und Gili Air.

Perama (☎ 0361-750808; www.peramatour.com; einfache Fahrt 400 000 Rp/Pers.) Etwas langsamere Verbindung zwischen Padangbai, den Gilis und Senggigi.

Scoot (☎ 0361-271030; www.scootcruise.com; einfache Fahrt 750 000 Rp) Fährt Sanur, Nusa Lembongan, Senggigi und die Gilis an.

AB LOMBOK

Ab Lombok verkehren Schnellboote von Teluk Nare/Teluk Kade nördlich von Senggigi aus. Viele der Verbindungen werden von auf den Gilis ansässigen Hotels und Tauchveranstaltern angeboten (deshalb lohnen sich Kombiangebote mit Tauchen, Unterkunft und Transfer), man kann jedoch Boote hiesiger Betreiber chartern. Die meisten nutzten die öffentlichen Bootsverbindungen ab Bangsal Harbour.

Fahrkarten werden am großen Ticketbüro am Bangsal Harbour verkauft. Dort kann man auch Boote chartern. Wer sich anderswo ein Ticket kauft, wird über den Tisch gezogen.

Am häufigsten verkehren die öffentlichen Boote zu den Gilis vormittags. Danach fahren sie etwa stündlich nach Gili T. und Gili Air, zudem schippern Extraboote um 14 und 17 Uhr nach Gili Meno. Mit Ausnahme dieser Nachmittagsverbindungen nach Gili Meno legen sämtliche Boote (in beide Fahrtrichtungen) erst ab, wenn sie voll besetzt sind. Bei hohem Wellengang und voller Passagierauslastung (ca. 45. Pers.) oder sogar Überladung kann die Überfahrt in den alten Kähnen ziemlich abenteuerlich sein. Verkehrt kein öffentliches Boot zur jeweiligen Gili-Insel, kann man ein Boot chartern (350 000–500 000 Rp, für bis zu 10 Pers.). In jedem Fall ist diese Option sicherer.

Die einfache Fahrt mit einem öffentlichen Boot kostet 14 000 Rp nach Gili Air, 15 000 Rp nach Gili Meno (25 000 Rp für die speziellen Nachmittagsverbindungen) und 20 000 Rp nach Gili Trawangan. Die Boote stoppen vor der Stränden und man muss ans Ufer waten.

Mittlerweile verkehren öffentliche Schnellboote tagsüber fast stündlich auf einer Route zwischen Gili T., Gili Meno, Gili Air und Bangsal. Sie kosten 85 000 Rp.

Bangsal Harbour hat einen traditionell schlechten Ruf, die Betrugsmaschen haben sich jedoch deutlich verringert. Es kommt aber noch immer oft vor, dass Shuttlebusse Passagiere kurz vor dem Hafen aussteigen lassen, wo *cidomo*-Fahrer 60 000 Rp für den (angeblich beträchtlichen) restlichen Weg verlangen. Einfach ignorieren und die übrigen 300 m laufen. Zudem wird manchmal behauptet, dass die öffentlichen Boote nicht fahren oder dass man vor der Reise zu den Gilis Insektenschutzmittel oder Sonnencreme kaufen muss. Auch diese Avancen einfach ignorieren. Lässt man sich beim Tragen des Gepäcks helfen, ist allerdings ein Trinkgeld üblich (angemessen sind 10 000 Rp pro Gepäckstück). Es gibt Geldautomaten.

Wer mit dem öffentlichen Nahverkehr über Mataram und Senggigi anreist, nimmt einen Bus oder ein *bemo* nach Pemenang. Von dort läuft man 1,2 km nach Bangsal Harbour, alternativ fahren *ojeks* (Motorradtaxis) für 5000 Rp. Taxis mit Taxameter zum Hafen fahren nach Bangsal Harbour. Perama (S. 355) bietet eine kombinierte Bus-Boot-Verbindung von Senggigi auf die Gilis für erschwingliche 150 000 Rp (2 Std.).

Bei der Ankunft in Bangsal werden Besuchern Gemeinschaftstaxis zum Hafen angeboten. Nach Senggigi sind 100 000 Rp ein fairer Preis. Ansonsten läuft man 500 m die Zufahrtsstraße hinab an dem riesigen Tsunami-Unterstand vorbei zum Stand von **Blue Bird Lombok Taksi**

(☎ 0370-645000; www.bluebirdgroup.com). Dabei handelt es sich um das beste Unternehmen für Taxis mit Taxameter nach Senggigi (ca. 100 000 Rp), zum Flughafen (220 000 Rp) und nach Kuta (250 000 Rp).

ⓘ Unterwegs vor Ort

Auf den Gili-Inseln gibt es keinen motorisierten Verkehr, genau das macht sie so reizvoll.

SCHIFF/FÄHRE

Öffentliche Schnellboote verkehren tagsüber fast stündlich auf einer Route zwischen Gili T., Gili Meno, Gili Air und Bangsal. Sie kosten 85 000 Rp. Besucher kommen so schnell von Insel zu Insel.

Zudem gibt's eine langsamere Verbindung, die alle drei Inseln auf einer Rundfahrt bedient (25 000–35 000 Rp). Normalerweise fährt jeweils ein Boot am Morgen und am Nachmittag, man informiert sich jedoch besser am jeweiligen Bootsanleger über den aktuellen Fahrplan. Alternativ chartert man Boote für Fahrten zwischen den Inseln (300 000–400 000 Rp).

CIDOMO

Wegen großer Zweifel an der artgerechten Haltung der Pferde raten wir von der Nutzung von *cidomos* (Pferdekutschen) ab.

WANDERN & RADFAHREN

Die Gili-Inseln sind flach und gut zu Fuß zu erkunden. Fahrräder werden auf allen drei Inseln vermietet (40 000–60 000 Rp/Tag) und sind eine gute Alternative, allerdings sind Abschnitte der Wege aus Sand, sodass man sein Fahrrad des Öfteren unter der sengenden Sonne schieben muss.

Gili Trawangan

☎ 0370 / 1500 EW.

Gili Trawangan ist eine international bekannte tropische Spielwiese, die neben Bali und dem Borobudur zu den Top-Reisezielen Indonesiens gehört. Trawangans geschäftige Hauptstraße mit Fahrrädern, *cidomos* und Horden leicht bekleideter Urlauber

NUSA TENGGARA GILI TRAWANGAN

TAUCHEN VOR DEN GILIS

Die Gili-Inseln sind bei Tauchern sehr beliebt, dafür sorgen rund 25 attraktive Tauchspots mit facettenreichem Unterwasserleben. Grüne Meeresschildkröten und Echte Karettschildkröten sind ebenso zu finden wie Schwarz- und Weißspitzen-Riffhaie, zudem gibt es eindrucksvolle Makrolebewesen wie Seepferdchen, Seenadeln und zahlreiche Krebstiere. Rund um die Zeit des Vollmonds fressen sich große Schwärme von Büffelkopf-Papageifischen an Korallenlaichen satt, zu anderen Zeiten (in der Regel Feb.–März) schauen Mantarochen an den Tauchspots vorbei.

Vielerorts ist die Meereswelt der Gilis noch intakt, aber jahrelange Dynamitfischerei, Bleiche in Folge von El Niño, Ankerschäden und rücksichtslose Touristen haben viele Korallen in einer Tiefe von bis zu 18 m in Mitleidenschaft gezogen, deshalb sind Tauchgänge, die weiter hinab führen, attraktiver. Die Sicht ist generell gut (20–30 m), es herrschen Temperaturen von 25 bis 30 °C und das teils ruhige Wasser eignet sich ideal für Tauchanfänger. Es gibt jedoch auch tiefere Gewässer, stärkere Strömungen und schwierigere Tauchspots, geeignet fürs Strömungstauchen und erfahrene Unterwassergänger.

Zu den besten Tauchspots gehören:

Deep Halik Canyon-ähnlicher Spot, der sich ideal fürs Strömungstauchen eignet. Schwarz- und Weißspitzen-Riffhaie sieht man oft in 28 bis 30 m Tiefe.

Deep Turbo Die 30 m tiefe Stätte eignet sich perfekt zum Nitrox-Tauchen. In den Spalten verstecken sich eindrucksvolle Seefächer und Leopardenhaie.

Japanese Wreck Das Wrack eines japanischen Wachboots aus dem Zweiten Weltkrieg in 45 m Tiefe eignet sich nur für erfahrene Sporttaucher.

Mirko's Reef Die Schlucht ist nach einem geschätzten verstorbenen Tauchlehrer benannt, wurde von Dynamitfischerei verschont und bietet lebendige, unberührte Weich- und Tischkorallen. Auch „Secret Reef" genannt.

Shark Point Die vielleicht faszinierendste Tauchstätte der Gilis. Häufig sind Riffhaie und Meeresschildkröten zu sehen, ebenso Schwärme von Büffelkopf-Papageifischen und Mantarochen. Zudem gibt es ein neueres Wrack eines Schleppers.

Sunset (Manta Point) Einige eindrucksvolle Tischkorallen; Haie und große Pelagialbewohner machen regelmäßig ihre Aufwartung.

Gili Trawangan

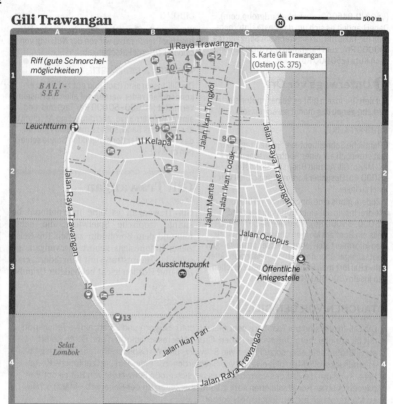

Riff (gute Schnorchel-möglichkeiten)

BALI-SEE

Leuchtturm

Jl Raya Trawangan

s. Karte Gili Trawangan (Osten) (S. 375)

Jl Kelapa

Jalan Ikan Tongkol

Jalan Ikan Todak

Jalan Ikan Manta

Jalan Raya Trawangan

Jalan Raya Trawangan

Jalan Octopus

Aussichtspunkt

Öffentliche Anlegestelle

Jalan Ikan Pari

Selat Lombok

Jalan Raya Trawangan

Jalan Raya Trawangan

Gili Trawangan

mag einen überraschen, wenn man auf entspannte Inselerholung eingestellt war. Stattdessen buhlt eine betriebsame Ansammlung von Loungebars, hippen Pensionen, ambitionierten Restaurants, Gemischtwarenläden und Tauchschulen um die Gunst der Besucher.

Hinter der glamourösen Fassade behauptet sich jedoch der Boheme-Charakter der Insel mit klapprigen *warungs* (günstige Imbisse) und Reggaeläden gegen die Cocktailbars, und die sehr viel ruhigere Nordküste ist von idyllischen Resorts gespickt. Auch wenn Hotelriesen allmählich die gentrifizierte Westküste erobern, findet man in direkter Nachbarschaft im Inselinneren immer noch irgendwo ein Dorf, auf dessen Sandstraßen sich frei umherlaufende Hähne, umtriebige *ibu* (Mütter) und spielende Kinder mit wilden Frisuren die Klinke in die Hand geben. Hier orientiert man sich am Ruf des Muezzin und nicht an der Happy Hour.

🐾 Strände

Gili T. bietet die Art weißen Pulversand, den man auf Bali vergeblich sucht. Auf dem von Bars gesäumten Hauptabschnitt kann es recht voll werden, einen kurzen Fußmarsch in nördliche, südliche oder westliche Richtung warten jedoch einige der schönsten Bade- und Schnorchelstrände der Insel. Mehr Ruhe findet man in Teilen der West- und Nordküste, wo die Strände oft menschenleer sind. Auch hier sind Wasser- und Bintang-Verkäufer jedoch nie weit.

Bei Ebbe liegen an weiten Teilen der West- und Nordküste Felsen und Korallen nahe an der Wasseroberfläche, was das Baden vor der Küste recht ungemütlich macht.

Ein Highlight sind die sensationellen Ausblicke auf Lombok und den Gunung Rinjani (von der Ostküste) sowie auf Bali und den Gunung Agung (im Westen).

🏃 Aktivitäten

Fast alle Aktivitäten auf Gili T. haben mit Wasser zu tun, es gibt jedoch auch Yoga, Spas und Kochkurse.

Tauchen & Schnorcheln

200 m nördlich des Bootsanlegers kann man gut schnorcheln. Die Korallen sind zwar nicht so schön, dafür gibt es jedoch zahlreiche Fische und Meeresschildkröten. Vor der Nordwestküste ist das Riff in etwas besserem Zustand, bei Ebbe muss man allerdings über einige tote scharfkantige Korallen (Gummistiefel mitbringen) klettern, um dorthin zu gelangen. Schnorchelausrüstung bekommt man für etwa 50 000 Rp am Tag.

Trawangan ist ein Tauchhotspot mit zwei Dutzend professionellen Anbietern von Sport- und Apnoetauchen. Die meisten Tauchschulen und -läden haben gute Unterkünfte für Besucher, die ein Kombipaket buchen möchten.

Die Sicherheitsstandards sind ziemlich hoch. Auf Gili T. schießen neue Tauchschulen fast wie Pilze aus dem Boden, deswegen haben sich einige zur Gili Island Divers Association (GIDA) zusammengeschlossen. Tauchtouren mit GIDA-Anbietern sind sehr zu empfehlen. Die Mitglieder kommen monatlich zusammen, um über Umweltschutz und die Auswirkungen des Tauchens zu diskutieren. Sie haben gemeinsame Standards bezüglich der Sicherheit und Zahl der Taucher, führen Sauerstoff auf ihren Booten mit, haben ein funktionierendes Funksystem und investieren Zeit und Ressourcen in den Schutz der Riffe, des Meeres und der Küste. Zudem haben sie sich auf Festpreise für Tauchausflüge, Kurse und Zertifizierung geeinigt. Beispielpreise:

➡ Schnupperkurs 900 000 Rp

➡ Open-Water-Kurs 5 500 000 Rp

➡ Rescue Diver & EFR-Kurs 7 000 000 Rp

★ Freedive Gili   TAUCHEN

(Karte S. 375; ☑0370-619 7180; www.freedivegili. com; Jl Raya Trawangan; Kurs Level I/Level II 3 995 000/5 495 000 Rp; ⊙8–20 Uhr) Beim Apnoetauchen erreicht man dank der Atemtechnik größere Tiefen als beim Schnorcheln (bis zu 30 m und mehr). Der Besitzer ist ein erfahrener Taucher, der ohne Luft zu holen eine Tiefe von 111 m erreicht hat, und bietet zweitägige Level I-Kurse sowie dreitägige Level II-Kurse an. Nach einem Zweitageskurs können viele Teilnehmer 20 m tief tauchen. Es gibt auch Yoga und Unterkünfte.

★ Blue Marlin Dive Centre   TAUCHEN

(Karte S. 375; ☑0370-613 2424; www.bluemarlin dive.com; Jl Raya Trawangan; 1 Tauchgang 490 000 Rp) Das älteste Tauchunternehmen auf Gili T. gehört zu den besten Schulen für technisches Tauchen weltweit. Es ist GIDA-Mitglied und beherbergt einen Barklassiker der Insel.

Trawangan Dive   TAUCHEN

(Karte S. 375; ☑0370-614 9220; www.trawangan dive.com; Jl Raya Trawangan; 5 geführte Nitrox-Tauchgänge mit dem Boot ab 2 700 000 Rp) 🏴 Der erstklassige alteingesessene Tauchanbieter ist GIDA-Mitglied und versprüht Poolparty-Flair. Wer bei den regelmäßigen Strandsäuberungen zusammen mit dem Gili Eco Trust helfen möchte, fragt einfach nach. Zum Angebot gehören auch Biorock-Kurse zur Korallenzucht und Kurse zu verschiedenen Tauchtechniken (z. B. Rebreather-Tauchen).

Manta Dive   TAUCHEN

(Karte S. 375; ☑0370-614 3649; www.manta-dive.com; Jl Raya Trawangan; Open-Water-Kurse 5 500 000 Rp) Die größte SSI-Tauchschule ist GIDA-Mitglied und gehört zu den besten der Insel. Der große Komplex erstreckt sich entlang der Hauptstraße und umfasst einen Pool. Zum Angebot gehören Tauchlehrerausbildungen und Technikkurse.

Lutwala Dive   TAUCHEN

(Karte S. 372; ☑0877 6549 2615; www.lutwala. com; Jl Raya Trawangan; Divemaster-Kurs 14 000 000 Rp; ⊙8–18 Uhr) Das Nitrox-Fünf-

Sterne-PADI-Zentrum ist Mitglied der GIDA und verleiht erstklassige Schnorchelausrüstung. Auf dem Gelände gibt es Unterkünfte (Zi. ab 700 000 Rp) und einen sehr hübschen Garten mit einer Cafébar, die nach dem Tauchen zum Entspannen einlädt. Nicht vergessen, die Papageien zu begrüßen!

Surfen

An der Südspitze von Trawangan gibt es einen schnellen Right Reef Break, den man am besten zwischen Dezember und März oder an einem windstillen Tag in der Hochsaison angeht. An dem Strand in der Nähe vermieten verschiedene Anbieter Surfbretter.

Wandern & Radfahren

Trawangan lässt sich wunderbar zu Fuß oder mit dem Fahrrad erkunden. In ein paar Stunden hat man die gesamte Insel erlaufen. Als Schlusspunkt bietet sich der Hügel in der südwestlichen Ecke mit Überresten einer japanischen Geschützstellung aus dem Zweiten Weltkrieg an – die Blicke bei Sonnenuntergang auf Balis Gunung Agung sind grandios.

Fahrräder (ab 40 000–70 000 Rp/Tag; Verhandeln lohnt sich) sind eine wunderbare Alternative. Die Hauptstraße säumen zahlreiche Verleihstationen, ansonsten kann man auch in der jeweiligen Pension nachfragen. Die sandige Nordküste ist wenig fahrradfreundlich, die Wege im Inselinneren sind hingegen gut zum Radeln geeignet.

Sila RADFAHREN
(Karte S. 375; ☑ 0878 6562 3015; Jl Raya Trawangan; Fahrradverleih ab 50 000 Rp/Tag) Zur riesigen Auswahl an Leihrädern gehören Tandems. Veranstaltet auch Bootstouren.

Yoga & Wellness

Desha Spa MASSAGE
(Karte S. 375; ☑ 0877 6510 5828; Jl Kelapa; ⊙ 9–21 Uhr) Die Anlage an der Straße durchs Inselinnere ist nicht so minimalistisch wie die Massagesalons an der Hauptstraße und nicht so nobel und teuer wie die Hotels und deswegen eine gute Wahl. Neben den Standardmassagen gibt es Kokos-Peelings, Pediküre, Gesichtsbehandlungen und Aloe-Vera-Masken für sonnenverbrannte Haut.

Gili Yoga YOGA
(Karte S. 375; ☑ 0370-619 7180; www.giliyoga.com; Jl Raya Trawangan; ab 120 000 Rp/Pers.; ⊙ 7–18 Uhr) Zweimal täglich finden Vinyasa-Flow- und Hatha-Kurse statt. Ist ans Freedive Gili angeschlossen.

Kurse

Sweet & Spicy Cooking School KOCHEN
(Karte S. 375; ☑ 0878 6577 6429; www.facebook.com/gilicookingschool; Jl Raya Trawangan; Kurse ab 385 000 Rp) Bei den täglichen Kochkursen lernen Teilnehmer auf unterhaltsame Weise, wie aus Chilis und den unterschiedlichsten anderen Gewürzen aromatische indonesische Gerichte entstehen. Wie üblich darf man auch hier sein kulinarisches Werk selbst verspeisen.

🛏 Schlafen

Das riesige Angebot an Unterkünften umfasst hunderte Optionen, von bambusgedeckten Hütten bis hin zu schicken klimatisierten Villen mit Privatpools. In der Hochsaison (Juli & Aug.) sind die besten Adressen oft ausgebucht, aufgrund der großen Konkurrenz sind die Preise aber erheblich gesunken. In der Nebensaison gibt es große Rabatte.

★ **Gili Beach Bum Hotel** HOSTEL **$**
(Karte S. 375; ☑ 0877 6526 7037; www.gilibeachbum.com; Jl Raya Trawangan; B 140 000–200 000 Rp; ❉🐾🛜) Das frühere Gili Hostel beherbergt 19 gemischte Gemeinschaftszimmer für drei Personen, teils mit Bambusdächern im Torajan-Stil. Die Unterkünfte haben Betonböden, hohe Decken, Schließfächer und eigene Bäder. In der Lava Bar im vorderen Bereich, die bis 1 Uhr geöffnet ist, wird oft laut gefeiert, und am hauseigenen Pool finden jede Woche Partys statt. Frühstück ist im Preis inbegriffen.

Gili La Boheme Sister HOSTEL **$**
(Karte S. 375; ☑ 0853 3733 4339; Jl Ikan Duyung; B mit Ventilator/Klimaanlage 130 000/150 000 Rp; ❉🛜) Freiliegendes Mauerwerk, recyceltes Holz, gefliese Böden und eine bunte Farbpalette machen das Design dieses unkonventionellen, ästhetisch ansprechenden Hotels aus. Manche Betten stehen in kuriosen sechseckigen Zimmern und es gibt diverse gemeinschaftlich genutzte Loungebereiche.

Gili Mansion HOSTEL **$**
(Karte S. 375; ☑ 0852 3836 3836; https://gilimansion.com; Jl Ikan Hiu; B/DZ ab 80 000/200 000 Rp; ❉🛜🏊) Das kitschige Burgthema gewinnt sicher keinen Design-Preis, dennoch gehört das überaus beliebte Hostel zu den besten Budgetunterkünften der Stadt, dafür sorgen saubere Dreibettzimmer, sehr günstige (wenn auch seelenlose) Privatzimmer und Partyflair rund um die Uhr, vor allem am Pool.

Gili Trawangan (Osten)

▲Ⓝ 0 ▬▬▬▬ 200 m

Trawangan Slope (15 m)

BALI-SEE

NUSA TENGGARA GILI TRAWANGAN

Mango Tree Homestay GASTFAMILIE $
(Karte S. 375; ☏ 0823 5912 0421; Jl Karang Biru; DZ 300 000 Rp) Die freundliche Privatunterkunft in einem ruhigeren Teil des Dorfes bietet acht einfache Doppelzimmer, die um einen schattigen, mit Farn bewachsenen Hof angeordnet sind. Das junge Personal ist entspannt und kompetent, oft sorgt Ukelele-Musik für Unterhaltung und Leihräder gibt's für 40 000 Rp am Tag.

Woodstock BUNGALOW $
(Karte S. 375; ☏ 0878 6433 7237; www.woodstock gili.com; Jl Karang Biru; Zi. mit Ventilator/Klimaanlage ab 350 000/600 000 Rp; ❄☎☒) Angesichts des Namens überrascht die Atmosphäre kaum: In zwölf preiswerten Zimmern mit Stammeskunst, Privatveranden und Außenbädern, die um einen entspannten Poolbereich angeordnet sind, kann man auf den Spuren von Grateful Dead wandeln, mit

Joan Baez abhängen oder Jimmi Hendrix huldigen.

★ Blu d'aMare
BUNGALOW $$

(Karte S. 375; ☑ 0858 8866 2490; Jl Raya Trawangan; Zi. ab 500 000 Rp; ❋☎) Im Blu d'aMare nächtigen Gäste in fünf hübschen javanesischen Häusern *(joglos)* aus den 1920er-Jahren mit alten Holzdielen, Doppelbetten und Süßwasserduschen in einem tief liegenden Bad. Zur Anlage gehört ein gutes Café mit europäischen Einflüssen.

★ Eden Cottages
COTTAGE $$

(Karte S. 372; ☑ 0819 1799 6151; www.edencottages.com; Jl Lili Laut; Cottages 600 000–750 000 Rp; ❋☎▩) Die sechs sauberen Betonbungalows mit Bambusdächern sind um einen Pool angeordnet und liegen in einer Gartenanlage. Ein Kokoshain sorgt für Schatten und die geschmackvoll eingerichteten Zimmer haben Steinbäder, TVs mit DVD-Player und Süßwasserduschen. Die charmante ausländische Besitzerin kümmert sich aufopferungsvoll um ihre Gäste. WLAN ist verfügbar. Zum Zeitpunkt der Recherche entstand gerade eine neue vegetarische Cafébar.

Gili Teak Resort
BOUTIQUE-HOTEL $$

(Karte S. 372; ☑ 0853 3383 6324; www.giliteak.com; Jl Raya Trawangan; Zi. inkl. Frühstück ab 1 000 000 Rp; ❋❋▩) Die modernen lichtdurchfluteten Bungalows mit Teakholzwänden sind in stilvollem, minimalistischen Stil gehalten. Die Privatterrassen der elf Einheiten haben schicke Liegestühle, zudem gibt es einen Sitzbereich unten am Meer, an dem sich Gäste wunderbar zurücklehnen und den Tag Revue passieren lassen können. Die Anlage ist einladend und das Café gut.

Coconut Garden
BUNGALOW $$

(Karte S. 372; ☑ 0819 0795 6926; www.coconutgardenresort.com; abseits der Jl Kelapa; Zi. inkl. Frühstück ab 750 000 Rp; ❋☎▩) Die atmosphärische Anlage beherbergt sechs helle, luftige Häuser im javanesischen Stil mit Glasfront und Ziegeldächern, an die Terrazzo-Bäder unter freiem Himmel angeschlossen sind. Gäste erwarten edle Bettwäsche, Doppelbetten, ein gepflegter Rasen mit Kokospalmen und ein kleiner Pool. Aufgrund der abgeschiedenen Lage im ruhigen Inselinneren ist der Komplex nicht leicht zu finden. Am besten ruft man vorher an.

Jali Resort
BOUTIQUE-HOTEL $$

(Karte S. 372; ☑ 0817 000 5254; www.jaliresortgilitrawangan.com; Jl Nautilius; Zi. inkl. Frühstück

1 350 000 Rp; ❋☎▩) Die 16 türkis gefliesten Zimmer dieses stilvollen und angenehm kleinen Boutique-Hotels säumen einen Pool, an dem Frangipanis für Schatten sorgen.

Indigo Bungalows
PENSION $$

(Karte S. 375; ☑ 0818 0371 0909; www.facebook.com/indigogilit; Jl Penyu; Zi. ab 550 000 Rp; ❋☎▩) Im hartumkämpften Mittelklassemarkt der Insel sticht das Indigo mit seiner Liebe zum Detail heraus. Die sechs Zimmer bieten Warmwasser, Veranden und Blick auf Pool oder Garten. Hübsche ruhige Anlage.

Amora Villa
BUNGALOW $$

(Karte S. 375; ☑ 0822 3521 5244; https://amoravillagili.com; abseits der Jl Kepiting; Bungalow inkl. Frühstück 500 000–1 500 000 Rp; ❋☎▩) Die 13 *lumbungs* (Reisscheunen) mitten im Dorf vor hügeliger Kulisse säumen einen großen Pool. In der Nebensaison sind sie ein echtes Schnäppchen, in der Hauptsaison hingegen überteuert.

Alexyane Paradise
BUNGALOW $$

(Karte S. 375; ☑ 0878 6599 9645; oceaneparadise@hotmail.com; Jl Ikan Baronang; Zi. 300 000–900 000 Rp; ❋☎) Fünf hochwertige Häuschen aus dunklem Holz mit hohen Decken, Bambusbetten und hübschen lichtdurchfluteten Außenbädern. Eines hat Familiengröße.

Balé Sampan
HOTEL $$

(Karte S. 375; www.balesampanbungalows.com; Jl Raya Trawangan; Zi. inkl. Frühstück beim Garten/Pool 910 000/1 000 000 Rp; ❋☎▩) Das Hotel liegt an einem tollen weiten Strandabschnitt und hat 13 hübsche, moderne Zimmer mit Steinbädern und kuscheligen Bettbezügen. Weitere Highlights sind der Süßwasserpool und das authentische englische Frühstück.

Alam Gili
HOTEL $$

(Karte S. 372; ☑ 0370-613 0466; www.alamgili.com; Jl Raya Trawangan; Zi. ab 75 US$; ❋☎▩) Der üppig bewachsene Garten und die ruhige Strandlage sind die Highlights dieses Hotels. Die neun Zimmer und Villen der kleinen Anlage zieren elegant-traditionelle balinesische Stilelemente. Am Strand gibt's einen kleinen Pool und ein Café.

★ Gili Treehouses
BAUMHAUS $$$

(Karte S. 372; ☑ 0819 1601 6634; www.gilitreehouses.com; abseits der Jl Kelapa; Zi. inkl. Frühstück 1 000 000–3 500 000 Rp; ❋☎▩) Die fünf „Baumhäuser" (tatsächlich sind es Holzvillen auf Stelzen) bilden eine willkommene Abwechslung vom inseltypischen Villakonzept. Obwohl sie dicht aneinander stehen, bieten sie mit ihren hübschen Loungebereichen unterhalb der Zimmer mit Küchenzeile, Liegestühlen und Privatpools viel Privatsphäre. Zum Service gehören kostenlose Leihfahrräder und tragbare WLAN-Boxen.

★**Wilson's Retreat** RESORT **$$$**
(Karte S. 372; ☑ 0878 6177 2111; www.wilsons-retreat.com; Jl Raya Trawangan; Zi./Villa inkl. Frühstück ab 1 400 000/2 500 000 Rp; ✳ 🛜 🏊) Das Wilson's hat 16 Zimmer und vier Villen mit Privatpools. Trotz des großen stylish-noblen Geländes ist noch immer eine gewisse inseltypische Lässigkeit zu spüren. Das exzellente Café überblickt einen hübschen Strand.

★**Gili Joglo** VILLA **$$$**
(Karte S. 375; ☑ 0813 5678 4741; www.gilijoglo.com; Jl Ikan Hiu; Villen ab 1 500 000 Rp; ✳ 🛜) Hier stehen drei großartige Villen zur Wahl. Eine ist ein umgebautes altes *joglo* (traditionelles javanesisches Haus) und hat polierte Betonböden, zwei Schlafzimmer und einen großen Aufenthaltsbereich, der sich bis nach draußen erstreckt. Unser Favorit ist jedoch die Villa, die aus zwei *gladaks* (bürgerliche Häuser) aus den 1950er-Jahren entstand, auch wenn sie etwas kleiner ist. Butler-Service ist im Preis inbegriffen.

Pearl of Trawangan RESORT **$$$**
(Karte S. 375; ☑ 0813 3715 6999; www.pearloftrawangan.com; Jl Raya Trawangan; Zi. inkl. Frühstück ab 1 600 000 Rp; ✳ 🛜 🏊) Runde Formen mit Bambuselementen und Strohdächern spiegeln die kurvenreiche Form des Pools dieses noblen Resorts am Südende der Hauptstraße wider. An der dem Inselinneren zugewandten Seite des Strandwegs stehen gepflegte Bungalows mit 91 Zimmern. Die Terrassen haben gemütliche Liegestühle und am Meer gibt's einen schicken Strandclub.

Gili Eco Villas VILLA **$$$**
(Karte S. 372; ☑ 0370-613 6057; www.giliecovillas.com; Jl Raya Trawangan; Zi./Villa ab 120/250 US$; ✳ 🛜 🏊) 🌿 Die 19 schicken Zimmer und Villen aus recyceltem Teakholz, das von alten javanesischen Kolonialhäusern stammt, stehen abseits des Strandes an der entspannten Nordküste von Trawangan. Komfort und Stil gehen hier Hand in Hand mit grüner Philosophie (Wasser wird wiederaufbereitet und es gibt einen Bio-Garten).

Kelapa Villas VILLA **$$$**
(Karte S. 372; ☑ 0812 375 6003; www.kelapavillas.com; Jl Kelapa; Villen ab 1 500 000 Rp; ✳ 🛜 🏊)

Das luxuriöse Anwesen im Landesinneren beherbergt 18 komfortable Villen mit Privatpools sowie jeder Menge Stil und Platz. Zur Anlage gehören ein Tennisplatz und ein Fitnessbereich.

✕ Essen

Mittlerweile bietet Gili T. dank schicker Kaffeehäuser, kreativer indonesischer Fusionsküche sowie zahlreicher Cafés mit veganen Gerichten und Gesundheitskost Bali kulinarisch Paroli. Abends werden von verschiedenen Lokalitäten an der Hauptstraße leckere frische Meeresfrüchte zur Schau gestellt und gegrillt. Einfach nach Optik (normalerweise ist alles superfrisch) oder den augenscheinlich besten Grillkünsten wählen.

★**Jali Kitchen** ASIATISCH **$**
(Karte S. 372; ☑ 0817 000 5254; www.jaliresortgilitrawangan.com; Jl Nautilius; Hauptgerichte 45 000–70 000 Rp; ⊙ 7–23 Uhr; 🛜 🍴) Altes Holz, schöne Fliesen und jede Menge Grün geben diesem ästhetisch ansprechenden Restaurant bodenständigen Schick. Die asiatische Fusionsküche kombiniert auf faszinierende Weise Tradition mit Exotik. Es gibt verschiedene vegetarische Gerichte und der Service ist erstklassig.

★**Warung Dewi** INDONESISCH **$**
(Karte S. 375; ☑ 0819 0763 3826; Jl Kardinal; Hauptgerichte 25 000–35 000 Rp; ⊙ 7–20 Uhr) Das beste traditionelle *warung* auf Gili T. ist nur wenige Schritte von der hochpreisigen, betriebsamen Hauptstraße entfernt. Das *nasi campur* ist fantastisch (Kokos-Sambal, Jackfruct-Curry, gebratenes Hähnchen und verschiedenes Gemüse ist eine übliche Kombination), während Vegetarier gern *plecing kangkung* (würziges Sasak-Gericht mit Wasserspinat) bestellen.

Hellocapitano CAFÉ **$**
(Karte S. 375; ☑ 0853 3313 4110; www.hellocapitano.com; Jl Nautilius; Hauptgerichte 45 000–75 000 Rp; ⊙ 7–21 Uhr) In der schrulligen kleinen Hütte in bunten Pastellfarben kommen leckere Smoothies zum Löffeln, geeiste Latte, Burger und Snacks (gut ist das Hühnchen-*rendang*) auf den Tisch. Im oberen Stock bieten sich luftige Meerblicke und der Besitzer organisiert Inseltouren zu Land und Wasser.

★**Pituq Waroeng** VEGAN **$$**
(Karte S. 372; ☑ 0812 3677 5161; http://pituq.com; Jl Kelapa; kleine Gerichte 20 000–30 000 Rp; ⊙ 9–22 Uhr; 🍴) Wo sonst gibt es klassische indo-

nesische Küche, neu interpretiert als exquisite vegane Tapas? Hier macht man es sich am besten in geselliger Runde (auch Fleischesser werden begeistert sein!) an einem der niedrigen Tische bequem und bestellt, was das Zeug hält.

Fan CHINESISCH $$
(Karte S. 375; ☏ 0852 5331 9394; www.facebook.com/fanchinesefood; Jl Cumi Cumi; Hauptgerichte 50 000–85 000; ☺ 9.30–21.30 Uhr) Hausgemachte Teigtaschen, Wantans und breite Nudeln

sind die Stars dieses winzigen chinesischen Restaurants, einem Geheimtipp der hier lebenden Ausländer. Nachdem man an dem langen Tisch gespeist hat, hat man vielleicht sogar neue Freundschaften geschlossen.

Pearl Beach Lounge INTERNATIONAL $$
(Karte S. 375; ☏ 0370-619 4884; www.pearlbeach lounge.com; Jl Raya Trawangan; Hauptgerichte 70 000–200 000 Rp; ☺ 7–23 Uhr; ☎) Die Bambuskonstruktionen fliesen in diesem stylishen Lounge-Restaurant am Strand ähnlich

---

GRÜNER GILI-TOURISMUS

Wer auf den Gilis die Rechnung fürs Hotels oder einen Tauchausflug begleicht, kann manchmal eine „Eco Donation" (50 000 Rp/Pers.) leisten. Dabei handelt es sich um eine freiwillige Spende für den Schutz der Inseln, die vom Ökopionier **Gili Eco Trust** (www.giliecotrust.com) ins Leben gerufen wurde.

Ein wichtiges Anliegen! Die wachsende Beliebtheit der Inseln hat immense Auswirkungen auf ihre Ökosysteme. Dafür sorgen u. a. intensive Bebauung, Müll sowie Riffschäden vor der Küste durch Cyanid- und Dynamitfischerei. Bis zu 10 000 Besucher und Arbeiter kommen zudem jeden Tag auf den Inseln an.

Der Gili Eco Trust hat mehrere unterstützenswerte Initiativen:

➧ Der Verkauf von wiederverwendbaren Einkaufstaschen zur Reduzierung von Plastiktüten und der freiwillige Verzicht von Restaurants auf Plastikstrohhalme (wir haben bei unserem Besuch keine gesehen!).

➧ Eine aggressive Informationskampagne soll Einheimische und Geschäftsinhaber zur Mülltrennung motivieren. Mittlerweile gibt es über 1000 entsprechende Abfallbehälter auf den Inseln.

➧ Ein langfristiges Projekt zur Wiederverwertung sämtlichen Mülls auf den Inseln mithilfe einer Müllbank.

➧ Schutz der Pferde auf den Inseln durch die Eröffnung von Tierkliniken und Aufklärung der Fahrer über artgerechte Haltung.

➧ Biorock, ein Programm zur künstlichen Riffrestoration, hat mittlerweile 150 Standorte auf den Inseln.

➧ Die Installation von über 150 Ankerbaken zur Verhinderung von Ankerschäden an Korallen.

Neben der Eco Tax haben Inselbesucher viele weitere Möglichkeiten zu helfen:

Strände säubern Der Gili Eco Trust organisiert regelmäßig Strandsäuberungsaktionen (meist freitags um 17 Uhr) und freut sich immer über Unterstützung. Helfer werden mit ein paar Snacks oder einem Bier vom wöchentlich wechselnden Sponsor belohnt.

Misshandlung von Pferden melden Wer sieht, wie der Fahrer eines *cidomo* (Pferdewagen) ein Pferd misshandelt, kann die Nummer des Wagens notieren und dem Eco Trust (0813 3960 0553) melden, der dann Maßnahmen ergreift. Leider haben viele der schwer mit Baumaterialien oder Bintang-Kisten beladenen Transportwagen keine Nummer.

Ein Riff aufbauen Für 10 000 000 Rp bekommt man zwei tägliche Tauchgänge über zwei Wochen, darf beim Aufbau einer Biorock-Installation helfen und erhält verschiedene Tauchzertifikate. Infos beim Gili Eco Trust.

Wasserflaschen wiederauffüllen Wer seine Wasserflasche an den ausgewiesenen Stationen auf den Gilis auffüllt, hilft bei der Vermeidung von Plastikmüll. Teils ist das Auffüllen gratis, manchmal zahlt man auch rund 2000 oder 3000 Rp (eine neue Flasche ist viel teurer!). Die App Refill Bali informiert über die nächste Station.

gut wie das Bier. Tagsüber bekommt man gemütliche Strandliegen, wenn man Getränke und Essen (vornehmlich Burger und Salate) für 100 000 Rp von der Karte bestellt. Abends hat dann der eindrucksvolle Hauptpavillon aus Bambus seinen Auftritt und es werden anspruchsvollere Hauptgerichte (Steaks und Meeresfrüchte) serviert.

Regina
PIZZA $$

(Karte S. 375; ☑ 0877 6506 6255; Jl Ikan Hiu; Pizzas 40 000–100 000 Rp; ⊙ 17–23 Uhr) Der Holzofen dieses exzellenten italienischen Restaurants im Landesinneren ist unermüdlich im Einsatz. Zu Stoßzeiten stehen die Leute für Pizzas zum Mitnehmen Schlange, am besten genießt man die knusprigen Köstlichkeiten jedoch an einem Bambustisch im Garten mit einem kühlen Bier. Pizza Hawaii gibt es hier explizit nicht, was für den authentischen Ansatz spricht.

Kayu Café
CAFÉ $$

(Karte S. 375; ☑ 0878 6547 2260; www.facebook.com/kayucafe; Jl Raya Trawangan; Hauptgerichte 65 000–70 000 Rp; ⊙ 7–21 Uhr; 🛜) Das Kayu ist eines der ältesten Cafés vor Ort und liegt an der den Inselinnern zugewandten Seite der Hauptstraße. Die leckere, gesunde Auswahl umfasst Backwaren, Salate, Sandwiches, Reisschüsseln und die besten Säfte der Insel. Gäste kommen in den Genuss einer Klimaanlage.

🍴 Ausgehen & Nachtleben

Auf Gili T. gibt es zahlreiche Strandkneipen, wobei die Auswahl von schicken Loungebars bis zu einfachen Hütten reicht. Partys finden mehrmals in der Woche statt, alteingesessene Bars wie das Tir na Nog dienen dabei ebenso als Kulisse wie diverse Neuzugänge. Auf der Straße südlich des Piers, wo sich Bars zu ausgewachsenen Clubs entwickeln, konzentriert sich das feucht-fröhliche Nachtleben.

★ Casa Vintage Beach
LOUNGE

(Karte S. 372; www.casavintagebeach.com; Jl Raya Trawangan; ⊙ 10–24 Uhr) Das Casa Vintage ist die beste Adresse auf der Trawangan für einen abendlichen Drink, dafür sorgen der Blick auf den Gunung Agung auf Bali und schöne Sonnenuntergänge. Kissen und Liegen verteilen sich auf einem malerischen Strand, Bäume bieten Hängematten und Holzkonstruktionen Schutz, die schwedisch-jamaikanischen Betreiber servieren großartige karibische Küche (Hauptgerichte

70 000–115 000 Rp), der Soundtrack passt perfekt (Billie Holiday, Reggae, Latino-Musik) und Lagerfeuer sorgen nach Sonnenuntergang für Gemütlichkeit.

Exile
BAR

(Karte S. 372; ☑ 0819 0772 1858; http://theexile gilit.com; Jl Raya Trawangan; ⊙ 8 Uhr–open end) In dieser Strandbar unter einheimischer Leitung herrscht rund um die Uhr Partystimmung. Sie liegt 20 Gehminuten von der Hauptstraße entfernt, mit dem Fahrrad ist man noch schneller. Wer keine Lust auf den Heimweg hat, kann eines der Zimmer in den zehn Bungalows aus geflochtenem Bambus mieten (ab 450 000 Rp).

Tir na Nog
PUB

(Karte S. 375; ☑ 0370-613 9463; www.tirnanogbar. com; Jl Raya Trawangan; ⊙ Do–Di 7–2, Mi bis 3 Uhr; 🛜) In der Kneipe mit Sportsbar-Einrichtung samt großen TVs, auch „The Irish" genannt, hat sich manch einer einen Kater geholt. Die Freiluftbar am Strand ist wohl der geselligste Treffpunkt der Insel und serviert typische Snacks wie Fajitas und würzige Hähnchenflügel (Hauptgerichte 50 000–100 000 Rp). Bei der Partynacht jeden Mittwoch geht es feucht-fröhlich zu und sonntagabends steht Livemusik auf dem Programm.

Blue Marlin
BAR

(Karte S. 375; Jl Raya Trawangan; ⊙ 8 Uhr–open end) Von allen Partybars bietet diese schickere Location die größte Tanzfläche und die beste Soundanlage. Montags sind Trance und Tribal angesagt.

🛍 Shoppen

Abdi
KLEIDUNG

(Karte S. 375; Jl Raya Trawangan; ⊙ 10–20 Uhr) Wer sein Lieblingsoutfit vergessen hat, kann sich in diesem stylishen Geschäft mit auffälliger Strandmode eindecken.

ℹ Praktische Informationen

An der Hauptstraße und auch an der Westküste gibt es zahlreiche Geldautomaten.

Blue Island Medical Clinic (Karte S. 375; ☑ 0819 9970 5701; http://blueislandclinic. com; Jl Raya Trawangan; ⊙ 24 Std.) Die Klinik reiht sich in die verschiedenen Geschäfte direkt südlich des Hotel Vila Ombak ein. Weitere Ableger gibt es auf Gili Air und Gili Meno.

ℹ An- & Weiterreise

Am **öffentlichen Bootsanleger** (Karte S. 372) legen öffentliche sowie andere zwischen den Inseln verkehrende Boote ab, zudem werden Tickets verkauft. Während man wartet, fällt die eindrucksvolle Zahl von Bintang-Flaschen auf, die voll angeliefert und leer abtransportiert werden. Mehrere Schnellbootunternehmen haben Büros auf Gili T. Schnellboote legen am Strand an der Ostküste an.

Gili Meno

☑ 0370 / 700 EW.

Die kleinste Gili-Insel bietet die perfekte Kulisse für einsame Inselträume. Mit wunderschönen Stränden und lebendigen Riffs ist Gili Meno die ruhigste und traditionellste der drei Inseln und eher bei Pärchen in den Flitterwochen und älteren Besuchern als bei der Vollmondpartymeute beliebt.

Die meisten Unterkünfte liegen an der Ostküste nahe des malerischsten Strandes. Im Inselinneren gibt es vereinzelte Gehöfte, Kokosplantagen und einen Salzsee. An der einst einsamen Westküste sind große Bauprojekte im Gang, darunter eine riesige Anlage am Strand namens Bask (www.baskgilime no.com), die bei der Eröffnung 2020 über 85 Villen umfassen soll. Dahinter stehen mächtige australische Investoren und ein bekanntes Werbegesicht, Ex-*Baywatch*-Star David Hasselhoff alias „The Hoff". Das gewaltige Resort wird Gili Meno wohl nachhaltig prägen.

Strände

Die von Sand gesäumte Insel wartet in der Südostecke mit einem der besten Strände der Gilis auf. Er ist breit, hat weißen Pulversand und bietet beste Bade- und Schnorchelbedingungen. Die Westküste ist steiniger und bei Ebbe liegen Felsnasen und Korallen nahe an der Wasseroberfläche. Auch im Nordosten gibt es hübsche Sandabschnitte, allerdings ist Erosion teils ein Problem.

Aktivitäten

Wie auf den anderen Gilis haben die meisten Aktivitäten mit Wasser zu tun. Zudem kann man in unter zwei Stunden einen malerischen Inselspaziergang unternehmen.

Fahrräder werden für 50 000 Rp am Tag vermietet, weit kommt man damit jedoch nicht. Der trockene Strandweg, der von der Südspitze die Westküste hinauf führt, bietet keinen Schatten und oft muss man das Rad schieben. Man kann eine kleine Tour entlang der Route am Nordufer des Salzsees zur Nordwestküste machen, doch auch hier muss man mit dem weichen Sand kämpfen.

Tauchen & Schnorcheln

Gute Schnorchelbedingungen herrschen vor der Nordostküste, an der Westküste gen Norden und rund um die riesige neue Bask-Hotelanlage an der Westküste, wo sich die Un-

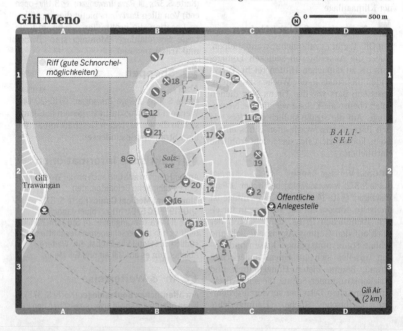

Gili Meno

Ⓝ 0 ▬▬▬▬▬ 500 m

Riff (gute Schnorchelmöglichkeiten)

Gili Trawangan

Salzsee

BALI-SEE

Öffentliche Anlegestelle

Gili Air (2 km)

terwasserskulptur Nest befindet. Pensionen und Tauchanbieter (von denen es auf der Insel nur ein paar gibt) verleihen Ausrüstung ab 50 000 Rp pro Tag. Zwei tolle Tauchspots sind **Meno Slope** und **Meno Wall**.

⭐**Nest** SCHNORCHELN

Die meistfotografierte Attraktion von Gili Meno liegt nicht auf der Insel selbst, sondern direkt vor der Küste beim BASK-Resort, dessen Eröffnung für 2020 geplant ist. Im Rahmen des Projekts wurde der britische Künstler Jason deCaires Taylor damit beauftragt, eine Unterwasserskulptur mit 48 lebensgroßen menschlichen Figuren aus pH-neutralem umweltverträglichem Beton zu erschaffen. Mit der Zeit werden die Figuren Weichkorallen und Schwämmen als neues Zuhause dienen und somit zur Regenration des Riffs beitragen.

Die Nest-Skulptur ist gut von der Küste aus zugänglich und liegt rund 3 m unter der Wasseroberfläche. Die meisten Besucher kommen aber mit dem Boot von Gili T. oder Gili Air aus.

Gili Meno Divers TAUCHEN

(☑0878 6409 5490; www.gilimenodivers.com; Kontiki Cottages; Tauchgang für Anfänger ab 900 000 Rp; ⊗9–17 Uhr) Der renommierte Tauchveranstalter unter französisch-indonesischer Leitung bietet verschiedene Kurse, u. a. für Apnoetauchen und Unterwasserfotografie.

Blue Ocean WASSERSPORT

(☑0813 3950 9859; Fantastic Cottages; Bootstouren 150 000 Rp/Pers.) Der unverwüstliche Mr. Dean organisiert Bootstouren in den facettenreichen Gewässern rund um die Gilis. Sie dauern zwei bis drei Stunden und die Teilnehmer werden zu einer anderen Insel gebracht – so lässt sich Insel-Hopping bestens mit Unterwasserattraktionen verbinden.

Divine Divers TAUCHEN

(☑0852 4057 0777; www.divinedivers.com; geführte Tauchgänge ab 490 000 Rp) Die auf Gili Meno beschränkte Tauchschule liegt an einem hübschen Strandabschnitt an der Westküste. Es gibt sechs Zimmer, einen Pool und einige gute Kombiangebote mit Tauchgängen und Unterkunft.

Blue Marlin Dive TAUCHEN

(☑0370-639980; www.bluemarlindive.com; geführte Tauchgänge mit dem Boot 490 000 Rp) Die Tauchschule aus Trawangan betreibt auf Meno einen renommierten Ableger mit dem üblichen Programm.

Yoga

⭐**Mao Meno** YOGA

(☑0817 003 0777; www.mao-meno.com; Kurse ab 120 000 Rp) Zweimal täglich finden Kurse in einem schönen natürlichen Holzpavillon statt. Zu den Stilrichtungen gehören Hatha und Vinyasa. Die Häuschen auf der zugehörigen Anlage im Inselinneren gibt es in einfacher und luxuriöser Ausführung (ab 36 US$/Nacht).

🛌 Schlafen

Von den drei Gili-Inseln boomt Meno am stärksten und die steigenden Besucherzahlen gehen mit steigenden Preisen einher. Schicke, neue Bauprojekte verdrängen dabei ältere, einfachere Gästehäuser. Obwohl Meno ein hochpreisigeres Segment als seine beiden Nachbarn bedient, gibt es hier zwei der besten Hostels der Inseln.

NUSA TENGGARA GILI MENO

Gili Meno

★**Rabbit Tree** HOSTEL **$**
(📱0812 9149 1843; www.therabbittree.com; B mit Ventilator/Klimaanlage 110 000/135 000 Rp, DZ mit Klimaanlage 240 000 Rp; 🅰🅰🅰) Schlafsaalbetten mit bunten Bällebädern und Böden, die sich plötzlich in eine Hängematte verwandeln: Willkommen am Ende des Kaninchenbaus! Solche unterhaltsamen Eigenarten bietet das verrückteste Hostel der Gilis, in dem man sich ganz wie Alice im Wunderland fühlen kann.

★**Gili Meno Eco Hostel** HOSTEL **$**
(www.facebook.com/gilimenoecohostel; Hängematte/B/Zi. 60 000/100 000/250 000 Rp; 🅰) 🅰 Wenn man zu Hause mal wieder in der Kälte auf den Zug wartet, träumt man von genauso einem Inselidyll aus Treibholz, Bambus und palmgedeckten Dächern. Hinzu kommen eine schattige Lounge, Baumhäuser, eine Strandbar und weitere Attraktionen im Sand sowie Quiz- und Pizzaabende, Musik, Lagerfeuer und andere soziale Aktivitäten. Zudem setzt sich das Hostel für humanitäre Initiativen auf der Insel ein.

★**Meno Dream Resort** BUNGALOW **$$**
(📱0819 1596 1251; http://gilimenobungalows.com; Bungalows inkl. Frühstück ab 500 000 Rp; 🅰🅰🅰) Das anheimelnde Anwesen beherbergt nur fünf Bungalows, die um einen zentralen Pool und idyllischen Garten angeordnet sind. Jedes hat seinen eigenen Charakter und bietet Kunst an den Wänden, tolle versunkene Duschen und überdachte Veranden. Gäste schwärmen vom hauseigenen Restaurant, von den kostenlosen Leihrädern und den freundlichen Besitzern Made und Berni.

Biru Menu Beach Bungalows BUNGALOW **$$**
(📱0823 4143 4317; www.birumeno.com; Bungalow mit DZ/FZ 1 000 000/1 500 000 Rp; 🅰🅰) Das unauffällige, aber einladende Resort punktet mit hübschen Bungalows auf einer baumbestandenen Anlage. Nach den Beben 2018 mussten umfassende Wiederaufbauarbeiten durchgeführt werden. Der Strand liegt in unmittelbarer Nähe hinter dem Küstenweg. Im Café gibt es einen Holzofen für Pizzas.

Seri Resort RESORT **$$**
(📱0822 3759 6677; www.seriresortgilimeno.com; Zi. 400 000–1 600 000 Rp; 🅰🅰🅰) Das Resort am Strand wirkt tatsächlich noch weißer als der umliegende Sand. Zur Wahl stehen 75 interessante Zimmer, von günstigen Hütten mit Gemeinschaftsbädern über Suiten in dreistöckigen Blocks bis zu luxuriösen Strandvillen. Der Service ist gut, die Atmosphäre nobel und zu den angebotenen Aktivitäten gehört Yoga.

Ana Bungalows BUNGALOW **$$**
(📱0878 6169 6315; www.anawarung.com; Zi. mit Ventilator/Klimaanlage ab 400 000/600 000 Rp; 🅰🅰) Vier Bambusbungalows mit Strohdächern, Panoramafenstern und Kieselsteinboden in den Außenbädern. Zu der familienbetriebenen Anlage gehören eine charmante Bücherbörse am Strand und vier hübsche Speise-*berugas* (offene Pavillons) mit Papierlaternen direkt daneben. Der Fisch zum Abendessen ist ebenso exzellent wie die Lage.

Mahamaya BOUTIQUEHOTEL **$$$**
(📱0811 390 5828; www.mahamaya.co; Zi. ab 2 150 000 Rp; 🅰🅰🅰) 🅰 Eine strahlend weiße moderne Strandperle mit Resortservice. Die 19 Zimmer haben aus Marmor gehauene Patios und weiße Holzmöbel. Das Restaurant ist gut; Abendessen wird direkt am Meer an Privattischen serviert.

🍴 Essen

Menos Gastroszene kann mit den Nachbarinseln nicht mithalten, dafür bieten fast alle Restaurants eindrucksvolle Meerblicke. Der Service ist aber teils furchtbar langsam.

Bei einem Frühstück in einem der Cafés an Menos Ostküste überblickt man das türkisfarbene Wasser und den Gunung Rinjani.

★**Warung Pak Man Buati** INDONESISCH **$**
(Hauptgerichte 25 000 Rp; ⏰7–21 Uhr) Küchenchef Juno wurde zu einer Art Lokalheld, da er nach den Beben 2018 die Inselbevölkerung unermüdlich mit allem Essbaren versorgte, das er finden konnte. Seine bodenständige indonesische Küche ist legendär. Bei unserem letzten Besuch kochte er in einem provisorischen Zelt, sein *warung* ist jedoch sicher bald wieder in Betrieb.

★**Sasak Cafe** INDONESISCH **$**
(📱0332-662379; Hauptgerichte 40 000–45 000 Rp; ⏰Küche 7–21 Uhr, Bar open end) Das Lokal in der Nähe der ruhigen Westküste serviert zu lässigem Inselflair knusprigen Fisch und andere leckere Sasak-Gerichte. Bei Sonnenuntergang kann man an Tischen und auf Stühlen am nahe gelegenen Strand Cocktails und Livemusik genießen, während sich der Himmel rosarot verfärbt.

Ya Ya Warung INDONESISCH **$**
(Gerichte 15 000–30 000 Rp; ⏰8–22 Uhr) Der klapprige Essensstand am Strand serviert indonesische Klassiker, Currys, Pfannku-

chen und jede Menge Pasta. Dazu gibt's die tolle inseltypische Aussicht.

Webe Café
INDONESISCH **$**

(0852 3787 3339; Hauptgerichte 30 000–75 000 Rp; ⊗8–20 Uhr) Im Webe Café sitzen Gäste an tiefen Tischen mitten im Sand (es gibt auch welche im Schatten), nur 1 m vom türkisfarbenen Wasser entfernt – eine wunderbare Kulisse für eine Mahlzeit. Zur Wahl stehen leckere Sasak-Gerichte und indonesische Küche, z. B. *kelak kuning* (Snapper mit gelben Gewürzen), an den meisten Abenden wird außerdem Fisch gegrillt. Der Service ist teils langsam.

🍸 Ausgehen & Nachtleben

Auf Gili Meno schlendert man am besten einen der weißen Strände entlang, bestellt in einer bambusgedeckten Hütte ein eiskaltes Bier und bohrt die Zehen in den Sand.

★ Brother Hood
BAR

(📱0819 0717 9286; www.facebook.com/anasasak bungalows; Workshops gegen Spende; ⊗Workshops 9–17 Uhr, Bar 17 Uhr–open end) 🍴 Wie lässt sich das Brother Hood am besten beschreiben? Einerseits engagiert es sich für eine sauberere Insel durch Müllsammelaktionen (jeden So um 15.30 Uhr) und Recycling-Workshops, bei denen Traumfänger, Glastassen, Bambusstrohhalme und andere Upcycling-Kunst gefertigt werden. Um 17 Uhr verwandelt es sich dann in eine feucht-fröhliche Reggaebar, in der man mit gutem Gewissen Cocktails trinken kann, da damit die gemeinnützigen Aktivitäten finanziert werden.

Diana Café
BAR

(0819 3317 1943; ⊗8–14 & 17–22 Uhr) Wem es auf Meno zu geschäftig zugeht, der steuert diese durch und durch entspannte kleine Tiki-Bar an. Ihr einfaches Konzept: eine Bar aus Bambus und Stroh, ein paar Tische, Hängematten und Hütten im Sand, ein skurriler Korallengarten und harmonische Reggaemusik. Von 17 bis 19 Uhr gibt's Happy Hour und das Essen (Hauptgerichte 35 000–40 000 Rp) ist lecker.

🛍 Shoppen

Art Shop Botol
KUNST & KUNSTHANDWERK

(⊗unterschiedliche Öffnungszeiten) Der große Stand südlich des Hotels Kontiki Meno verkauft Kunsthandwerk. Zur Auswahl stehen Masken, Sasak-Wasserkörbe, Holzschnitzarbeiten und Kalebassen. Der ältere Geschäftsinhaber hat elf Kinder und unzählige Enkel.

ℹ Praktische Informationen

Auf Meno gibt es drei Geldautomaten.

ℹ An- & Weiterreise

Am **öffentlichen Bootsanleger** geht es zunehmend geschäftig zu. Keines der Schnellboote aus Bali fährt Meno direkt an, es gibt jedoch ein paar indirekte Verbindungen. Ansonsten steigt man auf Gili Trawangan oder Gili Air in das Schnellboot, das regelmäßig zwischen den Inseln verkehrt. Der Strandanleger ist der am schwierigsten zugängliche der drei Gilis. Manchmal müssen Passagiere mit Hilfe einer Barge zu den Schnellbooten gebracht werden.

Gili Air

0370 / 1800 EW.

Gili Air liegt von den drei Inseln Lombok am nächsten. Für viele Besucher ist die Mischung aus dem Trubel à la Gili T. und dem für Meno typischen Minimalismus genau richtig. Die weißen Sandstrände sind die wohl besten der Gilis und das Nachtleben sorgt für genug Unterhaltung. Gut schnorcheln kann man vor der Hauptstraße an der Ostküste, einem hübschen Sandstreifen mit Bambusbungalows und kleinen Restaurants direkt am türkisfarbenen Meer.

Die Inselwirtschaft wird vom Tourismus dominiert, wichtig sind aber auch Kokosnüsse, die Fischerei und die Herstellung des auf alt gemachten Fischerbootholzes, das typisch für die stylishen Pensionen ist. An den Stränden im Südosten und Westen haben sich geschäftige kleine Straßen entwickelt, größtenteils sind sie jedoch unbefestigt und haben sandigen Untergrund.

🏖 Strände

Der gesamte Osten der Insel bietet wunderbare Strände mit weißem Pulversand und seichtes türkisfarbenes Wasser mit fußfreundlichem Sandboden. Hübsche private Ecken gibt's auch in anderen Teilen von Gili Air, allerdings stören bei Ebbe Felsen und Korallen. Drinks und Sonnenuntergänge gibt's im Norden.

🚴 Aktivitäten

Fahrräder werden für 40 000 bis 70 000 Rp am Tag verliehen, große Abschnitte des Küstenwegs im Norden und Westen eignen sich aber nur schlecht zum Radeln, da sie teils von tiefem Sand begraben sind. Nach Regenfällen macht sie außerdem Schlamm unpassierbar. Die größtenteils gepflasterten Wege

Gili Air

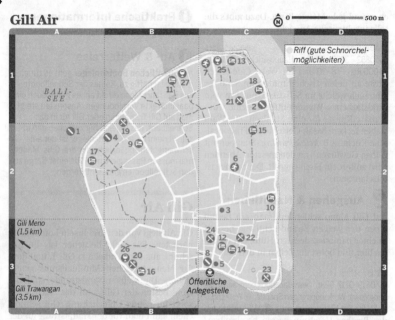

Riff (gute Schnorchel-möglichkeiten)

BALI-SEE

Gili Meno (1,5 km)

Gili Trawangan (3,5 km)

Öffentliche Anlegestelle

Gili Air

im Inselinneren eignen sich hingegen gut für Radtouren. Manche Anbieter haben Fatbikes (mit breiten Rädern), mit denen der sandige Untergrund weniger problematisch ist.

Tauchen & Schnorcheln

Vor der gesamten Ostküste verläuft ein Riff voller farbenfroher Fische. Etwa 100 bis 200 m von der Küste entfernt geht es steil nach unten. Pensionen und Tauchschulen verleihen Schnorchelausrüstung für rund 50 000 Rp am Tag. **Air Wall** ist eine schöne

Wand aus Softkorallen an der Westküste, während der Norden mit dem **Frogfish Point** und dem **Hans Reef** aufwartet. Schnorchelspots erreicht man von den Stränden im Osten und Nordosten.

Auf Gili Air gibt es eine große Auswahl an Tauchschulen mit Gili-typischen Preisen.

⭐ **Gili Air Divers** TAUCHEN
(☎0878 6536 7551; www.giliairdivers.com; Grand Sunset; geführter Tauchgang mit dem Boot 490 000 Rp; ⊗8–20 Uhr) ✈ Der Anbieter unter

französisch-indonesischer Leitung überzeugt mit Herzlichkeit und Kompetenz. Zum Angebot gehören auch Schnupperkurse im Apnoetauchen und SSI-Kurse für die Level 1 und 2.

Blue Marine Dive Centre TAUCHEN
(✆0811 390 2550; www.bluemarinedive.com; nächtlicher Tauchgang/10 Tauchgänge 990 000/4 500 000 Rp; ⊙7.30–19.30 Uhr) 🏊 Das Blue Marine liegt in der hübschen nordöstlichen Ecke der Insel und hat auch Apnoetauchen, Stand-Up-Paddeln und Yoga (120 000 Rp/Kurs) im Angebot. Der Besitzer engagiert sich mit Herzblut für den Erhalt des Riffs.

Oceans 5 TAUCHEN
(✆0813 3877 7144; www.oceans5dive.com; einzelne Tauchgänge ab 490 000 Rp) 🏊 Hat einen 25 m langen Trainingspool, einen hauseigenen Meeresbiologen, hübsche Hotelzimmer und Yogatauchen. Gästen werden nachhaltige Tauchpraktiken vermittelt.

Surfen
Direkt vor der Südspitze der Insel verläuft die kurze Rechtswelle **Play Gili**, die sich manchmal hoch auftürmt. Die besten Bedingungen herrschen von Mai bis Oktober.

Yoga & Wellness
⭐**Flowers & Fire Yoga** YOGA
(http://flowersandfire.yoga; 1/3/5 Kurseinheit/en 120 000/330 000/500 000 Rp; ⊙9–18 Uhr) Im idyllischen Yogagarten kann man vor oder nach dem Strandgang Kurse besuchen. Zum Angebot gehören zudem ein tolles Café für Gesundheitskost, beliebtes Curry, Filmabende und hauseigene Unterkünfte, die von einem luxuriösen Schlafsaal (mit Mako-Bettwäsche, 300 000 Rp) bis zu hübsch gestalteten Bungalows (1 000 000 Rp) reichen. Gäste zahlen weniger für die Kurse.

H2O Yoga YOGA
(✆0877 6103 8836; www.h2oyogaandmeditation.com; Kurseinheit/3-stündiger Workshop 120 000/300 000 Rp) Das wunderbare Yoga- und Meditationszentrum liegt am Ende einer gut ausgeschilderten Straße, die von der Ostküste ins Inselinnere führt. Die erstklassigen Kurse (z. B. „Candlelight Yoga" um 7, 9 oder 17 Uhr) finden in einem der zwei hübschen strohgedeckten *shalas* statt, zudem gibt es ein Tagesspa, einen Pool (mit Aquayogakursen), Unterkünfte (DZ ab 270 000 Rp) und siebentägige Yogaurlaube (ab 625 US$).

Nach der Yogastunde kann man sich im hauseigenen Good Earth Cafe von 7 bis 16.30 Uhr mit gesunden Leckereien stärken.

Harmony Spa SPA
(✆0812 386 5883; www.facebook.com/harmonygiliair; Massagen ab 120 000 Rp; ⊙9–20 Uhr) Die schöne Lage an der Nordküste sorgt dafür, dass man sich wie neugeboren fühlt. Zum Angebot gehören u. a. Gesichts- und Körperbehandlungen. Vor dem Besuch anrufen.

🎓 Kurse

Gili Cooking Classes KOCHEN
(✆0877 6506 7210; www.gilicookingclasses.com; Kurse ab 290 000 Rp) Die professionelle Kochschule veranstaltet täglich Kurse in einer großen Küche direkt an der Hauptstraße. Es stehen verschiedene Kochrichtungen zur Wahl – man sollte sich gut überlegen, für was man sich entscheidet, da man das eigene Werk hinterher verspeist.

🛏️ Schlafen

Die vielen Unterkünfte auf Gili Air konzentrieren sich auf die Ostküste, mehr Abgeschiedenheit bietet allerdings der Westen. Weit verbreitet sind Bungalows in verschiedenen Erscheinungsformen.

Begadang HOSTEL $
(begadangbackpackers@gmail.com; B/DZ/3BZ ab 200 000/250 000/350 000 Rp; ✳❄🛜) Die weitläufige Anlage mit einfachen Bungalows im nördlichen Inselinneren ist ein Backpacker-Mekka mit pilzförmigem Pool, zahlreichen aufblasbaren Badeutensilien, einer geselligen Bar, Tischtennisplatte und sogar einem lebensgroßen Vier-Gewinnt-Spiel. Bei den günstigeren Doppelzimmern handelt es sich um eine einfache Matratze in einer 2x2 m großen Hütte. Die klimatisierten Dreibettzimmer sind die sehr viel attraktivere Option für kleine Gruppen.

Hideout HOSTEL $
(www.giliairhostel.com; B ab 120 000 Rp; ⊙Rezeption 7.30–19 Uhr; ✳🛜) Die Zimmer dieses fröhlichen Hostels wurden nach den Beben 2018 renoviert und bieten jeweils drei Betten und ein Bad. Zum Programm gehören beschwingtes Dekor, eine coole Bar, Warmwasserduschen, kostenloses Frühstück und ein riesiger Frangipani-Baum.

Bintang Beach 2 BUNGALOW $
(✆0819 742 3519; Bungalow ab 250 000 Rp; ✳🛜) Die sandige gepflegte Anlage an der ruhigen Nordwestküste beherbergt 25 einfache Bungalows (von der günstigen Variante mit Ventilator bis zu schickeren Ausführungen) und

ein offenes Barrestaurant am Strand, das zum Verweilen einlädt. Die geschäftstüchtigen Inhaber betreiben noch ein paar Pensionen in der Nähe, verleihen Fahrräder sowie Schnorchelausrüstung und kümmern sich um schmutzige Wäsche.

★ **Sejuk Cottages** BUNGALOW $$
(☑ 0813 3953 5387; DZ ab 450 000 Rp, FZ 1 350 000 Rp; ❉ 🕸 ⊠) 13 solide gebaute, geschmackvoll eingerichtete, strohgedeckte *lumbung*-(Reisscheunen-)Hütten und hübsche zwei- bis dreistöckige Häuschen (teils mit Wohnbereichen im Dachgeschoss) in einem schönen tropischen Garten mit von Quellwasser gespeistem Pool. Manche Zimmer sind nur mit Ventilatoren ausgestattet, andere haben Hängematten auf dem Dach.

★ **Biba Beach Village** BUNGALOW $$
(☑ 0819 1727 4648; www.bibabeach.com; Bungalow inkl. Frühstück 800 000–1 600 000 Rp; ❉ 🕸) Das Biba bietet neun hübsche geräumige Bungalows mit großen Veranden und grottenähnlichen Bädern, deren Wände eingelassene Muscheln und Korallen zieren. Der schöne Garten überblickt einen großen Teil des Strandes. Das hauseigene italienische Restaurant ist gut (9–22 Uhr) und die besten Zimmer haben Meerblick.

Grand Sunset BUNGALOW $$
(☑ 0819 3433 7000; www.grandsunsetgiliair.com; Zi. 600 000–1 900 000 Rp; ❉ 🕸 ⊠) Die 25 robust gebauten Zimmer im Bungalowstil stehen für die solide Philosophie dieses genügsamen Resorts. Die Freiluftbäder sind gut durchdacht, die Unterkünfte bieten einfachen Komfort, der Pool ist groß und die Liegestühle am Strand haben tolle Ausblicke. Die angenehme Ruhe ist auf die Lage an der Sonnenuntergangsseite der Insel zurückzuführen.

Rival Village PENSION $$
(☑ 0819 1749 8187; www.facebook.com/rivalvillage giliair; Zi. 300 000–600 000 Rp; ❉ 🕸) Die bescheidene Pension mit vier Zimmern macht alles richtig. Die französischen Besitzer haben hier eine makellose, saubere kleine Anlage inmitten von Familienhäusern an einem der Hauptwege des Dorfes geschaffen. Große Zimmer, Freiluftbäder, leckeres Essen und alles funktioniert. *Très bon!*

Youpy Bungalows BUNGALOW $$
(☑ 0852 5371 5405; rizkylily7@gmail.com; Zi. 450 000–800 000 Rp; ❉ 🕸) Unter den verschiedenen Cafés und Pensionen mit Treibholzdekor an der Küste nördlich des Blue Marine Dive Centre hat das Youpy einige der besten Bungalows zu bieten. Die Bäder erinnern an den Strand, die Betten sind groß und die Decken hoch.

Pelangi Cottages BUNGALOW $$
(☑ 0819 3316 8648; pelangicottages@yahoo.co.id; Zi. inkl. Frühstück 500 000–700 000 Rp; ❉ 🕸 ⊠) Am Nordende der Insel, direkt vor dem Korallenriff, bietet diese Anlage zehn geräumige, aber einfache Bungalows aus Beton und Holz, freundliche Leitung und hochwertige Mountainbikes zum Ausleihen.

Vyaana Resort RESORT $$$
(☑ 0877 6538 8515; www.vyaanagiliair.com; Zi. inkl. Frühstück 1 600 000 Rp; ❉ 🕸 ⊠) Der Strandabschnitt an der Nordküste ist noch immer ziemlich ruhig und lässt sich in dieser Bungalowanlage bestens genießen. Die acht (etwas überteuerten) geräumigen Wohneinheiten bieten viel Privatsphäre und haben charmante Künstlerakzente.

Villa Casa Mio BUNGALOW $$$
(☑ 0370-619 8437; www.giliair.com; Cottage inkl. Frühstück ab 1 500 000 Rp; ❉ 🕸 ⊠) Charmante Häuschen mit hübschen Gartenbädern und viel Deko, die von künstlerisch bis kitschig reicht. Die Zimmer mit blumigen Namen („Ocean of Love", „Tropical Smile") haben Kühlschränke, Stereoanlagen und wunderbare Sonnenterrassen mit Liegestühlen. Der Komplex liegt an einem tollen Strand und es gibt einen Pool mit viel Schatten.

✗ Essen

Ein Großteil der Gastroszene ist in einheimischer Hand und bietet dank Tischen mit Meerblick eine tolle Kulisse für eine Mahlzeit. Einige der interessantesten Neuzugänge liegen an den Nebenstraßen des Dorfes.

Warung Bambu INDONESISCH $
(☑ 0878 6405 0402; Hauptgerichte 20 000–30 000 Rp; ⊙ 10–22 Uhr) Das günstige freundliche Warung mit Kunstdekor und leckerer hiesiger Küche (gut ist das *tempe*-Curry) liegt vom Bootsanleger zwei Blocks Richtung Landesinnere.

★ **Pachamama** NATURKOST $$
(☑ 0878 6415 2100; www.pachamamagiliair.com; Hauptgerichte 70 000–85 000 Rp; ⊙ Mo–Sa 10–22 Uhr; 🖉) Das überaus hippe Naturkostrestaurant braut sein eigenes Kombucha, zudem gibt es exotische Smoothies (und Cocktails!) sowie jede Menge aromatische vegetarische, vegane und glutenfreie Gerichte. Es liegt et-

was abgeschieden im nördlichen Inselinneren, ist jedoch den Fußmarsch wert.

⭐ Ruby's INDONESISCH $$

(☑0878 6575 6064; Hauptgerichte 45000–85000 Rp; ☺12–22 Uhr) Eines der besten Restaurants der Gili-Inseln liegt in einer Seitenstraße. Kerzen flackern auf den Holztischen, die Speisekarte ist kurz und es gibt Tagesgerichte. Der Mann hinter dem Erfolg ist das Genie, das dem Lokal den Namen gab. Der Tintenfisch ist wunderbar leicht und knusprig, das grüne Curry perfekt gewürzt und die Burger sind himmlisch! Tolle Desserts.

Mowie's FUSION $$

(☑0878 6423 1384; www.mowiesbargiliair.com; Hauptgerichte 55000–90000 Rp; ☺8–21 Uhr) Eine große Auswahl kreativer indonesisch-westlicher Fusionsküche, eine ideale Lage bei Sonnenuntergang und entspannte elektronische Tanzmusik nach Einbruch der Dunkelheit machen das Mowies zu einem Ort, den man zum Mittagessen ansteuert und danach nie wieder verlassen möchte.

Boogils Sunset Lounge SEAFOOD $$

(☑0819 3301 7727; Hauptgerichte 40000–120000 Rp; ☺9–23 Uhr) Das Boogils ist ambitionierter als die üblichen Bambushütten am Strand und serviert gegrillte Meeresfrüchte und eine ständig wechselnde Auswahl an frischen Gerichten. Die leckeren Pastaspeisen zeigen, was die italienische Küche mit *mie* (Nudeln) anstellen kann. Eignet sich bestens für ein paar Drinks, den Sonnenuntergang und eine anschließende Mahlzeit bei Mondschein. Wer möchte, radelt über die asphaltierten Straßen im Inselinneren hierher.

Scallywags Beach Club INTERNATIONAL $$

(☑0819 1743 2086; www.scallywagsresort.com; Hauptgerichte 50000–150000 Rp; ☺7–23 Uhr; 🐎) Am weichsten und weitesten Strand von Gili Air bietet das Scallywags elegantes Dekor, gehobene bodenständige Kost, leckere Grillgerichte, hausgemachtes Eis und großartige Cocktails. Das Highlight ist jedoch der verlockende Strand mit Liegestühlen. Tolle Sambal-Auswahl.

🍷 Ausgehen & Nachtleben

Gili Air ist eigentlich ein gediegener Ort, dennoch gibt es Vollmondpartys und in der Hochsaison herrscht in den Bars mit Blick auf den Sonnenuntergang ordentlich Stimmung. Die meisten Bars findet man an der sonst ruhigen Nordküste.

Pura Vida LOUNGE

(www.facebook.com/puravidagiliair; ☺11–23 Uhr) Stylishe Bar mit riesigen Kissen, bunten Tischen und Stühlen im Sand. Aus der Soundanlage dringt guter Jazz und an manchen Abenden spielen Livebands Reggae. Abends gibt's leckere knusprig-dünne Holzofenpizzas. Bei Sonnenuntergang besonders schön.

K69 BAR

(www.facebook.com/kopidarat; ☺9–23 Uhr) 🖊 Die exzentrische Bar mit Galerie wird von Hardi, einem Künstler aus Sulawesi, geleitet, der auch Siebdruck-Workshops (150000 Rp) anbietet. Sie besteht größtenteils aus recycelten Materialien und zeigt wechselnde Ausstellungen indonesischer Kunst. Tagsüber gibt's Tee, am Abend Wein.

Coffee & Thyme CAFÉ

(☑0821 4499 3622; www.coffeeandthyme.co; ☺7–19 Uhr) Mitten im Trubel, wo Boote sonnenhungrige Inselbesucher ausspucken, serviert das geschäftige Café mit Freiluftbereich mit den besten Kaffee der Gilis. Daneben gibt's Frühstück nach westlicher Art, Wraps zum Mittag und Muffins.

Lucky's Bar BAR

(☺7 Uhr–open end) In der tollen Strandbar kann man es sich in Liegestühlen aus Bambus gemütlich machen und zusehen, wie die Sonne hinter Gili Meno untergeht. Sonntags legen DJs auf und einmal im Monat gibt'sv Vollmondpartys mit Tanz am Lagerfeuer.

ℹ Praktische Informationen

Geldautomaten verteilen sich auf die ganze Insel. Die meisten gibt's im Süden nahe des Anlegers.

ℹ An- & Weiterreise

Am **öffentlichen Bootsanleger** geht es geschäftig zu. Gili Airs Handel und Beliebtheit sorgen dafür, dass sich die öffentlichen Boote nach Bangsal (15 Min. Fahrtzeit) schnell füllen. Beim Ticketbüro gibt's einen schattigen Wartebereich.

SUMBAWA

Das eng mit dem Meer verbundene Sumbawa ist das Land der Vulkankämme, Reisterrassen, trockenen Ebenen und geschützten Buchten. Trotz der guten Verbindungen nach Bali und Lombok gibt es große Unterschiede: Die Region ist sehr viel weniger entwickelt, größtenteils äußerst trocken, sehr viel ärmer, extrem konservativ und in zwei Volksgrup-

NUSA TENGGARA

Sumbawa

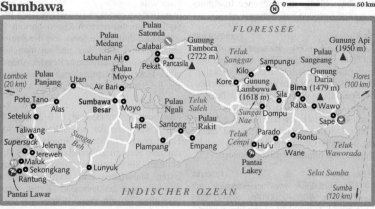

pen getrennt. Der Sumbawa-sprachige Teil kam wohl von Lombok und ging im Westen der Insel an Land, während auf der Halbinsel Tambora und im Osten Bimanesisch dominiert. Auf Sumbawa herrscht der Islam vor, abgeschiedene Gegenden sind aber noch immer vom inoffiziellen *adat*-System (traditionelles Gewohnheitsrecht) geprägt.

Die wenig befahrene, gut ausgebaute Schnellstraße Trans-Sumbawa ist eine exzellente, schnelle Verbindung zwischen Lombok und Flores. Transportmittel abseits davon verkehren nur unregelmäßig und sind wenig komfortabel, deswegen verlassen die meisten Überlandbesucher auf der Reise von Lombok nach Flores in Sumbawa nicht einmal den Bus. Aktuell prägen vornehmlich Surfer, Bergarbeiter und Mullahs das Bild.

ⓘ Gefahren & Ärgernisse

➡ Die meisten Sumbawer sind gastfreundlich und freuen sich über Besucher, die ihre Insel entdecken möchten. In der Vergangenheit gab es gewalttätige Proteste gegen ausländische Bergwerkbetriebe, die Konflikte sind jedoch weitgehend aus dem Weg geräumt.

➡ In Sachen Religion ist die Insel sehr viel konservativer als die Nachbarinseln Lombok und Flores, deswegen sind Zurückhaltung und Rücksicht geboten.

➡ Im Rahmen von Indonesiens Antiterrorpolitik gab es Razzien und Festnahmen in Bima.

➡ Englisch ist auf Sumbawa nicht so weit verbreitet wie auf den benachbarten Inseln. Eine Übersetzer-App kann helfen.

ⓘ An- & Weiterreise

Flughäfen gibt es in Bima und Sumbawa Besar an beiden Enden der Insel. Hier treffen Inlands-

flüge von den nahe gelegenen Inseln ein. Die meisten Besucher reisen mit Fähren von Lombok oder Flores aus an.

ⓘ Unterwegs vor Ort

Sumbawas Hauptschnellstraße führt von Taliwang durch Sumbawa Besar, Dompu und Bima nach Sape, dem Fährhafen an der Ostküste. Teils klimatisierte Fernbusse sind zwischen dem Fährhafen an der Westküste, Poto Tano, und Sape unterwegs, und halten an allen größeren Städten.

Wer Sumbawas Randbezirke kennen lernen möchte, benötigt ein privates Transportmittel.

Hotels vermitteln Mietwagen. Je nach Ziel beträgt der Preis ca. 600 000 bis 800 000 Rp am Tag, Fahrer und Benzin inklusive. Motorräder kosten 50 000 bis 80 000 Rp pro Tag.

Der Westen von Sumbawa

🕿 0372

Sumbawas Westen ist trocken und hügelig, die weiten zuckerweißen Strände säumen erhabene Landspitzen. Die Buchten sind riesig und dynamisch: Im einen Moment ist das Wasser ruhig, im anderen türmen sich hohe Wellen auf. Sumbawa Besar, die größte Stadt der Region, ist ein bescheidener, religiös geprägter Ort mit einem guten morgendlichen Markt. Pulau Moyo, ein grünes Juwel an der Nordküste, bietet tolle Tauch- und Schnorchelbedingungen. Die einstige Domäne der Schönen und Reichen hat mittlerweile auch Optionen für Budgetreisende.

Poto Tano

🕿 0372 / 9330 EW.

Poto Tano, den baufälligen Haupthafen für Fährverbindungen nach/ab Lombok, säumen Stelzenfischerdörfer mit großartigen Blicken auf den Gunung Rinjani. Der Ort ist hübsch, Übernachten muss hier aber nicht.

Fähren fahren rund um die Uhr fast stündlich zwischen Labuhan Lombok und Poto Tano (Passagiere/Motorräder/Autos 17 000 Rp/49 500 Rp/431 000 Rp, 1½ Std.). Direktbusse nach Lombok beinhalten das Fährticket.

Busse sind mit den Fahrplänen der Fähren abgestimmt und verkehren nach Sumbawa Besar (35 000 Rp, 2½ Std.) oder Taliwang (25 000 Rp, 1 Std.). Dort gibt's unregelmäßige öffentliche Transportmittel gen Süden.

Jelenga

📞 0372 / 200 EW.

Jelenga liegt an einer riesigen hufeisenförmigen Bucht und ist ein einfacher, ländlich geprägter Strandort mit Reisfeldern, Ziegenfarmen und einem erstklassigen Lefthander namens **Scar Reef**. Der Strand, einer der idyllischsten auf Sumbawa, eignet sich bestens für ein paar entspannte Urlaubstage im Sand. Um dorthin zu gelangen, biegt man in **Jereweh**, 11 km südlich der regionalen Hauptstadt Taliwang in Richtung Küste, ab.

🛏 Schlafen

Eine Handvoll guter Lodges säumt den Sand entlang Jelengas Küste. Die meisten sind auf Surfer ausgerichtet, andere Gäste werden sich hier jedoch willkommener fühlen als in den anderen Surforten im westlichen Sumbawa. Alle Hotels am Strand in Jelenga haben Restaurants, die westliche und indonesische Küche servieren.

Wood Garden Bungalows   BUNGALOW $
(📞 0821 4721 4166; www.facebook.com/thewood thaticould; Bungalows 350 000 Rp, Zi. ohne Bad 150 000 Rp) Die drei Bungalows aus recyceltem Teakholz, das angeblich teils von königlichen Palästen stammt, liegen 100 m vom Strand entfernt auf einem grünen Stück Land. Sie bieten Platz für drei Personen und haben Außenbäder, die sehr viel nobler eingerichtet sind als die einfachen Unterkünfte selbst. Die Gemeinschaftsbäder der einfachen Budgetzimmer sind weniger imposant.

★ Scar Reef Lodge   LODGE $$
(📞 0812 3980 4885; www.scarreeflodge.com; Zi. 35–55 US$, Hütte für 6 Pers. ab 120 US$; ❄ 🖥) Die moderne Surflodge hat fünf Zimmer (zwei davon klimatisiert) mit hohen Decken und Holzmöbeln sowie ein einfaches Strand-restaurant und einen Loungebereich. Zudem gibt es eine Hütte für Gruppen, zahlreiche Strandsitzsäcke und ein Yoga-*shala* für Sonnengrüße in Eigenregie. Gäste können Surf- und SUP-Ausrüstung sowie Motorräder ausleihen.

ℹ Praktische Informationen

Die nächsten Geldautomaten liegen an der Hauptstraße durch Taliwang.

ℹ An- & Weiterreise

Der kleine konservative Ort ist der Verkehrsknotenpunkt der Region. Busse fahren fast stündlich von Taliwang nach Poto Tano (25 000 Rp, 1 Std.), wo Anschluss nach Mataram und Sumbawa Besar besteht. Frühmorgens und abends verkehren Busse nach Maluk (30 000 Rp, 1 Std.).

Die 45-minütige *ojek*-Fahrt von Taliwang nach Jelenga kostet 50 000 Rp. Die meisten Hotels in Jelenga organisieren Privattransfers von Zielen in der Nähe und verleihen Motorräder für etwa 70 000 Rp am Tag.

Maluk

📞 0372 / 11 930 EW.

Die Strände und Buchten südlich von Taliwang stehen in einem steten Wettstreit miteinander. Erster Stopp ist der Arbeiter- und Handelsdistrikt Maluk, 30 km südlich von Taliwang. Der Ort selbst ist hässlich, der Strand hingegen großartig. Der Sand schimmert weißgolden und die Bucht wird von zwei Landzungen eingerahmt. Im seichten Wasser kann man gut baden und bei stärkerer Brandung türmen sich am Riff weiter draußen perfekte Tubes auf.

Direkt südlich von Maluk, einen längeren Fußmarsch vom Strand entfernt, lockt der wohl beste Lefthander der Welt namens **Supersuck**. Surfer reisen regelmäßig von der Nordküste Hawaiis hierher (und das will was heißen!) und viele erfahrene Wellenreiter bezeichnen sie als die beste Tube ihres Lebens. Ideale Bedingungen herrschen in der Trockenzeit (Mai–Okt.).

Eine der größten Kupferminen der Welt, von Maluk aus rund 20 km Richtung Landesinnere gelegen, sorgte für den Ausbau der Region und lockte zahlreiche Arbeiter aus ganz Indonesien und dem Ausland an. Das Unternehmen PT Amman Mineral Nusa Tenggara (AMNT) beschäftigt rund 3000 Menschen und prägte die Gegend nachhaltig (an der Küstenstraße sieht man die zugehörigen riesigen Hafenanlagen). Die Restaurant- und Barszene der hier lebenden

Ausländer konzentriert sich auf Townsite, eine privatwirtschaftliche Enklave mit Golfplatz und anderen Annehmlichkeiten. Urlauber sind hier nicht gern gesehen, nur der Golfplatz ist für die allgemeine Öffentlichkeit geöffnet.

🛏 Schlafen

Dreamtime Sumbawa Homestay PENSION **$**
(📞 0821 4523 9696; http://dreamtimesumbawa. com; Jl Pasir Putih; B 55 000 Rp, DZ mit/ohne Klimaanlage 300 000/200 000 Rp; 🕸 🛜) Ultimative Budgetunterkunft für Surfer. Der Schlafsaal ist mit Vorhängen abgetrennt und es gibt gemütliche Zimmer zum Innenhof hin. Das Dreamtime liegt einen Block hinter dem Strand im Herzen des Dorfes und die Mitarbeiter wissen bestens über die Wellen in der Nähe Bescheid. Zudem gibt's schnelles Glasfaser-WLAN.

★ Merdeka House PENSION **$$**
(📞 0822 4741 7866; www.merdekahouse.com; Jl Raya Balas; Zi. 350 000 Rp; 🛜) Wow! Die auf einem Berg gelegene Pension bietet Surfern nach einem langen Tag in den Wellen grandiose Ausblicke. Lounge und Küche werden gemeinschaftlich genutzt und überblicken zwei eindrucksvolle Buchten. Die sechs Zimmer sind geräumig und makellos sauber. Gäste erwartet zudem eine anständige Bar, kostenlose Schnorchelausrüstung, günstiger Surfbrettverleih (50 000 Rp/Tag) und ein praktischer Reiseführer für die Gegend von den freundlichen australischen Besitzern.

ℹ Praktische Informationen

Die meisten Banken und Geldautomaten, darunter **BNI** (📞 0372-635146; Jl Raya Maluk; ⊙ Mo-Fr 8–16 Uhr, Geldautomat 24 Std.), findet man an der Jl Raya Maluk, die durch das Zentrum führt.

ℹ An- & Weiterreise

Zweimal täglich verkehren Busse vom Terminal Maluk nördlich der Stadt gegenüber dem Eingang zur Mine PT AMNT (zu erkennen an den großen Toren und dem riesigen Parkbereich) nach Sumbawa Besar (40 000 Rp, 4 Std.). In der Regel fahren sie um 6 und 14 Uhr los, um die Reservierung muss man sich jedoch vorab kümmern. Auf dieser Route wird auch in Taliwang (25 000 Rp, 1 Std.) gehalten.

Die meisten Besucher kommen mit der Expressfähre aus Lombok. Vom Hafen von Benete direkt nördlich von Maluk verkehrt die Fähre (135 000 Rp, 90 Min.) zweimal täglich nach/ab Labuhan Lombok. In Lombok fahren Boote um 10 und 16.45 Uhr los. Die Rückfahrt am Hafen von

Benete erfolgt um 8 und 14.45 Uhr. Der Transport von Surfbrettern kostet 25 000 Rp extra.

Rantung Beach & Umgebung

📞 0372 / 8180 EW.

Das entspannte Rantung Beach versprüht klassisches Surfflair. Die abgeschiedene majestätische Bucht umrahmen 100 m hohe Landzungen und fast alles ist gut zu Fuß zu erreichen. Der Ort ist Teil der weitläufigen Siedlung Sekongkang, zu der noch zwei weitere tolle Strände mit einer Handvoll Surfspots gehören. Die beste Auswahl an Unterkünften und Restaurants findet man an der Küste ein paar Kilometer vom Zentrum entfernt, vor allem in Rantung Beach.

Das Wasser ist kristallklar und das ganze Jahr über kann man den Righthander **Yo Yo's** am Nordende der Bucht surfen. Ein weiterer toller Righthander ist **Hook**, der sich am Rand der nördlichen Klippe bricht. An der nächsten Bucht lockt **Tropical**, ein weiterer phänomenaler Strand, der nach dem nächsten Resort benannt ist und tolle Left- und Righthander bietet, die sich für Anfänger eignen. Direkt südlich von Tropical wartet mit **Remo's Left** ein solider A-Frame.

Nördlich von Rantung liegt **Pantai Lawar**. Der baumbestandene weiße Strandabschnitt an einer türkisfarbenen Lagune wird von dschungelbedeckten Vulkanklippen geschützt. Bei flachem Wellengang kann man hier baden und schnorcheln.

🛏 Schlafen & Essen

Die Pensionen und Bungalows am Strand sind auf Surfklientel ausgerichtet. In den meisten Pensionen gibt es auch Verpflegung.

Santai Beach Bungalows BUNGALOW **$**
(📞 0878 6393 5758; Rantung Beach; Zi. ohne/mit Bad 150 000/200 000 Rp, mit Klimaanlage & Frühstück 300 000 Rp; 🕸 🛜) Die beste Budgetunterkunft der Gegend hat zwölf geräumige gepflegte Zimmer mit Fliesen. Die mit Privatbad bieten grandiosen Meerblick, ebenso wie das strohgedeckte Restaurant (Gerichte 30 000–60 000 Rp), an dessen Pooltisch Surfer sich zu einem geselligen Bier treffen. Im Voraus buchen – in der besten Surfzeit ist die Anlage über Wochen ausgebucht.

Yo Yo's Hotel RESORT **$$**
(📞 0878 6695 0576; yoyoshotel@yahoo.co.id; Rantung Beach; EZ/DZ ab 200 000/350 000 Rp; 🕸 🛜) Weitläufige Strandanlage mit 15 Zimmern. Die Deluxe-Varianten sind recht groß und haben hübsche Holzeinrichtung, die Stan-

dard-Quartiere sind kleiner und etwas abgewohnt. Affen spazieren über das Resort und eine große zweistöckige Bar (mit Cocktails) samt Café (Gerichte 30 000–80 000 Rp) überblickt den Surfstrand.

Rantung Beach Bar & Cottages BUNGALOW $$
(☑0819 1700 7481; Rantung Beach; Zi. ab 200 000 Rp, Cottages ab 400 000 Rp; ❀ 🖚) In dem großen offenen Strandcafé (Gerichte 40 000–60 000 Rp) hat sich schon der eine oder andere Bergarbeiter ein paar Sundowner schmecken lassen. Das Essen ist gut – wir empfehlen die knusprigen Pommes und riesigen Burger. Die fünf schicken geräumigen Ferienhäuschen haben Doppelbetten und Privatterrassen mit viel Grün und Meerblick. Dahinter gibt es noch eine Reihe günstigerer Zimmer.

Lisa's Garden INTERNATIONAL $
(☑0822 3650 7340; Rantung Beach; Hauptgerichte 20 000–65 000 Rp; ⊙7–22 Uhr; 🖚) Wen es nach Kaffee aus der Kaffeepresse, Avocado-Toast, Salate, Müsli oder Burritos gelüstet (das alles ist auf Sumbawa Mangelware), wird dieses Freiluftlokal lieben. Die Terrasse im oberen Stock überblickt das Meer.

❶ An- & Weiterreise

Die Kleinbusse von **Sekongkang Trans** (☑0853 3324 1931; www.facebook.com/sekongkang trans; Jl Raya Sekongkang) richten sich vor allem an Reisende und fahren täglich um 7 und 19 Uhr in sechs Stunden über die Poto-Tano-Fähre nach Mataram (120 000 Rp). Der klimatisierte Bus sammelt Fahrgäste auch in Maluk und Jereweh ein (15–30 Min. ab Sekongkang), wenn man vorher Bescheid gibt. Von Mataram nach Sekongkang gibt es zudem Verbindungen um 7 und 19 Uhr.

Sekongkang Trans ist der einzige Bus, der den ganzen Weg nach Sekongkang zurücklegt. Ansonsten kommt man nur per *ojek* (ca. 20 000 Rp) von Maluk hierher, der nächsten Stadt auf der öffentlichen Busroute.

Sumbawa Besar

☑0371 / 56 340 EW.
Sumbawa Besar, kurz „Sumbawa", ist die bedeutendste Marktstadt im Westen der Insel. Sie ist grün sowie streng muslimisch (dennoch gibt es ein Überangebot an Karaokebars) und lebt vom Anbau von Bohnen, Reis und Mais vor den Stadttoren. Auf dem Weg nach Pulau Moyo ist der Ort ein netter Zwischenstopp, abgesehen vom alten Palast und dem lebendigen Morgenmarkt gibt es je-

doch nicht viel zu sehen. Die meisten Reisenden erholen sich hier auf ihrer Reise entlang der Straße Trans-Sumbawa.

◉ Sehenswertes

Dalam Loka PALAST
(Sultanspalast; Jl Dalam Loka 1; ⊙Mo–Fr 8–12 & 13–17, Sa & So 8–11 & 13.30–17 Uhr) GRATIS Der Palast wurde vor über 200 Jahren für Sultan Mohammad Jalaluddin III. errichtet. Die Überreste des einst imposanten Baus, der einen ganzen Block einnimmt, sind in recht gutem Zustand und werden noch immer für politische Veranstaltungen genutzt. Besucher können über die Anlage spazieren und drinnen alte Fotos der Königsfamilie, alte Sonnenschirme und Kutschen auf knarrenden Holzdielen bewundern.

🛌 Schlafen & Essen

Samawa Transit Hotel HOTEL $$
(☑0371-21754; Jl Garuda 41; EZ/DZ ab 400 000/ 420 000 Rp; ❀ 🖚) Die niedrige karamellfarbene Anlage in praktischer Lage vom Flughafen aus auf der anderen Straßenseite links bietet geräumige, makellos saubere Zimmer mit hohen Decken, fröhlichen Badfliesen, Flachbild-TVs, Warmwasser und anständigen Betten. Die teureren Quartiere sind größer und ruhiger und haben Privatbalkone.

★**Cipta Sari Bakery** BÄCKEREI $
(☑0371-21496; Jl Hasanuddin 47; Snacks ab 4000 Rp; ⊙8–19 Uhr) Bei einem Spaziergang durch die Stadt sollte man unbedingt diese exzellente Bäckerei an einem schattigen Abschnitt der Hauptstraße ansteuern. Nach einem Kaffee oder einem kalten Getränk zur Stärkung kann man sich mit Reiseproviant eindecken, denn die verschiedenen Backwaren und herzhaften Leckereien sind die besten bis hin nach Bima.

Aneka Rasa Jaya CHINESISCH $
(☑0371-21291; Jl Hasanuddin 14; Hauptgerichte 25 000–50 000 Rp; ⊙8–15 & 18–21.30 Uhr) Das beliebte chinesische Fischrestaurant ist sauber und serviert zarte Fischfilets, Garnelen, Tintenfisch, Krabben und Jakobsmuscheln in Austern-, Szechuan- oder süßsaurer Sauce. Das *soto kepiting* (Krabbensuppe) ist lecker – das gilt auch für die verschiedenen Nudelgerichte.

❶ Praktische Informationen

An der Jl Hasanuddin gibt es verschiedene Banken und Geldautomaten.

Kantor Imigrasi (Einwanderungsbehörde; Jl Garuda 41; ⊘ Mo–Do 8–15, Fr bis 12 Uhr) Visaverlängerungen dauern hier mindestens zwei Tage.

Klinik Surya Medika Sumbawa (☑ 0371-262 0023; Jl Hasanuddin 20A; ⊘ 24 Std.) Das Krankenhaus ist rund um die Uhr geöffnet.

ⓘ An- & Weiterreise

BUS

Sumbawa Besars zentraler Fernbusbahnhof ist das **Terminal Sumur Payung** (Jl Lintas Sumbawa), 5,5 km nordwestlich der Stadt an der Schnellstraße. Zu den Fahrtzielen gehören:

Bima 100 000 Rp, 7 Std., mehrmals täglich

Mataram 90 000 Rp (Fährticket inklusive), 6 Std., mehrmals täglich

Poto Tano 35 000 Rp, 2½ Std., 8–24 Uhr stündlich

FLUGZEUG

Der Sultan Muhammad Kaharuddin III Airport liegt ganz in der Nähe des Zentrums. Garuda und Wings Air fliegen täglich direkt nach Lombok, nach der Erweiterung des Flughafens 2020 sind weitere Verbindungen geplant.

ⓘ Unterwegs vor Ort

Vom Flughafen gelangt man gut zu Fuß ins Zentrum; nach Verlassen des Terminals rechts halten und der Straße ca. 1 km folgen. Ansonsten organisieren hiesige Pensionen die Anfahrt.

Bemo-Fahrten zu beliebigen Zielen in der Stadt kosten 5000 Rp.

Pulau Moyo

Moyo ist eine sanft gewölbte Sichel aus dschungelbewachsenem Vulkanstein, der nördlich von Sumbawa Besar über dem azurblauen Meer thront. Die Insel ist etwa halb so groß wie Singapur und hat nur 2000 Einwohner, die sich auf sechs kleine Dörfer verteilen. Das größte, **Labuhan Aji**, ist ein authentisches Städtchen, das sich erst vor Kurzem dem Tourismus geöffnet hat. Es liegt an einem Kieselstrand, der sich besser zum Schnorcheln als zum Baden eignet, und ist die Art von Inselparadies, in dem es nur abends Strom gibt und Einheimische freudig über die Ankunft Fremder tuscheln.

Der Großteil der Insel und die facettenreichen Riffe sind ein Naturschutzgebiet mit einem Wegenetz, Wasserfällen und einigen der besten Tauchstätten westlich von Komodo. Grüne Meeresschildkröten und Unechte Karettschildkröten schlüpfen an den Stränden, Javaneraffen streifen durchs Blätterdach und die Insel ist das Zuhause von Wildschweinen, Muntjaks und vielen Vogelarten.

⊙ Sehenswertes

Mata-Jitu-Wasserfall WASSERFALL

Die bekannteste Attraktion der Insel ist dieser märchenhafte Wasserfall, in dessen türkisfarbenen, von Kaskaden gespeisten Becken bereits mindestens eine Prinzessin badete (Einheimische nennen ihn auch Lady-Diana-Wasserfall, da sie ihn 1993 besuchte). Laut einem Schild in Labuhan Aji ist er 7 km entfernt, damit will man Besucher jedoch nur zu einer *ojek*-Fahrt (100 000 Rp) motivieren. Tatsächlich ist der Weg 4 km lang und gut zu Fuß zu bewältigen (Schwimmsachen nicht vergessen!).

Wer auf eigene Faust loszieht, muss im Voraus eine „Inselsteuer" von 25 000 Rp im Hotel entrichten.

🏃 Aktivitäten

Pulau Moyo lädt vor allem zum Wandern und Schnorcheln ein. Zudem kann man sich von Einheimischen per Boot zu Tauchspots vor der Küste oder eindrucksvollen Stränden wie **Tanjung Pasir** im Süden der Insel schippern lassen.

Maleo Moyo TAUCHEN

(DJL Diving; ☑ 0812 8472 9535; http://scubadivemoyo.com; Labuhan Aji; Tauchgang von der Küste/ vom Boot aus 400 000/600 000 Rp; Discover Scuba 800 000 Rp; ⊘ 8–17 Uhr) Die einzige PADI-Tauchschule in Labuhan Aji mit zwei komfortablen Booten. Eines davon bringt oft Schnorchler zu Riffen vor der Küste wie Takat Sagele und Sengalo. Zur Wahl stehen entspannte eintägige Tauchausflüge und mehrtägige Tauchsafaris.

Maleo Moyo verfügt zudem über eine Reihe heller, luftiger Bungalows (400 000– 600 000 Rp) sowie eine Budgetunterkunft für Surfer mit Schlafsaalbetten (100 000 Rp) und einfachen Zimmern (200 000 Rp).

🛏 Schlafen

Labuhan Aji ist der Hauptort der Insel und als einziger auf Tourismus eingestellt. Den Strand säumen einfache Privatunterkünfte und Mittelklassebungalows, während das alteingesessene Luxusresort der Insel in abgeschiedener Lage 7 km weiter südlich zu finden ist.

Strom gibt es meist nur von 18 bis 6 Uhr.

Die meisten Unterkünfte am Strand haben hauseigene Restaurants, und in den

Gässchen von Labuhan Aji verstecken sich drei einfache *warungs*.

Devi Homestay   PRIVATUNTERKUNFT **$**
(☑ 0853 3993 2815; Labuhan Aji; Zi. ohne Bad 100 000 Rp, mit Vollpension 200 000 Rp) Die ansprechendste der sehr einfachen Privatunterkünfte vor Ort liegt direkt hinter dem Bootsanleger. Alle Zimmer haben Matratzen auf dem Boden und Gemeinschaftsbäder, die auf der Vorderseite verfügen außerdem über eine Terrasse mit Meerblick.

⭐**Sunset Moyo Bungalows**   BUNGALOW **$$**
(☑ 0852 0517 1191; http://sunsetmoyobungalows. com; Labuhan Aji; Bungalow DZ/3BZ 650 000/ 750 000 Rp) In dem Ferienidyll mit passendem Namen bleiben keine Wünsche offen: Die terrassierte Veranda vorne ist wie eine kleines Amphitheater für großartige Sonnenuntergänge, die fünf Bungalows haben jede Menge verspielte Details wie aus Baumstämmen gefertigte Waschbecken sowie Außenduschen und die Schaukel über dem Wasser ist der Traum eines jeden Instagramers. Die freundlichen Besitzer können Fahrräder, Wanderungen, Schnorchelausrüstung und Massagen organisieren.

Maryan Moyo   BUNGALOW **$$**
(www.facebook.com/moyobungalows; Labuhan Aji; Bungalow mit/ohne Klimaanlage 600 000/ 500 000 Rp; ❄) In den fünf Stelzenbungalows – robusten Holzkonstruktionen mit steingefliesten Bädern und überdachter Terrasse mit Meerblick – kann man sich vom Plätschern der Wellen in den Schlaf wiegen lassen. Für zusätzliche Entspannung sorgen Sonnenschirme und Liegen am Strand.

⭐**Amanwana Resort**   RESORT **$$$**
(☑ 0371-22233; www.amanresorts.com; Dschungel-/Meerblickzelte ab 910/1090 US$; jeweils All-inclusive-Preise; ❄@🛜) Im Westen der Insel, 7 km südlich von Labuhan Aji, lockt mit dem Amanwana das ultimative Inselidyll. Genächtigt wird in noblen Wohnzelten mit alten Holzmöbeln, breiten Doppelbetten und Klimaanlagen, die dennoch Naturflair versprühen. Das Resort richtet sich an Tauch-, Wander- und Mountainbiketouristen. Gäste reisen mit privatem Wasserflugzeug oder Hubschrauber aus Bali oder mit dem hauseigenen Boot von Sumbawas Festland an.

ℹ️ An- & Weiterreise

Öffentliche Boote legen täglich mittags in Sumbawa Besar ab und machen sich auf die zwei-

SCHNORCHELSPOTS

Die Korallen direkt vor Labuhan Aji sind in recht gutem Zustand. Bessere Bedingungen bietet jedoch **Crocodile Head**, das ebenfalls von der Küste aus zugänglich ist und größere Fischschwärme anlockt. Zu Fuß oder mit dem Rad folgt man 5 km südlich von Labuhan Aji dem Weg Richtung Amanwana Resort, bis das entsprechende Schild auftaucht.

Unmittelbar nordöstlich von Pulau Moyo liegt das Inselchen **Pulau Satonda** mit guten Stränden und großartigen Schnorchelbedingungen. Maleo Moyo organisiert die zweistündige Bootstour hierher (2 000 000 Rp).

stündige Fahrt nach Labuhan Aji (75 000 Rp). Die Abfahrt erfolgt üblicherweise in Muara Kali, bei Ebbe geht's hingegen in Pantai Goa an der anderen Seite der Stadt los. Jeden Morgen um 7 Uhr fahren die Boote von Labuhan Aji aus zurück.

Rund um Moyo herrscht von Dezember bis März unruhiger Wellengang und die Bootsführer wollen eventuell das Risiko einer Überfahrt nicht auf sich nehmen – verständlicherweise. In seltenen Fällen finden sich außerdem nicht genug Passagiere ein, wer es eilig hat, muss dann ein ganzes Boot für saftige 2 000 000 Rp chartern.

Eine beliebte Alternative zur Sumbawa-Besar-Route für Besucher, die den Gunung Tambora besteigen möchten, ist eine Bootsfahrt zur Ostküste der Insel mit anschließendem Landtransport nach Labuhan Aji. Rik Stoetman von Visit Tambora kümmert sich um die nötige Logistik.

Der Osten von Sumbawa
☑ 0373
Die Osthälfte von Sumbawa hat ihren ganz eigenen Charakter, unterscheidet sich sprachlich und kulturell vom Westen und lockt dank der ganzjährig guten Surfbedingungen nahe dem Dorf Hu'u die meisten Besucher an. Abenteuerlustige können sich zudem den majestätischen Gunung Tambora vornehmen, den Berg, der die Welt veränderte.

Gunung Tambora
☑ 0373
Über Zentral-Sumbawa wacht der 2722 m hohe Vulkan Gunung Tambora. Seine Spitze verschwand mit dem epischen Ausbruch im April 1815 (S. 394). 200 Jahre später sind große Teile des Berges ein Nationalpark.

DAS JAHR OHNE SOMMER

Nachdem die Erde mehrere Tage lang gebebt hatte, explodierte am 10. April 1815 der Gipfel des Gunung Tambora in der mächtigsten Eruption der jüngsten Geschichte. Zehntausende Bewohner Sumbawas starben, geschmolzenes Gestein wurde über 40 km in den Himmel geschleudert und die Explosion konnte man noch in 2000 km Entfernung hören. (Zum Vergleich: Der Ausbruch des Krakatau 1873 war nur ein Zehntel so stark.)

Die Eruption wirkte sich in den Monaten und Jahren danach auf das weltweite Klima aus, da die Aschewolke die Sonne verdunkelte. In Europa ging 1816 als „Jahr ohne Sommer" in die Geschichtsbücher ein. Ernten fielen aus, es wurde kälter, Krankheiten breiteten sich aus und rund um den Globus starben Zehntausende. Historische Beweise finden sich überall, auch im Werk von J. M. W. Turner. Auf dessen Bildern aus jener Zeit kontrastiert der durch Asche verdunkelte Himmel mit leuchtenden Orangetönen.

Zwei Bücher illustrieren auf anschauliche Art, wie der Ausbruch des Tambora den Planeten veränderte: *Tambora* von Gillen D'Arcy Wood und *Tambora: Travels to Sumbawa and the Mountain that Changed the World* von Derek Pugh.

Heute bieten sich vom Gipfel ein spektakulärer Blick auf die 6 km breite Caldera mit einem zweifarbigen See und endlose Meerblicke bis zum Gunung Rinjani auf Lombok. Eine Tour zum Kraterrand dauert mindestens zwei Tage. Wer sich weiter in den spektakulären Krater, einen der tiefsten der Welt, vorwagen möchte, benötigt drei weitere Tage.

Ausgangsbasis ist das abgeschiedene Dorf **Pancasila** nahe **Calabai** am Westhang. Dort werden auch Klettertouren organisiert, z. B. von **Pak Saiful** (📱 0859 3703 0848, 0823 4069 3138; Pancasila) und **Rik Stoetman** (Rik Stoetman; 📱 0813 5337 0951; https://visittambora.com; nahe Pancasila). Beide vermieten Zimmer (150 000–300 000 Rp) und kümmern sich um den Transport und die Logistik.

Eine zweitägige geführte Trekkingtour auf den Tambora kostet rund 2 000 000 Rp pro Person für Gruppen ab drei Teilnehmern. Im Preis enthalten sind Guides, Gepäckträger, Campingausrüstung, Verpflegung, Übernachtungen in Pancasila zu Beginn und am Ende sowie die Parkgebühr von 150 000 Rp.

ℹ An- & Weiterreise

Die Straße, die über die Halbinsel von der Schnellstraße Trans-Sumbawa nach Calabai führt, wurde erheblich verbessert. Die Fahrt mit dem Privattaxi ab dem Bima Airport kostet 1 300 000 Rp, zudem fahren überfüllte Busse vom Terminal Dara in Bima (70 000 Rp, 5 Std., 6–15 Uhr tgl.) nach Calabai. Von Calabai verkehren *ojeks* (30 000 Rp, 20 Min.) nach Pancasila.

Pantai Lakey

📞 0373

In Pantai Lakey, einer sanft geschwungenen Sichel aus goldenem Sand, schlägt das Herz von Sumbawas Tourismus, dafür sorgen sieben erstklassige Breaks, die sich in einer riesigen Bucht auftürmen, und eine Reihe einfacher Strandpensionen, zwischen denen ein von Bars gesäumter sandiger Weg verläuft. Trotz des angenehmen Urlauberflairs ist Lakey nicht so herausgeputzt wie die Surforte auf den Nachbarinseln im Westen. Wer sich nicht fürs Wellenreiten interessiert, ist hier deswegen weniger gut aufgehoben.

Hu'u ist ein kleines armes und sehr freundliches Fischerdorf, 3 km nördlich von Lakey. Gepflegt, schattig, vom Geruch trocknender Fische durchzogen und mit atemberaubenden rosa leuchtenden Sonnenuntergängen gesegnet, ist es der nächste Ort mit öffentlichem Nahverkehr zu Lakey.

Auf die Region konzentrieren sich die Bemühungen, den Tourismus auf Sumbawa auszubauen. Dank neuer Straßen kann man nun problemlos von Hu'u aus nach Osten und nordwärts über Parado nach Bima reisen, wobei sich unterwegs großartige Meerblicke bieten.

🏄 Aktivitäten

In dem indonesischen Surfmekka sind gute Bedingungen fast schon garantiert. **Lakey Peak** und **Lakey Pipe** sind die bekanntesten Surfspots und ein paar Paddelschläge von den verschiedenen Hotels und Pensionen entfernt. Um nach **Nungas**, **Cobblestone** und **Nangadoro** zu gelangen, benötigt man ein Leihmotorrad oder ein *ojek*. **Periscope** liegt 150 m vom Sand entfernt am äußeren nördlichen Ende der Bucht nahe **Maci Point**, einem weiteren guten Surfspot. Bei hohem Wellengang gibt's außerdem einen Beach Break in Hu'u.

Die meisten Surfer teilen sich ein Boot (ab 800 000 Rp, max. 5 Pers.), um zu den Breaks und wieder zurück zu kommen. Der Wellengang ist meist das ganze Jahr über sehr gut (und hoch), die besten Bedingungen herrschen jedoch von Juni bis August.

Unerfahrene Surfer sollten vorsichtig sein: Die Wellen brechen über einem seichten Riff und es kam bereits zu schweren Unfällen, insbesondere bei Ebbe.

Starke Winde von August bis Oktober machen Pantai Lakey zu Indonesiens Kitesurfmekka und einem der zehn besten Spots weltweit. Bei guten Bedingungen schweben die Segel über Lakey Pipe und Nungas.

Joey Barrel's Board Shop SURFEN
(Jl Raya Hu'u; ⊙ 7–18 Uhr) Der kleine Laden an der Hauptstraße repariert, verkauft und verleiht Surfbretter (ab 50 000 Rp/Tag), zudem gibt es Surfzubehör. Er ist geöffnet, wenn der Besitzer nicht gerade in den Wellen unterwegs ist.

🛏 Schlafen

Am Pantai Lakey gibt's viele einfache, anständige Unterkünfte. Ein befestigter Weg führt am Strand entlang und verbindet die Pensionen miteinander.

Any Lestari BUNGALOW $
(☏ 0813 3982 3018; Jl Rya Hu'u; Zi. 150 000–350 000 Rp; ▣ 🛜) Die riesige Anlage erstreckt sich vom Strand aus Richtung Inselinnere. Alle Bungalows sind geräumig und haben geflieste Zimmer und eigene Terrassen, manche sind jedoch in besserem Zustand als andere. Die teuersten Zimmer haben sehr potente Klimaanlagen, Warmwasser und Satelliten-TV. Das Barrestaurant Blue Lagoon am Wasser ist stets gut besucht.

★ Rock Pool Home Stay GASTFAMILIE $$
(☏ 0813 3733 6856; http://rockpoolhomestay.com; Jl Pantai Nunggas Lakey; Zi. 400 000–500 000 Rp; ▣ 🛜) Die fünf Zimmer inmitten tropischer Gärten gehören zu den nettesten am Pantai Lakey, dafür sorgen Klimaanlage, anständiges WLAN und großartige Blicke auf die Wellen bis zu den Hügeln von Sumbawa. Das offene Restaurant Ali's Bar lädt nach einem Tag auf dem Surfbrett zu einem Bier mit Meeresbrise ein und serviert von 7 bis 22 Uhr indonesische und westliche Küche.

Vivi's Lakey Peak Homestay GASTFAMILIE $$
(☏ 0823 4049 9139; www.lakeypeakhomestay.com; Jl Pantai Lakey; EZ/DZ/3BZ 250 000/350 000/450 000 Rp; ▣ 🛜) Die Anlage mit fünf Zimmern an einem Gässchen zwischen Strand und Hauptstraße ist dank Vivian und ihrer aus Sumbawa und Australien stammenden Familie die gastfreundlichste der Gegend. Die modernen großen Zimmer sind hübsch eingerichtet, im Garten sorgen Bananenstauden für Schatten und es gibt ein geselliges, offenes Café. Exzellente Küche!

Auf Anfrage werden auch Angeltouren organisiert.

★ Lakey Peak Haven HOTEL $$$
(☏ 0821 4413 6320; www.lakeypeakhaven.com; Jl Raya Hu'u; EZ/DZ ab 70/80 US$; ▣ ▣ ▣) Abseits des Trubels auf einem Hügel über der Stadt liegt diese top-gepflegte Oase im balinesischen Stil. Die mit Abstand beste Unterkunft der Stadt bietet zweistöckige Surfhäuschen mit Blick auf eine Poolterrasse mit Schachbrettmuster und die Wellen in der Ferne. Spontanbuchungen sind nicht möglich, man muss also vorab reservieren.

🍴 Essen & Ausgehen

Die meisten Pensionen haben eigene Cafébars und es gibt einfache Erfrischungsstände und *warungs* am Strandweg.

Mamat Warung INDONESISCH $
(Jl Raya Hu'u; Hauptgerichte 20 000–30 000 Rp; ⊙ 7–22 Uhr) Das einfache *warung* an der Hauptstraße hat zwar keinen Meerblick, serviert dafür aber die günstigste und authentischste indonesische Küche von Lakey, darunter *sate*, *gado gado* (Salat mit Erdnusssauce) und viele vegetarische *tempe*-Gerichte.

Wreck INTERNATIONAL $$
(Jl Raya Hu'u; Hauptgerichte 50 000–65 000 Rp; ⊙ 8–21 Uhr) Ein gestrandetes Boot aus Sumbawa, dessen Bug auf Lakeys berühmte Surfwellen zeigt, wurde in ein luftiges, offenes Restaurant mit erstaunlich guter mexikanisch angehauchter Küche sowie mit indonesischen und westlichen Klassikern verwandelt. Wem die hiesige Interpretation von Quesadillas, Fajitas und Burritos nicht zusagt, bestellt würzigen Fisch in Bananenblättern oder einfach ein Bier und spielt eine Runde Billard am abgenutzten Pooltisch.

Fatmah's INTERNATIONAL $$
(Abseits der Jl Raya Hu'u; Hauptgerichte 30 000–75 000 Rp; ⊙ 7–21 Uhr; 🛜) Das einst bescheidene Fatmah's kommt mittlerweile etwas schicker daher. Die Tische stehen in einem erhöhten Haus aus gebleichtem Holz, das den Strand überblickt. Zum Anblick des

NUSA TENGGARA DER OSTEN VON SUMBAWA

Sonnenuntergangs oder dahin düsender Kitesurfer gibt es Säfte, *ayam lalapan* (gebratenes Hühnchen und Sambal), westliche Küche wie Pasta und australische Fleischpasteten sowie Elektromusik.

Balumba Shop KAFFEE
(⊙ 7–18 Uhr) Der kleine Laden am Strandweg gegenüber dem Balumba Hotel bietet den besten Kaffee im Osten Sumbawas. Sämtliche Bohnen stammen von Farmen an den Hängen des nahen Gunung Tambora und werden von Hand durch eine Rok-Presso-Maschine gepresst. Das Ergebnis sind leckerer Espresso und cremige Soja-Latte.

ℹ Praktische Informationen

Die nächsten Geldautomaten befinden sind 37 km weiter nördlich in Dompu.

ℹ An- & Weiterreise

In Dompu fahren zweimal täglich (langsame) Busse bis nach Hu'u (25 000 Rp, 1½ Std.). Von dort gelangt man mit einem *ojek* (20 000 Rp) nach Pantai Lakey. *Ojeks* fahren ab 80 000 Rp nach/ab Dompu an der Schnellstraße Trans-Sumbawa.

Wer die Fahrt mit einem Surfbrett im Gepäck auf sich nimmt, versteht, warum so viele Besucher ein Taxi vom Bima Airport aus (800 000 Rp für max. 4 Pers.) nehmen. Busse nach/ab Bima kosten 35 000 Rp (1-mal tgl., meist 12 oder 13 Uhr). In der Regel ist es einfacher, die stärker frequentierte Dompu-Route zu nehmen.

ℹ Unterwegs vor Ort

Das *ojek*-Kartell ist in Lakey allgegenwärtig und Fahrten zu den Surfpots kosten zwischen 30 000 und 80 000 Rp. Meist ist es günstiger, an den Verleihständen an der Hauptstraße ein Motorrad zu leihen (ab 50 000 Rp/Tag); diese sind mit speziellen Gepäckträgern für Surfbretter ausgestattet.

Bima

📞 0374 / 149 000 EW.
Das größte Ballungszentrum im Osten von Sumbawa ist vom konservativen Islam geprägt. Es gibt nur wenige Sehenswürdigkeiten, die Straßen sind oft vom Verkehr verstopft, die baufällige Architektur ist wenig reizvoll und nach Einbruch der Dunkelheit fühlt man sich zunehmend unwohl. Eine Übernachtung lohnt sich nur, wenn es der Flugplan erfordert. Auf dem Weg nach Pantai Lakey ist ein Stopp nicht notwendig und wenn man eine Morgenfähre nach Flores nimmt, übernachtet man besser in Sape.

◉ Sehenswertes

Museum Asi Mbojo MUSEUM
(Jl Sultan Ibrahim; 3000 Rp; ⊙ Mo–Sa 8–16 Uhr) Der alte Sultanspalast, der einstige Sitz der Herrscher Bimas, spiegelt noch immer den Kolonialstil einer Renovierung von 1927 wider. Hinter den großen Veranden verbirgt sich ein Sammelsurium staubiger Kuriositäten, darunter eine Königskrone, Kriegsflaggen und Waffen. Neben dem Palast steht ein einfaches Holzgebäude in atmosphärisch traditionellem Stil. Die von Unkraut bewachsene Anlage ist groß. Die Gegend vor dem Nordzaun ist nachts ein beliebter Treffpunkt von Prostituierten.

🛏 Schlafen & Essen

Hotel Lila Graha HOTEL $
(📞 0374-42740; Jl Lombok 20; Zi. mit Ventilator/Klimaanlage ab 200 000/300 000 Rp; ✳☎) Das dunkle, gefliste Hotel ist eine akzeptable Option im Zentrum, wenn man in Bima übernachten muss. Die vier Etagen beherbergen verschiedene Zimmer. Die Suiten im Erdgeschoss sind am neuesten und ansprechendsten. WLAN gibt's nur in der Lobby.

★ Marina Hotel HOTEL $$
(📞 0374-42072; www.marinabima.com; Jl Sultan Kaharuddin 4; Zi. 420 000–890 000 Rp; ✳☎) Bimas beste Unterkunft liegt sehr zentral. Die 52 Zimmer in diesem vierstöckigen Gebäude mit Aufzug sind hell und luftig und haben große Flachbild-TVs, verglaste Duschen und edle Bettwäsche. In alle Zimmer scheint viel Licht, wobei manche mehr Fenster haben als andere. Die Gemeinschaftslounge bietet einen mitreißenden Ausblick.

Pasar Malam MARKT $
(Nachtmarkt; Jl Sultan Ibrahim; ⊙ 18–23 Uhr) Auf dem Nachtmarkt auf und um den Fußballplatz gibt es günstiges Essen. Zur Wahl stehen Fisch- und Hühnchen-*sate, mie goreng* (gebratene Nudeln) und *nasi goreng* (gebratener Reis), *bakso* (Fleischbällchensuppe) und diverse frittierte Leckereien wie Bananen.

☆ Unterhaltung

Pacuan Kuda PFERDERENNEN
(Desa Panda) Pferderennen finden mindestens viermal im Jahr statt, und zwar im April oder Mai, im Juli, August und Dezember. Austragungsort ist die Rennbahn Desa Panda, 12 km westlich der Stadt an der Trans-Sumbawa-Schnellstraße. Es gibt eine große

Haupttribüne, verschiedene *warungs* und jede Menge Zuschauer, die die über die staubige Rennbahn galoppierenden Pferde und ihre Jockeys bejubeln, bei denen es sich um neun- bis 15-jährige Kinder handelt.

❶ Praktische Informationen

In Bima gibt es viele Banken und Geldautomaten, insbesondere entlang der Hauptstraße Jl Sultan Hasanuddin.

❶ An- & Weiterreise

BUS

Busse fahren vom **Terminal Dara** (Jl Sultan Kaharuddin) ab. Um vom Zentrum aus dorthin zu gelangen, folgt man der Jl Sultan Kaharuddin zehn Minuten in südliche Richtung. Zu den Fahrtzielen gehören:

Dompu 25 000 Rp, 2 Std., 7–16 Uhr (ca. stündl.)

Mataram 250 000 Rp, 11–14 Std. (2-mal tgl.)

Sape 30 000 Rp, 2 Std., 7–16 Uhr (ca. stündl.)

Sumbawa Besar 80 000 Rp, 6 Std., mehrmals täglich (meist vor 12 Uhr)

FLUGZEUG

Bimas **Sultan Muhammad Salahudin Airport** (BMU; Jl Salahudin) ist der wichtigste Flughafen für Reisen nach Pantai Lakey. In der Hochsaison (Juni–Aug.), wenn die Flüge von Labuan Bajo (Flores) nach Bali oft ausgebucht sind, kann man mit der Fähre und dem Bus in zehn Stunden von Labuan Bajo nach Bima fahren und dann nach Balo weiterfliegen (diese Verbindung ist weniger stark frequentiert). Zu den Zielen gehören:

Denpasar (Bali) Nam Air, Wings Air; 1¼ Std. (tgl.)

Mataram (Lombok) Wings Air, Nam Air, Garuda; 1 Std. (tgl.)

Makassar (Sulawesi) Wings Air; 1¼ Std. (tgl.)

Der Flughafen liegt inmitten einer Salzebene, 12 km westlich des Zentrums, auf dem Weg nach Dompu und an der Straße nach Pantai Lakey. Nach Verlassen des Flughafens kann man zur Hauptstraße laufen und in einen der vorbeikommenden Busse steigen. Zudem gibt es Taxis, die auf die Ankunftszeiten abgestimmt sind; nach Bima zahlt man 120 000 Rp, nach Pantai Lakey 800 000 Rp.

SCHIFF/FÄHRE

Pelni-Boote fahren von Bima nach Waingapu auf Sumba (3-mal monatl.), nach Ende auf Flores (4-mal monatl.), nach Kupang in Westtimor (3-mal monatl.), nach Benoa auf Bali (7-mal monatl.) und nach Sulawesi (5-mal monatl.). Buchungen nimmt das **Pelni-Büro** (☑ 0374-42046; www. pelni.co.id; Jl Kesatria 2; ⊗ Mo–Fr 8–12 & 13–15.30 Uhr) im Zentrum Bimas vor.

Sape

☑ 0374 / 53 000 EW.

Sape versprüht das Flair einer heruntergekommenen Hafenstadt. In der Luft liegt der Geruch von getrocknetem Tintenfisch, in den Außenbezirken erstrecken sich Reisfelder vor der Kulisse bewaldeter Berge und an den bunten Stelzenhäusern aus Holz im Zentrum ziehen *benhur* (Pferdewagen) und am frühen Morgen geschäftige Einheimische vorbei. Wer eine Morgenfähre nimmt, kann im **Losmen Mutiara** (☑ 0374-71337; Jl Pelabuhan Sape; Zi. 70 000–160 000 Rp; ❋ ☎) übernachten. Die anständige Unterkunft liegt direkt neben dem Hafeneingang und der Busendhaltestelle und hat 20 Zimmer auf zwei Etagen. Im **Rumah Makan Citra Minang** (Jl Pelabuhan Sape; Hauptgerichte 30 000 Rp; ⊗ 8–21 Uhr) auf der anderen Straßenseite zaubern lächelnde Küchenchefs lecker-würzige Padang-Gerichte auf den Tisch.

❶ An- & Weiterreise

BUS

Expressbusse mit Anschluss nach Lombok (250 000 Rp, 12–15 Std.) sind auf die Ankunftszeiten der Fähren abgestimmt.

Busse fahren fast stündlich nach Bima (30 000 Rp, 2 Std.), wo Regionalbusse zu anderen Zielen auf Sumbawa verkehren.

Taxifahrer behaupten manchmal, dass der Busverkehr nach Bima eingestellt wurde und man auf sie zurückgreifen muss (350 000 Rp, 1½ Std.), meist entspricht das aber nicht der Wahrheit.

SCHIFF/FÄHRE

Der Fährhafen liegt 4 km östlich von Sapes winzigem Zentrum. Wegen Betriebsstörungen und starken Wellengangs fallen Fähren regelmäßig aus, deswegen sollte man sich stets in Bima und Sape über die aktuellen Fahrpläne informieren. Zu den Fahrtzielen ab Sape gehören:

Labuan Bajo (Flores) 60 000 Rp, 6 Std., 1-mal täglich

Waikelo (Sumba) 69 000 Rp, 8 Std., 2-mal wöchentlich

KOMODO & RINCA

Zwischen Sumbawa und Flores erstrecken sich die Inseln Komodo und Rinca, die Hauptattraktionen des Komodo National Park, einem UNESCO-Weltnaturerbe. In den zerklüfteten Hügeln, überzogen von Savan-

NUSA TENGGARA

Komodo & Rinca

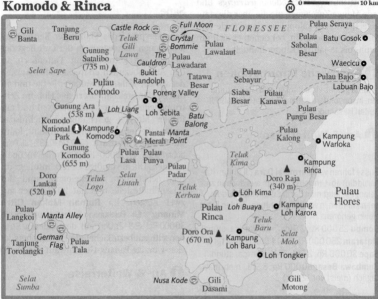

nen und gesäumt von Mangroven, leben die prähistorischen Komodowarane (*ora*), die größten Echsen der Welt.

Die Insel Padar in praktischer Lage zwischen Komodo und Rinca ist ein echtes Fotografenmekka. Wer die Stufen zum Aussichtspunkt besteigt, wird mit Blicken über drei perfekte Buchten, in denen das Meer von Aquamarin bis Saphirblau leuchtet, belohnt.

Das Meer rund um die abgeschiedenen Inseln ist so unruhig wie sonst fast nirgendwo in Indonesien. Warme und kalte Strömungen treffen aufeinander und sorgen für nährstoffreiches thermisches Klima und Brandungsrückströme, die Schwärme von Ozeanbewohnern wie Delfine, Haie, Mantarochen und Blauwale anziehen. Die Korallen sind fast unberührt und einige der besten Tauchspots der Welt locken von April bis September, wenn ideale Bedingungen herrschen, jede Menge Tauchsafariboote an.

Komodo

3267 EW.

Das spektakuläre Komodo ist die größte Insel des Komodo-Nationalparks. Ihre steilen Hänge ergrünen in der kurzen Regenzeit von Dezember bis März, im übrigen Jahr kontrastiert die von der Sonne rostbraun gefärbte Landschaft mit dem kristallklaren Wasser. Weiter östlich bieten mehrere Halbinseln unterschiedliche Perspektiven, wobei manche wegen der roten Korallen vor der Küste rosafarbenen Sand aufweisen.

An der Südküste liegen der Eingang von **Loh Liang** und das PHKA-Büro, wo Boote anlegen und geführte Wanderungen und Trekkingtouren starten. **Kampung Komodo**, ein freundliches Bugis-Fischerdorf mit Stelzenhäusern, Ziegen, Hühnern und Kindern auf den Straßen, befindet sich eine 30-minütige Bootsfahrt südlich von Loh Liang. Die Bewohner sollen Nachfahren von Strafgefangenen sein, die von Sultanen aus Sumbawa im 19. Jh. ins Exil geschickt wurden, und sind an Besucher gewöhnt. Hier kann man das Dorfleben auf sich wirken und den Blick übers Meer schweifen lassen.

🏃 Aktivitäten

Wandern & Trekken

Für die Nationalparkgebühr von 150 000 Rp hat man die Wahl zwischen drei Wanderwegen. Die **kurze Route** (1,5 km, 45 Min.) beinhaltet einen Stopp an einer künstlichen Wasserstelle, die kleine Hirscharten, Wildschweine und natürlich *ora* anlockt. Die **mittlere Route** (2 km, 1½ Std.) führt auf einen Hügel mit Panoramablick und bietet die Möglichkeit, farbenfrohe Kakadus zu erspähen. Die **lange Route** (4 km, 2 Std.) umfasst die zwei kürzeren Wege und bringt einen dann weiter von den Besucherströmen der Hochsaison weg.

Zur Wahl stehen zudem Trekkingtouren (ab 500 000 Rp für bis zu 5 Pers.). Sie sind bis zu 10 km lang und dauern vier Stunden oder länger, deshalb sollte man genug Wasser im Gepäck haben. Es gibt zwei Routen. Die eine führt auf den 538 m hohen **Gunung Ara**, von dessen Gipfel sich tolle Ausblicke bieten. Auf der anderen Route durch das **Poreng-Tal** geht's hinaus in die Wildnis. Der Weg bietet Einblicke in die Tierwelt und führt über den **Bukit Randolph**, vorbei an einer Gedenkstätte für Randolph Von Reding, der 1974 im Alter von 79 Jahren auf Komodo verschwand, und nach **Loh Sebita**. Die Tour ist anspruchsvoll, die Ausblicke sind spektakulär und man hat gute Chancen, Komodowarane, Büffel, Hirsche, Wildschweine und den einen oder anderen Vertreter der facettenreichen Vogelwelt zu erspähen. Wer den Weg nicht wieder zurücklaufen möchte, organisiert vorab ein Boot, das einen in Loh Sebita abholt.

Wassersport

Fast jeder, der nach Komodo kommt, mietet in Labuan Bajo ein Boot oder kommt im Rahmen einer Tauchsafari. Tagestouren beinhalten immer auch Schnorcheln (Ausrüstung inkl.) sowie einen Stopp an einem Inselstrand. Viele schnorcheln rund um die kleine Insel **Pulau Lasa** nahe Kampung Komodo und vor dem rosafarbenen Sandstrand von **Pantai Merah** (Red Beach; meist wird er jedoch Pink Beach genannt).

Wer auf Komodo übernachtet, kann Kajakausflüge und Delfintouren bei Sonnenaufgang unternehmen.

🛏 Schlafen & Essen

In dem Dorf Kampung Komodo bieten ein paar sehr einfache Privatunterkünfte Betten und Verpflegung. Entweder fragt man direkt vor Ort Einheimische (Zi. ca. 200 000 Rp/Nacht) oder wendet sich vorab an **Usman Ranger** (☑ 0812 3956 6140). Die Englischkenntnisse sind meist minimal, deswegen sollte man dem Ranger den Kontakt zu den Betreibern überlassen.

Alle Unterkünfte servieren einfache Mahlzeiten, dennoch sollte man sich das vom Ranger bestätigen lassen. Der Ausdruck *makan*, was auf Bahasa Indonesia „Essen" bedeutet, kann einem gute Dienste erweisen.

Komodo Guesthouse   PENSION **$$**
(☑ 0812 3956 6140; Loh Liang; Zi. ab 400 000 Rp)
Die Pension auf Komodo Island liegt nur

NUSA TENGGARA KOMODO

EIN BESUCH DES KOMODO NATIONAL PARK

Der 1817 km² große **Komodo National Park** (www.komodonationalpark.org) wurde 1980 gegründet und 1986 von der UNESCO zum Weltnaturerbe erklärt und in das Programm „Der Mensch und die Biosphäre" eingegliedert. Er erstreckt sich über Komodo, Rinca und Padar sowie diverse kleinere Inseln und umfasst ein äußerst vielfältiges Meeresökosystem.

Gebühren für Besucher summieren sich schnell:

➡ Landegebühr für Komodo und Rinca pro Pers.: 150 000 Rp (Mo–Fr), 225 000 Rp (am Wochenende und an Feiertagen)

➡ Bootgebühr: 100 000 Rp

➡ Gebühr für eine Ranger-geführte Tour: 80 000 Rp (max. 4 Pers.)

➡ Touristensteuer: 100 000 Rp

➡ Wildtierbeobachtungsgebühr: 10 000 Rp

➡ Wander- oder Trekkinggebühr: 5000 Rp

➡ Tauchgebühr pro Pers. und Tag: 25 000 Rp

➡ Schnorchelgebühr pro Pers. und Tag: 15 000 Rp

Die Gebühren ändern sich oft, wobei stets Erhöhungen zur Debatte stehen. Sie werden meist vorab von Touranbietern (inklusive Tauchschulen) abgerechnet. Ist das nicht der Fall, zahlt man sie in den Parkbüros auf Komodo und Rinca oder beim PHKA-Informationskiosk in Labuan Bajo (S. 411).

Auf Komodo und Rinca gibt es verschiedene Wanderwege, von kurz bis lang. Interessierte wenden sich bei Ankunft im entsprechenden Parkbüro an einen Ranger. Längere Wandertouren sind teurer.

KOMODOWARANE

Der Komodowaran (*ora*) ist eine gewaltige Echse, die bis zu 3 m lang und 150 kg schwer wird. Die faszinierenden Tiere muss man bei einem Besuch des Komodo National Park (S. 399) in jedem Fall gesehen haben. Bei den üblichen Tagestouren kommt man meist mitten am Tag an, wenn die Warane lethargisch herumliegen. Zu Sonnenauf- und Sonnenuntergang sind sie sehr viel aktiver, doch auch beim Ausruhen können sie so gefährlich sein, wie sie aussehen. Die Parkwächter halten sie von Touristen fern und direkte Begegnungen sind keine gute Idee. Hier ein paar Details:

➡ Warane sind Allesfresser und verspeisen auch ihre Nachkommen. Zum Schutz wohnen Jungtiere deswegen auf Bäumen.

➡ *Ora* stellen sich vor einem Angriff oft auf die Hinterbeine. Mit ihrem Schwanz können sie zielgenaue Schläge ausführen, die ihre Beute förmlich umhauen.

➡ Ihre Geheimwaffe sind nicht, wie lange angenommen, Bakterien, sondern Giftdrüsen im Kiefer. Bereits ein Biss löst eine tödliche Infektion aus. Das Gift enthält Toxine, die die Blutgerinnung verringern, und der Waran bleibt seinem Opfer auf den Fersen, bis es stirbt (meist innerhalb einer Woche).

➡ Komodowarane können bis zu 80 % ihres Körpergewichts bei einer Mahlzeit verspeisen. Danach ziehen sie sich für einen Monat zurück, um dieses Menü zu verdauen.

➡ Auf Komodo wurde beobachtet, wie *ora* Hirsche ins Meer trieben und dann an der Küste warteten, während die hilflosen Tiere versuchten, wieder an Land zu kommen. Stolperte die erschöpfte Beute schließlich an den Strand, versetzte ihm der Waran seinen tödlichen Biss.

➡ Eine gesicherte Erklärung dafür, warum die Tiere nur in diesem kleinen Teil Indonesiens vorkommen, gibt es nicht. Man nimmt an, dass ihre Vorfahren vor 4 Mio. Jahren aus Australien gekommen sind.

➡ Schätzungen zufolge leben heute bis zu 5000 Tiere in freier Wildbahn, man befürchtet jedoch, dass es sich nur bei ein paar hundert um eierlegende Weibchen handelt.

➡ 2006 legten zwei Waranweibchen, die nie Kontakt zu Artgenossen gehabt hatten, befruchtete Eier, aus denen Jungtiere schlüpften. Das äußerst seltene Phänomen, Parthenogenese genannt, tritt auf, wenn sich ein Ei, ohne von einem Spermium befruchtet worden zu sein, zu einem Embryo entwickelt.

---

fünf Gehminuten vom Bootsanleger entfernt und bietet sechs Zimmer und eine erhöhte, überdachte Veranda mit Meerblick. Die einfachen Unterkünfte haben Ventilatoren (Strom gibt's von 18–24 Uhr) und Mahlzeiten kann man mit Hilfe der Parkranger organisieren. Man sollte bei der Ankunft auf der Insel oder vorab telefonisch reservieren.

ℹ An- & Weiterreise

Der Markt für Tagesausflüge nach Komodo von Labuan Bajo aus (S. 402) ist hart umkämpft. Die vielen Touren, für die von verschiedenen Anbietern in der Stadt geworben wird, kosten ab 500 000 Rp pro Person und beinhalten ein leichtes Mittagessen, einen Strandbesuch und Schnorcheln. Die Fahrt nach Komodo dauert 3½ Stunden; Tagesausflüge starten um 5.30 Uhr, gegen 18 Uhr ist man wieder zurück. Alternativ chartert man ein Boot ab 2 000 000 Rp und bestimmt das Programm selbst – für vier- bis sechsköpfige Gruppen eine tolle Option. Man sollte sich vorab versichern, dass gewisse Sicherheitsrichtlinien eingehalten werden. Bootstouren mit Übernachtung starten gegen 7 Uhr und kosten ab 2 000 000 Rp pro Person.

Schnellboote (ab 1 500 000 Rp/Pers.) fahren in einer knappen Stunde nach Komodo und treffen vor den Besuchermassen an den Hotspots ein. Für rund 7 000 000 Rp kann man selbst eins für einen kompletten Tag chartern und z. B. auf Komodo und Rinca halten. Die vielen Tauchsafaris beinhalten fast immer einen Stopp auf Komodo, das gilt auch für die Privatboote, die zwischen Flores sowie Lombok und Bali verkehren.

Rinca

Rinca ist etwas kleiner als das benachbarte Komodo, liegt näher an Labuan Bajo und lässt sich gut im Rahmen eines Tagesausflugs erkunden. Hier wird auf wenig Raum viel geboten und für viele ist es eine schneller zugängliche Alternative zu Komodo. Auf der Insel gibt es Mangroven, lichten Wald, sonnenverwöhnte Hügel und natürlich Komodowarane. Da Rinca kleiner als Komodo ist und die Campküche von Loh Buaya eine echte Verlockung für die Echsen darstellt, sind die Chancen, *ora* zu sichten, hier besser.

🎯 Aktivitäten

Vom Bootsanleger führt ein zehnminütiger Marsch durch das Watt, das Javaneraffen und wilden Wasserbüffeln als Lebensraum dient, zum PHKA-Stationscamp bei Loh Buaya. Die Eintrittsgebühr von 80 000 Rp beinhaltet drei geführte Wanderungen. Die **kurze Route** (500 m, 1 Std.) führt zu Mangroven und ein paar *ora*-Nistplätzen, die **mittlere Route** (1,5 km, 90 Min.) hat genau die richtige Länge, beinhaltet das schattige Tiefland und einen Abstecher zu einem Hügel mit spektakulärem Ausblick über die trockene Landschaft bis zum türkisfarbenen Wasser und perlweißen Stränden, und die **lange Route** (4 km, 3 Std.) umfasst sämtliche Attraktionen der Insel.

Neben Komodowaranen lassen sich manchmal winzige Mähnenhirsche, Schlangen, Affen, Wildschweine und diverse Vögel blicken. Auf Rinca gibt es offiziell keine Futterstellen für Komodowarane, rund um die Campküche in Loh Buaya lassen sich die imposanten Tiere aber fast immer blicken.

🛏 Schlafen & Essen

Man kann in einem Extrazimmer in der wenig charmanten Rangerunterkunft übernachten (ab 300 000 Rp), das nahe gelegene Labuan Bajo ist jedoch vorzuziehen.

Im einfachen, tagsüber geöffneten Café bei der Rangerstation kann man seine Wasservorräte aufstocken, sich mit einem Snack stärken, ein kaltes Bier genießen und Hirsche beim Weiden und kritischen Beäugen von *ora* beobachten.

ℹ An- & Weiterreise

Es gibt eine große Auswahl an Tagesausflügen nach Rinca (ab 400 000 Rp). Für ca. 5 000 000 Rp kann man ein Schnellboot chartern und in unter einer Stunde von Labuan Bajo nach Rinca fahren (S. 402). Die Rückfahrt führt meist über kleine Inselstrände und Schnorchelspots.

Auf Rinca legen Boote an der geschützten Lagune bei Loh Kima an. Zu Hauptbesuchszeiten sind hier manchmal über zwei Dutzend Holzboote vertäut.

FLORES

Die Insel Flores, die ihren hübschen, aber eigentlich unpassenden Namen im 16. Jh. von den portugiesischen Kolonisten erhielt, hat sich zu Indonesiens derzeit angesagtester Attraktion entwickelt. Der 670 km lange Trans-Flores-Highway schlängelt sich quer über die Insel, vorbei an abschüssigen Bergkämmen und von Reisfeldern umgebenen Dörfern und erschließt Dutzende von Gebieten, in die sich kaum ein Fremder verirrt.

Zahlreiche Gerüche prägen die Insel: der Duft von geröstetem Kaffee in den Bergen, der Qualm von Nelkenzigaretten, der Gestank der Autoabgase und der unverkennbare Geruch des Meeres. Labuan Bajo im Westen der Insel ist eine boomende Touristenstadt, die neben ihrer eigenen tropischen Schönheit auch den leichten Zugang zu nahe gelegenen Attraktionen wie dem Komodo National Park, tollen Tauchstellen und Inseln mit weißen Sandstränden bieten hat.

Der Osten der Insel lockt mit seinen rauchenden Vulkanen, smaragdgrünen Reisterrassen, prähistorischen Rätseln, exotischen Kulturen, Thermalquellen und versteckten Stränden zahlreiche Besucher an. Außer in den Hafenstädten sind die meisten Einwohner nominell Katholiken. Aber viele gehören jahrhundertealten Kulturen an und leben in traditionellen Dörfern, in denen sich seit Urzeiten nichts geändert zu haben scheint.

ℹ Praktische Informationen

Dank ausländischer Hilfsgelder wurden viele nützliche Touristeninformationen an strategischen Orten überall auf Flores geschaffen. Zur Unterstützung der engagierten Angestellten gibt's eine hervorragende Website (www.flores tourism.com), kostenlose Stadtpläne und verschiedene lohnende Veröffentlichungen zu niedrigen Preisen, darunter eine große detaillierte Karte der Insel und Bücher zum hiesigen Aktivitäts- und Kulturangebot.

ℹ An- & Weiterreise

FLUGZEUG

Man bekommt problemlos Flüge von Flores u. a. nach Bali, Lombok und Kupang (Westtimor). Labuan Bajo ist der wichtigste Flughafen auf der Insel, aber es gibt täglich auch Flüge nach Maumere und Ende. Man kann einfach nach Labuan Bajo fliegen, die Insel erkunden und dann von Maumere wieder abfliegen. Achtung: Wegen der wachsenden Popularität von Flores sind zu Spitzenzeiten die Flüge stark gebucht.

BOOTSTOUREN ZWISCHEN LOMBOK & FLORES

Eine Schiffsreise von Lombok nach Labuan Bajo ist beliebt, um nach Flores zu gelangen. Dabei sieht man mehr von den spektakulären Küsten der Region und spart sich die anstrengende Busfahrt quer über Sumbawa. Die typischen drei- bis viertägigen Touren beinhalten Schnorcheln bei Pulau Satonda oder Pulau Moyo vor der Küste Sumbawas sowie eine Wanderung zur Beobachtung von Komodowaranen auf Komodo oder Rinca.

Das sind keine Luxuskreuzfahrten – viel hängt von dem Boot, der Mannschaft und den Mitreisenden ab. Manche Betreiber können sich unterwegs nicht an das Versprechen erinnern, dass „alles inklusive" wäre, andere fahren mit altersschwachen Schleppern ohne Schwimmwesten und Funkanlage. Überdies kann die Überfahrt bei rauer See gefährlich sein.

Die meisten Traveller genießen die Reise trotzdem, gleichgültig ob sie auf einer Matratze an Deck (vorzuziehen) oder in einer winzigen Koje übernachten. Die Kosten für eine drei- bis viertägige Reise liegen zwischen ca. 170 und 400 US$ pro Person und beinhalten alle Mahlzeiten, einfache Getränke und Schnorchelausrüstung.

Weitere beachtenswerte Gesichtspunkte:

➡ Das Boot sorgfältig auf seinen Sicherheitsstandard überprüfen (S. 876).

➡ Genau feststellen, was im Preis enthalten ist. Wenn z. B. Trinkwasser inklusive ist, wie viel steht dann zur freien Verfügung? Falls mehr erforderlich ist, kann man es an Bord kaufen oder muss es selber mitbringen?

➡ Snacks mitnehmen, denn Essen gibt es sonst vielleicht nur während der Mahlzeiten.

➡ Wer flexibel ist, kann oft Geld sparen, indem er die Reise in umgekehrter Richtung ab Flores unternimmt, weil die Strecke in der Gegenrichtung nach Lombok weniger frequentiert ist. Dazu schaut man sich bei den Reisebüros in Labuan Bajo um.

Zu den Veranstaltern gehören:

Kencana Adventure (S. 412) Bietet einfache Bootstouren zwischen Lombok und Labuan Bajo mit Übernachtung auf Deck und in Kabinen mit zwei Kojen.

Perama Tour & Travel (S. 412) Bietet auch einfache Bootstouren zwischen Lombok und Labuan Bajo mit Übernachtung auf Deck und in kleinen Kabinen für zwei Personen.

SCHIFF/FÄHRE

Es gibt täglich Fähren zwischen Labuan Bajo und Sape (Sumbawa) sowie wöchentlich Fährverbindungen nach Bira (Sulawesi) und Pulau Jampea (Sulawesi). Von Larantuka (Flores) fahren drei Fähren pro Woche nach Kupang (Westtimor). Von Ende setzen wöchentlich Boote über nach Waingapu (Sumba) und Kupang (Westtimor).

ⓘ Unterwegs vor Ort

Der Trans-Flores-Highway ist das Rückgrat der Insel. Er schlängelt sich durch die schöne Landschaft, vorbei an fotogenen Vulkanen. Es wäre jedoch ein Fehler, die geschätzten Fahrtzeiten bei Google Maps für bare Münze zu nehmen.

Dank der verbesserten Straßenzustände mieten sich immer mehr Besucher in Labuan Bajo ein Motorrad und fahren Richtung Osten (Kosten ab 75 000 Rp/Tag plus Benzin). Das ist aber nichts für Angsthasen, denn die Fahrt kann recht abenteuerlich und anstrengend werden.

Regelmäßig verkehren Busse zwischen Labuan Bajo und Maumere. Sie sind preiswert aber voll. Viel bequemer und nur unwesentlich teurer sind öffentliche Minibusse (oft Toyota Kijangs), die zwischen den größeren Ortschaften pendeln und klimatisierten Komfort bieten.

Viele Traveller mieten ein Auto mit Fahrer (ab 800 000 Rp/Tag, wenn der Fahrer Englisch spricht und als Guide fungiert bis 1 200 000 Rp/Tag; ist man zu sechst unterwegs, ist der Preis angemessen). Viele Fahrer arbeiten auch als Reiseführer und arrangieren detaillierte Touren zu Zielen auf der ganzen Insel. Die eigene Unterkunft wird einem jemand Verlässlichen empfehlen können. Aber auch wenn man sich einfach umhört, wird einem schnell jemand empfohlen.

Andy Rona (S. 405) in Labuan Bajo ist ein exzellenter Fahrer und Führer und hat viele verlässliche Kollegen.

Labuan Bajo

📞 0385 / 3000 EW.

Dieses staubige, bezaubernde Hafenstädtchen wird ständig aufgebessert, um noch mehr Touristen zu bewältigen. Von hier aus kann man Ausflüge unternehmen, um die

Riesenwarane im Komodo National Park zu sehen und erstklassige Tauchspots kennenzulernen. Wer länger bleibt, wird sich vermutlich sogar in „Bajo" verlieben, wie die vielen hier ansässigen Ausländer beweisen.

Alles, was man braucht, findet man an der Einbahnstraße Jl Soekarno Hatta, die vollgestopft ist mit Restaurants westlicher Küche, örtlichen *rumah makans* und unzähligen Unterkünften, Reisebüros und Tauchshops. Am Wasser ist jeden Tag Trubel angesagt, und Verbindungen zu anderen Teilen Indonesiens findet man hier mühelos.

Wie der nagelneue Jachthafen und das 2018 eröffnete Fünf-Sterne-Resort AYANA sowie die bis 2021 geplanten weiteren Luxusunterkünfte beweisen, ist Labuan Bajo, der Verwaltungssitz des Regierungsbezirks Westmanggarai (Manggarai Barat), kein verschlafenes Fischernest mehr – wie ein Einheimischer mal über eine beliebte Bar sagte (S. 411): „Es wird voll im Paradies."

Aktivitäten

Labuan Bajos unberührte Küste ist überwiegend von Hotelanlagen besetzt. Wer also schnorcheln oder an Palmenstränden herumlümmeln will, muss oft auf Tagesausflüge zu nahe gelegenen Inseln ausweichen. Vom **Pantai Waecicu** in Bajo kann man hervorragend rund um die winzige Insel **Kukusan Kecil** schnorcheln. **Pulau Bidadari** (Engelsinsel) ist von kristallklarem Wasser voller Fische und Babyhaie umgeben. **Pulau Seraya** und **Pulau Kanawa** haben postkartenperfekte Strände und Resorts, die von ihnen profitieren. Und auf **Pulau Kalong** leben Tausende nachtaktive Flughunde. Traveller, die mehr Zeit zur Verfügung haben, mieten sich gern ein Safariboot und schippern damit von Labuan Bajo aus von Insel zu Insel.

Tauchen & Schnorcheln

Im Umkreis von nur 1½ Stunden von Bajo, also schon vor dem Komodo National Park, gibt es tolle Korallenbänke und hervorragende Stellen zum Sedimenttauchen. Im Nationalpark selbst erwartet einen aber eines der weltweit artenreichsten Meeresgebiete mit Riffen voller Leben, Mangroven, Sandbänken, Unterwasserhängen und Tiefseehabitaten samt Tausender Arten tropischer Fische, Schildkröten, Meeressäuger, Schalentiere und anderer Meerestiere.

Zu den hervorragenden Stätten gehören **Batu Bolong**, eine winzige, von Korallenbänken gesäumte Insel, wo man vielleicht Napoleon-Lippfische und Weißspitzen-Riffhaie sieht, **Sebayur Kecil**, eine fast strömungsfreie Stelle, wo sich oft Papageifische, Echte Tintenfische und Blaupunktrochen rumtreiben, **Karang Makassar** (Manta Point), wo man in der Regenzeit (Dez.–März) garantiert Mantarochen zu Gesicht bekommt, das wegen seiner Bewohner Schildkrötenstadt genannte **Siaba Besar** sowie **Crystal Rock**, wo erfahrene Taucher an dem mit Weichkorallen übersäten Seeberg die Gesellschaft von Haien und größeren Fischen genießen.

Aufgrund einer Vereinbarung zwischen den Mitgliedern der Dive Operators Community of Komodo (DOCK) sind die Preise der Tauchveranstalter ähnlich: Üblich sind 1 650 000 Rp für drei Tauchgänge bei einem Tagestrip bzw. 5 500 000 Rp für die dreitägige Absolvierung des Open-Water-Tauchscheins. Viele Läden bieten auch Kurse zur Ausbildung zum Divemaster und Sonderkurse an.

Tauchveranstalter finden sich an der Jl Soekarno Hatta. Am besten vergleicht man, aber es ist nicht immer möglich, Ausrüstung und Boote zu inspizieren, bevor man eine Entscheidung trifft. Möglichst viel fragen und sich zumindest Fotos zeigen lassen! Die Angestellten sollten gute Antworten geben können, und man sollte ein gutes Bauchgefühl haben. Am besten bringt man aber selber alles mit, was man für nötig erachtet.

Angeboten werden auch Schnorcheltrips (rund 700 000 Rp für 3 Stätten inkl. Besuch bei den Komodowaranen). Das Hotel kann Schnorchelausrüstung verleihen oder zumindest jemanden empfehlen, der das tut. Taucherbrillen und Schnorchel erhält man bei den hiesigen Läden (ca. 60 000 Rp/Tag). Im Juli und August ist Spitzensaison, aber im März, April und September sinken die Besucherzahlen, sodass das Tauchen hier einfach magisch ist.

Flores Diving Centre · TAUCHEN
(☎ 0822 4791 8573, 0812 3880 1183; www.floresdivingcentre.com; Jl Soekarno Hatta; Tagestrip/Ökotauchen ab 1 650 000/750 000 Rp; ⏰ 8.30–19.30 Uhr) 🤿 Bietet alle üblichen Tagestauchtrips, Kurse und Tauchsafaris (auf einem eindrucksvollen Stahlboot) und darüber hinaus auch Ökotauchen, eine nicht gewinnorientierte Initiative, bei der die Leute zuerst an einer Tauch-Säuberungsaktion teilnehmen und dann zum Spaß zwei Tauchgänge außerhalb des Nationalparks machen dürfen.

Divine Diving · TAUCHEN
(☎ 0813 5305 2200; www.divinediving.com; Jl Soekarno Hatta; Tagestrip ab 1 350 000 Rp;

Flores

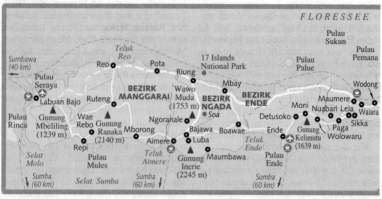

FLORESSEE

⊙6.30–20 Uhr) 🖉 Divine Diving ist ein stolzer Unterstützer zahlreicher gemeinnütziger Umwelt- und Tierschutzorganisationen und bietet Tagestouren mit zwei bzw. drei Tauchgängen, PADI-Tauchkurse und Tauchsafari-Abenteuer mit nicht mehr als acht Leuten.

Manta Rhei
TAUCHEN

(☑0812 9025 0791, 0821 4440 1355; www.manta rhei.com; Jl Soekamo Hatta 16; Tagestrip ab 1650000 Rp; ⊙Mo–Sa 9–19.30, So 14–19.30 Uhr) Dies ist das einzige Tauchcenter, das einem belgische Waffeln nach einem Tag im Wasser verspricht. Es hat sich auf thematische Tagestouren (Crazy Shark Day, Manic Manta Day usw.) und PADI-Tauchkurse spezialisiert. Im Angebot stehen auch Tauchen mit Nitrox und Tauchsafaris (ab 4500000 Rp/ Pers. & Nacht) auf einem *pinisi* (Sulawesi-Schoner) samt Whirlpool.

Uber Scuba
TAUCHEN

(☑0813 3961 9724; www.uberscubakomodo.com; Jl Soekarno Hatta; 3 Vergnügungstauchgänge 1650000 Rp; ⊙8.30–20 Uhr) Dieser Tauchladen ist einer der besten, die auf der Welle der ständig wachsenden Besucherzahlen reiten. Neben dem umfangreichen Angebot an Vergnügungstauchgängen und Kursen gibt es auch Tauchsafaris (3 Nächte, 10 Tauchgänge für 815 US$). Das Tauchsafariboot, die Boote für die Tagestouren und ein Schnellboot, das die Tagestourboote als zusätzliche Sicherheitsmaßnahme begleitet, sind Eigentum des Unternehmens.

Blue Marlin
TAUCHEN

(☑0385-41789; www.bluemarlindivekomodo.com; Jl Soekarno Hatta; Tagestour ab 1400000 Rp; ⊙8– 20 Uhr) Die meisten Tauchschulen in Bajo lehren die Basics im Meer, doch das Blue Marlin geht mit dem einzigen eigens gebauten Tauchbecken der Stadt einen Schritt weiter. Zur Wahl stehen Tagestouren mit einem 15 m langen speziell angefertigten Glasfaserboot oder mit dem Schnellboot *Toby*, mit dem man die Tauchspots noch vor Ankunft der Massen erreicht.

Auf dem Gelände gibt's auch ein Restaurant und eine Bar (Hauptgerichte 36000– 60000 Rp) sowie Unterkünfte (B ab 150000 Rp, DZ ab 950000 Rp).

Wicked Diving
TAUCHEN

(☑0812 3964 1143; www.wickeddiving.com; Jl Soekarno Hatta; Trip 3/6 Nächte ab 685/1125 US$; ⊙9–19 Uhr) 🖉 Wicked bietet beliebte mehrtägige Tauchsafaris, bei denen es an Bord eines *pinisi* (Sulawesi-Schoners) zu den besten Tauchspots geht. Es arbeitet auch als Agentur, die Tagestouren von örtlichen Anbietern vermittelt. Wicked gewinnt Pluspunkte, weil es örtliche Führer und Taucher beschäftigt, hohen Wert auf Umweltschutz legt und etwas für die Gemeinde tut.

Komodo Dive Center
TAUCHEN

(☑0811 3897 007, 0812 3630 3644; www.komododivecenter.com; Jl Soekarno Hatta; Tagestour ab 1350000 Rp, Tauchsafari 4 Tage ab 750 €; ⊙7–19 Uhr) Bietet die ganze Palette an Tagestouren, mehrtägige Touren und PADI-Tauchkurse an. Unterstützt die Verwendung von Nitrox und hat einen umfangreichen Ausrüstungsverleih. Auf den Sitzsäcken auf der Holzveranda kann man prima relaxen.

Current Junkies
TAUCHEN

(www.currentjunkies.com; Tauchsafari 5 Tage, 5 Nächte ab 995 US$) Die Tauchsafaris sind ge-

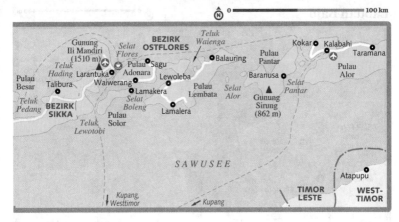

nau das Richtige für Abenteurer. Das Current Junkies schreckt auch nicht vor Labuan Bajos berüchtigten Strömungen zurück, sondern taucht geradewegs in sie hinein, um Pelagische Stechrochen zu sehen. Bei den fünf Tage und fünf Nächte dauernden Touren finden 14 Tauchgänge mit maximal vier erfahrenen Tauchern (5, wenn man chartert) statt. Nur Onlinebuchung.

Massage & Spa

★Yayasan Ayo Mandiri   SPA
(☑ 0385-41318; www.yam-flores.com; Jl Puncak Waringin; Massage 60/90 Min. 150 000/180 000 Rp; ⊙ Mo-Sa 9–12.30 & 15–20 Uhr) Die gemeinnützige Stiftung bildet Einheimische mit Seh- oder anderen körperlichen Behinderungen in Massagetherapie aus und verschafft damit ansonsten ausgegrenzten Menschen Arbeitsmöglichkeiten. Die Qualität der Anwendungen kann sich mit anderen Spas in der Stadt durchaus messen. Angeboten werden u. a. Akupressur, Auflegen heißer Steine, Reflexzonenmassage, Maniküre, Pediküre und Gesichtskuren. Zu erkennen an dem roten Schild mit der Aufschrift „Massage".

☞ Geführte Touren

Neben den ausgewiesenen Tourveranstaltern in Labuan Bajo gibt es auch Fahrer, die Touren planen und leiten. Die Preise liegen zwischen 800 000 und 1 200 000 Rp pro Tag – je nach Qualifikation und Englischkenntnissen des Guide.

Andy Rona   TOUREN
(☑ 0813 3798 0855; andyrona7@gmail.com) Hervorragender Reiseführer und Fahrer mit einem Faible für Reggae und vielen verlässlichen Kollegen, sodass er problemlos jemanden empfehlen kann, falls er bereits gebucht ist. Einfach per WhatsApp oder E-Mail kontaktieren.

Wicked Adventures   ABENTEUERTOUREN
(☑ 0812 3607 9641; www.wickedadventures.com; Jl Soekarno Hatta; Kajaktrip 1 Tag ab 100 US$; ⊙ 9–19 Uhr) 🌿 Ein Ableger des empfehlenswerten Wicked Diving (S. 404) mit Sitz direkt darunter. Die Leute veranstalten Kajaktrips mit örtlichen Guides im Komodo National Park. Weitere Abenteuer sind Wanderungen nach Wae Rebo und Trips zu dem von Wicked betriebenen Camp zum Schutz von Meeresschildkröten. Nach der Gemeinde- und Umweltinitiative Wicked Good fragen!

🛏 Schlafen

Es scheint, als ob in Labuan Bajo jede Woche eine neue Bleibe aufmacht. Dennoch kann die Zahl der Touristen im Juli und August die der Betten übertreffen – also früh buchen! Die Unterkünfte konzentrieren sich um das Zentrum. Man braucht sich nicht mit versifften Hostels begnügen, wenn man zum gleichen Preis auch in nagelneuen wohnen kann. Schicke Hotels finden sich meist abseits der Hauptstraße, doch wer es sich leisten kann, findet in den nahegelegenen Inselresorts ein echtes privates Paradies.

🛏 Zentrum

★Ciao Hostel   HOSTEL $
(☑ 0852 2038 3641; www.ciaohostel.net; Jl Golo Silatey, abseits der Jl Ande Bole; B 160 000–230 000 Rp; ❄🅰️) Das beste Hostel von La-

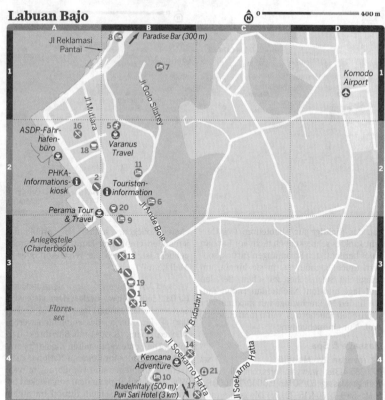

Labuan Bajo

buan Bajo hat geräumige, aufs Meer blickende Schlafsäle mit vier bis zwölf Betten – letztere stehen im beliebten Open-Air-Schlafsaal mit Panoramablick und Moskitonetzen. Hier gibt's viel Erfreuliches: den kostenlosen Shuttle in die Stadt und zum Flughafen, die Bar auf dem Dach, das Pida Loca Reso (Hauptgerichte 47000–85000 Rp), die per Abstimmung ausgewählten Filme für die gemeinsamen Filmabende und die freundlichsten Angestellten auf Flores. Wenn doch nur auch das Frühstück im Preis inbegriffen wäre...

One Tree Hill HOSTEL $
(☏ 0812 4644 6414; onetreehill360@gmail.com; Jl Verhoeven, Pantai Klumpang, Desa Batu Cermin; B mit Ventilator/Klimaanlage ab 125000/155000 Rp; ❄ 🛜) Das mit 56 Betten bestückte Hostel von Tree Top (S. 410) sollte wirklich endlich den Transfer in die Stadt stellen – aber wer einen fahrbaren Untersatz hat, muss hier unbedingt mal reinschauen. Es gibt hier nicht nur farbenfrohe Holzzimmer mit tol-

lem Blick auf den Sonnenauf- und -untergang, sondern auch die mit Sitzsäcken bestückte **Tre360 Bar** (werktags 16–20 Uhr, Wochenende bis 22 Uhr) unter freiem Himmel. Das Frühstück ist nicht inbegriffen, aber es gibt eine Gemeinschaftsküche. WLAN ist auf den Barbereich beschränkt.

The Palm HOSTEL $
(☏ 0812 9655 2231; www.facebook.com/thepalm komodo; Jl Puncak Waringin; B 200000 Rp; ❄ 🛜) Das mit flotten Sprüchen (im Stil von „Karma kommt immer zurück") gepflasterte und für seinen Pool und seine netten Angestellten viel gelobte Hostel mit fünf Zimmern und 29 Schlafsaalbetten schafft die Balance zwischen Backpacker-Spaß und Erholung. Es gibt einen Schlafsaal nur für Frauen, Steckdosen und Leselampen an jedem Bett, Klimaanlage, Poolpartys und ein Restaurant (Hauptgerichte 50000–150000 Rp, 9.30–22 Uhr). Die Tagestouren mit dem Schnellboot haben wettbewerbsfähige Preise.

Labuan Bajo

Green Hill Bed Station HOSTEL $
(☑ 0813 7429 3693; https://green-hill-bed-station.
business.site; Jl Soekarno Hatta; B 175 000 Rp;
❄️🛜) Das zentral gelegene, mit 30 Betten
bestückte Hostel des **Green Hill Boutique
Hotel** (☑ 0813 3826 2247, 0385-41289; www.
greenhillboutiquehotel.com; Jl Soekarno Hatta;
2BZ/DZ 525 000 Rp; ❄️🛜) ist perfekt für Traveller, die das Ambiente eines Hostels schätzen, aber auf rüpelhafte Gäste lieber verzichten. Die makellosen Schlafsaalbetten bieten
eigene Vorhänge, Steckdosen, Leselampen
und große Schließfächer, und die Gemein-
schaftsbadezimmer mit Warmwasser könnten glatt aus einer Designzeitschrift kommen. Kostenloser Transfer zum Flughafen.

Le Pirate Boatel HAUSBOOT $$
(☑ 0822 3724 4539; www.lepirate.com/boatel;
Waecicu Bay; Zi. 700 000 Rp; 🛜) Wer sich nicht
zwischen einer Bleibe in der Stadt oder ei-
nem Safariboot entscheiden kann, kann im
charmanten Boatel von Le Pirate (S. 411),
das zehn Minuten mit dem kostenlosen
Shuttleboot von Bajo entfernt dauerhaft vor
Anker liegt, zwischen zehn Zimmern wäh-
len. Jede Kajüte bietet eine Terrasse mit
Hängematte und ein über das Wasser ge-
spanntes Netz als Sonnenbade. Die Bade-
zimmer teilt man sich, das Frühstück ist in-
begriffen, und es gibt ein Restaurant an
Bord. Vorteile sind auch die Happy Hour,
und man kann gratis schnorcheln.

Escape Bajo PENSION $$
(☑ 0822 3532 6699, 0385-2440011; www.face
book.com/escapebajo.brewbitebed; Jl Binongko; B/

DZ 175 000/585 000 Rp; ❄️🛜) Die schicke, mi-
nimalistische Bleibe hält, was sie mit ihrem
Slogan „Brew, Bite, Bed" verspricht: ein tren-
diges Café (6–22 Uhr), eine kleine Auswahl
indonesischer und westlicher Gerichte
(40 000–68 000 Rp) und sechs luxuriöse
Schlafsaalbetten mit eigenen Steckdosen sowie sechs Zimmer mit Meerblick, von denen
zwei für Langzeitgäste reserviert sind.

Jeden Montag findet bei Sonnenaufgang
auf dem Dach Yoga statt (100 000 Rp).

La Boheme Bajo HOSTEL $$
(☑ 0385-244 0442, WhatsApp 0813 3828 9524;
www.backpacking-indonesia.com; Gang Perikanan
Lama; B/DZ 250 000/400 000 Rp; ❄️🛜) Eine
entspannte Strandstimmung prägt dieses
mit rund 90 Betten bestückte Hostel, in dem
es rund um die Uhr kostenlos Bananen-
Pfannkuchen gibt. Außerdem gibt's hier ein
Restaurant (11–23 Uhr, Hauptgerichte
35 000–70 000 Rp), einen Kinosaal, einen
Billardtisch, eine Gästeküche und ein star-
kes WLAN-Signal. Ein Boot fährt zweimal
am Tag nach Pulau Micolo (30 000 Rp).

Das Hostel liegt etwa 1 km vom Zentrum
entfernt an der rechten Seite einer schlecht
ausgeschilderten Seitenstraße Richtung Sü-
den gleich hinter einer kleinen Brücke, be-
vor sich die Straße zum MadeInItaly (S. 410)
gabelt.

Palulu Garden Homestay HOMESTAY $$
(☑ 0822 3658 4279; www.palulugarden.wordpress.
com; Jl Ande Bole; B 85 000 Rp, Zi. mit Ventilator/
Klimaanlage 250 000/350 000 Rp; ❄️) Der örtliche Guide Kornelis Gega vermietet seit lan-

gem in seinem Familienhaus oberhalb des Zentrums vier Zimmer. Der schlichte, klapprige Schlafsaal hat sechs Betten (das größte können sich 2 Pers. für insgesamt 120 000 Rp teilen), und es gibt noch drei saubere private Zimmer. Kornelis hilft gern bei der Reiseplanung, der Organisation von Transportmitteln und dem Anmieten eines Motorrads (75 000 Rp/Tag). Für den Schmusefaktor sorgt Kater Charlie Chaplin.

★ Scuba Junkie Komodo Beach Resort
TAUCHRESORT **$$$**
(☎0822 3724 8059, 0812 3651 7973; www.scuba junkiekomodo.com; Warloka Flores; 3 Nächte All inclusive Strandhütte/DZ ab 4 740 000/6 250 000 Rp)
🥢 Das tolle Tauchresort liegt Welten entfernt vom städtischen Trubel an einer einsamen Bucht, per Boot etwa eine Stunde südlich von Bajo. In der Nähe liegen die Insel Rinca und viele Tauchstellen, die man im Rahmen der im Übernachtungspreis inbegriffenen Tauchgänge erkunden kann. Man wohnt in luftigen Strandhütten oder in Zimmern mit Meerblick und relaxt auf dem schönen Anlegesteg.

★ Villa Domanik
BUNGALOWS **$$$**
(☎0852 3814 7795; www.villadomanik.com; Jl Belakang Pertamina, Pasar Baru, Desa Gorontalo; Bungalow/Villa mit 2 Schlafzi. ab 1 100 000/2 300 000 Rp; P❄✳🛜🏊) Die Villa Domanik ist eine Wonne! Sie liegt auf einem Hügel außerhalb von Bajo, hat einen getrimmten Garten und vom Pool einen tollen Blick auf die Floressee. Die drei Bungalows haben Holzelemente und Außenbäder. Eine zweite, in sich abgeschlossene Villa mit zwei Schlafzimmern wird gerade gebaut. Das Essen ist ein Highlight, gleiches gilt auch für den Sonnenuntergang. In der Hauptsaison gilt ein Mindestaufenthalt von zwei Nächten.

Bayview Gardens Hotel
GASTHOF **$$$**
(☎0385-41549; www.bayview-gardens.com; Jl Ande Bole; Zi. ab 850 000 Rp; ❄🛜🏊) Jedes dieser 16 in den Hang gebauten Zimmer – aber immer noch in der Nähe der Stadt – hat einen tollen Blick auf den Hafen, den man am besten beim Frühstück auf dem Balkon genießt. Die Harbor Master Suites haben Liegen und Außenduschen, während die Seaview Suits von einem Bootsbauer aus Holz gezimmert wurden. WLAN gibt's nur im Restaurant und am postkartenperfekten Pool. Die Preise schnellen in der Hauptsaison in die Höhe.

Puri Sari Hotel
BOUTIQUEHOTEL **$$$**
(☎0385-244 3710; www.purisaribeachhotel.net; Jl Pantai Pede; Zi./Villa ab 950 000/3 000 000 Rp; ❄🛜🏊) Das zweistöckige Hotel im Stil einer Ranch gehört einem indonesisch-japanischen Pärchen. Es gibt hier einen schattigen Garten, einen Pool am Strand, eine freundliche Leitung und ein lohnendes Frühstücksbüfett. Die 21 Zimmer haben Doppelbetten aus Holz und breite eigene Terrassen. Kos-

---

KLETTERN, CANYONING & HÖHLENWANDERN

Nach der Schiffsreise kann man sich östlich von Labuan Bajo die Beine vertreten und das Land erkunden. Die örtlichen Tourveranstalter an der Jl Soekarno Hatta organisieren Standard- und maßgeschneiderte Touren.

Beliebt ist das Klettern an den von Regenwald bedeckten Hängen des **Gunung Mbeliling** (1239 m). Der Trip startet am Dorf Roe, 27 km östlich von Labuan Bajo, dauert meist zwei Tage und beinhaltet sechs- bis achtstündige Wanderungen durch einen Teil des 150 km² großen Gebiets, den Sonnenaufgang auf dem Gipfel und einen Halt bei **Air Terjun Cunca Rami**, ein paar Süßwasserseen mit Badestellen. Ein Führer ist zu empfehlen.

Wer Canyoning mag, wird die **Cunca Wulang Cascades** 30 km südöstlich von Labuan Bajo genießen. Die Einheimischen bringen einen vom Dorf Wersawe durch Reisfelder, Lichtnuss- und Kaffeeplantagen zu einer Schlucht mit Wasserrutschen in den Felsen, Schwimmstellen und Wasserfällen. Die Ausflüge dauern in der Regel einen halben Tag.

In Labuan Bajo gibt's auch zwei Höhlen, die die Erkundung lohnen. Man braucht nur eine Stunde zum Besuch der **Gua Batu Cermin** (Spiegelsteinhöhle; Eintritt 20 000 Rp/Pers., Führer optional, aber verzichtbar 50 000 Rp), die sich ca. 7 km außerhalb des Zentrums befindet. Hier zwängt man sich mit einem Schutzhelm durch enge Spalten und bewundert eine versteinerte Schildkröte und Korallengärten. Man braucht eine Taschenlampe. Beliebter ist die **Gua Rangko** (Eintritt 20 000 Rp), eine für ihr von der Sonne beleuchtetes türkisblaues Wasser (nachmittags herrschen die besten Lichtverhältnisse) und für ihre Stalagmiten und Stalaktiten berühmte Höhle. Man fährt von Labuan Bajo zum Dorf Rangko und sollte dort für ein Boot zur Höhle nicht mehr als 250 000 Rp bezahlen.

tenlose Shuttle fahren vom und zum Flughafen und ein weiteres alle zwei Stunden in die Stadt. In der Hauptsaison steigen die Preise.

🛏 Insel-Hotels

Auch wenn sie in der Nähe von Labuan Bajo liegen, fühlen sich die Hotels und Resorts auf den umliegenden Inseln an, als wären sie Welten entfernt. Alle bieten in irgendeiner Form den Bootstransfer von bzw. zur Stadt. Man kann also in knapp einer Stunde in sein eigenes tropisches Paradies entfliehen.

Flores XPirates Dive Camp   HÜTTEN **$$**
(☑ 0811 3985 344; http://xpiratesdivecamp.com; Pulau Sebayur; B/DZ/Bungalow All inclusive 400 000/450 000/600 000 Rp pro Pers.; 🕿) 🌿 2018 eröffnete **Flores XP Adventure** sein mit Sonnenenergie betriebenes Insel-Tauchcamp mit neuen Hütten, luftigen Bungalows und einem Sechsbettschlafsaal. Es gibt auch ein Restaurant mit WLAN, ein Tauchcenter und tolle Schnorchelstellen nahe dem 180 m langen Steg und am Riff, wo ein Korallenzuchtprogramm gestartet wurde. Im Preis inbegriffen sind die Büfett-Mahlzeiten und der Bootstransfer. Es gibt auch Pauschalaufenthalte mit Tauchen und Vollpension (ab 3 700 000 Rp/Pers.). Wer will, begnügt sich mit einem Tagesausflug zur Insel (250 000 Rp/Pers. inkl. Mittagessen).

⭐ Angel Island Resort   TAUCHRESORT **$$$**
(☑ 0385-41443, WhatsApp 0812 3660 8475; www.angelisleflores.com; Pulau Bidadari; Standard-/Deluxe-Cottage 4 784 000/5 152 000 Rp; 🌂🕿) 🌿 Dieses Resort auf seiner eigenen, 15 ha großen Insel ist durch sein eigenes Shuttleboot mit Labuan Bajo verbunden und bietet Cottages inmitten eines herrlichen Gartens hinter einem der drei weißen Sandstrände. Alle Mahlzeiten sind inbegriffen, und das Essen und der Service sind zwanglos und erstklassig. Man kann hier im geschützten Riff schnorcheln, Vögel beobachten und ohne Zusatzkosten Kajak fahren. Mindestaufenthalt drei Nächte.

Komodo Resort Diving Club   RESORT **$$$**
(☑ 0385-42094, Insel-Tel. 0813 3761 6625, Büro 8–17 Uhr 0812 3810 3244; www.komodoresort.com; Pulau Sebayur; DZ/3BZ/FZ mit Mahlzeiten 2 820 000/ 9 548 000/10 936 800 Rp; 🌂🕿) Mit seinen 18 Bungalows im Stil eines *lumbung* (Reisscheune) und vier Familienzimmern an einem weißen Sandstrand ist dies ein traumhaftes Inselresort. Die Bungalows sind aus Holzböden, riesigen Betten, edler Bettwäsche,

rund um die Uhr verfügbarem Strom, Marmor-Badezimmern mit Warmwasser u. v. m. ausgestattet. Im Preis enthalten sind drei hervorragende Mahlzeiten, doch Tauchen kostet extra. Es gibt hier auch ein Spa und eine Strandbar. Mindestaufenthalt drei Nächte.

Sudamala Resort Seraya   RESORT **$$$**
(☑ 0361 288555, 0821 4647 1362; www.sudamalaresorts.com/seraya; Pulau Seraya; DZ ab 325– 450 US$/Pers.; 🌂🕿🌂) Auf Pulau Seraya kann man herrlich allem entfliehen. Man wohnt hier in tadellosen weiß getünchten Holz-Bungalows mit Strohdach an einem weißen Sandstrand, vor dem man prima schnorcheln kann. Es gibt auch ein Spa, ein Restaurant und einen schroffen Hügel, von dessen Gipfel sich spektakuläre Sonnenuntergänge beobachten lassen. Das Resort ist mit dem Boot nur 20 Minuten von Bajo entfernt. Mindestaufenthalt drei Nächte.

Abgeholt wird man am Bamboo Cafe (S. 410) an der Hauptstraße in Bajo.

🍴 Essen

Bajos steigende Popularität hat zu einem Zustrom an westlichen Restaurants geführt, von sehr guten Italienern bis hin zu Instagramwürdigen Smoothie-Schuppen am Strand. Meeresfrüchte gibt's auf dem Pasar Malam, und in den Padang-Restaurants am Südende der Jl Soekarno Hatta kann man sich unter die Einheimischen mischen. Weiter südlich zweigt die Straße nach links in den Trans-Flores-Highway ab, wo Straßenverkäufer *pisang goreng* (gebratene Bananen) und Pfannkuchen-artige *terang bulan* anbieten.

⭐ Pasar Malam   INDONESISCH **$**
(Nachtmarkt; hinter der Jl Soekarno Hatta; Hauptgerichte 25 000–80 000 Rp; ⊘ 18–24 Uhr) Das ist der stimmungsvollste Ort in der Stadt, um abends zu essen. Vor den Buden mit handgeschriebenen Schildern stehen Tische voller Meeresfrüchte, andere haben sich auf erschwinglichere Gerichte wie *nasi goreng*, *mei goreng* oder *bakso* (Nudelsuppe mit Fleischbällchen) spezialisiert. Am besten sieht man sich erst um, bevor man sich für einen Fisch entscheidet, und bringt sein Bintang selber mit. Zum Zeitpunkt der Recherche war der Markt gerade von seinem vorläufigen Standort an einem staubigen Fußballfeld wieder zurück ans Ufer verlegt.

Blue Corner   INDONESISCH **$**
(☑ 0813 3762 0744; Jl Soekarno Hatta; Hauptgerichte 25 000–55 000 Rp; ⊘ 10–21 Uhr) Wer

ortstypische Gerichte essen will, sollte diesem familienbetriebenen *warung* mit rosa und blauen Wänden einen Besuch abstatten. Es gibt keine Speisekarte auf Englisch, doch die Bilder auf den Plakaten sind hilfreich. Die Säfte kosten hier nur halb so viel wie auf dem Pasar Malam (S. 409), und die *sop buntut* (Ochsenschwanzsuppe) ist die Spezialität des Hauses – zu empfehlen ist die Version mit gebratenem Fleisch.

Rumah Makan Garuda   INDONESISCH $
(Garuda; ☑0853 3864 2021; Jl Soekarno Hatta; Hauptgerichte 30 000–55 000 Rp; ⊗7–22 Uhr) Es gibt viele Padang-Restaurants am südlichen Ende der Jl Soekarno Hatta, doch das Garuda ist unser Favorit. Einfach an der Auslage auf das Gewünschte zeigen und bestellen: Rindfleisch-*rendang*, Jackfrucht-Curry, Brathähnchen oder Fisch, *tempeh*, Eier oder – falls man darauf steht – Innereien. Zum Nachwürzen stehen Gläser mit Knoblauchsambal auf den Tischen.

⭐**Happy Banana**   JAPANISCH $$
(☑0385-41467; happybananalb@gmail.com; Jl Soekarno Hatta; Frühstück 46 000–120 000 Rp, Hauptgerichte 84 000–105 000 Rp; ⊗7–23 Uhr; ❄🛜🍴) In dem einladenden, gesunden Restaurant findet jeder etwas, sogar Veganer. Die Angestellten sind geübte Sushi-Künstler, und alles von den Udon-Nudeln bis zum Gyōza ist selbstgemacht. Hier ist alles den ganzen Tag über erhältlich: Man kann also den Tag mit Chia-Samen und pochierten Eiern beginnen und mit fluffigen Gnocchi und Tempura beenden. Platz lassen für die vegane Mousse au Chocolat!

⭐**MadeInItaly**   ITALIENISCH $$
(☑0385-244 0222; www.miirestaurants.com; Jl Pantai Pede; Hauptgerichte 84 000–169 000 Rp; ⊗11–23 Uhr; ❄🛜) Bajos bester Italiener ist bekannt für seine Pizzas mit dünnem, knusprigem Boden und frische Pasta. Man sitzt in einem schicken, halboffenen Speiseraum oder in dem klimatisierten, mit Flusskieseln an den Wänden bestückten Kellerraum. Die Zutaten werden aus Italien importiert oder in restauranteigenen Bio-Farmen angebaut. Außerdem gibt's auf dem Gelände einen Weinladen und demnächst auch einen Obst- und Gemüseladen. Ein echtes Schlemmererlebnis ist die Insel-Bootstour „Culinary Journey".

Bajo Taco   TEX-MEX $$
(☑0821 4782 4697; Jl Soekarno Hatta; Hauptgerichte 45 000–100 000 Rp; ⊗Di–So 9–23 Uhr; ❄🛜🍴) Das einzige Tex-Mex-Restaurant der Stadt teilt sich eine Dachterrasse samt herrlichem Meerblick mit der **Bajo Bakery** (☑0812 3878 8558; Jl Soekarno Hatta; Frühstück 38 000–59 000 Rp; ⊗Mo–Sa 7–19, So bis 15 Uhr; ❄🛜). Die Tortillas hier sind hausgemacht, und die Fisch-Tacos sind sicher die frischesten, die man je probiert hat. Vegetarier sollten sich die gegrillten Jackfrucht-Tacos nicht entgehen lassen.

La Cucina   ITALIENISCH $$
(☑0812 3851 2172; lacucinakomodo@gmail.com; Jl Soekarno Hatta 46; Hauptgerichte 52 000–90 000 Rp; ⊗6.30–22.30 Uhr; 🛜) Das kleine, immer gut gefüllte Lokal verströmt mit seiner blauen Farbpalette, den dekorativen Fischernetzen und rustikalen Holztischen Strandatmosphäre. Hausgemachte Pasta und Pizzas sind die Eckpfeiler der Speisekarte. In der Hauptsaison bilden sich lange Schlangen – um diese zu vermeiden, nutzt man am besten den kostenlosen Lieferservice.

Bamboo Cafe   CAFÉ $$
(☑0812 3697 4461; Jl Soekarno Hatta; Frühstück 25 000–65 000 Rp, Hauptgerichte 45 000–75 000 Rp; ⊗6–21 Uhr; 🛜🍴) Man sitzt in weißen Rohrstühlen und bewundert die handgemalte Karte an der Wand. Dabei genießt man das ganztägig servierte Frühstück aus nahrhaften Zutaten örtlicher Farmen. Booster-Säfte und kalt gebrauter Kaffee ergänzen die Smoothies, Eier, Toasties und Vollwertkost.

Tree Top   INTERNATIONAL $$
(☑0385-41561, 0812 3803 9888; Jl Soekarno Hatta 22; Hauptgerichte 35 000–200 000 Rp; ⊗7–23 Uhr; 🛜) Dieses Freiluftrestaurant auf zwei Etagen ist ein fantastischer Ort, um den Sonnenuntergang zu beobachten, vor allem, wenn man den in den Hafen vorkragenden Tisch ergattert. Zwar gibt's anderswo besseres indonesisches und westliches Essen, doch ein Besuch hier lohnt sich auf jeden Fall wegen der Aussicht. Es gibt auch einen Billardtisch im Erdgeschoss, das sich das Restaurant mit dem **Eco Tree O'tel** (DZ ab 680 000 Rp) teilt.

🍺 **Ausgehen & Nachtleben**

Bajos Beliebtheit bei Backpackern, europäischen Tauchlehrern und musikbegeisterten Einheimischen sorgt dafür, dass es hier viele Orte gibt, wo man etwas trinken kann.

De'Flo Cafe & Ole-Ole   KAFFEE
(☑0822 8888 9118; https://deflocafeoleole.business.site; Jl Soekarno Hatta 22; Snacks 20 000–45 000 Rp; ⊗7–22 Uhr; 🛜) Das ruhige Café,

das von engagierten Akademikern aus Jakarta betrieben wird, befindet sich unterhalb vom Tree Top und ist der beste Ort in Bajo für einen Koffeinnachschub. Das De'Flo bietet Kaffee aus Manggarai sowie erlesene, auf alle erdenkliche Art zubereitete sortenreine Kaffees, darüber hinaus traditionelle Kuchen, Snacks und auf Wunsch als Souvenir verpacktes Kunsthandwerk.

Le Pirate
BAR

(☏ 0361-733493, 0385-41962, 0822 3724 4539; www.lepirate.com/labuan-bajo; Jl Soekarno Hatta; ⊙ 7–23 Uhr; 🛜) Diese farbenfrohe Bar im ersten Stock ist ein beliebter Ort für einen Drink nach einem Tag auf dem Wasser. Neben Livemusik (Di, Do & Sa 20–22 Uhr) und Filmabenden (Mo & Mi) gibt's hier auch ein ordentliches Restaurant (Hauptgerichte 60 000–110 000 Rp), eine Dachbar und schicke, aber winzige Unterkünfte (EZ/DZ ab 500 000/650 000 Rp).

Paradise Bar
BAR

(☏ 0812 1341 5306; Jl Binongko; ⊙ Mo–Fr & So 17–24, Sa bis 2 Uhr; 🛜) „Willkommen im Paradies" ist eine Redensart in Bajo, die sich auf diese Bar/Nachtclub bezieht, die berühmt ist für ihren Blick aufs Wasser und den Sonnenuntergang. Hier kann man gut einen *arak*-Cocktail trinken, und nachts sorgt Livemusik für Stimmung. Samstags zahlt man eine Grundgebühr (65 000 Rp inkl. 1 Drink).

Das Paradise liegt vom Zentrum Labuan Bajos zehn Gehminuten hügelaufwärts. In der Gegend warten nachts *ojeks*, die einen nach Hause bringen, was aber nicht billig ist.

Catur'z Kopi Club
KAFFEE

(☏ 0812 4620 9890; caturzkopik@gmail.com; Jl Mutiara; vegetarische Gerichte 35 000–55 000 Rp; ⊙ 7.30–22 Uhr) In diesem rustikalen zweistöckigen Café in einer Seitenstraße von Bajo kann man ein paar Stunden entspannen. Wie wär's mit indonesisch gewürztem Kaffee bei einer Partie Schach? Dies ist das einzige ausgewiesen vegetarische und vegane Café in der Stadt. Zum Frühstück kann man Rührei oder Tofu essen und später die Veggie-Bar durchstöbern.

Cafe in Hit
CAFÉ

(☏ 0812 3642 4411; Jl Soekarno Hatta; Kaffee/kleine Speisen ab 30 000/25 000 Rp; ⊙ 7–22 Uhr; 🛜) Das zwanglose Café ist Labuan Bajos Antwort auf Starbucks und bietet eiskalte Frappés und ein starkes WLAN-Signal. Man kann die Leute unten auf der Straße beobachten oder die Regale mit örtlichen Kaffeebohnen und Second-Hand-Büchern durchstöbern. Das Menü steht auf der riesigen schwarzen Tafel.

🛍 Shoppen

Magnolia Boutique
Komodo
MODE & ACCESSOIRES

(☏ 0812 3912 7007; hesty.hapsari@gmail.com; Jl Soekarno Hatta; ⊙ 8–21 Uhr) In Labuan Bajos bestem Modegeschäft sind alle Stücke aus regionaler Herstellung, einige stammen auch von Designern aus Flores. Es gibt hier viel für Damen – von Leinen-Bekleidung bis zu zeitgenössischen Mützen aus gemusterten, natürlich gefärbten *ikat*-Stoffen sowie Sweatshirts und T-Shirts für Herren und hübsche Kindersachen. Der Laden plant einen Umzug an den Jachthafen.

❶ Praktische Informationen

Banken and Geldautomaten säumen die Jl Soekarno Hatta.

PHKA-Informationskiosk (☏ 0385-41005; Jl Soekarno Hatta; ⊙ Mo–Fr 7–11 & 14–16, Sa & So 7–10 Uhr) Die PHKA verwaltet den Nationalpark Komodo und bietet Infos und stellt Genehmigungen für die Inseln Komodo und Rinca aus.

Touristeninformation (☏ 0361-271145, WhatsApp 0812 3746 9880; www.florestourism.com; Jl Mutiara; ⊙ Mo–Sa 8.30–16 Uhr) Freundlich und hilfreich. Das offizielle Büro liegt gleich hinter der Hauptstraße von Bajo.

❶ An- & Weiterreise

BUS

Der Busbahnhof von Labuan Bajo liegt ca. 7 km außerhalb der Stadt. Deshalb buchen die meisten Leute ihre Tickets über ihr Hotel oder ein Reisebüro. Wer sich vorher eine Fahrkarte besorgt, wird mit dem Bus von seiner Unterkunft abgeholt. Alle Busse nach Osten fahren über Ruteng.

Im Fährhafen-Büro bekommt man Tickets für Reisen nach Lombok und Bali. In den Preisen inbegriffen sind die Fährfahrten (deren Termine wetterbedingt unzuverlässig sein können) und die verbindenden Fahrten in klimatisierten Bussen. Man kann sich aber auch selber für jeden Abschnitt einzelne Fahrkarten besorgen.

FLUGZEUG

Der **Komodo Airport** (Bandar Udara Komodo) in Labuan Bajo hat ein recht großes Terminal und eine verlängerte Piste, ein Hinweis auf das zu erwartende Tourismuswachstum.

Garuda, Nam Air, TransNusa, Wings Air und Batik Air haben Schalter in der Flughafenhalle und bedienen verschiedene Ziele, darunter Denpasar, Jakarta und Kupang. Es gibt täglich meh-

BUSSE AB LABUAN BAJO

ZIEL	ART	PREIS (RP)	DAUER (STD.)	HÄUFIGKEIT
Denpasar (Bali)	Bus & Fähre	580 000	36	1-mal tgl.
Bajawa	Bus	210 000	10	2-mal tgl.
Mataram (Lombok)	Bus & Fähre	370 000	24	1-mal tgl.
Ruteng	Bus	100 000	4	alle 2 Std., 6–18 Uhr

rere Flüge von/nach Bali, doch in Spitzenzeiten sind sie völlig ausgebucht. Man kann also nicht einfach aufkreuzen und erwarten, einen Flug zu bekommen.

SCHIFF/FÄHRE

Die ASDP-Fähre von Labuan Bajo nach Sape fährt jeden Morgen um 9.30 Uhr. Die Überfahrt dauert sechs Stunden und kostet 60 000 Rp. Abfahrtszeiten sorgfältig überprüfen. Tickets kauft man am Tag der Abfahrt im **Fährhafen-Büro** (Jl Soekarno Hatta; ⊙ 8–12 Uhr).

Agenturen für die zwischen Labuan Bajo und Lombok (S. 402) verkehrenden Boote säumen die Jl Soekarno Hatta.

Kencana Adventure (☑ 0812 2206 6065; www.kencanaadventure.com; Jl Soekarno Hatta, im Beta Bajo Hotel; einfache Strecke Deck/Gemeinschaftskajüte 1 650 000/2 000 000 Rp pro Pers.) und **Perama Tour & Travel** (☑ 0385-42016, 0385-42015; www.peramatour.com; Jl Soekarno Hatta; einfache Strecke/hin & zurück ab 1 500 000/3 300 000 Rp; ⊙ 7.30–22 Uhr) veranstalten mehrtägige Bootstouren zwischen Lombok und Labuan Bajo.

Das in einer von der Jl Mutiara hügelaufwärts führenden Seitenstraße leicht zu übersehende **Varanus Travel** (Pelni-Vertretung; ☑ 0385-41106; abseits der Jl Mutiara; ⊙ Mo–Sa 9–19, So 11–18 Uhr) ist die offizielle Pelni-Vertretung; hier bekommt man Tickets für längere Bootsfahrten zu entfernteren Zielen. An den Fenstern hängen die Fahrpläne zu Zielen wie Makassar und die Ostküste von Sulawesi sowie Bima, Lembar und Benoa (Bali).

Zur Insel Komodo gelangt man im Rahmen eines Tagestrips ab Labuan Bajo. In der Stadt gibt es viele Veranstalter, die diese Tour anbieten (ab 500 000 Rp/Pers.). Die meisten starten gegen 5.30 Uhr und kehren gegen 18 Uhr zurück. Alternativ mietet man für einen Tag oder mit Übernachtung ein Boot oder ein Schnellboot an.

❶ Unterwegs vor Ort

Der Flughafen ist 1,5 km von der Stadt entfernt. Einige Hotels bieten kostenlose Fahrten vom/zum Flughafen. Ein Taxi in die Stadt und innerhalb der Stadt kostet 50 000 Rp.

In Labuan Bajo sind die meisten Orte zu Fuß erreichbar. Die Fahrt mit dem *ojek* kostet 5000 bis 10 000 Rp. *Bemos* kurven ständig durch die Einbahnstraßen im Zentrum; eine Fahrt kostet 5000 Rp. Mit größerem Gepäck verdoppelt sich der Preis.

Regierungsbezirk Manggarai

☑ 0385

Man kann darüber streiten, welche Landschaft auf Flores die schönste ist. Der Bezirk Manggarai mit seinen üppigen Regenwäldern voller hoher Bambusbäume und feingliedriger Farne, seinen Bergen und einsamen, nur zu Fuß erreichbaren Dörfern ist sicher ein ernsthafter Anwärter hierfür.

Ruteng

☑ 0385 / 38 888 EW.

Die von grünen Gipfeln und Reisterrassen umgebene ruhige, ausgedehnte Marktstadt Ruteng ist der natürliche Ausgangspunkt zur Erkundung des Regierungsbezirks Manggarai. Die vorwiegend von Katholiken bewohnte Stadt ist vier Fahrtstunden von Labuan Bajo entfernt. Wer sich ein paar Sehenswürdigkeiten anschauen will, sollte hier übernachten. Kurioserweise sind die kleineren Straßen hier nach Tieren benannt, z. B. die Jl Gajah (Elefant), die Jl Kelinci (Kaninchen) und die Jl Kuda Belang (Zebra).

◎ Sehenswertes

★ **Spinnennetzreisfelder** AUSSICHTSPUNKT
(Lingko-Reisfelder; Cara, Cancar, abseits des Trans-Flores-Highway) Die größte Attraktion vor Cara liegt 20 km westlich von Ruteng nahe dem *kampung* (Dorf) Cara. Die legendären Lingko-Reisfelder sind wie Spinnennetze geformt. Das gleiche Muster zeigt sich auch bei der Anordnung der traditionellen Häuser der Manggarai, die das Land gerecht auf die einzelnen Familien verteilen. Um den besten Blick auf die Reisfelder zu genießen, macht man an dem kleinen Pavillon Halt, zahlt 25 000 Rp Eintritt und läuft den Trampelpfad entlang den Hügel hinauf zum Aussichtspunkt.

Liang Bua
HÖHLE

(Eintritt 30000 Rp) Die Kalksteinhöhle, in der 2003 die Überreste des *Homo floresiensis*, des berühmten „Hobbits", entdeckt wurden, liegt ca. 14 km nördlich von Ruteng. Archäologen glauben, dass sich durch den Vorsprung am Eingang, während jahrtausendelang Wasser durch die Höhle floss, Sedimente ablagern konnten, die schließlich die menschlichen und tierischen Fossilien von der Außenwelt abschlossen. Es gibt auch Gerüchte über Heiligenerscheinungen in neuerer Zeit.

Am Höhleneingang warten Führer (im Eintrittspreis von 30000 Rp inbegriffen), die einem erklären, warum die Liang-Bua-Höhle als heilig gilt. Die holprige Straße zur Höhle ist zur Regenzeit oft nicht passierbar. In der Höhle selbst sieht man Reste der Ausgrabungen. Ein kleines, separates Museum hat Infos auf Indonesisch, Fotos sowie Abgüsse von Fossilien und Knochen. Hierher gelangt man mit einem *ojek* (100000 Rp) aus Ruteng.

🛏 Schlafen

In Ruteng gibt's ein paar ruhige, ordentliche Unterkünfte bei Gastfamilien (Homestays) und einige altbackene, aber verlässliche Hotels. Ruteng liegt etwas höher als Bajo; daher kann es nachts richtig kalt werden.

Spring Hill Bungalows
BUNGALOWS $$

(📲0813 3937 2345, 0385-22514; springhillbun galowsruteng@gmail.com; Jl Kasturi 8; Zi. ab 750000 Rp; 🛜) Die hübscheste Unterkunft in Ruteng besteht aus zwölf Luxus-Bungalows rund um einen Seerosenteich, die alle mit guten Betten, holzverkleideten Wänden und Fernsehern ausgestattet sind. Es gibt sogar einen Fön im Bad, und die Vier-Personen-Suite mit zwei Schlafzimmern (1750000 Rp) hat eine Holzveranda mit einem Freiluft-Whirlpool. Das Restaurant (Hauptgerichte 35000–95000 Rp) hat eine Schneeeismaschine.

D-Rima Homestay
GASTFAMILIE $$

(📲0813 7951 188; deddydarung@gmail.com; Jl Kelinci; EZ/DZ 150000/250000–300000 Rp; 🛜) Das gemütliche Drei-Zimmer-Homestay wird von einer netten Familie geführt, die eine Fundgrube an Infos über die Gegend ist. Zwei Zimmer teilen sich das Badezimmer mit Warmwasseranschluss; das größte und teuerste Zimmer hat ein eigenes Bad. Man kann Motorräder und Autos mieten, und es gibt hausgemachtes vegetarisches Abendessen (45000 Rp /Pers.).

Hobbit Hill Homestay
PENSION $$

(📲0812 4648 7553; www.ruteng.id; Jl Liang Bua Golobila; DZ/Bungalow ab 250000/48000 Rp) Diese einladende, von Reisterrassen umgebene Pension mit drei Schlafzimmern befindet sich 2 km vom Zentrum in Richtung Gua Liang Bua. Ein Zimmer hat ein angeschlossenes Bad, und die beiden anderen haben eigene Toiletten. In dem separaten Bungalow kommen vier Leute unter. Die Aussicht von dem Anwesen ist vor allem bei Sonnenaufgang beeindruckend. Das üppige Frühstück ist im Preis inbegriffen; hausgemachte Mahlzeiten gibt's ab 30000 Rp.

🍽 Essen & Ausgehen

Rumah Makan Cha Cha
INDONESISCH $

(📲0812 3698 9009, 0385-21489; ywidianita@hot mail.com; Jl Diponegoro 12; Hauptgerichte 15000–50000 Rp; ⊙12–21 Uhr; 🛜) Rutengs bestes Restaurant besteht ganz aus Holz mit gerahmten Flores-Attraktionen an den Wänden und Tischdecken im Vichy-Muster. Es ist nach der Tochter des Besitzers benannt und bietet gute indonesische Standardgerichte in einem sauberen, entspannten Ambiente. Zu empfehlen sind *nasi lontong opor* (Hühnchen in Kokosmilch mit Reis) und *nasi soto ayam* (Hühnersuppe mit Glasnudeln, Bohnensprossen, Ei, Pommes und Reis).

Kopi Mane Inspiration
CAFÉ

(📲0821 4733 4545, 0813 8008 2778; Jl Yos Sudarso 12; Hauptgerichte 20000–35000 Rp; ⊙8–2 Uhr; 🛜) Eine gute Adresse, um den Tag mit Manggarai-Kaffee zu beginnen. Hier kann man Päckchen mit gemahlenen und gerösteten Bohnen kaufen und günstige indonesische Gerichte essen, die auf der Kreidetafel stehen. Neben touristischen Infos gibt's hier auch Motorräder (100000 Rp/Tag).

ℹ An- & Weiterreise

Der Busbahnhof für Ziele im Osten liegt 3,5 km außerhalb von Ruteng; ein *bemo* bzw. *ojek* dorthin kostet 5000 bis 10000 Rp. Regionalbusse Richtung Westen fahren vom inoffiziellen, zentralen Busbahnhof nahe dem **pasar** (Markt; Jl Bhayangkara; ⊙7–17 Uhr). Regelmäßig starten Busse nach Bajawa und Labuan Bajo (110000 Rp, 5 bzw. 4 Std.).

Wae Rebo

Wae Rebo ist das schönste traditionelle Dorf in Manggarai. Dank des Ausbaus der Straßen ist die Gegend inzwischen erreichbar, aber immer noch abgelegen.

Der Besuch des Dorfs beinhaltet eine schöne aber anspruchsvolle 9 km lange Wanderung, die drei bis vier Stunden dauert, an Wasserfällen und Schwimmlöchern vorbeiführt und spektakuläre Ausblicke auf die Sawusee bietet. Von Besuchern wird eine Spende von 200 000 Rp pro Person erwartet bzw. von 320 000 Rp, wenn man in einem *mbaru tembong* (traditionellem Haus) übernachtet. Am nächsten Morgen geht man den Weg zurück oder macht eine sechsstündige Wanderung über einen Pass zu einem anderen Trail (die Abholung von hier vorab arrangieren).

Guide (400 000 Rp) und Träger (250 000 Rp) arrangiert man vorher über die hiesigen Pensionen. Der Besuch im Dorf impliziert nicht, dass den Gästen indigene Musik, Tanz und Weberei präsentiert wird – das kostet extra und wird meist nur für größere Gruppen veranstaltet. Am besten startet man ganz früh, um der sengenden Mittagshitze zu entgehen. Wasser mitbringen!

🛌 Schlafen

Um gleich am frühen Morgen nach Wae Rebo loszumarschieren, wird man nicht in Ruteng, sondern nahe dem Ausgangspunkt des Trails übernachten wollen.

Wae Rebo Lodge   PENSION $
(📞 0852 3934 4046, 0812 3712 1903, WhatsApp 085 339 021 145; martin_anggo@yahoo.com; Dintor; Zi. 250 000 Rp/Pers.) Die eigens erbaute Lodge wird von dem in Wae Rebo lebenden Martin geführt. Sie liegt etwa 9 km vom Trail-Anfang entfernt inmitten von Reisfeldern mit traumhaftem Blick auf den Sonnenauf- und -untergang. Die Mahlzeiten sind im Preis inbegriffen, und man kann hier alle organisatorischen Dinge für die Wanderung erledigen. Mit 10 % der Einnahmen unterstützt Martin seine Gemeinde.

Wae Rebo Homestay   GASTFAMILIE $
(📞 0813 3935 0775; Denge; Zi. 200 000 Rp/Pers.) Direkt am Trail-Anfang gelegen, ist dies die erste Herberge für Wanderer nach Wae Rebo. Der freundliche Inhaber Blasius ist ein Experte in Sachen Wae Rebo und führt neben dem Homestay mit 15 Zimmern ein kleines Besucherzentrum, wo man Infos zu Dorfbesuchen und Transportmittel erhält. Erreicht man ihn nicht telefonisch, einfach eine SMS schicken.

ℹ️ An- & Weiterreise

Von Ruteng sind es etwa drei Stunden bis zum Trail-Anfang in Denge. Man braucht dafür ein eigenes Verkehrsmittel.

Bajawa
📞 0384 / 44 437 EW.

Das von bewaldeten Vulkanen umgebene Bajawa erfreut sich eines kühleren Klimas. Die entspannte und überwiegend von Katholiken bewohnte Hügelstadt liegt 1100 m über dem Meeresspiegel und ist de facto der Handelsposten der hiesigen Ngada. Außerdem lassen sich von hier aus hervorragend Dutzende von traditionellen Dörfern erkunden, und man kann die Einheimischen näher kennenlernen. Der Gunung Inerie lauert mit seinem perfekten Vulkankegel im Süden, wo auch die aktiven Thermalquellen zu finden sind. Ein beliebtes Ziel ist auch der **Wawo Muda** (Jl Wawo Muda) mit seinem Kelimutu-artigen Kratersee, der nach der Eruption 2001 entstand.

🏃 Aktivitäten

⭐ Gunung Inerie   WANDERN
Der atemberaubende Vulkan Gunung Inerie (2245 m) thront, nur 10 km von der Stadt entfernt, über Bajawa und winkt verführerisch allen Kletterern zu. Der Aufstieg ist beschwerlich, doch der spektakulär zerklüftete Berg lohnt die schweißtreibende Anstrengung. Man kann den Trip an einem Tag (hin & zurück 8 Std.) absolvieren oder aber am See campen. Am besten startet man gegen 3 Uhr, um den Sonnenaufgang oben zu erwischen.

Die Tour kostet mit einem Englisch sprechenden Führer inklusive Transport ab Bajawa rund 800 000 Rp für eine und 1 000 000 Rp für zwei Personen. Wasser mitbringen.

Air Panas Soa   THERMALQUELLEN
(14 000 Rp/Pers.; ⊙ 7–18 Uhr) Die am besten erschlossenen Thermalquellen in der Region liegen östlich der Stadt an der holprigen Straße nach Riung. Es gibt hier zwei künstliche Becken (eines mit heißen 45 °C, das andere mit angenehmeren 35–40 °C) und ein natürliches Becken (25–30 °C). Es gibt hier moderne Gebäude, und es kann recht voll werden. Air Panas Malanage ist die natürlichere Alternative.

🛌 Schlafen

Dank des touristischen Wachstumsschubs in Bajawa eröffnen Einheimische überall in der Stadt Homestays. Die freundlichen und informativen Bleiben sind eine bessere Alternative als die in die Jahre gekommenen oder seelenlosen Hotels hier.

Marselino's Homestay GASTFAMILIE $
(📞0852 3913 1331; www.floresholiday.wordpress.
com; Jl Pipipodo; EZ/DZ/3BZ 150000/170000/
210000 Rp; 📶) Einfache Bleibe mit sechs
Zimmern und einem gemeinsam genutzten
Wohn- und Speisezimmer. Nachdem man
sich der kalten Dusche im Gemeinschaftsbad gestellt hat, genießt man das Frühstück
mit *nasi goreng* und Obst. Das Beste an der
Unterkunft ist der Inhaber, ein etablierter
Guide, der Fragen zu allem beantworten
kann, was man auf Flores braucht, von Touren bis Fahrkarten.

Madja Edelweis Homestay GASTFAMILIE $
(📞0812 3779 5490; austynobabtista@gmail.com;
Jl Pipipodo; EZ/DZ ab 150000/200000 Rp; 📶)
Nicht mit dem langweiligen Edelweis Hotel
an der Hauptstraße verwechseln. In dem
Haus gibt's acht verschiedene komfortable,
bunte Zimmer. Der freundliche Besitzer ist
hilfsbereit, verleiht Motorräder (100000 Rp/
Tag) und organisiert Trips auf Flores. Neben
dem schnellen WLAN gibt's ein üppiges, im
Preis inbegriffenes Frühstück und eine Gästeküche. Warmes Wasser kostet extra.

⭐**Manulalu** BUNGALOWS $$$
(📞0812 5182 0885; villamanulalu@gmail.com;
Mangulewa; DZ/Bungalow ab 460000/
1200000 Rp) Die auf zwei angrenzende An-
wesen, Manulalu Hills und Manulalu Jung-
le, verteilte Anlage liegt rund 20 km von Ba-
jawa und 3 km von Bena entfernt an einer
malerisch gewundenen Straße. Das Hills hat
acht schicke Zimmer, doch die sieben nach
dem Vorbild traditioneller Häuser gestalte-
ten Bungalows im Jungle sind mit ihren
schönen Badezimmern und den mit Liegen
bestückten Holzterrassen vor der Kulisse ei-
nes der spektakulärsten Aussichtspunkte
auf Flores einfach märchenhaft.

✖ Essen

Rumah Makan Anugerah INDONESISCH $
(📞0812 1694 7158; Jl Sudirman; Hauptgerichte
25000-50000 Rp; 🕐8–22.30 Uhr) Das makello-
se, familienbetriebene *rumah makan* (Lo-
kal) ist eine hervorragende Wahl für ein
preiswertes Mittagessen. Einige Gerichte
driften fast ins Chinesische ab, andere wie
das *nasi babi rica rica* (würziges Schweine-
fleisch mit Reis) bleiben dem Archipel treu.
Platz lassen für Süßes von der Auslage.

Lucas 2 INDONESISCH $
(📞0813 5390 7073; Jl Ahmad Yani; Hauptgerichte
20000–35000 Rp; 🕐Fr & Sa 8–22, So 15–22 Uhr)

Nicht mit den anderen Lucas-Läden in der
Straße verwechseln! Dieses Lucas versteckt
sich im zweiten Stock eines Holzgebäudes.
Gelbe Deckenbalken und bemalte Tische
prägen das Dekor in diesem Speiseraum, in
dem feines Schweinefleisch-*sate* und andere
lokale Spezialitäten serviert werden.

ℹ Praktische Informationen

BNI Bank (Jl Marta Dinata; 🕐Mo–Fr 8–16, Sa
7.30–16 Uhr) Die Bank im Zentrum hat einen
Geldautomaten und wechselt US-Dollar.

Touristeninformation (📞0852 3904 3771;
www.welcome2flores.com; Jl Ahmad Yani 2;
🕐8–18 Uhr) Kleines, aber sehr nützliches Cen-
ter mit Infos zu geführten Touren, Wanderun-
gen, Autoverleih, Fahrkarten u. a. Hier erfährt
man auch viel über die Ngada. Vorab anrufen,
denn der Inhaber ist auch als Guide tätig und
schließt das Büro, wenn er unterwegs ist.

ℹ An- & Weiterreise

Es gibt Busse und *bemos* zu verschiedenen Zie-
len. Die Busse starten nur pünktlich, wenn sie
fast voll besetzt sind. Den ganzen Tag über fah-
ren auch Toyota Kijangs (Sammeltaxis) vom **Be-
mo-Busbahnhof** (Jl Basoeki Rahmat). Die Fahrt
ist bis zu 30 % teurer als mit dem Bus. Busse
fahren u. a. nach:
Ende (70000 Rp, 5 Std., mehrmals tgl.)
Labuan Bajo (150000 Rp, 10 Std., mehrmals
tgl.)
Ruteng (80000 Rp, 5 Std., 8–11 Uhr häufig)

ℹ Unterwegs vor Ort

Bemos kurven durch die Stadt (5000 Rp/Fahrt),
aber zu Fuß kommt man auch fast überallhin –
außer zu den Busbahnhöfen.

Abgelegene Routen werden von Trucks be-
dient, die meist morgens in traditionellen Dör-
fern abfahren und am Nachmittag zurückkehren.

Motorräder kosten 100000 Rp pro Tag. Für ein
privates Auto mit Fahrer zahlt man 800000 Rp;
je weiter hinaus die Erkundungstour geht, desto
höher steigt der Preis. Die meisten Hotels kön-
nen Mietfahrzeuge vermitteln.

Der **Bajawa Turelelo Soa Airport** ist ein kleiner
Inlandsflughafen 25 km von Bajawa entfernt
und etwa 6 km außerhalb von Soa. Wings Air
und TransNusa fliegen täglich nach Kupang in
Westtimor (1 Std.); Wings fliegt täglich auch
nach Labuan Bajo (35 Min.).

Rund um Bajawa

Bajawas größter Trumpf ist die prächtige
Landschaft mit vielen Dörfern, die zur Er-
kundung einladen. Die traditionellen Häuser

ABSEITS DER ÜBLICHEN PFADE

WANDERUNG VON PAULENI ZUM DORF BELARAGHI

Die meisten Besucher der Region um Bajawa fahren mit Mietwagen von einem traditionellen Dorf zum nächsten. Aber viel lohnender ist es, durch den Regenwald zu Dörfern wie **Belaraghi** zu wandern, das nur zu Fuß erreichbar ist. Die Wanderung startet in **Pauleni**, das mit dem Auto rund 45 km (90 Min.) von Bajawa entfernt ist. Von dort führt eine steile, 90-minütige Wanderung hinauf zu dem Dorf mit seinen freundlichen Einwohnern und mehr als einem Dutzend traditioneller Wohnhäuser. Man kann die Wanderung als Tagesausflug machen, aber auch im Dorf übernachten. Der *kepala kampung* (Dorfvorsteher) bietet ein Bett samt Mahlzeiten für 250 000 Rp pro Person an. Örtliche Führer können bei dem Arrangieren der Tour helfen.

sind geprägt von einer faszinierenden Architektur mit geschnitzten Stangen, die die reetgedeckten, hütchenförmigen Spitzdächer stützen. Man kann die Gegend auf eigene Faust besuchen, doch mit einem Führer kann man viel mehr über die Kultur und die Bräuche der Menschen erfahren. Manche organisieren in ihren Heimatdörfern Essen, andere Wanderungen zu selten besuchten Dörfern, die nur zu Fuß erreichbar sind.

Einheimische und Homestay-Inhaber können Tagestouren mit dem Auto (ab 600 000 Rp/Pers.) arrangieren, oder man macht sich samt Reiseleiter mit einem Motorrad auf den Weg (400 000–500 000 Rp). Eine solche Tour beginnt typischerweise in Bajawa und führt u. a. nach Bena, Luba, Tololela und den Thermalquellen Air Panas Malange. Es ist üblich, dass man in den traditionellen Dörfern dem Dorfältesten eine Spende überreicht. Damit dieser auch die volle Summe erhält, übergibt man die Spende am besten direkt dem Empfänger und nicht dem Guide.

Bena

Das an der Flanke des Vulkans Gunung Inerie ruhende Bena ist eines der traditionellsten Dörfer der Ngada. Hier leben neun Familienclans, und die hiesigen Steinmonumente sind die besten in der Region. Die Häuser mit hohen, strohgedeckten Dächern stehen in zwei Reihen auf einer Anhöhe. Zwischen den Häusern stehen Totems der Vorfahren – z. B. Megalithgräber, *ngadhu* (strohgedeckte sonnenschirmförmige Bauten) und *bhaga* (kleine strohgedeckte Häuser). Die meisten Häuser haben weibliche oder männliche Figurinen auf dem Dach, und die Eingänge sind mit Büffelhörnern und -kinnbacken geschmückt – ein Zeichen für den Wohlstand der Familie.

Wenn in der Hauptsaison Reisegruppen anreisen, ist das Dorf zwar überfüllt, und auch die Dorfbewohner sind inzwischen alle offiziell Katholiken und besuchen eine örtliche Missionsschule, doch die traditionellen Sitten und Glaubensvorstellungen dauern an. Dreimal im Jahr werden Opfer dargebracht, und die Dorfältesten rühmen immer noch das rigide durchgesetzte Kastensystem, das Mischverbindungen verhinderte und ernste Konsequenzen für die hatte, die sich dem *adat* widersetzten.

Bena ist das am häufigsten besuchte Ngada-Dorf. Es ist so beliebt, dass es vor den Häusern Stände mit Webarbeiten und Souvenirs gibt. Statt der üblichen Spende wird inzwischen eine Eintrittsgebühr erhoben (25 000 Rp/Pers.), und es gibt offizielle Öffnungszeiten (6–18 Uhr) für den Besuch des Dorfes. Manche Traveller ziehen deshalb weniger besuchte Dörfer in der Nähe vor, deren Atmosphäre noch urtümlicher ist. Wer will, kann auch in Bena übernachten (150 000 Rp/Pers. inkl. Mahlzeiten mit gekochtem Maniok und Bananen). Bena liegt 12 km über eine gute Straße von Langa entfernt, das wiederum 7 km von Bajawa entfernt ist. Die Fahrt mit dem *ojek* kostet hin und zurück 100 000 Rp.

Die natürlichen Thermalquellen **Air Panas Malange** (Eintritt 10 000 Rp) liegen 6 km von Bena entfernt und werden inoffiziell von freundlichen Einheimischen betreut. Am Fuß einer der vielen Vulkane mischen sich ein heißer und ein kalter Bach in einem lauwarmen Becken. Beim Bad kann man den Duft von Kokos, Haselnuss, Vanille und Nelke genießen. Auf dem Gelände gibt's einfache Umkleiden.

Luba

Wie ein wunderschönes Geheimnis versteckt sich am Fuß des Vulkans Gunung Inerie nur ein paar hundert Meter von Bena entfernt dieses viel anheimelndere traditionelle Dorf im Dschungel. Vier herzliche Clans leben hier in 13 Häusern. Man sieht vier *ngadhu* und *bhaga* sowie mit Abbildungen symbolischer Pferde, Büffel und Schlangen dekorierte Häuser. Meist ist das Fotografieren gestattet (Spende mind. 20 000 Rp). Man kann ab Bajawa ein *ojek* nehmen (hin & zurück 100 000 Rp) oder ab Bena zu Fuß gehen.

Tololela

Ein nur 4 km langer Fußmarsch (ca. 90 Min.) bringt einen von Bena in diese selten besuchte Ngada-Siedlung, die aus drei miteinander verbundenen traditionellen Dörfern besteht. Die Einwohner empfangen gern Besucher (gegen eine Spende von mind. 20 000 Rp/Pers.), und während alle ihre gegenseitige Neugier befriedigen, kann man an einfachen Erfrischungen nippen.

Wawo Muda

Der Wawo Muda (1753 m) ist der neueste auf Flores entstandene Vulkan. Nach seiner Eruption im Jahr 2001 ließ er einen Mini-Kelimutu samt mehrerer kleiner Kraterseen in verschiedenen Farben von Dunkelorange bis Gelb und Grün zurück. Bei dem Ausbruch verkohlte Kiefern stehen in einsamen Abschnitten in der Gegend, und es bietet sich ein spektakulärer Blick auf den Vulkan Gunung Inerie. Die Gegend besucht man am besten in der Regenzeit (Dez.–März), falls die Wege nicht zu matschig sind. In der Trockenzeit trocknen die Seen in der Regel aus.

Zum Wawo Muda gelangt man mit einem *ojek* zum Dorf Ngoranale, nahe Menge (hin & zurück 100 000 Rp), dann geht's eine Stunde bergauf über einen leichten Weg. Einige *ojek*-Fahrer bringen die Gäste bis nach oben, da der Weg durchaus für Motorräder befahrbar ist. Ein Auto mit Fahrer kostet hin und zurück 700 000 Rp. Man kann auch einen Guide (ca. 250 000 Rp) engagieren.

Riung

✆ 0384 / 13 875 EW.

Riung ist eine charmante und isolierte kleine Stadt mit vielen Fischerhütten, die von Kokospalmen umgeben ist. Von Ende kommend, fährt man auf einer Straße durch trockenes Küstenland, um einen spektakulär geborstenen Vulkan herum und dann auf dem Weg in die Stadt durch plötzlich auftauchendes Grün. Die größte Attraktion hier ist der Seventeen Islands Marine Park. Durch die relativ schlechten Straßen bleibt Riung von Entwicklung verschont.

◉ Sehenswertes

Seventeen Islands Marine Park   MEERESSCHUTZGEBIET

(Pulau Tujuh Belas) Diese unbewohnten Inseln sind so vielfältig wie schön. Auf der Mangroveninsel Pulau Ontoloe leben eine große Kolonie von Flughunden und ein paar Komodowarane, während Pulau Rutong und Pulau Temba postkartenperfekte Strände mit weißem Sand und türkisblauem Wasser haben. Rund um Pulau Tiga, Pulau Laingjawa und Pulau Bakau lässt es sich hervorragend schnorcheln, und wohin man auch kommt, wird man nicht enttäuscht sein.

🛏 Schlafen & Essen

Del Mar Cafe   PENSION **$$**

(✆ 0812 4659 8232, 0813 8759 0964; DZ/3BZ 400 000/500 000 Rp; ❄) Die abseits der zum Pier führenden Hauptstraße gelegene Pension mit zwölf klimatisierten Zimmern samt Holzmöbeln und eigenem Bad gehört dem besten Guide der Gegend, Al Itchan. Auf dem Gelände gibt's auch ein kleines, mit Muscheln und Lichterketten behängtes *warung*, in dem Rock'n'Roll gespielt und über schwelenden Kokosnussschalen Fisch gegrillt wird (Hauptgerichte ab 30 000 Rp; 7–23 Uhr).

Nirvana Bungalows   BUNGALOWS **$$**

(✆ 0813 3710 6007; www.nirvanabungalows.doodlekit.com; DZ/3BZ/FZ 400 000/500 000/600 000 Rp; ❄) Hier erwarten einen neun witzige Hippiehütten in der Nähe des Hafens mit bunten Wänden, klugen Sprüchen (im Stil „Wenn das Leben einfach wäre, wo bliebe dann der Spaß?") und privaten Terrassen, auf denen das Frühstück mit Blick auf den Garten serviert wird. Der engagierte Besitzer macht geführte Touren zu den Inseln. Grillabende mit Fisch vorab organisiert.

Pato Resto   INDONESISCH **$**

(✆ 0812 4698 7688; Hauptgerichte 25 000–55 000 Rp; ⊙ 8–23 Uhr; ✎) Eines der besten Restaurants in Riung ist auch das bescheidenste. Das schlichte Lokal mit karierten Tischdecken und Plastikstühlen liegt an der Hauptstraße und serviert regionale indonesische Speisen. Die knapp gehaltene Karte (auf Englisch) auf der weißen Tafel ist von der Jahreszeit und dem Fang des Tages bestimmt. Meeresfrüchte sind ein Muss, aber es gibt auch viele vegetarische Gerichte.

Rico Rico   INDONESISCH **$**

(✆ 0812 3019 8727, WhatsApp 0813 3890 5597; Hauptgerichte 30 000–45 000 Rp; ⊙ 6–22 Uhr)

TOUR ZU DEN SEVENTEEN ISLANDS

Führer lassen sich in den Hotels und Pensionen sowie am Ufer beschaffen. Die Standard-tour ist ein eintägiger Bootstrip zum Seventeen Islands Marine Park (S. 417) mit Mittag-essen, Schnorcheln und Halt an vier Inseln, von denen die erste immer Pulau Ontoloe ist. Wir empfehlen Al Itchan, den Inhaber des Del Mar Cafe (S. 417).

Vor der Fahrt muss man sich an einem Schalter am Dock registrieren und 100 000 Rp pro Person bezahlen. Der Kapitän oder der Guide sollten die Liegegebühren tragen.

Touroptionen sind u. a.:

➡ Eine eintägige Bootstour ohne Führer für vier bis sechs Personen kostet 500 000–600 000 Rp. Die Schiffsführer kennen die besten Tauchstellen nicht, man kann aber einfach anderen Booten folgen.

➡ Eine Bootstagestour für vier Personen mit mindestens vier Stopps zum Schnorcheln, einem Führer und einem Strandbarbecue organisiert Itchan für 1 600 000 Rp.

➡ Eine Camping-Übernachtung auf Palau Rutong für zwei Personen inklusive Bootsfahrten, Schnorcheln und Mahlzeiten kostet bei Itchan 3 400 000 Rp.

Eines der wenigen Lokale in Riung ist das Rico Rico direkt neben dem Pier – praktisch, wenn man vor oder nach einer Bootsfahrt noch etwas essen möchte. Das Essen ist preiswert und einfach, sehr zu empfehlen ist der gegrillte Fisch mit frischer Tomatensau-ce. Abends wird Livemusik gespielt.

Das Rico Rico organisiert auch Tagesaus-flüge zum Schnorcheln (ab 300 000 Rp/Pers. für Gruppen), Boote nach Labuan Bajo (3 500 000 Rp für 2 Pers.), das Campen am Strand (100 000 Rp/Pers.) und das Campen auf der Insel (2 000 000 Rp für 2 Pers., All inclusive).

🛈 Praktische Informationen

In Riung gibt es einen BRI-Geldautomaten, aber keine offiziellen Wechselstuben. Am sichersten ist es, wenn man ausreichend Indonesische Ru-piah mitbringt.

Das Internet ist kaum brauchbar, und die 3G-Datenübertragung ist lückenhaft.

🛈 An- & Weiterreise

Riung liegt 75 km und ca. zwei Stunden über holprige Straßen von der Abzweigung bei Boawae vom Trans-Flores-Highway entfernt. Es gibt noch eine 79 km lange, viel schlechtere Stra-ße von Bajawa nach Riung, für die man mit dem Bus (tgl., 35 000 Rp) ca. vier Stunden oder mit dem Auto etwas weniger braucht – ein Sammel-taxi kostet 60 000 Rp pro Person, ein privates Auto 700 000 Rp. Auch bis nach Ende braucht der Bus (tgl., 70 000 Rp/Pers.) vier Stunden.

Wer vom Trans-Flores-Highway die Nase voll hat, kann von Riung ein Boot nach Labuan Bajo chartern (ab 3 000 000 Rp, 7–10 Std.). Das ist zwar nicht gerade billig, dafür genießt man eine Küste, die die meisten Besucher nie zu Gesicht

bekommen, und kann unterwegs an unberührten Buchten Halt machen und schnorcheln. Kopfhö-rer oder Ohrstöpsel mitbringen, da die Außen-bordmotoren sehr laut sind!

Ende

✔ 0381 / 103 987 EW.

Das auffälligste Merkmal dieser staubig-sti-ckigen Hafenstadt ist ihre Lage. Die markan-ten Kegel des **Gunung Meja** (661 m) und des **Gunung Iya** (627 m) thronen über der Stadt und der Küste mit schwarzem Sand und Kie-seln. Die Aussicht wird nordöstlich von Ende sogar noch besser, wenn die Straße hinauf zum Kelimutu an einem Kamm entlangläuft und den Blick auf einen tosenden Fluss und Klippen offenbart, über die sich in der Regen-zeit (Dez.–März) Wasserfälle ergießen. Zählt man noch den Kaffee und die Nelken, die auf Planen an der Straße trocknen, die grünen Reisterrassen und die Frauen, die auf Bam-busleitern stehend Macadamias pflücken, hinzu, erhält man eine der betörendsten Sze-nerien von Flores.

Man braucht nicht lang, um das kompak-te und stimmungsvolle Zentrum von Ende zu erkunden. Die meisten Leute legen hier nur einen Zwischenstopp ein. Doch die schmuddelige Stadt hat etwas Faszinieren-des. Der zentrale Flughafen ist ein nützli-ches Drehkreuz für die Weiterreise nach La-buan Bajo, Kupang (Westtimor) oder Tambolaka (Sumba).

👁 Sehenswertes

Ende hat nicht viel Sehenswertes, dafür aber viel Atmosphäre. Der schwarze Sandstrand ist ein makabrer Verweis auf Indonesiens Abfallproblem, doch die Aussicht ist spektakulär, und am Ufer gibt es immer etwas Interessantes zu sehen.

Ikat-Markt
MARKT

(Ecke Jl Kathedral & Pasar; ⊙5–17 Uhr) Auf diesem Markt werden handgewebte Wandteppiche aus Flores und Sumba verkauft. Man kann feilschen, muss aber ganz deutlich machen, wenn man ein Angebot ablehnt. Mittags können die Läden geschlossen sein.

Pasar
MARKT

(Markt; Jl Pasar; ⊙7–18 Uhr) Man schlendert durch den aromatisch duftenden Markt, der sich vom Ufer bis in die Straßen hinzieht. Es gibt hier Plastikfässer voller Gemüse, Obst und eine beeindruckende Auswahl an Fisch.

🛏 Schlafen

Unterkünfte gibt's reichlich in der Stadt, doch sind sie eher fade. Viele Leute brettern unterwegs nach Osten Richtung Moni einfach durch Ende durch. Übernachtet man aber hier, erhält man zudem noch ein gutes Essen und etwas Atmosphäre und kann am nächsten Morgen gut erholt weiterfahren.

★ Dasi Guest House
PENSION $$

(☑0381-262 7049, 0852 1863 8432; yosdam@ yahoo.co.id; Jl Durian Atas 2; B/EZ/DZ 100 000/ 200 000/250 000 Rp; ❄🏠) Die freundliche Pension wird ihrem Motto „Hier fühlt man sich wie Zuhause" dank der äußerst hilfsbereiten Angestellten voll gerecht. Die 15 einfachen Zimmer gab's schon, ehe der Schlafsaal mit den elf kleinen Verschlägen gebaut wurde, trotzdem herrscht hier definitiv Hostel-Stimmung. Der Gemeinschaftsraum hat einen schönen Blick nach Süden. Es gibt kostenlosen Flughafentransfer und bei schlechtem Wetter eine Abholung von der Stadt, denn sonst geht man verloren.

🍴 Essen

★ Sari Rasa
INDONESISCH $

(☑0812 3925 3699; Jl Ahmad Yani; Hauptgerichte 25 000–45 000 Rp; ⊙18.30–22 Uhr) Das blitzsaubere Restaurant mit kahlen Wänden ist voller Traveller, die die regionale Küche probieren wollen. Martin, der charismatische Inhaber, ist der selbsternannte „Kapitän auf dem Boot". Während im Hintergrund Jazz zu hören ist, erläutert er die von seiner Frau zubereiteten Gerichte auf der kurzen Speisekarte an der Tafel.

Für das *ayam goreng* (Brathähnchen) werden im Dorf freilaufende Hühner verwendet; das Fleisch wird mariniert und weich gemacht und dann gebraten. *Empal* ist die javanische Version von Rinderbrust – ein Stück zartes, scharf gebratenes Rind-

NUSA TENGGARA ENDE

Ende

Ⓝ 0 ▬▬▬ 500 m

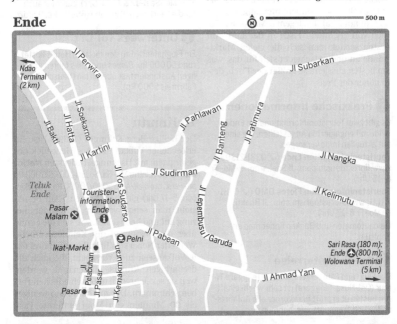

VERKEHRSMITTEL AB ENDE

Bus & Auto

Die Busse Richtung Osten fahren vom Busbahnhof Roworeke 8 km außerhalb der Stadt. Die Busse Richtung Westen starten vom Busbahnhof Ndao, der sich 2 km nördlich der Stadt an der Strandstraße befindet.

ZIEL	ART	PREIS (RP)	DAUER (STD.)	HÄUFIGKEIT
Bajawa	Bus	80000	5	mehrmals tgl.
Labuan Bajo	Bus	200000	12–15	tgl., 6 Uhr
Maumere	Bus	80000	5	regelmäßig, 7–16 Uhr
Maumere	Auto	150000	4½	regelmäßig, 7–16 Uhr
Moni	Bus	50000	2	mehrmals tgl.
Moni	Auto	100000	1½	stündl., 6–16 Uhr

Flugzeug

Wings, Garuda, Nam Air, TransNusa und Susi Air fliegen den **Flughafen Ende** (H Hasan Aroeboesman Airport; Jl Ahmad Yani) an, der sich fast in der Stadtmitte befindet.

ZIEL	FLUGLINIE	HÄUFIGKEIT
Kupang	Nam Air, TransNusa, Wings Air, Garuda	tgl.
Labuan Bajo	Wings Air, Lion Air, Garuda	tgl.
Tambolaka	Wings Air	tgl.

fleisch. Beide Gerichte werden mit reichlich süchtig machendem *serundeng* (würzige Kokosraspeln) bestreut.

Pasar Malam SEAFOOD **$**
(Nachtmarkt; Jl Bakti; Hauptgerichte ab 15000 Rp; ⊙17–24 Uhr) Bei Sonnenuntergang liegt in diesem am Strand gelegenen Markt der Geruch von gegrilltem Fisch in der Luft. Am besten schaut man sich die vielen Marktstände an und entscheidet sich für das, was am besten aussieht. Je größer der Fisch, desto höher der Preis.

🛈 Praktische Informationen

Es gibt zwei Touristeninformationen in Ende, beide mit engagierten Angestellten, die einen mit aktuellen Infos versorgen.
Touristeninformation Ende (☑ 0381-21303; www.florestourism.com; Jl Soekarno; ⊙Mo–Fr 8–15 Uhr)
Touristeninformation Flores DMO (☑ 0381-23141; www.florestourism.com; Jl Bhakti; ⊙Mo–Fr 8–17 Uhr)
Geldautomaten und Banken findet man im Zentrum.

🛈 An- & Weiterreise

Der Flug- und Fährverkehr in Nusa Tenggara Timur (Ost-Nusa-Tenggara) ist sehr wechselhaft. Am besten überprüft man vorher alle Abfahrtszeiten und Transportunternehmen.

SCHIFF/FÄHRE

Pelni hat alle zwei Wochen Schiffe nach Waingapu, Benoa und Surabaya, dann ostwärts nach Kupang und Sabu. Fahrkarten erhält man im hilfreichen **Pelni-Büro** (☑ 0381-21043; Jl Kathedral 2; ⊙Mo–Sa 8–12 & 14–16 Uhr), darunter auch für die Fahrt nach Waingapu (65000 Rp, 9 Std.).

🛈 Unterwegs vor Ort

Ein Flughafentaxi zu den meisten Hotels kostet rund 50000 Rp. *Bemos* und *ojeks* fahren in häufigen Abständen fast überall hin (pauschaler Fahrpreis 5000 Rp).

Kelimutu

Der heilige Berg Kelimutu (1639 m) ist ein erloschener Vulkan und das Herzstück des gebirgigen, mit Dschungel bedeckten **Nationalparks** (Eintritt Mo–Sa/So 150000/225000 Rp pro Pers., pro *ojek*/Auto 5000/10000 Rp; ⊙Ticketbüro 5–17 Uhr) gleichen Namens. Am besten steht man schon vor der Morgendämmerung auf und beobachtet, wie sich die Sonne über dem Westrand des Kelimutu erhebt. Wenn der Nebel sich hebt, kommen drei tiefe Vulkanseen zum Vorschein, die auch die dreifarbigen Kraterseen genannt werden, weil sie seit Jahren in unterschiedlichen Farben schimmern. Der mit dem Auto weniger als 30 Minuten von Moni entfernte Park schützt die gefährdete Flora und Fauna (inklusive 19 seltene Vogelarten) und andere Berge wie den Kelibara (1731 m).

Wer die heiligen Seen in seinen Träumen sieht, sollte die örtlichen Guides alarmieren – angeblich sollen sirenenartige Wesen die Leute rufen und in ihr Verderben stürzen, was sich aber mit den richtigen Gebeten und Opfergaben verhindern lässt.

Der Kelimutu ist für die hiesigen Lio heilig. Sie glauben, dass die Seelen der Verstorbenen in diese Seen wandern: Die Seelen der Jüngeren wandern in die Wärme des Tiwu Koo Fai Nuwa Muri, die Seelen der Älteren in die Kälte des Tiwu Ata Bupu und die Seelen der Sündhaften in den Tiwu Ata Polo. Bei der jährlichen Zeremonie der „Speisung der Ahnen" am 14. August werden zu Tänzen der Lio Schweinefleisch, Betelnüsse, Reis und andere wertvolle Gaben auf den zeremoniellen Felsen neben den Seen abgelegt.

Schon seit die Einheimischen den frühen holländischen Siedlern den Weg gewiesen haben, unternehmen Touristen diese Sonnenaufgangswanderung. Die meisten Besucher verlassen das nahegelegene Moni bereits um 4 Uhr, um den Blick auf die Seen bei Sonnenaufgang, nachdem sich der frühmorgendliche Dunst verzogen hat und bevor Wolken aufziehen, zu genießen. Nachmittags ist es auf dem Gipfel des Kelimutu meist leerer und friedlicher, und wenn die Sonne hoch am Himmel steht, kommen die Farben der Seen besonders zur Geltung.

Stufen führen hinauf zum höchsten Aussichtspunkt, dem Inspiration Point, von dem aus alle drei Seen zu sehen sind. Es ist nicht ratsam, auf dem losen Geröll rund um den Krater herumzukraxeln. Man hat keinen guten Halt, und der Abhang ist sehr steil, sodass unachtsame Wanderer hier bereits umgekommen sind.

Man wohnt besser in Moni anstatt den Kelimutu National Park im Rahmen eines Tagesausflugs zu besuchen. So ist man unabhängig, wenn schlechtes Wetter die Aussicht behindert oder die Straße hinauf zum Gipfel gesperrt ist. Auch bezüglich der Weiterfahrt sollte man flexibel sein, insbesondere während der Regenzeit.

🏃 Aktivitäten

Wer einen schönen Spaziergang durch die üppig-grüne Landschaft machen will, mietet sich ein Transportmittel für den Weg bis zu den Seen und geht dann zu Fuß zurück nach Moni. Die Wanderung bergabwärts, durch

das Dorf, vorbei an Reisfeldern und Sturzbächen, dauert etwa drei Stunden und ist nicht zu anstrengend. Ein *jalan potong* (Abkürzung) führt 3 km südlich des Ticketbüros von der Straße weg zurück nach Moni, dann durch das Dorf Manukako und anschließend 750 m oberhalb von Moni wieder zurück zur Hauptstraße. Ein zweiter Pfad zweigt vom Weg ab und führt durch die Dörfer Tomo, Mboti, Topo Mboti, Kolorongo und Koposili, vorbei an einem Wasserfall und dann zurück nach Moni, ohne sich wieder mit dem Highway zu vereinen. Man kann (muss aber nicht) in Moni einen Führer engagieren (350 000 Rp), der einem den Weg zeigt.

ℹ️ An- & Weiterreise

Das Ticketbüro liegt 8,5 km die asphaltierte Zufahrtsstraße hinauf, die 2 km westlich von Moni in den Trans-Flores-Hwy mündet. Der Parkplatz zum See ist weitere 4 km entfernt. Vom Parkplatz sind es 20 Minuten zu Fuß durch den Kiefernwald bis zum Inspiration Point. Um von Moni hierher zu gelangen, mietet man ein *ojek* (einfache Strecke/hin & zurück 60 000 Rp/100 000 Rp) oder ein Auto (max. 5 Pers., einfache Strecke/hin & zurück 250 000 Rp/350 000 Rp).

Moni

☑ 0361 / 7 604 EW.

Viele lassen Moni einfach links liegen und fahren stattdessen im Rahmen eines Tagesausflugs direkt zum Kelimutu mit seinen Kraterseen. Allerdings entgeht ihnen damit viel. Wer nicht in Eile ist, sollte ein paar Nächte in Moni einschieben. In dem hübschen, pittoresken Hügelstädtchen, das von Reisfeldern, grünen Vulkangipfeln und Thermalquellen umgeben ist, kann man wieder etwas runterkommen. Es geht hier sehr locker und gemächlich zu – das liegt an den freundlichen Einwohnern und einer Rasta-Gemeinde, die man so hier nicht erwarten würde und die gern Musik macht und die Traveller zum Mitmachen einlädt. Der auf einem Fußballplatz stattfindende Dienstagsmarkt lockt viele Leute von Nah und Fern an. Die Chancen stehen gut, dass man hier schöne *ikat*-Stoffe aus der Region abstauben kann.

🏃 Aktivitäten

Abgesehen von der Wanderung zum Kelimutu (S. 421) bietet Moni noch ein paar andere Möglichkeiten zum Wandern. Etwa 750 m von Monis Zentrum entfernt zweigt von der Straße nach Ende ein Trampelpfad ab und führt hinab zu einem 10 m hohen **air terjun** (Wasserfall) mit Badeteich und **air panas** (Thermalquellen) nahe dem Wasserfall. Der Pfad zweigt am **Rainbow Cafe** (📱 0813 3947 7300; ana.rainbow@ovi.com; Jl Trans Flores; Hauptgerichte 30 000–80 000 Rp; ⊙ 9–21 Uhr) nach links ab. Unbedingt sehenswert ist die atemberaubende Thermalquelle inmitten der Reisfelder bei **Kolorongo** (3,5 km ab Moni) auf dem Weg zum Kelimutu. Man kann aber auch an der Kirche vorbei Richtung Süden nach **Potu** und **Woloara** (ca. 2,5 km ab Moni) wandern.

🛏 Schlafen

Es scheint, als ob alle Einwohner von Moni am Trans-Flores-Highway Homestays eröffnen. Die meisten liegen in der Budget- oder Mittelklasse, doch in naher Zukunft werden die Preise anziehen - schon jetzt besteht ein großer Preisunterschied zwischen den Unterkünften gleichen Standards. Am besten schaut man sich gut um, damit man nicht abgezockt wird. Zwischen Juni und August empfiehlt sich die Vorausbuchung. Doch die Einheimischen kennen immer jemanden, der noch ein Bett frei hat, sollte man mal hier stranden.

Legend Guest House   PENSION $
(📱 0813 9831 3581; ino.alexander99@gmail.com; abseits der Jl Trans Flores, hinter dem Markt; Zi. 200 000 Rp) In dieser Pension mit drei Schlafzimmern fühlt man sich wie ein Familienmitglied. Die schlichten, aber makellosen Zimmer teilen sich ein Bad (samt Dusche mit Kieselboden). Der Besitzer Ino gibt Tipps zu Tagesausflügen und singt nebenbei im Café Mopi's Place. Die Pension liegt neben dem Markt und hat daher eine tolle Atmosphäre, eignet sich aber weniger für Langschläfer.

Mahoni Guest House   PENSION $$
(📱 0813 7212 3313; Jl Trans Flores; Zi. 350 000 Rp) Wer eine Gruppe freundlicher Rastalockenträger gemütlich unter einem Strohschirm vor einem weißen Haus sieht, hat das Mahoni gefunden. Der Inhaber Galank ist unglaublich herzlich zu seinen Gästen, die in vier blitzblanken Zimmern samt Warmwasserduschen übernachten. Im Preis inbegriffen ist das Frühstück mit Bananenpfannkuchen und frischem Obst - ein guter Start in den Tag.

Bintang by Tobias   PENSION $$
(📱 0812 3761 6940, WhatsApp 0823 4103 6979; www.bintang-lodge.com; Jl Trans Flores; EZ/DZ/FZ 385 000/440 000/800 000 Rp) Eine der besten Pensionen der Stadt. Das Bintang bietet fünf große renovierte Zimmer in zentraler Lage. Es gibt auch warmes Wasser (ein Segen in dem frischen Moni), und das Café (Hauptgerichte 30 000–99 000 Rp) hat eine offene Terrasse mit Blick auf die grüne Umgebung. Der superfreundliche Inhaber Tobias ist eine Fundgrube an Infos über die Region und kann Leih-Motorräder, Touren und Transportmittel organisieren.

★ Kelimutu Crater Lakes Ecolodge   LODGE $$$
(📱 0852 3324 8518, 0361-747 4205; www.ecolodgesindonesia.com; Jl Ende-Maumere, Km 54; Zi./Villa ab 800 000/1 000 000 Rp; ❄) 🅿 Dies ist die wohl hübscheste Unterkunft in Moni. Sie befindet sich östlich der Stadt am Fluss und bietet 21 Zimmer und Villen, die mit Fliesen im Kieselmuster, Warmwasser, teilweise auch mit Sonnenenergie und Sitzbereichen im Freien ausgestattet sind. Überquert man die Brücke über den plätschernden Bach, kann man die Reisterrassen bewundern. Das Restaurant (Hauptgerichte 40 000–65 000 Rp) serviert örtliche Spezialitäten.

🍴 Essen

★ Mopi's Place   CAFÉ $
(📱 0812 3956 4019, 0813 3736 5682; Jl Trans Flores; Frühstück 25 000–35 000 Rp, Hauptgerichte 35 000–55 000 Rp; ⊙ 8–22 Uhr; 🍃) Moni hat eine überraschend ansteckende Atmosphäre, und hier ist das Epizentrum. In dem offenen indonesisch-australischen Café beginnt der Tag mit Kaffee aus der Region, hausgemachter Sojamilch und frisch gebackenem Brot, gefolgt von außergewöhnlichen indonesischen Gerichten mit vielen vegetarischen Optionen und endet - falls musikalisch begabte Einheimische vor Ort sind - auf dem Tanzparkett bei live gespieltem Reggae, der durch die Berge hallt.

Wer bis Mittag bestellt, bekommt ein Abendbüfett *nasi bamboo* mit *tapa kolo* - auf Kohlen gegarter Kokosreis in einem Bambusrohr mit Hühnchen (und/oder Fisch), Gemüse und Beilagen (150 000 Rp/Pers., für mind. 2 Pers.).

Good Moni   INDONESISCH $$
(📱 0813 5377 5320; Jl Trans Flores; Hauptgerichte 40 000–80 000 Rp; ⊙ 8–21 Uhr; 🍃) Das auf dem Gipfel der Stadt gelegene Freiluftrestaurant mit einem freundlichen Küchenchef und Inhaber sowie Blick in die nebelverhangenen Hügel lohnt einen Besuch. Indonesisches Essen ist die Spezialität, aber es gibt

VERKEHRSMITTEL AB MONI

ZIEL	ART	PREIS (RP)	DAUER (STD.)	HÄUFIGKEIT
Ende	Bus	30 000	2	mehrmals tgl.
Ende	Sammeltaxi	50 000	1½	mehrmals tgl.
Maumere	Bus	50 000	3	mehrmals tgl.
Maumere	Sammeltaxi	80 000	2½	mehrmals tgl.

auch Pastagerichte. Ein Blick auf die Tafel verrät die Tagesgerichte; auf jeden Fall sollte man die Moni-Kroketten probieren. Dies ist wohl das einzige Lokal in Moni mit WLAN.

❶ An- & Weiterreise

Man reist morgens immer am besten, wenn die Busse in der Regel nur halb voll sind. Die Busse am Nachtmittag sind meistens überfüllt. Nicht über die Unterkunft buchen – den Bus einfach heranwinken, wenn er durch die Stadt fährt.

Ein privates Auto vom Flughafen Ende nach Moni kostet 500 000 Rp (einfache Strecke). Man bucht an dem Stand nahe der Gepäckausgabe.

Motorräder (100 000 Rp/Tag) und Autos mit Fahrer (800 000 Rp/Tag) erhält man im Bintang by Tobias (S. 422).

Fahrer und Transportmittel sollte man immer über vertrauenswürdige Einheimische, Unterkünfte oder Homestays organisieren und die Straßenverkäufer von Fahrkarten meiden, um nicht abgezockt zu werden. Wer unsicher ist, fragt am besten Tobias im Bintang.

Paga

📞 0382 / 15 598 EW.

Auf halber Strecke zwischen Moni und Maumere gibt's einen Abschnitt mit traumhaften Stränden. Der Trans-Flores-Highway schwenkt in diesem von Reisbauern und Fischern bewohnten Weiler hinunter an die Küste, wo der breite tosende Fluss auf eine beschauliche Bucht trifft.

◎ Sehenswertes

Die grüne Landschaft lockt einen von den schönen Stränden weg landeinwärts. Man kann zu dem nahegelegenen Dorf **Nuabari** mit fantastischem Blick auf den Ozean und Megalithgräbern wandern. Agustinus Naban (www.floresgids.com) vom Restaurant Laryss (S. 423) fungiert gern als Guide (500 000 Rp/Tag).

Pantai Paga　　　　　　　　　　STRAND

Der Trans-Flores-Highway verläuft parallel zu diesem herrlichen langen, weißen Sandstrand. Das Wasser ist hier perfekt zum Ba-

den. Man kann hier gut und gern einen ganzen Nachmittag verbringen.

★Pantai Koka　　　　　　　　　STRAND

(Eintritt Pers./Auto 10 000/20 000 Rp) Rund 5 km westlich vom Pantai Paga führt eine kleine, teilweise asphaltierte Straße auf 2 km durch eine Kakaoplantage zu einer herrlichen Doppelbucht. Direkt vor einer Landspitze liegen hier zwei perfekt halbmondförmige Sandstrände, einer ist geschützt, der andere blickt frei aufs Meer hinaus. Im **Blasius Homestay** kann man gegrillten Fisch essen (50 000 Rp) und in schlichten Bambushütten übernachten (Zi. 200 000 Rp).

🛏 Schlafen & Essen

Inna's Homestay　　　　GASTFAMILIE $$

(📞 0813 3833 4170; innanadoke@gmail.com; Jl Maumere-Ende, Pantai Paga; Zi. 300 000–450 000 Rp) Das direkt am Strand gelegene Homestay mit einer Veranda hinten – samt Hängematte für den maximalen Genuss des Meerblicks – bietet vier schlichte, aber makellose Zimmer, eines davon mit imponierend renoviertem Bad. Wem die Meeresbrise nicht reicht, der kann zur Abkühlung den Ventilator einschalten.

★Restaurant Laryss　　　　SEAFOOD $$

(📞 0852 5334 2802; www.floresgids.com; Jl Raya Maumere-Ende; Hauptgerichte 30 000–35 000 Rp, Fisch bis 150 000 Rp; ⊙ Küche 9–22 Uhr) Diese Fischbude am Strand sollte man nicht versäumen. Man sitzt im Baumschatten an einem Tisch direkt auf dem Sandstrand und bestellt den Fang des Tages oder ein exzellentes *ikan kuah assam* (Tamarinden-Fischsuppe). Das hiesige *sambal* schmeckt nach mehr. Cecilia, die Frau des Inhabers und Guides Agustinus Naban, reibt den Fisch mit Kurkuma und Ingwer ein, beträufelt ihn mit Zitrone und grillt ihn dann über Kokosschalen.

Es gibt hier noch zwei sehr einfache Zimmer (200 000 Rp), die der improvisierten Architektur entsprechen und sich direkt zum Strand hin öffnen.

❶ An- & Weiterreise

Tagsüber fahren hier regelmäßig Busse vorbei. Man winkt sie einfach heran. Die Fahrt ostwärts nach Maumere kostet 15 000 Rp, westwärts nach Moni 30 000 Rp. Ein Sammeltaxi von Moni bis Paga kostet ab 50 000 Rp pro Person.

Maumere

☑ 0382 / 54 000 EW.

Das mit einer langen, heiteren Küste vor der Kulisse geschichteter Hügel gesegnete und von Inseln gesäumte Maumere ist die logische Endstation einer Tour durch Flores. Mit guten Flugverbindungen nach Bali und Timor ist Maumere das Tor nach Flores Timur (Ost-Flores). Der bei dem verheerenden Erdbeben von 1992 weitgehend zerstörte Ort wurde vollständig wiederaufgebaut und ist heute ein betriebsames, staubiges städtisches Drehkreuz. Glücklicherweise muss man nicht im Zentrum übernachten, denn die schönsten Unterkünfte finden sich gleich östlich an der Küste. Taucher schätzen die bei dem Erdbeben zerstörten „Meeresgärten" von Maumere, die sich inzwischen wieder erholt haben. Diese beliebte Tauchstelle ist von Waiara aus erreichbar.

🛏 Schlafen & Essen

⭐ **Pantai Paris Homestay** GASTFAMILIE $
(☑ 0812 3895 8183; www.pantaiparishomestay. wordpress.com; Pantai Paris, Jl Larantuka-Maumere; B/DZ 110 000/300 000 Rp; ❷) ☘ Die von einer umweltbewussten und sozial engagierten Familie betriebene Anlage in einem tropischen Garten am Meer ist die wohl beste Unterkunft der Budgetklasse hier. Es gibt vier private Zimmer mit Bambusmöbeln und Moskitonetzen und einen geräumigen Schlafsaal mit neun Betten und einem hübschen, halboffenen Gemeinschaftsbad. Sonntags sind alle eingeladen, bei der Saubermachaktion am Strand oder schnorchelnd unter Wasser mitzumachen. Mit dem Kauf der hausgemachten Bio-Tees unterstützt man behinderte Einheimische.

Die charismatische Inhaberin Susi macht Marmelade, Schokolade und sogar Drachenfruchtwein selber. Es gibt einen kleinen Laden am Eingang, der aus Strandgut gebastelte Accessoires verkauft. Diese Unterkunft arbeitet eng mit einer NGO zusammen, um die Leute in der Müllbeseitigung und -vermeidung zu schulen. Liegt in der Nähe vom Flughafen und dem Busbahnhof Lokaria.

Wailiti Hotel HOTEL $$
(☑ 0382-23416, 0821 4717 5576; wailitihotel@ yahoo.co.id; Jl Da Silva; Zi./Bungalow ab 400 000/ 450 000 Rp; ❉ 🛜 🛏) Maumeres netteste Unterkunft bietet ordentliche Zimmer und Bungalows auf einem weitläufigen Gelände an einem schmalen schwarzen Sandstrand samt modischer Tiertretboote. Das einfache Restaurant serviert akzeptable Meeresfrüchte und indonesische Standardgerichte (Hauptgerichte 35 000–60 000 Rp). Auf dem Gelände gibt's auch einen Tauchladen. Die Anlage liegt 6,5 km westlich vom Zentrum; ein Taxi vom Flughafen kostet 100 000 Rp.

Pasar Malam INDONESISCH $
(Nachtmarkt; abseits der Jl Slamet Riyadi; Hauptgerichte ab 15 000 Rp; ⊙ 17–23 Uhr) Neben guten,

---

VERKEHRSMITTEL AB MAUMERE

Bus

ZIEL	ART	PREIS (RP)	DAUER (STD.)	HÄUFIGKEIT
Ende	Bus	80 000	5	mehrmals tgl.
Ende	Auto	100 000	4½	mehrmals tgl.
Larantuka	Bus	60 000	4	mehrmals tgl.
Larantuka	Auto	80 000	3	mehrmals tgl.
Moni	Bus	50 000	2½	mehrmals tgl.
Moni	Auto	80 000	3	mehrmals tgl.

Flugzeug

ZIEL	FLUGLINIE	DAUER (STD.)	HÄUFIGKEIT
Bali	Garuda, Wings Air	2	tgl.
Kupang	Nam Air, Wings Air	1	tgl.

spottbilligen indonesischen Spezialitäten wie *nasi goreng* findet man auf dem großen Nachtmarkt wie zu erwarten viele Stände, an denen frischer Fisch gegrillt wird.

❶ Praktische Informationen

Banken und Geldautomaten gibt's im Zentrum.

❶ An- & Weiterreise

BUS

Es gibt zwei Busbahnhöfe. Die Busse und Toyota Kijangs Richtung Osten nach Larantuka starten am **Busbahnhof Lokaria** (Jl Raja Centis), 3 km östlich der Stadt. Vom 1 km südwestlich der Stadt gelegenen **Busbahnhof Madawat** (Jl Gajah Mada) starten die Busse Richtung Westen. Die Fahrpläne werden selten eingehalten – oft wartet der Bus, bis genug Fahrgäste eingestiegen sind, und nicht selten fahren die Busse erst gar nicht in den Busbahnhof, sondern lassen die Leute in den umliegenden Straßen einsteigen.

FLUGZEUG

Es gibt Flugverbindungen zwischen Maumere und Bali sowie Kupang. Büros der Fluglinien und Reisebüros finden sich im Zentrum an der Jl Pasar Baru Timur.

Maumeres **Frans Seda Airport** (Flughafen Wai Oti) liegt 3 km östlich der Stadt, 800 m abseits der Straße zwischen Maumere und Larantuka.

Die Fahrt im Taxi von/zur Stadt kostet pauschal 60 000 Rp.

❶ Unterwegs vor Ort

Ein Leihwagen kostet inklusive Fahrer und Benzin je nach Fahrtziel 800 000 bis 1 000 000 Rp pro Tag. Die Hotels können Mietwagen und Motorräder für 100 000 Rp beschaffen.

Waiara

Waiara ist der Ausgangspunkt für Touren zu den „Meeresgärten" von Maumere, die einst zu den besten Tauchspots in Asien zählten. Beim Erdbeben von 1992 und dem folgenden Tsunami wurden die Riffe rund um Pulau Penman, Pulau Besar und Pulau Babi zerstört. Inzwischen haben sie sich weitgehend erholt. Durch das Erdbeben entstand auch „The Crack" vor Pulau Babi, das nun ein Taucher-Hotspot ist, an dem das Meeresleben gedeiht.

🛏 Schlafen

In Waiara finden sich einige der hübscheren Unterkünfte der Region in Resorts am Strand.

Sea World Club RESORT $$
(Pondok Dunia Laut; ☎0382-242 5089, 0821 47770 0188; www.flores-seaworldclub.com; Jl Nai Roa; Cottage mit DZ/3BZ ab 600 000/650 000 Rp, Strandbungalow ab 1 100 000 Rp; ❋🖥📶) Das bescheidene Resort am schwarzen Sandstrand, gleich abseits der Straße nach Larantuka, wurde zur Schaffung von Arbeitsplätzen und zur Unterstützung des örtlichen Tourismus gegründet. Es gibt hier einfache, strohgedeckte Cottages und modernere, komfortable klimatisierte Bungalows. In Zeiten größerer Nachfrage muss man mit zusätzlichen 200 000 Rp pro Nacht rechnen.

Es gibt hier auch ein ordentliches Restaurant (Hauptgerichte 45 000–95 000 Rp) und einen Tauchladen (2 Tauchgänge inkl. Ausrüstung 1 000 000 Rp).

Coconut Garden Beach Resort RESORT $$$
(☎0821 4426 0185; www.coconutgardenbeachresort.com; Jl Nasional Larantuka, Km 15; DZ/Bungalow 450 000/1 250 000 Rp; ❋🖥📶) Das Resort inmitten von Kokospalmen ist dermaßen ordentlich, dass man fast den Eindruck hat, als würde der Sand hinter einem geharkt. Die acht Bambus-Bungalows haben geschwungene Dächer und tolle Außenbäder, doch bei den teuren Budgetzimmern (mit Gemeinschaftsbad) zahlt man vor allem für die Lage. Es gibt auch ein Restaurant (Hauptgerichte 33 000–77 000 Rp) und Wassersport, aber vor allem die kleinen Details machen die Anlage liebenswert.

❶ An- & Weiterreise

Man nimmt in Maumere irgendeinen Bus Richtung Talibura oder Larantuka und fährt 12 km bis Waiara (10 000 Rp, ca. 20 Min.). Die Resorts sind am Highway ausgeschildert.

Wodong

Die Ansammlung von Stränden und Resorts gleich östlich von Waiara hat ihren Mittelpunkt im 26 km östlich von Maumere gelegenen Wodong. Die hiesigen schmalen Palmenstrände wie Ahuwair, Wodong und Waiterang sind ruhig und wunderschön.

Hier gibt's eine beeindruckende Vielfalt von Tauch- und Schnorchelstellen und ein artenreiches Meeresleben vor der Küste von Pulau Babi, Pulau Besar und Pulau Pangabatang, ein gesunkenes japanischen Schiff aus dem Zweiten Weltkrieg und buntes Mikroleben im „Schlamm" (seichten Wattenmeer). Nach dem verheerenden Erdbeben von 1992, bei dem die Riffe große Schäden erlitten, haben sie sich inzwischen wieder weitgehend erholt, weil neue Korallen nachgewachsen sind. Im November werden auch Walbeobachtungstouren angeboten – allerdings wird man vermutlich auch vom Strand aus die vorbeiziehenden Pottwale erspähen können.

🛏 Schlafen

Die meisten Unterkünfte sind schlichte, aber geschmackvolle Strandrefugien, die 10 bis 500 m von der Straße entfernt liegen und am Highway ausgeschildert sind.

Sunset Cottages BUNGALOWS **$**
(📱 0812 4602 3954, 0821 4768 7254; sunsetcotta ges@yahoo.com.uk; Jl Maumere-Larantuka, Km 28; DZ/FZ 250 000/350 000 Rp) Die Sunset Cottages liegen an einem abgeschiedenen schwarzen Sandstrand mit Blick auf eine Insel im Schatten wogender Kokospalmen. Die strohgedeckten Bungalows aus Kokosholz und Bambus haben westliche Toiletten und *mandis* sowie Terrassen mit Blick aufs Meer. Man kann hier Schnorchelutensilien ausleihen (25 000 Rp/Tag), und es gibt ein Restaurant (Hauptgerichte 25 000–40 000 Rp). Im **Sante Sante** (📱 0813 3734 8453; www.santesante-homestay-flores.com) nebenan kann man sich einen Drink bei Sonnenuntergang gönnen.

Lena House BUNGALOWS **$**
(📱 0813 3940 7733; www.lenahouseflores.com; Jl Maumere-Larantuka, Km 28; Zi. ab 175 000 Rp) Das Lena bietet ein zehn saubere Bambus-Bungalows verteilt auf zwei Grundstücke (das Lena 2 ist per Boot erreichbar) an einer spektakulären, von grünen Bergen gesäumten Bucht. Die nette Familie arrangiert Schnorcheltouren (100 000 Rp/Pers.) und Wanderungen auf den Gunung Egon (100 000 Rp) hinauf, aber vielleicht will man lieber unter den Palmen die Beine ausstrecken und die Gedanken schweifen lassen.

★ Ankermi Happy Dive BUNGALOWS **$$**
(📱 nur Textnachrichten 0821 4778 1036; www.anker mi-happydive.com; Jl Larantuka-Maumere, Watumita; Bungalow mit EZ/DZ ab 295 000/365 000 Rp; ✴ ✴) Das von Claudia und Kermi geführte, balinesisch inspirierte Ankermi hat acht nette, geflieste und strohgedeckte Bungalows mit eigenen Veranden und tollem Meerblick (nur mit Ventilator) oder mit Blick auf den Garten (mit Klimaanlage). Der Tauchladen ist der beste in der Region Maumere (Tauchen an der Küste/in der Nacht/

vom Boot aus ab 25/35/35 €). In dem Restaurant (Hauptgerichte 42 000–95 000 Rp) kommen Reis und Gemüse aus Bio-Anbau in der Region zum Einsatz.

ℹ An- & Weiterreise

Wodong, das Hauptdorf in der Gegend, liegt an der Straße zwischen Maumere und Larantuka. Vom Busbahnhof Lokaria (S. 425) in Maumere nimmt man einen beliebigen Bus oder ein *bemo* Richtung Talibura, Nangahale oder Larantuka (5000 Rp). Ein *bemo* von Wodong nach Waiterang kostet weitere 5000 Rp. Die einfache Fahrt in einem Auto von Maumere kostet rund 150 000 bis 200 000 Rp und ein *ojek* 75 000 bis 100 000 Rp. Busse kommen den ganzen Tag über vorbei.

ALOR-ARCHIPEL

Alor ist das letzte Glied der Kleinen Sundainseln, der Inselkette, die sich von Java Richtung Osten erstreckt. Die traumhaft schönen, entlegenen Eilande faszinieren durch ihr raues und unwegsames, vulkanisches Terrain. Hier erwarten einen bröckelige Straßen aus roter Tonerde, schroffe Gipfel, weiße Sandstrände und kristallklare Buchten, in denen sich prima tauchen lässt.

Von der Außenwelt und durch schroffes Gelände auch voneinander isoliert, teilen sich die 212 000 Bewohner dieses winzigen Archipels in 134 Stämme mit 18 Sprachen und 52 Dialekten auf. Obwohl die Holländer nach 1908 in den Küstenregionen örtliche Radschas einsetzten, hatten sie nur wenig Einfluss, sodass es hier noch bis in die 1950er-Jahre Kopfjäger gab. Heute ist der Animismus weitgehend durch den Islam und das Christentum verdrängt worden. In stärker bewohnten Gebieten findet man an der Küste Moscheen neben auffälligen, mit pastellfarbenen Fliesen verzierten Grabstätten.

Obwohl Pulau Alor inzwischen von einfachen Straßen durchzogen ist, sind Boote noch immer das übliche Verkehrsmittel. Die wenigen Touristen, die hier landen, bleiben meistens auf dem nahe gelegenen Pulau Kepa oder unternehmen hier Tauchsafaris.

Kalabahi

📱 0386 / 61 000 EW.
Kalabahi, die größte Stadt auf Pulau Alor, liegt am Ende einer spektakulären, 15 km langen, von Palmen gesäumten Bucht an der Südküste. Traveller wollen hier die Küste

und die nahen Inseln erkunden und nutzen die Stadt als Basis, die im Vergleich zu den Stränden und der Verlockung der Tauchstellen verblasst. Abgesehen von einigen eindrucksvollen Banyanbäumen, an denen man sich prima orientieren kann, gibt's an der staubigen Hauptstraße nicht viel zu sehen. Allerdings sind Ausländer, die hier herumlaufen, für die Einheimischen eine echte Attraktion, mit denen sie gern auch ein Schwätzchen halten. Ausschau halten nach Schulkindern und Beamten, die donnerstags zur Pflege der Tradition Westen aus gewebten *ikat*-Stoffen über ihrer Uniform tragen.

◉ Sehenswertes & Aktivitäten

Pasar Kedelang MARKT
(Kedelang; ☺ 7.30–19.30 Uhr) Auf Alors aufregendstem Frischmarkt kann man sich unter die Einheimischen mischen. Pyramiden von Gemüse türmen sich auf den Tischen, Betelnüsse, Blumen und Blätter liegen hübsch arrangiert auf Planen auf dem Boden, und überall gibt's *kenari* (mandelartige Nüsse). Für den kleinen Hunger besorgt man sich *nasi* mit Beilagen als Wrap (5000 Rp), und beim Kauf von örtlichen *ikat*-Stoffen kann man sein Geschick im Feilschen unter Beweis stellen.

Pantai Maimol STRAND
Einer der besten Strände in der Nähe von Kalabahi ist dieser weiße Sandstrand 10 km außerhalb der Stadt an der Straße zum Flughafen. Hier kann man gut ein paar Stunden verstreichen lassen. Bei unserem letzten Besuch begann an der gegenüberliegenden Straßenseite gerade der Bau eines Hotels.

Museum Seribu Moko MUSEUM
(Museum der 1000 Trommeln; ☑ 0852 3868 9169; Jl Diponegoro; Eintritt 15 000 Rp; ☺ Mo–Do 8–13, Fr bis 11 Uhr) Das bescheidene, für seine Sammlung von *moko* (Bronzetrommeln; die Zahl 1000 ist eher symbolisch) berühmte Museum liegt gleich westlich vom Markt und hat ein paar ordentliche englische Broschüren zur Sammlung, die mehr als 700 kulturelle Artefakte aus den 17 Distrikten von Alor und natürlich Trommeln umfasst. Einige Trommeln haben Muster, die auf Südostasien um 700 v. Chr. verweisen, und eine wurde angeblich entdeckt, nachdem ihr Fundort durch einen Traum enthüllt wurde.

Alor Dive TAUCHEN
(☑ 0813 3964 8148, 0386-222 2663; www.alor-dive.com; Jl Suka Maju; Tagestrip mit 2 Tauchgängen ab 79 €; ☺ 8–16 Uhr) Dieser von einem deutschen Auswanderer geführte Tauchladen organisiert alle möglichen Tauchtrips von halbtägigen Ausflügen bis zu einwöchigen oder längeren Touren. Er hat jahrelange Erfahrung in den schönen Gewässern vor Ort.

Mila Salim TOUREN
(☑ 0822 3619 2859; milanur266@yahoo.com) Mila Salim ist eine exzellente Reiseleiterin und Englischlehrerin, die bei Trips durch

---

VOR DER KÜSTE VON ALOR

Die Tauchveranstalter auf Alor fahren regelmäßig mehr als 42 Tauchstätten im Archipel an. Man taucht zu Felswänden, Hängen, Höhlen, Felszinnen und Riffen, und in der Bucht von Alor finden sich auch gute Bedingungen zum Sedimenttauchen. Vor allem aber zeichnet sich Alor durch seine völlig unberührten Riffe mit intakten Weich- und Hartkorallen aus. Die Tauchstätten sind nie überfüllt, das Wasser ist kristallklar, und man hat gute Chancen, Fuchshaie, Schulen von Delfinen und, im November, auch vorbeiziehende Pottwale zu erblicken. Allerdings ist die Strömung oft unberechenbar, und das Wasser kann bis zu 22 °C kalt sein. Diese kühlen Temperaturen halten die Korallen am Leben und sorgen für ihr spektakuläres Erscheinungsbild. Man sollte schon 30 Tauchgänge auf seinem Konto haben, ehe man sich in diese Gewässer wagt!

Alle Taucher müssen eine Meeresparkgebühr von 50 000 Rp pro Tag bezahlen, mit der die Verwaltung des 4000 km² großen Meeresparks finanziert wird. Der WWF unterstützt die Regierung bei der Parkverwaltung und dem Schutz dieser einmaligen Meereswelt.

Eingeklemmt zwischen Pulau Pantar und Alor liegt **Pulau Pura**, wo sich einige der besten Tauchstätten des Alor-Archipels befinden. **Pulau Ternate** (nicht zu verwechseln mit der gleichnamigen, zu den Molukken gehörenden Insel) bietet auch einige prächtige Tauch- und Schnorchelstätten. **Uma Pura** ist ein interessantes Weberdorf auf Ternate mit einer recht auffälligen, holzgezimmerten Kirche. Um hinzukommen, chartert man in Alor Besar oder Alor Kecil ein Boot (150 000 Rp) oder nimmt ein Motorbike zum Padang-Lokal im Dorf Alor Besar (hin & zurück 10 000 Rp).

Alor hilfreich ist und den ersten Laden für *oleh-oleh* (Souvenirs) in Kalabahi zur Unterstützung örtlicher Kunsthandwerker eröffnet hat.

🛏 Schlafen & Essen

Cantik Homestay PENSION $
(☑ 0821 4450 9941, 0386-21030; Jl Dahlia 12; EZ/DZ 150 000/200 000 Rp; ❄) Die zwölf gefliesten und klimatisierten Zimmer mit eigenem Bad sind einfach, aber ruhig sind liegen in einem schattigen Wohnviertel. Man kann ein Motorrad ausleihen (75 000 Rp/Tag) und das gemeinsame Essen (ab 25 000 Rp/Pers.) genießen, zumal der Mitbesitzer ein wundervoller Koch ist. Beim Frühstück wünscht einem Jacob, der Vogel im Käfig, auf Englisch und Indonesisch einen guten Morgen.

Eine gute Alternative ist das **Dinda Home Stay** (EZ/DZ 200 000/250 000 Rp) auf der gegenüberliegenden Straßenseite.

Pulo Alor Hotel HOTEL $$
(☑ 0386-21727, 0852 3380 0512; puloalorhotel@gmail.com; Jl Eltari 12; Zi. ab 549 000 Rp; ❄ 🛜 🍴) Obwohl etwas kahl, ist dies die beste Option für hotelverwöhnte Traveller. Es gibt hier 30 Zimmer mit TV, Schreibtisch, Trinkwasser und Terrasse mit Blick auf die Alor-Bucht und die grünen Hügel dahinter. Auf dem Gelände befinden sich auch ein Swimmingpool und ein Restaurant. Kostenlose Abholung vom Flughafen.

Rumah Makan Jember INDONESISCH $
(☑ 0813 5392 9118; Jl Pamglima Polim 20; Hauptgerichte 15 000–30 000 Rp; ☻ 7–19.30 Uhr) Bevor man die Jl Suka Maju hinunter zum Alor Dive geht, sollte man erst einmal in diesem fantastischen Lokal einkehren, das mit seinen giftgrünen Vorhängen aussieht wie das geflieste Esszimmer bei jemandem zu Hause. Man geht schnurstracks zur Theke, wo *sayur* (Gemüse), Hühnchen-*sate*, Nudeln, tempeh u. a. aufgehäuft ist. Nachdem man sich entschieden und bestellt hat, sucht man sich einen Stuhl und lässt sich das Essen schmecken.

Resto Mama INDONESISCH $$
(☑ 0822 1320 2525; Jl Buton 15; Hauptgerichte 25 000–65 000 Rp; ☻ Mo–Fr & So 10–22, Sa bis 23 Uhr; 🛜) Das mit Holz und Bambus dekorierte Restaurant steht 50 m westlich vom Pasar Kedelang auf Stelzen über der Bucht. Es gibt hier viele Meeresfrüchte und indonesische Gerichte, doch die Spezialität des Hauses ist *ikan kuah assam mama*, eine süß-saure

Fischsuppe mit feuriger, mit Tamarinde gewürzter Brühe. Die Bedienung ist manchmal nervig langsam.

Wer Lust hat, fragt, ob das Karaokezimmer (1 Std. 50 000 Rp) frei ist.

ℹ Praktische Informationen

BNI Bank (Jl Sudirman; ☻ Mo–Fr 8–16 Uhr) Hat auch einen Geldautomaten.

Krankenhaus (☑ 0386-21008; Jl Dr Soetomo 8; ☻ 24 Std.) Rund um die Uhr geöffnetes Krankenhaus in zentraler Lage.

ℹ An- & Weiterreise

Wings Air fliegt in 45 Minuten nach Kupang. Der 16 km von Kalabahi entfernte, winzige **Flughafen** ist merkwürdig unorganisiert. Frühzeitig einchecken, um nicht ins Gedränge zu geraten.

ADSP-Fähren bedienen Kupang und Larantuka. Die Fähren starten am 1 km südwestlich vom Zentrum gelegenen **Fährhafen**; das sind zehn Minuten zu Fuß oder 3000 Rp mit einem *bemo*. Es fahren zwei Fähren pro Woche nach Kupang (114 000–168 000 Rp, 18 Std.) und eine nach Larantuka (107 000 Rp, 12 Std.). Drei Pelni-Schiffe pro Monat fahren vom **Hauptpier** im Zentrum u. a. nach Kupang, Sabu, Rote, Ende, Waingapu und Bima. Das **Pelni-Büro** (☑ 0386-21195; www.pelni.co.id; Jl Cokroaminoto 5; ☻ 8–17 Uhr) befindet sich am Hauptpier.

Busse und *bemos* fahren nach Alor Kecil (Klein-Alor, 5000 Rp, 30 Min.) und Alor Besar (Groß-Alor, 7000 Rp, 40 Min.). Abfahrt ist in Kalabahi am zentral gelegenen Pasar Tabakar und am Pasar Kedelang (S. 427). Man kann auch vom Flughafen ein Taxi nehmen (150 000–200 000 Rp).

ℹ Unterwegs vor Ort

Der Flughafen ist 16 km von der Stadt entfernt. Ein Taxi kostet pauschal 100 000 Rp bzw. 50 000 Rp für eine Person.

In der Stadt kommt man jeweils mit *bemos* herum (3000 Rp/Fahrt). Stadtauswärts in die Dörfer fahren die blauen *bemos* (5000–10 000 Rp).

Bei Cantik Homestay (S. 428) kosten Motorräder 75 000 Rp pro Tag, anderswo 100 000 Rp. *Ojeks* kann man leicht mieten (150 000 Rp/Tag).

Die örtliche Reiseführerin Mila Salim (S. 427) hilft bei Trips in ganz Alor.

Rund um Kalabahi

Rund 13 km östlich vom Zentrum Kalabahis liegt **Desa Takpala**, ein majestätisch auf einem Berg thronendes, gut erhaltenes Dorf der Abui, der größten Volksgruppe auf Alor. Es ist eines der zugänglicheren und touristenfreundlichen Dörfern, in dem die Einheimischen den Besuchern gern ihre mehrstöckigen Häuser mit pyramidenförmigen Grasdächern, unter denen Lebensmittel gelagert werden, zeigen. Eine Spende von 50 000 Rp ist angemessen, wenn man sich ins Gästebuch einträgt.

Sollte man zeitgleich mit einer größeren Reisegruppe hier sein, könnte das Erlebnis ein wenig gestellt wirken: Die Besucher werden in traditionelle Trachten gehüllt, dann werden Fotos geschossen, und es findet plötzlich ein kleiner Kunsthandwerksmarkt statt. Positiv ist allerdings, dass wegen der hohen Kosten nur für größere Gruppen Vorführungen traditioneller *lego-lego*-Tänze stattfinden, sodass man sich ihnen anschließen kann. Christian von Cantik Homestay (S. 428) kann die Tanzvorführung organisieren (ab 1 500 000 Rp).

Man kann auch eine faszinierende Tour durch die Dörfer auf dem „Vogelkopf" machen, der unverwechselbar geformten Nordhalbinsel von Alor. Von Kalabahi geht's Richtung Nordosten nach **Mombang**, hinauf durch das von Gewürznelkenbäumen und Kaffeesträuchern geprägte **Kopidil** (wo die Zeremonialkleidung aus Baumrinde hergestellt wird) bis nach **Tulta** und dann zum atemberaubend weißen Sandstrand von **Batu Putih**, das 10 km nördlich von Mali vor einem Hintergrund aus Granitfelsen und Kornfeldern an einer türkisblau-smaragdgrünen Lagune liegt. Man kann ein Motorrad mieten (100 000 Rp/Tag) oder ein *ojek* (150 000 Rp/Tag) chartern. Man braucht viel Wasser, eine Lunchbox und, um Bekanntschaft mit Einheimischen zu schließen, *pinang* (Betelnüsse), Zigaretten und sein bestes Indonesisch.

Wanderer und Motorradfahrer, die die schroffe Landschaft hier mögen, können eine längere Tour unternehmen und zwei oder drei Tage in der grünen und gebirgigen Gegend, die das Rückgrat des Zentralen Alor ausmacht, wandern. Eine Route führt von **Mainang** nach **Kelaisi** und weiter nach **Apui**. Ein weiterer Rundweg beginnt in **Ateng** und führt über **Melang** nach **Lakwati**. Dies sind alles sehr arme, rein traditionelle Dörfer. Die schlechten Straßen und Wege machen zudem das Vorankommen nicht gerade leicht. Man schläft in einfachen Dorfunterkünften (ab 100 000 Rp/Pers.), und auch das Essen ist sehr einfach. Nicht in allen Dörfern gibt es Toiletten. Für den Fall der Fälle sollte man Verpflegung und Wasser

selbst mitbringen und die Ansprüche zurückschrauben.

Strände

Auf **Alor Besar** (Groß-Alor) und dem nahe gelegenen **Alor Kecil** (Klein-Alor) gibt es hübsche Korallenstrände, an denen man hervorragend schnorcheln kann. Der beste ist bei **Sebanjar**, 3 km nördlich von Alor Kecil. Das Wasser hier ist herrlich kühl, und vor der Küste gibt es einen atemberaubenden Weichkorallengarten. Alor Kecil ist auch der Ausgangspunkt für Touren nach **Pulau Kepa**.

Aktivitäten

Dugongs beobachten   SCHNORCHELN
(☏ 0812 3697 8212; Jl Bandara, Dorf Kabola) Ein paar hundert Meter vom Flughafen entfernt steht ein buntes Haus mit einem Dugong aus Beton auf dem Grundstück. Es gehört Onesimus Laa, einem Dugong-Flüsterer und Umweltschützer, der Touren zur Insel Sika zum Beobachten der *ikan duyung* organisiert. Mindestens einen Tag vorher buchen (150 000 Rp/Pers., Touren 1½–2 Std.).

Dugongs können bis zu 3 m lang und 150 kg schwer werden. Onesimus hat strikte Regeln: Er lässt nur kleine Gruppen zu, Tauchen ist verboten, Schnorcheln nur mit seiner Erlaubnis gestattet, beim Schnorcheln muss Abstand gehalten werden, und jegliche Berührung der schönen Meeresbewohner ist verboten!

Lazy Turtle Dive   TAUCHEN
(☏ 0813 3759 1497; www.lazyturtledive.com; Jl Raya, Alor Kecil, neben dem Dermaga-Steg; Tauchtrip ganzer Tag/mit 4 Übernachtungen ab 1 200 000/6 000 000 Rp; ☉ 8–18 Uhr) Das australisch-britische Unternehmen gegenüber von Pulau Kepa hat ein schickes Schiff, das man für einen Tagestrip zum Tauchen oder für mehrtägige Tauchsafaris buchen kann. Dann springt man von Bord der *Naughty Nudi* und erkundet die Riffe und Sedimente rund um Alor. Wieder zurück, genießt man die Dusche unter freiem Himmel, nutzt die Kamera-Ladestation aus und chillt im *lopo* (Versammlungshaus).

Schlafen & Essen

Beach Bungalow Resort   BUNGALOWS **$$**
(Alor Beach Bungalows; ☏ 0823 4109 5312; Pantai Sebanjar; Bungalow 250 000 Rp) Die neun einfachen, aber großen Holz-Bungalows sind zwar dunkel und haben nur Toiletten mit

PANTAR

Die zweitgrößte Insel des Alor-Archipels liegt ziemlich abseits gebahnter Reisepfade. Täglich legt eine Fähre aus Kalabahi (50 000 Rp, je nach Wetter ab 3 Std.) in **Baranusa** an, wo es Kokospalmen, ein **Homestay** und ein paar Kioske gibt.

Der rauchende Gunung Sirung (862 m) lockt jedes Jahr ein paar beherzte Kletterer an. Von Baranusa nimmt man einen Truck nach Kakamauta und wandert dann zwei bis drei Stunden zum Krater des Sirung. Man muss Trinkwasser aus Baranusa mitbringen und sich vor der Wanderung die Genehmigung der Einheimischen einholen, die glauben, dass die Besteigung des Vulkans zu bestimmten Zeiten im Jahr einen Ausbruch auslöst und ihre wertvollen Ernten vernichten kann.

Am östlichen Strand hat ein französisch-slowenisches Paar **Alor Divers** (☑ 0813 1780 4133; www.alor-divers.com; 4-Nächte-Pauschale ab 740 €) 🤿 aufgebaut, das exklusiv auf Taucher und ihre Begleiter ausgerichtet ist. Die Gäste übernachten in smarten, strohgedeckten Bungalows und gehen mindestens zweimal täglich auf Tauchtour. Im Juni und Dezember ziehen Schwert-, Grind- und Pottwale vor der Westküste vorbei.

Eimerspülung, punkten dafür aber mit einer tollen Lage. Sie befinden sich am Pantai Sebanjar, einem der besten Schnorchelspots von Alor, wo die Korallenstrand rosa in der Sonne leuchtet. Einfach den netten Damen Bescheid geben, worauf man Appetit hat, dann werden sie Fisch oder Hühnchen grillen und große Portionen frisches Gemüse servieren (ab 25 000 Rp).

★**La P'tite Kepa**   TAUCHRESORT **$$**
(☑ nur SMS/WhatsApp 0813 3910 2403; www.la-petite-kepa.com; Pulau Kepa; Bungalow mit/ohne Bad ab 375 000/300 000 Rp pro Pers.) 🤿 Nach Ankunft am Flughafen rufen die Fahrer „La P'tite Kepa?" – das liegt an der Popularität des mit Solarenergie ausgestatteten französischen Tauchresorts. Von den elf Bungalows sind drei wie traditionelle Alor-Hütten mit Gemeinschaftsbad, offener Veranda zum Relaxen und Betten unter dem Dach gestaltet. Das frisch zubereitete denkwürdige Essen wird wie ein Familienmahl aufgetischt. Die Gäste können aber Käse und Schokolade mitbringen.

Die meisten der Bungalows sind übliche strohgedeckte Bambushütten mit angeschlossenem Außenbad. Alle blicken aufs Meer und die Insel. Es gibt hier drei Strände, darunter einen wunderbaren weißen Sandstrand im Westen mit spektakulärem Blick auf den Sonnenuntergang und guten Möglichkeiten zum Schnorcheln. Die Ausrüstung zum Schnorcheln gibt's zum Ausleihen (50 000 Rp/Tag), und Schnorchler können mit an Bord des Tauchboots gehen (100 000 Rp/Tag). Im Juli und August werden Taucher bei Buchungen bevorzugt. Das Zimmer weit im Voraus reservieren.

Im Resort wird viel Wert auf Recycling und Wasser- bzw. Energiesparen gelegt. Von der Hauptinsel gelangt man mit einem Fischerboot (einfache Strecke 20 000 Rp) hierher.

★**Celyn Kafe**   CAFÉ **$**
(☑ 0812 3909 4800; Pantai Mali; Snacks 8000–27 000 Rp; ☺ 8–21 Uhr) Das von Mangroven gesäumte und von Palmen beschattete Café am Sandstrand ist der beste Ort in Alor, um gemütlich den Nachmittag verstreichen zu lassen. An der Tafel ist das Menü angeschlagen: Es gibt Saft, Tee und Kaffee auf Dutzende Art. Auf jeden Fall sollte man aber das *ubi goreng sambal* (knusprig gebratene Maniok-Stäbchen mit milder Chilisauce) probieren.

Zum Zeitpunkt der Recherche wurden gerade zwei Pensionen gebaut.

🔒 Shoppen

Sentra Tenun Ikat
Gunung Mako   TEXTILIEN
(Tenun Mako; ☑ 0813 3914 8116; Jl Sumur Tuti Panjaitan, Pantai Hula, Alor Besar) Kaum 10 m abseits der Straße findet man unter ein paar Bananenbäumen die Mama Sariat Libana, die Mutter der für Alor typischen *ikat*-Stoffe, die hier Hof hält oder Karten spielt. Ursprünglich stammt sie von der nahegelegenen Insel Ternate. Sie unterstützt die örtlichen Weber, indem sie ihnen einen einfachen Raum zur Präsentation ihrer Erzeugnisse bietet. Darüber hinaus hat sie persönlich herausgefunden, wie aus natürlichen Materialien (darunter aus verschiedenen Arten von Seetang) 202 Farben gewonnen werden können.

WESTTIMOR

Es braucht nicht lange, bis Westtimor einem unter die Haut geht. Lächelt man die Leute an, lächeln sie zurück. Oft sieht man vom Betelkauen rot gefärbte Zähne, Runzeln draußen in dem rauen Land und hört Gelächter und dröhnende Musik aus den *bemos* in Kupang, der an der Küste gelegenen Hauptstadt und Metropole von Nusa Tenggara Timur (Ost-Nusa-Tenggara).

In der Gebirgslandschaft voller *lontar*-Palmen leben animistische Traditionen und Stammesdialekte fort, und die Häuptlinge der Dörfer mit traditionellen, bienenkorbförmigen Hütten hüten das *adat* (traditionelle Rechtssystem). Auf den vielen Wochenmärkten gewinnt man nicht nur einen Eindruck vom ländlichen Leben auf Timor, sondern ist selbst die Hauptattraktion, wenn man versucht einer der 14 verschiedenen, auf der Insel gesprochenen Sprachen zu lauschen. Westtimor ist noch ein recht unentdecktes Juwel, aber Besucher werden überall freundlich willkommen geheißen.

Geschichte

Die Tetun (oder Tetum) aus dem zentralen Timor sind eine der größten Volksgruppen auf der Insel, und ihre Sprache ist die vorherrschende Verkehrssprache. Vor der Kolonisierung durch die Portugiesen und die Niederländer waren sie in Dutzende kleiner Fürstentümer aufgeteilt. Konflikte waren häufig, und Kopfjagd an der Tagesordnung.

Als erste Europäer kamen die Portugiesen nach Timor, für die das dortige *cendana* (Sandelholz) großen Wert besaß. Als die Niederländer dann in der Mitte des 17. Jh. in Kupang landeten, entbrannte ein langwieriger Kampf um die Kontrolle des Sandelholzhandels, aus dem die Niederländer als Sieger hervorgingen. Die beiden Kolonialmächte teilten die Insel schließlich zwischen 1859 und 1913 in einer Reihe von Verträgen auf. Portugal erhielt dabei die östliche Hälfte und die Enklave Oecusse (Oe-Cusse Ambeno), die erste Siedlung auf der Insel.

Beide Kolonialmächte drangen bis in die 1920er-Jahre nicht weit ins Inselinnere vor, sodass die politische Struktur der Insel weitgehend intakt blieb. Die Kolonialherren verbreiteten das Christentum und herrschten mittels der einheimischen Aristokratie, einige Einheimische behaupten aber, die Europäer hätten die königlichen Blutlinien Timors korrumpiert, indem sie sich mit den eingedrungenen, schließlich siegreichen Fürstentümern aus Rote (Roti) verbündet hätten. Als Indonesien 1949 unabhängig wurde, zogen die Niederländer aus Westtimor ab, während die Portugiesen weiterhin

Westtimor

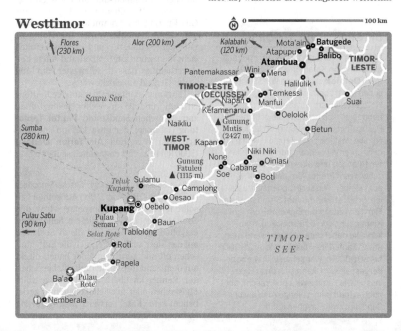

0   100 km

Timor-Leste (Osttimor) beherrschten. 1975 erklärte sich Timor-Leste für unabhängig, doch bald darauf marschierten indonesische Truppen ein. So begann eine Tragödie, die erst 2002 mit der Anerkennung der Unabhängigkeit Timor-Lestes durch Indonesien beendet wurde.

Bei einem von der UNO überwachten Referendum im August 1999 sprach sich die Bevölkerung Timor-Lestes für die Unabhängigkeit aus. Die Gewalt brach aus, als proindonesische Milizen mit Unterstützung des indonesischen Militärs überall in Timor-Leste Gebäude und Infrastruktureinrichtungen zerstörten und bis zu 1400 Zivilisten töteten, ehe Friedenstruppen eingriffen. In Westtimor waren die Milizen für die Ermordung dreier ausländischer UN-Mitarbeiter in Atambua (2000) verantwortlich, wodurch Indonesien zum Paria auf der Weltbühne wurde. Nach turbulenten Jahren wurden 2006 die Beziehungen normalisiert und Straßen- und Transportverbindungen wiederhergestellt.

Kupang

📞 0380 / 334516 EW.

Kupang ist die Hauptstadt von Nusa Tenggara Timur (Ost-Nusa-Tenggara). Trotz der schmuddeligen Ufergegend, der großen Staus auf den Straßen und der fast völligen

---

DIE SPIRITUOSE TIMORS
....

Überall in Westtimor, vor allem aber auf dem Weg von Kefamenanu (S. 439) nach **Oelolok**, sieht man Wasserflaschen mit trübem Inhalt auf klapprigen Holzgestellen am Straßenrand. Dabei handelt es sich um *sopi*, die örtliche, aus Palmsaft gewonnene Spirituose. Jede Familie destilliert das Zeug ein wenig anders unter Verwendung diverser Kräuter, Pflanzen und Mangroven sowie schwarzem Pfeffer. Um den Inhalt von acht kleinen Wasserflaschen herzustellen, braucht es rund fünf Stunden. Viele Familien nutzen die Einkünfte, um ihre Kinder zur Schule zu schicken, man kann sie dabei unterstützen, wenn man etwas kauft. Eine Flasche kostet 25 000 bis 50 000 Rp. Wer sehen will, wie *sopi* hergestellt wird, kann sich das zeigen lassen. Die Familie wird überrascht, aber auch erfreut sein, solange man anschließend ein, zwei Flaschen kauft.

Abwesenheit kultureller und architektonischer Highlights kann man sich durchaus an die Stadt gewöhnen. Denn darüber hinaus gibt es stimmungsvolle Märkte im Zentrum, Plätze, auf denen man neben den Einheimischen relaxen kann, sowie jede Menge Naturwunder in der Nähe. Das Chaos kann ansteckend sein – immerhin ist Kupang eine Universitätsstadt –, selbst wenn man einfach nur kurz mal vorbeischaut.

Kupang ist ein regionaler Verkehrsknoten. Es wäre aber nicht erstaunlich, wenn es einem zwischen den Touren ins Inselinnere, nach Alor oder nach Rote hier dann doch gut gefällt. Selbst Englands Kapitän Bligh ging es ähnlich, als er 1789 nach der Meuterei auf der *Bounty* 47 Tage hier verbrachte.

⊙ Sehenswertes

Das Herz des alten Kupang schlägt im **alten Hafenviertel** und dem umliegenden chaotischen Markt. Bei genauem Hinsehen offenbaren sich Spuren der holländischen Kolonialzeit, als Kupang als vornehmes Tropenidyll galt.

An Kupangs Westküste, die südlich vom Zentrum liegt, befindet sich ein Treffpunkt der Einheimischen, der von ausländischen Travellern nicht oft besucht wird: die **Gua Kristal** (Bolok), die Kristallhöhle, wo Einheimische schwimmen und an Fotoshootings teilnehmen. Wer über die Küstenstraße zur Gua Kristal fährt, kommt an der **Gua Monyet**, der Affenhöhle, vorbei. Die Höhle ist gut ausgeschildert, und wahrscheinlich sieht man schon am Straßenrand Affen. Leider scheint es, dass die Affen eher vom Müll in der Gegend angelockt werden.

Fährt man stadtauswärts auf der Jl Alfons Nisnoni rund 25 km weiter, gelangt man zum hübschen Sandstrand **Pantai Tablolong** (Tablolong), der etwa 13,5 km südwestlich vom Wasserfall **Air Terjun Oenesu** (3000 Rp) liegt und erstaunlich sauber ist.

Pantai Tedis   STRAND
(Ecke Jl Soekarno & Siliwangi; Snacks/Smoothies ab 7000/10 000 Rp; ⊙ ab 17 Uhr) Auf keinen Fall sollte man sich die Atmosphäre – bzw. den Sonnenuntergang – an diesem Sandstrand entgehen lassen. Hier, wo die Jl Soekarno auf das Meer trifft, treffen sich die Einheimischen oft und gern. Verkäufer bauen direkt auf dem Sand ihre Buden mit Sitzbereichen auf. Kenner knabbern aber lieber gegrillte Maiskolben oder mit Schokolade und geriebenem *keju* (Käse) servierte *pisang goreng* (gebratene Kochbananen). Dies ist auch der

Kupang

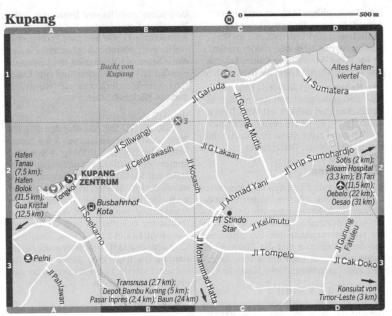

beste Ort für Smoothies aus allem Möglichen von Mango und Drachenfrucht bis hin
zu Avocado mit Schokosauce.

Museum Nusa Tenggara Timur MUSEUM
(☑0380-832471; Jl Frans Seda 64; Eintritt gegen
Spende; ☺Mo–Fr 8–15.30 Uhr) Das regionale
Museum zeigt Schädel, Muscheln, Steinwerkzeuge, Schwerter, Kürbisflaschen und
antike Funde aus der ganzen Provinz sowie
das vollständige Skelett eines Blauwals in
einem separaten Gebäude. Die Exponate
(teilweise mit englischer Beschriftung) beziehen sich auf historische Momente und
kulturelle Themen, z.B. welche Pflanzen
beim Färben traditioneller Stoffe welche
Farben ergeben.

☞ Geführte Touren

Kupang ist der Ausgangspunkt für Touren
zu Westtimors faszinierenden und gastfreundlichen traditionellen Dörfern. Oft
sprechen die Dorfbewohner nicht mal Bahasa Indonesia, geschweige denn Englisch. Die
Dörfer können aber auch ein – wenn auch
freundliches – Minenfeld kultureller Verhaltensregeln sein. In Bezug auf die Dos &
Dont's ist ein örtlicher Führer unerlässlich!

Oney Meda (☑0813 3940 4204; onymeda@
gmail.com; Tour ½ Tag 300 000 Rp) Ein Englisch sprechender Guide mit fast zwanzig-

Kupang

◉ **Sehenswertes**
1 Pantai Tedis A2

🛏 **Schlafen**
2 Lavalon Bar & Hostel C1

🍴 **Essen**
3 Pasar Malam B1

🍸 **Ausgehen & Nachtleben**
4 999 Restaurant & Bar A2

jähriger Erfahrung bei der Organisierung
anthropologischer Touren und Wanderungen durch Westtimor und Alor.

Eben Oematan (☑0852 3795 8136; ab
400 000 Rp/Tag) Oematan stammt aus
Kapan, weshalb er verschiedene Dialekte
beherrscht, die in den Dörfern, die man
besuchen möchte, gesprochen werden.

Edwin Lerrick (☑0812 377 0533; lavalonbar@
gmail.com; ab 400 000 Rp/Tag) Der unverwüstliche Inhaber von Kupangs Lavalon
Bar & Hostel fungiert mit seinem umfangreichen Wissen über die Region und
Verkehrsverbindungen in ganz Westtimor
auch als Guide.

Willy Kadati (☑0812 5231 0678; willdk678@
gmail.com) Der schon 1995 von Lonely

Planet empfohlene Willy ist nach einer Auszeit, in der er für verschiedene Organisationen und Universitäten im Forschungsbereich tätig war, wieder zurück. Er hat mehr Wissen über Kultur, Botanik und *ikat*-Stoffe auf Lager als jeder andere.

Aka Nahak (☑ 0813 3820 0634, 0852 346 3194; timorguide@gmail.com) Aka mit Sitz in Kefamenanu organisiert seit 1988 Touren durch Timor. Er ist ein engagierter Guide mit Witz und zeigt einem stolz auch seine handgeschriebenen Gästebücher.

🛏 Schlafen

In der Nähe vom Flughafen und dem neuen Geschäftsviertel gibt es mehrere große, nichtssagende Kettenhotels wie das Neo Aston und das Amaris. Die Anwesen am Wasser sind stimmungsvoller: Sie profitieren von der Meeresbrise und der Aussicht und haben manchmal sogar einen Pool. Es gibt aber auch budgetfreundliche Homestays.

★**Lavalon Bar & Hostel**   HOSTEL **$**
(☑ 0812 377 0533; www.lavalontouristinfo.com; Jl Sumatera 44; B ab 70 000 Rp, Zi. ab 100 000–260 000 Rp; ❋ 🛜) Das Lavalon bietet das beste Preis-Leistungs-Verhältnis in Kupang. Geführt wird es von Edwin Lerrick, einem ehemaligen indonesischen Filmstar, der eine Fundgrube an Wissen über Nusa Tenggara ist. Die Zimmer sind abgewohnt, aber sauber und haben teilweise ein Bad im westlichen Stil. Das Eckzimmer mit Klimaanlage, Warmwasser und Fenster mit Blick aufs Meer kostet mehr. Edwin hilft Gästen immer gern mit Infos und Buchungen.

Zugleich ist Edwin ein passionierter Koch, der ein kleines, aber leckeres Spezialitätenmenü aus indonesischen Gerichten und westlicher Hausmannskost zusammengestellt hat, das in dem kleinen Gemeinschaftsbereich am Ozean verspeist wird. Außerdem betreibt er die angeschlossene (private) Touristeninformation, wo Autos, Motorräder (75 000 Rp/Tag) und Fahrer vermittelt und Anschlussverbindungen empfohlen werden. Vorher anrufen oder eine Nachricht schicken, damit man ein Zimmer bekommt.

★**Sotis**   HOTEL **$$**
(☑ 0380-843 8000, 0380-8438 888; www.sotishotels.com; Jl Timor Raya km 3; Zi. ab 650 000 Rp; 🛜 🛝) Eines der neueren und hübscheren Hotels von Kupang. Die 88 Zimmer sind stilvoll mit Farbtupfern statt in den üblichen Beigetönen gestaltet und bieten u. a. Toilettenartikel, Regendusche, Kühlschrank und Schreibtisch. Es gibt hier zwei Pools (nur einer ist auch öffentlich zugänglich), ein Spa, einen Salon, ein Restaurant mit Livemusik, eine Bar mit Billardtischen und eine Konditorei. Am besten fragt man nach einem Zimmer mit Blick aufs Meer.

Hotel La Hasienda   HOTEL **$$**
(☑ 0380-855 2717, SMS oder WhatsApp 0812 3841 7459; www.hotellahasienda.com; Jl Adi Sucipto, Penfui; DZ ab 395 000–500 000 Rp; ❋ 🛜 🛝) Wer immer das dreistöckige, familienbetriebene Hotel mit Mosaikfliesen überzogen hat, ist wahrlich nicht zu beneiden. Hinzu kommen noch die mexikanische Atmosphäre, die Dachterrasse mit der Bar, die Wände in verblassten Ockerfarben und die Cowboy-Utensilien. Es gibt 22 makellose Zimmer mit Klimaanlage und Warmwasser sowie ein Restaurant (Hauptgerichte 25 000–85 000 Rp) auf dem Gelände. Das Hotel liegt näher zum Flughafen als zur Stadt.

🍴 Essen

Wie erwartet sind in Kupang Meeresfrüchte angesagt. Eine hiesige Spezialität ist auch das saftige *se'i babi* (auf Kesambi-Holz und Blättern geräuchertes Schwein): Es wird als Fond für diverse Saucen verwendet und mit Nudeln, Reis und viel *sambal* serviert.

★**Depot Bambu Kuning**   INDONESISCH **$**
(☑ 0813 3336 8812, 0813 3910 9030; Jl Perintis Kemerdekaan 4; *se'i babi* Portion/kg 20 000/170 000 Rp; ⏱ 10–22 Uhr) Beliebtes Lokal, in dem man authentisches *se'i babi* bekommt. Man wählt zwischen zerhacktem Fleisch oder Rippchen, die beide jeweils mit Reis und einer reichhaltigen Schweinefleischsuppe mit roten Bohnen serviert werden. *Sate* und ein paar vegetarische Gerichte gibt es ebenfalls. Interessant ist der Kochbereich draußen mit den aufgehäuften *kesambi*-Blättern zum Räuchern des Fleischs.

★**Pasar Malam**   MARKT **$**
(Nachtmarkt; Jl Kosasih; Fisch ab 50 000 Rp; ⏱ 18–24 Uhr) Wenn die winzigen Schneidereien ihr Tagewerk verrichtet haben, bauen die Händler in diesem beleuchteten Markt ihre Stände auf. Natürlich geht es hier vorwiegend um Meeresfrüchte wie *ikan* (Fisch), *cumi* (Tintenfisch), *kepiting* (Krabben) und *udang* (Garnelen), doch man bekommt auch indonesische Klassiker wie Grillhähnchen, *bakso* (Nudelsuppe mit Fleisch-

bällchen) und *gado gado* zu Schnäppchenpreisen.

Ausgehen & Nachtleben

Als größte Stadt in einer überwiegend von Christen bewohnten Region bietet Kupang ganz ordentliche Optionen zum Ausgehen. Man findet Karaoke-Bars an der Jl Sudirman und ein paar „Kneipen" an der Jl Timor Raya.

999 Restaurant & Bar BAR
(☑0380-802 0999; www.999-kupang.com; Jl Tongkol 3; Hauptgerichte 38000–140000 Rp; ⊗10–24 Uhr; 🛜) Im Schatten einer alten Festung liegt diese tropische Freiluftbar mit großem strohgedeckten Dach und Blick auf den schäbigen Strand und die ständig rauschende Brandung. Es gibt einen Billardtisch, komfortable Sitze aus wiederverwerteten Reifen und eine komplett bestückte Bar mit vielen Cocktails und ordentlichem Essen. Regelmäßig gibt's Livemusik, und samstagabends treten Bands auf.

Shoppen

Sandelholzöl ist inzwischen schwieriger zu bekommen als früher. Das liegt an den strengen Vorschriften, nach denen man nur auf eigenem Land ernten darf. Einige Läden verkaufen es aber noch immer, und die reinsten Öle gibt's ab 300000 Rp aufwärts für ein kleines Fläschchen.

Ina Ndao TEXTILIEN
(☑0812 378 5620, 0380-821178; ina_ndao@yahoo.com; Jl Kebun Raya II; ⊗Mo–Sa 8–19, So 7–11 Uhr) Es lohnt sich, in den Vierteln diesen Laden für *ikat*-Stoffe ausfindig zu machen. Wer Textilien mag, wird die aus ganz Nusa Tenggara zusammengetragenen Waren lieben, und man kann ein nettes Paar *ikat*-Espadrilles mit nach Hause nehmen. Der Laden bietet natürlich und chemisch gefärbte Stoffe, und auf Wunsch demonstrieren die Angestellten den Webprozess. Es werden auch Kreditkarten akzeptiert.

Pasar Inpres MARKT
(abseits der Jl Soeharto; ⊗4–19 Uhr) Der Hauptmarkt ist der weitläufige Pasar Inpres südlich der Stadt. Überwiegend gibt's hier Obst und Gemüse, doch *ti'i langga* (Hüte aus Lontar-Palmblättern mit einer Feder in der Mitte) aus Rote sind echte und originelle Souvenirs. Weitere Auswahl hat man auf dem **Pasar Oeba** abseits der Jl Ahmed Yani, zwischen dem Lavalon und dem Swiss-

Belinn, jeweils etwa 1 km von beiden entfernt, und in Gehweite zum Pasar Ikan (Fischmarkt).

ℹ Praktische Informationen

In Kupang gibt's jede Menge Banken und Geldautomaten.

PT Stindo Star (☑0380-809 0583, 0380-809 0584; Jl Urip Sumohardjo 2; ⊗9–18 Uhr) Effizientes Reisebüro, das Tickets für Fluglinien verkauft.

Siloam Hospital (☑1 500 911, 0380-853 0900; www.siloamhospitals.com; Jl R W Monginsidi, abseits der Jl Eltari, Lippo Plaza; ⊗24 Std.) Ein recht gutes Krankenhaus am Einkaufszentrum Lippo Plaza.

ℹ An- & Weiterreise

BUS

Kupangs **Fernbusbahnhof Oebobo** (Jl Frans Seda) ist rund 7 km vom Flughafen entfernt. Die meisten Leute nutzen aber den inoffiziellen Busbahnhof in Oesapa, die Reisebüros oder lassen sich vom Hotel abholen.

FLUGZEUG

Mit dem **El Tari Airport** (☑0380-882031; www.kupang-airport.com/en; Jl Adi Sucipto) ist Kupang das wichtigste Luftkreuz in Nusa Tenggara. Es gibt häufig Flüge nach Bali und Flugverbindungen in die ganze Region.

SCHIFF/FÄHRE

Am 7 km westlich vom Zentrum gelegenen Hafen Tenau legen die Schnellfähren nach Rote und die Pelni-Schiffe an. Vom Hafen Bolok, 11 km westlich vom Zentrum, starten die regelmäßigen Fähren nach Kalabahi, Larantuka, Rote und Waingapu.

Pelni (☑0380-821944; www.pelni.co.id; Jl Pahlawan 7; ⊗8–16 Uhr) legt zweimal im Monat auf einem Rundkurs, der u. a. Larantuka und Maumere bedient, in Kupang an. Das Büro liegt nahe am Wasser.

ℹ Unterwegs vor Ort

AUTO & MOTORRAD

Je nach Ziel bekommt man ein Auto samt Fahrer für 750000 bis 1000000 Rp pro Tag. Motorräder kosten bei Lavalon Bar & Hostel (S. 434) 75000 Rp pro Tag, anderswo 100000 Rp oder mehr. Die Unterkunft kann bei der Organisierung behilflich sein.

BEMO

Eine Fahrt in den lauten *bemos* (3000 Rp, mit Gepäck 5000 Rp) gehört zum Alltag in Kupang unbedingt dazu (Kupang ist zu groß, um zu laufen). Jedes *bemo* hat einen unterhaltsamen

VERKEHRSMITTEL AB KUPANG

Bus

ZIEL	PREIS (RP)	DAUER (STD.)	HÄUFIGKEIT
Kefamenanu	50 000	5½	mehrmals tgl.
Niki Niki	35 000	3½	5–18 Uhr stündl.
Soe	30 000	3	5–18 Uhr stündl.

Flugzeug

ZIEL	FLUGLINIE	DAUER (STD.)	HÄUFIGKEIT
Alor	Wings Air	¾	2-mal tgl.
Bajawa	Wings Air, TransNusa	1	2-mal tgl.
Denpasar	Garuda, Lion Air, Nam Air	1¾	mehrmals tgl.
Jakarta	Batik Air, Garuda, Citilink Indonesia	3	mehrmals tgl.
Labuan Bajo	Wings Air, Garuda, Nam Air	1½	mehrmals tgl.
Maumere	Nam Air, Wings Air, TransNusa	1	1–2-mal tgl.
Tambolaka	Nam Air, Wings Air, Garuda	1½	mehrmals tgl.
Waingapu	Nam Air, Wings Air	1	mehrmals tgl.

Schiff/Fähre

ZIEL	ART	PREIS (RP)	DAUER (STD.)	HÄUFIGKEIT
Kalabahi	Fähre	116 000	15	Di & Sa 12 Uhr
Larantuka	Fähre	105 000	15	3-mal/Woche
Rote	Fähre	55 000	5	tgl. 6 Uhr
Rote	Bahari Express	138 000–168 000	2	tgl. 9 Uhr
Waingapu	Fähre	162 000	28	3-mal/Woche

westlichen Namen wie Man Tap, Cold Play oder City Car. An den Windschutzscheiben hängen oft haufenweise Plüschtiere, Mädchenbilder und Jesusbilder. Die Fahrzeuge sind sehr bunt angemalt, und wegen der dröhnenden Bässe der Musikanlage vibriert das ganze Fahrzeug. Wer aussteigen will, klatscht laut in die Hände.

Bemos fahren bis 20 Uhr. Die zentrale Anlaufstelle der *bemos* ist der Busbahnhof Kota. Nützliche *bemo*-Routen:

1 & 2 Kuanino–Oepura; fährt an vielen beliebten Hotels vorbei.

5 Oebobo–Airnona–Bakunase; fährt an der Hauptpost vorbei.

6 Fährt zum Einkaufszentrum Flobamora und zum Postamt.

10 Kelapa Lima–Walikota; fährt vom Busbahnhof Kota Kupang zur Touristeninformation, zum Busbahnhof Oebobo und zum Museum Nusa Tenggara Timur.

Die außerhalb von Kupang verkehrenden *bemos* haben Namen statt Nummern. Die *bemos* Tenau und Bolok Harbour fahren zu den Anlegestellen und die *bemos* Penfui und Baumata zum Flughafen.

VOM/ZUM FLUGHAFEN

Kupangs Flughafen El Tari (S. 435) liegt 15 km östlich vom Zentrum.

Ein Taxi vom Flughafen zur Innenstadt kostet pauschal 70 000 Rp, ein *ojek* 30 000 Rp. Wer mit öffentlichen Verkehrsmitteln fahren will, geht vom Ausgang des Terminals nach links und läuft 1 km bis zur Kreuzung zur Hauptstraße, wo *bemos* zur Stadt fahren (3000 Rp, mit Gepäck 5000 Rp).

Wer zum Flughafen will, nimmt ein *bemo* Richtung Penfui oder Baumata bis zur Kreuzung und läuft von dort.

Rund um Kupang

Baun

Die 25 km lange Fahrt von Kupang über eine einspurige holprige Straße führt nach Baun, das Herz des Amarasi-Reichs. In den 1970er-Jahren begannen die Leute hier, ohne staatliche Hilfe und auch ganz ohne Maschinen Straßen zu bauen, denn laut der Abmachung durfte, wer mit am Bau der Straße beteiligt war, anschließend dort ein Haus für sich bauen. Robert „Robbi" Koroh, der 20. *raja* (König), residiert hier noch immer in einer ehemaligen Klinik. Sein Palast, das **Sonaf Baun** (✆0812 3644 5787; Kelurahan Teunbaun), ist zwar nicht besonders schick, aber er kann Vorführungen von Webereien organisieren, den Verkauf von *ikat*-Stoffen arrangieren und hat eine eindrucksvolle Sammlung von Fossilien. Robbi spricht zwar kein Englisch, ist aber eine Fundgrube an Infos, sodass man zum Übersetzen einen Guide braucht, wenn man mehr will, als nur sich umzuschauen.

Samstagvormittags ist Baun von der wuseligen Atmosphäre des Wochenmarkts bestimmt. Wer 30 Mio. Rp übrig hat, kann sich eine der berühmten *sapi* (Kühe) von Baun kaufen. Auf jeden Fall sollte man eine Stippvisite im **Kelompok Tenun Ikat Kai Ne'e** (Kai Ne'e Ikat-Kollektiv; Kelurahan Teunbaun Kecamatan; ☺wechselnde Öffnungszeiten) einplanen, denn die Frauen in dem Kollektiv für natürlich gefärbte Webereien führen Gäste gern herum.

Die Stadt nicht verlassen, ohne im **Se'i Babi Om Ba'i** (Schweinefleisch 500 g/1 kg 80 000/160 000 Rp; ☺6–11 Uhr oder bis alles ausverkauft ist) das authentischste *se'i babi* (geräuchertes Schwein) von Westtimor probiert zu haben, wo täglich zwischen zwölf und 30 Schweine zubereitet werden.

❶ An- & Weiterreise

Nach Baun gelangt man mit den *utes* ab Kupang (10 000 Rp). Sie ähneln einem *bemo*, haben aber ein offenes Heck und starten vom Pasar Inpres (S. 435). Man kann auch ein *ojek*, das bereits in der Richtung unterwegs ist, heranwinken (einfache Strecke ab 50 000 Rp).

Oebelo & Oesao

Oebelo ist ein kleines Salzabbaustädtchen, das 22 km von Kupang entfernt an der Straße nach Soe liegt. Interessant ist hier vor allem der einzigartige Laden für Rote-Musikinstrumente, das **Sasandu** (✆0852 3948 7808; Jl Timor Raya; ☺9–18 Uhr), in dem die traditionellen 32-saitigen Harfen hergestellt und gespielt werden.

Nach weiteren 6 km erreicht man Oesao. Es gibt einen süßen Grund, auch hier Halt zu machen: das **Inzana** (Jl Timor Raya; Beutel mit Süßwaren 10 000 Rp; ☺4–22 Uhr). Der Süßwarenladen an der Straße gleich östlich des Hauptmarkts bietet eine Auswahl traditioneller timoresischer *kue* (Kuchen). Man fragt einfach seinen Fahrer, der weiß sicher Bescheid.

Zwischen den beiden Ortschaften hat man die Möglichkeit, die Hauptstraße zu verlassen, um den Einheimischen bei der Herstellung von Palmzucker zuzusehen. Natürlich sollte man nicht wieder abfahren, ohne die karamellisierten Scheiben des goldenen Zuckers probiert zu haben.

❶ An- & Weiterreise

Am preisgünstigsten ist die Fahrt hierher mit einem *bemo* ab Kupang. *Bemos* mit dem Schild Kupang-Oesao fahren nach Oebelo (22 km, einfache Strecke 5000 Rp) und Oesao (30 km, einfache Strecke 10 000 Rp). Mit einem gemieteten Motorrad ist dies ein einfacher Abstecher ab Kupang.

Soe

✆0388 / 39 031 EW.

Die kühle, grüne Marktstadt Soe (800 m) liegt rund 110 km nordöstlich von Kupang

❶ GRENZÜBERGANG NACH TIMOR-LESTE

Bürger aus dem Schengen-Raum benötigen für die Einreise und Aufenthalte von bis zu 90 Tagen innerhalb von 180 Tagen kein Visum für Timor-Leste.

Am einfachsten ist es, die Grenze bei Napan, ca. 20 km nördlich von Kefamenanu, zu überqueren, oder bei Atapupu, das in einer 50 000 Rp kostenden *ojek*-Fahrt von Atambua aus erreichbar ist, oder indem man den Bus nach Batugade über Mota'ain nimmt.

Wer wenig Zeit hat, kann in den 45-minütigen morgendlichen Flug von Wings Air von Kupang nach Atambua steigen, die Grenze überqueren und dann rechtzeitig zum Mittagessen wieder zurück nach Kupang fliegen. Flüge (einfache Strecke) gibt es ab ca. 350 000 Rp.

Timor Tour & Travel (✆0380-881543, 0812 3794 199; Jl Timor Raya, Km 8, Oesapa) und **Paradise Tour & Travel** (✆0813 3935 6679; Jl Pulau Indah, Oesapa) betreiben Busse. Man muss eventuell früh aufstehen, die Fahrt startet oft schon frühmorgens um 5 Uhr. Man kann sich am Hotel abholen lassen, oder Edwin von Lavalon (S. 433) um Hilfe bitten.

und ist ein gutes Sprungbrett für Erkundungstouren ins Innere von Westtimor, auch wenn es in Soe selbst nicht viel zu sehen gibt. Die traditionellen Dörfer, die verstreut im Inneren liegen, gehören zu den faszinierendsten in Nusa Tenggara Timor.

🛏 Schlafen & Essen

Hotel Bahagia I
PENSION $

(📱 0853 3830 3809; Jl Diponegoro 22; EZ/DZ/VIP-Zi. 150 000/200 000/300 000 Rp) Direkt im Zentrum von Soe liegt diese Unterkunft, die man nicht mit dem Bahagia II am Stadtrand verwechseln darf. Das Bahagia I hat eine Reihe von Zimmern zur Auswahl von kleinen, dunklen Kammern bis hin zu geräumigen Suiten. Es ist ein kompaktes Gebäude mit Innenhof und einer kleinen luftigen Terrasse. Klimaanlage, Warmwasser, WLAN oder Englisch sprechende Angestellte sucht man aber vergebens.

Wer nur auf der Durchreise ist und nicht in der Stadt übernachten will, kann sich zumindest zum Ausruhen für zwei Stunden ein Zimmer nehmen (125 000 Rp). Gegenüber gibt's eine Bank.

Dena Hotel
HOTEL $$

(📱 0812 3696 9222, 0388-21616; hotel_dena@ yahoo.com; Jl Hayam Wuruk, Pasar Inpres; EZ/DZ ab 200 000/225 000 Rp; ❄) Die beigefarbenen Zimmer werden zwar keinen Preis fürs Design bekommen, doch sie sind sauber und bieten so viel, wie man in Soe erwarten kann. Weil einige der Zimmer nur indonesische Toiletten haben, sollte man sich zuerst ein paar anschauen. Die teuersten haben auch Klimaanlagen (DZ 350 000 Rp). Das

---

ABSEITS DER ÜBLICHEN PFADE

AIR TERJUN OEHALA

Man fährt 6 km auf der nordwärts von der Hauptstraße abzweigenden Straße und biegt am „Oehala"-Schild nach Osten ab. Nach weiteren 3 km erreicht man den Parkplatz, von dem ein kurzer Weg über steile Stufen hinunter zu den tosenden Wassermassen des **Air Terjun Oehala** führen, die im silbrigen Dunst über mächtige Felsen stürzen. Die Anlage im Dschungel ist seit Jahren nicht gepflegt worden, aber dadurch erinnert das Ganze ein wenig an *Jurassic Park*. An den Wochenenden lassen die Besuchermassen viel Müll zurück.

Hotel liegt gegenüber vom Markt, einem Geldautomaten und einem hervorragenden kleinen Restaurant mit Padang-Küche.

★ Depot Remaja
INDONESISCH $

(Jl Gajah Mada; Hauptgerichte ab 20 000 Rp; ⊙ 10–22 Uhr; 🖋) Die Spezialität des bescheidenen und sauberen Diners ist saftiges *se'i babi*, das für Kupang typische auf *kesambi*-Holz geräucherte Schwein. Der Spaß geht aber noch weiter: Man sollte auch die wärmende Schweinefleischsuppe probieren (das ist eher ein Eintopf) und eine der vielen vegetarischen Optionen wie *jantung pisang* (Bananenblütensalat).

Warung Putra Lamongan
INDONESISCH $

(📱 0823 4096 4969; Jl El Tari; Hauptgerichte 15 000–30 000 Rp; ⊙ 10–22 Uhr) Noch bevor man es sieht, riecht man das Lokal schon. Das liegt an dem Kohlegrill davor, auf dem *sate* gebrutzelt wird. Drinnen gibt's gesäumt von orangefarbenen Wänden eine Handvoll großer Tische, an denen die Einheimischen sich gegrilltes und gebratenes Hühnchen, Fisch, *tempeh* und *tongseng* (einen javanischen Eintopf mit Ziegen- oder Rindfleisch) schmecken lassen. Das *sambal terasi* mit Shrimpspaste macht süchtig!

🛍 Shoppen

Timor Art Shop
KUNSTHANDWERK

(📱 0853 3783 5390; Jl Bill Nope 17; ⊙ 6–20 Uhr) Wer sich für Antiquitäten und Kunsthandwerk interessiert, sollte diesen Laden, der auch als Museum durchgehen könnte, unbedingt besuchen. Es gibt hier die beste Auswahl an Masken, Skulpturen, handgesponnenen Stoffen und Schnitzereien in ganz Timor – und das zu unglaublichen Preisen. Der Laden hat kein Schild, also vorher erst mal den Inhaber Alfred Maku anrufen, der übrigens hervorragend Englisch spricht. Die Öffnungszeiten können variieren.

ℹ Praktische Informationen

Geldautomaten und Banken gibt's überall in der Stadt, darunter eine komplette BNI-Filiale.
Touristeninformation (📱 0368-21149; Jl Diponegoro 39; ⊙ Mo–Fr 7–16 Uhr) Hat Infos zur umliegenden Gegend. Hier kann man auch gut Guides arrangieren, falls man auf einen Angestellten trifft, der Englisch spricht.

ℹ An- & Weiterreise

Der Busbahnhof Haumeni liegt 4 km westlich der Stadt. Man kann mit dem *bemo* (3000 Rp) fahren, doch die meisten winken einfach an der

Straße Busse heran. Regelmäßig fahren Busse von Soe nach Kupang (30 000 Rp, 3 Std.). Busse fahren auch nach Kefamenanu und Oinlasi (je 25 000 Rp, ½ Std.). Nach Niki Niki fahren *bemos* (10 000 Rp).

Rund um Soe

None

238 EW.

None ist eine der besten Attraktionen der Region, obwohl drei der *ume bubu* (wie Bienenkörbe aussehende traditionelle Hütten) in ebenso vielen Jahren bei Bränden zerstört wurden. Von der Hauptstraße, an der einen das *bemo* absetzt, führt ein kleiner, 1 km langer Kiesweg hierher. Ob zu Fuß oder mit dem Auto, dabei kommt man an Mais-, Kürbis- und Bohnenfeldern vorbei. In None leben 56 Familien, und das schon seit zehn Generationen. Nach einer Geburt vergraben die Eltern hier noch immer die Plazenta in ihrer Hütte. Das Dorf wird geschützt von einer natürlichen Felsenfestung, die an eine kahle Klippe grenzt.

Am Rand der Klippe findet man einen 300 Jahre alten Banyanbaum und einen Totempfahl, an dem sich einst Schamanen mit Kriegern trafen, bevor diese auf Kopfjagd ausrückten. Die Weisen befragten Hühnereier und einen Holzstab, ob die Krieger siegreich sein würden. War in dem Ei ein Fleck Blut, galt das als Unglückszeichen, und der Angriff wurde verschoben.

Auf Anfrage geben die Dorfbewohner eine Vorführung ihrer Webkünste auf ihren Webstühlen im dörflichen *lopo* (Versammlungsort) zum Besten. Hier ist es so friedlich, dass man fast nicht glauben mag, dass die Dorfbewohner noch vor zwei Generationen Kopfjäger waren. Die letzte kriegerische Auseinandersetzung gab es 1944. Es können auch traditionelle Tänze arrangiert werden – einfach eine Spende (50 000 Rp für ein paar Leute) hinterlegen.

ℹ An- & Weiterreise

Das 18 km östlich von Soe gelegene None erreicht man mit einem *ojek* (30 000 Rp) oder mit einem *bemo* von Soe nach Niki Niki (5000 Rp).

Oinlasi

Es ist rätselhaft, warum die Lokalverwaltungen die Straße zu dieser bedeutenden Marktstadt in einem derart desolaten Zustand belassen. Die mühselige Fahrt nach

---

TRADITIONELLE HÄUSER

Im zentralen Westtimor finden sich viele *ume kbubu* (bienenkorbförmige Hütten) in den Dörfern der Atoin Meto (Dawan). Da sie keine Fenster und nur einen 1 m hohen Eingang haben, sind diese Wohnhütten oft eng und verraucht. Die Behörden hielten diese Behausungen für ein Gesundheitsrisiko und finanzierten den Bau kalter Betonschachteln, die die Dawan wiederum für gesundheitsschädlich halten. Daher haben sie hinter ihren offiziell gebilligten Häusern neue *ume bubu* gebaut, in denen sie leben, oder sie bewohnen wieder ihre alten.

Oinlasi lohnt sich aber definitiv – vor allem dienstags, wenn der **traditionelle Markt** stattfindet, der sich an einem Kamm mit Blick auf zwei Täler über mehr als 400 m erstreckt. Aus den Dörfern in den umliegenden Hügeln strömen an diesem Tag die Leute her, viele von ihnen in traditionellen *ikat*-Gewändern, um zu tauschen, zu kaufen und zu verkaufen. Neben Webereien, Schnitzereien, Masken und kunstvoll beschnitzten Betelnuss-Behältern gibt's hier Früchte, Nutzvieh, ortstypische Süßwaren und die wohl schlimmste Popmusik, die je aufgenommen wurde. Der Markt beginnt am frühen Morgen und wird um 14 Uhr abgebaut; am besten kommt man vor 10 Uhr.

ℹ An- & Weiterreise

Regelmäßig fahren Busse von Soe über die kurvenreiche, holprige Gebirgsstraße ins 51 km entfernte Oinlasi (20 000 Rp, 1½–2 Std.). Beim 5 km östlich der Ausfahrt nach None gelegenen Cabang von der Hauptstraße die Ausfahrt nach Süden nehmen.

Kefamenanu

⌀ 0388 / 42 840 EW.

Die ruhige Hügelstadt Kefamenanu war früher eine portugiesische Hochburg. Noch immer ausgesprochen katholisch, hat sie ein paar beeindruckende koloniale Kirchen zu bieten. Wichtiger ist jedoch, dass Kefamenanu das Sprungbrett für Ausflüge nach Temkessi ist, einem der unbedingt sehenswerten Dörfer in Westtimor. Kefa, wie die Stadt hier liebevoll genannt wird, liegt mitten in einer bedeutenden Weberei-Region, sodass man sich schon mal aufs Feilschen einstellen kann. Sonntags sind die meisten Läden allerdings geschlossen.

🛏 Schlafen & Essen

Hotel Ariesta HOTEL $

(☎0388-31007; Jl Basuki Rahman 29; Zi. Standard/Superior/Suite 120 000/290 000/385 000 Rp; ❄️🖥️) Das alteingesessene Budgethotel an einer grünen Seitenstraße erstreckt sich über das verwitterte Originalgebäude und einen modernen Anbau mit insgesamt 42 Zimmern. Die Economy-Zimmer meidet man besser, die Suiten im Anbau punkten mit viel Licht und einer eigenen Veranda, und die Deluxe-Zimmer der Mittelklasse bieten Klimaanlage und Warmwasser und sind genau richtig. Toilettenpapier selber mitbringen.

Vermietet auch Motorräder (70 000 Rp/Tag).

New Victory Hotel HOTEL $$

(Hotel Victory II; ☎0388-243 0090; Jl Kartini 199; Zi. 350 000 Rp; ❄️) Das neuere der Victory Hotels wurde im Jahr 2017 eröffnet und bietet 23 saubere Zimmer mit fragwürdig gemusterten Tapeten, Klimaanlage, TVs, Warmwasser und im Preis inbegriffenem Frühstück. Merkwürdigerweise gibt's hier eine riesige Fitness- und Turnhalle, wo Zumba und Aerobic angeboten werden. Plänen zufolge soll das Hotel auf die doppelte Größe anwachsen.

Rumah Makan Pondok Selera INDONESISCH $

(Jl El Tari; Hauptgerichte 15 000–30 000 Rp; ⊙Mo-Sa 10–21 Uhr; 🖥️🍴) In dem großen Speiseraum bekommt man ein kleines, aber köstliches Menü. Das *rumah makan* punktet mit *tempeh* und Tofu, die zum Besten in Nusa Tengarra zählen und in großen Portionen mit *lalapan* (rohen Gemüsestückchen) und süßlichem, grob gewürfeltem *sambal* aus frischen Tomaten serviert werden. Es gibt auch *gado gado* und *ikan kua asam* (saure Fischsuppe).

Rumah Makan Padang 2 INDONESISCH $

(☎0388-31841; Jl El Tari; Hauptgerichte 20 000–30 000 Rp; ⊙9–21 Uhr) Die vielen Motorräder vor dem Eck-Restaurant der Padang-Küche verraten, wie beliebt es ist. Zwischen den grün gestrichenen Wänden kommen Spezialitäten wie *ayam rica rica* (gebratenes Hühnchen in süß-scharfer Sauce), *rendang*, gekochte Maniokblätter und Fisch-Curry in großen Portionen auf den Tisch. Zum Runterspülen gibt's *sirsak* (Stachelannonensaft).

❶ Praktische Informationen

Überall in der Stadt, oft sogar in Gehweite zu den Hotels, findet man Banken und Geldautomaten, die auch ausländische Karten akzeptieren.

Die Touristeninformation, **Dinas Pariwisata** (☎0388-21520; Jl Sudirman; ⊙Mo–Fr 7–15 Uhr), liegt gegenüber dem Feld nördlich vom Highway. Hier werden auch Guides vermittelt.

❶ An- & Weiterreise

Der Busbahnhof befindet sich im Zentrum von Kefamenanu, 50 m vom fast täglich stattfindenden Jl-El-Tari-Markt entfernt. Von hier aus fahren zwischen 6 und 16 Uhr regelmäßig Busse nach Kupang (50 000 Rp, 5 Std.), Soe (25 000 Rp, 2 Std.) und Atambua (20 000 Rp, 1½ Std.) an der Grenze zu Timor-Leste.

Das Hotel Ariesta (S. 440) vermietet Motorräder (70 000 Rp/Tag). Leihwagen mit Fahrer kosten 650 000 Rp pro Tag.

Timor Tour & Travel (☎0388-243 0624; Jl Ahmad Yani) Betreibt Express-Minibusse zwischen Kupang (95 000 Rp, 5 Std.) und Dili in Timor-Leste (180 000 Rp, 7½ Std.). Fahrkarten werden in dem Büro 4 km östlich des Zentrums an der Hauptstraße verkauft. Man wird vom Hotel abgeholt.

Rund um Kefamenanu

Maslete

Nur 3,5 km außerhalb von Kefamenanu liegt dieses traditionelle Dorf mit seinem *sonaf* (Palast). Schnitzereien, die mythische Vögel darstellen, schmücken das Holzgebäude mit seinem weiten Strohdach. Der König, dessen katholischer Glaube mit traditionellen animistischen Vorstellungen durchsetzt ist, residiert auf der geschützten Veranda. Er ist blind und spricht kein Englisch, erkundigt sich aber – der Führer dolmetscht – bei Besuchern gern nach dem Leben in ihren Herkunftsländern.

Temkessi & Umgebung

Das durch einen Hohlweg zwischen schroffen Kalksteinklippen erreichbare Temkessi (Tamkesi) liegt 50 km nordöstlich von Kefamenanu und gehört zu den abgelegensten und am besten erhaltenen Dörfern Westtimors. Die Fahrt über die windzerzausten Bergkämme, bei der man in der Ferne das Meer erblickt, wirkt wie aus einer anderen Welt, aber bei der Ankunft wird man von kichernden Kindern und vielleicht auch dem einen oder anderen Welpen oder Ferkel begrüßt.

Wieder auf der Straße zurück, liegt an der Hauptstraße 19 km östlich von Kefamenanu der Ort Maubesi mit dem besten **Textilmarkt** (Maubesi) im Regierungsbezirk Nordzentraltimor. Am Donnerstag, dem Markttag, werden hier unter Tamarindenbäumen neben Lebensmitteln, Tieren und Töpferwaren auch *ikat*-Stoffe verkauft. Wer an einem anderen Tag kommt, findet im **Maubesi Art Shop** (☏0852 8508 5867; ⊙wechselnde Öffnungszeiten) eine hervorragende Auswahl örtlicher *ikat*-Stoffe und weiteres Kunsthandwerk.

ℹ An- & Weiterreise

Busse fahren regelmäßig von Kefamenanu zum 8 km von Temkessi entfernten Manufui. Am Markttag in Manufui (Sa) fahren Trucks oder Busse meist durch bis Temkessi. Ansonsten chartert man ein *ojek* oder kommt mit einem eigenen Fahrzeug.

ROTE

Die langgestreckte, regenarme Insel Rote (oder Roti) besitzt wundervolle Strände mit weichem, weißen Sand und mächtigen Wellen. Sie liegt gleich südwestlich von Timor, besitzt aber ihre eigene Identität. Für Touristen dreht sich hier alles ums Surfen. Die Wellen sind teilweise leicht und für Anfänger geeignet, es gibt aber auch mächtige Brecher, an die sich nur Profis wagen sollten.

Die verschlafene Hafenstadt Ba'a an der Nordküste ist Hauptort und wirtschaftliches Zentrum der Insel Rote. Hier legen die Schnellfähren an und landen die Flugzeuge, aber Besucher halten sich in der Regel nicht länger im Ort auf. Am herrlichen Pantai Nemberala an der Westküste findet sich der weltberühmte T-Land-Break, und im Norden und Süden gibt's Dutzende versteckte Strände. Um sie zu erreichen, fährt man durch Dörfer, über natürliche Kalksteinbrücken und eine gewellte Savanne, die in der Regenzeit (Dez.–März) grün ist und sich während der Trockenzeit goldfarben präsentiert. In der Trockenzeit türmt der Wind die Wellen vor der Küste zu Barrels auf. Nicht übersehen sollte man die vorgelagerten Inselchen, die mit prächtigen, türkisblauen Buchten und noch mehr Breaks locken.

ℹ Praktische Informationen

Internetzugang ist kaum vorhanden; an einigen Orten, darunter in Nemberala, gibt's immerhin 3G-Netzempfang.

In Ba'a gibt's einen Geldautomaten der BRI, der aber in der Regel keine ausländischen Karten akzeptiert. Man sollte viele Rupiah mitbringen, weil es schwierig ist, auf der Insel Bargeld einzuwechseln.

ℹ An- & Weiterreise

FLUGZEUG

Wings Air fliegt zweimal täglich zwischen Kupang und Ba'a (30 Min.). Wer aus Bali nach Kupang kommt, kann noch am selben Tag den Nachmittagsflug nach Ba'a nehmen, allerdings kann die Mitnahme von Surfbrettern das Umsteigen komplizieren machen, und es erhöht die Kosten (bei Wings Air 200 000 Rp/Surfbrett).

SCHIFF/FÄHRE

Das schnellste und bequemste Verkehrsmittel nach Rote ist der Baharai Express (Executive-/VIP-Klasse 138 000/168 000 Rp, 2 Std.). Diese Schnellfähre legt täglich um 9 Uhr (Mi–Mo manchmal auch 14 Uhr) in Kupang nach Ba'a ab und kehrt um 11 Uhr zurück. Man bucht sein Ticket im Voraus und stellt sich mindestens eine halbe Stunde vor Abfahrt am Dock ein. Achtung: Wegen rauer See müssen die Fahrten oft gestrichen werden.

Es gibt täglich auch eine langsame Fähre (55 000 Rp, 5 Std.), die am Pantai Baru nördlich von Ba'a anlegt. Will man aber nach Nemberala, erweist sie sich durch die dort anfallenden Transportkosten als teurer als die Schnellfähre.

ℹ Unterwegs vor Ort

Schlepper am Schnellboothafen in Ba'a wollen einen überzeugen, dass man ein *bemo* (ab 300 000 Rp, 2 Std.) chartern müsse, um nach Nemberala zu gelangen. Das ist aber nur eine gute Option, wenn man in einer Gruppe unterwegs ist. Vor den Toren des Hafens kann man leicht ein öffentliches *bemo* (mit/ohne Surfbrett 100 000/50 000 Rp) heranwinken. Alternativ vereinbart man mit seinem Hotel die Abholung per Auto (ca. 400 000 Rp).

Viele Hotels bieten Transfer-Pauschalen ab dem Flughafen von Kupang an, die die Schnellfähre und den Weitertransport zum Resort beinhalten. Diese funktionieren sicher nahtlos, können aber 100 US$ oder mehr kosten.

In Nemberala kann man zur Erkundung der Insel über seine Unterkunft Motorräder (100 000 Rp/Tag) mieten.

Nemberala

Nemberala ist ein entspanntes Fischerdorf an einem herrlichen weißen Sandstrand. Der Strand wird von einem Riff abgeschirmt, das zur Bildung des legendären Lefthanders

T-Land Break beiträgt. Auf das Flair einer einsamen Insel darf man angesichts der Besucher hier allerdings nicht hoffen, und ortsansässige Ausländer und die Besitzer von Ferienhäusern haben sich große Abschnitte des hiesigen Küstengebiets angeeignet. Für all diese Menschen haben auch neue Geschäfte eröffnet.

Trotzdem ist Nemberala noch nicht allzu schick geworden: Immer noch tummeln sich freilaufende Schweine, Ziegen, Kühe, Hühner und andere Hoftiere am Strand und um die Resorts, und immer noch muss man aufpassen, dass einem keine Kokosnuss auf den Kopf fällt. Wer die umliegende einsame Kalksteinküste in ihrer ganzen Pracht erleben will, mietet sich am besten ein Motorrad.

🏃 Aktivitäten

Der **T-Land Break** ist zwar nicht heftig, aber groß (vor allem Juni–Aug.) und recht einschüchternd. Wie andere spät entdeckte Wellen im östlichen Indonesien lockt sie in der Hauptsaison viele Surfer an. Wer noch stärkere Wellen sucht, die einen Tunnel formen, für den ist **Suckie Mama's** 3 km nördlich von Nemberala die erste Anlaufstelle.

Viele Resorts vermieten hochwertige Surfbretter (ab 100 000 Rp/Tag).

🛏 Schlafen

Die Surfing-Spitzensaison erstreckt sich von Juni bis September. Die Auswahl an Unterkünften und ihre Qualität ist ordentlich, man sollte aber vorab buchen, weil es nicht allzu viele Zimmer gibt.

Bei den meisten Lodges und Pensionen ist die Verpflegung im Preis inbegriffen, aber einige neu eröffnete *warungs* sorgen vor Ort beim Essen für Abwechslung.

Ti Rosa   BUNGALOWS $
(☑ 0823 3915 2620; mit Mahlzeiten ab 250 000 Rp/Pers.) Die von der freundlichen Ibu Martine und ihrem Sohn geführte Anlage aus acht limettengrünen Betonbungalows unter Palmen ist blitzsauber und die billigste Option am Strand. Budget-Surfer lieben die Anlage dermaßen, dass manche gleich für die ganze Saison ein Zimmer buchen. Um hinzukommen, biegt man an der ersten Kreuzung im Ort rechts ab und folgt der Staubpiste 500 m nach Norden.

Anugerah Surf & Dive Resort   BUNGALOWS $$
(☑ 0811 382 3441, 0813 5334 3993; www.surfdiverote.com; EZ/DZ mit Mahlzeiten ab 565 000/

904 000 Rp; 🌊) Die 40 niedlichen, kompakten Bungalows im Schatten von *lontar*-Palmen sind teils neuer, teils älter und bieten unterschiedlich gestaltete Terrassen und *mandis*, Holzmöbel und Außenbäder. Die Anlage liegt direkt am Strand gegenüber dem T-Land. Das Restaurant ist mit *ikat*-Tischdecken dekoriert und serviert *ikan bakar* (gegrillten Fisch) und andere, täglich wechselnde Gerichte. In der Surf-Saison sollte man vorab reservieren.

Auch Tauchtouren werden angeboten (2 Tauchgänge inkl. Ausrüstung 1 470 000 Rp/Pers.).

⭐ **Malole Surf House**   SURFCAMP $$$
(☑ 0813 3776 7412, 0813 5317 7264; www.rotesurf house.com; EZ/DZ mit 3 Mahlzeiten ab 105/126 US$ pro Pers.; ❄ @ 📶) Die von der Surf-Legende Felipe Pomar geschaffene Lodge bietet mehr Komfort und Stil und eine bessere Küche als jede andere Unterkunft auf Rote. Vier Zimmer finden sich in einem großen Holzhaus und einem Gästehaus. Sie sind mit Sofas, *ikat*-Bettdecken, Waschküche und vielen Extras ausgestattet. Drei Boote sorgen dafür, dass man zur richtigen Zeit bei den Wellen ist. Während der Regenzeit (Mitte Nov.–März) ist die Anlage geschlossen.

Wunderbare internationale Meeresfrüchte sind nur ein Highlight der Küche, denn sie serviert auch frisches Sashimi, frisch gebackenes Brot und tolle Suppen und Currys. Es gibt Leihfahrräder; Angeltouren und Inselexkursionen werden angeboten.

Der Komfort und die Eleganz wirken unangestrengt und sind angesichts des extrem abgelegenen Standorts schlicht erstaunlich.

Villa Santai   BUNGALOWS $$$
(☑ 0812 3941 4568; www.surfroteisland.com; EZ/DZ mit Mahlzeiten ab 1 400 000/1 200 000 Rp pro Pers.) Das kleine Resort mit vier Bungalows ist wegen seines maßgeschneiderten Service ungeheuer beliebt. Der beste Bungalow hat einen weiten Blick auf den puderweichen weißen Sandstrand und den T-Land Break, zu dem man sich, so oft man will, kostenlos bringen lassen kann. Die regionale Kost ist frisch und reichlich. Es gibt eine komplett ausgestattete Bar, und viele beenden den Tag mit einem Gin Tonic zum Sonnenuntergang und dem Blick auf die Wellen.

Einer der vier Bungalows bietet Platz für bis zu vier Personen, ein zweiter zwei Schlafzimmer, ein Wohnzimmer, eine Küche und einen Wohnbereich im Freien.

Nemberala Beach Resort RESORT $$$
(☎ 0813 3773 1851; www.nemberalabeachresort.
com; Surfer/Nichtsurfer ab 190/170 US$ pro Pers.;
❋ ☀) Das entspannte Vier-Sterne-all-Inclu-
sive-Resort liegt direkt am Ozean und hat
insgesamt acht Zimmer in vier geräumigen,
mit Duschen und Außenbädern ausgestatte-
ten Bungalows aus Schiefer und Holz. Es
gibt einen Swimmingpool, ein Spa, einen
Strandvolleyballplatz, einen Billardtisch
und eine herrliche Strandbar. Auf der Ter-
rasse am Strand gibt's täglich Jogakurse. Die
Anlage ist vom 1. Dezember bis zum 1. März
geschlossen.

Ein Schnellboot steht bereit, um Gäste zu
den nahegelegenen Surfwellen zu bringen.
Exkursionen zu den Kalksteinhöhlen und
Gezeitenbecken werden ebenfalls angebo-
ten. Angelausflüge, bei denen man Einfar-
ben-Thuns und Makrelen nachstellt, lassen
sich ebenfalls arrangieren.

Rund um Nemberala

Wer mit einem gemieteten Motorrad auf der
spektakulär zerfurchten Küstenstraße nach
Norden oder Süden fährt, wird ein halbes
Dutzend weiterer einsamer Strände und ei-
nige tolle, noch nicht verzeichnete Breaks
entdecken. Für Anfänger besonders interes-
sant ist **Squealers**, ein herrlicher, aber
leichter Break gleich nördlich des Fischerha-
fens von Nemberala.

Das Dorf **Boni** liegt rund 15 km von Nem-
berala entfernt nahe der Nordküste und ist
eines der letzten Dörfer auf Rote, in dem
noch die traditionelle Religion praktiziert
wird. Der Markt wird am Donnerstag abge-
halten.

Rund 8 km südlich von Nemberala gibt's
bei **Bo'a** einen spektakulären weißen Sand-
strand und eine beständige Welle auch au-
ßerhalb der Saison. Auf einem Einschnitt in
der Landzunge, die die wunderbar weite,
schöne Bucht in zwei Hälften trennt, bietet
das **Bo'a Hill Surf House** (☎ 0822 7771 7774,
0822 7771 7775; www.surfrote.com; mit Mahlzeiten
ab 800 000 Rp/Pers.) ✔ schöne Bungalows
auf einem 3 ha großen Gelände mit herrli-
cher Aussicht. Hier ist man sehr umweltbe-
wusst. Der Eigentümer zieht Obst und Kräu-
ter, züchtet Schweine und Enten, sammelt
Honig und ist ein hervorragender Führer zu
den örtlichen Highlights an Land und auf
dem Meer.

Von Bo'a führt der Weg nach Süden auf
der trocken-felsigen Straße, von der aus man

Affen sichten kann, über eine natürliche
Kalksteinbrücke hinunter ins Dorf **Oeseli**.
Dort biegt man rechts auf eine Staubpiste
ab, die zu einem weiteren herrlichen Strand
mit einigen guten Wellen und einer riesigen
natürlichen Gezeitenlagune führt, die ört-
liche Fischerboote beherbergt und Kalk-
steinhöhlen überflutet, in denen Fledermäu-
se nisten. Hier gibt's auch eine Stelle, die
zum Kitesurfen ideal ist.

Pulau Ndana, auch Pulau Pamana ge-
nannt, die südlichste Insel Indonesiens, ist
mit Fischerbooten von Nemberala aus er-
reichbar. Gegenwärtig dient sie als Militärla-
ger, kann aber immer noch besucht werden.
Die Insel war lang unbewohnt. Nach einer
Legende wurde die gesamte Bevölkerung bei
einer Vergeltungsaktion im 17. Jh. ausge-
löscht. Das Blut der Opfer soll den kleinen
See auf der Insel rot gefärbt haben. Heute ist
Ndana für seine Wildtiere und hervorragen-
de Schnorchelbedingungen bekannt. Man
findet hier wild lebende Hirsche, viele Vogel-
arten und Schildkröten, die ihre Eier an den
Stränden ablegen.

Auf **Pulau Ndao** gibt's weitere weiße
Sandstrände, Kalksteinklippen und ein net-
tes Fischerdorf, in dem fast 600 Menschen
leben, die bezaubernde *ikat*-Stoffe weben,
lontar-Palmen für die Gewinnung von *ni-
rah*-Saft aus den Blüten anbauen und eine
eigene Sprache (Bahasa Ndao) sprechen.
An der West- und der Ostküste gibt's einige
fantastische Badestrände und vor der Süd-
spitze eine gute, wenn auch unbeständige,
Surfwelle.

Ndao liegt 10 km westlich von Nembe-
rala. Um hinzukommen, muss man ein Boot
chartern (800 000–1 000 000 Rp, max. 5
Pers.). Der Besuch lässt sich leicht mit der
nahegelegenen **Pulau Do'o** verbinden, ein
flaches Inselchen mit blassgoldenem Sand
und einer herrlichen, wenn auch heiklen
Surfwelle. Do'o ist vom Pantai Nemberala
aus zu sehen.

SUMBA

☎ 0387

Sumba ist wirklich zauberhaft. Mit der rau-
en, hügeligen Savanne und den niedrigen
Kalksteinhügeln, auf denen Mais und Reis
angebaut werden, unterscheidet sich die In-
sel deutlich von Indonesiens nördlicher ge-
legenen Vulkaninseln. Verstreut über das
Land liegen Hügeldörfer mit hohen Grasdä-
chern von symbolischer Bedeutung rund um

Sumba

SAWU-SEE

Kupang; West/Timor

Sabu

Ende; Flores

Aimere; Flores

Sape; Sumbawa

Selat Sumba

INDISCHER OZEAN

20 km

0

Place names:

Tanjung Sasar · Wunga · Nusa · Tanjung Undu · Hanggaroro · Laiwita · Praiyawang · Melolo · Rende · Prailiang · Petawang · Maujawa · Wera Beach · Air Terjun Waimarang · Kabaaru · Mburukulu · MANGILI · WAJELU · Baing · Kalala · Tanjung Ngunju · Pamburu · Hambautang · Manukangga · Langgal · Nggongi · Pulau Salura · Kabenda · Kananggar · Lepanjir · Hanggaroru · Maukabuni · Kamanghi · Lajuli · Kataka · Maubakat · Kotakawau · Kawangu · Mahubokul · Lumbung · Melahar · Karita · Tanarara · Gunung Wanggameti (1225 m) · Aukakehok · Katundu · Pulau Kotak · Pulau Manggudu · Lai Tunggi · Tawu · Wahang · Ramuk · Air Terjun Laputi · Praingkareha · Tarimbang · Tidas · Konda · Karnbera · Tanjung Laundi · Pantai Londolima · Prailiu · Maulifu · Waingapu · Kanatang · Mondu · Prai Liang · Napu · Maru · Rampangaru · Praikarambua · Kondamara · OST-SUMBA · Makamenggit · Praipaha · Lahara · Praibakul · Watumbelar · Lewa · Kondamara · Pasunga · Kabonduk · Gallu Bakul · Waikabubak · ANAKALANG · WEST-SUMBA · Lenang · Manuakalada · Manansa · MEMBORO · Maderi · Waibanca · Tanareu · LOLI · Pasunga · WANOKAKA · Maloba · Konda · Air Terjun Tumsgedu · Tetule Mambong

Flughafen · Tambolaka · Waiwarungu · Tambolaka · Waitabula · Waimangura · Waikelo · Bondokodi · KODI · Kori · Bukabani · Pantai Tosi · Peroo · Ratenggaro · Wainyapu · Panenggoede · Weha · Kahale · WEJEWA BARAT · WEJEWA TIMUR · Rara · Weeleo · LEMBOYA · Gaura · Kadenga · Gunung Watumandeta (888 m) · Pantai Patiala Marosi · Pantai Kerewe · s. Detailplan

Detailplan:

0 · 2 km · Taramanu · Praibakul · Praigoli · Waigalli · Walhura · Pantai Wanokaka · Rua · Pedede Watu · Pantai Rua · Watukarere · Nihi Sumba · Kadolu · Waiholi · Pantai Nihiwatu

Megalithgräber. Die nominell protestantischen Einwohner praktizieren immer noch die einheimische *marapu-Religion* mit Tieropfern.

Sumba ist von traumhaften weißen Sandstränden gesäumt, und im Inselinnern finden sich ebenso traumhafte versteckte Badestellen und Wasserfälle. Auf Sumba gibt's mit die besten *ikat*-Stoffe Indonesiens und das berühmte jährliche Pasola-Fest (S. 27). Die *adat* (traditionelle Bräuche) sind tief verwurzelt, und kleine Kinder begrüßen Ausländer (beider Geschlechter) lächelnd mit „Hello mister". Kurz gesagt ist Sumba eine der abwechslungsreichsten Inseln des ganzen Landes.

Sumba ist aber auch eine der ärmsten Inseln Indonesiens. Durch Investitionen werden jetzt zunehmend die traditionellen Stroh- durch Blechdächer ersetzt. Die traditionellen Gewänder bleiben besonderen Gelegenheiten vorbehalten, und die Einwohner in abgelegenen Dörfern erwarten von Besuchern großzügige Spenden.

ℹ An- & Weiterreise

Die Verkehrsverbindungen von Sumba ins übrige Indonesien verbessern sich ständig. Von den Flughäfen in Tambolaka und Waingapu gibt's täglich Flüge nach Denpasar (Bali), Kupang (Westtimor) und Ende (Flores). Fähren fahren nach Flores, Kupang sowie Sape auf Sumbawa. Am besten fliegt man nach Waingapu und zurück ab Tambolaka (oder umgekehrt), damit man sich unnötige Rückwege bei der Erkundung der recht großen Insel spart.

Waingapu

📞 0387 / 34811 EW.

Waingapu ist ein entspanntes Städtchen mit einer gespaltenen Persönlichkeit: Es gibt ein begrüntes, staubiges Zentrum mit Unterkünften und kleinen *toko* (Läden), den alten Hafen, in dem es nach gegrilltem Fisch riecht, sobald nach Sonnenuntergang der Pasar Malam (S. 446) beginnt, und dazwischen Dörfer, in denen Hühner zwischen den *marapu*-Grabsteinen, die mit Hirsch- und Krokodilfiguren geschmückt sind, herumlaufen.

In Waingapu gibt's einige *ikat*-Läden und -Werkstätten. Händler, die Bündel von Textilien und Schnitzereien herumschleppen, lungern um die Hotels, um etwas zu verdienen. Die Stadt, in der man auf grasende Büffel und Pferde trifft, lässt sich gut zu Fuß erkunden. Da der Ort zum Verwaltungszentrum wurde, nachdem die Niederländer im Jahr 1906 die Insel „befriedet" hatten, ist Waingapu heute der wichtigste Handelsposten für Textilien, wertvolle Sumba-Pferde, Farbholz und Bauholz auf Sumba.

☞ Geführte Touren

Erwin Pah TOUREN
(📞 02 813 3933 7971; erwinpah9@gmail.com) Erwin Pah ist genau der Richtige, wenn man einen kundigen Fahrer und Führer sucht. Er lebt in Waingapu, hat ein eigenes Auto und scheint jeden auf Sumba zu kennen. Abenteuerlustige können mit ihm maßgeschneiderte Touren mit allen Aktivitäten von Klettern bis Höhlenwandern unternehmen. Sein Tagessatz liegt bei 1200000 Rp inklusive Transport, Benzin und Führerdienst.

🛏 Schlafen

In den Preisen der Unterkünfte sind meist das Frühstück und der kostenlose Transfer vom/zum Flughafen (vorher anrufen) enthalten. Es gibt eine ordentliche Auswahl an Optionen aller Budgets, von Zimmern mit Aussicht bis zu Unterkünften im Dorf.

Mr. R. Home Stay PENSION **$**
(📞 0853 3744 6164; Kandara Belankang SMP Kristen; Zi. 200000 Rp; ❄) Das schlichte, saubere Gästehaus mit einem deplatzierten Delfin-Wasserspiel blickt auf ein Reisfeld mit grasenden Büffeln und bietet sechs Zimmer mit Klimaanlage, TV und langen, zum Kuscheln einladenden Kissen. Wenn man Glück hat, funktioniert auch das Warmwasser.

⭐ **Morinda Villa & Resto** HÜTTEN **$$**
(📞 0812 379 5355; freddy_ikat@yahoo.com; Bendungan Lambanapu; Zi. ab 650000–750000 Rp) Rund 11 km südlich des Flughafens bietet diese Anlage auf einem Hügel fünf Hütten mit atemberaubender Aussicht. Alle haben traditionelle Grasdächer, große Fenster und einen Balkon mit Blick auf den Fluss. Es gibt Warmwasser, ein Restaurant (Hauptgerichte

---

SUMBAS BESTE WEBSITE

Der Deutsche Matthias Jungk hat mit www.sumba-information.com ein veritables Sumba-Kompendium geschaffen. Eine pdf-Version der Webseite ist für 5 € erhältlich. Jungk hat auch eine hervorragend detaillierte akkurate Karte von Sumba gezeichnet. Und das Beste: Diese unverzichtbare Informationsquelle wird kontinuierlich aktualisiert.

25000–100000 Rp, 11–21 Uhr) und einen *ikat*-Laden.

★ **Praikamarru Guest House** BUNGALOWS $$
(📱 0813 3809 3459; www.prailiu.org; Jl Umbu Rara Meha 22; Zi./Bungalow 250000/275000 Rp) Eine Australierin, die einen örtlichen Häuptling geheiratet hat, lädt nun Gäste ein, am Dorfleben teilzuhaben. Es gibt zwei geräumige Bambus-Bungalows mit *alang-alang*-Grasdächern, komfortablen Betten mit *ikat*-Decken und sogar einem Kühlschrank, zudem zwei einfache Zimmer (mit Gemeinschafts-Hocktoilette) in einem traditionellen Haus mit Bambusmatten und einer Veranda, von der aus man die Leute beobachten kann.

Padadita Beach Hotel HOTEL $$
(📱 0812 3899 5246; padaditabeachhotel@gmail.com; Jl Airlangga Padadita; Zi./Suite ab 465000/1000000 Rp; ❄🛜) Manche Mitarbeiter in diesem neueren Hotel sind hilfsbereit, andere weniger, und dem Gelände fehlt es an Grün. Davon abgesehen sind die 65 funkelnden Zimmer mit Warmwasser und Holzmöbeln die besten, die einen Blick auf den Ozean haben. Es gibt Strandzugang, ein Restaurant, das das Frühstücksbüfett serviert (Hauptgerichte 25000–75000 Rp), und kostenlose Transfers vom/zum Flughafen. Das Preis-Leistungs-Verhältnis ist bei den Zimmern viel besser als bei den Suiten.

✕ Essen

★ **PC Corner** INDONESISCH $
(📱 0387-256 0142, 0812 2317 1725, 0852 3702 8401; lusijowin@gmail.com; Jl Radamata 1; Haupt-

---

> **ABSEITS DER ÜBLICHEN PFADE**
>
> ### AIR TERJUN TANGGEDU
>
> Nordwestlich von Waingapu liegt der wohl schönste **Wasserfall** (Tanggedu-Wasserfall) auf Sumba. Man braucht rund zwei Stunden oder auch länger für die rund 60 km lange Fahrt auf schlechten Straßen, gefolgt von einem 40-minütigen Marsch durch die Savanne bzw. (abhängig von der Jahreszeit) das Grasland. Am Ziel wartet ein atemberaubender Anblick: Zwei Flüsse verlaufen zwischen Kalksteinklippen, an denen sich die Sedimentschichten abzeichnen, und vereinigen sich zu Wasserfällen, die über Terrassen in viele verschiedene Teiche stürzen.

---

gerichte 25000–50000 Rp; ⏱ Mo–Fr 8–22, Sa 9–23, So 16–22 Uhr; 📷) Man sollte ein Foto vor der kolossalen Wandmalerei machen, ehe man die Treppe hinauf in das offene, mit alten Möbeln und Traumfängern eingerichtete Café steigt. Zu essen gibt's vegetarische Gerichte wie Papaya-Blüten mit *kangkung* (Wasserspinat) und freilaufende *kampung*-Hühner. Samstags spielt ab 19 Uhr eine Band. Der Ausblick ist toll, und es gibt Ladestationen an jedem Tisch.

★ **Pasar Malam** INDONESISCH $
(Nachtmarkt; abseits der Jl Yos Sudarso; Hauptgerichte ab 15000 Rp; ⏱ 18–23 Uhr) Die besten Optionen zum Abendessen sind die paar *warungs* und ein halbes Dutzend mit Gaslicht beleuchteten Karren am alten Hafen, die auf dem Nachtmarkt günstige gegrillte und gebratene Meeresfrüchte anbieten. Im Stadtzentrum findet sich an der südlichen Gabelung der Jl Ahmad Yani noch mehr Straßenkost, darunter *sate ayam* (Hühnchen-Satay) und *bakso* (Nudelsuppe) ab 10000 Rp.

Mr. Cafe INDONESISCH $
(📱 0852 5341 0000, 0387-61605; sarmanse@ymail.com; Jl Umbu Tipuk Marisi 1; Hauptgerichte 15000–45000 Rp; ⏱ 8–22 Uhr) Gemeinsam mit den Arbeitern sitzt man hier auf bequemen Plastikstühlen und wählt aus den vielen indonesischen Gerichten. Die Einheimischen empfehlen gebratenen Tofu und *tempeh*, aber lohnend ist auch das *rawon* (eine aromatische Rindfleischsuppe). Ein Ableger, die Mr. Bakery (Backwaren 8000–15000 Rp), wurde 2017 gleich nebenan eröffnet. Probieren sollte man *sirsak* (Stachelannonen-Saft).

Leslie Cafe INDONESISCH $
(📱 0821 4698 5678; Jl Lalamentik; Hauptgerichte 25000–60000 Rp; ⏱ Mo–Sa 8–21 Uhr) Das kleine Restaurant mit Holztheke, Tischen und ein paar Rattan-Sesseln ist mit eingerahmten lustigen Sprüchen dekoriert. Auf der kleinen Karte haben Pizza und Burger neben den indonesischen Gerichten einen Gastauftritt. Es gibt hier auch einen Wäschedienst (8000 Rp/kg).

🔒 Shoppen

Es gibt ein paar „Art Shops", die Sumba-*ikat* und anderes Kunsthandwerk anbieten. Verkäufer hocken geduldig den ganzen Tag vor den Hotels. Die Preise sind fair, und die Auswahl ist hier größer als auf dem Land. Ost-

VERKEHRSMITTEL AB WAINGAPU

Flugzeug

ZIEL	FLUGLINIE	DAUER (STD.)	HÄUFIGKEIT
Denpasar	Nam Air, Wings Air	1½	1–2-mal tgl.
Kupang	Nam Air, Wings Air, TransNusa	1	2–3-mal tgl.

Schiff/Fähre

ZIEL	UNTERNEHMEN	PREIS (RP)	DAUER (STD.)	HÄUFIGKEIT
Aimere (Flores)	ASDP	81 000	10	2-mal/Woche
Ende (Flores)	ASDP	83 000	13	wöchentl.
Kupang (Westtimor)	ASDP	176 000	28	3-mal/Woche
Sabu	ASDP	97 000	12	wöchentl.

sumba ist in ganz Ost-Nusa-Tengarra für seine besonders detaillierten *ikat*-Motive bekannt, daher kauft man Webereien besser hier und nicht im Westen der Insel, wo die Entwürfe schlichter sind.

Praikundu Ikat Centre   TEXTILIEN
(☑ 0812 3758 4629; kornelis.ndapakamang@gmail.com; Jl S Parman, Kelurahan Lambanapu; ☺ wechselnde Öffnungszeiten) Das kleine Weberzentrum liegt 2,5 km abseits der linken Gabelung der Hauptstraße und wird von Kornelis Ndapakamang geführt. Es hängen hier einige der besten *ikat* auf Sumba, die mit detaillierten Motiven mittels natürlicher Farbstoffe geschaffen werden. Kornelis erzählt gern auf Bahasa Indonesia, wie seine Mitarbeiter die örtlichen Traditionen am Leben erhalten. Auf Anfrage gibt's auch längere Workshops.

Im Homestay vor Ort gibt's drei Zimmer (200 000 Rp/Tag & Pers.). Die Zimmer teilen sich eine saubere Hocktoilette und ein *mandi*. Kornelis' Frau kocht traditionelle Mahlzeiten (60 000 Rp).

Ama Tukang   TEXTILIEN
(☑ 0812 3622 5231; Jl Hawan Waruk 53; ☺ 24 Std.) In den Räumen und Häusern werden *ikat* und Schmuck angeboten. Die Besucher erhalten Einblick in alles vom Entwurf der Motive über das Färben bis zum Weben. Auf den Stücken, die neben dem getrockneten Getreide an den Dachsparren hängen, erblickt man *marapu*, Tiere und Dorfszenen. Es gibt auch eine ordentliche Unterkunft (ab 250 000 Rp/Nacht).

Um herzukommen, überquert man im Süden Waingapus die Brücke Richtung Süden und biegt anschließend rechts in die Straße ab.

ⓘ Praktische Informationen

In der Stadt gibt's mehrere Geldautomaten.

ⓘ An- & Weiterreise

BUS & BEMO

Bemos fahren von Waingapus Busbahnhof Kota nach Londolima und Prailiu.

Drei Busse fahren täglich Richtung Nordwesten nach Puru Kambera (15 000–20 000 Rp, 1 Std.) und mehrere Busse täglich nach Waikabubak (50 000 Rp, 5 Std.).

Der Busbahnhof für Busse Richtung Osten liegt im Süden der Stadt nahe dem Markt. Der Busbahnhof für Westsumba, der Busbahnhof Kota, liegt rund 5 km westlich der Stadt.

FLUGZEUG

Der Flughafen liegt 6 km südlich an der Straße nach Melolo. Die Taxifahrt ins Zentrum kostet festgelegte 60 000 Rp, aber die meisten Hotels bieten kostenlosen Transfer vom/zum Flughafen an. Eine *bemo*-Fahrt kostet 5000 Rp zu jedem Ziel in der Stadt und 10 000 Rp zum westlichen Busbahnhof, doch gibt es heute weniger als früher. Die Fahrt mit einem *ojek* kostet in der Stadt zwischen 5000 und 10 000 Rp.

TX Waingapu (☑ 0821 4509 5477, 0812 1718 1930, 0387-61534; www.txtravel.com; Jl Beringin 12; ☺ So–Fr 8.15–17, Sa bis 16 Uhr) ist ein Reisebüro, das Flugtickets bucht.

SCHIFF/FÄHRE

Die Schiffe von Pelni fahren von der neueren Anlegestelle Darmaga westlich der Stadt, das **Ticketbüro** (☑ 0387-61665; www.pelni.co.id; Jl Hasanuddin 1; ☺ 7–12, 13.30–17 Uhr) des Unternehmens befindet sich aber am alten Hafen. Die Fahrpläne ändern sich öfters, daher sollte man sie bei **ASDP** (☑ 0214-288 2233; www.indonesiaferry.co.id; Pelabuhan Waingapu) checken oder die Fahrpläne am Hafen einsehen.

ABSEITS DER ÜBLICHEN PFADE

WERA BEACH RESORT

Das von Franzosen geführte, rund 39 km östlich des Flughafens gelegene **Resort** (☎ 0812 3758 1671; www.sumbaeastresort. com; Jl Melolo, Pantai Wera; Bungalow/Haus ab 750 000/1 500 000 Rp) ist eine friedlich-paradiesische Oase mit zwei Häusern. Die Innenräume präsentieren sich blütenweiß und sind mit Rattanmöbeln und Küchen ausgestattet. Man kann sie als Unterkunft mit ein oder zwei Schlafzimmern mieten. In letzterer können bis zu fünf Personen übernachten. Außerdem gibt es noch einen gepflegten Bambusbungalow am Strand. Das Freiluftrestaurant (Hauptgerichte 45 000–220 000 Rp) serviert französische Gerichte, während die Windglockenspiele in der Brise klimpern.

❶ Unterwegs vor Ort

Auf Sumba gibt's mit die höchsten Preise für Mietwagen in Nusa Tenggara. Selbst nach Feilschen sind 800 000 Rp pro Tag inklusive Fahrer und Benzin ein guter Preis. Teurer wird's, wenn der Fahrer zugleich als Führer dienen soll: Dann sind 1 200 000 Rp ein guter Preis. Wie überall in Indonesien darf man feilschen, und mehrtägige Touren sind dabei ein gutes Verhandlungsargument. Praktisch alle Hotels vermieten Motorräder, aber das Praikamarru Guest House (S. 446) hat mit 75 000 Rp pro Tag den günstigsten Preis; anderswo zahlt man rund 100 000 Rp.

Ostsumba

Südöstlich von Waingapu liegen in der trockenen, hügeligen Savanne Cashew-Haine und mehrere traditionelle Dörfer, die teilweise mit auffälligen Ahnengräbern prunken. Aus diesem Gebiet kommen einige der besten *ikat*-Stoffe von Sumba. Die meisten Dörfer sind an Touristen gewöhnt, ob bei einem Besuch allerdings Leute vor Ort sind, ist Glückssache. So oder so sollte man als Besucher eine Spende (mind. 20 000 Rp) hinterlassen. Kunsthandwerksverkäufer stürzen sich gern auf die Besucher.

Praiyawang & Rende

Das in einem flachen Tal zwischen grasbewachsenen Hügeln liegende **Praiyawang** ist ein Komplex aus traditionellen Sumba-Häusern und dem zeremoniellen Zentrum des moderneren Dorfs **Rende**, das sich 7 km südlich von Melolo befindet. Man findet hier eine imposante Anlage aus neun Megalithgräbern; das größte ist das des Häuptlings des ehemaligen Fürstentums. Es hat die Form eines Büffels und besteht aus vier 2 m hohen Steinpfeilern, die eine gewaltige, rund 5 m lange, 2,5 m breite und 1 m dicke Steinplatte tragen. Zwei Steintafeln mit Figuren stehen auf der Hauptplatte. Gegenüber den Gräbern stehen ein massives Sumba-Haus mit Betonpfeilern und eine Reihe *rumah adat* (traditionelle Häuser).

In den Gräbern dürfen Geschwister und Kinder mit ihren Großeltern bestattet werden, aber Kinder bei ihren Eltern zu bestatten, ist tabu. Krokodilfiguren symbolisieren den Häuptling, Schildkröten sind Frauengräbern vorbehalten, und Kakadus und Pferde stehen für Demokratie und Herrschaft.

Der Wasserfall **Air Terjun Waimarang** liegt südlich von Melolo und landeinwärts von Praiyawang und sollte daher auf einer Route mit dem Dorf besucht werden. Nach Praiyawang kommt man auf dem Rückweg nach Waingapu. Eine gute Straße führt zu dem hinreißenden Wasserfall, dann folgen rund 8 km voller Schlaglöcher auf dem Weg zum Parkplatz, auf dem man eine kleine Gebühr bezahlt. Dann marschiert man rund 20 Minuten durch schwieriges Gelände bis zu einem von Kalksteinhängen umgebenen herrlichen blauen See inmitten des Dschungels. Man sollte früh kommen (nicht am Wochenende!) und die Kamera nicht vergessen.

❶ An- & Weiterreise

Mehrere Busse fahren ab ca. 7 Uhr von Waingapu nach Rende (20 000 Rp). Der letzte Bus zurück nach Waingapu startet um 15 Uhr.

Kalala

Kalala ist ein besonderer, scheinbar nur von Surfern entdeckter Ort, der 125 km von Waingapu und 2 km über eine staubige Straße vom nahegelegenen Dorf **Baing** entfernt ist. Der hinreißende weiße Sandstrand bildet einen Bogen vor den Küstengebirgen, die den südlichsten Punkt Ostsumbas bilden. Die Wellen brechen sich etwa 500 m vor der Küste.

Das **Sumba Adventure Resort** (☑ WhatsApp 0812 3999 2865, WhatsApp 0811 386 2905; www.sumbaadventureresort.com; Jl Biang, Wula Meca Suar, Wula Biang; Campen/Hütte ab 150 000/400 000 Rp pro Pers.; ☎) ist eine abgeschiedene Anlage 2 km östlich des Strands von Kalala auf einem breiten Sandstreifen, auf dem sich Schweine tummeln und gesammelter Tang in der Sonne trocknet. Es gibt zwei schlichte Nurdach-Bambushütten, einen offenen Bungalow und eine geräumige Familienunterkunft mit Moskitonetzen und Außendusche. Das Essen (150 000 Rp/Tag & Pers.) ist fabelhaft. Man kann hier mit Quads fahren.

Das Team organisiert Surf-, Schnorchel-, Angel-, Boots- und Wandertouren; zahlt man die Pauschale von 850 000 Rp pro Person, sind alle Mahlzeiten und die Surf- und Schnorchelausrüstung im Preis enthalten. Die zweite und jede weitere Person erhält einen Rabatt von 20 %. Der Transport vom Flughafen Waingapu kostet zwischen 600 000 und 900 000 Rp.

ⓘ An- & Weiterreise

Mehrere Busse fahren täglich von Waingapu nach Baing (40 000 Rp, 4 Std.). Die Straße ist durchgehend asphaltiert, aber hinter Melolo holprig. Eine unbefestigte Piste mit vielen Abzweigungen führt von Baing nach Kalala. Busse setzen einen manchmal am Strand ab, wenn man darum bittet.

Südliches Zentralsumba

Es lohnt sich, die schwierige Anreise zu diesem Teil der Insel durchzustehen, besonders für begeisterte Surfer. Zwar fahren täglich Busse von Waingapu nach Tarimbang und Trucks nach Praingkareha, aber um herumzukommen, braucht man vielleicht einen Geländewagen, ein Motorrad oder muss sogar einige Strecken laufen.

Einsame Wellen finden sich am **Pantai Tarimbang**, einem hinreißenden halbmondförmigen, von massiven Kalksteinklippen umrahmten weißen Sandstrand 95 km südwestlich von Waingapu. Mächtige Wellen branden an den Strand, in der Nähe kann man schnorcheln und im **Marthen's Homestay** (☑ 0852 8116 5137; Jl Gereja Tarimbang; B/EZ/DZ mit allen Mahlzeiten ab 300 000/400 000/700 000 Rp) in Strandhütten übernachten. Das *kepala desa* hatte bei unserem letzten Besuch gerade mit dem Aufbau traditioneller Dorfunterkünfte begonnen, wobei drei Häuser mit je sieben Zimmern und ein Bungalow entstehen sollen.

Westsumba

☑ 0387

Wer sich für die traditionelle Kultur auf Sumba interessiert, sollte den Westen der Insel erkunden. Hier liegen Reisfelder an den Hängen der blauen Berge in einer von Flüssen durchzogenen Landschaft voller Bambus und Kokospalmen. Auf den Hügeln drängen sich immer noch die hohen Dächer der Dorfhäuser um die imposanten Megalithgräber der Ahnen. Das Leben ist von Ritualen und Zeremonien bestimmt, die auch Tieropfer einschließen. Außenstehende sind willkommen, sollten aber eine Spende geben – die Führer wissen, wie viel angemessen ist (meist 20 000–50 000 Rp). Die *kampung* sind zwar durchaus an ausländische Besucher gewöhnt, aber ein Geschenk, bestehend

BESUCH IN DEN DÖRFERN

Viele Dorfbewohner auf Sumba sind inzwischen an Touristen gewöhnt. Wenn man sich für ihre Webarbeiten und andere Artefakte interessiert, halten sie einen für einen potenziellen Kunden. Wer sich nur unterhalten und ein bisschen umschauen will, sollte erst höflich fragen, weil sie sonst beleidigt oder verwirrt sein könnten. Dann kann sich das Blatt schnell wenden, und man wird misstrauisch beäugt.

Auf Sumba ist es Tradition, Gästen und Gastgebern *pinang* (Betelnüsse) anzubieten. Man kann sie auf den meisten Märkten auf Sumba kaufen; sie sind das richtige Mittel, um respektvoll das Eis zu brechen. Man bietet sie dem *kepala desa* (Dorfvorsteher) oder demjenigen an, der einem Zeit widmet.

Viele Dörfer führen ein Besucherbuch, das die Dorfbesucher vorlegen, damit man sich darin einträgt. Wenn man unterschreibt, sollte man vor der Rückgabe des Buchs eine Spende (2000–5000 Rp/Pers.) hineinlegen. Für den Besuch abgelegener Dörfer ist es hilfreich, einen Führer zu engagieren, der einen bis zu einem gewissen Grad auch vor unangenehmen Situationen schützen kann. Man sollte sich die Zeit nehmen, mit den Dörflern zu reden, damit man als Gast und nicht als Kunde oder vom Himmel gefallener Außerirdischer wahrgenommen wird.

aus Betelnüssen, lockert die Stimmung auf und ist ein Zeichen des Respekts.

Westsumba lässt sich am leichtesten mit einem Führer durchqueren und erleben. Das gilt insbesondere, wenn man kein Bahasa Indonesia spricht. Im Westen tragen die Einheimischen große Messer, sogenannte *parang,* am Hosenbund, hauptsächlich aber nur, um damit Eindruck zu machen. Trotzdem ist man nicht gut beraten, nach Einbruch der Dunkelheit in Westsumba unterwegs zu sein.

Waikabubak

📞 0387 / 28760 EW.

Verglichen mit Waikabubak wirkt Waingapu wie eine Metropole. Die kleine ländliche Marktstadt besteht aus strohgedeckten Clanhäusern, Ladenzeilen aus Beton, Verwaltungsgebäuden und Wohnhäusern, auf deren Blechdächern Satellitenschüsseln sprießen. Der einladende, von Mahagonigehölzen und üppigen Reisfeldern umgebene Ort liegt auf rund 600 m Höhe, daher ist es hier kühler als im Osten der Insel. Waikabubak ist ein guter Ausgangspunkt zur Erkundung der traditionellen Dörfer Westsumbas.

Der Lebensmittelmarkt ist täglich von 7 bis 22 Uhr geöffnet. Auf dem Weg von Waingapu erwartet einen rund 15 km vor Waikabubak der **Bukit Raksasa Tidur** (Hügel des schlafenden Riesen), ein tolles Fotomotiv.

🔘 Sehenswertes & Geführte Touren

In der Stadt finden sich einige freundliche, recht traditionelle *kampung* (Dörfer) mit Megalithgräbern und strohgedeckten Häusern. Den Wohlstand der einzelnen Familien erkennt man schon an den fein und detailliert gestalteten Gräbern. Wenn man sich hier einfach nur umsieht, braucht man keinen Führer. Die Einheimischen zeigen gern ihre geräumigen, aus Eisenholzträgern und -balken zusammengefügten Wohnhäuser. Einige Kinder ziehen für ein Foto Grimassen, andere kichern und verschwinden um die Ecke. Die Alten bieten Betelnüsse an. Man sollte selbst welche anbieten und eine Spende geben (mind. 20000–50000 Rp).

Im **Kampung Tambelar** (abseits der Jl Sudirman) gleich abseits der Jl Sudirman gibt's sehr eindrucksvolle *kubur batu* (Steingräber), die interessantesten *kampung* liegen aber am westlichen Stadtrand. Von den meisten Hotels hat man nur einen kurzen Weg zum **Kampung Prai Klembung** (abseits der Jl Manda Elu), und von dort gelangt man den Hügel hinauf, der im Stadtzentrum aufragt, zum **Kampung Tarung** (abseits der Jl Manda Elu) und **Kampung Waitabar** (Jl Manda Elu).

Zu den weiteren interessanten *kampung* auf Hügeln und Hügelkämmen außerhalb der Stadt gehört das von Kokospalmen und Bambushainen umgebene **Praijing** mit seinen traditionellen Hütten rund um faszinierende, primitive Steingräber. **Bondomarotto**, das **Kampung Prairami** und das **Kampung Praikateti** haben ebenfalls eine schöne Lage auf benachbarten Hügeln. Bis zur Abzweigung nach Praijing kann man ein *bemo* nehmen (5000 Rp).

Yuliana Leda Tara   TOUREN

(📞 0822 3621 6297; yuli.sumba@gmail.com; Kampung Tarung; ab 500000 Rp/Tag) Die wunderbare einheimische Führerin spricht Englisch und Französisch und lebt in Tarung, Waikabubaks traditionellem Hügeldorf. Yuliana organisiert Touren zu Dörfern in ganz Westsumba, wo man an Begräbnis- und Opferzeremonien teilnehmen kann, vermittelt Ausritte durch Reisfelder und arrangiert Übernachtungen in Dörfern. Touren vorab reservieren. Im Preis für die Führerleistung sind die Transportkosten nicht enthalten.

🛏 Schlafen & Essen

Mona Lisa Cottages   PENSION $$

(📞 0813 3943 0825, 0387-21364; Jl Adhyaska 30; EZ ab 200000, DZ ab 300000–750000 Rp; ❄ 🛜) Die beste Unterkunft vor Ort ist nach einer Disco in Surabaya benannt, die der Inhaber aus seiner Partyzeit kennt, und liegt 2 km nordwestlich der Stadt Reisfeldern gegenüber. Die Anlage besteht aus Budgetzimmern mit Ventilator, teureren Wohneinheiten und frisch renovierten Cottages mit spitzen Blechdächern, eigenen Terrassen und Bambusmöbeln. Einige Cottages sind mit einer Klimaanlage ausgestattet.

Rumah Makan Fanny   INDONESISCH $

(📞 0387-21389; Jl Bhayangkara 55; Hauptgerichte 20000–50000 Rp; ⏰ Mo–Sa 8–21 Uhr) Das winzige beliebte Restaurant ist berühmt für aromatische, aber sehr scharfe *ikan kuah assam* (Tamarinden-Fischsuppe), von der eine Portion zwei Leute satt macht. Es gibt auch diverse chinesisch-indonesische Meeresfrüchtegerichte und Brathähnchen nach Art des Hauses. Auf der anderen Straßenseite befindet sich eine Filiale der BNI mit einem Geldautomaten.

Waikabubak

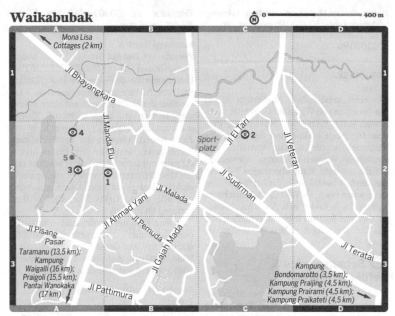

Mona Lisa Cottages (2 km)
Jl Bhayangkara
Jl Manda Elu
Sportplatz
Jl El Tari
Jl Veteran
Jl Sudirman
Jl Malada
Jl Ahmad Yani
Jl Pemuda
Jl Gajah Mada
Jl Pisang
Pasar
Taramanu (13,5 km);
Kampung Waigalli (16 km);
Praigoli (15,5 km);
Pantai Wanokaka (17 km)
Jl Pattimura
Jl Teratai
Kampung Bondomarotto (3,5 km);
Kampung Praijing (4,5 km);
Kampung Prairami (4,5 km);
Kampung Praikateti (4,5 km)

D'Sumba Ate
INTERNATIONAL **$$**

(☑ 0812 3868 3588; Jl Ahmad Yani 148A; Hauptgerichte 30 000–80 000 Rp; ☺ 10–23 Uhr; ☎) Das coole Restaurant aus Bambus serviert neben den üblichen indonesischen Gerichten auch Holzofenpizzas, Pasta und Burger. Sehr zu empfehlen ist *ayam betutu kampung dan urap,* ein balinesisch gewürztes Hühnchen mit viel Gewürzen, Salaten und Kokos. Das D'Sumba Ate ist das einzige Lokal vor Ort, in dem man auch einen Latte macchiato bekommt.

Die Holzbrücke über den Teich führt zum schlichten **Kakitangan Spa,** der den gleichen Leuten gehört. Dort kann man sich massieren lassen (ab 50 000 Rp/Std.).

🛍 Shoppen

Vor den Hotels finden sich immer Händler, die *ikat* aus Ostsumba, Schmuck und Schnitzereien anbieten. Der Kampung Tarung (S. 450) ist bekannt für perlenbesetzten Schmuck, der einem bei einem Spaziergang durch das Dorf sofort ins Auge sticht.

❶ Praktische Informationen

BNI Bank (☑ 0387-21549, 0387-321540; Jl Bhayangkara 48; ☺ Mo–Do 8–16, Fr 7.30–16 Uhr) Hat einen Geldautomaten und tauscht Bargeld zu fairen Kursen.

Waikabubak

◉ Sehenswertes
1 Kampung Prai Klembung		B2
2 Kampung Tambelar		C2
3 Kampung Tarung		A2
4 Kampung Waitabar		A2

☺ Aktivitäten, Kurse & Touren
5 Yuliana Leda Tara		A2

❶ An- & Weiterreise

Tambolaka, rund 45 km nordwestlich von Waikabubak, hat den nächstgelegenen Flughafen. Die billigste Transportoption ist ein Bus zum Busbahnhof von Waitabula (einer älteren, von Tambolaka geschluckten Stadt) und von dort ein *bemo* oder *ojek* zum Flughafen; die meisten Leute nehmen aber ein Taxi von Waitabula oder chartern in Waikabubak ein *bemo* (rund 150 000 Rp).

Bemos, Trucks und Minibusse schaffen Verbindungen zu den meisten anderen Ortschaften und Dörfern in Westsumba. Generell fährt man am besten früh, wenn die Fahrzeuge mehr Passagiere haben und schneller abfahren, weil sie warten, bis voll besetzt sind. Täglich fahren auch mehrere Busse nach Waingapu (60 000 Rp, 5 Std.).

Waikabubak ist der richtige Ort, um zur Erkundung Westsumbas ein Motorrad zu mieten (ca. 100 000 Rp/Tag). Die Hotels können einem

Motorräder und Mietwagen vermitteln. Letztere kosten mit Fahrer 500 000 Rp innerhalb der Stadt, ansonsten zwischen 800 000 und 1 000 000 Rp.

Tambolaka

☑ 0387

Die einst verschlafene Marktstadt 45 km nordwestlich von Waikabubak ist zum wichtigsten Verkehrsknoten Westsumbas geworden. Die Stadt boomt, und der Name des Flughafens wurde in Reisebroschüren und amtlichen Veröffentlichungen inzwischen auf die gesamte Stadt übertragen. Wir tun das auch, obwohl viele Einheimische den Ort immer noch als Waitabula bezeichnen. Tambolaka befindet sich noch im Ausbau, ist aber von Bali aus leicht zu erreichen und das Tor zur sensationellen Westhälfte der Insel.

⊙ Sehenswertes & Geführte Touren

Tambolaka besitzt einen täglichen Markt gegenüber dem **Hotel Sinar Tambolaka** (☑ 0387-253 4088; www.sinartambolaka.com; Jl

ABSTECHER

WEEKURI-LAGUNE

Fast ganz im Westen Sumbas liegt einer der zauberhaftesten Flecken der Insel, die **Weekuri-Lagune**. Auf der einen Seite mieten Einheimische und Touristen schwarze Kautschukreifen (10 000 Rp) und lassen sich damit auf dem kühlen, kristallklaren Wasser treiben, auf der anderen Seite tost der Indische Ozean gegen die Felsen und bricht durch Spalten und Blowholes – am besten zu sehen von der Brücke in der Mitte. Um die Lagune zu genießen, ein echtes Schnäppchen für 20 000 Rp pro Person, sollte man sich mindestens einen halben Tag geben. Sie liegt rund 45 km von Tambolaka entfernt.

Es gibt mehr als ein halbes Dutzend kleiner unbefestigter Straßen, die von der Jl Waitabula-Bondokodi zu dem aquamarinblauen Wasser dieser atemberaubend schönen Lagune führen. Verkäufer bieten hier Instantnudeln, Kokosnüsse und andere Snacks an. Von den Armbändern, die illegal aus Schildkrötenpanzern hergestellt wurden, sollte man jedoch die Finger lassen.

Tambolaka; Zi. 200 000–450 000 Rp, 1-B-Villa 750 000 Rp; ❄ 🌐 ✉).

Lembaga Studi &
Pelestarian Budaya Sumba   MUSEUM
(Rumah Budaya Culture House; ☑ 0813 3936 2164; Eintritt gegen Spende; ⊙ Mo–Sa 8–16 Uhr) Die katholische Nichtregierungsorganisation 3 km westlich der Stadt betreibt auf einer Kokosnussplantage ein ausgezeichnetes Kulturmuseum. Ins Leben gerufen wurde es von Pater Robert Ramone, der bemerkte, dass Sumbanesen, wenn sie sich taufen lassen, oft ganz mit ihrer alten Kultur brechen und negative Haltungen gegenüber *marapu* und anderen Totems entwickeln. Gezeigt werden u. a. alte Fotos, Geldstücke, Töpferwaren, ikat und Steinreliefs.

In dem Komplex werden auch zehn einfache Zimmer vermietet (300 000–600 000 Rp), auf deren Veranden einen die Stille umfängt. Auf dem Gelände wurde 2018 auch ein *ikat*-Museum eröffnet.

Sumba Adventure Tours & Travel   TOUREN
(☑ 0813 3710 7845; www.sumbaadventuretours.com; Jl Timotius Tako Geli 2; Guide 300 000 Rp/Tag, Auto & Fahrer 800 000–1 000 000 Rp/Tag; ⊙ 8–17 Uhr) Der erfahrene Führer Philip Renggi hat sein Büro nahe dem Flughafen. Er und sein Team bieten Ausflüge zu selten besuchten Dörfern, darunter zu seinem Heimatdorf Manuakalada und nach Waiwarungu, wo es mehrere heilige *marapu*-Häuser gibt, die nur die Schamanen betreten dürfen. Das Unternehmen stellt Reiserouten zusammen, rüstet einen fürs Pasola-Fest (S. 27) aus und vermietet Autos. Das Büro befindet sich in der Nähe von Rumah Makan Richard.

🛏 Schlafen & Essen

Neue Hotels schießen in Tambolaka förmlich aus dem Boden, daneben gibt es aber auch noch ältere Pensionen. Ein paar nette, ruhige und in manchen Fällen teurere Optionen finden sich 20 Minuten außerhalb der Stadt.

Penginapan Melati   PENSION $
(☑ 0813 5396 6066; Jl Sapurata; Zi. mit Ventilator/Klimaanlage 175 000/250 000 Rp; ❄ 🌐) Die 14 schlichten Zimmer sind viel sauberer als der trübe Fischtank an der Rezeption und mit vielen Bildern der Gastfamilie, der Jungfrau Maria und des Papstes dekoriert. In den Badezimmern gibt's Regenduschen und gleich nebenan ein Restaurant mit Padang-Küche.

STRÄNDE IN WESTSUMBA

Die Strände an der Südküste Westsumbas sind weitgehend unentdeckt, wenn man von den Surfern auf der Suche nach der perfekten Welle und den wohlhabenden Gästen des **Nihi Sumba** (☑ 0361-757149; www.nihi.com; Bungalow & Villa ab 845 US$; ✱ 🖥 🖳) absieht. Der Weltklasse-Surfspot **Occy's Left**, der in dem Film *The Green Iguana* zu sehen war, befindet sich vor dem **Pantai Nihiwatu**, einem herrlichen, von einer Kalkstein-Landzunge geschützten Sandstrand, der leider den Gästen des Nihi Sumba vorbehalten ist. Nur zehn Surfer dürfen sich gleichzeitig der Welle stellen. Glücklicherweise sind Homestay-Inhaber aber Experten, wenn es gilt, die besten Left- und Righthander zu finden, und es verteilen sich noch einige weitere entlang der Küste. Nichtsdestotrotz, man könnte eventuell doch an Occy's Left kommen, wenn man bei Petu vom **Sumba Sunset Home Stay** (☑ 0852 0591 7662, WhatsApp 0821 47546538; www.sumbasunset.com; Kerewe Beach; mit Mahlzeiten 400 000 Rp/Pers.) übernachtet.

Vom Pantai Nihiwatu aus beginnt der Zauber am **Pantai Wanokaka** mit seinen zerklüfteten, von Palmen bewachsenen Klippen, einer Bucht voller schaukelnder Fischerboote und einem Pasola-Platz am Strand. Den Mittelpunkt des Geschehens bildet das aus Beton errichtete öffentliche Fischerhaus, vor dem man morgens die Fänge und am späten Nachmittag Fischer sieht, die ihre Netze flicken. **Rua**, der nächste in der Reihe üppiger Strände an der Südküste Sumbas, liegt 10 km südwestlich der Padede-Weri-Kreuzung. Alternativ fährt man die Straße vom Dorf Waeiwuang weiter bis zur Küste. Hier findet man noch mehr feinen blassgoldenen Sand, türkisblaues Wasser und tolle Wellen bei starkem Seegang zwischen Juni und September.

Wieder auf dem Weg nach Westen führt die Straße durch das Dorf Lamboya, wo Reisfelder auf der meerabgewandten Seite des zerklüfteten Küstengebirges angelegt sind und sich ein Pasola-Spielfeld direkt auf dem welligen Grasland befindet, zu dem im Februar Tausende strömen. Von hier führt eine weitere Abzweigung nach Süden zum Surf-Hotspot **Pantai Kerewe** und dem glasklaren Wasser am **Pantai Tarakaha**. Dort kann man den **Magic Mountain** entdecken, wenn man weiß, wo genau er liegt: ein von Korallen drapierter Unterwasser-Vulkan, der der beste Tauchspot auf Sumba ist. Als nächster Strand folgt ganz in der Nähe der **Pantai Watubela** (Patiala Bawa, Waikabubak) mit wunderbarem Sand und Kalksteinhöhlen. Weiter an der Küste entlang gelangt man schließlich zu dem idyllischen weißen Sandstrand des **Pantai Marosi**, der rund 35 km von Waikabubak entfernt ist.

Die Unterkunft hat kein Schild, ist aber an den grünen und orangefarbenen Streifen erkennbar.

★ Oro Beach Houses & Restaurant
BUNGALOWS $$

(☑ 0813 3911 0060, WhatsApp 0813 3978 0610; www.oro-beachbungalows.com; Weepangali; Villa/Bungalow 665 000/850 000 Rp) 🍴 Die runden, strohgedeckten Bungalows mit Betten aus Treibholz und Außenbädern stehen auf einem ungefähr 4 ha großen wilden Ufergrundstück. Gleich vor dem herrlichen 200 m langen Strand bietet die Anlage ausgezeichnete Mahlzeiten, Mountainbikes und Schnorchelausrüstung (je 50 000 Rp). Es gibt sechs Zimmer, darunter befinden sich auch zwei Bungalows mit Klimaanlage sowie Strandhäuser und Villen, die jeweils nur mit Ventilatoren ausgestattet sind. Man kann hier auch Motorräder ausleihen (150 000 Rp/Tag).

★ Maringi Eco Resort by Sumba Hospitality Foundation
RESORT $$$

(☑ 0822 366 15505; www.sumbahospitalityfoundation.org; Jl Mananga Aba, Desa Karuni; Pavillons/Deluxe-Zi. 1 000 000/1 500 000 Rp; ✱ 🖥 🖳) 🍴 Womit soll man bei der Beschreibung dieses unglaublichen Komplexes beginnen: Dass er einen gemeinnützigen NGO gehört, in der Schüler aus Sumba das Hotelgewerbe erlernen, bevor sie anderswo in Indonesien Top-Jobs in dieser Branche antreten? Oder bei den prima gestalteten Bambuspavillons mit riesigen ovalen Glastüren und Außenbädern? Jedenfalls ist diese Anlage mehr als eine Unterkunft, denn es wird mit Solarenergie und der Nutzung von Brauchwasser zur Gartenbewässerung auch Wert auf Nachhaltigkeit gelegt.

Mario Hotel & Cafe
HOTEL $$$

(☑ 0813 3939 0337, 0823 1220 1571, 0812 3971 0000; www.mariohotel.net; Pantai Kita, Mananga

Aba; Zi. 850 000–950 000 Rp; ✻ @ ✻) Die Elektrifizierung im Jahr 2017 ging mit einer drastischen Aufbesserung dieser Anlage einher. Zwölf Zimmer liegen am Strand, aber zwei preiswertere in traditionellen Häusern mit Außenbädern bieten mehr Platz und sind stimmungsvoller. Das Restaurant (Hauptgerichte ab 40 000 Rp, 7–21 Uhr) blickt auf einen von Bougainvilleen und Frangipani umgebenen Pool mit eingebauten Liegen.

Warungku INDONESISCH $
(0812 5250 5000; Jl Ranggaroko; Hauptgerichte 20 000–40 000 Rp; 8–23 Uhr) Das Freiluftrestaurant mit Wasserspielen und Karaoke liegt von der Hauptstraße zurückgesetzt in einem ummauerten Anwesen und bietet ausgezeichnete Versionen klassischer indonesischer Gerichte. Man sitzt in einem schönen Gartenambiente und kann Stunden beim Essen zubringen und am *jus semangka* (Wassermelonensaft) nippen.

Warung Gula Garam INTERNATIONAL $$
(0387-252 4019, 0812 3672 4266; gulagaram sumba@gmail.com; Jl Soeharto; Hauptgerichte 26 000–110 000 Rp; 10–22 Uhr; ☎) Das von dem hier lebenden Franzosen Louis geführte Freiluftcafé nahe dem Flughafen gibt's zu abgefahrenem R & B aus der Musikanlage überraschend gute Holzofenpizzas und andere westliche Gerichte wie Hähnchen-Cordon Bleu und Würstchen mit Kartoffelbrei und Gemüse. Man findet aber auch gute indonesische Kost, darunter ein auch von den Einheimischen gebilligtes Rindfleisch-*rendang*, sowie überdurchschnittlich guten Kaffee und Säfte. Das Lokal zieht demnächst möglicherweise um.

ℹ Praktische Informationen

BNI Bank (Jl Jenderal Sudirman; Mo–Do 8–16, Fr 7.30–16 Uhr) Hat einen Geldautomat und wechselt Bargeld ein.

ℹ An- & Weiterreise

BUS

Busse fahren den ganzen Tag über aus dem Stadtzentrum nach Waikabubak (15 000–20 000 Rp, 1 Std.).

FLUGZEUG

Tambolakas **Flughafen** ist schick und modern. Garuda, Nam Air und Wings Air fliegen täglich nach Denpasar auf Bali und Kupang in Westtimor. Achtung: Einige Fluglinien und Buchungs-Websites bezeichnen den Flughafen als „Waikabubak".

SCHIFF/FÄHRE

Waikelo, eine kleine, vorwiegend muslimische Siedlung nördlich von Tambolaka, besitzt einen kleinen malerischen Hafen, der die Hauptanlaufstelle der Schiffe in Westsumba ist. Es gibt einen Fährdienst nach Sape auf Sumbawa (52 000 Rp, 3-mal/Woche); die Überfahrt dauert neun Stunden.

Wanokaka
0361 / 14 163 EW.

Im Regierungsbezirk Wanokaka südlich von Waikabubak finden sich eine herrliche Berglandschaft, eine schöne Küste und mehrere traditionelle *kampung*. Von Waikabubak aus fährt man über eine schöne asphaltierte schmale Straße, die sich an der Kreuzung Padede Weri 6 km außerhalb der Stadt gabelt. Adler kreisen über den Bergen, die zum azurblauen Meer abfallen. Die linke Abzweigung der Straße führt nach 5 km durch das am Fluss liegende Siedlung **Taramanu**.

Unterhalb von Taramanu folgt das **Kampung Waigalli** auf einer Landzunge über dem Meer. Jenseits davon findet sich ein fast 200 Jahre altes Watu-Kajiwa-Grabmal in dem zutiefst traditionellen Dorf **Praigoli**.

Nimmt man vor Sumba Nautil die rechte Straßengabelung, gelangt man nach **Litikaha**, von wo eine Schotterpiste zu den malerischen Dörfern **Tokahale**, **Kahale** und **Malisu** führt. Man fährt 15 Minuten mit dem Geländewagen, ansonsten parkt man an der Straße und läuft zu den drei Dörfern (ca. 2 Std.).

ℹ An- & Weiterreise

Ein paar Busse verkehren zwischen Waikabubak und den vielen Dörfern im Regierungsbezirk Wanokaka, aber viel besser lässt sich die Gegend per Auto oder Motorrad erkunden. Die meisten Straßen sind asphaltiert, und es gibt kaum Verkehr. Die Hügel südlich von Waikabubak sind für Radler herausfordernd, aber wundervoll. In Westsumba empfiehlt es sich nicht, nachts unterwegs zu sein – gleichgültig mit welchem Verkehrsmittel.

Pero

Pero ist ein kleines muslimisches Fischerdorf mit einem natürlichen Hafen an einer von einer Sandbank und Mangroven abgeschirmten Einbuchtung. Vor den Fischerhütten trocknen Tintenfische an Gestellen in der Sonne. An dem hellen Sandstrand gleich nördlich des Ortes, hinter dem Palmen und struppiges Gras liegen, gibt's gleich vor der Küste einen heimtückischen Left-hander und einen seitlichen Küstenwind, der für Kitesurfer ideal ist. In Richtung Westen gibt's von hier kein Land mehr bis nach Afrika. Nördlich und südlich von hier findet man an der Küste traditionelle *kampung*.

Das seit langem bestehende **Homestay Stori** (☑ 0813 3943 3906; mit allen Mahlzeiten 150 000 Rp/Pers.) gehört einer gastfreundlichen Familie und bietet vier Zimmer in einem verfallenen Betonhaus mit bröckelnden Linoleumböden und schmierigen Gemeinschafts-*mandis* hinter dem Haus. Aber die Unterkunft ist wirklich preiswert. Gleich um die Ecke betreibt die gleiche Familie das nettere **Merzy Home Stay** (☑ 0813 3780 3613, 0813 3755 7272; hatijahstory@gmail.com; Kodi Pero; mit allen Mahlzeiten 250 000 Rp/Pers.). Hier gibt's acht ganz unterschiedliche Zimmer, aber nur eines hat eine eigene Toilette mit *mandi*; die übrigen teilen sich drei.

Von Tambolaka fahren häufig *bemos* und Trucks nach Pero.

Ratenggaro

Eines der schönsten und berühmtesten Dörfer auf Sumba liegt ganz in der Nähe von Pero. Das Kampung Ratenggaro ist bekannt für seine erstklassige Lage auf einer grasbewachsenen Klippe über einem Fluss, von der sich ein atemberaubender Blick aufs Meer bietet. Jenseits des Flusses erblickt man **Wainyapu** und auf dem Weg nach Ratenggaro die an der Straße liegenden Gräber des **Kampung Ranggabaki** und durch die Bäume das **Kampung Paronambaroro**.

Das bemerkenswerte Dorf hatte nicht viel Glück: Im Jahr 1964 vernichtete eine Feuersbrunst 57 traditionelle Häuser, und bei einem anderen Brand im Jahr 2004 wurden dreizehn weitere zerstört. Staatliche Unterstützung half beim Wiederaufbau von zwölf Häusern (und machte sie zu einer Anlaufstelle für Touristen). Sie werden von fein beschnitzten Säulen an den vier Kardinalpunkten getragen. Bapa Lucas ist der Hausverwalter, der Besuchern gern alles Wissenswerte erzählt, wenn man einen Dolmetscher dabei hat.

ℹ An- & Weiterreise

Um zu dem von niedrigen Felswänden umrahmten *kampung* Ratenggaro zu gelangen, nimmt man die asphaltierte Straße ab Bondokodi oder fährt rund 3 km abseits der Straße neben einer Weide am weißen Sandstrand des Pantai Radakapal entlang.

Molukken

1,7 MIO. EW.

Gut essen

➡ Royal's Restaurant (S. 465)

➡ Beta Rumah (S. 477)

➡ Cilu Bintang Estate (S. 492)

➡ Bayview Restaurant (S. 478)

➡ Kedai Mita (S. 465)

➡ My Home Café (S. 472)

Schön übernachten

➡ Villa Ma'rasai (S. 464)

➡ Cilu Bintang Estate (S. 491)

➡ Ora Beach Resort (S. 486)

➡ The Nutmeg Tree (S. 491)

➡ Molana Island Resort (S. 484)

Auf zu den Molukken!

Kaum zu glauben: Die idyllischen Molukken spielten einst eine wichtige Rolle in der globalen Geopolitik und Wirtschaft. Zwischen dem 16. und dem 18. Jh. waren sie die einzige Quelle für Muskat, Nelken und Mazisblüten, zu jener Zeit sehr wertvolle Handelswaren. Die Suche nach den Gewürzinseln und der Kampf um die Vorherrschaft dort läuteten den Beginn des europäischen Kolonialismus ein und formten infolge einer Reihe unglücklicher Wendungen und eines glücklichen Landtauschs die moderne Welt.

Als das Gewürzmonopol der Inseln gebrochen war, verschwanden die Molukken wieder aus den Köpfen. Heute ist die Region ein wenig besuchtes Tropenparadies, das fast zu schön ist, um wahr zu sein. Von Insel zu Insel zu kommen, kann einen zur Verzweiflung treiben, doch wer flexibel und geduldig ist, kann hier unberührte Riffe erkunden, einsame weiße Strände erobern und Vulkankegel erklimmen. Das komplexe Kulturengeflecht beeindruckt mit überschwänglichem und dennoch sanftem Charme.

Reisezeit

Ambon

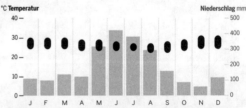

| Nov.–März Tolle Tauchbedingungen, beste Reisezeit (im Januar ist das Meer um die Banda-Inseln rau). | April–Mai & Sept.–Okt. Zwischensaisons; gute Reisezeit für die Banda-Inseln und die Kei-Inseln. | Juni–Aug. Monsun in Ambon und Umgebung; die Nordmolukken sind normalerweise trocken. |

Highlights

1 Banda-Inseln (S. 486) An einigen der schönsten Korallengärten der Welt schnorcheln und tauchen

2 Pasir Panjang (S. 501) An diesem überwältigenden weißen Sandstrand auf den Kei-Inseln entspannen

3 Pulau Hatta (S. 494) In einer Privatunterkunft am Strand mit herrlichen Korallen vor der Nase relaxen

4 Pulau Saparua (S.482) Die relaxte Insel als Basis für Erkundungen der vorgelagerten Riffe und Strände nutzen

5 Nordseram (S. 485) In der herrlichen, abgelegenen Bucht Sawai dem Rest der Welt entfliehen

6 Gunung Api (S. 493) Den Mount Fuji erklimmen und unvergleichliche Panoramablicke auf die Banda-Inseln genießen

7 Pantai Ngurtavur (S. 500) Auf dieser herrlichen Sandbank – angeblich der längsten in ganz Indonesien – für Selfies posen

❶ An- & Weiterreise

FLUGZEUG

Ambon, Ternate und auch Langgur auf den Kei-Inseln sind die Luftverkehrsknotenpunkte der Region. Von hier aus starten täglich Flugzeuge nach Jakarta, Direktflüge gibt es jedoch nur ab Ambon und Ternate. Die meisten Flugzeuge landen in Makassar oder Manado auf Sulawesi oder Surabaya auf Java zwischen. Täglich gibt es zudem Direktflüge von Ambon zu Zielen in Papua.

ÜBERS MEER

Im Gebiet der nördlichen Molukken fahren Pelni-Schiffe viermal im Monat von Ternate nach Ambon (18 Std.), Makassar (58 Std.) und Surabaya (92 Std.). Einmal im Monat fährt eines dieser Schiffe von Ambon weiter zu verschiedenen Häfen auf Papua. Pelni-Schiffe fahren zudem mehrmals im Monat von Nord-Halmahera nach Papua.

Von Ambon fahren Pelni-Schiffe viermal im Monat nach Makassar (45 Std.) und Surabaya (77 Std.). Pelni-Schiffe verkehren von Ambon aus außerdem viermal im Monat zu den Banda-Inseln (9 Std.), den Kei-Inseln (21 Std.) und zweimal im Monat weiter nach Papua (40 Std.).

❶ Unterwegs vor Ort

FLUGZEUG

Garuda Indonesia (www.garuda-indonesia.com), Batik Air (www.batikair.com), Wings Air (www.lionair.co.id), Lion Air (www.lionair.co.id), Sriwijaya Air (www.sriwijayaair.co.id) und NAM Air (www.sriwijayaair.co.id) kreuzen am Himmel über den Molukken. Täglich gehen mehrere Flüge zwischen Ambon, Ternate und Langgur auf den Kei-Inseln. Zur Zeit der Recherche gab es keine Verbindung zwischen Ambon und Bandaneira.

AUF DEM LANDWEG

Die Molukken sind bergig. Die geteerten Straßen auf den großen Inseln können überraschend gut sein, aber auf einigen Inseln gibt es nur Schotterpisten oder gar keine Straßen. Kürzere Strecken werden im Allgemeinen von *bemos* (Minibussen) bedient, die auf den Molukken besser als *mobil* oder *auto* bekannt sind. Auf Halmahera und Seram sind vorwiegend *kijangs* (schicke Toyotas mit sieben Sitzen) unterwegs. Taxis gibt es auf den größten Inseln, aber die Fahrten sind teuer. Es ist billiger und auch schneller, die Inseln mit einem *ojek* (Motorradtaxi) zu erkunden.

SCHIFF/FÄHRE

Die Fahrpläne der Pelni-Schiffe ändern sich häufig, aber die Routen von Ternate nach Ambon und von Ambon zu den Banda-Inseln (und den Kei-Inseln) werden verlässlich befahren. Einige Mittelstrecken werden von unkomfortablen ASDP-Fähren oder Holzbooten bedient, die als *kapal motor* bekannt sind. Perintis-Handelsschiffe sind größer, aber nicht auf Passagiere ausgelegt (unbedingt wasserdichte Kleidung mitbringen!). Schnellboote verbinden nahe gelegene Inseln mit Dörfern ohne Straße.

Die Einheimischen benutzen sehr spezifische Ausdrücke für die verschiedenen Bootsarten: Falls es zum Zielort kein *spid* (überdachtes, mehrmotoriges Schnellboot) gibt, kann man vielleicht auf ein *johnson* (Langboot mit Außenmotor) oder *ketinting/lape-lape* (kleineres motorisiertes Auslegerkanu) ausweichen.

Regelmäßig befahren Schnellboote Kurz- und Mittelstrecken (z. B. Ternate–Tidore, Ternate–Halmahera, Ambon–Lease-Inseln, Ambon–Seram). In der Monsunzeit (Juni–Aug.) fahren weniger Boote, und sie verkehren in der Regel morgens, wenn das Meer am ruhigsten ist. Falls

---

DIE KÜCHE DER MOLUKKEN

Auch wenn die Restaurants einen anderen Eindruck vermitteln: Das traditionelle Hauptnahrungsmittel der Einheimischen ist nicht Reis, sondern *kasbi* (gekochter Maniok) oder *papeda* (Sago-Congee). *Papeda* (das auf Ternate *popeda* genannt wird) ist eine dicke, farblose, natriumreiche Klebmasse, die man in *kuah ikan* (Fischsuppe) gibt und dann lutscht. Das Ganze erinnert etwas an den Versuch, eine lebende Qualle herunterzuschlucken – seltsam, aber überraschend gut, wenn dazu *sayur garu* (Papayablüten), *kohu-kohu* (geräucherter Fisch mit grünen Bohnen und frischer Kokosnuss), *papari* (ein einzigartiges gemischtes Gemüse), *keladi*-Wurzel und Maniokkblätter serviert werden. Wer Lust auf Eiweiß hat, sollte sich an Fisch und Meeresfrüchte halten, die normalerweise mit Chili, Schalotten und einem Zitronendip namens *colo colo* oder *dabu dabu* serviert werden.

Der Kern der Muskatnuss *(pala)*, aus dem das Gewürz gewonnen wird, war ursprünglich nur auf den Banda-Inseln zu finden. Aus der Frucht wird köstliche Marmelade und sehr süßer „Wein" hergestellt. Beides kann man bei Sibu-Sibu in Ambon (S. 479) kaufen. Muskat wächst am besten im Schatten der herrlichen *kenari*-Bäume. Die mandelartige Nuss dieser Bäume wird für die Herstellung von Süßwaren und Saucen benutzt, das Holz für *kora kora*-Kanus. *Kenari*-Nussstücke schwimmen auch auf dem *rarobang*, einem unverwechselbaren Gewürzkaffee.

das Wetter sehr schlecht ist, bleiben die Boote im Hafen. Charterboote sind fast überall zu finden.

Der *Express Bahari 2B*, der zweimal pro Woche von Ambon nach Bandaneira fährt, verkehrt während der Regenzeit (Juni–Aug.) im Allgemeinen nicht. Zu anderen Zeiten im Jahr fährt er allerdings auch nur bedingt zuverlässig.

NORDMOLUKKEN

Die historisch und politisch bedeutendsten Inseln der Nordmolukken sind die pyramidenartigen Vulkankegel Ternate und Tidore. Einst waren sie die einzigen Stellen auf der ganzen Welt, an denen Nelken wuchsen, und so machte der Gewürzhandel diese uralten islamischen Inselsultanate im Mittelalter zu den mächtigsten Territorien des Molukken-Gebiets.

Heute ist Tidore ein verschlafenes Eiland, aber Ternate ist noch immer der Hauptverkehrsknotenpunkt der nördlichen Molukken (Maluku Utara oder „Malut"). Zur offiziellen Hauptstadt der Provinz wurde 2007 jedoch Sofifi auf der benachbarten Insel Halmahera ernannt, wo sich viele Regierungsbüros befinden. Nur wenige Inseln der Nordmolukken haben eine echte touristische Infrastruktur, daher sind Stippvisiten auf Inseln außer Ternate oft ein Abenteuer. Die riesige Pulau Halmahera bietet weiße Sandstrände, tolle Tauchspots und einen wenig bekannten Nationalpark, aber viel von ihrem Potenzial ist noch nicht erschlossen.

Geschichte

Ternates und Tidores Reichtum gründete darauf, dass die Inseln die einzige bekannte Nelkenquellen waren. Gewürznelken wurden im mittelalterlichen Europa für die Aufbewahrung von Lebensmitteln und für die Heilung von allem Möglichen – von Zahnschmerzen über Mundgeruch zu sexuellen Funktionsstörungen – eingesetzt. Die durch den Gewürzhandel reich gewordenen Sultane von Ternate und Tidore wurden mächtig, verschwendeten doch viel von ihrem Reichtum damit, einander zu bekämpfen.

Im Jahr 1511 kamen die ersten portugiesischen Siedler nach Ternate. Tidore reagierte schnell, indem es die Spanier einlud. Die Gastfreundschaft beider Inseln schwand schnell, als die Europäer versuchten, den Gewürzmarkt zu erobern und die Einheimischen zum Christentum zu bekehren. Als Ternates muslimische Bevölkerung – die we-

gen der importieren Schweine und des „Gerechtigkeitsverständnisses" der Europäer bereits zutiefst verletzt war – im Jahr 1570 rebellierte, wurde Ternates Sultan Hairun (Khairun) hingerichtet und sein Kopf auf einem Spieß ausgestellt. Die belagerten Portugiesen harrten in ihrer Zitadelle bis zum Jahr 1575 aus, als der neue Sultan von Ternate – derselbe Babullah, dem der Flughafen von Ternate seinen Namen verdankt – diese als Palast einnahm.

Die Spanier und später die Niederländer machten sich selbst ähnlich unbeliebt. In einer Verkettung von Ereignissen, die genauso faszinierend wie kompliziert ist, spielten sie Ternate gegen Tidore aus und kämpften außerdem um die Kontrolle des begehrten Nelkenmonopols. Die Niederländer gingen schließlich siegreich hervor, aber die Sultanate überdauerten und sind bis heute respektierte Institutionen.

❶ An- & Weiterreise

Ternate ist der Hauptzugang zu den Nordmolukken.

FLUGZEUG

Von Ternates Flughafen gehen tägliche Direktflüge nach Jakarta, Makassar, Manado, Ambon und Buli in Ost-Halmahera. Batik Air, Garuda, Sriwijaya Air, Wings Air und Lion Air bedienen die Strecken.

SCHIFF/FÄHRE

Zwei Pelni-Schiffe fahren jeden Monat von Ternate nach Ambon. Von Ternate nach Papua verkehren monatlich ebenfalls zwei Pelni-Schiffe.

Täglich düsen Schnellboote von Ternate, Halmahera, Tidore zu den anderen Inseln.

❶ Unterwegs vor Ort

Die Straßen auf Ternate und Tidore und in Nord-Halmahera sind ziemlich gut, andernorts können sie holprig und in schlechtem Zustand sein.

Bemos, kijangs, ojeks und *bentor* (Motorradrikschas) verbinden die Städte und Dörfer auf den Inseln.

Pulau Ternate

📱 0921

Der spektakuläre Vulkankegel des Gunung Api Gamalama (1721 m) dominiert die Pulau Ternate. An seinen unteren Hängen liegen Siedlungen verstreut. Die Dörfer an der Ostküste verschmelzen mit Kota Ternate, der größten Stadt der Nordmolukken. Die Stadt dient sich als nützliches Tor zur Region. Sie

Pulau Ternate

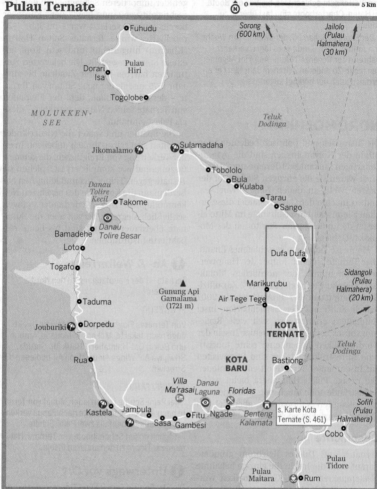

MOLUKKEN NORDMOLUKKEN

beherbergt Fischerhäfen mit bunten Booten, die im Wasser schaukeln, und einige noch verbliebene Viertel mit Stelzenhäusern.

Ternate ist nicht groß: Mit einem *ojek* kann man in nur wenigen Stunden einmal um die Insel fahren. Die Fahrt vorbei an schönen Stränden, freundlichen Dörfern und einem Kratersee, in dem sich Krokodile tummeln, lohnt sich.

⊙ Sehenswertes

Jikomalamo STRAND
Einige Kilometer hinter dem Strand Sulamadaha führt eine kleine Gasse von der Rundstraße zum abgelegenen Stelzendorf Jikomalamo. Hier gibt es einige kleine, sandige Buchten, in denen man schwimmen und schnorcheln kann (Achtung: Strömung!), sowie einige einfache Restaurants. Ein hübscher Ort zum Entspannen!

Danau Tolire Besar SEE
Hinter dem Dorf Takome führt eine kleine, geteerte Straße von der Rundstraße hinauf zum Kraterrand des Danau Tolire Besar. Beängstigend steile Felsen fallen nach unten ab in das trübe, von Krokodilen bevölkerte Wasser dieses grünen Kratersees. Einheimische Guides bieten ihre Dienste an, falls

man hinuntersteigen möchte (hin & zurück 1½ Std.).

Sulamadaha STRAND

(Parken Motorrad/Auto 5000/10 000 Rp) Dies ist ein schmaler Strand mit schwarzem Sand, schwerem Seegang und – leider – ruiniertem Korallenriff. Dennoch ist der Sulamadaha an den Wochenenden als Treffpunkt beliebt. Man hat einen schönen Ausblick auf den Vulkankegel von Pulau Hiri vor der Küste. Von dem Strand aus verließen der Sultan und seine Familie Ternate während des Zweiten Weltkrieges (vage Erinnerungen an den Film *Meine Lieder – meine Träume* aus dem Jahr 1965 werden wach).

Öffentliche Langboote fahren von einer Bucht 800 m östlich des Strandes hinüber zur Pulau Hiri (10 000 Rp/Pers.).

Danau Laguna SEE

Der Danau Laguna ist ein hübscher, von einer Quelle gespeister Kesselsee inmitten eines üppig grünen Waldes. Von oben (ein steiler Pfad führt westlich der Lagune hinauf) hat man eine tolle Aussicht über die Meerenge zu den konischen Inseln Tidore und Maitara, die auf den indonesischen 100-Rp-Scheinen abgebildet sind.

🛌 Schlafen

Fast alle Unterkünfte auf der Pulau Ternate befinden sich in Kota Ternate. Es gibt eine gute Auswahl von Boutique- und Mittelklassehotels sowie Privatunterkünften.

✖ Essen

Die meisten Restaurants befinden sich in Kota Ternate. Es gibt eine Auswahl guter *rumah makan* (Lokale) sowie eine Handvoll teurerer Meeresfrüchterestaurants.

❶ An- & Weiterreise

Von Ternates Flughafen starten täglich Flugzeuge nach Jakarta, Sulawesi, Halmahera und Ambon.

Vier Pelni-Schiffe fahren jeden Monat nach Ternate und weiter zu den Südmolukken und nach Papua. Weitere vier Pelni-Schiffe verkehren jeden Monat von Ternate zurück nach Sulawesi und Java.

Täglich verbinden Schnellboote die Pulau Ternate mit den benachbarten Inseln Tidore und Halmahera.

❶ Unterwegs vor Ort

Bemos (5000–10 000 Rp) verbinden Kota Ternate mit den umliegenden Dörfern; die Verbindun-

Kota Ternate

0 — 400 m

Batu Angus (3 km); Sulamadaha (7 km)

Universität Hairun

TUBO

Jl Batu Angus

Jailolo (Pulau Halmahera)

DUFA DUFA

Jl Jati

Gang Oskar

Jl Teripang

Benteng Tolukko

KASTURIAN

Jl Bola

Jl Kamaludin

Jl Tolellu

Jl Cempaka

Keraton

Jl Semangka

Jl Sultan Babullah

Kedai Mita

KAMPUNG MAKASAR

MOYA Jl Rambutan

Rumah Makan Popeda Gamalama

KALUMPONG

Kurnia Homestay

Touristeninformation Ternate City

Jl Branjangan

Jl Merdeka

Jl Pahlawan Revolusi

Jl Cengkeh Afo

Air Tege Tege

PERUMNAS

Jl Pattimura

Jl Seruni

ZENTRUM

Jl Nuku

TANAH TINGGI

Grand Dafam Bela Ternate

KOTA BARU

Jl Kamboja

UBO UBO

Jl Jati

TOBOKO

JATILAND

s. Karte Kota Ternate Zentrum (S. 462)

Jl Raya Bastiong

Fischgroßmarkt

BASTIONG

Teluk Dodinga

Floridas (1 km)

Rum (Pulau Tidore)

Kota Ternate Zentrum

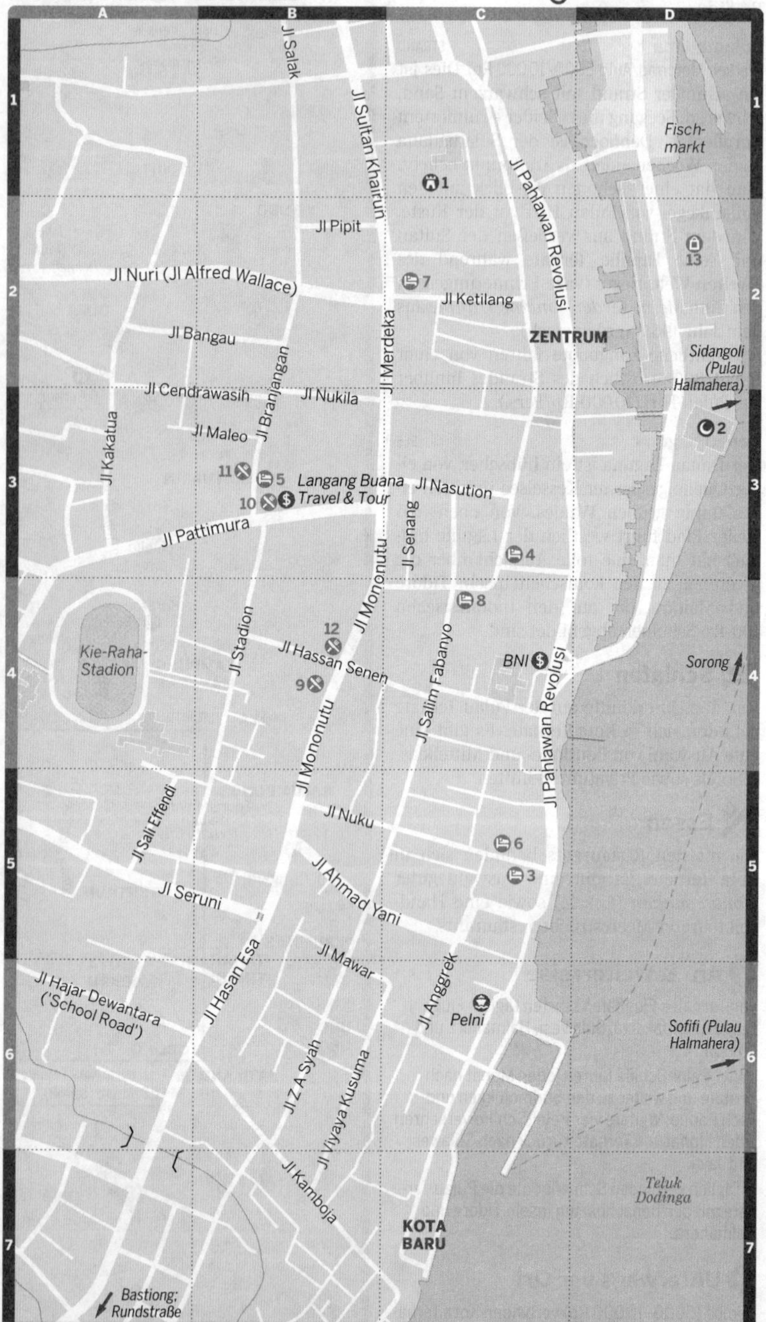

N
0 _____ 200 m

A **B** **C** **D**

1

Jl Salak

Jl Sultan Khairun

Jl Pahlawan Revolusi

Fisch-
markt

🏛 1

Jl Pipit

🔒 13

2

Jl Nuri (Jl Alfred Wallace)

📷 7

Jl Ketilang

ZENTRUM

Sidangoli
(Pulau
Halmahera)

Jl Bangau

Jl Cendrawasih

Jl Nukila

🌀 2

Jl Kakatua

Jl Maleo

Jl Branjangan

Jl Merdeka

3

11 ✖

🍴 5

Langang Buana
Travel & Tour

Jl Nasution

10 ✖

💲

Jl Pattimura

Jl Mononutu

Jl Senang

🏨 4

🏨 8

Kie-Raha-
Stadion

12 ✖

Jl Stadion

Jl Hassan Senen

BNI 💲

Sorong ↑

4

9 ✖

Jl Mononutu

Jl Salim Fabanyo

Jl Pahlawan Revolusi

Jl Saif Effendi

Jl Nuku

🏨 6

5

Jl Seruni

Jl Hasan Esa

Jl Ahmad Yani

🏨 3

Jl Mawar

Jl Anggrek

Sofifi (Pulau
Halmahera)

6

Jl Hajar Dewantara
('School Road')

Jl Z A Syah

Jl Vijaya Kusuma

⚓ Pelni

Jl Kamboja

Teluk
Dodinga

7

**KOTA
BARU**

Bastiong;
Rundstraße

MOLUKKEN NORDMOLUKKEN

Kota Ternate Zentrum

gen führen jedoch nicht um die ganze Insel. Wer um die ganze Insel fahren möchte, nimmt am besten ein *ojek* (120 000 Rp/Tag).

Kota Ternate

☑ 0921 / 185 705 EW.
Ternate, umgeben von Dschungel und wilden Nelkenbäumen, ist großartig. Wer hier im beeindruckenden Schatten des Gamalama ankommt – im tiefblauen Kanal dahinter weitere Vulkaninseln –, könnte vom fieberhaften Tempo der Stadt ziemlich schockiert sein. Das Handels- und Transportzentrum der Nordmolukken boomt unter der Flut neuer Investitionen. Es überrascht nicht, dass sich die Einheimischen darüber freuen: 2017 wurde die Stadt zur glücklichsten in ganz Indonesien gewählt. Hier können Besucher Forts aus dem 16. Jh. erkunden, hervorragende Meeresfrüchte genießen und mühelos den Rest der Insel und ihre Attraktionen besuchen – das zaubert auch Travellern ein Lächeln auf die Lippen.

⊙ Sehenswertes

Benteng Tolukko   FORT
(Karte S. 461; Eintritt gegen 10 000 Rp Spende) Dies ist ein winziges, wunderhübsch gelegenes Fort inmitten eines üppigen tropischen Gartens. Benteng Tolukko war die erste portugiesische Festung auf Ternate (erbaut 1512) und ist besser erhalten als die beiden anderen *bentengs*. Ein Spaziergang auf dem Wehrgang gewährt einen überwältigenden Ausblick hinüber zu den Inseln Tidore und

Halmahera. Falls das Fort geschlossen ist, kann man bei der Familie nebenan klopfen: Sie hat den Schlüssel.

Keraton   MUSEUM
(Istana Kesultan; Karte S. 461; ☑ 0921-312 1166; Eintritt durch Spende; ⊙ Mo–Fr 9–17, Sa bis 15, So bis 13 Uhr) Der Sultanspalast wurde 1834 gebaut und im semikolonialen Stil saniert. Der Palast ist eigentlich ein Familienheim, auch wenn hier im Moment aufgrund eines Streits zwischen den Söhnen über die Nachfolge des im Jahr 2015 verstorben letzten Sultans niemand wohnt. Es gibt eine kleine, aber interessante Sammlung von historischen Waffen und Erinnerungsstücken aus der Regierungszeit der verstorbenen Sultane, deren Linie bis auf das Jahr 1257 zurückgeht. Das Keraton ist manchmal während der angegebenen Öffnungszeiten geschlossen. Zutritt nur mit mindestens knielangen Hosen bzw. Röcken!

Majolica Ulama Indonesia   MOSCHEE
(Masjid Al Munawwah; Karte S. 462; Jl Sultan Djabir Sjah) Sie ist zwar nicht die Hagia Sophia, und von den seeseitigen Minaretten, die inzwischen vom Meer erobert wurden, sind nur noch die zerfallenen Fundamente zu sehen, aber die aus Beton und Fliesen erbaute Moschee dominiert die Küste von Kota Ternate und gilt als eine der beeindruckendsten Moscheen ganz Indonesiens. Ihr architektonisches Highlight ist die zentrale Kuppel, auf der sich in arabischer Kalligrafie der Name Allahs wiederholt.

Nicht-Muslime können die Moschee außerhalb der Gebetszeiten besuchen.

Benteng Oranye   FORT
(Karte S. 462) Das von den Niederländern im frühen 17. Jh. erbaute Fort Benteng Oranye, das die Portugiesen „Fort Malayo" nannten, ist ein weitläufiger, größtenteils verfallener Komplex, der von Ziegen, verrosteten Kanonen und einigen Angehörigen der Armee bewohnt wird. Das einstige Zuhause des niederländischen Gouverneurs ist heute überwachsen und vernachlässigt und wurde teilweise erbarmungslos zubetoniert. Man kann noch immer zu einigen Abschnitten der mit Kanonen bestückten Bastei herumlaufen, zu der man durch einen restaurierten Torbogen gelangt. Leider scheint sich um das Fort niemand mehr zu kümmern.

Benteng Kalamata   FORT
Die Festung Benteng Kalamata aus dem Jahr 1540 liegt spektakulär am Ufer, 1 km südwest-

MOLUKKEN PULAU TERNATE

lich von Bastiong, und starrt von dort aus hinunter auf Ternates alten Feind Tidore. Besucher können über die ungewöhnlich verwinkelte Außenmauer spazieren. Allerdings müssen sie dem miesepetrigen Hausmeister eventuell 5000 Rp zustecken.

🛏 Schlafen

Das Frühstück ist normalerweise im Zimmerpreis enthalten.

★ Kurnia Homestay　　　　GASTFAMILIE $

(Karte S. 461; ☎0821 8888 7379; kurnia.home stay@outlook.com; Block G, Nr. 8 Maliaro; Zi. 150 000–250 000 Rp; 🌀) Das von der charmanten Aty betriebene Kurnia ist eine Privatunterkunft in einem ruhigen Viertel 1 km entfernt vom Zentrum. Hier gibt es keine Klimaanlage, aber Ventilatoren, bequeme Betten, private Badezimmer mit westlichen Toiletten und ein Wohnzimmer. Aty spricht sehr gut Englisch, organisiert Guides und vermietet Motorräder (100 000 Rp). Wer vorher anruft, wird von ihr abgeholt.

Tiara Inn　　　　PENSION $

(Karte S. 462; ☎0921-311 1017; Jl Salim Fabanyo 1; EZ/DZ/Superior Zi. 200 000/220 000/250 000 Rp; 🌀🛜) Das Tiara wirkt mittlerweile etwas verwohnt (die Zimmer sind zweckmäßig und die Bäder etwas muffelig), aber die Klimaanlage funktioniert, und alles ist sauber. Hier wird kein Englisch gesprochen.

Emerald Hotel　　　　HOTEL $$

(Karte S. 462; ☎0921-312 8188, 0921-312 8288; emeraldternate@yahoo.com; Jl Branjang 28; Zi. 490 000–690 000 Rp; 🅿🌀🛜) In einer ruhigeren Seitenstraße abseits der Jalan Pattimura befindet sich das Emerald, eine der besten Mittelklasseunterkünfte der Stadt. Die Standardzimmer sind kompakt, aber die restlichen Zimmer groß und komfortabel und mit guten Betten ausgestattet. Pluspunkte sind das recht gute WLAN, die freundlichen Mitarbeiter und die schimmernden Reiterstatuen in der Lobby.

Muara Hotel　　　　HOTEL $$

(Karte S. 462; ☎0921-312 5553; www.muaraho tels.com; Jl Merdeka 19; Zi. 650 000–790 000 Rp; 🌀🛜) Das über den Einkaufszentrum mit demselben Namen gelegene Hotel bietet große und helle Zimmer. Die besten haben Balkone mit großartigen Ausblicken über Benteng Oranye Richtung Meer. Zu den Nachteilen gehören die spartanische Einrichtung und die renovierungsbedürftigen Bäder. Das zugehörige Restaurant ist o. k.

Austine Hotel　　　　HOTEL $$

(Karte S. 462; ☎0921-311 0815; www.austine hotel.com; Jl Christina Martha Tiahahu; Zi. 470 000–570 000 Rp; 🌀🛜) Das Austine, eines der vielen neuen Mittelklassehotels auf Ternate, bietet komfortable, sehr gepflegte Zimmer. Von den teuersten hat man eine schöne Aussicht auf den Gamalama, die billigsten haben jedoch keine Fenster. Die Mitarbeiter sind effizient; einige sprechen Englisch.

Archie Menara　　　　HOTEL $$

(Karte S. 462; ☎0921-312 2100; menara_archie@ gmail.com; Jl Nuku 101; Zi./Suite 425 000–460 000/650 000 Rp; 🌀🛜) Das neueste und beste der drei Archies. Die teuersten Zimmer gewähren Meerblick. Alle Zimmer sind geräumig, sauber und recht modern.

Hotel Archie　　　　HOTEL $$

(Karte S. 462; ☎0921-311 0555; Jl Nuku 6; Zi. 175 000–380 000 Rp; 🌀🛜) Altmodische Zimmer im Original des Archie-Imperiums, aber für den Preis gepflegt und ordentlich, wenn auch nicht aufregend.

★ Villa Ma'rasai　　　　HERBERGE $$$

(☎0813 5490 8708; www.vilamarasai.com; Jl Kampus II; Zi. 725 000–1 300 000 Rp; 🌀🛜) Dieses süße Boutiquehotel verfügt über 19 Zimmer in zwei Gebäuden, die schnell ausgebucht sind. Die Zimmer sind makellos – hell und geräumig mit Holzböden, hohen Decken, Balkonen und geschmackvoller Einrichtung –, jedoch nicht mit TVs ausgestattet. Das Hotel steht an den unteren Hängen des Gamalama zwischen Nelkenbäumen und Kokosnusspalmen, 7 km vom Zentrum. Die meisten Zimmer bieten überwältigende Blicke auf das Meer und hinüber nach Tidore.

Der nette Besitzer Hasrun spricht gut Englisch und kann Ausflüge, Wanderungen und Tauchgänge organisieren. Es gibt einen kleinen Pool, und Besucher können Motorräder mieten (150 000 Rp/Tag).

★ Grand Dafam Bela Ternate　　HOTEL $$$

(Karte S. 461; ☎0921-312 1800; info@granddda fam-belaternate.com; Jl Jati Raya 500; Zi. 850 000–1 200 000, Suite 2 500 000–10 000 000 Rp; 🌀🛜) Das ehemalige Bela International Hotel bietet ein Vier-Sterne-Hotel-Erlebnis zum Drei-Sterne-Preis. Die Zimmer sind mit allem Pipapo ausgestattet, einschließlich Balkonen. Das Personal ist beflissen, und es gibt einen großen Pool, ein Spa, ein Restaurant und eine Bar, die (teures) Bier verkauft. Das Hotel befindet sich südlich des Stadtzentrums.

Essen

Mehrere Hütten nördlich des *bemo*-Terminals und rund um den Markt verkaufen hiesige Spezialitäten, z. B. *ikan gohu* (rohen Thunfisch, denaturiert in Zitrone) und *popeda* (Sago-Congee).

Abends erwachen die Cafés und Restaurants an der Uferpromenade zum Leben.

★**Kedai Mita** INDONESISCH $
(Karte S. 461; Hauptgerichte 20 000–80 000 Rp; ☺9–24 Uhr) Das zum Ufer umgezogene, einfache, teilweise offene, familienbetriebene Restaurant ist eines der besten der Stadt – wenn man Lust auf traditionelle molukkische Kost (oder klassische indonesische Gerichte) hat. Mittags sollte man das *popeda* (Sago-Congee) probieren. *Ikan gohu* (roher Thunfisch, der in *calamansi*-Saft „gegart" und mit Chili, Basilikum und gedämpftem Maniok serviert wird) ist immer lecker.

★**Royal's Restaurant** INDONESISCH $
(Karte S. 462; Jl Branjang; Hauptgerichte 27 000–80 000 Rp; ☺10–24 Uhr) Das an den hiesigen Standards gemessene schicke Royal's ist wegen seiner umfangreichen chinesisch-indonesischen Speisekarte beliebt. Der Schwerpunkt liegt auf Fisch und Meeresfrüchten, es gibt aber auch Huhn, Rind und Ente sowie einige vegetarische Gerichte. Soweit uns bekannt ist, ist das Royal's das einzige Restaurant in Ternate, das (teures) Bier serviert. Falls etwas nicht auf der Karte steht: einfach nachfragen!

Der Fischpreis richtet sich nach dem Gewicht.

Rumah Makan
Popeda Gamalama INDONESISCH $
(Karte S. 461; Hauptgerichte 35 000 Rp; ☺5–17 Uhr) In dem ganz am Ende des Marktes versteckt liegenden Restaurant sollte man unbedingt das *popeda* probieren. Fisch, geschmortes Blattgemüse, Pilze, Kürbis und Sambal begleiten das schleimige, klebrige Gericht aus Sagomehl. Die Angst vor kulinarischen Experimenten legt man am besten vorm Betreten des Lokals ab. Die Einheimischen freuen sich über jeden Besucher, der die lokale Spezialität probiert. Die meisten *ojek*-Fahrer kennen das Lokal.

Bakso Lapangan
Tembak Senayan INDONESISCH $
(Karte S. 462; ☎0921-326 028; Jl Mononutu; Hauptgerichte 21 000–48 000 Rp; ☺10–22 Uhr) Dieses von Ventilatoren gekühlte Restaurant aus Backstein und Holz hat sich auf *bakso* spezialisiert, Fleischbällchen, die verschieden zubereitet serviert werden, z. B. frittiert oder schwimmend in klarer Brühe. Auch die anderen indonesischen Gerichte – etwa Nudeln, gebratener Reis, in Mehl gewälzter Tintenfisch und dergleichen – sind alle verlässlich gut.

Teras Alia Taticha INDONESISCH $
(Karte S. 462; Jl Stadion 27; Hauptgerichte 20 000–50 000 Rp; ☺9–23 Uhr) Das geschäftige Lokal hat eine hübsche Terrasse im Obergeschoss. Es ist bei Ternates Jugend beliebt – wie man leicht an den vielen Motorrädern vor der Tür erkennen kann. Die Jugendlichen werden von anständigen Preisen und leckeren Hühnchen- und Meeresfrüchte-Klassikern angelockt.

Floridas SEAFOOD $$
(☎0921-312 4430; Jl Raya Ngade; Hauptgerichte 40 000–80 000 Rp; ☺9–22 Uhr) Das Floridas ist ein bei den Einheimischen beliebtes Meeresfrüchterestaurant, auch dank seines Balkons zur Meerseite mit unvergleichlichen Ausblicken auf Tidore und Maitara. Das Floridas eignet sich gut, um *ikan woku balanga* zu probieren: Fischsteak gebraten mit *kenari*-Nuss, Chili, Zitronengras und anderen Gewürzen. Der Preis richtet sich nach dem Gewicht und ist etwas höher als anderswo in der Stadt.

K62 CAFÉ $$
(Karte S. 462; Jl Pattimura 62; Hauptgerichte 33 000–93 000 Rp; ☺Mo–Fr 10–23, Sa–So bis 24 Uhr) Ein schickes, zweistöckiges Café-Restaurant, das unverfälschte und verlässlich gute indonesische Klassiker und einige panasiatische und westliche Gerichte sowie guten Kaffee, Tee und Saft auf die Tische bringt. Abends gibt's oft gute Livemusik. Die Preise sind für die hiesigen Standards hoch, aber man zahlt für den Komfort einer Klimaanlage.

🛍 **Shoppen**

Jatiland Mall MALL
(Karte S. 462; Jl Sultan M Djabir Shah; ☺10–22 Uhr) Die geschäftige Jatiland Mall am Wasser ist nicht so grandios wie die Malls in Jakarta oder Surabaya. Aber es gibt Cafés mit WLAN, Fast-Food-Ketten und einen einfachen Food-Court sowie eine Apotheke, Handy- und Kamerageschäfte und viele Klamottenläden. Die Mall beherbergt außerdem das einzige Kino der Nordmolukken.

ℹ️ Praktische Informationen

BNI (Karte S. 462; Jl Pahlawan Revolusi; ⊘ Mo–Fr 8–15, Sa bis 13 Uhr) Die einzige Bank, die Geld wechselt, jedoch ausschließlich US-Dollar (min. 100 US$).

Langang Buana Travel & Tour (Karte S. 462; ☎ 0921-312 3999; Jl Pattimura 62; ⊘ 8–23 Uhr) Das Reisebüro tauscht US-Dollar zu einem annehmbaren Wechselkurs.

Ternate City Tourist Office (Karte S. 461; ☎ 0921-311 1211, 0813 222 7667; Jl Pattimura 160; ⊘ Mo–Fr 8–14.30 Uhr) Die Mitarbeiter kennen sich aus und tun alles, um zu helfen. Sie können Guides für Gamalama-Wanderungen organisieren. Nach dem Büro mit dem Schild „Dinas Pariwisata" gegenüber der Polizeistation Ausschau halten!

ℹ️ An- & Weiterreise

Es gibt ein **Pelni-Büro** (Karte S. 462; ☎ 0921-312 1434; www.pelni.co.id; ⊘ Mo–Sa 9–16 Uhr) in der Nähe des Hafen. Täglich verkehren viele Schnellboote zwischen Kota Ternate und Tidore sowie Halmahera.

Batik Air, Garuda, Lion Air, NAM, Sriwijaya Air und Wings Air fliegen nach Ternate. Es gibt täglche Direktverbindungen nach Jakarta, Surabaya, Makassar und Manado auf Sulawesi sowie nach Ambon.

ℹ️ Unterwegs vor Ort

Taxifahrer berechnen exorbitante 150 000 Rp für die 6 km vom Babullah Airport zum Zentrum von Ternate, obwohl sich die meisten auf 100 000 Rp herunterhandeln lassen. *Ojeks* kosten jedoch nur 20 000 Rp, und für *bemos* (die vor der Universität Hairun abfahren, zehn Minuten zu Fuß Richtung Süden) zahlt man nur 5000 Rp bis zum *bemo*-Terminal hinter dem Zentralmarkt. Vom *bemo*-Terminal fahren *bemos* in alle Himmelsrichtungen (5000–10 000 Rp), aber *ojeks* (ab 5000 Rp/Fahrt) sind im Allgemeinen bequemer und viel schneller.

Motorräder können in der Villa Ma'rasai (S. 464) und im Kurnia Homestay (S. 464) gemietet werden.

Gunung Api Gamalama

Der 1721 m hohe Vulkankegel **Gamalama** dominiert Ternate. Große Ausbrüche in den Jahren 1775 und 1840 führten auf der Insel zu Verwüstungen. Der Gamalama spuckt ge-

VERKEHRSMITTEL AB PULAU TERNATE

Flugzeug

ZIEL	FLUGGESELLSCHAFT	HÄUFIGKEIT
Ambon	Garuda, Sriwijaya, NAM	tgl.
Jakarta	Batik Air, Garuda, Lion Air, Sriwijaya	tgl.
Makassar	Garuda, Lion Air, Sriwijaya	tgl.
Manado	Garuda, NAM, Wings Air	tgl.
Surabaya	Sriwijaya	tgl.

Schiff/Fähre

ZIEL	HAFEN	TYP	PREIS (RP)	DAUER	HÄUFIGKEIT
Ambon über Namlea	Ahmad Yani	Pelni	variiert	18 Std.	2-mal monatl.
Jailolo (Pulau Halmahera)	Dufa Dufa	*kapal motor*	40 000	1½ Std.	3-mal tgl.
Jailolo (Pulau Halmahera)	Dufa Dufa	Schnellboot	60 000	1 Std.	wenn voll besetzt
Rum (Pulau Tidore)	Bastiong-Fährhafen	Autofähre	7000	45 Min.	7, 13, 16 & 18 Uhr
Rum (Pulau Tidore)	Bastiong-Fährhafen	Schnellboot	10 000, Miete 100 000	20 Min.	wenn voll besetzt
Sidangoli (Pulau Halmahera)	Mesjid Raya	Schnellboot	60 000, Charter 350 000	20 Min.	wenn voll besetzt
Sofifi (Pulau Halmahera)	Kota Baru	Schnellboot	50 000, Charter 300 000	40 Min.	wenn voll besetzt
Sorong (Papua)	Ahmad Yani	Pelni	variiert	17 Std.	2-mal monatl.

legentlich immer noch Lava, Asche und Rauch, aber es ist möglich, auf den Gipfel zu steigen und die überwältigende Aussicht zu genießen. Die Besteigung dauert acht Stunden (hin & zurück) und ist anstrengend, selbst wenn man fit ist. Bei Regen sollte man den Aufstieg auf keinen Fall wagen. Man braucht einen Guide, da der Weg nicht markiert ist und die Einheimischen nicht möchten, dass Traveller über ihr Land laufen.

Die Touristeninformation (S. 466) in Kota Ternate kann Guides organisieren (100 000 Rp).

❶ An- & Weiterreise

Die niedrigere Hänge des Gamalama beginnen am Rand von Kota Ternate (*ojek* ab dem Stadtzentrum 10 000 Rp).

Pulau Tidore

☏ 0921

Tidore ist weniger besiedelt, touristisch und geschäftig als Ternate und eine erfrischende Abwechslung zu der Hektik drüben beim historischen Feind. Das Sultanat, das von 1109 bis zur Sukarno-Ära überdauerte, wurde 1999 wieder eingesetzt. Heute steht der 36. Sultan einer noblen Vulkaninsel vor, die mit bunten, von Blumengärten begrenzten und von Mangobäumen und Kokospalmen beschatteten Holzhäusern übersät ist. In der Luft hängt der Duft der Nelken und des Muskats, die in den Straßen lagenweise in der Sonne getrocknet werden. Mit einem gemieteten *ojek* kann man in ein paar Stunden um die gesamte Insel fahren.

◉ Sehenswertes

Pulau Maitara   INSEL
Nur drei Minuten mit dem Schnellboot von Rum entfernt liegt die Pulau Maitara. Das kristallklare Wasser hier eignet sich sehr gut zum Schnorcheln und baden, aber aufgepasst: Hier gibt es viele Seegurken!

Pulau Mare   INSEL
Diese kleine Insel südlich der Pulau Tidore ist berühmt für ihre schönen, schlichten Töpferarbeiten. Schnellboote zur Pulau Mare können in Seli gemietet werden (100 000 Rp).

Pantai Kajoli   STRAND
An der Südküste von Tidore gelegen, ist der schmale, kleine Pantai Kajoli der beste Streifen weißen Sandstrands auf der ganzen Insel.

Pulau Tidore

❶ An- & Weiterreise

Täglich fahren Schnellboote von Tidore nach Ternate und Halmahera.

❶ Unterwegs vor Ort

Bemos fahren häufig über die Straße an der Südküste von Rum nach Soasio (15 000 Rp) und Goto (20 000 Rp).

Ojeks tuckern zu verhandelbaren Preisen um die Insel (ab 100 000 Rp).

Bentor (Motorradrikschas) sind in Soasio und Goto (5000 Rp) unterwegs.

Soasio

☏ 0921 / 7500 EW.

Das schläfrige Soasio fühlt sich mehr an wie ein zu groß gewordenes Dorf als wie eine Inselhauptstadt. Hier gibt es weniger Läden als in dem nahe gelegenen Hafenort Goto, Soasio hat jedoch das Monopol bezüglich Tidores kulturellem und historischem Erbe. Soasio bietet außerdem die beste Auswahl von Unterkünften auf der Insel.

◉ Sehenswertes

Benteng Tahula   FORT
(Jl Lain) Das gut erhaltene Fort aus dem frühen 17. Jh. ist ein Überbleibsel von Spaniens kurzer Präsenz auf Tidore. Die Wehrgänge bieten spektakuläre Blicke auf Halmahera,

außerdem gibt es hier ordentliche Gemüse-gärten zu bestaunen. Der Aufstieg ganz nach oben ist steil. Das Fort ist immer geöffnet.

Benteng Torre
FORT

GRATIS Nicht weniger spektakulär als sein nahe gelegener Zwilling Benteng Tahula, ist das Fort Benteng Torre. Es wurde von den Spaniern im frühen 17. Jh. erbaut. Lavaflüs-se, tropisches Grün und eindrucksvolle Bli-cke auf das Meer südlich der Insel machen das Fort zu einem lohnenden und pittores-ken Ziel oberhalb des Zentrums von Soasio.

Sonyine Malige
MUSEUM

(Sultan's Memorial Museum; Jl Lain; ⊗ Mo–Fr 9–14 Uhr) Rund 200 m nördlich des Benteng Ta-hula zeigt das Sonyine Malige Sultans Me-morial Museum den Thron des Sultans und gigantische Spucknäpfe sowie die mit Kasu-arfedern besetzte königliche Krone (die ge-nau wie Ternates *mahkota* bzw. royale Kro-ne als magisch betrachtet wird).

Um das Museum zu besuchen, muss man zuerst den Kurator Umar Muhammad finden, der im DIKNAS-Büro im Dinas-Pen-didikan-dan-Kebudayan-Gebäude 2 km nördlich arbeitet. Umar verlangt hohe Ein-trittsgebühren von bis zu 100 000 Rp.

🛏 Schlafen & Essen

Penginapan Tidore Puri
GASTFAMILIE **$$**

(📞 0813 4057 1599; Jl Sultan Syaifuddin 48; Zi. 200 000–300 000 Rp; ❀ 🛜) Die billigsten Zimmer in dieser Privatunterkunft im alten Teil von Soasio sind nicht groß, aber alle Quartiere sind sauber, gepflegt und klimati-siert und liegen um eine schöne Terrasse, auf der das Frühstück serviert wird.

Penginapan Seroja
GASTFAMILIE **$$**

(📞 0921-316 1456, 0813 8512 3408; Jl Sultan Syai-fuddin; Zi. 275 000 Rp; ❀ 🛜) Die mit tropischen Blüten im Garten und überwältigenden Bli-cken auf Halmahera gesegnete Privatunter-kunft liegt 100 m nördlich der Treppe zum Benteng Tahula am Wasser. Das Homestay

wird von einem charmanten *ibu* (Tantchen) betrieben, das ausgezeichnet kocht. Die Zimmer sind einfach und alt und mit primi-tiven Bädern ausgestattet, verfügen aber über westliche Toiletten. WLAN kostet 5000 Rp pro Tag.

Rumah Makan Taman Siswa
INDONESISCH **$**

(Jl Taman Siswa; Hauptgerichte 15 000–35 000 Rp; ⊗ 8–22 Uhr) Hier gibt es keinen Schnick-schnack, aber ein verlässlich gutes *ayam lalapan* (gebratenes Hühnchen mit Reis, Gemüse und scharfer Sauce) sowie *bakso* (Fleischbällchen) und Reisgerichte.

❶ Praktische Informationen

BNI (Jl Taman Siswa; ⊗ Mo–Fr 8–15, Sa bis 13 Uhr) Die BNI-Filiale in Soasio hat einen Geld-automaten.

❶ An- & Weiterreise

Bemos verbinden Soasio häufig mit Rum (15 000 Rp) und Goto (5000 Rp).

Pulau Halmahera

Die größte Insel der Molukken besteht aus vier bergigen Halbinseln, mehreren Vulkan-kegeln und Dutzenden vorgelagerten Inseln. Da sie nur spärlich besiedelt und schwer zu bereisen ist, ist Halmaheras Potenzial (Tau-chen, Vogelbeobachtung und Faulenzen am Strand) bisher noch fast gänzlich uner-schlossen.

Nicht einmal die Bestimmung von Sofifi zur Provinzhauptstadt der Molukken hat den Tourismus auf Halmahera angekurbelt. Während der Norden der Insel eine recht gute Infrastruktur hat und in Teilen des Os-tens in den Bergbau investiert wurde, ist der Großteil des Südens vollkommen „naturbe-lassen": Die Straßen enden hinter Mafa. Das Inland im Osten mit dem Nationalpark und den seltenen Vogelarten ist ebenso wenig besucht. Nur wenige Einheimische sprechen Englisch. Unerschrockene Traveller, die viel

BOOTE AB PULAU TIDORE

ZIEL	HAFEN	TYP	PREIS (RP)	DAUER	HÄUFIGKEIT
Bastiong	Rum	Fähre	7000	45 Min.	3-mal tgl.
Bastiong	Rum	Schnellboot	10 000	20 Min.	wenn voll besetzt
Sofifi (Pulau Halmahera)	Goto	Schnellboot	50 000	40 Min.	wenn voll besetzt, 7–9 Uhr
Pulau Maitara	Rum	Schnellboot	5000	3 Min.	wenn voll besetzt
Pulau Mare	Seli	Schnellboot	100 000	15 Min.	Charter

Zeit haben, können hier faszinierende Erkundungstouren unternehmen.

Gunung Dukono VULKAN
Obwohl der Gunung Dukono ein aktiver Vulkan ist, der noch Asche und Rauch ausstößt, ist es möglich, den fast 1400 m hohen Berg in sechs anstrengenden Stunden zu erklimmen – falls man fit ist. Wer nicht am selben Tag zurückwandern möchte, muss zelten. Die Touristeninformation in Tobelo kann einen Guide und den Transport für 1500000 Rp organisieren.

Pantai Kupa Kupa STRAND
(Kupa Kupa) Dieser attraktive, teilweise schattige weiße Sandstrand, der an den Wochenenden bei den Einheimischen beliebt ist, eignet sich gut zum Schwimmen und Schnorcheln. Am südlichen Ende des Strandes befindet sich ein Öldepot, aber das nördlichen Ende bietet jede Menge Fotomotive.

Pantai Luari STRAND
(Luari) Diese hübsche, hufeisenförmige Bucht rund 13 km nördlich von Tobelo bietet einen schattigen weißen Strand, der sich gut zum Schwimmen eignet. Vor dem Kap hier kann man gut schnorcheln und tauchen.

★Pantai Kupa Kupa
Cottages BUNGALOWS $$
(☏0812 4477 6773; kupakupacottages@gmail.com; Kupa Kupa; Zi./Bungalow/Familienhütte 300000/400000/600000 Rp; 🕸🛜) Die herrlich relaxten, gepflegten Kupa Kupa Cottages liefern jede Menge Gründe, einige Nächte hier zu verweilen. Die mit Papua-Kunsthandwerk geschmückten Bungalows liegen inmitten eines üppigen Gartens am Strand. Ein fabelhaftes Café bietet gutes Essen und Meerblick. Die Besitzerin Ona ist wunderbar. Die Bewohner der billigeren Zimmer im Haupthaus teilen sich die Bäder.

ℹ️ **An- & Weiterreise**

Von Manado in Sulawesi fliegen Flugzeuge nach Galela und Kao im nördlichen Halmahera. Ein täglicher Direktflug verbindet Ternate mit Buli im Ostteil Halmaheras.

Ein oder zwei Pelni-Schiffe fahren jeden Monat von Ternate und/oder Bitung (Sulawesi) aus rund um Halmahera.

Der mit Abstand schnellste Weg zur Insel ist mit dem Schnellboot ab Ternate. Die Boote fahren ab, sobald sie voll sind. Wer zur Nordwestküste möchte, sollte Jailolo anpeilen (60000 Rp, 1 Std.). Wer nach Tobelo, Galela und in den Osten will, fährt zuerst nach Sofifi (50000 Rp, 40 Min.)

oder Sidangoli (60000 Rp, 30 Min.). Man kann auch ein Boot nach Sofifi (300000 Rp) oder Sidangoli (350000 Rp) chartern.

ℹ️ **Unterwegs vor Ort**

Kijang-Sammeltaxis verbinden Jailolo, Sofifi und Sidangoli über eine lange, träge, von schwarzen und weißen Sandstränden und üppigen Kokoshainen gesäumte Küstenlinie mit Tobelo. Unregelmäßig verkehren *bemos* zwischen den Dörfern in Nord-Halmahera.

In den Städten sind *ojeks* und *bentors* (Motorradrikschas) verfügbar.

Sofifi

📱 0921 / 36197 EW.

Sofifi ist nicht gerade die bemerkenswerteste aller Städte, obwohl sie 2007 zur Hauptstadt der Nordmolukken gekürt wurde. Sie ist weitläufig, und an den breiten Verbindungsstraßen liegen hier und da verstreut Regierungsgebäude. Die Stadt dient Reisenden vorwiegend als Zwischenstopp auf dem Weg nach Tobelo. Obwohl die Lage am Meer hübsch ist (mit Blicken auf Mangroven und Ternate in der Ferne), gibt es keinen Grund, in Sofifi zu verweilen, und die meisten reisen schnell weiter.

🛏️ **Schlafen & Essen**

Bolote Hotel HOTEL $
(☏0812 4491 2011; Jl Gosale Punjak; Deluxe/Superior 250000/300000 Rp; 🕸🛜) Das Bolote ist das beste der wenigen Hotels in Sofifi. Es liegt auf einem Hügel an der Straße nach Tobelo. Die Zimmer sind recht geräumig, und die meisten besitzen Balkone, aber die Räume sind ein bisschen abgenutzt, und in den Badezimmern im westlichen Stil fließt nur kaltes Wasser. Die Betten sind o. k.

Rumah Makan Nasbag INDONESISCH $
(Jl Trans Halmahera; Hauptgerichte 15000–35000 Rp; 🕗 8–22 Uhr) Dieses Lokal am Wasser ist bei Einheimischen beliebt, die in Strömen hierher pilgern. Auf den Tisch kommen Hühnchen- und Gemüsegerichte sowie frischer Fisch (gegrillt oder gebraten), Reis- und Nudelgerichte.

ℹ️ **An- & Weiterreise**

Schnellboote von Sofifi nach Ternate (50000 Rp, 40 Min.) fahren ab, sobald sie voll sind (was regelmäßig der Fall ist).

Kijangs (Sammeltaxis) Richtung Tobelo (130000 Rp, 3½ Std.) und Weda (100000 Rp, 2½ Std.) warten am Anleger bis zum frühen

Pulau Halmahera

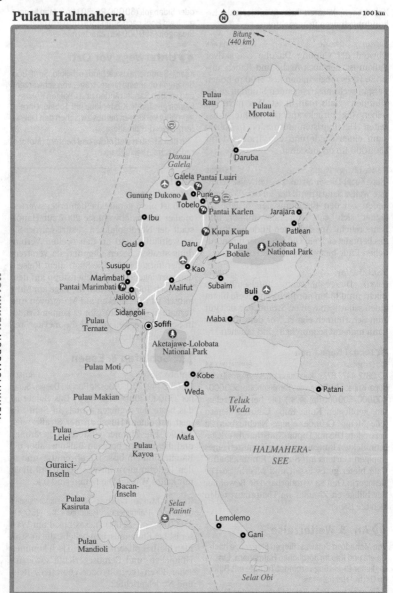

0 ———————— 100 km

Bitung
(440 km)

Pulau
Rau

Pulau
Morotai

Daruba

Danau
Galela

Galela Pantai Luari

Gunung Dukono ▲ Pune
Tobelo
Pantai Karlen

Ibu

Jarajara

Patlean

Kupa Kupa

Goal

Daru

Pulau
Bobale

Lolobata
National Park

Susupu

Marimbati
Pantai Marimbati

Kao

Jailolo

Malifut

Subaim

Buli

Sidangoli

Maba

Pulau
Ternate

● **Sofifi**

Aketajawe-Lolobata
National Park

Pulau Moti

Kobe

Weda

Teluk
Weda

Patani

Pulau Makian

Pulau
Lelei

Pulau
Kayoa

Mafa

HALMAHERA-
SEE

Guraici-
Inseln

Pulau
Kasiruta

Bacan-
Inseln

Selat
Patinti

Lemolemo

Gani

Pulau
Mandioli

Selat Obi

Nachmittag. Man kann auch ein eigenes Taxi nach Tobelo mieten (800 000 Rp).

Jailolo

☏ 0922 / 27 541 EW.

Der für die geruchsintensiven Durianfrüchte berühmte kleine Hafen von Jailolo stinkt am Fuß eines üppigen Vulkankegels inmitten von Mangroven friedlich vor sich hin. Bevor der Ort unter die Herrschaft von Ternate fiel, war Jailolo ein unabhängiges Sultanat. Heute ist vom ehemaligen *keraton* (Palast) der Stadt, der in den 1730er-Jahren verlassen wurde, nicht mal ein Stein übrig.

Der Sultan wurde jedoch 2003 wieder eingesetzt und lebt jetzt in einer bescheidenen Villa am Strand nahe Marimbati.

Nur wenige Ausländer kommen nach Jailolo. Wer hier Halt macht, ist normalerweise auf dem Weg Richtung Norden oder wartet auf ein Boot am nächsten Morgen.

🛏 Schlafen & Essen

Penginapan Camar PENSION $
(📞 0813 4033 0000; Jl Gufasa; Zi. mit Ventilator 92 500/175 000–230 000 Rp; ✳) Nur einige wenige Türen vom Zentralmarkt entfernt beherbergt das Penginapan Camar verschiedene einfache Zimmer. Die besten bieten ein bisschen Platz sowie ein einfaches *mandi*-Bad und eine Klimaanlage. Die billigsten sind fenster- und badlose Zellen. Alle Zimmer könnten neue Betten gebrauchen.

Sabua Gaba HOTEL $$
(📞 0822 726 0763; Jl Raya Guemadu; EZ/DZ 250 000/500 000 Rp; ✳🛜) Das Sabua Gaba liegt direkt am Wasser, zehn Minuten zu Fuß westlich der Anlegestelle für Schnellboote. Die teuersten Zimmer sind schick (gemessen an Jailolo-Standards): Sie sind geräumig, modern, gepflegt und mit anständigen Bädern ausgestattet. Die billigeren gruppieren sich um einen überdachten Gemeinschaftsbereich. Sie sind sauber, aber klein, und mit *mandi*-Bädern ausgestattet.

D'Hoek Hotel HOTEL $$
(📞 0922-222 1200; Jl Soekarno; Zi. 220 000–580 000 Rp; ✳🛜) Je mehr man in diesem freundlichen, aber nicht sehr sauberen Hotel bezahlt, desto größer ist das Zimmer. Alle sind mit westliche Toiletten und Klimaanlagen ausgestattet, aber langweilig und gewöhnlich. Das Hotel befindet sich am Stadtrand, eine *bentor*-Fahrt (10 000 Rp) entfernt vom Hafen. Das Frühstück ist inbegriffen.

Rumah Makan Rahma INDONESISCH $
(Jl Puaen; Suppe 25 000 Rp; ⏱ 9–22 Uhr) Dieses Lokal, unmittelbar südöstlich der Hauptmoschee gelegen, serviert ausschließlich *coto makassar*, eine Suppe auf Zitronengrasbasis mit Rindfleisch, Kokosreis, hart gekochten Eiern, frittierten Schalotten, Sambal und Limettenspalten (zu Selberwürzen). Was an Auswahl fehlt, wird durch Menge wieder wettgemacht.

ℹ Praktische Informationen

Zum Zeitpunkt der Recherche ließ sich an den Geldautomaten in Jailolo mit internationalen Bankkarten kein Geld ziehen, daher sollten Traveller unbedingt Bargeld mitbringen!

ℹ An- & Weiterreise

Große Schnellboote nach Dufa Dufa (Ternate, 60 000 Rp, 1 Std.) fahren den ganzen Tag über. Sie legen ab, sobald sie voll sind. Man kann aber auch ein langsameres *kapal motor* aus Holz nehmen (40 000 Rp, 2 Std., 3-mal tgl.).

Ein paar *kijangs* (Sammeltaxis) fahren jeden Morgen nach Tobelo (150 000 Rp, 4–5 Std.) und zu anderen Zielen im Norden. Die eigene Unterkunft kann die Abholung organisieren.

ℹ Unterwegs vor Ort

Bentors (Motorradrikschas) verkehren in der Stadt (5000–10 000 Rp).

Tobelo

📞 0924 / 29 377 EW.

Tobelo liegt in der Nähe des aktiven Vulkans Dukono, aber das hat nicht verhindert, dass sich der Ort zum geschäftigsten der ganzen Pulau Halmahera entwickelte. Trotz aller Betriebsamkeit und Weitläufigkeit ist das vorwiegend christliche Tobelo aber ein entspanntes und ruhiges Städtchen. Es liegt an einer Bucht mit einem hübschen Puzzle aus von hellen Sandstränden gesäumten Atollen. Einige der besten Strände der Inseln befinden sich nördlich und südlich von Tobelo; sie sind leicht im Rahmen von Tagesausflügen zu erreichen. In der Nähe liegen außerdem einige leicht zugängliche gute Schnorchel- und Tauchplätze.

MOLUKKEN PULAU HALMAHERA

ABSTECHER

MARIMBATI

Ein netter *ojek*-Ausflug ab Jailolo führt nach Marimbati und zu seinem langen schwarzen Sandstrand, den man wahrscheinlich ganz für sich allein hat. Unterwegs passiert man verschiedene christliche und muslimische Dörfer, in denen viele traditionelle strohgedeckte Häuser stehen, die als *rumah adat* bekannt sind. Über eine andere Straße via Akelamo erreicht man das pittoreske Dorf **Susupu**, das sich am nördlichsten Ende des Marimbati-Strandes vor einem kleinen Vulkan erstreckt.

Marimbati befindet sich 12 km nördlich von Jailolo; mit einem *ojek* gelangt man innerhalb von 30 Minuten hierher (30 000 Rp).

🏃 Aktivitäten

Firman Tauch-Guide TAUCHEN
(📱0812 4215 1172, 0856 363 432; itang_hui@
yahoo.com) Firman ist der führende Tauchanbieter im Nordteil Halmaheras. Er spricht
gut Englisch und kann Tipps zu den besten
Tauchspots und Tauchbedingungen geben.

🛏 Schlafen

Greenland Hotel HOTEL $$
(📱0812 440 9313; Jl Samping; Zi./Hütte 350000–
450000/600000 Rp; ❄🛜) Ein paar hundert
Meter hinter einem schwarzsandigen Strand
– an den Atollen 400 m vor der Küste kann
man schnorcheln – bietet das relaxte Green-
land hübsche, saubere und moderne Zim-
mer mit bequemen Betten. Die Holzhütten
sind klein, aber gepflegt.

Elizabeth Inn HOTEL $$
(📱0924-262 1885; elizabethhotel@gmail.com; Jl
Kemakmuran; Zi. 350000–500000 Rp; ❄🛜)
Hinter der beigefarben gefliesten Lobby finden sich saubere Zimmer mit bequemen
Betten, TVs und Klimaanlagen. Die Bäder
sind kompakt, haben aber Warmwasseranschlüsse. Der einzige Unterschied zwischen
den billigsten und den teuersten Zimmer ist
die Größe. Das Frühstück ist inbegriffen.

Bianda Hotel HOTEL $$
(📱0924-262 2123; Jl Kemakmuran; Zi. 260000–
450000 Rp; ❄🛜) Das mittlerweile etwas ab-
gewohnt wirkende Bianda ist nach wie vor
eine gute Wahl. Die Zimmer sind recht ge-
räumig und modern. Die Standardvarianten
sind jedoch klein und haben kein Warmwas-
ser. Nur die Deluxe-Zimmer sind mit Dop-
pelbetten ausgestattet. Hier wird etwas Eng-
lisch gesprochen.

🍴 Essen

⭐ **My Home Cafe** INDONESISCH $
(Jl Bhayangkara; Hauptgerichte 30000–70000 Rp;
🕐10–22 Uhr) Das Lokal mit der besten Atmo-
sphäre in Tobelo: mit Hofgarten und einem
kleinen Zierbrunnen, Pflanzen und Later-
nen. Das süße Café serviert einen anständi-
gen *ikan bakar* (Grillfisch) sowie die übli-
chen indonesischen Standardgerichte. Auch
prima für eine Kaffeepause geeignet!

Podo Moro INDONESISCH $
(Jl Kemakmuran; Hauptgerichte 35000–60000 Rp;
🕐12–24 Uhr) Hier gibt es Fisch, Fisch und
nochmals Fisch (und natürlich das eine oder
andere Hühnchen). In dem beliebten Res-
taurant werden die Flossenträger direkt vor

den Augen der Gäste zubereitet – einfach
köstlich! Das Podo Moro hat länger geöffnet
als die meisten anderen hiesigen Restau-
rants. Der Fisch wird nach Gewicht berech-
net, ist aber günstig (außer Krebsfleisch).

Waroeng Family INDONESISCH $
(📱0924-262 1238; Jl Kemakmuran; Hauptgerichte
40000–60000 Rp; 🕐10–22 Uhr) Die Einheimi-
schen strömen in Scharen durch die Holztü-
ren dieses Lokals, dessen pastellfarbene
Wände mit Fächern geschmückt sind, und
haben die Qual der Wahl: *ikan bakar* (Grill-
fisch) oder *ayam goreng* (Brathuhn)? Beide
Gerichte werden mit Sambal, gedünstetem
Maniok und in Knoblauch sautiertem Was-
serspinat serviert – und beide sind köstlich.

🛍 Shoppen

Tondano Indah ALKOHOL
(Jl Kemakmuran; 🕐8–23 Uhr) Der Minimart
verkauft Bier, Whisky und Gin.

ℹ Praktische Informationen

Im Zentrum (an der Kreuzung Jl Kemakmuran/
Pelabuhan) befinden sich einige Geldautomaten.
Kantor Pariwisata Halmahera Utara (Jl
Bhayangkara, Kantor Bupati, 2. Stock; 🕐Mo–Fr
8–12 & 13–16 Uhr) Tolle Infoquelle über Nordhal-
mahera, z. B. zu Tauchspots und -guides sowie
zu Relikten aus dem Zweiten Weltkrieg und zur
Natur (die netten Mitarbeiter können Guides für
die Besteigung des Gunung Dukono besorgen).
Das Team spricht gut Englisch und bietet auch
einige Karten und Broschüren zum Mitnehmen.

ℹ An- & Weiterreise

Der nächste Flughafen ist in Galela. Es gibt vier
Flüge pro Woche nach Manado auf Sulawesi, je-
doch keine nach Ternate.

Täglich fahren *kijangs* nach Sofifi (130000 Rp,
3½ Std.) und Jailolo (150000 Rp, 4 Std.). Ab-
fahrt ist am **bemo-Terminal** (Jl Trans Halut, Wo-
sia) in Wosia am Südrand von Tobelo oder am
Hotel (bis ca. 13 Uhr). Es tuckern weitaus mehr
kijangs nach Sofifi als nach Jailolo.

Unregelmäßig fahren *bemos* nach Kao
(25000 Rp, 1½ Std.) und Daru (15000 Rp, 1 Std.).

Um zu den Strände außerhalb zu gelangen,
mietet man ein *ojek* für den Tag (100000 Rp).

SCHIFF/FÄHRE

Schnellboote nach Morotai (105000 Rp, 1½ Std.)
fahren zwischen 8 und 18 Uhr ab.

ℹ Unterwegs vor Ort

Ojeks und *bentors* (Motorradrikschas) verkehren
in der Stadt (5000–10000 Rp).

PULAU MOROTAI

Die in wunderschönem türkisfarbenem Wasser gelegene Pulau Morotai war einst Teil des Sultanats von Ternate. Die Insel war bis zum Zweiten Weltkrieg unbekannt, doch dann wurde ihre kleine japanische Basis von den Alliierten erobert und benutzt, um Manila in Grund und Boden zu bombardieren. Unter den japanischen Verteidigern, die sich in das bergige Hinterland der Insel zurückzogen, war der Soldat Teruo Nakamura: Er realisierte erst im Jahr 1973, dass der Krieg vorbei war.

Das indonesische Tourismusministerium will Morotai nun erschließen. Investitionen in neue Infrastruktur sowie Resorts und Hotels sind demnach zu erwarten. Bislang gibt es hier jedoch nur wenige Traveller. Die Küstendörfer sind durch eine Straße miteinander verbunden, die immer schlechter wird, je weiter man nach Daruba, der Hauptsiedlung der Insel, Richtung Norden fährt. Es gibt einige schöne Strände, Surfspots (ganz im Norden) und Relikte aus dem Zweiten Weltkrieg, aber die besten Strände und Schnorchelplätze befinden sich vor den umliegenden Inseln.

Wings Air fliegt täglich von Morotai nach Ternate.

Schnellboote fahren ab 8 Uhr von Tobelo (Halmahera) nach Morotai (105 000 Rp, 1½ Std.). Sie legen ab, sobald sie voll sind. Nachmittags verkehren wesentlich weniger Boote. Manchmal fährt ein *kapal motor* um 13 Uhr ab Tobelo (50 000 Rp, 3 Std.).

Östliches Halmahera

Der Ostteil Halmaheras lockt Traveller an, die den abgelegenen Aketajawe-Lolobata National Park besuchen oder die seit rund einer Generation die ersten Ausländer in einer Gegend sein möchten. Tief im Hinterland am Fluss, einen mindestens zweitägigen Trek von Subaim, Jarajara oder Patlean entfernt, lebt der nomadische Togutil-Stamm. Der feine Sandstrand und das Korallenriff bei Jarajara laden zum Baden und Tauchen ein.

Aketajawe-Lolobata
National Park   NATIONALPARK

Der im Jahr 2004 gegründete Nationalpark ist besonders interessant für Ornithologen, die hier seltene Eisvögel, Habichte und Krähen sowie viele andere Arten sichten können. Hier lebt außerdem der 2000 Menschen umfassende halbnomadische Togutil-Stamm. Der mit dichtem Regenwald bedeckte Nationalpark ist durch illegale Abholzung und illegalem Abbau bedroht. Zum Zeitpunkt der Recherche war unklar, ob das Gebiet für Besucher zugänglich ist.

ⓘ An- & Weiterreise

Es gibt täglich einen Flug von Ternate nach Buli.

Boote von Tobelo in Nordhalmahera fahren nach Subaim (Di & Do), Patlean (So), Jarajara (Di; unregelmäßig) und Maba (3-mal/Woche). Wer im Voraus über eine Agentur bucht, kann Transfers mit dem Langboot vereinbaren, bei denen Passagiere unterwegs in Dörfern aussteigen können.

PULAU AMBON

Maluku markanteste und bevölkerungsreichste Insel ist grün und hügelig, und beherbergt zwei wunderbare Buchten. Um die geschäftige Hauptstadt Kota Ambon herum verschmelzen die Dörfer zu einem langen, grünen, vorstädtischen Band. Westlich des Flughafens geht dieses Band in eine Reihe charmanter Küstendörfer über. Wer sich die Zeit nimmt, diese zu erkunden, wird erkennen, dass Ambon mehr als ein unvermeidbarer Zwischenstopp auf dem Weg zu den wunderbaren Lease-, Banda- und Kei-Inseln ist. Die Bucht ist bekannt dafür, dass man hier ausgezeichnet Schlammtauchen kann, während der Südküste mit klarem Wasser und intakten Korallen aufwartet.

Der besser erschlossene südliche Teil von Ambon wird Leitimur genannt. Er ist mit dem nördlichen Teil Leihitu durch eine Landenge bei Passo und eine Brücke weiter westlich verbunden.

Geschichte

Bis 1512 wurde Ambon von Ternate aus regiert. Die Sultane brachten die zivilisierende Macht des Islam zur Nordküste der Insel und machten Hitu Lama zu einem bedeutenden Gewürzhandelshafen. Als die Portugiesen die Bewohner Ternates vertrieben, fanden sie Ambons weniger entwickelten, nicht-islamisierten Süden dem Christentum gegenüber aufgeschlossener und bauten eine Festung, um die schließlich Kota Ambon entstand. Die Portugiesen wurden im frühen 17. Jh. mühelos von den Niederländern vertrieben. Ambon diente kurzzeitig der Niederländischen Ostindien-Kompanie als Hauptstadt (vor Jakarta), und die Insel wurde zum weltgrößten Nelkenlieferanten.

Während des Zweiten Weltkriegs diente Kota Ambon als japanisches Militärhauptquartier. Bomben der Alliierten zerstören den Großteil der einst schönen Kolonialarchitektur. 1950 wurde die Insel kurzzeitig zum Zentrum der Unabhängigkeitsbewegung der Südmolukken, die innerhalb von nur wenigen Monaten vom indonesischen Militär niedergeschlagen wurde.

Von 1999 bis Mitte 2002 wurde Ambon durch interkommunale Gewalt zwischen Christen und Muslimen entzweigerissen. Binnen kurzer Zeit sah Kota Ambon aus wie Beirut in den 1980er-Jahren. Kämpfe brachen noch einmal in den Jahren 2011 und 2012 aus, aber in viel kleinerem Ausmaß.

❶ Praktische Informationen

Es gibt viele Banken in Kota Ambon und auf der ganzen Insel Geldautomaten.

Kota Ambon

☑ 0911 / 331 254 EW.

Gemessen an den verträumten tropischen Städten der Region ist die Hauptstadt der Molukken eine echte Metropole. Sehenswertes gibt es hier allerdings kaum: Die Architektur ist eher langweilig. Immerhin gibt es eine tolle Cafékultur, anständige Unterkünfte und einige gute Restaurants. Für Taucher eignet sich die Stadt gut als Basis für Ausflüge zu den nahen Tauchplätzen. Die Strände der Pulau Ambon sind von Kota Ambon aus ebenfalls gut zu erreichen. Alternativ kann man hier auch einfach entspannen, während man die Weiterreise zu den Banda- und den Kei-Inseln plant, den wahren Highlights der Region.

◉ Sehenswertes

Commonwealth-Soldatenfriedhof FRIEDHOF (Karte S. 475; Tantui) Die bei Einheimischen als der „australische Friedhof" (Australian Cemetery) bekannte, gepflegte Begräbnisstätte wurde von einem britischen Landschaftsarchitekten zu Ehren der alliierten Soldaten entworfen, die während des Zweiten Weltkriegs auf den Molukken und auf Sulawesi ums Leben kamen. Bezeichnenderweise befindet sich der Friedhof auf dem Gelände eines ehemaligen Gefangenenlagers.

Museum Siwalima MUSEUM (Karte S. 475; ☑ 0911-341652; Jl Dr. Malaiholio; 10 000 Rp; ⊙ Mo–Fr 8–16, Sa & So 10–15 Uhr) Dieses bescheidene Museum steht zehn Minuten südlich von Kota Ambon in einem hübsch gestalteten Garten am Hang, der mit japanischen und niederländischen Kanonen und einer missmutigen Statue von Pattimura mit gezückter *parang* (Machete) geschmückt ist. Die Sammlung ist der Kultur der Molukken gewidmet. Ausgestellt sind u. a. Fischfallen, Steinwerkzeuge, Langboot-Modelle, eine *tifa*-Trommel aus Bambus und uralten Knochen sowie Bronzeschmuck. Das Museum ist eine nette Abwechslung zum geschäftigen Treiben in Ambon. Der Hausmeister hat den Schlüssel.

TAUCHEN RUND UM AMBON

Ambons breite, an einigen Stellen bis zu 500 m tiefe Bucht mit ihrem reichen Unterwasserleben hat sich zu einem berühmten Schlammtauchziel entwickelt. Allein in der Bucht gibt es über 30 Tauchspots; viele weitere befinden sich vor der Küste und den nahe gelegenen **Tiga-Inseln**.

Zu den Highlights gehören korallengesäumte Vulkanriffe vor **Mahia**, das Blue Hole bei **Hukurila**, ein riesiger Unterwasserbogen bei **Pintu Kota**, und das **Wrack der Duke of Sparta** das angeblich 1958 von der CIA versenkt wurde. Bei actiongeladenen Strömungstauchgängen zwischen den Tiga-Inseln stößt man auf Buckelkopf-Papageienfische, Napoleonfische, Einfarben-Thune, riesige Schwärme Füsilier, Delfine, Haie und Schildkröten. Große Fische gibt es auch am **Tanjung Sial Timur** zu sehen, wo starke Strömungen an der Südspitze von Seram Hochseefische anziehen.

Aber so außergewöhnlich diese Tauchspots auch sind, die meisten Besucher kommen zum Schlammtauchen hierher, bei dem man so kuriose Tiere wie den Anglerfisch, 15 Arten Fransen-Drachenköpfe, Fangschreckenkrebse, Zebra-Krebse, Ringel-Seenadeln, Pygmäentintenfische und Seepferdchen sehen kann. Die beste Zeit zum Tauchen ist von Oktober bis April; die meisten lokalen Tauchanbieter schließen von Mai bis September.

Pulau Ambon

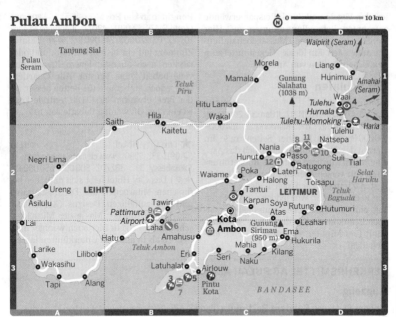

Traditionelle indonesische Hochzeitsgewänder aus den vielen Regionen des Archipels sind in der obersten Galerie ausgestellt. *Bemos* Richtung Latuhalat fahren am Eingang (5000 Rp) vorbei. Ein *ojek* zum Eingang kostet 15 000 Rp.

Benteng Victoria FESTUNG
(Karte S. 478) Das wenig spektakuläre Fort Benteng Victoria (Zutritt verboten – Militärgelände!) stammt aus der niederländischen Ära. Vor der Stätte der Erhängung des indonesischen Nationalhelden Pattimura steht eine vergoldete Statue von Slamet Riyadi, dem indonesischen Anführer, der bei der Rückeroberung der Festung im Jahr 1050 ums Leben kam.

Masjid Raya al-Fatah MOSCHEE
(Karte S. 478; Jl Sultan Babullah) Die größte Moschee der Stadt ist ein moderner Betonbau, dessen goldbraune Kuppel vom Stadtzentrum gut sichtbar ist. Nichtmuslime können die Moschee außerhalb der Gebetszeiten besuchen.

Franz-Xaver-Kathedrale KIRCHE
(Karte S. 478; Jl Pattimura) Die nach dem baskischen Missionar, der die Molukken im 16. Jh. besuchte, benannte Kathedrale hat eine mit Heiligenstatuen geschmückte Fassade und schimmernde Türme.

Pulau Ambon

🏃 Aktivitäten

Nakamura SPA
(Karte S. 478; ☎ 0911-345557; Jl Phillips Latumahina SK 5/7; Behandlungen 100 000–270 000 Rp; ⊙ 10–22 Uhr) Dieses Spa im japanischen Stil wartet mit sprudelnden Springbrunnen, tril-

lernden Vögeln und durch Reispapierwände getrennten Behandlungsräumen auf. Hier werden verschiedene Massagebehandlungen angeboten. Ein ideales Gegenmittel zum hektischen Treiben von Ambon!

🛌 Schlafen

Penginapan Asri   PENSION $

(Karte S. 478; 📞 0911-311217; Jl Baru 33; Zi. mit Ventilator 115 000 Rp, mit Klimaanlage 164 000–190 000 Rp; ❇️🛜) In einer Seitenstraße im Herzen des Zentrums befindet sich das Asri, eine altehrwürdige, schlichte Budgetunterkunft mit verschiedenen Zimmern. Die billigsten Zimmer teilen sich Bäder, viele haben keine Fenster. Wer jedoch am nächsten Tag ein Pelni erwischen muss oder spätabends ankommt, für den ist diese Unterkunft fünf Minuten zu Fuß vom Hafen einfach ideal.

Penginapan the Royal   PENSION $

(Karte S. 478; 📞 0911-348077; Jl Anthony Rhebok 1D; EZ/DZ 220 000/248 000 Rp; ❇️🛜) Einige Zimmer sind ein bisschen muffig und/oder riechen nach abgestandenem Rauch, und viele haben keine Fenster. Alle Quartiere sind jedoch sauber und die Betten besser, als der Preis erwarten lässt. Die zentrale Lage ist ein Plus. Oft werden Rabatte von 10 % angeboten.

★ The City Hotel   HOTEL $$

(📞 0911-382 9990; www.cityhotelambon.com; Jl Tulukabessy 39; 3BZ/DZ 500 000–650 000 Rp; ❇️🛜) Das City Hotel hebt sich dank der beflissenen Mitarbeiter, des Dachrestaurants und des auffälligen Designs (Kiefernholz und Kunst) von der Masse der Mittelklassehotels ab. Es geht hier auch weniger anonym zu als in anderen Unterkünften in der-

VERKEHRSMITTEL AB PULAU AMBON

Flugzeug

Ambons Flughafen **Bandara Pattimura** (Karte S. 475; Jl Propinsi) befindet sich in Nähe des Dorfes Laha und wird von Batik Air, Citilink, Garuda (S. 479), Lion Air, NAM Air, Sriwijaya Air (S. 479) und Wings Air bedient.

Zum Zeitpunkt der Recherche gab es keine Flüge zwischen Ambon und Bandaneira.

ZIEL	FLUGGESELLSCHAFT	HÄUFIGKEIT
Jakarta	Batik Air, Citilink, Lion, Garuda	10 Direktflüge tgl.
Langgur	Garuda, Lion, Wings Air	6 Direktflüge tgl.
Makassar	Batik Air, Citilink, Lion, Garuda	10 Direktflüge tgl.
Sorong	Batik Air, Garuda, Wings Air	1 Direktflüge tgl.
Ternate	Batik Air, Garuda, Sriwijaya, NAM Air	1 Direktflüge tgl.

Schiff/Fähre

Tulehu-Hurnala (Karte S. 475; Jl Propinsi) Der Haupthafen für große Schnellboote (Fähren) zu den äußeren Inseln.

Tulehu-Momoking (Karte S. 475; Jl Propinsi) Hafen für kleine Boot zu den äußeren Inseln.

ZIEL	HAFEN	TYP	PREIS (RP)	DAUER (STD.)	HÄUFIGKEIT
Amahai (Pulau Seram)	Tulehu-Hurnala	Bahari Express	2. Kl./1. Kl. 115 000/260 000	2½	tgl. 9 & 16 Uhr
Bandaneira	Tulehu-Hurnala	Bahari Express	2. Kl./1. Kl. 410 000/650 000	6	Di & Sa 9 Uhr
Haria (Pulau Saparua)	Tulehu-Hurnala	Bahari Express	2. Kl./1. Kl. 65 000/150 000	1	tgl. 9 Uhr
Haria (Pulau Saparua)	Tulehu-Momoking	Schnellboot	50 000	1	wenn voll besetzt
Papus	Kota Ambon	Pelni	variiert	40	2–3 monatl.
Bandaneira & Tual	Kota Ambon	Pelni	variiert	9–12	2–5 monatl.
Waipirit (Pulau Seram)	Hunimua	Autofähre	variiert	2–3	3-mal tgl.

selben Preisklasse. Manchmal werden Rabatte von 10 % angeboten.

Orchid Hotel
HOTEL **$$**

(Karte S. 478; ☎ 0911-346363; Jl Pattimura 5; DZ 400 000–440 000 Rp; ❄ 🛜) Eines von Ambons zahlreichen modernen Mittelklassehotels. Das Orchid bietet große Zimmer mit hohen Decken, Holzmöbeln und guten Betten. Einige billigere Zimmer haben Fenster mit Blick auf den Flur. Die Mitarbeiter sind hilfsbereit, und das Frühstück ist gut.

Hero Hotel Ambon
HOTEL **$$**

(Karte S. 478; ☎ 0911-342898; herohotelambon2 @gmail.com; Jl Wim Reawaru 7B; DZ 445 000– 570 000 Rp; ❄ 🛜) Gepflegte, preiswerte Zimmer in einem zeitgenössischen Hotel mit gutem Café-Restaurant im Erdgeschoss in einer recht ruhigen Seitenstraße. Die Deluxe-Zimmer sind kleiner als die Executive-Zimmer, aber genauso schön und bieten Zugang zu denselben Annehmlichkeiten.

Biz@ Hotel
HOTEL **$$**

(Karte S. 478; ☎ 0911-382 1988; BiZahotel@yahoo. com; Jl Said Perintah 37; DZ 388 000–645 000 Rp; ❄ 🛜) Uniforme und funktionale, aber makellos saubere Zimmer, kleine Bäder. Aber die Einrichtung ist modern, und in den Betten schläft man bequem. Das **Cafe Biz** (Karte S. 478; Jl Said Perintah 37; Kaffee ab 12 000 Rp; ⊗9– Uhr) im Erdgeschoss ist bei den Einheimischen sehr beliebt.

Hotel Mutiara
HOTEL **$$**

(Karte S. 478; ☎ 0911-353075; Jl Pattimura 12; DZ 300 000–700 000 Rp; ❄ 🛜) Die Zimmer hier mögen altmodisch wirken, sind aber gepflegt und größer als die in vielen anderen Hotels in Ambon. Dasselbe gilt für die Bäder. Alle Quartiere haben Fenster. Im zugehörigen Restaurant kann man recht gut essen, und die Mitarbeiter sind freundlich.

Swiss-Belhotel
HOTEL **$$$**

(Karte S. 478; ☎ 0911-322888; www.swiss-belho tel.com; Jl Benteng Kapaha; Deluxe 1 000 000– 1 100 000, Suite 1 700 000–4 300 000 Rp; ❄ 🛜) Kota Ambons schickstes Hotel bietet große und komfortable Räume, die mit allen modernen Annehmlichkeiten ausgestattet sind. Die Bäder sind jedoch etwas weniger beeindruckend, als man erwarten könnte. Die effizienten Mitarbeiter sprechen gut Englisch. Es gibt einen Fitnessraum, ein Restaurant und eine Bar, aber der Swimmingpool ist noch immer nicht fertig. Manchmal gibt's bis zu 30 % Rabatt.

Essen

Die Bezeichnung „Ambon Manise" (süßes Ambon) kommt nicht von ungefähr: Die verschiedenen traditionellen Kuchen, die in jedem *rumah kopi* verkauft werden, zeugen vom süßen Zahn der Einheimischen. Billige *rumah makan* gibt es viele, insbesondere um den Mardika-Markt und die Häfen. Abends erwachen die *warungs* entlang der Jalan Sultan Babullah, AY Patti und am Pantai Mardika zum Leben.

⭐ Beta Rumah
INDONESISCH **$**

(Karte S. 478; ☎ 0822 4840 5481; Jl Said Perintah 1; Hauptgerichte 30 000–60 000 Rp; ⊗Mo–Sa 9–21 Uhr; ☎) Das Beta ist das Alpha und Omega der Originalküche von Ambon. Das im schlichten *rumah makan*-Stil gehaltene Lokal serviert lokale Köstlichkeiten wie *kohu-kohu* aus geräuchertem echtem Bonito, grünen Bohnen und gehobelter Kokosnuss oder Tintenfisch mit Papayablättern, gedämpft in einem Bananenblatt mit *kenari*-Nüssen und *colo colo* (Zitrusdip).

Rumah Makan Puti Bungsu
INDONESISCH **$**

(Karte S. 478; Jl Said Perintah; Gerichte 25 000– 60 000 Rp; ⊗8–22 Uhr) Ausgezeichnetes und zu Recht beliebtes Lokal, in dem man sich die Zutaten für sein Essen selbst aussuchen und mischen kann. In den Topf kommen Fisch, Rindfleisch oder Huhn, die auf verschiedenste Arten zubereitet werden können, sowie Gemüse, Kartoffel- und Omelett-Stücke und natürlich Sambals (um dem Ganzen die richtige Würze zu verleihen).

Rumah Makan Nifia
INDONESISCH **$**

(Karte S. 478; Jl AM Sangaji; Gerichte 20 000– 50 000 Rp; ⊗7–22 Uhr) Auch in diesem *warung* mit seinem knalligen Zitronen-und-Orangen-Dekor kann man sich die Zutaten für sein Essen selbst aussuchen und mischen. Das Lokal hat eine treue Fangemeinde. Die Zutaten sind frisch und variieren häufig. Da wären z. B. gebratener und gebackener Fisch, gebratenes Huhn und *tempeh*, Gemüse-Currys, *rendang* mit Rind (gekocht in scharfer Kokosmilch) und *soto ayam* (Hühnersuppe, ideal für die Monsunsaison).

Sarinda
BÄCKEREI **$**

(Karte S. 478; ☎ 0911-355109; Jl Sultan Hairun 11; Gebäck ab 8000 Rp; ⊗8–22 Uhr; 🛜) Mit ihren hübschen Kolonialfenstern aus der niederländischen Ära, ihrer Terrasse und der zentralen Lage eignet sich diese Bäckerei gut für einen Start in den Tag mit frischem Brot,

Kota Ambon

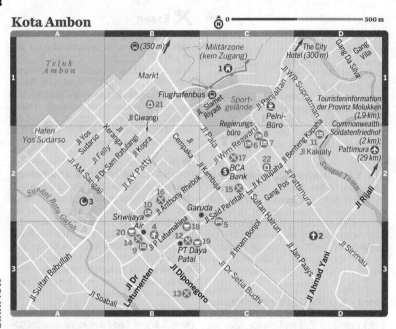

Kota Ambon

Gebäck und gutem Kaffee. Eine zweite Filiale befindet sich in der Jalan Sam Ratulangi.

★ **Bayview Restaurant** INTERNATIONAL $$
(Jl Tulukabessy 39; Hauptgerichte 50000–195000 Rp; ☺7–24 Uhr; ❋☎) Der Name hält, was er verspricht: Von der Terrasse dieses relaxten Restaurants hoch oben im City Hotel (S. 476) haben Gäste einen schönen Ausblick auf Ambons Bucht und Hafen. Auf der Karte stehen westliche Klassiker wie Pasta, Grillfisch, Steak, Burger und Salate sowie einige indonesische Lieblingsgerichte. Hier

kann man aus verschiedenen Bieren auswählen, und guten Kaffee gibt es auch. Hin und wieder wird Livemusik gespielt.

Sari Gurih SEAFOOD $$
(Karte S. 478; ☎0911-341888; Jl Anthony Rhebok; Hauptgerichte 30000–125000 Rp, Menüs 60000–70000 Rp; ☺9–23 Uhr) Obwohl das Restaurant einen sehr westlichen Eindruck macht, gibt es hier sehr gute molukkische Meeresfrüchtegerichte. Der Fischpreis richtet sich nach dem Gewicht: Gäste wählen ihren Fisch selbst aus, erst dann wird er gegrillt.

Aus dem Separee erklingt an belebten Abenden Karaokemusik.

Ratu Gurih
MEERESFRÜCHTE **$$**

(Karte S. 478; ☑ 0911-341202; Jl Diponegoro 26; Hauptgerichte ab 30 000 Rp, Fisch nach Gewicht; ☺9–22 Uhr; ✠) Der perfekt auf dem Kohlegrill zubereitetete *ikan bakar* (Grillfisch) wird mit Chili und drei leckeren Sambals serviert und ist so frisch, dass er quasi noch vom Teller springt. Wer keine Lust auf indonesische Gerichte hat, bekommt hier auch chinesische Klassiker. Der Essbereich ist klimatisiert. Das Lokal ist üblicherweise nachmittags für ein paar Stunden geschlossen.

🔊 Ausgehen & Nachtleben

★ Sibu-Sibu
CAFÉ

(Karte S. 478; ☑ 0911-312525; Jl Said Perintah 47A; Kaffee 10 000–15 000 Rp, Snacks & Gerichte 3000–35 000 Rp; ☺7–23 Uhr; 🌐) Bilder von Lokalhelden sowie Fernseh- und Musikstars schmücken die Wände dieses beliebten Coffee-Shops mit Bar, in dem molukkische und hawaiianische Livemusik gespielt wird. Serviert werden Snacks wie *koyabu* (Maniokkuchen) und *lopis pulut* (Klebreis mit Palmzucker). Es gibt kaltes Bintang-Bier, alternativ bestellt man starken Ingwerkaffee mit Gewürzen und Nüssen.

Kopi Tradisi Joas
CAFÉ

(Karte S. 478; ☑ 0911-341518; Jl Said Perintah; Kaffee 12 000–19 000 Rp; ☺Mo–Sa 8–20 Uhr) Diese lokale Institution mit ihren alten Holztischen, gefliesten Böden und uralten Postern an den Wänden lockt Ambons VIPs an. Sie verbringen ihre Zeit bei starkem Kaffee (im Mokkastil, nach geheimer Rezeptur) und frittiertem Früchtebrot (*sukun goreng*, 2000 Rp). Unbedingt einen Tisch unter dem Avocadobaum im Freien sichern!

Pension Cafe
CAFÉ

(Karte S. 478; Jl AM Sangaji; Kaffee, Tee & Säfte 10 000–25 000 Rp; ☺10–23 Uhr; 🌐) Ein freundlicher, einladender Hipstertreff im Zentrum. Man kann auf Kissen an der Wand oder an einem Tisch sitzen. An den meisten Abenden wird sanfte Livemusik gespielt. Zum Getränk kann man klassische indonesische Gerichte genießen.

🛍 Shoppen

Plaza Ambon
EINKAUFSZENTRUM

(Karte S. 478; Jl Sam Ratulangi; ☺9–22 Uhr) Das Plaza Ambon ist eine Mischung aus einem richtigen Einkaufszentrum und einem traditionellen Markt. Neben byzantinischen Marktständen gibt es hier verschiedene Fast-Food-Gerichte, ein Matahari-Geschäft und einen großen Foodmart-Lebensmittelladen für Selbstversorger.

Ambon City Center
EINKAUFSZENTRUM

(Karte S. 475; ☑ 0911-362957; Jl Wolter Monginsidi; ☺8–22 Uhr) Das Ambon City Center befindet sich in Passo, einige Kilometer außerhalb der Stadt. Es ist die größte Mall der Molukken, und der beste Ort, um sich mit Lieblingsmarken oder Lebensmitteln (aus dem gigantischen Hypermart) einzudecken.

Ud Inti
ALKOHOL

(Karte S. 478; Jl K Ulupaha; ☺13–23.30 Uhr) Dieser von Chinesen betriebene Minimarkt ist eines der wenigen Geschäfte in der Stadt, in denen man Bier sowie Whiskey, Gin und Rum kaufen kann.

ℹ️ Praktische Informationen

Geldautomaten internationaler Banken finden sich verstreut im Stadtzentrum. Wer die umliegenden Inseln besuchen möchte, wo man kein Geld wechseln kann und die Geldautomaten oft nicht funktionieren, sollte hier vor der Reise Geld wechseln oder abheben.

BCA Bank (Bank Central Asia; Karte S. 478; Jl Sultan Hairun 24; ☺Mo–Fr 8–15 Uhr) Wechselt Euro in australische und amerikanische Dollar und hat viele Geldautomaten.

Touristeninformation Provinz Molukken (Dinas Parawisata; ☑ 0911-312300; Jl Jenderal Sudirman; ☺Mo–Fr 8–16 Uhr) Eine praktische Quelle für Infos (davon einige auf Englisch) über Ambon, die Bandas, Seram und andere benachbarte Inseln.

PT Daya Patal (Karte S. 478; ☑ 0911-353344; spicetr@gmail.com; Jl Said Perintah 53A; ☺Mo–Sa 9–19, So ab 12 Uhr) Zuvorkommende Agentur mit hilfsbereiten englischsprachigen Mitarbeitern, die die beste Quelle für topaktuelle Reiseinfos sind. Verkauft Flugtickets sowie Schnellboot- und Pelni-Tickets gegen eine kleine Gebühr.

ℹ️ An- & Weiterreise

FLUGZEUG

Der Pattimura Airport ist 37 km entlang der Bucht von Ambons Zentrum entfernt.

Zu den hiesigen Fluggesellschaften gehören Batik Air, Citilink, **Garuda** (Karte S. 478; www.garuda-indonesia.com; Jl Pardeis Tengah; ☺9–17 Uhr), **Lion** (☑ 0911-351532; Pattimura Airport), NAM, **Sriwijaya Air** (Karte S. 478; ☑ 0911-354498; Jl AM Sangaji 79; ☺9–18 Uhr) und Wings Air.

SCHIFF/FÄHRE

Pelni-Schiffe legen im Yos-Sudarso-Hafen in Nähe des Stadtzentrums an und ab. Alle anderen Boote fahren in Tulehu (15 000 Rp, 1 Std.) ab.

❶ Unterwegs vor Ort

BEMO

Grüne *bemos* fahren zu Zielen innerhalb des Stadtzentrums, blaue zu Zielen außerhalb der Stadt. Die Staus in der Nähe des Mardika-Markts (der Endstation der *bemos*) können schlimm sein – dann sollte man 200 m vorher aussteigen.

Superhäufig fahren Lin-III-*bemos (mobils)* Richtung Südwesten die Jalan Pantai Mardika und entweder die Jalan Dr. Sam Ratulangi oder die Jalan AY Patty hinunter. Dabei passieren sie das Trikora-Denkmal und tuckern weiter zur Jalan Dr. Latumenten. Nach 2 km fahren sie in einer Schleife zurück über die Jl Sultan Babullah und die Jl Yos Sudarso.

Bemos nach Tantui fahren Richtung Nordosten ab Mardika, vorbei am Commonwealth-Soldatenfriedhof, und kehren dann in einer Schleife zurück, vorbei an der Touristeninformation.

Ojeks gibt's überall in der Stadt (ab 5000 Rp).

VOM/ZUM FLUGHAFEN

Der Damri-**Flughafenbus** (Karte S. 478; Jl Slamet Riyadi; 35 000 Rp/Pers.) fährt von der landwärts gerichteten Seite des Weltfriedensgongs viermal täglich zum Flughafen (4.30, 5, 10 & 13 Uhr) und von dort viermal täglich Richtung Stadtzentrum (um ca. 7, 8, 13 & 16 Uhr, nach Ankunft der Inlandsflüge).

Bemos Richtung Hatu und Laha fahren am Flughafen vorbei (10 000 Rp, 1 Std.).

Ein Taxi zum/vom Flughafen kostet 150 000 Rp.

Südliches Leitimur

Latuhalat, die Südspitze von Leitimur, erstreckt sich über einen niedrigen Pass, der in Santai und Namalatu ausläuft, zwei schattigen Stränden, die bei Einheimischen als Wochenendziele beliebt sind. Keiner der beiden Sandstreifen bietet fantastische Bademöglichkeiten, aber Taucher und Schnorchler finden vor der Küste jede Menge Korallen. Man kann in 15 Minuten von einem Strand zum nächsten laufen. Dieser Teil der Insel ist viel ruhiger als Kota Ambon, und doch gelangt in nur 40 Minuten mit einem *bemo* in die Stadt.

Namalatu
STRAND

(Karte S. 475; 3000 Rp) Nahe der südlichsten Spitze von Leitimur breitet sich dieser schattige Südküstenstrand aus. Tolle Schwimmmöglichkeiten sucht man hier vergebens,

dennoch ist er an den Wochenenden bei den Einheimischen als Treffpunkt beliebt.

Santai
STRAND

(Karte S. 475; 3000 Rp) Dieser schlichte, teils felsige Strand erwacht an den Wochenenden zum Leben, wenn die Einheimischen in Massen hierher strömen.

Collin Beach Hotel
HOTEL **$$**

(Karte S. 475; ☎0911-323125; collinbeachhotel@ yahoo.com; Jl Amalanite 1; DZ 240 000–360 000 Rp; ❅🖥️) Zwischen den beliebten Stränden Santai und Namalatu wartet dieses entspannte Resort in einem großen Garten auf Gäste. Die Zimmer sind geräumig und komfortabel, wenn auch nicht sonderlich aufregend. Der ideale Ort, um der Hektik von Kota Ambon zu entfliehen! Vor Ort gibt's ein Lokal. Man kann Motorräder mieten (75 000 Rp/Tag).

❶ An- & Weiterreise

Bemos Richtung Latuhalat (Achtung: Auf den Schildern steht „Lt Halat"!) fahren von Kota Ambon (5000 Rp, 40 Min.) auf einer hübschen Straße am Wasser entlang durch Eri zum Namalatu.

Östliches Leihitu

Die meisten Besucher kommen in diesen Teil von Ambon, um von Tulehu aus mit der Fähre zu einer der umliegenden Inseln zu fahren. In der Nähe befinden sich jedoch zwei der schönsten Orte des Ostens, die Bucht Baguala und der Strand Natsepa. An den Wochenenden kommen die Einheimischen hierher, um zu baden und an den Straßenständen *rujak* (Obstsalat mit einem Dressing aus scharfer Chili, Tamarinde und Shrimpspaste) zu essen. In dem Dorf Waai (hinter Tulehu) gibt es an einer von Ambons eher ungewöhnlichen Touristenattraktionen zahme Muränen zu bestaunen.

◉ Sehenswertes & Aktivitäten

Heilige Muränen von Waai
TEICH

(Air Waiselaka; Karte S. 475; 10 000 Rp; ◷8–17 Uhr) Waai ist berühmt für seine Glück bringenden *beluts* (Muränen). Für 10 000 Rp lockt ein Guide die Tiere mit rohen Eiern aus den dunklen Nischen eines Betonteiches. Die langen Fische sind so zahm, dass sie sich streicheln lassen – ein etwas schleimiges Vergnügen. Der Teich, der als Air Waiselaka bekannt ist, befindet sich zwei Blocks landeinwärts von der Jl Propinsi, in der Nähe des Ortsrands des Dorfes Waai.

Dive into Ambon TAUCHEN
(Karte S. 475; ☑0812 4436 7169; www.diveinto
ambon.com; Jl Propinsi, Maluku Resort & Spa; 3
Tauchgänge 160 US$; ☺Sept.–Mai) Der Tauch-
anbieter im Maluku Resort & Spa (S. 481)
bietet besseren Zugang zu den Korallenriffen vor der Südküste als andere Veranstalter
in Ambon. Effizient und etabliert, allerdings
etwas teurer als die Konkurrenz.

🛏 Schlafen & Essen

Maluku Resort & Spa RESORT $$$
(Karte S. 475; ☑0911-361970; www.malukuresort.
com; Jl Propinsi; Deluxe/Hütte 880 000/1 375 000 Rp;
⊛🌂🏊) Das familienfreundliche Resort (früher
Baguala Bay Resort) liegt um einen Pool inmit-
ten eines hübschen Palmengartens am Wasser
mit schönen Blicken auf die Bucht. Vor allem
die Abende sind hier magisch. Die Hütten mit
ihren weißen Steinwänden und Regenduschen
sind groß und einladend, die Zimmer gepflegt.
Vor Ort befinden sich ein Spa, ein Restaurant
und der Tauchanbieter Dive into Ambon.

The Natsepa RESORT $$$
(Karte S. 475; ☑0911-362555; www.thenatsepa.
com; Jl Raya Natsepa 36; Zi. 990 000–1 700 000,
Suite 2 400 000–2 900 000 Rp; ⊛🌂🏊) Der
weitläufige Komplex breitet sich auf sorgfältig gepflegtem Rasen vor einer hübschen
Bucht aus. Die Zimmer sind groß und modern, wenn auch etwas langweilig; die teureren haben eigene Pools. Der Service ist gut;
es gibt einen Fitnessraum und ein Restaurant. Ambons bestes Hotel!

Gaba Gaba INDONESISCH $$
(Karte S. 475; Jl Propinsi; Hauptgerichte 30 000–
75 000 Rp; ☺11–23 Uhr; 🌂) Die Kulisse ist toll:
Man hat herrliche Blicke auf die Natsepa-
Bucht und isst in verstreut liegenden, von
Kokospalmen beschatteten Holzhütten. Die
Karte mit Grillfisch, Reis- und Nudelgerich-
ten ist wenig spektakulär, aber das Essen ist
solide. Es gibt einen Spielbereich für Kinder
und WLAN – alle sollten also happy sein.

❶ An- & Weiterreise

Bemos von Mardika (Kota Ambon) fahren regel-
mäßig über Natsepa (5000–15 000 Rp) nach
Waai und Tulehu.

Nördliches & westliches Leihitu

Für die meisten Reisenden ist das westliche
Leihitu gleichbedeutend mit dem Flugha-
fen. Aber diese dünn besiedelte Region birgt
auch einige der malerischsten und typischs-
ten Küstendörfer Ambons, in denen man
alte Forts, Kirchen und Moscheen entdecken
kann. Laha, in der Nähe des Flughafens, ist
Ambons Schlammtauchzentrum. Im Dorf
gibt es mehrere Tauchveranstalter.

◉ Sehenswertes & Aktivitäten

Mesjid Wapaue MOSCHEE
(Kaitetu) Kaitetus hübsche, kleine Mesjid Wa-
paue aus Holz mit Strohdach wurde ur-
sprünglich 1414 auf dem nahe gelegenen
Gunung Wawane erbaut. Angeblich wurde
die Moschee im Jahr 1664 durch übernatür-
liche Kräfte an ihren derzeitigen Standort
versetzt. Sie soll die älteste noch aktive Mo-
schee auf Pulau Ambon sein. Nichtmuslime
können die Moschee außerhalb der Gebets-
zeiten besuchen.

Gereja Tua Hila KIRCHE
(Hila) Die fotogene katholische Kirche aus
Holz mit Strohdach wurde von den Portu-
giesen erbaut. Sie ist nicht öffentlich zu-
gänglich.

Benteng Amsterdam FESTUNG
(Hila; 20 000 Rp; ☺8–18 Uhr) In Hila befindet
sich beeindruckende, alte Fort Benteng
Amsterdam aus dem Jahr 1649. Seine Mau-
ern wurden – was unschwer zu übersehen
ist – aus Beton wieder aufgebaut. Im inne-
ren Turm mit seinen Backsteinböden und
dicken Wänden leben viele Schwalben. Die
Tore waren offen, als wir dort waren, aber
eventuell muss man den Schlüsselverwalter
in der Stadt suchen.

Blue Rose Divers TAUCHEN
(Karte S. 475; ☑0821 3229 0547; www.bluerose
divers.com; Laha; 1 Tauchgang mit Ausrüstung
350 000/150 000 Rp; ☺Sept.–April) Das Blue
Rose befindet sich in Laha an der Bucht von
Ambon und führt Tauchgruppen zu den Ko-
rallen südlich von Leitimor (falls das Wetter
und die Spritversorgung es erlauben). Der
Veranstalter bietet die billigsten Tauchgänge
in der Bucht. Er organisiert auch Tauchgän-
ge um die Pulau Tiga und zu einem Wrack
aus dem Zweiten Weltkrieg nahe Waiame.

Dive Bluemotion TAUCHEN
(Karte S. 475; ☑0812 3871 9813; www.dive-blue
motion.com; Laha; 1 Tauchgang ab 370 000 Rp;
☺Sept.–Mai) Mit dem vielleicht besten
Tauchspot der gesamten Bucht direkt vor
der Tür könnte der alteingesessene und re-
nommierte Tauchanbieter Bluemotion nicht

MOLUKKEN NÖRDLICHES & WESTLICHES LEIHITU

näher am Geschehen sein. Es gibt eine Filiale (S. 490) auf Bandaneira (Banda-Inseln).

🛌 Schlafen

Momoa Michael
Guesthouse PRIVATUNTERKUNFT $
(Karte S. 475; 📱 0813 4302 8872; erenst_michael@yahoo.co.id; Jl Propinsi, Laha; Zi. inkl. Frühstück 150000 Rp; ❄🛜) Gleich abseits der Hauptstraße, gegenüber vom Ostende der Landebahn, sollte man nach einem gelben Haus mit einem Erker Ausschau halten. Diese gemütliche Privatunterkunft bietet drei einfache Zimmer mit bequemen Betten. Alle Gäste teilen sich ein sauberes Badezimmer, es gibt jedoch kein heißes Wasser. Wer mit dem Flugzeug ankommt, wird abgeholt.

Penginapan Patra PENSION $
(📱 0813 4323 0559; Laha; Zi. 150000–300000 Rp; ☺ Mai–Aug. geschl.; ❄) Versteckt im malerischen Laha liegt die Pension Patra. Hier gibt es einen hübschen, kleinen Sitzbereich auf Stelzen mit Blick auf eine schmale Bucht mit Booten und Mangroven. Die Zimmer sind altmodisch, aber recht sauber; die billigsten teilen sich Bäder. Die Pension ist in der Tauch-Nebensaison (Mai–Aug.) geschlossen.

ℹ An- & Weiterreise

Bemos (7000 Rp) fahren von Hunut nach Hila und von Kota Ambon nach Liliboi. Um den Kreis zu schließen, kann man am nahen Flughafen ein *ojek* mieten. Wer nur nach Laha möchte, kann jedes *bemo* nehmen, das nach Laha oder Hatu unterwegs ist (10 000 Rp).

LEASE-INSELN
📱 0921
Die leicht zugänglichen und herrlich entspannten Lease-Inseln (sprich: „le-*a*-säj") bergen verstreute traditionelle Dörfer, hübsche Buchten und das eine oder andere preiswerte Resort. Vor Pulau Molana und Nusa Laut, zwei der kleineren Inseln der Gruppe, kann man gut tauchen und schnorcheln. Obwohl die Inseln nur eine Stunde mit dem Boot von Ambon entfernt liegen, wirken sie abgeschieden. Außerhalb der Hauptinsel Pulau Saparua trifft man nur wenige Traveller. Nur wenige Einheimische sprechen Englisch.

ℹ An- & Weiterreise

Jeden Morgen um 9 Uhr (65000 Rp, 1 Std.) fährt ein Schnellboot von Tuhelu (Ambon) nach Haria,

dem Haupthafen auf Pulau Saparua. Es kehrt um 7 Uhr nach Ambon zurück.

Den ganzen Tag über verkehren kleine Schnellboote zwischen Haria und Tuhelu (Ambon) hin und her. Sie starten, sobald sechs Passagiere zusammengekommen sind (50000 Rp/Pers., 1 Std.). Alternativ kann man ein ganzes Boot für 300000 Rp mieten.

Pulau Saparua

Die am besten erschlossene Insel der Gruppe, Pulau Saparua, ist auch die einzige mit touristischer Infrastruktur. Die Insel ist gleich vor der Küste mit guten Spots zum Korallen- und Schlammtauchen gesegnet. Zudem finden Traveller hier bedeutende historische Ruinen, weiße Sandstrände und dichte Wälder vor. Die Insel liegt nur eine Stunde mit dem Boot von Ambon entfernt.

🏃 Aktivitäten

Die Mahu Lodge kann Tauch- und Schnorchelausflüge zu Spots um Pulau Saparua und die nahen Inseln organisieren.

Ullath in Südosten der Insel besitzt einen recht guten Strand. Der im nahen **Ouw** ist jedoch schöner; außerdem gibt es hier ein kleines, verfallenes Fort. Ouw ist auch berühmt für seine eleganten, einfachen Töpferarbeiten *(sempe)*. Diese sind nirgendwo ausgestellt, aber jeder Einheimische kann Besucher zu einer Werkstatt bringen. 10000 bis 20000 Rp sind eine angemessene Spende, um einer *ibu* dabei zuzusehen, wie sie im Anbau ihres Hauses Töpfe formt, während im Hintergrund die Brandung rauscht. Der Ton kommt aus den Bergen der Insel. Er wird auf einem Rad gedreht, mit einem dicken Stück grüner Papaya geformt und am Rand mit einem Bambusstab eingedrückt.

ℹ Unterwegs vor Ort

Bemos warten an der Anlegestelle, wenn das Schnellboot in Haria ankommt. Zwischen Haria und Kota Saparua verkehren recht regelmäßig *bemos* (5000 Rp, 10 Min.); weitaus weniger fahren von und nach Mahu (10000 Rp, 30 Min.).

Motorräder (100000 Rp/Tag) können in der Mahu Lodge gemietet werden.

Kota Saparua
📱 0931 / 5000 EW.
Die vom „Duft" der Durianfrüchte durchdrungene Dschungelinselstadt Kota Saparua ist die „Hauptstadt" von Pulau Saparua, freundlich und mit baufälligem Charme. Die

Lease-Inseln

Jl Muka Pasar ist die Hauptstraße, an der Pensionen, einige *rumah makan* und der **Markt** (Jl Muka Pasar; ⊙ 6–15 Uhr) liegen.

⊙ Sehenswertes

Benteng Duurstede   FESTUNG
GRATIS Das von einer niedrigen Mauer umgebene, 1676 erbaute Benteng Duurstede wurde 1817 von Pattimura belagert. Es wurde mit modrigem, grauem Beton überzogen, aber das (verschlossene) Tor ist original, und die mit Kanonen bestückten Festungsmauern gewähren Ausblick auf einen herrlichen Abschnitt türkisfarbene Bucht.

🛏 Schlafen & Essen

Penginapan Perdana   PENSION $
(☎ 0931-21069; Jl Muka Pasar; Zi. 110 000–192 500 Rp; 🖵) Das Perdana, das das ehemalige Penginapan Lease Indah umfasst, ist die beste Wahl in Kota Saparua. Die teureren Zimmer sind sauber und bieten gute Betten und *mandi*-Bäder. Die billigeren Zimmer mit Ventilatoren liegen nach hinten zum Garten und sind weit weniger schön. Das Frühstück ist im Preis inbegriffen.

Penginapan Mandiri   PENSION $
(☎ 0931-21063; Jl Muka Pasar; Zi. mit Ventilator 110 000–132 000 Rp, mit Klimaanlage 165 000 Rp; 🖵) Das Mandiri neben dem Markt hat schläfrige Mitarbeiter und kleine, einfache Zimmer mit *mandi*-Bädern und Disney-Schränken. Das schönste hier ist die Terrasse mit Blick auf das Fort und die Bucht.

RM Dulang Radja   INDONESISCH $
(Jl Muka Pasar; Hauptgerichte 18 000–30 000 Rp; ⊙ Mo–Sa 10–22 Uhr) Dieses offene *rumah makan* mit dekorativem Langboot vorn serviert die gesamte Palette indonesischer Klassiker, und alle sind lecker. Das *nasi ikan telur* (Reis mit Eiern, frischem Thunfisch, *tempeh* und Bohnen) ist eine gute, gesunde Option.

ℹ An- & Weiterreise

Der Zugang nach Kota Saparuas erfolgt über Haria. Von Kota Saparua fahren *ojeks* nach Haria (7000 Rp, 10 Min.), Itawaka (20 000 Rp, 30 Min.), Mahu (15 000 Rp, 20 Min.), Ouw (20 000 Rp, 30 Min.) und Kulur (35 000 Rp, 40 Min.). *Bemos* verkehren unregelmäßig über die Insel. Abfahrt ist an dem kleinen **Terminal** (Jl Belakang) in Kota Saparua (5000–10 000 Rp).

Mahu

Das superrelaxte Mahu im Norden von Pulau Saparua eignet sich gut, um sich ein paar Tage zu entspannen. Vor dem eher durchschnittlichen Strand hier kann man gut Schlammtauchen. Eine kurze Bootsfahrt entfernt liegen allerdings ein paar weitaus bessere Strandabschnitte und einige ausgezeichnete Tauch- und Schnorchelspots.

Mahu Lodge   LODGE $$
(☎ 0811 977 232; mahu_lodge@yahoo.com; Mahu; Zi. inkl. Frühstück & Abendessen 250 000 Rp; 🖵🖵) Die Mahu Lodge wartet mit 20 großen, altmodischen, aber sauberen Zimmern auf. Die Anlage liegt in einem schönen Garten mit Pool und Hängematten, in denen Gäste mit Blick auf die friedliche Bucht entspannen können. Der geniale Besitzer Paul spricht gut Englisch und betreibt eine eigene Tauchbasis (Sept.–April), von der aus er Ausflüge nach Itawaka, Nusa Laut und zur Pulau Molana veranstaltet.

PATTIMURA

Im Jahr 1817 sahen sich die Niederländer mit einem kleinen, aber leidenschaftlichen Aufstand konfrontiert, der von Thomas Matulessy angeführt wurde. Er gewann kurzzeitig die Kontrolle über Saparuas Benteng Duurstede. Matulessy tötete alle Verteidiger der Festung, verschonte aber einen sechsjährigen niederländischen Jungen. Für diesen Gnadenakt wurde er „Pattimura" (großherzig) genannt. Die Rebellen wurden schnell besiegt und ins Gefängnis geworfen, später aber als Symbole des antikolonialen Widerstands unsterblich. Heute gibt es auf den Molukken viele Statuen von ihnen, und Pattimura ziert sogar die 1000-Rp-Scheine.

✪ An- & Weiterreise

Bemos fahren unregelmäßig von Kota Saparua nach Mahu (10 000 Rp, 30 Min.). Eine *ojek*-Fahrt kostet 15 000 Rp.

Motorräder (100 000 Rp/Tag) können in der Mahu Lodge (S. 483) gemietet werden.

Pulau Molana

Die unbewohnte, straßenlose Pulau Molana hat mehrere tolle Tauchspots zu bieten, vor allem in Norden und im Süden. An den weichen, weißen Sandstränden an der Nordspitze der Insel kann man hervorragend baden. Unmittelbar westlich befindet sich eine Korallenwand, an der es sich super schnorcheln lässt. Hier gibt es ein Resort (das einzige!), aber die meisten Besucher kommen im Rahmen eines Tagesausflugs von Pulau Saparua hierher.

★ Molana Island Resort   BUNGALOWS $$$

(✆0817 762 833; www.molanaisland.net; Pulau Molana; Zi. 850 000–1 100 000 Rp, Mindestaufenthalt 3 Tage) Dieses göttliche Inselrefugium mit elf Zimmern in drei Bungalows hat nur in der Trockenzeit geöffnet und eignet sich prima für kleine Gruppen von Freunden. Das Personal kann alles organisieren: Mahlzeiten, Transfers ab Haria oder Ambon, Bootsausflüge zum Tauchen oder Angeln, Dschungeltreks und Grillen am Strand.

✪ An- & Weiterreise

Wer im Molana Island Resort übernachtet, wird am Flughafen in Ambon aufgegabelt. Andernfalls gelangt man im Rahmen von Tagesausflügen von Pulau Saparua oder Ambon hierher. Alternativ kann in Haria ein Schnellboot gechartert werden (hin & zurück 600 000 Rp).

PULAU SERAM

☑ 0914

Viele Bewohner der Molukken nennen Seram „Nusa Ina" (Mutterinsel). Sie glauben, dass alles Leben auf dem „Nunusaku", einem mythischen Gipfel in den westlichen Bergen der Insel, entstand. Serams Berge erheben sich bis auf 3000 m. Im rauen, dicht bewaldeten und wenig besuchten Inselinnern leben einige Minderheitenstämme, z. B. die Nua-ulu („oberer Flusslauf") oder die Alifuro, die rote Bandanas tragen und bis in die 1940er-Jahre Kopfjäger waren. Der Besuch dieser Stämme ist normalerweise mit einer anstrengenden Wanderung in den entlegenen Manusela National Park verbunden, für die man Guides und Genehmigungen benötigt. Weitaus leichter zu erreichen ist die schöne, spektakuläre Bucht Sawai an der Nordküste, die mit weißen Sandstränden und guten Schnorchelspots aufwartet.

Manusela National Park   NATIONALPARK
(Pulau Seram) Der im Jahr 1997 eingerichtete entlegene Nationalpark zieht vor allem Ornithologen an, die hier seltene Papageien beobachten können. Im Park gibt es vier Dörfer und einige Minderheitenstämme. Er ist bergig und von dichtem Dschungel bedeckt. Wandern hier ist anstrengend. Für den Besuch sind ein Guide und eine Genehmigung erforderlich. Beides kann in der Touristeninformation in Serams Hauptstadt Masohi besorgt werden.

✪ An- & Weiterreise

Täglich fahren Schnellboote von Tulehu (Ambon) nach Amahai, das Serams Haupthafen (2. Klasse/1. Klasse 115 000/260 000 Rp, 2½ Std.) ist. Abfahrt ist um 9 und um 16 Uhr. Sonntags fährt ein zusätzliches Boot um 11 Uhr. Die Boote kehren um 7 und um 14 Uhr zurück nach Tulehu.

✪ Unterwegs vor Ort

Ojeks (20 000 Rp) und *bemos* (10 000 Rp) verbinden Amahai mit Serams Hauptstadt Masohi.

Von Masoh fahren *kijang*-Sammeltaxis nach Sawai (100 000 Rp/Pers., 800 000 Rp/*kijang*, 3–4 Std.). Die Fahrt führt über eine schlechte Straße, die sich durch das überwältigende, bergige Innere der Insel windet.

Pulau Seram

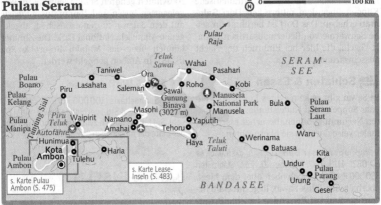

N 0 ▬▬▬▬▬ 100 km

Pulau Raja

Teluk Sawai — Wahai — Pasahari

SERAM-SEE

Taniwel — Ora — Roho — Kobi

Pulau Boano — Piru — Lasahata — Saleman — Sawai — Manusela

Pulau Kelang — Gunung Binaia (3027 m) ▲ — National Park — Bula — Pulau Seram Laut

Masohi — Manusela

Pulau Manipa — Piru Teluk — Waipirit — Namano — Amahai — Tehoru — Yaputih

Hunimua — Autofähre — Haya Teluk Taluti — Werinama — Waru

Kota Ambon — Haria — Batuasa — Kita

Pulau Ambon — Tulehu — s. Karte Lease-Inseln (S. 483) — Undur — Pulau Parang

s. Karte Pulau Ambon (S. 475) — BANDASEE — Urung — Geser

Masohi, Namano& Amahai

Der Aufenthalt in Masohi, der Planhauptstadt der Zentralmolukken, lohnt sich nur zum Umzusteigen. Der Markt sowie Geldautomaten und Restaurants befinden sich an der 6 km langen Hauptstraße (Jl Soulissa), die auf dem Weg von Namano nach Amahai zur Jalan Martha Tiahahu wird.

🛏 Schlafen & Essen

Viele günstige Lokale und *warung*-Zelte, die abends öffnen, liegen entlang der Jalan Soulissa, Masohis Hauptstraße, vor allem ein bis zwei Blocks entfernt vom Markt.

Hotel Isabela — HOTEL $$
(📞 0914-21541; Jl Manusela 17; Zi. mit Ventilator 165 000 Rp, mit Klimaanlage 250 000–350 000 Rp; ❋ 🛜 ≋) Die billigsten Zimmer hier sind fensterlose Zellen, aber die anderen sind groß, recht komfortabel (wenngleich auch etwas altmodisch) und mit guten Betten ausgestattet. Auf dem Parkplatz befindet sich ein ordentlicher Pool, der auch für Nichtgäste zugänglich ist. Das Hotel liegt rund 100 m in einer Seitenstraße abseits der Hauptstraße.

Penginapan Irene — PENSION $$
(📞 0914-21238; Jl MC Tiahahu; Zi. mit Ventilator 165 000 Rp, mit Klimaanlage 220 000–385 000 Rp; ❋ 🛜) Im freundlichen Irene gruppieren sich die Zimmer um einen von der Straße zurückgesetzten Hof. Es lohnt sich, etwas mehr für die besseren Zimmer auszugeben: Die billigeren Zimmer haben schlechte Betten und *mandi*-Bäder. Es wird kein Englisch gesprochen.

ℹ Praktische Informationen

Touristeninformation Zentralmolukken
(Dinas Kebudayan & Parawisata; 📞 0914-22429; Jl Imam Bonjol; ⊗ Mo–Sa 8–14 Uhr) Die Mitarbeiter hier sind freundlich, aber man bekommt nur wenige schriftliche oder mündliche Informationen auf Englisch. Hier kann man das dreistufige Genehmigungsverfahren für den Besuch im Manusela National Park beginnen.

ℹ An- & Weiterreise

Bemos fahren häufig vom **bemo-Terminal** (Jl Soulissa) neben dem Markt nach Amahai. Ein *ojek* kostet 20 000 Rp.

Kijang-Sammeltaxis fahren von der Jl Soulissa, 400 m nördlich des Marktes auf der anderen Straßenseite, nach Sawai: Man sieht die Autos und Fahrer warten.

Nordseram

Serams am leichtesten zugängliches Highlight ist die **Teluk Sawai**, eine wunderschöne, breite Bucht vor hohen Klippen und zerklüfteten, bewaldeten Gipfeln an der Nordküste Serams. Das durch ein Kap abgeschirmte, fotogene Stelzenhausdorf **Sawai** ist ein herrlich entspanntes Fleckchen Erde und besonders nachts magisch, wenn man auf das vom Mond erhellte Meer blickt. Von Sawai fahren Boote oder Kajaks zu den Korallengärten vor der Küste und zu dem nahe gelegenen weißen Sandstrand bei **Ora**.

🏃 Aktivitäten

Teure Schnorchelausflüge in Schnellbooten (2 500 000 Rp, 4 Std.) führen zu den fantastischen Tauch- und Schnorchelspots um **Pulau Raja** vor Papua oder zu Sawais spektakulärer Westküste, wo sich dramatische Klippen über dem pittoresken Dorf **Saleman** erheben. Das Dorf ist berühmt für seine Schwärme von fledermausartigen Lusiala-Vögeln, die hier bei Einbruch der Nacht ausschwärmen.

🛏 Schlafen & Essen

In Sawai gibt es kein echtes Lokal, aber ein paar Suppen- und Nudelstände, die am späten Nachmittag öffnen. Besucher essen normalerweise dort, wo sie übernachten.

Penginapan Lisar Bahari   GASTFAMILIE **$$**
(📱 0821 1118 1137; Sawai; Zi. inkl. Mahlzeiten 330 000 Rp/Pers.) Hoch oben über dem Meer, oberhalb der Teluk Sawai, liegt diese altehrwürdige und bei Reisenden beliebte Privatunterkunft. Sie bietet große, einfache, durch Holzstege verbundene Holzzimmer mit recht guten Betten und einfachen Bädern. Hier wird kaum Englisch gesprochen, aber die Mitarbeiter kochen hervorragend, bieten kostenlose Kajaks an und können Boots- und Schnorchelausflüge organisieren (ab 350 000 Rp/Tag).

⭐ **Ora Beach Resort**   BUNGALOWS **$$$**
(📱 0812 4889 6616; www.exoticorabeach.com; Ora-Strand; Zimmer/Hütten/Haus 850 000/1 350 000/3 500 000 Rp, Mahlzeiten 363 000 Rp/Tag) Romantische, rustikale Hütten thronen auf Stelzen über dem Meer und bieten fabelhafte Ausblicke auf die Bucht. Die Quartiere haben alle Zugang zu einem schönen weißen Sandstrand, der sich vor wildem Dschungel erstreckt. Zu den angebotenen

---

TAUCHEN & SCHNORCHELN

Kristallklares Wasser, Steilwände in seichtem Wasser und Korallengärten, in denen es vor Leben nur so wimmelt, sorgen für großartige, unverfälschte Tauch- und Schnorchelerlebnisse vor Hatta, Banda Besar und Ai. Einige Privatunterkünfte in Bandaneira verleihen Flossen und Schnorchel an ihre Gäste (ab 45 000 Rp/Tag).

Tauchsafariboote ankern auf ihrer Fahrt von Komodo zu den Raja-Ampat-Inseln bei den Banda-Inseln. Neben Besuchen aller beliebten Tauchspots um Run, Hatta, Ai und den Lavafluss vor der Küste der Pulau Gunung Api, kann man im Kanal zwischen Bandaneira, Api und Banda Besar im Schlamm tauchen.

Aktivitäten gehören Schnorcheltrips zu vorgelagerten Inseln und Touren flussaufwärts auf dem Salawai in den exotischen, abgelegenen Manusela National Park. Die Zimmer können über das Maluku Resort & Spa (S. 481) in Ambon gebucht werden.

❶ An- & Weiterreise

Kijang-Sammeltaxis (100 000 Rp/Pers., Miete 800 000 Rp, 3–4 Std.) verbinden Sawai mit Masohi. Sie fahren täglich zwischen 8 und 9 Uhr an der Seite der Moschee in Sawai ab.

BANDA-INSELN

📱 0910 / 18 500 EW.

Diese zehn abgeschiedenen, pittoresken Inseln sind geprägt von herrlicher Natur, warmherziger Gastfreundschaft und spürbarer, faszinierender Geschichte. Die Inseln sind nicht nur das beste Reiseziel im Gebiet der Molukken, sondern eines der schönsten in ganz Indonesien. Besonders beeindruckende Unterwasserklippen, die mit bunten Korallengärten übersät sind, sorgen für Schnorchel- und Taucherlebnisse der Extraklasse. Die zentralen Inseln Pulau Neira und Pulau Banda Besar (die bedeutende Muskatinsel) krümmen sich in malerischen Halbmonden um den tropischen Mount Fuji (Gunung Api, 656 m).

Die vorgelagerten Inseln Hatta, Ai und Neilaka warten mit unerschlossenen Bilderbuchstränden auf. Run, eine raue, mit Muskatnuss- und Nelkenbäumen bewachsene Kalksteininsel, ist atemberaubend schön. Um auf die Inseln zu gelangen, benötigt man Zeit, aber mit einem Schnellboot ab Ambon (zumindest in der Trockenzeit) und eventuell sogar einem neuen Flughafen werden die Banda-Inseln leichter zugänglich und scheinen sich in naher Zukunft auf mehr Besucher freuen zu können. Gerade deshalb empfiehlt es sich, jetzt hierher zu kommen, ehe die Massen einfallen.

Geschichte

Muskat, das einst fast ausschließlich auf den Banda-Inseln vorkam, war eine der teuersten Handelswaren des Mittelalters. Der Anbau erforderte Knowhow, aber nur minimalen Aufwand, daher war mühevolle körperliche Arbeit auf den Banda-Inseln fast unbekannt. Nahrung, Kleidung und andere lebensnotwendige Dinge konnten problemlos von den Schlange stehenden Händlern

Banda-Inseln

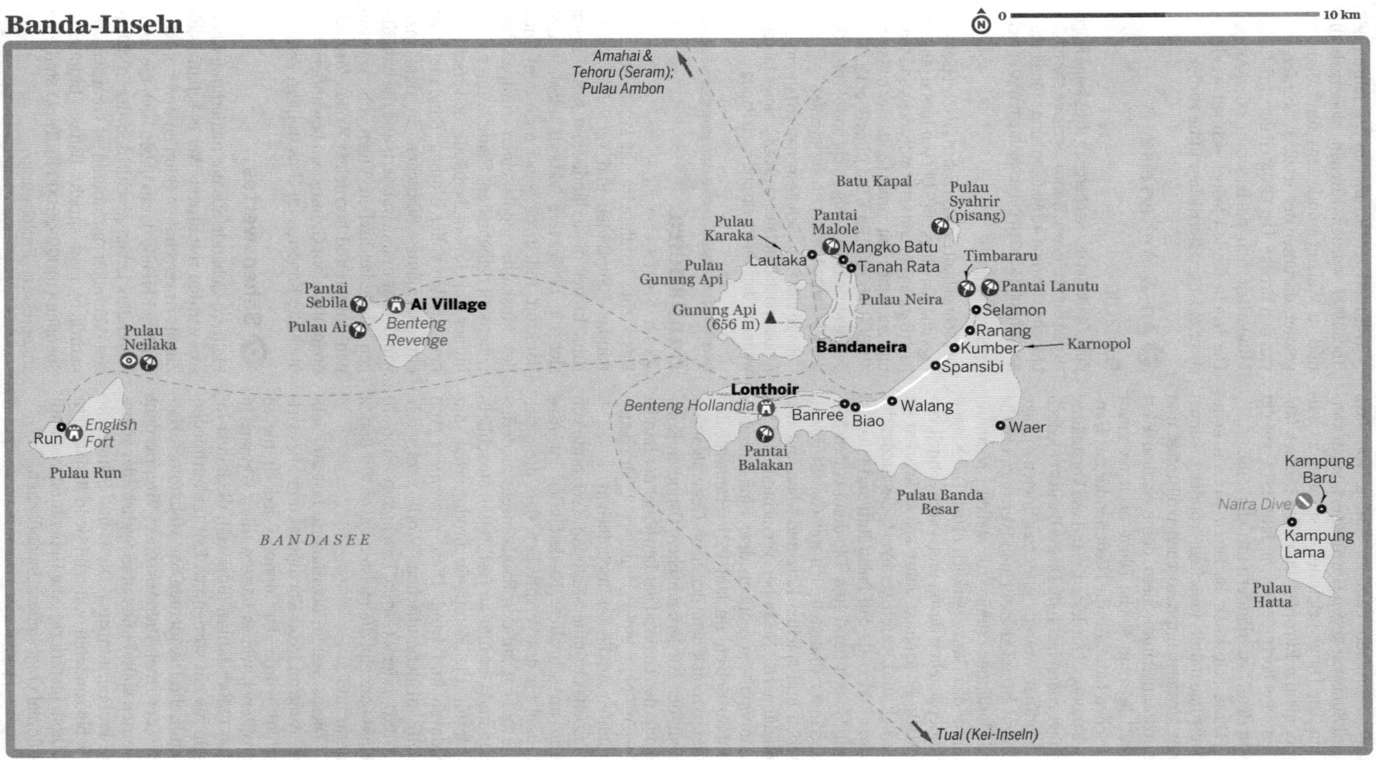

MOLUKKEN

Kampung Baru
Kampung Lama
Narra Dive
Pulau Hatta

Pantai Lanutu
Timbararu
Selamon
Pulau Syahrir (pisang)
Ranang
Karnopol
Mangko Batu
Kumber
Waer
Batu Kapal
Tanah Rata
Spansibi
Pantai Malole
Pulau Neira
Bandaneira
Lautaka
Walang
Pulau Karaka
Biao
Pulau Banda Besar
Pulau Gunung Api
Banree
Lonthoir
Gunung Api (656 m)
Benteng Hollandia
Pantai Balakan

Tual (Kei-Inseln)

Amahai & Tehoru (Seram); Pulau Ambon

Ai Village
Benteng Revenge
Pantai Sebila
Pulau Ai

BANDASEE

Pulau Neilaka
English Fort
Run
Pulau Run

10 km

N

aus arabischen Ländern, China, von Java und Sulawesi gegen Gewürze ertauscht werden. Die Dinge begannen erst falsch zu laufen, als die Europäer den Weg hierher fanden: die Portugiesen im Jahr 1512, gefolgt von den Niederländern im Jahr 1599.

Diese seltsamen Barbaren wollten keine Nahrungsmittel tauschen, sondern kamen mit Messern, unpraktischen Wollstoffen und nutzlosen Trinkbechern, deren einziger Wert war, das man solche Dinge noch nie zuvor gesehen hatte. Als die Niederländer das Handelsmonopol forderten, war diese Vorstellung daher zuerst lachhaft. Da die Besucher jedoch bewaffnet waren, unterzeichneten einige *orang kaya* (Ältere) einen „Vertrag", um die Niederländer ruhig zu stellen. Niemand nahm das Ganze wirklich ernst. Die Niederländer segelten davon und waren schnell vergessen. Aber einige Jahre später kehrten sie zurück und waren verärgert, die Engländer vorzufinden, die auf Pulau Run und Pulau Ai mit Muskat handelten. Die dominanten Niederländer drängten sich mit Gewalt dazwischen und spielten Katz und Maus mit den Engländern. Nebenbei versuchten sie, ihr „Monopol" gegenüber den Einheimischen durchzusetzen. Im Jahr 1621 veranlasste Jan Pieterszoon Coen, der neue Generalgouverneur der Niederländischen Ostindien-Kompanie, den Genozid der Bewohner der Banda-Inseln. Nur einige hundert Überlebende konnten auf die Kei-Inseln fliehen.

Coens Ostindien-Kompanie versorgte von nun an schrullige Niederländer im Austausch für das Versprechen, dass diese sich permanent auf den Banda-Inseln niederließen und Gewürze zu Festpreisen ausschließlich für die Kompanie produzierten, mit Sklaven und Land. Diese *perkeniers* (von dem niederländischen Wort *perk*, d.h. „Land" oder „Garten") richteten rund 70 Plantagen ein, die meisten davon auf Banda Besar und Ai.

Dieses System überdauerte fast 200 Jahre. Aufgrund von Korruption und Misswirtschaft wurde das Monopol jedoch nie so profitabel, wie es hätte werden können. In den 1930er-Jahren fungierten die Banda-Inseln als ein vornehmes Exil für antiniederländische Dissidenten wie Mohammed Hatta (der mal indonesischer Vizepräsident werden sollte) und Sutan Syahrir (der spätere Premierminister). Die kleine Schule, die sie begründeten, während sie in Bandaneira lebten, inspirierte eine Generation von antikolonial eingestellten Jugendlichen.

Während der Unruhen in den Jahren 1998 und 1999 wurden Kirchen niedergebrannt und in Walang mindestens fünf Menschen getötet, darunter der letzte *perkenier,* Wim van den Broeke. Der Großteil der christlichen Minderheit floh nach Seram oder Ambon. Die Inseln fanden jedoch schnell wieder zu ihrer einstigen herrlichen Ruhe zurück.

ℹ An- & Weiterreise

FLUGZEUG

Zum Zeitpunkt der Recherche gab es keine Flüge zu den Banda-Inseln. Wenn Flugzeuge starten, brauchen sie rund 40 Minuten, sind schnell ausgebucht und starten bei schlechtem Wetter nicht.

SCHIFF/FÄHRE

Das Schnellboot *Express Bahari 2B* fährt dienstags und samstags um 9 Uhr von Tulehu (Ambon) nach Bandaneira und kehrt mittwochs und sonntags zur selben Zeit zurück (2. Klasse/1. Klasse 410 000/650 000 Rp, 6 Std.). Das Boot fährt in der Regenzeit (Juni–Aug.) nicht und bleibt auch in der Trockenzeit oft kurzfristig im Hafen.

Bis zu vier Pelni-Schiffe monatlich fahren von Ambon nach Bandaneira (9 Std.); einige fahren weiter zu den Kei-Inseln und nach Papua.

Bandaneira
🗓 0910 / 9000 EW.

Das kleine Bandaneira auf Pulau Neira ist Bandas Haupthafen und Verwaltungszentrum. In der niederländischen Ära führten sich die *perkeniers* faktisch selbst in den Bankrott, indem sie selbst nach dem Ende des Muskatmonopols einen europäischen Lebensstil beibehielten. Heute säumen noch immer viele Kolonialgebäude die verschlafenen Straßen voller Blumen. Bandaneira ist ein charmantes Städtchen, in dem man wunderbar umherwandern und die baufälligen niederländischen Villen, überwachsenen Ruinen und herrlichen Wolkenformationen über den Gunung Api bewundern und über alte Kanonen im Gras stolpern kann.

◎ Sehenswertes

Mehrere Gebäude aus der niederländischen Ära wurden restauriert. Wer es schafft, sich Zutritt zu verschaffen (klopfen und hoffen!), wird viel Freude daran haben, sich die faszinierenden Lebensgeschichten der 70-jährigen Verwalter anzuhören – vorausgesetzt natürlich, man spricht Bahasa Indonesia. Spenden (10 000–20 000 Rp/Pers.) sind eine angemessene Entlohnung.

★**Benteng Belgica** FESTUNG
(Eintritt gegen Spende) Dies ist ein klassisches, sternförmiges Fort. Das UNESCO-nominierte Benteng Belgica wurde 1611 auf dem Hügel über dem Benteng Nassau errichtet, als deutlich wurde, dass die niedrigere Festung nur unzureichenden Schutz bot. Die fünf massiven, spitzen Bollwerke sollten dem Kanonenfeuer eines potenziellen englischen Marinebombardements standhalten können. Das Fort ist sporadisch geöffnet, zudem kann das Personal der umliegenden Pensionen den Verwalter ausfindig machen.

Schelling House HISTORISCHES GEBÄUDE
(Jl Hatta; ⊘ nach Vereinbarung) Dieses riesige, mit Säulen versehene Haus gehört der Tochter des letzten Banda-Königs. Es hat einen begrünten Innenhof, hohe Decken und im Master-Bad eine Steinbadewanne an einer freigelegten Korallenwand. Unbedingt auch einen Blick in den Hinterhof werfen! Das Haus wird manchmal für Gemeindeveranstaltungen und Ausstellungen genutzt. Ansonsten muss man nach dem Schlüsselverwalter Ausschau halten.

Rumah Budaya MUSEUM
(Jl Gereja Tua; 20 000 Rp; ⊘ 9–17 Uhr nach Vereinbarung) Bandaneiras kleines Museum zeigt koloniale Gegenstände, darunter Münzen, Silber, Geschirr, Pfeifen, Schwerter und Steinschlosspistolen und Musketen. Zu sehen sind außerdem Banda-Artefakte, darunter eine *parang* (Machete) und ein *kapsete* (Helm), die beim *cakalele* genutzt wurden (dem Kriegertanz, der einst von bis zu 50 jungen Männern aufgeführt wurde und der nach dem Massaker 1621 nur noch im Untergrund getanzt wurde). Der Verwalter Iqbal oder seine Frau Ibu Feni haben den Schlüssel. Sie wohnen 200 m nördlich des Museums auf derselben Straßenseite.

Hatta's House HISTORISCHES GEBÄUDE
(Jl Hatta; Eintritt gegen Spende) Von den drei „Exilhäusern" aus dem frühen 19. Jh. ist das Haus von Mohammed Hatta das schönste. Es ist teilweise möbliert und zeigt Fotos des Dissidenten sowie seine Schreibmaschine, seine auffallenden Brillengläser und einen zusammengelegten Anzug. Im Hof befinden sich alte Lehmzisternen und ein alter gemauerter Brunnen, aus dem Bromelien sprießen. Hier gibt es außerdem ein Schulhaus, das Hatta während seiner Zeit im Exil gründete. Pensionsbetreiber können den Schlüsselverwalter ausfindig machen.

Niederländische Kirche KIRCHE
(Jl Gereja Tua) Diese restaurierte niederländische Kirche von 1852 mit Portikus aus vier rundlichen Säulen ist für Gottesdienste geöffnet. Im Inneren befinden sich eine dekorative Glockenuhr und Holzbänke sowie uralte Steinplatten, die an die toten niederländischen Gouverneure der Insel erinnern.

Benteng Nassau FESTUNG
Das Benteng Naussau, das still und leise inmitten von tropischem Grün zerfällt, war der Ort des Banda-Massakers, der größten Widerwärtigkeit in der gewalttätigen Geschichte der Niederländer auf den Banda-Inseln. Das Fort wurde 1609 gegen den Wunsch des *orang kaya* (lokalen Führer) von dem niederländischen Admiral Verhoeff errichtet, auf Fundamenten, die die Portugiesen 80 Jahr zuvor hinterlassen hatten.

Istana Mini HISTORISCHES GEBÄUDE
(Jl Kujali) Dieses feudale, atmosphärische (jedoch leider leere) Herrenhaus aus den 1820er-Jahren vermittelt eine Ahnung vom Ausmaß der niederländischen Pläne auf den Banda-Inseln. Die einstige Residenz der kolonialen Gouverneure ist heute weitgehend sich selbst überlassen. In dem schattigen Hof finden sich Gedenktafeln aus dem 19. Jh. und eine Büste von Wilhelm III. Die Türen auf der Rückseite des Gebäudes sind manchmal geöffnet; dann können Besucher einen Blick auf den Fliesenboden und den Kronleuchter im Innern werfen.

**Chinesischer Tempel
Sun Tien Kong** TEMPEL
(Jl Pelabuhan; ⊘ nach Vereinbarung) Auf Bandaneira leben noch immer einige chinesische Familien. Der 300 Jahre alte Sun-Tien-Kong-Tempel zeugt von der historischen Beteiligung der Chinesen am Gewürzhandel auf den Banda-Inseln. Im chinesischen Lebensmittelladen gegenüber kann man nach

MOLUKKEN BANDANEIRA

MANDARINFISCHE ERSPÄHEN

Ein besonderes Highlight unter Wasser sind die Mandarinfischschwärme, die bei Sonnenuntergang aus Geröllbergen im Hafen von Neira hervorkommen. Schnorchler finden die Tiere auch in der Nähe des Vita Guesthouse, Taucher können Schwärme gleich vor dem Hotel Maulana sichten, wo die meisten Schlammtauchgänge stattfinden. Unterwassertaschenlampen mitbringen!

Bandaneira

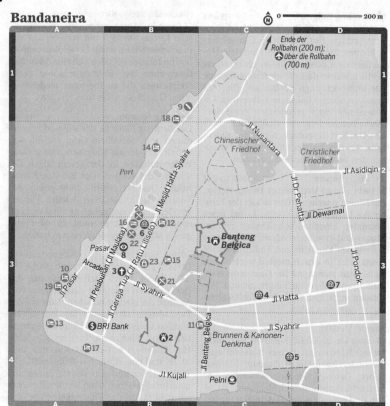

dem Schlüssel fragen. Ansonsten ist der Tempel am Chinesischen Neujahr geöffnet.

🏃 Aktivitäten

Dive Bluemotion   TAUCHEN
(📱 0812 4714 3922; www.dive-bluemotion.com; Jl Pelabuhan, Baba Lagoon Hotel; Tauchgänge 500 000 Rp, Ausrüstung 150 000 Rp/Tag; ☉ Feb.– Mai & Sept.–Dez.) Einer von nur drei Tauchanbietern mit Sitz auf den Banda-Inseln. Der Veranstalter hat eine weitere Filiale in Ambon (S. 481). Er bietet gut gewartete Ausrüstungen, zwei Boote und faire Preise (billiger, je mehr Tauchgänge man unternimmt). Die Meeresparkgebühren für Ai und Hatta fallen an (50 000 Rp/Pers.); die Ausflüge beinhalten das Mittagessen. Während Monate mit unruhigem Wetter (Jan. & Juni–Aug.) geschlossen.

The Nutmeg Tree   TAUCHEN
(📱 0823 9919 7798; www.thenutmegtree.co/Tauchen; Jl Pelabuhan; 5-/6-Tages-Paket 10 600 000/ 13 300 000 Rp; ☉ März–Juni & Sept.–Dez.) Dieser Tauchtourveranstalter gehört zur Pension mit demselben Namen und bietet fünf- oder sechstägige Pakete an. Nicht billig, aber die Ausrüstung und die Boote sind gut gewartet.

🛏 Schlafen

Vita Guesthouse   PENSION
(Fita; 📱 0910-21332, 0812 4706 7099; Jl Pasar; Zi. mit Ventilator/Klimaanlage 200 000/250 000 Rp; ❀🛜) Das Vita liegt wunderschön an einer Bucht. Die sieben einfachen, aber großen Zimmer reihen sich in einem säulengesäumten L um einen Palmengarten am Wasser. Letzterer ist perfekt für ein abendliches Bier mit Blick auf den Gunung Api. Die Betten sind o. k., die Bäder haben westliche Toiletten und kalte Duschen. Die Mitarbeiter sind nett und können Bootstouren organisieren.

Bintang Laut   PENSION $
(📱 0822 4830 7056; Jl Pantai Serua; Zi. 220 000– 275 000 Rp; ❀🛜) Die teureren Zimmer hier

Bandaneira

gewähren Ausblick über den Hafen Richtung Gunung Api. Aber alle sind sauber und komfortabel für den Preis, auch wenn die Bäder sehr klein sind. Frühstück gibt's auf der hübschen Terrasse; Schnorchelausflüge können arrangiert werden.

Pantai Nassau Guesthouse PENSION $
(☑0813 4326 6771; Jl Kujali; Zi. mit Ventilator/Klimaanlage 200 000/250 000 Rp; ❄️🛜) Die ruhige Pension befindet sich an einem kleinen schwarzen Sandstrand mit Hafenblick Richtung Banda Besar. Die vier Zimmer sind großzügig geschnitten, hell und sauber. Frühstück ist inklusive; andere Mahlzeiten sind nicht verfügbar.

★**Cilu Bintang Estate** BOUTIQUE-HOTEL $$
(☑0813 3034 3377, 0910-21604; www.cilubintang.com; Jl Benteng Belgica; DZ 450 000–850 000 Rp; ❄️🛜) Wer Komfort und Service zu adäquaten Preisen sucht, für den ist das Cilu Bintang die einzige Option auf den Banda-Inseln. Die perfekte Nachbildung eines niederländischen kolonialen Anwesens hat elegante, große Zimmer mit Gemeinschaftsterrassen, Himmelbetten und guten Bädern. Die Lage ist praktisch und dennoch ruhig, und das Restaurant ist gut. Bootsausflüge und Touren können organisiert werden.

★**The Nutmeg Tree** HOTEL $$
(☑8239 919 7798; www.thenutmegtree.co; Jl Pelabuhan; Zi. 720 000 Rp; ❄️🛜) Ein rustikales Boutiquehotel in einem 1859 erbauten Haus aus der niederländischen Kolonialära. Die charaktervollen, wenn auch übeteuerten Zimmer sind mit Regenduschen, Holzmöbeln und Teppichen ausgestattet, die die Steinböden bedecken. Der große Garten, der sich zum Wasser hin erstreckt, bietet viel Schatten. Vor Ort gibt es einen Tauchanbieter. Der Besitzer Reza ist freundlich.

Mutiara Guesthouse PENSION $$
(☑0813 3034 3377, 0910-21344; www.cilubintang.com; Zi. 250 000–300 000 Rp; ❄️🛜) Eine Pension mit dem Flair einer Privatunterkunft. Das Mutiara gehört demselben Team, das das teurere Cilu Bintang (S. 491) betreibt. Hier gibt es kein Warmwasser, aber die Zimmer sind gemütlich und freundlich. Der Garten ist spitze für eine kleine Siesta am Nachmittag. Von hier aus kann man auch den hauseigenen Kuskus dabei beobachten, wie er abends den Zimtbaum heimsucht.

Delfika PENSION $$
(☑0910-21027; delfika1@yahoo.com; Jl Gereja Tua; Zi. mit Ventilator/Klimaanlage 300 000/350 000 Rp; ❄️🛜) Das um einen hübschen Hof voller Pflanzen angelegte, charmante Delfika bietet eine Auswahl größtenteils gut renovierter, großer Zimmer. Die Betten sind jedoch ein bisschen quietschig und die Bäder einfach. Es gibt einen mit viel Schnickschnack vollgestopften Aufenthaltsraum. Das Café ist eines der besten auf den Banda-Inseln.

New Selecta Hotel HOTEL $$
(☑0910-21029, 0812 4702 0529; Jl Pelabuhan; Zi. 450 000 Rp; ❄️🛜) Das New Selecta (der Name erinnert an einen schlechten DJ) ist eine Kuriosität im untouristischen Bandaneira. Das Haus wirkt wie ein Kettenhotel mit Standardzimmern und wenig Atmo-

MOLUKKEN BANDANEIRA

sphäre. Die Zimmer sind kompakt, aber komfortabel und gepflegt und mit guten Duschen ausgestattet. Die Räume in den oberen Stockwerken bieten Blicke auf die Bucht.

Delfika 2 PENSION $$

(☎ 0910-21127; Zi. 250000–350000 Rp; ❋❖) Zwei Kategorien (und Stockwerke): Die moderneren und teureren Zimmer im Obergeschoss bieten fantastische Blicke auf die Bucht und den Vulkan. Die Zimmer im Untergeschoss sind altmodisch und das Geld nicht wert. Die Pension liegt in einer verwinkelten Gasse zwischen Markt und Meer.

Hotel Maulana HOTEL $$

(☎ 0910-21022; Jl Pelabuhan; Zi. 375000–650000 Rp, FZ 450000 Rp, zzgl. 10% Bedienzuschlag; ❋❖) Das alteingesessene Hotel ist in einem baufälligen, aber immer noch eindrucksvollen Kolonialgebäude aus der niederländischen Ära ansässig, das unbedingt saniert werden müsste – samt Zimmern. Man zahlt für die tolle Lage am Wasser und die großartigen Ausblicke vom Garten und der riesigen Gemeinschaftsterrasse oben. Die 10% Bedienzuschlag sind angesichts der lustlosen Mitarbeiter wirklich frech.

✖ Essen

Abends bauen Imbissverkäufer ihre Stände auf. Sie bieten Räucherfisch am Spieß, Hühnchen-*saté*, Klebreis, getrocknete Muskatfrüchtescheiben und köstlichen *haluakenari* (Mandelkrokant) an. Die meisten Pensionen servieren Mittag- und/oder Abendessen (ab 50000 Rp/Pers. & Mahlzeit), wenn man im Voraus Bescheid sagt.

Nutmeg Café INDONESISCH $

(Jl Hatta; Hauptgerichte 15000–70000 Rp; ◷8–22 Uhr) Das verschlafene Nutmeg Café ist in einem holzverschalten Familienhaus untergebracht und supercharmant. Hier gibt es Säfte, Fisch, Reis und Nudeln, gute *soto ayam* und dicke Pfannkuchen mit hausgemachter Muskatmarmelade.

Rumah Makan Nusantara INDONESISCH $

(Jl Pelabuhan; Hauptgerichte 25000–75000 Rp; ◷8–22 Uhr) Ein freundliches Lokal, in dem *ikan bakar* (Grillfisch), Hühnchen in allen möglichen Variationen, Reis- und Nudelgerichte serviert werden. Dazu gibt es gute Säfte und guten Kaffee.

★ Cilu Bintang Estate INDONESISCH $$

(☎ 0910-21604, 0813 3034 3377; www.cilubintang.com; Jl Benteng Belgica; Hauptgerichte 40000–80000 Rp, Büfett 100000 Rp; ◷7–21 Uhr; ❖) In der besten Unterkunft der Stadt kann man auch gut essen. Während der Hauptsaison (oder wenn genügend Gäste da sind) gibt es ein ausgezeichnetes Abendbüfett mit superfrischem Backfisch und Suppen, die großzügig mit Muskat und Zimt von den Banda-Inseln gewürzt sind, sowie Currys, Frittiertem, Salaten und mehr. Gäste können auch von der Karte wählen, auf der die meisten indonesischen Klassiker vertreten sind.

Delfika Café INDONESISCH $$

(Jl Gereja Tua; Hauptgerichte 25000–75000 Rp; ◷10–22 Uhr; ❖) Das zur Unterkunft desselben Namens gehörende Delfika serviert saisonale Säfte, Pfannkuchen mit Muskatmarmelade, *soto ayam* (Hühnersuppe), *nasi ikan* (Reis und Fisch) und gebratene Nudel- und Gemüsegerichte. Gut sind die hiesigen Klassiker, z.B. Fisch in Muskatsauce und Aubergine mit *kenari*-Mandel-Sauce. Alkohol gibt's nicht.

Namasawar INDONESISCH $$

(☎ 0910-21136; Jl Pelabuhan; Hauptgerichte 25000–80000 Rp; ◷7–22 Uhr) Dieses verlässliche *rumah makan* (Lokal) öffnet sich zum Hof des Hauses seines Besitzers. Hier gibt es Eis und einige westliche Gerichte neben gut zubereiteten indonesischen Klassikern.

⌂ Shoppen

Minimart ALKOHOL

(Jl Gereja Tua; ◷9–13 Uhr) Dieser winzige Minimarkt verkauft Bier. Er hat länger geöffnet als die meisten anderen Geschäfte im Ort.

ⓘ Praktische Informationen

In Bandaneira gibt es keine Touristeninformation, aber mehrere Pensionen haben hilfsbereite Besitzer, die Englisch können und die beste Quelle für Infos über den Ort sind. Die meisten Pensionen können Charterboote für Schnorchelausflüge organisieren.

BRI Bank (Jl Kujali; ◷Mo–Fr 8–15, Sa bis 13 Uhr) Rund um die Uhr zugänglicher Geldautomat (nur MasterCard), kein Geldwechsel.

ⓘ An- & Weiterreise

Obwohl Bandaneira einen kleinen Flughafen besitzt, der angeblich ausgebaut werden soll, und auch ein Schnellboot nach Ambon fährt, ist die Reise hierher häufig mit einer langen und unbequemen Fahrt auf einem Pelni-Schiff verbunden.

FLUGZEUG

Kleine Propellermaschinen jährlich wechselnder Fluggesellschaften sollen Bandaneira mit Am-

BOOTE AB BANDANEIRA

ZIEL	TYP	PREIS (RP)	DAUER (STD.)	HÄUFIGKEIT
Amahai (Pulau Seram)	*kapal malolo* (cargo)	40 000	9	variiert
Pulau Ai	öffentl. Langboot	25 000	1	tgl. 11 & 13 Uhr
Pulau Ambon	Pelni	variiert	9	4-mal mtl.
Pulau Ambon	*kapal malolo* (Fracht)	40 000	15	variiert
Pulau Banda Besar	öffentl. Langboot	5000	15 Min.	wenn voll belegt
Pulau Run	öffentl. Langboot	30 000	2	tgl. 13 Uhr
Tehoru (Pulau Seram)	Langboot	6 000 000	4	Charter
Pulau Hatta	öffentl. Langboot	50 000	1½	11 Uhr

bon verbinden, aber zum Zeitpunkt unserer Recherche wurde die Strecke von keiner Fluggesellschaft bedient. Wenn Flugzeuge verkehren, sollte man die Tickets so weit wie möglich im Voraus buchen. Bei schlechtem Wetter werden die Flüge normalerweise storniert.

SCHIFF/FÄHRE

Durch eine Schnellfähre, die zweimal pro Woche verkehrt, ist es mittlerweile viel einfacher, in der Trockenzeit zu den Banda-Inseln zu gelangen. Das Schiff verkehrt nicht von Juni bis August (und auch oft nicht in anderen Monaten). Wenn sie in Betrieb ist, fährt die Schnellfähre *Express Bahari 2B* dienstags und samstags um 9 Uhr von Tulehu (Ambon) nach Bandaneira und mittwochs und sonntags zur selben Zeit zurück (2. Klasse/1. Klasse 410 000/650 000 Rp, 6 Std.).

Normalerweise pendeln vier **Pelni-Schiffe** (☑ 0910-21196; www.pelni.co.id; Jl Kujali; ⊙ Mo–Sa 8.30–13 & 16–18 Uhr) pro Monat zwischen Ambon und Banda. Bei ruhiger See dauert die Fahrt neun Stunden. Die Schiffe fahren von dort aus weiter zu den Kei- und zu den Aru-Inseln und dann nach Papua. Fahrkarten für Erwachsene in der 2. Klasse kosten 115 000 Rp. Die Abfahrtszeiten der Pelni-Schiffe sind online einsehbar; sie ändern sich jeden Monat. Die Schiffe sind immer voll und meistens ziemlich dreckig. Beim Aus- und Einsteigen sollte man sich vor Taschendieben in Acht nehmen.

❶ Unterwegs vor Ort

Die Insel ist klein und kann zu Fuß erkundet werden. *Ojeks* kosten 3000 Rp für einen kurzen Trip, 10 000 Rp für die Fahrt zum Flughafen und 15 000 Rp für die Fahrt zum Pantai Malole. Cilu Bintang (S. 491) vermietet alte Fahrräder (50 000 Rp/Tag). Mehrere Pensionen bietet eine kostenlose Abholung vom Flughafen an.

Die Bootscharter für Tagesausflüge beinhaltet normalerweise Schnorchelausflüge auf Ai (500 000 Rp), Hatta (600 000 Rp), Karnopol und Pisang (400 000 Rp) oder Run (700 000 Rp) und einen Halt auf Ai und Neilaka.

Pulau Gunung Api

Der 656 m kleine Vulkan stellt seit jeher eine Gefahr für Bandaneira, Banda Besar und jeden dar, der versucht, dessen fruchtbare Hänge zu bewirtschaften. Beim letzten Ausbruch im Jahr 1988 kamen drei Menschen ums Leben, über 300 Häuser wurden zerstört. Der Himmel war tagelang aschever-hangen. Historisch gesehen sind die Ausbrüche des Gunung Api erschreckend präzise Omen für herannahende europäische Händler oder Eindringlinge gewesen.

Im Wasser um den Gunung Api leben grell lila-orangefarbene Seescheiden, erstaunlich schnell wachsende Tischkorallen, Lederrückenschildkröten und (vorwiegend harmlose) Seeschlangen. Die unter Wasser liegenden Lavaströme („neue Lava") an der Nordküste eignen sich besonders gut fürs Schnorcheln und (seichte) Tauchgänge.

★ Gunung Api   VULKAN

Der Gipfel des 656 m hohen, noch immer aktiven Gunung Api bietet einen super Ausblick, vor allem bei Sonnenaufgang. Der Vulkan kann innerhalb von zwei bis drei Stunden erklommen werden – vorausgesetzt, man ist fit. Denn der Hang ist erbarmungslos und das lose Geröll gefährlich beim Abstieg. Wanderer sollten jede Menge Wasser mitnehmen und nicht losgehen, falls es nass ist. Guides (ab 100 000 Rp) sind bereit, Wanderer zu begleiten, aber der Weg ist gut beschildert. Bootsführer bringen Wanderer zum Startpunkt des Wanderwegs.

Allan's Bungalows   BUNGALOWS $$

(☑ 0812 4706 7099; allandarman@gmail.com; Pulau Gunung Api; Bungalow 250 000–350 000 Rp; ☎) Das Allan's bietet fünf Bungalows, die über die Bucht ragen und deren Bewohner sich eine Gemeinschaftsterrasse teilen. Das größte und teuerste Quartier eignet sich gut für

Familien. Die Zimmer sind mit bequemen Himmelbetten und guten Bädern ausgestattet, allerdings gibt es nur Ventilatoren. Nachts ist erst hier superruhig, über die Bucht schaut man auf die Lichter von Bandaneira. Kajaks (50 000 Rp) und Schnorchelausrüstung (45 000 Rp) können gemietet werden.

❶ An- & Weiterreise

Von Bandaneira gibt es keinen regulären Bootsverkehr zum Gunung Api. Die Pensionen bieten Taxidienste zur anderen Seite der Bucht, ansonsten kann man auch jedes vorbeifahrende Boot heranwinken (5000 Rp).

Pulau Banda Besar

Banda Besar, die größte Insel der Gruppe, eignet sich prima für einen Tagesausflug. Besucher können über die **Kelly-Plantage** wandern, wo jahrhundertealte Kenari-Bäume schützend über einem Muskat-Hain aufragen. Auf Banda Besar liegt auch die Van-den-Broeke-Plantage, die als letzte Plantage auf den Banda-Inseln galt, die sich in niederländischem Besitz befand, bis ihr Besitzer 1998/99 ums Leben kam.

Die meisten Boote von Bandaneira kommen in Walang an. 25 Minuten zu Fuß westlich von Walang liegt Lonthoir, das größte Dorf der Insel. Eine lange Treppe führt hinter der Masjid Al Taqwa zur Kelly-Plantage und zum Benteng Hollandia. Im Nordwesten von Banda Besar, einen kurzen Spaziergang vom Dorf Selamon entfernt, wartet der abgelegene weiße Sandstrand von Timbararu mit ausgezeichneten Schnorchelmöglichkeiten auf. Auch vor der Ostküste kann man sehr gut schnorcheln, allerdings braucht man dafür ein Boot.

Benteng Hollandia   FORT

(Lonthoir) Einen der besten Ausblicke hat man von den massiven, überwucherten Ruinen des Benteng Hollandia. Das im Jahr 1624 erbaute Fort war einst eine der größten niederländischen Festungen in Niederländisch-Indien, bis es bei einem verheerenden Erdbeben 1743 zerstört wurde. Wer den 15-minütigen Aufstieg zu dem hoch über Lonthoir gelegenen Fort auf sich nimmt, findet ein perfektes, palmenumrahmtes Fotomotiv vor: den Blick auf saphirblaues seichtes Wasser und den Gunung Api.

Homestay Leiden   GASTFAMILIE $

(☑ 0852 4401 2394; Jl Warataka, Lonthoir; Zi. inkl. Mahlzeiten 200 000 Rp) Eine einfache, aber freundliche Privatunterkunft gleich hinter der Moschee von Lonthoir. Die Zimmer sind kompakt und sauber, ausgestattet mit westlichen Toiletten und *mandi*-Bädern. Der Besitzer Usman spricht etwas Englisch.

❶ Praktische Informationen

Cilu Bintang (S. 491) auf Bandaneira bietet informative Ausflüge zur Kelly- und zur Van-den-Broeke-Plantage (200 000 Rp; min. 4 Pers.).

❶ Anreise & Unterwegs vor Ort

Boote pendeln regelmäßig von Bandaneira zu mehreren Anlegern auf Banda Besar, vorwiegend nach Walang (pro Pers./Boot 5000/ 50 000 Rp, 15 Min.).

Ojeks vom Anleger in Walang fahren nach Lonthoir (5000 Rp) und Selamon (15 000 Rp).

Pulau Hatta

Die Pulau Hatta, einst bekannt als Rozengain, ist eine überwältigende, terrassenförmige Insel aus dschungelbedecktem Kalkstein und weißen Sandstränden. Hier gibt es kein Muskat. Die historische Bedeutung der Insel rührt einzig aus der komischen Episode, als der exzentrische englische Kapitän Courthope eine Flagge hisste, nur um die Niederländer zu erzürnen.

Wegen des kristallklaren Wassers rundum und der vor Leben wimmelnden Riffe ist Hatta heutzutage eines der beliebtesten Ziele unter den Banda-Inseln. Gleich vor dem schönen Strand im Kampung Lama, wo sich die meisten Unterkünfte befinden, bildet eine natürliche Unterwasserbrücke ein wunderschönes Blue Hole über einem Teil von Hattas überwältigender Steilwand. Wälder aus filigranen Weichkorallen, riesige Tisch- und Farnkorallen, Schwärme von Rifffischen und eine hervorragende Sicht machen dieses Fleckchen Erde zu einem der Top-Schnorchelspots der Banda-Inseln. Man trifft häufig auf Lederrückenschildkröten, Riffhaie, Drückerfische und eine schier endlose Reihe anderer Spezies.

🏃 Aktivitäten

Falls möglich, sollte man die eigene Schnorchelausrüstung mitbringen, da nur wenige Läden Flossen und Masken verleihen.

Naira Dive   TAUCHEN

(☑ 0813 4347 0279; www.nairadive.com; Kampung Lama; ⊙ 7–18 Uhr; Tauchen Feb.–Mai & Aug.–Dez.) Ein alt eingesessener Tauchanbieter und der

einzige auf Hatta. Ausflüge führen zu Tauchplätzen vor der Pulau Gunung Api und Bandaneira. Es werden verschiedene mehrtägige Pauschalausflüge angeboten.

🛏 Schlafen

Die Zahl von Privatunterkünften wächst,
und praktisch alle befinden sich am Strand
von Kampung Lama. Viele haben nur ein bis
zwei Zimmer, und fast alle bieten eine ähnliche, einfache Unterbringung: schlichte Zimmer mit Bett, Moskitonetz, Ventilator und
einfachem Bad.

SE Hati   GASTFAMILIE $$
(☑ 0822 3923 3997; Kampung Lama; Zi. inkl. Mahl-
zeiten 300 000 Rp) Etwas besser als die meis-
ten anderen Privatunterkünfte: Gepflegte
Holzzimmer mit Waschbecken, guten Betten
und Wassermaschine. Die Gemeinschafts-
terrasse für Mahlzeiten könnte nicht näher
am Strand liegen.

Penginapan Tiara   PENSION $$
(Zi. inkl. Mahlzeiten 250 000 Rp) Abseits vom
Hauptstrand, zehn Minuten zu Fuß südlich
der Moschee im Kampung Lama, bietet diese Pension ordentliche Zimmer mit westlichen Toiletten und hübscher Gemeinschaftsterrasse. Vor der Tür liegen 400 m
unberührte Korallen, gefolgt von einer Steilwand. Eine Schnorchelausrüstung kann
ausgeliehen werden (45 000 Rp).

Rozengain Vitalia Guesthouse   PENSION $$
(☑ 0822 4803 3199; Kampung Lama; Zi./Bungalow
inkl. Mahlzeiten 250 000/300 000 Rp) Die größte
Pension auf Hatta besteht aus sieben Beton-
zimmern, zwei Holzzimmern und einem
großen Bungalow abseits des Strandes.
Hierher kommen vor allem Besucher, die et-
was länger bleiben möchten. Die Zimmer
sind geräumig, aber die Bäder einfach. Der
Besitzer Sofian spricht etwas English.

Homestay Sara   GASTFAMILIE $$
(☑ 0813 4472 3338; Kampung Lama; Zi. inkl. Mahl-
zeiten 250 000 Rp) Die freundliche Sara bietet
große Holzzimmer mit zugehörigen westlichen Toiletten und *mandi*-Bädern. Die Zimmer teilen sich eine Terrasse mit Blick auf
den Strand. Sara spricht kein English.

ℹ An- & Weiterreise

Ein Boot fährt morgens um 7 Uhr von Hatta nach
Bandaneira (50 000 Rp, 1½ Std.) und um 11 Uhr
zurück.

Für einen Tagesauflug ab Bandaneira benötigt
man ein Charterboot (600 000 Rp).

Pulau Ai

Die Highlights auf Ai sind Schnorcheln und
Tauchen. Die ungewöhnlich leicht zugänglichen, unfassbar gut erhaltenen Korallen-
steilwände befinden sich nur einen Flossen-
schlag entfernt. Schon unmittelbar vor dem
Dorf gibt es viel zu entdecken, vor allem im
Oktober, wenn zusammen mit vorbeiziehenden Delfinen und Walen Schwärme von Na-
poleonfischen auftauchen. Ähnlich beeindruckend ist die Unterwasserwelt vor dem
Pantai Sebila, dem besten Strand der Insel
(15 Min. zu Fuß westlich des Dorfes). Hier
fällt eine außergewöhnliche, von Korallen
und Seeanemonen übersäte Steilwand senkrecht nach unten ab.

Ai ist eigentlich nur ein weitläufiges, mit
Plantagen getupftes Dorf. Die Insel tauchte
im 17. Jh. auf der Weltkarte auf, als die Engländer die Einheimischen gegen einen holländischen Angriff im Jahr 1615 bewaffneten. Die Inselbewohner spielten rund 200
überraschten Holländern übel mit. Zur „Belohnung" wurden sie von den Briten im
Stich gelassen und von den zurückkehrenden Niederländern massakriert. Ai wurde
mit Sklaven und Häftlingen neu besiedelt.

Benteng Revenge   FORT
Ais sternförmige Festung befindet sich im
Dorfzentrum; die Mauern sind noch intakt.
Das Fort ist als Benteng Revenge bekannt,
seit die Einheimischen von den Niederländern abgeschlachtet wurden, nachdem sie
sich im frühen 17. Jh. im Kampf um die Kontrolle des Gewürzhandels mit den Briten
verbündet hatten.

Ardhy Guesthouse   PENSION $
(☑ 0812 4862 2559; Jl Patalima; Zi. inkl. Mahlzeiten
150 000 Rp) Einfache Zimmer mit Ventilatoren
und *mandi*-Bädern in einem recht großen
Haus fünf Minuten zu Fuß entfernt vom Anleger. Nach dem Schild Ausschau halten! Der
hilfsbereite Besitzer spricht etwas English.

★CDS Bungalow   BUNGALOWS $$
(☑ 0813 8198 4414; Pulau Ai; Zi. pro Pers./2 Pers.
inkl. Mahlzeiten 300 000/500 000 Rp) Ais beste
Unterkunft. Hierher gelangt man, indem
man vom Anleger zur Kreuzung läuft, rechts
abbiegt, am Fort vorbeigeht und dann noch
500 m weiterwandert, vorbei an der Schule
und Ananasplantagen. Hier gibt es drei
Holzbungalows mit guten Betten und Bä-
dern und eine breite Veranda auf Stelzen
über einem abgelegenen Strand, der sich gut

zum Schnorcheln eignet. Das Essen ist prima, und es wird etwas Englisch gesprochen.

Green Coconut
PENSION $$

(📞 0812 4241 0667; ayem_nasrun@yahoo.com; Jl Patalima; Zi. inkl. Mahlzeiten 250 000 Rp) Das Green Coconut liegt herrlich nahe dem Wasser im Dorf (östl. vom Anleger). Hier gibt es einen Gemeinschaftsraum zum Essen und einen Gemeinschaftsbalkon, der wunderbare Meerblicke bietet (wer Glück hat, sichtet die Napoleonfische). Die Zimmer sind geräumig und teilweise möbliert, einige der Betten sind jedoch klumpig.

ℹ An- & Weiterreise

Boote für zwei oder drei Passagiere (25 000 Rp, 1 Std.) verkehren zwischen Ai nach Bandaneira. Sie fahren ab, sobald sie voll sind (zw. 7 & 8 Uhr) und kehren zwischen 11 und 13 Uhr zurück.

Für Tagesausflüge ab Bandaneira muss man ein Boot chartern (500 000 Rp). Ein kombinierter Charter nach Ai, Run und Neilaka kostet 700 000 Rp.

Pulau Run

Trotz seiner historischen Bedeutung ist Run eigentlich nur ein abgeschiedener, von Dschungel bedeckter und von tiefblauem Meer umgebener Haufen Kalkstein. Das

KOMMT SCHON, NEHMT NEW YORK!

Nachdem die Niederländer im Jahr 1616 Ai verwüstet hatte, zogen sich die englischen Kräfte zu ihrem Handelsposten auf Run zurück. Der bedrängte, exzentrische Kapitän Courthope, der die Niederländer auf Hatta (ehemals Rozengain) aufgezogen hatte, stellte in einem absurden, nutzlosen, letzten Aufstand seine Ehre über das Überleben. Er lehnte selbst die vernünftigsten Angebote abzurücken. Irgendwie blieb die britische Souveränität erhalten, selbst nach den Gräueltaten der Niederländer im Jahr 1621, bei denen alle Muskatbäume auf Run systematisch zerstört wurden. Die Niederländer eroberten Run schließlich, und die Engländer erklärten sich 1674 einverstanden, die Insel gegen eine (damals ebenso nutzlose) nordamerikanische Insel zu tauschen. Diese Insel war Manhattan. Kein schlechter Deal, wie sich herausstellen sollte!

Dorf ist eine hübsche, kleine Ansammlung von Stufen und betonierten Wegen vor weinberankten Kalksteinfelsen. Das obere Ende der Jl Eldorado bietet schöne Ausblicke zwischen Tamarindenbäumen hindurch.

Runs Highlight sind die Tauchspots. 70 bis 150 m vor der Nordwestküste der Insel liegt eine Steilwand, bekannt als **Depan Kampung** („neben dem Dorf"), die nur per Boot zu erreichen ist. Die Sicht ist hier großartig.

Pulau Neilaka
INSEL

Vor der nördlichen Spitze von Run befinden sich die weißen Bilderbuchsandstrände der Pulau Neilaka. Das Inselchen ist so klein, dass man es innerhalb von zehn Minute erkunden und dabei überwältigende Blicke auf den Gunung Api genießen kann.

English Fort
FORT

Wegen des alten English Fort (das einst von Kapitän Courthope verteidigt wurde) verlängerten sich die Gewürzkriege, bis schließlich der großartige Tausch von Run gegen Manhattan stattfand. Vom Pier kommend biegt man vom unteren Hauptweg rechts ab und folgt den Stufen nach oben zu dem Pfad, der zu den versteckten, überwucherten Ruinen führt.

Homestay Manhattan
GASTFAMILIE $

(Zi. inkl. Mahlzeiten 200 000 Rp) Diese Privatunterkunft aus Beton, auf deren Makellosigkeit der Besitzer zu Recht stolz ist, befindet sich in der „zweiten Ebene" des Dorfes. Hierher gelangt man über Stufen aus versteinerten Korallen. Die drei Zimmer haben eigene *mandi*-Bäder und Hocktoiletten.

Homestay Neilaka
GASTFAMILIE $

(📞 0813 4460 2095; Jl Eldorado; Zi. inkl. Mahlzeiten 150 000 Rp) Das makellose, komfortable (wenn auch kleine) Familienheim birgt drei Zimmer mit Gemeinschaftsbädern in einem neuen Gebäude mit Holzdecke und Fliesenfassade.

ℹ An- & Weiterreise

Ein Boot verlässt Run um 7 Uhr Richtung Bandaneira (30 000 Rp, 2 Std.) und kehrt um 13 Uhr zurück.

Ein Bootscharter ist die einzige Möglichkeit (700 000 Rp, hin & zurück ab Bandaneira), einen Tagesausflug zu unternehmen. Man bracht ohnehin ein Boot, um Neilaka und die Steilwände vor der Küste zu erreichen; außerdem kann man auf dem Heimweg einen Zwischenstopp auf der Pulau Ai einlegen.

KEI-INSELN

☑ 0916 / 172 100 EW.

Die Trümpfe der Kei-Inseln sind kilometerlange, überwältigende weiße Sandstrände
und eine gastfreundliche Bevölkerung. Unter
der mehrheitlich christlichen Fassade versteckt sich die faszinierend facettenreiche
Kei-Kultur mit drei Kasten, heiligen Bäumen,
Brautpreisen, die in *lela* bezahlt werden, und
einem Glauben an *sasi* (Verbotszauber). In
der Kei-Sprache bedeutet *bokbok* „gut", *ha-
narun (li)* „(sehr) schön", und *enbal* (Maniok) ist ein lokales Grundnahrungsmittel.

Die trockenste Zeit dauert von September
bis Dezember. Alle Inseln sind von Riffen
umgeben, stellenweise hat illegale Fischerei
die Korallen aber beschädigt.

❶ An- & Weiterreise

FLUGZEUG

Alle Flüge von/zu Langgurs kleinem Flughafen
gehen über Ambon, Makassar oder Manado. Es
gibt täglich Verbindungen nach Jakarta.

SCHIFF/FÄHRE

Vier Pelni-Schiffe fahren jeden Monat auf ihrem
Weg von Ambon zu den Kei-Inseln. Von hier fahren sie weiter zu den Aru-Inseln und nach Papua.

❶ Unterwegs vor Ort

Ein Schnellboot verbindet Kei Kecil und Kei Besar täglich. Für die anderen Inseln, muss man
auf teurere Bootscharter zurückgreifen.

Tual & Langgur

Die Zwillingsstädte, die die beiden zentralen
Inseln Kei Kecil und Kei Dullah miteinander
verbinden, sind das Handels- und Transportzentrum der Kei-Gruppe. Das christliche Langgur mit seinen breiten Straßen ist
einen Hauch entspannter als das vorwiegend muslimische Tual, wo sich der Haupthafen der Kei-Inseln befindet. Hier treffen
verschiedene Kulturen aufeinander, u. a. die
Nachkommen der Araber, die vor 250 Jahren aus dem Mittleren Osten hierher kamen.

🛏 Schlafen & Essen

Langgur bietet gute Unterkünfte für jeden
Geldbeutel, die meisten Besucher strömen
aber vernünftigerweise direkt zum Strand.

★ Grand Vilia Hotel HOTEL $$
(☑ 0916-252 0035; www.grandviliahotel.com; Jl
Telaver 1; Zi. 600 000–850 000 Rp; ❄❅🌐🏊)

Mit Abstand das beste Hotel in Langgur:
Das Grand Vilia bietet geräumige, komfortable und moderne Zimmer mit ausgezeichneten Betten, guten Bädern und funktionie-
renden Safes. Hier gibt es außerdem einen
kleinen Pool und effiziente Mitarbeiter.

Hotel Dragon HOTEL $$
(☑ 0916-22082; Jl Jenderal Sudirman 154; Zi.
130 000–330 000 Rp; P❅🌐) Das Dragon
spiegelt die entspannte Siesta-rund-um-die-
Uhr-Atmosphäre, die Langgur insgesamt
verströmt, wider. Der weitläufige Komplex
beherbergt verschiedene Zimmeroptionen,
von sauberen Budget-Einzelzimmern mit
Gemeinschaftshocktoiletten und *mandi*-
Bädern bis zu großen, komfortablen Zimmern mit Warmwasser und Sitztoiletten.

Hotel Suita HOTEL $$
(☑ 0916-24007; suitahotel_langgur@ymail.com; Jl
Jenderal Sudirman 99; Zi. 355 000–600 000 Rp;
❅🌐) Jenseits der gefliesten Lobby, in der
sich ein nützliches Reisebüro und die Garu-
da-Niederlassung befinden, wirkt das Suita
mittlerweile etwas ältlich. Die Bäder sind
besonders langweilig. Aber die recht großzügigen Zimmer sind hell und die Betten o. k.

RM Ayah INDONESISCH $
(Jl Jenderal Sudirman; Hauptgerichte 25 000–
45 000 Rp; ⊙ 24 Std.) In diesem verlässlichen
rumah makan (Lokal) im Padang-Stil kann
man unter vielen leckeren Gerichten wählen: scharfem Omelett, Aubergine mit Chili,
Grillfisch, Huhn und Rind, Kartoffelplätz-
chen, Currys und Gemüse. Das Lokal ist immer geöffnet.

Warung Saraba SEAFOOD $
(neben der Watdek-Brücke; Hauptgerichte 20 000–
40 000 Rp, Fisch nach Gewicht; ⊙ 11–2 Uhr) Diese
lokale Institution befindet sich in einer
schlichten Holzhütte über dem Wasser. Der
Service ist nicht gerade umwerfend, aber der
gegrillte oder gebratene Fisch ist gut. Gäste
können aus dem frischen Fang des Tages
auswählen. Der Preis richtet sich nach dem
Gewicht. Nach dem baufälligen grünen Gebäude bei der Brücke Ausschau halten, die
Langgur mit Tual verbindet!

🛍 Shoppen

Gota KAUFHAUS
(Jl Jenderal Sudirman; ⊙ 9–22 Uhr) Der größte
Supermarkt bzw. das größte Kaufhaus
(2. Stock) in Langgur. Hier kann man abge-
packte Lebensmittel, Früchte, preiswerte
Kleidung und Telefonzubehör kaufen.

MOLUKKEN TUAL & LANGGUR

Kei-Inseln

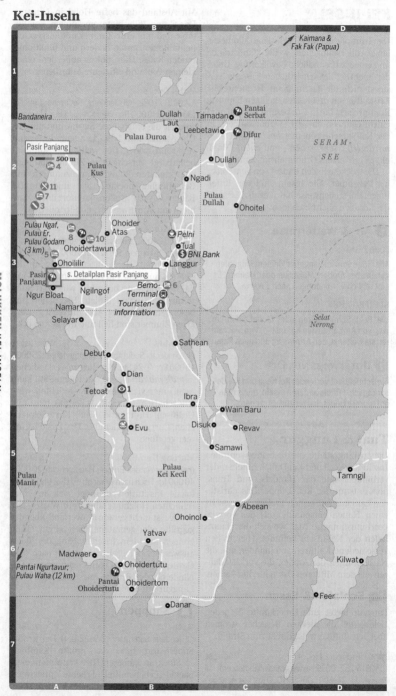

Kaimana &
Fak Fak (Papua)

Bandaneira

Pantai
Serbat

Pulau Panjang

0 — 500 m

Dullah
Laut   Tamadan
            Leebetawi
Pulau Duroa   Difur

Pulau Kus   Dullah

                        Ngadi

                Pulau
                Dullah
                        Ohoitel

Pulau Ngaf,
Pulau Er,   Ohoider
Pulau Godam   Atas
(3 km)   Pelni
        Ohoidertawun
                        Tual
                        BNI Bank
        Ohoililir
                    Langgur
Pasir   s. Detailplan Pasir Panjang
Panjang
Ngur Bloat   Ngilngof
                        Bemo-
                Touristen-   Terminal
Namar   information
Selayar

                Sathean

Debut

        Dian

Tetoat   1

        Letvuan   Ibra
                            Wain Baru
        2
        Evu   Disuk   Revav

                    Samawi

Pulau Manir   Pulau
                Kei Kecil   Tamngil

                        Abeean

                Ohoinol

            Yatvav

Madwaer   Ohoidertutu   Kilwat

Pantai Ngurtavur;   Pantai
Pulau Waha (12 km) Ohoidertutu   Ohoidertom

                        Danar   Feer

SERAM-
SEE

Selat
Nerong

Kei-Inseln

ⓘ Praktische Informationen

BNI Bank (Bank Negara Indonesia; Jl Dr. Laimena; ⊙ Mo–Fr 8–15, Sa bis 13 Uhr) Die einzige offizielle Geldwechselstelle (schlechte Kurse) verfügt über einen Geldautomaten hier und mehrere in Langgur (Jl Jenderal Sudirman).

Touristeninformation (Dinas Parawisata; ☐ 0813 4331 2704; Jl Hotel Langgur; ⊙ Mo–Sa 8–14.30 Uhr) Die Mitarbeiter werden bei Bedarf ihre Chefin Vicky ausfindig machen, die gutes Englisch spricht und prima Infos hat.

ⓘ An- & Weiterreise

BEMO (MOBIL) & OJEK

Mobils nach Debut (5000 Rp, 1 Std.) und unregelmäßig verkehrende *mobils* nach Ohoidertawun, Ohoililir und Ngur Bloat (alle 5000 Rp, 1 Std.) fahren vom **bemo-Terminal** (Pasar Langgur) im Süden der Stadt neben dem Pasar Langgur. Alternativ nimmt man ein *ojek* (30 000 Rp, 30 Min.) oder ein Taxi (150 000 Rp, 20 Min.).

FLUGZEUG

Der Flughafen der Kei-Inseln heißt Langgur und befindet sich 30 Minuten südlich der namensgebenden Stadt. Die Fahrt kostet 150 000 Rp in einem Taxi bzw. 50 000 Rp im *ojek*.

Alle Flüge ab/nach Langgur gehen über Ambon, Makassar oder Manado. Wer nach Ambon fliegt, sollte einen Fensterplatz Richtung Süden buchen, von dem man einen herrlichen Blick auf die Tayando- und die Banda-Inseln hat. Es gibt täglich Verbindungen nach Jakarta.

SCHIFF/FÄHRE

Bis zu vier **Pelni-Schiffe** (☐ 0916-22520; www.pelni.co.id; Jl Pattimura; ⊙ 8–14 Uhr) halten hier jeden Monat auf dem Weg nach Bandaneira (12 Std.), Ambon (22 Std.), zu den Aru-Inseln

Tual & Langgur

KYOMBAWA

Pelni
(700 m)

Jl Dr Laimena

BNI Bank
(500 m)

Watdek-
Brücke

Warung
Saraba

RM Ayah

Watdek-
Fähranleger

BRI (Geldautomat)

Jl Cempaka

Jl Pahlawan Revolusi

Gota
Hotel Suita

Pasar
Ohoijang

Hotel
Dragon

Jl Jenderal Sudirman

Brücke im
Bau

Debut
(12,5 km)

(8 Std.), nach Kaimana (22 Std.) oder Fak (36 Std.) auf Papua.

Pelni-Schiffe legen in Tual auf der benachbarten Pulau Dullah (auf der anderen Seite der Brücke hinüber nach Langgur) an. Ein ojek von Tual nach Langgur kostet 10 000 Rp und nach Pasir Panjang oder Ohoidertawun 40 000 Rp.

Das tägliche Schnellboot zur Pulau Kei Besar (50 000 Rp, 1¼ Std.) legt um 9 Uhr vom **Watdek-Fährterminal** (abseits der Jl Jenderal Sudirman) ab.

❶ Unterwegs vor Ort

Bemos (ab 3000 Rp) verkehren häufig entlang der Jl Jenderal Sudirman. Die meisten fahren weiter zu Tuals großem Pasar Masrun. Von Tual fahren *bemos* nach Langgur gen Süden vorbei am Hotel Vilia bis zum Pasar Langgur.

Ojeks-Fahrer nehmen mindestens 5000 Rp pro Fahrt. Das Savana Cottages (S. 501) in Ohoidertawun vermietet Motorräder (Halbautomatik/Automatik pro Tag 50 000/75 000 Rp zzgl. Sprit).

Pulau Kei Kecil

Die Pulau Kei Kecil mit dem geschäftigen Langgur als Handels- und Transportzentrum ist die am besten erschlossene Insel der Kei-Gruppe. Sie ist von der benachbarten Pulau Dullah durch einen schmalen Streifen Wasser getrennt. Auf Kecil finden sich auch viele der besten Strände der Inselgruppe, z. B. der Pasir Panjang und die Bucht Ohoidertawun. Der Nordwesten der Insel ist das touristischste Gebiet, obwohl insgesamt nur sehr wenige Ausländer hierher kommen. Auf der neuen Straßen gelangt man mittlerweile jedoch auch viel leichter zur südlichen und zur östlichen Küste – bislang fast unbekanntes Land für Traveller.

Auf der Insel wird nur wenig Englisch gesprochen, aber die Einheimischen sind unglaublich freundlich und freuen sich, Besucher auf ihrer Insel zu sehen.

⭐ **Pantai Ngurtavur**   STRAND
(Pulau Waha) Dies ist das beliebteste Instagram- und Selfie-Motiv auf den Kei-Inseln für einheimische Touristen. Der Pantai Ngurtavur ist ein atemberaubender, schmaler Sandstreifen, der unmittelbar vor der Pulau Waha aus der Banda-See ragt. Die Sandbank – angeblich die längste Indonesiens – ist nur mit einem Charterboot (700 000 Rp, 1½ Std.) vom Hafen von Debut an der Westküste von Kei Kecil aus zu erreichen.

Nicht vergessen: Der Strand ist nur bei Ebbe sichtbar, daher sollte man seinen Ausflug entsprechend planen. Unternehmerische Einheimische auf der Pulau Waha versuchen, Travellern 200 000 Rp „Steuer" für den Besuch der Sandbank abzuknöpfen.

Meti Kei Festival   KULTUR
(Pasir Panjang, Pulau Kei Cecil; ⊙Okt.) Das Meti-Kei-Festival im Oktober feiert ein Naturphänomen: Jedes Jahr im Herbst zieht sich die Tide für einige Wochen bis zu 5 km oder mehr von der Küste der Pulau Kei Kecil zurück. Die Einheimischen begehen das Fest am Pasir Panjang (S. 501) und anderen Stränden mit einer Fischfangorgie, bei der

Speere oder traditionelle „Netze" aus Kokos-palmenblättern eingesetzt werden.

❶ Unterwegs vor Ort

Unregelmäßig fahren *bemos* (ab 5000 Rp) von Langgurs *bemo*-Terminal (S. 499) zu Zielen auf der Pulau Kei Kecil. *Ojeks* sind die einfachste Art und Weise, herumzukommen; sie kosten 150 000 Rp Miete pro Tag.

Ohoidertawun

Das charmante Dorf Ohoidertawun liegt an einer hübschen Bucht, die sich bei Ebbe in ein riesiges, weißes Watt verwandelt, auf dem Handwerker im Palmenschatten Kanus aushöhlen. Ein **heiliger Baum** am Ufer neben den Savana Cottages soll Frieden stiften und Beziehungen knüpfen. Ein Pfad und Treppen führen nach Norden zum Dorf **Ohoider Atas**. Bei Ebbe kann man über das Watt vorbei an kleinen Höhlen wandern, die in die Kalksteinfelsen geschnitten sind. In einigen befinden sich menschliche Knochen. Nach rund 25 Minuten sieht man mysteriö-se, rot-orangefarbene Zeichnungen am Fels.

🏃 Aktivitäten

Pensionen können Schnorchelausflüge zu den nahen korallenreichen Riffen von Pulau Ngaf, Pulau Er und Pulau Godam organisie-ren (700 000 Rp/Tag).

Schnorchelausrüstung (50 000 Rp/Tag) und Mountainbikes kann man mieten (Halb-automatik/Automatik 50 000/75 000 Rp/Tag).

🛏 Schlafen

Savana Cottages　　　　　BUNGALOWS **$**
(✆ 0813 4308 3856; Ohoidertawun; Zi. 225 000 Rp, Mahlzeiten 170 000 Rp) Nur wenige Budgetpen-sionen in Indonesien verströmen die stille Gelassenheit der Savana Cottages. Hier kann man im Mondlicht den Brachvögeln und dem sich zurückziehenden Meer zuse-hen und dabei ein eiskaltes Bier trinken oder in der Hängematte relaxen. Die vier einfachen, kompakten Zimmer aus Bambus und Holz mit Ventilatoren teilen sich *man-di*-Bäder. Die Besitzer Lucy und Gerson sind charmant und hilfsbereit. Top Abendessen!

★ Lucy's House　　　　　BUNGALOWS **$$**
(✆ 0813 4308 3856; Ohoidertawun; Zi. 200 000– 350 000 Rp, Mahlzeiten 130 000 Rp) Das Lucy's liegt an einem unvergleichlichen Streifen Sand mit fantastischen Blicken auf die Bucht. Die sieben makellosen Zimmer ha-ben eigene Bäder; die teuersten genießen den Luxus von Warmwasser. Es gibt eine Gemeinschaftsterrasse. Das Lucy's wirkt wie ein privates Refugium – ideal für Flitter-wöchner und Einsiedler. Das Essen wird aufs Zimmer gebracht. Ein zehnminütiger Fußweg vom Dorf führt hierher.

❶ An- & Weiterreise

Unregelmäßig verkehren *bemos* vom Dorf nach Langgur (5000 Rp).

Ein *ojek* ab/nach Langgur kostet 30 000 Rp (30 Min.) und zum Pasir Panjang ca. 15 000 Rp.

Pasir Panjang

Das berühmteste Highlight der Kei-Inseln ist der Pasir Panjang, ein fotogener, 3 km langer, feiner, von Kokospalmen gesäumter Sandstrand. Trotz seiner Schönheit ist der Strand oft sehr ruhig, außer an Feiertagen oder Wochenenden, wenn sich Karaokestän-de an den Zugangsstellen Ngur Bloat im Sü-den und Ohoililir im Norden breitmachen.

Wie viele andere Strände auf Pulau Kei Kecil ist der Pasir Panjang sehr seicht. Bei

SCHLAUER SASI

Man mag es „Magie" nennen. Oder „Weltwissen". Auf den Molukken existie-ren viele versteckte, fast vodooartige Glaubensrichtungen, die wunderbar in Lyall Watsons Buch *Gifts of Unexpected Things* beschrieben sind. Ein solcher Glaube, der noch weit verbreitet ist, ist *sasi*, eine Art Verbotszauber. Er wird be-nutzt, um Eigentum zu schützen und unbefugtes Betreten zu verhindern. Die einzige erkennbare Schranke ist ein *ja-nu*-Palmwedel. Aber nur wenige würden es wagen, einen *sasi* zu brechen – aus Angst vor unvorhersehbaren Folgen. Seit unzähligen Generationen verhindert der *sasi* den Diebstahl von Kokosnüssen und gewährleistet, dass Fische nicht während der Paarungszeit gefangen werden. 2003 belegten einige schlaue Kei-Insulaner die Tual-Langgur-Brücke mit einem *sasi*. Die Bootsleute rebellier-ten, bis die Behörden das Geld für eine *sasi*-Aufhebungszeremonie aufbrach-ten. Andere Witzbolde haben die Straße zu Tuals Regierungsgebäuden mit einem *sasi* belegt, sodass die Mitarbeiter nicht mehr zur Arbeit gehen konnten.

Ebbe zieht sich das Wasser sehr weit zurück. Schnorchler haben mehr Spaß an den Riffen der nahe gelegenen Inseln.

Aktivitäten

Die umliegenden Inseln Pulau Ngaf, Pulau Er und Pulau Godam weisen gute Schnorchel- und Tauchspots auf. Pensionen können Charterboote organisieren (700 000 Rp/Tag), die Ausrüstung muss man mitbringen.

Kei Pirate Divers TAUCHEN
(☎0813 3951 7790; www.kei-pirate-divers.com; Ngur Bloat; 2 Tauchgänge inkl. Ausrüstung 1 450 000 Rp; ⏲7–17 Uhr) Der einzige Tauchanbieter auf den Kei-Inseln ist in deutscher Hand und bekommt gute Kritiken. Kei Pirate führt Kleingruppen zu Tauchspots um Pulau Kei Kecil und Pulau Kei Besar. Der Anbieter hat das ganze Jahr über geöffnet.

Schlafen & Essen

Immer mehr Pensionen eröffnen am Ende des Strandes bei Ngur Bloat. Die meisten Unterkünfte sind einfach und nur mit Ventilatoren ausgestattet, aber fast alle haben WLAN (am Pasir Panjang kann man nicht telefonieren).

Johanna Cottage PENSION $$
(☎0822 382 4447; Ngur Bloat; Zi. 250 000 Rp, Mahlzeiten 50 000 Rp; 📶) Die freundliche, liebenswerte Johanna stellt zwei einfache, aber makellose Zimmer mit Ventilatoren, vernünftigen Betten und anständigen Badezimmern zur Verfügung. Beide Zimmer haben Terrassen mit Blick aufs Südende des Strandes. Die Unterkunft ist beliebt, daher sollte man im Voraus anrufen.

Bernadeth Cottages PENSION $$
(☎0812 4035 6105, 0812 8361 8268; Ngur Bloat; Hütte 350 000 Rp, Mahlzeiten 50 000 Rp; ❄📶) Die fünf, rund 100 m vom Strand zurückgesetzten Holzhütten sind mit bequemen Betten, Sitztoiletten und Balkonen ausgestattet. Sie sind teurer als andere Unterkünfte in der Nähe, aber die einzigen Herbergen mit Klimaanlage.

Coaster Cottages PENSION $$
(☎0813 4347 2978; bob.ayz@yahoo.co.id; Ohoililir; Zi. alt/neu 165 000/250 000 Rp, Hütte/Villa 350 000/800 000 Rp, Mahlzeiten 125 000 Rp/Tag) Am Nordende des Strandes, das sehr viel ruhiger ist und an dem es angeblich spukt, befinden sich 700 m hinter dem Dorf Ohoililir die Coaster Cottages. Das Refugium bietet verschiedene Unterkünfte, aber kein WLAN. Alle Zimmer haben hohe Decken und sind geräumig, jedoch langweilig und hier und da etwas muffig. Die Hütte und die Villa eignen sich gut für Gruppen. Der nette Besitzer Bob spricht gut Englisch und arrangiert Bootsausflüge.

Evalin INDONESISCH $$
(Ngur Bloat; Hauptgerichte 35 000–100 000 Rp; ⏲8–22 Uhr; 📶) Das einzige echte Restaurant am Pasir Panjang liegt zurückgesetzt am Strandende bei Ngur Bloat. Dass unprätentiöse Evalin ist auf Grill- oder Bratfisch, Huhn, Reis- und Nudelgerichte sowie Frühstück spezialisiert. Hier kann man im Freien sitzen; Bier gibt es auch. Man sollte früh kommen, denn wenn es geschäftig zugeht, kann das Essen schon mal ausgehen.

An- & Weiterreise

Unregelmäßige *bemos* (5000 Rp) fahren zum *bemo*-Terminal (S. 499) in Langgur. Ein *ojek* ab/nach Langgur kostet 30 000 Rp (30 Min.).

Südliches Kei Kecil

Wegen seiner relativen Nähe zu Langgur überrascht es, wie abgelegen sich der südlichste Teil von Pulau Kei Kecil anfühlt. Der einzige Weg hierher ist per *ojek* oder Mietmotorrad. Wer die Reise auf sich nimmt, wird mit Höhlen, Frischwasserquellen und überwältigenden Stränden belohnt und sieht Dörfer, in die kaum ein Ausländer kommt. Die Einheimischen werden sich über einen Besuch freuen.

Sehenswertes & Aktivitäten

Pantai Ohoidertutu STRAND
Unten am Kap der Insel befindet sich der Pantai Ohoidertutu, ein absolut fantastischer Streifen weißen Sandstrands. Falls nicht gerade ein Feier- oder Ferientag ist, hat man den Strand ganz für sich allein.

Goa-Hawang-Höhlen HÖHLE
(10 000 Rp; ⏲8–18 Uhr) An der Straße nach Letvuan befinden sich diese bemerkenswerten Kalksteingrotten mit leuchtend blauem Wasser, in dem man herrlich baden kann. In den Höhlen wohnen Fledermäuse und Spinnen. An Wochenenden kann es voll werden.

Evu Freshwater Pool SCHWIMMEN
(Evu; 20 000 Rp; ⏲6–18 Uhr) Dieser Pool wird von dem sauberen, kühlen Bergwasser gespeist, mit dem auch Langgur versorgt wird. An den Wochenenden kommen viele Einheimische hierher.

🛏 Schlafen

Es gibt keine Hotels oder Pension im Süden von Pulau Kei Kecil, aber man kann die Gegend gut im Rahmen eines Tagesausflugs ab Langgur oder dem Pasir Panjang besuchen. Wer über Nacht feststeckt, kann den Dorfvorsteher fragen, ob er eine Privatunterkunft organisieren kann.

ℹ An- & Weiterreise

Zum südlichsten Teil von Pulau Kei Kecil kommt man nur per *ojek* (hin & zurück 150 000 Rp) oder Mietmotorrad. Die Straßen sind besser geworden, aber dennoch hier und da wirklich mies.

Pulau Kei Besar

Die hübsche Pulau Kei Besar besteht aus einem langen Grat mit üppigen, steilen, bewaldeten Hügeln, die von entlegenen traditionellen Dörfern und einigen weißen Sandstränden gesäumt sind (Letztere eignen sich jedoch besser zum Fotografieren als zum Baden). Die Straßen hier sind sehr schlecht – an einigen Stellen nicht mehr als Trampelpfade. Pensionen oder Restaurants gibt es nur (einige wenige) im Hauptdorf Elat. Man sollte sich auf intensive Neugierde seitens der Einheimischen einstellen und die besten *kamus* (Wörterbücher) mitnehmen, da hier niemand Englisch spricht.

◉ Sehenswertes & Aktivitäten

Entspannte *ojek*-Ausflüge führen von Elat zum pittoresken Dorf Yamtel (4 km östl.), nach Waur (4 km südl.) oder zu den charmanten Westküstendörfern Ngurdu (3 km), Soinrat (4 km), Bombay (7 km) und Watsin (8 km). Alle Dörfer bieten Buchtblicke, Steintreppen und Felsenterrassen.

An der Ostküste gibt es gezeitenabhängige Felspools, aber keine Strände. Die Dörfer sind relativ abgeschieden und durchdrungen von abergläubischen Traditionen. Die Einheimischen sprechen die lokale Kei-Sprache und nicht Bahasa. Banda Ely liegt im extremen Nordosten in einer Siedlung, die von Banda-Insulanern gegründet wurde, die vor niederländischen Gräueltaten hierher flohen. Die vorwiegend muslimische Bevölkerung ist an der Erhaltung ihrer Banda-Kultur interessiert.

Beim Tauchen vor der südlichsten Spitze der Pulau Kei Besar sieht man viele große Fische. Das Gebiet, in dem starke Strömungen herrschen, eignet sich nur für erfahrene

PULAU TANIMBAR KEI

Eine Reihe vorgelagerter Inseln mit herrlichen Stränden und türkisfarbenen Gewässern umgibt Pulau Kei Kecil. Die faszinierteste ist Pulau Tanimbar Kei südwestlich von Ohoidertutu. Die Insel ist berühmt für ihr traditionelles Dorf, ihren pudrigen Sand und ihre tollen Schnorchelplätze. Es gibt keine touristische Infrastruktur, aber die Einheimischen sind sehr gastfreundlich.

Bei Ankunft sollte man den *kepala desa* (Dorfvorstand) besuchen, um eine Privatunterkunft zu organisieren. Man zahlt ab 200 000 Rp für Vollpension.

Der einzige Weg, nach Tanimbar Kei zu gelangen, ist mit einem Charterboot ab Langgur oder Debut (hin & zurück 2 000 000 Rp, 2 Std.) oder mit Dorfbewohnern, die zum Einkaufen nach Langgur kommen. Ihre motorbetriebenen Kanus sind billiger (50 000 Rp, 3 Std.), man muss jedoch vielleicht einige Tage auf eine Rückfahrt warten.

Taucher. Der Tauchanbieter Kei Pirate Divers auf der Pulau Kei Kecil organisiert Tagesausflüge.

Pantai Daftel STRAND

Südwestlich von Elat führt eine Gasse durch Palmenwedel und Bougainvilleen 6 km zum Pantai Daftel, einem 1,8 km langen, flachen, schmalen weißen Sandstreifen, der sich bis zum Dorf Lerohoilim erstreckt. Ein *ojek* von Elat zum Pantai Daftel kostet 20 000 Rp.

🛏 Schlafen

Penginapan Sanohi PENSION $

(Elat; Zi. 150 000 Rp) Hier steht Gästen es ein Zimmer mit Ventilator und Gemeinschaftsbad zur Verfügung. Die Pension liegt an der Straße zum Anleger, unmittelbar vor der Moschee in Elat, und ist nicht ausgeschildert. Nach dem Restaurant im Erdgeschoss Ausschau halten (das leckeres Hühnchen serviert)!

ℹ An- & Weiterreise

Ein Schnellboot fährt um 14 Uhr von Elat nach Watdek in Langgur (50 000 Rp, 1¼ Std.) und um 9 Uhr zurück nach Elat. Unterwegs sieht man *bagang* (Angelplattformen) über dem Meer, die wie riesige Holzspinnen aussehen.

Ojeks warten am Schnellbootanleger in Elat.

Papua

9,7 MIO. EW.

Gut essen

➜ Resto & Cafe Rumah Laut (S. 528)

➜ Mansinam Beach Restaurant (S. 522)

➜ Yougwa Restaurant (S. 531)

➜ Warung Makan Barokah (S. 535)

Schön übernachten

➜ Cove Eco Resort (S. 521)

➜ Nut Tonton Homestay (S. 519)

➜ Padaido Hotel (S. 534)

➜ Hogorasuok Guesthouse (S. 539)

➜ Baliem Valley Resort (S. 548)

Auf nach Papua!

Selbst ein so ausgedehntes Land voller Abenteuer wie Indonesien hat irgendwo eine Außengrenze. In diesem Fall ist das in Papua, das die Hälfte von Neuguinea, der zweitgrößten Insel der Welt, einnimmt. Die Provinz ist zwar der jüngste Teil Indonesiens, doch die Stammestradition Papuas ist Tausende Jahre alt. Hier müssen die Menschen ihre Beute teilweise noch mit Pfeil und Bogen erlegen. Es gibt so wenige Straßen hier, dass die Reise von einer Stadt in die andere oft nur mit dem Flugzeug oder auf dem Wasserweg möglich ist. Die frühere Provinz Irian Jaya unterscheidet sich so grundlegend vom übrigen Indonesien, dass sie fast ein eigenes Land sein könnte. Das wäre auch ganz im Sinne vieler Einwohner von Papua, insbesondere, wenn sie melanesischer und nicht-indonesischer Abstammung sind.

Reisen ist hier noch ein echtes Abenteuer und recht teuer. Doch wer sich herwagt, wird begeistert sein vom Charme der Bevölkerung, der Widerstandsfähigkeit ihrer alten Kulturen und der atemberaubenden Landschaft und Natur.

Reisezeit
Sorong

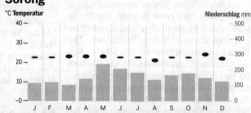

April–Dez. Das meist angenehme Wetter im Baliem-Tal ist ideal für Wanderungen und Trekking-Touren.

Aug. Das Baliem Valley Festival lockt mit Essen und guter Unterhaltung (zudem steigen die Preise).

Okt.–März Dies ist die ideale Zeit für einen Strandurlaub auf den Inseln von Raja Ampat.

Geschichte

Papua ist wahrscheinlich schon seit 30 000 oder 40 000 Jahren besiedelt, doch erst Mitte des 20. Jhs. kam es zu nennenswerten Kontakten mit dem Rest der Welt. Ende des 19. Jhs. beschlossen die drei Kolonialmächte, Neuguinea unter sich aufzuteilen: Die Niederlande erhielten die westliche Hälfte, Großbritannien und Deutschland jeweils den südöstlichen bzw. nordöstlichen Teil (diese beiden Teile bilden heute den Staat Papua-Neuguinea). Bis zum Zweiten Weltkrieg nahmen die Niederländer nur sehr wenig Einfluss auf Papua. Doch 1942 besetzte Japan den größten Teil von Neuguinea. Zwei Jahre später wurde die japanische Besatzungsmacht von den Alliierten unter US-General Douglas MacArthur vertrieben.

Eingliederung in Indonesien

Nachdem sich die Niederlande 1949 aus Niederländisch-Indien (das zu Indonesien wurde) zurückgezogen hatten, behielten sie weiter die Kontrolle über ihre Hälfte von Neuguinea und begannen, sie auf die Unabhängigkeit bis spätestens 1970 vorzubereiten. Indonesiens Präsident Sukarno hatte jedoch andere Pläne und sandte ab 1962 verstärkt Truppen in das Gebiet, um es später zu erobern. Auf Druck der USA, die den Sieg des von der Sowjetunion unterstützten Sukarno-Regimes über ihren niederländischen Verbündeten verhindern wollten, unterzeichneten die Niederlande am 15. August 1962 das New Yorker Abkommen. Gemäß diesem Abkommen wurde Papua 1963 eine indonesische Provinz. In einem von der UNO überwachten Referendum sollte die Bevölkerung von Papua spätestens sechs Jahre später über ihre Eingliederung in Indonesien abstimmen. Vor dem Hintergrund von Aufständen und antimilitärischen Aktionen in Papua, die Tausende Opfer forderten, beschloss die indonesische Regierung 1969 jedoch, nur gut 1000 ausgewählte „Repräsentanten" der Bevölkerung von Papua für das Referendum zuzulassen. Angesichts massiver Bedrohungen stimmten die Repräsentanten in der offiziell „freien" Abstimmung natürlich für die Eingliederung in Indonesien.

Im Laufe der folgenden Jahrzehnte wanderten immer mehr Indonesier in Papua ein, und zwar nicht nur die vom Staat unterstützten „Übersiedler", sondern auch „spontane" Einwanderer auf der Suche nach einem besseren Leben. Infolgedessen kam es immer wieder zu Aufständen und sporadischen Aktionen der kleinen, schlecht bewaffneten Guerillabewegung Organisasi Papua Merdeka (Organisation für die Befreiung Papuas; OPM), denen drastische Vergeltungsmaßnahmen der indonesischen Regierung wie Bombardierungen und Zerstörungen von ganzen Dörfern in Papua folgten. In den ersten Jahren investierte Indonesien kaum in die Wirtschaft und das Bildungswesen in Papua. Gleichzeitig wurden die Bodenschätze, etwa Öl, Mineralien und Holz, von Verwaltung, Armee und Wirtschaft rücksichtslos ausgebeutet.

Papua im 21. Jh.

Nach dem Sturz des Suharto-Regimes 1998 ließ die neue *reformasi* (Reformpolitik) der indonesischen Regierung viele Menschen in Papua auf eine mögliche Unabhängigkeit der Provinz hoffen. Im Juni 2000 lehnte Papuas Volkskongress (eine Versammlung von mehr als 2500 Abgeordneten in Jayapura) die Vorherrschaft Indonesiens offiziell ab und beauftragte den kleinen Präsidialrat von Papua, die UNO um Unterstützung bei der Durchführung eines Referendums über die Unabhängigkeit Papuas zu ersuchen. Doch der „Frühling in Papua" währte nur kurz. Ab Mitte 2000 wurden die Sicherheitskräfte in Papua verstärkt, um die Demonstrationen für die Unabhängigkeit blutig niederschlagen zu können. Auf dem Höhepunkt der Auseinandersetzungen wurde 2001 der Vorsitzende des Präsidialrats von Papua, Theys Eluay, von indonesischen Soldaten ermordet.

2001 erhielt Papua einen besonderen Autonomiestatus – Jakartas Antwort auf die Proteste in Papua. Danach erhielt Papua immerhin einen größeren Anteil (70–80%) der Steuereinnahmen aus seinen eigenen Bodenschätzen und auch mehr Geld für die Entwicklung des Bildungswesens und des Gesundheitssystems. Doch viele Bewohner von Papua beklagten, dass sie nicht wirklich von dieser Autonomie profitierten und immer noch zu viel Geld in der indonesischen Bürokratie versickerte. Außerdem fanden sie, dass die Wirtschaft und die Regierung gegen die Interessen der Bewohner Papuas von Fremden bestimmt werde, die zudem die Bodenschätze Papuas zu Ungunsten der Einheimischen ausbeuteten. Als Paradebeispiel galt die Grasberg-Mine, ein gemeinsames Unternehmen der US-Gesellschaft Freeport-McMoRan und der indonesischen Regierung. Hier, die in den Bergen nördlich

Highlights

❶ Baliem-Tal
(S. 538) Beim Wandern Dörfer mit Strohhütten, Stammeskulturen und die grandiose Bergwelt entdecken

❷ Raja-Ampat-Inseln (S. 513) Im tropischen Unterwasserparadies tauchen und schnorcheln

❸ Korowai (S. 551) Durch den feuchtheißen Urwald zu den spektakulärsten Baumhäusern der Welt wandern

❹ Nabire (S. 536) Mit Walhaien schwimmen und tauchen

❺ Pegunungan Arfak (S. 524) In den Bergen Paradiesvögel und andere exotische Tiere und Pflanzen beobachten

❻ Pulau Biak
(S. 533) Das Inselleben genießen und die Überbleibsel des Zweiten Weltkriegs erkunden

❼ Wasur National Park (S. 548) Die indigene Kultur des Flachlands kennenlernen und sich wie im Outback von Australien fühlen

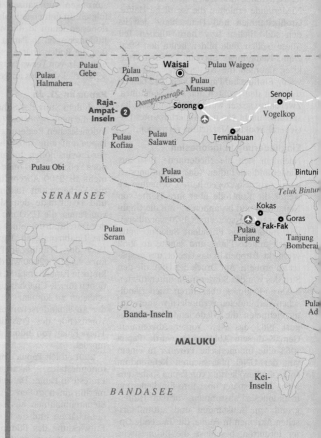

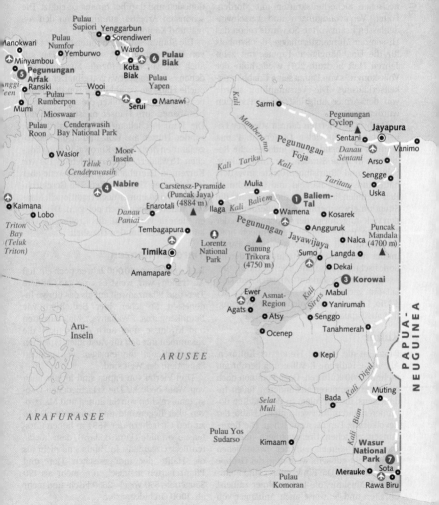

von Timika, wurden die größten Gold- und Kupferbergwerke der Welt betrieben; die indonesische Polizei und Armee wurden dabei als Sicherheitskräfte gegen die einheimische Bevölkerung eingesetzt. So kam es immer wieder zu gewalttätigen Auseinandersetzungen, wobei die Angriffe auf Einrichtungen und Arbeiter der Bergwerke regelmäßig der OPM zugeschrieben wurden.

Die Aktionen der Unabhängigkeitsbewegung und der OPM hielten bis in die frühen 2000er-Jahre an und wurden von den indonesischen Sicherheitskräften mit Morden, Folter, Vergewaltigungen und Verschwindenlassen beantwortet. So wurde schon das Hissen der Morgensternflagge, des Symbols für die Unabhängigkeit Papuas, mit zehn Jahren Haft bestraft. 2011 wiederholte der Volkskongress von Papua seine Unabhängigkeitserklärung. Die Versammlung wurde von der Armee aufgelöst, sechs Personen wurden getötet.

Doch in den letzten Jahren stieg der Lebensstandard in vielen Dörfern in Papua deutlich an, nachdem die indonesische Regierung in neue Straßen, die Infrastruktur, Schulen und Tourismusprojekte investiert hatte. Indem sie Bargeld und (manchmal) Reis verteilen ließ, konnte die Regierung die Situation etwas beruhigen. Außerdem wurden viele Angehörige der Opposition bei der örtlichen Polizei angestellt. Dennoch hofft der größte Teil der Bevölkerung in Papua immer noch auf eine Befreiung von der indonesischen Herrschaft. Die Chancen, dieses Ziel in naher Zukunft zu erreichen, sind äußerst gering, zumal gut die Hälfte der 4 Mio. Einwohner gar nicht mehr ursprünglich aus Papua stammt.

Kultur

Papua ist die Heimat Hunderter Kulturen. Allein die indigene Bevölkerung beruht auf mehr als 200 Kulturen. Dazu kommen noch all die Einwanderer aus anderen Teilen Indonesiens, die vor allem in den Städten dominieren und mittlerweile gut die Hälfte der Bevölkerung Papuas ausmachen. Die Beziehungen zwischen Ureinwohnern und Einwanderern können auf der persönlichen Ebene recht gut sein, werden in der Gruppe aber schwierig. Die Einwanderer sind mehrheitlich Muslime, die Ureinwohner zumeist Christen und teilweise auch Anhänger von Naturreligionen.

Die Kultur der Ureinwohner herrscht vor allem in den Dörfern noch vor, weniger in den Städten. Aber auch dort hat sie sich unter dem Einfluss christlicher Missionare und der indonesischen Regierung stark gewandelt. Stammeskriege, Kopfjagden und Kannibalismus, die von einigen Stämmen bis weit in die zweite Hälfte des 20. Jhs. praktiziert wurden, sind weitgehend verschwunden. Die Verehrung der Ahnen und der Stolz auf die kulturelle Tradition in Form von Tänzen, Kleidung und Holzschnitzereien sind aber immer noch weit verbreitet. Holzschnitzereien aus Papua werden in ganz Indonesien und darüber hinaus geschätzt. Die schönsten Arbeiten stammen von den Asmat und Kamoro (Mimika).

Die Stammeskulturen unterscheiden sich von Gebiet zu Gebiet sehr stark. Das gilt auch und vor allem für die Sprachen, von denen es in Papua etwa 280 gibt. Der traditionelle Hausbau ist abhängig von der natürlichen Umgebung. Völker, die am Wasser leben, bauen ihre Häuser meist auf Stelzen. Die Dani im Baliem-Tal leben in kleinen, runden Hütten aus Holz und Stroh, den sogenannten *honai*. Die Korowai in den südlichen Urwäldern wiederum lebten bis vor Kurzem in Baumhäusern, mittlerweile aber in sichereren Unterkünften. Die Geschlechterrollen sind immer noch traditionell. Manche Männer leben noch polygam. Die Frauen sichern vor allem die Ernährung und kümmern sich um den Haushalt.

Tiere & Pflanzen

Da Papua bis vor 10 000 Jahren noch ein Teil Australiens war, weist es eine ganz andere Tier- und Pflanzenwelt auf als das übrige Indonesien. So leben hier Beuteltiere wie Baumkängurus, Wallabys, Malabarratten und Kuskusse, aber auch Ameisenigel, die zusammen mit den für Australien typischen Schnabeltieren die einzigen eierlegenden Säugetiere der Welt sind.

Drei Viertel von Papua sind immer noch von Wald bedeckt. Die verschiedenen Ökosysteme reichen von Savannen und Mangroven über Regenwald und Bergwald bis hin zu den Gletschern der 4884 m hohen Carstensz-Pyramide (Puncak Jaya), dem höchsten Berg Ozeaniens. In Papua sind mehr als die Hälfte der indonesischen Tier- und Pflanzenarten heimisch, u. a. mehr als 190 Säugetier-, 550 Vogel-, 2650 Fisch- und mehr als 2000 Orchideenarten.

Die Superstars der Vogelwelt sind die Paradiesvögel, deren fantastisch bunte Männchen unglaublich faszinierende Hochzeitstänze aufführen. Außerdem leben hier die großen, flugunfähigen Kasuare, diverse farbenfrohe Papageien und Loris sowie seltene Unterarten des Kookaburra, Krontauben, Kakadus, Nashornvögel und die merkwürdigen Laubenvögel, deren Männchen kunstvolle Lauben bauen, um die Weibchen anzulocken.

Die Unterwasserwelt ist noch fantastischer und artenreicher, insbesondere rund um die Vogelkop-Halbinsel, wo die noch nicht vollkommen erforschten Gewässer vor dem Raja-Ampat-Archipel zu den besten Tauchgebieten der Welt zählen.

Und immer noch werden zu Wasser und zu Land neue Arten entdeckt. So wurden auf und vor der Vogelkop-Halbinsel erst vor Kurzem zwei neue Arten von Langusten, mindestens sieben neue Fischarten, vier neue Orchideenarten und sogar eine neue Art des Paradiesvogels entdeckt. Diese Vogelart ist besonders interessant, da die Wissenschaftler zuvor davon ausgingen, dass es nur eine Art dieses herrlichen Vogels gibt, der einen der spannendsten (wenn auch leicht unheimlichen) Hochzeitstänze der Welt aufführt. Dabei breitet er seine Federn wie ein schwarzes Cape aus und tanzt wie in

❶ REISEGENEHMIGUNG FÜR PAPUA

Noch vor nicht allzu langer Zeit musste man für Reisen nach Papua Unmengen Formulare ausfüllen und eine besondere Reisegenehmigung beantragen, die sogenannte *surat keterangan jalan* (oder einfach nur *surat jalan*). Mittlerweile wurden die Einreisebestimmungen für die meisten Gebiete stark gelockert (was sich aber auch jederzeit wieder ändern kann). Zum Zeitpunkt unserer Recherche schien es davon abzuhängen, wen man fragte, ob und wo eine *surat jalan* erforderlich war. So bestand die Polizei in Jayapura darauf, dass sie für so ziemlich jede Stadt und jedes Gebiet in Papua erforderlich wäre. Tatsächlich wurde, wenn überhaupt, nur in den abgelegensten Gebieten eine *surat jalan* verlangt. Sicherheitshalber sollte für Reisen ins Baliem-Tal, nach Agats, ins Land der Yali und auf das der Korowai eine Genehmigung eingeholt werden.

In der Regel ist eine solche *surat jalan* recht einfach bei der Polizei in den Hauptorten der gut 30 *kabupaten* (Regierungsbezirken) in Papua zu bekommen. Die entsprechenden Abteilungen sind im Allgemeinen montags bis samstags von 8 bis 14 Uhr geöffnet. Manchmal variieren die Öffnungszeiten, und manche Abteilungen stehen auch außerhalb der Öffnungszeiten zur Verfügung. Für den Antrag werden der Pass, zwei Passbilder, Kopien der persönlichen Angaben im Pass und das indonesische Visum benötigt. Die Erteilung dauert in der Regel eine Stunde und ist kostenlos. Die Gültigkeit der Reisegenehmigung ist abhängig von der Dauer des Aufenthalts und dem Ablaufdatum des Visums.

Einige Polizeistationen stellen eine *surat jalan* nur für ihren eigenen Regierungsbezirk oder bestimmte andere Bezirke aus. Eine universaler geltende *surat jalan* ist bei der Polresta (S. 529) bzw. Polda (S. 529) in Jayapura erhältlich. Dort kann man einfach den geplanten Reiseverlauf vorlegen und für alle Orte die Genehmigung beantragen. Eine Ausnahme stellt Westpapua dar, das grundsätzlich nicht zugänglich ist. Selbst für die kleinsten Orte abseits der üblichen Pfade kann dort eine *surat jalan* erteilt werden. Ein ebenso umfassender Service dürfte sonst nur noch in anderen größeren Städten wie Biak oder Manokwari möglich sein.

Hält man die *surat jalan* endlich in der Hand, sollte man sie schnellstmöglich mehrmals kopieren. Die Hotels in abgelegeneren Gebieten müssen die Polizei über ihre Gäste informieren und benötigen dafür Kopien des Passes bzw. der *surat jalan*. In einigen Orten müssen sich Traveller sogar selbst bei der Polizei melden. Die *surat jalan* sollte man stets bei sich tragen, insbesondere bei Touren außerhalb der Städte.

Einige Teile Papuas sind für Traveller gesperrt, da dort die Organisasi Papua Merdeka (Organisation für die Befreiung von Papua; OPM) noch aktiv ist. Bei der Beantragung der *surat jalan* informiert die Polizei Reisende über diese gesperrten Gebiete.

Achtung: Nach Auskunft einiger indonesischer Botschaften ist für Reisen nach Papua eine spezielle Genehmigung der indonesischen Einreisebehörden bzw. der Polizei in Jakarta erforderlich. Es sollen angeblich auch schon Visaanträge abgelehnt worden sein, weil die Antragsteller auch nach Papua reisen wollten. Das ist aber falsch! Mit einem gültigen indonesischen Visum kann man nach und in Papua frei reisen (und selbst die Fluggesellschaften verlangen keine *surat jalan*).

Trance um das Weibchen herum. Die neu entdeckte Art, der sogenannte Prachtparadiesvogel, zwitschert dazu noch ein etwas anderes Lied als seine Artgenossen und zieht die Füße beim Tanz nach und gleitet, statt in die Knie zu gehen und zu hüpfen. Im Misool Private Marine Reserve wurde 2018 eine neue Sandbarschart entdeckt, und es ist sehr wahrscheinlich, dass noch viele andere neue Arten in Neuguinea gefunden werden.

Doch Papuas einzigartige Natur ist durch die wirtschaftliche Entwicklung bedroht. Die Wälder werden abgeholzt (zumeist illegal; das Holz wird ins Ausland geschmuggelt), Straßen werden gebaut, Bergwerke eröffnet, Dörfer umgesiedelt und Ölpalmenplantagen angelegt. Nachdem die Federn des Paradiesvogels jahrhundertelang zur traditionellen Kleidung in Papua gehört hatten, wurden sie vor dem Ersten Weltkrieg in Europa so populär, dass die Vögel fast ausgerottet wurden. Seit 1990 ist der Handel mit den Federn in Indonesien zwar verboten, doch es werden immer wieder Vögel aus Papua ins Ausland geschmuggelt.

👉 Geführte Touren

Reisen in Papua ist größtenteils nicht schwieriger als im übrigen Indonesien. Es gibt jedoch Regionen mit unzureichender Logistik, in denen es besser ist, eine geführte Tour zu buchen. Das gilt insbesondere für die Gebiete der Asmat und Korowai und das kaum erforschte Mamberamo-Becken im Norden. Unbedingt erforderlich ist eine ge-

---

ℹ REISEWARNUNG FÜR PAPUA

An plötzlich ausbrechenden Unruhen sind meist die Organisasi Papua Merdeka (Organisation für die Befreiung Papuas OPM), die indonesische Armee und die Polizei beteiligt. Sie brechen vor allem in den abgelegenen Teilen des Hochlandes (zur Zeit der Recherche war die Gegend um die Carstensz Pyramide gerade sehr instabil) oder rund um die Freeport Mine bei Timika aus, doch auch im Baliem-Tal und der Gegend um Jayapura kam es schon zu Unruhen.

Auch wenn sich die Unruhen kaum gegen Ausländer richten oder diese zu Opfern werden, sollte man sich von aktuellen Schauplätzen fernhalten und sich bei der Polizei nach der Gefahrenlage in bestimmten Gebieten erkundigen.

---

führte Tour (auch angesichts der damit verbundenen Bürokratie) für Bergsteiger, die die höchsten Berge Papuas wie die Carstensz-Pyramide (Puncak Jaya) und den Gunung Trikora erklimmen wollen.

Einige Führer und Veranstalter bieten nur Touren in eine bestimmte Region an, andere bringen Besucher zu mehreren Zielen.

Adventure Indonesia (www.adventureindonesia.com) Der hervorragende indonesische Veranstalter bietet Abenteuertouren zu den Asmat, zur Carstensz-Pyramide (Puncak Jaya), zu den Korowai und ins Baliem-Tal an.

Andreas Ndruru (☑ 0813 4496 9100; andreasndruru@hotmail.com) Der auf Sumatra geborene Gästeführer spricht fließend Englisch und kennt sich bestens in Papua aus. Sein Büro ist in Sentani, von wo aus er Wanderungen und Touren in die Stammesgebiete, vor allem der Korowai, organisiert.

Antoni Sitepu (☑ 0812 4770 8187; www.papuajayatours.com) Der in Jayapura ansässige Guide leitet seit 1993 Touren in ganz Papua. Er spricht ausgezeichnet Englisch und kennt sich sehr gut aus mit den Stämmen im Baliem-Tal, den Korowai und Yali. Und er ist sehr sympathisch.

PT.Ekowisata Papua Tours & Travel (☑ 0812 4036 4457, 0852 4494 0860; www.discoverpapua.com; ⊗ 8–16 Uhr) Der alteingesessene Veranstalter in Biak organisiert individuelle Touren in ganz Papua.

Papua Expeditions (www.papuaexpeditions.com) Die Ökoagentur in Sorong hat sich auf Vogelbeobachtungen in ganz Papua spezialisiert. Die Website ist eine unerschöpfliche Infoquelle.

ℹ Anreise & Unterwegs vor Ort

Fernstraßen sind in Papua praktisch nicht vorhanden. Die Reise nach Papua und in die Küstenorte erfolgt mit Booten, dauert aber recht lange. Auch Inlandsreisen können auf den Flüssen zurückgelegt werden, sind aber ziemlich teuer. So bleibt nur das Flugzeug für die Anreise nach Papua und Reisen in die einzelnen Städte.

FLUGZEUG

Um nach Papua zu gelangen, muss man zuerst nach Jakarta, Makassar, Denpasar, Surabaya, Manado oder Ambon fliegen und dann einen Inlandsflug nehmen. Ins Baliem-Tal fliegt man erst nach Jayapura und dann weiter nach Wamena. Nach Jayapura fliegen mehrere Gesellschaften ab Jakarta und Makassar, Garuda fliegt ab Denpasar (über Timika). Der einfache Flug von Jakarta nach Jayapura kostet ab 1,5 Mio. Rp. Zu den Inseln von Raja Ampat fliegt man von Jakarta, Makassar oder Manado nach Sorong.

Flüge innerhalb von Papua kosten zwischen 600 000 und 1,2 Mio. Rp, plus/minus ein paar 100 000.

Die Flugverbindungen zwischen kleinen, abgelegenen Flugfeldern werden von kirchlichen Gesellschaften wie der römisch-katholischen Associated Mission Aviation (AMA) gewährleistet. Sofern sie freie Plätze haben, dürfen auch Traveller mitfliegen. Eine andere Alternative zu den offiziellen Fluggesellschaften ist das Chartern eines Kleinflugzeugs für sieben bis zwölf Personen. Zu den Gesellschaften, die nach Papua fliegen, gehören Batik Air (www.batikair.com), Citilink (www.citilink.co.id), Garuda Indonesia (www.garuda-indonesia.com), Lion Air (www.lionair.co.id), NAM Air (www.sriwijayaair.co.id), Sriwijaya Air (www.sriwijayaair.co.id), Susi Air (www.susiair.com; fliegt nur mit kleinen Flugzeugen innerhalb von Papua), Trigana Air (www.trigana-air.com) und Wings Air (www.lionair.co.id).

SCHIFF/FÄHRE

Alle zwei Wochen fahren fünf Pelni-Schiffe von Maluku, Sulawesi, Kalimantan oder Java nach Sorong und weiter nach Jayapura. Dabei legen sie in verschiedenen Häfen von Papuas Nordküste an, bevor sie wieder zurückfahren. Einige Schiffe verkehren auch zwischen Agats und Merauke an der Südküste und Sorong und den Häfen von Maluku. Diese Fähren sind aber extrem langsam und oft voller zwielichtiger Gestalten und Taschendiebe.

Auf einigen Flüssen verkehren kleinere, unbequeme Passagierboote, die zu den kleinen Häfen, Inseln vor der Küste und anderen Zielen fahren. Einige haben mehr oder weniger feste Fahrpläne, die meisten aber nicht. Auf Flüssen ohne öffentlichen Fährverkehr kann man auch Boote wie große Schnellboote, *longbots* (große motorisierte Kanus) oder *ketinting* (kleine motorisierte Kanus oder Langboote) chartern. Der Preis ist Verhandlungssache und abhängig vom Boot, dem Benzinverbrauch, der Fahrstrecke und dem Benzinpreis. Auf jeden Fall ist das Ganze ziemlich teuer.

WESTPAPUA

Die Provinz Westpapua (Papua Barat) besteht hauptsächlich aus zwei großen Halbinseln – Vogelkop (oder auch Vogelkopf, Kepala Burung oder Semdoberai) und Bomberai im Süden – sowie einigen Hundert Inseln vor der Küste. Sehenswert ist hier vor allem die Natur, aber auch die erstklassigen Tauchgebiete vor den spektakulären Inselland-

schaften von Raja Ampat locken. Die gut erschlossenen Städte Sorong und Manokwari bieten sich als Basislager an.

Sorong

☑ 0951 / 219 958 EW.

Die zweitgrößte Stadt in Papua liegt auf der Nordwestspitze von Vogelkop. Der geschäftige Hafen ist ein wichtiger Umschlagplatz der Öl- und Holzindustrie in der Region. Die meisten Besucher setzen von hier aus nur zu den Inseln von Raja Ampat über, doch es lohnt sich durchaus, ein oder zwei Tage länger in Sorong zu bleiben, um die Sehenswürdigkeiten der Umgebung zu erkunden.

🛏 Schlafen

Waigo Hotel　　　　　　　　HOTEL $$
(☑ 0951-331991, 0951-333500; Jl Yos Sudarso; Zi. 495 000–711 000 Rp, Suite ab 1,035 Mio. Rp, jeweils inkl. Frühstück; ✴ 🛜) Das Hotel an der Tembok-Berlin-Promenade hat preiswerte, große und helle (manchmal auch etwas *zu* helle und zu rosafarbene) Zimmer, die mit netten Details wie Kunstwerken und Masken an den Wänden ausgestattet sind. Die „Suiten" mit Meerblick sind riesig. Das hauseigene Restaurant Kuskus (Hauptgerichte 25 000–65 000 Rp) ist ebenfalls gut und preiswert.

JE Meridien Hotel　　　　　HOTEL $$
(☑ 0951-327999; jemeridien.sorong@yahoo.com; Jl Basuki Rahmat, Km 7,5; Zi. 534 000–836 500 Rp, Suite ab 1,009 Mio. Rp, jeweils inkl. Frühstück; ✴ 🛜) Das Hotel liegt günstig gegenüber dem Flughafen und hat schön gealterte, etwas altmodische, aber sehr geräumige Zimmer. Sie verfügen über TVs sowie Tee- und Kaffeekocher. Außerdem bietet das Hotel einen kostenlosen Transfer zum Flughafen und zur Fähre nach Raja Ampat. In der trubeligen Eingangshalle gibt's ein gutes Caférestaurant.

★ Swiss-Belhotel Sorong　　BUSINESSHOTEL $$$
(☑ 0951-321199; www.swiss-belhotel.com; Jl Jendral Sudirman; Zi. inkl. Frühstück ab 743 800 Rp; ✴ 🛜 🏊) Das 2014 eröffnete Hotel setzte neue Maßstäbe für Sorong und ist eines der schicksten Häuser der Stadt, auch wenn es seinen vier Sternen nicht ganz gerecht wird. Das Personal ist extrem hilfsbereit, und es gibt ein gutes Lokal (Hauptgerichte 65 000–100 000 Rp).

Favehotel　　　　　　　DESIGNHOTEL $$$
(☑ 0951-3173888; www.favehotels.com; Jl Basuki Rahmat; Zi. inkl. Frühstück ab 700 000 Rp; ✴ 🛜)

Das Boutiquehotel liegt ganz in der Nähe des Flughafens von Sorong. Die 75 stilvollen, modern ausgestatteten Zimmer verteilen sich auf sechs Stockwerke. Es gibt eine noble Eingangshalle mit viel Pink und Besprechungszimmer. Im freundlichen, pseudokünstlerischen Lime Cafe werden leckere indonesische und internationale Gerichte serviert.

Essen

Die Restaurants in Sorong gehören zu den wenigen Orten in Papua, wo Alkohol ausgeschenkt wird. Ansonsten ist der Verkauf und Konsum von Alkohol in ganz Papua verboten. Es gibt ein paar nette Restaurants an und in der Nähe der Promenade Tembok Berlin (Jl Sudarso) sowie Dutzende von Meeresfrüchteimbissen, die hier abends aufgebaut werden.

★ Kitong Papua SEAFOOD **$$**
(☑ 0951-3175566; www.facebook.com/Kitong.Pa pua.Resto; Jl Yani Klademak 12; Hauptgerichte 70000–140000 Rp; ⊙ 9–22 Uhr) Dass die Lage an diesem Abschnitt der Promenade nicht so schön ist wie die anderer Restaurants, wird mit riesigen Portionen frischer, gut gewürzter Meeresfrüchte und leckerer traditioneller Gerichte mehr als wettgemacht. Sehr empfehlenswert ist die gelbe Suppe mit Archenmuscheln, Fischkopf-*gulai* (Curry) und Papayablüten. Die Krabben sind hier handtellergroß und die Milchshakes göttlich.

Wer das Personal anruft oder über Facebook kontaktiert, kann sich kostenlos vom Hotel abholen und zurückbringen lassen.

Sunshine Beach INDONESISCH, CHINESISCH **$$**
(☑ 0822 4862 0005; Jl Yos Sudarso, neben dem Hotel Tanjung; Hauptgerichte 50000–120000 Rp; ⊙ Mo–Sa 9–22, So 16–22 Uhr) Das große, halboffene Restaurant mit funkelnden Lichtern ragt weit aufs Meer hinaus. Zu essen gibt's alles von Bratreis und -nudeln bis zu Garnelen, Krabben, Fisch, Tintenfisch und Rindfleisch, alles auf verschiedenste Arten zubereitet. Sehr außergewöhnlich, aber lecker ist das Seegurkengericht (456000 Rp). Es gibt auch eine Bar mit Klimaanlage.

🛍 Shoppen

Tankstelle Misool GESCHENKE & SOUVENIRS
(☑ 0951-3160388; Jl Basuki Rahmat; ⊙ 7–19 Uhr) Bevor man zu den Inseln übersetzt, kann man in dem zweistöckigen Gebäude mit Café und Boutique Tauchausrüstung, Reiseführer, gesunde Snacks oder Flip-Flops einkaufen. Es gibt auch gutes WLAN, köstlichen Kaffee und frische Säfte.

Das Café, das zum Misool Eco Resort (S. 520) gehört, investiert 3% seiner Einnahmen in den Schutz der Korallenriffe.

❶ Praktische Informationen

Geldautomaten gibt's überall in der Stadt.

Die Hotels bieten in der Regel WLAN, ebenso die Tankstelle Misool gegenüber vom Flughafen. **Polresta Sorong** (☑ 0951-321929, 0811 487 2016; Jl Yani I) Bei der Polizeistation 1 km westlich des Flughafens ist die *surat jalan* (Reisegenehmigung) erhältlich. Sie wird zwar weder in Sorong noch in Raja Ampat wirklich verlangt, aber sicher ist sicher.

❶ An- & Weiterreise

FLUGZEUG

Die Fluggesellschaften haben jeweils einen Verkaufsschalter im Flughafen.

SCHIFF/FÄHRE

Die Schiffe von **Pelni** (☑ 0852 5500 0497; Jl Yani 13) am westlichen Ende der Jl Yani fah-

FLÜGE AB SORONG

ZIEL	FLUGGESELLSCHAFT	HÄUFIGKEIT
Ambon	Wings Air, Garuda, Lion Air, Sriwijaya Air, Nam Air	tgl.
Fak-Fak	Wings Air	3-mal wöchentl.
Jakarta	Sriwijaya Air, Batik, Garuda	tgl.
Jayapura	Garuda, Lion Air, Sriwijaya Air, Nam Air	tgl.
Kaimana	Wings Air	3-mal wöchentl.
Makassar	Garuda, Sriwijaya Air, Batik	
Manado	Garuda, Lion Air, Nam Air	tgl.
Manokwari	Garuda, Sriwijaya Air, Wings Air, Batik	tgl.
Timika	Garuda, Sriwijaya Air, Nam Air	tgl.

ren alle zwei Wochen mehrmals in Richtung Osten nach Jayapura (mit Zwischenstopps in verschiedenen Häfen wie Manokwari, Biak und Nabire) und in Richtung Westen nach Maluku, Sulawesi und Java. Eine weitere Fähre verkehrt ebenfalls alle zwei Wochen nach Agats und Merauke an der Südküste von Papua.

Die Boote nach Raja Ampat fahren regelmäßig ab **Pelabuhan Feri** (Pelabuhan Rakyat; Jl Feri, unweit der Jl Sudirman).

❶ Unterwegs vor Ort

Die Fahrt mit einem offiziellen Flughafentaxi zu einem Hotel am westlichen Ende der Stadt kostet 100 000 Rp. Mit einem der öffentlichen *taksi*, die vor dem Flughafen warten, zahlt man die Hälfte oder noch weniger. Wer mit einem öffentlichen gelben *taksi* (oder Minibus; 5000 Rp) fahren will, muss erst vom Flughafen zum westlichen Terminal Remu (600 m) tuckern und dort zur Jl Yos Sudarso umsteigen. Eine kurze Fahrt von 2 bis 3 km mit dem *ojek* (Motorrad) kostet 15 000 Rp. Die Fahrt vom westlichen Ende der Stadt zum Flughafen kostet etwa 35 000 Rp.

Raja-Ampat-Inseln

Die mehr als 1500 Inseln liegen direkt vor Sorong und sind kaum bewohnt. Hier finden sich hohe, mit dichtem Urwald bedeckte Berge, weiße Sandstrände, einsame Lagunen, unheimliche Höhlen und pilzförmige Inselchen im glasklaren türkisfarbenen Wasser. Damit gehören die Inseln zu den schönsten der Welt.

Doch es ist nicht die unglaubliche Schönheit allein, die die Menschen anlockt. Die Inseln sind auch die Heimat unzähliger Tiere und Pflanzen, darunter mehrere Arten des Paradiesvogels und eine reiche Unterwasserwelt. Die Korallenriffe sind ein Paradies für Taucher, Schnorchler und Kajakfahrer.

Die Unterwasserwelt ist von einer so großartigen Üppigkeit und Vielfalt, dass Raja Ampat als biologisches Epizentrum gilt, dessen Riffe den gesamten südpazifischen und Indischen Ozean ständig mit neuen Bewohnern versorgen.

🏃 Aktivitäten

Tauchen

Taucher sehen sich hier Auge in Auge mit riesigen Mantarochen und gigantischen Muscheln, Schwärmen von Barrakudas, Füsilieren und Papageifischen, aber auch winzigen Pygmäenseepferdchen und farbenfrohen Nacktkiemern, mit etwas Glück auch Teppich- und Bambushaien. Die Riffe selbst bestehen aus Hunderten weicher und harter Korallen in allen Farben des Regenbogens und einer Topografie mit senkrechten Wänden, Nadeln, Flachriffen und Abgründen. Damit eignet sich Raja Ampat eher für erfahrene Taucher und definitiv nicht für Anfänger. Für alle, die es noch lernen wollen, gibt es andere Tauchgebiete, in denen auch Kurse angeboten werden.

Meist wird mit der Strömung getaucht. Diese Strömungen können jedoch, insbesondere am Rand des Riffs, sehr stark sein. Tauchen ist das ganze Jahr über möglich. Allerdings kann die See von Juli bis September recht rau sein. Im Gebiet von Raja Ampat und Sorong regnet es sehr stark von Mai bis Oktober. Die Tauchresorts bieten in der Regel Pauschalurlaube von einer Woche oder länger an und bringen ihre Gäste dann zu den Tauchgebieten im Umkreis von etwa 10 km. Je nach Auslastung werden auch Taucher, die nicht im Hotel wohnen, zu den Tauchgängen mitgenommen. Das kostet dann rund 550 000 Rp pro Tauchgang zuzüglich der Leihausrüstung. Seriöse Tauchschulen verlangen eine Versicherung und den Tauchschein.

TAUCHSCHULEN-CHECKLISTE

Wenn man sich für eine Tauchschule in Raja Ampat entscheidet, sollten folgende Voraussetzungen erfüllt sein.

➡ Die Tauchleiter und Lehrer sind zertifiziert.

➡ Die Leihausrüstung und ihre Aufbewahrung entspricht europäischen Standards.

➡ Die Boote sind in gutem Zustand und werden nicht überladen.

➡ In der Tauchschule sind Sauerstoff und Erste-Hilfe-Kästen vorhanden. Das Personal ist für Notfälle ausgebildet.

➡ Einzelpersonen müssen über eine Tauchversicherung verfügen.

➡ Alle Fragen werden schnell und kompetent beantwortet.

Raja-Ampat-Inseln

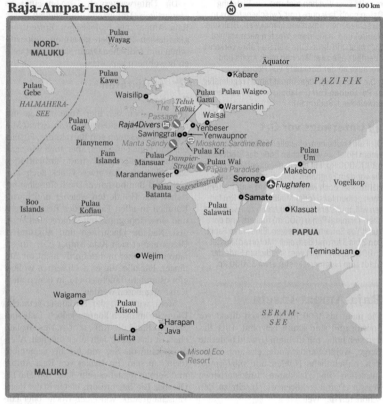

Viele der zahlreichen „Homestays" (Gastfamilien) auf Arborek, Pulau Kri und Pulau Gam bieten ebenfalls Tauchausflüge an, doch sollten sich nur erfahrene Taucher darauf einlassen, denn den Tauchführern mangelt es oft an einer professionellen Ausbildung, und auch die Ausrüstung ist oft nicht die beste. Immer wieder berichten Teilnehmer von Zwischenfällen bei solchen Tauchgängen aufgrund mangelhafter Luftflaschen und von Dekompressionskrankheit, sodass sie von Leuten der guten Tauchresorts gerettet werden mussten. Wer mit Mitgliedern einer Gastfamilie tauchen will, sollte unbedingt nach dem Tauchschein fragen. Es gibt zwar eine Dekompressionskammer in Waisai, doch sie ist nicht immer funktionstüchtig. Die nächste gute Kammer ist im weit entfernten Manado im Norden Sulawesis.

★ **Wayag**   INSEL
Die kleine, unbewohnte und unglaublich malerische Insel ist 30 km von Waigeo ent-

fernt. Sie ist einer der schönsten Inseln des Raja-Ampat-Archipels und in jeder Werbebroschüre zu finden. Hier legen vor allem Tauchsafarischiffe an, doch sie bietet auch herrliche Möglichkeiten zum Schnorcheln und Wandern auf die beiden höchsten Berge Pindito (bzw. Wayag I) und Wayag II.

Das beste Tauchgebiet vor Wayag ist Eagle Rock, ein anspruchsvolles Terrain mit starker Strömung, in dem oft Teppichhaie, Süßlippen, Barrakudas, Riffhaie und Mantarochen zu beobachten sind. Wayag's Gate, ein weniger anspruchsvolles Gebiet mit geringerer Strömung, hat atemberaubende Korallen und gelegentlich einen Mantarochen zu bieten.

Ein Tagesausflug mit dem Schnellboot ab Waisai kostet zwischen 15 und 20 Mio. Rp für sechs bis zehn Personen.

Pianynemo   INSEL
(Fam Islands) Die oft auch als „Little Wayag" bezeichnete malerische, aber kaum bekann-

te Insel bietet einen atemberaubenden Blick auf die zerklüfteten Fam Islands im ruhigen, türkisblauen Wasser. Anders als nach Wayag kommt man hierher recht preiswert, schnell und einfach. Viele Unterkünfte der Region bieten eine ein- bis zweistündige Fahrt mit dem Schnellboot zur Insel an. Dank vieler Treppen ist die Wanderung zur Aussichtsplattform sehr einfach. Die Tour auf den anderen Berg ist etwas anstrengender, wird aber mit einem tollen Blick auf die schöne Star Lagoon belohnt.

Der Ausgangspunkt für die Bergwanderungen ist nur ein paar Minuten von den spektakulären Unterwassergebieten entfernt. So können Besucher bei einem Ausflug tauchen, schnorcheln und die Berge erklimmen. Ein paar Einheimische verkaufen Kokoswasser und -öl sowie Kokoskrabben. Letztere sind jedoch vom Aussterben bedroht und sollten nicht gekauft werden.

★ Sauwandarek Jetty   TAUCHEN

(im Dorf Sauwandarek) Das atemberaubende Tauch- und Schnorchelgebiet lockt mit glasklarem Wasser und einer Vielzahl von Meeresbewohnern, die sonst kaum irgendwo anzutreffen sind, sowie einem Korallenschutzprojekt. Es war lange Zeit ein beliebtes Fütterungsgebiet, und so tummeln sich bis heute Hunderte, wenn nicht gar Tausende Fische zwischen den bunten Hart- und Weichkorallen, neben Kraken, riesigen Schildkröten und gigantischen Muscheln.

Zum Zeitpunkt der Recherche wurde gerade ein Homestay in der Nähe der Jetty eröffnet, das bei Schnorchlern sicherlich sehr beliebt sein wird.

Blue Magic   TAUCHEN

Das mit Abstand beliebteste Gebiet der einheimischen Tauchprofis ist ein Unterwassergebirge voller fransiger Teppichhaie, Schwärme von Barrakudas und Schwarzen Makrelen, riesiger Mantarochen und mit jeder Menge Korallen und Kleintiere wie Pygmäenseepferdchen. Es herrscht eine starke Strömung, daher eignet sich der Spot nur für erfahrene Taucher.

Fam Islands   TAUCHEN

Eine ruhige See, spektakuläre Korallen und Unmengen Fische, insbesondere im Tauchgebiet Melissa's Garden, zeichnen die Inseln aus. Fam Channel, Anita's Garden und Rufus (eine schöne Tauchwand) sind ebenfalls populär und voller großer und kleiner Meeresbewohner.

Mike's Point   TAUCHEN

Das beliebte anspruchsvolle Tauchgebiet erstreckt sich direkt vor Pulau Kerupiar. Im Zweiten Weltkrieg wurde die Insel irrtümlich für ein japanisches Kriegsschiff gehalten und schwer bombardiert. An Land sind die Zerstörungen noch gut zu sehen, unter Wasser hat sich das Gebiet wieder gut erholt. Es gibt jede Menge harter und weicher Korallen, durch die große Schwärme von Süßlippen, Makrelen und Barrakudas schwimmen. Sehr interessant sind auch der berühmte Überhang und die furchterregenden Fächerkorallen.

Aufgrund der gefährlichen Tiefenströmung sind eine gute Vorbereitung und ein erfahrener Tauch-Guide unabdingbar.

Manta Sandy   TAUCHEN

In dem berühmten Tauchgebiet zwischen den Inseln Mansuar und Arborek kann man gut beobachten, wie riesige Mantarochen mit einer Spannweite von mehr als 5 m über den Korallen darauf warten, von kleinen Lippfischen saubergeknabbert zu werden. Die beste Zeit zum Tauchen ist von Oktober bis April.

In letzter Zeit wurde das Gebiet immer stärker von Touristen heimgesucht, die sehr respektlos mit den Mantarochen umgingen. Deshalb ist die Besucherzahl jetzt auf 20 pro Tag begrenzt, und die Tauchgänge müssen im Voraus gebucht werden. Die Tauch-Guides kümmern sich darum.

Cape Kri   TAUCHEN

Die unglaubliche Zahl und Vielfalt von Fischen am östlichen Ende von Pulau Kri muss man einfach gesehen haben. Der Weltrekord von 374 Fischarten, die bei einem einzigen Tauchgang gezählt wurden, stammt aus dem Jahr 2012. Schwärme von Barrakudas, Makrelen, Fledermausfischen und Blaufischen schwimmen einträchtig neben kleinen Rifffischen, Haien, Schildkröten und Zackenbarschen durch die herrlichen Korallen. Die Strömung kann recht stark sein. Deshalb sollte man mindestens 50 Tauchgänge nachweisen können.

Sardine Reef   TAUCHEN

Der Spot 4 km nordöstlich von Kri fällt bis auf 33 m ab und ist vor lauter Fischen manchmal ganz dunkel. Die Korallen und Fische sind hier äußerst fotogen. Die Strömung kann recht stark sein.

Pulau Misool   TAUCHEN

Die abgelegene Insel im Süden, vor allem aber die kleinen Inseln vor ihrer südöstli-

FREIWILLIGENARBEIT

Barefoot Conservation (☎ in UK +44 333577 0067; www.barefootconservation.org; Pulau Arborek; 3 Wochen inkl. Verpflegung & mit/ohne Tauchprüfung 1595/1395 £) ist eine Meeresschutzorganisation auf Pulau Arborek, die Freiwillige beschäftigt. Im Preis für den Arbeitseinsatz sind Unterkunft und Verpflegung, ein Lehrgang zur Überwachung der örtlichen Korallenriffe, Tauchtraining und die Gebühr für die Tauchprüfung enthalten. Außerdem betreut die gemeinnützige Organisation ein Programm zur Identifizierung von Mantarochen und verschiedene Entwicklungsprojekte für die Gemeinschaft. Sie verfügt auch über ein Tauchsafariboot (Ratu Laut), mit dem die Freiwilligen zu schönen abgelegenen Inseln wie Wayag gebracht werden.

Die Unterkünfte sind Zimmer und Schlafsäle mit Gemeinschaftsbad in Holz- und Strohhäusern. Freiwillige ohne Scubatauchschein müssen sich für mindestens drei Wochen verpflichten.

chen Spitze, verfügen über traumhafte Korallen. Im glasklaren Wasser schwimmen Pygmäenseepferdchen, Bambushaie, Mantarochen und Schwärme der verschiedensten Fische. Hier legen oft Safariboote an, doch es gibt auch feste Unterkünfte auf der Insel.

Die schnelle Fähre von Marina Express bedient jetzt auch regelmäßig Misool, und es gibt auch eine Reihe neuer Homestays in der Gegend.

The Passage TAUCHEN
Der 20 m breite Kanal zwischen Waigeo und Gam ist eigentlich ein Salzwasserfluss. Er ist ein Paradies für erfahrene Makrofotografen, die Nacktkiemer, Schwämme und Manteltiere (Seescheiden) knipsen wollen. Doch es gibt auch Haie, Schützenfische, Schildkröten, Rochen und viele Büffelkopfpapageifische. Und sogar Krokodile!

Teluk Kabui TAUCHEN
Die Bucht zwischen Waigeo und Gam ist voller malerischer Kalksteininselchen, die von dichtem Urwald bedeckt sind. Das Tauchgebiet Batu Lima am Eingang der Bucht verfügt über eine große Vielfalt an Fischen und herrlichen Weichkorallen. Schwärme von Barrakudas und Teppichhaie sind hier ebenfalls zu beobachten.

Schnorcheln

In einigen Teilen des Raja-Ampat-Archipels gibt's eine starke Strömung, doch schöne Tauchgebiete wie Cape Kri, Manta Sandy (wobei die Mantarochen meist sehr tief schwimmen), Fam Islands, Pulau Wai und Mioskon (10 km nordöstlich von Kri) eignen sich auch gut zum Schnorcheln. Ein Schnorchelausflug kostet rund 200 000 Rp pro Nase.

Oft sind schöne Korallen und interessante Meeresbewohner auch direkt am Strand oder unter einem Pier zu sehen. Dies gilt vor allem für die Jettys (Piers) von Arborkek, Yenbuba und Sauwandarek. Die meisten Unterkünfte, darunter auch die Homestays, verleihen Schnorchelausrüstungen.

Bevor es losgeht, sollte man sich jedoch über die jeweiligen Risiken informieren. So sind Teile der Gegend bekannt für große Kolonien von Salzwasserkrokodilen. Es gilt auch zu bedenken, dass die Krokodile aufgrund der zunehmenden Besiedlung in andere Gegenden ausweichen.

Vogelbeobachtung

Zu den vielen exotischen Vögeln auf den Inseln gehören auch zwei wunderbare Arten der farbenfrohen Paradiesvögel, der Rote und der Nacktkopfparadiesvogel. Das rote Männchen führt einen besonders spektakulären Hochzeitstanz auf, indem es seine Flügel spreizt und wie ein Schmetterling flattert. Mit einem einheimischen Führer aus Waisai oder Pulau Gam lässt sich das sehr gut beobachten. Ein Spaziergang am frühen Morgen kostet 300 000 Rp pro Person. Ambitionierte Vogelbeobachter, die mehr über diese herrlichen Vögel erfahren möchten, wenden sich an Charles Roring (S. 526). Er verlangt 500 000 Rp pro Tag, bringt dafür aber auch ein Fernglas, einen Feldführer und ein Tonbandgerät mit. Das in Sorong ansässige Unternehmen Papua Expeditions (www.papuaexpeditions.com) hat auch spezielle Touren zur Vogelbeobachtung im Raja-Ampat-Gebiet im Programm.

Bergsteigen

Die tollsten Aussichtspunkte des Raja-Ampat-Archipels liegen auf Wayag (S. 514) und Pianynemo (S. 514). Für beide ist eine Genehmigung der Behörden erforderlich.

Kajakfahren

★**Kayak4Conservation** KAJAKFAHREN
(K4C; ☎ 0811 483 4617, 0811 485 7905; www.kayak4conservation.com; Pulau Kri; 8-Tage-Tour ab

25,7 Mio. Rp/Pers.) ⚓ Das Gemeinschaftsunternehmen von Papua Diving und dem Raja Ampat Research and Conservation Centre (RARCC) auf Pulau Kri bietet spannende mehrtägige Kajaktouren rund um die Raja-Ampat-Inseln, die von einem Mitglied der Gemeinschaft geführt werden. Übernachtet wird in Privatpensionen der Einheimischen.

🛏 Schlafen

Die Zahl der Unterkünfte im Raja-Ampat-Areal nimmt stetig zu (vielen Einheimischen geht das zu schnell, und sie fordern eine stärkere Regulierung). Sie lassen sich in drei Kategorien unterteilen: noble Tauch-Lodges, Gastfamilien und Tauchsafariboote. Unterkünfte an Land finden sich vor allem auf den Inseln Waigeo, Kri, Arborek, Gam, Batanta, Mansuar und Misool. Kri liegt am zentralsten.

Die noblen Tauch-Lodges bestehen meist aus schicken Bungalows mit eigenem Bad, ausgezeichneten Restaurants und einer professionellen Tauchschule. Sie sind oft Wochen oder Monate im Voraus ausgebucht. Ihre Pauschalangebote beinhalten in der Regel „unbegrenztes" Tauchen (bis zu vier Bootsfahrten pro Tag im Umkreis von 10 km sowie Tauchgänge im Riff vor Ort), Unterkunft, Verpflegung und den Transfer nach Sorong an bestimmten Tagen. Ein Transfer ab Waisai ist auch möglich. Bootsfahrten in weiter entfernte Tauchgebiete, Leihausrüstung und Transfers an außerplanmäßigen Tagen kosten extra. Nicht-Tauchern werden meist günstigere Tarife angeboten.

Noch günstiger sind die immer zahlreicher werdenden Homestays (Gastfamilien) auf den einzelnen Inseln, vor allem auf Kri,

SCHUTZ DES MARINEN EPIZENTRUMS

Für Meeresbiologen ist das östliche Indonesien das marine Epizentrum der Welt, wobei Raja Ampat – für Umweltschützer eine echte „Artenfabrik" – über die größte Biodiversität verfügt. Hier leben mehr als 1400 Rifffischarten und mehr als 600 Arten von Hartkorallen (also mehr als 75 % der weltweit existierenden). Die Meeresströmung treibt die Korallenpolypen von hier bis in den indischen und pazifischen Ozean, wo sie neue Riffe begründen oder bestehende vergrößern.

2007 wurden sieben Meeresschutzgebiete mit einer Gesamtfläche von 9000 km^2 ausgewiesen, um die Riffe von Raja Ampat vor Cyaniden, der Fischerei mit Sprengstoff, kommerzieller Überfischung und dem Bergbau zu schützen. 2010 wurde das gesamte 50 000 km^2 große Gebiet von Raja Ampat zum Haischutzgebiet erklärt. Das war ein bedeutender Schritt im Kampf gegen den Haifischfang wegen der in China so beliebten Haifischflossen, durch die zahlreiche Haiarten vom Aussterben bedroht waren. 2014 ging die indonesische Regierung noch einen Schritt weiter und wies ein landesweites Schutzgebiet für Rochen und Haie aus. Somit ist es jetzt in indonesischen Gewässern streng verboten, Haie oder Rochen zu jagen. Seit einigen Jahren sind auch Meeresschildkröten, Napoleonlippfische und Hummer (je nach Größe) geschützt. Allerdings gestalten sich die Kontrollen wegen der ausgedehnten Wasserflächen sehr schwierig.

Deshalb sollten sich auch verantwortungsvolle Traveller am Umweltschutz beteiligen und für nachhaltige Einkommen der einheimischen Bevölkerung sorgen sowie Umweltschutzorganisationen unterstützen. Für den Besuch der Inseln müssen ausländische Besucher deshalb 1 Mio. Rp (Indonesier 500 000 Rp) bezahlen und erhalten dafür ein Ticket (oder eine Nadel oder Plakette). Bezahlt werden kann die Gebühr beim Tourist Information Centre in Waisai (S. 522). Bei den meisten Tauchresorts und Tauchsafarianbietern ist die Gebühr im Pauschalpreis bereits enthalten. Das Geld wird in etwa gleichen Teilen für den Umweltschutz, die Entwicklung der Gemeinschaften und die Tourismusförderung in Raja Ampat verwendet.

Allerdings werden in den letzten Jahren immer mehr Homestays eröffnet, die von ihren Gästen keine Gebühr verlangen. Deshalb sind die Einnahmen der Umweltschutzorganisationen stark zurückgegangen. Derzeit wird heftig über die Einführung von Strafen für ein solches Verhalten diskutiert. Deshalb sollten Traveller von sich aus die Gebühr in Waisai bezahlen und das Ticket ständig bei sich tragen. Außerdem sollte man in den Gastfamilien nachfragen, ob die Besitzer ihren Müll nachhaltig entsorgen und ob sie (verbotene) Hummer und Kokoskrabben auf den Tisch bringen. Wird nicht umweltgerecht gearbeitet, sollte man Abstand nehmen.

Gam und Arborek. Bei einigen von ihnen werden die Gäste in eigens gebauten Strohhütten am oder im Wasser untergebracht. Diese verfügen teilweise auch über ein eigenes Bad, doch die meisten haben nur ein gemeinschaftlich genutztes *mandi* (traditionelles Bad).

Die Familien organisieren auch Ausflüge zum Schnorcheln, Vogelbeobachtungen und sonstige Aktivitäten. Die Verpflegung besteht in der Regel aus drei Mahlzeiten pro Tag (meist mit Fisch). Wer die Familie ein oder zwei Tage im Voraus (per Telefon, SMS oder WhatsApp) kontaktiert, wird in Waisai abgeholt. Die Hin- und Rückfahrt nach Kri, Gam, Arborek und von bzw. zu weiter entfernten Inseln kostet jeweils 1 Mio. Rp. Ein Bootsausflug schlägt dann mit 400 000 bis 1,5 Mio. Rp zu Buche, je nach Entfernung.

Das Waisai Tourist Information Centre (S. 522) kann Aufenthalte bei Gastfamilien vermitteln. Auch auf www.stayrajaampat.com sind die Homestays mit Kontaktdaten, Preisen und Bewertungen zu finden. Achtung: Der Tourismus steckt hier noch in den Kinderschuhen, und viele Veranstalter haben kaum Erfahrung und keinerlei Ausbildung. Viele kümmern sich auch kaum um die Umwelt, haben keine nachhaltige Müllentsorgung und servieren illegal gefangene Hummer und Kokoskrabben.

🛏 Pulau Kri

Yenkoranu Homestay   GASTFAMILIE $$
(📞 0813 4449 8319, 0821 9849 8519; Pulau Kri; EZ/DZ inkl. Verpflegung ab 550 000/850 000 Rp) Das gut geführte Homestay mit Tauchladen befindet sich im Norden von Kri, wo die Korallenriffe bis zum Pier reichen. Es gibt eine gute Zimmerauswahl und ein Restaurant direkt am Wasser, wo man ein kaltes Bintang-Bier genießen kann. Die Familie veranstaltet auch günstige Tauchsafaris (S. 520), die in mehrtägigen Touren nach Misool und Wayag führen.

Der Transfer mit dem Schnellboot von und nach Waisai kostet 700 000 Rp pro Boot und Fahrt. Wer mindestens sieben Nächte bleibt, zahlt nichts für den Transfer.

Mangkur Kodon Homestay   GASTFAMILIE $$
(📞 0852 4335 9154; Pulau Kri; EZ/DZ inkl. Verpflegung 400 000/700 000 Rp) Das Haus steht am Kreuzungspunkt zweier perfekter Strände – ein echter Traum! Die Zimmer befinden sich in einladenden Strohhütten. Direkt vor dem Haus kann man toll schnorcheln. Leider ist

die Familie etwas chaotisch. Es sind schon Gäste in Waisai stehengelassen worden, und manchmal wird das Essen zu den unmöglichsten Zeiten serviert.

Das Haus steht ganz im Südwesten der Insel und ist einen kurzen Fußmarsch (oder Gang durchs Wasser bei Flut) von den anderen Unterkünften entfernt.

Koranu Fyak Bungalows   GASTFAMILIE $$
(📞 0823 9740 1047; EZ/DZ inkl. Verpflegung 400 000/700 000 Rp) Der auf Kri ansässige Ausländer kennt die Bedürfnisse von Rucksacktouristen und bringt sie in einfachen Strohhütten mit Gemeinschaftsbad unter, die am strahlend weißen Strand stehen. Gäste sollten Hunde mögen, denn die sind hier allgegenwärtig. Der Besitzer spricht Englisch und Spanisch.

Kri Eco Resort   RESORT $$$
(📞 0811 483 4614; www.papua-diving.com; Pulau Kri; 7 Nächte inkl. unbegrenzte Tauchgänge EZ/DZ ab 1877/3334 €; 🌐) 🏊 Das Resort, das es seit 1994 gibt, hieß ursprünglich Raja Ampat Dive Lodge. Es ist ein professionell geführtes Hotel in traumhafter Lage. Im seichten Wasser unter dem Restaurant ist die Kinderstube der Schwarzspitzenriffhaie. Die 13 Zimmer befinden sich in Pfahlhäusern, die im glasklaren Wasser am Strand stehen. Die Gemeinschaftsbäder (mit traditionellen *mandis* und Warmwasserduschen) sind aber an Land.

Der Inhaber ist ein bekannter Umweltschützer, der 10 % seiner Einkünfte an einheimische Gemeinschaften und nachhaltige Initiativen spendet.

Sorido Bay Resort   RESORT $$$
(📞 0811 483 4614; www.papua-diving.com; Pulau Kri; 7 Nächte inkl. unbegrenzte Tauchgänge 2793–3883 €; 🌐) 🏊 Das Resort bietet höchsten Tauchstandard und westlichen Komfort wie Klimaanlage, Computer zur Fotobearbeitung und Warmwasserduschen in gut ausgestatteten Bungalows direkt am Strand. Es befindet sich an einem herrlich abgelegenen Strand, und die Inhaber sind sehr umweltbewusst.

Besitzer Max Ammer begründete einst die Tauchszene in Raja Ampat, nachdem er auf der Suche nach einem abgestürzten Flugzeug aus dem Zweiten Weltkrieg dieses Fleckchen Erde und sein Potenzial entdeckt hatte. So hat er immer viel zu erzählen und unterhält seine Gäste aufs Beste.

Zum Zeitpunkt der Recherche plante er den Kauf eines Solartauchboots, dem bald weitere folgen sollten. Außerdem verhandelte er mit den Dorfältesten von Kri über die Verpachtung ihres Landes, um zu verhindern, dass immer mehr Homestays aus dem Boden schießen.

🛏 Pulau Gam

Kordiris Homestay & Diving   PENSION $$
(📱 0852 4412 4338; kordirisrajaampat@gmail.com; Pulau Gam; Zi. inkl. Verpflegung 300 000–350 000 Rp/Pers.) Das gut geführte Homestay steht in einer einsamen, verträumten Bucht mit winzigen Koralleninseln. Es ist eines der besten in der Gegend. Die Zimmer befinden sich in Strohhütten, die entweder im Schatten der Bäume, im glasklaren Wasser oder am weißen Sandstrand stehen. Es gibt zwar eine Tauchschule vor Ort, die bietet aber keine Kurse an.

Mambefor Homestay   GASTFAMILIE $$
(📱 0812 4880 9542, 0852 5453 2631; Sawinggrai Village, Pulau Gam; Zi. inkl. Verpflegung 350 000 Rp/Pers.) Das einfache, kleine Homestay steht auf dem Pier in Sawinggrai. Vom Haus aus kann man die an der Wasseroberfläche schwimmenden Meerestiere beobachten, nach einem kurzen Spaziergang sonnt man in ein Gebiet, wo man gut den roten Paradiesvogel beobachten kann. In den sechs Zimmern liegen die Matratzen auf dem Boden, die Gemeinschaftsbäder (mit Stehtoiletten und Eimerduschen) sind 50 m entfernt. So wird der Aufenthalt hier eher zum interkulturellen Erlebnis als zum Strandurlaub.

Mit dem Strand ist es sowieso nicht weit her – und ebenso wenig mit Privatsphäre.

⭐ Raja Ampat Biodiversity   LODGE $$$
(📱 0821 8922 2577; www.rajaampatbiodiversity. com; Pantai Yenanas, Pulau Gam; 7 Nächte inkl. Verpflegung & 14 Tauchgänge im EZ/DZ ab 1557/2877 €) Die Lodge 2 km östlich des Dorfes Yenbeser auf Gam ist eine der besten Unterkünfte auf den Inseln. Es gibt neun große, gemütliche Hütten mit eigener Pergola und Liegen am Strand. Zu essen gibt's gute indonesische und internationale Küche, die neue Bar schenkt Cocktails, Wein und Bier aus.

Die Tauchschule ist erstklassig und bietet auch PADI- und SSI-Kurse. Zum Zeitpunkt der Recherche wurde gerade ein Massage- und Yoga-Zentrum gebaut. Ein Aufenthalt von weniger als einer Woche Länge ist auch möglich. Der Transfer von und nach Waisai kostet jeweils 40 € pro Person.

Papua Explorers Resort   RESORT $$$
(📱 0822 4814 8888; www.papuaexplorers.com; 7 Nächte Tauchaufenthalt inkl. Verpflegung EZ/DZ 2865/4700 €, inkl. 3 Bootsfahrten tgl. & unbegrenzten Tauchgängen im Riff vor Ort; ✳🛜) Eines der größten und nobelsten Tauchresorts in Papua befindet sich in einer schönen, großen Bucht. Die 15 luxuriösen Bungalows stehen im Wasser. Es ist alles sehr vornehm – teilweise ein bisschen *zu* vornehm –, nur das Essen ist weniger beeindruckend. Die Bungalows sind elegant eingerichtet und mit traditionellen Dekorationen geschmückt. Sie verfügen über ein eigenes Bad mit Warmwasser, eine Terrasse direkt am Meer und WLAN.

Raja4Divers   RESORT $$$
(📱 0811 485 7711; www.raja4divers.com; Pulau Pef; 7 Nächte inkl. unbegrenzten Tauchgängen EZ/DZ 3350/5200 €; @🛜) Das schicke, kleine Resort liegt an einem malerischen Strand im Westen von Gam. Direkt vor dem Strand befindet sich ein Riff, das einen besseren Zugang zu den ausgezeichneten Tauchspots gewährt, als das bei all den anderen Resorts der Dampierstraße der Fall ist. Die großen, luftigen Bungalows im Wasser sind mit interessanten Kunstwerken geschmückt und äußerst raffiniert.

Tauchausflüge zu weiter entfernten Gebieten werden nicht zusätzlich berechnet, doch der planmäßige Transfer von und nach Sorong kostet 250 € pro Nase (hin & zurück). Die Leihgebühr für die Ausrüstung und der Eintritt in den Meerespark sind ebenfalls nicht enthalten.

🛏 Pulau Misool

⭐ Nut Tonton Homestay   GASTFAMILIE $$
(📱 0852 3465 3800; nuttonton@gmail.com; Misool; Zi. inkl. Verpflegung ab 600 000 Rp) Das recht neue Homestay in der Nähe von Pulau Misool ist ein Paradies für alle, die Ruhe und Einsamkeit suchen. Vor der Kulisse aus riesigen Felsformationen stehen sechs Bungalows im Wasser, nur ein paar Schritte vom weißen Sandstrand und vom Korallenriff entfernt. Die Standardzimmer sind mit Matratzen auf dem Boden, Moskitonetz, Außendusche und Hocktoilette ausgestattet. Die luxuriöseren Zimmer sind größer und verfügen über Sitztoiletten.

Zum Homestay gehören auch ein Pier und ein Langboot, mit dem die Gäste durch die bezaubernde Inselwelt von Misool gefahren werden. Der Bootstransfer vom Fähran-

TAUCHSAFARIS

Das ultimative Erlebnis in der Gegend ist die Fahrt und Übernachtung auf einem speziell für Taucher ausgerüsteten Segelschiff im Bugis-Stil. Etwas mehr als 40 solcher sogenannten Liveaboards segeln hier unter indonesischer oder ausländischer Flagge. Die ein- bis zweiwöchigen Segeltörns beginnen und enden zumeist in Sorong. Bei manchen Touren werden neben Raja Ampat auch Maluku, Teluk Cenderawasih und die Triton Bay (Teluk Triton) südlich von Kaimana angesteuert. Die meisten Schiffe bieten Platz für zwölf bis 16 Passagiere und sind teilweise sehr luxuriös mit Klimaanlage und eigenem Bad ausgestattet. Die Fahrten finden gemeinhin zwischen November und April statt, wenn die See um Raja Ampat am ruhigsten ist. Sie kosten in der Regel zwischen 300 und 500 US$ pro Person und Tag. Zu den empfehlenswerten Anbietern gehören:

Grand Komodo (www.grandkomodo.com) Der alteingesessene indonesische Veranstalter hat mehrere solcher Boote, die das ganze Jahr über unterwegs sind und zu den preiswertesten Optionen zählen.

Seven Seas (www.thesevenseas.net) Der Veranstalter bietet den ultimativen Luxus auf seinen Tauchsafaris um Raja Ampat.

Shakti (www.shakti-raja-ampat.com) Sehr guter, alteingesessener Anbieter.

Pindito (www.pindito.com) Hat herrliche Touren auf einem schönen Boot im Programm.

Ambai (www.indocruises.com) Veranstaltet ausgezeichnete Touren rund um Raja Ampat und darüber hinaus.

Samambaia (www.facebook.com/samambaialiveaboard) Das wunderbare *pinisi*-Schiff mit moderner Ausstattung bietet Platz für 14 Passagiere.

Wesentlich günstigere Liveaboard-Angebote hat **KLM Insos Raja Ampat** (📱0813 5400 1932; www.stayrajaampat.com/accommodation/insos-raja-ampat-liveaboard; 10-Tages-Tour inkl. Tauchen ab 22,5 Mio. Rp/Pers.). Auf dem Schiff für bis zu neun Passagiere müssen mindestens acht Personen zusammenkommen, damit es zu den mehrtägigen Tauchtouren zu weiter entfernten, traumhaft schönen Inseln und Tauchgebieten aufbricht. Barefoot Conservation (S. 516) verfügt ebenfalls über ein preiswertes Tauchsafariangebot für die Freiwilligen.

Für weitere gute Anbieter siehe www.cruisingindonesia.com und www.diverajaampat.org.

---

leger in Misool zum Homestay kostet 350 000 Rp pro Person und Fahrt.

Harafat Jaya Homestay GASTFAMILIE $$
(📱0813 4435 3030; Harapan Jaya Village, Pulau Yapen; Zi. inkl. Verpflegung 450 000 Rp/Pers.) Das Homestay war das erste seiner Art auf der großen abgelegenen Insel Pulau Misool. Eigentlich steht es eher auf einer kleinen Insel vor der Küste, in der Nähe des Dorfes Harapan Jaya. Mittlerweile gibt es mehr und bessere Homestays auf Misool, doch es ist immer noch ein gutes Basislager für die Erkundung der atemberaubenden Eilande, Strände, Höhlen und Wasserfälle.

Um hinzukommen, muss man entweder ein teures Schnellboot chartern oder fünf Stunden lang ab Sorong mit der Fähre fahren.

Misool RESORT $$$
(www.misoolecoresort.com; Pulau Batbitim, South Raja Ampat; 7 Nächte mit/ohne unbegrenzte Tauch-

gänge ab 2825/1045 US$; ⊘Anfang Juni–Ende Sept. geschl.; ❇️🛜) 🏊 Das gemütliche Tauchresort auf einer traumhaft schönen Privatinsel südöstlich von Misool ist sehr umweltbewusst und der Gemeinschaft verpflichtet. Die erstklassigen Tauchgebiete sind nur eine kurze Bootsfahrt entfernt. Zur Auswahl stehen Hütten im Wasser in der Nähe vom Riff und abgeschiedene Häuschen am Strand. Alle haben ein eigenes Freiluftbad. Das beliebte Resort gibt es schon seit zehn Jahren.

Seine Geschichte ist ziemlich interessant, denn es wurde auf dem Gelände einer ehemaligen Haiverarbeitungsstation errichtet. Heute gehört es zu einem 1220 km² großen Meeresschutzgebiet, das zusammen mit der Nichtregierungsorganisation Misool Foundation (www.misoolfoundation.org) verwaltet wird. Zusammen fördern sie nachhaltige Beschäftigungsprogramme, Bildungsinitiativen der Gemeinschaften und Umweltschutzprojekte wie Recycling.

Der Transfer mit dem Schnellboot ab Sorong kostet 335 US$ pro Person.

🛏 Noch mehr Inseln

★ Cove Eco Resort RESORT $$$

(☑ 0821 1000 8548; www.coveecoresort.com; Pulau Yeben; 7 Tage All-incl. ohne/mit Tauchen ab 1859/2483 US$; 🐟) Das schon ältere, heimelige Inselresort liegt sehr zentral, um die besten Tauchgebiete von Raja Ampat und Sehenswürdigkeiten an Land zu erreichen. Das Angebot lässt nichts zu wünschen übrig. Traumhafte Häuschen am Strand? Aber sicher! Das beste Essen in Raja Ampat? Ja, klar! Unglaublich kompetentes Personal? Natürlich! Und der Preis? Sehr angemessen, zumal der Bootstransfer und ein Ausflug nach Pianynemo und zu den Fam Islands inbegriffen sind.

Ausflüge in andere Gebiete, z. B. nach Wayag, kosten extra; die Kosten werden aber unter den Teilnehmern aufgeteilt.

Zudem lockt die Insel mit Privatstränden und guten Schnorchelmöglichkeiten sowie einem Wanderweg durch den Wald über den Berg auf die andere Seite der Insel. Transparente Kajaks und Stehpaddelbretter stehen den Gästen kostenlos zur Verfügung. Sie sind ideal, um die unzähligen Haibabys in den Mangroven rund um das Resort zu beobachten. Wer sich sportlich betätigen will, kann Tischtennis und Billard spielen.

Agusta Eco Resort RESORT $$$

(☑ 0821 9922-6357; www.agustaresort.com; Pulau Agusta; 7 Nächte inkl. Verpflegung EZ/DZ 2180/3300 €; ❄🐟🛏) Das Resort liegt versteckt auf einer malerischen Privatinsel. Es hat schicke Häuschen am Strand, ein erstklassiges italienisches Restaurant und ist ausgesprochen gastfreundlich. Im Pool (einer Seltenheit hier) werden auch erste Übungen im Gerätetauchen durchgeführt. Ansonsten bringt die ausgezeichnete Tauchschule die Gäste zu den schönsten Tauchgebieten der Inseln.

Ein einzigartiges Angebot ist auch die schöne Wanderung zu einem Leuchtturm und das Nachttauchen in einem bunt blühenden Riff, das einer der Tauchlehrer entdeckt hat.

Ein Tauchurlaub kostet ab 550 €; elf Tauchgänge sind hier inklusive (darunter auch einmal Nachttauchen). Leihausrüstung und Privatunterricht kosten extra. Im Angebot sind auch Schnorchel- und andere Ausflüge.

Papua Paradise RESORT $$$

(www.papuaparadise.com; Pulau Birie; 7 Nächte inkl. unbegrenzten Tauchgängen EZ/DZ 2282/3836 €; 🐟) Die großen, eleganten Bungalows stehen im Wasser einer herrlich unberührten, kleinen Insel nördlich von Batanta und ganz in der Nähe einer Unmenge guter Tauchgebiete. Das Resort ist eines der besten in der Gegend. Es ist auch ein guter Ausgangspunkt für Touren zur Vogelbeobachtung (inkl. des roten und Nacktkopfparadiesvogels) und bietet PADI-Kurse an. Ein weiteres Plus ist der traumhaft schöne Wellnessbereich.

Raja Ampat Dive Lodge RESORT $$$

(☑ 0812 3872 672; www.grandkomodo.com/raja-ampat-dive-lodge; Pulau Mansuar; 7 Nächte All-incl. mit Tauchen 2546 US$; ❄🐟) Das sehr empfehlenswerte Resort verfügt auch über sechs Tauchsafariboote und eine weitere Niederlassung auf Komodo, die alle unter www.grandkomodo.com aufgelistet sind. Das hiesige Resort liegt abgeschieden direkt am Strand, hat eine sehr professionelle Tauchschule und mit Holz getäfelte Strandhäuser mit eigener Veranda, von der man direkt aufs Meer blickt.

ℹ Anreise & Unterwegs vor Ort

In Waisai gibt's einen Flughafen, doch die Landebahn ist sehr kurz, zu kurz für große Passagierflugzeuge. Susi Air (www.susiair.com) fliegt zwar dienstags von Sorong nach Waisai, doch der Flug dauert alles in allem länger als die Überfahrt mit der Fähre.

Die Expressfähren von Bahari (Economy/VIP 100 000/215 000 Rp, 2 Std.) fahren täglich um 9 und 14 Uhr vom Pelabuhan Feri in Sorong (S. 513) nach Waisai. Zur Rückfahrt ab Waisai legen sie ebenfalls um 9 und 14 Uhr ab. PT Fajar bietet die gleichen Fährverbindungen zu den gleichen Zeiten.

Marina Express verkehrt dreimal pro Woche zwischen Sorong und Misool (einfache Strecke 250 000 Rp). Die Fähren legen montags, mittwochs und freitags um 12 Uhr am Pelabuhan Feri in Sorong (S. 513) ab und fahren dienstags, donnerstags und samstags um 8 Uhr von Misool zurück. Die Überfahrt dauert rund fünf Stunden.

Die Nachtfähre von Fajar Indah nach Waigama und Lilinta auf Misool legt dienstags um 24 Uhr ab (Economy/VIP 200 000/300 000 Rp) und erreicht Misool mittwochs um 9 Uhr. In umgekehrter Richtung legt die Fähre freitags um 9 Uhr ab und erreicht Sorong gegen 17 Uhr.

Ein ojek vom westlichen Ende von Sorong oder vom Flughafen zum Pelabuhan Feri kostet rund 20 000 Rp, ein Taxi rund 50 000 Rp. Für ojeks ab dem Hafen in die Stadt Waisai (2 km) zahlt man 20000 Rp.

Andere Bootsfahrten zwischen den Inseln sind nicht zulässig. Infos über Verkehrsmittel auf den einzelnen Inseln erteilen die Unterkünfte oder das **Waisai Tourist Information Centre** (Waisai; ⊙ 11–13 Uhr). Der Preis ist Verhandlungssache und abhängig vom Boot, der Entfernung und den Benzinpreisen.

Manokwari

☎ 0986 / 164586 EW.

Die Hauptstadt der Provinz Papua Barat (Westpapua) liegt an der Teluk Cenderawasih in der Nähe des nordöstlichen Zipfels der Vogelkop. Sie lockt vor allem mit der herrlichen Natur in ihrer Umgebung, insbesondere dem Pegunungan Arfak. Die meisten touristischen Einrichtungen befinden sich in Kota am Ostufer des Meeresarms Teluk Sawaisu. Die Busbahnhöfe und der Flughafen (7 km von der Stadt entfernt) liegen im Westen und Südwesten.

◉ Sehenswertes & Aktivitäten

Pulau Mansinam   INSEL

1855 ließen sich zwei deutsche Missionare auf Mansinam vor Manokwari nieder und begannen, das Christentum in Papua zu verbreiten. Auf der malerischen, von Regenwald bedeckten Insel befinden sich ein kleines Dorf, eine alles andere als bescheidene Kirche und eine Nachbildung der Christusstatue von Rio de Janeiro. An der West- und Südküste erstrecken sich schöne Strände. Im Korallenriff vor der Südküste kann man gut schnorcheln.

Von Kwawi, 2,5 km südöstlich des Zentrums von Manokwari, fahren **Ruderboote** (einfache Strecke 10000 Rp) nach Mansinam, sobald genügend Passagiere an Bord gegangen sind.

Pantai Pasir Putih   STRAND

Der 600 m lange, geschwungene Sandstrand erstreckt sich 5 km südöstlich der Stadt. Im glasklaren Wasser kann man gut schwimmen und schnorcheln, sofern man eine eigene Ausrüstung hat. Der saubere Strand ist im Allgemeinen sehr ruhig, abgesehen vom Wochenende, wenn sich halb Manokwari hier tummelt.

Taman Gunung Meja   WANDERN & TREKKEN

(Table Mountain Park) In dem geschützten Waldgebiet kann man herrlich wandern. Am besten geht man früh los, wenn es noch kühl

ist und die Vögel erwachen. 1 km von der Jl Brawijaya entfernt befindet sich das weiße Eingangstor. Von dort führt ein 3 km langer, recht ebener und in weiten Teilen auch befestigter Weg in Richtung Norden durch den Wald.

Nach 800 m erreicht man das **Tugu Jepang**, ein japanisches Denkmal aus dem Zweiten Weltkrieg, das 100 m links vom Hauptweg steht. Am Ende des Waldwegs führt eine befestigte Straße noch 600 m an Häusern vorbei zu einer T-Kreuzung. Dort geht es nach links. Nach 400 m erreicht man die Straße von Manokwari nach Amban. Von dort kann man mit einem *taksi* oder *ojek* zurück in die Stadt fahren.

🛏 Schlafen

Hotel Mangga   HOTEL $

(☎ 0629-8621 1693; www.mangga-hotel.com; Jl Siliwangi 1; Zi. ab 250000 Rp; ❄) Die Farbe blättert schon ab, und das Mobiliar ist uralt, doch das alte, gelb gestrichene Hotel ist eine gute Budgetunterkunft für Rucksacktouristen. Der Inhaber spricht Englisch, die Betten sind bequem, und die Zimmer haben Klimaanlage und (manchmal) Warmwasser.

Auch die Lage ist sehr gut, denn das Haus steht ganz in der Nähe des Fährterminals und ist umgeben von einer Wäscherei, einem Internetcafé, ein paar Geldautomaten und einigen *warungs* mit leckerem Essen.

⭐ Mansinam Beach Hotel   HOTEL $$

(☎ 0986-213585; www.hotelmansinambeach.com; Jl Pasir Putih 7; Zi. inkl. Frühstück 450000–780000 Rp; ❄🛜) Das Strandhotel 5 km südöstlich des Stadtzentrums ist das beste der Stadt, denn es bietet preiswerte Zimmer auf drei Stockwerken mit Blick auf die Insel Mansinam. Einige Zimmer in den unteren Stockwerken riechen ein bisschen komisch. Deshalb sollte man sich ein paar Quartiere ansehen, bevor man sich entscheidet. Das luftige **Restaurant** (Hauptgerichte 75000–250000 Rp) direkt am Wasser serviert hervorragend gewürzte Meeresfrüchte.

Billy Jaya Hotel   HOTEL $$

(☎ 0811 480 8567, 0986-215432; hotelbillyjaya@yahoo.com.sg; Jl Merdeka 57; Zi. inkl. Frühstück 250000–900000 IDR; ❄🛜) Die älteren, günstigeren Zimmer (bis 350000 Rp) haben eine Range von klein und dunkel bis zu groß, mit Fenster und o.k. Die Zimmer im neueren Teil sind wesentlich besser, mit glänzenden Fliesenböden und schönem weißem Bettzeug. Die alte Vespa mit Seitenwagen in der

Manokwari

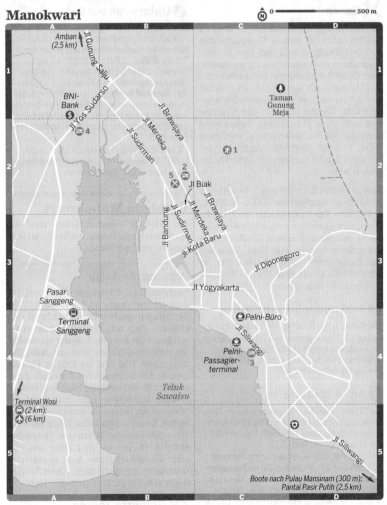

$\overset{\text{N}}{\hat{\triangle}}$ 0 — 500 m

Amban
(2,5 km)

Jl Gunung Salju

BNI-
Bank

Jl Yos Sudarso

Jl Sudirman

Jl Merdeka

Jl Brawijaya

Taman
Gunung
Meja

Jl Bandung

Jl Sudirman

Jl Biak

Jl Merdeka

Jl Brawijaya

Jl Kota Baru

Jl Diponegoro

Pasar
Sanggeng

Jl Yogyakarta

Pelni-Büro

Terminal
Sanggeng

Jl Siliwangi

Pelni-
Passagier-
terminal

Teluk
Sawaisu

Terminal Wosi
(2 km);
(6 km)

Jl Siliwangi

Boote nach Pulau Mansinam (300 m);
Pantai Pasir Putih (2,5 km)

Eingangshalle ist sehr ungewöhnlich, aber
ideal, um ein Gespräch anzufangen. Das Hotel bringt seine Gäste kostenlos zum Flughafen (leider nicht mit der Vespa).

Swiss-Belhotel　　　　　　BUSINESSHOTEL **$$$**
(☑ 0821 9768 2825, 0986-212999; www.swiss-bel
hotel.com; Jl Yos Sudarso 8; Zi. inkl. Frühstück ab
900 000 Rp; ✽ 🌐 🏊) Das beste Hotel der
Stadt hat gemütliche, aber erstaunlich abge-
wohnte Zimmer. Im Restaurant (Haupt-
gerichte 72 000–300 000 Rp) stehen eine
große Auswahl asiatischer Gerichte und
Steaks auf der Karte. Die vier Sterne sind
nicht gerechtfertigt.

Manokwari

🅰 Aktivitäten, Kurse & Touren

🛏 Schlafen

🍴 Essen

✖ Essen

★ **Billy Cafe & Tuna House** SEAFOOD $
(📞 0986-211036; Jl Merdeka 57; Hauptgerichte 30000–60000 Rp; ⊙ 8–21 Uhr) Das Meeresfrüchterestaurant erinnert stark an Disneyland. So ist der Eingang in Form eines offenen Haimauls mit spitzen Zähnen gestaltet und der Speiseraum mit Plastikbäumen geschmückt. Nur die Fische in den Aquarien sind echt. Diese Flossenträger stehen wohl eher nicht auf der Speisekarte, obwohl diese voller leckerer Meeresfrüchtegerichte ist. Vor allem Kinder werden vom Ambiente begeistert sein.

Rumah Makan Salam Manis INDONESISCH $
(Jl Merdeka; Hauptgerichte 20000–40000 Rp; ⊙ 9–22 Uhr) Das zweistöckige traditionelle Restaurant ist weithin bekannt für sein *nasi ayam panggang lalapan* (Grillhähnchen mit grünem Gemüse und Reis). Umgeben von Topfpflanzen sitzen die Gäste hier im Schneidersitz an niederen Tischen. Sehr beliebt bei den Einheimischen!

❶ Praktische Informationen

BNI-Bank (Jl Yos Sudarso) Mit Geldautomaten.
Polizei (Jl Bhayangkhara; ⊙ 9–17 Uhr) Hier ist die *surat jalan* erhältlich, die aber nicht unbedingt erforderlich ist. Die Station befindet sich 1 km südöstlich des Hafens.

❶ An- & Weiterreise

Die Tickets für die Kleinflugzeuge von Susi Air (www.susiair.com) sind nur im Flughafen, 6 km südwestlich der Stadt, erhältlich. Das Büro ist von 9 bis 17 Uhr geöffnet.

Alle zwei Wochen legen die Fähren von **Pelni** (📞 0986-215167; Jl Siliwangi 24) im **Passagierhafen** in Richtung Jayapura, Sorong, Makassar und Nabire ab. Die Fähren nach Biak, Ternate, Ambon und Banda fahren noch seltener. Einmal pro Woche fährt auch eine Fähre von ASDP Indonesia Ferry nach Biak und Nabire (über Wasior).

❶ Unterwegs vor Ort

Eine Taxifahrt vom Flughafen in die Stadt kostet 100000 Rp. Einige öffentliche *taksis* (5000 Rp) tuckern am Flughafen vorbei und weiter zum **Terminal Wosi** (Jl Pasir), der sich auf halber Strecke ins Stadtzentrum befindet. Von Wosi fahren *taksis* direkt nach Kota (5000 Rp) oder zum **Terminal Sanggeng**. Von dort fährt (oder läuft) man dann weiter nach Kota. Vom Terminal Sanggeng fahren regelmäßig öffentliche *taksis* nach Kota und weiter bis nach Kwawi und Pantai Pasir Putih.

Eine Fahrt mit dem *ojek* in die Stadt kostet 10000 Rp. Wer von der Stadt zum Flughafen will, muss rund 20000 Rp investieren.

Rund um Manokwari

Die vielen Sehenswürdigkeiten rund um Manokwari besucht man am besten im Rahmen mehrtägiger Touren.

Pegunungan Arfak

Die bewaldeten Arfak-Berge südlich von Manokwari ragen mehr als 2800 m auf. In der herrlichen tropischen Landschaft leben viele exotische Tiere und Pflanzen (vor allem Vögel) sowie das indigene Volk der Hatam-Moley, deren Pfahlhäuser einst auf „1000 Beinen" ruhten. Hier fand von 1965 bis 1968 der erste und einer der größten Aufstände Papuas gegen die indonesische Regierung statt.

Vögel beobachten kann man rund um Mokwam am besten; die drei kleinen Dörfer Syobri, Kwau und Mokwam liegen am Ende einer Nebenstraße, 50 km von Manokwari entfernt. Im Februar und März sind hier auch die spektakulären, bunt leuchtenden Ritterfalter zu beobachten, deren Flügelspannweite bis zu 25 cm betragen kann.

☞ Geführte Touren

Touren zur Vogelbeobachtung kosten zwischen 700000 und 800000 Rp pro Tag. Für

FLÜGE AB MANOKWARI

ZIEL	FLUGGESELLSCHAFT	HÄUFIGKEIT
Ambon	Wings Air, Garuda	3-mal wöchentl.
Biak	Garuda, Susi Air, Sriwijaya Air	tgl.
Jakarta	Garuda, Sriwijaya Air	tgl.
Jayapura	Garuda, Sriwijaya Air	tgl.
Kaimana	Wings Air	3-mal wöchentl.
Makassar	Garuda (kein Direktflug), Sriwijaya Air	tgl.
Sorong	Sriwijaya Air, Garuda	tgl.

TRITON BAY

Vor ein paar Jahren hieß es plötzlich, dass das Ökosystem der Triton Bay (Teluk Triton) wesentlich eindrucksvoller sei als das von Raja Ampat. Diese Behauptung steht immer noch im Raum. Zweifellos ist die Unterwasserwelt der Bucht außergewöhnlich.

Zu den vielen Lebewesen, die sich hier tummeln, gehören Pygmäenseepferdchen, Nursalimlippfische, Bambus- und Teppichhaie, Delfine in riesigen Schulen, Speerfische, Zackenbarsche, Süßlippen, schwarmweise Füsiliere und Doktorfische sowie die vielleicht spektakulärsten Weichkorallen der Welt. Und als ob das nicht schon genug wäre, werden die Superstars alias Walhaie sogar zu den *bagang* (Fischerplattformen) gelockt.

Alles in allem wurden hier mehr als 30 Tauchgebiete ausgewiesen; es gibt Felsnadeln und seichte Weichkorallenriffe, aber auch starke Strömungen und Felswände. Der Nachteil ist, dass die Sicht im Durchschnitt nur bei 8 bis 10 m liegt, auch wenn sie manchmal bis zu 25 m, gelegentlich aber eben auch nur 5 m weit reicht.

Das Tauchgebiet ist noch recht unbekannt und wird nur gelegentlich von Safaribooten angesteuert. Doch seit der Eröffnung des **Triton Bay Divers** (www.tritonbaydivers.com; Aiduma Island; 7 Nächte inkl. VP & 15 Tauchgängen 2090 €/Pers.; ☺ Juni–Mitte Sept. geschl.) Resort 2015 hat der Tauchtourismus auch diese Bucht erreicht. Das Resort auf Aiduma Island hat nur sechs elegante Holzhütten, die direkt am weißen Sandstrand stehen. Bei Vollpension werden die Gäste mit asiatischer und internationaler Küche verwöhnt.

Der Zugang in die Triton Bay erfolgt über Kaimana. Wings Air (www.lionair.co.id) fliegt von Sorong nach Kaimana, Garuda fliegt sechsmal pro Woche von Sorong nach Ambon.

Nach der Ankunft in Kaimana werden die Gäste des Triton Bay Divers Resort mit dem Schnellboot abgeholt und ins Hotel gebracht. Die Fahrt dauert etwa zwei Stunden und ist samstags kostenlos. Ansonsten zahlt man 165 € pro Boot (max. 5 Pers.).

die Übernachtung in einer Pension und die Nutzung von Unterständen, Feuerholz, Trägern und Köchen zahlt man extra.

Hans Mandacan VOGELBEOBACHTUNG
(☎ 081 344 214965; 700 000 Rp/Tag) Der ausgezeichnete Führer aus der Region kennt sich bestens in den Bergen und der Vogelwelt aus. Er hilft auch beim Zeltaufbau und hält seine Unterstände gut in Schuss, von denen aus die Besucher viele Arten des Paradiesvogels beim Fressen beobachten können. Zu diesen Arten gehören der Eigentliche Paradiesvogel, der Königs-Paradiesvogel, der Sichelschwanz und der Strahlenparadiesvogel.

Zeth Wonggor VOGELBEOBACHTUNG
(☎ 0852 5405 3754; 800 000 IDR/Tag) Der sehr erfahrene Vogelkundler in Syobri hat auch schon mit Sir David Attenborough zusammen gearbeitet.. Von seinen Unterständen im Wald lassen sich Königs-Paradiesvögel, Strahlenparadiesvögel und Hybrid-Paradiesvögel wie der Arfak astrapia sowie der Vogelkop-Laubenvogel und viele andere exotischen Vögel beobachten.

Arfak Paradigalla
Tours VOGELBEOBACHTUNG, WANDERN & TREKKEN
(☎ 0812 4809 2764; yoris_tours@yahoo.com) Das Ein-Mann-Unternehmen (Sprachen: Eng-

lisch, Niederländisch) unternimmt Stadtführungen und Touren zum Arfak. Der Inhaber ist ein ausgewiesener Experte für die Vögel, Pflanzen und Insekten der Region. Für eine Tour mit Übernachtung verlangt er 800 000 Rp pro Tag zuzüglich Fahrt, Unterkunft und Verpflegung.

🛏 Schlafen & Essen

In den Dörfern Syobri und Mokwam gibt's einfache Pensionen. Eine weitere einsame Pension steht außerhalb in den Bergen.

In den Dörfern sind auch einfache, aber teure Mahlzeiten erhältlich. Deshalb bringt man sich am besten aus Manokwari etwas zu essen mit.

Papuan Lorikeet Guesthouse BUNGALOWS $
(☎ 081 344 214965; 150 000 Rp/Pers.) Die Anlage von Hans Mandacan (S. 525) liegt in den Bergen und besteht aus ein paar hübschen Hartholzbungalows auf Pfählen, die von bunten Blumen und prachtvollen Schmetterlingen umgeben sind. Der einzige Nachteil ist, dass die Betten keine Matratzen haben und sehr unbequem sind.

Syobri Guesthouse PENSION $
(200 000 IDR/Pers.) Der Tourenführer Zeth Wonggor (S. 525) vermietet drei solide

SENOPI & AIWATAR HILL

Zum Zeitpunkt der Recherche war die Gegend um Senopi wegen Stammeskonflikten für Touristen gesperrt, doch das ändert sich hoffentlich bald wieder. Die Hauptattraktion ist eine Tageswanderung durch den Urwald am Aiwatar Hill zu einer Salzwasserquelle inmitten üppiger Küstenvegetation (40 km vom Meer entfernt). Jeden Morgen kommen Tausende Vögeln hierher, um zu trinken,

Im Dorf steht Gästen das erstaunlich gute **Senopi Guesthouse** (DZ inkl. VP 350 000 Rp) zur Verfügung.

Holzhäuser am Ende einer steilen Straße in Syobri.

ⓘ An- & Weiterreise

Von Manokwari nach Mokwam kann man mit einem Allrad-Pick-up mit Doppelkabine fahren (150 000 Rp, 2 Std.). Abfahrt ist um 7 Uhr an der Straße 100 m hinter dem Terminal Wosi (S. 524). Wer nicht das ganze Fahrzeug für 1,3 Mio. Rp (einfache Strecke) chartern will, muss einen Tag vorher beim Fahrer einen Platz reservieren oder sehr früh da sein.

Die Rückfahrt nach Manokwari ist einfacher. Hier wartet man einfach an der **Hauptkreuzung** der Straße zu den Dörfern von Mokwam, bis ein Allradfahrzeug in Richtung Manokwari kommt (100 000 Rp).

Tambrauw

Westlich von Manokwari locken die Berge und die Küste des kaum erforschten Regierungsbezirks Tambrauw mit spektakulärer Natur und jeder Menge Abenteuer. In den bewaldeten Bergen leben Paradiesvögel und andere exotische Federträger, die Inseln vor der Küste sind umgeben von Korallenriffen, und an den einsamen Sandstränden brüten Lederschildkröten, Oliv-Bastardschildkröten und Grüne Meeresschildkröten.

Mit ersten Ökotourismus-Projekten in der Region wird versucht, der einheimischen Bevölkerung eine Alternative zum Abholzen und Wildern und zur Arbeit in den Bergwerken zu bieten. Diese Projekte sind oft sehr faszinierend, aber auch frustrierend, weil viele Einheimische weiterhin Paradies- und andere Vögel jagen.

Doch die Projekte sind immerhin ein Anfang. Derzeit kann man die Region nur in Begleitung des Führers **Charles Roring** (📞 0813

3224 5180; www.manokwaripapua.blogspot.com) besucht werden, der sich sehr für die Projekte engagiert und die Besucher durch den Dschungel lotst.

Er bietet Wanderungen, Camping, Vogelbeobachtung, Schnorchelausflüge und Touren in die Natur der Vogelkop-Halbinsel und bis in die Triton Bay südlich von Kaimana an. Die Preise liegen in der Regel zwischen 350 000 und 500 000 Rp pro Tag, je nach Art und Ziel sowie Größe der Gruppe.

NORDPAPUA

Die Provinzhauptstadt Jayapura und der Flughafen in Sentani sind wichtige Verkehrsknotenpunkte in Papua. Abgesehen davon lohnen die Städte und ihre Umgebung aber kaum einen Besuch. Weiter westlich liegt die Insel Biak vor der Küste. Hier kann man herrlich am Strand faulenzen, schnorcheln und tauchen. Außerdem gibt's an Land und unter Wasser einige interessante Sehenswürdigkeiten aus dem Zweiten Weltkrieg zu bestaunen. Nabire ist ein wichtiger Ausgangspunkt für Touren zum Schnorcheln und zum Tauchen mit Walhaien.

Jayapura

📋 0967 / 315 870 EW.

Die Innenstadt von Jayapura ist heiß und vom Verkehr verstopft, liegt aber schön zwischen den steilen, dicht bewaldeten Hügeln rund um die Bucht Teluk Imbi und hat viel tropisches Flair.

Die Stadt geht auf die kleine Siedlung Hollandia zurück, die die Niederländer 1910 hier gründeten. 1944 landeten die alliierten Streitkräfte mit 80 000 Mann hier, um die Japaner in der letzten großen Schlacht des Zweiten Weltkriegs im Südwestpazifik zu vertreiben. Nach dem Zweiten Weltkrieg wurde Hollandia zur Hauptstadt von Niederländisch-Neuguinea. Nach der indonesischen Eroberung 1963 benannte man die Stadt 1968 in Jayapura („Siegreiche Stadt") um. Bei einer öffentlichen Befragung 2010 sprach sich die Bevölkerung für eine erneute Änderung in Port Numbay aus, die besonders von den indigenen Bewohnern Papuas bevorzugt wurde, jedoch bis jetzt nicht offiziell ratifiziert ist.

Die Stadt erstreckt sich 6 km weit in Richtung Nordosten. Ins Stadtgebiet eingegliedert wurden mittlerweile auch die einst

Jayapura

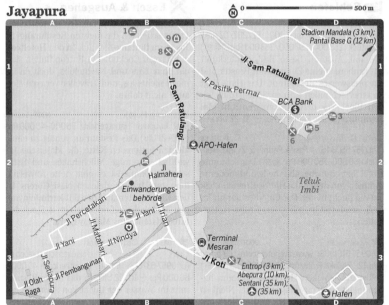

selbstständigen Städte Argapura, Hamadi, Entrop, Abepura und Waena. Die Cenderawasih University in Abepura ist eine Hochburg des Nationalismus in Papua.

◎ Sehenswertes

Museum Loka Budaya MUSEUM
(📱 0852 4438 0693; Jl Abepura, Abepura; 25 000 Rp; ⊙ Mo–Fr 9–16 Uhr) Das Kulturmuseum der Cenderawasih University zeigt eine faszinierende Auswahl von Artefakten aus ganz Papua, darunter die schönste Sammlung von Holzschnitzereien der Asmat und „Teufelstanz"-Kostümen außerhalb von Agats. Die meisten Stücke wurden in den 1950er-Jahren von Michael Rockefeller und seinem Team für eine Ausstellung im New Yorker Metropolitan Museum of Art ausgewählt. Doch Rockefellers Kanu kenterte in der Nähe von Asmat, und er selbst fiel angeblich in die Hände von Kannibalen. So blieben die Kunstwerke in Papua.

Das Museum zeigt auch wunderbares Kunsthandwerk aus vielen anderen Regionen sowie historische Fotos und Musikinstrumente. Zudem ist eine Sammlung ausgestopfter Tiere von Papua zu sehen, darunter ein Waran, ein Kuskus und mehrere Paradiesvögel. Das Museum ist neben dem großen Auditorium der Universität an der Hauptstraße von Abepura.

Jayapura

⊜ Schlafen
1 Amabel Hotel	B1
2 Favehotel	B3
3 Hotel Grand View	D2
4 Hotel Yasmin	B2
5 Swiss-Belhotel	D2

⊗ Essen
6 Duta Cafe	D2
7 Resto & Cafe Rumah Laut	C3
8 Waroeng Pojok	B1

⊕ Shoppen
9 Mal Jayapura	B1

Pantai Base G STRAND
Der Strand ist knapp 3 km lang, feinsandig, sauber und gesäumt von Picknickplattformen. Er ist der schönste, von Jayapura gut erreichbare Strand und in der Regel fast leer, außer sonntags, wenn die Einheimischen einfallen, um zu baden, spazieren zu gehen und zu beten. Im Wasser liegen viele gefährliche Felsen. Base G war 1944 das Hauptquartier der amerikanischen Streitkräfte.

Zu den 5 km entfernten Strand fahren in der Jl Sam Ratulangi regelmäßig *taksis* mit der Aufschrift „Base G" ab (5000 Rp). Von der letzten Haltestelle sind es noch zehn Minuten zu Fuß zum Strand hinunter.

🛏 Schlafen

Amabel Hotel HOTEL **$**
(📞 0967-522102; Jl Tugu 100; EZ/2BZ/DZ inkl. Frühstück 253 000/297 000/363 000 Rp; ❄ 📶) Die mit Abstand beste Budgetunterkunft hat saubere, kleine Zimmer mit Fenster und ein preiswertes Restaurant. Das Haus liegt an einer schmalen grünen Seitenstraße, einen Block vor dem Einkaufszentrum **Mal Jayapura** (Jl Sam Ratulangi 46; ⊙ 10–22 Uhr).

Hotel Grand View HOTEL **$$**
(📞 0967-550646; Jl Pasifik Permai 5; Zi. inkl. Frühstück 450 000–750 000 Rp; ❄ 📶) Das sehr gute Hotel hat einfache, aber helle und moderne Zimmer, von denen die Hälfte direkten Blcik auf die Bucht bietet. Das Café-Restaurant im Erdgeschoss ist in fröhlichem Erdbeerrot gehalten.

★ Favehotel BOUTIQUEHOTEL **$$**
(📞 0967-5161888; www.favehotels.com; Jl Ahmad Yani 12; Zi. inkl. Frühstück ab 588 000 Rp; ❄ 📶) Selbst die schicken Hotels in Jayapura haben meist ein langweiliges Design. Nicht so dieses Hotel: Es ist schick und modern mit dunkelroten Akzenten an jeder Ecke. Zudem steht das große Haus mitten im Stadtzentrum und verfügt auch über ein Restaurant mit hervorragender indonesischer Küche. Gegessen wird drinnen und auf der Terrasse. Zu den weiteren Annehmlichkeiten gehören ein Wellnessbereich, eine vornehme Lounge und ein Ballsaal.

Hier finden oft Veranstaltungen statt, insbesondere Hochzeiten.

Hotel Yasmin HOTEL **$$$**
(📞 0811 482 7174, 0967-533222; www.yasminjayapura.co.id; Jl Percetakan 8; EZ 600 000–1,6 Mio. Rp, DZ 680 000–1,6 Mio. Rp; ❄ 📶) Das recht noble Hotel hat kleine, gut ausgestattete Zimmer und ein Restaurant, das rund um die Uhr geöffnet ist. Viele der billigeren Zimmer haben keine Fenster und sind sehr dunkel, doch schon die nur wenig teureren sind schick, geräumig und sehr gut.

Swiss-Belhotel BUSINESSHOTEL **$$$**
(📞 0967-551888; www.swiss-belhotel.com; Jl Pasifik Permai; Zi. inkl. Frühstück ab 1,735 Mio. Rp; ❄ 📶 ⊛) Das Hotel hat so gar nichts papuamäßiges an sich, bietet aber beste Qualität und Komfort im europäischen Stil. Es steht direkt am Hafen und hat einen schönen Swimmingpool. Auf der Website sind oft Angebotspreise zu finden, vor allem fürs Wochenende.

🍴 Essen & Ausgehen

Im Gegensatz zu den Lokalen im restlichen Papua schenken die meisten Restaurants in Jayapura Bintang-Bier aus. In den Hotelbars gibt's sogar Cocktails. In Entrop finden sich ein paar Bars und Nachtclubs, doch da ist meist nichts los, und Traveller verirren sich auch nicht dahin.

Waroeng Pojok INDONESISCH **$**
(Mal Jayapura; Hauptgerichte 35 000–40 000 Rp; ⊙ 10–21 Uhr) Das Restaurant gehört zu einer kleinen nationalen Kette, die klassische Java-Küche, cremige Milchshakes und Säfte serviert. Damit ist es eine nette Abwechslung zum immer gleichen Nasi Goreng in den Kleinstädten und den Süßkartoffeln aus den Bergen. Es befindet sich im 2. Stock des Einkaufszentrums Mal Jayapura.

★ Resto & Cafe Rumah Laut INDONESISCH, SEAFOOD **$$**
(📞 0967-537673; Jl Koti; Hauptgerichte 40 000–80 000 Rp; ⊙ 10–22 Uhr) In das noble Restaurant im Wasser der Bucht von Jayapura gehen die Einheimischen, wenn sie Eindruck schinden wollen. Auf der umfangreichen Speisekarte stehen indonesische Klassiker, ein paar chinesische Gerichte und Fisch. Sehr viel Fisch! Wer nichts essen möchte, sollte zumindest einen Fruchtsaft trinken.

Duta Cafe SEAFOOD **$$**
(📞 0853 4414 5982; abseits der Jl Pasifik Permai; Gemüsegerichte ab 40 000 Rp, ganzer Fisch 90 000 Rp; ⊙ 9–23 Uhr) Direkt am Fluss serviert das Café ausgezeichneten *ikan bakar* (gegrillten Fisch) unter freiem Himmel. Abends ist hier immer was los.

Sky Land SAFTBAR
(Jl Raya Abepura; Kokosnuss 15 000 Rp; ⊙ Mo–Sa 10–17.30, So 12–17.30 Uhr) Mit Blick auf die Teluk Imbi und ihre spektakulären Klippen trinkt man hier frisches Kokoswasser. Ein sehr erfrischender Zwischenstopp auf dem Weg vom Flughafen nach Argapura!

ℹ Praktische Informationen

Geldautomaten gibt's in Hülle und Fülle.
BCA Bank (Blok C, Ruko, Jl Pasifik Permai; ⊙ Mo–Fr 8.30–15 Uhr) Wechselt US-Dollar, Euro und britische Pfund ohne Mindestbetrag.
Einreisebüro (📞 0813 7074 2956; Jl Percetakan 15; ⊙ Mo–Fr 8–16 Uhr) Hier kann das *visa on arrival* (VOA, Visum bei Ankunft) einmalig um 30 Tage verlängert werden. Der Antrag muss spätestens eine Woche vor Ablauf des Visums gestellt werden.

Konsulat von Papua-Neuguinea (📞 0967-531250; Blok 6 & 7, Ruko Matoa, Jl Kelapa Dua, Entrop; ⊙ Mo–Do 9–12 & 13–14 Uhr, Fr 9–12 Uhr) Hier werden Touristenvisa für 60 Tage ausgestellt.

Polresta (Polda; Jl Yani 11; ⊙ Mo–Fr 9–15 Uhr) Während die Polizeiposten im übrigen Papua eine *surat jalan* zumeist nur für ihren Bezirk erteilen, sind hier die Genehmigungen für fast alle Regionen in Papua (mit Ausnahme von Westpapua) erhältlich. Allerdings wird dafür um eine „Spende für die Verwaltungskosten" gebeten. Die Erteilung der Genehmigung dauert in der Regel eine Stunde.

Sollte der Polizeiposten nicht besetzt sein, kann man es im Büro der **Polda** gegenüber dem Mal Jayapura versuchen.

❶ An- & Weiterreise

FLUGZEUG

Der **Flughafen von Jayapura**, der sich in Sentani 35 km westlich der Stadt befindet, ist das Drehkreuz des Luftverkehrs von Papua. Die meisten Flüge starten und landen zwischen 7 und 14 Uhr. Tickets sind online oder bei Reise-

büros erhältlich sowie in den Büros der Fluggesellschaften im Flughafen und in Jayapura.

SCHIFF/FÄHRE

Alle zwei Wochen fahren fünf Pelni-Fähren von Jayapura zu gut 20 Häfen von Papua, Maluku, Sulawesi, Kalimantan und Java.

Zum **Hafen** (Jl Koti) fahren alle *taksis* in Richtung Hamadi oder Entrop. Die Fahrscheine sind im Hafen oder bei Reisebüros erhältlich.

Die Fähren von Perintis fahren ebenfalls entlang der Küste nach Manokwari, Sorong und sogar Agats, wobei sie auch in kleineren Häfen unterwegs anlegen und auf den Flüssen sogar Dörfer wie Mamberamo ansteuern. Die Fähren legen in der Regel im **APO-Hafen** (Jl Sam Ratulangi) ab und sind meist eine Woche unterwegs. Fahrpläne sind praktisch nicht vorhanden. Essen und Trinken muss man selbst mitbringen.

❶ Unterwegs vor Ort

Ein offizielles Flughafentaxi vom Flughafen in Sentani ins Stadtzentrum von Jayapura kostet 300 000 Rp. Taxis, die nicht über die Taxistände bestellt werden, sind eigentlich auch nicht billi-

VERKEHRSMITTEL AB JAYAPURA

Flugzeug

ZIEL	FLUGGESELLSCHAFT	HÄUFIGKEIT
Biak	Garuda, Sriwijaya Air	tgl.
Dekai	Trigana, Lion Air, Wings Air	tgl.
Denpasar	Garuda (über Timika)	tgl.
Jakarta	Garuda, Lion Air, Batik Air, Citilink	tgl.
Kaimana	Wings Air (über Nabire)	tgl.
Makassar	Garuda, Batik Air, Lion Air, Sriwijaya Air, Citilink	tgl.
Manado	Lion Air (über Sorong), Nam Air (über Sorong), Garuda (über Sorong)	tgl.
Manokwari	Garuda, Sriwijaya	tgl.
Merauke	Garuda, Lion Air, Sriwijaya	tgl.
Nabire	Wings Air, Garuda, Nam Air	tgl.
Sorong	Garuda, Lion Air, Nam Air	tgl.
Wamena	Trigana, Wings Air, Lion Air	tgl.

Schiff/Fähre

ZIEL	PREIS (ECONOMY; IN RP)	DAUER	HÄUFIGKEIT (IN 2 WOCHEN)
Ambon	420 000	2½–4 Tage	1
Biak	632 500	17–25 Std.	1
Makassar	763 000	4–5 Tage	4
Manokwari	271 000	1–2 Tage	4
Nabire	256 000	15–32 Std.	2
Sorong	370 000	1½–2½ Tage	5

ⓘ GRENZE ZU PAPUA-NEUGUINEA: VON JAYAPURA NACH VANIMO

Auf dem Landweg gibt es nur einen möglichen Grenzübergang für Ausländer. Er befindet sich in Skouw (gegenüber von Wutung in Papua-Neuguinea), 55 km östlich von Jayapura und 40 km westlich von Vanimo. Allerdings wird auch dieser Grenzübergang bei politischen Spannungen immer wieder geschlossen.

Anreise Für die Einreise nach Papua-Neuguinea ist ein Visum erforderlich. Das Konsulat von Papua-Neuguinea (S. 529) in Jayapura stellt (kostenlose) Touristenvisa für 60 Tage aus. Das Visum muss eine Woche im Voraus beantragt werden, denn die Ausstellung kann bis zu fünf Arbeitstage dauern. In der Regel dauert sie nur drei Tage, doch darauf sollte man sich nicht verlassen. Für den Antrag sind diese Dokumente erforderlich: ein maschinell erstelltes Anschreiben mit dem geplanten Reiseverlauf in Papua-Neuguinea und einer Begründung für die Reise, Nachweis von Geldmitteln in Form eines aktuellen Kontoauszugs, Kopie des Flugtickets für die Weiterreise, Kopie des Passes und des Visums, die beide sehr gut leserlich sein müssen, zwei farbige Lichtbilder mit der Unterschrift auf der Rückseite. Die Bestimmungen des Konsulats ändern sich ständig, und so kann auch schon mal eine Bürgschaft oder eine Einladung von Papua-Neuguinea verlangt werden (wenn diese nicht vorgelegt werden kann, muss das im Anschreiben erwähnt werden).

Um von Jayapura oder Sentani zur Grenze zu kommen, muss man entweder für 600 000 bis 800 000 Rp ein *taksi* chartern oder um 7 Uhr für 100 000 Rp pro Person den Bus nehmen. Die Fahrt dauert rund zwei Stunden.

An der Grenze Der Ausreisestempel für Indonesien wird direkt an der Grenze erteilt und ist kostenlos. Ebenso kostenlos ist die Einreise nach Papua-Neuguinea. Der Grenzübergang ist von 8 bis 16 Uhr geöffnet.

Weiterreise Von der Grenze fahren Busse und Vans für rund 20 000 Rp zum Marktplatz in Vanimo.

---

ger, die Fahrer lassen sich aber oft auf bis zu 200 000 Rp runterhandeln.

Bei der Fahrt mit einem öffentlichen *taksi* von Sentani nach Jayapura muss man dreimal umsteigen. Das dauert rund anderthalb Stunden, wenn es gut läuft. Das Umsteigen ist recht einfach, denn meistens wartet das nächste Fahrzeug schon. Los geht's von Sentani (außerhalb des Flughafengeländes oder 400 m weiter rechts in der Hauptstraße) nach Waena (10 000 Rp, 20–30 Min.). Von Waena geht's nach Abepura (5000 Rp, 10–15 Min.), dann nach Entrop (5000 Rp, 20 Min.) und von dort nach Jayapura (5000 Rp, 20 Min.). Von Jayapura zum Flughafen gilt das Gleiche in entgegengesetzter Richtung. Oder man fährt mit einem *taksi* in Richtung Entrop ab der Jl Percetakan oder dem **Terminal Mesran** (Jl Koti).

Sentani

📱 0967 / 44 779 EW.

Der schnell wachsende Flughafen in Sentani liegt 36 km westlich von Jayapura zwischen dem bewaldeten Pegunungan Cyclop und dem wunderbaren Danau Sentani (See). In dem See liegen Fischerdörfer auf Inseln, die nur mit dem Boot zu erreichen sind. Im Juni findet hier ein schönes Festival statt.

⚒ Feste & Events

Festival Danau Sentani   KULTUR
(🕐Mitte Juni) Das Festival am Sentani-See gibt es seit 2008. Gefeiert wird mit traditionellen Tänzen und Gesängen, Bootsfahrten, Musik und Kunsthandwerk. Außerdem werden hier Haare geflochten. Bei den Einheimischen ist das Fest sehr beliebt und findet seit Kurzem in Kalkhote, 8 km östlich von Sentani, statt.

🛏 Schlafen

Rasen Hotel   HOTEL $$
(📱0967-594455; rasenhotel_papua@yahoo.com; Jl Penerangan; EZ inkl. Frühstück 250 000 Rp, DZ inkl. Frühstück 350 000–400 000 Rp; ❄🖥) Das Hotel in der Nähe des Flughafens ist die beste Unterkunft für Backpacker. Es hat kleine, saubere Zimmer mit Warmwasserdusche und TV sowie ein gutes Restaurant. Der Transfer zum Flughafen ist kostenlos. Es ist immer schnell ausgebucht. Deshalb sollte man unbedingt vorher anrufen. Einige Mitarbeiter sprechen Englisch.

★ Horex Hotel Sentani   BUSINESSHOTEL $$$
(📱0967-5191999; www.myhorison.com; Jl Raya Kemiri 79; Zi. inkl. Frühstück ab 805 000 Rp; ❄🖥)

Sentani

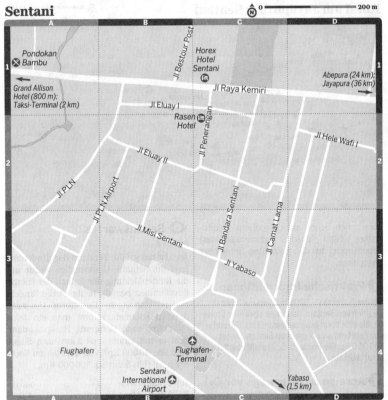

Das Haus mag zwar ein Business- und Konferenzhotel sein, doch auch Traveller fühlen sich hier wohl und genießen den Komfort. Die Zimmer sind groß und makellos mit superbequemen Doppelbetten und Zimmerservice rund um die Uhr. Das Personal ist hervorragend ausgebildet und sehr aufmerksam. Das indonesische Frühstücksbüfett ist sensationell.

Grand Allison Hotel BUSINESSHOTEL $$$
(☑ 0967-592210; www.grandallisonsentani.com; Jl Raya Kemiri 282; Zi. inkl. Frühstück ab 999 000 Rp; ❈ ❞ ❆) Mit ziemlicher Sicherheit ist dies das schickste Hotel in Papua. Die Zimmer und Einrichtungen werden internationalem Standard gerecht, und der Service ist einzigartig. Am schönsten aber sind die vielen Swimmingpools hier. Buchungen übers Internet sind im Allgemeinen günstiger. Das Hotelrestaurant Pepito bringt bei Klaviermusik internationale Gerichte und leckere Cocktails auf die Tische.

✖ Essen

Pondokan Bambu INDONESISCH $
(☑ 0811 481 2484; Jl Raya Kemiri; Hauptgerichte 20 000–45 000 Rp; ❂ Mo-Sa 6–18 Uhr) Der flippige *warung* mit Dschungelgemälden an den Wänden befindet sich in der Hauptstraße von Sentani. Schon von Weitem ist die Reggae-Musik zu hören. Die Grillhähnchen sind gut gewürzt und superzart, die Smoothies erfrischend (ein Hoch auf die Jackfrucht!). Im Café nebenan gibt's vietnamesische Küche und Syphonkaffee aus Papua.

★ Yougwa Restaurant INDONESISCH $$
(☑ 0822 3952 7778; Jl Raya Sentani; Hauptgerichte 25 000–60 000 Rp; ❂ Mo-Sa 9–19 Uhr, So 11–16.30 Uhr) Das bezauberndste Restaurant in Sentani liegt 13 km östlich der Stadt und hat luftige Holzterrassen mit Blick auf den See. Sehr empfehlenswert ist *ikan gabus* (Schlangenhautfadenfisch), ein sehr leckerer Fisch aus dem See ohne Gräten. Die Ein-

PAPUA NORDPAPUA

Rund um Jayapura & Sentani

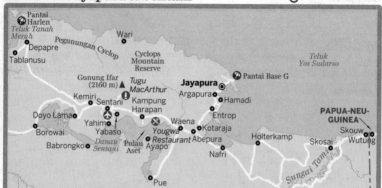

heimischen lieben auch Sago, ein gummiartiges (und absolut geschmackloses) Lebensmittel aus den gekochten Herzen der Sagopalme.

❶ Praktische Informationen

Bei der Polresta (S. 529) in Jayapura, 35 km westlich von Sentani, dauert es etwa eine Stunde, bis eine *surat jalan* ausgestellt ist. Die einfache Fahrt mit einem *ojek* von Sentani kostet 100 000 Rp. Die Polda (S. 529) stellt ebenfalls *surat jalan* aus.

❶ Anreise & Unterwegs vor Ort

Die Taxis am **Flughafen** verlangen unverschämte 100 000 Rp für die zumeist kurze Strecke zum Hotel. Selbst *ojek*-Fahrten kosten 25 000 Rp. Außerhalb des Flughafengeländes zahlt man für die *ojeks* dagegen nur 10 000 Rp.

Öffentliche *taksis* mit der Aufschrift „Trm Sentani-Hawai" pendeln für 5000 Rp auf der Jl Raya Kemiri zwischen dem *taksi*-Bahnhof am westlichen Ende der Stadt und dem Hawai-Areal im Osten.

Rund um Sentani

Im Rahmen von Tagesausflügen können viele interessante Sehenswürdigkeiten rund um Sentani besucht werden.

Danau Sentani

Beim Anflug auf und Abflug von Sentani ist der 96,5 km² große See inmitten malerischer grüner Hügel gut zu sehen. Im See liegen 19 Inseln, an den Ufern stehen die traditionellen Fischerdörfer auf Pfählen im Wasser.

◉ Sehenswertes

Pulau Asei INSEL

Asei ist das größte Zentrum der Rindenmalerei um Sentani. Ursprünglich wurde nur die Rindenkleidung der Frauen der Häuptlingsfamilien bemalt, heute ist die Rindenmalerei eine eigene Kunstform. Um nach Asei zu kommen, nimmt man ein *taksi* (5000 Rp) nach Kampung Harapan, dann geht es mit einem *ojek* 2 km nach Süden zum See (10 000 Rp). Von dort fahren Boote zur Insel (hin & zurück 300 000 Rp).

Tugu MacArthur DENKMAL

GRATIS Vom MacArthur Monument auf dem Gunung Ifar hat man einen atemberaubenden Blick auf den Danau Sentani. Nachdem die US-Streitkräfte im April 1944 Jayapura (das damalige Hollandia) von den Japanern erobert hatten, errichtete General Douglas MacArthur hier sein Hauptquartier. Neben dem kleinen Denkmal befindet sich ein Raum mit einer Ausstellung zu den Kämpfen zwischen den USA und Japan.

Situs Megalitik Tutari ARCHÄOLOGISCHE STÄTTE

(Megalithen von Tutari) Rechts vom Eingang ins Dorf Doyo Lama, 6 km westlich von Sentani, befindet sich der Eingang zu dieser Kultstätte. Die geheimnisvolle Stätte besteht aus Felsen und Steinen in verschiedenen Anordnungen sowie Dutzenden Felsmalereien, die Fische, Schildkröten, Krokodile und Eidechsen zeigen. Ihr Alter ist unbekannt, doch die Dorfbewohner halten sie immer noch für heilig. Die Malereien befinden sich in sechs eingezäunten Arealen, zu denen ein 1 km langer Betonweg führt. Der Blick auf den See ist überwältigend.

Pulau Biak

Mit 1898 km² ist Biak eine der größten Inseln vor der Küste Papuas. Vor der entspannten, freundlichen Insel kann man gut schnorcheln und tauchen. Früher war sie einmal ein beliebtes Reiseziel für ausländische Touristen, wurde in deren Gunst aber von den Raja-Ampat-Inseln verdrängt.

Im Zweiten Weltkrieg war Biak hart umkämpft, und in der monatelangen Schlacht von Biak fielen 1944 rund 10000 Japaner und knapp 500 Amerikaner. In der Gegend befinden sich mehrere historische Sehenswürdigkeiten aus dieser Zeit, darunter eine Höhle, in die die USA eine Bombe warfen und damit 3000 japanische Soldaten töteten, und ein abgestürztes Wasserflugzeug der USA, das jetzt von Korallen und Fischen bewohnt wird.

ⓘ Unterwegs vor Ort

Öffentliche *taksis* und ein paar Busse fahren zu den interessantesten Sehenswürdigkeiten der Insel. Einfacher ist die Erkundung mit einem Mietwagen oder einem *ojek* oder aber einer Tour mit PT.Ekowisata Papua Tours & Travel (S. 510). Abgesehen von der Südküste bestehen die meisten Dörfer nur aus einer Handvoll Hütten, in denen es keine Unterkünfte und keine Verpflegung für Traveller gibt.

Kota Biak

☑ 0981 / 41 250 EW.

So bleibt als Basislager nur die Hauptstadt der Insel. Der Flughafen ist 3 km östlich des Stadtzentrums an der Jl Yani, die dann zur Jl Prof M. Yamin wird.

🏃 Aktivitäten

Auch wenn die Tauchgebiete von Biak nicht mit denen von Raja Ampat zu vergleichen sind, kann man hier doch ganz gut tauchen und schnorcheln. Die beste Sicht herrscht im Allgemeinen von Mai bis Juli.

Östlich von Kota Biak gibt es unterseeische Feldwände in Marau, Saba und Wadibu, wo man auch gut schnorcheln kann, ebenso wie in Anggaduber. Die besten Tauch- und Schnorchelbedingungen sind jedoch rund um die Padaido Islands zu finden.

Von November bis April wagen sich auch hartgesottene Surfer in Wasser der Insel.

Byak Divers Papua   TAUCHEN
(☑ 0852 4496 0506; biakdivers.ulis@yahoo.co.id; 5 Tage/4 Nächte inkl. Tauchen 6,5 Mio. Rp) Der erfahrene Tauchlehrer Yulius Kapitarau leitet die angesehene Boutique-Tauchschule von seinem Haus in Biak aus. Er ist auch mit einem Safariboot im Raja-Ampat-Archipel unterwegs. Er spricht kaum Englisch, ist aber

Pulau Biak

Ⓝ 0 ▬▬▬▬▬ 20 km

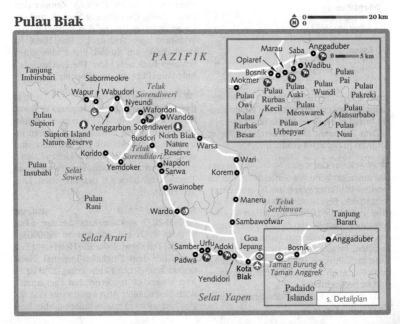

Kota Biak

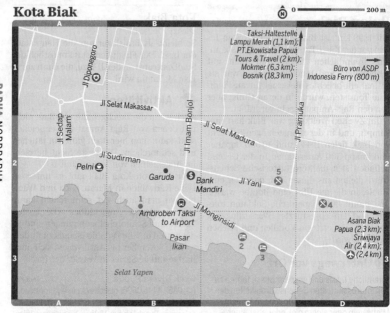

Kota Biak

⊕ Aktivitäten, Kurse & Touren

🛏 Schlafen

🍽 Essen

umso leidenschaftlicher bei der Sache und kennt die besten Gebiete. Seine Tauchurlauber bringt er im Hotel Mapia Biak unter.

Zum Zeitpunkt der Recherche wollte er ein Büro in der Stadt eröffnen.

★Wrack der Catalina
TAUCHEN

Das amerikanische Wasserflugzeug, das im Zweiten Weltkrieg gegen die Japaner eingesetzt wurde, liegt heute in 30 m Tiefe vor der Insel und ist die Heimat unzähliger Meeresbewohner. Anstelle von Bomben und Torpedos trägt das Wrack jetzt harte und weiche Korallen, zwischen denen sich Engelsfische, Langstachelhusare und Anemonenfische tummeln. Auch Seesterne und Nacktkiemer sind zu beobachten.

Warum das Flugzeug abstürzte, wurde nie bekannt gegeben.

🛏 Schlafen

Intsia Beach Hotel
HOTEL **$**

(☎ 0981-21891; Jl Monginsidi 7; Zi. inkl. Verpflegung 250 000 Rp; ❋ 🔊) Das beste Hotel auf Biak ist nicht gerade schick, doch die Zimmer sind zweckmäßig, die Betten ordentlich, und das Essen ist lecker (bis auf den Kaffee und das Weißbrot zum Frühstück). Das Hotel ist nicht direkt am Strand, bietet aber einen schönen Blick aufs Meer. Die Tauchschulen holen die Gäste mit dem Boot ab.

★Padaido Hotel
HOTEL **$$**

(hotpadaido@hotmail.com; Jl Monginsidi 16; Zi. inkl. Frühstück 400 000 Rp; ❋) Ein echter Geheimtipp mit nur fünf makellosen Zimmern im frischen nautischen Stil! Die Quartiere sind voller praktischer Details wie Lichtschaltern am Bett und haben jeweils eine eigene grüne Terrasse mit Blick auf den hübschen, kleinen Hafen.

Asana Biak Papua
HOTEL **$$$**

(☎ 0981-21139; www.aerowisatahotels.com; Jl Prof M Yamin 4; Zi. inkl. Frühstück ab 795 000 Rp; ❋ 🔊 ≋) Das verwinkelte alte Hotel steht fast gegenüber dem Flughafen-Terminal. Nach der umfangreichen Renovierung 2010 ist es jetzt wesentlich moderner, hat aber immer noch die koloniale Atmosphäre von 1953. Es gibt hier auch ein großes indonesisches Restaurant und einen schönen Swimmingpool am Meer.

Essen

★ Warung Makan Barokah SEAFOOD $$
(Jl Ahmat Yani; Hauptgerichte 25000–90000 Rp; ⊙16–24 Uhr) Wer gegrillten Fisch oder Hühnchen in leckerer Sauce (deren Rezept streng geheim gehalten wird) mit grünem Gemüse, Reis und Sambal mag, ist in diesem allzeit beliebten Restaurant richtig. Es ist preiswert, einfach und brillant.

Zum Nachtisch kann man frisches Obst auf dem Markt auf der anderen Straßenseite kaufen.

Furama Restaurant INDONESISCH, CHINESISCH $$
(☑0981-22022; Jl Ahmad Yani 22; Hauptgerichte 40000–80000 Rp; ⊙Mo–Sa 9–22 Uhr; ✱) Zum kalten Guinness- und Bintang-Bier gibt's sehr gute chinesische und indonesische Gerichte wie geschmorten Frosch und gebratene Papayablüten. Dies ist das einzige Lokal der Stadt, das die Bezeichnung Restaurant wirklich verdient.

ⓘ Praktische Informationen

Bank Mandiri (Ecke Jl Imam Bonjol & Jl Yani; ⊙Mo–Fr 8–15 Uhr) Wechselt US-Dollar und hat Geldautomaten für Visa- und Plus-Karten.

PT.Ekowisata Papua Tours & Travel (S. 510) Der alteingesessene Veranstalter bietet alle Touren an, die man sich nur vorstellen kann, und zwar nicht nur rund um Biak, sondern auch in ganz Papua und darüber hinaus. Der erfahrene, kompetente Geschäftsführer Benny Lesomar spricht ausgezeichnet Englisch. Nach telefonischer Vereinbarung trifft er sich mit seinen Kunden auch in der Stadt.

Polizei (Jl Diponegoro 3; ⊙Mo–Fr 8–15 Uhr) Hier werden surat jalan innerhalb von einer Stunde oder so ausgestellt. Auf Biak braucht man die Genehmigung tatsächlich, wenn man zu einer Insel vor der Küste fährt.

ⓘ An- & Weiterreise

FLUGZEUG

Tickets für **Garuda** (Jl Sudirman 3; ⊙Mo–Fr 8–15.30, Sa & So 9–15 Uhr), **NAM Air** (☑0981-26577; www.sriwijayaair.co.id; Jl Prof M Yamin 1) und **Sriwijaya Air** (☑0981-26577; www.sriwijayaair.co.id; Jl Prof M Yamin 1) sind in Reisebüros und den Büros der jeweiligen Fluggesellschaft erhältlich. Tickets für die Kleinflugzeuge von **Susi Air** (☑0811 211 3090, 0811 211 3080; www.susiair.com; Flughafen; ⊙6–15 Uhr) werden nur im Flughafen verkauft. Garuda, NAM Air und Sriwijaya Air fliegen mindestens einmal pro Tag nach Jayapura und Jakarta. Garuda fliegt auch täglich nach Nabire und Makassar. NAM Air hat auch dreimal pro Woche Verbindungen nach Meruake. Susi Air fliegt dreimal pro Woche nach Manokwari und täglich nach Nabire.

SCHIFF/FÄHRE

ASDP Indonesia Ferry (☑0981-22557; Jl Suci 21) Die Fähren fahren wöchentlich nach Manokwari und Nabire und legen ab in Mokmer (6 km östlich von Kota Biak).

Pelni (☑0981-23255; Jl Sudirman 37) Lässt alle zwei Wochen drei Schiffe nach Jayapura im Osten, Sorong im Westen und zu anderen Orten fahren. Einige Fähren nach Sorong legen auch in Nabire und Manokwari an.

TAKSI

Die blauen taksis nach Bosnik (10000 Rp, 30–40 Min.) fahren über Mokmer und Taman Burung. Abfahrt ist alle paar Minuten. Zusteigen kann man an der Haltestelle Lampu Merah (Ampel) in der Jl Bosnik Raya im Nordosten der Stadt. Der wichtigste Bahnhof für die anderen taksis ist der Terminal Darfuar, etwa 5 km nordwestlich der Innenstadt. Ab dem Nachmittag verkehren auf den meisten Strecken weniger Wagen.

ⓘ Unterwegs vor Ort

Öffentliche gelbe taksis fahren vom Flughafen in die Stadt (5000 Rp). Abfahrt ist rechts (westlich) vor dem Terminal. Zurück geht es mit einem taksi in Richtung Ambroben ab der Ecke Jl Imam Bonjol und Jl Monginsidi oder in der Jl Yani in Richtung Osten. Eine Taxifahrt vom Flughafen in die Innenstadt kostet rund 100000 Rp.

Rund um Kota Biak

◎ Sehenswertes

Goa Jepang HÖHLE
(☑0812 9388 2131; Jl Goa Jepang; 50000 Rp; ⊙7–17.30 Uhr) Im Zweiten Weltkrieg war die japanische Höhle 4 km nordöstlich von Kota Biak Stützpunkt und Versteck Tausender japanischer Soldaten. Ein 3 km langer Tunnel führte von hier angeblich in die Küstenstadt Parai, bevor er durch ein Erdbeben verschüttet wurde. 1944 schlug eine US-amerikanische Bombe ein Loch in das Höhlendach. Dann warfen die Amerikaner Erdölfässer durch das Loch und bombardierten die Höhle. Schätzungsweise 3000 japanische Soldaten wurden dabei getötet.

Taman Burung & Taman Anggrek GÄRTEN
(Jl Bosnik Raya, Km 12; 20000 Rp; ⊙8–18 Uhr) Der Vogel- und Orchideengarten in Ibdi,

12 km östlich von Kota Biak an der Straße nach Bosnik, umfasst eine beachtliche Menge Vögel aus Papua, darunter farbenprächtige Loris, Nashornvögel, Kakadus und drei traurige Kasuare, die in viel zu kleinen Käfigen leben müssen. Rund um die Vögel in ihren Käfigen blühen Orchideen Dutzender Arten.

Bosnik & Umgebung

Das 18 km von Kota Biak entfernte Bosnik ist ein entspanntes Dorf, das sich über 2 km an der Küste entlangzieht. Dienstags, donnerstags und samstags findet vormittags ein geschäftiger **Markt** (☺Di, Do & Sa 8–15 Uhr) statt, zu dem Scharen von Inselbewohnern aus Padaido strömen. Die Strände gehören definitiv nicht zu den schönsten Indonesiens, doch der Sandstrand **Pantai Segara Indah** (Parken 10 000 Rp) am östlichen Ende der Stadt ist recht schön und am Wochenende immer gut besucht. Werktags ist er ziemlich einsam. Etwas weiter östlich liegt der noch ruhigere Strand **Pantai Anggopi**. Hier gibt es auch eine Süßwasserlagune im Inland.

Am besten kauft man sich ein paar leckere Snacks auf dem Markt, fährt zum Pantai Segara Indah, mietet dort einen Pavillon und lässt es sich gutgehen. Gegenüber vom Markt ist auch ein winziges Restaurant ohne Namen ansässig.

Taksis von Kota Biak nach Bosnik fahren in der Regel nur bis Opiaref, wo die Straße von der Küste ins Inland abzweigt. Von Opiaref kann man 6 km zu Fuß nach Marau, Saba oder Wadibo laufen und weitere 500 m ins Landesinnere, bis man auf die Straße nach Anggaduber kommt.

Padaido-Inseln

Die 36 schönen Inseln und Inselchen, von denen nur 13 bewohnt sind, können in einem tollen Tagesausflug von Kota Biak oder Bosnik besucht werden. Auf einigen Eilanden kann man auch übernachten. Auf praktisch allen gibt's weiße Sandstrände mit glasklarem Wasser, Korallenriffen und toller Unterwasserwelt vor einer Kulisse aus dichtem Urwald.

Biak Padaido Divers (☏ 0813 4436 6385, 0822 3904 0283; biakpadaidodivers@yahoo.co.id; Tauchgang mit 2 Flaschen 900 000–3 Mio. Rp, komplette Ausrüstung 300 000 Rp, Tagesausflug zum Schnorcheln 1,5 Mio. Rp) veranstaltet Ausflüge zum Tauchen und Schnorcheln rund um die Inseln. Man kann auch im Rahmen einer Tagestour von Byak Divers Papua (S. 533) in Kota Biak hierher kommen.

Die schönsten Tauchgebiete mit herrlichen Korallen und großen Fischen befinden sich am westlichen Ende von Pulau Owi. Vor Pulau Rurbas Besar gibt's ebenfalls schöne Korallen und dazu Haie, Schildkröten und große Fische. Pulau Wundi dagegen lockt mit einer Höhle, einer langen Wand und weiteren hübschen Korallen.

Zu den erst vor Kurzem entdeckten Tauchgebieten gehört Pulau Pakreki mit Weiß- und Grauspitzenriffhaien, Fledermausfischen und Napoleonlippfischen. In der ebenfalls neu kartierten Tauchwand vor Pulau Mansur Babo tummeln sich Schwärme von Barrakudas und jede Menge Riffhaie zwischen den üppigen Korallen.

Zu den besten Schnorchelgebieten gehören Pulau Wundi mit schönen Korallen und zahllosen Fischen dicht an der Oberfläche, Pulau Rurbas Kecil und Pulau Meoswarek.

In der Regel kann man für 100 000 Rp pro Person in einem Inselhaus übernachten, oder man fragt beim örtlichen Kirchendiener nach. Der Inhaber von Biak Padaido Divers betreibt auf Pulau Wundi auch eine Pension mit vier Zimmern. In seinem **Wundi Homestay** (☏ 0822 3904 0283, 0813 4436 6385; Pulau Wundi; Unterkunft inkl. Verpflegung 250 000 Rp/Pers.) bietet er auch Tauch- und Schnorchelurlaube an. Zum Zeitpunkt unserer Recherche richtete er gerade eine Tauchschule im Haus ein.

Nabire

☏ 0984 / 45 000 EW.

Die Hauptattraktion der recht wohlhabenden Stadt ist das Schwimmen mit Walhaien. Die bis zu 10 m langen Walhaie fressen hauptsächlich Plankton, aber auch kleinere Fische und sind deshalb immer vor den sogenannten *bagan* (Angelplattformen) im Südwesten des Teluk Cenderawasih, eineinhalb Stunden von Nabire entfernt, zu finden. Deshalb kann man hier auch das ganze Jahr über mit Walhaien schwimmen. Allerdings sollte man die Tiere keinesfalls berühren und auch die Einheimischen davon abhalten.

◎ Sehenswertes

★ **Taman Nasional Teluk Cenderawasih**   NATIONALPARK
(Teluk Cenderawasih National Park; Eintritt 150 000 Rp) Als die Fischer in den 1990er-

DIE HÖCHSTEN BERGE PAPUAS

In Papua befinden sich die höchsten Berge Ozeaniens, darunter der mit 4884 m höchste Gipfel, die Carstensz-Pyramide (Puncak Jaya), und der 4750 m hohe Gunung Trikora, der der dritthöchste ist. Beide Gipfel sind regelmäßig mit Schnee bedeckt, die Carstensz-Pyramide hat zudem mehrere Gletscher, die aber rapide abschmelzen.

Die Besteigung des Gunung Trikora ist möglich, erfordert aber mehrere Übernachtungen in eisiger Höhe sowie zahllose Genehmigungen und die Führung durch einen anerkannten indonesischen Veranstalter.

Die Besteigung der Carstensz-Pyramide war zum Zeitpunkt der Recherche wegen der politischen Instabilität und gewalttätiger Auseinandersetzungen in der Umgebung sehr schwierig. Der einzig sichere Weg zum Gipfel war per Hubschrauber. Zu Fuß war es unmöglich, die Unruhegebiete zu durchqueren. Abgesehen davon sind für die Besteigung des Berges ein hohes Maß an Fitness, umfassende Bergerfahrung und jede Menge Vorbereitungen erforderlich. Dazu kommt noch die gefährliche Höhenkrankheit.

Der verlässliche Veranstalter Adventure Indonesia (www.adventureindonesia.com) bietet Trekking auf den Gunung Trikora und Flüge auf die Carstensz-Pyramide an.

Jahren Holzplattformen in der Bucht installierten, lockten sie damit unerwartet auch große Meeresbewohner an, nämlich Walhaie. 2002 wurde das Gebiet dann zum größten Meerespark Indonesiens erklärt, der sich über 14535 km² vor der Vogelkop-Halbinsel erstreckt. Mehr als 160 Arten von Walhaien wurden hier schon beobachtet, und einige von ihnen sogar mit GPS-Sendern markiert. Daher weiß man, dass einige Tiere ganzjährig in der Bucht bleiben.

Mit einem (oder bis zu fünf) Walhaien zu schwimmen, ist zweifellos ein einzigartiges Erlebnis, doch es gelten einige wichtige Regeln. Traveller dürfen nur in Begleitung eines Guides schwimmen, und es dürfen auch nur maximal sechs Personen gleichzeitig im Wasser sein. Die Walhaie dürfen keinesfalls berührt werden, und man muss immer mindestens 3 m von der Schwanzflosse und 2 m vom Kopf entfernt bleiben, um nicht verletzt zu werden.

Weitere Aktivitäten kosten extra: Schnorcheln (15000 Rp), Tauchen (35000 Rp) und Unterwasserfotografie (250000 Rp), jeweils pro Tag. Dieses Geld wird für den Schutz der Walhaie, mehr als 150 Korallenarten und viele vom Aussterben bedrohten Meerestierarten verwendet. Derzeit läuft das Verfahren zur Anerkennung des Parks als UNESCO-Welterbestätte.

☞ Geführte Touren

⭐ **Septinus Baransano** TOUREN
(📞 0851 4577 6670; Tour 500000 Rp/Tag) Der autodidaktische Einheimische bringt Besucher zu den Walhaien, seit das erste dieser Tiere in der Bucht aufgetaucht ist. Er spricht ausgezeichnet Englisch und engagiert sich sehr für die Entwicklung des Tourismus in Nabire. Ein echter Profi und ein toller Typ!

🛌 Schlafen

Hotel Nusantara HOTEL $$
(📞 0984-22442; Jl Pemuda; Zi. inkl. Frühstück 308000–528000 Rp; ✴ 🎧) Das bezaubernde Hotel ist immer noch das beste in Nabire, auch wenn es in den billigeren Zimmern kein Warmwasser und kein Waschbecken gibt. Doch das Personal ist überaus freundlich, und es gibt einen schön gestalteten großen Innenhof.

⭐ **Kamusioh Guesthouse** PENSION $$
(📞 0984-23124; Jl Nylur 5; Zi. 350000–450000 Rp; ✴ 🎧) Das hellgelbe Haus steht in einer malerischen Nebenstraße. Es ist gemütlich und einladend, hat neun Zimmer und einen Garten voller tropischer Pflanzen sowie einen eleganten Speiseraum und eine Gästeküche. Warmwasser, Klimaanlage und WLAN für einen Tag sind im Preis enthalten. Die WLAN-Nutzung für den weiteren Aufenthalt kostet 10000 Rp pro Tag.

Frühstück, Nudeln mit Thunfisch, Bier und alkoholfreie Getränke kosten ebenfalls extra.

Kali Lemon Dive Resort RESORT $$$
(📞 0812 4891 651; www.kalilemon.com; Zi. All-inclusive 5 Mio. Rp/Pers.; 🎧) Das gemütliche, abgelegene Strandresort liegt genau zwischen Urwald und Meer und nur ein paar Gehminuten von den Walhaiplattformen entfernt. Es gibt sechs Bungalows aus lokalem Hartholz und ein romantisches Baumhaus, das übers Meer hinaus ragt. Im Preis ist alles

inbegriffen: Unterkunft, Verpflegung, Tauchen, Schnorcheln, Beobachtung von Paradiesvögeln und Transfers.

Die Zimmer sind mit Ventilatoren ausgestattet, haben aber keinen Warmwasseranschluss. Auch die Tauchausrüstungen sind gerade so ausreichend, und die hiesigen „Tauchlehrer" brauchten selbst noch etwas Unterricht. Mehr Professionalität und bessere Ausrüstungen bietet die Tauchschule Byak Divers Papua von Yulius Kapitarau (S. 533), der seine Kurse auch im Resort durchführt. Man kann mit Walhaien tauchen und in den Korallenriffen der Umgebung riesige Muscheln, Pygmäenseepferdchen und eine Vielzahl anderer Haie beobachten.

Das recht unzuverlässige WLAN kostet 15 000 Rp pro Stunde.

✖ Essen

Rumah Makan Selera CHINESISCH $
(📱0812 4055 4500; Jl Pemuda; Hauptgerichte 50 000–70 000 Rp; ⊘9–22 Uhr) Eigentlich sieht es aus wie ein typisches chinesisches Meeresfrüchterestaurant. Doch die Riesenportionen *ayam masak Lombok* (ein gut gewürztes Gericht mit Entenfleisch) hier hauen einen vom Hocker. Günstig sind sie auch, denn die ganze Ente kostet gerade einmal 60 000 Rp. Außen ist sie schön knusprig, innen ganz zart. Außerdem schwimmt sie in köstlichen Saucen.

Die Speisekarte ist ellenlang, hat aber keine englische Übersetzung. Auch das Personal spricht kein Englisch. Also einfach die Ente bestellen und gut!

🔒 Shoppen

Wisata Hati KUNSTHANDWERK
(📱0823 9806 6696; Jl Jend Sudirman; ⊘Mo–Sa 8–20 Uhr) Der kleine Laden im Zentrum von Nabire verkauft das Kunsthandwerk des örtlichen Mee-Volkes, etwa Taschen aus Orchideenrinde und Souvenirs aus unechten Kasuar- und Paradiesvogelfedern.

➊ An- & Weiterreise

Wings Air fliegt viermal pro Woche nach Ambon. Außerdem haben Garuda Airlines, Wings Air und Trigana täglich Flieger nach Jayapura. Garuda und Susi Air steuern täglich Biak an.

Die Pelni-Fähren fahren alle zwei Wochen dreimal nach Jayapura (einmal via Biak) und dreimal nach Manokwari, Sorong und zu weiteren Orten.

➊ Unterwegs vor Ort

Von Nabire gelangt man auf zweierlei Arten zu den Walhaien.

Man kann mit einem Allradfahrzeug und einem Fahrer für 800 000 Rp in anderthalb Stunden nach Westen zum **Wagi Beach** fahren und dann mit dem Boot weitertuckern (40 Min., hin & zurück 1,5 Mio. Rp). Die Rückfahrt kostet nochmals 800 000 Rp, sofern man den Fahrer nicht herunterhandeln kann.

Schneller, aber auch teurer ist es, wenn man ein Boot chartert und für 5 Mio. Rp **direkt nach Nabire** fährt. Bei ruhiger See ist die einfache Strecke in anderthalb Stunden zu schaffen. Bei rauer See dauert sie zwei Stunden.

BALIEM-TAL

Das legendäre Baliem-Tal ist das beliebteste und am besten zugängliche Reiseziel im Landesinneren Papuas. Das hier lebende Volk der Dani verwendete immer noch Werkzeuge aus Stein, Knochen und Holz, als eine Expedition des amerikanischen Naturkundlers Richard Archbold das Tal 1938 zufällig entdeckte. Seitdem hat sich das Leben der Dani gründlich geändert. Die Steinäxte sind verschwunden, man hat Handys, die uralte Naturreligion wurde durch das Christentum ersetzt. Doch trotz dieser Veränderungen sind das Tal und die Gebirgslandschaft der Umgebung immer noch eine der ursprünglichsten und traditionellsten Gegenden der Erde. Beim Besuch des Baliem-Tals und einer Wanderung durch das Hochgebirge taucht man in eine Welt ein, die so ganz anders als Jakarta und eine Ehrfurcht gebietende Erfahrung ist. Für viele ist das Tal das Highlight einer Reise nach Papua.

Wamena

📱0969 / 31 720 EW.
Das obligatorische Basislager für die Erkundung des Baliem-Tals ist eine weitläufige indonesische Stadt mit zusätzlichen Attraktionen wie Bauernmärkten und den Dani-Dörfern der Umgebung, in denen teilweise die 200 Jahre alten Mumien ihrer Vorfahren präsentiert werden. Die Bevölkerung ist eine Mischung aus Einheimischen und Nicht-Einheimischen, wobei die Geschäfte zumeist Letzteren gehören.

Erst in den 1970er-Jahren wurden die von den Dani-Männern getragenen Penisfutterale verboten, als man im Rahmen der indonesischen „Operasi Koteka" versuchte, die Männer zum Tragen westlicher Kleidung zu zwingen. Doch bis heute wird diese Art der „Bekleidung" oft noch von alten Männern

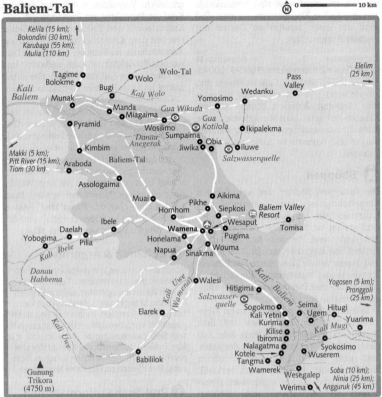

N 0 ——— 10 km

Kelila (15 km);
Bokondini (30 km);
Karubaga (55 km);
Mulia (110 km)

Tagime
Bolokme
Bugi
Munak
Pyramid
Kimbim
Aroboda
Assologaima
Muai
Daelah
Yobogima
Pilia
Ibele

Kali Baliem
Kali Wolo
Wolo
Wolo-Tal
Manda
Miagaima
Gua Wikuda
Wosilimo
Danau Anegerak
Sumpaima
Jiwika
Obia
Iluwe
Salzwasserquelle
Baliem-Tal

Makki (5 km);
Pitt River (15 km);
Tiom (30 km)

Yomosimo
Wedanku
Gua Kotilola
Ikipalekma

Pass Valley

Elelim (25 km)

Homhom
Pikhe
Aikima
Siepkosi
Wesaput
Wamena
Pugima
Wouma
Honelama
Napua
Sinakma
Tomisa

Baliem Valley Resort

Danau Habbema

Gunung Trikora (4750 m)

Kali Ibele
Kali Uwe (Wamena)
Kali Uwe
Walesi
Hitigima
Salzwasserquelle
Sogokmo
Kali Yetni
Kurima
Kilise
Ibiroma
Nalagatma
Kotele
Tangma
Elarek
Babililok
Wamerek
Wesegalep
Werima

Kali Baliem
Kali Mugi
Seima
Ugem
Hitugi
Yuarima
Syokosimo
Wuserem

Yogosen (5 km);
Pronggoli (25 km)

Soba (10 km);
Ninia (25 km);
Angguruk (45 km)

---

getragen, die in die Stadt kommen, um einzukaufen oder ihre Waren anzubieten.

🛏 Schlafen & Essen

⭐ **Hogorasuok Guesthouse** PENSION **$$**
(☑ 0852 5431 2442, 0969-32382; www.wamena.org; Jl Pangeran Diponegoro; EZ/DZ inkl. Frühstück ab 300 000/400 000 Rp; 🛜) Die seltsame Pension liegt in einer ruhigen Straße, nur einen Katzensprung vom Flughafen entfernt. Für Backpacker ist es die beste Unterkunft der Stadt. Die sechs Zimmer sind klein, aber sauber und rund um einen grünen Hof angeordnet. Besonders im August sind sie oft schon lange im Voraus ausgebucht.

⭐ **Baliem Pilamo Hotel** HOTEL **$$**
(☑ 0813 4409 0719; baliempilamohotel@yahoo.co.id; Jl Trikora 114; Zi. inkl. Frühstück ab 456 000 Rp; 🛜) Für die meisten Touristen das Hotel der Wahl. Die etwas teureren Zimmer im neueren Teil hinter dem Haus sind geschmackvoll und modern eingerichtet und in Braun und Weiß gehalten. Die meisten preiswerteren Zimmer sind klein und einfach, aber in Ordnung. Die „Superior"-Zimmer kommen dagegen fast schon luxuriös daher und verfügen über ein witziges Bad im Grünen.

Für das kaum funktionierende WLAN blecht man 20 000 Rp für drei Stunden.

Mas Budi HOTEL **$$**
(☑ 0969-31214, 0811 4814 003; Jl Patimura; Zi. inkl. Frühstück ab 420 000 Rp) Das neue Hotel gehört auch den Eigentümern des Baliem Pilamo. Es hat 16 zweckmäßige Zimmer mit Warmwasseranschluss. Im hauseigenen Restaurant gibt's leckere Spezialitäten aus der Region, z. B. gebratene Shrimps, Goldfisch, Wildgerichte und Tamarillo-Saft. Allerdings kann es bis zu zwei Stunden dauern, bis das bestellte Essen kommt.

Putri Dani Hotel HOTEL **$$**
(☑ 0969-31223; Jl Irian 40; Zi. inkl. Frühstück ab 650 000 Rp; 🛜) Der kleine Familienbetrieb bietet 15 blitzsaubere, gemütliche Zimmer

mit Warmwasserdusche und kostenlosem Tee und Kaffee. Die hinteren Zimmer sind rund um einen japanischen Garten mit Fischteich angeordnet.

Cafe Pilamo INDONESISCH $$
(Jl Safri Darwin 2; Hauptgerichte 35 000–90 000 Rp; ⏱9–22, So 9–17 Uhr) Das Café ist sauber und ansprechend und hat oben drei Billardtische. Achtung: Jederzeit könnte plötzlich Karaoke-Zeit sein! Man serviert eine große Auswahl indonesischer Gerichte, anständige Burger und fantastische Säfte sowie guten Espresso.

🛍 Shoppen

Die Dani sind Meister des ausgefallenen Körperschmucks. Aus Schweinezähnen, Kaurimuscheln, Knochen, Steinen und Federn stellen sie Halsketten, Brustschmuck, Armbänder und Piercings her. Außerdem fertigen sie Basträcke, geschnitzte Speere und Bogen, *noken* (Tragenetze aus Rindenschnüren) und wunderbaren Kopfschmuck aus Kasuar- und Paradiesvogel- sowie Hühnerfedern und Schweinezähnen.

In den Dörfern selbst kauft man im Allgemeinen günstiger, doch auch auf dem Hauptmarkt **Pasar Jibama** (Pasar Baru; Jl JB Wenas; ⏱8–18 Uhr), 2 km nördlich der Stadt, wird neben Obst und Gemüse, Schweinen und Fisch auch Kunsthandwerk verkauft. Außerdem ist er auch so sehenswert. Weitere Angebote finden sich im Laden der Nichtregierungsorganisation **Oi-Tourism** (Jl Gatot Subroto; ⏱Mo–Sa 7–17 Uhr) und den vielen Kunsthandwerksgeschäften in der Jl Trikora nördlich der Jl Ambon. In den Souvenirshops der Stadt ist auch Kunsthandwerk der Asmat, Korowai und aus Papua Neuguinea erhältlich. Verzichten sollte man auf den Kauf von Produkten aus Paradiesvogel- oder Kasuarfedern und Produkten von Wildtieren. Mit dem Kauf trägt man nicht nur zur Ausrottung dieser Tiere bei – der Handel mit solchen Produkten ist auch verboten, und sie können vom Zoll am Flughafen beschlagnahmt und ihre Besitzer bestraft werden.

Das beliebteste Souvenir sind natürlich Penisfutterale aus Kürbis. Diese kosten zwischen 20 000 und 100 000 Rp, ja nach Größe, Material und Verhandlungsgeschick. Anprobieren ist jedoch nicht möglich.

Auf den drei Märkten in Wamena, die täglich stattfinden, kann man sich gut mit frischem Obst und Gemüse für eine Wanderung eindecken. Neben dem großen Pasar Jibama gibt's noch den **Pasar Misi** (Jl Ahmad Yani; ⏱8–18 Uhr) im Süden der Stadt und den Pasar Sinakma 2 km westlich der Stadt.

❶ Gefahren & Ärgernisse

Schon am Flughafen in Wamena wird man von Einheimischen angesprochen. Sofern man keinen im Voraus engagiert hat, sollte man ihnen mit Vorsicht begegnen. Sobald man den kleinsten Gefallen akzeptiert, könnten sie dies als Engagement verstehen und sind kaum abzuschütteln. Selbst wenn man einen Guide braucht, z. B. fürs Trekking, sollte man nicht den Erstbesten nehmen, denn die guten Führer haben es nicht nötig, ihre Kunden am Flughafen abzufangen.

❶ Praktische Informationen

Die Banken lösen grundsätzlich keine Reiseschecks ein. Teilweise wechseln sie Fremdwährungen, doch die Kurse sind sehr schlecht.
Bank Mandiri (Jl Trikora 92; ⏱8.30–15 Uhr) Der Geldautomat akzeptiert Karten von Visa, Visa Electron und Plus.

BALIEM VALLEY FESTIVAL

Das dreitägige **Festival** (⏱Aug.) im Baliem-Tal findet mitten in der Hauptsaison in der zweiten Augustwoche statt. Zu den Highlights gehören Schaukämpfe zwischen den Stämmen, die von den Männern in kompletter Stammestracht im altmodischen Stil nach festen Ritualen ausgefochten werden.

Bei dem Fest werden auch ganze Schweine gebraten, die Menschen tragen traditionelle Kostüme und spielen auf Musikinstrumenten der Dani wie der *pikon* (eine Art Mundharfe). Weitere Aktivitäten sind Schweinerennen, Speerwerfen für Traveller und Bogenschießwettbewerbe.

Das Spektakel ist interessant, wirkt aber etwas übertrieben und ausbeuterisch, insbesondere wenn die Touristen mit ihren Kameras Jagd auf die Stammesangehörigen machen. Wenn man die Stämme in den Dörfern besucht, zeigen sich die Menschen wesentlich authentischer und ursprünglicher.

Als 2018 die größten Festlichkeiten in Walesi stattfanden, kamen deutlich weniger Zuschauer als in den Jahren davor. Damals kostete der Eintritt 75 000 Rp, doch das variiert.

Wamena

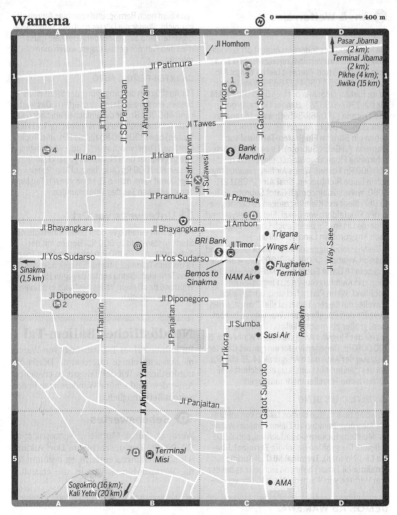

0 ————— 400 m

Jl Homhom
Jl Patimura
Jl Thamrin
Jl SD Percobaan
Jl Ahmad Yani
Jl Trikora
Jl Gatot Subroto
Jl Tawes
Jl Irian
Jl Irian
Jl Safri Darwin
Jl Sulawesi
Bank Mandiri
Jl Pramuka
Jl Pramuka
Jl Bhayangkara
Jl Bhayangkara
Jl Ambon
Jl Way Saee
BRI Bank
Jl Timor
Trigana
Wings Air
Jl Yos Sudarso
Jl Yos Sudarso
Bemos to Sinakma
NAM Air
Flughafen-Terminal
Sinakma (1,5 km)
Jl Diponegoro
Jl Diponegoro
Jl Thamrin
Jl Panjaitan
Jl Trikora
Jl Sumba
Susi Air
Rollbahn
Jl Ahmad Yani
Jl Panjaitan
Jl Gatot Subroto
Terminal Misi
Sogokmo (16 km); Kali Yetni (20 km)
AMA

Pasar Jibama (2 km); Terminal Jibama (2 km); Pikhe (4 km); Jiwika (15 km)

BRI Bank (Bank Rakyat Indonesia; Ecke Jl Yos Sudarso & Jl Trikora; ⊗ 8–15 Uhr) Der Geldautomat spuckt Geld aus, wenn man eine Master- oder Cirrus-Karte hat.

Papua.com (☏ 0822 2624 1111; fuj0627@ yahoo.co.jp; Jl Ahmad Yani 49; 12 000 Rp/ Std.; ⊗ Mo–Sa 8–18.30 Uhr) In dem guten Internetcafé kann man auch etwas faxen oder einscannen. Der Inhaber ist ein sehr erfahrener ehemaliger Traveller und eine unerschöpfliche Quelle für Infos über Papua. Er fährt immer wieder in die Berge, um dort Wildhunde aufzuspüren.

Polizei (☏ 0969-31072, 0969-110; Jl Safri Darwin 1; ⊗ Mo–Sa 8–14 Uhr) Hier werden *surat jalan* ausgestellt.

Wamena

🛏 Schlafen
1 Baliem Pilamo Hotel	C1
2 Hogorasuok Guesthouse	A3
3 Mas Budi	C1
4 Putri Dani Hotel	A2

🍴 Essen
5 Cafe Pilamo	B2

🛍 Shoppen
6 Oi-Tourism	C2
7 Pasar Misi	B5

❶ An- & Weiterreise

FLUGZEUG

Die Flüge sind besonders im August oft schnell ausgebucht. Flugverbindungen zwischen Jayapura (Sentani) und Wamena bieten **Wings Air** (☑ 0811 420 757, 0804 177 8899; www.lionair. co.id; Bandar Udara Airport; ⊙ 5–15 Uhr), **NAM Air** (☑ 0967-5189788; Bandar Udara Airport) und **Trigana** (☑ 0969-34590; www.trigana-air. com; Bandar Udara Airport; ⊙ 6–15 Uhr). Alle haben ein Büro im **Flughafen-Terminal** von Wamena (Jl Gatot Subroto). Es werden täglich zahlreiche Flüge abgewickelt, die jeweils rund 650 000 Rp kosten. Wings Air flieg zweimal täglich in beide Richtungen. **Susi Air** (☑ 0811 211 3080; www.susiair.com; Jl Gatot Subroto; ⊙ 6–15 Uhr) fliegt mit Kleinflugzeugen zu den abgelegenen Flugfeldern von Dekai, Elelim, Kenyan und anderen Orten. Sie bietet auch Charterflüge nach Angguruk im Land der Yali an.

Die Missionsfluggesellschaft **AMA** (Associated Mission Aviation; ☑ 0967-591009; www.amapa pua.com; Jl Gatot Subroto; ⊙ Mo–Sa 6–15 Uhr) fliegt mit Kleinflugzeugen zu Flugpisten im Hochland. Wenn Plätze frei sind, dürfen auch Traveller mitfliegen. Dabei ist die Chance, einen Platz für den Rückflug nach Wamena zu bekommen, größer als in umgekehrter Richtung. So kostet der Flug von Angguruk nach Wamena z. B. 700 000 Rp. Dagegen kostet ein ganzes Charterflugzeug der AMA nach Angguruk 14,25 Mio. Rp. Bei der zweiten Missionsfluggesellschaft MAF dürfen keine Traveller mehr mitfliegen.

ÖFFENTLICHES BEMO

Die völlig überfüllten Bemos fahren von mehreren Ausgangspunkten zu Zielen rund um Wamena. Meistens tuckern sie einfach los, sobald sie voll sind. Die größten Bahnhöfe **Terminal Jibama** (Jl JB Wenas), **Terminal Misi** (Jl Kurima) und **Sinakma** (Jl Timor) befinden sich jeweils bei den drei Märkten von Wamena. Nach 15 Uhr verkehren kaum noch Bemos, und sonntags fahren sie gar nicht. Weder die Dörfer noch die Sehenswürdigkeiten sind ausgeschildert. Deshalb muss man den Fahrern genau sagen, wohin man möchte.

CHARTER-BEMO & AUTO

Für Ausflüge in die Umgebung der Stadt ist es besser, ein ganzes Bemo zu chartern. Das kostet rund 400 000 Rp für die einfache Fahrt nach Kali Yetni (ein beliebter Ausgangspunkt für Trekkingtouren) bzw. 800 000 Rp für die Hin- und Rückfahrt nach bzw. von Jiwika (2 Std.). Mietwagen (die gegenüber dem Flughafen geparkt sind) kosten 800 000 Rp (Aug. bis zu 1 Mio. Rp) pro Tag. Damit kann man z. B. einen ganzen Tag lang den nördlichen Teil des Tals erkunden.

❶ Unterwegs vor Ort

Fahrten mit einem *ojek* oder *becak* innerhalb der Stadt kosten rund 10 000 Rp. Bemos mit der Aufschrift „A2" (5000 Rp) fahren in der Jl Trikora bis zum Terminal Jibama. Ein *ojek* oder *becak* zum Terminal Jibama kostet dagegen 15 000 Rp. Während des Baliem Valley Festivals explodieren die Preise natürlich.

Nordöstliches Baliem-Tal

Im Rahmen eines Tagesausflugs von Wamena aus sind einige interessante Dörfer im nordöstlichen Teil des Tals gut zu erreichen. Außerdem sind schöne Wanderungen in den Seitentälern möglich.

◉ Sehenswertes

Werapak-Elosak-Mumie   HISTORISCHE STÄTTE
(100 000 Rp) Das unscheinbare Dorf Aikima, 8 km von Wamena entfernt, ist berühmt für die Werapak-Elosak-Mumie, die angeblich

BEMOS AB WAMENA

ZIEL	ABFAHRTSORT	PREIS (IDR)	DAUER
Aikima	Jibama	20 000	15 Min.
Ibele	Sinakma	25 000	30 Min.
Jiwika	Kreuzung 600 m hinter Jibama	25 000	40 Min.
Kali Yetni	Misi	25 000	1 Std.
Kimbim	Jibama	30 000	1¾ Std.
Makki	Sinakma	100 000	3 Std.
Meagaima	Jibama	20 000	1 Std.
Sogokmo	Misi	25 000	35 Min.
Tagime	Jibama	30 000	1¾ Std.
Tiom	Sinakma	200 000	4 Std.
Wosilimo	Jibama	25 000	40 Min.

300 Jahre alte Mumie eines Häuptlings, die durch Räuchern konserviert wurde, um seine Macht für das Dorf zu erhalten. Für einen Blick auf die Mumie sollen Besucher zumeist 100 000 Rs pro Person bezahlen, doch mit etwas Geschick lässt sich darüber verhandeln.

Wimontok-Mabel-Mumie   HISTORISCHE STÄTTE
(130 000 Rp) Die berühmte Mumie wird in der winzigen Siedlung Sumpaima, 300 m nördlich von Jiwika, aufbewahrt. Der Weg führt vom Haupteingang des Dorfes die Hauptstraße entlang (und ist mit schwarzen Mumienschildern gekennzeichnet). Wimontok Mabel war im 18. Jh. ein mächtiger Häuptling, und seine geschwärzte Mumie ist die am besten erhaltene und am besten zugängliche in der Umgebung von Wamena.

Air Garam   NATUR
Nach einem steilen Anstieg von anderthalb Stunden ab Jiwika erreicht man die Air Garam, eine Ansammlung von Salzwasserquellen. Die Dorfbewohner tauchen Bananenholz in das Wasser, trocknen und verbrennen es, um die Asche als Salz zu nutzen. Die Jungen des Dorfes führen Besucher für rund 50 000 Rp zu den Stellen. Wer sich aber für das Verfahren interessiert, sollte sich dieses von einer Frau zeigen lassen. Das kostet dann 100 000 Rp pro Nase. Um die Mittagshitze zu vermeiden, sollte man spätestens um 10 Uhr in Jiwika starten.

Gua Wikuda   HÖHLE
(30 000 Rp) Die Höhle in Wosilimo, eine 45-minütige Autofahrt nordwestlich von Wamena, soll mehrere Kilometer lang sein. Ein unterirdischer Fluss fließt durch sie hindurch in den Danau Anegerak. Es sind nur die ersten paar hundert Meter der Höhle zugänglich, doch dort befinden sich schöne Stalagmiten und Stalaktiten. Auf Nachfrage wird auch das Licht eingeschaltet.

Die Fahrt mit einem Bemo von Wamena zur Höhle kostet rund 35 000 Rp.

Gua Kotilola   HÖHLE
(50 000 Rp; ☺ 8–16 Uhr) Die Straße nördlich von Jiwika führt ins Gebirge, das voller Höhlen ist. Die große Gua Kotilola liegt einen kurzen, schönen Fußmarsch hinter einer Dani-Siedlung, etwa 5 km nördlich von Jiwika. In der Höhle werden die Gebeine von Opfern der Stammeskriege aufbewahrt, die Fremden jedoch nicht gezeigt werden. Damit ist der recht hohe Eintritt nicht gerechtfertigt.

🛏 Schlafen

⭐ **Baliem Valley Resort**   RESORT
(☎ 0812 4802 3489, aus Deutschland +49 6051 61388; www.baliem-valley-resort.de; EZ/DZ inkl. Frühstück 110/126 €) Die wunderbare Hotelanlage liegt an einem Hügel 21 km östlich von Wamena. Die großen Hütten sind recht rustikal, aber gemütlich. Der halboffene Speisesaal ist mit ausgezeichneten Kunstwerken aus Papua, insbesondere der Asmat, geschmückt. Der deutsche Inhaber kennt sich bestens in Papua aus und veranstaltet diverse Ausflüge und Touren.

ℹ An- & Weiterreise

Gegen eine Gebühr werden die Gäste des Baliem Valley Resort mit einem Geländewagen zu den Höhlen gebracht. Die preiswerten Bemos in Richtung Jiwika und Wosilimo fahren am Terminal Jibama in Wamena ab. Es ist auch möglich, mit einem ojek (einfache Strecke 150 000 Rp) oder privatem Taxi (hin & zurück 1 Mio. Rp) zu fahren. Die Dörfer sind 45 Autominuten von Wamena entfernt.

Nordwestliches Baliem-Tal

Der westliche Teil des Baliem-Tals ist weit weniger malerisch als der östliche, hat aber auch einige interessante Sehenswürdigkeiten. **Kimbim** ist ein hübsches Verwaltungszentrum außerhalb von Wamena mit ein paar Geschäften und dem Hauptmarkt, auf dem montags und samstags am meisten los ist.

VON SCHWEINEFESTEN & KRIEGSTÄNZEN

In Anemangi direkt hinter Sumpaima, Obia (Isinapma) südlich von Jiwika und anderen Dani-Dörfern können auf Traveller-Wunsch hin Schweinefeste organisiert und farbenprächtige Kriegstänze nach traditionellem Ritus aufgeführt werden. Ein solcher Wunsch muss ein bis zwei Tage im Voraus geäußert werden. Der Preis für einen einzigen Kriegstanz beträgt rund 1,5 Mio. Rp, je nach Anzahl der Tänzer. Außerdem wird gezeigt, wie man mit natürlichen Materialien ein Feuer macht. Das Schweinefest kostet mindestens 2 Mio. Rp und mehr, je nach Anzahl der Gäste. Zudem muss man das Schwein kaufen (ein kleines kostet ebenfalls 2 Mio. Rp).

WANDERN & TREKKEN IM BALIEM-TAL

Abseits der großen Straßen kann man im Baliem-Tal gut die einzigartige Landschaft und die traditionelle Lebensweise der Dani kennenlernen. Auf schmalen Waldwegen besteigt man die Berge, dann wandert man auf ebenen Terrassen durch Felder voller Süßkartoffeln mit ihren lila Blättern, spaziert durch Dörfer mit strohgedeckten *honai* (runde Hütten), überquert Flüsse auf wackeligen Hängebrücken und passiert einsame Hügel, wo nur das Zwitschern der Vögel und Rauschen des Flusswassers zu hören ist.

Die klassische Trekkingroute führt in einer Woche durch den südlichen Teil des Tals (jenseits von Kali Yetni) und die Seitentäler im Osten und Westen. Die Landschaft ist traumhaft, die Wanderung abwechslungsreich und das Leben der Dani noch recht traditionell. Hier kann es das ganze Jahr über regnen, doch von April bis Dezember ist es meist trocken und warm und abends kühl. Von Januar bis März können die Wege durch den Regen zu Schlammpisten werden.

Unterkünfte stehen in fast allen Dörfern zur Verfügung. Einige sind richtige Pensionen im Stil der *honai*-Hütten, oft werden Besucher aber auch im Haus des Lehrers, im Schulhaus oder in anderen Häusern untergebracht. Die Kosten betragen in der Regel 150 000 Rp pro Person (zzgl. Führer & Träger). Geschlafen wird auf dem Boden, der jedoch mit Heu belegt oder auch mit Matten bedeckt sein kann. Da es nachts sehr kalt wird, empfiehlt es sich, einen Schlafsack, warme Kleidung und Fleecepullis mitzubringen. Ebenfalls sehr praktisch sind eine Taschenlampe, ein Solarladegerät und Ersatzbatterien (in den Dörfern gibt's so gut wie keinen Strom), ein Buch (für die langen Abende), eine Wasserflasche und Reinigungstabletten (um das Wasser der Flüsse trinkbar zu machen). Unbedingt erforderlich sind gute Wanderschuhe. Ein Wanderstock ist ebenfalls hilfreich. Sonnenschutz, Sonnenbrille, Kopfbedeckung und Regenkleidung (inkl. Gamaschen und wasserdichten Hosen) sind auch ein Muss.

In den größeren Dörfern gibt's Kioske, an denen Kekse, Nudeln und Reis verkauft werden. Gelegentlich sind auch Süßkartoffeln, Obst und Gemüse erhältlich. Am besten versorgt man sich aber in Manda oder Kimbim im Norden und Kurima im Süden mit Proviant. Auch sollte man sicherheitshalber genug Essen von Wamena mitbringen. In den Dörfern ist in der Regel für 20 000 Rp pro Ladung auch Brennholz zum Kochen erhältlich.

Führer & Träger

In den gut besuchten Trekkinggebieten ist es theoretisch möglich, allein zu wandern und sich durchzufragen, aber es lässt sich auch leicht ein einheimischer Träger bzw. Guide für 250 000 Rp pro Tag engagieren. Wer auf eigene Faust unterwegs ist, sollte über gute Kenntnisse der indonesischen Bahasa-Sprache verfügen und auch die Sprache der örtlichen

⊙ Sehenswertes

Danau Habbema SEE
Der schöne See 30 km Luftlinie westlich von Wamena liegt in 3400 m Höhe. Er ist umgeben von Gebirgsweiden und spektakulären schneebedeckten Gipfeln wie dem 4750 m hohen Gunung Trikora im Süden. Das faszinierende Ökosystem mit der wunderbaren Flora ist ein Paradies für Naturliebhaber. Zum See fährt man am besten und wandert dann durch den Regenwald und die Dörfer zurück (3–4 Tage). Diese Tour sollte man nur in Begleitung eines Wanderführers aus Wamena unternehmen.

Die übliche Route beginnt am See und führt über die Lichtung von Yobogima durch eine spektakuläre Schlucht zum Dorf Daela und weiter nach Pilia und Ibele.

Man kann den See auch als Tagesausflug von Wamena aus besuchen. Hin- und Rückfahrt dauern je zwei Stunden. Die Straße ist aber nur bis zur Hälfte asphaltiert und führt auch zum den militärischen Wachposten in Napua, 7 km von Wamena entfernt. Für ein Allradtaxi von und nach Wamena zahlt man rund 2 Mio. Rp für die Fahrt.

Alongga-Huby-Mumie HISTORISCHE STÄTTE
(Araboda; 80 000 Rp) Die 280 Jahre alte Mumie kann für 80 000 Rp in Araboda besichtigt werden. Ihr Besitzer verlangt dann aber nochmals 50 000 Rp.

Pyramid DORF
Das hübsche Missionsdorf verdankt seinen ungewöhnlichen Namen einem Berg ganz in der Nähe.

Dani etwas sprechen. Die Wege sind nicht markiert und oft nur schwer zu erkennen oder irreführend. Meistens ist auch niemand in der Nähe, der einem im Notfall weiterhelfen könnte. Deshalb verirren sich Ausländer hier auch regelmäßig. Also besser einen Führer engagieren!

Das kann allerdings auch zum Problem werden. Für die Vorbereitung der Wanderung und die Suche nach einem guten, zuverlässigen Führer sollte man sich mindestens einen Tag lang Zeit nehmen. Dabei fallen die Besucher immer wieder auf die gleichen Tricks unseriöser Guides herein: Der Führer behält das Geld für Proviant einfach für sich (deshalb mit ihm zusammen oder selbst einkaufen gehen!), kurz vor dem Start wird ein jüngerer, unerfahrener Führer als Ersatz geschickt, der Guide verlangt unterwegs plötzlich mehr Geld und weigert sich sonst weiterzugehen, der Führer verschwindet einfach und lässt die Traveller nur mit dem Träger zurück.

Als zuverlässig geltende Führer in Wamena finden sich auf Papua.com (S. 541). Oder man versucht, einen der gut 15 offiziell zugelassenen Führer für das Baliem-Tal zu finden. Diese sind zwar nicht die einzigen guten Führer, doch sie sprechen normalerweise Englisch und haben einen guten Ruf zu verlieren.

Es gibt auch keine Festpreise in diesem Bereich, denn der Preis ist jeweils Verhandlungssache. Keinesfalls sollte man sich von finsteren Gesichtern beeindrucken lassen. Auf der Klärung aller Fragen bestehen! Ein zuverlässiger Führer wird niemals in etwas einwilligen, das ihm schaden könnte. Die Dienste eines offiziell zugelassenen Guides kosten meist 500 000 Rp pro Tag (und mehr bei anspruchsvolleren Touren z. B. ins Land der Yali oder der Korowai), doch einige gute, Englisch sprechende Führer verlangen auch weniger. In Wamena gibt es viele zuverlässige Agenturen und Guides. Auch in anderen Gegenden von Papua lassen sich ausgezeichnete Trekkingführer für das Baliem-Tal engagieren, etwa Andreas Ndruru (S. 510) und Antoni Sitepu (S. 510).

Neben einem Führer sind auch Träger sehr praktisch. Man zahlt etwa 150 000 Rp pro Tag, je nach Schwierigkeit der Tour. Ein Koch schlägt mit 300 000 Rp pro Tag zu Buche, doch die Führer und Träger können meist auch kochen. Traveller müssen auch für das Essen der ganzen Gruppe aufkommen (für zwei Wanderer, einen Führer und zwei Träger kostet das für eine Woche rund 3 bis 3,5 Mio. Rp) und Zigaretten für Führer, Träger und den Inhaber der Unterkunft bezahlen. Wenn möglich, sollte man die Vereinbarung schriftlich festhalten und vom Führer unterschreiben lassen. Außerdem ist es üblich, einen Teil der Summe (ca. 70 %) im Voraus zu bezahlen und den Rest dann am Ende der Tour. Auf keinen Fall die ganze Summe im Voraus bezahlen! Am Ende der Tour ist auch ein Trinkgeld von 10 % für den Führer und jeweils 100 000 Rp für die anderen Mitglieder der Gruppe üblich.

ℹ An- & Weiterreise

In dieses Gebiet kommt man nur, indem man ein Fahrzeug chartert. Für die Hin- und Rückfahrt ab bzw. von Wamena kostet das in der Regel etwa 1 Mio. Rp.

Land der Yali

Jenseits der östlichen Berge des Baliem-Tals liegt inmitten einer fantastischen Landschaft das Stammesland der Yali. Das Volk, das nur in den 1960er-Jahren einmal Kontakt zur Außenwelt hatte und angeblich einen oder zwei Missionare verspeist haben soll, ist eines der noch am traditionellsten lebenden Völker dieser Gebirgsregion. Auch wenn in den letzten 15 Jahren viele Stammesangehörige zu Shorts und T-Shirts übergingen, tragen die älteren Männer hier immer noch Röcke aus Rattanreifen, zwischen denen das Penisfutteral hervorragt. Für den größten Teil der Infrastruktur wie Schulen und Verkehrsmittel sorgten die Missionare.

Das Stammesland ist ein tolles Ziel für abenteuerlustige Trekker mit viel Zeit. Südöstlich von hier liegt zudem das Gebiet der Mek, einem ähnlich klein gewachsenen Volk wie die Yali mit ihrem Hauptdorf Nalca. Von hier aus kann man auch Papuas Nord-Süd-Wasserscheide überqueren. Auf der anderen Seite befindet sich Langda, das Hauptdorf der Una, eines Pygmäenvolks.

Die beliebteste Trekkingroute zu den Yali führt von Sogokmo oder Kurima nach Ugem, dann hinauf ins Mugi-Tal, über den gut 3500 m hohen Gunung Elit und nach min-

DIE DANI

Dani ist der Oberbegriff für rund 30 Clans im Baliem-Tal und seinen Seitentälern sowie in einigen Tälern der Zuflüsse des Mamberamo. Insgesamt dürfte es sich um mehr als 200 000 Menschen handeln.

Die meisten Dani sprechen die indonesische Bahasa-Sprache und auch ihre eigene Sprache. In dieser Sprache wird rund um Wamena eine einzelne Person mit *la'uk* begrüßt, mehr als eine Person dagegen mit *la'uk nyak*. Männer begrüßen einen anderen Mann dagegen mit *nayak*, mehrere andere Männer mit *nayak lak* Das ebenfalls weit verbreitete *wa, wa* drückt Respekt und Dankbarkeit aus.

Viele ältere Dani-Männer tragen immer noch ein Penisfutteral (*horim* in Dani, *koteka* in Bahasa) aus Kürbis und sind ansonsten nackt bis auf etwas Hals-, Kopf- und Armschmuck. Andere tragen mittlerweile T-Shirts und Hosen oder Shorts. Die Frauen waren früher alle barbusig, tragen heute aber meist Oberteile zu den traditionellen Baströcken. Die Frauen transportieren oft schwere *noken* (Tragenetze) mit dem Rücken, die am Kopf befestigt werden, um darin Gemüse, Babys oder Schweine zu tragen. Die *noken* bestehen aus zerkleinerter, zu Schnüren gerollter Baumrinde. Viele Dani schmieren sich Schweinefett in die Haare und bedecken auch ihre Körper mit Fett und Ruß, um sie warm zu halten.

Nachdem die christlichen Missionare 1954 zu ihnen vorgedrungen waren und die meisten Dani zum Christentum bekehrt hatten, haben diese ihre leidenschaftlich gepflegten traditionellen Kämpfe zwischen den Dörfern aufgegeben. Davor zogen ganze Dörfer wegen Landstreitigkeiten, geraubter Frauen oder Schweine in den Krieg. Die Kriege bestanden aus kurzen, halbrituellen Zusammenstößen, bei denen es aber Verletzte und Tote gab. Heute werden solche Streits meist mit juristischen Mitteln geregelt.

1956 wurde eine Außenstelle der Niederländischen Regierung in Wamena eingerichtet, und seit den 1960er-Jahren betreibt Indonesien seine Art der Kolonialisierung des Tals durch Förderung der Einwanderung, die Einrichtung staatlicher Schulen, Geschäfte und Polizeistationen, die Stationierung von Soldaten und die Einfuhr von Autos und *becaks* (Fahrradrikschas). Obwohl sich das Leben der Dani stark verändert hat, konnten sie doch ihre Identität und Kultur bewahren. Die Spannungen zwischen den Dani und den Sicherheitskräften und indonesischen Einwanderern führen immer wieder zu Gewalt und großen Aufständen wie 1977 und 2000, als viele Einwanderer aus Papua flüchteten.

Die heutigen Dörfer bestehen aus ausgedehnten Familienanwesen mit ein paar *honai* (runden Strohhütten). Die Männer schlafen in einer gemeinsamen Hütte und besuchen die Frauen nur für den Beischlaf. Das Innere einer *honai* besteht aus einer unteren Ebene mit dem Feuer, das die Hütte wärmt und auf dem gekocht wird, und einer Plattform zum Schlafen.

Nach einer Geburt darf die Mutter zwei bis fünf Jahre lang keinen Geschlechtsverkehr haben, um genügend Milch für das Baby zu produzieren. Manche Dani leben immer noch polygam. Der normale Brautpreis beträgt fünf Schweine, und der Status eines Mannes ist abhängig von der Zahl seiner Frauen und Schweine. Eine sehr ungewöhnliche (und mittlerweile verbotene) Sitte der Dani besteht darin, ein oder zwei Fingerglieder zu amputieren, wenn ein Ehepartner oder Kind gestorben ist. Für eine solche Amputation wurde der Finger meist mit einem Stein zerschmettert. Vielen älteren Dani fehlen tatsächlich einige Fingerglieder.

Was sich nicht geändert hat und sich wahrscheinlich auch nie ändern wird, ist die Liebe der Dani zur Süßkartoffel, die auf riesigen Feldern und Terrassen im ganzen Tal angebaut wird. Bei der Zubereitung geben sich die Dani nicht mit fantasievollen Saucen oder Currys ab. Sie essen sie einfach pur und gekocht zu jeder Mahlzeit. Kein Wunder, dass viele Ausländer nach einiger Zeit keine Süßkartoffeln mehr sehen können!

destens einer (oft auch zwei) Übernachtungen wieder hinunter nach Abiyangge, Piliam und Pronggoli im Land der Yali. Es gibt immer wieder steile Anstiege, und der Weg über den Gunung Elit führt über Holzleitern. Die Wanderung von Pronggoli nach Angguruk (größtes Yali-Dorf mit zwei großen Märkten pro Woche) dauert nochmals ein, zwei Tage.

Eine einfachere, wenn auch längere Strecke führt in acht Tagen von Sugokmo nach

Angguruk. Doch auch auf dieser südlichen Route über Wesagalep, Werima, Soba und Ninia geht es ständig auf und ab.

Beide Wanderungen sollte man nur in Begleitung eines erfahrenen Führers unternehmen. Diesen kann man gut in Wamena engagieren. Antoni Sitepu (S. 510) kennt sich besonders gut in der Gegend aus und führt ständig Wanderungen auch in entlegenere traditionelle Dörfer der Una und Kosarek.

Die Unterkünfte in den Dörfern sind sehr einfach und kosten 150 000 Rp pro Person und Nacht. Angguruk ist das am besten entwickelte Dorf und verfügt auch über eine gute Pension. In den anderen Dörfern werden Traveller in *honais*, Schulhäusern und ähnlichen Gebäuden untergebracht.

Der Wanderführer engagiert auch einen Koch und nimmt das gesamte Essen für die Tour mit. Teilweise wird der Proviant in den Dörfern noch um abgepackte Nudeln, Süßkartoffeln, Taro und extrem gesüßten Kaffee ergänzt.

❶ An- & Weiterreise

Dörfer wie Angguruk, Pronggoli, Kosarek und Welarek haben auch ein Flugfeld.

Susi Air (S. 542) bietet Charterflüge nach Angguruk, die katholische Missionsfluggesellschaft AMA (S. 542) fliegt mit Kleinflugzeugen zu den Flugfeldern im Gebirge. Wenn Plätze frei sind, dürfen auch Traveller mitfliegen. Dabei ist die Chance, einen Platz für den Rückflug nach Wamena zu bekommen, größer als in umgekehrter Richtung. Der Flug von Angguruk nach Wamena kostet z. B. 700 000 Rp. Dagegen kostet ein ganzes Charterflugzeug der AMA nach Angguruk 14,25 Mio. Rp.

Die Wanderung von Wamena hierher dauert eine Woche (die Yali schaffen die Strecke barfuß in zwei Tagen).

SÜDPAPUA

Nur wenige Traveller kommen in den flachen, von Flüssen durchzogenen Süden Papuas. Dabei gehört der von Merauke zugängliche Wasur National Park in der Nähe von Merauke (zumindest für einige Monate im Jahr) zu den schönsten Naturschutzgebieten in Papua. Die Asmat-Region dagegen bietet einen faszinierenden Einblick in das Leben an den Urwaldflüssen, das von einer interessanten Vergangenheit mit Kopfjagden geprägt ist und wunderbare Holzschnitzereien hervorbringt. In Korowai befinden sich die besten Baumhäuser der Welt.

Merauke

☑ 0971 / 87 600 EW.

Die recht wohlhabende, gepflegte Stadt mit geraden, breiten Straßen gilt als die südöstlichste Siedlung Indonesiens. Sie ist Ausgangspunkt für den Besuch des Wasur National Park, der mit Wallabys und anderen Tieren wie ein Stück australisches Outback in Indonesien anmutet.

Merauke erstreckt sich über 6 km vom Flughafen am Südostrand der Stadt zum Hafen von Sungai Maro im Nordwesten. Die Hauptstraße, die fast durch die ganze Stadt führt, ist die Jl Raya Mandala.

🛏 Schlafen & Essen

Marina Hotel HOTEL $
(☑ 0971-326240; Jl Raya Mandala 23; EZ/DZ 165 000/220 000 Rp) Die beste Unterkunft der Stadt hat gute, saubere Zimmer mit Kaltwasserduschen. Es werden auch Motorräder für 50 000 Rp pro Tag vermietet.

Hotel Megaria HOTEL $$
(☑ 0971-321932; www.megariahotel.com; Jl Raya Mandala 166; Zi. inkl. Frühstück ab 390 000 Rp; ❋) Das Hotel verfügt über 42 große, gut ausgestattete Zimmer, die zwar nicht besonders stylish, aber ganz in Ordnung sind. Am besten sind die Zimmer weit weg von der Straße, auf der die Motorräder vorbeirasen. Es gibt auch ein neues Restaurant, das von 18 bis 22 Uhr ganz gute indonesische Gerichte serviert.

Swiss-Belhotel BUSINESSHOTEL $$$
(☑ 0971-326333; www.swiss-belhotel.com; Jl Raya Mandala 53; Zi. inkl. Frühstück ab 1,005 Mio. Rp; ❋ 🛜 ❋) Das äußerst schicke Luxushotel bietet alle Annehmlichkeiten und Extras eines Businesshotels. Es hat aber auch einige Schwächen wie ungleichmäßigen Wasserdruck in den Duschen und überaus neugieriges Personal.

❶ An- & Weiterreise

Garuda, Lion Air und Sriwijaya Air fliegen täglich nach Jayapura. Batik Air hat einen Flieger täglich, landet aber in Makassar zwischen. Ein Taxi vom Flughafen in die Stadt kostet 100 000 Rp. Die gelben öffentlichen *taksis* (4000 Rp) fahren vom Parkplatz des Flughafens oder der Straße davor in die Jl Raya Mandala.

Etwa alle zwei Wochen verkehrt eine Pelni-Fähre von Merauke nach Agats und Sorong. Eine weitere Fähre fährt alle vier Wochen nach Agats und weiter durch die südliche und zentrale Pro-

WANDERN IM SÜDLICHEN BALIEM-TAL

Südlich von Wamena verengt sich das Baliem-Tal, und der Kali Baliem (Baliem-Fluss) wird zum reißenden Strom. Für die wenigen Wanderer, die nach Papua kommen, ist das südliche Baliem-Tal das beliebteste Ziel. Die Landschaft ist atemberaubend, das Wandern erfrischend und das Leben in den Dörfern faszinierend.

In Kurima, dem ersten Dorf im Tal, beginnen unzählige Wanderwege, die sich wie ein großes Netz über die Dörfer auf der westlichen Seite des Tals ziehen. Jede der fünf- bis sechstägigen Wanderungen kann man am West- oder Ostufer des Flusses beginnen, denn es gibt immer wieder Brücken, über die die Rundwege zurückführen.

Die Zeitangaben basieren auf dem „Touristentempo" inklusive Pausen.

Erster Tag

Von Wamena fährt man auf der asphaltierten Straße, bis man nach 16 km das Dorf Sogokmo erreicht, dort eventuell umsteigt und weitertuckert bis zu dem kleinen, rauschenden Kali Yetni. Dort beginnt die Wanderung. Der einzige Weg über den Yetni führt über wackelige Holzbalken – der Guide sollte bei der Überquerung helfen. Nach 45 Minuten erreicht man Kurima, ein größeres Dorf mit einer Polizeistation (wo die *surat jalan* gezeigt werden muss).

Wer keine Hilfe bei der Überquerung des Yetni hat, beginnt die Wanderung in Sogokmo. Von dort sind es 20 Minuten bis zu einer Stahlhängebrücke über das Baliem-Tal. Danach führt ein Weg zum Ostufer hinunter nach Seima (1½ Std.). Von dort geht es in 30 Minuten weiter hinunter nach Kurima, wo eine Hängebrücke erneut über das Tal führt.

Eine Stunde weiter südlich (und bergauf) liegt Kilise, ein *honai*-Dorf (mit runden Strohhütten) mit tollem Ausblick. **Alberth Elopore's Guesthouse** (Kilise; 150 000 Rp/Pers.) in Kilise ist eine der besten Pensionen in der Gegend. Sie besteht aus gemütlichen *honai*-Hütten und einem wunderbaren höhlenähnlichen *kamar mandi* (Bad mit Wassertank). Die Wanderzeit beträgt insgesamt zwei Stunden.

Zweiter Tag

Von Kilise geht man eine oder zwei Stunden lang auf dem hügeligen Weg bis zu dem hübschen Dorf Ibiroma, das einen herrlichen Blick auf das imposante Mugi-Tal und das andere Flussufer bietet. Nach einer weiteren Stunde führt der Weg steil bergab nach Nalagatma mit seiner schönen Holzkirche mitten in einer grasbewachsenen Ebene. Der Weg hinunter zum Kali Baliem wird nun schmaler und verschwindet immer wieder im dichten Geäst.

Nach 50 Minuten erreicht man das winzige *honai*-Dorf Kotele, wo der Weg einen weiten Bogen macht und zum ersten Mal den Blick auf die gewaltigen Berge im Süden freigibt, die in ein paar Tagen zu überqueren sind. Das nächste Stück Weg ist nach Regen gefährlich rutschig. Es führt in 40 Minuten hinunter zum Fluss und über eine kleine Brücke ins hübsche Wamerek. Dort betreibt der Sohn des verstorbenen Mr. Yeki das **Kulugima Guesthouse** (Wamerek; 150 000 Rp/Pers.) im *honai*-Stil. Die Wanderzeit beträgt vier bis fünf Stunden.

Dritter Tag

Dieser Tag wird lang und anstrengend, endet jedoch hoch oben in den Bergen. Von Wamerek läuft man eine Stunde lang bis zu einer klapprigen Holzbrücke über den tosenden Kali Baliem. Der Anblick der sanft im Wind schaukelnden Brücke mit den fehlenden Planken hat schon so manchen zur Umkehr bewegt. Nach der Überquerung des Flusses geht es drei

---

vinz Maluku (umfasst die Molukken) nach Sulawesi. Außerdem verkehren kleinere Schiffe entlang der Küste nach Agats und weiter landeinwärts bis nach Tanahmerah.

Wasur National Park

Der 4130 km² große **Wasur National Park** (☎ 0971-324532; 150 000 Rp/Tag) erstreckt sich zwischen Merauke und der Grenze zu Papua-Neuguinea. Er ist voller interessanter Vögel und Beuteltiere. Allerdings sind die Wege zumeist nur am Ende der Trockenzeit (Mitte Juli–Anfang Nov.) passierbar.

Bony Kondahon (☎ 0813 4458 3646; bony kondahon@rocketmail.com) ist ein ausgezeichneter Führer in Merauke, der Touren in den Park organisiert. Das kostet 700 000 Rp pro

Stunden lang steil bergauf bis fast zum Gipfel des Berges. In dem Wasserfall dort oben kann man sich etwas abkühlen. Nach einem kurzen ebenen Abschnitt geht es wieder 20 Minuten bergauf zu einem kleinen Dorf mit völlig runden Hütten, die aber oft im kalten Nebel verschwinden. Durch die diesigen Berge geht es weiter hinauf zum Dorf Wesagalep, das auf einem kleinen, kalten Bergkamm liegt und einen tollen Panoramablick bietet. Übernachtet wird im Rathaus oder in der Schule des Dorfes. Die Laufzeit an Tag drei beträgt fünf bis sechs Stunden.

Vierter Tag

Der Tag beginnt mit einem supersteilen Anstieg auf einen Pass (20 Min.). Dabei folgt man nicht dem offensichtlichen geraden Weg (der nur zu einigen Gärten führt), sondern biegt nach rechts ab auf einen schwer erkennbaren Weg. Nach 45 Minuten durch den feuchten, schlammigen Dschungel erreicht man einen schmalen, grasbewachsenen Bergkamm mit Rundblick. Nach ein paar Metern um einen Vorsprung herum geht es wieder zwei Stunden lang nach unten zum Kali Lubuk, in dessen (eiskaltem) Wasser man sich erfrischen kann.

Der Weg zum nächsten Bergkamm hinauf führt immer wieder durch den sumpfigen Urwald, bevor es wieder hinunter ins Dorf Userem geht. Dort kann man für 150 000 Rp pro Nase im Haus des Lehrers übernachten. Wanderzeit insgesamt: fünf bis sechs Stunden.

Fünfter Tag

Dieser Tag ist recht kurz und angenehm, auch wenn es weiter unten immer heißer und feuchter wird. Von Wuserem geht man eine halbe Stunde um einen Vorsprung herum und genießt den Blick auf Wamena im Norden. Dann wird der Weg recht breit und gepflegt und führt durch ein Dorf nach dem anderen. Es geht leicht bergab und dann nach Osten ins Mugi-Tal. Von hier aus sind es nur noch 45 Minuten bis maximal eine Stunde zum Fluss hinunter. In Syokosimo kann man in einer einfachen Holzhütte, dem Haus des Lehrers oder dem Schulhaus übernachten. Vorher kann man noch ein Bad im Fluss nehmen und sich am Nachmittag ausruhen. Die Laufzeit beträgt drei bis vier Stunden.

Sechster Tag

Von Syokosimo geht es am Fluss entlang ins Mugi-Tal. Nach 20 Minuten erreicht man Yuarima und eine kleine Brücke, die nur aus Kletterpflanzen und Zweigen besteht. Am anderen Flussufer führt der Weg sanft bergauf über herrliche Wiesen und vorbei an kleinen Bauernhöfen. Schon bald verlässt man das Mugi-Tal und läuft wieder durchs eigentliche Baliem-Tal in das Dorf Hitugi (1½ Std. ab Start). Dann geht es wieder eine Stunde lang hinunter zum Dorf Ugem. In beiden Dörfern stehen Unterkünfte zur Verfügung.

Wer weiter geht, erreicht fünf Stunden nach dem Start Seima. Am gegenüberliegenden Ufer des Kali Baliem liegt jetzt der Ort, wo die Wanderung vor ein paar Tagen begann. Man kann in Seima übernachten, aber die meisten wandern noch die letzten anderthalb Stunden zum Ausgangspunkt zurück. Von Seima geht es zunächst gen Norden. Der Weg schlängelt sich durch Wald und Ackerland, bevor er zum Fluss hinunterführt. Die gelbe Brücke aus Stahl und Holzstäben (von denen einige fehlen) sieht nicht sehr vertrauenerweckend aus. Auf der anderen Seite geht es zehn Minuten bergauf zur geteerten Straße von Sogokmo. Von dort kann man nach Wamena zurückfahren. Wanderzeit: sechs bis sieben Stunden.

Tag inklusive Kochen und Übernachtung auf dem hübschen **Campingplatz** (☎ 0813 4458 3646) mit einer Hütte auf Pfählen im Nordwesten des Parks.

Das Flachland von Wasur erstreckt sich beiderseits der Grenze zwischen Indonesien und Papua-Neuguinea. Es umfasst Savannen, Sümpfe, Wälder und träge Flüsse, die in der Regenzeit das Land überschwemmen.

Zu den hier lebenden Beuteltieren gehören Wallabys und kleine Kängurus, deren Zahl durch Wilderei aber ständig abnimmt. Es gibt auch nachtaktive Kuskuse und Kurzkopfgleitbeutler sowie meterhohe Termitenhügel. Zu den mehr als 350 Vogelarten zählen Kasuar, Kookaburra, Kakadu, Brolgakranich, Spaltfußgans und drei Paradiesvogelarten.

Im südlichen Teil des Parks lassen sich die Tiere besser beobachten, da es hier mehr offenes Grasland und Küstengebiete gibt. Das indigene Dorf **Rawa Biru**, 45 km östlich von Merauke (*ojek* einfache Strecke 300000 Rp, Geländewagen mit Fahrer hin & zurück 2,5–4 Mio. Rp), bietet Übernachtungsmöglichkeiten in den Häusern der Einwohner (150000 Rp/Pers.). Essen und Moskitonetze müssen aber mitgebracht werden. Von Rawa Biru kann man in zwei bis drei Stunden nach **Prem** laufen. In der kleinen, von Wasser umgebenen Savanne lassen sich gut Wallabys und Wasservögel beobachten. Ebenfalls gut zu erreichen ist das 20 km entfernte **Yakiu**, wo man frühmorgens und am späten Nachmittag oft den Großen, den Königs- und den Roten Paradiesvogel erspähen kann. Im südlichen Teil des Parks wird oft eine „Eigentumsgebühr" von 300000 Rp verlangt, um die einheimische Bevölkerung von der Wilderei abzuhalten.

Land der Asmat

Das Gebiet der Asmat ist ein riesiges, abgelegenes Flachland voller schlammiger Flüsse, Mangroven und Gezeitensümpfe. Ganze Dörfer sind hier komplett mit Straßen auf Pfählen gebaut. Die Asmat waren früher als Kopfjäger und Kannibalen gefürchtet, sind heute aber vor allem für ihre wunderbaren Holzschnitzereien bekannt, die zu den spektakulärsten in Papua gehören. Die Erkundung ihres Stammesgebiets ist faszinierend, verlangt aber viel Zeit, Geld und Geduld.

Die meisten Besucher fahren mit dem Boot durch den Dschungel zu den einzelnen Dörfern, um das Kunsthandwerk der Asmat zu bewundern und zu kaufen und traditionelle Tänze und Zeremonien zu erleben.

Zu den für ihre Schnitzereien und rituellen Kanurennen bekannten Dörfern zählen Atsy, Ambisu, Jow und Amborep im Süden von Agats sowie Sawa Erma im Norden. Die traditionellen Zeremonien sind recht teuer, doch je größer die buchende Gruppe, desto kleiner wird der Preis pro Nase.

Agats

📞 0902 / 1400 EW.

Die Hauptstadt der Asmat ist ein von Pflanzen überwuchertes Dorf an der Mündung des Aswet. Aufgrund der extremen Gezeiten bestehen die Straßen aus Plankenwegen auf Pfählen. Es ist ein seltsames, aber zauberhaftes Dorf mit Märkten, Geschäften, Moscheen, Kirchen und hässlichen Monumenten an der geschäftigen Promenade.

⊙ Sehenswertes

Museum Kebudayaan dan Kemajuan Asmat   MUSEUM
(Asmat-Museum für Kultur & Fortschritt; 📞 0821 4742 3651, Museumswärter John Ohoiwirin 0813

ABSEITS DER ÜBLICHEN PFADE

SURFEN AUF DEM KEPALA ARUS

Nur wenige Wellenreiter aus dem Ausland haben es bisher gewagt, auf dem Kepala Arus zu surfen. Der Zusammenfluss von Digul und Mappi im südlichen Landesinneren von Papua hat eine starke Flutwelle. Der in Merauke ansässige Guide Bony Kondahon ist jedoch überzeugt, dass jeder relativ erfahrene Surfer oder Stand-up-Paddler die Welle schafft.

Der Ausflug will aber gut geplant sein, denn die von den Gezeiten abhängige, 2 m hohe Welle besteht nur vier oder fünf Tage lang, meist direkt vor Voll- und Neumond. Das bedeutet auch, dass man nur von Mai bis Oktober bei Tageslicht surfen kann.

Ausgerüstet mit eigenem Surf- oder Paddelbrett kann man sich von einer Gruppe erfahrener Bootseigner in Bade zum Fluss bringen lassen. Selbst für Profis ist das Surfen hier recht gewagt und dauert auch gut ein paar Minuten. Die bis zu 500 m lange Welle beginnt weit stromabwärts beim Dorf Isyaman und reicht dann bis zum nächsten Dorf Mam (beide im Land der Asmat). Eine Stelle zwischen den beiden Dörfern, die sogenannte Muara Kalamati, gilt als besonders spannend. Am Fluss leben zwar Krokodile, aber sie sind meist nur nachts unterwegs.

Der Aufenthalt in Bade ist ein Erlebnis an sich und lohnt sich auch für alle, die nicht surfen. Die Anreise erfolgt entweder mit einem Charterflugzeug (59 Mio. Rp) oder mit einer Kombination aus Boot und Allradtaxis (8,5 Mio. Rp). Es gibt nur ein einfaches Hotel in Bade und ein Restaurant, das Wildfleisch und seltsam aussehenden Fisch serviert. Lange vor Sonnenaufgang sind schon die Gebete aus der örtlichen Moschee zu hören.

9478 8993; http://asmatmuseum.com; Jl Missi; Eintritt gegen Spende; ⊘ Mo–Sa 8.30–10.30 & 11–14 Uhr) Das Museum zeigt eine fantastische Sammlung von Kunst und Gegenständen der Asmat, von *bis*-Stangen und Schädeln bis zu kompletten Tanzkostümen. Die Ausstellung verteilt sich auf dieses Haus, das regelmäßig geöffnet hat, und ein neueres Haus in der Jalan Yos Sudarso am südlichen Ortsrand, das auch nach drei Jahren immer noch nicht offiziell eröffnet ist. Die Sammlung gehört einem deutschen Kunstsammlerpaar und dem früheren Bischof von Agats und umfasst auch rituelle Masken, Schnitzereien, Webarbeiten, Werkzeuge, Bogen, Pfeile und vieles mehr.

Die schönsten Schnitzereien, die für den alljährlichen Wettbewerb im Rahmen des Pesta Budaya Asmat Festivals angefertigt werden, befinden sich im alten Haus. Das neue Haus kann gelegentlich besucht werden, wenn man zuvor den Museumswärter John Ohoiwirin kontaktiert. Zur Zeit der Recherche war jedoch der Plankenweg zum Eingang des neuen Hauses stark beschädigt.

✨ Feste & Events

Die Asmat-Feste sind denkwürdige und unglaublich kuriose Feiern, die zumeist nur dann stattfinden, wenn der Häuptling eines Dorfes in einem Traum von den Ahnen zur Organisation des Festes aufgefordert wird. Der Häuptling berät sich dann mit den anderen Häuptlingen der Gegend und beauftragt die Dorfbewohner mit dem Sammeln von Sagowürmern, Bananen und anderen Waldfrüchten. Die Dorfbewohner beginnen dann auch, Masken und Kostüme anzufertigen. Das alles dauert Monate, und es wird erst gefeiert, wenn alles fertig ist.

Beim Fest führen die Dorfbewohner sogenannte „satanische Tänze" auf, die aber nichts mit dem Teufel zu tun haben, sondern dazu dienen, die Ahnen des Stammes einzuladen.

Am besten lässt sich ein Asmat-Fest in Sawa Erma nördlich von Agats beobachten. Es gibt allerdings keinen festen Termin, und Fremde werden meist nicht darüber informiert, wann das Fest stattfindet. Weitere Informationen erteilt die katholische Diözese von Agats (0902-31056; www.keuskupan agats.org).

Pesta Budaya Asmat KULTUR
(⊘ Okt.) Jedes Jahr im Oktober werden in Agats fünf Tage lang das Kunsthandwerk und die Kultur der Region gefeiert. Dabei gibt es Schnitzwettbewerbe, Kanurennen und Stammeszeremonien zu sehen.

🛏 Schlafen

Hotel Anggrek HOTEL $$
(☑ 0902-31267; Jl Dandeuw; Zi. ab 350 000 Rp; 🐾) Das solide Hotel ist nur einen Katzensprung von der Promenade entfernt. Es verfügt über große Zimmer, bequeme Betten und *mandis* (traditionelle Bäder mit kaltem Wasser).

Hotel Assedu HOTEL $$
(☑ 0813 4302 4240; Jl Pemda 1; EZ/DZ inkl. Frühstück 440 000/495 000 Rp, EZ/DZ mit Klimaanlage 522 500/605 000 Rp; ❄) In dem staatlichen Hotel stehen Gästen saubere Zimmer mit bequemen Betten und fast schon geschmackvollen Plastikblumen zur Verfügung. Seit einem Erdbeben sind die Fußböden ziemlich uneben.

🔒 Shoppen

⭐ **Asmat Queen**
Art Shop GESCHENKE & SOUVENIRS
(☑ 0813 4006 3500; Jl Sudarso; ⊘ 8–20 Uhr) Das alteingesessene Imperium für Stammeskunst bietet einige der schönsten Stücke der Asmat feil, z. B. Schilder, Speere, Totempfähle, Kostüme, Holzschnitzereien, Trommeln und sogar Krokodilschädel. Die Preise beginnen bei 700 000 Rp und können in schwindelerregende Höhen steigen. Wesentlich günstiger ist das Kunsthandwerk in den Dörfern, dafür aber oft von schlechterer Qualität.

ℹ An- & Weiterreise

Am Flughafen von Agats (Ewer) starten regelmäßige Flüge und auch Charterflüge nach Jayapura, Merauke und Timika. Die Stadt ist auch mit dem Langboot (teuer und langwierig) oder der Fähre (preiswert, aber noch langwieriger) zu erreichen.

Korowai

Die Korowai leben weit im Landesinneren im Gebiet der Flüsse Dairam und Oberer Sirets. Sie sind Halbnomaden, bauen aber auch meterhohe Baumhäuser, die sie vor Tieren, Feinden, Überschwemmungen, Moskitos und auch bösen Geistern schützen sollen. Erst in den 1970er-Jahren wurden die Korowai von Missionaren entdeckt. Seitdem leben die meisten in neuen Dörfern mit ebenerdigen Häusern, einige jedoch immer noch kaum bekleidet im traditionellen Stil mit Werkzeugen aus Stein und Knochen.

SAGO ERNTEN

Die eindrucksvollste Eigenheit der Korowai (neben dem Bau ihrer sagenhaften Baumhäuser) ist die Sago-Ernte. Die mühsame Arbeit beginnt damit, dass die Stammesangehörigen eine große Sagopalme mit der Steinaxt fällen. Dann wird der Stamm aufgesägt, das Mark entnommen und zu Brei geschlagen. Alle Arbeiten werden mit Steinwerkzeugen ausgeführt und von traditionellen Gesängen begleitet. Der Brei wird zusammen mit Flusswasser durch ein natürliches Filtersystem (das nur aus Teilen der Sagopalme besteht) geleitet, um die nahrhafte Stärke zu gewinnen. Von dieser Stärke kann eine Familie wochenlang leben. Die gesamte Arbeit dauert fast einen ganzen Tag und wird meist von Frauen ausgeführt.

Die meisten Veranstalter in Papua bieten Touren in dieses Gebiet an, denn diese Touren sind derzeit trotz allem immer noch die einzige Möglichkeit, zu den Korowai zu gelangen. Je nach Gruppengröße kostet eine zehntägige Tour zwischen 1500 und 2000 € pro Person, wobei sich die Besucher oft nur die Hälfte der Zeit wirklich im Gebiet der Korowai aufhalten.

Die besten Guides für Touren zu den Korowai sind Antoni Sitepu (S. 510), Bony Kondahon (S. 548) und Andreas Ndruru (S. 510).

In den beiden Dörfern Ngguari und Haiganop gibt es immer noch große Baumhäuser. Hier werden die Traveller oft untergebracht. In den Dörfern sind auch noch die traditionellen Aktivitäten zu beobachten, beispielsweise Sagoernte, Fallenbau und das Sammeln von Sagowurmlarven. Diese Larven können auch roh gegessen werden, doch meist braten sie die Frauen über dem offenen Feuer.

Wer sich traut, darf in die höchsten Baumhäuser klettern und dort ein Zelt aufbauen. (Aber Achtung: Mindestens ein Besucher kam schon beim Sturz von einer wackeligen Leiter ums Leben, ebenso viele Stammesangehörige!) In den meisten Dörfern stehen jedoch niedere Baumhäuser und Hütten auf Pfählen zur Verfügung.

Die überall erhältlichen Halsketten aus Hundezähnen kosten rund 1 Mio. Rp.; Baströcke, Bogen, Pfeile und Werkzeuge werden ebenfalls angeboten.

❶ An- & Weiterreise

Bei den Touren fliegt man in der Regel von Jayapura oder Wamena nach Dekai und fährt dann mit dem Boot auf dem Kali Brazza und dem Kali Pulau zum ersten Dorf Mabul. Dort wandert man ein paar Tage auf schlammigen, rutschigen Wegen durch den heißen, feuchten Dschungel.

Ansonsten kann man auch nach Yaniruma oder Bomakia fliegen und von dort weiterwandern oder mit dem Langboot fahren.

Sumatra

51 MIO. EW,

Gut essen

➡ Bixio Cafe (S. 597)

➡ Korintji Heritage (S. 632)

➡ Marola (S. 640)

➡ Jenny's Restaurant (S. 578)

➡ Sari Raso (S. 610)

Schön übernachten

➡ Rimba Ecolodge (S. 613)

➡ Horas Family Home
(S. 577)

➡ On the Rocks (S. 566)

➡ Freddies (S. 594)

➡ Abdi Homestay (S. 630)

Auf nach Sumatra!

Kaum eine Insel regt mehr zum Träumen an und lockt mit spannenderen Abenteuern als Sumatra. Diese Insel von außergewöhnlicher Schönheit sprudelt nur so vor Leben und vibriert unter der Kraft der Natur. Eruptionen, Erdbeben und Tsunamis sorgen immer wieder für Schlagzeilen. Qualmende, brodelnde Vulkane halten Wache über sanft ans Ufer plätschernde Seen. Im Urwald leben außer vielen Orang-Utans, unseren rothaarigen Cousins, auch Tiger, Nashörner und Elefanten, und unten am Meer rollt die glasklare Brandung an idyllische, einsame Strände.

So unterschiedlich wie das Land sind auch die Menschen auf Sumatra – hier lebt ein brodelnder Mix aus Kulturen, von strenggläubigen Muslimen in Aceh über hedonistische Batak-Christen rund um den Danau Toba bis hin zu den Minangkabau in Padang mit ihrer matrilinearen Kultur. Sie alle fühlen sich aus Angst, Respekt und Liebe mit dem wilden und wunderbaren Sumatra verbunden.

Reisezeit
Padang

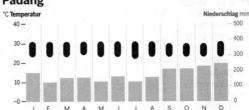

April–Okt. Diese Zeit ist ideal, um vor den Mentawai-Inseln und der Pulau Nias zu surfen.

Mai–Sept. In der Trockenzeit sind im Urwald besonders viele Tiere zu sehen.

Nov.–März In der Regenzeit gewähren die Unterkünfte erhebliche Preisnachlässe.

Highlights

1 Danau Toba
(S. 573) Am Ufer des größten südostasiatischen Sees in die faszinierende Batak-Kultur eintauchen

2 Bukit Lawang
(S. 564) Auf der Suche nach Orang-Utans durch den Dschungel wandern

3 Banyak-Inseln
(S. 600) Einsame Inseln im Paradies besuchen und in den besten Riffs Sumatras schnorcheln

4 Pulau Weh
(S. 593) Vor dieser winzigen Insel zusammen mit Haien und Schildkröten im Korallengarten schwimmen

5 Kerinci Seblat National Park
(S. 634) Tiger und unberührte Seen entdecken und Vulkane besteigen

6 Bukittinggi
(S. 622) Das Zentrum der Minangkabau erkunden

7 Ketambe
(S. 604) Im Herzen des Gunung Leuser Nationalparks den Dschungel kennenlernen

8 Mentawai-Inseln
(S. 614) Den Traum jedes Surfers träumen und unberührte Strände sowie alte Stämme besuchen

9 Bengkulu
(S. 637) Nahe von Sumatras angenehmster Stadt zu Dörfern wandern

10 Berastagi
(S. 569) In der Nähe dieses Bergorts rauchende Vulkangipfel erklimmen

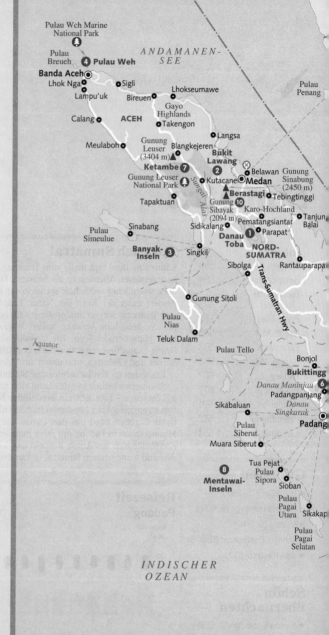

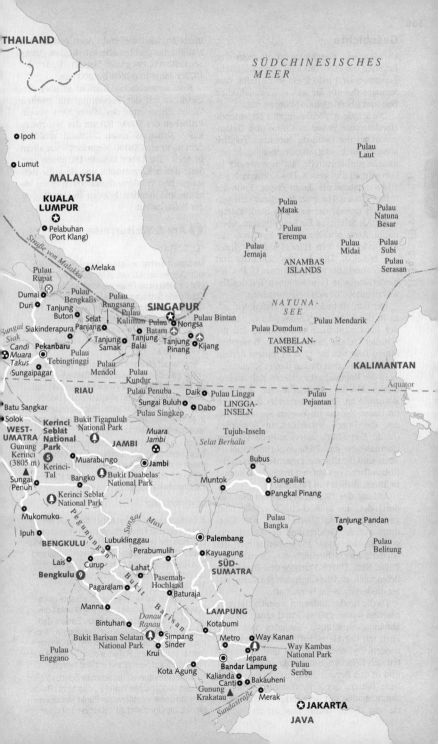

Geschichte

Vorislamische Geschichte ist oft mehr eine Legende als eine Tatsache. Archäologische Zeugnisse sind jedoch ein Indiz dafür, dass Sumatra das Tor für vom südostasiatischen Festland übersiedelnde Stämme war.

Die Straße von Malakka, eine bedeutende Handelsroute zwischen China und Indien, grenzt an die Ostküste Sumatras. Folglich konnten sich hier die regionalen Supermächte und kulturelle Einflüsse wie der Islam schnell ausbreiten. Das Königreich Srivijaya entstand als „Local Player" Ende des 7. Jhs. Dessen Hauptstadt befand sich vermutlich unweit der heutigen Stadt Palembang. Als Srivijayas Einfluss abnahm, übernahm Aceh am Nordzipfel Sumatras die Kontrolle über den Handel auf der Straße von Malakka. Die Ära des Sultanats von Aceh dauerte bis zum Beginn des 17. Jhs., als niederländische Händler einen Teil des Gewürzhandels für sich beanspruchten.

Der damals bedeutendste Hafen, Samudra in der Nähe von Lhokseumawe, verlieh der Insel schließlich den Namen, den die Händler schon lange für sie benutzten. Marco Polo machte 1292 in seinem Bericht über diese Region daraus dann „Sumatra".

In der Kolonialzeit meldeten viele ausländische Mächte Ansprüche auf Sumatras Rohstoffe an. Die Niederländer ließen sich im Hafen Padang im Westen Sumatras nieder, die Briten herrschten in Bencoolen (heute Bengkulu), amerikanische Händler übernahmen das Pfefferexportmonopol in Aceh, und die Chinesen machten sich an die Rohstoffreserven auf den Inseln Bangka und Belitung, östlich von Palembang.

Anfang des 19. Jhs. versuchten die Niederländer, die militärische Kontrolle über ganz Sumatra zu übernehmen, was allerdings auf den Widerstand der verschiedenen Stämme stieß. 1863 übernahmen die Niederländer schließlich die Gewalt über Pulau Nias. Durch Verträge und Bündnisse fielen auch andere Gegenden Sumatras unter niederländische Herrschaft.

Da die Niederländer auf Sumatra nie gern gesehen waren, gab es Grund genug für Unabhängigkeitskämpfe. Sumatra war aber auch mit der Herrschaft Jakartas nicht zufrieden. Zwischen 1958 und 1961 widersetzten sich Rebellengruppen, die in Bukittinggi und in den Bergen Südsumatras ihre Basislager hatten, der Zentralisierung, was Zusammenstöße mit dem indonesischen Militär zur Folge hatte. Das ausgesprochen unabhängigkeitsliebende Aceh erwies sich als Jakartas problematischste Region. Acehs Separatistenbewegung begann Ende der 1970er-Jahre an und hielt bis 2006 an.

Kein menschlicher Konflikt ist aber vergleichbar mit der Zerstörung am zweiten Weihnachtsfeiertag des Jahres 2004, als ein Erdbeben der Stärke 9,0 vor der Nordwestküste Sumatras einen Tsunami auslöste, dem mehr als 170 000 Menschen – vor allem in Aceh – das Leben kostete. Die einzig gute Seite dieser Katastrophe war, dass die Rettungs- und Wiederaufbauarbeiten einen bis heute anhaltenden Frieden in der Region zur Folge hatten.

ⓘ An- & Weiterreise

FLUGZEUG

Medan ist Sumatras internationaler Hauptverkehrsknotenpunkt. Von dem neuen Flughafen gibt es zahlreiche Flüge in südostasiatische Städte wie Singapur, Kuala Lumpur, Penang und Bangkok. In Padang, Westsumatra, landen Flugzeuge aus Kuala Lumpur. Internationale Fluggesellschaften steuern vom Festland Südostasiens auch Banda Aceh, Palembang, Pulau Batam und Pekanbaru an.

Von Jakarta kommt man u. a. mit **Garuda** (www.garuda-indonesia.com), **Citilink** (www.citilink.co.id), **Lion Air** (www.lionair.co.id) und **Sriwijaya Air** (www.sriwijayaair.co.id) in jede größere Stadt auf Sumatra. Flüge von Sumatra in andere Regionen Indonesiens gehen normalerweise über Jakarta.

Achtung: Wenn die Ölpalmplantagen an Sumatras Ostküste abgebrannt werden (alljährlich meist in der Trockenzeit), werden die Flughäfen in Pekanbaru und Jambi oft wegen zu starker Rauchentwicklung geschlossen.

SCHIFF/FÄHRE

Billigfluggesellschaften haben das Ende einiger internationaler Fährverbindungen eingeläutet, darunter die Verbindung Penang–Medan. An Sumatras Ostküste fahren Fähren von Dumai und den Riau-Inseln (und zwar Pulau Batam und Pulau Bintan) sowohl nach Malaysia als auch nach Singapur.

Von Dumai tuckern regelmäßig Boote nach Malakka, Port Dickson und Klang (Kuala Lumpur). Von Pulau Batam und Pulau Bintan, den Hauptinseln im Riau-Archipel, schippern Fähren nach Singapur und von Batam und Bintan nach Dumai und Tanjung Buton, wo Busse weiter nach Pekanbaru auf Sumatras Festland fahren.

Fähren überqueren die schmale Sundastraße, die den südöstlichen Zipfel Sumatras bei Bakauheni mit Javas westlichstem Punkt Merak verbindet. Die Überfahrt ist ein kurzer Teil einer ganztägigen Reise, bei der man zwischen den beiden Häfen und Jakarta sowie Bandar Lampung auf Sumatra mehrere Stunden im Bus sitzt.

ⓘ Unterwegs vor Ort

BUS

Busse sind die häufigsten Transportmittel auf Sumatra und manchmal die einzige Möglichkeit, von einer Stadt in eine andere zu kommen. Sie sind weit davon entfernt, schnell oder komfortabel zu sein. Alle Bustypen – von Sardinendosen der Touristenklasse bis zu modernen, klimatisierten Fahrzeugen – unterliegen dem gleichen Verkehrschaos auf Sumatras einspurigen Straßen mit Schlaglöchern und unzähligen Zwischenstopps, um Fahrgäste ein- oder aussteigen zu lassen. Mit Abstand die besten Busse sind die Superexecutive- oder VIP-Busse mit Liegesitzen, eisiger Klimaanlage, Toiletten und ununterbrochener Karaoke-Musik. Clevere Traveller haben eine Jacke und Ohrstöpsel griffbereit.

In einigen Städten kann man direkt zum Busbahnhof gehen, sich eine Fahrkarte kaufen und in den Bus einsteigen. In anderen Städten befinden sich die Büros der Busgesellschaften außerhalb des Busbahnhofs. Die Preise sind je nach Qualität des Busses und der vermeintlichen Gutgläubigkeit des Reisenden sehr unterschiedlich. Am besten erkundigt man sich vorher in der Unterkunft, was ein Ticket in etwa kosten könnte.

Minibus

Für Mittel- und Kurzstrecken nehmen viele Einheimische und Traveller Minibusse und Sammeltaxis. Sie sind nicht unbedingt schneller oder komfortabler, möglicherweise aber praktischer als Busse, da sie innerstädtisch und von Tür zu Tür verkehren, sodass man nicht zum Busbahnhof fahren muss.

FLUGZEUG

Kurze Flüge können eine gute Alternative zu einer ewig langen Fahrt in einem vollen Bus sein. Die Konkurrenz der inländischen Fluggesellschaften sorgt für preiswerte und größtenteils zuverlässige Inlandsflüge. Eine Ausnahme bildet allerdings Susi Air mit ihren kleinen Flugzeugen, die auf gutes Wetter angewiesen sind. In der Trockenzeit können Flüge entlang der Ostküste aufgrund von Smog gestrichen werden.

Nützliche Verbindungen bestehen von Medan zur Pulau Weh, nach Banda Aceh und Padang, von Palembang nach Jambi und von der Pulau Batam nach Padang und Bengkulu.

NAHVERKEHR

Das beste Verkehrsmittel für Einheimische und Traveller sind Online-Taxis wie **Grab** (www.grab.com/id/en) und **Go-Jek** (www.go-jek.com), die über Smartphone-Apps gebucht werden. Sie sind nicht nur eine preiswertere und schnellere Alternative zu regulären Taxis und *ojeks* (Motorradtaxis), sondern auch zu anderen Nahverkehrsmitteln.

Ansonsten sind in Sumatras Städten und Orten *labi-labi* oder *angkot* (kleiner Minibus), *ojek*, *becak* (Motorrad- oder Fahrradriksha) und *bendi* (Pferdewagen für 2 Pers.) unterwegs. Bevor man in *becaks* steigt, sollte man unbedingt den Preis aushandeln. Bei *angkots* bezahlt man nach dem Aussteigen.

SCHIFF/FÄHRE

Die meisten Fähren schippern von der Hauptinsel zu den vielen Inseln entlang der Küste. Die am stärksten befahrene Strecke verbindet Banda Aceh mit der Pulau Weh, Padang mit den Mentawai-Inseln und Singkil mit den Banyak-Inseln oder der Pulau Nias. Die meisten Langstreckenfähren verfügen über mehrere Klassen, von marode und überfüllt bis hin zu klimatisiert und weniger voll, aber dennoch heruntergekommen. Die Mentawai-Inseln werden seit Neuestem von einem komfortablen, großen Schnellboot angesteuert.

ZUG

Die drei einzigen brauchbaren Züge auf Sumatra fahren von Medans neuem Flughafen ins Stadtzentrum und von Bandar Lampung nach Palembang und Lahat (Pasemah-Hochland).

NORDSUMATRA

Für viele Besucher übt der nördliche, an Aceh grenzende Teil Sumatras den größten Reiz aus. Medan ist gut an das Flugnetz angeschlossen. In Nordsumatra kann man auf der Suche nach Orang-Utans in Bukit Lawang trekken, von Berastagi aus Vulkane erklimmen, am Ufer des Tobasees (indon. Danau Toba) auf der faulen Haut liegen, vor der Pulau Nias und den Banyak-Inseln über die Wellen gleiten und gemütlich gen Norden zur Pulau Weh oder gen Süden nach Padang sowie zu den Mentawai-Inseln schippern.

Nordsumatra erstreckt sich vom Indischen Ozean bis zur Straße von Malakka und bietet alles andere als ein einheitliches Bild. Die hügelige Landschaft hat stickige Ebenen ebenso zu bieten wie kühles Hochland. Unterschiedlichste Gotteshäuser prägen das Bild – von Moscheen mit Metallkuppeln bis zu christlichen Kirchen mit spitzen Türmen. Im Hochland rund um den Danau Toba leben die reizenden Batak, und auf der Pulau Nias kann man Megalithkultur bewundern.

Medan

📋 061 / 2,2 MIO. EW.

Medan, Sumatras Hauptmetropole und Indonesiens drittgrößte Stadt, ist für viele Besucher die erste (oder letzte) Anlaufstation auf der Insel. Da die Stadt nicht am Meer liegt und weder eine Bergkulisse noch einen größeren Fluss zu bieten hat, wird sie von vielen Travellern als seelenlose Industriestadt verschmäht – als unumgängliches Übel auf dem Weg zu aufregenderen Zielen. Obwohl es Probleme mit dem Verkehr und der Umweltverschmutzung gibt, hat die Stadt doch auch echtes indonesisches Großstadtflair. Wer es schafft, den Kulturschock zu überwinden und etwas Zeit in Medan verbringt, wird feststellen, dass es hier mehr gibt als nur einen Hauch von faszinierendem, verfallenem Charme aus der niederländischen Kolonialzeit. Traveller finden hier auch einiges an Sehenswertem, Shopping-Möglichkeiten, ein modernes Nachtleben, gute Restaurants und in den Nebenstraßen traditionelle Imbissstände vor.

◎ Sehenswertes

Dass Medan in der Kolonialzeit eine Handelsstadt war, ist entlang der Jl Ahmad Yani von der Jl Palang Merah nach Norden bis zur Lapangan Merdeka noch immer spürbar. Der frühere Exerzierplatz ist umgeben von ansehnlichen kolonialzeitlichen Gebäuden wie der Bank Indonesia (S. 562), der **Balai Kota** (Rathaus; Jl Balai Kota) und der Hauptpost (S. 562).

★ Museum von Nordsumatra   MUSEUM

(Museum Negeri Provinsi Sumatera Utara; Jl HM Joni 51; 10 000 Rp; ☉ Mo–Do 9–16, Fr–Sa 9–15.15 Uhr) Das in einem markanten traditionellen Gebäude untergebrachte Museum zeigt eine gute Sammlung von Artefakten früher Zivilisationen in Nordsumatra, aus hinduistischen, buddhistischen und islamischen Perioden bis hin zur niederländischen Kolonialzeit, und auch die Militärgeschichte fehlt nicht. Zu den Highlights gehören schöne Steinschnitzereien und außergewöhnlich aufwendig aus Holz geschnitzte Drachensärge aus Nias, Batak-Rollen zur Abwehr von Unglück, feine Textilien und eine Sammlung von *keris* (verzierter Dolch). Das Museum befindet sich südöstlich des Stadtzentrums.

Istana Maimoon   PALAST

(Jl Katamso; 5000 Rp; ☉ 8–18 Uhr) Der prächtige Maimoon-Palast mit 30 Zimmern wurde 1888 im Auftrag des Sultans von Deli errichtet und weist malaiische, mogulische und italienische Bauelemente auf. Öffentlich zugänglich ist nur der Hauptraum mit dem schönen Amtseinführungsthron. Man kann außerdem eine bescheidene Sammlung von *keris* (verzierten Dolchen) bewundern und sich in einer traditionellen malaiischen Tracht fotografieren lassen (20 000 Rp).

Mesjid Raya   MOSCHEE

(Ecke Jl Mesjid Raya & SM Raja; Spende erbeten; ☉ 9–17 Uhr, außer Gebetszeiten) Die beeindruckende Große Moschee wurde 1906 vom Sultan von Deli in Auftrag gegeben. Das Gebäude im marokkanischen Stil besitzt einen prachtvollen Eingang, hohe Decken und kunstvolle Schnitzereien und wurde mit italienischem Marmor und Buntglas aus China errichtet.

Tjong A Fie Mansion   HISTORISCHES GEBÄUDE

(www.tjongafiemansion.org; Jl Ahmad Yani 105; 35 000 Rp; ☉ 9–17 Uhr) Das Haus eines berühmten chinesischen Händlers, der 1921 verstarb und einst der wohlhabendste Bewohner Medans war, vermischt opulente viktorianische und chinesische Stile. Original handgemalte Decken, Tjongs riesiges Schlafzimmer, importierte Möbel aus dunklem Holz mit Marmor- und Perlmuttintarsien, interessante Kunstwerke, ein Ballsaal im Obergeschoss und taoistische Tempel tragen dazu bei, dass dieses Herrenhaus eines der beeindruckendsten historischen Gebäude der Stadt ist.

Graha Maria Annai Velangkanni   KIRCHE

(www.velangkanni.com; Jl Sakura II; ☉ 24 Std.) Liebhaber religiöser Diversität und eigentümlicher Architektur werden von dieser surrealen katholischen Kirche, die hinduistische mit islamischen Architekturstilen vermischt, begeistert sein. Eine geschwungene Brücke führt hinauf zum Eingang. Die Kirche befindet sich 8 km südwestlich des Stadtzentrums (ein Grab-Taxi kostet etwa 60 000 Rp).

☞ Geführte Touren

Tri Jaya Tour & Travel   GEFÜHRTE TOUREN

(📋 061-703 2967; www.trijaya-travel.com; Hotel Deli River, Jl Raya Namorambe 129; Tour 70 US$/2 Pers.) Hervorragende historische Stadtrundfahrten und mehrtägige unter einem bestimmten Motto stehende Sumatra-Touren. Hier ist auch das von dem Betreiber des Unternehmens verfasste Buch *Tours Through*

Historic Medan and Its Surroundings erhältlich.

🛏 Schlafen

K77 Guest House
PENSION $

(☏061-736 7087, 0813 9653 8897; www.k77guest housemedan.blogspot.com; Jl Seto 6B; B/Zi./FZ ab 100 000/200 000/320 000 Rp; ❄🛜) Die beste Backpacker-Unterkunft in Medan befindet sich in einer ruhigen Anwohnerstraße östlich des Zentrums. Die Pension der freundlichen, hilfsbereiten Gastgeber Johan und Lola verfügt über blitzsaubere Zimmer und bequeme Betten. So müssten alle Budgetunterkünfte sein! Im Schlafsaal stehen vier Einzelbetten, die Zimmer haben Gemeinschaftsbäder und Klimaanlage.

Dazhong Backpackers Hostel
HOSTEL $

(☏0822 7309 3888; www.dazhongx.com; Jl Muara Takus 28; EZ/DZ ab 75 000/100 000 Rp; 🛜) Dieses zentral gelegene Hostel gehört zu den wenigen Budget-Optionen der Stadt und wird von Backpackern in höchsten Tönen gelobt. Der stolze, vertrauensvolle Besitzer Mr. Yauw tut alles, damit sich seine Gäste wohlfühlen. Außerdem ist er eine gute Infoquelle. Die Zimmer mit Gemeinschaftsbad sind zwar etwas klein und schäbig, aber dafür stimmt der Preis.

Pondok Wisata Angel
PENSION $

(☏061-732 0702; pondokwisataangelangel@yahoo. com; Jl SM Raja 70; EZ mit Ventilator 80 000 Rp, B mit Klimaanlage 80 000 Rp, DZ mit Ventilator/Klimaanlage 130 000/150 000 Rp; ❄🛜) Zentral gelegene Backpackerbleibe in der Nähe der Mesjid Raya (Große Moschee) mit winzigen Zimmern auf mehreren Etagen. Die Quartiere brauchen eigentlich eine Auffrischung, sind aber relativ sauber. Ein Highlight ist das gesellige **Angel Cafe** (Hauptgerichte 10 000–50 000 Rp; ◷7–24 Uhr; 🛜) im Erdgeschoss. Hier kann man WLAN nutzen, auf der Gitarre klimpern und ein kühles Bier genießen.

Ibis Styles Medan Patimura
HOTEL $$

(☏061-8881 2300; www.accorhotels.com; Jl Kapten Pattimura 442; Zi. inkl. Frühstück ab 500 000 Rp; ❄🛜🏊) Eine ausgezeichnete Wahl für alle, die in einem zeitgemäßen, preisgünstigen Mittelklassehotel mit modernen Annehmlichkeiten und einem Hauch von Design übernachten möchten. Die geräumigen Zimmer sind mit breiten Doppelbetten, modernen Bädern mit Regenduschen, Minibar, Safe, Kabel-TV, schnellem WLAN und einer eiskalte Luft ausstoßenden Klimaanlage ausgestattet. Weitere Pluspunkte sind ein Pool und ein Fitnesscenter. In der Nähe befinden sich Restaurants, ein Kino und ein praktischer Supermarkt, in dem Bier und Snacks erhältlich sind.

Hotel Deli River
HOTEL $$

(☏061-703 2964; www.hotel-deliriver.com; Jl Raya Namorambe 129; Zi. inkl. Frühstück ab 720 000 Rp; ❄🛜🏊) Diese Unterkunft im niederländischen Kolonialstil bietet ansprechende Cottages und Zimmer inmitten von Obstbäumen mit Blick über den Sungai Deli (Fluss). Wer den Smog in der Stadt hinter sich lassen will, aber dennoch in der Nähe von Medan (12 km) wohnen möchte, ist hier goldrichtig. Das wunderbar ruhig gelegene Hotel hat einen Pool und ein schönes Restaurant, in dem die Gewürze aus dem eigenen Garten für die Zubereitung der Speisen verwendet werden.

Grand Swiss-Belhotel Medan
BUSINESSHOTEL $$$

(☏061-457 6999; www.swiss-belhotel.com; Jl S Parman 217; DZ inkl. Frühstück 868 000– 1 300 000 Rp; ❄@🛜🏊) Riesiges Fünf-Sterne-Businesshotel mit grandiosen Einrichtungen und mehreren Restaurants. Hier schläft man garantiert tief und fest. Und dazu gibt's einen durchsichtigen, verglasten Pool und Fenster vom Boden bis zur Decke, aus denen man in den oberen Stockwerken einen fantastischen Blick auf die Stadt hat. Pluspunkte sind zudem die klassische Bar in der Lobby und auf dem Dach die Bar **The View** (◷18–1 Uhr).

🍴 Essen

Sibolang Durian
STRASSENSNACKS $

(☏061-456 8496; www.sibolangdurian.com; Jl Iskandar Muda 75C-D; ab 35 000 Rp/Stück; ◷24 Std.) Wer noch nie eine Durianfrucht probiert hat, sollte dieses „aromatische" Lokal unter freiem Himmel besuchen. Hier dreht sich alles um die stinkigste Frucht der Welt. Das Ganze ist aber nicht nur irgendeine Straßenbude, es ist vielmehr ein heller, rund um die Uhr geöffneter Durian-Tempel mit Picknicktischen, an denen Einheimische begierig das klebrige Fleisch aus der Frucht kratzen.

Medan Vegetarian
INDONESISCH, VEGETARISCH $

(☏061-415 5570; Jl Airlangga 23A-25; 7000 Rp/ Gericht; ◷8–21 Uhr; ❄🍴) Neid Ade – Vegetarier brauchen nicht länger auf die berühm-

Medan

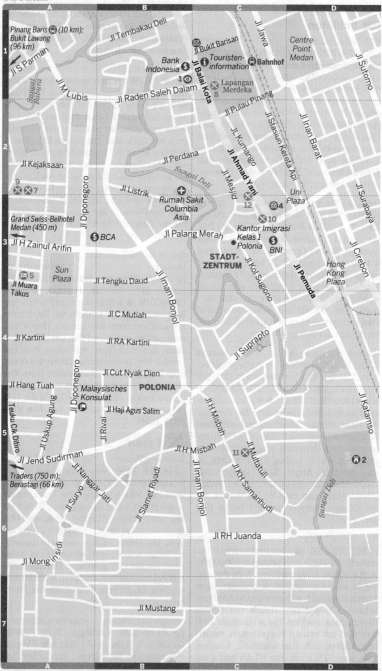

SUMATRA NORDSUMATRA

Pinang Baris (10 km);
Bukit Lawang
(96 km)

Jl S Parman

Jl Tembakau Deli

Bank
Indonesia

Touristen-
information

Jl Bukit Barisan

Jl Balai Kota

Bahnhof

Centre
Point
Medan

Jl Jawa

Jl Sutomo

Sungai Babura

Jl M Lubis

Jl Raden Saleh Dalam

1

8

Lapangan
Merdeka

Jl Pulau Pinang

Jl Kejaksaan

Jl Perdana

Sungai Deli

Jl Kumango

Jl Irian Barat

9 7

Jl Listrik

Jl Diponegoro

Rumah Sakit
Columbia
Asia

Jl Mesjid

Jl Ahmad Yani

Jl Stasiun Kereta Api

Uni
Plaza

12

10 4

Jl Surabaya

Grand Swiss-Belhotel
Medan (450 m)

Jl H Zainul Arifin

BCA

Jl Palang Merah

Kantor Imigrasi
Kelas 1
Polonia

BNI

STADT-
ZENTRUM

Jl Kol Sugiono

Hong
Kong
Plaza

Jl Cirebon

Jl Pemuda

5

Jl Muara
Takus

Sun
Plaza

Jl Tengku Daud

Jl Imam Bonjol

Jl C Mutiah

Jl Kartini

Jl RA Kartini

Jl Suprapto

Jl Katamso

Jl Hang Tuah

Jl Diponegoro

Jl Cut Nyak Dien

Malaysisches
Konsulat

POLONIA

Jl Uskup Agung

Teuku Cik Ditiro

Jl Rival

Jl Haji Agus Salim

Jl H Misbah

11

Jl Multatuli

2

Jl Jend Sudirman

Traders (750 m);
Berastagi (66 km)

Jl Nanggar Jati

Jl Suryo

Jl Slamet Riyadi

Jl H Misbah

Jl Imam Bonjol

Jl KH Samanhudi

Sungai Deli

Jl Mong 'n'sidi

Jl RH Juanda

Jl Mustang

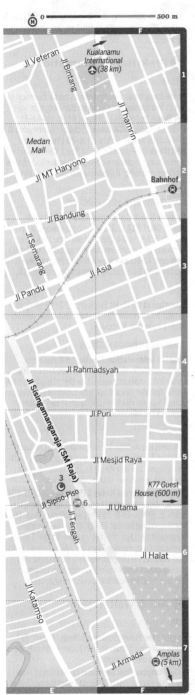

0 — 500 m

JI Veteran
Kualanamu International ✈ (38 km)
JI Bintang
JI Thamrin
Medan Mall
JI MT Haryono
Bahnhof 🚉
JI Bandung
JI Semarang
JI Asia
JI Pandu
JI Rahmadsyah
JI Sisingamangaraja (SM Raja)
JI Puri
JI Mesjid Raya
K77 Guest House (600 m)
🔵3
JI Sipiso-Piso 🍴6 JI Utama
JI Tengah
JI Halat
JI Katamso
JI Armada
Amplas 🚉 (5 km)

Medan

👁 Sehenswertes
1 Balai Kota B1
2 Istana Maimoon D5
3 Mesjid Raya E5
4 Tjong A Fie Mansion C3

🛏 Schlafen
5 Dazhong Backpackers Hostel A3
6 Pondok Wisata Angel E5

🍴 Essen
Angel Cafe .... (siehe 6)
7 Medan Vegetarian A2
8 Merdeka Walk C1
9 Socrates Vegan A2
10 Soto Kesawan C3
11 The Thirty Six C5
12 Tip Top Restaurant C3

ten Padang-Gerichte zu verzichten. Hier gibt's u. a. leckeres, vegetarisches „Rinder"-*rendang*, „Hühnchen"-Satay und Kokos-Curry – Geschmack und Konsistenz sind perfekt. Wie in Padang-Lokalen üblich, gibt es keine Speisekarte. Man muss mit dem Finger auf das gewünschte Gericht zeigen (hier spricht niemand Englisch).

Socrates Vegan (📞061-456 8950; JI Airlangga 14; Hauptgerichte 25 000–50 000 Rp; ⊗Mi–Mo 10–22 Uhr; ✍) ist ein modern eingerichtetes, vegetarisches Restaurant ein paar Häuser weiter.

Soto Kesawan   INDONESISCH $
(JI Ahmad Yani; Gerichte 27 000 Rp; ⊗8–16.30 Uhr) Diese Institution gibt es schon seit fast 60 Jahren. Das winzige Lokal ist immer gut besucht von Gästen, die sich auf die Medan-Spezialität *soto kesawan* (Kokosmilch mit Garnelen, Hähnchen, Kartoffeln und Innereien vom Rind) stürzen.

Tip Top Restaurant   INTERNATIONAL $
(📞061-451 4442; JI Ahmad Yani 92; Hauptgerichte 26 000–73 000 Rp; ⊗8–23 Uhr; ❖🛜) Genau das Richtige für Nostalgiefreaks, denn in dieser Reliquie aus der Kolonialzeit haben sich nur die Preise verändert! Medans ältestes Restaurant stammt von 1934 und verströmt einen Hauch von vergangenem Imperialismus: Hier servieren majestätisch auftretende Kellner in weißen Uniformen padangtypische, chinesische und internationale Gerichte (das traditionell hergestellte Eis und die Desserts sollte man unbedingt probieren).

Ein kühles Bier auf der Terrasse an der Straße ist ein weiterer Grund für den Besuch

SUMATRA MEDAN

SUMATRA NORDSUMATRA

dieses Lokals. Haifischflossensuppe sollte man nicht bestellen, denn für die Zubereitung wird den Tieren die Flosse abgeschnitten; die Fische selbst werden dann wieder ins Wasser geschmissen, wo sie langsam unter Schmerzen sterben.

Merdeka Walk SÜDOSTASIATISCH **$**
(Lapangan Merdeka, Jl Balai Kota; Gerichte 10 000–45 000 Rp; ☻11–23 Uhr; 🛜) Der an Singapurs Freiluftrestaurants erinnernde Merdeka Walk besteht aus mehreren Outdoor-Lokalen in Lapangan Merdeka und bietet von Donutbuden und Fast-Food-Ketten bis hin zu luftigen Restaurants, in denen gegrillte Meeresfrüchte und Nudeln à la Malaysia serviert werden, so ziemlich alles. Die Öffnungszeiten variieren, am wuseligsten ist es nach 17 Uhr. Hierher kommt man wegen der Atmosphäre und nicht so sehr wegen niedriger Preise.

The Thirty Six CAFÉ **$$**
(☑061-453 0970; Jl Multatuli 36; Hauptgerichte 38 000–120 000 Rp; ☻11–24 Uhr; ⚙🛜) Mit dem polierten Betonfußboden, den niedrig hängenden Glühbirnen und dem vertikalen Garten ist dieses Café Medans stylischste Location. Serviert werden Fritten aus weißen Trüffeln, Mac'n'Cheese mit Meeresfrüchten, Buttermilchwaffeln und Sandwiches mit Pulled Roastbeef, der Renner ist aber der saftige Big R Burger. Ein weiterer Grund für den Besuch dieses Cafés sind die Frühstücksgerichte, die den ganzen Tag serviert werden, sowie die kühlen Biere und Kaffeespezialitäten.

Ausgehen & Nachtleben

Level 02 DACHTERRASSENBAR
(☑061-4556 6492; Jl Iskandar Muda; ☻So–Do 16–24, Fr & Sa 16–1 Uhr) Wie hippe Dachterrassenbars in Jakarta ist auch diese beliebte Open-Air-Location ein idealer Ort, um an einem lauen Abend ein balinesisches Craft-Bier, ein Glas Wein oder einen preiswerten Cocktail zu genießen. Die hiesigen kulinarischen Highlights sind Speisen wie Krabben-Bao, Hummerbrötchen, Kneipenklassiker und der Brunch am Wochenende. Es gibt auch einen Raum mit Klimaanlage und einen Weinladen.

Traders COCKTAILBAR
(Jl Kapten Pattimura 423; ☻12–1 Uhr) Mit der langen, glamourösen Cocktailkarte (135 000 Rp) und den ebenso glamourösen Gästen ist das schicke Traders *der* Ort in Me-

dan, um gesehen zu werden. Es gibt auch kühle Biere vom Fass und recht annehmbare Weine.

❶ Praktische Informationen

GELD

In Medan gibt es Zweigstellen von so ziemlich allen in Indonesien ansässigen Banken, u. a. von der **Bank Indonesia** (Jl Balai Kota; ☻Mo–Fr 8–16 Uhr), der **BCA Bank** (Ecke Jl Diponegoro & Jl H Zainal Arifin; ☻Mo–Fr 8–16 Uhr) und der **BNI Bank** (Jl Pemuda; ☻24 Std.). Die Hauptniederlassungen der meisten Banken befinden sich an der Kreuzung Jl Diponegoro und Jl H Zainal Arifin.

MEDIZINISCHE VERSORGUNG

Rumah Sakit Columbia Asia (☑061-456 6368, 0811 617 1333; www.columbiaasia.com; Jl Listrik 2A; ☻24 Std.) Medans bestes Krankenhaus mit rund um die Uhr geöffneter Ambulanz und Apotheke sowie englischsprachigen Ärzten und Spezialisten. Notfallnummer 118.

POST

Hauptpost (Jl Bukit Barisan; ☻8–18 Uhr) In einem alten niederländischen Gebäude gegenüber Lapangan Merdeka.

TOURISTENINFORMATION

Tourist Information Centre (Jl Balai Kota, Merdeka Walk; ☻9–21 Uhr) Diese kleine Touristeninformation gegenüber der Hauptpost am Ende des Merdeka Walk lohnt den Besuch allein schon wegen der Broschüre über die Kolonialarchitektur Medans.

VISUM

Die meisten Ausländer bekommen bei Ankunft auf dem Flughafen von Medan ein 30 Tage gültiges Visum. Vor der Reise sollte man sich aber über den aktuellen Stand informieren.

Kantor Imigrasi Kelas 1 Polonia (☑0811 606 9973; http://polonia.imigrasi.go.id; Jl Mangkubumi 2; ☻Mo–Fr 8–16 Uhr) verlängert Visa. Die Verlängerung kostet 355 000 Rp, die Bearbeitungszeit beträgt drei bis vier Werktage. Ein Visum kann nur wenige Tage vor Ablauf eines gültigen Visums verlängert werden. Fotokopie des Reisepasses und des indonesischen Visums sowie des Weiterreisetickets nicht vergessen!

❶ An- & Weiterreise

BUS

Es gibt zwei Hauptbusbahnhöfe in Medan. Tickets bekommt man an den Fahrkartenschaltern außerhalb der Terminals.

Der **Amplas Bus Terminal** (Jl SM Raja), von dem aus Busse nach Parapat (zum Danau Toba) und zu anderen Zielen im Süden fahren, liegt 6,5 km südlich des Stadtzentrums. Fast alle *angkots*, die auf der Jl SM Raja in südlicher Richtung unterwegs sind, fahren nach Amplas (5000 Rp). Taxis von Grab (S. 557) und Go-Jek (S. 557) sind aber eine bessere Option.

Vom **Pinang Baris Bus Terminal** (Jl Pinang Baris), 10 km westlich des Zentrums, fahren Busse nach Bukit Lawang, Berastagi und Banda Aceh. Um aggressiven Schleppern am Pinang Baris aus dem Weg zu gehen, nehmen Traveller meist die Busse, die 900 m nördlich an der Haltestelle vor der Mawar Bakery in Kampung Lalang losfahren. Dort absetzen lassen!

Kleinbusse nach Singkil und Kutacane (Ketambe) starten am **Padang Bulan Terminal** (Jl Jamin Ginting), das sich südlich des Stadtzentrums befindet.

Die meisten Unterkünfte und zahlreiche Reisebüros in der Jl Katamso können Plätze in Gemeinschaftstaxis, die von Tür zu Tür fahren, organisieren. Beliebte Ziele sind Bukit Lawang (ab 120 000 Rp), Berastagi (ab 120 000 Rp), Danau Toba (90 000 Rp) und Kutacane (130 000 Rp). Das ist teurer als die Busfahrt, dafür aber schneller und etwas komfortabler.

FLUGZEUG
Der **Kualanamu International Airport** (☑ 061-8888 0300; www.kualanamu-airport.co.id) ist 39 km vom Zentrum entfernt. Es fahren regelmäßig Züge und Busse in Medans Innenstadt.

VERKEHRSMITTEL AB MEDAN

Bus

ZIEL	PREIS (RP)	DAUER (STD.)	HÄUFIGKEIT
Banda Aceh	150 000–330 000	12	mehrmals tgl.
Berastagi	13 000	3–4	mehrmals tgl.
Bukit Lawang	30 000	4–5	mehrmals tgl.
Bukittinggi	180 000–290 000	16–20	mehrmals tgl.
Kutacane (nach Ketambe)	80 000	7	1-mal tgl.
Parapat (nach Danau Toba)	42 000	5–6	mehrmals tgl.
Sibolga	120 000–150 000	11	mehrmals tgl.
Singkil	130 000	9	mehrmals tgl.

Flugzeug

ZIEL	FLUGGESELLSCHAFT	HÄUFIGKEIT
Banda Aceh	Lion Air, Citilink	4-mal tgl.
Bandung	Citilink, Lion Air	3-mal tgl.
Bangkok	AirAsia	1-mal tgl.
Gunung Sitoli	Garuda, Wings Air	6-mal tgl.
Jakarta	Batik Air, Citilink, Garuda, Lion Air, Sriwijaya Air	42-mal tgl.
Jambi	Wings Air	1-mal tgl.
Kuala Lumpur	Batik Air, AirAsia, Lion Air, Malaysia Airlines, Malindo Air	4–11-mal tgl.
Padang	Lion Air, Sriwijaya Air	3-mal tgl.
Palembang	AirAsia, Garuda, Lion Air	2-mal tgl.
Pekanbaru	Citilink, Lion Air	4-mal tgl.
Penang	AirAsia, Lion Air, Sriwijaya Air	8-mal tgl.
Pulau Batam	Citilink, Lion Air	6-mal tgl.
Pulau Simeulue	Wings Air	1-mal tgl.
Sibolga	Garuda, Wings Air	3–4-mal tgl.
Silangit	Batik Air, Wings Air	2-mal tgl.
Singapur	AirAsia, Jetstar, Silk Air, Singapore Airlines	6–7-mal tgl.
Surabaya	Lion Air	1-mal tgl.
Yogyakarta	AirAsia, Citilink	2-mal tgl.

❶ Unterwegs vor Ort

Online-Taxis von Grab (S. 557) und Go-Jek (S. 557) sowie *ojeks* sind die bei Weitem preiswertesten und schnellsten Fortbewegungsmittel innerhalb der Stadt.

Außerdem rasen Hunderte *angkots* durch Medans Straßen, eine Fahrt kostet zwischen 5000 und 15 000 Rp. Für Traveller nützlich sind die weiße Linie Mr. X von Jl SM Raja zum Kesawan Sq, nach Lapangan Merdeka und weiter zum Bahnhof, sowie die gelbe Linie 64 vom Maimoon Palace zur Sun Plaza. *Becak*-Fahrten durchs Stadtzentrum kosten zwischen 20 000 und 30 000 Rp.

VOM/ZUM FLUGHAFEN

Am preiswertesten kommt man vom Flughafen mit einem der häufig verkehrenden **Damri-Shuttle-Busse** (Jl Gatot Subroto 30) in die Stadt. Sie warten vor dem Terminal auf Fahrgäste. Es fahren Busse ins Zentrum von Medan (20 000 Rp), nach Amplas (15 000 Rp) und Binjai (40 000 Rp). Zum Flughafen startet der Damri-Shuttle-Bus alle 15 Minuten am Carrefour an der Medan Fair Plaza (20 000 Rp).

Am schnellsten und bequemsten kommt man mit dem klimatisierten **Railink Train** (☑ 061-456 1331; www.railink.co.id; 100 000 Rp, 45 Min., 4.40–23.40 Uhr) vom Flughafen ins Stadtzentrum von Medan. Vom Stadtzentrum zum Flughafen verkehren die Züge zwischen 3.30 und 21.10 Uhr. Abfahrt ist in etwa stündlich.

Taxis vom Flughafen berechnen eine Grundgebühr von 10 000 Rp, jeder Kilometer kostet zusätzlich 5300 Rp. Die Fahrt ins Stadtzentrum kostet ca. 200 000 Rp und dauert je nach Verkehrsaufkommen etwa eine Stunde.

Für ein Grab-Taxi (S. 557) vom Stadtzentrum zum Flughafen zahlt man um die 100 000 Rp, man kann aber nicht zusteigen.

Paradep Shuttle (☑ 0811 621 2407) schickt Flughafenbusse nach Sianta (einfache Strecke 55 000 Rp).

Bukit Lawang

☑ 061 / 2000 EW.

Bukit Lawang, 96 km nordwestlich von Medan, ist ein weitläufiges Touristendorf am schnell fließenden Sungai Bohorok. Es grenzt an den fast senkrecht nach oben ragenden Urwald des Gunung Leuser National Parks mit dem 1973 errichteten legendären Orang-Utan-Rehabilitationszentrum. Obwohl die Fütterungsplattform geschlossen wurde, ist dieser Park noch immer der beste Ort auf Sumatra, um auf einer Wanderung an Menschen gewöhnte Orang-Utans zu beobachten.

Wer keine Lust auf Trekkingtouren hat, kann in diesem sehr travellerfreundlichen Ort wunderbar in der Hängematte träumen, im Fluss baden oder sich in Gummireifen treiben lassen und in einem der Dschungel-Resorts mit dem besten Preis-Leistungs-Verhältnis ganz Sumatras übernachten.

◉ Sehenswertes

Der riesige Gunung Leuser National Park gehört zu den vielfältigsten tropischen Ökosystemen der Welt. Hier leben acht verschiedene Primatenarten sowie Tiger, Nashörner, Elefanten und Leoparden. Aber abgesehen von Orang-Utans, Gibbons, verschiedenen Makakenarten und dem neugierigen Thomas-Langur wird man hier wohl kaum andere große Säugetiere zu Gesicht bekommen, denn Ölpalmenplantagen reichen fast bis an den Ortsrand. An den Wochenenden mischen sich zahllose einheimische Besucher unter die ausländischen Touristen, dann ist Bukit Lawang überlaufen. Wenn es sich einrichten lässt, sollte man an einem Werktag hierher kommen.

🏃 Aktivitäten

Tubing & Rafting

An mehreren Stellen am Fluss kann man riesige, aufgepumpte Lkw-Gummireifen mieten (15 000 Rp/Tag). Man trägt den Reifen flussaufwärts und rast dann auf dem Sungai Bohorok über die Stromschnellen zurück. An den Wochenenden ähnelt der Fluss in der Nähe der Brücke zwar einem Themenpark, dennoch sollte man die Gefahren nicht unterschätzen. Es gibt extrem starke Strömungen. Bei hohem Wasserstand ist Tubing offiziell verboten, aber kaum jemand wird einem das sagen. Den allerletzten Abschnitt vor Erreichen des Ortszentrums sollte man meiden.

Guides können auch ganztägige Rafting-ausflüge auf dem Sungai Wampu organisieren (65 €/Pers.).

Wandern & Trekken

Wer im Gunung Leuser National Park wandern möchte, benötigt eine Genehmigung und einen Guide. Man kann sich von drei Stunden bis zu mehreren Tagen im Park aufhalten. Die meisten Besucher buchen eine Zwei-Tages-Tour mit Übernachtung im Dschungel. So ist die Wahrscheinlichkeit höher, Orang-Utans und andere Tiere zu erspähen. Am besten wandert man in einer möglichst kleinen Gruppe und startet früh.

Guides heuert man am besten über die Unterkunft an. Im Green Hill (S. 565), On the Rocks (S. 566) und im Rainforest Guesthouse (S. 566) geht man sicher, einen verantwortungsbewussten, kundigen Guide vermittelt zu bekommen.

Orang-Utans zu sehen, ist sehr wahrscheinlich, aber nicht sicher. Wenn man welche antrifft, sollte man ruhig bleiben, für Fotos kein Blitzlicht benutzen, einen sicheren Abstand wahren und nicht versuchen, die Tiere zu füttern oder anzufassen, denn Orang-Utans sind anfällig für viele menschliche Krankheiten. Und wer auf der Jagd nach dem perfekten Selfie ist, riskiert den Verlust seines Rucksacks oder Handys und kann sogar angegriffen werden. Man sollte nie vergessen, dass Orang-Utans extrem kräftige Wildtiere sind, die – wenn sie es wollen – den Kopf eines Menschen wie eine Kokosnuss zerquetschen können. Also immer Abstand halten!

Wenn man diese rothaarigen Kreaturen anmutig durch die Wipfel schwingen sieht, so hat das etwas Magisches. Besucher sind oft überrascht, wie nahe sie den Menschen kommen.

Bei der Wahl des Führers sollte man sich Zeit nehmen, denn das Verhalten im Dschungel ist nicht so geregelt, wie es eigentlich sein sollte. Man sollte sich mit Gleichgesinnten unterhalten, die bereits im Dschungel waren, und sich überlegen, wie viel Zeit man wirklich benötigt. Das Feedback derer, die mit Guides aus dem Dorf unterwegs waren, ist meistens positiv. Besonders beliebt sind die geselligen Mahlzeiten am abendlichen Lagerfeuer. Es gibt aber auch Beschwerden, u.a. über Führer, die kaum Ahnung von der Flora und Fauna haben, über die Zusammenlegung von Trekkinggruppen und über das Füttern von Orang-Utans. Wenn man beobachtet, dass ein Führer Orang-Utans füttert, sollte man dies unbedingt sofort den Verantwortlichen in der Touristeninformation Bukit Lawang (S. 567) mitteilen.

Zurück in den Ort zu „raften" (Aufpreis 165 000 Rp/Pers.), d.h. in diesem Fall, auf zusammengebundenen Gummireifen flussabwärts zu gleiten, ist eine beliebte Alternative, da man so tiefer in den Dschungel vordringen kann. Außerdem ist es eine witzige, relaxte Art, den Trek zu beenden. Im Preis enthalten sind einfache Mahlzeiten, die Kosten für die Guides, die Campingausrüstung und die Parkgenehmigung. Camping bedeutet, dass eine Zeltplane über Bambuspfähle geworfen wird und alle Teilnehmer im gleichen „Zelt" schlafen.

Eine Wanderung durch den Dschungel ist kein Spaziergang durch einen Park. Man muss steile, rutschige Aufstiege und abschüssige Hänge überwinden, hinzu kommt die hohe Luftfeuchtigkeit. Eine gute Fitness ist also unerlässlich. Die Wege können ausgetretene Pfade oder kaum sichtbare Schneisen im Unterholz sein. Man sollte mindestens zwei Flaschen Wasser pro Tag mitnehmen und feste Schuhe tragen.

🛏 Schlafen

Die Pensionen am Fluss bieten viel rustikalen Charme und sind eher für Backpacker geeignet. Es gibt aber auch ein paar Unterkünfte der gehobenen Preisklasse. Je weiter flussaufwärts die Herberge liegt, desto wahrscheinlicher ist es, von der Veranda in der Hängematte schaukelnd Wildtiere zu sehen. Auf der anderen Flussseite gibt es ebenfalls ein paar lockere Alternativen. In nur wenigen Pensionen gibt es warmes Wasser, einige verfügen über Ventilatoren.

★ **Green Hill** PENSION $
(☑ 0813 7034 9124; www.greenhillbukitlawang. com; DZ mit Gemeinschaftsbad 100 000 Rp/ DZ/3BZ/4BZ mit eigenem Bad 200 000/250 000/ 300 000 Rp; 🕾) 🏃 Das von einer englischen Naturschutzwissenschaftlerin und ihrem sumatrischen Ehemann geführte Green Hill bietet hübsche Zimmer auf Stelzen, die ideal für Paare und Familien sind. Von den coolen Duschen aus Bambusrohren hat man einen

GEBÜHREN FÜR DSCHUNGEL-TOUREN

Die Sumatra Guide Association hat die Preise für Führungen festgelegt. Sie werden in Euro angegeben (können aber in Rupiah bezahlt werden). Die Preise sind auf Grundlage einer Drei-Personen-Gruppe berechnet; hat eine Gruppe weniger als drei Teilnehmer, muss der Drei-Personen-Preis trotzdem entrichtet werden.

DAUER	PREIS/PERS.
Halber Tag	35 €
1 Tag	45 €
2 Tage	80 €
3 Tage	110 €
4 Tage	155 €
5 Tage	190 €

großartigen Blick auf den Dschungel. Es gibt auch ein Budgetzimmer. Die ruhige Dschungelunterkunft Kuta Langis Base Camp wird ebenfalls von diesem Paar betrieben.

Junia Guesthouse

PENSION **$**

(☑ 0813 9677 2807; www.juniaguesthouse-bukitla wang.com; Zi. inkl. Frühstück 155 000–570 000 Rp) Auf der anderen Seite des Flusses von Bukit Lawangs Hauptsiedlung befindet sich diese freundliche, lockere Pension, in der man sich bemüht hat, alles munter zu gestalten – so wurden die einzigartigen Bäder beispielsweise in die Felswand gehauen. Die neun Quartiere reichen von einfachen Zimmern mit Ventilator bis hin zu Bungalows mit Klimaanlage. Das große Restaurant mit Bar ist ein cooler Ort, an dem man einen netten Abend verbringen kann.

Ida Guesthouse

PENSION **$**

(☑ 0813 7660 0684; Zi. 80 000–200 000 Rp; ☜) Diese Pension ist eine der ersten, an denen man auf dem Weg zum Fluss vorbeikommt. Es ist eine freundliche Unterkunft mit ausgezeichnetem Preis-Leistungs-Verhältnis, blitzsauberen, hellgrün gestrichenen Zimmern und westlichen Bädern. Im Obergeschoss gibt es eine Terrasse mit Sitzmöglichkeiten und Blick auf den Dschungel. Abends kann man im Restaurant am Fluss wunderbar ein kühles Bier genießen.

Rainforest Guesthouse

PENSION **$**

(☑ 0813 6219 9018, 0813 6207 0656; www.rainfo restguesthouse.com; DZ mit Gemeinschaftsbad 50 000 Rp, mit eigenem Bad 75 000–200 000 Rp, FZ 500 000 Rp; ☜) Das Rainforest ist seit Jahren eine der beliebtesten Backpackerbleiben in Bukit Lawang mit Zimmern am gurgelnden Fluss. Die preiswerten Zimmer haben Gemeinschaftsbäder, die teuren ein eigenes Bad und einen Ventilator. In dem kleinen Restaurant wird zu den guten regionalen und westlichen Gerichten auch noch der Blick auf den Fluss geboten. Ein toller Ort, um Gleichgesinnte zu treffen!

Die Unterkunft ist vor Ort noch immer als Nora's bekannt. Nachdem Nora 2014 leider verstorben ist, hat ihre lebenslustige Schwester Nella die Pension übernommen. Von ihr kann man alle nur erdenklichen Infos über die Gegend bekommen.

★ On the Rocks

BUNGALOW **$$**

(☑ 0812 6303 1119; www.ontherocksbl.com; Zi. 200 000–500 000 Rp, Villa 1 000 000 Rp; ☜) Die neun „Stammes"-Hütten stehen eigentlich auf einem Hügel und nicht „on the Rocks".

Sie sind auf leicht rustikale Weise schon fast luxuriös. Jede Hütte hat eine Veranda und ein tiefer liegendes Bad, alle sind herrlich ruhig und bieten einen tollen Blick auf den Dschungel. Die Unterkunft befindet sich auf der anderen Flussseite und ist recht weit von Bukit Lawangs Hauptstraße entfernt. Aber was soll's – das On the Rocks verfügt über ein Restaurant, in dem einfache Gerichte serviert werden.

Es ist eine sehr kinderfreundliche, von einem deutsch-indonesischen Paar geführte Unterkunft mit direktem Zugang zum Urwald. Freundliches Personal.

★ Back to Nature

PENSION **$$**

(☑ 0821 7055 6999, 0813 7540 0921; www.backto naturebukitlawang.com; Camping 50 000 Rp, DZ 300 000–750 000 Rp; ☜) ✿ Diese Lodge an einer schönen Flussschleife ist 45 Gehminuten von der Zivilisation entfernt und macht ihrem Namen alle Ehre. Aca, der umweltbewusste Besitzer, setzte sich für den Erhalt eines gigantisch großen Stücks Dschungel ein, auf dem sonst eine Ölpalmenplantage entstanden wäre. Er baute komfortable Holzzimmer auf Stelzen und private Hütten mit Blick auf den Dschungel – einfach perfekt für Paare!

2018 kamen neue Luxuszimmer mit Badewannen im Freien und ätherischen Ölen aus im Dschungel wachsenden Arzneipflanzen hinzu. Camping ist eine gute Alternative für Budgettraveller, Zelte können zur Verfügung gestellt werden. Es werden auch Trekkingtouren angeboten. Auf Wunsch wird man in Bukit Lawang abgeholt.

EcoTravel Cottages

LODGE **$$**

(☑ 0822 7609 2633; www.sumatra-ecotravel.com; Zi. 290 000–640 000 Rp; ❈☜) Pluspunkte hier sind enorme Himmelbetten, riesige Zimmer, Hängematten auf den Terrassen und makellose Bäder mit Warmwasser. Die Lodge am Fluss bietet also ultimativen Komfort, kombiniert mit professionell geführten Touren von Sumatra Ecotravel. Die Liegestühle mit Blick auf Fluss und Dschungel eignen sich perfekt zum Relaxen. Da es nur fünf Zimmer gibt, sollte man rechtzeitig reservieren.

Kuta Langis Base Camp

PENSION **$$**

(☑ 0813 7034 9124; Bohorok; 1 500 000 Rp/Pers. inkl. Mahlzeiten & Transport, Mindestaufenthalt 2 Nächte) Die Unterkunft auf einem schönen, üppig grünen Gelände, das direkt an den Gunung Leuser National Park grenzt, ist genau das Richtige für alle, die nicht im Touristenzentrum Bukit Lawang übernachten möchten. Die Pension gehört den gleichen Leuten wie das Green Hill und wurde auf einer ehemaligen Ölpalmenplantage für Wanderer errichtet. Sie ist aber auch ein wunderbarer Ort zum Chillen mitten in der Natur. Die Unterkunft befindet sich ca. 15 km nördlich der Stadt.

Es gibt zwei schlichte Zimmer ohne WLAN, TV und modernen Komfort, und genau das macht den Charme aus. In dem Bach am Rand des Geländes kann man sich wunderbar abkühlen, hier ist auch der Startpunkt für Trekkingtouren in den Park.

✖ Essen & Ausgehen

Die meisten Pensionen verfügen über ein Restaurant, in dem sowohl westliche als auch indonesische Gerichte angeboten werden. Ansonsten gibt es am Fluss ein paar einfache Lokale.

Lawang Inn INDONESISCH $

(www.lawanginn.com; Hauptgerichte ca. 40 000 Rp; ☼7–22 Uhr; 🛜🅿) Das Lawang Inn liegt im Herzen der Ortschaft Bukit Lawang. Auf der Speisekarte stehen sättigende Currys und Sambal-Gerichte, u. a. auch gute Tempeh- und Tofuspeisen für Vegetarier. Die Betreiber backen das Brot selbst, außerdem gibt es Burger und auf Vorbestellung auch Grillgerichte. Im Obergeschoss befindet sich eine eindrucksvolle Bar.

Waterstones INDONESISCH $$

(www.waterstoneguesthouse.com; Hauptgerichte 75 000 Rp; ☼9–21 Uhr; 🛜) Das schicke Restaurant liegt direkt an einer spektakulären Flussschleife. Das Interieur prägt ein Mischmasch aus Designermöbeln und Industriebeleuchtung. Für das einfache indonesische Standardessen sind die Preise recht hoch, aber dafür ist das Waterstones genau die richtige Location für ein Nachmittagsbier und Chips mit leckerer Guacamole. Dienstags und freitags gibt's Livemusik.

Cafeteria Gua Lawang CAFÉ

(☼16–24 Uhr) Wer etwas Besonderes wünscht, sollte dieses Café in einer Naturgrotte mit Wandgemälden, starkem Gayo-Aceh-Kaffee und preiswertem Bier besuchen. Außerdem sind indonesische und internationale Gerichte im Angebot.

❶ Praktische Informationen

In dem ganz in der Nähe gelegenen Ort Gotong Royong gibt es die meisten Service-Einrichtun-

gen. Wer mit einem der öffentlichen Busse anreist, muss etwa 1 km zu Fuß Richtung Norden laufen und erreicht dann die ersten Unterkünfte von Bukit Lawang.

Touristeninformation Bukit Lawang (☼7–15 Uhr) Bevor man loswandert, sollte man dieses Zentrum mit den interessanten Exponaten über die Flora und Fauna im Gunung Leuser National Park besuchen.

GEFAHREN & ÄRGERNISSE

In Bukit Lawang gibt es massenhaft Guides. Wer vor Ankunft im Ort keine Tour im Voraus gebucht hat, wird von nervigen Guides zu einer Pension geführt und noch im gleichen Moment zu einer Wanderung durch den Dschungel angemeldet. Man sollte höflich bleiben und sich nicht verpflichtet fühlen, irgendetwas nicht Gewünschtes zu buchen.

Es gibt auch kaum einen Grund, vom Personal der Budgetunterkünfte in Medan organisierte Trekkingtouren zum Festpreis zu buchen. Man kann nach Ankunft in Bukit Lawang alles im Handumdrehen selbst organisieren.

GELD

Zum Zeitpunkt der Recherchen befanden sich die nächsten Geldautomaten, 15 km von Bukit Lawang entfernt. Da es jetzt aber einen kleinen Supermarkt in Bukit Lawang gibt, ist es gut möglich, dass es auch bald einen Geldautomaten geben wird.

Wechselbuden finden sich im nahe gelegenen Dorf Gotong Royong.

❶ An- & Weiterreise

Öffentliche Busse fahren zwischen 6 und 17 Uhr direkt von Medan in Richtung Bukit Lawang (30 000 Rp, 4 Std.). Endstation ist Gotong Royong, wo man ein *becak* (ca. 10 000 Rp) ins Zentrum nimmt. In Medan sollte man den Busterminal Pinang Baris (er ist berüchtigt für Schlepper) meiden und zur Mawar Bakery in Kampung Lampung 900 m weiter nördlich laufen, wo alle 30 Minuten orangefarbene Busse abfahren.

Vom Flughafen in Medan kann man auch den ALS-Bus nach Binjai (40 000 Rp, 2 Std., alle 45 Min.) nehmen. In Binjai fahren die Busse entweder an der Supermall ab, oder man muss ein *becak* (20 000 Rp) zur Bushaltestelle in Bukit Lawang nehmen. Von dort kommt man in einem orangefarbenen PB Semesta Minibus (30 000–50 000 Rp, 2 Std.) zum Gotong Royong Terminal.

Am bequemsten fährt man mit Touristen-Minibussen (120 000 Rp, 3 Std., Abfahrt ca. 10 Uhr) von Medan nach Bukit Lawang. Sie bieten einen Tür-zu-Tür-Abholservice an. In Bukit Lawang starten sie gegen 8 Uhr. Touristen-Minibusse fahren auch täglich um 8 Uhr von Bukit Lawang zu Medans Kualanamu International Airport (190 000 Rp, ca. 4 Std.).

Touristen-Minibusse in Richtung Berastagi (170 000 Rp, 4–5 Std.) und Parapat (am Danau Toba; 230 000 Rp, 6 Std.) fahren täglich um 8.30 los. Um 14.30 Uhr tuckert ein Bus nach Banda Aceh (350 000 Rp, 15½ Std.).

Bukit Lawang ist ein praktischer Ausgangspunkt für Tagestrips oder die Weiterreise nach Tangkahan. Am besten heuert man einen Privatfahrer an (einfache Strecke/hin & zurück 600 000/750 000 Rp). Ansonsten muss man nach Binjai fahren und dort in einen Anschlussbus nach Tangkahan (25 000 Rp) umsteigen. Das nimmt einen ganzen Tag in Anspruch.

Die Fahrt in einem Privatfahrzeug kostet ca. 600 000 Rp nach Medan, 800 000 Rp nach Berastagi und 1 200 000 Rp zum Danau Toba.

Tangkahan

Das winzige, abgelegene Tangkahan am Rand des Gunung Leuser National Parks ist eine preiswerte Alternative zum Touristenrummel in Bukit Lawang und ermöglicht wunderbare Trekkingtouren im Dschungel und Tubing-Optionen auf dem Fluss. In Zeiten, in denen das Obst reif ist, kann man hier auch Orang-Utans erspähen. Mit zehn Elefanten, die hier im Rahmen eines nach Abholzungsmaßnahmen ins Leben gerufenen Schutzprogramms leben, hat Tangkahan jetzt den Ruf, ein „Elefantendorf" zu sein.

Tangkahan ist eigentlich gar kein Dorf. Es gibt nur eine Bushaltestelle, den Parkeingang und ein paar einfache Bungalows am wilden Ufer des Sungai Kualsa Buluh.

🏃 Aktivitäten

Ein beliebter Zeitvertreib von Einheimischen und Besuchern sind Fahrten in Gummireifen (10 000 Rp) auf dem seichten Fluss unterhalb der Jungle Lodge und des Dreamland Resorts. Längere Tubing-Abenteuer (180 000 Rp inkl. Mittagessen & Transport) können im CTO Visitor Centre organisiert werden.

Dschungelwanderungen   WANDERN & TREKKEN
Das CTO Visitor Centre kann Guides für Wanderungen im Gunung Leuser National Park organisieren. Eine zweieinhalbstündige „Kostprobe" kostet für zwei Personen 694 400 Rp, ein ganzer Tag für drei Personen 1 452 000 Rp inklusive Parkgenehmigungen. Feste Schuhe sind ein Muss, außerdem wird man sehr schmutzig.

Aktivitäten mit Elefanten   NATUR
(Baden der Elefanten 250 000 Rp; ⊙ Baden Sa –Do 8.30 & 15.30 Uhr, Füttern 8.30 & 13.30 Uhr) Für die meisten Traveller sind die Elefanten die Hauptattraktion in Tangkahan. Ausritte auf den Tieren sind möglich, aber nach Meinung von Tierschutzgruppen schädlich für die Dickhäuter, sodass man sich für eine andere Aktivität, z. B. für das tägliche Bad der Elefanten, entscheiden sollte. Freitags und feiertags werden keine Aktivitäten mit Elefanten angeboten. Buchen kann man direkt über das CTO Visitor Centre.

Es gibt auch Exploring-with-Elephants-Touren (750 000 Rp/Pers.), auf denen man neben den Elefanten durch den Dschungel läuft und ihnen beim Grasen und Baden zuschaut.

Achtung: Elefanten (auch „zahme") töten jedes Jahr Hunderte Menschen. Man sollte in ihrer Nähe also extreme Vorsicht walten lassen.

🛏 Schlafen

Dreamland Resort   BUNGALOW $
(📱 0812 6963 1400; Zi. inkl. Frühstück 250 000 Rp; ❄) Das von zwei freundlichen jungen Brüdern, die gut Englisch sprechen, betriebene Dreamland bietet ansprechende Nur-Dach-Cottages mit Bad, die sich teilweise in üppigem Grün verstecken. Das dazugehörige Boutiquecafé mit spektakulärem Blick auf den Fluss hat eine Bar mit Alkoholausschank und Gesellschaftsspiele. Die Unterkunft erreicht man über die Hängebrücke rechts des Mega Inn und die Obstplantage.

Jungle Lodge   PENSION $
(📱 0813 7633 4787; www.junglelodge.de; Zi. 150 000–200 000 Rp, FZ 300 000 Rp; 📶) Das unter deutsch-indonesischer Leitung stehende Resort ist die beste Unterkunft an Tangkahans Flussufer. Die modernen Bungalows verteilen sich über eine weitläufige Gartenanlage auf einem Hügel, die besten haben einen Balkon mit grandiosem Blick auf den Fluss. Das große, strohgedeckte Restaurant mit Blick auf den gurgelnden Fluss ist ein toller Ort zum Relaxen. Die Treppenstufen in der Nähe führen direkt runter zum Fluss und zu einer Thermalquelle, wo man wunderbar baden kann.

ℹ Praktische Informationen

CTO Visitor Centre (📱 0852 7560 5865; www.tangkahanecotourism.com; ⊙ 8–17 Uhr) Das Besucherzentrum unweit der Bushaltestelle im Ortszentrum organisiert alles vom Baden der Elefanten bis zu Dschungeltreks, Tubing und Höhlenklettern. Hier muss man auch die Gebühren entrichten.

Der nächste Geldautomat befindet sich 12 km südlich von Tangkahan in einem abgelegenen Ort, der für Palmölarbeiter errichtet wurde.

❶ An- & Weiterreise

Die Anreise nach Tangkahan ist nicht einfach. Größtenteils fährt man über schreckliche, nicht asphaltierte Straßen. Fünf Busse fahren vormittags vom Pinang Baris Terminal in Medan direkt hierher (50 000 Rp inkl. Gepäck, 4 Std.).

In Bukit Lawang kann man einen Bus nach Binjai nehmen und dort in einen der zweimal täglich direkt nach Tangkahan fahrenden Busse (50 000 Rp, 4 Std.) umsteigen. Alleinreisende können in Bukit Lawang auch einen Fahrer anheuern und mit dem Motorrad direkt hierher fahren (einfache Strecke/hin & zurück 250 000/300 000 Rp, 2 Std.). Aber Achtung: Die Straße ist nicht asphaltiert, und die Fahrt ist recht ungemütlich! Alternativ kann man sich mit anderen Travellern zusammenschließen und in Medan oder Bukit Lawang gemeinsam einen Geländewagen (600 000–700 000 Rp, 2½ Std.) mieten.

Berastagi & Umgebung

☑ 0628 / 44 800 EW.

Um der Hitze die auf Meeresniveau liegenden Medan zu entfliehen, haben niederländische Kolonialhändler den 1300 m hoch gelegenen kühlen Marktort Berastagi gegründet.

Da der Ort nur zwei Stunden von Medan entfernt ist, ist er an den Wochenenden ein beliebtes Ausflugsziel. Dann kommt der Verkehr auf den Hauptstraßen fast völlig zum Erliegen. Haupttouristenmagnet sind der aktive Vulkan Gunung Sibayak und das umliegende Karo-Hochland und die Dörfer, wo Überreste der indigenen Karo-Batak-Kultur in Form von riesigen Holzhäusern mit ausladenden Strohdächern und Tierhorn-Ornamenten zu bewundern sind.

An klaren Tagen kann man sowohl den Gunung Sinabung im Westen als auch den rauchenden Gunung Sibayak im Norden sehen. Der Sinabung brach ohne große Vorwarnung im Sommer 2015 aus. Tausende am Fuß des Berges lebende Menschen mussten evakuiert werden. Es gibt immer wieder Ausbrüche. Der Berg ist für Wanderer tabu.

◎ Sehenswertes

◉ Berastagi

Katholische Kirche
St. Franziskus Assisi   KIRCHE
(Jl Sakti Giri; ⊗ 24 Std.) Die Kirche St. Franziskus Assisi ist in der Tat keine alltägliche Kir-

Berastagi Ⓝ 0 ▬▬▬ 100 m

Pasar Buah

Katholische Kirche St. Franziskus Assisi (400 m); Gundaling Hill (3,5 km); Ausgangspunkt zum Gunung Sibayak (4 km); Medan (66 km); Bukit Lawang (136 km)

Gunung Sinabung (12 km)

Jl Gundaling

Jl Perwira

❶

Museum 🏛 Pusaka Karo

Kopi Ta 🍴 Kopikaro

Jl Veteran

Jl Trimurti

Rumah Makan 🍴 Eropah

Sibayak Trans Tour & Travel ●

Losmen 🛏 Sibayak Guesthouse

Sibayak 🍴 Cafe

Jl Masjid

Jl Veteran

Jl Perniagaan

Jl Pasar

BPK Rumah Gerga (750 m); Nachelle Homestay (1.4 km); Kabanjahe (12 km); Dokan (28 km); Parapat (111 km)

Wisma Sibayak 🏠

Lingga (11 km); Gunung Sinabung; Ketambe (173 km)

Jl Udara

che. Sie wurde im monumentalen Karo-Batak-Stil mit traditionellen mehrstufigen spitzen Dächern mit Büffelhörnern an der Spitze errichtet. Der Innenraum mit den Buntglasfenstern hat eine beeindruckend hohe Decke. Die Sonntagsmesse (8–11 Uhr) wird im Stil eines Gospelgottesdienstes abgehalten. Auf dem Gelände befindet sich außerdem ein traditionelles Karo-Haus, das aus Dokan hierher gebracht wurde und einige interessante Fotos und kulturelle Reliquien beherbergt.

Museum Pusaka Karo   MUSEUM
(Jl Perwira 3; Erw./Kind 5000/1000 Rp; ⊗ Mo–Fr 9–12.30 & 13.30–16.30, Sa 8.30–13 Uhr) Das zentrale Museum in der alten katholischen Kirche (ca. 1956) gegenüber der Touristeninformation befasst sich mit der Kultur und dem Kunsthandwerk der Karo. Ausgestellt sind u.a. Waffen, Trachten, Musikinstrumente wie Gongs und traditionelle *padung padung* (Ohrringe). Unbedingt Ausschau hal-

ten nach dem maßstabsgetreuen traditionellen Karo-Haus! Alle Erklärungen sind auf Englisch.

☉ Rund um Berastagi

★ **Gunung Sibayak** VULKAN
(10 000 Rp) Der Gunung Sibayak (2094 m) ist einer der am besten zugänglichen Vulkane Indonesiens. Einen Guide benötigt man wirklich nur dann unbedingt, wenn man die Strecke durch den Dschungel nehmen will. Aber auch wer sich allein auf den Weg machen will, würde von einem Führer profitieren, denn das Wetter kann schnell umschlagen. Ein deutscher Tourist hat sich 2017 hier verlaufen und kam ums Leben. Die Wanderung dauert hin und zurück mindestens fünf Stunden. Man sollte so früh wie möglich losmarschieren.

Viele Traveller wollen bei Sonnenaufgang auf dem Gipfel sein. Um das zu schaffen, benötigt man aber ein Privatfahrzeug – oder man muss die Nacht im Zelt verbringen.

In Berastagi kann man bei der Touristeninformation und in den Pensionen Guides buchen (bis zu 3 Pers. 200 000 Rp, einfache Strecke 3 Std.). Man kann für die halbe Strecke auch ein Fahrzeug mit Fahrer mieten (500 000 Rp, 4–5 Pers.). Vom Parkplatz ist es dann noch ein einstündiger Marsch – das ist die beste Option, wenn man zum Sonnenaufgang oben sein möchte. Alleinreisende können sich Gruppen anschließen, um Kosten zu sparen.

Am einfachsten ist es, den Weg zu nehmen, der nordwestlich von Berastagi, zehn Gehminuten hinter dem Sibayak Multinational Resthouse, beginnt. Man nimmt den linken Weg neben der Hütte, wo man die Eintrittsgebühr entrichtet. Von hier sind es 7 km (ca. 3 Std.) zum Gipfel. Die Strecke ist recht einfach und führt die meiste Zeit über die Straße.

Statt von Berastagi aus zu wandern, kann man auch einen der grünen Kama-Minibusse (4000 Rp) zum Fuß des Vulkans nehmen, von wo es dann noch ein zweistündiger Marsch zum Gipfel ist. Der erste Bus fährt um 7 Uhr. Ein Teil des Weges ist zwar mit Stufen versehen, aber er ist schmaler und in schlechterem Zustand als der, der in Berastagi beginnt.

Die längste Strecke, die man auch nur mit einem Guide in Angriff nehmen sollte, führt vom Air Terjun Panorama aus durch den Dschungel. Dieser Wasserfall liegt an der Straße nach Medan, etwa 5 km nördlich von Berastagi. Von hier sollte man mindestens fünf Stunden veranschlagen.

Die Wege auf dem Gunung Sibayak sind weder gut ausgeschildert, noch in gutem Zustand. Man kann sich leicht verlaufen. In der Regenzeit können die Wege extrem glitschig oder sogar ausgewaschen sein. Auch muss man sich darauf einstellen, dass das Wetter umschlägt. Also Essen, Getränke, warme Kleidung, Regenklamotten und eine Taschenlampe mitnehmen für den Fall, dass man von der hereinbrechenden Dunkelheit überrascht wird! Bevor es losgeht, sollte man sich in einer der Pensionen in Berastagi eine Karte besorgen und die Gästebücher nach Kommentaren und Warnungen durchsehen. Unbedingt Badesachen und ein Handtuch mitnehmen, damit man unterwegs ins Wasser der Thermalquellen springen kann!

Gunung Sinabung VULKAN
Der bemerkenswerte Gunung Sinabung ist heute einer der aktivsten Vulkane unseres Planeten. Bis zu seiner dramatischen Eruption 2010 ruhte er über 400 Jahre lang. Zum Zeitpunkt der Recherchen war er für Traveller absolut tabu, ebenso für Tausende Einheimische, die nicht in ihre Häuser zurückkehren dürfen (wodurch die verlassenen Orte zu Geisterstädten wurden). Seit 2010 ist er extrem launisch, bricht jedes Jahr immer wieder aus und hat in dieser Zeit bereits 23 Menschenleben auf dem Gewissen.

Ein Sperrgebiet von 5 km hindert jeden daran, dem Berg zu nahe zu kommen (aber nichtsdestotrotz bieten fast alle Reisebüros Ausflüge in die verlassenen Dörfer an). Von Berastagi aus hat man einen guten Blick auf den Vulkan. Wenn er ausbricht, kann man den Lavastrom sehen.

Lingga DORF
(☺ 8–17 Uhr) Das meistbesuchte Dorf rund um Berastagi ist Lingga, ein paar Kilometer nordwestlich von Kabanjahe. Hier gibt es ein paar traditionelle Häuser mit den charakteristischen hohen Strohdächern mit Rinderhörnern. Wer in die Häuser möchte, muss 5000 Rp Eintritt zahlen. Hin kommt man von Berastagi aus mit einem gelben KT Minibus (7000 Rp, 45 Min.). Da einige Busse nur bis nach Kabanjahe fahren, sollte man sich vorab informieren, ob man umsteigen muss.

Museum Karolingga MUSEUM
(an der Jl Kiras Bangun, Lingga; Spende erbeten; ☺ 7–20 Uhr) Das interessante, kleine Museum

an der Straße nach Lingga (S. 570) befindet sich in einem traditionellen Gebäude und beherbergt Exponate über die Karo-Kultur sowie Artefakte. Bei klarem Wetter sieht man den Gunung Sinabung im Hintergrund. Auf der gegenüberliegenden Straßenseite steht eine faszinierende Kirche im traditionellen Karo-Stil.

Air Terjun Sipiso-Piso WASSERFALL

(Erw./Kind 4000/2000 Rp; ☻ 8–18 Uhr) 24 km von Kabanjahe und ca. 300 m von der Hauptstraße entfernt stürzt dieser schmale, aber eindrucksvolle Wasserfall 120 m hinunter in den Nordteil des Danau Toba. Ein Fotostopp lohnt sich, wenn man auf der Strecke zwischen Berastagi und Toba oder im Rahmen einer Tour unterwegs ist. Ein Ausflug nur wegen des Wasserfalls ist nicht unbedingt nötig. Am Parkplatz gibt es einen Aussichtspunkt. Wer die Fälle aus der Nähe betrachten möchte, kann die Stufen hinuntergehen (hin & zurück 45 Min.).

Hin kommt man von Berastagi aus mit dem Bintang-Karo-Bus (8000 Rp, 1 Std.).

Dokan DORF

Das nette Dorf Dokan liegt ca. 16 km südlich von Kabanjahe und besteht aus etwa einem halben Dutzend traditioneller Häuser. Da sie alle bewohnt sind, ist dieser Ort interessanter als die traditionellen Orte, die man andernorts sehen kann und die einem Museum ähneln. In den Häusern leben Familien, sodass es eher unwahrscheinlich ist, sie von innen besichtigen zu können. Direkt nach Dokan kommt man von Kabanjahe aus mit einem der selten fahrenden Minibusse (7000 Rp).

Rumah Bolon PALAST

(Pematang Purba; 3000 Rp; ☻ 9–17 Uhr) Der beeindruckende, gepflegte Palastkomplex steht zwischen Berastagi und dem Danau Toba am Rand des Dorfes Pematang Purba. Hier lebten die Oberhäupter der Simalungan Batak, bis der Letzte von ihnen 1947 starb. Es ist ein friedvoller Ort mit einer Reihe prachtvoller traditioneller Gebäude. Die meisten Besucher kommen im Rahmen einer geführten Tour von Berastagi aus hierher. Man kann aber auch einen *angkot* nach Kabanjaje (5000 Rp) nehmen, wo man Anschluss nach Rumah Bolon (10 000 Rp) hat.

Taman Alam Lumbini BUDDHISTISCHER TEMPEL

(www.tamanalamlumbini.org; an der Jl Barusjahe; ☻ 9–17 Uhr) Der goldglänzende buddhistische Tempel 6 km östlich von Berastagi ist ein Nachbau der berühmten Shwedagon-Pagode in Yangon, Myanmar. Hin kommt man im Taxi oder *ojek*.

◉ Semangat Gunung

Wenn man vom Gunung Sibayak runterfährt, kommt man in **Semangat Gunung** an der Straße nach Berastagi an mehreren Thermalquellen vorbei. Wer Naturquellen erwartet, wird allerdings enttäuscht sein, denn es handelt sich um einen Komplex mit kleinen Betonbecken – aber dafür wird man mit einem schönen Blick über die Wälder belohnt. Man sollte sich mehrere Becken anschauen und dann entscheiden, welches einem am besten gefällt. **Mitra Sibayak** (5000 Rp) ist wahrscheinlich am malerischsten und rund um die Uhr geöffnet.

Hierher sollte man am Wochenende kommen. Werktags halten die öffentlichen Verkehrsmittel hier gegen 15 oder 16 Uhr, und man hat dann möglicherweise einen langen Marsch zur Hauptstraße vor sich. Alternativ nimmt man in Berastagi einen gelben KT-Minibus (6000 Rp, 30 Min.).

🛏 Schlafen

⭐**Nachelle Homestay** PENSION $

(☎ 0813 6242 9977, 0821 6275 7658; www.nachelle homestay.wordpress.com; Jl Veteran; Zi. mit Gemeinschaftsbad 190 000–220 000 Rp, mit eigenem Bad 280 000–400 000 Rp; ☎) Die bei Weitem travellerfreundlichste Unterkunft in Berastagi wird von Mery und Abdy betrieben. Sie sprechen beide ausgezeichnet Englisch und versorgen ihre Gäste mit Landkarten. Die modernen Zimmer sind supersauber und komfortabel. Von der Dachterrasse hat man einen schönen Blick auf den Sinabung. Die unkonventionelle Unterkunft liegt abseits der Hauptstraße, der Weg ist nicht ausgeschildert. Eine Wegbeschreibung bekommt man telefonisch.

Die geführten Touren mit Abdy, der die Region und die Karo-Kultur aus dem Effeff kennt, lohnen sich.

Wisma Sibayak PENSION $

(☎ 0628-91104; Jl Udara 1; Zi. mit Gemeinschaftsbad 60 000–80 000 Rp, mit eigenem Bad 150 000 Rp; @☎) Zentral gelegene, etwas steife Pension vom alten Schlag. Um 22 Uhr werden die Tore geschlossen, und für warme Duschen muss man einen Aufpreis zahlen. Dafür sind die billigsten Zimmer aber wirklich billig, die Besseren sind sauber und geräumig. Es gibt auch ein einladendes, kleines Restaurant, in dem man Bier und ein Backpacker-Menü bekommt. Diese Unterkunft ist daher die beste Wahl für unabhängige Traveller.

Losmen Sibayak Guesthouse PENSION $
(📞 0628-91122; dicksonpelawi@yahoo.com; Jl Veteran 119; Zi. mit Gemeinschaftsbad/eigenem Bad ab 75 000/100 000 Rp; @📶) Die seit Langem existierende Billigunterkunft hinter Sibayak Trans Travel bietet Zimmer mit jeder Menge indonesischem Charme und erinnert eher an eine Privatunterkunft. Die besten Zimmer haben Warmwasseranschluss (150 000 Rp). In der Lobby gibt's WLAN.

✗ Essen & Ausgehen

BPK Rumah Gerga INDONESISCH $
(Jl Veteran; Gerichte 20 000 Rp; ⊗ 10–18.30 Uhr) Diese Restaurantbude mit bemalten Holzpanelen an den Wänden ist ein guter Ort, um die hiesige Karo-Küche zu kosten. Die Spezialität ist BPK *(babi panggang Karo)*.

Man sollte versuchen, vor 17 Uhr zu kommen, da es später manchmal nichts mehr gibt. Das Lokal befindet sich in der Nähe des Nachelle Homestay und ist ca. 15 Gehminuten von dem riesigen Kohlkopfmonument entfernt.

Rumah Makan Eropah CHINESISCH $
(Jl Veteran 20; Hauptgerichte 20 000–60 000 Rp; ⊗ 8–20 Uhr; ✎) In diesem einladenden China-Restaurant kommen Schweinebauchsuppe, Schweinefleisch mit grünem Chili, süßsaurer Fisch, frisches Gemüse und viele

---

LOKALE SPEZIALITÄTEN

Auf dem fruchtbaren Vulkanboden Nordsumatras gedeihen Obst und Gemüse, das auf den Märkten von Berastagi verkauft wird. Zu den hiesigen Spezialitäten zählen Passionsfrucht und *marquisa bandung* (große, süße, gelbhäutige Frucht) sowie *marquisa asam manis* (lilafarbene Frucht), die man zu köstlichen Säften verarbeiten kann.

Berastagi ist eine vorwiegend christliche Gemeinde. Man bekommt hier also *babi* (Schweinefleisch), darunter die Karo-Spezialität *babi panggang Karo* (BPK; gegrilltes Schweinefleisch und Reis, serviert mit Bananenblüten oder Maniokblättern, Suppe und Schweineblut).

Eine weitere lokale Leckerei ist *pisang goreng* (gebratene Banane).

Nudel- und Reisgerichte aus der Küche. Kühles Bier gibt's ebenfalls.

Sibayak Cafe INTERNATIONAL $$
(📞 0821 6301 8989; Jl Veteran 121; Hauptgerichte 20 000–85 000 Rp; ⊗ 8–22 Uhr; 📶) In dem hellen, modernen, nach vorn offenen Lokal neben dem Losmen Sibayak Guesthouse treffen sich junge Menschen, die hier Pizza, Smoothies und eiskaltes Bintang genießen. Außerdem gibt's Waffeln, Sandwiches, *mie goreng* (gebratene Nudeln) und Ähnliches.

Kopi Ta Kopikaro CAFÉ
(Jl Veteran; ⊗ 7.30–18 Uhr) In dem coolen, kleinen Café wird lokale Indie-Musik gespielt und ausgezeichneter Kaffee aus Bohnen aus der Region (und aus ganz Indonesien) serviert. Die freundlichen Baristas verstehen sich auf ihr Handwerk. Es gibt auch einfache regionale Gerichte.

❶ Praktische Informationen

Gute Infos über die Weiterreise und geführte Touren bekommt man bei **Sibayak Trans Tour & Travel** (📞 0628-91122; dicksonpelawi@yahoo.com; Jl Veteran 119; ⊗ 7–22 Uhr), im Nachelle Homestay (S. 571) oder der **Touristeninformation** (📞 0628-91084, 0852 9752 4725; Jl Gundaling 1; ⊗ 7.30–18 Uhr).

Geldautomaten und Banken befinden sich auf halber Strecke zwischen dem riesigen Kohlkopfmonument und dem Kriegerdenkmal in der Jl Veteran.

❶ An- & Weiterreise

Der **Busbahnhof** (Jl Veteran) liegt praktischerweise im Stadtzentrum. Fernbusse fahren auf dem Weg nach Kabanjahe (der hiesige Verkehrsknotenpunkt) durch Berastagi. Überall an der Hauptstraße kann man zwischen 6 und 20 Uhr in Busse zum Padang Bulan Terminal in Medan (13 000 Rp, 3–4 Std.) steigen. Ein Almasar-Bus fährt alle zwei Stunden zum Flughafen von Medan (40 000 Rp).

Am billigsten kommt man zum Danau Toba mit einem *angkot* nach Kabanjahe (5000 Rp, 20 Min.) und steigt dann in einen Bus nach Pematangsiantar (20 000 Rp, 2½ Std.) um, wo man Anschluss an einen Bus in Richtung Parapat hat (15 000 Rp, 1½ Std.). Es fahren keine Busse direkt nach Bukit Lawang. Man muss zunächst den Bus zu Medans Pinang Baris (Haltestelle an der Mawar Bakery; 13 000 Rp, 2–4 Std.) nehmen und dort umsteigen in einen Bus nach Bukit Lawang (30 000 Rp, 5 Std.). Berastagi ist der südliche Ausgangspunkt für Besuche des Gunung Leuser National Parks. Man nimmt einen Bus nach Kutacane (50 000 Rp) und steigt dort in einen Bus nach Ketambe (20 000 Rp). Man kann auch um

14 Uhr in Berastagi in ein Sammeltaxi nach Ketambe (250 000 Rp) klettern.

Mehrere private Unternehmen bieten Sammelminibusse oder Autoabholdienste um 8 und um 14 Uhr von Berastagi zu Medans Padang Bulan Terminal (100 000 Rp, 2½ Std.), Medans internationalem Flughafen Kualanamu (150 000 Rp, 3 Std.), nach Bukit Lawang (150 000 Rp, 3–4 Std.) und um 13 Uhr zum Danau Toba (nach Parapat, 150 000 Rp, 3½–4 Std.) an.

❶ Unterwegs vor Ort

Angkots in die umliegenden Dörfer fahren am Busbahnhof ab. Sie verkehren alle paar Minuten zwischen Berastagi und Kabanjahe (5000 Rp), dem bedeutendsten Bevölkerungs- und Verkehrszentrum im Hochland. Man kann sie überall an der Hauptstraße per Handzeichen anhalten.

Parapat

📞 0625 / 5500 EW.

Parapat ist der Ausgangspunkt auf dem Festland für Fahrten zum Danau Toba. Die Stadt am See hat ein paar Hotels, Lokale und Reisebüros. Es gibt keinen Grund, hier zu übernachten, es sei denn, man käme zu spät an, um ein Boot nach Tuk Tuk zu bekommen.

Im Geschäftsviertel dieser überfüllten Stadt, das sich entlang des Trans-Sumatran Hwy (Jl SM Raja) erstreckt, gibt es Banken, Geldautomaten und einfache Lokale. Die meisten Busse und Minibusse sammeln ihre Fahrgäste bei den Reisevermittlern an der Schnellstraße oder am Pier ein bzw. lassen sie dort aussteigen.

🛏 Schlafen & Essen

An der Schnellstraße (Jl SM Raja) befinden sich viele Einrichtungen für Durchreisende, nahe dem Bootsanleger gibt's ein paar Lokale.

Melissa Palace HOTEL $
(📞 0813 9223 6383; Jl Nelson Purba 28; Zi. inkl. Frühstück 200 000–265 000 Rp; 📶) Einladende Budgetunterkunft mit geräumigen, komfortablen Zimmern (aber unzuverlässigen Sanitäreinrichtungen) und einer Dachterrasse zum Chillen. Vorsicht: Affen! Ideal gelegen, wenn man die Morgenfähre nehmen möchte, weil man abends zu spät angekommen ist, um das Boot nach Tuk Tuk zu erwischen.

❶ Anreise & Unterwegs vor Ort

BUS

Der **Busbahnhof** (Jl SM Raja) liegt ca. 2 km östlich der Stadt, wird aber von Travellern nur selten benutzt. Von hier kann man mit öffentlichen Bussen nach Berastagi (48 000 Rp, 5 Std., über Pematang Siantar & Kabanjahe), Medan (42 000 Rp, 5–6 Std.) und Sibolga (70 000 Rp, 7 Std.) fahren.

PT Bagus Holidays (📞 0813 6113 5704, 0813 9638 0170) ist einer der Anbieter in der Nähe des Fähranlegers, der Touristenminibusse und Autotransfers zu den beliebtesten Zielen anbietet. Aber auch das sind keine schnellen Trips – die Fernstreckenfahrten dauern länger, und die Busse sind voller als entsprechende Busreisen. Touristenminibusse fahren nach Medan (90 000 Rp, 5 Std.), Berastagi (140 000 Rp, 3½ Std.), Bukittinggi (190 000–290 000 Rp, 19 Std.), Bukit Lawang (180 000 Rp, 7 Std.), Padang (180 000–280 000 Rp, 18 Std.) und Sibolga (150 000 Rp, 6 Std.).

Die Autofahrt nach Medan kostet um die 600 000 Rp.

Angkots verkehren ständig zwischen dem Fähranleger und dem Busbahnhof (3000 Rp).

Danau Toba (Tobasee)

📞 0625 / 131 000 EW.

Der traumhafte ozeanblaue Kratersee steht seit Jahrzehnten auf dem Radar fast aller Sumatrabesucher. Hier lebt das liebenswerte Volk der christlichen Batak. Das Geheimnis dieses fast schon mythischen Ortes wurde vor Jahren durch furchtlose Traveller gelüftet. Tuk Tuk, dieses knuffige Dorf auf der Insel, liegt heute auf Sumatras ausgetretenem Überlandweg und gehört noch immer zu den unbestrittenen Highlights Zentralsumatras.

Mit einer Fläche von 1707 km² ist der Danau Toba (Tobasee) der größte See Südostasiens. In seiner Mitte befindet sich die Pulau Samosir, eine keilförmige Insel, die fast die Größe von Singapur hat. Sie entstand durch einen Vulkanausbruch vor 30 000 bis 75 000 Jahren. Eigentlich ist Samosir keine Insel. Sie ist mit dem Festland durch einen schmalen Isthmus bei Panguruuran verbunden – und ist dann wiederum durch einen Kanal getrennt.

◉ Sehenswertes

Grab von König Sidabutar HISTORISCHE STÄTTE
(Tomok; Spende erbeten; ☉ Sonnenaufgang–Sonnenuntergang) 5 km südöstlich von Tuk Tuk in der Nähe des Tomok-Fähranlegers befindet sich ein Komplex mit Batak-Gräbern. Am Eingang kommt man an Steinsärgen mit Mitgliedern der königlichen Familie vorbei. Um zum Grab von König Sidabutar zu gelangen, muss man den 500 m langen und von Souvenirständen gesäumten Weg neh-

Danau Toba

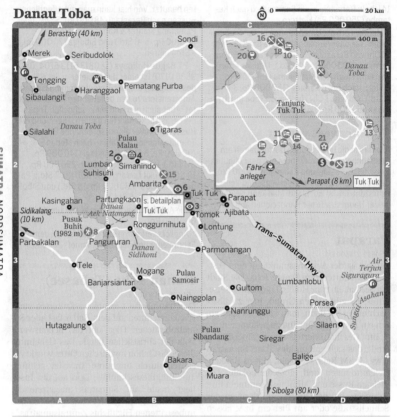

Danau Toba

◉ Sehenswertes

1 Air Terjun Sipiso-Piso	A1
2 Batak-Gräber	B2
3 Grab von König Sidabatur	B2
4 Museum Huta Bolon Simanindo	B2
5 Rumah Bolon	A1
6 Steinerne Stühle	B2

✈ Aktivitäten, Kurse & Touren

7 Juwita Cafe	D2
8 Pusuk Buhit	A3
Tabo Cottages Tours	(siehe 14)

🛏 Schlafen

9 Bagus Bay Homestay	C2
10 Harriara Guesthouse	C1
11 Horas Family Home	C2

12 Liberta Homestay	C2
13 Merlyn Guesthouse	D2
Romlan Guesthouse	(siehe 13)
14 Tabo Cottages	D2

🍴 Essen

15 Borobudur House	B2
16 Jenny's Restaurant	C1
17 Maruba	D1
18 Poppy's Restaurant	C1
19 Today's Cafe	D2

🍸 Ausgehen & Nachtleben

20 Brando's Blues Bar	C1

🎭 Unterhaltung

21 Roy's Pub	D2

men und dann den Schildern folgen. Ganz in der Nähe befinden sich einige gut erhaltene traditionelle Batak-Häuser und das Museum Tomok mit interessanten Batak-Artefakten.

Batak-Gräber   HISTORISCHE STÄTTE
Inmitten fruchtbarer Reisfelder zwischen Simanindo und Pangururan befinden sich große, mehrstöckige Gräber, geschmückt mit den typischen Miniaturhäusern im Ba-

tak-Stil und einem schlichten weißen Kreuz. Batak-Gräber spiegeln die animistischen Verhaltensweisen bei der Aufbewahrung der Toten wider (sie werden zehn bis fünfzehn Jahre nach der ursprünglichen Beisetzung ausgegraben und, nachdem die Knochen gereinigt wurden, erneut begraben).

Museum Huta Bolon Simanindo   MUSEUM
(Simanindo; 10 000 Rp; ⊙8–16 Uhr) An der Nordspitze Samosirs, 15 km nördlich von Tuk Tuk, steht ein wunderschön restauriertes Haus, das jetzt als Museum fungiert. Früher lebte hier der Batak-König Rajah Simalungun mit seinen 14 Frauen. Das Dach war ursprünglich mit zehn Büffelhörnern geschmückt, die die zehn Generationen der Dynastie darstellen sollten. Es gibt außerdem einen Komplex restaurierter Häuser, wo montags bis samstags um 10.30 Uhr und um 11.45 Uhr und sonntags um 11.45 Uhr traditionelle Batak-Tänze für Publikum aufgeführt werden.

Steinerne Stühle   HISTORISCHE STÄTTE
(Ambarita; 10 000 Rp, Guide 50 000 Rp; ⊙7–18 Uhr) Im Dorf Ambarita, 5 km nördlich von Tuk Tuk, befindet sich eine Gruppe 300 Jahre alter steinerner Stühle. Hier haben die Dorfältesten einst wichtige Angelegenheiten besprochen und hier wurden Übeltäter verurteilt und anschließend zu einer weiteren Gruppe von steinernen Möbeln geführt, wo sie gefesselt und mit Augenbinden versehen wurden. Ihre Haut wurde eingeritzt und mit Knoblauch und Chili eingerieben. Anschließend sollen die Verurteilten geköpft worden sein. Vielleicht ist diese Geschichte aber auch nur eine Ausgeburt übermäßiger Fantasie – es heißt mitunter, die Stühle seien nur 60 Jahre alt. Batak-Häuser stehen hier ebenfalls.

🏃 Aktivitäten

Rad- & Motorradfahren

Pulau Samosirs verschlafene Straßen eignen sich perfekt, um die Insel mit dem Fahrrad oder Motorrad zu erkunden. Durch die idyllische Landschaft mit den üppig grünen Bergen vulkanischen Ursprungs und dem Danau Toba zu fahren, ist für viele Besucher ein Highlight. Man kommt vorbei an Reisfeldern und netten Dörfern mit schlichten Kirchen im protestantischen Stil in der Mitte, an Gräbern inmitten traditioneller Batak-Architektur und an christlichen Kreuzen.

In den Genuss eines Rundumblicks über den ganzen See kommt man von der kurvigen Straße zum **Pusuk Buhit** (Heiliger Berg), direkt westlich der Pulau Samosir.

Schwimmen

Der Danau Toba erreicht an einigen Stellen eine Tiefe von 450 m, sein Wasser ist erfrischend kühl. Die beste Badestelle am Südufer liegt vermutlich bei den Carolina Cottages. Viele Cottage-Unterkünfte am Nordufer halten das Ufer zum Schwimmen von Seegras frei. Am Nordufer von Samosir gibt es ebenfalls einige ansprechende Strände. Leider beeinträchtigen Jet-Skis und Jet-Boote die Ruhe an dem ansonsten idyllischen See.

Wandern & Trekken

Es gibt mehrere lohnende Wanderungen auf der Pulau Samosir und rund um den Danau Toba. Die Wege sind schlecht ausgeschildert und nur schwer zu finden. Man sollte sich also in seiner Unterkunft darüber informieren, welche Strecken machbar sind, und sich eine Karte geben lassen. In der Regenzeit (Dez.–März) sind die steilen Anstiege sehr matschig und rutschig.

Das zentrale Hochland von Samosir liegt ca. 700 m über dem Wasserspiegel des Sees und bietet an klaren Tagen einen grandiosen Blick auf die dunstverhangenen Berge. Oben im Herzen des großen Hochplateaus befindet sich ein kleiner See, der Danau Sidihoni. Der Großteil des Plateaus ist mit Zimt-, Gewürznelken- und Kaffeeplantagen bedeckt und durchsetzt mit Kiefernwäldern. Den üblichen Wasserfall gibt's auch.

Ein Guide ist nicht unbedingt erforderlich, aber auch keine schlechte Idee, denn es sollen sich schon Wanderer verlaufen haben. Der übliche Preis liegt bei 200 000 Rp. Liberta Homestay (S. 576) kann bei der Suche nach einem Führer behilflich sein. Ansonsten bietet Tabo Cottages themenbezogene Trekkingtouren an.

👉 Geführte Touren & Kurse

Tabo Cottages Tours   KULTUR
(☎0625-451318; www.tabocottages.com; Jl Lingkar Tuktuk, Tuk Tuk; geführte Touren 600 000–1 200 000 Rp/2 Pers.) Tabo Cottages (S. 577) veranstaltet spezielle Touren mit Themen wie u. a. der Batak-Kultur, Radtouren, Essen und Kaffee. Dieser Veranstalter nimmt derzeit auch die Ausschilderung von Wanderwegen auf der Pulau Samosir vor. Die genannten Preise gelten für zwei Personen und enthalten ein Mittagessen. Die Teilnehmerzahl ist begrenzt, und Cottage-Gäste haben Vorrang.

DIE BATAK

Der britische Reisende William Marsden versetzte 1783 die „zivilisierte" Welt in Erstaunen, als er nach London zurückkehrte und berichtete, dass es mitten auf Sumatra ein Kannibalen-Königreich mit hochentwickelter Kultur und eigener Schrift gäbe. Seither geht von den Batak eine gewisse Faszination aus.

Die Batak sind ein indigenes Volk von Malaien, das von jungsteinzeitlichen Bergstämmen in Nordthailand und Myanmar (Burma) abstammt und von einwandernden mongolischen und siamesischen Stämmen vertrieben wurde. Als die Batak auf Sumatra ankamen, zogen sie landeinwärts und errichteten erste Siedlungen am Danau Toba, wo die umliegenden Berge einen natürlichen Schutz boten. Sie lebten jahrhundertelang buchstäblich in totaler Isolation.

Die Batak gehörten zu den kriegerischsten Völkern Sumatras, und die Dörfer lagen ständig in Fehde. Sie waren dermaßen argwöhnisch, dass sie natürliche Wege zwischen den Dörfern weder pflegten noch anlegten oder gar Brücken errichteten. Die Praxis des rituellen Kannibalismus überlebte unter den Toba-Batak bis 1816, was bedeutete, dass sie das Fleisch eines getöteten Feindes aßen oder auch das einer Person, die eines ernsthaften Verstoßes gegen das *adat* (traditionelles Recht) für schuldig befunden wurde.

Heute gibt es über 6 Mio. Batak, die sich in sechs Hauptsprachgruppen unterteilen. Ihr Land erstreckt sich 200 km nördlich und 300 km südlich des Danau Toba. Wenn Ehen nicht innerhalb des eigenen Clans geschlossen werden, sollten sie eigentlich nur unter Batak geschlossen werden. Aber mit den Jahren haben auch Ausländer eingeheiratet. Sie mussten aber vor der Hochzeit zunächst von dem Batak-Clan „adoptiert" werden.

Die Batak wurden von den islamischen Hochburgen in Aceh und Westsumatra lange unter Druck gesetzt, und trotz mehrerer Versuche der Achinesen, sie zu erobern und zu bekehren, gelang es erst den europäischen Missionaren, sie schließlich zu christianisieren.

Die Mehrheit der heutigen Batak sind Protestanten, obwohl viele noch immer den animistischen Glauben und die Rituale praktizieren, vor allem wenn es darum geht, die verstorbenen Vorfahren zu ehren, die in kunstvollen Gräbern beigesetzt und nach zehn bis 15 Jahren wieder ausgegraben werden, um die Knochen zu reinigen, zu polieren und erneut zu begraben. Die Batak glauben auch, dass der Banyan der Baum des Lebens ist. Die Legende berichtet vom allmächtigen Gott Ompung, der alle lebenden Kreaturen geschaffen hat, indem er die morschen Zweige eines riesigen Banyanbaums ins Meer warf.

Musik hat im Leben der Batak einen hohen Stellenwert, und ein männlicher Batak hat seine Gitarre eigentlich immer griffbereit. Die Batak sind auch für ihr kraftvolles und emotionsgeladenes Singen von Hymnen bekannt. Die meisten ihrer Musikinstrumente ähneln denen, die auch anderswo in Indonesien zu finden sind: mit Stoff bezogene Kupfergongs unterschiedlicher Größe, die mit Holzhämmern geschlagen werden, eine kleine zweisaitige Laute mit reinem, aber schrillem Klang und eine Art Schilf-Klarinette.

Juwita Cafe KOCHEN
(☑ 0625-451217; Jl Lingkar Tuktuk, Tuk Tuk; 1/2/3/4 Gerichte 250 000/325 000/350 000/375 000 Rp) Heddy, die freundliche Matriarchin und Inhaberin, veranstaltet Kochkurse, in denen die Teilnehmer lernen, ein paar indonesische Batak-Gerichte unter Verwendung von vegetarischen Zutaten, Hähnchen oder Fisch zuzubereiten. Die Kurse dauern ca. zweieinhalb Stunden, anschließend wird gegessen. Einen Tag im Voraus buchen!

✨ Feste & Events

Danau Toba Festival KULTUR
Einwöchiges Fest mit Batak-Vorführungen. Die Kanurennen sind das Highlight. Das Fest findet in jedem Jahr in einem anderen Monat statt, sodass man sich vorab informieren sollte.

🛏 Schlafen

★ Liberta Homestay PENSION $
(☑ 0625-451035; liberta_homestay@yahoo.co.id; Jl Lingkar Tuktuk, Tuk Tuk; Zi. mit Gemeinschaftsbad 44 000 Rp, mit eigenem Bad 66 000–88 000 Rp; ☺) Die beliebte Backpackerbleibe in der Nähe des Fährenlegers bietet zwar nur einen eingeschränkten Blick auf den See, ist aber eine coole Anlage mit üppig grünem Garten und einer stylishen Version traditioneller Batak-Häuser. Es macht Spaß, durch den Garten, über die Balkone und durch die

niedrigen Türen zu laufen. Es gibt ein gutes Café, und Mr. Moon und Freddy wissen so ziemlich alles über die Gegend.

Romlan Guesthouse
PENSION $

(📞0822 7685 5722, 0625-451386; www.romlan tuktuk.com; Tuk Tuk; Zi. mit Gemeinschaftsbad 50000–135000 Rp, mit eigenem Bad 160000 Rp; ✳🖥) Die von einer deutsch-indonesischen Familie geführte Pension am Wasser gehört zu den ersten Unterkünften in Tuk Tuk und ist auch heute noch gut in Schuss. Es gibt Zimmer im westlichen Stil mit Warmwasserduschen und Veranda, ein oder zwei traditionelle Batak-Häuser und ein Budgetzimmer für alle, die Geld sparen wollen.

Die Unterkunft ist nicht ausgeschildert. Ausschau halten nach dem Hotel Sumber Pulo Mas (gemeinsame Auffahrt) oder besser noch, den Fährbetreiber bitten, direkt vor der Unterkunft anzulegen!

Bagus Bay Homestay
PENSION $

(📞0823 6822 9003, 0625-451287; www.bagusbay.com; Jl Lingkar Tuktuk, Tuk Tuk; EZ mit Gemeinschaftsbad ab 50000 Rp, DZ 100000–300000 Rp; 🖥🖥) Ausgezeichnetes Budgetresort mit Zimmern in traditionellen Batak-Häusern und Blick auf Avocadobäume. Einen Kinderspielplatz und einen mit Gras bewachsenen Badmintonplatz gibt's auch. Die teureren Zimmer verfügen über warmes Wasser und bieten Seeblick. Topfpalmen tragen zum schönen grünen Ambiente bei. Abends ist das Restaurant, in dem mittwochs und samstags um 20.15 Uhr Batak-Tänze vorgeführt werden, ein beliebter Travellertreff.

Es gibt eine gut bestückte Bar, einen Billardtisch und sogar einen Motorradverleih (70000 Rp/Tag).

Merlyn Guesthouse
PENSION $

(📞0813 6116 9130; merlynguesthouse@mail.com; Jl Lingkar Tuktuk, Tuk Tuk; Zi. 100000–150000 Rp; 🖥) Die von einem deutsch-indonesischen Paar geführte Pension im alten Danau-Toba-Stil befindet sich direkt am See. Die billigeren Zimmer sind in charmanten traditionellen Batak-Holzhäusern mit Zwergentüren und Gemeinschaftsbädern untergebracht. Es gibt auch in sonnigen Farben gehaltene moderne Zimmer mit Bad und Warmwasser. Von allen Zimmern hat man einen schönen Blick auf den See und den gepflegten Garten.

Harriara Guesthouse
PENSION $

(📞0813 7539 7765, 0625-451183; harriaraguest house88@gmail.com; Jl Lingkar Tuktuk, Tuk Tuk; Zi. 200000–300000 Rp; 🖥) Pension in erstklas-

siger Seelage mit unzähligen tropischen Blumen im Garten, blitzblanken Zimmern mit Moskitonetzen und Veranda mit Seeblick. Vorn befindet sich eine gute Badewiese. Wenn niemand an der Rezeption ist, bekommt man in einem der Restaurants auf der gegenüberliegenden Straßenseite die gewünschte Auskunft.

★Tabo Cottages
RESORT $$

(📞0625-451318; www.tabocottages.com; Jl Lingkar Tuktuk, Tuk Tuk; Zi. inkl. Frühstück 390000–490000 Rp, Cottage 680000–750000 Rp; ✳@🖥🖥) Die weitläufige Anlage befindet sich in deutscher Hand und ist die schickste Unterkunft auf Pulau Samosir mit der Atmosphäre und der Professionalität eines lockeren Resorts. Die Zimmer in Häusern im schönen Batak-Stil haben große Bäder und Hängematten. Außerdem gibt es einen grandiosen Pool am Meer. Die Inhaberin Annette weiß wirklich alles über die Batak-Kultur.

Die dazugehörige deutsche Bäckerei mit hausgemachtem Brot und Kuchen lohnt den Besuch. Hier werden auch Kaffeebohnen, die auf der Insel angebaut werden, geröstet. Die von dem Resort angebotenen geführten Touren (S. 575) sind ein weiteres Highlight.

★Horas Family Home
COTTAGE $$$

(📞0813 6105 1419, 0813 6206 0838; www.holiday sumatra.com; Jl Lingkar Tuktuk, Tuk Tuk; Familien-Cottage 700000–1000000 Rp; ✳🖥🖥) Das Horas Family Home ist perfekt für alle, die eine gemütliche Bleibe mit Kochgelegenheit wünschen und auf der Suche nach etwas Besonderem sind. Am besten ist das prächtige, renovierte traditionelle Batak-Haus mit Originalmöbeln und modernen Einrichtungen für Selbstversorger. Die niederländisch-in-

HALLUZINOGENE PILZE

Magische oder „spezielle" Omeletts waren auf den Speisekarten der hiesigen Restaurants nichts Besonderes. In letzter Zeit werden sie aber ein wenig diskreter angeboten. Es versteht sich wohl von selbst, dass die darin verwendeten Pilze nicht aus dem Supermarkt stammen. Sie sollten gemieden oder wenigstens mit besonderer Vorsicht genossen werden. Obwohl man auf den Straßen in Tuk Tuk wahrscheinlich Werbeplakate für Magic Mushrooms entdecken wird, so sollte man doch wissen, dass sie eigentlich verboten sind.

SUMATRA DANAU TOBA (TOBASEE)

donesischen Gastgeber Berend und Mian sind außerordentlich hilfsbereit und wissen alles über die Batak-Kultur.

Das hervorragende Speisenangebot umfasst frischen Fisch, Süßwassergarnelen, Wildschwein und Waldschlangen. Außerdem gibt es einen Fischteich, in dem man sich sein Abendessen gratis angeln kann. Im Garten wächst Biogemüse, das man sich selbst pflücken darf.

Ein Pool und Kajaks runden das Ganze ab. Auch die beeindruckende Orchideen-Sammlung von Berend ist unbedingt sehenswert. Transfers und Touren können auf Wunsch organisiert werden.

✖ Essen

Viele Resorts und Pensionen in Tuk Tuk haben eigene Restaurants. Es gibt aber auch einige sehr gute unabhängige Lokale, die Batak-Spezialitäten wie gegrillten Karpfen (vorwiegend aus Fischzuchtanlagen) sowie indonesische und westliche Speisen anbieten.

Poppy's Restaurant INDONESISCH $
(☑0813 6123 9828; Jl Lingkar Tuktuk, Tuk Tuk; Hauptgerichte 30000–55000 Rp; ⊙7–22 Uhr) Das altehrwürdige Travellerlokal mit grandiosem Blick auf den See eignet sich perfekt, um ein kühles Bier zu trinken. Auf der Speisekarte stehen klassische indonesische Toba-Gerichte wie gegrillter Fisch – und Pizza. Freundliches Personal, Bücherbörse und sehr preiswerte Zimmer (100000 Rp) mit Blick aufs Wasser.

Borobudur House VEGAN, EIS $
(Martoba, Samosir; Hauptgerichte 35000–55000 Rp; ⊙10–18 Uhr; ☑) Die umliegenden buddhistischen Schreine sorgen für Stimmung in diesem Café am See, das auf vegane Gerichte spezialisiert ist. Auf der Speisekarte stehen Kartoffel-*rendang*, Tofusteaks und Guacamole mit hausgemachten Chips. Berühmt ist das Lokal aber für seine köstlichen hausgemachten Sorbets (25000 Rp) in Geschmacksrichtungen wie Durian, Drachenfrucht und Ananas.

Today's Cafe INTERNATIONAL $
(Jl Lingkar Tuktuk 30, Tuk Tuk; Hauptgerichte 20000–65000 Rp; ⊙9–22 Uhr; ☎☑) In der kleinen Holzhütte herrscht die entspannte Atmosphäre, die für Tuk Tuk so typisch ist. Das Lokal wird von ein paar freundlichen Damen geführt, die köstliche Gerichte zaubern, darunter *saksang* (Schweinehack mit brauner Kokossauce, Sahne und vielen Gewürzen), Auberginencurry und *chapatis* mit Guacamole. Der hausgemachte Joghurt ist der Renner zum Frühstück. Es gibt auch Bier und andere alkoholische Getränke.

★ **Jenny's Restaurant** INTERNATIONAL $$
(Jl Lingkar Tuktuk, Tuk Tuk; Hauptgerichte 44000–80000 Rp; ⊙8–22 Uhr) Mit seinen verschiedenen Frühstücks-, Nudel-, Curry- und Reisgerichten ist Jenny's seit Langem der Hit am Nordrand von Tuk Tuk. Aber eigentlich ist hier nur ein Gericht angesagt: gegrillter oder gebratener Fisch aus dem See mit Pommes und Salat (ab 18 Uhr). Zum Nachtisch

---

PUPPENTANZ DER BATAK

Der Sigale-Gale-Puppentanz ist eine Bataktradition. Früher ließ man die Puppe auf Beerdigungen tanzen. Heute tanzen sie jedoch immer häufiger auf Hochzeiten. Die lebensgroße, aus Banyanholz geschnitzte Puppe ist traditionell gekleidet mit rotem Turban, einem losen Hemd und einem blauen Sarong. Sigale-Gale-Puppen stehen auf langen Holzkisten, auf denen der Puppenspieler seine Puppen nach Gamelanmusik (Schlaginstrumente-Orchester) mit Flöten- und Schlagzeugbegleitung tanzen lässt.

Die Geschichte der ersten Sigale-Gale-Puppe handelt von einer Witwe, die auf Samosir lebte. Da sie sich nach dem Tod ihres Ehemannes verlassen und allein fühlte, schuf sie ein hölzernes Abbild von ihm. Immer wenn sie sich einsam fühlte, heuerte sie einen *dalang* (Puppenspieler und Märchenerzähler) an, der die Puppe tanzen ließ, und rief auch einen *dukun* (Mystiker) hinzu, der mit der Seele ihres verstorbenen Ehemannes Kontakt aufnehmen sollte.

Wie auch immer der Ursprung sein mag, Sigale-Gale wurde schnell Teil der Batak-Kultur und wurde auf Bestattungsfeiern benutzt, um die Seelen der Toten zu neuem Leben zu erwecken und so mit ihnen kommunizieren zu können. Die Puppe wurde mit den persönlichen Besitztümern des Verstorbenen geschmückt, und der *dukun* sollte die Seele des Verstorbenen auffordern, in die Holzpuppe Einzug zu halten, während sie oben auf dem Grab tanzt.

sollte man sich eine große Portion Obstpfannkuchen bestellen.

Es stehen auch kaltes Bier und *arak*-Cocktails auf der Karte.

 Maruba INDONESISCH **$$**
(Jl Lingkar Tuktuk, Tuk Tuk; Hauptgerichte 35 000–95 000 Rp; ☺7.30–22 Uhr) Das Maruba versteckt sich zwischen dem Amartoba Hotel und dem Rodeo Guesthouse und serviert unvergleichliche Batak-Gerichte, die von dem talentierten Besitzer zubereitet werden. Süßwasserhummer, *na neura* (roher, in Kemirinüssen, Limettensaft und Gewürzen marinierter Fisch) und *saksang* sind die absoluten Highlights. Außerdem gibt es Burger und Sandwiches aus selbst gebackenem Brot und Baguette.

Ausgehen & Nachtleben

Brando's Blues Bar BAR
(☑0852 3822 0226, 0625-451084; Jl Lingkar Tuktuk, Tuk Tuk; ☺12 Uhr–open end) Eine der wenigen echten Bars in Tuk Tuk mit Billardtischen und manchmal auch Livemusik. Besonders viel los ist hier an den Wochenenden. Die Happy Hour ist zu einer zivilen Zeit (18–22 Uhr). Es gibt eine kleine Tanzfläche mit Reggae und House.

Roy's Pub LIVEMUSIK
(☑0812 6456 6363, 0821 7417 4575; Jl Lingkar Tuktuk, Tuk Tuk; ☺Di, Do & Sa 21–2 Uhr; 🛜) Das beste Nachtleben auf Pulau Samosir findet dienstags, donnerstags und samstags im Roy's, einem mit Graffiti übersäten Gebäude, statt. An diesen Tagen treten einheimische Rockbands auf. Tolle, alkohollastige Stimmung.

Shoppen

In den vielen Souvenirläden in Tuk Tuk werden Taschen, Kissenbezüge und Platzdeckchen mit Gayo-Stickereien verkauft.

Rund um Tuk Tuk verkaufen Holzschnitzer Figuren, Masken, Schachteln und *porhalaan* (traditionelle Batak-Kalender aus Holz und Büffelknochen). Es werden auch traditionelle Musikinstrumente und kunstvoll geschnitzte Totempfähle angeboten, die man praktischerweise für den Transport auseinandernehmen kann.

Praktische Informationen

Geldautomaten gibt's in **Ambarita** (☺24 Std.), **Tomok** (Jl Pulau Samosir) und Pangururan, wobei der Geldautomat der **Mandiri Bank** (Jl Lingkar Tuktuk) in Tuk Tuk für Traveller am praktischsten ist.

Die Wechselkurse in Hotels und Wechselstuben sind ziemlich schlecht.

An- & Weiterreise

FLUGZEUG

Der **Silangit International Airport** (www.silangit-airport.co.id/en) liegt 77 km südlich von Parapat. Hier landen täglich Flieger aus Medan (30 Min.) und Jakarta (2 Std.). Wer in Medan abfliegt, sollte nicht vergessen, dass man wirklich nur ein paar Stunden spart, da die Taxifahrt nach Parapat (etwa 400 000 Rp) zwei Stunden dauert. In der Zukunft sind Direktflüge von Singapur geplant.

ZIEL	FLUGGESELLSCHAFT	HÄUFIGKEIT
Medan	Wings Air	tgl.
Jakarta	Batik Air, Citilink, Sriwijaya Air	4-mal tgl.

AUF DEM LANDWEG

Direktbusse nach Medan, Bukit Lawang oder Berastagi starten in Parapat. Ein Privatfahrzeug nach Medan kostet ca. 600 000 Rp. Wer Berastagi auf Samosir erreichen will, muss mehrere öffentliche Busse nehmen. Zunächst fährt man mit einem Bus von Tomok nach Pangururan (20 000 Rp, 1 Std.), dort nimmt man einen anderen Bus nach Berastagi (60 000 Rp, 3 Std.), der dann weiterfährt nach Medan. Dieser Bus verkehrt über Sidikalang (40 000 Rp), wo man Anschluss an einen Bus nach Kutacane und Singkil hat. Viele Unterkünfte und Reisebüros können Tickets für die teureren, direkten Gemeinschaftsminibusse von Parapat aus im Voraus besorgen.

Für die Fahrt nach Singkil muss man mehrmals in Anschlussbusse und Gemeinschaftsfahrzeuge an der Tomok-Pangururan-Sidikalang-Singkil-Strecke (200 000 Rp, 9–12 Std.) umsteigen. Es ist auch nicht unwahrscheinlich, dass man in Sidikalang übernachten muss. Detailliertere Infos gibt's im Liberta Homestay (S. 576) oder bei Banyak Island Travel (S. 599) in Singkil. Die Fahrt in einem Privatwagen würde zwischen 1 200 000 und 1 600 000 Rp kosten.

SCHIFF/FÄHRE

Fähren zwischen Parapat und Tuk Tuk (15 000 Rp, 11-mal tgl.) verkehren zwischen 8.30 und 19 Uhr fast stündlich. Sie halten an der Bagus Bay (35 Min.), schippern dann gen Norden und halten unterwegs auf Wunsch, um Fahrgäste aussteigen zu lassen.

Die erste und letzte Fähre von Tuk Tuk fährt um 7 bzw. 17.30 Uhr. Genaue Zeiten bitte in der Unterkunft erfragen!

Wer nach Parapat will, stellt sich einfach an den Anlegesteg seines Hotels und winkt die Fähre heran.

Zwischen 9 und 19 Uhr verkehren täglich 14 Fähren (für Motorräder und Personen) zwischen Parapat und Tomok (10 000 Rp). Vier oder fünf Mal täglich legt in Tomok eine Autofähre ab.

ℹ️ Unterwegs vor Ort

Außer in Tuk Tuk fahren auf ganz Samosir Lokalbusse. Minibusse verkehren zwischen Tomok und Ambarita (5000 Rp) und fahren weiter nach Simanindo (10 000 Rp) und Panguruan (20 000 Rp). Man kann sie an der Straße per Handzeichen anhalten. Nach 17 Uhr sind weniger Busse unterwegs. Auf den ruhigen, im Allgemeinen gut in Schuss gehaltenen (wenn auch schmalen) Inselstraßen kann man gut mit dem Motorrad (70 000–100 000 Rp/Tag) oder dem Fahrrad (30 000–40 000 Rp/Tag) fahren. Sowohl Motorräder als auch Fahrräder bekommt man problemlos in Pensionen und Touristenläden in Tuk Tuk.

Sibolga

☎ 0631 / 86 500 EW.

Sibolga ist einer der beiden Hauptorte (der andere ist Singkil), in denen täglich Boote zur Pulau Nias ablegen. Es ist keine besonders schöne Hafenstadt, außerdem ist sie für ihre vielen Schlepper bekannt. Wer denen in Surfläden folgt, muss mit höheren Preisen rechnen. Unbedingt hart verhandeln oder einen gewissen „Extra-Service" aushandeln! Man sollte so früh möglich auf die Insel fahren, um sich einen Platz auf dem abends zurückfahrenden Boot zu sichern.

Es gibt mehrere Geldautomaten, am besten ist die **BNI Bank** (Jl Katamso).

🛏️ Schlafen

Hotel Wisata Indah   RESORT $$

(☎ 0631-23688; Jl Katamso 51; Zi. inkl. Frühstück 450 000–600 000 Rp; ❋ 🏠 🛜 🛋️) Wer in Sibolga übernachten muss, sollte ins Hotel Wisata Indah gehen. Es ist die beste der ansonsten wenig reizvollen Unterkünfte. Die altmodischen, schäbigen Zimmer bieten Meerblick, die Angestellten sind hilfsbereit, können aber kaum Englisch. Die Rettung sind hier

der Pool und das Outdoor-Restaurant, in dem man auch Bier bekommt.

ℹ️ An- & Weiterreise

BUS

Der **Busbahnhof** (Jl SM Raja) befindet sich in der Jl SM Raja, 2 km vom Hafen entfernt. Man kann den Busfahrer bitten, zum Aussteigen am Hafen anzuhalten. Ein *becak* zwischen Busbahnhof und Hafen kostet um die 8000 Rp.

FLUGZEUG

Zwischen Sibolga und Medan gibt es täglich drei bis vier Flüge von Wings Air, Garuda fliegt einmal täglich nach Jakarta.

SCHIFF/FÄHRE

Boote zur Pulau Nias legen am **Fährterminal** (Jl Horas) am Ende der Jl Horas ab. **ASDP** (☎ 0811 626 5229; www.indonesiaferry.co.id) fährt drei Mal wöchentlich (Di, Do & Sa) um 19 Uhr nach Gunung Sitoli (Economy/VIP 65 000/120 000 Rp, 10–13 Std.). Fähren nach Teluk Dalam starten nur montags um 18 Uhr (Economy/VIP 78 000/140 000 Rp, 11–14 Std.). Der Transport von Autos/Motorrädern auf der Fähre kostet 1178 000/118 000 Rp.

Fahrkarten bekommt man im Hafen. Die VIP-Klasse ist klimatisiert. Wer in der Economy-Klasse reist, sollte früh erscheinen, um sich einen Sitzplatz zu sichern. Die Boote legen im Allgemeinen mit einer ein- oder zweistündigen Verspätung ab. Wenn man in Sibolga ankommt und erfährt, dass man das Boot knapp verpasst hat, sollte man zum Hafen gehen und sich selbst davon überzeugen. Für Surfbretter muss manchmal ein Aufpreis gezahlt werden.

PULAU NIAS

☎ 0639

Die Wellen des Indischen Ozeans schwappen bis nach Indonesien und sorgen für einige der weltbesten Surfbreaks vor der abgelegenen Pulau Nias, einem ziemlich großen, aber isolierten Felsen vor der Küste Nordsumatras. Surfer kommen seit Jahrzehnten

BUSSE AB SIBOLGA

ZIEL	PREIS (RP)	DAUER (STD.)	HÄUFIGKEIT
Bukittinggi	150 000–250 000	13–14	mehrmals tgl.
Medan	120 000–150 000	8–14	mehrmals tgl.
Padang	150 000–250 000	16	mehrmals tgl.
Parapat	100 000–120 000	6–7	1-mal tgl.
Singkil	120 000–140 000	6	mehrmals tgl.

Pulau Nias

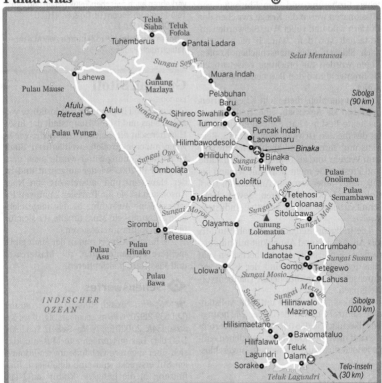

wegen der Wellen in der herrlichen Teluk Sorake auf die entlegene Insel, die verdientermaßen zu den internationalen Surf-Hotspots gehört. Abgesehen von den Wellen gibt es aber auch für Nichtsurfer viel zu entdecken: faszinierende Dörfer, traditionelle Architektur und uralte Megalithbauten.

Auf Nias soll es gegen Chloroquin resistente Malaria-Erreger geben, also bitte unbedingt die erforderlichen Vorsichtsmaßnahmen treffen!

Visit Nias Island (www.visitniasisland. com) bietet einen ausgezeichneten Überblick über die auf der Insel möglichen Unternehmungen.

Geschichte

Der Legende nach sind die Bewohner der Insel Nachfahren von sechs Göttern, die auf die Erde kamen und sich im zentralen Hochland niederließen. Anthropologen bringen sie mit so ziemlich jedem in Zusammenhang: den Batak aus Sumatra, den Naga aus

Assam in Indien, den Ureinwohnern von Taiwan und verschiedenen Dayak-Gruppen auf Kalimantan.

Die Geschichte von Nias klingt wie ein Lagerfeuermärchen und ist geprägt von so bedeutenden Themen wie Kopfjägerei, dunkler Magie und Menschenopfern. Wirklich alte Geschichte ist das aber nicht – der erste australische Surfer, der in den 1970er-Jahren auf Sorakes Wellen ritt, wurde von einem skrupellosen Schamanen belauert, der scharf darauf war, menschliche Köpfe zu sammeln.

Traditionell hatte jedes hiesige Dorf ein Dorfoberhaupt, das einem Ältestenrat vorstand. Unter der aristokratischen Oberkaste war das allgemeine Volk angesiedelt und darunter wiederum die Sklaven, die oft verkauft wurden. Bis Anfang des 19. Jhs. war der Sklavenhandel Nias einzige Verbindung zur Außenwelt.

Manchmal schlossen sich Dörfer zu Bündnissen zusammen, die dann oft gegeneinander kämpften. Vor der niederländischen Eroberung und dem Eintreffen von Missionaren waren die Kriege zwischen den Dörfern wild und voller Wut. Sie wurden angestachelt von dem Wunsch nach Rache, nach Sklaven oder menschlichen Köpfen. Köpfe wurden für prächtige Beisetzungen, als Brautgeld und den Bau neuer Dörfer benötigt.

Wenn die Menschen nicht Krieg führten, betrieben sie Ackerbau, eine Tradition, die bis heute Bestand hat. Sie bauten ungeachtet des dichten Urwalds Yamswurzeln, Reis, Mais und Taro an und züchteten Schweine zum Verzehr und als Symbol von Wohlstand und Prestige. Je mehr Schweine jemand besaß, desto höher war sein Ansehen im Dorf. Gold- und Kupferarbeiten sowie Holzschnitzarbeiten waren wichtige Industriezweige.

Die indigene Religion war wohl ein Mix aus Animismus und Ahnenkult mit hinduistischen Einflüssen. Heute herrschen auf Nias das Christentum und der Islam vor, durchsetzt von traditionellen Glaubensvorstellungen.

Die Insel fiel erst 1914 unter die vollständige Kontrolle der Niederländer. Die heutige Bevölkerung (ca. 656 000 Menschen) verteilt sich auf mehr als 650 Dörfer, von denen einige jedoch nicht ans Straßennetz angeschlossen sind.

❶ An- & Weiterreise

Die meisten Traveller fliegen nach Nias, aber auch die langsame Fähre ist noch immer eine Option.

FLUGZEUG

Der Binaka Airport (S. 584) liegt etwa 20 km südlich von Gunung Sitoli und wird von Wings Air und Garuda aus Medan (1 Std., 6-mal tgl.) und Padang (1 Std., 1-mal tgl.) angeflogen. Für Surfbretter muss im Allgemeinen ein Aufpreis gezahlt werden.

SCHIFF/FÄHRE

Fähren verkehren zwischen Nias und den Festlandstädten Sibolga und Singkil. Zwei Fähren pro Woche – montag- und donnerstagvormittags – treffen aus Singkil (Economy 52 000 Rp, 6 Std.) ein und fahren noch am gleichen Tag gegen 21 Uhr zurück.

ASDP-Fähren (S. 580) von Sibolga nach Gunung Sitoli fahren dienstags, donnerstags und samstags um 19 Uhr los (Economy/VIP 65 000/120 000 Rp, 10–13 Std.). Einmal pro Woche verkehrt ein Schiff nach Teluk Dam, los geht's montags um 18 Uhr (Economy/VIP 78 000/140 000 Rp, 11–14 Std.). ASDP-Fähren verkehren auch zwischen Teluk Dalam und den Telo-Inseln im Süden (Di, Do & Fr, 41 000–80 000 Rp, 6 Std.).

Boote von **Pelni** (☑ 162) fahren zwei Mal monatlich nach Padang.

Gunung Sitoli
130 000 EW.

Gunung Sitoli liegt an der Nordostküste von Pulau Nias und ist die Hauptstadt der Insel. Hier herrscht die gleiche Atmosphäre wie in jeder anderen großen, weitläufigen Stadt Sumatras. Gunung Sitoli wurde nach dem Tsunami in 2005 wieder aufgebaut und ist der Hauptein- und -ausreiseort von Nias. Ansonsten ist sie für Traveller kaum von Interesse. Eine Ausnahme ist das ausgezeichnete Museum – ein Muss für alle, die sich für indigene Kultur interessieren.

Am Binaka Airport und in der Stadt gibt's mehrere Geldautomaten, die Mastercard- und Visa-Karten akzeptieren.

◉ Sehenswertes

★ **Museum Pusaka Nias**   MUSEUM
(☑ 0639-21920; www.museum-nias.org; Jl Yos Sudarso 134A; 20 000 Rp; ⊙ Mo–Sa 8–17, So 12.30–17.30 Uhr) Das ausgezeichnete Museum, das sich über mehrere Gebäude im traditionellen Stil erstreckt, gibt eine detaillierte Einführung in die indigene Kultur auf Nias. Ausgestellt sind die ganze Palette von Schmuckstücken, die von Edelmännern getragen wurden, Waffen, Rüstungen aus Krokodilleder sowie traditionelle Angel- und Jagdausrüstung bis hin zu Kopfjägerskulpturen und Zubehör, Holzschnitzereien für den Ahnenkult, Trommeln für Zeremonien, *nifolasara* (bootsähnliche) Särge mit Drachenköpfen und Mikrolithen (menschenähnliche Steinfiguren, die auf ganz Pulau Nias oben auf Megalithen gefunden wurden). In einem Raum sind wunderschöne maßstabsgetreue Modelle von traditionellen Häusern zu sehen.

Auf dem Freigelände stehen ein paar restaurierte traditionelle Häuser, in denen man übernachten kann. Den deprimierenden Zoo sollte man besser nicht besuchen.

🛏 Schlafen & Essen

In der Stadt gibt es viele Lokale, in denen *padang*-Gerichte aus der Küche kommen, sowie Seafood-Restaurants und ein paar Cafés mit westlichen Speisen.

WESTKÜSTE

Aufgrund von Sorakes anhaltender (und manchmal überwältigender) Beliebtheit fahren abenteuerlustige Surfer auf der Suche nach „leeren" Wellen und noch unentdeckten Orten an die Westküste der Pulau Nias.

Der Großteil der Westküste ist für alleinreisende Freaks noch immer ein Abenteuer. Ein paar Surfer übernachten in *losmen* (einfache Unterkünfte) rund um das Dorf Afulu und heuern lokale Bootsbesitzer an, die mit ihnen die Küste hoch- und runterschippern.

Weiter draußen liegen die Inseln Asu und Bawa. Diese Inseln, die Wind und Wetter mehr ausgesetzt sind als Nias selbst, bieten größere und stetigere Wellen. Asu hat einen Lefthander und Bawa einen starken Righthander zu bieten. Ungeachtet der Windrichtung herrscht hier fast immer eine gute Brandung. Auf diesen Inseln ist allerdings die Gefahr groß, sich Malaria zuzuziehen, vor allem auf Bawa, denn im Inselinneren befindet sich ein großes Sumpfgebiet.

Afulu Retreat (Darus Surfcamp; ☑ 0823 0416 2558; 250 000 Rp/Pers. inkl. Mahlzeiten; ❋) Die Bungalows am Walo Beach, direkt nördlich von Afulu, sind die besten der Surfer-Unterkünfte an Pulau Nias Westküste. Man kann zwischen drei luftigen Bungalows mit eigenem Bad im Freien oder einem Bett in einem einfachen Gemeinschaftszimmer wählen. Die Betreiber bereiten megagroße Fischplatten und sind in puncto Surfen auf dem neuesten Stand.

Ina Silvi Cottage (☑ 0821 6099 3580, 0822 7734 2628; www.inasilvicottage.com; Pulau Asu; Zi. 300 000 Rp; 🛜) Die idyllischen Bungalows an der Ostküste von Pulau Asu stehen direkt am weißen Sandstrand. Sie werden von Mama Silvi (die perfekt Englisch spricht) und ihrer Familie betrieben. Die Anlage ist gleichermaßen beliebt bei Surfern und Nichtsurfern. Die nächste Surfwelle ist einen 1 km langen Fußmarsch entfernt. Geboten wird außerdem gutes Essen, kaltes Bier und WLAN.

Asu Surf Camp (☑ 0852 8561 0931; www.asucamp.com; Pulau Asu; 220 AU\$/Pers. & Nacht; ❋ 🛜) Ein Bleibe nur für Surfer. Das Luxuscamp bekommt grandiose Kommentare aufgrund der Wellen mit nur wenigen Surfern, des hervorragenden Essens und des lockeren Flairs. Im Preis einhalten ist die Schnellbootfahrt zu Top-Surfspots.

An- & Weiterreise

Sirombu an der Westküste von Nias ist das Tor zu den Inseln Asu und Bawa. Einfach fragen, ob öffentliche Busse dorthin fahren! Ansonsten muss man einen Fahrer mit Privatwagen anheuern. Die Fahrt von Gunung Sitoli nach Sirombu kostet ca. 700 000 Rp.

Von Sirombu fährt täglich um 14 Uhr ein Boot nach Asu (50 000 Rp, 4–5 Std.), zurück geht's um 6.30 Uhr. Ansonsten kann man in Sirombu auch einen Fischer mit Boot anheuern (700 000 Rp, max. 10 Pers.). Das geht auch in Teluk Dalam (1 500 000 Rp). So erspart man sich den Stress, zuerst nach Sirombu fahren zu müssen.

Museum Nias Lodges PENSION \$
(☑ 0812 6490 4744, 0812 6246 3919; www.museum-nias.org; Museum Pusaka Nias, Jl Yos Sudarso 134; EZ/DZ inkl. Frühstück mit Gemeinschaftsbad 100 000/200 000 Rp, Zi. mit eigenem Bad & Klimaanlage 450 000 Rp; ❋ 🛜) Eine recht einzigartige Option, nicht nur weil man im Museum übernachtet, sondern auch weil es sich um ein traditionelles Nias-Haus handelt, das speziell für Traveller errichtet wurde. Am besten sind die Häuser Bawöganöwö und Ulunoyo, die mit modernen Annehmlichkeiten wie TV, Klimaanlage und WLAN ausgestattet sind. Die Budgetzimmer befinden sich in einem einfacheren zweistöckigen Holzbau.

Der Eintritt ins Museum ist für Übernachtungsgäste frei.

★ **Rapi Seafood** SEAFOOD \$
(☑ 0639-22247; Jl Kelapa 15; Hauptgerichte ab 35 000 Rp; ⏱ 18–22 Uhr) In diesem unscheinbaren Lokal im Zentrum von Gunung Sitoli werden einige der besten und frischesten Meeresfrüchte von ganz Sumatra serviert. Man stellt sich sein Abendessen selbst zusammen und lässt sich die Zutaten grillen. Wer will, kann zwischen süßer und pikanter Sauce wählen. Auch der Tintenfisch kommt mit verschiedenen Saucen daher, und die gegrillten Riesen-Shrimps sind einfach nur

köstlich. Wer ein paar Worte Indonesisch spricht, ist definitiv im Vorteil.

ℹ An- & Weiterreise

Gunung Sitolis **Binaka Airport** liegt 20 km südlich der Stadt. Hier landen die meisten Touristen, die über Medan oder Padang auf die Insel kommen. Susi Air bietet mitunter Flüge auf die Telo-Inseln an.

Pro Woche gibt es mehrere Schiffsverbindungen sowohl nach Sibolga als auch nach Singkil auf dem Festland.

Öffentliche Verkehrsmittel fahren relativ selten. Es verkehren aber Busse nach Teluk Dalam (90 000 Rp, 3 Std.), die manchmal bis nach Sorake weiterfahren. Für die Fahrt im Privatwagen nach Sorake (2½ Std.) muss man ca. 500 000 Rp veranschlagen. Die Busfahrt vom Flughafen nach Gunung Sitoli kostet etwa 60 000 Rp, ein *becak* 80 000 Rp.

Traditionelle Dörfer

Jahrhundertelang haben die Bewohner von Nias kunstvolle Dörfer errichtet. Die an Schiffe erinnernden Holzhäuser zogen sich in Reihen an Kopfsteinpflasterstraßen entlang. Die traditionellen Häuser mit ihren steilen Strohdächern standen auf großen Holzpfeilern. Es heißt, dass das Bootsmotiv auf niederländische Gewürzschiffe zurückzuführen ist. Die aus einheimischem Teakholz gebauten und von manuell hergestellten Holzplöcken zusammengehaltenen Häuser sind mit symbolischen Holzschnitzereien versehen. Die in traditioneller Technik errichteten Häuser erwiesen sich als ziemlich haltbar und überstanden das Erdbeben im Jahr 2005 weitaus besser als die modernen Betonhäuser.

Aus verteidigungsstrategischen Gründen wurden die Dörfer typischerweise auf Anhöhen gebaut, die man über Dutzende Steinstufen erreichte. Normalerweise befand sich rund um das Dorf eine Schutzmauer aus Stein. Steine wurden auch für Badebecken, Treppen, Bänke, Stühle und Gedenkstätten benutzt.

Je nach Gegend sind die traditionellen Häuser auf der Insel recht unterschiedlich. Im nördlichen Nias sind es freistehende, längliche Bauten auf Stelzen, im Süden stehen sie nebeneinander auf beiden Seiten eines langen, gepflasterten Hofs. Bei den Häusern im südlichen Nias ist das Dach das Hauptmerkmal. Sie stehen auf Pfeilern mit Querbalken, die ohne Verwendung von Bändern oder Nägeln ineinandergesteckt sind.

Gomo & Umgebung

In den Dörfern rund um Gomo im zentralen Hochland kann man die besten Beispiele von Steinreliefs und Menhiren (Hinkelsteine) bewundern, von denen einige vermutlich 3000 Jahre alt sind. Solche Beispiele befinden sich in dem Dorf **Tundrumbaho**, 5 km von Gomo entfernt, in **Lahusa Idanotae**, auf halber Strecke zwischen Gomo und Tundrumbaho, und in **Tetegewo**, 7 km südlich von Gomo. In diese Gegend zu kommen, ist eine kleine Herausforderung, denn die Straßen sind in schlechtem Zustand.

Hilinawalo Mazingo

Omo Hada   ARCHITEKTUR

(Haus des Häuptlings) Das Omo Hada, eines von nur fünf noch erhaltenen Gebäuden dieser Art auf Pulau Nias, steht im abgelegenen Hilinawalo Mazingo in repräsentativer „Aufwärts"-Richtung und wird morgens als erstes von den Sonnenstrahlen verwöhnt. Es dient noch immer als traditionelle Versammlungshalle für sieben benachbarte Dörfer. Für den Besuch benötigt man einen Guide und ein robustes Motorrad, denn die Straßen sind wirklich schlecht.

Um Alters- und Klimaschäden zu beheben, haben sich die Dorfbewohner traditionelle Zimmermannstechniken angeeignet. So werden Handwerkskünste vor dem Aussterben bewahrt.

Bawomataluo

Bawomataluo (Sonnenhügel) auf einem Hügel 400 m über dem Meeresspiegel ist das berühmteste und am besten erreichbare Dorf im südlichen Teil des Eilands Pulau Nias. Hier findet auch das *lompat batu* (Steinspringen) statt. Den Ort erreicht man über 88 von Steindrachen gesäumte Steinstufen. Die Häuser säumen zwei ebenfalls mit Steinen gepflasterte Hauptstraßen. Bawomataluo lohnt den Besuch, aber man sollte sich auf nervige Nippesverkäufer gefasst machen.

Steinspringen war früher eine Art Kriegstraining. Die Springer mussten über eine 1,8 m hohe Steinmauer springen, die oben traditionell mit spitzen Stäben versehen war. Heute wird auf die Spitzen verzichtet – und die Motivation ist finanzieller Art (200 000 Rp pro Sprung ohne zeremoniellen Anlass). Junge, ledige Männer führen auch Kriegstänze vor.

TELO-INSELN

Wenn Nias das erste Surferparadies war und die Mentawai-Inseln momentan en vogue sind, dann könnten morgen vielleicht die Telo-Inseln der Surferhimmel sein. Diese Inselgruppe befindet sich nördlich der Mentawai-Hauptinsel Siberut. Sie war bis vor Kurzem außerhalb des Landes fast völlig unbekannt.

Heute werden Charterboote mit Übernachtung angeboten. Sie fahren zu den anspruchsvolleren Zielen. Da die Inseln relativ abgelegen sind, tummeln sich auf den Wellen nur wenige Surfer. Nichtsurfer sind auf den Telo-Inseln sehr selten. Wer aber Ausdauer und Abenteuerlust hat, findet hier ein enormes Potenzial in Bezug auf Strand- und Dorfleben sowie Schnorchelmöglichkeiten.

Telo Island Surf House (☎ 0813 6364 4963, 0853 6264 1331; www.teloislandsurfhouse. com; Pulau Sibaranun; Zi. inkl. Mahlzeiten ab 300 000 Rp) Das nette zweistöckige Holzhaus mit Blick auf die Brandung vor der Pulau Sibaranun ist eine tolle Budgetunterkunft. Die Bleibe ist etwas altmodisch, und es gibt nur begrenzt Strom, aber so bekommt man eine Ahnung davon, wie es hier früher zuging, als noch keine Luxusvillen Einzug gehalten hatten. Die Unterkunft wird von dem einheimischen Surfer Andreas und seiner Familie betrieben. Sie haben ein Boot, mit dem sie Surfer zu so ziemlich jeder gewünschten Welle bringen (ab 350 000 Rp).

Hin kommt man mit der Fähre (400 000 Rp) von Teluk Dalam, südliches Nias, zum Hafen der Pulau Tello, wo Andreas einen auf Wunsch mit seinem Boot abholt.

Resort Latitude Zero (www.resortlatitudezero.com; Pulau Sifauruasi; pro Pers. inkl. Mahlzeiten & Transport 7/10 Tage 4360/5740 AU$; ❄🛜🛏) Das Luxus-Surfresort befindet sich auf seiner eigenen Privatinsel und bietet hervorragenden Zugang zu Telos 18 Breaks, schicke Zimmer mit Veranda und Meerblick, einen Infinity-Pool und einen familienfreundlichen Strand. Für Nichtsurfer stehen Stehpaddelboards (SUPs), Kajaks, Schnorchelequipment und ein Fitnessraum zur Verfügung. Es gibt auch Touren mit Übernachtung auf einem Boot. So kann man die umliegenden Surfspots wunderbar erkunden. Es werden Sieben-, Zehn- und 14-Tages-Pakete angeboten.

An- & Weiterreise

Die Fähren fahren jeden zweiten Tag von Teluk Dalam auf Nias zur Pulau Tello (40 000 Rp), der Hauptverwaltungsinsel. Außerdem verkehren auch Boote unregelmäßig zwischen den Telo-Inseln und Padang. Wenn man in einem der Resorts übernachtet, ist der Transfer ab Padang in der Regel im Preis enthalten.

Von Bawomataluo aus kann man die Dächer des in der Nähe gelegenen Orts Orihili sehen. Eine Steintreppe und ein Weg führen den Berg hinunter ins Dorf.

Bawomataluo ist 15 km von Teluk Dalam entfernt und mit öffentlichen Verkehrsmitteln (9000 Rp) oder cinem *ojek* (30 000 Rp) nach Sorake zu erreichen. Pensionen in Sorake können den Transfer organisieren.

Haus des Häuptlings　　ARCHITEKTUR
Die beiden Straßen von Bawomataluo treffen gegenüber dem beeindruckenden Haus des Häuptlings aufeinander, das sowohl das älteste als auch das größte auf Nias sein soll. Man kann den aus schweren Holzbalken bestehenden Innenraum besichtigen und die Trommel bewundern, die zu Beginn und am Ende von Versammlungen geschlagen wird.

Auch die Originalholzschnitzereien und die aneinandergereihten Schweinekiefer sind sehenswert. Draußen befindet sich der Steinthron des Häuptlings neben einem großen Steinphallus und Steintischen, auf die die Toten früher zum Verwesen gelegt wurden.

Hilisimaetano

In dem großen Dorf Hilisimaetano, 16 km nordwestlich von Teluk Dalam, stehen über 100 traditionelle Häuser. Zu besonderen Anlässen werden Steinspringen und traditionelle Tänze vorgeführt.

Hilisimaetano liegt 10 km nördlich von Sorake. Hin kommt man mit einem der selten verkehrenden öffentlichen Verkehrsmittel von Teluk Dalam (7000 Rp) aus. Man kann die Fahrt auch in einem Privatfahrzeug machen.

Botohili & Hilimaeta

Botohili ist ein kleines Dorf am Hang oberhalb der Halbinsel Pantai Lagundri. Hier gibt es zwei Reihen traditioneller Häuser und ein paar neue Gebäude, die so gar nicht in die Skyline passen wollen. Im Ort sind noch Reste des Originaleingangs, der Steinstühle und Pflastersteine vorhanden. Von Pantai Sorake ist es ein etwa zehnminütiger Spaziergang hierher.

Nach 2 km von Lagundri zu Fuß oder im Auto über eine steile, nur teilweise gepflasterte Straße erreicht man das traditionelle Dorf **Hilimaetaniha**, das eines der ruhigsten auf Pulau Nias ist. Freundliche Einheimische sitzen vor ihren traditionellen Häusern, von denen einige farbig gefliest oder gestrichen sind. Kinder lassen auf der einzigen Straße ihre Drachen steigen. Der *lompat-batu*–Pfeiler (Steinspringpfeiler) ist noch zu sehen, ebenso wie mehrere Steinmonumente, darunter ein 2 m hoher Steinpenis. Ein langer Weg mit Steinstufen führt hinauf ins Dorf.

Von Pantai Sorake läuft man etwa 25 Minuten hierher. Eine *ojek*-Fahrt kostet um die 15 000 Rp.

Pantai Sorake & Teluk Lagundri

Teluk Lagundri ist ein kleines Stück Land mit einer perfekt hufeisenförmigen Bucht. Der Point-Break an der Pantai Sorake gehört zu den besten Righthandern der Welt. Surfsaison ist von Juni bis Oktober, absolute Hauptsaison sind Juli und August mit ihren kräftigen Wellen. Unter Surfern ist diese Gegend unter dem Namen Sorake oder Lagundri bekannt.

Die von den australischen Surfern Kevin Lovett und John Giesel 1975 entdeckten Wellen sind nach dem Erdbeben und dem Tsunami von 2004 flacher, angenehmer geformt und wuchtiger geworden. Mit ein paar Ausnahmen befinden sich alle Unterkünfte Seite an Seite an der Pantai Sorake, die jetzt vor Katastrophen besser geschützt ist.

🛏 Schlafen & Essen

Am Westteil der Bucht, der unter dem Namen Pantai Sorake bekannt ist, befinden sich die meisten Unterkünfte mit direktem Blick auf die Wellen. Viele Surfer kommen im Rahmen eines mehrtägigen Pauschalpakets hierher, das den Flughafentransfer und alle Mahlzeiten umfasst. Es ist aber auch möglich, ein Zimmer für nur eine Nacht zu bekommen. Eine Liste der Unterkünfte findet sich unter www.visitniasisland.com.

Die meisten Pensionen verfügen über Restaurants, die indonesische Gerichte, gegrillten Fisch und Burger sowie Pommes und Ähnliches servieren.

Harus Damai Inn PENSION **$**
(☏0813 7706 3712; Pantai Lagundri; Zi. 200 000– 350 000 Rp; ❄) Diese Unterkunft direkt an der Pantai Lagundri mit dem kleinen Strand ohne (oder mit nur kleinen) Wellen ist *das* Quartier für Nichtsurfer. Obwohl das Haus direkt am Strand steht, hat man aus keinem der neun Zimmer Meerblick. Am besten sind die Zimmer im Erdgeschoss, die in dem zweistöckigen Gebäude sind recht trostlos. In dem luftigen Restaurant am Meer bekommt man Grillfisch, Currys und kaltes Bier.

Hier kann man auch Surfbretter leihen.

⭐**Key Hole Surf Camp** SURFCAMP **$$**
(☏0813 7469 2530, 0822 7644 9999; www.nias keyholesurfcamp.com; Pantai Sorake; Zi. ab 300 000 Rp; ❄🛜) Das von dem einheimischen Surfer Timmy und seiner freundlichen Familie betriebene Camp befindet sich mitten im Herzen der Action. Es gibt acht komfortable Zimmer mit Klimaanlage, und in dem Restaurant wird von Pizza bis Hummer so ziemlich alles serviert. Das Zehn-Tage-Paket (500 US$) ist nicht uninteressant, es enthält Mahlzeiten, die Abholung vom Flughafen, Motorradnutzung und Ausflüge.

Surfen lernen kann man an der Pantai Lagundri ebenfalls. Es gibt Boote, die Surftrips mit Übernachtung nach Telo und zu anderen weiter entfernten Wellen anbieten.

Hash & Family Surf Camp PENSION **$$$**
(☏0852 9704 9557; www.surfhousenias.com; Pantai Sorake; B/EZ/DZ inkl. Mahlzeiten 50/100/ 150 US$; ❄🛜) Für Surfer dürfte es nichts Besseres geben als den freien Blick aus dem Fenster auf die weltberühmten Righthander. Die großen, komfortablen Zimmer mit Klimaanlage, WLAN und Warmwasser bieten alle den Blick zum Point. Das schöne Restaurant mit Bar ist das beste in Sorake.

ℹ An- & Weiterreise

Pantai Sorake liegt 100 km südlich von Flughafen. Im Preis vieler Pensionen ist bei Vorausbuchung die Fahrt vom Flughafen zur Unterkunft enthalten, ansonsten kostet die Taxifahrt ca. 500 000 Rp (2½ Std). Die Busfahrt kostet nur ca. 130 000 Rp, man muss aber in Teluk Dalam umsteigen.

Teluk Dalam

76 750 EW.

Teluk Dalam ist die Hauptstadt des Regierungsbezirks Südnias und die zweitgrößte Stadt auf Pulau Nias. Es ist eine kleine Hafenstadt, in der es aber so laut und chaotisch zugeht wie in größeren Städten. Auf dem Weg nach/von Pantai Sorake muss man durch Teluk Dalam, wo man sich auch gleich mit Proviant eindecken kann. Außerdem gibt's hier Geldautomaten.

Die Fahrt im öffentlichen Bus von Gunung Sitoli nach Teluk Dalam kostet etwa 90 000 Rp (3 Std.). Nach Sorake zahlt man für die Fahrt im *ojek* 25 000 Rp und im *becak* 50 000 Rp.

Am Hafen schippern Fähren zur Pulau Tello und nach Sibolga auf dem Festland.

 Essen

Mari Rasa INDONESISCH $

(Jl Pelita; Hauptgerichte 25 000 Rp; ◷ 10–18 Uhr)
Das Mari Rasa ist etwa einen halben Block von der Hauptstraße in Teluk Dalam entfernt. Das Restaurant ist bei den Einheimischen beliebt für *babi panggang* (gegrilltes Schweinefleisch) und *lomok-lomok* (Schweinebauch) mit Reis, Blattgemüse, dunkler Chili-Sauce und einer Schale mit schmackhafter, scharfer Brühe. Ein toller Ort, an dem man wunderbar auf die Abendfähre oder den Abholservice warten kann!

ACEH

Aceh, Sumatras nördlichste Provinz, ist eine stolze und wohlhabende Region. Sie ist gesegnet mit Regenwäldern, die eine unglaubliche Biodiversität aufweisen, und unberührten Inseln, die bei Strandfans, Tauchern und Surfern gleichermaßen beliebt sind. Über die Jahre hat der Westzipfel des indonesischen Archipels aber mit Negativschlagzeilen auf sich aufmerksam gemacht. Wer an Sumatras nördlichste Provinz denkt, dem fallen sofort Erdbeben, Tsunamis, Bürgerkrieg und die Scharia ein. Die Spuren des Tsunami am zweiten Weihnachtsfeiertag des Jahres 2004 sind beseitigt, und Aceh erholt

sich langsam von den Wunden, die ihr durch die Naturkatastrophe und den Bürgerkrieg zugefügt wurden. Obwohl die Waffen niedergelegt wurden und man der Provinz ein gewisses Maß an Autonomie zugesprochen hat, gibt es doch auf dem Weg zum Frieden gelegentlich noch Ausreißer, und im restlichen Sumatra ist man der Meinung, dass die Menschen in Aceh ihre konservative islamische Einstellung liebend gern dem ganzen Land auferlegen würden.

Geschichte

Früher war die strategische Lage an der Gewürzhandelsroute ein entscheidender Faktor für den Reichtum und die Bedeutung von Aceh, denn mit den Segelschiffen kamen sowohl Händler als auch Einwanderer in die Region. Auch der Islam hielt über Aceh Einzug in den Archipel, und die Hauptstadt Banda Aceh war Zentrum der islamischen Lehre und Ausgangspunkt für Pilger nach Mekka.

Obwohl Acehs Macht gegen Ende des 17. Jhs. abnahm, blieb die Provinz von den Niederländern unabhängig, bis 1871 der Krieg ausgerufen wurde. Das war 35 Jahre, bevor die Kämpfe aufhörten und der letzte Sultan, Tuanku Muhamat Dawot, aufgab.

1951 integrierte die indonesische Regierung das Territorium von Aceh in die Provinz Nordsumatra. Die bedeutende islamische Partei war verärgert darüber, dass sie mit den christlichen Batak in einen Topf geworfen wurde und erklärte Aceh im September 1953 zu einer unabhängigen islamischen Republik. Es folgten Dauerkonflikte, und 1959 war die Regierung gezwungen, Aceh den Status einer „Sonderregion" mit einem hohen Maß an Autonomie in religiösen, kulturellen und pädagogischen Angelegenheiten zuzusichern.

Die Gründung der Gerakan Aceh Merdeka (GAM; Bewegung Freies Aceh) im Dezember 1976 und die darauf folgenden Kämpfe mit dem indonesischen Militär führten zu fast 30 Jahren täglicher Ermordungen, Foltern und Entführungen. Auch später noch wurde die Zivilbevölkerung in Mitleidenschaft gezogen, und Tausende wurden vertrieben.

Zur Jahrtausendwende gab es einen kurzen Waffenstillstand, und Aceh erhielt das Recht, die Scharia umzusetzen. Später kam es zu einer Eskalation des Konflikts, das Kriegsrecht wurde ausgerufen und ein groß angelegter Militärangriff gegen die Separa-

Aceh

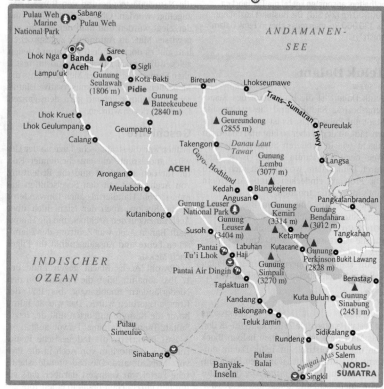

tisten begann. Schließlich setzte der Tsunami im Jahr 2004 dem Ganzen ein Ende. In der Provinz herrscht im Großen und Ganzen noch immer Ruhe, trotz gelegentlicher Störungen einer Splittergruppe der GAM, die weiterhin unzufrieden ist mit den ehemaligen Kollegen, die jetzt in der Provinz an der Spitze stehen.

Banda Aceh

📞 0651 / 223500 EW.

Banda Aceh ist eine überraschend relaxte und nette Provinzhauptstadt, in der man gut einen ein- oder zweitägigen Zwischenstopp auf dem Weg zur Pulau Weh einlegen kann.

Banda Aceh hatte das meiste von dem Tsunami 2004, der 61000 Menschen das Leben kostete, abbekommen, und der Großteil der Stadt musste wieder aufgebaut werden. Es ist ein kleines Wunder, dass sie heute mit ihren breiten Straßen, Gehwegen und Parks gepflegt und wohlhabend daherkommt. Die

prächtige zentrale Moschee ist die beste Indonesiens und zusammen mit dem ergreifenden Tsunami Museum noch immer das krönende Highlight.

Banda Acehs Bewohner sind auch heute noch tiefreligiös, und so stehen die verzierten Moscheen im Zentrum des alltäglichen Lebens. Angemessen gekleidete Besucher sollten keine Probleme bekommen, denn die Achinesen sind gelassen und extrem gastfreundlich.

👁 Sehenswertes

★ **Mesjid Raya Baiturrahman**   MOSCHEE
(Spende erbeten; ⊗ 5–22 Uhr) Mit ihren strahlend weißen Wänden, pechschwarzen Kuppeln und dem in den Himmel ragenden Minarett ist diese Moschee aus dem 19. Jh. ein umwerfender Anblick. Die beste Zeit für einen Besuch ist während des Gebets am Freitagnachmittag, wenn das gesamte Gebäude und der Hof mit Menschen gefüllt sind. Die neueste Ergänzung auf dem gefliesten Hof

sind große, ausklappbare Schirme, die den Betenden bei jedem Wetter Schutz bieten. Frauen müssen Kopftuch tragen.

Der erste Abschnitt der Moschee wurde 1879 von den Niederländern als Geste der Versöhnung errichtet, nachdem das Original niedergebrannt war. Zwei Kuppeln – eine an jeder Seite – wurden 1936 von den Niederländern und zwei weitere 1957 von der indonesischen Regierung hinzugefügt. Die Moschee hat das Erdbeben und den Tsunami im Jahr 2004 unbeschädigt überstanden. Für viele Bewohner der Stadt ist dies der Beweis für einen direkten Eingriff Gottes. Damals diente die Moschee als inoffizielles Krisenzentrum für Überlebende, und auf dem öffentlichen Platz vor der Moschee warteten die Toten darauf, identifiziert zu werden.

Gunongan   HISTORISCHES GEBÄUDE
(Jl Teuku Umar; ⊙ 8–18 Uhr) GRATIS Alles, was von Acehs mächtigen Sultanaten heute noch übrig ist, kann man im Gunongan sehen. Das Gebäude ließ Sultan Iskandar Muda (1607–1636) als Geschenk für seine malaiische Prinzessinengemahlin errichten; es sollte als private Spielwiese und Badestätte dienen. Es besteht aus mehreren faszinierenden, blendend weißen Spitzen mit schmalen Treppenaufgängen und einem auf den Dachfirst führenden Fußweg, der die Hügel des Geburtslands der Prinzessin darstellen soll. Vor Ort kann man jemanden bitten, das Tor aufzuschließen.

Museum Negeri Banda Aceh   MUSEUM
(☑ 0651-23144; www.museum.acehprov.go.id; Jl Alauddin Mahmudsyah 12; 5000 Rp; ⊙ Di–So 8–12 & 14–16.15 Uhr) Das staatliche Museum beherbergt Waffen, Haushaltsgegenstände, zeremonielle Gewänder, Alltagskleidung, Goldschmuck, Kalligrafie und einige schön verzierte *recong* (achinesische Dolche) und Schwerter. Es gibt außerdem Abteilungen für die Geschichte des Islams in Aceh, die niederländische Geschichte, für lokale Freiheitskämpfer und sogar einen Bereich für Kaffee.

Im gleichen Komplex befindet sich auch das **Rumah Aceh** (⊙ Di–Do, Sa & So 9–16, Fr 9–12 & 14–16 Uhr) GRATIS, ein schönes Beispiel für traditionelle achinesische Architektur. Das Haus wurde ganz ohne Nägel errichtet und wird nur von Schnüren und Stiften zusammengehalten.

Kherkhof   FRIEDHOF
(Niederländischer Friedhof; Jl Teuku Umar; ⊙ 8–18 Uhr) GRATIS Der Kherkhof ist die letzte Ruhestätte von mehr als 2000 niederländischen und indonesischen Soldaten, die hier im Kampf gegen die Achinesen ums Leben kamen. Der Eingang befindet sich ca. 50 m westlich des Tsunami Museums. Am Eingangstor wurden Tafeln mit den Namen der toten Soldaten in die Mauern eingelassen. Die einfachen weißen Kreuze im östlichen Teil des Friedhofs ersetzen die von dem Tsunami von 2004 zerstörten Grabsteine.

🛏 Schlafen

Banda hat nicht viele Budgetunterkünfte. Es gibt aber ein paar angenehme und zentral gelegene Mittelklassehotels in der Marktgegend rund um die Jl Khairil Anwar.

★ **Linda's Homestay**   GASTFAMILIE **$$**
(☑ 0823 6436 4130; www.lindas-homestay.blog spot.com; Jl Mata Lorong Rahmat 3, Lambneu Barat; Zi. inkl. Frühstück 350 000–600 000 Rp; ❋ 🛜) Der Aufenthalt bei der gastfreundlichen Linda, 4 km vor den Toren der Stadt, ist eine gute Möglichkeit, etwas über das alltägliche Leben der Einheimischen und die Kultur der Achinesen zu erfahren. Viele Traveller schwärmen von der Gastfreundschaft und der gutbürgerlichen Küche (es werden auch Kochkurse angeboten). Der Gayo-Filterkaffee ist ebenfalls erstklassig. Das Haus ist blitzeblank und mit traditionellen islamischen Motiven und kunstvoll verzierten Möbeln eingerichtet.

Hotel Sei   HOTEL **$$**
(☑ 0651-21866; Jl Tanoh Abe 71, Kampung Mulia; DZ inkl. Frühstück 425 000–900 000 Rp, Suite 1 050 000 Rp; 🅿 ❋ 🛜) Das zitronengelbe Hotel in einer ruhigen Nebenstraße nördlich des Stadtzentrums gehört zu Acehs schickeren, aber überteuerten Unterkünften. Man wohnt in kleinen Zimmern mit verlässlichem WLAN und Klimaanlage – wunderbar angesichts der Hitze draußen. Freundliches Personal. Das Restaurant wirkt verlassen, ist aber ganz ordentlich.

Hotel Medan   HOTEL **$$**
(☑ 0651-21501; www.hotel-medan.com; Jl Ahmad Yani 17; Zi. inkl. Frühstück 300 000–560 000 Rp; ❋ @ 🛜) Das Hotel Medan gehört zu den etabliertesten Mittelklassehotels in Banda Aceh. Es befindet sich in zentraler Lage in der angesagten Marktgegend nördlich des Flusses. Die Zimmer sind zwar sauber und komfortabel, haben aber einen etwas unmodernen Touch und quasi sowjetische Retro-Atmosphäre.

Banda Aceh

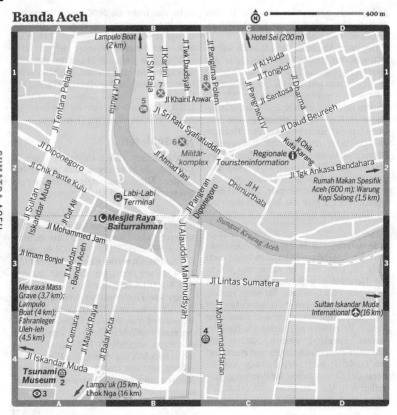

Banda Aceh

⊚ Highlights
1 Mesjid Raya Baiturrahman A3
2 Tsunami Museum A4

⊚ Sehenswertes
3 Kherkhof A4
4 Museum Negeri Banda Aceh C4
Rumah Aceh .... (siehe 4)

⊛ Schlafen
5 Hotel Medan B1

⊗ Essen
6 Country Steakhouse B2
7 Ice Cream Gunung Salju B1
8 Mie Razali C1

Padé Hotel   HOTEL **$$$**
(☏ 0651-49999; www.thepade.com; Jl Soekarno-
Hatta 1; Zi./Suite inkl. Frühstück ab 800 000/
1 500 000 Rp; ❈ ⊛ ⊛) Das klassische Hotel ist
Banda Acehs luxuriöseste Unterkunft und in
prächtigem traditionell islamischem Design
gehalten. Die Dattelpalmen hier erinnern
schon stark an den Nahen Osten. Das Padé
ist ein Businesshotel und bietet erstklassige
Zimmer, professionelles Personal und einen
schönen Infinity-Pool inmitten von Frangi-
panibäumen.

✗ Essen & Ausgehen

Wegen der Scharia-Vorschriften ist Alkohol
nicht öffentlich erhältlich. Die Ausnahme
bilden ein paar Restaurants und Hotels, die
westlichen Gästen diskret Bier und Wein an-
bieten.

Rumah Makan Spesifik Aceh   INDONESISCH **$**
(☏ 0852 7777 5812; Jl T Hasan Dek; Gerichte ca.
35 000 Rp; ⊙ Sa–Do 11–22, Fr 8.30–12 & 14–22
Uhr) Hier erhält man eine ausgezeichnete
Einführung in die achinesische Küche: Es

gibt Köstlichkeiten wie *asam keeng* (scharf-saure Suppe), *udang goreng kunyit* (Kurkuma-Shrimps) und Fischcurry.

Mie Razali NUDELN $

(Jl Panglima Polem; Hauptgerichte 10000–30000 Rp; ⊘11–23 Uhr) Der beste Ort in Banda Aceh, um *mie aceh*, achinesische scharfe Nudeln mit Hühnchenfleisch oder Meeresfrüchten, zu probieren. Abends ist das Lokal gut besucht, dann muss man möglicherweise Schlange stehen.

Ice Cream Gunung Salju EIS $

(Jl Kartini; Eis ab 8000 Rp; ⊘Sa–So 12–22, Fr 14–22 Uhr) Im Stadtzentrum gelegene Institution für leckeres, hausgemachtes Eis. Im Angebot sind unzählige Geschmacksrichtungen,

darunter Avocado, Durian und Jackfrucht sowie die üblichen Verdächtigen. In dem netten Lokal, in dem allerdings keiner Englisch spricht, bekommt man auch indonesische Speisen.

Country Steakhouse INTERNATIONAL $$

(📞0651-24213; an der Jl Sri Ratu Safiatuddin 45B; Hauptgerichte 25000–120000 Rp; ⊘17–22 Uhr; ❋🅰) Dieses gemütliche Restaurant mit Holzpanelen und Kaschemmenflair versteckt sich in einer abgelegenen Gasse. Es ist auf westliche Speisen und kaltes Bier spezialisiert und serviert neuseeländische Steaks und Lammkoteletts sowie Fish'n'Chips, Burger, Sandwiches, Pastagerichte und indonesische Standards. Wer teuren australischen Rotwein trinken möchte, muss ihn

SUMATRA BANDA ACEH

ERINNERUNGEN AN DEN TSUNAMI VON 2004

Kaum einer in Aceh wird wohl je den 26. Dezember 2004 vergessen. Ein riesiger Tsunami raste aufs Land zu, kostete 170000 Menschen das Leben und änderte sowohl die physische als auch die emotionale Landschaft der Provinz für alle Zeiten. Obwohl die meisten Hinweise auf die tatsächlichen Schäden den umfangreichen Wiederaufbauarbeiten zum Opfer gefallen sind, so erinnern doch viele Gedenkstätten an die Zerstörungen und getöteten Menschen. Sie sollen auch Besuchern den ganzen Horror dessen, was hier geschah, näherbringen. Für viele Bewohner der Provinz ist der Tsunami ein heikles Thema, denn er hat viele geliebte Menschen das Leben gekostet. Wer sein Interesse aber feinfühlig zum Ausdruck bringt, dem wird man das nicht übel nehmen.

Tsunami Museum (www.museumtsunami.blogspot.com; Jl Iskandar Muda 3; ⊘Sa–Do 9–16, Fr 9–12 & 14–16 Uhr) GRATIS Der Besuch dieses wunderschön gestalteten, schonungslosen Museums beginnt mit ein paar Schritten durch einen dunklen, tropfenden Tunnel, der die Tsunami-Wellen symbolisieren soll. Es folgen eine Reihe beeindruckender Bilder der Zerstörung, die von Grabsteinen ähnelnden Behältnissen projiziert werden, und ein runder Raum, in dem die Namen der Vermissten eingraviert sind. Im Obergeschoss werden ein sehr anschaulicher Kurzfilm und Fotos zu den Themen Verlust, Verdrängung, Wiederaufbau, Hoffnung und von wiedervereinigten Familien gezeigt. Anhand weiterer Exponate wird erklärt, wie Erdbeben und Tsunamis entstehen und wie sich Acehs Landschaft durch die Katastrophe verändert hat (Ausschau halten nach den maßstabsgetreuen Modellen der Stadt „davor" und „danach").

Lampulo Boat (an der Jl Matahari) Die berühmteste Tsunami-Sehenswürdigkeit ist das Fischerboot an dem Haus im Dorf Lampulo ca. 2 km nördlich der Stadt und 1 km von der Stelle entfernt, an der es festgemacht war. Es heißt, dass 59 Dorfbewohner den Tsunami überlebten, weil sie in dem Boot festsaßen.

PLTD Apung I (Jl Harapan; ⊘Sa–Do 9–12 & 14–17.30, Fr 14–17 Uhr) GRATIS Dieses 2500 t schwere Generatorschiff wurde von der Tsunami-Welle fast 5 km landeinwärts getragen. Heute ist es ein Denkmal etwa 2 km südwestlich des Stadtzentrums.

Massengräber Es gibt vier Massengräber rund um Banda Aceh, in denen die Menschen nach dem Tsunami beigesetzt wurden. Am größten ist der **Siron Tsunami Memorial Park** an der Straße zum Flughafen, wo 46000 nicht identifizierte Leichen begraben wurden. In der Nähe des Hafens Uleh-leh befindet sich das **Massengrab Meuraxa** (Jl Sultan Iskandar Muda). Es ist das meistbesuchte. Weitere Grabstätten sind u. a. das **Lhok Nga Tsunami Monument** und **Darusalam**. Familien, die um geliebte, aber nicht gefundene Menschen trauern möchten, wählen eines der Massengräber in der Nähe. Sie haben keinen anderen Ort für ein Gebet.

einen Tag im Voraus bestellen. Kreditkarten werden akzeptiert.

Warung Kopi Solong   CAFÉ
(Jl Teuku Iskandar 13-14; ⊙ 6–23.30 Uhr; 🐦) Banda Acehs berühmtestes Café gibt es schon seit 1974. Es ist ein hervorragendes Fleckchen, um – durch eine Socke gefilterten! – *kopi sanger* (Kaffee mit gezuckerter Kondensmilch) zu probieren. Man kann auch 250- und 500-g-Tüten mit fein gemahlenem, lokalem Kaffee Arabica kaufen. Außerdem sind *mie aceh* (achinesische Nudeln) sowie andere Speisen und Snacks erhältlich. Das Café befindet sich 2,5 km östlich des Zentrums. Hin kommt man mit einem *becak*.

❶ Praktische Informationen

GELD

In der Stadt gibt es viele Geldautomaten, vor allem in der Jl Panglima Polem und der Jl Sri Ratu Safiatuddin.

ÖFFNUNGSZEITEN

Freitags sind alle Museen, Restaurants, Cafés und Geschäfte von 12 bis 14 Uhr geschlossen, denn dann wir gebetet.

TOURISTENINFORMATION

Regionale Touristeninformation (Dinas Parawisata; 📞 0821 6644 1925; www.acehtourism. travel; Jl Chik Kuta Karang 3; ⊙ Mo–Fr 8–17 Uhr) Im 1. Stock eines Regierungsgebäudes. Das Personal unter der Leitung von Rahmadani (Danny) ist außergewöhnlich freundlich. Manchmal sind kostenlose Kopien von tollen Reiseführern über die Provinz erhältlich.

Auch die Website www.bandaacehtourism. com ist eine gute Informationsquelle.

❶ An- & Weiterreise

BUS

Der **Terminal Bus Bathoh** (Jl Mohammed Hasan) befindet sich 4 km südlich des Stadtzentrums. Von hier fahren große Busse nach Medan.

FLUGZEUG

Der **Sultan Iskandar Muda International Airport** (www.sultaniskandarmuda-airport.co.id) liegt 16 km südöstlich des Zentrums. Bei Ankunft erhalten die Besucher der meisten Nationalitäten ein 30 Tage gültiges Visum.

SCHIFF/FÄHRE

Schnellboote und Autofähren zur Pulau Weh starten mindestens zweimal täglich im Hafen Uleh-leh, 5 km westlich von Banda Acehs Stadtzentrum. Schnellboote fahren täglich um 10 und um 16 Uhr los, freitags bis sonntags außerdem um 8 Uhr. Autofähren legen samstags, sonntags und mittwochs um 11 Uhr und um 16 Uhr ab sowie montags, dienstags, donnerstags und freitags um 14 Uhr.

❶ Unterwegs vor Ort

Ein Taxi vom Flughafen ins Stadtzentrum kostet 100 000 Rp und zum Hafen Uleh-leh 140 000 Rp.

In Banda Aceh fahren Fahrzeuge der Online-Taxiunternehmen Grab (S. 557) und Go-Jek (S. 557), sie sind die billigste Art, in der Stadt herumzukommen.

Labi-labi sind lokale Minibusse. Eine Stadtfahrt kostet 2500 Rp. Zu den Sehenswürdigkeiten im

VERKEHRSMITTEL AB BANDA ACEH

Bus

ZIEL	PREIS (RP)	DAUER (STD.)	HÄUFIGKEIT
Bukit Lawang	350 000	16	tgl.
Ketambe/Kutacane	250 000	15–18	tgl.
Medan	150 000–330 000	12	stündl., ca. 9–22 Uhr
Singkil	220 000	14	21 Uhr

Flugzeug

ZIEL	FLUGGESELLSCHAFT	HÄUFIGKEIT
Jakarta	Batik Air, Garuda	6-mal tgl.
Kuala Lumpur (Malaysia)	AirAsia	1–2-mal tgl.
Kutacane	Susi Air	2-mal wöchentl.
Medan	Citilink, Lion Air	4-mal tgl.
Penang (Malaysia)	Firefly	4-mal wöchentl.

SUMATRA ACEH

Stadtzentrum kommt man aber auch gut zu Fuß oder mit dem *becak*. Am nützlichsten sind die blauen *labi-labi* nach Uleh-leh (10 000 Rp, 35 Min.) und die weißen nach Lhok Nga und Lampu'uk (16 000 Rp). Der **labi-labi-Terminal** (Jl Diponegoro; ☺7–17 Uhr) befindet sich direkt nördlich der Mesjid Raya Baiturrahman.

Vom Busbahnhof aus kostet ein *becak* in die Stadt um die 30 000 Rp. Für eine Stadtfahrt sollte man je nach Ziel zwischen 15 000 Rp und 30 000 Rp veranschlagen. Eine Fahrt mit dem *becak* aus dem Stadtzentrum nach Uleh-leh kostet 40 000 Rp, mit dem Taxi 70 000 Rp.

Wer eine seriöse Tour oder eine Stadtrundfahrt in einem Deluxe-*becak* mit WLAN unternehmen möchte, sollte sich an den Englisch sprechenden **Little John** (☑ 0813 6023 1339) wenden.

Pulau Weh

☑ 0652 / 32 300 WE.

Die winzige Insel Pulau Weh (auch unter dem Namen Sabang bekannt) zieht Traveller – vorwiegend Taucher und Backpacker, die sich in der Szene auskennen – zwar seit mehreren Jahrzehnten an, aber der Charme der Insel ist bisher nicht verblasst, denn sie ist einfach zu abgelegen. Die Bootsfahrt zu diesem winzigen Eiland ist allein schon ein Abenteuer, und die Erkundung der Strände, des Dschungels und des klaren Wassers oder auch nur das Relaxen in der Hängematte eines Budgetbungalows sind die Entschädigung für Traveller, die über das turbulente Festland gen Norden gereist sind. Schnorchler und Taucher blubbern vorbei an Wänden aus sich wiegenden Seefächern, tiefen Schluchten und Felsspitzen, während sie eine unglaublich bunte Unterwasserwelt mit Mantarochen, Walhaien und anderen Fischen bestaunen. Sowohl im übertragenen Sinne als auch geographisch ist Pulau Weh für viele Sumatra-Reisende das Sahnehäubchen schlechthin.

🏃 Aktivitäten

Die meisten Traveller kommen zum Tauchen und Schnorcheln auf die Pulau Weh, denn hier sollen einige der besten Tauch- und Schnorchelspots im Indischen Ozean liegen. An einem ganz normalen Tag wird man neben Gefleckten Adler-, Manta- und Stachelrochen höchstwahrscheinlich auch Muränen, Rotfeuerfische, Thunfischschwärme, Barrakudas, Stachelmakrelen und Dickkopf-Stachelmakrelen zu Gesicht bekommen. Während der Algenblüte kommen

Walhaie hierher, um das Grünzeug zu fressen. Im Gegensatz zu anderen Tauchgebieten nehmen Korallenriffe in der hiesigen Unterwasserwelt eine untergeordnete Rolle ein. Auch Makro-Tauchen ist beeindruckend, und erfahrene Taucher können ein Wrack aus dem Zweiten Weltkrieg erkunden. Rund um die Insel gibt es fast 20 Tauchspots, die meisten in und um Iboih und Gapang, wo auch die Tauchveranstalter ihren Sitz haben. Religiöse Bräuche verbieten Tauchgänge von donnerstags (ab Sonnenuntergang) bis freitags 14 Uhr.

Schnorcheln ist ebenfalls extrem beliebt. Man erspäht eine beeindruckende Vielfalt bunter Fische und oft auch Meeresschildkröten. Schnorchelausrüstung kann man fast überall für ca. 30 000 Rp pro Tag leihen.

❶ An- & Weiterreise

FLUGZEUG

Von dem kleinen **Maimun Saleh Airport**, 2 km südlich von Sabang, fliegen Garuda Indonesia und Wings viermal wöchentlich nach Medan. Manchmal werden Flüge gestrichen, das sollte man in seinen Reiseplänen berücksichtigen, vor allem wenn man einen Anschlussflug kriegen muss.

SCHIFF/FÄHRE

Langsame Autofähren und schnelle Passagierfähren verkehren zwischen Uleh-leh, 5 km nordwestlich von Banda Aceh auf dem Festland, und dem Hafen Balohan, ca. 8 km südlich von Sabang auf Pulau Weh. Man sollte mindestens 45 Minuten vor der Abfahrt am Hafen sein, um ein Ticket zu bekommen. Der Fährbetrieb ist vom Wetter abhängig.

Die „langsame Fähre" (Economy/mit Klimaanlage 27 000/45 000 Rp, 2 Std.) legt von Pulau Weh täglich um 8 und um 14.30 ab und fährt von Uleh-leh auf dem Festland um 8 und 14 Uhr, manchmal auch um 11 Uhr, zurück. Mittwochs, samstags und sonntags legt eine weitere Fähre um 13.30 Uhr auf Pulau Weh ab.

Die **Express Ferry** (☑ 0651-43791, 0652-332 4800; Economy/Business 80 000/100 000 Rp) fährt täglich um 8 und um 14.30 Uhr (45–60 Min.) von Pulau Weh nach Uleh-leh, in der Hauptsaison (meist Juli–Aug.) auch freitags bis sonntags um 16 Uhr. Schiffe vom Festland zur Pulau Weh fahren um 10 und um 16 Uhr, an den Wochenenden gibt es um 10 Uhr eine zusätzliche Fähre.

❶ Unterwegs vor Ort

Auf der Insel verkehren keine regulären öffentlichen Busse. Vom Hafen Balohan sorgen aber ein paar *labi-labi* (Minibusse) für Anschluss an die

INSELRUNDFAHRT AUF DEM MOTORRAD

Pulau Weh kann man aufgrund der relativ kompakten Größe, des geringen Verkehrsaufkommens und der malerischen Landschaft wunderbar mit einem Mietroller erkunden.

Wer in Ipoih startet und der Straße 8 km gen Norden durch das Naturschutzgebiet folgt, kommt zum **Kilometer Nol**, wo ein ziemlich protziges, überholungsbedürftiges, 44 m hohes kugelförmiges Monument den nördlichsten Zipfel Indonesiens markiert. Wer mehr Natur wünscht, sollte den Hügel runter zu dem Holzsteg laufen, wo sich ein friedvoller Blick übers Meer bietet. Dann geht's zurück nach Süden bis kurz vor Gapang. Fährt man an der Kreuzung nach Westen, erreicht man 1 km den Felsenstrand **Llong Angen** – den idealen Ort, um den Sonnenuntergang zu betrachten. Nach weiteren 2 km erreicht man **Gua Sarang** (Schwalbenhöhle; 5000 Rp), eine idyllische Bade- und Schnorchelbucht.

Nun geht's zurück, vorbei an Gapang 8 km nach Südosten. Kurz bevor man das Dorf Pria Laot erreicht, führt eine Straße zum 1 km entfernten **Pria-Lot-Wasserfall**. Nachdem man fünf Minuten über die Felsen gekraxelt ist, kommt man an eine schöne Badestelle am Wasserfall. Fährt man von Pria Laot in östliche Richtung, erreicht man eine Kreuzung, an der man die nach Süden führende Straße nimmt und zwischen dem **Gunung Kulan**, dem höchsten Vulkan der Insel, auf der rechten Seite, und dem **Gunung Merapi** (Berapi; Jaboi) hindurchfährt. Letzterer ist ein Vulkan, dessen schwefelhaltige Fumarolen Dampf in die Felsenlandschaft pusten, der aber nicht ausbricht.

Weiter geht die Fahrt entlang der Küste nach Osten, vorbei an ein paar unbedeutenden **Thermalquellen** unweit des Dorfes Keuneukai. Hier gibt es außerdem einen netten **Strand**. Da es aber ein konservatives Dorf ist, dürfen Frauen hier nur bekleidet baden. Jetzt geht's zum Hafen von Balohan und über eine weniger befahrene Straße nach Norden quer über die Insel in Richtung Sabang und vorbei am **Danau Anak Laut**, einem klaren Süßwassersee, der die Insel mit Trinkwasser versorgt. In der Nähe von Sabang lohnt der Besuch des alten **Friedhofs Merbabu**, wo Niederländer, Franzosen, Javanesen, Achinesen und Japaner die letzte Ruhestätte gefunden haben. Weiter südlich befindet sich der **japanische Bunker aus dem Zweiten Weltkrieg**, eines der Überbleibsel aus der Zeit, als Pulau Weh besetzt war (1942–1945).

Wer keine Lust hat, die Insel allein auf dem Motorrad zu umrunden, kann für Tagestouren einen *becak*-Fahrer anheuern (ca. 350 000 Rp).

Boote und fahren nach Sabang (25 000 Rp, 15 Min.) und Gapang/Iboih (60 000 Rp, 40 Min.). Eine *becak*-Fahrt kostet vom Hafen nach Gapang etwa 80 000 Rp, nach Iboih 100 000 Rp und nach Sumur Tiga in der Nähe von Sabang 50 000 Rp.

Viele Unterkünfte verleihen Motorräder für ca. 100 000 Rp pro Tag.

Die Taxifahrt von Sumur Tiga zum Flughafen kostet 100 000 Rp, von Gapang/Iboih ca. 150 000 Rp.

Sabang

Pulau Wehs Hauptort (ausgeschildert als Kota oder Kota Sabang) ist ein Mix aus traditionellem Fischerdorf, hektischer Großstadt und alten Villen aus der Kolonialzeit. Unter niederländischer Herrschaft war Sabang ein wichtiges Kohlen- und Wasserlager für Dampfschiffe. Die Stadt erlebte in den 1970er-Jahren einen kurzen Aufschwung als Duty-Free-Hafen. Heute geht es hier aber etwas relaxter zu, und die Einwohner widmen sich größtenteils dem Fischfang und der Herstellung von Rattanmöbeln. Das Highlight für Traveller sind die nahen Strände, die die besten auf Pulau Weh sind.

Schlafen

★**Freddies**　　　　　　　　　LODGE **$$**
(☎0813 602 55001; www.santai-sabang.com; Pantai Sumur Tiga; Zi. 375 000–470 000 Rp; ❀❀) Die entzückende Ansammlung luftiger Quartiere liegt oberhalb von Pulau Wehs schönstem Strandabschnitt, vor dem sich ein kleines Korallenriff befindet. Der weiße Sandstrand ist perfekt für alle, denen es reicht, vor dem geschickt angelegten Ponton zu schnorcheln und in der Hängematte zu faulenzen. Freddie, der südafrikanische Besitzer, ist sowohl für das köstliche, abwechslungsreiche Abendbüfett (65 000 Rp) als auch für das echte Kameradschaftsgefühl unter seinen Gästen verantwortlich.

Das Restaurant ist ein Highlight. Es gibt Pizza, gegrillte Meeresfrüchte, indonesische Gerichte und eben das Büfett (65 000 Rp). Im Angebot ist auch eine gute Auswahl alkoholischer Getränke (Bier, Spirituosen, Wein), die wahrscheinlich in Kaffeebechern ausgeschenkt werden – ganz à la Prohibition!

★ Casa Nemo
BUNGALOW $$

(☑ 0813 6299 9942; www.casanemo.com; Pantai Sumur Tiga; Zi. mit Gemeinschaftsbad 150 000 Rp, Bungalow 390 000–500 000 Rp, 2-Zi-Apt. ab 700 000 Rp; ✳ 🛜) In diesem mediterran angehauchten Resort gibt's eine grandiose Auswahl von Zimmern und Hütten in Hanglage. Obwohl Traveller jeder Art hier übernachten (die „Backpacker"-Zimmer sind ein echtes Schnäppchen), herrscht in dieser Unterkunft ein Gefühl vornehmer Exklusivität, von den wunderschönen Restaurant am Meer bis hin zum Tages-Spa. Hier lohnt es sich, sein Geld auszugeben.

Das Restaurant mit Bar am Wasser (geöffnet 10–23 Uhr) ist ebenfalls purer Luxus und bietet ein großes Speisensortiment von Pizza bis zu Fischcurry à la Aceh (50 000 Rp).

❶ Praktische Informationen

BRI Bank (Jl Perdagangan) Diese und ein paar andere Banken haben Geldautomaten.

❶ An- & Weiterreise

Pantai Sumur Tiga ist eine kurze Autofahrt von der Stadt Sabang in der nordöstlichen Ecke von Pulau Weh entfernt. Vom Hafen Balohan braucht ein *becak* (60 000 Rp) oder ein Taxi (100 000 Rp) 20 Minuten; die Preise zum Flughafen sind ähnlich. Eine *becak*-Fahrt nach Gapang kostet etwa 100 000 Rp.

Gapang

Gapang liegt an einer Sandbucht. Davor befindet sich ein tolles Riff zum Schnorcheln. Der ansprechende Strandabschnitt ist von Restaurantbuden, einfachen Pensionen und den besten Tauchzentren von Pulau Weh gesäumt. Hier geht es zwar ruhiger zu als in Iboih, aber die Szene entwickelt sich langsam, und es gibt immer mehr erstklassige Tauchzentren, die viele Traveller anlocken.

🏃 Aktivitäten

Lumba Lumba Diving Centre
TAUCHEN

(☑ 0811 682 787; www.lumbalumba.com; Gapang Beach; Einführungstauchgang 685 000 Rp, Open-Water-Kurs 4 500 000 Rp; ⊙ Taucher-Shop 8–20 Uhr) Das alteingesessene, professionelle Tauchzentrum unter niederländischer Leitung zeigt Tauchern seit Jahrzehnten Pulau Wehs Unterwasserwelt. Die Betreiber Ton und Marjan Egbers haben eine hilfreiche Website mit detaillierten Beschreibungen der Tauchgänge und nützlichen Informationen. Sehr empfehlenswert!

Monster Divers
TAUCHEN

(☑ 0813 1453 2827, 0812 6960 6857; www.monster divers.com; Gapang Beach; Einführung ins Gerätetauchen 650 000 Rp, 1/2 Tauchgänge 390 000/ 780 000 Rp) Beliebte, professionelle Tauchschule mit spanischen Betreibern und einheimischen Lehrern. Es werden eine Vielzahl von Tauchgängen (vom Boot und vom Land aus), PADI-Kurse und Nachttauchgänge angeboten. Unterkünfte sind im Bau. Vor Kurzem wurde das katalonisch angehauchte Monster-Restaurant nebenan eröffnet.

Bubble Addict
TAUCHEN

(☑ 0852 9690 4984; www.bubble-addict.com; Gapang Beach) Der französische Anbieter von Tauchgängen befindet sind am hinteren Ende des Gapang Beach. Das enthusiastische Team besteht aus einheimischen und ausländischen Lehrern. Angeboten werden Einführungstauchgänge (590 000 Rp), Open-Water-Kurse (3 950 000 Rp), Landtauchgänge (180 000 Rp) und Fun-Tauchgänge (ab 370 000 Rp) sowie Nachttauchgänge und spezielle Kurse. Weiter landeinwärts gibt's Unterkünfte (Taucher/Nichttaucher 350 000/ 400 000 Rp pro Übernachtung), weitere Unterkünfte sind im Bau.

Flying Elephant Yoga
YOGA

(☑ 0852 9690 4984; www.flyingelephantyoga.com; Gapang Beach; ⊙ Mo–Sa 18.30 Uhr) Das von dem engagierten Yogi Tomomi betriebene Yoga-Zentrum Flying Elephant befindet sich im Obergeschoss der Tauchschule Bubble Addict (S. 595) und veranstaltet abends einstündige Vinyasa-Sitzungen. Für Tauchteilnehmer sind die Sitzungen kostenlos, alle anderen bezahlen so viel, wie sie möchten. Es sind auch einstündige Privatkurse (150 000 Rp) und Tagespakete im Angebot, z. B. glücklich machende Kombis aus Tauchen, Yoga, Meditation und Massage (500 000 Rp/Tag).

Blue Addiction Freedive Weh
TAUCHEN

(☑ 0813 5628 1527; www.facebook.com/BAFree diveWeh; Gapang Beach) Die Tauchschule unter französischer Leitung gibt es erst seit Mitte 2018. Hier kann man die Kunst des Freitauchens lernen, sodass man die Tiefen des

SUMATRA PULAU WEH

Ozeans ohne die Last schwerer Tauchgerätschaften erforschen kann.

🛌 Schlafen

★ Lumba Lumba RESORT $$

(☎ 0811 682 787; www.lumbalumba.com; Gapang Beach; DZ mit Gemeinschaftsbad/eigenem Bad 200 000/300 000 Rp, Bungalow 500 000 Rp; @ 🛜) Das Lumba Lumba hinter dem gleichnamigen Tauchzentrum (S. 595) bietet einige der besten Unterkünfte in Gapang. Die mit Holz verkleideten Cottages haben gefliesste Zimmer, Ventilatoren und europäische Toiletten, die Bewohner der einfacheren Budgetzimmer teilen sich Gemeinschaftsbäder. Die Unterkünfte sind zwar vorwiegend für Taucher bestimmt, freie Zimmer werden aber auch an Nichttaucher vermietet.

🍴 Essen

Monster SPANISCH $

(Gapang Beach; Hauptgerichte 35 000–55 000 Rp; ☺ 8–17 Uhr) Das lockere Café am Strand gehört zu dem unter spanischer Leitung stehenden Tauchzentrum Monster Divers und bietet katalonisch angehauchte Gerichte wie Burger aus Gelbflossen-Thunfisch mit *brava*-Sauce (scharfe Aioli), *escalivada* (rauchig gegrilltes Gemüse) und *creama catalana* (Karamellpudding) sowie Salate und andere internationale Hauptgerichte. An den Themenabenden kann so ziemlich alles im Mittelpunkt stehen – von Paella bis Pizza.

Tipsy Toby Cafe CAFÉ $

(Gapang Beach; Hauptgerichte ab 30 000 Rp; ☺ 8.30–18 Uhr) Das gesellige Lokal teilt sich die Räumlichkeiten mit Bubble Addict (S. 595) in Gapang Beach. Hier treffen sich allabendlich Taucher, um bei kühlem Bier, Bagel-Burger, Naan-Pizza, Kaffee und Smoothies Kontakte zu knüpfen. Einmal pro Woche gibt's einen Grillabend. Mittwoch- und samstagabends längere Öffnungszeiten. Im Obergeschoss ist Flying Elephant Yoga ansässig.

Barracuda INDONESISCH $

(Gapang Beach; Hauptgerichte 15 000–60 000 Rp; ☺ 8–21 Uhr; 🛜) Die leuchtend grüne Einrichtung und die Terrasse des luftigen Open-Air-Restaurants mitten in Gapang Beach erregen auf jeden Fall Aufmerksamkeit. Die Gäste kommen wegen der achinesischen Meeresfrüchtecurrys, der frisch zubereiteten Speisen (wie Burger und Wraps), der Smoothies und des Apfelkuchens immer wieder gern hierher.

Mama Donut INDONESISCH $

(3000 Rp/Donut; ☺ 9–17 Uhr) Mama Donut ist seit mehreren Jahrzehnten eine Institution. Hier futtern Taucher köstliche Gemüse-Samosas, Donuts und frittierte Bananen. Wenn Mama Donut frei hat, übernimmt Daughter Donut.

ℹ An- & Weiterreise

Die Abzweigung nach Gapang ist 2 km vor Iboih. Vom Hafen kostet die Fahrt mit dem *becak* 80 000 Rp, im Taxi ca. 180 000 Rp. Manchmal stehen *labi-labi* (Minibusse) bei Ankunft der Boote bereit. Mit ihnen kostet die Fahrt nach Gapang 60 000 Rp.

Iboih

Iboih (*ie*-boh) ist der Backpackertreff auf Pulau Weh. Altmodische Budgetbungalows reihen sich an der felsigen Landzunge aneinander. Das Wasser schillert hier dermaßen, dass man es kaum glauben kann. Ein Weg durch den Dschungel führt vorbei am Dorfbrunnen über einen kleinen Hügel zu dem Bereich mit den Bungalows. Das Dorf selbst ist von Geschäften und Schnorchelverleihshops gesäumt. Es gibt aber noch immer ein traditionelles Viertel. Also bitte ausschließlich auf der Bungalowmeile in Badeklamotten rumlaufen!

🏃 Aktivitäten

Rubiah Tirta Divers TAUCHEN

(☎ 0823 6000 2100, 0652-332 4555; www.rubiah divers.com; Iboih Beach; 1/3/5 Tauchgänge mit Ausrüstung 320 000/900 000/1 400 000 Rp) Die von Einheimischen im Dorf Iboih geleitete Tauchschule mit PADI-Zertifikat ist die älteste auf Pulau Weh und bekommt von Travellern stets ein gutes Feedback. Es werden Open-Water-Kurse und Einführungskurse ins Gerätetauchen (500 000 Rp) sowie Landtauchgänge angeboten.

🛌 Schlafen

★ Olala HÜTTE $

(☎ 0852 6060 7311, 0852 332 4199; eka.enk@ gmail.com; Zi. mit Gemeinschaftsbad 100 000 Rp, mit eigenem Bad 200 000–250 000 Rp; 🛜) Das Olala bietet günstige, witzige Hütten auf Stelzen sowohl für Leute mit kleinem Geldbeutel (einfache Hütten mit Gemeinschaftsbad) als auch für diejenigen, die ein eigenes Bad und einen Ventilator wünschen. Die besten Hütten sind die über dem Wasser. Das Restaurant ist ein beliebter Travellertreff und eines der besten am Dschungel. Tolle Schnorchelmöglichkeiten direkt vor der Tür!

Yulia's BUNGALOWS **$$**
(☑0821 6856 4383; Zi. mit Gemeinschaftsbad 100 000–150 000 Rp, mit eigenem Bad 200 000–650 000 Rp; 🖩🛜) Das Yulia's ist eines der letzten Resorts am Ende der Bungalowmeile und Iboihs vornehmste Unterkunft. Wie Schweizer Chalets in den Tropen verteilen sich die erstklassigen, geräumigen Holzbungalows den Hang hinunter bis ans Meer. Die besten Bungalows haben Klimaanlagen, Warmwasser und Meerblick, das Frühstück ist inklusive. Das Restaurant über dem Wasser ist traumhaft.

Iboih Inn BUNGALOWS **$$**
(☑0812 699 1659, 0811 841 570; www.iboihinn. com; Iboih Beach; Zi. inkl. Frühstück ab 325 000 Rp, mit Klimaanlage 475 000–675 000 Rp; 🖩🛜) Die Top-Hütten dieser ziemlich edlen Unterkunft haben Warmwasserduschen, Klimaanlagen und großartigen Meerblick, die billigsten Unterkünfte sind einfache Holzhütten weiter oben. In dem gemütlichen Restaurant über dem Wasser mit Schwimmsteg kann man nachmittags wunderbar die Zeit vertrödeln oder zum Schnorcheln ins Wasser springen.

🍴 Essen

⭐ Bixio Cafe ITALIENISCH **$**
(☑0821 6430 1071, 0821 6616 7091; www.bixioweh bungalows.com; Long Beach; Pasta 45 000 Rp; ⊙Mi–Mo 12–21 Uhr; 🛜) Wer hätte gedacht, dass sich Sumatras bestes italienisches Restaurant in einer entlegenen Ecke von Pulau Weh versteckt? Hier kann man am Strand die von Luca und Eva frisch zubereiteten, leckeren, authentischen Pastagerichte und Gnocchi mit traditionellen Saucen genießen – aber Achtung: Platz lassen für das himmlische Tiramisu!

Das Restaurant befindet sich in Long Beach, ca. 3 km nordwestlich von Iboih.

Wer länger bleiben möchte, kann es sich in einem der drei ansprechenden Bungalows (300 000 Rp) gemütlich machen.

Dee Dee's Kitchen INTERNATIONAL **$**
(Hauptgerichte 25 000–50 000 Rp; ⊙8–21 Uhr; 🛜🍴) Dee Dee serviert am gleichen Strandabschnitt wie Rubiah Tirta Divers (S. 596) eine bunte Auswahl Speisen, von ausgezeichnetem hausgemachten *chapati* mit Guacamole bis zu Pastagerichten, knusprigen Tempeh-Tortilla-Wraps, Tofu-Burgern und *mie aceh* (achinesische Nudeln).

Nasaka Coffee CAFÉ **$**
(Iboih Beach; Hauptgerichte 25 000–55 000 Rp; ⊙8.30–24 Uhr; 🛜) Dieses klassische Lokal, das einen Touch Modernität ans Ufer bringt, serviert den besten Kaffee auf ganz Pulau Weh. Man kann wählen zwischen per Hand aufgegossenem Kaffee im Becher, traditionell achinesisch zubereitetem *kopi sanger* und einem großen Schwarzen mit Kokosmilch. Das Essen ist ebenfalls gut. Die Fischburger im Grillbrötchen mit Limetten-Mayo kann man mit Blick auf das türkisfarbene Meer genießen.

ℹ Praktische Informationen

Es gibt ein paar wenige Geldautomaten, an denen man Bargeld bekommt.

ℹ An- & Weiterreise

Eine *becak*-Fahrt vom Hafen oder Flughafen kostet etwa 100 000 Rp.

Acehs Westküste

Rund um den Nordwestzipfel Sumatras finden sich vor einer Kulisse dicht bewaldeter Hügel eine Reihe kleiner Dörfer und endlose Strände. Die meisten der Häuser an der Küste sehen gleich aus, denn sie wurden alle nach dem Tsunami 2004 errichtet. Momentan lockt die reizvolle Westküste hauptsächlich furchtlose Traveller an, die zwischen Singkil und Banda Aceh unterwegs sind, sowie Surfer und Kitesurfer auf der Suche nach Wind und Wellen.

Lhok Nga & Lampu'uk

Die nach dem Tsunami 2004 umfangreich und umfassend neu aufgebauten Wochenendorte in Lampu'uk ziehen dank Mundpropaganda langsam, aber sich immer mehr Surfer und Kitesurfer an. Die Surfsaison erstreckt sich von Oktober bis April, an dem Strand vor der Zementfabrik herrscht aber auch das restliche Jahr über eine gute Brandung. In dieser Zeit kann man hier auch wunderbar kitesurfen.

Auch Lhok Nga hat ordentliche Wellen zu bieten und wird vor allem bei Kitesurfern immer beliebter. Da der Ort nur 14 km von Banda Aceh entfernt liegt, kann man ihn auch gut im Rahmen eines Tagesausflugs besuchen.

🛌 Schlafen

Eddie's Homestay
GASTFAMILIE $

(☎ 0813 6031 9126; www.eddieshomestay.com;
Lhok Nga; EZ mit Gemeinschaftsbad & Ventilator
100 000 Rp, DZ mit Gemeinschaftsbad & Klimaanlage 200 000 Rp, Zi. mit eigenem Bad & Klimaanlage
300 000–500 000 Rp, Deluxe-Zi. 2 000 000 Rp;
❄ 🛜) Eddie's bekommt von Surfern stets ein
gutes Feedback, und zwar sowohl wegen des
lockeren Flairs, als auch wegen der gemütlichen Zimmer (der billigeren mit Gemeinschaftsbad). Es gibt außerdem eine neue
schicke Option – ein Deluxe-Zimmer mit
Jacuzzi und großem TV.

Joel's Bungalows
BUNGALOWS $

(☎ 0813 7528 7765; Lampu'uk; Zi. 150 000–
500 000 Rp) Joel's Bungalows ist der legendäre Surfertreff in dieser Gegend. Inzwischen
ist die Anlage zwar etwas abgetakelt und
könnte eine Überholung vertragen, aber aus
allen der unterschiedlich großen und verschieden eingerichteten Bungalows und
Zimmern hat man Meerblick. In dem hauseigenen Restaurant gibt's Pizza aus dem
Holzkohlenofen und kaltes Bier.

Die Wellen eignen sich hier nicht gut zum
Surfen (und können beim Baden gefährlich
sein). Es gibt zwei Lefthand-Breaks und einen Righthander. Joel's Bungalows 2 weiter
südlich am Hauptstrand in Lampu'uk ist
ideal für Kitesurfer.

Seabreeze Kite Club
BUNGALOWS $$

(☎ 0812 6077 5499; www.seabreezekiteclub.com/
indonesia/aceh; Lhok Nga; EZ/DZ inkl. Mahlzeiten
mit Ventilator 30/50 US$, mit Klimaanlage 40/
65 US$) Die Pension unter amerikanischer
Leitung ist eine coole Strandanlage für Kiteboarder (Mai–Mitte Okt.). Es werden mehrere Pakete für jedes Können angeboten, das
Equipment kann man mieten (30 US$/Std.).
Alle Zimmer sind gemütlich und sauber; die
Bewohner teilen sich Gemeinschaftsbäder.
Außerdem gibt es eine große Lounge und
ein Restaurant mit Bar.

🍸 Ausgehen & Nachtleben

Saho Coffee
CAFÉ

(Lhok Nga; ⏰ 8–22 Uhr) Die coole Kaffeerösterei am Strand serviert erstklassigen achinesischen Kaffee und Snacks. Es gibt auch einen Surfbrettverleih (70 000 Rp/halber Tag).

ℹ️ An- & Weiterreise

Vom Terminal (S. 592) direkt nördlich der Mesjid
Raya Baiturrahman in Banda Aceh kommt man
mit dem *labi-labi* Nummer „04" (15 000 Rp,
20 Min.) nach Lhok Nga und nach Lampu'uk.
Eine *becak*-Fahrt kostet zwischen 50 000 und
80 000 Rp, eine Taxifahrt 100 000 Rp bis
150 000 Rp. Ein Grab-Taxi (S. 557) schlägt mit
ca. 60 000 Rp zu Buche.

Singkil

☎ 0658 / 46 800 EW.

Singkil ist eine abgelegene, verschlafene Hafenstadt mit gastfreundlichen Einwohnern.
Sie liegt an der Mündung des Sungai Alas
und ist Ausgangspunkt für Abenteuer auf
den Banyak-Inseln, Pulau Nias und Pulau
Simeulue. Es lohnt sich aber auch ein ein-
oder zweitägiger Aufenthalt, denn in der
sumpfigen Umgebung kann man Krokodile,
Orang-Utans und andere Tiere beobachten.

Singkil ist sehr weitläufig und hat kein
echtes Zentrum, was für indonesische Orte
recht ungewöhnlich ist.

🏃 Aktivitäten

Swamp Tours
BOOTSFAHRT

(ab 700 000 Rp/Boot) Ein lohnender Tagesausflug von Singkil ist die Fahrt in einem einmotorigen Kanu auf dem Sungai Gedang
vorbei an zwei netten, am Flussufer gelegenen Dörfern und hinein in das große Sumpfgebiet auf der Suche nach wildlebenden
Orang-Utans, Affen, Krokodilen und vielen
Vögeln. Man sollte sich so früh wie möglich
auf den Weg machen, denn dann sind die
Chancen, am Flussufer Wildtiere zu sehen,
am größten. Diese Touren lassen sich über
Mr. Darmawan von Banyak Island Travel
buchen.

🛌 Schlafen & Essen

⭐ Sapo Belen Lodge
LODGE $

(☎ 0813 6196 0997; Jl Bahari 55; DZ inkl. Frühstück
150 000 Rp) Dieses ansprechende, traditionelle Haus mit glänzendem Holzinterieur, Antiquitäten und vielen Büchern ist eine unerwartete Überraschung in der düsteren
Hafenstadt Singkil. Es ist die bei Weitem
netteste Bleibe im Ort: preisgünstige Zimmer mit Moskitonetzen und Bädern. Zum
Frühstück gibt's achinesischen Kuchen. Die
Unterkunft liegt an der Hauptstraße und ist
ein guter Ort, um andere Traveller zu treffen
und sich zu einer gemeinsamen Bootsfahrt
zu verabreden.

RM Baroka
INDONESISCH $

(Gerichte 25 000 Rp; ⏰ 10–22 Uhr) Das einfache,
freundliche Lokal an der Hauptstraße ser-

ABSEITS DER ÜBLICHEN PFADE

PULAU SIMEULUE

Die etwa 150 km westlich von Tapaktuan gelegene Insel Simeulue ist eine felsige Erhebung vulkanischen Ursprungs mit Regenwald und gesäumt von Gewürznelken- und Kokosplantagen. Immer mehr Surfer finden den Weg hierher (obwohl die Qualität der Wellen im Allgemeinen nicht so gut sein soll wie vor anderen vor Sumatra gelegenen Inseln – vor allem seit dem Tsunami von 2004). Nichtsurfer sind auf der Insel dagegen kaum anzutreffen. Das ist schade, denn sie bietet ein ordentliches Potenzial für echtes Abenteuer abseits des Massentourismus und ist relativ einfach zu erkunden. Die Ringstraße rund um die Insel ist mit lokalen Minibussen bequem befahrbar. Da hier eine recht konservative muslimische Gesellschaft lebt, müssen sich Traveller angemessen kleiden, d. h. in den Dörfern Hemden und beim Baden an Stränden außerhalb der Resorts einen Badeanzug – keinen Bikini – tragen.

Es gibt Geldautomaten. Da diese aber nicht sehr zuverlässig funktionieren, sollte man viel Bargeld mitbringen.

Frazha Homestay (☑ 0813 6015 2738; Alus Alus; pro Pers. inkl. Mahlzeiten & Transport 350 000 Rp) Die von Akil und seiner Familie geführte Unterkunft Frazha Homestay ist eine gute Wahl für alle, die Einblick in das hiesige Leben bekommen möchten. Die beiden Bungalows stehen in einem Kokospalmenwäldchen am Strand, an dem man wunderbar ins kühle Nass springen kann und der folglich für Nichtsurfer eine gute Wahl ist. Die Benutzung von Motorrädern ist im Preis enthalten, und Dylan's Right Reef Breaks sind nur 15 Fahrminuten entfernt. Es gibt auch ein Boot, mit dem man zu den Wellen weiter draußen fahren kann.

Simeulue Surf Lodges (☑ 0627-149553; www.simeulue-surflodges.com; inkl. Mahlzeiten ab 65 US$/Pers.; ☒) Die von Niederländern betriebene Unterkunft liegt zentral vor Dylan's Right Surf Breaks und bietet gepflegte Strandhütten mit Strohdach, ein hübsches Naturtauchbecken und eine Sonnenterrasse mit Blick aufs Meer. Im Tagespreis enthalten ist die Benutzung eines Motorrads zur Erkundung der Insel und der Wellen.

Moon Beach Resort (☑ 0812 8868 4000; www.simeulue-resort.com; Zi. inkl. Mahlzeiten & Transport ab 120 AU$; ☒☎) Das Resort wurde von einem australischen Bauunternehmer errichtet, der beim Wiederaufbau der hiesigen Dörfer nach dem Tsunami 2004 half. Die modernen Bungalows befinden sich auf halber Strecke zwischen den Surfwellen Peak und Dylan's Right. Alle Zimmer haben Klimaanlage, WLAN und Kabel-TV mit Livesport. Alles in allem also eine gute Wahl für diejenigen, die außer Wellenreiten auch ein wenig Komfort wünschen. Für Nichtsurfer gibt es einen schönen Strand.

An- & Weiterreise

Wings Air fliegt täglich von Medan (1 Std., ab 850 000 Rp) nach Simeulue. Der Flughafen befindet sich im Südwesten der Insel und ist nur eine kurze Autofahrt von den Surfcamps entfernt. Achtung: Man darf nur maximal 10 kg Gepäck mitnehmen.

Die Fähren von Simeulues Hafenstadt Sinabang nach Singkil (71 000–120 000 Rp, 12 Std.) legen mittwochs und sonntags um 19 Uhr ab.

SUMATRA ACEHS WESTKÜSTE

---

viert gigantische Portionen Reis mit Brathähnchen, Sambal-Fisch und mehr zu günstigen Preisen.

ℹ Praktische Informationen

Mr. Darmawan von **Banyak Island Travel** (☑ 0821 6645 7040, 0813 7721 9667, 0813 6017 0808; dmawan_skl76@yahoo.com) ist die Infoquelle in Singkil.

Es gibt zwar eine BRI Bank mit Geldautomat, es ist aber besser, genügend Bargeld dabei zu haben, falls der Automat nicht funktioniert.

ℹ An- & Weiterreise

BUS & AUTO

Von Singkil fahren Minibusse täglich unterschiedliche Ziele an. Man kann sich auch im Privatwagen zu jedem Ort bringen lassen. Das ist besonders praktisch, wenn man nach Tuk Tuk am Danau Toba will (1 200 000 Rp, 7 Std.), denn um mit öffentlichen Verkehrsmitteln dorthin zu kommen, braucht man drei unterschiedliche Busse und mindestens zwölf Stunden. Privatwagen nach Medan kosten 750 000 Rp. Mr. Darma-

BUSSE AB SINGKIL

ZIEL	PREIS (RP)	DAUER (STD.)	HÄUFIGKEIT
Banda Aceh	220 000–280 000	15	tgl. um 14 & 16 Uhr
Kutacane (for Ketambe)	180 000	10	tgl. um 18 Uhr
Medan	130 000	10	tgl. um 20 Uhr
Sibolga	120 000	6	tgl. um 8 Uhr

wan von Banyak Island Travel hat viele Infos und Busfahrpläne und kann auch Autos vermitteln.

FLUGZEUG

Zum Zeitpunkt der Recherchen gab es keine Flüge nach Singkil. Es ist aber möglich, dass Susi Air (www.susiair.com) mit ihren zwölfsitzigen Maschinen inzwischen wieder Flüge zwischen Singkil und Medan anbietet.

SCHIFF/FÄHRE

Vom Hafen an der Hauptstraße starten Nachtfähren mittwochs und sonntags um 23 Uhr nach Gunung Sitoli (52 000 Rp, 6 Std.) auf Pulau Nias. Bei der Crew lässt sich für ca. 250 000 Rp auch eine Privatkabine mieten.

Montags und donnerstags um 17 Uhr fahren Fähren nach Sinabang auf Pulau Simeulue (71 000–120 000 Rp, 12 Std.). Man sollte eine Stunde vor der Abfahrt am Hafen sein, um sich einen Sitzplatz zu sichern.

Lokale Boote nach Pulau Balai auf den Banyak-Inseln starten am Anleger am Ende der Hauptstraße.

Banyak-Inseln

Wer schon ewig davon träumt, eine tropische Insel mit Palmen, weißen Sandstränden und kristallklarem Wasser ganz für sich allein zu haben, kann diese Robinson-Crusoe-Fantasie auf den Banyak-Inseln Wirklichkeit werden lassen. Zu den etwa 30 km westlich von Singkil liegenden Banyak-Inseln (*banyak*=viele) gehören 99 vorwiegend unbewohnte Inseln. Obwohl sie wirklich abseits liegen, haben Traveller und Surfer auf der Suche nach dem Paradies sie mittlerweile auf dem Radar. Neben den wohl schönsten Stränden Sumatras und ein paar erstklassigen Surfspots bieten die Banyak-Inseln auch allerbeste Schnorchelmöglichkeiten mit wunderschönen Unterwasserwäldern voller bunter Korallen (zumindest dort, wo in der Vergangenheit keine Dynamitfischerei praktiziert wurde).

Nur zwei der Inseln sind wirklich bewohnt. Der Hauptverkehrsknotenpunkt für einen Besuch der Inseln ist die Stadt Balai

auf Pulau Balai, aber auch das ruhige Haloban auf Pulau Tuangku ist diesbezüglich nicht unbedeutend.

⊙ Sehenswertes

Pulau Sikandang   INSEL
Die recht große Insel mit unberührten Stränden hat man in ein paar Stunden zur Fuß umrundet. Sie gehört zu den beliebtesten Inseln und verfügt über mehrere Pensionen. Schnorcheln ist möglich, aber es gibt unweit des Ufers direkt vor dem Hauptstrand ein steiles Gefälle.

Pulau Bangkaru   INSEL
Da auf der zweitgrößten Insel der Banyaks ein Projekt zum Schutz von Schildkröten durchgeführt wird, sind Besuche streng reglementiert. Die Insel darf nur mit einem zugelassenen Führer betreten werden. Zum Zeitpunkt der Recherchen hing das Schutzprojekt in der Schwebe, denn das vorherige Management war zurückgetreten. Den neuesten Stand erfährt man von Mr. Darmawan von Banyak Island Travel.

Pulau Bangkaru bietet unberührte Strände und vor der Südküste eine exzellente Brandung. Man kann auch viele Wanderungen im Dschungel unternehmen.

Pulau Tuangku   INSEL
Die von dichtem Urwald bedeckte Pulau Tuangku ist die größte der Banyak-Inseln. Surfer fahren nach Ujung Lolok, der Landzunge im Süden der Insel, denn dort gibt es einige Breaks von Weltklasse. Im Nordteil der Insel liegt der freundliche Ort Haloban und weiter im Süden das christliche Dorf Suka Makmur. Mit einem Führer kann man den Gipfel des Gunung Tiusa (313 m) erklimmen. Von dort oben hat man einen sensationellen Blick auf die umliegenden Inseln (hin & zurück 5 Std.). Auch der Besuch der hiesigen Höhle mit ihren vielen Stalagmiten lohnt sich sehr.

Pulau Palambak Besar   INSEL
Die mittelgroße, ziemlich abgelegene Insel ist bedeckt von Kokospalmen und hat ein

Banyak-Inseln

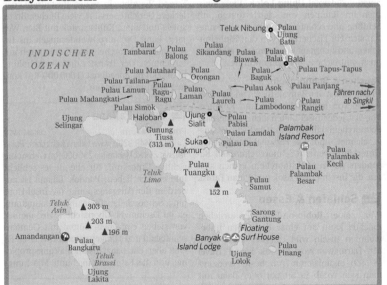

paar Wege durch den Dschungel und einen grandiosen Strand zu bieten. Die Schnorchelmöglichkeiten sind hier allerdings nicht überragend. Übernachten kann man im schönen Palambak Island Resort (S. 602).

Pulau Tailana INSEL
Die kleine Pulau Tailana ist bekannt für ihre farbenfrohen Riffs. Auf der Insel gibt es eine beliebte Pension.

Pulau Laman INSEL
Zwischen Pulau Laman und Pulau Laureh kann man gut Schnorcheln und bemerkenswerte blaue Korallenfelder bewundern.

Pulau Asok INSEL
Unbewohnte, sichelförmige Insel mit unberührten Stränden auf beiden Seiten und hervorragenden Schnorchelspots.

Pulau Ragu-Ragu INSEL
Ausgezeichnete Schnorchelmöglichkeiten. Vormittags sind vor der Nordküste der Insel manchmal Seekühe zu sehen.

Pulau Balai INSEL
Eine der beiden bewohnten Inseln der Banyaks. Zwischen der Insel und dem Festland verkehren regelmäßig Boote. Es gibt zwar keine besonderen Attraktionen, aber dafür herrscht hier eine lockere Atmosphäre. Die Einheimischen sind freundlich, und es gibt preiswerte Unterkünfte und Restaurants. Gut für einen Zwischenstopp, um die Weiterreise zu organisieren!

Pulau Lambodong INSEL
Die unbewohnte, kleine Insel mit dem weißen Sandstrand ist vor allem für Tagesausflüge von den benachbarten Inseln aus beliebt.

🏃 Aktivitäten

Kajakfahren
Mit dem Kajak zwischen Dutzenden idyllischer Inseln durch das ruhige, kristallklare Wasser zu fahren, ist eine wunderbare Art und Weise, die Banyak-Inseln zu erkunden. Bei **Rega and Anhar** (☑ 0821 6199 7974, 0852 7771 1108; Kajakmiete 150 000 Rp/Tag) kann man so ziemlich alles Mögliche buchen, von Anfängertouren bis zu anstrengenden Mehrtagestrips für Profis (ca. 350 000 Rp/Pers. & Tag).

Surfen
Viele Besucher der Banyak-Inseln sind Surfer. Vor Pulau Tuangku und Pulau Bangkaru gibt es einige der weltbesten Surfspots, aber auch weniger anspruchsvolle Wellen. Manchmal muss man Geduld haben, vor allem rund um Ujung Lolok, wo sich regelmäßig 30 Surfer um eine Spitzenwelle streiten.

Hauptsächlich Surfer besuchen Pulau Tuangkus Südzipfel **Ujung Lolok**. Viele kommen im Rahmen von Chartertouren mit Schiffen und schlafen an Bord. Andere mieten sich ein Fischerboot von den Einheimischen und übernachten darauf. Es gibt aber auch zahlreiche andere Unterkünfte.

Tauchen & Schnorcheln

In den Riffen der Banyak-Inseln wimmelt es nur so von bunten Fischen und Korallen. Vor fast jeder Insel bieten sich wunderbare Schnorchelmöglichkeiten. Die Sicht ist ausgezeichnet, und das Personal der meisten Unterkünfte verleiht Schnorchelmasken. Besonders gut zum Schnorcheln eignen sich u. a. die Inseln Pulau Asok und Pulau Pabisi.

Schlafen & Essen

Wer seine Robinson-Fantasie ausleben möchte, kann auf einer der vielen unbewohnten Inseln wild campen. Zelte kann Mr. Darmawan von Banyak Island Travel (S. 599) organisieren. Am besten versorgt man sich vorab in Singkil oder Balai mit Wasser und Lebensmitteln. Man kann sich sein Abendessen aber auch selbst fangen!

In den Pauschalangeboten der meisten Bungalows sind Mahlzeiten enthalten. Sie bestehen vorwiegend aus dem Fang des Tages oder anderen indonesischen Gerichten.

Pulai Balai

Homestay Lae Kombih   PENSION $
(☎ 0852 9689 5929; Jl Iskandar Muda, Pulau Balai; Zi. mit Gemeinschaftsbad/eigenem Bad & Ventilator ab 50 000/75 000 Rp, mit eigenem Bad & Klimaanlage 150 000 Rp; ※) Die Pension mit Blick aufs Wasser hat warme, stickige Zimmer – aber was kann man bei diesen Preisen schon anderes erwarten? Es gibt auch annehmbare Zimmer mit Klimaanlage. Der Besitzer ist sehr freundlich und spricht Englisch. Gegenüber befindet sich das Restaurant seiner Schwester Rumah Makan Lae Kombih, wo schmackhafte regionale Gerichte aus der Küche kommen. Fischcurry ist hier eine gute Wahl.

Pulau Palambak Besar

Palambak Island Resort   BUNGALOWS $
(☎ 0812 608 1916, 0852 7501 7309; www.palambakislandresort.com; Pulau Palambak Besar; inkl. Mahlzeiten 250 000 Rp/Pers.) Die einzige Unterkunft auf der Pulau Palambak Besar sind diese zehn hübschen Bungalows mit Gemeinschaftsbad an einem grandiosen Strand. Es gibt ein nettes Restaurant, das leckere Gerichte serviert, viele Bücher, Brettspiele und einen Kühlschrank mit Bier. Wer mag, kann Dschungelwanderungen ins Inselinnere, Schnorchel- und Kajaktouren unternehmen. Der Transfer und die Abholung in Singkil im Speedboat (1 600 000 Rp) können organisiert werden.

Pulau Tailana

Pondok Tailana   BUNGALOWS $
(☎ 0822 7449 9207; www.tailana.webs.com; Pulau Tailana; Zi. inkl. Mahlzeiten 250 000 Rp) Genau die richtige Unterkunft für alle, die es schlicht und einfach lieben: Pondok Tailana ist außerdem der Ausgangspunkt für Insel-Hopping, Schnorchelausflüge und Trekkingtouren im Dschungel. Übernachtet wird in einer von sieben einfachen Hütten mit Gemeinschaftsbad und Hängematten am Wasser. Es gibt aber ein paar Instandhaltungsprobleme, und das Essen ist eine bunte Mischung.

Pulau Sikandang

★ **Nina's Bungalows**   BUNGALOWS $
(☎ 0852 7086 8591; www.banyak-island-bungalow.com; Pulau Sikandang; Zi. 200 000 Rp, Haus 800 000 Rp; ※ @) Zum Zeitpunkt der Recherchen war diese Unterkunft der Backpacker-Hotspot auf den Banyak-Inseln. Nina's besteht aus fünf geräumigen Bungalows mit Strohdach und Hängematten auf der schattigen Veranda. Der Strand ist unberührt und das Wasser kristallklar. Der hilfsbereite Manager Rius kümmert sich gern um seine Gäste, auch das Essen bekommt ein positives Feedback. Hier ist sogar Bier erhältlich.

Zum Nina's gehört außerdem ein traumhaftes, rustikales Strandhaus am Wasser. Es hat zwei Schlafzimmer, eine Küche, Solarstrom und ein Bad im westlichen Stil.

Pulau Tuangku

Der Südzipfel der Insel wird fast ausschließlich von Surfern besucht.

Im Hauptdorf Haloban gibt's ein einfaches *losmen* (100 000 Rp/Pers.). Die Bewohner machen ihre mangelnden Englischkenntnisse mit ihrem Enthusiasmus und ihrer Freundlichkeit wieder wett.

Banyak Island Lodge   LODGE $$$
(☎ in den USA +1 904-669-3286; www.banyaksurfbungalows.com; Pulau Tuangku; 7 Tage inkl. Mahlzei-

ten & Transport 1050 US$/Pers.; 🕾) Diese Lodge an der sogenannten Bay of Plenty ist die einzige nicht schwimmende Unterkunft auf Pulau Tuangku. Im Preis enthalten sind Transfer und Vollpension. Es gibt fünf Bungalows mit Ventilatoren, zwei Einzelbetten, Moskitonetzen und Blick auf die Wellen Gunters und Camel Back. In der Lounge werden zum Rauschen der Wellen lokale und westliche Speisen serviert.

Floating Surf House SURFCAMP $$$
(📱0822 7214 4450; www.floatingsurfhouse.com; Pulau Tuangku; 10 Nächte mit Ventilator/Klimaanlage 1699/1899 US$; ❄🕾) Dieses Surfcamp auf einem Floß in den ruhigen Gefilden der Bay of Plenty unweit Ujung Lolok und ganz in der Nähe der Wellen Dindos, Gunters und Lolok Point ist eine einzigartige Übernachtungsmöglichkeit für Surfer. Die von dem einheimischen Surfer Erwin betriebene Unterkunft verfügt über zwei einfache Dreibettzimmer, in denen Alleinreisende untergebracht werden, zwei Doppelzimmer und ein Haus auf Stelzen.

❶ An- & Weiterreise

Es verkehren zwei Fähren pro Woche von Singkil nach Balai (Di 10 Uhr & Fr 14 Uhr, 30 000 Rp, 3½–4 Std., zurück geht's mittwochs und sonntags um 14 Uhr). Lokale Boote von Singkil nach Balai (50 000 Rp, 3–5 Std.) und Haloban (75 000 Rp, 5–6 Std.) starten täglich zwischen 8 und 12 Uhr (abhängig von den Gezeiten) und fahren nachmittags wieder zurück. Bei schwerer See, wie sie im Oktober und November mitunter auftritt, fahren die Boote manchmal tagelang gar nicht.

Die bei Weitem bequemste – aber leider auch teuerste – Art, zu den Inseln zu kommen, ist ein Schnellboot. Diese Boote steuern von Singkil aus die folgenden Ziele an (Preise gelten für die einfache Strecke): Balai (1 500 000 Rp), Sikandang (1 600 000 Rp), Palambak (1 600 000 Rp), Tailana (1 800 000 Rp), Ujung Lolok (2 100 000 Rp).

Wenn man das Holzboot nach Balai oder Haloban erwischt, wird es sehr viel billiger, sich ein Schnellboot für die Weiterfahrt auf die Inseln zu organisieren. Die meisten Unterkünfte bieten ihren Gästen die Abholung mit einem Schnellboot an.

Man sollte sich in Balai über die Anmietung eines Fischerboots informieren (600 000–2 500 000 Rp/Tag je nach Bootsgröße, Reis und Fisch bis zum Unfallen ist normalerweise im Preis enthalten). Mr. Darmawan von Banyak Island Travel (S. 599) kann dabei wunderbar behilflich sein.

Gunung Leuser National Park

📄0642

Der zu Aceh gehörende Bereich des Gunung Leuser National Park war auf dem Radar von Travellern jahrelang nicht vorhanden. Nur wenige kamen hierher, die Massen besuchten den angesagteren Parkabschnitt bei Bukit Lawang. Der Dschungel ist im Großen und Ganzen der Gleiche, jedoch mit weniger ausgetretenen Pfaden und weniger Touristen auf der Suche nach halbwild lebenden Orang-Utans. Hier kommt man in den Genuss einer echten Dschungelerfahrung.

Der zum UNESCO-Welterbe gehörende Gunung Leuser National Park ist eines der wichtigsten und biologisch facettenreichsten Schutzgebiete der Welt. Aufgrund der unterschiedlichen Wälder und Spezies wird er oft als ein komplettes Ökosystem beschrieben.

Im Park leben einige der am meisten vom Aussterben bedrohten und exotischsten Tiere unseres Planeten: Tiger, Nashörner, Elefanten und Orang-Utans. Obwohl die Wahrscheinlichkeit, all diese Tiere zu sehen, eher gering ist, besteht doch die Chance, Orang-Utans zu sichten. Außerdem kann man sicher sein, viele andere Primaten zu Gesicht zu bekommen.

Die Habitate des Gunung Leuser National Park reichen von Sumpfwäldern an der Westküste bis zu dichten Flachlandregenwäldern. Der Großteil des Gebiets um Ketambe ist Primärwald. Oberhalb von 1500 m hat der ständige Nebel Mooswälder mit vielen Aufsitzerpflanzen und Orchideen geschaffen. Zu der seltenen Flora zählen zwei Mitglieder der Rafflesienfamilie, *Rafflesia acehensis* und *Rafflesia zippelnii*. Sie wachsen vor allem entlang des Sungai Alas.

Über 300 Vogelspezies wurden im Park gezählt, u.a. seltsame Rhinozerosvögel, Schildhornvögel und Spechte.

Der Nationalpark hat viele Herausforderungen zu bewältigen. Wilderer haben die Krokodilpopulation buchstäblich ausgerottet und die Anzahl der Tiger und Nashörner stark verringert. Laut Indonesian Forum for the Environment leidet ein Fünftel des Parks unter den Auswirkungen der illegalen Abholzung und den Straßenbaus. Ein sehr umstrittenes Straßenbauprojekt namens Ladia Galaska verläuft durch den Park und soll die Ost- mit der Westküste der Provinz verbinden. Ferner war der Dschungel in Zeiten des in Aceh herrschenden Bürgerkriegs die Hochburg der GAM-Kämpfer und es fanden im Park Kämpfe zwischen GAM-Kriegern und indonesischen Truppen statt.

Es regnet im ganzen Jahr viel im Park, zwischen Dezember und März scheinen die Regenfälle aber etwas seltener und kürzer zu werden.

❶ An- & Weiterreise

Bukit Lawang und Tangkahan sind von Medan aus bequem zugänglich, Ketambe und Kedah erreicht man problemlos, wenn man durch Nordsumatra oder Aceh reist. Die meisten Besucher kommen mit dem Bus via Kutacane (eine Autostunde südlich von Ketambe), wo sie in einen anderen Bus oder ein *ojek* umsteigen.

Man kann auch von Banda Aceh nach Kutacane fliegen. Es sind aber winzige Flugzeuge (max. 10 kg Gepäck), und der Flug ist nichts für Zartbesaitete. Es gibt auch Flüge nach Blangkejeren, das 30 Autominuten von Kedah entfernt ist.

Ansonsten fahren Fernbusse von Banda Aceh aus via Takengon durch die Gayo Highlands und durch den Nationalpark. Kedah ist zwei Autostunden von Ketambe und 30 Minuten von Blangkejeren entfernt.

Ketambe

Ketambe im Herzen des Alas-Tals ist das Haupttouristenzentrum im Gunung Leuser National Park und gehört zu den besten Orten Asiens, um wildlebende Orang-Utans zu beobachten. An der Hauptstraße des zwischen Fluss und Dschungel liegenden Ortes reihen sich ein paar Pensionen aneinander. Ketambe ist einer der unbeschwertesten Orte im Norden Sumatras. Einige faule Tage am Fluss und ein paar Wanderungen durch den Dschungel sind vermutlich ein Highlight des Sumatra-Aufenthalts.

Ketambe ist einer der wichtigsten Zugangspunkte in den Park. Direkt auf der anderen Seite des Flusses befindet sich die Ketambe Research Station, eine weltberühmte Forschungs- und Schutzanlage, die für Traveller allerdings tabu ist. In Ketambe gibt's ein paar einfache Geschäfte und Restaurants. Kutacane ist mit einer Entfernung von 43 km die nächste Stadt von Bedeutung. Dort gibt's Reisebüros und Geldautomaten.

🏃 Aktivitäten

Genehmigungen für den Besuch des Gunung Leuser National Park (150 000 Rp/Tag) bekommt man über Pensionen in Ketambe. Auch Guides kann man in jeder Pension anheuern. Es lohnt sich, andere Traveller um Empfehlungen zu bitten.

Rafting & Tubing

Rafting (halber/ganzer Tag ca. 800 000/ 1 000 000 Rp) ist eine lustige Art, den Wald zu erkunden und gleichzeitig „cool" zu bleiben. Die meisten Pensionen können bei der Organisation dieser Touren behilflich sein. Auch Tubing-Touren können für ca. 100 000 Rp arrangiert werden.

Wandern & Trekken

Für echte Wanderfreaks und Dschungelfans ermöglicht die Gegend rund um Ketambe (halber/ganzer Tag/Übernachtung 250 000/ 400 000/900 000 Rp) eine sehr viel authentischere Erfahrung, als sie in der Nähe von Bukit Lawang zu machen wäre. Man sollte sich aber auf extremes Terrain, Blutegel und Moskitos gefasst machen und viel Wasser mitnehmen. Führer können auf Wunsch maßgeschneiderte Touren organisieren. Ein beliebter Trip ist die dreitägige Wanderung zu Thermalquellen mitten im Wald.

Gunung Kemiri WANDERN & TREKKEN
Mit 3314 m ist dies der zweithöchste Gipfel im Gunung Leuser National Park. Die Wandertour dauert hin und zurück fünf bis sechs Tage. Los geht's im Dorf Gumpang nördlich von Ketambe. Die Route führt durch einige der am dichtesten bevölkerten Primatenhabitate – mit Orang-Utans, Makaken, Siamangs und Gibbons – sowie durch Tigerhabitate.

Gunung Leuser WANDERN & TREKKEN
Der höchste Berg im Park ist natürlich der Gunung Leuser (3404 m). Nur wer körperlich wirklich fit ist, sollte den zwölftägigen Trip auf den Gipfel (sieben Tage hoch, fünf Tage runter) in Angriff nehmen. Die Wanderung beginnt im Dorf Angusan nordwestlich von Blangkejeren.

Bukit Lawang WANDERN & TREKKEN
Dieser fünf- bis sechstägige Trip beginnt eine Stunde südlich von Kutacane und führt durch raues Gelände mit mehr als 20 Flüssen. In der Regenzeit kann der Trek bis zu zehn Tage dauern und ist eine echte Plackerei. Es ist nicht unwahrscheinlich, dass man unterwegs Orang-Utans und Gibbons sichtet, außerdem wandert man durch Gegenden, in denen Elefanten leben.

Wer es nicht selbst tragen möchte, kann vereinbaren, dass das Gepäck separat nach Bukit Lawang gebracht wird.

🛏 Schlafen

★ Thousand Hills
Guest House BUNGALOWS **$**
(📞 0812 6417 6752; www.thousandhillsketambe.
net; EZ/DZ/3BZ 100 000/150 000/200 000 Rp)
Die erste Pension, die man sieht, wenn man
aus Richtung Süden kommt, ist die char-
manteste der hiesigen Unterkünfte. Die
niedlichen, strohgedeckten Bungalows verstecken sich in einem schönen Garten mit
Bäumen drumherum. Der nie aus der Ruhe
zu bringende Joseph weiß einfach alles. Er
kann auch Dschungelführer organisieren.

★ Friendship Guesthouse PENSION **$**
(📞 0852 9688 3624; www.ketambe.com; Jl Blangkejeren, Km 32; Zi. 50 000–100 000 Rp; 📶) Die
preisgünstige Pension in wunderschöner
Lage am Fluss verfügt über hübsche, farbenfrohe Holzbungalows mit Toiletten im westlichen Stil. Die billigsten Zimmer sind sehr
einfach. Den Hauptaufenthaltsbereich zieren unzählige Fotos von Travellern im
Dschungel. Die Unterkunft wird von Ahmad
geleitet; das Personal ist freundlich. Ein guter Ort, um einen Guide anzuheuern! Die
Website ist eine ausgezeichnete Infoquelle.

Leuser Ketambe Guesthouse PENSION **$**
(📞 0853 6062 6329; www.ketambetour.com; Zi.
100 000–200 000 Rp) Diese altmodische, un-
verwechselbare Pension ist Ketambes faszinierende Unterkunft in Gunung Leuser
National Park. Hier herrscht eine unheimliche Atmosphäre, als befände man sich in
einem alten, dem Dschungel überlassenen
Landhaus. Die großen, schon ziemlich heruntergekommenen Zimmer (mit Teppichen)
befinden sich in zwei großen Holzhäusern.
Zudem gibt es ein Restaurant mit Blick über
den Fluss. Vorsicht: Die mit Moos bewachsenen Wege sind glitschig!

Wisma Cinta Alam BUNGALOWS **$**
(📞 0852 7086 4580; johanketambe@gmail.com; Jl
Blangkejeren, Km 32; EZ 50 000 Rp, DZ 80 000–
150 000 Rp) Diese von Johan, einem ehemaligen Guide und Rafter, betriebenen Bungalows stehen auf einem liebevoll angelegten
Areal. Die preiswerteren Zimmer liegen in
einer Reihe in einem barackenähnlichen
Haus. Die teureren Unterkünfte sind separate kleine Bungalows. Sowohl die Zimmer als
auch die Bungalows sind mit Duschen und
echten Betten ausgestattet. Es können hervorragende, sachkundige Führer organisiert
werden. Auch wer gern raftet, ist hier gut
aufgehoben.

Wisma Sadar Wisata PENSION **$**
(📞 0852 7615 5741; www.ketambe.net; Jl Blangkejeren, Km 32; Zi. 50 000–80 000 Rp; 📶) Die Bungalows im Karo-Stil haben ein gutes Preis-
Leistungs-Verhältnis. Einige stehen mitten
im Grünen und bieten einen schönen Blick
über den Fluss. Zimmer Nr. 5 ist der Hit!
Ayuni und ihre Tochter Mira sind unterhaltsame Gastgeber. Es gibt gutes Essen.
Dschungelführer können problemlos organisiert werden.

ℹ Praktische Informationen

In Ketambe gibt es keine Geldautomaten. Die
nächste Stadt, in der man Geld bekommt, ist
Kutacane.

ℹ An- & Weiterreise

Susi Air (www.susiair.com) verkehrt zweimal
wöchentlich (Mo & Mi) zwischen Kutacane und
Banda Aceh. Buchen sollte man direkt im zugehörigen Büro am Flughafen.

Bis ca. 18 Uhr fahren zahllose labi-labi von Kutacane nach Ketambe (25 000 Rp inkl. Gepäck,
1 Std.). Wer später ankommt, sollte mit der Pension vereinbaren, dass man abgeholt wird. Ein
Privatwagen kostet um die 100 000 Rp.

Alle von Kutacane in Richtung Norden fahrenden Busse kommen durch Ketambe. Wer im Hellen in Takengon ankommen möchte, muss gegen
8 Uhr einen Minibus nach Blangkejeren nehmen
und rechtzeitig an der Hauptstraße stehen. Mit
einem späteren Bus verpasst man den An-

BUSSE AB KUTACANE & KETAMBE

ZIEL	PREIS (RP)	DAUER (STD.)	HÄUFIGKEIT
Banda Aceh (via Takengon)	250 000	16	tgl.
Berastagi	60 000	6	tgl.
Blangkejeren (nach Kedah)	60 000	4	7-mal tgl.
Medan	80 000	7	mehrmals tgl.
Sidikalang	70 000	3½	tgl.
Singkil	180 000	10	tgl.

schluss um 11 Uhr und steckt bis 16 oder 17 Uhr in Blangkejeren fest, denn erst dann fährt ein Minibus nach Banda Aceh via Takengon.

Wer in Richtung Süden zum Danau Toba will, nimmt in Kutacane erst einen Bus nach Sidikalang, dann einen weiteren nach Panguruan und schließlich einen zur Insel Samosir. Ein Minibus fährt von Kutacane direkt nach Berastagi.

Ein Sammeltaxi von Medan nach Kutacane (7 Std.) kostet ca. 130 000 Rp.

Für einen Privatwagen nach Medan muss man etwa 1 000 000 Rp einplanen, nach Berastagi 800 000 Rp, zum Danau Toba 1 300 000 Rp, nach Singkil 1 500 000 Rp und nach Bukit Lawang 1 500 000 Rp.

Kedah

Das kleine Dorf Kedah liegt 15 km westlich der Stadt Blangkejeren. Seit den Konflikten in Aceh kommen nur wenige Besucher hierher, sodass man sich hier wirklich abseits der ausgetretenen Touristenpfade befindet. Das am Nordrand des Gunung Leuser National Parks gelegene Kedah ist ein hervorragender Ausgangspunkt für Treks in den Dschungel, in dem Orang-Utans, Gibbons und andere exotische wilde Tiere, Vögel und Pflanzen beheimatet sind.

🛏 Schlafen & Essen

Einfache, für die Gegend typische Speisen werden in der Rainforest Lodge serviert. Man sollte sich in Blangkejeren mit Extra-Proviant eindecken, vor allem wenn man größere Trekkingtouren unternehmen will. In Blangkejeren gibt es ein paar einfache Restaurants.

⭐ **Rainforest Lodge** LODGE $
(📱 0813 6229 1844; www.gunung-leuser-trek.net; Zi. 150 000 Rp) Die Rainforest Lodge bietet einfache, aber nette Bungalows am Ufer eines Flusses inmitten der schönen Dschungellandschaft. Hier hat man viele Möglichkeiten, Wildtiere zu sichten. Man sollte Mr. Jally vorab mitteilen, dass man kommt. Vom Dorf Kedah ist es ein 50-minütiger Marsch hierher. Die Lodge befindet sich wahrhaft in der Mitte des Nirgendwo. Die Zimmer sind einfach, einige haben ein eigenes Bad. Handtücher und Toilettenartikel muss man mitbringen.

Mr. Jally kann für ca. 500 000 Rp pro Tag inklusive Essen und Führer Wanderungen durch den Dschungel organisieren. Hierbei handelt es sich um echte Abenteuer, von der dreitägigen Besteigung des Gunung Angko-

san bis zu einer sechstägigen Expedition zu einem riesigen Wasserfall im oberen Ala-Tal. Es können aber auch kürzere Treks, u.a. Nachttreks, arrangiert werden. Die Gebühren für die Parkgenehmigung immer mal wieder eingesammelt und nicht enthalten.

ℹ An- & Weiterreise

Susi Air fliegt zwei Mal pro Woche mit winzigen Flugzeugen von Medan und Banda Aceh nach Blangkejeren (ca. 370 000 Rp, 1 Std.). Achtung: Es dürfen maximal 10 kg Gepäck mitgenommen werden!

Es verkehren auch Busse von Banda Aceh (220 000 Rp) und Kutacane (70 000 Rp) nach Blangkejeren.

Von Blangkejeren aus kann mit einem *ojek* (50 000–60 000 Rp, 20 Min.) nach Kedah fahren. Mr. Jally von der Rainforest Lodge kann behilflich sein.

WESTSUMATRA

In Sumatra Barat (Westsumatra) ragen von Dschungel bewachsene Vulkanberge aus dem fruchtbaren Hochland, Wasserfälle stürzen in Schluchten, und in tiefen, friedlichen Seen spiegelt sich die Stille der Natur wider. Auch vor den steilsten Hängen macht der Regenwald nicht Halt. Gleichzeitig verhelfen Reis, Tapioka, Zimt und Kaffee der Region zu Wohlstand.

Dies ist das Zentrum der matriarchalen Minangkabau, eines fortschrittlichen Volkes mit einer reichen Kultur und viel politischem Verstand, das seine Tradition, seine Sprache, seine Küche und seinen Glauben im ganzen Land verbreitet hat und dessen hohe Bauwerke die Städte und Dörfer dominieren.

Die Küstenstadt Padang ist ein Verkehrsknotenpunkt und ein beliebter Boxenstopp für Surfer, Wanderer und Reisende mit besonderem Interesse für die indigene Kultur auf dem Weg zu den Mentawai-Inseln. Das malerische Bukittinggi ist gut auf Reisende eingestellt und von idyllischen Dörfern umgeben, in denen Kunsthandwerker noch immer ihrem traditionellen Geschäft nachgehen, während der wunderschöne Maninjau-See, das abgeschiedene Harau-Tal und der Nationalpark Kerinci Seblat reichlich Stoff für Outdoor-Abenteuer bieten.

Geschichte

Es ist nur wenig über die Geschichte der Region vor Ankunft des Islams im 14. Jh. bekannt. Die große Zahl megalithischer Überreste rund um die Dörfer Batu Sangkar und Payakumbuh (nahe Bukittinggi) lässt jedoch darauf schließen, dass im zentralen Hochland vor rund 2000 Jahren bereits eine stattliche Gemeinde angesiedelt war.

Nachdem der Islam hier Einzug gehalten hatte, wurde die Region in kleine muslimische Staaten aufgeteilt, die von Sultanen beherrscht wurden. Dies änderte sich erst Anfang des 19. Jhs., als zwischen Anhängern der islamisch-fundamentalistischen Padri-Bewegung und den Unterstützern der lokalen Häuptlinge, die an den *adat* (traditionelle Gesetze und Vorschriften) der Minangkabau festhielten, ein Krieg ausbracht. Der Name Padris geht auf deren Anführer zurück, die Pilger waren und ihre Hadsch-Reise nach Mekka vom Hafen Pedir in Aceh antraten. Bei der Rückkehr von ihrer Pilgerreise waren sie fest entschlossen, eine wahrhafte islamische Gesellschaft zu etablieren und die vorislamischen Traditionen, die die Herrscherhäuser dominierten, auszumerzen.

Als die Niederländer 1821 beschlossen sich einzumischen und die traditionellen Anführer der Minangkabau zu unterstützen, hatten die Padris bereits die Kontrolle über den Großteil des Hochlands gewonnen. Die Kämpfe zogen sich bis 1837 hin, als die Niederländer schließlich das am Äquator gelegene Dorf Bonjol einnahmen, Hochburg des Padri-Anführers Imam Bonjol, dessen Name bis heute zahlreiche Straßenschilder überall in Indonesien ziert. In der heutigen Gesellschaft der Minangkabau wird eine eigentümliche Mischung aus traditionellem Glauben und Islam praktiziert.

Padang

☑ 0751 / 1 MIO. EW.

Padang ist ein für Indonesien typisches zersiedeltes Gebiet zwischen dem Indischen Ozean und den Bergen der Minangkabau.

Westsumatra

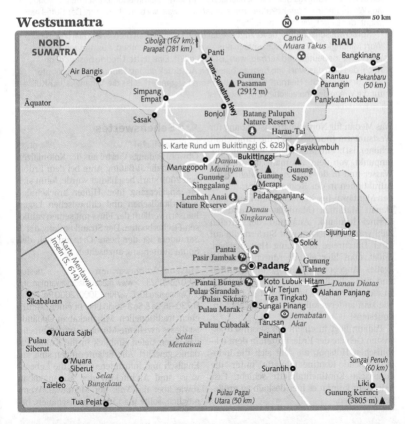

DIE MINANGKABAU

Der Legende nach sind die Minangkabau Nachkommen des umherziehenden mazedonischen Eroberers Alexander des Großen. Der Geschichte zufolge kamen die Vorfahren der Minangkabau unter Führung des Königs Maharjo Dirajo, dem jüngsten Sohn Alexanders, nach Sumatra.

Anthropologen gehen jedoch davon aus, dass die Minangkabau irgendwann zwischen 1000 und 2000 v. Chr. von der Malaiischen Halbinsel aus Westsumatra erreichten. Vermutlich folgten sie dem Sungai Batang Hari von der Straße von Malakka flussaufwärts ins Hochland von Bukit Barisan.

Aber selbst wenn sie nicht von Alexander dem Großen abstammen, so haben sie mit ihm doch die Reiselust und die Vorliebe für Kämpfe gemein – wenn auch in der abgeschwächten Form von Büffelkämpfen. Vermutlich hat ihnen der Erfolg bei solchen Büffelkämpfen ihren Stammesnamen beschert. Die Hörner der Tiere bilden den Mittelpunkt ihrer Architektur und ihrer traditionellen Bräuche.

Die Legende, wie sich die Minangkabau ihren Namen gaben, beginnt mit dem kurz bevorstehenden Angriff eines javanischen Königs. Anstatt zwei Armeen aufeinander losgehen zu lassen, schlugen die Minangkabau einen Kampf zwischen zwei Stieren vor. Als die Zeit gekommen war, schickten die Sumatra-Bewohner ein winziges Kalb in den Kampf gegen den riesigen javanischen Stier. Das halb verhungerte Kalb war an seinen Hörnern jedoch mit scharfen Metallspeeren ausgestattet. In dem Glauben, der javanische Stier sei seine Mutter, rannte das hungrige Kalb zum Saugen auf ihn zu und schlitzte dem Bullen den Bauch auf. Als der Stier schließlich tot in sich zusammenbrach, schrie das Volk aus Westsumatra *„Minangkabau, minangkabau!"*, was wörtlich übersetzt „Der Büffel gewinnt, der Büffel gewinnt!" bedeutet.

Sprachwissenschaftler bevorzugen jedoch eine weitaus nüchternere Erklärung. Das Wort Minangkabau setzt sich einfach aus zwei Wörtern zusammen: aus *minanga*, was „ein Fluss" bedeutet, und *kerbau*, was „Büffel" heißt. Eine dritte Theorie besagt dann noch, dass sich das Wort von dem archaischen Ausdruck *pinang kabhu* ableiten könnte, was „ursprüngliche Heimat" bedeutet und somit suggeriert, dass die Minangkabau-Kultur die Wiege der malaiischen Zivilisation ist.

Was Medan für Nordsumatra, ist Padang für Westsumatra (nur dass hier die Landschaft schöner ist): ein praktischer Verkehrsknotenpunkt, von dem aus man zu Lande, zu Wasser und in der Luft zu den wichtigsten Attraktionen in der Region kommt, u. a. zu den Mentawai-Inseln, nach Bukittinggi, zum Danau Maninjau (Maninjau-See) und ins Kerinci-Hochland. Aufgrund der großen Zahl von Backpackern und Surfern, die auf ihrer Durchreise in Padang Halt machen, findet man hier ein überdurchschnittlich großes Angebot von Budgetunterkünften und eine tolle Restaurantszene. Schließlich ist die regionale Küche weltweit so bekannt wie kein anderes kulinarisches Angebot Indonesiens!

Padang liegt in einem der seismisch aktivsten Gebiete der Erde, mitten in dem tektonischen Hotspot, an dem sich die indoaustralische Kontinentalplatte unter die eurasische Kontinentalplatte schiebt. Fast jedes Jahr kommt es hier deshalb zu größeren Erdbeben.

⊙ Sehenswertes

Kolonialviertel
GEBIET

Obwohl Padangs Viertel aus der Kolonialzeit rund um die Jl Batang Arau bei dem Erdbeben 2009 stark beschädigt wurde, lohnt sich ein Spaziergang hier. Hinter bröckelnden niederländischen und chinesischen Lagerhäusern verläuft der Fluss mit seinen zahllosen Fischerbooten. Der Strand entlang der Jl Samudera ist der beste Ort, um sich den Sonnenuntergang anzusehen.

Museum Adityawarman
MUSEUM

(☏ 0751-31523; www.museumadityawarman.org; Jl. Diponegoro 10; Erw./Kind 3000/2000 Rp; ⊙ Di–Fr 7.30–16, Sa & So 8–16.30 Uhr) In einem stattlichen traditionellen Minangkabau-Gebäude ist dieses exzellente Museum untergebracht, das einen tiefen Einblick in die Kultur Padangs gewährt. Alle Erläuterungen sind auf Englisch und informieren über die Lebensweise und Architektur der Minangkabau sowie über das Volk der Mentawai. Wenn möglich, sollte man hier vorbeischauen, bevor man die Mentawai-Inseln besucht. Zudem gibt es eine sehr ernüchternde Ausstellung über die Naturkatastrophen, von denen Padang im Laufe der Jahre heimgesucht wurde.

👉 Geführte Touren

Regina Adventures GEFÜHRTE TOUREN, SURFEN
(☑0812 6774 5464, 0751-781 0835; www.reginaad ventures.com; Jl Pampangan 54; 8-tägiges Mentawai-Surfpaket ab 515 US$/Pers.) Der einheimische Anbieter Elvis hat Trekking- und Surfausflüge auf die Mentawai-Inseln, Charterboote, Ausflüge zum Maninjau-See und nach Bukittinggi sowie die Besteigung des Gunung Merapi und des Gunung Kerinci im Programm. Auf der Webseite werden Surftrips nach Mentawai und Krui weiter im Süden zu guten Konditionen angeboten.

🎉 Feste & Events

Dragon Boat Festival SPORT
(www.facebook.com/padanginternationaldragon boatindonesia; ⊙ Jul./Aug.) Bei diesem Fest treten Teams unterschiedlicher Nationalitäten in Bootsrennen gegeneinander an. Nähere Details finden sich auf Facebook.

🛏 Schlafen

⭐ Bat & Arrow PENSION $
(☑0751-893552; Jl Batang Arau 25; Zi. inkl. Frühstück mit Gemeinschaftsbad 150 000–250 000 Rp, mit eigenem Bad 300 000–450 000 Rp; ❉ 🛜) Diese einzigartige Unterkunft in toller Lage am Fluss in der stimmungsvollen Altstadt befindet sich oberhalb der beliebten Bar gleichen Namens (S. 611). Die Zimmer sind mit kreativen Details und allem möglichen Komfort wie Kabel-TV, Klimaanlage und WLAN ausgestattet. Damit ist das Bat & Arrow eigentlich eher ein Art-Hotel als eine Pension. Die Gemeinschaftsbereiche sind zwar ein bisschen düster, die zeitgenössischen Installationen überall erfüllen sie aber mit Leben.

⭐ New House Padang PENSION $
(☑0751-25982; Jl HOS Cokroaminoto 104; B/DZ mit Gemeinschaftsbad ab 100 000/250 000 Rp, DZ mit eigenem Bad 330 000 Rp; ❉ 🛜) Die bei Surfern und Backpackern gleichermaßen beliebte Pension mit ihren sechs Zimmern hat trotz der günstigen Preise jede Menge Stil. Es gibt einen kompakten Zen-Garten, farbenfrohe Zimmer (einige mit Terrasse), zeitgenössische Kunstwerke und einen riesigen Gemein-

schaftsbereich. Die Gemeinschaftsbäder sind makellos sauber und haben Warmwasseranschluss. Der französische Besitzer hält Surftipps parat und gibt gern Ratschläge zur Weiterreise.

Riverside Hostel HOSTEL $
(☑0751-895 6623; http://riverside-hostel-padang. business.site; Jl Batang Arau 66C; B 125 000–145 000 Rp, DZ inkl. Frühstück 270 000 Rp; ❉ 🛜) Das edle Hostel in einem alten, umgebauten Haus wartet mit polierten Hartholzböden, unverputzten Ziegelwänden und Antiquitäten auf. Die Boutiquezimmer und -schlafsäle (mit Vorhängen, die für etwas Privatsphäre sorgen) sind groß, und es gibt eine riesige Landhausküche und ein gemütliches Wohnzimmer. Damit ist das Riverside Hostel den meisten anderen Backpacker-Unterkünften einen Schritt voraus. Es steht in einer Gasse nahe dem Bootsanleger.

Yani's Homestay GASTFAMILIE $
(☑0852 6380 1686; www.yanihomestaypadang. wordpress.com; Jl Nipah 1; B 80 000 Rp, Zi. 120 000–200 000 Rp; ❉ 🛜) Der freundliche, junge Besitzer dieser zentral gelegenen Homestay-Unterkunft ist eine super Quelle für jegliche Infos. Er bietet eine authentische Backpackerbleibe mit klimatisierten Schlafsälen samt Schließfächern sowie Zimmern mit farbenfrohen Tagesdecken. Die besten Zimmer haben eigene Bäder. Motorräder können für 60 000 Rp am Tag ausgeliehen werden.

Brigitte's House HOSTEL $
(☑0813 7425 7162; www.brigitteshousepadang. com; Jl Kampung Sebalah 1/14; B/EZ/DZ ab 95 000/120 000/250 000 Rp, DZ mit Klimaanlage 250 000–350 000 Rp; ❉ 🛜) Diese großartige Backpackerunterkunft liegt in einer kleinen Seitenstraße abseits der Jl Nipah und bietet neben einer relaxten Atmosphäre auch eine chillige Lounge und Kochmöglichkeiten. Die Einzelzimmer sind winzig, aber die Schlafsäle und Doppelzimmer bieten viel Platz. Die Zimmer mit Klimaanlage liegen einen Block entfernt in einem separaten Apartmentgebäude. Brigitte ist bestens über Busse, Fähren und Abenteuertrips auf die Mentawai-Inseln informiert.

Savali Hotel HOTEL $$$
(☑0751-27660; www.savalihotel.com; Jl Hayam Wuruk 31; Zi. inkl. Frühstück 700 000–900 000 Rp; ❉ 🛜 🏊) Das zentral gelegene Savali ist nur einen kurzen Fußmarsch vom Strand und von guten Restaurants entfernt. Die 23 Zim-

Padang

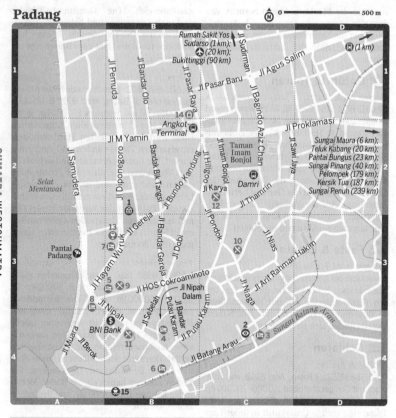

N 0 ————————————— 500 m

Map labels:
Rumah Sakit Yos Sudarso (1 km);
(20 km);
Bukittinggi (90 km)
(1 km)
Jl Sudirman
Jl Agus Salim
Jl Pemuda
Jl Bandar Olo
Jl Pasar Raya
Jl Pasar Baru
Jl Bagindo Aziz Chan
Jl Proklamasi
14 Pasar Raya
Angkot-Terminal
Jl M Yamin
Jl Samudera
Jl Diponegoro
Bandar Blk Tangsi
Jl Bundo Kandung
Jl Hiligoo
Jl Imam Bonjol
Taman Imam Bonjol
Jl Sawi Jaya
Selat Mentawai
Sungai Maura (6 km);
Teluk Kabang (20 km);
Pantai Bungus (23 km);
Sungai Pinang (40 km);
Pelompek (179 km);
Kersik Tua (187 km);
Sungai Penuh (239 km)
1 Museum
Damri
Jl Karya
12 Sari Raso
Jl Thamrin
13 Teebox
Jl Gereja
Jl Hayam Wuruk
7 El's Coffee
Pantai Padang
Jl Bandar Gereja
Jl Dobi
Jl Pondok
10
Jl Nias
Jl Arif Rahman Hakim
5
9
8
Jl Nipah
Jl HOS Cokroaminoto
Jl Nipah Dalam
Jl Sebelah
Jl Bandar Pulau Karam
Jl Pulau Karam
Jl Naga
Jl Muara
Jl Berok
BNI Bank
11
4
Jl Batang Arau
2
3
Sungai Batang Arau
6
15

Padang

mer des Hotels liegen um einen Zen-Garten. An schwülen Nachmittagen sorgt der Tauchpool für willkommene Abkühlung. Vor Ort gibt's auch eine Weinbar und gleich nebenan ein gutes **Café** (📞 0751-30051; www.elscoffee.com; ⊙ So–Do 10–23, Fr & Sa bis 1 Uhr; 🔊).

✖ Essen

★ **Sari Raso** INDONESISCH $
(📞 0751-33498; Jl Karya 3; Gerichte ca. 30 000 Rp; ⊙ 8–19 Uhr) Im Sari Raso gibt es eine große Auswahl scharfer Gerichte. Es gehört zu einer in Padang ansässigen Restaurantkette

und ist in einem stilvollen Gebäude im Art-déco-Look untergebracht. Das Rindfleisch-*rendang* ist das beste weit und breit.

Pondok Indah Jaya INDONESISCH $

(☑0751-25138; Jl Niaga 138; Gerichte ca. 30 000 Rp; ☻7–21 Uhr; ▣) Dieser *warung* ermöglicht eine exzellente Einführung in die Küche Padangs. Die Angestellten zählen den Gästen bereitwillig auf, welche Gerichte jeweils verfügbar sind, etwa scharfer Tofu, Rindfleisch-*rendang*, Hähnchen-Sambal und Tempeh. Gegen das Brennen im Mund bestellt man sich am besten einen *sirsak*- (Stachelannone), Gurken- oder Mangosaft.

Safari Garden STEAK $$

(☑0751-36055; www.safarigarden.net; Jl Nipah 21; Hauptgerichte 45 000–315 000 Rp; ☻Mo–Fr 10–24, Sa & So bis 1 Uhr; ▣☎) Dieses stilvolle, gesellige Steakhaus mit unverputzten Backsteinmauern und Sitznischen mit rustikalen Trennwänden aus Baumstämmen ist ein toller Ort, um es sich einmal so richtig gut gehen zu lassen – oder auch nur, um einen guten Kaffee zu trinken. Die Spezialität hier sind feine Steaks vom Wagyu-Rind (ab 200 000 Rp), es gibt aber auch Pizza (darunter eine *rendang*-Version), balinesisches *nasi campur*, japanische und koreanische Gerichte sowie Meeresfrüchte und hausgemachtes Speiseeis. Man bekommt auch kaltes Bier und viele frische Obstsäfte.

Ikan Bakar Pak Tri's SEAFOOD $$

(Jl HOS Cokroaminoto 91; Gerichte ab 50 000 Rp; ☻10–21 Uhr) Fisch und Tintenfisch werden hier über offener Flamme zur Perfektion gegrillt und mit einer süß-sauren Sambal-Sauce serviert. Bezahlt wird nach Gewicht oder Portion. Auf der Speisekarte stehen neben verschiedenen Fischen und Tintenfisch auch Beilagen mit *kangkung* (Wasserspinat) und Auberginen. Das Ganze lässt man sich am Gemeinschaftstischen schmecken. Ein Besuch hier ist die Padang-Erfahrung schlechthin.

⬛ Ausgehen & Nachtleben

★ Bat & Arrow KNEIPE

(Jl Batang Arau 25; ☻14–24 Uhr; ☎) Diese weitläufige und stimmungsvolle Bar mit Flussblick im Kolonialviertel fühlt sich ein bisschen an, als säße man in einem ausgebombten Haus, in Wirklichkeit ist dies aber Padangs angesagtester Treffpunkt für Traveller. Im Biergarten tummeln sich jeden Abend Surfer, Backpacker, aber auch Einheimische. Auf der Speisekarte stehen Bier, Pizza und Kneipenessen (Hauptgerichte 20 000–100 000 Rp). Zudem gibt's einen Billardtisch und Livemusik.

Teebox BAR

(Jl Diponegoro 25; ☻10–2 Uhr) Das Teebox ist zwar ein ganz schön kitschiger Unterhaltungskomplex mit einer Bar, DJs, Bands,

---

DIE PADANG-KÜCHE

Ein Essen der *nasi Padang* (Padang-Küche) sieht folgendermaßen aus: Man setzt sich hin, das ganze Geraffel wird vor einem ausgebreitet, und man entscheidet sich für das, was lecker aussieht. Das andere schiebt man einfach beiseite und bezahlt am Ende auch nur für das, was man isst.

Das bekannteste Padang-Gericht ist *rendang*, Stücke von Rind- oder Büffelfleisch, die langsam in einer Kokossauce vor sich hinköcheln, bis die Sauce eine reichhaltige Paste ist und das Fleisch dunkel und trocken wird. Weitere beliebte Gerichte sind *telur balado* (ein mit rotem Chili bestäubtes Ei), *ayam bakar* (Brathähnchen vom Holzkohlegrill mit Kokossauce mariniert), *ikan panggang* (in Kokos und Chili gebratener Fisch) und *gulai merah kambing* (rotes Hammelfleisch-Curry).

Zu zweit entscheidet man sich am besten für ein oder zwei Fleischgerichte und ein Gemüse, meist *kangkung* (Wasserspinat) und bestellt dazu noch ein oder zwei Teller Reis. Kohlenhydrate sind das Manna der Padang-Küche. Vegetarier bestellen Tempeh oder *tahu* (Tofu), was oft in Form eines scharfen Sambal serviert wird, oder *gulai nangka* (Jackfrucht-Curry).

Bevor man sich mit der rechten Hand am Essen bedient, wäscht man sich diese in der bereitgestellten Schüssel mit Wasser. Das Essen und die Saucen werden mit einem Löffel auf den Teller mit Reis geladen und dann mit den Fingern vermischt. Der Reis lässt sich leichter handhaben, wenn er etwas feucht ist. Mit den Fingern wird das Essen auf die Hand aufgeladen, und mit dem Daumen schiebt man es sich dann in den Mund. Übrigens: Selbst die Einheimischen bekleckern sich dabei.

Karaoke, Billardtischen und Restaurants, wenn man aber einen Abend mal so richtig Gas geben möchte, ist es eine ganz gute Option.

Shoppen

Pasar Raya MARKT

(Jl Pasar Raya; ⊙8–20 Uhr) Pasar Raya bedeutet übersetzt „großer Markt" – und der Markt wird seinem Namen in jeglicher Hinsicht gerecht. Er ist riesig und weitläufig und das Zentrum von Padangs Shoppinguniversum. Hier bekommt man alles, von frischem Obst, Kleidung und Accessoires bis hin zu Raubkopien. Ein toller Ort für ein paar schöne Fotos, aber man muss sich vor Taschendieben in Acht nehmen. Nebenan steht ein großes, neues Einkaufszentrum.

🛈 Praktische Informationen

Überall in der Stadt gibt's Banken und Geldautomaten, z. B. eine **BNI Bank** (Jl Nipah) in der Nähe der Pensionen.

Padang Imigrasi (☑0751-705 5113; www.imi grasipadang.com; Jl Khatib Sulaiman 50; ⊙Mo–Fr 9–16 Uhr) Gegen eine Gebühr von 350 000 Rp können hier Visumsverlängerungen von 30 Tagen vorgenommen werden. Die Bearbeitungszeit beträgt drei bis vier Werktage. Die Einwanderungsbehörde befindet sich 5 km nördlich vom Stadtzentrum.

🛈 An- & Weiterreise

BUS

Tranex-Busse (☑0751-705 8577) nach Bukittinggi (30 000 Rp) fahren am nördlichen Stadtrand vor dem Wisma-Indah-Gebäude ab. Die Fahrt mit ihnen kostet zwar nur halb so viel wie die mit Minibussen mit Tür-zu-Tür-Service, dafür muss man erst einmal an der Jl Permuda einen der weißen *angkot* (3000 Rp) in Richtung Norden nehmen (nach „Tranex" oder „Wisma Indah" fragen!) und dann am Busbahnhof in Bukittinggi, der mehrere Kilometer vom Zentrum entfernt ist, schauen, wie man von dort in die Stadt kommt. Unterm Strich spart man dadurch also gar nicht so viel Geld.

Minibusse nach Bukittinggi (50 000 Rp) und zu anderen Zielen fahren von verschiedenen Büros in der ganzen Stadt ab und bieten einen Tür-zu-Tür-Service. **AWR Travel** (☑0751-37337) ist ein zuverlässiges Unternehmen, das seine Passagiere am Hotel abholt. Sonst können auch die Unterkünfte den Abholservice arrangieren.

Die meisten Minibusse bieten diesen Service sowieso an; andere fahren an der Jl Jhoni Anwar ab. **Safa Marwa** (☑0852 6355 8899) verkehrt regelmäßig nach Sungai Penuh (zum Nationalpark Kerinci Seblat). **Putra Mandau** (☑0812 8130 3039; Jl Jhoni Anwar) verbindet Padang mit Dumai (180 000 Rp, 12 Std.). Das ist interessant für diejenigen, die mit dem Schiff von Malaysia oder Singapur nach Sumatra reisen. In die Jl Jhoni Anwar gelangt man mit einem der *ang-*

VERKEHRSMITTEL AB PADANG

Bus

ZIEL	PREIS (RP)	DAUER (STD.)	HÄUFIGKEIT
Bukittinggi	50 000	3	6–18 Uhr stündl.
Jambi	120 000–240 000	12	2-mal tgl.
Kerinci (nach Sungai Penuh & Kersik Tua)	100 000–125 000	7-9	10 Uhr tgl.
Parapat (nach Danau Toba)	180 000–280 000	18	13 Uhr tgl.

Flugzeug

ZIEL	FLUGGESELLSCHAFT	HÄUFIGKEIT
Bengkulu	Wings Air	1-mal tgl.
Gunung Sitoli	Wings Air	1-mal tgl.
Jakarta	Batik Air, Citilink, Lion Air, Garuda, Sriwijaya Air	25–30-mal tgl.
Jambi	Wings Air	1-mal tgl.
Kuala Lumpur	AirAsia	3-mal tgl.
Medan	Lion Air, Sriwijaya Air	3-mal tgl.
Palembang	Wings Air	1-mal tgl.
Pekanbaru	Wings Air	1-mal tgl.
Pulau Batam	Citilink, Lion Air	4-mal tgl.

kot (3000 Rp), die entlang der Jl Permuda und der Jl S. Parman in nördlicher Richtung unterwegs sind. An der weißen Moschee, etwa 5 km nördlich des Zentrums von Padang, steigt man dann aus und läuft nach rechts in die Jl Jhoni Anwar hinein.

FLUGZEUG

Padangs Flughafen **Bandara Internasional Minangkabau** (Jl Adinegoro) liegt 20 km nördlich der Stadt.

SCHIFF/FÄHRE

In Padang legen regelmäßig Boote zu den Mentawai-Inseln (S. 620) ab. Die Schnellboote fahren ab dem **Fähranleger Sungari Muara**.

ℹ Unterwegs vor Ort

In Padang bieten die Online-Fahrdienste Grab (S. 557) und Go-Jek (S. 557) ihre Dienste an. Sie sind die mit Abstand einfachste und günstigste Möglichkeit, sich in der Stadt fortzubewegen.

Ansonsten findet man aber auch überall in der Stadt sowie am **Angkot-Terminal** (Jl M.Yamin) zahlreiche *angkot* (3000 Rp). *Becaks* sucht man in Padang vergebens, dafür gibt es viele *ojeks*, die oft hupend durch die Stadt fahren, um die Aufmerksamkeit potenzieller Fahrgäste auf sich zu ziehen.

VOM/ZUM FLUGHAFEN

Eine Taxifahrt vom/zum Flughafen kostet etwa 150 000 Rp. Wer mit wenig Gepäck reist, kann das Flughafengelände einfach verlassen und ein *ojek* (Motorradtaxi) ins Zentrum von Padang heranwinken. Online-Fahrdienste sind viel günstiger (Auto/Motorrad etwa 80 000/40 000 Rp, 45 Min.), sie dürfen am Flughafen aber nur Gäste absetzen.

Auf der vor Kurzem erst eingeweihten **Bahnstrecke zum Flughafen Minangkabau** fahren täglich zwischen 6.15 und 16.20 Uhr alle zwei Stunden insgesamt fünf Züge zum Flughafen (10 000 Rp, 40 Min.). Vom Flughafen nach Padang fährt der erste Zug um 7.40 Uhr, der letzte um 17.55 Uhr.

Die weißen Flughafenbusse von **Damri** (☑ 0751-780 6335; 23 500 Rp, 1 Std.) sind die günstigste Option. Sie fahren stündlich zwischen 6.15 und 17.15 Uhr. Es genügt, dem Fahrer den Namen und die Adresse der Unterkunft zu nennen, in der man wohnt. Er lässt einen dann an der richtigen Haltestelle raus.

Pantai Bungus & Sungai Pinang

Wer keine Lust mehr auf das Verkehrschaos in Padang hat oder auf ein Boot warten

muss, der kann sich an den nahe gelegenen Stränden entspannen. Hier gibt es unzählige Inseln zu erkunden, die geradezu prädestiniert dafür sind, dass man länger bleibt als man eigentlich vorhatte.

Pantai Bungus, 23 km südlich von Padang, liegt ganz praktisch unweit des Fährhafens in Teluk Kabung, ist aber dennoch entspannt genug, um müde Traveller die Möglichkeit zu geben, etwas herunterzukommen. Weiter südlich an der Küste liegt **Sungai Pinang**, das das Flair eines verschlafenen Fischerdorfs versprüht.

🛏 Schlafen

⭐ Rimba Ecolodge   BUNGALOW $$

(☑ 0821 7082 6361; www.rimba-ecoproject.com; Zi. inkl. Mahlzeiten mit Gemeinschaftsbad/eigenem Bad ab 200 000/300 000 Rp; 🖥) 🖊 Die Rimba Ecolodge ist eine heimelige Unterkunft in französisch-indonesischer Hand, die nur mit dem Boot erreichbar ist. An dem Strand, an dem die Bungalows in der kühlen Meeresbrise stehen, schauen ab und zu Affen (Silberne Haubenlanguren und Maronenlanguren) vorbei. In der Luft liegt eine zeitlose Ruhe. Die teureren Zimmer (350 000 Rp) verfügen über Warmwasseranschlüsse. Für WLAN bezahlt man pro Tag zusätzlich 10 000 Rp.

Es gibt vor allem Gerichte mit frischem Fisch und Meeresfrüchten. Die Atmosphäre hier ist sehr gesellig, nicht zuletzt bei den gemeinschaftlichen Abendessen mit kaltem Bier und *arak*-Cocktails. Andere tolle Extras sind z. B. die kostenlose Nutzung eines traditionellen Kanus, gute Schnorchelausrüstung, Beachvolleyball, Dschungelwanderungen, viele Hängematten und ein Baumhaus direkt am Strand mit tollem Blick auf den Sonnenuntergang.

Die Angestellten arbeiten eng mit den örtlichen Fischergemeinden zusammen, um die Korallenriffe und die Tierpopulation zu retten. Ein Teil ihrer Einnahmen fließt in ihren gemeinnützige Fonds.

Manchmal lässt sich auch Bilbo, die Hauseule blicken. Die Fahrt mit dem Boot hierher kostet etwa 400 000 Rp. Vom Dorf Sungai Pinang sind es nur etwa 200 000 Rp.

Ricky's Beach House   PENSION $$

(☑ 0813 6381 1786; www.authenticsumatra.com/rickys-beach-house; Sungai Pinang; Zi. inkl. Mahlzeiten 300 000–400 000 Rp/Pers.; 🌐🖥) Ricky's Beach House ist einer dieser Orte, an denen Backpacker ihren Aufenthalt gern auf unbestimmte Zeit ausdehnen. Und es gibt eigentlich auch keinen Grund, dieses Strandhaus in Rastafarben, die kleinen Strandbungalows oder die mit Hängematten ausgestattete Bar, in der immer jemand die Gitarre oder die Bongos auspackt, jemals wieder zu verlassen. Die Abholung sollte man vorab telefonisch abklären.

Bei den tollen Schnorchelmöglichkeiten, Beachvolleyball, Surfunterricht und Ausflügen in die umliegenden Dörfer wird einem hier auch garantiert nicht langweilig. Das Essen ist lecker, und es gibt kaltes Bier. Auf der Webseite finden sich gute Infos über die Umgebung sowie nähere Details zur Anreise mit öffentlichen Verkehrsmitteln. Ein Taxiboot von Padang kostet hingegen etwa 350 000 Rp.

Cubadak Paradiso Village RESORT $$$
(☏0812 663 7609, 0812 660 3766; www.cubadak
-paradisovillage.com; Pulau Cubadak; Zi. inkl. VP
120–190 US$, Mindestaufenthalt 2 Nächte) Das Cubadak Paradiso Village liegt auf der beschaulichen Pulau Cubadak. Seine zwölf Bungalows bieten Ausblick auf aquamarinblaues Wasser. Man kann direkt vor der Tür schnorcheln oder einen Tauch- oder Kanuausflug machen. Die Abholung von Padang und der Bootstransport sind im Preis inbegriffen.

❶ An- & Weiterreise

Nach Pantai Bungus gelangt man von Padang aus mit einem blauen *angkot* mit der Aufschrift „Kabung Bungus" (15 000 Rp, 1 Std.), einem Go-Jek (S. 557; 30 000 Rp), Grab (S. 557; 80 000 Rp) oder einem regulären Taxi (120 000 Rp). Es fahren keine öffentlichen Verkehrsmitteln nach Sungai Pinang. Für die einstündige holprige Fahrt ab Bungus auf einer unbefestigten Straße muss man bereits in Padang ein Transportmittel organisieren.

In der Vergangenheit gelangte man nur mit einem Boot zu den Unterkünften. Dank der neuen Straße kann man die Anreise nun in den meisten Fällen in eine Autofahrt und eine kurze Bootsfahrt aufteilen. Dadurch bezahlt man deutlich weniger.

Mentawai-Inseln

Die Mentawai-Inseln sind in Surferkreisen schon längere Zeit aufgrund ihrer legendären Wellen äußerst beliebt, aber auch für Individualreisende halten die Inseln jede Menge bereit, besonders, wenn man an Begegnungen mit den tätowierten Jäger-Sammler-Stämmen interessiert ist. Die naturbelassenen Strände der Inseln sind so

Mentawai-Inseln

0 — 20 km

Muara Sigep
Kagologo Sawunduken Sikabaluan
Seripuguna
Siberut National Park
Boote nach Padang
Muara Simatalu Saoppu Muara Saibi
Sagaragara
Pulau Siberut
Sabagalet
Rokdok
Muara Siberut
Sikirorau Katorai Boote nach Padang
Pulau Masalot
Pulau Masokut
Pulau Mainuk
Selat Bungalaut
Pulau Karangmajat
Pulau Awera
Pulau Simakakang
Siberimanua Tua Pejat Boote nach Padang
Sigoisooinan
Maileppet Sioban
Pulau Sipora Boote nach Padang
Beriolou
Pulau Siduamata
Katiet
Selat Sipura
Pasar Puat
Pulau Silabusabeu
Pulau Pagai Utara Boote nach Padang
Taikaguru
Sikakap
Simakalo
Pulau Pagai Selatan
Bubuget
Pulau Taitaitanopo
INDISCHER OZEAN
Pulau Sanding
Inselfähre
Selat Mentawai

traumhaft und idyllisch wie überall auf Sumatra.

Obwohl die Mentawai-Inseln nur 150 km vom Festland entfernt liegen, waren sie und ihre Bewohner dank starker Winde, unberechenbarer Strömungen und messerscharfer Riffe bis ins 19. Jh. vollkommen von der Außenwelt abgeschlossen. Man geht davon aus, dass der Archipel vor etwa 500 000 Jahren von Sumatra abgetrennt wurde, wodurch hier eine einzigartige Flora und Fauna entstand, die Mentawai in Sachen endemische Primatenpopulationen auf eine Stufe mit Madagaskar stellt. Von besonderem Interesse ist der Kloss-Gibbon, eine seltene Spezies schwarz-gelber Affen, die von den Einheimischen *simpai Mentawai* genannt werden.

Orientierung

Die größte der Mentawai-Inseln ist Siberut, auf der auch die Mehrzahl der Mentawai-Bewohner lebt. Sie ist zudem die am meisten erforschte und geschützte Insel des Archipels. Etwa 60 % von Siberut sind bis heute mit tropischem Regenwald bedeckt, der einer vielfältigen biologischen Gemeinschaft Schutz bietet. Dies hat der Insel die Anerkennung als UNESCO-Biosphärenreservat eingebracht. Die westliche Hälfte der Insel ist durch den Nationalpark Siberut geschützt.

Auf Pulau Sipora liegt der Ort Tua Pejat, der Sitz der Regionalregierung und eine wichtige Anlaufstelle für Surfer. Sie ist die am weitesten entwickelte Insel des Archipels; hier sind nur 10 % des ursprünglichen Regenwalds erhalten.

Weiter im Süden liegen die beiden Inseln Pulau Pagai Utara (Nordpagai) und Pulau Pagai Selatan (Südpagai). Individualreisende verschlägt es nur selten hierher.

Aktivitäten

Surfen

Die Mentawai-Inseln locken das ganze Jahr über mit einer konstanten Brandung und Dutzenden legendären Breaks. Diese Wellen sind nichts für Anfänger. Bei den meisten Breaks handelt es sich um Reefbreaks, von denen einige sehr flach sind. Außerhalb der Hauptsaison (April–Okt.) sind die Wellen etwas zahmer und auch für fortgeschrittene Anfänger geeignet. Übernachten kann man entweder an Land in *losmen*, Surfcamps oder Resorts oder aber im Rahmen einer Surfsafari auf einem Charterboot, das zu etwas abgelegeneren Surfspots fährt.

> ### ℹ SURF-STEUER
>
> Im Jahr 2016 führte die Regierung von Mentawai eine Art Ausgleichssteuer für Surfer ein, deren Erlös an die lokalen Gemeinschaften geht. Surfer bezahlen nun 1 000 000 Rp für bis zu 15 Tage, bei Kurzaufenthalten werden 100 000 Rp pro Tag fällig. Die meisten Anbieter von Surftrips können die Zahlung veranlassen, ansonsten muss man sie bei der Ankunft entrichten. Die Steuer muss in Rupiah bezahlt werden.

Wer etwas Geduld, die richtige Einstellung und ein paar Kontakte hat, kann sich seine eigene unabhängige Surfsafari für einen Bruchteil des Preises einer organisierten Tour zusammenstellen. Überall auf den Mentawai-Inseln sind Budgetunterkünfte auf dem aufsteigenden Ast, und sich ein Langboot zu chartern, ist mittlerweile auch kein Hexenwerk mehr.

Der Ort mit den verlässlichsten Wellen ist der **Playground**, während der Hauptsaison kann es hier aber mitunter ganz schön voll werden. Am wenigsten los ist vor der praktische unbewohnten **Pulau Pagai Selatan**. Da sie so abgelegen ist, kommt man hier nur mit einem Charterboot her.

Auf bekannten Surfer-Blogs wie etwa GlobalSurfers (www.globalsurfers.com) oder WannaSurf (www.wannasurf.com) kann man sich über die aktuellen Gegebenheiten informieren.

Wandern & Trekken

Wenn man in einem Langboot flussaufwärts fährt und beobachtet, wie die Menschen und Dörfer von Minute zu Minute weniger nach Zivilisation aussehen, fühlt man sich unweigerlich an den Film *Apocalypse Now* erinnert. Bald schon verlässt man das Kanu und folgt einem wild dreinblickenden, mit Tätowierungen übersäten *sikerei* (Schamane) im Lendenschurz für die nächsten paar Stunden durch den Schlamm. Unterwegs passiert man Wasserfälle, balanciert über rutschige Baumstämme und schwimmt durch Flussläufe bis man seine bescheidene, auf Stelzen erbauten Bleibe im Nirgendwo erreicht.

Es gibt hitzige Debatten über die Authentizität solcher Ausflüge und darüber, was einen traditionellen Lebensstil eigentlich ausmacht. Es ist aber etwas für jeden dabei. Es gibt Abenteuer abseits der ausgetretenen

Pfade, bei denen man in abgelegene Dörfer kommt und das echte Mentawai-Leben kennenlernen kann. Angeboten werden aber auch Touren, bei denen die Dorfbewohner von den Guides dafür bezahlt werden, sich traditionell zu kleiden, den Besuchern zu zeigen, wie sie fischen und jagen und diese auch an ihren täglichen Aktivitäten teilhaben lassen.

Die Reisebüros auf dem Festland bieten meist mehrtägige Wanderungen (6–10 Tage) an, es ist aber auch problemlos möglich, sich einen Guide zu suchen und dann selbst zu entscheiden, wie lange man bleiben möchte. Dennoch muss man natürlich bedenken,

dass man bei längeren Wanderungen weiter ins Inselinnere vordringen und in abgeschiedeneren Dörfern übernachten kann. Wenn man nur zwei oder drei Tage für die Bewohner der Mentawai-Inseln übrig hat, wird man eher in einem Dorf landen, das nicht weit genug von Muara Siberut entfernt liegt und in dem die Dorfbewohner erwarten, für Fotos Geld zu bekommen.

Auch viele Hotels und Pensionen in und rund um Padang bieten Wanderungen an oder können Guides empfehlen. Eine gute Infoquelle sind oft auch Blogs, Foren oder andere Reisende. Wer viel Zeit mitbringt, kann einfach auf die Insel fahren und in den

NÜTZLICHE TIPPS ZUM WANDERN

➡ Man muss sich auf eine Schlammschlacht vorbereiten. Der Großteil der Ausrüstung wird am Ende hinüber sein, sodass man nicht gerade seine besten Klamotten anziehen sollte. Es kann jederzeit auch sein, dass man durch einen Fluss schwimmen muss.

➡ Alles sollte zweifach in Plastiktüten (oder in einen wasserdichten Sack) verpackt werden, und für abends spart man sich am besten einen Satz trockene Klamotten auf.

➡ Auf keinen Fall mit Flip-Flops wandern! Diese sind nach dem ersten Schlammloch auf Nimmerwiedersehen verschwunden. Turnschuhe oder Wanderstiefel sind ein Muss. Für die Pausen in den Dörfern sollte man dennoch Flip-Flops dabeihaben.

➡ Mit leichtem Gepäck wandern! Große Rucksäcke behindern einen nur, und alles, was man außen anbringt, geht unterwegs sowieso verloren.

➡ Man sollte auf schlechte Wasserqualität vorbereitet sein. Die lokalen Flüsse werden zu unterschiedlichsten Zwecken verwendet, daher sollte man das Wasser stets mit Tabletten oder dem Steripen aufbereiten. Zudem empfiehlt sich eine Wasserpumpe zum Herausfiltern von Verunreinigungen. Alternativ kann man sein eigenes Gewicht auch in Form vom Flaschenwasser tragen.

➡ Es müssen unbedingt Vorkehrungen gegen chloroquinresistente Malaria getroffen werden. Diese gibt es auf Siberut auch weiterhin, obwohl SurfAid (www.surfaidinternational.org) aktiv daran arbeitet, die Verbreitung einzudämmen. Wer unabhängig reist, sollte Insektenspray mit DDT sowie Moskitonetze mitnehmen (Reiseanbieter stellen diese in der Regel zur Verfügung).

➡ Abends muss man ohne Strom auskommen. Eine Taschenlampe wird hier zum besten Freund, besonders wenn man nachts den Weg zur Toilette finden muss.

➡ Man muss sich auf Regen einstellen. Der Mai ist in der Regel der trockenste Monat, während Oktober und November die nassesten sind. Regnen kann es aber jederzeit. Am besten akzeptiert man einfach den Umstand, dass man nass werden wird.

➡ Auf keinen Fall den Fluss für den Toilettengang benutzen. Stattdessen geht man in den Wald und gräbt sich ein Loch. Toilettenpapier wird nach der Benutzung verbrannt.

➡ Wichtige Vorräte kauft man in Padang, wo es eine größere Auswahl (und günstigere Preise) gibt als auf Siberut.

➡ Man sollte Dinge mitbringen, die man tauschen oder verschenken kann. Wer in abgelegene Gemeinden reist, sollte daran denken, dass alles geteilt wird – also am besten viel Essen mitbringen! Tabak ist zwar sehr beliebt, ein positiverer Beitrag sind aber praktische Artikel wie Machetenklingen, Meißel, Scheren, Nähsets oder Perlen für Schmuck. Wer ein Schwein (etwa 500 000 Rp) zum Abendessen kauft, kommt immer gut an. All das lässt sich in Muara Siberut organisieren.

Cafés an den Bootsanlegern von Maileppet und Muara Siberut herumfragen. Allerdings kann ein guter Guide, der einem empfohlen wurde und der bereits vorab einige Dinge regeln kann, von unschätzbarem Wert sein. Die Preise liegen bei etwa 3 500 000 Rp für drei Tage und zwei Nächte. Hier sind öffentliche Verkehrsmittel, Essen, Unterkunft, ein Guide und alle Genehmigungen abgedeckt. Lediglich die Fähre von Padang muss noch zusätzlich bezahlt werden. Wenn man mit einem potenziellen Guide verhandelt, sollte man genau festlegen, was im Preis enthalten ist. Außerdem sollte man sich eine genaue Aufstellung der Kosten machen lassen (Guide pro Tag, Essen, Unterkunft und Boot). Die Unterkünfte werden den geringsten Teil der Ausgaben ausmachen.

Ein beliebter Anbieter ist Mentawai Ecotourism, Guides können aber auch über die Unterkünfte in Padang organisiert werden.

★**Mentawai Ecotourism** WANDERN & TREKKEN
(☏0823 8573 0254; www.mentawaiecotourism. com; 2/3/4/6 Nächte pro Pers. 3 390 000/3 785 500/ 4 237 500/5 085 000 Rp) ✏ Dieser Tourveranstalter mit Sitz auf Siberut bietet Dschungeltreks und Besuche bei einheimischen Stämmen an. Er wurde mit dem Ziel gegründet, die einheimische Mentawai-Bevölkerung zu stärken und verantwortungsvollen Tourismus zu begünstigen. Die Guides können Trips von zwei bis sechs Nächten Länge organisieren. Diese beinhalten dann Bootsfahrten, Dschungelwanderungen und Übernachtungen in indigenen Gemeinden.

Die Preise werden auf der Webseite aufgeschlüsselt, sodass man genau weiß, wohin das Geld fließt.

Man kann auch zusätzlich Aktivitäten zubuchen. Diese reichen von Körperbemalungen mit einem traditionellen Mentawai-Tattoo über zeremonielle Tanzvorführungen bis hin zum Jagen, Fischen und der Herstellung von Lendenschurzen.

Bei den Preisen ist alles inklusive, man muss nur auf eigene Faust von Padang nach Siberut kommen. Je mehr Leute mitfahren, desto niedriger sind die Kosten. Am Anfang bekommt man eine Mülltüte, in der man allen Müll, den man mitbringt, sammeln und wieder mitnehmen sollte.

Das Unternehmen arbeitet mit dem Suku Mentawai Cultural & Environmental Education Program (www.sukumentawai.org) zusammen, einer australischen NGO, die die Mentawai-Dörfer unterstützt. 10 % der Trekkinggebühren fließen hierher. Das Pro-

gramm wurde von dem Filmemacher Rob Henry aufgebaut, der acht Jahre lang mit den indigenen Gemeinschaften zusammenlebte und den Dokumentarfilm *As Worlds Divide* (2017) drehte, der sich vorrangig mit den Problemen beschäftigt, mit denen sich diese Gemeinden heutzutage konfrontiert sehen.

🛏 Schlafen

Die meisten Reisenden besuchen die Mentawais im Rahmen eines vorab gebuchten Pauschalangebots inklusive Unterkunft, Mahlzeiten und Bootstransfers. Wer es jedoch darauf ankommen lassen will, kann sich selbst um die Bootsfahrt kümmern; die meisten Lodges akzeptieren auch Gäste ohne Reservierung.

Rund um den Playground und Tua Pejat finden sich jede Menge Surfresorts. In Katiet und auf Pulau Pagai Utara und Pulau Pagai Selatan gibt's auch ein paar. Für Budgetreisende wartet die Insel Nyang Nyang mit der besten Auswahl auf.

Wer in Muara Siberut oder Tua Pejat strandet, weil er auf eine Fähre warten muss, findet hier einige einfache Hotels.

Wanderguides können einen Homestay für etwa 100 000 Rp pro Nacht organisieren.

🛏 Playground

Ebay Surfcamp LODGE **$**
(Mentawai Ebay Playground Surfcamp; ☏0821 704 8373; www.mentawaiebayplaygroundsurf.camp; Pulau Masokut; inkl. Mahlzeiten 300 000 Rp/Pers.) Dies ist die wahrscheinlich beste Budgetoption der Mentawais. Die relaxte Pension auf einem mit Gras bewachsenen Gelände, 50 m von einem idyllischen Strand entfernt, ist der perfekte Ort für ein Bad im Meer. Die Zimmer sind spartanisch, und es gibt Gemeinschaftsbäder. Die Angestellten sind freundlich, das Essen ist hervorragend, das Bier kalt, und die Kokosnüsse gibt's kostenlos dazu. Der Manager Emmanuel spricht gut Englisch, ist aber nicht immer da.

Beng Bengs Surf Camp LODGE **$$$**
(☏0812 8811 0432; www.bengbengssurfcampmentawai.com; Pulau Masokut; inkl. Mahlzeiten & Transport 120 US$/Pers.; ❄ 🌐) Der italienische Surfer Massimo betreibt dieses beliebte Surfcamp in Traumlage mit Blick auf einen weißen Sandstrand und die Breaks. Es gibt Schlafsäle und ein Doppelzimmer. Diese sind in einem traditionellen Mentawai-Haus mit zeitgenössischen Bädern (mit warmem

DIE MENTAWAI

Unberührte, ungetaufte und bislang nicht oder selten fotografierte Völker locken die Bewohner der westlichen Welt seit geraumer Zeit in alle Ecken der Erde. Die Mentawai haben in der Geschichte bereits jegliche Art von selbst ernannten Entdeckern erlebt: die kolonialen Unternehmer, die Profit aus dem Land schlagen wollten, Missionare, die im Tausch gegen die Seelen der Menschen Medizin mitbrachten, und moderne Traveller, die erfahren wollen, wie das Leben vor der modernen Zeit war.

Über die Ursprünge der Mentawai ist nur sehr wenig bekannt, aber es wird angenommen, dass sie von Sumatra nach Nias auswanderten und von dort aus nach Siberut kamen.

Als es erste Kontakte mit Missionaren gab, verfügten die Mentawai bereits über ihre eigene Sprache, über die *adat* (traditionelle Gesetze und Vorschriften), hatten ihre eigene Religion und waren erfahrene Bootsbauer. Sie lebten als Jäger und Sammler.

Ihre traditionelle Kleidung bestand für Männer aus einem Lendenschurz aus der Rinde des Brotfruchtbaums und für Frauen aus einem Rock aus Rinde. Die Mentawai trugen Bänder aus rotem Rattan, Perlen und importierte Messingringe. Sie feilten ihre Zähne zu Spitzen und dekorierten ihre Körper mit Tätowierungen.

Nach der Unabhängigkeit verbot die indonesische Regierung viele Bräuche der Mentawai, darunter Tattoos, die geschärften Zähne und lange Haare. Obwohl das Verbot nicht durchgesetzt wurde, haben viele Dorfbewohner die moderne Mode angenommen.

Traditionelle Dörfer werden entlang der Ufer gebaut und bestehen aus einem oder mehreren *uma* (Gemeinschaftshäusern), die von *lalep* (einstöckigen Familienhäusern) umgeben sind. In einem Gebäude leben oft mehrere Familien. Unverheiratete und Witwen haben ihre eigenen Unterkünfte, die *rusuk* genannt werden. Diese sind mit den Langhäusern für Familien identisch, besitzen aber keinen Altar.

Obwohl die Gesellschaft grundsätzlich patriarchalisch ist, ist sie nach egalitären Prinzipien organisiert. Es gibt keine vererbten Titel oder Positionen und keine untergeordneten Stellungen. Für die Gesellschaft ist nicht das Dorf selbst, sondern die *uma* von zentraler Bedeutung. Hier finden Beratungen statt, die die Gemeinschaft betreffen.

Wasser), einem lebhaften, europäischen Dekor und Sitzsäcken untergebracht. Seine Strandbar ist die angesagteste Location in diesem Bereich von Nyang Nyang.

Die Angestellten sind freundlich und wissen bestens über Surfspots Bescheid. Es gibt hausgemachte Pasta und Pizza.

★ **Mentawai Surf Retreat** SURFCAMP $$$
(☑ 0812 6157 0187, 0751-36345; www.mentawaisur fingretreat.com; Pulau Masokut; pro Pers. inkl. Mahlzeiten 200 US$/Nacht, Mindestaufenthalt 7 Nächte; ☺ Feb.–Nov. ☎) In dem heimeligen Surfcamp brechen die Pitstops direkt vor den drei luftigen Hütten im Mentawai-Stil. Die Lage des Mentawai Surf Retreat auf Pulau Masokut ist wirklich beneidenswert. Seine Beliebtheit verdankt es aber auch seinem Komfort (Kingsize-Betten, große Freiluftbäder), seiner direkten Nachbarschaft zu mehreren guten Wellen, seinem leckeren Essen und der voll ausgestatteten Bar (man kann aber auch seine eigenen Getränke mitbringen). Die Anlage wird professionell betrieben und ist eine gute Quelle für Infos über die Umgebung.

★ **Botik Resort** RESORT $$$
(☑ 0812 8824 6151; www.botikresort.com; Pulau Bocek; inkl. Mahlzeiten & Bootsfahrten 210 US$/Pers.; ❋ ☎) Das Resort in spanischer Hand punktet mit einem der beeindruckendsten weißen Sandstrände der Mentawai-Inseln, kristallklarem Wasser und Kokospalmen. Damit erfüllt es auch alle Klischees eines typischen Inselparadieses. Es liegt nicht weit von einer ganzen Reihe Surfbreaks entfernt, mit seinem Strand, den Schnorcheloptionen und dem Yogabereich ist es aber auch eine gute Wahl für Nicht-Surfer. Die drei riesigen, klimatisierten Bungalows sind stimmungsvoll und komfortabel, und das Essen ist wirklich hervorragend.

Kandui Villas RESORT $$$
(☑ 0812 6636 841, 0812 6621 077; www.kanduivil las.com; Pulau Karangmajat; 7 Nächte Surfer/Nicht-Surfer 1855/1225 US$; ❋ ☎ ☲) Das Kandui Villas liegt auf Pulau Karangmajat und hat amerikanische Besitzer. Es befindet sich nur eine kurze Paddelstrecke entfernt vom Kandui Left und auch nicht weit von den legendären Rifles. Im Angebot inbegriffen sind

Die ursprüngliche sibulunganische Religion ist eine Form des Animismus. Naturgeister werden verehrt, und man glaubt an die Existenz von Geistern und der Seele. Die wichtigsten Naturgeister sind die des Himmels, des Meeres, des Dschungels und der Erde. Die Geister des Himmels gelten als die einflussreichsten. Es gibt auch zwei Flussgeister: Ina Oinan (Mutter der Flüsse) ist wohltätig, während Kameinan (die Schwester des Vaters) als böse gilt.

Der deutsche Missionar August Lett war der erste, der versuchte, die Einheimischen zu bekehren. Erfolgreich war er damit aber nicht: Acht Jahre nach seiner Ankunft wurde Lett von den Einheimischen ermordet. Die Mission bestand jedoch fort, und bis 1916 wurden elf Taufen registriert. Inzwischen gibt es auf den Inseln mehr als 80 protestantische Kirchen.

Über 50 Jahre nach den Protestanten kamen auch katholische Missionare in das Gebiet. Sie eröffneten eine Mission – eine Mischung aus Kirche, Schule und Klinik – und versorgten jeden Inselbewohner, der konvertierte, mit kostenlosen Medikamenten und Kleidung.

Als während der Ära der Niederländer Regierungsbeamte von Padang aus eingesetzt wurden, hielt schließlich der Islam Einzug. Heute ist über die Hälfte der Bevölkerung protestantisch, 16 % sind katholisch und 13 % muslimisch. Allerdings wächst aufgrund der Islamisierungsbemühungen der Regierung die Zahl der Muslime stetig an.

Der Wandel vollzieht sich hier immer schneller. Die Menschen entfernen sich auch weiter und weiter vom Dschungel. Dazu tragen der Tourismus, die Abholzung, *transmigrasi* (ein von der Regierung gefördertes Programm zur Umsiedlung aus überbevölkerten in dünn besiedelte Regionen) und andere Versuche der Regierung bei, die Kultur an den Mainstream anzupassen. Und sollten die Gerüchte über die Entwicklung des Mentawai Bay Project stimmen – ein Themenpark-Resort mit Direktflügen aus Singapur –, so könnten sich die Dinge hier noch schneller ändern.

As Worlds Divide (2017) ist ein interessanter Dokumentarfilm, der sich mit den aktuellen Problemen der indigenen Gemeinschaften beschäftigt. Er wurde von dem australischen Filmemacher Rob Henry gedreht, der acht Jahre lang mit den Gemeinschaften der Inseln zusammenlebte.

beliebig viele Schnellbootfahrten zu den verschiedenen Surfspots. Deshalb ist es bei den Profis unter den Surfern auch so beliebt. Als Unterkünfte dienen zwölf luxuriöse, luftige *umas* (für die Mentawais typische Hütten) mit Kingsize-Betten. Nicht-Surfer freuen sich über den Infinity-Pool, Stand-up-Paddling, Kajakfahren und Yoga.

Wavepark Resort RESORT $$$
(☑ 0812 663 5551; www.wavepark.com; Pulau Siaimu; 10-Nächte-Paket inkl. Mahlzeiten & Transfers 2950 US$; ✳ @ ☎) Vom Aussichtsturm des auf einer Privatinsel gelegenen Wavepark hat man einen direkten Blick auf Hideaways. Übernachtet wird in großen, komfortablen und luftigen Bungalows, die mit den besten Bädern der gesamten Mentawais aufwarten. Dank Aktivitäten wie Seekajakfahren und Schnorcheln ist das Resort sowohl bei surfenden als auch bei nicht surfenden Paaren sehr beliebt, die auch gern wiederkommen. Im exzellenten Restaurant an der Bar werden Surfbilder des jeweiligen Tages gezeigt.

Auf Wunsch kann man sich beim Surfen auch von einer Drohne fotografieren lassen.

Shadow Mentawai Surf Camp SURFCAMP $$$
(☑ 0812 7788 6064; www.theshadowmentawai. com; Pulau Buasak; Surfer/Nicht-Surfer inkl. Mahlzeiten & Bootsausflüge pro Tag ab 120/75 US$; ☎) Die freundlichen einheimischen Surfer und Brüder Dodi und Ade (und Ades spanische Frau) betreiben auf der winzigen grünen Pulau Buasak im Randgebiet des Playground mit ihrer Crew dieses Surfcamp. Wer allein unterwegs ist, übernachtet in einem teuren Zweierzimmer mit Etagenbett und Klimaanlage. Als Paar schläft man eher in den strohgedeckten Hütten mit einem einfachen Freiluftbad nach indonesischer Art.

Im Gegensatz zu den anderen Surfresorts auf den Mentawai-Inseln findet man hier eine angenehme Traveller-Atmosphäre vor. Wer nicht surft, kann sich die Zeit mit Stand-up-Paddling, paddeln in traditionellen Kanus und schnorcheln vertreiben.

🛏 Pulau Sipora/Tua Pejat

Oinan Surf Lodge PENSION $$
(☑ 0821 7086 6999, 0821 7433 8168; www.oinan lodge.com; Jl Mappadejat, Km 4, Pulau Sipora; EZ

inkl. Frühstück mit Gemeinschaftsbad/eigenem Bad 350 000/400 000 Rp, DZ 450 000–600 000 Rp; ✉☎) Die Oinan Surf Lodge befindet sich nicht direkt am Meer, sondern auf einem hügeligen Gelände rund 4 km von Tua Pejat entfernt (*ojek*/Taxi 20 000/100 000 Rp). Sie hat eine Terrasse mit traumhaftem Blick auf die berühmte Telescopes-Welle. Die Zimmer sind stylish und schick (eines hat das Bad nicht direkt angeschlossen). Die Lodge hat ein eigenes Boot (5 Pers. rund 500 000 Rp), mit dem man stressfrei zu weiteren guten Breaks kommt.

★ **Aloita Resort & Spa** RESORT $$$
(☎0813 2097 1810; www.aloitaresort.com; Pulau Silabok; EZ/DZ/3BZ inkl. Mahlzeiten 200/300/420 US$; ✉☎) 🏊 Hier an einem Privatstrand stehen zehn Bungalows in einer Gartenanlage ganz in der Nähe des Telescopes Break und des Iceland Break. In fußläufiger Entfernung befindet sich sogar ein für Anfänger geeigneter Break. Das Aloita wird von Italienern betrieben und hat auch Tauchen und Stand-up-Paddling (SUP) im Angebot. Durch das Spa und die Yoga-Terrasse ist es auch eine tolle Option für Surfer, die mit Partner bzw. Partnerin oder Familie reisen.

Das Resort leistet seinen Beitrag zur lokalen Gemeinschaft, indem es Einheimische beschäftigt und regelmäßig an eine Schule spendet.

★ **Togat Nusa** RESORT $$$
(☎0812 6728 7537; www.togatnusaretreat.com; Pulau Pitojat; 9 Nächte inkl. Mahlzeiten 2600 US$; ✉☎) Auf der 12 ha großen Privatinsel Pitojat stehen die vier Bungalows des Togat Nusa, die insgesamt nur acht Gästen Platz bieten. Die unkonventionelle und stylishe Unterkunft wurde aus wiederverwertetem Treibholz und Buntglas gebaut. Mit den Schnorchelmöglichkeiten und den romantischen Abendessen am Strand ist es eine gute Option für Paare, von denen nur einer der Partner surft. In der tollen Bar hat ein Langur das Sagen. Er ist aber freundlich und liebt Gäste.

🛏 Katiet

Hollow Tree's Surf Resort SURFRESORT $$$
(☎0812 4636 2664; www.htsresort.com; Katiet, Süd-Sipora; inkl. Mahlzeiten & Bootsausflüge 200 US$/Pers.; ✉☎☎) Das Hollow Tree's befindet sich in beneidenswerter Lage direkt vor dem legendären Righthander des Hol-

low Tree und nicht weit von Lance's Left, Bintangs und Cobras entfernt. Selbst ein paar Beachbreaks gibt es in der Nähe. Es verbindet Komfort (Warmwasserduschen, Klimaanlage) mit einem hammermäßigen Ausblick. Wenn gerade kein Wind geht, kann man eine Runde stehpaddeln, schnorcheln, angeln oder einfach unter Palmen relaxen.

❶ Praktische Informationen

In Tua Pejat gibt's einen Geldautomaten. Man sollte sich aber besser nicht allzu sehr auf ihn verlassen.

❶ An- & Weiterreise

FLUGZEUG

Bis 2018 gab es Linienflüge zum Flughafen Rokot auf Pulau Sipora. Es lohnt sich auf jeden Fall, sich über den aktuellen Stand der Dinge zu informieren. Vielleicht hat Susi Air (www.susiair.com) die Flugverbindungen ab Padang ja mittlerweile wieder aufgenommen. Allerdings waren diese aufgrund schwankender Wetterbedingungen und kurzfristig gecancelter Flüge schon früher unzuverlässig.

SCHIFF/FÄHRE

Seit es das Schnellboot **Mentawai Fast** (☎0751-893489; www.mentawaifast.com; einfache Strecke ab 295 000 Rp, Surfbrett zzgl. 230 000–690 000 Rp) mit seinen 200 Sitzen gibt, sind die Mentawai-Inseln bedeutend einfacher zu erreichen. Es gibt auch drei Fähren, die über Nacht vom Festland Sumatras zu den Inseln übersetzen. Je nach Wetterverhältnissen dauert die Fahrt mit der Fähre zehn bis zwölf Stunden. Die Fähren können in Padang in den meisten surferfreundlichen Gastfamilien oder über Touranbieter gebucht werden.

❶ Unterwegs vor Ort

Wer auf eigene Faust unterwegs ist, der läuft Gefahr, durch den Transport zwischen den Inseln der Mentawais oder zwischen Surfspots in die Zahlungsunfähigkeit getrieben zu werden. Es gibt drei Optionen: ein Schnellboot chartern, eine der drei Fähren nehmen, die zwischen den Inseln verkehren, die aber oft verspätet oder zu ganz anderen Zeiten fahren, oder herumfragen und hoffen, dass man sich mit ein paar anderen Leuten ein Boot teilen kann.

In den größeren Dörfern können einmotorige Langbooote gemietet werden. Für komfortablere zweimotorige Schnellboote mit Dach muss man deutlich mehr hinblättern. Einige Beispiele für Charterstrecken (für max. 5 Pers.) sind: Muara Siberut–Ebay (1 500 000 Rp, 1½ Std.), Ebay–Playgrounds (1 000 000 Rp, 30 Min.), Playgrounds–Tua Pejat (3 500 000 Rp, 2½ Std.) und Sioban nach Katiet (1 500 000 Rp, 2 Std.). Da die Benzinpreise steigen, werden sich wohl auch die Preise für Charterboote weiter erhöhen.

Wer mehr Zeit hat als Geld, entscheidet sich vielleicht für Inselhopping und legt den ganzen Weg von Siberut bis nach Sao (in der Nähe von Katiet) mit den drei Fähren zurück, die zwischen den Inseln verkehren. Diese sind die *KM Beriloga*, die *KM Simasini* und die *KM Simatalu*. Der Preis für ein Ticket beginnt bei 25 000 Rp. Dank Fördermitteln der Regierung ist dies im Vergleich zu den Kosten für ein Schnellboot ein echter Spottpreis. Beim Kauf des Tickets oder beim gebuchten Surfcamp die aktuellen Abfahrtszeiten erfragen!

FÄHREN AB DEN MENTAWAI-INSELN

Mentawai Fast bietet eine bequeme Verbindung ab der Anlegestelle im Zentrum von Padang an. Ist auf der Strecke von Padang nach Siberut ein Zwischenstopp in Sikabaluan geplant, beträgt die gesamte Reisezeit nach Siberut sechs Stunden. Man sollte mindestens 30 Minuten vor dem Ablegen am Dock sein. In der Hauptsaison ist es sinnvoll, vorab zu buchen.

TAG	ROUTE	ABFAHRT
Montag	Padang–Tua Pejat	6 Uhr
Montag	Tua Pejat–Padang	15 Uhr
Dienstag	Padang–Sikabaluan–Siberut	7 Uhr
Dienstag	Siberut–Padang	15 Uhr
Mittwoch	Padang–Tua Pejat	7 Uhr
Mittwoch	Tua Pejat–Padang	15 Uhr
Donnerstag	Padang–Siberut	7 Uhr
Donnerstag	Siberut–Padang	15 Uhr
Freitag	Padang–Tua Pejat	7 Uhr
Freitag	Tua Pejat–Padang	15 Uhr
Samstag	Padang–Sikabaluan-Siberut	7 Uhr
Samstag	Siberut–Padang	15 Uhr
Sonntag	Padang–Tua Pejat	7 Uhr
Sonntag	Tua Pejat–Padang	15 Uhr

Ambu Ambu & Gambolo (☎ 0751-27153) sind die beiden größten Fähren, die Padang und die Mentawai-Inseln miteinander verbinden. Es gibt klimatisierte VIP-Sitze (123 000 Rp), einfachere Economy-Sitze (92 000 Rp) und Holzkojen, auf denen man sich hinlegen kann (50 000 Rp). Die *Gambolo* ist hier die komfortablere Option, allerdings sind beide Fähren tendenziell sehr voll. Beide Schiffe fahren vom Hafen Teluk Kabung in Bungus, ungefähr 20 km südlich von Padang, ab. Das ist besonders für Budgetreisende eine wichtige Information, da die Fahrt dorthin mit Kosten zwischen 75 000 Rp (mit einem Grab-Taxi; S. 557) und 100 000 Rp (mit einem normalen Taxi) zu Buche schlägt.

TAG	ROUTE	ABFAHRT	NAME DES SCHIFFS
Montag	Tua Pejat–Padang	20 Uhr	*Gambolo*
Dienstag	Bungus–Sikakap	17 Uhr	*Ambu Ambu*
Mittwoch	Bungus–Siberut	19 Uhr	*Gambolo*
Mittwoch	Sikakap–Padang	17 Uhr	*Ambu Ambu*
Donnerstag	Bungus–Tua Pejat	20 Uhr	*Ambu Ambu*
Donnerstag	Siberut–Padang	20 Uhr	*Gambolo*
Freitag	Bungus–Siberut	19 Uhr	*Gambolo*
Freitag	Tua Pejat–Padang	20 Uhr	*Ambu Ambu*
Samstag	Bungus–Sikakap	17 Uhr	*Ambu Ambu*
Samstag	Siberut–Padang	20 Uhr	*Gambolo*
Sonntag	Bungus–Tua Pejat	20 Uhr	*Gambolo*
Sonntag	Sikakap–Padang	17 Uhr	*Ambu Ambu*

FÄHRVERBINDUNGEN ZWISCHEN DEN INSELN

ABFAHRT	ZIEL	NAME DES SCHIFFS	HÄUFIGKEIT
Maileppet	Tua Pejat	KM Beriloga, KM Simatalu	Mo, Do, Fr, So
Sao (Katiet)	Sioban, Tua Pejat	KM Simatalu	Di
Sikakap	Tua Pejat	KM Simasini	Mi, So
Tua Pejat	Maileppet	KM Beriloga, KM Simasini	Di, Mi, Do, So
Tua Pejat	Sikakap	KM Simasini	Mo, Sa

Bukittinggi

☑ 0752 / 117 000 EW.

Die Marktstadt Bukittinggi liegt hoch über den nebelverhangenen Tälern und wird von dem Feuerberg Merapi, dem freundlichen Singgalang und dem in der Ferne emporragenden Sago bewacht. Es ist nicht nur ein praktischer Ausgangspunkt für Ausflüge zum Maninjau-See und in die Umgebung, auch die Stadt an sich hat für ein oder zwei Tage durchaus etwas zu bieten. Es gibt einige besuchenswerte historische Stätten, darunter eine holländische Festung und japanische Tunnel aus dem Zweiten Weltkrieg. Auch einige hübsche einheimische Wahrzeichen sind dabei. Bedingt durch seine Höhe (930 m) herrscht hier das ganze Jahr über ein angenehmes Klima.

Es ist ein beliebter Zwischenstopp für Reisende zwischen Padang und Danau Toba.

◉ Sehenswertes

Gua Jepang　　　　　　　　　HÖHLE
(Japanische Höhlen; 20 000 Rp; ⊙ 6.30–19 Uhr) Dieses riesige unterirdische Netzwerk aus japanischen Bunkern aus dem Zweiten Weltkrieg wurde auf einer Strecke von fast 1,5 km in einen Felsen gehauen. Es wurde 1942 von einheimischen Zwangsarbeitern gebaut. Der Besuch der Tunnel – sie wurden als Wohnräume, Gefängnis und Folterkammern, als Munitionslager und zum Ausführen von Angriffen verwendet – kann ganz schön unheimlich sein. Am Eingang, etwa 1 km vom Zentrum von Bukittinggi entfernt gegenüber dem Taman Panorama, bieten Englisch sprechende Guides (30 000 Rp) ihre Dienste an.

Benteng de Kock　　　　AUSSICHTSPUNKT
(Kock-Festung; Jl Benteng; 20 000 Rp; ⊙ 8–18 Uhr) Die Benteng de Kock wurde während der Padri-Kriege von den Holländern erbaut. Außer ein paar Kanonen und Befestigungsmauern und abgesehen von dem hübschen

Garten und dem schönen Ausblick über die Stadt gibt es hier heute nicht mehr viel zu sehen. Der Eingang befindet sich in einer leicht zu übersehenden Seitenstraße der Jl Teuku Umar. Die Festung und der deprimierende Zoo (von dessen Besuch ausdrücklich abgeraten wird) sind durch die 90 m lange Limpapeh-Brücke im Minangkabau-Stil verbunden, die die Straße überspannt. Dieses auffällige Wahrzeichen wurde 1992 erbaut.

Jam Gadang　　　　　　　WAHRZEICHEN
(Großer Uhrenturm; zw. Jl Istana & Jl Sudirman) Jam Gadang ist das Wahrzeichen der Stadt. Die Glocke, für die der Turm in den 1920er-Jahren erbaut wurde, war ein Geschenk der niederländischen Königin. Nach der Unabhängigkeit 1945 wurde ein einzigartiges Minangkabau-Dach hinzugefügt. Abends wird er mit Neonlicht angestrahlt und ist ein stimmungsvoller Ort, den auch einheimische Familien gern zum Spazierengehen nutzen.

◉ Rund um Bukittinggi

Gunung Marapi　　　　　　　　VULKAN
(20 000 Rp) Der rauchende Gipfel des Gunung Merapi (2891 m), eines der aktivsten Vulkane Sumatras, ragt 16 km östlich von Bukittinggi hoch über der Stadt auf. Wenn Merapi gerade freundlich gestimmt ist, wandern viele Besucher von den Dörfchen Koto Baru über Nacht hinauf, um den Sonnenaufgang auf seinem Gipfel zu erleben. Hin und zurück ist man zwölf Stunden unterwegs. Dafür benötigt man gute Wanderschuhe, warme Kleidung, eine Taschenlampe, Trinkwasser und einen Guide. Reisebüros in Bukittinggi bieten geführte Wanderungen zum Merapi für rund 400 000 Rp pro Person an (min. 2 Pers.).

Batang Palupuh
Nature Reserve　　　　　NATURSCHUTZGEBIET
Dieses Schutzgebiet 16 km nördlich von Bukittinggi ist Lebensraum für viele Orchide-

Bukittinggi

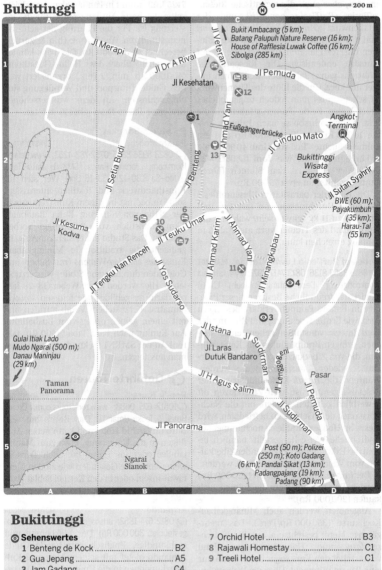

Bukittinggi

◉ Sehenswertes

1 Benteng de Kock	B2
2 Gua Jepang	A5
3 Jam Gadang	C4
4 Pasar Atas	D3

⊕ Aktivitäten, Kurse & Touren

Roni's Tours	(siehe 7)

🛌 Schlafen

5 Grand Rocky Hotel	B3
6 Hello Guesthouse	B3
7 Orchid Hotel	B3
8 Rajawali Homestay	C1
9 Treeli Hotel	C1

⊗ Essen

10 De Kock Cafe	B3
11 RM Selamat	C3
12 Turret Cafe	C1

🍸 Ausgehen & Nachtleben

13 Bedudal Cafe	C2

enarten, aber auch die gigantische Riesen-rafflesie *(Rafflesia arnoldii)* und der Titanenwurz *(Amorphophallus titanum)* sind hier zu finden. Sie sind die größten Blumen unseres Planeten, und Letztere ist auf Sumatra endemisch. Die Riesenrafflesie blüht das ganze Jahr über, wenn auch immer nur kurz. Um die Blüte des Titanenwurz zu sehen, muss man jedoch unglaubliches Glück haben. Beide Blumen stinken wie die Pest. Nahverkehrsbusse nach Palupuh kosten 10 000 Rp, ein Taxi 10 000 Rp und ein online gebuchtes Taxi von Grab 40 000 Rp.

Für einen Guide wie **Joni** (☑ 0813 7436 0439), der einen zu den Blumen führen kann, bezahlt man etwa 75 000 Rp.

Die Blüte der parasitären Riesenrafflesie hat einen Durchmesser von fast 1 m und kann bis zu 11 kg schwer sein, während der Blütenstand des Titanenwurz mehr als 3 m Umfang erreichen kann.

House of Rafflesia Luwak Coffee PLANTAGE

(☑ 0819 3353 8136, 0813 7417 8971; www.rafflesia luwakcoffee.org; Desa Batang Palupuh) Umul Khairi, der freundliche Besitzer dieser Plantage in Batang Palupuh, erklärt Besuchern gern, wie Ernte, Trocknung und Röstung des *kopi luwak* vonstatten gehen, eines weichen, erdigen Brauprodukts aus Kaffeebohnen, die von Zibetkatzen gefressen und verdaut wieder ausgeschieden werden. Während die *luwak*-Kaffeeindustrie unter Beschuss geraten ist, weil Zibetkatzen oft gewerblich gehalten werden, um die Nachfrage nach dem Gebräu zu befriedigen, wird dieses im House of Rafflesia noch immer auf traditionelle Weise hergestellt, nämlich indem die Exkremente wild lebender Zibetkatzen vom Waldboden aufgesammelt werden.

Der *luwak* kann hier gekostet (20 000 Rp) werden. Wer möchte, kann die Bohnen auch kaufen (200 000 Rp).

Angeboten werden auch Minangkabau-Kochkurse (350 000 Rp/Pers.). Das mehrgängige Menü besteht u. a. aus Rindfleisch-*rendang* und Hähnchen-Curry. Umul veranstaltet den Kurs sogar dann, wenn nur eine Person mitmacht. Über die Website buchen oder zur Bestätigung mindestens einen Tag vorab anrufen!

Gunung Singgalang VULKAN

(10 000 Rp) Die Besteigung des schlafenden Gunung Singgalang (2877 m) ist ein weitaus abenteuerlicheres Unterfangen als die des Gunung Merapi. Der sehr empfehlenswerte, Englisch sprechende Guide Dedi (Tel. 0813 7425 1312) wohnt in Pandai Sikat, was gleichzeitig der beste Ausgangspunkt für die Besteigung ist. Für die Führung der acht- bis neunstündigen Wanderung (hin & zurück) berechnet er 350 000 Rp. Die Trips können aber auch über das Hello Guesthouse (400 000 Rp, min. 2 Pers.) organisiert werden. Guide, Transport und Verpflegung sind eingeschlossen. An dem wunderschönen Kratersee Telago Dewi gibt's Zeltplätze.

PT Studio Songket Palantaloom KUNSTZENTRUM

(☑ 0823 8936 8875, 0752-783 4253; www.palanta loom.com; Jorong Panca, SMKN1, Batu Taba; ⏰ Mo–Sa 8.30–12 & 13–16 Uhr) Wer sich für Kunsthandwerk und Textilien interessiert, sollte unbedingt in diesem Kunstzentrum in der Nähe von Simpang Bukit Batabuah, 7 km südöstlich von Bukittinggi vorbeischauen. Das Studio hat es sich zur Aufgabe gemacht, die traditionelle Minangkabau-Kunst des *songket*-Webens (mit Silber- und Goldfäden durchzogene Stoffe) wiederzubeleben. Hier werden junge Weber (18–28 Jahre) darin ausgebildet, die feinsten *songket* Sumatras herzustellen. Vorab anrufen und mit einem gelben *opelet* vom Busbahnhof Aur Kuning nach Batu Taba (4500 Rp) fahren! An der SMKN1 (Sekundarschule) muss man aussteigen.

Geführte Touren

Roni's Tours ABENTEUER

(☑ 0812 675 0688; www.ronistours.com; Orchid Hotel, Jl Teuku Umar 11) Das Roni's hat sein Büro im Orchid Hotel und kann neben Ausflügen in die Umgebung, etwa zum Maninjau-See oder ins Harau-Tal, auch Trips in weiter entfernte Gegenden wie zu den Mentawai-Inseln oder in den Kerinci Seblat National Park organisieren.

Armando MOTORRAD-TOUR

(☑ 0812 674 1852; arisna_sejati@yahoo.co.id; Tagestour ab 300 000 Rp) Der hilfsbereite und sachkundige, Englisch sprechende Guide Armando bietet mit seinem Motorrad Kulturexkursionen in die Umgebung von Bukittinggi an. Er verleiht auch Motorräder (75 000 Rp).

Feste & Events

Ochsenrennen SPORT

(50 000 Rp; ⏰ Sa 12–16 Uhr) Einheimische Bauern werden bei diesem Rennen zu Rennfahrern, wenn sie ein Ochsengespann durch ein matschiges Reisfeld treiben und dabei hals-

DIE MACHT DER MINANGKABAU-FRAUEN

Obwohl die Gesellschaft der Minangkabau islamisch ist, ist sie dennoch matrilineal. Laut der *adat* (traditionelle Gesetze und Vorschriften) der Minangkabau werden Eigentum und Vermögen über die weibliche Linie weitergegeben. Jeder und jede Minangkabau gehört zum Stamm seiner bzw. ihrer Mutter. Die untere Stammesebene bilden die *sapariouk*. Dies sind die Verwandten der Mutter, die gemeinsam essen. Dazu gehören die Mutter, die Enkelkinder und der Schwiegersohn. Der Name leitet sich vom Wort *periouk* (Reistopf) ab. Die älteste lebende Frau ist die Matriarchin. Das wichtigste männliche Mitglied des Haushalts ist der älteste Bruder der Mutter, der den Vater ersetzt und für die Bildung, Erziehung und Verheiratung der Kinder verantwortlich ist. Das Herzstück der Minangkabau-Philosophie ist jedoch der Konsens. So wird die Machtverteilung zwischen den Geschlechtern als einander ergänzend angesehen – wie ein lokaler Ausdruck besagt: so wie Haut und Nagel zusammen die Fingerkuppe bilden.

brecherisch auf einem Holzbrett balancieren. Das Spektakel, das von Tierschützern wegen der wenig tierfreundlichen Art und Weise, die Tiere zum Rennen zu bringen, angeprangert wird, findet fast jeden Samstag in der Nähe des Simasur-Markts in Batu Sangkar statt, 41 km südöstlich von Bukittinggi.

🛏 Schlafen

★ Hello Guesthouse   PENSION $
(📞0752-21542; www.helloguesthouse.net; Jl Teuku Umar 6B; B/EZ/DZ/FZ inkl. Frühstück ab 75000/150000/175000/350000 Rp; 🛜) Diese helle und moderne Pension wird von ihrer aufmerksamen Besitzerin Ling geführt, die ganz genau weiß, was Budgetreisende brauchen. Sie hat Stadtpläne parat und informiert über Bukittinggis Attraktionen. Die Zimmer sind mit superbequemen Matratzen und mit Warmwasserduschen ausgestattet. Es gibt auch ganz neue, futuristische Schlafkapseln inklusive blinkender Science-Fiction-Spielereien.

An der Rezeption bekommt man für 10000 Rp Ohrstöpsel. Sie helfen gegen den Lärm der nahe gelegenen Moschee. Aufgrund der großen Beliebtheit bucht man sein Zimmer am besten vorab.

Orchid Hotel   HOTEL $
(📞0752-32634; roni_orchid@hotmail.com; Jl Teuku Umar 11; Zi. inkl. Frühstück 150000–180000 Rp; 🛜) Diese beliebte Budgetunterkunft hat einen guten Infoschalter für Tourbuchungen, hilfsbereite Angestellte und einen geselligen Gemeinschaftsraum im Untergeschoss. Die Zimmer, die auf drei Stockwerke verteilt liegen, sind recht einfach, alle haben aber ein eigenes Bad, und die teureren unter ihnen weisen sogar einen Warmwasseranschluss auf. WLAN gibt's nur in der Lobby.

Rajawali Homestay   GASTFAMILIE $
(📞0752-31095; ulrich.rudolph@web.de; Jl Ahmad Yani 152; Zi. ab 90000 Rp) Die sieben Zimmer dieser freundlichen, aber sehr einfachen Unterkunft bei einer Gastfamilie haben indonesische Bäder und quietschende Betten. Besitzerin Yanna ist immer für ein Schwätzchen zu haben.

Treeli Hotel   BOUTIQUEHOTEL $$
(📞0752-625350; treeliboutiquehotel@gmail.com; Jl Kesehatan 36A; Zi. inkl. Frühstück 475000–790000 Rp; ❄🛜) Angesichts des eher schwachen Angebots von Unterkünften der mittleren Preiskategorie ist das zeitgenössische Treeli ein willkommener Neuzugang in Bukittinggis Hotelszene, und es macht gleich mehrere Dinge richtig. Die Zimmer sind kompakt und ruhig mit modernen Bädern und allen möglichen Annehmlichkeiten. Auf der luftigen Dachterrasse wird exzellentes Frühstück serviert, und die Spezialität des Restaurants ist Seafood auf chinesische Art.

Grand Rocky Hotel   HOTEL $$$
(📞0752-627000; www.rockyhotelsgroup.com; Jl Yos Sudarso; Zi. inkl. Frühstück ab 880000 Rp; ❄🛜🏊) Das Grand Rocky sorgt für ein bisschen kitschigen Vegas-Glamour unter Bukittinggis Spitzenklassehotels. Es steht etwas oberhalb der Stadt, und seine Lobby ist bevölkert von Angestellten mit Fliege. Die geräumigen, modernen Zimmer bieten Ausblick bis zur Sianok-Schlucht. Bis runter ins Stadtzentrum ist es nur ein kurzer Fußmarsch. Wer sich den Luxus leisten möchte, findet online teilweise gute Angebote.

🍴 Essen & Ausgehen

RM Selamat   INDONESISCH $
(Jl Ahmad Yani; rendang 21000 Rp; ⏱6.30–21.30 Uhr) Wenn in Westsumatra Padang-Küche

serviert wird, wird man selten enttäuscht, und so ist dieses Restaurant im Cafeteria-Stil bekannt für sein authentisches *rendang* mit geräuchertem Rindfleisch. Auf der Speisekarte stehen aber noch weitere köstliche Gerichte.

De Kock Cafe
KNEIPENESSEN **$**

(☑ 0821 7492 9888; Jl Teuku Umar 18; Hauptgerichte ab 25 000 Rp; ⊙ 7–1 Uhr; 🕾) Die Atmosphäre im De Kock (was übersetzt „Kanone" bedeutet) gleicht der in einem rauchigen Salon und ist bei Einheimischen wie Travellern gleichermaßen beliebt. Sie kommen wegen des Biers und der Mischung aus westlichem Kneipenessen (Pizza, Steak im Brötchen) und indonesischen Gerichten hierher. Auch das Frühstück ist überraschend lecker. Samstags wird Livemusik gespielt.

Gulai Itiak Lado Mudo Ngarai
INDONESISCH **$**

(Jl Binuang 41; Hauptgerichte 30 000 Rp; ⊙ 7–16 Uhr) Das einfache Restaurant ist eine gute Adresse, um eine Spezialität der Region, die köstliche *itiak lado mudo* (Ente in grünem Chili) zu kosten. Es befindet sich im Tal in der Nähe des Flusses, ein paar Kilometer westlich von Bukittinggi an der Straße zum Maninjau-See.

Turret Cafe
CAFÉ **$**

(Jl Ahmad Yani 140-142; Hauptgerichte 25 000–60 000 Rp; ⊙ 11–22 Uhr; 🕾) Dieser alteingesessene Treffpunkt für Traveller serviert ein paar westliche Gerichte sowie *mie goreng* (gebratene Nudeln), Rindfleisch-*rendang*, grünes Curry, kaltes Bier sowie die beste Guacamole der Stadt.

Bedudal Cafe
BAR

(Jl Ahmad Yani 105; ⊙ 9–24 Uhr; 🕾) Am besten holt man sich ein Bier (klein/groß 30 000/45 000 Rp) an der Bar und macht es sich dann inmitten von Holzschnitzereien und Popkultur-Postern gemütlich. Auch ein Schwätzchen mit den jungen Angestellten bietet sich an. Auf der Speisekarte stehen neben indonesischen Gerichten (20 000–35 000 Rp) auch Kneipensnacks. Stets stehen Gitarren für spontane Jam-Sessions bereit.

Taruko Caferesto
CAFÉ

(Jl Raya Lembah Maninjau; ⊙ 8–18 Uhr) Dieses ruhige Café in einem hübschen, strohgedeckten Gebäude mit Blick auf eine fast schon übertrieben malerische Landschaft, die auch noch von einem rauschenden Bach vervollkommnet wird, liegt rund 4 km von Bukittinggi entfernt. Ein toller Ort, um ein paar gemütliche Stunden zu verbringen oder um sich auf dem Weg zum Maninjau-See einen Kaffee zu holen! Im Angebot sind indonesische Gerichte, Pfannkuchen und Omeletts, lohnend ist aber weniger das Essen als der Ausblick.

Shoppen

Auf der Jl Minangkabau kann man gut gewebte Taschen und Batik-Shirts kaufen, während im oberen Teil der Jl Ahmad Yani eher traditionelles Kunsthandwerk und Antiquitäten zu finden sind.

Wunderschöne rot-goldene Minangkabau-Stickereien werden bei **Pasar Atas** (Jl Minangkabau; ⊙ 8–20 Uhr) und an anderen Stellen in der Stadt verkauft.

❶ Praktische Informationen

Banken und Geldautomaten findet man entlang der Jl Ahmad Yani und der Jl A Karim.

❶ An- & Weiterreise

Der chaotische Busbahnhof Aur Kuning liegt 3 km südlich der Stadt. Man erreicht ihn mit einem *angkot* (3000 Rp) oder *ojek* (10 000–15 000 Rp). Man sagt dem Fahrer einfach, dass man zum *terminal* möchte. Um von hier ins Zentrum von Bukittinggi zu gelangen, muss man Kampung Cina als Ziel angeben.

Nicht alle Busse fahren am Hauptbusbahnhof ab. Minibusse nach Sibolga (200 000 Rp, 12 Std.) starten von den Büros entlang der Jl Veteran; das Gleiche gilt für Minibusse nach Parapat (350 000 Rp, 18 Std.). Die Tür-zu-Tür-Services nach Padang (50 000 Rp, 3 Std.) funktionieren mit festen Abfahrtszeiten und sind praktischer, als am Busbahnhof auf eine Abfahrt zu warten. Das Personal der meisten Unterkünfte weiß Bescheid und kann beim Buchen des Transfers behilflich sein.

Um ins Harau-Tal zu kommen, steigt man in einen Minibus nach Tanjung Pati, der am Restaurant Simpang Raya in der Nähe des Busbahnhofs losfährt. Von Tanjung Pati geht es mit einem *becak* (20 000 Rp) weiter.

Die beste Anlaufstelle, um nach Dumai zu gelangen, von wo die Fähren nach Malakka und Kuala Lumpur in Malaysia ablegen, ist das Reisebüro **Bukittinggi Wisata Express** (BWE; ☑ 0752-625139, 0752-625140; Jl Pemuda 81). Jeden Abend um 20 Uhr fahren Minibusse in Bukittinggi (120 000 Rp, 9 Std.) zu den Fähren, die von Dumai nach Batam (300 000 Rp, 6 Uhr) und Malakka (335 000 Rp, 9.30 Uhr) übersetzen. Vorausbuchung erforderlich! BWE kann auch die Fähre gleich mitbuchen. Dazu muss man am Tag vor der Abfahrt mit seinem Reisepass im Büro vorbeikommen.

BUSSE AB BUKITTINGGI

ZIEL	PREIS (RP)	DAUER (STD.)	HÄUFIGKEIT
Bengkulu	180 000–230 000	18	2–3-mal tgl.
Danau Maninjau	20 000	1½	3-mal tgl.
Dumai	125 000–240 000	10	tgl. 10, 17, 19 Uhr
Medan	180 000–290 000	20	mehrmals tgl.
Padang	20 000–30 000	3–4	regelm.
Parapat (for Danau Toba)	185 000–205 000	16	mehrmals tgl.
Pekanbaru	80 000–120 000	7	6-mal tgl.
Sibolga (for Pulau Nias)	150 000–260 000	12	mehrmals tgl.

ℹ Unterwegs vor Ort

Eine Fahrt mit dem **angkot** (Jl Pemuda) kostet in der Stadt 3000 Rp. Für eine *bendi*-Fahrt bezahlt man rund 50 000 Rp. Ein *ojek* vom Busbahnhof ins Stadtzentrum kostet zwischen 10 000 und 15 000 Rp. Für ein Taxi muss man 50 000 Rp berappen und ist bei dichtem Verkehr zudem bis zu 30 Minuten unterwegs.

Reisebüros können Transfers zum Flughafen in Padang für rund 50 000 Rp arrangieren. Ein Taxi zum Flughafen kostet 250 000 bis 300 000 Rp.

In manchen Pensionen kann man für 75 000 Rp pro Tag ein Mofa leihen; oder man kontaktiert Roni's Tours (S. 624) im Orchid Hotel.

Südlich von Bukittinggi

Der nährstoffreiche vulkanische Boden der Hügel rund um Bukittinggi ist extrem fruchtbar. Am Straßenrand erblickt man Bäume, Sträucher und Palmen mit Zimt, Betelnüssen, Avocados, Kaffee, Mangos und Papayas. Reis, Tapioka und Kartoffeln werden auf Terrassen angebaut. Wasserräder aus Bambus füllen die Bewässerungsgräben und treiben Mühlen aus Holz an. Nicht selten kommt man an Hochzeitsparaden vorbei. Die in traditionelle Insignien gekleideten Brautleute werden von Musikern, Familienmitglieder und dem halben Dorf begleitet. Der Ort der Feier wird meist durch die Flagge der Minangkabau (rot, schwarz und gelb) markiert.

Die Sehenswürdigkeiten der Umgebung lassen sich im Rahmen eines idyllischen Tagesausflugs erkunden. Man kann sich ein Motorrad ausleihen, eine Motorrad-Tour buchen (300 000 Rp) oder ein Auto mit Fahrer mieten (600 000 Rp).

◉ Sehenswertes

Großer Palast von Pagaruyung   PALAST
(Istano Basa Pagaruyung; Jl Sutan Alam Bagagarsyah, Silinduang Bulan; 25 000 Rp; ☺ 7–19 Uhr)

Dieser Palast steht im Dorf Silinduang Bulan, 5 km nördlich von Batu Sangkar, dem Herzland des Minangkabau-Stamms der Tanah Datar. Es handelt sich um eine Rekonstruktion des monumentalen ehemaligen Herrscherpalasts des alten Minangkabau-Königreichs Payaruyung. Von Innen ist er ebenso beeindruckend – mit hohen Säulen und Decken und Wänden, die mit zeremoniellen Tüchern in leuchtenden Farben verziert sind. Drinnen gibt es ein Museum (keine Beschriftungen auf Englisch) und drei Stockwerke, von denen aus man einen tollen Blick auf die umliegenden Dörfer und die Landschaft hat.

2007 brannte der Palast bei einem Feuer nieder, wurde aber wieder aufgebaut. Batu Sangkar ist mit einem öffentlichen Bus (22 000 Rp, 1½ Std.) von Bukittinggi zu erreichen. Von dort geht es dann mit einem *ojek* (8000 Rp) weiter nach Silinduang Bulan. Da es am Wochenende sehr voll werden kann, schaut man am besten werktags hier vorbei.

Istano Silinduang Bulan   PALAST
(Königinnenpalast; Jl Sutan Alam Bagagarsyah, Silinduang Bulan; 5000 Rp; ☺ 9–17.30 Uhr) Ganz in der Nähe des Großen Palasts in Silinduang Bulan steht der viel kleinere und weniger pompöse, aber ebenfalls reichlich verzierte Istano Silinduang Bulan. Bis heute wird er für wichtige Stammestreffen verwendet. Er wurde 2011 durch einen Blitzeinschlag beschädigt, ist mittlerweile aber wieder aufgebaut.

Belimbing   DORF
Das Dorf Belimbing südöstlich von Batu Sangkar wartet mit einer der größten noch bestehenden Ansammlungen von traditioneller Architektur im Hochland auf. Viele der Wohnhäuser sind 300 Jahre alt und befinden sich in unterschiedlichen Phasen des

Rund um Bukittinggi

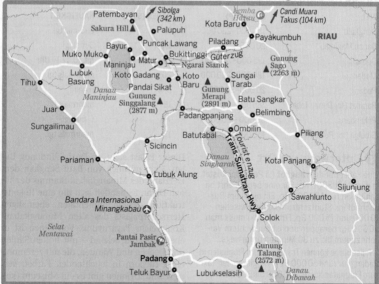

Verfalls. Eines der Häuser steht unter Denkmalschutz und kann besichtigt werden (gegen Spende). Die meisten Besitzer haben in der Nähe moderne Häuser gebaut und nutzen die alten für zeremonielle Zwecke.

Danau Maninjau (Maninjausee)

Der erste Anblick des perfekt geformten Vulkansees raubt einem den Atem. Vom oberen Rand des Vulkankraters führt die Straße über 44 (nummerierte) Haarnadelkurven hinunter zum Ufer. Auf dem Weg vom üppigen Regenwald des Hochlands hinunter ins Tiefland mit seinen sich schier endlos erstreckenden Farmen und Reisfeldern wird man von Affen beobachtet, die neugierig auf den Leitplanken sitzen.

Als die Besucherwelle in Bukittinggi zurückging, geriet der Danau Maninjau etwas in Vergessenheit, und die Einheimischen mussten sich nach nachhaltigeren Einkommensquellen und Aquakulturen umsehen, um die Lücke zu füllen. Heute gibt es hier fast mehr Fischfarmen als Touristen.

Der See liegt 460 m über dem Meeresspiegel. Eine 60 km lange Straße führt um ihn herum. Die meisten Sehenswürdigkeiten befinden sich nördlich vom Dorf Maninjau in Richtung Bayur (3,5 km entfernt) und dahinter. Wer mit dem Bus anreist, nennt dem Fahrer einfach seine Unterkunft. Dann wird man an der richtigen Stelle abgesetzt.

◉ Sehenswertes & Aktivitäten

Die beliebtesten Aktivitäten sind Kanufahren und Baden, denn der See wird durch unterirdische Quellen aufgewärmt. Es gibt aber noch zahlreiche weitere Optionen.

Wer keine Lust auf Wandern hat, kann sich ein Moped nehmen und den See in etwa drei Stunden umrunden. Das Beach Guest House organisiert sowohl geführte Wanderungen als auch Motorrad-Touren.

Die Hänge der Caldera sind mit Regenwald bewachsen, in dem sich Wasserfälle und traditionelle Dörfer verstecken – ein echter Traum für Wanderer. Man kann zu Fuß von Bayur hinauf zum Rand des Kraters gehen oder schummeln und mit einem Bus bis nach Matur fahren. Von dort geht's vorbei am Aussichtspunkt **Puncak Lawang** zurück ins Dorf. Auf der Karte im Beach Guest House sind weitere gute Infos zu finden.

🛏 Schlafen

⭐ **Beach Guest House** PENSION **$**
(☎ 0813 6379 7005, 0752-861799; www.beach guesthousemaninjau.com; Jl. Raya Maninjau; B

50 000 Rp, DZ mit Gemeinschaftsbad 85 000 Rp, DZ mit eigenem Bad 100 000–150 000 Rp; ☎) Diese authentische Unterkunft mit Café ist ein beliebter Treffpunkt für Traveller am Maninjausee und wird von den beiden freundlichen und energiegeladenen Einheimischen Fifi und Jack geleitet. Das Hostel bietet Schlafsäle mit vier Betten sowie Zimmer mit Seeblick, die auch ein eigenes Bad und warme Duschen aufweisen. Die Besitzer organisieren Ausflüge wie etwa Radtouren um den See, Motorradtouren oder auch Wanderungen durch die Caldera (7 Std.).

Muaro Beach Bungalows BUNGALOW **$**
(☑ 0813 3924 0042; neni967@yahoo.com; Jl Muaro Pisang 53, Maninjau; Zi. 150 000–200 000 Rp; ☎) Diese Bungalows am Seeufer liegen etwa 300 m nordwestlich der Hauptkreuzung mitten im Ort am Ende eines Labyrinths aus kleinen Fußwegen und bieten ein gutes Preis-Leistungs-Verhältnis. Der kleine Strand ist (fast) frei von Aquakultur, und es gibt ein bezauberndes Restaurant. Es werden Stand-up-Paddling-Bretter (SUPs; 30 000 Rp/Std.) und Motorräder (80 000 Rp/Tag) verliehen und Touren durch die Umgebung (300 000 Rp) und ins Harau-Tal (500 000 Rp) angeboten.

House of Annisa HISTORISCHES HOTEL **$$**
(☑ 0822 6891 2625; Jl H. Udin Rahmani; Zi. inkl. Frühstück 400 000 Rp) Die wunderbare alte, niederländische Villa ist eher ein Museum als eine Pension und wurde von den Urenkeln der ehemaligen Besitzer liebevoll restauriert. Es gibt drei romantische Zimmer, von denen eines ein Himmelbett aus Messing hat, das mit Spiegeln geschmückt ist. Es gibt Gemeinschaftsbäder. Zu den besonderen kleinen Extras zählen elegante arabische, in die Außenwände geritzte Kalligrafien sowie ein traumhafter Balkon mit alten Bänken und Stühlen. Vorab anrufen!

✗ Essen

Bagoes Cafe CAFÉ **$**
(Jl Raya Maninjau, Maninjau; Hauptgerichte 15 000–50 000 Rp; ⊘ 8–21 Uhr; ☎ ☑) Das Bagoes gehört zum Beach Guest House, einer bei Travellern sehr beliebten Adresse im Dorf Maninjau. Hier wird typische Backpackerkost mit lokalen Gerichten wie vegetarischem Gado Gado, *mie goreng* und Fisch aus dem See kombiniert. Die Terrasse am Wasser ist ein toller Ort für ein großes, eiskaltes Bintang (40 000 Rp), und ab und zu gibt's auch Filmabende.

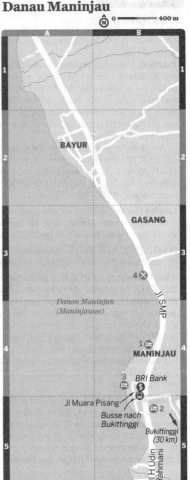

Danau Maninjau

Danau Maninjau

⊜ Schlafen

⊗ Essen

★ **Waterfront Zalino** INDONESISCH **$$**
(☑ 0752-61740, 0815 3454 6280; Hauptgerichte 32 000–65 000 Rp; ⊘ 8–21 Uhr; ☎) Das Restaurant in toller Lage am See bringt lokale Seafood-Spezialitäten auf den Tisch, darun-

DAS HARAU-TAL

Östlich von Bukittinggi liegen das Tapiokaanbaugebiet **Piladang**, das bekannt für seine *keropok* (Tapioka-Cracker) ist, sowie das weitläufige landwirtschaftliche Zentrum **Payakumbuh**. Von den drei Minangkabau-Stämmen gehört dieses Gebiet zur gelben Linie der 50 Kota (50 Dörfer). Reisfelder mit sich suhlenden Büffeln erstrecken sich zu beiden Seiten der schmalen Straße, die zum kleinen Dorf Harau führt, welches vor der Kulisse mehrerer Vulkane liegt. Nach weiteren 3 km erheben sich spektakuläre vertikale Klippen, deren bis zu 100 m hohe Wände aus bemaltem Gestein zu bestehen scheinen und die das sehr schmale Harau-Tal bilden. Dieses liegt 15 km nordöstlich von Payakumbuh und 55 km von Bukittinggi entfernt.

Am einfachsten erreicht man Harau von Bukittinggi aus mit einem Privatwagen (250 000 Rp), mit einem Mietmotorrad (60 000–75 000 Rp) oder mit einem *ojek* (200 000 Rp, 2 Std.). Alternativ fahren auch Minibusse der Po Sarah Group vom Busbahnhof nach Tanjung Pati (20 000–25 000 Rp). Von dort nimmt man dann ein *becak* nach Harau (20 000 Rp).

Lemba Harau (5000 Rp) Vor allem während der Regenzeit ziehen der Lemba Harau und die anderen Wasserfälle im Harau-Tal Tagesausflügler aus Bukittinggi an. Bei trockener Witterung sind die Wasserfälle bloße Rinnsale.

Ikbal (☑ 0852 6378 1842) Eine ausgezeichnete Anlaufstelle für Kletterer vor Ort ist Ikbal im Abdi Homestay. Sie bietet geführte Klettertouren für 300 000 Rp an.

Abdi Homestay (☑ 0852 6378 1842; ikbalharau@yahoo.com; Kab 50 Kota; inkl. Frühstück 150 000 Rp/Pers.) Unter der Leitung der jungen und energischen Besitzer Ikbal und Noni ist das Abdi Homestay die reizendste Unterkunft im Harau-Tal. Acht bezaubernde strohgedeckte Bungalows (mit Moskitonetzen und Bambusduschen) liegen am Rande von grünen Reisfeldern und Lotusteichen vor einer dramatischen Kulisse aus steil aufragenden Klippen. Ikbal führt Tageswanderungen (200 000 Rp/Pers.) hinauf auf die Klippen und durch die umliegende Landschaft.

Zu den angebotenen Mahlzeiten zählt eines der besten Hühnchen-*rendangs* weit und breit (allerdings nur auf Vorbestellung). Die Kochkurse (150 000 Rp) beinhalten auch einen Marktbesuch.

Harau Resort (Lembah Echo; ☑ 0812 6619 1501, 0822 7271 7448; www.harau-resort.com; Taratang Lb Limpato; Zi. inkl. Frühstück ab 400 000 Rp) Im engsten Teil des Harau-Tals liegt unmittelbar unterhalb der Klippen das Harau Resort (auch bekannt als Lembah Echo). Das wunderschöne Gelände ist von einem Dschungel voller Affen umgeben. Es gibt Hütten im Minangkabau-Stil und stilvolle (wenn auch etwas dunkle) Zimmer mit Hartholzmöbeln und warmen Duschen. Das Personal spricht etwas Englisch.

---

ter *udang* (Süßwassergarnelen), Langusten und gebratener Wels. Außerdem gibt's kaltes Bier und einen hervorragenden Fruchtwein mit Stachelannone (beides mit oder ohne Alkohol erhältlich). Das Zalino, auch unter dem Namen „Mr. Porcupine" bekannt, liegt etwa 1 km nördlich der Hauptkreuzung in Maninjau.

Das Personal kann alle Arten von Touren organisieren, darunter auch Angeltrips und Wanderungen.

❶ Praktische Informationen

BRI Bank (Jl Maninjau) Hat einen Geldautomaten, der aber nur geringe Beträge ausgibt. Deshalb sollte man sich schon in Bukittinggi mit Rupiah eindecken.

❶ An- & Weiterreise

Von Bukittinggi aus kommt man am einfachsten mit einem Minivan (30 000 Rp) mit Abholservice hierher. Der Transport kann von Unternehmen wie **Koga Travel** (☑ 0823 8222 8699) oder über die Unterkünfte arrangiert werden. Alternativ nimmt man einen der unregelmäßig verkehrenden **Busse** (Jl Maninjau), die zwischen Maninjau und Bukittinggi (20 000 Rp, 1¾ Std., 3-mal tgl.) verkehren.

❶ Unterwegs vor Ort

Mountainbikes (45 000 Rp/Tag), Motorräder (ab 80 000 Rp/Tag) und Kanus (40 000 Rp/Tag) können beim Beach Guest House (S. 628), bei Muaro Beach Bungalows (S. 629) oder bei Waterfront Zalino (S. 629) ausgeliehen werden.

Bei Tageslicht bedienen Minibusse (5000 Rp) die Uferstraße. Ein *ojek* von der Kreuzung nach Bayur kostet etwa 5000 Rp.

Kerinci-Tal

Kerinci ist ein atemberaubendes Gebirgstal, das sich hoch oben im Bukit Barisan an der westlichen Grenze der Provinz Jambi versteckt. Ein großer Teil des kühlen, üppig grünen Waldes ist durch den Kerinci Seblat National Park geschützt, einen der letzten natürlichen Lebensräume des Sumatra-Tigers. Die vielen Seen des Tals und die von Dschungel überwucherten Berge und Vulkane machen die Gegend zu einem äußerst beliebten Ziel für Wanderer, die das Abenteuer abseits der ausgetretenen Pfade suchen. Im Süden liegen der malerische Kerincisee (Danau Kerinci) sowie ein Flickenteppich fruchtbaren Ackerlands. Der Reichtum des Tals rührt größtenteils vom Tee- und Zimtanbau her. Teeplantagen sind typisch für die höher gelegenen Dörfer, während Zimtbäume eine Pufferzone zwischen den Feldern und dem Regenwald bilden.

Die Bevölkerung setzt sich größtenteils aus Minangkabau und indigenen Kerinci zusammen; hinzu kommen einige Batak und Javaner, die von dem fruchtbaren Boden angelockt werden. Kerinci befindet sich zwar in der Provinz Jambi, ist aus geografischer Sicht aber näher an Padang gelegen.

❶ An- & Weiterreise

Kerincis Flughafen liegt 10 km östlich von Sungai Penuh und hat einen Wings-Air-Flug täglich nach Jambi.

Man kann auch mit einem Bus oder Sammeltaxi hierher kommen. Diese fahren von Kerinci aus in Richtung Süden nach Bengkulu, in Richtung Osten nach Jambi und in Richtung Norden nach Padang und Bukittinggi weiter.

Sungai Penuh

📋 0748 / 96 000 EW.

Sungai Penuh („Voller Fluss") ist das regionale Verwaltungszentrum und der Verkehrsknotenpunkt des Tals. Die Stadt hat einen lebhaften Markt und ist ein exzellenter Basispunkt für Ausflüge in die Wildnis des Kerinci Seblat National Park und zu den umliegenden Dörfern – alles in allem ein nettes kleines Städtchen mit freundlichen Einwohnern, hervorragenden Cafés, verlässlichem Internet und ein paar spektakulären Aussichtspunkten mit Blick ins Tal.

◉ Sehenswertes

Bukit Khayangan AUSSICHTSPUNKT
Von diesem Aussichtpunkt auf einem Hügel hat man einen fantastischen, weitschweifenden Blick auf das Kerinci-Tal. Besonders bei Sonnenaufgang und Sonnenuntergang ist er bei Einheimischen sehr beliebt. Hin kommt man über die Straße, die durch die Vororte führt. Eine Fahrt mit dem *ojek* kostet etwa 50 000 Rp (hin & zurück). Zu Fuß sind es hin und zurück drei Stunden.

Mesjid Agung Pondok Tinggi MOSCHEE
(Jl Soekarno Hatta; Eintritt gegen Spende) Wenn man auf der Jl Sudirman nach Westen geht (vorbei an der Post) und dann nach links abbiegt, erreicht man diese alte, aus Holz erbaute Moschee mit ihrem Dach im Pagodenstil. Sie wurde 1874 ohne einen einzigen Nagel errichtet und wartet in ihrem Innern mit aufwendig mit Schnitzereien verzierten Balken und alten holländischen Fliesen auf. Wenn man den Hausmeister darum bittet und angemessen gekleidet ist, darf man einen Blick hinein werfen.

☞ Geführte Touren

★ **Wild Sumatra Adventures** KULTUR
(📱 0812 6017 3651; www.wildsumatra.com/kerinci) Luke Mackin, ein enthusiastischer Expat mit Sitz in Sungai Penuh, ist eine sachkundige Informationsquelle in Sachen Umgebung, besonders viel weiß er über den Nationalpark Kerinci Seblat. Er hat zahlreiche Kontakte zu einheimischen Wanderführern und Dörfern und kann Guides und den Transport zu verschiedenen Attraktionen organisieren. Die vielen Optionen sind auf der Website aufgelistet, etwa der beliebte Five Lakes Hike, Nachtsafaris oder mehrtägige Dschungelwanderungen.

🛏 Schlafen

Das Angebot an Budgetunterkünften in Sungai Penuh ist wenig ansprechend, es gibt aber einige ganz gute Mittelklasseoptionen, bei denen es sich lohnt, etwas tiefer in die Tasche zu greifen. Wer sich etwas mehr auf die lokale Kultur einlassen möchte, kann mithilfe von Wild Sumatra Adventures eine Gastfamilie in den umliegenden Dörfern finden. Für eine Nacht bei einer einheimischen Familie werden etwa 50 000 Rp fällig.

Hotel Jaya Wisata HOTEL $
(📱 0748-21221; www.hoteljayawisata.com; Jl Martadinata 7; Zi. inkl. Frühstück mit Ventilator/Klimaan-

lage ab 160 000/400 000 Rp; ▣ 🛜) Die Optionen hier reichen von recht trostlosen Zimmern mit kaltem Wasser im Erdgeschoss, die ganz dringend einen neuen Anstrich benötigen, bis hin zu größeren und stilvolleren Zimmern im Obergeschoss. Die Lage in der Nähe der günstigen Imbissstände des Nachtmarkts ist super. Auch nicht schlecht ist das Jaya Wisata 2, eine etwas entspanntere Option umgeben von einem Garten etwas außerhalb von Sungai Penuh.

Hotel Mahkota
HOTEL $

(📞0821 8146 3344, 0748-21640; Jl Depati Parbo; Zi. inkl. Frühstück 150 000–365 000 Rp; ▣🛜🏊) Das Mahkota zählt zu den besseren Hotels in Sungai Penuh und hat ein riesiges Empfangsgebäude. Obwohl die Zimmer recht einfach wirken, sind sie doch ausreichend komfortabel und werden durch ein paar knallige Motive aufgepeppt. Das Highlight ist der große Pool, am Wochenende ist dieser aber randvoll mit einheimischen Kids. Das Hotel liegt 2 km vom Zentrum entfernt an der Hauptstraße, die aus der Stadt herausführt.

✕ Essen & Ausgehen

★ Korintji Heritage
INDONESISCH $

(www.korintji.com; Jl Prof Dr. Yakub Isman 1C; Hauptgerichte 15 000–65 000 Rp; ◷10–23 Uhr; 🛜) Das fantastische neue Café in Sungai Penuh wurde als Sozialunternehmen ins Leben gerufen, das die Einheimischen stärken und befähigen soll. Es ist in einem stimmungsvollen, aus Bambus errichteten Gebäude mit Blick auf die Stadt und das Tal untergebracht. Neben leckeren indonesischen Gerichten gibt's hier auch Highlights wie Hummer aus dem Danau Kerinci (ab 50 000 Rp) und Steaks (ab 150 000 Rp). Serviert wird auch hervorragender sortenreiner Filterkaffee, und es gibt einen Laden vor Ort, der lokale Köstlichkeiten verkauft.

Rumah Makan Dendeng Batokok
INDONESISCH $

(Jl Muradi; Gerichte 20 000 Rp; ◷8–20 Uhr) Fleischliebhaber sollten die Stadt nicht verlassen, ohne mindestens einmal die Speziali-

tät der Region, *dendeng batokok* (dünne Rinderstreifen, die auf Kohle gegrillt werden), gekostet zu haben. Sie wird in diesem zentralen *warung* gegenüber dem Hotel Yani am Straßenrand zubereitet.

Pasar Malam
MARKT $

(abseits der Jl Muradi; Gerichte ab 20 000 Rp; ◷17–22 Uhr) Der zentral gelegene *pasar malam* (Nachtmarkt) ist der perfekte Ort, um lokale Spezialitäten zu probieren. Dazu zählen *martabak* (süße Pfannkuchen, gefüllt mit Kokos oder Banane), *martabak mesir* (quadratische Pfannkuchen mit Fleisch und Gemüse), *mie bakso* (Nudelsuppe mit Hackbällchen) und *sate* mit roter Sauce anstelle von Erdnusssauce.

Wiyuka Coffee
KAFFEE

(Jl Ahmad Yani; ◷11–22 Uhr; 🛜) Dieses hervorragende Café verleiht Sungai Penuh einen coolen, urbanen Touch. Hier kann man qualitativ hochwertige Bohnen aus ganz Sumatra und anderen Gebieten probieren, und es werden lokale Gerichte (Hauptgerichte ab 16 000 Rp) serviert. Das WLAN ist kostenlos.

🔒 Shoppen

Avail
SPORT & OUTDOOR-AKTIVITÄTEN

(Jl Muradi 7; ◷8–23 Uhr) Dieser auf Outdoor-Abenteuer spezialisierte Laden ist eine praktische Anlaufstelle, wenn man vorhat, den Gunung Kerinci zu besteigen oder eine mehrtägige Wanderung im Dschungel plant. Es gibt eine gute Auswahl von Campingartikeln, darunter wasserdichte Ausrüstung, Wanderschuhe und Kochutensilien.

❶ Praktische Informationen

Kantor Taman Nasional Kerinci Seblat (Büro des Nationalparks Kerinci Seblat; 📞 0748-22250; Jl Basuki Rahmat 11; ◷8–16 Uhr) In der Hauptverwaltung des Parks werden Genehmigungen verkauft. Offenbar geht hier nie jemand ans Telefon, also einfach persönlich vorbeikommen! Wenn das Büro geschlossen hat, kann man sich seine Genehmigung bei Wild Sumatra Adventures oder in den Pensionen in Lempur Tengah oder Kersik Tua holen.

BUSSE AB SUNGAI PENUH

ZIEL	PREIS (RP)	DAUER (STD.)	HÄUFIGKEIT
Bengkulu	125 000	10	tgl. (9 Uhr)
Bukittinggi	120 000	10	tgl. (19.30 Uhr)
Jambi	130 000–150 000	10	2-mal tgl. (10 & 19 Uhr)
Padang	100 000–125 000	9	2-mal tgl. (9.15 & 19 Uhr)

In der Stadt gibt's mehrere Geldautomaten. Die **BNI Bank** (Jl Ahmad Yani) ist eine Option in zentraler Lage.

ℹ An- & Weiterreise

Safa Marwa (☑ 0852 6312 7199, 0748-22376; Jl Yos Sudarso 20) betreibt Minibusse zwischen Sungai Penuh und Zielen wie Padang, Bukittinggi, Bengkulu und Jambi.

Lempur Tengah

☑ 0748 / 4800 EW.

Am südlichen Ende des Kerinci-Tals liegt die kleine, aber feine ländliche Gemeinde Lempur Tengah inmitten einer grünen, hügeligen Landschaft. Damit ist sie eines der entspannteren und malerischeren Ziele in der Gegend. Der Ort ist auch ein praktischer Ausgangspunkt für Wanderungen zum Danau Kaco, nach Renah Kemumu, zum Gunung Kunyit und für den Five Lakes Trek.

Eine der wichtigsten Einkommensquellen vor Ort ist der Zimt, und so wird man hier in vielen Vorgärten haufenweise Zimt sehen, der zum Trocknen ausgelegt ist. Lempur ist außerdem für seine historische, jahrhundertealte hölzerne Moschee bekannt, die von einem Dach im Pagodenstil sowie einer dekorativen Schnitzerei geziert wird.

Der lokale Tourenanbieter **Explore Kerinci** (☑ 0813 6631 9255; www.explorekerinci. com) hat seinen Sitz hier im Ort und bietet alle möglichen Outdoor-Aktivitäten an.

🛌 Schlafen

Zacky's Homestay　　　　　　PENSION $
(☑ 0813 6631 9255; Zi. mit Gemeinschaftsbad inkl. Frühstück 150 000 Rp; 🛜) Diese Unterkunft wird vom einheimischen Guide Zacky geführt, der auch Explore Kerinci gegründet hat. Die Zimmer befinden sich im Obergeschoss eines großen Hauses mit rundum verlaufendem Balkon, auf dem man sich zurücklehnen und einen Gang zurückschalten kann. Neben Zackys anderer Pension (S. 633) ist diese relaxte Lodge die beste Übernachtungsoption im Ort. Das dazugehörige Restaurant Cinnamon Cafe macht gutes *ayam penyet* (geklopftes Brathähnchen nach Java-Art; 18 000 Rp).

Cinnamon Guesthouse　　　　　PENSION $
(☑ 0813 6631 9255; B/Zi. 50 000/250 000 Rp; 🛜) Zackys neue Lodge wurde 2018 eröffnet. Sie liegt 2 km südlich des Ortes und ist mittlerweile die beliebteste Unterkunft in und rund um Lempur Tengah. Ihre Lage mit Blick auf die malerische Umgebung ist ein Traum, und weil man zwischen günstigen Schlafsälen und Zimmern mit Bad wählen kann, ist hier garantiert für jeden etwas dabei.

ℹ Praktische Informationen

Nördlich des Ortes gibt es einen Geldautomaten der BRI Bank.

ℹ An- & Weiterreise

Jeden Morgen fahren drei Busse (7, 7.30 & 8 Uhr) nach Sungai Penuh (20 000 Rp, 1½ Std.). In Sungai Penuh fahren Busse mit dem Ziel Lempur Tengah nachmittags um 12, 13 und 14 Uhr ab. Alternativ nimmt man ein *ojek* für etwa 70 000 Rp.

Kersik Tua

Auf einer Höhe von 1500 m und umgeben von Teeplantagen liegt im Schatten des riesigen Vulkankegels des Gunung Kerinci (3805 m) das Örtchen Kersik Tua, das eine nette Basis für Wanderungen hinauf auf diesen eindrucksvollen Berg ist.

Auf einer Seite der Hauptstraße erstrecken sich die Häuser des Ortes, auf der anderen finden sich die Teeplantagen und der *gunung*. Die Abzweigung zum Nationalpark Kerinci Seblat wird durch die Statue eines *harimau* (Sumatra-Tigers) gekennzeichnet.

Wanderausrüstung, Verpflegung und Transport können hier arrangiert werden. Es gibt ein paar Geldautomaten, und samstags findet ein Markt statt.

🛌 Schlafen & Essen

Entlang der Hauptstraße gibt es einige einfache Homestays; von den meisten Unterkünften blickt man auf den Gunung Kerinci.

In den Restaurants hier wird zwar kein Bier verkauft, der Lebensmittelladen aber einen Geheimvorrat und verkauft den Gerstensaft eiskalt zum Mitnehmen. Das **Shelter Coffee** (Jl Muara Labuh-Sungai Penuh; 🕙 10–22 Uhr) ist ein cooles, kleines Café, das Koffein-Junkies glücklich macht.

Subandi Homestay　　　　GASTFAMILIE $
(☑ 0812 7411 4273; subandi.homestay@gmail.com; Jl Muara Labuh-Sungai Penuh; Zi. mit Gemeinschaftsbad/eigenem Bad ab 150 000/200 000 Rp) Unmittelbar südlich der Statue an der Hauptstraße befindet sich diese Unterkunft, die das beste Basislager in Kersik Tua ist. Dies ist die einzige Gastfamilie, in der Englisch gesprochen wird. Der Besitzer Pak ist eine Quelle für Informationen über die Umgebung und kann Berg-, Dschungel- und

Naturwanderungen mit Tierbeobachtung organisieren. Über Schwierigkeit und Länge der Tour entscheiden die Gäste selbst. Zum Zeitpunkt der Recherche wurde das Subandi gerade renoviert, und es kamen neue Zimmer hinzu, von denen einige auch ein eigenes Bad haben.

ℹ An- & Weiterreise

Das Dorf liegt 52 km nördlich von Sungai Penuh an der Straße nach Padang und an der Strecke des Busses, der zwischen Padang und Kerinci verkehrt. Zwischen 8 und 17 Uhr verkehren Minibusse (15 000 Rp, 1½ Std.), die von Sungai Penuh in Richtung Norden nach Kersik Tua fahren. Minibusse verkehren auch von Kersik Tua aus nach Norden ins 8 km entfernte Pelompek (6000 Rp).

Pelompek

Das kleine, raue Dorf Pelompek liegt 8 km nördlich von Kersik Tua und ist eine gute Basis für ein bis zwei Nächte, wenn man plant, den Gunung Tajuh zu besteigen. Die Gastfamilien hier können Guides und Genehmigungen für den Gunung Kerinci und den Gunung Tajuh organisieren. Montags ist Markttag und der interessanteste Zeitpunkt für einen Besuch.

🛏 Schlafen

Kerinci View Homestay PENSION **$**
(☑ 0812 7111 7133; www.kerincimountain.com; 3BZ 250 000 Rp) Unmittelbar außerhalb von Pelompek befindet sich diese Pension inmitten von Weideland mit Blick auf den Vulkan in seiner vollen Pracht. Die Bezeichnung Homestay wird hier wörtlich genommen: Man fühlt sich wirklich wie zu Hause. Die Zimmer sind freundlich dekoriert und mit Warmwasserduschen ausgestattet. Dies ist auch die beste Anlaufstelle für Traveller, die einen Guide für eine Wanderung zum Gunung Tajuh (400 000 Rp) suchen oder eine Tour in die Umgebung buchen wollen. Herr Rapani, der Besitzer, ist ein sehr erfahrener und angesehener Guide.

ℹ An- & Weiterreise

An der Hauptstraße kommen relativ regelmäßig Busse nach Kersik Tua (6000 Rp, 30 Min.) und Sungai Penuh (20 000 Rp, 2 Std.) vorbei.

Kerinci Seblat National Park

Der Nationalpark Kerinci Seblat (Taman Nasional Kerinci Seblat; TNKS) ist der größte Nationalpark Sumatras. Er schließt einen 350 km langen Abschnitt der Bukit-Barisan-Gebirgskette ein und umfasst ein 13 791 km² großes Gebiet äquatorialen Primärwalds in insgesamt vier verschiedenen Provinzen. Fast 40 % des Parks liegen aber innerhalb der Grenzen der Provinz Jambi.

Das geschützte Gebiet besteht zum Großteil aus dichtem Regenwald. Seine Undurchdringlichkeit ist einer der wichtigsten Gründe dafür, warum sich hier eine der letzten Hochburgen des *harimau* (Sumatra-Tigers) befindet. Der Nationalpark Kerinci Seblat ist dafür bekannt, die größte Tigerpopulation und das höchste Vorkommen in ganz Sumatra zu haben. In 80 % des Parks finden sich Spuren der vom Aussterben bedrohten Spezies. Im Nationalpark herrscht ein gemäßigtes Klima; mit zunehmender Höhe kann es richtig kalt werden. Warme Klamotten und Regenkleidung mitbringen!

◎ Sehenswertes

Das vulkanische Erbe des Kerinci-Tals spiegelt sich in seinen vielen Thermalquellen wider. Diese reichen von den grottenartigen, bei Einheimischen außerordentlich beliebten Quellen von **Air Panas** nahe dem Dorf Semurup (11 km nördlich von Sungai Penuh) über die in einer natürlichen Umgebung belassenen **Air Panas Situs 2** auf der gegenüberliegenden Seite des Tal bis hin zu den Quellen von **Grao Sakti**, die noch beeindruckender sind und nicht weit vom dem im Wald gelegenen Dorf Renah Kemumu entfernt liegen.

★ Gunung Kerinci VULKAN
Der Gunung Kerinci (3805 m) ragt am nördlichen Ende des Nationalparks Kerinci Seblat in die Höhe. Er ist der höchste Vulkan Südostasiens und einer der aktivsten auf Sumatra. An klaren Tagen hat man von seinem Gipfel einen fantastischen Blick auf den Danau Gunung Tujuh und die umliegenden Täler und Berge.

Gipfelbesteigungen beginnen meist am Eingang des Nationalparks, 5 km von Kersik Tua entfernt, und dauern zwei Tage mit einer Übernachtung im Zelt. Eine komplett geführte Wanderung mit Verpflegung, Genehmigungen, Transport und der gesamten Ausrüstung kostet zwischen 900 000 und 1 500 000 Rp pro Person.

Der höchste Lagerplatz liegt auf 3400 m. Bis dahin ist es ein Fußmarsch von sechs Stunden. Am darauffolgenden Morgen dauert es noch eine Stunde, bis bei Sonnenauf-

ORANG PENDEK

Jede Kultur, die irgendwann einmal im Wald gelebt hat, erzählt Geschichten über scheue Kreaturen zwischen Mythos und Realität. Erzählungen von Kobolden, Feen und sogar bigfootähnlichen Wesen gibt es schon so lange, dass es unmöglich ist zu bestimmen, was zuerst kam: die Sichtung oder die Geschichte dazu. Die indonesische Version dieses Mythos ist der Orang Pendek, der seit vielen Generationen gelegentlich in den Kerinci-Wäldern gesehen wird, viel öfter aber Gegenstand von Geschichten ist.

Dorfbewohner, die behaupten, den Orang Pendek gesehen zu haben, beschreiben die Kreatur als etwa 1 m groß, mehr Affe als Mensch, aber mit aufrechtem Gang. Seine zurück-gezogene Lebensweise machte ihn in der lokalen Mythologie zu einer Berühmtheit. Be-liebten Volksmärchen zufolge zeigen die Füße des Orang Pendek nach hinten, sodass sei-ne Spuren im Wald nicht verfolgt werden können. Es wird auch erzählt, dass er ein übernatürliches Wesen und nicht von dieser Welt sei. Andere sind der Meinung, dass es sich bei diesen Augenzeugenberichten nur um Sichtungen von Malaienbären handelt.

Auch Wissenschaftler haben sich mittlerweile eingemischt und durchkämmen den Wald, in der Hoffnung, die Existenz des Orang Pendek dokumentieren zu können. Briti-schen Forschern ist es gelungen, den Fußabdruck eines Tieres in Gips zu gießen, der zur Beschreibung des Orang Pendek passt und der keinem anderen bekannten Primaten zu-geordnet werden kann. Auch Haarproben, für die es keine anderen dokumentierten Übereinstimmungen gibt, haben die Forscher zu der Annahme veranlasst, dass an der lokalen Überlieferung vielleicht doch etwas dran sein könnte. Zwei Mitglieder von Fauna & Flora International, einem in Großbritannien ansässigen Forschungsteam, berichteten sogar unabhängig voneinander von Sichtungen, konnten aber keine schlüssigen Beweise liefern. Im Auftrag der National Geographic Society haben Forscher die Suche wieder aufgenommen und bewegungsempfindliche Kameras an strategischen Stellen im Dschungel platziert. Über diese Region ist so wenig bekannt, und es gibt so viele abge-schiedene Gegenden, dass die Forscher hoffen, dass ihnen der Orang Pendek früher oder später in die Falle gehen wird.

So oder so trägt der Orang Pendek immerhin dazu bei, dass die verschiedenen Berei-che der sprachlichen und kulturellen Beziehung Sumatras zum Dschungel wissenschaft-lich beleuchtet werden. Die indonesische Sprache, das Bahasa Indonesia, macht nur einen geringfügigen Unterschied zwischen Mensch und Affe. „Orang-Utan" (Waldmensch) und „Orang-Rimba" (Menschen des Waldes, bevorzugte Bezeichnung für den Stamm der Kubu) könnten so beispielsweise für eine vermeintliche Blutsverbindung zwischen diesen Wald-bewohnern sprechen. Diese Ungenauigkeit ist Gegenstand zahlreicher Späße. Ein ver-breiteter Witz ist, dass der Orang Pendek (was „kleiner Mann" bedeutet) tatsächlich existiert, gefolgt von der Pointe, dass die kleinste Person im Raum das fehlende Glied in der Kette ist.

gang der Gipfel erreicht ist. Der Weg ist sehr steil und ausgewaschen; oberhalb der Baumgrenze ist das Geröll extrem rutschig. Ohne Guide geht hier nichts! Außerdem man muss die gesamte Campingausrüstung mitschleppen. Hinzu kommen warme und wasserfeste Kleidung sowie eine Stirnlampe (alles kann in Kersik Tua ausgeliehen wer-den). Nachts wird es eisig kalt. Auf keinen Fall bei feuchter Witterung loswandern! Voll ausgerüstete Gruppen, die nur einen Guide benötigen, bezahlen um die 700 000 Rp pro Person.

Botaniker und Vogelkundler aus der gan-zen Welt kommen hierher, um die seltene Flora und Fauna zu bewundern, darunter das Javanische Edelweiß, die Schneiderpitta und die Straußwachtel. In den niedriger ge-legenen Wäldern findet man Nepenthes (Kannenpflanzen), Eichhörnchen, Geckos und Langschwanzmakaken. Auch Sumatra-Languren lassen sich ab und an einmal blicken.

Goa Kasah   HÖHLE

Goa Kasah gilt als längstes Höhlensystem im Kerinci-Tal und ist noch nicht vollständig erforscht. Es eignet sich für eine Tageswan-derung (einfache Strecke ca. 2½ Std.) ab Sungai Sampun. Der Weg ist nicht sehr an-strengend und verläuft vorwiegend durch idyllische Reisfelder, bevor es hinein in die bewaldeten Gebirgsausläufer geht.

FLORA & FAUNA IM KERINCI SEBLAT NATIONAL PARK

Wie für viele Schutzgebiete Sumatras stellen Eingriffe durch Bauern, illegale Abholzung und Wilderei für den Kerinci Seblat National Park ernste Probleme dar. Die Parkwächter gehen ihrer Arbeit mit Leidenschaft und großem Engagement nach, und sie können den Großteil der Wilderei stoppen, es werden aber dringend mehr Leute und mehr finanzielle Mittel benötigt. Im Rahmen des Tigerprojekts von Fauna & Flora International (www.fauna-flora.org), dessen Ziel es ist, den Sumatra-Tiger vor dem Aussterben zu bewahren, hat Sir David Attenborough auf die Notlage dieses Dschungelbewohners hingewiesen.

Zwar gibt es im Park eine ganz ansehnliche Tigerpopulation, allerdings kann man die Tiere nur sehr selten in freier Wildbahn beobachten, und Sichtungen beschränken sich in der Regel auf Pfotenabdrücke und Kot. In früheren Jahrhunderten galt das lokale Kerinci-Volk als Tigermenschen (eine Synthese aus Mensch und Tier, die ihre Form beliebig ändern kann), und dem Tiger kommt in der lokalen Mystik und Mythologie auch heute noch eine sehr große Bedeutung zu.

Aufgrund des großen Höhenunterschieds innerhalb des Parks verfügt Kerinci über eine einzigartig vielfältige Flora und Fauna. Im Wald wachsen Edelweiß und andere Blumen aus dem Hochgebirge. In den unteren Höhenlagen finden sich Kannenpflanzen, Orchideen, Rafflesien und der riesige *Amorphophallus*.

In den Park verirren sich relativ wenige Besucher, und seine minimale touristische Infrastruktur ist auf den Norden mit den beiden Attraktionen Gunung Kerinci und Gunung Tujuh beschränkt. Zwar ist die nördliche Region des Parks bei Besuchern beliebter, im südlichen Gebiet finden sich aber Elefanten (die man im Norden vergeblich sucht) sowie interessante Gemeinschaften, die am Waldrand und innerhalb der Parkgrenzen leben. Außerdem gibt es ausgezeichnete Wanderungen durch unberührte Wälder.

Wer den Süden des Parks mit organisierten Guides und im Rahmen von Wanderungen erkunden möchte, wendet sich an Wild Sumatra Adventures (S. 631) oder Explore Kerinci (S. 633). Am Nord- und Südrand des Parks befinden sich Pufferflächen für den lokalen Anbau und die lokale Landwirtschaft.

Danau Kaco   SEE

(Glas-See) Nach einer lockeren zwei- bis dreistündigen Wanderung durch den Dschungel auf einem vorwiegend flachen (und matschigen) Weg gelangt man völlig überraschend an dieses kleine, saphirfarbene Wasserloch, dessen unglaublich klares Wasser einen bis auf den 20 m tiefen Grund blicken lässt. Der Ausgangspunkt der Wanderung befindet sich in der Nähe des Dorfes Lempur Tengah (S. 633), eine einstündige Autofahrt von Sungai Penuh entfernt.

Danau Gunung Tujuh   SEE

(Sieben-Berge-See) Der wunderschöne Krater des Danau Gunung Tujuh liegt auf 1996 m Höhe und ist damit der höchste in Südostasien. Der Weg hierher kann ganz entspannt an einem Tag oder im Rahmen einer mehrtägigen Wanderung zurückgelegt werden. Der See ist vom Parkeingang, welcher 2 km von Pelompek entfernt liegt, in dreieinhalb Stunden erreicht. Wer übernachtet, kann sein Zelt in der Nähe des Sees aufschlagen. Ein *ojek* zum Ausgangspunkt kostet rund 15000 Rp. Gastfamilien in Kersik Tua und Pelompek können zwei- bis dreitägige Wanderungen (ab 300000 Rp/Tag) inklusive einer Kanu-Überfahrt organisieren.

Hier kann man u.a. Tapire und Siamangs beobachten. Das Johlen und Heulen letzterer Gibbonart ist das Markenzeichen der Kerinci-Wälder und überall zu hören.

Danau Kerinci   SEE

Der Danau Kerinci, 20 km südlich von Sungai Penuh gelegen, ist ein See von ansehnlicher Größe, der zwischen dem Gunung Raya (2535 m) und Reisfeldern eingebettet liegt. Steinreliefs an verschiedenen Stellen rund um den See lassen darauf schließen, dass hier in der Megalith-Ära eine große Anzahl Menschen lebte. Der **Batu Gong** (Gong-Stein) in Muak, 25 km von Sungai Penuh entfernt, soll vor 2000 Jahren behauen worden sein. Zum See gelangt man mit einem öffentlichen Bus von Sungai Penuh nach Sanggaran Agung (15000 Rp). Der letzte Bus fährt gegen 17 Uhr zurück nach Sungai Penuh.

Air Terjun Telun Berasap   WASSERFALL

Überall im Kerinci-Tal stürzen beeindruckende Wasserfälle in die Tiefe. Am leichtesten erreichbar ist der Air Terjun Telun Berasap im „Letter-W-Village", 4 km nördlich von Pelompek. Vom Schild mit der Aufschrift Air Terjun Telun Berasap sind es noch 300 m bis zu einer tiefen, mit Farnen bewachsenen Schlucht, wo die Wassermassen in die Tiefe stürzen und auf die Felsen unterhalb donnern.

Ein weiterer beeindruckender Wasserfall ist der 75 m hohe **Pancuran Rayo**. Von Sungai Penuh ist er nach einer 30-minütigen Autofahrt und einer dreistündigen Wanderung erreicht.

🏃 Aktivitäten

⭐ Nachtsafari   SAFARI
Eine Nachtsafari von Sungai Penuh aus ist einfach zu bewerkstelligen. Man fährt einfach bei Dunkelheit ein Stück auf der gewundenen, nach Süden führenden Straße durch den Nationalpark Kerinci Seblat. Dabei hält man mithilfe von Taschenlampen nach Tieren in den Bäumen und im Unterholz Ausschau. Mit ein bisschen Glück kann man langsame Loris, Zibetkatzen, Flughörnchen, Eulen und gelegentlich sogar einen Tiger sehen. Zu Fuß sollte man nicht gehen, sonst könnte man zum Abendessen einer Raubkatze werden.

Renah Kemumu   WANDERN
Dieser hervorragende Dschungeltrek führt in das abgelegene Dorf Renah Kemumu, das mitten im Dschungel und innerhalb des Kerinci Seblat National Park liegt. Die einfache Wegstrecke ist von Lempur Tengah in zwölf bis 15 Stunden zu bewältigen. Unterwegs wird man von den Rufen der Siamang begleitet und kann viele Vögel und vielleicht sogar ein größeres Säugetier beobachten.

🛏 Schlafen

Die wichtigsten Orte, in denen Traveller normalerweise ihr Basislager für Ausflüge in den Nationalpark aufschlagen, sind Sungai Penuh (S. 631), Kersik Tua (S. 633) und Lempur Tengah (S. 633). Man kann auch im Park selbst übernachten, dazu benötigt man aber eine Genehmigung und einen Guide. Beides organisiert man am besten über Wild Sumatra Adventures (S. 631) oder Explore Kerinci (S. 633).

ℹ Praktische Informationen

Der Kerinci Seblat National Park darf nur mit Guide und Genehmigung betreten werden. Beides kann beim Kantor Taman Nasional Kerinci

Seblat (Parkbüro; S. 632) in Sungai Penuh oder über eine Unterkunft organisiert werden. Am Zugang zum Danau Gunung Tujuh gibt es auch ein Parkbüro; dieses ist aber nur selten besetzt.

Eine Genehmigung kostet 150 000 Rp, für einen Englisch sprechenden Guide bezahlt man rund 300 000 Rp pro Tag. Träger können für 250 000 Rp am Tag engagiert werden. Man sollte unbedingt klären, was in den Preisen enthalten ist, da Campingausrüstung, Verpflegung und Transport oft als zusätzliche Leistungen berechnet werden.

ℹ An- & Weiterreise

Manche Sehenswürdigkeiten im Nationalpark sind ganz einfach zu Fuß aus dem Dorf zu erreichen. Für andere muss man sich ein Auto oder ein *ojek* organisieren, um zum Ausgangspunkt der Wanderung zu gelangen.

BENGKULU

📞 0736 / 351 000 EW.

Die ruhige Provinzhauptstadt Bengkulu ist ein echtes verborgenes Juwel und vielleicht sogar die schönste Stadt ganz Sumatras. Ihre fußgängerfreundlichen Straßen sind nicht hoffnungslos verstopft, der Strand wird von Einheimischen sauber gehalten, und obendrein gibt es noch eine ganz gute Restaurantszene. Abgesehen von ein paar interessanten Überbleibseln der Kolonialzeit und einem weitläufigen Strand gibt es in der Stadt selbst nicht wirklich viele Attraktionen. Nach und nach entdecken Traveller aber die zahlreichen Naturschönheiten, die außerhalb der Stadtgrenzen warten und die Bengkulu zu einer exzellenten Destination an sich machen und nicht nur zu einem praktischen Zwischenstopp zwischen Padang und Bukittinggi im Norden und Krui und Bandar Lampung im Süden.

Geschichte

Man weiß nicht viel über das Bengkulu vor Ende des 13. Jhs., als die Majapahit aus Java hier die Herrschaft übernahmen. Bis dahin scheinen die Menschen hier in fast völliger Abgeschiedenheit gelebt zu haben, und das Gebiet war in kleine Königreiche wie etwa Sungai Lebong im heutigen Bezirk Curup aufgeteilt. Sogar eine eigene Keilschrift wurde hier entwickelt, das *ka-ga-nga*.

Nachdem die Briten 1685 aus Banten in Java verjagt worden waren, zogen sie auf ihrer Suche nach Pfeffer nach Bengkulu (Bencoolen, wie sie es nannten) weiter – ein alles andere als erfolgreiches Unterfangen. Abgeschiedenheit, Langeweile und der ständige Regen brachen nach und nach den Willen der Briten, und die Malaria wütete stark unter ihnen.

Die Aussichten der Kolonie waren nicht gerade rosig, bis 1818 Sir Stamford Raffles hier als britischer Stellvertreter das Ruder in die Hand nahm. In der kurzen Zeit, in der er in Bengkulu war, machte er den Pfefferhandel profitabel und pflanzte Kaffee-, Muskatnuss- und Zuckerrohrpflanzen. Bengkulu wurde 1824 gegen den holländischen Außenposten Malakka als Garantie dafür eingetauscht, dass sich die Niederländer nicht in die britischen Angelegenheiten in Singapur einmischen würden.

Zwischen 1938 und 1941 lebte der erste Präsident Indonesiens, Sukarno, in Bengkulu im inneren Exil in Hausarrest. Heute ist sein Haus ein **Museum** (Rumah Pengasingan Bung Karno; Jl Soekarno Hatta; 3000 Rp; ☉ 8–18 Uhr).

◉ Sehenswertes

★ Fort Marlborough FESTUNG
(Benteng Marlborough; Jl Benteng; 5000 Rp; ☉ 7.30–18.30 Uhr) Das ehemalige britische Fort Benteng Marlborough mit seinem sternförmigen Grundriss liegt auf einem Hügel mit Blick auf den Indischen Ozean. Es löste 1719 das Fort York als Sitz der britischen Macht in Bengkulu ab. Trotz seiner robusten Verteidigungsanlage wurde es gleich zweimal angegriffen und eingenommen: einmal von einheimischen Aufständischen direkt nach seiner Fertigstellung 1719 und dann 1760 von den Franzosen. Es wurde auch vom niederländischen, japanischen und indonesischen Militär genutzt.

Heute gibt es in dem Komplex mehrere Museen innerhalb der ursprünglichen Festung sowie historische Kanonen und Grabsteine. Es finden sich einige interessante alte Prägungen und Kopien der offiziellen Korrespondenz aus der Zeit der britischen Herrschaft. Außerdem kann man sehen, wo die Niederländer den indonesischen Präsidenten Sukarno während seines inneren Exils eingesperrt hatten. Die Festungsmauern sind begehbar. Von ihnen hat man einen netten Blick auf die Küste und die Stadt.

Britischer Friedhof FRIEDHOF
(Jl Rejamat; ☉ 6–18.30 Uhr) GRATIS Ein faszinierendes Überbleibsel der britischen Herrschaft in Bengkulu ist dieser historische Friedhof der Engländer, dessen Gräber bis ins Jahr 1770 zurückreichen. Er befindet sich auf einem gepflegten Gelände an der Rückseite der Kirche.

Pantai Panjang STRAND
Pantai Panjang ist der Hauptstrand Bengkulus und ein 7 km langer Streifen weißen Sandes. Aufgrund der starken Brandung und der Strömungen ist das Baden hier gefährlich, am nördlichen und südlichen Ende des Strands gibt's jedoch ganz gute Breaks. Über die gesamte Länge zieht sich im Schatten von Pinien ein Joggingpfad, was für Sumatra doch eher ungewöhnlich ist.

Staatliches Museum der Provinz Bengkulu MUSEUM
(Museum Negeri Provinsi Bengkulu; ☎ 0736-22098; Jl Pembangunan 8; 3000 Rp; ☉ Mo–Fr 8–15, Sa & So bis 12 Uhr) Wie jede Provinzhauptstadt in Sumatra hat auch Bengkulu ein Museum über die regionale traditionelle Kultur. Hier finden sich Exponate wie vom arabischen Alphabet beeinflusste Besurek-Batiken, traditionelle Architektur, Kochutensilien, Waffen, Manuskripte und eine Ausstellung zur britischen Herrschaft. Keine Beschriftung auf Englisch.

☞ Geführte Touren

★ Wild Sumatra Tours ABENTEUER
(☎ 0811 731 1003; www.wildsumatratours.com) Der unermüdliche Josh und sein Team sind Wegbereiter des Abenteuertourismus in Bengkulu und haben damit ein echtes Wunder vollbracht. Ob man Lust auf Wandern, ein Dschungelabenteuer, eine Vulkanbesteigung, Höhlenklettern, Tubing auf dem Fluss oder ein Bad in einem naturbelassenen, abgelegenen Wasserfall oder in Thermalquellen hat, diese Jungs können bei der Organisation jedes Abenteuers behilflich sein. Auch Stadtführungen durch Bengkulu werden angeboten.

🛌 Schlafen

Tropicana Guesthouse PENSION $
(☎ 0736-732 5328; http://tropicanaguesthouse. business.site; Jl Muhammad Hasan 48; Zi. inkl. Frühstück mit Gemeinschaftsbad/eigenem Bad 150 000/220 000 Rp, Suite 320 000 Rp; ❋ 🕾) Die entspannte Pension in guter Lage in fußläufiger Entfernung zu den meisten Attraktionen ist eine hervorragende Budgetoption. Die blasslila gestrichenen Zimmer sind vielleicht etwas bunt, dafür stimmen angesichts der Klimaanlage und des WLAN Preis und Komfort. Es gibt eine kleine Gemeinschaftsküche

WANDERN & TREKKEN

Die Region Bengkulu hat eine riesige Fülle von Attraktionen, die erst jetzt von Reisenden entdeckt werden. Diese reichen von mehrtägigen Vulkan- und Dschungeltouren über die Erkundung von Thermalquellen, Seen und Flüssen bis hin zur Hilfe beim Schutzprojekten für Elefanten und der Interaktion mit Einheimischen in abgelegenen Dörfern. Die meisten dieser Ausflüge werden von dem sehr empfehlenswerten Anbieter Wild Sumatra Tours organisiert, der gern mit Rat und Tat zur Seite steht und maßgeschneiderte Lösungen bieten kann. Die Preise sind für zwei Teilnehmer berechnet; je mehr Teilnehmer dabei sind, desto günstiger wird es.

Beringin Tiga & Curug Embun Dies ist eine einfache Wanderung durch Kaffee- und Palmzuckerplantagen, die auf einem Campingplatz in der Nähe einer wunderschönen natürlichen Thermalquelle endet. Von hier aus locken kurze Wanderungen zum Beringin-Tiga-Wasserfall und zu den bemerkenswerten Curug-Embun-Fällen, die aus zwei Wasserfällen bestehen. Der eine führt kaltes Wasser, der andere wird von heißen Quellen gespeist. Dort, wo sich die beiden treffen, kann man super baden. Beim Abstieg zum Curug Embun sind Sicherheitsseile gespannt. Er liegt 33 km südlich von Curup. Mit dem Auto sind das von Bengkulu aus 84 km in nordöstlicher Richtung.

Bukit Daun Der Schichtvulkan ist für seine sieben kochend heißen bunten Becken bekannt. In dem weißesten von ihnen soll der Geist Kawah Putri wohnen, der sich angeblich zeigt, wenn man ihn ruft. Eine Tour zum Bukit Daun verspricht drei anstrengende, aber aufregende Tage. Bei der Wanderung geht es durch Tabak- und Kaffeeplantagen und dichten Dschungel. Übernachtet wird zweimal im Zelt, und es gibt einen kleinen Boxenstopp, bei dem man sich an einem kleinen Wasserfall waschen kann.

Bukit Kaba (Genehmigung 100 000 Rp) Dieser aktive Vulkan mit drei Kratern ermöglicht einen relativ einfachen Aufstieg. Es gibt zwei Möglichkeiten: den leichteren Schotterweg oder einen schwierigeren Pfad durch dichten Dschungel. Beide dauern etwa drei Stunden. Von oben bietet sich ein spektakulärer Blick auf die umliegende Landschaft, und um die Nase weht einem ein Hauch von Schwefel, der aus dem aktiven Krater aufsteigt. Man sollte unbedingt in der Nähe des Gipfels campen, dann kann man den Krater in aller Ruhe erkunden. Der Bukit Kaba liegt etwa 30 km von Curup entfernt.

Seblat Elephant Conservation Centre (☑ 0811 731 1003; www.wildsumatratours.com/seblat-elephant-conservation-center; 2 Tage/1 Nacht für 2 Pers. 500 US$) Dieses Schutzprojekt wurde ins Leben gerufen, um die Bedürfnisse von Mensch und Elefant unter einen Hut zu bringen und um die Wälder und die Tierwelt zu schützen. Hier kann man sich mit einem Mahut bei Elefantentouren begeben, die von zweitägigen Ausflügen bis hin zu zehntägigen Dschungelwanderungen auf der Suche nach wildlebenden Elefanten und Tigern reichen. Obwohl das Zentrum eines von nur einer Handvoll seriöser Elefantenschutzzentren in Indonesien ist, muss man bedenken, dass das Reiten auf Elefanten verschiedene Tierschutzfragen aufwirft. Man sollte sich also überlegen, ob man daran teilnehmen möchte. Es handelt sich hier um eine Grassroots-Initiative, die ursprünglich nicht für Traveller entwickelt wurde, sodass die Camping- und Umweltbedingungen eine Herausforderung sein können. Das Zentrum liegt nahe Mukomuko, auf dem Weg zwischen Bengkulu und Sungai Penuh, und ist somit ein guter Zwischenstopp für diejenigen, die nach Kerinci reisen. Das Geld, das von den Besuchern bezahlt wird, trägt zur Betreuung der hier lebenden Elefanten und zum Schutz der Wildelefanten in der Region bei. Außerdem werden damit Dschungelstreifen finanziert, die Wilderei verhindern sollen.

mit Kühlschrank und Nasi Goreng zum Frühstück. Englischsprachiger Eigentümer.

Pring Gading Surf Camp PENSION $
(☑ 0852 3330 9595, 0812 7330 9595; yadi.pringgading@gmail.com; Jl Jenggalu; Zi. inkl. Frühstück mit Ventilator/Klimaanlage 100 000/200 000 Rp; ﹡ ☎) Am südlichen Ende der Stadt und nicht weit vom Strand entfernt liegt diese Pension, die das Herzstück und die Seele der hiesigen Surfergemeinde ist. Der Besitzer Yadi verleiht neben Surfbrettern auch Motorräder (beides 50 000 Rp). Hier ist zwar alles etwas heruntergekommen, doch das ist Teil des Charmes, und die Zimmer selbst sind ma-

kellos sauber. Yadi und Vivi betreiben auch ein gutes Café.

Ihre Backwaren gibt's zum Frühstück.

Splash Hotel BOUTIQUEHOTEL **$$**
(☑0736-23333; www.hotel-splash.com; Jl Sudirman 48; Zi. inkl. Frühstück ab 495000 Rp; ✷☎) Bengkulus erster Versuch, ein Designerhotel zu eröffnen, ist mit der farbenfrohen Designer-Lobby und den gut ausgestatteten Zimmern mit modernen Bädern gut gelungen. Ein kleines Juwel ist entstanden! Vor Ort gibt's auch ein Café und ein Restaurant, und durch seine Lage in einer der Fressmeilen der Stadt mit unzähligen Imbissständen am Abend muss hier wirklich niemand hungrig zu Bett gehen.

✖ Essen & Ausgehen

Bencoolen Coffee House BISTRO **$**
(Jl BRI; Gerichte 18000–60000 Rp; ◷Di–So 15–23 Uhr) Gleich gegenüber des Britischen Friedhofs liegt dieses Café in deutscher Hand, das genau die richtige Adresse ist, wenn man mal wieder so richtig Lust auf westliches Essen bekommt. Man muss sich zwischen Steinofenpizza, Bratwurst und Burgern entscheiden, auf keinen Fall sollte man aber gehen, ohne das hausgemachte Eis oder den Red Velvet Cake probiert zu haben. Durch die reizende Garten-Location ist dies auch der perfekte Ort für ein kaltes Bier oder einen Kaffee.

★Marola SEAFOOD **$$**
(Jl Pariwisata; Gerichte etwa 70000 Rp; ◷Di–So 8–20.30, Mo bis 16 Uhr) In diesem typischen, stadtbekannten Lokal für Meeresfrüchte am Strand in der Nähe des Stadtzentrums gibt's frische Riesengarnelen, Tintenfisch und Fisch, der nach Gewicht bezahlt und in einer Sauce nach Wahl zubereitet wird. Mit einem kalten Bier in der Hand kann man anschließend den lauen Abend genießen.

Aloha INTERNATIONAL **$$**
(☑0812 7846 6691; www.aloharesto.com; Jl Pariwisata; Gerichte ab 35000 Rp; ◷10–23.30 Uhr; ☎☐) Das Lokal in australischer Hand liegt gleich gegenüber vom Strand und serviert vorwiegend westliches Kneipenessen, aber auch Gerichte mit Meeresfrüchten und indonesische Klassiker. Es gibt auch Bier, das ist aber recht teuer und nicht immer kalt.

Edu Coffee CAFÉ
(☑0736-22626; Jl Suprapto 1-2; ◷9–23 Uhr; ☎) Das Café hat seine eigene Kleinrösterei und bezieht seine Arabica-Bohnen aus der Gegend, aber auch vom gesamten Archipel und ist ein Paradies für Kaffeeliebhaber. Es ist mit allen Utensilien ausgestattet, die man für das perfekte Kaffee-Erlebnis braucht: AeroPress, V60, Siphon, Espressomaschine und *tubruk* (ungefilterter Kaffee). Falls der Besitzer Andy ist, sollte man ihn nach seinen neuesten saisonalen Kaffeemischungen fragen. Hier bekommt man auch was zu essen und kaltes Bier.

❶ Praktische Informationen

In Bengkulu gibt's jede Menge Geldautomaten, die ausländische Karten akzeptieren.

❶ An- & Weiterreise

BUS

Bustickets bucht man am besten in den Büros in Tanah Patah entlang der Jl Parman oder der Jl MT Haryono. Wenn man sich etwas umhört, wird man schnell zu der Busgesellschaft geschickt, die das gewünschte Ziel ansteuert. Nach Jakarta fahren große Reisebusse, andere Ziele werden von Minibussen bedient.

FLUGZEUG

Bengkulus **Fatmawati Soekarno Airport** (Jl Bandara Fatmawati Soekarno) liegt 10 km südöstlich der Stadt und hat täglich zehn Flüge nach Jakarta mit Citilink, Lion Air, Garuda, Sriwijaya Air und Batik Air. Garuda und Wings Air fliegen täglich nach Palembang, Padang und Pulau Batam.

❶ Unterwegs vor Ort

Ein Taxi ab dem Flughafen in Bengkulu kostet etwa 50000 Rp.

BUSSE AB BENGKULU

ZIEL	PREIS (RP)	DAUER (STD.)	HÄUFIGKEIT
Bandar Lampung	150000–350000	8	mehrmals tgl.
Bukittinggi	150000–200000	17	mehrmals tgl.
Jakarta	340000–400000	22–30	häufig
Krui	250000	10	mehrmals tgl.
Padang	235000	15	mehrmals tgl.
Sungai Penuh	130000	10–12	2-mal tgl.

CANDI MUARA TAKUS

Diese schlichten buddhistischen **Tempelruinen** (Kampar; 8000 Rp; ☺8–18 Uhr) liegen auf einer Lichtung im Dschungel auf halbem Weg zwischen Bukittinggi und Pekanbaru versteckt und stammen vermutlich aus dem 11. Jh. Der 1980 restaurierte Komplex gehörte zum Königreichs Srivijaya. Er ist mit nur vier Stupas aus Ziegelstein und Stein recht kompakt, aber ein unglaublich friedlicher und eindrucksvoller Ort. Am bemerkenswertesten sind der 14 m in den Himmel aufragende lotusförmige Candi Mahugai und der Candi Tua, der an ein Ufo erinnert, das auf einer Plattform gelandet ist.

Die Anlage liegt etwa zwei Autostunden (90 km) nördlich des Harau-Tals. Um hierher zu gelangen, mietet man sich bei Abdi Homestay ein Motorrad (75 000 Rp; S. 630) oder nimmt ein *ojek* (175 000 Rp) oder ein Privatfahrzeug (500 000 Rp).

Schneller und günstiger kommt man mit Fahrzeugen von Grab (S. 557) und Go-Jek (S. 557) an sein Ziel. Dafür einfach die App herunterladen! Es gibt aber auch die herkömmlichen *angkot, ojek* und natürlich Taxis.

RIAU

Die Landschaft und der Charakter der Provinz Riau unterscheiden sich deutlich von den Gegebenheiten im Norden und Westen Sumatras. Riau ist nicht von Bergen und Vulkanen geprägt, sondern wurde von Flüssen und engen Meerespassagen geformt. Entlang der Straße von Malakka, einer wichtigen Schifffahrtsroute, bildeten sich zahlreiche Handelsstädte, die mit jenen auf der anderen Seite der Meerenge kulturell eng verwandt sind.

Durch die geographische Nähe zu Singapur und Kuala Lumpur haben Hafenstädte wie Pekanbaru und die Riau-Inseln eine bessere Verbindung zur Außenwelt als die Dörfer in Sumatras Dschungel. Die Entdeckung von Öl- und Gasvorkommnissen sorgte zudem für die Entwicklung einer gebildeten Mittelschicht in Pekanbaru.

Das Hinterland der Provinz erinnert schon eher an das Sumatra, das man sich gemeinhin vorstellt: Es gibt hier eine geringe Bevölkerungsdichte, dichten Dschungel, buddhistische Tempelruinen, einige wenige überlebende nomadische Völker (darunter die Sakai, Kubu und Jambisal) und bedrohte Tierarten wie das Sumatra-Nashorn und der Sumatra-Tiger.

Geschichte

Riaus Lage am südlichen Zugang zur Straße von Malakka, dem Tor für den Handelsverkehr zwischen Indien und China, war früher von großer strategischer Bedeutung. Ab dem 16. Jh. wurden die Riau-Inseln von verschiedenen malaiischen Königreichen regiert, die die ständigen Angriffe der Piraten sowie der Portugiesen, Niederländer und Engländer abwehren mussten. Am Ende gewannen die Niederländer die Kontrolle über die Straße von Malakka, und das Festland von Riau (damals trug es noch den Namen Siak) wurde nach der Kapitulation des Sultans von Johor 1745 zur niederländischen Kolonie. Das Interesse der Niederländer lag jedoch vorwiegend im internationalen Handel und so verwendeten sie nur wenig Anstrengung darauf, die Infrastruktur der Provinz zu entwickeln.

Vor dem Zweiten Weltkrieg entdeckten US-amerikanische Ingenieure rund um Pekanbaru Öl, und so ist dieses Gebiet heute von Pipelines durchzogen, die den wertvollen Rohstoff von den Quellen zu den Raffinierien in Dumai transportieren.

Pekanbaru
☎ 0761 / 1,1 MIO. EW.

Pekanbaru ist nur etwas für Großstadtfans. Ansonsten lohnen ein interessantes Museum, einige gute Restaurants und eine coole Dachterrassenbar maximal eine Übernachtung. Im Normalfall wird man hier aber nur auf der Durchreise zu den Riau-Inseln oder nach Singapur (via Dumai) durchkommen – oder wenn man aus Bukittinggi kommt und nach Westen dorthin weiterreist.

In Indonesiens Ölhauptstadt herrschen der Trubel und das bunte Treiben einer modernen Metropole, hinzu kommt jedoch der Rauch von den brennenden Ölpalmenplantagen. Deshalb muss der städtische Flughafen in der Trockenzeit zeitweise geschlossen werden.

◉ Sehenswertes

Museum Sang Nila Utama   MUSEUM
(Jl Sudirman 194; ☺Mo–Do 8–15, Sa & So 13 Uhr)
GRATIS Dieses hervorragende Museum informiert mit interessanten Ausstellungen über die zeremonielle Kleidung, Architektur, über traditionelle Artefakte, Batik und Naturgeschichte der Riau-Kultur sowie über die buddhistische Stätte Candi Muara Takus. Im Obergeschoss finden sich eine vielschichtige Sammlung von Objekten und Informationen zur lokalen Bergbauindustrie.

⬒ Schlafen

Red Planet Pekanbaru   DESIGNHOTEL $
(☑0761-851008; www.redplanethotels.com; Jl Tengku Zainal Abidin 23; Zi. ab 222000 Rp; ❋ ☎) Dieser Ableger einer zuverlässigen Hotelkette befindet sich in zentraler Lage, nur ein paar Blocks von der Hauptstraße Jl Sudirman entfernt. Die gemütlichen Zimmer des Red Planet sind alle in hellem Holz gehalten und mit zeitgenössischen Möbeln ausgestattet. Es kommt auch viel Licht rein.

✕ Essen & Ausgehen

RM Kota Buana   INDONESISCH $
(Jl H. Cokroaminoto 16; Gerichte etwa 30000 Rp; ☺6.30–20.30 Uhr) In einer Stadt, die für ihre hochwertige Padang-Küche bekannt ist, schafft es dieses alteingesessene, schlichte Restaurant dennoch herauszustechen. Rindfleisch-*rendang* und *ayam goreng* (Brathähnchen) sind hier die absoluten Highlights.

★**Sky Garden & Lounge**   DACHTERRASSENBAR
(☑0761-861122; www.facebook.com/skygardenpekanbaru; Jl Ahmad Yani; ☺So–Do 14–22, Fr & Sa bis 24 Uhr) Hier oben auf dem höchsten Gebäude ganz Sumatras kann man dem grauen Alltag Pekanbarus entkommen und sich mit Panoramablick auf die Stadt ein kaltes Bier oder einen Cocktail schmecken lassen. Die Freiluftbar versprüht mit ihren modernen Möbeln und den Palmen einen Hauch von Luxus, und das Café drinnen serviert verlockende Kuchen, Burger im schwarzen Koh-

le-Brötchen, Bar-Snacks und indonesische Gerichte.

❶ An- & Weiterreise

BUS

Die meisten Busse fahren an Pekanbarus Busbahnhof **Terminal AKAP** (Jl Tuanku Tambusai) 5 km westlich vom Stadtzentrum los. Trotzdem sollte man sich besser im Hotel erkundigen, von der gewählte Bus abfährt, denn manche Unternehmen halten erst gar nicht am Busbahnhof.
Karya Maju Travel (☑0761-47133) betreibt einen praktischen Express-Minibus (Economy/Executive 120000/250000 Rp) nach Dumai – dort kann man dann die Fähren nach Malaysia besteigen.

FLUGZEUG

Pekanbarus **Sultan Syarif Kasim II Airport** (www.sultansyarifkasim2-airport.co.id) liegt 10 km südlich der Stadt. Täglich starten hier Flüge in alle größeren Städte auf Sumatra und Java sowie nach Singapur und Malaysia.

❶ Unterwegs vor Ort

Flughafentaxis und Taxis vom Busbahnhof in die Stadt kosten etwa 100000 Rp. Wie in allen großen indonesischen Städten sind die Online-Taxis Grab (S. 557) und Go-Jek (S. 557) jedoch die beste Option, um sich in der Stadt fortzubewegen. Der Trans Metro (Busschnellverkehr) fährt entlang der Jl Sudirman zum Busbahnhof (4000 Rp).

Dumai

☑0765 / 316700 EW.
Die zweitgrößte Stadt in Riau ist eine raue Hafenstadt, die nur als Verkehrsknotenpunkt für diejenigen von Interesse ist, die mit der Fähre nach Malaysia oder Pulau Batam fahren. Mit dem richtigen Timing schafft man den Anschluss von oder nach Bukittinggi, ohne übernachten zu müssen.

Wer die Nacht dennoch hier verbringen muss, findet entlang der Jl Sudirman eine Reihe verlässlicher Drei-Sterne-Hotels. Viele empfehlenswerte Budgetoptionen gibt es allerdings nicht.

BUSSE AB PEKANBARU

ZIEL	PREIS (RP)	DAUER (STD.)	HÄUFIGKEIT
Bengkulu	250000	15	17 Uhr tgl.
Bukittinggi	80000–120000	8	mehrmals tgl.
Dumai	80000	5	7–ca. 18 Uhr stündl.
Jambi	180000	12	2-mal tgl.

ⓘ An- & Weiterreise

BUS

Busse verbinden Dumai mit Bukittinggi (125 000–240 000 Rp, 10 Std.). Auch zwischen Dumai und Pekanbaru (80 000 Rp, 5 Std.) verkehren regelmäßig Busse, es gibt aber auch die praktischeren Express-Minibusse von **Karya Maju Travel** (☑ 0765-35239; ab 120 000 Rp).

Wer von Bukittinggi aus nach Dumai reist, kann den jeden Tag abends startenden Minibus (9 Std.) von Bukittinggi Wisata Express (S. 626) nehmen, der rechtzeitig ankommt, um die morgendlichen Fähren ab Dumai zu erwischen.

FLUGZEUG

Wings Air betreibt täglich mehrere Flüge zwischen Pekanbaru und Dumai (30 Min., 420 000 Rp).

SCHIFF/FÄHRE

Nach Malaysia

Wer gerade erst aus Malaysia angekommen ist, für den herrscht im Hafengebiet wahrscheinlich ein ganz schönes Chaos.

Von Dumai bieten mehrere Fährunternehmen Verbindungen zu drei verschiedenen Häfen in Malaysia an: Malakka, Port Klang und Port Dickson. Achtung: In Dumai wird eine Ausreisesteuer von 50 000 Rp fällig. Die Einreisesteuer in Port Klang kostet 23 RM.

Bei **Indomal Express** (☑ 0853 7567 0000; www.facebook.com/indomaldumai; Jl Sudirman 425) kann man Tickets zu folgenden Zielen buchen:

Malakka (Erw./Kind 320 000/160 000 Rp, 2½ Std.) Abfahrt täglich um 9.30 Uhr.

Port Klang (Erw./Kind 350 000/175 000 Rp, 4 Std.) Drei Boote pro Woche; Abfahrt jeden Montag, Mittwoch und Freitag um 12 Uhr.

Port Dickson (Erw./Kind 330 000/125 000 Rp, 3 Std.) Abfahrt jeden Montag, Dienstag, Freitag und Samstag um 11 Uhr.

Nach Pulau Batam

Dumai Express (☑ 0813 7882 2999) schickt täglich ein Boot zum Hafen in Sekupang auf Pulau Batam (400 000 Rp, 7 Std.). Abfahrt ist um 6 Uhr.

Pulau Batam

☑ 0778

Die Golfresorts und Kasinos von Batam locken zahlreiche Wochenendbesucher aus Singapur und vom chinesischen Festland an. Für Traveller ist Batam nichts weiter als ein Verkehrsknotenpunkt mit Verbindungen in viele Teile des Landes. Mit den vielen Massagesalons und Bars ist Batam durchaus auch eine zwielichtige Insel. Wer seinen Indonesienaufenthalt vor dem Übersetzen nach Singapur gemütlich abrunden möchte, entscheidet sich deshalb besser für Bintan.

Auf Batam werden Singapur-Dollar genauso gern gesehen wie indonesische Rupiah. Am Flughafen sowie rund um Nagoya, in Batam Centre und in Sekupang gibt's genügend Geldautomaten.

Hilfreiche Websites für Traveller sind u. a. Enjoy Batam (www.enjoybatam.com) und Welcome to Batam (www.welcometobatam.com).

ⓘ An- & Weiterreise

FLUGZEUG

Der **Hang Nadim Airport** liegt im Osten Pulau Batams. Es gibt täglich Flüge nach Jakarta, Medan und in andere Städte auf Sumatra und Java.

SCHIFF/FÄHRE

Nach Sumatra (Festland)

Von Batams Hafen Sekupang bietet **Dumai Express** (PT Lestari Indoma Bahari; ☑ 0765-31820; Inlandsterminal von Sekupang) tägliche Fährverbindungen nach Tanjung Buton (240 000 Rp, 4–5 Std.) und Dumai (400 000 Rp, 7 Std.) auf dem Festland von Sumatra an. Von dort fährt ein Minibus weiter nach Pekanbaru (etwa 3 Std.).

Batam Jet (☑ 0778-427666; Inlandsterminal von Sekupang) schickt um 19 Uhr ein Boot von Sekupang nach Dumai (400 000 Rp, 8 Std.). 10 000 Rp werden zudem für die Bordkarte fällig.

Nach Malaysia

Passagierfähren (255 000 Rp, 2 Std.) verkehren zwischen dem Hafen Stulang Laut in Johor Bahru und Batam Centre (15-mal tgl.) sowie Harbour Bay (4-mal tgl.).

Nach Singapur

Batams wichtigste Häfen für Verbindungen nach Singapur sind Batam Centre, Harbour Bay (nahe Nagoya) und Sekupang an der Nordwestküste. In Singapur kommen die meisten Fähren in HarbourFront oder in Tanah Merah an.

Zu den Fähranbietern zählen **Batam Fast** (☑ 0778-321120; www.batamfast.com), **Majestic Ferry** (☑ Batam Centre 0778-479999, Sekupang 0778-323377; www.majesticfastferry.com) und **Sindo Ferry** (☑ Batam Centre 0778-465555, Harbour Bay 0778-381059, Sekupang 0778-321691; www.sindoferry.com.sg).

ⓘ Unterwegs vor Ort

Trans Batam BRT (Busschnellverkehr) ist der öffentliche Nahverkehrsanbieter der Stadt und be-

SCHIFFE/FÄHREN VON BATAM NACH SINGAPUR

ABFAHRT/ANKUNFT	FÄHRE	PREIS (RP)	HÄUFIGKEIT
Batam Centre/HarbourFront	Batam Fast	103 000	12-mal tgl.
Harbour Bay/Tanah Merah & HarbourFront	Batam Fast	103 000	4-mal tgl.
Sekupang/HarbourFront	Batam Fast	260 000	10-mal tgl.
Batam Centre/HarbourFront	Majestic Ferry	195 000	14-mal tgl.
Batam Centre/Tanah Merah	Majestic Ferry	195 000	4-mal tgl.
Sekupang/HarbourFront	Majestic Ferry	195 000	9-mal tgl.
Batam Centre/HarbourFront	Sindo Ferry	103 000	12-mal tgl.
Harbour Bay/HarbourFront	Sindo Ferry	260 000	3-mal tgl.
Sekupang/HarbourFront	Sindo Ferry	103 000	8-mal tgl.

dient auch die Häfen in Sekupang, Nagoya und Batam Centre.

Die bevorzugte Art der Fortbewegung auf Pulau Batam sind Taxis mit Taxameter und die Online-Taxis von Grab (S. 557). Ein Taxi vom Flughafen nach Nagoya kostet rund 130 000 Rp. Von Sekupang nach Nagoya muss man etwa mit 70 000 Rp rechnen, mit einem Grab kostet es halb so viel.

Nagoya

Nagoya ist eine richtige „Boom-Stadt" – hier wird viel mehr Haut gezeigt als im Rest Sumatras. Das Herzstück der Stadt ist der Nagoya Entertainment District, in dem überall Bierkneipen, Einkaufszentren und Massagesalons zu finden sind. Schön ist es hier nicht, aber praktisch ist Nagoya allemal, denn hier gibt's gute Restaurants und Unterkünfte, wenn man auf ein Boot nach Singapur wartet oder gerade von dort angekommen ist.

🛏 Schlafen & Essen

New Hotel Sinar Bulan HOTEL **$**
(☏0778-456757; Jl Pembangunan; Zi. 220 000–300 000 Rp; ❋❦) Ein freundliches Hotel nur ein paar Blocks von der Nagoya Hill Mall und verschiedenen Restaurants entfernt. Die Zimmer sind zwar absoluter Standard, die Tatsache, dass sie sauber und klimatisiert sind, lässt das Hotel aber zu einem echten Glücksfall werden, besonders, wenn die hilfsbereiten, Englisch sprechenden Angestellten gerade da sind. Auf der gegenüberliegenden Straßenseite befindet sich das „alte" Hotel (Zi. ab 150 000 Rp), das ein Restaurant im unteren Stockwerk hat.

Indo Rasa INDONESISCH **$**
(Jl Imam Bonjol; Gerichte ab 20 000 Rp; ⊗8–22 Uhr) Diese lebhafte Fressmeile in einem Gebäude an der Hauptstraße gegenüber von

Nagoya Hill ist eine gute Adresse für lokales Street-Food. Es gibt ein paar Stände, die so ziemlich alles von *ayam penyet* (Brathähnchen nach Ost-Java-Art) bis zu gegrilltem Fisch und chinesischen Dim Sum zubereiten. Kaltes Bier zum Hinunterspülen bekommt man auch.

ℹ An- & Weiterreise

Harbour Bay ist der Nagoya am nächsten gelegene Hafen. Dort fahren regelmäßig Boote nach Singapur ab. Nagoya liegt etwa 16 km westlich des Flughafens Hang Nadim. Ein Taxi dorthin kostet etwa 130 000 Rp, ein Grab (S. 557) 70 000 Rp. Der Hafen für Boote nach Tanjung Pinang liegt 24 km entfernt.

Von Nagoya aus fahren die öffentlichen Trans-Batam-Busse nach Sekupang und Batam Centre.

Pulau Bintan

Direkt gegenüber von Singapur, am anderen Ufer der Meeresenge, liegt Pulau Bintan, das mit einigen der schönsten weißen Sandstrände Sumatras aufwartet. Es vermarktet sich zwar selbst als luxuriöser Spielplatz für gut betuchte Besucher aus Singapur und anderen Teilen der Welt, es gibt aber durchaus auch erschwingliche Unterkünfte.

Die Spitzenklasse-Resorts drängen sich alle in Lagoi an der nördlichen Küste der Insel in unmittelbarer Nähe zu Singapur. Die weniger exklusiven Optionen an der Ostküste rund um Pantai Trikora sind aber nicht weniger reizend.

Deshalb lässt man die teuren *All inclusive*-Resorts in Lagoi am besten links liegen und erkundet stattdessen das kulturelle Herz Bintans rund um die größte Stadt der Insel, Tanjung Pinang. Angesichts der lärmigen, staubigen Straßen und der bunten Mischung von Baustilen, die jedoch alle einen gewissen rustikalen Charme versprühen, scheint das ultrasaubere Singapur hier Welten entfernt.

Kleine Boote bringen Einheimische wie Besucher hinüber nach Senggarang, wo sich ein chinesisches Dorf auf Stelzen befindet, oder nach Penyengat. Dies ist eine kleine Insel mit Königsgräbern, Palästen, einer Moschee und wunderbar ländlichem Flair.

ℹ Praktische Informationen

Die Touristeninformation (S. 647) in Trikora betreibt eine gute Website, die allerdings auf Indonesisch verfasst ist; einfach Google Translate benutzen!

GEFAHREN & ÄRGERNISSE

Die unglaublich juckenden Stiche der winzigen Sandmücken auf Bintan können für Strandbesucher ein echtes Ärgernis darstellen. Unbedingt Insektenspray mit DEET mitnehmen und dieses nach dem Baden erneut auftragen! Auch eine Zinkoxidlotion sollte man dabei haben, da sich die Stiche leicht entzünden.

ℹ An- & Weiterreise

FLUGZEUG

Der **Raja Haji Fisabilillah Airport** (✆ 0771-442434; www.rajahajifisabilillah-airport.co.id; Jl Adi Sucipto, Km 12) liegt im Südosten von Pulau Bintan. Flugzeuge von Garuda, Lion Air und Sriwijaya Air starten hier täglich nach Jakarta. Es gibt auch Direktflüge nach Pekanbaru.

SCHIFF/FÄHRE

Pulau Bintan besitzt zwei Hauptfährhäfen. Von hier legen Fähren u. a. nach Pulau Batam, Singapur, Malaysia und zu anderen Inseln des Riau-Archipels ab. Tanjung Pinang auf der Westseite der Insel ist der verkehrsreichste Hafen und die bessere Option, wenn man nach Pulau Batam oder Pantai Trikora möchte. Wer die Resort-Gegend Lagoi zum Ziel hat, für den ist der Fährhafen Bandar Bentan Telani (BBT) praktischer. Eine weitere Option für die Überfahrt nach Batam ist der Hafen Tandjunguban an der Westküste.

Nach Singapur

Fähren von Tanjung Pinang und dem Fährhafen Bandar Bentan Telani (BBT) fahren täglich zum Fährterminal Tanah Merah in Singapur.

Fährunternehmen sind z. B. Bintan Resort Ferries (S. 648), Majestic Fast und Sindo Ferry.

Nach Malaysia

Vom Fährhafen Tanjung Pinang gibt's Boote zum Fähranleger Berjaya Waterfront in Johor Bahru.

Nach Pulau Batam

Schnellfähren (47 000 Rp) legen täglich zwischen 7.20 und 18.30 Uhr alle 30 Minuten vom Fährhafen in Tanjung Pinang nach Telaga Punggur auf Batam ab. Es gibt jeden Tag zudem zwei RoRo-Autofähren. Auch vom Hafen Tandjunguban an der Westküste legen Boote ab. Das ist ganz praktisch, wenn man aus Trikora oder Lagoi kommt.

Zu anderen Zielen in Indonesien

Vom Fährhafen in Tanjung Pinang legen täglich Fähren zu anderen Inseln der Riau-Inselkette ab, darunter nach Pulau Karimun, Pulau Kundur und Pulau Lingga.

ℹ Unterwegs vor Ort

Bintan ist der einzige Ort in Indonesien, wo ein Mietwagen überhaupt eine Option ist, da die Straßen relativ ruhig und in gutem Zustand sind. **Supra** (✆ 0859 7788 0090) ist ein zuverlässiger und freundlicher, Englisch sprechender Taxifahrer. Für eine Fahrt von Tanjung Pinang nach Trikora muss man mit rund 300 000 Rp rechnen. Supra verleiht auch Motorräder. Hier muss man aber gut verhandeln.

Tanjung Pinang

✆ 0771 / 225 000 EW.

Bintans Hauptstadt Tanjung Pinang ist eine historische Hafenstadt und ein altes Handelszentrum mit einer noch immer florierenden Marktkultur. Die Stadt brummt nur so vor Geschäftigkeit. Kaum hat man die Fähre verlassen, wird man auch schon von den ersten Schleppern belagert. Man findet sich aber leicht auch ohne ihre „Hilfe" zurecht. Traveller hält es normalerweise nicht lange hier, es gibt aber durchaus ein paar lohnende Attraktionen, sodass man auch eine Nacht in der Stadt verbringen kann.

◉ Sehenswertes

★ **Pulau Penyenget**   INSEL

Pulau Penyenget ist mit einem der häufig verkehrenden Boote (7000 Rp) zu erreichen, die vom Pier in Tanjung Pinang ablegen. Es war einst die Hauptstadt der Riau-Radschas. Die Ruinen des alten Palasts von Radscha Ali und die Gräber und Friedhöfe der Radschas Jaafar und Ali liegen landeinwärts und sind ausgeschildert. Die beeindruckendste Sehenswürdigkeit ist die schwefelfarbene Moschee mit ihren vielen Kuppeln und Minaretten.

🛏 Schlafen & Essen

Hotel Panorama   HOTEL **$**

(✆ 0811 700 0432, 0771-22920; www.bintanpanorama.com; Jl Haji Agus Salim 21; DZ inkl. Frühstück ab 242 000 Rp; ❄ @ �) Das Hotel Panorama

SUMATRA PULAU BINTAN

liegt zu Fuß zehn Minuten vom Fährhafen in Tanjung Pinang entfernt und versprüht das spießige Flair eines englischen B&Bs. Die Zimmer sind sauber und geräumig. Für einen komfortablen Aufenthalt sorgen Warmwasserduschen, Klimaanlage, schnelles WLAN, Kabel-TV und Zimmerservice. Im Preis ist ein Frühstücksbüfett eingeschlossen, das im Restaurant im Erdgeschoss aufgebaut wird. Es gibt auch eine Dachterrassenbar.

Melayu Square INDONESISCH **$**
(Jl Hang Tuah; Gerichte ca. 20 000 Rp; ⊙17–22 Uhr) Sobald die Dämmerung hereinbricht, verwandelt sich dieser Platz in einen lebhaften Ort mit Imbissständen, die frische Meeresfrüchte, Nudeln und alle Arten von Straßen-Snacks zubereiten.

❶ Praktische Informationen

Touristeninformation (☑ 0771-318223; Jl. Merdeka 5; ⊙ Mo–Fr 9–17 Uhr) Vor der Polizeistation in der Nähe des Hafens hilft dieses kleine Büro beim Organisieren von Touren und Transportmitteln auf der Insel.

❶ An- & Weiterreise

Tanjung Pinang ist leicht mit dem Boot von Singapur, Malaysia, Pulau Batam und anderen Inseln der Riau-Inselkette zu erreichen.

Der Raja Haji Fisabilillah Airport (S. 645) liegt 10 km östlich von Tanjung Pinang und ist problemlos mit dem Taxi zu erreichen. Flugzeuge von Garuda, Lion Air und Sriwijaya Air starten hier täglich nach Jakarta.

Majestic Fast Ferry (☑ 0771-450 0199; www.majesticfastferry.com.sg; Fährhafen Sri Bintan Pura) und **Sindo Ferry** (☑ 0771-316886, in Singapur +65 6331 4122; www.sindoferry.com.sg; Fährhafen Sri Bintan Pura) legen jeweils etwa viermal am Tag von Tanjung Pinang zum Fährhafen Tanah Merah in Singapur ab. Boote zum Stulang Laut (310 000 Rp, 3 Std.) in Malaysia fahren täglich um 7, 12.30 und 15 Uhr ab. Es wird eine Ausreisesteuer von 60 000 Rp fällig.

Dumai Express (☑ 0852 6557 3188, 0813 7882 2999, 0771-25888; dumex_dumai@yahoo.com) schickt täglich um 6 Uhr eine Fähre nach Dumai (430 000 Rp, 9 Std.) auf Sumatra.

Schnellfähren nach Pulau Batam (47 000 Rp) legen alle 30 Minuten ab.

Senggarang

Dieses überwiegend chinesische Dorf auf der anderen Seite der Bucht von Tanjung Pinang auf Pulau Bintan ist problemlos mit einem Taxi (25 Min.) oder einem Boot

(10 Min.) zu erreichen. Die größten Attraktionen dieser Gegend sind das schwimmende, auf Stelzen erbaute chinesische Dorf und mehrere buddhistische Tempel, von denen einer praktisch von einem Banyanbaum verschlungen wurde.

◉ Sehenswertes

Banyan Tree Temple BUDDHISTISCHER TEMPEL
Dieser außergewöhnliche Tempel ist in einem Gebäude aus dem frühen 19. Jh. untergebracht. Ursprünglich gehörte er einem reichen Chinesen, der hier auch begraben liegen soll. Im Laufe der Jahre wurde der Tempel dann von den Wurzeln eines riesigen Banyanbaums verschluckt. Die Stätte hat sich erst im Laufe der vergangenen Jahrzehnte zu einem Schrein entwickelt, da Einheimische und Gläubige von weiter weg begannen, ihre Opfer hier darzubringen und um Segen zu bitten.

Der Weg von hier zurück zum Fähranleger führt nicht zwangsweise erneut über die Tempelanlage Vihara Dharma Sasana. Man kann auf dem Rückweg auch einfach die erste Abzweigung nach links nehmen.

Vihara Dharma Sasana BUDDHISTISCHER TEMPEL
Dieser gut instandgehaltene Tempelkomplex mit drei Haupttempeln und Blick aufs Meer wird durch einen wunderschönen ornamentalen chinesischen Torbogen betreten. Die zwei ältesten Tempel – die ersten beiden hinter dem Torbogen – sind vermutlich zwischen 200 und 300 Jahren alt, wurden seit dieser Zeit aber zahllose Male saniert und neu gestrichen. Die Decken mit ihren Schnitzereien sind besonders reich verziert. Dahinter stehen ein modernerer Tempel und zwei riesige, sehr farbenfrohe Buddha-Statuen.

Trikora & Umgebung

Die Ostküste von Pulau Bintan ist eine authentischere und entspanntere Alternative zu den gepflegten Resorts von Lagoi und wartet dennoch mit hübschen weißen Sandstränden auf. Am bekanntesten ist der Pantai Trikora, aber auch der Pantai Mutiara weiter nördlich wird immer beliebter. Die kleinen Inseln vor Pantai Trikora lohnen ebenfalls einen Besuch. Hier kann man außerhalb der Monsunzeit sehr gut schnorcheln. Das Museum Bahari Bintan (S. 647) ist ein Muss für alle, die sich für Bintans faszinierende Kultur und Geschichte interessieren.

⊙ Sehenswertes

★ **Museum Bahari Bintan** MUSEUM
(Jl Trikora, Km 36; ⊙ 8.30–16 Uhr) GRATIS Dieses
faszinierende Schifffahrtsmuseum ist ein
angenehm überraschender Fund an dieser
verschlafenen Küstenstraße. Das Gebäude
hat die Form eines Schiffes und steht – recht
ungewöhnlich – mitten in einem islamischen Lernzentrum, das gleichzeitig als
Touristeninformation (www.bintantourism.
com; ⊙ Mo–Fr 8–15.15 Uhr) fungiert. Seine
wunderschön aufgemachten Exponate informieren über Kuriositäten wie die *kelong*
(schwimmende Fischereibauten), die auf
dem Meer zu sehen sind, und detailgenaue
Schiffsmodelle. Zudem gibt's interessante
Hintergrundinfos zum Lebensstil des als
Seenomaden lebenden Volks der Orang
Laut.

Berakit DORF
(Panglong) An der nordöstlichsten Spitze von
Pulau Bintan liegt das kleine, kuriose Fi-
scherdorf Berakit. Hier lebt das Volk der
Orang Laut (was übersetzt „Menschen des
Meers" bedeutet), eine nomadische ethni-
sche Gruppe, die traditionell in der gesam-
ten malaiischen Region auf dem Meer auf
Booten lebt. Dies hier ist eine permanente
Siedlung mit Pfahlhäusern direkt auf dem
Wasser. Im Dorf gibt's auch eine kleine Kir-
che sowie zwei große Brennöfen in der Form
von Iglus, die zur Herstellung von Holzkohle
verwendet wurden.

🛏 Schlafen

★ **Mutiara Beach Guesthouse** PENSION $$
(☑ 0821 7121 1988; www.mutiarabintan.com; Jl Tri-
kora, Km 55; Zeltplatz inkl. Frühstück 90 000 Rp, DZ
500 000–1 100 000 Rp; ❋ 🛜) In diesem wun-
derbaren Refugium in Schweizer Hand ste-
hen traumhafte strohgedeckte Bungalows
mit geräumigen Veranden inmitten unge-
zähmter Vegetation direkt an einem natur-
belassenen Strand, dessen flaches Wasser
sich gut zum Baden eignet. Im Restaurant
werden lokale und westliche Gerichte ser-
viert, und direkt am Wasser befindet sich ein
kleiner Strandclub mit Lounge-Möbeln, Sa-
telliten-TV, einer Bar und einer Bibliothek.
Zum Komplex gehört auch das rustikale
Aroma River Spa (Anwendungen ab
280 000 Rp; ⊙ 10–18 Uhr), das naturnahe Ent-
spannung verspricht.

Es werden Stand-up-Paddling-Bretter
(SUPs), Kajaks, Fahrräder und Schnorchel-
ausrüstung verliehen.

★ **Trikora Beach Club** RESORT $$$
(☑ 0811 7700 898; www.trikorabeachclub.com; Jl
Pemuklman; DZ inkl. Frühstück 125–165 US$; ❋ 🛏)
Mit seinen rustikalen, weiß getünchten
Strandhütten und dem weißen Sandstrand
ist dieses hyperrelaxte Resort vor allem bei
Besuchern aus dem benachbarten Singapur
beliebt, nicht zuletzt, weil es für sie günstig
und nah ist. Der traumhafte, blau gefliese
Pool ist perfekt für eine kurze Abkühlung.
Gleiches gilt für das Meer, wo man schnorcheln und eine Reihe Wassersportarten aus-
probieren kann. Das Essen im Restaurant ist
ganz gut.

ℹ An- & Weiterreise

Eine Taxifahrt vom Fährhafen Bandar Bentan
Telani (BBT) in Lagoi nach Trikora kostet rund
300 000 Rp. Für ein Taxi von Tanjung Pinang
zahlt man ähnlich viel. Supra (S. 645) ist ein
empfehlenswerter Fahrer.

Ein *ojek* von den Fährhäfen kostet etwa
150 000 Rp.

Lagoi

Die abgeschlossene Resortanlage von Pulau
Bintan erstreckt sich entlang der nördlichen
Küste der Insel rund um Pasir Lagoi. Die
hiesigen Sandstrände eignen sich gut zum
Baden, und die Resorts bieten einen makellosen Vier- bis- Fünf-Sterne-Service. Zudem
werden Wassersport- und Unterhaltungsop-
tionen für alle Altersgruppen angeboten. An
Werktagen kann man Rabatte von bis zu
50 % absahnen.

🛏 Schlafen

★ **Banyan Tree Bintan** RESORT $$$
(☑ 0770-693100; www.banyantree.com; Jl Teluk
Berembang; DZ inkl. Frühstück ab 6 250 000 Rp;
❋ 🛜 🛏) Das private und privilegierte Ban-
yan Tree liegt mitten im Dschungel und ist
ein Resort der Spitzenklasse. Es ist für sein
gehobenes „Sparangebot" bekannt. Seinen
900 m langen Strand teilt sich das Hotel mit
dem Angsana Resort & Spa Bintan.

Mayang Sari Beach Resort RESORT $$$
(☑ 0770-692505; http://mayang.nirwanagardens.
com; Jl Panglima Pantar; DZ inkl. Frühstück ab
2 350 000 Rp; ❋ 🛜) Dieses nicht ganz so gehobene Resort bietet ein gutes Preis-Leistungs-Verhältnis und verfügt über 50 strohgedeckte Chalets im balinesischen Stil, die
alle ihre eigene Veranda und entweder Gar-
ten- oder Meerblick haben. Das Anwesen ist
an einem traumhaften weißen Sandstrand

gelegen und bietet neben verschiedenen Sportarten (an Land oder im Wasser) auch Spa-Anwendungen an.

ℹ️ Anreise & Unterwegs vor Ort

Wer die Resortgegend Lagoi zum Ziel hat, für den ist der Fährhafen Bandar Bentan Telani (BBT) der praktischste Fähranleger auf Pulau Bintan. **Bintan Resort Ferries** (☑️ 0770-691935, in Singapur +65 6542 4372; www.brf.com.sg; Fährhafen Bandar Bentan Telani) fährt zum Fährhafen Tanah Merah in Singapur.

Die Resorts in Lagoi bieten normalerweise Pakete an, bei denen ein Shuttle-Service vom und zum Fährhafen BBT beinhaltet ist.

JAMBI

☑️ 0741 / 583 500 EW.

Die Hauptstadt der Provinz Jambi ist ein geschäftiger Flusshafen, etwa 155 km von der Mündung des Sungai Batang Hari entfernt. Der Hauptgrund für einen Besuch hier ist der große Tempelkomplex von Muara Jambi, der 26 km flussabwärts von Jambi liegt. Es ist die bei Weitem größte Attraktion der Ostküste Sumatras. In Jambi selbst herrscht aber auch eine angenehm zurückhaltende und freundliche Atmosphäre, besonders rund um die Imbissstände am Fluss, die mit der Dämmerung öffnen und denen die abstrakte Fußgängerbrücke als Kulisse dient.

Geldautomaten findet man in Jambi rund um die Jl Dr. Sutomo.

Geschichte

Die Provinz Jambi war das Zentrum des alten Königreichs Malayu, das im 7. Jh. erstmals Bedeutung erlangte. Der Großteil von Malayus Geschichte ist auf verwirrende Weise eng mit der des größten Rivalen in der Region verflochten, dem Königreich Srivijaya, dessen Hauptstadt Palembang war.

Es wird davon ausgegangen, dass die Tempelruinen von Muara Jambi der Ort sind, an dem sich einst Malayus Hauptstadt, die alte Stadt Jambi befand, die von den Chinesen Chan Pi genannt wird. Die Malayu schickten im Jahr 644 ihre erste Delegation nach China, und der chinesische Gelehrte I Tsing verbrachte 672 einen Monat in Malayu. Als dieser 20 Jahre später zurückkehrte, war Malayu von den Srivijaya erobert worden. Offenbar behielten die Srivijaya bis zu ihrem plötzlichen Niedergang Anfang des 11. Jhs. die Kontrolle über Malayu.

Nach dem Untergang der Srivijaya stieg Malayu wieder zu einem unabhängigen Königreich auf und blieb autonom, bis es unter die Herrschaft des javanischen Majapahit-Imperiums fiel, das zwischen 1278 und 1520 regierte. Anschließend hatte hier das Volk der Minangkabau aus West-Sumatra das Sagen, bevor es 1616 von der Dutch East India Company kontrolliert wurde, die hier bis 1901, als der Hauptsitz nach Palembang verlagert wurde, ein Handelsmonopol unterhielt.

◉ Sehenswertes

⭐ Muara Jambi   RUINEN

(5000 Rp; ⏱️ 7–18 Uhr) Diese Ansammlung von zerfallenen und teilweise restaurierten Tempeln ist die wichtigste hinduistische und buddhistische Stätte auf Sumatra. Es wird angenommen, dass die Tempel dort stehen, wo sich einst das alte Jambi befand, die Hauptstadt des vor 1000 Jahren bestehenden Königreichs Malayu. Die meisten der *candi* (Tempel) gehen auf das 9. bis 13. Jh. zurück, als Jambis Macht ihren Höhepunkt erreichte. Am Eingang kann man sich ein Fahrrad leihen (10 000 Rp/Tag), die ausgesprochen friedliche, zwischen Bäumen gelegene Stätte erkunden und die steinernen Tempel bewundern.

Das Areal ist 12 km² groß und liegt am Nordufer des Batang Hari. Betreten wird es durch einen verzierten Torbogen im Dorf Muara Jambi. Die meisten interessanten Orte sind von hier innerhalb von fünf Minuten zu Fuß zu erreichen. Während das auch für die meisten Tempel gilt, ist es sinnvoll, sich für die Erkundung der etwas abgelegeneren Ruinen im Westen der Anlage einen Drahtesel zu mieten. Der Großteil der Stätte ist noch nicht ausgegraben, und es wird lebhaft darüber diskutiert, ob es Besuchern erlaubt sein sollte, auf den Ruinen und den restaurierten Tempeln herumzuklettern oder nicht.

Bisher wurden acht Tempel entdeckt, die alle im Zentrum ihres eigenen, mit niedrigen Mauern versehenen Komplexes stehen. Manche sind von *perwara candi* (kleineren Nebentempeln) umgeben, und drei von ihnen kommen nun nach ihrer Restaurierung dem Originalzustand sehr nahe. Überall finden sich *menapo* (kleinere Steinhaufen), von denen angenommen wird, dass es sich um die Ruinen anderer Bauwerke handelt, möglicherweise von Wohnhäusern der Priester und anderer hoher Beamter.

ORANG RIMBA

Jambis nomadische Jäger und Sammler sind unter vielen Namen bekannt. Außenstehende bezeichnen die verschiedenen Stämme kollektiv als Kubu – ein unschmeichelhafter Begriff –, während sie sich selbst als Orang Rimba (Menschen des Waldes) oder Anak Dalam (Kinder des Waldes) bezeichnen. Sie sind Nachkommen der ersten großen Welle von Malaien, die nach Sumatra einwanderten, und zogen in Gruppen durch die Tieflandwälder Jambis.

Als ortsfeste Gemeinschaften begannen, die Provinz zu dominieren, behielten die Orang Rimba ihren nomadischen Lebensstil und ihre animistischen Überzeugungen bei. Für sie waren die Annahme des Islam und die Umstellung auf Landwirtschaft durch ihre Nachbarn eine Respektlosigkeit gegenüber dem Wald. Traditionell vermieden die Orang Rimba den Kontakt mit Außenstehenden und zogen es vor, zu tauschen und zu handeln, indem sie Waren am Rande des Waldes platzierten oder sich auf vertrauenswürdige Vermittler verließen.

In den 1960er-Jahren setzte sich die indonesische Regierung mittels ihrer Sozial- und Religionsministerien dafür ein, die Orang Rimba in permanente Siedlungen zu integrieren und sie zu einer monotheistischen Religion zu bekehren. Zur gleichen Zeit wurde der Dschungel in Kautschuk- und Ölpalmenplantagen umgewandelt, was im Zuge der groß angelegten *transmigrasi* geschah, einem von der Regierung geförderten Programm, durch das Siedler zum Umzug aus überbevölkerten Gegenden auf Java und Bali in dünn besiedelte Regionen ermutigt werden sollten.

Einige Orang Rimba integrierten sich tatsächlich und sind heute innerhalb der Plantagen wirtschaftlich marginalisiert, während andere zwar in den Wäldern leben, aber von staatlichen Mitteln abhängig sind. Etwas mehr als 2000 Orang Rimba haben sich ihren traditionellen Lebensstil in dem schrumpfenden Wald bewahrt. Diese Gruppen erhielten besondere Siedlungsrechte innerhalb der Nationalparks Bukit Duabelas und Bukit Tigapuluh, aber die geschützten Wälder sind genauso gefährdet durch illegale Abholzung und Wilderei wie andere Parks auf Sumatra.

Nach Angaben der NGO-Gruppen, die mit den Orang Rimba zusammenarbeiten, ist die Frage nicht, ob die Stämme ihre Dschungeltraditionen verlieren, sondern wann dies geschehen wird. Ganz im Geiste eines praktischen Idealismus hat die Organisation WARSI (www.warsi.or.id) eine alternative Bildungsinitiative ins Leben gerufen. Anstatt den Orang Rimba Bildungseinrichtungen aufzuzwingen, gehen Lehrer zu denjenigen, die einen Außenstehenden akzeptieren, und bringen den Kindern Lesen, Schreiben und Rechnen bei, das Äquivalent zum Wissen der ortsfesten Gemeinden, wie man jagt und Futter für Tiere anbaut.

Orang-Rimba-Gemeinschaften, die heute in Konzessionsgebieten leben, sehen sich mit den unterschiedlichsten Problemen konfrontiert, etwa mit veralteten staatlichen Wohnungen oder fehlendem kultivierbarem Land, das den gerodeten Dschungel ersetzen könnte. Aber auch die Tatsache, dass die Orang Rimba ermutigt wurden, den muslimischen Glauben anzunehmen und somit bestimmte Tiere nicht mehr zu essen, macht ihnen das Leben nicht gerade leichter.

An den Stufen des restaurierten Tempels **Candi Gumpung** direkt gegenüber dem Spendenbüro bewacht ein teuflisch dreinschauender *makara* (Dämonenkopf) den Eingang. Bei Ausgrabungsarbeiten wurden hier wichtige Funde zutage gefördert, darunter ein *peripih* (Steinbehältnis), in dem Goldplatten mit alten javanischen Schriftzeichen entdeckt wurden, wodurch der Tempel auf das 9. Jh. datiert werden konnte. Zu den Highlights des kleinen **Museums** vor Ort zählen eine Statue Prajnaparamitas, die hier gefunden wurde, und andere Steinritzungen und Keramiken. Die faszinierendsten Artefakte wurden jedoch nach Jakarta gebracht.

Candi Tinggi, 200 m südöstlich von Candi Gumpung, ist der schönste unter den bislang entdeckten Tempeln. Er stammt aus dem 9. Jh., wurde aber um einen anderen, älteren Tempel herumgebaut. Östlich des Candi Tinggi führt ein von zahlreichen *menapo* gesäumter Pfad zum 1,5 km entfernten **Candi Astano**. Unterwegs kommt man am hübschen **Candi Kembar Batu** vorbei, der von Palmen umgeben ist.

Die Tempel auf der Westseite der Stätte wurden noch nicht restauriert. Sie wurden größtenteils so belassen, wie sie entdeckt wurden. Lediglich die Vegetation wurde in den 1980er-Jahren entfernt. Die westlichen Stätten sind vom Candi Gumpung aus ausgeschildert. Die erste Station nach 900 m ist der **Candi Gedong I**, 150 m dahinter steht der **Candi Gedong II**. Trotz ihrer Namen handelt es sich hierbei um zwei voneinander unabhängige Tempel. Der Pfad führt weitere 1,5 km nach Westen zum **Candi Kedaton**, dem größten Tempel. Abgesehen von dem Treppenaufgang, der von Götterstatuetten bewacht wird, sind nur noch die Grundmauern erhalten. Ein friedlicher und bewegender Ort! Weitere 900 m nordwestlich findet sich der **Candi Koto Mahligai**.

Jahrhundertelang lag die Stätte verlassen und vom Dschungel überwuchert am Ufer des Batang Hari. Sie wurde 1920 von einer Expedition der britischen Armee „wiederentdeckt", die die Region erkunden sollte. Die Wohnstätten der gewöhnlichen Malayu wurden von den Bewohnern des Dorfes Muara Jambi durch moderne Pfahlhäuser ersetzt. Chinesischen Aufzeichnungen zufolge lebte das Volk der Malayu einst am Fluss in Pfahlbauten oder in schwimmenden Hütten, die am Ufer festgemacht waren.

Zwischen Jambi und Muara Jambi, die 26 km voneinander entfernt liegen, verkehren keine öffentlichen Verkehrsmittel. Man kann in Jambi am Bootsanleger am Fluss ein Schnellboot (400 000 Rp) nach Muara Jambi chartern. Ein Grab-Taxi kostet rund 120 000 Rp (einfache Strecke) oder man nimmt ein *ojek* (50 000 Rp).

Museum Siginjai MUSEUM
(www.museumsiginjei.blogspot.com; Jl Jenderal Urip Sumoharjo; Erw./Kind 2000/1000 Rp; ⊗ So–Fr 8–16 Uhr) In diesem sehenswerten Museum der Provinz werden alle Aspekte des kulturellen Erbes der Jambi beleuchtet. Die Exponate sind auf Englisch beschildert und informieren über den buddhistischen Tempel in Muara Jambi, die ethnische Gruppe der Orang Rimba, die Tierwelt sowie die traditionelle Architektur und Alltagsobjekte. Es liegt 4 km südwestlich des Stadtzentrums.

☞ Geführte Touren

★ **Padmasana Foundation** GEFÜHRTE TOUREN
(☑ 0813 6619 7841, 0852 6600 8969, 0852 6609 1459; http://padmasanafoundation.blogspot.com; Touren ab 1 250 000 Rp/Pers.) Die Padmasana Foundation ist eine gemeinnützige Organisation, die sich dem Schutz und der Ausgrabung der Ruinen Muara Jambi widmet. Ihre Mitglieder arbeiten mit der lokalen Gemeinde im Dorf neben den Ruinen zusammen. Die Mitarbeiter können Informationen bereitstellen und Führungen zur Stätte sowie die Unterbringung in Gastfamilien im Dorf organisieren.

Guntur GEFÜHRTE TOUREN
(☑ 0813 6833 0882; Touren ab 1 250 000 Rp/Pers.) Guntur ist höchst kompetent, spricht Englisch und übt seinen Beruf voller Begeisterung aus. Einen besseren Guide für Muara Jambi wird man in Jambi nicht finden. Wer sich mit anderen zu einer Gruppe zusammenschließt, bezahlt deutlich weniger. Guntur verfügt außerdem über ein profundes Wissen zum Kerinci-Tal.

🛏 Schlafen

Hotel Fortuna HOTEL $
(☑ 0741-23161; Jl Gatot Subroto 84; Zi. 185 000 Rp; ❇🕲) Die solide Budgetoption wartet mit einfachen, spartanisch eingerichteten Zimmern auf. Der wichtigste Pluspunkt ist aber die zentrale Lage an einem kleinen Einkaufszentrum gegenüber dem Abadi Hotel. Die chinesischen Nudellokale eignen sich super für ein schnelles Frühstück, allerdings werden die Angestellten in Sachen Charme keinen Blumentopf gewinnen. WLAN gibt's nur in der Lobby, und Toilettenpapier muss man selbst mitbringen.

Hotel Duta BOUTIQUEHOTEL $$
(☑ 0741-755918; hotelduta@yahoo.com; Jl Sam Ratulangi 65-68; Zi. inkl. Frühstück ab 380 000 Rp; ❇🕲) Im Duta gibt's kompakte Zimmer mit moderner Ausstattung und schicken Bädern. Auch die Flachbild-TVs – mit vielen englischsprachigen Programmen – und den pompösen Empfangsbereich würde man im verschlafenen Jambi so nicht unbedingt erwarten. Eine Renovierung würde dem Hotel aber auch nicht schaden. Die Imbissstände am Fluss mit ihren köstlichen Leckereien sind nur einen kurzen Fußweg entfernt.

✕ Essen & Ausgehen

Kopi Tiam Oey Jambi INDONESISCH $
(Jl Sultan Agung; Gerichte 18 000–60 000 Rp; ⊗ 7–22 Uhr; ❇🕲) Gegenüber Jambis wunderschöner Moschee befindet sich dieses verlässlich gute Café, das mit sortenreinem Kaffee, Klimaanlage und WLAN aufwartet.

Serviert wird auch eine interessante Auswahl indonesischer Gerichte vom gesamten Archipel, die nicht auf jeder Speisekarte zu finden sind. Die Deko ist ein seltsamer Mischmasch aus chinesischem und britischem Schnickschnack.

Taman Tanggo Rajo INDONESISCH $

(Jl Raden Pamuk; Snacks ab 10 000 Rp; ⊙17–23 Uhr) Jambis beliebtestes Ziel für einen Abendspaziergang ist die hübsche, geschwungene Fußgängerbrücke, die über den bei Dunkelheit erleuchteten Fluss führt. Die Imbissstände hier verkaufen beliebte lokale Klassiker wie *nanas goreng* (frittierte Ananas), *jagung bakar* (gerösteter Mais mit Kokosmilch und Chili) und die unterschiedlichsten *sates*.

Pondok Kelapa SEAFOOD $$

(☑0819 2551 499; Jl Hayam Waruk; Gerichte 60 000–200 000 Rp; ⊙10–22 Uhr) In diesem ansprechenden Restaurant rund um einen ruhigen Gartenpavillon stehen ganz klar Fisch und Meeresfrüchte im Mittelpunkt. Es ist eine tolle Adresse, um gebratene Riesengarnelen, *cumi asang manis* (Tintenfisch süß-sauer) oder lokale Spezialitäten wie *pinang patin* (pikanter Fischeintopf mit Ananas) zu probieren. Auf der Speisekarte finden sich zwar Bilder, aber keine Preise. Deshalb vor der Bestellung nachfragen!

Sky Lounge BAR

(12. Stock, Aston Jambi Hotel, Jl Sultan Agung 99; ⊙Mo–Sa 16–24 Uhr; 🕾) Jambis nobelste Adresse für einen Drink ist diese Dachterrassenbar auf dem Dach des **Aston Jambi Hotel** (☑0741-33777; www.astonhotelinternational. com). Bei einem Cocktail, Bier oder Wein kann man den tollen Blick auf die Stadt genießen. Es werden aber auch Gerichte auf der Terrasse oder drinnen in der Lounge serviert. Hierher kommen vor allem gut situierte Einheimische. Es gibt regelmäßig Musik von Bands und DJs.

❶ An- & Weiterreise

BUS

Bustickets kann man an zwei Stellen in Jambi kaufen: In Simpang Rimbo, 8 km westlich der Stadt, und in Simpang Kawat, 3,5 km südwestlich von Jambi an der Jl M. Yamin.

Einige günstige Busse fahren regelmäßig nach Palembang. Mehrere Minibus-Unternehmen, darunter **Ratu Intan Permata** (☑0741-20784; Simpang Kawat, Jl M. Yamin 26), bieten einen komfortablen Tür-zu-Tür-Service nach Pekanbaru, Bengkulu, Palembang und Padang an. **Safa Marwa** (☑0741-65756; Jl Pattimura 7) hat einen ähnlichen Service nach Sungai Penuh im Kerinci-Tal im Angebot. Die Busse fahren am Büro des jeweiligen Unternehmens ab, können Passagiere auf Wunsch aber auch überall in der Stadt abholen.

VERKEHRSMITTEL AB JAMBI

Bus

ZIEL	PREIS (RP)	DAUER (STD.)	HÄUFIGKEIT
Bengkulu	180 000	10	mehrmals tgl.
Padang	120 000–190 000	11	2-mal tgl.
Palembang	120 000	7	mehrmals tgl.
Pekanbaru	150 000–190 000	12	tgl.
Sungai Penuh	150 000	8	10-mal tgl.

Flugzeug

ZIEL	FLUGGESELLSCHAFT	HÄUFIGKEIT
Bandar Lampung	Wings Air	tgl.
Jakarta	Batik Air, Citilink, Garuda, Lion Air, Sriwijaya Air	14-mal tgl.
Medan	Wings Air	tgl.
Padang	Wings Air	tgl.
Palembang	Garuda, Wings Air	2-mal tgl.
Pekanbaru	Wings Air	tgl.
Pulau Batam	Lion Air, Sriwijaya Air	1–2-mal tgl.
Sungai Penuh (Kerinci)	Wings Air	tgl.

FLUGZEUG

Der **Sultan Thaha Airport** (www.sultanthaha -airport.co.id) liegt 6 km von Jambis Zentrum entfernt.

ℹ️ Unterwegs vor Ort

In Jambi gibt's sowohl Grab- (S. 557) als auch Go-Jek-Taxis (S. 557). Sie sind in Bezug auf Preis und Effizienz die beste Option, um sich in der Stadt fortzubewegen. Zum Flughafen kommt man für etwa 30 000 Rp (im Vergleich zu 50 000 Rp für ein normales Taxi).

Alternativ warten *ojeks* und Taxis in der Nähe von Einkaufszentren auf Passagiere. Ein *ojek* zu den Busunternehmen in Simpang Rimbo kostet rund 25 000 Rp. Nach Simpang Kawat sind es etwa 15 000 Rp.

Zwischen Jambi und Muara Jambi verkehren keine öffentlichen Verkehrsmittel. Man kann in Jambi am Bootsanleger am Fluss ein Schnellboot (400 000 Rp) nach Muara Jambi chartern. Ein Grab-Taxi kostet rund 120 000 Rp (einfache Strecke); mit einem *ojek* (50 000 Rp) kommt man ebenfalls von A nach B.

SÜDSUMATRA

Aufgrund seiner Nähe zur Straße von Malakka hat der östliche Teil Südsumatras einige Gemeinsamkeiten mit den Provinzen Riau und Jambi, nämlich die malaiische Abstammung und die malaiischen Einflüsse. Das östliche Tiefland ist von Flüssen geprägt, während die hohen Gipfel des Bukit Barisan im Westen die schroffe, felsige Außengrenze der Provinz bilden. Die Hauptstadt der Provinz, Palembang, war früher zentraler Sitz des buddhistischen Reiches Srivijaya, das einst das gesamte Gebiet der Malaiischen Halbinsel einnahm.

Trotz ihrer glorreichen Vergangenheit hat die Provinz nur wenige Attraktionen, sieht man einmal von der atemberaubenden Landschaft des Pasemah-Hochlands und der Gastfreundschaft ab, die einem überall dort begegnet, wo die bilingualen Einwohner sonst nicht viele Gelegenheiten haben, ihr Englisch anzuwenden.

Palembang

📞 0711 / 1,7 MIO. EW.

Die zweitgrößte Stadt Sumatras ist ein wichtiger Flusshafen am Sungai Musi. Die beiden Hälften der Stadt sind durch die riesige Jembatan Ampera (Ampera-Brücke) miteinander verbunden. Heute ist Palembang nur eine von vielen großen indonesischen Städten, die von Verkehrschaos und Luftverschmutzung geplagt sind, doch hat es eine faszinierende Vergangenheit und ist eine der ältesten Städte Südostasiens. Vor 1000 Jahren war Palembang die Hauptstadt der hoch entwickelten Srivijaya-Zivilisation, die den Großteil Südostasiens – genauer: den Großteil Sumatras, der Malaiischen Halbinsel, Südthailands und Kambodschas – beherrschte. Heute finden sich außerhalb des Stadtmuseums nur noch wenige Relikte aus jener Zeit.

Palembang ist zwar alles andere als ein obligatorisches Highlight, es ist allerdings untouristisch genug, um schon wieder reizvoll zu sein, sollte man sowieso über Land fahren und auf dem Weg aus dem Pasemah-Hochland oder aus Jambi hier vorbeikommen. Essen ist ein weiterer Grund für einen Besuch, denn die scharfen Spezialitäten der Stadt sind ein hitzig diskutiertes Thema in ganz Sumatra (positiv wie negativ).

👁️ Sehenswertes

Balaputra Dewa Museum   MUSEUM
(Museum Negeri Balaputra Dewa; 📞 0711-412636; Jl Sriwijaya 1, Km 5,5; 2000 Rp; ⊙ Di–Fr 8.30–15.30, Sa & So bis 14 Uhr) Dieses hervorragende Museum zeigt Funde aus der Srivijaya-Zeit sowie megalithische Steinritzungen aus dem Pasemah-Hochland, u.a. den berühmten *batu gajah* (Elefantenstein). Sehenswert sind außerdem eine exzellente Sammlung fein gewebter *songkets* und Exponate zur jüngeren Herrschaftsgeschichte, darunter zum Sultanat Palembang, zur niederländischen Kolonisation und zur japanischen Besatzung im Zweiten Weltkrieg. Hinter dem Museum steht ein wunderbares, original erhaltenes *rumah limas* (traditionelles Haus) von 1830, das auf dem 10 000 Rp Schein abgebildet ist.

Sultan Mahmud Badaruddin II. Museum   MUSEUM
(Jl Sultan Mahmud Badarudin 19; 5000 Rp; ⊙ Mo–Fr 8–16, Sa & So 9–15 Uhr) Das Museum am Ufer des Sungai Musi ist in einem hübschen Gebäude aus dem 19. Jh. untergebracht, das europäische und lokale Architekturstile miteinander vereint. Es wurde 1825 an dem Ort errichtet, an dem einst der Palast von Sultan Mahmud Badaruddin stand, der von den Niederländern zerstört wurde (die damit dem Sultanat Palembang ein Ende bereiteten). Im Museum wird die ereignisreiche Geschichte der Stadt von der Srivijaya-Dy-

nastie bis zur Ära der Sultanate beleuchtet, und es sind traditionelle Artefakte aus Südsumatra zu sehen.

 Feste & Events

Bidar Race SPORT

(🕐16. Juni & 17. Aug.) Jeden 16. Juni (Palembangs Geburtstag) und 17. August (Unabhängigkeitstag) werden mitten in der Stadt *bidar-* (Kanu-)Rennen veranstaltet. Ein *bidar* ist rund 25 m lang und 1 m breit und wird von 60 Ruderern vorangetrieben.

🛏 Schlafen

MaxOne Hotels@ Vivo
Palembag DESIGNHOTEL $$

(☑0711-817788; www.maxonepalembang.com; Jl R Soekamto RT 17; Zi. ab 289 000 Rp; ✷🛜) Das zeitgenössische Designhotel ist mit Pop-Art-Motiven dekoriert und wartet mit allen möglichen Annehmlichkeiten auf. Ein echtes Schnäppchen! Seine attraktiven Zimmer sind geräumig und mit komfortablen, großen Betten mit Unmengen Kissen sowie Kabel-TV ausgestattet. Dem Café in der Lobby fehlt es ein bisschen an Charakter, gleich nebenan gibt es aber ein riesiges Einkaufszentrum mit Restaurants und anderen Service-Einrichtungen.

🍴 Essen & Ausgehen

Pempek Mei Hwa Cinde INDONESISCH $

(http://pempek-mei-hua.business.site; Jl Letnan Jaimas 722; Gerichte 20 000 Rp; 🕐7.30–17 Uhr) In einer schmalen Seitenstraße versteckt sich dieser pastellrosa gestrichene *warung* gleich neben dem belebten Markt mit frischem Obst und Gemüse. Hier trifft man stets jede Menge Einheimische, die sich mit *pempek* (Fischfrikadellen aus Tapioka) zum Mitnehmen eindecken. Eine gute Adresse, um diese Spezialität Palembangs zu kosten! Es gibt verschiedene *pempek*-Gerichte, darunter *pempek lenggang*, das zusätzlich mit einem gekochten Ei gefüllt ist.

Rumah Makan Pindang
Musi Rawas INDONESISCH $

(Jl Angkatan 45 18; Gerichte ab 40 000 Rp; 🕐9–21 Uhr) Dieses unscheinbare Restaurant liegt eine kurze Taxifahrt nordwestlich des Zentrums und ist stadtbekannt für sein *pindang patin*, eine scharfe, saure, klare Suppe mit Pangasius. Auch die anderen Gerichte sind solide Beispiele für die Küche Südsumatras. Wenn viel los ist, muss man eine Nummer ziehen.

Black Bulls KNEIPE

(www.black-bulls.business.site; Jl Abusamah 22; 🕐16–2 Uhr) Diese etwas fantasielose Bar im Norden der Stadt ist im Stil eines Hard Rock Cafés aufgemacht und eine der wenigen Optionen, in Palembang etwas trinken zu gehen. Es gibt eine Bühne für Livemusik und lange Tische, an denen Bier (klein/groß 30 000/67 000 Rp), Cocktails (115 000 Rp) und Kneipensnacks serviert werden.

ℹ An- & Weiterreise

BUS

Der Karyajaya Bus Terminal liegt 12 km vom Stadtzentrum entfernt, die meisten Busunternehmen haben aber Ticketbüros entlang der Jl Kol Atmo. Hier finden sich auch Büros, die Tickets für Minibusse mit Tür-zu-Tür-Service vermitteln.

FLUGZEUG

Der Sultan Badaruddin II. Airport befindet sich 12 km nördlich der Stadt. Täglich starten hier viele Flüge in alle größeren Städte auf Sumatra und Java sowie nach Singapur und Malaysia.

ZUG

Der Bahnhof Stasuin Kertapati liegt 8 km vom Zentrum entfernt auf der Südseite des Flusses.

> ### ESSEN NACH PALEMBANG-ART
>
> Die Palembang-Küche zeichnet sich durch die Verwendung der berüchtigten stinkenden Durianfrucht aus, bei der manch einer schnell das Weite sucht. Die bekanntesten Gerichte sind *ikan brengkes* (Fisch mit einer würzigen Duriansauce) und *pindang* (eine würzige, klare Fischsuppe). Eine weitere Palembang-Spezialität ist *pempek*, eine Mischung aus Sago, Fisch, Tapioka und Gewürzen, die zu Kugeln geformt und frittiert oder gegrillt wird. *Pempek* wird mit einer würzigen Sauce serviert und ist an Straßenständen und *warungs* weit verbreitet.
>
> Für gewöhnlich werden Palembang-Gerichte mit verschiedenen Beilagen serviert. Die wichtigste ist *sambal tempoyak*, eine Kombination aus fermentierter Durianfrucht, *sambal terasi* (Garnelenpaste), Limettensaft und Chili, die mit Reis vermengt wird. Beliebt ist auch das *sambal buah* (Obst-Sambal), das mit Ananas oder grünen Mangos zubereitet wird.

VERKEHRSMITTEL AB PALEMBANG

Bus

ZIEL	PREIS (RP)	DAUER (STD.)	HÄUFIGKEIT
Bandar Lampung	200 000–230 000	10	2-mal tgl.
Bengkulu	220 000	8	mehrmals tgl.
Jakarta	250 000	15	1-mal tgl.
Jambi	70 000–150 000	6	mehrmals tgl.
Lahat	100 000	4–5	stündl.

Zug

ZIEL	PREIS (RP)	DAUER (STD.)	HÄUFIGKEIT
Bandar Lampung	32 000–200 000	9–10	20.30 & 21 Uhr tgl.
Lahat	32 000–200 000	4	9.30 & 20 Uhr tgl.
Lubuklinggau	32 000–200 000	7	9.30 & 20 Uhr tgl.

ℹ️ Unterwegs vor Ort

In der Stadt sind die Online-Taxis von Grab (S. 557) und Go-Jek (S. 557) verfügbar. Wenn man ein Smartphone hat, sind sie die beste Option, um sich hier fortzubewegen.

Eine Fahrt mit dem *angkot* kostet innerhalb der Stadt standardmäßig 3500 Rp. Die Fahrzeuge starten rund um den riesigen Kreisverkehr an der Kreuzung der Jl Sudirman mit der Jl Merdeka. Alle mit „Karyajaya" beschrifteten *angkot* fahren zum Busbahnhof (5500 Rp). Alle mit „Kertapati" beschrifteten *angkot* fahren zum Bahnhof (5500 Rp). Eine Taxifahrt vom Bahnhof ins Stadtzentrum sollte mit ungefähr 80 000 Rp zu Buche schlagen.

Für die Taxifahrt zum Flughafen bezahlt man rund 120 000 Rp.

LAMPUNG

Am ganz unteren Ende dieser bogenförmigen Landmasse liegt die südlichste Provinz Sumatras, die erst 1964 von Jakarta den Provinzstatus zuerkannt bekam. Obwohl die Bevölkerung Lampungs auf eine lange Geschichte mit einer eigenständigen Kultur zurückblickt, hat die Gravitation Jakartas jegliche Unabhängigkeitsbestrebungen unterdrückt, größtenteils mittels des *transmigrasi*-Programms, das eine Umverteilung der Bewohner überbevölkerter Gegenden und Gewinne für die unterentwickelten Gegenden Sumatras vorsah.

Außerhalb der Provinzhauptstadt Bandar Lampung dominieren widerstandsfähige Kaffeeplantagen die Wirtschaft und das von niemandem beanspruchte Land, dicht gefolgt von Holz-, Pfeffer-, Kautschuk- und den sich immer weiter ausbreitenden Palmölplantagen.

Heute zieht es viele Einwohner von Jakarta am Wochenende hinüber zum Krakatau-Vulkan oder zu den Elefanten des Way Kambas National Park. Die schroffe Westküste Lampungs ist Teil des geschützten Nationalparks Bukit Barisan Selatan. An ebendieser Westküste findet man einige der besten Wellen Sumatras, die Surfer aus der ganzen Welt anlocken.

Geschichte

Zeugnisse belegen, dass lange bevor Jakarta Hauptstadt der Inselkette wurde, Lampung zum Srivijaya-Reich gehörte, dessen Zentrum Palembang war – zumindest so lange, bis das Malayu-Reich mit Jambi als Hauptstadt im 11. Jh. die Macht in der Region übernahm.

Megalithische Überreste in Pugungraharjo, auf der Ebene östlich von Bandar Lampung, sind vermutlich über 1000 Jahre alt und weisen eine Mischung aus hinduistischen und buddhistischen Einflüssen auf. Es wird angenommen, dass die Stätte erst im 16. Jh. verlassen wurde.

Lampung ist schon lange bekannt für seinen Pfeffer, was Anfang des 16. Jhs. das Sultanat Banten und im späten 17. Jh. die Niederländische Ostindien-Kompanie auf den Plan rief.

Die Niederländer übernahmen 1856 schließlich die Kontrolle über Lampung und brachten die ersten *transmigrasi*-Programme auf den Weg, die der chronischen Überbevölkerung in Java und Bali entgegenwirken sollten.

Tanjung Setia & Krui

☑ 0728

Nördlich und südlich von Kruis gewundener Küste laufen einige der besten und am leichtesten zugänglichen Wellen Sumatras auf. Die Breaks in diesem Bereich finden international von Jahr zu Jahr mehr Beachtung. Die Surfsaison dauert im Allgemeinen von April bis Oktober.

Das Zentrum des Geschehens ist das Dörfchen Tanjung Setia, 25 km südlich von Krui. Zwar sind 99 % der Traveller hier Surfer, die einfache und entspannte Atmosphäre der gesamten Region ist aber auch verlockend, wenn man über Land entlang der Südküste Sumatras nach Java reist. Nicht-Surfer steuern am besten die Sandstrände gleich südlich von Krui an. Hier gibt es auch einige Beachbreaks für Anfänger.

Etwa auf halbem Weg zwischen Bengkulu und Bandar Lampung gelegen, ist Tanjung Setia ein guter Ort zum Relaxen und um sich von den vielen zu langen Busfahrten quer durch Sumatra zu erholen. Es ist auch eine gute Basis, um den Bukit Barisan Selatan National Park zu erkunden.

🏃 Aktivitäten

Hello Mister   ABENTEUERSPORT
(☑ 0813 7365 8927, 0852 6928 7811; kruimotorent @gmail.com) Der immer zu Späßen aufgelegte Albert von Hello Mister in Tanjung Setia kann alles organisieren, vom Bus nach Krui oder Bandar Lampung über ein Leihmotorrad (60 000 Rp/Tag) bis hin zu Dschungeltouren und Surfunterricht (200 000 Rp/Tag) an einem der einfacheren Beachbreaks nahe Krui. Auch längere Tagesausflüge nach Süden zum Bukit Barisan Selatan National Park sind möglich.

🛏 Schlafen & Essen

Rumah Radja Losmen   BUNGALOWS $
(☑ 0813 6757 3778; earthcraft40@gmail.com; Tanjung Setia; Zi. inkl. Frühstück 200 000 Rp; 🖦 🛜) Die friedliche Unterkunft gleich hinter den Damai Bungalows wird von dem freundlichen australischen Surfer Murray betrieben. Hier übernachtet man in komfortablen, luftigen Bungalows. Es gibt zwar nur Frühstück, dafür hat man Zugang zu einer Gästeküche. Praktisch, wenn man lieber surft, als sich an feste Essenszeiten zu halten!

★ **Damai Bungalows**   BUNGALOWS $$
(☑ 0822 7992 4449; www.damaibungalows.com; Jl Pantai Wisata, Tanjung Setia; Zi. inkl. Mahlzeiten 350 000 Rp; 🖦 🛜 ❄) Ein herrlich grüner Garten, von Ventilatoren gekühlte Bungalows mit eigenen Freiluftbädern, das beste Surfer-Lodge-Essen weit und breit und freundliche Schoßhunde machen diese chillige Anlage zu einer tollen Option. Die australisch-indonesischen Besitzer bieten einen hervorragenden Service, und von der Bar – mit dem wohl kältesten Bier Sumatras – kann man den Kult-Lefthander von Karang Nyimbor aus nächster Nähe betrachten. Das Damai wird oft von Gruppen gebucht, aber auch Traveller, die auf eigene Faust unterwegs sind, sind willkommen.

★ **Lovina Krui Surf**   BUNGALOWS $$
(☑ 0821 8605 3980, 0853 7780 2212; www.lovina kruisurf.com; Jl Pantai Wisata, Tanjung Setia; Zi. inkl. Mahlzeiten mit Ventilator/Klimaanlage 385 000/ 450 000 Rp; 🖦 @ 🛜 ❄) Das entspannte Ehepaar Yoris und Fransiska betreibt diese authentische, liebevoll gestaltete Unterkunft mit ein paar Zimmern in traditionellen Gebäuden im typischen Sumatra-Stil. Es gibt aber auch moderne Zimmer mit Klimaanlage, Warmwasseranschluss und Kabel-TV. Ein lässiger Treff mit WLAN, guten Tipps für Traveller, einer tollen Bar mit Billardtisch und richtig kaltem Bier direkt aus dem Gefrierschrank!

Amy's Place   RESORT $$
(www.amys-sumatra.com; Jl Pantai Wisata, Krui; inkl. Mahlzeiten 65 US$/Pers.; 🛜 ❄) Dieses Surfresort wurde von der mittlerweile hier lebenden amerikanischen Surferin und Besitzerin Amy ganz neu aufgebaut. Die Anlage steht in einem großen Garten, und man schaut direkt auf die Wellen. Amy gibt sich bei allem sehr viel Mühe, was man nicht zuletzt an den makellosen, komfortablen Zimmern merkt. Es gibt auch einen Pool, eine Veranda am Strand für ein entspanntes Bier und einen netten Speisebereich für gemeinsame Essen. Amy's Place liegt 3 km südlich von Krui und hat jede Menge Surfspots in unmittelbarer Nähe.

Lani's Resto   INTERNATIONAL $$
(Jl Pantai Wisata, Tanjung Setia; Gerichte ab 60 000 Rp; ⏲ März–Okt. 11–19 Uhr) Dieses stilvolle Lokal wird von einem hawaiianisch-kalifornischen Expat geführt und ist das Gegenstück zu Tanjung Setias *warungs*. Hier wird genau das serviert, wonach man

PASEMAH-HOCHLAND

Das Pasemah-Hochland liegt westlich von Lahat im Bukit Barisan versteckt und ist berühmt für mysteriöse megalithische Monumente, die die Landschaft prägen. Die Steine sind etwa 3000 Jahre alt, aber über sie oder die Zivilisation, die sie geschaffen hat, ist wenig bekannt. Zwar sind die beeindruckendsten Steine heute in Museen in Palembang und Jakarta untergebracht, doch auch vor Ort gibt es noch viele von ihnen zu sehen. Allerdings sind die meisten schwierig zu finden, und man braucht eine eigene Transportmöglichkeit (auch ein Guide ist keine schlechte Idee). Nicht zuletzt liegt der Reiz aber auch darin, sich in der wunderschönen Landschaft vor der Kulisse des Gunung Dempo aufzuhalten.

Die Hauptstadt des Hochlands ist Pagaralam, eine ziemlich raue Stadt, die sich 68 km (2 Std. mit dem Bus) südwestlich von Lahat befindet, welches am Trans-Sumatra-Highway liegt. Hier gibt's Geldautomaten, Unterkünfte, Restaurants, Guides, und man kann sich mit Vorräten eindecken.

Wer einen Guide sucht, wendet sich an **Yayan Andriawan** (☑ 0822 7921 5310; yayanba ru131@yahoo.com). Er ist in Pagaralam ansässig und hat sich auf Ausflüge nach Dempo (1 Tag/1 Nacht 500 000 Rp) und zu den umliegenden megalithischen Stätten (1 Tag 300 000 Rp) spezialisiert. Er verleiht auch Motorräder (ca. 60 000 Rp, wenn man feilscht).

Batu Gajah (Elefantenstein) Nur 3 km südlich von Pagaralam, beim Dorf Berlumai, finden sich in einer idyllischen Landschaft mit Reisfeldern, Kaffeeplantagen und dem Gunung Dempo im Hintergrund diese Schnitzereien. Eine bemerkenswerte Ansammlung solcher Schnitzereien gibt es auch rund um die Reisfelder bei Tanjung Aru. Unbedingt nach dem Bildnis eines Mannes Ausschau halten, der gegen eine Riesenschlange kämpft!

Batu Beribu In Tegurwangi, etwa 8 km von Pagaralam entfernt an der Straße nach Tanjung Sakti, befindet sich Batu Beribu, eine Gruppe aus vier hockenden Statuen, die unter einem kleinen Unterstand an einem Bach Schutz suchen. Der Wächter der Stätte führt einen auch gern noch zu einigen nahe gelegenen Steingräbern im Dolmen-Stil. In einem von ihnen ist noch immer das Bild von drei Frauen und einem Drachen zu erkennen.

Tinggi Hari Diese Stätte befindet sich 20 km von Lahat entfernt, westlich der kleinen, an einem Fluss gelegenen Stadt Pulau Pinang. Hier kann man die besten Beispiele für prähistorische Steinskulpturen in Indonesien bewundern. Die Pasemah-Schnitzereien können

sich nach einem Tag auf den Wellen sehnt: Tacos, Burger, Pizza und kaltes Bier. Viele der leckeren Gerichte werden hier komplett selbst zubereitet, darunter auch die Eiscreme.

Im **Lani's** (☑ 0821 1176 5964; Zi. 450 000 Rp; ✻ @ 🛜) im Obergeschoss kann man auch übernachten. Der Blick von dort ist wirklich beeindruckend.

❶ Praktische Informationen

Fast alle Pensionen in Tanjung Setia bieten heutzutage WLAN.

Geldautomaten gibt's in Krui, nicht aber in Tanjung Setia.

❶ An- & Weiterreise

Busse zwischen Bengkulu (250 000 Rp, 10 Std., mehrmals tgl.) und Bandar Lampung (65 000–200 000 Rp, 7–8 Std., mehrmals tgl.) halten auf Anfrage auch in Tanjung Setia. Ein Privattransfer vom/zum Flughafen in Bandar Lampung kostet rund 900 000 Rp.

Bandar Lampung

☑ 0721 / 1250 000 EW.

Bandar Lampung liegt an einem Hügel mit Blick auf die Teluk Lampung und ist die größte Stadt Lampungs und der Verwaltungssitz der Provinz. Die Stadt an sich ist nicht gerade schön und leidet unter zu viel Verkehr, dafür ist sie von malerischer Landschaft umgeben, und es gibt ein paar interessante Attraktionen, nette Einheimische und moderne Cafés und Pubs, sodass man hier gut und gern ein paar Stunden verbringen kann. Zudem ist Bandar Lampung ein guter Ausgangspunkt für Ausflüge in den Way Kambas National Park oder zum Krakatau. Die meisten Traveller kommen aber auf dem Weg nach bzw. aus Java hier durch.

⊙ Sehenswertes

Museum der Provinz Lampung MUSEUM (Jl Pagar Alam 64; Erw./Kind 4000/500 Rp; ⊙ Sa–Do 8–14, Fr bis 10.30 Uhr) Das in einem einzwei unterschiedlichen Stilen zugeordnet werden. Der frühe Stil stammt aus der Zeit vor etwa 3000 Jahren und zeigt ziemlich grob gearbeitete, hockende Figuren, die mit ihren Händen auf den Knien oder mit vor der Brust verschränkten Armen abgebildet sind. Der spätere Stil mit den ausdrucksstarken Gesichtszügen stammt aus der Zeit vor etwa 2000 Jahren und ist weitaus aufwendiger.

Gunung Dempo Der Gunung Dempo ist ein noch etwas aktiver Vulkan und der höchste Gipfel (3159 m) des Pasemah-Hochlands, welches Pagaralam prägt. Für die Besteigung des Vulkans sollte man sich zwei volle Tage Zeit nehmen. Da die Wanderwege schwer zu finden sind, wird dringend empfohlen, einen Guide wie etwa Yayan Andriawan mitzunehmen. Die unteren Hänge werden als Teeanbaugebiet genutzt, und es gibt *angkot*, die von Pagaralam bis zu einer Teefabrik fahren.

Hotel Mirasa (☑ 0852 678 4684, 0730-621266; Jl Muhammad Nuh 80; Zi. inkl. Frühstück 130 000–200 000 Rp; 🖼) Unmittelbar an Pagaralams Hauptstraße liegt dieses heruntergekommene Motel, das eine Reihe recht muffiger Zimmer zur Auswahl hat. Toilettenpapier und Handtücher muss man selbst mitbringen. Der Manager spricht Englisch und kann den Transport sowie Guides für die Besteigung des Gunung Dempo organisieren. Das Mirasa liegt am Rande der Stadt, etwa 2 km vom Busbahnhof entfernt und bietet einen guten Blick auf den Vulkan.

An- & Weiterreise

Der Flughafen von Pagaralam liegt 25 km östlich der Stadt. Hier landen Direktflüge von Wings Air aus Palembang. Ein Taxi am Flughafen kostet rund 50 000 Rp.

Jeder Bus, der entlang des Trans-Sumatra-Highway fährt, hält in Lahat an, das neun Stunden nordwestlich von Bandar Lampung und zwölf Stunden südöstlich von Padang liegt. Von Palembang aus verkehren regelmäßig Busse nach Lahat (70 000–150 000 Rp, 4–5 Std.), und die Stadt ist eine Station auf der Zugroute von Palembang nach Lubuklinggau.

Zwischen Lahat und Pagaralam fahren häufig Kleinbusse (30 000 Rp, 2 Std.). Vom *stasiun taksi* (Taxistand) im Stadtzentrum fahren *opelet* (Minibusse) zu den Dörfern bei Pagaralam. Fahrten innerhalb der Stadt kosten 3000 Rp.

drucksvollen Gebäude untergebrachte Museum der Provinz Lampung ist ganz traditionell gestaltet und zeigt ein bisschen von allem – von Funden aus der Jungsteinzeit bis hin zu ausgestopften Tieren. Bemerkenswert sind allerdings die Stücke aus der Zeit des Srivijaya-Reichs. Das Museum liegt 5 km nördlich von Bandar Lampungs Zentrum und ist mit den grauen *angkot* (4000 Rp) oder einem Go-Jek (rund 3000 Rp) zu erreichen.

Vihara Thay Hin Bio　　　BUDDHISTISCHER TEMPEL
(Jl Ikan Kakap 35; ⊙ 6–17 Uhr) Der hübsche buddhistische Tempel aus dem späten 19. Jh. ist mit seinem reich verzierten, rot gefliesten chinesischen Tor ein prominentes Wahrzeichen der Stadt. Auch im Innern herrscht wegen der Räucherstäbchen, der Kerzen und der Lampen, die überall zwischen den prunkvollen Säulen, buddhistischen Statuen und aufwendig verzierten Holzpanelen brennen, eine besondere Atmosphäre.

Krakatau-Denkmal　　　DENKMAL
(Jl Veteran) Das Krakatau-Denkmal erinnert an die Wucht des Vulkanausbruchs von 1883 und den daraus resultierenden Tsunami. Fast die Hälfte der 36 000 Opfer kam ums Leben, als die 40 m hohe Flutwelle sich durch die Bucht von Lampung wälzte und Telukbetung zerstörte. Die aus dem 19. Jh. stammende riesige Stahlboje, die Teil des Denkmals ist, wurde aus der Bucht geschwemmt und blieb hier auf dem Hügel liegen.

☞ Geführte Touren

Arie Tour & Travel　　　REISEBÜRO
(☑ 0721-474675; www.arietour.com; Jl W. Monginsidi 143; ⊙ Mo–Fr 8–21, Sa & So 9–16 Uhr) Ein hilfsreiches Reisebüro außerhalb des Stadtzentrums. Hier kann man Ausflüge in die Nationalparks Gunung Krakatau, Way Kambas und Bukit Barisan Selatan buchen. Diese sind allerdings leider alles andere als ein Schnäppchen.

Bandar Lampung

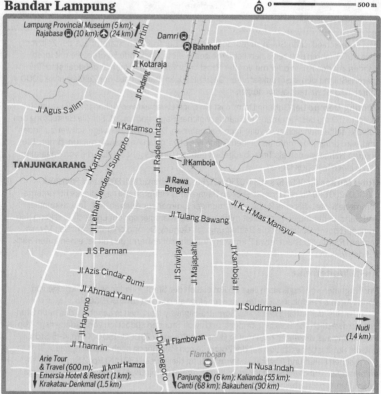

TANJUNGKARANG

Lampung Provincial Museum (5 km); Rajabasa (10 km); (24 km)

Damri

Bahnhof

Jl Kartini

Jl Kotaraja

Jl Padang

Jl Agus Salim

Jl Katamso

Jl Kartini

Jl Lethan Jenderal Suprapto

Jl Raden Intan

Jl Kamboja

Jl Rawa Bengkel

Jl K. H Mas Mansyur

Jl Tulang Bawang

Jl S Parman

Jl Azis Cindar Bumi

Jl Ahmad Yani

Jl Haryono

Jl Thamrin

Jl Sriwijaya

Jl Majapahit

Jl Kamboja II

Jl Sudirman

Nudi (1,4 km)

Arie Tour & Travel (600 m); Emersia Hotel & Resort (1 km); Krakatau-Denkmal (1,5 km)

Jl Amir Hamza

Jl Diponegoro

Jl Flamboyan

Flambojan

Panjung (6 km); Kalianda (55 km); Canti (68 km); Bakauheni (90 km)

Jl Nusa Indah

0 ————— 500 m

🛏 Schlafen

⭐ **Flip Flop Hostel**   HOSTEL **$**
(📞 0813 6924 0888; Jl Pulau Sebuku 9; B
98 000 Rp, Zi. 189 000–200 000 Rp; ❋ 🛜) Dies
ist eines der besten Hostels in Südsumatra.
Es ist in einem makellosen mehrstöckigen
Haus untergebracht, das liebevoll mit hüb-
schem Mobiliar, Wandbildern und Topfpflanzen eingerichtet ist. Die Privatzimmer
sind heimelig, und die klimatisierten Schlafsäle sind picobello sauber und haben eigene
Bäder. Die Angestellten sind reizend, und
das Café in der Lobby serviert Kaffeespezialitäten und indonesische Gerichte. Oben
gibt's eine Terrasse mit Sitzgelegenheiten
und eine Dachterrasse zum Relaxen.

POP! Hotel Tanjung Karang   DESIGNHOTEL **$$**
(📞 0721-241742; www.pophotels.com; Jl W. Mongin-
sidi 56; Zi. ohne/mit Frühstück 298 000/318 000 Rp;
❄❋@🛜) Das POP! ist so dezent wie das
riesige Ausrufezeichen, das die Seite des Ge-
bäudes schmückt. Die Deko ist eine Mi-

schung aus Google und Pop Art, die Ange-
stellten sind jung und hilfsbereit, und die
Badezimmerkabinen erinnern an ein Flug-
zeug und haben kraftvolle Duschen.

Emersia Hotel & Resort   RESORT **$$$**
(📞 0721-258258; www.emersiahotel.com; Jl W.
Monginsidi 70; Zi./Suite inkl. Frühstück ab 645 000/
1 645 000 Rp; ❋🛜❇) Wer am Ende seiner
Sumatra-Reise angekommen ist, und sich
den Staub der Insel von den Füßen waschen
möchte, kann dies hier, in einem der luxuriösesten Hotels von Bandar Lampung tun.
Durch seine erhöhte Lage bieten die besten
Zimmer und Suiten Meerblick. Neben einem
Spa mit Verwöhngarantie gibt's auch einen
Pool und ein recht ordentliches Restaurant
mit Café.

🍴 Essen & Ausgehen

Pempek 123   SEAFOOD **$**
(Jl Ikan Belanak 15; 5000 Rp/Stück; ⏰8.30–18
Uhr) Dieser lokale Treffpunkt ist im Erdge-

schoss eines Apartment-Gebäudes in einer ruhigen Seitenstraße eines Wohnviertels untergebracht. Dort kommen die beliebten *pempek* (frittierte Fischfrikadellen aus Tapioka) auf den Tisch. Die Auswahl ist riesig, aber alle werden mit Sojasauce und Sambal serviert. Eine gute Mischung aus verschiedenen Aromen bietet das *tekwan* (*pempek* mit Nudeln, Suppe und Gemüse).

Auf den Regalen stapeln sich Snacks aus getrocknetem Fisch, Gewürze und Kaffeebohnen aus der Umgebung, die auch zum Verkauf stehen. Das Lokal ist nicht weit vom Krakatau-Denkmal entfernt.

Kopi Oey
INTERNATIONAL $

(www.kopioey.com; Jl W. Monginsidi 56; Gerichte ab 30 000 Rp; ⏰8–24 Uhr; ☎) Mit seinen zu Lampen umfunktionierten Vogelkäfigen, der Terrasse und den Postern mit dem glamourösen Shanghai versprüht dieser Ableger des Restaurantimperiums aus Jakarta den Charme der Alten Welt. Auf der Speisekarte steht eine bunte Mischung – von Fusion-Gerichten (scharfe Thunfisch-Spaghetti) über Java-Klassiker (süß-würziges Lamm-*tongseng*) bis hin zu *cap cai*-Reis (mit gemischtem Gemüse). Neben einem guten Frühstück und recht gutem Filterkaffee bekommt man hier auch eine große Auswahl von Getränken (Eierkaffee, Grasgelee auf Eis, heiße Kurkuma).

Nudi
KNEIPE

(☏ 0721-482738; www.nudieatdrinkleisure.com; Jl Gatot Subroto 16; ⏰9–24 Uhr; ☎) In einer Stadt, in der ein Bier nicht immer einfach zu finden ist, ist das Nudi so etwas wie ein kleines Paradies – inklusive Grünpflanzen und smarter Einrichtung. Man kann sich einfach einen Barhocker schnappen und sich an der Bar ein frisch gezapftes, eiskaltes Blondes bestellen. Alternativ gönnt man sich einen Cocktail in einer der Sitznischen oder lässt sich im hinteren Teil des Lokals Kneipensnacks und gute indonesische Gerichte schmecken.

Flambojan
KAFFEE

(Jl Flamboyan; ⏰8–22 Uhr; ☎) Eine Handvoll Stühle, ein Plattenteller und ein Kassettendeck sind das Geheimrezept dieses Hipster-Cafés, das sich auf Kaffeebohnen aus Sumatra spezialisiert hat. Im Angebot sind Pour Over (Filterkaffee), Cold-Drip und Milchkaffee. Man kann draußen sitzen oder alles auch zum Mitnehmen bestellen.

🛍 Shoppen

Webarbeiten aus Lampung sind auch als „Schiffstücher" bekannt (die meisten haben Schiffe als Motive) und weisen kräftige Rot- und Blautöne und schlichte geometrische Muster auf. Eine weitere hiesige Form ist das *kain tapis*, ein zeremonielles Tuch, das aufwendig mit einem Goldfaden bestickt ist.

ℹ Praktische Informationen

Geldautomaten finden sich überall im Zentrum von Bandar Lampung.

ℹ An- & Weiterreise

BUS

Bandar Lampungs **Rajabasa Bus Terminal** befindet sich 10 km nördlich der Stadt. Von hier starten Langstreckenbusse.

Damri (☏ 0751-780 6335, 0813 7929 0146) bietet eine Kombination aus Bus- und Fährticket – das ist die praktischste Transportmöglichkeit von hier nach Jakarta (160 000–235 000 Rp, 8–10 Std.). Die Busse fahren um 8, 9, 10, 20, 21 und 22 Uhr vor dem Bahnhof Bandar Lampung ab und bringen die Passagiere zum Bakauheni-Pier. In Java werden diese dann wieder am Merak-Pier abgeholt und zum Bahnhof in Jakarta chauffiert.

BUSSE AB BANDAR LAMPUNG

ZIEL	PREIS (RP)	DAUER (STD.)	HÄUFIGKEIT
Bengkulu	150 000–350 000	18	mehrmals tgl.
Bukittinggi	350 000–450 000	24–30	tgl.
Jakarta	145 000–175 000	8–10	mehrmals tgl.
Kota Agung	25 000–30 000	3	mehrmals tgl.
Krui	65 000–200 000	7–8	mehrmals tgl.
Padang	350 000–450 000	21	tgl.
Palembang	150 000–250 000	12	2-mal tgl.
Way Kambas	40 000	4–5	mehrmals tgl.

SUMATRA BANDAR LAMPUNG

FLUGZEUG

Der **Raden Inten II Airport** (☏ 0721-769 7114) liegt 24 km nördlich der Stadt. Jeden Tag gehen zahlreiche Flüge nach Jakarta und Yogyakarta sowie in die größeren Städte auf Sumatra. Direktflüge nach Medan gibt's allerdings nicht.

ZUG

Der wichtigste Bahnhof im Stadtzentrum ist Tanjung Karang. Er liegt am nördlichen Ende der Jl Raden Intan. Es gibt sowohl Tag- als auch Nachtverbindungen nach Palembang (Economy/Business/Executive 32 000/160 000/215 000 Rp; 9–10 Std.), die um 8.30 bzw. 21 Uhr starten. Man kann auch mit dem Zug nach Lahat und weiter ins Pasemah-Hochland fahren, dies beinhaltet jedoch einen unpraktischen Zugwechsel in Prabumulih.

❶ Unterwegs vor Ort

Taxifahrten von Bandar Lampungs Flughafen in die Stadt kosten etwa 130 000 Rp. Die Online-Taxis Go-Jek (S. 557) und Grab (S. 557) sind die günstigste und schnellste Option, um sich in der Stadt fortzubewegen. Alternativ fahren alle *angkot* über die Jl Raden Intan. Der Standardpreis innerhalb der Stadt beträgt 5000 Rp.

Way Kambas National Park

Der **Nationalpark Way Kambas** (Eintritt Ausländer 150 000 Rp, Ranger-Gebühr 300 000 Rp) ist eines der ältesten Schutzgebiete Indonesiens. Er umfasst eine 1300 km² große Fläche aus Tiefland-Küstenwald rund um den Sungai Way Kambas an der Ostküste Lampungs. Nach exzessiven Rodungen ist hier nur noch wenig Wald übrig. Dieser bietet jedoch bedrohten Elefanten-, Nashorn- und Tigerarten Zuflucht.

Schätzungen zufolge leben heute um die 180 wilde Sumatra-Elefanten *(Elephas maximus sumatrensis)* in dem Park, verlässliche Zahlen gibt es jedoch nicht. Zudem stellen Wilderer und der Druck zur weiteren Erschließung eine konstante Bedrohung dar. Ein weiteres seltenes, aber im Way Kambas National Park endemisches Tier ist das Sumatra-Nashorn, das einzige der asiatischen Nashornarten mit zwei Hörnern. Seine Haut ist rot und mit Haaren bedeckt. Nashörner werden hier allerdings *extrem* selten gesichtet, ebenso wie der Sumatra-Tiger, ein weiterer Star des Parks.

Es gibt im Park nur eine begrenzte Anzahl touristischer Einrichtungen. Etwa 13 km von seinem Eingang entfernt liegt an der Hauptstraße ein kleines Örtchen, wo es Unterkünfte und einfache Lokale gibt.

Aktivitäten

Die Satwa Elephant Ecolodge ist der größte Veranstalter von Touren durch den Way Kambas National Park. Im Angebot sind Halbtages-Safaris in offenen Jeeps nach afrikanischem Vorbild (300 000 Rp), Nachtwanderungen, Bootstouren auf dem Sungai Way Kanan und den umliegenden Wasserwegen sowie Ausflüge mit Übernachtung im Zelt.

Tierbeobachtung

Auch ein kurzer Besuch kann schon genügen, um den wunderbaren Lebensraum im Park kennenzulernen, abgesehen von einigen Primaten, Wild und Vögeln wird man aber wohl nicht viele Tiere zu Gesicht bekommen. Wer ernsthaft Tiere beobachten möchte, sollte sich mindestens drei Tage Zeit nehmen, um den Park in Ruhe zu erkunden und seine Biodiversität voll und ganz würdigen zu können. Man sollte auch wissen, dass der Park am Wochenende bei einheimischen Touristen sehr beliebt ist, die dem Betonmonster Jakarta zu entfliehen versuchen.

Manchmal kann man im Nationalpark Herden von Sumatra-Elefanten beobachten (eine Unterart des Asiatischen Elefanten, die nur auf Sumatra und Kalimantan vorkommt), Sichtungen des Sumatra-Nashorns oder des Sumatra-Tigers sind aber sehr selten und nur möglich, wenn man sich über längere Zeit tief im Park aufhält. Am häufigsten kann man bei einer Tour u. a. Siamangs, Schwarzhandgibbons, Weißhandgibbons, Zibetkatzen, Sambars und Indische Muntjaks beobachten. Im Park leben aber auch Tapire, Asiatische Wildhunde, Malaienbären, Nebelparder, Koboldmakis, Plumploris, Stachelschweine, Flughörnchen und Gaviale.

Im Way Kambas National Park gibt es auch ein ausgewiesenes Schutzgebiet für das Sumatra-Nashorn (www.rhinos.org). Darin wurden sieben einst in Gefangenschaft lebende Nashörner in der Hoffnung auf eine erfolgreiche Fortpflanzung ausgewildert. Jedes einzelne von ihnen hat ein Team aus Pflegern, die den Gesundheitszustand und die Ernährung der Tiere überwachen. Das Sumatra-Nashorn ist ein Einzelgänger und sein Lebensraum in der freien Wildbahn so bedroht, dass Tierschützer befürchten, es würde ohne das Eingreifen von Menschen aussterben. Zuchtzentren für Nashörner sind ein umstrittener Bestandteil von Artenschutzkampagnen, da sie kostenintensiv sind und nur sehr selten Erfolg haben. Weitere Infos gibt's auf der Website der International Rhino Foundation (www.rhinos-irf.org), einer der führenden Organisationen, die in dem Zentrum mitarbeiten. Sie schickt auch Anti-Wilderer-Patrouillen in den Park. Schätzungen zufolge leben heute weniger als 30 Sumatra-Nashörner in Way Kambas.

Das Gebiet rund um Way Kanan, einen Unterbezirk des Parks, wird oft von Vogelbeobachtern besucht. Hier leben über 400 Spezies, von denen besonders die Malaienente, der Höckerstorch und der Nashornvogel für die Vogelfans interessant sind.

Obwohl das Elephant Conservation Centre im Park eine wichtige Rolle bei der Unterstützung von verwaisten und Problemtieren spielt, wird dennoch davon abgeraten, auf Elefanten zu reiten oder an Aktivitäten teilzunehmen, bei denen man mit den Tieren auf Tuchfühlung geht.

🛏 Schlafen

Die bei Weitem beste Übernachtungsoption ist die Satwa Elephant Ecolodge unmittelbar vor dem Parkeingang. Es gibt auch die Möglichkeit, im Dorf Plangijo bei Gastfamilien zu wohnen.

Die Satwa Elephant Ecolodge kann Safaris mit Übernachtung (Camping) innerhalb des Parks organisieren.

Satwa Elephant Ecolodge HÜTTE $$
(☎ 0725-764 5290, 0812 399 5212; www.ecolodges indonesia.com; Jl Taman Nasional Way Kambas, Plangijo; EZ/DZ inkl. Frühstück 55/60 US$; 🖤) ✦ Diese reizende zertifizierte Ecolodge liegt in Plangijo, 500 m vom Eingang zum Nationalpark Way Kambas entfernt. Ihre großzügigen Hütten stehen auf dem grünen Gelände der Lodge zwischen Bäumen mit tropischen Früchten. Zu den Aktivitäten zählen u. a. Jeepsafaris, Naturspaziergänge und Flussfahrten durch den Wald. Die Lodge ist auch bei Vogelbeobachtern beliebt.

Auch Kurzzeitbesucher sind gern gesehen, die Lodge hat aber vor allem Pakete im Angebot, die sich an diejenigen richten, die ernsthaft Tierbeobachtung betreiben wollen und deshalb auch mehr Zeit mitbringen. Nur Barzahlung.

ℹ An- & Weiterreise

Der Eingang des Way Kambas National Park liegt 110 km von Bandar Lampung entfernt. Am Rajabasa Bus Terminal in Bandar Lampung nimmt man den Bus nach Jepara und steigt in Pasar Tridatu (50 000 Rp, 2 Std.) aus. Den Rest des Weges muss man mit einem ojek (20 000 Rp) zurücklegen.

Ein Tagesausflug in den Way Kambas National Park kostet rund 155 US$ pro Nase (mind. 2 Pers.) und kann über Arie Tour & Travel (S. 657) in Bandar Lampung oder Reiseveranstalter in Jakarta organisiert werden.

Gunung Krakatau

Der Krakatau ist legendär. Nach seinem berüchtigten Ausbruch im 19. Jh. ist er noch immer einer der bekanntesten Vulkane weltweit. Als er 1883 seine Spitze absprengte, hatte er vermutlich mehr zerstörerisches Potenzial als jeder andere Vulkan in der jüngeren Geschichte. Zehntausende wurden entweder durch den resultierenden Tsunami oder durch den pyroklastischen Strom getötet, der über eine Strecke von 40 km den Ozean überquerte und die Küstendörfer Sumatras in Schutt und Asche legte. Die Explosion war so heftig, dass sie bis heute als das lauteste Geräusch gilt, das es *jemals* gegeben hat. Es konnte noch im australischen Perth vernommen werden. Am Ende blieb dort, wo einst eine Reihe unbewohnter Inseln war, nur noch ein rauchender Krater übrig. Die Einwohner dachten, dass nun vielleicht Ruhe einkehren würde. Aber wie alle rauflustigen Bösewichte kam auch der Krakatau zurück und erwachte 1927 erneut. Die folgenden Ausbrüche schufen einen neuen Vulkankegel, der von da an Anak Krakatau (Kind des Krakatau) genannt wurde. Zuletzt kam es am 22. Dezember 2018 zur Katastrophe. Der Ausbruch löste einen Tsunami aus, der die Küstendörfer zu beiden Seiten der Sundastraße (Sumatra und Java) zerstörte und 430 Menschen das Leben kostete. Anfang 2019 gab es täglich neue Ausbrüche, und Travellern war der Zugang zu diesem Gebiet zeitweise verboten.

Schätzungen zufolge wächst der Anak Krakatau pro Jahr um 5 m.

◉ Sehenswertes

Der Krakatau (oft fälschlicherweise Krakatoa geschrieben) umfasst heute eine Inselkette aus vier Inseln, von denen der Anak Krakatau – als aktiver (und oft sehr launischer) Vulkan – die größte Attraktion ist. Hier landen Touristenboote, und man kann den äußeren Kegel hinaufkraxeln. Wenn jedoch ein Grollen des Vulkans zu vernehmen ist, ist das Besteigen des Kraters untersagt. Am besten informiert man sich selbst unabhängig darüber, ob der Zugang zum Krakatau gerade erlaubt ist oder nicht und fragt Einheimische, verfolgt die Nachrichten oder prüft die aktuelle seismische Aktivität unter www.volcanodiscovery.com. Man kann auch einige der anderen nahe gelegenen Vulkaninseln besuchen, darunter den Rakata (Großer Krakatau), ein Vulkanfragment der Explosion von 1883, das momentan aber keine Aktivität aufweist. Es gibt auch gute Schnorchelmöglichkeiten.

Die meisten Traveller besuchen den Krakatau im Rahmen eines Tagesausflugs. Der einfache Weg ab Canti dauert drei bis vier Stunden. Aufgrund von widrigen Wetterbedingungen werden die Touren auch oft abgesagt. Da die See manchmal recht rau sein kann, empfiehlt es sich, sich eine Rettungsweste zu organisieren (die oft aus einem aufblasbaren Reifen besteht!).

🛏 Schlafen & Essen

Bei zweitägigen Touren zum Krakatau wird auf der Insel gecampt; wer den Vulkan nur einen Tag besucht, findet im kleinen Hafenstädtchen Canti oder im nahe gelegenen Kalianda mehrere Unterkünfte. Wer kein Problem mit frühem Aufstehen hat, kann auch in Bandar Lampung übernachten. Auf der nahe gelegenen Pulau Sebesi, zu der öffentliche Boote fahren, gibt's auch schlichte *losmen*.

Zu den Vulkantouren muss man seine eigene Verpflegung und Wasser mitnehmen. Am Hafen gibt's zahlreiche Stände, die einfaches *mie goreng* und Nasi Goreng verkaufen. Auch im nahe gelegenen Munca Indah wird Essen serviert.

Hotel Beringin　　　　　　PENSION $
(📞0857 6980 0079, 0727-322008; Jl Kusuma Bangsa 76, Kalianda; Zi. 150000–230000 Rp; ❄ 📶) Das Beringin im entspannten und hübschen Städtchen Kalianda ist eine praktische Basis für alle, die zum Krakatau wollen. Es ist in einer ansprechenden niederländischen Kolonialvilla untergebracht und verfügt über einen vornehmen Speisesaal. Die klimatisierten Zimmer sind sauber, geräumig und mit bunten Tapeten, TVs und typisch indonesischen Toiletten ausgestattet. WLAN gibt's nur im Gemeinschaftsbereich. Von hier bis zum Hafen in Canti dauert es 30 Minuten.

Es wird nur sehr rudimentäres Englisch gesprochen.

Munca Indah　　　　　　VILLA $$
(📞0853 7927 0711; Jl Pesisir Raya, Canti; Zi. 300000–350000 Rp) Diese etwas baufällige Unterkunft ist eine der wenigen Übernachtungsoptionen in Canti. Sie bietet überteuerte Zimmer im Stil einer Villa, die allerdings eher an den Bedürfnissen einheimischer Touristen ausgerichtet sind. Es gibt ein Restaurant (Gerichte ab 11000 Rp) und eine Aussichtsterrasse, von der man in der Ferne die Krakatau-Inseln sieht. Es können Campingausflüge auf eine Insel nahe dem Vulkan arrangiert werden (2500000 Rp).

ℹ Praktische Informationen

Der Canti am nächsten gelegene Geldautomat ist im 7 km entfernten Kalianda zu finden.

ℹ An- & Weiterreise

Ausflüge zum Krakatau beginnen in Westjava (S. 92) oder in Canti an Sumatras Küste. Organisierte Tagesausflüge mit Arie Tour & Travel (S. 657) in Bandar Lampung kosten rund 400 US$ pro Nase (basierend auf 1 Pers.).

Alleinreisende schließen sich am besten einer der geführten Touren an, die im Fischerdorf Canti außerhalb von Kalianda starten. Am Wochenende hat man hier die besten Chancen. Andernfalls muss man sich ein eigenes Boot chartern (hin & zurück rund 1500000 Rp) oder ein öffentliches Boot nach Pulau Sebesi (20000 Rp, 2½ Std.) nehmen, von wo Charterboote für die verbleibende zweistündige Fahrt günstiger sind. Canti und seine Anlegestelle wurden bei dem Tsunami Ende 2018 schwer beschädigt, ein Abschluss der Reparaturarbeiten war aber bis Anfang 2019 geplant.

Nach Kalianda kommt man mit einem der häufig verkehrenden lokalen Busse vom Busbahnhof Rajabasa in Bandar Lampung (27000 Rp, 2½ Std.). Für den restlichen Weg nach Canti muss man ein *ojek* (15000 Rp, 35 Min.) oder ein seltener verkehrendes *angkot* nehmen.

Bukit Barisan Selatan National Park

An der südlichsten Spitze Sumatras liegt der Nationalpark Bukit Barisan Selatan. Er schützt eine der letzten Bestände von Tieflandwäldern auf der Insel. Aus diesem Grund wurde er vom WWF in die Liste der biologisch herausragendsten Lebensräume der Erde aufgenommen. Außerdem arbeitet die Natur- und Umweltschutzorganisation daran, die verbleibenden Sumatra-Nashörner und -Tiger des Parks zu schützen. Bukit Barisan Selatan ist auch für seine vielen endemischen Vogelarten bekannt, die das Klima der Gebirgsausläufer bevorzugen. Außerdem nisten zahlreiche Meeresschildkrötenarten im Küstengebiet des Parks.

Von den 3560 km², die ursprünglich als Schutzgebiet ausgewiesen wurden, sind heute nicht einmal mehr 3240 km² unberührt. Verantwortlich hierfür sind die üblichen Verdächtigen: illegale Abholzung, illegaler Anbau von Kaffee und Pfeffer, andere Plantagen sowie Wilderer.

Die touristische Infrastruktur im Park ist sehr begrenzt, um nicht zu sagen: so gut wie nicht vorhanden. Die beste Option ist eine geführte Tour. Diese kann in Kota Agung oder Krui arrangiert werden.

Das Parkbüro **Kantor Taman Nasional Bukit Barisan Selatan** (☑ 0813 1011 1423, 0812 6036 3409; Jl Juanda 19; ⊗ Mo–Fr 8.30–16 Uhr) verkauft Genehmigungen für den Park (werktags/Wochenende 155 000/257 000 Rp inkl. Versicherung), kann Guides organisieren (150 000 Rp/Tag) und hält Kartenmaterial bereit. Am besten fragt man nach Latief, der hervorragend Englisch spricht. Genehmigungen bekommt man hier jedoch nur von Montag bis Freitag. Am Wochenende muss man dafür zum Sedaya-Parkbüro gehen, das von 8 bis 12 Uhr geöffnet hat.

In Kota Agung und entlang der Küste gibt's einige einfache Pensionen. Wer in Krui übernachtet, kann den Park im Rahmen eines Tagesausflugs besuchen. Im Park selbst gibt es auch eine schlichte Pension (150 000–200 000 Rp), die über das Kantor Taman Nasional Bukit Barisan Selatan in Kota Agung gebucht werden kann.

⊕ An- & Weiterreise

Der wichtigste Zugangspunkt zum Bukit Barisan Selatan National Park ist Kota Agung, 80 km westlich von Bandar Lampung.

Regelmäßig verkehren Busse von Bandar Lampung nach Kota Agung (25 000–30 000 Rp, 3 Std.).

Arie Tour & Travel (S. 657) kann von Bandar Lampung aus Touren für 155 US$ pro Nase (für eine Gruppe aus 2 Pers.) arrangieren. Das Hello Mister (S. 655) in Krui bietet erschwinglichere Touren mit dem Motorrad (rund 400 000 Rp) an. Ein Mietwagen mit Fahrer zur Erkundung des Nationalparks kostet ab Kota Agung um die 750 000 Rp. So etwas kann über das Parkbüro Kantor Taman Nasional Bukit Barisan Selatan arrangiert werden.

Kalimantan

9,7 MIO. EW.

Gut essen

➡ Ocean's Resto (S. 700)

➡ Rumah Tjilik Riwut (S. 690)

➡ Abang Kepiting (S. 672)

➡ Bondy (S. 700)

Schön übernachten

➡ Canopy Center Hostel
(S. 671)

➡ Rimba Lodge (S. 684)

➡ Hotel Gran Senyiur (S. 700)

➡ Bukit Raya Guesthouse
(S. 688)

➡ Nabucco Island Resort
(S. 718)

Auf nach Kalimantan!

Kalimantan – der große indonesische Teil Borneos – steht in jeder Hinsicht für Abenteuer. Die abgelegenen Dschungelgebiete, sich windenden Flüsse und Gebirge im Landesinneren bieten schier endlose Möglichkeiten für einmalige Erkundungen. Die Städte hingegen sind eher unauffällig und für indonesische Verhältnisse wenig besucht. Man könnte hier wochenlang reisen, ohne einem anderen Ausländer zu begegnen, einige Brocken Bahasa Indonesia sind also empfehlenswert.

Kalimantans Naturreserven werden rigoros ausgebeutet, seine Flora und Fauna sowie die traditionellen Kulturen sind bedroht. Dank einiger Schutzzonen hat man hier aber immer noch die größten Chancen, einen der edlen Orang-Utans zu Gesicht zu bekommen, die sich das restliche Dschungelgebiet mit akrobatischen Gibbons und Nasenaffen teilen. Die einheimischen Dayak leben schon lange mit dieser herausfordernden, üppigen Natur zusammen. Ihre Langhäuser stehen an den Ufern der Flüsse Kalimantans und vermitteln ein Gefühl von Gemeinschaft, das es sonst so im ganzen Land nicht gibt.

Reisezeit
Pontianak

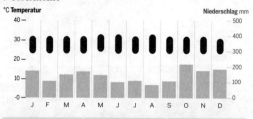

Dez.–März
Viel Regen; die üppigen Waldfrüchte locken Orang-Utans an.

April–Juni
Ramadan und andere islamische Feiertage.

Juli–Sept. Hauptsaison, Trockenzeit; toll zum Tauchen in Derawan; Feuer machen die Luft diesig.

Geschichte

Kalimantan wurde vor 10 000 Jahren durch den steigenden Meeresspiegel vom Festland Südostasiens getrennt. Die ursprüngliche Bevölkerung bestand aus dem Volk der Dayak, die noch heute das öffentliche Bild bestimmen. Zur Kultur dieser unterschiedlichen Waldstämme gehörten früher Kopfjagd, umfassende Tätowierungen, lang gezogene Ohrläppchen, Blasrohre und Langhäuser – horizontale Wohnhäuser, die groß genug waren, um ein ganzes Dorf zu beherbergen. Diese Zivilisation wurde nach und nach von der modernen Welt zerstört, sodass manche Elemente, wie die Kopfjagd, gar nicht mehr existieren, und andere nach und nach aussterben. Die Stammesidentität besteht noch, aber viele Dayak haben entweder ihre traditionelle Volksreligion Kaharingan abgelegt oder sie mit dem Christentum (oder dem Islam) kombiniert.

Neben den Dayak gibt es in Kalimantan zwei weitere große ethnische Gruppen: die Chinesen und die Malaien. Die Chinesen sind die erfolgreichsten Kaufleute der Region und betreiben schon seit mindestens 300 v. Chr. Handel in Kalimantan. Sie zeichnen verantwortlich für die hellroten konfuzianischen und buddhistischen Tempel in vielen Hafenstädten und für eine Fülle an chinesischen Restaurants, die zu den besten Lokalen von Kalimantan gehören. Die Malaien sind vorwiegend muslimisch, eine Religion, die mit der Melaka-Herrschaft im 15. Jh. ins Land kam. Die offensichtlichsten Zeichen ihrer Anwesenheit sind die imposanten Moscheen in größeren Städten und der dazugehörige Ruf zum Gebet. Einige Paläste muslimischer Sultanate, manche noch von königlichen Nachkommen besetzt, können besichtigt werden.

Seit der Kolonialzeit war Kalimantan ein Ziel für die *transmigrasi,* die staatlich geförderte Umsiedlung von Menschen aus dichter bevölkerten Regionen des Archipels. Das und der stetige Zustrom von Arbeitssuchenden aus ganz Indonesien führte zu einigen Konflikten, z. B dem Kampf zwischen den Dayak und den Maduranern (von der Insel Madura) 2001, der ein Jahr lang andauerte und 500 Menschenleben kostete, und ein kleinerer Konflikt zwischen den Dayak und den Bugis im Jahre 2010 in Tarakan.

Die meisten Konflikte drehten sich in Kalimantan allerdings um die immensen Rohstoffvorräte, an denen ausländische Mächte beteiligt waren. Öl, Gummi, Gewürze, Holz, Kohle, Diamanten und Gold waren die Spielbälle, die jahrelang für Machtkämpfe sorgten, beginnend mit den britischen und den niederländischen kolonialen Interessen. Im Zweiten Weltkrieg machten Öl und andere Ressourcen Borneo (jene Insel, auf der sich Kalimantan befindet) zu einem frühen Ziel der Japaner, die die Insel schließlich auf brutale Art und Weise besetzten, wobei allein in West-Kalimantan 21 000 Menschen ums Leben kamen. 1963 scheiterte der indonesische Präsident Sukarno mit seinem Versuch, ganz Borneo einzunehmen, als er Angriffe auf den Norden Malaysias inszenierte.

Heutzutage vollzieht sich der Kampf um Kalimantans Ressourcen versteckter. Beobachtet man die endlose Kette an riesigen Kohlekähnen, die die Flüsse runter schippern, die von zinndedeckten Häusern gesäumt sind, wird man das Gefühl nicht los, dass hier eine schleichende Plünderung vonstattengeht, von der die Einheimischen so gut wie gar nichts haben. Und während sich die Ölpalmenplantagen ausbreiten, geht der große bornesische Dschungel immer weiter zurück und kehrt nie wieder. Unzählige Organisationen, die sich für die Erhaltung einsetzen, kämpfen darum, den sozialen Schaden und die Umweltauswirkungen zu begrenzen und diese unglaubliche Natur zu retten. Man sollte sich nicht mehr zu viel Zeit mit einem Besuch lassen.

Natur

Kalimantans Flora und Fauna gehören zu den artenreichsten der Erde. Auf einem einzigen Hektar Regenwald findet man hier mehr Baumarten als in den USA und Kanada zusammen. Es gibt mehr als 220 Säugetierarten und über 420 Vogelarten auf Borneo, viele von ihnen sind auf der Insel heimisch. Am ehesten ist die Region bekannt für ihre Orang-Utans, Asiens einziger großer Affe und ein seltener, aber ergreifender Anblick außerhalb der vielen Schutz- und Rettungszentren von Kalimantan. Auf Flusskreuzfahrten sieht man gewöhnlich Nasenaffen (einzigartig auf Borneo), Makaken, Gibbons, Krokodile (darunter auch Gaviale), Warane und Pythons. Über den Köpfen schwirren Nashornvögel, die für viele Dayak ein spirituelles Symbol sind. Die Wälder beherbergen die seltenen Nebelparder, Malaienbären, riesige Nachtfalter, Taranteln und andere bizarre Ameisen- und Spinnenarten, die man sich in seinen wildesten Träumen nicht ausmalen könnte. Die

Highlights

1 Cross-Borneo-Trek (S. 669) Die berühmte Wanderung sowie Flussfahrten absolvieren – Kondition ist gefragt

2 Tanjung Puting National Park (S. 682) Orang-Utans sehen und auf dem Fluss Sungai Sekonyer segeln

3 Derawan-Archipel (S. 716) In Kalimantans schönstes Unterwasser- und Inselleben eintauchen

4 Sungai Mahakam (S. 706) Eine langsame Flussfahrt genießen

5 Balikpapan (S. 698) In Saus und Braus mit Livemusik, Shoppen und feinem Essen schwelgen

6 Merabu (S. 715) Sich in Kalimantans Vergangenheit vertiefen

7 Loksado (S. 696) Bambus-Flussrafting und das Leben im Bergdorf genießen

8 Sukadana (S. 679) Mit dem Speedboot von Pontianak zu den wilden Orang-Utans im Gunung Palung-Nationalpark

9 Banjarmasin (S. 692) Früh aufstehen für den Besuch der schwimmenden Märkte

10 Putussibau (S. 677) Dayak-Langhäuser und entlegene Nationalparks besuchen

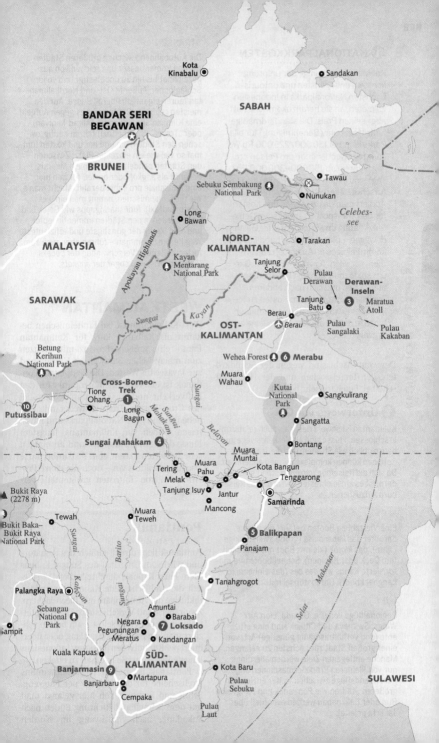

ℹ️ NATIONALPARKKOSTEN

Kalimantan hat einige der ursprünglichsten, entlegensten und untouristischsten Nationalparks in Indonesien zu bieten, an sie heranzukommen, hat aber seinen Preis. Die standardmäßige Eintrittsgebühr (Genehmigung) für alle Parks liegt bei 150 000/225 000 Rp Wochentag/Wochenende pro Person pro Tag. Führer (ab 150 000–300 000 Rp/Tag) sind in den meisten Parks und Naturschutzreservaten vorgeschrieben. Addiert man das zu den hohen Kosten für den Transport zu entlegenen Gebieten – häufig im Motorboot oder Geländewagen – plus Unterkunft und Essen, kommt einiges an Ausgaben zusammen, vor allem für Alleinreisende. Darum sollte man sich den Park genau aussuchen und sich nach anderen Travellern umsehen, um Kosten zu teilen, oder erwägen, einen Touranbieter hinzuzuziehen, anstatt alles alleine zu organisieren.

Derawan-Inseln sind wegen der Schildkröten, der Teufelsrochen und der Hochseefische bei Tauchern sehr beliebt.

ℹ️ Unterwegs vor Ort

Kalimantan ist sowohl riesig als auch relativ unerschlossen. Flüsse sind als Verkehrswege genauso üblich wie Straßen, und die Transportoptionen können komplexe Formen annehmen. Da sich die Reisemöglichkeiten ständig verändern, ist es am leichtesten, ein örtliches Reisebüro aufzusuchen.

FLUSS

Eine Vielzahl an Booten befährt die Flüsse, darunter das *kapal biasa* (große zweistöckige Fähre), das *klotok* (kleines Boot mit überdachtem Deck oder Kabinen), Schnellboote und motorisierte Kanus wie das *ces* (das einheimische Langheckboot). Ohrenstöpsel mitbringen.

LUFT

Regionalflüge von u. a. Garuda, Lion Air/Wings, Swirijaya und Citilink sind eine effiziente (und verhältnismäßig günstige) Art, von einer großen Stadt zur nächsten zu gelangen. Manche entlegenen Ziele werden allerdings nur von kleineren Propellermaschinen angeflogen. Inlandsflüge zwischen weiter entfernten größeren Städten wie Pontianak und Pangkalan Bun oder Balikpapan werden eventuell über Jakarta geleitet.

STRASSE

Die Autobahnen zwischen größeren Städten werden immer besser und reichen von ausgezeichnet bis hin zu unbefestigt und voller Schlaglöcher. Außer in Ost- und Nordkalimantan fahren eigentlich überall Busse. Auf den meisten größeren Routen gibt es gegen Aufgeld eine Klimaanlage. „Kijangs" (Allrad-Minivan) oder „Travel" (Sammeltaxi) fahren häufig zwischen den Städten hin und her und kosten fünfmal so viel wie ein einzelner Platz. Zwischen den Städten pendelt außerdem ein Minibus, bekannt als *angkot* oder *opelet*, für den man eine Pauschale pro Fahrt bezahlt. Macht man's wie die Einheimischen, nimmt man ein *ojek* (Motorradtaxi). Ridesharingapps wie Gojek und Grab werden in den Städten immer beliebter und sind häufig der günstigste und effizienteste Weg herumzukommen – führen aber auch zum fortschreitenden Verschwinden der *becaks* (Fahrradtaxis) und sogar der *angkots*.

WESTKALIMANTAN

West-Kalimantan ist bei Einheimischen bekannt als Kalbar – kurz für Kalimantan Bara – eine größere Provinz mit Grenzen zum malaysischen Sarawak im Norden und zur Javasee im Westen. Die Hauptstadt Pontianak ist ein Verkehrsknotenpunkt für den Luftverkehr und Ausgangspunkt oder Ziel des Cross-Borneo-Treks. Traveller mit Vorliebe für entlegene Nationalparks und Flussreisen finden an Kalimantans längstem Fluss, dem Sungai Kapuas, und an einigen sehr isolierten Oasen eine fast unberührte Dschungelwildnis vor – doch die ganze Provinz wird von Touristen größtenteils vernachlässigt.

Pontianak

📞 0561 / 574 000 EW.

Pontianak liegt direkt südlich des Äquators und wird vom Unterlauf des Sungai Kapuas (dem Fluss Kapuas) durchteilt. Der Ort spiegelt die städtische Seite Kalimantans wider, inklusive der Atmosphäre aus Blechdächern, Zweirädern und Verkehrsstaus. Die Hauptattraktion ist der Fluss selbst – am besten spaziert man die Promenade entlang oder überquert per Kanutaxi den Fluss, um Indonesiens längste Wasserstraße hautnah zu erleben.

Pontianak ist zudem West-Kalimantans Drehscheibe für den Verkehr per Flugzeug, Schiff und Fernbus. Von hier gelangt man mit dem Schnellboot Richtung Süden nach Sukadana, nach Sinkawang im Norden (oder über die Grenze nach Kuching) sowie nach Osten zu den Dayak-Langhäusern und Nationalparks von Kapuas Hulu.

◉ Sehenswertes

Eine Flusserkundung startet man am besten vom **Taman Alun Kapuas** aus, das ist ein kleiner Park am Ufer, in dem sich Fähren und Kanutaxen im Wasser tummeln. Auf der anderen Seite, wo sich der Fluss teilt, liegt das sanierte Viertel **Kampung Beting** mit einigen Sehenswürdigkeiten und einer neuen Uferpromenade. Ein guter Aussichtspunkt ist die **Kapuas-Brücke** an der Jl Sultan Hamid.

★ St.-Josephs-Kathedrale   KATHEDRALE
(Jl Pattimura 195) Pontianaks beeindruckende kuppelgekrönte Kathedrale, die 2015 eröffnet wurde, ersetzt die frühere Kirche von 1908, die nicht groß genug schien für die katholische Gemeinde der Stadt. Das Design ist offensichtlich europäisch – die Kuppel erinnert an den Petersdom, es gibt korinthische Säulen und schöne Buntglasfenster – doch die Architektur enthält auch Einflüsse, Totems und Motive der Dayak.

Taman Arboretum Sylva   WALD
(Jl Ahmad Yani; ⊙ 24 Std.) GRATIS Dieser kleine Dschungel von Borneo ist eine wohltuende Abwechslung zum Großstadtdschungel draußen. Das Gemeinschaftsprojekt bietet einen Orchideengarten und einen Bohlenweg durch den Mini-Wald. Das schöne Grün liegt direkt abseits des großen Kreisels 3 km südöstlich vom Zentrum.

Mesjid Abdurrahman   MOSCHEE
Die hölzerne Mesjid Abdurrahman steht nördlich des Flusses, wo angeblich eine Ka-

---

CROSS-BORNEO-TREK

Borneo hat eine der besten Abenteuerrouten der Welt zu bieten. Ost- und Westkalimantan werden durch das Müllergebirge geteilt, das auch das Quellgebiet von Indonesiens zwei größten Flüssen (*sungai*) ist. Der Sungai Kapuas schlängelt sich 1143 km bis zur Westküste bei Pontianak, der Sungai Mahakam fließt 930 km zur Ostküste bei Samarinda. Reist man also den einen Fluss hinauf, wandert über das Müllergebirge und fährt den anderen Fluss wieder herunter, hat man die drittgrößte Insel der Welt einmal überquert. Man sollte aber vorgewarnt sein: Diese Reise birgt erhebliche Gefahren, von tödlichen Stromschnellen bis hin zu abgelegenen und kräftezehrenden Wandertouren, bei denen der kleinste Fehltritt lebensbedrohliche Konsequenzen haben kann. Dies sollte nicht der erste Regenwaldtrek sein, den man unternimmt.

Wie alle guten Geschichten hat auch diese Story drei Teile.

Sungai Mahakam Eine der letzten großen Flussreisen Kalimantans. Auf dem Mahakam zu reisen, kann locker ein paar Tage in einer Prozession aus Booten bedeuten, inklusive Abstecher in Seen und Feuchtgebiete, Wildtierbeobachtungen und Besuchen von kleinen Flussstädten. Der Trek selbst beginnt (oder endet) in Tiong Ohang, zwei stürmische Stromschnellen entfernt von Long Bagun.

Das Müllergebirge Diesen Dschungeltrek begeht man aus demselben Grund, aus dem man den Mount Everest besteigt: Weil es ihn gibt. Bekannt für ihre Flusswasserwege, Horden an Blutegeln und tückischen Hänge erfordert die Route die Sachkenntnisse eines professionellen Touranbieters. Wer anspruchsvolle acht Stunden am Tag läuft, schafft den Übergang in fünf Tagen, sieben sind komfortabler und sicherer. Man sollte am besten zehn einrechnen.

Sungai Kapuas In der *hulu*-Region (Oberlauf) des Kapuas stehen viele der schönsten und zugänglichsten Langhäuser Kalimantans. Da es praktisch keinen öffentlichen Bootsverkehr unterhalb von Putussibau gibt, nehmen die meisten Trekker den Bus oder fliegen zwischen Pontianak und Putussibau.

Welche Richtung vorzuziehen ist, daran scheiden sich die Geister. Einigkeit besteht darin, dass die Route von Ost nach West logistisch einfacher ist, während der Weg von Westen nach Osten physisch weniger zehrt. Egal wie herum, die erfolgreiche Absolvierung ist eine bemerkenswerte Leistung, die man sein Leben lang nicht vergessen wird.

Empfohlene Touranbieter sind Kompakh (S. 677) in Putussibau (bei der Reise von Westen nach Osten) und De'Gigant Tours (S. 703) in Samarinda (von Osten nach Westen).

Pontianak

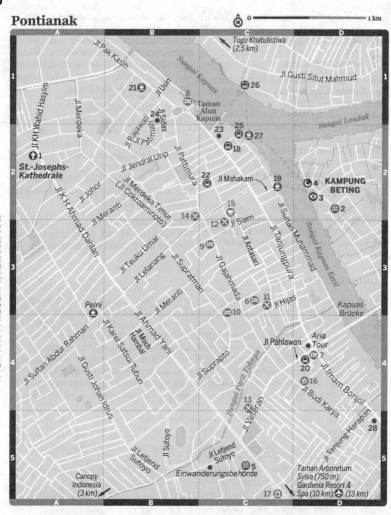

nonenkugel gelandet sein soll, nachdem Pontianaks erster Sultan sie auf einen *pontianak* (den Geist einer Frau, die nach der Entbindung gestorben ist) abgefeuert hatte.

Istana Kadriah
MUSEUM

(Eintritt gegen Spende; ⊘10–17 Uhr) Bei einem Ausflug durch die Stadt darf ein Besuch im hölzernen Palast von Pontianaks erstem Sultan am Ostufer des Kapuas nicht fehlen. Im Rahmen eines Sanierungsprojekts 2017 wurde das Museum zitronengelb gestrichen, aber das Innere behielt seinen ursprünglichen Charme. Das Dorf auf Stelzen drum

herum ermöglicht einen Blick in die Vergangenheit der Stadt. Man gelangt mit dem Kanutaxi (S. 675) hierher (regulär/Charter 2000/10 000 Rp) am Ende der Jl Mahakam.

Tugu Khatulistiwa
MONUMENT

(Äquatordenkmal; Jl Khatulistiwa; ⊘7.30–16.30 Uhr) Wer schon immer mal auf zwei Erdhalbkugeln gleichzeitig stehen wollte, kann sich diesen Wunsch zumindest rein formal hier erfüllen – leider liegt das Denkmal heute dank des Kontinentaldrifts 117 m südlich des Äquators. Der Geschenkeladen daneben hat eine wunderbare T-Shirt-Kollektion, Sa-

Pontianak

rongs und Äquatorlampen. Mit der Fähre geht's über den Fluss und mit einem *opelet* 3 km auf der Jl Khatulistiwa Richtung Nordwesten.

**Museum Provinsi Kalimantan
Barat**   MUSEUM
(Landesmuseum von West-Kalimantan; Jl Ahmad Yani; Indonesier/Ausländer 2000/10 000 Rp; ☺ Di-Do 8–14.30, Fr 8–11 & 13–14.30, Sa & So 8–14 Uhr) In einem eindrucksvollen Gebäude bietet diese gepflegte Sammlung an Artefakten einen informativen Überblick in englischer Sprache über die einheimischen Kulturen der Dayak, der Malaysier und der Chinesen.

☞ Geführte Touren

Canopy Indonesia   ÖKOTOUR
(📞 0812 5809 2228, 0811 574 2228; www.canopy indonesia.co.id; Jl Purnama II 20) 🏄 Das dynamische Paar Deny und Venie setzt sich leidenschaftlich für nachhaltigen Tourismus durch gemeinnütziges Engagement ein. Sie stecken den Großteil ihrer Einnahmen aus ihren bekannten Danau-Sentarum-Nationalpark-Trips in die Entwicklung neuer Ökotourismusprogramme in ganz West-Kalimantan. Ihr ausgezeichnetes Café (S. 672) dient auch als Touristeninformationszentrum.

Times Tours & Travel   KULTUR
(📞 0819 560 1920; timestravell@yahoo.com; Jl Komyos Sudarso Blok H6) Der Besitzer Iwan ist seit 1995 spezialisiert auf Kulturtouren rund um Pontianak und Kalbar. Er spricht Englisch und ist extrem zugänglich und tüchtig. Vorher anrufen.

⭐ Feste & Events

Gawai Dayak Festival   KULTUR
(☺ Mai) Das Dayak-Erntefest findet Ende Mai in Pontianak statt, aber viele Dörfer veranstalten irgendwann zwischen April und Juni ihr eigenes Fest. Generell sind diese Partys mit viel Tanz und Essen laut, chaotisch und dauern ungefähr eine Woche.

🛏 Schlafen

Im Geschäftsviertel südlich des Flusses finden sich einige günstige und mittelklassige Hotels, viele liegen an oder nahe der Jl Gajah Mada.

⭐ **Canopy Center Hostel**   HOSTEL $
(📞 0811 574 2228; info.canopyindonesia@gmail. com; Jl Purnama II 20; B/DZ/3BZ 75 000/ 150 000/200 000 Rp; ❄🖥) Dies ist Pontianaks einziges Travellerhostel – und das Canopy eignet sich perfekt, um zu entspannen und Gleichgesinnte zu treffen. Unten befindet sich ein architektonisch spannendes Café, oben sind zwei blitzsaubere Schlafsäle mit 14 Betten (gemischt) und zwei Zimmer mit Bad. Das Hostel liegt in einem ruhigen Viertel, 6 km südlich des Zentrums, was Segen

und Fluch zugleich ist, aber man kann Motorräder leihen (50 000 Rp).

★ **My Home Hotel** HOTEL $
(📞 0565-202 2195; http://hotelsmyhome.com; Jl WR Supratman 33A; EZ/DZ 155 000/238 000 Rp, Executive-Zimmer ab 300 000 Rp; ❄️ 🛜) Das neue Budget-Boutiquehotel ist ein absolutes Schnäppchen mit Mittelklassesauberkeit und -service, Federbetten, makellosen Einrichtungen, heißen Duschen und gutem WLAN. Die billigeren Zimmer sind ziemlich kompakt – für etwas mehr Geld bekommt man mehr Platz und ein Fenster mit Stadtblick.

Green Leaf Inn HOTEL $
(📞 0561-769622; Jl Gajah Mada 65; EZ/DZ ab 160 000/190 000 Rp, Superior-Zimmer ab 248 000 Rp; ❄️ 🛜) Das vierstöckige Green Leaf ist eine der wenigen Budgetoptionen zwischen den Hotels an der Gajah Mada. Die geräumigen oberen Zimmer haben saubere Fliesenböden, die Einzelzimmer kaum Platz für ein Bett. Alle sind mit Klimaanlage, kaltem Wasser und Duschen für Verrenkungskünstler ausgestattet. Frühstück ist inklusive, Fenster nicht.

Aston Pontianak HOTEL $$
(📞 0561-761118; www.astonhotelsinternational.com; Jl Gajah Mada 21; Zi. inkl. Frühstück 490 000–610 000 Rp, Suite ab 1 250 000 Rp; ❄️ 🛜 🏊) Die zentrale Oase mit Old-School-Luxus und raffiniertem Dekor lohnt sich bei Rabatten und Wochenendraten. Die Superior-Zimmer sind geräumig, die Executive-Zimmer haben zusätzlich noch ein Bad und ein Sofa. Der RiverX-entertainment-Komplex im zweiten Stock bietet Livemusik und DJs, das reichhaltige Frühstücksbüffet versorgt einen für den Tag.

Garuda Hotel HOTEL $$
(📞 0561-736890; www.garudahotelpontianak.com; Jl Pahlawan 40; Zi. inkl. Frühstück 258 000–383 000 Rp, Suite ab 417 000 Rp; ❄️ 🛜) Das Garuda ist ein solides Mittelklassehotel ohne Schnickschnack abseits der Hektik der Jl Gajah Mada, aber trotzdem nah genug am Trubel der Innenstadt. Die Zimmer sind schlicht und sauber mit heißen Duschen, Minibar und Fernseher. Das billigste hat keine Fenster – vom dritten Stock aus kann man dafür über die Stadt blicken.

Gardenia Resort & Spa HOTEL $$
(📞 0561-672 6446; www.gardeniaresortandspa.com; Jl Ahmad Yani II; Zi./Suite ab 375 000/495 000 Rp; ❄️ 🛜 🏊) Das Gardenia in der Nähe des Flughafens kommt als einziges in Pontianak einem Resort zumindest nahe und ist eine tolle Option für Leute, die die Stadt nicht interessiert. Geräumige Privatvillen, die über Holzstege mit dem Spa und einem Restaurant im Freien im balinesischen Stil verbunden sind, bieten eine willkommene Abwechslung vom Chaos des städtischen Kalimantan.

🍴 Essen

Nachts füllt sich die Jl Gajah Mada mit Kaffeeliebhabern, während Meeresfrüchtebuden in der Mitte der Jl Diponegoro–Agus Salim und der Jl Setia Budi stehen.

★ **Chai Kue Siam A-Hin** KLÖSSE $
(Jl Siam; 10 Klöße ab 20 000 Rp; ⏱ 10–22 Uhr) Schweinefleisch oder Gemüse, gedünstet oder frittiert, je nach Wunsch. Man wartet mit den Einheimischen auf einen Tisch oder sein Essen zum Mitnehmen. Es gibt auch andere chinesische Gerichte.

Canopy Center Cafe CAFÉ $
(Jl Purnama II 20; Hauptgerichte 15 000–25 000 Rp; ⏱ Mo–Fr 8.30–23, Sa bis 24 Uhr; 🛜) Das helle Architektencafé mit Arbeitsbereich kombiniert sortenreinen Kaffee mit indonesischen und westlichen Snacks, von Pommes frites bis hin zu balinesischem Hühnchen. Oben gibt's auch noch ein Hostel (S. 671) – eine tolle Location, um den Laptop zu öffnen (oder zu schließen) und andere Reisende kennenzulernen.

D'Grill BARBECUE $
(📞 0561-817 2576; Jl Veteran 9; Hauptgerichte 15 000–40 000 Rp; ⏱ 9–22 Uhr; 🛜) D'Grill ist ein gemütliches kleines koreanisches Grilllokal mit einladenden Cabanas unter freiem Himmel nebenan. Zur Auswahl stehen Rindfleisch, Hühnchen, Fisch oder Shrimps, die mit Gewürzen gegrillt werden, oder man hält sich an die normale Karte mit Reis, Nudeln und *udang goreng* (frittierte Garnelen).

Mie Tiau Polo INDONESISCH $
(Jl Pattimura; Hauptgerichte ab 28 000 Rp; ⏱ 10–21 Uhr) Nicht zu verwechseln mit dem Apollo links, dessen Schild stolz verkündet: „Seit 1968. Nie verzogen." Polos Schild erwidert schlicht: „Hergezogen von Nebenan." Der Streit ist genauso legendär wie die Nudeln, die hier auf den Tisch kommen. Man sollte selbst entscheiden, wer besser ist... oder älter.

★ **Abang Kepiting** MEERESFRÜCHTE $$
(Jl Hijas; Preise nach Gewicht; ⏱ 17–22 Uhr) Eimerweise gefrorener Fisch, Stachelrochen,

Tintenfisch und Garnelen betteln draußen darum, nach Wunsch gedünstet, frittiert oder gegrillt zu werden. Man sollte sich das Erlebnis gönnen und sich einen Haufen geräucherter Krabben bestellen: eine vollmundige, abendfüllende Angelegenheit. Da das Lokal sehr beliebt ist, sollte man am besten früh da sein. Die Preise (nach Gewicht) variieren gewaltig, je nach Fischart und Tagesfang.

Kapuas Riverside Restaurant INDONESISCH **$$**
(Grand Kartika, Jl Rahadi Usman 2; Hauptgerichte 40 000–150 000 Rp; ⊘7–23 Uhr;) Das Restaurant über dem Wasser am **Grand Kartika** (☑0561-734401; Zi. inkl. Frühstück 270 000–515 000 Rp;) hat eine der besten Aussichten der Stadt. Bei einem kalten Bier beobachtet man, wie die Fähren den Sungai Kapuas überqueren, oder man wählt eins der westlichen und indonesischen Gerichte aus der günstigen Karte, darunter beispielsweise frittierter Reis mit Krabben und Salzfisch, heimischer Flusskarpfen und Spaghetti Bolognese.

 Ausgehen & Nachtleben

Pontianaks Einheimische lieben ihren Kaffee und jeden Abend füllen sich die *warung kopi* (Cafés) an der Jl Gajah Mada. In den meisten schicken Hotels gibt's kaltes Bier, ansonsten probiert man einfach einen der Karaokeclubs aus.

Warung Kopi Asiang KAFFEE
(Jl Merpati; ⊘6–18 Uhr) Das berühmteste und vollste Coffeehouse in der Stadt, in dem Mr. Asiang seiner einheimischen Fangemeinde einen perfekten Kaffee aufbrüht.

Café Tisya LIVEMUSIK
(Jl Budi Karya; ⊘19–2 Uhr) Diskret wird warmes Bintang (mit Eis) gereicht, laute Livemusik mit Keyboard und Gesang ertönt von der Bühne. Je nach Abend kann man hier gut Einheimische kennenlernen und die Unterhaltungsszene auschecken.

 Shoppen

Souvenirs bekommt man in den Handwerksläden an der Jl Pattimura.

Ayani Mega Mall MALL
(Jl Ahmad Yani; ⊘10–22 Uhr) West-Kalimantans größte Shoppingmall bietet einen Hypermart, einen Gastronomiebereich, Starbucks sowie ein **Kino** mit sechs Sälen (☑0561-671 3897; Eintrittskarten 45 000–60 000 Rp; ⊘10–22 Uhr).

ⓘ Praktische Informationen

Einwanderungsbehörde (☑0561-765576; Jl Letjend Sutoyo; ⊘Mo–Fr 8–16 Uhr)
Aria Tour (☑0561-577868; Jl Tanjungpura 36; ⊘Mo–Sa 8–17, So 9–11 Uhr) Gut für Flugtickets und SJS-Busse nach Kuching.

ⓘ An- & Weiterreise

BUS

International

Fahrten nach und von Malaysia und Brunei starten bzw. enden am riesigen **ALBN (Ambawang) Terminal** (Jl Trans Kalimantan), 10 km östlich der Stadt. Das Taxikartell hat den Preis für eine Fahrt in die Stadt auf 150 000 Rp festgelegt, aber Gojek bringt Passagiere für 30 000 Rp dorthin. Internationale Tickets gibt's bei **ATS** (☑0561-706 8670; Jl Pahlawan 58), **Damri** (☑0561-744859; Jl Pahlawan 226) oder einer der vielen Firmen an der Jl Sisingamangaraja, wie **Eva** (Jl Sisingamangaraja) und **SJS** (Jl Sisingamangaraja).

Inland

Bessere Straßen und neue Fahrzeuge machen Busreisen durch Kalimantan schneller und komfortabler als früher. Die Regionalbusse fahren immer noch in der Stadt ab, **Bis Sentosa** (☑0856 502 1219; Jl Kopten Marsan B5) und **Perintis** (☑0561-575693; Jl Koten Marsan) bedienen Putussibau, Damri Pangkalan Bun. Minibusse nach Sambas und Singkawang nehmen Gäste auf dem Weg zum **Siantan-Fährterminal** auf.

 GRENZE ZU MALAYSIA: VON PONTIANAK NACH KUCHING

Zur Grenze Zahlreiche Busunternehmen decken die Route zwischen Pontianaks ALBN Terminal und Kuching (230 000 Rp, 9 Std.) ab und fahren dabei über den Grenzübergang von Entikong nach Tebedu, 245 km nordöstlich von Pontianak.

An der Grenze Bürger der USA, Kanadas, Australiens, der meisten Länder des Commonwealth und fast ganz Westeuropas erhalten bei der Einreise am Übergang zwischen Entikong (Indonesien) und Tebedu (Malaysia) ein dreimonatiges Visum.

Weiterfahrt Kuching ist ein Verkehrsknotenpunkt mit Verbindungen zu anderen Teilen von Sarawak und der Halbinsel Malaysia.

VERKEHRSMITTEL AB PONTIANAK

Flugzeug

ZIEL	FLUGLINIE	PREIS (RP)	DAUER	HÄUFIGKEIT
Balikpapan	Lion Air	470 000	1½ Std.	Mo, Mi, Fr, So
Bandung	Lion Air	770 000	1¼ Std.	1-mal tgl.
Batam	Lion Air, Citilink	420 000	1¼ Std.	1-mal tgl.
Jakarta	Garuda, Lion Air, Sriwijaya Air, Citilink	370 000	1½ Std.	25-mal tgl.
Ketapang	Nam, Wings Air, Garuda	320 000	30 Min.	9-mal tgl.
Kuala Lumpur	AirAsia	470 000	2 Std.	1-mal tgl.
Kuching	AirAsia, Wings Air	250 000	45 Min.	1–2-mal tgl.
Palangka Raya	Garuda	1100 000	1¾ Std.	1-mal tgl.
Putussibau	Garuda, NAM, Wings Air	480 000	1 Std.	3-mal tgl.
Semarang	Lion Air	660 000	1½ Std.	2-mal tgl.
Sintang	NAM, Wings Air, Garuda	380 000	45 Min.	3-mal tgl.
Surabaya	Lion Air, Citilink	450 000	1¼ Std.	4-mal tgl.
Yogyakarta	Nam, Xpress Air	650 000	1½ Std.	4-mal tgl.

Schiff/Fähre

ZIEL	ANBIETER	PREIS (RP)	DAUER	HÄUFIGKEIT
Jakarta	Pelni	275 000	36 Std.	wöchentl.
Natuna-Inseln	Pelni	184 000	28 Std.	wöchentl.
Semarang	Pelni, Dharma Lautan Utama	270 000– 290 000	40 Std.	Mo, Mi, Sa & So
Sukadana (Langboot)	verschiedene Anbieter	230 000	5 Std.	tgl.
Surabaya	Pelni	320 000	44 Std.	wöchentl.

Bus

ZIEL	ANBIETER	PREIS (RP)	DAUER	HÄUFIGKEIT
Brunei	ATS, Damri, SJS	750 000	26 Std.	tgl.
Kuching	ATS, Bintang Jaya, Bus Asia, Damri, Eva	230 000	9 Std.	tgl.
Pangkalan Bun	Damri	400 000	20 Std.	tgl.
Putussibau	Bis Sentosa, Perinti	200 000	12–14 Std.	tgl.
Singkawang	örtlicher Minibus	50 000	3 Std.	tgl.
Sintang	ATS, Damri, Bis Sentosa, Perinti	160 000– 200 000	8 Std.	tgl.

FLUGZEUG

Von Pontianaks **Supadio International Airport** (http://supadio-airport.co.id), 17 km südöstlich vom Zentrum, starten regelmäßig Auslands- und Inlandsflüge. Die folgenden Fluglinien haben Büros in Pontianak:

Garuda (☏ 0561-734986; Jl Rahadi Usman 8A)
Lion Air (☏ 0561-742064; Mahkota Hotel, Jl Sidas)

Sriwijaya Air (Nam Air; ☏ 0561-768777; www. sriwijayaair.co.id; Jl Imam Bonjol No 26A)
Wings Air (Supadio International Airport)
Xpress Air (☏ Flughafen 0823 5791 9555, Callcenter 1 500 890; Supadio International Airport)

SCHIFF/FÄHRE

Schiffe nach Java legen am Haupthafen an der Jl Pak Kasih ab, nördlich des Grand Hotel Kartika.

Jetboote nach Ketapang gab es zur Zeit der Recherche nicht.

Dharma Lautan Utama (☑ 0561-765021; Jl Pak Kasih 42F)

Pelni (☑ 0561-748124; Jl Sultan Abdur Rahman 12)

Schnellboote (☑ 0852 4572 0720, 0821 4850 7629) Boote nach Sukadana (5 Std.) legen hinter dem Kapuas Indah Building ab.

Kanutaxen nach Istana Kadriah (2000 Rp/Pers.)

Planmäßig gibt es keine Passagierschiffe den Fluss hinauf nach Putussibau. Aber wer ausreichend Zeit und Sprachkenntnisse in Bahasa mitbringt, kann eine Fahrt auf einer Kombination aus Hausboot, Frachtschiff und Krämerladen aushandeln, allerdings kann diese unglaubliche, 900 km lange Reise einige Tagen bis hin zu einem Monat dauern.

TAXI

Surya Express und Palapa Taxi betreiben Sammeltaxen nach Sinkawang von Pontianak (120000 Rp) und direkt vom Flughafen (160000 Rp). Private Taxifirmen verlangen ab 700000 Rp pro Tag.

❶ Unterwegs vor Ort

Bei der Vielzahl der Motorräder auf Pontianaks Straßen könnte man annehmen, jeder hier besitzt eins – und die öffentlichen Verkehrsmittel leiden natürlich darunter. Am billigsten und effizientesten kommt man durch Pontianak, indem man eine der Fahrgemeinschaftsapps (am besten Go-jek, aber auch Grab) herunterlädt und darüber ein Motorrad oder ein Auto herbeiruft.

Ein Taxi vom Flughafen in die Stadt kostet 120000 Rp (17 km), per Go-jek kommt man mit etwa 50000 Rp zum selben Ziel.

Die Routen von Opelet (3000 Rp) treffen sich an der Jl Sisingamangaraja und am Siantan-Terminal an der Nordseite des Flusses, aber sie sind begrenzt. Die Taxen fahren ohne Taxameter und sind auch rar gesät.

Vielleicht entdeckt man auch ein becak (Fahrradrikscha); der guten alten Zeiten wegen kann man eine kurze Fahrt für 20000 Rp unternehmen.

Singkawang

☑ 0562 / 193 000 EW.

Singkawangs lebendige asiatische Energie ist einzigartig in Kalimantan. Die Stadt mit größtenteils Hakka-Chinesen bietet einige klassische Kaufhäuser, alte Keramiköfen, den eindrucksvollen Nachtmarkt **Pasar Malam Hongkong** und nahezu 1000 chinesische Tempel. Die Straßen der Stadt quellen

geradezu über am Fest **Cap Goh Meh** am 15. Tag des neuen Mondjahres, wenn Drachen und Löwen inmitten von chinesischen und Dayak-tatungs (heilige, von Geistern besessene Männer, die Selbstverstümmelungen und Tieropfer imitieren) tanzen. Ein luar biasa (außergewöhnliches) Spektakel.

Die ausgedehnten Strände südlich von Singkawang bieten für jeden etwas: von fast verlassenen Rückzugsorten bis hin zu protzigen „Resorts", die sich an Wochenenden füllen. An den Hauptstränden muss man gewöhnlich 20000 Rp Eintritt bezahlen. Es ist nicht wirklich idyllisch, aber bei schönem Wetter durchaus einen Tagesausflug wert.

🛏 Schlafen & Essen

Chinesisches Essen ist hier das Highlight, und auf dem Nachtmarkt hat man eine gute Auswahl an günstigen Warungs und Imbissständen. Mittelklassehotels und die **Singkawang Grand Mall** (☑ 0562-630 0000; ⊙10–22 Uhr) bieten anständige Speisemöglichkeiten.

Hotel Khatulistiwa HOTEL $
(☑ 0562-632854; Jl Diponegoro; Zi. 140000–270000 Rp; ❋☎) Wer mitten im Stadtgeschehen und nah am Pasar Malam Hongkong (Nachtmarkt) nächtigen möchte, findet in diesem Oldtimer eine der besten Budgetoptionen. Die Zimmer sind zwar vielleicht etwas abgewohnt, aber durchaus komfortabel.

> ### SUNGAI KAPUAS
>
> Indonesiens längster Fluss, der Sungai Kapuas, entspringt in den Ausläufern des Müllergebirges und schlängelt sich 1143 km Richtung Westen bis zum Meer. Unterwegs präsentiert der Kapuas Hulu (oberer Kapuas) einige der ältesten, freundlichsten und lebendigsten Langhausgemeinden von Kalimantan, das Fotografenparadies Danau Sentarum und – gaaanz weit in der Ferne – Bukit Raya, den höchsten Gipfel in Kalimantan. Anders als am Mahakam gibt es hier keinen kapal-biasa-Service (einheimisches Boot), was eine Flussreise unmöglich macht, aber die Verbesserung der Straßen zwischen Pontianak und Putussibau machen Busreisen möglich, und mit den regelmäßigen Flügen von Pontianak nach Sintang und Putussibau erreicht man die Region ganz leicht.

★ **Villa Bukit Mas** HOTEL **$$**
(☑ 0851 0033 5666, 0562-420 0055; villabukitmas
@yahoo.co.id; Jl A Yani, Gg Batu Mas 6; DZ/3BZ/FZ/
Villa ab 390 000/480 000/600 000/2 500 000 Rp;
❉ ❄ ❆) Am wohlsten fühlt man sich in
Singkawang wahrscheinlich in diesem ele-
ganten Hotel am Hang mit Holzböden, pri-
vater Veranda und angenehmer Abgeschie-
denheit. Die besten Zimmer liegen einen
Pfad hoch mit Aussicht über die Stadt. Die
große Außenterrasse des Restaurants ist
umgeben von Tempelbäumen und blickt auf
den Pool. Spezialität des Hauses ist Shabu-
shabu (75 000 Rp/2 Pers.).

❶ An- & Weiterreise

Minibusse (50 000 Rp, 3 Std.) pendeln morgens
unregelmäßig zwischen Singkawangs Bustermi-
nal und Siantans Fährterminal in Pontianak.

Die Sammeltaxen von **Surya Express** (☑ 0858
2277 6969, 0812 5468 1818; Singkawang Grand
Mall) und **Palapa Taxi** (☑ 0851 0133 9999; Jl Ni-
aga 25) starten etwa stündlich direkt nach/ab
Pontianak (120 000 Rp, 3 Std.) und zum/ab dem
Flughafen (160 000 Rp, 4 Std.). Anrufen, wenn
man vom Hotel abgeholt werden will.

Sintang

☑ 0565 / 59 400 EW.
Sintang liegt recht einsam am Zusammen-
fluss von Sungai Kapuas und Sungai Melawi
und ist dafür eine überraschend große und
lebendige Stadt. Reisende finden hier einen
Zwischenstopp auf der langen Überland-
fahrt von Pontianak nach Putussibau oder
umgekehrt, einen Ausgangspunkt für den
Danau Sentarum National Park (von Süden)
und die Chance, den Bukit Kelam zu erklim-
men, einen 1000 m hohen Granitfelsen, der
sich in der Ferne abzeichnet.

Sintang ist außerdem eine gute Basissta-
tion für Ausflüge zum **Bukit Baka–Bukit
Raya National Park** und die siebentägige
Expedition auf Kalimantans höchsten Berg.
Man registriert sich (vorgeschrieben) im
Büro des Parks, wo man Informationen zum
Transport erhält.

◉ Sehenswertes & Aktivitäten

Jasa Menenun Mandiri GALERIE
(☑ 0565-21098; koperasijmm@ymail.com; Jl
Kelam 8; ◷ Mo–Fr 8–16, Sa bis 12 Uhr) Diese Or-
ganisation arbeitet aktiv daran, die Kunst
des traditionellen Webens zu erhalten und
wiederzubeleben. Die ausgezeichnete Gale-
rie in einem nachgebauten Langhaus, das

vor Ort als Rumah Betang Kobus bekannt ist,
zeigt die größte Sammlung preisgünstiger
Ikat, die man in Kalimantan finden kann.

Museum Kapuas Raya MUSEUM
(Jl Sintang-Putussibau Km14, Tanjung Puri; ◷ Mo–
Fr 8–15, Sa & So 9–15 Uhr) GRATIS Dieses von Hol-
land unterstützte lokale Museum, etwa
12 km östlich von Sintang an der Straße
nach Putussibau, befindet sich in riesigen
hölzernen Zwillingsbauten mit drei Ausstel-
lungsflächen mit Artefakten zur örtlichen
Geschichte, zur Kultur und zum Ikat-Weben.

Bukit Kelam WANDERN
Den Granitfelsen 25 km östlich von Sintang
sieht man schon von Weitem, da er sich mehr
als 1000 m über der sonst flachen Ebene er-
hebt. Wer fit ist, kann ihn in etwa vier Stun-
den erklimmen (hin & zurück 7 Std.) – für
den letzten Anstieg sind Stahlleitern vorhan-
den. Örtliche Führer verlangen 250 000 Rp
pro Person für einen zweitägigen Ausflug,
einschließlich Camping, Essen und Trans-
port. Kontakt über **Agung** (☑ 0852-5243 0196;
pontybagel@gmail.com) oder **Kipli** (☑ 0812 5885
1661; spartasintang@yahoo.co.id).

🛏 Schlafen

Bagoes Guesthouse HOTEL **$**
(☑ 0565-23733; Jl Dharma Putra 16; EZ/DZ/Deluxe
180 000/250 000/350 000 Rp) Die ordentliche
Pension auf zwei Ebenen liegt in einer ruhi-
gen Gegend ein paar Kilometer südlich der
Stadt. Neben den 28 hellen, sauberen Zim-
mer gibt es einen Gemeinschaftsbereich mit
rustikalen Holzmöbeln. Frühstück kostet
50 000 Rp. 350 m Richtung Südwesten von
der Kreuzung mit fünf Abzweigungen (sim-
pang lima).

Mari Melihat Base Camp HOMESTAY **$**
(☑ 0852 5243 0196; Jl Masuka Darat, Gg Ramad-
han; Zi. 100 000 Rp) Der einheimische Führer
und Englischlehrer Agung führt diese
schlichte Unterkunft an der Westseite des
Flusses in der Nähe des Terminal Sungai Du-
rian. Die einfachen Zimmer haben ein Ge-
meinschaftsbad, aber hier kann man sich
wunderbar unter die Einheimischen mi-
schen und bei einer echten Familie wohnen.

My Home HOTEL **$$**
(☑ 0565-202 2195; http://hotelsmyhome.com; Jl
Lintas Melawi, Komplek Golden Square; DZ & 2BZ
inkl. Frühstück 240 000–466 000 Rp, Suite ab
888 000 Rp; ❉ ❄) Die beste Mittelklasseoption in Sintang hat moderne und ordentliche
Zimmer mit erstklassigen Betten und hei-

BETUNG KERIHUN NATIONAL PARK

Der Betung Kerihun, einer der abgelegensten Nationalparks in Kalbar, bedeckt 8000 km² Fläche in der nordöstlichen Ecke des Landes, wo größere Wasserscheiden die Grenze zu Malaysia entwässern. In der Weite der Berge und den alten Wäldern kommen Wanderer und Bootsfahrer voll auf ihre Kosten. Obwohl Pontianak-Veranstalter organisierte Aktivitäten wie Rafting und Höhlenwandern anbieten, gibt es nur wenige Einrichtungen im Park, und die unerlässliche Flussreise ist teuer. Wilde Abenteuer dieser besonderen Art sind in Kalimantan immer schwerer zu finden.

Kontakt über das **Betung Kerihun National Park Office** (☑0567-21935; tn_betung kerihun@yahoo.com; Jl Banin 6; ⊘ Mo–Fr 8–17 Uhr) in Putussibau. Hier bekommt man Broschüren, kann mit dem Parkpersonal reden und die Genehmigungen bezahlen (150 000/225 000 Rp pro Person pro Tag Wochentag/Wochenende).

Kompakh in Putussibau bietet maßgeschneiderte geführte Touren zum Park an oder hilft beim Transport.

ßen Duschen – die kleinsten sind wirklich ziemlich klein, aber eben auch preiswert. Dazu kommt die ausgezeichnete Lage in der Nähe der Hauptbrücke über den Fluss und gegenüber der besten Cafés der Stadt.

✖ Essen & Ausgehen

Depot Satay Selamat　　　INDONESISCH **$**
(Jl Lintas Melawi; Hauptgerichte 25 000 Rp; ⊘ 17–23 Uhr) Der Favorit der Einheimischen südlich des Markts ist eins von vielen guten *sate*-Lokalen für abends.

★ Kece Cafe　　　　　　　CAFÉ
(abseits der Jl Lintas Melawi; ⊘ 15–2 Uhr) Das Kece liegt in einer Reihe von Cafés mit offener Front gegenüber dem Hotel My Home und gehört zu jenen Orten in Sintang, wo man legal ein kaltes Bier bekommt. Es gibt mittwochs und samstags ab 19 Uhr Open-Mic-Sessions. Ein großes Bintang kostet 50 000 Rp, und es gibt auch Kaffee und eine Snackkarte.

ⓘ An- & Weiterreise

Sintangs neuer **Tebelian Airport** wurde 2018 eröffnet und ersetzt den Susilo Airport. Garuda, Nam Air, Wings Air und Lion Air bieten tägliche Flüge nach Pontianak an.

Busse fahren täglich von/nach Pontianak (160 000 Rp, 7–8 Std.) vom Terminal Sungai Durian. Busse nach Putussibau (140 000 Rp, 7 Std.) halten auch am Kreisel Jl Deponegoro/Jl PKP Mujahidin, wo sich das **Damri**-Depot (Jl PKP Mujahidin) befindet. Zum Danau Sentarum steigt man direkt am Parkbüro in Semitau in einen Minibus von Pasar Inpres (200 000 Rp, 5 Std.) oder nimmt einen Bus Richtung Putussibau nach Simpang Pala Kota (100 000 Rp, 3½ Std.) und wartet auf ein Fahrzeug nach Semitau.

Putussibau

☑ 0567 / 12 500 EW.

Geteilt durch den breiten Oberlauf des Kapuas ist Putussibau der letzte Halt für Fluglinien und Langstreckenbusse sowie die letzte Chance auf einen Geldautomaten, bevor man in die Wildnis abtaucht. In dieser kleinen, aber lebendigen Marktstadt starten die Boote zum Betung Kerihun National Park, nach Tanjung Lokan (für den Cross-Borneo-Trek) und zum nördlichen Zugangspunkt zum Danau Sentarum National Park.

Auch wenn man keine dieser Fahrten plant, ist Putussibau eine gute Basis, um einige der besterhaltenen und noch genutzten Langhäuser Kalimantans zu besuchen.

☞ Geführte Touren

Kompakh　　　　　　　　ABENTEUER
(☑ 0813 5260 1248, 0852 4545 0852; http://kompakhadventure.com; Jl Kenanga Komp Ruko Pemda 3D; ⊘ Mo–Sa 8–16, So bis 12 Uhr) Das Team in dieser vom WWF unterstützten Ökotourismusinitiative weiß alles über Kapuas Hulu und bietet verschiedene Touren an, vom Danau Sentarum-Nationalpark über Langhausbesuche bis hin zu Flussfahrten und Dschungeltreks, darunter der Cross-Borneo-Trek (S. 669).

🛏 Schlafen

Aman Sentosa Hotel　　　MOTEL **$**
(☑ 0567-21691; Jl Diponegoro 14; Zi. 110 000–352 000 Rp; ❄🛜) Obwohl schon etwas abgenutzt sind diese schlichten Betonzimmer um einen großen Innenhof eine beliebte Option in Putussibau, und zwar wegen der praktischen Lage am Markt und dem Motorradver-

leih (100 000 Rp/Tag). Die günstigsten Zimmer sind heiße Kammern mit Ventilator und Kaltwasser-*mandi* (indonesisches Schöpfbad), die teuersten haben heiße Duschen.

Rindu Kapuas
HOTEL $

(Mess Pemda; ☏ 0567-21010; Jl Merdeka 11; Zi. 220 000–275 000 Rp; ❉ ⛾) Vor Ort bekannt als Mess Pemda liegt diese kleine einstöckige Regierungspension nahe an der Flussbrücke und dem Park. Alle Zimmer liegen um den zentralen Wohnbereich und haben

Klimaanlage und Fernseher. Es gibt außerdem ein paar Leih-Motorräder (150 000 Rp/Tag).

Hotel Sanjaya
HOTEL $$

(☏ 0567 22157; Jl Yos Sudarso 129; DZ 275 000–385 000 Rp, mit Gemeinschaftsbad 110 000–165 000 Rp; ❉ ⛾) Neben dem Damri-Büro am nördlichen Ende der Stadt befindet sich das saubere und freundliche Sanjaya. Auch wenn es ein paar Budgetzimmer mit Gemeinschaftsbad gibt, ist die Unterkunft besser ausgestattet als ein Mittelklassehotel.

NICHT VERSÄUMEN

LANGHÄUSER BEI PUTUSSIBAU
....

Einige von Kalimantans größten und zugänglichsten *betang* (traditionelle Dayak-Langhäuser) in der Gegend von Putussibau sind noch bewohnt und in Benutzung. Ein paar kann man ganz leicht ohne vorherige Genehmigung mit Motorrad, Taxi oder gemietetem Langboot besuchen, andere weiter draußen sucht man am besten mit Führer und mit vorheriger Ankündigung (bis zu eine Woche) auf, vor allem wenn man über Nacht bleiben oder eine Tanzvorführung sehen will. Falls man kein Bahasa Indonesia spricht, zahlt es sich auf jeden Fall aus, einen Führer oder Übersetzer mitzunehmen.

Einige dieser traditionellen Dayak-Häuser beherbergen 30 Familien oder mehr. Steht man an einem Ende der Gemeinschaftsveranda, sieht man das andere Ende nur noch als verschwommene Linien, gelegentlich unterbrochen durch schlafende Hunde und spielende Kinder. Die Ausführungen der *betang* reichen von historischen und verzierten Häusern auf Eisenholzstelzen bis hin zu fast unscheinbaren Reihenhäusern mit rostigen Wellblechdächern, die an Kasernen erinnern. Tragischweise brannte das älteste Langhaus der Region (wenn nicht ganz Kalimantans), das Betang Uluk Palin, 2014 nieder.

Viele, aber nicht alle *betang* heißen Besucher willkommen, häufig sind auch Übernachtungen möglich. Um Erlaubnis fragen, bevor man eintritt oder Fotos macht. Man wird nicht selten dem Vorsteher oder dem Kulturmittler vorgestellt, der immer darauf besteht, dass man eine Tasse viel zu süßen Kaffee oder Tee mit ihm trinkt, die moderne Version einer Begrüßungszeremonie. Entweder sucht man sich einen einheimischen Führer in Putussibau oder kontaktiert Kompakh für Informationen.

Langhäuser in der Nähe von Putussibau sind u. a. folgende:

Ariung Mandalam Authentisches und einladendes Langhaus etwa 8 km östlich von Putussibau. Man folgt der Jl Mupa nördlich der Stadt, überquert die Brücke, biegt am Dorf Nanga Sambus links ab und hält nach dem Schild Ausschau. Über eine Drehbrücke geht's auf die andere Flussseite.

Betang Sauwes Tunggan (Jl Lintas Timur) Etwa 7 km südöstlich von Putussibau wohnen im Sauwes Tunggan 30 Familien.

Melapi 1 Das erste von fünf *betang* entlang des Kapuas flussaufwärts von Putussibau. Es geht 10 km auf der Jl Lintas Timur in Richtung Südosten der Stadt, dann an der Kirche links abbiegen und ein Kanutaxi über den Fluss heranwinken. Oder man chartert ein Boot am Putussibau-Dock. Ein Homestay kann ausgehandelt werden.

Weiter auswärts:

Betang Banua Tengah Dieses *betang* von 1864 ist das Heim der Tamambaloh Apalin Dayak. Per Badau-Bus oder Taxi geht's 50 km Richtung Nordwesten von Putussibau, dann 4 km nach Südwesten auf einer Schotterstraße. Ein Besuch sollte besser im Voraus arrangiert werden.

Betang Sadap Eine der freundlichsten Langhausgemeinden, dank der Bemühungen des Ökotourismus. Das *betang* liegt 93 km nordwestlich von Putussibau.

DANAU SENTARUM NATIONAL PARK

Das herrliche saisonale Feuchtgebiet ist ein Paradies für Fotografen und einer der beliebtesten Nationalparks West-Kalimantans. Zwischen 4 und 6 m Niederschlag pro Jahr führen dazu, dass der Wasserstand bis auf 12 m steigt – höher als ein dreistöckiges Gebäude. Wenn sich das Wasser zurückzieht, werden die 240 Fischarten des Sees in sich verengende Kanäle gespült, wo sie gegen 800 km Treibnetze, 20 000 Fallen und 500 000 Haken kämpfen müssen, die die Fischer der 20 Dörfer auslegen, die jedes Jahr ganze 13 000 Tonnen Fisch aus dem Wasser ziehen. Dazu bewohnen 237 Vogel- und 143 Säugetierarten den 1320 km² großen Torfsumpf, den Tieflandwald und das saisonale Grasland. Das alles ist so beeindruckend, dass es sich lohnt, die Extraspeicherkarte für die Kamera einzustecken.

Die Seen, Sumpfwälder und Dörfer erreicht man per Langboot.

Man übernachtet entweder in einem Langhaus (120 000 Rp./Zi.) im Dorf Pelaik oder im „Resort" des Nationalparks – einfachen Zimmer (150 000 Rp) neben der Rangerstation.

Eine Tour organisieren Canopy Indonesia (S. 671) in Pontianak (Eingang zum Park von Süden her) oder Kompakh (S. 677) in Putussibau (Zugang von Norden). Hierherzukommen braucht Zeit und Mühe, darum ist eine Tour eine schlaue Option.

An- & Weiterreise

Man betritt das Netzwerk des Parks aus Seen, Schluchten und Kanälen in Lanjak im Norden bei Putussibau oder in Semitau im Süden bei Sintang. Führer können bei der Registrierung im Parkbüro in beiden Städten helfen (150 000/225 000 Rp pro Pers. pro Tag Wochentag/Wochenende). Guides verlangen 150 000 Rp pro Tag.

Langboote von Semitau in den Park kosten etwa 250 000 Rp und Speedboote 400 000 Rp. Von Lanjak kosten Langboote 800 000 Rp und Speedboote bis zu 2 400 000 Rp, je nach Wasserstand.

 Essen

Rumah Makan Dua Putri INDONESISCH $
(Jl Merdeka 11; Gerichte 10 000–25 000 Rp; ⊙7–23 Uhr) ✐ Das unscheinbare Dua Putri ist spezialisiert auf Melayu-Gerichte (ähnlich wie *nasi Padang*), bei denen man aus einer Reihe an fertigen Gerichten wählt. Das Lokal unter der Brücke ist das beste der Stadt. Es gibt auch ausgezeichnete frische Obstsäfte.

Cafe Amanda CAFÉ $
(Taman Alun; Hauptgerichte 10 000–25 000 Rp; ⊙8–23 Uhr) Das Freiluftcafé befindet sich im Park am Flussufer in der Nähe der Brücke, warum es abends ein beliebter Treffpunkt der Einheimischen ist. Auf der Karte stehen indonesische Gerichte wie Nasi Goreng sowie Säfte, Shakes und Kaffee.

ℹ An- & Weiterreise

Garuda und **Nam Air** fliegen täglich von/nach Pontianak.

Busse fahren von **Bis Sentosa** (☎ 0567-22628; Jl Rahadi Usman) und **Perintis** (☎ 0567-21237; Jl Yos Sudarso 71) nach Sintang (140 000 Rp, 7 Std., 2-mal tgl.) und Pontianak (200 000 Rp, 12 Std., 6-mal tgl., 10–13.30 Uhr). Um nach Badau (80 000 Rp, 3 Std.) und Lanjak (130 000 Rp, 5 Std., 8 Uhr) zu gelangen, geht man zum Busterminal nördlich vom Markt.

Damri (☎ 0812 5747 1896; Jl Yos Sudarso 132A) betreibt einen klimatisierten Bus nach Kuching (360 000 Rp, 9 Std., 8 Uhr) mit Umsteigen an der Grenze sowie zwei Busse täglich nach Lanjak (80 000 Rp) und Badau (130 000 Rp).

Der Bootssteg ist am Sungai Kapuas, östlich der Brücke.

Für Cross-Borneo-Trekker liegt der Preis für den siebenstündigen Trip von Tanjung Lokan den Fluss runter nach Putussibau bei 1500 000 Rp pro Platz und bis zu 8 000 000 Rp pro Boot. Wegen der Strömung dauert die Fahrt flussaufwärts länger und kostet meist mehr.

ℹ Unterwegs vor Ort

Taxis vom Flughafen zur Stadt kosten 50 000 Rp.

In Putussibau kommt man nur zu Fuß, mit einem Leihmotorrad vom Aman Sentosa Hotel (S. 677) für 100 000 Rp pro Tag oder mit Auto und Fahrer (ab 800 000 Rp/Tag) herum.

Sukadana

☎ 0534 / 21400 EW.

Sukadana, Tor zum Gunung Palung National Park, ist eine willkommene Überraschung, um so mehr, da nicht viele Leute das zu wissen scheinen. Der halbe Spaß ist schon die Hinfahrt, gewöhnlich im Rahmen einer fünfstündigen Schnellboottour von Pontianak über Nebenflüsse, Mündungen und das Mangrovezauberland bei Batu Ampar.

Sukadana versteckt seine großen Sehenswürdigkeiten, die knochenweiße Moschee und das Mahkota Kayong Hotel, in einer Küsteneinbuchtung. Der attraktive Strand südlich der Stadt, die von hügeligem Regenwald umgeben ist und in dem Gibbons die Dämmerung mit melodischen Duetten begrüßen, ist ein weiterer Pluspunkt für den Ort als ausgezeichnetes Ausflugsziel.

Der Tourismus steckt in den Kinderschuhen, aber Ökotourismusinitiativen in dem nahegelegenen Dorf Sedahan und ein steigendes Interesse an den Karimata-Inseln im Westen rücken diese wenig bekannte Küstenstadt immer mehr ins Rampenlicht.

◉ Sehenswertes

Den Blick auf goldene Sonnenuntergänge zurück über die Bucht kann man vom alten Hafensteg genießen, etwa 3 km südwestlich der Stadt. Hier gibt es auch einen neuen **Mangrovenbohlenweg**, der tief in das ansonsten undurchdringliche Waldökosystem der Küste führt.

Vom **Pulau Datok-Strand**, 3 km südlich vom Zentrum, blickt man auf einige hübsche Inseln, und es gibt schlichte *warungs* und Saftstände.

Sedahan   DORF
(☑ Yayat 0857 5036 0155 (auf Englisch), Dorfchef Pak Nazar 0896 3411 1189) Das grüne Bauerndorf am Fuße des Gunung Palung, 10 km

nordöstlich von Sukadana, ist bekannt für seinen hochwertigen Reis und hat dank der balinesischen Einwanderer, deren Kultur sich mit der einheimischen Couleur verbindet, ein einzigartiges Flair und eine ganz eigene Ästhetik. Eine sich entwickelnde Ökotourismusinitiative, dazu gehören auch Homestays in der Gemeinde (175 000 Rp/Pers. mit Essen), brachte neue Perspektiven und verwandelte Sedahan in eine naheliegende Basis für einen Besuch des Gunung Palung National Park (S. 681). Einheimische Guides arrangieren Ausflüge von hier nach Lubuk Baji im Park.

🛏 Schlafen & Essen

Kecubang Homestay   HOMESTAY **$**
(☑ 0857 5036 0155; Sedahan; Zi. 175 000 Rp/Pers. inkl. 2 Mahlzeiten) Die herzlichen, Englisch sprechenden Gastgeber Yayat und Wenny machen dieses Homestay zur ersten Adresse in Sedahan. Man bekommt eine dicke Matratze auf dem Boden eines Gästezimmers sowie Frühstück und Abendessen – ein authentisches Familienerlebnis. Yayat kann einheimische Führer für den Gunung Palung National Park organisieren und, wenn sein Zimmer belegt ist, eine andere Unterbringung in einer Familie im Dorf arrangieren.

Penginapan Family   PENSION **$**
(Jl Tanjungpura; Zi. mit Ventilator 75 000 Rp, EZ/DZ mit Klimaanlage 200 000/220 000 Rp; ❋ 🛜) Die erste Wahl unter den hiesigen Herbergen, allerdings wird nur wenig Englisch gesprochen. Die größeren Zimmer mit Klimaanlage sind die beste Option, aber alle haben Kaltwasser-*mandi* und Hocksitztoiletten. Die Economy-Zimmer sind etwas trostlos

---

ASRI

ASRI (Alam Sehat Lestari; ☑ 0853 4963 3000; www.alamsehatlestari.org; Jl Sungai Mengkuang, Sukadana; ⊙ Mo–Fr 8–16 Uhr) setzt gegen die Abholzung historischen Ausmaßes in Gunung Palung ein einzigartiges System ein. Die Naturschutzorganisation leitet eine medizinische Klinik, in der Gemeinschaften, die den Wald schützen und illegales Abholzen melden, d. h. als „Waldwächter" arbeiten, Anreize in Form von Rabatten, etwa im Bereich Gesundheit, Zahnmedizin und Bildung, erhalten. Patienten werden Zahlungspläne angeboten und Tauschhandel möglich gemacht, wenn sie Kompost, Zeit und Setzlinge für die Aufforstungsstätten spenden.

Zu den innovativen Gemeinschaftsprogrammen der ASRI gehören „Goats for Widows" (Ziegen für Witwen) und ein Kettensägenrückkaufplan, mit dem Holzfäller ermutigt werden sollen, den Beruf zu wechseln.

Wer mithelfen will: Es gibt sechswöchige Freiwilligenstellen für Mediziner und Zahnmediziner, Umweltschützer, Ingenieure und andere begabte Handwerker. Besucher, die nur die tolle Arbeit bewundern wollen, sind in der Klinik und im Umweltschutzzentrum auch gerne gesehen.

und heiß. Der Bonus hier ist der Fahrrad-/
Motorrad-/Autoverleih (30 000/75 000/
300 000 Rp/Tag).

Mahkota Kayong Hotel HOTEL **$$**
(☑0534-303 1322; mahkotakayong.hotel@gmail.
com; Jl Irama Laut; inkl. Frühstück Zi. 450 000–
500 000 Rp, Suite 900 000 Rp; ✸ 🛜) Dieser gro-
ße Bau auf Pfählen über dem Wasser stellt
alles in der Stadt in den Schatten – außer
der benachbarten Moschee. Außerhalb der
Wochenenden und gelegentlichen Regie-
rungsveranstaltungen ist es häufig leer, und
darüber vergessen manche Angestellten
manchmal fast, wozu sie überhaupt da sind.
Die teureren Zimmer Richtung Meer haben
Balkone mit Blick auf den Sonnenuntergang
(nur die Suiten bieten heißes Wasser). Es
gibt ein Restaurant, aber keine Bar.

Rumah Makan Bang Adit SEAFOOD **$**
(Jl Kota Karang; Hauptgerichte 12 000–40 000 Rp;
☺8–22 Uhr) In diesem geschäftigen Restau-
rant in der Nähe der Moschee kann man gut
Meeresfrüchte wie gegrillten Wels, *udang
goreng* (frittierte Garnelen) und Tintenfisch
kosten sowie Hühnchen genießen.

❶ An- & Weiterreise

Schnellboote (☑ Jamal 0853 8672 6908) nach
Pontianak verlassen jeden Tag um 8.30 Uhr
den Hafen von Sukadana. Die Fahrt dauert fünf
Stunden mit einem kurzen Aufenthalt im Dorf
Kubu. Manchmal fährt auch nachmittags ein
Boot – man sollte am Tag vorher nachfragen.
Öffentliche Busse fahren unregelmäßig bis gar
nicht. Um nach Ketapang zu gelangen, kann das
Hotel ein *travel* (Sammeltaxi; 70 000 Rp, 1½ Std.)
organisieren, oder man probiert es unter der
Nummer 0853 9116 4274. Ein Chartertaxi kostet
450 000 Rp. Ketapang verfügt über immer mehr
Busverbindungen und einen Flughafen mit Flü-
gen nach Pontianak und Pangkalan Bun (für Tan-
jung Puting).

Gunung Palung National Park

Gunung Palungs Berglandschaft, die vielfäl-
tige Tierwelt und die gute Erreichbarkeit
machen den Park zu einem der besten Wan-
derziele im Regenwald von Kalimantan.
Nach Jahren des Missmanagements und der
Monopolisierung ist der Park zumindest teil-
weise endlich wieder für Besucher geöffnet.

Und man wird hier nicht enttäuscht: Mit
einer großen Population wilder Orang-Utans
(man schätzt fast 2000), Hunderten von ak-
robatischen Gibbons, Malaienbären, Nebel-
pardern und uralten Bäumen, die so dick
sind, dass vier Menschen sie nicht umfassen
können, ist der Park eine der letzten großen
Oasen Primärregenwaldes auf Borneo.

Der National Park Service und emsige
NROs haben erfolgreich daran gearbeitet,
im Gunung Palung den illegalen Holzein-
schlag einzudämmen und den einheimi-
schen Gemeinden den Tourismusmarkt zu-
gänglich zu machen. Allerdings sind die
Primärwälder beim Forschungscamp in Ca-
bang Panti durch offizielle Parkgrenzen aus-
drücklich für Touristen gesperrt.

☞ Geführte Touren

Ein Ausflug in den Park von Sedahan aus be-
ginnt mit einer Fahrt im *ojek* zum Parkein-
gang, dann folgt eine zweistündige Wande-
rung die Hügel hinauf zum Camp bei Lubuk
Baji – einem schlichten Unterschlupf auf ei-
ner Plattform. Von hier begleiten einen Gui-
des aus dem Dorf auf Waldwegen bei der Su-
che nach Tieren und Wasserfällen.

Zusätzlich zur Parkeintrittsgebühr kosten
die Führer den fixen Preis von 150 000 Rp
pro Person pro Tag, plus 100 000 Rp für Es-
sen (das die Guides zubereiten). Da nur ein
kleiner Bereich des Parks zugänglich ist,
reicht den meisten Besuchern eine Nacht.

Der beste Kontakt für Guides und Unter-
bringungen in Familien in Sedahan ist der
Englisch sprechende Yayat vom Kecubang
Homestay (S. 680).

Canopy Indonesia (S. 671) bietet von Pon-
tianak aus Trips hierher an.

❶ Praktische Informationen

Gunung Palung National Park Office (Jl
Bhayangkara, Sukadana; ☺ Mo–Fr 7–16
Uhr) Hier bezahlt man den Eintritt zum Park
(150 000/225 000 Rp pro Pers. pro Tag
Wochentag/Wochenende).

❶ An- & Weiterreise

Für den Zugang zum Park hat die Stadt Sukada-
na die günstigste Lage. Von hier sind es 10 km
per *ojek* (50 000 Rp) zum Dorf Sedahan, dann
weitere 8 km bis zum Parkeingang.

ZENTRALKALIMANTAN

Zentralkalimantan (Kalmantan Tengara
oder KalTeng) ist vor allem für die Orang-
Utans des Tanjung Puting National Parks
bekannt, aber auch die Provinzhauptstadt

Palangka Raya und der nahegelegene Sebangau National Park sind lohnende Ziele auf der langen Reise Richtung Osten.

1957 gegründet, um den einheimischen Dayak mehr Autonomie von Banjarmasin zu verleihen, ist dies Kalimantans einzige Provinz mit vorwiegend Dayak-Bevölkerung.

Tanjung Puting National Park

Der Tanjung Puting ist das beliebteste Touristenziel in Kalimantan, und das aus gutem Grund: Hier bekommt man sozusagen eine Garantie, freilaufende Orang-Utans zu sehen, und das, in Kombination mit der Bilderbuchreise über den gewundenen Fluss durch den Dschungel, macht den Besuch zu einem Abenteuer von Weltklasse. Trotz seiner Abgeschiedenheit ist der Park per Direktflug von Jakarta oder Surabaya aus leicht zu erreichen.

Am besten erkundet man ihn auf einem *klotok*, einem klapprigen, mehrstöckigen Boot mit Flussfahrerromantik, das auf dem Sungai Sekonyer von Kumai zum legendären Rehabilitationszentrum bei Camp Leakey schippert. Tagsüber halten die Gäste an Deck mit Ferngläsern nach Wildtieren Ausschau, während das Boot über den schmalen Fluss tuckert und an den drei wichtigsten Fütterungsstellen halbwilder Orang-Utans stoppt.

Trotz steigender Besucherzahlen und immer mehr Booten in den letzten Jahren bietet die Reise noch immer eine schöne Einführung in die Welt des Regenwalds und eins der unvergesslichsten Erlebnisse, die man in Kalimantan haben kann.

Sehenswertes & Aktivitäten

Die Reise beginnt in der Hafenstadt Kumai, wo *klotok* und Schnellboote Gäste die kurze Strecke über die Mündung des Sungai Sekonyer bringen. Aufgrund des Bergwerkbetriebs flussaufwärts ist es hier meist schlammig, aber nach einer Weile gabelt sich ein natürlich teefarbener Nebenfluss ab, typisch für Torfsumpfgewässer. Die Flussfahrt beinhaltet einige beachtenswerte Stationen – man wird aber nicht alles zu sehen bekommen und auch die Reihenfolge variiert.

Tanjung Harapan Orang-Utan-Fütterungsstation mit renoviertem Informationszentrum; Fütterungen täglich um 15 Uhr.

Dorf Sekonyer Ein kleines Dorf, das sich um Tanjung Harapan entwickelte, aber auf die andere Seite des Flusses verlegt wurde, wo die meisten Bewohner in der Palmölindustrie arbeiten. Es gibt hier einige Unterkünfte.

Pasalat Ein Aufforstungscamp, in dem Pak Ledan Setzlinge pflanzt und den Heilpflanzengarten pflegt.

Pondok Tanggui Orang-Utan-Fütterungsstation; Fütterungen täglich um 9 Uhr.

Pondok Ambung Forschungsstation, beliebt wegen Sichtungen von Taranteln und leuchtenden Pilzen auf von Rangern begleiteten Nachtwanderungen.

Camp Leakey Die Endstation. Die erste, noch aktive Forschungsstation mit einem informativen Besucherzentrum. Die Fütterungen finden jeden Tag um 14 Uhr auf der Plattform statt, 30 Minuten zu Fuß vom Besucherzentrum.

Die *klotok* fahren drei Stationen an, bei denen Ranger stapelweise Bananen und Eimer mit Sojamilch für die einst gefangenen, halbwilden Orang-Utans abliefern. Es gibt keine Zäune oder Käfige, man wird mit Seilen auf Distanz gehalten – eine Grenze, die von den Tieren oftmals ignoriert wird, die häufig unbekümmert durch die knipsende Zuschauermenge zu ihrem Mittagessen wandern.

Geführte Touren

Traveller können sich selbst ein *klotok* und einen Guide organisieren oder die Sache einem örtlichen Anbieter überlassen. Ersteres ist etwas günstiger, Letzteres viel einfacher. Achtung: Manche Anbieter werben auf mehreren Websites (auf denen nie steht, wer dahintersteckt), andere sind nur Wiederverkäufer, die den Preis verdoppeln.

Ideal sind drei Tage und zwei Nächte, dann hat man genügend Zeit, sich alles anzusehen. Wer nur einen Tag Zeit hat, nimmt am besten ein Speedboat von Kumai zum Camp Leakey (3 000 000 Rp). Ein *klotok* benötigt 4½ Stunden zum Camp Leakey. Hin- und Rückfahrt sind also an einem Tag möglich, wenn man um 6 Uhr aufbricht, es ist aber nicht zu empfehlen. Zwei Tage/eine Nacht ist ein guter Kompromiss, aber man verpasst vielleicht eine der Fütterungsstationen.

Der Besucherstrom hat in den letzten Jahren stark zugenommen. Heute fahren in der geschäftigen Trockenzeit (Juni–Sept.) nahezu 100 *klotok* fast nonstop, zu anderen Zeiten dagegen liegen die meisten Boote am Dock in Kumai, wo freiberufliche Guides geduldig auf ihre nächste Fahrt warten. Die

ORANG-UTANS 101

Vier große Affenarten gehören zur Familie der *Hominidae*: Orang-Utans, Schimpansen, Gorillas und Menschen. Die rostbraun behaarten Cousins des Menschen haben sich zwar schon lange vom Familienstammbaum entfernt, aber beobachtet man diese *orang hutan* (Bahasa Indonesia für Waldmensch, wohl aus dem Holländischen) eine Zeit lang, bemerkt man Gemeinsamkeiten, die genauso markant sind wie die Unterschiede.

Die Verbindung zwischen einer Mutter und ihrem Jungen gehört zu den stärksten im Tierreich. Die ersten zwei Jahre sind die Babys komplett abhängig und werden überallhin getragen. Bis zum siebten Lebensjahr bringt die Mutter ihrem Kind bei, wie es im Regenwald überleben kann, z.B. wie man durch das Laubdach klettert und nachts ein Nest baut, die medizinische Wirkung von Pflanzen, welche Lebensmittel giftig sind, welche Tiere sie meiden sollten und wie sie verlässliche Futterbäume finden.

Die territorial orientierten Männchen haben nichts mit der Kindererziehung zu tun, ihr meist einzelgängerisches Leben wird nur unterbrochen von gelegentlichen brutalen Kämpfen um den Alphastatus. Sobald ein junges Männchen sein Territorium sichert, macht er schnell körperliche Veränderungen durch, bekommt beeindruckende Wangenpolster sowie Kehlsäcke. Er verkündet seine Herrschaft, indem er dröhnende lange Rufe ausstößt, die kilometerweit durch den Wald zu hören sind. Dieser Schrei löst bei jüngeren Männchen einerseits Stress aus – ihre sexuelle Entwicklung wird so unterdrückt – und zieht außerdem Weibchen an, die empfängnisbereit sind. Es ist eine von Dutzenden Lautäußerungen, die Orang-Utans nutzen, um miteinander und ihrem Umfeld zu interagieren.

Mehr Informationen zum Orang-Utan-Schutz und Möglichkeiten zu Freiwilligendiensten in Kalimantan findet man hier:

Friends of the National Parks Foundation (www.fnpf.org) Fördert Wiederaufforstungsmaßnahmen bei Pasalat.

Orangutan Foundation International (www.orangutan.org) Gegründet von Biruté Galdikas; betreibt Tanjung Putings Fütterungsstationen.

Orangutan Foundation UK (www.orangutan.org.uk) UK-Organisation zur Rettung von Orang-Utan-Lebensräumen.

Orangutan Land Trust (www.forests4orangutans.org) Übt Einfluss auf die Politik aus und unterstützt ein großes Spektrum an Organisationen, die sich dem langfristigen Überleben der Orang-Utans widmen.

Toilettenspülung landet direkt im Fluss, schon an sich eine fragwürdige Praxis, und bei dem hohen Verkehrsaufkommen umsomehr. Manche *klotok* sind inzwischen mit Frischwassertanks ausgerüstet, die in der Stadt zum Duschen und Geschirrspülen aufgefüllt werden. Als erster Schritt Wald und Fluss zu schützen, gibt es Pläne, größeren Booten die letzten 8 km bis zum Camp Leakey zu untersagen.

DIY-Touren

Der Tanjung Puting Park ist ausschließlich mit einem Guide zugänglich. Glücklicherweise sind fast 90 Führer für den Park registriert, einen zu finden, ist also kein größeres Problem. Unglücklicherweise sind sie nicht alle gleich gut. Für eine Lizenz muss ein Guide einfaches Englisch sprechen, ein Survivaltraining absolvieren und grundlegende Kenntnisse über Tier- und Pflanzenwelt nachweisen. Bei manchen bleibt es genau

dabei. Wer seinen Trip vor Ort selbst organisiert, sollte sich die Zeit nehmen, sich so viele Guides wie möglich anzusehen, bevor er sich für einen entscheidet. Es gibt freiberufliche Führer aus der Gegend, viele kommen aber auch aus anderen Gebieten Indonesiens, vor allem aus Java.

Die Kosten für ein *klotok* hängen von der Größe ab: von klein (2–4 Passagiere, ab 650 000 Rp/Tag) bis groß (8–10 Passagiere, ab 1 500 000 Rp/Tag), inklusive Kapitän und Bootsmann. Köche kosten zusätzlich 100 000 Rp pro Tag, plus Nahrungsmittel. Dazu kommen noch ein Guide (150 000–300 000 Rp/Tag), Genehmigungen (150 000/225 000 Rp pro Pers. Wochentag/Wochenende), Treibstoff (bis 500 000 Rp) und Liegegebühren (100 000 Rp/Tag pro Boot). Addiert man alle Punkte, kommen bei drei Tagen und zwei Übernachtungen für zwei Personen problemlos mehr als

REISEN MIT DEM KLOTOK

Eine Attraktion im Tanjung Puting National Park ist die Reise den Sungai Sekonyer (Fluss Sekonyer) hinauf in einem *klotok*, einem überdachten, an der Seite offenen Hausboot mit Wasserpumpenantrieb, der das charakteristische „tok-tok-tok"-Geräusch macht. Fast 100 *klotok* warten am Kumai-Dock, die meisten wurden vor Ort gebaut und hier betrieben. Die Auswahl reicht von kleinen Booten mit gerade genug Platz für ein oder zwei Matratzen, einem Esstisch und einer Aussichtsterrasse vorne bis zu großzügigen Doppeldeckerbooten mit privaten klimatisierten Kabinen, riesigen Oberdecks und heißen Duschen.

Ob man die Budget- oder die Luxusversion wählt, man darf sich auf jeden Fall freuen auf unter Deck gezaubertes, erstklassiges Essen, einen hilfsbereiten Guide, der die Tiere in den umgebenden Bäumen erspäht, und friedvolle Nächte vertäut am Ufer mit den Klängen des Waldes im Ohr.

5 000 000 Rp zusammen, auch wenn man um jeden Posten feilscht. In der Hauptsaison, wenn alle Boote im Einsatz sind, steigen die Preise auch gerne mal um 30 %.

In Anbetracht der Preise, der Schererei, des Transports vom und zum Flughafen und der ganzen anderen Eventualitäten, wirken die Extrakosten, die man für einen preisgünstigen Anbieter vielleicht veranschlagen muss, gar nicht mehr so abschreckend.

Organisierte Touren

★Borneo Wild Orangutan NATURBEOBACHTUNG

(☑0852 4859 0487, 0812 5072343; www.liesatanjungputing.com; Jl HM Idris 600, Kumai) Mit Basis im Majid Hotel (S. 687). Liesa und Majid gelten als beste Adresse in Kumai für Budgetflusstouren. Sie besitzen viele *klotok* und sammeln Alleinreisende in Gruppen, um Kosten zu sparen.

Jenie Subaru ABENTEUER

(☑0857 6422 0991; jeniesubaru@gmail.com) ✒ Verlässlicher Guide mit jeder Menge Erfahrung, der Boote und in nachhaltigem Tourismus ausgebildete Guides zusammenbringt. Mit dem Erlös seiner Touren kauft er Land am Rande des Parks, um den Lebensraum der Orang-Utans zu schützen.

Borneo Hiju Travel NATUR

(☑0852 4930 9250; www.orangutantravel.com; Jl Kawitan 1, Pangkalan Bun) Diese Touren leitet der großartige Ahmad Yani, der erste offizielle Führer in dieser Gegend.

Orangutan Green Tours ABENTEUER

(☑0812 508 6105, 0532-203 1736; www.orangutangreentours.com; Jl Utama Pasir Panjang, Pangkalan Bun) Erfahrener Anbieter mit auffälligen grünen Booten. Ausgezeichnete Logistik bei größeren Gruppen. Pionier Herman Herry Roustaman ist die Kontaktperson, wenn man auf einer Jacht nach Kumai kommt.

Orangutan House Boat Tours ABENTEUER

(☑0857 5134 9756; www.orangutanhouseboattour.com) Der in Kumai geborene Fardi arbeitet hart und leidenschaftlich für sein Heimatland und die Orang-Utans. Er bekommt durchgehend gutes Feedback von Reisenden für seine Trips.

🛏 Schlafen

Entweder man verbringt die Nacht auf dem Boot oder man quartiert sich in einem der rustikalen Resorts in Sekonyer ein. Die nächste Budgetunterkunft ist in Kumai.

Flora Homestay HOMESTAY $$

(☑0812 516 4727; flora1.homestay@gmail.com; Dorf Sekonyer; Zi. inkl. Frühstück 700 000 Rp, Tagesmenü 100 000 Rp) Am Ende von Sekonyer direkt am Fluss gelegen bieten diese drei rustikalen, unbearbeiteten Holzhütten ein ziemlich teures, aber umfassendes Borneo-Erlebnis. Pak Bana ist sehr bemüht, und es gibt Touren zu Orang-Utan-Fütterungsstationen, Kanuausflüge und Dschungeltrekking.

★Rimba Lodge HOTEL $$$

(☑0361-722775; www.ecolodgesinindonesia.com; Sekonyer; inkl. Frühstück EZ 60–170 US$, DZ 78–180 US$; ❄🐾) Das Rimba ist das einzige hochklassige Dschungelresort in der Nähe des Parks und recht rustikal für den Preis, aber es erfüllt fast alle Kriterien für ein Ökoresort. Es gibt komfortable Zimmer mit Klimaanlage in drei Kategorien (Amethyst, Smaragd und Diamant), Sonnenenergie und umfassende Dschungelkenntnisse zu Waldwanderungen und dem hiesigen Tierleben. Die Lodge liegt direkt nördlich des Dorfes Sekonyer, mit Zugang über einen Privatsteg.

ℹ Praktische Informationen

Individualreisende müssen sich bei der Ankunft bei der **Pangkalan Bun Police Station** registrieren. Man braucht zwei Fotokopien des Reisepasses und des Visums sowie 20 000 Rp. Die Taxifahrer am Flughafen kennen die Prozedur, aber sie verlangen 250 000 Rp für die Fahrt vom Flughafen zur Polizeistation und dann weiter nach Kumai. Bucht man im Voraus eine Tour oder einen Guide, wird einem das Ganze abgenommen.

❶ An- & Weiterreise

Normalerweise erreicht man Tanjung Puting mit einem Flug zum Pangkalan Bun's Iskandar Airport (S. 686), dann geht es per Taxi nach Kumai (160 000 Rp, 20 Min.). Auch Busse machen die lange Reise von Pontianak oder Palangka Raya.

Speedboote von Kumai kosten 700 000 Rp am Tag und brauchen etwa zwei Stunden zum Camp Leakey, aber dabei handelt es sich nur um den Transport, nicht um Tierbeobachtungen.

Die billigste Route zum Dorf Sekonyer ist die mit der Fähre von Kumai über die Bucht (5000 Rp) und weiter mit einem *ojek* (25 000 Rp, 30 Min.) zum Dorf.

Pangkalan Bun

📞 0532 / 200 000 EW.

Pangkalan Bun ist hauptsächlich ein Durchgangsort auf dem Weg in den Tanjung Puting National Park, bietet aber auch einige verborgene Schätze und ist kein schlechter Platz zum Übernachten. Anders als in anderen Städten in Kalimantan haben die Einwohner sich hier dem Fluss zugewandt, statt ihm den Rücken zu kehren, darum ist ein Spaziergang am Ufer ein buntes und bezauberndes Erlebnis. Pangkalan Bun bietet die größte Auswahl an Unterkünften in der Nähe des Tanjung Puting, aber da der Flughafen etwas südlich der Stadt liegt, bleiben die meisten Traveller nicht hier, sondern reisen direkt zum Nationalpark.

◉ Sehenswertes & Aktivitäten

Bei einer Wanderung auf dem Sungai Arut-Bohlenweg flussabwärts kann man ins örtliche Dorfleben eintauchen, wie es war, bevor Beton und Asphalt Einzug hielten. Hell gestrichene *ces* (Longtail-Kanus) parken zwischen fast regenbogenfarbigen Pfahlbauten mit Häuschen und Fischfarmen im Vordergrund. Wer müde Beine hat, kann für den Heimweg fast jedes Boot heranwinken (Preis verhandelbar, ca. 50 000 Rp/Std.).

Istana Kuning   PALAST

(Gelber Palast; 10 000 Rp; ⊙ 9–16 Uhr) Der fast leer stehende Holzpalast auf dem Hügel mit Blick auf den Pangkalan Bun Park vereint drei Bautraditionen der verschiedenen Frauen der Sultane: chinesisch, Dayak und malaiisch. Der Palast von 1806 (1990 wieder aufgebaut, nachdem er niedergebrannt war)

KALIMANTAN PANGKALAN BUN

Pangkalan Bun

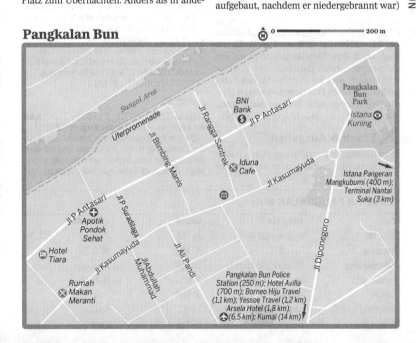

ist nicht gelb, aber er wurde traditionell mit gelbem Stoff geschmückt.

Istana Pangeran Mangkubumi PALAST
(⊙ Gärten 8–18 Uhr) Das große originale Holzkonstrukt, das für die sieben Töchter des Sultans erbaut wurde, kämpft inmitten von gut gepflegten Gärten gegen die Schwerkraft.

🛏 Schlafen

Hotel Tiara HOTEL $
(📞 0532-22717; Jl P Antasari 16; DZ mit Ventilator/ Klimaanlage 150 000/200 000 Rp, Deluxe 225 000– 350 000 Rp, alles inkl. Frühstück; ✳🖥) Das am Fluss gelegene Hotel mit gepflegten Zimmern und hohen Decken hat allerhand zu bieten: schlichte, preisgünstige Budgetzimmer im Originalhotel und geräumige, saubere Deluxezimmer im neueren Flügel nebenan mit TV und Warmwasser (den Aufpreis wert!).

Arsela Hotel BOUTIQUEHOTEL $$
(📞 0532-28808; Jl Iskandar 15; Zi. inkl. Frühstück 435 000–495 000 Rp; ✳🖥) Das architektonisch ansprechende Gebäude beherbergt ein Boutiquehotel mit ganz viel Klasse. Die Zimmer bieten superkomfortable Betten, Holzakzente, Rattanmöbel und eine luxuriöse Regendusche im gepflegten Badezimmer. Das zugehörige Quizes Cafe bietet anständiges Essen, hinten gibt es einen schönen Garten.

Hotel Avilla HOTEL $$
(📞 0532-27709; Jl Diponegoro 81; Zi. inkl. Frühstück 440 000–730 000 Rp; ✳🖥) Das Avilla ist eine anständige Mittelklasseoption an der Hauptstraße durch die Stadt. Die Zimmer sind einfach, aber komfortabel für den Preis, und es gibt einen Pool hinten, den man über die Tiefgarage erreicht. Bei Promoangeboten vor Ort kann man ein Schnäppchen machen.

🍴 Essen & Ausgehen

Mittelklassige und erstklassige Hotels haben ihre eigenen Restaurants, dazu kommen ein paar gute familienbetriebene Lokale an der Jl Iskander. In der **Citi Mall** (Jl Iskandar 89; ⊙ 10–22 Uhr) befinden sich ein Hypermart und ein Food-Court.

Iduna Cafe CAFÉ $
(📞 0532-21031; Jl Rangga Santrek 42; Hauptgerichte 18 000–60 000 Rp; ⊙ 10–21 Uhr; ✳) Das moderne, klimatisierte Café mit gepolsterten Stühlen und cooler Beleuchtung ist der beste Ort für Espresso und Gebäck, es gibt aber auch Burger, Pasta und Nasi Goreng.

Rumah Makan Meranti INDONESISCH $$
(📞 0532-27487; Jl DAH Hamza; Hauptgerichte 30 000–90 000 Rp; ⊙ 9–21 Uhr) Massives Mobiliar und eine elegante Atmosphäre begrüßen die Gäste in diesem beliebten Restaurant, das eine Stufe besser als das durchschnittliche *warung* ist. Neben den üblichen indonesischen Speisen kommen westliche Standardgerichte wie Steak und Pasta auf den Tisch sowie, und das ist das beste, heimische Kost mit gebratener Taube, Ente und Flussfisch.

ℹ An- & Weiterreise

BUS

Damri (📞 0812 5186 3651; Terminal Nantai Suka) fährt nach Pontianak (400 000 Rp, 13 Std., tgl. 7 Uhr) und alle Busse von **Logos** (📞 0532-24954; Jl Jend A Yani, Terminal Nantai Suka) fahren am **Terminal Nantai Suka** (Jl Jend A Yani) ab, die von **Yessoe Travel** (📞 0532-21276; http://yessoetravel.com; Jl Kawitan 68) starten vor dem eigenen Büro beim Zentrum. Ziele der beiden Letzteren sind u. a. Palangka Raya (125 000 Rp, 12 Std.) und Banjarmasin (215 000–260 000 Rp, 16 Std.).

FLUGZEUG

Trigana (📞 0532-27115; Jl Iskandar 3) und **NAM Air** bedienen vom **Iskandar Airport** (📞 0532-27399) in Pangkalan Bun aus Jakarta, Surabaya und Semarang; Wings und Garuda sind auf den Kurzstrecken nach Sampit und Ketapang unterwegs. Flüge nach Balikpapan über Jakarta.

FLÜGE AB PANGKALAN BUN

ZIEL	ANBIETER	DAUER	HÄUFIGKEIT
Jakarta	Trigana, NAM Air	1¼ Std.	2-mal tgl.
Ketapang	Garuda	40 Min.	Mi, Fr, So
Palangka Raya	Wings Air (via Sampit)	1¾ Std.	1-mal tgl.
Pontianak	Garuda (via Ketapang)	2 Std.	Mi, Fr, So
Sampit	Wings Air	30 Min.	1-mal tgl.
Semarang	NAM, Trigana, Wings Air	1 Std.	3-mal tgl.
Surabaya	Trigana, NAM	1¼ Std.	2-mal tgl.

ⓘ Unterwegs vor Ort

Ein Taxi vom/zum Flughafen (8 km) kostet 90 000 Rp.

Opelet fahren auf begrenzten Routen in der Gegend am Fluss.

Ein Taxi nach Kumai liegt bei 150 000 Rp.

Kumai

📱 0532 / 26 500 EW.

Kunia ist der Abreisehafen zum Tanjung Puting National Park, aber die Stadt ist auch berühmt für ihre Vogelnestproduktion, was ihr zahlreiche gewaltige, von Chinesen geführte Warenhäuser voller kreischender Salanganen beschert hat. An der Hauptstraße Jl HM Idris, parallel zum Kumai-Fluss, liegen eine Handvoll Pensionen und warungs.

Viele Reisende steuern die Stadt direkt vom Flughafen oder vom Busbahnhof in Pangkalan Bun aus an. Rucksacktouristen warten manchmal am Dock zum Nationalpark am nördlichen Stadtrand auf ihren Guide und teilen sich die Kosten für ein klotok (traditionelles Hausboot).

🛏 Schlafen & Essen

Losmen Permata Hijau   PENSION $
(📱 0532-61325; Jl HM Idris; Zi. mit Ventilator/Klimaanlage 100 000/200 000 Rp; ✴) Die schlichten Zimmer sind sauber und das Haus sehr gepflegt, die Budgetzimmer teilen sich allerdings ein Bad und es wird wenig Englisch gesprochen. Leicht zu finden an der Hauptstraße in der Nähe des **BNI-Geldautomaten** (Jl HM Idris).

★ **Majid Hotel**   HOTEL $$
(📱 0852 4859 0487, 0532-61740; reservationhotel tour@gmail.com; Jl HM Idris; DZ inkl. Frühstück 200 000–300 000 Rp; ✴📶) Das Majid gegenüber vom Dock bietet sechs kleine, aber feine klimatisierte Zimmer (die teureren verfügen über Warmwasser, aber keins der Zimmer hat ein Waschbecken). Die zuvorkommenden, Englisch sprechenden Besitzer Majid und Liesa haben mehrere klotoks und können so preiswerte Ausflüge in den Tanjung Puting National Park organisieren, Individualreisenden helfen sie bei der Suche nach einem Gemeinschaftsboot.

Rizky Akbar   INDONESISCH $
(Jl HM Idris; Hauptgerichte 15 000–25 000 Rp; ◷7–22 Uhr; 📶) Das einfache Warung serviert ausgezeichnete soto ayam (Hühnersuppe), Nasi Goreng, frittierten Fisch und Obstsäfte.

Acil Laila   INDONESISCH $
(Jl Gerilya 5; Hauptgerichte 10 000–40 000 Rp; ◷8–22 Uhr) Nicht von den ausgestellten Innereien (Herzen, Leber, Gehirne) abschrecken lassen: Dieses Lokal zaubert ein unglaublich gutes Grillhühnchen und ein göttliches nasi bakar (in ein Bananenblatt gewickelter gewürzter Reis).

ⓘ An- & Weiterreise

Von Pangkalan Bun nach Kumai gelangt man mit einem ojek (50 000 Rp) oder per Taxi – ein Taxi vom Iskandar Airport in Pangkalan Bun nach Kumai kostet pauschal 160 000 Rp für maximal drei Personen.

Fähren von **Pelni** (📱 0532-24420) und **Dharma Lautan Utama** (📱 0532-61205; https://tiket.dlu.co.id; Jl Bahari 561) fahren ein- oder zweimal in der Woche von Kumai nach Semarang (200 000 Rp, 28 Std.) und fast täglich nach Surabaya (230 000 Rp, 26 Std.).

Anggun Jaya Travel (📱 0532-61096, 0812 5366 2967; Jl Gerilya) verkauft Tickets für Schiff, Flugzeug und Yessoe-Busse (S. 686).

Boote zum Tanjing Puting-Nationalpark starten am **Dock** am nördlichen Ende der Stadt.

Im Majid Hotel (S. 687) kann man für 100 000 Rp am Tag ein Motorrad mieten.

Palangka Raya

📱 0536 / 377 000 EW.

Mit dem Bau der Stadt Palangka Raya, die Präsident Sukarno einst als neue Hauptstadt Indonesiens– und sogar eines panasiatischen Staates – vorgesehen hatte, wurde 1957 begonnen. Man erkennt das an den erfrischend geordneten Straßen und breiten Boulevards. Sukarnos Traum platzte zwar, aber der Ort entwickelt sich weiterhin und bietet ein junges Nachtleben, das mehr ist als Karaoke, einige gute Restaurants und exklusive Flusskreuzfahrten. Der Markt und die Altstadt befinden sich im Ost-, die Regierungsgebäude und Wohngebäude im Westteil.

◉ Sehenswertes & Aktivitäten

Das Bukit Raya Guesthouse arrangiert Mountainbiketrips mit GPS-Tracks zu den Tankiling Hills, 35 km nördlich vom Palangka Raya. Ein Fahrrad zu leihen, kostet 45 000/75 000 Rp pro halbem/ganzem Tag, plus Transfers.

Museum Balanga   MUSEUM
(Jl Cilik Riwut Km2.5; 15 000 Rp; ◷Mo–Fr 7.30–15 Sa & So 8–14 Uhr) Das ausgezeichnete Museum auf zwei Ebenen weckt mit seiner Ausstel-

Palangka Raya

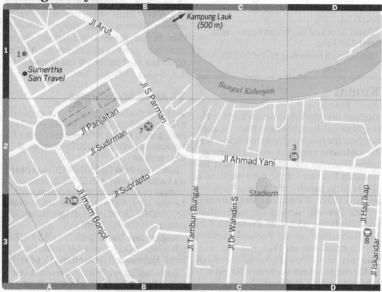

lung zu Dayak-Ritualen, -Gebräuchen und -Lebensweisen die Lust, im Wald nach echten Spuren zu suchen. Oben gibt es einige schöne maßstabsgetreue Dayak-Häuser.

👉 Geführte Touren

★ Wow Borneo
BOOTFAHREN

(☎ 0536-322 2099; www.wowborneo.com; Jl Barito 11) Wow Borneo ist auf Luxuskreuzfahrten spezialisiert und bietet eine Flotte von fünf umgebauten Flussschiffen oder spezial angefertigten Booten mit klimatisierten Kabinen samt Bad und Rattansofas auf den Terrassendecks. Die Fahrt schließt optionale Besuche von Dayak-Dörfern und Orang-Utans am Sungai Rungan, am Sungai Katingan im Sebangau-Nationalpark und am Sungai Sekonyer im Tanjung Puting National Park ein.

Be Borneo
ABENTEUER

(☎ 0852 5150 1009; http://beborneo.com; Jl Sepakat 9A No1) Die kleine Agentur von Indra Setiawan bekommt gute Kritiken für ihre Abenteuer- und Naturtouren in die Gegend und in ganz Kalimantan.

Blue Betang
ABENTEUER

(☎ 0813 4965 5021; blubetang_eventorganizer@yahoo.co.id; 9916 Jl Beliang 29) Der seriöse Guide Dodi ist spezialisiert auf packende, umfassende, erschwingliche Reisen praktisch

überallhin und bis ins tiefste Dayak-Land. Es gibt auch Tagestrips in die unmittelbare Nachbarschaft von Palangka Raya.

🛏 Schlafen

Hotel Mahkota
HOTEL $

(☎ 0536-322 1672; Jl Nias 5; DZ 200 000–250 000 Rp, VIP/Deluxe 300 000/475 000 Rp; 🌣🛜) An der Grenze zur Budgetunterkunft bietet das Standardhotel einige ältliche, einfache, saubere Zimmer in guter Lage, wenn man Markt, Fluss und Altstadt erkunden will. Warmwasserduschen gibt's ab den VIP-Zimmern.

Hotel Dian Wisata
HOTEL $

(☎ 0536-322 1241; Jl Ahmad Yani 68; Zi. mit Ventilator/Klimaanlage inkl. Frühstück ab 150 000/200 000 Rp; 🌣🛜) Das seltsame Design in Kombination mit dem zentralen, gut beleuchteten Atrium und der bunten Treppe runter zu den unterirdischen Zimmern hebt dieses Hotel von den langweiligen Betonkästen der Konkurrenz ab.

★ Bukit Raya Guesthouse
PENSION $$

(☎ 0811 528 400, 0811 521 525; www.bukit-raya.com; Jl Batu Suli 5D, Gang Bersama 2; DZ inkl. Frühstück 440 000–800 000 Rp; 🌣🛜🏊) Ein wunderschöner Garten voller Palmen und Bäume, makellose Holzhütten mit Lofts und ein grobes Baumhaus machen das Bukit Raya

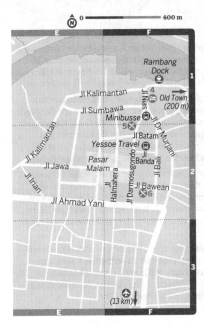

0 ⊙(N) ————— 400 m

Rambang Dock

Jl Kalimantan
Old Town (200 m)
Jl Sumbawa
Minibusse
Yessoe Travel
Jl Batam
Pasar Malam
Jl Jawa
Jl Banda
Jl Irian
Jl Bawean
Jl Ahmad Yani

(13 km)

Palangka Raya

Aktivitäten, Kurse & Touren
1 Wow Borneo	A1

Schlafen
2 Aquarius Boutique Hotel	A3
3 Hotel Dian Wisata	D2
4 Hotel Mahkota	F1

Essen
5 Al Mu'Minun	F2
6 Family	F2
7 Rumah Tjilik Riwut	B2

Ausgehen & Nachtleben
8 Coffee Garage	D3
Vino Club	(siehe 2)

Unterhaltung
Blu Music Hall	(siehe 2)
Luna Karaoke	(siehe 2)

KALIMANTAN PALANGKA RAYA

---

zu einer der einladendsten und gemütlichsten Pensionen Kalimantans. Dafür haben die Schweizer Besitzer Thomas und Beatrice, die schon lange auf Borneo leben, viel Herzblut in ihr Projekt gesteckt und es mit reizenden Details wie Naturpool, Dachgarten, Küche und Bücherlounge ausgeschmückt. Und all das mitten in der Natur.

Man kann Roller und Mountainbikes leihen, und die Besitzer arrangieren auch Tagesausflüge zu den Tankiling Hills, Bootsfahrten und weitere Touren.

Aquarius Boutique Hotel   HOTEL $$$
(☑0536-324 2121; www.aquariusboutiquehotels.com; Jl Imam Bonjol 5; DZ inkl. Frühstück 735 000–1 000 000 Rp, Suite ab 2 150 000 Rp; 🅿🖵🛜🏊) Ein Dachpool mit Aussicht. Ein Restaurant mit Wasserfall im zweiten Stock. Ein dreistöckiger Lounge-, Tanzclub- und Karaokekomplex. Dieses zentrale Vier-Sterne-Hotel bietet alle Schikanen, auch wenn es etwas an Pflege und Charme fehlt. Alle Zimmerklassen haben dieselbe Größe (außer den Suiten), aber weisen unterschiedliche Annehmlichkeiten auf. Die Zimmer fünf und sechs sind sehr laut.

 Essen

Palangka Raya verfügt über einige ausgezeichnete Restaurants. Nachts findet man außerdem allerhand Meeresfrüchte- und Nasi Goreng-Buden an der Jl Yos Sudarso in der Nähe des *bundaran besar* (großer Kreisel).

Kampung Lauk   INDONESISCH $
(Jl Kapten Piere Tendean; Hauptgerichte 10 000–40 000 Rp; ⊙8–21 Uhr) Dieses weitläufige Lokal am Fluss ist wie ein Mini-Dorf aus verschiedenen gedeckten *pondoks,* verbunden durch Bohlenwege, über die Kellner mit Tabletts voller Meeresfrüchte und Reisgerichte huschen. Die Spezialität des Hauses ist einheimischer Flussfisch. Hier herrscht eine rustikale Dschungelatmosphäre, obwohl sich das Restaurant vom Stadtzentrum aus direkt auf der anderen Seite der Kayahan-Brücke befindet. Die Festpreismenüs (ab 115 000 Rp/4 Pers.) bieten ein gutes Preis-Leistungs-Verhältnis.

Al Mu'Minun   INDONESISCH $
(☑0536-322 8659; Jl Darmosugondo 5; Hauptgerichte 20 000–35 000 Rp; ⊙7–20 Uhr) In diesem Lieblingslokal an der Straße werden große Fischstücke gegrillt.

Family   CHINESISCH $
(☑0536-322 9560; Jl Bawean 8; Hauptgerichte 25 000–75 000 Rp; ⊙9–22 Uhr; 🅿) Mit das beste chinesische Essen der Stadt, serviert in klimatisiertem Komfort. Das Lokal ist bekannt für seinen *ikan jelawat* (ab 75 000 Rp/2 Pers.), ein Flussfisch, der auf viele Arten gekocht wird, aber es kommen auch Krabben, Garnelen, Tintenfisch und Hühnchengerichte auf den Tisch.

DAS REISDESASTER

Auf der Fahrt zwischen Palangka Raya und Banjarmasin fällt ins Auge, dass zwei Dinge fehlen: Wälder und Reisfelder. Ersteres ist alarmierend, weil das Gebiet einst ein dicht bewaldetes Zuhause für Orang-Utans war. Letzteres ist tragisch, weil die Hoffnung auf Reis den Wald erst zerstört und zu einem der größten Umweltdramen Indonesiens geführt hat.

In den 1990er-Jahren beschloss Präsident Suharto, die Nahrungsmittelproduktion Indonesiens zu steigern, indem eine Million Hektar „unproduktiver" Torfwald in grüne Reisfelder umgewandelt werden sollten. Nachdem die Bäume gerodet und 4600 km Kanäle gegraben worden waren, um die Sümpfe zu entwässern, wurden 60 000 Menschen aus Java umgesiedelt, um ein kleines, aber elementares Detail zu entdecken, das Suharto übersehen hatte: Auf den säurehaltigen entwässerten Torfböden wächst rein gar nichts.

Während des Trocknens des Torfs bricht dieser zusammen und oxidiert, wobei Schwefelsäure in das Wasser und Kohlendioxid in die Atmosphäre freigesetzt werden. Wenn es regnet, wird der verdichtete Torf überschwemmt – eine Katastrophe! Und wenn es nicht regnet, kann der getrocknete Torf unaufhaltsam brennen. Während der gewaltigen Dürre des El Niño von 1997 setzten Mega-Brände über eine Milliarde Tonnen Kohlendioxid in die Umwelt frei.

Bis heute ist das Gebiet eine Einöde. Einige Migrantengemeinschaften haben sich dem illegalen Holzeinschlag zugewandt, um ihren Lebensunterhalt zu verdienen. Palmölkonzerne strecken ihre Finger nach dem Land aus. Lokale NGOs versuchen, die Entwässerungskanäle zu blockieren, um das schreckliche Unrecht zu korrigieren. Während dessen importiert Indonesien weiterhin über eine Million Tonnen Reis pro Jahr.

★ **Rumah Tjilik Riwut**   INDONESISCH **$$**
(☑ 0536-225430; Jl Sudirman 1; Hauptgerichte 15 000–60 000 Rp; ⊙ 10–22 Uhr; 🛜) Die reizende Gartenrestaurant-Galerie in einem traditionellen Haus ist auf einheimische Dayak-Küche, wie *juhu umbut ikan baung* (in Kokosmilch gekochter Fisch mit jungen Rattansprossen), spezialisiert, hat aber auch eine umfassende Karte mit indonesischen Fisch- und Gemüsegerichten. Der Garten ist ein angenehmer Ort für Kaffee und einen Teller Roti oder Waffeln, nachdem man die zugehörige Galerie besichtigt hat.

🍷 Ausgehen & Nachtleben

Palangka Raya hat eine kleine, gesellige Barszene. Für diesen Teil der Welt noch ungewöhnlicher sind die Getränkeläden, in denen man kaltes Bier und Wein kaufen kann.

Brader Brew Garage   BAR
(Jl Tangkasalang; ⊙ Mi–Mo 16–24 Uhr) Das Brader Brew ist eine der neueren Bars in Palangka Raya, ein entspannter Ort für ein kaltes Bier oder einen heißen Kaffee, um Musik zu hören oder mit jungen Einheimischen zu quatschen. Es gibt Snacks.

Coffee Garage   CAFÉ
(Jl Haji Ikap 22; ⊙ 17.30–24 Uhr; 🛜) Das Nachbarschaftscafé erwacht nachts zum Leben und serviert alle Arten von Kaffeegetränken in einem bunt angemalten Haus. Es gibt kostenloses WLAN, einfache Gerichte (Spaghetti, Desserts), Außenbestuhlung und gelegentlich Livemusik.

☆ Unterhaltung

Der Unterhaltungskomplex im Aquarius Boutique Hotel bietet drei Veranstaltungsräume: die **Blu Music Hall** (⊙ 20–1 Uhr), eine kleine, aber stimmungsvolle Bluesbar, den **Vino Club** (⊙ 22–3 Uhr), ein kuschliger DJ-Club, der gleichzeitig als Saal für den Bürgermeister dient, und das **Luna Karaoke** (⊙ 19–3 Uhr), das für die traditionelle Unterhaltung sorgt. Hier amüsieren sich die stilbewussten jungen Berufstätigen der Stadt.

ℹ Praktische Informationen

Sumertha Sari Travel (☑ 0812 5369 8549; Jl Tjilik Riwut Km0.5; ⊙ 8–17 Uhr) Kijang-Transport und Charter.

ℹ An- & Weiterreise

BUS

Die meisten Langstreckenbusse laden ihre Passagiere am AKAP-Terminal 10 km südlich der Stadt ab, von wo es ärgerlicherweise keine öffentlichen Verkehrsmittel ins Zentrum gibt. Wer aus Banjarmasin kommt, sollte an der Kreuzung von Bangkirai, 1,5 km östlich des Terminals, aus dem Bus aussteigen und auf einen *angkot* nach Norden warten. Ein *ojek* kostet 50 000 Rp.

Kommt man von Pangkalan Bun, kann man sich in der Stadt absetzen lassen.

Yessoe Travel (☏ 0536-322 1436, 0852 4679 8939; Jl Banda 7) bietet um 8 und 15.30 Uhr Busse nach Pangkalan Bun (125 000–175 000 Rp, 10 Std.) und um 2 Uhr nach Banjarmasin (90 000 Rp, 6 Std.).

Logos hat ein Depot auf der Jl RTA Milono mit Luxusbussen nach Pangkalan Bun (über Sampit, 150 000–175 000 Rp) um 16 Uhr und nach Banjarmasin (85 000–100 000 Rp) um 3 Uhr.

FLUGZEUG

Der **Tjilik Riwut Airport** in Palangka Raya liegt nur etwa 3 km Luftlinie östlich des Zentrums, über die Straße sind es allerdings leider 12 km.

Garuda, Lion/Wings und Citilink fliegen täglich nach Balikpapan, Jakarta, Pontianak und Surabaya. Es gibt nur einen täglichen Flug nach Pangkalan Bun über Sampit.

ℹ Unterwegs vor Ort

Ein Taxi zum Flughafen (12 km, 20 Min.) kostet 80 000 Rp.

Orangene **Minibusse** (Jl Dr Murjani) (*angkot* oder „Taxis", 5000 Rp) bedienen die größeren Verkehrsstraßen und kommen an der Jl Darmosugondo beim Markt zusammen.

Am **Rambang-Dock** (Dermaga Rambang) kann man Boote für eine Rundfahrt mieten (150 000 Rp/Std.) oder man fährt weiter den Fluss hoch.

Sebangau National Park

Verschont von der Zerstörung durch das Mega Rice Project wurde dieser Torfmoorwald direkt südlich von Palangka Raya 2004 zum Sebangau National Park erklärt. Zwar sind auch an ihm die Folgen des Abholzungsprojekts nicht spurlos vorübergegangen, aber der Sebangau beheimatet immer noch mehr als 6000 wilde Orang-Utans, und auch der Wald selbst ist faszinierend.

Der Torf bildet sich über Tausende von Jahren, wenn sich organisches Material in saisonal überfluteten Regionen sammelt. Das halbverfallene Material kann sich bis zu 20 m tief unter der Oberfläche erstrecken und enthält mehr Kohlenstoff als der darüber wachsende Wald. Aufgrund des Verlustes von Lebensräumen sind fast die Hälfte der Säugetiere und ein Drittel der in Mooren vorkommenden Vogelarten gefährdet oder bedroht.

Neben Bootsausflügen kann eine Wanderung durch einen Torfwald alles von herrlich herausfordernd bis hin zu extrem abenteuerlich sein. Während der Trockenzeit gibt der unebene, schwammige Pfad gelegentlich nach, wenn der Fuß in ein Loch mit feuchtem Torf rutscht. In der Regenzeit muss man gegebenenfalls einige Abschnitte bis zu den Knien oder sogar bis zur Brust im Wasser zurücklegen, während man auf Nashornvögel, Maronenlanguren, Nasenaffen und Malaienbären wartet. Eine Bootsfahrt zwischen Rangerposten und trockenen Hügeln ist eine außergewöhnliche Abenteuerreise durch die wahre Wildnis von Borneo. Boote und Guides kann man im Posten des Sebangau National Parks im Dorf Bankirai, südlich von Palangka Raya, anheuern.

🛏 Schlafen

Es gibt eine Reihe von einfachen „Resorts" oder Rangerposten innerhalb des Parks, wo man zu beachtlichen Preisen (2 500 000 Rp) nächtigen kann. Beispiele sind Sebangau Hulu im Norden, Mangkok im Osten und das WWF-Camp am Punggualas-See im Westen.

ℹ Praktische Informationen

Der **National-Park-Posten** (⊙ 8–16 Uhr) befindet sich im Dorf Bankirai, südlich von Palangka Raya, das **National Park Office** (Jl Mahir Mahar; ⊙ Mo–Fr 8–16 Uhr) liegt an der Hauptstraße, etwa 5 km südlich vom Stadtzentrum.

An Ausgaben muss man 150 000/225 000 Rp pro Wochentag/Wochenende für den Parkeintritt, 150 000 Rp pro Tag für einen Guide und 500 000 Rp pro Tag für die Bootmiete plus Benzin einrechnen.

ℹ An- & Weiterreise

Der von Palangka Raya aus nächstgelegene Zugang ist Sungai Koran, am nördlichen Rand des Parks. Mit dem regelmäßigen *angkot* No 4 (10 000 Rp, 40 Min.) oder einem Taxi fährt man Richtung Süden zum Dermaga Kereng Bangkirai und spricht mit den Rangern am National-Park-Posten (S. 691). Ist niemand anzutreffen, ruft man am besten Pak Ian (0852 2191 9160) an. Von hier bringen Motorboote Besucher in den Park.

Der westliche Rand des Parks ist weniger mitgenommen und mit zweistündiger Fahrt nach Baun Bango zu erreichen, wo man sich bei den Parkrangern meldet und ein Boot zum WWF-Außenposten auf dem Punggualas-See arrangieren kann.

Wow Borneo (S. 688) bietet drei- oder viertägige Luxusflussfahrten an Bord der *Spirit of Kalimantan* zum Park an.

SÜDKALIMANTAN

Südkalimantan (Kalimantan Selatan oder KalSel) bietet so gut wie alles, von Sumpfgebieten bis hin zu einem der zugänglichsten Gebirge Kalimantans. Die meisten Touristen besuchen die atmosphärische Hauptstadt Banjarmasin mit einem Abstecher zum Bergwandern und Bambus-Rafting im höher gelegenen Loksado.

Banjarmasin

📞 0511 / 830 000 EW.

Banjarmasin profitiert von seinen Wasserstraßen und dem Leben am Fluss – die schwimmenden Märkte am frühen Morgen gehören zu den fotogensten Stadtansichten in ganz Kalimantan. Aber da immer mehr Einheimische ihre Hintertüren verrammeln, um in Ruhe baden zu können, ohne dass jemand reinguckt oder Kameras klicken, und die Regierung Grundstücke am Ufer aufkauft, um Parks und Geschäftszonen zu errichten, verändert sich die Dynamik am Wasserrand allmählich, vielleicht zum Besseren. Der Rest der Stadt breitet sich wild aus, der chaotische Verkehr im Zentrum jedoch wird abends geradezu gespenstisch ruhig – abgesehen vom Nachtmarkt, der sich gegen die Megamalls, die in den Vororten aus dem Boden schießen, aufbäumt.

Wer auf dem Landweg um Kalimantan herum unterwegs ist, kann Banjarmasin als wichtigen Zwischenstopp und gute Basis nutzen, um die Wandergebiete von Loksado zu nutzen.

◉ Sehenswertes

Masjid Sultan Suriansyah MOSCHEE

Obwohl hier das erste islamische Gotteshaus auf Borneo stand, wurde das schöne eckige Holzgebäude erst 1746 wieder aufgebaut, womit die Ehre der ältesten bestehenden Moschee Banua Lawas von der Tabalong-Regentschaft (1625) zuteil wird. Man fährt mit einem Kuin-*angkot* bis zur Endstation.

Mesjid Raya Sabilal Muhtadin MOSCHEE

(Jl Sudirman) Diese große Moschee mit Flachkuppel könnte auch am *Star Wars*-Set stehen. Im Ramadan findet entlang des angrenzenden Ufers der berühmte **Pasar Wadai** (Kuchenmarkt) statt.

Soetji Nurani-Tempel BUDDHISTISCHER TEMPEL

(Jl Niaga Timur 45) Betritt man diesen Tempel von 1898, versetzen einen die Kerzen in Hobbit-Größe und die Weihrauchkegel, die tagelang vor sich hin schwelen, 3000 km in Richtung Norden nach China.

☞ Geführte Touren

Tailah TOUR

(📞 0858 2103 5791; tailahguide@yahoo.com; Jl Simpang Hasanuddin) Tailah ist ein erfahrener einheimischer Guide, der auf Treks zu den Meratus-Bergen und Touren zu schwim-

---

ABSTECHER

DIE DIAMANTENFELDER VON CEMPAKA

Die **Diamantenfelder von Cempaka** (Desa Pumpung; ⊙ Sa–Do 8–17 Uhr), etwa 40 km südöstlich von Banjarmasin und 7 km südlich von Banjarbaru, sind die größten Indonesiens, und es werden traditionelle Abbaumethoden angewandt. Holzschleusen filtern den Dreck aus den Gruben, in denen Männer bis zur Brust im Wasser stehen und mit Wasserkanonen Sedimente wegsprengen. Das ist Bergbau in seiner elementarsten Form, billig, irgendwie pittoresk und – für die Mutigen – durchaus erfolgversprechend. Vom Banjarbaru-Kreisel nimmt man den grünen Passagiertruck Richtung Süden nach Desa Pumpung (6000 Rp, 15 Min., 7 km) und läuft dann noch 700 m von der Hauptstraße nach Süden.

Um einige Früchte der Arbeit zu sehen, besucht man das **Penggosokkan Intan** (Zentrum für Diamantpolieren & Informationen; ⊙ Sa–Do 9–16 Uhr) in Banjarbaru. Viele Läden polieren Diamanten, aber dies ist der offizielle Ort, an dem Touristen den Prozess beobachten und sehen können, wie man die Reinheit eines Diamanten prüft. Aber letztlich verkaufen sie auch nur Diamanten.

Ein Ausflug zu den Diamantenfeldern kann man kombinieren mit einem Halt am **Museum Lambung Mangkurat** (📞 051 1477 2453; Jl Ahmad Yani 36; 5000 Rp; ⊙ Mo–Do 8.30–16, Sa & So, Fr bis 11Uhr), ein überdurchschnittliches Museum für Kunst und Geschichte. *Angkots* halten vor dem Museum, eine halbtägige Tour mit dem Taxi kostet ca. 500 000 Rp.

Banjarmasin (Zentrum)

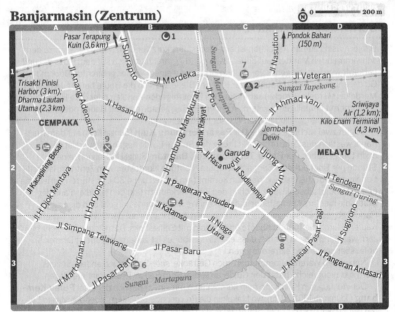

menden Märkten spezialisiert ist. Er hat ein kleines Büro in der Stadt.

Muhammad Yusuf TOUR
(📱 0813 4732 5958; yusuf_guidekalimantan@yahoo.co.id) Die energiegeladene Sekretärin der erfolgreichen South Kalimantan Guiding Association hilft im Notfall auch bei der Suche nach anderen Guides.

Mulyadi Yasin TOUR
(📱 0813 5193 6200; yadi_yasin@yahoo.co.id) Professionell und zugänglich.

Sarkani Gambi TOUR
(📱 0813 5187 7858; kani286@yahoo.com) Der freundliche und informative Anbieter führt Touren für große Gruppen aus dem Ausland sowie maßgeschneiderte Trips für Einzelreisende durch.

🛏 Schlafen

★ Hotel SAS HOTEL **$**
(📱 0511-335 3054; Jl Kacapiring Besar 2; Zi. inkl. Frühstück 190000–279000 Rp; ❄ 🛜) Das entzückende Hotel abseits einer ruhigen Seitenstraße ist um ein beeindruckendes Banjar-Haus mit einem aufragenden Dach und einer Treppe in der Mitte gebaut. Die 13 *mandiangin*-Zimmer (Architektur aus der Mandiangin-Region) wurden erfolgreich re-

noviert – die besten liegen nach vorne mit Veranden und Blick auf die Straße. Die günstigeren Zimmer auf der Rückseite sollte man lieber meiden.

Hotel Perdana HOTEL **$**
(📱 0511-335 3276; hotelperdana@plasa.com; Jl Katamso 8; EZ/DZ 120000/140000 Rp, Zi. mit Klimaanlage 180000–280000 Rp, alle inkl. Frühstück; ❄ 🛜) Dieser große, an Escher erinnernde

NICHT VERSÄUMEN

SCHWIMMENDE MÄRKTE

Banjarmasins älteste Attraktion ist eine Bootsfahrt kurz vor dem Morgengrauen zu den schwimmenden Märkten, auf denen Waren und Agrarerzeugnisse auf dem Fluss ge- und verkauft werden. Los geht's vor 5 Uhr morgens auf einem vorher gebuchten Boot mit Guide, entweder am Treffpunkt oder an jener Stelle, wo sich die Boote bei der Jembatan Merdeka (Merdeka-Brücke) sammeln. Das Boot folgt den Kanälen oder dem Hauptfluss, gesäumt mit baufälligen Häusern, in denen der Tag gerade erst mit Baden oder Zähneputzen im trüben, müllübersäten Wasser begonnen wird.

Es gibt zwei wichtige Märkte. Der **Pasar Terapung Kuin** (Sungai Kuin) auf dem Kuin-Kanal westlich des Zentrums in Richtung des Sungai Barito liegt näher und ist darum auch touristischer. Der **Pasar Terapung Lok Baintan** (Sungai Martapura), eine gute Stunde per Boot auf dem Sungai Martapura Richtung Nordosten vom Zentrum, ist traditioneller und authentischer. Wer früh kommt (am besten um 4.30 Uhr starten), erlebt die ersten Verkaufsabschlüsse zwischen den Kanuverkäufern und den Händlern aus der Stadt, die hier ihre Marktstände aufstocken. Wenn die Sonne aufgeht und die frühen Handel abgeschlossen sind, paddeln Frauen in ihren Kanus auf der Suche nach mehr Käufern durch die Touristenboote und wedeln mit Selfiesticks. Das klingt alles recht bizarr, was daran liegen könnte, dass es das ist, aber es ist außerdem zutiefst lehrreich, unfassbar schön und extrem fotogen.

Neben den Waren bekommt man auch Getränke, *sate*-Spieße und andere Snacks. Wem das nicht reicht, bittet den Guide, an einem *Soto Banjar*-Restaurant anzulegen.

Den Ausflug gen Kuin kann man kombinieren mit einem Besuch der Insel **Pulau Kembang** (Touren ab 100 000 Rp), wo Makaken die Promenade bevölkern, oder der Masjid Sultan Suriansyah (S. 692), der Stätte der ersten (nicht ältesten) Moschee Kalimantans.

Guides organisieren im Voraus ein Boot. Die Touren inklusive Führer kosten etwa 200 000 Rp nach Kuin und 300 000 Rp nach Lok Baintan und fahren ab 4.30 oder 5.30 Uhr bis etwa 9.30 Uhr. Wer mit den Bootsführern handeln will, sollte früh am Dock sein. Jedes Hotel kann diesen Trip organisieren, und wenn das Hotel nahe am Fluss liegt, wird man auch abgeholt.

Komplex bietet eine Reihe von muffigen Zimmern, die an der unteren Grenze des Bekömmlichen rangieren, bei Budgetreisenden aber beliebt sind. Tagsüber herrscht vorne ein trubeliges Handelstreiben, und wenn es dunkel wird, findet ein einigermaßen unterhaltsamer Nachtmarkt statt. Die Englisch sprechende Linda zeigt einem alles, was man wissen will, oder organisiert Guides. WLAN nur in der Lobby.

Hotel Victoria River View   HOTEL **$$**

(☎ 0511-336 0244; www.victoriabanjarmasin.com; Jl Lambung Mangkuat 48; Zi. 340 000–650 000 Rp, Suite 900 000 Rp; ☀ ✿ 🛜) Die Lage am Fluss ist der Trumpf dieser beliebten Mittelklasseunterkunft. Aussicht aufs Wasser hat man aber nur in den „Classic"-Zimmern und darüber – sowie beim Frühstück im Syphon Cafe. Alle Zimmer sind geräumig und gut ausgestattet mit Minibar, heißen Duschen und Kabel-TV.

Summer B&B   BOUTIQUE-HOTEL **$$**

(☎ 0511-327 7007; summerbnb@gmail.com; Jl Veteran 3; Zi. inkl. Frühstück 300 000–400 000, Suite 650 000 Rp) Das mehrstöckige Hotel lebt von seinem Retro-Styling, alle Zimmer sind makellos und jedes hat ein eigenes Thema. Das Café und die Bar auf dem Dach sowie die Lage nah am Fluss sind das I-Tüpfelchen.

Swiss-Belhotel Borneo   HOTEL **$$**

(☎ 0511-327 1111; www.swiss-belhotel.com; Jl Pangeran Antasari 86A; Zi./Suite inkl. Frühstück 750 000/1 300 0000 Rp; ☀ ✿ 🛜 ✈) Das traditionelle Hotel im Boutiquestil mit warmen Holzakzenten liegt schön zentral am Fluss. Der Garten- und Poolbereich ist wunderschön und die Annehmlichkeiten erfüllen die Erwartungen der Vier-Sterne-Bewertung. Inklusive ist eine Fahrt auf einem schwimmenden Markt.

✖ Essen

Unbedingt Ausschau halten nach der örtlichen Spezialität: *soto Banjar,* einer köstlichen Suppe, die man überall in der Stadt bekommt. Die Kawasan Wisata Kuliner (Restaurantzone) am Ufer zwischen Merdeka- und Dewi-Brücke bietet viele gute (aber auch nicht mehr) Optionen.

Pondok Bahari INDONESISCH $
(📱0511-325 3688; Jl Simpang Pierre Tendean 108; Hauptgerichte 20000–70000 Rp; ⊘24 Std.) Man sucht sich ein freies Plätzchen am Brunnen und beißt genüsslich in *ketupat* (klebriger Reis in Bananenblätterpäckchen). Einheimische empfehlen die *rowon daging*-Suppe, eine Banjar-Version einer ostjavanischen Spezialität. Atmosphärischer als die meisten Restaurants in Kalimantan und immer offen.

Cendrawasih Sarahai MEERESFRÜCHTE $
(Jl Pangeran Samudera; Hauptgerichte 20000–45000 Rp; ⊘9–22 Uhr) In diesem renommierten Meeresfrüchtelokal taucht man tiefer ein in die Banjar-Küche. Aus dem Tagesfang im Schaufenster wählt man zwischen Fisch und Meeresfrüchten – riesigen Garnelen – oder bestellt gegrilltes Hühnchen.

Soto Banjar Bang Amat INDONESISCH $
(Jl Banua Anyar; Hauptgerichte 15000–35000 Rp; ⊘7–16 Uhr) Das bekannteste *soto Banjar*-Lokal in der Stadt und darum auch etwas touristisch. Es ist ganz schlicht mit Plastikstühlen vor offenen Seiten eingerichtet, aber die Lage am Sungai Martapura ist toll und das Essen, darunter *soto* und *sate*, authentisch und lecker. Auf dem Rückweg vom Lok Baintan-Markt kann man hier gut seine Reserven auftanken.

Ausgehen & Nachtleben

Banjarmasins Nachtleben besteht aus Karaokeclubs sowie Bars und Nachtclubs, die zu Hotels gehören. Manche sind tatsächlich gut.

★**People's Place** PUB
(📱0511-327 7007; Jl Veteran 3; ⊘10–23 Uhr; 🛜) Fenster vom Boden bis zur Decke und das im 270°-Winkel, dazu eine offene Veranda mit Blick auf den Fluss und die Moschee – der beste Ort der Stadt. Kaltes Bier, Snacks und Livemusik ziehen ein jugendliches Publikum an. Das Litschibier ist supererfrischend.

ℹ️ An- & Weiterreise

BUS

Alle Busse fahren am Kilo Enam-Terminal ab, das an der Jl Ahmad Yani 6 km südöstlich des Stadtzentrums liegt und per *angkot* zugänglich ist.

Langstreckenbusse fahren u. a. nach Balikpapan (150000–205000 Rp, 12 Std.), Samarinda (175000–235000 Rp, 15 Std.), Palangka Raya (85000–100000 Rp, 5 Std.) und Pangkalan Bun (175000–260000 Rp, 12 Std.). Zudem starten von hier regelmäßig Busse nach Kandangan (50000 Rp, 4 Std.).

FLUGZEUG

Der **Syamsuddin Noor Airport** liegt 26 km vom Stadtzentrum entfernt. Banjarmasin ist mit Flugverbindungen eigentlich ganz gut abgedeckt, aber es gibt keinen Direktflug nach Pangkalan Bun mehr – die schnellste Flugroute führt mit Zwischenstopp über Jakarta. Fluglinien mit Büros in Banjarmasin sind u. a. folgende:

Garuda (📱0511-336 6747; Jl Hasanudin 31)

Lion Air (📱0811 162 9873; Jl Ahmad Yani Km6; ⊘9.30–19.30 Uhr)

Sriwijaya Air (📱0511-327 2377; Jl Ahmad Yani Km3.5; ⊘9–17 Uhr)

SCHIFF/FÄHRE

Ozeanfähren starten am Trisakti Pinisi-Hafen, 3 km westlich der Stadt an der Jl Soetoyo. **Dharma Lautan Utama** (📱0511-441 0555; www.dlu online.co.id; Jl Yos Sudarso 4C) bedient Surabaya (275000 Rp, 22 Std., tgl.).

ℹ️ Unterwegs vor Ort

Angkot-Routen (5000 Rp) sind nach ihrem Ziel benannt und starten an den Terminals am Kreisel der Jl Pangeran Samudera, im Stadtzentrum und am Antasari Centre Richtung Osten. *Becaks* und *ojeks* kann man in der Nähe der Marktbereiche finden. Die Fahrgemeinschafts-App Go-jek funktioniert im Übrigen sehr gut.

Taxis zum/vom Syamsuddin Noor Airport kosten 120000 Rp.

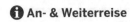

FLÜGE VON BANJARMASIN

ZIEL	FLUGLINIE	DAUER	HÄUFIGKEIT
Balikpapan	Lion Air, Sriwijaya Air, Wings Air, Garuda	1 Std.	6-mal tgl.
Jakarta	Citilink, Garuda, Lion Air	1¾ Std.	17-mal tgl.
Makassar	Sriwijaya Air, Lion Air	1¼ Std.	2-mal tgl.
Palangka Raya	Wings Air	45 Min.	1-mal tgl.
Surabaya	Citilink, Lion Air	1 Std.	9-mal tgl.
Yogyakarta	Lion Air	1¼ Std.	1-mal tgl.

Kandangan

☑ 0517 / 43700 EW.

Kandangan, ein Verkehrsknotenpunkt an der Straße zwischen Banjarmasin und Balikpapan, ist eine einigermaßen hübsche Stadt, die man sich gut und gerne auf dem Weg nach Loksado im Rahmen einer Übernachtung ansehen kann. Der saubere und ordentliche Ort bietet anständige Budgethotels, einen betriebsamen Markt und viele Restaurants. Die Stadt dient auch als Station zu den Büffelherden von Negara (S. 697).

🛏 Schlafen & Essen

⭐ Wisma Duta · · · · · · · · · · HOTEL $

(☑ 0571-21073; Jl Permuda 9; Zi. mit Ventilator/Klimaanlage inkl. Frühstück 130000/225000 Rp; ✴❄🏠) Das umgewandelte Landhaus ist ein seltener und willkommener Geheimtipp. Die Rattanwände in der Eingangslounge sind schön, auch wenn sie mit allerlei Waffen verziert sind. Der mit Wandmalereien gesäumten Straße nordöstlich vom Busterminal folgen und dann links abbiegen.

Medina Guesthouse Syariah · · · HOTEL $$

(☑ 0517-21219; Jl M Johansyah 26; Zi. inkl. Frühstück 350000–400000 Rp; ✴🏠) Das pensionsartige Hotel ist das schickste im Zentrum und bietet einige Extras wie verlässlich heiße Duschen. Einfach vom Busterminal den Block hoch.

Warung Ketupat Kandangan · · INDONESISCH $

(Jl Ahmad Yani; Hauptgerichte 15000–30000 Rp; ⊙ 6–17 Uhr) Das *warung* an der Straße eignet sich gut, um die lokale Spezialität *ketupat Kandangan* (klebrige Reisküchlein mit Kokosmilch und gegrilltem Flussfisch) zu kosten. Das Lokal liegt 2 km nördlich des Zentrums – die einheimischen Fahrer kennen es.

Sate Abadi · · · · · · · · · · INDONESISCH $

(Jl Soeprapto; Sate 2500 Rp, Hauptgerichte 12500–15000 Rp; ⊙ 9–22 Uhr) Hähnchen-Saté ist hier die Spezialität, die Spieße brutzeln auf dem Grill, aber der Gado Gado und die *soto ayam* (Hühnchensuppe) sind auch super.

ℹ An- & Weiterreise

Minibusse fahren bis in den Nachmittag regelmäßig vom/zum Kilo Enam-Terminal in Banjarmasin (50000 Rp, 4 Std.). Busse nach Balikpapan (150000–205000 Rp) und Samarinda (175000–235000 Rp) kommen auf ihrem Weg nach Banjarmasin durch die Stadt, halten aber am Highway, nicht am Kandangan-Terminal.

Über Pulau Indah Jaya (S. 702) in Balikpapan kann man im Voraus buchen.

Ojeks (Motorradtaxen) sind überall zu finden, und Kandangan ist einer der wenigen Orte in Kalimantan, in dem es Zweisitzermotorrad-*becaks* gibt – sie verlangen doppelt so viel wie ein *ojek*.

Pickuptrucks nach Loksado (30000 Rp, 1½ Std.) fahren gegen 11 Uhr (vor Ort Zeiten checken) von einer Haltestelle an der Jl Hasan Basry ab, etwa 800 m östlich des Busterminals, wenn sie voll sind. Für 250000 Rp kann man ein Fahrzeug chartern.

Loksado

Das hübsche Loksado ist eine tolle Abwechslung zu Banjarmasin. Es schmiegt sich am Ende der Straße an die Ausläufer des Meratus-Gebirges – mehr Paradies kann man in Kalimantan kaum finden. Der Hauptort liegt in einer großen Kurve eines klaren plätschernden Flusses, auf dem Bambusfloße auf ihr nächstes Abenteuer warten.

Die zahlreichen Wege, die sich verzweigen, laden zu Wanderungen ein. Mit einem einheimischen Guide kann man von hier aus zu den Berggipfeln, Wasserfällen, entlegenen Dayak-Dörfern und dem gut versteckten Primärwald aufbrechen. Oder man tut gar nichts davon und genießt einfach das sorglose Bergstadtleben im Kalimantan-Style. Dass es kein WLAN, geschweige denn verlässliches 4G gibt, verstärkt das Gefühl der Abgeschiedenheit noch.

🏃 Aktivitäten

Bergwandern

Wanderungen in die Wälder des Meratus führen zu den Dörfern, Flüssen, Hängebrücken und *balai adat* (Gemeinschaftshäusern). Eintagestouren von Loksado gehen zu scheinbar unendlich vielen Wasserfällen und reichen von moderat bis hin zu schäumend unmögliche Abhänge runterstürzend. Aufgrund der langen Tradition des Wanderackerbaus braucht man gute fünf Stunden zu Fuß, bis man endlich auf Primärwald stößt, aber es gibt genug fotogene Landschaften näher an der Stadt. Für alle Ziele, abgesehen von den allernächsten, ist ein einheimischer Guide sehr zu empfehlen. Eine beliebte mehrtägige Wanderung schließt die Gipfelbesteigung des 1901 m hohen **Gunung Besar** (alias Halau Halau, 3–4 Tage) ein, der höchste Berg im Meratus-Gebirge und einer der wenigen Kalimantan-Gipfel mit Aussicht.

SUMPFBÜFFEL-COWBOYS

Die flachen Überschwemmungsgebiete und der Sumpf im Tiefland nördlich von Kandangan machen traditionelle Landwirtschaft fast unmöglich. Stattdessen steht in der Region eine riesige Ranch im Sumpf, in der Herden von Sumpfwasserbüffeln nachts in erhöhten Ställen gehalten und tagsüber herausgelassen werden, um zu ihren wasserdurchtränkten Weideflächen zu schwimmen.

Sumpfcowboys in Kanus geleiten die paddelnden Tiere zur Weide oder zu ihren bevorzugten Schlammlöchern, bevor sie sie in der Dämmerung zurück zu ihrem Stall treiben. Dieses faszinierende und fotogene Schauspiel kann man am besten am frühen Morgen oder am späten Nachmittag bewundern. Am besten nimmt man sich ein Taxi (100 000 Rp) oder *ojek* (50 000 Rp) zur Flussuferstadt Negara, 30 km nordöstlich von Kandangan. Hier mietet man sich am Dock in der Nähe des Marktes ein Boot (250 000 Rp). Es dauert keine Stunde, um die Herden zu erreichen.

Allein die Fahrt nach Negara auf einer erhöhten Straße durch saisonal überflutete Feuchtgebiete gesäumt von Örtchen auf Stelzen ist unvergesslich. In Negara gibt es keine Unterkünfte, aber eine alternative Basis für einen Besuch der Herden ist Amuntai, 55 km nördlich von Kandangan, wo man ein paar Hotels findet.

Man sollte sich auf seine spezielle Route vorbereiten, sich über Dschungeltrekking informieren und nicht zögern, den Führer zu zügeln, wenn das Tempo oder das Terrain die eigenen Fähigkeiten übersteigt.

Bambus-Rafting

Sich auf einem schmalen, handgebundenen Bambusboot den Fluss runter staken zu lassen, ist die beliebteste Aktivität in Loksado – Guides und Rafting-Kapitäne sprechen Besucher bei ihrer Ankunft an und auch alle Unterkünfte organisieren Ausflüge. Der Standardtrip dauert etwa zwei Stunden (300 000 Rp/1–2 Pers.) und geht von Loksado bis zum Zielpunkt, die Rückreise erfolgt per *ojek* (15 Min.). Da auf halbem Weg ein Stopp für Tee und Snacks eingelegt wird, sollte man unbedingt genug Rupiah einstecken für einen Teller *pisang goreng* (frittierte Banane).

Das Abenteuer kann je nach Wasserstand entspannt bis aufregend sein. Nach schweren Regenfällen schwillt der Fluss an, und es kann riskant werden, aber die Boote starten normalerweise nur bei passenden Bedingungen.

☞ Geführte Touren

Geführte Treks können gewöhnlich in Banjarmasin organisiert werden, einen einheimischen Guide zu engagieren (400 000 Rp/Tag, plus Verpflegung) bietet allerdings mitunter eine tiefergehende Perspektive und unterstützt die örtliche Wirtschaft. Ein Englisch sprechender Führer ist sicher sinnvoll für informative Trips, aber Tagestouren mit

Wörterbuch, Zeichensprache und einem enthusiastischen Dorfbewohner haben ihren ganz eigenen Reiz.

Samuil Noil TOUR
(☎ 0812 5127 3802) Der bescheidene und großartige – in Loksado geborene – Noil vertagt seine Gartenarbeit nur zu gerne, um Besuchern das Land zu zeigen, das er so sehr liebt. Er spricht auch Englisch.

Pak Amat TOUR
(☎ 0813 4876 6573) Ein sympathischer, englischsprachiger Dayak und jahrelanger Bewohner von Loksado mit umfassenden Kenntnissen der Gegend.

🛏 Schlafen & Essen

Wisma Alya PENSION $
(☎ 0821 5330 8276; Zi. 150 000 Rp) Die zweistöckige Pension hat nur fünf kahle Holzzimmer und einen schönen Balkon über dem rauschenden Sungai Amandit. Man darf nicht mehr als ein Bett, einen Ventilator und ein Gemeinschaftsbad erwarten, aber es ist eine tolle, familiengeführte Dorfunterkunft.

Mountain Meratus Resort LODGE $$
(☎ 0811 2269 920; Zi./Villa 440 000/1 500 000 Rp) Das Mountain Meratus, von der Stadt 800 m flussabwärts, ist Loksados beste Unterkunft mit einigen schön gestalteten Zimmern mit Bädern an der frischen Luft und heißem Wasser (zumindest theoretisch), gemütlichen Betten und Veranden. Die Lage am Fluss ist fantastisch, es gibt zwar kein Restaurant, aber auf der großen Terrasse kann man wunderbar entspannen.

★**Waroeng Gerloks** INDONESISCH $

(📱 0852 4952 4925; Jl Loksado; Gerichte 5000–13 000 Rp; ⊙ 7–21 Uhr) Der Weg den Hügel hinauf zu diesem seitlich offenen Restaurant lohnt sich alleine schon wegen der Aussicht – weit über das Meratus-Gebirge, das Loksado-Tal und das Dorf selbst. Von zwei strohgedeckten Sitzbereichen auf Stelzen kann man den herrlichen Blick noch besser auskosten. Das Essen ist einfach – Roti, Reis und Nudelgerichte – aber frisch.

❶ An- & Weiterreise

Pickuptrucks fahren gegen 11 Uhr von Kandangan nach Loksado (30 000 Rp, 1½ Std.). In die entgegengesetzte Richtung starten sie um 6 Uhr. Für beide Strecken kann man auch ein Fahrzeug für 250 000 Rp mieten.

Bei Wisma Alya (S. 697) kann man nach einem *ojek* zu den Ausgangspunkten fragen oder ein Motorrad leihen (75 000 Rp/Tag).

OST- & NORD-KALIMANTAN

Ostkalimantan (Kal Timur) erfüllt viele der exotischen Vorstellungen, die man von Borneo hat: auf einer *kapal biasa* (Fähre) den Sungai Mahakam hinaufschippern auf der Suche nach Borneos Herz, mit Mantarochen und Walhaien vor dem Derawan-Archipel tauchen, sich in die Dayak-Kultur vertiefen und im dichten Dschungel um Merabu oder im Kutai-Nationalpark umherschweifen. Doch diese Region hat mit Balikpapan und Samarinda auch zwei der größten Städte Kalimantans zu bieten, in denen Nachtleben, Karaoke, Shoppingmalls und die unterschiedlichsten Verlockungen des modernen Lebens ins Spiel kommen.

Nordkalimantan ist wiederum abgelegener und weniger besucht, außer von Touristen, die bei Sabah ins malaysische Borneo reisen. Man beachte, dass in Ostkalimantan die zentralindonesische Standardzeit gilt, d. h. eine Stunde vor Jakarta und West-Kalimantan.

Balikpapan

📱 0542 / 701 000 EW.

Obwohl nicht so bevölkerungsreich wie die Hauptstadt Samarinda ist Balikpapan dank seiner langen Geschichte ertragreicher Ölgeschäfte und ausländischer Arbeitnehmer die einzige wirkliche kosmopolitische Metropole Kalimantans. Schon allein darum sollte man sich die Stadt ansehen. Meist fungiert sie aber weiterhin nur als Ausgangspunkt für Reisende, die nach Samarinda, Derawan oder Banjarmasin weiterziehen, aber eine Nacht in Balikpapans Clubszene verschafft einem eine ganz neue Sicht auf Borneo.

◉ Sehenswertes

Kemala Beach STRAND

(Jl Sudirman) Ein sauberer Strand mit Cafés und Restaurants sowie einer entspannten Atmosphäre. Wer eine Pause vom Dschungel (Stadt oder Natur) braucht, ist hier gut aufgehoben. Auch wenn es mittags sehr heiß wird, hat niemand Lust, in dem verschmutzten Wasser mit Öltankern vor der Nase zu baden.

Masjid Agung At-Taqwa MOSCHEE

(Jl Sudirman) GRATIS Ein imposanter Anblick – diese Moschee ist von außen mit einem komplexen Gitter mit islamischen geometrischen Mustern überzogen und wird zudem nachts farbenprächtig angestrahlt.

☞ Geführte Touren

Rimba Borneo Kalimantan TOUR

(📱 0542-738569, 0812 5331 2333; www.borneokalimantan.com; Jl Mayjend Sutoyo 33A) Pak Rusdy führt schon seit 20 Jahren Besucher über die Insel und kennt das Land in- und auswendig.

🛏 Schlafen

Balikpapan ist keine Stadt für Budgetreisende, aber die starke Konkurrenz unter den Mittelklassehotels bringt mitunter ausgezeichnete Deals mit sich, vor allem online. Hier kann man ein wenig prassen.

★**My Home** PENSION $

(📱 0542-720 3999; www.myhomeguesthouse.com; Jl Sudirman; EZ/DZ 220 000/250 000 Rp; ❄🛜) Diese selbst ernannte Boutique-Pension in erstklassiger Lage in der Nähe der Restaurantmeile Ruko Bandar ist schwer zu schlagen. Die Zimmer – wie die Unterkunft selbst – sind klein, aber stilvoll und gut ausgestattet mit Kabel-TV, Federkernmatratzen, Klimaanlage und Warmwasserduschen. Ausgezeichnetes Preis-Leistungs-Verhältnis.

Hotel Gajah Mada HOTEL $

(📱 0542-734634; Jl Sudirman 328; EZ/DZ 185 000/205 000 Rp, mit Klimaanlage ab 270 000/290 000 Rp, alle inkl. Frühstück; ❄🛜) Dank der preisgünstigen Zimmer mit Ventilator gerade noch in der Budgetkategorie – das Gajah

Balikpapan

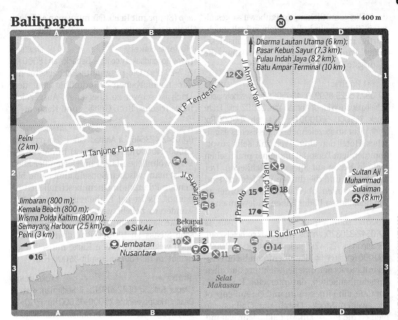

N · 0 —— 400 m

Dharma Lautan Utama (6 km);
Pasar Kebun Sayur (7,3 km);
Pulau Indah Jaya (8,2 km);
Batu Ampar Terminal (10 km)

Pelni
(2 km)

Jl Tanjung Pura

Jl P Tendean

Jl Ahmad Yani

Jl Suparjan

Sultan Aji
Muhammad
Sulaiman
(8 km)

Jimbaran (800 m);
Kemala Beach (800 m);
Wisma Polda Kaltim (800 m);
Semayang Harbour (2,5 km);
Pelni (3 km)

SilkAir

Bekapai
Gardens

Jl Pranoto

Jl Ahmad Yani

Jembatan
Nusantara

Jl Sudirman

Selat
Makassar

Balikpapan

◎ Sehenswertes
1 Masjid Agung At-Taqwa B3
2 Ruko Bandar C3

🛏 Schlafen
3 Hotel Gajah Mada C3
4 Hotel Gran Senyiur B2
5 Hotel Pacific C2
6 Ibis Hotel C2
7 My Home C3
8 Novotel Balikpapan C2

✕ Essen
9 Bondy C2
10 Holland Bakery B3
11 Ocean's Resto C3
12 Warung Soto Kuin Abduh C1

◉ Ausgehen & Nachtleben
13 RPM Bar B3
Sky Bar ....(siehe 4)

◉ Shoppen
14 Balikpapan Plaza C3

❶ Praktisches
15 Aero Travel C2
16 New Sedayu Wisata A3
17 Totogasono Tours & Travel C2

❶ Transport
18 Kangaroo Premier C2

Mada ist veraltet, aber beliebt und zentral gelegen mitten im Geschehen der benachbarten Balikpapan Plaza. Von der luftigen Terrasse hinten blickt man über den Ozean und auf einen weniger ansehnlichen Strand.

Wisma Polda Kaltim　　　　　　HOTEL $
(📞 0542-421260, 0812 5490 2392; Jl Sudirman 6; Zi. 200 000–320 000 Rp; ❄) Der Hauptgrund in dieser ehemaligen Polizeistation (der Polizeichef lebt jetzt nebenan) zu übernachten, ist die Lage direkt am Kemala Beach. Die zwölf

motelartigen Zimmer sind für Balikpapan preislich angemessen, aber man darf keinen Luxus erwarten (es gibt kein Warmwasser). Es fühlt sich mitunter etwas einsam und still an, wenn keine anderen Gäste da sind.

Ibis Hotel　　　　　　　　　　HOTEL $$
(📞 0542-820821; www.ibishotels.com; Jl Suparjan 2; Zi. inkl. Frühstück 440 000 Rp; ❄@🛜🏊) Ein Schnäppchen, bedenkt man, dass man die Annehmlichkeiten (Pool, Fitnessraum) des benachbarten Fünf-Sterne-Novotels nutzen

darf. Die gemütlichen, designbewusst gestalteten Zimmer sind alle gleich: stilvoll, hochwertig, mit coolen Bädern. Das Frühstücksbüffet kann extra kosten, wenn man die niedrigste Preisklasse online bucht.

Hotel Pacific HOTEL $$
(📞 0823 5225 8599, 0542-750888; www.hotelpacificbalikpapan.co.id; Jl Ahmad Yani 33; DZ inkl. Frühstück 365 000–550 000 Rp; Suite ab 750 000 Rp; ❄🍽🌐) Ein ausgezeichnetes, klassisches asiatisches Hotel der alten Welt mit sehr zuvorkommendem Personal und einer praktischen Lage in Bezug auf Speisemöglichkeiten. Der Holzboden und die dunkle Verkleidung sind veraltet, wirken aber warm und vornehm. Die makellosen Bäder haben Badewannen.

Novotel Balikpapan HOTEL $$
(📞 0542-820820; https://novotel.accorhotels.com; Jl Suparjan 2; Zi. inkl. Frühstück 700 000–860 000 Rp; ❄🌐🏊) Familienfreundliches Hotel mit moderner Inneneinrichtung und allen Annehmlichkeiten, darunter eine Patisserie, ein Café, ein Fitnessraum und ein Außenpool im zweiten Stock. Durch die Onlinetarife bleiben die Preise auf Mittelklasseniveau mit erstklassigem Service und Einrichtungen.

★ Hotel Gran Senyiur HOTEL $$$
(📞 0542-820211; http://senyiurhotels.com; Jl ARS Muhammad 7; Zi. inkl. Frühstück 120–148 US$, Suite ab 155 US$; ❄🍽🌐🏊) Das Luxushotel ist einzigartig in Kalimantan und zeigt den jüngeren gleichrangigen Businesshotels, dass Erfahrung und Weisheit von Bedeutung sind. Schöne Holzarbeiten strahlen überall Wärme aus, und die Zimmer sind für den Fünf-Sterne-Status günstig. Ein Besuch der erstklassigen Dachbar Sky Bar (S. 702) lohnt sich, auch wenn man nicht im Hotel absteigt.

✖ Essen

Balikpapan hat im Vergleich zu den anderen Städten in Kalimantan eine hervorragende Auswahl an Restaurants. Für den besten Blick geht man zum Komplex **Ruko Bandar** (Jl Sudirman) am Ufer oder zum Kemala Beach. Abends werden einige Buden mit *coto Makassar* (traditionelle Suppe aus Sulawesi) an der Uferpromenade direkt westlich von Ruko Bandar aufgebaut.

★ Warung Soto Kuin Abduh INDONESISCH $
(Jl Ahmad Yani; Soto Banjar 16 000 Rp; ⏱11–23 Uhr) In dem beliebten *warung* bestellt man *Soto Banjar* (Hühnchensuppe gewürzt mit einer delikaten Gewürzmischung, darunter Zimt), aber es gibt auch *Hähnchen-Saté* und *nasi*

sop (Suppe mit Reis). Oft muss man auf einen Platz warten oder sich einen Tisch teilen.

Holland Bakery BÄCKEREI $
(www.hollandbakery.co.id; Gebäck ab 8000 Rp; ⏱7–23 Uhr) Die prägnante Eckbäckerei mit der neonfarbenen Windmühle auf dem Dach ist schwer zu übersehen. Ausgezeichnetes frisches Brot, Gebäck und Kuchen.

Bondy INTERNATIONAL $$
(📞0542-423646; Jl Ahmad Yani 1; Hauptgerichte 25 000–145 000 Rp; ⏱10–21 Uhr) In diesem außergewöhnlichen Lokal im Herzen der Stadt speist man zwischen Bonsaibäumen und blühenden Pflanzen in einem beschaulichen Innenhof. Es ist bei Einheimischen und Auswanderern beliebt wegen seiner westlichen Köstlichkeiten (Burger und Hotdogs, australische Steaks ab 100 000 Rp), aber vor allem auch wegen der großen Karte mit selbst gemachtem Eis (Bananensplit 35 000 Rp).

Jimbaran BALINESISCH $$
(Dapur Bali; 📞0542-419111; Jl Sudirman, Kemala Beach; Hauptgerichte 20 000–75 000 Rp; ⏱10–23 Uhr) Wogende weiße Vorhänge und die tolle Lage am Strand locken Gäste in dieses Freiluftrestaurant im balinesischen Stil. Einheimische schwören auf *ayam taliwang,* ein Grillhühnchengericht aus Lombok, aber wie anderswo am Kemala Beach sind die Preise gesalzen und die Qualität nicht entsprechend. Hier zählt die Atmosphäre. Kaltes Bier und dreimal die Woche Livemusik.

★ Ocean's Resto SEAFOOD $$$
(📞0542-739439; Ruko Bandar; Hauptgerichte 60 000–300 000 Rp; ⏱10–2 Uhr; 🎵) Frischer Fisch und Krustentiere, die ein ganzes Riff bevölkern würden (die Karte ist dick wie ein Buch), sowie Steaks, Burger, Pizzen und indonesische Gerichte werden in vorzüglicher Uferlage unter freiem Himmel serviert. Das Ocean's führt eine Reihe von Cafés an der Promenade an und ist (verdientermaßen) das beliebteste von ihnen. Ist kein Platz frei, einfach einen Stuhl an der Bar besetzen.

Open House INTERNATIONAL $$$
(📞0542-744823; Jl Puncak Markoni Atas 88; Hauptgerichte 75 000–300 000 Rp; ⏱11–23 Uhr) Balikpapans romantischstes Lokal, um die letzten Rupiah bei einem Date auf den Kopf zu hauen, besticht durch seine architektonisch schwindelerregenden Räumlichkeiten auf einem markanten Hügel. Am besten reserviert man einen *puncak* (Gipfel)-Tisch an der Spitze der Wendeltreppe. Die überdurchschnittli-

ATTRAKTIONEN IN DER UMGEBUNG VON BALIKPAPAN

Einen entspannten Tagesausflug von Balikpapan entfernt gibt es einige interessante Tier- und Naturschutzattraktionen, die man auch als Zwischenstopp auf der Fahrt von Balik- papan nach Samarinda einbauen kann.

Samboja Lestari (☑ 0821 4941 8353; www.orangutan.or.id; Jl Balikpapan-Handil Km 44; Erw./Kind 500 000/250 000 Rp; ☺ geführte Touren 8–12 & 13–17 Uhr) Samboja Lestari ist die Heimat von mehr als 150 Orang-Utans auf einer Reihe von Inseln, zudem gibt es ein separates Malaienbärenschutzzentrum. Die halbtägigen Morgen- oder Nachmittags- touren beinhalten ein Mittag- oder Abendessen (vorab reservieren) und präsentieren die Bewohner und Erfolge des Zentrums. Intensiver wird das Erlebnis, wenn man in der fantastischen Öko-Lodge übernachtet. Samboja Lestari gehört zur **Borneo Orangutan Survival Foundation** (☑ 0811 5200 0366; www.orangutan.or.id; Jl Cilik Riwut Km28, Nyaru Menteng Arboretum; Eintritt gegen Spende; ☺ Sa & So 9–15 Uhr).

KWPLH Sun Bear Conservation Center (☑ 0542-710 8304; www.beruangmadu.org; Jl Soekarno-Hatta Km23; ☺ 8–17 Uhr, Fütterungen 9 & 15 Uhr) Das lehrreiche Malaienbären- schutzzentrum geht überraschend direkt mit der entsetzlichen Notlage der Tiere in Kali- mantan um. In dem 1,3 ha großen, ummauerten Gehege leben sieben Bären, die man vom Holzsteg oder bei der Fütterungszeit in der Nähe der Klinik beobachten kann. Mit dem *angkot* 8 fährt man bis zum großen Tor bei Km 23 (7000 Rp) und läuft oder trampt 1,7 km nach Süden. Ein Taxi ab Balikpapan sollte um die 200 000 Rp kosten, inklusive Wartezeit.

Bukit Bangkirai (☑ 0542-736066; Baumkronenpfad 75 000 Rp; ☺ Sonnenaufgang–Sonnen- untergang) In 30 m Höhe auf der Holzbrücke zwischen Flügelfruchtgewächsen zu stehen, ist beeindruckend, aber zugleich muss man einfach die unzähligen Bäume betrauern, die nicht mehr hier stehen – abgeholzt von derselben Firma, die nun die übrigen schützt. Mit dem *angkot* 8 geht's bis zu Km 38 (15 000 Rp), dann per *ojek* 20 km nach Westen.

Sungai Wain Protection Forest (☑ 0812 580 6329; agusdin_wain@yahoo.co.id; Führer 100 000 Rp; ☺ 6–18 Uhr) Mitte der 1990er-Jahre wurden 82 Orang-Utans in diesem ge- schützten Tiefland-Primärwald freigelassen, aber Feuer und illegale Abholzung forderten ihren Tribut. Wer um 6 Uhr morgens aufbricht, erhöht seine Chancen, viele Tiere zu se- hen. Guides (vorgeschrieben) findet man am Parkeingang. Mit dem *angkot* 8 bis Km 15 (6000 Rp) und einem *ojek* 6 km nach Westen fahren.

Samboja Lodge (☑ 0821 5133 3773; www.sambojalodge.com; Balikpapan-Handil Km 44; Zi./ Suite inkl. Frühstück 1 550 000/2 225 000 Rp; ❈ 🛜) Die fantastische Dschungellodge am Samboja Lestari Orang Utan Reserve beschert ein unvergessliches Erlebnis. Sie ist aus lokalen Materialien und nach ökologischen Grundsätzen mit allem Komfort und großen Fenstern zum Dschungelgucken gebaut worden. Preise enthalten Touren und Transport.

che Küche verbindet mediterrane, internatio- nale und indische Gerichte, von australischen Lammkoteletts bis hin zu Hähnchen-Biryani. Eigenen Wein mitbringen.

🍷 Ausgehen & Nachtleben

Balikpapans Expat-Gemeinde hat zu einer entspannteren Haltung zu Alkohol und Nachtleben geführt als anderswo in Kaliman- tans. Gehobenere Hotels haben Bars und Nachtclubs, die Wein und Schnaps servieren. Um die Ausgehszene zu erleben, ist der Kom- plex Ruko Bandar (S. 700) die beste Adresse.

RPM Bar   BAR
(☑ 0857 6478 0888; ☺ 16–2 Uhr) Die beste Mu- sikbar in Ruko Bandar: Das intime RPM

(Retro People of Music) bietet an den meis- ten Abenden Livemusik im Erdgeschoss und DJs auf der dritten Etage. Hier kann man prima bei einem Drink entspannen und sich unter die Einheimischen mischen.

Seventh Street   IRISH PUB
(☑ 0821 5496 8203; Jl J Sudirman 7, Aston Balikpa- pan; ☺ Mo–Sa 17–1 Uhr) Dies ist wohl Kaliman- tans einziger Irish Pub und die Betreiber be- mühen sich mit kuscheligen Nischen, Billardtischen und Zapfhähnen – allerdings ohne Guinness vom Fass (nur Flaschen) – um Authentizität. Mit Einheimischen und Aus- wanderern kippt man Jägermeister und lauscht der Livemusik in einer Umgebung, die vergessen lässt, dass man auf Borneo ist.

Sky Bar DACHTERRASSENBAR

(Hotel Gran Senyiur, Jl ARS Muhammad; ⊙12–24 Uhr) Mit dem Aufzug geht's in den achten Stock des Hotel Gran Senyiur (S. 700), um von der Sky Bar die ausgezeichnete Sicht vom Dach zu genießen. Die hiesigen Getränkepreise sind nicht übertrieben stratosphärisch (jedenfalls bis die Steuern hinzukommen) und es gibt ein gehobenes Grillrestaurant.

🔒 Shoppen

Pasar Kebun Sayur GESCHENKE & SOUVENIRS

(⊙9–18 Uhr) Vielseitiger Markt für Handwerk, Edelsteine und Souvenirs. Nördlich des Zentrums an der *angkot*-Route 5 (gelb).

Balikpapan Plaza MALL

(http://plaza-balikpapan.com; Ecke Jls Sudirman & Ahmad Yani; ⊙9–22 Uhr) Mall am Rand des Zentrums mit Hypermart, Time Zone und einem Gastronomiebereich.

ℹ Praktische Informationen

EINWANDERUNG

Kantorimigrasi Kelas (☑0542-443186; http://balikpapan.imigrasi.go.id; Jl Mulawarman 94, Sepinggan)

REISEBÜROS

Aero Travel (☑0542-443350; Jl Ahmad Yani 19) Flugtickets.

New Sedayu Wisata (NSW; ☑0542-420601; Jl Sudirman 2B) Beste Quelle für alle Angelegenheiten in Bezug auf Fähren.

Totogasono Tours & Travel (☑0542-421539; www.totogasono.com; Jl Ahmad Yani 40; ⊙Mo–Sa 8–17 Uhr) Effizienter, englischsprachiger Vermittler für Flugbuchungen. Hat Verträge mit Rimba Borneo Kalimantan (S. 698) für Ausflüge auf dem Mahakam und darüber hinaus.

ℹ An- & Weiterreise

BUS

Busse nach Samarinda (35 000 Rp, 3 Std., 5.30–20 Uhr, Abfahrt alle 15 Min.) und Minibusse zu anderen nördlichen Zielen starten am Batu Ampar-Terminal auf der *angkot*-Route 3 (hellblau).

Kangaroo Premier (☑0812 555 1199; http://kangaroo.id; Jl Ahmad Yani 34, Hotel Budiman Balikpapan; ⊙5–23 Uhr) Komfortable klimatisierte Minibusse pendeln alle zehn Minuten zwischen Balikpapan (Flughafen & Hotel Budiman) und Samarinda.

Pulau Indah Jaya (☑0542-423688; www.pulauindahjaya.com; Jl Soekarno-Hatta, Km 2,5 No 58) Das beste von mehreren Unternehmen mit Fahrten gen Banjarmasin (150 000–205 000 Rp, 15 Std., 8-mal tgl. 12–20 Uhr).

FLUGZEUG

Der **Sultan Aji Muhammad Sulaiman Airport** (☑0542-757 7000; Jl Marsma Iswahyudi) liegt 9 km östlich des Zentrums. Fluglinien mit Vertretungen in Balikpapan:

Citilink (☑0542-764362; Flughafen)

Garuda (☑0542-766844; Flughafen)

Lion Air (☑0542-703 3761; Flughafen)

SilkAir (☑0542-730800; Jl Sudirman 37, BRI Tower 6. OG; ⊙Mo–Fr 9–16, Sa bis 15 Uhr)

Sriwijaya Air (☑0542-749777; www.sriwijaya air.co.id; Flughafen)

SCHIFF/FÄHRE

Semayangs Hafen am Eingang zum Golf ist der Hauptfracht- und -passagierhafen. Fähren:

Dharma Lautan Utama (☑0542-442222; Jl Soekarno-Hatta, Km0.5)

Jembatan Nusantara (☑0542-428888; Jl Sudirman 138; ⊙8–20 Uhr)

Pelni (☑0542-422110; www.pelni.co.id; Jl Yos Sudarso, nahe Pelabuhan Semayang)

Bedient werden Makassar (213 000 Rp, 24 Std.), Pare Pare (197 000 Rp, 18 Std.), Sura-

FLÜGE AB BALIKPAPAN

ZIEL	ANBIETER	DAUER	HÄUFIGKEIT
Banjarmasin	Garuda, Lion Air, Wings Air, Sriwijaya Air	50 Min.	6-mal tgl.
Berau	Garuda, Sriwijaya Air, Wings Air	50 Min.	8-mal tgl.
Denpasar	Citilink	1½ Std.	Mo, Fr, So
Jakarta	Cililink, Garuda, Lion Air, Sriwijaya Air, Batik Air	2 Std.	18-mal tgl.
Makassar	Cililink, Garuda, Lion Air, Sriwijaya Air	1¼ Std.	7-mal tgl.
Singapore	SilkAir	2¼ Std.	Mo, Mi, Fr
Surabaya	Citilink, Lion Air, Sriwijaya Air	1½ Std.	15-mal tgl.
Tarakan	Garuda, Lion Air, Sriwijaya Air, Batik Air	1 Std.	6-mal tgl.
Yogyakarta	Citilink, Garuda, Lion Air	1¾ Std.	6-mal tgl.

KALIMANTAN OST- & NORD-KALIMANTAN

baya (424 000 Rp, 40 Std.) und Tarakan-Nunuk-an (278 000 Rp, 12 Std., 3-mal wöchentl.).

❶ Unterwegs vor Ort

Der Sultan Aji Muhammad Sulaiman Airport liegt 9 km östlich vom Zentrum. Ein Taxi ins Zentrum kostet 70 000 Rp. Alternativ läuft man 150 m zur Straße und winkt ein grünweißes *angkot* 7 Richtung Westen heran (5000 Rp). Vom Batu Ampar-Busterminal nimmt man das blaue *angkot* 6.

Stadt-*angkots* fahren feste Routen, die an der Balikpapan Plaza zusammenkommen, und verlangen 5000 Rp pro Fahrt. Nützliche Strecken sind u. a. die blaue Route 6 Richtung Norden nach Batu Ampar, die blaue 3 nach Westen zum Hafen und die grüne 7 zum Flughafen.

Die Fahrdienste Gojek und Grab operieren in Balikpapan.

Samarinda

📋 0541 / 843 000 EW.

Bei der Lage am Ende des mächtigen Sungai Mahakam sollte Samarinda vielleicht etwas exotischer sein. Aber außer dem spektakulären neuen Islamischen Zentrum, Kalimantans beeindruckendster Moschee, hat die Stadt wenig Charmantes zu bieten. Sie breitet sich auf beiden Seiten des Flusses aus – das Zentrum ist allerdings eine recht kompakte Zone am Nordufer. Das Umland wurde für den Kohleabbau genutzt, was unzählige Gesundheits- und Umweltauswirkungen zur Folge hatte und Hotels veranlasste, mit ihren „überschwemmungsfreien Eventhallen" zu werben. Währenddessen wirkte sich die Verbreitung von Monstermalls auf das Zentrum aus, manche Straßen sind gespenstisch leer; nach Einbruch der Dunkelheit lieber ein Taxi nehmen.

In Samarinda gibt's einige Unterkünfte und Dienstleistungen, weswegen viele Reisende ein oder zwei Tage hier verbringen, um sich auf ihr Flussabenteuer oder einen Dschungeltrek gen Norden vorzubereiten.

◎ Sehenswertes

★ Islamisches Zentrum   MOSCHEE
(Masjid Baitul Muttaqien; Jl Slamet Riyadi; Mosche/Turm gratis/10 000 Rp; ⊙ Turm 10–12 & 13.30–17.30 Uhr) Die westliche Skyline von Samarinda wird dominiert von diesem Highlight, das eine farbenfrohe Moschee mit Aussichtsturm beherbergt. Letzterer ist der höchste Punkt der Stadt mit Blick über eine große Kurve des Mahakam. Der Ruf des Muezzin bei Sonnenuntergang ist ein bewegender Moment.

☞ Geführte Touren

De'Gigant Tours   TREKKING
(📋 0812 584 6578; www.borneotourgigant.com; Jl Martadinata Raudah 21) De'Gigant hat sich auf Touren in Ostkalimantan spezialisiert, darunter Hausbootfahrten den Sungai Mahakam hoch, und hat bereits Dutzende Gäste sicher über den berühmten Cross-Borneo-Trek (S. *669*) geführt, eine Tour, die 17 Tage dauert.

Suryadi   TOUR
(📋 0816 459 8263) Auch nach fast 30 Jahren als Guide ist der weise Pak Suryadi wahrscheinlich noch in besserer Form als seine Gäste. Er spricht Deutsch und Englisch.

Abdullah   TOUR
(📋 0821 5772 0171, 0813 4727 2817; doe1L@yahoo.com) Der freundliche, einfallsreiche und realistisch denkende Abdullah spricht ausgezeichnet Englisch und versteht Backpacker. Fungiert auch als Dayak-Antiquitätenhändler.

Rustam   TOUR
(📋 0812 585 4915; rustam_kalimantan@yahoo.co.id) Alle Kritiken sind voll des Lobes.

🛏 Schlafen

★ Kost Samarinda   HOTEL $
(Pension Samarinda; 📋 0541-734337; www.kostsamarinda.com; Jl Pangeran Hidayatullah, Gang Batu 6; EZ/DZ 100 000/120 000 Rp; ❇☎) Das Preis-Leistungs-Verhältnis dieser unglaublich freundlichen Familienpension ist nicht zu toppen: sauber, günstig, nett, schlicht und praktisch gelegen nah an der Action im Zentrum. Die Zimmer teilen sich drei makellose Gemeinschaftsbäder mit Kaltwasserduschen. Das Sahnehäubchen für alle, die kein Problem mit dem Verkehr in Samarinda haben: Man kann Motorräder mieten (50 000 Rp/Tag). Die Unterkunft befindet sich in einer ausgeschilderten kleinen Straße, die von der Jl Pangeran Hidayatullah abgeht.

Akasia 8 Guesthouse   PENSION $
(📋 0541-701 9590; Jl Yos Sudarso 34; EZ/DZ inkl. Frühstück 145 000/180 000 Rp, DZ mit Gemeinschaftsbad 160 000 Rp) Die winzigen *mandi* (Bäder) in dem sauberen, schmucklosen Hostel am Hafen sind nichts für Leute mit Platzangst; für mehr Ellbogenfreiheit die Option mit eigenem Bad wählen. Gute Lage am Ufer.

★ Aston Samarinda   HOTEL $$
(📋 0541-732600; www.astonsamarinda.com; Jl Pangeran Hidayatullah; Zi./Suite inkl. Frühstück ab 700 000/850 000 Rp; ❇☎❄) In Samarindas

Samarinda

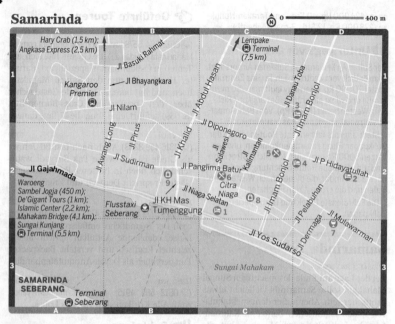

Samarinda

🛌 Schlafen

1 Akasia 8 Guesthouse C2
2 Aston Samarinda D2
3 Horison Samarinda D1
4 Kost Samarinda......................................D2

🍽 Essen

5 Rumah Makan Amado C2
6 Sari Pacific Restaurant........................C2

🍷 Ausgehen & Nachtleben

7 Muse...D3

🛍 Shoppen

8 Citra Niaga C2
9 Pasar Pagi B2

bestes Hotel im Zentrum kommt man, um sich verwöhnen zu lassen. Der Säulenpool mit seinem zweistöckigen Wasserfall mag etwas protzig wirken, aber die Zimmer haben genau das richtige Maß an Stil und Komfort. Die besseren Optionen bieten tolle Blicke auf den Fluss, andere haben gar keine Fenster, aber mehr Platz. Die gehobene Küche, das tolle Frühstücksbüffet und ein Spa im Haus runden das Ganze wunderbar ab.

Horison Samarinda　　　　　HOTEL **$$**
(📞 0541-727 2900; www.myhorison.com; Jl Imam Bonjol 9; Zi./Suite inkl. Frühstück 560 000/ 990 000 Rp; ✳🛜🏊) Das Hotel einer Kette wertet den ansonsten standardmäßigen Businesshotelmarkt auf. Die frischen Zimmer verfügen alle über Schreibtische, Flat-screen-TV und eine sehr kalte zentrale Kli-

maanlage. Der Indoorpool im obersten Stockwerk bietet weite Ausblicke, in der Lobby im Erdgeschoss wird Batik gezeigt.

🍴 Essen & Ausgehen

Rumah Makan Amado　　　INDONESISCH **$**
(📞 0813 5166 1119; Jl Pangeran Hidayatullah; Hauptgerichte 15 000–25 000 Rp; ⏰ 8–23 Uhr) Da es im Amado nach allgemeiner Auffassung das beste *Soto Banjar* der Stadt gibt, ist hier viel los. Günstig, fröhlich, schneller Service.

⭐**Waroeng Sambel Jogja**　　INDONESISCH **$$**
(📞 0541-743913; Jl Gajah Mada 1; Hauptgerichte 22 000–75 000 Rp; ⏰10–23 Uhr) Der große Komplex gegenüber vom Ufer serviert acht unterschiedliche Sambal-Varianten (Salsa), die einem die Schuhe ausziehen, und ist am Wochenende gut besucht. Die Spezialität,

das zwiebelhaltige *Sambel Bawang Jogja*, und das Sambel Tempe lohnen sich!

Hary Crab SEAFOOD $$

(Jl Pahlawan 41; Krebs 80 000 Rp; ⊙18–22 Uhr) Eine einzigartige lokale Institution – abends werden draußen an der Straße Bänke aufgestellt, die normalerweise immer gut besetzt sind mit Leuten, für die ein Abendessen ein wichtiges, umfassendes Erlebnis sein muss. Lätzchen umbinden und vorher die Preise checken, die sich nach dem Gewicht richten.

Sari Pacific Restaurant INTERNATIONAL $$

(Jl Panglima Batur; Hauptgerichte 35 000–135 000 Rp; ⊙9–22 Uhr) Hier gibt's eine Auswahl an New Zealand Steaks (ab 110 000 Rp), Burger, Huhn, Fisch und Japanisches. Die Spezialität, *ikan patin bakar* (gegrillter Fisch), ist ein fettiger Genuss. Top: frittiertes Speiseeis!

Muse CLUB

(Jl Mulawarman; ⊙17–3 Uhr) Das Muse ist das exklusivste Nachtlokal im Zentrum von Samarinda. Auf mehreren Etagen gibt's Karaoke, DJs und Livebands sowie eine chillige Dachterrassen-Lounge-Bar namens Beer House.

🔒 Shoppen

Citra Niaga MARKT

Der tägliche Markt bietet Souvenirläden mit Batiksarongs und Dayak-Schnitzarbeiten. Imbissbuden servieren *amplang* (knusprige Fischbällchen) und Indonesisches.

Pasar Pagi MARKT

(Morgenmarkt; Jl Sudirman) Ein wunderbar chaotischer Markt am Morgen.

ℹ️ An- & Weiterreise

BUS

Es gibt in Samarinda drei wichtige Busterminals:

Sungai Kunjang-Busterminal (Jl KH Mas Mansyur) Bedient Ziele am Mahakam (bis nach Melak) und Balikpapan. 6 km westlich der Stadt auf der grünen *angkot*-Linie A.

Lempake-Busterminal Alle Ziele im Norden, darunter ein unregelmäßiger Morgenbus nach Berau. *Taksi gelap* (Taxen ohne Lizenz) nach Berau belagern den Terminal und machen den öffentlichen Busmarkt kaputt. 8 km nördlich der Stadt an der roten *angkot*-Linie B.

Terminal Seberang Bedient Banjarmasin. Per Wassertaxi auf die andere Flussseite.

Minibusse nach Tenggarong starten an der Ostseite der Mahakam-Brücke. Man überquert sie mit einem *angkot* G und bewegt sich weitere 500 m Richtung Süden, wo sich die Busse gegenüber dem PLTD-Elektrizitätswerk sammeln.

Kangaroo Premier (☎0812 555 1199; www.kangaroo.id; Jl WR Supratman 7A) schickt alle 10 Minuten Minibusse zum Balikpapan-Flughafen (150 000 Rp).

FLUGZEUG

Samarindas neuer internationaler Flughafen APT Pranoto Airport (https://aptpranotoairport.com) wurde im Mai 2018 offiziell eröffnet und ersetzt den relativ kleinen Termindung Airport. Zur Zeit der Recherche nutzten nur Xpress Air und Susi Air den Flughafen für Flüge nach Melak, Berau und Balikpapan, aber einige Fluglinien, darunter Garuda und Lion Air, haben mehr Routen geplant, sobald der Flughafen komplett in Betrieb ist.

Angkasa Express (☎0541-200280; Plaza Lembuswana D3; ⊙Mo–Fr 8–20, Sa bis 13 Uhr) Flugtickets.

SCHIFF/FÄHRE

Die öffentlichen Fähren auf dem Mahakam (*kapal biasa*) verlassen um 7 Uhr das **Sungai-Kunjang-Fährterminal**, das gegenüber dem Busterminal liegt, 6 km mit der grünen *angkot* A-Linie (5000 Rp) flussaufwärts. Früh kommen und an Bord bezahlen.

Pelni-Fähren bedienen Samarinda nicht mehr.

(Seitliche Randbeschriftung:) KALIMANTAN SAMARINDA

BUSSE AB SAMARINDA

ZIEL	TERMINAL	PREIS (RP)	DAUER (STD.)	HÄUFIGKEIT
Balikpapan	Sungai Kunjang	35 000	2	alle 10 Min., 6–20 Uhr
Banjarmasin	Samarinda Seberang	175 000–235 000	16	25-mal tgl., 7–17.45 Uhr
Berau	Lempake	200 000	15	1-mal tgl.
Bontang	Lempake	35 000	3	alle 25 Min., 7–19 Uhr
Kota Bangun	Sungai Kunjang	35 000	3½	6-mal tgl., 7–15 Uhr
Melak	Sungai Kunjang	110 000	9	2-mal tgl.
Sangatta	Lampake	45 000	4	alle 25 Min., 6–17 Uhr
Tenggarong	am Straßenrand gegenüber der Brücke	25 000	1	regelmäßig, wenn voll

ABSTECHER

PAMPANG-DAYAK-ZEREMONIEN

Sonntags um 14 Uhr veranstaltet das Kenyah Dayak-Dorf Pampang (in den 1970er-Jahren aus dem Hochland hierher verlegt) eine Show (25 000 Rp) mit traditionellen Tänzen, die auf kamerabewaffnete Touristen ausgerichtet ist. Man sollte es nehmen, wie es ist: ein bezaubernder, inszenierter Auftritt, der es einer lange ausgegrenzten Gruppe erlaubt, finanziell von ihrem reichen Erbe zu profitieren. Zusätzlich ist es eine der letzten Gelegenheiten, Frauen mit den traditionell langen Ohrläppchen zu sehen (Fotos 25 000 Rp). Mit dem Minibus (15 000 Rp, 1 Std.) geht es vom Busterminal in Lempake zur Kreuzung 25 km nördlich von Samarinda (nach Desa Budaya Pampang fragen). Ein Taxi für einen Ausflug hin und zurück kostet etwa 250 000 Rp.

❶ Unterwegs vor Ort

Samarindas neuer Flughafen befindet sich in Sungai Siring, etwa 25 km nordöstlich des Stadtzentrums. Eine Stunde mit dem Taxi einplanen.

Angkot (5000 Rp) findet man am Pasar Pagi-Markt.

Fähren (Jl Gajah Mada) über den Mahakam nach Samarinda Seberang (5000 Rp/20 000 Rp Charter) starten am Kai an der Jl Gajahmada.

Sungai Mahakam

Der mächtige Mahakam, der zweitlängste Fluss Indonesiens (nach dem Kapuas), ist ein Mikrokosmos Kalimantans. Schippert man flussaufwärts auf der Suche nach Borneos Herz, passiert man unzählige Lastkähne, die den Fluss runter schnaufen, um ihre Ladung an den Höchstbietenden zu verkaufen. Man sieht jahrhundertealte Dörfer nur eine Kurve entfernt von Kohlebergwerken und Holzfällerlagern, sowie unfassbar hohe Bäume neben Palmölplantagen. Man kommt an imposanten Regierungsbüros mit blitzenden SUVs vor der Tür vorbei, während man im Begriff ist, den Preis für eine handgeschnitzte *mandau* (Machete) mit einem Mann zu verhandeln, der kaum seine Familie ernähren kann. Das alles ist Kalimantan in all seiner gegensätzlichen, mächtigen, verwirrenden und bezwingenden Schönheit. Am Besten erlebt man sie auf einer Fahrt auf dem Mahakam – eine Reise, die man sein Leben lang nicht vergisst.

◉ Sehenswertes & Aktivitäten

Eine Tour auf der größten Wasserader Kalimantans ist im wahrsten Sinne des Wortes eine Reise. Während man das Industriezentrum von Samarinda langsam hinter sich lässt, taucht man immer tiefer ins Landesinnere ein – und in Borneos Vergangenheit. Alleine ist man nicht (es gibt immerhin ein öffentliches Schiff pro Tag), aber man wird auch nicht viele andere Ausländer zu Gesicht bekommen – wenn überhaupt.

Die vielseitigen Erkundungsmöglichkeiten reichen von Städten und Langhäusern bis hin zu riesigen Seen, Sümpfen und Nebenflüssen. Die Tierwelt ist reich vorhanden, aber nicht leicht zu sehen. Wenn man den Hauptstrom hinauffährt, gelangt man ins Inland, aber jeder Abstecher in einen der Nebenflüsse eröffnet eine neue Welt voller Abenteuer und Erfahrungen.

Reiseetappen

Der Mahakam erstreckt sich von Samarinda bis zu den Mittelgebirgen durch mehrere verschiedene Regionen:

Der untere Mahakam: Von Samarinda nach Kota Bangun Viele ziehen es vor, die relativ erschlossene Strecke auf dem Landweg zu bewältigen. Auf dem Wasser dauert die Reise acht Stunden mit der *kapal biasa*, die morgens um 7 Uhr in Samarinda startet. Zu den erwähnenswerten Stationen gehört das frühere Kutai-Sultanat in der Stadt Tenggarong.

Das Seengebiet: Von Kota Bangun nach Melak Dieser vielfältige Abschnitt mit Flüssen, Seen und Sumpfland wimmelt nur so vor Tieren und ist gespickt mit Dörfern, jedes auf seine Art komplett einzigartig. Als Basis für Tagesausflüge zum Jempang-See eignet sich Muara Muntai, oder man wählt Seitenarme flussaufwärts nach Muara Pahu.

Der mittlere Mahakam: Von Melak nach Long Bagun Oben auf der *kapal biasa* spürt man bereits das wilde Kalimantan, das man sich erträumt hat.

Der obere Mahakam: Von Long Bagun nach Tiong Ohang Der aufregendste und gefährlichste Teil des Flusses beinhaltet zwei größere Stromschnellen, die jedes Jahr mehrere Menschenleben fordern.

Man beachte, dass die *kapal biasa* Long Bagun nur erreichen, wenn der Wasserstand es zulässt. Andernfalls halten sie in Tering oder in Long Iram, wo Speedboats auf der Suche nach Passagieren nach Long Bagun das Schiff umrunden.

Guides

Auf der Reise weiter flussaufwärts werden Kenntnisse in Bahasa immer wichtiger, da hier kaum Englisch gesprochen wird. Man kann mit rudimentären Sätzen zurechtkommen und ohne Führer sicher reisen, aber wer gerne Dayak-Dörfer besuchen und dort übernachten oder mehr über die lokale Tierwelt und Natur lernen will, für den wird sich ein guter Führer als extrem hilfreich erweisen.

Die meisten Guides bevorzugen Pauschalreisen mit festen Preisen, manche stimmen aber vielleicht auch einer flexibleren Reiseroute gegen einen Tagessatz zu, wenn man auch für ihre kulinarische Versorgung, ihre Unterkunft und ihren Transport aufkommt. Die Preise für unabhängige Führer variieren erheblich, von 150 000 bis 350 000 Rp pro Tag je nach Erfahrung, Kompetenz und Nachfrage. Die besten Reiseleiter achten auf die finanziellen Interessen ihrer Kunden, verhandeln in ihrem Sinne und erreichen Einsparungen, die ihre Kosten decken.

Man sollte sich die Zeit nehmen, einen passenden Führer in Samarinda oder Balikpapan zu finden, wo es relativ viele gibt. Ein Treffen ist unerlässlich, um Sprachkenntnisse und persönliche Chemie abzugleichen – denn damit kann das Gelingen so einer langen Reise stehen und fallen.

ℹ️ An- & Weiterreise

Samarinda ist der übliche Ausgangspunkt für eine Flussfahrt auf dem Mahakam, manche Reisende starten aber auch in Tengarrong oder Long Bagun. Der einzige Flughafen entlang des Flusses befindet sich in Melak.

Tenggarong

☑ 0541 / 75 000 EW.

Die ehemalige Hauptstadt des mächtigen Kutai-Sultanats Tenggarong hat versucht, ihren einstigen Glanz zurückzugewinnen – mit gemischtem Ergebnis. Dank der Profite aus dem Bergbau hat die Regierung stark in die Infrastruktur investiert – gut. Doch die Bemühungen konzentrierten sich vor allem darauf, Kumala Island von einem Tierparadies in eine kitschige Touristenattraktion zu verwandeln, überschattet von einem Korruptionsskandal – gar nicht gut. 2011 stürzte dann auch noch die zehn Jahre alte Brücke über den Mahakam, die sogenannte „Golden Gate Indonesiens", in den Fluss, 36 Menschen starben. Inzwischen wurde sie ersetzt.

◉ Sehenswertes

Mulawarman Museum MUSEUM
(Jl Diponegoro; 15 000 Rp; ☀ Mo–Do 8.30–16, Fr bis 11.30, Sa & So bis 16.30 Uhr) Der frühere Sultanspalast, der 1937 von den Holländern erbaut wurde, beherbergt heute ein anständiges Museum zu Kultur, Naturkunde und Industrie von Indonesiens ältestem Königreich – wie Sanskrit-Gravuren aus dem 5. Jh. belegen (die Originale befinden sich in Jakarta). Die kunstvollen Keramiken aus der Yuan- und Ming-Dynastie sind beeindruckend, die Hochzeitskopfbedeckungen aus ganz Indonesien unterhaltsam. Das architektonisch widersprüchliche Gebäude ist für sich eine Attraktion, mit starken parallelen Linien, die an Frank Lloyd Wright erinnern.

🎆 Feste & Events

Erau International
Folk & Art Festivalk KULTUR
(EIFAF; www.facebook.com/EIFAF) Ursprünglich abgehalten zur Feier der Krönung des Sul-

---

DIE LETZTEN IRAWADI-DELFINE

Einst sehr verbreitet am Mahakam ist die Population des stark gefährdeten Süßwasser-Irawadi-Delfins (*pesut*) deutlich zurückgegangen. Heute sind nicht einmal mehr 70 übrig, und sie müssen in einem zunehmend trüben Fluss, der von Abwässern der Kohlebergwerke und Palmölplantagen verseucht wird, Kiemennetzen und Schiffsrotoren ausweichen. Die verspielten, rundgesichtigen Veteranen kann man häufig in der Region Pela im See Semayang und flussabwärts zwischen Muara Muntai und Kota Bangun bewundern.

YK-RASI (Rare Aquatic Species of Indonesia; ☑ 0541-744874; yk.rasi@gmail.com; Jl Kadrie Oening) ist eine NRO mit Sitz in Samarinda zum Schutz des Ökosystems des Mahakam und vor allem der Irawadi-Delfine. Wer ehrenamtlich helfen will oder etwas über die örtlichen Naturschutzprobleme erfahren will, kontaktiert Danielle oder Budiono. Sie empfehlen auch gerne einheimische Führer für Ausflüge zum Sungai Mahakam.

tans wurde das Erau (nach dem Kutai-Wort *eroh,* was so viel bedeutet wie fröhliche, ausgelassene Menge) erst zu einer halbjährlichen, dann jährlichen Zusammenkunft, um die örtliche Kultur und das Brauchtum der Dayak zu feiern. Normalerweise findet das Fest im August statt, gelegentlich auch im Juni, der Hauptveranstaltungsort ist der frühere Königspalast. Unterkunft vorab buchen.

🛏 Schlafen & Essen

Hotel Karya Tapin HOTEL $
(📞 0541-661258; Jl Maduningrat 29; Zi. inkl. Frühstück 250 000 Rp; ❄🛜) Die makellosen lila gestreiften Zimmer in diesem kleinen Hotel haben hohe Decken, TV, Dusche und heimelige Details. Man fährt auf der Jl Kartini Richtung Westen am Südufer des Flusses entlang vorbei am *keraton* (ummauerter Palast) zur Jl Maduningrat. Falls hier kein Zimmer mehr frei sein sollte, gibt es noch das Hotel Karya Tapin 2 weiter südlich an der Jl Patin.

Grand Elty Singgasana Hotel HOTEL $$
(📞 0541-664703; Jl Pahlawan 1; Zi. inkl. Frühstück 490 000–600 000 Rp; ❄🛜🏊) Tenggarongs bestes Hotel liegt an einem Hang südlich der Stadt mit Blick auf den Mahakam. Die imposanten holzverkleideten Zimmer verblassen langsam, und das Personal wirkt manchmal fast überrascht, dass tatsächlich jemand da ist, aber das lichtdurchflutete Restaurant, der Garten und der Pool mit Aussicht sind wunderbar. Es gibt sogar einen Nachtclub.

Etam Fried Chicken INDONESISCH $
(📞 0541-665701; Jl Muchsin Timbau; Hauptgerichte 15 000–30 000 Rp; ⏲ 11–22 Uhr) Die Empfehlung der Einheimischen, wenn es um Grillhähnchen (und mehr) geht, 2 km südlich des Museums.

ℹ An- & Weiterreise

Der Kai der *kapal biasa* (Pelabuhan Mangkurawang) liegt 2,5 km nördlich der Stadt, *angkots* (5000 Rp) fahren ins Zentrum. Boote schippern flussabwärts nach Samarinda (25 000 Rp, 2 Std.) täglich gegen 7 Uhr und flussaufwärts nach Kota Bangun (50 000 Rp, 6 Std.) um 9 Uhr.

Das **Timbau-Busterminal** (Jl Belida) befindet sich 400 m südlich der Brücke und etwa 4 km südlich des Museumsbereichs, *angkots* fahren zum Zentrum (5000 Rp). Die Busse starten stündlich von 9 bis 16 Uhr nach Samarinda

---

DIE FLOTTE DES MAHAKAM

Die verschiedensten Boote befahren die Gewässer des Mahakam, und jedes davon hat seinen Reiz.

Kapal Biasa Diese zweigeschossigen Flussboote sind die Arbeitstiere für lange Strecken auf dem Mahakam. Zwei Boote fahren täglich in Samarinda ab, eins in Richtung Long Bagun, das andere nach Melak. Auf dem offenen Unterdeck werden die Kurzstrecken-Passagiere zusammen mit Fracht, Motorrädern und Benzinkanistern untergebracht. Achtern befindet sich eine kleine Küche (Mahlzeiten 20 000 Rp) und schlichtere Toiletten (man stelle sich ein Loch im Deck vor). Langstrecken-Passagiere besetzen das geschlossene Oberdeck nach dem Grundsatz „Wer zuerst kommt, mahlt zuerst", wo sich 60 oder mehr Menschen Seite an Seite auf dünne Matratzen (vorhanden) betten. Wer über Nacht fährt, sollte sich direkt nach oben begeben, um sich einen Platz in der Nähe einer Steckdose, eines Ventilators und eines Fensters zu sichern. Der Geheimtipp ist der Vordeckbalkon direkt über dem Stuhl des Kapitäns, der eine perfekte erhöhte Aussichtsplattform darstellt. Während das Boot tiefer ins Herz von Borneo eindringt, kann man dort in Ruhe stundenlang im Schatten sitzen und an seltsamen Früchten vom letzten Halt knabbern.

Langboote Diese langen Motorboote mit Segeltuchdach und Sitzreihen, auch *spid* („speed" ausgesprochen) genannt, sind ausgestattet mit vielen Außenbordmotoren, mit denen die Stromschnellen im oberen Fluss bewältigt werden. Die sagenhafte Aussicht von den Vordersitzen bezahlt man mit wirbelsäulenstauchenden Stößen.

Ces Schmale Holzkanus angetrieben von einem Rasenmähermotor, der über einen langen Stab an einem Propeller befestigt ist – diese Longtailboote sieht man in ganz Asien. Die stylishen Fahrzeuge mit ihren nach oben gerichteten Nasen, dem schrägen Heck, gepolsterten Sitzen und farbenfrohen Anstrichen ermöglichen den Zugang zu den engen Seitenkanälen und flachen Sumpfgebieten. Es gibt nichts Besseres, als den Dschungel an einem schönen Tag in einem dieser Dinger zu erforschen: eine Privatreise wie für einen Sultan (Ohrstöpsel nicht vergessen).

(25000 Rp), aber man muss vorbeifahrende Busse nach Kota Bangun (30000 Rp) oder nach Kijang (150000 Rp) an der Straße heranwinken.

Kota Bangun

Die kleine Stadt wird häufig als Startpunkt für Reisen auf dem Mahakam genutzt, da sie von Samarinda sehr gut über die Straße zu erreichen ist. Von hier nimmt man ein *kapal biasa* direkt nach Muara Muntai am Fluss oder mietet ein *ces*, um über die nördliche Panoramastrecke durch die Seen Semayang und Melintang hierhin zu gelangen. Man schlängelt sich durch enge Kanäle vorbei an endlosen Feuchtgebieten und durch Wälder von Bäumen mit silberner Rinde und legt hin und wieder eine Pause ein, um einen Blick auf einen Affen oder ein paar der letzten Irawadi-Delfine (S. 707) zu erhaschen.

🛏 Schlafen

Penginapan Mukjizat PENSION $
(📞0541-666 3586; Jl A Yani 5; EZ/DZ 50000/100000 Rp) Der chillige Balkon hinten über dem Fluss ist ein Plus. Die Nähe zur Megaphon-Moschee nicht so sehr. Das nicht ausgeschilderte grüne Holzgebäude liegt 150 m flussabwärts vom *kapal biasa*-Dock.

Penginapan Barokah PENSION $
(Jl HM Aini H 35; Zi. mit Ventilator/Klimaanlage 60000/130000 Rp; ❄) Wer gerne bei seiner Oma zu Besuch war, wird diese freundliche Pension im Obergeschoss lieben. Die Böden mit integrierter Fußmassage in den sauberen Gemeinschafts-*mandi* sind ein Genuss. 100 m flussaufwärts vom *kapal biasa*-Dock.

ⓘ An- & Weiterreise

Kapal biasa fahren nachmittags (nach 15 Uhr) den Fluss rauf und vor der Dämmerung flussabwärts. Busse nach Samarinda (35000 Rp, 4 Std.) starten zumindest dreimal am Tag zwischen 7 und 14 Uhr. Regelmäßige *ces* fahren nach Muara Pela (30000 Rp), Semayang (50000 Rp) und Melintang (65000 Rp). Man kann ein privates *ces* mieten zur Delfinbeobachtung, für die Reise durch die Nebenkanäle nach Muara Muntai (400000 Rp) oder zum Sightseeing (750000 Rp). **Pak Darwis** (📞0852 5065 0961; 2-stünd. Führung 200000 Rp) ist ein guter Guide vor Ort.

Muara Muntai

In Anbetracht des heutigen Preises für Eisenholz könnten die Straßen von Muara Muntai auch mit Gold gepflastert sein. Diese Stadt am Flussufer durchzieht ein fast 20 km langes Netzwerk aus ziemlich verwitterten Holzstegen, die laut klappern, wenn Motorräder darüber brettern, was zur reichen Klanglandschaft Mahakams beiträgt und den Eindruck eines schwimmenden Dorfes erweckt. Der Ruf des Geldes zog auch die Aufmerksamkeit skrupelloser Händler auf sich, die die Promenaden auf ihre Kosten ersetzen und dann das „zurückgewonnene" Holz an Bauherren in Bali verkaufen wollen, wodurch sie die Beschränkungen des Handels mit neuem Eisenholz umgehen. Leider wurde ein Abschnitt der Holzstege im Dorfzentrum durch Beton ersetzt.

Muara Muntai ist ein guter Ort zum Schlendern und die beste Basis für Tagesausflüge zu den Seen Jempang und Melintang.

🛏 Schlafen & Essen

Penginapan Sri Muntai PENSION $
(📞0812 5336 5605; Jl Surdiman; EZ/DZ 50000/100000 Rp) Das leuchtend grüne Sri Muntai über einem Laden im Erdgeschoss am (betonierten) Hauptweg des Dorfes gewinnt den Preis für die beste Veranda: ein luftiger Hang-out über der Straße. Kleine Zimmer mit Ventilator reihen sich um einen zentralen Gemeinschaftsbereich mit geteilten *mandi* und Duschen hinten. Es wird nicht viel geboten, aber es ist die beste Budgetunterkunft im Dorf.

Penginapan Abadi PENSION $$
(📞0853 4603 2899; Jl Kartini; EZ/DZ 200000/350000 Rp; ❄) Wer eine Klimaanlage braucht, geht ins Abadi, das sich am Ende einer kleinen Straße in der Nähe des Dorfeingangs versteckt. Die neun sauberen Zimmer sind alle klimatisiert und mit TV ausgestattet, aber die Bäder und die vordere Veranda muss man sich teilen.

Warung Makan Yoyok Bakso INDONESISCH $
(Jl Kartini; Hauptgerichte 10000–15000 Rp; ⏰9–22 Uhr) Der verlässliche *warung* serviert tolle *bakso* (Fleischklößchensuppe) sowie Nasi Goreng, *mie goreng* und kalte Getränke.

ⓘ An- & Weiterreise

Kapal biasa fahren nachmittags (zwischen 17 und 18 Uhr) flussaufwärts und gegen Mitternacht wieder zurück.

Die zweistündige Reise in einem *ces* ab/nach Kota Bangun (die nächste Bushaltestelle) kostet 200000 Rp.

Mieten kann man ein *ces* (ca. 500000 Rp) zum Gebiet des Jempang-Sees sowie um Dörfer und

Langhäuser zu besuchen, und zwar mit dem immer fröhlichen **Udin Ban** ([☑] 0813 3241 2089). Falls er nicht da sein sollte, stehen andere einheimische Bootsführer bereit.

Jempang

Südlich des Mahakam liegt das jahreszeitbedingt überflutete Jempang – das größte der drei wichtigen Feuchtgebiete in der Seenregion. Dieses Paradies für Vogelbeobachter beheimatet mehr als 57 Arten von Wasservögeln, zwölf Raubvögel und sechs Eisvögel. Das Fischerdorf Jantur besetzt den Hauptausgangskanal (manchmal auch Eingang) am Ostende, die Dayak-Dörfer Tanjung Isuy und Mancong verstecken sich am südwestlichen Ende. Bei Hochwasser fahren *ces* vom westlichen Rand des Sees bei Muara Pahu zurück zum Hauptfluss.

JANTUR

Jantur befindet sich an der Ostseite des Jempang und während der Regenzeit scheint es in der Mitte des Sees zu schwimmen. Der Ort ist im Sumpfgebiet komplett auf Stelzen gebaut, die in der Überschwemmungszeit 6 m im Wasser verschwinden. In der Trockenzeit können schwimmende Matten aus Wasserhyazinthen den Kanal durch die Stadt verstopfen – ein Albtraum für den Verkehr.

TANJUNG ISUY

Das ruhige, winzige Tanjung Isuy ist das erste Dayak-Dorf, das viele Leute auf ihrer Reise am Mahakam aufsuchen. 2015 vernichtete ein Feuer die Uferpromenade, wodurch die neue Moscheenskyline hervorsticht. Der Wiederaufbau ist eher eine Barackensiedlung als ein traditionelles Dorf, aber das historische Langhaus, Louu Taman Jamrud, steht nach wie vor als eine Mischung aus Museum, Handwerksladen und Losmen, und es gibt in der Nähe noch andere traditionelle Langhäuser, die einen Besuch wert sind.

Ein paar Lamin (das lokale Wort für Langhaus) in dieser Gegend sind außerhalb der Zeremonien der Gemeinden belegt, aber das **Lamin Batu Bura** GRATIS, ein Benuaq-Dayak-Haus, bildet eine Ausnahme – hier kann man einheimische Frauen sehen, die auf dem Boden aus gespaltenem Bambus sitzen und aus natürlich gefärbten Fasern des Doyo-Blattes wunderschöne dekorative Stoffe namens *ulap doyo* weben. Entweder man läuft oder man fährt per *ojek* die 1,5 km Richtung Süden vom Dock in Tanjung Isuy – bei der Gabelung links halten.

Das **Louu Taman Jamrud** (Jl Indonesia Australia; Zi. 110 000 Rp), das in den 1970er-Jahren leerstand und dann von der Regierung zu einem Hostel umgebaut wurde, ist ein imposantes Langhaus, bewacht von einer beeindruckenden Reihe geschnitzter Totems. Die schlichten Zimmer teilen sich die *mandi* (Bäder). Wer sich nur umsehen möchte, fragt im Laden auf der anderen Straßenseite. Die Damen dort zeigen Besuchern gerne auch Schnitzereien und Schmuck.

MANCONG

Das kleine Dayak-Dorf Mancong lohnt sich wegen seines tollen (aber unbewohnten) Langhauses. Für das optimale Dschungelerlebnis nähert man sich Mancong vom Jempang-See aus per Boot über den Fluss Ohong. Man schippert vorbei an Waranen, saphirblauen Eisvögeln, Nasenaffen, gebänderten Kraits und räuberischen Makaken. Sie sehen alles, aber ob man sie zu Gesicht bekommt, steht in den Sternen. Die Reise unter den riesigen Banyanbäumen ist ein genauso umwerfendes Erlebnis wie die Ankunft.

Das prima restaurierte **Mancong-Langhaus** aus den 1930er-Jahren ist umgeben von geschnitzten Totems. Die Exemplare mit Hühnern stehen für eine Heilungszeremonie. Der Souvenirshop gegenüber vom Parkplatz hält Decken und Moskitonetze bereit, falls jemand in dem ansonsten verlassenen Gebäude übernachten will (75 000 Rp).

Mancong erreicht man von Tanjung Isuy über eine unbefestigte Straße oder per Boot. Reicht der Wasserstand aus, kann man ein *ces* mieten (hin & zurück 500 000 Rp, 3 Std.). Alternativ fragt man in Tanjung Isuy nach einem Kijang (200 000 Rp, 10 km, 25 Min.).

Muara Pahu

Der Distrikt Muara Pahu säumt eine Seite einer großen Biegung des Mahakam und setzt sich zusammen aus einer Ansammlung von Dörfern. Zudem ist der Bezirk der Ausgangspunkt vom Jempang-See flussaufwärts, wenn der Wasserstand hoch genug ist. Ansonsten gibt's hier nicht viel zu tun – man kann über die Holzstege schlendern oder zusehen, wie die Schleppkähne Kohle den Fluss runter transportieren, während man auf die abendliche *kapal biasa* wartet.

Melak

Melak, die allerletzte Siedlung, bevor man den oberen Mahakam erreicht, ist überraschend modern und entwickelt – zumindest sobald man den Hafenbereich verlässt. Sendawar, der Verwaltungssitz nebenan, versucht, sich bei der Entwicklung ständig selbst zu übertreffen – jedes neue Regierungsgebäude ist größer als das vorige. Das Ganze ist konfus und durchaus alarmierend, wenn man bedenkt, dass diese Haltung wahrscheinlich eine Vorschau dessen ist, was flussaufwärts in Zukunft noch so kommen wird.

Doch eine jahrhundertealte Kultur lässt sich durch einige Jahre „Kohle" nicht auslöschen. Nimmt man sich etwas Zeit, ist es nicht unwahrscheinlich, dass man z.B. auf eine Dayak-Beerdigung eingeladen wird oder sich als Zuschauer beim Hahnenkampf wiederfindet. Den Spaziergang starten kann man mit dem noch besetzten Langhaus in Eheng oder dem Orchideengarten im Naturreservat **Kersik Luway** (⊘8–16 Uhr) GRATIS.

⊙ Sehenswertes

Eheng HISTORISCHES GEBÄUDE
Das Benauq Dayak-Langhaus aus Holz und Rattan ist tagsüber kaum besetzt, aber man freut sich über Besucher – vor allem diejenigen, die gewebte Handarbeiten, Armbänder oder eine kunstvoll geschnitzte *mandau* (Machete) kaufen wollen. Man kann eventuell eine Übernachtung raushandeln, aber nur mit eigener Bettwäsche. Das Haus liegt 30 km südwestlich von Melak.

Sendawar Ethnographic Museum MUSEUM
(Jl Sendawar 1; ⊘9–16 Uhr) GRATIS Das kleine Museum zur Dayak-Kultur befindet sich 17 km westlich vom Hafen in Melak an der Straße zum Eheng-Langhaus.

🛏 Schlafen & Essen

Hotel Flamboyan HOTEL $
(☏0545-41033; Jl A Yani; Zi. 150 000 Rp; ❄) Der einzige wirkliche Vorzug dieser Unterkunft ist die Lage direkt gegenüber der Bootsanlegestelle – ein willkommener Anblick, wenn man um 1 Uhr nachts von der *kapal biasa* stolpert. Die winzigen Zimmer um einen Gemeinschaftsraum haben heruntergekommene private *mandi*, manche mit westlichen Toiletten, alle mit Klimaanlage. Einigermaßen sauber, aber definitiv nicht extravagant.

Hotel Monita HOTEL $$
(☏0545-41798; Jl Dr Sutoemo 76; Zi. inkl. Frühstück 240 000–420 000 Rp; ❄🛜) Ganz sicher Melaks komfortabelstes Hotel nahe am Fluss, aber 1 km hügelaufwärts vom *kapal biasa*-Dock. Der Bergbau sorgt für Kund-

ABSEITS DER ÜBLICHEN PFADE

TIONG OHANG

Unterteilt durch den Mahakam wird Tiong Ohang wieder verbunden durch seine knarrende Hängebrücke, die malerische Ausblicke auf die umgebenden Hügel bietet. Der letzte Halt vor dem Start (oder dem Ende) der zweiten Etappe des Cross-Borneo-Treks (S. 669): das Müllergebirge. Hier sammeln sich Guides und Lastenträger, doch diese Dienste sollte man besser vorab durch einen Touranbieter organisieren.

Ein Longboat von Long Bagun kostet 1 000 000 Rp und fährt ungefähr vier Stunden lang über zahlreiche Stromschnellen. Der Einstiegspunkt zum Müllergebirge liegt weitere zwei Stunden flussaufwärts per ces (1 000 000 Rp).

schaft, aber die 38 Zimmer mit Klimaanlage, TV und die meisten mit heißen Duschen sind selten ausgebucht. Mit Vorankündigung serviert das Restaurant Abendessen.

Rumah Makan Mahakam Padang INDONESISCH $
(Jl Pierre Tendean; Gerichte ab 15 000 Rp) Das beste Padang-Essen der Gegend.

ℹ Praktische Informationen

Es gibt einige internationale Geldautomaten in Melak, darunter ein BRI-Automat etwa 50 m vom Bootsanleger entfernt.

ℹ An- & Weiterreise

BUS
Morgens starten zwei Busse nach Samarinda (110 000 Rp, 9 Std.).

FLUGZEUG
Xpress Air fliegt montags, mittwochs und freitags nach Samarinda und montags, mittwochs, freitags und sonntags nach Balikpapan. Susi Air bedient dienstags, donnerstags und samstags Samarinda via Data Dawai.

KIJANG
Sammeltaxis fahren nach Samarinda (250 000 Rp, 8 Std.) und Balikpapan (300 000 Rp, 12 Std.). Nach Tering muss man ein Taxi chartern (300 000 Rp, 1 Std.).

SCHIFF/FÄHRE
Kapal biasa fahren täglich zwischen 18 und 19 Uhr nach Samarinda und kommen auf dem Weg

flussaufwärts um 1 Uhr vorbei. Ein *ces* kann man für etwa 700 000 Rp pro Tag mieten. Speedboats warten in der Nähe des Kais, um Passagiere bis nach Kota Bangun den Fluss runter zu bringen, fahren aber nicht flussaufwärts nach Tering.

Tering

Mitten im Goldgräberland ist die geplante Gemeinde Tering je nach Wasserstand manchmal der letzte Halt der *kapal biasa*. Im Grunde sind es zwei Siedlungen, die den Fluss überspannen: **Tering Baru**, ein Malay-Dorf, in dem die *kapal biasa* anlegen, und **Tering Lama**, ein Bahau-Dayak-Dorf am Nordufer mit einer prächtigen Holzkirche mit aufwendig bemalten Säulen und einem Glockenturm, der von Totempfählen gestützt wird.

Kapal biasa kommen hier gegen 9 Uhr an. Auch bei Niedrigwasser setzen sie ihre Fahrt manchmal eine Stunde weiter stromaufwärts nach Long Iram fort. Flussabwärts starten die *kapal biasa* gegen Mittag. Die einstündige Fahrt per Speedboat nach Long Bagun kostet 300 000 Rp. Am Dock fahren Kijang nach Samarinda (300 000 Rp) und Melak (Miete 150 000 Rp) ab.

Long Bagun

Das neblige Bergdorf Long Bagun ist bei Hochwasser der Endpunkt der *kapal biasa*-Route und eine schöne Endstation für das Mahakam-Abenteuer. Irgendwo im Dorf beugt sich ein immer ein Einheimischer über eine Schleifmaschine und poliert einen Halbedelstein zu einem Anhänger, schwitzt ein chinesischer Händler über einem Schmiedefeuer und schmelzt Gold aus den benachbarten Minen, um es in Samarinda zu verkaufen, und eine Gruppe Frauen arbeitet an komplizierten Perlenstickereien für die nächste traditionelle Tanzaufführung ihrer Kinder. Nur Reisende mit dem Ziel, den ganzen Mahakam abzudecken, kommen in diesen Genuss – Lohn genug.

Das **Penginapan Polewali** (Zi. 175 000–200 000 Rp) ist das beste Hotel am oberen Mahakam und bietet ein bisschen frischen Wind nach den Betonkästen flussabwärts. Die Zimmer sind klein und es gibt Gemeinschaftsbäder, aber die kühle Brise auf der Veranda lockt die Gäste nach draußen. Die Unterkunft liegt im Stadtteil stromaufwärts, gegenüber vom Langhaus.

Die Boote halten in Ujoh Bilang, von Long Bagun 3 km den Fluss runter, wo man sich beim Touristenbüro am Dock registriert.

Speedboats, die den Fluss rauf- und runterfahren, warten morgens am Ufer auf Passagiere.

Das Müllergebirge

Die anspruchsvolle mittlere Etappe des Cross-Borneo-Treks (S. 669), die Reise durch das Müllergebirge, unterscheidet sich deutlich von allen bisherigen Erlebnissen. Es ist weder eine Kulturreise noch eine Tierbeobachtungsexpedition. Genau genommen sieht man eigentlich selten überhaupt ein Lebewesen. Dies ist eine zweckgerichtete Regenwaldwanderung – und eine schwierige dazu.

Die meisten Wanderer bewältigen die Tour in sieben oder mehr langen, nassen Tagen. Der Trek folgt einem schmalen Pfad – wenn überhaupt – durch ein grünes Labyrinth mit unsicherem Boden und vielen Bachquerungen, manchmal brusthoch. Das Zelt besteht aus einer Plane und gekocht wird über dem Feuer. Es wird Blut fließen – z. B. von Blutegeln. Sie sind harmlos, aber in der feuchten Umgebung entzünden sich ihre Bisse leicht.

Unterm Strich hat sich dieses Erlebnis nicht sehr verändert, seitdem Georg Müller als erster 1825 den nach ihm benannten Übergang bezwang. Während dieser erste Trek damit endete, dass Einheimische Müller enthaupteten (wahrscheinlich im Auftrag des Sultans von Kutai), besteht die größte Gefahr heutzutage darin, sich zu weit entfernt von externer Hilfe ein Bein zu brechen oder auch nur einen Knöchel zu verstauchen. Darum sollte man alle Vorsichtsmaßnahmen treffen und ein erfahrenes Reiseunternehmen oder einen Guide suchen, der sich mit dem Risiko und dem Umgang damit gut auskennt.

Der Müller-Trek ist der Everest in horizontal. Man nimmt ihn aus denselben Gründen auf sich, aus denen man klettert. Und wenn man ihn bezwungen hat, ist es sowohl eine Erinnerung fürs Leben als auch eine bemerkenswerte Leistung.

Kutai National Park

Der Kutai National Park hat schon einiges hinter sich. Obwohl der Park in den späten 1990er-Jahren durch Abholzung und Feuer verwüstet und folglich fast verwaist war, haben neue Studien ergeben, dass nicht alles verloren ist. Die Population der wilden Orang-Utans hat sich erholt und zählt heute 2000 Tiere, einige Waldgebiete sind noch relativ intakt. Die Prevab-Station bei Sangatta ist einer der wenigen Orte in Kalimantan, an dem man die Chance hat, wirklich wilde Orang-Utans zu sehen, und viele Führer und Reiseveranstalter von Samarinda und Balikpapan kennen den Park gut.

Von der Rangerstation aus führen einige Kilometer an Wegen durch einen einigermaßen erhaltenen Sekundärwald, wo große Bäume mit massiven Brettwurzeln noch viele Verstecke für Orang-Utans bieten. Die Ranger sind Experten darin, sich langsam zu bewegen und das verräterische Rascheln des Laubdaches zu interpretieren, das die Anwesenheit eines der Tiere andeuten kann. Unbedingt Mückenschutz mitbringen!

Vor einem Besuch sollte man den leitenden Ranger Pak Supiani (0813 4634 8803) anrufen, der die Genehmigung und ein Boot organisieren kann. Parkausweise kosten 150 000 Rp pro Tag (225 000 Rp am Wochenende). Guides (vorgeschrieben) kosten 120 000 Rp für einen zweistündigen Trek.

Regelmäßig fahren Busse von Samarinda nach Sangatta (45 000 Rp, 4 Std.). Von hier nimmt man ein Taxi nach Kabo Jaya, wo ein Parkboot Gäste zur Rangerstation bringt (hin & zurück 300 000 Rp, 15 Min.).

Berau

0554 / TANJUNG REDEB 63 000 EW.

Berau ist eine wachsende Stadt in Ostkalimantan, die als Drehscheibe zum Derawan-Archipel Richtung Osten oder zum Karst-Märchenland von Merabu gen Süden fungiert. Der Hauptgeschäftskern am Fluss nennt sich Tanjung Redeb, ein Name, der sich früher auch auf die Stadt selbst bezog. Der Zustrom von Minenarbeitern und einigen Touristen führte zum Ausbau der Einrichtungen, aber die meisten Besucher sind nur auf der Durchreise. Berau erreicht man von Süden her schlecht über die Straße – die meisten Reisenden nach Derawan fliegen her und organisieren den Transport ab hier.

Sehenswertes

Museum Batiwakkal MUSEUM
(Jl Kuran, Gunung Tabur Keraton; Eintritt gegen Spende; Di–Do & So 8–15, Sa bis 13 Uhr) An der Stelle von Beraus originalem *keraton* (Königspalast) beherbergt dieses Gebäude von 1981 eine vielseitige Sammlung an Sultan-Devotionalien aus der Zeit ab dem 17. Jh. Per Kanutaxi (5000 Rp) ab der Jl Ahmad Yani.

Keraton Sambaliung MUSEUM
(Jl ST Amuniddan, Sambaliung; Di–Do, Sa & So 9–13 Uhr) GRATIS Dieser 215 Jahre alte *keraton* wurde gebaut, nachdem die Nachkommen mehrerer Halbbrüder (derselbe Vater: der 9. Sultan) die wechselnde Herrschaft am Gunung Tabor satt hatten und das Sultanat aufteilten. Das kolossale ausgestopfte Krokodil vor der Tür ist ein beeindruckender, wenn auch seltsamer Zusatz.

Schlafen

Rumah Kedaung PENSION $$
(0821 5326 6291; rumahkedaung@yahoo.com; Jl Kedaung, Borneo IV, Sei Bedungun; Zi. inkl. Frühstück 385 000 Rp;) In einem ruhigen Viertel zwischen dem Flughafen und Tanjung Redeb ist diese rustikale Pension in einem Palmengarten die angenehmste Unterkunft in Berau. Die Gemeinschaftsbereiche sind mit Dayak-Kunstwerken geschmückt, und die schlichten hölzernen Doppelbungalows haben einen ursprünglichen Charme. Das Café serviert solide heimische Küche – ein Plus, da es in der Nähe nicht viel gibt.

Hotel Mitra HOTEL $$
(0812 5315 0715; Jl Gajah Mada 531A; EZ/DZ inkl. Frühstück 255 000/285 000 Rp;) Das saubere Mitra mit seinem freundlichen Personal ist Beraus beste Budgetoption und wirkt weniger wie ein Hotel, sondern mehr wie eine große Pension. Die Angestellten sind es gewohnt, mit Ausländern umzugehen, trotzdem wird wenig Englisch gesprochen. Alle Zimmer sind mit Klimaanlagen ausgestattet, aber es gibt nur kaltes Wasser. Man kann Motorräder ausleihen (100 000 Rp/Tag).

Palmy Hotel BOUTIQUEHOTEL $$
(0554-202 0333; palmyhotel@yahoo.com; Jl Pangeran Antasari 26; Zi. inkl. Frühstück 450 000–750 000 Rp;) Das Original von drei Palmy-Hotels in der Stadt. Das Boutiquehotel mit Fitnessraum und einladendem Café im Erdgeschoss ist kompakt und modern. Kostenloses Flughafentransfer.

Essen & Ausgehen

De Bunda Cafe INDONESISCH $
(0812 5176 6811; Jl Pangeran Antasari 5; Hauptgerichte 15 000–50 000 Rp; 7–17 Uhr;) Die tolle kleine Café-Bäckerei bietet indonesische Gerichte wie *soto ayam* und Nasi Goreng sowie ungewöhnliche Speisen wie Entenbraten und Rippchen. Gute Säfte und Kuchen. Die Besitzerin Ibu Ayu ist weit gereist und spricht Englisch, aber sie ist nicht oft da.

Berau

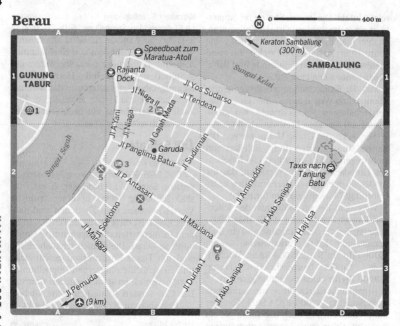

Map labels:
0 — 400 m

Speedboat zum Maratua-Atoll
Keraton Sambaliung (300 m)
Rajjanta Dock
GUNUNG TABUR
SAMBALIUNG
Sungai Kelai
Jl Yos Sudarso
Jl Niaga II
Jl Tendean
Jl A Yani
Jl Niaga
Jl Gajah Mada
Sungai Segah
Jl Panglima Batur
Garuda
Jl Sudirman
Jl P Antasari
Jl P Soetomo
Taxis nach Tanjung Batu
Jl Aminuddin
Jl Akb Sanipa
Jl Haji Isa
Jl Maulana
Jl Mangga
Jl Durian I
Jl Akb Sanipa
Jl Pemuda
(9 km)

Berau

⊚ Sehenswertes
1 Museum Batiwakkal A1

🛏 Schlafen
2 Hotel Mitra B1
3 Palmy Hotel B2

⊗ Essen
4 De Bunda Cafe B2
5 Seafood Warungs A2

◉ Ausgehen & Nachtleben
6 Sky Lounge C3

Meeresfrüchte-Warungs MEERESFRÜCHTE $
(Jl Pangeran Antasari; Hauptgerichte 20 000–
70 000 Rp) Gegenüber dem Palmy Hotel in
Tanjung Redeb werden abends schlichte Mee-
resfrüchtestände mit grellen Bannern aufgebaut. Je nach Tagesfang kann man Fisch, Garnelen, Krabben und Tintenfisch
genießen – oder aber einfach auf Grillhähnchen zurückgreifen.

Sky Lounge DACHTERRASSENBAR
(Palmy Exclusive, Jl Pangeran Antasari; ◉17–1 Uhr)
Die stilvolle, halboffene Dachterrassenbar
im Palmy Exclusive bietet den besten Pano-
ramablick der Stadt, dazu an Wochenenden
Livemusik und teure Drinks.

❶ An- & Weiterreise

BUS & TAXI

Eine Handvoll Busse fahren vom überdimensio-
nierten **Terminal Rinding** (Jl Ahmad Yani, Km 5)
an der Straße zum Flughafen ab. Dazu gehört ein
Bus am Morgen nach Samarinda (200 000 Rp,
15 Std.) und ein Damri-Bus nach Tanjung Selor
(50 000 Rp, 3 Std., 9 Uhr).

Das übrige Transportwesen obliegt größtenteils den Kijang (Sammeltaxen), viele der Anbieter haben aber keine Lizenz. Kijang sammeln
sich morgens gegenüber des früheren Busterminals an der Jl H Isa I und brauchen mindestens
drei Passagiere (mehr bei größeren Fahrzeugen) – oder man bezahlt mehrere Plätze, damit
es eher losgeht. Sie holen einen auch in der
Stadt ab; in der Unterkunft oder am Flughafen
nachfragen. Zu den Zielen gehören Tanjung Batu
(100 000 Rp, 3 Std.), Tanjung Selor (150 000 Rp,
3 Std.), Samarinda (400 000 Rp, 14 Std.) und Balikpapan (500 000 Rp, mehr als 20 Std.).

Ein Taxi vom Flughafen nach Tanjung Batu zu
mieten kostet 500 000 Rp.

FLUGZEUG

Es gibt täglich acht Direktflüge von Berau nach
Balikpapan (1 Std.) mit Verbindungen in andere
indonesische Städte. Xpress Air fliegt viermal
die Woche nach Tarakan und Samarinda. Susi Air
fliegt mittwochs nach Maratua. Folgende Fluglinien sind vertreten:

Garuda (☑ 0554-202 0285; Jl Panglima Batur 396, Hotel Derawan Indah; ☻ Mo–Fr 8–16.30, Sa & So 9–15 Uhr)

Sriwijaya Air (☑ 0554-202 8777; Flughafen)

Susi Air (☑ 0822 5541 9164; www.susiair.com; Flughafen)

Wings Air (☑ 0811 162 9882; www.lionair.co.id; Flughafen)

Xpress Air (☑ 0852 5514 5344; http://xpressair.co.id; Flughafen)

Zum Maratua-Atoll gelangt man (schneller) per öffentlichem Speedboat, direkt an der Anlegestelle in Tanjung Redeb in Berau über Sungai Berau (250 000 Rp, 3 Std.). Theoretisch starten sie täglich um 11 Uhr, aber man sollte lieber am Tag vorher am Hafen oder in der Unterkunft in Maratua nachfragen. Maratua-Resorts bieten diesen Ausflug auch als etwas teureren Chartertrip an.

Merabu

Isoliert zwischen einem kleinen Fluss und einer karstigen Berglandschaft hatten sich die Dayak-Lebo-Bewohner von Merabu nie viel Sorgen um Politik oder den Rest der Welt gemacht. Darum waren sie absolut geschockt, als eines Tages im Jahre 2012 Bulldozer den nahegelegenen Wald für einen Palmölplantage plattwalzten, und vollkommen überrumpelt, als sie erfuhren, dass ihre Gärten sich bald in ein Kohlebergwerk verwandeln würden.

Aber statt sich kaufen zu lassen, führten sie einen langen (gelegentlich hässlichen) Kampf um ihr Heimatland. 2014 erhielten sie als erstes Dorf im Bezirk Berau endlich die offizielle Zuerkennung ihres Dorfwaldes, ein wichtiger Schritt zur Sicherung der Rechte indigener Gemeinschaften. Im Rahmen des neuen Waldbewirtschaftungsplans öffnete Merabu zudem seine Pforten für den Ökotourismus, wofür das Dorf aufgrund seiner Lage prädestiniert ist.

Es ist nicht einfach, hierher zu gelangen, aber ist man mal da, fällt der Abschied schwer.

◉ Sehenswertes & Aktivitäten

Der zerklüftete Kalksteinwald hinter dem Dorf ist eine von Kalimantans am wenigsten erforschten und am schwersten zugänglichen Regionen, was bedeutet, die Tiere hier wurden weitgehend in Ruhe gelassen. Orang-Utans wohnen im Flachland, Nebelparder streifen durch die Berge. Vom Dorf aus kann man mehrtägige Expeditionen zum Tebo-See arrangieren, tief ins Inland vordringen oder einen Nachmittag auf den Puncak Ketepu

steigen, bevor man in das wilde türkise Wasser der **Nyadeng-Qelle** eintaucht. Highlight ist allerdings die **Goa Beloyot**, eine Felsenhöhle voller jahrtausendealter Handabdrücke, die man im Rahmen eines halbtägigen Treks erreicht (Taschenlampe einstecken).

Guides kosten 100 000 Rp pro Trip, ein Boot nach Nyadeng und Ketepu 230 000 Rp. Hinzu kommt die erforderliche Spende von 200 000 Rp an das Dorf, und man kann für 2 000 000 Rp drei Jahre die Patenschaft für einen Baum in der Gemeinde übernehmen. Die Kosten summieren sich, aber man sollte bedenken, dass die Visionäre der Gemeinde ihren Nachbarn so demonstrieren können, dass der Wald, so wie er ist, seinen Wert hat.

Puncak Ketepu   WANDERN

Die Wanderung zum Rand des Karstwunderlands ist zwar nicht besonders lang (etwa zwei Stunden), aber man verdient sich jeden Schritt auf dem fast senkrechten Aufstieg. Schmerzen vergisst man allerdings ziemlich schnell, wenn sich die Bergrücken und Gipfelkämme wie eine Einladung vor einem ausbreiten, weiter ins Unbekannte vorzustoßen. Diesen Ausflug auf keinen Fall bei Regen starten, der Weg wird glatt wie Schmieröl.

🛏 Schlafen & Essen

Homestays kosten fixe 250 000 Rp pro Nacht pro Zimmer und werden einem zugewiesen, Zimmer in der moderneren Lodge Merabu sind für 500 000 Rp zu haben.

Essen gibt's in der Unterkunft für 25 000 Rp pro Nase.

ℹ Praktische Informationen

Vor einem Besuch kontaktiert man das Dorfoberhaupt **Franly Oley** (☑ 0878 1030 3330; franlyoley@gmail.com), der passabel Englisch spricht und Homestay, Guide und Transport organisieren kann. Eine Spende von 200 000 Rp für das Dorf ist vorgeschrieben.

ℹ An- & Weiterreise

Am besten erreicht man Berau von Norden aus. Mit einem gemieteten Kijang (1 500 000 Rp) geht es vier bis sechs Stunden über eine Erdstraße durch das Dorf Lesan. Der Fahrer Pak Asri (0853 4135 9088) kennt die Route, oder man setzt sich vorher mit Franly Oley in Verbindung.

Von Süden benötigt man etwa sieben Stunden (2 000 000 Rp) ab Sangatta. Von Muara Wahau wird die Route etwas knifflig, und man braucht einen Vierradantrieb oder ein Motorrad für die schlechte Straße. Erst geht es 55 km Richtung Norden zum Merapun-Tor (Garpu Dayak Merapun), dann wendet man sich nach Osten in die Palmölplantage. An der ersten größeren Gabelung (15 km) links abbiegen nach Merapun, um ein Boot nach Merabu zu mieten (Preis verhandelbar, 1½ Std.), oder rechts abbiegen, um weitere 40 km über Land (bei Nässe unpassierbar) zur Lesan-Straße zu fahren, wo man scharf nach rechts abbiegt. Weniger als 4 km weiter erreicht man den Fluss. Merabu liegt auf der anderen Seite.

Am Ende der Straße ruft man über den Fluss nach einer *ketinting* (Kanufähre; 25 000 Rp).

Derawan-Archipel

Die klassischen tropischen Inseln des Derawan-Archipels sind das Ziel, wenn man Dschungelwanderungen und Orang-Utans mal gegen Strandspaziergänge und Mantarochen eintauschen will. Von den 31 benannten Inseln, die man hier fand, sind die für Besucher zugänglichsten das klitzekleine Wochenendziel Derawan und das friedliche Paradies des Maratua-Atolls, die unbewohnten Inseln Sangalaki und Kakaban liegen bei jedem Tauchausflug auf der Strecke.

Die Tauch- und Schnorchelspots mit einer Reihe von Riffen und Meeresbewohnern wie Barrakudas, Haien, Mantarochen und Schildkröten gehören zu den besten Indonesiens. Die Reise zu und zwischen den Inseln kann kostspielig werden, darum sollte man den Trip sorgfältig planen und sich die Kosten mit Freunden teilen. Da WLAN und Geldautomaten fehlen, kann man sich ganz der Abgeschiedenheit hingeben. Im Januar und Februar ist das Wasser wild, was die Tauchmöglichkeiten begrenzt und die Reiserisiken erhöht.

Tauchen & Schnorcheln

Die meisten Besucher kommen nach Derawan, um zu tauchen und zu schnorcheln. Neben den vielen Tauchplätzen bei Derawan, Maratua, Sangalaki und Kakaban gibt es Stellen, an denen regelmäßig Mantarochen, Walhaie und Meeresschildkröten gesichtet werden. Die beste Tauchzeit ist zwischen Mai und Juli. Man darf aber nicht vergessen, dass die Strömung sehr stark werden kann, vor allem um das Maratua-Atoll herum.

Auf Derawan gibt es fünf größere Tauchanbieter und auf Maratua und Sangalaki höherklassige Tauchresorts. Man muss mit 100 US$ für zwei Tauchgänge vom Boot aus und um 350 US$ für einen PADI-Open-Water-Kurs rechnen. Alle Lodges und Resorts bieten unterschiedliche Tauch- und Unterkunftspakete an.

Ein ganztägiger Schnorcheltrip schlägt mit 1 500 000 bis 2 000 000 Rp zu Buche, je nachdem, wie weit man hinausfährt und wie groß das Boot ist. Hin und zurück wird man auf dem Weg von Derawan zu den beliebten Schnorchelgebieten um Kakaban und Sangalaki etwa vier Stunden lang durchgeschüttelt. Nimmt man noch die Tauchspots bei Maratua mit, sollte man sechs bis sieben Stunden einplanen.

Pulau Derawan

1800 EW.

Derawan liegt dem Festland am nächsten und ist die Hauptbasis für Tauchausflüge und Unterkunft. Die Insel ist nur ein Punkt in der Celebessee, kaum vom Ufer aus zu sehen. Der westliche Teil des früher ruhigen Fischerdorfes ist jetzt dicht besiedelt mit Homestays, Bungalows und Holzstegen, die jedes Jahr länger zu werden scheinen und wie Tentakeln in das Meer ragen. In der Hauptsaison kann es an Wochenenden voll (für Kalimantan-Verhältnisse) und der Müll zum Problem werden, trotzdem haben sich die Einheimischen ihre freundliche Haltung gegenüber Touristen bewahrt. Vor der Stelzenpromenade liegen gute Schnorchelspots und ein Transfer zu anderen Inseln ist problemlos möglich.

🏃 Aktivitäten

Scuba Junkie Sangalaki TAUCHEN
(☑ 0813 3895 6239; www.sangalakidiveresort.com; Schnorcheln 50 US$, 2-/3-Tauchgänge-Paket mit Ausrüstung 100/120 US$) Der neueste Tauchanbieter auf der Insel bringt seine Erfahrung aus Sipadan nach Derawan. Professionelles Personal, gute Boote, komfortable Hütte über dem Wasser und umweltfreundliche Gesinnung. Ein zweitägiger Open-Water-Kurs kostet 390 US$.

Derawan Dive Resort TAUCHEN
(☑ 0811 542 4121; www.divederawan.com; Stegtauchgang 550 000 Rp, Schnuppertauchen 650 000 Rp, 3-Tauchgänge-Paket 1 500 000 Rp) Vom privaten Steg aus tauchen oder ein Paket mit drei Tauchgängen zu den umliegenden Inseln in Derawans größtem Tauchresort buchen. Es gibt auch einen Bootsverleih.

Tasik Divers TAUCHEN
(☑ 0431-824445; www.derawandivelodge.com; 3 Tauchgänge 165 US$, mit eigener Ausrüstung 135 US$) Etablierter Anbieter in der Derawan Dive Lodge mit modernen Booten, Tauchgängen in kleinen Gruppen sowie PADI-Kursen.

Borneo Dive TAUCHEN
([✆] 0813 1944 7742) Mit Basis in La Pauta, drei Booten und sachkundigen Tauchguides.

🛏 Schlafen

Bungalows auf Stegen über dem Meer sind inzwischen eher Norm als Ausnahme in Derawan, und jedes Jahr werden neue gebaut. Man muss mit mindestens 300 000 Rp rechnen. Das Homestay-Angebot (siehe Beschilderung) auf der Insel ist groß, ein Zimmer mit Ventilator und kaltem Wasser abseits vom Ufer kostet etwa 200 000 Rp.

Penginapan 88 PENSION $
([✆] 0813 4660 3944; Zi. mit Ventilator/Klimaanlage 200 000/300 000 Rp; ❄) Ungefähr auf halbem Weg durch das Dorf gelangt man zu dieser Pension direkt am Ufer. Es gibt zehn einfache, aber günstige Zimmer und ein paar „Penthouse"-Zimmer ganz am Ende des Piers mit freier Sicht aufs Meer.

La Pauta COTTAGE $$
([✆] 0813 1944 7742; www.lapautaderawanresort. com; DZ inkl. Frühstück 300 000–900 000 Rp, FZ Cottage 800 000 Rp; ❄) Das La Pauta neben dem Hauptsteg mit einem relativ sauberen Privatstrand ist eins der schicksten Resorts auf Derawan. Die Zimmer und Cottages sind mit Holz ausgestattet und verbunden durch palmengesäumte Sandwege. Alle verfügen über Klimaanlagen und die meisten auch über heiße Duschen. Obwohl es einen Tauchshop gibt, fühlt es sich nicht an wie ein exklusives Tauchresort. Das Restaurant über dem Wasser (S. 717) ist das beste der Insel.

Reza Guesthouse BUNGALOW $$
([✆] 0813 4795 5950; darjohnturtle@gmail.com; Zi. 350 000–500 000 Rp; ❄) Diese kompakten Bungalows über dem Meer sind sauber und gut platziert – die teureren haben Klimaanlage und warmes Wasser.

Derawan Dive Resort RESORT $$
([✆] 0811 542 4121; www.divederawan.com; DZ/3BZ/ Suite inkl. Frühstück ab 525 000/585 000/ 1 430 000 Rp; ❄) Das größte Tauchresort auf Derawan ist eine gut geführte Unterkunft mit 27 Cottages, die sich um einen privaten Strand verteilen, sowie einem sich schlängelnden Steg und einem Restaurant über dem Meer. Die Holzcottages im Kalimantan-Stil sind mit Klimaanlagen ausgestattet und reichen von komfortablen Standardoptionen abseits des Strandes bis hin zu „schwebenden" Deluxe-Bungalows und Suites auf Stelzen mit warmem Wasser und TV.

Derawan Beach Cafe & Cottages PENSION $$
([✆] 0853 4679 7578; Zi. 300 000–500 000 Rp; ❄) Am Ende des Dorfes wartet diese Gruppe Cottages am Ufer – einschließlich zweier Premiumbungalows über dem Wasser – mit einem der längsten Piers der Insel und einem kleinen Privatstrand auf. Die schönsten Zimmer haben Klimaanlage und heißes Wasser.

Sari Cottages PENSION $$
([✆] 0813 4653 8448; Zi. 400 000 Rp; ❄) Diese Pension liegt ganz zentral und verfügt über 22, an zwei parallelen Piers aufgereihte Unterkünfte, die durch einen Steg verbunden sind. Alle haben Klimaanlagen, Kaltwasserduschen und private Veranden, die zumindest teilweise Meerblick gewähren. Beim Schild „Pinades" an der Straße abbiegen und auf der Planke weiterlaufen.

Miranda Homestay HOMESTAY $$
([✆] 0813 4662 3550; Zi. inkl. Frühstück 300 000 Rp; ❄) Die vier sauberen Zimmer Richtung Wasser sind preiswert. Zur Zeit der Recherche wurden vier weitere über dem Meer gebaut, alle mit Klimaanlage und Bad. Man kann sich Pak Marudis *klotok* für Schnorchelausflüge ausleihen (1 000 000 Rp/Tag).

Derawan Dive Lodge LODGE $$$
([✆] 0431-824445; www.derawandivelodge.com; EZ/ DZ inkl. Frühstück 60/80 US$; ❄) Eine kleine Enklave am westlichen Ende der Insel mit zehn komfortablen individuellen Zimmern, einem gemütlichen Outdoor-Café und einem Privatstrand. Wer Tauchurlaub mit privatem Inselleben kombinieren will, für den ist das die beste Wahl auf Derawan. Alle Zimmer haben Klimaanlagen und warme Duschen. Vollpension kostet 20 US$ extra.

🍴 Essen

Es gibt nur eine Handvoll *warungs* an der Hauptstraße des Dorfes und die öffnen nach Lust und Laune oder wenn die Zutaten vom Festland ankommen. Frische Meeresfrüchte sind die lokale Spezialität.

Rumah Makan Nur INDONESISCH $
([✆] 0853 4689 7827; Hauptgerichte 25 000– 80 000 Rp) Das Nur serviert leckere indonesische Klassiker mit kreativem Twist wie Shrimps- und Kokosnuss-Aubergine mit Reis oder frittiertes Tempeh mit grünen Bohnen.

Restaurant La Pauta MEERESFRÜCHTE $$
(Hauptgerichte 15 000–120 000 Rp; ⊙ 6.30–15 & 17–22 Uhr) Das Restaurant überm Wasser am La Pauta (S. 717) ist das beste auf Derawan.

KALIMANTAN DERAWAN-ARCHIPEL

Man sitzt drinnen oder draußen auf der luftigen Veranda mit Blick auf das Hauptdock. Spezialität sind lokale Meeresfrüchte, aber auf der Karte stehen indonesische Klassiker.

ⓘ Praktische Informationen

Es gibt keine Geldautomaten oder Geldwechselmöglichkeiten auf der Insel. Genug Bargeld einstecken.

WLAN ist auf der Insel nicht vorhanden, aber die Telefonverbindung und 4G sind verlässlich.

ⓘ An- & Weiterreise

Von Tanjung Batu bringt jeden Morgen ein Boot Passagiere nach Pulau Derawan (100 000 Rp/ Pers., 30 Min.). Wer später am Tag ankommt, kann ein Speedboat mieten (300 000 Rp, 4 Pers.) oder herumfragen, ob man irgendwo mitfahren kann. Die Boote von Derawan kehren zwischen 7 und 8 Uhr zurück.

Freitags gibt's ein direktes Speedboat von Tarakan nach Pulau Derawan (300 000 Rp, 3 Std., 10 Uhr), zurück geht's samstags um 10 Uhr.

ⓘ Unterwegs vor Ort

Derawan ist winzig: Zu Fuß dauert die Überquerung der Insel etwa 15 Minuten. Verschiedene Stellen verleihen Fahrräder (50 000 Rp/Tag), mit denen man gut die Insel erkunden kann.

Maratua-Atoll

Wer sich noch weiter hinauswagt als Derawan, stößt auf das himmlische Maratua. Das (im Verhältnis zum Rest des Archipels) enorme U-förmige Atoll entwickelt sich erst nach und nach. Inzwischen gibt es einige hochpreisige Luxusresorts, aber trotz allem ist alles noch sehr entspannt und Individualreisende sind ein seltener Anblick.

Vier winzige Fischerdörfer verteilen sich gleichmäßig über den schmalen Landstreifen. In der Mitte der Insel wartet das Dorf Tanjung Harapan mit mehreren Privatunterkünften für einheimische Familien, einem Motorradverleih und den wenigen gehobeneren Unterkünften auf. Bohe Silian am südlichen Rand der Straße und auch der Insel bietet ebenfalls einige Homestays, nette Aussichten aufs Meer und die Sembat-Höhle – die coolste Schwimmgrotte auf der Insel.

🛏 Schlafen

Auf Maratua gibt es eine Handvoll Homestays (ab 250 000 Rp/Zimmer) und einige einigermaßen hippe Tauchresorts. Die Unterkünfte sind hier im Allgemeinen viel günstiger als auf Derawan. Am Rand des Maratua-Atolls und nur per privatem Bootstransfer zu erreichen liegen drei Luxustauchresorts – Nunukan Island, Nabucco Island und Virgin Cocoa, das zur deutschen Firma Extra Divers gehört.

★**Maratua Guesthouse** PENSION $$
(www.maratuaguesthouse.com; DZ & 2BZ in Hütten 49–109 US$) Eingebettet in einem Wald zwischen dem saubersten Strand der Insel und einem Gezeitenteich und mit einem Hausriff vor der Tür bietet diese rustikale Unterkunft von ihrem schlichten Open Air-Restaurant und den schattigen Orivahütten eine eindrucksvolle Sicht auf die Celebessee. Eine freundliche Option mit Backpacker-Atmosphäre etwa 3 km nördlich vom Hauptdock.

★**Nabucco Island Resort** RESORT $$$
(☎0812 540 6636; www.extradivers-worldwide. com; EZ/DZ/3BZ inkl. Vollpension 136/208/282 €; ❄🛜) 🤿 Am Rande der Maratua-Lagune hat das kleine Inseltauchresort auf kleinem gepflegten Raum viel zu bieten. Die lackierten Doppelbungalows umgeben einen zentralen Gemeinschaftsbereich und haben alle eine Veranda mit Meerblick und Zugang zu den Mangroven, einem weißen Sandstrand und einem Stück vom Hausriff. Die Tauchpakete beginnen bei 420 € für 10 Tauchgänge.

Virgin Cocoa RESORT $$$
(☎0811 592 3450; http://virgincocoa.com; EZ/DZ mit Halbpension 239/318 €; ❄🛜❄) Das Virgin Cocoa ist Maratuas neueste Luxusherberge und mit dem Nunukan Island über einen 1 km langen Holzsteg verbunden. Mehr Luxusparadies als Tauchresort bietet es 18 gemütliche Bungalows zwischen Palmen sowie einen Pool, einen Yogazentrum, Spabehandlungen und Abgeschiedenheit. Es gibt ein Hausriff zum Schnorcheln abseits vom Strand.

Green Nirvana RESORT $$$
(☎0812 5003 2622; www.greennirvanaresort.com; Jl Bayur, Payung-Payung; Wald-/Meerblick inkl. Frühstück ab 1 300 000/3 000 000 Rp, Haus mit 3 Schlafzimmern 9 500 000 Rp; ❄❄) Maratuas neuestes Resort auf dem Festland ist eine stilvolle Ansammlung von Villen um einen Pool samt einer Terrasse mit Blick auf einen wunderbaren Küstenstreifen und einen langen Pier. Das Resort liegt etwas zurückgesetzt vom Strand (und beunruhigend nah an der Flughafenstartbahn), aber es ist wunderschön in Einklang mit der Umgebung gestaltet. Die Villen sind geräumig und gut ausgestattet.

Maratua Paradise Resort RESORT $$$
(☑ +60 088 224918; www.maratua.com; Strandbungalow/Strandvilla 92/127 US$; ❀) Direkt südlich des Hauptdorfes und der Anlegestelle ist das Maratua Paradise eine beliebte Wahl wegen seiner Strandvillen über dem Wasser – den einzigen auf der Hauptinsel. Die Bungalows sehen für ihren Preis etwas abgenutzt aus, aber im Großen und Ganzen erfüllt das Resort mit seinem Restaurant über dem Wasser, dem Tauchshop und Schnorchelmöglichkeiten vor dem Strand alle Ansprüche.

Nunukan Island Resort RESORT $$$
(☑ 0812 340 3451; www.nunukan-island.com; EZ/DZ/3BZ inkl. Vollpension 136/208/282 €; ❀ 🛜) Vom langen Steg über das 4 km lange Hausriff bis hin zu den Gemeinschaftsbereichen, die über dem messerscharfen Kalkstein schweben, – an diesem Inselresort ist nichts typisch, aber alles exotisch. Die 22 Luxusbungalows am Strand haben geräumige Veranden mit Sofas, die man nie wieder verlassen will. Tauchpakete am Hausriff starten mit 360 € für 10 Tauchgänge.

❶ An- & Weiterreise

Maratuas Landebahn besteht seit 2016, wird aber aktuell nur einmal in der Woche am Mittwoch von Susi Air von Tarakan und Berau aus angeflogen. Ein wöchentlicher Garuda-Charterflug von Balikpapan (Samstag) kann über das Nunukan Island Resort gebucht werden.

Die 1½-stündige Reise per gechartertem Speedboat von Tanjung Batu nach Maratua kostet 1 500 000 Rp, die einstündige Fahrt von Derawan beläuft sich auf 1 000 000 Rp.

Ein tägliches Speedboat direkt von der Berau-Anlegestelle in Tanjung Redeb über den Sungai Berau (250 000 Rp, 3 Std.) startet theoretisch um 11 Uhr und kehrt um 9 Uhr von Maratuas Hauptanlegestelle zurück. Die Fahrpläne erhält man in seiner Unterkunft auf Maratua. Inselresorts bieten diesen Trip als teureren Charterservice an.

Pulau Kakaban & Pulau Sangalaki

Kakaban und Sangalaki, zwei nicht erschlossene Inseln 40 Minuten südwestlich von Maratua und per Boot eine Stunde südöstlich von Derawan, liegen auf der Route aller Eintagesausflüge zum Tauchen oder Schnorcheln, und das aus gutem Grund.

Pulau Kakaban ist bekannt für seinen Binnensee (Zutritt gegen Spende), in dem sich bizarre stachellose Quallen entwickelt haben. Man läuft zehn Minuten auf einem Bohlenweg durch den Dschungel zur Anlegestelle des Sees, von dem aus man in seichtem Gewässer mitten in einem ätherischem Schwarm von Quallen, manche so winzig wie eine Fingerkuppe, schnorcheln kann (ohne Flossen). Wenn es die Gezeiten zulassen, kann man durch Kakabans Gezeitentunnel zu einem versteckten Felsen mit geschützten unberührten Korallen schnorcheln.

Pulau Sangalaki ist eine versteckte Insel mit guten Tauchmöglichkeiten und einem kleinen Resort, vor allem aber ist Sangalaki bekannt für Mantarochenvorkommen. Fahrten zur Manta Corner garantieren für gewöhnlich zahlreiche Sichtungen.

🛏 Schlafen

Sangalaki Resort RESORT $$$
(☑ 0813 2011 8833; http://sangalakiresort.net; Pulau Sangalaki; EZ/DZ ab 200/250 US$) Das Resort, das 2017 wiedereröffnet wurde, ist eine Überraschung auf einer ansonsten unberührten Marinepark-Insel. Die Anlage mit 14 unabhängigen Cottages, die auf Stelzen stehen, um die Schildkröten nicht zu stören, ist relativ schlicht. Die Bar und das Restaurant bilden den Mittelpunkt. Es gibt einen Tauchshop vor Ort und ein privates Boot, aber sonst ist nichts auf der Insel.

❶ An- & Weiterreise

Taucher und Schnorchler besuchen Sangalaki im Rahmen einer längeren Reise. Wer hier bleiben will, die einstündige Fahrt per Speedboat

---

SCHUTZ DER SCHILDKRÖTEN

Schwimmende Meeresschildkröten sind ein alltäglicher Anblick neben den Holzstegen der Derawan-Inseln oder bei Tauch- und Schnorchelausflügen, aber die Suppenschildkröten und die Karettschildkröten des Derawan-Archipels stehen unter ständiger Bedrohung durch Wilderei.

Ein lange bestehendes Schildkrötenschutzprojekt auf Pulau Sangalaki, aktuell geleitet von BKSDA Kaltim (bksdakaltim.menlhk.go.id), hat zum Ziel, die Nistplätze auf Sangalaki zu schützen, die Anzahl der Schildkröten und ihre Lebensräume zu überwachen und die Strände freizuhalten, um Störungen zu minimieren. Von Rangern geführte Touren zu den Nistplätzen der Schildkröten können auf Pulau Derawan oder über das Sangalaki Resort organisiert werden.

KALIMANTAN DERAWAN-ARCHIPEL

ⓘ GRENZE ZU MALAYSIA: VON TARAKAN NACH TAWAU

··

Zur Grenze Auf dem Landweg zur Grenze zu Sabah (Malaysia) zu reisen, beinhaltet eine kurze Fahrt mit der Fähre von Tarakan (400 000 Rp, 4 Std., Mo, Mi & Fr) oder Nunukan (200 000 Rp, 1½ Std., 2-mal tgl. außer So). Auf dem Luftweg erreicht man Tarakan direkt von Berau und Balikpapan.

An der Grenze Bürger aus den USA, aus Kanada, Australien, den meisten Ländern des Commonwealth und fast ganz West-Europa erhalten bei Ankunft an der Grenze zwischen Nunukan (Indonesien) und Tawau (Malaysia) ein dreimonatiges Visum.

Weiterfahrt Tawau hat gute Flug- und Busverbindungen zum übrigen Sabah, samt Kota Kinabalu und Sandakan.

---

von Tanjung Batu kostet etwa 1 000 000 Rp; das Resort kann ein Charterboot organisieren.

Nordkalimantan

Wegen der isolierten Lage findet man in Nordkalimantan einige der unberührtesten Wälder auf Borneo, was die Gegend zu einer der letzten, und besten, Gebiete für Hardcore-Dschungeltrekking macht. Aus demselben Grund ist es auch einer der herausforderndsten und unzugänglichsten Teile der Insel.

⊙ Sehenswertes & Aktivitäten

Der 13 600 km² große **Kayan Mentarang-Nationalpark** ist ein wesentlicher Teil von Borneos Herzen und beherbergt eine unglaubliche Vielfalt an Lebensarten, und es werden immer wieder neue Spezies entdeckt. Wer hierher reist, wird direkt proportional zum Schwierigkeitsgrad belohnt.

Die beiden besten Zutrittsorte zum Park sind **Long Bawan** Richtung Norden und **Long Punjungan** im Süden. Viele Ökotourismusinitiativen, die vom WWF (www.borneo-ecotourism.com) entwickelt wurden, liegen brach, aber die Informationen, die sie bieten, sind eine gute Orientierung für die Gegend.

In Long Bawan kontaktiert man den englischsprachigen Alex Balang (0852 4705 7469, alexbalang@hotmail.com), um sich mit der Umgebung vertraut zu machen und weitere Treks zu arrangieren.

Richtung Süden wird es immer ursprünglicher, und man braucht ein paar Kenntnisse in Bahasa Indonesia. Die Reise beginnt in **Tanjung Selor**, wo recht große Langboote, die von mehreren Außenbordmotoren angetrieben werden, Waren aufladen, um sie den langen Weg flussaufwärts nach Long Punjungan zu bringen. **Pak Muming** (0812 540 4256) im Hotel Asoy und **Pak Heri** (0822 5053 8995) bieten diese Fahrt beide an.

ⓘ An- & Weiterreise

Der Grenzübergang bei Tawah ist eine relativ gut befahrene Strecke zwischen Malaysia (Sabah) und Indonesien (Kalimantan). Von Tawah aus gibt es viele Optionen, sich per Boot weiterzubewegen, Nunukan und Tarakan bieten ziemlich gute Verkehrsverbindungen, aber weiter ins Innere von Nordkalimantan vorzudringen, kann schwer werden.

BUS & TAXI

Ein klimatisierter Damri-Bus fährt um 11 Uhr in Tanjung Selor los zu Beraus Terminal Rinding (50 000 Rp, 3 Std.). Kinjang (Sammeltaxen) fahren auch nach Berau (120 000 Rp), wenn sie voll sind, und setzen Passagiere in Tanjung Redeb ab.

Zusätzlich gibt es einen Damri-Bus von Pasar Induk in Tanjung Selor nach Malinau (130 000 Rp, 5 Std.).

FLUGZEUG

Tarakan ist der Hauptflughafen, auch Nunukan hat einen kleinen Flugplatz.

Es gibt Flüge von Tarakan nach Berau (400 000 Rp, 30 Min.), Balikpapan (400 000 Rp, 1 Std.), Nunukan (360 000 Rp, 25 Min.), Jakarta (1 400 000 Rp, 3 Std.), Long Bawan (450 000 Rp, 1 Std.) und Makassar (1 300 000 Rp, 1¾ Std.). Von Malaysia kommend gibt's drei wöchentliche Flüge zwischen Tawau und Tarakan (280 RM, 40 Min.).

SCHIFF/FÄHRE

Verschiedene Speedboats und Fähren pendeln zwischen dem malaysischen und dem indonesischen Borneo. Es gibt Verbindungen von Tawau (Sabah) nach Nunukan (80 RM, 1½ Std., 2-mal tgl.) und Tarakan (130 RM, 4 Std., Di, Do & Sa 10 Uhr), von Nunukan nach Tarakan (240 000 Rp, 2½ Std., 5-mal tgl.), von Tarakan nach Derawan (300 000 Rp, 3 Std., Fr 10 Uhr) und von Tarakan nach Tanjung Selor (120 000 Rp, 1 Std., tgl.).

Sulawesi

18,8 MIO. EW.

Inhalt ➜

Gut essen

➜ Coto Nusantara (S. 728)

➜ Raja Sate (S. 774)

➜ Maminon (S. 774)

➜ Bakso Pahlawan (S. 738)

Schön schlafen

➜ Living Colours (S. 778)

➜ Bahia Tomini (S. 768)

➜ Ge JacMart (S. 727)

➜ Tevana House Reef
(S. 734)

➜ Pia's Poppies Hotel
(S. 745)

Auf nach Sulawesi!

Schon die Umrisse Sulawesis sind so faszinierend wie die Insel selbst. So wie die merkwürdig unregelmäßige Insel vom Wirken tektonischer Platten geschaffen wurde, so ist das faszinierende soziale Gefüge das Ergebnis des Wirkens der ethnischen Gruppen, der Religionen und der Ökosysteme.

In den Gewässern, die Sulawesi umgeben, wimmelt es von Meeresleben. Das Inselinnere ist bergig und mit Dschungel bedeckt. Hier überleben noch seltene Arten wie die Koboldmakis und die Hammerhühner, ebenso wie stolze Kulturen, die aufgrund der undurchdringlichen Topografie lang vom Siegeszug der Moderne isoliert waren.

Im Hochland leben die Toraja, bekannt für ihre Begräbniszeremonien und ihre Architektur, im Norden die Minahasa, auf deren Speiseplan würzige Gerichte wie Fisch und Waldratteneintopf stehen. Im Tiefland und an der Küste sind die Bugis beheimatet, die berühmtesten Seefahrer Indonesiens.

Die Mischung aus Landschaft und Bewohnern macht Sulawesi zu einer der reizvollsten Inseln Indonesiens.

Reisezeit
Makassar

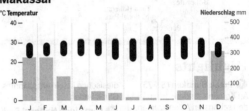

April–Okt.
Hochsaison für Taucher: ruhiges Meer und fantastische Sicht.

Nov.–März In der Regenzeit verlassen die Tierchen in der Lembeh-Straße den Schlamm öfter.

Juni–Aug. Am besten, um die größten Begräbniszeremonien in Tana Toraja zu erleben.

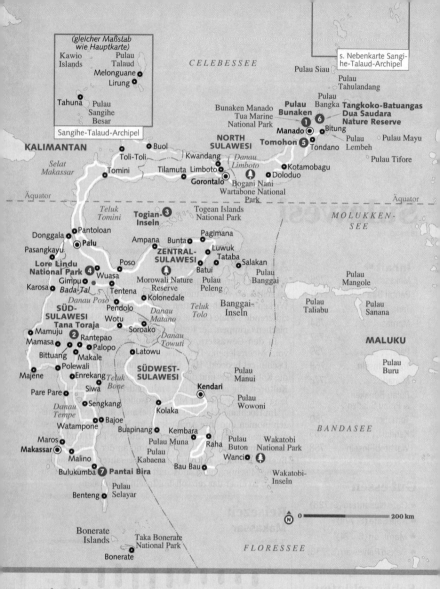

Map labels:

(gleicher Maßstab wie Hauptkarte)

Kawio Islands · Pulau Talaud · Melonguane · Lirung

Tahuna · Pulau Sangihe Besar

Sangihe-Talaud-Archipel

CELEBESSEE

Pulau Siau
Pulau Tahulandang
Pulau Bangka
s. Nebenkarte Sangihe-Talaud-Archipel

Pulau Bunaken
Bunaken Manado Tua Marine National Park
Tangkoko-Batuangas Dua Saudara Nature Reserve
Manado ❶ ❻
Bitung
Pulau Lembeh · Pulau Mayu
Tomohon ❺ Tondano
Pulau Tifore

KALIMANTAN
Buol
Toli-Toli
Kwandang
NORTH SULAWESI
Selat Makassar
Tominī
Tilamuta Limboto
Danau Limboto
Kotamobagu
Dolodou
Gorontalo
Bogani Nani Wartabone National Park
Äquator
Äquator

Teluk Tomini
Togian-Inseln ❸
Togean Islands National Park
MOLUKKEN-SEE

Donggala · Pantoloan
Ampana Bunta
Pagimana
Luwuk
Pasangkayu
Palu
ZENTRAL-SULAWESI
Batui Tataba
Salakan
Pulau Mangole

Lore Lindu National Park ❹ Wuasa
Poso
Morowali Nature Reserve
Pulau Peleng
Pulau Banggai
Pulau Taliabu
Pulau Sanana

Karosa Gimpu · Bada-Tal
Tentena
Kolonedale
Banggai-Inseln
Danau Poso
Pendolo

SÜD-SULAWESI
Wotu
Danau Matano
Teluk Tolo
MALUKU

Tana Toraja
Mamuju
❷ Rantepao
Soroako
Danau Towuti
Pulau Buru

Mamasa · Palopo
Latowu
Bittuang Makale
SÜDWEST-SULAWESI
Polewali
Pulau Buru
Majene Enrekang
Teluk Bone
Pulau Manui

Pare Pare Siwa
Sengkang
Kendari
Pulau Wowoni
BANDASEE

Danau Tempe
Bajoe
Watampone
Kolaka
Pulau Muna
Raha
Wakatobi National Park

Maros
Buapinang Kembara
Pulau Buton
Wanci ❹
Makassar
Malino
Pulau Kabaena
Bau Bau
Wakatobi-Inseln

Bulukumba ❼ **Pantai Bira**
Benteng Pulau Selayar
0   200 km

Bonerate Islands
Taka Bonerate National Park
Bonerate
FLORESSEE

Highlights

❶ **Pulau Bunaken** (S. 775) An Korallenwänden, die zu den schönsten Asiens zählen, schnorcheln oder tauchen

❷ **Tana Toraja** (S. 739) Die Rituale und Traditionen einer aufwändigen Begräbniszeremonie beobachten

❸ **Togian-Inseln** (S. 763) Auf diesen entlegenen, paradiesischen Inseln entspanntes Glück finden

❹ **Lore Lindu National Park** (S. 758) In die Steingesichter antiker Megalithen unbekannten Ursprungs schauen

❺ **Tomohon** (S. 780) In dieser atemberaubenden Vulkanregion wandern, Rad fahren und Vögel beobachten

❻ **Tangkoko-Batuangas Dua Saudara Nature Reserve** (S. 783) Lebhafte Koboldmakis, Schopfmakaken und zahlreiche Vögel beobachten

❼ **Pantai Bira** (S. 731) Strandspaziergänge machen, tauchen und die abwechslungsreiche Landschaft erkunden

Geschichte

Im Inselinneren Sulawesis fanden einige der frühesten Bewohner Indonesiens Schutz, und einige Elemente ihrer Kulturen konnten bis ins 20. Jh. bewahren werden. Auf der südwestlichen Halbinsel sind die Makassaren und die Bugis die dominierenden Bevölkerungsgruppen, im äußersten Norden die christlichen Minahasa. Die einzigartigen Traditionen, Architekturstile und Zeremonien der Toraja machen das Inland Südsulawesis zu Recht zu einem beliebten Reiseziel.

In der Geschichte der Insel spielten auch andere Minderheiten eine entscheidende Rolle, besonders die Seenomaden Bajau. Das Königreich Gowa verdankte seinen Aufstieg ab der Mitte des 16. Jhs. vor allem seiner Handelsallianz mit den Bajau. Die Bajau lieferten wertvolle Meeresprodukte, besonders die chinesische Delikatesse Trepang (Seegurke), Schildplatt, Vogelnester und Perlen, und dies zog internationale Händler nach Makassar, die Hauptstadt Gowas.

Makassar machte sich rasch einen Namen als kosmopolitischer, toleranter und sicherer Umschlagplatz, der es den Händlern erlaubte, das holländische Monopol auf die Gewürzhandel im Osten zu umgehen, was den Holländern große Sorgen bereitete. 1660 versenkten die Holländer im Hafen von Makassar sechs portugiesische Schiffe und eroberten die Festung, und 1667 zwangen sie Sultan Hasanuddin, Gowas Herrscher, eine Allianz auf. Schließlich gelang es den Holländern, alle anderen ausländischen Händler aus Makassar zu verbannen, was praktisch einer Schließung des Hafens gleichkam.

1945 errang Indonesien seine Unabhängigkeit von den Holländern, doch fortwährende innere Unruhen behinderten nach dem Zweiten Weltkrieg Sulawesis Versuch des Wiederaufbaus bis in die 1960er-Jahre hinein. Die dann folgende Periode ununterbrochenen Friedens führte zu einer nie dagewesenen, immer schneller verlaufenden Entwicklung, die sich besonders in der stetig wachsenden Metropole Makassar zeigte.

Tragischerweise geriet die Region Poso in Zentralsulawesi 1998 in einen Strudel der Gewalt zwischen verschiedenen Bevölkerungsgruppen, doch inzwischen hat sich die Situation erheblich entspannt. Durch den Bau des Trans-Sulawesi-Highways und den Ausbau mehrerer regionaler Flughäfen haben sich die Verkehrsverbindungen auf der Insel verbessert, was die Wirtschaft und den Tourismus ankurbelte.

2018 wurde Zentralsulawesi von einem Erdbeben der Stärke 7,4 erschüttert. Dieses löste einen Tsunami aus, der die Stadt Palu und das nahegelegene Donggale zerstörte. Über 1200 Menschen verloren ihr Leben, viele berühmte Bauwerke und Hotels wurden zerstört. Trotz des Schadens wurden der Flughafen, die Einwanderungsbüros und andere wichtige touristische Einrichtungen binnen weniger Tage nach dem Tsunami wieder eröffnet. Die Folgen der Zerstörung werden zwar noch Monate oder sogar Jahre sichtbar bleiben, doch Palu ist immer noch ein funktionsfähiges Zentrum für die Touristen, die in andere Teil Zentralsulawesis reisen wollen.

ⓘ An- & Weiterreise

FLUGZEUG

Inlandsflüge

Die beiden großen Verkehrsknotenpunkte sind Makassar und Manado. Palu ist der drittwichtigste Flughafen und hat seine Bedeutung auch nach dem Tsunami 2018 nicht verloren. In Gorontalo, Luwuk, Poso und Kendari gab es in den vergangenen Jahren eine Zunahme des Flugverkehrs, kleinere Flughäfen in Städten wie Ampana, Selayar und Naha (Sangihe-Talaud-Archipel) bieten ebenfalls praktische Verbindungen.

Von Sulawesi gibt es Direktflüge nach Java, Bali, Kalimantan, Maluku und Papua.

Internationale Flüge

Silk Air fliegt an vier Tagen pro Woche zwischen Manado und Singapur (ab ca. 170 US$, 3¾ Std.). Air Asia fliegt von Makassar nach Kuala Lumpur, Malaysia (ab 70 US$, 3¼ Std.).

SCHIFF/FÄHRE

Sulawesi hat ausgezeichnete Schiffsverbindungen, etwa die Hälfte aller Pelni-Schiffe steuern Makassar, Bitung (Manados Hochseehafen), Pare Pare und Toli-Toli sowie einige andere kleinere Städte an.

ⓘ Unterwegs vor Ort

BUS, BEMO & KIJANG

Zwischen Rantepao und Makassar fahren hervorragende klimatisierte Busse. Überall sonst sind ziemlich klapprige lokale Busse unterwegs, die alle paar Minuten halten. Es gibt einige gute Fernverbindungen mit dem *bemo* (Minibus), besonders auf der Straße von Luwuk nach Palu, die Zentralsulawesi durchquert.

Sammel-Kijangs oder -Avanzas (die Namen der Fahrzeugmarken) wurden auf einigen Routen ganz durch Busse ersetzt, die schneller und etwas teurer, aber nicht unbedingt bequemer sind.

In den Städten sind Minibusse, *mikrolet* oder *pete-pete* genannt, das wichtigste Verkehrsmittel der Einheimischen. Die Mitfahragenturen Grab und in geringerem Ausmaß auch Go-Jek sind in den größten Städten online vertreten, man kann sie per App buchen und muss sich wegen des Feilschens keine Gedanken machen, denn das entfällt komplett.

FLUGZEUG

Wings Air und Garuda Indonesia bieten die meisten Flugverbindungen innerhalb Sulawesis, einige Flüge werden von Sriwijaya Air durchgeführt.

SCHIFF/FÄHRE

Seit es auf Sulawesi immer mehr billige Flüge gibt, fahren nur noch sehr wenige Traveller mit den Pelni-Fähren. Doch die Fähre *Tilongkabila* macht sich noch immer alle zwei Wochen von Makassar auf den Weg nach Bau Bau, Raha und Kendari, hinauf nach Kolonedale, Luwuk, Gorontalo und Bitung, und kehrt auf demselben Weg nach Makassar zurück.

Anderswo an der Küste fahren klapprige alte Fähren und Holzboote zu verschiedenen Zielen, darunter die Togian-Inseln. Manchmal ist es möglich, Schnellboote zu chartern. Auf der südöstlichen Halbinsel sind die *kapal cepat* (Schnellboote) und der „Super-Jet" die Verkehrsmittel der Wahl.

SÜDSULAWESI

Südsulawesi ist riesig. Die ausufernde, geschäftige Hafenstadt Makassar im äußersten Süden ist chaotisch, aber freundlich. Hier beginnen oder beenden die meisten Besucher ihre Reise. Während man in der Stadt

GUA LEANG LEANG

Die **Gua-Leang-Leang-Höhlen** (Indonesier/Ausländer 5000/20 000 Rp; ☉ Sonnenauf- bis Sonnenuntergang) sind für ihre alten Felsmalereien und Handabdrücke bekannt. Neueste Untersuchungen in nahe gelegenen Höhlen haben ergeben, dass diese Kunstwerke über 35 000 Jahre alt und damit die ältesten Höhlenmalereien der Welt sind. Im Distrikt Maros gibt es etwa 60 bekannte Höhlen – im hiesigen Kalksteinkarst sind mehr Löcher als in einem Schweizer Käse.

Von Maros aus kann man mit einem *pete-pete* bis zur Abzweigung nach Taman Purbakala Leang-Leang an der Straße nach Bantimurung fahren und die letzten paar Kilometer laufen.

ist, kann man mit die besten Meeresfrüchte der Insel genießen und die grandiose Karstlandschaft gleich außerhalb erkunden. Hat man mehr Zeit, lohnt ein Besuch der Südostecke der Halbinsel mit dem ruhigen Pantai Bira, das mit Weltklassetauchspots und schönen Sandstränden lockt.

Das unbestrittene Highlight Südsulawesis ist aber Tana Toraja – das spektakuläre Hochland ist ein absolutes Muss. Berge wechseln sich mit Reisfeldern ab, dazwischen stößt man auf exotische Begräbniszeremonien und einen der fantastischsten Architekturstile Asiens – eine faszinierende Kombination. Man könnte mühelos Wochen damit zubringen, in den üppig-grünen Bergen zu wandern, versteckte Dörfer zu besuchen und einsame Wasserfälle zu entdecken.

Geschichte

Südsulawesi wurde lange Zeit von zwei dominierenden Mächten beherrscht: dem Makassaren-Königreich Gowa (rund um die Hafenstadt Makassar) und dem Bugis-Königreich Bone. Mitte des 16. Jhs. hatte sich Gowa an der Spitze eines bedeutenden Handelsblocks im östlichen Indonesien etabliert. 1605 führte der König von Gowa den Islam ein und unterwarf Bone, sodass sich der Islam im gesamten Gebiet der Bugis und Makassaren ausbreitete.

Für die Pläne der Niederländischen Ostindien-Kompanie, den Gewürzhandel zu monopolisieren, stellte Gowa ein beträchtliches Hindernis dar, bis schließlich ein Abkommen mit dem im Exil lebenden Bugis-Prinzen Arung Palakka zustande kam. Die Holländer unterstützten 1666 Palakkas Rückkehr nach Bone, was zu einem Aufstand von Bone gegen die Makassaren führte. Es folgten einjährige Kämpfe, doch schließlich war Sultan Hasanuddin von Gowa 1667 gezwungen, den Vertrag von Bungaya zu unterzeichnen, der Gowas Macht erheblich einschränkte. Unter Palakkas Herrschaft wurde Bone der führende Staat Südsulawesis.

Die Rivalität zwischen Bone und den anderen Bugis-Staaten führte immer wieder zu Veränderungen auf der politischen Landkarte. Nachdem sie während der Napoleonischen Kriege kurz abwesend waren, kehrten die Niederländer während eines Bugis-Revolte, die von der Königin von Bone angeführt wurde, wieder zurück. Der Aufstand wurde niedergeschlagen, doch es kam immer wieder zu Revolten, ehe der Widerstand der Makassaren und Bugis schließlich in den ersten Jahren des 20. Jhs. endgültig gebrochen wurde. Doch bis in die früheren 1930er-Jahren kam es immer wieder zu Unruhen und in den 1950er-Jahren gab es noch einmal einen Aufstand gegen die indonesische Zentralregierung.

Die Makassaren und die Bugis sind streng islamisch und legen großen Wert auf ihre Eigenständigkeit. In Situationen politischer oder wirtschaftlicher Unsicherheit sind Makassar und Pare Pare immer die Ersten, die protestieren.

Eine Periode der Prosperität hat inzwischen zu Stabilität geführt, und Makassars Bedeutung als führende Stadt Ost-Indonesiens nimmt stetig zu.

Makassar

📍 0411 / 1,5 MIO. EW.

Die schmuddelige, aber dynamische Metropole Makassar ist eine der wichtigsten Hafenstädte Indonesiens. In der Stadt, deren vielsprachige Bevölkerung sich aus Makassaren, Bugis und Chinesen zusammensetzt, herrscht stetig reger Handel und Schiffsverkehr. Doch weil es nicht viele Sehenswürdigkeiten gibt und die tropische Hitze und Luftverschmutzung erbarmungslos sind, bleiben nur weniger Traveller länger, ehe sie weiter in andere Regionen ziehen.

Jahrhundertelang war Makassar das Tor nach Ostindonesien, und von hier aus kontrollierten die Holländer einen Großteil des Handelsverkehrs zwischen Ost und West, der hier vorüberkam. Das historische Zentrum der Stadt, das sich noch einen gewissen Kolonialcharme bewahrt hat, liegt rund um das Fort Rotterdam, zu dem die Ruinen eines alten Gowa-Forts und einige markante holländische Gebäude gehören.

Gut zu wissen: Der frühere Name Makassars, Ujung Pandang, wird immer noch häufig benutzt. Bei der Suche nach Flügen und anderen Verkehrsverbindungen sollte man daher auf beide Namen achten.

◎ Sehenswertes

Fort Rotterdam   FESTUNG
(Benteng Rotterdam; Jl Ujung Pandang; empfohlene Spende 10 000–20 000 Rp; ☉ 7.30–18 Uhr) Das Fort Rotterdam ist eines der am besten erhaltenen Beispiele niederländischer Militärarchitektur in Indonesien. Es wurde an der Stelle eines Gowa-Forts errichtet, das seinerseits gebaut worden war, um die Niederlän-

NAMENS-VERWIRRUNG

Von 1972 bis 1999 war die Bugis-Bezeichnung Ujung Pandang der offizielle Name Makassars. Während seiner letzten Tage als Präsident traf B. J. Habibie die bei den Einwohnern beliebte Entscheidung, die Stadt wieder in Makassar zurückzubenennen. Dieser Name bezieht sich auf das historische Königreich der Makassaren. In der Praxis werden heute – so wie schon seit Jahrhunderten – beide Namen verwendet, keiner von beiden ist politisch besetzt.

dische Ostindien-Kompanie zurückzuschlagen. Als der Versuch, die *orang belanda* abzuwehren, gescheitert war, wurde es nach der Eroberung im Jahr 1667 von den neuen Herrschern Makassars umgebaut und weist viele schöne, gut restaurierte Kolonialbauten auf. Besucher können auf den massiven Befestigungsmauern herumspazieren, Abschnitte der Originalmauern sehen und das Museum Negeri La Galigo im Fort besuchen.

Museum Negeri La Galigo   MUSEUM
(Fort Rotterdam, Jl Ujung Pandang; 10 000 Rp; ☉ 8–18 Uhr) Das Museum Negeri La Galigo befindet sich in zwei Gebäuden des Fort Rotterdam und zeigt verschiedene Ausstellungen, darunter Exponate aus der Steinzeit, Reisschalen aus Tana Toraja, polynesische und buddhistische Statuen, Musikinstrumente und traditionelle Trachten. Die meisten werden von einem Textblock in schlecht übersetztem Englisch beschrieben. Die Sammlung ist zwar bescheiden und in einer halben Stunde besichtigt, lohnt aber den Eintritt.

Pulau Samalona   INSEL
Der weiße Strand der Pulau Samalona ist gerade so weit von Makassar entfernt, dass der Großteil des Mülls (aber nicht alles) zurückbleibt, und ist besonders am Wochenende bei Tagesausflüglern beliebt. Vor der Küste gibt es kleine Korallenriffe (die in schlechtem Zustand sind), Schnorchelausrüstung kann man vor Ort ausleihen. Außerdem gibt's kalte Getränke (auch Bier) und frischen Fisch, Trinkwasser sollte man aber mitbringen. Die ganze Insel lässt sich in zwei Minuten umrunden.

An verschiedenen Piers am Ufer von Makassar kann man Boote für bis zu acht Personen chartern (hin & zurück 400 000 Rp; einfache Strecke 25 Min.).

Makassar

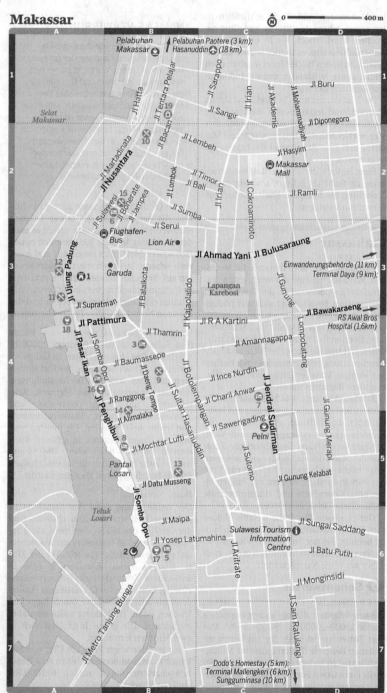

SULAWESI SÜDSULAWESI

0 ————— 400 m

Pelabuhan Makassar

Pelabuhan Paotere (3 km);
Hasanuddin (18 km)

Selat Makassar

Jl Hatta

Jl Tentara Pelajar

Jl Sarappo

Jl Sangir

Jl Akademis

Jl Mohammadiyah

Jl Buru

Jl Diponegoro

Jl Lembeh

Jl Hasyim

Jl Martadinata

Jl Nusantara

Jl Bacan

Jl Timor

Jl Bali

Jl Lombok

Jl Irian

Jl Sumba

Makassar Mall

Jl Ramli

Jl Cokroaminoto

Jl Sulawesi

Jl Bonerate

Jl Jampea

Jl Serui

Flughafen-Bus

Lion Air

Jl Ahmad Yani Jl Bulusaraung

Einwanderungsbehörde (11 km);
Terminal Daya (9 km);

Garuda

Jl Balaikota

Jl Kajaolalido

Lapangan Karebosi

Jl Gunung Lompobatang

Jl Bawakaraeng

Jl Supratman

Jl Pattimura

Jl Thamrin

Jl R A Kartini

RS Awal Bros
Hospital (1.6km)

Jl Somba Opu

Jl Pasar Ikan

Jl Baumassepe

Jl Daeng Tompo

Jl Botolempangan

Jl Amannagappa

Jl Ince Nurdin

Jl Ranggong

Jl Alimalaka

Jl Sultan Hasanuddin

Jl Charil Anwar

Jl Jendral Sudirman

Jl Gunung Merapi

Jl Penghibur

Jl Mochtar Lufti

Jl Sawerigading

Pelni

Pantai Losari

Jl Datu Musseng

Jl Sutomo

Jl Gunung Kelabat

Teluk Losari

Jl Somba Opu

Jl Maipa

Jl Yosep Latumahina

Jl Arifrate

Sulawesi Tourism
Information
Centre

Jl Sungai Saddang

Jl Batu Putih

Jl Monginsidi

Jl Metro Tanjung Bunga

Jl Sam Ratulangi

Dodo's Homestay (5 km);
Terminal Mallengkeri (6 km);
Sungguminasa (10 km)

Makassar

⊙ Sehenswertes		10 Coto Nusantara	B2
1 Fort Rotterdam	A3	11 Fish-warungs	A3
2 Masjid Amirul Mukminin	B6	12 Kampoeng Popsa	A3
Museum Negeri La Galigo	(siehe 1)	13 Lae Lae	B5
		14 RM Nelayan	B5
⊜ Schlafen		15 Rumah Makan Pate'ne	B2
3 Aston Makassar	B4		
4 Expressia	A4	**⊙ Ausgehen & Nachtleben**	
5 Ge JacMart	B6	16 Kafe Kareba	A4
6 Legenda Beril Hostel	B2	17 The Level	B6
7 Novotel Makassar Grand Shayla	C4	18 Zona Cafe	A4
8 Pod House	B5		
		⊙ Shoppen	
⊗ Essen		19 Pasar Cina	B1
9 Bistropolis	B4		

Beteng Somba Opu   RUINEN

(Gowa; 2000 Rp; ⊙ Gelände Sonnenauf- bis Sonnenuntergang, Museum 8–17 Uhr) Somba Opu, eine der stattlichsten Festungen des Archipels, wurde 1669 von den Holländer beschädigt und versank dann im Delta des Jeneberang. In den 1980er- und 1990er-Jahren wurde während einer kurzen Phase des Interesses am Denkmalschutz, während der auch mehrere traditionelle Häuser und ein kleines Museum gebaut wurden, eine massive Mauer ausgegraben. Heute wirkt der Park jedoch recht verlassen.

Pelabuhan Paotere   HAFEN

(Paotere Harbour; 10 000 Rp) 4 km nördlich vom Zentrum liegt Pelabuhan Paotere, ein großer Hafen, in dem Segelschiffe der Bugis ankern. Zwar geht es in dem betriebsamen Hafen geschäftig und schmutzig zu, doch die Schiffe sind fotogen und die Leute in der Regel freundlich. Der Hafen und der nahe Fischmarkt, wo riesige Thunfische und alle erdenklichen Meerestiere verkauft werden, sind ab Tagesanbruch bis in den Vormittag hinein sehr stimmungsvoll.

🛏 Schlafen

★ Dodo's Homestay   GASTFAMILIE **$**

(☎ 0812 412 9913; www.dodopenman.blogspot.co.uk; Jl Abdul Kadir, Komplex Hartaco Indah Blok 1Y/25; EZ/DZ 100 000/120 000 Rp; ❈ 🛜) Die tolle Privatunterkunft gehört Dodo, einem superfreundlichen Einheimischen, der Travellern seit über 20 Jahren hilft. Das geräumige, klimatisierte Haus befindet sich in einem ruhigen Viertel 7 km südlich vom Zentrum. Ein Zimmer hat ein eigenes Bad. Es gibt kostenlosen Tee und Kaffee und Dodo arrangiert Verkehrsmittel (auch Leihmotorräder und -wagen) und Touren auf Sulawesi.

Legenda Beril Hostel   HOSTEL **$**

(☎ 0411-894 1236; rinajun@yahoo.com; Jl Serui 2-4; Zi. ab 175 000 Rp; ❈ 🛜) Die einfachen, winzigen Zimmer in diesem recht neuen Hostel für Budgettraveller in Chinatown sind sauber und gepflegt. Viele Gäste treffen sich auf der sonnigen Terrasse vorm Haus, um Reiseabenteuer auszutauschen. Die freundliche Managerin Rina spricht Englisch und weiß hervorragend über die Attraktionen der Gegend und Verkehrsmittel Bescheid.

Pod House   HOSTEL **$**

(☎ 0411-894 1760; info@podhousehotel.com; Jl Penghibur 58-59; Kapsel/Zi. 150 000/230 000 Rp) Das Pod House erfüllt das Konzept des funkigen Backpackerhostels mit neuem Leben. Es punktet mit toller Lage, freundlichem Personal, sauberen Zimmern und Reihen einfacher, mit Vorhängen abgetrennter „Kapsel"-Betten mit Schließfächern und westlichen Gemeinschaftsbädern. Einen schöneren Ort als die Dachterrasse mit Blick aufs Wasser wird man kaum finden, um abends zu relaxen.

★ Ge JacMart   GASTFAMILIE **$$**

(☎ 0411-859421, 0811 721 625; www.ge-jacmart-homestay.blogspot.com; Jl Rambutan 3; Zi. inkl. Frühstück 300 000 Rp; ⊛ ❈ 🛜) Die Privatunterkunft in einer ruhigen Gasse nahe des Ufers wird von gastfreundlichen Mitarbeitern geführt, die gut Englisch sprechen. In dem luftigen, sauberen Haus, das mit Kunstwerken gesprenkelt ist, gibt's sieben komfortable Zimmer mit eigenem Bad und warmem Wasser. Extras wie Leihfahrräder (25 000 Rp) machen dieses Haus zu einer tollen Option.

Expressia   BOUTIQUEHOTEL **$$**

(☎ 0411-361 1123; www.expressiahotels.com; Jl Penghibur 6-7; Zi. ab 330 000 Rp; ❈ 🛜) Das grundsolide Boutiquehotel hat kleine, aber komfortable Zimmer mit künstlerischen Akzenten und grau gefliesten Bädern mit dem so beliebten klaren Glas zwischen Dusche und Zimmer (aber mit Vorhängen). Die Lage am Ufer in der Nähe der Action ist fantastisch. Zimmer mit Meerblick sind teurer.

Novotel Makassar Grand Shayla HOTEL $$
(☑ 0411-361 9444; https://novotel.accorhotels. com; Jl Charil Anwar 28; Zi. inkl. Frühstück ab 630 000 Rp; ✷⟨⟩❄) Das elegante moderne Hotel ist die luxuriöseste Unterkunft der Stadt. Es bietet seinen Gästen einen 25 m langen Pool auf dem Dach, einen Fitnessraum, ein Spa und eine Spielecke für Kinder. Die gut ausgestatteten modernen Zimmer sind mit künstlerischen Akzenten gestaltet und bieten schnelles WLAN und luxuriöse Betten. Zum Meer sind es etwa zehn Minuten zu Fuß.

Aston Makassar HOTEL $$
(☑ 0411-362 3222; www.astonhotelsinternational. com; Jl Sultan Hasanuddin 10; Zi. inkl. Frühstück ab 730 000 Rp; ✷@⟨⟩❄) Das Traditionshotel liegt in Gehweite zum Meer und zum Fort Rotterdam und hat große und saubere, wenn auch etwas veraltete Zimmer, die ein ganz klein wenig nach schalem Zigarettenrauch riechen. In den beiden obersten Etagen warten ein 30-m-Pool, ein Fitnessraum und eine Bar/Restaurant mit herrlichem 180-Grad-Blick und (für Makassar) relativ preiswerten Spirituosen.

✗ Essen

★ Coto Nusantara SUPPE $
(☑ 0822 5132 2220; Jl Nusantara 142; coto Makassar 23 000 Rp; ◷ 7–18 Uhr) Wer die regionale Rindfleischsuppe coto Makassar probieren will (und das sollte man tun), wird geradewegs in diesen kleinen Laden in der Nähe der Werft geschickt. Kombiniert mit ein paar ketupat (in Palmblättern gedämpfter Reis) wird aus der winzigen Schüssel eine komplette Mahlzeit, und aufmerksame Angestellte bringen sofort mehr kua (Brühe), wenn gewünscht.

★ Rumah Makan Pate'ne INDONESISCH $
(☑ 0411-361 5874; Jl Sulawesi 48; Hauptgerichte 30 000–35 000 Rp; ◷ 8–22 Uhr; ✷) Mit einem sehr guten Preis-Leistungs-Verhältnis und authentischen Aromen besticht das Pate'ne, das frische makassarische und indonesische Klassiker serviert. Das lele goreng (frittierter Wels mit Sambal, zerkleinerter grüner Papa-

ya, Zitronenbasilikum und frischem Gemüse) und das rujak manis (tropischer Obstsalat mit würzig-süßem Palmzucker) schmecken köstlich, besonders zu frischem Melonen-, Mango-, Apfel- oder Avocadosaft.

Kampoeng Popsa INTERNATIONAL $
(Jl Ujung Panjang; Hauptgerichte ab 25 000 Rp; ◷ 10–24 Uhr; ⊞) In dem großen, an den Seiten offenen Food-Court weht eine frische Brise vom Meer, die Gäste sind jung und hip, die Stimmung ist gesellig, und Kinder haben Platz zum Rumrennen. Vor allem aber ist die Auswahl riesig und reicht von mei titi (knusprige Nudeln mit Sauce, Hühnchen und Garnelen) und Sushi über Nudelgerichte bis zu Eis. Es wird auch Bier ausgeschenkt und abends gibt's oft Livemusik.

Fisch-warungs STRASSENHÄNDLER $
(Jl Ujung Pandang; ca. 25 000 Rp/Fisch; ◷ 17–22.30 Uhr) Jeden Abend öffnen an der Küste gegenüber vom Fort Rotterdam und weiter südlich am Ufer mehrere selbst gezimmerte Fisch-warungs, deren Meeresfrüchte zu den leckersten und preiswertesten der Stadt gehören. Straßenkünstler sorgen an den Tischen für Unterhaltung.

RM Nelayan SEAFOOD $$
(☑ 0411-361 0523; Jl Alimalaka 25; Hauptgerichte 40 000–70 000 Rp; ◷ 10–22 Uhr; ⊞) Die Düfte, die in diesem sehr beliebten Fischgrillrestaurant aufsteigen, sind fast unwiderstehlich. Pro Tisch kann man sechs Würzen auswählen. Fisch und Garnelen werden auf verschiedene Weise zubereitet, z. B. mit der beliebten nordsulawesischen rica-rica (Chili-Pfeffer-Sauce) und mit woku (Kokosnuss, Ingwer und Zwiebel). Auch kaltes Bintang-Bier ist im Angebot.

Lae Lae SEAFOOD $$
(☑ 0411-363 4326; Jl Datu Musseng 8; Fisch ab 60 000 Rp; ◷ 10–24 Uhr) Das schnörkellose, bei den Einwohnern sehr beliebte Seafood-Restaurant ist ein Magnet für Liebhaber von gegrilltem Fisch. Der Eingang befindet sich hinter einem qualmenden Straßengrill. Der Fisch ist superfrisch. Man sitzt Seite an Seite mit den Einheimischen an langen, abgewetzten Metalltischen. Zu jedem Gericht gibt's drei Sambals, Reis und knackig frisches Rohkostgemüse.

Bistropolis INTERNATIONAL $$
(☑ 0411-363 6988; www.bistropolis.net; Jl Sultan Hasanuddin 18; Hauptgerichte 50 000–100 000 Rp; ◷ Mo–Fr 10–23, Sa bis 1, So bis 24 Uhr; ✷⟨⟩) Das

stilvolle und atmosphärische klimatisierte Bistro serviert beliebte internationale Gerichte, wobei Pasta und Pizza eine Hauptrolle spielen. Außerhalb Indonesiens hätte dieses Restaurant keine große Zukunft, doch hier bietet es eine willkommene Abwechslung zu Reis und Fisch. Das Eis (am besten die Sorte Baileys probieren) und der Espresso sind köstlich. Vorsicht, es werden zusätzliche Steuern berechnet.

Ausgehen & Nachtleben

The Level
BAR

(☑ 0411-831400; Jl Somba Opu 277C; ☺ 10–3 Uhr; 🛜) Gegenüber der schwimmenden Moschee Masjid Amirul Mukminin befindet sich The Level, das tatsächlich aber nicht eine, sondern drei Ebenen hat: eine coole Cafébar im Erdgeschoss, ein annehmbares Restaurant in der ersten Etage und ganz oben einen Club, in dem die Bässe dröhnen. Letzterer ist bei Makassars Jugend angesagt und bietet DJs und Bands. Schick anziehen (keine Sandalen oder Flipflops)!

Kafe Kareba
BIERGARTEN

(Jl Penghibur; ☺ 16–2 Uhr) Einheimischen wie Besuchern lieben diesen alteingesessenen Biergarten mit als Seafood-Restaurant maskierter Musikbühne und frequentieren ihn bis in den frühen Morgen. Um fair zu bleiben: Es gibt eine recht umfangreiche Speisekarte, falls man Hunger hat.

Zona Cafe
CLUB

(☑ 0411-362 3451; www.facebook.com/zonacafe makassar; Jl Ujung Pandang 2; Eintritt 40 000–100 000 Rp; ☺ 12–2 Uhr) Mit den DJs und Bands aus Jakarta und den wöchentlichen Drink-Angeboten hat sich dieser beliebte Club viele jugendliche Stammgäste erworben. Am Wochenende geht es nach 1 Uhr so richtig los.

Shoppen

Pasar Cina
MARKT

(Pasar Bacan; Jl Bacan; ☺ 6–13 Uhr) Auf dem lebhaften Morgenmarkt im Herzen Chinatowns werden jede Menge Gemüse, Kräuter und Fleischstücke verkauft.

Ratu Indah Mall
EINKAUFSZENTRUM

(www.malratuindah.co.id; Jl Sam Ratulangi; 8–22 Uhr) Im besten Einkaufszentrum im Zentrum sind (offizielle) Apple- und Samsung-Händler, ein Body Shop, ein Matahari-Warenhaus, Outdoor- und Sportgeschäfte sowie Cafés und Restaurants vertreten.

ℹ Praktische Informationen

EINWANDERUNG

Einwanderungsbehörde (Kantor Imigrasi Kelas I; ☑ 0411-584559; http://makassar.imigrasi. go.id; Jl Perintis Kemerdekaan 13; ☺ Mo–Fr 8–16 Uhr) Liegt 14 km außerhalb des Zentrums an der Straße zum Flughafen. Ist bei der Verlängerung von Visa on Arrival relativ effizient.

GELD

Im Zentrum gibt's zahlreiche Banken und Geldautomaten. Am Flughafen findet man Geldautomaten und Wechselstuben.

MEDIZINISCHE VERSORGUNG

RS Awal Bros Hospital (☑ 0411-454567; www. awalbros.com; Jl Jendral Urip Sumoharjo 43; ☺ 24 Std.) Das am günstigsten gelegene und am besten ausgestattete Krankenhaus Makassars. Einige Mitarbeiter sprechen Englisch. Es liegt in der Nähe der Mautstraße.

TOURISTENINFORMATION

Sulawesi Tourism Information Centre (☑ 0411-872336; Jl Jendral Sudirman 23, Gedung Mulo; ☺ Mo–Fr 8–17 Uhr) Hier gibt's ein paar gedruckte Informationen auf Englisch und hilfsbereite und freundliche Mitarbeiter. Am nützlichsten ist vielleicht die Liste der aktuellen Busunternehmen, die nach Tana Toraja fahren.

REISEBÜROS

Zahlreiche Reisebüros in Makassar bieten Flugbuchungen und geführte Touren, darunter auch Trips nach Tana Toraja, an. Man sollte aber keine großen Vorauszahlungen leisten, denn einige Traveller haben von professionell auftretenden „Tourorganisatoren" berichtet, deren Touren nie zustande kamen.

Der selbstständig arbeitende **Dodo Mursalim** (☑ 0812 412 9913; www.facebook.com/dodo. mursalim) hat kein richtiges Reisebüro, doch er hilft jedes Jahr Hunderten von Travellern bei der Organisation von Verkehrsmitteln und Touren, und dies schon seit Jahrzehnten. Er ist zuverlässig und vertrauenswürdig und seine Preise sind sehr annehmbar.

ℹ An- & Weiterreise

BUS & KIJANG

In Makassar gibt's viele Busbahnhöfe, von denen aus man die Stadt verlassen kann. Die drei folgenden sind am praktischsten. Man erreicht sie auf verschiedenen pete-pete-Routen, die sich an der **Makassar Mall** (Jl Wahid Hasyim) kreuzen.

Terminal Daya (abseits der Jl Perintis Kemerdekaan, hinter der Daya Grand Square Mall) Fernbusse und Kijangs zu allen Zielen Richtung Norden, darunter Rantepao. Hin kommt man von der Makassar Mall (5000 Rp, 30 Min.) mit allen *pete-pete* mit der Aufschrift „Daya", die in die östlichen Vororte fahren.

Terminal Mallengkeri (Jl Mallengkeri) Die meisten Kijangs und ein paar Busse fahren von hier Richtung Südosten, u. a. nach Pantai Bira. An der Makassar Mall und entlang der Jl Jendral Sudirman fahren rote *pete-pete* mit der Aufschrift „S Minasa".

Terminal Sungguminasa (östlich des Pasar Sungguminasa) Nach Malino gelangt man am einfachsten mit den *pete-pete* in der Jl Malino in der Nähe des Busbahnhofs; um herzukommen, steigt man an der Makassar Mall oder in der Jl Jendral Sudirman in einen *pete-pete* mit der Aufschrift „S Minasa".

FLUGZEUG

Von Makassars **Sultan Hasanuddin Airport** (www.hasanuddin-airport.co.id; Jalan Raya Airport No 1) gibt es recht gute Verbindungen in andere sulawesische Städte und auch ins übrige Indonesien, beispielsweise nach Java, Bali, Kalimantan und Maluku. Internationale Flüge führen u. a. Air Asia (4-mal pro Woche nach Kuala Lumpur) und Silk Air (3-mal pro Woche nach Singapur) durch.

Auf vielen Websites wird bei Flugbuchungen noch Makassars alter Name Ujung Pandang benutzt.

Garuda (☑ 0811 441 4747; www.garuda-indonesia.com; Jl Slamet Riyadi 6; ☺8–17 Uhr) Betreibt auch Citilink.

Lion Air (☑ 0411-368 0777; www.lionair.co.id; Jl Ahmad Yani Blok 22-24, hinter KFC; ☺Mo–Fr 8.30–16.30, Sa bis 14, So 10–14 Uhr). Betreibt auch Wings.

Sriwijaya Air (☑ 0411-424700; www.sriwijaya air.co.id; Jl Boulevard Raya 6-7; ☺Mo–Sa 8–16.30 Uhr)

VERKEHRSMITTEL AB MAKASSAR

Flugzeug

ZIEL	FLUGGESELLSCHAFT	PREIS (RP)	DAUER (STD.)	HÄUFIGKEIT
Bau Bau	Garuda, Wings Air	570 000	1¼	5-mal tgl.
Benteng (Selayar)	Garuda, Wings Air, TransNusa	330 000	50 Min.	2–3-mal tgl.
Gorontalo	Garuda, Lion Air, Sriwijaya Air, Batik Air	530 000	1½	6-mal tgl.
Kendari	Garuda, Lion Air, Sriwijaya Air, Batik Air	320 000	1	7-mal tgl.
Luwuk	Garuda, Wings Air, Sriwijaya Air	675 000	1¾	3–4-mal tgl.
Manado	Garuda, Lion Air	580 000	1¾	5-mal tgl.
Palopo	Garuda, Wings Air	520 000	1	1–2-mal tgl.
Palu	Garuda, Lion Air, Sriwijaya Air, Batik Air	1 000 000	1¼	7–8-mal tgl.
Poso	Wings Air	1 560 000	1½	1-mal tgl.

Bus & Kijang

ZIEL (FAHRZEUG)	TERMINAL	PREIS (RP)	DAUER (STD.)	HÄUFIGKEIT
Bulukumba (Auto)	Mallengkeri	60 000	4	nach Bedarf
Malino (*pete-pete*)	Sungguminasa	16 000	1½	häufig (meist morgens)
Morano (*pete-pete*)	Daya	10 000	40 Min.	häufig
Palu	Daya	280 000	24	tgl. 17 Uhr
Pantai Bira (Auto)	Mallengkeri	80 000	5	nach Bedarf
Pare Pare	Damri (nahe des Term. Daya)	40 000	3	4-mal tgl.
Rantepao	Daya	130 000–220 000	8	9 % 21 Uhr
Selayar	Mallengkeri	150 000	8	3-mal tgl.
Sengkang (Auto)	Daya	100 000	4	nach Bedarf

Der Bus nach Selayar kann Fahrgäste auch in Bulukumba oder Pantai Bira absetzen, die meisten Traveller nehmen aber lieber die Autos, die häufiger fahren.

Viele Pelni-Fähren stoppen in Makassar und bringen einen (wenn auch gemächlich) in fast alle Teile Indonesiens. Direktverbindungen gibt's nach Pare Pare und Bau Bau auf Sulawesi, Surabaya auf Java und Labuan Bajo auf Flores. Weitere Ziele sind Gorontalo und Bitung (Sulawesi), Tarakan und Balikpapan (Ost-Kalimantan), Benoa (Bali), Teluk Priok (Jakarta, Java), Ambon (Maluku) und Sorong (Papua).

Pelni (🖉 0411-331401; www.pelni.co.id; Jl Jendral Sudirman 14; ☺ Mo–Sa 8–14 Uhr) Tickets bekommt man im Hauptbüro in der Nähe von Novotel und bei Reisebüros in der Umgebung des chaotischen Fährhafens **Pelabuhan Makassar** (abseits der Jl Nusantara) im Zentrum.

❶ Unterwegs vor Ort

VOM & ZUM FLUGHAFEN

Der **Sultan Hasanuddin Airport** (www. hasanuddin-airport.co.id; Jalan Raya Airport No 1) liegt 22 km nordwestlich vom Zentrum Makassars. Zu Hauptverkehrszeiten kann es auf der Mautstraße doppelt so schnell gehen.

Flughafenbusse (Jl Riburani, nahe der Rabobank; 27 000 Rp; ☺ 7–17 Uhr) von Damri fahren zwischen 7 und 17 Uhr stündlich vom Untergeschoss des Flughafens in die Jl Ahmad Yani im Zentrum Makassars und halten unterwegs am Busbahnhof Daya.

Prepaid-Taxis findet man im Ankunftsbereich des Flughafens. Sie kosten ohne Fahrt auf der Mautstraße (10 000 Rp) zwischen 110 000 und 150 000 Rp.

NAHVERKEHR

Becak

Gern verfolgen die Fahrer von *becaks* (Fahrradrikschas) potentielle Fahrgäste in der Hoffnung, dass diese ihrem Drängen und/oder der Hitze nachgeben. Die Preise beginnen bei 10 000 Rp.

Pete-Pete

Die Haupthaltestelle der *pete-pete* befindet sich am Ort der alten Makassar Mall. Blaue *pete-pete* fahren in der Regel zu Zielen in der Stadt (5000 Rp), rote weiter nach außerhalb (ab 10 000 Rp).

Taxi

Die klimatisierten Taxis sind mit Taxameter ausgestattet, eine Fahrt von 2 km kostet ca. 18 000 Rp. **Bluebird Taxis** (🖉 0411-441234; www.bluebirdgroup.com) ist zuverlässig und hat komfortable Taxis, die rund um die Uhr fahren.

Grab

Bei Buchung über die App der Mitfahragentur Grab (www.grab.com/id) wird man binnen Minuten von einem *ojek* oder Auto an der Tür abgeholt,

und die Preise sind transparent. Man muss nicht Bahasa Indonesia sprechen, manche Fahrer rufen aber gern an, um den Abholort zu bestätigen.

Malino

🖉 0417 / 22 000 EW.

Malino ist eine angenehm grüne, hügelige Stadt auf einem Berg, umgeben von Reisterrassen und Wasserfällen. Berühmt wurde der Ort durch ein Treffen regionaler Herrscher Kalimantans und Ostindonesiens, die die – später gescheiterten – Pläne der Niederländer für eine Föderation unterstützten. In jüngerer Zeit wurden hier Friedensvereinbarungen für Maluku und Poso ausgehandelt. Die Gegend lädt zu malerischen Wanderungen ein, zudem entwickelt sich gerade eine Mountainbikeszene.

Air Terjun Takapala WASSERFALL
(3000 Rp) Der spektakulärer 10 m hohe saisonale Wasserfall befindet sich 4 km südlich von Malino inmitten von Reisfeldern. Am einfachsten gelangt man mit einem *ojek* (ab 10 000 Rp) her.

Grand Bukit Indah Resort LODGE $$
(🖉 0417-21277; hotel.bukitindah@yahoo.com; Jl Endang 2; Zi. inkl. Frühstück 250 000–350 000 Rp) „Grand" ist sicher übertrieben, doch die großen, gefliesten Zimmer mit drei Betten, privaten *mandis*, Flachbild-TVs und Terrassen sind gepflegt.

❶ An- & Weiterreise

Pete-pete nach Malino (16 000 Rp, 2½ Std.) sammeln sich morgens in Makassar in der Jl Malino nahe des Terminal Sungguminasa.

Pantai Bira

🖉 0413

In Pantai Bira, einem abgelegenen Küstenort und Tauchzentrum gibt's mehr Ziegen als Autos, zumindest bis am Wochenende ganze Busladungen chaotischer Wochenendbesucher aus Makassar einfallen. Die meisten Budgetunterkünfte befinden sich in schmuddeligen Dorf Pantai Bira. Im 3 km entfernten ruhigeren Pantai Barai gibt's schickere, auf Massenbetrieb ausgerichtete Resorts. Wer einfach nur seine Ruhe haben will, kann mit einem Boot die kurze Fahrt auf die Insel Liukang Loe machen und dort in einer Privatunterkunft übernachten.

Alle Strände sind bei Ebbe sehr breit und bieten Schnorchelspots, zu denen man

Pantai Bira & Umgebung

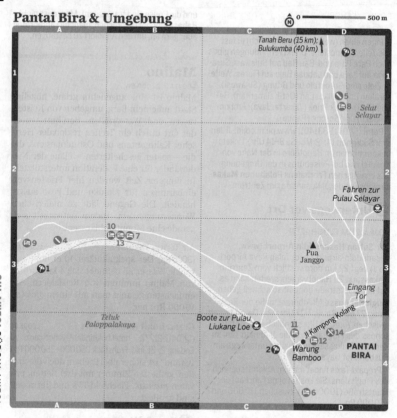

Tanah Beru (15 km);
Bulukumba (40 km)

Selat
Selayar

Fähren zur
Pulau Selayar

Pua
Janggo

Eingang
Tor

Teluk
Paloppalakaya

Boote zur Pulau
Liukang Loe

Jl Kampong Kolang

Warung
Bamboo

PANTAI
BIRA

schwimmen kann. Abgelegenere Buchten und benachbarte Inseln lassen sich per Boot erkunden. Zudem gibt's auf dem Festland viele interessante Ziele, die man mit dem Fahrrad oder Motorrad erreicht.

Die Tauchspots sind spektakulär und können es mit den besten Indonesiens aufnehmen, was die ganz großen Meeresbewohner angeht: Es wimmelt von Haien, darunter Hammerhaie, Rochen und Pelagischen Fischen.

◉ Sehenswertes

Pantai Tanah Beru   STRAND

In dem geschäftigen Zentrum des traditionellen *pinisi*-Schiffbaus 14 km nordwestlich von Bira erhält man einen Einblick in den Bau dieser massiven Segelschiffe. Die meisten Arbeiter haben nichts gegen Besucher, die sich umschauen und Fotos machen, man sollte aber erst fragen und auf lose Planken achten.

Pantai Bara
STRAND

Ruhiger geht es an diesem geschwungenen weißen Sandstrand etwa 3 km nordwestlich vom Dorf Bira zu, der von niedrigen Felsen und Palmen gesäumt wird. Von Bira kann man bei Ebbe in 30 Minuten am Strand lang hierherlaufen und das türkisblaue Wasser und die tropische Vegetation bewundern. Bei Flut geht man die neu befestigte, aber bröcklige Straße hinter dem Strand entlang; sie führt durch einen Wald, in dem Affen und große Warane leben.

Pantai Panrang Luhu
STRAND

(Pantai Timur) Nördlich vom Pier im Dorf Bira erstreckt sich der von Kokospalmen gesäumte Pantai Panrang Luhu. Am nördlichen Ende unter den Klippen arbeiten *pinisi*-Schiffbauer, und in der Mitte des Strandes haben ein paar Gästehäuser einen etwa 100 m langen Strandabschnitt des weißen Sandes von den alarmierenden Müllhaufen befreit, die auf dieser Seite des Kaps ein echtes Ärgernis sind.

Pantai Bira
STRAND

Biras strahlend weißer Hauptstrand befindet sich direkt westlich vom Dorfzentrum und ist unter der Woche meist sehr angenehm. Am Wochenende fallen aber Scharen von Tagesausflüglern ein. Wer schwimmt oder schnorchelt, sollte auf die Schnellboote achten, die aufblasbare Bananenboote mit einheimischen Touristen hinter sich herziehen.

🏃 Aktivitäten

Zu Recht ist Bira für seine spektakulären Tauchspots (S. 734) berühmt. Auch das Schnorcheln ist sehr beeindruckend. Ganztägige Bootstouren zur Pulau Liukang Loe und Pulau Kambing kosten pro Boot für acht bis zehn Personen etwa 400 000 Rp. Zu beiden Seiten des Kaps kann man gut schnorcheln, wegen der starken Flut ist dies aber nur ein paar Stunden am Tag möglich. Zudem kann die Strömung überraschend stark sein, leider sind hier schon Menschen ertrunken. Verschiedene Hotels sowie Strandkioske verleihen Schnorchelmaksen und Flossen für ca. 50 000 Rp pro Tag.

Sulawesi Dive Adventure
TAUCHEN

(☑ 0821 9000 0221; www.sulawesidiveadventure. com; Pantai Panrang Luhu; Tauchgänge 35 US$) Das Tauchcenter mit europäischen Besitzern hat gute Ausrüstung und hervorragende einheimische Instruktoren und Guides, die zusammen über jahrzehntelange Erfahrung verfügen. Es befindet sich östlich vom Kap, nördlich des Fährhafens am Pantai Panrang Luhu.

Bira Dive Camp
TAUCHEN

(☑ 0823 4234 7304; www.biradivecamp.com; Pantai Bara; Tauchgänge 490 000 Rp, PADI-Open-Water-Kurs 490 000 Rp) 2017 hat ein junges amerikanisches Paar die Leitung dieses coolen Tauchcenters übernommen, und seitdem wird es sehr viel professionell geführt. Es richtet sich an Backpacker und junge Traveller, kommt Einzelbesuchern entgegen und akzeptiert auch Taucher, die hier nicht übernachten. Die angeschlossenen Schlafsäle und Bungalows sind äußerst schlicht, daher das „Camp" im Namen.

South Sulawesi Divers
TAUCHEN

(☑ 0812 4443 6626; www.south-sulawesi-diver. com; Jl Poros Bara, Pantai Bara; Tauchgänge 40 €) Elvis, ein ernsthafter deutscher Taucher, der schon lange in der Region aktiv ist, hat dieses gut geführte, wenn auch leicht lethargische Tauchcenter gegründet, das seinen Sitz in der Mangga Lodge (S. 735) hat.

🛌 Schlafen

★ Salassa Guest House
PENSION$

(☑ 0812 426 5672; salassaguesthouse@yahoo. com; Jl Kampong Kolang, Bira; Zi./Bungalow inkl. Frühstück 150 000/350 000 Rp) Die familiengeführte Institution hat oben sechs preiswerte Zimmer mit Gemeinschafts-*mandi* und dahinter vier tolle Bungalows mit Duschen im Freien. Das Beste sind aber die ausgesprochen hilfsbereiten Besitzer, die fließend Englisch sprechen und Verständnis für Backpacker haben. Bei unserem letzten Besuch wollten sie die Pension leider verkaufen. Vorher sollte man zumindest einmal das

---

BIRAS STRÄNDE

Die Region Bira ist mit breiten weißen Sandstränden gesegnet. Man sollte aber berücksichtigen, dass die Einheimischen hier recht konservativ sind und Frauen meistens langärmlige Kleidung und lange Hosen tragen. Am Strand, und nur am Strand, ist ein Bikini akzeptabel, wahrscheinlich wird man aber angestarrt und Tagesbesucher aus Makassar wollen garantiert ein Foto mit einem machen. Ein höfliches „*jangan*" (nicht) setzt unangemessenen Berührungen in der Regel ein Ende.

BIRAS TOP-TAUCHSPOTS

Bira ist als einer haireichsten Orte Indonesiens bekannt und bietet wahrhaft spektakuläre Tauchmöglichkeiten. Die Inseln vor Bira liegen an der Südspitze Sulawesis, wo sich die Meeresströmungen treffen, sodass viel kaltes Wasser aus der Tiefe nach oben gelangt und es zahlreiche pelagische Meereslebewesen gibt.

Das Meer vor dem Pantai Bira kann rau sein, daher sind Inseln wie die etwa 7 km südlich gelegene Pulau Kambing mit mehreren Tauchspots nicht immer erreichbar. Es gibt aber auch geschütztere Stellen näher an der Küste, wo Taucher Makrolebewesen, darunter Nacktkiemer, Seepferdchen und zahlreiche Rifffische, beobachten können. Eines der Highlights der Region ist die Pulau Kambing.

Beliebte Tauchspots:

Great Wall of Goat Kambing bedeutet auf Indonesisch „Ziege" (englisch *goat*). Vor der unbewohnten Ostseite der Insel befindet sich eine bemerkenswerte vertikale Wand mit üppigem Riffleben. Meist begegnet man hier Haien (darunter Hammerhaie und Fuchshaie) und Rochen (u. a. Mantas und Teufelsrochen).

Cap Bira An diesem beeindruckenden Tauchspot vor der äußersten Spitze des Festlands gibt's einen tollen *swim-through*, und hier sind Weißspitzenhaie, Garnelen und Pfeifenfische verbreitet.

Shark Point Einfacherer Tauchspot mit abschüssigem Profil vor der Ostseite der Pulau Liukang Loe. Auf Taucher warten schöne Korallen, Schildkröten, Seeschlangen und natürlich viele Haie, darunter 2 m lange Weißspitzenhaie, Schwarzspitzenhaie und gelegentlich auch Bullenhaie.

Fish Market An dem Tiefseeberg, der nur etwas für erfahrene Taucher ist, wimmelt es von Meereslebewesen, darunter riesige Zackenbarsche, Schwarze Makrelen und Napoleon-Lippfische. Einfach ein fantastischer Tauchspot!

Mola-Mola Point An dieser Stelle vor der Westseite der Pulau Kambing, die nur für erfahrene Taucher geeignet ist, begegnet man riesigen Mondfischen. Die besten Monate sind der August und der September.

Restaurant (S. 735) besuchen – es ist das beste der Stadt.

Nini's Beach Bungalows BUNGALOWS $$
(📞 0821 9093 1175; www.facebook.com/ninisbeach bungalows; Pantai Bara; Cottage inkl. Frühstück 650 000 & 700 000 Rp; ❄️🛜) Viel Ruhe und Frieden bieten diese Cottages, die auf einer markanten Klippe über dem Strand stehen. Die Aussicht ist großartig, die Besitzer sind entgegenkommend und die gut ausgestatteten Zimmer mit warmer Dusche im Freien sind sehr einladend. Nur die gärtnerische Gestaltung der Anlage wirkt etwas lustlos.

Cosmos Bungalows BUNGALOWS $$
(📞 0822 9260 8820; www.cosmosbungalows.com; Pantai Bara; Bungalows inkl. Frühstück 350 000-450 000 Rp; 🛜) Eine lange Reihe rustikalschicker, schön gebauter Bungalows, teils mit Duschen im Freien, zieht sich auf einem schmalen Landstreifen hinunter zu den Küstenklippen, wo das winzige, aber nette Restaurant an den Felsen über dem Strand klebt (der bei Flut verschwindet). Tolle Atmosphäre und viele Infos über die Gegend.

Kaluku Cottages HÜTTEN $$
(www.kalukucottages.com; Pantai Panrang Luhu; Bungalow/Cottage ab 350 000/1 250 000 Rp; ❄️) Es stimmt, östlich vom Kap wird schrecklich viel Müll angeschwemmt. Doch die Mitarbeiter patrouillieren mehrmals täglich an dem 50 m langen Strandabschnitt vor den Cottages und halten ihn sauber. Auch die mit Rattanwänden versehenen Zimmer sind blitzsauber, darum ist dieses ruhige Fleckchen 3 km außerhalb des chaotischen Bira eine schöne Oase.

Patma Bira HOTEL $$
(📞 0821 9030 1649; www.patmabirahotel.com; Pantai Bira; Zi. ab 400 000 Rp) Mitten im Zentrum des Geschehens im Dorf Pantai Vira hat sich dieses altehrwürdige Hotel gut gehalten und seine friedliche Atmosphäre bewahrt, vor allem dank des grünen Gartens, hinter dem die großen Zimmer liegen. Das Personal ist sehr freundlich, die Lage günstig und es werden regelmäßig Rabatte angeboten.

⭐**Tevana House Reef** BUNGALOWS $$$
(📞 0812 4561 1678; www.facebook.com/Tevana HouseReef; Pantai Bara; Bungalow ab 850 000 Rp;

🐟) Das Tevana hebt das Unterkunftsangebot der Gegend auf eine ganz neue Stufe. Überall spürt man die Liebe zum Detail, ob bei der schön gestalteten Außenanlage auf den Felsen, den vier Bungalows aus Tropenholz und Korallengestein, die über Außenduschen verfügen, oder der Sonnenterrasse auf dem Dach über dem hervorragenden vegetarischen Restaurant.

Mangga Lodge HOTEL $$$
(☎0413-270 0756; www.mangga-lodge.com; Pantai Bara; Zi. inkl. Frühstück ab 950 000 Rp; ❄🐟) Ein kleines Stück hinter dem Pantai Bara erstreckt sich dieses weitläufige Resort aus weißem Stein. Mit seinen Bögen, Teichen, Treppen und Türmen erinnert es an ein Labyrinth. Die Angestellten sind sehr freundlich und die Zimmer sind schön ausgestattet, wenn auch ein wenig muffig – vielleicht, weil sie selten benutzt werden. Da South Sulawesi Divers (S. 733) hier seinen Sitz hat, ist das Hotel eine gute Option für Taucher, zudem bietet es zahlreiche organisierte Aktivitäten an.

Amatoa Beach Resort RESORT $$$
(☎0812 4296 5500; www.amatoaresort.com; Jl Pasir Putih 6, Pantai Bira; Zi. inkl. Frühstück 1 700 000–3 000 000 Rp; ❄🐟🏊) Auf Felsen mit Blick aufs Meer versteckt sich dieses luxuriöse kleine Resort vor dem Rest der Welt. Die unverputzten Mauern, die wehenden Vorhänge und die weißgetünchten Bungalows geben ihm mediterranes Flair. Leider ist der Service nicht so glänzend wie die Anlage, doch wahrscheinlich hat man diese mitsamt des schmalen Pools ganz für sich allein.

🍴 Essen

RM Claudya INDONESISCH $
(☎0823 4366 2323; Jl Kampong Kolang, Bira; 20 000–30 000 Rp; ⊗10–22 Uhr; 🐟) In dem luftigen *rumah makan* 500 m landeinwärts vom lebhaften Strand gibt's solide und bezahlbare indonesische Gerichte. Es liegt etwas erhöht über der Straße, was für eine entspannte Atmosphäre sorgt.

Salassa INDONESISCH $
(Jl Kampong Kolang, Bira; Hauptgerichte 30 000–45 000 Rp; ⊗7–22 Uhr) In dem an den Seiten offenen Restaurant vor dem Salassa Guest House (S. 733) kommen leckere Hausmannskost wie der Fisch „à la Salassa" mit Paprika und Gewürzen sowie Gerichte mit Hühnchen, Reis und Nudeln auf den Tisch. Falls das kalte Bier alle ist, gibt's im Riswan nebenan Flaschen zum Mitnehmen.

ℹ Praktische Informationen

Ausländische Besucher müssen am Tickethäuschen für den Pantai Bira und den Pantai Bara einmalig 40 000 Rp bezahlen.

ℹ An- & Weiterreise

BUS, BEMO & KIJANG

Vom Terminal Mallengkeri (S. 730) in Makassar fahren Kijangs direkt nach Pantai Bira (80 000 Rp, 5–6 Std.). Alternativ nimmt man einen Kijang nach Bulukumba (60 000 Rp) und steigt dort in einen anderen nach Pantai Bira (20 000 Rp) um. Von Makassar fahren um 9 und 1 Uhr Busse nach Selayer, die Fahrgäste in Bira (120 000 Rp) absetzen können.

Von Pantai Bira fahren morgens Kijangs direkt nach Makassar. Wenn man sie am Vortag bei seiner Unterkunft bucht, wird man abgeholt. Alternativ nimmt man vom Fährhafen ein *pete-pete* nach Bulukumba und steigt dort in einen Kijang oder Bus ins nächste Reiseziel um.

SCHIFF/FÄHRE

Zweimal täglich fahren Boote von Pelabuhan Bira zur **Pulau Selayar** (Erw./Kind 24 000/ 11 000 Rp, 2 Std., 10 & 16 Uhr). Außerdem fährt ein Direktboot nach Labuan Bajo auf Flores (120 000 Rp, 30 Std., So 11 Uhr & Di 10 Uhr).

Die Abfahrtzeiten ändern sich häufig und bei starkem Wellengang fallen die Fahrten regelmäßig aus, oft mehrere Tage lang.

ℹ Unterwegs vor Ort

Echte öffentliche Verkehrsmittel gibt es nicht, doch einige Einheimische bieten *ojek*-Fahrten an. Mehrere Einrichtungen in Bira, darunter **Warung Bamboo** (Jl Kampong Kolang, Bira; Motorroller 80 000 Rp/Tag; ⊗7–22 Uhr), verleihen Motorräder. Von Bira bis nach Bara sind es zu Fuß 30 bis 45 Minuten.

Pulau Liukang Loe

Die kleine Insel mit zwei winzigen Fischerdörfern, die eine 1 km lange Piste verbindet, ist ein beliebtes Ziel von Schnorcheltouren. Im Dorf **Ta'Buntuleng** an der Nordküste stellen Weber auf Handwebstühlen unter ihren Häusern schwere, farbenfrohe Stoffe her. An dem hübschen Strand westlich vom Dorf befindet sich ein interessanter alter **Friedhof**, und vor dem Strand erstrecken sich meilenweit Seegras und Korallen, allerdings muss man auf Strömungen achten.

Tabuntuleng PENSION $
(☎081 3425 78515; Pulau Liukang Loe; inkl. Mahlzeiten 250 000 Rp/Pers.; ❄) Die schlichten

Holzbungalows am westlichen Dorfrand haben ein eigenes Bad und eine Terrasse mit Meerblick, scheinen aber die meiste Zeit leer und verlassen zu sein.

Ocean Holiday PENSION $$
(📞 0811 421 1418; Pulau Liukang Loe; Zi. inkl. Frühstück 250 000 Rp; ❄) Die bescheidene Pension wird vom freundlichen Dorfobersten Jafar geleitet und hat einfache, aber saubere Zimmer und einen eigenen Strand, der tagsüber bei Schnorchlern beliebt ist.

ℹ An- & Weiterreise

In Pantai Bira kann man **Boote** für Schnorcheltouren zur Pulau Liukang Loe und zur nahen, unbewohnten Pulau Kambing chartern, dies kostet pro Boot etwa 400 000 Rp. Die meisten Pensionen und Hotels können Touren arrangieren. Eine einfache Überfahrt kostet rund 50 000 Rp, wenn man bereit ist, zu warten, wird es billiger.

Pulau Selayar

Auf dieser langen, schmalen Insel vor der südwestlichen Halbinsel Sulawesis leben Bugis, Makassaren und Konjo. Die meisten Bewohner wohnen an der unfruchtbaren Westküste und in der größten Stadt, **Benteng**. An der langen Küste Selayars wird viel Treibgut von den unweit verlaufenden Schiffsrouten angeschwemmt. So gelangte vielleicht auch eine 2000 Jahre alte vietnamesische Dong-Son-Trommel auf die Insel, die in einem Anbau in der Nähe des früheren **Benteng Bontobangun** (Fort Bontobangun) einige Kilometer südlich von Benteng aufbewahrt wird.

Selayar ist ein Abenteuerspielplatz für Besucher, die gern auf eigene Faust aktiv sind. die Hauptattraktionen sind die Sandstrände und Korallenriffe. Rund um die Pulau Pasi, gegenüber von Benteng, kann man gut schnorcheln, muss aber ein Boot chartern.

Selayar Eco Resort BUNGALOWS $$
(📞 081 337 834 888; www.selayar-eco-resort.sitew. fr; Bungalow inkl. HP/VP 60/70 €) Dieses neue Unternehmen an der Ostküste hat sich ganz auf die launische Natur der Pulau Selayar eingestellt: Wenn das Meer rau ist (Mai–Nov.), macht es an der Ostküste dicht und zieht an die Westküste um, wo es maßgeschneiderte Pakete für jeden Geschmack anbietet: von Camping an den weißen Sandstränden bis zur Übernachtung in Partner-Resorts inklusive täglichem Tauchen, Wandern oder Strandexkursionen.

Selayar Dive Resort RESORT $$$
(www.selayar-dive-resort.com; EZ/DZ mit Ventilator 85/135 €, mit Klimaanlage135/160 €; ☺ Okt.–April; ❄) Das gut geführte Resort mit deutschen Besitzern hat acht strohgedeckte Bungalows mit Meerblick an einem Sandstrand in der Südostecke der Insel. Es ist stark auf Taucher ausgerichtet. Erfahrene Divemaster führen Tauchgängen zu den zerklüfteten Riffen und Wänden in der Nähe. In den Preisen sind alle Mahlzeiten enthalten; der Mindestaufenthalt beträgt eine Woche. Zwei Tauchgänge kosten 90 €.

ℹ An- & Weiterreise

Täglich um 10 und 16 Uhr legen in Bira Fähren nach Pamatata auf der Pulau Selayar (24 000 Rp, 2 Std.) ab. Von Makassar fahren Busse (150 000 Rp inkl. Fähre, 8 Std., 3-mal tgl.).

Wings, Garuda und TransNusa bieten Direktflüge zwischen dem **Aroeppala Airport** und Makassar (ab 330 000 Rp, tgl.).

Taka-Bonerate-Inseln

Südöstlich der Pulau Selayar und nördlich der Pulau Bonerate liegt das 2200 km² große Taka Bonerate, das mit einem ca. 500 km² großen Korallengebiet das drittgrößte Atoll der Welt ist. Das größte Korallenatoll der Welt, Kwajalein, das zu den Marshallinseln gehört, ist nur 20 % größer. Einige der Inseln und Riffe der Region bilden heute den **Taka Bonerate National Park** (Taman Nasional Taka Bonerate), ein Meeresschutzgebiet mit artenreichem Meeres- und Vogelleben.

Wer das Atoll nicht auf einer eigenen Tauchsafari besucht, dem bleibt nur eine Pauschaltour inklusive Unterkunft, Essen und Schnorcheln oder Tauchen rund um die Pulau Tinabo – die man wahrscheinlich für sich allein hat, mal abgesehen von den Meeresschildkröten und kleinen Haien, die sich in der Nähe des weißen Strandes tummeln.

ℹ An- & Weiterreise

Die Fahrt zur Pulau Tinabo mit langsamen Booten dauert acht Stunden, das **Parkbüro** (Balai Taman Nasional; 📞 0414-21565; www.tntakabo nerate.com; Jl S Parman 40, Benteng, Pulau Selayar; ☺ 8–16 Uhr) in Selayar kann beim Arrangieren von Charterbooten helfen. Öffentliche Boote auf die bewohnte Pulau Bonerate fahren unregelmäßig ab Selayar.

Angesichts der mangelnden Verkehrsbindungen und der fehlenden Infrastruktur sind die meisten Besucher Taucher auf Tauchsafaris.

Watampone

📱 0481 / 100 000 EW.

Watampone ist die Hauptstadt des Regierungsbezirks Bone (bone-eh), einem früheren Königreich und dem politischen Machtzentrum der Bugis. Bone war für seine erbitterten Kämpfer auf dem Schlachtfeld berühmt, das Königreich wehrte sich lange erfolgreich gegen die Eroberung der Halbinsel durch Gowa. In der Kolonialzeit war Bone zunächst ein Verbündeter der Niederländer, dann wurde es aber für fast 100 Jahre ein tödlicher Stachel im Fleisch der Holländer, bis sie die Rebellion 1906 endgültig unterdrückten. Heute ist Watampone (oft einfach Bone genannt) eine kleine, friedliche Stadt, die als Versorgungszentrum der umliegenden ländlichen Siedlungen dient. Die meisten Reisenden verschlägt es nur her, wenn sie vom benachbarten Hafen Bajoe nach Kolaka in Südostsulawesi bzw. zurück wollen oder wenn sie auf einer Reise nach Tana Toraja eine Pause einlegen.

Museum Lapawawoi　　　　MUSEUM
(Jl Thamrin; ⏰ 8–16 Uhr) GRATIS In dem kleinen früheren Palast befindet sich eines der interessanteren Regionalmuseen Indonesiens. Es zeigt u.a. eine merkwürdige Sammlung von höfischen Erinnerungsstücken. Eventuell muss man nach dem Verwalter herumfragen, der das Museum öffnen kann.

Wisma Amrach　　　　PENSION $
(📱 0823 4512 3700; Jl A Yani 2A; Zi. 100 000–150 000 Rp; ❄) In dem weitläufigen Haus eines kommunalen Beamten gibt's mehrere ordentliche Zimmer, die sich um einen gemeinschaftlichen Aufenthaltsbereich gruppieren, der sogar mit Statuen und Wandschmuck (vor allem Zertifikate, aber immerhin!) dekoriert ist. Die Pension liegt supergünstig, auch zum Fähranleger.

✈ An- & Weiterreise

SCHIFF/FÄHRE

Vom Hafen **Bajoe** (bah-joy) (Jl Yos Sudarso), der 8 km östlich von Watampone liegt, starten um 17, 20 und 23 Uhr Fähren nach Kolaka (Deck/Business Class 75 000/116 000 Rp, 8 Std.).

Von einer Haltestelle hinter dem Markt in Watampone fahren alle paar Minuten bemos nach Bajoe. An der Bushaltestelle am Ende eines unglaublich langen Damms warten nach der Ankunft der Fähren Busse und Autos, die in fast alle Orte fahren, darunter auch Makassar und Rantepao.

BUS & BEMO

Der **Terminal Petta Pongawai** (Jl MT Haryono) liegt 4 km westlich der Stadt – man erreicht ihn mit einem ojek oder bemo. Kijangs und Busse fahren nach Parapare (90 000 Rp, 4 Std.) und Makassar (80 000 Rp, 4 Std.). In Bulukumba (75 000 Rp, 3½ Std.) hat man Anschluss nach Bira (25 000 Rp, 1 Std.). Um 16 Uhr fahren

---

SULAWESIS SEEFAHRER

Indonesiens bekannteste Seefahrer sind die Bugis, die auf ihren prächtigen Holzschonern Handelsgüter durch ganz Indonesien transportierten.

Nach dem Sturz von Makassar, der im 17. und 18. Jh. in Südsulawesi zu einer Auswanderungswelle führte, wuchs der Einfluss der Bugis rasch. Sie gründeten strategische Handelsposten bei Kutai (Kalimantan), Johor (nördlich von Singapur) sowie Selangor (nahe Kuala Lumpur) und gingen in der ganzen Region uneingeschränkt dem Handel nach. Noch heute werden an den Südküsten von Sulawesi und Kalimentan unter Verwendung jahrhundertealter Designs und Techniken traditionelle pinisi (Schoner) der Bugis und Makassaren gebaut. In Marumasa und Tanah Beru, die beide in der Nähe von Bira liegen, kann man dem Bau der Boote zusehen.

Die sulawesischen Seefahrer der Bajau, Bugis, Buton und Makassaren blicken auf eine fünfhundertjährige Geschichte des Handels und der kulturellen Verbindungen mit den australischen Aborigines zurück, und ihre Schiffe sind auf Höhlenzeichnungen der Aborigines in Nordaustralien, die aus der Zeit vor der Ankunft der Europäer stammen, abgebildet. Der britische Forschungsreisende Matthew Flinders begegnete 1803 bei der Melville-Bucht 60 indonesischen Schonern. Viel mehr Boote machen heute diese gefährliche (und illegale) Reise, um in den Zyklon-Gürteln vor der Nordküste Australiens an den Riffen zu fischen.

Viele nordsulawesische Minahasa, die erst relativ spät zur Seefahrt gekommen sind, arbeiten weltweit bei internationalen Schifffahrtsunternehmen. Wie ihre philippinischen Nachbarn sind die Minahasa weltoffen, und dazu kommen ihre Sprach- und Seefahrtskenntnisse, die sie bei vielen Kapitänen zu Mitarbeitern der ersten Wahl machen.

Busse nach Kendari (150 000 Rp, 12 Std.), sodass man die 17-Uhr-Fähre erreicht.

Panther nach Sengkang (40 000 Rp, 2 Std.) fahren 2½ km nördlich der Stadt in der **Jl Veteran** ab.

Sengkang

☑ 0485 / 53 000 EW.

Sengkang ist eine vom Verkehr verstopfte Kleinstadt mit einem malerischen See in der Umgebung, einer traditionsreichen Industrie für handgewebte Seide und einer großen Moschee, die abends sehr eindrucksvoll wirkt. Der Ort bietet sich an, um auf der Reise zwischen Rantepao und Pantai Bira einen Stopp einzulegen, die meisten Besucher bleiben aber nur eine Nacht. Am besten genießt man am Danau Tempe den Sonnenuntergang und schaut sich dann nach Herzenslust nach Seidensaris um, ehe man weiterreist.

Seidenweberei
DORF

Sengkang ist für seine *sutera*- (Seiden-)Weberei bekannt. In Hunderten Werkstätten in umliegenden Dörfern kann man den Prozess beobachten und Seide direkt vom Hersteller kaufen. Das nahegelegene Kampoeng BNI Sutra ist das Ergebnis des Programms für soziale Verantwortung der Bank Negara Indonesia, das Niedrigzinsdarlehen vergibt, um die wirtschaftliche Entwicklung zu fördern. Verschiedene kleine Geschäfte verkaufen hochwertige handgewebte und maschinengewebte Stoffe. Die nächsten Seidenwurmfarmen befinden sich etwa 15 km von Sengkang entfernt.

Danau Tempe
SEE

(Eintritt 5000 Rp) Inmitten von Feuchtgebieten liegt dieser große, flache See mit schwimmenden Häusern und großartigem Vogelleben. Geologen glauben, dass sich hier einst ein Golf zwischen dem Süden Torajas und dem restlichen Südsulawesi erstreckte. Als die Landmassen zusammenstießen, verschwand der Golf, und auch der See wird wohl irgendwann verschwinden. Hotels können Charterboote organisieren (200 000 Rp für 2 Std.), mit denen man in zwei Stunden den Sungai Walanae langdüsen, das schwimmende Dorf Salotangah besuchen, zum Dorf Batu Batu auf der anderen Seite des Sees übersetzen und wieder zurückfahren kann.

★ Amira Guesthouse
PENSION $$

(☑ 0852 9834 3824; anton.mandela@gmail.com; Jl A Malingkaan 3; Zi. inkl. Frühstück ab 250 000 Rp; ✳ 🛜) Die einfachen, aber sauberen Zimmer befinden sich im weitläufigen Obergeschoss eines Häuserkomplexes. Der hilfsbereite Besitzer Anton spricht Englisch, kann Touren arrangieren und hat sogar sein eigenes Boot auf dem See. Die Pension liegt über einem guten Restaurant und in der Nähe des Busbahnhofs und des chaotischen Zentrums.

★ Bakso Pahlawan
SUPPE $

(Jl Pahlawan; *bakso* 18 000 Rp; ✆ 11–23 Uhr) Es gibt *bakso*, und es gibt mit Käse oder scharfer Paprika oder einem ganzen gekochten Ei gefüllte *bakso*. Hier kann man sich für weniger als 20 000 Rp die beste Fleischbällchensuppe der Insel schmecken lassen.

Lesehan Jetpur
SEAFOOD $

(☑ 0813 5475 4111; Jl Bangau 1; Hauptgerichte 15 000–30 000 Rp; ✆ 10–22 Uhr) Das große, hell erleuchtete, geschäftige Restaurant erfreut sich bei den Einheimischen großer Beliebtheit. Es serviert authentische, preiswerte regionale Gerichte, darunter würziges Hühnchen und viel auf Eis gekühlten Fisch, den man selbst auswählen kann. Es befindet sich 1 km südlich der großen Moschee in einer Seitenstraße in der Nähe des Kampfjet-Denkmals.

Losari Silk
SEIDE

(☑ 0485-22489; h.bajilosarisilk@gmail.com; Jl A Baso 4, Pasar Sempange; ✆ 7–17 Uhr) Erst schießt man unten in der beengten Seidenweberei Fotos, danach kann man bündelweise hochwertige Seidenhemden und Sarongs kaufen.

ℹ An- & Weiterreise

Alle Fahrzeuge starten am **Terminal Callaccu** (Jl Andi Ninnong) gleich nördlich vom Zentrum.

Wer nach Rantepao (6 Std.) will, fährt mit einem *bemo* nach Lawawoi (35 000 Rp, 1½ Std.) und steigt dort in einen Bus (50 000 Rp, 5 Std.) um; alternativ fährt man über Palopo (60 000 Rp, 5 Std.). Zwischen Sengkang und dem Terminal Daya in Makassar (ab 75 000 Rp, 5 Std.) verkehren regelmäßig Avanzas, Kijangs (70 000 Rp, 4 Std.) sind aber schneller.

Pare Pare

☑ 0421 / 130 000 EW.

Pare Pare ist eine hügelige, grüne Stadt. Manchmal legen Traveller hier einen Stopp auf der Fahrt zwischen Tana Toraja und Makassar ein, meistens stellt man aber nach der langen Bootsfahrt von Kalimantan fest, dass man der einzige Besucher hier ist.

Gazzaz HOTEL **$$**
(☏ 0421-2733; Jl Daeng Parani 7; Zi. 280 000–
420 000 Rp; ❀ 🛜) Sauberes, modernes, cha-
rakterloses Hotel in bester Lage zur Pelni-
Fähre.

Restoran Asia CHINESISCH **$$**
(☏ 0421-21415; Jl Patompo 25; Hauptgerichte
35 000–70 000 Rp; ⊗ 8–22 Uhr; ❀) Das gut geführte, saubere, klimatisierte Restaurant
bietet eine besonders gute Meeresfrüchte-
auswahl, tolle chinesische Omeletts, preiswertes Gemüse und kaltes Bintang-Bier.

❶ An- & Weiterreise

BUS

Nach Makassar (3 Std.) fahren u. a. **Damri-Busse** (Jl Agus Salim; 42 000 Rp) und **Sammelfahr-
zeuge** (Jl Agus Salim; 40 000 Rp). Vor der
Hauptmoschee östlich vom Zentrum starten
Fahrzeuge nach Sengkang (2 Std.) und Lawawoi
(mit Anschluss nach Rantepao, 64 000 Rp,
5 Std.). Fahrzeuge nach Polewali (2 Std.) fahren
am Bahnhof Soreang Pertamina 4 km nördlich
des Zentrums los.

Die meisten Fernbusse halten am Terminal Induk, das mehrere Kilometer außerhalb der Stadt
liegt, meist ist es aber einfacher, zuzusteigen,
wenn sie durch die Stadt fahren.

SCHIF/FÄHRE

Von Pare Pare gibt es gute Schiffsverbindungen
nach Ost-Kalimantan. Pelni-Fähren fahren wöchentlich nach Balikpapan. Alle ein oder zwei
Tage verkehrt außerdem ein Passagierboot nach
Samarinda (22 Std.) oder Balikpapan (2 Nächte).
Doch die Unternehmen, die diese Verbindung
anbieten, haben schlechtere Sicherheitsstandards als die Pelni-Fähren. Agenturen nahe des
Hafens (Pelabuhan Nusantara; Jl Andicammi)
haben die Fahrpläne und verkaufen Tickets.

Tana Toraja

In Tana Toraja warten einige der schönsten
Landschaften Sulawesis und eine der faszinierendsten Kulturen Indonesiens – kein
Wunder, dass es bei vielen Travellern ganz
oben auf der Liste steht. Schon der erste op-
tische Eindruck ist betörend: Dörfer drängen sich um kunstvoll geschnitzte und be-
malte Häuser mit bootsförmigen Dächern,
smaragdgrüne Reisfelder steigen terrassen-
förmig in die Höhe, und eine schützende
Kette von mit Dschungel bewachsenen Hügeln umrahmt dies alles.

Für die meisten Reisenden ist der Besuch
eines Begräbnisses eines der Highlights ih-

res Besuchs, doch in Tana Toraja kann man
auch toll wandern, Rad fahren und Motorradtouren durch die immergrüne, hinreißend schöne Landschaft unternehmen.

🏃 Aktivitäten

Wandern ist die schönste Art, abgelegene
Gegenden zu erreichen und ein Gefühl für
Torajas Landschaft und Menschen zu bekommen. Siedlungen entstanden historisch
rund um Häuser und nicht als „Dörfer", daher ist die Zivilisation hier verstreut und
man ist nie weit von der nächsten Familien-
gruppe entfernt. Am besten besorgt man
sich eine gute Landkarte. Dann sucht man
sich einfach zwei Orte aus – höchstwahrscheinlich verläuft dazwischen ein Pfad. Allerdings sollte man wissen, dass als Folge
der rasanten Entwicklung viele klassische
Wandertouren im Hinterland nun auf befestigten Straßen verlaufen, und täglich kommen neue Asphaltstrecken hinzu. Es ist sehr
zu empfehlen, eine gute Landkarte mitzunehmen, z. B. die detailreich Karte Tana Toraja (1:85 000) von Periplus. Wer von der
Gastfreundschaft der Einheimischen Ge-
brauch macht, sollte auf jeden Fall eine finanzielle Gegenleistung erbringen.

Die Zahl der möglichen Wanderrouten ist
schier unendlich. Dies sind nur einige unser
Lieblingsrouten:

**Batutumonga–Lo'ko' Mata–Pulio–
Sapan–Pulu Pulu–Baruppu–Pangala'**
Drei Tage; großartige Landschaft, zeitlose
Dörfer und brennende Beine. Die Strecke
von Batutumonga nach Pulio ist frisch asphaltiert, der Rest des Weges verläuft auf
anstrengenderen Stein- oder Lehmwegen
mit Steigungen.

**Sa'dan–Sapan–Pulu Pulu–Baruppu–
Pangala'** Drei bis fünf Tage; anstrengend
und bergig – eine abenteuerliche Hochland-
wanderung im besten Sinne des Wortes.

Pangala'–Bolokan–Bittuang Zwei Tage;
gut markierte Route durch von der Welt
vergessene Dörfer und Kaffeeplantagen.

**Bittuang–Karaka–Ulusalu–Orobua–
Mamasa** Drei bis vier Tage; es geht über
den steilen bewaldeten Kamm zwischen
Toroja und Mamasa. Für den kaum entwi-
ckelten Abschnitt zwischen Ulusalu und
Orobua benötigt man einen Guide.

❶ Touristeninformation

Die meisten unabhängigen Guides sind in Rantepao ansässig, man begegnet ihnen im Umkreis

Tana Toraja

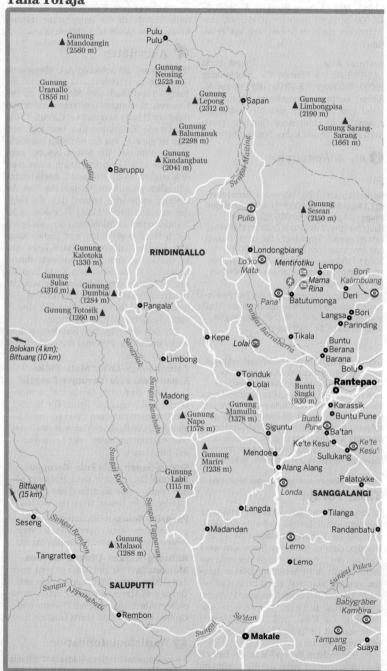

von Pensionen und beliebten Restaurants. Agenturen organisieren auch geführte Touren (darunter Wandertouren und kulturelle Touren), Fahrzeuge und Guides.

❶ An- & Weiterreise

Fast alle Traveller, die nach Tana Toraja wollen, landen zunächst in Rantepao. Die Stadt hat gute Verbindungen nach Makassar sowie nach Tentena/Poso. Am schnellsten kommt man gegenwärtig her, wenn man von Makassar nach Palopo fliegt und dann über Land nach Rantepao (1½ Std.) fährt.

❶ Unterwegs vor Ort

BEMO & KIJANG

Regionale Nahverkehrsfahrzeuge starten an Haltestellen rund um das Zentrum Rantepaos sowie am schäbigen, matschigen Terminal Bolu nördlich von Rantepao und von der Stadt Makale; in alle Hauptdörfer fahren regelmäßig *bemos* und Kijangs. Einige der praktischsten Verkehrsverbindungen ab Rantepao und Makale:

Bittuang Für Wanderungen nach Mamasa; Abfahrt in Makale.

Lempo Für Wanderungen hinauf nach Batutumonga.

Pangala' Über Batutumonga.

Sa'dan Meistens ab dem Terminal Bolu.

Sangalla Abfahrt nur in Makale.

MOTORRAD & FAHRRAD

Die vielen neuen Kilometer asphaltierter Straßen bedeuten zwar das Ende einiger beliebter Trekkingrouten, doch mit dem Fahrrad oder Motorrad kommt man nun viel besser voran. Verschiedene Hotels und Reisebüros verleihen Motorroller (ab 75 000 Rp pro Tag) und Mountainbikes (ab 40 000 Rp pro Tag).

Die Straße, die aus Rantepao und Makale herausführen, sind meist in gutem Zustand, aber immer schmal und kurvenreich und oft steil, daher sie eher etwas für erfahrene Zweiradfahrer. Man kann auf einigen Wanderwegen auch mit dem Rad fahren, die Wege sind aber oft sehr matschig und steinig.

Rantepao

☑ 0423 / 26 500 EW.

Rantepao verdankt seine Existenz den Holländern, die (mit mäßigem Erfolg) versuchten, die familienzentrierten Machtverhältnisse im Hochland Torajas unter eine zentralisierte Verwaltung zu bringen und zwei neue Regierungssitze schufen: Rantepao und Makale. Die Regierungshoheit wechselte zwar hin und her und löste sich zwischendurch auch mal ganz in Luft auf,

DIE TORAJA

Die Toraja bewohnen die weite, zerklüftete Landschaft des südsalewesischen Hochlands. Ihr Name leitet sich vom Bugis-Wort *toriaja* ab, das einst einen negativen Beiklang hatte, vergleichbar mit „Hinterwäldler" oder „Landei". Der Name Tana Toraja bezieht sich auf das Land *(tanah)* der Toraja.

Jahrhundertelang überlebten die Toraja und ihre Kultur im Angesicht der ständigen Bedrohung die im Südwesten lebenden Bugis. Doch 1905 starteten die Holländer einen blutigen Feldzug, um Zentralsulawesi unter ihre Kontrolle zu bringen. Die Missionare folgten den Truppen, und zur Zeit des Zweiten Weltkriegs gerieten viele der großartigen Toraja-Zeremonien (mit Ausnahme der *tomate* genannten Begräbniszeremonien) schnell in Vergessenheit.

Religion

Vor dem Eintreffen des Christentums glaubten die Toraja an viele Götter, beteten aber Puang Matua als den speziellen Gott ihrer Familie, ihres Clans oder ihres Stammes an. Das Christentum untergrub einige der traditionellen Glaubenssätze der Toroja, doch die Zeremonien sind immer noch ein wichtiger Teil ihres Lebens.

Die Mythologie der Toraja legt nahe, dass ihre Vorfahren mit Schiffen aus dem Süden kamen, den Sungai Sa'dan (Fluss Sa'dan) hochfuhren und in der Region Enrekang siedelten, ehe sie wegen der Ankunft anderer Gruppen in die Berge weiterzogen.

Büffel sind bei den Toraja ein Statussymbol und spielen bei verschiedenen religiösen Zeremonien eine wichtige Rolle. Der Büffel ist traditionell ein Symbol des Wohlstands und der Macht, mit einem Büffel konnte man sogar Land kaufen. Die gefragten Albinobüffel können mehr als 8000 US$ kosten.

Obwohl die traditionellen Glaubenssätze sehr stark verankert sind, spielt das Christentum in Toraja eine sehr aktive Rolle. Eine der ersten Fragen, die Besucher hören werden, ist die nach der eigenen Religion, und Protestanten werden sofort Akzeptanz finden.

Beerdigungsriten

Von allen Zeremonien der Toraja sind die Begräbniszeremonien, in der Sprache der Toraja *tomate* (Bestattung, wörtlich „verstorben") genannt, die wichtigsten. Ohne die korrekten Bestattungsrituale wird die Seele des Verstorbenen seiner Familie Unglück bringen.

Die Toraja führen in der Regel zwei Begräbniszeremonien durch: eine unmittelbar nach dem Tod und eine sehr aufwendige zweite Beerdigung, nachdem alle Vorbereitungen getroffen wurden. Die größeren Beerdigungen werden meist in die trockenen Monate Juli und August gelegt, es finden aber das ganze Jahr über Beisetzungen statt.

Bis zur zweiten Beerdigung verbleiben die Toten im Haus ihrer Familie. Eine Einladung, den Verstobenen zu besuchen, gilt als eine Ehre. Wenn man sie annimmt, sollte man daran denken, dem Verstorbenen zu danken und um Erlaubnis zu bitten, wenn man gehen möchte – genau wie bei einem lebenden Gastgeber.

Die zweite Beerdigung kann mehrere Tage dauern. Dazu können Hunderte von Gästen kommen, es gibt viel zu essen, rituelle Tieropfer und traditionelle Tänze.

doch Rantepao entwickelte sich zu einem kleinen Handels- und Wirtschaftszentrum für die Siedlungen im Norden Torajas.

Die grüne Stadt, die noch immer dörflich wirkt, lässt sich leicht navigieren. Sie liegt in der Nähe der größten Attraktionen der Region und wartet mit guten Unterkünften und Restaurants auf. Das Zentrum ist ein wenig schäbig, doch der Verkehr hält sich in Grenzen und die Straßen führen schnell hinaus zu den Feldern am Rande Rantepaos. Irgendwo hört man immer einen Hahn krähen. Die Nächte können kühl sein und es gibt das ganze Jahr über Regen, sogar in der Trockenzeit.

Sehenswertes

Pasar Bolu MARKT

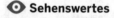

(☺ Di & Sa) Dieser staubige, chaotische Markt soll der größte Wasserbüffelmarkt der Welt sein. Jeden Dienstag und Samstag werden stattliche Tiere aus aller Welt präsentiert. Manche Büffel kosten mehr als ein Kleinwagen. Die meisten werden bei Begräbniszeremonien geschlachtet. Daneben findet auch ein reger Handel mit Schweinen und Häh-

Die Toroja glauben, dass die Seelen von Tieren ihrem Meister ins nächste Leben folgen sollten, daher sind Tieropfer so wichtig. Oft findet während der Feierlichkeiten (meistens am dritten Tag) eine Art Stierkampf mit einem Wasserbüffel statt, bei dem die Büffel zum Schluss getötet werden. Die Zahl der Büffel, die geschlachtet werden, wird sorgfältig ausgehandelt und hängt vom Status und vom Wohlstand ab. Das Fleisch wird als eine einmalige Umverteilung von Wohlstand unter allen Dorfbewohnern verteilt. Einige Besucher finden die Wasserbüffelkämpfe und die Tieropfer sehr blutig und verstörend.

Besucher, die an einer Begräbniszeremonie teilnehmen, sollten schwarze oder dunkle Kleidung tragen und Geschenke für die Familie des Verstorbenen mitbringen, die man teilen kann, z. B. Süßigkeiten oder Zigaretten.

Gräber & Tau Tau

Die Toraja glauben, dass Tote Besitztümer mit ins Jenseits nehmen können, daher werden die Verstorbenen in der Regel gut ausgestattet beigesetzt. Weil dies in der Vergangenheit zu Grabplünderungen geführt hat, begannen die Toraja, ihre Toten in Höhlen zu verstecken.

Diese Höhlen werden von speziellen Höhlenbauern ausgehöhlt. Die Särge werden tief in die Höhle gebracht, und auf die Balkons, die vor den Gräbern in den Felsen gehauen werden, kommen *tau tau* (geschnitzte Holzfiguren).

Die *tau tau* symbolisieren die Fortsetzung des Lebens des Verstorbenen im Jenseits. Bei gewissen Zeremonien ist es verboten, sie zu berühren. Leider hat dies nicht verhindert, dass Plünderer sie stehlen – je nach Künstler und Holzart können sie unglaublich teuer sein –, sodass viele Familien ihre *tau tau* nun in ihren Häusern aufbewahren.

Trotzdem kann man in Lemo und an vielen anderen Grabstätten immer noch zahlreiche dieser Statuen sehen.

Traditionelle Häuser

Einer der bemerkenswertesten Aspekte Tana Torajas ist die Größe und Pracht der *tongkonan* (traditionelles Haus der Toraja). Dies ist der Ort, an dem Familientreffen stattfinden, und die Häuser dürfen nicht ge- oder verkauft werden.

Das auffälligste Merkmal eines *tongkonan* ist das hohe Dach, das an beiden Enden nach oben ragt. Manche denken, dass es die Hörner eines Büffels symbolisiert, andere glauben, es soll Bug und Heck eines Schiffes darstellen. In der Regel sind die Häuser nach Nordosten ausgerichtet, hin zum Land der Lebenden, während die Rückseite nach Südwesten zeigt, hin zum Land der Toten. Auf diese Weise bildet das Dach eine Brücke zwischen den beiden Welten, geerdet von einem *a'riri posi'* (Schiffsmast), der zentralen Säule des Hauses.

Büffelhörner und die Schädel anderer Tiere, die bei Begräbniszeremonien geopfert wurden, werden vor dem Haus aufgetürmt; je höher der Turm, desto älter ist der Haushalt und desto höher sein Status. Auch die ornamentalen Schnitzarbeiten und Malereien des *tongkonan* sind ein Statussymbol, denn niedrigeren Klassen war es lange verboten, ihre Familienhäuser zu dekorieren.

nen statt, und in der Nähe gibt's einen sehr geselligen traditionellen Markt, der ein Fest für die Sinne ist. Am besten kommt man morgens her.

Karassik　HISTORISCHE STÄTTE

In Karassik am Rand von Rantepao, direkt neben der Straße nach Makale, befindet sich eine interessante Sammlung von Obelisken, die die Niederländer 1906 aus Lantangin hierherbrachten – dies war eine Forderung des örtlichen Häuptlings Pong Maramba, auf dessen Land die Holländer ihre Soldaten stationieren wollten.

 Aktivitäten

Nichtgäste können gegen eine Gebühr (ab 15 000 Rp) die Pools der Hotels benutzen.

Toraja One Stop Adventure　ABENTEUERSPORT

(☑ 0812 1458 7515; www.torajaonestopadventure. com; Jl Abdul Gani 14) Diese Agentur des indonesischen Geschäfts für Outdoorkleidung, Consino, ist zweifellos die professionellste der Stadt. Es hat genau die moderne Ausrüstung und die gut ausgebildeten Mitarbeiter, die man sich für Wildwasserabenteuer oder ausgiebige Mountainbiketouren wünscht.

Rantepao

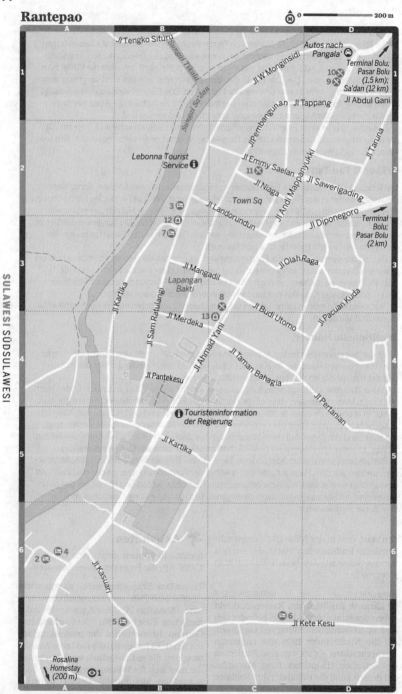

N 0 ━━━━━━━ 200 m

Jl Tengko Situru

Sungai Tikala

Sungai Sa'dan

Jl W Monginsidi

Autos nach Pangala'

10
9

Terminal Bolu;
Pasar Bolu
(1,5 km);
Sa'dan (12 km)

Jl Tappang

Jl Abdul Gani

Jl Taruna

Jl Pembangunan

Lebonna Tourist Service

Jl Emmy Saelan

11

Jl Niaga

Town Sq

Jl Andi Mappanyukki

Jl Sawerigading

3

Jl Landorundun

12

7

Jl Diponegoro

Terminal Bolu;
Pasar Bolu
(2 km)

Jl Olah Raga

Jl Mangadil

Lapangan Bakti

8

Jl Kartika

Jl Budi Utomo

Jl Pacuan Kuda

Jl Sam Ratulangi

Jl Merdeka

13

Jl Ahmad Yani

Jl Pantekesu

Jl Taman Bahagia

Jl Pertanian

Touristeninformation der Regierung

Jl Kartika

Jl Kasuari

2
4

5

6

Jl Kete Kesu

Rosalina Homestay
(200 m)

1

Rantepao

Eintägige Raftingtouren kosten ab 75 US$, zweitägige Expeditionen auf dem Fluss Sa'dan 250 US$.

🛏 Schlafen

In der Hauptsaison (Juni–Aug.) steigen die Preise in Rantepao, dann nehmen auch einige Privathäuser Gäste auf. Klimaanlagen sind eine Seltenheit und meistens auch überflüssig.

★Pia's Poppies Hotel　　　PENSION **$**
(☏0423-21121; www.piaspoppies.com; Jl Pongtiku, Lorong Merpati 4; EZ/DZ 200000/220000 Rp; 🛜) Die betriebsame Backpackerbleibe mit freundlichen Mitarbeitern liegt zehn Gehminuten vom Zentrum. Die Zimmer gehen auf ein ruhiges Feld und sind mit skurrilen Objekten wie großen Steinen im Bad dekoriert. Man sollte unbedingt im Café (S. 746) essen, das ausgezeichnete regionale Küche serviert. Frühstück kostet 33000 Rp extra. WLAN gibt's nur in den öffentlichen Bereichen.

Rosalina Homestay　　　GASTFAMILIE **$**
(☏0852 5572 5432; www.facebook.com/Rosalina HomestayRantepao; Jl Pongitiku Karassik; Zi. inkl. Frühstück 200000 Rp; 🛜) Der Besitzer Enos, ein erfahrener Guide für Toraja, versteht sich auf Kundenservice. Die Zimmer sind sauber, wenngleich abgenutzt. Die Lage bietet Vorteile – man wohnt friedlich außerhalb der Stadt mit einem ruhigen Reisfeld vor der Tür –, aber auch Nachteile, denn bis zu den besten Restaurants läuft man 20 Minuten. Gäste können hier Motorräder ausleihen.

Hotel Pison　　　HOTEL **$**
(☏0423-21344; Jl Pongtiku Gang II 8; Zi. ab 200000 Rp; ❄🛜) Das einfache Hotel an einem Hang hat 32 alte Zimmer zu fairen Preisen in verschiedenen Preiskategorien. Alle haben Bäder und winzige Balkons oder Terrassen und alle bis auf die billigsten warmes Wasser. Es gibt ein gutes Restaurant. Frühstück ist nicht im Preis enthalten.

★Sulawesi Castle　　　PENSION **$$**
(☏0811 399 986; www.facebook.com/sulawesicastletoraja; Jl Kasuari 18; Zi. inkl. Frühstück 400000–500000 Rp) Die modernen, komfortablen Zimmer mit bunten Farbtupfern und durchdachten Extras machen diese funkelnde neue orange Pension zu einem Hit. Dank des ausgesprochen hilfsbereiten und freundlichen Besitzers (der Brot bäckt), ist es eine Klasse für sich.

Luta Resort Toraja　　　HOTEL **$$**
(☏0423-21060; Jl Ratulangi 26; Zi. inkl. Frühstück 550000–895000 Rp; ❄🛜🏊) Die großen, aber altmodischen Zimmer mit dunklen Holzakzenten und Blick auf den grünen Hofgarten oder nach hinten auf den Fluss sind o.k. Hier hatte jemand eine echte Vision, als er das einzige „Luxushotel" im Zentrum baute, einen von Toraja inspirierten postmodernen Block. Leider ist es inzwischen ein wenig heruntergekommen. Die Mitarbeiter sind freundlich. Unzuverlässiges WLAN.

Wisma Monika　　　PENSION **$$**
(☏0423-21216; Jl Ratulangi 36; Zi. ohne/mit Klimaanlage 350000/450000 Rp; ❄🛜) In dieser prächtig wirkenden cremefarbenen Villa gibt's verschiedene einfache, aber gepflegte und saubere Zimmer, alle mit Leselampen am Bett. In der Umgebung laden zahlreiche Restaurants ein. Beim ausgezeichneten Frühstück werden Pfannkuchen, Nasi Goreng und frische Fruchtsäfte aufgetischt.

> ℹ **EINTRITTSPREISE IN TOURISTISCHE STÄTTEN**
>
> In den meisten touristischen Stätten in Tana Toraja kostet der Eintritt 20 000 bis 30 000 Rp. Meist gibt es einen Ticketkiosk und gelegentlich einen Souvenirstand – oder zehn und mehr in Lemo und Londa.

Wenn man nur ein bisschen feilscht, fallen die Preise gleich.

Toraja Heritage Hotel
RESORT $$$

(☑ 0423-21192; http://toraja-heritage.com; Jl Kete Kesu, oberhalb von Karassik; Zi. inkl. Frühstück 1100 000–1 400 000 Rp; ❋☏❉) Das Heritage präsentiert sich als Viersternehotel und bietet die Übernachtung in riesigen Häusern im *tongkonan*-Stil sowie in einem konventionelleren Block mit guten, aber nicht so stimmungsvollen Zimmern. Es hat einen grünen, gepflegten Garten, einen tollen lagunenartige Pool und einen separaten Kinderpool. Insgesamt eine gute Option, auch wenn das Hotel dringend mal wieder gründlich renoviert werden müsste.

✕ Essen

Ayam Penyet Ria
INDONESISCH $

(☑ 0423-25188; Jl Ahmad Yani 81; Hauptgerichte 24 000–32 000 Rp; ☉10–22 Uhr; ☏) Auf der langen Karte dieses großen Restaurants, das von einheimischen Gästen überrannt wird, findet sich für jeden etwas. Die meisten Gäste bestellen *ayam penyet* (zermalmtes Hühnchen, eine zarte, würzige Köstlichkeit), wir dagegen haben uns mehrmals am *gado-gado* übernommen.

Sop Ubi Ma'Uni
SUPPE $

(☑ 0852 4296 5985; Jl Emmy Saelan; Suppe 12 000–15 000 Rp; ☉9–20 Uhr) Wer denkt, er weiß, wie die köstliche Suppe mit gebratenen *ubi* (Maniok) sein sollte, kennt noch nicht die *sop ubi* des Ma'Uni's. Wenn man

bereit ist, sich in den winzigen Laden zu begeben und sich auf die regionale Küche einzulassen, wird man es nicht bereuen.

Pia's
INTERNATIONAL $

(☑ 0423-21121; Jl Pongtiku 22; Hauptgerichte 35 000–50 000 Rp; ☉7–10 & 18–22 Uhr; ☏) Im Speisesaal des Pia's Poppies Hotel (S. 745) wird großartige regionale Küche serviert, darunter *pa'piong* (langsam in Bambus über einem Feuer gegartes Schweine- oder Hühnerfleisch mit regionalen Wildkräutern; 80 000 Rp). Außerdem gibt's gute Pizza. Das Essen wird auf Bestellung zubereitet, darum sollte man lang im Voraus bestellen (mindestens 2 Std. vorher) oder sich darauf einstellen, zu warten (und zu warten…). Bintang-Bier kostet nur 33 000 Rp. Das Restaurant liegt zehn Gehminuten südlich vom Zentrum und ist über Mittag geschlossen.

Rumah Makan Saruran
INDONESISCH, CHINESISCH $

(☑ 0423-21079; Jl Andi Mappanyuki 119; Hauptgerichte 30 000–45 000 Rp; ☉8–22 Uhr) Berge gebratener Nudeln und solide, frisch zubereitete chinesische Gerichte im indonesischen Stil kommen in diesem lebhaften Restaurant in der Hauptstraße auf den Tisch. Der helle, gesellige Speiseraum bildet einen passenden Rahmen für das Essen, das zum besten Rantepaos gehört.

Rimiko Restoran
INDONESISCH $

(☑ 0423-23366; Jl Andi Mappanyukki 115; Hauptgerichte 30 000–50 000 Rp; ☉8–22 Uhr) Das alteingesessene, sehr freundliche Restaurant

---

DEN RICHTIGEN GUIDE ENGAGIEREN

Viele Führer in Tana Toraja haben eine Lizenz der Regierung. Dafür müssen sie einen Kurs in Kultur und Etikette absolviert haben und die lokale Sprache fließend beherrschen. Es gibt aber auch kompetente Führer ohne Lizenz (und inkompetente lizensierte Führer). Am besten setzt man sich mit einem potentiellen Guide erst einmal zusammen und bespricht die geplante Tour, ehe man sich festlegt. Wer sich unter Druck gesetzt (oder angemacht) fühlt, sieht sich wohl besser nach einer Alternative um.

Die Führer sprechen Touristen in Pensionen und Cafés an. Freiberufliche Führer berechnen für eine ganztägige Motorradrundtour einschließlich Beerdigung, falls gerade eine stattfindet, 400 000 Rp. Einen Guide mit Auto (für bis zu 4 Pers.) kann man für ca. 500 000 Rp pro Tag engagieren, allerdings sind große Teile der Toraja-Region nur zu Fuß oder mit dem Motorrad zugänglich, sodass die mit dem Auto erreichbaren Ziele begrenzt sind. Bei Trekkingtouren verlangen die Führer um die 500 000 Rp pro Tag. Alle Preise sind kaum verhandelbar, denn die etwa 100 Führer in der Region legen einheitliche Festpreise fest. Größere Tourveranstalter verlangen meist mehr als die genannten Preise.

Wenn man einen Führer engagiert, findet man sich leichter zurecht, erfährt etwas über die Kultur und kann in kurzer Zeit vieles sehen. Es gibt aber keinen Grund, die Gegend nicht auf eigene Faust zu entdecken, wenn man eine vernünftige Karte hat und ein paar essentielle Phrasen auf Bahasa Indonesia kennt.

serviert authentische regionale Küche, darunter Spezialitäten aus Toraja wie Büffel, Schwein und Aal in schwarzer Sauce (50 000 Rp) sowie typische indonesische Gerichte wie *gado gado*. Das *pa'piong* sollte man im Voraus bestellen.

🔒 Shoppen

In Rantepao gibt's wunderbare Holzschnitzereien, Web- und Korbarbeiten – dies sind die Hauptzweige des Kunsthandwerks in Tana Toraja. Darunter sind auch Spezialitäten aus den Dörfern der Region, etwa Schachteln aus Mamasa (zur Aufbewahrung von Glücksbringern, Salz und Betelnüssen), riesige Hornketten und Holzfiguren sowie hochwertige Holzschnitzereien von Handwerkern aus Ke'te Kesu' und Londa, z. B. Tabletts, Tafeln und Uhren, die in traditionellen Häusern als stimmungsvolle Dekoration dienen.

Aryanion Store KLEIDUNG
(Kaos Toraja; aryanion@yahoo.co.id; Jl Ratulangi 15; T-Shirts 90 000 Rp; ☺ 10–21 Uhr) Dieser Laden hat sich auf coole T-Shirts für Jungs und Mädels aus hochwertiger Baumwolle spezialisiert. Schöne Toraja-Motive und stilvolles Design.

Todi KUNST & KUNSTHANDWERK
(☑ 0812 360 64922; www.todi.co.id; Jl Ahmad Yani 63; ☺ 9–8.40, So ab 13 Uhr) Verkauft *ikat*-Textilien, Holzschnitzereien und Kunsthandwerk aus Torajan. Die Preise sind recht hoch, aber die Qualität ist gut, und man kann ein bisschen handeln.

❶ Information

Touristeninformation der Regierung
(☑ 0423-21277; www.halotorajautara.com; abseits der Jl Ahmad Yani; ☺ Mo–Sa 9–14 Uhr) Die freundlichen, ausgesprochen hilfsbereiten

Mitarbeiter haben präzise, unabhängige Infos über örtliche Stätten, Zeremonien und Festivals und können Führer empfehlen. Auch die vorhandene Literatur ist recht nützlich.

❶ An- & Weiterreise

FLUGZEUG
Mal wird Rantepao angeflogen, dann wieder nicht – zum Zeitpunkt der Recherche gab es keine Flugverbindungen. Die beste Option für Besucher mit wenig Zeit sind die Flüge von Makassar nach Palopo (Wings und Garuda, 600 000 Rp, 1 Std., 2-mal tgl.) und die Weiterfahrt auf dem Landweg (40 000 Rp, 1½ Std.).

BUS & BEMO
Die meisten Fernbusse fahren an den Büros der Busunternehmen in der Jl Andi Mappanyukki ab. Die Peise variieren je nach Geschwindigkeit, Komfort und Platz. Man sollte sein Ticket möglichst ein oder zwei Tage im Voraus buchen.

Vom **Terminal Pasar Bolu**, das 2 km nördlich von Rantepao liegt, verkehren regelmäßig Fahrzeuge nach Palopo (40 000 Rp, 1½ Std.), Sa'dan

SULAWESI TANA TORAJA

FERNBUSSE AB RANTEPAO

ZIEL	FAHRPREIS (RP)	DAUER (STD.)	ABFAHRT
Kendari	280 000	24	3-mal wöchentl. vormittags
Makassar	150 000–370 000	8–9	tgl. viele nachmittags
Mamasa (Auto ab Makale)	150 000	8–10	1-mal tgl. vormittags
Palopo (Auto ab Bolu)	40 000	1½	nach Bedarf
Palu	250 000	20	2–3-mal tgl. vormittags
Pare Pare	80 000	5	2–3-mal tgl. vormittags
Pendolo	150 000	8	2–3-mal tgl. vormittags
Poso	200 000	12	2–3-mal tgl. vormittags
Tentena	170 000	10	2–3-mal tgl. vormittags

(10 000 Rp, 45 Min.), Batutumonga (25 000 Rp, 45 Min.), und Pulio (30 000 Rp, 1½ Std.). Je eher man abfährt, desto größer sind die Chancen, das es pünktlich losgeht. Es gibt auch *bemo* nach Makale (8000 Rp, 30 Min.), oft ist es aber einfacher, an der Ecke Jl Landorundun und Jl Andi Mappanyukki in ein Fahrzeug einzusteigen.

Autos nach Pangala' (40 000 Rp, 2 Std.) fahren von der **Kreuzung** direkt vor der Brücke am nördlichen Ende der Stadt.

🛈 Unterwegs vor Ort

Rantepao ist klein, man kommt überall gut zu Fuß hin. Ein *becak* (Fahrradriksha) kostet innerhalb der Stadt etwa 5000 Rp. Motorroller kann man in Pensionen und Agenturen nahe dem Lapangan Bakti für 75 000 Rp pro Tag ausleihen. **Lebonna** (📞 0423-292 0926; Jl W Monginsidi 102) verleiht größere Trailbikes für Exkursionen in entlegenere Gebiete.

Batutumonga

Batutumonga im Distrikt Sesean Suloara' ist nicht nur einer der am leichtesten zu erreichenden Orte Tana Torajas, in denen man absteigen kann, sondern auch einer der schönsten. Es liegt auf einem breiten Hang auf der gleichen Seite wie der Gunung Sesean und überblickt das gesamte Gebiet, daher gibt's Panoramablicke auf Rantepao und das Tal des Sa'dan sowie tolle Sonnenaufgänge.

Es liegt etwa 20 km nördlich von Rantepao. Die Anreise macht das halbe Vergnügen aus, wenn man sie richtig bewerkstelligt. Am lohnendsten ist die Wanderung, die sich durch traditionelle Dörfer und zwischen Reisterrassen hindurchschlängelt. Wer nur wenig Zeit hat, kann aber auch eine Tagestour mit einer kurzen Wanderung und Mittagessen unternehmen.

Mentirotiku PENSION $
(📞 0813 4206 6620; Batutumonga; Zi. 150 000–400 000 Rp) In diesem *tongkonan* mit herrlicher Aussicht kann man ganz schlicht und traditionell übernachten – auf dünnen Matratzen in kleinen Kammern mit Holzwänden – oder in weniger interessanten, aber modernen Zimmern mit eigenem Bad. Das große Restaurant (Hauptgerichte 35 000–50 000 Rp), das auf Touristengruppen ausgerichtet ist, serviert ordentlich indo-torajische Küche – an den fantastischen Blick reicht das Essen aber nicht heran.

Mama Rina PENSION $
(📞 0813 4159 4704; Batutumonga; Zi. inkl. 2 Mahlzeiten für 1/2 oder mehr Pers. 150 000/350 000 Rp) In diesen beiden alten, baufälligen traditionellen *tongkonan* schläft man auf Matratzen auf dem Boden – rustikaler als hier kann man Tana Toraja nicht erleben. Frühstück und Abendessen im erhöhten Restaurant (mit nur wenig Aussicht) sind im Preis enthalten.

🛈 An- & Weiterreise

Bemo (12 000 Rp, 1 Std.) düsen vom Terminal Bolu in Rantepao hinauf nach Batutumonga. Manche fahren nur bis Lemo, von dort sind es noch zwei schöne, aber steile Kilometer zu Fuß.

KAFFEE IN TORAJA

Kaffee aus Toraja ist für seinen erdigen, vollmundigen Geschmack (würzige, rauchige und Karamellnoten, geringer Säuregehalt, klar im Nachklang) berühmt und gehört zu den renommiertesten regionalen Kaffees Indonesiens. Tana Toraja ist eines von wenigen Gebieten, wo Arabica-Bohnen, die schwerer zu kultivieren und anfälliger für Krankheiten sind als andere Sorten, dominieren: sie machen 96 % des angebauten Kaffees aus. Wegen des bergigen Terrains wird der Kaffee überwiegend von Kleinbauern angebaut, sodass die jährlichen Erträge gering sind.

Die Holländer führten den Kaffee Mitte des 19. Jhs. in Toraja ein und kontrollierten auch die Produktion. 1890, als der Wert des Kaffees steil gestiegen war, brach zwischen den Bugis und den Toraja ein „Kaffeekrieg" über die Handelsrouten aus.

Heute produzieren indigene Bauern in Toraja überwiegend zertifizierten Biokaffee. Die Vulkanerde, das relativ kühle Klima und die Höhe (1400–1900 m über dem Meer) bieten die perfekten Bedingungen für den Anbau von Premium-Arabica-Kaffee. Der Kaffee der Kooperative Petani Kopi Organik Toraja trägt ein Fairtrade-Siegel und ist in Nordamerika und Europa erhältlich.

Sehr gefragt ist Toraja-Kaffee in Japan, wo er unter der Marke Toarco Toraja verkauft wird. Allein im Distrikt Toraja Utara verkaufen 7000 Kleinbauern Kaffeebohnen an Toarco und erzielen damit im Durchschnitt 50 % ihres Einkommens – weit mehr als z. B. mit Reis.

Nördliches Hochland

Der Norden ist mit seinen spektakulären terrassenförmigen Reisfeldern, den kleinen Dörfern voller *tongkonan* und vielen schwer erreichbaren Attraktionen, die es nicht ins Programm der Ausflugsbusse schaffen, die malerischste Region Tana Torajas.

Hier locken großartige Wandermöglichkeiten, allerdings geht es entweder bergauf oder bergab, nie eben voran.

Pana' · GRAB

(Suloara; 30 000 Rp) Ob es nun stimmt, dass dies das älteste Kleinkindergrab Torajas ist oder nicht, diese Stätte ist ganz gewiss eine der faszinierendsten. Sie ist kaum entwickelt und die ruhige Lage gibt ihr eine spürbar heilige Atmosphäre.

Lo'ko' Mata · GRÄBER

(nordwestlich von Batutumonga; 30 000 Rp) Diese Steingräber hoch oben in den Bergen befinden sich an einem einzigartigen Ort: Sie sind in einen riesigen runden Felsen gebohrt. Bemerkenswert sind der große aus dem Stein gehauene Büffelkopf unter einem Grab und die kunstvollen Holztüren an anderen Gräbern.

Lolai · AUSSICHTSPUNKT

Von dem langen, in Nord-Süd-Richtung verlaufenden Kamm, der sich westlich von Rantepao erstreckt und als „Land über den Wolken" beworben wird, bieten sich spektakuläre Aussichten, besonders zum Sonnenaufgang, wenn das Tal unten oft in dichten Wolken liegt, aus denen nur die Spitzen der höchsten Karstgipfel herausragen. Es gibt mehrere offizielle Aussichtspunkte, die von Busladungen von Touristen heimgesucht werden; der schönste von ihnen ist **Tongkonan Lempe** mit Blick über die eindrucksvollen Reisterrassen zum Batutumonga-Kamm.

Pulio · DORF

Dieses Dorf auf einem Hügel über den mit Felsen gespickten Reisterrassen, das mit seiner anachronistischen Straßenlaternen auffällt, ist ein hervorragender Aussichtspunkt für Trekkingtouren in entlegenere Gegenden oder für die lange Wanderung hinunter nach Rantepao.

Gunung Sesean · WANDERN

(Batutumonga) Die 3,5 km lange Wanderung den Südkamm des Gunung Sesean hinauf wird mit einem grandiosen 360-Grad-Panorama auf 2150 m Höhe belohnt. Wenn die Beine und die Lungen nicht den gesamten Weg nach oben mitmachen, gibt es unterwegs überall hübsche Aussichtspunkte. Start ist im Dorf Batutumonga.

Nördliches Tiefland

Die Dörfer Sa'dans locken mit üppig grünen Flusslandschaften und gute Einkaufsmöglichkeiten. Einheimische Frauen bauen hier einen Markt auf, auf dem sie ihre gewebten Textilien verkaufen, die alle auf einfachen Webstühlen handgewebt sind, aber nicht alle im Dorf hergestellt werden.

Bori' Kalimbuang · RELIGIÖSE STÄTTE

(Bori; 30 000 Rp) Aufrecht stehende Steine kann man vielerorts sehen, diese Stätte gehört aber zu den schönsten. Auf dem gepflegten, friedlichen Komplex stehen 102 besonders große Menhire, die malerisch angeordnet sind und von denen jeder an ein anderes Begräbnis erinnert, das hier stattgefunden hat. Weitere Gräber in der Nähe und ein Baum mit Babygräbern tragen ebenfalls zu der andächtigen Atmosphäre bei.

Sangkombong · WERKSTÄTTEN

(Sa'dan) In den Reihen der *tongkonan* befinden sich auch mehrere Werkstätten traditioneller Weber, die ihr Handwerk gern vorführen. Die verschiedenen ausgestellten Textilien, von alten Decken mit traditionellen Motiven bis zu billigen Tüchern mit von Toraja inspirierten Szenen kann man kaufen – die Preise stimmen.

Östlich von Rantepao

Viele Reisenden, die zwischen dem Norden und dem Süden Tana Torajas unterwegs sind, besuchen diese Region auf einer Tagestour. Sie ist flacher als der Norden und mit ihren vielen Reisfeldern, den verschlafenen traditionellen Dörfern und den grasenden Büffeln sehr reizvoll. Hier kann man wunderbare Motorradtouren unternehmen.

Marante · DORF

Das blühende traditionelle Dorf mit zahlreichen *tongkonan* (viele davon neu) liegt nur 5 km nordöstlich von Rantepao und bietet sich für eine schöne, relativ flache Exkursion ab Rantepao an. In der Nähe Marantes gibt es Steingräber und hängende Gräber mit mehreren *tau tau* (Ahnenfiguren), Schädel auf Särgen und eine Höhle voller verstreuter Knochen. Vom Dorf geht es über Land durch Reisfelder zurück nach Rantepao.

TANA TORAJAS LANDSCHAFT ERKUNDEN

Wer Tana Toraja in seiner ganzen Fülle erleben will, muss ein paar Tage in der spektakulären Landschaft der Region verbringen. Großartige Aussichten, terrassierte Reisfelder, einzigartige Felsgräber, *tau tau* (geschnitzte Holzfiguren), die aus einer anderen Welt zu stammen scheinen, hängende Gräber, hohe *tongkonan* (traditionelle Häuser der Toraja) und farbenfrohe Zeremonien – dies ist die wilde Welt Tana Torajas.

Viele Orte erreicht man auf Tagestouren ab Rantepao, bei längeren Trips kann man in Privatunterkünften in Dörfern übernachten oder zelten. Die Straßen in wichtige Städte wie Makale, Palopo, Sa'dan, Sesean Suloara' (Batutumonga), Madandan und Bittuang sind asphaltiert, doch viele andere Straßen in Tana Toraja sind aus kompakten Felssteinen gebaut – man bleibt mit dem Fahrzeug zwar nicht stecken, wird aber ordentlich durchgerüttelt.

In einigen wenigen Gegenden wie Londa, Lemo und Ke'te Kesu' geht's relativ touristisch zu (inklusive Straßenhändler, die Souvenirs und Kinkerlitzchen verkaufen, aber recht wenig Stress machen), doch das aus gutem Grund: Es ist hier außergewöhnlich schön. Überall sonst ist wenig los, und es gibt viele unentdeckte Perlen, über die man mit etwas Glück stolpert.

Wer sich traut, zu Fuß loszuziehen, kann sein ganz privates Eckchen der fantastischen Landschaft entdecken: Kleine Fußwege zwischen den Reisfeldern verbinden fast alle Dörfer miteinander. Wer auf eigene Faust unterwegs ist, sollte bedenken, dass kaum etwas ausgeschildert ist und unbedingt eine Landkarte mitnehmen!

Begräbniszeremonien der Toraja besucht man am besten mit einem Führer, der die kulturelle Etikette erklären kann. Man sollte z. B. immer ein Geschenk für die Familie des Verstorbenen mitbringen, zudem ist es üblich, schwarze oder dunkle Kleidung zu tragen.

Südlich von Rantepao

In dieser Region gibt's viele beliebte kulturelle Attraktionen, von denen die meisten mit dem Auto erreichbar sind. Zum Wandern eignet sich das Gebiet nicht besonders, besser unternimmt man eine Tagestour mit dem Motorrad. Weil sie so gut erreichbar ist und weil die Sehenswürdigkeiten einfach atemberaubend sind, kommen viele Touristenbusse in diese Gegend.

★**Ke'te Kesu'** DORF
(Jl Ke'te Kesu'; 30 000 Rp; ☺6–18 Uhr) Die vier stattlichen *tongkonan* und die vielen Reisscheunen, aus denen Ke'te Kesu' besteht, wurden 1927 an diesen malerischen Ort gebracht, nachdem die clevere Familie bemerkt hatte, dass die niederländische Regierung mehr oder weniger jeden ignorierte, der weit genug von ihren Verwaltungszentren entfernt war. Später ließen die Bewohner von Kesu' ihr Dorf als erstes offizielles *obyek wisata* (touristische Stätte) eintragen, um ihr Erbe mit der Welt zu teilen und zu zeigen, wie wertvoll die Erhaltung von Traditionen ist. Sie unternahmen große Anstrengungen (mit Teilerfolgen), eine UNESCO-Welterbestätte zu werden.

Auf der Felswand hinter dem Dorf befinden sich Höhlengräber und einige sehr alte hängende Gräber – einige sollten 500 Jahre oder älter sein. Ein paar verwitternde Särge, die unter einem Überhang hängen, werden von Holzbalken gestützt, andere sind mitsamt Knochen und Schädeln in die Tiefe gestürzt.

In den Geschäften in der Nähe des Parkplatzes werden kunstvolle Holzschnitzereien verkauft – die Einheimischen hoffen, auf diese Weise Besuchern etwas von Toraja mitzugeben.

Das Dorf liegt 4 km südöstlich von Rantepao. In der Hochsaison kommen viele Touristengruppen her.

Lemo GRAB
(20 000 Rp; ☺7 Uhr–Abenddämmerung) Von diesem imposanten Grabfelsen voller Gräber schaut ein ganzes Dorf von *tau tau* mit unbewegter Mine und ausgestreckten Armen in die Tiefe. In die blanke Felswand wurde eine Reihe von Balkons für die Statuen der Verstorbenen geschlagen. Sie wirken, als würden sie genauso zur Gemeinschaft gehören wie ihre lebenden Verwandten. Die Stätte befindet sich am oberen Ende eines terrassierten Tals und wirkt daher gespenstisch schön, besonders am frühen Morgen.

Londa GRAB
(30 000 Rp; ☺7 Uhr–Abenddämmerung) In dieser großen (und sehr beliebten) Grabhöhle unter einer massiven Felswand kann man

seine Indiana-Jones-Fantasien ausleben. Der Eingang wird von einem Balkon voller *tau tau* bewacht, und in der Höhle selbst liegen auf fast jedem Felsvorsprung willkürlich Särge (viele davon total verwittert) und Knochen, teils in schwindelerregender Höhe. Die Überreste gemeiner Bürger liegen unten in den Höhlen, oft völlig ohne Sarg.

Einem örtlichen Mythos zufolge waren die hier beerdigten Personen Abkömmlinge von Tangdilinoq, dem Häuptling der Toraja. Englischsprachige Führer mit Laternen (50 000 Rp) sind nur zu gern bereit, mehr dazu und zu anderen Dingen zu erzählen, während man die Tiefen der Höhle erkundet. Wer schlank ist und nicht zur Klaustrophobie neigt, kann sich durch den Tunnel quetschen, der die beiden Haupthöhlen miteinander verbindet und kommt an einigen interessanten Stalaktiten und Stalagmiten vorbei.

Bemos zwischen Rantepao und Makale können Fahrgäste 5 km südlich von Rantepao am Abzweig zur Höhle absetzen, von dort sind es noch 2 km zu Fuß oder mit dem *ojek* bis zur Höhle.

Buntu Pune   DORF

(Jl Ke'te Kesu') Im Dorf Buntu Pune gibt's zwei schöne *tongkonan* und vier Reisscheunen, teils mit uralten, von Pflanzen bedeckten Dächern. Einer örtlichen Legende zufolge wurde eines der Dörfer von Pong Maramba erbaut, einem Adligen, der zu Anfang des 20. Jhs. lebte. Während der niederländischen Herrschaft wurde er zum Vorsitzenden eines Distrikts in der Region ernannt, plante aber eine Rebellion und wurde daraufhin ins Exil nach Ambon (Maluku) geschickt, wo er später starb. Seinen Leichnam brachte man zurück nach Tana Toraja und bestattete ihn auf dem Hügel nördlich von Buntu Pune.

SULAWESI TANA TORAJA

TAGESWANDERUNGEN IN TANA TORAJA

Westlich von Rantepao

Der **Buntu Singki** (930 m) liegt 2 km westlich von Rantepao auf der anderen Seite des Flusses und ist ein steiler Berg mit einem rutschigen, zugewachsenen Wanderweg zum Gipfel. Oben bietet sich ein Panoramablick auf Rantepao und die Landschaft ringsum. Wieder zurück an der Straße geht es weiter nach **Siguntu** (7 km von Rantepao), wo sich weitere großartige Aussichten auf die Täler und Rantepao bieten.

Schön ist auch die 3 km lange Wanderung von Siguntu zur Straße zwischen Rantepao und Makale bei **Alang Alang**. Unterwegs kann man im traditionellen Dorf **Mendoe** Halt machen. Von Alang Alang, wo eine überdachte Brücke über den Fluss führt, geht man ein paar Hundert Meter nach **Londa** und dann zurück nach Rantepao, oder man bleibt westlich vom Fluss und wandert weiter nach Süden zu den Dörfern **Langda** und **Madandan**.

Nordöstliches Tiefland

Das malerische traditionelle *tongkonan*-Dorf **Palawa'** wird selten von Touristengruppen besucht. In der trockenen Jahreszeit kann man Richtung Südwesten wandern, einen Fluss überqueren und durch Reisfelder nach **Pangli** laufen, wo es *tau tau* und Hausgräber gibt. Von dort geht es weiter nach Bori' Kalimbuang (S. 749), einer Stätte mit einem beeindruckenden *rante* (Zeremonienplatz) und einigen hohen Menhiren.

Alternativ läuft man über den Hügel zwischen Palawa' und Bori', was eine beträchtliche Abkürzung ist. In **Parinding**, das etwa 1 km südlich von Bori' an der asphaltierten Straße liegt, gibt es ebenfalls *tongkonan*, Reisscheunen und 700 Jahre alte Höhlengräber. Von hier kann man zurück nach Rantepao oder weiter nach **Tikala** laufen. Dies ist auch eine schöne Radtour mit Start und Ziel in Rantepao.

Nordwestliches Hochland

Von **Pangala'**, einem weitläufigen Marktdorf nordwestlich von Rantepao, führt eine selten genutzte 15 km lange Piste hoch über der Flussschlucht zum Tal von **Baruppu** und zu seinen unberührten Dörfern. In Pangala' selbst gibt's ein paar Straßen und einen kleinen Stand, der *ayam goreng* (Brathähnchen verkauft). Bekannt ist der Ort als Heimatstadt Pongtikus, eines furchtlosen Kriegers, der gegen die Holländer kämpfte.

Pangala' liegt 30 km von Rantepao entfernt (40 000 Rp mit dem Kijang).

Makale

📞 0423 / 34 000 EW.

Makale ist die Verwaltungshauptstadt von Tana Toraja. Man kann hier den Bus wechseln oder den Markt besuchen, viel mehr gibt es aber nicht zu tun. Die Stadt ist rund um einen künstlichen See angelegt und wird von wolkenverhangenen Bergen umringt.

Der bunte, laute Markt findet alle sechs Tage statt. Hier sieht man Schweine, die mit Bambusseilen festgebunden sind, damit die Käufer sie aus der Nähe begutachten können, Eimer voller lebender Aale und Berge frischen und getrockneten Fisch. Eine Ecke des Marktes ist ausschließlich *balok* (Palmwein) vorbehalten.

ℹ An- & Weiterreise

Von der Morgen- bis zur Abenddämmerung pendeln Kijangs zwischen Rantepao und Makale (8000 Rp, 20 Min.). Die meisten Busgesellschaften, die in Rantepao ihren Sitz haben, betreiben auch Büros hinter dem Block südöstlich vom See in der Jl Merdeka, Jl Pelita und Jl Ichwan. Das einzige Verkehrsmittel zwischen Tana Toraja und Mamasa sind private Autos (150 000 Rp, 10 Std.), die täglich gegen 8 Uhr vom **Terminal Makale** abfahren.

Östlich von Makale

Diese Gegend hat mehrere faszinierende Sehenswürdigkeiten zu bieten und liegt weit weg vom touristischen Hauptgebiet, sodass sich hier weniger Besucher drängen.

⭐ Tampang Allo   GRÄBER

(Sangalla; 20 000 Rp) Ob es nun die *tau tau* sind, die Höhle selbst oder das friedliche Reisfeld inmitten des Felslabyrinths – jedenfalls ist dies einer unserer Lieblingsorte in Tana Torja. Die Gräber sollen den Häuptlingen von Sangalla gehören, Nachfahren der mythischen Gottheit Tamborolangiq, die das Kastensystem und die Todesrituale in die Gesellschaft der Toraja einführte. Ihre Schädel sehen aber nicht anders aus als die gemeiner Menschen.

In Makale steigt man in ein Kijang nach Sangalla und fährt bis Suaya, von dort führt ein Betonweg nach Tampang Allo.

Babygräber Kambira   FRIEDHOF

(Sangalla; 20 000 Rp) In Toraja wurden verstorbene Babys, die noch nicht gezahnt hatten, traditionell in Bäumen bestattet, weil man glaubte, dass diese Kleinkinder reiner als Erwachsene wären und ihre Körper und Seelen von den Bäumen absorbiert werden und mit ihnen wachsen würden. Dies ist eines der größeren Baumgräber der Region: 20 verstorbene Kinder wurden hier bestattet. Inzwischen ist der Baum selbst nun aber auch abgestorben. Der schattige Ort ist sehr friedlich, und in der Nähe befindet sich ein unglaublich kunstvolles *tongkonan*.

ℹ VON TANA TORAJA ZU DEN TOGIAN-INSELN

Viele Besucher möchten möglichst schnell von Tana Toraja zu den Togian-Inseln gelangen. Allerdings passt das Wörtchen „schnell" in Sulawesi nicht zu den kurvigen, schmalen Bergstraßen. Hier die Optionen:

Längste aber lohnendste Strecke Mit dem Bus nach Tentena; zwei Nächte in Tentena mit einer Tour ins Bada-Tal; mit dem Auto nach Ampana; eine Übernachtung in Ampana; mit der Fähre zu den Togian-Inseln. Bilanz: drei Zusatztage.

Schneller aber anstrengend Mit dem Bus nach Poso; mit einem Minibus von Poso nach Ampana; mit der Fähre zu den Togian-Inseln. Bilanz: zwei Tage.

Am bequemsten aber am teuersten Früh mit dem Auto nach Palopo; Flug nach Palu; Übernachtung in Palu; Flug nach Ampana; nachmittags mit dem Schiff zu den Togian-Inseln. Bilanz: 1½ Tage.

Es gibt noch viele andere Alternativen, z. B. zurück nach Makassar zu reisen, nach Poso oder Luwuk zu fliegen und dann über Land nach Ampana zu fahren.

Die Kosten, um mit einem privaten, klimatisierten Auto von Rantepao nach Ampana (mit einer Übernachtung in Tentena) zu fahren, beginnt bei etwa 2 300 000 Rp. Es kann sich lohnen, das Auto mit jemandem zu teilen. Unterwegs hat man die Möglichkeit, anzuhalten, um Fotos zu machen oder etwas zu essen, wann immer man will.

Egal, welche Anreise man wählt, bei der Ankunft wird man erschöpft sein – und froh darüber, dass man sich jetzt ein paar Tage an einem Strand ausruhen kann.

WANDERN RUND UM MAMASA

Bevor man in die Berge aufbricht, sollte man wissen, dass man in allen Dörfern eine Privatunterkunft arrangieren kann. Dies kostet zwischen 50 000 und 150 000 Rp pro Nase, wobei ein einfaches Frühstück und Abendessen meist enthalten sind. Mittags fragt man einfach herum, es findet sich sicher jemand, der für etwa 25 000 Rp ein Mittagessen zubereitet. Viel Wasser und/oder einen Wasserfilter und warme Kleidung sollte man mitbringen.

Zur Orientierung lädt man sich am besten ein Satellitenbild aufs Smartphone, das man offline ansehen kann (Backup-Ladegerät mitnehmen). Die zweitbeste Option sind die gezeichneten Karten in Profi-Qualität, die der Besitzer des Ramayana Inn in Mamasa macht Unsere Lieblingsrouten:

Mamasa–Orobua–Ulusalu–Karaka'–Bittuang Drei bis vier Tage; neue Variante eines alten Klassikers. Diese Wanderung von Mamasa nach Toraja verläuft abseits der Straße im Wald. Zwischen Orobua und Ulusalu geht man am besten mit einem Führer.

Taupe–Ulumambi–Rantelemo–Mambi Drei Tage; als wäre die Landschaft oberhalb Mamasa nicht traumhaft genug, liegt auf dieser Route auch der Sambabo, ein sehr hoher Wasserfall.

Kambira ist in der Nähe von Sangalla, das 9 km westlich von Makale liegt; von Makale fahren Kijangs nach Sangalla.

MAMASA-TAL

Das Mamasa-Tal, ein Gebiet von großer landschaftlicher Schönheit, lockt mit seinem herrlichen Hochland und den tief verwurzelten Stammestraditionen. Weil es in der Vergangenheit sehr schwer zugänglich war, lag es immer abseits der typischen Touristenpfade, doch wegen der verbesserten Straßenverhältnisse ändert sich dies nun.

Kulturell gibt es Gemeinsamkeiten mit dem benachbarten Tana Toraja, aber auch Unterschiede. Im Mamasa-Tal finden Zeremonien statt, die denen in Toraja ähneln, doch meist sind sie weniger aufwendig. Die *tongkonan* im Mamasa-Tal haben wie die traditionellen Toraja-Häuser lange Dachüberhänge und haben innen Schnitzereien mit Tier- und menschlichen Motiven.

Die Bewohner des Mamasa-Tals sind inbrünstige Christen, im ganzen Tal treffen sich regelmäßig Chorgruppen. Ein immer noch florierendes Handwerk ist die *sambu*-Weberei: Die langen Streifen aus schwerem Webstoff werden zu Decken zusammengenäht, die in den kalten Gebirgsnächten gut wärmen. Viele Dorfbewohner verkaufen sie.

⊙ Sehenswertes

Taupe   DORF
Auf dem Weg in dieses traditionelle Dorf mit Dschungelwanderungen und Panoramaaussicht geht es gerade soviel bergauf und bergab, dass sich der Weg perfekt zum Radfahren eignet – wenn man nichts dagegen hat, ein wenig zu schwitzen. Es liegt 5 km nordwestlich von Mamasa.

Ballapeu'   DORF
Hoch oben im Bezirk Balla liegt Ballapeu' mit über 100 traditionellen Häusern. Die Frauen sind Expertinnen in der Kunst der traditionellen Weberei.

Rante Buda   HISTORISCHES GEBÄUDE
(Rambuseratu; Eintritt gegen Spende) Das imposante, 25 m lange *tongkonan*, das vor Ort Banua Layuk (hohes Haus) genannt wird, ist mit farbenfrohen Motiven geschmückt. Das historische Haus wurde vor etwa 300 Jahren für den Häuptling von Rambusaratu, einen von fünf regionalen Führern, erbaut, und gehört zu den ältesten und besterhaltenen im Tal. Von Besuchern wird eine Spende von 10 000 bis 15 000 Rp erwartet.

Osango   DORF
In Osango befinden sich *tedong-tedong* (kleine über Gräbern errichtete Bauten, die wie Häuser aussehen und über 200 Jahre alt sein sollen). Das Dorf ist sehr weitläufig und es gibt viele Pfade, darum kann es sein, dass man unterwegs nach dem Weg fragen muss.

Rantesepang   DORF
In diesem Dorf am Straßenrand, das sich selbst als das Zentrum der Weberei im Mamasa-Tal bezeichnet, verkaufen einige Läden traditionelle Textilien. Der Pfad vom Kunsthandwerkgeschäft nach oben führt zu einigen Werkstätten, in denen Frauen lange

Streifen des schweren Stoffes anfertigen, aus dem die für Mamasa typischen bunten Decken genäht werden.

Tedong Tedong Minanga GRÄBER

(Buntu Balla) Dies ist eine Gruppe hölzerner Särge, die wie Boote und Büffel geformt sind. In Buntu Balla weiter die Straße hinauf sieht man oft traditionelle Weber bei der Arbeit.

🛈 An- & Weiterreise

Sammel-Kijangs (S. 755) fahren vom Mamasa-Tal nach Rantepao im Osten in Toraja und nach Polewali im Süden an der Küste.

Mamasa

📞 0428 / 22 500 EW.

Mamasa ist die einzige echte Stadt im Tal. Die Luft ist kühl und frisch und die Bewohner sind freundlich, doch durch die ungebremste Bebauung wirkt es etwas chaotisch. Montags ist Markttag, dann kommen die Bewohner der Bergorte, um ihre landwirtschaftlichen Produkte zu verlaufen, und in den Straßen geht es bunt und geschäftig zu.

Thermalquellen Nusantara THERMALQUELLEN

(📞 0821 8894 3331; Jl Poros Polewali; regulär/VIP 5000/15 000 Rp pro Pers.) Das ausgebaute

Thermalbad am Ufer des Flusses ist sauber und entspannend. Die Extraausgabe für den VIP-Pool lohnt, denn der reguläre Pool ist meistens voll. Wenn die neuen Zimmer des angeschlossenen Hotels fertig sind, könnte dies eine gute Basis in der Gegend sein.

Hotel Tongkonan Mamasa PENSION $

(📞 0813 1919 5535; Jl Demmatande; Zi. inkl. Frühstück 150 000–250 000 Rp) Das Hotel Tongkonan Mamasa gehört zu den besten der Stadt. Die Zimmer in dem Familienhaus sind groß und haben eigene Bäder, und der Tisch mit Teetassen aus chinesischem Porzellan sorgt dafür, dass man sich willkommen fühlt.

Ramayana Inn PENSION $

(📞 0852 9953 6811, 0854 204 0478; direkt abseits der Jl Buntu Budi; Zi. ab 150 000 Rp) Das altehrwürdigen Ramayana Inn beherbert seit Jahren Traveller, und das hat Spuren hinterlassen. Die geräumigen Zimmer auf zwei Etagen sind aber noch ganz in Ordnung. Das Highlight ist jedoch der Besitzer, der in seiner Freizeit Landkarten der Gegend in Profiqualität anfertigt. Er ist zwar oft nicht da, doch vielleicht kann man eines seiner Kinder überzeugen, eine Karte zu kopieren.

Anoa Hotel HOTEL $$

(📞 0428-284 1079; nic.sirina115@gmail.com; Jl Poros Polewali 158; Zi. ab 350 000 Rp; 📶) Die

Mamasa

DAS ERDBEBEN & DER TSUNAMI IM JAHR 2018 IN SULAWESI

Am 28. September 2018 gegen 18 Uhr Ortszeit erschütterte ein schweres Erdbeben der Stärke 7,4 den Regierungsbezirk Donggala am „Hals" der Halbinsel Minahasa. Kurz darauf bildete sich in der Straße von Makassar ein Tsunami. Er strömte in die Bucht von Palu und wurde stellenweise 6 m hoch, als er die Stadt überflutete. Allein in Palu starben 1200 Menschen und mehr als 60 000 wurden obdachlos. Die mangelnde Infrastruktur, die verspätete Reaktion der Behörden und die Angst vor weiteren Erdstößen erschwerten die Lage zusätzlich. Auch in Donggala wurden Boote in Häuser geschleudert, Gebäude stürzten ein und viele Menschen verloren ihr Leben. Etliche Gebäude wurden komplett zerstört, viele weitere unbewohnbar.

Als Reisender kann man die Region unterstützen, indem man sie besucht. Der größte Teil Zentralsulawesis war weder vom Erdbeben noch vom Tsunami betroffen, doch die Wirtschaft litt unter den Folgen der Katastrophe, weil selbst in gar nicht betroffenen Gebieten die Besucher ausblieben. In Palu und Donggala war der Schaden katastrophal und der Wiederaufbau und die Reparaturen werden noch viele Jahre dauern, doch für Traveller gibt es keinen Grund, einen Bogen um ganz Zentralsulawesi zu machen. Selbst Palu erfüllt noch seine Funktion als touristisches Tor in die Region und Durchgangsort, die wichtigste Infrastruktur funktioniert und einige gute Hotels haben geöffnet.

---

brandneuen, weiß gefliesten Zimmer sind sauber und komfortabel und bei Touristengruppen beliebt. Einige haben allerdings kein Fenster, was in diesem Teil der Welt eine Schande ist.

Pondok Bamboo　　　　　INDONESISCH $
(☐ 0853 9756 7706; Hauptgerichte 25 000–55 000 Rp; ☺ 10–22 Uhr; ☎) Mehrere *pondok* (überdachte Plattformen, die oft in Reisfeldern stehen) aus Bambus, die rund um Fischzuchtteiche angeordnet sind, geben diesem Restaurant eine entspannte Atmosphäre. Das Essen macht satt und der Saft schmeckt prima, eilig darf man es allerdings nicht haben. Es liegt in einem ruhigen Viertel auf der anderen Seite des Flusses am Nordwestrand der Stadt.

Dian Satria Restaurant　　　INDONESISCH $
(☐ 0813 4229 8849; Jl Poros Polewali; Hauptgerichte 20 000–30 000 Rp; ☺ 7–21.30 Uhr) Das einladende, stimmungsvolle Restaurant serviert großzügige Portionen von Nudel- und Reisgerichten sowie kaltes Bier. Es hat auch schlichte, aber ordentliche Zimmer, die ab 250 000 Rp kosten.

❶ An- & Weiterreise

Kijangs aus Polewali fahren bei entsprechender Nachfrage (wenn sie voll besetzt sind) hinauf nach Mamasa (90 000 Rp, 6 Std.). Wer unter Reisekrankheit leidet, sollte versuchen, vorne zu sitzen.

Von Mamasa fahren jeden Morgen Kijangs nach Makale und Rantepao (150 000 Rp, 8 Std.). Es ist eine raue, holprige Fahrt auf einer beeindruckend steilen Straße über den Pass, die noch nicht durchgängig befestigt ist, sodass die Fahrt in der Regenzeit sehr turbulent sein kann. Wer nach Mamasa fährt, muss sich morgens im Terminal von Makale einen Platz sichern.

ZENTRALSULAWESI

Nachdem es während einer Periode der religiösen Gewalt fast von der touristischen Landkarte verschwunden war, liegt Zentralsulawesi nun bei Travellern, die zwischen den Togian-Inseln und Tana Toraja unterwegs sind, wieder auf der Reiseroute.

Die Siedlungen am Ufer des Danau Poso sind ideal, um auf der langen Busfahrt eine Pause einzulegen. Im ruhigen Tentena lassen sich am leichtesten Trekkingtouren in den Lore Lindu National Park arrangieren, der mit mysteriösen Megalithen und einem Dschungel voller Tiere lockt. Wer Zeit hat und sich für Anthropologie interessiert, sollte das Morowali Nature Reserve besuchen, in dem das Volk der Wana lebt. Wer lieber am Meer faulenzt, ist an den weißen Stränden Tanung Karangs in der Nähe von Palu richtig.

Im September 2018 erschütterte ein starkes Erdbeben die Region, in dessen Folge die Bucht von Palu von einem verheerenden Tsunami getroffen wurde. Der Wiederaufbau der Stadt und der unmittelbar betroffenen Regionen ist zwar noch im Gange, doch Besucher können wieder durch das Gebiet reisen und die Situation wird sich weiter verbessern.

Tentena

📞 0458 / 11230 EW.

Das an einem See gelegene Tentena ist mit seinen weißen Lattenzäunen, den Kirchen, der kühlen Seebrise und den vielen wunderbar exotischen Speisen ein lohnendes Ziel. Die Stadt, die inmitten von mit Gewürznelken bewachsenen Hügeln liegt, hat einen interessanten Markt und mehrere Naturschätze in der Umgebung zu bieten. In der Stadt selbst gibt es keine Strände, man kommt aber problemlos mit einem Leihmotorrad oder *ojek* an den Strand.

Das friedliche Tentena liegt nicht nur günstig, um auf der Reise zwischen Ampana und Rantepao einen Stopp einzulegen, wegen der Nähe zum Bada-Tal mit seinen mysteriösen Megalithen ist es auch ein Muss für alle, die sich für alte Kulturen interessieren.

👁 Sehenswertes

Air Terjun Saluopa   WASSERFALL
(20 000 Rp) Wer ein eigenes Fahrzeug hat, kann diesen mächtigen, beeindruckenden mehrstufigen Wasserfall im Regenwald besuchen, der sich 15 km westlich von Tentena befindet. Hier locken spektakuläre Badestellen, zudem kann man mehrere Kilometer durch den Dschungel und entlang eines schnellen Flusses wandern und unterwegs nach Affen und Nashornvögeln Ausschau halten. Führer bieten auch Tageswanderungen an, die tiefer in den Regenwald führen.

Aalfallen   AREAL
An der hübschen, 210 m langen überdachten Brücke Tentenas endet der Danau Poso (Poso-See) und der Sungai Poso (Fluss Poso) beginnt. Nördlich von ihr werden die 2 m langen Monster, für die Tentena berühmt ist, in v-förmigen Aalfallen gefangen. In hiesigen *warungs* kann man lebende Exemplare aus der Nähe ansehen und danach konsumieren.

Es kann erstaunlich schwierig sein, ein Boot auf dem See zu chartern. Der gängige Preis ist 120 000 Rp für zwei Stunden.

Siuri-Strand   STRAND
An diesem goldenen Seestrand etwa 20 km südwestlich von Tentena kann man bei einer ganzjährigen Wassertemperatur von etwa 26 °C herrlich schwimmen. Ein Restaurant serviert Mittagessen und Getränke, und es gibt mehrere Unterkünfte.

👉 Geführte Touren

In Tentena organisieren Guides Trekkingtouren ins Bada-Tal (S. 758) und in den Lore Lindu National Park (S. 758) sowie ins **Morowali Nature Reserve**, die selten besuchte Heimat des Wana-Volkes, das früher nomadisch lebte. Das Dolidi Ndano Towale und das Victory Hotel können Führer empfehlen.

Eine Tagestour zu den Megalithen in Bada kostet inklusive Fahrzeug und Fahrer/Guide an die 1 500 000 Rp.

🎊 Feste & Events

Festival Danau Poso   KULTURELL
(www.facebook.com/FestivalDanauPoso; 🕙 Ende Sept.) In Tentena findet jedes Jahr Ende September das Festival Danau Poso statt, das zweifellos den Höhepunkt des gesellschaftlichen Lebens Sulawesis bildet. Zu diesem farbenfrohe Kulturfestival mit Tanz, Musik und traditionellen Sportwettkämpfen kommen Dorfbewohner von weit her.

🛏 Schlafen & Essen

Victory Hotel   PENSION $
(📞 0458-21392; www.victorytentena.com; Jl Diponegoro 18; Standard-/Deluxe-Zi. 150 000/250 000 Rp; 🖥) Die sehr freundliche familiengeführte Unterkunft bietet eine breite Palette an (veralteten) Übernachtungsmöglichkeiten, von billigen Kammern bis zu großen Zimmern mit warmem Wasser. Die meisten Traveller landen hier und sind am Ende wegen der ausgezeichneten Informationen (Landkarten werden verteilt) und der geselligen Gemeinschaftsbereiche mit ihrer Entscheidung glücklich. Die Besitzer können

BUSSE AB TENTENA

ZIEL	FAHRPREIS (RP)	DAUER (STD.)	HÄUFIGKEIT	ABFAHRT
Ampana	800 000	4	Charter	
Palu	130 000	8	2–3-mal tgl.	ca. 18 Uhr
Pendolo	40 000	2	viele	morgens, wenn voll
Poso	40 000	2	viele	morgens, wenn voll
Rantepao	130 000	10	2–3-mal tgl.	ca. 15 Uhr

auch Leihmotorräder arrangieren, gute Führer empfehlen und Wäsche waschen. WLAN funktioniert nur in den Gemeinschaftsbereichen zuverlässig.

★ **Dolidi Ndano Towale**　BUNGALOWS $$
(☑ 0812 4523 9357; www.dolidi-ndano-towale.com; EZ/DZ inkl. Frühstück 375 000/460 000 Rp; 🛜) Hübsche Cottages bietet diese schön gestaltete und herrlich an einem Sandstrand gelegene Anlage. Außerdem gibt's eine Bar auf einem Steg im See und ein gutes Restaurant mit schönem Ausblick. Die Mitarbeiter sind sehr hilfsbereit, halten viele nützliche Informationen bereit und organisieren Touren auf dem See und in den Nationalpark. Das Dolido Ndano Towale liegt 6 km südlich von Tentena an einer holprigen Zufahrtstraße, die am See entlangführt.

Danau Poso Resort　RESORT $$
(☑ 0458-222 1771; danauposoresort@gmail.com; Jl Banua Mpogombo 1; Zi./Suite 400 000/750 000 Rp; 🅿🛜❄) Neues, modernes farbenfrohes Hotel mit einem luftigen Restaurant und einem Pool gleich am See. Die Mitarbeiter bemühen sich sehr darum, dass ihr Resort einen guten Eindruck hinterlässt.

Siuri Cottages　COTTAGE $$
(☑ 0852 4105 8225; Cottage inkl. Frühstück 270 000–370 000 Rp) Wie von der Zeit vergessen wirkt dieser 20 km südwestlich von Tentena einsam gelegene Komplex: Die großen, komfortablen Holzbungalows sind noch komplett in der Originaldekoration der 1980er-Jahre gestaltet und WLAN gibt es auch nicht. Doch die Lage an einem hübschen, naturbelassenen Strand macht dies mehr als wett. Die Mitarbeiter sind sehr eifrig und das Hotelrestaurant ist o. k.

Wer ein paar Nächte bleibt und vorher anruft, wird von den Besitzern kostenlos in Tentena abgeholt und zum Schluss dort wieder hingebracht.

Ongga Bale　SEAFOOD $
(☑ 0813 5596 8368; Jl Setia Budi; Fisch 80 000 Rp/kg; ⊙ 10–23 Uhr; 🛜) Das große, gut organisierte Restaurant an der Hauptstraße hat Tische am Fluss. Man sucht sich einen Fisch aus den Teichen aus, wählt eine Sauce, bestellt ein Bier und genießt den Blick aufs Wasser, bis das Essen kommt. Ein großer *ikan bakar* (gegrillter Fisch) kostet ca. 45 000 Rp.

Rumah Makan Anuta Pura　INDONESISCH $
(☑ 0812 4541 3260; Jl Setia Budi; Hauptgerichte 12 000–22 000 Rp; ⊙ 8–20 Uhr) In den *rumah*

DANAU POSO

Der drittgrößte See Indonesiens, der Danau Poso, ist 323 km² groß und durchschnittlich 450 m tief. Er liegt 495 m über dem Meeresspiegel, daher ist es hier abends angenehm kühl, aber nicht zu kalt. Wenn am frühen Morgen Nebel über dem stillen See liegt, der von Bergen umgeben ist, ist er ganz besonders faszinierend.

---

makan am Fluss beim Markt in der Nähe der Brücke gibt's lokale Spezialitäten wie *sugili* (Aal) und *ikan mas* (großer Goldfisch) sowie würzige Fledermausgerichte. Der Rumah Makan Anuta Pura gefiel uns am besten.

❶ An- & Weiterreise

Durch Tentena fahren Autos aller Art, die in alle Himmelsrichtungen wollen. Es ist völlig in Ordnung, am Straßenrand einen Avanza heranzuwinken. Busse können im **Terminal** gebucht werden oder man erkundigt sich in der Unterkunft.

Ojek (10 000 Rp) warten in der Regel auf die Busse, die in der Stadt ankommen; wenn der Bus aber Verspätung hat und erst am frühen Morgen ankommt, kann es passieren, dass man 3 km zu Fuß gehen muss.

❶ Unterwegs vor Ort

Zu den Stränden und Wasserfällen kommt man am besten mit einem Leihmotorrad (70 000 Rp/Tag; im Hotel erkundigen) oder einem gecharterten *ojek* (ca. 130 000 Rp/Tag).

Poso

☑ 0452 / 49 300 EW.
Poso ist die größte Stadt, der wichtigste Hafen und das größte Zentrum für den Überlandverkehr an der Nordküste Zentralsulawesis. Wegen der Gewalt zwischen Muslimen und Christen war Poso für Reisende jahrelang tabu, doch diese Spannungen haben sich gelegt. Dennoch gibt es eigentlich keinen Grund, Poso zu besuchen, außer um den Bus zu wechseln oder auf einer Fahrt von/nach Ampana und von/zu den Togian-Inseln eine Pause einzulegen.

Armada Losmen　PENSION $
(☑ 0452-23070; Jl Pulau Sumatera 17; Zi. mit Gemeinschaftsbad/eigenem Bad 90 000/220 000 Rp; ❄) Dieser *losmen* direkt an der Hauptstraße hat eine große Auswahl an einfachen,

BUSSE AB POSO

ZIEL	FAHRZEUGTYP	FAHRPREIS (RP)	DAUER (STD.)	HÄUFIGKEIT
Ampana	Bus/Auto	70 000/100 000	4	9.30 & 17 Uhr
Kolonodale	Bus	120 000	8	8 Uhr
Makassar	Bus	310 000	24	4-mal pro Woche
Manado	Bus	320 000	30	tgl.
Palu	Bus/Minibus	80 000/110 000	6	9 Uhr
Tentena	Auto	50 000	2	9 & 14 Uhr
Rantepao	Bus	250 000	12	ca. 14 Uhr (aus Palu)

aber recht sauberen Zimmern, um die sich gleichgültige Angestellte kümmern.

RM Raja Mujair
SEAFOOD **$**
(Jl Pulau Sumatera 27; Fisch 30 000–35 000 Rp; ⊙10–22 Uhr) Wer Lust auf *mujair* (Süßwasserfischart) hat, ist hier richtig. Man sucht sich den lebenden Fisch aus und wählt die Zubereitungsart: gegrillt, gebraten oder mit Gemüse gekocht. Es gibt auch Huhn und Garnelen, die sind aber bereits tot. Das kokoshaltige *sambal dabu dabu* (Würzsauce aus Tomaten, Schalotten und frischen Chilis) ist unübertroffen.

❶ An- & Weiterreise

BUS & MINIBUS
Der **Busbahnhof** (Jl Diponegoro 4) liegt etwa 3 km südlich der Stadt. Zahlreiche *ojek* und *bemos* bringen Fahrgäste für 5000 Rp ruckzuck ins Zentrum der Stadt.

Wer nach Palu oder Ampana will, kann mit den Minibussen fahren, die vor den Büros in der Jl Pulau Sumatera starten. Fahrten nach Rantepao (Toraja) sollte man im Voraus in einem Reisebüro buchen, um sich einen Platz zu sichern.

Bemos in die Dörfer und Strände in der Umgebung fahren an einem Busbahnhof neben dem Markt ab.

FLUGZEUG
Vom **Flughafen Kasiguncu**, der 15 km westlich der Stadt liegt, fliegt Wings Air täglich nach Makassar (ab 800 000 Rp).

Lore Lindu National Park

Als wäre ein üppiger Dschungel voller imposanter Nashornvögel, Anoas (südostasiatische Zwergbüffel) und scheuer Koboldmakis nicht genug, ist der Lore Lindu National Park auch noch für seine Megalithen berühmt – gigantische frei stehende Steine, die von Unbekannten in verschiedenen Sti-

len und zu unterschiedlichen Formen behauen wurden.

Der abgelegene, 25 000 km² große Nationalpark, der auch ein UNESCO-Biosphärenreservat ist, blieb vom Tourismus bisher fast gänzlich unberührt. Er ist daher der ideale Ort für ein Abenteuer abseits der ausgetretenen Pfade. Den Nationalpark darf man nur in Begleitung von Führern besuchen, und auch die Megalithen außerhalb des Parks besucht man am besten mit einem Guide, vor allem, um sie überhaupt finden zu können.

◉ Sehenswertes

★ Bada-Tal
ARCHÄOLOGISCHE STÄTTE
Scheinbar wahllos verstreut stehen rund um die Hügel in der Nähe des Lore Lindu National Parks etwa 400 alte Steinmegalithen unbekannten Ursprungs, die über 5000 Jahre alt sein könnten. Im Bada-Tal, 60 km westlich von Tentena, findet sich eine schöne Ansammlung von ihnen, darunter die 4 m hohe, schräg stehende Palindo-Statue, die anatomisch korrekt ist.

Auf einem langen Tagestrip von Tentena aus kann man zwar viele der Statuen sehen, doch in einigen Dörfern, darunter Bomba, Gintu und Tuare, gibt es auch Privatunterkünfte oder Pensionen.

Behoa-Tal
ARCHÄOLOGISCHE STÄTTE
Im Tal rund um das Dorf Bariri steht eine Vielzahl von Megalithen, darunter auch Statuen mit menschlichen Formen und massive *kalamba* (Steintöpfe) und *tutu'na* (Steindeckel). Die Region wird Behoa oder Besia genannt. Wanderungen zwischen dem Behoa-Tal und dem Bada-Tal sind sehr beliebt.

Napu-Tal
GEBIET
Im Napu-Tal gibt's mehrere Privatunterkünfte, die eine gute Basis für die Erkundung des östlichen Teils des Lore Lindu Na-

tional Parks bilden. Einige Megalithen in umliegenden Dörfern kann man auf asphaltierten Straßen erreichen.

Danau Tambing · SEE

Ruhe und Einsamkeit findet man an diesem hübschen, friedlichen Bergsee am Rand des Lore Lindu National Parks, zumindest bis zum Wochenende, wenn Heerscharen von Besuchern eintreffen. Der See ist auch bei Vogelbeobachtern beliebt: in der Umgebung leben über 200 bekannte Vogelarten. Außerdem ist der Danau Tambing der Ausgangspunkt für die Wanderung auf den Gunung Rorekatimbu. Auf dem gepflegten Gelände kann man sein Zelt aufbauen und die Ruhe genießen.

An einem kleinen Posten neben dem Parkplatz werden Tickets für den Nationalpark verkauft.

☞ Geführte Touren

Dorf Kamarora · OUTDOOR

In der Nähe des Dorfes Kamarora gibt's heiße Quellen, Wasserfälle und gute Wandermöglichkeiten im Wald. Pak Reimon (0813 5456 8722), die offizielle Kontaktperson des Nationalparks im Dorf, hat lange mit Koboldmakakenforschern zusammengearbeitet und engagiert sich leidenschaftlich für den Schutz der Tiere. Wer im Dorf bei Familien übernachten und geführte Touren unternehmen will, sollte dies vorher telefonisch arrangieren.

🛏 Schlafen

Penginapan Nasional · PENSION $

(☑ 0813 4109 4094; Wuasa; Zi. ab 150 000 Rp) Ein schöner Neuzugang im Unterkunftsangebot Wuasas mit großen, sauberen Zimmern und vielen Gemeinschaftsbereichen. Die Tochter des Besitzers, die die Pension führt, spricht hervorragend Englisch und bemüht sich aktiv darum, den Tourismus in dieser Region zu fördern.

RM & Penginapan Sendy · GASTFAMILIE $

(☑ 0813 4106 5109; Jl Pemuka 3, Wuasa; EZ/DZ 150 000/250 000 Rp) Die ordentlichen Zimmer dieser schönen Privatunterkunft haben Fliegengitter an den Fenstern. Der Besitzer Ibu Sendy ist sehr hilfsbereit. Zum Zeitpunkt der Recherche fehlte dem Restaurant ein ganzer Meter, weil es bei einem Erdbeben von seinen Stelzen geschoben wurde, doch es serviert nach wie vor sättigende Speisen (20 000–40 000 Rp). Im Voraus buchen!

FÜHRER

Für Fernwanderungen sind Führer obligatorisch, und wenn man die Megalithen finden will, benötigt man ebenfalls einen. Eine organisierte Tagestour ab Tentena mit Führer und Fahrzeug (für bis zu 4 Pers.) kostet etwa 2 200 000 Rp, dies ist die günstigste Variante. Die Führer aus Tentena sprechen in der Regel Englisch.

Individualreisende können in Wuasa, Bomba, Badu oder in der Touristeninformation oder dem Nationalparkbüro in Palu einen Führer arrangieren. Führer verlangen ab 250 000 Rp für Tagestouren und mehr für Wanderungen, doch nur wenige sprechen gutes Englisch.

❶ Praktische Informationen

Wer in den östlichen Teil des Nationalparks will, kauft die Tickets (150 000 Rp/Tag & Pers.) in dem kleinen Büro am Danau Tambing (S. 759). Bei Exkursionen in den Westteil erwirbt man die Tickets vorher im Büro des Balai Taman Nasional Lore Lindu (S. 760) in Palu.

❶ An- & Weiterreise

Es gibt drei Hauptzufahrten zum Park: eine von Tentena und zwei von Palu aus. Vom Terminal Petobo (S. 760) in Palu legen Kijangs zweimal täglich auf einer asphaltierten Straße den gesamten Weg nach Wuasa (105 km, 4 Std.) und Doda (132 km, 5 Std.) zurück.

Von Tentena verkehrt täglich ein Bus nach Bomba (66 km, 4 Std.); man kann auch Autos chartern, diese fahren aber nur bei entsprechender Nachfrage und guten Straßenbedingungen. In Wuasa, Gimpu, Doda und Bomba findet man problemlos Motorräder und *ojek*.

Palu

☑ 0451 / 351 000 EW.

Palu, die Hauptstadt Zentralsulawesis, wurde im September 2018 von einem starken Erdbeben und einem Tsunami getroffen, die in der Stadt und der Umgebung große Schäden anrichteten. Palu hat sich noch nicht völlig davon erholt, viele Einrichtungen sind weiterhin geschlossen und es wird noch ein Weilchen dauern, bis sich das Leben wieder normalisiert hat. Trotzdem kann man in Palu allerlei erledigen, wenn man auf dem Weg von/nach Kalimantan oder vom/zum Lore Lindu National Park ist. In der Nähe befinden sich das selten besuchte, aber ar-

Palu

Terminal Mamboro (10 km)

Jl Raden Saleh · Jl Suharso · Jl Ahmad Yani · Jl Letjen Suprapto · Jl Sam Ratulangi · Jl Wahidin · Jl MT Haryono · Jl Letjen Parman · Maestro Pizza · Jl Sudirman · Jl Cik Ditiro · Jl Tadulako · Jl Setia Budi · Jl Thamrin · Taman · Jl Mohamad Hatta · Jl Hasanuddin · Jl Mawar · Museum Sulawesi Tengah (2 km); Kaledo Stereo (3 km); Terminal Tipo (6,5 km) · Pelni (450 m); Einwanderungsbehörde (1 km) · Jl Monginsidi · Jl Patimura · Jl Bali · Hotel Sentral · Rama Garden Hotel · Jl Woodward · Jl Maluku · Jl Emmi Saelan · Jl Tanjung Santigi · Büro des Balai Taman Nasional Lore Lindu (1,5 km); (4,5 km); Terminal Petobo (5 km)

chitektonisch interessante Dorf Dongalla und der Strand von Tanjung Karang.

Palu liegt fast das ganze Jahr über im Regenschatten und ist einer der trockensten Orte Indonesiens. Durch die Stadt fließt der Palu, in dem eine gesunde Krokodilpopulation lebt; man hat uns aber versichert, dass diese Krokodile nie Menschen fressen.

Museum Sulawesi Tengah
MUSEUM

(☎ 0451-22290; Jl Kemiri 23; 10 000 Rp; ⊙ Mo–Fr 8–16 Uhr) Dieses außergewöhnlich gute Museum zeigt kulturelle Artefakte von den indigenen Völkern der Region. Leider ist nur etwa die Hälfte der Beschilderung in englischer Sprache, dafür arbeiten hier aber sehr gut informierte Wärter, die Besucher gern durch das Museum führen.

Rama Garden Hotel
HOTEL $$

(☎ 0451-429500; www.hotelramagarden.com; Jl Tanjung Santigi 26; Zi. inkl. Frühstück 300 000–500 000 Rp; ❀@🛜🏊) In diesem labyrinthi-

schen Hotel kann man sich leicht verlaufen, doch viele Pflanzen, Grünanlagen, ein Pool und eine Restaurantterrasse helfen dabei, sich bei der Suche nach seinem Zimmer zu entspannen. Die älteren Zimmer sind schon fast überteuert, werden aber gerade renoviert. Die Zimmer im neuen Anbau machen einen ausgezeichneten Eindruck.

Hotel Sentral
HOTEL $$

(☎ 0451-422789; Jl Monginsidi 71-73; Zi. inkl. Frühstück 300 000–750 000 Rp; ❀🛜) Ordentliche, wenn auch abgewohnte Zimmer im Zentrum mit Sitzgelegenheiten davor und einem ein wenig begrünten Innenhof. In der Nähe gibt's Restaurants und einen großen Supermarkt.

★ Maestro Pizza
PIZZA $$

(☎ 0451-421841; Jl MT Haryono 6; Pizzas ab 85 000 Rp; ⊙ 10–22 Uhr; 🛜) Die saubere, moderne Pizzeria ist ideal, wenn man keinen gegrillten Fisch mehr sehen kann. Die Einrichtung macht mehr her als die Pizza, doch bisher waren wir am Ende immer zufrieden.

Kaledo Stereo
INDONESISCH $$

(☎ 0812 2443 7799; Jl Diponegoro 40; *kaledo* ohne/ mit Knochen 30 000/60 000 Rp; ⊙ 8–21 Uhr; 🛜) Im vielleicht berühmtesten *kaledo*-Restaurant der Stadt herrscht viel Betrieb. Die würzige Rindersuppe – eine einzige Cholesterin-Orgie – wird in einer Schüssel mit einem riesigen Knochen zum Abnagen serviert.

❶ Praktische Informationen

Büro des Balai Taman Nasional Lore Lindu (☎ 0451-457623; www.lorelindu.info; Jl Prof Mohammad Yamin 53; ⊙ Mo–Fr 8–16 Uhr) Die Mitarbeiter sprechen nur wenig Englisch, bemühen sich aber sehr zu helfen. Sie können Wander- und Trekkingführer für Touren im Lore Lindu National Park organisieren.

Einwanderungsbehörde (☎ 081 341 016969, 0451-421433; Tanjung Dako 19; ⊙ Mo–Fr 8–16 Uhr) Unkomplizierte Visaverlängerungen innerhalb von ein oder zwei Tagen. Befinden sich neben dem Büro Kantor Berita Antara News.

❶ An- & Weiterreise

BUS & KIJANG

Fernbusse nach Makassar starten am **Terminal Tipo** westlich der Stadt, Busse nach Poso und Rantepao vom **Terminal Mamboro** östlich der Stadt. Wer zum Lore Lindu National Park will, muss zum **Terminal Petobo** in einem Vorort im Süden Palus.

BUSSE AB PALU

ZIEL	TERMINAL	FAHRPREIS (RP)	DAUER (STD.)	HÄUFIGKEIT
Ampana		150 000	8	häufig
Behoa (Besoa; Lore Lindu)	Petobo	130 000	4	wenn voll
Donggala (Tanjung Karang)	Tipo	25 000	1	wenn voll
Makassar	Tipo	280 000	24	täglich viele
Manado	Mamboro	300 000	24	10 Uhr
Polewali	Tipo	220 000	18	täglich viele
Poso		110 000	6	häufig
Rantepao	Mamboro	250 000	20	7 Uhr
Wuasa (Lore Lindu)	Petobo	100 000	2½	wenn voll

Minibusse nach Poso und Ampana fahren von den Büros zweier kleiner Unternehmen in der Stadt ab.

FLUGZEUG

Von Palus **Flughafen Mutiara Sis Aljufri** gibt es Direktflüge von und nach Jakarta, Surabaya und Balikpapan sowie gute Verbindungen nach Nordsulawesi, mit Ausnahme von Manado, das man gegenwärtig nur mit Umsteigen erreichen kann.

SCHIFF/FÄHRE

Fähren von Pelni fahren Häfen in Ostkalimantan und Sulawesi, darunter Balikpapan und Bitung. Der Fähranleger ist in Pantoloan, 22 km nördlich von Palu. Man erreicht ihn mit *angkot* vom Terminal Mamboro oder mit Taxis, die mit Taxametern ausgestattet sind (100 000 Rp). Das **Pelni-Büro** (☑ 0451-421696; Jl Kartini; ☺ Mo–Fr 7.30–12 & 13–16 Uhr) in Palu ist effizient, in Pantoloan gibt es ein weiteres Büro.

ℹ Unterwegs vor Ort

Palus Flughafen Mutiara liegt 6 km südöstlich der Stadt, die Fahrt vom Zentrum mit einem Taxi mit Taxameter oder einem Auto kostet etwa 50 000 Rp.

Donggala & Tanjung Karang

Donggala ist eine schläfrige Hafenstadt mit vielen farbenfrohen historischen Häusern, blühenden Gärten und interessanten einheimischen Typen. Eine kurze Fahrt mit dem *ojek* (Motorradtaxi) führt zum weißen Strand Tanjung Karangs mit seinen klapprigen Strandbungalows, grasenden Büffeln und einem guten Tauchcenter.

Im September 2018 richteten ein Erdbeben und ein Tsunami an vielen Teilen der Küste schwere Schäden an. Der Regierungsbezirk Donggala, ein riesiges Gebiet zu beiden Seiten der Bucht der Straße von Makassar bei Palu, kam recht glimpflich davon, doch in der Stadt Donggala selbst kam es zu schweren Zerstörungen. Die hier aufgeführten Touristengegenden hatten Glück und waren nur wenig betroffen.

Harmoni BUNGALOWS $$
(☑ 0822 7109 8112; Tanjung Karang; Bungalows 300 000 Rp) Die Auswahl an Unterkünften, die aus schlichten Holz- und Bambusbungalows mit Matratzen auf dem Boden bestehen, ist groß – sehr groß sogar. Doch in einer Hinsicht ragt das Harmoni heraus: Es liegt direkt am Strand, und dazu an einem ziemlich sauberen.

Prince John Dive Resort RESORT $$$
(☑ 0457-71710; www.prince-john-dive-resort.com; Tanjung Karang; Bungalows für 2 Pers. inkl. 2 Mahlzeiten 1 200 000–1 800 000 Rp; ✴ 🖥) Das schon lange beliebte Resort ist Grund genug für die Fahrt nach Tanjung Karang. Die Bungalows aus Holz und Stein in rustikalem Chic kommen in drei Kategorien, haben teilweisen Meerblick (aber keinen Strandzugang) und werden mit deutscher Effizienz gut geführt. Das Restaurant serviert köstliches Essen und am öffentliche Sandstrand kann man wunderbar entspannen, nachdem man tagsüber getaucht hat. WLAN gibt's nur an der Rezeption und in den Loungebereichen.

ℹ An- & Weiterreise

Kijangs nach Donggala (25 000 Rp) fahren vom Terminal Tipo, etwa 5 km außerhalb von Palu. Los geht's, sobald sie voll besetzt sind. Von Donggala geht's mit einem *ojek* ins 5 km entfernte Tanjung Karang (8000 Rp). Ein Taxi/*ojek* von Palu nach Donggala kostet etwa 120 000/55 000 Rp.

Luwuk

☑ 0461 / 38 000 EW.

Luwuk, die größte Stadt auf der entlegenen östlichen Halbinsel Sulawesis, liegt am Fuß von Bergen an einem natürlichen Hafen. Luwuk war lange vom Rest der Welt isoliert, dank verbesserter Flugverbindungen kommen inzwischen aber einige Traveller her. Es ist ein möglicher Zwischenstopp auf dem Weg zu den Togian-Inseln und der Ausgangspunkt zu den selten besuchten Banggai-Inseln.

Am Ende der Halbinsel, ein paar Fahrstunden östlich von Luwuk, gibt es gute Tauchspots. In Schutzgebieten im Westen leben (gegenwärtig noch) gesunde Hammerhuhn-Populationen.

Air Terjun Piala & Laumarang

WASSERFALL

Zu den beiden imposanten Wasserfällen oben in dem Canyon, der nordwestlich von Luwuk liegt, kann man einen schönen Nachmittagsausflug unternehmen. Auf dem Weg zum Piala muss man an einem Aquädukt unter einem Zaun durchkriechen, was nicht jedermanns Sache ist. Die Regierung hofft aber, dass sich Laumarang zu einem Touristenziel entwickelt, und ist dabei, die matschige Straße dorthin auszubauen. Vom Stadtrand läuft man 3 km steil bergauf.

Grand Soho

HOTEL $$

(☑ 0461-325999; grandy.soho1@gmail.com; Jl Sungai Limboto 5; Zi. ab 330 000 Rp; ✳ 🛜) Das relativ neue Businesshotel ist einfach gehalten, aber sauber und hat eine luftige Dachterrasse mit Blick über die Stadt. Es wirkte schon mitgenommener, als man erwarten könnte, doch im Moment ist es eine solide, wenn auch nicht prächtige, Mittelklasseunterkunft.

Tompotika Dive Lodge

BUNGALOWS $$$

(☑ 0812 4494 2028; www.divingsulawesi-tompotika.com; Balantak; Bungalow inkl. VP 77–94 €/Pers.; ✳ 🛜) Dieses erstklassige All-inklusive-Tauchresort hat geräumige und komfortable Bungalows aus poliertem Holz. Die Mitarbeiter lassen nichts unversucht, um die Wünsche ihrer Gäste zu erfüllen. Die meisten Besucher kommen wegen der großartigen Tauchmöglichkeiten. Ein Teil der Einnahmen des Resorts fließt in die Gemeindeentwicklung und den Schutz von auf der Halbinsel lebenden Wildtieren wie Hammerhühner und Meeresschildkröten.

❶ An- & Weiterreise

Von Luwuks **Flughafen** gibt es Direktflüge nach Palu (500 000 Rp, 1 Std., 3-mal tgl.), Manado (1 200 000 Rp, 1½ Std., 1-mal tgl.),) und Makassar (600 000 Rp, 1½ Std., 4-mal tgl.).

Von Luwuk fahren um 13 und 21 Uhr sowohl Holz- als auch Schnellboote zur Insel Salakan, einer der Banggai-Inseln (100 000 Rp).

Ampana (150 000 Rp, 5 Std.) erreicht man gegenwärtig nur mit Privatautos.

Ampana

☑ 0464 / 18 385 EW.

Die meisten Traveller kommen nach Ampana, um von hier aus mit einem Boot zu den Togian-Inseln zu fahren. Die nette, entspannte Küstenstadt hat einen lebhaften Markt und ist ein angenehmer Zwischenstopp auf dem Weg von oder zu den Togian-Inseln.

Tanjung Api

NATUR

Auf dem 43 km² großen Tanjung Api (Feuerkap) leben Anoas (Zwergbüffel), *babi rusa* (Hirscheber, hirschartige Schweine), Krokodile, Schlangen und Hammerhühner. Die meisten Besucher kommen aber her, um das brennende Korallenriff zu sehen, aus dem natürliches Gas austritt. Am interessantesten ist der Park in der Abenddämmerung. Vom Ampana muss man ein Boot für die 24 km lange Fahrt Richtung Osten um die felsige Halbinsel herum chartern.

Marina Cottages

COTTAGE $

(☑ 0464-21280, mobil 0823 4995 1833; www.marina-cottages.com; Jl Tanjung Api 33, Labuan; Cottage mit Ventilator ab 180 000 Rp, mit Klimaanlage 300 000–400 000 Rp; ✳ 🛜) Diese sehr gepflegten Holzbungalows stehen 3 km nordöstlich vom Zentrum Ampanas an einem kleinen Kieselstrand. Es lohnt sich, eine höhere als die Standardkategorie zu wählen, die Qualität steigt deutlich an. Die Deluxe-Cottages stehen am Strand. Im seitlich offenen Restaurant kann man bei schöner Aussicht hervorragend frühstücken, ein Bier trinken oder etwas essen (Hauptgerichte 25 000–35 000 Rp).

Nebula Cottages

BUNGALOWS $

(☑ 0822 5944 5457; www.nebulacottages.weebly.com; Jl Tanjung Api 5; Bungalows inkl. Frühstück mit Ventilator/Klimaanlage 200 000/350 000 Rp; ✳ 🛜) In einem schönen Kokospalmenhain in der Nähe des Meeres stehen diese geschmackvollen, großen Holzbungalows. Die

ⓘ ACHTUNG: NATURKATASTROPHEN

Zwar kann man nicht verhindern, dass es möglicherweise während eines Besuchs zu einer Naturkatastrophe kommt, aber in erdbebengefährdeten Gebieten gibt es ein paar Verhaltensregeln, die einem im Falle eines Falles eventuell vor dem Schlimmsten bewahren.

Die Umgebung genau in Augenschein nehmen. D.h. man sollte nicht nur seine Unterkunft auf potenzielle Gefahren (z.B. ein großes Regal neben dem Bett) abchecken, sondern auch nach Fluchtmöglichkeiten bei Feuer suchen und sogar den Standort der Unterkunft hinterfragen. Befindet sie sich in einer Tsunami-Zone? Oder an einem Ort, an dem ein Erdrutsch möglich ist? Wenn man unsicher ist, sollte man sich darüber informieren, welche Naturkatastrophen im betreffenden Gebiet bisher aufgetreten sind.

Für Notfälle sollte man immer Wasserflaschen und das Handy griffbereit halten. Dann kann man eventuell nach Hilfe rufen und wenn man eingeschlossen ist, kann Wasser überlebenswichtig sein. Freunde oder die Familie sollte man immer über den Aufenthaltsort und Reiseweg informieren. Und (auch wenn es etwas übertrieben erscheint) es kann nicht schaden, das zuständige Konsulat darüber zu informieren, dass man in einem gefährdeten Gebiet unterwegs ist.

Mitarbeiter sind sehr hilfsbereit und können Leihmotorräder organisieren. Hervorragendes Frühstück mit viel frischem Obst und gutem Tee und Kaffee. 2 km nordöstlich vom Zentrum.

★ **Lawaka Hotel** BOUTIQUEHOTEL $$
(ⓟ 0464-21690, mobil 0823 4343 5609; www.lawakahotel.com; Jl Tanjung Lawaka 10; Zi. inkl. Frühstück 300000–750000 Rp; ❄ ⓢ) In der tiefsten Provinz Ampanas ist dieses Hotel eine echte Überraschung. Mit seiner witzigen Dekoration und den mit urbaner Kunst geschmückten Zimmern, die rund um einen zentralen Garten liegen, erinnert es an ein hippes Hostel. Es ist auf Traveller ausgerichtet, und die treffen sich im Biergarten auf der Rückseite. Das Hotel liegt ca. 1 km östlich vom Zentrum nur ein paar Schritte vom Meer entfernt.

Warung Pangkep SEAFOOD $
(Daeng Iwan; ⓟ 0813 4116 1536; Jl A Yani; Fisch ab 40000 Rp; ⊙ 8–24 Uhr; ⓢ) Wir haben oft gehört, dass es hier den besten Fisch der Stadt gibt und wir haben oft versucht, diese Behauptung zu widerlegen – doch es ist uns nicht gelungen. Der Fisch, der auf dem Grill vor dem luftigen, beliebten Warung zubereitet wird, wird mit großartig gewürztem Sambal serviert. Auch das *soto Makassar* (würzige Rindersuppe) schmeckt sehr gut. Es befindet sich 1 km östlich vom Zentrum.

ⓘ An- & Weiterreise

BUS & MINIBUS

Minibusse fahren täglich nach Luwuk (150000 Rp, 6 Std.), Poso (75000 Rp, 5 Std.)

und Palu (150000 Rp, 10 Std.). Plätze kann man bei verschiedenen Agenturen in der Stadt reservieren oder man schaut sich morgens am **Terminal Kota Ampana** (Jl Pulau Taupan) um.

FLUGZEUG

Zum Zeitpunkt der Recherche gab es nur einen Direktflug nach Ampana, und zwar einen Flug mit Wings von Palu (550000 Rp, 50 Min., 1-mal tgl.), der vormittags landete und startete. Es gibt Gerüchte, dass neue Verbindungen dazukommen sollen.

Der **Flughafen Tanjung Api** liegt 6 km östlich vom Fähranleger. Taxifahrer nennen für die Fahrt vom oder zum Flughafen Preise de 50000 Rp; man sollte aber versuchen, den Preis in Richtung 20000 Rp herunterzuhandeln.

SCHIFF/FÄHRE

Boote nach Poso, Wakai (auf den Togian-Inseln) und zu entfernteren Zielen legen am Haupt-**Bootskai** (Pelabuhan Ampana; Jl Yos Sudarso) am Ende der Jl Yos Sudarso im Zentrum Ampanas ab. Langsame Boote nach Bomba auf den Togian-Inseln fahren auch von einer Mole neben den Marina Cottages im Dorf Labuan ab.

Togian-Inseln

Man braucht schon viel Entschlossenheit, um zu den Togian-Inseln zu kommen – aber noch sehr viel mehr, um sie wieder zu verlassen. Hier wird man freundlich willkommen geheißen und kann von einer bewaldeten, von goldenem Strand gesäumten Insel zur nächsten hüpfen und in der Hängematte alle Sorgen vergessen. Auf den meisten Inseln gibt's nur ein paar familiengeführte Pensionen. Das beliebte Kadiri hat dagegen eine kleine, aber lebhafte Strandszene: Kal-

Togian-Inseln

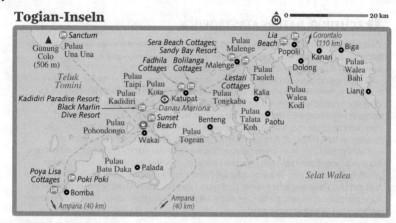

tes Bier ist allgegenwärtig und abends werden Lagerfeuer entfacht.

Der Artenreichtum des Meereslebens und die fantastischen Korallenformationen locken viele Taucher und Schnorchler an, und mehrere professionelle Tauchschulen bieten Tauchkurse und Tauchgänge an. Wirklich spektakuläre Taucherlebnisse findet man auf Una Una.

An Land gibt es ungestörten wilden Dschungel, in dem erstaunlich viele Tierarten leben, und weitere abgelegene Strände. In der Region leben ca. sieben ethnische Gruppen, die sich alle über Besucher freuen und überaus gastfreundlich sind.

🏃 Aktivitäten

Die Togian-Inseln sind der einzige Ort Indonesiens, wo alle drei großen Riffarten – Atoll, Barriereriff und Saumriff – gleichzeitig vorkommen. Zwei Atolle und ihre tiefen Lagunen liegen nordwestlich der Pulau Batu Daka. Barriereriffe umringen viele Insel in einem etwa 200 m breiten Gürtel (5–15 km vor der Küste) und Saumriffe umgeben alle Küsten und gehen in Seegras und Mangroven über. Zudem gibt es einen gut konservierten gesunkenen B-24-Bomber aus dem Zweiten Weltkrieg (in einer Tiefe zwischen 14 und 22 m).

Die Korallen und das Meeresleben sind spektakulär und ungewöhnlich artenreich. In der Vergangenheit wurden einige Riffe durch Dynamit- und Cyanidfischerei beschädigt, inzwischen haben sie sich aber wieder erholt, und viele andere Riffe sind vollkommen unberührt.

Zu den Highlights gehören die spektakuläre Meerestopografie mit Korallenschluch-

ten und Steilwänden sowie ein paar wahrhaft gigantische Weichkorallen. An den Riffen tummeln sich Hunderte Arten tropischer Fische, darunter Seepferdchen, Gemalte Anglerfische und Schaukelfische. Die ganz großen Fische lassen sich an den meisten Tauchspots der Togian-Inseln eher nicht blicken, doch manchmal ziehen Pelagische Fische, darunter Hammerhaie, vorüber, und Barrakudaschwärme trifft man regelmäßig an. Außerdem gibt es Kolonien von Dugongs (eine Seekuhart).

Tauchgänge kosten ab 450 000 Rp, PADI-Kurse werden ebenfalls angeboten. Den größten Teil des Jahres sind die Tauchbedingungen für unerfahrene Taucher ideal: Die Wassertemperaturen betragen 28 bis 29 °C, die Sicht ist sehr gut und die Strömung schwach. Tauchaktivitäten lassen sich am besten auf der Pulau Kadidiri organisieren.

Touren zum Danau Mariona, wo man mit nicht giftigen Quallen schwimmen kann (einer der wenigen Orte weltweit, wo dies möglich ist), kosten ab 80 000 Rp pro Person. Wer an Land Abenteuer erleben will, kann rund um die Vulkaninsel Pulau Una Una wandern, und auf mehreren Inseln führen Dschungelwege zu abgelegenen Stränden.

ℹ️ Praktische Informationen

Auf den Inseln gibt es keine Banken, also reichlich Bargeld mitbringen. Falls die Unterkunft ein schwaches Mobilfunksignal empfängt, kann man manchmal mit Karte zahlen, darauf verlassen sollte man sich aber nicht.

ℹ️ An- & Weiterreise

Stimmt, es ist wirklich kompliziert. Die Anreise zu den Togian-Inseln ist sehr zeitaufwendig und man sollte unbedingt Puffer einbauen, denn Schäden am Boot und schlechtes Wetter können die Reise verzögern, besonders in der Regenzeit (etwa von Nov.–Anfang April).

Die beiden Tore zu den Inseln sind Ampana (S. 762) im Süden und Gorontalo (S. 770), das viel weiter weg im Norden liegt.

Wer von Tana Torja, Palu, Poso oder Luwuk kommt, erreicht Ampana auf dem Landweg. Besucher mit wenig Zeit können täglich von Palu nach Ampana fliegen (450 000 Rp, 50 Min.); das Flugzeug landet um 10.10 Uhr – genug Zeit, um das Schnellboot nach Bomba und Wakai am Nachmittag zu erwischen.

Gorontolo ist für diejenigen ein sinnvolles Sprungbrett, die auf dem Landweg durch den Norden Sulawesis reisen, allerdings fährt das Boot von hier nur zweimal in der Woche und die Fahrt dauert wesentlich länger.

Viele Resorts schicken Vertreter zu den Ankunftsorten der Fähren auf den Togian-Inseln, die die Gäste zur Unterkunft bringen, manchmal auch kostenlos. Dies muss man im Voraus arrangieren.

Achtung: Alle Informationen können sich von einem Tag auf den anderen ändern; die aktuellsten Informationen findet man auf der Webseite www.infotogian.weebly.com.

AUS AMPANA

Täglich um 9 und 12.30 Uhr fahren zwei Schnellboote über Bomba nach Wakai (130 000 Rp, 1½ Std.). Die Boote von Wakai nach Ampana starten ebenfalls um 9 und 12.30 Uhr. Man sollte im Voraus buchen, vor allem in der Hochsaison.

Das Expressboot, das alle wichtigen Häfen (Wakai–Katupat–Malenge–Popolii–Dolong) anläuft, legt sonntags, dienstags und mittwochs um 9.30 Uhr ab. Die alte langsame Fähre bedient an denselben Tagen dieselbe Route, legt aber erst um 10 Uhr ab. Diese Boote halten übrigens nicht in Bomba.

Frachtboote nach Bomba (35 000 Rp, 3 Std.) legen fast täglich am Pier neben den Marina Cottages (S. 762) um 9 Uhr ab.

Schließlich verkehrt dienstags und freitags um 21 Uhr noch eine Nachtfähre, die donnerstags und sonntags um 16 Uhr zurückfährt, allerdings kommt sie um 2 Uhr morgens in Ampana an, was eher ungünstig ist.

AUS GORONTALO

Die KM *Tuna Tomini* fährt dienstags und freitags um 17 Uhr direkt von Gorontalo nach Wakai (Economy/Business Class 63 000/89 000 Rp, 13 Std.). Sie kommt um 6 Uhr an, sodass man sich nochmal die Beine vertreten kann, falls man mit einem anderen Boot Richtung Norden weiterfährt.

Tickets werden vier Stunden vor der Abfahrt am Hafen verkauft. An Bord tritt die Crew der Fähre Ausländern oft ihre Vierbettkabinen ab, die mehr Privatsphäre bieten; die Preise sind extrem verhandelbar. Eine Klimaanlage gibt's nur in der Business Class.

In Wakai legt die Fähre montags und donnerstags um 16 Uhr ab und kommt um 5 Uhr in Gorontalo an.

Alternativ kann man zum Hafen Bumbulan (3 Std. mit dem Taxi oder 4 Std. mit dem Bus ab Gorontalo) fahren und die KM *Cengkih Afo* nehmen, die sonntags und donnerstags um 9 Uhr nach Dolong auf der Pulau Walea Kodi (Economy Class 56 000 Rp, 5 Std.) schippert und mittwochs und samstags zurückkehrt.

ℹ Unterwegs vor Ort

Von einer Insel zur anderen gelangt mit der Fähre, die von Ampana nach Dolong fährt oder mit Booten, die man auf den Inseln chartern kann.

Öffentliche Boote fahren zwischen Wakai und Una Una (50 000 Rp, 3 Std.). Sie legen sonntags, dienstags und freitags um 8 Uhr in Wakai ab und montags, mittwochs und samstags um 7 Uhr in Una Una.

In Wakai, Bomba und auf Kadidiri ist es recht leicht, ein Boot zu chartern, in den kleineren Orten kann es schwieriger sein. Die Preise des Kartells der regionalen Anbieter sind mehr oder weniger einheitlich (von Wakai oder Kadidiri nach Bomba ca. 500 000 Rp). Am besten erkundigt man sich in der Unterkunft.

Pulau Batu Daka

Auf der größten und am leichtesten erreichbaren Togian-Insel Pulau Batu Daka gibt es zwei Hauptdörfer, Bomba und Wakai.

Bomba ist ein winziger Außenposten am Südwestende der Insel, an dem die meisten Traveller auf dem Weg von und nach Wakai mit dem Boot vorbeikommen. Es ist eine schöne Alternative zur lebhafteren Pulau Kadidiri, denn hier gibt's einige der besten Strände der Togian-Inseln, gute Schnorchelspots und eine entspannte Strandszene.

> ### ℹ KONTAKT ZU UNTERKÜNFTEN AUF DEN TOGIAN-INSELN
>
> Auf den Togian-Inseln gibt es kein Internet und der Handyempfang ist im besten Fall unbeständig. Viele Pensionen haben zwar eine E-Mail-Adresse und eine Telefonnummer, trotzdem kann es ein paar Tage dauern, bis man eine Antwort auf eine E-Mail erhält oder zurückgerufen wird.

Ein netter Spaziergang führt zu den **Fledermaushöhlen** in den Hügeln hinter dem Dorf Bomba, man benötigt aber einen Guide und eine Taschenlampe.

Die größte Ortschaft der Togian-Inseln, **Wakai**, hat einen kleinen Hafen, von dem hauptsächlich Boote zur Pulau Kadidiri fahren. Außerdem gibt es mehrere gut sortierte Gemischtwarenläden und einen geschäftigen Markt. Zu einem kleinen **Wasserfall**, der ein paar Kilometer landeinwärts von Wakai liegt, führt eine schöne Wanderung – den Weg dorthin kann man im Dorf erfragen.

Poya Lisa Cottages BUNGALOWS $
(☑ 0823 4995 1833; www.poyalisa-bomba.com; Bomba; Cottage inkl. Mahlzeiten 150000–250000 Rp/Pers.) Dieses kleine Paradies nimmt eine eigene schmale Insel ein und wartet mit zwei perfekten Stränden, ein paar interessanten Klippen und etwa einem Dutzend großer, schlichter Holzbungalows auf. Der Service wird von den Besuchern unterschiedlich bewertet, doch das Essen gehört mit zum besten auf den Togian-Inseln. Die Anlage bietet kostenloses Schnorcheln in der Nähe und preiswerte Touren zu entfernteren Riffen (ab 300000 Rp). Tauchaktivitäten werden mit einem benachbarten Resort arrangiert.

Poki Poki BUNGALOW $$
(www.pokipoki.land; Bungalow inkl. Mahlzeiten ab 250000 Rp/Pers.) Die einfachen, schönen Bungalows aus Holz und Bambus an einem schmalen Sandstrand an der Südwestküste haben ordentliche Betten und eigene Bäder. Hier können Schnorcheltouren arrangiert werden. Bei Einzelbelegung zahlt man das Doppelte. Kinder zwischen fünf und zwölf Jahren können für 150000 Rp pro Kind im Bungalow der Eltern übernachten.

ⓘ EINTRITTSGEBÜHR IN DEN NATIONALPARK

Ein wieder aufgeflammtes Interesse am touristischen Potential und Umweltschutz des Togean Islands National Park führte im Jahr 2017 zur Einführung einer Eintrittsgebühr (Indonesier/Ausländer 5000/150000 Rp). In Ampana wird diese Gebühr vor der Abfahrt des Schiffes erhoben, wenn man aus dem Norden kommt, zahlt man sie in Wakai oder in Dolong.

Pulau Kadidiri

Wenn man andere Leute treffen möchte, ist man auf der dicht bewaldeten Insel Kadidiri, die mit dem Boot in 30 Minuten von Wakai aus erreichbar ist, genau richtig. Die beliebten Unterkünfte liegen alle dicht beieinander, sodass man am schönen Sandstrand von einer zu nächsten schlendern kann, um etwas zu trinken. Vom Zentrum des Geschehens führt ein 15-minütiger Fußweg durch Kokospalmenhaine zu einer hübschen sandigen Bucht, dem **Barracuda-Strand.**

Auf der Pulau Kadidiri lassen sich die verschiedenen auf den Togian-Inseln angebotenen Aktivitäten am leichtesten organisieren. Nur wenige Meter vor der Ufer kann man gut schnorcheln und schwimmen, weiter von der Küste entfernt hervorragend tauchen. Es ist kein Problem, Boote zu finden, die einen zum Wandern oder Baden auf Nachbarinseln bringen.

🏃 Aktivitäten

Neben Tauchausrüstung kann man auch Schnorchelzubehör ausleihen; in einigen Unterkünften ist das für Gäste kostenlos, anderswo zahlt man 30000 Rp pro Tag. Das Black Marlin Dive Resort (S. 766) und das Kadidiri Paradise Resort (S. 766) sind die größten Tauchanbieter der Insel.

Das Black Marlin Dive Resort verleiht Kajaks, mit denen man die geschützte Lagune hinter dem Kadidiri Paradise Resort oder die vorgelagerten Inselchen erkunden kann. Auf der Insel gibt's auch Wege, auf denen man wandern kann.

🛌 Schlafen

Black Marlin Dive Resort RESORT $$
(☑ 0812 3830 7077; www.blackmarlindiving.com; Bungalows inkl. Mahlzeiten 250000–396000 Rp pro Pers.) 🏊 Dank der Loungebereiche und des netten Restaurants, in dem es sehr gesellig zugeht, herrscht in diesem schön gestalteten Resort mit weiß getünchten Häusern eine angenehme Atmosphäre. Die Bungalows sind recht klein, aber stilvoll und haben alle Terrassen mit Meerblick, nur die Wartung lässt leider ein wenig zu wünschen übrig. Hier dreht sich alles ums Tauchen, und wer nicht tauchen möchte, zahlt 10 % mehr.

Kadidiri Paradise Resort RESORT $$
(☑ 0813 4372 2072, 0464-21058; www.kadidiriparadise.com; Zi. inkl. Mahlzeiten 260000–615000 Rp)

SULAWESI ZENTRALSULAWESI

UMWELTSCHUTZ AUF DEN TOGIAN-INSELN

Mit über 500 Korallenarten, 600 Rifffischarten und geschätzten 500 verschiedenen Mollusken ist der Teluk Tomini (Golf von Tomini), in dem die Togian-Inseln liegen, eines der artenreichsten Riffgebiete von Indonesien.

Die wechselhafte Geschichte des Umweltschutzes auf den Togian-Inseln begann mit der Einführung der Cyanid- und die Dynamitfischerei in den frühen 1990er-Jahren. Dies steigerte zwar anfänglich die Fangmengen, fügte dem fragilen Ökosystem der Riffe jedoch unermessliche Schäden zu. Zu Beginn der 2000er-Jahre wurde den Einheimischen (oft mithilfe lokaler Nichtregierungsorganisationen und Tauchzentren) die Schädlichkeit dieser Techniken allmählich bewusst und viele Fischer gingen wieder zu traditionelle Fangtechniken über. Einige Dörfer schufen sogar ihre eigenen Schutzgebiete und halfen bei Riffpatrouillen zum Schutz gegen illegalen Fischfang.

Doch die Togian-Inseln sind recht arm und der Fischfang ist nicht mehr so einträglich wie früher. Der Fang des wertvollen Napoleon-Lippfischs (für chinesische Restaurants im Ausland) hat den Fisch in diesen Gewässern fast ausgerottet und zu einer katastrophalen Vermehrung des Dornenkronenseesterns geführt, der in alarmierendem Tempo Korallen zerstört.

2004 unterzeichnete das indonesische Umwelt- und Forstministerium ein Gesetz, das 3620 km² dieses fragilen Gebiets zu einem Nationalpark erklärte. Für die Umweltschutzgruppen war dies eine tolle Nachricht. Doch einige lokale Nichtregierungsorganisationen beklagten, dass der Nationalparkstatus die Lebensgrundlagen der Einheimischen einschränken würde und dass andere Formen der Ausbeutung der Region weiter möglich wären. Als Reaktion auf den weitverbreiteten Widerspruch wurde wenig unternommen und mehrere Jahre lang war das Gebiet nur noch dem Namen nach ein Nationalpark.

Doch im Jahr 2017 wurde der Togean Islands National Park zu einem touristischen Gebiet von nationaler Bedeutung erklärt und die Regierung begann mit der Planung von Maßnahmen zur Erhöhung der Besucherzahl, darunter bessere Flugverbindungen und neue Schiffsrouten.

Zur gleichen Zeit wurde man im Nationalpark aktiv, ging gegen illegale Abholzung vor, brachte Patrouillenboote zu den Inseln und verstärkte die Umweltschutzaktivitäten. Damals wurde auch die Eintrittsgebühr eingeführt, die für Ausländer 150 000 Rp beträgt und hoffentlich dem Umweltschutz zugutekommt.

Die Lage des Resorts an einem tollen Strand ist fantastisch. Der große Komplex erstreckt sich entlang der Küste. Die abgenutzten Bungalows sind groß und verfügen über gute Betten, Moskitonetze und geräumige Terrassen. Die eleganteren Meeresvillen wurden auf Stegen direkt über dem Wasser gebaut. Die Qualität des Services schwankt, das Resort organisiert aber die Abholung von Gästen aus Wakai.

Das gut geführte Tauchzentrum bietet einzelne Tauchgänge für 5000 Rp und Open-Water-Tauchscheine für 5 500 000 Rp an; bei mehreren Tauchgängen gibt's bis zu 10 % Rabatt.

Pulau Una Una

Die Pulau Una Una, das überwiegend aus dem aktiven Vulkan **Gunung Colo** (506 m) besteht, erlebte 1983 einen verheerenden Vulkanausbruch. 90 % der Insel waren mit Asche bedeckt, sämtliche Häuser und die gesamte Ernte wurden zerstört. Die Einwohner konnten rechtzeitig evakuiert werden und viele sind inzwischen zurückgekehrt.

An den Riffen vor der Küste befinden sich die besten Tauchspots der Togian-Inseln: Hier tummeln sich Schwärme von Barrakudas und Schwarzen Makrelen sowie große Rochen. Den Vulkan kann man bei günstigen Bedingungen (er ist sehr aktiv) in drei Stunden besteigen und die atemberaubende Lavalandschaft bewundern.

Ninos Homestay   GASTFAMILIE **$**
(Zi. inkl. Mahlzeiten 150 000 Rp/Pers.) Traveller empfehlen diese Privatunterkunft auf Una Una wegen des guten Preises, des Komforts und des köstlichen hausgemachten Essens. Sanctum stellt den Kontakt her.

Sanctum   BUNGALOWS **$$**
(☑ 0812 8532 5669; www.sanctumdiveindonesia. com; inkl. Mahlzeiten 450 000–900 000 Rp/Pers.) Komfortable kleine Zimmer mit Terrasse

DIE BAJAU-SEENONAMDEN

Die nomadischen Bajau, die abfällig auch „Seezigeuner" genannt werden, tauchen noch heute nach *trepang* (Seegurke), Perlen und anderen kommerziell wichtigen Meeresprodukten, so wie sie es seit Hunderten, vielleicht Tausenden Jahren getan haben. Die Bajau sind Jäger und Sammler, die einen Großteil ihres Lebens auf Booten verbringen und immer im Familienverbund reisen.

Auf den Togian-Inseln gibt es mehrere permanente Bajau-Siedlungen und sogar einige Stelzendörfer, die auf Riffen vor der Küste erbaut sind, doch der Wanderaspekt ihrer Kultur blieb bis heute erhalten. Jungverheiratete werden in ein Kanu gesetzt und aufs Meer hinausgestoßen, damit sie ihren Platz in der Welt finden. Wenn Kinder auf die Welt kommen, tauchen die Väter mit den drei Tage alten Babys, um sie ins Leben auf dem Meer einzuführen.

und teilweise mit Gemeinschaftsbad an einem schmalen schwarzen Sandstrand zu vernünftigen Preisen und mit Weltklasse-Tauchspots vor der Nase. Das großartige internationale Essen wird für alle Gäste gemeinsam aufgetischt. Das Tauchcenter hat einen guten Ruf und wer schnorcheln will, kann hier die Ausrüstung ausleihen.

Pulau Togian

Die große Pulau Togian ist bewaldet und wird von Mangroven gesäumt. Die Fähre legt im kleinen Fischerdorf Katupat an, wo man Einkäufe erledigen kann. Von dort ist es ein kurzes Stück mit dem Boot zu zwei privaten Insel-Resorts, während man das einzige Resort auf der Pulau Togian selbst am besten von Wakai aus erreicht.

Danau Mariona SEE
(Quallensee; Jellyfish Lake) Die Quallen hier sind faszinierende Außenseiter der Evolution: Weil sie so lange ohne Fressfeinde in diesem See leben, haben sie allmählich ihre Fähigkeit verloren, Gift abzusondern, was das Schwimmen hier zu einem geradezu surrealen Erlebnis macht.

Fadhila Cottages BUNGALOWS $
(☑ 0852 4100 3685; www.fadhilacottage.com; Pulau Pangempang; DZ inkl. Mahlzeiten Standard/Su-

perior 200 000/350 000 Rp) Die 18 sauberen Holzbungalows mit Terrassen und Hängematten säumen einen von Palmen beschatteten Strand, teils am offenen Meer, teils gegenüber von Katupat. Hier gibt's ein gutes PADI-Tauchzentrum (ein Tauchgang vom Boot kostet 30 €), ein luftiges Restaurant und kostenlose Kanus, mit denen man zu Schnorchelspots rund um die Insel fahren kann. Außerdem werden Kanuexkursionen zu entfernteren Zielen angeboten (30–42 €).

Bolilanga Cottages PENSION $$
(☑ 0852 4100 3685; www.bolilangaresort.com; Pulau Bolilanga; Bungalows inkl. Mahlzeiten 200 000–450 000 Rp/Pers.) Ein Paradies der Ruhe ist diese familiengeführte Anlage am weißen Sandstrand auf einer winzigen Insel gegenüber vom Dorf Katupat. Die Holzbungalows (von einfach bis schick) haben Bäder mit Frischwasser und Moskitonetze und liegen alle am türkisblauen Meer.

Pulau Malenge

Auf der einsamen, entlegenen Pulau Malenge kann man rund um die Insel wunderbar schnorcheln, die schönsten Korallen und Meeresti gibt's bei Riff 5.

Ein paar Einwohner haben mithilfe von Nichtregierungsorganisationen großartige Wanderwege durch die Mangroven und den Dschungel angelegt, damit man die artenreiche Fauna, darunter Makaken, Koboldmakis, Nashornvögel, Kuskus und Salamander, besser beobachten kann.

Faszinierend ist auch das Hauptdorf **Malenge**, eine traditionelle Bajau-Siedlung mit Holzhäusern und einer fast 1 km langen wackligen „Brücke" (eigentlich eher ein Steg), auf dem man (fast) auf dem Wasser laufen kann.

★**Bahia Tomini** COTTAGES $$
(☑ 0812 3880 2777, Büro in Ampana 0852 4032 9259; www.bahiatomini.com; Cottage inkl. Mahlzeiten 450 000–550 000 Rp) Die Erbauer dieser Cottages wollten es wissen: Wie verspielt und skurril kann ein einfacher Holzbungalow sein? Ziemlich! Die winzige Anlage mit nur drei Cottages ist sehr lebendig und unglaublich gastfreundlich. Der Mindestaufenthalt beträgt drei Nächte, doch das reicht vielleicht gar nicht.

Sandy Bay Resort BUNGALOWS $$
(☑ 0823 4995 1833; www.sandybay-resort.com; inkl. Mahlzeiten 350 000–400 000 Rp/Pers.) Hinter dieser schönen Anlage mit gut platzier-

ten Holzbungalows steht dasselbe Team, das auch hinter dem Marina (S. 762) in Ampana steht. Die Bungalows haben große Fenster und stehen an einem langen, von Palmen gesäumten Sandstrand, der der Vorstellung von einem tropischen Paradies schon sehr nah kommt.

Sera Beach Cottages BUNGALOW $$
(☎ 0823 4995 1833; www.seramalengesulawesi. com; Zi. inkl. Mahlzeiten 200 000–250 000 Rp/ Pers.) Die gut gebauten Strohbungalows (in unterschiedlich gutem Zustand) des Sera stehen an der Nordseite der Insel an einem hübschen weißen Sandstrand, der teilweise mit einem Schutzwall befestigt ist. Freundliche Atmosphäre.

Lestari Cottages PENSION $$
(☎ 0852 4100 3685; www.lestari-cottages.com; Bungalows inkl. Mahlzeiten 200 000–350 000 Rp/ Pers.) Die Lage am Rand des Dschungels und mit Blick auf das Dorf Malenga, eines der malerischsten Fischerdörfer auf Stelzen im Archipel, ist schlicht spektakulär. Das alteingesessene Lestari hat zehn dem Meer zugewandte rustikale Holzbungalows mit Terrassen. Gäste können schnorcheln, im Dschungel wandern und Kanutouren unternehmen.

Pulau Walea Kodi

Das geschäftige Fischerdorf **Dolong** ist der letzte Hafen, den die Fähre von Ampana anfährt und der erste Hafen, den man anläuft, wenn man aus Bumbulan kommt. Die Nordküste der hammerförmigen Insel, die mit weißen Sandstränden und bewaldeten Hügeln gespickt ist, nehmen zwei Resorts ein.

Lia Beach COTTAGES $$
(Lia Beach Bamboo Resort; www.pae-lia-beach. com; Zi. inkl. Mahlzeiten ab 400 000 Rp) Die wunderbaren, kunstvoll gestalteten, aber unprätentiösen Bambusbungalows sind ideal, wenn man mal alles hinter sich lassen möchte. Sie sind mit allem ausgestattet, was man benötigt, und bieten herrliche Einsamkeit. Falls es doch langweilig wird, können die Mitarbeiter Touren und Tauchgänge mit Anbietern der Umgebung arrangieren.

NORDSULAWESI

Nordsulawesi hat auf relativ kompaktem Raum viel zu bieten. An einem Tag kann man auf der Pulau Bunaken an einigen der besten Korallenriffe der Welt tauchen, am nächsten Tag die Vulkanlandschaft in der Nähe von Tomohon erkunden und am übernächsten im Tiefland das Tangkoko-Batuangas Dua Saudara Nature Reserve mit seinen Wildtieren besuchen. Ein weiterer großer Magnet sind die Weltklasse-Muck-Tauchspots im Gebiet von Bitung mit faszinierenden Kleinlebewesen.

Der Tourismus und die Landwirtschaft (hauptsächlich Gewürznelken und Kokospalmen) haben Nordsulawesi wirtschaftlichen Erfolg gebracht, daher ist es die am weitesten entwickelte Provinz Sulawesis. Die beiden großen ethnischen Gruppen in der Region sind die Minahasa und die Sangiresen, es gibt aber auch noch zahlreiche Untergruppen. Der niederländische Einfluss ist hier stärker als irgendwo sonst im Land: Die ältere Generation spricht noch Niederländisch und wohlhabende Familien schicken ihre Kinder oft zum Studium in die Niederlanden.

Geschichte

Etwa um das Jahr 670 gab es an einem Stein in der Nähe von Kawangkoan, der Watu Pinabetengan genannt wird, ein Treffen der unterschiedliche Sprachen sprechenden Minahasa-Völker, bei dem mehrere unabhängige Staaten gegründet wurden.

1677 besetzten die Niederländer die Pulau Sangir (heute Pulau Sangihe) und schlossen zwei Jahre später einen Vertrag mit den Minahasa-Häuptlingen. Damit begann eine 300 Jahre während Periode der niederländischen Vorherrschaft. Die Beziehungen zu den Holländern waren zwar nicht immer sehr herzlich und die Region fiel erst 1870 unter die direkte niederländische Kontrolle, dennoch kamen sich die Niederländer und die Minahasa im Lauf der Zeit so nah, dass der Norden Sulawesis oft die zwölfte Provinz der Niederlande genannt wurde.

In den frühen 1820er-Jahren wurde das Christentum zu einem wichtigen Faktor und 1860 waren die Minahasa fast komplett konvertiert. Weil der Schulunterricht auf Niederländisch stattfand, hatten die Minahasa im Wettbewerb um Posten bei der Regierung und der Kolonialarmee schon früh einen Vorteil.

Nach der Unabhängigkeit wurde das Identitätsbewusstsein der Minahasa zu einem Problem für die indonesische Regierung. Im Juni 1957 erklärten die Führer der Minahasa in Nordsulawesi ihre Autonomie.

SULAWESI

Daraufhin bombardierten indonesische Truppen im Februar 1958 Manado und landeten im Juni in Nordsulawi. Die Rebellenführer zogen sich in die Berge zurück und 1961 war die Rebellion endgültig niedergeschlagen.

Gorontalo

☑ 0435 / 186 000 EW.

Gorontalo wirkt wie eine übergroße Provinzstadt, in der alle einander zu kennen scheinen. Das kompakte Stadtzentrum wartet mit einigen der am besten erhaltenen holländischen Häuser Sulawesis auf und hat sich eine gemächliche Kolonialatmosphäre bewahrt, die durch die Ruinen einer portugiesischen Festung auf einem nahen Hügel noch verstärkt wird. Die meisten Traveller kommen nur auf der Durchreise in die Stadt, es lohnt sich aber, hier einen Tag zu entspannen und die Umgebung zu erkunden, besonders im Juli und August, wenn die Walhaie hier sind.

Die Stadt wurde in den vergangenen Jahren stetig modernisiert, das Stadtzentrum wird von ihrem Wahrzeichen geprägt, die Gorontalo Mall. In der Nähe wurden mehrere schicke Hotels eröffnet.

◉ Sehenswertes & Aktivitäten

★ Walhaibeobachtung   TIERBEOBACHTUNG

(Botubarani) In der Nähe der Stadt kann man dem größten Fisch der Welt begegnen, dem sanftmütigen *hiu paus* bzw. Walhai, der zu den gefährdeten Arten gehört. Jedes Jahr wandern Walhaie in die Nähe Gorontalos und bleiben von Juni bis September dort. Man kann ein Boot und einen Eimer Garnelen (125 000 Rp, 1 Std.) mieten und etwa 20 m von der Küste wegtreiben, um die friedlichen Fische anzufüttern. Zum Schutz der Walhaie reguliert die Regierung dies und begrenzt die Zahl der Boote und Schwimmer, die gleichzeig hinaus dürfen. Belästigungen der Tiere sollte man melden.

Botunbarani liegt 10 km südöstlich der Stadt.

Miguels Diving   TAUCHEN

(☑ 0852 4004 7027; www.miguelsdiving.com; Jl Yos Sudarso 218) Die professionelle Tauchschule bietet Tauchexkursionen an der Nordseite der Tomini-Bucht zu Wracks und Riffen an. Eine halbtägige Tauchtour mit zwei Tauchgängen kostet 950 000 Rp, die Ausrüstung wird für 300 000 Rp pro Tag verliehen.

Thermalquellen

Lombongo   THERMALQUELLEN

(Jl Taman Wisata; 8000 Rp; ⊙ 8–17 Uhr) Der große Swimmingpool am nordwestlichen Rand des Nationalparks Bogani Nani Wartabone, ca. 17 km östlich von Gorontalo, ist mit warmem Thermalwasser gefüllt. Ein 3 km langer Fußweg am Thermalpool vorbei führt zu einem Badebecken am Fuß eines 30 m hohen Wasserfalls.

Pantai Kurenai   STRAND

Ein Sandstrand 10 km südlich der Stadt, wunderbarerweise ganz ohne Händler und *warungs*.

🛏 Schlafen & Essen

★ New Melati Hotel   HOTEL $

(☑ 0813 5450 2150; www.facebook.com/newmelati hotelgorontalo; Jl Wolter Monginsidi 1; Zi. inkl. Frühstück 130 000–325 000 Rp; ☀ @ 🛜) Die Mitarbeiter dieses bei Backpackern schon lange beliebten Hotels sprechen Englisch und wissen gut über die Verkehrsverbindungen Bescheid. Das Haupthaus ist ein charmantes Wohnhaus, das im frühen 20. Jh. für den Hafenmeister gebaut wurde. Es gibt drei Zimmerkategorien, von einfachen alten Zimmern (die sauberer sein könnten) zu sehr modernen und einladenden in einem zweistöckigen Gebäude im hinteren Teil mit Blick auf den Garten.

Grand Q Hotel   HOTEL $$

(☑ 0435-822222; www.grandqhotelgorontalo.com; Jl Nani Wartabone 25; Zi. inkl. Frühstück ab 600 000 Rp; ☀ 🛜 ☒) Der Charme dieses klassischen Hotels beginnt an der gefliesten Auffahrt und reicht bis zum Open-Air-Pool auf dem Dach. Die Zimmer wurden unlängst renoviert, das Ergebnis ist äußerst gelungen und macht das Hotel zur besten Unterkunft Gorontalos, von Backpackerbleiben einmal abgesehen.

Amaris Hotel   HOTEL $$

(☑ 0435-830988; www.amarishotel.com; Jl Sultan Botutihe 37; Zi. inkl. Frühstück 450 000 Rp; ☀ 🛜) Das gut geführte Hotel bietet schöne, recht kompakte Zimmer mit sauberer Bettwäsche und schnellem WLAN. Es ist vielleicht ein bisschen langweilig, besticht aber durch Sauberkeit und Komfort. Es ist einen kurzen Spaziergang von der Gorontalo Mall entfernt.

Ilabulo   INDONESISCH

(Jl Pandjaitan, nördlich vom Kreisverkehr; pro Stück 4000 Rp) Die Rauchwolken führen zu diesem

Straßenstand nördlich vom Kreisverkehr in der Jl Pandjaitan, an dem die regionale Delikatesse *ilabulo* gegrillt wird. Am ehesten könnte man die in Bananenblätter gerollte pikante Mischung aus Sago, Eiern, Gewürzen und Geflügelleber mit einer sehr, sehr weichen Wurst vergleichen.

Rumah Makan Sabar INDONESISCH **$**
(Jl Sutoyo 31; Hauptgerichte ab 15000 Rp; ⊙6–18 Uhr) Hat eine schöne Terrasse im Kolonialstil und ist für seinen köstlichen *nasi kuning* (gelber Reis) bekannt – eine großartige Art, den Tag zu beginnen. Auch die Suppen und Sambals sind hervorragend.

❶ An- & Weiterreise

BUS

Zum zentralen **Busbahnhof** (Jl Andalas), der 3 km nördlich der Stadt liegt, fahren *bemos* und *ojek*. Von hier starten Direktbusse nach Palu (150000 Rp, 18 Std., 5 Uhr) und Manado (100000 Rp, 11 Std., 9 Uhr). In den Bussen nach Manado gibt's keine Klimaanlage, daher reisen die meisten Leute mit dem Minibus oder Kijang (150000–200000 Rp); Tickets werden vor dem Busbahnhof von Agenten verkauft, Klimaanlage kostet allerdings extra.

FLUGZEUG

Es gibt täglich Flüge in wichtige Städte Sulawesis und nach Jakarta.

Der **Flughafen Djalaludin** liegt 32 km westlich von Gorontalo. Zum Zeitpunkt der Recherche betrieb Damri hier keine Busse mehr. Damit bleiben noch zwei Optionen: Sammeltaxis (70000 Rp/Pers.) oder der 1 km lange Fußmarsch nach Norden zur Jl Trans Sulawesi, auf der *oplet* (Minibus; 20000 Rp) in die Stadt fahren.

SCHIFF/FÄHRE

Zum **Hafen** (Jl Laksamana Martadinata), wo die Boote zu den Togian-Inseln abfahren, geht es problemlos mit *mikrolet* (kleine Taxis) auf der Jl Tantu, *ojek* oder *bentor*. Fahrkarten bekommt man am Hafen, der Verkauf beginnt drei Stunden vor der Abfahrt.

Alle zwei Wochen fährt das Linienschiff *Tilongkabila* von **Pelni** (☎0435-821089; Jl 23 Januari; ⊙Mo–Fr 8–17, Sa bis 16 Uhr) von Gorontalo nach Bitung, die *Sangiang* verkehrt monatlich auf derselben Route.

BOGANI NANI WARTABONE NATIONAL PARK

Dieser selten besuchte, 2871 km² große Nationalpark 50 km westlich von Kotamobagu hat den höchsten Naturschutzwert in Nordsulawesi, ist aber nur äußerst schwer zugänglich. Der früher Dumoga-Bone genannte Park befindet sich am Oberlauf des Sungai Dumoga (Fluss Dumoga) und ist ein Paradies für seltene Tier- und Pflanzenarten. Hier leben zahlreiche Hammerhühner (eine große Philippinenhuhn-Art), von denen hier 2012 über 3000 Vögel ausgesetzt wurden. Außerdem sind im Park *yaki* (Schopfmakaken) und eine Art einer Riesenfruchtfledermaus, die erst in den 1990er-Jahren entdeckt wurde, beheimatet.

In der Nähe von Toraut befinden sich zudem einige archäologische Stätten, über die man nicht viel weiß. Sie bestehen aus mehreren großen Räumen, die in Felsen gehauen wurden, vermutlich für Beerdigungen. Diese Stätten werden nicht mehr genutzt und liegen im Wald versteckt, sodass Wanderungen dorthin eine Aura des Abenteuers und der Entdeckungen umgibt.

Im Gebiet rund um Toraut gibt's mehrere Wege, auf denen Wanderungen von einer bis neun Stunden Dauer möglich sind. Man kann auch verschiedene mehrtägige Touren unternehmen, wenn man die entsprechende Campingausrüstung besitzt.

Tombun ist für seine Hammerhühner bekannt, an den Nistplätzen sind meistens einige zu sehen. Es gibt auch ein paar etablierte Wanderrouten, die in den nahen Wald führen. Besucher können in einem der beiden Orte beim **Nationalparkposten** (☎0434-22548; Jl AKD Mongkonai, Kotamobagu; ⊙Mo–Fr 7.30–12 & 13–16 Uhr) nach Führern und Informationen fragen.

Nach Toraut fahren vom Terminal Serasi in Kotamobagu reguläre *angkot* (30000 Rp, 1½ Std.) in Richtung Doloduo. Von Toraut nimmt man ein *ojek* zur Rangerstation, die 10 km weiter westlich liegt. Alternativ kann man von Gorontalo auf der nach Süden führenden Straße direkt nach Doloduo fahren.

Wer nach Tambun will, fährt mit einem *angkot* nach Imandi (25000 Rp, 1 Std.) und von dort mit einem *ojek* Richtung Osten nach Tambun (20000 Rp, 20 Min.).

Manado

☏ 0431 / 458 500 EW.

Manado ist eine wohlhabende, freundliche Stadt mit guter Infrastruktur, einer ansehnlichen Zahl komfortabler Hotels und ausgezeichneten Restaurants. Der Uferbereich ist praktisch eine einzige Shoppingmeile, ein Zeichen des relativen Reichtums der Stadt, und die Straßen sind fast immer verstopft.

Die meisten Traveller eilen auf der Reise zwischen der Pulau Bunaken und dem Minahasa-Hochland durch die Stadt. Wer aber Zeit hat, weil er auf ein Flugzeug oder einen Bus wartet, sollte der Großstadt eine Chance geben und entdeckt möglicherweise ihren versteckten Charme.

◉ Sehenswertes

Öffentliches Museum Nordsulawesi
MUSEUM

(Museum Negeri Propinsi Sulawesi Utara; ☏ 0431-870308; Jl Supratman 72; 5000 Rp; ⊙ Mo–Do 8–16, Fr bis 11.30, Sa 9–14 Uhr) Das Museum präsentiert eine große Sammlung traditioneller Trachten und eine Ausstellung, die sich der traditionellen Töpferei widmet. Es gibt englische Beschriftungen.

Kienteng Ban Hian Kong
BUDDHISTISCHER TEMPEL

(Jl Panjaitan 70) Der im 19. Jh. erbaute Kienteng Ban Hian Kong ist der älteste buddhistische Tempel in Ostindonesien und wurde wunderschön restauriert. Im Februar (Datum variiert entsprechend dem Mondkalender) findet im Tempel ein spektakuläres **Fest** statt.

✨ Feste & Events

Pengucapan Syukur
KULTUR

Das Erntefestival findet irgendwann zwischen Juni und August statt.

🛏 Schlafen

Istanaku Guesthouse
PENSION $

(☏ 0431-851000; istanaku.guesthouse@yahoo.com; Jl Supratman 7; Zi. ab 240 000 Rp; ✴🛜) Bunt, skurril, abgefahren – schön, dass sich ein Hotel in der Stadt um etwas mehr Charakter bemüht. Natürlich bekommt man unterm Strich auch nur ein kleines Hotelzimmer, aber ein sehr sauberes. Zudem sind die Mitarbeiter superhilfsbereit und meistens trifft man hier andere junge hippe Backpacker an, mit denen man Reisegeschichten austauschen kann.

Manado Green Hostel
HOSTEL $

(☏ 0431-880 2967; Jl Sarapung 38; Stockbett 150 000 Rp) Ein richtiges Hostel mit Stockbetten, Schließfächern, sehr sauberen Gemeinschaftsbädern und einer (winzigen) Gemeinschaftsküche. Bietet in dieser Preiskategorie das beste Preis-Leistungs-Verhältnis in Manado!

★ Libra Homestay
GASTFAMILIE $$

(☏ 0821 9268 6320; Jl Pramuka XI 16; Zi. 300 000–350 000 Rp; ✴🛜) Wunderbare Unterkunft in einer großen weißen Villa in einer ruhigen Straße. Der chinesische Besitzer, der in London studiert hat und hervorragend Englisch spricht, kümmert sich gut um seine Gäste. Die fünf Zimmer sind alle mit Klimaanlage, Kabel-TV, Schreibtisch und eigenem Bad mit warmem Wasser ausgestattet.

Ibis City Center Boulevard
HOTEL $$

(☏ 0431-848800; www.accorhotels.com; Jl Piere Tendean 85; Zi. 500 000 Rp; ✴🛜) Genau, was man sich nach einem langen Tag im Bus wünscht: ein ruhiges, sauberes Zimmer mit einem hochwertigen Bett in einem professionell geführten Hotel. Umso besser, dass es direkt gegenüber vom Einkaufszentrum Manado Town Square mit vielen Essensoptionen und einem Kino liegt.

Hotel Minahasa
HOTEL $$

(☏ 0431-874871; www.hotelminahasa.com; Jl Sam Ratulangi 199; Zi. mit Ventilator/Klimaanlage ab 339 000/550 000 Rp; ✴🛜) In diesem Hotel, das sich hinauf zu einer Villa auf einem Hügel und einem luxuriösen Pool und Fitnesscenter mit Blick auf die Stadt zieht, spielen Treppen eine Hauptrolle. Die Zimmer mit Ventilator sind ein bisschen zu einfach, die Extraausgabe für ein Deluxe-Zimmer lohnt sich, besonders für eines der gerade renovierten.

★ Lumbalumba Diving
RESORT $$$

(☏ 0822 9291 9056; www.lumbalumbadiving.com; Jl Trans Sulawesi, Mokupa; Bungalows 35–85 € pro Pers.; 🛜🛁) Das friedliche kleine Hotel, das in einem wunderschönen Garten liegt, hält beständig seinen hohen Standard. Das Essen gehört zum besten in der Region. Taucher werden die kleinen Gruppen und sachkundigen Mitarbeiter schätzen, Nichttaucher können am Infinity Pool mit Blick auf das Meeresschutzgebiet entspannen. Das Resort liegt ungefähr 17 km südwestlich von Manado.

Manado

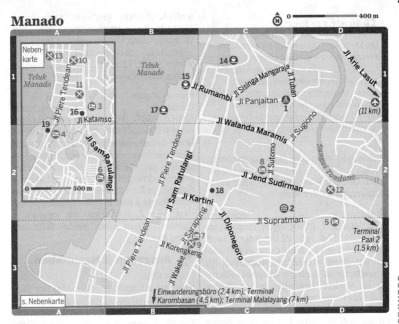

Manado

Sehenswertes
1 Kienteng Ban Hian Kong C1
2 Öffentliches Museum Nord-
sulawesi..C2

Schlafen
3 Hotel Minahasa.......................................A1
4 Ibis City Center Boulevard A2
5 Istanaku Guesthouse............................D3
6 Libra Homestay......................................A2
7 Manado Green Hostel............................B3
8 Sintesa Peninsula Hotel C2

Essen
9 Maminon...B3
10 Raja Sate..A1
11 Rumah Makan Green Garden.................A1
12 Rumah Makan Raja Oci.........................D2
13 Tuna House A1

Transport
14 Boote zur Pulau Bunaken C1
15 Fährterminal...B1
16 Garuda..A1
17 Majestic Kawanua...................................B1
18 Silk Air..C2
19 Sriwijaya Air..A2

Thalassa Manado   RESORT $$$
(www.thalassamanado.com; Jl Raya Molas; Zi. inkl.
Mahlzeiten 55–79 € pro Pers.; ❄@🛜☒) Die At-
mosphäre in diesem Resort 6 km nördlich
von Manado ist herzlich und einladend. Die
geräumigen, schön gestalteten Zimmer
wurden vor Kurzem modernisiert. Wer gera-
de mal nichts beim PADI-Five-Star-Tauch-
center gebucht hat, kann am begrünten Pool
relaxen.

Sintesa Peninsula Hotel   HOTEL $$$
(📞0431-855008; www.sintesapeninsulahotel.com;
Jl Jend Sudirman; Zi. ab 900 000 Rp; ❄@🛜☒)
Das Sintesa, eine strahlend weiße Festung

auf einem Hügel mitten in der Stadt, erfüllt
mit seiner marmornen Lobby, den geräumigen Zimmern mit schönem Stadtblick, dem
großen Pool und dem hervorragenden Spa
alle Erwartungen.

🍴 Essen

Manado lockt mit aufregender Minahasa-
Küche in Bestform. Hier kann man auf den
Geschmack von *rica-rica,* einem pikanten
Pfannengericht mit *ayam* (Hühnchen) oder
babi (Schwein), kommen. Andere regionale
Spezialitäten, nach denen man Ausschau
halten sollte, sind beispielsweise *Bubur ti-
notuan* (Maisporridge), frische Meeres-

ⓘ HUNDEFLEISCH

Die Minhasa-Küche ist für ihr exotisches Fleisch bekannt, und auf einigen Speisekarten in Manado stößt man vielleicht auf „r. w." (ausgesprochen „air weh"; Hund). Man sollte bedenken, dass im Zusammenhang mit dem Handel von Hundefleisch schwerwiegende Tierschutzprobleme auftreten.

früchte und *cakalang fufu* (geräucherter Bonito).

Die kleine Jl Wakeke ist die bekannteste Restaurantmeile der Stadt.

★ **Maminon** NDONESISCH $
(☏ 0431-880 5777; Jl Sarapung 38; Hauptgerichte 35 000–50 000 Rp; ⊙ 10–22 Uhr, jeden 1. So im Monat geschl.; 🕾) So sauber und gastfreundlich wie dieses wunderbare Restaurant ist, so großartig ist auch die Minahasa-Küche, die es serviert. Besonders zu empfehlen ist der *cakalang fufu* (regionaler geräucherter Bonito), vielleicht mit *sous rica tomat* (Tomaten-/Chili-Sambal) oder noch besser mit *santan* (eine an die Thai-Küche erinnernde Sauce aus Kokosmilch, Kaffernlimetten und Aromen) – ein geradezu königliches Essen.

Tuna House SEAFOOD $
(Jl Laksda John Lie; Hauptgerichte 30 000–50 000 Rp; ⊙ 11–23 Uhr, So ab 16 Uhr) Unter den *ikan-bakar*-Hütten an diesem Uferabschnitt, die für ihr preiswertes Essen bekannt sind, mögen wir das Tuna House ganz besonders. Das bedeutet aber nicht, dass die anderen nicht gut sind, doch hier ist alles noch eine Klasse besser. Man findet es vor dem Hotel Whiz Prime.

Rumah Makan Raja Oci INDONESISCH $
(☏ 0431-863946; Jl Jend Sudirman 85; Hauptgerichte 30 000–50 000 Rp; ⊙ 8–22 Uhr) Viele Einheimische kommen in diesen sehr authentischen *rumah makan* und bestellen *ikan oci* (gegrillter kleiner Fisch), serviert mit einer pikanten Minahasa-Sauce namens *dabu-dabu* aus Tomaten, Schalotten und frischen Chilis.

★ **Raja Sate** NDONESISCH $$
(☏ 0431-852398; www.rajasate.com; Jl Pierre Tendean 39; Hauptgerichte ab 40 000 Rp; ⊙ Mo–Sa 11.30–23, So 18–22.30 Uhr; 🅿🕾) Das Raja Sate ist zu Recht für sein *sate* bekannt – mit einem gemischten Teller mit Garnelen, Tin-

tenfisch, Hühner-, Rind- und Ziegenfleisch macht man garantiert nichts falsch –, serviert aber auch hervorragende Currys und sogar Steaks aus Neuseeland. Wenn man im Voraus bucht, kann man in einem klimatisierten Raum essen.

Rumah Makan Green Garden CHINESISCH, INDONESISCH $$
(☏ 0431-878650; Jl Sam Ratulangi 170; Hauptgerichte 47 000–65 000 Rp; ⊙ 9–24 Uhr) Das beliebte indochinesische Restaurant serviert ausgezeichnete Schweinefleischgerichte (besonders gut: die mit gegrilltem Schweinefleisch und der Schweinbauch) und Meeresfrüchte (z. B. Krabben frisch aus dem Wasserbecken und in einer Maissuppe serviert oder Zackenbarsch mit gesalzenem Blattsenf). Dazu gibt's frische Säfte und kaltes Bier.

🍸 Ausgehen & Nachtleben

Corner Club CLUB
(Bahu Mall, Jl Monginsidi; ⊙ 18–5 Uhr) Der Club in der Ecke der Bahu Mall ist der beste Ort, um sich abends in der Stadt zu amüsieren; Die Bässe wummern und an den meisten Abenden legen DJs auf.

ⓘ Praktische Informationen

Einwanderungsbüro (Kantor Imigrasi; ☏ 0431-863491; www.imigrasi.go.id; Jl 17 Agustus; ⊙ 7.30–12 & 13.30–16.30 Uhr) Visaverlängerungen können bis zu fünf Tage dauern und man muss mehrmals erscheinen.

ⓘ An- & Weiterreise

BUS

Fernbusse und die lokalen *mikrolet* fahren von drei relativ gut organisierten Busbahnhöfen.

Terminal Karombasan (Jl Karombasan) Verbindungen nach Tomohon (10 000 Rp) und in andere Orte südlich von Manado; 5 km südlich der Stadt.

Terminal Malalayang (Jl Maruasey) Busse nach Kotamobagu (60 000 Rp) und Gorontalo (ab 100 000 Rp, 11 Std.); ganz im Westen der Stadt.

Terminal Paal 2 (Jl Rajawali) Verschiedene öffentliche Verkehrsmittel fahren nach Bitung (11 000 Rp) und zum Flughafen (10 000 Rp); am östlichen Ende der Jl Martadinata.

FLUGZEUG

Vom **Internationalen Flughafen Sam Ratulangi** in Manado gibt es u. a. Direktflüge nach Singapur und in einige chinesische Städte, darunter Shenzhen, Guangzhou und Shanghai. Er bietet auch gute Verbindungen zu anderen indonesischen Inseln: Flüge nach Jakarta und Surabaya auf Java starten regelmäßig, nach Denpasar, Balikpapan, Sorong, Ambon und zu mehreren Flughäfen ein- oder zweimal täglich.

Diese Fluggesellschaften fliegen nach Manado:

Garuda & Citilink (📞 0431-877737; Jl Sam Ratulangi 212; ⊙ Mo–Sa 8.30–17 Uhr)

Lion & Wings Air (📞 0431-847000; www.lionair.co.id; Jl Piere Tendean 19; ⊙ Mo–Fr 9–17, Sa bis 15, So bis 12 Uhr)

Silk Air (📞 0431-863744; Jl Sarapung; ⊙ Mo–Fr 9–16, Sa bis 13 Uhr)

Sriwijaya Air (📞 0431-888 0988; www.sriwijayaair.co.id; Manado Town Sq 12A, Jl Piere Tendean; ⊙ 8–18.30 Uhr)

SCHIFF/FÄHRE

Alle Pelni-Fähren nutzen den Hochseehafen in Bitung, der 44 km von Manado entfernt an der Ostküste der Insel liegt. In Manado gibt es kein Pelni-Büro, doch zahlreiche Reisebüros in der Nähe des Hafens haben Informationen und verkaufen Tickets.

Vom **Hauptterminal** (Pelabuhan Manado; Jl Lembong) fahren täglich Fähren nach Siau (200 000 Rp, 4 Std.) und weiter nach Tahuna (220 000 Rp, 6½ Std.) auf den Sangir-Talaud-Inseln. Tickets und Informationen erhält man bei **Majestic Kawanua** (📞 0851 0540 5499; majestictickawanua@gmail.com; Komplek Marina Plaza, EG, Jl Piere Tendean; ⊙ 8–17 Uhr).

Es gibt auch Fähren von Manado nach Maluku; die Tickets werden an Ständen draußen vor dem Hafen verkauft.

Boote zur Pulau Bunaken (Dermaga Kalimas; Jl Veteran) legen in einem Hafen in der Nähe des Marktes Pasar Jengki ab. Bei ausreichender Nachfrage und je nach Gezeitenlage fährt täglich um 14 Uhr eine Fähre (einfache Strecke 50 000 Rp). Ansonsten kann man kleine Fischerboote chartern, die 1 200 000 Rp verlangen, sich aber auf etwa 800 000 Rp runterhandeln lassen.

ⓘ Unterwegs vor Ort

Mikrolet pendeln zwischen dem Internationalen Flughafen Sam Ratulangi und dem Terminal Paal 2 (10 000 Rp), wo man in *mikrolet* (5000 Rp) zu anderen Zielen umsteigen kann. Außerdem fahren täglich vier klimatisierte Busse (30 000 Rp) von der/zur Jl Piere Tendean. Festpreistaxis vom Flughafen in die Innenstadt (13 km) kosten etwa 100 000 Rp.

Die App des Mitfahrdienstes Grab funktioniert in Manado gut. Wer ein klassisches Taxi will, ruft bei **Bluebird** (📞 0431-861234; ⊙ 24 Std.) an, dessen Taxis alle mit Taxameter ausgestattet sind. Eine 2 km lange Fahrt kostet um die 15 000 Rp.

Pulau Bunaken & Pulau Siladen

Die winzige, von Korallen umgebene Pulau Bunaken ist Nordsulawesis Top-Touristenziel, dennoch hat sie sich ihren traditionellen Inselcharakter bewahrt. Die Unterkünfte liegen an den beiden Stränden und dahinter. Die freundlichen Inselbewohner scheinen einen endlosen Vorrat an echtem, herzlichen Lächeln in petto zu haben – hier gibt es keinen Stress, nur entspanntes Strandvergnügen.

Die meisten Besucher kommen zum Tauchen auf die Pulau Bunaken. Die Artenvielfalt des Meereslebens ist außergewöhnlich groß: Es gibt über 300 Korallenarten und 3000 Fischarten, viele Schwämme und ein phänomenal buntes Treiben an den senkrechten Wänden. Die 808 ha große Insel ist Teil des 891 km² großen **Bunaken Manado Tua Marine National Park** (Taman Laut Bunaken Manado Tua). Zu diesem Park gehören auch der Inselvulkan Manado Tua (Altes Manado), den man in Manado sieht und in etwa vier Stunden besteigen kann, die Inseln Nain und Mantegage sowie die Pulau Siladen, wo es ebenfalls ein paar schöne Resorts gibt.

⊙ Sehenswertes & Aktivitäten

Pantai Liang   STRAND

Der weißsandige Strand bei Liang, der unter Erosion und dem steigenden Meeresspiegel leidet, ist inzwischen schmal, aber immer noch sehr schön. Bei Ebbe hat man nach wie vor reichlich Platz, um Frisbee zu spielen. Den Strand säumen Resorts, die sich bis in die Hügel dahinter ziehen.

Die Essenstände und Souvenirverkäufer wirken morgens fehl am Platz, doch das ändert sich, wenn gegen 10 Uhr Heerscharen von Tagesbesuchern einfallen.

Der Strand direkt südlich vom Pantai Liang ist ein geschütztes Schildkrötenbrutgebiet, also bitte nicht betreten, auch wenn er einladend aussieht.

Pantai Pangalisang   STRAND

Der lange Pantai Pangalisang nimmt einen Großteil der Ostküste der Insel ein und lädt mit seinem weichen, weißen Sand zu Spaziergängen ein. Er liegt hinter einem dicken Mangrovenstreifen. Direkt hinter dem Mangrovendickicht kann man fantastisch schnorcheln. Die meisten Unterkünfte haben Schneisen für Boote und Schwimmer

Pulau Bunaken

geschlagen. Bei Flut verschwindet der Strand fast vollständig.

Pulau Siladen INSEL
3 km östlich der Pulau Bunaken lockt die kleinste Insel des Archipels, Siladed, mit herrlichen weißen Sandstränden und einer prächtigen Korallenwand. Alle Unterkünfte liegen auf der Westseite der Insel gegenüber der Pulau Bunaken.

Manado Tua WANDERN
Manado Tua, der westliche Nachbar der Pulau Bunaken, ist eine wunderschöne Vulkaninsel mit einigen interessanten Wanderungen, darunter eine anstrengende Tour auf den Gipfel. Auf der Insel bieten einige Führer ihre Dienste an. Nützliche, wenn auch etwas veraltete Informationen findet man auf der Website www.gunungbagging.com/manado-tua. Kleine Auslegerfischerboote (hin & zurück 200 000 Rp) bringen Besucher gern nach Manado Tua – das lässt sich in der Unterkunft oder im Dorf Bunaken arrangieren.

🛏 Schlafen

Einige Resorts wollen keine Gäste, die nicht tauchen, und verlangen von diesen entweder höhere Zimmerpreise oder werfen sie wieder raus.

Novita Homestay PENSION $
(📱 0812 443 0729; Bunaken (Dorf); Zi. inkl. Mahlzeiten 250 000 Rp/Pers.) Die großartige Köchin Vita ist die Besitzerin und Betreiberin dieser herrlich altmodischen Privatunterkunft mitten im Dorf Bunaken (am Südende der Insel, dort, wo die Fähren anlegen). Vita organisiert Touren, verleiht Schnorchelausrüstung (50 000 Rp/Tag) und zieht Schildkrötenschlüpflinge auf, die später in die Wildnis entlassen werden. Zimmer mit Außenbad sind 50 000 Rp billiger.

Lorenso's Cottages PENSION $
(📱 0852 5697 3345; Pantai Pangalisang, Pulau Bunaken; Zi. inkl. Mahlzeiten ab 225 000 Rp/Pers.; 🛜) Lorenso's ist eine tolle Wahl für Backpacker, die sich wie Robinson fühlen möchten. Die Zimmer sind sehr einfach und ein bisschen heruntergekommen, außerdem gibt's einen leeren, rasenbewachsenen Garten und einen selbstgebauten Gemeinschaftsbereich aus Bambus ohne Fußboden. Die Mitarbeiter sind sehr hilfsbereit, die Atmosphäre ist angenehm gesellig – es kommt auch mal zu spontanen Jug-Band-Jamsessions –, und gleich hinter den Mangroven kann man wunderbar schnorcheln.

★ Panorama Backpackers PENSION $$
(📱 0813 1804 5569; www.bunakenbackpackers.com; südlich vom Pantai Liang, Pulau Bunaken; Zi. mit Gartenblick/Meerblick inkl. Mahlzeiten 250 000/350 000 Rp) Die angenehm entspannte Unterkunft oben auf einem Hügel ist eigentlich eine Unterkunft im Privathaus einer reizenden Familie und kein Resort – hier fühlt man sich sofort wie zu Hause. Selbst das Essen schmeckt so gut wie daheim bei Muttern, ganz ehrlich gesagt sogar

TAUCHEN UND SCHNORCHELN RUND UM DIE PULAU BUNAKEN

Die Pulau Bunaken genießt eine einzigartige Lage in tiefem Wasser mit starken, nährstoffreichen Strömungen und ist von einem Mangrovenökosystem umgeben, das große Teile der Strände und Korallen vor der Erosion schützt. Dies macht sie zu einem der besten Tauch- und Schnorchelgebiete der Welt. Hinter den Steilwänden der Riffe stößt man auf Höhlen und Täler mit bunten Schwämmen, prächtig gedeihenden Korallen und unzähligen Fischen. Es kommt nur sehr selten vor, dass man beim Tauchen keine Echten Karettschildkröten und Grüne Meeresschildkröten sieht, und man begegnet auch Rochen und Haien.

Wer an der Ostküste auf eigene Faust schnorcheln geht, gelangt vor Lorenso's Cottages sehr leicht ins Wasser. An der Westküste sollte man nach dem Tauchspot Likuan Ausschau halten, einer spektakulären Korallenwand direkt vor dem Pantai Liang.

Die meisten Pensionen, Resorts und Tauchcenter haben Karten, in denen alle Tauchspots rund um die Pulau Bunaken eingezeichnet sind; welche man besucht, hängt vor allem von den aktuellen Strömungsbedingungen ab. Wer in einer Unterkunft wohnt, die kein eigenes Tauchcenter hat, kann Exkursionen bei anderen Unterkünften in der Umgebung buchen.

Die meisten Privatunterkünfte verleihen für etwa 50 000 Rp pro Tag sehr abgenutzte Schnorchelausrüstung, oft lohnt es sich aber, etwas mehr für die hochwertige Ausrüstung der Tauchcenter auszugeben.

Tauchexkursionen rund um Bunaken und die benachbarten Inseln kosten inklusive zweier Tauchgänge etwa 1 400 000 Rp, für PADI-Open-Water-Kurse werden um die 6 000 000 Rp fällig. Schnorchler können für ca. 80 000 Rp pro Person auf den Tauchbooten mitfahren.

Auf der Pulau Bunaken gibt's zwar keine eindeutig unseriösen Tauchcenter, dennoch sollte man immer den Zustand der Ausrüstung prüfen und sich nach den Sicherheitsvorkehrungen des Centers erkundigen, ehe man bucht.

Tauchspots rund um Bunaken

Die Pulau Bunaken ist einzigartig: Sie erhebt sich abrupt aus dem großen blauen Ozean und ihre Unterwassertopografie lockt mit vertikalen Korallenwänden. Nicht weniger beeindruckend sind die Nachbarinseln. Vor dem Festland gibt es Möglichkeiten zum Muck-Diving und ein Wrack. Die folgenden Orte gehören zu den Highlights der über 20 Tauchspots in der Gegend.

Likuan An dieser bemerkenswerten Korallenwand, die vom flachen Wasser in die scheinbar unendliche Tiefe abfällt, befinden sich drei Tauchspots. In der Regel begegnet man hier Riffhaien und vielen Schildkröten.

Fukui Point Allein wegen der hohen Zahl der Fische ragt dieser Tauchspot heraus. Er ist eine Art Putzstation für große Fische, außerdem findet man hier Röhrenaale und mehrere Riesenmuschelarten.

Molas Wreck Dies ist ein riesiges niederländisches Frachtschiff, das mit Weichkorallen und Schwämmen bedeckt ist. Wegen der großen Tiefe, in der das Wrack liegt (24–40 m), ist das nur etwas für erfahrene Taucher.

Tanjung Kopi Auf der Nordseite der Manado Tua, Schwärme von Barracudas, Fledermausfischen und Schwarzen Makrelen; wegen der starken Strömungen nur für erfahrene Taucher geeignet.

Celah Celah Großartiges Makro-Tauchen: Hier sieht man u. a. Geister-Pfeifenfische, Nacktkiemer und Pygmäen-Seepferdchen. Bei Fotografen sehr beliebt.

Montehage Dramatischer Tauchspot mit Barracudas, Rochen, Napoleon-Lippfischen und Schwärmen von Büffelkopf-Papageifischen. Gelegentlich begegnet man auch Hammerhaien.

Mandolin Riesige Weichkorallen und ein Wald aus Peitschenkorallen; man sollte auch nach Napoleon-Lippfischen Ausschau halten.

noch ein bisschen besser (sorry, Mama). Tauchen wird vom benachbarten Panorama Dive Resort (S. 778) angeboten, das Verwandten gehört.

Froggies
BUNGALOWS **$$**

(📞 0812 430 1356; www.froggiesdivers.com; Pantai Liang, Pulau Bunaken; EZ/DZ Bungalow inkl. Mahlzeiten ab 655 000/1 095 000 Rp; ✳🌀📶) Das alteingesessene Tauchcenter hat ein paar neue junge Manager engagiert, die dem bewährten Resort neues Leben einhauchen sollen. Die Strandlage mit Blick auf den Sonnenuntergang und den perfekten Kegel des Madado Tua ist sehr schön. Die 14 Bungalows, zwei davon mit zwei Schlafzimmern, haben alle Terrasse, zeigen aber schon Alterserscheinungen.

Two Fish
RESORT **$$**

(📞 0811 432 805; www.twofishdivers.com; Pantai Pangalisang, Pulau Bunaken; Zi./Cottage inkl. Mahlzeiten ab 375 000/675 000 Rp pro Pers.; @ 🌀📶🏊) Die attraktiven Cottages, die sich auf einem gepflegten Gelände mit Swimmingpool verteilen, waren der Geburtsort des inzwischen gewachsenen Two-Fish-Imperiums. Das nach wie vor gut geführte Tauchresort lockt mit genau dem Tropenurlaub, von dem man immer geträumt hat. Das professionelle, umweltbewusste Tauchcenter ist eines der besten in Nordsulawesi, pro Tauchführer sind maximal vier Taucher unterwegs.

Happy Gecko
BUNGALOWS **$$**

(📞 0852 9806 4906; www.happygeckoresort.com; Pantai Liang, Pulau Bunaken; EZ/DZ inkl. Mahlzeiten 36/28 € pro Pers.; 🌀) Die hübschen, aber abgewohnten kleinen Bungalows mit Bambusmöbeln und eigenem Bad ziehen sich einen Hang am Nordende des Pantai Liang hinauf und sind eine gute Option für Backpacker. Tauchgänge kosten nur 25 €.

Daniel's Resort
PENSION **$$**

(📞 0823 4949 0270; www.danielsbunaken.com; Pantai Pangalisang, Pulau Bunaken; Zi. inkl. Mahlzeiten 250 000–400 000 Rp/Pers.; 🌀) Günstiger als im Daniel's, das von jungen, partyfreudigen Einheimischen geführt wird, kommt man auf der Pulau Bunaken nicht davon. Einigen der knarzigen alten Holzbungalows fehlt es zwar am Nötigsten – beispielsweise Toilettensitzen –, doch andere sind gut in Schuss. Der weitläufige Garten ist sehr entspannend. Wenn viel los ist, kann es passieren, dass Nichttaucher vor die Tür gesetzt werden.

Panorama Dive Resort
BUNGALOWS **$$**

(📞 0813 4021 7306, 0813 4021 7027; www.bunakendiving.co; Pantai Liang, Pulau Bunaken; Cottage inkl. Mahlzeiten 300 000–450 000 Rp/Pers.; 🌀) Der große familiengeführte Komplex in den Hügeln am Südende des Pantai Liang liegt hoch über einem kleinen Sandstrand und bietet Holzbungalows mit Strohdächern, Terrassen und toller Aussicht. Hier gibt's auch ein gutes Tauchzentrum; Tauchgänge kosten 450 000 Rp.

★ Siladen Resort & Spa
RESORT **$$$**

(📞 0811 430 0641; www.siladen.com; Pulau Siladen; Villa inkl. Mahlzeiten ab 153–255 €; ✳🌀📶🏊) Luxuriöses, luftiges Resorts mit 17 üppig möblierten Villen, die über alle modernen Annehmlichkeiten verfügen. Die älteren Villen stehen direkt am Strand. Das Resort bietet zudem einen mit Salzwasser gefüllten Lagunenpool, ein prächtiges Spa, einen Billardtisch, unzählige Sofas und Liegen mit blauen Kissen am unberührten weißen Sandstrand und ein erstklassige PADI-Tauchcenter.

★ Living Colours
BUNGALOWS **$$$**

(📞 0812 430 6401; www.livingcoloursdiving.com; Pantai Pangalisang, Pulau Bunaken; EZ/DZ Cottage inkl. Mahlzeiten ab 60/50 € pro Pers.; @🌀) Diese friedliche Anlage liegt wunderschön in den Hügeln mit Blick über die Mangroven. Die eleganten Holzbungalows haben große. mit Hängematten versehene Terrassen und geräumige Bäder mit warmem Wasser. Am Ufer gibt's eine kleine Bar namens Safety Stop und das Essen wird in einem seitlich offenen Restaurant oberhalb der Bucht serviert. Die PADI-Five-Star-Tauchschule ist außergewöhnlich gut organisiert.

Bunaken Oasis
RESORT **$$$**

(📞 0821 4643 3393; www.bunakenoasis.com; Pantai Liang, Pulau Bunaken; inkl. Mahlzeiten 530 US$/Pers.; ✳🌀📶🏊) In einer ganz eigenen Liga spielt dieses neue Resort auf der Pulau Bunaken. Im üppigen Garten verteilen sich unglaublich komfortable Villen mit toller Aussicht und einer luftigen Terrasse. Der funkelnde Infinity Pool ist ein Traum. Das Personal ist professionell und aufmerksam und das Tauchcenter hervorragend.

Bobocha Cottages Siladen
COTTAGES **$$$**

(📞 0853 4161 5044; www.bobochasiladen.com; Pulau Siladen; Cottage inkl. Mahlzeiten ab 130 €/Pers.; 🌀) Elegante, wunderschön designte Cottages in zauberhafter Strandlage. Die Besitzerin Sarah ist auch die Köchin und bringt

Essen auf den Tisch, das zum besten in Nordsulawesi gehört. Tauchen wird nicht angeboten, lässt sich aber in einem benachbarten Resort problemlos arrangiert.

Cha Cha
RESORT $$$

(☎ 0813 569 30370; www.bunakenchacha.com; Nordostküste, Pulau Bunaken; Cottages/Villas ab 110/140 US$ pro Pers.; ❋ 🛜) Das Cha Cha liegt herrlich einsam an der Nordostspitze der Insel und besticht mit seiner anheimelnden Atmosphäre und der beeindruckenden Liebe zum Detail: Die Terrassen haben Glaswände, um die Aussicht nicht zu stören! In den vergangenen Jahren sind zu den Cottages auch luxuriöse Villen gekommen. Die Gäste schwärmen vom hervorragenden Essen. Der Mindestaufenthalt beträgt drei Nächte.

Village Bunaken
RESORT $$$

(☎ 0813 4075 7268; www.bunakenvillage.com; Pantai Pangalisang, Pulau Bunaken; Cottage inkl. Mahlzeiten ab 50 €/Pers.; ❋ 🛜 🏊) Das elegante Resort im javanisch-balinesischen Stil ist eines der nobelsten der Insel. Hier quartieren sich Paare und ältere Gäste ein. Die sehr gepflegten Cottages wirken ausgesprochen stilvoll. Das Spa genießt einen guten Ruf.

Kuda Laut
RESORT $$$

(☎ 0431-838876; www.celebesdivers.com; Pulau Siladen; Zi. inkl. Mahlzeiten 142–314 €; ❋ 🛜 🏊) Zwei Resorts in einem! Das gehobene und teure Kuda Laut hat elegante Zimmer, einen Pool und eine Strandbar, das benachbarte Schwesternresort Onong ist einfacher, aber ebenfalls komfortabel. Hier ist richtig, wer gern unter Leuten ist, nicht, wer seine Ruhe haben will.

ℹ An- & Weiterreise

Vom Dermaga Kalimas (S. 775) in Manado fahren täglich um 14 Uhr öffentliche Boote (50 000 Rp, 1 Std.) zum Dorf Bunaken und zur Pulau Siladen, wenn die Gezeiten es zulassen, Zurück geht es zwischen 8 und 9 Uhr.

Den ganzen Tag über legen kleinere Schnellboote ab, die einen gern mitnehmen, wenn Platz ist und man den Preis akzeptiert (meistens zwischen 50 000 und 75 000 Rp, 30 Min.). Der „offizielle" Preis für ein Charterschnellboot beträgt 1 200 000 Rp, doch tatsächlich findet man schon für etwa 350 000 Rp eins.

Bei ungünstigen Bedingungen stellen die öffentlichen Boote den Betrieb ein, Privatboote sind aber vielleicht bereit, die furchterregende Überfahrt zum nächstgelegenen Festlandhafen in der Nähe von Tongkaina zu wagen.

ℹ Unterwegs vor Ort

Vom Bootsanleger im Dorf Bunaken zur Unterkunft kann man laufen oder mit einem *ojek* (ca. 10 000–40 000 Rp) fahren; vielleicht arrangiert die Unterkunft auch die Abholung.

Die beiden Hauptstrände der Insel, die 5 km voneinander entfernt sind, verbindet eine Pflaster- und Betonstraße. Die gesamte Insel ist nur 8 km lang – perfekt für eine Fahrradtour (oder eine Rollertour für ganz Ungeduldige). Jeder Einheimische mit einem Motorrad lässt sich als *ojek*-Fahrer engagieren.

SULAWESI PULAU BUNAKEN & PULAU SILADEN

ABSTECHER

BANGKA-INSELN

Die strategisch zwischen der Taucherinsel Pulau Bunaken und der Straße von Lembeh gelegenen Bangka-Inseln sind typisch für die erstaunliche Diversität dieser Region. Hierher kommt man zum Pinnacle-Tauchen, zudem ist dies ein erstklassiges Gebiet, um großen Meereslebewesen zu begegnen: Im März und April sowie im August und September ziehen hier Delfine, Mantarochen und mindestens neun Walarten auf ihrer jährlichen Wanderung vorbei. Ganzjährig ist die Wahrscheinlichkeit hoch, Thunfische, Fledermausfische, Schwarze Makrelen und Barracudas zu sehen. Die Strömungen sind oft sehr stark, doch sie sorgen auch dafür, dass die vielen Weichkorallen so gut gedeihen.

Bangka, die größte Insel, ist von Bergbauplänen im großen Stil bedroht. Die Einheimischen befürchten, dass diese Vorhaben in eine Umweltkatastrophe münden könnten. Bisher haben die Bergbaugegner die gerichtlichen Auseinandersetzungen gewonnen, doch in Indonesien ist niemals etwas endgültig. Daher sollte man die Inseln besuchen, so lange es noch geht.

Resorts wie das **Blue Bay Divers** (☎ 0813 4028 6000; www.blue-bay-divers.de; Pulau Sahaung; Tauchpakete ab 105 €/Tag) und das **Mimpi Indah** (☎ 0811 432264; www.mimpiindah.com; Pulau Bangka; inkl. aller Mahlzeiten ab 700 000 Rp/Pers.; 🛜) arrangieren den Transport auf die Insel.

Die einfache Fahrt mit einem lokalen Boot zwischen Bunaken und Siladen (20 Min.) kostet zwischen 40 000 und 60 000 Rp. Für eine mehrstündige Fahrt rund im die Inseln kann man für ca. 200 000 Rp kleine Fischerboote chartern.

Tomohon

☑ 0431 / 96 500 EW.

Tomohon wird von zwei hohen Vulkangipfeln bewacht und besteht aus mehreren kleinen von Wald umringten Hochlandstädten, die zu einer lebhaften Marktstadt verschmolzen sind. Das Gebiet liegt 800 m über dem Meeresspiegel, daher ist die Luft in Tomohon angenehm kühl und am Wochenende strömen Besucher aus Manado her, die der Hitze entfliehen wollen. Für Traveller ist Tomohon ein ausgezeichneter Ausgangspunkt, um die Minahasa-Region mit ihren vielen Möglichkeiten zum Wandern, Radfahren, Trekking und zur Vogelbeobachtung zu erkunden.

◉ Sehenswertes

Muesum Pinawetengan MUSEUM
(Pinabetengan; 20 000 Rp; ⊙ Mo–Sa 8.30–16.30, So 13–17 Uhr) Dies ist nicht einfach nur eine weitere kleine Attraktion am Straßenrand: Dieser Komplex beherbergt Minahasa-Häuser, ein historisches Museum, eine Eulenausstellung (die Eule ist das Maskottchen des Regierungsbezirks Minahasa), eine Weberei, ein Anti-Drogen-Museum und einen botanischen Garten. Zudem präsentiert es die größte spielbare Trompete der Welt, das größte Xylophon der Welt und den (früher

---

TOMOHONS MAKABRER MARKT

· ·

Man sagt, dass die Minahasa außer Tischen und Stühlen alles essen, was vier Beine hat, und nirgendwo zeigt sich das deutlicher als auf dem **täglichen Markt** in Tomohon. Der Markt, der sich direkt neben dem *mikrolet*-Terminal befindet, erinnert an ein Schlachthaus: Hier werden tote und lebende Hunde, Schweine, Ratten und Fledermäuse feilgeboten. Leider ist der Markt teilweise auch für Tiermisshandlungen berüchtigt, und Besucher, die sich auch nur im Geringsten für Tierschutz interessieren, werden sich hier wahrscheinlich sehr unwohl fühlen.

---

einmal) längsten Seidensarong der Welt. All das ist das Werk Benny Mamatos, eines auf Java geborenen Polizeigenerals, der sich leidenschaftlich für die Minahasa-Kultur engagiert und diese Region bekannter machen möchte. Ein interessantes, gut präsentiertes Museum!

Waruga Opo Worang FRIEDHOF
(Jl Opo Worang) Die Minahasa bestatteten ihre Toten traditionell in hockender Position in *waruga,* hausförmigen Steingräbern, die in der Nähe ihrer Siedlungen auf dem Boden aufgestellt wurden. Während eines besonders schlimmen Choleraausbruchs verbot die niederländische Regierung diese Praktik und zwang die Minahasa, ihre Toten in einiger Entfernung von den Dörfern unter der Erde beizusetzen. Auf dem Waruga Opo Worang in der Stadt stehen einige *waruga.*

Danau Linau LAKE
(Lahendong) Der Danau Linau ist ein stark schwefelhaltiger See, dessen Wasserfarbe sich mit dem Licht ändert, und der mit einer reichen Vogelwelt aufwartet. Um hinzukommen, fährt man mit einem *mikrolet* nach Sonder bis Lahendong, von dort sind es noch 1,5 km zu Fuß.

🏃 Aktivitäten

Gunung Lokon WANDERN
Der Gunung Lokon (1580 m) ist ein aktiver Vulkan und macht sich manchmal bemerkbar, indem er ausbricht oder Asche hoch in den Himmel spuckt. Der letzte größere Ausbruch fand 2012 statt, aber manchmal ist der Vulkan wegen erhöhter seismischer Aktivität für Wanderer geschlossen. Von Tomohan kann man in etwa drei Stunden zum Vulkan wandern, der Aufstieg zum Gipfel dauert eine weitere Stunde.

Gunung Mahawu PANORAMAFAHRT
Ein weniger anstrengendes Vulkanabenteuer ermöglicht die Fahrt fast bis ganz hinauf zum Gipfel des Gunung Mahawu, von wo sich eine Aussicht über die gesamte Region bietet. Oben befindet sich ein 180 m breiter und 140 m tiefer schwefelhaltiger Kratersee, den man in weniger als einer Stunde umqueren kann. Öffentliche Verkehrsmittel fahren nicht zum Vulkan. Am Wochenende zieht es viele Einheimische her.

Pelangi THERMALQUELLEN
(Jl Kawangkoan; Schwimmen 30 000–50 000 Rp) Aus der darunterliegenden Quelle wird auf Nachfrage heißes Wasser in kleine Wannen

AKTIVITÄTEN IN MINAHASA

Das gemäßigte Klima und die spektakuläre Vulkanlandschaft sorgen dafür, dass sich die Minahasa-Region rasant zu einem Zentrum für Abenteueraktivitäten entwickelt. Eine perfekte Ausgangsbasis ist Tomohon. Folgende Aktivitäten sind u. a. möglich:

Kraterseewanderung am Gunung Lokon (halber Tag) Einem alten Lavastrom zum Kraterrand folgen.

Vulkanbesteigung am Gunung Soputan (ganzer Tag) Den höchsten Gipfel Nordsulawesis, einen aktiven Vulkan, bezwingen.

Vulkanbesteigung am Gunung Klabat (2 Tage) Der etwa fünfstündige Aufstieg wird mit einer großartigen Aussicht auf die Stadt Manado belohnt.

Wildwasserrafting auf dem Fluss Nimanga (halber Tag) Los geht's in der Nähe von Tomohon; 25 Stromschnellen und gute Chancen, wilde Tiere zu sehen.

Erkundung des Wasserfalls Tekaan Telu (halber Tag) Hier gibt's vier verschiedene Wasserfälle, die bis zu 60 m hoch sind, auch Abseilen und Canyoning sind möglich.

Vogelbeobachtung am Gunung Mahawu (1 Tag) In die Fußstapfen von Alfred Russel Wallace treten und Tyrannen und vielleicht einen großen Eisvogel sehen.

Die meisten Pensionen können einen Guide arrangieren, ansonsten fragt man im Highland Resort an.

(30 000 Rp) gepumpt, die in privaten Räumen stehen. Daneben kann man in den sauberen, alten Kaltwasserpools schwimmen (30 000 Rp). Ein Kombiticket kostet 50 000 Rp. Der Komplex befindet sich auf einem Hügel oberhalb der Thermalschlammgruben.

✨ Feste & Events

Tomohon International Flower Festival FEST
(www.tomohonflowerfestival.com; ☉ Anfang August) Am farbenfrohesten ist Tomohon während des Blumenfestes, wenn fast die gesamte Stadt mit Blumen und Blumenhändlern gefüllt ist. Dann sind die Verkehrsstaus allerdings auch fast so schlimm wie in Manado, am besten leiht man ein Fahrrad aus.

🛏️ Schlafen & Essen

★ **Lanosa Guest House** PENSION **$$**
(☎ 0431-356926; www.facebook.com/Lanosaguesthouse1; Jl Raya Tomohon; Zi. inkl. Frühstück 506 000–870 000 Rp; 🛜) Die Pension, die günstig am südlichen Stadtrand liegt, bietet schicke, saubere und moderne Zimmer, die um einen gepflegte Garten und hübsche Gemeinschaftsbereiche angeordnet sind. Hier wie auch im angeschlossenen Café kann man die kühle Bergluft prima genießen.

★ **Highland Resort** RESORT **$$**
(☎ 0431-353333; www.highlandresort.info; Jl Kali-Kinilow; Zi./Suite inkl. Frühstück ab 340 000/

750 000 Rp; 🛜) Die großen, gut ausgestatteten Holzbungalows sind um einen grünen Innenhof gruppiert. Der freundliche Besitzer reißt sich ein Bein aus, um seine Gäste für das Minahasa-Hochland zu begeistern. Das Restaurant serviert gutes Essen, das aber eine Weile dauert.

Etwa 5 km vor Tomohon auf der Straße nach Manado folgt man von „Kinilow" den Schildern.

Mountain View Resort & Cekakak Hostel COTTAGES **$$**
(☎ 0431-315 8666; www.mountainviewtomohon. com; Jl Kali-Kinilow; Hostel/Cottage inkl. Frühstück ab 140 000/450 000 Rp; 📶🛜) Hier hat man die Wahl zwischen schönen Holz-Cottages mit Schieferbädern, die um einen hübschen Garten liegen, oder Stockbetten in einem dunklen Raum im Hostel auf der anderen Straßenseite. Für Cottage-Gäste ist das Frühstück im Restaurant, das internationale und regionale Küche serviert, im Preis enthalten, Hostelgäste müssen 20 000 Rp zahlen. Der Name „Mounain View" ist übrigens mehr als nur ein bisschen irreführend, weit und breit ist kein Bergblick zu entdecken.

Etwa 5 km vor Tomohon auf der Straße nach Manado folgt man von „Kinilow" den Schildern. Es liegt in einer Seitenstraße, die von der Hauptstraße abgeht.

Lebensmittelmarkt MARKT **$**
(Pusat Kuliner; Jl Nusantara; ☉ 12–19 Uhr) Auf dem täglichen Lebensmittelmarkt im Stadt-

zentrum bieten Stände viele regionale Spezialitäten an.

Rumah Makan MTV
INDONESISCH $

(Jl Raya Tomohon; Hauptgerichte 7500–22000 Rp; ☺7–22 Uhr; 🖳) Auf halbem Weg zwischen Tomohon und Kinilow bringt dieses saubere, geschäftige Restaurant eine große Auswahl regionaler Gerichte auf den Tisch, darunter *bakso* (Fleischbällchensuppe) und Nudeln.

Ausgehen & Nachtleben

Kanzo
CAFÉ

(📞0852 5670 0076; Jl Raya Tomohon; ☺10–23 Uhr; 🖳) Kaltes Bier und Livemusik sind in diesem Bambuscafé an der Hauptstraße angesagt. Außerdem gibt's eine gute Auswahl an leckeren gebratenen Snacks.

ℹ️ Anreise & Unterwegs vor Ort

Mikrolet fahren regelmäßig vom Terminal Karombasan (S. 774) in Manado nach Tomohon (10000 Rp, 1 Std.). Vom **Terminal Beriman** in Tomohon starten *mikrolet* nach Manado, außerdem steuern *mikrolet* und Busse Tondano, Tompaso und mehrere andere Städte an. Um die örtlichen Sehenswürdigkeiten in kurzer Zeit zu sehen, chartert man am besten ein *mikrolet* oder – teurer, aber komfortabler – ein Taxi.

Hotels verleihen für etwa 150000 Rp pro Tag Motorräder (inklusive Benzin).

ABSTECHER

TASIKOKI WILDLIFE RESCUE

Das **Tasikoki Wildlife Rescue** (📞0857 5747 1090; www.tasikoki.org; Jl Raya Tanjung Merah-Kema; ☺Führung nur nach Vereinbarung Mo–Fr 10 Uhr) GRATIS, etwa 9 km südwestlich von Bitung, ist eine gänzlich von Freiwilligen geleitete Organisation, die sich um von Schmugglern konfiszierte Tiere kümmert. Ziel ist es, die Tiere zu rehabilitieren und sie wieder auszuwildern. Man kann einen Tagesbesuch im Zentrum unternehmen (Spende erbeten) oder sich als Freiwilliger verpflichten. Besucher müssen sich aber anmelden, sonst werden sie höflich wieder weggeschickt.

Im Zentrum leben 200 Tiere, die zu 40 verschiedenen Arten gehören, darunter Malaienbären und Seeadler. Bei einem Besuch erfährt man vieles über den illegalen Tierhandel und die Tiere selbst.

Bitung

📞0438 / 196000 EW.

In Bitung sind der wichtigste Regionalhafen Nordsulawesis und viele Fabriken beheimatet. Trotz der spektakulären Lage ist die Stadt selbst nicht besonders schön, darum ziehen die meisten Traveller so schnell wie möglich nach Manado, zur nahen Pulau Lembeh oder in die Berge Tangkokos weiter.

Egal, wann man in Bitung ankommt, nach Manado fahren immer Busse.

Botanica Nature Resort
LODGE $$

(📞0438-223 0178; www.botanicaresort.com; Jl Johan Pinontoan; Zi. inkl. Frühstück ab 500000 Rp; 🖳) Die schicken Unterkünfte im Minahasa-Stil verstecken sich auf einem Hügel oberhalb Bitungs auf der anderen Seite eines zum Resort gehörenden Flusses und bieten ein schöne Zuflucht von der Stadt. Ruhig ist es auch – jedenfalls solange nicht gerade ein anderer Gast in dem knarzigen zweistöckigen Gebäude von seinem winzigen Zimmer zum sauberen Gemeinschaftsbad geht.

ℹ️ An- & Weiterreise

Busse und Gemeinschaftsautos fahren regelmäßig vom Terminal Paal 2 (S. 774) in Manado (10000 Rp, 1½ Std.) zum nagelneuen **Terminal Tangkoko** (Jl Yos Sudarso, Girian) gleich außerhalb Bitungs. Von hier geht es mit einem *mikrolet* (10 Min.) in die Stadt oder zum Hafen.

Zu den nützlichen **Pelni-Fähren** (📞0438-36352; Jl Sam Ratulangi; ☺Mo–Fr 7–12 & 13–16 Uhr) gehört die *Tilongkabila*, die Sulawesis Küste hinauf- und hinunterschippert und u. a. Gorontalo, Luwuk, Kendari, Bau Bau und Makassar ansteuert. Alle zwei Wochen fährt die *Sangiang* nach Ternate und zu Häfen auf den Maluku-Inseln.

Boote nach Lembeh (Charter 150000 Rp, 15 Min.) legen in der Nähe des Fährhafens ab.

Pulau Lembeh & die Straße von Lembeh

Die Straße von Lembeh liegt zwischen Bitung und der großen Insel Pulau Lembeh und ist weltberühmt für Muck-Diving – Tauchen nach Kleinlebewesen (*critter*) in trüben, schlammigem Wasser. Inzwischen haben sich hier Dutzende Tauchzentren niedergelassen. Es gibt auch einige Riffe, fünf Schiffswracks und fantastisches Nachttauchen im Phosphoreszenzlicht.

Lembeh ist ein Magnet für eingefleischte Unterwasserfotografen und für Leute, die

DIE MERKWÜRDIGEN & WILDEN KLEINLEBEWESEN DER STRASSE VON LEMBEH

Willkommen in einer völlig fremden Welt mitten auf unserem Planeten. Die großartigen Geschöpfe, die in den Tiefen dieser trüben Gewässer leben, werden von Unterwasserfotografen sehr bewundert und haben wahrscheinlich diverse Monsterfilme inspiriert. Dies ist nur eine kleine Auswahl der Tiere, denen man vielleicht begegnet.

Gestreifter Anglerfisch (*Antennarius striatus*) Er ist wie ein Stein getarnt, mit korallenartigen Haaren bedeckt und sieht so finster aus, dass man schon ein leidenschaftlicher Taucher sein muss, um ihn zu mögen. Am bekanntesten ist dieser Fisch für das „Anhängsel" über der Stirn, das er wurmartig bewegen kann, um Beute einzulocken. Er schwimmt nicht wie andere Fische, sondern läuft auf seinen Flossen.

Mimik-Oktopus (*Thaumoctopus mimicus*) Dieses vor Kurzem entdeckte Geschöpf ist ein Schauspieler erster Güte: Es kann sich in über 15 andere Tiere verwandeln, z. B. in eine Seeschlange, eine Krabbe, einen Stachelrochen und eine Qualle. Dabei verformt sich sein Körper in eine neue Gestalt, verändert seine Farbe und ahmt dann das Verhalten der dargestellten Art nach.

Pygmäenseepferdchen (*Hippocampus bargibanti*) Die nicht einmal 2 cm großen niedlichen Tiere haben exakt die gleiche Textur und Farbe wie die Weichkorallen, auf denen sie leben.

ihre lange Liste bizarrer Meereslebewesen abarbeiten, denn die leben hier in großer, aber abnehmender Zahl.

Ob es nun am kommerziellen Schiffsverkehr oder an der beständigen Störung durch die Fotografen und ihre Spotlights liegt – viele Besucher, die schon öfter hier waren, berichten von einem spürbaren Rückgang der Kleintiere.

NAD RESORT $$$
(📞 0812 475 6661; www.nad-lembeh.com; Pulau Lembeh; Paket mit 3 Übernachtungen, 5 Tauchgängen & Mahlzeiten ab 456 US$/Pers.; ❋ 🕏) Das entspannte Resort ist für Gäste, die sich für Unterwasserfotografie interessieren, sehr gut ausgerüstet. Jeder Tauchführer ist mit nur zwei Tauchern unterwegs. Tauchgänge am Hausriff sind kostenlos. Übernachten kann man in schönen, stilvollen, unlängst renovierten Zimmern oder in Bungalows mit Meerblick. Vor der Anlage erstreckt sich ein kleiner Strand mit dunklem Sand.

Black Sand Dive Retreat RESORT $$$
(📞 0811 437 736; www.blacksanddive.com; Kasawari; Paket mit 3 Übernachtungen, 4 Tauchgängen & Mahlzeiten ab 553 €; ❋ 🕏 🕮) Das Resort liegt sehr ruhig an einer Bucht auf dem Festland und ist sehr gut ausgerüstet, u. a. mit einer Nitrox-Anlage und einem eigenen Kameraraum. Es hat Boutique-Charakter, der Service ist sehr persönlich. Der Besitzer ist ein passionierter Freund der Tierwelt der Region.

Lembeh Resort RESORT $$$
(📞 0438-550 3139; www.lembehresort.com; Pulau Lembeh; Cottages inkl. Mahlzeiten ab 130 US$/Pers.; ❋ @ 🕏 🕮) Dieses Resort im balinesischen Stil hat viele Stammgäste und wird für seinen guten Service gelobt. Am herrlichen Poolbereich stehen viele Tagesbetten und Sonnenliegen, außerdem gibt's ein Spa und zahlreiche Touren an Land.

❶ An- & Weiterreise

Die meisten Resorts holen Gäste am Flughafen ab, doch wer sich unter die Einheimischen mischen will, fährt vom Terminal Paal 2 (S. 774) in Manado nach Bitung (10 000 Rp) und chartert ein Boot (30 000–50 000 Rp) zum gewünschten Ort an der Straße von Lembeh.

Tangkoko-Batuangas Dua Saudara Nature Reserve

Mit einer 88 km² großen Waldfläche, die von sandiger Küste und Korallenriffen gesäumt wird, ist Tangkoko eines der beeindruckendsten und zugleich am leichtesten zugänglichen Naturschutzgebiete Indonesiens. Im Park sind Schopfmakaken, Kuskus und Koboldmakis, die endemischen Hammerhühner und Helmhornvögel, weitere Tierarten und seltene Regenwald-Pflanzenarten beheimatet. Außerdem leben hier Heerscharen von kleinen Mücken, *gonones* genannt, die beißen, was dazu führt, dass ihre Opfer

SULAWESI SÜDOSTSULAWESI

NICHT VERSÄUMEN

KOBOLDMAKIS

Wer in Sulawesi das Tangkoko-Batuan-gas Dua Saudara Nature Reserve oder den Lore Lindu National Park (S. 758) besucht, sollte nach einem Geschöpf, das einen anschaut, Ausschau halten: ein winziges nachtaktives Tier namens Koboldmaki. Man erkennt es an seinen Augen, die buchstäblich größer als sein Bauch sind – so groß, dass sie nicht in der Augenhöhle rotieren können. Dafür können die Koboldmakis zum Glück ihren Kopf um fast 360 Grad drehen, sodass ihr Sichtfeld nicht eingeschränkt ist. Koboldmakis haben zudem riesige Ohren mit sehr gutem Hörvermögen und überproportional lange Beine, mit denen sie sehr weit springen können: Die Sprunglänge kann das Zehnfache ihrer Körperlänge betragen. Ihre anato-mischen Besonderheiten und ihre Schnelligkeit nutzen sie, um kleine Insekten zu fangen. Koboldmakis leben in Gruppen von bis zu acht Tieren und kommunizieren mittels einer Art schrillen Gesangs. Sie kommen nur in einigen Regenwäldern Indonesiens und der Philippinen vor.

sich noch Tage später verzweifelt kratzen. Daher sollte man immer lange Hosen anziehen und diese in dicke Socken stecken, feste Schuhe tragen und reichlich Insektenschutz nehmen. Leider werden Teile des Parks übermäßig von den Bewohnern der hiesigen Gemeinden genutzt, doch das Geld der Besucher hilft hoffentlich, diese Übergriffe einzudämmen.

⊙ Sehenswertes & Aktivitäten

Der Parkeintritt beträgt 100 000 Rp pro Person, Führer sind obligatorisch und kosten pro Person zwischen 75 000 und 200 000 Rp für einen halben Tag.

Die meisten Besucher kommen nachmittags am Parkeingang bei Batuputih an und unternehmen eine geführte Wanderung am Nachmittag oder Abend, um Koboldmakis zu beobachten (die man zu dieser Tageszeit fast sicher zu sehen bekommt). Vögel lassen sich morgens besser beobachten. Es lohnt sich, länger zu bleiben, um den herrlichen Strand bei Batuputih zu genießen und eine der verschiedenen anderen angebotenen Touren zu buchen, darunter **Delfinbeob-**

achtung, **Schnorcheltouren**, **Vogelbeob-achtung** und **Angeltrips**. Alle Touren und Wanderungen können in den Unterkünften arrangiert werden, wo garantiert Guides herumschwärmen.

🛏 Schlafen

★**Tangkoko Hill**   PENSION $$
(☑ 0813 4030 2444; www.tangkokohill.com; Batuputih; Zi. inkl. Mahlzeiten ab 400 000 Rp; ✶ 🛜) Mit ihren supersauberen Zimmern, die mit hochwertigen Matratzen, Schreibtisch und TV ausgestattet sind, ist die solide, komfortable, moderne Unterkunft etwa 1 km außerhalb des Dorfes die beste Option in der Gegend. Der freundliche Besitzer Franky spricht gut Englisch und hilft seinen Gästen gern dabei, ihre Zeit hier optimal zu nutzen. Das gute regionale Essen wird im luftigen Speiseraum serviert.

Tangkoko Lodge   LODGE $$
(☑ 0813 4002 6980; www.tangkokolodge.com; Batuputih; Zi. inkl. Mahlzeiten 300 000–500 000 Rp; ✶ 🛜) Die Zimmerpreise (und die Zimmerqualität) dieser Lodge, die eher wie ein Stadthotel als wie ein Waldrefugium wirkt, sind breit gestreut, daher ist für jeden etwas dabei. Der Speiseraum drinnen erinnert an einen Veranstaltungssaal, doch das Essen ist großartig.

ⓘ Praktische Informationen

Man muss viel Bargeld mitbringen, denn es gibt nirgendwo Geldautomaten.

ⓘ An- & Weiterreise

Pickups starten in Girian außerhalb Bitungs nach Batuputih (15 000 Rp, 45 Min.). Organisierte Touren nach Tangkoko sind überall in Nordsulawesi möglich, auch ab der Pulau Bunaken, das ist aber eine lange, ermüdende Tagestour.

SÜDOSTSULAWESI

Nur wenige Besucher kommen bis nach Südostsulawesi, doch wer ein echter Entdeckertyp ist und Korallenriffe und das Reisen abseits ausgetretener Pfade liebt, der wird hier reich belohnt.

Die Hauptattraktion ist der Wakatobi National Park, der auch vier Inseln vor der Südspitze der Halbinsel einschließt. Sie wurden früher Tukangbesi-Inseln genannt und bieten mit die besten und am wenigsten überlaufenen Schnorchel- und Tauchspots Indonesiens. Der alte *kraton* (ummauerter Stadtpalast) in Bau Bau auf der Pulau Buton, eines der am besten erhaltenen und beeindruckendsten Bollwerke des Landes, lohnt unbedingt einen Abstecher.

🛈 An- & Weiterreise

Kendari ist der größte Verkehrsknotenpunkt, er verbindet Makassar mit dem Rest der Halbinsel. Wer mit dem Schiff kommt, wird wahrscheinlich in Bau Bau abgesetzt.

Kolaka

🚩 0405 / 37 000 EW.

Vom Hafen in Kolaka verkehren Fähren nach Bajoe in Südsulawesi, dies ist die wichtigste Verbindung zwischen diesen beiden Teilen der Insel. Das Stadtzentrum liegt etwa 500 m nördlich vom Fährhafen rund um den Busbahnhof. Außer Geldautomaten gibt's in der Stadt aber kaum Serviceeinrichtungen.

🛈 An- & Weiterreise

Zwischen Kolaka und Kendari fahren Tag und Nacht zahlreiche Kijangs, aber nur wenige Busse (80 000 Rp, 4 Std.).

Nachtfähren von Kolaka nach Bajoe (Deck/Business Class 75 000/116 000 Rp, 8 Std.) legen um 17, 20 und 23 Uhr ab. Gelegentlich aktualisierte Informationen findet man auf der Website www.indonesiaferry.co.id.

Kendari

🚩 0401 / 314 000 EW.

Die Hauptstadt der Provinz Südostsulawesi war lang die wichtigste Hafenstadt für den Handel zwischen den Tolaki, die im Landesinneren leben, und den seefahrenden Händlern der Bugis und Bajau. Während des Zweiten Weltkriegs spielte Kendari eine entscheidende Rolle für das Vordringen der Japaner, da der Flugplatz die Möglichkeit eröffnete, Ostjava und Timor zu bombardieren. 1942 besiegten die Japaner die 400 Mann starke niederländische Garnison.

Heute ist Kendari eine zwar geschäftige, aber bis auf das gute Unterkunftsangebot ziemlich uninteressante Stadt. Sie beginnt mit dem Gewirr der Gassen in der alten *kota* (Stadt), dem im Osten an den alten Hafen angrenzenden Viertel, und wird immer moderner, je weiter man die modernen Vororte im Westen kommt. Fast alle wichtigen Einrichtungen (bis auf den Busbahnhof) liegen an einer sehr, sehr langen Hauptstraße.

Hotel Benua   HOTEL **$**
(🖥 0401-313 1154; Jl Diponegoro 75; Zi. inkl. Frühstück ab 250 000 Rp) Dies ist eine der netteren Budgetunterkünfte, was aber nicht viel zu sagen hat. Wer sich nicht daran stört, dass hier und da die Farbe abplatzt und die Bäder nicht gerade funkeln, kann hier sehr gut eine Nacht verbringen.

SULAWESI KOLAKA

SANGIR-TALAUD-INSELN

Zwischen Indonesien und den südlichen Philippinen liegen die Vulkaninseln der Inselgruppen Sangir und Talaud. 56 der insgesamt 77 Inseln sind bewohnt. Einer der wichtigsten Wirtschaftszweige ist der Gewürzanbau (Vanille, Muskat und Gewürznelken). Die Hauptstadt der Sangir-Gruppe ist Sangir auf Sangir Besar, die Hauptstadt der Talaud-Gruppe Tahuna. Weitere größere Ortschaften sind Lirung auf der Pulau Salibabu und Ulu auf der Pulau Siau, das einen betriebsamen Hafen besitzt.

Die Inseln warten mit Dutzenden unberührter Sandstrände, einigen verfallenen portugiesischen Festungen, mehreren Vulkanen, die man besteigen kann, und Wasserfällen auf. Zudem kann man hier großartig tauchen und schnorcheln, muss aber seine Ausrüstung selbst mitbringen. Die Verkehrsverbindungen haben sich in den vergangenen Jahren verbessert und es gibt Hotels, Pensionen und einfache Strandresorts. In den größeren Städten sind auch Geldautomaten und Internetcafés vorhanden.

Majestic Kawanua (S. 775) betreibt täglich Schnellboote von Manado nach Tagulandang auf der Pulau Thulandang (150 000 Rp, 2 Std.), Ulu auf der Pulau Siau (170 000 Rp, 4 Std.) und Tahuna auf der Pulau Sangihe (180 000 Rp, 6 Std.).

Wings Air fliegt von Manado nach Naha (474 000 Rp, 50 Min., tgl.) auf Sangir und nach Melonguane (1 100 000 Rp, 1 Std., tgl.) auf der Pulau Karakelong. Auf Siau wird gerade ein Flughafen gebaut.

Nirwana Sangihe Tours (🖥 0821 9288 8039) Pak Nirwan ist ein guter Führer. Er spricht Englisch und kennt beide Archipele sehr gut.

Kendari

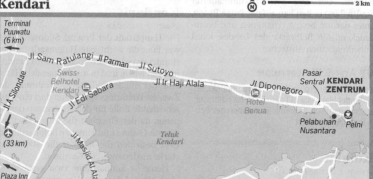

⭐ **Plaza Inn Kendari** HOTEL **$$**
(☎ 0401-313 1888; www.plazainn-kendari.com; Jl Antero Hamra 57-59; Zi. inkl. Frühstück 550 000-650 000 Rp; ❄️📶🏊) Das Plaza ist zwar das älteste „Luxushotel" Kendaris, hat sich aber gut gehalten. Die angenehmen Zimmer haben saubere Teppiche, Kunstwerke an den Wänden und moderne Bäder. Es liegt zentrumsnah und verleiht Fahrräder (35 000 Rp), mit denen man hinunter zur Bucht radeln kann.

Swiss-Belhotel Kendari BUSINESSHOTEL **$$**
(☎ 0401-312 8777; www.swiss-belhotel.com; Jl Edi Sabara 88; Zi./Suite ab 500 000/1 200 000 Rp; ❄️📶🏊) Dies ist in erster Linie ein Hotel für Geschäftsreisende, doch der Pool in einem friedlichen Garten ist der schönste in der Stadt und die Angestellten sind sehr bemüht, es den Gästen recht zu machen. Die Zimmer, die in nicht weniger als sechs Preiskategorien eingeteilt sind, sind in gutem Zustand und recht groß. Das Hotel liegt an der Küste in der Nähe der Mangroven-Promenade, wo man einen netten Spaziergang zum Sonnenuntergang machen kann.

ℹ️ An- & Weiterreise

BUS, BEMO & KIJANG

Der Busbahnhof in **Puuwatu** (Jl Pattimura) etwa 10 km westlich der Stadt wirkt verlassen, doch in den Straßen davor warten Kijangs auf Fahrgäste nach Kolaka (80 000 Rp, 4 Std.).

FLUGZEUG

Vom modernen **Flughafen Haluoleo**, 24 km südwestlich der Stadt, starten Flüge nach Makassar, Surabaya und Jakarta sowie zu den Inseln in der Region. **Garuda** (☎ 0401-312 9777; Jl A Yani, neben dem Horison Inn; ⊗ Mo–Fr 7.30–15.30, So 9–13 Uhr) und **Lion Air** (☎ 0401-313 1888; Plaza Inn Kendari, Jl Antero Hamra 57-59) haben Büros in der Stadt.

SCHIFF/FÄHRE

In Kendari legt eine Langstreckenfähre von Pelni an, die *Tilongkabila*, die alle 14 Tage nach Kolonedale, Luwuk, Gorontalo und Bitung fährt. In der entgegengesetzten Richtung steuert dasselbe Schiff Raha, Bau Bau und Makassar (22 Std.) an. Das Büro von **Pelni** (☎ 0401-312 1935; Jl Lakidende 10; ⊗ Mo–Fr 8–17, Sa bis 12 Uhr) befindet sich auf einem Hügel in der Nähe des Fähranlegers, des **Pelabuhan Nusantara** (Fährterminal).

Vom Pelni-Anleger fahren zwei Schnellboote nach Raha (125 000 Rp, 2½ Std.) und weiter nach Bau Bau (185 000 Rp, Std.). Tickets kann man am Fährterminal kaufen. Der Pelni-Jetliner fährt jeden Dienstag und Donnerstag nach Bau Bau (95 000, 12 Std.) und weiter nach Wanci (Wakatobi; 152 000 Rp, 23 Std.).

Direktboote nach Wanci (200 000 Rp, 10 Std.) starten montags, dienstags, donnerstags und samstags um 11 Uhr.

Bau Bau

☎ 0402 / 149 000 EW.

Die größte Stadt auf der Pulau Buton, das wohlhabende Bau Bau, ist mit ihren guten Unterkünften, der tollen Aussicht von den Mauern der gut erhaltenen Zitadelle und einigen ganz netten Stränden, die man problemlos mit dem *ojek* erreicht, ein sehr angenehmer Ort, um auf eine Fähre nach Maluku, nach Nordsulawesi oder zum Tauchparadies der Wakatobi-Inseln zu warten.

Das Fährterminal, die Hauptmoschee und der Markt liegen etwa 500 m westlich des Pelni-Haupthafens an der Jl Kartini, die von der Uferpromenade, der Jl Yos Sudarso, abzweigt. Auf einem Hügel im Südwestteil der Stadt erheben sich die gut erhaltenen Mauern des *kraton* (ummauerter Stadtpalast), die ein ruhiges, freundliches Dorf umschließen.

Sehenswertes

Kraton PALAST

(Jl Sultan) GRATIS Hoch über der Stadt wacht der *kraton*, die königliche Zitadelle der Wolio mit ihren beeindruckend langen und gut erhaltenen Mauern aus dem 16. Jh. und den Zinnen, von denen sich ein großartiger Panoramablick auf die Stadt und die nach Norden gehende Bucht bietet. Zu einer Zeit, als die Küstenregionen der Gefahr von Piratenangriffen ausgesetzt waren, spielte sich hier ein Großteil des täglichen Lebens ab. Selbst heute noch leben hier zwischen Bäumen und Blumen Dorfbewohner in stimmungsvollen traditionellen Häusern und besuchen die alte königliche Moschee. Der Fahnenmast ist 400 Jahre alt!

Pantai Nirwana STRAND

(Jl Hayam Wuruk; Parken 2000 Rp) Der nächstgelegene Sandstrand befindet sich 9 km südwestlich der Stadt. Er lockt mit weißem Sand und wird von Palmen gesäumt. Allerdings wird er am Wochenende wie die meisten Stränden der Gegend total von Einheimischen überrannt und ist dann sehr dreckig.

Schlafen & Essen

New Wisma Mulia PENSION $

(0402-282 1673; Jl Sutoyo 13; Zi. inkl. Frühstück 200000–250000 Rp;) Die kleinen, zweckmäßigen Zimmer hier sind um ein Vielfaches sauberer als die anderer Budgetunterkünfte in der Nähe. Trotzdem tut man sich selbst einen Gefallen, wenn man ein eigenes Laken mitbringt. Und ein Handtuch. Und Seife.

Villa Adios HOTEL $$

(0402-282 2467; Jl Srikaya 17C; Zi. inkl. Frühstück 300000–700000 Rp;) Zum Zeitpunkt der Recherche erhielt diese Villa, die nur ein klein wenig protzig wirkt, gerade die dringend benötigte Modernisierung. Sie steht auf einem Hügel über der Stadt in einer Seitenstraße, die sehr ruhig ist, wenn die Nachbarskinder nicht gerade auf dem benachbarten Platz Fußball spielen. (Und wenn doch, freuen sie sich mächtig über Zuschauer!)

Hotel Calista Beach HOTEL $$

(0402-282 3088; hotelcalistabeach@yahoo.com; Jl Yos Sudarso 25; Zi. inkl. Frühstück ab 350000 Rp;) Das bei hier lebenden Ausländern und Studenten beliebte Hotel ist zwar einfach, liegt aber sehr praktisch gegenüber vom Wasserpark, der sich abends in einen lebhaften Nachtmarkt verwandelt. Die Mitarbeiter sind ausgesprochen entgegenkommend. Wenn es voll ist, kann man es in seiner Budgetunterkunft hinter dem Hotel, dem Wisma Mulia (S. 787), probieren.

RM Sambal Lado INDONESISCH $

(0813 4230 1295; Jl Yos Sudarso 5A; Gerichte 15000–23000 Rp; 24 Std.) Dieses hell erleuchtete *padang*-Lokal direkt gegenüber der Moschee und dem Fährterminal, das ausgezeichnetes grünes Sambal serviert, setzt viel Essen um, darum sind die Speisen immer frisch.

An- & Weiterreise

FLUGZEUG

Bau Baus **Flughafen Betoambari** (Jl Hayam Wuruk) liegt 4 km südwestlich der Stadt und wird von Wings Air und Garuda genutzt. Täglich gibt es fünf Flüge nach Makassar (575000 Rp, 1 Std.) und zwei nach Kendari (400000 Rp, 40 Min.). Der Wings-Flug nach Kendari wird täglich nach Wangi-Wangi (oft als Wakatobi aufgeführt) auf den Wakatobi-Inseln fortgesetzt (420000 Rp, 45 Min.), während Garuda nur dienstags, donnerstags, samstags und sonntags weiter bis Wangi-Wangi fliegt.

SCHIFF/FÄHRE

Nach Raha & Kendari

Das Expressboot **Super-Jet** (Jl Yos Sudarso, gegenüber vom Hafen) legt in Bau Bau täglich um 7.30 und 12.30 Uhr nach Raha (135000–235000 Rp,3 Std.) und Kendari (185000–325000 Rp, 5½ Std.) ab.

Ein Jetliner-Boot von **Pelni** (Jl Pahlawan 1; Mo–Fr 8–17 Uhr), das langsamer, größer und preiswerter (und möglicherweise auch sicherer) ist, fährt montags und donnerstags um 7 Uhr auf derselben Strecke (95000 Rp, 12 Std.), und alle zwei Wochen macht sich eine noch langsamere, noch größere, noch preiswertere Fähre, die *Tilongkabila*, auf den Weg.

Zu den Wakatobi-Insel

Täglich um 21 Uhr startet ein langsames Nachtboot von Bau Bau nach Wanci auf der Pulau Wangi-Wangi (100000 Rp, 9–11 Std.). Der schicke Pelni-Jetliner (S. 787) fährt dienstags und freitags um 22 Uhr von Bau Bau nach Wanci (85000 Rp, 7 Std.). Die Boote kommen in der

RAHA

Die ruhigen, von Bäumen gesäumten Straßen Rahas, der größten Ortschaft auf der Pulau Muna, sind recht weitläufig. Das verschlafene Provinznest ist für sein Pferdekämpfe, Höhlenmalereien und den **Napabale**, eine türkisblaue Lagune etwa 15 km außerhalb der Stadt, bekannt. Ein natürlicher Tunnel, durch den man bei Ebbe paddeln kann, verbindet die Lagune mit dem Meer. Hier kann man wunderbar wandern, schwimmen oder Kanus ausleihen (40 000 Rp). Ein *ojek* von Raha zur Lagune kostet ca. 30 000 Rp.

Die Super-Jet-Schiffe, die zwischen Kendari und Bau Bau verkehren, halten in Raha. Sowohl nach Kendari (125 000 Rp, 2½ Std.) als auch nach Bau Bau (135 000 Rp, 2½ Std.) legen die Schiffe gegen 9.30 und 15 Uhr ab.

Regel so an, dass man das tägliche Wassertaxi von Wanci auf die anderen Inseln noch erwischt.

Die tägliche ASDP-Fähre nach Wanci auf der Pulau Wangi-Wangi (58 000 Rp, 6 Std.) legt um 7 Uhr am **Hafen Kamaru** (www.indonesiaferry.co.id) ab, der drei Fahrstunden entfernt auf der anderen Inselseite liegt.

Es gibt auch Direktboote nach Kaledupa (130 000 Rp, 12 Std.) und Tomia (150 000, 14 Std.), die in der Regel vier- oder fünfmal pro Woche verkehren (wenn das Boot nicht reparaturbedürftig ist), der Fahrplan ist aber unregelmäßig.

Zu anderen Orten in Indonesien

Alle paar Tage verkehrt ein Linienschiff von Pelni zwischen Bau Bau und Makassar, und etwa alle zwei Wochen fährt die *Tilongkabila* die Ostküste Sulawesis hinauf und hält unterwegs in Kendari, Luwuk, Gorontalo und Bitung.

Fast wöchentlich gibt es Verbindungen nach Ambon, und alle zwei Wochen fährt die *Ciremai* direkt nach Sorong.

Wakatobi-Inseln

Die Wakatobi-Inseln sind ein Paradies für Taucher: Es gibt über 50 gelistete Tauchspots und das Meeresleben ist so artenreich wie kaum irgendwo sonst in Indonesien. Auch oberhalb des Wasserspiegels können sich die Inseln sehen lassen: Die Dörfer des Seenomadenvolkes Bajau stehen mitten im Meer, zwischen felsigen Kaps erstrecken sich menschenleere weiße Strände, und Boote bahnen sich den Weg durch die labyrinthischen Kanäle des Mangrovenwalds. Kaum ein Besucher dieser entlegenen Inselkette vor der Küste im äußersten Südwesten Sulawesis bereut, dass er gekommen ist.

Der Archipel, früher (und manchmal auch heute noch) Tukangbesi-Inseln genannt, trägt inzwischen den Namen Wakatobi, nach seinen vier Hauptinseln Wangi-Wangi, Kaledupa, Tomia und Binongko. Die Inseln bilden das Kernstück des 2002 gegründeten **Wakatobi National Park** (www.wakatobinationalpark.com), der 2012 zum UNESCO-Weltbiosphärenreservat deklariert wurde.

Die Inseln sind zwar schwer zu erreichen, doch dafür ist die Chance groß, dass man dieses Paradies ganz für sich alleine hat.

ℹ Praktische Informationen

Außer auf der Pulau Wangi-Wangi gibt es keine Banken oder Geldautomaten, also Bargeld mitnehmen!

ℹ An- & Weiterreise

Am einfachsten erreicht man Wakatobi mit einem Flug von Garuda oder Wings Air, die täglich von Kendari zur Pulau Wangi-Wangi fliegen (420 000 Rp, 1 Std.). Von Wanci, der größten Stadt der Insel, fahren jeden Morgen Boote zu den anderen Wakatobi-Inseln.

Vier- oder fünfmal wöchentlich verkehren Direktboote zwischen Bau Bau auf der Pulau Buton und den Inseln Wangi-Wangi, Kaledupa und Tomia. Nach dem aktuellen Fahrplan erkundigt man sich vor Ort.

Das Pelni-Linienschiff *Kelimutu* fährt alle vier Wochen von Makassar nach Bau Bau und dann über Wanci weiter nach Ambon.

Pulau Wangi-Wangi

Wangi-Wangi ist die erste Insel der Wakatobi-Inselkette und das Tor zum Archipel. Dennoch leben hier nur sehr wenige Menschen, stattdessen gibt's sehr viel Ruhe und Frieden. Auf den guten Straßen der winzigen, recht flachen Insel kann man wunderbar Rad fahren und unterwegs an vielen Stränden und interessanten Höhlen eine Pause einlegen.

Die Hauptsiedlung der Insel ist das farbenfrohe **Wanci** mit seinen vielen Holzbooten. Der Ort hat einen lebhaften Hafen, ein ausgedehntes Bajau-Dorf, das auf Stelzen über das Wasser gebaut wurde, und einen Nachtmarkt mit leckerem Essen – gleich ne-

SCHIFFE AB WANGI-WANGI ZU ANDEREN WAKATOBI-INSELN

ZIEL	FAHRPREIS (RP)	DAUER (STD.)	ABFAHRT	RÜCKFAHRT
Binongko	150 000	6+	9 Uhr	10 Uhr
Kaledupa	50 000	2	9 & 13 Uhr	5 Uhr
Tomia	120 000	4–6	9 Uhr	6 Uhr
Tomia (Schnellboot)	150 000	2–3	8 oder 15 Uhr	6 Uhr

ben der wohl kürzesten Schnellstraße der Welt, ein eingestelltes Regierungsprojekt von zweifelhaftem Nutzen.

Gut schnorcheln und tauchen kann man bei **Sombu** und am **Strand Cemara**, und entlang der Küste stößt man auf viele interessante Fleckchen. Mehrere Straßen führen landeinwärts und hinauf zu Dörfern in den Hügeln, wo sich einige großartige Aussichtspunkte befinden.

Villa Nadila LODGE $$
(☏0821 8871 8355; villa-nadila@gmail.com; Jl Hoga Manuela, Wanci; Zi. inkl. Frühstück 300 000–550 000 Rp; ❋☎) Wancis neueste, sauberste und ruhigste Unterkunft ist in jeder Hinsicht empfehlenswert. Nur die Lage 2 km außerhalb des Zentrums am Stadtrand und weit weg von praktisch allem ist ungünstig. Doch für diejenigen, denen der Fußweg nichts ausmacht, ist es eine tolle Option.

Patuno Resort Wakatobi RESORT $$$
(☏0811 400 2221; www.wakatobipatunoresort.com; Zi./Bungalow inkl. Frühstück ab 540 000/890 000 Rp; ❋☎) An einem weißen Sandstrand in der Nähe der Nordspitze der Insel liegt dieses weitläufige Tauchresort. Die Zimmer im Hotelgebäude sind klein, aber komfortabel. Wer seinen Partner beeindrucken will, sollte jedoch das Geld für einen Bungalow hinblättern. Kostenloser Transfer vom Flughafen oder Hafen.

Nachtmarkt MARKT
(☉in der Regel von Sonnenuntergang–open end) Auf diesem Nachtmarkt, in dem meistens etwa ein Dutzend Damen gegrillten Fisch, gedämpftes Gemüse und Gebratenes aller Art anbieten, wird viel gelächelt und gescherzt (oft auf Kosten der Besucher, aber nie boshaft). Er befindet sich 2 km nördlich vom Stadtzentrum Wancis nicht weit von der Küste.

Restoran Wisata Beach SEAFOOD $
(☏0812 4563 9300; Wisata Beach Hotel, Jl Ahmad Yani 59, Wanci; Hauptgerichte 25 000–40 000 Rp; ☉9–21 Uhr; ☎) In diesem luftigen, an den Seiten offenen Restaurant auf Stelzen über dem Wasser kann man nach dem Schwimmen einen leckeren Fisch verspeisen. Der Meerblick ist zwar eher ländlich, doch das Essen ist köstlich und die Portionen sind groß.

❶ An- & Weiterreise

Garuda oder Wings Air fliegen von Kendari täglich zum **Flughafen Matahora** (Wakatobi) auf der Ostseite der Pulau Wangi-Wangi (420 000 Rp, 1 Std.). Flughafentaxis verlangen für die Fahrt ins 18 km entfernte Wanci 100 000 Rp.

Alle vier Wochen fährt die **Pelni-Fähre** *Kelimutu* von Makassar nach Bau Bau und von dort über Wanci weiter nach Ambon.

Von Wanci, dem Hauptort der Insel, legen jeden Morgen Boote zu den anderen Wakatobi-Inseln ab.

Pulau Kaledupa & Pulau Hoga

Die meisten Traveller meinen die Pulau Hoga, wenn sie von den Wakatobi-Inseln sprechen. Viel näher kann man seinem Robinson-Traum nicht kommen als auf dieser kleinen einsamen Insel, die 2 km von der größeren Pulau Kaledupa entfernt ist. Das Wasser ist türkisblau, die Riffe sind spektakulär und die einheimischen Bajau unglaublich freundlich. Wer nicht taucht oder schnorchelt, kann über Teile der Insel spazieren (am besten bei Ebbe, denn einige Gegenden sind bei Flut nur mit dem Boot zu erreichen) und das Fischerdorf am Nordende besuchen.

Die benachbarte Pulau Kaledupa hat zwar eine schöne bewaldete Küste mit vielen Stränden, aber praktisch keine touristische Infrastruktur. Daher ist sie für viele Traveller nur eine Zwischenstation, allerdings eine traumhaft schöne. Falls man hier übernachten möchte, lassen sich problemlos Privatunterkünfte arrangieren.

Sampela DORF
Dieses Bajau-Dorf steht stolz mitten im Meer, denn es wurde 1 km vor dem Pier von Ambeua komplett auf Stelzen über Korallen gebaut. Besucher können auf den Stegen und Brücken, die die einfachen Häuser mit-

einander verbinden, herumspazieren, die Bewohner sind in der Regel freundlich und nachsichtig.

★ Hoga Island Dive Resort RESORT $$$
(Wakatobi Hoga Diving; www.hogaislanddiveresort. com; Pualu Hoga; Bungalow 400 000 Rp) ✈ Auf der Suche nach dem perfekten Barfuß-Paradies? Hier ist es: idyllisch gelegen, mit großen rustikalen Holzbungalows, einem weißen Sandstrand und jeder Menge Hängematten. Die freundlichen Mitarbeiter sorgen für eine entspannte, herzliche Atmosphäre, das Essen ist frisch, reichlich und sehr geschmackvoll, und im gut geführten Tauchcenter arbeiten hervorragende Tauchführer. All-inclusive-Tauchpakete kosten pro Person.

Pulau Tomia & Pulau Binongko

Die Pulau Tomia, die dritte Insel der Wakatobi-Kette, lockt mit Dutzenden Tauchspots, zwei größeren Städten, ein paar Dörfern, einem zugänglichen, 300 m hohen Berg und langen, einsamen Stränden. Unterkünfte sind leicht zu finden, doch wer Entdeckungstouren in ferneren Gefilden unternehmen will, benötigt etwas Kreativität. Auf der westlich gelegenen **Pulau Tolandona** befindet sich das exklusivste Tauchresort Wakatobis.

Die etwas rauere Insel Binongko im Süden von Wakatobi wird von Dörfern gesäumt, die für ihre Schmiede bekannt sind. Manchmal wird der Archipel noch bei seinem ursprünglichen Namen genannt, Kepulauan Tukangbesi, was „Inseln der Metallar-

beiter" bedeutet. Im Dorf **Popalia** kann man die Schmiede sehen. Zwischen den Dörfern warten zahlreiche Quellen, Höhlen und versteckte Strände darauf, entdeckt zu werden.

Tomia Scuba Dive TAUCHEN
(Dr Yudi; ☑ 0821 8787 7751; www.tomiascubadive. com; Pulau Tomia) Dr. Yudi steht schon lange im Mittelpunkt der unabhängigen Tauchszene auf Tomia. Er hat gute Beziehungen, ist sehr beliebt und überaus versiert. Sein Tauchladen arbeitet mit verschiedenen Pensionen zusammen, hat inzwischen aber auch mit dem Bau einer eigenen Unterkunft begonnen.

Labore Homestay GASTFAMILIE $
(☑ 0813 4373 0361; Jl Pasar Waha, Pulau Tomia; Zi. inkl. Frühstück 150 000–200 000 Rp) Saubere, einfache Zimmer direkt am Wasser und in Gehweite zum Bootsanleger. Die Unterkunft wird von einem freundlichen Paar geführt, das auch hilft, Tauchtrips und Exkursionen zu arrangieren.

Wakatobi Dive Resort RESORT $$$
(www.wakatobi.com; Pulau Tolandona; inkl. Mahlzeiten ab 315 US$/Pers.; ❀ @ ☎) Gleich westlich der Pulau Tomia bietet dieses megaexklusive Refugium noble Bungalows und eines der berühmtesten Hausriffe Indonesiens. Im Übernachtungspreis ist die Vollpension enthalten, Schnorchel-/Tauchpakete kosten ab 110/150 US$ pro Tag. Das Resort ist auch die Basis des eleganten Tauchsafariboots Pelagian. Außerdem kann man hier private Charterflüge von/nach Bali buchen (ab 725 US$).

Indonesien verstehen

Indonesien aktuell

In Indonesien sind die Dinge scheinbar immer in Bewegung, egal ob es sich um die mächtige Landschaft handelt oder um die Gesellschaft selbst. Trotz aller wirtschaftlichen, religiösen und ökologischen Herausforderungen, mit denen die Nation konfrontiert ist, verlief der politische Prozess in den vergangenen zehn Jahren gewaltfrei – ein echter Fortschritt angesichts der dunklen jüngeren Vergangenheit des Landes. Indonesien, Südostasiens größte Volkswirtschaft, ist zudem heutzutage ein aufgeschlossenes und selbstbewussteres Land – was auch in dem Wunsch zum Ausdruck kommt, sich für die Olympischen Spiele 2032 zu bewerben.

Top-Bücher

A Brief History of Indonesia (Tim Hannigan; 2015) Gut lesbare, unterhaltsame Geschichte eines Indonesien-Experten.

DuMont Reiseabenteuer: Indonesien und so weiter (Elizabeth Pisani; 2014) Brillanter Reisebericht, zugleich Auseinandersetzung mit dem Land.

Garten der Menschheit: „Bumi Manusia." Ein Roman aus Indonesien (Pramoedya Ananta Toer; 1980) Eine Geschichte über Indonesien unter niederländischer Herrschaft von einem der besten Schriftsteller des Landes.

Krakatau: Der Tag, an dem die Welt zerbrach; 27. August 1883 (Simon Winchester; 2003) Der Autor verbindet Geschichte, Geologie und Politik mit dem Vulkanausbruch von 1883.

Top-Filme

The Act of Killing (2012) Oscarnominierte Doku über die Ermordung von kommunistischen Sympathisanten in Indonesien im Jahr 1965.

The Look of Silence (2014) Im Nachfolger von *The Act of Killing* trifft ein Optiker auf die mutmaßlichen Mörder seines Bruders.

Marlina – Die Mörderin in vier Akten (2017) Rachsüchtige Frauen durchstreifen Sumba à la „Satay-Western".

The Raid (2011) Actionfilm und einer der wenigen indonesischen Filme mit internationalem Erfolg.

Jokowi & die nahe Zukunft

Joko Widodo, auch bekannt als Jokowi (oder einfach Joko), der erste demokratisch gewählte indonesische Präsident ohne offensichtliche Verbindung zur Suharto-Diktatur oder dem Militär, verkörperte bei seiner Wahl 2014 den Wunsch eines jeden Indonesiers nach einer besseren Zukunft für das Land.

Doch Jokowi hat sich nicht als jener radikale Führer erwiesen, den manche ursprünglich in ihm sahen. So ging er einer Konfrontation mit konservativen Muslimen aus dem Weg, indem er Ma'ruf Amin, einen hochrangigen Geistlichen und Islamwissenschaftler, bei den Wahlen im April 2019 zum Kandidaten für seinen Stellvertreter machte, und indem er Aceh und anderen konservativen Regionen stillschweigend ermöglichte, ihre zunehmend fundamentalistischere Ausrichtung zu festigen. Joko verteidigte lautstark Indonesiens Anwendung der Todesstrafe auch für Rauschgiftdelikte, eine Haltung, die von vielen als Versuch angesehen wird, seinen Wählern zu beweisen, dass er durchaus ein starker Anführer sein kann. Wenn Joko eine zweite Amtszeit als Präsident gewinnen will, muss er die Forderungen der islamischen Lobby mit den Wünschen progressiverer Wähler in Einklang bringen.

Gleichzeitig ist Jokowis erste Amtszeit durch das zunehmende Selbstbewusstsein Indonesiens im Hinblick auf seinen Platz auf der Weltbühne geprägt. Die Beziehungen zu China, Japan und anderen südostasiatischen Ländern wurden vertieft, und auch die Verbindung Indonesiens mit Australien scheint trotz der Empörung über die Hinrichtung zweier Australier wegen Heroinschmuggels im Jahr 2015 inzwischen entspannter zu sein. Nachdem Jakarta die Asienspiele im August 2018 erfolgreich ausgetragen hatte, kündigte Joko an, dass Indonesien sich um die Ausrichtung der Olympischen Spiele 2032 bewerben werde.

Joko hat die Notwendigkeit erkannt, die enormen ökologischen Herausforderungen anzugehen, denen sich Indonesien gegenübersieht. Im September 2018 kündigte Indonesien ein dreijähriges Moratorium für neue Palmölplantagen und einen Plan zur Überprüfung existierender Plantagen an, ein Schritt, der die grassierende Entwaldung von Teilen des Archipels stoppen könnte.

Zurückgehendes Wirtschaftswachstum

Jokowi trat sein Amt mit dem Versprechen an, für ein jährliches Wirtschaftswachstum von 7% zu sorgen – ein Ziel, das auch erreicht werden muss, falls die junge und wachsende Bevölkerung Indonesiens – es gibt rund 80 Mio. Millennials im Land – Arbeit finden soll. Seit 2015 wächst die Wirtschaft jedoch jährlich nur um rund 5%, was dem Prozentsatz jener Indonesier entspricht, die als arbeitslos gelten. Eine schwächelnde Währung und ein Rückgang der Exporte sowie die schleppenden Konsumausgaben bremsen die Wirtschaft weiterhin.

Der sich ausweitende Handelskrieg zwischen den USA und China dürfte die chinesische Nachfrage nach aus Indonesien importierten Rohstoffen verringern. Die Pläne der EU, die Verwendung von Palmöl in Bio-Kraftstoffen bis 2030 einzustellen, werden auch Indonesien hart treffen, da das Land für mehr als die Hälfte der weltweiten Palmölproduktion steht. Staatliche Subventionen, die den Kraftstoff- und Strompreis niedrig halten, saugen Geld aus dem Staatshaushalt. Positiv ist zu vermerken, dass die Steuereinnahmen nach einem hartnäckigen Vorgehen gegen die Vermeidung von Unternehmenssteuern steigen.

Vor allem ist Indonesien nach wie vor ein Land voller Ungleichheiten, in dem 1% der Bevölkerung 49% des Wohlstands besitzt. Und trotz der enormen Fortschritte bei der Armutsbekämpfung seit dem Jahr 2000 leben nach Angaben aus der Regierung im Jahr 2017 immer noch über 10% der Indonesier unterhalb der Armutsgrenze. Ein Merkmal von Jokowis Regierungszeit war die Zunahme der Proteste von Arbeitern, die höhere Löhne forderten. Die Beibehaltung des wirtschaftlichen Fortschritts der vergangenen zwei Jahrzehnte ist die mit Abstand größte Herausforderung, vor der er und seine Regierung stehen.

Natur- & andere Katastrophen

Ob als Schauplatz der größten Eruption der Neuzeit (Gunung Tambora, 1815) oder anderer Naturgewalten wie dem Tsunami von 2004 – Indonesien wird wahrlich nicht von Katastrophen verschont. Im September 2018 wurden 2100 Menschen getötet und über 10000 verletzt, als ein Erdbeben und der anschließende Tsunami Zentralsulawesi trafen. Im Juli und August 2018 kamen bei einer Reihe von Erdbeben fast 600 Menschen auf Lombok ums Leben. Das Pazifische Becken ist sowohl für Erdbeben als auch für Vulkanausbrü-

BEVÖLKERUNG: **267 MIO.**

FLÄCHE: **1904 600 KM²**

BIP PRO KOPF: **3846 US$**

ANZAHL DER INSELN:
MEHR ALS 17000

Gäbe es nur 100 Indonesier, wäre(n) ...

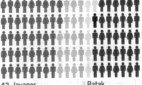

42 Javaner	3 Batak
15 Sundanesen	1 Chinese
3 Malaien	33 Angehörige anderer Volksgruppen
3 Maduresen	

Religionen
(% der Bevölkerung)

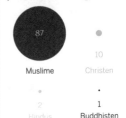

87	10
Muslime	Christen
2	1
Hindus	Buddhisten

Einwohner pro km²

DEUTSCHLAND MALAYSIA INDONESIEN

≈ 35 Einwohner

Top-Musik

Black Market Love (Superman is Dead; 2006) Balis Punk-Pop-Legenden in Höchstform.

The Best of Inul Daratista (Inul Daratista; 2015) Retrospektives Album der provokativen und kontroversen Königin der Dangdut-Musik.

Dandelion (Monita Tahalea; 2016) Jazziger Pop von einem Sänger, der durch eine große indonesische Casting-Show berühmt wurde.

Bintang di Surga (Peterpan; 2004) Extrem beliebtes Alt-Rock-Album.

Top-Blogs

Anakjajan (http://anakjajan.com) Der derzeit beste indonesische Food- und Lifestyle-Blog.

Catperku (http://catperku.com) Indonesischer Reiseblogger, der ohne Unterlass in seiner Heimat unterwegs ist.

Bali Bible (www.balibible.com) Der Name sagt alles.

Gone to Get Salty (www.gonetoget salty.com) Alles, was man übers Surfen in Indonesien wissen muss.

che anfällig, doch im Allgemeinen ist Indonesien ein sicheres Reiseland.

Es gibt allerdings auch menschengemachte Katastrophen. So sank im Juni 2018 eine nicht lizenzierte Fähre auf dem Tobasee in Sumatra, wobei über 160 Menschen ihr Leben verloren. Im Oktober 2018 stürzte eine Boeing der Lion Air kurz nach dem Start vor Jakarta ins Meer, alle 189 Passagiere kamen dabei ums Leben. Die miserable Bilanz des Landes in Bezug auf die Verkehrssicherheit, die auf die nachlässige Aufsicht und institutionelle Schwächen der Fluggesellschaften und der Schiffsbetreiber zurückzuführen ist, scheint unlösbar.

So dunkel die Sicherheitsbilanz Indonesiens in vielen Punkten auch ist, immerhin klart der Himmel zunehmend auf. Waldbrände, ausgelöst durch illegale Rodungen auf Sumatra und in Kalimantan, sorgten in der Vergangenheit alljährlich für viel Dunst, der den Himmel über weiten Teilen Westindonesiens eintrübte. Doch seit den katastrophalen Bränden von 2015, als der Großteil Südostasiens unter dem Rauch zu leiden hatte, hat Indonesien begonnen, mit den Nachbarländern zusammenzuarbeiten, um im Notfall künstlich Regen zu erzeugen und allgemein seine Brandbekämpfungstechniken zu verbessern. Die Tatsache, dass Jakarta im August 2018 Ausrichter der Asienspiele wurde, war ein weiterer Anreiz, mehr gegen die Luftverschmutzung zu tun. Ob das im September 2018 angekündigte Dreijahres-Moratorium für neue Palmölplantagen die Anzahl der Brände verringern wird, bleibt abzuwarten.

Quo vadis, Tourismus?

Der Anteil des Tourismus (und damit verbundener Aktivitäten) am indonesischen BIP beträgt mehr als 5% und ist eine wichtige Quelle für Devisen und Investitionen, insbesondere auf Bali. Die indonesische Regierung will den Sektor weiterentwickeln und plant, zusätzliche ausländische Investitionen anzulocken und „neue Balis" in Gebieten wie Nusa Tenggara, Thousand Islands (Seribu) vor Java, Danau Toba in Sumatra und Teilen von Sulawesi und den Molukken zu entwickeln. Eine offensichtliche Hürde ist die Infrastruktur. Bali näherte sich bereits 2018 mit rund 6 Mio. ausländischen Besuchern jenem Punkt, an dem von Overtourism gesprochen werden muss. Für die Entwicklung des Mandalika-Projekts auf der Insel Lombok sind rund 3 Mrd. australische Dollar vorgesehen, und in den zurückliegenden zehn Jahren hat die Regierung viel Geld in neue oder sanierte Flughäfen auf Bali, Balikpapan in Kalimantan und Medan, Padang, Nias und Pulau Weh (alle auf Sumatra) gesteckt. Doch da Indonesien bis 2019 20 Mio. Touristen pro Jahr anziehen will, muss mehr getan werden, um die zusätzlichen Besucherzahlen effektiv zu bewältigen.

Ein weiterer Knackpunkt ist der konservative Charakter Indonesiens. Bali ist Bali, auch wegen seiner hinduistischen Mehrheit: andere Teile Indonesiens könnten Schwierigkeiten haben, die Offenheit und den Hedonismus zu akzeptieren, die Bali für ausländische Touristen so attraktiv gemacht haben.

Geschichte

Die Geschichte, wie Indonesien zu dem wurde, was es heute ist, besteht aus einem buntem Reigen von Migranten und Invasoren, Rebellen und Religionen, Königreichen und Imperien, der von Indonesiens Inselnatur und seiner Lage an jahrtausendealten Handelsrouten in Asien geprägt ist. Es ist eine Geschichte voller Helden und Bösewichte, Sieger und Opfer. Aber der seltsamste Teil ist, wie diese über 17 000 Inseln mit über 300 gesprochenen Sprachen und verschiedenen Kulturen zu einer Nation wurden.

Der Handelsarchipel

Indonesier bewohnen eine vielfältige Inselwelt. Schon eine kurze Seereise oder ein Abstecher ins Landesinnere einer Insel kann Reisende in ein völlig neues Ökosystem mit anderen Schätzen entführen. Einst sammelten Waldbewohner bunte Federn und Harz und tauschten diese mit Menschen, die am Meer lebten, gegen Schildkrötenpanzer oder Salz. Einige dieser Güter fanden ihren Weg auf nahe Inseln, von wo aus sie auch weiter entfernte Inseln erreichten. Um 500 v. Chr. begannen sich die von indonesischen Inselbewohnern befahrenen Strecken mit jenen zu überschneiden, die von Seeleuten vom asiatischen Festland genutzt wurden. So kam es, dass vor 2000 Jahren Paradiesvogelfedern aus Papua auf Bronzetrommeln abgebildet wurden, die das Volk der Dongson in Vietnam herstellte. Einige jener Trommeln kamen auch nach Java, Sumatra und Bali transportiert.

Die westlichen Hauptinseln Indonesiens – Sumatra und Java, aber auch die Provinz Kalimantan auf Borneo – liegen im Bereich der Seerouten, die Arabien, Indien, China und Japan verbinden. Indonesien war geradezu dazu bestimmt, ein Knotenpunkt Asiens zu werden. Entsprechend ist Handel seit mindestens 2000 Jahren sein Lebenselixier und hat fast alle Veränderungen mit sich gebracht, die der Archipel im Laufe der Jahrhunderte erlebt hat – neue Kulturen, neue Ideen, neue Feldfrüchte, neue Technologien, neue Religionen, Kriege und Herrscher.

Schlichte Eisenwerkzeuge wie Äxte und Pflugspitzen wurden um 200 v. Chr. aus China importiert und spornten die Indonesier an, eigene Metallvorkommen zu finden und selbst Messer, Pfeilspitzen, Urnen und Schmuckstücke herzustellen.

Indischer Einfluss & Sriwijaya

Die Früchte der ursprünglich aus Indien stammenden Pfefferpflanze würzten bereits 600 v. Chr. westindonesisches Essen. Indonesische Klei-

ZEITLEISTE	60 000–40 000 v. Chr.	ca. 8000 v. Chr.	ca. 2000 v. Chr.
	Die westlichen Inseln Indonesiens sind noch Teil des asiatischen Festlands. Die ersten Menschen kommen an, vermutlich die Vorfahren der Melanesier in der heutigen Bevölkerung von Papua.	Der Meeresspiegel steigt nach dem Ende der letzten Eiszeit und trennt Sumatra, Borneo, Java und Bali vom asiatischen Festland, sowie die Insel Neuguinea von Australien.	Die aus Taiwan stammenden Austronesier erreichen Indonesien, wahrscheinlich auf dem Seeweg. Sie verbinden sich mit oder verdrängen die Melanesier. Die frühesten Nachweise für Siedlungen datieren aus dem 6. Jh. v. Chr.

dung veränderte sich, nachdem Boote aus Indonesien im 2. Jh. v. Chr. Indien erreicht und von dort Baumwollpflanzen mitgebracht hatten. In den Jahrhunderten nach der Zeitenwende begannen die in Südostasien lebenden indischen Hindus, mit den Bewohnern früher Handelsniederlassungen an den Küsten von Java, Sumatra und Kalimantan mit Schmuck, Stoffen und Töpferwaren zu handeln. Gleichzeitig brachten sie die hinduistische und buddhistische Kultur in die indonesische Inselwelt.

Ab dem 4. Jh. erreichten auch Chinesen die indonesischen Häfen. Ab dem 7. Jh. brachten Händler des buddhistischen Hafenstaats Sriwijaya im Südosten Sumatras Pfeffer, Elfenbein, Harze, Federn, Schildkrötenpanzer, Perlmutt und vieles mehr in die Häfen rund um die Javasee und bis nach China, von wo sie mit Seide, Keramik und Eisen zurückkehrten.

Händler aus Arabien

Die ersten muslimischen Händler aus Arabien erreichten schon wenige Jahrzehnte nach dem Tod des Propheten Mohammed im Jahr 632 indonesischen Häfen. Arabische Schiffe mit Gewürzen, seltenen Hölzern oder indischen Stoffen liefen auf dem Weg nach China Sumatra oder andere indonesische Inseln an, wo die Händler lokale Produkte wie aromatische Hölzer, Harze und Kampfer erstanden. Bis zum 13. Jh. hatten Araber Niederlassungen in den wichtigsten indonesischen Häfen errichtet. Sulaiman bin Abdullah bin al-Basir, Anfang des 13. Jhs. Herrscher über den kleinen Hafen von Lamreh in Nord-Sumatra, war der erste indonesische Herrscher, von dem man weiß, dass er den Islam und den Titel Sultan annahm.

Majapahit

Mit dem Aufblühen des größten hinduistisch-buddhistischen Staates Indonesiens, Majapahit auf Ostjava, entstanden die ersten indonesischen Sultanate. Majapahits Erfolg beruhte wie der Sriwijayas auf dem Handel. Seine mächtigen Flotten forderten Tribut von Häfen von Sumatra bis Papua (die ungehorsamen Staaten wurden laut dem Hofdichter Prapanca von den Majapahit-Flotten ausgelöscht) und ermöglichten es seinen Händlern, den lukrativen Handel zwischen Sumatra und China zu dominieren. Prapanca berichtete, dass Händler aus Kambodscha, Vietnam und Thailand die Majapahit-Häfen ansteuerten. Er behauptete zudem, wenn auch weniger glaubwürdig, dass Majapahit über 100 fremde Länder Macht ausübte. Majapahit wurde schließlich 1478 von Demak, einem der neu-islamischen Häfen im Norden Javas, erobert.

Gewürze & die Portugiesen

Während sich der Islam weiter auf dem Archipel ausbreitete, stießen weitere Händler hinzu – die Europäer. 1511 eroberten die Portugiesen Malakka, den Schlüssel zur bedeutenden Straße von Malakka zwischen

Das Majapahit-Königreich erreichte seine Blüte in den Jahren 1350–1389 unter König Hayam Wuruk, der von seinem Premierminister und brillanten Militärkommandeur Gajah Mada geschickt unterstützt wurde. Wörtlich übersetzt bedeuten ihre beiden Namen „verrottetes Hühnchen" bzw. „brünftiger Elefant", was aber keine negativen Auswirkungen auf das weitläufige Königreich hatte.

500–1 v. Chr.	5. Jh.	7. Jh.	7. Jh.
Die Handelsrouten überschneiden sich mit denen des asiatischen Festlands. Chinesische Werkzeuge, vietnamesische Bronzetrommeln und indische Glasperlen erreichen Indonesien, Gewürze Indien und China.	Unter indischem Einfluss haben sich die Bewohner einiger Handelshäfen dem Hinduismus oder Buddhismus zugewandt. Die frühesten Inschriften auf Westjava und nahe Kutai, Kalimantan, werden in Felsen geritzt.	Muslimische Händler treffen in indonesischen Häfen ein und bringen ihre Religion sowie Handelswaren mit. In den folgenden Jahrhunderten entstehen blühende muslimische Gemeinschaften.	Dank des Reisanbaus auf den fruchtbaren Inseln des Archipels gedeiht die Landwirtschaft. Es entstehen Terrassen- und komplexe Bewässerungssysteme, was wiederum zu Wohlstand führt.

CHINESEN IN INDONESIEN

Als der Handel zwischen den indonesischen Staaten komplexer wurde (und sie reicher), stützten sie sich zunehmend auf die wachsende Zahl chinesischer Siedler, um ihre Volkswirtschaften in Schwung zu halten. Indonesiens erste chinesische Siedlung datiert auf das 11. Jh. und befand sich in Pasai auf Sumatra. Bis zum 17. Jh. erfüllten Chinesen viele Funktionen als Zwischenhändler, Handwerker, Arbeiter, Steuereintreiber, Geschäftsleute, Finanziers, Bauern und Händler und als Inhaber von Geschäften, Bordellen und Opiumhöhlen. Heute besitzen ethnisch-chinesische Indonesier viele der größten und profitabelsten Unternehmen des Landes. Seit Jahrhunderten sind sie auch Ziel von Neid und Hass und Opfer wiederholter Gewaltausbrüche, u. a. während der Unruhen in Jakarta 1998.

Sumatra und Malaysia, und errichteten Niederlassungen in ganz Indonesien. Sie gründeten auch Siedlungen in Indien, China und Japan.

Nelken, Muskatnuss und Mazis hatten die Portugiesen nach Indonesien gelockt, drei Pflanzenprodukte, die in Europa, China, der islamischen Welt und Indonesien selbst schon lange geschätzt waren, weil sie den Geschmack von Essen bereicherten. Alle drei Pflanzen stammten von den Molukken, den Gewürzinseln Ostindonesiens. Die Sultane der kleinen Molukken-Inseln Ternate und Tidore kontrollierten den größten Teil des gewinnbringenden Handels mit diesen Gewürzen.

Portugiesische Händler brachten ihrerseits Exotisches auf die Molukken, u. a. Uhren, Schusswaffen, Süßkartoffeln und das Christentum. Der Anbau von Nelken und Muskatnüssen wurde intensiviert, um der Nachfrage gerecht zu werden. Nachdem die Portugiesen sich mit dem Ternate-Sultan Babullah überworfen hatten und 1575 vertrieben worden waren, zogen sie nach Süden und ließen sich auf Pulau Ambon nieder.

Die Portugiesen handelten auch in Aceh (Nordsumatra) und Banten (Nordwestjava), wo das Hauptprodukt Pfeffer war, das schon seit Jahrhunderten die Menschen in Europa, China und anderswo erfreute.

Im 17. Jh. wurden die Portugiesen von den Niederländern, einem entschlosseneren, besser bewaffneten und besser finanzierten Rivalen, aus dem indonesischen Gewürzgeschäft verdrängt.

Vom Animismus zum Islam

Die frühesten Indonesier waren Animisten. Sie glaubten, sowohl lebende als auch leblose Objekte verfügten über eigene Lebenskraft bzw. eine Seele und dass die Geschicke des Einzelnen durch Opfergaben, Rituale oder Magie beeinflusst werden könnten. Indonesiens prähistorische Stätten und animistische Gesellschaften, die bis jetzt überdauert haben, belegen, dass an ein Leben nach dem Tod und an übernatürliche Mächte geglaubt wurde und daran, dass die Geister der Toten die Ereignisse beeinflussen. Megali-

> Die Briten, die ebenfalls vom Gewürzhandel profitieren wollten, behielten bis 1667 die Kontrolle über die Molukken-Insel Run. Dann tauschten sie sie gegen eine niederländisch kontrollierte Insel in Nordamerika ein: Manhattan.

7.–13. Jh.	8.–9. Jh.	1292	1294–1478
Das buddhistische Sriwijaya (der Zusammenschluss einer Reihe von Häfen oder ein tatsächlicher Staat) im Südosten Sumatras dominiert Westindonesien. Seine Handelsrouten erstrecken sich bis nach China und Indien.	Auf Java zentralen Ebenen erblühen die buddhistischen Königreiche Sailendra und das hinduistische Sanjaya (oder Mataram). Die riesigen Tempelkomplexe Borobudur und Pram-Banan werden errichtet.	Marco Polo macht auf dem Rückweg von China nach Persien auf Sumatra Halt. Er ist der erste einer Reihe berühmter europäischer Entdecker.	Das hinduistisch-buddhistische Majapahit monopolisiert den Handel zwischen Sumatra und China und fordert Tribut aus ganz Indonesien. Der prächtige Majapahit-Hof wird von vielen späteren Staaten nachgeahmt.

then (von denen einige bis zu 5000 Jahre als sein könnten), die von Pulau Nias bis Sumba und im Lore Lindu National Park von Sulawesi gefunden wurden, bezeugen einen Ahnenkult. Auf Sumba ist der Animismus ebenfalls noch lebendig, und Megalithengräber werden immer noch errichtet (heute allerdings mit Zement).

Hinduismus & Buddhismus

Es war der Kontakt mit den reichen Kulturen Indiens in den ersten Jahrhunderten unserer Zeitrechnung, der die Indonesier veranlasste, neue Glaubenssysteme anzunehmen. Indische Händler praktizierten nach ihrer Ankunft in Indonesien den Hinduismus oder dessen Ableger, den Buddhismus. Einige errichteten Tempel und brachten Priester, Mönche, Lehrer oder Gelehrte mit. Davon beeindruckte indonesische Herrscher begannen, die Titel Raja oder Maharaja zu verwenden, oder fügten das königliche Suffix „-varman" zu ihren Namen hinzu. Für sie lag es nahe, ihre Bindung an die indische Welt zu festigen, indem sie auch die Religion oder Philosophie der Inder übernahmen. Die frühesten Aufzeichnungen lokaler Herrscher, die sich die indische Kultur zu eigen gemacht hatten, sind Steininschriften aus dem 5. Jh. in Sanskrit, die in Westjava und nahe Kutai (dem heutigen Tenggarong) auf Kalimantan gefunden wurden und die von den ruhmreichen Taten der Könige Purnavarman und Mulavarman berichten.

PANCASILA – DIE FÜNF PRINZIPIEN

In Regierungsgebäuden, im TV sowie an Straßenmarkierungen und auf Schuluniformen sieht man den *garuda*, Indonesiens mythisches Nationalsymbol. Auf dessen Brust befinden sich die fünf Symbole der philosophischen Doktrin des Einheitsstaats Indonesien, die Pancasila (Sanskrit/Pali: „fünf Prinzipien"). Die Pancasila wurde erstmals 1945 von Sukarno als Synthese aus westlicher Demokratie, Islam, Marxismus und indigenen Dorftraditionen dargestellt. In der Verfassung von 1945 verankert, wurde sie von Suhartos Regime der „Neuen Ordnung" zu einem Mantra erhoben. Suhartos Nachfolger B.J. Habibie hob die Forderung auf, dass die Pancasila das Grundprinzip aller Organisationen bilden müsse, aber sie bleibt ein wichtiges nationales Credo. Die fünf Symbole bedeuten:

Stern Glaube an Gott durch den Islam, das Christentum, den Buddhismus, den Hinduismus oder eine andere Religion.

Kette Humanitarismus in Indonesien und in den Beziehungen zur gesamten Menschheit.

Banyanbaum Nationalismus und die Einheit zwischen den vielen ethnischen Gruppen Indonesiens.

Büffel Demokratie.

Baumwolle & Reis Soziale Wohlfahrt.

13.–15. Jh.	1505	1520	1595
Von arabischen Kaufleuten beeinflusst übernehmen zwei Städte in Nordsumatra den Islam, gefolgt von Malakka, der Insel Ternate und den Häfen Nordjavas einschließlich Demak, das Majapahit erobert.	Wegen ihres Interesses an den Gewürzen errichten die Portugiesen Handelsniederlassungen auf dem gesamten Archipel und beteiligen sich mit Indern, Arabern, Chinesen, Malaien und Inselbewohnern am Seehandel.	Die vollständige Konversion von Java zum Islam bedeutet die Isolation des hinduistischen Balis. Menschen, die Java aus religiösen oder anderen Gründen verlassen tragen zum Aufblühen der balinesischen Kultur bei.	Vier kleine niederländische Schiffe erreichen Banten (Java), eine Hafenstadt, die Pfeffer exportiert. Trotz Rückschlägen kehrt die Expedition mit Gewürzen nach Hause zurück und erzielt einen kleinen Gewinn.

Die wichtigsten indonesischen Staaten waren von da an bis ins 15. Jh. alle hinduistisch oder buddhistisch (Sriwijaya im Süden Sumatras war überwiegend buddhistisch). Im 8. und 9. Jh. errichteten das buddhistische Königreich Sailendra und das vorwiegend hinduistische Königreich Sanjaya (oder Mataram) in Zentraljava die Tempelkomplexe Borobudur und Prambanan. Sie versuchten, die indische Zivilisation in javanischer Landschaft nachzubilden. Sie gingen davon aus, dass indische Götter wie Shiva und Vishnu auch den Himmel über Java bewohnten. Gleichzeitig bestand der Glaube an magische Kräfte oder Naturgeister weiter. Im 10. Jh. verlagerte sich die Macht auf Java in den Osten, wo bis Ende des 15. Jhs. hinduistisch-buddhistische Königreiche dominierten. Das größte war Majapahit (1294–1478) mit Sitz in Trowulan. Die javanisch-indische Kultur verbreitete sich auch auf Bali (das bis heute hinduistisch ist) und in Teilen Sumatras.

Islam

Majapahit fand sein Ende mit der Ankunft des Islam, der nächsten großen Religion in Indonesien. Bereits im 7. Jh. kamen muslimische Händler aus Arabien nach Indonesien. Bis zum 13. Jh. hatten Araber Niederlassungen in den wichtigsten hiesigen Häfen errichtet. Zur selben Zeit bekannten sich die ersten lokalen Herrscher in Lamreh und Pasai im Norden Sumatras zum Islam. Zunächst nur nach und nach, dann schneller, wechselten im Lauf der nächsten 200 Jahre auch die Führer anderer indonesischen Häfen mit muslimischen Gemeinschaften zum Islam. Die Machthaber ließen sich von den Lehren überzeugen und wollten sich einem erfolgreichen internationalen Netzwerk anschließen. In der Regel nahmen sie den Titel Sultan an, was ihre Bekehrung anzeigte. Malakka auf der malaiischen Halbinsel, die die strategisch wichtige Malakkastraße kontrollierte, wechselte 1436 zum Islam und wurde Vorbild für andere muslimische Staaten.

Auf Java, Sumatra und Sulawesi verbreiten einige muslimische Staaten den Islam mittels Eroberung. Die Bekehrung mehrerer Häfen in Nordjava im späten 15. Jh. führte dazu, dass das hinduistisch-buddhistische Majapahit von feindlichen Staaten umringt wurde, von denen schließlich einer, Demak, Majapahit im Jahre 1478 eroberte.

Das größte der muslimischen Königreiche Indonesiens, Mataram, wurde 1581 in jener Gegend Javas gegründet, in dem Jahrhunderte zuvor die Königreiche Sailendra und Sanjaya ihre Blütezeit hatten. Matarams zweiter Herrscher, Senopati, selbst ein Nachkomme hinduistischer Fürsten, half, einige hinduistische und auch ältere animistische Glaubenselemente in die neue muslimische Welt zu integrieren.

Christentum

Als letzte der großen Religionen erreichte das Christentum Indonesien. Die katholischen Portugiesen bekehrten im 16. Jh. einige Bürger der islami-

Die sehenswerten Tempelkomplexe Borobudur und Prambanan aus dem 8. Jh. in Zentraljava sind die schönsten antiken Monumente Indonesiens. Ersterer ist ein buddhistisches Denkmal von großer Bedeutung, das aus 2 Mio. Steinen erbaut wurde, während Letzteres kunstvolle hinduistische Dekors aufweist.

GESCHICHTE VOM ANIMISMUS ZUM ISLAM

1292 besuchte Marco Polo auf einem seiner Streifzüge gen Osten Aceh und stellte fest, dass die Einwohner bereits zum Islam konvertiert waren.

1602	1611–1700	1667	1670–1755
Die Niederlande führen konkurrierende Handelsunternehmen als Niederländische Ostindien-Kompanie (VOC) zusammen. Ziel ist es, andere europäische Nationen zu verdrängen, insbesondere aus dem Gewürzhandel.	Von ihrem Handelszentrum in Batavia (dem heutigen Jakarta) aus vergrößert die VOC ihren Einfluss mittels Verträgen, Allianzen und Gewalt. Eine Kette niederländisch kontrollierter Häfen verbindet die Gewürzinseln.	Die Niederländer übernehmen die vollständige Kontrolle über die Banda-Inseln und überlassen den Briten im Gegenzug eine kleine Insel in ihrer nordamerikanischen Kolonie: Manhattan.	Die VOC macht sich Matarams interne Streitigkeiten zunutze und erlangt die Macht. 1755 spaltet sie Mataram in zwei Teile mit Hauptstädten in Yogyakarta und Surakarta (Solo) und kontrolliert nun Java.

schen Gemeinden auf den Molukken und Sulawesi, von denen die meisten jedoch bald zum Islam zurückkehrten. Die protestantischen Niederländer, die vom 17. bis zum 20. Jh. die Kontrolle über das gesamte Archipel erlangten, unternahmen wenig, um das Christentum zu verbreiten. Missionare im 19. und 20. Jh. wurden in Regionen gelenkt, in denen der Islam schwach war oder nicht existent, z.B. Minahasa und Toraja in Sulawesi, das Batak-Gebiet (Sumatra) und Niederländisch-Neuguinea (heute Papua).

Rajas & Sultane

Die hinduistischen, buddhistischen und muslimischen Staaten Indonesiens waren meist absolute Monarchien oder Sultanate, deren Herrscher den Anspruch erhoben, ganz oder zumindest teilweise göttlich zu sein. Ihre Untertanen sollten Nahrung oder Waren produzieren, die sie als Tribut an den Herrscher zahlen konnten, oder Geschäfte machen, von deren Erlösen sie Steuern begleichen konnten. Sie konnten auch in den Armeen oder Flotten kämpfen oder Rollen im königlichen Gefolge übernehmen, als Astrologen, Steuereinnehmer oder Konkubine. Land galt als Eigentum des Herrschers, der den Untertanen erlaubte, es gegen Steuern und Tribut zu bewirtschaften. Sklaverei war bis weit ins 19. Jh. üblich.

Die Tributpflicht konnte auch anderen Staaten auferlegt werden. Tatsächlich errichteten die größten Königreiche oder Sultanate, z.B. das hinduistisch-buddhistische Majapahit (1294–1478) auf Java und das muslimische Mataram (1581–1755), ihre Handelsimperien auf der Grundlage von Tributen anderer Völker, denen sie Gewalt androhten.

Europäischer Einfluss

Die Ankunft der Europäer im 16. und 17. Jh. eröffnete indonesischen Staaten und Herausforderern neue Möglichkeiten, sich gegen ihre Rivalen durchzusetzen. Sie nutzten die Europäer als Handelspartner, Söldner oder Verbündete. Die Annahme war: Sollten die Europäer zu mächtig werden oder inakzeptable Forderungen stellen, würde man sie schon loszuwerden. So vertrieb 1575 das muslimische Sultanat Ternate, die kleine, aber wohlhabende molukkische Nelkeninsel, seine ehemaligen Handelspartner, die Portugiesen. Später erteilte es den Niederländern das Verkaufsmonopol für seine Gewürze, verwendete die Einnahmen zum Bau einer Kriegsflotte und forderte von anderen Staaten Tribut. Ternate kontrollierte schließlich 72 steuerpflichtige Trabanten auf den Molukken und auf Sulawesi.

Derartige Abkommen, Allianzen und Eroberungen führten dazu, dass der Großteil des indonesischen Handels und Territoriums von den Niederländern kontrolliert wurde. Deren Mitwirkung an den endlosen internen Fehden des mächtigen javanischen Mataram-Königreichs ermöglichte ihnen derartige Macht über die Region, dass der sterbende König Pakubuwono II. ihnen 1749 sogar die Kontrolle über sein Königreich

---

In den 1650er- und 1660er-Jahren verfügte Bantens Sultan Ageng Tirtajasa, dass jeder Mann ab 16 Jahren sich um 500 Pfefferpflanzen kümmern und sie pflegen muss.

Im Jahr 1696 führten die Niederländer Kaffee in Indonesien ein. Offizielle der Niederländischen Ostindien-Kompanie (VOC) ließen die Adligen Westjavas ihre Bauern anweisen, Kaffee anzubauen, und bezahlten mit Geld und Stoffen für die geernteten Bohnen.

1795–1824	1800	1815	1825–1830
Während der Napoleonischen Kriege erobert England den Besitz Niederländisch-Ostindiens. Ein Abkommen von 1824 teilt die Region auf. Die Grenzen verlaufen fast wie zwischen dem heutigen Indonesien und Malaysia.	Die inzwischen überdehnte, korrupte und bankrotte VOC wird aufgelöst. Ihre Besitztümer gehen an die niederländische Krone über und verwandeln ein Handels- in ein Kolonialimperium – Niederländisch-Indien.	Ausbruch des Tambora auf Sumbawa – der größte der modernen Geschichte. Zehntausende Inselbewohner sterben. Die Aschewolke führt 1816 auf der Nordhalbkugel zum „Jahr ohne Sommer".	Prinz Diponegoro, unterstützt von vielen Muslimen, den Armen und einigen Aristokraten, erhebt sich gegen die Niederländer. Rund 200 000 Javaner verlieren ihr Leben, die meisten wegen Hunger und Krankheiten.

überließ. 1755 lösten die Niederländer einen weiteren Mataram-Nachfolgestreit auf, indem sie das Gebiet in zwei Königreiche mit Hauptstädten in Surakarta (Solo) und Yogyakarta aufteilten. Beide königlichen Familien trennten sich später erneut, sodass es zu Beginn des 19. Jhs. in diesem winzigen Teil von Zentraljava vier rivalisierende königliche Häuser gab.

Solange die örtlichen Herrscher und Aristokraten zusammenarbeiteten, ließen die Niederländer sie unbehelligt. Aus den Reihen jener Herrscher rekrutierten Letztere schließlich Führer für den „eingeborenen" Bereich des kolonialen öffentlichen Dienstes. Sie durften ihre Königreiche behalten – natürlich unter „sanfter" Aufsicht niederländischer Administratoren.

Niederländische Vorherrschaft

Als die Niederländer 1595 in Banten eintrafen, hatten sie nicht vor, sich die Region, aus der schließlich Indonesien entstehen sollte, untertan zu machen. Auch die Gründung der Niederländischen Ostindien-Kompanie (Vereenigde Oost-Indische Compagnie; VOC) 1602 hatte nur den Zweck, über sie den Handel in Ostindien abzuwickeln und andere europäische Mächte vom lukrativen Gewürzhandel in diesem Teil der Welt fernzuhalten. Die Strategie bestand darin, nach Möglichkeit exklusive Handelsabkommen mit lokalen Herrschern auszuhandeln und nötigenfalls ihren Willen mit militärischer Gewalt durchzusetzen. Ihre mächtige Flotte und die gut ausgebildeten Soldaten machten die Niederländer zu einem mächtigen Verbündeten für einheimische Führer, die ihnen im Gegenzug wertvolle Handelsrechte zusprachen.

Muskatnuß und Musketen von Giles Milton ist ein faszinierender Bericht über den Kampf um die Kontrolle des Handels mit den Gewürzinseln, die heute als Banda-Inseln bekannt sind und noch immer viele Sehenswürdigkeiten aus der Kolonialzeit bieten. Sie sind einen Besuch wert.

GESCHICHTE NIEDERLÄNDISCHE VORHERRSCHAFT

CULTUURSTELSEL – DAS KOLONIALE ANBAUSYSTEM

Die scheinbar unlösbaren Probleme, die die Niederländer mit ihrer Kolonie hatten, wurden durch den verheerenden javanischen Krieg (1825–1830) noch verschärft. Der Konflikt begann, als die Niederländer eine neue Straße bauten, die über ein Stück Land führte, auf dem das Denkmal der verstorbenen Eltern des Prinzen Diponegoro stand – was diesen sehr wütend machte. Der Prinz erhielt Unterstützung von anderen Bewohnern Javas, die ebenfalls ihre Probleme mit den Kolonialherren hatten. Um den Krieg zu gewinnen, der sich infolgedessen entwickelte, mussten die Niederländer mit großem Aufwand Truppen aus Sulawesi, den Niederlanden und niederländisch-afrikanischen Kolonien heranziehen.

Nach Ende des Krieges mussten die Niederlande unbedingt die ostindischen Gebiete rentabel machen. Mithilfe des Cultuurstelsel, einer Regelung für die landwirtschaftliche Nutzung, sollte das geschehen. Bis zu 2 Mio. javanische Bauern mussten Kaffee, Tee, Tabak, Färbepflanzen (für Indigo) oder Zucker für den Export anbauen, einen Teil ihrer Ernte als Steuern abführen und den Rest zu Festpreisen an die Regierung verkaufen. Dies rettete die Niederlande vor dem Bankrott und führte (obwohl einige Dorfbewohner profitierten) zu Hungersnöten, Verlust von Reisanbaugebieten, Armut und Korruption.

1820er-Jahre–1910	1830	1830–1870	1845–1900
Durch Ausweitung des Handels, Vereinbarungen mit Aristokraten und kriegerische Mittel unterwerfen die Niederlande fast den ganzen Archipel. Viele Aristokraten werden Vertreter der niederländischen Verwaltung.	Die Sklaverei, die unter verschiedenen Königen und Sultanen floriert hatte, geht mit dem Verzicht derselben auf Bali zu Ende. Erlöse aus der Sklaverei dienten bislang der Finanzierung von Kriegen und Palästen.	Das niederländische Cultuurstelsel (Anbausystem) verpflichtete 2 Mio. javanische Bauern zum Anbau von Exportgütern und zur Steuerabgabe. Die Niederlande entgehen so dem Bankrott, doch die meisten Bauern leiden.	Privates (europäisches) Unternehmertum wird gefördert, der Zwangsanbau wird zurückgenommen. Die Infrastruktur wird erheblich verbessert. Auf Sumatra entstehen Kautschuk- und Tabakplantagen.

Übernahmen

Anfänglich konzentrierten sich die Niederländer hauptsächlich auf den Gewürzhandel. 1605 vertrieben sie die Portugiesen aus Ambon. Anschließend errichteten sie eine Reihe eigener Siedlungen in muslimischen Häfen entlang der Route zu den Gewürzinseln. Jayakarta, ein kleiner Vasallenhafen in Banten im Nordwesten von Java, wurde ihr Hauptquartier. Als Banten 1619 mit englischer Hilfe versuchte, sie zu vertreiben, wehrten die Niederländer den Angriff ab, bauten die Stadt wieder auf und benannten sie in Batavia um – das heutige Jakarta.

Mit verschiedenen Methoden und Mitteln eroberten die Niederländer 1621 Banda, 1641 Malakka, 1657 Tidore, 1669 Makassar und anschließend mehrere javanische Häfen. In Banda vernichteten oder vertrieben sie in den 1620er-Jahren fast die gesamte Bevölkerung und ersetzten sie durch Sklaven, die auf den Muskatplantagen arbeiten mussten.

Das Mataram-Königreich versuchte 1628 und 1629 erfolglos, die Niederländer aus Batavia zu vertreiben. In den 1640ern entschied Matarams König Amangkurat I., der sich vielen internen Herausforderungen gegenübersah, dass es klüger sei, mit der VOC Frieden zu schließen. Er überließ ihr sogar das Exklusivrecht für den Handel mit Gütern aus Mataram.

Obwohl auch die Chinesen, Araber und Inder im 17. und 18. Jh. in Indonesien Handel trieben, waren die lukrativsten Optionen der VOC vorbehalten. So verschifften asiatische Händler Reis, Obst und Kokosnüsse innerhalb des Archipels – niederländische Schiffe hingegen brachten Gewürze, Holz, Textilien und Metalle in andere asiatische Häfen und nach Europa.

Diese Erfolge brachten der VOC immer mehr Verpflichtungen rund um den Archipel ein. Um 1800 kontrollierte die Niederländische Ostindien-Kompanie den größten Teil Javas und Teile der Molukken, Sulawesi, Sumatra und Timor. Das zog erhebliche Kosten nach sich, förderte die Korruption und führte die VOC schließlich in den Bankrott. Die niederländische Krone übernahm die Besitztümer des Unternehmens, verlor sie jedoch während der Napoleonischen Kriege (zuerst an Frankreich, dann an Großbritannien). Die Kontrolle wurde 1816 nach dem englisch-niederländischen Vertrag von 1814 an die Niederländer zurückgegeben.

Der Handel bestimmt das Handeln

Im Laufe des 19. Jhs. wurden europäische Privatunternehmen ermutigt, den Anbau und Vertrieb von Nutzpflanzen zu übernehmen. In Privatbesitz befindliche Kautschuk- und Tabakplantagen, die nahezu durchgängig brutale Arbeitsbedingungen aufwiesen, trugen dazu bei, die niederländische Kontrolle auf Ostsumatra auszuweiten. Die Kolonialverwaltung konzentrierte sich darauf, durch den Bau von Eisenbahnen, der Verbesserung von Straßen und Schifffahrt und die Bekämpfung von Unruhen ein günstiges Investitionsklima zu schaffen. Sie führte auch militärische

---

Der Name Indonesien wurde in den 1850er-Jahren von dem Schotten James Logan (Herausgeber des in Singapur veröffentlichten *Journal of the Indian Archipelago and Eastern Asia*) als Abkürzung für den Begriff Indian Archipelago (Indischer Archipel) geprägt.

Rimbaud in Java: The Lost Voyage von Jamie James (2011) ist eine Nacherzählung der Flucht des Dichters Arthur Rimbaud aus Java im Jahr 1876, als er sich der niederländischen Armee anschloss, dann aber desertierte und in den Dschungel floh.

1883	1901	1912	1920
Ausbruch des Krakatau, bei dem die gleichnamige Insel in der Sumbastraße zwischen Java und Sumatra fast vollständig zerstört wird. Der Knall gilt als das lauteste Geräusch der bekannten Geschichte.	Die „Ethische Politik" wird eingeführt: Bewässerung, Bildung und Gesundheit sollen das Leben der Indonesier verbessern. Vor allem aber profitieren die Europäer. Die Verstädterung bringt eine neue Mittelschicht hervor.	Die anti-christliche und anti-chinesische Sarekat Islam, eine javanisch-muslimische Wirtschaftsvereinigung wird gegründet und verbindet sich mit anderen Gruppen. Es entsteht eine große antikoloniale Bewegung.	Gründung der Indonesischen Kommunistischen Partei (PKI). Obwohl die Partei die Unabhängigkeitsbewegung unterstützt, spielt sie bei den Aufständen auf Java (1926) und Sumatra (1927) keine Rolle.

Aktionen durch, um die letzten nicht konformen Kleinstaaten des Archipels zu unterwerfen.

Das Banjarmasin-Sultanat in Kalimantan kam 1863 nach einem vierjährigen Krieg unter direkte niederländische Herrschaft. Das ressourcenreiche Aceh im Norden Sumatras wurde 1903 nach 30 Jahren brutaler kriegerischer Gewalt niedergerungen. Südwestsulawesi war von 1900 bis 1910 besetzt, Bali wurde nach mehreren Versuchen 1906 unterworfen. Einige balinesische Aristokraten entschieden sich, ihre Familien und Gefolgsleute und anschließend sich selbst zu töten, statt sich den Niederländern zu unterwerfen. Im späten 19. Jh. einigten sich die Niederlande, Großbritannien und Deutschland darauf, die bislang weitgehend unerforschte Insel Neuguinea unter sich aufzuteilen.

Die niederländische Politik der Ethik

Gegen Ende des 19. Jhs. entwickelte sich bei den Niederländern ein neues Bewusstsein für die Bedürfnisse des indonesischen Volkes. Das Ergebnis war die 1901 eingeleitete „Ethische Politik", die darauf abzielte, das Wohlergehen und die Kaufkraft der Indonesier durch besseren Zugang zu Bildung, medizinischer Versorgung, Kreditvergabe, durch Bewässerung sowie durch eine dezentrale Regierung zu erhöhen. Die unmittelbaren Auswirkungen waren uneinheitlich, oft kamen sie eher den Europäern als den Indonesiern zugute. So vergrößerte z. B. die Zunahme von privatem Landbesitz die Zahl der Einheimischen ohne Land. Aufstände und Streiks waren häufig. Doch das Handelsvolumen der Kolonie stieg weiter. In den 1930ern hatte Niederländisch-Indien den weltweit größten Anteil am Handel mit Chinin und Pfeffer, deckte über ein Drittel des Kautschukbedarfs der Welt sowie fast ein Fünftel des Tee-, Zucker-, Kaffee- und Ölbedarfs.

Aufbruch

Die längerfristigen Auswirkungen der Ethikpolitik waren tatsächlich revolutionär. Der verbesserte Zugang zu Bildung brachte eine neue Klasse von Indonesiern hervor, die sich der kolonialen Ungerechtigkeiten, der internationalen politischen Entwicklungen und des Wertes ihrer eigenen Kulturen bewusst waren. Diese Leute gründeten neue politische und religiöse Gruppen und veröffentlichten Texte, von denen einige ausdrücklich das Ende der niederländischen Kolonialherrschaft forderten.

Die ersten Nationalisten

Indonesier blicken auf 1908 als das Jahr zurück, als ihre Unabhängigkeitsbewegung begann. Zu dieser Zeit wurde die Budi Utomo (Hauptphilosophie) gegründet. Die Budi Utomo wollte die Monarchie wiederbeleben und die javanische Kultur für das 20. Jh. modernisieren. Es folgten bald radikalere Gruppen. Die Sarekat Islam (Islamische Vereinigung)

Nelkengetränkte kretek-Zigaretten, die heute in ganz Indonesien beliebt sind, wurden erstmals 1906 von Nitisemito, einem Mann aus Kudus, Java, angeboten. Seine Marke Bal Tiga entwickelte sich zu einem der größten indonesischen Unternehmen in Niederländisch-Ostindien.

1927	1928	1930er-Jahre	1936
Gründung der Indonesian National Party (PNI) unter der Führung Sukarnos. Schnell entwickelt sich die Partei zur mächtigsten Stimme der Unabhängigkeitsbewegung. 1930 werden die Anführer der PNI eingesperrt.	Der Nationalismus erhält einen Schub, als der All Indonesia Youth Congress sein historisches Jugendversprechen (Youth Pledge) mit den Zielen einer nationalen Identität und Sprache (Bahasa Indonesia) verkündet.	Zur Freude von Gin-Liebhabern überall liefert Niederländisch-Ostindien den weltweit größten Anteil des in Tonic Water verwendeten Chinins. Pfeffer, Gummi und Öl sind ebenfalls wichtige Exportgüter.	Die Amerikaner Robert und Louise Koke errichten Bambusbungalows am ansonsten menschenleeren Kuta Beach auf Bali. Außerdem führen sie einen Sport ein, den sie auf Hawaii gelernt hatten – das Surfen.

entstand 1912 unter den Namen Sarekat Dagang Islam als javanisch-muslimische Handelsvereinigung mit einer starken antichristlichen und antichinesischen Ausrichtung. In Verbindung mit anderen Gruppen entwickelte sich eine antikoloniale Bewegung, die versuchte, die Dorfbewohner in der gesamten Kolonie mit der gebildeten Elite zu vereinen.

1920 spaltete sich die in der Sarekat Islam operierende Indonesische Kommunistische Partei (PKI) ab und organisierte als unabhängige Partei mit Unterstützung der Arbeiter in Städten Aufstände auf Java (1926) und Sumatra (1927), wurde jedoch von den Niederländern zerschlagen, die Tausende Kommunisten inhaftierten und verbannten.

Ein entscheidender Moment für die Verbreitung des nationalistischen Bewusstseins unter der Bevölkerung kam 1928, als der All Indonesia Youth Congress sein historisches Jugendversprechen (Youth Pledge) verkündete und Ziele für eine nationale Identität (Indonesisch), ein Land (Indonesien) und eine Sprache (eine Version des Malaiischen namens Bahasa Indonesia) festlegte. Unterdessen entwickelte sich die Indonesian National Party (PNI), die 1927 aus der von dem jungen Ingenieur Sukarno geleiteten Bandung Study Group hervorgegangen war, rasch zur mächtigsten nationalistischen Organisation Indonesiens – mit dem Ergebnis, dass die Niederländer 1930 deren Anführer einsperrten.

Die nationalistische Stimmung hielt in den 1930er-Jahren an, doch selbst als Deutschland 1940 in die Niederlande einfiel, war die niederländische Kolonialregierung entschlossen, an Indonesien festzuhalten.

Wer sich für Schlachten während des Zweiten Weltkriegs in Indonesien interessiert oder für die Orte und Zeugnisse, die sich noch heute dort befinden, sollte einen Blick auf die faszinierenden Wracks im Pazifik werfen (www.pacific wrecks.com).

Zweiter Weltkrieg

Alles änderte sich, als Japan 1942 in Niederländisch-Ostindien einfiel und den niederländischen und alliierten Widerstand zügig brach. Fast 200 000 niederländische und chinesische Zivilisten, sowie Soldaten der Alliierten wurden in Gefangenenlager gesteckt, in denen 30 % der Insassen ihr Leben ließen. Zunächst begrüßten viele Indonesier die Japaner als Befreier, änderten diese Einschätzung jedoch bald, als sie Sklavenarbeit und Hunger ausgesetzt wurden. Die dreieinhalbjährige japanische Besatzung stärkte jedoch die indonesische nationalistische Bewegung, da die Japaner anti-niederländische Nationalisten benutzten, um ihnen bei administrativen Aufgaben zu helfen, sowie ihnen begrenzte politische Aktivitäten zugestanden. Sukarno durfte nationalistische Reden halten. Die Japaner gründeten auch indonesische Milizen zur Verteidigung der Heimat, deren Ausbildung sich im späteren Kampf der Indonesier gegen die Niederländer als nützlich erweisen sollte.

Als sich im Mai 1945 die Niederlage Japans abzeichnete, traf sich die Untersuchungsbehörde zur Vorbereitung der Unabhängigkeit (Investigating Agency for Preparation of Independence) in Jakarta. Dieses in Japan etablierte Komitee indonesischer Nationalisten schlug eine Verfassung,

1942	1942–1945	Aug. 1945	Sept.–Nov. 1945
Gegen geringen Widerstand fällt Japan in Indonesien ein. Die Europäer werden in Lager interniert. Die Indonesier heißen die Japaner als Befreier willkommen, doch wegen der brutalen Besatzung ändert sich die Stimmung.	Die Japaner arbeiten wegen deren anti-niederländischer Gesinnung mit nationalistischen Führern zusammen und bauen eine Miliz auf. Sie bildet später das Rückgrat des anti-niederländischen Widerstands.	Kapitulation Japans. Indonesische nationalistische Studenten entführen Sukarno und Hatta und zwingen sie, die Unabhängigkeit zu erklären, was sie am 17. August tun. Sukarno wird Präsident und Hatta Vizepräsident.	Alliierte Truppen stellen sich den Nationalisten entgegen. Sukarno will die Unabhängigkeit durch Verhandlungen, andere Nationalisten wollen kämpfen. Die Schlacht von Surabaya fordert Tausende Tote.

eine Philosophie (Pancasila) und das Gebiet (ganz Niederländisch-Ostindien) für eine zukünftige indonesische Republik vor.

Die Revolution

Als Japan am 15. August 1945 seine Kapitulation verkündete, entführte
eine Gruppe von *pemuda* (radikale junge Nationalisten) Sukarno und
seinen Kollegen Mohammed Hatta und setzte sie unter Druck, die sofortige Unabhängigkeit Indonesiens zu erklären. Dies geschah am 17. August in Sukarnos Haus in Jakarta (der Text ihrer Proklamation ist auf der
100 000-Rp-Banknote verewigt). Es wurde eine Regierung gebildet, mit
Sukanro als Präsident und Hatta als Vizepräsident.

Britische und australische Truppen trafen ein, um die Japaner zu ent-
waffnen und die indonesischen Nationalisten festzusetzen, bis die Niederländer ihre eigenen Truppen entsenden konnten. Aber die Indonesier wollten die Unabhängigkeit. Einige, wie Sukarno und Hatta, favorisierten
ordentliche Verhandlungen als Weg in die Freiheit; andere wollten kämpfen, um sie so schnell wie möglich zu erlangen. Die ersten Monate der
Revolution waren besonders chaotisch. Es kam zu Massakern an chinesischen, niederländischen und eurasischen Zivilisten und indonesischen
Aristokraten. In einigen Gebieten wurden Revolutionen angezettelt mit
dem Ziel, den Kommunismus einzuführen; immer wieder gab es Zusammenstöße zwischen indonesischen Gruppen und den Briten und Japanern. In der blutigen Schlacht von Surabaya im November 1945 kamen
Tausende ums Leben, nicht nur bei britischen Bombenangriffen und Stra-
ßenkämpfen, sondern auch bei nationalistischen Gräueltaten gegen örtliche Zivilisten. Im Dezember gelang es den Nationalisten, verschiedene
Kampfgruppen zu einer republikanischen Armee zusammenzuschließen.

Bis 1946 waren 55 000 niederländische Soldaten eingetroffen. Sie eroberten bald große Städte auf Java und Sumatra zurück. Das kaltblütige
Vorgehen von Captain Raymond Westerling in Süd-Sulawesi führte zur
Exekution von mindestens 6000 Indonesiern (manche Quellen sprechen
von 40 000 Opfern). Die erste von zwei großen niederländischen Offensi-
ven, die als „Polizeiaktionen" bezeichnet wurden, reduzierte das Territorium der Republik Indonesien im August 1947 auf begrenzte Gebiete auf
Java und Sumatra mit Yogyakarta als Hauptstadt.

Zwischen den indonesischen Streitkräften kam es zu heftigen Meinungsverschiedenheiten. In Madiun, Java, kämpften die republikanische
Armee und muslimische Milizen im August 1948 gegen kommunistische
Truppen, wobei 8000 Menschen starben. Bei der zweiten niederländischen „Polizeiaktion" im Dezember 1948 vergrößerte das Gebiet der Niederländer und führte zur Festnahme von Sukarno, Hatta und Premierminister Sutan Syahrir. Die Unabhängigkeitskämpfer blieben bei ihrer
Guerillataktik, und die internationale (insbesondere die US-amerikani-

GESCHICHTE AUFBRUCH

Am Eingang eines
Viertels oder Dor-
fes befindet sich
möglicherweise
ein Bogen mit der
Aufschrift „Dirga-
hayu RI". Über-
setzt bedeutet
dies „Es lebe die
Republik Indone-
sien". Die Bogen
feiern den Unab-
hängigkeitstag –
den 17. August.

1946–1949	1949	1950–1962	1955
Niederländische Einheiten erreichen Indonesien. Die Nationalisten gründen eine Armee. Trotz niederländischer Offensiven und Streit zwischen Regierung, Muslimen und Kommunisten geht der Widerstand weiter.	Angesichts eines nicht gewinnbaren Krieges und der ablehnenden Haltung der Welt übertragen die Niederlande die Souveränität über Niederländisch-Ostindien (Ausnahme: Niederländisch-Neuguinea) an Indonesien.	Bewaffnete Gruppen fordern die Republik heraus. Darul Islam (Haus des Islams) führt auf mehreren Inseln einen Guerillakrieg, der auf Westjava bis 1962 andauert. Aufstände von Regionalisten auf Sumatra und Sulawesi.	Die PNI, die als Partei Sukarnos gilt, erhält bei den Parlamentswahlen die meisten Stimmen, doch gibt es keinen klaren Sieger. Es bleibt bei kurzlebigen Koalitionsregierungen. Die Wirtschaft kämpft mit fallenden Rohstoffpreisen.

sche) Meinung wandte sich gegen die Niederländer. Als die Niederlande erkannten, dass die Kolonie nicht mehr zu halten war, übertrugen sie am 27. Dezember 1949 die Souveränität über Niederländisch-Ostindien (mit Ausnahme von Niederländisch-Neuguinea) an die Indonesische Republik. Mindestens 70 000, möglicherweise sogar 200 000 Indonesier, 700 niederländische und britische Soldaten, einige Tausend japanische Soldaten, europäische, chinesische und eurasische Zivilisten hatten während der Revolution ihr Leben verloren.

„Bung" Karno

Das unabhängige Indonesien hatte eine schwierige Kindheit. Die Spannungen zwischen Muslimen und Kommunisten hielten an, während säkulare Nationalisten wie Sukarno und Hatta versuchten, alles zusammenzuhalten. Die Wirtschaft befand sich nach fast einem Jahrzehnt des Konflikts in schlechtem Zustand, und ein Rückgang der Rohstoffpreise in den frühen 1950er-Jahren verschlimmerte die Lage zusätzlich.

Erste Anzeichen von Spaltung

Einige Menschen wollten, dass Indonesien eine islamische Republik wird, andere wollten nicht, dass ihre Heimat überhaupt zu Indonesien gehört. Die Gruppierung Darul Islam (Haus des Islams) in Westjava wollte eine Gesellschaft nach islamischem Recht. Sie schloss sich mit ähnlichen Organisationen in Kalimantan, Aceh und Südsulawesi zusammen, um einen Guerillakrieg gegen die Republik zu führen, der auf Westjava bis 1962 andauerte. Ehemalige Soldaten der niederländischen Kolonialarmee riefen auf Ambon im Jahr 1950 die unabhängige Republik der Südmolukken aus. Innerhalb weniger Monate wurde die Sezession niedergeschlagen.

„Gelenkte Demokratie"

Koalitionsregierungen, die sich aus verschiedenen Parteien und Fraktionen zusammensetzten, hielten nie lange, und als die vielfach verschobenen Parlamentswahlen 1955 endlich stattfanden, gewann keine Partei mehr als ein Viertel der Stimmen. Sukarno antwortete mit „Gelenkter Demokratie" – im Prinzip eine unangenehme Koalition zwischen Militär, religiösen Gruppen und Kommunisten – und mit zunehmender Konzentration der Macht in den Händen des Präsidenten (d. h. seinen). 1959 übernahm Sukarno aus gutem Grund auch die Aufgabe des Premierministers. Das gewählte Parlament wurde 1960 aufgelöst, und von den politischen Parteien hatte nur noch die PKI weiterhin Einfluss.

Sukarnos Machtakkumulation war einer der Gründe für die Aufstände auf Sumatra und Sulawesi im Jahr 1958, die von hochrangigen Militärs und Zivilisten angeführt wurden. Die Rebellen, die von der CIA unterstützt wurden, waren auch gegen den zunehmenden Einfluss der

Auf der 1955 abgehaltenen Bandung-Konferenz wurde die Bewegung der blockfreien Staaten ins Leben gerufen, die aus Ländern bestand, die sich weder den USA noch der UdSSR anschließen wollten. Hier wurde auch der Begriff Dritte Welt geprägt, der ursprünglich Länder umfasste, die keinem der beiden Blöcke des Kalten Krieges angehörten.

1957	1961–1963	1963–1966	1964–1965
Sukarno proklamiert die „Gelenkte Demokratie", die nach dörflicher Tradition Konsens durch Diskussion anstrebt. Eine militärisch-muslimisch-kommunistische Koalition ersetzt die Demokratie nach westlichem Vorbild.	Die wirtschaftliche Lage bleibt angespannt. Sukarno agiert aggressiv gegen Niederländisch-Neuguinea. 1963 übernimmt Indonesien dort die Macht. Späterer Widerstand der Bevölkerung wird niedergeschlagen.	Sukarno inszeniert *konfrontasi* mit Malaysia. Die Kämpfe finden entlang der Grenze auf Borneo statt. Die Kommunistische Partei (PKI) organisiert Beschlagnahmungen durch hungrige Bauern.	Nervös wegen der Macht des Militärs beschließt Sukarno, die kommunistische Partei zu bewaffnen, wodurch die Spannungen mit den regulären Streitkräften zunehmen. Gerüchte über Putschpläne kursieren.

Kommunisten, die Korruption und Ineffizienz in der Zentralregierung sowie die Verwendung der Exporterlöse von den äußeren Inseln zum Import von Reis und Konsumgütern für Java. Die Aufstände wurden innerhalb weniger Monate niedergeschlagen. Als Reaktion darauf schloss Sukarno ein neues Bündnis mit der indonesischen Armee.

Denkmäler & Konfrontationen

Sukarno gelang es nicht, die Wirtschaft wieder in Schwung zu bringen. Als Ersatz für tatsächliche Fortschritte errichtete er eine Reihe prahlerischer nationalistischer Denkmäler, etwa Jakartas Nationaldenkmal (Monas, das den Spitznamen „Suhartos letzte Erektion" bekam) und Masjid Istiqlal. Er lenkte die Aufmerksamkeit der Indonesier mit viel Getöse nach außen, auf die angeblich bedrohlichen Überreste des westlichen Imperialismus in Indonesien: Niederländisch-Neuguinea und Malaysia.

Die Neuguinea-Frage hatte Indonesien bereits veranlasst, nach der Ablehnung indonesischer Ansprüche auf Niederländisch-Neuguinea durch die Vereinten Nationen alle niederländischen Vermögenswerte im Land zu beschlagnahmen und in den Jahren 1957/58 50000 Niederländer auszuweisen. Nach einigen militärischen Einsätzen übernahm Indonesien 1963 schließlich die Kontrolle über das Territorium – vor allem nachdem die USA Druck auf die Niederlande ausgeübt hatten. Die nachfolgenden Aufstände der einheimischen papuanischen Bevölkerung wurden brutal niedergeschlagen.

Putsch & antikommunistische Säuberung

Unterdessen ermutigte die PKI die Bauern, Land zu beschlagnahmen, ohne auf die offizielle Umverteilung zu warten, was zu gewaltsamen Zusammenstößen in Ostjava und auf Bali führte. Bis 1965 hatte die PKI 3 Mio. Mitglieder, kontrollierte die größte Gewerkschaftsorganisation und die größten Bauernvereinigungen und hatte weitreichend den Regierungsapparat infiltriert. Sukarno sah darin ein potenzielles Gegengewicht zur Armee, deren zunehmende Macht ihn nun beunruhigte. Er beschloss, die PKI durch die Schaffung einer neuen Miliz zu bewaffnen. Dies führte zu verschärften Spannungen mit den regulären Streitkräften und zu Gerüchten über einen geplanten Putsch durch die Kommunisten.

Am 1. Oktober 1965 erschossen Mitglieder des Militärs in und in der Nähe von Jakarta sechs Spitzengeneräle. General Suharto, dem die strategische Reserve der Armee unterstand, mobilisierte umgehend Kräfte gegen die Rebellen, und am nächsten Tag war klar, dass der Putsch gescheitert war. Nur wer dahintersteckte, blieb ein Rätsel. Unbestritten hingegen waren die Konsequenzen. Die Streitkräfte unter Suharto und bewaffnete antikommunistische Zivilisten nahmen den Putschversuch zum Anlass, Kommunisten – tatsächlich sowie vermeintliche – rück-

Der Film- und Romantitel *Ein Jahr in der Hölle* entstammt einer wichtigen Rede von Sukarno aus dem Jahr 1964, in der er Mussolinis Slogan aufgreift, der wiederum ursprünglich vom deutschen Philosophen Friedrich Nietzsche verfasst wurde: „... um die größte Fruchtbarkeit und den größten Genuß vom Dasein einzuernten, heißt: gefährlich leben!".

sichtlos ins Visier zu nehmen. Bis März 1966 wurden mindestens 500 000 Menschen getötet, hauptsächlich auf Java, Bali und Sumatra. Die antikommunistische Säuberung bot Gelegenheit für die Begleichung allerlei alter Rechnungen.

Sukarnos Ende

Sukarno blieb Präsident, doch Suharto machte sich daran, sich selbst in die höchste Machtposition zu manövrieren. Am 11. März 1966 umzingelten Suhartos Truppen den Präsidentenpalast von Sukarno, woraufhin Sukarno den „Befehl vom 11. März" unterzeichnete, der es Suharto erlaubte, zu handeln, wie er es für richtig hielt, um die Ordnung wiederherzustellen. Kurz darauf wurden Sukarno-Loyalisten unter den Streitkräften und im Kabinett verhaftet, und ein neues Sechs-Mann-Innenkabinett wurde einberufen, zu dem auch Suharto gehörte. Nach weiteren Säuberungsaktionen und Demonstrationen gegen Sukarno ernannte die People's Consultative Assembly (Beratende Volksversammlung; MPR) im März 1967 Suharto zum kommissarischen Präsidenten und ein Jahr später, Sukarno stand inzwischen unter Hausarrest, vollumfänglich zum Präsidenten.

Sukarno starb 1970 eines natürlichen Todes. Als begeisternder Redner und charismatischer Anführer wird er auch heute noch von vielen älteren Indonesiern geachtet, die ihn oft als Bung Karno bezeichnen – *bung* bedeutet „Kumpel" oder „Bruder". Er war ein extravaganter, komplizierter und hochintelligenter Mann mit einem javanischen Vater und einer balinesischen Mutter und sprach mehrere Sprachen fließend. Zu seinen Einflüssen gehörten neben dem Islam der Marxismus, die javanische und die balinesische Mystik, eine hauptsächlich niederländische Erziehung und die Theosophiebewegung. Er hatte mindestens acht Frauen (bis zu vier gleichzeitig) zu einer Zeit, als Polygamie in Indonesien nicht mehr sehr verbreitet war. Während seiner gesamten politischen Karriere war er bestrebt, die Indonesier zu vereinen, und er war wie kein Zweiter Architekt und Schöpfer Indonesiens.

„Pak" Harto

Nachdem sich der Staub über die Ermordung tatsächlicher und vermeintlicher Kommunisten gelegt hatte und etwa 1 Mio. politische Gefangene inhaftiert worden waren, begann die 31 Jahre währende Herrschaft von Suharto, eine Zeit, die zu den trüberen Abschnitten der indonesischen Geschichte gehört. Opposition, Protest und Redefreiheit wurden so stark unterdrückt, dass es fast keine öffentliche Debatte gab. Im Rahmen der Orde Baru – der „Neuen Ordnung", wie Suhartos Regime genannt wurde – musste jeder das tun, was Suharto und seine Generäle ihm befohlen hatten, sofern er nicht bereits tot war oder in Haft.

Peter Weirs ergreifender Film *Ein Jahr in der Hölle* (1982), basierend auf dem gleichnamigen Roman des Australiers Christopher Koch (1978), zeigt den jungen Mel Gibson als australischen Reporter, der in die Umwälzungen im Indonesien des Jahres 1965 verwickelt wird.

1975	1979–1984	1989	1990er-Jahre
Nachdem die Fretilin in Osttimor einen Machtkampf gewonnen hat, fällt Indonesien in die einstige portugiesische Kolonie ein. Ein 20-jähriger Guerillakrieg beginnt, in dem über 125 000 Menschen ums Leben kommen.	Das Transmigrationsprogramm der Regierung erreicht mit fast 2,5 Mio. Menschen, die vor Ende des Programms im Jahr 2000 von Java, Bali und Madura auf die äußeren Inseln ziehen, seinen Höhepunkt.	Die 1976 gegründete Free Aceh-Bewegung (GAM) kämpft, nun als Guerilla-Armee, für die Unabhängigkeit der konservativ-islamischen Region Sumatras. Ca. 15 000 Menschen werden getötet.	NGOs, von denen viele von Indonesiern aus der Mittelschicht gegründet wurden, bringen Themen auf, die für Streit sorgen, z.B. die Enteignung von Bauern, Abholzung oder Einschränkungen islamischer Organisationen.

Karrieresoldat

Während Sukarno mit Charisma regiert hatte, schienen Suhartos Reden die Diskussion eher zu unterdrücken als anzuregen. „Rätselhaft" war noch einer der liebenswürdigsten Begriffe, die in den Nachrufen zu seinem Tod im Jahr 2008 gebraucht wurden. Die normalerweise zurückhaltende Zeitschrift *Economist* nannte ihn einen „Kleptokraten" und ein „Monster aus dem Kalten Krieg", hinter dessen „pummelig glattem, freundlich aussehendem Gesicht rücksichtslose Grausamkeit" lauerte. Suharto verfügte über das besondere Talent, Ereignisse in seinem eigenen Interesse zu manipulieren und Gegner aller Art auszutricksen.

Er wurde 1921 auf Java geboren und war seit seinem Eintritt in die niederländische Kolonialarmee Soldat. In den 1950er-Jahren stieg er schnell in die Reihen der indonesischen Armee auf und war an der Niederschlagung der Aufstände der Südmolukken und der Darul Islam beteiligt. Weil er 1959 in den Opium- und Zuckerschmuggel verwickelt war, wurde er an eine Stabsakademie versetzt. 1962 beauftragte ihn Sukarno mit der Leitung des Feldzugs gegen Niederländisch-Neuguinea.

Die „Neue Ordnung"

Suhartos „Neue Ordnung" verlieh Indonesien in gewisser Weise Stabilität und eine längere Periode stetiger wirtschaftlicher Entwicklung. Während die Indonesier Sukarno als Bung Karno betrachteten, war Suharto nie mehr als der formellere Pak (Vater) Harto – er selbst sah sich hingegen lieber als Bapak Pembangunan, als Vater der Entwicklung. Sein Autoritarismus galt Vielen als Preis für den wirtschaftlichen Fortschritt.

Suharto und seine Generäle waren überzeugt, dass Indonesiens Einheit unbedingt gewahrt werden müsse, was bedeutete, politische Aktivität zu minimieren und mögliche Spaltungsbewegungen zu unterdrücken, seien es islamische Radikale, Kommunisten oder die separatistischen Rebellen von Aceh, Papua (ehemals Niederländisch-Neuguinea) oder Osttimor.

Suharto – Das Wirtschaftsunternehmen

Im Besitz nahezu uneingeschränkter Macht konnten sich die Streitkräfte, Suhartos Familie und deren Geschäftspartner fast alles erlauben. Die Armee war nicht nur eine Streitmacht, sondern führte Hunderte legaler und illegaler Geschäfte, um die angeblich unzureichende Finanzierung durch die Regierung auszugleichen. Korruption ging Hand in Hand mit Geheimhaltung – und niemand war korrupter als die Familie Suharto. Suhartos Frau Ibu Tien (Spitzname Madam Tien per Cent – in etwa: Frau Zehn Prozent) kontrollierte das staatliche Monopol für den Import und die Verarbeitung von Weizen. Seine Tochter Tutut bekam im Jahr 1987 den Auftrag zum Bau der Mautstraße in Jakarta. Sein Sohn Tommy erlangte 1989 das Monopol für den Handel mit den Gewürznelken, die in

Breaking the Silence (2012) ist ein Protokoll von 15 Überlebenden der antikommunistischen Säuberungen, bei denen zwischen 1965 und 1966 über 500 000 Menschen getötet wurden. Die gefeierten Filme *The Act of Killing* (2012) und *The Look of Silence* (2014) behandeln dieselbe Ära, obwohl die Zensur ihre Aufführung in Indonesien untersagt hat.

1997–1998	1998	1999	Juni–Okt. 1999
Die asiatische Währungskrise erschüttert die Wirtschaft. Nachdem bei einer Demonstration in Jakarta im Mai 1998 vier Soldaten getötet wurden, fordern Unruhen ca. 1200 Todesopfer. Am 21. Mai gibt Suharto sein Amt auf.	Vizepräsident B. J. Habibie wird Präsident. Er lässt politische Gefangene frei und lockert die Zensur. Beim Studentenprotest in Jakarta tötet die Armee Menschen. Es kommt zu Gewalt zwischen Christen und Muslimen.	In Osttimor stimmen rund 78 % der Wähler für die Unabhängigkeit. Vom Militär unterstützte Milizen terrorisieren vor und nach der Abstimmung die Bevölkerung. 2002 erlangt die Region endlich ihre Unabhängigkeit.	Bei den ersten freien Wahlen Indonesiens seit 1955 wird Abdurrahman Wahid von der größten islamischen Organisation des Landes, Nahdlatul Ulama, zum Präsidenten einer Mehrparteienkoalition gewählt.

Indonesiens äußerst beliebten *kretek*-Zigaretten (Nelkenzigaretten) verwendet werden.

1995 wurde Indonesien als das korrupteste jener 41 Länder eingestuft, die im ersten von Transparency International (TI) veröffentlichten Korruptionsindex erfasst wurden. 2004 setzte Transparency International Suharto mit einer mutmaßlichen Unterschlagungssumme zwischen 15 und 35 Mrd. US-Dollar aus 32 Jahren an der Macht an die Spitze aller Übeltäter.

Indonesiens Vergrößerung

Das Suharto-Regime sorgte dafür, dass das ehemalige Niederländisch-Neuguinea Teil Indonesiens blieb, indem es den völkerrechtlich verbindlichen Volksentscheid manipulierte. Bei der *Act of Free Choice*-Abstimmung im Jahr 1969 wurden die etwas mehr als 1000 ausgewählten Vertreter der Papua unter Druck gesetzt, einstimmig für eine weitere Integration von Niederländisch-Neuguines in Indonesien zu stimmen.

1975 entschied die linke Partei Fretilin einen Kampf um die Macht in der jüngst unabhängig gewordenen ehemaligen portugiesischen Kolonie Osttimor für sich. Der westliche Teil der Insel Timor, ehemals niederländischer Besitz, war indonesisch. Die Aussicht auf eine linke Regierung in einem Nachbarstaat sorgte bei den indonesischen Machthabern für Entsetzen. Also ließ man die Armee in Osttimor einmaschieren und annektierte das Land. Fretilin führte im Anschluss einen Guerillakampf. Mindestens 125000 Einwohner starben in den nächsten zweieinhalb Jahrzehnten bei Kämpfen, Hungersnöten und infolge von Repressionen.

Das Ende der neuen Ordnung

Das Ende der „Neuen Ordnung" wurde schließlich durch die asiatische Währungskrise von 1997 ausgelöst, die die Wirtschaft erheblich belastete. Millionen verloren ihre Jobs, und dass die Preise stiegen, löste Unruhen aus. Suharto sah sich mit der bislang beispiellosen Forderungen nach seinem Rücktritt konfrontiert. Die regierungsfeindlichen Kundgebungen breiteten sich von den Universitäten auf die Straßen der Städte aus. Als im Mai 1998 vier Studenten der Trisakti-Universität von Jakarta von Soldaten erschossen wurden, brachen in der Stadt Unruhen aus. Es kam zu Plünderungen, und schätzungsweise 1200 Menschen kamen ums Leben. Sogar Suhartos eigene Minister forderten ihn auf zu gehen. Kurz danach trat Suharto schließlich zurück.

Der Weg zur Demokratie

Suhartos Sturz leitete eine Periode ein, die als *reformasi* (Reform) bekannt wurde, drei turbulente Jahre, in denen Wahldemokratie, freie Meinungsäußerung und Menschenrechte vorangebracht und Versuche unternommen wurden, die Missstände um Osttimor, Aceh und Papua zu

1999–2001	2001	2001–2004	2002–2005
Wahid versucht, die Regierung zu reformieren, Korruption zu bekämpfen, die Macht des Militärs zu begrenzen, Suharto vor Gericht zu stellen und die Probleme von Aceh und Papua anzugehen. Seine Gegner bremsen ihn.	In Kalimantan bricht Gewalt zwischen indigenen Dayaks und Maduresen aus. Über 1 Mio. Menschen verlieren in Osttimor, auf den Molukken, in Kalimantan und anderswo ihr Zuhause. Wahid wird abgesetzt.	Vizepräsident Megawati Sukarnoputri, Sukarnos Tochter, die die PDI-P (Demokratische Partei des Kampfes Indonesiens) anführt und von konservativen Gruppierungen unterstützt wird, folgt Wahid nach.	2002 verüben Terroristen Bombenanschläge in Kuta (Bali) und töten über 200 Menschen, u. a. Ausländer. Die Jemaah Islamiah wird beschuldigt. Bei weiteren Bombenanschlägen auf Bali 2005 sterben 20 Menschen.

AUFRUHR AN DEN ENDEN

Zwei Regionen an entgegengesetzten Enden Indonesiens, Papua und Aceh, haben sich in den letzten Jahrzehnten den Bemühungen zur Schaffung eines einheitlichen Staates widersetzt, obwohl Aceh offenbar einen Weg zu einer Koexistenz gefunden hat.

Aceh

Das konservativ islamische, ressourcenreiche Aceh wurde erst nach einem 35-jährigen Krieg, der 1908 endete, unter niederländische Herrschaft gebracht. Nach dem Abzug der Niederländer war Aceh aber auch nicht glücklich, nun unter indonesischer Herrschaft zu stehen. Die 1976 gegründete Free-Aceh-Bewegung (Gerakan Aceh Merdeka; GAM) gewann nach 1989 an Zulauf und führte einen Guerillakrieg für die Unabhängigkeit Acehs. In den 1990ern wurde Aceh vom Militär verwaltet; die Bevölkerung litt unter beiden Seiten. Die Friedensgespräche wurden 2003 abgebrochen und Aceh unter das Kriegsrecht gestellt.

Mit dem Tsunami am 26. Dezember 2004, der Aceh am schwersten verwüstete und dort rund 170 000 Menschen das Leben kostete, änderte sich alles. Die Regierung sah sich gezwungen, ausländischen Hilfsorganisationen den Zugang nach Aceh zu gewähren und die Verhandlungen mit der GAM wieder aufzunehmen. Ein Vertrag von 2005 beendete offiziell drei Jahrzehnte bewaffneten Konflikts, der ca. 15 000 Menschenleben gekostet hatte. Der Frieden hat sich seitdem gehalten, auch wenn Untersuchungen 2016 ergeben haben, dass die Mehrheit der Bevölkerung von Aceh nach wie vor die Unabhängigkeit wünscht. Die Regionalregierung ist auch wegen des 2005 eingeführten Scharia-Rechts fundamentalistischer geworden. Öffentliche Prügel wegen Straftaten nehmen zu, 2017 erhielten zwei Männer 85 Peitschenhiebe, weil sie miteinander Sex hatten.

Papua

Papua wurde erst spät Teil Niederländisch-Ostindiens. Die Menschen in Papua unterscheiden sich kulturell von anderen Indonesiern, da sie aus Melanesien stammen und bis zum 20. Jh. nur sehr eingeschränkten Kontakt mit der Außenwelt hatten. Heute sind die meisten von ihnen Christen. Der Widerstand gegen die indonesische Herrschaft hält seit der Machtübernahme von Sukarno im Jahr 1963 in Form sporadischer Guerilla-Angriffe der Free Papua Organisation (Organisasi Papua Merdeka; OPM) an. Die indonesische Armee hat eine große Anzahl von Soldaten in der Provinz stationiert, und gelegentlich kommt es zu Scharmützeln mit Rebellen und, laut Berichten internationaler Gruppen wie Human Rights Watch, regelmäßig zu Menschenrechtsverletzungen.

Papua ist reich an Rohstoffen und wird von vielen Indonesiern vor allem als ökonomisch wertvoll wahrgenommen. Etwa die Hälfte der Bevölkerung sibd Indonesier – vor allem Migranten –, was einer der Gründe ist, dass Jakarta Papua im Auge behält. Die Tatsache, dass Wirtschaft und Verwaltung von Nicht-Papuanern dominiert werden, vertieft die Sorge der indigenen Bevölkerung und macht eine Autonomielösung ähnlich der in Aceh unmöglich. Der Wunsch nach Unabhängigkeit ist in Papua groß.

2004	Okt. 2004	Dez. 2004	2006
Transparency International bezichtigt Suharto der mutmaßlichen Unterschlagung von 15 bis 35 Mrd. US$ während seiner 32-jährigen Amtszeit – niemand sonst jemals weltweit hat eine größere Summe angehäuft.	Bei den ersten direkten Präsidentschaftswahlen in Indonesien gewinnt Susilo Bambang Yudhoyono (SBY) von der neuen Demokratischen Partei, ein ehemaliger General, der als liberal gilt, eine Stichwahl gegen Megawati.	Über 200 000 Indonesier sterben beim Tsunami vom 26. Dezember, der große Gebiete Sumatras, vor allem Aceh, verwüstet. SBY nimmt dort die Friedensgespräche wieder auf; das Friedensabkommen folgt 2005.	Bantul in der Nähe von Yogyakarta, wird am 27. Mai von einem Erdbeben heimgesucht. 5800 Menschen sterben, 200 000 werden obdachlos. Bei einem Beben am 17. Juli kommen weitere 700 Menschen ums Leben.

klären. Es war eine Zeit, die von vielen positiven Aspekten, aber auch einigen Katastrophen geprägt war. Vor allem aber war es letztendlich eine Zeit, in der Indonesiens Demokratie entstand.

Die Habibie-Präsidentschaft

Nach Suhartos Rücktritt übernahm Vizepräsident B.J. Habibie das Amt des Staatspräsidenten. Habibie ließ politische Gefangene frei, lockerte die Zensur und versprach Wahlen, versuchte jedoch gleichzeitig nach wie vor, Demonstrationen zu verbieten und bekräftigte die politische Rolle der unbeliebten Armee. In einigen Teilen Indonesiens traten gewalttätige Spannungen zwischen Christen und Muslimen auf, insbesondere auf den Molukken, wo zwischen Anfang 1999 und 2002 Tausende Menschen bei Auseinandersetzungen ums Leben kamen.

Die Präsidentschaften von Wahid und Megawati

1999 fanden nach 44 Jahren erstmals freie Parlamentswahlen in Indonesien statt. Keine Partei erhielt ein klares Mandat, aber die Majelis Permusyawaratan Rakyat (Beratende Volksversammlung; MPR) wählte den muslimischen Prediger Abdurrahman Wahid zum Vorsitzenden einer Koalition. Der exzentrische Wahid, Mitglied von Nahdlatul Ulama (Wiedererwachen der Gelehrten), der größten islamischen Organisation des Landes, war blind, hatte zwei Schlaganfälle erlitten und mochte weder formelle Kleidung noch Hierarchien. Er startete ein ehrgeiziges Programm zur Einschränkung der Macht des Militärs, zur Reform des Rechts- und Finanzsystems, zur Förderung der religiösen Toleranz, zur Bekämpfung der Korruption und zur Lösung der Probleme von Aceh und Papua. Es überrascht nicht, dass all dies jene verärgerte, die bislang etwas zu sagen hatten, weswegen die MPR Wahid im Juli 2001 aus seinem Amt entließ – wegen angeblicher Inkompetenz und Korruption.

Von 18 Personen, die 1999 vor einem indonesischen Menschenrechtsgericht wegen Misshandlungen in Osttimor angeklagt wurden, wurde nur der Milizenführer Eurico Guterres verurteilt. Seine Verurteilung wegen des Massakers an zwölf Menschen wurde 2008 vom indonesischen Obersten Gerichtshof aufgehoben.

PROBLEME IN OSTTIMOR

Indonesien stimmte unter Präsident Habibie einem von den Vereinten Nationen organisierten Unabhängigkeitsreferendum in Osttimor zu, wo es laut Amnesty International durch Indonesien zu Menschenrechtsverletzungen gekommen war – was den Inselstaat international in Verruf brachte. Bei der Abstimmung im Jahr 1999 entschieden sich 78 % der Einwohner Osttimors für die Unabhängigkeit. Das Referendum selbst wurde von einer Terrorkampagne aus pro-indonesischen Milizen und indonesischen Sicherheitskräften begleitet, bei der laut Amnesty International schätzungsweise 1300 Menschen ums Leben kamen und der Großteil der Infrastruktur Osttimors zerstört wurde. Die Region erlangte schließlich im Jahr 2002 die vollständige Unabhängigkeit und ist heute offiziell als Demokratische Republik Timor-Leste bekannt.

2009	2012	2014	Juli 2017
Mit über 60 % der Stimmen wird SBY erneut zum Präsidenten gewählt.	Balis Reisterrassen und Bewässerungssysteme (subak) erhalten den Status eines UNESCO-Weltkulturerbes, die erste Auszeichnung dieser Art für Indonesien seit 2004 und nur die achte insgesamt.	Joko Widodo wird mit 53 % der Stimmen zum Präsidenten gewählt.	Präsident Joko Widodo unterzeichnet ein Dekret, das der Regierung die Befugnis gibt, radikale islamische Gruppen zu verbieten oder aufzulösen.

Vizepräsident Megawati von der Partai Demokrasi Indonesia Perjuangan (PDI-P; Demokratische Partei des Kampfes) übernahm als Präsident an Wahids Stelle. Megawati, die Tochter des legendären Sukarno, hatte, unterstützt von vielen konservativen, altbewährten Personen und Institutionen, weder die Ausstrahlung noch die Vision ihres Vaters und tat in ihren drei Jahren im Amt wenig für Reformen.

SBY

2004 wählten die Indonesier das erste Mal ihren Präsidenten per Direktwahl. Susilo Bambang Yudhoyono (SBY), Vorsitzender der neuen Demokratischen Partei (von ihm selbst – und für sich selbst –gegründet), gewann eine Stichwahl gegen Megawati. Der populäre und pragmatische Politiker SBY gewann schnell an Gunst, indem er dafür sorgte, dass die Auslandshilfe in das vom Tsunami zerstörte Aceh gelangte und indem er einen Friedensvertrag mit den GAM-Rebellen von Aceh abschloss.

Während der unspektakulären, aber stabilen Präsidentschaft von SBY sah sich das Militär gezwungen, den größten Teil seiner Geschäftsaktivitäten zu veräußern und sich aus der Politik zurückzuziehen (2004 verloren die Militärs die für sie reservierten Sitze im Parlament). Es gab auch Fortschritte beim Kampf gegen Korruption. Ein ehemaliger Chef der indonesischen Zentralbank, ein Abgeordneter, ein Gouverneur der Provinz Aceh und der Bürgermeister von Medan wurden dank der 2002 eingerichteten Korruptionsbekämpfungskommission inhaftiert. Gleichwohl traf es keinen der wirklich großen Namen des Landes.

Die Befürchtungen, dass der islamische Radikalismus zunehmen würde, insbesondere nach den Terroranschlägen auf Bali und Jakarta in den Jahren 2002 bis 2005, erwiesen sich als weitgehend unbegründet. Die große Mehrheit der indonesischen Muslime ist gemäßigt. Islamische Parteien mögen bei Wahlen einen großen Stimmenanteil erhalten, doch dies gelingt ihnen nur, solange sie programmatisch Teil des politischen Mainstream bleiben.

Eindeutig schätzten die Indonesier die wirtschaftspolitischen Entscheidungen, die Stabilität und den konfliktfreien Stil ihres Präsidenten SBY, da sie ihn 2009 mit über 60 % der Stimmen wiederwählten. Interessanterweise spielten weder Religion noch ethnische Zugehörigkeit eine wichtige Rolle bei der Wahlentscheidung, was darauf hindeutet, dass viele Indonesier Demokratie, Frieden und wirtschaftlichen Fortschritt über sektiererische oder regionale Themen stellten. Vorhersagen, dass hartnäckige islamistische Parteien bei den Wahlen gewaltige Zugewinne erzielen würden, erwiesen sich als falsch – auf sie entfielen nur 8 % der Stimmen.

Unterdessen kam es in Indonesien weiterhin zu Katastrophen – natürlichen wie menschgemachten. Im Jahr 2009 starben bei einem Erdbeben bei Padang auf Westsumatra über 1100 Menschen. 2010 tötete ein Erdbe-

Mehrere Terroranschläge, die in Indonesien seit dem Jahr 2000 verübt wurden (einschließlich der Bombenanschläge auf Bali von 2002 und 2005), wurden der islamischen Terroristengruppe Jemaah Islamiah zugeschrieben. Dutzende Verdächtige wurden festgenommen oder inhaftiert. Abu Bakar Bashir, ein radikaler Geistlicher, der als Planer der Angriffe gilt, wurde 2011 zu einer 15-jährigen Haftstrafe verurteilt.

Mai 2018	Juni 2018	Sept. 2018	April 2019
Eine Gruppe von Selbstmordattentätern, darunter zwei Kinder, greifen Kirchen und das Polizeipräsidium in Surabaya, der Hauptstadt der Provinz Ostjava, an. 28 Menschen werden getötet.	Auf dem Tobasee auf Sumatra sinkt eine überladene Fähre. 167 Menschen verlieren bei der schlimmsten Schiffskatastrophe Indonesiens seit 2009 ihr Leben.	Bei einem Erdbeben und einem anschließenden Tsunami in Zentralsulawesi kommen über 2000 Menschen ums Leben, mehr als 10 000 werden verletzt.	Wie schon 2014 kämpfen Joko Widodo und der pensionierte General Probowo Subianto erneut um das Präsidentenamt für die kommenden fünf Jahre.

ben vor der nahe gelegenen Küste 435 Menschen und löste einen Tsunami auf den Mentawai-Inseln aus. Im selben Zeitraum gab es acht Flugzeugabstürze (über 230 Tote), und zwei Fähren sanken (über 275 Tote). Eine von der SBY angeordnete Überprüfung der Verkehrssicherheit, die 2007 begonnen hatte, änderte bislang wenig an den Ursachen.

Jokos Aufstieg

Angesichts der Tatsache, dass in Indonesien in den vergangenen 100 Jahren destruktiver Kolonialismus, Revolution, Massenmord, ethnische Säuberungen, Kriege, Diktatur und vieles mehr zum Alltag gehörten, ist es bemerkenswert, dass die jüngsten Wahlen so friedlich verlaufen sind. Die nationalen Wahlen 2009 waren ein Wendepunkt. Mehr als ein Dutzend Parteien führte einen energischen Wahlkampf. Die Kundgebungen auf den vielen Inseln waren leidenschaftlich und lebhaft. Doch was ist am Ende passiert? Amtsinhaber SBY und seine Demokratische Partei haben gewonnen. Die Indonesier entschieden sich für den Status Quo.

Nicht schlecht, denn es ist noch nicht lange her, dass auf den Straßen von Lombok wie auf den Molukken Blut strömte, als religiöse und politische Fraktionen sich gegenseitig an die Gurgel gingen. Auch die Regionalwahlen auf dem gesamten Archipel sind in den vergangenen Jahren mehrmals reibungslos verlaufen. All dies bereitete 2014 die Bühne für die bislang dramatischsten Präsidentschaftswahlen in Indonesien.

Prabowo Subianto, ein ehemaliger General, der während seiner Zeit in Osttimor und während der Unruhen von 1998, die zum Rücktritt von Suharto führten, Menschenrechtsverletzungen begangen haben soll, vertrat Indonesiens alte Garde des Wohlstands und des Militärs. Gegen ihn trat Joko Widodo an, der populistische Bürgermeister von Jakarta und ein Mann, der möglicherweise ein bisschen zu einseitig mit Begriffen wie „bescheiden", „Mann des Volkes" und „Obama-ähnlich" beschrieben wurde.

Zur Wahl standen, so hieß es, Alt und Neu, was nicht nur in Indonesien, sondern in der ganzen Welt auf großes Interesse stieß. Dies sollte der bislang größte Test für den Status Indonesiens als drittgrößte Demokratie der Welt werden (Nr. 1 ist Indien, gefolgt von den USA). Jokowi – wie er allgemein bekannt ist – begeisterte viele Wähler, die die wild wuchernde Korruption sowie die Tatsache satt hatten, dass alle Macht bei einer winzigen Elite konzentriert ist. Umfragen gingen sogar von einem Joko-Erdrutschsieg aus. Am Ende gewann er am 9. Juli mit etwas mehr als 53 % der Stimmen – Prabowo erhielt fast 47 %.

Trotz Gepolter in Prabowos Lager, dass man die Ergebnisse anfechten würde, wurde die Wahl zwei Wochen später endgültig bestätigt. Es schien, als wäre die alte Garde bei fairen und friedlichen Wahlen besiegt worden. Das trifft jedoch nicht wirklich zu, heißt Jokos Vizepräsident doch Jusuf Kalla, der von 2004 bis 2009 denselben Posten unter SBY innehatte. Auch viele andere Politiker, die schon sehr lange an den Hebeln der Macht sitzen, fanden ihren Weg in die Regierung. Interessanterweise gewann die von Prabowo geführte Koalition fast 60 % der Sitze des Parlaments. Zumindest schien sie vorerst damit zufrieden zu sein, mit Joko zusammenzuarbeiten, obwohl die langfristigen Aussichten eines solchen Kooperationsgeistes keineswegs gesichert waren.

Die Joko-Ära

Jokos Amtsführung hat zwar durchaus gemischte Resultate vorzuweisen, aber es besteht kein Zweifel, dass er bei Indonesiern beliebt bleibt. Er hat Infrastrukturprojekte vorangetrieben, um die Wirtschaft anzukurbeln und seine über ein gewaltiges Gebiet verstreute Nation besser zu verbinden. Zudem hat er Mittel für die ländliche Entwicklung bereitgestellt und die Ausstellung von Grundbesitzurkunden beschleunigt. Joko wur-

Joko Widodo ist der siebte indonesische Präsident, aber der erste, der kein Mitglied der politischen oder militärischen Elite ist.

de jedoch auch vorgeworfen, zu wenig gegen die wachsende Einkommensungleichheit unternommen zu haben. Laut einem Bericht von Oxfam aus dem Jahr 2017 ist die Kluft zwischen Arm und Reich in Indonesien extrem: 1 % der Bevölkerung besitzt 49 % des gesamten Vermögens. Im Ausland wurde Joko für seine entschiedene Verteidigung der Todesstrafe in Indonesien kritisiert.

Joko gilt als weitgehend säkularer Muslim, der sich geschworen hat, die multireligiöse Gesellschaft Indonesiens aufrechtzuerhalten. Von Hardlinern wurde ihm vorgeworfen, nicht islamisch genug zu sein. Die 2017 wegen Gotteslästerung gegen den ehemaligen Gouverneur von Jakarta, Basuki Tjahaja Purnama, einem ethnisch-chinesischen Christen und Verbündeten Jokos, verhängte Haftstrafe hat deutlich gemacht, wie sehr der islamische Konservatismus in Indonesien zunimmt.

Angesichts der bevorstehenden Wahlen im Jahr 2019 hat Joko versucht, sein Ansehen unter manchen Muslimen zu verbessern, indem er verkündete, dass der 75-jährige Geistliche und Islamwissenschaftler Ma'ruf Amin sein Stellvertreter sein würde. Der Gegner stand ebenfalls fest: Prabowo Subianto, der Mann, den Joko 2014 besiegt hatte. Ausschlaggebend für die Wahl wurden die Stimmen der rund 80 Mio. indonesischen Millennials. In dieser Gruppe galt Joko, ein begeisterter Nutzer sozialer Medien und Fan von Hardrock-Musik, als deutlich beliebter als andere, darunter auch Prabowo.

Trotzdem wurden die Wahlen vor allem von wirtschaftlichen Themen bestimmt. Joko kam an die Macht mit dem Versprechen, dass unter seiner Führung die Wirtschaft jährlich um 7 % wachsen werde. Dieses Ziel hat er verfehlt – augenblicklich sind es nur rund 5 %. Indonesiens Währung ist ebenfalls schwach. Dennoch: Joko Widodo gewann auch diesmal und wird die Geschicke Indonesiens weitere fünf Jahre leiten.

Das Wort *sembako* bezieht sich auf die neun wichtigsten kulinarischen Zutaten Indonesiens: Reis, Zucker, Eier, Fleisch, Mehl, Mais, Brennstoff, Speiseöl und Salz. Ist eines davon nicht mehr verfügbar oder wird zu teuer, kann dies Auswirkungen auf die Präsidentschaft haben.

Kultur

Auf den rund 17000 Inseln Indonesiens kann man über 300 verschiedene Sprachen hören und die unterschiedlichsten Menschen finden – von Hipstern in Jakarta bis zu Gemeinschaften, die Stammesdialekte sprechen oder tief in den Bergen von Westtimor animistischen Traditionen folgen. Und dann gibt es noch die vielfältigen kulturellen Ausdrucksformen, von Balis unglaublicher Vielfalt bis zum zugeknöpften Konservatismus von Aceh. Doch trotz dieser Vielfalt spricht fast jeder eine Sprache: Bahasa Indonesia, die Sprache, die diese riesige Ansammlung von Völkern zu vereinen hilft.

Nationale Identität

Indonesien umfasst ein enorm vielfältiges Spektrum an Gesellschaften und Kulturen; die Unterschiede zwischen z.B. Sumbanern und Sundanesen sind ebenso ausgeprägt wie die zwischen Schweden und Sizilianern. Dennoch hat sich eine starke nationale indonesische Identität herausgebildet, zunächt im Kampf um die Unabhängigkeit und dann durch Bildungsprogramme und die Förderung von Bahasa Indonesia als Landessprache. Und dies auch trotz der Tatsache, dass Indonesien weiterhin von gegensätzlichen Kräften geprägt wird: „strenger" Islam gegen „gemäßigter" Islam, Islam gegen Christentum gegen Hinduismus, äußere Inseln gegen Java, Land gegen Stadt, modern gegen traditionell, reich gegen arm.

Nationalism and Ethnic Conflict in Indonesia (2004) von Jacques Bertrand bleibt ein grundlegendes Buch über die Gründe für Gewalt in Gebieten wie Maluku und Kalimantan.

Eine Kultur oder viele?

Die Gegensätze in der indonesischen Kultur können den sozialen Zusammenhalt gefährden und dienten manchmal auch als Vorwand für Konflikte, aber die Nation bleibt bestehen. Und mit bemerkenswerten Ausnahmen wie Papua sind die Bindungen stärker geworden, mit der Idee einer sich überschneidenden indonesischen Identität, die sich nicht von den vielen regionalen Kulturen des Landes verdrängen lässt. Der nationale Slogan *Bhinneka tunggal ika* (Einheit in Vielfalt) – auch wenn seine Worte altjavanesisch sind – wurde von Indonesiern aus sehr unterschiedlichen ethnischen und sozialen Perspektiven übernommen.

Religion als Kultur

Ein kulturelles Element, das sowohl das Regionale als auch das Nationale verbindet, ist die Religion – die Pancasila-Prinzipien (S. 798) des Glaubens an einen Gott bleiben bestehen. Obwohl Indonesien überwiegend islamisch ist, ist der Islam vielerorts mit traditionellen Bräuchen verwoben, was ihm einzigartige Qualitäten und Eigenschaften gibt. Einige Gebiete sind christlich oder animistisch, und um den Mix nochmal zu steigern, hat Bali auch noch eine eigene, einzigartige Art des Hinduismus. Die Religion spielt im Alltag eine Rolle: Moscheen und *musholla* (Gebetsräume) werden ständig genutzt, und die faszinierenden hinduistischen Zeremonien auf Bali sind zur Freude der Besucher alltäglich.

Trends & Traditionen

Smartphones, riesige Einkaufszentren, techno-getriebene Nachtclubs und andere Facetten der internationalen Moderne sind in Indonesien weit verbreitet. Aber während die wichtigsten Städte und Touristenorte technologisch reich wirken können, bleiben andere Gebiete unberührt. Und selbst wenn die Modernisierung Einzug gehalten hat, ist klar, dass die Indonesier ein sehr traditionalistisches Herz haben. Neben der Einhaltung religiöser und ethnischer Traditionen pflegen sie auch soziale Bräuche. Die Höflichkeit gegenüber Fremden ist eine tief verwurzelte Gewohnheit im größten Teil des Archipels. Den Ältesten wird immer noch großer Respekt entgegengebracht, so werden sie z.B. beim Besuch eines Hauses immer zuerst begrüßt. Dies kann sowohl in einem Hochhaus in Medan als auch in einer Hütte im Baliem-Tal geschehen.

Lebensstil

Der Alltag der Indonesier hat sich in den letzten ein oder zwei Jahrzehnten rasant verändert. Heute leben viele Menschen außerhalb ihrer Heimatregion, und die Rolle der Frau hat sich weit über die häuslichen Aufgaben hinaus auf Karriere und Studium ausgedehnt.

Familienleben

Die Bedeutung der Familie bleibt hoch. Dies zeigt sich bei Festen wie Idul Fitri (Lebaran, das Ende des islamischen Fastenmonats), wenn Autobahnen verstopft, Fähren überfüllt und Flugzeuge ausgebucht sind, weil alle zu ihren Lieben nach Hause wollen. Selbst am Wochenende reisen viele stundenlang, um einen Tag mit ihren Verwandten verbringen zu können. In vielerlei Hinsicht sind die Vorstellungen von Familie und regionaler Identität ausgeprägter geworden: Wenn sich die Menschen von kleinen Gemeinschaften entfernen und in die Städte ziehen, wird das Gefühl der Zugehörigkeit immer wichtiger.

Dorfleben

Außerhalb der Familie ist die wichtigste soziale Einheit das Dorf, sei es auf dem Land oder in Form eines Vorortes oder eines Stadtviertels. Weniger als die Hälfte der Bevölkerung lebt noch in ländlichen Gebieten (1975 waren es 80 %), wo Arbeit auf dem Feld, zu Hause oder auf dem Markt die Grundlage des täglichen Lebens ist, ebenso wie die Schule für jüngere Indonesier – wenn auch nicht für so viele, wie es sein sollte. Neun von zehn Kindern absolvieren die fünfjährige Grundschule, aber kaum sechs von zehn kommen durch die Sekundarschule. Kinder aus ärmeren Familien müssen schon früh mithelfen, Geld für die Familie zu verdienen.

Der dörfliche Geist findet sich in den Hinterhöfen von Jakarta wieder, in denen die Menschen eng aufeinander wohnen, die Kinder von Haus zu Haus laufen und jeder weiß, wem welches Huhn gehört. Ein Gemeinschaftsgefühl kann sich auch in einer *kos* (Wohnung mit Gemeinschaftseinrichtungen) entwickeln, in der sich die Mieter fernab ihrer Familien zu Essen und Gesellschaft treffen.

Traditionelles Leben

Für die vielen Indonesier, die noch in ihrer Heimat leben, bleiben Bräuche und Traditionen ein Teil des Alltags: Die Toraja von Sulawesi bauen

DIE KRAFT DES LÄCHELNS

Ein Lächeln hat in Indonesien viele Bedeutungen. Es heißt, dass Indonesier für jedes Gefühl ein anderes Lächeln haben, und, dass in einer schwierigen Situation zu lächeln helfe, niemanden zu kränken. Indonesier suchen meist eher nach Konsens als nach Meinungsverschiedenheiten, sodass es immer besser ist, mit anderen in Einklang zu sein, so schwer dies auch sein mag. Wut oder aggressives Verhalten gilt als schlechter Stil und Gesichtsverlust.

aufgrund ihrer sozialen Bedeutung weiterhin traditionelle Häuser; im Zentrum eines sumbanischen Dorfes stehen weiterhin die Grabsteine der Vorfahren, weil man glaubt, dass die Toten großen Einfluss auf das tägliche Leben haben. Dies sind keine Bräuche, denen man sich einmal im Jahr widmet, sondern sie sind Teil des Lebens. Und viele Dayaks von Kalimantan leben immer noch in gemeinsamen Langhäusern, in denen 20 oder mehr Familien untergebracht sind.

Obwohl die Moderne in weiten Teilen des Landes angekommen ist, sind uralte Traditionen immer noch Grundlage des Lebens: So hält man sich auf Bali z.B. immer noch immer gewissenhaft an seinen jährlichen Schweigetag, Nyepi (balinesisches Mondneujahrsfest), wenn buchstäblich alle Aktivitäten stoppen und jeder zu Hause (oder in seinem Hotel) bleibt, damit böse Geister die Insel für unbewohnt halten und sie in Ruhe lassen.

LGBT-Leben

Der Status der LGBT+ Gemeinschaft in Indonesien ist sehr unterschiedlich. Indonesier beiderlei Geschlechts sind aktiv schwul und Unterdrückung gibt es meist nicht. Dies gilt aber nicht für den gesamten Archipel, besonders nicht für das konservative Aceh, wo 2017 zwei schwule Männer in Banda Aceh öffentlich ausgepeitscht wurden, nachdem sie in einem Privathaus beim Sex erwischt wurden.

Eine positive Anerkennung der schwulen Identität oder der Rechte von Homosexuellen fehlt weitgehend. *Waria-* (Transgender oder Transvestit) Künstler und Prostituierte erregen große Aufmerksamkeit. Andererseits wird schwules Verhalten im Großen und Ganzen akzeptiert, ohne dass es ausdrücklich genehmigt wird. Bali mit seiner großen internationalen Szene und einige javanische Städte haben das offenste Schwulenleben – obwohl eine schwule Hochzeitszeremonie in einem Resort auf Bali im Jahr 2015 eine offizielle Verwarnung nach sich zog.

SMALL TALK

Eine Sache, die viele Besucher in Indonesien überrascht, ist die übergroße Neugier auch völlig fremden Menschen gegenüber. So kann man beispielsweise mit folgenden Fragen konfrontiert werden.

➡ *Dari Mana?* (Woher kommen Sie?)

➡ *Mau kemana?* (Wohin gehen Sie?)

➡ *Tinggal dimana?* (Wo wohnen Sie?)

➡ *Jalan Sendiri?* (Reisen Sie alleine?)

➡ *Sudah Kawin?* (Sind Sie verheiratet?)

➡ *Anak-anak-anak ada?* (Haben Sie Kinder?)

Besucher können diese Fragen aufdringlich oder irritierend finden, und in Touristengebieten mögen sie nur der Auftakt zu einem Verkaufsgespräch sein, aber meist sind es einfach nur höfliche Grüße und ein Ausdruck des Interesses an einem Ausländer. Eine kurze Antwort oder ein Gruß in Bahasa Indonesia, natürlich mit einem Lächeln, ist eine höfliche und angemessene Antwort. Man kann Folgendes sagen:

➡ *Jalan-jalan* (Ich gehe herum)

➡ *Saya pergi dulu* (wörtlich „Ich gehe zuerst" sagt auf nette Weise, dass man keine Zeit für ein Verkaufsgespräch hat).

Wenn man doch in ein etwas längeres Gespräch gerät, sollte man im Gegenzug auch einige der gleichen Fragen stellen. Um das Gespräch schließlich zu beenden, kannst man die Frage „Wohin gehst du?" beantworten, auch wenn sie nicht gestellt wurde.

MIGRATION & HOMOGENISIERUNG

Ethnische und kulturelle Spannungen in Indonesien wurden oft durch *transmigrasi* (Transmigration) verstärkt, das von der Regierung geförderte Programm der Migration von bevölkerungsreicheren Inseln (Java, Bali und Madura) zu weniger bevölkerten Inseln wie Kalimantan, Sumatra, Sulawesi und Papua. Zwischen 1950 und 2000 wurden über 8 Mio. Menschen umgesiedelt. Die angestammten Einwohner verloren ihren bisherigen Status, weil plötzlich Menschen hinzukamen, die die regionalen Kulturen und Traditionen wenig respektieren oder ausübten. Dass die Neuankömmlinge die volle Unterstützung der Regierung erhalten, trägt zusätzlich zur Unzufriedenheit bei.

Multikulturalismus

Indonesien ist ein Land mit Hunderten von Kulturen. Jede der über 700 Sprachen kennzeichnet, zumindest teilweise, eine andere Kultur. Sie reichen von den matrilinealen Minangkabau Sumatras und den künstlerischen Hindu-Balinesen über die seefahrenden Bugis und die büffelopfernden Toraja von Sulawesi bis zu den Penisköcher tragenden Dani Papuas, um nur einige zu nennen. Die Inseln Indonesiens und das zerklüftete, gebirgige Gelände führten dazu, dass sich Gruppen von Menschen oft in fast völliger Isolation voneinander entwickelten, wodurch eine außergewöhnliche Differenzierung von Kultur und Sprache auf dem gesamten Archipel entstand. Selbst im dicht besiedelten Java gibt es unterschiedliche Gruppen, wie die Badui, die sich in das westliche Hochland zurückzogen, da sich der Islam über die Insel ausbreitete, und die wenig Kontakt zu Außenstehenden haben.

Eine Nation, viele Kulturen

Die Vorstellung, dass die verschiedenen Völker Indonesiens eine Nation bilden könnten, ist eine relativ junge, die ihren Ursprung im späteren Teil der niederländischen Kolonialzeit hat. Die Gründerväter Indonesiens im 20. Jh. wussten, dass ein Land mit derart vielfältiger Kultur und Religion, wenn es zusammenhalten soll, besonders behandelt werden muss. Sie förderten den indonesischen Nationalismus und eine Nationalsprache (Bahasa Indonesia, heute von fast allen Indonesiern gesprochen, aber nur etwa 20 % von ihnen in der Muttersprache). Sie lehnten die Ideen ab, Indonesien solle zum Bundesstaat oder zu einem Staat werden, der den Gesetzes des Islams folgt, obwohl dies die Religion der großen Mehrheit ist. Heute stehen die meisten indonesischen Bürger (mit Ausnahmen vieler Einwohner Papuas und Acehs) fest hinter der Idee „Indonesien", auch wenn bei manchen das Gefühl aufkommt, dass das Land in gewisser Weise ein „javanesisches Reich" ist.

Riri Rizas *Gie* (2005), die Geschichte eines in Indonesien lebenden chinesischen Aktivisten und Kämpfers gegen die Diktatur, wurde als Kandidat für die Kategorie Bester ausländerischer Film für die Oscars ausgewählt. Rizas *3 Hari Untuk Selamanya* (2007) ist ein klassisches Roadmovie über eine Reise von Jakarta nach Yogyakarta.

Religion

Die Verfassung Indonesiens bekräftigt, dass der Staat auf dem Glauben an „den einen und einzigen Gott" basiert, garantiert aber, eigentlich im Widerspruch dazu, auch die „Religionsfreiheit der Anbetung, jeder nach seiner eigenen Religion oder seinem eigenen Glauben". In der Praxis bedeutet dies die Verpflichtung, einer der offiziell anerkannten „Religionen" zu folgen, von denen es inzwischen sechs gibt: Islam, Katholizismus, Protestantismus, Hinduismus, Buddhismus und Konfuzianismus.

Der Islam ist die vorherrschende Religion, mit einem Anteil von etwa 88 % an der Bevölkerung. In Java besuchen Pilger immer noch Hunderte von heiligen Orten, an denen eine spirituelle Energie konzentriert sein soll. Christen machen etwa 10 % der Bevölkerung aus, in Gebieten, die über den gesamten Archipel verteilt sind. Balis Hindus stellen etwa 1,5 % der Bevölkerung.

Oben: *Petirtaan* (Badeplatz), Pura Tirta Empul (S. 302)

Unten: Islamic Center Nusa Tenggara Barat (S. 348)

Dennoch bestehen alte Überzeugungen weiterhin fort. Die ersten Indonesier waren Animisten, die Ahnen- und Geisterverehrung praktizierten. Als sich Hinduismus und Buddhismus und später Islam und Christentum in den Archipel ausbreiteten, verschmolzen sie mit dieser spirituellen Basis.

Islam

Der Islam kam bereits im 7. Jh. mit muslimischen Händlern von der arabischen Halbinsel und Indien nach Indonesien, innerhalb von Jahrzehnten, nachdem der Prophet Mohammed das Wort Allahs (Gottes) in Mekka empfangen hatte. Die ersten indonesischen Herrscher, die sich zum Islam bekannten, regierten im 13. Jh. in den kleinen Häfen Lamreh und Pasai in Nordsumatra. In den folgenden zwei Jahrhunderten allmählich, dann immer schneller, übernahmen andere indonesische Staaten den Islam. Die Religion verbreitete sich zunächst auf Seehandelsrouten, und die Konversion von Demak, Tuban, Gresik und Cirebon an der Nordküste Javas im späten 15. Jh. war ein wichtiger Schritt dabei.

Die ersten indonesischen Herrscher, die den Islam übernahmen, taten dies aufgrund ihres Kontakts mit ausländischen muslimischen Gemeinschaften. Einige andere Staaten wurden durch Eroberung bekehrt. Die ersten islamischen Führer Javas wurden lange als die neun *walis* (Heiligen) verehrt und mythologisiert. Viele Legenden erzählen von ihren ma-

> In vielen indonesischen Hotelzimmern fällt ein kleiner Pfeil auf, der an der Decke in eine scheinbar zufällige Richtung zeigt. Er weist aber in Richtung Mekka – für Muslime, die beten wollen, aber nicht in eine Moschee kommen können.

RAMADAN

Einer der wichtigsten Monate des muslimischen Kalenders ist der Fastenmonat Ramadan. Als Bekenntnis zum Glauben enthalten sich Muslime von Sonnenaufgang bis Sonnenuntergang von Nahrung, Getränken, Zigaretten und anderen weltlichen Genüssen (einschließlich Sex). Viele der weniger streng Gläubigen werden jedoch auch Lücken im Regelwerk finden.

Dem Ramadan geht oft eine Reinigungszeremonie, Padusan, voraus, um sich auf das kommende Fasten *(puasa)* vorzubereiten. Traditionell stehen die Menschen während des Ramadans um 3 oder 4 Uhr morgens auf, um zu essen (diese Mahlzeit wird *sahur* genannt) und dann bis zum Sonnenuntergang zu fasten. In den Moscheen und zu Hause werden nun besondere Gebete gesprochen.

Der erste Tag des 10. Monats des muslimischen Kalenders ist das Ende des Ramadans (Idul Fitri oder Lebaran). In den Moscheen wird am frühen morgen gebetet, gefolgt von einem zweitägigen Festmahl. Auszüge aus dem Koran werden gelesen und religiöse Prozessionen finden statt. In dieser Zeit der gegenseitigen Vergebung werden Geschenke ausgetauscht und man bittet um Verzeihung für frühere Missetaten.

Während des Ramadans sind viele Restaurants und *warungs* in muslimischen Regionen Indonesiens geschlossen. Diejenigen, die Nicht-Muslime gehören, werden offen sein, aber aus Respekt vor denen, die fasten, können sie zugehängt sein oder anderweitig geschlossen erscheinen. In den Großstädten sind viele Unternehmen offen und das Fasten wird weniger streng eingehalten. Straßenstände, Food-Courts in Einkaufszentren, und *warungs* erwarten zum Abendessen.

Obwohl nicht alle Muslime die Entbehrungen des Fastens einhalten können, tut es die überwältigende Mehrheit, und man sollte dies respektieren. D.h. man sollte in dieser Zeit in der Öffentlichkeit weder essen, noch trinken oder rauchen.

Eine Woche vor und eine Woche nach den zweitägigen Idul-Fitri-Ferien ist der Verkehr chaotisch; man sollte nicht einmal daran denken, in dieser Zeit zu reisen, da Straßen und Busse verstopft sind, Flüge voll sind und Fähren aus allen Nähten platzen. In nicht-muslimischen Gebieten – wie Bali, östliches Nusa Tenggara, Maluku oder Papua – ist dies zwar besser, aber auch diese Gebiete haben eine bedeutende muslimische Bevölkerung. Man muss also gut planen, sich einen idyllischen Ort suchen und ganz ruhig bleiben.

Ramadan und Idul Fitri finden nach dem gregorianischen Kalender jedes Jahr etwa 10 Tage früher statt, da sie sich am islamischen Kalender orientieren.

gischen oder kriegerischen Leistungen, und Pilger besuchen ihre Gräber trotz der offiziellen Ächtung der Heiligenverehrung durch den Islam.

Bräuche

Indonesien hat heute die größte muslimische Bevölkerung aller Länder weltweit und die Rolle, die der Islam im nationalen Leben spielen sollte, wird ständig diskutiert. Der größte Teil des indonesischen Islam ist moderat. Muslimische Frauen sind nicht isoliert und müssen in den meisten Landesteilen auch keinen *jilbab* (Dschilbab) tragen, obwohl dies in letzter Zeit immer häufiger der Fall ist. Muslimische Männer dürfen zwei Frauen heiraten, müssen aber die Zustimmung ihrer ersten Frau einholen. Dennoch ist die Polygamie in Indonesien sehr selten. Viele vorislamische Traditionen und Bräuche sind noch immer vorhanden. Beispielsweise ist die Gesellschaft der Minangkabau auf Sumatra stark islamisch, bleibt aber traditionell matrilinear.

Der Islam verlangt, dass alle Jungen beschnitten werden, und in Indonesien geschieht dies meist im Alter von sechs bis elf Jahren. Muslime beachten den Fastenmonat Ramadan. Freitagnachmittage sind offiziell für Gläubige zum Gottesdienst vorgesehen, und alle Regierungsstellen und viele Geschäfte sind deshalb geschlossen. Gemäß der islamischen Lehre haben Millionen von Indonesiern die Pilgerfahrt nach Mekka durchgeführt.

In the Shadow of Swords (2005) von Sally Neighbour untersucht den Aufstieg des Terrorismus in Indonesien und darüber hinaus aus australischer Sicht.

Islamische Gesetze

Ein Versuch einiger islamischer Parteien, die Scharia (islamisches religiöses Rechtssystem) zu einer verfassungsmäßigen Verpflichtung für alle indonesischen Muslime zu machen, wurde 2002 vom nationalen Parlament abgelehnt. Die Scharia war unter der Suharto-Diktatur stark geächtet, aber in einigen Städten und Regionen wurden inzwischen Elemente davon eingeführt. Aceh durfte im Rahmen seines Friedensabkommens von 2005 mit der Regierung eine strenge Scharia einführen. In Aceh sind Glücksspiel, Alkohol und das öffentliche Zeigen von Zuneigung zwischen den Geschlechtern verboten, ebenso wie gleichgeschlechtliche Beziehungen. Einige Straftäter werden körperlich bestraft. Für muslimische Frauen ist der *jilbab* Pflicht. In der Fabrikstadt Tangerang nahe von Jakarta sind Zeigen von Intimität, Alkohol und „Prostituierten ähnelndes Aussehen" in der Öffentlichkeit verboten.

Die jüngsten Wahlen zeigten, dass die große Mehrheit der indonesischen Muslime gemäßigt ist und keinen islamischen Staat will. Keine der beiden größten muslimischen Organisationen Indonesiens, die traditionalistische Nahdlatul Ulama (Aufstieg der Gelehrten) und die modernere Muhammadiyah, die etwa 75 Mio. Mitglieder haben, strebt derzeit einen islamischen Staat an.

Dennoch gewinnt eine fundamentalistischere Form des Islam an Bedeutung. Während Regionen wie Sumbawa, West Java und insbesondere Aceh recht konservativ sind, zeigen sich Veränderungen auch an anderen Orten. Es gibt Berichte über eine obligatorische Islamisierung junger Mädchen in einigen Teilen West-Papuas und Sumatras, und 2017 wurde Jakartas Gouverneur, ein Christ chinesischer Abstammung, wegen Blasphemie gegen den Islam zu zwei Jahren Haft verurteilt.

Militanter Islam

Militante islamistische Gruppen, die mit gewalttätigen Aktionen Schlagzeilen gemacht haben, vertreten nur kleine Minderheiten. Die Terrororganisation Jemaah Islamiyah war für die Bombenanschläge auf Bali 2002 und andere Terrorakte verantwortlich. Die indonesische Regierung hat viele ihrer wichtigsten Mitglieder gefangen genommen oder getötet,

ANTIPORNOGRAFIE
....

Ein Thema, das in Indonesien weiterhin Emotionen weckt, ist das 2008 nach jahrelanger Debatte eingeführte Antipornografiegesetz. Das von islamischen Parteien geförderte Gesetz hat eine sehr weitreichende Definition von Pornografie, die potenziell auf jede Art von visueller, textlicher oder akustischer Kommunikation oder Darbietung und sogar auf Gespräche und Gesten angewendet werden kann. Viele traditionelle Verhaltensweisen im gesamten Archipel sind davon ausgehend illegal – vom Tragen von Penisköchern auf Papua bis hin zu den Bewegungen traditioneller javanesischer Tänzer (ganz zu schweigen vom dreisten Oben-Ohne an den Stränden Balis).

Was das Antipornogesetz tatsächlich bedeutet, ist unklar definiert. Verhalten, das in einigen Gebieten verboten ist, wird in anderen weiterhin betrieben. Außerdem sicherte die Regierung zu, dass der balinesische Tanz und andere kulturelle Ausdrucksformen im ganzen Archipel vor den unklaren Vorgaben des Gesetzes geschützt sind. Zu den Gegnern des Gesetzes gehören einige weltliche politische Parteien sowie Frauen-, Menschenrechts-, christliche, Künstler- und Schauspielergruppen und die Tourismusindustrie.

Viele Internet-Provider blockieren eine breite Palette von Websites, die als unmoralisch gelten, und die Meinungsfreiheit wurde stärker eingeschränkt. 2011 wurde der beliebte Sänger Ariel (alias Nazril Irham) zu über drei Jahren Gefängnis verurteilt, als ein von ihm erstelltes Sexvideo im Internet landete, nachdem sein Laptop gestohlen wurde.

Jetzt sind es Mitglieder der indonesischen LGBT-Gemeinschaft, die zunehmend Opfer des Antipornogesetzes werden. Im Mai 2017 wurden schwule Partys in Jakarta und Surabaya von der Polizei überfallen, und einige Männer wurden wegen Verletzung der Antipornogesetze angeklagt.

darunter den Kleriker Abu Bakar Bashir, der 2011 zu 15 Jahren Gefängnis verurteilt wurde. Aber Selbstmordattentate auf Kirchen in Surabaya im Jahr 2018 zeigen, dass der radikale Islam in Indonesien weiterhin präsent ist.

Christentum

Die Portugiesen führten den römisch-katholischen Glauben im 16. Jh. in Indonesien ein, aber ihr Einfluss war nie stark. Der Protestantismus kam mit den Niederländern an, aber Missionsbemühungen starteten erst, nachdem die Niederländer im 19. Jh. begonnen hatten, eine Kolonialherrschaft in ganz Indonesien aufzubauen. Animistische Regionen wurden anvisiert, und in Teilen von Nusa Tenggara, Maluku, Kalimantan, Papua, Sumatra und Sulawesi machten sich eifrige Missionare an die Arbeit. Eine beträchtliche Anzahl von chinesischen Indonesiern konvertierte in der Suharto-Ära zum Christentum.

Protestanten (etwa 7% der Bevölkerung) sind zahlreicher als Katholiken. Die wichtigsten protestantischen Bevölkerungsgruppen leben in der Batak-Region auf Sumatra, in den Minahasa- und Toraja-Regionen auf Sulawesi, auf Timor und Sumba in Nusa Tenggara, Papua, Teilen von Maluku und Dayak-Gebieten in Kalimantan. Katholiken machen 3% der Bevölkerung aus und sind am zahlreichsten in Papua und auf Flores.

Hinduismus & Buddhismus

Diese Glaubenssysteme aus Indien haben einen zentralen Platz in der indonesischen Geschichte, werden aber heute von relativ wenigen praktiziert. Als sie im 5. Jh. mit indischen Händlern in Indonesien ankamen, wurden Hinduismus und Buddhismus von vielen Königreichen übernommen, besonders in der westlichen Hälfte. Die mächtigsten Staaten des Archipels bis zum 15. Jh. – z.B. Sriwijaya im Südosten Sumatras und Majapahit im Osten Javas – waren hinduistisch, buddhistisch oder eine Kombination aus beidem, meist mit Elementen früherer animistischer Überzeugungen. Der indonesische Hinduismus tendierte dazu, die Verehrung des Gottes Shiva, des Zerstörers, hervorzuheben, vielleicht weil dies näher an der alten Fruchtbarkeitszeremonien und der Befriedigung böser Geister lag. Der Buddhismus, mehr eine Philosophie als eine Religion, meidet das hinduistische Götterpantheon in seinem Ziel, das Leiden durch die Überwindung der Begierden zu beenden.

Obwohl der Islam sie später fast überall in Indonesien verdrängte, hatten Hinduismus und Buddhismus einen großen Einfluss auf die lokale Kultur und Spiritualität. Dies zeigt sich bis heute am deutlichsten in der fortgesetzten Verwendung von Geschichten aus den hinduistischen Ramayana- und Mahabharata-Epen im javanischen und balinesischen Tanz und Theater – sowie in Bauwerken wie den großen javanischen Tempelanlagen Borobudur (buddhistisch) und Prambanan (hinduistisch). Bali überlebte als Hochburg des Hinduismus, weil sich die Adeligen und die Intellektuellen des Majapahit-Königreichs dorthin zurückzogen, als der Rest ihres Reiches im 15. Jh. an den Islam fiel.

Die meisten Buddhisten in Indonesien sind heute Chinesen. Ihre Zahl wird auf mehr als 2 Mio. geschätzt, obwohl sie bei der nächsten Zählung nach der Wiedereinführung des Konfuzianismus als offizielle Religion (2006) sinken könnte. Der Konfuzianismus, der Glauben vieler chinesischer Indonesier, wurde in der Suharto-Ära verboten und zwang viele Chinesen, sich zum Buddhismus oder Christentum zu bekennen.

> **Außerhalb Indiens dominieren Hindus nur in Nepal und Bali. Der Hinduismus auf Bali ist buchstäblich weit entfernt von dem in Indien.**

Frauen in Indonesien

Für indonesische Frauen sind die Herausforderungen, traditionelle Rollen und die Chancen und Pflichten der Neuzeit in Einklang zu bringen, am stärksten ausgeprägt. Viele Frauen sind gut ausgebildet und haben wichtige Berufen; Frauen sind in Bürokratie und Wirtschaft weit verbreitet, obwohl bei den Parlamentswahlen 2009 und 2014 nur etwa 18 % der Sitze für Frauen gewonnen wurden, weit unter dem von einigen Parteien erklärten Ziel von 30 %. Zwei-Einkommens-Haushalte sind immer häufiger und oft auch eine Notwendigkeit; Frauen sehen jedoch in der Regel immer noch Hausarbeit und Kindererziehung als ihre Domäne.

Als überwiegend islamische Gesellschaft bleibt Indonesien männlich orientiert, obwohl Frauen nicht in Klausur gehalten werden oder verpflichtet sind, *purdah* zu beachten (die Praxis, Frauen von Fremden durch einen Vorhang oder den Körper vollständig bedeckende Kleidung abzuschirmen). Der *jilbab* ist häufiger geworden, aber das bedeutet nicht

WEITERE GLAUBENSRICHTUNGEN

Faszinierende Bestandteile des Animismus, die sich meist mit den Geistern der Toten oder Fruchtbarkeitsritualen befassen, überleben heute neben den großen Religionen in ganz Indonesien – vor allem unter den Menschen an sehr abgelegenen Orten. Diese Glaubenssysteme beinhalten oft aufwendige Rituale, die zu eigenständigen Touristenattraktionen geworden sind. Hierzu gehören folgende Volksgruppen:

➡ Die Sumbanesen (Nusa Tenggara; S. 443)

➡ Die Dayak (Kalimantan; S. 664)

➡ Die Batak (Sumatra; S. 576)

➡ Die Mentawai (Sumatra; S. 618)

➡ Die Minangkabau (Sumatra; S. 608)

➡ Niassane (Sumatra; S. 580)

➡ Die Toraja (Sulawesi; S. 742)

➡ Die Dani (Papua; S. 546)

➡ Die Asmat (Papua; S. 550)

unbedingt, dass Frauen, die ihn tragen, eine unterwürfige Persönlichkeit oder gar einen tiefen islamischen Glauben haben. Es ist oft ein Mittel, um unerwünschte männliche Aufmerksamkeit abzublocken.

Es ist auch immer häufiger der Fall, dass Frauen in muslimischen Gebieten ein Kopftuch tragen, obwohl die populären Medien normalerweise Frauen ohne Kopftuch zeigen.

Zarte Gewinne?

Trotz der sozialen Befreiung von Frauen, die in städtischen Gebieten sichtbar ist, gibt es viele, die die Fortschritte des konservativen Islam in den letzten zehn Jahren als Bedrohung für Frauen betrachten. Der Druck auf Frauen, sich konservativ zu kleiden und entsprechend zu verhalten, leitet sich von Bestandteilen der Scharia ab, die in Regionen wie Aceh eingeführt wurden.

Ein Versuch, das Familienrecht im Jahr 2005 zu reformieren und den Frauen mehr Rechte einzuräumen, konnte nicht einmal im Parlament diskutiert werden, nachdem islamische Fundamentalisten diejenigen bedrohten, die den Entwurf verfassten. Frauen können nach wie vor rechtlich nicht Haushaltsvorstände sein, was für die geschätzten 6 Mio. allein erziehenden Mütter Indonesiens besondere Probleme bereitet.

Die Autorin Djenar Maesa Ayu erschütterte die indonesische Literaturszene mit ihrer offenen Darstellung der Ungerechtigkeiten, mit denen sich Frauen auseinandersetzen müssen. Zu ihren Büchern gehören *Mereka Bilang, Saya Monyet* (Sie sagen, ich sei ein Affe; 2001), *Nayla* (2005) und *1 Perempuan, 14 Laki-laki* (1 Frau, 14 Männer; 2011).

KULTUR SPORT

Sport

Fußball und Badminton sind die nationalen Sportarten. Indonesische Badmintonspieler gewannen bei den Olympischen Spielen 2016 in Rio die Goldmedaille im Mixed Double.

Obwohl sich die indonesischen Fußballmannschaften international erfolglos sind, wird Fussball leidenschaftlich auf grasbewachsenen Plätzen im gesamten Archipel gespielt.

Viele Regionen, insbesondere solche mit einer kriegerischen Stammesgeschichte, veranstalten traditionelle Wettbewerbe verschiedener Art, um Hochzeiten, Erntefeste und andere zeremonielle Veranstaltungen zu begleiten. Scheinschlachten werden manchmal in Papua ausgetragen, *caci*-Peitschenkämpfe sind eine Spezialität auf Flores und Männer kämpfen mit Stöcken und Schilden auf Lombok – aber der spektakulärste zeremonielle Kampf findet während des Pasola-Festivals auf Sumba statt, bei dem sich die Reiter im Februar und März jedes Jahr im traditionellen Gewand gegenseitig mit Speere bewerfen.

Auf Bali und anderen Inseln ist die eigentliche sportliche Leidenschaft dem Hahnenkampf vorbehalten, d.h. die Zuschauer (fast nur Männer) beobachten und wetten, während die Vögel kämpfen. Obwohl eigentlich illegal, werden viele Spiele offen ausgetragen.

Jakartacasual (http://jakartacasual.blogspot.com) ist eine hervorragende englischsprachige Quelle für indonesische Fußballnachrichten.

Kunst & Kunsthandwerk

Indonesier sind sehr künstlerische Menschen. Dies zeigt sich am deutlichsten auf Bali, wo die Schöpfung von Schönheit Teil des Alltags ist, aber auch im gesamten Archipel in Musik, Tanz, Theater, Malerei und handgemachter Kunst – und jede einzelne Insel oder Gegend scheint ihre eigenen Traditionen zu haben scheint.

Kunst

Theater & Tanz

Der beste Ort, um traditionellen Tanz zu erleben? Ubud auf Bali! Hier kann man an jedem Abend in der Woche mehrere Auftritte talentierter Truppen sehen.

Theater und Tanz in Indonesien sind in ihrer hybriden Gestalt, die international am bekanntesten ist, eng miteinander verbunden: dem balinesischen Tanz. Die bunten balinesischen Darbietungen – manchmal äußerst anmutig, manchmal fast Slapstick – sind Tänze, die Geschichten erzählen, manchmal aus den indischen Ramayana- oder Mahabharata-Epen. Balinesischer Tanz wird sowohl zur Unterhaltung wie auch als religiöses Ritual aufgeführt und spielt eine wichtige Rolle bei Tempelfesten.

Das berühmte *wayang*- (Puppen)-Theater auf Java erzählt ebenfalls Ramayana- und Mahabharata-Geschichten. Die Rollen werden dabei von Schattenpuppen, Holzpuppen oder auch echten Menschen gespielt. Auch das *wayang*-Theater kann rituelle Bedeutung besitzen. Yogyakarta und Solo sind Zentren der traditionellen javanischen Kultur, wo man eine *wayang*-Performance erleben kann.

Yogyakarta und Solo sind auch die Zentren des klassischen javanischen Tanzes, einer stilisierten Form, die Hindu-Epen mit Leben füllen. Am schönsten wird sie im Ramayana-Ballett in Prambanan aufgeführt.

Viele andere farbenfrohe Tanz- und Theatertraditionen sind überall auf dem Archipel anzutreffen. Die Minangkabau in West-Sumatra pflegen bei Festivals und Zeremonien die Tradition des Randai-Tanzdramas, das *pencak silat* (Kampfkunst) beinhaltet. Beim *batak-sigalegale*-Marionettentanz lässt man lebensgroße Marionetten für Hochzeiten und Beerdigungen tanzen. Der westjavanische *jaipongan* ist ein dynamischer Tanz, der schnelle Bewegungen zu Rhythmen bietet, die so kompliziert sind, dass sie selbst Musikwissenschaftler verblüffen. Er entwickelte sich aus lokalen Tanzformen, als Sukarno 1961 den Rock'n'Roll verboten hatte.

Jalananan, ein Dokumentarfilm von Daniel Ziv aus dem Jahr 2013, gibt einen überzeugenden Einblick in das Leben von drei Straßenmusikern aus Jakarta, die versuchen, mit dem schnellen gesellschaftlichen Wandel Schritt zu halten.

In Zentralkalimantan findet man den *manasai*, einen freundlichen Tanz, an dem Touristen teilnehmen können. Ebenfalls auf Kalimantan zu Hause ist der *mandau*, ein Tanz mit Messern und Schilden. Papua ist vor allem für seine Kriegstänze bekannt, die am einfachsten bei den Festivals in Danau Sentani, im Baliem-Tal und im Gebiet der Asmat zu sehen sind.

Musik
Traditionell

Gamelan-Orchester dominieren die traditionelle Musik auf Java und Bali. Die Musiker spielen hauptsächlich Schlaginstrumente wie Xylofone, Gongs, Trommeln und das *angklung* (Bambusrohre, die zur Erzeugung eines Tons geschüttelt werden), aber auch Flöten – Gamelan-Orchester können aus bis zu 100 Mitgliedern bestehen. Der Klang eines Gamelan kann von harmonisch bis schauerlich reichen, wobei Tempo und Intensität des Klangs meistens wellenförmig sind. Während man im einen Moment noch den kraftvollen Sound des ganzen Orchesters hört, erklingt im nächsten nur noch ein einziges Instrument.

Das balinesische Gamelan ist dramatischer und vielfältiger als die ausgefeilteren javanischen Formen, hat aber wie jede Gamelan-Musik eine hypnotisierende, eindringliche Wirkung. Balinesischer und javanischer Tanz wird stets vom Gamelan begleitet, das aber auch in speziellen Konzerten zu hören ist, besonders in Solo und Yogyakarta auf Java. Ähnliche Ensembles gibt es auch anderswo, z. B. den *telempong* im Westen Sumatras.

Eine weitere erhabene traditionelle Musik ist das westjavanische ruhige *kacapi suling,* bei dem die *kacapi* (ein harfenartiges Instrument) und die *suling* (eine Bambusflöte) eine tragende Rolle spielen.

Zeitgenössische Musik

Indonesien hat eine riesige zeitgenössische Musikszene, die alle erdenklichen Genres umfasst. Das beliebte *dangdut* ist eine Mischung aus traditionellen und modernen, indonesischen und ausländischen Musikstilen, bei dem Instrumente wie E-Gitarren und indische Tablas zum Einsatz kommen und die Rhythmen aus der nahöstlichen Popmusik, dem Reggae oder Salsa entliehen werden. Das Ergebnis sind sexy Lieder, bei denen es immer um die große Liebe geht, und die von Frauen wie Männern voller Inbrunst geschmettert werden. Begleitet werden sie von wie geleckt aussehenden Musikern in uniformen Anzügen. Die Beats sind mutig, der Gefühlsfaktor ist hoch, der Gesang rührend und der Tanz oft provokativ.

Die Windungen des *dangdut*-Stars Inul Daratista – deren Künstlername „das Mädchen mit den Brüsten" bedeutet – waren ein Grund für die Verabschiedung des umstrittenen indonesischen Antipornografie-Gesetzes. Nichtsdestotrotz sind ihre Konzerte in ganz Indonesien weiterhin regelmäßig ausverkauft.

Kein Essay über die moderne indonesische Musik ist vollständig, ohne die Punk-Band Superman Is Dead zu erwähnen. Seit ihrer Gründung auf Bali im Jahr 1995 hat die Drei-Mann-Kombo Fans im ganzen Land wie auch rund um den Globus gefunden. Heutzutage sind sie bekannt für ihren Einsatz für die Umwelt.

Malerei

Die Galerien in den wohlhabenderen Vierteln von Jakarta sind das Epizentrum der indonesischen zeitgenössischen Kunstszene, die zuletzt eine Fülle von Installationen, Skulpturen, Performancekunst u. v. m. hervorgebracht hat, die entweder extrem originell oder auffällig sein oder zum Nachdenken anregen können. Jakarta (www.jakartabiennale.net) und Yogyakarta (www.biennalejogja.org) veranstalten beide große Biennalen.

Traditionell hatte die indonesische Malerei den Auftrag, Paläste und Kultstätten zu schmücken, typischerweise mit religiösen oder mythischen Motiven. Ausländische Künstler auf Bali inspirierten in den 1930er-Jahren dann eine Revolution in der Malerei: Man begann, Alltagsszenen realistischer und reduzierter darzustellen. Andere Künstler entwickelten einen attraktiven „primitivistischen" Stil. Der Großteil der heutigen balinesischen Kunst besteht aus für Touristen hergestellten Massenprodukten, doch es gibt auch talentierte und originelle Künstler, vor allem in und um Ubud. Indonesiens berühmtester Maler des 20. Jhs. war der javanische Expressionist Affandi (1907–1990). Einer seiner bevorzugten Malstile war es, die Farbe direkt aus der Tube auf die Leinwand zu drücken.

KUNST & KUNSTHANDWERK KUNST

Die Rocklegende Iwan Fals gibt es seit Jahrzehnten, doch bis heute bekommt er immer noch die großen Arenen voll. Seine Kritik am Establishment hat dazu geführt, dass er mehrmals verhaftet wurde.

Cowboys in Paradise (2009) von Amit Virmani, sorgte mit einem ungeschminkten Porträt der Callboys von Bali für Schlagzeilen. Diese gehören zum Inventar von Kuta Beach und erfreuen sich bei einigen westlichen Touristinnen großer Beliebtheit.

Architektur

In Indonesien gibt es eine riesige wie spektakuläre Vielfalt an Bauwerken zu bewundern, von religiösen und königlichen Gebäuden bis hin zu traditionellen Wohnhäusern, die sich teilweise von Insel zu Insel unterscheiden. Indische, chinesische, arabische und europäische Einflüsse haben ihre Spuren hinterlassen.

Die großen Tempel des 8. und 9. Jhs. von Borobudur, Prambanan und dem Dieng-Plateau in Zentraljava weisen allesamt indische Ursprünge auf, die in der hinduistisch-buddhistischen Zeit vorherrschten. Der indische Stil, wenn auch mit einem unverwechselbaren lokalen Touch, prägt bis heute die hinduistischen Tempel von Bali. Dorthin waren die hinduistisch-buddhistischen Majapahit-Herrscher geflüchtet, nachdem sie im 16. Jh. aus Java vertrieben worden waren.

Balinesische Architektur

Das Hauptmerkmal der balinesischen Architektur ist der *bale* (sprich „ba-lai"), ein rechteckiger, offener Pavillon mit einem steilen Palmenblattdach. Ein Familienverbund besteht in der Regel aus mehreren *bale* zum Essen, Schlafen und Arbeiten. Der Mittelpunkt einer Gemeinschaft ist der *bale banjar*, ein großer Pavillon für Treffen, Debatten, Gamelan-Darbietungen u. v. m. Gebäude wie Restaurants und die Lobbys von Hotels sind oft dem *bale* nachempfunden und daher angenehm luftig, geräumig und gut proportioniert.

Wie die anderen Kunstformen auch hat die Architektur auf Bali traditionell dem religiösen Leben gedient. Balinesische Häuser, obwohl reizvoll gestaltet, wurden nie mit der architektonischen Aufmerksamkeit bedacht, die Tempeln zuteil wird. Selbst balinesische Paläste wirken im Vergleich zu den wichtigsten Tempeln bescheiden. Die Tempel sind nach festen Regeln und Formeln gestaltet, wobei die Bildhauerei die Architektur ergänzt.

Moscheen

Die Innenräume der Moscheen sind größtenteils leer, lediglich fünf Hauptmerkmale sind stets anzutreffen: der Mihrab (eine Wandnische, die nach Mekka hin ausgerichtet ist); der Mimbar (eine erhöhte Kanzel, oft überdacht und mit einer Treppe versehen); ein Ständer zur Halterung des Korans; ein umwehrter Bereich für wichtige Gläubige; und eine Waschvorrichtung (meist im Innenhof der Moschee). Es gibt keine Bänken; Verzierungen, sofern überhaupt vorhanden, zitieren Verse aus dem Koran, wenngleich die wachsende indonesische Wirtschaft einen Bauboom mit neuen und aufwendig gestalteten Moscheen mit sich brachte.

Die am meisten verehrten Moscheen Indonesiens sind in der Regel diejenigen, die im 15. und 16. Jh. in den javanischen Städten gebaut wurden, deren Bewohner als erste zum Islam konvertierten. Der „klassische" Baustil dieser Moscheen umfasst abgestufte Dächer, die eindeutig von der hinduistischen Kultur beeinflusst sind, die doch der Islam erst kurz zuvor verdrängt hatte. Sie erinnern merkwürdigerweise an die hinduistischen Tempel, die heute noch auf Bali zu sehen sind. Während der Suharto-Ära im späten 20. Jh. wurden Hunderte von standardisierten, vorgefertigten Moscheen verschifft und in ganz Indonesien in blasser Imitation dieses klassischen javanischen Stils errichtet.

Traveller können normalerweise problemlos Moscheen besichtigen, sofern sie angemessen und respektvoll gekleidet sind.

Traditionelle Häuser

Auf Indonesien entwickelte sich eine Reihe von auffälligen Strukturen für Wohnhäuser, deren Größe natürlich von den Familien abhängt, die

Das monatlich erscheinende englischsprachige Hochglanzmagazin *Jakarta Java Kini* enthält interessante Artikel über aktuelle Trends; der Schwerpunkt liegt auf Jakarta. Eine weitere gute Quelle für kulturelle News aus Jakarta und Bali ist *The Beat* (https://thebeat bali.com).

sie gebaut haben. Holzkonstruktionen, oft auf Pfählen, und aufwendige Strohdächer aus Palmblättern oder Gras sind vielen traditionellen Wohnformen im gesamten Archipel gemeinsam. Der Einsatz von Pfählen hilft, Hitze und Feuchtigkeit in den Häusern zu minimieren und diese vor Schlamm, Hochwasser und Schädlingen zu schützen. In Tana Toraja auf Sulawesi, auf Pulau Nias vor Sumatra sowie in den Gebieten der Batak und Minangkabau auf Sumatra sind einige der spektakulärsten traditionellen Bauwerke mit hohen, geschwungenen Dächern zu bewundern.

Königspaläste

Indonesische Königspaläste sind oft Entwicklungen grundlegender regionaler Wohnhausstile, wenn auch weitaus aufwendiger als im Falle der javanischen *kratons* (gemauerte Paläste). Der *kraton* von Yogyakarta ist praktisch eine Stadt innerhalb einer Stadt und wird von rund 17500 Menschen bewohnt. Auf Bali, wo noch königliche Familien – wenn auch oft ohne jegliche Macht – leben, sind die „Paläste" viel bescheidener. Das Gleiche gilt für die Molukken-Sultane, deren Häuser wenig protzig sind.

Kolonialzeitliche Gebäude

Die niederländischen Kolonisten bauten zunächst schlecht belüftete Häuser im europäischen Stil, bis sich schließlich ein hybrider indoeuropäischer Stil entwickelte, der auf Elemente wie den javanischen *pendopo* (offener Pavillon) und das *joglo* (ein Hochdach) zurückgriff. Internationale Stile wie der Art déco kamen ab Ende des 19. Jhs. in Indonesien an, als in der späteren Kolonialzeit eine große Anzahl von Fabriken, Bahnhöfen, Hotels, Krankenhäusern und anderen öffentlichen Gebäuden entstanden. In Bandung in Java ist eine der weltweit größten Sammlungen von Art-déco-Gebäuden der 1920er-Jahre zu bewundern.

Die Banda-Inseln im Archipel der Molukken sind ein ausgezeichneter Ort, um die holländische Kolonialarchitektur zu entdecken. Hier haben einige alte, noch intakte Forts und Straßen überlebt, die von Arkaden mit schattigen Veranden gesäumt sind.

Bali Style (1995) von Barbara Walker und Rio Helmi ist ein aufwendig fotografierter Blick auf balinesisches Design, Architektur und Inneneinrichtung. Der Bildband fasst einen zurückhaltenden tropischen Look ein, der Unmengen von Designern inspirierte und heute fast ein Stereotyp ist.

Moderne Architektur

Das neu gegründete unabhängige Indonesien hatte wenig Geld für große Bauprojekte, obwohl Präsident Sukarno die Mittel für einige Prestigeprojekte wie Jakartas riesige und prächtige Masjid Istiqlal fand. Der wirtschaftliche Fortschritt der Suharto-Jahre führte dazu, dass in den indonesischen Städten die typischen Standard-Bürohochhäuser in die Höhe schossen und uninspirierte Regierungsgebäude entstanden, während der Tourismus gleichwohl dazu beitrug, originelle, ja mitunter spektakuläre Mischformen lokaler und internationaler Stile in Hotels und Resorts zu verwirklichen. Besonders auf Bali gibt es an der Küste (besonders auf der Halbinsel Bukit) und oberhalb der Täler rund um Ubud spektakuläre Bauwerke zu sehen.

Kunsthandwerk

Geschichte, Religion, Brauchtum und Moderne spiegeln sich in Indonesiens breit gefächertem Kunsthandwerk wider. Im Großen und Ganzen gibt es drei wesentliche Einflüsse: Traditionen des Animismus und der Ahnenverehrung bilden die Grundlage für viele indonesische Handwerksformen, besonders auf Sumatra, Kalimantan, Sulawesi, Nusa Tenggara, Maluku und Papua. Kulturelle Einflüsse aus Südasien, vor allem aus Indien und in geringerem Maße aus Indochina, sind als Folge weitreichender Handelsbeziehungen in hindu-buddhistischen Techniken und Stilen erkennbar, die vor allem die javanische und balinesische Tempelschnitzereien, Kunst- und Kunsthandwerksformen prägen. Und zu

Oben: Masjid Istiqlal
(S. 69)

Unten: *Tau Tau Tau*
(Grabstatuen, S. 743),
Tana Toraja

FABIO LAMANNA/SHUTTERSTOCK ©

guter Letzt ist noch der Islam zu nennen, der allerdings bestehende Traditionen lediglich modifizierte.

Obwohl die religiöse Bedeutung oder ursprüngliche Funktion vieler traditioneller Objekte in den Hintergrund getreten ist, bleibt das handwerkliche Niveau sehr hoch und wird von der Nachfrage anspruchsvoller Touristen und eines boomenden Exportmarkts befeuert. Javanische Holzschnitzer stellen großartige traditionelle Bildtafeln und innovative Möbel im Auftrag großer Hotels her, balinesische Juweliere, die von westlichen Designs beeinflusst sind, produzieren Werke von atemberaubender Qualität.

Holzschnitzerei

Die Holzschnitzerei steht oft im Zusammenhang mit „handfesteren" Tätigkeiten wie dem Hausbau. So haben alle traditionellen indonesischen Behausungen einige Symbole zur Abwehr unerwünschter Geister. Die gehörnten Löwenköpfe der Batak-Häuser, die Wasserbüffeldarstellungen an Toraja-Häusern und die Schlangenschnitzereien an Dayak-Häusern beispielsweise sollen allesamt dazu dienen, die Bewohner vor bösen Einflüssen zu schützen.

Auf den äußeren Inseln werden Holzschnitzereien und Statuen angefertigt, die die Geisterwelt und die dort lebenden Vorfahren verkörpern. Die Holzschnitzerei ist ein fester Bestandteil der berühmten Beerdigungszeremonien der Toraja: Der Verstorbene wird durch ein *tau tau*, eine lebensgroße Holzstatue, repräsentiert, der Sarg ist mit geschnitzten Tierköpfen geschmückt. In den Dörfern der Ngaju und Dusun Dayak auf Kalimantan stellen riesige geschnitzte Ahnentotems namens *temadu* auch die Toten dar.

Das beliebteste, beständigste (und teuerste) Holz in Indonesien ist *jati* (Teak). Sandelholz wird gelegentlich für balinesische Schnitzereien verwendet, ebenso wie Mahagoni und Ebenholz (importiert aus Sulawesi und Kalimantan). Das Holz des Jackfruchtbaums ist zwar gewöhnlich und preiswert, neigt aber kaum dazu, zu verziehen und Risse zu bilden. Im Allgemeinen verwenden einheimische Schnitzer aber letztlich das zur Verfügung stehende Holz: schweres Eisenholz und *meranti* (ein Hartholz) in Kalimantan und *belalu* (ein leichtes Holz) in Bali.

Regionale Schnitzkunst

Die vielleicht berühmtesten Holzschnitzer Indonesiens sind die Asmat im Südwesten Papuas. Schilde, Kanus, Speere und Trommeln werden geschnitzt, die markantesten Asmat-Holzschnitzarbeiten sind aber *mbis* (Ahnenpfähle). Diese zeigen übereinanderstehende Ahnen; die ausladenden „Flügel" an der Spitze der Pfähle werden als Phallussymbol für Fruchtbarkeit und Kraft interpretiert. Die Pfähle sind aber zugleich ein Mahnmal der Rache und hatten früher eine Kopfjagd-Fehde zur Folge.

Die balinesische Holzschnitzerei ist die ornamentalste und aufwendigste in Indonesien. Die Götter und Dämonen der balinesischen Kosmologie bevölkern Statuen, Tempeltüren und Reliefplatten auf der ganzen Insel. Der westliche Einfluss und die Nachfrage nach Kunst und Souvenirs hat die balinesischen Holzschnitzer ermutigt, ihr Handwerk neu zu erfinden. Als Folge der Revolution der 1930er-Jahre in der balinesischen Malerei schaffen sie heute schlichtere, längliche Statuen mit rein ornamentalem Design und naturbelassener Oberfläche.

Auf Java ist Jepara das Zentrum für Holzschnitzerei, besonders für geschnitzte Möbel. Die aufwendigen Arbeiten spiegeln zwar Balis hinduistisch-buddhistische Tradition wider, wobei jedoch das Verbot im Islam, Menschen darzustellen, respektiert wird. Ein weiteres javanisches Holzschnitzer-Zentrum ist Kudus; hier entstehen ausgefeilte Bildtafeln für traditionelle Häuser.

In Tenganan (Bali) wird ein Gewebe namens *Gringsing* mit einer seltenen Methode des Double Ikat gewebt, bei der sowohl Kett- als auch Schussfäden vorgefärbt werden.

Textilien

Textilien sind in Indonesien sowohl zweckmäßig wie auch künstlerischer Ausdruck. Es gibt eine lange Tradition der Textilherstellung im gesamten Archipel, mit drei großen typischen indonesischen Formen: Ikat, *songket* und Batik.

Ikat

Das indonesische Wort *ikat* bedeutet in etwa „knüpfen" oder „binden" und bezeichnet eine aufwendige Technik, bei der das Garn vor dem Weben abschnittsweise gefärbt wird. Ikat-Stoffe werden in vielen Regionen produziert, vor allem in Nusa Tenggara.

Bekleidung aus Ikat-Stoffen gibt es in einer unglaublichen Vielfalt an Farben und Mustern: Die spektakulären Arbeiten von Sumba und die aufwendig gemusterten Exemplare von Flores sind die bekanntesten (von Flores stammt auch *kapita*, ein Stoff, in den Tote eingewickelt werden).

Made in Indonesia: A Tribute to the Country's Craftspeople (2005) von Warwick Purser liefert viele Hintergrundinfos über das Handwerk des Landes. Die zauberhaften Fotos steuerte der allgegenwärtige Rio Helmi bei.

Herstellung von Ikat

Traditionell werden Ikat-Stoffe aus handgesponnener Baumwolle gefertigt. Der gesamte Herstellungsprozess – vom Anbau der Baumwolle bis zum Zusammenlegen des fertigen Produkts – wird von Frauen durchgeführt. Sobald die Baumwolle geerntet ist, wird sie mithilfe einer Spindel gesponnen. Der Faden wird durch Eintauchen in Bädern aus zerkleinertem Maniok, Reis oder Mais verstärkt und dann auf eine Trommel gewickelt.

Fürs Färben werden traditionelle Farbstoffe aus natürlichen Quellen verwendet. Am komplexesten ist die Herstellung des rostfarbenen *kombu*; benannt ist der Farbstoff nach dem *kombu*-Baum, aus dessen Rinde und Wurzeln er gewonnen wird. Blaue Farbstoffe stammen aus der Indigopflanze, Lila- oder Brauntöne werden erzeugt, indem man die Fäden erst blau und dann mit *kombu* färbt.

Jeder Abschnitt, der nicht gefärbt wird, wird mit farbbeständigen Fasern verbunden. Jede Farbe erfordert einen separaten Knüpf- und Färbeprozess. Die Reihenfolge des mehrmaligen Färbens bewirkt letztlich das Muster des Stoffes. Dies erfordert viel Geschick, denn der Färber muss –

EXQUISITE MITBRINGSEL

Inmitten endloser Haufen mit billigem Schrott kann man in Indonesien auch wirklich außergewöhnliche Gegenstände entdecken, die sich perfekt als Geschenke für die Daheimgebliebenen eignen. Das Geheimnis ist, sie zu finden. Hier ein paar Anregungen:

➡ Westtimor in Nusa Tenggara ist die Heimat von fantastischen Textilmärkten. Ausschau halten sollte man nach Geschäften, die lokale Ikat-Stoffe, alte Masken, Statuen und geschnitzte Balken, Reliefs und Türen aus alten timoresischen Häusern verkaufen.

➡ Der Süden Sumatras eignet sich für den Kauf von *songket*-Sarongs, die rund um Palembang bei Hochzeiten und anderen Zeremonien verwendet werden. Ihre Herstellung dauert bis zu einem Monat.

➡ Dayak-Rattan, *doyo* (Kleider, in die Rinde verwoben wird), Schnitzereien und andere Souvenirs aus Kalimantan erreichen Spitzenniveau.

➡ Straßenverkäufer in Bandaneira verkaufen leckere *halua-kenari* (Kenarinuss-Krokant), ein Genuss, der nur auf den Banda-Inseln zu finden ist.

➡ Auf Bali verkaufen Ashitaba komplizierte und schöne Rattanartikel, die in einem alten Dorf hergestellt werden. Geschäfte mit den exquisiten und kunstvollen Arbeiten gibt es auf der ganzen Insel.

➡ Auf den Märkten weit verbreitet sind gewebte Palmblattmatten namens *tikar*, die sorgfältig verarbeitet und praktisch für unterwegs sind.

bevor die Fäden verwoben werden – genau wissen, welche Teile des Fadens welche Farbe erhalten sollen, um das gewünschte Muster zu erzielen. Nach dem Färben des Fadens wird das Gewebe auf einem einfachen Handwebstuhl gewebt.

Ursprünge & Bedeutung von Ikat

Die Ikat-Technik wurde höchstwahrscheinlich vor 2000 Jahren von Angehörigen der Dong-Son-Kultur aus Südchina und Vietnam eingeführt.

Ikat-Stile variieren je nach Dorf und Geschlecht des Trägers, einige Stile sind auch für spezielle Zwecke reserviert. In Teilen von Nusa Tenggara sind hochwertige Ikats Teil der Mitgift einer Braut. Bis vor Kurzem durften auf Sumba nur Mitglieder der höchsten Clans Ikat-Textilien herstellen und tragen. Bestimmte Motive waren traditionell Adelsfamilien (wie auf Sumba und Rote) oder Mitgliedern eines bestimmten Stammes oder Clans (wie auf Sabu oder unter den Atoni von Westtimor) vorbehalten. Die Funktion von Ikats als Indikator für den gesellschaftlichen Status ist allerdings in jüngster Zeit größtenteils verblasst.

Motive & Muster

Einige Experten vermuten, dass Motive auf Sumba wie Frontansichten von Menschen, Tieren und Vögeln aus einer noch älteren künstlerischen Tradition entstammen als jene der Dong-Son-Kultur, in der geometrische Motive wie Diamanten und Schlüsselformen, Mäander und Spiralen vorherrschen.

Ein starker Einfluss ging auch vom *patola*-Tuch aus Gujarat in Indien aus. Im 16. und 17. Jh. erfreute sich dieser Stoff in Indonesien großer Beliebtheit; ein charakteristisches Motiv – ein Sechseck, das einen vierzackigen Stern einrahmt – wurde von indonesischen Ikat-Webern kopiert. Auf den hochwertigsten *patola*- und Ikat-Stoffen werden wie bei einem Mandala kleine Muster wiederholt und zu größeren Mustern kombiniert. Im Laufe des letzten Jahrhunderts haben zudem europäische Stile die in Ikats verwendeten Motive beeinflusst.

Die Wahl von Ikat

Wer sich nicht mit einem billigem, maschinell hergestelltem Ikat begnügen will, sollte den Einkauf am besten Experten überlassen. Selbst wenn man sich im Rahmen einer Trekking-Tour in ein „Ikat-Dorf" begibt, kann man sich nicht sicher sein, welche Qualität dort verkauft wird: Die fotogen zur Schau gestellte Frau, die an einem Holzwebstuhl sitzt, ist vielleicht nur ein Fake. Es gibt jedoch einige Kniffs, mit denen man traditionell hergestellte Stoffe erkennen kann.

Garn Handgesponnene Baumwolle hat eine weniger perfekte „Drehung" als industriell hergestellte.

Webart Handgewebtes Gewebe, ob aus handgesponnenem oder Fabrikgarn, fühlt sich rauer und – im neuen Zustand – steifer an als maschinell gewebtes Gewebe. Es werden wahrscheinlich kleine Unregelmäßigkeiten zu erkennen sein.

Farbstoffe Bis man einen Kennerblick entwickelt hat, um natürliche Farben von chemisch produzierten zu unterscheiden, muss man sich oft auf seinen Instinkt verlassen und danach gehen, ob die Farben „erdig" genug erscheinen. Einige Tücher enthalten sowohl natürliche als auch künstliche Farbstoffe.

Färbeverfahren Die Muster auf Tüchern, die mit der traditionellen Methode individuell gefärbt wurden, sind selten bis ins kleinste Detail perfekt. Allerdings ist unwahrscheinlich, dass sie abgetrennte Farbflecken aufweisen, die oft auf Massenware auftauchen.

Alter Und wenn der Händler noch so hartnäckig das Gegenteil behauptet: „Antike Stoffe" sind superselten und entpuppen sich in der Regel als Produkte, die mit speziellen Verfahren auf alt getrimmt wurden.

Eine sorgfältig zusammengestellte Liste mit Büchern zur Kunst, Kultur, Literatur, Tanzszene und Musik Indonesiens findet man auf der Website des ausgezeichneten Ganesha Bookshop in Ubud (www.ganeshabooks bali.com).

Songket

Songket ist ein Seidentuch, das mit Gold- oder Silberfäden verwoben ist. In modernen Stoffen kommen jedoch meistens nur Silber- oder Goldimitate zum Einsatz. *Songket*-Stoffe sind zwar am häufigsten in dezidiert islamischen Regionen wie Aceh und bei den Malaien an den Küsten zu finden, doch auch Bali hat eine starke *songket*-Tradition.

Batik

Die Technik, Wachs oder andere farbbeständige Substanzen (z. B. Reispaste) auf Stoffe aufzutragen, um ein Design zu erzeugen, ist in vielen Teilen der Welt zu finden, doch keine ist so berühmt wie die Batiken von Java, wo die Technik bis ins 12. Jh. zurückreicht. Die schönsten und charakteristischsten Batikmuster wurden traditionell in Solo hergestellt. Uneins ist man sich, ob die Technik ein einheimisches Handwerk ist oder zusammen mit religiösen und kulturellen Hindu-Traditionen aus Indien importiert wurde.

Das Wort „Batik" ist ein altes javanisches Wort, das „punkten" oder „stricheln" bedeutet. Die javanische Batik war eine wichtige Waffe im Wettbewerb um den sozialen Status an den Königshäusern. Die Fähigkeit, umfangreiche Ressourcen für die mühsame Herstellung von feiner Batik aufzubringen, zeigte Reichtum und Macht. Bestimmte Muster standen für einen höfischen Rang und ein Höfling riskierte eine öffentliche Demütigung oder Schlimmeres, wenn er es wagte, den falschen Sarong zu tragen.

Im Jahr 2009 hat die UNESCO die indonesische Batik in der Liste des immateriellen Kulturerbes aufgenommen.

Herstellung von Batik

Die feinste Batik ist *batik tulis* (handgemalte oder – wörtlich übersetzt – „geschriebene" Batik). Entwürfe werden zunächst auf Stoff aufgezeichnet und dann mit einem Wachsstift (*canting*) nachgezeichnet. Die mit Wachs bedeckten Bereiche werden so beim Eintauchen in ein Farbbad ausgespart. Das Wachsen und Färben mit immer dunkleren Tönen setzt sich fort, bis das gewünschte Ergebnis erreicht ist. Wachs wird hinzugefügt, um zuvor gefärbte Bereiche zu schützen, oder abgeschabt, um neue Bereiche dem Farbstoff auszusetzen. Schließlich wird das gesamte Wachs abgekratzt und das Tuch gekocht, um die letzten Reste des Wachses zu entfernen.

Topeng - Masken

Obwohl es im gesamten Archipel geschnitzte Masken gibt, ist die am einfachsten zu erkennende Form die *topeng*, die beim *Wayang Topeng*, den Tanzdramen von Java und Bali, zum Einsatz kommt. Tänzerinnen und Tänzer spielen lokale Geschichten oder Adaptionen hinduistischer Epen wie das Mahabharata, die Masken dienen dabei zur Darstellung verschiedener Figuren. Sie variieren von den stilisierten, aber schlichten Typen Zentral- und West-Javas bis hin zu den aufwendig gestalteten Masken von Ost-Java.

Balinesische Masken sind weniger stilisiert und lebensnaher als in Java – die Balinesen bewahren ihre Liebe zu Farbe und Detail für die Masken des Barong-Tanzes mit einem mystischen Löwenhund, der unermüdlich gegen das Böse kämpft. Achten Sie auf Masken in Geschäften in und um Ubud, besonders im Süden im Dorf Mas.

Kris

Er ist kein gewöhnliches Messer: Der wellenförmige traditionelle Dolch, bekannt als Kris, gehört zum obligatorischem Besitz eines javanischen Ehrenmanns, soll mit übernatürlichen Kräften ausgestattet sein und mit

Die Batikmalerei, eine merkwürdige Mischung aus Handwerk und Kunst, die allzu oft keines von beiden ist, ist in Yogyakarta nach wie vor sehr beliebt. Hier wurde sie einst als Freizeitbeschäftigung für arbeitslose Jugendliche erfunden. Obwohl die meisten Batikmalereien touristischer Schund sind, gibt es einige talentierte Künstler, die es verstehen, mit dem Medium zu arbeiten.

dem größten Respekt behandelt werden. Ein Kris-Besitzer badet und poliert rituell seine Waffe, lagert sie an einem verheißungsvollen Ort und achtet genau auf jedes Rasseln und Kratzen, das von Klinge und Scheide mitten in der Nacht ausgeht. Der Kris bleibt ein integraler Bestandteil der zeremoniellen Kleidung der Männer.

Unterscheidungsmerkmale wie die Anzahl der Bögen der Klinge und die Damaszener-Struktur im Metall werden als gutes oder schlechtes Omen für den Besitzer gedeutet. Fünf Bögen symbolisieren beispielsweise die fünf Pandava-Brüder des Mahabharata-Epos, drei stehen für Feuer, Begeisterung und Leidenschaft. Obwohl die Klinge der wichtigste Teil des Kris ist, sind auch Griff und Scheide wunderschön verziert.

Obwohl der Kris hauptsächlich mit Java und Bali in Verbindung gebracht wird, finden sich auf Sumatra, Kalimantan und Sulawesi größere und weniger verzierte Variationen.

Marionetten

Die berühmtesten Marionetten Indonesiens sind die ledernen *wayang-kulit*-Marionetten. Diese komplizierten Figuren werden mit einem scharfen, meißelförmigen Stift aus Büffelleder geschnitten und anschließend bemalt. Sie stammen hauptsächlich aus Bali und (Zentral-)Java. Das blattförmige *kajon*, das den „Baum" oder „Berg des Lebens" darstellt, ist ebenfalls aus Leder gefertigt und dient dazu, Szenen während einer Performance zu beenden.

Wayang golek sind „dreidimensionale" Holzpuppen, die in Zentral- und West-Java zu finden sind. Die *wayang-klitik*-Marionetten schließlich sind seltener verwendete, flache Holzpuppen aus dem Osten Javas.

Schmuck

Die Gold- und Silberverarbeitung hat in Indonesien eine lange Geschichte. Einige der besten Goldschmuckstücke kommen aus Aceh, wo feine filigrane Arbeiten hergestellt werden, während bulliger wirkende Armbänder und Ohrringe im Gebiet der Batak hergestellt werden.

Balinesischer Schmuck wird fast immer in Handarbeit hergestellt, wobei selten Gusstechniken zum Einsatz kommen; verwendet werden sowohl traditionelle Designs wie auch Vorbilder, die sich an westlichem Schmuck orientieren.

Kota Gede in Yogyakarta ist bekannt für seine feine filigrane Arbeiten. Besteck von hier ist eher traditionell gestaltet, aber auch neue Designs werden adaptiert.

Das beliebte Ubud Writers & Readers Festival (www.ubudwritersfestival.com) auf Bali steigt jedes Jahr im Oktober. Es präsentiert indonesische und internationale Schriftsteller und steht immer unter einem anderen Motto.

KUNST & KUNSTHANDWERK KUNSTHANDWERK

Essen & Trinken

Wer in Indonesien isst, lernt die Seele des Landes kennen. Die Fülle an Reis steht für die fruchtbaren Böden, die Gewürze erinnern an eine Zeit des Handels und der Invasion und feuriger Chili reflektiert die Leidenschaft der Menschen. Die indonesische Küche ist ein riesiger kulinarischer Schmelztiegel: Chinesen, Portugiesen, Kolonisten und Händler prägten ihre Zutaten, zudem hinterließen die verschiedenen Landschaften, Menschen und Kulturen des Archipels über die Zeit ihre Spuren.

Typisches & Spezialitäten

Die indonesische Küche ist recht einfach – die charakteristischen Aromen der Zutaten sprechen für sich. Koriander, Kumin, Chili, Zitronengras, Kokosnuss, Sojasauce und Palmzucker spielen eine wichtige Rolle, ebenso wie Sambal, eine scharfe Chilipaste javanischen Ursprungs. Fisch ist ein Klassiker und die entsprechenden Restaurants bieten oft einen guten Standard. In Indonesien isst man traditionell mit den Fingern, deshalb ist der Reis so klebrig. Zu den bekanntesten Gerichten des Landes gehören *sate* (Fleischspieße), *nasi goreng* (gebratener Reis) und *gado gado* (Gemüse mit Erdnusssauce).

Jajanan (Snacks) werden überall und in tausenden süßen und herzhaften Varianten verkauft. Zu den vielen verschiedenen Zutaten gehören dabei Erdnüsse, Kokosnüsse, Bananen und Süßkartoffeln.

Indonesiens Nationalgericht ist *nasi campur*, eine Art Tagesgericht. Serviert wird die Kombination verschiedener Speisen und Aromen in Straßenständen, *warungs* und Restaurants. In *warungs* stellen Gäste ihr Gericht selbst aus Dutzenden Leckereien zusammen.

Regionalküchen

Wie Sambal hat auch die indonesische Küche viele verschiedene Erscheinungsformen.

Java

Die Küche der Betawi, der ursprünglichen Bewohner der Region Jakarta, ist für ihre Vielfalt bekannt. *Gado gado* ist ein Klassiker, ebenso wie *ketoprak* (Nudeln, Bohnensprossen und Tofu mit Soja- und Erdnusssauce; benannt nach einem Musikstil, da das Zerkleinern der Zutaten dessen Klang ähnelt). *Soto Betawi* (Rindfleischsuppe) verleiht Kokosmilch eine gewisse Cremigkeit, außerdem gibt es *nasi uduk* (in Kokosmilch gekochter Reis, serviert mit Fleisch, Tofu und/oder Gemüse).

Die Sundanesen in Westjava lieben ihr Grünzeug. Zu den Spezialitäten gehören *karedok* (Salat mit Spargelbohnen, Bohnensprossen und Gurke mit würziger Sauce), *soto Bandung* (Suppe mit Rindfleisch, Gemüse und Zitronengras) und *ketupat tahu* (gepresster Reis, Bohnenspros-

---

NUR ECHTES SAMBAL!

Die pikante Würzsauce Sambal gibt es in den unterschiedlichsten Varianten und oft ist sie das Highlight einer Mahlzeit. Häufig wird Touristen jedoch nur die zahme Version aus der Flasche zugetraut. Am besten auf dem Original bestehen („*sambal lokal?*" – „lokales Sambal?"), das frisch in der Küche aus verschiedenen Zutaten zubereitet wird, z.B. mit Knoblauch, verschiedenen Chilisorten, Fischsauce und Tomaten.

WER TRAUT SICH?

Das alltägliche kulinarische Angebot Indonesiens bietet dem Gaumen ganz neue Reize. Hier ein paar Highlights:

➡ In Nusa Tenggara Timur (insbesondere in Alor und Flores) gibt es ein sensationelles schimmerndes, würzig- öliges Gericht mit leicht beißendem Geschmack namens *ikan kuah assam* (Tamarindenfischsuppe). Dabei wird ein Fischsteak oder ein halber Fisch (oft mit Gräten) gedämpft und in würziger Tamarindenbrühe serviert. Das einfache, stärkende Gericht macht glücklich und hat das Potenzial zum kulinarischen Highlight einer Indonesienreise.

➡ Die Durian, auch Stinkfrucht genannt, hat ein ernstes Imageproblem. Ihre stachlige Schale erinnert an ein Folterinstrument der Spanischen Inquisition und beim Aufschneiden verströmt sie ihren charakteristischen Geruch. Nachdem man den intensiven Geschmack mit Vanillearomen das erste Mal erlebt hat, liebt oder hasst man sie!

➡ Balinesische Spezialitäten sind vielerorts erhältlich. Manche *warungs* haben *siobak* (Kopf, Magen, Zunge und Haut vom Schwein zerhackt und mit Gewürzen gekocht) im Angebot.

➡ Für Avocadosaft wird eine Avocado mit Eis und Kondensmilch (oder Schokoladensirup) gemischt und serviert. In Indonesien nichts Ungewöhnliches, hier gilt die Avocado als süßliche Frucht.

sen und Tofu mit Soja- und Erdnusssauce). Süße sundanesische Klassiker sind z. B. *colenak* (gebratener Maniok mit Kokossauce) und *ulen* (gebratener Klebreis mit Erdnusssauce); beides schmeckt warm am besten. In Bandungs kühleren Bergen werden gern *bandrek* (Ingwertee mit Kokosnuss und Pfeffer) und *bajigur* (gewürzter Kaffee mit Kokosmilch) getrunken.

In Zentraljava isst man gern süß, das gilt auch für Currys wie *gudeg* (Jackfrucht-Curry). Zu Yogyakartas Spezialitäten gehören *ayam goreng* (Brathühnchen) und *kelepon* (grüne Reismehlbällchen mit Palmzuckerfüllung). In Solo kommen z. B. *nasi liwet* (Reis mit Kokosmilch, grüner Papaya, Knoblauch und Schalotten, serviert mit Hühnchen oder Ei) und *serabi* (Kokosmilchpfannkuchen mit Schokolade, Banane oder Jackfrucht) auf den Tisch.

Zentraljava und Ostjava haben kulinarisch gesehen viel gemein. Beliebt ist Fisch, insbesondere *pecel lele* (frittierter Wels mit Reis und *pecel*). Die beste *pecel* (Erdnusssauce) kommt aus der Stadt Madiun.

Zwei sehr populäre maduresische Gerichte sind *soto Madura* (Rindfleischsuppe mit Limette, Pfeffer, Erdnüssen, Chili und Ingwer) und *sate Madura* (Fleischspieße mit süßer Sojasauce).

Bali

Balinesische Spezialitäten findet man fast überall. Besucherfreundliche *warungs* verkaufen gute balinesische Gerichte in verschiedenen Schärfegraden und viele Restaurants servieren den sehr beliebten Klassiker *babi guling* (Spanferkel, gefüllt mit Chili, Kurkuma und Ingwer) auf Vorbestellung, wobei sich auch zahlreiche *warungs* auf letzteren spezialisiert haben. Einfach nach einem gezeichneten Schweinekopf auf dem Schild oder einem echten im Schaukasten Ausschau halten. Ebenfalls beliebt ist *bebek betutu* (mit Gewürzen gefüllte Ente, die in Bananenblätter und Kokosnussschale gehüllt in der Glut gegart wird).

Beim hiesigen *sate, sate lilit,* handelt es sich um aromatische Hackfleischspieße. Zu den würzig-scharfen Gerichten gehört *lawar* (ein Salat mit geschnittener Kokosnuss, Knoblauch und Chili mit Hähnchenfleisch und -blut).

Die Region Cianjur in Java ist für ihre süße, würzige Küche bekannt. Typisch sind *lontong* (Klebreis mit Tofu in leckerer süßer Kokosmilchsauce), das beste Rindfleischsate in Java, von Einheimischen *marangi* genannt, und *pandan wangi,* aromatischer, meist mit Zitronengras und Gewürzen gekochter Reis.

Sate pusut

Sumatra

In Westsumatra wird Rindfleisch zu *rendang* (Rindfleisch-Kokosnuss-Curry) verarbeitet. In der Region ist die würzige Padang-Küche beheimatet, die zu den bekanntesten des Landes gehört. Auf dem Markt in Bukittinggi kann man wunderbar *nasi Kapau* (Küche aus dem Dorf Kapau) probieren. Sie ähnelt der aus Padang, ist jedoch mehr von Gemüse geprägt. Zudem gibt es *bubur kampiun* (Mungbohnenbrei mit Bananen und Reisjoghurt).

Die Achinesen in Nordsumatra lieben *kare* bzw. *gulai* (Curry). Die Batak essen gern Schweinefleisch, z. B. als *babi panggang* (in Essig und Schweineblut gekocht und gebraten) verarbeitet, und teils auch Hund.

Die kulinarische Hauptstadt von Südsumatra ist Palembang, bekannt für *pempek* (frittierte Fischfrikadellen mit Sagostärke; auch *empek-empek* genannt). Typisch für den Süden sind außerdem *pindang* (würzige Fischsuppe mit Soja und Tamarinde) und *ikan brengkes* (Fisch in würziger Sauce auf Durianbasis). Palembangs süße Spezialität ist *srikaya* (grüne Creme aus Klebreis, Zucker, Kokosnussmilch und Ei).

Nusa Tenggara

Im trockenen Nusa Tenggara im Osten gibt es weniger Reis (obwohl viel importiert wird) und mehr Sago, Mais, Maniok und Taro. Fisch ist beliebt, z. B. als *sepat* (kleingehackter Fisch in Kokosmangosauce) auf Sumbawa.

Die Sasak auf Lombok (und ihre Besucher!) essen gern würziges *ayam Taliwang* (Brathähnchen mit einem Dip aus Erdnuss, Tomate, Chili und Limette) und *pelecing*-Sauce (mit Chili, Garnelenpaste und Tomate). Ebenfalls zu empfehlen ist *sate pusut* (Hackfleisch oder Fisch mit Kokosnuss, gegrillt auf Bambusspießen). Zu den vegetarischen Spezialitäten gehören *kelor* (Gemüsesuppe) und *timun urap* (Gurke mit Kokosnuss, Zwiebel und Knoblauch).

Ikan bakar, serviert mit *dabu-dabu*

Kalimantan

Die Dayak-Küche ist vielfältig. Typisch ist z. B. *rembang,* eine saure Frucht, die zu *sayur asem rembang* (saure Gemüsesuppe) verarbeitet wird. In Banjarmasin kommt *pepes ikan* (würziger, in Bananenblättern mit Tamarinde und Zitronengras gekochter Fisch) auf den Tisch, während die Stadt Kandangan für *ketupat Kandangan* (Fisch und gepresster Reis mit Kokoslimettensauce) bekannt ist. Bei der regionalen Spezialität *soto Banjar* handelt es sich um eine Hühnerbrühe, der zerdrückte gekochte Eier eine gewisse Sämigkeit verleihen. Hühnchen wird auch als *ayam masak habang,* mit langen roten Chilis gekocht, serviert.

Es gibt eine große chinesische Gemeinde und Restaurants haben meist entsprechende Spezialitäten wie Vogelnestsuppe und Qualle auf der Karte.

Sulawesi

In Südsulawesi isst man gern Meeresfrüchte und Fisch, insbesondere *ikan bakar* (gegrillter Fisch). Ebenfalls beliebt ist die hiesige Spezialität *coto Makassar* (Suppe mit Rinderinnereien, Pfeffer, Kumin und Zitronengras). Für Naschkatzen gibt's *es pallubutun* (Kokoscreme und Banane in Kokosmilch und Sirup).

Die charakteristische Küche der Toraja ist stark von indigenen Zutaten geprägt, die dem westlichen Gaumen größtenteils fremd anmuten. Weit verbreitet ist *pa'piong,* Fleisch oder Fisch im Bambusrohr mit Gewürzen gekocht. Typisch ist außerdem *pamarasan,* eine würzige schwarze Sauce, in der Fleisch gekocht wird.

In Nordsulawesi bezeichnet *rica-rica* ein Gericht, das mit einer Paste aus Chili, Schalotten, Ingwer und Limette zubereitet wird. Fisch und Hühnchen sind dabei zwei Varianten (es gibt auch Hund). Für stark fischiges Aroma sorgt *bakasang* (Gewürzpaste aus fermentiertem Fisch),

Auf dem schwimmenden Markt in Banjarmasin kann man nach Herzenslust exotische Früchte probieren. Zur Auswahl gehören alle möglichen fremdartigen, ungewöhnlich aussehenden Spezies wie die stachlige, intensiv riechende Durian.

das teils bei *bubur tinotuan* (Brei aus Mais, Maniok, Reis, Kürbis, Fischpaste und Chili) zum Einsatz kommt.

Maluku

Cradle of Flavor (2006) von James Oseland, dem Herausgeber des Magazins Saveur, widmet sich mit wunderschönen Bildern der Küche Indonesiens und seiner Nachbarn.

Typisch für Maluku sind Thunfisch und *dabu-dabu* (rohes Gemüse mit einer Sauce aus Chili und Fischpaste). Fisch wird u. a. als *kohu-kohu* (Fischsalat mit Zitrusfrucht und Chili) serviert. Sagomark kommt bei Brei, Brot und *mutiara* (kleine geleeartige „Bohnen", die Nachspeisen und süßen Getränken verfeinern) zum Einsatz. Gekochter Maniok *(kasbi)* ist ein Klassiker der hiesigen Küche, da er günstiger als Reis ist.

Auf den Banda-Inseln verfeinert Muskatgelee Brot und Pfannkuchen, schließlich wurde auf den einstigen „Gewürzinseln" Muskat erstmals angebaut.

Papua

Hier wird nur wenig Reis angebaut und die indigenen Papua beziehen ihre Kohlenhydrate aus anderen Nahrungsmitteln. Der Reis, den Zugezogene aus anderen Teilen Indonesiens verzehren, wird größtenteils importiert. Im Hochland Papuas ist die Süßkartoffel allgegenwärtig. Die Dani bauen rund 60 verschiedene Sorten an, von denen einige den Stammesältesten vorbehalten sind.

Im Tiefland dient die stärkehaltige Sagopalme als Grundnahrungsmittel. Deren vermahlenes Mark wird zu harten, feuchten Sagokeksen verarbeitet, aus denen durch Zugabe von Wasser *papeda* wird. Die klebrige Paste wird üblicherweise mit Fisch in einer gelben Kurkuma-Limettensauce gegessen. Manch einem schmeckt der Fisch allerdings besser als *papeda*. Manche Bewohner des Tieflandes essen auch die Raupen des Sagokäfers, die man in verrottenden Sagopalmen findet.

Festlichkeiten

Egal ob Hochzeit, Beerdigung oder Party mit Freunden – das Essen (und davon jede Menge!) ist essentieller Bestandteil des jeweiligen Fests. An Festtagen kommen die verschiedensten Gerichte auf den Tisch, bei be-

---

FRUCHTIGER GENUSS

Eine Reise nach Indonesien lohnt sich allein schon wegen der tropischen Früchte.

➡ *Belimbing* (Sternfrucht) ist erfrischend und knackig; beim Aufschneiden erschließt sich der Name.

➡ Durian (Stinkfrucht) ist die stachelige intensiv riechende Frucht, die man entweder liebt oder hasst.

➡ *Jambu air* (Javaapfel) ist eine rosarote glockenförmige Frucht mit knackigem, erfrischendem Fleisch.

➡ *Manggis* (Mangostane) ist eine kleine dunkelrote Frucht, deren in Segmente aufgeteiltes Fruchtfleisch fantastisch schmeckt.

➡ *Nangka* (Jackfrucht) ist eine riesige stachelige Frucht, die über 20 kg wiegen kann. Das in Segmente aufgeteilte Fleisch ist gelb, feucht und süß, hat eine leicht gummiartige Konsistenz und wird frisch oder gekocht als Curry gegessen.

➡ *Rambutan* ist eine hellrote Frucht mit weichen Borsten. Der Name bedeutet „haarig". Das leckere weiße Fruchtfleisch erinnert an die Litschi.

➡ *Salak* hat eine braune schuppige Schale. Das in Segmente aufgeteilte Fruchtfleisch darunter erinnert an eine Mischung aus Apfel und Walnuss.

➡ *Sirsak* (Stachelannone oder Sauersack) hat eine grüne warzige Schale und weißes weiches Fruchtfleisch mit zitronenartigem Geschmack.

STRASSENESSEN

Da sich viele Einheimische einen teuren Restaurantbesuch nicht leisten können, findet man auf der Straße die authentischste Küche. Auch gut Betuchte wissen das, deswegen steuert im Grunde jeder die Essensstände an oder lässt sich Nudeln von einem Straßenhändler servieren, der seine Habseligkeiten in zwei mit einem Stock verbundenen Bündeln auf den Schultern transportiert, einen Herd mit Wok auf der einen, die vorbereiteten Zutaten auf der anderen Seite.

Kaki lima sind Straßenhändler, in deren Wagen Arbeitsbank, Herd und Schauvitrine integriert sind. „*Kaki lima*" bedeutet „fünf Beine": zwei für die Wagenräder, eines für den Stand und zwei für die Beine des Verkäufers. Zur Wahl stehen diverse Gerichte, Getränke und Snacks. Manche Händler haben einen festen Standort, andere wandern umher und preisen ihre Ware durch Rufen oder ein Geräusch wie dem „Tock" einer hölzernen *bakso*-Glocke an. Manchmal verkaufen bootsförmige Wagen *sate* und klingeln Kundschaft herbei.

sonderen Gelegenheiten steht jedoch *tumpeng* im Mittelpunkt – eine Pyramide aus gelbem Reis, deren Spitze der bedeutendsten anwesenden Person vorbehalten ist.

Muslimisch

Anlässlich Ramadan und Eid ul-Adha feiern die Muslime ihre wichtigsten Feste. Während des Ramadan stehen Gläubige vor Sonnenaufgang auf, um die letzte Mahlzeit vor Sonnenuntergang zu sich zu nehmen. Besucher müssen deshalb entsprechende Vorkehrungen treffen und auf das Mittagessen verzichten, doch die Freude, mit der Einheimische nach Sonnenuntergang eine gute Mahlzeit genießen, ist einfach ansteckend.

In Indonesien bricht man das Fasten mit *kolak* (Frucht in Kokosmilch), um den Körper langsam wieder an das Essen zu gewöhnen. Später, nach dem Gebet, wird das Abendessen zelebriert. Mancherorts, u. a. in Bukittinggi, werden Speisen auf der Straße dargeboten. Das Essen ist ein genussvolles Gemeinschaftserlebnis, bei dem ausländische Gäste jederzeit willkommen sind.

Nach dem Ramadan machen sich große Teile des Landes auf den Weg zu ihren Familien, um gemeinsam Eid al-Fitr (Fest des Fastenbrechens) zu feiern. Dann hängen überall *ketupat* (in geflochtenen Taschen aus Kokospalmenblättern gekochter Reis), die auch dekorativen Zwecken dienen.

70 Tage nach dem Fest des Fastenbrechens wird Eid ul-Adha gefeiert. Sowohl in der Stadt als auch auf dem Land sieht man dann auf dem gesamten Archipel Ziegen auf der Straße, die an Pfähle angebunden sind. Die totgeweihten Tiere werden gemeinschaftlich oder von Einzelpersonen erstanden und dann geopfert. Damit wird an Ibrahims Bereitschaft erinnert, seinen Sohn auf göttliches Geheiß hin zu opfern. Die Vorfreude der Einheimischen ist bei diesem Fest besonders groß, da das Fleisch der geopferten Ziegen an die Armen der jeweiligen Gemeinde verteilt wird.

Balinesisch

Auf dem balinesischen Kalender gibt es jede Menge Festlichkeiten. Diese begleitet ein gemeinschaftliches Mahl, dessen verschiedene Bestandteile manchmal auf einem einzigen riesigen Bananenblatt serviert werden.

Nicht nur bei Festen, sondern auch im Alltag hat Essen auf Bali eine religiöse symbolische Bedeutung. Geflochtene, mit Reis gefüllte Bananenblättertaschen werden in Türrahmen, neben Reisfeldern, in Busbahnhöfen und überall sonst, wo ein Gott oder Geist vermutet wird, aufgehängt. Zu besonderen Anlässen wie *odalan* (Tempelgeburtstag) werden größere Opfergaben mit ganzen Hühnern sowie Obst und Gemüse dargebracht. Diese balancieren Frauen in Prozessionen geschickt auf dem Kopf zum Tempel.

Kulinarische Highlights

Hujon Locale, Bali (S. 293)

Melati, Java (S. 200)

Historia, Jakarta (S. 78)

Sari Rasa, Nusa Tenggara (S. 419)

Ocean's Resto, Kalimantan (S. 700)

Coto Nusantara, Sulawesi (S. 728)

Oben: *Nasi campur* (S. 843)

Unten: *Es jus* aus Drachenfrucht(S. 845)

Wohin zum Essen?

Außerhalb größerer Städte und touristischer Gegenden sind die Möglichkeiten, in Indonesien essenzugehen, beschränkt. *Warungs* sind einfache Straßenverkaufsstände, die eine kleine Auswahl an Speisen anbieten. Ihr Erfolg liegt oft darin, sich auf ein Gericht zu spezialisieren und dieses besonders gut zu kochen. Die Begriffe *rumah makan* (Gaststätte) und *restoran* bezeichnen alles, was eine Stufe über einem *warung* steht. Das Angebot ist oft ähnlich einfach, meist gibt es jedoch eine größere Auswahl an Gerichten mit Fleisch und Gemüse sowie würzigen Beilagen.

Indonesiens Mittelklasse wächst, deswegen gibt es mittlerweile auch gehobenere *warungs*. In Städten bezeichnen sich klassische Restaurants als *warungs* und servieren einer immer anspruchsvolleren Kundschaft gute lokale Gerichte.

Indonesiens Märkte geben wunderbare Einblicke in die Bedeutung von Essen für Körper und Seele. Kühlungsmöglichkeiten gibt es nicht, deswegen gilt: Wer viel verkauft, hat meist frische Ware. Es gibt zudem eine riesige Auswahl an süßen und herzhaften Snacks. Supermärkte und Gemischtwarenläden findet man in Städten und touristischen Gegenden.

Vegetarier & Veganer

Vegetarier können sich freuen: Tempeh und *tahu* (Tofu) sind weit verbreitet. Die Auswahl umfasst dabei große Stücke von *tempe penyet* (frittiertes Tempeh), *tempe kering* (Tempeh-Würfel aus der Pfanne mit süßer Sojasauce) oder auch *tahu isi* (frittierter, gefüllter Tofu). Die Suche nach frischem Gemüse ist hingegen schwieriger. Chinesische Restaurants können auf Wunsch *cap cai* (gemischtes Gemüse) zubereiten. Vegetarische gebratene Reis- oder Nudelgerichte findet man außerdem in vielen anderen Lokalitäten. Außerdem gibt's natürlich den Klassiker *gado gado*.

Zahlreiche Restaurants, u.a. in Padang, servieren *nasi campur* (Reis mit verschiedenen Beilagen), eine Art Nationalgericht. Neben der Fleischvariante gibt es dieses z.B. auch mit Tofu, Tempeh, Jackfrucht- oder Eispeisen sowie Blattgemüse.

Hiesige Märkte bieten immer eine großartige Auswahl an Obst.

Essen mit Kindern

Die Angst, dass versteckter Chili ihr Kind Feuer speien lässt, schwingt bei vielen Eltern mit, meist wird man jedoch gewarnt, wenn ein Gericht scharf ist. Um sicherzugehen, fragt man einfach: *„Pedas tidak?"* („Ist es scharf?") oder *„Makanan tidak pedas ada?"* („Gibt es Gerichte, die nicht scharf sind?").

Für Kinder geeignet sind *nasi goreng, mie goreng* (gebratene Nudeln), *bakso* (Suppe mit Fleischbällchen), *mie rebus* (Nudelsuppe), *perkedel* (frittierte Pastetchen), *pisang goreng* (frittierte, mit Teig überzogene Bananen), *sate, bubur* (Reisbrei), Obst und Fruchtgetränke. Indonesiens zuckerhaltige Eisgetränke sind eine nützliche Geheimwaffe, wenn die Energievorräte aufgebraucht sind. All dies gibt es an Straßenständen und in Restaurants. Nicht verfügbar sind dagegen Hochstühle und spezielle Kindergerichte. Das bedeutet aber nicht, dass Kinder nicht willkommen sind. Meist wird den Kleinen mehr Aufmerksamkeit zuteil, als ihnen lieb ist!

In touristischen Gegenden und Städten verkaufen die üblichen Fast-Food-Läden und kleine Supermärkte internationale Snacks. Bei ausgeprägten Trotzanfällen erweist ein Eis am Stiel oft gute Dienste…

Glutamat kommt in der indonesischen Küche oft zum Einsatz. In *warungs* kann man den Koch bitten, auf das *ajinomoto* zu verzichten. Das Schlimmste, was passieren kann, ist ein verständnisloser Blick.

Esskultur

Angesichts einer Bevölkerungszahl von über 260 Mio. ist die indonesische Esskultur nicht überall einheitlich. Bei einem Restaurantbesuch gibt es, abgesehen von der fehlenden Speisekarte, keinerlei Überraschungen. Isst man bei jemandem zu Hause, gibt es ein paar Dinge zu beachten, wenn man nicht unangenehm auffallen möchte, insbesondere, wenn man offiziell zu einer Mahlzeit eingeladen wird.

Etikette

In Indonesien wird Gastfreundschaft groß geschrieben. Wird man von jemanden nach Hause zum Essen eingeladen, ist der Umgang herzlich und gesellschaftliche Konventionen spielen kaum eine Rolle. Dennoch gibt es ein paar Tipps, um potentielle Fettnäpfchen zu vermeiden.

➜ Sind das Essen oder die Getränke serviert, wartet man auf den Startschuss des Gastgebers.

➜ In Indonesien isst man selten am Tisch, sondern sitzt auf einer Matte oder im Wohnzimmer.

➜ Nicht überrascht sein, wenn man bei einer Essenseinladung als einziger isst. So zeigt der Gastgeber, dass man etwas Besonderes ist. Am besten probiert man Verschiedenes in kleinen Mengen – andere möchten davon später noch satt werden. Reis füllt den Magen, von den anderen Speisen nur einen Löffel nehmen.

➜ In chinesisch-indonesischen Lokalen gibt es Stäbchen, in Restaurants Besteck, am liebsten essen Einheimischen jedoch mit den Händen. In *warungs* kann man seine Finger einfach mit Trinkwasser über dem Boden abspülen. Nur die rechte Hand benutzen, Linkshänder bitten um einen Löffel.

➜ In muslimisch geprägten Regionen während des Ramadan nicht in der Öffentlichkeit essen oder trinken. Restaurants sind geöffnet, verhüllen jedoch aus Respekt meist ihre Tür.

➜ Offiziell gibt es mittlerweile auch in Indonesien Nichtraucherbestimmungen, dennoch kann man noch immer fast überall rauchen.

Reis auf dem Feld nennt sich *padi*, Reiskörner auf dem Markt heißen *beras* und gekochter Reis auf dem Teller wird als *nasi* bezeichnet.

Getränke

Wer das erste Mal nach Jakarta oder Bali reist, wird sich angesichts der vielen Bars und Clubs fragen, ob Indonesien tatsächlich ein mehrheitlich muslimisch geprägtes Land ist. Das ist es jedoch, und außerhalb großer Städte und touristischer Gegenden ist es nicht einfach, Alkohol zu bekommen. Cafés sind hingegen zahlreich vertreten. Teils gibt's dort Livemusik und immer einen frischen Fruchtsaft.

Tee

Indonesiens beliebtestes Gebräu ist schwarzer Tee mit Zucker. Wer keinen Zucker möchte, fragt nach *teh pahit* (bitterer Tee). Milch wird meist nicht dazu serviert. Gern getrunken werden zudem verschiedene Variationen von Ingwertee, z. B. *bandrek* (Ingwertee mit Kokosnuss und Pfeffer) und *wedang jahe* (Ingwertee mit Erdnüssen und Agarwürfeln, der aus einer Schüssel geschlürft wird).

Kaffee

Indonesischer Kaffee, insbesondere aus Sulawesi, ist von ausgezeichneter Qualität, allerdings werden die besten Sorten größtenteils exportiert. *Warungs* servieren dickflüssiges *kopi tubruk* (gemahlener Kaffee mit Zucker und kochendem Wasser). Die meisten urbanen Cafés und Restaurants haben hochwertigen Kaffee; besonders gut sind die Bohnen aus Sumatra und Bali.

Eis- & Fruchtgetränke

Indonesiens mit Sirup, Früchten und Gelee verfeinerte *es* (Eisgetränke) sind nicht nur erfrischend, sondern auch optisch ansprechend. Vielerorts werden *es jus* (geeister Fruchtsaft) oder erfrischendes *kelapa muda* (Saft von jungem Kokosnussfleisch) verkauft. In Städten wird Eis mit Filterwasser hergestellt, auf dem Land ist hingegen Vorsicht angesagt.

Alkoholische Getränke

Der Islam ist die vorherrschende Religion in Indonesien und der Verkauf von Alkohol wird zunehmend eingeschränkt. Anfang 2015 wurde ein Gesetz verabschiedet, das den Vertrieb alkoholischer Getränke, Bier eingeschlossen, in Minimärkten und Geschäften in ganz Indonesien untersagt. Da die meisten dort ihr Bier kaufen, hätte das Gesetz die Verfügbarkeit von Alkoholika auf dem gesamten Archipel erheblich eingrenzen können, Strafverfolgung und Kontrolle wurden jedoch lax gehandhabt. Nach ein paar Monaten und einigem Gegenwind überarbeitete man das Gesetz, sodass Städte und Regionen nun selbst über Regelungen zum Verkauf von Bier, Wein und einigen traditionellen Getränken entscheiden können. Mit Ausnahme von Aceh, Teilen von Jawa Barat, Regionen in Sumbawa, Maluku und Papua sowie anderen konservativ geprägten Gebieten kann man noch immer Bier kaufen. Viele *warungs* haben allerdings keinen Alkohol im Angebot.

Zu den traditionellen Alkoholika gehören *tuak* (Palmwein), *arak* (Reis- oder Palmwein) und balinesisches *brem* (Reiswein). Beim Kauf von *arak* ist Vorsicht angesagt. Während des Gärprozesses entsteht giftiges Methanol, das manchmal nicht verbrannt wird, wie es eigentlich sein sollte. Nach dem Genuss von *arak* starben bereits Menschen, vor allem auf Bali und den Gili-Inseln.

Eine beliebte hiesige Biermarke ist Bintang, das ein schnörkelloses, leicht süßliches Lager braut.

Der importierte Alkohol, der in Geschäften und Restaurants verkauft wird, ist mit einer saftigen Steuer belegt, erschwinglicher australischer Wein oder britischer Gin ist auf Bali deswegen Mangelware. Entsprechende Vorräte legt man besser in Duty-Free-Läden an. Außerhalb von Luxusresorts ist es sonst nicht einfach, an Wein und andere alkoholische Getränke zu kommen. In den meisten großen Städten gibt es allerdings inoffizielle Spirituosengeschäfte, die oft indonesische Erzeugnisse verkaufen.

ESSEN & TRINKEN GETRÄNKE

Typisch für Aceh ist das beliebte proteinreiche Getränk *kopi telor kocok*. Dabei wird ein rohes Ei mit Zucker zu einer Creme verrührt und mit Kaffee bedeckt.

ESSENSGLOSSAR

acar	in einer Mischung aus Essig, Salz, Zucker und Wasser eingelegtes Gemüse, z. B. Gurke
air	Wasser
arak	aus Palmensaft oder Reis gewonnenes alkoholisches Getränk
ayam	Hühnchen
ayam goreng	Brathähnchen
babi	Schweinefleisch; Indonesien ist größtenteils muslimisch, deshalb gibt es Schweinfleisch in der Regel nur an Marktständen und in Restaurants, die von Chinesen betrieben werden, sowie in Gebieten mit nicht-muslimischen Bewohnern wie Bali, Papua und Tana Toraja auf Sulawesi
bakar	gegrillt, gebraten
bakso/ba'so	Fleischbällchensuppe
bandrek	Ingwertee mit Kokosnuss und Pfeffer
brem	Reiswein
bubur	Reisbrei
Cassava	auch Maniok; lange dünne dunkelbraune Wurzel, die an eine verschrumpelte Rübe erinnert
colenak	gebratener Maniok mit Kokosmilchsauce
daging kambing	Ziege
daging sapi	Rindfleisch
es buah	Mischung aus zerstoßenem Eis, Kondensmilch, gehobelter Kokosnuss, Sirup, Gelee und Obst
gado gado	sehr beliebtes Gericht mit gedünsteten Bohnensprossen und verschiedenem Gemüse, serviert mit pikanter Erdnusssauce
gudeg	Jackfrucht-Curry
ikan	Fisch
jajanan	Snacks
karedok	Salat mit Spargelbohnen, Bohnensprossen, Gurken und würziger Sauce
kelepon	grüne Reismehlbällchen mit Palmzuckerfüllung
ketoprak	Nudeln, Bohnensprossen und Tofu mit Soja- und Erdnusssauce
ketupat tahu	gepresster Reis, Bohnensprossen und Tofu mit Soja- und Erdnusssauce
kopi	Kaffee
krupuk	Garnelen mit Maniokmehl oder Fischflocken mit Reismehlteig, in Scheibchen geschnitten und knusprig frittiert
lombok	Chili
lontong	im Bananenblatt gedämpfter Reis
martabak	eine Art Pfannkuchen, gefüllt mit Fleisch, Ei und Gemüse
mie goreng	gebratene Weizenmehlnudeln mit Gemüse oder Fleisch
nasi	Reis
nasi campur	gedämpfter Reis mit kleinen Portionen von Gemüse, Fleisch, Fisch und *krupuk*; meist eine leckere, sättigende Mahlzeit
nasi goreng	gebratener Reis
nasi liwet	Reis mit Kokosmilch, unreifer Papaya, Knoblauch und Schalotten, serviert mit Hühnchen oder Ei
nasi putih	weißer Reis (aus Putih), meist gedämpft
nasi uduk	in Kokosmilch gekochter Reis mit Fleisch, Tofu und/oder Gemüse

pecel	Erdnusssauce
pecel lele	frittierter Wels mit Reis und *pecel*
pempek (empek-empek)	frittierter/gegrillter Fisch und Sagobällchen (aus Palembang)
pisang goreng	frittierte Banane im Teigmantel
rica-rica	Gewürzmischung mit Pfeffer für Fleisch oder Fisch
rintek wuuk	Hundefleisch
roti	Brot; fast immer weiß und süß
sambal	scharf-würzige Chilisauce, die zu den meisten Gerichten serviert wird
sate	gemischter Grillspieß mit Erdnusssauce
sayur	Gemüse
serabi	Kokosmilchpfannkuchen mit Schokolade, Banane oder Jackfrucht
soto	Brühe mit Fleisch und Gemüse; Suppe
soto Bandung	Rindfleischgemüsesuppe mit Zitronengras
soto Betawi	Rindersuppe
soto Madura	Rindersuppe mit Limette, Pfeffer, Erdnüssen, Chili und Ingwer
tahu	Quark aus Tofu oder Soja
teh	Tee
teh pahit	Tee ohne Zucker
telur	Ei
tuak	Palmwein
udang	Krabben oder Garnelen
ulen	gebratener Klebreis mit Erdnusssauce

Natur & Umwelt

Es ist kein Wunder, dass die Indonesier ihr Land Tanah Air Kita (wörtlich: „Unser Land und Wasser") nennen, da es der ausgedehnteste Archipel der Welt ist. Von den über 17 500 Inseln sind etwa 6000 bewohnt. Diese abwechslungsreichen Landschaften und Gewässer sind Heimat einer beeindruckenden Sammlung an Pflanzen- und Tierarten. Doch genau dieses Geschenk ist Indonesiens Achillesferse – dieser Reichtum zieht jede Form von Ausbeutung an, praktisch jeder Winkel Indonesiens ist bedroht.

Geografie

Der britische Naturforscher Alfred Russel Wallace war der erste, der während einer achtjährigen Erkundung die unterschiedlichen Umweltzonen Indonesiens bemerkte, die er in *Der Malayische Archipel* mit feiner Prosa beschreibt.

So wie die Mixtur an Kulturen, die das politische Wesen Indonesiens formte, erst vor nicht allzu langer Zeit entstand, ist auch das geografische Mischwerk jenes Landes, das die Indonesier als ihre Heimat bezeichnen, relativ jung – geologisch gesehen. Wenn Sulawesi dem Betrachter von oben ein bisschen wie eine Insel erscheint, die in einen Mixer geraten ist, dann deshalb, weil dort drei große Brocken Erdkruste in einem Wirbel tektonischen Chaos zusammenlaufen. Vor ungefähr 30 Mio. Jahren raste die australische Platte (mit Papua und den Molukken huckepack) von Süden in das Sundaschelf (mit Sumatra, Java und Borneo), während die sich drehende philippinische Platte von Osten her von der pazifischen Platte hineingedrückt wurde. Das Ergebnis: eine Landschaft und Ökologie, die so vielschichtig und energiegeladen ist wie die Menschen, die hier leben.

Vulkane

Das Gros Indonesiens wird durch die 150 Vulkane bestimmt, von denen 127 aktiv sind: spektakuläre Gipfel, die sich über Wälder, Ozeane und Völker erheben. Einige Wanderer fühlen sich zu ihren dampfenden Höhen hingezogen, während andere zu ihren farbigen Seen und sprudelnden Schlammgruben pilgern. Nährstoffreiche Böden bieten den Einheimischen hohe Ernteerträge und erlauben so eine höhere Bevölkerungsdichte – ein Vorteil, der auch mit erheblichen Risiken verbunden ist.

Mindestens fünf Millionen Indonesier leben in der Gefahrenzone aktiver Vulkane. Große und kleine Ausbrüche finden nahezu laufend statt

DER PAZIFISCHE FEUERRING

Indonesien erstreckt sich entlang eines Teils des Pazifischen Feuerringes. Durch tektonische Kräfte schieben sich die indo-australischen und pazifischen Platten unter die eurasische Platte, wo sie 150 km unter der Oberfläche schmelzen. Ein Teil dieses geschmolzenen Gesteins arbeitet sich nach oben, wo es zu gewaltsamen und tödlichen Eruptionen führen kann.

Noch bedrohlicher ist die Tatsache, dass diese Platten, wenn sie aneinander vorbeigleiten, verheerende Erdbeben und Tsunamis verursachen können. Der Tsunami 2004 auf Sumatra wurde durch ein Erdbeben vor der Küste ausgelöst, das drittgrößte, das jemals registriert wurde. Es erzeugte Wellen von bis zu 10 m Höhe. Der Tsunami tötete 167 799 Indonesier und machte weitere 500 000 obdachlos.

und einige haben buchstäblich Geschichte geschrieben. Asche von dem katastrophalen Ausbruch des Tambora in Sumbawa im Jahr 1815 tötete 71 000 Menschen und verursachte Ernteausfälle in Europa. Der Ausbruch des Krakatau 1883 zwischen Java und Sumatra erzeugte Tsunamis, die Zehntausende töteten. Der Supervulkan Toba auf Sumatra, der möglicherweise vor 75 000 Jahren die Weltbevölkerung halbiert hat, ist 2015 still und leise wieder erwacht. Der Sinabung in der Nähe von Berastagi brach zuletzt 2017 aus und steht weiterhin unter strenger Beobachtung.

Verständlicherweise spielen Vulkane in den meisten indonesischen Kulturen eine zentrale Rolle. Auf Bali und auf Java zieren bedeutende Kultstätten die Hänge bekannter Vulkankegel, und Ausbrüche werden als Zeichen göttlicher Enttäuschung oder Wut gewertet.

Tiere & Pflanzen

Von winzigen Koboldmakis bis hin zu riesigen, übelriechenden Blumen – die natürliche Vielfalt Indonesiens ist überaus erstaunlich. Immer wieder werden neue Arten entdeckt, etwa die Tapanuli-Orang-Utans auf Sumatra im Jahr 2017, eine neue Froschart auf Sulawesi im Jahr 2015, eine Eule auf Lombok im Jahr 2013, und seit 2007 drei Exemplare einer Unterart des Bambushais auf den Molukken. Papuas Pegunungan Foja (Fojagebirge) ist eine ständige Quelle von Erst- und Einmaligem, einschließlich des kleinsten Wallabys der Welt, das hier 2010 gesichtet wurde. Leider bedeutet die fortschreitende Erosion ihres Lebensraums, dass einige Tierarten schon ausgestorben sind, bevor sie überhaupt entdeckt werden konnten.

In Kalimantan wurden Stabheuschrecken mit einer Länge von über einem halben Meter gefunden.

Tiere

Menschenaffen, Tiger, Elefanten und Affen – jede Menge Affen – sowie eine besonders furchteinflößende Echsenart sind nur einige der bemerkenswerten Tiere, denen man in Indonesien begegnen kann. Hier findet man erstaunliche 12 % der Säugetierarten und 17 % der Vogelarten der Welt.

Diese Vielfalt ist auch eine Folge der Evolution in zwei verschiedenen Umweltzonen, der australischen und der asiatischen, die später durch tektonische Migration zusammengeführt wurden. Aus diesem Grund findet man auf den westlichen Inseln keine Beuteltiere, bzw. im Osten keine Tiger.

Orang-Utans

Der Orang-Utan, das größte Baumsäugetier der Welt, ist ein fester Bestandteil jenes Bildes, das die Welt von Indonesien hat. Obwohl sie sich einst in ganz Südostasien durch die Dächer der Wälder bewegten, sind Oran-Utans heute nur noch auf Sumatra und auf Borneo zu finden. Die zotteligen orangefarbenen Menschenaffen kommen selten von ihren Bäumen herunter. Sie verbringen den größten Teil ihres Tages damit, nach Waldfrüchten zu suchen und diese dann zu verspeisen, bevor sie sich schließlich ihre charakteristischen Nester für die Nacht bauen. Einige Populationen verwenden Werkzeuge, um Termitenkolonien zu räubern (eine seltene und proteinreiche Delikatesse), und Forscher haben beobachtet, dass Individuen neues Verhalten von anderen lernen, was auf ein im Tierreich seltenes Maß an Intelligenz hindeutet.

Orang-Utans haben lange Fortpflanzungszyklen, wobei Weibchen bis zu acht Jahre lang für ihre Jungen sorgen. Dies macht sie besonders anfällig für Populationsrückgänge. Heute leben weniger als 60 000 Orang-Utans in freier Wildbahn. Forscher befürchten, dass die isolierten Populationen den anhaltenden Verlust an Lebensraum aufgrund von Holzeinschlag und Landwirtschaft nicht überleben werden.

Im Jahr 2011 erklärte die International Rhino Foundation das Java-Nashorn in Vietnam für ausgestorben. Damit sind die geschätzten 60 auf der Java-Halbinsel Ujung Kulon lebenden Tiere die letzten verbliebenen Exemplare in freier Wildbahn.

Komodowarane

Jahrhundertelang wurden jene Geschichten erzählt: Fabeln von bösen Bestien mit gewaltigen Klauen, scharfen Zähnen und gelben Gabelzungen, die auf den Inseln von Nusa Tenggara ihr Unwesen treiben sollen – bis vor rund 100 Jahren die ersten Europäer ein Exemplar von der gleichnamigen Insel in die Nähe von Flores brachten und dem staunenden Publikum als reales Lebewesen präsentierten.

So wenig vertrauenserweckend diese 3 m langen und 150 kg schweren Echsen auch aussehen, ihr Verhalten ist noch schlimmer. Zahlreiche Menschen sind gestorben, nachdem sie angegriffen worden waren, und Komodos pirschen sich regelmäßig an und reißen kleine Hirsche. Ein Forscher verglich das Geräusch eines Komodo, der über den Boden donnert, mit dem eines Maschinengewehrs. Es ist auch bekannt, dass sie ihren Bissopfern kilometerweit folgen und warten, bis das Gift aus den zwischen ihren Zähnen befindlichen Drüsen zu wirken beginnt – und ihre Beute innerhalb von 24 Stunden tot darnieder sinkt.

Der National Geographic-Band Birds of Paradise: Revealing the World's Most Extraordinary Birds *von Tim Lamen und Edwin Scholes bietet einen atemberaubenden Überblick über die 39 Paradiesvögel unseres Planeten.*

Gefährdete Arten

Obwohl immer wieder Leute behaupten, ein Exemplar gesichtet zu haben, wurde der Java-Tiger 2003 für ausgestorben erklärt. Und der Sumatra-Tiger kämpft buchstäblich ums Überleben – weniger als 500 gibt es noch in freier Wildbahn. Leoparden (der schwarze Leopard oder Panther ist in Südostasien häufiger anzutreffen) sind selten, leben aber noch immer auf Sumatra und im Ujung Kulon National Park auf Java. Dieser Park ist auch Heimat für die 60 noch verbliebenen einhörnigen Java-Nashörner. Die auf Sumatra und möglicherweise in Kalimantan vorkommende Variante mit zwei Hörnern steht ebenfalls auf der Liste der gefährdeten Arten.

Das vielleicht bekannteste gefährdete indonesische Tier ist der Orang-Utan. Ein weiteres Opfer des Lebensraumverlustes (und des Heimtierhandels) sind die indonesischen Gibbon-Arten, von denen viele gefährdet sind.

Die Rafflesia arnoldii, *die größte, und die Amorphophallus titanum, die höchste Blume der Welt, kommen auf Sumatra vor; beide riechen nach verfaultem Fleisch.*

Weniger als 2000 Sumatra-Elefanten leben noch in freier Natur. Sie geraten zunehmend in Konflikt mit Menschen, da 70 % ihres Lebensraums für Plantagen und für die Landwirtschaft übernommen wurden. Von den Borneo-Zwergelefanten in Nord-Kalimantan gibt es inzwischen weniger als 100.

Paradiesvögel

Papuas bezaubernde Paradiesvögel sind das Resultat extremer sexueller Selektion. In einer Umgebung, in der es reichlich zu essen gibt und Raubtiere rar sind, entscheidet vor allem die weibliche Partnerwahl darüber, wer sich fortpflanzen darf. Und wie es sich herausstellte, lieben die Damen extravagante Kerle.

Während das Weibchen eher unauffällig aussieht, können männliche Paradiesvögel mit orginellem Gefieder geschmückt sein, aufwendige Tänze aufführen oder bizarre Rufe entwickeln, um die Damenwelt dazu zu verführen, ihre Freundschaftsanfrage anzunehmen. Der in Indonesien beheimatete Nacktkopf-Paradiesvogel hat sowohl leuchtend rote als auch gelbe Federn sowie einen gekräuselten Schwanz, während der Strahlenparadiesvogel ein Ballettröckchen trägt und für seine potenzielle Partnerin verführerische Pirouetten dreht.

In Indonesien gibt es über 25 000 blühende Pflanzenarten – von denen schätzungsweise 40 % nirgendwo sonst auf der Erde existieren.

Noch mehr Gefiederte

Schmalschwanz-Paradieselster, Breitschwanz-Paradieshopf, Viktoria-Paradiesvogel und Manukoden sind nur einige der 1600 Arten exotischer Federkreaturen, die den Himmel über Indonesien verzaubern, 380 dieser

Arten gibt es nur hier. Und auf Papua gibt es nicht nur eine Art namens „Paradiesvogel", sondern derer 30.

Vogelbeobachtung ist in vielen Nationalparks sehr beliebt. Auf Sulawesi bietet das Naturschutzgebiet Tangkoko-Batuangas Dua Saudara regelmäßige Vogelbeobachtungstouren an. Auf Bali kann man geführte Vogelwanderungen in und um Ubud unternehmen.

Pflanzen

Indonesiens Pflanzenvielfalt kann sich durchaus mit der des Amazonasgebiets messen. Auch hier hat der botanische Reichtum maßgeblich die Geschichte seiner Menschen mitbestimmt. Um die Gewürze des Archipels wurde gekämpft, und durch die Abholzung von hochwertigem Holz konnten die Wälder besiedelt werden und die Menschen sich bereichern.

Viele Arten tragen auffällige Blüten, obwohl diese außerhalb der Anbauflächen in der Regel selten sind. Orchideen gibt es in Hülle und Fülle (zuletzt wurden 2500 verschiedene Arten gezählt) und sie sind am besten in Balis hervorragenden botanischen Gärten zu sehen. Besucher können eine Duftsymphonie, vorgetragen von Frangipani-, Lotus- und Hibiskus- sowie jeder Menge weiterer Blüten auf dem gesamten Archipel erwarten. Erstaunlich komplexe Helikonien hängen in all ihrer facettenreichen purpurroten, orangefarbenen und goldenen Pracht herab.

TOP 10 NATIONALPARKS & NATURSCHUTZGEBIETE

PARK	ORT	BESONDERHEITEN	AKTIVITÄTEN	REISEZEIT	SEITE
Gunung Leuser	Sumatra	Flüsse, Regenwald, Berge; Tiger, Nashörner, Elefanten, Primaten wie Orang-Utans, Thomas-Languren	Orang-Utan-, Wildtier- und Vogelbeobachtung; Wandern, Rafting	Dez.–März	S. 603
Tanjung Puting	Kalimantan	Tropischer Regenwald, Mangrovenwald, Feuchtgebiete; Orang-Utans, Makaken, Nasenaffen, vielfältige Tierwelt	Orang-Utan- und Vogelbeobachtung	Mai–Sept.	S. 682
Kelimutu	Nusa Tenggara	Verschiedenfarbige Kraterseen	Vulkanologie, kurze Spaziergänge	April–Sept.	S. 420
Gunung Rinjani	Nusa Tenggara	Vulkan	Vulkanwandern	April–Sept.	S. 357
Ujung Kulon	Java	Tieflandregenwald, Gestrüpp, Grasebenen, Sümpfe, Sandstrände; Einhörniges Nashorn, Otter, Eichhörnchen, Thomas-Languren, Gibbons	Dschungelspaziergänge; Tierbeobachtung	April–Okt.	S. 93
Gunung Bromo	Java	Vulkanlandschaft	Kraterklettern	April–Okt.	S. 211
Pulau Bunaken	Sulawesi	Von Korallenriffen umgebene Inseln	Schnorcheln, Tauchen, Faulenzen	Juni–Jan.	S. 775
Kerinci Seblat	Sumatra	Bergregenwald, einer der höchsten Gipfel Sumatras	Wandern; Tier- und Vogelbeobachtung	Dez.–März	S. 634
Komodo	Nusa Tenggara	Komodowarane	Schnorcheln, Tauchen; sich vor wildlebenden Tieren in Acht nehmen	April–Sept.	S. 399
Bali Barat	Bali	Flache Hügel, Wiesen, Küsten mit vorgelagerten Korallenriffen	Schnorcheln, Tauchen; Tierbeobachtung	ganzjährig	S. 339

Auch die Kaffeeplantagen sind einen Ausflug wert, besonders in den Hügeln von Bali in der Nähe von Munduk. Auf den Molukken – den eigentlichen Gewürzinseln – kann man immer noch den Duft von Muskatnuss, Vanille und Nelken wahrnehmen, wobei letzterer am häufigsten vom glühenden Ende einer süßlichen *kretek*-Zigarette aus zu einem herüberweht.

Und es wäre nicht Indonesien ohne echte Auffälligkeiten. Da wäre zum Beispiel *Rafflesia arnoldii*, die größte Blume der Welt, oder *Amorphophallus titanum*, die weltweit höchste Blume. Beide findet man (üblicherweise indem man ihrem Geruch folgt) auf Sumatra und in Teilen von Kalimantan und Java.

Leben unter Wasser

Indonesiens unglaubliche Vielfalt setzt sich unter den Wellen fort. In den Gewässern um Komodo, Sulawesi, der Nordküste Papuas und an einigen Stellen um Java, Bali und Kalimantan gibt es ein wahres Kaleidoskop aus Korallen, Riffbewohnern und pelagischen Meereslebewesen. In der Raja-Ampat-Region von Papua gibt es mindestens 450 Korallenarten, sechsmal mehr als in der gesamten Karibik. In dieser Umgebung gedeihen über 1600 Fischarten, wobei Taucher bei einem einzigen Tauchgang bis zu 300 begegnen können. Manta-Rochen kommen ebenso häufig vor wie 118 Haiarten, darunter der vom Aussterben bedrohte Hammerhai und der ebenso gefährdete Sägezahnhai.

Verlässt man das Meer und begibt sich flussaufwärts, geht das Wunder weiter: Irawadidelfine und Schweinswale leben in vielen Buchten Indonesiens. In Kalimantans Sungai Mahakam (Mahakam River) lebt eine (und nur diese eine) Population von Flussdelfinen (*pesut* genannt). Und der kleinste Fisch der Welt (*Paedocypris progenetica*, 7,9 mm) siedelt in Sumatras Torfsümpfen.

Nationalparks & Naturschutzgebiete

Trotz ständiger Verluste durch illegale Holzfäller und Bauern, die hier einen Baum, dort einen Baum abholzen, um ihre Anbauflächen zu vergrößern, gibt es in Indonesien immer noch große Gebiete mit geschützten Wäldern und Parks und tatsächlich wurden in den vergangenen Jahren viele neue Schutzgebiete ausgewiesen. Nationalparks erhalten größere internationale Anerkennung und mehr finanzielle Mittel als Natur-, Wild- und Meeresschutzgebiete, von denen es auch in Indonesien viele gibt.

Umweltprobleme

Die Nebenwirkungen der Entwaldung und der Rohstoffgewinnung sind im ganzen Land (und darüber hinaus) zu spüren: Überschwemmungen und Erdrutsche spülen wertvollen Mutterboden ab, Flüsse werden träge und brackig und der Rauch von Brandrodungen bedeckt während der meisten Trockenperioden den Himmel in Westindonesien und weit darüber hinaus. Das durch Abholzung und Brände freigesetzte CO_2 trägt erheblich zum globalen Klimawandel bei, der, wie in einem Teufelskreis, zu längeren Trockenzeiten führt, was wiederum noch mehr Brände verursacht.

Die Probleme wirken sich bis an die Küsten Indonesiens und auf seine Gewässer aus, wo mehr als 80 % des Rifflebensraums als gefährdet eingestuft werden, zum Teil durch Korallenbleiche, die durch ansteigende Meerestemperaturen verursacht wird. Aufgrund der langen Geschichte des Cyanid- und Dynamitfischens ist der Großteil der Korallen in Indonesien tot oder zerfallen. Haifischfang und Mantajagd forderten ihren Tribut unter den Populationen, und Überfischung droht das Meeresökosystem aus dem Gleichgewicht zu bringen.

Eine Echte Karettschildkröte, die Bali besuchte, wurde während des darauffolgenden Jahres mittels Peilsender verfolgt. Ihre Stationen: Java, Kalimantan, Australien (Perth und der Großteil von Queensland), dann zurück nach Bali.

Unterdessen belastet nun die aufstrebende Mittelschicht die Infrastruktur des Landes: Privatfahrzeuge verstopfen städtische Straßen und verursachen eine gesundheitsgefährdende Luftverschmutzung. Die Müllabfuhr scheint regelmäßig mit den stetig steigenden Mengen an Haushalts- und Industriemüll Probleme zu haben; und der Mangel an Abwasserentsorgung macht Wasser aus den meisten Quellen untrinkbar, es sei denn, man kocht es vorher ab, was wiederum zu steigendem Kerosin- und Brennholzverbrauch führt.

Aktiv vor Ort

Die Verschlechterung der Umweltsituation lässt mehr und mehr Indonesier aktiv werden. Obwohl internationale Gruppen wie der World Wildlife Fund und das Nature Conservancy in Indonesien stark und effektiv vertreten sind, sind es vor allem die aufkeimenden lokalen Umweltbewegungen, die echte und dauerhafte Veränderungen ermöglichen werden.

Profauna (www.profauna.net/en) In ganz Indonesien tätig, um Schildkröten zu schützen und den Handel mit Wildtieren zu bekämpfen.

Walhi (Indonesian Friends of the Earth; www.walhi.or.id) Schützt auf vielfältige Weise die Umwelt des Landes.

AMAN (Indigenous People's Alliance of the Archipelago; www.aman.or.id/en) Hilft dabei, die Rechte indigener Bevölkerungsgruppen an ihren Wäldern zu sichern, die für ihren Lebensunterhalt erforderlich sind.

JATAM (Mining Advocacy Network; https://english.jatam.org) Setzt sich für Umweltverantwortung und Menschenrechte im indonesischen Bergbausektor ein.

Regionale Probleme

Java

Da Java die am dichtesten besiedelte Insel Indonesiens ist, ist es nicht verwunderlich, dass die stetig zunehmende Bodenversiegelung in Jakarta, Semarang und anderen Städten in jeder Regenzeit zu großen Überschwemmungen führt. Dies hat massive soziale Umwälzungen zur Folge und bedroht das Überleben der Küstenmangroven. Und obwohl Jakarta damit begonnen hat, Müll aus den Flüssen der Stadt zu entfernen, landen jeden Tag rund 300 Tonnen Abfall allein im Sungai Ciliwung (Ciliwung River).

Der längste Fluss Javas, der Cirtarum, ist wegen des wachsenden Industriesektors, der den Fluss als Deponie von allerlei Müll, inklusive chemischem, benutzt, einer der am schlimmsten verschmutzten Flüsse der Welt. Im Jahr 2008 sagte die Asian Development Bank ein Darlehen mit 15-jähriger Laufzeit in Höhe von 500 Mio. USD für die Sanierung und Rehabilitation des Flusses zu.

Bali

Die Schönheit der Insel Bali ist ihr eigener Feind, denn es ist doch gerade diese Schönheit, die sie so beliebt macht. Walhi, das indonesische Forum für Umwelt (www.walhi.or.id), schätzt, dass ein durchschnittliches Hotelzimmer täglich 3000 Liter Wasser verbraucht. Ein typischer Golfplatz benötigt drei Millionen Liter pro Tag. Und so hat eine Insel, die für ihr Wasser berühmt ist, bald keines mehr. Außerdem werden pro Jahr 600 bis 1000 Hektar Reisfelder in Gewerbeflächen umgewandelt.

Sumatra

Im Juli 2017 erklärte die UNESCO, dass das tropische Regenwalderbe von Sumatra weiterhin auf der Liste der bedrohten Welterbestätten verzeichnet bleibt. Das aufgeführte Gebiet umfasst drei Nationalparks, die die einzigen Orte auf der Welt sind, an denen Tiger, Elefanten, Nashörner und Orang-Utans gemeinsman in freier Wildbahn leben. Während die

Harrison Ford (ja, genau der Harrison Ford!) verurteilt in der Dokumentarfilmserie *Years of Living Dangerously* den indonesischen Minister für Umwelt und Forstwirtschaft wegen der Entwaldung Sumatras.

NATUR & UMWELT UMWELTPROBLEME

Auf der Website www.mongabay.com gibt's aktuelle Informationen zu Indonesiens Erfolgen (und Misserfolgen) in Sachen Umweltschutz.

fortgesetzte Entwaldung für Palmöl- und Holzfirmen sowie neue Wasserkraftwerke und Bergbauprojekte die größte Bedrohung für die Regenwälder Sumatras darstellt, hat die indonesische Regierung umstrittene Pläne für den Bau von Straßen durch das von der UNESCO gelistete Gebiet angekündigt. Das Programm wurde von Umweltaktivisten angeprangert, weil es die Lebensräume der Tiere in der Region auseinanderreißen wird.

Nusa Tenggara

Im Süden von Lombok wird eine beispiellose Neuentwicklung in dem zuvor unberührten und wunderschönen Strandbereich von Kuta unermessliche Umweltfolgen haben. Auf West-Sumbawa werden durch illegale Goldgewinnungsaktivitäten weiterhin Quecksilber in die Wasseradern der Insel geleitet und giftige Dämpfe in die Luft freigesetzt, obwohl Indonesien die Minamata-Konvention von 2017 ratifiziert hat, die die Verwendung von Quecksilber weltweit einschränken soll.

Dynamitfischen und Wilderei durch Einheimische sind im Komodo National Park, einem UNESCO-Weltnaturerbe, ein ständiges Problem. 2018 wies die UNESCO auf die wachsende Menge an Plastikmüll im Park hin, was auch vielen Besuchern auffiel.

Die gute Nachricht ist, dass der Gouverneur für den Osten von Nusa Tenggara im September 2018 ankündigte, ein Moratorium für Bergbauprojekte in der Provinz zu planen, die der Umwelt schaden und den Einheimischen keinen direkten Nutzen bringen. Außerdem macht der Gili Eco Trust weiterhin große Fortschritte bei der Ökologisierung der Gili-Inseln.

Kalimantan

Abholzung und Rohstoffabbau finden in Kalimantan in großem Umfang statt. Im Jahr 2018 wurde ein Kohlebergbauunternehmen aber immerhin mit einer Geldstrafe von zwei Milliarden Rupiah belegt, weil es in Ost-Kalimantan unerlaubt fast 4000 Tonnen gefährlicher Abfälle entsorgt hatte.

TAKTVOLLE TRAVELLER – DIE UMWELT BEDENKEN

In Indonesien wird man leider häufig Zeuge von der Misshandlung von Tieren. Dazu gehören auch Affen, die an Straßenecken Kunststücke aufführen, oder gefährdete Vogelarten auf Märkten. Fotografieren oder Bezahlen fördern dieses Verhalten!

Läden verkaufen Produkte aus Schildkrötenpanzer, seltene Muscheln, Schlangenleder, ausgestopfte Vögel und Schmetterlinge hinter Glas. Bitte nicht kaufen! Diese „Waren" sind nicht nur illegal, der Import in die meisten Länder ist außerdem verboten; wahrscheinlich werden sie vom Zoll beschlagnahmt. Weitere Informationen stehen im Übereinkommen über den internationalen Handel mit gefährdeten Arten (CITES; www.cites.org).

Manche Misshandlung kriegt man zunächst möglicherweise nicht mit. Welche Art Leben führt die süße Zibetkatze, die in einem Käfig in einem Lagerhaus ihr Dasein fristet, während sie mit Kaffeebohnen zwangsernährt wird, um selbige „auf natürlichem Wege" zu verarbeiten? Mit den knuffigen Geschichten, die potentiellen Kunden auf Plantagen erzählt werden und die rechtfertigen sollen, dass für *kopi luwak* (Zibetkaffee) unverschämte Preise verlangt werden, hat die Wirklichkeit nichts gemein.

Offensichtlich ist Müll ein ernstes Problem. Selbst wenn man meint, das Mitnehmen der eigenen Keksverpackung von einem bereits mit Müll übersäten Wasserfall mache wahrscheinlich keinen Unterschied… vielleicht fühlen sich die Guides und andere Wanderer inspiriert und machen mit? Klar, das ist nur ein kleiner Schritt, aber es ist einer in die richtige Richtung.

Während der Trockenzeiten 2014 und 2015 führte der Smog von Hunderten lodernder Brände zur Schließung der Flughäfen und verursachte Atemwegserkrankungen unter weiten Teilen der Bevölkerung. Im Jahr 2015 ging die indonesische Regierung zum ersten Mal mit Strafen entschlossen gegen mehrere Unternehmen vor, die absichtlich Brände gelegt hatten.

Unterdessen konnten mehrere indigene Gemeinschaften die offizielle Anerkennung ihrer Rechte auf angestammtes Land sicherstellen, andere Gruppen starteten Ökotourismus-Initiativen, um ihren Dörfern ein alternatives Einkommen zu verschaffen.

Sulawesi

Der unkontrollierte und illegale Holzeinschlag auf Sulawesi sowie der zunehmende Abbau von Sand in Zentralsulawesi haben die Zerstörung von Mangrovenwäldern, Küstenerosion, die Verschlammung von Flüssen und das Austrocknen von Ackerland zur Folge. Die World Wildlife Foundation schätzt, dass mehr als die Hälfte der Wälder der Insel verschwunden sind und das Gros der anderen angegriffen ist. Das bedroht den Lebensraum einiger der einzigartigsten Tiere der Welt, einer Mischung aus asiatischen und australasischen Arten wie Kuskus und Hirscheber.

Eine Untersuchung im Jahr 2017 ergab jedoch, dass die Korallen von Sulawesi trotz der Auswirkungen der durch die globale Erwärmung verursachten Korallenbleiche in besserem Zustand sind als erwartet.

2011 hat Norwegen 1 Mrd. US-Dollar auf den Tisch gelegt, um Indonesien zu ermutigen, die Entwaldung und den Klimawandel in den Griff zu bekommen.

Molukken

Trotz erheblicher lokaler Widerstände sollen die seit 2010 geplanten Zuckerrohrplantagen auf den abgelegenen Aru-Inseln angelegt werden, an einem der Zentren indonesischer Artenvielfalt. Der indonesische Landwirtschaftsminister erklärte 2018, dass die Aru-Inseln nach wie vor einer der Standorte für eine Reihe geplanter Zuckerrohrfabriken und -plantagen sein sollten.

Die Molukken sind zudem ein Brennpunkt des illegalen weltweiten Wildvogelhandels. Die Populationen endemischer und seltener Arten sind in den vergangenen Jahren stark zurückgegangen, insbesondere gilt das für Singvögel, die Sammler kaufen, um mit ihnen an lukrativen Vogelgesangswettbewerben teilzunehmen.

Papua

Laut einem Bericht aus dem Jahr 2017 hat sich die Entwaldung, um Platz für Palmölplantagen zu schaffen, in Papua im letzten Jahrzehnt verfünffacht. Da die Wälder auf Sumatra und in Kalimantan mittlerweile stark reduziert wurden, werden nun die ausgedehnten Regenwälder Papuas, die dazu beitragen, dass die Region eine einzigartige Artenvielfalt aufweist, sowohl von Palmölproduzenten als auch von Holzfirmen heimgesucht.

Auch der Bergbau stellt eine große Bedrohung für die Insel dar, die als eine der letzten, noch nicht ausgebeuteten Regionen Indonesiens gilt. Im Jahr 2018 erregte eine geplante neue Goldmine in West-Papua, die auch Teile des Nationalpark Teluk Cenderawasih nutzen soll, heftigen Widerstand unter lokalen Umweltgruppen und indigenen Völkern.

Entwaldung

Im September 2018 kündigte Indonesien ein dreijähriges Verbot für neue Palmölplantagen an. Neben illegalem Holzeinschlag und illegalem Bergbau hat die Palmölproduktion zu einer weitgehenden Entwaldung großer Teile des Landes geführt, von der insbesondere Sumatra und Kalimantan betroffen sind. Laut Global Forest Watch wurden zwischen 2000 und 2017 in Indonesien mehr als 24 Mio. Hektar Wald gerodet, was einer Fläche von etwa der Größe des Vereinigten Königreichs entspricht. Jährlich verschwinden rund 1,3 Mio. Hektar Wald, wobei die riesigen Regenwälder des abgelegenen Papua neuestes Ziel von Holzfällern und Plantagenbesitzern sind.

Das Moratorium für neue Palmölprojekte ist zwar ein guter erster Schritt. Gleichwohl ist die Durchsetzung solcher Direktiven in einem Land, dessen Landmasse derart weit verteilt und und in dem es viele einsame Landstriche gibt, schwierig. Anweisungen der Zentralregierung werden von korrupten lokalen Beamten oft ignoriert. Indonesien betrieb bislang zudem die Bekämpfung des illegalen Holzeinschlags, der vermutlich über 70 % aller Hartholzrodungen im gesamten Archipel ausmacht und von der Nachfrage aus dem Ausland angeheizt wird, nur sehr zögerlich.

Bergbau

Kohle, Öl, Gold, Nickel, Zinn, Aluminium, Kupfer, Eisenerz, Diamanten... was unter Indonesiens Böden liegt, ist genauso verlockend wie das, was darüber wächst. Obwohl der Bergbau ökologisch verantwortungsbewusst betrieben werden könnte, haben mangelnde Kontrolle und unzureichende Durchsetzung von Vorschriften zu einer Katastrophe geführt. Riesige Regionen wurden umgegraben, ohne Rücksicht auf Umweltbelastung und fast ohne Renaturierung.

Papua ist inzwischen zur vordersten Front im Krieg zwischen Bergbauunternehmen und lokalen Regierungen einerseits sowie indigenen Völkern und Umweltaktivisten andererseits geworden.

Illegaler Wildtierhandel

Der florierende internationale Handel mit Tieren und Tierteilen ist für Indonesiens gefährdete Arten ebenso eine Bedrohung wie die Entwaldung. Die Nachfrage wurde zum Teil durch die wachsende chinesische Mittelschicht und deren auffälligen Konsum von exotischen Lebensmitteln und Medikamenten befeuert. Der illegale Handel mit Wildtieren wird jedoch auch von der Nachfrage in anderen Teilen Asiens und in Indonesien selbst angetrieben.

Pangoline (oder Schuppentiere), die weltweit am häufigsten illegal gehandelten Säugetiere, sind in Indonesien vom Aussterben bedroht; vor allem in China und Vietnam sind sie stark nachgefragt. Tiger und Haie werden ebenfalls von den Wilderern geschätzt – Indonesien gilt als weltweit größter Lieferant von Haiflossen, die insbesondere in Hongkong und Singapur als Delikatesse gelten. Reptilien wie Pythons und Warane werden online zum Kauf angeboten und häufig per Post lebend aus dem Land verschickt. In jüngster Zeit steigt auch die Nachfrage nach Schildkröten. 2018 wurden auf Sulawesi zwei Chinesen festgenommen, weil sie im Besitz von 200 kg Schildkrötenpanzern waren. In Indonesien blüht zudem der Handel mit seltenen Vögeln, einige Arten gelten inzwischen als stark gefährdet.

Indonesiens Bemühungen zur Bekämpfung des illegalen Wildtierhandels waren bislang bestenfalls lückenhaft. Ein Gesetzesentwurf zur Aktualisierung des Naturschutzgesetzes von 1990 wurde der Regierung im April 2018 übermittelt, eine Rücksendung an das Parlament zur Ratifizierung steht allerdings nach wie vor aus.

Die Nähe zu den Philippinen macht den Hafen von Bitung auf Sulawesi traurigerweise zu einem Epizentrum für den Schmuggel mit Wildtieren. Tasikoki (www.tasi koki.org) ist eine Freiwilligenorganisation, die Tiere rettet und pflegt, die durch die Behörden von Schmugglern beschlagnahmt wurden.

Praktische Informationen

Allgemeine Informationen

Arbeiten in Indonesien

Wer in Indonesien einen bezahlten Job annehmen will, braucht grundsätzlich eine offizielle Arbeitserlaubnis (IMTA). Diese ist äußerst schwierig zu bekommen und muss stets im Voraus vom jeweiligen Arbeitgeber organisiert werden. Vor Ort verdingen sich die meisten Ausländer als Englischlehrer oder arbeiten als Angestellte ausländischer Firmen (vor allem in der Exportbranche). Achtung: Schwarzarbeit wird in Indonesien sehr streng geahndet (inkl. hoher Geldstrafe mit möglicher Erzwingungshaft, Abschiebung und dauerhaftem Einreiseverbot). Arbeitende Ausländer werden behördlich kontrolliert.

PRAKTISCH & KONKRET
· · · · · · · · · · · · · · · · · · ·

Maße & Gewichte In Indonesien gilt das metrische System.

Rauchen Landesweit an der Tagesordnung. Vielerorts herrscht offiziell Qualmverbot in der Öffentlichkeit, es wird aber kaum durchgesetzt.

Zeitungen & Zeitschriften Zu den englischsprachigen Zeitungen gehören die alteingesessene *Jakarta Post* (www.thejakartapost.com), der *Jakarta Globe* (https://jakartaglobe.id) und die *Bali Times* (www.thebalitimes.com).

Botschaften & Konsulate

Touristen sollten stets genau wissen, was ihre eigene Botschaft bei Problemen für sie tun kann und was nicht. Achtung: Schon beim kleinsten Eigenverschulden ist kaum mit wirkungsvoller Hilfe zu rechnen – es gelten grundsätzlich die Gesetze des Gastlandes! Bei echten Notfällen kann eine diplomatische Vertretung gewisse Unterstützung leisten, sofern alle anderen Möglichkeiten nachweislich erschöpft sind.

Neben ihren Botschaften in Jakarta unterhalten einige Länder auch Konsulate an anderen Orten in Indonesien (z. B. Bali, Kupang, Medan).

Bali

Deutschland (☎0361-288535; sanur@hk-diplo.de; Jalan Pantai Karang 17, Batujimbar-Sanur, Denpasar)

Schweiz (☎0361-264149; bali@honrep.ch; Jalan Ganetri 9D, Gatot Subroto Timur, Denpasar) Auch für Österreicher zuständig.

Jakarta

Australien (☎021-2550 5555; www.indonesia.embassy.gov.au; Jl Patra Kuningan Raya Kav 1–4; ⊗Mo–Fr 8–16 Uhr)

Sultanat Brunei (☎021-3190 6080; www.mofat.gov.bn; Jl Patra Kuningan IX 3–5, Kuningan Timur; ⊗Mo–Fr 8–16 Uhr)

Deutschland (☎021-3985 5000; www.jakarta.diplo.de; Jl Thamrin 1, Menteng; ⊗Mo–Do 7.15–15.45, Fr bis 13 Uhr)

Malaysia (☎021-522 4947; www.kln.gov.my/web/idn_jakarta/home; Jl HR Rasuna Said Kav X/6 1–3, Kuningan; ⊗Mo–Fr 8–12.30 & 14.30–16 Uhr)

Österreich (☎021-2355 4005; www.bmeia.gv.at/oeb-jakarta/; Jl Diponegoro 44, Menteng; ⊗Mo–Fr 9–12 Uhr)

Papua-Neuguinea (☎021-725 1218; www.kundu-jakarta.com; 6. Stock, Panin Bank Centre, Jl Jenderal Sudirman 1; ⊗Mo–Do 8–16, Fr bis 14 Uhr)

Schweiz (☎021- 525 6061; www.eda.admin.ch/jakarta; Jl H.R. Rasuna Said, Blok X 3/2, Kuningan; ⊗Mo–Fr 9–12 Uhr)

Singapur (☎021-2995 0400; www.mfa.gov.sg; Jl HR Rasuna Said, Block X/4 Kav 2, Kuningan; ⊗Mo–Fr 8.30–12 & 13.30–17 Uhr)

Kupang

Osttimor (Konsulat; ☎0380-855 4552; Jl Frans Seda; ⊗Mo–Do 8–11.30 & 13.30–15.30, Fr bis 15 Uhr) Für Visumsanträge.

Medan

Malaysia (Konsulat; ☎061-453 1342; www.kln.gov.my/web/

idn_medan; Jl Diponegoro 43;
◷Mo–Fr 8–16 Uhr)

Feiertage & Ferien

Die folgenden öffentlichen Feiertage werden landesweit begangen (die Termine variieren teils jährlich). Hinzu kommen viele regionale Feiertage.

Tahun Baru Masehi (Neujahr) 1. Januar

Tahun Baru Imlek (Chinesisches Neujahrsfest) Ende Januar bis Anfang Februar

Wafat Yesus Kristus (Karfreitag) Ende März oder Anfang April

Nyepi (Balinesisches Neujahrsfest) Ganz Bali ruht einen Tag lang; meist im März, manchmal im April

Hari Buruh (Tag der Arbeit) 1. Mai

Hari Waisak Mai

Kenaikan Yesus Kristus (Christi Himmelfahrt) Mai

Hari Proklamasi Kemerdekaan (Unabhängigkeitstag) 17. August

Hari Natal (1. Weihnachtstag) 25. Dezember

Die Termine folgender islamischer Feiertage wechseln jedes Jahr:

Muharram (Islamisches Neujahrsfest) 1. September 2019, 20. August 2020, 10. August 2021)

Maulud Nabi Muhammad (Geburtstag des Propheten Mohammed) 10. November 2019, 29. Oktober 2020, 18. Oktober 2021

Isra Miraj Nabi Muhammad (Himmelfahrt des Propheten Mohammed) 22. Mai 2020, 11. März 2021

Idul Fitri/Lebaran (Ende des Fastenmonats Ramadan) Zwei landesweite öffentliche Feiertage mit sehr starkem Reiseverkehr; 24.–25. Mai 2020, 15.–16. Mai 2021

Idul Adha (Islamisches Opferfest) 12. August 2019, 31. Juli 2020, 20. Juli 2021

PREISKATEGORIEN: ESSEN

Die folgenden Angaben gelten jeweils für ein normales Hauptgericht.

Bali & Lombok

$ unter 60 000 Rp

$$ 60 000–250 000 Rp

$$$ über 250 000 Rp

Übriges Indonesien

$ unter 50 000 Rp

$$ 50 000–200 000 Rp

$$$ über 200 000 Rp

Fotos & Videos

Land und Leute in Indonesien sind potenziell tolle Motive für Fotoaufnahmen. Vor dem Knipsen bzw. Filmen von Personen und/oder Privatbesitz grundsätzlich immer höflich um Erlaubnis bitten und Ablehnung respektvoll akzeptieren. Achtung: Aufnahmen von militärischen Einrichtungen (samt Soldaten, Fahrzeuge) sind streng verboten!

Frauen unterwegs

Viele Touristinnen aus westlichen Ländern bereisen Indonesien allein oder zu zweit. Vor allem auf Bali gibt's dabei kaum Probleme. Doch Frauen ohne Begleitung können dennoch unerwünschte Aufmerksamkeit auf sich ziehen. Verhaltenstipps:

➡ Überall angemessen kleiden – vor allem in konservativen muslimischen Regionen: Beispielsweise in Aceh sind Kopftücher und lange Ärmel ein Muss für alle Frauen (unabhängig von Alter und Religionszugehörigkeit). Und selbst in Touristenhochburgen (z. B. auf den Gili-Inseln) stehen oft Schilder, die von Bikini-Trägerinnen verlangen, sich abseits der Strände zu verhüllen.

➡ Indonesische Männer sind allgemein sehr höflich, haben aber oft auch etwas Machoartiges an sich. Entsprechendes Verhalten (z. B. Hupen, anzügliche Kommentare) am besten komplett ignorieren – das machen auch die einheimischen Damen so.

➡ Wenn alleinreisende Frauen für mehrere Tage ein Auto mit muslimischem Fahrer mieten, muss aus kulturellen bzw. religiösen Gründen meist jemand Drittes mitfahren.

Freiwilligenarbeit

Indonesien bietet hervorragende Möglichkeiten für Freiwillige. Dieses Buch nennt jedoch keine Organisationen, mit denen Lonely Planet nicht direkt kooperiert. Interessenten müssen also gegebenenfalls selbst und sorgfältig recherchieren (z. B. für Bali unter www.balispirit.com/ngos). Bei ehrenamtlichen Tätigkeiten mit Kindern werden mindestens dreimonatige Engagements empfohlen.

Viele Organisationen bevorzugen Unterstützung durch Spenden(sammlung). Teilweise sind auch Freiwillige mit professioneller Berufsausbildung (z. B. Englischlehrer, medizinisches Personal) gefragt. Anderswo bezahlt man wiederum für Kost, Logis und das Verrichten von (oft wenig anspruchsvollen) Hilfsaufgaben. Beispiele für NROs mit Optionen für Ehrenamtliche:

STAATLICHE REISEINFORMATIONEN

Vor dem Start ist es ratsam, alle aktuellen Reiseinformationen und Warnhinweise des eigenen Außenministeriums zu beachten. Ergänzend empfehlen sich Abgleiche mit verlässlichen Infoquellen nichtstaatlicher Natur: Insgesamt erhält man so vorab ein möglichst realistisches bzw. detailliertes Bild von der Lage vor Ort.

Deutschland (https://www.auswaertiges-amt.de/de/aussenpolitik/laender/indonesien-node/indonesien sicherheit/212396)

Österreich (https://www.bmeia.gv.at/reise-aufenthalt/reiseinformation/land/indonesien/)

Schweiz (https://www.eda.admin.ch/eda/de/home/vertretungen-und-reisehinweise/indonesien.html)

Alam Sehat Lestari (www.alamsehatlestari.org) Akzeptiert neben medizinischem Fachpersonal auch Naturschutz-Profis, die beim Regenwald-Erhalt auf Kalimantan (Borneo) mithelfen.

Borneo Orangutan Survival Foundation (www.orangutan.or.id) Artenschutzprogramme (Orang-Utans, Malaienbären) und Wiederaufforstungsprojekte.

East Bali Poverty Project (www.eastbalipovertyproject.org) Hilft Kindern in armen Bergdörfern Ostbalis u. a. mit Englischunterricht und wirkungsvollen Schutzmaßnahmen gegen Ausbeutung.

Friends of the National Parks Foundation (www.fnpf.org) Naturschutz auf Kalimantan (Borneo) und Nusa Penida (Insel vor Bali).

IDEP (Indonesian Development of Education & Permaculture; www.idepfoundation.org) Landesweite Projekte (z. B. Gemeindeentwicklung, Umwelt- und Katastrophenschutz).

ProFauna (www.profauna.net) Große, gemeinnützige Organisation, die landesweit Tiere (u. a. Meeresschildkröten) schützt.

Sea Sanctuaries Trust (www.seasanctuaries.org) Meeresschutzprojekt in Raja Ampat, das die Unterwasserwelt mithilfe von Tauchern erhält.

Smile Foundation of Bali (www.senyumbali.org) Betreibt den Smile Shop in Ubud und finanziert so Operationen, um Gesichtsfehlbildungen zu beheben.

Yayasan Rama Sesana (www.yrsbali.org) Hilft Frauen auf ganz Bali in sexualmedizinischer Hinsicht.

Yayasan Bumi Sehat (www.bumisehatfoundation.org) Robin Lims Frauenklinik ist international renommiert und hilft benachteiligten Patientinnen in sexualmedizinischer Hinsicht. Medizinisches Fachpersonal kann sich hier freiwillig engagieren.

Internationale Organisationen

Beispiele für ausländische Organisationen mit Infos zu Freiwilligenjobs in Indonesien:

Freiwilligenarbeit.de (www.freiwilligenarbeit.de/freiwilligen arbeit-indonesien.html)

wegweiser-freiwilligenarbeit (www.wegweiser-freiwilligenarbeit.com/einsatzorte/freiwilli genarbeit-asien/indonesien/)

Volunteerworld (www.volunteer world.com/de/volunteer-abroad/indonesien)

Multikultur (www.multikultur.info/freiwilligenarbeit-indonesien.html)

Indojunkie (indojunkie.com/freiwilligenarbeit-in-indonesien/)

Gefahren & Ärgernisse

Verglichen mit manchen anderen Orten ist Indonesien ein recht sicheres Reiseziel: Hier kommt es kaum zu Gewaltverbrechen gegenüber Touristen. Die Kleinkriminalität beschränkt sich meist auf Abzocke und Diebstahl. Zu den größten Ärgernissen zählen aufdringliche Schlepper.

Abzocke

Wie in vielen anderen armen Ländern erhöhen diverse sozio-ökonomische Faktoren auch in Indonesien das Risiko, an Abzocker und Betrüger zu geraten. Häufige Maschen sind:

➡ Vor allem auf Bali und Java sind Kreditkartenbetrug und Skimming (heimliches Auslesen von Kredit- oder Lastschriftkarten mittels versteckter Scanner) weit verbreitet. Daher Bares idealerweise nur an Geldautomaten in Bankfilialen abheben und frei zugängliche Outdoor-Geräte (z. B. an Kiosken) möglichst meiden.

➡ Mit Hochstaplern und Trickbetrügern ist ebenfalls zu rechnen. Manche davon sind wortgewandte Guides, die Provisionen kassieren, indem sie Touristen zu bestimmten Hotels oder Läden bringen.

➡ Unter vielen anderen Betrugstricks (insbesondere auch auf Bali) ist zudem die Methode, Touristen beim Geldumtausch geschickt zu wenig Rupiah unterzujubeln. Wechselbeträge daher vor dem Aushändigen ausländischer Währung nachzählen. wie immer gilt: Den gesunden Menschenverstand einsetzen und Zwielichtiges meiden.

➡ Die vielen aufdringlichen Schlepper und Straßenhändler in Touristenhochburgen wortlos ignorieren.

➡ Die meisten Indonesier ertragen ihre Armut in aller Stille und würden Touristen niemals um Geld bitten. Einheimische Bettler gehören meist zu organisierten Gruppen, die teils nur Kinder losschicken und ausbeuten. Für finanzielle Hilfe empfehlen sich daher Spenden an wohltätige Organisationen.

Diebstahl

Gewaltkriminalität gegenüber Touristen kommt in Indonesien kaum vor. Keine Seltenheit sind jedoch Taschendiebstahl und Taschenraub vom fahrenden Motorrad aus. Auch aus Hotelzimmern und abgestellten Autos werden häufig Dinge entwendet. Und nicht vergessen: Andere Touristen können ebenfalls Langfinger sein! Darum immer die üblichen Vorsichtsmaßnahmen treffen, etwa:

➡ Abgehobene Beträge noch am Geldautomaten bzw. in der Bankfiliale unsichtbar verstauen und immer vergewissern, dass man seine Karte ebenfalls sicher verwahrt hat.

➡ Wertsachen niemals unbeaufsichtigt zurücklassen (vor allem nicht am Strand oder im geparkten Auto).

➡ Nach Möglichkeit immer Hotel- bzw. Zimmertresore verwenden.

Drogen

Achtung: Indonesien verfolgt eine Null-Toleranz-Politik gegenüber jeglichen Drogen – ganz egal welcher Art und in welchen Mengen. Drogendelikte werden hier extrem streng und potenziell mit der Todesstrafe geahndet, was immer wieder für internationale Schlagzeilen sorgt. Im Jahr 2015 wurden z. B. zwei Australier wegen Heroinschmuggels verurteilt und durch Erschießen hingerichtet (Fall der „Bali Nine"). Aktuell sitzen wieder einige Ausländer wegen Drogenvergehen in indonesischen Todeszellen. Darum unbedingt beachten:

➡ Indonesische Discos bzw. Nachtclubs (vor allem in Jakarta und auf Bali) werden regelmäßig zum Ziel von stichprobenartigen Razzien der Polizei. In deren Verlauf werden alle Gäste genau durchsucht und bei Drogenverdacht umgehend einem nicht zu verweigernden Urintest unterzogen. Gleiches geschieht auch oft bei Privatpartys auf Bali. Vorsicht Falle: Vermeintliche Dealer sind häufig Drogenfahnder, die „Kunden" dann sofort verhaften.

➡ Indonesische Unterkünfte sind per Gesetz verpflichtet, Gäste bei Drogenverdacht anzuzeigen.

➡ Das örtliche Gesetz unterscheidet nicht zwischen Beuteln voller Heroin und ein paar Marihuanakrümeln in der Hosentasche

Gepanschter Alkohol

Außerhalb von renommierten Bars und Resorts niemals *Arrak* kaufen bzw. trinken: Der hiesige Reis- bzw. Palmbranntwein kann toxischen Methylakohol enthalten. Dieser entsteht während der Fermentierung und bleibt bei unzureichender Destillation erhalten. Vor allem auf Bali und den Gili-Inseln kommt es so immer wieder zu schweren bzw. tödlichen Vergiftungen durch skrupellose Panscher, die andere Spirituosen (z. B. Wodka, Gin, Whisky) durch minderwertigen Arrak ersetzen. Von außergewöhnlich billigen Drinks daher am besten grundsätzlich die Finger lassen!

Terrorismus & Unruhen

Nach den Bombenanschlägen auf Bali (2002 und 2005) wurden die Sicherheitsmaßnahmen in Indonesiens Touristenhochburgen verschärft, später aber wieder gelockert. Luxushotels von internationalen Ketten sind zwar generell am besten gesichert, aber auch besonders verführerische Ziele für Terroristen (wie 2003 und 2009 in Jakarta zu sehen). 2017 starben an einem Busbahnhof im Osten Jakaratas drei Polizisten durch Selbstmordattentäter. Im Mai 2018 wurden mehrere Kirchen in Surabaya angegriffen, wobei 28 Menschen zu Tode kamen. Dennoch besteht zumindest rein statistisch gesehen eine recht geringe Gefahr, in Indonesien einem

---

KAMPF DEM KINDERSEXTOURISMUS

Indonesien ist heute auch ein Ziel von internationalen Sextouristen, die es auf Kinder bzw. Jugendliche abgesehen haben. Diverse sozio-ökonomische Faktoren machen viele junge Einheimische anfällig für sexuelle Ausbeutung. Das skrupellose Ausnutzen dieser Situation hat für die Opfer schwerwiegende, lebenslange und mitunter lebensbedrohliche Folgen. Indonesien geht daher sehr streng gegen den Missbrauch von Minderjährigen vor. Die Täter müssen auch mit Verfolgung in der Heimat rechnen: Viele Länder haben inzwischen die gesetzliche Möglichkeit geschaffen, ihre Staatsbürger für im Ausland begangene Sexualstraftaten zu belangen.

Traveller können den Kampf gegen diese Art des Kindesmissbrauchs unterstützen, indem sie Verdachtsmomente beim Menschenhandel-Dezernat (Anti-Human Trafficking Unit; ☑021 721 8098) der indonesischen Polizei melden. Wenn einem die Nationalität eines Verdächtigen bekannt ist, kann man sich auch direkt an die jeweilige Botschaft wenden.

Weitere Informationen zum Thema liefert das internationale Netzwerk ECPAT (www.ecpat.net), dem insgesamt über 70 Kinderschutz-Organisationen in aller Welt angehören.

Terroranschlag zum Opfer zu fallen.

Lokal kommt es auch mitunter zu gewalttätigen Straßenprotesten und anderen Unruhen. Zudem sind bestimmte Regionen politisch heikel. Obwohl man sich vor entsprechenden Medienberichten und Reisewarnungen nicht allzu sehr beunruhigen lassen sollte, gilt nach wie vor: Die aktuelle Sicherheitslage vor dem Start genau checken!

Umweltverschmutzung

➡ Im Bereich von stark bebauten Gebieten und/oder Flussmündungen verseucht oft ungeklärtes Abwasser das Meer – besonders heftig und häufig durch Einspülungen nach niederschlagsreichen Unwettern. Dieses Problem betrifft auch viele Strände im Süden Balis.

➡ Indonesische Ballungsräume leiden teilweise unter sehr hoher Luftverschmutzung durch den Straßenverkehr. Auf ganz Sumatra kommt saisonal noch Rauch von Brandrodungen für Palmöl-Plantagen hinzu.

Geld

Bargeld

Indonesiens Landeswährung ist die Rupiah (Rp). Papiergeld gibt's zu 2000, 5000, 10000, 20000, 50000 und 100000 Rp. Die Münzen haben einen Wert von 50, 100, 200, 500 oder 1000 Rp. Wechselgeldbeträge unter 50 Rp werden oft in Form von Süßigkeiten ausbezahlt.

Möglichst immer genügend kleine Banknoten (Maximalwert 20000 Rp) mitführen: Auf größere Scheine kann potenziell schlecht herausgegeben werden.

Per Gesetz müssen alle Läden und Dienstleister ihre Preise in Rupiah angeben. Viele touristische Einrichtungen (z. B. Hotels, Tauchshops) bitten jedoch um Bezahlung in US-Dollar oder

Euro, um Kursschwankungen zu umgehen.

Geld umtauschen

➡ US-Dollar werden in Indonesien am häufigsten akzeptiert. Euro lassen sich nur in den größten Touristenhochburgen bzw. -zonen von Bali und Jakarta umtauschen. Mit Schweizer Franken stehen die Chancen noch schlechter.

➡ Außerhalb von Großstädten und Touristenzonen nehmen indonesische Bankfilialen teils nur neue, unzerknitterte 100-US$-Scheine an. Weit draußen auf dem Land bieten sie oft gar keinen Umtauschservice – und falls doch, zu miesen Konditionen.

➡ Bei den Wechselstuben reicht das Spektrum von ehrlich bis betrügerisch: Schilder mit Aufschriften wie „offiziell" oder „lizenziert" sind bedeutungslos.

Maßnahmen gegen Abzocke beim Geldumtausch:

➡ Den gängigen Wechselkurs online ermitteln: Wer bessere Konditionen bietet, muss seinen Gewinn „durch die Hintertür" generieren. Darum alle Einrichtungen mit verlockend niedrigen Kursen und/oder angeblicher Gebühren- bzw. Provisionsfreiheit unbedingt meiden!

➡ Bares nur bei Bankfilialen, Wechselschaltern an Flughäfen oder großen, renommierten Wechselstuben in Geschäftsvierteln umtauschen: Obwohl Geldwechsler in zweifelhafter Lage (z. B. an Seitengassen) eigentlich naturgemäß verdächtig sind, fallen naive Touristen täglich auf solche Betrüger herein.

➡ Unter den häufigen Abzock-Maschen sind z. B. manipulierte Taschenrechner, Taschenspielertricks oder „Fehler" auf Aushängen mit Wechselkursen. Zudem ausländische Währung grundsätzlich erst aushändigen, nachdem man die angebotene Rupiah-Summe exakt nachgezählt hat!

➡ Die beste Quelle für Rupiah sind ohnehin Geldautomaten: Wer diese nutzt, muss keine großen Beträge in ausländischer Währung mitführen und bekommt meist einen akzeptablen Wechselkurs. Jedoch ist es ratsam, vorab zu ermitteln, welche Gebühren die eigene Bank pro Abhebung im Ausland erhebt.

Geldautomaten

➡ Geldautomaten gibt's in ganz Indonesien (Ausnahme: extrem ländliche Ecken). Die Geräte sind meist international vernetzt, funktionieren aber trotzdem nicht immer mit ausländischen Karten. Auf das landesweite Automatennetz der Bank BNI kann man sich generell verlassen.

➡ Die Maximalsumme pro Abhebung liegt teils bei 2000000 Rp, beträgt aber mitunter auch nur 500000 Rp (in ausländische Währung umgerechnet nicht gerade viel).

➡ Die Geräte geben jeweils nur Scheine im Wert von 50000 oder 100000 Rp aus (häufig per Aufkleber angegeben).

➡ Außerhalb von Großstädten und Touristenhochburgen stets genügend Rupiah in bar mitführen: Auf dem Land und einigen Inseln ist damit zu rechnen, dass nur sehr wenige (oft kaputte) oder gar keine Automaten vorhanden sind.

Kreditkarten

➡ In Großstädten und Touristenhochburgen (z. B. auf Bali) akzeptieren Mittel- oder Spitzenklassehotels generell Kreditkarten. Auch Reisebüros und teurere Geschäfte ermöglichen teils Bezahlung per Plastikgeld, verlangen dann aber oft einen Zuschlag von ca. 3 %.

➡ MasterCard und Visa werden landesweit am häufigsten akzeptiert.

➡ Den jeweiligen Kartenaussteller unbedingt rechtzeitig

über die Reise nach Indonesien informieren: Andernfalls wird die Karte möglicherweise bei Erstgebrauch vor Ort eingefroren, weil Betrugsverdacht besteht.

➡ Geldautomaten und Banken ermöglichen oft Barabhebungen per Kreditkarte. Automatennutzer sollten möglichst immer Geräte in Bankfilialen wählen: Im Freien besteht die Gefahr, dass die Karte heimlich per Skimming ausgelesen wird (vor allem auf Bali).

Umstellung der Rupiah

Ab 2020 wird die Rupiah potenziell neu denominiert, wobei jeweils drei Nullen auf den Banknoten entfallen sollen (z. B. von 20 000 auf 20 Rp). Die alten Scheine sollen aber mindestens noch bis 2025 gültig sein. Angesichts des höchst komplexen Umstellungsprozesses wird es für Touristen künftig einiges zu beachten geben. Beispiele:

➡ Erst in ferner Zukunft werden die indonesischen Geldscheine komplett neu gestaltet sein. Bis dahin wird das Land einfach die alten Versionen ohne die drei letzten Nullen drucken. Diese sollen der Regierung zufolge die gleiche Kaufkraft wie die jetzigen Ausgaben haben (z. B. aktuell: 100 000 Rp analog zu neu: 100 Rp). Die reale Akzeptanz steht dann aber eventuell auf einem anderen Blatt: In anderen Ländern wurden alte Geldscheine nach einer Neudenominierung nicht mehr akzeptiert – trotz staatlicher Garantie bezüglich Werterhalt.

➡ Die komplette Aktualisierung aller Preislisten und Computersysteme wird voraussichtlich Jahre dauern. In der Zwischenzeit müssen Kunden bzw. Gäste stets selbst und sorgsam darauf achten, korrekte Beträge berechnet zu bekommen und zu bezahlen.

➡ Die Neudenominierung wird öffentlich wohl kaum breiter besprochen werden, um finanzielle Turbulenzen zu verhindern.

Internetzugang

In Indonesien gelangt man insgesamt immer besser ins Internet. Die Verbindungsrate variiert jedoch lokal bzw. regional sehr stark.

➡ Immer mehr indonesische Hotels, Hostels und Pensionen bieten nun WLAN (Wi-Fi bzw. *wih-fih* genannt) – oft gratis, aber im ländlichen Raum nicht jederzeit zuverlässig.

➡ Viele Cafés und Restaurants in den Touristenhochburgen haben ebenfalls kostenlose Drahtlos-Anschlüsse.

➡ Am schnellsten surft es sich hier oft per Smartphone: Das 4G-Netz wird landesweit ständig ausgebaut. Verglichen mit anderen Ländern ist die Download-Geschwindigkeit aber bislang recht niedrig.

Karten & Stadtpläne

Periplus gibt nützliche Karten zu den meisten Inseln und Großstädten Indonesiens heraus. Generell sind Karten aus hiesiger Produktion aber oft ungenau und häufig veraltet – was hauptsächlich an der rapiden Entwicklung in vielen Regionen (z. B. Bali) liegt. Jedoch ist die Erfassung durch Google Maps landesweit stark vorangeschritten.

Von entlegenen Regionen gibt's kaum akkurate Karten. Bei Bedarf greifen Wanderer daher am besten auf einheimische Guides zurück, die das jeweilige Terrain genau kennen.

LGBT+

Landesweit sind hetero- wie homosexuelle Zuneigungsbekundungen in der Öffentlichkeit ein Tabu. Dies gilt vor allem in konservativen Regionen wie Aceh, wo gleichgeschlechtliche Einheimische schon wegen harmloser Umarmungen von der Religionspolizei verhaftet und zur „Umerziehung" geschickt wurden.

➡ In Indonesien werden Schwule als *homo* oder *gay* bezeichnet, Lesben als *lesbi*.

➡ Vor Ort gibt's auch eine große Gemeinde von Transsexuellen bzw. Transvestiten. Diese werden *waria* (Mix aus *wanita* bzw. Frau und *pria* bzw. Mann) genannt – weniger höflich auch *banci*. *Waria* sind in der indonesischen Öffntlichkeit seit jeher stark präsent.

➡ Obwohl einige islamische Gruppen jegliche Homosexualität ächten, kommt es landesweit kaum zu Gewalttätigkeiten gegen Angehörige der LGBT-Szene.

➡ Auf Bali ist die Toleranz gegenüber gleichgeschlechtlichen Beziehungen besonders hoch: Dort gibt's eine große LGBT-Gemeinde, die aus Auswanderern und Indonesiern aus dem ganzen Land besteht.
Beispiele für einheimische LGBT-Organisationen:

GAYa Nusantara (www.gaya nusantara.or.id) Größtes LGBT-Portal des Landes.

Gaya Dewata (YGD; www. gayadewata.com) Balis älteste LGBT-Organisation (rein auf kommunaler Ebene organisiert).

Post

Die indonesische Post (www. posindonesia.co.id) unterhält *kantor pos* (Postämter) in allen größeren Städten. In Touristenhochburgen gibt's zudem Postagenturen, die oft lange Öffnungszeiten haben.

Luftpost bis 20 g (Postkarten und Normalbriefe) gelangt von Indonesien aus recht günstig, aber relativ langsam nach Übersee. Bei Sendungen über 20 g wird der Tarif jeweils nach Gewicht berechnet. Alle lokalen Postämter (und viele Postagenturen) verpacken, versiegeln und verschicken Pakete bis 20 kg.

Rechtsfragen

Glücksspiel, Pornografie und jegliche Drogen sind in Indonesien illegal. Bei Drogendelikten wird hier potenziell die Todesstrafe verhängt: 2015 wurden zwei Australier wegen Heroinschmuggels hingerichtet – ein Schicksal, das aktuell weiteren Ausländern droht.

➡ Bezahltes Arbeiten ohne offizielle Genehmigung ist nach indonesischem Gesetz eine Straftat. Rigoros geahndet wird auch das Überziehen der Aufenthaltsdauer: Ein abgelaufenes Visum hat hier schon vielen nachlässigen Touristen eine hohe Geldstrafe und/oder Abschiebehaft eingebracht.

➡ Korruption ist landesweit an der Tagesordnung. So werden Touristen immer wieder wegen angeblicher Verkehrsdelikte von der Polizei angehalten. Nach einer Belehrung schlagen die Beamten dann eine „Alternative" zu Wachenbesuch und Gerichtstermin vor. Die geforderten Summen liegen meist bei maximal 50000 Rp, können auf Bali aber bis zu 500000 Rp betragen. Wichtig: In so einer Situation immer höflich und respektvoll bleiben!

➡ Wer in einen Unfall verwickelt wird, bei dem ein Indonesier schwere oder tödliche Verletzungen erleidet, sollte schnellstens die nächste Polizeiwache aufsuchen: Es besteht die Gefahr, dass sich Einheimische zusammenrotten und gewalttätig werden, weil sie einem als Ausländer pauschal die Alleinschuld in die Schuhe schieben.

➡ Zwecks Anzeige eines Verbrechens sollte man immer respektvoll gekleidet zur Polizei gehen und einen vertrauenswürdigen indonesischen Dolmetscher mitnehmen. Nach einer Meldung

unternehmen die Beamten aber generell nicht viel.

➡ Bei ernsthaften Problemen mit der indonesischen Justiz heißt es sofort die eigene Botschaft kontaktieren. Diese kann einen zwar nicht gegen Kaution aus der Haft holen, aber einen Dolmetscher besorgen und einen Rechtsanwalt empfehlen.

Reisen mit Behinderung

2011 ratifizierte Indonesien die UN-Übereinkunft über die Rechte von Menschen mit Behinderungen und verabschiedete 2016 ein Gesetz zur Barrierefreiheit. Inzwischen steigt landesweit das Bewusstsein bezüglich der Bedürfnisse von Menschen mit Hadicap. Dennoch ist Indonesien weiterhin ein problematisches Ziel für Besucher mit eingeschränkter Mobilität, Seh- oder Hörfähigkeit:

Nur sehr wenige Gebäude sind barrierefrei gestaltet (gilt selbst für manche Hotels von internationalen Ketten). Auf den Bürgersteigen erschweren Schlaglöcher, lockere Kanaldeckel, abgestellte Motorräder und allerlei Wirrwarr das Vorankommen. Angesichts dessen laufen selbst Einheimische ohne Behinderung oft lieber auf der Fahrbahn. Zudem sind die Bürgersteige selten eben und werden häufig von Treppenstufen unterbrochen.

Indonesiens öffentliche Verkehrsmittel sind durchweg nicht barrierefrei. Private Mietwagen mit Fahrer gibt's überall recht günstig. Fahrzeuge mit Rollstuhleignung bekommt man aber ausschließlich über spezialisierte Touranbieter. In Touristenhochburgen lassen sich problemlos Guides anheuern, die potenziell auch als Helfer fungieren (z.B. beim Schieben von Rollstühlen) – bislang eine selten genutzte Option.

Wie die Bürger vieler anderer Entwicklungsländer

sind aber auch die Indonesier sehr freundlich und hilfsbereit. So müssen Rollstuhlfahrer meist nicht lange vor Treppenstufen warten, bis ihnen jemand darüber hinweghilft.

Dank seiner umfassenden touristischen Infrastruktur eignet sich Bali für Besucher mit Handicap am besten: Hier sind barrierefreie Unterkünfte und Einrichtungen im Vergleich zu anderen Regionen häufiger zu finden.

Die kompetenten, gut vernetzten Inhaber von **Accessible Indonesia** (www.accessibleindonesia.org/de) arbeiten eng mit lokalen Behindertenorganisationen zusammen. Die spezialisierte Firma bietet vor allem Touren auf Java, Sulawesi und Bali an. Dabei sind auch barrierefreie Bootstrips (u. a. Tagesausflüge, Tauchen, Schnorcheln) und Shuttles für Rollstuhlfahrer mit im Programm. Das Team kennt sich bestens mit der Lösung von infrastrukturell bedingten Problemen aus. Die Website liefert kompakte Infos zur Barrierefreiheit an den besuchten Zielen und an Indonesiens internationalen Flughäfen.

Gute allgemeine Infos zum Reisen mit Handicap gibt's z. B. bei **Mobility International Schweiz** (www.mis-ch.ch), **MyHandicap Deutschland** (www.myhandicap.de), **MyHandicap Schweiz** (www.myhandicap.ch) oder der **Nationalen Koordinierungsstelle Tourismus für Alle e.V.** (www.natko.de). Ergänzend stellt Lonely Planet den englischsprachigen Führer *Accessible Travel* gratis zum Download bereit (http://lptravel.to/accessibletravel).

Steuern

Bei bestimmten Artikeln erhebt Indonesien eine Verkaufssteuer von 10 % (meist ist diese jedoch bereits im angegebenen Preis enthalten).

Strom

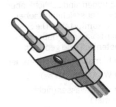

Type C
220V/50Hz

Type F
230V/50Hz

Telefon

Handys

➡ Indonesische Handynummern sind insgesamt zehn-bis zwölfstellig. Dies beinhaltet jeweils eine vierstellige Vorwahl, die mit ☑08 beginnt. Das 4G-Netzwerk wird landesweit ständig ausgebaut. Bislang ist die Online-Verbindungsgeschwindigkeit aber noch langsamer als in anderen Ländern.

➡ SIM-Karten sind landesweit überall erhältlich. Varianten mit reinem Gesprächsguthaben gibt's ab 15000 Rp. Die Tarife für Auslandsgespräche sind jeweils recht günstig (ab ca. 5000 Rp/Min.). Separates Datenvolumen wird ab ca. 40000 Rp/1 GB angeboten und lässt sich wie das Gesprächsguthaben später leicht aufstocken bzw. nachladen.

➡ Die meisten offiziellen Handyshops haben Pauschalangebote ab 50000 Rp (inkl. SIM-Karte, Gesprächsguthaben und Datenvolumen).

➡ Wichtig: Seit April 2018 sind alle indonesischen SIM-Karten bei Kauf vor Ort zu registrieren (gültiger Reisepass erforderlich). Offizielle Handyshops von Mobilfunkanbietern erledigen dies stets automatisch für ihre Kunden. Denselben Service bieten autorisierte Händler an den Flughäfen von Jakarta und Bali an.

Telefonieren übers Internet

Das WLAN der meisten Hotels ermöglicht Telefonieren übers Internet (z.B. gratis per Skype). Speziell für Auslandstelefonate haben indonesische Mobilfunkanbieter oft Online-Zugangscodes (ca. 0,03 US$/Min.). Die Alternative sind kostenlose Messenger wie WhatsApp.

Touristeninformation

Die Website des **indonesischen Tourismusministeriums** (www.indonesia.travel) liefert gute allgemeine Infos.

Die meisten regionalen bzw. lokalen Touristeninformationen sind jedoch wenig hilfreich. Bemerkenswerte Ausnahmen findet man z.B. in Ubud (Bali), Yogyakarta (Java) und Sorong (Papua; Raja Ampat Tourism Management Office).

Toiletten & Bäder

In den Bädern (*kamar mandi*; *mandi* bedeutet baden bzw. waschen) indonesischer Billig-Bleiben findet man meist einen großen Wassertank und ein Schöpfgefäß aus Plastik.

➡ Niemals in den Tank hineinsteigen: Dieser enthält das ganze Wasser für einen selbst und alle folgenden Gäste. Darum nur so viel herausschöpfen, wie zum Abwaschen bzw. Abspülen des Körpers erforderlich ist!

➡ Die meisten Touristenhotels verfügen heute über Duschen (oft mit Warmwasser).

➡ Landesweit gibt's meist Hocktoiletten, die mit geschöpftem Wasser aus bereitgestellten Behältern gespült werden. In Touristenhochburgen sind aber zunehmend WCs im westlichen Stil vorhanden. Öffentliche Örtchen sind generell kaum zu finden. Bei dringenden Bedürfnissen sucht man sich daher am besten ein Café, lächelt und bedankt sich für die Toilettennutzung gegebenfalls mit dem Bestellen einer Kleinigkeit.

➡ Toilettenpapier ist in öffentlich zugänglichen Toiletten meist Mangelware, kann aber überall gekauft werden. Da Abwasserrohre in Indonesien sehr leicht verstopfen, steht neben der Bodenöffnung bzw. Schüssel oft ein Entsorgungsbehälter für das Papier. Statt Papier verwenden viele Einheimische zur Gesäßreinigung lieber die linke Hand und außerdem viel Wasser aus dem Schöpfbehälter.

➡ *Kamar kecil* bedeutet Toilette; die meisten Indonesier verstehen aber auch *wei-sei* (WC). Es wird zwischen *wanita* (Damen) und *pria* (Herren) unterschieden.

Unterkunft

Indonesiens Unterkunftspalette reicht von spartanisch bis hin zu extrem luxuriös. Vor allem für die Hauptsaison (Juli, Aug. & Dez.) sollten Zimmer in Touristenhochburgen stets rechtzeitig reserviert werden.

Camping

Junge Indonesier zelten gern in Nationalparks. Außerhalb von diesen kommen auch Touristen kaum – und falls doch, sehen neugierige Dorfbewohner die Camper als Unterhaltungsprogramm an. Erschlossene Campingplätze mit Stromanschlüssen und anderen Einrichtungen sind landesweit kaum vorhanden. Potenziell gezeltet wird bei manchen geführten Inseltreks (z. B. auf Kalimantan oder Papua) und Bergwanderungen (z. B. am Gunung Rinjani auf Lombok). Die Guides bzw. Tourveranstalter stellen dann meist die erforderliche Leihausrüstung.

Hostels

Backpacker-Hostels mit Schlafsälen gibt's vor allem in Jakarta und auf bestimmten Inseln (z. B. Bali, Gilis, Flores). Anderswo sind billige Pensionen weiter verbreitet.

Hotels

Indonesische Hotels haben meist freundliches Personal und in den Touristenhochburgen teils auch ein super Preis-Leistungs-Verhältnis in allen Kategorien. Überall sonst ist jedoch mit niedrigem Wartungsstandard und wechselhaftem Service zu rechnen.

Generell zählt Indonesien zu den günstigeren Urlaubsländern Südostasiens. In den viel besuchten Regionen gibt's viele erschwingliche Bleiben. Besonders groß ist die Auswahl z. B. auf Bali und den Gili-Inseln sowie in Labuan Bajo (Flores) und Danau Toba (Sumatra). Abseits der Touristenzonen stehen oft nur einfache Pensionen und Privatunterkünfte zur Verfügung. Jedoch verteilen sich manche Resorts, Surfercamps und schlichte, aber idyllische Refugien über den ganzen Archipel.

➡ Der obligatorische Zuschlag aus Übernachtungssteuer und Servicegebühr (alias plus plus; zusammen 21 %) ist bei Budgetoptionen meist, aber nicht immer im Preis enthalten (vorher nachfragen). Bei vielen Mittel- und Spitzenklassehotels wird er separat erhoben, was die Rechnung kräftig erhöhen kann.

➡ Die Preisangaben in diesem Buch gelten jeweils für die Hauptsaison und verstehen sich inklusive Steuern bzw. Gebühren. Es handelt sich dabei aber immer nur um Richtwerte, da exakte Definitionen in Indonesien generell schwierig sind: Örtliche Unterkünfte geben nur teilweise ihre realen Preise an – teilweise nennen sie auch reine Fantasie-Tarife und kalkulieren von vorn herein 50 % Rabatt ein.

➡ Pauschale Spartipps für das ganze Land können darum nicht gegeben werden. So hilft nur eine Kombination aus Online-Vergleich und direkter Nachfrage.

BUDGETHOTELS & PENSIONEN

Am günstigsten sind Budgethotels bzw. -pensionen mit Namenszusätzen wie Losmen, Homestay, Inn, Penginapan oder Pondok. Solche Optionen sind schlicht, aber meist ausreichend sauber und komfortabel. Die Standards variieren dabei stark; potenziell sind geboten:

➡ Klimaanlage (nicht immer)

➡ WLAN (meistens)

➡ Warmwasser (nicht immer)

➡ Zimmerfenster (nicht immer)

➡ Eigenes Bad mit Dusche und WC im westlichen Stil (häufig)

➡ Pool (nicht immer; auf Bali häufig)

➡ Einfaches Frühstück (häufig)

MITTELKLASSEHOTELS

Viele Hotels bieten neben Budgetquartieren auch Mittelklassezimmer (beste Varianten z. B. VIP oder Deluxe). In diesem Preisbereich gibt's oft folgende Extras:

➡ Balkon, Veranda oder Terrasse

➡ Satelliten-TV

➡ Kleiner Kühlschrank

TOPHOTELS

Im Spitzenklassebereich reicht das Spektrum von internationalen Kettenhotels (z. B. in Jakarta) und wunderschönen Resorts (z. B. auf Bali) bis hin zu luxuriösen Refugien diverser Art (landesweit). Zu erwartende Standards:

➡ Top-Service

➡ Blick ins Grüne (Täler, Reisterrassen, Privatgärten) oder aufs Meer

➡ Spa

➡ Privatpools (nicht immer)

Privatunterkünfte in Dörfern

Touristen können in vielen indonesischen Dörfern übernachten. Falls es vor Ort weder Hotels noch Pensionen geben sollte, einfach bei den jeweiligen Dorfvorstehern

---

UNTERKÜNFTE ONLINE BUCHEN

Weitere Unterkunftsempfehlungen von Lonely Planet Autoren gibt's unter www.lonelyplanet.com/indonesia/hotels. Dort findet man unabhängig recherchierte Infos und Tipps zu den besten Adressen. Zudem kann online gebucht werden.

nachfragen: Die *kepala desa* können Privatunterkünfte (meist mit Verpflegung) empfehlen und sind generell sehr (gast-)freundlich. Gut zu wissen:

➡ Eventuell gibt's kein eigenes Zimmer, sondern nur ein Bett.

➡ Die Höhe der Bezahlung wird entweder vom *kepala desa* vorgeschlagen oder ist *terserah* (einem selbst überlassen). Falls letzteres zutreffen sollte: Unbedingt einen angemessenen Betrag (Faustregel: 100 000 Rp/ Übern.) anbieten!

➡ Wenn das Privathaus eines Dorfvorstehers als inoffizielles Hotel dient, wird man dort als Gast der Familie betrachtet und oft sehr ehrenvoll behandelt (z. B. mit einem eigens zubereiteten Festmahl). Im Gegenzug sind kleine Geschenke (z. B. Zigaretten, Fotos, Mitbringsel aus der Heimat) als Dank angebracht.

➡ Bei Aufenthalten in Dörfern lernt man die Einheimischen bzw. deren Lebensweise super aus nächster Nähe kennen und unterstützt mit seinem Geld direkt die jeweilige Gemeinde.

➡ Wanderrouten im Baliem-Tal passieren oft Dörfer mit einfachen Pensionen für Touristen.

Villen & Unterkünfte für längere Aufenthalte

Auf Bali sind luxuriöse Villen sehr beliebt. Solche Häuser warten oft mit Extras (z. B. Pool, Aussicht, Privatstrand) und/oder Personal (z. B. Koch, Chauffeur) auf. Allerdings liegen sie meist inmitten einst unberührter Reisfelder und sind auch in puncto Wasserverbrauch nicht gerade umweltfreundlich.

Das Spektrum bei Villen reicht von recht schlichten Varianten (ca. 200 US$/ Übern.) bis hin zu ganzen tropischen Privatanwesen (ab 2000 US$/Übern.). Vor

---

---

allem in der Nachsaison gibt's aber oft Sonderangebote; auch Teilen mit mehreren Personen kann Mondänes erschwinglich machen.

Interessenten sollten vorab Folgendes klären:

➡ Entfernung zu Strand und Nachtleben?

➡ Mietwagen und/oder Chauffeur inklusive?

➡ Falls ein Koch vorhanden ist: Lebensmittel inklusive?

➡ Wäscheservice inklusive?

Bleiben für längere Aufenthalte lassen sich z. B. über Facebook oder das *Bali Advertiser* (www.baliadvertiser. biz) finden. Wer keine großen Ansprüche hat, kann einfache Bungalows schon ab ca. 300 US$ pro Monat mieten.

Reservierungen

Traveloka (www.traveloka.com) Landesweites Unterkunftsverzeichnis mit Buchungsmöglichkeiten.

Lonely Planet (www.lonely planet.com/indonesia/hotels) Empfehlungen und Buchungsmöglichkeiten.

Versicherung

Unabdingbar ist eine gute Reiseversicherung, die neben medizinischen Behandlungen (inkl. schnellstmöglicher

---

Rettungsflüge in die Heimat!) auch Verluste und Diebstähle abdeckt.

Letztere kommen in Indonesien recht häufig vor. Somit sollten vor allem teure Gegenstände (z. B. Laptops und Kamera-Ausrüstungen) möglichst gut versichert sein. Diesbezüglich enthalten manche Policen jedoch gewisse Beschränkungen; zudem wird statt des Neupreises oft nur der Zeitwert ersetzt.

Einige Versicherungsverträge schließen gefährliche Aktivitäten von vorn herein aus (teils sogar Wandern – rechtzeitig nachfragen). Insbesondere Taucher sollten daher gegebenenfalls einen speziellen Zusatzschutz abschließen.

Die weltweit gültige Reiseversicherung unter www. lonelyplanet.com/travel -insurance kann jederzeit online abgeschlossen, erweitert und in Anspruch genommen werden – auch, wenn der Trip bereits begonnen hat.

Visa

Touristenvisa

Die Visumsbestimmungen für Indonesien ändern sich ständig. Unbedingt rechtzeitig vor dem Start den aktuel-

VERANTWORTUNGSBEWUSST REISEN

Auch in Indonesien sollte man sich natürlich gegenüber Natur, Land und Leuten möglichst verantwortungsbewusst und respektvoll verhalten:

Wasserverbrauch beachten Selbst in vegetationsreichen Regionen Indonesiens (z. B. Bali) übersteigt der Wasserbedarf vielerorts die Ressourcen. Somit empfehlen sich Hotels, die Bettwäsche und Handtücher nicht täglich waschen. Zudem sollte man überlegen, ob ein (privater) Pool unbedingt nötig ist.

Plastikmüll reduzieren Die Plastikflaschen des indonesischen Mineralwasser-Marktführers Aqua (gehört zum Danone-Konzern) sind zwar praktisch, aber auch eine extreme Umweltsünde: Jedes Jahr werden landesweit Millionen davon weggeworfen. Andererseits kann normales Leitungswasser hier nicht bedenkenlos getrunken werden. So haben viele Hotels und Restaurants große Speichertanks mit sicher aufbereitetem Wasser für den Betriebsbedarf. Daraus können Gäste potenziell eigene Behältnisse nachfüllen – darum entsprechend nachfragen, falls dieser Service nicht ohnehin schon angeboten wird. Auch auf andere Einwegartikel aus Plastik (z. B. Beutel, Trinkhalme) sollte man möglichst verzichten.

Ökobewusstsein unterstützen Landesweit gibt's immer mehr Unterkünfte und Einrichtungen mit guten Maßnahmen in puncto Nachhaltigkeit.

Strom sparen Beleuchtung und Klimaanlage nur bei Bedarf einschalten.

Umgang mit Tieren Aktivitäten mit Tieren (z. B. Delfinschwimmen, Elefantenritte, Shows) sind oft nichts für Touristen mit ethischen bzw. ökologischen Bedenken. Außerdem niemals Wildtiere berühren, stören oder füttern: Dies kann das natürliche Verhalten sehr negativ beeinflussen, Krankheiten hervorrufen und/oder zu gefährlichen Reaktionen (z. B. Bissen) führen!

len Stand ermitteln: Bei jeglichen Verstößen drohen eine hohe Geldstrafe und/oder sofortige Abschiebung.

Gleiches gilt bei überzogener Aufenthaltsdauer: In den ersten 60 Tagen nach Ablauf des Visums werden aktuell 300 000 Rp/Tag fällig (künftig wahrscheinlich noch mehr). Bei Überziehungen von mehr als 60 Tagen wird man abgeschoben und mit dauerhaftem Einreiseverbot belegt, muss aber keine Geldstrafe bezahlen.

Unabhängig von der Art des jeweiligen Visums muss der Reisepass bei Ankunft noch mindestens sechs Monate lang gültig sein. Wichtigste Visumoptionen zum Recherchezeitpunkt:

Visum im Voraus Meist ein Touristenvisum mit 60 Tagen Gültigkeit, das grundsätzlich rechtzeitig vorab zu erlangen ist – auch von Travellern, die ansonsten für ein Visum bei Ankunft infrage kommen. Die Details variieren je nach Staatsangehörigkeit. Diplomatische Vertretungen Indonesiens

informieren über die jeweiligen Bearbeitungszeiträume und -gebühren. Die Beantragung erfolgt am besten schon in der Heimat: Indonesische Botschaften weisen einen generell ab, wenn man seinen Antrag in einem Land stellt, dessen Staatsbürgerschaft man nicht hat (bzw. man dort nicht dauerhaft lebt). In Südostasien sind 60-Tages-Visa am leichtesten in Bangkok und Singapur zu bekommen.

Visum bei Ankunft (nicht verlängerbar) Aktuell gibt's Visa on Arrival (VOA) mit 30-tägiger, nicht verlängerbarer Aufenthaltsdauer gratis für Staatsbürger von 169 Ländern (u. a. EU-Bürger, Schweizer). Bei der kostenlosen VOA-Variante muss die Ausreise meist über bestimmte Flughäfen bzw. Häfen erfolgen. Zudem sind Verlängerungen (auch per Visarun nach Osttimor) grundsätzlich ausgeschlossen.

Visum bei Ankunft (verlängerbar) EU-Bürger und Schweizer können sich auch ein VOA-Visum mit 30 Tagen Basis-Gültigkeit und optionaler Verlängerung (max. 30 Tage) holen. In diesem Fall wird eine Gebühr (35 US$)

fällig, die jeweils genau abgezählt beim Einwanderungsschalter zu entrichten ist. Solche VOA-Visa sind an allen großen Flughäfen und Häfen erhältlich (an den meisten Grenzübergängen zu Lande dagegen nicht).

Studenten- & Arbeitsvisa

Für nichttouristische Aufenthalte mit bildendem bzw. sozialem Charakter (Studium, Forschung, Familienbesuch) gibt's gebührenpflichtige Sozial-/Kulturvisa (*sosial/budaya*). Diese sind jeweils vorab bei einer diplomatischen Auslandsvertretung Indonesiens zu beantragen. Voraussetzung ist stets der Nachweis eines Sponsors (z. B. eine Bildungseinrichtung), um die Deckung aller Lebenshaltungskosten vor Ort zu garantieren. Die Basis-Gültigkeit (meist drei Monate) lässt sich jeden Monat und um insgesamt bis zu weitere sechs Monate verlängern; das Land darf jedoch zwischenzeitlich nicht verlassen werden.

„Bildungs-Besuche" sind jedoch nicht klar definiert: Indonesische Auslandsvertretungen erkennen bestimmte „Studienzwecke" potenziell nicht an und verweigern dann die Erteilung eines Sozial-/Kulturvisums. In solchen Fällen ist eine begrenzte Aufenthaltserlaubnis (Limited-Stay Visa bzw. *Kartu Izin Tinggal Terbatas;* KITAS) direkt bei der **zentralen Einwanderungsbehörde** (Direktorat Jenderal Imigrasi; ☎021-522 4658; www.imigrasi.go.id; Jl HR Rasuna Said 8 & 9; ⊗Mo–Fr 8–15 Uhr) in Jakarta zu beantragen. Bei Erfolg erhält man eine sogenannte KITAS Card, die bei Travellern höchst begehrt ist.

Wer in Indonesien einen bezahlten Job annehmen will, braucht zusätzlich zur KITAS Card eine offizielle Arbeitserlaubnis (IMTA). Ein solches Kombi-Visum ist generell am schwierigsten zu bekommen: Grundvoraussetzung ist der Nachweis eines Arbeitgebers, der auch den langwierigen und komplizierten Beantragungsprozess übernehmen muss.

Regionale Reisegenehmigungen

Bis heute erfordern Trips durch bestimmte Teile von Papua offiziell eine separate Reisegenehmigung (S. 509).

Visaverlängerungen

Gebührenpflichtige VOA-Visa mit 30 Tagen Basis-Gültigkeit lassen sich einmalig um maximal 30 Tage verlängern. Das Prozedere ist recht kompliziert:

➧ Anträge sind spätestens sieben Tage vor Visumsablauf bei einem Einwanderungsbüro zustellen. Solche Büros gibt's in vielen größeren Städten bzw. Bezirkshauptstädten.

➧ Mitzubringen sind ein gültiger Reisepass (inkl. einer Fotokopie), ein Rückflugticket (inkl. einer Fotokopie; Ausreisedatum muss innerhalb des Verlängerungszeitraums liegen) und die Verlängerungsgebühr (350 000 Rp)

➧ Antragsteller sollten angemessen gekleidet sein (z. B. Männer mit langen Hosen). Andernfalls ist von vornherein mit einer Ablehnung zu rechnen.

➧ Nach Antragsstellung ist das Büro potenziell innerhalb von drei bis fünf Tagen mehrmals aufzusuchen, um noch offene Fragen zu klären. Gegen Gebühr übernehmen Visaagenturen wie **Channel-One** (☎0878 6204 3224; www.channel1.biz; Jl Sunset 100X) auf Bali den kompletten Papierkrieg und ersparen einem nach der Beuftragung den persönlichen Verlängerungsstress.

Zeit

In Indonesien gelten drei Zeitzonen (aufgrund der Lage am Äquator jeweils ohne Sommerzeit):

➧ Westindonesische Zeit (MEZ + 6 Std.; Java, Sumatra, westliches und zentrales Kalimantan)

➧ Zentralindonesische Zeit (MEZ + 7 Std.; Bali, Nusa Tenggara, Sulawesi, südliches und östliches Kalimantan).

➧ Ostindonesische Zeit (MEZ + 8 Std.; Papua, Molukken)
12 Uhr in Jakarta bedeutet daher 13 Uhr in Denpassar oder Makassar, 14 Uhr in Jayapura und 6 Uhr (ohne Sommerzeit) in Berlin.

Zoll

Alle weltweit üblichen Importverbote (z. B. für Drogen, Waffen, Frischobst) gelten auch für Indonesien. Zudem verbietet das Land die Einfuhr aller Artikel, die auch nur ansatzweise pornografisch sind. Legale Zollfreimengen:

➧ 200 Zigaretten (oder 25 Zigarren oder 100 g Schnitttabak)

➧ Parfum in „angemessener Menge"

➧ 1 l Akohol

Surfer mit mehr als zwei oder drei Boards im Gepäck müssen potenziell eine „Einfuhrgebühr" berappen. Diese kann auch bei anderen Artikeln fällig werden, wenn die Beamten einen Verkauf in Indonesien für möglich halten. Wer nichts anmelden muss, hat die Zollabfertigung meist schnell hinter sich.

Verkehrsmittel & -wege

AN- & WEITER-REISE

Die meisten Touristen erreichen Indonesien per Flugzeug nach bzw. über Jakarta oder Bali. Außerdem geht's auch übers Meer (ab Malaysia, Singapur) und auf dem Landweg (nach Kalimantan, Papua, Westtimor) hierher.

Flüge, Mietwagen und geführte Touren lassen sich online unter lonelyplanet.com/bookings buchen.

Einreise

An Flughäfen bzw. Überseehäfen geht die Einreise nach Indonesien relativ schnell und einfach vonstatten, sofern man sich rechtzeitig mit den Visum-Optionen (S. 867) beschäftigt hat.

Reisepass

Bei Ankunft muss der Reisepass grundsätzlich noch mindestens sechs Monate lang gültig sein. Eine Disembarkation Card (ein separater Nachweis, dass man von Bord des Flugzeugs bzw. Schiffs gegangen ist), ist aktuell nicht mehr auszufüllen.

Flugzeug

Indonesien wird von den meisten internationalen Fluglinien angesteuert. Je nach Regionalziel muss man dabei eventuell in Singapur oder Kuala Lumpur umsteigen:

Vor allem auf Bali sind die Start- und Landebahnen zu kurz für Maschinen ab einer bestimmten Größe.

Flughäfen & Fluglinien

Indonesiens größte internationale Flughäfen sind der **Soekarno-Hatta International Airport** (CGK; http://soekarnohatta-airport.co.id; Tangerang City) in Jakarta und der oft auch Denpasar genannte **Ngurah Rai International Airport** (http://bali-airport.com) auf Bali.

Balikpapan, Medan, Padang, Surabaya, Lombok und Manado bieten ebenfalls Auslandsverbindung (jedoch jeweils begrenzt).

AirAsia (www.airasia.com) Billiggesellschaft, die viele indonesische Ziele von Australien, Kuala Lumpur, Bangkok und Singapur aus bedient.

Garuda Indonesia (www.garuda-indonesia.com) Indonesiens Landesfluglinie; steuert Bali und Jakarta z. B. ab Australien, Amsterdam und Städten in Asien an.

Flugtickets

Bei Online-Recherchen in puncto Flugtickets sollte man sich nicht nur auf große Buchungsportale beschränken: Es gibt auch diverse kleine Reisebüros mit Spezialisierung auf Indonesien. Diese sind oft besonders nützlich, wenn entlegene Regionalziele im Rahmen komplexer Reisepläne besucht werden sollen.

Auf dem Landweg

Grenzübergänge

Zwischen Indonesien und dessen Nachbarländern gibt's insgesamt fünf normale Grenzübergänge:

➡ Entikong wird zwischen Pontianak (Kalimantan) und Kuching (Sarawak, Ost-Malaysia) von Linienbussen durchquert; VOA-Visa (S. 868) sind direkt an der Grenze erhältlich.

➡ Lubok Antu (Sarawak)–Badau (West-Kalimantan) Visum im Voraus erforderlich (S. 868).

➡ Biawak (Sarawak)–PLBN Aruk (West-Kalimantan) Visum im Voraus erforderlich (S. 868).

➡ Batugade wird zwischen Westtimor (Indonesien) und Timor-Leste (alias Osttimor von Linienbussen durchquert, der Übergang ist aktuell geöffnet; Visa sind in beiden Richtungen obligatorisch und vorab zu erlangen (für Osttimor in Kupang). Achtung: Für die osttimoresische Sonderverwaltungszone Ambeno (Oecussi) gelten spezielle Regelungen!

➡ Jayapura/Sentani (Indonesien)–Vanimo (Papua-

AUSREISESTEUER

Nun immer im Preis von Flugtickets enthalten.

REISEN & KLIMAWANDEL

Der Klimawandel stellt eine ernste Bedrohung für unsere Ökosysteme dar. Zu diesem Problem tragen Flugreisen immer stärker bei. Lonely Planet sieht im Reisen grundsätzlich einen Gewinn, ist sich aber der Tatsache bewusst, dass jeder seinen Teil dazu beitragen muss, die globale Erwärmung zu verringern.

Fast jede Art der motorisierten Fortbewegung erzeugt CO_2 (die Hauptursache für die globale Erwärmung), doch Flugzeuge sind mit Abstand die schlimmsten Klimakiller – nicht nur wegen der großen Entfernungen und der entsprechend großen CO_2-Mengen, sondern auch, weil sie diese Treibhausgase direkt in hohen Schichten der Atmosphäre freisetzen. Die Zahlen sind erschreckend: Zwei Personen, die von Europa in die USA und wieder zurück fliegen, erhöhen den Treibhauseffekt in demselben Maße wie ein durchschnittlicher Haushalt in einem ganzen Jahr.

Die englische Website www.climatecare.org und die deutsche Internetseite www.atmosfair.de bieten sogenannte CO_2-Rechner. Damit kann jeder ermitteln, wie viele Treibhausgase seine Reise produziert. Das Programm errechnet den zum Ausgleich erforderlichen Betrag, mit dem der Reisende nachhaltige Projekte zur Reduzierung der globalen Erwärmung unterstützen kann, beispielsweise Projekte in Indien, Honduras, Kasachstan und Uganda.

Lonely Planet unterstützt gemeinsam mit Rough Guides und anderen Partnern aus der Reisebranche das CO_2-Ausgleichs-Programm von climatecare.org. Alle Reisen von Mitarbeitern und Autoren von Lonely Planet werden ausgeglichen. Weitere Informationen gibt's auf www.lonelyplanet.com.

Neuguinea) Je nach aktueller politischer Lage mitunter geschlossen; Visa sind in beiden Reiserichtungen obligatorisch und vorab zu erlangen.

Übers Meer

Zwischen Indonesien und den Philippinen oder Papua-Neuguinea verkehren aktuell keine Passagierschiffe.

Australien

Viele große Kreuzfahrtschiffe pendeln zwischen Australien und Bali.

Malaysia

Komfortable Linien-Schnellfähren verbinden Melaka (Malaysia) mit Dumai (Sumatra; einfache Strecke 2 Std.). Von Johor Bahru (Süd-Malaysia) schippern normale Fähren täglich nach Pulau Bintan auf den Riau-Inseln (Sumatra).

Ab Tawau (malaysischer Bundesstaat Sabah auf Borneo) geht's per Fähre und Schnellboot nach Tarakan oder Nunukan (Ost-Kalimantan). Visa sind in diesem Fall vorab zu erlangen.

Osttimor

Linienfähren fahren zwischen Dili (Osttimors Hauptstadt) und der osttimoresischen Sonderverwaltungszone Ambeno (Oecussi). Achtung: Wer von dieser separaten Enklave nach Westtimor (Indonesien) einreisen will, muss sein Visum vorher in Dili erlangen!

Singapur

Ab Batam flitzen Schnellboote nach Tanjung Buton, wo Minibus-Anschluss nach Pekanbaru auf Sumatra besteht. Zwischen Belawan (Hafen der Provinz Medan) und Jakarta legen Fähren von Pelni (S. 875) in Batam an.

Weitere Boote (z.B. von Bintan Resort Ferries; www.brf.com.sg) fahren die Route Singapur–Pulau Bintan.

UNTERWEGS VOR ORT

Auto & Motorrad

Benzin

Staatliche Subventionen halten die Spritpreise in Indonesien niedrig: Bleifreies Benzin kostet ca. 10 000 Rp/l. Seit der Öffnung des hiesigen Mineralöl-Marktes für ausländische Konzerne baut die staatliche Raffinerie-Gesellschaft Pertamina landesweit immer mehr Tankstellen (*pompa bensin*).

Führerschein

Auto- und Motorradfahren in Indonesien erfordern eine Internationale Fahrerlaubnis (International Driving Permit; IDP). Diese ist in der Heimat bei Automobilclubs (z.B. ADAC) erhältlich und gilt nur in Verbindung mit einem gültigen nationalen Auto- bzw. Motorradführerschein. Beide Dokumente sind bei Polizeikontrollen vorzuzeigen. Indonesische Fahrzeugvermieter bestehen jedoch kaum auf Vorlage einer IDP.

Mieten

AUTO

In Touristengebieten können Selbstfahrer einen Kleinwagen teils schon für 300 000 Rp/Tag (inkl. Haftpflichtversicherung) ausleihen.

Viele Besucher wählen aber stattdessen einen Mietwagen mit Chauffeur (meist ab ca. 600 000 Rp/Tag).

Miet-Minibusse mit Fahrer bieten Kleingruppen maximale Flexibilität zum erschwinglichen Preis. Auch für diese Option bekommt man Empfehlungen von praktisch allen örtlichen Unterkünften.

MOTORRAD

Motorräder und -roller lassen sich überall in Indonesien leicht ausleihen (50 000–100 000 Rp/Tag).

➜ In Surfer-Hochburgen sind die Zweiräder oft mit Haltern für Boards ausgestattet.

➜ Landesweit herrscht Helmpflicht – diese sollte man auch angesichts der vielen Gefahren im örtlichen Verkehr unbedingt befolgen!

➜ Verstöße gegen die Helmpflicht geben indonesischen Polizisten zudem eine Möglichkeit zum Erpressen von Schmiergeld. Gleiches gilt, wenn bei Kontrollen kein (internationaler) Motorradführerschein vorgezeigt werden kann. Einheimische Zweirad-Vermieter verlangen jedoch nur selten das Vorlegen einer Fahrerlaubnis.

➜ Achtung: Einige Reiseversicherungen bieten keinerlei Schutz bei Personen- und/oder Sachschäden, die beim Motorrad- oder Rollerfahren (vor allem ohne Führerschein!) entstehen. Darum das Kleingedruckte vorab immer sorgfältig durchlesen!

Straßenzustand & Gefahren

➜ Verkehrschaos, Dauerstau, schlechter Straßenzustand und ständige Bauarbeiten machen das Fahren in Indonesien (inkl. Bali) zur anstrengenden bzw. zeitraubenden Angelegenheit: Vielerorts geht's hier im Durchschnitt nur mit 35 km/h voran.

➜ Schwer fällt auch die Orientierung: Die meisten Straßen sind nicht beschildert, während Karten oft schnell veralten.

Verkehrsregeln

In Indonesien herrscht Linksverkehr, was für die meisten Europäer ungewohnt ist. Auch die übrige Verkehrssituation erfordert immer und überall starke Konzentration. Zudem können Unfälle selbst ohne Eigenverschulden höchst unangenehme Konsequenzen haben: Sogar von behördlicher Seite wird hier Ausländern sehr oft pauschal die Alleinschuld in die Schuhe geschoben.

Andererseits kosten einheimische Fahrer für Mietwagen im Vergleich nur einen recht geringen Aufpreis. Insgesamt gibt's somit kaum einen triftigen Grund, selbst ein Fahrzeug in Indonesien zu lenken.

Versicherung

Kommerzielle und private Autovermieter bestehen standardmäßig auf das Bezahlen einer Haftpflichtversicherung. Eine solche ist meist im Mietpreis enthalten, deckt jedoch keinerlei Schäden am Fahrzeug selbst ab. Somit empfiehlt sich eine Teil- bzw. Vollkaskoversicherung gegen Aufpreis. Dieser ist umso höher, je geringer die Selbstbeiligung (z. B. bei einem Auto/Motorrad 500/100 US$) ausfällt.

Achtung: Viele Reiseversicherungen kommen nicht für Personen- und/oder Sachschäden bei selbst verschuldeten Verkehrsunfällen im Ausland auf. Zudem sind Motorrad- und Rollerfahren oft explizit als „gefährliche Aktivitäten" ausgeschlossen.

Wer als Selbstfahrer am indonesischen Straßenverkehr teilnehmen will, sollte daher den internationalen Deckungsumfang von eventuell schon vorhandenen Versicherungen ganz genau kennen und gegebenenfalls rechtzeitig einen entsprechenden Zusatzschutz abschließen!

Bus

In fast ganz Indonesien (nur nicht auf Papua und den Molukken) sind Busse aller Art das Hauptverkehrsmittel: Zahllose Einheimische fahren damit täglich zu jeder Uhrzeit durchs Land. Die Fahrt beginnt meist, wenn alle Plätze belegt sind – wobei dies mitunter auch für die Gänge zwischen den Sitzen gilt. Gut zu wissen ist Folgendes:

➜ Für Fernstrecken sind klimatisierte Busse eine akzeptable Option. Tickets für Hauptrouten (z. B. Bali–Jakarta; 24 Std.) kosten aber oft genauso viel wie entsprechende Inlandsflüge.

➜ Busse auf Nebenstrecken haben meist keine Klimaanlage.

➜ Landesweit ist mit Fahrtverzögerung durch Dauerstau zu rechnen.

➜ Möglichst wenig Gepäck mitführen: Mangels Stauraum muss man große Taschen auf den Schoß nehmen.

➜ Alle Wertsachen (inkl. Reisedokumente und Bargeld) stets sicher und unsichtbar verstauen: An Bord besteht Diebstahlsgefahr.

Busklassen

➜ Economy-Busse (*ekonomi*) verkehren auf festen Routen zwischen kleineren Ortschaften und lassen sich häufig auf der Straße heranwinken. Zwar oft heiß, langsam und überfüllt, aber auch spottbillig und voller Lokalkolorit.

➜ Express-Busse (*patas*) entsprechen größtenteils den Economy-Bussen, stoppen aber nur an bestimmten Haltestellen und lassen sich (zumindest offiziell) nicht heranwinken. Mancherorts gibt's auch komfortablere Varianten mit Klimaanlage und möglicher Platzreservierung.

➜ Klimatisierte Busse (*executive*): Der Tarif variiert je nach Standard. An Bord kann's z. B. Liegesitze, Toiletten, TV, Snacks und/oder Karaoke (meist sehr mies!) geben. Rechtzeitig buchen und dabei das Preis-

Leistungs-Verhältnis genau ermitteln – die Ticketbüros halten oft Fahrzeugbilder und Sitzpläne bereit.

Bustickets

Indonesische Bustickets sind günstig. Fahrkarten für Fernstrecken gibt's bei Reisebüros sowie an Busbahnhöfen, wo oft gleich mehrere Anbieter vertreten sind. Vor allem bei klimatisierten Fernbussen ist rechtzeitige Reservierung ratsam.

Örtliche Hotels fungieren häufig als Ticket-Agenturen. Mitunter kaufen sie auch Busfahrkarten für Gäste und arrangieren direktes Abholen vor der Tür. Dieser Service kostet teils mehrere Tausend Rupiah extra, lohnt sich aber auf jeden Fall.

Fahrrad

Fast überall in Indonesien sind auch schöne Radtouren möglich. Beispielsweise eignen sich die gut ausgebauten Straßen von Bali, Lombok, Ost-Java und Süd-Sulawesi für Radler aller Erfahrungsstufen. Abenteuerlustige Mountainbiker können u. a. den Bergketten auf Sumatra oder Nusa Tenggara folgen. Vor allem solche Touren erfordern jedoch stets ausreichende Fitness, adäquate Vorbereitung und angemessene Vorsicht. Gut zu wissen ist Folgendes:

➡ Genügend alkoholfreie Flüssigkeit trinken und während der heißesten Stunden des Tages pausieren.

➡ Möglichst an verkehrsarme Nebenstrecken halten; Busse oder Lastwagen als Shuttle-Fahrzeuge für gefährliche Routenabschnitte nutzen.

➡ Damit rechnen, ständig die Aufmerksamkeit von Einheimischen zu erregen.

➡ Leihfahrräder sind in Touristenhochburgen überall erhältlich (ab ca. 30 000 Rp/Tag; immer zuerst bei der eigenen Unterkunft nachfragen).

➡ In vielen Touristenhochburgen (vor allem Bali, Lombok, Yogyakarta) gibt's auch geführte Radtouren mit Begleitfahrzeugen.

➡ An bekannten Sehenswürdigkeiten passen Parkplatzwächter meist auch auf Drahtesel auf (ca. 5000 Rp). Radeln wird inzwischen auch bei Indonesiern immer beliebter. Lokale Fahrradclubs helfen Ausländern gern weiter. Bike to Work (www.b2w-indonesia.or.id) ist landesweit vertreten.

Flugzeug

Im riesigen Indonesien geht's mit dem Flugzeug am schnellsten und komfortabelsten voran. Zudem sind manche Teile des Inselstaats nur auf diese Weise erreichbar. Indonesische Inlandsflüge sind generell recht günstig; die Zahl der Anbieter ändert sich jedoch ständig. Wichtig zu wissen: Vor allem während ausgedehnter Schlechtwetter-Perioden starten Flüge zu entlegenen Inlandszielen oft stark verspätet bzw. fallen häufig ganz aus.

Flugtickets

Indonesiens größere Inlandsfluglinien haben Websites mit Preislisten und Buchungsfunktionen. Der direkte Online-Ticketkauf funktioniert mit ausländischen Kreditkarten aber mitunter nicht. Dann empfehlen sich folgende Alternativen:

Reisebüros Gut für Ticketkauf vor Ort – auch, weil die Preise dann oft am niedrigsten sind.

Buchungsportale Große Plattformen akzeptieren oft internationale Kreditkarten.

Einheimische vertrauenswürdige Indonesier (z. B. Pensionsinhaber) fragen, ob sie Tickets stellvertretend mit ihrer eigenen Kreditkarte bezahlen, wenn man ihnen das Geld sofort erstattet.

Flughäfen Teilweise gibt's dort Direktverkauf an Firmenschaltern; Reisebüros und Fluglinien-Filialen in Großstädten sind aber generell verlässlicher.

Inlandsfluglinien

Verlässliche Infos zu indonesischen Inlandsflügen sind teils recht schwer zu bekommen: Wenig genutzte Routen werden von großen Buchungsportalen oft nicht erfasst. Seiten wie www.travel oka.com oder www.skyscan ner.com bieten jedoch auch in dieser Hinsicht recht vollständige Details. Weitere gute Quellen für aktuelle Infos sind örtliche Fluglinien-Filialen, Reisebüros, Hotels und Tourveranstalter.

FLUGTICKETS ONLINE KAUFEN

Große internationale Buchungsportale nennen oft nur teure Flüge von Garuda Indonesia. Alternativen für Online-Käufer:

Websites von Fluglinien Akzeptieren in ein paar wenigen Fällen (vor allem Garuda Indonesia, Indonesia AirAsia, Lion Air) auch ausländische Kreditkarten.

www.nusatrip.com Akzeptiert die meisten ausländischen Karten; gut fürs Buchen von Inlandsflügen.

www.skyscanner.com Akzeptiert ausländische Karten, führt aber nicht alle Verbindungen auf.

www.tiket.com Akzeptiert nicht alle ausländischen Karten und nennt hauptsächlich Inlandsflüge.

www.traveloka.com Akzeptiert nicht alle ausländischen Karten und listet viele Inlandsflüge auf; gut für Infos zu Flugplänen.

➡ Da das Inlandsflugnetz weiterhin wächst, verändern sich die Routen, Flugpläne und Preise ständig.

➡ Achtung: Mini-Gesellschaften in entlegenen Regionen verwenden oft betagte und zudem überfüllte Kleinflugzeuge!

➡ Passagiere von kleinen Regionalgesellschaften sollten sich ihr Ticket immer rückbestätigen lassen. Dennoch kann es passieren, dass man nicht an Bord kommt: Die Eincheck-Schalter solcher Minifirmen „stornieren" Reservierungen eventuell einfach, wenn jemand anderer spontan auftaucht und dabei deutlich „selbstbewusster" (in Form von Bestechungsgeld) auftritt.

Beispiele für Inlandsfluglinien zum Zeitpunkt der Recherche:

Batik Air (www.batikair.com) Lion-Air-Tochter mit Rumdumservice.

Citilink (www.citilink.co.id) Billigtochter von Garuda Indonesia mit Flügen zwischen Großstädten.

Dimonim Air (www.dimonimair. com) Flüge auf Papua.

Garuda Indonesia (www.garuda-indonesia.com) Bedient wichtige Ziele in ganz Indonesien und verkauft Tickets stressfrei übers Internet.

Indonesia AirAsia (www.air asia.com) Schnell wachsende Billigtochter der malaysischen AirAsia.

Lion Air/Wings Air (www.lion air.co.id) Indonesischer Billiganbieter, der schnell wächst und Propellerflugzeuge zu einer Vielzahl von kleinen Regionalzielen schickt.

Sriwijaya Air/NAM Air (www. sriwijayaair.co.id) Landesweite Verbindungen.

Susi Air (www.susiair.com) Bietet ebenfalls landesweite Verbindungen.

Transnusa (www.transnusa. co.id) Gut für Flüge ab Denpasar (z. B. nach Labuan Bajo) und zwischen den Kleinen Sundainseln (Provinz Nusa Tenggara).

Sicherheitsrisiken

Trotz gesunkener Unglückshäufigkeit in den letzten Jahren sind die Sicherheitsstatistiken indonesischer Inlandsfluglinien immer noch recht schlecht: In Indonesien herrschen häufig gefährliche Bedingungen (z. B. infolge von Vulkanausbrüchen oder durch den Monsun). Außerdem bestehen oft Defizite in puncto Technik und Personalausbildung: Diese Faktoren werden bei schnellem Wachstum mitunter von den Unternehmen vernachlässigt.

Als normaler Reisender ohne technische Kompetenz kann man eine „verdächtige" Maschine kaum selbst mit zuverlässigem Ergebnis im Detail inspizieren. So hilft im Zweifelsfall nur der gesunde Menschenverstand – vor allem in entlegenen Regionen lieber spontan auf einen Flug verzichten, wenn Flieger und/ oder Personal unbehaglich erscheinen! Generell sind die Risiken bei größeren Gesellschaften jedoch eindeutig geringer.

Nahverkehr

Becak

Die dreirädrigen Fahrrad- bzw. Motorradrikschas sind heute von den Hauptstraßen einiger indonesischer Großstädte verbannt. Auf Nebenstraßen und draußen auf dem Land transportieren sie aber nach wie vor alles bzw. jeden.

Den Fahrtpreis immer vor dem Einsteigen aushandeln und die Gültigkeit genau festlegen: Andernfalls wird der Tarif automatisch pro Person berechnet – wer z. B. bei zwei Passagieren ohne Nachfragen von einem Gemeinschaftspreis ausgeht, bekommt dann am Ziel unweigerlich große Probleme. Auch ansonsten haben Becak-Fahrer nichts zu verschenken und verhandeln hart. Meist lässt sich aber ein akzeptabler Beförde-

rungssatz (ca. 5000 Rp/km) herausschlagen.

Bus

Jakarta hat ein weitläufiges und günstiges Busnetz (Vorsicht Taschendiebe!). Auch ansonsten gibt's große Stadtbusse fast nur auf Java.

Dokar

Die klingelnden, zweirädrigen Pferdekarren sind landesweit unterwegs (auch in den Touristenhochburgen). Alternativ werden sie *cidomo* (z. B. auf den Gili-Inseln) oder *bendi* (West-Sumatra) genannt. Auf ihren längs montierten Sitzbänken finden drei bis vier Passagiere bequem Platz.

Für Reisende mit ethischen Bedenken ist diese Option eher nicht geeignet.

Minibus

Indonesiens öffentliche Minibusse bedienen hauptsächlich Kurzstrecken in bzw. zwischen größeren und kleineren Städten. Mancherorts steuern sie aber auch sehr entlegene Ecken an.

Solche Sammeltaxis sind vor allem als *bemos* oder *angkot* bekannt. In vielen Teilen von Papua, Kalimantan und Ost-Java heißen sie *taksi*. Weitere Bezeichnungen sind z. B. *opelet*, *mikrolet*, *mobil*, *angkudes* und *pete-pete*.

➡ Minibusse folgen meist festen Routen, wobei unterwegs beliebiges Zu- bzw. Aussteigen möglich ist. Sie starten normalerweise erst, wenn alle Plätze belegt sind. Ansonsten betreiben manche Fahrer auch *keliling*, d. h. sie drehen so lange Runden durch die Stadt, bis das Vehikel rappelvoll ist.

➡ An Bord geht's oft extrem beengt zu, was vor allem Fahrten mit Gepäck problematisch machen kann.

➡ Auf Bali gibt's fast keine *bemos*: Dort sind hauptsächlich Motorradtaxis und normale Taxis unterwegs.

➡ Achtung: Einige Minibusfahrer zocken Reisende kräftig ab – mitunter ums

Dreifache! Daher am besten vorab bei vertrauenswürdigen Einheimischen (z. B. Hotelpersonal) nach dem ortsüblichen *harga biasa* (Normaltarif) fragen. Eine weitere Möglichkeit besteht darin, indonesische Passagiere beim Bezahlen zu beobachten und dann denselben Betrag anzubieten.

Ojek

Die Motorradtaxis (auch *ojegs* genannt) nehmen Passagiere zu niedrigen Preisen (verhandelbar) auf dem Soziussitz mit. Vom jeweiligen Wartepunkt (z. B. Busbahnhof, Markt, Kreuzung) fahren sie durch die Stadt und zu Zielen ohne öffentlichen Verkehrsanschluss. Teils meistern sie auch Straßen, die für andere Fahrzeuge nicht passierbar sind. *Ojeks* sind die beste Option in Jakartas Stadtverkehr und lassen sich auch stundenweise fürs Sightseeing mieten.

In Großstädten gibt's auch Go-jek (www.go-jek.com), das wie Uber funktioniert: Per Smartphone-App ermöglicht der Service das Bestellen von *ojeks* zu fairen Preisen.

Privatauto

In einigen Regionen sind private Minibusse mit Klimaanlage (mancherorts *taksi gelap* genannt) unterwegs. Diese Vehikel verbinden normalerweise große Städte an Hauptstraßen miteinander. Sie sind teurer, aber auch schneller als normale Busse; zudem gibt's in der Regel einen Door-to-Door-Service. Die meisten Hotels liefern entsprechende Infos und können Abholen arrangieren.

Mangels Regulierung variieren die Preise und Sicherheitsstandards jedoch jeweils sehr stark.

Taxi

In Ballungsräumen gibt's überall Taxis mit Gebührenzählern (*argo*). Diese sind meist günstiger als private Versionen, die auf der Straße mit „Transport!" beworben

werden. Man sollte jedoch immer darauf bestehen, dass der Taxameter auch wirklich benutzt wird! Ist kein Taxameter vorhanden, muss der Preis im Voraus ausgehandelt werden.

In Großstädten und Touristenhochburgen (inkl. Süd-Bali) ist Bluebird Taxis (www.bluebirdgroup.com) vertreten. Die Fahrer der empfehlenswerten Firma sprechen etwas Englisch, sind ehrlich und schalten ihre Gebührenzähler immer ein. Zudem lassen sie sich leicht per Smartphone-App anfordern.

In Touristenzonen und größeren Städten gibt's auch den südostasiatischen Mitfahr-App-Service Grab (www.grab.com/id), der den indonesischen Geschäftsbereich von Uber inzwischen aufgekauft hat.

Manche Flughäfen haben Schalter für Prepaid-Taxis.

Schiff/Fähre

Zwischen Sumatra, Java, Bali, Nusa Tenggara und Sulawesi verkehren regelmäßig Autofähren. Diese ermöglichen auch Insel-Hopping von Sumatra bis hinüber nach Westtimor. Regionale Fähren starten wöchentlich, täglich oder sogar stündlich (z. B. auf der beliebten Route Java–Bali–Lombok–Sumbawa). Aktuelle Fahrplan- bzw. Preisinfos gibt's vor Ort bei Betreibergesellschaften, Hafenmeistereien, Reisebüros und Hotels.

Nach bzw. zwischen Kalimantan, den Molukken und Papua sind vor allem Passagierfähren der staatlichen Gesellschaft Pelni unterwegs.

Pelni

Große Schiffe der staatlichen Gesellschaft Pelni (www.pelni.co.id) verbinden alle indonesischen Haupthäfen miteinander und bedienen auch die meisten Außenzonen des Inselstaats. Die Ankunfts- und Abfahrtszeiten auf der informativen Website

werden etwa einen Monat im Voraus angegeben, können sich aber in Wirklichkeit bis zum letzten Moment ändern.

Die Pelni-Schiffe verkehren alle zwei oder vier Wochen auf festen Routen. In den Zwischenhäfen machen sie meist ein paar Stunden lang Station, was einem jeweils Gelegenheit für schnelles Umschauen gibt.

Die Economy-Tarife sind teils recht günstig. In höheren Klassen liegen die Preise jedoch oft auf oder sogar über Inlandsflug-Niveau.

Bei den eigentlichen Schiffen reicht das Spektrum von modern, sauber und gut gewartet bis zu veraltet, schmutzig und chaotisch. Ansonsten ist Folgendes gut zu wissen:

Reservierungen Am besten schon ein paar Tage vor Abfahrt erledigen: An den meisten Zielhäfen gibt's Pelni-Tickets bei Firmen- oder Reisebüros.

Bordklassen Jeweils zwei bis sechs vorhanden. Die Economy Class (moderne Deckklasse) ist sehr spartanisch. In höheren Preiskategorien gibt's statt schlichten Sitzplätzen dann kleine Kabinen. Manche Schiffe haben als teuerste Option auch eine Art 1. Klasse: zweckmäßige, aber keinesfalls luxuriöse Privatkabinen mit zwei Kojen.

Sicherheit Mangels Schließfächern muss man immer gut auf sein Gepäck aufpassen (vor allem in Gemeinschaftskabinen). Beim Ein- und Ausschiffen besteht Gefahr durch Taschendiebe.

Bordverhältnisse Besonders zu Zeiten mit starkem Reiseverkehr (z. B. zu Idul Fitri) oft beängstigend klaustrophobisch: Mitunter drängen sich die Passagiere überall (inkl. Decks, Durchgänge, Treppen) dicht an dicht.

Essen Zusammen mit Getränken am besten selbst mitbringen: An Bord wird generell sehr einfache Kost serviert. Manchmal gibt's auch nur einen kleinen Shop, der Snacks und Instant-Nudeln verkauft.

Einschiffen Bei Pelni-Schiffen oft sehr ruppig (inkl. Verlet-

SICHERHEIT AUF SEE

Bei Bootstouren zwischen Indonesiens Inseln spielen Sicherheitsaspekte eine große Rolle: Seetauglichkeit und Sicherheitsstandard weisen hier generell sehr starke Defizite auf. Entsprechend häufig kommt es zu katastrophalen Unglücken. Vor allem auf den stark befahrenen Routen zwischen Bali, Nusa Lembongan, Lombok und den Gili-Inseln sind schon viele Autofähren und Touristen-Schnellboote verunglückt.

Von offizieller Seite wird quasi nichts gegen die hohe Unfallrate unternommen. So ist man ausschließlich selbst für seine Sicherheit auf See verantwortlich. Hierbei helfen folgende Hinweise und Tipps:

Bootsgröße Größere Kähne meistern das offene Meer grundsätzlich besser als kleine und übermotorisierte Schnellboote. Lieber langsamer, dafür aber sicherer!

Sicherheitsausrüstung Immer vorab sicherstellen, dass Schwimmwesten (idealerweise auch Rettungsflöße) an Bord sind. Zudem sollte man die jeweiligen Aufbewahrungsorte der Rettungsmittel kennen und selbst mit der richtigen Anwendung vertraut sein: Von einer potenziell panischen Crew ist keine geregelte Ausgabe zu erwarten.

Überfüllung Rappelvolle Boote möglichst meiden: Oft ist der gesamte Platz an Bord (inkl. Gänge, Treppen) bis zum Maximum mit Menschen und Gepäck vollgestopft.

Fluchtwege Vorab ermitteln und keine Kabine mit schmaler Einzeltür nehmen: Solche Räume werden bei Unglücken zu Todesfallen.

Unseriöse Betreiber Sie statten oft normale Fischerboote amateurhaft mit zu vielen Außenbordmotoren aus, um vom Tourismus-Boom zu profitieren. Da sind Unfälle vorprogrammiert – Finger weg!

---

zungsgefahr): Alle freien Plätze werden schnellstmöglich und ohne Rücksicht auf Schwächere erobert.

Andere Wasserfahrzeuge

Ob für Touren auf Seen, entlang von Flüssen oder zwischen Inseln: In Indonesien findet man alle Arten von (Miet-)Booten.

Schnellfähren Zwischen vielen Inseln eine hervorragende Alternative zu langsamen Autofähren.

Fischerboote Lassen sich oft privat für Fahrten zu vorgelagerten Eilanden mieten.

Langboote (*longbot*) Lange, schmale Boote mit mehreren Außenbordern und längs positionierten Passagierbänken. Werden vor allem im Gebiet von Kalimantan genutzt und hier auch *klotok* genannt.

Auslegerboote Bedienen Kurzstrecken zwischen manchen Inseln und werden auf Bali als *jukung* bezeichnet. Fahren z.B. ab Lombok zu den Gili-Inseln, ab Labuan Bajo zum Komodo National Park oder ab Manado (Nord-Sulawesi) zu den Korallen-

riffen rund um das nahegelegene Pulau Bunaken.

Flussfähren Große und klotzige Kähne, die Passagiere und Fracht transportieren – vor allem auf Kalimantan, wo Flüsse häufig als Straßen fungieren.

Touristenboote Oft sehr schnell und für mehr als 40 Passagiere ausgelegt. Hauptsächlich zwischen Bali, Nusa Lembongan, Lombok und den Gili-Inseln im Einsatz.

Trampen

Indonesier trampen selbst kaum, nehmen ausländische Anhalter aber häufig mit. Auf Nebenstrecken ohne öffentliche Verkehrsmittel bleibt Lauffaulen oft nur Trampen als einzige Alternative. Das Anbieten von Bezahlung steigert die Chancen, bei vorbeikommenden Auto- oder Lkw-Fahrern einsteigen zu können.

Trampen ist nirgendwo auf der Welt wirklich sicher und wird daher von Lonely Planet auch nicht empfohlen. Wer sich dennoch dafür ent-

scheidet, sollte wissen, dass er damit ein kleines, aber potenziell ernsthaftes Risiko eingeht.

Zug

In Indonesien beschränken sich Zugreisen auf Java und einen kleinen Teil von Sumatra.

Auf Java gehört die Bahn zu den schnellsten, stressfreiesten und komfortabelsten Reiseoptionen – auch, weil dabei Anschluss zu Fähren nach Bali (Osten) und Sumatra (Westen) besteht. Sumatras kleines Gleisnetz erstreckt sich im Süden zwischen Bandarlampung und Lubuklinggau, im Norden zwischen Medan, Tanjung Balai und Rantau Prapat.

Rauchverbot besteht jeweils in allen drei Bordklassen:

➡ Executive (*eksecutif*) Reservierungspflicht, Klimaanlage

➡ Business (*bisnis*) Reservierungspflicht, keine Klimaanlage

➡ Economy (*ekonomi*) Keine Reservierungspflicht, keine Klimaanlage; oft überfüllt

Die Website der indonesischen Bahn (www.kai.id) liefert Fahrplahninfos zu den einzelnen Bahnhöfen.

GEFÜHRTE TOUREN

In Indonesien sind vielerlei geführte Trips im Angebot. Ein paar der besten Optionen werden von einheimischen Guides begleitet. So leiten z.B. Führer aus Bogor die Ökotouren zum Halimun-National Park (Java). Dieses Buch nennt viele lokale bzw. regionale Angebote.

Hinzu kommen spezialisierte Veranstalter mit weitgehendem Wissen über Indonesiens Kultur (inkl. Dialekte). In solchen Fällen bekommen Kunden ein sehr intensives Reiseerlebnis geboten, das sie höchstwahrscheinlich selbst kaum organisieren können.

Ergänzend lassen sich auch Luxus-Touren buchen (z.B. Segeltörns mit klassischen Segelschiffen).

Adventure Indonesia (www.adventureindonesia.com) Hervorragender indonesischer Abenteuer-Anbieter.

Dewi Nusantara (www.dewi-nusantara.com) Luxuriöse Tauchtouren mit einem traditionellen Dreimaster (57 m); die Teilnehmer wohnen an Bord und erkunden die Gewässer rund um die Molukken bzw. die Raja-Ampat-Inseln.

Laszlo Wagner (www.east-indonesia.info) Erfahrener Reiseautor (in Ungarn geboren), der Individualtrips auf Papua und den Molukken leitet.

SeaTrek Sailing Adventures (www.seatrekbali.com) Geführte Segeltörns, die z.B. Flores (ab Bali), die Banda-Inseln oder Papua besuchen.

Silolona Sojurns (www.silolona.com) Luxusjacht im Stil eines klassischen Handelsseglers à la „Gewürzinseln"; steuert u.a. Nusa Tenggara, Papua und die Molukken an.

Gesundheit

In größeren Städten und auf Bali ist man bei kleineren Verletzungen und typischen Reisekrankheiten gut versorgt, je abgelegener die Region, desto niedriger ist jedoch der Standard. Bei ernsthaften gesundheitlichen Problemen wird man ausreisen müssen.

Meist sorgen sich Reisende in den Tropen vor allem um exotische Krankheiten, diese führen bei ihnen jedoch selten zu schweren gesundheitlichen Problemen oder gar zum Tod. Für lebensbedrohliche Situationen sind vielmehr Vorbelastungen, etwa Herzkrankheiten, sowie Unfallverletzungen (vor allem durch Verkehrsunfälle) die Hauptursachen.

Wer Medikamente selbst mitbringt, sollte diese in der klar beschrifteten Originalverpackung mit sich führen. Eine gute Idee ist zudem ein unterschriebenes, datiertes Dokument des Hausarztes, das den gesundheitlichen Zustand und die Medikation (mit Nennung des Wirkstoffs) beschreibt. Wer Spritzen oder Nadeln dabei hat, benötigt eine ärztliche Bescheinigung über deren medizinische Notwendigkeit.

Wer regelmäßig Medikamente einnehmen muss, sollte eine ausreichende Menge im Gepäck haben, auch wenn ein Teil verloren geht oder geklaut wird. Viele Arzneimittel sind in Apotheken ohne Rezept erhältlich, Antidepressiva, Blutdruck-mittel und Antibabypillen sind allerdings nicht ganz einfach zu bekommen.

In Indonesien sollten Reisende gewisse Vorsichtsmaßnahmen treffen. Auf Bali sind die Hauptrisiken Tollwut, Moskitobisse und die tropische Sonne. In anderen Landesteilen sind andere Dinge zu beachten.

Folgende Tipps sind von allgemeiner Natur und nicht durch den Rat eines auf Reisemedizin spezialisierten Arztes zu ersetzen!

VOR DER REISE

Reiseapotheke

Die Reiseapotheke sollte folgende Dinge beinhalten (speziellere Mittel sind bei Bedarf auch in Indonesien erhältlich):

➜ Antibakterielle Salbe

➜ Antihistaminika – es gibt unterschiedliche Mittel

➜ Antiseptika (z. B. eine Jodsalbe)

➜ DEET-haltiges Insektenschutzmittel

➜ Erste-Hilfe-Bedarf wie Schere, Pflaster und Verbände, Thermometer (ohne Quecksilber) und Pinzette

➜ Halstabletten

➜ Ibuprofen oder andere Entzündungshemmer

➜ Medikamente gegen vaginalen Pilzbefall

➜ Steroidhaltige Salbe gegen allergische Ausschläge (z. B. 1- bis 2-prozentiges Hydrocortison)

➜ Verhütungsmittel

Versicherung

Man sollte eine spezielle Auslandskrankenversicherung abschließen – auch, wenn man gesund und fit ist, denn Unvorhergesehenes kann immer passieren. Notfalltransporte kommen Unversicherte teuer zu stehen – Kosten von über 100 000 US$ sind nicht selten.

Es empfiehlt sich auch, vorab abzuklären, ob die Versicherung Zahlungen für Behandlungen im nichteuropäischen Ausland direkt übernimmt oder die Kosten im Nachhinein erstattet.

Wer tauchen möchte, sollte sich erkundigen, ob dies abgedeckt ist, und ansonsten eine spezielle Versicherung abschließen.

IN INDONESIEN

Durchfallerkrankungen

Reisedurchfall (alias „Bali Belly") ist die mit Abstand am weitesten verbreitete Erkrankung bei Reisenden. Zwischen 30 und 50 % leiden innerhalb von zwei Wochen nach Reiseantritt darunter. In über 80 % der Fälle sind Bakterien der Auslöser (es gibt diverse mögliche Übeltäter), sodass ein Antibiotikum schnell Abhilfe schafft.

Man spricht von Reisedurchfall, wenn innerhalb von 24 Stunden mehr als dreimal wässriger Stuhl auftritt und noch mindestens ein weiteres Symptom zu beobachten ist, z.B. Fieber, Krämpfe, Übelkeit, Erbrechen oder allgemeines Unwohlsein.

Behandlung

Loperamid (Imodium) stoppt den Durchfall, beseitigt aber nicht die Ursache. Es kann trotzdem nützlich sein, wenn z.B. eine lange Busfahrt ansteht. Bei Fieber oder blutigem Stuhl sollte es nicht eingenommen werden. Schlägt ein Antibiotikum nicht an, sollte man medizinische Hilfe in Anspruch nehmen. Ansonsten hilft Folgendes:

➡ Ausreichend Flüssigkeit zu sich nehmen; am besten helfen Elektrolytlösungen wie Gastrolyte.

➡ Antibiotika wie Norfloxacin, Ciprofloxacin oder Azithromycin töten die Bakterien schnell.

Frauen & Gesundheit

In touristischen Gegenden und großen Städten sind Hygieneartikel problemlos verfügbar, in ländlicheren Gebieten – je entlegener je mehr – sieht es allerdings mitunter ganz anders aus. Vor allem Tampons sind Mangelware.

Verhütungsmittel sind teils nur begrenzt erhältlich, deswegen sollte man diese immer aus der Heimat mit bringen.

IMPFUNGEN

Die beste Anlaufstelle sind spezielle Zentren für Tropenmedizin. Die dortigen Ärzte berücksichtigen Faktoren wie bereits durchgeführte Impfungen, Reiselänge, geplante Aktivitäten und medizinische Besonderheiten (z.B. eine Schwangerschaft).

Meist besteht der Schutz frühestens zwei Wochen nach der Impfung, deswegen sollte man den Arzttermin vier bis acht Wochen vor der Abreise legen. Wichtig ist der Internationale Impfausweis (das gelbe Heftchen), der alle durchgeführten Impfungen auflistet.

Der Schutz gegen Gelbfieber ist die einzige Impfung, die nach internationalen Richtlinien vorgeschrieben ist. Einen Nachweis muss man jedoch nur erbringen, wenn man sechs Tage vor der Südostasienreise ein Land besucht hat, das als entsprechendes Risikogebiet gilt (vor allem Teile Afrikas und Südamerikas).

Reist man nach Südostasien, werden u.a. folgende Impfungen empfohlen:

Tetanus Sollte aufgefrischt werden, wenn die letzte Impfung über zehn Jahre zurückliegt.

Hepatitis A Bietet fast 100%igen Schutz für bis zu einem Jahr. Die Auffrischung nach zwölf Monaten sorgt für mindestens 20 weitere Jahre Immunität. 5 bis 10% der geimpften Personen sind von leichten Nebenwirkungen wie Kopfschmerzen oder Schmerzen an der Einstichstelle betroffen.

Typhus Wird empfohlen, wenn die Reise länger als eine Woche dauert und nicht ausschließlich in größere Städte führt. Es reicht eine Impfung, wobei diese einen rund 70%igen Schutz für zwei bis drei Jahre bietet.

Tollwut Insgesamt drei Impfungen. Die Auffrischung nach einem Jahr sorgt für zehnjährigen Schutz. Nebenwirkungen sind selten, wobei gelegentlich Kopfschmerzen oder Schmerzen an der Einstichstelle auftreten. Für Bali unabdingbar, da man dort seit Jahren mit einer Tollwutepidemie zu kämpfen hat.

Folgende Impfungen werden empfohlen, wenn man jenseits großer Städte oder außerhalb von Bali und Lombok unterwegs ist:

Hepatitis B Mittlerweile eine Standardimpfung für die meisten Reisenden. Drei Impfungen in einem Zeitraum von sechs Monaten. Bei 95% der geimpften Personen besteht lebenslanger Schutz.

Cholera Die Schluckimpfung wird bei Reisen in abgelegene Gebiete empfohlen.

Japanische Enzephalitis Insgesamt drei Impfungen, wobei nach zwei Jahren eine Auffrischung empfohlen wird. Schmerzen an der Einstichstelle und Kopfschmerzen sind die üblichsten Nebenwirkungen.

Meningitis Einfache Impfung. Wird Personen unter 25 Jahren empfohlen, die eine längere Rucksackreise planen.

Infektions-krankheiten

Denguefieber

Die durch Moskitos übertragene Krankheit ist ein ernsthaftes Problem und Indonesien gehört zu den Ländern mit den höchsten Infektionsraten weltweit. Da es keinen Impfschutz gibt, kann man nur vorbeugen, indem man Moskitostiche verhindert. Die Moskitoart, die das Fieber überträgt, ist tags und nachts unterwegs, deswegen sollte man sich rund um die Uhr schützen. Zu den Symptomen gehören hohes Fieber, starke Kopfschmerzen und Gliederschmerzen. Manche Patienten sind außerdem von Ausschlag und Durchfall betroffen. Es gibt keine spezielle Therapie außer Ausruhen und Paracetamol. Kein Aspirin einnehmen, da es Blutungen begünstigt, und in jedem Fall einen Arzt aufsuchen, der die Diagnose stellt und den Verlauf überwacht.

Hepatitis A

Das Virus ist ein landesweites Problem, wird durch Lebensmittel und Wasser übertragen und befällt die Leber. Die Symptome sind Gelbsucht (Gelbfärbung der Haut und der Augäpfel), Übelkeit und Teilnahmslosigkeit. Es gibt keine Therapie; man muss der Leber Zeit geben, um zu heilen. Wer nach Südostasien reist, sollte gegen Hepatitis A geimpft sein.

Hepatitis B

Hepatitis B ist die einzige sexuell übertragbare Krankheit, für die es eine Impfung gibt. Übertragen wird sie durch Körperflüssigkeiten, u.a. eben bei sexuellem Kontakt. In manchen Teilen Südostasiens sind bis zu 20% der Menschen mit Hepatitis B infiziert.

HIV

HIV ist in vielen asiatischen Ländern ein großes Problem. Bali hat eine der höchsten HIV-Infektionsraten Indonesiens. Das Hauptrisiko für die meisten Reisenden ist sexueller Kontakt zu Einheimischen, Sexarbeitern und anderen Urlaubern.

Das Risiko der sexuellen Übertragung des HI-Virus sinkt durch die Verwendung von Kondomen dramatisch. Diese sind in Supermärkten, an Straßenständen und in Drogerien in touristischen Gegenden sowie in *apotiks* in fast allen anderen Städten erhältlich.

Japanische Enzephalitis

Die Krankheit kommt bei Reisenden nur selten vor, alljährlich infizieren sich jedoch viele Einheimische. Die Viruserkrankung wird durch Moskitos übertragen. Die meisten Fälle treten in ländlichen Gebieten auf, deswegen empfiehlt sich eine Impfung für Reisende, die sich länger als einen Monat außerhalb von Städten aufhalten. Eine Therapie gibt es nicht. Ein Drittel der Infizierten stirbt, ein weiteres Drittel erleidet dauerhafte Hirnschäden.

Malaria

Das Risiko, sich mit Malaria zu infizieren, ist in den ländlichen Gebieten Indonesiens am höchsten. Als malariafrei gelten insgesamt nur die größten Städte Javas, Bali und die Gili-Inseln.

Zu einer effektiven Malariaprophylaxe gehören sowohl der Schutz vor Stechmücken als auch die Einnahme von Medikamenten.

Wer sich infiziert, hat meist nicht adäquat geschützt oder keine Medikamente eingenommen.

Moskitostiche können durch folgende Maßnahmen vermieden werden:

➡ Auf unbedeckte Hautstellen DEET-haltiges Insektenschutzmittel auftragen. Insektensprays und -lotionen wie Off sollte man nur in Gebieten mit dem geringsten Ansteckungsrisiko (wie Bali) verwenden. In die Reiseapotheke gehören kleine Flaschen Insektenschutzmittel mit hoher DEET-Konzentration; den Anwendungshinweisen genau folgen!

➡ Unter einem mit Permethrin imprägnierten Moskitonetz schlafen.

➡ Unterkünfte mit Malariagitter und Ventilatoren (sofern keine Klimaanlage vorhanden) buchen.

➡ In Risikogebieten Kleidung mit Permethrin imprägnieren.

➡ Langärmelige, helle Kleidung tragen.

➡ Moskitospiralen verwenden.

➡ Das Zimmer mit Insektenspray aussprühen, bevor man es zum Abendessen verlässt.

➡ Es sind verschiedene Medikamente auf dem Markt (Artesunat und Chloroquin helfen nicht):

Doxycyclin Das Breitbandantibiotikum wird täglich in Tablettenform eingenommen und hat den zusätzlichen Nutzen, verschiedenen Tropenkrankheiten vorzubeugen. Zu möglichen Nebenwirkungen gehören verstärkte Neigung zu Sonnenbrand, Pilzinfektionen bei Frauen, Verdauungsbeschwerden, Sodbrennen, Übelkeit und Beeinträchtigung der Wirkung der Antibabypille.

Lariam (Mefloquin) Lariam ist ziemlich in Verruf geraten, teils zu Recht, teils zu Unrecht. Die Tablette wird wöchentlich eingenommen und ist für manche gut verträglich. Ernsthafte Nebenwirkungen treten selten auf, beinhalten jedoch Depressionen, Angstzustände, Psychosen und Krampfanfälle.

Malarone Kombipräparat aus Atovaquon und Proguanil. Zu den häufigsten Nebenwirkungen gehören Übelkeit und Kopfschmerzen, sie treten allerdings nur selten und in schwacher Form auf. Besonders geeignet ist das Medikament, wenn man tauchen oder Kurzreisen in Hochrisikogebiete unternehmen möchte. Nach Verlassen desselbigen muss es noch eine Woche weiter genommen werden.

Tollwut

Tollwut wird durch den Biss oder den Speichel eines infizierten Tieres übertragen. Meist handelt es sich dabei um Hunde oder Affen. Die Krankheit verläuft tödlich, wenn man sich nicht kurz nach der Infizierung impfen lässt. Seit 2008 haben sich auf Bali viele Menschen infiziert, wobei in ganz Indonesien bereits Fälle aufgetreten sind.

Eine Tollwutimpfung, die aus drei Injektionen besteht, minimiert das Risiko. Nach einem Jahr folgt eine Auffrischung, die für einen zehnjährigen Schutz sorgt. Der Impfstoff ist auf Bali oft nicht vorhanden, deswegen sollte der Impfschutz bereits vor der Abreise bestehen.

Beim Umgang mit Tieren ist Vorsicht angesagt, das gilt vor allem für Kinder.

Wurde man vor der Abreise gegen Tollwut geimpft, erleichtert das die Behandlung nach dem Biss erheblich. Die Biss- oder Kratzwunde sollte vorsichtig mit Seife und Wasser ausgewaschen und anschließend mit einem jodhaltigen Antiseptikum behandelt werden. Danach sucht man einen Arzt auf.

Wer nicht geimpft ist, muss sich so schnell wie möglich Tollwutimmunoglobulin spritzen lassen. Die Wunde sofort reinigen und schnell einen Arzt aufsuchen. In Indonesien ist Tollwutimmunoglobulin oft nicht verfügbar, dann müssen Patienten für die weitere Behandlung unverzüglich nach Singapur ausreisen.

Typhus

Die ernsthafte bakterielle Infektion verbreitet sich durch Wasser und Essen. Die Symptome sind hohes, immer weiter steigendes Fieber und Kopfschmerzen. Teils kommt es auch zu trockenem Husten und Magenschmerzen. Typhus wird durch Bluttests nachgewiesen und mit Antibiotika behandelt.

Vogelgrippe

Am H5N1-Virus, landläufig Vogelgrippe genannt, starben in Indonesien über 100 Menschen. Die meisten Fälle gab es auf Java. Die Behandlung ist schwierig; die Krankheit bricht alle paar Jahre erneut aus.

Medizinische Versorgung & Kosten

In ländlichen Gebieten ist es nicht einfach, verlässliche medizinische Versorgung zu finden, die meisten großen Städte haben mittlerweile jedoch Kliniken, die sich an den Bedürfnissen von Reisenden und ortsansässigen Ausländern orientieren. In der Regel sind diese teurer als die gemeinen medizinischen Einrichtungen, lohnen sich jedoch wegen des gehobenen Standards. Zudem sind Klinikmitarbeiter mit dem hiesigen System vertraut, kennen die sichersten lokalen Krankenhäuser und besten Spezialisten und nehmen Kontakt mit der jeweiligen Versicherung auf, falls ein Weitertransport nötig ist.

Bei Verdacht auf eine ernsthafte Erkrankung, insbesondere Malaria, gilt es, keine Zeit zu verlieren und unverzüglich die nächste verlässliche medizinische Einrichtung aufzusuchen, um sich untersuchen zu lassen.

Die hiesige medizinische Versorgung entspricht noch nicht internationalen Standards. Ausländische Ärzte dürfen in Indonesien nicht praktizieren, einige auf Ausländer spezialisierte Kliniken (z. B. auf Bali und in Jakarta) beschäftigen jedoch „internationale Berater". Fast alle indonesischen Ärzte arbeiten tagsüber in staatlichen Krankenhäusern und nachts in privaten Einrichtungen, deswegen verfügen letztere bei Tag oft nicht über ihr bestes Personal. Kritische Fälle werden nach Australien, Bangkok oder Singapur ausgeflogen.

Die Kosten der medizinischen Versorgung sind in Indonesien im internationalen Vergleich niedrig. Eine kleinere Behandlung in der Notaufnahme eines guten Krankenhauses in einer größeren Stadt bekommt man ab etwa 500 000 Rp.

Apotheken

Die Apotheken (*apotik*) in Jakarta, anderen großen Städten und auf Bali sind in der Regel verlässlich. Zu empfehlen ist die Kette Kimia Farma (www.kimiafarma.co.id) mit vielen Filialen im ganzen Land. Bei kleinen lokalen Apotheken ist Vorsicht angesagt, denn dort sind gefälschte, unsachgemäß gelagerte oder abgelaufene Medikamente keine Seltenheit.

Umweltrisiken

Hautprobleme

Pilzinfektionen Es gibt zwei Pilze, von denen Reisende oft betroffen sind. Einer davon tritt an feuchten Stellen auf, an die wenig Luft kommt, z. B. in der Leistengegend, in den Achselhöhlen und zwischen den Zehen. Es bildet sich ein roter Fleck, der sich langsam ausbreitet und meist juckt. Betroffene sollten die Stelle trocken halten, vor Wundreibung schützen und eine Antipilzsalbe wie Clotrimazol oder Lamisil auftragen.

Schnitt- & Kratzwunden Eine Schnitt- oder Kratzwunde sollte gut versorgt werden, da sie sich im tropischen Klima leicht entzündet. Dafür wird sie so schnell wie möglich mit sauberem Wasser gereinigt und dann desinfiziert. Sollte sich die Wunde entzünden, sucht man einen Arzt auf. Taucher und Surfer sollten Korallenschnittwunden nicht auf die leichte Schulter nehmen, da sie sich leicht entzünden.

Hitze

In weiten Teilen Indonesien herrscht das ganze Jahr über heißes, feuchtes Klima. Die meisten Besucher benötigen mindestens zwei Wochen, um sich daran zu gewöhnen. Um geschwollenen Füßen und Fußgelenken sowie Muskelkrämpfen infolge von starkem Schwitzen vorzubeugen, ist es wichtig, ausreichend Flüssigkeit zu sich zu nehmen und körperliche Anstrengungen in der Hitze zu vermeiden. Folgende Krankheitsbilder gilt es zu verhindern:

Hitzeerschöpfung Zu den Symptomen gehören Abgeschlagenheit, Kopfschmerzen, Reizbarkeit, Übelkeit oder Erbrechen, Schwitzen, ein schneller, schwacher Puls und eine normale oder leicht erhöhte Körpertemperatur. Nun gilt es, Hitze und Sonne zu meiden, den Körper in liegender Position mit hochgelegten Beinen mit Ventilatorluft und kalten, feuchten Umschlägen zu kühlen und den Flüssigkeitshaushalt mit einer Wassersalzlösung (ein Viertel Teelöffel Salz auf einen Liter Wasser) wieder herzustellen. Meist erholt sich der Patient schnell.

Hitzepickel Der für die Tropen typische Hautausschlag entsteht, wenn sich Schweiß unter der Hautoberfläche staut. Gegen die kleinen juckenden Pickelchen hilft es, die Hitze zu meiden, sich für einige Stunden in klimatisierten Räumen aufzuhalten und sich kalt abzuduschen.

Hitzschlag Ein ernster medizinischer Notfall. Die Symptome treten ganz plötzlich auf und umfassen Schwächeanfälle, Übelkeit, eine Körpertemperatur von über 41° C, ohne dass man schwitzt, Schwindel, Verwirrungszustände, Koordinationsprobleme, Krämpfe sowie Zusammenbrüche und Bewusstlosigkeit. Man benötigt sofort medizinische Hilfe. In der Zwischenzeit hilft es, den Betroffenen aus der Hitze zu bringen, ihn auszuziehen, ihm zuzufächeln und kalte, feuchte Wickel oder Eis aufzulegen, vor allem an stark erhitzten Stellen wie Leistengegend und Achselhöhlen.

Insektenstiche & -bisse

Indonesienbesucher machen manchmal Bekanntschaft mit folgenden unangenehmen Zeitgenossen:

Bettwanzen Wanzen übertragen keine Krankheiten, ihre Bisse jucken jedoch stark. Sie leben in Ritzen von Möbeln oder Wänden und kriechen nachts in Betten, um sich an schlafenden Menschen gütlich zu tun. Bisse können mit Antihistamin behandelt werden.

Quallen Die meisten sind ungefährlich, die Begegnung mit ihnen führt jedoch zu Hautreizungen. Stiche können sehr schmerzvoll sein, tödlich sind sie allerdings nur sehr selten. Zu den Erste-Hilfe-Maßnahmen gehört das Auftragen von Essig auf die betroffene Stelle, um das Gift zu neutralisieren. Wer sich nach einem Stich unwohl fühlt, sollte einen Arzt aufsuchen.

Zecken Bei Wanderungen in ländlichen Gebieten kann es zu Zeckenbefall kommen, vor allem hinter den Ohren, am Bauch und in den Achselhöhlen. Geht ein Zeckenbiss mit Symptomen wie Ausschlag an der Bisswunde oder an anderen Stellen, Fieber oder Muskelschmerzen einher, sollte man einen Arzt aufsuchen.

Luftverschmutzung

Luftverschmutzung, vor allem verursacht durch den Straßenverkehr, ist in Städten ein Problem. In der Trockenzeit ziehen zudem Rauchschwaden über Sumatra hinweg; sie stammen von den Bränden, durch die Land für Ölpalmenplantagen gerodet wird. Wer ernsthafte Atemwegsprobleme hat, sollte vor der Reise mit seinem Arzt sprechen. Die Luftverschmutzung kann zu minderschweren Beschwerden führen wie Nebenhöhlenentzündungen, trockenem Hals und gereizten Augen. Dagegen helfen Atemmasken, die von Einheimischen vermehrt getragen werden.

Sonnenbrand

Auch bei bewölktem Himmel hat man sich schnell einen Sonnenbrand eingefangen, insbesondere nahe des Äquators. Man sollte sich auf jeden Fall schlauer anstellen als die dunkelrot gerösteten Touristen am Kuta Beach auf Bali!

➡ Sonnencreme mit hohem Lichtschutzfaktor (mindestens 30) benutzen.

➡ Nach dem Baden nachcremen.

➡ Einen Hut mit großer Krempe und eine Sonnenbrille tragen.

➡ In der stärksten Mittagshitze (10–14 Uhr) die Sonne meiden.

Tauchen

Wer tauchen oder surfen möchte, sollte sich vor der Abreise von fachmännischer Seite informieren lassen. In die Reiseapotheke gehören neben den Standardmitteln auch Medikamente zur Behandlung von Schnittwunden durch Korallen und von tropischen Ohrenentzündungen. Vorab sollte man nachhaken, ob die Krankenversicherung auch bei der Taucherkrankheit zahlt.

Trinkwasser

➡ In Indonesien niemals Leitungswasser trinken!

➡ Flaschenwasser ist landesweit erhältlich, günstig und in der Regel gesundheitlich unbedenklich. Beim Kauf sollte man prüfen, ob der Verschluss unversehrt ist. Aus Gründen der Abfallvermeidung empfiehlt es sich, nach Trinkwasserstationen Ausschau zu halten, an denen man sein Behältnis wiederauffüllen kann.

➡ Das Eis, das Restaurants verwenden, ist unbedenklich, vorausgesetzt es hat die Standardform und stammt von einem zentralen Zulieferer (in großen Städten und in touristischen Gegenden ist das üblich). Eis, das von größeren Blöcken gehauen wird (häufig auf dem Land), sollte man meiden.

➡ Frische Fruchtsäfte können problematisch sein, es sei denn sie stammen von touristischen Restaurants oder Cafés.

Sprache

Indonesisch, bei den Einheimischen Bahasa Indonesia genannt, ist die offizielle Sprache Indonesiens, die von schätzungsweise 220 Mio. Menschen gesprochen wird. Doch nur für etwa 20 Mio. Indonesier ist es die Muttersprache – die meisten sprechen ihre eigene indigene Sprache. Touristen kommen auch ohne Kenntnisse aus, aber es kann Spaß machen, sich ein paar Wörter anzueignen.

Die indonesische Aussprache ist leicht zu erlernen. Jeder Buchstabe klingt immer gleich und die meisten werden wie im Englischen ausgesprochen. Nur das *c* spricht man immer wie das „tsch" in „Matsch" und *sy* wie das „sch" in „Schiff". Zu beachten ist außerdem, dass das „*kh*" ein kehliger Laut ist (wie das „ch" in „Loch"). Die Kombinationen „*ng*" und „*ny*" findet man im Deutschen am Ende oder in der Mitte eines Wortes, etwa in „singen" und „Canyon", im Indonesischen können sie auch am Anfang eines Wortes auftauchen. Beinahe alle Silben werden gleich stark betont – die große Ausnahme ist das unbetonte e in Wörtern wie *besar* (groß) – als Faustregel gilt aber, die vorletzte Silbe zu betonen.

In der indonesischen Schriftsprache existieren ein paar uneinheitliche Schreibweisen bei Ortsnamen. Zusammengesetzte Namen werden mal in einem, mal in zwei Wörtern geschrieben, z. B. Airsanih oder Air Sanih, Padangbai oder Padang Bai. Wörter, die mit „Ker" anfangen, verlieren manchmal das e, z. B. Kerobokan/Krobokan. Auch einige niederländische Schreibvarianten werden noch verwendet, mit *tj* statt des modernen *c*

(Tjampuhan/Campuan) und *oe* statt *u* (Soekarno/Sukarno).

Pronomen, vor allem „du/Sie" werden im Indonesischen selten benutzt. Man sagt *Anda*, um die Qual der großen Auswahl an Wörtern für „du/Sie" zu umgehen.

BASICS

Hallo./Guten Tag.	*Salam.*
Tschüss. (beim Gehen)	*Selamat tinggal.*
Tschüss. (beim Bleiben)	*Selamat jalan.*
Wie geht es dir/Ihnen?	*Apa kabar?*
Mir geht es gut, und dir/Ihnen?	*Kabar baik, Anda bagaimana?*
Verzeihung.	*Permisi.*
Tut mir leid.	*Maaf.*
Bitte.	*Silahkan.*
Danke.	*Terima kasih.*
Gern geschehen.	*Kembali.*
Ja.	*Ya.*
Nein.	*Tidak.*
Herr	*Bapak*
Frau	*Ibu*
Fräulein	*Nona*
Wie heißt du/heißen Sie?	*Siapa nama Anda?*
Mein Name ist ...	*Nama saya ...*
Sprechen Sie Englisch?	*Bisa berbicara Bahasa Inggris?*
Ich verstehe nicht.	*Saya tidak mengerti.*

NOCH MEHR GEFÄLLIG?

Ausführlichere Sprachinformationen und praktische Wendungen gibt's in Lonely Planets *Indonesian Phrasebook*, das bislang nur auf Englisch erschienen ist. Man findet es auf **http://shop.lonely planet.de** und im Buchhandel.

ESSEN & TRINKEN

Was würden Sie empfehlen?	*Apa yang Anda rekomendasikan?*
Was ist in dem Gericht?	*Hidangan itu isinya apa?*
Das war köstlich.	*Ini enak sekali.*
Prost!	*Bersulang!*

Bitte bringen Sie mir die Rechnung.	*Tolong bawa kuitansi.*
Ich esse kein/ keine/keinen ...	*Saya tidak makan ...*
Milchprodukte	*susu dan keju*
Fisch	*ikan*
(rotes) Fleisch	*daging (merah)*
Erdnüsse	*kacang tanah*
Meeresfrüchte	*makanan laut*
ein Tisch ...	*meja ...*
für (acht) Uhr	*pada jam (delapan)*
für (zwei) Personen	*untuk (dua) orang*

Wichtige Begriffe

Abendessen	*makan malam*
Babynahrung (Flaschenmilch)	*susu kaleng*
Bar	*bar*
Essen	*makanan*
Flasche	*botol*
Frühstück	*sarapan*
Gabel	*garpu*

WICHTIGE SÄTZE

Um in Indonesien zurechtzukommen, kombiniert man einfach folgende Sätze mit den passenden Vokabeln:

Wo ist (der Bahnhof)?	Di mana (stasiun)?
Wann fährt (der nächste Bus)?	Jam berapa (bis yang berikutnya)?
Wie viel kostet es (pro Nacht)?	Berapa (satu malam)?
Ich suche (ein Hotel).	Saya cari (hotel).
Haben Sie (eine Straßenkarte)?	Ada (peta daerah)?
Gibt es (eine Toilette)?	Ada (kamar kecil)?
Darf ich (herein- kommen)?	Boleh saya (masuk)?
Brauche ich (ein Visum)?	Saya harus pakai (visa)?
Ich habe (eine Reservierung).	Saya (sudah punya booking).
Ich brauche (Hilfe).	Saya perlu (dibantu).
Ich hätte gerne (die Karte).	Saya minta (daftar makanan).
Ich würde gerne (ein Auto mieten).	Saya mau (sewa mobil).
Könnten Sie (mir helfen)?	Bisa Anda (bantu) saya?

Gericht	*piring*
Getränkekarte	*daftar minuman*
Glas	*gelas*
heiß (warm)	*hangat*
Hochstuhl	*kursi tinggi*
Imbissstand	*warung*
Kaffee	*kafe*
kalt	*dingin*
Kinderkarte	*menu untuk anak-anak*
Löffel	*sendok*
Markt	*pasar*
Messer	*pisau*
mit	*dengan*
Mittagessen	*makan siang*
ohne	*tanpa*
Restaurant	*rumah makan*
Salat	*selada*
scharf	*pedas*
Schüssel	*mangkuk*
Serviette	*tisu*
Speisekarte	*daftar makanan*
Suppe	*sop*
Teller	*piring*
vegetarisches Essen	*makanan tanpa daging*

Fleisch & Fisch

Ente	*bebek*
Fisch	*ikan*
Fleisch	*daging*
Huhn	*ayam*
Karpfen	*ikan mas*
Lamm	*daging anak domba*
Makrele	*tenggiri*
Rindfleisch	*daging sapi*
Schweinefleisch	*daging babi*
Shrimps/Garnelen	*udang*
Thunfisch	*cakalang*
Truthahn	*kalkun*

Getränke

Bier	*bir*
Kokosnussmilch	*santan*
Kaffee	*kopi*
Saft	*jus*
Milch	*susu*
Palmwein	*tuak*

Wie?	Bagaimana?
Was?	Apa?
Wann?	Kapan?
Wo?	Di mana?
Welcher?	Yang mana?
Wer?	Siapa?
Warum?	Kenapa?

Rotwein	anggur merah
Soft Drink	minuman ringan
Tee	teh
Wasser	air
Weißwein	anggur putih
Joghurt	susu masam kental

Obst & Gemüse

Ananas	nanas
Apfel	apel
Aubergine	terung
Banane	pisang
Blumenkohl	blumkol
Bohnen	kacang
Datteln	kurma
Gemüse	sayur-mayur
Gurke	timun
Karotte	wortel
Kartoffel	kentang
Kohl	kol
Obst	buah
Orange	jeruk manis
Rosinen	kismis
Spinat	bayam
Trauben	buah anggur
Wassermelone	semangka
Zitrone	jeruk asam

Sonstiges

Brot	roti
Butter	mentega
Chili	cabai
Chilisauce	sambal
Ei	telur
Essig	cuka
Honig	madu

Käse	keju
Marmelade	selai
Nudeln	mie
Pfeffer	lada
Reis	nasi
Salz	garam
Sojasauce	kecap
Zucker	gula
Öl	minyak

NOTFÄLLE

Hier tut es weh.	Sakitnya di sini.
Hilfe!	Tolong saya!
Ich bin allergisch gegen (Antibiotika).	Saya alergi (antibiotik).
Ich bin krank.	Saya sakit.
Ich habe mich verlaufen.	Saya tersesat.
Lassen Sie mich in Ruhe!	Jangan ganggu saya!
Rufen Sie die Polizei!	Panggil polisi!
Rufen Sie einen Arzt!	Panggil dokter!

SHOPPEN & SERVICE

Da ist ein Fehler auf der Rechnung.	Ada kesalahan dalam kuitansi ini.
Darf ich mir das mal ansehen?	Boleh saya lihat?
Das ist zu teuer.	Itu terlalu mahal.
Es gefällt mir nicht.	Saya tidak suka.
Handy	henpon
Ich möchte gerne ... kaufen.	Saya mau beli ...
Ich sehe mich nur um.	Saya lihat-lihat saja.
Internetcafé	warnet
Kreditkarte	kartu kredit
Könnten Sie den Preis senken?	Boleh kurang?
Post	kantor pos

Buka	Offen
Dilarang	Verboten
Kamar Kecil	Toiletten
Keluar	Ausgang
Masuk	Eingang
Pria	Männer
Tutup	Geschlossen
Wanita	Frauen

Touristeninformation	kantor pariwisata
Unterschrift	tanda tangan
Wechselstube	kantor penukaran mata uang asing
Wie viel kostet das?	Berapa harganya?

UHRZEIT & DATUM

Wie viel Uhr ist es?	Jam berapa sekarang?
Es ist (10) Uhr.	Jam (sepuluh).
Es ist halb (sieben; 6:30 Uhr)	Setengah (tujuh).
morgens	pagi
nachmittags	siang
abends	malam
gestern	kemarin
heute	hari ini
morgen	besok
Montag	hari Senin
Dienstag	hari Selasa
Mittwoch	hari Rabu
Donnerstag	hari Kamis
Freitag	hari Jumat
Samstag	hari Sabtu
Sonntag	hari Minggu

ZAHLEN

1	satu
2	dua
3	tiga
4	empat
5	lima
6	enam
7	tujuh
8	delapan
9	sembilan
10	sepuluh
20	dua puluh
30	tiga puluh
40	empat puluh
50	lima puluh
60	enam puluh
70	tujuh puluh
80	delapan puluh
90	sembilan puluh
100	seratus
1000	seribu

UNTERKUNFT

Haben Sie freie Zimmer?	Ada kamar kosong?
Ich möchte ein Zimmer teilen.	Saya mau satu tempat tidur di asrama.
Ist das Frühstück inklusive?	Apakah harganya termasuk makan pagi?
Wie viel kostet eine Nacht pro Person?	Berapa satu malam/orang?
Campingplatz	tempat kemah
Pension	losmen
Hotel	hotel
Jugendherberge	hostel untuk pemuda
Zimmer	kamar
Einzelzimmer	kamar untuk satu orang
Doppelzimmer	kamar untuk dua orang
mit Klimaanlage	dengan AC
Bad	kamar mandi
Kinderbett	pondok
Fenster	jendela

VERKEHRSMITTEL & -WEGE

Auto & Fahrrad

Ich möchte gerne ein ... ausleihen.	Saya mau sewa ...
Auto mit Allradantrieb	gardan ganda
Auto	mobil
Fahrrad	sepeda
Motorrad	sepeda motor
Benzin	bensin
Helm	helem
Kindersitz	kursi anak untuk di mobil
Luftpumpe (Fahrrad)	pompa sepeda
Mechaniker	montir
Tankstelle	pompa bensin
Führt die Straße nach ...?	Apakah jalan ini ke ...?
(Wie lange) kann ich hier parken?	(Berapa lama) Saya boleh parkir di sini?
Das Auto/Motorrad ist kaputt.	Mobil/Motor mogok.
Ich habe einen Platten.	Ban saya kempes.
Ich habe kein Benzin mehr.	Saya kehabisan bensin.

REGIONALE SPRACHEN

Bahasa Indonesia ist für 90 % der Indonesier eine Zweitsprache. Mit mehr als 700 *bahasa daerah* (Landessprachen) muss sich Indonesien in Bezug auf Sprachenvielfalt nur Papua-Neuguinea geschlagen geben. Von Besuchern wird nicht erwartet, dass sie eine Landessprache beherrschen, aber ohne Zweifel freuen sich die Einheimischen, wenn man sich trotzdem bemüht.

Im Folgenden werden ein paar nützliche Wendungen auf Balinesisch (auf Bali sprechen 4 Mio. Menschen diese Sprache) und Javanisch (ca. 80 Mio. Menschen in Java) aufgelistet. Diese Sprachen haben keine festen Begriffe für den Gruß „Hallo" oder „Tschüss". Zudem gibt es drei verschiedene Sprachniveaus – eingestuft anhand des sozialen Status' des Sprechenden. Hier handelt es sich um das „mittlere Niveau", das alle balinesisch und javanisch Sprechenden verstehen.

Balinesisch

Wie geht es dir/Ihnen?	Kenken kabare?	Sprechen Sie Balinesisch?	Bisa ngomong Bali sing?
Danke.	Matur suksma.	Wie heißt das auf Balinesisch?	Ne ape adane di Bali?
Wie heißt du/heißen Sie?	Sire wastene?	Wo geht es nach (Ubud)?	Kije jalan lakar kel (Ubud)?
Mein Name ist...	Adan tiange ...		
Ich verstehe nicht.	Tiang sing ngerti.		
Wie viel kostet das?	Ji kude niki?		

Javanisch

Wie geht es dir/Ihnen?	Piye kabare?	Wie viel kostet das?	Pinten regine?
Danke.	Matur nuwun.	Sprechen Sie Javanisch?	Sampeyan saged basa Jawi?
Wie heißt du/heißen Sie?	Nami panjenengan sinten?	Wie heißt das auf Javanisch?	Napa namine ing basa Jawi?
Mein Name ist ...	Nami kula ...	Wo geht es nach (Kaliurang)?	Menawi bade da teng (Kaliurang) langkung pundi, nggih?
Ich verstehe nicht.	Kula mboten mangertos.		

Öffentliche Verkehrsmittel

Boot (allgemein)	*kapal*
Boot (regional)	*perahu*
Bus	*bis*
Fahrradriksha	*becak*
Flugzeug	*pesawat*
Minibus	*bemo*
Motorrad-Riksha	*bajaj*
Motorrad-Taxi	*ojek*
Taxi	*taksi*
Zug	*kereta api*
Ich möchte nach ...	*Saya mau ke ...*
Um wie viel Uhr fährt er/sie/es ab?	*Jam berapa berangkat?*
Um wie viel Uhr kommt er/sie/es am ... an?	*Jam berapa sampai di ...?*
Hält er/sie/es in ...?	*Di ... berhenti?*
Wie heißt die nächste Haltestelle?	*Apa nama halte berikutnya?*
Sagen Sie mir bitte Bescheid, wenn wir in ... sind.	*Tolong, beritahu waktu kita sampai di ...*
Bitte halten Sie hier.	*Tolong, berhenti di sini.*
Ein ... Ticket	*tiket ...*
1. Klasse	*kelas satu*
2. Klasse	*kelas dua*
einfach	*sekali jalan*
hin & zurück	*pulang pergi*
Bahnhof	*stasiun kereta api*
Bahnsteig	*peron*
erster/letzter	*pertama/terakhir*
Fahrplan	*jadwal*
Kartenschalter	*loket tiket*

WEGBESCHREIBUNGEN

Wo ist ...?	*Di mana ...?*
Wie lautet die Adresse?	*Alamatnya di mana?*
Könnten Sie es bitte aufschreiben?	*Anda bisa tolong tuliskan?*

Können Sie es mir (auf der Karte) zeigen?	Anda bisa tolong tunjuk kan pada saya (di peta)?	hinter	di belakang
an der Ecke	di sudut	in der Nähe (von)	dekat (dengan)
		links	kiri
bei der Ampel	di lampu merah	neben	di samping
gegenüber	di seberang	rechts	kanan
geradeaus	lurus	vor	di depan
		weit (entfernt von)	jauh (dari)

GLOSSAR

adat – traditionelle Gesetze und Regeln

air – Wasser

air panas – heißes Wasser

air terjun – Wasserfall

AMA – Associated Mission Aviation; Flugdienst der katholischen Missionsgesellschaft in abgelegene Regionen von Papua

anak – Kind

angklung – Musikinstrument aus verschieden langen und dicken Bambusrohren, die in einem Rahmen hängen

angkot – oder *angkota;* kurz für *angkutan kota* (Stadtverkehrsmittel); kurze Minibusse, die die Stadtrouten abdecken, wie ein *bemo*

angkudes – kurz für *angkutan pedesaan;* Minibusse, die von Städten zu Dörfern in der Nähe fahren, oder zwischen Dörfern pendeln

anjing – Hund

arja – verfeinerte Opernart des Balinesischen Theaters

Arjuna – Held des Epos' *Mahabharata* und ein bekanntes Bild eines Tempeltorwächters

babi rusa – wildes rehähnliches Schwein

bahasa – Sprache; Bahasa Indonesia ist die Landessprache

bajaj – motorisierte Dreirad-Taxen in Jakarta

bak mandi – eine verbreitete indonesische Art des Badens mit Hilfe eines großen Wassertanks, aus dem Wasser über den Körper geschöpft wird

bale – balinesischer Pavillon, Haus oder Unterstand mit offenen Seiten und steilem Dach; Treffpunkt

balok– Palmwein

bandar – Hafen

bandara – Flughafen

banjar – Distrikt; balinesisches Dorf, das aus verheirateten erwachsenen Männern besteht

bapak –oft *pak* abgekürzt; Vater; auch höfliche Form, um einen älteren Mann anzusprechen

barat – Westen

Barong – mythische Löwenhundfigur

batik – Kleidung, bei der Teile des Stoffs mit Wachs bestrichen werden, der Stoff gefärbt, und das Wachs wieder rausgeschmolzen wird

batik cap – Stempelbatik

batik tulis – handgemalte oder „geschriebene" Batik

becak – Fahrradrikscha

bemo – Minibus

bendi – Pferdekutsche für zwei Personen; eingesetzt in Sulawesi, Sumatra und auf den Molukken

bensin – Benzin

benteng – Festung

bentor – motorisiertes *becak*

Betawi – Originalname von Batavia (heute Jakarta); ethnische Gruppe aus Jakarta

bis – Bus

bouraq – pferdeähnliche Kreatur mit Flügeln und dem Kopf einer Frau

Brahma – der Schöpfer; mit Shiva und Vishnu Teil der Dreieinigkeit der wichtigsten Hindu-Götter

bu – Kurzform für *ibu*

bukit – Hügel

bule – übliche Bezeichnung für Ausländer (Kaukasier)

bupati – für einen *kabupaten* (Regierungsbezirk) verantwortlicher Regierungsbeamter

caci – zeremonieller Kampfsport, bei dem man sich mit Peitschen und Schilden duelliert

candi – Schrein oder Tempel, normalerweise hinduistisch oder buddhistisch mit altem javanischen Design

cenderawasih – Paradiesvogel

colt – Minibus

dalang – Geschichtenerzähler von *wayang kulit*

danau – See

dangdut – beliebte indonesische Musik mit wehklagenden Stimmen und starkem Rhythmus

desa – Dorf

dinas pariwisata – Touristeninformation

dokar – Pferdekutsche für zwei Personen

dukun – Wunderheiler und Kräuterdoktor; mystisch

Gajah Mada – berühmter Premierminister von Majapahit

gamelan – traditionelles javanisches und balinesisches Orchester

gang – Straße oder Fußweg

Garuda – mythischer Mannvogel, das Fahrzeug von Vishnu und das moderne Symbol von Indonesien

gereja – Kirche

gili – Insel, Atoll

Golkar – Golongan Karya (funktionelle Gruppierungen), politische Partei

gua – oder *goa*; Höhle

gunung – Berg

gunung api – Vulkan; wörtlich „Feuerberg"

harga touris – Touristenpreis

hutan – Wald, Dschungel

ibu – häufig *bu* abgekürzt; Mutter; auch höfliche Anrede einer älteren Frau

ikat – Stoff, auf dem ein Muster entsteht, indem vor dem Weben die einzelnen Fäden gefärbt werden

jadwal – Zeitplan oder Fahrplan

jalan – abgekürzt Jl; Straße

jalan jalan – spazieren gehen

jalan pintas – Abkürzung

jam karet – „Gummizeit"; Zeit ist flexibel

jamu – pflanzliche Arzneimittel

jembatan – Brücke

jilbab – von Frauen getragene muslimische Kopfbedeckung

kabupaten – Regierungsbezirk

kain – Stoff

kaki lima – mobile Imbisswagen; wörtlich „fünf Fuß" (drei Fuß für den Wagen und zwei Fuß für den Verkäufer)

kala – dämonisches Gesicht, häufig über Tempeltoren

kamar kecil – Toilette; wörtlich „kleiner Raum"; auch bekannt als WC (sprich *way-say*)

kampung – Dorf, Stadtviertel

kantor – Büro

Kantor Bupati – Büro des Gouverneurs

karang – Koralle, Korallenriff, Atoll

kav – Grundstück

kepala desa – Dorfoberhaupt

kepulauan – Archipel

keraton – siehe kraton

ketoprak – beliebtes javanisches Volkstheater

Ketuktilu – traditioneller sundanesischer (Java-)Tanz von professionellen Tänzerinnen für männliche Zuschauer

kijang – eine Hirschart; auch ein beliebter Toyota-Allradwagen, häufig öffentliches Verkehrsmittel (Kijang)

kora-kora – Kanu (Papua)

kramat – heilig

kraton – ummauerter Stadtpalast

kretek – indonesische Kräuterzigarette

kris – traditioneller Dolch mit Wellenklinge, soll spirituelle oder magische Kräfte verleihen

krismon – Währungskrise

kulit – Leder

lapangan – Feld, Platz

laut – See, Ozean

Legong – klassischer balinesischer Tanz von jungen Mädchen aufgeführt; Legong-Tänzerinnen

lontar – Palmenart; traditionelle Bücher wurden auf den getrockneten Blättern der Lontar-Palme geschrieben

losmen – einfache Unterkunft, normalerweise günstiger als Hotels und häufig familienbetrieben

MAF – Mission Aviation Fellowship; Flugdienst einer protestantischen Missionsgesellschaft in abgelegene Regionen

Mahabharata – verehrtes heiliges Buch der Hindus, erzählt von der Schlacht zwischen den Pandavas und den Kauravas

Majapahit – letzte große javanische Hindu-Dynastie, die durch den Aufstieg der islamischen Macht von Java nach Bali verdrängt wurde

makam – Grab

mandau – Machete (Kalimantan)

marapu – Begriff für alle spirituellen Kräfte, einschließlich Göt-

ter, Geister und Vorfahren

mata air panas – heiße Quellen

menara – Minarett, Turm

meru – Schreine mit mehreren Dächern in balinesischen Tempeln; derselbe Dachstil, den man auch in alten javanischen Moscheen sieht

mesjid – *masjid* in Papua; Moschee

mikrolet – kleines Taxi; winziges *opelet*

moko – Bronzetrommel aus Pulau Alor (Nusa Tenggara)

muezzin – Moscheeangehöriger, der die Gläubigen fünfmal am Tag zum Gebet ruft

ngadhu – sonnenschirmartiges Strohdach; Totem der Vorfahren des Ngada-Volkes aus Flores

nusa – Insel

Odalan – Tempelfest, das alle 210 Tage stattfindet (Dauer des balinesischen Jahres)

ojek – oder *ojeg*; Motorradtaxi

oleh-oleh – Souvenirs

opelet – kleiner Minibus, wie ein *bemo*

OPM – Organisasi Papua Merdeka; Organisation für ein freies Papua; Gruppierung gegen die indonesische Herrschaft in Papua

orang kulit putih – weiße Person, Ausländer (Kaukasier); *bule* wird häufiger verwendet

pak – Kurzform für *bapak*

PAN – Partai Amanat Nasional; Nationale Mandatspartei

pantai – Strand

pasar – Markt

pasar malam – Nachtmarkt

pasar terapung – schwimmender Markt

pasir – Sand

patas – Express, Expressbus

patola – Ikat-Motiv eines Hexagons, das eine Art vierzackigen Stern umrahmt

PDI – Partai Demokrasi Indonesia; Demokratische Partei Indonesiens

PDI-P – Partai Demokrasi Indonesia-Perjuangan; Demokratische Partei des Kampfes Indonesiens

pegunungan – Bergkette

pelabuhan – Hafen, Dock

pelan pelan – langsam

pelawangan – Gateway

Pelni – Pelayaran Nasional Indonesia; nationale Schifffahrtsgesellschaft mit einer Flotte von Passagierschiffen, die Fahrten innerhalb des Archipels anbieten

pencak silat – Art der Kampfkunst, ursprünglich aus Sumatra, heute in ganz Indonesien beliebt

pendopo – großer Pavillon mit offenen Seiten, der als Publikumssaal dient; steht vor javanischen Palästen

penginapan – einfache Pension

perahu – oder *prahu;* Boot oder Kanu

pesanggrahan – oder *pasanggrahan;* Lodge für Regierungsbeamte, wo Reisende normalerweise übernachten können

pete-pete – eine Art von *mikrolet* oder *bemo* in Sulawesi

PHKA – Perlindungan Hutan & Konservasi Alam; Generaldirektion für Waldschutz & Naturreservat; verwaltet Indonesiens Nationalparks; früher PHPA

pinang – Betelnuss

pinisi – Makassar- oder Bugis-Schoner

PKB – Partai Kebangkitan Bangsa; Nationale Erweckungspartei

pondok – oder *pondok wisata;* Pension oder Lodge; Hütte

PPP – Partai Persatuan Pembangunan; Vereinigte Aufbaupartei

prahu – Boot oder Kanu

prasada – Schrein oder Tempel; normalerweise hinduistisch oder buddhistisch im alten javanischen Design

pulau – Insel

puputan – Kampf von Kriegern bis zum Tod; ehrenhaft, aber selbstmörderisch, Option, wenn man einem unschlagbaren Feind gegenübersteht

pura – balinesischer Tempel

pura dalem – balinesischer Todestempel

pura puseh – balinesischer Ursprungstempel

puri – Palast

pusaka – Ahnenschätze der königlichen Familie

puskesmas – kurz für *pusat kesehatan masyarakat;* kommunales Gesundheitszentrum

rafflesia – riesige Blume in Sumatra und Kalimantan, die Blüten werden bis zu einem Meter groß

Ramadan – muslimischer Fastenmonat, fromme Muslime verzichten bei Tageslicht auf Essen, Trinken und Rauchen

Ramayana – eines der großen heiligen Bücher des Hinduismus; viele balinesische und javanische Tänze basieren auf Geschichten aus dem Ramayana

rangda – Hexe; böse Schwarze Magie in balinesischen Geschichten und Tänzen

rawa – Sumpf, Moor, Feuchtgebiete

rebab – zweisaitige gebogene Laute

reformasi – Reform; bezieht sich auf politische Reformen nach der Repression der Jahre unter Suharto

RMS – Republik Maluku Selatan; Republik der Südmolukken; Hauptgruppierung gegen die indonesische Herrschaft der Südmolukken

rumah adat – traditionelles Haus

rumah makan – Restaurant oder *warung*

rumah sakit – Krankenhaus, wörtlich „krankes Haus"

sarong – oder *sarung;* Allzweckstoff, oft zu einer Röhre genäht und von Frauen, Männern und Kindern getragen

Sasak – Einwohner von Lombok

sawah – einzelnes Reisfeld; Nassreisanbau

selat – Straße

selatan – Süden

sembako – Indonesiens neun tägliche Grundbedürfnisse: Reis, Zucker, Eier, Fleisch, Mehl, Mais, Erdöl, Speiseöl und Salz

semenanjung – Halbinsel

sirih pinang – Betelnuss, als mildes Rauschgift gekaut

songket – Stoff mit Silber- oder Goldfäden, handgewebt mit flottierender Schussfädentechnik

suling – Bambusflöte

sungai – Fluss

surat jalan – Reisegenehmigung

taksi – gebräuchliche Bezeichnung für einen öffentlichen Minibus; Taxi

taman – Ziergarten, Park, Reservat

taman laut – Meerespark, Meeresschutzgebiet

taman nasional – Nationalpark

tanjung – Halbinsel, Kap

tarling – Musikstil der Region Cirebon (Java), mit Gitarre, *suling* und Gesang

taxi – neben der westlichen Definition, die häufig zutrifft, an manchen Orten ein kleiner Minibus wie ein *bemo*

taxi sungai – Lasten tragende Flussfähre mit Pritschen auf dem Oberdeck

telaga – See

telepon kartu – Telefonkarte

teluk – Bucht

timur – Osten

tirta – Wasser (Bali)

TNI – Tentara Nasional Indonesia; Streitkräfte Indonesiens; früher ABRI

toko mas – Goldgeschäft

tomate – torajanische Begräbnisfeier

tongkonan – traditionelles torajanisches Haus mit aufragendem Dach (Sulawesi)

topeng – Holzmaske für Tanzdramen und Begräbnistänzen

tuak – hausgemachtes fermentiertes Kokosnussgetränk

uang – Geld

ular – Schlange

utara – Norden

wali songo – neun Heilige des Islam, die die Religion in Java verbreiteten

Wallace Line – hypothetische Linie, die Bali und Kalimantan von Lombok und Sulawesi trennt; kennzeichnet das Ende von Asien und den Anfang der ozeanischen Flora- und Faunazonen

waringin – Banyanbaum; großer Baum mit herabhängenden Zweigen, die Wurzeln schlagen und aus denen neue Bäume entstehen können

warnet – kurz für *wartel internet;* Internetcafé oder -zentrum

warpostel – oder *warpapostel;* wartel, fungiert auch als Post

wartel – kurz für *warung telekomunikasi;* privates Telefonamt

warung – einfaches Lokal

wayang kulit – Schattenspieltheater

wayang orang – auch *wayang wong;* Volkstheater

wayang topeng – Tanzdrama mit Masken

Wektu Telu – Religion auf Lombok mit Ursprung in Bayan, kombiniert viele Grundsätze des Islam mit Aspekten anderer Glaubensrichtungen

wisma – Pension oder Lodge

SPRACHE GLOSSAR

Hinter den Kulissen

....

WIR FREUEN UNS ÜBER EIN FEEDBACK

Post von Travellern zu bekommen, ist für uns ungemein hilfreich – Kritik und Anregungen halten uns auf dem Laufenden und helfen, unsere Bücher zu verbessern. Unser reiseerfahrenes Team liest alle Zuschriften ganz genau, um zu erfahren, was an unseren Reiseführern gut und was schlecht ist. Wir können solche Post zwar nicht individuell beantworten, aber jedes Feedback wird garantiert schnurstracks an die jeweiligen Autoren weitergeleitet, rechtzeitig vor der nächsten Nachauflage.

Wer Ideen, Erfahrungen und Korrekturhinweise zum Reiseführer mitteilen möchte, hat die Möglichkeit dazu auf **www.lonelyplanet.com/contact/guidebook_feedback/new**. Anmerkungen speziell zur deutschen Ausgabe erreichen uns über **www.lonelyplanet.de/kontakt**.

Hinweis: Da wir Beiträge möglicherweise in Lonely Planet Produkten (Reiseführer, Websites, digitale Medien) veröffentlichen, ggf. auch in gekürzter Form, bitten wir um Mitteilung, falls ein Kommentar nicht veröffentlicht oder ein Name nicht genannt werden soll. Wer Näheres über unsere Datenschutzpolitik wissen will, erfährt das unter www.lonelyplanet.com/privacy.

....

DANK VON LONELY PLANET

Vielen Dank den Reisenden, die uns nach der letzten Auflage zahlreiche hilfreiche Hinweise, nützliche Ratschläge und interessante Anekdoten schickten:

A Alex Ward, Alexandra Wald, Anita Mulders, Anne Robson, Anouk Lubbe, Anthony van den Langenbergh **B** Brad Plogsted **C** Carlos Fernandez, Colin Whitefield **D** Dan Conroy, Dani Daley, David Greilach, David Hudak, David Mendes Barata **E** Ed Allan, Erica Wijarnako **F** Fernando Raynaldi Kale, Floor van Wingerden, Florence Soudy, Freddy Klingbeil **G** Gaia Pinotti, Gary Chow, Glen Clark **J** Javier Castro Guinea, Jenine Allaart, Jeroen Willemsen, Jesper Buijs **K** Katharina Davies, Keith Koenigsberg, Kerry Blunsum **L** Lianca Ruiter, Lynn Lawrance **M** Manuela Arigoni, Marie Kirchner, Marine Yzquierdo, Mark Tewari, Marlon Goos , Marten Buijs, Matt Lyne, Matthieu Kamerman, Mel Farrell, Michael Montague **N** Natalie Bogner, Nia Haf, Nick Tunley **P** Patricia Lustig, Paulo Leite **R** Rachel de Jong, Rolf Rabe, Rudolph Leijtens **S** Sean Lavery, Stefano Longoni, Stella Meerman, Stephen Wilson, Steven Hannink, Steven Haurissa, Stien Van den Heuvel, Sven Bohnert, Sybrand Mostert, Syenne Ribka **T** Tjip Huysmans, Tom Roes **V** Virginie More **W** Wessel van Son

DANK DER AUTOREN

David Eimer

Mein ganz besonderer Dank gilt Aty in Ternate, Ere auf Ambon, Alan auf Banda Neira und Vicky auf Kei Kecil für ihre Unterstützung. Vielen Dank an Tanya Parker und die Lonely Planet Crew in London. Wie immer vielen Dank allen, die mich während meiner Recherche wissentlich oder unwissentlich mit Tipps versorgt haben.

Paul Harding

Ein großes Dankeschön all den vielen liebenswürdigen und hilfsbereiten Indonesiern, die ich unterwegs in Kalimantan getroffen habe, darunter Denny in Pontianak, Agung, Kipli und Arly in Sintang, Bona Ventura, Liesa, Majid und die Crew in Kumai, Tailah, Yayat und Wenny, Meiling in Balikpapan, Budiyono und Danielle. Vor allem danke ich Hannah und Layla für die regelmäßigen Anrufe und ihre unerschütterliche Geduld.

Ashley Harrell

Ich danke meiner Redakteurin Tanya Parker und meinen Mitautoren für ihr großartiges Können, Katharine Krzyzanowski für ihre Gesellschaft, den Italienern (Gianluca Affitti, Elena Rebeggiani, Maurizio Benedettini und Roberta

Simoni) für ihre Bewunderung meiner Rücksichtslosigkeit und den leckeren Käse, Antoni Sitepu für unschätzbare Hilfe und endlosen Spaß, die Korowai-Leute für ihre Gastfreundschaft, Jon Clutton und Liz Morgan für ihre Auftriebstipps und Alex Harrell und Sarah Tosques für ihren Flug um die Welt, um mir auf 25 m unter dem Meeresspiegel Gesellschaft zu leisten. Ich kann immer noch nicht glauben, dass ihr gekommen seid.

Trent Holden

Zunächst ein großes Dankeschön an Tanya Parker von Lonely Planet für diesen großartigen Job auf Sumatra. Schön, wieder hier zu sein! Ein großes Dankeschön auch an Gustri Tri Putra, die mir diese gewaltige Insel zeigte, und für den Spaß und die Top-Musik unterwegs. Zudem möchte ich auch folgenden Personen für ihre Unterstützung danken: Ling, Josh, Luke, Zacky, Brigitte, Nella, Andrea, Timmy, Joseph, Ahmad, Linda, Mery und Abdy. Last, but not least: alles Liebe meiner Familie und meiner schönen Verlobten Kate.

Mark Johanson

Vielen Dank all den Menschen auf Lombok und Sumbawa, die mich in die richtige Richtung gewiesen und mir geholfen haben, die Inseln nach dem Erdbeben zu bereisen, auch wenn ihr persönliches Leben in Trümmern lag. Ich bin Rudy Trekker, Gemma Marjaya, Kelly Goldie und Andy Wheatcroft zu Dank verpflichtet, für all das Wissen, das sie mit mir geteilt haben. Ein besonderer Dank gilt meinem Partner Felipe Bascuñán, der meine langen Abwesenheiten gütig ertragen hat, und meiner Redakteurin Niamh O'Brien, die unermüdlich dafür gesorgt hat, dass es mir gut ging!

MaSovaida Morgan

Mein tief empfunder Dank all den wundervollen Seelen, die mir während meiner Zeit auf Bali Hilfe, Einblick und Kameradschaft gewährt haben: Rob, Margie, Max, Kristy und die Crew von Outsite; Gigi und Annette; Ty und Jeff. Ganz besonders danke ich meinem lieben Bruder Bayu für eine effiziente und unvergessliche Reise.

Jenny Walker

Zum ersten Mal war ich vor 35 Jahren in Indonesien. Viel hat sich unterdessen geändert. Doch der Empfang ist ebenso herzlich und gastfreundlich wie eh und je. Danke allen, die zu den Informationen im Abschnitt Zentraljava dieser Auflage beigetragen haben. Mein besonderer Dank geht an Herrn Dwi Cahyono von Akgkasa Trans für seine wunderbare Zuverlässigkeit und die angenehme Zusammenarbeit. Mein größter Dank gilt aber wie immer dem geliebten Sam (Owen) – Ehemann, Ko-Rechercheur und Mitreisenden.

Ray Bartlett

Zuallererst möchte ich mich bei Tanya für die Gelegenheit bedanken, an diesem Band mitarbeiten zu können, und bei allen Redakteuren, die sich in der Folge mit meinen Beiträgen befasst haben. Ich bedanke mich auch bei meiner Familie, meinen Freunden und bei all den tollen Indonesiern, die mich unterstützt haben. Ein großes Dankeschön geht insbesondere an Frau Tijo, die „Buah Naga", Sarah H., Edy und den Rest meiner indonesischen Freunde. Zuletzt möchte ich besondere Grüße und meine besten Wünsche den Menschen in Donggala, Palu und anderen vom Erdbeben und vom Tsunami betroffenen Regionen senden. Worte können

---

ÜBER DIESES BUCH

Dies ist die 1. deutschsprachige Auflage von *Indonesien*, basierend auf der mittlerweile 12. englischsprachigen Auflage von *Indonesia*, die von David Eimer, Paul Harding, Ashley Harrell, Trent Holden, Mark Johanson, MaSovaida Morgan und Jenny Walker betreut wurde und die sie zusammen mit Ray Bartlett, Loren Bell, Jade Bremner, Stuart Butler, Sofia Levin und Virginia Maxwell auch recherchierten und schrieben. Die vorhergegangene englischsprachige Ausgabe wurde von Loren Bell, Stuart Butler, Trent Hol-

den, Anna Kaminski, Hugh McNaughtan, Adam Skolnick, Iain Stewart und Ryan Ver Berkmoes recherchiert und geschrieben. Dieser Reiseführer wurde von folgendem Team betreut:

Projektredakteure Tanya Parker, Niamh O'Brien

Leitende Produktredakteurin Kate Chapman

Produktredakteurin Kathryn Rowan

Leitende Kartographin Julie Sheridan

Layoutdesign Mazzy Prinsep

Redaktionsassistenz Andrew Bain, James Bainbridge, Michelle Bennett, Heather Cham-

pion, Nigel Chin, Lucy Cowie, Kate Daly, Melanie Dankel, Samantha Forge, Carly Hall, Kate James, Lou McGregor, Rosie Nicholson, Sarah Reid, Simon Williamson

Kartographieassistenz Hunor Csutoros, Julie Dodkins

Layoutassistenz Clara Monitto

Umschlagrecherche Wibowo Rusli

Dank an Jennifer Carey, Martin Heng, Evan Godt, Elizabeth Jones, Lauren Keith, Catherine Naghten, Claire Naylor, Karyn Noble, Matt Phillips, Rachel Rawling, Eleanor Simpson, Colin Trainer, James Smart

meiner Trauer über Ihre Verluste und meine Bewunderung für Ihre Stärke und ihre Wiederaufbauleistungen nicht gerecht werden.

Loren Bell

Mein größter Dank gilt Kari, weil sie meine lange Abwesenheit während meiner Projekte mit so viel Langmut hinnimmt– sowohl physisch als auch mental – und dafür, dass sie mich von meinen Abwaschpflichten befreit hat, als die Abgabetermine näher rückten. Deine Liebe und Unterstützung (und die regelmäßigen Updates) bedeuten mir alles; ich spüre sie selbst dann, wenn ich mich auf der entgegengesetzten Seite des Planeten befinde.

Jade Bremner

Vielen Dank der Projektredakteurin Tanya Parker für ihre Unterstützung, ihr Wissen und ihr schnelles Eingreifen bezüglich Jakarta. Außerdem möchte ich mich beim indonesischen Team bedanken und bei all jenen, die hinter den Kulissen an diesen Projekten mitwirken: Cheree Broughton, Neill Coen, Evan Godt und Helen Elfer. Last but not least, bedanke ich bei den freundlichen Einwohnern Jakartas, die trotz des endlos wirkenden Chaos ihrer Stadt immer ruhig, höflich und hilfsbereit bleiben.

Stuart Butler

Zu allererst möchte ich mich bei meiner Frau Heather und den Kindern Jake und Grace für ihre unendliche Geduld während meiner Arbeit an diesem Projekt bedanken (und dafür, dass sie es hingenommen haben, dass ich nur eine Woche Urlaub machen konnte). Auf Java danke ich Dadang Supardi und Suwarna Adi sowie all den vielen Hotel- und Restaurantbesitzern und den anderen wundervollen Indonesiern, die mich bei meiner Arbeit unterstützt haben. Im Lonely Planet Land geht mein Dank an Tanya für die Gelegenheit, bei diesem Projekt dabei sein zu dürfen.

Sofia Levin

Erwin, Willy und Andy – vielen Dank für eure Unterstützung, vor allem aber für eure Freundschaft. Danke auch meinem Mann Matt, ohne dessen fortwährende Unterstützung und Ermutigung meine Arbeit unmöglich wäre – das gilt für die Zeit während ich bei ihm bin ebenso für die Wochen, in denen ich unterwegs bin. Außerdem möchte ich mich bei meinen Eltern bedanken (auch bekannt als meine größten Fans) – Danke, dass ihr mich von Anfang an mit Neugier, Lust auf Abenteuer und Reisefieber erfüllt habt.

Virginia Maxwell

Danke an Ryan Ver Berkmoes für das Bali-Briefing, Hanafi Dharma für die Fahr- und Navigationsküste und Niamh O'Brien für die Überwachung der Sicherheitslage. Peter und Max Handsaker – mein Support-Team – bewahrten die Nerven, als sie vom Erdbeben erfuhren und hielten regelmäßig über Skype Kontakt mit mir. Ohne sie könnte ich nicht als Reiseschriftstellerin arbeiten.

QUELLENNACHWEIS

Die Klimakartendaten stammen von Peel MC, Finlayson BL & McMahon TA (2007) *Updated World Map of the Köppen-Geiger Climate Classification*, erschienen in der Zeitschrift *Hydrology and Earth System Sciences*, Ausgabe 11, 1633–44.

Titelfoto: Danau Toba, Sumatra, Fredi Daeli/Shutterstock ©.

Register

NOTIZEN

Kartenlegende

Sehenswertes

- Strand
- Vogelschutzgebiet
- buddhistisch
- Schloss/Palast
- christlich
- konfuzianisch
- hinduistisch
- islamisch
- jainistisch
- jüdisch
- Denkmal
- Museum/Galerie/historisches Gebäude
- Ruine
- schintoistisch
- sikhistisch
- taoistisch
- Weingut/Weinberg
- Zoo/Tierschutzgebiet
- andere Sehenswürdigkeit

Aktivitäten, Kurse & Touren

- bodysurfen
- tauchen
- Kanu/Kajak fahren
- Kurs/Tour
- Sento-Bad/Onsen
- Ski fahren
- schnorcheln
- surfen
- Schwimmbecken
- wandern
- windsurfen
- andere Aktivität

Schlafen

- Unterkunft
- Camping
- Hütte/Unterstand

Essen

- Lokal

Ausgehen & Nachtleben

- Bar/Kneipe
- Café

Unterhaltung

- Unterhaltung

Shoppen

- Shoppen

Praktisches

- Bank
- Botschaft/Konsulat
- Krankenhaus/Arzt
- Internetzugang
- Polizei
- Post
- Telefon
- Toilette
- Touristeninformation
- andere Einrichtung

Geografisches

- Strand
- Tor
- Hütte/Unterstand
- Leuchtturm
- Aussichtspunkt
- Berg/Vulkan
- Oase
- Park
- Pass
- Picknickplatz
- Wasserfall

Städte

- Hauptstadt (Staat)
- Hauptstadt (Bundesland/Provinz)
- Großstadt
- Kleinstadt/Ort

Verkehrsmittel

- Flughafen
- Grenzübergang
- Bus
- Seilbahn/Gondelbahn
- Fahrrad
- Fähre
- Metro
- Einschienenbahn
- Parkplatz
- Tankstelle
- U-Bahn/Subte-Station
- Taxi
- Bahnhof/Zug
- Straßenbahn
- U-Bahnhof
- anderes Verkehrsmittel

Verkehrswege

- Mautstraße
- Autobahn
- Hauptstraße
- Landstraße
- Verbindungsstraße
- sonstige Straße
- unbefestigte Straße
- Straße im Bau
- Platz/Promenade
- Treppe
- Tunnel
- Fußgänger-Überführung
- Stadtspaziergang
- Abstecher (Stadtspaziergang)
- Pfad/Wanderweg

Grenzen

- Internationale Grenze
- Bundesstaat/Provinz
- umstrittene Grenze
- Region/Vorort
- Meerespark
- Klippen
- Mauer

Gewässer

- Fluss/Bach
- periodischer Fluss
- Kanal
- Wasser
- Trocken-/Salz-/periodischer See
- Riff

Gebietsformen

- Flughafen/Startbahn
- Strand/Wüste
- Friedhof (christlich)
- Friedhof
- Gletscher
- Watt
- Park/Wald
- Sehenswürdigkeit (Gebäude)
- Sportgelände
- Sumpf/Mangrove

Achtung: Nicht alle der abgebildeten Symbole werden auf den Karten im Buch verwendet

DIE AUTOREN

David Eimer

Molukken Nachdem David 1990 die Idee aufgegeben hatte, Karriere als Anwalt zu machen, begann er, als Journalist und Schriftsteller zu arbeiten, zunächst in seiner Heimatstadt London, dann in Los Angeles. 2005 zog er nach Peking, wo er für eine Reihe englischer Zeitungen und Magazine schrieb. Seitdem lebt er in China, hat das ganze Land bereist und zahlreiche Städte Südostasiens besucht, u.a. Bangkok, Phnom Penh und Yangon. Seit 2006 berichtet er für Lonely Planet über China, Myanmar und Thailand. David trug auch zu den Abschnitten *Reiseplanung*, *Indonesien verstehen* und *Praktische Informationen* bei.

Paul Harding

Kalimantan Paul hat als Schriftsteller und Fotograf den Großteil der vergangenen zwei Jahrzehnte die Welt bereist. Ihn interessieren besonders entlegene und ungewöhnliche Orte, Inseln und Kulturen. Als Autor hat er zu mehr als 50 Lonely Planet Bänden beigetragen, die sich mit so unterschiedlichen Ländern und Regionen wie Indien, Island, Belize, Vanuatu, Iran, Indonesien, Neuseeland, Finnland, den Philippinen und – seiner Heimat – Australien befassen.

Ashley Harrell

Papua Ashley gab den Job, Wellness-Gutscheine an Privathaushalte in Südflorida zu verkaufen, schon nach kurzer Zeit auf und beschloss Schriftstellerin zu werden. Sie ging auf eine Journalistenschule, überzeugte eine Zeitung, sie einzustellen, und fing an, über Tiere, Kriminalität und Tourismus zu berichten, manchmal in ein und derselben Geschichte. Ashley ist viel auf der Welt herumgekommen, inklusive häufigem Wohnortswechsel – von einer winzigen Wohnung in New York über eine riesige kalifornische Ranch bis hin zu einer Urwaldhütte in Costa Rica, wo sie für Lonely Planet zu schreiben begann. Ihre Reisen wurden seitdem exotischer und abwechslungsreicher, und sie lacht immer noch, wenn einer ihrer Gehaltsschecks bei ihr eintrifft.

Trent Holden

Sumatra Der in Geelong vor den Toren Melbournes lebende Schriftsteller arbeitet seit 2005 für Lonely Planet. Er hat zu mehr als 30 Reiseführern über Asien, Afrika und Australien beigetragen. Wegen seiner Vorliebe für Megastädte ist Trent sofort am Start, wenn es darum geht, die Hauptstadt einer Nation zu erobern – je chaotischer desto besser –, um dort coole Bars, Kunst, Street-Food und die Underground-Subkultur zu entdecken. Andererseits schreibt er auch gern Reiseführer über idyllische tropische Inseln in ganz Asien und geht zwischendurch auf Safari in afrikanischen und indischen Nationalparks. Sofern er nicht gerade auf Reisen ist, arbeitet Trent als freiberuflicher Redakteur und Rezensent und gibt sein ganzes Geld für Live-Konzerte aus. Auf Twitter lässt er Interessierte unter @hombreholden mitlesen.

Mark Johanson

Lombok, Westliches Nusa Tenggara Mark ist in Virginia aufgewachsen und nannte in den zurückliegenden zehn Jahren fünf verschiedene Länder seine Heimat. Er verbrachte die vergangenen zehn Jahre damit, um den Globus zu reisen und für britische Zeitungen (wie *The Guardian*), amerikanische Magazine (wie *Men's Journal*) und international arbeitende TV-Sender (wie CNN und BBC) zu berichten. Wenn er nicht gerade irgendwo unterwegs ist, kann man ihn dabei erwischen, wie er von seinem Haus in Santiago, Chile, aus auf die Anden blickt. Seine Abenteuer lassen sich über www.markjohanson.com verfolgen.

MaSovaida Morgan

Bali MaSovaida ist eine Reiseschriftstellerin und Multimedia-Geschichtenerzählerin, die ihr Fernweh in mehr als 40 Länder auf allen sieben Kontinenten getrieben hat. Zuvor war sie vier Jahre lang bei Lonely Planet für die Reiseziele Südamerika und Antarktis verantwortlich und arbeitete als Redakteurin für Zeitungen und Nichtregierungsorganisationen im Nahen Osten und in Großbritannien. Auf Instagram findet man sie unter @MaSovaida.

Jenny Walker

Zentraljava Jenny Walker ist Mitglied der British Guild of Travel Writers und hat mehr als 125 Länder bereist. Jenny schreibt seit fast 20 Jahren für Lonely Planet. Derzeit arbeitet sie als stellvertretende Geschäftsführerin der Oman Academic Accreditation Authority im Oman. Ihre Masterarbeit in Philosophie befasste sich mit dem arabischen Orient in der britischen Literatur (Universität Oxford), und ihre Doktorabeit (kurz vor dem Abschluss) hat die arabische Wüste zum Thema.

Ray Bartlett

Sulawesi Ray schreibt seit fast 20 Jahren über das Reisen und erfreute mit seinen detailreichen Beschreibungen von Japan, Korea, Mexiko und vielen Teilen der USA führende Verlage, Zeitungen und Zeitschriften. Sein gefeierter Debütroman *Sunsets of Tulum* spielt auf der Halbinsel Yucatán und fand 2016 besondere Erwähnung im Midwest Book Review in der Kategorie Fiktion. Neben anderen Aktivitäten surft Ray regelmäßig; den argentinischen Tango beherrscht er perfekt. Man kann ihm auf Facebook (@ RayBartlettAuthor), Twitter und Instagram (@kaisora dotcom) folgen. Derzeit lebt Ray abwechselnd in den USA, Japan und Mexiko.

Loren Bell

Sulawesi Als Loren zum ersten Mal auf einer Rucksacktour durch Europa reiste, hockte er noch selbst im Rucksack. Diese denkwürdige Erfahrung korrumpierte sein damals erst sechs Monate altes Gehirn und sorgte dafür, dass es ihm unmöglich sein würde, jemals stillzusitzen (und dabei glücklich zu sein). Seine Vorliebe fürs Wandern hat ihn von der Ausbildung von Hundeschlittenteams in den Tetons bis zur Suche nach Gibbons im Dschungel Borneos geführt – mit nur kurzen Pausen für alberne Dinge wie das Erwerben von Abschlüssen. Sofern er nicht gerade Reiseziele für Lonely Planet enträtselt, schreibt Loren über Neues aus Wissenschaft und Naturschutz oder zeltet in den Rockies, wo er zu viel Zeit auf seinem Mountainbike oder Skiern verbringt.

Jade Bremner

Jakarta Jade ist seit mehr als einem Jahrzehnt Journalistin und hat in vier verschieden Regionen gelebt und über diese berichtet. Wohin auch immer es sie verschlägt, versucht sie sich in neuen Action-Sportarten – je seltsamer, desto besser. Es ist kein Zufall, dass viele ihrer Lieblingsplätze mit einigen der besten Wellen der Welt aufwarten. Als Redakteurin hat sie für Reisemagazine wie *Time Out* und *Radio Times* und als Korrespondentin für *The Times*, CNN und *The Independent* gearbeitet. Sie ist glücklich, Geschichten über diesen wundervollen Planeten mit anderen zu teilen und ist immer auf der Suche nach Abenteuer. Twitter: @jadebremner.

Stuart Butler

Ost- und Westjava, Kepulauan Seribu Stuart schreibt seit gut zehn Jahren für Lonely Planet. In dieser Zeit schloss er Freundschaft mit Gorillas in den Dschungeln des Kongo, traf einen Mann mit Hörnern, der sich ins Feuer legen konnte, schleppte sich über verschneite Gebirgspässe im Himalaja, interviewte einen König, der sich in einen Baum verwandeln konnte, und ließ sich seine Zukunft von einem Papagei weissagen. Oh, und er hat ziemlich viele selbst ernannte Götter getroffen! Wenn er nicht für Lonely Planet unterwegs ist, lebt er mit seiner Frau und zwei kleinen Kindern an den schönen Stränden Südwestfrankreichs.

Sofia Levin

Östliches Nusa Tenggara Sofia lebt in Melbourne und arbeitet als Food- und Reisejournalistin. Sie glaubt, dass man die Kultur eines Landes am besten versteht, wenn man sich dort dem Essen hingibt. Sie hat einen Magen aus Stahl und die Gabe, die besten Restaurants aufzuspüren – egal, wo sie gerade ist. Abgesehen davon, dass sie Melbourne für Lonely Planet im Blick behält, schreibt sie für Reiseführer und für Zeitungen und Reisemagazine der Fairfax Media Group. Wenn sie nicht reist oder isst, leitet Sofia das Unternehmen Word Salad und verbreitet mit ihrem Insta-berühmten Pudel @lifeofjinkee gute Laune. Instagram und Twitter: @sofiaklevin.

DIE LONELY PLANET STORY

Ein ziemlich mitgenommenes, altes Auto, ein paar Dollar in der Tasche und eine Vorliebe für Abenteuer – 1972 war das alles, was Tony und Maureen Wheeler für die Reise ihres Lebens brauchten, die sie durch Europa und Asien bis nach Australien führte. Die Tour dauerte einige Monate, und am Ende saßen die beiden – pleite, aber voller Inspiration – an ihrem Küchentisch und schrieben ihren ersten Reiseführer *Across Asia on the Cheap*. Innerhalb einer Woche hatten sie 1500 Exemplare verkauft. Lonely Planet war geboren.

Heute hat der Verlag Büros in Melbourne, London und Oakland und mehr als 600 Mitarbeiter und Autoren. Und alle teilen Tonys Überzeugung: „Ein guter Reiseführer sollte drei Dinge tun: informieren, bilden und unterhalten."

Virginia Maxwell

Ubud & Ostbali Obwohl eigentlich in Australien zu Hause, ist Virginia mindestens die Hälfte des Jahres unterwegs, um Lonely Planet Bände über Europa und den Nahen Osten zu aktualisieren. Ihr Herz gehört dem Mittelmeerraum. Spanien, Italien, die Türkei, Syrien, den Libanon, Israel, Ägypten, Marokko und Tunesien hat sie für Lonely Planet erkundet und für den Verlag auch über Finnland, Bali, Armenien, die Niederlande, die USA und Australien Beiträge verfasst. Unter @ maxwellvirginia ist sie auf Instagram und Twitter zu finden.

Lonely Planet Global Limited

Digital Depot
The Digital Hub
Dublin D08 TCV4
Ireland

Verlag der deutschen Ausgabe:
MAIRDUMONT, Marco-Polo-Str. 1, 73760 Ostfildern,
www.lonelyplanet.de, www.mairdumont.com
lonelyplanet-online@mairdumont.com

Chefredakteurin deutsche Ausgabe: Birgit Borowski

Redaktion: Annegret Gellweiler, Susanne Junker, Frank J. Müller,
Olaf Rappold, Julia Wilhelm (red.sign, Stuttgart)

Übersetzung: Julie Bacher, Berna Ercan, Tobias Ewert, Derek Frey,
Marion Gref-Timm, Stefanie Gross, Gabriela Huber Martins,
Laura Leibold, Britt Maaß, Marion Matthäus, Dr. Christian Rochow

Obwohl die Autoren und Lonely Planet alle Anstrengungen bei der Recherche und bei der Produktion dieses Reiseführers unternommen haben, können wir keine Garantie für die Richtigkeit und Vollständigkeit dieses Inhalts geben. Deswegen können wir auch keine Haftung für eventuell entstandenen Schaden übernehmen.

MIX
Papier aus verantwortungsvollen Quellen
FSC
www.fsc.org
FSC® C018236

Indonesien

1. deutsche Auflage Oktober 2019, übersetzt von *Indonesia, 12th edition*,
Juli 2019,
Lonely Planet Global Limited

Deutsche Ausgabe © Lonely Planet Global Limited, Oktober 2019

Fotos © wie angegeben 2019

Printed in Poland